Heidelberger Kommentar

WEG

Kommentar und Handbuch zum Wohnungseigentumsrecht

Mit Anmerkungen zur Heizkostenverordnung und zum Zwangsversteigerungsgesetz, einschlägigen Gesetzestexten und Mustern zur Begründung und Verwaltung von Wohnungseigentum sowie zum gerichtlichen Verfahren

bearbeitet von

Dr. Werner Niedenführ
Richter am OLG

Dr. Egbert Kümmel
Rechtsanwalt, Berlin

Nicole Vandenhouten
Richterin am AG

9., völlig neu bearbeitete Auflage

C. F. Müller Verlag · Heidelberg

Bibliografische Informationen der Deutschen Nationalbibliothek

Die Deutsche Nationalbibliothek verzeichnet diese Publikation in der Deutschen Nationalbibliografie; detaillierte bibliografische Daten sind im Internet über <http://dnb.d-nb.de> abrufbar.

Bei der Herstellung des Werkes haben wir uns zukunftsbewusst für umweltverträgliche und wiederverwertbare Materialien entschieden. Der Inhalt ist auf elementar chlorfreiem Papier gedruckt.

ISBN 978-3-8114-5225-1

E-Mail: kundenbetreuung@hjr-verlag.de

Telefon: +49 89/2183-7928
Telefax: +49 89/2183-7620

© 2010 C. F. Müller, eine Marke der Verlagsgruppe Hüthig Jehle Rehm GmbH
Heidelberg, München, Landsberg, Frechen, Hamburg

www.hjr-verlag.de
www.cfmueller.de

Dieses Werk, einschließlich aller seiner Teile, ist urheberrechtlich geschützt. Jede Verwertung außerhalb der engen Grenzen des Urheberrechtsgesetzes ist ohne Zustimmung des Verlages unzulässig und strafbar. Dies gilt insbesondere für Vervielfältigungen, Übersetzungen, Mikroverfilmungen und die Einspeicherung und Verarbeitung in elektronischen Systemen.

Satz: TypoScript GmbH, München
Druck: Druckerei C. H. Beck, Nördlingen

Vorwort

Die 9. Auflage aktualisiert die Erläuterungen auf den Stand der Veröffentlichungen bis Oktober 2009.

Seit der Vorauflage, die zeitgleich mit dem Inkrafttreten der WEG-Novelle 2007 erschienen ist, sind mehr als zweieinhalb Jahre vergangen. Seitdem sind zum neuen materiellen Recht und zum Prozessrecht nicht nur zahlreiche Entscheidungen der Amts- und Landgerichte ergangen, sondern auch bereits einige Entscheidungen des Bundesgerichtshofs. Zudem hat sich das Schrifttum zu den von der Praxis zu bewältigenden Rechtsfragen vielfältig geäußert. Die Neuauflage berücksichtigt darüber hinaus auch eine Vielzahl von Entscheidungen der Oberlandesgerichte in Verfahren, die noch vor dem Inkrafttreten der WEG-Novelle anhängig geworden waren, die aber auch in Zukunft noch Bedeutung für die Beurteilung rechtlicher Fragen haben.

Vollständig neu gefasst wurden unter anderem die Erläuterungen zur Durchsetzung von Mängelansprüchen gegen den Bauträger im Anhang zu § 21 WEG und die Kommentierung des § 49 WEG. Angesichts der Änderungen zum 1.1.2009 wurden die Erläuterungen zur Heizkostenverordnung ebenfalls vollständig neu gefasst. Die neue Energieeinspar-Verordnung ist im Anhang abgedruckt. Die Erläuterung im Anhang zur bevorrechtigten Stellung der Wohngeldbeiträge in Zwangsversteigerungs- und Zwangsverwaltungsverfahren wurde um die zwischenzeitlich ergangene Rechtsprechung und neue Tendenzen im Schrifttum erweitert. Die Erläuterungen zu § 21 WEG (ohne den Anhang) und zu § 22 WEG bearbeitet seit der 9. Auflage Frau *Vandenhouten*.

Dem Praktiker wird die bewährte umfangreiche Sammlung von Musterformularen und -texten auf CD-ROM zur Verfügung gestellt. Diese erleichtern die Begründung und Verwaltung von Wohnungseigentum und unterstützen im gerichtlichen Verfahren.

Frankfurt am Main, Berlin, *Werner Niedenführ*
im November 2009 *Egbert Kümmel*
  Nicole Vandenhouten

Bearbeiterverzeichnis

W. Niedenführ: §§ 16, 21 Anhang, 26–29, 43–50; Kap. III; Kap. V B, C 1,2

E. Kümmel §§ 10–15, 23–25; Kap. IV 5; Kap. V C 3–7

N. Vandenhouten: §§ 1–9, 17–21, 22, 30–42, 61–64; Kap. V A

Zitiervorschlag

Bearbeiter in Niedenführ/Kümmel/Vandenhouten, WEG, § 16 Rn 2

Inhaltsübersicht

Vorwort	V
Bearbeiterverzeichnis	VII
Inhaltsverzeichnis	XI
Abkürzungsverzeichnis	XV
Literaturverzeichnis	XXI

Kapitel I
Wohnungseigentumgesetz – Text 1

Kapitel II
Wohnungseigentumgesetz – Kommentar –

I. Teil	Wohnungseigentum	29
II. Teil	Dauerwohnrecht	591
III. Teil	Verfahrensvorschriften	624
IV. Teil	Ergänzende Bestimmungen	713

Kapitel III
Verordnung über Heizkostenabrechnung mit Anmerkungen 719

Kapitel IV
Weitere Rechtsvorschriften

1.	Energieeinsparverordnung	741
2.	Grundbuchordnung	802
3.	Wohnungsgrundbuchverfügung	816
4.	Abgeschlossenheitsbescheinigung	819
5.	Gesetz zur Änderung des Wohnungseigentumsgesetzes und anderer Gesetze	822

Kapitel V
Muster

A.	Mustertexte zur Begründung von Wohnungseigentum	840
B.	Mustertexte zum Verfahren in Wohnungseigentumssachen	864
C.	Mustertexte zur Verwaltung des gemeinschaftlichen Eigentums	893

Stichwortverzeichnis 909

Inhaltsverzeichnis

Vorwort V
Bearbeiterverzeichnis VII
Inhaltsübersicht IX
Abkürzungsverzeichnis XV
Literaturverzeichnis XXI

Kapitel I
Wohneigentumsgesetz
– Text –
1

Kapitel II
Wohnungseigentumgesetz
– Kommentar –

I. Teil Wohnungseigentum 29
§ 1 Begriffsbestimmungen 29

1. Abschnitt Begründung des Wohnungseigentums 35
§ 2 Arten der Begründung 35
§ 3 Vertragliche Einräumung von Sondereigentum 37
§ 4 Formvorschriften 47
§ 5 Gegenstand und Inhalt des Sondereigentums 51
§ 6 Unselbstständigkeit des Sondereigentums 64
§ 7 Grundbuchvorschriften 67
§ 8 Teilung durch den Eigentümer 78
§ 9 Schließung der Wohnungsgrundbücher 86

2. Abschnitt Gemeinschaft der Wohnungseigentümer 89
§ 10 Allgemeine Grundsätze 89
§ 11 Unauflöslichkeit der Gemeinschaft 124
§ 12 Veräußerungsbeschränkung 128
§ 13 Rechte des Wohnungseigentümers 140
§ 14 Pflichten des Wohnungseigentümers 153
§ 15 Gebrauchsregelung 172
§ 16 Nutzungen, Lasten und Kosten 185

§ 17	Anteil bei Aufhebung der Gemeinschaft	238
§ 18	Entziehung des Wohnungseigentums	241
§ 19	Wirkung des Urteils	250

3. Abschnitt Verwaltung 255
§ 20	Gliederung der Verwaltung	255
§ 21	Verwaltung durch die Wohnungseigentümer	257

Anhang zu § 21 Die Durchsetzung von Mängelrechten wegen anfänglichen Baumängeln am gemeinschaftlichen Eigentum 303

§ 22	Besondere Aufwendungen, Wiederaufbau	319
§ 23	Wohnungseigentümerversammlung	373
§ 24	Einberufung, Vorsitz, Niederschrift	394
§ 25	Mehrheitsbeschluss	418
§ 26	Bestellung und Abberufung des Verwalters	429
§ 27	Aufgaben und Befugnisse des Verwalters	473
§ 28	Wirtschaftsplan, Rechnungslegung	506
§ 29	Verwaltungsbeirat	575

4. Abschnitt Wohnungserbbaurecht 583
§ 30	[Wohnungserbbaurecht]	583

II. Teil Dauerwohnrecht 591
§ 31	Begriffsbestimmungen	591
§ 32	Voraussetzungen der Eintragung	595
§ 33	Inhalt des Dauerwohnrechts	598
§ 34	Ansprüche des Eigentümers und der Dauerwohnberechtigten	603
§ 35	Veräußerungsbeschränkung	605
§ 36	Heimfallanspruch	605
§ 37	Vermietung	609
§ 38	Eintritt in das Rechtsverhältnis	611
§ 39	Zwangsversteigerung	614
§ 40	Haftung des Entgelts	617
§ 41	Besondere Vorschriften für langfristige Dauerwohnrechte	619
§ 42	Belastung eines Erbbaurechts	622

III. Teil Verfahrensvorschriften 624
§ 43	Zuständigkeit	624
§ 44	Bezeichnung der Wohnungseigentümer in der Klageschrift	648
§ 45	Zustellung	652
§ 46	Anfechtungsklage	658
§ 47	Prozessverbindung	681
§ 48	Beiladung, Wirkung des Urteils	685

§ 49	Kostenentscheidung	690
§ 50	Kostenerstattung	701
Anhang zu § 50 § 49a GKG		705
§ 49a	Wohnungseigentumssachen	705
§§ 51 bis 58	*– weggefallen –*	712

IV. Teil Ergänzende Bestimmungen 713

§§ 59, 60	*– weggefallen –*	713
§ 61	[Heilung des Eigentumerwerbs]	713
§ 62	Übergangsvorschrift	714
§ 63	Überleitung bestehender Rechtsverhältnisse	717
§ 64	Inkrafttreten	717

Kapitel III
Verordnung über Heizkostenabrechnung mit Anmerkungen 719

Kapitel IV
Weitere Rechtsvorschriften 739

1.	Energieeinsparverordnung (EnEV)	741
2.	Grundbuchordnung	802
3.	Wohnungsgrundbuchverfügung (WGV)	816
4.	Abgeschlossenheitsbescheinigung	819
5.	Gesetz zur Änderung des Wohnungseigentumsgesetzes	822

Kapitel V
Muster

A.	**Mustertexte zur Begründung von Wohnungseigentum, Wohnungserbbaurecht und Dauerwohnrecht sowie zur Änderung von Gegenstand und Inhalt**	841
1.	Begründung des Wohnungseigentums	841
2.	Begründung des Wohnungserbbaurechts	852
3.	Änderung von Gegenstand und Inhalt	857
4.	Aufhebung des Wohnungseigentums	863
5.	Bestellung eines Dauerwohnrechts	864
B.	**Mustertexte zum Verfahren in Wohnungseigentumssachen**	865
1.	Klagemuster (Wohngeldforderung)	865
2.	Klagemuster (Beschlussanfechtung)	867
3.	Klagemuster (Herausgabe von Verwaltungsunterlagen)	869

Inhaltsverzeichnis

4.	Klagemuster (Verwalterbestellung)	871
5.	Klagemuster (Einsichtnahme Beschluss-Sammlung)	873
6.	Klagemuster (Unterlassungsklage)	875
7.	Klagemuster (Entziehungsklage)	877
8.	Klagemuster (Vollstreckungsklage)	880
9.	Einstweilige Verfügung (Unterlassung einer baulichen Veränderung) ...	882
10.	Vollstreckungsantrag	884
11.	Verbindung – Abtrennung	886
12.	Beschlussformular – Einstweilige Verfügung	887
13.	Vollstreckung gem § 877 ZPO	888
14.	Vollstreckung gem § 890 ZPO Abs 1	889
15.	Vollstreckung gem § 890 ZPO Abs 1	891
16.	Vollstreckung gem § 888 ZPO (Ersatzzwangshaft)	893

C. Mustertexte Mustertexte zur Verwaltung des gemeinschaftlichen Eigentums 894

1.	Verwaltervertrag	894
2.	Verwaltervollmacht	899
3.	Beispiel einer Herausforderung	901
4.	Einladung zu einer Eigentümerversammlung	904
5.	Vollmacht zur Vertretung in einer Eigentümerversammlung	905
6.	Beispiel einer Versammlungsniederschrift	906
7.	Beispiel einer Beschluss-Sammlung	908

Stichwortverzeichnis 909

Abkürzungsverzeichnis

aA	anderer Ansicht
aaO	am angeführten Ort
ABl	Amtsblatt
abl	ablehnend
Abs	Absatz
Abschn	Abschnitt
Abt	Abteilung
abw	abweichend
AcP	Archiv für die civilistische Praxis
aE	am Ende
aF	alte Fassung
AG	Amtsgericht
AGB	Allgemeine Geschäftsbedingungen
AGBG	G zur Regelung des Rechts der Allgemeinen Geschäftsbedingungen
AIZ	Allgemeine Immobilienzeitung
AktG	Aktiengesetz
AktO	Aktenordnung
aM	anderer Meinung
amtl Begr	amtliche Begründung
Anm	Anmerkung
AnwBl	Anwaltsblatt
ArbGG	Arbeitsgerichtsgesetz
Art	Artikel
Aufl	Auflage
AV	Allgemeine Verfügung
AVA	Allg. Verwaltungsvorschrift für die Ausstellung von Bescheinigungen gemäß § 7 Abs 4 Nr 2 und § 32 Abs 2 Nr 2 WEG
BAG	Bundesarbeitsgericht
BAnz	Bundesanzeiger
BayObLG	Bayerisches Oberstes Landesgericht
BayObLGZ	Entscheidungen des BayObLG in Zivilsachen
BB	Betriebs-Berater
BauR	Zeitschrift für das gesamte öffentliche und zivile Baurecht
BauGB	Baugesetzbuch XVIII
BdF	Bundesminister der Finanzen
Bek	Bekanntmachung
ber	berichtigt
BeurkG	Beurkundungsgesetz
BewDV	DVO zum BewG
BewG	Bewertungsgesetz
BewÄndG	Gesetz zur Änderung des Bewertungsgesetzes

Abkürzungsverzeichnis

BFH	Bundesfinanzhof
BGB	Bürgerliches Gesetzbuch
BGBl	Bundesgesetzblatt
BGH	Bundesgerichtshof
BGHZ	Amtliche Sammlung der Entscheidungen des BGH in Zivilsachen
BImSchV	Verordnungen z Durchführung d Bundes-Immissionsschutzgesetzes
BlGBW	Blätter für Grundstücks-, Bau- und Wohnungsrecht
BMietenG	Bundesmietengesetz
BMJ	Bundesminister der Justiz
BNotO	Bundesnotarordnung
BR	Bundesrat
BSHG	Bundessozialhilfegesetz
BT	Bundestag
Büro	Das juristische Büro
BVerfG	Bundesverfassungsgericht
BVerfGE	Amtliche Sammlung der Entscheidungen des BVerfG
BVerwG	Bundesverwaltungsgericht
BVO	Berechnungsverordnung
BWNotZ	Zeitschrift für das Notariat in Baden-Württemberg
bzw	beziehungsweise
DB	Der Betrieb
DBauBl	Deutsches Baublatt
dh	das heißt
Die Justiz	Amtsblatt des Justizministeriums Baden-Württemberg
DNotZ	Deutsche Notar-Zeitschrift
DStR	Deutsches Steuerrecht
DÜG	Diskontsatz-Überleitungs-Gesetz vom 9. Juni 1998 (BGBl I S 1242) = Artikel 1 EuroEG
DVBl	Deutsches Verwaltungsblatt XIX
DVO	Durchführungsverordnung
DWE	Der Wohnungseigentümer
DWW	Deutsche Wohnungswirtschaft
EGBGB	EinführungsG zum Bürgerlichen Gesetzbuch
EheG	Ehegesetz
Einl.	Einleitung
ErbbauVO	Erbbaurechtsverordnung
EStG	EinkommensteuerG
EuroEG	Gesetz zur Einführung des Euro vom 9. Juni 1998 (BGBl I S 1242)
EU-ZustellungsVO	Verordnung (EG) Nr 1348/2000 des Rates vom 29.5.2000 über die Zustellung gerichtlicher und außergerichtlicher Schriftstücke in Zivil- und Handelssachen in den Mitgliedsstaaten (ABl EG Nr L 160 S 37)
EWiR	Entscheidungen zum Wirtschaftsrecht

Abkürzungsverzeichnis

ff	folgende
fG	freiwillige Gerichtsbarkeit
FG	Finanzgericht
FGG	G über Angelegenheiten der freiwilligen Gerichtsbarkeit
FGPrax	Praxis der Freiwilligen Gerichtsbarkeit (Vereinigt mit OLGZ)
FrWW	Freie Wohnungswirtschaft
FS	Festschrift
G	Gesetz
GE	Das Grundeigentum
GBA	Grundbuchamt
GBl	Gesetzblatt
GBO	Grundbuchordnung
GBVerfWEG	Verfügung über die grundbuchmäßige Behandlung von Wohnungseigentumssachen
GBV, GBVfg	Grundbuchverfügung
GeboteVO	VO über die Behandlung von Geboten in der Zwangsversteigerung v 30.6.1941
gem	gemäß
GewO	Gewerbeordnung
GewStG	GewerbesteuerG
GG	Grundgesetz
ggf	gegebenenfalls
GKG	Gerichtskostengesetz
GmbHG	G betreffend die Gesellschaften mit beschränkter Haftung
GoA	Geschäftsführung ohne Auftrag
GrdstVG	Grundstücksverkehrsgesetz
GrESt	Grunderwerbsteuer
GrStG	Grundsteuergesetz
GVBl	Gesetz- und Verordnungsblatt
GVG	Gerichtsverfassungsgesetz
GWW	Gemeinnütziges Wohnungswesen
HansOLG	Hanseatisches Oberlandesgericht
HeizAnlV	Heizungsanlagen-Verordnung
HeizkostenV, HeizKostVO	Verordnung über die verbrauchsabhängige Abrechnung der Heiz- und Warmwasserkosten (VO über HeizkostenabrechnungHeizkostenV) v 23.2.1981 in der Fassung der Bekanntmachung v 20.1.1989 (BGBl I S 115)
hM	herrschende Meinung
HRVO	HausratsVO
Hs	Halbsatz
idF v	in der Fassung vom
idR	in der Regel
IHK	Industrie- und Handelskammer
InsO	Insolvenzordnung
InVo	Insolvenz & Vollstreckung

Abkürzungsverzeichnis

iSv	im Sinne von
ITelex	Immo-Telex (Düsseldorf)
iVm	in Verbindung mit
JBl	Justizblatt
JFG	Jahrbuch für Entscheidungen in Angelegenheiten der freiwilligen Gerichtsbarkeit und des Grundbuchrechts
JM	Justizminister
JMBl	Justizministerialblatt
JR	Juristische Rundschau
JurBüro	Das juristische Büro
JURIS	Juristisches Informationssystem
JuS	Juristische Schulung
JZ	Juristen-Zeitung
KG	Kammergericht
Klausel RL	Richtlinie 93/13/WEG des Rates vom 5.4.1993 über missbräuchliche Klauseln in Verbraucherverträgen
KO	Konkursordnung
KostVerf	Kostenverfügung vom 1.3.1976
LM	Lindenmaier/Möhring = BGH Nachschlagewerk
Ls	Leitsatz
L S	loco sigilli (an Stelle des Siegels)
MaBV	Makler- und Bauträgerverordnung
MDR	Monatsschrift für Deutsches Recht
MietRB	Der Miet-Rechts-Berater
MinBl.	Ministerialblatt
MittBayNot	Mitteilungen des Bayerischen Notarvereins, der Notarkasse und der Landesnotarkammer Bayern
MittRhNotK	Mitteilungen der Rheinischen Notarkammer
MSchG	Mieterschutzgesetz
MRK	Europäische Konvention zum Schutz der Menschenrechte
mwN	mit weiteren Nachweisen
MWSt	Mehrwertsteuer
NdsRpfl	Niedersächsische Rechtspflege
NJW	Neue Juristische Wochenschrift
NJWE-MietR	NJW-Entscheidungsdienst Miet- und Wohnungsrecht
NJW-RR	NJW-Rechtsprechungs-Report (Zivilrecht)
NZM	Neue Zeitschrift für Miet- und Wohnungsrecht
OLG	Oberlandesgericht
OLGZ	Entscheidungen der Oberlandesgerichte in Zivilsachen
PIG	Partner im Gespräch (Schriftenreihe des Evangelischen Siedlungswerkes in Deutschland e.V.) Band u. Jahrgang

RBerG	Rechtsberatungsgesetz
RG	Reichsgericht
RGBl	Reichsgesetzblatt
RGZ	Entscheidungen des Reichsgerichts in Zivilsachen, Band und Seite
Rpfl	Der Deutsche Rechtspfleger
Rspr	Rechtsprechung
RVG	Rechtsanwaltsvergütungsgesetz
Rz	Randziffer
S	Seite oder Satz
sog	sogenannt
stRspr	ständige Rechtsprechung
str	strittig
ua	unter anderem
uÄ	und Ähnliches
usw	und so weiter
UWG	Gesetz gegen den unlauteren Wettbewerb
VA	Verwaltungsanordnung
Vfg	Verfügung
vgl	vergleiche
VHG	G über die richterliche Vertragshilfe
VO	Verordnung
VOB	Verdingungsordnung für Bauleistungen
Vorb	Vorbemerkung
VV	Vergütungsverzeichnis (Anlage 1 zum RVG)
VwGO	Verwaltungsgerichtsordnung
WE	Wohnungseigentum (Zeitschrift)
WEG	Wohnungseigentumsgesetz
WEG-Gericht	das für Wohnungseigentumssachen zuständige Gericht
WEM	Wohnungseigentümermagazin
WErbbR	Wohnungserbbaurecht
WEZ	Zeitschrift für Wohnungseigentumsrecht (1987–1988)
WGV	Wohnungsgrundbuchverfügung
WM	Wertpapier-Mitteilungen
WoBauG	Wohnungsbaugesetz
WKSchG	Wohnraumkündigungsschutzgesetz
WuM	Wohnungswirtschaft und Mietrecht
WoVermG	Wohnungsvermittlungsgesetz
zB	zum Beispiel
ZEV	Zeitschrift für Erbrecht und Vermögensnachfolge
ZfBR	Zeitschrift für deutsches und internationales Baurecht
ZIP	Zeitschrift für Wirtschaftsrecht
ZMR	Zeitschrift für Miet- und Raumrecht

Abkürzungsverzeichnis

ZPO	Zivilprozessordnung
ZRP	Zeitschrift für Rechtspolitik
ZVG	G über die Zwangsversteigerung und die Zwangsverwaltung
ZWE	Zeitschrift für Wohnungseigentum
ZwVMaßnG	G über Maßnahmen auf dem Gebiete der Zwangsvollstreckung
ZZP	Zeitschrift für Zivilprozess

Literaturverzeichnis

Abramenko/*Bearbeiter* Handbuch WEG, 2009
AnwKomm/*Bearbeiter* AnwaltKommentar, Band 3, Sachenrecht, WEG bearbeitet von *Heinemann* und *Schultzky*
Bärmann/*Bearbeiter* WEG, 10. Aufl., 2009
Bärmann Wohnungseigentum, Kurzlehrbuch, 1991
Bärmann/Pick WEG, 18. Aufl. 2007
Bärmann/Seuß Praxis des Wohnungseigentums mit Formularen und Mustern, 4. Aufl. 1997
Balser/Rühlicke/Roser Handbuch des Grundstücksverkehrs, 3. Aufl. 1989
Baumbach/Lauterbach Baumbach/Lauterbach/Albers/Hartmann, Zivilprozeßordnung, 67. Aufl. 2009
Becker Die Teilnahme ab der Versammlung der Wohnungseigentümer, 1996
Becker/Kümmel/Ott Wohnungseigentum, 2003
Bielefeld Der Wohnungseigentümer, 8. Aufl. 2008
Bogen Die Amtsniederlegung des Verwalters, 2002
Buck Mehrheitsentscheidungen mit Vereinbarungsinhalt im Wohnungseigentumsrecht, 2001
Bub/von der Osten Wohnungseigentum von A–Z, 7. Aufl. 2004
Bub Rechnungswesen Das Finanz- und Rechnungswesen der Wohnungseigentümergemeinschaft, 2. Aufl. 1996
Deckert Die Eigentumswohnung, Loseblattsammlung, 1981 ff
Diester Rspr. Diester, Die Rechtsprechung zum Wohnungseigentumsgesetz, 1967
ders Wichtige Rechtsfragen des Wohnungseigentums unter Berücksichtigung der Novellierung des WEG, 1974
Drasdo Die Eigentümerversammlung nach WEG, 4. Aufl. 2009
Gottschalg Die Haftung von Verwalter und Beirat in der Wohnungseigentümergemeinschaft, 3. Aufl. 2009
Greiner Wohnungseigentumsrecht, 2007
Häublein Sondernutzungsrechte und ihre Begründung im Wohnungseigentumsrecht, 2003
HK-InsO/*Bearbeiter* Heidelberger-Kommentar zur Insolvenzordnung, 5. Aufl. 2008
Hock/Mayer/Hilbert/Deimann Immobiliarvollstreckung, 4. Aufl. 2008
Hüffer Kommentar zum AktG, 8. Aufl. 2008
Jennißen WEG, 2008
ders Die Verwalterabrechnung nach dem Wohnungseigentumsgesetz, 6. Aufl. 2009
Junker Die Gesellschaft nach dem Wohnungseigentumsgesetz, 1993
Kefferpütz Stimmrechtsschranken im Wohnungseigentumsrecht, 1994
Köhler Das neue WEG, 2007
Köhler/Bassenge Anwaltshandbuch Wohnungseigentumsrecht, 2. Aufl. 2009
Kümmel Die Bindung der Wohnungseigentümer und deren Rechtsnachfolger an Vereinbarungen, Beschlüsse und Rechtshandlungen nach § 10 WEG, 2002
Lammel Mietrecht Wohnraummietrecht, 2. Aufl. 2002

Literaturverzeichnis

Maroldt Die Rechtsfolgen einer Rechtsfähigkeit der Gemeinschaft der Wohnungseigentümer, 2004
Merle Das Wohnungseigentum im System des bürgerlichen Rechts, 1979
Müller Praktische Fragen des Wohnungseigentums, 4. Aufl. 2004
MünchKomm-AktG/*Bearbeiter* Kommentar zum AktG, 2. Aufl. 2000–2006
MünchKomm-BGB/*Bearbeiter* Kommentar zum BGB mit Wohnungseigentumsgesetz, 5. Aufl. 2009 ff
MünchKomm-InsO/*Bearbeiter* Kommentar zur InsO, 2. Aufl. 2008
MünchKomm-ZPO/*Bearbeiter* Kommentar zur ZPO; 3. Aufl. 2007
Musielak/Bearbeiter Kommentar zur ZPO, 7. Aufl. 2009
Ott Das Sondernutzungsrecht im Wohnungseigentum, 2000
Palandt/Bearbeiter Kommentar zum BGB, 68. Aufl. 2009, WEG
RGRK/Bearbeiter Kommentar zum BGB, 12. Aufl. 1974 ff
Reichert Die Rechtsstellung des Verwalters nach Beendigung des Verwaltungsverhältnisses, 2004
Riecke/Schmid Fachanwaltskommentar Wohnungseigentumsrecht, 2. Aufl. 2008
Riecke/Schmidt/Elzer Die erfolgreiche Eigentümerversammlung, 4. Aufl. 2006
Röll/Sauren Handbuch für Wohnungseigentümer und Verwalter, 9. Aufl. 2008
Sauren Wohnungseigentumsgesetz (WEG), 5. Aufl. 2008
Schmack Dingliche Rechte am Wohnungseigentum und Rechtsgeschäfte der Wohnungseigentümer untereinander, 2001
Seuß Die Eigentumswohnung, 12. Aufl. 2008
Soergel/*Bearbeiter* Kommentar zum BGB, 12. Aufl. 1987 ff., 13. Aufl. 2000 ff.
Staudinger/*Bearbeiter* Kommentar zum BGB, 13. Aufl. 1993 ff; WEG 2005, 2 Teilbände
Stein/Jonas/*Bearbeiter* Kommentar zur ZPO, 22. Aufl. 2002–2006
Stöber Kommentar zum ZVG, 19. Aufl. 2009
Strecker Kompetenzen in der Gemeinschaft der Wohnungseigentümer, 2004
Suilmann Das Beschlussmängelverfahren im Wohnungseigentumsrecht, 1998
Thomas/Putzo Kommentar zur ZPO, 30. Aufl. 2009
Ulmer/*Bearbeiter* Kommentar zum AGB-Recht, 10. Aufl. 2006
Wendel Der Anspruch auf Zustimmung zur Änderung der Gemeinschaftsordnung, 2002
Weitnauer/*Bearbeiter* WEG-Kommentar, 9. Aufl. 2005
Wolf/Lindacher/Pfeiffer AGB-Recht, 5. Aufl. 2009
Zimmermann ZPO, Kommentar anhand der höchstrichterlichen Rechtsprechung, 5. Aufl. 1998
Zöller/*Bearbeiter* Kommentar zur ZPO, 27. Aufl. 2009

Kapitel I

Gesetz über das Wohnungseigentum und das Dauerwohnrecht (Wohnungseigentumsgesetz)

vom 15.3.1951 (BGBl. I S. 175),
zuletzt geändert durch Art. 9 G vom 7.7.2009 (BGBl. I S. 1707)

I. Teil
Wohnungseigentum

§ 1 Begriffsbestimmungen

(1) Nach Maßgabe dieses Gesetzes kann an Wohnungen das Wohnungseigentum, an nicht zu Wohnzwecken dienenden Räumen eines Gebäudes das Teileigentum begründet werden.

(2) Wohnungseigentum ist das Sondereigentum an einer Wohnung in Verbindung mit dem Miteigentumsanteil an dem gemeinschaftlichen Eigentum, zu dem es gehört.

(3) Teileigentum ist das Sondereigentum an nicht zu Wohnzwecken dienenden Räumen eines Gebäudes in Verbindung mit dem Miteigentumsanteil an dem gemeinschaftlichen Eigentum, zu dem es gehört.

(4) Wohnungseigentum und Teileigentum können nicht in der Weise begründet werden, dass das Sondereigentum mit Miteigentum an mehreren Grundstücken verbunden wird.

(5) Gemeinschaftliches Eigentum im Sinne dieses Gesetzes sind das Grundstück sowie die Teile, Anlagen und Einrichtungen des Gebäudes, die nicht im Sondereigentum oder im Eigentum eines Dritten stehen.

(6) Für das Teileigentum gelten die Vorschriften über das Wohnungseigentum entsprechend.

1. Abschnitt
Begründung des Wohnungseigentums

§ 2 Arten der Begründung

Wohnungseigentum wird durch die vertragliche Einräumung von Sondereigentum (§ 3) oder durch Teilung (§ 8) begründet.

§ 3 Vertragliche Einräumung von Sondereigentum

(1) Das Miteigentum (§ 1008 des Bürgerlichen Gesetzbuchs) an einem Grundstück kann durch Vertrag der Miteigentümer in der Weise beschränkt werden, dass jedem der Miteigentümer abweichend von § 93 des Bürgerlichen Gesetzbuchs das Sondereigentum an einer bestimmten Wohnung oder an nicht zu Wohnzwecken dienenden bestimmten Räumen in einem auf dem Grundstück errichteten oder zu errichtenden Gebäude eingeräumt wird.

(2) Sondereigentum soll nur eingeräumt werden, wenn die Wohnungen oder sonstigen Räume in sich abgeschlossen sind. Garagenstellplätze gelten als abgeschlossene Räume, wenn ihre Flächen durch dauerhafte Markierungen ersichtlich sind.

(3) *(weggefallen)*

§ 4 Formvorschriften

(1) Zur Einräumung und zur Aufhebung des Sondereigentums ist die Einigung der Beteiligten über den Eintritt der Rechtsänderung und die Eintragung in das Grundbuch erforderlich.

(2) Die Einigung bedarf der für die Auflassung vorgeschriebenen Form. Sondereigentum kann nicht unter einer Bedingung oder Zeitbestimmung eingeräumt oder aufgehoben werden.

(3) Für einen Vertrag, durch den sich ein Teil verpflichtet, Sondereigentum einzuräumen, zu erwerben oder aufzuheben, gilt § 311b Abs. 1 des Bürgerlichen Gesetzbuchs entsprechend.

§ 5 Gegenstand und Inhalt des Sondereigentums

(1) Gegenstand des Sondereigentums sind die gemäß § 3 Abs. 1 bestimmten Räume sowie die zu diesen Räumen gehörenden Bestandteile des Gebäudes, die verändert, beseitigt oder eingefügt werden können, ohne dass dadurch das gemeinschaftliche Eigentum oder ein auf Sondereigentum beruhendes Recht eines anderen Wohnungseigentümers über das nach § 14 zulässige Maß hinaus beeinträchtigt oder die äußere Gestaltung des Gebäudes verändert wird.

(2) Teile des Gebäudes, die für dessen Bestand oder Sicherheit erforderlich sind, sowie Anlagen und Einrichtungen, die dem gemeinschaftlichen Gebrauch der Wohnungseigentümer dienen, sind nicht Gegenstand des Sondereigentums, selbst wenn sie sich im Bereich der im Sondereigentum stehenden Räume befinden.

(3) Die Wohnungseigentümer können vereinbaren, dass Bestandteile des Gebäudes, die Gegenstand des Sondereigentums sein können, zum gemeinschaftlichen Eigentum gehören.

(4) Vereinbarungen über das Verhältnis der Wohnungseigentümer untereinander können nach den Vorschriften des 2. und 3. Abschnitts zum Inhalt des Sondereigentums gemacht werden. Ist das Wohnungseigentum mit der Hypothek, Grund- oder Rentenschuld oder der Reallast eines Dritten belastet, so ist dessen nach anderen Rechtsvorschriften notwendige Zustimmung zu der Vereinbarung nur erforderlich, wenn ein Sondernutzungsrecht begründet oder ein mit dem Wohnungseigentum verbundenes Sondernutzungsrecht aufgehoben, geändert oder übertragen wird. Bei der Begründung eines Sondernutzungsrechts ist die Zustimmung des Dritten nicht erforderlich, wenn durch die Vereinbarung gleichzeitig das zu seinen Gunsten belastete Wohnungseigentum mit einem Sondernutzungsrecht verbunden wird.

§ 6 Unselbstständigkeit des Sondereigentums

(1) Das Sondereigentum kann ohne den Miteigentumsanteil, zu dem es gehört, nicht veräußert oder belastet werden.

(2) Rechte an dem Miteigentumsanteil erstrecken sich auf das zu ihm gehörende Sondereigentum.

§ 7 Grundbuchvorschriften

(1) Im Falle des § 3 Abs. 1 wird für jeden Miteigentumsanteil von Amts wegen ein besonderes Grundbuchblatt (Wohnungsgrundbuch, Teileigentumsgrundbuch) angelegt. Auf diesem ist das zu dem Miteigentumsanteil gehörende Sondereigentum und als Beschränkung des Miteigentums die Einräumung der zu den anderen Miteigentumsanteilen gehörenden Sondereigentumsrechte einzutragen. Das Grundbuchblatt des Grundstücks wird von Amts wegen geschlossen.

(2) Von der Anlegung besonderer Grundbuchblätter kann abgesehen werden, wenn hiervon Verwirrung nicht zu besorgen ist. In diesem Fall ist das Grundbuchblatt als gemeinschaftliches Wohnungsgrundbuch (Teileigentumsgrundbuch) zu bezeichnen.

(3) Zur näheren Bezeichnung des Gegenstands und des Inhalts des Sondereigentums kann auf die Eintragungsbewilligung Bezug genommen werden.

(4) Der Eintragungsbewilligung sind als Anlagen beizufügen:
1. eine von der Baubehörde mit Unterschrift und Siegel oder Stempel versehene Bauzeichnung, aus der die Aufteilung des Gebäudes sowie die Lage und Größe der im Sondereigentum und der im gemeinschaftlichen Eigentum stehenden Gebäudeteile ersichtlich ist (Aufteilungsplan); alle zu demselben Wohnungseigentum gehörenden Einzelräume sind mit der jeweils gleichen Nummer zu kennzeichnen;
2. eine Bescheinigung der Baubehörde, dass die Voraussetzungen des § 3 Abs. 2 vorliegen.

Wenn in der Eintragungsbewilligung für die einzelnen Sondereigentumsrechte Nummern angegeben werden, sollen sie mit denen des Aufteilungsplans übereinstimmen. Die Landesregierungen können durch Rechtsverordnung bestimmen, dass und in welchen Fällen der Aufteilungsplan (Satz 1 Nr. 1) und die Abgeschlossenheit (Satz 1 Nr. 2) von einem öffentlich bestellten oder anerkannten Sachverständigen für das Bauwesen statt von der Baubehörde ausgefertigt und bescheinigt werden. Werden diese Aufgaben von dem Sachverständigen wahrgenommen, so gelten die Bestimmungen der Allgemeinen Verwaltungsvorschrift für die Ausstellung von Bescheinigungen gemäß § 7 Abs. 4 Nr. 2 und § 32 Abs. 2 Nr. 2 des Wohnungseigentumsgesetzes vom 19. März 1974 (BAnz. Nr. 58 vom 23. März 1974) entsprechend. In diesem Fall bedürfen die Anlagen nicht der Form des § 29 der Grundbuchordnung. Die Landesregierungen können die Ermächtigung durch Rechtsverordnung auf die Landesbauverwaltungen übertragen.

(5) Für Teileigentumsgrundbücher gelten die Vorschriften über Wohnungsgrundbücher entsprechend.

§ 8 Teilung durch den Eigentümer

(1) Der Eigentümer eines Grundstücks kann durch Erklärung gegenüber dem Grundbuchamt das Eigentum an dem Grundstück in Miteigentumsanteile in der Weise teilen, dass mit jedem Anteil das Sondereigentum an einer bestimmten Wohnung oder an nicht zu Wohnzwecken dienenden bestimmten Räumen in einem auf dem Grundstück errichteten oder zu errichtenden Gebäude verbunden ist.

(2) Im Falle des Absatzes 1 gelten die Vorschriften des § 3 Abs. 2 und der §§ 5, 6, § 7 Abs. 1, 3 bis 5 entsprechend. Die Teilung wird mit der Anlegung der Wohnungsgrundbücher wirksam.

§ 9 Schließung der Wohnungsgrundbücher

(1) Die Wohnungsgrundbücher werden geschlossen:
1. von Amts wegen, wenn die Sondereigentumsrechte gemäß § 4 aufgehoben werden;
2. auf Antrag sämtlicher Wohnungseigentümer, wenn alle Sondereigentumsrechte durch völlige Zerstörung des Gebäudes gegenstandslos geworden sind und der Nachweis hierfür durch eine Bescheinigung der Baubehörde erbracht ist;
3. auf Antrag des Eigentümers, wenn sich sämtliche Wohnungseigentumsrechte in einer Person vereinigen.

(2) Ist ein Wohnungseigentum selbstständig mit dem Recht eines Dritten belastet, so werden die allgemeinen Vorschriften, nach denen zur Aufhebung des Sondereigentums die Zustimmung des Dritten erforderlich ist, durch Absatz 1 nicht berührt.

(3) Werden die Wohnungsgrundbücher geschlossen, so wird für das Grundstück ein Grundbuchblatt nach den allgemeinen Vorschriften angelegt; die Sondereigentumsrechte erlöschen, soweit sie nicht bereits aufgehoben sind, mit der Anlegung des Grundbuchblatts.

2. Abschnitt
Gemeinschaft der Wohnungseigentümer

§ 10 Allgemeine Grundsätze

(1) Inhaber der Rechte und Pflichten nach den Vorschriften dieses Gesetzes, insbesondere des Sondereigentums und des gemeinschaftlichen Eigentums, sind die Wohnungseigentümer, soweit nicht etwas anderes ausdrücklich bestimmt ist.

(2) Das Verhältnis der Wohnungseigentümer untereinander bestimmt sich nach den Vorschriften dieses Gesetzes und, soweit dieses Gesetz keine besonderen Bestimmungen enthält, nach den Vorschriften des Bürgerlichen Gesetzbuchs über die Gemeinschaft. Die Wohnungseigentümer können von den Vorschriften dieses Gesetzes abweichende Vereinbarungen treffen, soweit nicht etwas anderes ausdrücklich bestimmt ist. Jeder Wohnungseigentümer kann eine vom Gesetz abweichende Vereinbarung oder die Anpassung einer Vereinbarung verlangen, soweit ein Festhalten an der geltenden Regelung aus schwerwiegenden Gründen unter Berücksichtigung aller Umstände des Einzelfalles, insbesondere der Rechte und Interessen der anderen Wohnungseigentümer, unbillig erscheint.

(3) Vereinbarungen, durch die die Wohnungseigentümer ihr Verhältnis untereinander in Ergänzung oder Abweichung von Vorschriften dieses Gesetzes regeln, sowie die Abänderung oder Aufhebung solcher Vereinbarungen wirken gegen den Sondernachfolger eines Wohnungseigentümers nur, wenn sie als Inhalt des Sondereigentums im Grundbuch eingetragen sind.

(4) Beschlüsse der Wohnungseigentümer gemäß § 23 und gerichtliche Entscheidungen in einem Rechtsstreit gemäß § 43 bedürfen zu ihrer Wirksamkeit gegen den Sondernachfolger eines Wohnungseigentümers nicht der Eintragung in das Grundbuch. Dies gilt auch für die gemäß § 23 Abs. 1 aufgrund einer Vereinbarung gefassten Beschlüsse, die vom Gesetz abweichen oder eine Vereinbarung ändern.

(5) Rechtshandlungen in Angelegenheiten, über die nach diesem Gesetz oder nach einer Vereinbarung der Wohnungseigentümer durch Stimmenmehrheit beschlossen werden kann, wirken, wenn sie auf Grund eines mit solcher Mehrheit gefassten Beschlusses vorgenommen werden, auch für und gegen die Wohnungseigentümer, die gegen den Beschluss gestimmt oder an der Beschlussfassung nicht mitgewirkt haben.

(6) Die Gemeinschaft der Wohnungseigentümer kann im Rahmen der gesamten Verwaltung des gemeinschaftlichen Eigentums gegenüber Dritten und Wohnungseigentümern selbst Rechte erwerben und Pflichten eingehen. Sie ist Inhaberin der als Gemeinschaft gesetzlich begründeten und rechtsgeschäftlich erworbenen Rechte und Pflichten. Sie übt die gemeinschaftsbezogenen Rechte der Wohnungseigentümer aus und nimmt die gemeinschaftsbezogenen Pflichten der Wohnungseigentümer wahr, ebenso sonstige Rechte und Pflichten der Wohnungseigentümer, soweit diese gemeinschaftlich geltend gemacht werden können oder zu erfüllen sind. Die Gemeinschaft muss die Bezeichnung „Wohnungseigentümergemeinschaft" gefolgt von der bestimmten Angabe des gemeinschaftlichen Grundstücks führen. Sie kann vor Gericht klagen und verklagt werden.

(7) Das Verwaltungsvermögen gehört der Gemeinschaft der Wohnungseigentümer. Es besteht aus den im Rahmen der gesamten Verwaltung des gemeinschaftlichen Eigentums gesetzlich begründeten und rechtsgeschäftlich erworbenen Sachen und Rechten sowie den entstandenen Verbindlichkeiten. Zu dem Verwaltungsvermögen gehören insbesondere die Ansprüche und Befugnisse aus Rechtsverhältnissen mit Dritten und mit Wohnungseigentümern sowie die eingenommenen Gelder. Vereinigen sich sämtliche Wohnungseigentumsrechte in einer Person, geht das Verwaltungsvermögen auf den Eigentümer des Grundstücks über.

(8) Jeder Wohnungseigentümer haftet einem Gläubiger nach dem Verhältnis seines Miteigentumsanteils (§ 16 Abs. 1 Satz 2) für Verbindlichkeiten der Gemeinschaft der Wohnungseigentümer, die während seiner Zugehörigkeit zur Gemeinschaft entstanden oder während dieses Zeitraums fällig geworden sind; für die Haftung nach Veräußerung des Wohnungseigentums ist § 160 des Handelsgesetzbuches entsprechend anzuwenden. Er kann gegenüber einem Gläubiger neben den in seiner Person begründeten auch die der Gemeinschaft zustehenden Einwendungen und Einreden geltend machen, nicht aber seine Einwendungen und Einreden gegenüber der Gemeinschaft. Für die Einrede der Anfechtbarkeit und Aufrechenbarkeit ist § 770 des Bürgerlichen Gesetzbuches entsprechend anzuwenden. Die Haftung eines Wohnungseigentümers gegenüber der Gemeinschaft wegen nicht ordnungsmäßiger Verwaltung bestimmt sich nach Satz 1.

§ 11 Unauflöslichkeit der Gemeinschaft

(1) Kein Wohnungseigentümer kann die Aufhebung der Gemeinschaft verlangen. Dies gilt auch für eine Aufhebung aus wichtigem Grund. Eine abweichende Vereinbarung ist nur für den Fall zulässig, dass das Gebäude ganz oder teilweise zerstört wird und eine Verpflichtung zum Wiederaufbau nicht besteht.

(2) Das Recht eines Pfändungsgläubigers (§ 751 des Bürgerlichen Gesetzbuchs) sowie das im Insolvenzverfahren bestehende Recht (§ 84 Abs. 2 der Insolvenzordnung), die Aufhebung der Gemeinschaft zu verlangen, ist ausgeschlossen.

(3) Ein Insolvenzverfahren über das Verwaltungsvermögen der Gemeinschaft findet nicht statt.

§ 12 Veräußerungsbeschränkung

(1) Als Inhalt des Sondereigentums kann vereinbart werden, dass ein Wohnungseigentümer zur Veräußerung seines Wohnungseigentums der Zustimmung anderer Wohnungseigentümer oder eines Dritten bedarf.

(2) Die Zustimmung darf nur aus einem wichtigen Grund versagt werden. Durch Vereinbarung gemäß Absatz 1 kann dem Wohnungseigentümer darüber hinaus für bestimmte Fälle ein Anspruch auf Erteilung der Zustimmung eingeräumt werden.

(3) Ist eine Vereinbarung gemäß Absatz 1 getroffen, so ist eine Veräußerung des Wohnungseigentums und ein Vertrag, durch den sich der Wohnungseigentümer zu einer solchen Veräußerung verpflichtet, unwirksam, solange nicht die erforderliche Zustimmung erteilt ist. Einer rechtsgeschäftlichen Veräußerung steht eine Veräußerung im Wege der Zwangsvollstreckung oder durch den Insolvenzverwalter gleich.

(4) Die Wohnungseigentümer können durch Stimmenmehrheit beschließen, dass eine Veräußerungsbeschränkung gemäß Absatz 1 aufgehoben wird. Diese Befugnis kann durch Vereinbarung der Wohnungseigentümer nicht eingeschränkt oder ausgeschlossen werden. Ist ein Beschluss gemäß Satz 1 gefasst, kann die Veräußerungsbeschränkung im Grundbuch gelöscht werden. Der Bewilligung gemäß § 19 der Grundbuchordnung bedarf es nicht, wenn der Beschluss gemäß Satz 1 nachgewiesen wird. Für diesen Nachweis ist § 26 Abs. 3 entsprechend anzuwenden.

§ 13 Rechte des Wohnungseigentümers

(1) Jeder Wohnungseigentümer kann, soweit nicht das Gesetz oder Rechte Dritter entgegenstehen, mit den im Sondereigentum stehenden Gebäudeteilen nach Belieben verfahren, insbesondere diese bewohnen, vermieten, verpachten oder in sonstiger Weise nutzen, und andere von Einwirkungen ausschließen.

(2) Jeder Wohnungseigentümer ist zum Mitgebrauch des gemeinschaftlichen Eigentums nach Maßgabe der §§ 14, 15 berechtigt. An den sonstigen Nutzungen des gemeinschaftlichen Eigentums gebührt jedem Wohnungseigentümer ein Anteil nach Maßgabe des § 16.

§ 14 Pflichten des Wohnungseigentümers

Jeder Wohnungseigentümer ist verpflichtet:
1. die im Sondereigentum stehenden Gebäudeteile so instand zu halten und von diesen sowie von dem gemeinschaftlichen Eigentum nur in solcher Weise Gebrauch zu machen, dass dadurch keinem der anderen Wohnungseigentümer über das bei einem geordneten Zusammenleben unvermeidliche Maß hinaus ein Nachteil erwächst;
2. für die Einhaltung der in Nummer 1 bezeichneten Pflichten durch Personen zu sorgen, die seinem Hausstand oder Geschäftsbetrieb angehören oder denen er sonst die Benutzung der im Sonder- oder Miteigentum stehenden Grundstücks- oder Gebäudeteile überlässt;

3. Einwirkungen auf die im Sondereigentum stehenden Gebäudeteile und das gemeinschaftliche Eigentum zu dulden, soweit sie auf einem nach Nummer 1, 2 zulässigen Gebrauch beruhen;
4. das Betreten und die Benutzung der im Sondereigentum stehenden Gebäudeteile zu gestatten, soweit dies zur Instandhaltung und Instandsetzung des gemeinschaftlichen Eigentums erforderlich ist; der hierdurch entstehende Schaden ist zu ersetzen.

§ 15 Gebrauchsregelung

(1) Die Wohnungseigentümer können den Gebrauch des Sondereigentums und des gemeinschaftlichen Eigentums durch Vereinbarung regeln.

(2) Soweit nicht eine Vereinbarung nach Absatz 1 entgegensteht, können die Wohnungseigentümer durch Stimmenmehrheit einen der Beschaffenheit der im Sondereigentum stehenden Gebäudeteile und des gemeinschaftlichen Eigentums entsprechenden ordnungsmäßigen Gebrauch beschließen.

(3) Jeder Wohnungseigentümer kann einen Gebrauch der im Sondereigentum stehenden Gebäudeteile und des gemeinschaftlichen Eigentums verlangen, der dem Gesetz, den Vereinbarungen und Beschlüssen und, soweit sich die Regelung hieraus nicht ergibt, dem Interesse der Gesamtheit der Wohnungseigentümer nach billigem Ermessen entspricht.

§ 16 Nutzungen, Lasten und Kosten

(1) Jedem Wohnungseigentümer gebührt ein seinem Anteil entsprechender Bruchteil der Nutzungen des gemeinschaftlichen Eigentums. Der Anteil bestimmt sich nach dem gemäß § 47 der Grundbuchordnung im Grundbuch eingetragenen Verhältnis der Miteigentumsanteile.

(2) Jeder Wohnungseigentümer ist den anderen Wohnungseigentümern gegenüber verpflichtet, die Lasten des gemeinschaftlichen Eigentums sowie die Kosten der Instandhaltung, Instandsetzung, sonstigen Verwaltung und eines gemeinschaftlichen Gebrauchs des gemeinschaftlichen Eigentums nach dem Verhältnis seines Anteils (Absatz 1 Satz 2) zu tragen.

(3) Die Wohnungseigentümer können abweichend von Absatz 2 durch Stimmenmehrheit beschließen, dass die Betriebskosten des gemeinschaftlichen Eigentums oder des Sondereigentums im Sinne des § 556 Abs. 1 des Bürgerlichen Gesetzbuches, die nicht unmittelbar gegenüber Dritten abgerechnet werden, und die Kosten der Verwaltung nach Verbrauch oder Verursachung erfasst und nach diesem oder nach einem anderen Maßstab verteilt werden, soweit dies ordnungsmäßiger Verwaltung entspricht.

(4) Die Wohnungseigentümer können im Einzelfall zur Instandhaltung oder Instandsetzung im Sinne des § 21 Abs. 5 Nr. 2 oder zu baulichen Veränderungen oder Aufwendungen im Sinne des § 22 Abs. 1 und 2 durch Beschluss die Kostenverteilung abweichend von Absatz 2 regeln, wenn der abweichende Maßstab dem Gebrauch oder der Möglichkeit des Gebrauchs durch die Wohnungseigentümer Rechnung trägt. Der Beschluss zur Regelung der Kostenverteilung nach Satz 1 bedarf einer Mehrheit

von drei Viertel aller stimmberechtigten Wohnungseigentümer im Sinne des § 25 Abs. 2 und mehr als der Hälfte aller Miteigentumsanteile.

(5) Die Befugnisse im Sinne der Absätze 3 und 4 können durch Vereinbarung der Wohnungseigentümer nicht eingeschränkt oder ausgeschlossen werden.

(6) Ein Wohnungseigentümer, der einer Maßnahme nach § 22 Abs. 1 nicht zugestimmt hat, ist nicht berechtigt, einen Anteil an Nutzungen, die auf einer solchen Maßnahme beruhen, zu beanspruchen; er ist nicht verpflichtet, Kosten, die durch eine solche Maßnahme verursacht sind, zu tragen. Satz 1 ist bei einer Kostenverteilung gemäß Absatz 4 nicht anzuwenden.

(7) Zu den Kosten der Verwaltung im Sinne des Absatzes 2 gehören insbesondere Kosten eines Rechtsstreits gemäß § 18 und der Ersatz des Schadens im Falle des § 14 Nr. 4.

(8) Kosten eines Rechtsstreits gemäß § 43 gehören nur dann zu den Kosten der Verwaltung im Sinne des Absatzes 2, wenn es sich um Mehrkosten gegenüber der gesetzlichen Vergütung eines Rechtsanwalts aufgrund einer Vereinbarung über die Vergütung (§ 27 Abs. 2 Nr. 4, Abs. 3 Nr. 6) handelt.

§ 17 Anteil bei Aufhebung der Gemeinschaft

Im Falle der Aufhebung der Gemeinschaft bestimmt sich der Anteil der Miteigentümer nach dem Verhältnis des Wertes ihrer Wohnungseigentumsrechte zur Zeit der Aufhebung der Gemeinschaft. Hat sich der Wert eines Miteigentumsanteils durch Maßnahmen verändert, deren Kosten der Wohnungseigentümer nicht getragen hat, so bleibt eine solche Veränderung bei der Berechnung des Wertes dieses Anteils außer Betracht.

§ 18 Entziehung des Wohnungseigentums

(1) Hat ein Wohnungseigentümer sich einer so schweren Verletzung der ihm gegenüber anderen Wohnungseigentümern obliegenden Verpflichtungen schuldig gemacht, dass diesen die Fortsetzung der Gemeinschaft mit ihm nicht mehr zugemutet werden kann, so können die anderen Wohnungseigentümer von ihm die Veräußerung seines Wohnungseigentums verlangen. Die Ausübung des Entziehungsrechts steht der Gemeinschaft der Wohnungseigentümer zu, soweit es sich nicht um eine Gemeinschaft handelt, die nur aus zwei Wohnungseigentümern besteht.

(2) Die Voraussetzungen des Absatzes 1 liegen insbesondere vor, wenn
1. der Wohnungseigentümer trotz Abmahnung wiederholt gröblich gegen die ihm nach § 14 obliegenden Pflichten verstößt;
2. der Wohnungseigentümer sich mit der Erfüllung seiner Verpflichtungen zur Lasten- und Kostentragung (§ 16 Abs. 2) in Höhe eines Betrags, der drei vom Hundert des Einheitswerts seines Wohnungseigentums übersteigt, länger als drei Monate in Verzug befindet; in diesem Fall steht § 30 der Abgabenordnung einer Mitteilung des Einheitswerts an die Gemeinschaft der Wohnungseigentümer oder, soweit die Gemeinschaft nur aus zwei Wohnungseigentümern besteht, an den anderen Wohnungseigentümer nicht entgegen.

(3) Über das Verlangen nach Absatz 1 beschließen die Wohnungseigentümer durch Stimmenmehrheit. Der Beschluss bedarf einer Mehrheit von mehr als der Hälfte der stimmberechtigten Wohnungseigentümer. Die Vorschriften des § 25 Abs. 3, 4 sind in diesem Fall nicht anzuwenden.

(4) Der in Absatz 1 bestimmte Anspruch kann durch Vereinbarung der Wohnungseigentümer nicht eingeschränkt oder ausgeschlossen werden.

§ 19 Wirkung des Urteils

(1) Das Urteil, durch das ein Wohnungseigentümer zur Veräußerung seines Wohnungseigentums verurteilt wird, berechtigt jeden Miteigentümer zur Zwangsvollstreckung entsprechend den Vorschriften des Ersten Abschnitts des Gesetzes über die Zwangsversteigerung und die Zwangsverwaltung. Die Ausübung dieses Rechts steht der Gemeinschaft der Wohnungseigentümer zu, soweit es sich nicht um eine Gemeinschaft handelt, die nur aus zwei Wohnungseigentümern besteht.

(2) Der Wohnungseigentümer kann im Falle des § 18 Abs. 2 Nr. 2 bis zur Erteilung des Zuschlags die in Absatz 1 bezeichnete Wirkung des Urteils dadurch abwenden, dass er die Verpflichtungen, wegen deren Nichterfüllung er verurteilt ist, einschließlich der Verpflichtung zum Ersatz der durch den Rechtsstreit und das Versteigerungsverfahren entstandenen Kosten sowie die fälligen weiteren Verpflichtungen zur Lasten- und Kostentragung erfüllt.

(3) Ein gerichtlicher oder vor einer Gütestelle geschlossener Vergleich, durch den sich der Wohnungseigentümer zur Veräußerung seines Wohnungseigentums verpflichtet, steht dem in Absatz 1 bezeichneten Urteil gleich.

3. Abschnitt
Verwaltung

§ 20 Gliederung der Verwaltung

(1) Die Verwaltung des gemeinschaftlichen Eigentums obliegt den Wohnungseigentümern nach Maßgabe der §§ 21 bis 25 und dem Verwalter nach Maßgabe der §§ 26 bis 28, im Falle der Bestellung eines Verwaltungsbeirats auch diesem nach Maßgabe des § 29.

(2) Die Bestellung eines Verwalters kann nicht ausgeschlossen werden.

§ 21 Verwaltung durch die Wohnungseigentümer

(1) Soweit nicht in diesem Gesetz oder durch Vereinbarung der Wohnungseigentümer etwas anderes bestimmt ist, steht die Verwaltung des gemeinschaftlichen Eigentums den Wohnungseigentümern gemeinschaftlich zu.

(2) Jeder Wohnungseigentümer ist berechtigt, ohne Zustimmung der anderen Wohnungseigentümer die Maßnahmen zu treffen, die zur Abwendung eines dem gemeinschaftlichen Eigentum unmittelbar drohenden Schadens notwendig sind.

(3) Soweit die Verwaltung des gemeinschaftlichen Eigentums nicht durch Vereinbarung der Wohnungseigentümer geregelt ist, können die Wohnungseigentümer eine der

Beschaffenheit des gemeinschaftlichen Eigentums entsprechende ordnungsmäßige Verwaltung durch Stimmenmehrheit beschließen.

(4) Jeder Wohnungseigentümer kann eine Verwaltung verlangen, die den Vereinbarungen und Beschlüssen und, soweit solche nicht bestehen, dem Interesse der Gesamtheit der Wohnungseigentümer nach billigem Ermessen entspricht.

(5) Zu einer ordnungsmäßigen, dem Interesse der Gesamtheit der Wohnungseigentümer entsprechenden Verwaltung gehört insbesondere:
1. die Aufstellung einer Hausordnung;
2. die ordnungsmäßige Instandhaltung und Instandsetzung des gemeinschaftlichen Eigentums;
3. die Feuerversicherung des gemeinschaftlichen Eigentums zum Neuwert sowie die angemessene Versicherung der Wohnungseigentümer gegen Haus- und Grundbesitzerhaftpflicht;
4. die Ansammlung einer angemessenen Instandhaltungsrückstellung;
5. die Aufstellung eines Wirtschaftsplans (§ 28);
6. die Duldung aller Maßnahmen, die zur Herstellung einer Fernsprechteilnehmereinrichtung, einer Rundfunkempfangsanlage oder eines Energieversorgungsanschlusses zugunsten eines Wohnungseigentümers erforderlich sind.

(6) Der Wohnungseigentümer, zu dessen Gunsten eine Maßnahme der in Absatz 5 Nr. 6 bezeichneten Art getroffen wird, ist zum Ersatz des hierdurch entstehenden Schadens verpflichtet.

(7) Die Wohnungseigentümer können die Regelung der Art und Weise von Zahlungen, der Fälligkeit und der Folgen des Verzugs sowie der Kosten für eine besondere Nutzung des gemeinschaftlichen Eigentums oder für einen besonderen Verwaltungsaufwand mit Stimmenmehrheit beschließen.

(8) Treffen die Wohnungseigentümer eine nach dem Gesetz erforderliche Maßnahme nicht, so kann an ihrer Stelle das Gericht in einem Rechtsstreit gemäß § 43 nach billigem Ermessen entscheiden, soweit sich die Maßnahme nicht aus dem Gesetz, einer Vereinbarung oder einem Beschluss der Wohnungseigentümer ergibt.

§ 22 Besondere Aufwendungen, Wiederaufbau

(1) Bauliche Veränderungen und Aufwendungen, die über die ordnungsmäßige Instandhaltung oder Instandsetzung des gemeinschaftlichen Eigentums hinausgehen, können beschlossen oder verlangt werden, wenn jeder Wohnungseigentümer zustimmt, dessen Rechte durch die Maßnahmen über das in § 14 Nr. 1 bestimmte Maß hinaus beeinträchtigt werden. Die Zustimmung ist nicht erforderlich, soweit die Rechte eines Wohnungseigentümers nicht in der in Satz 1 bezeichneten Weise beeinträchtigt werden.

(2) Maßnahmen gemäß Absatz 1 Satz 1, die der Modernisierung entsprechend § 559 Abs. 1 des Bürgerlichen Gesetzbuches oder der Anpassung des gemeinschaftlichen Eigentums an den Stand der Technik dienen, die Eigenart der Wohnanlage nicht ändern und keinen Wohnungseigentümer gegenüber anderen unbillig beeinträchtigen, können abweichend von Absatz 1 durch eine Mehrheit von drei Viertel aller stimmbe-

rechtigten Wohnungseigentümer im Sinne des § 25 Abs. 2 und mehr als der Hälfte aller Miteigentumsanteile beschlossen werden. Die Befugnis im Sinne des Satzes 1 kann durch Vereinbarung der Wohnungseigentümer nicht eingeschränkt oder ausgeschlossen werden.

(3) Für Maßnahmen der modernisierenden Instandsetzung im Sinne des § 21 Abs. 5 Nr. 2 verbleibt es bei den Vorschriften des § 21 Abs. 3 und 4.

(4) Ist das Gebäude zu mehr als der Hälfte seines Wertes zerstört und ist der Schaden nicht durch eine Versicherung oder in anderer Weise gedeckt, so kann der Wiederaufbau nicht gemäß § 21 Abs. 3 beschlossen oder gemäß § 21 Abs. 4 verlangt werden.

§ 23 Wohnungseigentümerversammlung

(1) Angelegenheiten, über die nach diesem Gesetz oder nach einer Vereinbarung der Wohnungseigentümer die Wohnungseigentümer durch Beschluss entscheiden können, werden durch Beschlussfassung in einer Versammlung der Wohnungseigentümer geordnet.

(2) Zur Gültigkeit eines Beschlusses ist erforderlich, dass der Gegenstand bei der Einberufung bezeichnet ist.

(3) Auch ohne Versammlung ist ein Beschluss gültig, wenn alle Wohnungseigentümer ihre Zustimmung zu diesem Beschluss schriftlich erklären.

(4) Ein Beschluss, der gegen eine Rechtsvorschrift verstößt, auf deren Einhaltung rechtswirksam nicht verzichtet werden kann, ist nichtig. Im Übrigen ist ein Beschluss gültig, solange er nicht durch rechtskräftiges Urteil für ungültig erklärt ist.

§ 24 Einberufung, Vorsitz, Niederschrift

(1) Die Versammlung der Wohnungseigentümer wird von dem Verwalter mindestens einmal im Jahr einberufen.

(2) Die Versammlung der Wohnungseigentümer muss von dem Verwalter in den durch Vereinbarung der Wohnungseigentümer bestimmten Fällen, im Übrigen dann einberufen werden, wenn dies schriftlich unter Angabe des Zweckes und der Gründe von mehr als einem Viertel der Wohnungseigentümer verlangt wird.

(3) Fehlt ein Verwalter oder weigert er sich pflichtwidrig, die Versammlung der Wohnungseigentümer einzuberufen, so kann die Versammlung auch, falls ein Verwaltungsbeirat bestellt ist, von dessen Vorsitzenden oder seinem Vertreter einberufen werden.

(4) Die Einberufung erfolgt in Textform. Die Frist der Einberufung soll, sofern nicht ein Fall besonderer Dringlichkeit vorliegt, mindestens zwei Wochen betragen.

(5) Den Vorsitz in der Wohnungseigentümerversammlung führt, sofern diese nichts anderes beschließt, der Verwalter.

(6) Über die in der Versammlung gefassten Beschlüsse ist eine Niederschrift aufzunehmen. Die Niederschrift ist von dem Vorsitzenden und einem Wohnungseigentümer

und, falls ein Verwaltungsbeirat bestellt ist, auch von dessen Vorsitzenden oder seinem Vertreter zu unterschreiben. Jeder Wohnungseigentümer ist berechtigt, die Niederschriften einzusehen.

(7) Es ist eine Beschluss-Sammlung zu führen. Die Beschluss-Sammlung enthält nur den Wortlaut
1. der in der Versammlung der Wohnungseigentümer verkündeten Beschlüsse mit Angabe von Ort und Datum der Versammlung,
2. der schriftlichen Beschlüsse mit Angabe von Ort und Datum der Verkündung und
3. der Urteilsformeln der gerichtlichen Entscheidungen in einem Rechtsstreit gemäß § 43 mit Angabe ihres Datums, des Gerichts und der Parteien,

soweit diese Beschlüsse und gerichtlichen Entscheidungen nach dem 1. Juli 2007 ergangen sind. Die Beschlüsse und gerichtlichen Entscheidungen sind fortlaufend einzutragen und zu nummerieren. Sind sie angefochten oder aufgehoben worden, so ist dies anzumerken. Im Falle einer Aufhebung kann von einer Anmerkung abgesehen und die Eintragung gelöscht werden. Eine Eintragung kann auch gelöscht werden, wenn sie aus einem anderen Grund für die Wohnungseigentümer keine Bedeutung mehr hat. Die Eintragungen, Vermerke und Löschungen gemäß den Sätzen 3 bis 6 sind unverzüglich zu erledigen und mit Datum zu versehen. Einem Wohnungseigentümer oder einem Dritten, den ein Wohnungseigentümer ermächtigt hat, ist auf sein Verlangen Einsicht in die Beschluss-Sammlung zu geben.

(8) Die Beschluss-Sammlung ist von dem Verwalter zu führen. Fehlt ein Verwalter, so ist der Vorsitzende der Wohnungseigentümerversammlung verpflichtet, die Beschluss-Sammlung zu führen, sofern die Wohnungseigentümer durch Stimmenmehrheit keinen anderen für diese Aufgabe bestellt haben.

§ 25 Mehrheitsbeschluss

(1) Für die Beschlussfassung in Angelegenheiten, über die die Wohnungseigentümer durch Stimmenmehrheit beschließen, gelten die Vorschriften der Absätze 2 bis 5.

(2) Jeder Wohnungseigentümer hat eine Stimme. Steht ein Wohnungseigentum mehreren gemeinschaftlich zu, so können sie das Stimmrecht nur einheitlich ausüben.

(3) Die Versammlung ist nur beschlussfähig, wenn die erschienenen stimmberechtigten Wohnungseigentümer mehr als die Hälfte der Miteigentumsanteile, berechnet nach der im Grundbuch eingetragenen Größe dieser Anteile, vertreten.

(4) Ist eine Versammlung nicht gemäß Absatz 3 beschlussfähig, so beruft der Verwalter eine neue Versammlung mit dem gleichen Gegenstand ein. Diese Versammlung ist ohne Rücksicht auf die Höhe der vertretenen Anteile beschlussfähig; hierauf ist bei der Einberufung hinzuweisen.

(5) Ein Wohnungseigentümer ist nicht stimmberechtigt, wenn die Beschlussfassung die Vornahme eines auf die Verwaltung des gemeinschaftlichen Eigentums bezüglichen Rechtsgeschäfts mit ihm oder die Einleitung oder Erledigung eines Rechtsstreits der anderen Wohnungseigentümer gegen ihn betrifft oder wenn er nach § 18 rechtskräftig verurteilt ist.

§ 26 Bestellung und Abberufung des Verwalters

(1) Über die Bestellung und Abberufung des Verwalters beschließen die Wohnungseigentümer mit Stimmenmehrheit. Die Bestellung darf auf höchstens fünf Jahre vorgenommen werden, im Falle der ersten Bestellung nach der Begründung von Wohnungseigentum aber auf höchstens drei Jahre. Die Abberufung des Verwalters kann auf das Vorliegen eines wichtigen Grundes beschränkt werden. Ein wichtiger Grund liegt regelmäßig vor, wenn der Verwalter die Beschluss-Sammlung nicht ordnungsmäßig führt. Andere Beschränkungen der Bestellung oder Abberufung des Verwalters sind nicht zulässig.

(2) Die wiederholte Bestellung ist zulässig; sie bedarf eines erneuten Beschlusses der Wohnungseigentümer, der frühestens ein Jahr vor Ablauf der Bestellungszeit gefasst werden kann.

(3) Soweit die Verwaltereigenschaft durch eine öffentlich beglaubigte Urkunde nachgewiesen werden muss, genügt die Vorlage einer Niederschrift über den Bestellungsbeschluss, bei der die Unterschriften der in § 24 Abs. 6 bezeichneten Personen öffentlich beglaubigt sind.

§ 27 Aufgaben und Befugnisse des Verwalters

(1) Der Verwalter ist gegenüber den Wohnungseigentümern und gegenüber der Gemeinschaft der Wohnungseigentümer berechtigt und verpflichtet,
1. Beschlüsse der Wohnungseigentümer durchzuführen und für die Durchführung der Hausordnung zu sorgen;
2. die für die ordnungsmäßige Instandhaltung und Instandsetzung des gemeinschaftlichen Eigentums erforderlichen Maßnahmen zu treffen;
3. in dringenden Fällen sonstige zur Erhaltung des gemeinschaftlichen Eigentums erforderliche Maßnahmen zu treffen;
4. Lasten- und Kostenbeiträge, Tilgungsbeträge und Hypothekenzinsen anzufordern, in Empfang zu nehmen und abzuführen, soweit es sich um gemeinschaftliche Angelegenheiten der Wohnungseigentümer handelt;
5. alle Zahlungen und Leistungen zu bewirken und entgegenzunehmen, die mit der laufenden Verwaltung des gemeinschaftlichen Eigentums zusammenhängen;
6. eingenommene Gelder zu verwalten;
7. die Wohnungseigentümer unverzüglich darüber zu unterrichten, dass ein Rechtsstreit gemäß § 43 anhängig ist;
8. die Erklärungen abzugeben, die zur Vornahme der in § 21 Abs. 5 Nr. 6 bezeichneten Maßnahmen erforderlich sind.

(2) Der Verwalter ist berechtigt, im Namen aller Wohnungseigentümer und mit Wirkung für und gegen sie
1. Willenserklärungen und Zustellungen entgegenzunehmen, soweit sie an alle Wohnungseigentümer in dieser Eigenschaft gerichtet sind;
2. Maßnahmen zu treffen, die zur Wahrung einer Frist oder zur Abwendung eines sonstigen Rechtsnachteils erforderlich sind, insbesondere einen gegen die Wohnungseigentümer gerichteten Rechtsstreit gemäß § 43 Nr. 1, Nr. 4 oder Nr. 5 im Erkenntnis- und Vollstreckungsverfahren zu führen;

3. Ansprüche gerichtlich und außergerichtlich geltend zu machen, sofern er hierzu durch Vereinbarung oder Beschluss mit Stimmenmehrheit der Wohnungseigentümer ermächtigt ist;
4. mit einem Rechtsanwalt wegen eines Rechtsstreits gemäß § 43 Nr. 1, Nr. 4 oder Nr. 5 zu vereinbaren, dass sich die Gebühren nach einem höheren als dem gesetzlichen Streitwert, höchstens nach einem gemäß § 49a Abs. 1 Satz 1 des Gerichtskostengesetzes bestimmten Streitwert bemessen.

(3) Der Verwalter ist berechtigt, im Namen der Gemeinschaft der Wohnungseigentümer und mit Wirkung für und gegen sie
1. Willenserklärungen und Zustellungen entgegenzunehmen;
2. Maßnahmen zu treffen, die zur Wahrung einer Frist oder zur Abwendung eines sonstigen Rechtsnachteils erforderlich sind, insbesondere einen gegen die Gemeinschaft gerichteten Rechtsstreit gemäß § 43 Nr. 2 oder Nr. 5 im Erkenntnis- und Vollstreckungsverfahren zu führen;
3. die laufenden Maßnahmen der erforderlichen ordnungsmäßigen Instandhaltung und Instandsetzung gemäß Absatz 1 Nr. 2 zu treffen;
4. die Maßnahmen gemäß Absatz 1 Nr. 3 bis 5 und 8 zu treffen;
5. im Rahmen der Verwaltung der eingenommenen Gelder gemäß Absatz 1 Nr. 6 Konten zu führen;
6. mit einem Rechtsanwalt wegen eines Rechtsstreits gemäß § 43 Nr. 2 oder Nr. 5 eine Vergütung gemäß Absatz 2 Nr. 4 zu vereinbaren;
7. sonstige Rechtsgeschäfte und Rechtshandlungen vorzunehmen, soweit er hierzu durch Vereinbarung oder Beschluss der Wohnungseigentümer mit Stimmenmehrheit ermächtigt ist.

Fehlt ein Verwalter oder ist er zur Vertretung nicht berechtigt, so vertreten alle Wohnungseigentümer die Gemeinschaft. Die Wohnungseigentümer können durch Beschluss mit Stimmenmehrheit einen oder mehrere Wohnungseigentümer zur Vertretung ermächtigen.

(4) Die dem Verwalter nach den Absätzen 1 bis 3 zustehenden Aufgaben und Befugnisse können durch Vereinbarung der Wohnungseigentümer nicht eingeschränkt oder ausgeschlossen werden.

(5) Der Verwalter ist verpflichtet, eingenommene Gelder von seinem Vermögen gesondert zu halten. Die Verfügung über solche Gelder kann durch Vereinbarung oder Beschluss der Wohnungseigentümer mit Stimmenmehrheit von der Zustimmung eines Wohnungseigentümers oder eines Dritten abhängig gemacht werden.

(6) Der Verwalter kann von den Wohnungseigentümern die Ausstellung einer Vollmachts- und Ermächtigungsurkunde verlangen, aus der der Umfang seiner Vertretungsmacht ersichtlich ist.

§ 28 Wirtschaftsplan, Rechnungslegung

(1) Der Verwalter hat jeweils für ein Kalenderjahr einen Wirtschaftsplan aufzustellen. Der Wirtschaftsplan enthält:
1. die voraussichtlichen Einnahmen und Ausgaben bei der Verwaltung des gemeinschaftlichen Eigentums;

2. die anteilmäßige Verpflichtung der Wohnungseigentümer zur Lasten- und Kostentragung;
3. die Beitragsleistung der Wohnungseigentümer zu der in § 21 Abs. 5 Nr. 4 vorgesehenen Instandhaltungsrückstellung.

(2) Die Wohnungseigentümer sind verpflichtet, nach Abruf durch den Verwalter dem beschlossenen Wirtschaftsplan entsprechende Vorschüsse zu leisten.

(3) Der Verwalter hat nach Ablauf des Kalenderjahrs eine Abrechnung aufzustellen.

(4) Die Wohnungseigentümer können durch Mehrheitsbeschluss jederzeit von dem Verwalter Rechnungslegung verlangen.

(5) Über den Wirtschaftsplan, die Abrechnung und die Rechnungslegung des Verwalters beschließen die Wohnungseigentümer durch Stimmenmehrheit.

§ 29 Verwaltungsbeirat

(1) Die Wohnungseigentümer können durch Stimmenmehrheit die Bestellung eines Verwaltungsbeirats beschließen. Der Verwaltungsbeirat besteht aus einem Wohnungseigentümer als Vorsitzenden und zwei weiteren Wohnungseigentümern als Beisitzern.

(2) Der Verwaltungsbeirat unterstützt den Verwalter bei der Durchführung seiner Aufgaben.

(3) Der Wirtschaftsplan, die Abrechnung über den Wirtschaftsplan, Rechnungslegungen und Kostenanschläge sollen, bevor über sie die Wohnungseigentümerversammlung beschließt, vom Verwaltungsbeirat geprüft und mit dessen Stellungnahme versehen werden.

(4) Der Verwaltungsbeirat wird von dem Vorsitzenden nach Bedarf einberufen.

4. Abschnitt
Wohnungserbbaurecht

§ 30

(1) Steht ein Erbbaurecht mehreren gemeinschaftlich nach Bruchteilen zu, so können die Anteile in der Weise beschränkt werden, dass jedem der Mitberechtigten das Sondereigentum an einer bestimmten Wohnung oder an nicht zu Wohnzwecken dienenden bestimmten Räumen in einem auf Grund des Erbbaurechts errichteten oder zu errichtenden Gebäude eingeräumt wird (Wohnungserbbaurecht, Teilerbbaurecht).

(2) Ein Erbbauberechtigter kann das Erbbaurecht in entsprechender Anwendung des § 8 teilen.

(3) Für jeden Anteil wird von Amts wegen ein besonderes Erbbaugrundbuchblatt angelegt (Wohnungserbbaugrundbuch, Teilerbbaugrundbuch). Im Übrigen gelten für das Wohnungserbbaurecht (Teilerbbaurecht) die Vorschriften über das Wohnungseigentum (Teileigentum) entsprechend.

II. Teil
Dauerwohnrecht

§ 31 Begriffsbestimmungen

(1) Ein Grundstück kann in der Weise belastet werden, dass derjenige, zu dessen Gunsten die Belastung erfolgt, berechtigt ist, unter Ausschluss des Eigentümers eine bestimmte Wohnung in einem auf dem Grundstück errichteten oder zu errichtenden Gebäude zu bewohnen oder in anderer Weise zu nutzen (Dauerwohnrecht). Das Dauerwohnrecht kann auf einen außerhalb des Gebäudes liegenden Teil des Grundstücks erstreckt werden, sofern die Wohnung wirtschaftlich die Hauptsache bleibt.

(2) Ein Grundstück kann in der Weise belastet werden, dass derjenige, zu dessen Gunsten die Belastung erfolgt, berechtigt ist, unter Ausschluss des Eigentümers nicht zu Wohnzwecken dienende bestimmte Räume in einem auf dem Grundstück errichteten oder zu errichtenden Gebäude zu nutzen (Dauernutzungsrecht).

(3) Für das Dauernutzungsrecht gelten die Vorschriften über das Dauerwohnrecht entsprechend.

§ 32 Voraussetzungen der Eintragung

(1) Das Dauerwohnrecht soll nur bestellt werden, wenn die Wohnung in sich abgeschlossen ist.

(2) Zur näheren Bezeichnung des Gegenstands und des Inhalts des Dauerwohnrechts kann auf die Eintragungsbewilligung Bezug genommen werden. Der Eintragungsbewilligung sind als Anlagen beizufügen:
1. eine von der Baubehörde mit Unterschrift und Siegel oder Stempel versehene Bauzeichnung, aus der die Aufteilung des Gebäudes sowie die Lage und Größe der dem Dauerwohnrecht unterliegenden Gebäude- und Grundstücksteile ersichtlich ist (Aufteilungsplan); alle zu demselben Dauerwohnrecht gehörenden Einzelräume sind mit der jeweils gleichen Nummer zu kennzeichnen;
2. eine Bescheinigung der Baubehörde, dass die Voraussetzungen des Absatzes 1 vorliegen.

Wenn in der Eintragungsbewilligung für die einzelnen Dauerwohnrechte Nummern angegeben werden, sollen sie mit denen des Aufteilungsplans übereinstimmen. Die Landesregierungen können durch Rechtsverordnung bestimmen, dass und in welchen Fällen der Aufteilungsplan (Satz 2 Nr. 1) und die Abgeschlossenheit (Satz 2 Nr. 2) von einem öffentlich bestellten oder anerkannten Sachverständigen für das Bauwesen statt von der Baubehörde ausgefertigt und bescheinigt werden. Werden diese Aufgaben von dem Sachverständigen wahrgenommen, so gelten die Bestimmungen der Allgemeinen Verwaltungsvorschrift für die Ausstellung von Bescheinigungen gemäß § 7 Abs. 4 Nr. 2 und § 32 Abs. 2 Nr. 2 des Wohnungseigentumsgesetzes vom 19. März 1974 (BAnz. Nr. 58 vom 23. März 1974) entsprechend. In diesem Fall bedürfen die Anlagen nicht der Form des § 29 der Grundbuchordnung. Die Landesregierungen können die Ermächtigung durch Rechtsverordnung auf die Landesbauverwaltungen übertragen.

(3) Das Grundbuchamt soll die Eintragung des Dauerwohnrechts ablehnen, wenn über die in § 33 Abs. 4 Nr. 1 bis 4 bezeichneten Angelegenheiten, über die Voraussetzungen des Heimfallanspruchs (§ 36 Abs. 1) und über die Entschädigung beim Heimfall (§ 36 Abs. 4) keine Vereinbarungen getroffen sind.

§ 33 Inhalt des Dauerwohnrechts

(1) Das Dauerwohnrecht ist veräußerlich und vererblich. Es kann nicht unter einer Bedingung bestellt werden.

(2) Auf das Dauerwohnrecht sind, soweit nicht etwas anderes vereinbart ist, die Vorschriften des § 14 entsprechend anzuwenden.

(3) Der Berechtigte kann die zum gemeinschaftlichen Gebrauch bestimmten Teile, Anlagen und Einrichtungen des Gebäudes und Grundstücks mitbenutzen, soweit nichts anderes vereinbart ist.

(4) Als Inhalt des Dauerwohnrechts können Vereinbarungen getroffen werden über:
1. Art und Umfang der Nutzungen;
2. Instandhaltung und Instandsetzung der dem Dauerwohnrecht unterliegenden Gebäudeteile;
3. die Pflicht des Berechtigten zur Tragung öffentlicher oder privatrechtlicher Lasten des Grundstücks;
4. die Versicherung des Gebäudes und seinen Wiederaufbau im Falle der Zerstörung;
5. das Recht des Eigentümers, bei Vorliegen bestimmter Voraussetzungen Sicherheitsleistung zu verlangen.

§ 34 Ansprüche des Eigentümers und der Dauerwohnberechtigten

(1) Auf die Ersatzansprüche des Eigentümers wegen Veränderungen oder Verschlechterungen sowie auf die Ansprüche der Dauerwohnberechtigten auf Ersatz von Verwendungen oder auf Gestattung der Wegnahme einer Einrichtung sind die §§ 1049, 1057 des Bürgerlichen Gesetzbuchs entsprechend anzuwenden.

(2) Wird das Dauerwohnrecht beeinträchtigt, so sind auf die Ansprüche des Berechtigten die für die Ansprüche aus dem Eigentum geltenden Vorschriften entsprechend anzuwenden.

§ 35 Veräußerungsbeschränkung

Als Inhalt des Dauerwohnrechts kann vereinbart werden, dass der Berechtigte zur Veräußerung des Dauerwohnrechts der Zustimmung des Eigentümers oder eines Dritten bedarf. Die Vorschriften des § 12 gelten in diesem Fall entsprechend.

§ 36 Heimfallanspruch

(1) Als Inhalt des Dauerwohnrechts kann vereinbart werden, dass der Berechtigte verpflichtet ist, das Dauerwohnrecht beim Eintritt bestimmter Voraussetzungen auf

den Grundstückseigentümer oder einen von diesem zu bezeichnenden Dritten zu übertragen (Heimfallanspruch). Der Heimfallanspruch kann nicht von dem Eigentum an dem Grundstück getrennt werden.

(2) Bezieht sich das Dauerwohnrecht auf Räume, die dem Mieterschutz unterliegen, so kann der Eigentümer von dem Heimfallanspruch nur Gebrauch machen, wenn ein Grund vorliegt, aus dem ein Vermieter die Aufhebung des Mietverhältnisses verlangen oder kündigen kann.

(3) Der Heimfallanspruch verjährt in sechs Monaten von dem Zeitpunkt an, in dem der Eigentümer von dem Eintritt der Voraussetzungen Kenntnis erlangt, ohne Rücksicht auf diese Kenntnis in zwei Jahren von dem Eintritt der Voraussetzungen an.

(4) Als Inhalt des Dauerwohnrechts kann vereinbart werden, dass der Eigentümer dem Berechtigten eine Entschädigung zu gewähren hat, wenn er von dem Heimfallanspruch Gebrauch macht. Als Inhalt des Dauerwohnrechts können Vereinbarungen über die Berechnung oder Höhe der Entschädigung oder die Art ihrer Zahlung getroffen werden.

§ 37 Vermietung

(1) Hat der Dauerwohnberechtigte die dem Dauerwohnrecht unterliegenden Gebäude- oder Grundstücksteile vermietet oder verpachtet, so erlischt das Miet- oder Pachtverhältnis, wenn das Dauerwohnrecht erlischt.

(2) Macht der Eigentümer von seinem Heimfallanspruch Gebrauch, so tritt er oder derjenige, auf den das Dauerwohnrecht zu übertragen ist, in das Miet- oder Pachtverhältnis ein; die Vorschriften der §§ 566 bis 566e des Bürgerlichen Gesetzbuchs gelten entsprechend.

(3) Absatz 2 gilt entsprechend, wenn das Dauerwohnrecht veräußert wird. Wird das Dauerwohnrecht im Wege der Zwangsvollstreckung veräußert, so steht dem Erwerber ein Kündigungsrecht in entsprechender Anwendung des § 57a des Gesetzes über die Zwangsversteigerung und die Zwangsverwaltung zu.

§ 38 Eintritt in das Rechtsverhältnis

(1) Wird das Dauerwohnrecht veräußert, so tritt der Erwerber an Stelle des Veräußerers in die sich während der Dauer seiner Berechtigung aus dem Rechtsverhältnis zu dem Eigentümer ergebenden Verpflichtungen ein.

(2) Wird das Grundstück veräußert, so tritt der Erwerber an Stelle des Veräußerers in die sich während der Dauer seines Eigentums aus dem Rechtsverhältnis zu dem Dauerwohnberechtigten ergebenden Rechte ein. Das Gleiche gilt für den Erwerb auf Grund Zuschlages in der Zwangsversteigerung, wenn das Dauerwohnrecht durch den Zuschlag nicht erlischt.

§ 39 Zwangsversteigerung

(1) Als Inhalt des Dauerwohnrechts kann vereinbart werden, dass das Dauerwohnrecht im Falle der Zwangsversteigerung des Grundstücks abweichend von § 44 des

Gesetzes über die Zwangsversteigerung und die Zwangsverwaltung auch dann bestehen bleiben soll, wenn der Gläubiger einer dem Dauerwohnrecht im Range vorgehenden oder gleichstehenden Hypothek, Grundschuld, Rentenschuld oder Reallast die Zwangsversteigerung in das Grundstück betreibt.

(2) Eine Vereinbarung gemäß Absatz 1 bedarf zu ihrer Wirksamkeit der Zustimmung derjenigen, denen eine dem Dauerwohnrecht im Range vorgehende oder gleichstehende Hypothek, Grundschuld, Rentenschuld oder Reallast zusteht.

(3) Eine Vereinbarung gemäß Absatz 1 ist nur wirksam für den Fall, dass der Dauerwohnberechtigte im Zeitpunkt der Feststellung der Versteigerungsbedingungen seine fälligen Zahlungsverpflichtungen gegenüber dem Eigentümer erfüllt hat; in Ergänzung einer Vereinbarung nach Absatz 1 kann vereinbart werden, dass das Fortbestehen des Dauerwohnrechts vom Vorliegen weiterer Voraussetzungen abhängig ist.

§ 40 Haftung des Entgelts

(1) Hypotheken, Grundschulden, Rentenschulden und Reallasten, die dem Dauerwohnrecht im Range vorgehen oder gleichstehen, sowie öffentliche Lasten, die in wiederkehrenden Leistungen bestehen, erstrecken sich auf den Anspruch auf das Entgelt für das Dauerwohnrecht in gleicher Weise wie auf eine Mietforderung, soweit nicht in Absatz 2 etwas Abweichendes bestimmt ist. Im Übrigen sind die für Mietforderungen geltenden Vorschriften nicht entsprechend anzuwenden.

(2) Als Inhalt des Dauerwohnrechts kann vereinbart werden, dass Verfügungen über den Anspruch auf das Entgelt, wenn es in wiederkehrenden Leistungen ausbedungen ist, gegenüber dem Gläubiger einer dem Dauerwohnrecht im Range vorgehenden oder gleichstehenden Hypothek, Grundschuld, Rentenschuld oder Reallast wirksam sind. Für eine solche Vereinbarung gilt § 39 Abs. 2 entsprechend.

§ 41 Besondere Vorschriften für langfristige Dauerwohnrechte

(1) Für Dauerwohnrechte, die zeitlich unbegrenzt oder für einen Zeitraum von mehr als zehn Jahren eingeräumt sind, gelten die besonderen Vorschriften der Absätze 2 und 3.

(2) Der Eigentümer ist, sofern nicht etwas anderes vereinbart ist, dem Dauerwohnberechtigten gegenüber verpflichtet, eine dem Dauerwohnrecht im Range vorgehende oder gleichstehende Hypothek löschen zu lassen für den Fall, dass sie sich mit dem Eigentum in einer Person vereinigt, und die Eintragung einer entsprechenden Löschungsvormerkung in das Grundbuch zu bewilligen.

(3) Der Eigentümer ist verpflichtet, dem Dauerwohnberechtigten eine angemessene Entschädigung zu gewähren, wenn er von dem Heimfallanspruch Gebrauch macht.

§ 42 Belastung eines Erbbaurechts

(1) Die Vorschriften der §§ 31 bis 41 gelten für die Belastung eines Erbbaurechts mit einem Dauerwohnrecht entsprechend.

(2) Beim Heimfall des Erbbaurechts bleibt das Dauerwohnrecht bestehen.

III. Teil
Verfahrensvorschriften

§ 43 Zuständigkeit

Das Gericht, in dessen Bezirk das Grundstück liegt, ist ausschließlich zuständig für
1. Streitigkeiten über die sich aus der Gemeinschaft der Wohnungseigentümer und aus der Verwaltung des gemeinschaftlichen Eigentums ergebenden Rechte und Pflichten der Wohnungseigentümer untereinander;
2. Streitigkeiten über die Rechte und Pflichten zwischen der Gemeinschaft der Wohnungseigentümer und Wohnungseigentümern;
3. Streitigkeiten über die Rechte und Pflichten des Verwalters bei der Verwaltung des gemeinschaftlichen Eigentums;
4. Streitigkeiten über die Gültigkeit von Beschlüssen der Wohnungseigentümer;
5. Klagen Dritter, die sich gegen die Gemeinschaft der Wohnungseigentümer oder gegen Wohnungseigentümer richten und sich auf das gemeinschaftliche Eigentum, seine Verwaltung oder das Sondereigentum beziehen;
6. Mahnverfahren, wenn die Gemeinschaft der Wohnungseigentümer Antragstellerin ist. Insoweit ist § 689 Abs. 2 der Zivilprozessordnung nicht anzuwenden.

§ 44 Bezeichnung der Wohnungseigentümer in der Klageschrift

(1) Wird die Klage durch oder gegen alle Wohnungseigentümer mit Ausnahme des Gegners erhoben, so genügt für ihre nähere Bezeichnung in der Klageschrift die bestimmte Angabe des gemeinschaftlichen Grundstücks; wenn die Wohnungseigentümer Beklagte sind, sind in der Klageschrift außerdem der Verwalter und der gemäß § 45 Abs. 2 Satz 1 bestellte Ersatzzustellungsvertreter zu bezeichnen. Die namentliche Bezeichnung der Wohnungseigentümer hat spätestens bis zum Schluss der mündlichen Verhandlung zu erfolgen.

(2) Sind an dem Rechtsstreit nicht alle Wohnungseigentümer als Partei beteiligt, so sind die übrigen Wohnungseigentümer entsprechend Absatz 1 von dem Kläger zu bezeichnen. Der namentlichen Bezeichnung der übrigen Wohnungseigentümer bedarf es nicht, wenn das Gericht von ihrer Beiladung gemäß § 48 Abs. 1 Satz 1 absieht.

§ 45 Zustellung

(1) Der Verwalter ist Zustellungsvertreter der Wohnungseigentümer, wenn diese Beklagte oder gemäß § 48 Abs. 1 Satz 1 beizuladen sind, es sei denn, dass er als Gegner der Wohnungseigentümer an dem Verfahren beteiligt ist oder aufgrund des Streitgegenstandes die Gefahr besteht, der Verwalter werde die Wohnungseigentümer nicht sachgerecht unterrichten.

(2) Die Wohnungseigentümer haben für den Fall, dass der Verwalter als Zustellungsvertreter ausgeschlossen ist, durch Beschluss mit Stimmenmehrheit einen Ersatzzustellungsvertreter sowie dessen Vertreter zu bestellen, auch wenn ein Rechtsstreit noch nicht anhängig ist. Der Ersatzzustellungsvertreter tritt in die dem Verwalter als Zustellungsvertreter der Wohnungseigentümer zustehenden Aufgaben und Befugnisse ein, sofern das Gericht die Zustellung an ihn anordnet; Absatz 1 gilt entsprechend.

(3) Haben die Wohnungseigentümer entgegen Absatz 2 Satz 1 keinen Ersatzzustellungsvertreter bestellt oder ist die Zustellung nach den Absätzen 1 und 2 aus sonstigen Gründen nicht ausführbar, kann das Gericht einen Ersatzzustellungsvertreter bestellen.

§ 46 Anfechtungsklage

(1) Die Klage eines oder mehrerer Wohnungseigentümer auf Erklärung der Ungültigkeit eines Beschlusses der Wohnungseigentümer ist gegen die übrigen Wohnungseigentümer und die Klage des Verwalters ist gegen die Wohnungseigentümer zu richten. Sie muss innerhalb eines Monats nach der Beschlussfassung erhoben und innerhalb zweier Monate nach der Beschlussfassung begründet werden. Die §§ 233 bis 238 der Zivilprozessordnung gelten entsprechend.

(2) Hat der Kläger erkennbar eine Tatsache übersehen, aus der sich ergibt, dass der Beschluss nichtig ist, so hat das Gericht darauf hinzuweisen.

§ 47 Prozessverbindung

Mehrere Prozesse, in denen Klagen auf Erklärung oder Feststellung der Ungültigkeit desselben Beschlusses der Wohnungseigentümer erhoben werden, sind zur gleichzeitigen Verhandlung und Entscheidung zu verbinden. Die Verbindung bewirkt, dass die Kläger der vorher selbstständigen Prozesse als Streitgenossen anzusehen sind.

§ 48 Beiladung, Wirkung des Urteils

(1) Richtet sich die Klage eines Wohnungseigentümers, der in einem Rechtsstreit gemäß § 43 Nr. 1 oder Nr. 3 einen ihm allein zustehenden Anspruch geltend macht, nur gegen einen oder einzelne Wohnungseigentümer oder nur gegen den Verwalter, so sind die übrigen Wohnungseigentümer beizuladen, es sei denn, dass ihre rechtlichen Interessen erkennbar nicht betroffen sind. Soweit in einem Rechtsstreit gemäß § 43 Nr. 3 oder Nr. 4 der Verwalter nicht Partei ist, ist er ebenfalls beizuladen.

(2) Die Beiladung erfolgt durch Zustellung der Klageschrift, der die Verfügungen des Vorsitzenden beizufügen sind. Die Beigeladenen können der einen oder anderen Partei zu deren Unterstützung beitreten. Veräußert ein beigeladener Wohnungseigentümer während des Prozesses sein Wohnungseigentum, ist § 265 Abs. 2 der Zivilprozessordnung entsprechend anzuwenden.

(3) Über die in § 325 der Zivilprozessordnung angeordneten Wirkungen hinaus wirkt das rechtskräftige Urteil auch für und gegen alle beigeladenen Wohnungseigentümer und ihre Rechtsnachfolger sowie den beigeladenen Verwalter.

(4) Wird durch das Urteil eine Anfechtungsklage als unbegründet abgewiesen, so kann auch nicht mehr geltend gemacht werden, der Beschluss sei nichtig.

§ 49 Kostenentscheidung

(1) Wird gemäß § 21 Abs. 8 nach billigem Ermessen entschieden, so können auch die Prozesskosten nach billigem Ermessen verteilt werden.

(2) Dem Verwalter können Prozesskosten auferlegt werden, soweit die Tätigkeit des Gerichts durch ihn veranlasst wurde und ihn ein grobes Verschulden trifft, auch wenn er nicht Partei des Rechtsstreits ist.

§ 50 Kostenerstattung

Den Wohnungseigentümern sind als zur zweckentsprechenden Rechtsverfolgung oder Rechtsverteidigung notwendige Kosten nur die Kosten eines bevollmächtigten Rechtsanwalts zu erstatten, wenn nicht aus Gründen, die mit dem Gegenstand des Rechtsstreits zusammenhängen, eine Vertretung durch mehrere bevollmächtigte Rechtsanwälte geboten war.

§§ 51 bis 58

(weggefallen)

IV. Teil
Ergänzende Bestimmungen

§§ 59, 60

(weggefallen)

§ 61

Fehlt eine nach § 12 erforderliche Zustimmung, so sind die Veräußerung und das zugrunde liegende Verpflichtungsgeschäft unbeschadet der sonstigen Voraussetzungen wirksam, wenn die Eintragung der Veräußerung oder einer Auflassungsvormerkung in das Grundbuch vor dem 15. Januar 1994 erfolgt ist und es sich um die erstmalige Veräußerung dieses Wohnungseigentums nach seiner Begründung handelt, es sei denn, dass eine rechtskräftige gerichtliche Entscheidung entgegensteht. Das Fehlen der Zustimmung steht in diesen Fällen dem Eintritt der Rechtsfolgen des § 878 des Bürgerlichen Gesetzbuchs nicht entgegen. Die Sätze 1 und 2 gelten entsprechend in den Fällen der §§ 30 und 35 des Wohnungseigentumsgesetzes.

§ 62 Übergangsvorschrift

(1) Für die am 1. Juli 2007 bei Gericht anhängigen Verfahren in Wohnungseigentums- oder in Zwangsversteigerungssachen oder für die bei einem Notar beantragten freiwilligen Versteigerungen sind die durch die Artikel 1 und 2 des Gesetzes vom 26. März 2007 (BGBl. I S. 370) geänderten Vorschriften des III. Teils dieses Gesetzes sowie die des Gesetzes über die Zwangsversteigerung und die Zwangsverwaltung in ihrer bis dahin geltenden Fassung weiter anzuwenden.

(2) In Wohnungseigentumssachen nach § 43 Nr. 1 bis 4 finden die Bestimmungen über die Nichtzulassungsbeschwerde (§ 543 Abs. 1 Nr. 2, § 544 der Zivilprozessordnung) keine Anwendung, soweit die anzufechtende Entscheidung vor dem 1. Juli 2012 verkündet worden ist.

§ 63 Überleitung bestehender Rechtsverhältnisse

(1) Werden Rechtsverhältnisse, mit denen ein Rechtserfolg bezweckt wird, der den durch dieses Gesetz geschaffenen Rechtsformen entspricht, in solche Rechtsformen umgewandelt, so ist als Geschäftswert für die Berechnung der hierdurch veranlassten Gebühren der Gerichte und Notare im Falle des Wohnungseigentums ein Fünfundzwanzigstel des Einheitswerts des Grundstücks, im Falle des Dauerwohnrechts ein Fünfundzwanzigstel des Wertes des Rechts anzunehmen.

(2) Erfolgt die Umwandlung gemäß Absatz 1 binnen zweier Jahre seit dem Inkrafttreten dieses Gesetzes, so ermäßigen sich die Gebühren auf die Hälfte. Die Frist gilt als gewahrt, wenn der Antrag auf Eintragung in das Grundbuch rechtzeitig gestellt ist.

(3) Durch Landesgesetz können Vorschriften zur Überleitung bestehender, auf Landesrecht beruhender Rechtsverhältnisse in die durch dieses Gesetz geschaffenen Rechtsformen getroffen werden.

§ 64 Inkrafttreten

Dieses Gesetz tritt am Tage nach seiner Verkündung[1] in Kraft.

---

1 **Anm. d. Verlages:** Verkündet am 19.3.1951.

Kapitel II
Kommentar zum Wohnungseigentumgesetz

I. Teil
Wohnungseigentum

§ 1 Begriffsbestimmungen

(1) Nach Maßgabe dieses Gesetzes kann an Wohnungen das Wohnungseigentum, an nicht zu Wohnzwecken dienenden Räumen eines Gebäudes das Teileigentum begründet werden.

(2) Wohnungseigentum ist das Sondereigentum an einer Wohnung in Verbindung mit dem Miteigentumsanteil an dem gemeinschaftlichen Eigentum, zu dem es gehört.

(3) Teileigentum ist das Sondereigentum an nicht zu Wohnzwecken dienenden Räumen eines Gebäudes in Verbindung mit dem Miteigentumsanteil an dem gemeinschaftlichen Eigentum, zu dem es gehört.

(4) Wohnungseigentum und Teileigentum können nicht in der Weise begründet werden, dass das Sondereigentum mit Miteigentum an mehreren Grundstücken verbunden wird.

(5) Gemeinschaftliches Eigentum im Sinne dieses Gesetzes sind das Grundstück sowie die Teile, Anlagen und Einrichtungen des Gebäudes, die nicht im Sondereigentum oder im Eigentum eines Dritten stehen.

(6) Für das Teileigentum gelten die Vorschriften über das Wohnungseigentum entsprechend.

Übersicht

	Rn		Rn
I. Allgemeines	1	3. Teileigentum	16
II. Wohnungs- und Teileigentum (Abs 1)	7	4. Umwandlung von Wohnungs- in Teileigentum und umgekehrt	20
III. Definition des Wohnungs- und Teileigentums (Abs 2 und 3)	8	IV. Miteigentum an mehreren Grundstücken (Abs 4)	23
1. Allgemeines	8	V. Gemeinschaftliches Eigentum	
2. Wohnungseigentum	9	(Abs 5)	29

Literatur: *Bärmann* Zur Theorie des Wohnungseigentumsrechts, NJW 1989, 1057 ff; *Hügel* Die Umwandlung von Teileigentum zu Wohnungseigentum und umgekehrt, ZWE 2008, 120 ff; *Merle* Das Wohnungseigentum im System des bürgerlichen Rechts (1979); *Junker* Die Gesellschaft nach dem Wohnungseigentumsgesetz (1993); *Weitnauer* Miteigentum-Gesamthand-Wohnungseigentum, in FS Seuß (1987) 295; *Staudinger/Rapp* Einleitung zum WEG, Rn 23 ff.

I. Allgemeines

Nach dem Wohnungseigentumsgesetz kann Eigentum auch an Wohnungen (Wohnungseigentum) oder an nicht zu Wohnzwecken dienenden Räumen eines Gebäudes (Teileigentum) begründet werden (§ 1 Abs 1). Damit wird eine **besondere Rechtsform** geschaffen, denn sie durchbricht den Grundsatz des allgemeinen bürgerlichen Rechts, dass Grundstück und Gebäude eine rechtliche Einheit bilden (§§ 93, 94, 946 BGB; wie auch schon bei § 95 Abs 1 S 2 BGB, § 912 BGB rechtmäßiger Überbau – *BGH* V ZR 231/88, NJW 1990, 1791 –, § 12 ErbbauVO und Art 181 Abs 2 EGBGB). 1

2 Das Wohnungseigentum kann indes nur „**nach Maßgabe dieses Gesetzes**" begründet werden. Das Wohnungseigentumsgesetz räumt kein vom übrigen Eigentum losgelöstes Eigentumsrecht an einem Teil des Gebäudes ein. Es lässt Sondereigentum an Wohnungen und sonstigen Räumen nur in Verbindung mit dem Miteigentumsanteil am Grundstück und am übrigen Gebäude zu (§ 1 Abs 2 und 3). Wohnungseigentum besteht also aus zwei Rechten, dem Sondereigentum und einem Miteigentumsanteil.

3 Diese Rechte sind untrennbar miteinander zu einer Rechtsgesamtheit verbunden (*Becker/Kümmel/Ott* Rn 1). Die **unauflösliche Verbindung** findet ihren gesetzlichen Niederschlag darin, dass Wohnungseigentum nur auf der Grundlage bereits bestehenden Bruchteilsmiteigentums durch Einräumung von Sondereigentum (§ 3) oder durch Teilung von Alleineigentum in Miteigentumsanteile verbunden mit dem Sondereigentum (§ 8) begründet werden kann. Das Sondereigentum kann ohne dazugehörigen Miteigentumsanteil nicht veräußert oder belastet werden (§ 6 Abs 1). Rechte am Miteigentumsanteil erstrecken sich kraft Gesetzes auf das Sondereigentum (§ 6 Abs 2).

4 Das Wohnungseigentum geht dabei vom Eigentumsbegriff des allgemeinen bürgerlichen Rechts aus. Es ist **echtes Eigentum**, und zwar eine Mischung von Alleineigentum (§§ 903 ff BGB) am Sondereigentum und Bruchteilsmiteigentum (§§ 1008 ff BGB) am gemeinschaftlichen Eigentum (*BGH* V ZB 9/67, WM 1968, 284). Es kann daher vererbt, veräußert, belastet, mit anderem Wohnungseigentum vereinigt und geteilt werden und unterliegt dem Immobiliarzwangsvollstreckungsrecht.

5 Unbeschadet der wirtschaftlichen Vorrangigkeit des Sondereigentums steht rechtlich das Miteigentum im Vordergrund; das Sondereigentum als dessen „Anhängsel" stellt nur die besondere Ausgestaltung des Miteigentums dar (*BGH* V ZB 14/67, WM 1968, 572), indem es den Herrschaftsbereich des Bruchteilsmiteigentums beschränkt. Das Wohnungseigentum ist also ein **besonders ausgestaltetes Bruchteilseigentum am Grundstück (hM;** *BGH* V ZR 40/88, NJW 1989, 2534; *BGH* V ZB 24/01, NJW 2002, 1647).

6 Das Wohnungseigentum ist – wie das schlichte Bruchteilsmiteigentum am Grundstück (§§ 741 ff, 1008 ff) – **kein grundstücksgleiches Recht** (*BayObLG* 2Z BR 69/93, NJW-RR 1994, 403). Durch die Möglichkeit einen begrenzten Bereich Alleineigentums einzuräumen, wird das Wohnungseigentum in verschiedenen Punkten aber rechtlich anders behandelt als der schlichte Miteigentumsanteil. So kann es wie ein Grundstück grundsätzlich mit einer Dienstbarkeit belastet werden (*BGH* V ZR 182/87, NJW 1989, 2391).Es kann mehreren Miteigentümern nach Bruchteilen (§§ 741 ff BGB) zustehen (*BGH* X ZR 78/98, NZM 2000, 1063). Zu Wohnungseigentum kann – anders als zum Miteigentumsanteil – auch Zubehör gehören. Auch ist eine Teilung nach § 8 ohne gleichzeitige Veräußerung eines Wohnungseigentums möglich. Schließlich kann ein Grundstück dem Wohnungseigentum eines anderen Grundstücks gemäß § 890 Abs 2 BGB zugeschrieben werden, mit der Folge, dass es nichtwesentlicher Bestandteil des Wohnungseigentums wird (*BayObLG* 2 Z BR 69/93, NJW-RR 1994, 403; *OLG Frankfurt* 20 W 14/92, DNotZ 1993, 612; *OLG Hamm* 15 W 260/95, NJW-RR 1996, 1100). In all diesen Fällen wird das Wohnungseigentum wie das Eigentum an einem Grundstück behandelt.

Begriffsbestimmungen § 1 WEG II

II. Wohnungs- und Teileigentum (Abs 1)

Beide Eigentumsarten unterscheiden sich nur durch die Zweckbestimmung der 7
Räume, an denen sie bestehen, nicht in ihrer **rechtlichen Behandlung**. Dies folgt aus
Abs 6, der klarstellt, dass die Vorschriften über das Wohnungseigentum auch für das
Teileigentum entsprechend gelten. Darüber hinaus bestehen in Bezug auf die Abgeschlossenheit (§ 3 Abs 2) und Anlegung der Grundbücher (§ 7 Abs 5) die gleichen
Voraussetzungen. Soweit daher im Folgenden von Wohnungseigentum und Wohnungseigentümer die Rede ist, gelten die Ausführungen für das Teileigentum und den
Teileigentümer entsprechend. Da die **Zweckbestimmung** zum verdinglichten Rechtsinhalt des Sondereigentums gehört (näher Rn 20), begründet die bestimmungswidrige
Nutzung durch die Wohnungseigentümer oder durch die in § 14 Nr 2 Genannten (zB
Mieter) Unterlassungsansprüche gemäß § 1004 BGB jedes Wohnungseigentümers
(*Armbrüster* in Bärmann, § 1 Rn 34; *Wenzel* in Bärmann, § 13 Rn 68 ff; vgl auch *Kümmel* ZWE 2008, 273).

III. Definition des Wohnungs- und Teileigentums (Abs 2 und 3)

1. Allgemeines. In beiden Absätzen kommt die oben dargelegte Gesetzeskonstruktion 8
(vgl Rn 1 ff) zum Ausdruck, dass das Wohnungs- und Teileigentum aus der Verbindung
eines Miteigentumsanteils am gemeinschaftlichen Eigentum mit dem Sondereigentum
an Räumen besteht. Sondereigentum ist der mit dem Bruchteilseigentum verbundene
Bereich des Alleineigentums sowohl an Wohnungen als auch an sonstigen Räumen.
Wenn das Gesetz in der Begriffsbestimmung das Sondereigentum vor dem Miteigentumsanteil nennt, steht dies nicht im Widerspruch zu der auf dem Miteigentum aufbauenden Struktur des Wohnungseigentums (*Weitnauer/Briesemeister* § 1 R 4). Das Gesetz
geht von der **wirtschaftlichen Betrachtungsweise** aus. Hiernach steht das Sondereigentum an den Räumen im Vordergrund, obwohl juristisch der ideelle, durch die Verbindung mit dem Alleineigentum an einem real abgegrenzten Gebäudeteil besonders ausgestaltete Miteigentumsanteil das Primäre ist, wie sich aus den §§ 3, 6 und 8 ergibt.

2. Wohnungseigentum. Nach der **Gesetzesdefinition** des Abs 2 handelt es sich dabei 9
um das Sondereigentum an einer Wohnung in Verbindung mit dem Miteigentumsanteil an dem gemeinschaftlichen Eigentum, zu dem es gehört.

Was unter einer **Wohnung** zu verstehen ist, ergibt sich nicht aus dem WEG selbst, son- 10
dern aus Nr 4 S 1 der Allgemeinen Verwaltungsvorschrift für die Ausstellung von
Bescheinigungen gemäß § 7 Abs 4 Nr 2 und § 32 Abs 2 Nr 2 des Wohnungseigentumsgesetzes (= AVA, vgl Kapitel IV, Nr 4):

„**Eine Wohnung ist die Summe der Räume, welche die Führung eines Haushaltes
ermöglichen; dazu gehören stets eine Küche oder ein Raum mit Kochgelegenheit
sowie Wasserversorgung, Ausguss und WC.**"

Negative Beispiele: WC-Raum (*OLG Düsseldorf* 3 W 315/75, NJW 1976, 1458); Vorflur 11
(*OLG Hamm* 15 W 452/85, Rpfleger 1986, 374), einzelne Hotelzimmer (*OVG Lüneburg*
14 A 69/82, DNotZ 1984, 390); Hobbyraum (*BayObLG* 2 Z BR 158/97, NJW-RR 1998, 735).

Maßgeblich ist dabei die **bauliche Ausstattung** der Wohnung, nicht die tatsächlich ausge- 12
übte Nutzung. Denn die Eigenschaft als Wohnung geht nicht dadurch verloren, dass einzelne Räume vorübergehend oder dauernd zu beruflichen oder gewerblichen Zwecken
benutzt werden (*BayObLG* BReg 2 Z 73/72, ZMR 1973, 205, vgl auch Nr 4 S 2 AVA).

Vandenhouten

Die Wohnung muss bei entsprechender Ausstattung nicht unbedingt mehrere Räume ausweisen (zB „Ein-Zimmer-Junggesellen-Appartement"). Die Räume einer Wohnung müssen nicht auf gleicher Ebene liegen; auch an übereinander liegenden Räumen kann Wohnungseigentum begründet werden, sofern sie mit einer Treppe verbunden, in sich abgeschlossen sind und in ihrer Gesamtheit die Eigenschaften einer Wohnung erfüllen. Schließlich kann auch ein ganzes Gebäude eine Wohnung sein, sofern noch eine weitere Einheit auf dem Grundstück vorhanden ist (*BGH* V ZB 14/67, WM 1968, 572). Hingegen kann, auch wenn zu Wohnzwecken bestimmt, an Appartements in Hotels, Studenten- oder Seniorenheimen, die keine Kochgelegenheit aufweisen, nur Teileigentum begründet werden (vgl Nr 4 S 3 AVA).

13 Das Wohnungseigentum erstreckt sich auf die zur Wohnung gehörenden **Nebenräume** wie Keller, Dachboden, Garage usw. Die Nebenräume müssen in sich abgeschlossen und verschließbar sein. In der Teilungserklärung und im Aufteilungsplan müssen sie mit den gleichen Nummern und/oder Farbumrandungen der Haupträume gekennzeichnet sein.

14 Wohnungseigentum kann auch an **Hofgrundstücken** gebildet werden (*OLG Hamm* 15 W 64/88, Rpfleger 1989, 18), wobei aber infolge der Übertragung eines sachenrechtlichen Anteils an der Hofstelle auf einen Dritten das für eine Hofeigenschaft konstitutive Merkmal des Alleineigentums einer einzigen natürlichen Person an der Hofstelle fortfällt (§ 1 Abs 1 S 1 und Abs 3 S 1 HöfeO) und somit die Hofeigenschaft verloren geht (*OLG Oldenburg* 10 W 14/92, NJW-RR 1993, 1235; *OLG Köln* 23 WLw 3/06, NZM 2007, 521).

15 Liegen die Voraussetzungen für eine Wohnung nicht vor, hat die Baubehörde die Erteilung der nach § 7 erforderlichen **Abgeschlossenheitsbescheinigung** abzulehnen.

16 **3. Teileigentum.** Nach der **Gesetzesdefinition** des Abs 3 handelt es sich dabei um das Sondereigentum an nicht zu Wohnzwecken dienenden Räumen eines Gebäudes in Verbindung mit dem Miteigentumsanteil an dem gemeinschaftlichen Eigentum, zu dem es gehört.

17 Aus dieser negativen Umschreibung folgt zunächst, dass Teileigentum an allen Räumen begründet werden kann, die nicht zu Wohnzwecken, sondern einem **beliebigen sonstigen Zweck** dienen sollen, insbesondere gewerblicher und geschäftlicher Art. Teileigentum ist zB möglich an Läden, Werkstätten, Lagerräumen, Garagen, Praxis- und Büroräumen, allen Wohnnebenräumen (vgl Rn 13), aber auch an Kliniken, Pensionen, Schulen, Vorflur, WC, einzelnem Hotelzimmer usw.

18 Anders als beim Wohnungseigentum (vgl Rn 12) ist dabei auf die bei der Begründung des Teileigentums zum Ausdruck gekommene **subjektive Nutzungsabsicht** abzustellen. Denn auch wenn die bauliche Ausstattung der Räume einer Wohnung entspricht, kann Teileigentum begründet werden.

19 Möglich ist eine Eintragung als **gemischtes Wohnungs- und Teileigentum** (arg § 2 S 2 WGV), wenn gleichberechtigt nebeneinander sowohl eine Wohnung als auch nicht zu Wohnzwecken dienende Räume vorhanden sind, z. B. bei einer Verbindung von Praxisräumen mit einer Wohnung oder einer Werkstatt (Laden) mit einer Wohnung. Hiervon ist auszugehen, wenn in der Gründungsurkunde eine Sondereigentumseinheit als „Gewerbewohnung" bezeichnet ist und im dazugehörigen Aufteilungsplan drei der

sieben Räumlichkeiten dieser Einheit mit dem Vermerk „Gewerbe" versehen sind, bei den übrigen Räumlichkeiten hingegen ein entsprechender Nutzungsvermerk fehlt (*KG* 24 U 71/07, WuM 2008, 165).

4. Umwandlung von Wohnungs- in Teileigentum und umgekehrt. Die Kennzeichnung 20 als Wohnungs- oder Teileigentum enthält zugleich eine allgemeine **Zweckbestimmung mit Vereinbarungscharakter** gemäß § 15 Abs 1 WEG (*BayObLG* 2 Z BR 169/04, FGPrax 2005, 11; *OLG Schleswig* 2 W 198/05, ZMR 2006, 891; *OLG Hamm* 15 W 163/ 05, NZM 2007, 294; *KG* 24 W 126/05 ZMR 2007, 299; *KG* 24 U 71/07, WuM 2008, 165; *Armbrüster* in Bärmann, § 1 Rn 27; *Riecke/Schmid/ Schneider* § 1 Rn 43; *Hügel* ZWE 2008, 120; **aA** *Riecke/Schmid/Elzer* § 3 Rn 22; *Wenzel* ZWE 2006, 62; *Kümmel* ZWE 2008, 273: sachenrechtliche Qualität). Die Umwandlung stellt sich als Änderung des vereinbarten Inhalts des Sondereigentums gemäß §§ 5 Abs 4 S 1, 10 Abs 2 S 2, 877 BGB dar, die der Zustimmung aller Miteigentümer (*BayObLG* BReg 2 Z 89/82, DNotZ 1984, 104; *BayObLG* BReg 2 Z 67/85, Rpfleger 1986, 177; *Armbrüster* ZMR 2005, 244, 246) und nur zur Wirkung gegenüber Rechtsnachfolgern gemäß § 10 Abs 3 der Eintragung im Grundbuch bedarf. Im Falle einer dinglichen Belastung des einzelnen Wohnungseigentums müssen die dinglich Berechtigten gemäß § 876 BGB nach Maßgabe von § 5 Abs 4 S 2, 3 (vgl § 5 Rn 55 ff) zustimmen (*BayObLG* BReg 2 Z 129/ 88, NJW-RR 1989, 652). Ein Anspruch auf Zustimmung besteht nur unter den in § 10 Abs 2 S 3 bestimmten Voraussetzungen (vgl § 10 Rn 36 f). Dies gilt nicht, wenn in der Gemeinschaftsordnung die Mitwirkung der übrigen Wohnungseigentümer infolge einer – ggf durch Auslegung zu ermittelnden – bereits vorweg erteilten Zustimmung ausgeschlossen worden ist (*BayObLG* BReg 2 Z 129/88, NJW-RR 1989, 652; *BayObLG*, 2 Z BR 49/97, Rpfleger 1998, 19).

Beispiel: Recht eines Wohnungseigentümer, die Dachspeicherräume zu Wohnraum auszu- 21 bauen (*BayObLG* 2 Z BR 167/99, ZMR 2000, 468).

Die Einreichung eines neuen, amtlich berichtigten Aufteilungsplans ist dann nicht 22 erforderlich, wenn Lage und Grenzen des Sondereigentums unverändert bleiben (*BayObLG* 2 Z BR 157/97, Rpfleger 1998, 194; *OLG Bremen* 3 W 52/01, NZM 2002, 610), wohl aber – bei Umwandlung von Teileigentum in Wohnungseigentum – der Vorlage einer veränderten Abgeschlossenheitsbescheinigung (*Hügel* MietRB 2009, 109; vgl auch Rn 15).

IV. Miteigentum an mehreren Grundstücken (Abs 4)

Ist ein **Gebäude auf mehreren** rechtlich selbstständigen **Grundstücken** errichtet wor- 23 den, so kann Wohnungseigentum nicht in der Weise begründet werden, dass das Sondereigentum an seinen Räumen mit Miteigentum an mehreren Grundstücken verbunden wird. Dieses war früher bestritten. Durch die Einfügung des Abs 4 aufgrund des Gesetzes vom 30.7.1973 (BGBl I, 910) ist die Streitfrage eindeutig geklärt. Dies gilt auch, wenn die verschiedenen Grundstücke demselben Eigentümer gehören.

Soweit in der Praxis die Frage früher anders beurteilt wurde, ändert dieses nichts an 24 der Wirksamkeit des so begründeten Sondereigentums. Das vorgenannte Gesetz enthält daher in Art 3 § 1 eine **Übergangsregelung.**

Soll ein Gebäude mit Eigentumswohnungen auf verschiedenen Grundstücken im 25 Rechtssinne errichtet werden, so sind sie vorher entweder nach § 890 Abs 1 BGB zu

vereinigen oder das eine Grundstück ist dem Anderen als Bestandteil nach § 890 Abs 2 BGB **zuzuschreiben.**

Zur Zuschreibung eines Grundstücks als Bestandteil des Wohnungseigentums vgl Rn 6.

26   Ist ein **Gebäude nur auf einem Grundstück** errichtet worden, ergibt sich aus Abs 4 zudem, dass ein Sondereigentum nur mit dem Miteigentumsanteil dieses Grundstücks, nicht aber mit dem Miteigentumsanteil eines anderen Grundstücks verbunden werden darf.

27   Mehrere Grundstücke sind auch dann betroffen, wenn ein **Überbau** vorliegt. Dabei kann das Nachbargrundstück den Wohnungseigentümern (sog Eigengrenzüberbau) oder einem Dritten gehören.

Beispiel: Tiefgarage erstreckt sich auf das Nachbargrundstück.

28   Abs 4 steht der Begründung von Wohnungseigentum dann nicht entgegen, wenn der überbaute Gebäudeteil **wesentlicher Bestandteil** des Grundstücks wird, an dem Wohnungseigentum begründet werden soll (= Scheinbestandteil des überbauten Grundstücks gemäß § 95 Abs 1 S 2 BGB). Dieses ist dann zu bejahen, wenn der Nachbar den Überbau – nicht zwingend in Form einer Grunddienstbarkeit (*Palandt/Bassenge* § 1 Rn 7; *Demharter* Rpfleger 1983, 133; **aA** *OLG Stuttgart* 8 W 226/82, Rpfleger 1982, 375) – zuvor gestattet hat (*BGH* V ZR 103/73, WM 1974, 540) oder wenn es sich um einen entschuldigten und zu duldenden Überbau iSv § 912 BGB handelt (vgl dazu im Einzelnen *Demharter* Rpfleger 1983, 133; *Ludwig* DNotZ 1983, 411; *Röll* ZfBR 1983, 201; *Weitnauer* ZfBR 1982, 97). Wird es danach **nicht wesentlicher Bestandteil**, so entsteht an auf dem überbauten Grundstück belegenem Sondereigentum kein Wohnungseigentum, es sei denn es wird mit einem Miteigentumsanteil des überbauten Grundstücks zu Wohnungseigentum verbunden (*LG Leipzig* 1 T 8106/98, NZM 2000, 393; *Palandt/Bassenge*, § 1 Rn 8; Rn 26). Bleibt hierdurch ein Miteigentumsanteil ohne Sondereigentum ist nach Maßgabe von § 139 BGB die Begründung von Wohnungseigentum insgesamt gescheitert (vgl § 3 Rn 37).

V. Gemeinschaftliches Eigentum (Abs 5)

29   Hierzu gehört in erster Linie das **Grundstück**, dh der gesamte Grund und Boden. Dies sind neben den unbebauten Teilen des Grundstücks, wie zB Gärten und Höfe, auch die überbauten, außerhalb des Gebäudes liegenden Grundstücksflächen, zB plattierte Terrasse (*OLG Köln* 2 Wx 52/95, MittRhNK 1996, 61); Kfz-Abstellplätze im Freien (*BayObLG* BReg 2 Z 70/85, NJW-RR 1986, 761; *OLG Karlsruhe* 11 W 53/71, MDR 1972, 516; *OLG Frankfurt* 20 W 648/83, Rpfleger 1983, 482), seitenoffener Carport (*BayObLG* BReg 2 Z 70/85, NJW-RR 1986, 761); überdachter Hofraum (**aA** *OLG Düsseldor*, I-3 Wx 254/07, ZMR 2009, 53). An diesen Grundstücksflächen ist ein Sondereigentum nach dem Gesetz ausgeschlossen.

Des Weiteren zählen hierzu die wesentlichen Bestandteile des Grundstücks gemäß §§ 93 ff BGB (zB Einfriedungsmauer [§ 93 BGB], aufliegende Fertiggarage [§ 94 Abs 1 BGB], Grunddienstbarkeit auf Nachbargrundstück [§ 96 BGB]).

30   Es ist aber möglich, die Grundstücksteile an Miteigentümer oder Dritte zu verpachten oder an ihnen **Sondernutzungsrechte** (§ 13 Rn 24 ff) für einzelne Miteigentümer zu begründen.

Der Umfang des gemeinschaftlichen Eigentums hinsichtlich der **Gebäudebestandteile** 31
wird negativ durch den des Sondereigentums bestimmt. Alles was nicht zum Gegenstand des Sondereigentums erklärt ist (§ 3 Abs 1) muss zum gemeinschaftlichen Eigentum zählen (*KG* 24 W 4020/84, ZMR 1985, 344). Es besteht damit eine **Vermutung** für die Zugehörigkeit der Bestandteile eines Gebäudes zum gemeinschaftlichen Eigentum, die sich aber nicht auf das Eigentum Dritter erstreckt (*OLG Düsseldorf* 3 Wx 334/99, ZMR 2000, 551; *Armbrüster/Bärmann* § 1 Rn 53). Zum gemeinschaftlichen Eigentum gehören darüber hinaus zwingend die Teile, Anlagen und Einrichtungen des Gebäudes, die nicht Gegenstand des Sondereigentums sein können, selbst wenn sie sich im Bereich der im Sondereigentum stehenden Räume befinden (§ 5 Abs 2).

Wegen näherer Einzelheiten der im gemeinschaftlichen Eigentum stehenden Gebäude- 32
teile, Anlagen und Einrichtungen wird auf die Ausführungen zu § 5 verwiesen.

An von der Grenze zweier Grundstücke geschnittener Anlagen (zB gemeinschaftli- 33
ches Treppenhaus, Brandmauer) besteht kein Miteigentum aller Eigentümer der betroffenen Grundstücke, sondern **vertikal geteiltes Eigentum** (*OLG Hamm* 15 W 92/05, ZMR 2006, 878; *Weitnauer/Briesemeister* § 3 Rn 9). Die Rechtsbeziehungen richten sich im Außenverhältnis nach §§ 921, 922 BGB.

Vom gemeinschaftlichen Eigentum zu unterscheiden ist das sog. **Verwaltungsvermö-** 34
gen (§ 10 Abs 7 S 1), zu dem alle Rechte und Pflichten gehören, die der Verwaltung des gemeinschaftlichen Eigentums dienen oder aus ihr entstanden sind (*Palandt/Bassenge* § 1 Rn 14, näher § 10 Rn 80 ff). Träger ist der durch den *BGH* in seiner Entscheidung vom 2.6.2005 (V ZB 32/05, NJW 2005, 2061) anerkannte teilrechtsfähige Verband in seinem jeweiligen Bestand. Mit dem Gesetz zur Änderung des WEG und anderer Gesetze vom 26.3.2007 (BGBl I S 370) [im Folgenden: WEG-ÄnderungsG] wurde diese Konzeption auch vom Gesetz anerkannt. Eine zunächst zum Verwaltungsvermögen gehörende Sache geht ins gemeinschaftliche Eigentum über, in dem sie – zB durch Verbindung (Einbau eines Fensters, Einpflanzen eines Baumes) – zum wesentlichen Bestandteil des Grundstücks wird.

1. Abschnitt
Begründung des Wohnungseigentums

§ 2 Arten der Begründung

Wohnungseigentum wird durch die vertragliche Einräumung von Sondereigentum (§ 3) oder durch Teilung (§ 8) begründet.

Übersicht

	Rn		Rn
I. Zwei Begründungsformen	1	IV. Kombination der Begründungs-	
II. Vertragliche Teilungserklärung	2	formen	8
III. Einseitige Teilungserklärung	7	V. Öffentlich-rechtliche Genehmigungserfordernisse	9

II WEG § 2 — Arten der Begründung

I. Zwei Begründungsformen

1 § 2 zeigt in einer Art **Leitvorschrift** die beiden einzigen Möglichkeiten auf, in denen Wohnungseigentum begründet werden kann.

II. Vertragliche Teilungserklärung

2 Steht das Grundstück im Miteigentum mehrerer Personen, so können sie sich vertraglich (sog **vertragliche Teilungserklärung**) gegenseitig Sondereigentum einräumen (§ 3).

3 Miterben bietet dieser Weg die Möglichkeit, die **Erbengemeinschaft** neben der Teilung in Natur (§§ 2042 Abs 2, 752 BGB) – die an einem bebauten Grundstück in der Regel nicht möglich ist, da keine gleichartigen Anteile gebildet werden können (*OLG Hamm* 8 U 99/91, NJW-RR 1992, 665) – durch vertragliche Einräumung von Sondereigentum aufzuheben. Dies setzt voraus, dass das Gesamthandseigentum der Erbengemeinschaft in Bruchteilseigentum umgewandelt wird (§ 3 Rn 5). Eine derartige Teilung kann nur freiwillig erfolgen, nicht aber durch richterliche Teilungsentscheidung erzwungen werden (*OLG München* 5 W 1415/52, NJW 1952, 1297; *Palandt/ Bassenge* § 2 Rn 1; Weitnauer/*Briesemeister* § 2 Rn.1; **aA** *Armbrüster* in Bärmann, § 2 Rn 5 und Riecke/Schmid-*Schneider* § 2 Rn 7 die eine richterliche Teilungsentscheidung dann für möglich halten, wenn die Aufhebung der Gemeinschaft durch Zwangsversteigerung des Grundstücks und Teilung des Erlöses nach § 753 BGB rechtsmissbräuchlich erscheint [so auch nicht *OLG Frankfurt* 16 U 34/06, DStR 2007, 868]).

Gleiches gilt für sonstige Gemeinschaften, die eine Auseinandersetzung vornehmen wollen. Auch eine juristische Person (AG, GmbH), die Eigentümerin eines Grundstücks ist, kann auf diese Weise ihren Mitgliedern Wohnungseigentum zuwenden.

4 Durch **Verfügung von Todes wegen** ist eine Begründung von Sondereigentum nicht möglich (*Palandt/Bassenge* § 2 Rn 1; Weitnauer/*Briesemeister* § 2 Rn 2). Wohl aber kann durch eine Teilungsanordnung des Erblassers nach § 2048 BGB eine Auseinandersetzung durch Begründung von Wohnungseigentum angeordnet werden. Dadurch entsteht kein Sondereigentum; erforderlich ist die vertragliche Begründung nach § 3, auf die ein klagbarer Anspruch besteht (*BGH* IV ZR 226/00, NJW 2002, 2712). Sind über die gesetzlichen Bestimmungen hinaus Regelungen zum Gemeinschaftsverhältnis erforderlich, besteht unter den Voraussetzungen des § 10 Abs 2 S 3 ein Änderungsanspruch.

5 Auch im Verfahren nach der **HausratsVO** kann kein Wohnungseigentum begründet werden.

6 Der Weg Sondereigentum nach § 3 zu begründen wird auch bei den sogenannten **„Bauherrenmodellen"** beschritten, bei dem mehrere Wohnungsinteressenten ein Baugrundstück zu Miteigentum erwerben, um es dann zu bebauen (vgl hierzu die ausführlichen Erläuterungen bei *Weitnauer/Briesemeister* Anhang zu § 3).

III. Einseitige Teilungserklärung

7 Steht das Grundstück im Alleineigentum, kann der Eigentümer durch **einseitige Teilungserklärung** Sondereigentum begründen (§ 8).

Dieser Weg ist wohl die häufigste Form der Begründung. Der Weg Wohnungseigentum nach § 8 zu begründen, entspricht dem **„Bauträgermodell",** bei dem ein Unternehmer das Gebäude auf dem ihm allein gehörenden Grundstück errichtet.

IV. Kombination der Begründungsformen

Beide Formen der Begründung können auch in **Kombination** miteinander in der Weise erfolgen, dass die bruchteilsmäßig eingetragenen Miteigentümer des Grundstücks die Begründung einer Anzahl von Wohnungseigentumsrechten mit der Maßgabe vereinbaren, dass sie einen Teil davon selbst zu Eigentum übernehmen (Fall des § 3 WEG), sich jedoch hinsichtlich der übrigen Wohnungseigentumsrechte als Miteigentümer zu den am Stammgrundstück bestehenden ursprünglichen Anteilen eintragen lassen (Fall des § 8 WEG, vgl *KG* 1 W 6026/93, NJW 1995, 62). Ein solcher Fall liegt auch dann vor, wenn die Gemeinschaft zunächst durch Begründung von Sondereigentum nach § 3 entsteht und dann ein Eigentümer, dessen Miteigentumsanteil mit mehreren Sondereigentumsrechten verbunden ist (vgl § 3 Rn 8), diese wiederum durch Erklärung nach § 8 in selbstständige Wohnungseigentumsrechte teilt.

8

V. Öffentlich-rechtliche Genehmigungserfordernisse

Für die Einräumung von Sondereigentum kann eine öffentlich-rechtliche **Genehmigung** nach § 22 BauGB (Fremdenverkehrgebiet, vgl *Grziwotz* DNotZ 2004, 674), § 51 BauGB (Umlegungsverfahren), §§ 108, 109 BauGB (Enteignungsverfahren), §§ 144, 169 BauGB (Sanierungs- oder Entwicklungsgebiet), § 172 BauG (Gebiete mit Erhaltungssatzung), § 2 GrundstücksverkehrsO oder nach § 2 GrdstVG erforderlich sein (*Armbrüster* in Bärmann, § 2 Rn 15 ff). Der Gemeinde steht kein Vorkaufsrecht gemäß § 24 BauGB zu. Nur im Falle von § 3, nicht hingegen von § 8 bedarf es der Vorlage einer steuerlichen Unbedenklichkeitsbescheinigung gemäß § 22 GrEStG (*Riecke/Schmid-Schneider* § 7 Rn 76).

9

An einem auf Rechtsvorschriften der früheren DDR beruhenden, gemäß Art 233 §§ 2b, 4, 8 EGBGB fortbestehenden selbstständigen **Gebäudeeigentum** kann Wohnungseigentum nicht begründet werden (*OLG Jena* 6 W 215/95, Rpfleger 1996, 194).

10

§ 3 Vertragliche Einräumung von Sondereigentum

(1) Das Miteigentum (§ 1008 des Bürgerlichen Gesetzbuchs) an einem Grundstück kann durch Vertrag der Miteigentümer in der Weise beschränkt werden, dass jedem der Miteigentümer abweichend von § 93 des Bürgerlichen Gesetzbuchs das Sondereigentum an einer bestimmten Wohnung oder an nicht zu Wohnzwecken dienenden bestimmten Räumen in einem auf dem Grundstück errichteten oder zu errichtenden Gebäude eingeräumt wird.

(2) [1]Sondereigentum soll nur eingeräumt werden, wenn die Wohnungen oder sonstigen Räume in sich abgeschlossen sind. [2]Garagenstellplätze gelten als abgeschlossene Räume, wenn ihre Flächen durch dauerhafte Markierungen ersichtlich sind.

(3) *(weggefallen)*

Übersicht

	Rn		Rn
I. Allgemeines	1	1. Miteigentum am Grundstück	4
II. Voraussetzungen der Ersteinräumung von Sondereigentum (Abs 1)	4	2. Sondereigentum für jeden Miteigentümer	6

II WEG § 3 Vertragliche Einräumung von Sondereigentum

	Rn		Rn
3. Gebäude	11	III. Einräumung von Sondereigentum durch vertragliche Teilungserklärung	35
4. Wohnungen und sonstige Räume	15		
5. Abgeschlossenheit (Abs 2)	18	1. Dingliches Verfügungsgeschäft	35
a) Wohnungen und sonstige Räume	19	2. Gründungsmängel	36
b) Garagenstellplätze	28	3. Vertragsinhalt	41

Literatur: *Hügel* Das unvollendete oder substanzlose Sondereigentum, ZMR 2004, 549; *Demharter* Isolierter Miteigentumsanteil beim Wohnungseigentum, NZM 2000, 1196; *Gleichmann* Sondereigentumsfähigkeit von Doppelstockgaragen, RPfleger 1988, 10; *Schuschke* Kfz-Stellplätze in der Wohnungseigentumsanlage, NZM 1999, 1121.

I. Allgemeines

1 Abs 3 wurde durch Art 1 Nr 1 **WEG-ÄnderungsG** aufgehoben, da er gegenstandslos geworden ist. Die Regelung zur Abgeschlossenheit von Wohnungen in den neuen Bundesländern ist bereits am 31.12.1996 außer Kraft getreten.

2 Nach § 3 kann an Räumen in einem bereits vorhandenen oder zu errichtenden Gebäude durch **vertragliche Teilungserklärung** Sondereigentum begründet werden, sofern mehrere Personen Miteigentümer des Grundstücks sind. Im Gegensatz hierzu regelt § 8 die Begründung von Sondereigentum durch einseitige Teilungserklärung, sofern das Grundstück im Alleineigentum steht.

3 Aus Abs 1 folgt die – gemäß § 6 untrennbare – Verbindung von ideellem Bruchteil am Grundstück mit einem real abgegrenzten Bereich als Alleineigentum (vgl § 1 Rn 1 ff) zu einer rechtlichen „Einheit" in der Weise, dass das Miteigentum durch die Einräumung des Sondereigentums „beschränkt" wird.

Diese Beschränkung stellt aber keine dingliche Belastung des Miteigentums mit einem Sondereigentum dar, so dass die Frage nach einem Rangverhältnis zwischen Sondereigentum und dinglichen Belastungen des Grundstücks nicht auftreten kann. Ebenso wenig muss das Grundstück bei der Einräumung von Sondereigentum frei von dinglichen Belastungen sein. Im Bereich der zu Sondereigentum erklärten Räume wird das bisherige Miteigentum nicht nur beschränkt, sondern aufgehoben.

II. Voraussetzungen der Ersteinräumung von Sondereigentum (Abs 1)

4 **1. Miteigentum am Grundstück.** Die Begründung von Sondereigentum durch vertragliche Teilungserklärung setzt voraus, dass das **Grundstück im Miteigentum** (§ 1008 BGB) mehrerer (also mindestens zweier) Personen steht. Nicht erforderlich ist, dass die Beteiligten bereits im Zeitpunkt des Vertragsabschlusses Miteigentümer sind. Es genügt, dass sie zugleich mit der Eintragung des Sondereigentums als Miteigentümer im Grundbuch eingetragen werden (*LG Bielefeld* 3 T 1210/84, Rpfleger 1985, 189).

5 Es muss sich um **Miteigentum** nach **Bruchteilen** (§ 1008 BGB) handeln. Steht das Grundstück im gesamthänderischen Eigentum (Gesellschaft, Gütergemeinschaft oder Erbengemeinschaft), so ist eine Begründung von Wohnungseigentum nach § 3 nicht möglich. Denn bei Gesamthandsgemeinschaften können – anders als bei Bruchteilsgemeinschaften – die einzelnen Mitglieder nicht über ihren Anteil an den einzelnen Vermögensgegenständen verfügen. Die Gesamthandsgemeinschaft muss daher zu-

Vertragliche Einräumung von Sondereigentum § 3 WEG II

nächst – oder gleichzeitig (Rn 4) – auseinandergesetzt und in eine Bruchteilsgemeinschaft umgewandelt werden (vgl auch § 2 Rn 3).

2. Sondereigentum für jeden Miteigentümer. Die Einräumung von Sondereigentum 6 und die damit verbundene Beschränkung des Miteigentums ist nur zulässig, wenn **jedem Miteigentümer** Sondereigentum eingeräumt wird (*OLG Frankfurt* 6 W 565/68, OLGZ 1969, 387; *Armbrüster* in Bärmann, § 3 Rn 18; *Weitnauer/Briesemeister* § 3 Rn 21). Es reicht aus, wenn einem Miteigentümer Sondereigentum an einer Garage (vgl auch *OLG Hamm* 15 W 362/92, NJW-RR 1993, 1233: Begründung von Sondereigentum nur an Garagen zzgl Sondernutzungsrecht an einer Wohnung) oder einem Abstellraum eingeräumt wird.

Verschiedene Miteigentumsanteile können nicht mit demselben Sondereigentum ver- 7 bunden werden, dh dass das Sondereigentum immer nur einem Miteigentumsanteil zugeordnet sein kann; insoweit ist die Begründung von **Mitsondereigentum** an Räumen und Gebäudeteilen nicht möglich (*BGH* V ZR 118/94, NJW 1995, 2851; *OLG Schleswig* 2 W 108/06, WuM 2007, 285: Abwasserhebeanlage; *Palandt/ Bassenge* § 3 Rn 5; aA für das sog Nachbareigentum (Grenzanlage) *BGH* V ZB 45/00, NJW 2001, 1212; *OLG München* 32 Wx 71/05, NJW-RR 2006, 297: nicht tragende Trennwand zwischen zwei Sondereigentumseinheiten; *OLG Zweibrücken* 3 W 152/86, ZMR 1987, 102 für eine von der Hauptleitung abgezweigte, in einer nicht tragenden Trennwand verlaufende, gemeinsame Abwasserleitung; es gelten dann §§ 921, 922 BGB). In den Fällen des Nachbareigentums liegt daher zwingend gemeinschaftliches Eigentum vor. Dem Bedürfnis nach einer zufriedenstellenden wirtschaftlichen Regelung kann dadurch Rechnung getragen werden, dass den begünstigten Wohnungseigentümern durch Vereinbarung ein Sondernutzungsrecht eingeräumt oder eine entsprechende Kostenregelung getroffen wird. Ggf besteht nach § 10 Abs 2 S 3 ein gerichtlich durchsetzbarer Anspruch auf eine entsprechende Änderung der Gemeinschaftsordnung (*OLG Schleswig* 2 W 108/06, WuM 2007, 285). Soll daher weniger Wohnungseigentum geschaffen werden als Eigentumsbruchteile vorhanden sind, müssen die überzähligen Bruchteile vorher vereinigt werden. Es ist dabei zulässig, in einem einzigen Vertrag sowohl die Zahl der Miteigentumsanteile zu ändern als auch diesen „neuen" Anteilen jeweils das Sondereigentum an einem Wohnungseigentum zuzuordnen (*BGH* V ZB 18/82, NJW 1983, 1672; *LG Bochum* 7 T 481/98, NZM 1999, 380).

Zulässig ist es – trotz des Wortlauts „das Sondereigentum an einer bestimmten Woh- 8 nung" –, mit einem **Miteigentumsanteil mehrere Sondereigentumsrechte** (vgl *BayObLG* 2Z BR 8/00, NZM 2000, 1232; *BGH* V ZB 45/00, ZMR 2001, 289) zu verbinden (*Armbrüster* in Bärmann, § 3 Rz. 20; *Riecke/Schmid-Schneider* § 1 Rn 825).

Miteigentum ohne Sondereigentum ist grundsätzlich nicht möglich, denn ein **isolierter** 9 **Miteigentumsanteil** kann rechtsgeschäftlich nicht begründet werden (*BayObLG* 2Z BR 90/95, NJW-RR 1996, 721; *OLG Hamburg* 2 Wx 94/01, ZMR 2002, 372). Er ist aber sachenrechtlich nicht ausgeschlossen. Abs 1 bezieht sich nach seinem Wortlaut und der Begründung (vgl Erläuterung zu § 3 Ziff 1 – BR-Drucks 75/71 –) nur auf den zulässigen Inhalt des Rechtsgeschäfts. Als Folge der Anwendung gesetzlicher Bestimmungen kann ein isolierter – rechtsgeschäftlich übertragbarer (*BGH* V ZR 447/01, NJW 2004, 1798) – Miteigentumsanteil kraft Gesetzes entstehen, wenn die Begründung von Sondereigentum an einem Gebäudeteil gegen zwingende gesetzliche Vorschriften – insbesondere § 5 Abs 2 (vgl dort Rn 25 ff) – verstößt (*BGH* V ZR 143/87,

Vandenhouten

NJW 1990, 447 [Heizwerkfall], *OLG Hamm* 15 W 259/05, ZMR 2007, 213 [Stellplatz auf unbebauter Grundstücksfläche]), wenn sich der Gegenstand des Sondereigentums nicht bestimmen lässt (*BGH* V ZR 447/01, NJW 2004, 1798, hier wegen vom Aufteilungsplan abweichender Bauausführung, vgl § 7 Rn 36) oder wenn wegen eines Widerspruchs zwischen Teilungserklärung und Aufteilungsplan Sondereigentum nicht entstanden ist (*BGH* V ZR 118/94, NJW 1995, 2851; *BayObLG* 2 Z BR 21/00, NZM 2000, 1234; *OLG München* 34 Wx 37/08, NZM 2008, 810, vgl § 7 Rn 27). Zu den Folgen vgl Rn 38.

10 Sondereigentum ohne Miteigentumsanteil (**isoliertes Sondereigentum**) gibt es nicht. Ist ein Raum bei der Begründung von Wohnungseigentum ohne Miteigentumsanteil geblieben, entsteht gemeinschaftliches Eigentum (vgl auch § 5 Rn 12). Wird bei nachträglicher Unterteilung eines Wohnungseigentums gemäß § 8 (vgl dort Rn 30) ein Raum, der bisher zum Sondereigentum gehörte, nicht als Sondereigentum mit einem Miteigentumsanteil verbunden, so ist die Unterteilung nichtig (*BayObLG* BReg 2 Z 75/86, WuM 1988, 89; *BayObLG* 2 Z BR 90/95, NJW-RR 1996, 721; *OLG München* 32 Wx 33/07, Rpfleger 2007, 459).

11 **3. Gebäude.** Sondereigentum kann nur an Räumen in einem Gebäude begründet werden, welches wesentlicher Bestandteil des Grundstücks ist (*LG Münster* 5 T 872/52 u 877/52, DNotZ 1953, 148). Ein Bauwerk ist dann ein Gebäude, wenn sich in ihm mindestens ein einer Nutzung zugänglicher Raum befindet, der nach allen Seiten hin abgeschlossen ist (*LG Frankfurt* 2/9 T 835/70, NJW 1971, 759). Eine überdachte Tankstelle mit Tankautomaten ist daher ebenso wenig ein Gebäude (*LG Münster* aaO) wie ein Carport (*BayObLG* BReg 2 Z 70/85, ZMR 1986, 207). Ein Gebäude kann auch unter der Erde errichtet sein (Gebäude der U-Bahn, *LG Frankfurt* 2/9 T 835/70, NJW 1971, 759).

12 Die Begründung von Sondereigentum ist auch an einem **noch zu errichtenden Gebäude** möglich (vgl Wortlaut). Das Sondereigentum an einer Wohnung entsteht dann erst mit deren Fertigstellung. Dinglich vollzogen wird die Teilungserklärung bereits mit Anlegung sämtlicher Wohnungsgrundbücher (§§ 7 Abs 1, 8 Abs 2 S 2). Es besteht dann aus dem Miteigentumsanteil am Grundstück verbunden mit einem Anwartschaftsrecht auf Sondereigentum. Die Anlegung der Wohnungsgrundbücher verschafft dem Sondereigentümer eine gesicherte Rechtsposition, die als **Anwartschaft** auf Erlangung von Sondereigentum auf der Grundlage des Aufteilungsplans gemäß § 7 Abs 4 Nr 1 charakterisiert wird (*BGH* V ZR 339/87, NJW 1990, 1111; *BGH* V ZR 447/01, NJW 2004, 1798; *BayObLG* 2 Z BR 10/01, NZM 2002, 25). Dem Anwartschaftsrecht wohnt das Recht zur Herstellung aller Räume unabdingbar inne (*OLG Hamm* 15 W 87/89, NJW-RR 1991, 335), sofern die **Herstellung (noch) möglich** ist. Anderenfalls besteht kein Anwartschaftsrecht bzw führt zu dessen Erlöschen. Die Herstellung kann etwa aus Gründen des öffentlichen Baurechts (*BGH* V ZR 339/87, NJW 1990, 1111), aber auch dann unmöglich sein, wenn die tatsächliche Bauausführung so erheblich vom Aufteilungsplan abweicht, dass es nicht mehr möglich ist, die errichteten Räume den entsprechenden Räumen im Aufteilungsplan zuzuordnen (vgl § 7 Rn 36). Die Folge ist ein isolierter Miteigentumsanteil (vgl zu den Folgen im Einzelnen Rn 38). Wird das Gebäude aus anderen Gründen (zB Bauträger-Insolvenz) nicht erstellt, bleibt das Wohnungseigentum auf Dauer in dem Zustand wirksam, in dem es sich bei Grundbucheintragung befand, also dem Miteigentumsanteil am

Grundstück verbunden mit dem Anwartschaftsrecht auf Erlangung von Sondereigentum (*OLG Hamm* 15 W 256/04, NZM 2006, 142). Der Inhaber hat die Rechtsstellung eines Wohnungseigentümers (*OLG Frankfurt/M* Beschl v 24.8.2006 – 20 W 214/06 u 20 W 215/06, NZM 2007, 806: Stimmrecht) und es besteht schon eine Wohnungseigentümergemeinschaft (*Palandt/ Bassenge* § 2 Rn 10). Zum Anspruch auf Fertigstellung vgl § 22 Rn 207).

Nicht erforderlich ist, dass das Gebäude **vollständig** in Sondereigentum **aufgeteilt** 13
wird; in sich abgeschlossene Raumeinheiten können auch im gemeinschaftlichen Eigentum aller Wohnungseigentümer verbleiben (zB Hausmeisterwohnung).

Die Begründung von Wohnungseigentum ist auch zulässig, wenn sich auf dem im Mit- 14
eigentum stehenden Grundstück **mehrere Gebäude** (Doppelhäuser, Reihenhäuser) befinden; ebenso wenn es sich um Gebäude mit nur einer Wohnung handelt (Einfamilienhäuser), sofern auch Sondereigentum in anderen Gebäuden begründet wird. Der Gegenstand des Sondereigentums bestimmt sich auch in diesen Fällen allein nach § 5.

4. Wohnungen und sonstige Räume. Nach dem Gesetz kann Sondereigentum nur an 15
Wohnungen oder an nicht zu Wohnzwecken dienenden Räumen begründet werden.
Unbebaute Grundstücksflächen (ebenerdige Terrasse [*OLG Köln* 2 Wx 13/82, DNotZ 1982, 753], PKW-Stellplätze [*BayObLG* BReg 2 Z 70/85, ZMR 1986, 207]) können nicht Gegenstand des Sondereigentums sein.

Es ist zulässig, Sondereigentum sowohl an einer Wohnung als auch an sonstigen Räu- 16
men mit einem Miteigentumsanteil zu einem **gemischten Wohnungs- und Teileigentum** zu verbinden. Hierbei ist ein einheitliches Wohnungs- und Teileigentumsgrundbuch anzulegen.

Unter einem **Raum** ist hierbei ein allseits abgegrenztes Gebilde zu verstehen, das die 17
Begrenzung des Umfangs eines Sondereigentums erfahrbar macht (*OLG Koblenz* 2 U 1588/89, WuM 1991, 603).

Unter **Wohnung** versteht man Räumlichkeiten für Menschen, die so ausgestattet sind, dass in ihr auf Dauer die Führung eines selbstständigen Haushaltes möglich ist (vgl dazu näher § 1 Rn 10 ff). Zum Begriff der nicht zu Wohnzwecken dienenden Räume vgl § 1 Rn 17 f).

5. Abgeschlossenheit (Abs 2). Nach Abs 2 S 1 soll Sondereigentum nur eingeräumt 18
werden, wenn die Wohnungen oder sonstigen Räume in sich abgeschlossen sind. Dieses Erfordernis soll gewährleisten, dass jeder Sondereigentumsbereich von demjenigen der anderen Wohnungseigentümer und vom gemeinschaftlichen Eigentum eindeutig abgegrenzt ist, damit der dingliche Herrschaftsbereich des Sondereigentümers gemäß § 13 Abs 1 eindeutig und gegen widerrechtliches Eindringen gesichert ist (*GmS-OBG* GmS-OGB 1/91, NJW 1992, 3290). Abgeschlossenheit ist daher kein baurechtlicher oder bauordnungsrechtlicher Begriff (vgl auch Rn 22). Sondereigentum entsteht dinglich auch dann bzw besteht fort, wenn die Abgeschlossenheit tatsächlich nicht gegeben ist oder nachträglich aufgehoben wird, denn es handelt sich um eine bloße Sollvorschrift (*BGH* V ZR 339/87, BGHZ 110, 36 = NJW 1990, 1111; *BayObLG* 2Z BR 152/98, ZMR 1999, 266). Sondereigentum kann daher auch an durch bloße „Luftschranken" begrenzten Teilräumen entstehen, sofern eine Abgrenzung eindeutig möglich ist (*BGH* V ZR 97/07, ZMR 2008, 897; vgl auch § 7 Rn 32) oder auch dann,

wenn keine rechtliche Zugangsmöglichkeit besteht (*OLG München* 34 Wx 049/08, Rpfleger 2009, 20; *OLG München* 32 Wx 044/08, MietRB 2009, 108).

19 **a) Wohnungen und sonstige Räume.** Die Voraussetzungen für die Abgeschlossenheit einer Wohnung und damit auch der nicht zu Wohnzwecken dienenden Räume ergibt sich aus Nr 5 a, b der Allgemeinen Verwaltungsvorschrift für die Ausstellung von Bescheinigungen gemäß § 7 Abs 4 Nr 2 und § 32 Abs 2 Nr 2 des Wohnungseigentumsgesetztes (**AVA**; vgl Kapitel IV, Nr 4).

20 Danach sind Wohnungen in sich abgeschlossen, wenn sie erstens einen eigenen **freien und abschließbaren Zugang** haben. Dieser kann vom gemeinschaftlichen Eigentum, aber auch vom Nachbargrundstück – sofern dieser durch eine Grunddienstbarkeit gesichert ist (*OLG Düsseldorf* 3 Wx 391/86, RPfleger 1987, 15; *LG Bamberg* 3 T 137/05, ZMR 2006, 965) – aus erfolgen. Die Räume eines Sondereigentums können sich auch in verschiedenen Etagen befinden (*LG Bielefeld* 25 T 237/00, Rpfleger 2000, 387).

21 Zweitens muss die Wohnung räumlich gegenüber dem Sondereigentum anderer Wohnungseigentümer und dem gemeinschaftlichen Eigentum **eindeutig** – insbesondere durch Wände und Decken, abschließbare Verbindungstür (*KG* 1 W 561/84, OLGZ 1985, 129) – allseitig baulich (*OLG Celle* 4 W 61/91, NJW-RR 1991, 1489) **abgegrenzt** sein. Zu den abgeschlossenen Wohnungen können auch außerhalb ihrer gelegene zusätzliche Nebenräume (zB Keller, Garage – insoweit ist auch selbständiges Teileigentum möglich, vgl Rn 6) gehören, die dann ebenfalls in sich abgeschlossen sein müssen. Auch bei mehreren in sich, aber nicht in ihrer Gesamtheit abgeschlossenen Räumen fehlt es daher nicht an einer Abgeschlossenheit (*BayObLG* 2Z BR 167/99, NZM 2000, 1232 für den Fall der Vereinigung (vgl § 9 Rn 10) von zwei Sondereigentumsrechten).

22 An einer Abgeschlossenheit fehlt es auch dann nicht, wenn die Wohnungstrennwände und Wohnungstrenndecken die Anforderungen, die das **Bauordnungsrecht** des jeweiligen Bundeslandes an Neubauten stellt, nicht erfüllt (*GmS-OBG* GmS-OGB 1/91, NJW 1992, 3290, vgl auch Rn 18).

23 Dem Erfordernis der Abgeschlossenheit kommt nur **Bedeutung innerhalb der Wohnanlage** zu, dh nur im Verhältnis der einzelnen Wohnungseigentumsrechte zueinander. Ein räumlicher Zusammenhang mit Räumen im Nachbarhaus ist daher unschädlich. Die Grenzen von Grundstücken können jederzeit ohne Rücksicht auf Gebäudemauern allein durch die Festlegungen im Liegenschaftskataster bestimmt werden (*BayObLG* BReg 2 Z 95/90, NJW-RR 1991, 593).

24 Eine Wohnung und eine Garage bleiben auch dann in sich abgeschlossen, wenn den übrigen Miteigentümern durch Gebrauchsregelung das **Recht zum Betreten** der Wohnung und der Garage eingeräumt wurde, um zu einem gemeinschaftlichen Spitzboden bzw. Wäschetrockenplatz zu gelangen (*BayObLG* BReg 2 Z 94/88, RPfleger 1989, 99). Eine andere Frage ist es, ob die Begründung von Sondereigentum in diesen Fällen mit der zwingenden Regelung des § 5 Abs 2 vereinbar ist (vgl § 5 Rn 7).

25 Die Wohnung muss drittens eine **bestimmte Ausstattung** aufweisen. Danach müssen innerhalb der Wohnung eine Küche oder zumindest eine Kochgelegenheit, Wasserversorgung, Ausguss und WC vorhanden sein. An einer Abgeschlossenheit fehlt es daher bei einem gemeinsamen WC mit Zugang von jeder Wohnung aus (*BayObLG* BReg

2 Z 32/84, Rpfleger 1984, 407) oder wenn das WC in einem zusätzlichen Raum untergebracht ist (vgl *OLG Düsseldorf* 3 Wx 313/97, FGPrax 1998, 12).

Bei nicht zu Wohnzwecken dienenden Räumen gelten die Erfordernisse an die Abgeschlossenheit sinngemäß (vgl Nr 5b AVA). Dies führt aber nicht dazu, dass diese auch die Ausstattungsmerkmale wie eine Wohnung aufweisen müssen. Daher ist es hier unschädlich, wenn das WC in einem zusätzlichen Raum untergebracht ist (*OLG Düsseldorf* 3 Wx 313/97, FGPrax 1998, 12). 26

Durch Vorlage einer Bescheinigung gemäß § 7 Abs 4 Nr 2 (sog **Abgeschlossenheitsbescheinigung**) sind dem Grundbuchamt die Voraussetzungen der Abgeschlossenheit nachzuweisen. Wegen der Einzelheiten wird auf § 7 Rn 38 verwiesen. 27

b) **Garagenstellplätze.** Für Garagenstellplätze macht Abs 2 S 2 eine Ausnahme vom Erfordernis der Abgeschlossenheit. Diese gelten als abgeschlossene Räume, wenn ihre Flächen durch dauerhafte Markierungen ersichtlich sind. Durch Abs 2 S 2 wird nur Abgeschlossenheit, nicht hingegen Raumeigenschaft fingiert. 28

Gemäß § 6 AVA kommen als **dauerhafte Markierungen** ua in Betracht: Wände aus Stein oder Metall, fest verankerte Geländer, fest verankerte Begrenzungsschwellen oder Markierungssteine usw. Nicht aber ein einfacher durch Überfahren unkenntlich zu machender Farbanstrich (*Armbrüster* in Bärmann, § 3 Rn 93); ebenso wenig eine Beschriftung des Bodens und/oder der Rückwand mit Namen des Wohnungseigentums oder Kennzeichen des Wagens. 29

Derart dauerhaft markierte Abstellplätze können als „zusätzlicher Raum" (vgl § 5a AVA) zum Sondereigentum einer Wohnung bestimmt werden. Sie können aber auch als **Sondereigentum** verbunden mit einem Miteigentumsanteil Teileigentum bilden (Rn 6). Die übrigen Teile der Sammelgarage wie Zufahrtswege, Aufzüge, Wände, Dach etc. bleiben gemeinschaftliches Eigentum. Dies gilt auch dann, wenn die gesamte (Tief-) Garage in ein Sondereigentum überführt wird. An diesem Teileigentum können einzelne Wohnungseigentümer Bruchteile erwerben; für deren Benutzung gilt dann § 1010 BGB. 30

Die Abstellplätze müssen innerhalb einer Garage – also einem **Raum** – belegen sein, der nach außen hin abgeschlossen ist. So muss eine Zugangssperre (Tor, jedenfalls aber Schranke) zu Gunsten der Berechtigten bestehen (*OLG Hamm* 15 Wx 172/74, NJW 1975, 60; *OLG Celle* 4 W 61/91, DNotZ 1992, 231; *LG Lübeck* 7 T 298/75, Rpfleger 1976, 252). 31

Außerhalb eines Gebäudes liegende PKW-Abstellplätze können auch dann nicht Gegenstand von Sondereigentum sein, wenn es sich um dauerhaft markierte Flächen handelt, da es an einem Raum fehlt (*OLG Frankfurt* 20 W 302/77, RPfleger 1977, 312; *OLG Hamm* 15 W 259/05, ZMR 2007, 213). Gleiches gilt für PKW-Abstellplätze auf dem nicht überdachten Oberdeck eines Parkhauses (*KG* 24 W 5943/94, NJW-RR 1996, 587; *Palandt/Bassenge* § 3 Rn 8; *Weitnauer/Briesemeister* § 3 Rn 16; **aA** *OLG Frankfurt/M* 20 W 302/77, RPfleger 1977, 312; *OLG Hamm* 15 W 502/97, RPfleger 1998, 241; *Höckelmann/Sauren* RPfleger 1999, 14; *Armbrüster* in Bärmann, § 3 Rn 89, der es ausreichen lässt, wenn der Stellplatz zwar im Freien belegen, räumlich aber einem Gebäude zuzuordnen ist), PKW-Abstellplätze auf einem ebenerdig gelegenen und von der Umgebung nicht abgegrenzten Dach einer Tiefgarage (*OLG Frankfurt* 20 W 648/83, Rpfleger 1983, 482; **aA** *Armbrüster* in Bärmann, § 3 Rn 89) sowie für einen Stellplatz in einer seitenoffenen Garage (*OLG Celle* 4 W 61/91, DNotZ 1992, 231). 32

Vandenhouten

33 Nicht ausgeschlossen ist für außerhalb eines Gebäudes liegende PKW-Abstellplätze dagegen die Begründung eines **Sondernutzungsrechts** (grundlegend *BGH* V ZB 58/99, NJW 2000, 3500), das keine dauerhafte Markierung gemäß § 3 Abs 2 S 2 erfordert, oder – in ihren Wirkungen ähnlich – bei auf einem benachbarten Grundstück belegenen Stellplätzen eine Grunddienstbarkeit mit dem Inhalt einer Stellplatznutzung (vgl § 96 BGB).

34 Bei Doppelstockgaragen, die mit einer Hebevorrichtung ausgestattet sind (sog **Duplexstellplatz**), kann Sondereigentum nur hinsichtlich der ganzen Doppelstockgarage gebildet werden. An ihren einzelnen Stellplätzen nicht, da der durch das Hebewerk geschaffene Raum für den Stellplatz veränderlich und damit nicht sondereigentumsfähig ist (*BayObLG* BReg 2 Z 54/74, Rpfleger 1975, 90; *BayObLG* 2Z BR 4/95, NJW-RR 1995, 783; *OLG Hamm* 15 W 293/82, Rpfleger 1983, 19; *OLG Düsseldorf* 3 Wx 14/99, NZM 1999, 571; *OLG Jena* 9 W 654/03, Rpfleger 2005, 309; *Palandt/Bassenge* § 3 Rn 8; *Weitnauer/Briesemeister* § 5 Rn 29; **aA** *Gleichmann* Rpfleger 1988, 10). Hinsichtlich der einzelnen PKW-Stellplätze kann eine Regelung zur Benutzung gem. § 1010 BGB (als Belastung in Abt II des Grundbuchs) oder auch gemäß § 15 (als Inhalt des Sondereigentums im Bestandsverzeichnis) in die Grundbücher eingetragen werden (*BayObLG* 2 Z BR 56/94; NJW-RR 1994, 1427; *OLG Frankfurt* 20 W 281/98, NZM 2001 527).

III. Einräumung von Sondereigentum durch vertragliche Teilungserklärung

35 **1. Dingliches Verfügungsgeschäft.** Durch die vertragliche Teilungserklärung wird jedem Miteigentümer an bestimmten Räumen des Gebäudes Sondereigentum eingeräumt und damit Alleineigentum in den Grenzen des Gesetzes verschafft. Da hierdurch das Miteigentum am Grundstück inhaltlich verändert („beschränkt") wird, enthält der Vertrag eine Verfügung über ein Recht an einem Grundstück. Wegen der bei Vertragsabschluss zu beachtenden Form wird auf die Ausführungen zu § 4 Rn 2 ff verwiesen. Wegen der ggf erforderlichen Zustimmung dinglich Berechtigter wird auf § 4 Rn 3 verwiesen. Die Auslegung der vertraglichen Teilungserklärung hat den für Grundbucheintragungen maßgeblichen Regeln zu folgen. Es ist deshalb vorrangig auf den Wortlaut und Sinn der Erklärung abzustellen, wie er sich für einen unbefangenen Betrachter als nächstliegende Bedeutung des Eingetragenen ergibt und nicht auf den Willen der Vertragsbeteiligten (*BGH* V ZB 21/03, ZMR 2003, 937; *OLG Celle* 4 W 216/07, ZMR 2009, 214).

36 **2. Gründungsmängel. Nichtigkeitsgründe betreffend den Abschluss** des Verfügungsgeschäfts (zB Formmangel gemäß § 4 Abs 2 S 1, 925 BGB [*BGH* V ZR 143/87, NJW 1990, 447]; Geschäftsunfähigkeit gemäß §§ 104 ff BGB) führen zur Unwirksamkeit der vertraglichen Teilungserklärung, so dass für keinen Beteiligten Wohnungseigentum begründet wird. Bis zur Geltendmachung der Nichtigkeit besteht eine faktische Eigentümergemeinschaft, für die die Regelungen des WEG entsprechende Anwendung finden (*Weitnauer/Briesemeister* § 3 Rn 36). Ein Fehler bei Abschluss des Gründungsgeschäfts wird gemäß § 892 BGB geheilt, sobald ein Käufer Wohnungseigentum erwirbt bzw. in der Zwangsversteigerung ersteht. Da Sondereigentum nicht nur an einem Wohnungseigentum entstehen kann, lässt dies Wohnungseigentum für alle Beteiligten entstehen (*BGH* V ZR 143/87, NJW 1990, 447).

Nichtigkeitsgründe betreffend den Inhalt des Verfügungsgeschäfts zielen auf die zuläs- 37
sige rechtliche Gestaltung des Wohnungseigentums. Dies sind insbesondere die Fälle,
in denen Räume oder Gebäudebestandteile zu Sondereigentum bestimmt worden
sind, obwohl sie zwingend im gemeinschaftlichen Eigentum stehen (vgl § 5 Rn 25 ff).
Des Weiteren die Fälle, in denen ein Widerspruch zwischen Teilungserklärung und
Aufteilungsplan besteht (vgl § 7 Rn 27) sowie bei Nichtbestimmbarkeit des Sondereigentums (vgl § 7 Rn 36). Aber auch dann, wenn ein Sondereigentum nicht auf dem
Grundstück belegen ist, mit dessen Miteigentumsanteil es verbunden worden ist (vgl
§ 1 Rn 28), liegt ein Fall unzulässiger rechtlicher Gestaltung vor.

Entsteht in diesen Fällen ein isolierter Miteigentumsanteil (vgl dazu Rn 9), ist für die 38
Unwirksamkeit des gesamten Gründungsgeschäfts **§ 139 BGB maßgebend** (*OLG
Schleswig* 2 W 234/05, ZMR 2006, 886). Ist danach die Teilungserklärung und damit
insgesamt die Begründung von Wohnungseigentum nicht unwirksam, sind alle Miteigentümer aus dem Gemeinschaftsverhältnis und nach Maßgabe der Grundsätze von
Treu und Glauben (§ 242 BGB) – ggf gegen Wertausgleich – verpflichtet, den Gründungsakt so zu ändern, dass der sondereigentumslose („isolierte") Miteigentumsanteil
nicht weiter bestehen bleibt (*BGH* V ZR 143/87, NJW 1990, 447 [Aufteilung der Miteigentumsanteile]; *BGH* V ZR 447/01, NJW 2004, 1798; *BayObLG* 2 Z BR 10/01,
NZM 2002, 25 [Anpassung an die tatsächlichen Verhältnisse]; *OLG Dresden* 3 W 231/
08, ZMR 2008, 812 [Anspruch auf Herstellung der Trennwände]. Das *OLG München*
(34 Wx 37/08, NZM 2008, 810) greift auf diese Grundsätze auch in einem Fall zurück,
in dem die Teilungserklärung wegen Verstoßes gegen das grundbuchrechtliche
Bestimmtheitsgebot insgesamt unwirksam war und daher die Einräumung von Sondereigentum fehlschlug. Es entstehen dann ausschließlich isolierte Miteigentumsanteile jeweils verbunden mit einem Anwartschaftsrecht auf Sondereigentum (vgl auch
Rn 12). Letzeres berechtigt, nachträglich den ursprünglich fehlerhaften Gründungsakt
analog § 3 Abs 1 WEG zu ändern. Bis zur Behebung des gesetzeswidrigen Zustandes
unterliegt der Inhaber des isolierten Miteigentumsanteils entsprechend den Grundsätzen der **faktischen Eigentümergemeinschaft** den Regeln der §§ 1 ff WEG (*OLG
Hamm* 15 W 259/05, ZMR 2007, 213 = NZM 2007, 448: Beitragspflicht gemäß § 16
Abs 2; *OLG Frankfurt* 20 W 214/06, ZWE 2007, 84 = NZM 2007, 807; *OLG Dresden*
3 W 231/08, ZMR 2008,812: Stimmrecht; *OLG München* 34 Wx 37/08, NZM 2008, 810;
aA *Demharter* ZWE 2007, 146).

Das **Grundbuch** ist unrichtig, scheidet aber als Grundlage für einen gutgläubigen 39
rechtsgeschäftlichen Erwerb gemäß § 892 BGB oder im Rahmen der Zwangsversteigerung gemäß § 90 ZVG aus (*BGH* V ZR 210/03, NZM 2004, 876). Der isolierte Miteigentumsanteil ist eintragungsfähig (*Demharter* NZM 2000, 1196; **aA** *OLG Hamm* 15
W 87/89, NJW-RR 1991, 335), nicht aber die Eintragung der Verbindung mit dem
nicht bestehenden Sondereigentum (*BGH* V ZR 447/01, NJW 2004, 1798).

Teilungsberechtigt sind nur alle Grundstückeigentümer, die im Zeitpunkt des dingli- 40
chen Wirksamwerdens der Teilung (vgl § 7 Rn 4) im Grundbuch eingetragen waren.
War einer der am Vertragsschluss Beteiligten **Nichtberechtigter** (sog. Buchmiteigentümer) müssen für die wirksame Begründung von Sondereigentum in der Person eines
berechtigten Beteiligten die Voraussetzungen des § 892 BGB vorliegen. Sind hingegen
alle Beteiligten nichtberechtigt, entsteht Wohnungseigentum erst dann, wenn ein Dritter das Wohnungseigentum gutgläubig erwirbt. Bis zur Geltendmachung der Unwirk-

samkeit besteht eine faktische Eigentümergemeinschaft, für die die Regelungen des WEG entsprechende Anwendung finden.

41 **3. Vertragsinhalt.** Durch die vertragliche Teilungserklärung wird die zahlenmäßige **Größe der Miteigentumsanteile** der zukünftigen Wohnungseigentümer festgelegt. Überwiegend erfolgt in der Praxis eine Aufteilung in 1000stel Miteigentumsanteile. Je nach Größe der Wohnanlage kann auch eine Bezugsgröße von 100stel oder 10 000stel gewählt werden. Ihre Bestimmung steht den Beteiligten – unabhängig von der bisherigen rechnerischen Aufteilung – frei. Ausschlaggebend können Größe, unterschiedliche Ausstattung der Räume und ihre innere Aufteilung, Lage (Himmelsrichtung, Höhe der Stockwerke), Aussicht, Nähe und Entfernung zum Fahrstuhl und zu den anderen Gemeinschaftseinrichtungen usw. sein.

Nicht erforderlich ist, dass die Bruchteile in einem bestimmten Verhältnis zum Wert oder zur Größe des Sondereigentums stehen (*BGH* V ZR 156/75, NJW 1976, 1976; *BayObIG* 2Z BR 80/99, NZM 2000, 301; *OLG Düsseldorf* 3 Wx 402/00, ZMR 2001, 378). Zu berücksichtigen ist, dass die Verpflichtung zur anteiligen Lasten- und Kostentragung in Ermangelung einer abweichenden Regelung von der Höhe des Miteigentumsanteils abhängt (§ 16 Abs 2).Wegen der nachträglichen Änderung der Bruchteilsgrößen wird auf die Ausführungen zu § 6 Rn 9 verwiesen.

42 Die vertragliche Teilungserklärung **bestimmt** – im Rahmen der zulässigen Grenzen (insbesondere § 5 Abs 2) –, welche Räume und Gebäudeteile zum **Sonder- bzw gemeinschaftlichen Eigentum** gehören und dass Bestandteile des Gebäudes, die nach § 5 Abs 1 und 2 Gegenstand des Sondereigentums sein können, zum gemeinschaftlichen Eigentum gehören (§ 5 Abs 3).

Wegen der Beschreibung des Sondereigentums wird regelmäßig auf den Aufteilungsplan und die Abgeschlossenheitsbescheinigung Bezug genommen. Der Gegenstand des Sondereigentums muss noch nicht errichtet sein (Rn 12). Das Sondereigentum muss zudem in sich abgeschlossen sein (Rn 18 ff). Wegen der nachträglichen Umwandlung von Sondereigentum in gemeinschaftliches Eigentum und umgekehrt wird auf die Ausführungen zu § 4 Rn 16 verwiesen.

43 Die vertragliche Teilungserklärung bestimmt auch, ob es sich bei einem Sondereigentum um **Wohnungs- oder Teileigentum** handelt. Wegen der nachträglichen Änderung der Zweckbestimmung wird auf die Ausführungen zu § 1 Rn 20 verwiesen.

44 Daneben findet sich in der vertraglichen Teilungserklärung häufig noch die sog. **Gemeinschaftsordnung**, deren Regelungen Vereinbarungen sind, die das Innenverhältnis der Wohnungseigentümer untereinander als Inhalt des Eigentums regeln, §§ 5 Abs 4 S 1, 10 Abs 2 S 2. Eine Vereinbarung kann als Teil der Gemeinschaftsordnung formfrei und außerhalb des Grundbuchs (dann allerdings nicht mit Wirkung gegenüber einem Sonderrechtsnachfolger, vgl § 10 Abs 3) geändert werden.

45 Schließlich finden sich in der vertraglichen Teilungserklärung häufig konkrete Entscheidungen der Miteigentümer zu **Verwaltungsfragen** (zB Bestimmung einer Hausordnung oder des ersten Verwalters). Ihnen kommt grundsätzlich nur der Rechtscharakter eines Mehrheitsbeschlusses zu und kann damit im Rahmen ordnungsmäßiger Verwaltung unter Beachtung schutzwürdiger Bestandsinteressen durch Mehrheitsbeschluss abgeändert werden (*BayObLG* 2Z BR 93/97, ZMR 1998, 356).

§ 4 Formvorschriften

(1) Zur Einräumung und zur Aufhebung des Sondereigentums ist die Einigung der Beteiligten über den Eintritt der Rechtsänderung und die Eintragung in das Grundbuch erforderlich.

(2) ¹Die Einigung bedarf der für die Auflassung vorgeschriebenen Form. ²Sondereigentum kann nicht unter einer Bedingung oder Zeitbestimmung eingeräumt oder aufgehoben werden.

(3) Für einen Vertrag, durch den sich ein Teil verpflichtet, Sondereigentum einzuräumen, zu erwerben oder aufzuheben, gilt § 311b Abs. 1 des Bürgerlichen Gesetzbuchs entsprechend.

Übersicht

	Rn		Rn
I. Ersteinräumung von Sondereigentum	1	3. Schuldrechtlicher Vertrag (Abs 3)	8
1. Einigung und Eintragung (Abs 1)	2	II. Aufhebung von Sondereigentum	11
2. Form der Einigung (Abs 2)	4	III. Weitere Anwendungsfälle	16

I. Ersteinräumung von Sondereigentum

Regelungsgegenstand ist die bei Abschluss der vertraglichen Teilungserklärung (§ 3 Rn 35) zu beachtende **Form**. Erfasst wird nur die erstmalige (ggf erst nachträgliche, vgl Rn 16) Einräumung von Sondereigentum, nicht hingegen die Veräußerung von bereits begründetem Sondereigentum (vgl dazu § 6 Rn 4, 10). Das Bestehen von Miteigentum nach Bruchteilen am Grundstück, für dessen Entstehung die §§ 1008, 925, 873 BGB gelten, wird vorausgesetzt. **1**

1. Einigung und Eintragung (Abs 1). Die Einräumung von Sondereigentum stellt sich als eine **Inhaltsänderung** des Miteigentums dar, da die aus dem Miteigentum folgenden Rechte erweitert und zugleich beschränkt werden. In Anlehnung an §§ 873, 877 BGB schreibt Abs 1a daher vor, dass für die vertragliche Teilungserklärung die Einigung aller Miteigentümer über den Eintritt der Rechtsänderung und die Eintragung im Wohnungsgrundbuch (vgl hierzu § 7) erforderlich ist. **2**

Gemäß §§ 876, 877 BGB ist zudem die Zustimmung der hiervon betroffenen dinglich Berechtigten erforderlich. **Dinglich Berechtigte** am Grundstück und Gesamtberechtigte an allen Miteigentumsanteilen müssen danach der vertraglichen Teilungserklärung nicht zustimmen, da sich die Belastung an allen Wohnungseigentumsrechten fortsetzt: Ein am ganzen Grundstück bestehendes Grundpfandrecht (Grundschuld, Hypothek) wandelt sich in ein Gesamtgrundpfandrecht an allen Anteilen um (*BayObLG* BReg 2 Z 31/77, Rpfleger 1978, 375; OLG Frankfurt, 20 W 410/86, OLGZ 1987, 266). Ein dingliches Wohnrecht am Grundstück besteht dagegen nur an dem Anteil fort, dem der betroffene Gebäudeteil unterliegt (*OLG Oldenburg* 5 W 60/88, NJW RR 1989, 273). Einzelberechtigte an einem Miteigentumsanteil müssen der vertraglichen Teilungserklärung hingegen zustimmen, da sich der Gegenstand des belasteten Miteigentumsanteils ändert (*BayObLG* BReg 2 Z 82/85, Rpfleger 1986, 177; *OLG Frankfurt* 20 W 410/86, OLGZ 1987, 266). **3**

4 **2. Form der Einigung (Abs 2).** Abs 2 schreibt für die Einigung über die Einräumung von Sondereigentum die Form der **Auflassung** (§ 925 BGB) vor. Sie muss daher bei gleichzeitiger Anwesenheit aller Beteiligten vor einer zuständigen Stelle (zB Notar, Prozessgericht) erklärt werden.

5 Für die Eintragung im Grundbuch genügt die Eintragungsbewilligung aller Miteigentümer (§ 19 GBO) in der Form des § 29 GBO (**formelles Konsensprinzip**). Der Nachweis der Einigung nach § 20 GBO (materielles Konsensprinzip) ist hingegen nicht erforderlich, da Abs 2 nur auf die Form der Auflassung verweist, nicht aber für die grundbuchmäßige Behandlung auch auf § 20 GBO (*OLG Zweibrücken* 3 W 96/81, OLGZ 1982, 263, *Riecke/Schmid-Schneider* § 7 Rz. 70; *Weitnauer/Briesemeister* § 3 Rn 5; **aA** *Armbrüster* in Bärmann, § 4 Rn 22; *Staudinger/Rapp* § 4 Rn 4; offen gelassen von *BayObLG* BReg 2 Z 57/88, DNotZ 1990, 37, *BayObLG* 2Z BR 41/00, NZM 2000, 1235).

6 Entsprechend § 925 Abs 2 BGB kann auch die Einräumung von Sondereigentum nicht unter einer **Bedingung oder Befristung** erfolgen (Abs 2 S 2). Ein Verstoß führt zur Nichtigkeit der Einräumung (*Armbrüster* in Bärmann, § 4 Rn 38). Eine Heilung (zB durch Bedingungseintritt) ist nicht möglich. „Timesharing" an einem Sondereigentum ist in der Form möglich, dass mehrere Personen bei dessen Erwerb eine Bruchteilsgemeinschaft gemäß § 741 ff BGB oder eine Gesellschaft im Sinne von § 705 BGB bilden. Die Nutzungszeiträume können dann im Rahmen einer Verwaltungs- und Benutzungsregelung gemäß § 741 ff BGB festgelegt werden (*Riecke/Schmid-Schneider* § 4 Rn 5; vgl auch *Drasdo* FS Merle 2000, 129). Auch kann die Auflassung – etwa für ein zu Wohnungseigentum aufgeteiltes, mit zwei Einfamilienhäusern bebautes Grundstück – nicht unter der Bedingung oder Befristung erteilt werden, dass das Wohnungseigentum mit der späteren Realteilung endet. Eine schuldrechtliche Verpflichtung, einer Aufhebung in diesem Fall zuzustimmen, ist jedoch möglich, insbesondere steht ihr auch § 11 Abs 1 nicht entgegen (*BayObLG* Reg 2 Z 23/78, RPfleger 1980, 110). Rechtsbedingungen, zB Genehmigung der vom Nichtberechtigten oder vollmachtlosen Vertreter erklärten Auflassung, sind hingegen unschädlich (*Palandt/Bassenge* § 925 Rn 20).

7 Die formunwirksame Einräumung von Sondereigentum kann ggf in ein **Sondernutzungsrecht** umgedeutet werden, das allerdings immer nur in Verbindung mit einem Wohnungseigentumsrecht bestehen kann (*KG* 24 W 8886/97, NZM 1999, 258). Im Übrigen wird wegen der Folgen eines Formmangels auf die Ausführungen zu § 3 Rn 36 verwiesen.

8 **3. Schuldrechtlicher Vertrag (Abs 3).** Entsprechend § 311b Abs 1 BGB bedarf der schuldrechtliche Vertrag, durch den sich der eine Teil verpflichtet, Sondereigentum einzuräumen oder zu erwerben, der **notariellen Beurkundung**. Diese Formvorschrift gilt auch für Vorverträge (*Armbrüster* in Bärmann, § 4 Rn 33).

9 Ein ohne Beachtung dieser Form abgeschlossener Vertrag wird aber seinem ganzen Inhalt nach gültig, wenn die Einigung über die Einräumung von Sondereigentum im Grundbuch eingetragen ist (§ 311b Abs 1 S 2 BGB).

10 Der schuldrechtliche Anspruch auf Einräumung von Sondereigentum kann durch Eintragung einer **Vormerkung** im Grundbuch des noch ungeteilten Grundstücks gemäß § 883 BGB gesichert werden (*BayObLG* BReg 2 Z 20/77, DNotZ 1977, 544; *Riecke/*

Schmid/Schneider § 4 Rn 21). Die Vormerkungsfähigkeit setzt allerdings voraus, dass das zu bildende Sondereigentum hinreichend bestimmbar ist. Die Vorlage eines Aufteilungsplanes ist nicht erforderlich; hierfür genügt, dass das Sondereigentum in der Eintragungsbewilligung aufgrund einer Beschreibung der Örtlichkeit zweifelsfrei gekennzeichnet ist (*BayObLG* BReg 2 Z 20/77, DNotZ 1977, 544; *OLG Köln* 2 Wx 34/84, DNotZ 1985, 450). In der Insolvenz des Bauträgers kann der gesicherte Anspruch gemäß § 106 InsO durchgesetzt werden (*Armbrüster* in Bärmann, § 4 Rn 48).

II. Aufhebung von Sondereigentum

Für die Aufhebung des Sondereigentums gelten die **gleichen Formvorschriften** wie für die Einräumung von Sondereigentum. Die Aufhebung von Sondereigentum bedarf daher der – unbedingten und unbefristeten (Abs 2 S 2) – Einigung aller Wohnungseigentümer in der Form der Auflassung (§ 925 BGB) sowie der Eintragung im Grundbuch (Abs 1, Abs 2 S 1). Für den schuldrechtlichen Verpflichtungsvertrag über die Aufhebung gilt § 311b Abs 1 BGB entsprechend (Abs 3). Der Anspruch auf Aufhebung ist im Wohnungsgrundbuch vormerkungsfähig (*BayObLG* BReg 2 Z 23/78, Rpfleger 1980, 110). 11

Durch **Verzicht** entsprechend § 928 BGB kann Wohnungs- und Teileigentum nicht aufgehoben werden (*BGH* V ZB 18/07, NZM 2007, 600; *Wenzel* in Bärmann, § 11 Rn 5; **aA** *OLG Düsseldorf* 3 Wx 5/07, NZM 2007, 219 [Vorlagebeschluss]; *Kanzleiter* NJW 1996, 905; *ders* in MünchKomm-BGB § 928 Rn 3; Vorauflage), denn diese Eigentumsarten erschöpfen sich nicht in der sachenrechtlichen Beziehung, sondern haben zugleich die Beteiligung an der wechselseitige Rechte und Pflichten begründenden Wohnungs- und Teileigentümergemeinschaft zum Inhalt. Ein zulässiger Verzicht, der die Auflösung der Gemeinschaft zur Folge hätte, setzte sich darüber hinweg, dass kein Wohnungseigentümer die Aufhebung der Gemeinschaft verlangen kann, nicht einmal aus wichtigem Grund (§ 11 Abs 1 S 1, 2). Zudem würde die gesetzliche Regelung des Umfangs der Kosten- und Lastentragungspflicht (§ 16 Abs 2) unterlaufen. Der Wohnungseigentümer ist – trotz fehlender Verzichtsmöglichkeit – in seiner Verfügungsgewalt über sein Eigentum (Art 14 GG) nicht eingeschränkt, denn er kann es jederzeit veräußern. Gelingt ihm dies nicht (zB Schrottimmobilie), stellt dies ein rein wirtschaftliches Problem dar. Im Übrigen kommt in diesen Fällen ein Anspruch auf Aufhebung in Betracht (vgl *Riecke/Schmid/Elzer* § 11 Rn 20). Zulässig ist allerdings der Verzicht sämtlicher Eigentümer (*BGH* V ZB 18/07, NZM 2007, 600; *Wenzel* in Bärmann, § 11 Rn 5). 12

Werden **sämtliche Sondereigentumsrechte aufgehoben**, so entsteht gewöhnliches Miteigentum (§§ 1008 ff, 741 ff BGB) und die Wohnungseigentümergemeinschaft endet. Vgl hierzu auch § 9 Rn 2. 13

Wird das **Sondereigentum** nur **teilweise**, also nur an bestimmten einzelnen Räumen aufgehoben (Keller, Garagen, Läden usw), werden diese gemeinschaftliches Eigentum. 14

Die übrigen Räume bleiben im Sondereigentum des bisherigen Wohnungseigentümers.

15 Wird hingegen **ein Sondereigentum** einverständlich **insgesamt** aufgehoben, scheidet der Wohnungseigentümer aus der Gemeinschaft aus. Die Räume des bisherigen Sondereigentums werden gemeinschaftliches Eigentum. Der mit ihm bislang verbundene Miteigentumsanteil muss mit anderem Sondereigentum verbunden werden oder durch Quotenänderung aufgelöst werden (*Palandt/Bassenge* § 4 Rn 2; *Armbrüster* in Bärmann, § 4 Rn 44; *Riecke/Schmid/Schneider* § 4 Rn 9; **aA** *Pick* in Bärmann, 9. Aufl, § 4 Rn 36, 37: anteilsmäßige Zuwachsung) Andersfalls entstünde durch Rechtsgeschäft ein isolierter Miteigentumsanteil, was unzulässig ist (vgl § 3 Rn 9, 37 f).

III. Weitere Anwendungsfälle

16 Die Formvorschrift des § 4 gilt nicht nur für die Ersteinräumung von Sondereigentum, sondern auch für die nachträgliche **Umwandlung von gemeinschaftlichem Eigentum in Sondereigentum und umgekehrt** (*BayObLG* 2Z BR 61/93, WuM 1994, 97; *OLG Celle* 4 W 111/03, OLGR 2004, 79; *OLG Saarbrücken* 5 W 173/04, NZM 2005, 423; *Armbrüster* in Bärmann, § 4 Rn 8; *Palandt/Bassenge* § 4 Rn 1; *Weitnauer/Briesemeister* § 4 Rn 29). Auch die Einräumung eines umfassenden Sondernutzungsrechts an einer im gemeinschaftlichen Eigentum stehenden Grundstücksfläche einschließlich des Rechts, diese zu bebauen, enthält nicht die vorweggenommene Einigung über die Einräumung von Sondereigentum an den Räumen in einem solchen Gebäude zugunsten des Sondernutzungsberechtigten (*BayObLG* 2Z BR 41/00, NZM 2000, 1235). Erforderlich ist weiter die Zustimmung der dinglich Berechtigten (§§ 876, 877 BGB) nach Maßgabe von Rn 3. Eine Vereinbarung gemäß § 10 Abs 2 S 2 – etwa auch in Form einer in der Gemeinschaftsordnung vorab erteilten Ermächtigung oder Zustimmung (*OLG Saarbrücken* 5 W 173/04, NZM 2005, 423) – genügt nicht, da nicht das schuldrechtliche Verhältnis der Wohnungseigentümer untereinander im Sinne von § 5 Abs 4 WEG, sondern die sachenrechtliche Zuordnung der Flächen, Gebäudeteile und Räume betroffen ist (*BGH* V ZR 322/02, ZMR 2003, 748; *BayObLG* 2Z BR 41/00, NZM 2000, 1235; *ders*, NJW-RR 2002, 443; *KG* 24 W 3797/97, FGPrax 1998, 94; *OLG Saarbrücken* 5 W 173/04,NZM 2005, 423). Auch ein **Anspruch auf Umwandlung** gemäß § 10 Abs 2 S 3 kommt damit nicht in Betracht. Ein solcher könnte sich allein aus § 242 BGB ergeben (offengelassen von *OLG Saarbrücken* 5 W 173/04, NZM 2005, 423). Da mit dem WEG-Änderungsgesetz ein Umwandlungsanspruch – anders als für den Bereich der Vereinbarungen – nicht normiert worden ist, kann ein solcher allenfalls in extremen Ausnahmefällen durchgreifen (vgl auch *Riecke/Schmid/Elzer*, § 3 Rn 52).

17 Die **Größe der Miteigentumsanteile** kann ebenfalls nur durch Einigung aller Wohnungseigentümer – es sei denn von der Änderung werden nur bestimmte Wohnungseigentümer betroffen (*BGH* V ZR 156/75, NJW 1976, 1976) – in der Form der Auflassung sowie der Eintragung im Grundbuch geändert und neu festgesetzt werden (*OLG Celle* 4 W 111/03, OLGR 2004, 79); gegebenenfalls ist hierzu die Zustimmung der dinglich Berechtigten erforderlich (§§ 876, 877 BGB), vgl im Einzelnen § 6 Rn 9. Zum Anspruch auf Änderung gilt das zu Rn 16 Gesagte.

18 Die **Umwandlung von Teileigentum in Wohnungseigentum und umgekehrt** bedarf hingegen nicht der Form des § 4, da hier weder der Miteigentumsanteil noch die Grenzen von Sondereigentum und gemeinschaftlichem Eigentum, mithin die sachenrechtlichen Grundlagen des Wohnungseigentums, verändert werden. Sie stellt sich als Änderung des vereinbarten Inhalts des Sondereigentums gemäß §§ 5 Abs 4 S 1, 10 Abs 2 S 2 dar, die anderen Voraussetzungen folgt, vgl im Einzelnen § 1 Rn 20.

Einer Mitwirkung der übrigen Wohnungseigentümer bedarf es nicht bei einer **Unter-** 19
teilung eines Sondereigentums in mehrere Einheiten (vgl § 8 Rn 30 ff) oder für die
Vereinigung zweier bisher selbstständiger, im Eigentum eines Wohnungseigentümers
stehender Einheiten zu einem Sondereigentum (*BGH* V ZB 45/00, NJW 2001, 1212,
vgl auch § 8 Rn 37 ff) bzw bei Abspaltung eines Teils des Sondereigentums und dessen
Verbindung mit einem anderen in seinem Eigentum stehenden Sondereigentum
(*OLG München* 34 Wx 049/08, Rpfleger 2009, 20). Hierfür reicht die einseitige Erklärung des jeweiligen Eigentümers.

§ 5 Gegenstand und Inhalt des Sondereigentums

(1) Gegenstand des Sondereigentums sind die gemäß § 3 Abs. 1 bestimmten Räume sowie die zu diesen Räumen gehörenden Bestandteile des Gebäudes, die verändert, beseitigt oder eingefügt werden können, ohne dass dadurch das gemeinschaftliche Eigentum oder ein auf Sondereigentum beruhendes Recht eines anderen Wohnungseigentümers über das nach § 14 zulässige Maß hinaus beeinträchtigt oder die äußere Gestaltung des Gebäudes verändert wird.

(2) Teile des Gebäudes, die für dessen Bestand oder Sicherheit erforderlich sind, sowie Anlagen und Einrichtungen, die dem gemeinschaftlichen Gebrauch der Wohnungseigentümer dienen, sind nicht Gegenstand des Sondereigentums, selbst wenn sie sich im Bereich der im Sondereigentum stehenden Räume befinden.

(3) Die Wohnungseigentümer können vereinbaren, dass Bestandteile des Gebäudes, die Gegenstand des Sondereigentums sein können, zum gemeinschaftlichen Eigentum gehören.

(4) [1]Vereinbarungen über das Verhältnis der Wohnungseigentümer untereinander können nach den Vorschriften des 2. und 3. Abschnitts zum Inhalt des Sondereigentums gemacht werden. [2]Ist das Wohnungseigentum mit der Hypothek, Grund- oder Rentenschuld oder der Reallast eines Dritten belastet, so ist dessen nach anderen Rechtsvorschriften notwendige Zustimmung zu der Vereinbarung nur erforderlich, wenn ein Sondernutzungsrecht begründet oder ein mit dem Wohnungseigentum verbundenes Sondernutzungsrecht aufgehoben, geändert oder übertragen wird. [3]Bei der Begründung eines Sondernutzungsrechts ist die Zustimmung des Dritten nicht erforderlich, wenn durch die Vereinbarung gleichzeitig das zu seinen Gunsten belastete Wohnungseigentum mit einem Sondernutzungsrecht verbunden wird.

Übersicht

	Rn		Rn
I. Allgemeines	1	a) Konstruktive Teile	25
II. Gegenstände des Sondereigentums	8	b) Äußere Gestaltung	27
1. Räume	9	c) Sonderfälle	30
a) Allgemeines	9	3. Anlagen und Einrichtungen	
b) Einzelfälle	13	des gemeinschaftlichen	
2. Gebäudebestandteile	15	Gebrauchs	32
a) Allgemeines	15	4. Sonderfall: Mehrhausanlage	44
b) Einzelfälle	23	IV. Vereinbarungen (Abs. 3)	46
III. Keine Gegenstände des Sonder-		V. Inhalt des Sondereigentums	49
eigentums	24	1. Vereinbarter Inhalt	49
1. Grundstück	24	2. Zustimmung dinglich Berech-	
2. Gebäudebestandteile	25	tigter	55

Vandenhouten

Literatur: *Armbrüster* Ausnahmen vom Erfordernis der Zustimmung dinglich Berechtigter nach neuem Recht (§ 5 Abs 4 S 2 und 3 WEG nF), ZWE 2008, 329; *Hurst* „Mit-Sondereigentum" und „abgesondertes Miteigentum", noch ungelöste Probleme des Wohnungseigentumsgesetzes?, Versuch einer systematischen Einordnung, DNotZ 1968, 131 ff; *Korff* Heizung und Beheizung in Wohnungseigentumsanlagen, DWE 1984, 98; *Merle* Die Sondereigentumsfähigkeit von Garagenstellplätzen auf dem nicht überdachten Oberdeck eines Gebäudes, RPfleger 1977, 196 ff; *Noack* Sondereigentumsfähigkeit von Doppelstockgaragen?, RPfleger 1976, 5 ff; *Sauren* Mitsondereigentum – eine Bilanz, DNotZ 1988, 667 ff.; *ders* Sind Beschlüsse, die Vereinbarungen abändern, ohne Zustimmung der dinglich Berechtigten unwirksam (§ 5 Abs 4 WEG)?, ZMR 2008, 514; *Schmid* Die Heizung und ihre Peripherie, ZMR 2008, 862 ff.

I. Allgemeines

1 Abs 4 S 2 u 3 sind aufgrund Art 1 Nr 2 **WEG-ÄnderungsG** angefügt worden. Durch den partiellen Wegfall des Zustimmungserfordernisses gemäß §§ 877, 876 S 1 BGB analog, soll dem bislang überdehnten Schutz dinglich Berechtigter entgegengewirkt werden. Zugleich sollen unnötiger Arbeitsaufwand und zusätzliche Kosten vermieden werden.

2 Regelungsgegenstand der Abs 1 und 2 ist die **Abgrenzung** zwischen Sondereigentum und gemeinschaftlichem Eigentum. Diese Bestimmungen sind sachenrechtlicher Natur und damit zwingendes Recht (*BGH* V ZB 14/67, WM 1968, 572).

3 Eine **klare Unterscheidung** zwischen Sondereigentum und gemeinschaftlichem Eigentum ist wegen der unterschiedlichen rechtlichen Ausgestaltung der beiden Eigentumsarten von erheblicher praktischer Bedeutung. In Bezug auf das Sondereigentum hat der Wohnungseigentümer die Rechtsstellung eines Alleineigentümers (§ 13 Abs 1). Er kann mit den in seinem Sondereigentum stehenden Gebäudeteilen „nach Belieben verfahren", allerdings nur „soweit nicht das Gesetz oder Rechte Dritter entgegenstehen". Das gemeinschaftliche Eigentum berechtigt nur zum Mitgebrauch (§ 13 Abs 2). Das Sondereigentum unterliegt nicht der gemeinschaftlichen Verwaltung. Ein hiergegen verstoßender Mehrheitsbeschluss ist unwirksam (*OLG Düsseldorf* 3 Wx 348/01, NZM 2002, 443). Die Kosten der Instandhaltung und Instandsetzung des Sondereigentums hat der Wohnungseigentümer allein zu tragen, hingegen diejenigen des gemeinschaftlichen Eigentums die Wohnungseigentümergemeinschaft (§ 16 Abs 2).

4 Für die Abgrenzung von Sondereigentum und gemeinschaftlichem Eigentum ist von § 1 Abs 5 auszugehen, den § 5 ergänzt. Gemeinschaftliches Eigentum aller Wohnungseigentümer sind danach das Grundstück sowie diejenigen Teile, Anlagen und Einrichtungen des errichteten oder zu errichtenden Gebäudes, die nicht im Sondereigentum oder im Eigentum eines Dritten stehen. Als Gegenstand des gemeinschaftliches Eigentums ist positiv das Grundstück genannt. Im Übrigen wird das gemeinschaftliche Eigentum negativ durch den Gegenstand des Sondereigentums am Gebäude begrenzt (§ 5). Sondereigentum ist damit die Ausnahme, gemeinschaftliches Eigentum die Regel ist. **Im Zweifel** ist **gemeinschaftliches Eigentum** anzunehmen (*OLG Frankfurt* 20 W 90/97, ZMR 1997, 367; *OLG Celle* 4 W 160/05, OLGR 2005, 706).

5 Haben die Beteiligten Gegenstände zu Sondereigentum erklärt, die nach dem Gesetz nicht Sondereigentum sein können (*BGH* V ZR 14/77, Rpfleger 1979, 255) oder ist Sondereigentum an einem Raum nicht mit einem Miteigentumsanteil verbunden worden (zB bei einer Unterteilung von Sondereigentum) oder ist das Sondereigentum in

der Begründungserklärung (vertragliche/einseitige Teilungserklärung) und/oder im Aufteilungsplan nicht eindeutig erkennbar beschrieben (*BGH* V ZR 447/01, NJW 2004, 1798; *OLG Frankfurt* 20 W 90/97, ZMR 1997, 367) bzw besteht ein Widerspruch zwischen beiden (*BGH* V ZR 118/94, NJW 1995, 2851), entsteht **kein Sondereigentum**; es bleibt beim gemeinschaftlichen Eigentum. Zum ggf kraft Gesetzes entstehenden isolierten Miteigentumsanteil vgl § 3 Rn 9.

Wurde Sondereigentum an einem nicht sondereigentumsfähigen Gegenstand eingeräumt (zB Grundstück; Gegenstände gemäß § 5 Abs 2) kann diese Regelung ggf in die Begründung eines **Sondernutzungsrechts** (*OLG Köln* 2 Wx 52/95, MittRhNotK 1996, 61 [Terrasse, Carport]) oder in eine Abbedingung der Instandhaltungs- und Kostentragungspflicht nach §§ 16 Abs 2, 21 Abs 5 Nr 2 **umgedeutet** werden (*OLG Hamm* 15 W 115/96, ZMR 1997, 193 (Isolierschichten); *OLG Hamm* 15 W 166/91, MDR 1992, 258; *OLG Düsseldorf* 3 Wx 546/97, ZMR 1998, 304 und *OLG Karlsruhe* 11 Wx 71/99, NZM 2002, 220 (Fenster); *OLG München* 34 Wx 76/05, NZM 2005, 825 (Balkonbrüstung); vgl aber *OLG Düsseldorf* 3 Wx 546/97, ZMR 1998, 304 und *BayObLG*, 2Z BR 114/03, NZM 2004, 106 zu Balkonen *BayObLG* 2 ZBR 115/99, ZMR 2000, 241 und *OLG Köln* 16 Wx 289/07, ZMR 2008, 815 zu Fenstern und *AG Hannover* 72 II 89/07, ZMR 2008, 670 zu Gasversorgungsleitung. 6

Zur Entscheidung für Streitigkeiten über die Zugehörigkeit von Gegenständen zum Sondereigentum oder gemeinschaftlichen Eigentum (Fall 1), ebenso wie bei Vorfragen nach Sondereigentum und gemeinschaftlichem Eigentum bei Streitigkeiten über Art und Umfang des Gebrauchs bzw. der Nutzung oder der Kostentragungspflicht (Fall 2) entscheiden einheitlich die Gerichte der ordentlichen Gerichtsbarkeit. Dabei richtet sich die **sachliche Zuständigkeit** im Fall 1 nach den §§ 23 Ziffer 1, 71 Abs 1 GVG und ist damit streitwertabhängig; im Fall 2 nach § 23 Ziffer 2c) GVG, der eine ausschließliche sachliche Zuständigkeit der Amtsgerichte begründet (vgl § 43 Rn 11). 7

II. Gegenstände des Sondereigentums

Gegenstand des Sondereigentums können nur Räume sein und bestimmte wesentliche Gebäudebestandteile, die zu den im Sondereigentum stehenden Räumen gehören. 8

1. Räume. – a) Allgemeines. Zum Sondereigentum gehören gemäß Abs 1 die nach §§ 3, 8 bestimmten Räume in einem Gebäude, die nicht dem gemeinschaftlichen Gebrauch aller Wohnungseigentümer (= Einrichtung gemäß § 5 Abs 2, vgl Rn 32 ff) dienen. 9

Die **Bestimmung** erfolgt danach allein durch die vertragliche bzw. einseitige Teilungserklärung und den Aufteilungsplan, die durch Bezugnahme zum Inhalt des Wohnungsgrundbuchs werden (*OLG Frankfurt* 20 W 90/97, ZMR 1997, 367; vgl § 7 Rn 45). Entsteht durch bauliche Veränderungen ein zusätzlicher Raum (z. B. Anbringung eines Giebeldaches anstelle des bisherigen Flachdaches; Errichtung eines Anbaus, Wintergartens, zusätzlichen Raums) steht dieser im gemeinschaftlichen Eigentum (*OLG Celle* 4 W 33/08, ZWE 2009, 128; *OLG München* 34 W 112/06, NJW-RR 2007, 1384). Sondereigentum besteht nicht, da es an einer hierfür erforderlichen Bestimmung gemäß § 5 Abs 1 fehlt (zur Umwandlung in Sondereigentum vgl § 4 Rn 32). Sondereigentum an einem Spitzboden entsteht für den Wohnungseigentümer der darunter liegenden Wohnung nicht dadurch, dass dieser nur von der betreffenden Wohnung 10 aus zugänglich ist (*OLG Celle* 4 W 160/05, OLGR 2005, 706). Gleiches gilt für Balkone (*OLG Frankfurt* 20 W 90/97, ZMR 1997, 367), Dachterrassen uÄ.

Demgegenüber bleibt die Wohnung, die den einzigen Zugang zum im gemeinschaftlichen Eigentum stehenden Spitzboden/Balkon usw bilden, sondereigentumsfähig, wenn diese nicht dem ständigen Mitgebrauch aller Wohnungseigentümer dienen (*BayObLG* 2Z BR 3/01, NJW-RR 2001, 801, vgl Rn 36).

11 Unter **Raum** ist dabei der umbaute, also von Fußboden, Decke und Wänden umschlossene „lichte Raum" zu verstehen (*BayObLG* BReg 2 Z 70/85, NJW-RR 1986, 761). Durch die Bezugnahme auf § 3 Abs 1 ist sichergestellt, dass auch Wohnungen unter § 5 fallen (zum Begriff der Wohnung siehe § 1 Rn 10 ff) und damit auch die zu den Haupträumen gehörenden Nebenräume, wie Keller, Abstellräume uÄ. Eine räumliche Verbindung mit den Haupträumen ist nicht erforderlich.

12 Soll ein Raum nicht Sondereigentum werden, genügt die Nichteinräumung von Sondereigentum. Einer ausdrücklichen Vereinbarung gemäß § 5 Abs 3 bedarf es nicht.

13 **b) Einzelfälle.** Sondereigentum ist **zulässig** an: Räumen eines Gewächshauses (*BGH* V ZR 1/72, WM 1974, 126); einem Penthouse (*OLG Köln* 16 Wx 155/75, OLGZ 1976, 142); Räumen eines Schwimmbades mit Sauna (*BGH* V ZR 47/79, DNotZ 1981, 565); Dachspeicher (*OLG Zweibrücken* 3 W 222/92, MittBayNotK 1993,86); Doppelstockgaragen (sog Duplexstellplatz), nicht aber an je einem der beiden Einzelstellplätze (*OLG Jena* 9 W 654/03, RPfleger 2005, 309; vgl § 3 Rn 34); Fertiggaragen (*BayObLG* BReg 2 Z 130/89, NJW-RR 1990, 332); Veranden, Loggien, Balkone und Dachterrassen – trotz mangelnder Abgeschlossenheit nach oben hin –, soweit sie mit Sondereigentumsräumen durch einzigen Zugang tatsächlich verbunden sind (allgemeine Meinung: *OLG Düsseldorf* 3 W 134/79, DWE 1979, 128; *LG Schwerin* 5 T 165/05, ZMR 2009, 401; *Palandt/Bassenge* § 5 Rn 3; *Armbrüster* in Bärmann, § 5 Rn 55).

14 Sondereigentum ist mangels Raumeigenschaft **nicht zulässig** an: Tankstelle ohne Büro und Wärterhaus (*LG Münster* 5 T 872/52 u 877/52, DNotZ 1953, 148), Kfz-Stellplätze im Freien (*BayObLG* BReg 2 Z 70/85, NJW-RR 1986, 761), einer Erdgeschosswohnung vorgelagerten Terrassen- oder Gartenfläche; PKW-Abstellplätzen auf dem nicht überdachten Oberdeck eines Parkhauses (*KG* 24 W 5943/94, NJW-RR 1996, 587, vgl § 3 Rn 32).

15 **2. Gebäudebestandteile. – a) Allgemeines.** Zum Sondereigentum gehören nach Abs 1 auch die **Gebäudebestandteile**, die zu den im Sondereigentum stehenden Räumen gehören. Eine ausdrückliche Vereinbarung ist nicht erforderlich. Sie werden kraft Gesetzes Sondereigentum. Einer Vereinbarung bedarf es nur dann, wenn die Entstehung von Sondereigentum verhindert werden soll, Abs 3.

16 Sondereigentum kann nur an **wesentlichen** Bestandteilen des Gebäudes begründet werden. Denn § 3 Abs 1 macht für das Sondereigentum nur eine Ausnahme von §§ 93, 94 BGB, wonach Gebäude und Teile von Gebäuden als wesentliche Bestandteile des Grundstücks oder des Gebäudes nicht Gegenstand besonderer Rechte sein können (*BGH* V ZR 120/73, NJW 1975, 688; *BayObLG* 2Z BR 155/99, ZWE 2000, 213; *OLG Düsseldorf* 3 Wx 334/94, NJW-RR 1995, 206).

17 Danach scheiden nicht wesentliche Bestandteile eines Gebäudes und Scheinbestandteile als Gegenstand des Sondereigentums aus. Sie sind nach §§ 94 Abs 2, 95 Abs 2

BGB sonderrechtsfähig (*BGH* V ZR 120/73, NJW 1975, 688; *BayObLG* 2Z BR 155/ 99, ZWE 2000, 213). Sie können also im Einzeleigentum eines Wohnungseigentümers oder eines Dritten stehen. Die Bestimmungen des WEG finden hierauf keine Anwendung (*OLG Düsseldorf* 3 Wx 334/94, NJW-RR 1995, 206).

Wesentliche Bestandteile eines Gebäudes verlieren mit der Begründung von Sondereigentum diese Eigenschaft und werden Gegenstand des Sondereigentums. **18**

Zu den wesentlichen Gebäudebestandteilen gehören die Sachen, die **zur Herstellung** **19** **eines Gebäudes eingefügt** wurden, § 94 Abs 2 BGB. Dies sind alle Teile, ohne die das Gebäude nach der (örtlichen) Verkehrsanschauung noch nicht fertig gestellt ist (*BGH* V ZR 36/77, NJW 1979, 712; *BGH* V ZR 149/83, NJW 1984, 2277: Unter den klimatischen Verhältnissen Mitteleuropas ist ein Schulgebäude ohne Heizanlage nicht fertig). Entscheidend ist der Zweck, nicht die feste Verbindung (insoweit weitergehend als § 93 BGB zB Fenster, Türen). Sie müssen nicht für die Herstellung notwendig sein (zB auch Zierrat). Ausstattungen und Einrichtungen (zB Einbauküche) sind nur dann eingefügt, wenn sie dem Gebäude nach der Verkehrsanschauung eine besondere Eigenart, ein bestimmtes Gepräge geben (*BGH* V ZR 285/86, NJW 1987, 3178; *BGH* IX ZR 110/89, NJW-RR 1990, 586) oder wenn sie dem Baukörper besonders angepasst sind (*BGH* V ZR 149/83, NJW 1984, 2277).

Die Gebäudebestandteile müssen zu den im Sondereigentum stehenden Räumen **20** gehören, dh in **räumlicher Verbindung** mit diesen Räumen stehen. Es ist aber unschädlich, wenn eine nur einem Sondereigentum dienende Anlage (zB Hebe- oder Heizungsanlage) im gemeinschaftlichen Keller steht (vgl auch Rn 41). Die räumliche Verbindung wird hier durch die Zuleitungen hergestellt.

Die Gebäudebestandteile müssen **verändert**, beseitigt oder eingefügt werden können, **21** **ohne** dass dadurch das gemeinschaftliche Eigentum oder ein auf Sondereigentum beruhendes Recht eines anderen Wohnungseigentümers **über das nach § 14 zulässige** **Maß** hinaus beeinträchtigt oder die äußere Gestaltung des Gebäudes verändert wird.

Welche Gebäudebestandteile unter Abs 1 fallen, ist Tatfrage und hängt von den **22** **Umständen des Einzelfalles** ab. Deshalb hat der Gesetzgeber von der Aufstellung eines Katalogs abgesehen.

b) Einzelfälle. Sondereigentum ist **zulässig** an: Nichttragender Innenwand, nicht aber **23** an Trennwand zwischen verschiedenen Sondereigentumen und zwischen Sondereigentum und gemeinschaftlichem Eigentum (*OLG Frankfurt aM*, 25 U 129/07, ZMR 2009, 216; aber vgl § 3 Rn 7); Innenputz an Decken und Wänden (auch an tragenden Zwischenwänden und Außenmauern); Innenanstrich (auch von Loggien, Veranden und Balkonen); Treppen innerhalb eines Sondereigentums; Innentüren und Innenfenster bei echten Doppelfenstern mit trennbarem Rahmen (*BayObLG* 2Z BR 115/99, ZfIR 2000, 132: nicht die Innenseiten einheitlicher Fenster und Türen!); Wand- und Deckenverkleidungen aller Art; Fußbodenbelag, wie Parkett, Linoleum, Parkett-/Teppichboden oder Estrich (*OLG Düsseldorf* 3 Wx 120/01, NZM 2001, 958, es sei denn er hat Isolierungsfunktion (*BGH* VII ZR 372/89, NJW 1991, 2480; *BayObLG* 2Z BR 45/ 02, ZMR 2003, 366; *OLG Hamm* 15 W 166/06, ZMR 2007, 296); Bodenbeläge von Balkonen (*OLG Düsseldorf* NZM 2002, 443; *OLG München* 34 Wx 116/06, NZM 2007, 369), Terrassen (*LG Oldenburg* 8 T 11/83, DWE 1984, 28), Dachterrassen (*BayObLG* 2Z BR 105/93, WuM 1994, 152), nicht aber Flachdach, wenn oberste Schicht

II WEG § 5 Gegenstand und Inhalt des Sondereigentums

Isolierungsfunktion hat (*OLG Frankfurt* 20 W 357/85, OLGZ 1987, 23); Sanitärgegenstände, wie Badewannen, Duschen, Waschbecken; Herde; eingebaute Wandschränke; Elektrospeicheröfen; Zuleitungen für Gas, Wasser, Elektrizität usw von der Abzweigung der Hauptleitung an (*BayObLG* B Reg 2 Z 55/87, WE 1989, 147), es sei denn sie führen zunächst durch fremdes Sondereigentum (*KG* 24 W 2933/88, WuM 1989, 89; *KG* 24 W 5753/92, 24 W 2301/93, WuM 1994, 38) oder gemeinschaftliches Eigentum (*BayObLG* 2Z BR 96/92, WuM 1993, 79; *Armbrüster* in Bärmann, § 5 Rn 90; **aA** *Palandt/Bassenge*, § 5 Rn 8; *Weitnauer/Briesemeister*, § 5 Rn 25, 26); im jeweiligen Sondereigentum gelegene Sprechstellen einer gemeinschaftlichen Sprechanlage (*OLG Köln* 16 Wx 126/02, NZM 2002, 865).

III. Keine Gegenstände des Sondereigentums

24 **1. Grundstück.** Kraft Gesetzes kann Sondereigentum nicht am Grundstück selbst begründet werden (vgl § 1 Rn 29). Insoweit kommt nur die Einräumung von Sondernutzungsrechten in Betracht.

25 **2. Gebäudebestandteile. – a) Konstruktive Teile.** Nach Abs 2 können Gebäudebestandteile, die für **dessen Bestand oder Sicherheit** erforderlich sind, nicht Gegenstand des Sondereigentums sein. Sie gehören selbst dann nicht zum Sondereigentum, wenn sie sich im Bereich der im Sondereigentum stehenden Räume befinden.

26 Hiernach besteht **zwingend** gemeinschaftliches Eigentum an: Fundamenten und Brandmauern, tragenden Innenwänden (*BayObLG* 2Z BR 71/94, NJW-RR 1995, 649), Dach (*OLG Düsseldorf* I-3 Wx 254/07, ZMR 2009, 53: Hofraum überdeckendes Glasdach), Schornsteinen sowie Geschossdecken (*OLG Hamm* 15 W 115/96, ZMR 1997, 193; *OLG Frankfurt aM* 25 U 129/07, ZMR 2009, 216), einschließlich aller für die statischen Verhältnisse des Gebäudes erforderlichen Balken und Trägerkonstruktionen ebenso wie die Kellerdecken, die Außenmauern, Außenfenster samt Innenseiten, auch bei Doppelglas (Thermopane- und Verbundfenster; *BayObLG* 2Z BR 184/99, ZWE 2001, 71; *OLG Düsseldorf* 3 Wx 546/97, ZMR 1998, 304; *OLG München* 34 Wx 90/06, ZMR 2006, 952; *Armbrüster* in Bärmann, § 5 Rn 71); Brüstung, Geländer, Bodenplatte, Balkontrennwand und Decke von Balkon (*BayObLG* BReg 2 Z 31/90, NJW-RR 1990, 784; *BayObLG* 2Z BR 144/98, NZM 1999, 27; *BayObLG* 2Z 111/83, WuM 1985, 35; *BayObLG* 2Z BR 68/00, GE 2001, 775; *OLG Düsseldorf* 3 Wx 418/98, NZM 1999, 507; *LG Itzehoe* 1 S 1/07, Info M 2008, 232), Loggia, Dachterrasse; Schichten zur Isolierung gegen Feuchtigkeit, Trittschall und zur Wärmedämmung (Dachterrasse [*BayObLG* 2Z BR 105/93, WuM 1994, 152; *BayObLG* 2Z BR 7/00, NZM 2000, 867], Balkon [*BGH* VII ZR 193/99, NJW-RR 2001, 800; *OLG Hamm* 15 W 166/06, ZMR 2007, 296], Geschossdecke [*OLG Hamm* 15 W 115/96, ZMR 1997, 193; *OLG Köln* 16 Wx 153/01, NZM 2002, 125; *OLG München* 34 Wx 75/07, WuM 2007,591]); Abdichtungsanschlüsse zum Gebäude (*BayObLG* 2Z BR 7/00, NZM 2000, 867; *OLG München* 34 Wx 116/06, NZM 2007, 369); Bodenplatte des nicht unterkellerten Erdgeschosses (*OLG Düsseldorf* 3 Wx 131/99, ZfIR 1999, 854), Rauchmelder (*AG Ahrensburg* 37 C 11/08, ZMR 2009, 78; *AG Rendsburg* 18 C 545/08, ZMR 2009, 239; vgl auch *Schmidt/Breiholdt/Riecke* ZMR 2008, 352).

27 **b) Äußere Gestaltung.** Bestandteile des Gebäudes, durch deren Veränderung, Beseitigung oder Einfügen die **äußere Gestaltung** des **Gebäudes verändert** wird, können ebenfalls nicht Gegenstand des Sondereigentums sein.

Gegenstand und Inhalt des Sondereigentums § 5 WEG II

Hiernach besteht **zwingend** gemeinschaftliches Eigentum an: 28

Außenanstrich; die Außenfassade bestimmende Bauteile zB Markisen, Außenverkleidungen der Balkone, Loggien und Veranden, Überdachung der Dachterrasse (*OLG Stuttgart* 8 W 147/69, NJW 1970, 102), Außenjalousien (*KG* 24 W 4020/84, ZMR 1985, 344), Fensterbänke und -läden, ebenso Rolläden (*OLG Saarbrücken* 5 W 286/95, FGPrax 1997, 56), Außentreppen und Eingangstüren (auch Balkontüren) des Gebäudes.

Widerrechtlich angebrachte Bauteile, z. B. Loggia-Verglasung (*OLG Zweibrücken*, 29 3 W 58/87, ZMR 1987, 435) oder Pergola (*OLG München*, 34 Wx 33/06, ZMR 2006, 800), die das architektonische Aussehen des Gebäudes verändern, müssen beseitigt werden (Ausnahme § 22 Abs 1 S 2). Sondereigentum kann durch die Einfügung nicht begründet werden.

c) Sonderfälle. Folgende Gebäudebestandteile einer (**Tief-**) **Garage** sind auch dann 30 zwingend Gegenstand des gemeinschaftlichen Eigentums, wenn die Garage insgesamt (also nur ein Sondereigentümer) oder ihre einzelnen Stellplätze (§ 3 Abs 2 S 2) als Gegenstand des Sondereigentums bestimmt worden sind:

Garagendach (*OLG Düsseldorf* I-3 Wx 235/03, ZMR 2004, 280)/-decke, Stützpfeiler, Bodenplatte, Seitenbegrenzungen (*BayObLG* 2 Z BR 81/04, ZMR 2004, 928; *OLG München* 34 Wx 75/07, WuM 2007, 591), Feuchtigkeitsisolierung, Fußgängertreppen, Zu- und Abfahrten.

Bei einem **Duplexstellplatz** (vgl auch Rn 13, § 3 Rn 34) ist die Hebebühne als kon- 31 struktiver Bestandteil zwingend gemeinschaftliches Eigentum (*OLG Düsseldorf* 3 Wx 14/99, NZM 1999, 571; *OLG Celle* 4 W 162/05, NZM 2005, 871; **aA** *Häublein* MittBayNotK 2000, 112). Dies gilt auch für die gemeinsame Hydraulik-Anlage mehrerer Hebebühnen (*KG* 24 W 81/03, ZMR 2005, 569).

3. Anlagen und Einrichtungen des gemeinschaftlichen Gebrauchs. Anlagen und Ein- 32 richtungen, die nach ihrer Art, Funktion und Bedeutung so auf die gemeinsamen Bedürfnisse der Wohnungseigentümer zugeschnitten sind, dass eine Vorenthaltung der gemeinschaftlichen Verfügungsbefugnis durch Bildung von Sondereigentum ihren schutzwürdigen Belangen zuwiderlaufen würde (*BGH* V ZR 47/79, NJW 1981, 455), können nicht im Sondereigentum stehen.

Dafür genügt nicht schon, dass sich eine Anlage zur gemeinsamen Nutzung eignet und 33 anbietet; ihr Zweck muss darauf gerichtet sein, der **Gesamtheit der Wohnungseigentümer einen ungestörten Gebrauch** ihrer Wohnungen und der Gemeinschaftsräume **zu ermöglichen und zu erhalten** (*BGH* V ZR 47/79, NJW 1981, 455). Das trifft vornehmlich auf Anlagen und Einrichtungen zu, die als Zugang zu den Wohnungen und Gemeinschaftsräumen bestimmt sind, oder die der Bewirtschaftung und Versorgung der Wohnungen und des gemeinschaftlichen Eigentums dienen.

Anlagen sind in der Regel technische Ausstattungen und zugleich wesentliche Gebäu- 34 debestandteile, so dass sie kraft Gesetzes Sondereigentum werden, sofern die Voraussetzungen von Abs 2 nicht vorliegen. **Einrichtungen** sind dagegen in der Regel Räume. Sie werden nur bei ausdrücklicher Bestimmung Sondereigentum, sofern die Voraussetzungen von Abs 2 nicht vorliegen.

Vandenhouten

II WEG § 5 Gegenstand und Inhalt des Sondereigentums

35 Zu den Einrichtungen, die den **Zugang** zu Sonder- und gemeinschaftlichem Eigentum **gewährleisten** müssen, zählen zB Treppen, auch wenn sie nur den Zugang für zwei Wohnungen bilden (*BayObLG* BReg 2 Z 89/81, DNotZ 1982, 246: Mitsondereigentum unzulässig, vgl § 3 Rn 7), Treppenhäuser (*BayObLG* BReg 2 Z 12/85, RPfleger 1986, 220), allgemein zugängliche Fahrstühle; Laubengang (*BGH* VII ZR 372/89, NJW 1991, 2480); Eingangshallen (*BayObLG* BReg 2 Z 43/79, MDR 1981, 145), Vorflure, die den einzigen Zugang zu zwei Wohnungen bilden (*OLG Hamm* 15 W 452/85, OLGZ 1986, 415; *OLG Oldenburg* 5 W 9/89, Rpfleger 1989, 365), Flure oder Kellerräume, die den einzigen Zugang zur gemeinschaftlichen Heizungsanlage (*OLG Düsseldorf* 3 Wx 72/99, NZM 1999, 772; *OLG Schleswig* 2 W 13/03, ZMR 2006, 887), zu den zentralen Versorgungseinrichtungen des Hauses (*BGH* V ZR 222/90, DNotZ 1992, 224; *BayObLG* 2 Z BR 1/92, WuM 1992, 323), zu dem gemeinschaftlichen Geräteraum (*BayObLG* 2Z BR 12/95, NJW-RR 1996, 12), zum Kellerausgang (*BayObLG* BReg 2 Z 46/79; WE 1980, 134) darstellen.

36 Dagegen können Räumlichkeiten, die den einzigen Zugang zu einem im gemeinschaftlichen Eigentum stehenden Raum bilden, dann im Sondereigentum stehen, wenn der Raum (z. B. nicht ausgebauter Dachboden) seiner Beschaffenheit nach **nicht dem ständigen Mitgebrauch** aller Wohnungseigentümer dient (*BayObLG* 2Z BR 3/01, NJW-RR 2001, 801). Das gilt ebenso für eine Räumlichkeit (Treppenhaus, Flur), die den Zugangsraum zu nur einem Sondereigentum bildet (*OLG Hamm* 15 W 252/91, NJW-RR 1992, 1296).

37 Zu den Einrichtungen und Anlagen, die der **Versorgung und Bewirtschaftung** dienen, zählen z. B. die zentralen Zähl-, Schalt-, Sicherungs- oder Beschickungseinrichtungen der gemeinschaftlichen Wasser-, Wärme- und Energieversorgungsanlagen des Gebäudes (*OLG Hamburg* 2 Wx 73/01, ZMR 2004, 291: Wasseruhren) einschließlich der sie beherbergenden Räume und ihrer Zugänge (*BGH* V ZR 222/90, NJW 1991, 2909; *OLG Hamm* 15 W 256/04, NZM 2006,142; *LG Hamburg* 32 1 T 24/09, Rpfleger 2009, 563). Hat die Teilungserklärung diese Räume zu Sondereigentum bestimmt und wurden von Anfang an oder nachträglich planwidrig Einrichtungen der vorgenannten Art eingebaut, so verbleiben diese Räume einschließlich der Zugangsräume zwingend im gemeinschaftlichen Eigentum. Der betroffene Wohnungseigentümer kann von den übrigen Wohnungseigentümern grundsätzlich verlangen, dass ein der Teilungserklärung entsprechender Zustand geschaffen wird, in dem die gemeinschaftlichen Anlagen in Räume des gemeinschaftlichen Eigentums verlegt werden. Ebenso gehören danach zwingend zum gemeinschaftlichen Eigentum Versorgungsleitungen für Wasser, Gas und Elektrizität bis an die jeweiligen Abzweigstellen für die einzelnen Sondereigentume (vgl aber Rn 23) ; Türschließanlagen (*OLG Hamm* 15 W 203/02, NJW-RR 2004, 1310); Gemeinschaftswaschküche mit Einrichtungen; gemeinschaftliche Sprechanlage für Haustüren; Etagenheizungen; Türen zu den Treppen und Fluren; gemeinschaftliche Antennenanlagen; Briefkastenanlage; Abwasserhebanlage, die mehreren Wohneinheiten (*OLG Schleswig* 2 W 108/06, ZMR 2007, 726: Mitsondereigentum unzulässig, vgl § 3 Rn 7) oder zur Grundstücksentwässerung dient (*OLG Hamm* 15 W 107/04, ZMR 2005, 806).

38 Ferner gehören hierzu **Heizungsanlagen**, sofern sie nur mehrere oder sämtliche der zur Gemeinschaft gehörenden Wohnungen und Räume mit Wärme versorgen. Dies gilt unabhängig davon, ob die Anlage von der Gesamtheit der Wohnungseigentümer oder von einem Teileigentümer in seinem Teileigentum allein – gewerblich – betrieben wird (*BGH* V ZR 14/77, NJW 1979, 2391; *BayObLG* BReg 2 Z 13/79, RPfleger 1980, 230; *OLG Jena* 6 W 637/98, Rpfleger 1999, 70; *Armbrüster* in Bärmann, § 5 Rn 37; **aA** *Hurst* DNotZ 1984, 66; *Schmid* ZMR 2008, 862). Zwingend zum gemeinschaftlichen Eigentum gehören auch der Raum, in dem die Heizungsanlage aufgestellt ist (es sei denn, er dient noch anderen vereinbarten – annähernd gleichwertigen – Nutzungszwecken, vgl *BGH* V ZR 14/77, NJW 1979, 2391; *OLG Schleswig* 2 W 13/06, ZMR 2006, 887) einschließlich der Zugänge und der für die Funktion der Gesamtanlage und die Abrechnung in der Gemeinschaft notwendigen Teile im Bereich des Sondereigentums (*OLG München* 34 Wx 46/07, ZMR 2009, 65: **Einheitlichkeit des Heizungssystems**). Dies umfasst die Heizungsrohre (auch nach der Abzweigung vom Hauptstrang [*Riecke/Schmid/Schneider* § 5 Rn 59; **aA** *Armbrüster* in Bärmann, § 5 Rn 90]) ebenso wie sämtliche Heizkörper (unstr, wenn ihr Ausbau wie bei älteren Ein-Rohr-Systemen zur Unterbrechung des Kreislaufs führt [*Armbrüster* in Bärmann, § 5 Rn 82]; im Übrigen streitig, wie hier *Greiner* Rn 31; *Jennißen/Dickersbach* § 5 Rn 30; *Müller* Rn 83; **aA** *BayObLG* 2Z BR 45/02, ZMR 2003, 366; *Armbrüster* in Bärmann, § 5 Rn 82; *Riecke/Schmid/Schneider*, § 5 Rn 52), denn ihr Ausbau hat jedenfalls bei einem Entfernen einer größeren Anzahl erhebliche Auswirkungen auf das Heizungssystem. Eine Fußbodenheizung ist ebenfalls Teil des gemeinschaftlichen Eigentums, da der Estrich, in dem sie verlegt ist, wegen seiner Dämmungs- oder Isolierungsfunktion in der Regel ebenfalls zum gemeinschaftlichen Eigentum gehört (vgl Rn 23), der im Rahmen einer Entfernung zerstört werden müsste (*LG Bonn* 8 T 27/97, WE 2001, 47). Auch Thermostatventile und sonstige Regelungsteile (*OLG Hamm* 15 W 320/00, ZMR 2001, 839; *OLG Stuttgart* 8 W 404/07, WuM 2008, 44; *OLG München* 34 Wx 46/07, NJW-RR 2008, 1182; *LG Landshut* 64 T 3268/07, ZMR 2009, 145; **aA** *Armbrüster* in Bärmann, § 5 Rn 107), ebenso wie Verbrauchserfassungsgeräte, zB Heizkostenverteiler (*OLG Saarbrücken* 5 W 286/95, FGPrax 1997, 56; *OLG Hamburg* 2 Wx 39/99, ZMR 1999, 502) gehören zum zwingenden gemeinschaftlichen Eigentum, da sie der Verteilung der Heizkosten und damit gemeinschaftlichen Abrechnungsbelangen dienen. Eine Beschlusskompetenz für den Austausch defekter Teile der Heizung (zB Heizkörper) ist gegeben (*OLG München* 34 Wx 46/07, ZMR 2009, 65; *LG Landshut* 64 T 3268/07, ZMR 2009, 145).

Versorgt sie dagegen nach Art einer Fernheizung **auch Gebäudekomplexe Dritter** und ist Betreiber der Anlage nicht die Gesamtheit der Wohnungseigentümer, sondern ein Miteigentümer, der die Anlage errichtet hat, kann es sich um Sondereigentum handeln. In diesen Fällen tritt nämlich der Gesichtspunkt, dass die Anlage der Wärmeversorgung der Wohnungseigentümer dient, hinter dem mit der Heizungsanlage verfolgten Zweck zurück (*BGH* V ZR 120/73, NJW 1975, 688; *Schmid* ZMR 2008, 862; **aA** *Armbrüster* in Bärmann, § 5 Rn 40). 39

Ist die Heizungsanlage beim **Wärme-Contracting** vom Contractor gepachtet, ist sie notwendiges gemeinschaftliches Eigentum. Hat er sie aufgrund eines zeitlich begrenztes Nutzungsrechtes eingebaut, ist sie Scheinbestandteil im Sinne von § 95 BGB (*Palandt/Ellenberger* § 95 Rn 3) und gehört dem Contractor. 40

Soweit Heizungen in einem gemeinschaftlichen Keller voneinander getrennt und unabhängig jeweils allein die zugeordnete **einzelne Wohnung** versorgen, stehen sie einschließlich der Rohrleitungen im Sondereigentum des jeweiligen Wohnungseigen- 41 tümers (*LG Frankfurt* 2/9 T 1212/88, NJW-RR 1989, 1166). Ein Wohnungseigentümer kann sich jedoch nicht gegen den Willen der anderen von der gemeinsamen Heizung abkoppeln und eine eigene Heizungsanlage errichten (*OLG Düsseldorf* 3 Wx 397/02, ZMR 2003, 953). Auch eine im gemeinschaftlichen Keller aufgestellte nur einem Sondereigentum dienende Abwasserhebeanlage kann – sofern sie wesentlicher Gebäudebestandteil ist (vgl Rn 16) – im Sondereigentum stehen. Dass sie mittelbar auch dem Schutz des Gebäudes vor Überschwemmung mit Abwasser diene, genügt nicht, um sie zwingend dem Gemeinschaftseigentum zuzuordnen (*OLG Düsseldorf* 3 Wx 334/94, NJW-RR 1995, 206; *OLG Düsseldorf* 3 Wx 276/00,NZM 2001, 752).

42 Für eine **Antennenanlage**, die auch anderen Gebäudekomplexen und nicht nur einer Wohnungseigentumswohnanlage dient, gelten die gleichen Grundsätze wie oben für die Heizanlagen dargestellt (Rn 38 f).

43 Ein Schwimmbad (mit Sauna) schafft hingegen nur **persönliche Annehmlichkeiten**, geht aber über den Bedarf hinaus, der sich aus dem Interesse der Wohnungseigentümer an einem zweckgerechten Gebrauch der Wohnungen oder des gemeinschaftlichen Eigentums ergibt und ist damit sondereigentumsfähig (*BGH* V ZR 47/79, NJW 1981, 455).

Auch ein Dachspeicher oder eine Sammelgarage sind danach sondereigentumsfähig.

44 **4. Sonderfall: Mehrhausanlage.** Besteht eine Wohnungseigentumsanlage aus mehreren Gebäuden oder Gebäudekomplexen (sog Mehrhausanlage), sind die Teile der Gebäude, die für ihren Bestand oder Sicherheit erforderlich sind bzw. deren Umgestaltung die äußere Gestalt der Gebäude verändern würde, sowie Anlagen, die dem gemeinschaftlichen Gebrauch der Wohnungseigentümer dienen (zB Treppenhäuser, Aufzüge), zwingend gemeinschaftliches Eigentum (*BGH* V ZB 14/67, WM 1968, 572; *Weitnauer/Briesemeister* § 3 Rn 32).

45 Vereinbarungen, durch die zwingendes gemeinschaftliches Eigentum mehreren Miteigentumsanteilen als sog „**abgesondertes Mitsondereigentum**" zugeordnet wird, sind nach dem WEG unzulässig (*BayObLG* BReg 2 Z 89/81, Z 1981, 407; *OLG Hamm* 15 W 452/85, NJW-RR 1986, 1275; *Weitnauer/Briesemeister* § 3 Rn 32; vgl auch § 3 Rn 7; **aA** *Armbrüster* in Bärmann, § 5 Rn 29; *Hurst* DNotZ 1968, 131). Denn über das Verhältnis der Abs 1 u 2 ist in Abs 3 bestimmt, dass die Wohnungseigentümer vereinbaren können, dass Bestandteile des Gebäudes, die Gegenstand des Sondereigentums sein können, zum gemeinschaftlichen Eigentum gehören (Rn 46). Da eine gesetzliche Bestimmung umgekehrten Inhalts, also dahin, dass die Wohnungseigentümer auch vereinbaren können, dass Gegenstände des gemeinschaftlichen Eigentums zum Sondereigentum gehören, fehlt, kann die Grenze zwischen dem gemeinschaftlichen Eigentum und dem Sondereigentum nur zugunsten, nicht aber auch zu ungunsten des gemeinschaftlichen Eigentums verschoben werden (*BGH* V ZB 14/67, WM 1968, 572).

IV. Vereinbarungen (Abs 3)

46 Abs 3 gestattet den Wohnungseigentümern solche **Gebäudebestandteile**, die kraft Gesetzes Sondereigentum sind (vgl Rn 15 ff), von vornherein oder nachträglich zu Gegenständen des gemeinschaftlichen Eigentums zu erklären.

Gegenstand und Inhalt des Sondereigentums § 5 WEG **II**

Die Vereinbarungen erfordern bei der Erstbegründung eine Einigung aller Beteiligten in der Form des § 4 und der Eintragung im Grundbuch; Gleiches gilt für die nachträgliche Umwandlung (vgl § 4 Rn 16). Gegebenenfalls ist die Zustimmung dinglich Berechtigter einzuholen (*OLG Hamm* BReg 2 Z 17/74, DNotZ 1975, 31, vgl dazu § 4 Rn 3).

Umgekehrt können durch Vereinbarung zwingend zum gemeinschaftlichen Eigentum gehörende Gegenstände nicht zu Sondereigentum erklärt werden. 47

Räume (Wohnungen, Nebenräume) müssen bei der Erstbegründung nicht zu Sondereigentum bestimmt werden; fehlt eine entsprechende Erklärung liegt gemeinschaftliches Eigentum vor (Rn 12). Für die nachträgliche Umwandlung von Sondereigentum in gemeinschaftliches Eigentum genügt die Aufhebung von Sondereigentum gemäß § 4 (vgl § 4 Rn 11). 48

V. Inhalt des Sondereigentums

1. Vereinbarter Inhalt. Der gesetzliche Inhalt des Sondereigentums, dh die Rechte und Pflichten, die das Sondereigentum verleiht, bestimmen sich nach dem Wohnungseigentumsgesetz, insbesondere den §§ 10 ff u 20 ff. Nach Abs 4 S 1 können die Wohnungseigentümer in Ergänzung oder Abweichung von diesen Vorschriften ihr Verhältnis untereinander betreffende Regelungen durch vertragliche (§ 3 Rn 35) oder einseitige (§ 8 Rn 5; § 8 Abs 2 S 1 verweist insoweit auch auf § 5 Abs 4) Teilungserklärung, aber auch durch nachträgliche Vereinbarungen zum vereinbarten Inhalt des Sondereigentums machen. Gegenüber Sonderrechtsnachfolgern wirken sie nur, sofern sie im Grundbuch eingetragen werden (§ 10 Abs 3, vgl auch § 10 Rn 50). Vereinbarungen zu Gunsten eines Dritten können nicht Inhalt des Sondereigentums sein (*Wenzel* in Bärmann, § 10 Rn 74; aA *Weitnauer/Lüke* § 10 Rn 38; offengelassen von *BGH* V ZR 20/07, NZM 2008, 732). 49

Derartige Vereinbarungen nennt man zusammenfassend im Allgemeinen „**Gemeinschaftsordnung**". 50

Typische Inhalte sind Vereinbarungen über Gebrauchsregelungen (§ 15), die Begründung von Sondernutzungsrechten, von § 16 Abs 2 abweichende Lasten- und Kostentragung, von § 25 Abs 2 S 1 abweichende Stimmkraft, Verfügungsbeschränkungen (§ 12) usw. 51

Die Regelungen müssen das **Grundstück betreffen**, dessen Miteigentumsanteile mit dem Sondereigentum der betreffenden Wohnungseigentümer verbunden sind (*OLG Frankfurt* 20 W 775/74, RPfleger 1975, 179). Aber auch eine Regelung über die Benutzung einer auf einem anderen Grundstück belegenen Garage kann als Inhalt des Sondereigentums in die Wohnungsgrundbücher eingetragen werden, sofern das Garagenbenutzungsrecht zugunsten der jeweiligen Wohnungseigentümer durch eine Grunddienstbarkeit (= Bestandteil des Grundstücks gemäß § 96 BGB) gesichert ist (*BayObLG* BReg 2 Z 33/90, NJW-RR 1990, 1043; *OLG Köln* 2 Wx 2/93, NJW- RR 1993, 982). 52

Wegen näherer Einzelheiten über Inhalt und Umfang der Vereinbarungen vgl § 10 Rn 17 ff; § 15 Rn 2 ff. 53

Vandenhouten

54 Die Vereinbarungen werden als Inhalt des Sondereigentums, **nicht als Belastung** der Miteigentumsanteile (vgl § 1010 BGB) eingetragen (*BGH* V ZB 14/00, NJW 2000, 3643). Sie haben keinen Rang.

55 **2. Zustimmung dinglich Berechtigter.** Da Vereinbarungen den Inhalt des Sondereigentums und damit den des Wohnungseigentums (*BGH* V ZB 11/77, NJW 1979, 548; *BGH* V ZB 32/82, NJW 1984, 2409; *BGH* V ZB 14/00, NJW 2000, 3643) bestimmen, müssen grundsätzlich die dinglich Berechtigten an einem Wohnungseigentum der (nachträglichen) Begründung (§ 10 Rn 17), Aufhebung bzw Änderung einer Vereinbarung (§ 10 Rn 29) entsprechend §§ 876, 877 BGB zustimmen und verfahrensrechtlich gemäß § 19 GBO bewilligen, sofern nicht ausgeschlossen ist, dass ihre Rechte durch die neue Vereinbarung **rechtlich** – nicht wirtschaftlich – **beeinträchtigt** werden (*BGH* V ZB 32/82, NJW 1984, 2409). Grundbuchrechtlich bedarf die Erklärung der Betroffenen dann der Form des § 29 GBO.

56 Mit Abs 4 S 2 und 3 **entfällt** das **Zustimmungserfordernis partiell**. Es wird nicht geregelt, ob und unter welchen Voraussetzungen eine Zustimmung erforderlich ist. Insoweit verweist Abs 4 S 2 auf die nach anderen Rechtsvorschriften erforderliche Zustimmung.

57 Abs 4 S 2 und 3 bestimmt nur, welche Gläubiger unter welchen Voraussetzungen einer Vereinbarung nicht zustimmen müssen. Nach S 2 müssen **Grundpfandrechts-** (Hypotheken-, Grund- oder Rentenschuld-) und **Reallastgläubiger** am Wohnungseigentum ebenso wie entsprechend Vormerkungsberechtigte (*Armbrüster* ZWE 2008, 329) – wegen der damit regelmäßig einhergehenden Beeinträchtigung der Verwertungsmöglichkeit – nur noch dann einer Vereinbarung im Sinne von § 10 Abs 2 S 2 zustimmen, wenn ein mit einem anderen Wohnungseigentum verbundenes Sondernutzungsrecht (§ 13 Rn 24 ff) begründet wird oder ein mit dem belasteten Wohnungseigentum verbundenes Sondernutzungsrecht aufgehoben, geändert oder übertragen werden soll. Beides steht jedoch unter dem Vorbehalt, dass eine Zustimmung nach anderen Rechtsvorschriften überhaupt erforderlich ist (vgl Rn 55). Daraus folgt, dass Grundpfandrechts- und Reallastgläubiger der Begründung, Aufhebung bzw Änderung von **Vereinbarungen mit einem anderen – kein Sondernutzungsrecht betreffenden – Inhalt**, deren Einfluss auf die Verwertungsmöglichkeit sich im Zeitpunkt des Abschlusses der Vereinbarung ohnehin nicht beurteilen lässt, nicht mehr zustimmen müssen.

58 Ein Zustimmungserfordernis für Grundpfandrechts- und Reallastgläubiger entfällt aber auch bei der Begründung eines mit einem anderen Wohnungseigentum verbundenen Sondernutzungsrechts, wenn das mit dem dinglichen Recht belastete Wohnungseigentum **gleichzeitig** (dh gleichzeitige Eintragung im Grundbuch, was ggf durch einen Vorbehalt der gemeinsamen Sachbehandlung gemäß § 16 Abs 2 GBO sichergestellt werden kann [*Böttcher* Rpfleger 2009, 181]) ebenfalls **mit einem Sondernutzungsrecht verbunden** wird (S 3). Trotz des Wortlauts des S 3, der nur von irgend-„einem" Sondernutzungsrecht spricht, muss es sich dabei um gleichartige Sondernutzungsrechte handeln (zB nur Kfz-Stellplätze; nicht hingegen Kfz-Stellplatz einerseits, Abstellraum andererseits; *Palandt/Bassenge* § 5 Rn 12; **aA** *Hügel* in Hügel/Elzer, § 1 Rn 21; *Böhringer/Hintzen* Rpfleger 2007, 353, 356; *Armbrüster* ZWE 2008, 359). Dies folgt daraus, dass eine Zustimmung für entbehrlich angesehen wird, weil Zugewinn u Einbuße sich entsprechen (BT-Drucks 16/887 S 15) und dies für das Grundbuchamt ohne weiteres prüfbar ist. Dagegen ist es nicht erforderlich, dass sie auch gleichwertig sind (zB kleiner und großer Abstellraum), da das Grundbuchamt dies mit den ihm zu Gebote stehenden Möglichkeiten nicht prüfen könnte (*Böhringer/Hintzen* Rpfleger 2007, 353, 356; *Riecke/ Schmid-Schneider/Förth* § 5 Rn 106). Diese Gefahr ist ohnehin gering, da schon der Wohnungseigentümer einer für ihn nachteiligen Regelung nicht zustimmen würde. Bei vorsätzlicher Schädigung des Grundpfandrechtsgläubigers bieten §§ 3 ff AnfG, § 129 ff InsO und § 138 BGB hinreichenden Schutz (*Abramenko* § 1 Rn 10). S 3 findet keine Anwendung, wenn mit der Neubegründung von Sondernutzungsrechten gleichzeitig die Aufhebung, Änderung oder Übertragung eines solchen Rechts verbunden ist (*OLG München* 34 Wx 036/09, RPfleger 2009, 562). Gleiches muss daher auch bei einem Tausch von Sondernutzungsrechten gelten (**aA** *Böttcher* RPfleger 2009, 181).

Für **andere dinglich Berechtigte** am Wohnungseigentum (zB Dienstbarkeitsberechtigte, Nießbraucher, Wohnungsberechtigte, Dauerwohnberechtigte, Vormerkungsberechtigte, nicht hingegen Vorkaufsberechtigte [*Riecke/Schmid/Schneider/Förth* § 5 Rn 94]) folgt daraus, dass ihr sich ggf nach anderen Rechtsvorschriften ergebendes Zustimmungserfordernis (vgl Rn 55) zur Begründung, Aufhebung bzw Änderung eines Sondernutzungsrechts und anderer Vereinbarungen unberührt bleibt. **59**

Da die Regelungen in Abs 4 S 2 und 3 in erster Linie das Verhältnis zum Grundpfandrechtsgläubiger und damit zu Dritten regeln, sind sie weder durch Gemeinschaftsordnung noch durch nachträgliche Vereinbarung nicht **abdingbar** (*Armbrüster* ZWE 2008, 359; *Riecke/Schmid/Schneider/Förth* § 5 Rn 106). Unabhängig von den Regelungen in Abs 4 S 2 und 3 bleibt es den Beteiligten unbenommen, je nach Landesrecht beim Grundbuchamt ein Verfahren zur Erteilung eines **Unschädlichkeitszeugnisses** nach den landesrechtlichen Vorschriften zu beantragen, welches dann die erforderliche Zustimmung ersetzt. **60**

Eine Zustimmung dinglich Berechtigter zu aufgrund einer gesetzlichen oder vereinbarten **Öffnungsklausel** zulässigen vereinbarungs- oder gesetzesändernden Beschlüssen ist nach den §§ 876, 877 BGB nicht erforderlich (*KG* 24 W 31/03, ZMR 2005, 899; *Becker* ZWE 2002, 509; *Böhringer/Hintzen* Rpfleger 2007, 353, 356; *Hügel* in Hügel/Elzer, § 3 Rn 140; vgl auch § 10 Rn 34; **aA** *BGH* V ZB 2/93, NJW 1994, 3230; *Palandt/Bassenge* § 5 Rn 13; *Wenzel* in Bärmann, § 10 Rn 149; *Schneider* ZMR 2005, 17; *Sauren* ZMR 2008, 514). Andernfalls hätte der Drittberechtigte auf Grund des Zustimmungserfordernisses gegenüber den übrigen Wohnungseigentümern mehr Rechte als der Vollrechtsinhaber des belasteten Wohnungseigentums, der auf Grund der „als Inhalt des Sondereigentums" im Grundbuch eingetragenen Öffnungsklausel dem Mehrheitsprinzip unterworfen ist (*KG* 24 W 31/03, ZMR 2005,899; *Becker* ZWE 2002, 509). Insoweit kommt auch Abs 4 S 2 und 3 nicht zur Anwendung. Hiervon zu unterscheiden ist die nachträgliche Vereinbarung einer Öffnungsklausel, für die eine Zustimmung dinglich Berechtigter nach Maßgabe der §§ 876, 877 BGB, Abs 4 S 2, 3 erforderlich ist (*Becker* ZWE 2002, 509; *Riecke/Schmid-Elzer* § 10 Rn 303; **aA** *Kümmel*; vgl § 10 Rn 34). **61**

§ 6 Unselbstständigkeit des Sondereigentums

(1) Das Sondereigentum kann ohne den Miteigentumsanteil, zu dem es gehört, nicht veräußert oder belastet werden.

(2) Rechte an dem Miteigentumsanteil erstrecken sich auf das zu ihm gehörende Sondereigentum.

Übersicht

	Rn		Rn
I. Rechtliche Einheit von Miteigentum und Sondereigentum	1	2. Verfügungen zwischen Wohnungseigentümern	8
II. Veräußerung und Belastung von Sondereigentum (Abs 1)	3	III. Erstreckung der Rechte am Miteigentumsanteil auf das Sondereigentum (Abs 2)	12
1. Grundsatz	3		

I. Rechtliche Einheit von Miteigentum und Sondereigentum

1   § 6 ist Ausdruck der **engen rechtlichen Verbindung** zwischen Sondereigentum und Miteigentumsanteil am gemeinschaftlichen Eigentum (§ 1 Rn 3). Nach Abs 2 ist das Objekt der rechtlichen Verfügung der Miteigentumsanteil; die Verfügungen erstrecken sich kraft Gesetzes auf das zugehörige Sondereigentum. Abs 1 verbietet umgekehrt jede selbstständige Verfügung über das Sondereigentum, d. h. dass Verfügungen über das Sondereigentum nur möglich sind, wenn zugleich auch über einen damit verbundenen Miteigentumsanteil verfügt wird.

2   Diese Grundsätze sind – da sachenrechtlicher Natur – **zwingend** und können durch Vereinbarungen gemäß § 10 Abs 2 S 2 nicht außer Kraft gesetzt werden (*Weitnauer/Briesemeister* § 6 Rn 1). Wird dagegen verstoßen, so ist die Verfügung absolut unwirksam.

II. Veräußerung und Belastung von Sondereigentum (Abs 1)

3   **1. Grundsatz.** Abs 1 bestimmt, dass das Sondereigentum ohne den Miteigentumsanteil, zu dem es gehört, nicht veräußert und belastet (also auch nicht ge- oder verpfändet) werden kann.

4   Eine **Auflassung** ist daher **unwirksam**, die das gesamte Sondereigentum ohne Miteigentumsanteil (*BayObLG* BReg 2 Z 90/84, DNotZ 1986, 86 [Fall 1]), einen Teil des Sondereigentums (einzelne Räume) ohne Miteigentumsanteil (Fall 2), den gesamten Miteigentumsanteil unter Ausschluss eines Teils (*BayObLG* BReg 2 Z 90/84, DNotZ 1986, 86) oder das gesamte Sondereigentum (*BayObLG* BReg 2 Z 80/84, ZMR 1985, 307 [Fall 3]) auf einen Dritten überträgt. Denn in diesen Fällen entstünde durch ein Rechtsgeschäft isoliertes Miteigentum (Fall 1, 3) und/oder isoliertes Sondereigentum (Fall 1, 2, 3), was nicht zulässig ist (vgl § 3 Rn 9, 10). Der Wohnungseigentümer, der einen zu seinem Sondereigentum gehörigen Raum – Abgeschlossenheit vorausgesetzt – auf einen noch nicht zur Gemeinschaft gehörenden Dritten übertragen will, muss daher auch einen Teil seines Miteigentumsanteils auf den Dritten übertragen bzw wenn er einen Teil seines Sondereigentums nicht übertragen will, einen entsprechenden, mit diesem Sondereigentumsteil zu verbindenden Miteigentumsanteil zurückbehalten. Dies gilt auch bei der (Unter-)Teilung von Wohnungseigentum nach § 8; vgl hierzu im Einzelnen § 8 Rn 30.

Ein **gutgläubiger Erwerb** eines Sondereigentums für sich allein ohne Miteigentumsan- 5
teil ist ausgeschlossen (*BayObLG* BReg 2 Z 75/86, Rpfleger 1988, 102; *Armbrüster* in
Bärmann, § 6 Rn 17). Entsprechendes gilt für isolierte Miteigentumsanteile.

Aus Abs 1 folgt auch, dass die Übertragung eines **Sondernutzungsrechts** (§ 13 Rn 24 ff) 6
auf einen außerhalb der Wohnungseigentümergemeinschaft stehenden Dritten (*BGH*
V ZB 11/77, NJW 1979, 548) ebenso wie die Übertragung sämtlicher sonstiger
Gebrauchsregelungen im Sinne von §§ 5 Abs 4, 10 Abs 2 (*BGH* V ZR 20/07, NZM
2008, 732, § 15 Rn 2 ff) unzulässig ist.

Abs 1 verbietet jede selbstständige Veräußerung von Sondereigentum ohne den zuge- 7
hörigen Miteigentumsanteil. **Zweck der Vorschrift** ist es zu verhindern, dass jemand in
einer Wohnungseigentümergemeinschaft Sondereigentümer ist, ohne zugleich Miteigentümer zu sein, und umgekehrt. Es soll also verhindert werden, dass Sondereigentum und Miteigentum auseinander fallen, indem neue Personen zu der Wohnungseigentümergemeinschaft stoßen, denen nur ein Element des Wohnungseigentums
zukommt (*BayObLG* BReg 2 Z 125/83, Rpfleger 1984, 268). Uneingeschränkt gilt
Abs 1 daher nur für das Verhältnis zwischen Wohnungseigentümer und einem außen
stehenden Dritten.

2. Verfügungen zwischen Wohnungseigentümern. Im Verhältnis der Wohnungseigen- 8
tümer untereinander sind Verfügungen sowohl über den Miteigentumsanteil allein als
auch über das Sondereigentum allein möglich, solange nicht eines der beiden Elemente ohne Verbindung bleibt.

Eine alleinige **Verfügung über Miteigentumsanteile** (Quotenänderung) wird durch § 6 9
nicht ausgeschlossen (*BGH* V ZR 156/75, NJW 1976, 1976; *OLG Hamm* 15 W 411/97,
Rpfleger 1998, 514; *BayObLG* 2 Z BR 34/93, Rpfleger 1993, 444; *Armbrüster* in Bärmann, § 6 Rn 11; *Weitnauer/Briesemeister* § 6 Rn 4). Einer gleichzeitigen Veränderung
des Sondereigentums bedarf es nicht, weil der Miteigentumsanteil nicht notwendig
dem Wert des dazugehörigen Sondereigentums oder dessen Fläche entsprechen muss
(vgl § 3 Rn 41). Verfügungen über den Miteigentumsanteil stellen eine Inhaltsänderung des Wohnungseigentums gemäß § 877 BGB dar (*BayObLG* 2 Z BR 34/93, Rpfleger 1993, 444), die durch Auflassung nur zwischen den unmittelbar beteiligten Wohnungseigentümern (die Zustimmung der übrigen ist nicht erforderlich) bzw einseitiger
Erklärung bei Rechten desselben Wohnungseigentümers (*BGH* V ZR 156/75, NJW
1976, 1976) und Eintragung im Grundbuch zu vollziehen ist, §§ 873, 925 BGB. Die
Änderung der Miteigentumsanteile ist einer Vereinbarung gemäß § 10 Abs 2 S 2 nicht
zugänglich, so dass sich auch kein Anspruch auf Quotenänderung aus § 10 Abs 2 S 3
ergibt (*Riecke/Schmid/Elzer* § 10 Rn 185; **aA** *OLG München* 32 Wx 165/07, NZM
2008, 407; zum Anspruch aus § 242 BGB vgl *BayObLG* 2Z BR 35/98, ZMR 1999, 52;
Armbrüster in Bärmann, § 2 Rn 125 und § 3 Rn 40). Daneben ist zur Änderung der
Miteigentumsanteile auch die **Zustimmung der dinglich Berechtigten** an den einzelnen
Wohnungseigentumsrechten des sich verkleinernden Miteigentumsanteilen (nicht
der Berechtigten von Gesamtbelastungen [vgl § 4 Rn 3]) gemäß §§ 876, 877 BGB
erforderlich, weil die Belastungen an dem abgespaltenen Teil erlöschen (*OLG Hamm*
15 W 411/97, Rpfleger 1998, 514). Belastungen am vergrößerten Miteigentumsanteil
erstrecken sich auf den neuen Bestand (str ob kraft Gesetzes [so *LG Wiesbaden* 4 T
652/03, Rpfleger 2004, 350; *LG Lüneburg* 3 T 55/04, NdsRpfl 2005, 92] oder ob eine
Neuverpfändung erforderlich ist [so *BayObLG* 2Z BR 34/93, Rpfleger 1993, 444;

Vandenhouten

OLG Hamm 15 W 411/97, Rpfleger 1998, 514], was am Ergebnis nichts ändert, da auch nach der letztgenannten Ansicht die Pfandunterwerfung jedenfalls konkludent in der Einigung über die Quotenänderung liegt).

10 Auch eine alleinige **Verfügung über** einen Teil des **Sondereigentums** (zB Tausch von Kellerräumen [vgl auch *Tasche* DNotZ 1972, 710] oder Garagen) bis hin zum vollständigen Austausch ohne gleichzeitige Veränderung der Miteigentumsanteile ist ungeachtet der Bestimmung des § 6 Abs 1 WEG möglich (*BayObLG* BReg 2 Z 125/83, Rpfleger 1984, 268; *BayObLG* 2 Z BR 30/97, NJW-RR 1998, 1237; *Armbrüster* in Bärmann, § 6 Rn 7; *Palandt/Bassenge* § 6 Rn 3; *Weitnauer/Briesemeister* § 6 Rn 4). Erforderlich ist materiell-rechtlich gemäß § 4 Abs 1 und 2 WEG die Einigung der beteiligten Wohnungseigentümer (die Zustimmung der übrigen ist nicht erforderlich; *BayObLG* 2 Z BR 167/99, ZMR 2000, 468; *OLG Köln* 16 Wx 98/06, ZMR 2007, 555; *OLG München* 34 Wx 049/08, MietRB 2009, 13) in Form der Auflassung (§ 925 Abs 1 BGB), die Eintragung im Grundbuch (§ 873 BGB) und wegen § 6 Abs 2, §§ 876, 877 BGB die Zustimmung der an demjenigen Wohnungseigentum dinglich Berechtigten, dessen Sondereigentum verkleinert oder sonst nachteilig beeinträchtigt wird (*BayObLG* 2 Z BR 30/97, NJW-RR 1998, 1237). Das Erfordernis der Abgeschlossenheit ist keine Voraussetzung für die Wirksamkeit der Ab- bzw. Zuschreibung (*OLG München* 34 Wx 049/08, MietRB 2009, 13). Belastungen am Miteigentumsanteil erstrecken sich kraft Gesetzes gemäß Abs 2 auf den neuen Bestand (*LG Düsseldorf* 25 T 461/85, MittRhNotK 1986, 78).

11 Gleiches gilt für die **Überführung** eines bisher im **gemeinschaftlichen Eigentum** stehenden Raumes **in Sondereigentum** eines Wohnungseigentümers oder die Umwandlung von Sondereigentum in gemeinschaftliches Eigentum (*Armbrüster* in Bärmann, § 2 Rn 91, 92; *Weitnauer/Briesemeister* § 6 Rn 4). Erforderlich ist gemäß § 4 Abs 1 und 2 die Einigung aller Wohnungseigentümer in der Form der Auflassung und die Eintragung in das Grundbuch (*BayObLG* 2 Z BR 61/93, WuM 1994, 97; *OLG Celle* 4 W 111/03, OLGR 2004, 79; *OLG Saarbrücken* 5 W 173/04, NZM 2005, 423). Eine Vereinbarung im Sinne von § 10 Abs 2 S 2 genügt nicht (vgl § 4 Rn 16).

III. Erstreckung der Rechte am Miteigentumsanteil auf das Sondereigentum (Abs 2)

12 Aus Abs 2 folgt, dass bei Verfügungen über das Wohnungseigentum das **Objekt der Verfügung** der **Miteigentumsanteil** ist. Die Übertragung erfolgt dinglich wie die Übertragung eines Miteigentumsanteil am Grundstück (§ 1008 BGB) nach den §§ 873, 925 BGB. Für das Verpflichtungsgeschäft gilt § 311b Abs 1 BGB.

13 Auch die **Belastung eines Miteigentumsanteils** am gemeinschaftlichen Eigentum erfolgt wie die Belastung eines Miteigentumsanteils am Grundstück. Soweit ein Miteigentumsanteil am Grundstück belastbar ist, ist es auch der Miteigentumsanteil am gemeinschaftlichen Eigentum (*Palandt/Bassenge* § 6 Rn 9). Daher kommt eine Belastung mit Grundpfandrechten (§§ 1114, 1192, 1199 BGB), dinglichem Vorkaufsrecht (§ 1095 BGB), Reallast (§ 1106 BGB), Nießbrauch (§ 1066 BGB; vgl *BGH* V ZB 24/01, NJW 2002, 1648; unzulässig ist aber die Beschränkung auf einen Teil des Sondereigentums [*LG Nürnberg-Fürth* 7 O 10570/89, Rpfleger 1991, 148]) in Betracht. Die Belastung mit einer Dienstbarkeit kommt – anders als beim bloßen Miteigentumsanteil – ebenfalls in Betracht, sofern sich ihr Ausübungsbereich auf das Sondereigentum (*BGH* V ZR 182/87, NJW 1989, 2391), nicht aber wenn er sich nur auf das gemeinschaftliche Eigentum (*KG* 1 W 459/75, MDR 1977, 405: Garagen) oder ein Sondernutzungsrecht beschränkt (*OLG Zweibrücken* 3 W 232/98, NZM 1999, 771: Kfz-Stellplatz). In den beiden letztgenannten Fällen kann nur das Grundstück als Ganzes belastet werden.

Abs 2 stellt klar, dass sich rechtliche Verfügungen über den Miteigentumsanteil **kraft** **14** **Gesetzes** auf das dazugehörige Sondereigentum erstrecken. Wird also der Miteigentumsanteil veräußert oder belastet, so wird auch das Sondereigentum von diesen Rechtsänderungen erfasst (vgl zum Nießbrauch *BGH* V ZB 24/01, NJW 2002, 1648).

Da sich die Hypothekenhaftung mithin auf das Sondereigentum erstreckt, haben die **15** Grundpfandgläubiger bei einer Verschlechterung der im Sondereigentum stehenden Gebäudeteile die **Devastationsansprüche** nach §§ 1133–1135 BGB (Ansprüche aufgrund einer Verschlechterung auch gegenüber den Wohnungseigentümern (*Armbrüster* in Bärmann, § 6 Rn 16; *Weitnauer/Briesemeister* § 6 Rn 4).

§ 7 Grundbuchvorschriften

(1) ¹**Im Falle des § 3 Abs. 1 wird für jeden Miteigentumsanteil von Amts wegen ein besonderes Grundbuchblatt (Wohnungsgrundbuch, Teileigentumsgrundbuch) angelegt.** ²**Auf diesem ist das zu dem Miteigentumsanteil gehörende Sondereigentum und als Beschränkung des Miteigentums die Einräumung der zu den anderen Miteigentumsanteilen gehörenden Sondereigentumsrechte einzutragen.** ³**Das Grundbuchblatt des Grundstücks wird von Amts wegen geschlossen.**

(2) ¹**Von der Anlegung besonderer Grundbuchblätter kann abgesehen werden, wenn hiervon Verwirrung nicht zu besorgen ist.** ²**In diesem Fall ist das Grundbuchblatt als gemeinschaftliches Wohnungsgrundbuch (Teileigentumsgrundbuch) zu bezeichnen.**

(3) **Zur näheren Bezeichnung des Gegenstands und des Inhalts des Sondereigentums kann auf die Eintragungsbewilligung Bezug genommen werden.**

(4) ¹**Der Eintragungsbewilligung sind als Anlagen beizufügen:**
1. **eine von der Baubehörde mit Unterschrift und Siegel oder Stempel versehene Bauzeichnung, aus der die Aufteilung des Gebäudes sowie die Lage und Größe der im Sondereigentum und der im gemeinschaftlichen Eigentum stehenden Gebäudeteile ersichtlich ist (Aufteilungsplan); alle zu demselben Wohnungseigentum gehörenden Einzelräume sind mit der jeweils gleichen Nummer zu kennzeichnen;**
2. **eine Bescheinigung der Baubehörde, dass die Voraussetzungen des § 3 Abs. 2 vorliegen.**

²**Wenn in der Eintragungsbewilligung für die einzelnen Sondereigentumsrechte Nummern angegeben werden, sollen sie mit denen des Aufteilungsplans übereinstimmen.** ³**Die Landesregierungen können durch Rechtsverordnung bestimmen, dass und in welchen Fällen der Aufteilungsplan (Satz 1 Nr. 1) und die Abgeschlossenheit (Satz 1 Nr. 2) von einem öffentlich bestellten oder anerkannten Sachverständigen für das Bauwesen statt von der Baubehörde ausgefertigt und bescheinigt werden.** ⁴**Werden diese Aufgaben von dem Sachverständigen wahrgenommen, so gelten die Bestimmungen der Allgemeinen Verwaltungsvorschrift für die Ausstellung von Bescheinigungen gemäß § 7 Abs. 4 Nr. 2 und § 32 Abs. 2 Nr. 2 des Wohnungseigentumsgesetzes vom**

19. März 1974 (BAnz. Nr. 58 vom 23. März 1974) entsprechend. ⁵In diesem Fall bedürfen die Anlagen nicht der Form des § 29 der Grundbuchordnung. ⁶Die Landesregierungen können die Ermächtigung durch Rechtsverordnung auf die Landesbauverwaltungen übertragen.

(5) Für Teileigentumsgrundbücher gelten die Vorschriften über Wohnungsgrundbücher entsprechend.

Übersicht

	Rn		Rn
I. Das Wohnungs- oder Teileigentumsgrundbuch	1	2. Eintragungsbewilligung	14
1. Allgemeines	1	3. Anlagen zur Eintragungsbewilligung	16
2. Bezeichnung	5	a) Aufteilungsplan	20
3. Schließung des bisherigen Grundbuchs	7	b) Abgeschlossenheitsbescheinigung	38
4. Gemeinschaftliches Wohnungsgrundbuch	11	III. Prüfungspflicht des Grundbuchamtes	40
II. Eintragungsvoraussetzungen	13	IV. Inhalt der Eintragung	44
1. Eintragungsantrag	13		

Literatur: *Schmidt* Sondereigentum: Widerspruch zwischen Aufteilungsplan und Teilungserklärung, ZWE 2000, 67.

I. Das Wohnungs- oder Teileigentumsgrundbuch

1 **1. Allgemeines.** Abs 4 S 3 bis 5 sind aufgrund Art 1 Nr 3 **WEG-ÄnderungsG** angefügt worden. Hierdurch wird dem Umstand Rechnung getragen, dass – in den einzelnen Ländern in unterschiedlicher Ausgestaltung – für bestimmte Bauvorhaben ein baurechtliches Genehmigungsverfahren nicht mehr durchzuführen ist, so dass die Einschaltung der Baubehörden nicht mehr – wie noch bei Inkrafttreten des WEG – ohnehin erforderlich ist und sie daher entlastet werden können.

2 § 7 enthält – ergänzt durch die Verordnung über die Anlegung und Führung der Wohnungs- und Teileigentumsgrundbücher (Wohnungsgrundbuchverfügung – WGV Kapitel IV, Nr 3), die für das Wohnungs- und Teileigentum maßgeblichen besonderen **Grundbuchvorschriften.** Daneben bleiben die für Grundstücke geltende Grundbuchordnung (Abdruck [auszugsweise] Kapitel IV, Nr 2) und die Verordnung zur Durchführung der Grundbuchordnung (Grundbuchverfügung-GBV) anwendbar.

3 Abs 1 S 1 sieht vor, dass bei Einräumung von Sondereigentum (§ 3 Abs 1) **für jeden Miteigentumsanteil** (dh für jedes Wohnungs- und Teileigentum) von Amts wegen ein besonderes Grundbuchblatt anzulegen ist. Hierdurch wird das zum Wohnungseigentum ausgestaltete Miteigentum grundbuchmäßig zum selbstständigen Grundstück (*Weitnauer/Briesemeister* § 7 Rn 6). Daneben ist für jedes neue Grundbuchblatt auch eine besondere Grundakte zu führen. Das Grundbuchblatt enthält neben dem Miteigentumsanteil das dazugehörige Sondereigentum und die Verlautbarung der Beschränkung des Miteigentumsanteils, die in Bezug auf die mit den anderen Miteigentumsanteilen verbundenen, zum Sondereigentum stehenden Räume besteht (Abs 1 S 2). Diese Eintragungen erfolgen im Bestandsverzeichnis.

Wohnungseigentum entsteht, wenn sämtliche Wohnungseigentumsrechte im 4
Grundbuch eingetragen sind (*BGH* V ZR 339/87, NJW 1990, 1111). Dies ist von
der Entstehung der Wohnungseigentümergemeinschaft zu unterscheiden, die nur
bei vertraglicher Einräumung von Sondereigentum nach § 3 mit der Entstehung
des Wohnungseigentums zusammenfällt. Bei einer Begründung nach § 8 entsteht
sie erst mit dem dinglich wirksamen Erwerb eines Wohnungseigentums vom teilenden Eigentümer, vgl im Einzelnen § 10 Rn 7 ff).

2. Bezeichnung. Je nachdem, ob es sich um Wohnungs- oder um Teileigentum handelt, 5
erhält das besondere Grundbuchblatt die Aufschrift **„Wohnungsgrundbuch"** oder
„Teileigentumsgrundbuch" (§ 2 S 1 WGV). Es ist das Grundbuch im Sinne des BGB
und der GBO (*Weitnauer/Briesemeister* § 7 Rn 1).

Ist mit dem Miteigentumsanteil sowohl Sondereigentum an einer Wohnung als auch 6
Sondereigentum an nicht zu Wohnzwecken dienenden Räumen verbunden (zB Laden,
Werkstatt oder Büro jeweils mit Wohnung), ist das Grundbuchblatt als **„Wohnungs-
und Teileigentumsgrundbuch"** zu bezeichnen (§ 2 S 2 GBV), es sei denn einer der
Zwecke überwiegt offensichtlich (zB Wohnung mit kleinem Lagerraum).

3. Schließung des bisherigen Grundbuchs. Mit der Anlegung der Wohnungs- oder 7
Teileigentumsgrundbücher ist das bisherige Grundbuchblatt des Grundstücks grundsätzlich zu schließen (Abs 1 S 3). Die Schließung erfolgt durch **Anbringung eines
Schließungsvermerkes** mit Angabe des Grundes auf der Vorderseite des Grundbuches. Gleichzeitig werden sämtliche Seiten des Grundbuches rot durchkreuzt (§ 36
GBV). Mit der Schließung hört dieses Grundbuch auf zu bestehen. Wirksame Eintragungen können nicht mehr vorgenommen werden. Eine Wiedereröffnung auch für
den Fall der späteren Auflösung des Wohnungseigentums ist nicht möglich (vgl § 9
Abs 3).

Grundstücksbelastungen am gesamten Grundstück, die sich als Gesamtbelastungen 8
aller Wohnungseigentume (Grundpfandrechte, Reallasten, Wegerechte, Verfügungsbeschränkungen) fortsetzen (vgl § 4 Rn 3), sind in allen Wohnungsgrundbüchern so
einzutragen, dass die Gesamtbelastung des Grundstücks und die Mitbelastung der
übrigen in jedem Wohnungsgrundbuch erkennbar ist (§ 4 WGV, vgl auch *BayObLG* 2
Z BR 31/95, ZMR 1995, 421). Dienstbarkeiten und Dauerwohnrechte, die auf einen
bestimmten Gebäudeteil beschränkt sind, sind nur bei dem betroffenen Wohnungseigentum einzutragen.

Trotz der Schließung des Grundstücksgrundbuchs **besteht** das Grundstück **fort** (*OLG* 9
Oldenburg 5 Wx 44/76, ZMR 1980, 63) und kann noch Gegenstand von Verfügungen
sein, für die § 747 S 2 BGB gilt (*Palandt/Bassenge* § 7 Rn 10).

Die Schließung des Grundbuchs **unterbleibt,** wenn auf dem Grundbuchblatt noch wei- 10
tere Grundstücke verzeichnet sind (§ 6 S 2 WGV) oder wenn im Falle von § 7 Abs 2
das Grundstücksgrundbuch als gemeinschaftliches Wohnungsgrundbuch verwendet
wird (vgl § 7 WGV, vgl Rn 11).

4. Gemeinschaftliches Wohnungsgrundbuch. Nach Abs 2 kann von der Anlegung 11
besonderer Grundbuchblätter für jeden Miteigentumsanteil bei der vertraglichen
Begründung von Wohnungseigentum nach § 3 – nicht durch einseitige Teilungserklärung nach § 8, vgl § 8 Abs 2 – dann abgesehen werden, wenn hiervon **Verwirrung nicht
zu besorgen** ist. Verwirrung ist in der Regel dann zu befürchten, wenn das Grundbuch

Vandenhouten

unübersichtlich werden würde (zB große Anzahl von Wohnungseigentümern, unterschiedliche Belastung der einzelnen Miteigentumsanteile). Hierüber hat der Rechtspfleger nach pflichtgemäßem Ermessen zu entscheiden. Seine Entscheidung ist mit der Erinnerung anfechtbar (vgl § 11 RpflG).

12 Dieses Grundbuch ist dann als „gemeinschaftliches Wohnungsgrundbuch" oder „gemeinschaftliches Teileigentumsgrundbuch" zu bezeichnen (§ 7 Abs 2 S 2). Die Angaben über die Einräumung von Sondereigentum sowie über den Gegenstand und Inhalt des Sondereigentums sind in diesem Fall in **Abteilung I** einzutragen (§ 7 WGBV).

II. Eintragungsvoraussetzungen

13 **1. Eintragungsantrag.** Die Eintragung der Begründung von Wohnungseigentum durch Einräumung von Sondereigentum setzt zunächst den Eintragungsantrag eines durch die Eintragung in seinem Recht Betroffenen oder Begünstigten (im Falle des § 3 Abs 1 eines Miteigentümers) voraus (§ 13 GBO). Dieser ist formfrei. Der beurkundende Notar ist berechtigt, den Antrag für einen Antragsberechtigten zu stellen (§ 15 GBO).

14 **2. Eintragungsbewilligung.** Neben dem Eintragungsantrag ist die Eintragungsbewilligung der in ihrem Recht Betroffenen (im Falle des § 3 Abs 1 aller Miteigentümer) erforderlich (§ 19 GBO), die in der **Form des § 29 GBO** nachzuweisen ist (*OLG Hamm* 15 W 34/83, Rpfleger 1985, 109; *OLG Zweibrücken* 3 W 96/81, OLGZ 1982, 263; *Weitnauer/Briesemeister* § 7 Rn 10) § 20 GBO ist bei vertraglicher Teilungserklärung nicht anwendbar (vgl dazu § 4 Rn 5). Sie ist in der Regel in der vertraglichen oder einseitigen Teilungserklärung bereits enthalten.

15 **Inhaltlich** muss sie den Gegenstand des Sondereigentums in Übereinstimmung mit dem Aufteilungsplan bezeichnen. Sofern in der Eintragungsbewilligung (Teilungserklärung) für die einzelnen Sondereigentumsrechte Nummern angegeben werden, sollen diese mit den Bezeichnungen des Aufteilungsplans übereinstimmen (§ 7 Abs 4 S 2). Weiterhin muss sie die Verbindung des Sondereigentums mit den Miteigentumsanteilen (vgl § 3 Rn 5 ff) und kann sie die Vereinbarungen über das Gemeinschaftsverhältnis, die Inhalt des Sondereigentums gemäß § 5 Abs 4 werden sollen (vgl § 3 Rn 44), enthalten.

16 **3. Anlagen zur Eintragungsbewilligung.** Gemäß § 7 Abs 4 S 1 sind der Eintragungsbewilligung zwei Anlagen beizufügen, nämlich der Aufteilungsplan (Nr 1, vgl Rn 20) und die Abgeschlossenheitsbescheinigung (Nr 2, vgl Rn 38). Diese Anlagen werden im Regelfall durch die **Baubehörde** ausgefertigt und bescheinigt (Abs 4 S 1). Form und Inhalt werden durch die **Allgemeine Verwaltungsvorschrift für die Ausstellung von Bescheinigungen** gemäß § 7 Abs 4 Nr 2 und § 32 Abs 2 Nr 2 des Wohnungseigentumsgesetzes (Abgeschlossenheitsbescheinigung) – AVA (Kapitel IV, Nr 4) geregelt (vgl wegen der Einzelheiten Rn 19).

17 Abs 4 S 3 enthält daneben eine **Verordnungsermächtigung** zugunsten der Länder. Die Länder können bestimmen, ob generell oder nur für bestimmte Fälle (zB Umwandlung von Miet- in Eigentumswohnungen; genehmigungsfreie Bauvorhaben) die Anlagen durch einen **Sachverständigen** ausgefertigt und bescheinigt werden. Dies ist sinnvoll, wenn Wohnungseigentum durch die Aufteilung vorhandener

Grundbuchvorschriften § 7 WEG II

Gebäude (Altbausanierung) begründet wird. Denn mit diesen Fällen sind die Baubehörden nicht befasst, weil das Landesrecht regelmäßig kein oder nur ein vereinfachtes (Bau-) Genehmigungsverfahren vorsieht. Maßgeblich ist, ob das Land, in dem das Grundbuchamt liegt, eine Bestimmung nach Abs 4 S 3 getroffen hat, und nicht, ob das Land, in dem der Sachverständige seinen Sitz hat, dies getan hat. Die Länder können diese Ermächtigung aber auch auf die Landesbauverwaltungen subdelegieren (Abs 4 S 6).

Um unklare Eigentumsverhältnisse durch Ungenauigkeiten bei deren Kennzeichnung 18 zu vermeiden, muss es sich um einen **öffentlich bestellten** (zB von einer Industrie- und Handelskammer [§ 36 GewO] oder Handwerkskammer [§ 91 Abs 1 Nr 8 HandwO]) oder nach landesrechtlichen Bauvorschriften (zB BauSVO der Länder Baden-Württemberg [BWGBl 1986, 305] und Niedersachsen [NdsGVBl 1989, 325]) staatlich **anerkannten** Sachverständigen handeln.

Abs 4 S 4 erklärt die **Allgemeine Verwaltungsvorschrift für die Ausstellung von Bescheinigungen** gemäß § 7 Abs 4 Nr 2 und § 32 Abs 2 Nr 2 des Wohnungseigentumsgesetzes 19 (Abgeschlossenheitsbescheinigung) – AVA (Kapitel IV, Nr 4) für entsprechend anwendbar, sofern die Anlagen durch einen Sachverständigen bescheinigt werden. Danach sind die Anlagen sowohl bei behördlicher Prüfung als auch bei Bescheinigung durch einen Sachverständigen mit Unterschrift sowie Siegel oder Stempel zu versehen (vgl Nr 7 S 2, 3 AVA). Da die Anlagen zudem Voraussetzung für die Eintragung von Wohnungseigentum im Grundbuch sind (*BayObLG* BReg 2 Z 130/89, NJW-RR 1990, 332), sind sie dem Grundbuchamt grundsätzlich in der Form des § 29 GBO nachzuweisen. Soweit die Anlagen von der *Baubehörde* (Abs 4 S 1) bescheinigt werden, liegen öffentliche Urkunden im Sinne von § 29 GBO vor. Soweit ein *Sachverständiger* (Abs 4 S 3) an die Stelle der Baubehörde tritt, genügen gemäß Abs 4 S 5, der in diesem Fall vom Nachweis in der Form § 29 GBO befreit, seine (unbeglaubigte) Unterschrift und sein Stempel, der die ihn bestellende bzw anerkennende Behörde angeben muss (Abs 4 S 5). Die Zusammengehörigkeit beider Anlagen ist durch Verbindung beider mittels Schnur und Siegel oder durch übereinstimmende Aktenbezeichnung sichtbar zu machen (Nr 7 S 4 AVA). Bei einem genehmigungsfreien Bauvorhaben darf der Sachverständige die Abgeschlossenheitsbescheinigung erst erteilen, wenn die Unterlagen bei der Baubehörde eingegangen sind und mit dem Bauvorhaben nach Ablauf der Wartezeit begonnen werden darf (Nr 8 AVA).

a) Aufteilungsplan. Bei dem gemäß Abs 4 S 1 Nr 1 erforderlichen Aufteilungsplan 20 handelt es sich um eine von der Baubehörde mit Unterschrift und Siegel versehene **Bauzeichnung** im Maßstab von mindestens 1:100 (Nr 2 AVA). Aus ihr müssen die Aufteilung des Gebäudes sowie Lage und Größe der im Sondereigentum und im gemeinschaftlichen Eigentum stehenden Gebäudeteile ersichtlich sein. Sie muss von der Baubehörde bzw. dem Sachverständigen nicht hergestellt sein; sie verantworten aber durch Unterschrift und Stempel ihre Richtigkeit.

Der Aufteilungsplan hat für das Wohnungseigentum eine vergleichbare Funktion wie 21 die erforderliche Vermessung und katastermäßige Erfassung für die Lage eines Grundstücks in der Natur. Er soll sicherstellen, dass dem **Bestimmtheitsgrundsatz** des Sachen- und Grundbuchrechts Rechnung getragen wird, also verdeutlichen, welche Räume nach der Teilungserklärung zu welchem Sondereigentum gehören und wo die Grenzen der im Sondereigentum stehenden Räume untereinander sowie gegenüber dem gemeinschaftlichen Eigentum verlaufen (*BGH* V ZR 118/94, BGHZ 130, 159 =

Vandenhouten 71

NJW 1995, 2851; *BayObLG* BReg 2 Z 130/89, NJW-RR 1990, 332; *OLG Frankfurt* 20 W 11/80, Rpfleger 1980, 391).

22 Für die **Einzelausgestaltung** des Gebäudes und der Wohnungen (Räume), ist der Aufteilungsplan nicht maßgebend, d. h. er besagt nichts Abschließendes darüber, ob ein als Büro oder Lager bezeichneter Raum auch tatsächlich entsprechend dieser Bezeichnung genutzt wird (*OLG Bremen* 3 W 52/01, NZM 2002, 610). Die Vorlage eines neuen Aufteilungsplans bei der Umwandlung von Wohn- in Teileigentum und umgekehrt ist daher nicht erforderlich (*OLG Bremen* 3 W 52/01, NZM 2002, 610, vgl dazu auch § 1 Rn 20).

23 Um die Grenzen des Sonder- und gemeinschaftlichen Eigentums ersichtlich und klar abzustecken, sind alle zu demselben Wohnungseigentum gehörenden Räume mit der jeweils **gleichen Nummer** zu kennzeichnen (§ 7 Abs 4 Nr 1 Hs 2). Ausreichend ist auch eine Kennzeichnung mit einer (nicht gleichen) Nummer, wenn eine **farbliche Umrandung** erkennen lässt, welche Räume dem jeweiligen Sondereigentum zugewiesen sind (*BayObLG* 2 Z 68/81, Rpfleger 1982, 21; *Palandt/Bassenge* § 7 Rn 4; *Staudinger/Rapp* § 7 Rn 20; **aA** *Armbrüster* in Bärmann, § 7 Rn 82). Von der Wohnungseinheit getrennte, aber zum Sondereigentum gehörende Räume (Keller, Bodenraum, Garage) sind ebenfalls farblich zu umranden und/oder mit der gleichen Nummer zu kennzeichnen. Entsprechendes gilt für die einem Wohnungseigentum zugeordneten Sondernutzungsrechte (*OLG Düsseldorf* I-3 Wx 323/03, ZMR 2004, 611).

24 Um eine zuverlässige Unterrichtung über Lage und Größe der im Sondereigentum und der im gemeinschaftlichen Eigentum stehenden Gebäudeteile sowie ihre exakte räumliche Abgrenzung zueinander zu ermöglichen, hat die Bauzeichnung **Grundrisse** der einzelnen Stockwerke einschließlich Keller und Dachgeschoss sowie auch **Schnitte und Ansichten** des Gebäudes zu umfassen (*BayObLG* BReg 2 Z 54/79, Rpfleger 1980, 435; *BayObLG* 2 Z BR 71/97, DNotZ 1998, 377).

25 Ein **Lageplan für die Gebäude auf dem Grundstück** ist regelmäßig nicht vorzulegen (**aA** *Riecke/Schmid/Schneider* § 7 Rn 88). Stehen jedoch mehrere Gebäude auf dem Grundstück, ist auch ein Lageplan vorzulegen, der neben der Größe der einzelnen Bauwerke auch den Standort der Baukörper festlegt (*OLG Hamm* 15 W 255/72, DNotZ 77, 308; *OLG Bremen* 1 W 39/79, Rpfleger 1980, 68; offen gelassen vom *BayObLG* BReg 2 Z 130/89, NJW-RR 1990, 332).

26 Durch die Bezugnahme auf die Eintragungsbewilligung im Eintragungsvermerk im Grundbuch (§ 7 Abs 3) wird der als Anlage beizufügende Aufteilungsplan zum **Inhalt des Wohnungs- bzw Teileigentumsgrundbuchs** (*BayObLG* BReg 2 Z 54/79, Rpfleger 1980, 435; *BayObLG* BReg 2 Z 36/91, WuM 1991, 609; *OLG Frankfurt* 20 W 825/77, Rpfleger 1978, 380; *OLG Stuttgart* 8 W 384/80, Rpfleger 1981, 109).

27 Der Gegenstand des Sondereigentums wird nicht durch die Bezugnahme auf den Aufteilungsplan benannt, sondern durch den Eintragungsvermerk und der darin in Bezug genommenen Eintragungsbewilligung (Abs 3, vgl Rn 45). Hierin kommt zum Ausdruck, dass der Aufteilungsplan nicht den Inhalt der Teilungserklärung verdrängt. Stimmen die wörtliche Beschreibung des Gegenstands von Sondereigentum im Text der Teilungserklärung und die Angaben im Aufteilungsplan nicht überein, ist deswegen grundsätzlich keiner der sich **widersprechenden Erklärungsinhalte** vorrangig und kein Sondereigentum entstanden. Es wird dann gemeinschaftlichen Eigentums begründet (*BGH* V ZR 118/94, NJW 1995, 2851; *BayObLG* 2 Z BR 86/99, DNotZ 2000, 289; *OLG Hamm* 15 W 98/03, Rpfleger 2003, 547; *OLG München* 34 Wx 74/05, NZM 2006, 704; *Armbrüster* in Bärmann, § 7 Rn 15, 97; *Palandt/Bassenge* § 5 Rn 1). Gleiches gilt, wenn sich im Fall einer Unterteilung von Wohnungseigentum nach § 8 die ursprüngliche Teilungserklärung und die Unterteilungserklärung widersprechen (*BGH* V ZR 210/03, Rpfleger 2005, 17).

Ist eine der beiden Urkunden **unvollständig**, gelten die gleichen Grundsätze. Sind 28 Räume lediglich in der vertraglichen oder einseitigen Teilungserklärung als Sondereigentum ausgewiesen, nicht aber im Aufteilungsplan mit Nummer und/oder Farbe gekennzeichnet (zB Hobbyraum im Keller, Garage), entsteht an diesen kein Sondereigentum; sie sind gemeinschaftliches Eigentum (*OLG Frankfurt* 20 W 825/77, Rpfleger 1978, 380). Dies gilt erst recht, wenn zB ein Balkon weder in der Teilungserklärung noch im Aufteilungsplan hinreichend als Sondereigentum bezeichnet ist, auch wenn er nach der Absicht des teilenden Eigentümers Sondereigentum werden sollte (*OLG Frankfurt* 20 W 90/97, ZMR 1997, 367; *LG Wuppertal* 6 T 223/08, RNotZ 2009, 48; vgl auch *OLG Düsseldorf* I-3 Wx 52-69/09, Rpfleger 2009, 501; aA *Böttcher* Rpfleger 2009, 555; *Hügel* RNotZ 2009, 49: der Balkon ist Sondereigentum, soweit er nur über die Wohnung zugänglich ist). Sind Räume nur im Aufteilungsplan als Sondereigentum bezeichnet, nicht aber auch in der Teilungserklärung entsteht kein Sondereigentum (*OLG Stuttgart* 8 W 384/80, Rpfleger 1981, 109; *BayObLG* BReg 2 Z 36/91, WuM 1991, 609). Dies gilt indes nicht, wenn ein Nebenraum (zB ein im Dachgeschoss gelegener Trockenboden, Kellerräume) im Aufteilungsplan als Sondereigentum gekennzeichnet ist, dieser aber in der Teilungserklärung bei der wörtlichen Beschreibung des Gegenstands von Sondereigentum nicht erwähnt wird, sofern in der Teilungserklärung im Anschluss an die verbale Beschreibung „wegen Lage und Größe" der Sondereigentumsräume auf den beigefügten Aufteilungsplan verwiesen wird. Die verbale Beschreibung von Gegenstand und Umfang des Sondereigentums wird also durch die Bezugnahme auf den Aufteilungsplan ergänzt. Dann aber kann die Teilungserklärung, obwohl sie den Nebenraum nicht ausdrücklich nennt, nicht so verstanden werden, als werde damit eine inhaltlich vom Aufteilungsplan abweichende Aufteilung erklärt, sondern es handelt sich ersichtlich um eine veranschaulichende Hervorhebung der wesentlichen Merkmale des jeweiligen Sondereigentums (*OLG Köln* 2 Wx 35/92, NJW-RR 1993, 204; *OLG Frankfurt aM* 20 W 135/97, ZMR 1997, 246).

Auch **Unklarheiten** im Aufteilungsplan (unverständliche Streichungen, Radierungen 29 pp) führen dazu, dass Sondereigentum nicht entsteht (*OLG Frankfurt* 20 W 825/77, Rpfleger 1978, 380).

Sofern hierdurch ein isolierter Miteigentumsanteil entsteht, wird wegen der Folgen 30 auf die Ausführungen zu § 3 Rn 38 verwiesen.

Widersprechen Teilungserklärung und Gemeinschaftsordnung (*BayObLG* 2 Z BR 88/ 31 97, ZMR 1998, 184) bzw Aufteilungsplan und Gemeinschaftsordnung (*OLG Schleswig* 2 W 39/02, ZMR 2004, 68) einander, hinsichtlich der Zweckbestimmung eines Teileigentums, so geht grundsätzlich die Regelung der Gemeinschaftsordnung vor, da die Teilungserklärung bzw der Aufteilungsplan allein die sachenrechtliche Zuordnung betrifft, während die Nutzungsbefugnisse in der Gemeinschaftsordnung geregelt werden (vgl auch § 1 Rn 20).

Vandenhouten

II WEG § 7   Grundbuchvorschriften

32 Stimmen Teilungserklärung und Aufteilungsplan überein, weicht aber die **tatsächliche bauliche Ausführung in wesentlichem Umfang vom Aufteilungsplan ab** (zB Grundrissänderungen im Sondereigentumsbereich; Errichtung einer zusätzlichen Wohnung ohne Grundrissänderung; Ausdehnung von Sondereigentum in gemeinschaftliches Eigentum oder ein benachbartes Sondereigentum, Errichtung eines Gebäudes an anderer Stelle), erfolgt die Abgrenzung von Sondereigentum untereinander und gegenüber dem gemeinschaftlichen Eigentum auch dann nach dem durch Bezugnahme nach Abs 3 zum Inhalt des Grundbuchs gewordenen Aufteilungsplan, wenn sich die einzelnen Sondereigentumsräume nach dem Aufteilungsplan identifizieren lassen und ihre Abgrenzung untereinander und gegenüber dem gemeinschaftlichen Eigentum nach dem Aufteilungsplan möglich ist (*BGH* V ZR 447/01, NZM 2004, 103). Denn Ausgangspunkt für die Begründung von Sondereigentum sind nicht die tatsächlich bestehenden Raumverhältnisse, sondern der Grundbuchinhalt (*KG* 24 W 7365/00, NZM 2001, 1127; *OLG Zweibrücken* 3 W 246/05, NZM 2006, 587). Es entsteht dann Sondereigentum in den Grenzen dieses Plans, nicht im Umfang der tatsächlichen Begrenzung (*BGH* V ZR 97/07, ZMR 2008, 897; *BayObLG* BReg 2 Z 130/89, NJW-RR 1990, 332; *BayObLG* 2 Z BR 9/98, ZMR 1998, 794; *OLG Düsseldorf* 3 W 33/69, DNotZ 1970, 42; *OLG Celle* 4 U 30/79, OLGZ 1981, 106; *OLG Hamm* 15 W 452/85, Rpfleger 1986, 374; *KG* 24 W 7365/00, NZM 2001, 1127; *Armbrüster* in Bärmann, § 7 Rn 95, § 2 Rn 79, 81; *Weitnauer/Briesemeister* § 7 Rn 12; *Merle* WE 1989, 116; aA *OLG Koblenz* 2 U 1588/89, WuM 1991, 603).

33 Ein **gutgläubiger Dritterwerb** auf der Grundlage der tatsächlichen Bauausführung – auch nicht durch Zuschlag in der Zwangsversteigerung – scheidet aus. Denn der gute Glaube an die Richtigkeit des Grundstücks kann sich nach § 892 BGB nur auf den Grundbuchinhalt gründen, nicht aber auf den äußeren Anschein der Wohnung (*KG* 24 W 7365/00, NZM 2001, 1127).

34 In diesen Fällen hat der benachteiligte Wohnungseigentümer einen **Anspruch auf ordnungsmäßige Erstherstellung** (vgl. auch § 21 Rn 84 ff); der bevorzugte Wohnungseigentümer hat die Änderung der Bauausführung zur Anpassung an die Teilungserklärung zu dulden (*KG* 24 W 7365/00, NZM 2001, 1127). Aus der Treuepflicht der Wohnungseigentümer – insbesondere wenn dies die Zerstörung wirtschaftlicher Werte bedeutet und der bevorzugte Wohnungseigentümer die Abweichung nicht veranlasst hat (vgl *OLG Karlsruhe* 14 Wx 5/07, ZWE 2008, 149) – kann sich aber auch ein **Anspruch auf Anpassung** der Teilungserklärung **an die tatsächlichen Verhältnisse** ergeben; dabei kann dem Wohnungseigentümer, der hierdurch einen Rechtsverlust erleidet, ein Ausgleichsanspruch zustehen (*BayObLG* 2Z BR 94/01, ZWE 2001, 605; *KG* 24 W 7365/00, NZM 2001, 1127). Im letztgenannten Fall sind rechtsbegründende Willenserklärungen der Beteiligten und Eintragungen im Grundbuch erforderlich. Sofern dabei gemeinschaftliches Eigentum in Sondereigentum umgewandelt werden soll, ist die Zustimmung sämtlicher Wohnungseigentümer erforderlich (*BayObLG* 2 Z 68/81, Rpfleger 1982, 21, vgl auch § 4 Rn 16).

35 Bei **unwesentlicher** oder geringfügiger **Abweichung** (weniger als 3 %, vgl *Armbrüster* ZWE 2005, 188) der späteren Bauausführung vom Aufteilungsplan entsteht Sondereigentum aus praktischen Erwägungen heraus im tatsächlichen erbauten Umfang und nicht in den Grenzen des Aufteilungsplans (*OLG Celle* 4 U 30/79, OLGZ 1981, 106; *OLG Düsseldorf* 9 U 126/87, NJW-RR 1988, 590; *OLG Hamm* 15 W 452/85, Rpfleger

1986, 374 f; *Armbrüster* in Bärmann, § 7 Rn 77). In diesem Fall ist der Aufteilungsplan zu berichtigen, um die Diskrepanz zwischen der tatsächlichen Bauausführung und dem Grundbuch zu beseitigen (*BayObLG* BReg 2 Z 118/84, ZMR 1986, 21; *OLG Celle* 4 U 30/79, OLGZ 1981, 106; *Merle* WE 1989,116).

Anders ist es nur dann, wenn die bauliche Ausführung vom Aufteilungsplan in der Abgrenzung von Sondereigentum zu gemeinschaftlichem Eigentum oder von Sondereigentum mehrerer Eigentümer untereinander dergestalt abweicht, dass die **planerische Darstellung an Ort und Stelle nicht mehr** mit der nötigen Sicherheit **festzustellen** ist, mit anderen Worten sich nicht mehr feststellen lässt, welche Wohnung nach dem Aufteilungsplan welcher Wohnung nach den tatsächlichen Gegebenheiten zuzuordnen ist (zB ein vom äußeren Zuschnitt völlig anderes Gebäude mit anderer Raumaufteilung), dann entsteht insoweit wegen fehlender Bestimmbarkeit der Abgrenzung kein Sondereigentum, sondern gemeinschaftliches Eigentum (*BGH* V ZR 447/01, NJW 2004, 1798; *BayObLG* 2 Z BR 9/98, ZMR 1998, 794; *OLG Celle* 4 U 30/79, OLGZ 1981, 106; *OLG Karlsruhe* 4 W 22/82, Justiz 1983, 307; *OLG Hamm* 15 W 452/85, Rpfleger 1986, 374; *OLG Düsseldorf* 9 U 126/87, NJW-RR 1988, 590; *OLG Zweibrücken* 3 W 246/05, NZM 2006, 587). 36

Da in diesem Fall ein Anwartschaftsrecht auf künftiges Sondereigentum laut Aufteilungsplan mangels Herstellungsmöglichkeit nicht mehr besteht (vgl § 3 Rn 12), ist das Grundbuch unrichtig (*Palandt/Bassenge* § 2 Rn 7; *Merle* WE 1989, 116). Gegebenenfalls entsteht ein isolierter Miteigentumsanteil. Wegen der Folgen wird auf die Ausführungen zu § 3 Rn 38 verwiesen. 37

Wollen die Beteiligten entsprechend der tatsächlichen Bauausführung Sondereigentum begründen, so sind neue Verträge zu schließen und entsprechende Eintragungsbewilligungen unter Beifügung eines berichtigten Aufteilungsplanes sowie Eintragung im Grundbuch erforderlich.

b) Abgeschlossenheitsbescheinigung. Durch Vorlage einer Bescheinigung gemäß § 7 Abs 4 S 1 Nr 2 (sog Abgeschlossenheitsbescheinigung) ist dem Grundbuchamt die Abgeschlossenheit gemäß § 3 Abs 2 nachzuweisen. Denn Sondereigentum soll nur eingeräumt werden, wenn die Wohnungen und sonstigen Räume in sich abgeschlossen sind. Sie dokumentiert im Falle einer Nutzung zu Wohnzwecken auch zugleich die notwendige Ausstattung. Wegen der Voraussetzungen für die Abgeschlossenheit wird auf die Ausführungen zu § 3 Rn 18 ff verwiesen. Für die Abgeschlossenheitsbescheinigung ist die „Allgemeine Verwaltungsvorschrift für die Ausstellung von Bescheinigungen gemäß § 7 Abs 4 Nr 2 und § 32 Abs 2 Nr 2 des Wohnungseigentumsgesetzes" (AVA) ergangen (vgl Kapitel IV, Nr 4). Sie ist im Hinblick auf die Entscheidung des Bundesverfassungsgerichts (*BVerfG* 2 BrF 1/64, E 26, 338) von der Bundesregierung als Ganzes mit Zustimmung des Bundesrates für das Bundesgebiet ergangen. 38

Die Bescheinigung wird danach durch die Baubehörde (Nr 1 AVA) oder einen Sachverständigen (vgl Rn 17–19) erteilt; vgl Muster [Anlage zur AVA]). Sie ist mit Unterschrift und Siegel oder Stempel zu versehen (Nr 7 S 2 AVA).

Das Fehlen der Abgeschlossenheitsbescheinigung rechtfertigt die Zurückweisung des Eintragungsantrags durch das Grundbuchamt (vgl Rn 42). Liegt Abgeschlossenheit entgegen der Bescheinigung tatsächlich nicht vor, hindert dies nicht das Entstehen von Sondereigentum (vgl § 3 Rn 18). 39

III. Prüfungspflicht des Grundbuchamtes

40 Das Grundbuchamt hat zu prüfen, ob für den Antrag auf Eintragung der Einräumung von Sondereigentum (§ 3) oder der Teilung (§ 8) die **formellen Voraussetzungen für den Grundbuchvollzug** vorliegen. Dafür müssen der Antrag eines Berechtigten gemäß § 13 Abs 1 GBO (Rn 13) und eine Eintragungsbewilligung der von der Rechtsänderung Betroffenen gemäß § 19 GBO, die in der Form des § 29 GBO nachzuweisen ist, (Rn 14) vorliegen. Beim Handeln im fremden Namen ist ein evidenter Vollmachtsmissbrauch zu beachten (*OLG München* 32 Wx 79/06, NZM 2006, 867).

41 Der Eintragungsbewilligung müssen als Anlagen der Aufteilungsplan (Rn 20) und die Abgeschlossenheitsbescheinigung (Rn 38) beigefügt sein. Schließlich bedarf es der Voreintragung der Betroffenen (§ 39 GBO) und ggf behördlicher Genehmigungen (vgl § 2 Rn 9) sowie der Zustimmung dinglich Berechtigter (vgl § 4 Rn 3), die gleichfalls in der Form des § 29 GBO nachzuweisen sind.

42 Die gemäß § 7 Abs 4 S 1 Nr 2 erteilte **Abgeschlossenheitsbescheinigung** der Baubehörde ist für das Grundbuchamt **nicht bindend** (*BayObLG* BReg 2 Z 32/84, Rpfleger 1984, 407; *BayObLG* BReg 2 Z 94/88, Rpfleger 1989, 99; *OLG Frankfurt* 20 W 302/77, Rpfleger 1977, 312; *KG* 1 W 561/84, Rpfleger 1985, 107; *Armbrüster* in Bärmann, § 7 Rn 124; **aA** *Weitnauer/Briesemeister* § 7 Rn 21). Sie dient nur der Erleichterung der Prüfung des Eintragungsantrags durch das Grundbuchamt. Dass § 3 Abs 2 S 1 WEG nur eine Sollvorschrift ist, die bei Nichtbeachtung die Entstehung des eingetragenen Sondereigentums nicht hindert, ändert nichts an der Pflicht des Grundbuchamts sie zu beachten, um den mit der Abschlossenheit bezwecken Schutz der Wohnungseigentümer (vgl § 3 Rn 18) zu gewährleisten. Es hat die Abgeschlossenheit daher in eigener Verantwortung zu prüfen (*GmS OBG* GmS-OBG 1/91, NJW 1992, 3290; *OLG Düsseldorf* 3 Wx 313/97, FGPrax 1998,12; einschränkend *Armbrüster* in Bärmann, § 7 Rn 124: nur bei begründeten Zweifeln an der Richtigkeit) und den Eintragungsantrag zurückzuweisen, wenn sich aus den Eintragungsunterlagen (Teilungserklärung, Gemeinschaftsordnung, Aufteilungsplan) das Gegenteil ergibt.

43 Das Grundbuchamt ist hingegen nur in sehr eingeschränktem Umfang zur **materiellrechtlichen Prüfung der Teilungserklärung** einschließlich der Vereinbarungen zum Inhalt des Sondereigentums gemäß § 5 Abs 4 S 1, 10 Abs 2 S 2 (vgl § 3 Rn 44, § 5 Rn 49) verpflichtet, nämlich dann, wenn sich aus den Eintragungsunterlagen eine offensichtliche Unzulässigkeit (Inhaltsmängel betreffend Zulässigkeit der rechtlichen Gestaltung [zB Sondereigentumsfähigkeit], vgl § 3 Rn 37) oder Nichtigkeit (Verstoß der Vereinbarungen gegen §§ 134, 138 BGB) ergibt (*OLG Köln* 2 Wx 4/89, Rpfleger 1989, 405; *Armbrüster* in Bärmann, § 7 Rn 125, 126; *Palandt/Bassenge* § 7 Rn 7; *Weitnauer/Briesemeister* § 7 Rn 24) oder sie dem Grundbuchamt sonst positiv bekannt ist, zB Entmündigung eines Beteiligten. Es hat aber nicht Verstöße gegen § 242 BGB (§§ 305 ff BGB sind auf Vereinbarungen nicht anwendbar [*OLG Hamburg* 2 Wx 16/94, FGPrax 1996, 132]) zu prüfen (*BayObLG* 2Z BR 53/95, NJW-RR 1996, 1037; *OLG Frankfurt* 20 W 54/98, NJW-RR 1998, 1707). Dies erfolgt allein vorm Amtsgericht im Rahmen eines Verfahrens nach § 43 WEG (*BayObLG* 2Z BR 53/95, NJW-RR 1996, 1037). Stellt das Grundbuchamt, die Unwirksamkeit einer Bestimmung fest, ist der Eintragungsantrag zurückzuweisen.

IV. Inhalt der Eintragung

Gemäß § 3 Abs 1 WGV muss der **Eintragungsvermerk** im Wohnungs- bzw Teileigentumsgrundbuch in Spalte 3 des Bestandsverzeichnisses 44
- den Miteigentumsanteil am Grundstück unter Angabe des Bruchteils,
- die Bezeichnung des Grundstücks,
- das mit dem Miteigentumsanteil verbundene Sondereigentum an bestimmten Räumen mit der im Aufteilungsplan bezeichneten Nummer,
- die Beschränkung des Miteigentums durch die Einräumung der zu den anderen Miteigentumsanteilen gehörenden Sondereigentumsrechte unter Angabe der Grundbuchblätter der übrigen Sondereigentumsrechte,
- den Gegenstand und Inhalt des Sondereigentums (vgl aber Rn 45)

enthalten.

Der Gegenstand und Inhalt des Sondereigentums braucht nicht selbst im Grundbuch 45
eingetragen werden, insoweit genügt die **Bezugnahme auf die Eintragungsbewilligung** (§ 7 Abs. 3). Bezugnahme auf die Eintragungsbewilligung bedeutet, dass die in Bezug genommenen Urkunden (Aufteilungsplan, Teilungserklärung, ggf. einschließlich der Gemeinschaftsordnung) genau so Inhalt des Grundbuchs sind, wie die in ihm vollzogene Eintragung selbst (*BGH* V ZB 60/55, WM 1956, 872; vgl auch Rn 27) und am öffentlichen Glauben des Grundbuchs teilnehmen (*BayObLG* 2 Z 73/79, DNotZ 1980, 747; *OLG Frankfurt* 20 W 471/02, NZM 2005, 947). Eine Bezugnahme auf die Bewilligung ist aber dann ausgeschlossen und muss ausdrücklich im Bestandsverzeichnis vermerkt werden, wenn an einem Raum eine Veränderung eingetragen werden soll, der ausdrücklich im Bestandsverzeichnis des Grundbuchs eingetragen ist (*BGH* V ZR 211/06, Rpfleger 2008, 60).

Was **Gegenstand des Sondereigentums** ist, ergibt sich aus § 5 Abs 1 bis 3. Für die 46
Bestimmung der Räume zu Sondereigentum hat der Aufteilungsplan entscheidende Bedeutung. Wird der Gegenstand des Sondereigentums – entgegen § 7 Abs 3 – konkret im Bestandsverzeichnis bezeichnet, so muss eine Änderung im Bestand der zum Sondereigentum gehörenden Räume auf dem Grundbuchblatt selbst vermerkt werden. Eine Eintragung nur durch Bezugnahme auf die Eintragungsbewilligung ist dann nicht zulässig, da sonst für unbefangene Nutzer des Grundbuchs der Eindruck entsteht, der Bestand des Sondereigentum sei unverändert (*BGH* V ZB 211/06, Rpfleger 2008, 60).

Zum **Inhalt des Sondereigentums** gehören die Gemeinschaftsordnung und nachträgliche Vereinbarungen der Wohnungseigentümer nach § 5 Abs 4, 10 Abs 2, Abs 3. Auf 47
sie kann daher nach § 7 Abs 3 Bezug genommen werden.

Eine ausdrückliche Ausnahme gilt für vereinbarte **Veräußerungsbeschränkungen** 48
(§ 12). Sie sind im Grundbuch selbst einzutragen (§ 3 Abs 2 WGV). Eine Bezugnahme auf die Eintragungsbewilligung reicht hier nicht.

Die Vereinbarung über die Einräumung von **Sondernutzungsrechten** (vgl § 15 49
Rn 35 ff), die durch Teilungserklärung oder durch Vereinbarung zum Inhalt des Sondereigentums gemacht werden, ist grundsätzlich die Eintragung in den Wohnungsgrundbüchern *aller* Wohnungseigentumseinheiten erforderlich. Dabei genügt zur Eintragung in den Wohnungsgrundbüchern gemäß § 7 Abs 3 die Bezugnahme auf die in der Teilungserklärung oder Vereinbarung enthaltene Eintragungsbewilligung (*OLG*

II WEG § 8 Teilung durch den Eigentümer

Hamm 15 W 34/83, Rpfleger 1985, 109; *KG* 24 W 2592/95, NJW-RR 1997, 205; *KG* 24 W 201/05, ZMR 2007, 384; *OLG München* 32 Wx 133/06, NZM 2006, 867; *OLG Frankfurt* 20 W 290/05, NZM 2008, 214). Ein Hinweis im Eintragungsvermerk selbst auf das Bestehen und die Art des Sondernutzungsrechts ist zur Rechtsentstehung nicht erforderlich, kann aber – insbesondere auf ausdrücklichen Antrag –im Interesse der Klarheit und Rechtssicherheit eingetragen werden (*OLG Hamm* 15 W 34/83, Rpfleger 1985, 109; *KG* NJW-RR 1997, 205). Ein Anspruch auf einen solchen Eintrag gibt es jedoch nicht (*OLG München* 32 Wx 133/06, NZM 2006, 867; *OLG Zweibrücken* 3 W 22/07, ZMR 2007, 490). Die nachträgliche Änderung, Übertragung oder Aufhebung des Sondernutzungsrechts ist nur noch im Grundbuchblatt des Wohnungseigentums einzutragen, an dessen Inhalt sich etwas (nachteilig) ändert; dies ist erforderlich, damit die Wirkungen des § 10 Abs 2 eintreten (*OLG Frankfurt* 20 W 290/05, NZM 2008, 214).

50 Die Wirkungen der Bezugnahme erfordern allerdings nach dem sachenrechtlichen Bestimmtheitsgrundsatz und dem Gebot der Klarheit der Grundbucheintragung, dass das Sondernutzungsrecht ausreichend bestimmt ist (*KG* 24 W 28/07, MietRB 2008, 19). Es ist daher entweder in der Eintragungsbewilligung (Teilungserklärung) eindeutig zu beschreiben oder im in Bezug genommenen Plan, der nicht der Aufteilungsplan sein muss (*OLG Frankfurt* 20 W 83/04, ZWE 2007, 108 [Ls]) entweder mit den jeweils gleichen Nummern (Abs 4 Nr 1 Hs 2) und/oder durch farbliche Umrandung zu kennzeichnen. Bei einem nicht durch Auslegung lösbaren Widerspruch zwischen Teilungserklärung und Plan wird ein Sondernutzungsrecht mit dinglicher Wirkung nicht wirksam begründet (*OLG Frankfurt* 20 W 195/03, ZWE 2006, 243).

51 Daneben können auch aufgrund einer Öffnungsklausel gefasste **Mehrheitsbeschlüsse** der Wohnungseigentümer und gerichtliche Entscheidungen nach § 43 zum Inhalt des Sondereigentums gehören. Sie wirken auch ohne Eintragung und damit auch ohne Bezugnahme im Grundbuch gegenüber Rechtsnachfolgern, § 10 Abs 4.

52 Im Wohnungs- bzw Teileigentumsgrundbuch werden die zum gemeinschaftlichen Eigentum gehörenden Räume und Teile des Gebäudes nicht eingetragen. Der **Gegenstand des gemeinschaftlichen Eigentums** ergibt sich nur mittelbar aus der Eintragungsbewilligung und dem Aufteilungsplan (was nicht Sondereigentum ist, gehört zum gemeinschaftlichen Eigentum).

53 Für die **übrigen Grundbuchabteilungen** (I Eigentümer, II Belastungen, Insolvenz-Versteigerungsvermerke usw, III Grundpfandrechte, Reallasten) gilt das allgemeine Recht; es bestehen keine Besonderheiten.

§ 8 Teilung durch den Eigentümer

(1) Der Eigentümer eines Grundstücks kann durch Erklärung gegenüber dem Grundbuchamt das Eigentum an dem Grundstück in Miteigentumsanteile in der Weise teilen, dass mit jedem Anteil das Sondereigentum an einer bestimmten Wohnung oder an nicht zu Wohnzwecken dienenden bestimmten Räumen in einem auf dem Grundstück errichteten oder zu errichtenden Gebäude verbunden ist.

(2) [1]Im Falle des Absatzes 1 gelten die Vorschriften des § 3 Abs. 2 und der §§ 5, 6, § 7 Abs. 1, 3 bis 5 entsprechend. [2]Die Teilung wird mit der Anlegung der Wohnungsgrundbücher wirksam.

Übersicht

	Rn		Rn
I. Allgemeines	1	III. Entstehung von Sondereigentum	17
II. Voraussetzungen für die Entstehung von Sondereigentum	4	IV. Änderung von Gegenstand und Inhalt des Sondereigentums	22
1. Teilungserklärung	5	V. Entstehung der Gemeinschaft	28
2. Antrag und Eintragungsbewilligung	15	VI. Unterteilung	30
		VII. Vereinigung	37
3. Anlagen	16		

I. Allgemeines

Nach § 8 kann an Räumen in einem bereits vorhandenen oder zu errichtenden 1
Gebäude durch **einseitige Teilungserklärung** Sondereigentum begründet werden, sofern das Grundstück im Alleineigentum steht. Im Gegensatz dazu regelt § 3 die Begründung von Sondereigentum durch vertragliche Teilungserklärung, sofern mehrere Personen gemeinsam Eigentümer des Grundstücks sind.

Aus Abs 1 folgt die ideelle Teilung eines im Alleineigentum stehenden Grundstücks in 2
mit Sondereigentum verbundene Miteigentumsanteile ohne vorherige Anteilsübertragung **(Vorratsteilung).** Dies stellt eine Ausnahme zu dem Grundsatz des allgemeinen bürgerlichen Rechts dar, wonach die ideelle Teilung eines Grundstücks bei bestehendem Alleineigentum (§ 1008 BGB setzt verschiedene Rechtsinhaber der Anteile voraus [*Palandt/Bassenge* § 1008 BGB Rn 2]) ebenso wie die quotenmäßig beschränkte Belastung eines im Alleineigentum stehenden Grundstücks gemäß §§ 1114 BGB, § 864 Abs 2 ZPO ausgeschlossen ist.

Diese ideelle Teilung dient in erster Linie der **Förderung des Wohnungsbaus.** Der 3
Alleineigentümer braucht mit der Aufteilung in Miteigentum nicht zu warten, bis er Interessenten gefunden hat, sondern kann auf dem durch diese Vorschrift geschaffenen Weg der Vorratsteilung die tatsächlichen und rechtlichen Verhältnisse der zu veräußernden Wohnungs- bzw. Teileigentumsrechte selbst schaffen und erst zu einem späteren Zeitpunkt – vor Baubeginn, während des Baus oder nach dessen Fertigstellung – die in seiner Hand vereinigten Miteigentumsanteile verbunden mit dem Sondereigentum an Dritte einzeln zu veräußern.

II. Voraussetzungen für die Entstehung von Sondereigentum

Die Voraussetzungen der ideellen Grundstücksteilung sind sowohl denen der realen 4
Teilung eines Grundstücks als auch denen der vertraglichen Begründung von Wohnungseigentum nachgebildet. Abs 2 S 1 erklärt § 3 Abs 2 sowie die §§ 5, 6, 7 Abs 1, 3 bis 5 für die Aufteilung entsprechend anwendbar.

1. Teilungserklärung. Die Teilung ist mit dem in Abs 1 bezeichneten Inhalt gegen- 5
über dem Grundbuchamt zu erklären. Aus ihr muss also hervorgehen, dass das Alleineigentum in bestimmte Miteigentumsanteile aufgeteilt wird und dass mit jedem Anteil das Sondereigentum an einer bestimmten Wohnung oder an sonstigen bestimmten Räumen verbunden ist.

Die Teilung ist keine inhaltliche Änderung des Alleineigentums (*Riecke/Schmid/Elzer* 6
§ 8 Rn 23). Sie bewirkt die Teilung des Vollrechts und enthält damit eine Verfügung über ein Recht an einem Grundstück (**dingliches Verfügungsgeschäft**).

II WEG § 8   Teilung durch den Eigentümer

7 Die **Zustimmung eines Dritten** zur Teilungserklärung gemäß §§ 876, 877 BGB ist daher grundsätzlich nicht erforderlich. Grundpfandrechte und andere Belastungen werden durch die Aufteilung zu Gesamtbelastungen an allen Miteigentumsanteilen (*BayObLG* BReg 2 Z 119–127/58 Z 1958, 273; *OLG Frankfurt* 6 W 417/58, NJW 1959, 1977; *OLG München* 21 U 2415/70, MDR 1972, 239; *Weitnauer/Briesemeister* § 8 Rn 15).

8 Die Erklärung ist materiell **formfrei**. Auf sie finden die allgemeinen Regelungen des BGB, zB die §§ 104 ff BGB Anwendung. Die Teilungserklärung ist nach den für eine Grundbucheintragung anzuwendenden Grundsätzen auszulegen. Danach kommt es nicht auf den Willen des Verfassers der Teilungserklärung an, sondern allein auf den Wortlaut und Sinn, wie er sich bei objektiver Betrachtung als nächstliegende Bedeutung ergibt (*BGH* V ZB 21/03, ZMR 2003, 937; *OLG Celle* 4 W 216/07, ZMR 2009, 214). Entsprechend § 4 Abs 2 S 2 (auf den Abs 2 S 1 nicht verweist) kann die Teilungserklärung nicht unter einer Bedingung oder Zeitbestimmung abgegeben werden (*Weitnauer/Briesemeister* § 8 Rn 4).

9 Da die Teilungserklärung aber Voraussetzung für den grundbuchbuchrechtlichen Vollzug ist, muss sie nach § 29 GBO in Form einer öffentlichen oder **öffentlich beglaubigten Urkunde** (§ 129 Abs 1 BGB) nachgewiesen werden. Wegen der erleichterten Bezugnahme nach § 13a BeurkG erfolgt in der Praxis regelmäßig eine notarielle Beurkundung der Teilungserklärung (§ 129 Abs 2 BGB).

10 **Abzugeben** ist die Erklärung von dem im Zeitpunkt der Anlegung der Wohnungsgrundbücher eingetragenen Eigentümer des von der Teilung betroffenen Grundstücks (*OLG Düsseldorf* 3 W 251/74, DNotZ 1976, 168) oder des zu diesem Zeitpunkt Verfügungsberechtigten, zB Insolvenzverwalter (*BayObLG* BReg 2 Z 226–231/56, Z 1957, 102 [108]), Nachlassverwalter, Testamentsvollstrecker.

11 Der teilende **Grundstückseigentümer** muss keine natürliche Person sein. Es kann sich auch um eine juristische Person, eine Gesellschaft bürgerlichen Rechts, eine OHG, KG, eheliche Gütergemeinschaft und Erbengemeinschaft (vgl dazu auch § 2 Rn 3) handeln. Auch eine Bruchteilsgemeinschaft kann teilender Eigentümer sein. In den Fällen einer Personenmehrheit ist die Teilungserklärung von allen Berechtigten abzugeben (*Armbrüster* in Bärmann, § 8 Rn 17). Das entsprechende Eigentum – sei es nach Bruchteilen, zur gesamten Hand usw – setzt sich dann an den einzelnen Miteigentumsanteilen fort.

12 Wegen der rechtlichen Behandlung von **Gründungsmängeln** wird auf die entsprechend geltenden Ausführungen zu § 3 Rn 36 ff verwiesen.

13 Der **Erklärungsinhalt** muss die zu schaffenden Miteigentumsanteile unter Angabe des Bruchteilsverhältnisses umfassen. Insoweit gelten die Ausführungen zu § 3 Rn 41 entsprechend.

Mit jedem Miteigentumsanteil ist Sondereigentum an einer Wohnung oder einem sonstigen Raum zu verbinden. Insoweit gelten die Ausführungen zu § 3 Rn 6 ff, 15 ff entsprechend. Sondereigentum kann dabei nur an Räumen in einem Gebäude, welches aber nicht bereits errichtet sein muss, begründet werden. Insoweit gelten die Ausführungen zu § 3 Rn 11 ff entsprechend.

Das Sondereigentum an Wohnungen und sonstigen Räumen soll nur bestellt werden, wenn diese in sich abgeschlossen sind (§§ 8 Abs 2 S 1, 3 Abs 2). Insoweit gelten die Ausführungen zu § 3 Rn 18 ff entsprechend. Nach Maßgabe des § 5 bestimmt die Teilungserklärung, welche Räume und Gebäudeteile zum Sonder- und gemeinschaftlichen Eigentum gehören. Insoweit gelten die Ausführungen zu § 3 Rn 42 ff entsprechend.

Durch die Teilungserklärung kann der Alleineigentümer zudem einseitig alle Bestimmungen über das Verhältnis der späteren Wohnungseigentümer untereinander bindend festlegen, die Gegenstand von Vereinbarungen nach § 10 Abs 2 S 2 sein können, also die künftige **Gemeinschaftsordnung** aufstellen (§§ 8 Abs 2 S 1, 5 Abs 4), ohne dass sie ausdrücklich zum Inhalt des Erwerbsvertrages gemacht werden muss (*BayObLG* 2Z BR 84/01, NZM 2002, 609). Der darin liegenden Gefahr einseitig begünstigender Regelungen werden durch § 26 Abs 1 S 2, §§ 138, 242 BGB (vgl *BayObLG*, 2 Z BR 35/98, ZMR 1999, 52: zur Kostenverteilung; *BGH* V ZR 209 80/05, NZM 2007, 90: zu den Grenzen einer Gebrauchsregelung) Schranken gesetzt (*Armbrüster* in Bärmann, § 8 Rn 7). Zur Inhaltskontrolle der Gemeinschaftsordnung durch das Grundbuchamt vgl § 7 Rn 43.   14

2. Antrag und Eintragungsbewilligung. Neben der Teilungserklärung ist ein formfreier Eintragungsantrag (§ 13 GBO) zu stellen. Auch eine in der Form des § 29 GBO nachzuweisende Eintragungsbewilligung (§ 19 GBO) ist erforderlich; dabei ist es unerheblich, ob man die dem Grundbuchamt zum Vollzug eingereichte Teilungserklärung auch als Eintragungsbewilligung wertet (*OLG Hamm* 15 W 34/83, Rpfleger 1985, 109) oder ob man die Teilungserklärung an die Stelle der Eintragungsbewilligung treten lässt (*OLG Zweibrücken* 3 W 96/81, OLGZ 1982, 263).   15

3. Anlagen. Gemäß §§ 8 Abs 2 S 1, 7 Abs 4 S 1 sind der Teilungserklärung ein Aufteilungsplan (§ 7 Abs 4 S 1 Nr 1) und eine Bescheinigung der Baubehörde über die Abgeschlossenheit der Wohnungen und Räume (§ 7 Abs 4 S 1 Nr 2) beizufügen. Insoweit gelten die Ausführungen zu § 7 Rn 16 ff entsprechend. Ggf erforderliche Genehmigungen (vgl § 2 Rn 9) sind ebenfalls vorzulegen.   16

III. Entstehung von Sondereigentum

Mit der Anlegung des letzten Wohnungsgrundbuchs tritt die (dingliche) Wirkung der Teilung ein (§ 8 Abs 2 S 2). Es entstehen die durch die Teilungserklärung nach Gegenstand und Inhalt bestimmten **Wohnungs- und Teileigentumsrechte** verbunden mit dem jeweiligen Miteigentumsanteil in der Hand der (des) bisherigen Eigentümer(s). Wie bei der realen Teilung eines Grundstücks sind die Miteigentumsanteile in ähnlicher Weise verselbstständigt und können einzeln veräußert und belastet werden.   17

Zu unterscheiden ist dies von der Entstehung der Wohnungseigentümergemeinschaft, die begrifflich die Zahl von mindestens zwei Mitgliedern voraussetzt. Eine „Einpersonen-Gemeinschaft" ist abzulehnen (*Weitnauer/Briesemeister* § 8 Rn 2; aA *Becker* ZWE 2007, 119).   18

Für jeden Miteigentumsanteil ist ein **besonderes Grundbuchblatt** anzulegen. Für die Bezeichnung und die Schließung des Grundstücksgrundbuchs einschließlich der Behandlung der dort eingetragenen Belastungen gelten die Ausführungen zu § 7 Rn 5 ff entsprechend. Erfolgt vor Anlegung der Grundbücher ein Wechsel des Grund-   19 stückseigentümers ist dies noch im Grundstücksgrundbuch zwischenzubuchen. Die Eintragung einer Verfügung über Wohnungseigentum darf erst nach der Voreintragung des Teilenden im Wohnungsgrundbuch erfolgen. Die Anlegung eines gemeinschaftlichen Grundbuchblattes ist unzulässig. § 8 Abs 2 S 1 verweist nicht auf § 7 Abs 2. Trotz eines Verstoßes ist die Teilung wirksam, da es sich um eine bloße Ordnungsvorschrift handelt (*Palandt/Bassenge* § 8 Rn 2).

20 Der Anspruch auf Übertragung eines einzelnen Wohnungseigentums bzw auf dessen Belastung kann schon vor Anlegung der Wohnungsgrundbücher durch eine **Vormerkung** im Grundstücksgrundbuch gesichert werden, sofern Miteigentumsanteil (*BayObLG* 2 Z BR 3/92, WuM 1992, 277) und Sondereigentum (*OLG Düsseldorf* 9 U 208/94, DNotZ 1996, 39) bestimmbar bezeichnet sind.

21 Eine nach der Gemeinschaftsordnung erforderliche Veräußerungszustimmung nach § 12 gilt auch für die Übertragung einer Wohnungseigentumseinheit vom aufteilenden Eigentümer auf einen Ersterwerber (*BGH* V ZB 13/90, NJW 1991, 1613; vgl auch § 12 Rn 13).

IV. Änderung von Gegenstand und Inhalt des Sondereigentums

22 **Bis zur Anlegung der Wohnungsgrundbücher** (vgl Rn 17) kann der Eigentümer durch eine einseitige Erklärung grundsätzlich jederzeit Gegenstand und Inhalt des Sondereigentums verändern, sofern die Voraussetzungen der §§ 3 Abs 2, 7 Abs 4 vorliegen (*BayObLG* BReg 2 Z 16/74, NJW 1974, 2134; *OLG Düsseldorf* 3 Wx 450/00, WuM 2001, 257; *Weitnauer/Briesemeister* § 8 Rn 17; *Armbrüster* in Bärmann, § 8 Rn 28). Wenn ein Alleineigentümer nach § 9 Abs 1 Nr 3 die Teilung durch einseitige Erklärung aufheben kann (Rn 27), kann er erst recht auch Änderungen erklären (*OLG Düsseldorf* 3 Wx 450/00, WuM 2001, 257).

23 Mit der Anlegung der Wohnungsgrundbücher **bis zur Entstehung der (werdenden) Wohnungseigentümergemeinschaft** bleibt die einseitige Änderungsmöglichkeit bestehen (*BayObLG* 2 Z BR 223/04, Rpfleger 2005, 420). Es bedarf neben der einseitigen Erklärung (vgl Rn 22) noch der Eintragung der geänderten Erklärung im Grundbuch. Anderenfalls entfaltete die Änderung gegenüber Sondernachfolgern keine Wirkung.

24 Diese Befugnis zur einseitigen Änderung der Teilungserklärung verliert der teilende Eigentümer aber mit der Entstehung der Wohnungseigentümergemeinschaft (*BGH* V ZR 210/03, ZMR 2005, 59; *KG* 24 W 201/05, ZMR 2007, 384). Darüber hinaus **endet** die **Verfügungsbefugnis** bereits mit der Eintragung einer Auflassungsvormerkung für den ersten Erwerber eines Wohnungseigentums (*BayObLG* BReg 2 Z 17/74, Rpfleger 1974, 314; *BayObLG* 2Z BR 42/98, NZM 1999, 126; *OLG Düsseldorf* 24 W 201/05, ZMR 2001, 650; *OLG Frankfurt* 20 W 524/01, NZM 2008, 45), die bereits vor Anlegung der Wohnungsgrundbücher erfolgen kann (vgl Rn 19). Insoweit kommt es auch nicht darauf an, ob bereits eine faktische Eigentümergemeinschaft entstanden ist, die zusätzlich Besitzübergang verlangt (*BayObLG* 2Z BR 56/93, Rpfleger 1994, 17).

25 Eine andere Frage ist, ob der Alleineigentümer durch nachträgliche Änderungen Pflichten gegenüber den Erwerbern verletzt. Eine **nachträgliche Zuweisung von Sondernutzungsrechten** durch den teilenden Eigentümer allein bleibt möglich, wenn sich dieser in der Teilungserklärung bei Wahrung des sachenrechtlichen Bestimmungsgrundsatzes und dem Gebot der Klarheit der Grundbucheintragungen (*KG* 24 W 201/

05, ZMR 2007, 284; *OLG Hamm* I-15 Wx 140/08, FGPrax 2009, 57; vgl auch *OLG Hamm* 15 W 157/99, NZM 2000, 662; **aA** *OLG Frankfurt* 20 W 54/98, Rpfleger 1998, 336) eine entsprechende **Zuweisungsbefugnis** vorbehalten hat (vgl auch § 13 Rn 31). Zu den Gestaltungsmöglichkeiten vgl *Häublein* S 276 ff). Dies gilt entsprechend für andere Inhaltsänderungen des Sondereigentums (zB die Umwandlung von Wohnungs- in Teileigentum, vgl auch § 1 Rn 20); nicht aber für Änderungen des Gegenstandes des Sondereigentums, zB Ermächtigung zur Umwandlung von Sondereigentum in gemeinschaftliches Eigentum und umgekehrt (*BGH* V ZR 322/02, ZMR 2003, 748, vgl dazu § 4 Rn 16).

Sind einzelne Wohnungseigentume mit dinglichen Rechten Dritter belastet, ist zu einer nachträglichen Änderung der Teilungserklärung zudem noch die **Zustimmung der dinglich Berechtigten** gemäß §§ 876, 877 BGB nach Maßgabe von § 5 Abs 4 S 2, 3 erforderlich (*BayObLG* BReg 2 Z 17/74, Rpfleger 1974, 314). 26

Nach § 9 Abs 1 Nr 3 kann der teilende Alleineigentümer jederzeit durch einseitige Erklärung die **Teilung aufheben**, Schließung der besonderen Grundbuchblätter und die Anlegung eines neuen Grundbuchs für das Grundstück beantragen (§ 9 Rn 6 ff). 27

V. Entstehung der Gemeinschaft

Bei einer Teilung nach § 8 entsteht eine werdende Wohnungseigentumsgemeinschaft, sobald der erste Erwerber einer rechtlich gesicherte Position erlangt hat (§ 10 Rn 8 ff). Für diese gelten die vom Alleineigentümer bestimmten Regelungen über Gegenstand und Inhalt des Sondereigentums (Rn 14). 28

Mit der Entstehung der Gemeinschaft verliert der bisherige Alleineigentümer das Recht, einseitig Gegenstand und Inhalt des Sondereigentums zu verändern (vgl Rn 22 ff). Änderungen sind nur unter den Voraussetzungen wie bei einer vertraglichen Teilungserklärung möglich (*BayObLG* BReg 2 Z 47/83, Rpfleger 1983, 434). Insoweit wird auf die Ausführungen zu § 4 Rn 16 ff verwiesen. 29

VI. Unterteilung

In entsprechender Anwendung von § 8 kann ein Wohnungseigentumsrecht im Wege der Unterteilung – reale Aufteilung in mehrere in sich abgeschlossene Raumeinheiten ohne gleichzeitige Veräußerung – durch **einseitige Erklärung des Eigentümers** geteilt werden (*BGH* V ZB 9/67, WM 1968, 284; *BGH* V ZB 2/78, NJW 1979, 870; *Weitnauer/ Briesemeister* § 8 Rn 3; *Armbrüster* in Bärmann, § 2 Rn 93). Die Unterteilung ist eine Verfügung über das aufzuteilende Wohnungseigentum, welches seinen Inhalt verändert. Die Zustimmung der anderen Wohnungseigentümer ist dabei grundsätzlich ebenso wenig erforderlich wie die Zustimmung von Grundpfandgläubigern (*BGH* V ZB 9/67, WM 1968, 284; *BayObLG* BReg 2 Z 88/91, Rpfleger 1991; *KG* 24 W 9353/97, NZM 2000, 671), da durch Unterteilung nicht mehr Befugnisse entstehen, als dem Wohnungseigentümer vor Unterteilung und Veräußerung zugestanden haben (*BGH* V ZB 2/78, NJW 1979, 870). 30

Dies hat bei Vereinbarung eines Objektstimmrechts zur Folge, dass das zuvor auf die ungeteilte Einheit entfallende **Stimmrecht** – auch bei einer späteren Veräußerung – entsprechend der Zahl der neu entstandenen Einheiten nach Bruchteilen 31 aufgespalten und diesen zugewiesen wird, während eine entsprechende Anwendung des § 25 Abs 2 S 2 an der Selbstständigkeit der neuen Einheiten scheitert (*BGH* V ZB 22/04, ZMR 2004, 834; Palandt/*Bassenge* § 25 Rn 7). Bei Geltung des Kopfstimmrechts hat die Unterteilung ohne Änderung der Eigentumsverhältnisse keine Auswirkungen auf die vorhandene Stimmkraft, da die Anzahl der Wohnungseigentümer unverändert bleibt. Wird eines der durch Unterteilung entstandenen zusätzlichen Wohnungseigentumsrechte an einen Dritten veräußert, so entfällt nunmehr auf jedes durch Unterteilung entstandene Wohnungseigentumsrecht eine Stimme, so dass sich die Stimmenanzahl um eine vermehrt (*KG* 24 W 9353/97, NZM 2000, 671; *OLG Düsseldorf* I-3 Wx 364/03, NZM 2004, 234; *Armbrüster* in Bärmann, § 2 Rn 114; AnwHdB/*Vandenhouten* Teil 4 Rn 175; **aA** *OLG Stuttgart* 8 W 475/03, NZM 2005, 312; *Palandt/Bassenge* § 25 Rn 7: eine Stimme, die gemäß § 25 Abs 2 S 2 WG analog einheitlich auszuüben ist; *Wedemeyer* NZM 2000, 638); dies findet seine Rechtfertigung in der Erwägung, dass auch beim Verkauf eines Wohnungseigentums durch einen Wohnungseigentümer, dem mehrere Wohnungen gehören, ebenfalls eine Stimme mehr entsteht (vgl *OLG München* 34 Wx 58/06, NZM 2007, 45).

32 Die Unterteilung kann durch eine Vereinbarung der Wohnungseigentümer oder durch die Teilungserklärung des Grundstückseigentümers in **entsprechender Anwendung von § 12** von der Zustimmung anderer Wohnungseigentümer oder eines Dritten abhängig gemacht werden; diese Zustimmung darf analog § 12 Abs 2 nur aus einem wichtigen Grunde versagt werden (*BGH* V ZB 9/67, WM 1968, 284; **aA** *Weitnauer/Lüke* § 12 Rn 3).

33 Wird bei der Unterteilung ein Raum, der bisher zum Sondereigentum gehörte, nicht als Sondereigentum mit einem Miteigentumsanteil verbunden, so ist die Unterteilung nichtig (**Gebot der Komplettaufteilung**; *BayObLG* BReg 2 Z 75/86, Rpfleger 1988, 102; *BayObLG* 2Z BR 90/95, NJW-RR 1996, 721). Es entstünde isoliertes Sondereigentum, was unzulässig ist (vgl § 3 Rn 9, § 6 Rn 4). Bei einem Verstoß gegen das Gebot der Komplettaufteilung scheidet ein gutgläubiger Erwerb aus, da die Grundbucheintragung ersichtlich unzulässig ist (*BayObLG* 2 Z BR 90/95, NJW-RR 1996, 721; *Armbrüster* in Bärmann, § 2 Rn 105; **aA** *Röll* DNotZ 1993, 158).

34 Der aufteilende Eigentümer kann nicht allein handeln, wenn die neuen, in sich abgeschlossenen Einheiten nur in der Weise entstehen können, dass ein Teil des bisherigen Sondereigentums in gemeinschaftliches Eigentum überführt werden muss (zB bislang sondereigentumsfähiger Vorflur ermöglicht nun den Zugang zu den neu entstehenden Einheiten, vgl § 5 Rn 35). Während bei der Begründung von Wohnungseigentum alle Räume, die nicht zu Sondereigentum erklärt sind, automatisch Gemeinschaftseigentum sind (§ 5 Rn 12), ist dies bei der nachträglichen Unterteilung von Sondereigentum nicht der Fall (*BayObLG* 2 Z BR 90/95, NJW-RR 1996, 721). Ein Wohnungseigentümer kann nämlich den übrigen Wohnungseigentümern nicht einen Teil des Sondereigentums als Gemeinschaftseigentum „aufdrängen" (*Demharter* NZM 2000, 1196). In diesem Fall ist daher gemäß § 4 Abs 1 und 2 die **Einigung aller Wohnungseigentümer** in der Form der Auflassung (§ 925 BGB) und der Eintragung im Grundbuch erforderlich (*BGH* II ZR 182/97, Rpfleger 1999, 66). Fehlt es daran, ist die Unterteilung nichtig (*BayObLG* BReg 2 Z 75/86, Rpfleger 1988, 102; *BayObLG* 2 Z BR 90/95, NJW-RR 1996, 721; *OLG München* 32 Wx 33/

07, Rpfleger 2007, 459; *Armbrüster* in Bärmann, § 2 Rn 109; **aA** *Röll* DNotZ 1993, 158: Umwandlung in gemeinschaftliches Eigentum kraft Gesetzes). Gutgläubiger Erwerb der nach Vollzug der nichtigen Unterteilung im Grundbuch formell gebuchten Eigentumswohnungen ist aber möglich (*Böttcher* Rpfleger 2009, 560; aA *OLG München* 32 Wx 33/07, Rpfleger 2007, 459). Erforderlich ist darüber hinaus die Zustimmung der dinglichen Berechtigten am abgebenden Sondereigentum (*BayObLG* 2 Z BR 10/97, ZMR 1998, 299).

Gleiches gilt, wenn nach der Unterteilung ein bislang im gemeinschaftlichen Eigentum 35
stehender Raum (ggf auch mit einem Sondernutzungsrecht belastet) Sondereigentum werden soll (*BGH* V ZR, 210/03, Rpfleger 2005, 17).

Dem Grundbuchamt müssen ein Aufteilungsplan (Unterteilungsplan) und die Abge- 36
schlossenheitsbescheinigung vorgelegt werden und zwar auch dann, wenn das Wohnungseigentum durch Vereinigung zweier Einheiten entstanden ist und durch die Unterteilung der frühere Rechtszustand wieder hergestellt wird (*BayObLG* 2 Z BR 122/93, NJW-RR 1994, 716).

VII. Vereinigung

Zwei Wohnungseigentumsrechte können in entsprechender Anwendung von § 8 ent- 37
weder durch Vereinigung gemäß § 890 Abs 1 BGB iVm § 5 GBO oder durch Zuschreibung gemäß § 890 Abs 2 BGB in Verbindung mit § 6 GBO miteinander vereinigt werden. Voraussetzung ist, dass die betroffenen Rechte demselben Eigentümer zustehen. Erforderlich ist ein Antrag des betroffenen Eigentümers an das Grundbuchamt. Die durch Vereinigung entstehende Wohnung muss insgesamt in sich abgeschlossen sein (*BGH* V ZB 45/00, NJW 2001, 1212; *BayObLG* 2 Z BR 152/98, NZM 1999, 277; *KG* 1 W 2309/89, NJW 1989,1360; *OLG Hamm* 15 W 11/99, ZMR 2000, 244). Eine neue Abgeschlossenheitsbescheinigung ist daher ebenso wenig erforderlich wie ein neuer Aufteilungsplan (*OLG Hamburg* 2 Wx 2/03, ZMR 2004, 529).

Eine **Mitwirkung der übrigen Wohnungseigentümer** ist grundsätzlich nicht erforder- 38
lich (*BGH* V ZB 45/00, NJW 2001, 1212). Lediglich wenn für die Vereinigung bauliche Maßnahmen erforderlich sind, müssen sie diese gemäß §§ 22 Abs 1 S 1 gestatten (vgl dazu § 22 Rn 100 ff). Ihre Belange werden aber weder durch eine die Abgeschlossenheit beseitigende räumlicher Verbindung betroffen (*BGH* V ZB 45/00, NJW 2001, 1212) noch durch die Beseitigung einer nichttragenden Wand. Bei Eingriffen in tragende Wände darf keine Gefahr für die konstruktive Stabilität des Gebäudes und dessen Brandsicherheit geschaffen werden (*BGH* V ZB 27/90, NJW 1992, 978; *BayObLG* 2 Z BR 125/98, ZMR 1999, 273; *KG* 24 W 5074/95, NJW-RR 1997, 587).

Die Vereinigung von Wohnungseigentumsrechten führt in Bezug auf das **Stimmrecht** 39
nicht zu einer Beeinträchtigung der anderen Wohnungseigentümer. Bei Vereinbarung des Objektprinzips entfällt eine Stimme, denn hierin liegt nur eine Begünstigung der anderen Wohnungseigentümer. Bei Geltung des Kopfstimmrechts bzw. bei Vereinbarung des Wertprinzips hat die Verbindung keine Auswirkung auf die vorhandene Stimmkraft, da sich weder die Anzahl der Köpfe noch die Anzahl der Miteigentumsanteile ändert (*Merle* in Bärmann, § 25 Rn 41; AnwHdB/*Vandenhouten* Teil 4 Rn 175 ff).

§ 9 Schließung der Wohnungsgrundbücher

(1) Die Wohnungsgrundbücher werden geschlossen:
1. von Amts wegen, wenn die Sondereigentumsrechte gemäß § 4 aufgehoben werden;
2. auf Antrag sämtlicher Wohnungseigentümer, wenn alle Sondereigentumsrechte durch völlige Zerstörung des Gebäudes gegenstandslos geworden sind und der Nachweis hierfür durch eine Bescheinigung der Baubehörde erbracht ist;
3. auf Antrag des Eigentümers, wenn sich sämtliche Wohnungseigentumsrechte in einer Person vereinigen.

(2) Ist ein Wohnungseigentum selbstständig mit dem Recht eines Dritten belastet, so werden die allgemeinen Vorschriften, nach denen zur Aufhebung des Sondereigentums die Zustimmung des Dritten erforderlich ist, durch Absatz 1 nicht berührt.

(3) Werden die Wohnungsgrundbücher geschlossen, so wird für das Grundstück ein Grundbuchblatt nach den allgemeinen Vorschriften angelegt; die Sondereigentumsrechte erlöschen, soweit sie nicht bereits aufgehoben sind, mit der Anlegung des Grundbuchblatts.

Übersicht

	Rn		Rn
I. Schließung der Wohnungsgrundbücher	1	4. Vereinigung sämtlicher Wohnungseigentumsrechte in einer Person (Abs 1 Nr 3)	6
1. Allgemeines	1	II. Zustimmung Dritter zur Aufhebung der Sondereigentumsrechte (Abs 2)	11
2. Vertragliche Aufhebung der Sondereigentumsrechte (Abs 1 Nr 1)	2	III. Verfahren und Durchführung	13
3. Gegenstandsloswerden der Sondereigentumsrechte (Abs 1 Nr 2)	3		

Literatur: *Kreuzer* Aufhebung von Wohnungseigentum, NZM 2001, 123; *Meyer-Stolte* Übertragung von Grundpfandrechten bei Schließung der Wohnungsgrundbücher, Rpfleger 1991, 150; *Röll* Die Aufhebung von Wohnungseigentum an Doppelhäusern, DNotZ 2000, 749.

I. Schließung der Wohnungsgrundbücher

1 **1. Allgemeines.** § 9 regelt den grundbuchrechtlichen Vorgang der Schließung, der nach § 7 Abs 1 S 1 und Abs 2 (vgl hierzu Rn 19) angelegten Grundbuchblätter in drei Fällen. Sie allein hat keine materiell-rechtliche Wirkung. Erfolgt die Schließung zu Unrecht, wird das Grundbuch unrichtig (*Jennißen/Krause* § 9 Rn 3).

2 **2. Vertragliche Aufhebung der Sondereigentumsrechte (Abs 1 Nr 1).** Einigen sich sämtliche Wohnungseigentümer in der Form des § 4 über die Aufhebung sämtlicher Sondereigentumsrechte, so erlöschen diese mit der Eintragung der Aufhebung in allen Wohnungsgrundbüchern. Die Wohnungseigentümergemeinschaft wandelt sich in eine gewöhnliche Bruchteilsgemeinschaft nach §§ 1008 ff, 741 ff BGB um, ohne dass hierfür die Anlegung des Grundstücksgrundbuchs konstitutiv ist (vgl Abs 3 Hs 2). Die Schließung dieser Blätter erfolgt von Amts wegen. Hierdurch soll ein rechtliches Vakuum vermieden werden. Denn das Grundstück wird erst durch die Anlegung eines Grundbuchblattes wieder rechtlich existent; es besteht aber auch kein Sondereigentum mehr und damit kein Wohnungseigentum (*Armbrüster* in Bärmann, § 9 Rn 11).

3. Gegenstandsloswerden der Sondereigentumsrechte (Abs 1 Nr 2). Ist das **Gebäude** 3 **völlig zerstört,** so werden zwar die Sondereigentumsrechte gegenstandslos, sie erlöschen aber nicht. Sie bleiben in Form von Anwartschaftsrechten ebenso bestehen wie die Wohnungseigentümergemeinschaft. Auch in diesen Fällen kommt eine Aufhebung der Sondereigentumsrechte nach § 4 und die Schließung der Wohnungsgrundbücher nach Abs 1 Nr 1 in Betracht. Abs 1 Nr 2 eröffnet einen einfacheren und kostengünstigeren Weg, um das gleiche Ziel zu erreichen. Es genügt ein an das Grundbuchamt gerichteter Antrag aller Wohnungseigentümer sowie der Nachweis der völligen Zerstörung des Gebäudes durch eine Bescheinigung der Baubehörde, die auch dann vorgelegt werden muss, wenn dem Grundbuchamt die völlige Zerstörung des Gebäudes bekannt ist (*Armbrüster* in Bärmann, § 9 Rn 15; **aA** *Jennißen/Krause* § 9 Rn 5). Dem steht auch § 29 Abs 1 S 2 GBO nicht entgegen, der nicht eingreift, wenn eine Spezialregelung wie Nr 2 ausdrücklich die Beibringung verlangt. Mit der Anlegung des neuen Grundbuchblatts für das Grundstück erlöschen die Sondereigentumsrechte (Abs 3 Hs 2) und es entsteht eine gewöhnliche Bruchteilsgemeinschaft nach §§ 1008 ff, 741 ff BGB.

Ist das geplante **Gebäude nie errichtet** worden, so entstehen Anwartschaften auf die 4 Sondereigentumsrechte gleichwohl mit Anlegung sämtlicher Wohnungsgrundbücher (vgl dazu § 3 Rn 12). Da ein Nachweis der Zerstörung in diesem Fall nicht erbracht werden kann, kann die Schließung der Wohnungsgrundbücher nur über Abs 1 Nr 1 nach Aufhebung der Sondereigentumsrechte gem § 4 oder über § 9 Abs 1 Nr 3 erfolgen (*Armbrüster* in Bärmann, § 9 Rn 17; *Jennißen/Krause* § 9 Rn 9).

Eine **vom Aufteilungsplan abweichende Bauausführung** führt nicht zur Schließung der 5 Wohnungsgrundbücher von Amts wegen (*OLG Düsseldorf* 3 W 33/69, Rpfleger 1970, 26). § 9 enthält insoweit eine abschließende Regelung. Wegen der Folgen einer vom Aufteilungsplan abweichende Bauausführung vgl. die Ausführungen zu § 7 Rn 32 ff.

4. Vereinigung sämtlicher Wohnungseigentumsrechte in einer Person (Abs 1 Nr 3) 6 Haben sich sämtliche Wohnungseigentumsrechte in einer Hand vereinigt, hat der Eigentümer die Wahl, ob er diese Rechte bestehen lassen oder Schließung der Wohnungsgrundbücher beantragen will. Die **Vereinigung** kann dadurch geschehen, dass ein Eigentümer nach und nach alle Wohnungseigentumsrechte rechtsgeschäftlich erwirbt oder sie in der Zwangsversteigerung ersteigert.

Abs 1 Nr 3 gilt auch, wenn sämtliche Wohnungseigentumsrechte in einer Person verei- 7 nigt geblieben sind und der Alleineigentümer seine Aufteilung nach § 8 wieder rückgängig machen will (*Armbrüster* in Bärmann, § 9 Rn 25; *Jennißen/Krause* § 9 Rn 12).

Ein Fall einer Vereinigung „**in einer Person**" iS dieser Vorschrift liegt auch vor, wenn 8 es sich um eine Personenmehrheit (BGB-Gesellschaft [vgl *OLG Köln* 16 Wx 297/96, NJW-RR 1997, 1443], Personenhandelsgesellschaften, nicht rechtsfähige Gesamthandsgemeinschaften [Erbengemeinschaft, Gütergemeinschaft], juristische Person) handelt (*Armbrüster* in Bärmann, § 9 Rn 23).

Mit der **Anlegung des neuen Grundbuchblattes** für das Grundstück erlöschen die Son- 9 dereigentumsrechte (Abs 3 Hs 2) und es entsteht ein Allein- bzw Gesamthands- oder Miteigentum am Grundstück (*Palandt/Bassenge* § 9 Rn 2).

Nicht hierher gehört der Fall, dass ein Wohnungseigentümer, dem **mehrere Woh-** 10 **nungseigentumsrechte** an einem Grundstück gehören, diese zu einem einheitlichen Recht **vereinigt** bzw eines dem anderen **zuschreibt.** Dies ist analog § 890 BGB zulässig.

II WEG § 9 Schließung der Wohnungsgrundbücher

Wegen der Voraussetzungen vgl § 8 Rn 37. In einem solchen Fall werden nicht alle betroffenen Wohnungsgrundbuchblätter geschlossen. Das neu begründete Wohnungseigentum wird auf einem der bisherigen Wohnungsgrundbücher unter Registrierung der Vereinigung eingetragen, während die übrigen Wohnungsgrundbücher dieses Eigentümers geschlossen werden (*Armbrüster* in Bärmann § 9 Rn 26).

Für die Vereinigung/Zuschreibung zwischen einem Grundstück und dem Wohnungseigentum eines anderen Grundstücks wird auf § 1 Rn 6 verwiesen.

II. Zustimmung Dritter zur Aufhebung der Sondereigentumsrechte (Abs 2)

11   Abs 2 stellt klar, dass ein bestehendes Zustimmungserfordernis durch Abs 1 nicht berührt wird. Sofern das Grundstück als Ganzes oder alle Wohnungseigentumsrechte einheitlich – also ebenfalls das **Gesamtgrundstück – belastet** sind, ist zur Aufhebung der Sondereigentumsrechte die Zustimmung dieser dinglich Berechtigten nicht erforderlich, da sich der Belastungsgegenstand nicht ändert (*OLG Frankfurt* 20 W 501/89, ZMR 1990, 229; *Palandt/Bassenge* § 9 Rn 3; *Staudinger/Rapp* § 9 Rn 13).

12   Sind hingegen **einzelne Wohnungseigentumsrechte** selbstständig **belastet**, ist die Zustimmung der dinglich Berechtigten entsprechend §§ 876, 877 BGB erforderlich, da sich der Belastungsgegenstand ändert (*Palandt/Bassenge* § 9 Rn 3; *Armbrüster* in Bärmann, § 9 Rn 27). Materiell-rechtlich ist sie Wirksamkeitsvoraussetzung für die Aufhebung des Sondereigentums.

III. Verfahren und Durchführung

13   Zur Schließung der Wohnungsgrundbücher ist im Falle des § 9 Abs 1 Nr 2 ein **Antrag** sämtlicher Wohnungseigentümer an das Grundbuchamt, im Falle des Nr 3 ein Antrag des Alleineigentümers erforderlich. Der Antrag bedarf der Form des § 29 GBO. Im Falle des § 9 Abs 1 Nr 1 ist ein besonderer Antrag nicht erforderlich. Der Schließung geht aber gemäß § 13 Abs 1 S 1 GBO ein Antrag auf Eintragung der Einigung über die Aufhebung der Sondereigentumsrechte nach § 4 voraus. Mit der Eintragung der Aufhebung im Grundbuch hat dann die Schließung der Wohnungsgrundbücher **von Amts wegen** zu erfolgen.

14   Sind zur Aufhebung der Sondereigentumsrechte die **Zustimmungen dinglicher Berechtigter** erforderlich, müssen auch diese in der Form des § 29 GBO nachgewiesen werden.

15   Die Schließung der Wohnungsgrundbücher erfolgt durch Anbringung eines **Schließungsvermerks** mit Angabe des Grundes auf der Vorderseite des Grundbuches. Gleichzeitig werden sämtliche Seiten des Grundbuches rot durchkreuzt (§ 36 GBV). Mit der Schließung wird zugleich von Amts wegen ein **neues Grundbuchblatt** für das Grundstück nach den allgemeinen Vorschriften des Grundbuchrechts angelegt. Im Bestandsverzeichnis des Grundstücksgrundbuchs ist zu vermerken, dass dieses nach Schließung der Wohnungsgrundbücher neu angelegt worden ist (MünchKomm/*Commichau* § 9 Rn 16).

16   Hat ein Wohnungseigentümer mehrere Wohnungseigentumsrechte, so erwirbt er mit der Aufhebung der Sondereigentumsrechte nur **einen Miteigentumsanteil** (*OLG Schleswig* 2 W 20/90, NJW-RR 1991, 848).

Belastungen des Grundstücks als Ganzes bzw Gesamtbelastungen aller Wohnungsei- 17
gentumsrechte werden in das Grundstücksgrundbuch übertragen. Einzelbelastungen
eines Wohnungseigentums sind – sofern sie an dem Miteigentumsanteil bestehen können (Grundpfandrecht, Reallast, Vorkaufsrecht) – auf den Miteigentumsanteil zu übertragen (*OLG Frankfurt* 20 W 211/97, ZfIR 2000, 285). Andere Belastungen (zB Dienstbarkeiten) bedürfen einer Belastungsausdehnung auf das gesamte Grundstück, die der Zustimmung der übrigen Miteigentümer und deren dinglich Berechtigter bedarf, oder sie sind zu erlöschen (*Staudinger/Rapp* § 9 Rn 15; aA *Weitnauer/Briesemeister* § 9 Rn 6: automatische Belastungsausdehnung).

In den Fällen des § 9 Abs 1 Nr 2 und Nr 3 führt das Anlegen des neuen Grundbuchs 18
zum **Erlöschen der Sondereigentumsrechte** (§ 9 Abs 3 letzter Hs). Im Fall der Aufhebung (§ 9 Abs 1 Nr 1) erlöschen die Sondereigentumsrechte bereits mit der Eintragung der Aufhebung.

Ist nach § 7 Abs 2 von der Anlegung besonderer Grundbuchblätter abgesehen wor- 19
den, so genügt die Löschung der Bezeichnung „**Gemeinschaftliches Wohnungsgrundbuch**" oder „**Gemeinschaftliches Teilungsgrundbuch**" und die Löschung der Vermerke über die Verbindung mit Sondereigentum, über Gegenstand und Inhalt der Sondereigentumsrechte und über die Beschränkungen der anderen Miteigentumsrechte. Das Bestandsverzeichnis kann unverändert bleiben (*Armbrüster* in Bärmann, § 9 Rn 45). Ist das Grundbuchblatt dann verwirrend, ist auch die Schließung und die Anlegung eines neuen Grundbuchs zulässig.

2. Abschnitt
Gemeinschaft der Wohnungseigentümer

§ 10 Allgemeine Grundsätze

(1) Inhaber der Rechte und Pflichten nach den Vorschriften dieses Gesetzes, insbesondere des Sondereigentums und des gemeinschaftlichen Eigentums, sind die Wohnungseigentümer, soweit nicht etwas anderes ausdrücklich bestimmt ist.

(2) ¹Das Verhältnis der Wohnungseigentümer untereinander bestimmt sich nach den Vorschriften dieses Gesetzes und, soweit dieses Gesetz keine besonderen Bestimmungen enthält, nach den Vorschriften des Bürgerlichen Gesetzbuchs über die Gemeinschaft. ²Die Wohnungseigentümer können von den Vorschriften dieses Gesetzes abweichende Vereinbarungen treffen, soweit nicht etwas anderes ausdrücklich bestimmt ist. ³Jeder Wohnungseigentümer kann eine vom Gesetz abweichende Vereinbarung oder die Anpassung einer Vereinbarung verlangen, soweit ein Festhalten an der geltenden Regelung aus schwerwiegenden Gründen unter Berücksichtigung aller Umstände des Einzelfalles, insbesondere der Rechte und Interessen der anderen Wohnungseigentümer, unbillig erscheint.

(3) Vereinbarungen, durch die die Wohnungseigentümer ihr Verhältnis untereinander in Ergänzung oder Abweichung von Vorschriften dieses Gesetzes regeln, sowie die Abänderung oder Aufhebung solcher Vereinbarungen wirken gegen den Sondernachfolger eines Wohnungseigentümers nur, wenn sie als Inhalt des Sondereigentums im Grundbuch eingetragen sind.

(4) ¹Beschlüsse der Wohnungseigentümer gemäß § 23 und gerichtliche Entscheidungen in einem Rechtsstreit gemäß § 43 bedürfen zu ihrer Wirksamkeit gegen den Sondernachfolger eines Wohnungseigentümers nicht der Eintragung in das Grundbuch. ²Dies gilt auch für die gemäß § 23 Abs. 1 aufgrund einer Vereinbarung gefassten Beschlüsse, die vom Gesetz abweichen oder eine Vereinbarung ändern.

(5) Rechtshandlungen in Angelegenheiten, über die nach diesem Gesetz oder nach einer Vereinbarung der Wohnungseigentümer durch Stimmenmehrheit beschlossen werden kann, wirken, wenn sie auf Grund eines mit solcher Mehrheit gefassten Beschlusses vorgenommen werden, auch für und gegen die Wohnungseigentümer, die gegen den Beschluss gestimmt oder an der Beschlussfassung nicht mitgewirkt haben.

(6) ¹Die Gemeinschaft der Wohnungseigentümer kann im Rahmen der gesamten Verwaltung des gemeinschaftlichen Eigentums gegenüber Dritten und Wohnungseigentümern selbst Rechte erwerben und Pflichten eingehen. ²Sie ist Inhaberin der als Gemeinschaft gesetzlich begründeten und rechtsgeschäftlich erworbenen Rechte und Pflichten. ³Sie übt die gemeinschaftsbezogenen Rechte der Wohnungseigentümer aus und nimmt die gemeinschaftsbezogenen Pflichten der Wohnungseigentümer wahr, ebenso sonstige Rechte und Pflichten der Wohnungseigentümer, soweit diese gemeinschaftlich geltend gemacht werden können oder zu erfüllen sind. ⁴Die Gemeinschaft muss die Bezeichnung „Wohnungseigentümergemeinschaft" gefolgt von der bestimmten Angabe des gemeinschaftlichen Grundstücks führen. ⁵Sie kann vor Gericht klagen und verklagt werden.

(7) ¹Das Verwaltungsvermögen gehört der Gemeinschaft der Wohnungseigentümer. ²Es besteht aus den im Rahmen der gesamten Verwaltung des gemeinschaftlichen Eigentums gesetzlich begründeten und rechtsgeschäftlich erworbenen Sachen und Rechten sowie den entstandenen Verbindlichkeiten. ³Zu dem Verwaltungsvermögen gehören insbesondere die Ansprüche und Befugnisse aus Rechtsverhältnissen mit Dritten und mit Wohnungseigentümern sowie die eingenommenen Gelder. ⁴Vereinigen sich sämtliche Wohnungseigentumsrechte in einer Person, geht das Verwaltungsvermögen auf den Eigentümer des Grundstücks über.

(8) ¹Jeder Wohnungseigentümer haftet einem Gläubiger nach dem Verhältnis seines Miteigentumsanteils (§ 16 Abs. 1 Satz 2) für Verbindlichkeiten der Gemeinschaft der Wohnungseigentümer, die während seiner Zugehörigkeit zur Gemeinschaft entstanden oder während dieses Zeitraums fällig geworden sind; für die Haftung nach Veräußerung des Wohnungseigentums ist § 160 des Handelsgesetzbuches entsprechend anzuwenden. ²Er kann gegenüber einem Gläubiger neben den in seiner Person begründeten auch die der Gemeinschaft zustehenden Einwendungen und Einreden geltend machen, nicht aber seine Einwendungen und Einreden gegenüber der Gemeinschaft. ³Für die Einrede der Anfechtbarkeit und Aufrechenbarkeit ist § 770 des Bürgerlichen Gesetzbuches entsprechend anzuwenden. ⁴Die Haftung eines Wohnungseigentümers gegenüber der Gemeinschaft wegen nicht ordnungsmäßiger Verwaltung bestimmt sich nach Satz 1.

Übersicht

	Rn		Rn
I. Einleitung	1	III. Verhältnis der Wohnungseigentümer untereinander (Abs 2)	6
II. Zuordnung der Rechte und Pflichten aus dem Wohnungseigentum (Abs 1)	3	1. Gemeinschaft als Schuldverhältnis	6

	Rn		Rn
2. Entstehung der Gemeinschaft	7	b) Gemeinschaftsbezogene Pflichten der Wohnungs-	
a) Gemeinschaft als Schuldverhältnis	7	eigentümer (Hs 1, 2. Var)	72
b) Gemeinschaft als rechtsfähiger Verband	14	c) Sonstige Rechte, soweit diese gemeinschaftlich geltend gemacht werden	
3. Vereinbarungen der Wohnungseigentümer (Gemeinschaftsordnung)		können (Hs 2, 1. Var)	74
	17	d) Sonstige Pflichten, soweit diese gemeinschaftlich zu	
a) Zustandekommen	17	erfüllen sind (Hs 2, 2. Var)	77
b) Regelungsinhalt	20	3. Umgang mit Altverträgen und	
c) Inhaltskontrolle	24	Alttiteln	78
d) Auslegung	27	VIII. Verwaltungsvermögen	
e) Änderung	29	(§ 10 Abs 7)	80
4. Anspruch auf Änderung der Gemeinschaftsgrundordnung (S 3)		1. Bewegliche Sachen und Immobiliarrechte	82
	36	2. Ansprüche und Verbindlichkeiten	86
a) Anspruchsinhalt	36	a) Gesetzliche Rechte und	
b) Anspruchsinhaber und Anspruchsgegner	37	Verbindlichkeiten	87
c) Tatbestandsvoraussetzungen		b) Rechtsgeschäftlich begründete Rechte und Verbind-	
	40	lichkeiten	88
d) Durchsetzung des Anspruchs	46	3. Keine Bestandteile des Verwaltungsvermögens	91
e) Verhältnis zu § 16 Abs 3	49	4. Verwaltungsvermögen bei	
IV. Bindung der Sondernachfolger an Vereinbarungen (Abs 3)	50	Auflösung der Gemeinschaft und Wiedergeburt	93
V. Bindung der Sondernachfolger an Beschlüsse und gerichtliche Entscheidungen (Abs 4)		IX. Außenrechtsbeziehungen (Abs. 8)	95
	55	1. Quotale Haftung der Eigentümer (S 1)	95
VI. Bindung der Wohnungseigentümer an Rechtshandlungen (Abs 5)		a) Grundsätzliches	95
	58	b) Verbindlichkeiten der Gemeinschaft	100
VII. Wahrnehmung von Rechten und Pflichten durch die Gemeinschaft (Abs 6)		c) Zeitliche Begrenzung der akzessorischen Haftung	102
	61	d) Abdingbarkeit	105
1. Rechts- und Parteifähigkeit der Gemeinschaft (S 1 und 2)	61	2. Rückgriff bei der Gemeinschaft und den Wohnungseigentümern	
2. Ausübungs- und Wahrnehmungsbefugnis der Gemeinschaft für Rechte und Pflichten der Wohnungseigentümer (S 3)			106
		3. Einwendungen und Einreden (S 2 und 3)	110
	67	4. Haftung wegen ordnungswidriger Verwaltung (S 4)	114
a) Gemeinschaftsbezogene Rechte der Wohnungseigentümer (Hs 1, 1. Var)	70		

I. Einleitung

Die Wohnungseigentümer einer Wohnanlage bilden eine Rechtsgemeinschaft. Der **1** Begriff „Gemeinschaft der Wohnungseigentümer" beschreibt einerseits das **Schuldrechtsverhältnis** der Wohnungseigentümer untereinander und andererseits den von den Wohnungseigentümern zu unterscheidenden teilrechtsfähigen Verband. Bis zur

Entscheidung des V. Zivilsenats beim *BGH* vom 2.6.2005 (V ZB 32/05, NJW 2005, 2061) entsprach es ständiger Rechtsprechung, dass die Gemeinschaft der Wohnungseigentümer weder eine eigene Rechtspersönlichkeit besitzt noch rechtsfähig ist (zuletzt *BayObLG* 2Z BR 216/04, NZM 2005, 439; inzident *BGH* II ZR 218/01, NJW-RR 2004, 874). Mit Beschluss vom 2.6.2005 änderte der V. Zivilsenat beim *BGH* (aaO) seine Rechtsprechung und vertrat die Auffassung, die Gemeinschaft der **Wohnungseigentümer** sei **rechtsfähig**, soweit sie bei der Verwaltung des gemeinschaftlichen Eigentums am Rechtsverkehr teilnehme. Die Gemeinschaft stelle einen rechtsfähigen Verband sui generis dar, eine Personenmehrheit, die durch Gesetz zu einer Organisationsform zusammengefasst sei (*BGH* V ZB 32/05, NJW 2005, 2061, Gliederungspunkt 8.c.). Die Rechtsfähigkeit sei allerdings nicht umfassend, sondern auf die Teilbereiche des Rechtslebens beschränkt, bei denen die Wohnungseigentümer im Rahmen der Verwaltung des gemeinschaftlichen Eigentums als Gemeinschaft am Rechtsverkehr teilnehmen. Dies sei insbesondere bei Rechtsgeschäften oder Rechtshandlungen im Außenverhältnis der Fall, könne aber auch, wie etwa bei der Verfolgung gemeinschaftlicher Beitrags- oder Schadensersatzansprüche gegen einzelne Wohnungseigentümer, im Innenverhältnis vorliegen (*BGH* V ZB 32/05, NJW 2005, 2061, Gliederungspunkt 12).

2 Mit dem **Gesetz zur Änderung des Wohnungseigentumsgesetzes** und anderer Gesetze vom 26.3.2007 (BGBl I 2007, S 370 ff) griff der Gesetzgeber die Rechtsauffassung des BGH auf und verankerte die Existenz eines neben den Wohnungseigentümern bestehenden rechtsfähigen Verbandes im Gesetz. Maßgebliche Normen sind insoweit § 10 Abs 1, 6 bis 8 und § 27. Der Gesetzgeber weicht allerdings in einigen Detailfragen von der dogmatischen Konzeption des BGH ab. Dies betrifft etwa die Zuweisung von Rechten und Pflichten an die Gemeinschaft und die Wohnungseigentümer, die Kompetenzen des Verwalters und die Außenhaftung der Wohnungseigentümer. Da die neue Gesetzeslage für alle Wohnungseigentümergemeinschaften seit dem 1.7.2007 gilt, ist die vom BGH geäußerte Rechtsauffassung, soweit sie von den neuen gesetzlichen Vorschriften abweicht, nur noch von geringer praktischer Relevanz (zu Altverträgen und Alttiteln siehe Rn 78).

II. Zuordnung der Rechte und Pflichten aus dem Wohnungseigentum (Abs 1)

3 § 10 Abs 1 dient der **Klarstellung**. Inhaber der aus dem Wohnungseigentum folgenden Rechte und Pflichten sind die Wohnungseigentümer, soweit nicht in § 10 Abs 6 und 7 etwas anderes ausdrücklich bestimmt ist. Dies gilt sowohl für die sachenrechtliche Zuordnung als auch für die aus dem Wohnungseigentum folgenden schuldrechtlichen Ansprüche und Verpflichtungen gegenüber den anderen Wohnungseigentümern und gegenüber Dritten. Der im Grundbuch eingetragene Wohnungseigentümer ist Inhaber des Miteigentumsanteils am Gemeinschaftseigentum und des mit diesem verbundenen Sondereigentums. Sind mit dem Wohnungseigentum weitere beschränkt dingliche Rechte verknüpft, etwa eine Grunddienstbarkeit gemäß § 1018 BGB, so ist Inhaber dieses Rechts ebenfalls der im Wohnungsgrundbuch eingetragene Eigentümer, nicht die Gemeinschaft.

4 Die rechtsfähige **Gemeinschaft** der Wohnungseigentümer ist gemäß § 10 Abs 7 Trägerin des Verwaltungsvermögens (siehe Rn 80 ff). Sie kann gemäß § 10 Abs 6 im Rahmen der Verwaltung des Gemeinschaftseigentums gegenüber Dritten und den Wohnungseigentümern Rechte erwerben und Pflichten eingehen (siehe Rn 88). Die

Abgrenzung der den Wohnungseigentümern einerseits und der Gemeinschaft andererseits zugewiesenen Rechte und Pflichten kann im Detail Probleme bereiten. Da der Gemeinschaft der Wohnungseigentümer aber nur dann Rechte und Pflichten zustehen sollen, wenn dies „ausdrücklich" bestimmt ist, ist im **Zweifelsfall** von der **Rechtszuständigkeit der Wohnungseigentümer** auszugehen. Dies gilt insbesondere für gesetzliche Ansprüche, die unmittelbar aus dem gemeinschaftlichen Eigentum resultieren, wie etwa Schadensersatzansprüche gemäß § 823 Abs 1 BGB wegen Beschädigung des Gemeinschaftseigentums oder Abwehransprüche nach § 1004 Abs 1 BGB wegen unzulässiger baulicher Veränderungen am Gemeinschaftseigentum. Diese Ansprüche stehen nicht der rechtsfähigen Gemeinschaft zu, da diese nicht Inhaberin des Gemeinschaftseigentums ist (Rn 74).

Von der Frage der Rechtsträgerschaft zu unterscheiden ist die Berechtigung zur **Wahrnehmung der Eigentümerrechte und -pflichten** im Rechtsverkehr. Gemäß § 10 Abs 6 S 3 ist die Gemeinschaft kraft Gesetzes berufen, die gemeinschaftsbezogenen Rechte der Wohnungseigentümer auszuüben und die gemeinschaftsbezogenen Pflichten der Wohnungseigentümer wahrzunehmen. Gleiches gilt für sonstige Rechte und Pflichten der Wohnungseigentümer, soweit diese gemeinschaftlich geltend gemacht werden können oder zu erfüllen sind (siehe Rn 67 ff.). 5

III. Verhältnis der Wohnungseigentümer untereinander (Abs 2)

1. Gemeinschaft als Schuldverhältnis. Die Wohnungseigentümer stehen untereinander in einem Schuldverhältnis. Dieses bestimmt sich nach den Vorschriften der §§ 10–29 und, soweit das WEG keine besonderen Bestimmungen enthält, nach den Vorschriften des Bürgerlichen Gesetzbuches über die Gemeinschaft (§§ 741 ff, 1009–1011 BGB). Grundlage des Gemeinschaftsverhältnisses ist die **Mitberechtigung** jedes Wohnungseigentümers **am gemeinschaftlichen Grundstück** nebst seinen wesentlichen Bestandteilen, Anlagen und Einrichtungen. Die Wohnungseigentümergemeinschaft stellt daher in ihren **Grundzügen eine Bruchteilsgemeinschaft** dar. Das Gemeinschaftsverhältnis ist ein Schuldverhältnis iSd §§ 280 ff BGB. Daher schuldet der Wohnungseigentümer im Falle schuldhafter Verletzung der aus dem Gemeinschaftsverhältnis folgenden Pflichten gemäß §§ 280 ff BGB Schadensersatz. 6

2. Entstehung der Gemeinschaft. – a) Gemeinschaft als Schuldverhältnis. Die Eigentümergemeinschaft als Schuldverhältnis der Wohnungseigentümer entsteht im Fall der Begründung von Wohnungseigentum durch Teilungsvertrag nach § 3 unmittelbar mit Anlegung der Wohnungsgrundbücher und im Fall der Begründung der Wohneigentumsanlage durch einen aufteilenden Alleineigentümer nach § 8 mit Eintragung eines weiteren Eigentümers neben dem Aufteiler im Wohnungsgrundbuch. Solange noch sämtliche Wohnungseigentumseinheiten ein und derselben Person gehören, besteht kein Gemeinschaftsverhältnis, da eine Person allein mit sich selbst keine Gemeinschaft bilden und mit sich selbst nicht in einem Schuldverhältnis stehen kann. Eine Gemeinschaft setzt **mindestens zwei Personen** voraus (*BGH* V ZB 85/07, NJW 2008, 2639; *OLG Düsseldorf* I-3 Wx 167/05, ZWE 2006, 142; **aA** *Becker* Festschrift f Seuß, S 19). 7

Bei Begründung der Wohneigentumsanlage durch einen Alleineigentümer gemäß § 8 und anschließendem Verkauf der Einheiten bilden die Ersterwerber bereits vor Eintragung im Grundbuch gemeinsam mit dem Veräußerer (sofern dieser mindestens noch eine Einheit nicht verkauft hat) eine sog. **werdende** (oder faktische) **Woh-** 8

nungseigentümergemeinschaft (*BGH* V ZB 85/07, NJW 2008, 2639). Der Sinn dieser von der Rechtsprechung anerkannten Konstruktion besteht darin, die Ersterwerber der Wohnungseigentumseinheiten bereits vor deren Eintragung im Grundbuch wie Wohnungseigentümer – mit allen Rechten und Pflichten eines Volleigentümers – zu behandeln. Das Mitglied der werdenden Wohnungseigentümergemeinschaft haftet insbesondere an Stelle des Veräußerers für die fällig werdenden Wohngeldbeiträge und ist Träger des auf die Einheit entfallenden Stimmrechts.

9   Voraussetzung für die Mitgliedschaft in der werdenden Wohnungseigentümergemeinschaft ist zunächst, dass zwischen dem Aufteiler und dem Erwerber ein **wirksamer Erwerbsvertrag** über eine Wohnungseigentumseinheit besteht (*BGH* V ZB 85/07, NJW 2008, 2639; *KG* 24 W 230/01, NZM 2003, 400; vgl aber *BayObLG* 2Z BR 45/03, NZM 2003, 903, 904 bei Abschluss eines unwirksamen Kaufvertrages durch Treuhänder) und für den Ersterwerber der Anspruch auf Erlangung des Eigentums an der Wohnung – und nicht bloß an einem schlichten Miteigentumsanteil – durch eine im Grundbuch eingetragene **Auflassungsvormerkung** gesichert ist (*BGH* V ZB 85/07, NJW 2008, 2639; *BayObLG* AR 2 Z 110/90, WuM 1991, 361; *OLG Frankfurt* 20 W 182/91, ZMR 1993, 125; **aA** *AG Greifswald* II 300/99 WEG, NZM 2001, 344). Tritt der Erwerber vom Kaufvertrag zurück, verliert er mit Wirkung ex nunc seine Rechtsposition innerhalb der werdenden Gemeinschaft. Eine werdende Gemeinschaft entsteht allerdings nicht, wenn das in Wohnungseigentum aufgeteilte Eigentum insgesamt an einen Erwerber übertragen wird (*OLG München* 34 Wx 89/05, ZMR 2006, 308). Mitglied der werdenden Gemeinschaft wird auch nicht, wer die Wohnung von einem Ersterwerber übernimmt, der seinerseits noch nicht als Eigentümer im Grundbuch eingetragen ist.

10 Weitere Voraussetzung für die Mitgliedschaft in der werdenden Wohnungseigentümergemeinschaft ist, dass der Erwerber die Eigentumswohnung in **Besitz** genommen hat, zB durch die vereinbarte Abnahme oder durch Einzug des Mieters, und nach dem Erwerbsvertrag **Nutzen, Lasten und Kosten auf den Erwerber übergegangen** sind. Ist die Wohnung noch nicht errichtet oder zwar bewohnbar, aber vom Erwerber noch nicht in Besitz genommen, fehlt noch eine hinreichend klare Eingliederung in die werdende Gemeinschaft. In diesem Fall gebietet es die Interessenlage nicht, den Erwerber so zu stellen, als wäre er Mitglied der werdenden Gemeinschaft geworden (*BayObLG* 2Z BR 45/03, NZM 2003, 903; *OLG Hamm* 15 W 340/02, ZMR 2003, 776, 777).

11 Keine Voraussetzung für die Mitgliedschaft in der werdenden Wohnungseigentümergemeinschaft soll nach der Rechtsprechung des BGH die **Anlegung der Wohnungsgrundbuchblätter** sein (*BGH* V ZB 85/07, NJW 2008, 2639; **aA** *KG* 24 W 1906/85, NJW-RR 1986, 1274; *OLG Hamm* 15 W 217/99, ZMR 2000, 128). Es genüge, dass die Teilungserklärung verfasst sei (*Bärmann/Wenzel* § 10 Rn 16). Der Anspruch auf Übereignung einer Wohnungseigentumseinheit könne durch Eintragung einer Vormerkung im Grundbuch des ungeteilten Grundstücks gesichert werden (*Weitnauer/Lüke* nach § 10 Rn 3). Diese Auffassung überzeugt jedoch nicht. Gegen einen Verzicht auf die Anlegung der Grundbuchblätter als Voraussetzung für das Entstehen der werdenden Gemeinschaft spricht, dass allein durch die Abfassung der Teilungserklärung noch nicht sichergestellt ist, dass Wohnungseigentum jemals begründet wird. Dies kann zB daran scheitern, dass der Verfasser der Teilungserklärung diese nicht beim Grundbuchamt einreicht, den Antrag auf Anlegung der Wohnungsgrundbücher zurück-

nimmt, die Teilungserklärung an inhaltlichen Fehlern leidet, die einer Vollziehung der Teilungserklärung im Grundbuch entgegensteht, die Abgeschlossenheitsbescheinigung nicht erteilt wird oder ein Gläubiger des teilenden Eigentümers eine Sicherungshypothek an dem noch ungeteilten Grundstück bestellen lässt. Dies zeigt, dass der Erwerber eine rechtlich gefestigte Erwerbsposition erst erlangen kann, wenn die Wohnungsgrundbuchblätter angelegt sind und eine Auflassungsvormerkung zugunsten des Erwerbers im Wohnungsgrundbuch eingetragen ist. Solange die Teilungserklärung noch nicht durch Anlegung der Wohnungsgrundbuchblätter vollzogen ist, fehlt die materielle Basis für eine Anwendung des Wohnungseigentumsrechts (vgl *KG* 24 W 1906/85, NJW-RR 1986, 1274).

Die werdende Wohnungseigentümergemeinschaft **endet**, wenn außer dem teilenden Eigentümer ein Erwerber als Eigentümer in Abteilung I des Grundbuchs eingetragen wird, denn in diesem Zeitpunkt entsteht die „**echte**" **Wohnungseigentümergemeinschaft**. Diese Wohnungseigentümergemeinschaft besteht sowohl aus den Volleigentümern als auch aus den Ersterwerbern, die vor der Entstehung der Wohnungseigentümergemeinschaft Mitglied der werdenden Gemeinschaft geworden waren (*OLG Köln* 16 Wx 193/05, NJW-RR 2006, 445). Die Mitglieder der ehemals werdenden Wohnungseigentümergemeinschaft **verlieren ihre Rechtsstellung** durch das Entstehen der „echten" Wohnungseigentümergemeinschaft also **nicht** (*BGH* V ZB 85/07, NJW 2008, 2639; *OLG Köln* 16 Wx 193/05, NJW-RR 2006, 445; *BayObLG* 2Z BR 35/97; ZMR 1998, 174; *OLG Hamm* 15 W 318/99, WuM 2000, 319; *OLG Karlsruhe* 14 Wx 37/01, ZMR 2003, 374; *OLG Zweibrücken* 3 W 217/98, NZM 1999, 322). Erwerber, bei denen die Voraussetzungen für eine Mitgliedschaft in der werdenden Gemeinschaft erst sämtlichst vorliegen, nachdem zugunsten des Erwerbers einer anderen Einheit die Eigentumsumschreibung erfolgt ist, gelten als **sog Zweiterwerber**. Sie erlangen die wohnungseigentumsrechtlichen Rechte und Pflichten erst mit ihrer Eintragung im Grundbuch, Abteilung I (*BayObLG* 2Z BR 127/04, ZMR 2005, 462; *Gottschalg* NZM 2005, 88; *Riecke/Schmid/Elzer* § 10 Rn 29; ausdrücklich offen gelassen in *BGH* V ZB 85/07, NJW 2008, 2639; aA *Bärmann/Wenzel* § 10 Rn 18: jeder Ersterwerber sei wie ein werdender Wohnungseigentümer zu behandeln). **12**

Bei einer **Begründung** von Wohnungseigentum **nach § 3** entsteht nach **hM** (*BayObLG* AR 2 Z 110/91, NJW-RR 1992, 597; *Weitnauer/Lüke* nach § 10 Rn 4; aA *Bärmann/Wenzel* § 10 Rn 19) keine werdende Wohnungseigentümergemeinschaft, da es hier keinen schrittweisen Übergang des Eigentums vom Alleineigentümer auf eine Gemeinschaft gibt. Vielmehr wandelt sich die Bruchteilgemeinschaft oder Gesamthandsgesellschaft an dem Grundstück mit Anlegung der Wohnungsgrundbücher in eine (echte) Wohnungseigentümergemeinschaft. **13**

b) Gemeinschaft als rechtsfähiger Verband. Von der Entstehung der Wohnungseigentümergemeinschaft als bloßes Schuldverhältnis der Wohnungseigentümer untereinander ist die **Entstehung** der Gemeinschaft als rechtsfähiger Verband mit Rechtswirkungen gegenüber Dritten zu unterscheiden. Die Grundsätze der werdenden Wohnungseigentümergemeinschaft hatten in der Vergangenheit lediglich Bedeutung für das Innenverhältnis zwischen Aufteiler und Ersterwerber. Mit Anerkennung der Rechtsfähigkeit der Gemeinschaft durch den Gesetzgeber wird man nun auch die **werdende Wohnungseigentümergemeinschaft** als **Rechtssubjekt** anerkennen müssen (so *Riecke/Schmid/Elzer* § 10 Rn 377; *Palandt/Bassenge* Einleitung zum WEG, Rn 7; **14**

Hügel DNotZ 2005, 753; *Armbrüster* GE 2007, 420, 435). Für sie gelten die Vorschriften des WEG analog. Das Mitglied der werdenden Wohnungseigentümergemeinschaft haftet somit im Außenverhältnis analog § 10 Abs 8 S 1 quotal für Verwaltungsschulden der werdenden Gemeinschaft. Mit der Umwandlung der werdenden Gemeinschaft in die „echte" Wohnungseigentümergemeinschaft ändert sich die Identität der Gemeinschaft nicht.

15 Vor Entstehung der **werdenden Wohnungseigentümergemeinschaft** gibt es keinen rechtsfähigen Verband, der Träger des Verwaltungsvermögens iSd § 10 Abs 7 sein könnte. In diesem Zeitraum handelt noch der aufteilende Alleineigentümer in allen Belangen der Wohnanlage persönlich. Nur er kommt als haftendes Rechtssubjekt in Betracht, denn er ist Alleineigentümer des Grundstücks nebst Zubehör. Die rechtliche Situation im Außenverhältnis entspricht der bei einem Mietshaus, das im Alleineigentum einer Person steht. Auch dort tritt der Grundstückseigentümer als Vertragspartner gegenüber Dritten auf. Eine **Ein-Eigentümer-Gemeinschaft** gibt es nicht (*Riecke/Schmid/Elzer* § 8 Rn 97; **aA** *Becker* Festschrift f Seuß, S 19).

16 Aus **Gründen der Praktikabilität** wäre es vielleicht wünschenswert, die rechtsfähige Gemeinschaft im Außenverhältnis bereits als **Ein-Eigentümer-Gemeinschaft** entstehen zu lassen. Dann bestünde bereits vor Veräußerung der Wohnungen die rechtliche Möglichkeit, Versorgungsverträge für das Objekt mit Wirkung für die künftige Gemeinschaft abzuschließen. Bislang muss der teilende Eigentümer selbst als Vertragspartner auftreten; die durch ihn geschlossenen Verträge gehen nicht auf die später entstehende Gemeinschaft über, denn dafür fehlt es an einer gesetzlichen Überleitungsnorm. Die **Gemeinschaft** ist auch **nicht der Rechtsnachfolger** des aufteilenden Eigentümers. Gegen die Existenz einer Ein-Eigentümer-Gemeinschaft spricht jedoch § 10 Abs 7 S 4, wonach das Verwaltungsvermögen auf den letzten verbleibenden Eigentümer übergeht, wenn sich sämtliche Wohnungseigentumseinheiten in einer Hand vereinigen. Dies kann nur so verstanden werden, dass mit Ausscheiden des vorletzten Eigentümers aus der Gemeinschaft sich diese als Rechtssubjekt auflöst. Andernfalls wäre nicht nachvollziehbar, warum das Verwaltungsvermögen auf den verbleibenden Alleineigentümer übergehen soll, obwohl die Gemeinschaft weiterhin existiert. Wenn es aber eine Ein-Eigentümer-Gemeinschaft im Fall des Ausscheidens des vorletzten Eigentümers aus der Gemeinschaft nicht gibt, dann muss dies auch im umgekehrten Fall gelten, in dem der teilende Alleineigentümer noch keine Einheit veräußert hat. Die bloße Anlegung der Wohnungsgrundbuchblätter führt bei einer Teilung nach § 8 also noch nicht zur Entstehung einer rechtsfähigen Gemeinschaft.

3. Vereinbarungen der Wohnungseigentümer (Gemeinschaftsordnung). – a) Zustan-
17 **dekommen.** Die Wohnungseigentümer können von den Vorschriften des WEG abweichende Vereinbarungen treffen, soweit nicht etwas anderes ausdrücklich bestimmt ist (Abs 2 S 2). Die Summe aller Vereinbarungen wird in der Praxis als Gemeinschaftsordnung (bisweilen ungenau auch als Teilungserklärung) bezeichnet. Vereinbarungen sind **mehrseitige Verträge**, auf die die Vorschriften des allgemeinen Teils des BGB und des allgemeinen Schuldrechts (§§ 104 ff, 119 ff, 134, 138, 315 BGB) Anwendung finden (*BGH* V ZB 43/93, NJW 1994, 2950). Sie kommen durch korrespondierende und einander entsprechende Willenserklärungen aller Wohnungseigentümer oder durch sukzessive Zustimmung zu einem vorformulierten Text zustande (*Riecke/Schmid/Elzer* § 10 Rn 93). Die Einhaltung einer **Form** ist nicht

erforderlich (*BGH* V ZR 121/82, NJW 1984, 612; *OLG Hamm* 15 W 4/98, NZM 1998, 873; *BayObLG* 2Z BR 1/02, NZM 2002, 747).

Eine Vereinbarung kann auch **stillschweigend** durch konkludentes Handeln oder **ständige Übung** geschlossen werden. Dies setzt jedoch einen entsprechenden rechtsgeschäftlichen Regelungswillen aller Wohnungseigentümer voraus, der im Verhalten der Wohnungseigentümer zum Ausdruck kommen muss (*BayObLG* 2Z BR 60/01, ZWE 2002, 35; *OLG Düsseldorf* 3 Wx 426/95, WE 1997, 346). Den Wohnungseigentümern muss bewusst sein, dass sie ihr Verhältnis untereinander in Abweichung oder Ergänzung des Gesetzes oder in Abweichung einer bestehenden Vereinbarung regeln. Ist ihnen die abweichende Vereinbarung nicht bekannt, fehlt es an einem **Änderungswillen** (*BayObLG* 2Z BR 11/04, ZMR 2005, 379). Den Wohnungseigentümern muss ferner bewusst sein, dass sie eine Regelung schaffen, die nicht nur für die Gegenwart, sondern auch für die Zukunft gilt (*OLG Köln* 16 Wx 56/96, WuM 1997, 59) und nicht mehr durch Mehrheitsbeschluss abgeändert werden kann (*KG* 24 W 6092/88, NJW-RR 1989, 976). So führt zB eine jahrelange Anwendung eines unrichtigen Kostenverteilungsschlüssels im Wirtschaftsplan oder der Jahresabrechnung nicht zu einer Änderung des gesetzlichen oder in der Gemeinschaftsordnung enthaltenen Kostenverteilungsschlüssels (*BayObLG* 2Z BR 101/00, NZM 2001, 754). Im bloßen **Dulden von Verstößen** gegen eine Vereinbarung ist eine neue Vereinbarung nicht zu sehen (*Riecke/Schmid/Elzer* § 10 Rn 158). Eine stillschweigend oder durch ständige Übung geschlossene Vereinbarung bindet **mangels Eintragung im Grundbuch** künftige Wohnungseigentümer (Sondernachfolger) nicht. Mit Eintritt eines Eigentümerwechsels wird eine solche Vereinbarung hinfällig, sofern sie nur gegenüber allen Wohnungseigentümern einheitlich wirken kann (Rn 53). 18

Bei **Begründung** der Wohneigentumsanlage **durch** einen **Alleineigentümer** gemäß § 8 kann dieser durch einseitige Erklärung, die gemäß § 10 Abs 3 ins Grundbuch einzutragen ist, mit Wirkung für und gegen die späteren Wohnungseigentümer das Grundverhältnis der Gemeinschaft in Abweichung oder Ergänzung des Gesetzes regeln. Diese einseitige Erklärung steht gemäß §§ 8 Abs 2, 5 Abs 4 einer Vereinbarung iSd § 10 Abs 2 S 2 gleich. Der teilende Alleineigentümer verliert seine Gestaltungsbefugnis mit rechtlicher Vollziehung der werdenden Gemeinschaft (Rn 12), soweit nicht die Gemeinschaftsordnung bestimmt, dass der aufteilende Eigentümer die Gemeinschaftsordnung auch später noch ändern kann (Rn 35). 19

b) Regelungsinhalt. Der Inhalt von Vereinbarungen iSd § 10 Abs 2 S 2, Abs 3 betrifft das Verhältnis der Wohnungseigentümer untereinander in **Ergänzung oder Abweichung von Vorschriften des WEG** oder des BGB. Vereinbarungen regeln auf abstraktgenereller Ebene das Gemeinschaftsgrundverhältnis der Wohnungseigentümer im Sinne einer Satzung. Die Gemeinschaftsordnung ist bei der Verwaltung (insbesondere bei Beschlüssen über konkrete Verwaltungsmaßnahmen nach § 21 Abs 1) und dem Gebrauch des Gemeinschafts- und Sondereigentums zu beachten. Die Gemeinschaftsordnung enthält zB Regelungen über die Kostenverteilung, das Stimmrecht, die Modalitäten der Versammlung, die Aufgaben des Verwalters und Verwaltungsbeirats. 20

Regelungen über die **sachenrechtliche Zuordnung** des Gemeinschafts- und Sondereigentums und die Größe der Miteigentumsanteile fallen nicht in den Anwendungsbereich des § 10 Abs 2 S 2, Abs 3, da diese Regelungen nicht die schuldrechtlichen Beziehungen der Wohnungseigentümer untereinander sondern die sachenrechtlichen 21

Kümmel

Grundlagen der Wohnanlage betreffen (*BGH* V ZR 322/02, NJW 2003, 2165; *Kümmel* Die Bindung, S 6). Gleiches gilt für die Zweckbestimmung des Sondereigentums, also die Frage, ob eine Einheit zu Wohnzwecken (Wohnungseigentum) oder nicht zu Wohnzwecken (Teileigentum) genutzt werden darf (*Riecke/Schmid/Elzer* § 10 Rn 99 ff; **aA** *Bärmann/Wenzel* § 10 Rn 79). Das WEG trennt nicht nur – wie ein Vergleich der Abs 3 und 4 des § 5 zeigt – zwischen sachenrechtlicher Zuordnung und schuldrechtlichem Gemeinschaftsverhältnis, sondern knüpft – etwa mit § 4 Abs 1 auf der einen und § 10 Abs 2 auf der anderen Seite – an diese Unterscheidung auch verschiedene Rechtsfolgen (vgl *Häublein* DNotZ 2000, 442, 450). Während nach § 5 Abs 3 für eine Änderung der sachenrechtlichen Zuordnung eine notariell beurkundete Einigung der Wohnungseigentümer und die **Eintragung im Grundbuch** erforderlich ist, bedarf es für die Wirksamkeit einer Vereinbarung iSd § 10 Abs 2 S 2 weder einer Form noch der Grundbucheintragung. Eine Grundbucheintragung ist für eine Vereinbarung gemäß § 10 Abs 3 nur erforderlich, wenn Sondernachfolger an die Vereinbarung gebunden werden sollen. Aus diesem Grund hat sich in der Rechtsprechung die zutreffende Auffassung durchgesetzt, dass **Änderungsvorbehalte** in der Gemeinschaftsordnung, durch die ein Wohnungseigentümer ermächtigt oder bevollmächtigt wird, Gemeinschaftseigentum in Sondereigentum umzuwandeln, oder nach denen die vorweggenommene Zustimmung zu einer solchen Umwandlung erteilt ist, nicht § 10 Abs 3 unterfallen, also nicht auf diesem Weg gegen Sondernachfolger wirken können (*BGH* V ZR 322/02, NJW 2003, 2165; *BayObLG* 2Z BR 41/00, ZMR 2000, 779; *KG* 24 W 3797/97, NZM 1998, 581).

22 Neben Vereinbarungen iSd § 10 Abs 2 S 2, Abs 3 kennt die Praxis auch Regelungen, die zwar formell in der Gemeinschaftsordnung enthalten sind, die aber nicht das Gemeinschaftsgrundverhältnis in Abweichung oder Ergänzung des Gesetzes betreffen, sondern eine der Gemeinschaftsgrundordnung nachrangige Gebrauchs- oder Verwaltungsregelung iSd §§ 15 Abs 2, 21 Abs 3 zum Inhalt haben. Man kann sie wegen ihres Regelungsgegenstandes als **Vereinbarungen mit Beschlussinhalt** bezeichnen. Teilweise wird auch der Begriff „formeller Bestandteil der Gemeinschaftsordnung" verwendet (*BayObLG* BReg 2 Z 35/75, BayObLGZ 1975, 201). Beispiele für derartige Vereinbarungen sind: Bestellung des ersten Verwalters, Regelung der Höhe des Verwalterhonorars, Hausordnung. Diese „Vereinbarungen" können bereits vom teilenden Alleineigentümer zum Inhalt der Gemeinschaftsordnung gemacht werden (*Bärmann/Wenzel* § 10 Rn 69), auch wenn es nach **hM** sog Einmannbeschlüsse des Aufteilers nicht gibt (*OLG München* 34 Wx 89/05, ZMR 2006, 306; *BayObLG* 2Z BR 1/03, NZM 2003, 317). Solche Regelungen binden künftige Erwerber aber nur, wenn sie analog § 10 Abs 3 im Grundbuch eingetragen sind. Die künftigen Wohnungseigentümer können die Regelungen durch bloßen Mehrheitsbeschluss ändern oder aufheben (*BayObLG* BReg 2 Z 35/75, BayObLGZ 1975, 201; *Riecke/Schmid/Elzer* § 10 Rn 83). Werden „Vereinbarungen" mit Beschlussinhalt nach Entstehung der werdenden Wohnungseigentümergemeinschaft getroffen, handelt es sich um einen schriftlichen Beschluss iSd § 23 Abs 3 (*Bärmann/Wenzel* § 10 Rn 183).

23 Vertragliche Bestimmungen, die nicht das Verhältnis der Wohnungseigentümer untereinander in Abweichung oder Ergänzung des Gesetzes betreffen, sondern **individuelle Sonderbeziehungen** entweder der Wohnungseigentümergemeinschaft oder der Wohnungseigentümer als Einzelrechtspersonen untereinander oder zu einem Dritten zum Gegenstand haben, fallen nicht in den Anwendungsbereich des § 10 Abs 2 S 2, Abs 3.

Dies betrifft etwa die Verpflichtung zur Mitgliedschaft in einem Mietpool, die Benutzung eines Nachbargrundstücks, dingliche Vorkaufsrechte, den Abschluss eines Vertrages der Wohnungseigentümer oder der Gemeinschaft mit einem Dritten. Solche „Vereinbarungen" binden künftige Wohnungseigentümer selbst dann nicht, wenn die Regelung im Grundbuch verlautbart ist (*Bärmann/Wenzel* § 10 Rn 74). Höchst zweifelhaft ist daher die Auffassung des *BGH* (V ZR 289/05, 2007, 213), der einzelne Wohnungseigentümer könne durch Vereinbarung iSd § 10 Abs 3 verpflichtet werden, einen Betreuungsvertrag mit einem Dritten einzugehen.

c) Inhaltskontrolle. Die den Eigentümern durch § 10 Abs 2 S 2 eingeräumte **Gestaltungsfreiheit** findet ihre Grenze in den **unabdingbaren Vorschriften** des Gesetzes. So können etwa die Wohnungseigentümer wegen § 27 Abs 4 die dem Verwalter nach § 27 Abs 1–3 zukommenden Aufgaben und Befugnisse durch Vereinbarung nicht einschränken. Ausdrücklich unabdingbar ist auch die Möglichkeit zur Bestellung eines Verwalters durch Mehrheitsbeschluss (§ 20 Abs 2, § 26 Abs 1 S 5). Darüber hinaus gibt es zahlreiche weitere Vorschriften des WEG, die auch ohne ausdrückliche gesetzliche Anordnung unabdingbar sind, zB §§ 11, 12 Abs 2, 18; insoweit wird auf die Kommentierung zu den einzelnen Paragrafen verwiesen. 24

Die Gestaltungsfreiheit durch Vereinbarung findet ferner ihre Grenze in den §§ 134, 138, 242 und 315 BGB **(Inhaltskontrolle)**. Vereinbarungen, die gegen Treu und Glauben verstoßen und der Inhaltskontrolle nicht Stand halten, sind nichtig (*BGH* V ZB 43/93, NJW 1994, 2950; V ZB 1/86, NJW 1987, 650). Allerdings führt bloße Unbilligkeit nicht bereits zur Nichtigkeit, wie § 10 Abs 2 S 3 zeigt (Rn 36 ff.). Nichtigkeit ist erst anzunehmen, wenn ein Eigentümer von zentralen Verwaltungs- und Mitbestimmungsrechten oder vom wesentlichen Inhalt der Nutzung des Wohnungseigentums ausgeschlossen wird, sodass die Vereinbarung mit grundsätzlichen Wertungen des WEG nicht mehr vereinbar ist. Die Grenzen hierfür sind allerdings fließend und jeweils von den besonderen Umständen des Einzelfalls abhängig. Nichtig wäre etwa eine Vereinbarung, die den Eigentümer generell vom Stimmrecht oder von der Teilnahme an der Eigentümerversammlung ausschließt oder wesentliche Entscheidungsbefugnisse der Eigentümerversammlung dauerhaft auf den Verwalter oder einen Dritten überträgt (*Strecker* ZWE 2004, 337; *Riecke/Schmid/Elzer* § 10 Rn 236). Gleiches gilt für eine Vereinbarung, die den Gebrauch des gemeinschaftlichen Eigentums oder des Sondereigentums derart einschränkt, dass eine angemessene Nutzung der Eigentumswohnung nicht möglich ist (*Köhler/Bassenge/Kümmel* Teil 9, Rn 381). Wirksam sind allerdings Vereinbarungen, die eine Vermietung des Sondereigentums vorschreiben (*BayObLG* WE 1988, 202) oder eine Vermietung des Sondereigentums verbieten (*Armbrüster* ZWE 2004, 217; *Bärmann/Wenzel* § 10 Rn 102; aA *Staudinger/Kreuzer* § 10 Rn 75). Die Einschränkung verfassungsrechtlich geschützter **Grundrechte** ist durch Vereinbarung grundsätzlich möglich, solange das Grundrecht verzichtbar ausgestaltet ist. So können die Wohnungseigentümer etwa durch Vereinbarung die Installation von Rundfunkempfangsanlagen (*BGH* V ZB 51/03, NJW 2004, 937) oder behindertengerechten Einrichtungen einschränken. 25

Vereinbarungen unterliegen nicht der Klauselkontrolle nach den §§ 305 ff BGB für **allgemeine Geschäftsbedingungen – AGB** (*OLG Frankfurt* 20 W 54/98, ZMR 1998, 365; *Riecke/Schmid/Elzer* § 10 Rn 220 f; *Staudinger/Kreuzer* § 10 Rn 30; offen gelassen *BGH* V ZB 1/86, NJW 1987, 650). 26

II WEG § 10 Allgemeine Grundsätze

27 **d) Auslegung.** Vereinbarungen sind nach Maßgabe der §§ 133, 157 und 242 BGB auszulegen. Zu unterscheiden ist zwischen durch Grundbucheintragung verdinglichten Vereinbarungen und solchen, die mangels Eintragung im Grundbuch nicht gegenüber Sondernachfolgern wirken. Bei letzteren, rein **schuldrechtlichen Vereinbarungen** ist der wirkliche Wille der Wohnungseigentümer zu erforschen. Lässt sich ein übereinstimmender Wille nicht feststellen, ist der objektive Erklärungswert maßgebend. Für **im Grundbuch eingetragene Vereinbarungen** gelten zusätzlich die allgemeinen Auslegungsgrundsätze für Grundbucheintragungen (*BGH* V ZB 13/90, NJW 1991, 1613). Bei der Auslegung ist abzustellen auf Wortlaut und Sinn des Eingetragenen, wie es sich für den unbefangenen Betrachter als nächstliegende Bedeutung der Erklärung ergibt (*BGH* V ZB 43/93, NJW 1994, 2950; V ZB 13/90, NJW 1991, 1613). Die örtlichen Verhältnisse können zur Auslegung herangezogen werden (*BayObLG* 2Z BR 45/94, NJW-RR 1995, 467; BReg 2 Z 22/84, WuM 1985, 298; *KG* 24 W 1240/88, NJW-RR 1989, 140). Unerheblich ist dagegen, welche Absichten und welchen Willen der Verfasser bei Erstellung der Gemeinschaftsordnung und bei der Wahl der verwandten Begriffe hatte (*KG* 24 W 7471/92, WE 1994, 55; *BayObLG* 2Z BR 52/98, NZM 1999, 80; 2Z BR 126/92, WuM 1993, 289; *OLG Zweibrücken* 3 W 81/97, WE 1997, 473). Unberücksichtigt bleiben ebenfalls nicht zum Grundbuchinhalt gewordene Baupläne und Baubeschreibungen (*OLG Stuttgart* 8 W 357/86, MDR 1987, 236), die Entstehungsgeschichte der Wohnanlage (*OLG Karlsruhe* 4 W 41/86, NJW-RR 1987, 651), die Meinung des Notars (*Riecke/Schmid/Elzer* 3 Rn 39), Verkaufsprospekte, Erklärungen des teilenden Alleineigentümers bei der Veräußerung (*OLG Zweibrücken* 3 W 87/01, ZWE 2002, 47; *Palandt/Bassenge* § 10 Rn 9) und bisherige Handhabungen der Gemeinschaftsordnung durch die Wohnungseigentümer (*BayObLG* 1 b Z 29/89, WE 1991, 291). Umstände außerhalb der Eintragung und der in ihr in Bezug genommenen Eintragungsbewilligung dürfen nur insoweit herangezogen werden, als sie nach den besonderen Umständen des Einzelfalls für jedermann ohne weiteres erkennbar sind (*BGH* V ZR 118/94, NJW 1995, 2851, 2853). Können Unklarheiten oder Widersprüchlichkeiten in der Gemeinschaftsordnung nicht aufgeklärt werden, verbleibt es bei der gesetzlichen Regelung (*OLG Oldenburg* 5 W 104/97, NZM 1998, 39; *OLG Stuttgart* 8 W 308/97, ZMR 1999, 284; *KG* 24 W 361/01, ZMR 2003, 873).

28 Unterliegt ein Begriff in der Gemeinschaftsordnung einem **Bedeutungswandel** (zB „Ladenöffnungszeit"), ist für die Auslegung auf die objektive Bedeutung des Begriff in dem Zeitpunkt abzustellen, in dem die Vereinbarung geschlossen wurde, solange nicht konkrete Anhaltspunkte dafür vorliegen, dass der Bedeutungsgehalt dynamisch zu verstehen ist (*BayObLG* 2Z BR 103/04, ZMR 2005, 215; *OLG München* 34 Wx 111/06, ZMR 2007, 718; **aA** mit eingehender Begründung *OLG Hamm* 15 W 205/06, NZM 2007, 805; *Bärmann/Wenzel* § 10 Rn 130). Gestatteten die Wohnungseigentümer zB im Jahr 1980 die gewerbliche Nutzung einer Teileigentumseinheit „nur während der Ladenöffnungszeiten", dann haben die Wohnungseigentümer verhindern wollen, dass auch in der Nacht und an Feiertagen Störungen von dem Gewerbebetrieb ausgehen. An diesem – objektiven feststellbaren – Willen ändert sich nichts, wenn die Ladenöffnungszeiten später aufgehoben werden (*Köhler/Bassenge/Kümmel* Teil 9, Rn 401, Stichwort „Laden").

29 **e) Änderung.** Eine Vereinbarung kann nur durch Vereinbarung aller Wohnungseigentümer geändert werden, sofern nicht das Gesetz oder die Gemeinschaftsordnung eine Änderung oder Aufhebung durch Mehrheitsbeschluss (ggf mit qualifizierter

Stimmenmehrheit) oder einseitige Erklärung eines Wohnungseigentümers (etwa des teilenden Eigentümers) zulassen. Folgende Angelegenheiten können kraft Gesetzes abweichend vom Gesetz oder einer bestehenden Vereinbarung durch Mehrheitsbeschluss geregelt werden:
- gemäß § 12 Abs 4 die Aufhebung einer bestehenden Veräußerungsbeschränkung nach § 12 Abs 1,
- gemäß § 16 Abs 3 die Verteilung der Betriebskosten iSd § 556 Abs 1 BGB und der Kosten der Verwaltung,
- gemäß § 21 Abs 7 die Art und Weise von Zahlungen, die Fälligkeit und die Folgen des Verzugs sowie die Kosten für eine besondere Nutzung des gemeinschaftlichen Eigentums und die Verteilung der Kosten für einen besonderen Verwaltungsaufwand.

Darüber hinaus kann die Gemeinschaftsordnung weitere Angelegenheiten, die kraft Gesetzes nur durch Vereinbarung geregelt werden können, einer Mehrheitsentscheidung zugänglich machen. Solche **Öffnungsklauseln** sind Ausfluss der den Wohnungseigentümern durch § 10 Abs 2 S 2 eingeräumten weitgehenden Gestaltungsfreiheit. Besondere Anforderungen an die inhaltliche Bestimmtheit solcher Klauseln bestehen nach der Rechtsprechung nicht. Zulässig ist etwa eine gegenständlich unbegrenzte Klausel, wonach „*... die Wohnungseigentümer ihr Verhältnis untereinander abweichend von den Bestimmungen dieser Gemeinschaftsordnung und von den gesetzlichen Vorschriften durch Stimmenmehrheit regeln*" können (*Becker/Kümmel/Ott* Rn 162). 30

Gleichwohl darf eine Öffnungsklausel nicht dazu führen, dass einmal getroffene Vereinbarungen nach Belieben der jeweiligen Mehrheit abgeändert werden können. Nach Auffassung des BGH ist eine Änderung durch Mehrheitsbeschluss nur zulässig, wenn **sachliche Gründe** vorliegen und einzelne Wohnungseigentümer aufgrund der Neuregelung gegenüber dem bisherigen Rechtszustand **nicht unbillig benachteiligt** werden (*BGH* VII ZB 21/84, NJW 185, 2832). Fehlt es an diesen Voraussetzungen, ist der Beschluss aber nicht nichtig, sondern lediglich erfolgreich anfechtbar (*Becker/Kümmel/Ott* Rn 163; *Palandt/Bassenge* § 10 Rn 22). Gleiches gilt, wenn die Öffnungsklausel ein qualifiziertes Stimmenquorum voraussetzt, dieses bei der Beschlussfassung aber nicht erreicht wird und der Versammlungsvorsitzende gleichwohl einen positiven Beschluss verkündet. Gilt die Öffnungsklausel nur für einen eingegrenzten Regelungsbereich und geht die Mehrheitsentscheidung über diesen hinaus, ist der Beschluss mangels Beschlusskompetenz nichtig. 31

Ein Mehrheitsbeschluss, mit dem die Wohnungseigentümer ohne Öffnungsklausel eine Vereinbarung ändern wollen, ist **mangels Beschlusskompetenz nichtig** (*BGH* V ZB 58/99, NJW 2000, 3500); sa § 23 Rn 5 ff). 32

Bestimmt die Öffnungsklausel, dass die Gemeinschaftsordnung mit Mehrheit „*der Wohnungseigentümer*" geändert werden kann, kann die Auslegung ergeben, dass sich die Mehrheit insoweit **nach Köpfen** richten soll und zwar auch dann, wenn sich das Stimmrecht in der Eigentümerversammlung bei Verwaltungsentscheidungen und Gebrauchsregelungen nach Miteigentumsanteilen oder Wohnungseigentumseinheiten richtet. Sieht die Gemeinschaftsordnung ihre Abänderbarkeit durch „*einstimmigen Beschluss*" vor, kann die Auslegung ergeben, dass nur die Zustimmung aller in der Versammlung anwesenden und vertretenen Wohnungseigentümer erforderlich ist (*BayObLG* 2Z BR 125/03, NZM 2004, 659). Eine Klausel, wonach die **sachenrechtli-** 33 chen **Grundlagen** der Wohnanlage durch Mehrheitsentscheidung geändert werden können, fällt nicht in die Gestaltungsfreiheit der Eigentümer nach § 10 Abs 2 S 2 (vgl *BayObLG* 2Z BR 163/99, ZMR 2000, 316; *KG* 24 W 3797/97, ZMR 1998, 368; **aA** *Staudinger/Kreuzer* § 10 Rn 65). Eine solche Klausel bindet künftige Wohnungseigentümer nicht nach § 10 Abs 3 (*Häublein* DNotZ 2000, 442).

34 Soll eine nachträglich vereinbarte Öffnungsklausel ins Grundbuch eingetragen werden, ist die **Zustimmung** der dinglich Berechtigen an den Wohnungseigentumseinheiten **(Grundbuchgläubiger)** nach hM nicht erforderlich, weil allein die Existenz der Öffnungsklausel die Rechtsposition der Grundbuchgläubiger noch nicht berühre (*OLG Düsseldorf* I-3 Wx 329/03, NJW 2004, 1394; *Wenzel* ZWE 2004, 130; *Schneider* ZMR 2004, 286; *Ott* ZWE 2001, 466; **aA** *Becker* ZWE 2002, 341; *Riecke/Schmid/Elzer* § 10 Rn 303). Die Eintragung der Öffnungsklausel ins Grundbuch ist Voraussetzung dafür, dass die aufgrund der Öffnungsklausel gefassten Beschlüsse gegenüber Sondernachfolgern wirken (*Kümmel* ZWE 2002, 68). Die aufgrund der Öffnungsklausel gefassten **Beschlüsse** können wegen der ausdrücklichen Regelung in § 10 Abs 4 S 2 **nicht ins Grundbuch** eingetragen werden. Sofern man der Auffassung folgt, dass die Eintragung der Öffnungsklausel ins Grundbuch (noch) nicht der Zustimmung dinglich Berechtigter bedürfe, binden jedoch die aufgrund der Öffnungsklausel gefassten Beschlüsse dinglich Berechtigte und Sondernachfolger nur, wenn die nach § 5 Abs 4 S 2 ivm §§ 876, 877 BGB erforderliche **Zustimmung** vorliegt (*Bärmann/Wenzel* § 10 Rn 149 f; *Gaier* ZWE 2005, 39; *Hügel* ZWE 2001, 578).

35 Die Gemeinschaftsordnung kann auch einem **einzelnen Eigentümer**, in der Praxis häufig dem aufteilenden Eigentümer, die **Befugnis zur Änderung der Gemeinschaftsordnung** einräumen. Von einem solchen Gestaltungsvorbehalt darf der teilende Eigentümer aber nur Gebrauch machen, wenn ein sachlicher Grund dies fordert und kein Eigentümer durch die nachträgliche Änderung der Gemeinschaftsordnung unbillig benachteiligt wird (*Armbrüster* ZMR 2005, 244; *Staudinger/Kreuzer* § 10 Rn 61). Der aufteilende Eigentümer verliert seine Gestaltungsbefugnis spätestens mit seinem **Ausscheiden aus der Gemeinschaft**.

36 **4. Anspruch auf Änderung der Gemeinschaftsgrundordnung (S 3). – a) Anspruchsinhalt.** § 10 Abs 2 S 3 gibt dem einzelnen Eigentümer einen schuldrechtlichen **Anspruch** gegen die übrigen Wohnungseigentümer auf **Abschluss einer Vereinbarung** bzw Zustimmung zu einer Vereinbarung, mit der eine bestehende Vereinbarung im Sinne des § 10 Abs 2 S 2 abgeändert oder eine vom Gesetz abweichende Regelung erstmals getroffen wird. Der Anspruch umfasst zugleich die Bewilligung der Eintragung der Änderungsvereinbarung ins Grundbuch. Eine Änderung der **dinglichen Rechtszustände**, etwa eine Änderung der Miteigentumsanteile oder der Grenzen des Sonder- und Gemeinschaftseigentums, kann nach § 10 Abs 2 S 3 nicht verlangt werden (BT-Drucks 16/887, S 17 f).

37 **b) Anspruchsinhaber und Anspruchsgegner.** Inhaber dieses Anspruchs, der aus dem Gemeinschaftsverhältnis folgt, kann nur sein, wer Mitglied der Eigentümergemeinschaft, dh Inhaber einer Wohnungseigentumseinheit, ist. Erwerber, die noch nicht im Grundbuch eingetragen, aber bereits durch Auflassungsvormerkung gesichert sind, können den Anspruch allenfalls für den Veräußerer geltend machen, sofern sie aufgrund des Kaufvertrages oder aufgrund einer Individualvereinbarung dazu ermächtigt sind.

Anspruchsgegner sind die übrigen Mitglieder der Wohnungseigentümergemeinschaft. **38**
Müssen diese gemäß § 10 Abs 2 S 3 der begehrten Änderung zustimmen, sind auch die
Inhaber beschränkt dinglicher Rechte (Grundbuchgläubiger) verpflichtet, der Eintragung der neuen Vereinbarung in das Grundbuch zuzustimmen, soweit deren Zustimmung gemäß §§ 876, 877 BGB, § 5 Abs 4 S 2, 3 erforderlich ist. Die Zustimmungspflicht folgt aus dem Grundsatz, dass der dinglich Berechtigte keine weitergehenden
Rechte haben kann als der Eigentümer. Das beschränkt dingliche Recht lastet auf
dem Wohnungseigentum, das bereits kraft Gesetzes mit der Zustimmungspflicht des
Eigentümers nach § 10 Abs 2 S 3 belastet ist. Nach Auffassung des *BayObLG* (2 Z
114/86, NJW-RR 1987, 714–717) soll die **Zustimmung** des dinglich Berechtigten sogar
entbehrlich sein, wenn bereits der Wohnungseigentümer der Vereinbarung zustimmen
muss (so auch *Bärmann/Wenzel* § 10 Rn 162; **aA** *Riecke/Schmid/Elzer* § 10 Rn 193).

Der **Inhaber einer Auflassungsvormerkung** kann sich gegen die Eintragung der Vereinbarung im Grundbuch nicht nach § 888 BGB wehren, da er der Vereinbarung ebenfalls zustimmen müsste, wenn er im Zeitpunkt des Abschlusses der Vereinbarung bereits als Eigentümer im Grundbuch eingetragen wäre. Es liegt somit keine vormerkungswidrige Verfügung vor. **39**

c) Tatbestandsvoraussetzungen. Ein Änderungsanspruch besteht, wenn ein Festhalten an der geltenden Regelung aus **schwerwiegenden Gründen** unter Berücksichtigung aller Umstände des Einzelfalls, insbesondere der Rechte und Interessen der anderen Wohnungseigentümer, unbillig erscheint. **Unbillig** ist eine Regelung, die bei objektiver Betrachtung die unterschiedlichen Interessen der Wohnungseigentümer nicht in einen angemessenen Ausgleich bringt, weil einzelne Eigentümer übervorteilt oder ohne sachlichen Grund benachteiligt werden. Dies setzt allerdings nicht voraus, dass die Regelung „grob unbillig" sein oder zu „unzumutbaren" Ergebnissen führen muss. Von einer derart hohen Eingriffsschwelle hat der Gesetzgeber ausdrücklich abgesehen. Der Gesetzgeber wollte die von der Rechtsprechung (siehe *BGH* V ZB 22/04, NJW 2004, 3413 mwN) bislang aufgestellte Hürde für einen Abänderungsanspruch senken (BT-Drucks 16/887, S 17 ff). Die Herabsenkung im Tatbestandsbereich wird gegenüber der früheren Eingriffsschwelle im Gesetzeswortlaut auch dadurch zum Ausdruck gebracht, dass statt auf die bislang erforderlichen „außergewöhnlichen Umstände" nunmehr auf „schwerwiegende Umstände" abzustellen ist, die zur Unbilligkeit hinzutreten müssen. **40**

Der Gesetzgeber sah für den Fall unbilliger **Kostentragungsregelungen** ausdrücklich davon ab, in den Gesetzestext einen konkreten Schwellenwert für die Unbilligkeit aufzunehmen. Nach der Begründung zum Gesetzentwurf der Bundesregierung vom 9.3.2006 (BT-Drucks 16/887, S 17 f) soll aber ab einer Kostenüberbelastung von etwa 25 Prozent Unbilligkeit nahe liegen, und zwar unabhängig davon, ob die Kostenregelung von Anfang an verfehlt war oder erst im Nachhinein aufgrund geänderter Umstände unbillige Ergebnisse hervorruft. Die Bundesregierung wollte mit der neuen Regelung ausschließen, dass ein Anspruch wegen eines Missverhältnisses der Kostentragung – soweit es nicht um kleinere und damit nicht spürbar belastende Geldbeträge geht – erst bejaht wird, wenn das Mehrfache dessen zu bezahlen ist, was bei sachgerechter Kostenverteilung zu tragen wäre. **41**

Auch nach der neuen Gesetzeslage muss sich ein Eigentümer aber grundsätzlich an einer unbilligen Regelungen festhalten lassen. Die Mitglieder der Gemeinschaft müs- **42**

Kümmel

sen der Änderung einer unbilligen Regelung nur zustimmen, wenn **schwerwiegende Gründe** dies erfordern. So kann es etwa unbillig sein, wenn ein Eigentümer, dessen Wohnung seit Begründung der Wohnungseigentümergemeinschaft durch eine Gasetagenheizung beheizt wird, neben den Kosten seiner Etagenheizung auch die Kosten der Instandhaltung der Zentralheizungsanlage mittragen muss. Kann der Eigentümer allerdings seine Wohnung jederzeit und ohne größeren Kostenaufwand an die Zentralheizungsanlage anschließen, fehlt es an einem schwerwiegenden Grund, ihn von den Kosten der Instandhaltung der Zentralheizung zu befreien. Anders könnte die Beurteilung ausfallen, wenn ein Anschluss an die Zentralheizung technisch unmöglich ist.

43 Bei der Abwägung, ob sich der Eigentümer an der bestehenden unbilligen Regelung festhalten lassen muss oder ob schwerwiegende Gründe einen Änderungsanspruch begründen, sind alle Umstände des Einzelfalls, insbesondere die Rechte und Interessen der anderen Wohnungseigentümer, zu berücksichtigen. Unter Übernahme der Rechtsprechung des *BGH* (V ZB 22/04, NJW 2004, 3413) zu der bis zum 30.6.2007 geltenden Fassung des WEG kann **gegen** einen Änderungsanspruch sprechen, dass
- die **Auswirkungen** einer unbilligen Regelung **beim Erwerb** des Wohnungseigentums **erkennbar** waren,
- die Ursache für die Unbilligkeit im **Risikobereich** des betroffenen Wohnungseigentümers liegt (zB Leerstehen von Räumen; Scheitern eines geplanten Dachausbaus),
- die mit einer unbilligen Regelung verbundenen Nachteile durch **anderweitige Vorteile** kompensiert werden (zB wenn ein Eigentümer bei einer Kostenart unbillig benachteiligt wird, bei einer anderen Kostenart aber nur einen verhältnismäßig geringen Kostenanteil tragen muss),
- bei einer gebotenen **längerfristigen Betrachtungsweise** zu erwarten ist, dass es zu einem wirtschaftlichen Ausgleich einer einmaligen Kostenmehrbelastung kommt (siehe das Heizungsbeispiel in Rn 42).

44 **Für** einen Änderungsanspruch kann hingegen sprechen, dass aufgrund der bestehenden unbilligen Regelungen
- ein **angemessener Gebrauch** des Sondereigentums oder ein Mitgebrauch des Gemeinschaftseigentums nicht möglich ist,
- die Wohnungseigentumseinheit wegen der geltenden Kostenverteilungsregelung **wirtschaftlich wertlos** ist, da das zu zahlende Wohngeld die nachhaltig zu erzielende Miete dauerhaft und deutlich übersteigt.

45 Allein der Umstand, dass ein Wohnungseigentümer einen bestimmten Bereich des Gemeinschaftseigentums (zB Aufzug, Grünfläche, Kinderspielplatz, Tiefgarage) **nicht nutzt** oder **nicht nutzen kann**, führt nicht dazu, dass der Eigentümer von den Kosten des Gebrauchs und der Instandhaltung/Instandsetzung dieses Gemeinschaftseigentums freigestellt werden muss (*OLG Hamburg* 2 Wx 46/05, ZMR 2006, 220; *OLG Schleswig* 2 W 234/05, WuM 2006, 407). Denn der Gesetzgeber hat sich mit der Regelung des § 16 Abs 2 bewusst dafür entschieden, die Kostentragungspflicht unabhängig vom Gebrauch oder der Möglichkeit des Gebrauchs festzulegen.

46 **d) Durchsetzung des Anspruchs.** Liegen die Voraussetzungen für einen Änderungsanspruch vor, kann der betroffene Eigentümer von den übrigen Eigentümern im Rahmen einer Leistungsklage den **Abschluss einer bestimmten Vereinbarung verlangen**, mit der die Unbilligkeit beseitigt wird. Da es für die Beseitigung der Unbilligkeit in

der Regel mehrere Varianten gibt, haben die Eigentümer einen Gestaltungsspielraum. Sie können anstelle der vom Kläger vorgeschlagenen eine andere Vereinbarung fassen und dadurch einer Verurteilung durch das Gericht entgehen. Der betroffene Eigentümer kann nur dann den Abschluss der von ihm favorisierten Vereinbarung verlangen, wenn die Anspruchsgegner eine Mitwirkung völlig verweigern oder die von den Anspruchsgegnern vorgeschlagene Regelung ebenfalls unbillig wäre.

Für die gerichtliche Durchsetzung des Änderungsanspruchs besteht das erforderliche **Rechtsschutzbedürfnis**, wenn die Anspruchsgegner den Abschluss einer Änderungsvereinbarung – gleich ob in oder außerhalb einer Eigentümerversammlung – verweigert haben. Nur wenn die unbillige Regelung auch durch einen Beschluss der Wohnungseigentümer aufgrund einer gesetzlichen oder vereinbarten Öffnungsklausel beseitigt werden könnte, muss der beeinträchtigte Wohnungseigentümer zunächst versuchen, im Rahmen einer Eigentümerversammlung eine Beschlussfassung herbeizuführen. Der Änderungsanspruch wird im Verfahren nach § 43 Nr 1 durchgesetzt. **Passivlegitimiert** sind alle Eigentümer, die den Abschluss der Vereinbarung verweigern. Die übrigen Eigentümer, die die erforderliche Erklärung bereits abgegeben haben, sind nach § 48 Abs 1 beizuladen. Der **Richter** hat **kein eigenes Gestaltungsermessen** (*Riecke/Schmid/Elzer* § 10 Rn 199; *Bärmann/Wenzel* § 10 Rn 163) § 21 Abs 8 findet auf § 10 Abs 2 S 3 keine Anwendung (**aA** *Merle* ZWE 2008, 9), da es sich bei einer Änderung der Gemeinschaftsordnung nicht um eine „Maßnahme" handelt sondern um ein Grundlagengeschäft. Die Vollstreckung des Urteils erfolgt gemäß § 894 ZPO. Die Entscheidung des Gerichts wirkt gemäß § 10 Abs 3 ohne Eintragung im Grundbuch gegenüber künftigen Wohnungseigentümern. 47

Die **geänderte Gemeinschaftsordnung gilt** erst, wenn alle Wohnungseigentümer der Vereinbarung zugestimmt haben oder die Zustimmung durch gerichtliche Entscheidung ersetzt wurde. Die Änderung gilt nur **für die Zukunft**. Daher kann im Fall einer begehrten Änderung des Kostenverteilungsschlüssels der betroffene Eigentümer nicht die Jahresabrechnung oder den Wirtschaftsplan mit dem Argument anfechten, der in dem Rechenwerk enthaltene Kostenverteilungsschlüssel sei unbillig und er – der Eigentümer – habe einen Anspruch auf Änderung des Kostenschlüssels. Die Jahresabrechnung und der Wirtschaftsplan sind trotz unbilliger Kostenverteilung so lange rechtmäßig, bis die Änderung des Kostenverteilungsschlüssels tatsächlich vollzogen wurde (*BayObLG* 2Z BR 105/97, ZMR 1998, 177). Aus den gleichen Gründen kann der Änderungsanspruch auch nicht einem Anspruch auf Zahlung von Wohngeld entgegengehalten werden (*BayObLG* 2Z BR 3/96, WuM 1996, 297). 48

e) Verhältnis zu § 16 Abs 3. Der Anspruch aus § 10 Abs 2 S 3 lässt die Möglichkeit der Wohnungseigentümermehrheit unberührt, aufgrund einer vereinbarten oder gesetzlichen Öffnungsklausel, insbesondere § 16 Abs 3, eine Änderung bestehender Regelungen, zB des Kostenverteilungsschlüssels für Betriebskosten und Kosten der Verwaltung, zu beschließen. Verweigern die Wohnungseigentümer eine Änderung des unbilligen Kostenverteilungsschlüssels durch Beschluss oder Vereinbarung, steht dem beeinträchtigten Wohnungseigentümer unter den Voraussetzungen des § 10 Abs 2 S 3 ein **Anspruch auf Beschlussfassung** im Rahmen des § 16 Abs 3 zu (*Bärmann/Becker* § 16 Rn 106). § 10 Abs 2 S 3 ist lex specialis zu § 21 Abs 4 (*Bärmann/Wenzel* § 10 Rn 161). Eine gesonderte Beschlusskompetenz wird durch § 10 Abs 2 S 3 nicht eröffnet (**aA** *Abramenko* ZMR 2007, 424). 49

IV. Bindung der Sondernachfolger an Vereinbarungen (Abs 3)

50 Vereinbarungen iSd § 10 Abs 2 S 2 wirken gegen den Sondernachfolger eines Wohnungseigentümers nur, wenn sie als Inhalt des Sondereigentums im Grundbuch eingetragen sind. **Sondernachfolger** ist der rechtsgeschäftliche Erwerber und der Ersteigerer in der Zwangsversteigerung. Gesamtrechtsnachfolger, z. B. Erben, sind auch ohne Grundbucheintragung an bestehende Vereinbarungen gebunden, da sie in die gesamte Rechtsposition des Rechtsvorgängers eintreten. Die Eintragung wird in den Bestandsverzeichnissen der Wohnungsgrundbuchblätter vollzogen. Eine Wiedergabe des gesamten Wortlauts der Vereinbarung ist nicht erforderlich. Gemäß § 7 Abs 3 iVm § 3 Abs 2 WGV (Wohnungsgrundbuchverfügung) genügt eine Bezugnahme auf die **Eintragungsbewilligung**. Lediglich vereinbarte Veräußerungsbeschränkungen iSd § 12 sind ausdrücklich einzutragen. In der Praxis wird häufig auch das Bestehen von Sondernutzungsrechten ausdrücklich erwähnt. Vereinbarungen, die zwar beim Grundbuchamt eingereicht wurden aber im **Bestandverzeichnis** nicht vermerkt sind, wirken gegenüber Sondernachfolgern nicht, da eine wirksame Eintragung nicht vorliegt. Wegen § 29 GBO muss die Vereinbarung schriftlich abgefasst und nebst Eintragungsbewilligung zumindest **notariell beglaubigt** sein, auch wenn die Schriftform kein materielles Wirksamkeitserfordernis für die Vereinbarung ist (Rn 17). Bei der Eintragung hat das Grundbuchamt nur zu prüfen, ob die Vereinbarung gegen zwingende gesetzliche Vorschriften verstößt. Liegt ein Gesetzesverstoß (§ 134 BGB) oder auch nur eine teilweise Unwirksamkeit vor, ist der Eintragungsantrag zurückzuweisen (vgl auch § 7 Rn 43).

51 Unter den Voraussetzungen des § 5 Abs 4 S 3 iVm §§ 876, 877 BGB bedarf die Grundbucheintragung der Zustimmung der im Grundbuch eingetragenen **dinglich Berechtigten** (§ 5 Rn 55 ff).

52 Die im Grundbuch eingetragene Vereinbarung ist Inhalt des jeweiligen Sondereigentums (§ 5 Abs 4 S 1, § 8 Abs 2 S 1, § 10 Abs 3). Das Sondereigentum wiederum ist wesentlicher Bestandteil des Wohnungseigentumsrechts. Der **Schutz des guten Glaubens beim Erwerb** eines Wohnungseigentums erstreckt sich daher auch auf Bestand und Umfang einer Vereinbarung (*OLG Stuttgart* 8 W 481/84, NJW-RR 1986, 318; *BayObLG* BReg 2 Z 47/89, DNotZ 1990, 381; *OLG Frankfurt* 20 W 105/96, ZMR 1997, 659; *Ertl* Festschrift für Hanns Seuß, S 151, 160 f; aA *Palandt/Bassenge* § 10 Rn 11; *Fisch* RhNotK 1999, 213). Dies gilt allerdings nicht für Vereinbarungen, die aus inhaltlichen Gründen, etwa wegen Verstoßes gegen ein gesetzliches Verbot oder Treu und Glauben (Rn 25), nichtig sind (*Staudinger/Kreuzer* § 10 Rn 67). Unzulässige Grundbucheintragungen können nicht Grundlage gutgläubigen Erwerbs sein (*BGH* V ZR 210/03, NZM 2004, 876). Die Möglichkeit gutgläubigen Erwerbs besteht auch nicht beim Zuschlag in der **Zwangsversteigerung** (*BayObLG* 2Z BR 112/93, ZMR 1994, 231). Ist eine Vereinbarung als Inhalt des Sondereigentums in die Wohnungsgrundbücher eingetragen worden, so entfällt die Bindungswirkung gegenüber dem Sondernachfolger nicht allein deshalb, weil im Zuge einer Bestandsabschreibung die Vereinbarung versehentlich nicht in das Bestandsverzeichnis eines neu angelegten Grundbuches übernommen worden ist; das Grundbuch wird lediglich unrichtig. Der Schutz des guten Glaubens eines Sonderrechtsnachfolgers erstreckt sich nach § **892 Abs 1 S 1 BGB** auch darauf, dass bei dem Wohnungseigentum Vereinbarungen mit Wirksamkeit gegenüber dem Sondernachfolger über den im Grundbuch ausgewiesenen Bestand hinaus nicht getroffen sind.

Nicht im Grundbuch eingetragene Vereinbarungen (sog **schuldrechtliche Vereinbarungen**) binden nur die am Abschluss der Vereinbarung beteiligten Wohnungseigentümer. Tritt ein Eigentümerwechsel ein, wird die Vereinbarung hinfällig, wenn sie nach ihrem Inhalt nur gegenüber allen Eigentümern einheitlich gelten kann, so zB bei Kostentragungsregelungen (*BayObLG* 2Z BR 180/01, ZMR 2002, 528). Nach dem Eigentümerwechsel erlangt wieder die sich aus dem Gesetz oder der Gemeinschaftsordnung ergebende Regelung Gültigkeit (*Weitnauer/Lüke* § 10 Rn 31; **aA** *Bärmann/Wenzel* § 10 Rn 110; *Riecke/Schmid/Elzer* § 10 Rn 154, wonach eine durch die schuldrechtliche Vereinbarung aufgehobene frühere Vereinbarung nicht wieder zum Tragen kommen soll). Ein Sondernachfolger ist ohne Grundbucheintragung an eine (ihn belastende) Vereinbarung auch dann nicht gebunden, wenn er sie bei Eintritt in die Gemeinschaft kennt (*OLG München* 34 Wx 76/05, ZMR 2006, 68; *Palandt/Bassenge* § 10 Rn 11). Nach **hM** soll sich ein Sondernachfolger auch auf eine nicht im Grundbuch eingetragene Vereinbarung berufen können, wenn diese für seine Rechtsstellung vorteilhaft sei, also **zu seinen Gunsten** wirke (*BayObLG* 2Z BR 180/01, ZMR 2002, 528; *OLG Düsseldorf* 3 Wx 392/00, NZM 2001, 530; *OLG Hamm* 15 W 4/98, ZMR 1998, 718; **aA** *Staudinger/ Kreuzer* § 10 Rn 40; *Ott* WE 1999, 80; *Kümmel* Die Bindung, S 38 ff; *Bärmann/Wenzel* § 10 Rn 121; *Riecke/Schmid/Elzer* § 10 Rn 149). Die Bindungswirkung ergebe sich in diesem Fall aus **§ 746 BGB**. Einer Grundbucheintragung bedürfe es nur für solche Vereinbarungen, die **gegen** den Sondernachfolger wirkten (*Palandt/Bassenge* § 10 Rn 11). 53

Unabhängig davon besteht die Möglichkeit eines **rechtsgeschäftlichen Eintritts** des Sondernachfolgers in die mit seinem Vorgänger getroffene schuldrechtliche Vereinbarung (vgl *Hügel* Festschrift f Wenzel, S 219; *Wenzel* ZWE 2000, 550, 553; *OLG Köln* 16 Wx 7/01, NZM 2001, 1135; *OLG Zweibrücken* 3 W 198/04, NZM 2005, 343). Eine derartige Schuldübernahme setzt aber die positive Kenntnis des Erwerbers vom Bestehen einer Vereinbarung und die Feststellung eines rechtsgeschäftlichen Eintrittswillens voraus (*OLG Hamm* 15 W 236/96, ZMR 1996, 671). 54

V. Bindung der Sondernachfolger an Beschlüsse und gerichtliche Entscheidungen (Abs 4)

Beschlüsse der Wohnungseigentümer gemäß § 23 wirken **ohne Eintragung im Grundbuch** für und gegen Sondernachfolger. Dies gilt auch für Beschlüsse, die vom Gesetz abweichen oder eine Vereinbarung ändern, wenn diese Beschlüsse aufgrund einer gesetzlichen Ermächtigung (zB §§ 16 Abs 3, 4; 21 Abs 7) oder aufgrund einer Öffnungsklausel in der Gemeinschaftsordnung (Rn 30) gefasst werden. Die vereinbarte Öffnungsklausel muss allerdings im Grundbuch eingetragen sein, andernfalls werden die Öffnungsklausel und die auf ihrer Grundlage gefassten Beschlüsse bei Eintritt einer Sonderrechtsnachfolge hinfällig (*Kümmel* ZWE 2002, 68). Beschlüsse können nicht ins Grundbuch eingetragen werden, sie sind **nicht eintragungsfähig**. Das Informationsinteresse eines potentiellen Erwerbers wird durch die Beschluss-Sammlung nach § 24 Abs 7 gewahrt. 55

Entscheidungen eines Gerichts in einem **Rechtsstreits gemäß § 43** können nicht in das Grundbuch eingetragen werden. Die Entscheidungen wirken ohne Grundbucheintragung gegenüber Sondernachfolgern. Dies betrifft sowohl verfahrensbeendende Beschlüsse als auch Urteile. Voraussetzung ist, dass der Rechtsvorgänger des Sondernachfolgers Beteiligter (Partei oder Beigeladener) des Rechtsstreits war. Tritt die Sondernachfolge schon während des Rechtsstreits ein, gelten die §§ 265, 325 ZPO. Die 56

Bindungswirkung nach § 10 Abs 4 führt allerdings nicht dazu, dass der Sondernachfolger persönliche, materielle Leistungspflichten des Rechtsvorgängers, wie etwa die Pflicht zur Zahlung einer Sonderumlage oder zur Beseitigung einer baulichen Veränderung, anstelle des Rechtsvorgängers zu erbringen hat. Die Bindungswirkung betrifft im Wesentlichen Urteile in Beschlussanfechtungsverfahren (§ 48 Abs 3).

57 Nicht zu den gerichtlichen Entscheidungen gehört ein von den Parteien abgeschlossener **Prozessvergleich** (*OLG Zweibrücken* 3 W 218/00, ZMR 2001, 734; *Riecke/Schmid/ Elzer* § 10 Rn 336). Dieser ist aufgrund seiner Doppelnatur sowohl materiell-rechtlicher Vertrag als auch Prozesshandlung (*BGH* NJW 2000, 1942). Die Beantwortung der Frage, ob der materiell-rechtliche Inhalt des Vergleichs zur Wirkung gegenüber Sondernachfolgern der Eintragung in das Grundbuch bedarf, hängt davon ab, ob der Vergleich Beschlussinhalt oder Vereinbarungsinhalt hat (vgl *Becker* ZWE 2002, 429; *Häublein* ZMR 2001, 165). Einigen sich die Wohnungseigentümer in einem Beschlussmängelverfahren (ggf vertreten durch die Prozessbevollmächtigten) über den Regelungsinhalt oder die Gültigkeit eines Beschlusses, fällt dies in den Anwendungsbereich des § 10 Abs 4, sodass der Vergleich auch ohne Eintragung in das Grundbuch Sondernachfolger bindet. Einer nochmaligen ausdrücklichen Beschlussfassung in der Eigentümerversammlung über den Inhalt des Vergleichs bedarf es nicht (**aA** *Riecke/Schmid/ Elzer* § 10 Rn 339 ff; *Bärmann/Wenzel* § 10 Rn 194). Der Vergleich wäre analog § 24 Abs 7 in die Beschluss-Sammlung einzutragen. Betrifft der Vergleich den Abschluss, die Änderung oder die Aufhebung einer Vereinbarung, bedarf der Vergleich zur Bindung von Sondernachfolgern der Eintragung in das Grundbuch. Sonstige Vergleiche, die die Wirksamkeit oder den Inhalt von Vereinbarungen und Beschlüssen nicht betreffen, wirken nur inter partes. Unter den Voraussetzunge der §§ 794 Abs 1 Nr 1, 795, 727 ZPO kann der Titel auf den Rechtsnachfolger umgeschrieben werden.

VI. Bindung der Wohnungseigentümer an Rechtshandlungen (Abs 5)

58 Der praktische Anwendungsbereich des § 10 Abs 5 ist klein. Überwiegend wird die Auffassung vertreten, aus Abs 5 folge, dass auch diejenigen Wohnungseigentümer an einen Beschluss gebunden seien, die dem Beschluss nicht zugestimmt oder an der Beschlussfassung nicht teilgenommen haben (*BGH* V ZB 11/98, NJW 1998, 3713; *OLG Hamm* 15 W 209/89, NJW-RR 1989, 1161; *Bub* ZWE 2000, 194; *Müller* ZWE 2000, 237; *Rapp* DNotZ 2000, 185). Gegen diese Auffassung spricht jedoch der eindeutige Wortlaut der Norm. Abs 5 regelt nicht die Bindungswirkung von Beschlüssen innerhalb der Gemeinschaft, sondern die Wirkung von **Rechtshandlungen** der Wohnungseigentümer aufgrund von Beschlüssen (*Kümmel* Die Bindung, S 78 ff; *Bärmann/ Wenzel* § 10 Rn 199). Die Bindung der überstimmten Wohnungseigentümer an einen Beschluss als Willenbildungsinstrument ergibt sich aus der dem Mehrheitsprinzip zugrunde liegenden normativen Zurechnung des Gemeinschaftswillens (*Kümmel* Die Bindung, S 24). Unter Rechtshandlung ist jedes rechtlich erhebliche Verhalten zu verstehen, insbesondere Willenserklärungen zum Abschluss von Verträgen mit Dritten, rechtsgeschäftsähnliche Handlungen und Prozesshandlungen, nicht aber Realakte.

59 Sofern die Wohnungseigentümer beschließen, im Rahmen der Verwaltung des Gemeinschaftseigentums **Verträge mit Dritten** abzuschließen, wird der Beschluss gemäß § 27 Abs 1 Nr 1 durch den Verwalter durchgeführt. Der Verwalter schließt den Vertrag allerdings nicht im Namen aller Wohnungseigentümer sondern im Namen der rechtsfähigen Wohnungseigentümergemeinschaft (§ 10 Abs 6). Der Vertragsschluss stellt in diesem Fall also keine Rechtshandlung iSd Abs 5 dar. Die Wohnungseigentümer können grundsätzlich auch nicht mit Mehrheit beschließen, der Verwalter solle Verträge für die Eigentümer persönlich mit Dritten abschließen (*BGH* V ZB 32/05, NJW 2005, 2061). Für einen solchen Beschluss fehlt die Beschlusskompetenz. Es sind nur **wenige praktische Fälle** denkbar, in denen ein Beschluss dazu führt, dass die Wohnungseigentümer – selbst oder vertreten durch den Verwalter – Rechtshandlungen vornehmen. Zu denken ist etwa an den Fall des § 27 Abs 2 Nr 3, wonach die Wohnungseigentümer beschließen können, Ansprüche gerichtlich oder außergerichtlich geltend zu machen. Wird ein Beschluss gefasst, wonach eine Klage namens aller Wohnungseigentümer erhoben werden soll, sind an diese Klage gemäß § 10 Abs 5 alle Wohnungseigentümer gebunden, auch die, die dem Beschluss nicht zugestimmt oder an der Beschlussfassung nicht teilgenommen haben.

Abs 5 entfaltet seine Regelungswirkung aber nur, wenn die Rechtshandlung kausal auf einem **wirksamen Beschluss** beruht. Ist der Beschluss nichtig oder rechtskräftig für ungültig erklärt worden, wirkt die Rechtshandlung nicht gegenüber den Wohnungseigentümern und ihren Sondernachfolgern. 60

VII. Wahrnehmung von Rechten und Pflichten durch die Gemeinschaft (Abs 6)

1. Rechts- und Parteifähigkeit der Gemeinschaft (S 1 und 2). Der zum 1.7.2007 in das Gesetz eingefügte § 10 Abs 6 S 1 betont nochmals die Rechtsfähigkeit der Gemeinschaft, soweit die Gemeinschaft bei der Verwaltung des gemeinschaftlichen Eigentums am Rechtsverkehr teilnimmt. Die Gemeinschaft kann gemäß § 10 Abs 6 S 2 **im Rahmen der gesamten Verwaltung** des gemeinschaftlichen Eigentums gegenüber Dritten und Wohnungseigentümern selbst Rechte erwerben und Pflichten eingehen; sie ist Inhaberin der als Gemeinschaft gesetzlich begründeten und rechtsgeschäftlich erworbenen Rechte und Pflichten. Diese Rechte und Pflichten bilden das Verwaltungsvermögen gemäß § 10 Abs 7 (siehe Rn 80 ff). Im Rechtsverkehr wird die Gemeinschaft gemäß § 27 Abs 3 S 1 durch den Verwalter oder gemäß § 27 Abs 3 S 2 durch sämtliche Wohnungseigentümer vertreten. 61

Die **Rechtsfähigkeit** der Gemeinschaft ist **nicht auf den Verbandszweck**, die Verwaltung des gemeinschaftlichen Eigentums, **beschränkt**. Die Rechtsfähigkeit erstreckt sich auf die gesamte Geschäftsführung zugunsten der Wohnungseigentümer (*Bärmann/Wenzel* § 10 R 207). Die Wohnungseigentümer können daher mit der Gemeinschaft als Verband auch Rechtshandlungen vornehmen, die über den Gebrauch und die Verwaltung des vorhandenen Gemeinschaftseigentums hinausgehen, so etwa Grundeigentum erwerben oder fremden Grundbesitz anmieten. Selbst Rechtsgeschäfte, die mit der Wohnanlage in keinerlei Zusammenhang stehen, zB das Buchen einer Urlaubsreise, sind nicht wegen Überschreitens der Rechtsfähigkeit des Verbandes unwirksam. Die Vornahme der Rechtshandlung kann allerdings den Grundsätzen ordnungsmäßiger Verwaltung widersprechen, was an der Wirksamkeit der Rechtshandlung jedoch nichts ändert. Eine andere Frage ist, ob die Wohnungseigentümergemeinschaft bei den jeweiligen Rechtshandlungen wirksam vertreten wird und ob der Verwalter seine Vertretungsmacht überschreitet. Dies hängt von der Beschlusslage innerhalb der Gemeinschaft und der jeweiligen Ausgestaltung des Verwaltervertrages ab. Beschlüsse, die auf die Vornahme ordnungswidriger Rechtshandlungen gerichtet sind, können von jedem Wohnungseigentümer gemäß § 46 62

Abs 1 erfolgreich angefochten werden. Erwächst der Beschluss in Bestandskraft, ist er vom Verwalter gemäß § 27 Abs 1 Nr 1 durchzuführen.

63 Die Gemeinschaft ist **grundbuchfähig**, **scheck- und wechselfähig** (*Abramenko* ZMR 2006, 585; *Hügel* DNotZ 2005, 753; *Armbrüster* GE 2007, 420, 430), konten- und kreditfähig sowie **erbfähig** (*Wenzel* ZWE 2006, 2; *Armbrüster* GE 2007, 420, 430). Sie kann auch **Mitglied** in einer GbR, einer GmbH, einem Verein oder sonstigen Personenmehrheiten sein (*Bärmann/Wenzel* § 10 Rn 29). Nach Auffassung des *LG Berlin* ist die Gemeinschaft auch **prozesskostenhilfefähig**, wobei es für die Bedürftigkeit sowohl auf die Vermögensverhältnisse der Gemeinschaft als auch auf die Vermögensverhältnisse sämtlicher Wohnungseigentümer ankommen soll (55 T 26/05, ZMR 2007, 145). Die Wohnungseigentümergemeinschaft ist gemäß § 11 Abs 3 **nicht insolvenzfähig**.

64 Die Gemeinschaft kann ihre Rechte vor Gericht geltend machen und wegen ihrer Verbindlichkeiten gerichtlich in Anspruch genommen werden. Sie ist **prozess- und parteifähig** (§ 10 Abs 6 S 5) und wird in gerichtlichen Verfahren gemäß § 27 Abs 3 S 1 Nr 2 und 7 durch den Verwalter oder – wenn kein Verwalter bestellt ist – gemäß § 27 Abs 3 S 2 durch sämtliche Wohnungseigentümer vertreten. Da die Gemeinschaft weder einer gewerblichen noch einer selbstständigen Tätigkeit nachgeht, ist sie einem **Verbraucher** iSd § 13 BGB gleichzustellen (**aA** *LG Rostock* 4 O 322/06, ZWE 2007, 292), wenn sie überwiegend aus Eigennutzern oder nichtgewerblichen Vermietern besteht (noch weitergehend *Armbrüster* GE 2007, 420, 424 mit Verweis auf *BGH* XI ZR 63/01, NJW 2002, 368, wonach die Gemeinschaft immer dann wie ein Verbraucher zu behandeln ist, wenn wenigstens ein Mitglied der Gemeinschaft Verbraucher iSd § 13 BGB ist; ebenso *Bärmann/Wenzel* § 10 Rn 236; *LG Nürnberg-Fürth* 14 T 1462/08, ZMR 2008, 83). Die Gemeinschaft ist idR **keine Unternehmerin** iSd § 13b Abs 2, § 2 Abs 1 S 1 UStG (*Armbrüster* GE 2007, 420, 424).

65 Die Gemeinschaft führt die **Bezeichnung** „Wohnungseigentümergemeinschaft" gefolgt von der bestimmten Angabe des gemeinschaftlichen Grundstücks (§ 10 Abs 6 S 4). In der Regel wird das Grundstück mit der **postalischen Anschrift** bezeichnet, zB Wohnungseigentümergemeinschaft Hauptstraße 100, 10987 Berlin. Soweit der Wohneigentumsanlage keine postalische Anschrift zugeteilt ist (zB einer in Teileigentumseinheiten aufgeteilten Tiefgarage), kann die Individualisierung auch über die **katastermäßige Bezeichnung** des Grundstücks gemäß den Angaben im Bestandsverzeichnis der Wohnungsgrundbücher erfolgen. Die Bezeichnung der Wohnungseigentümergemeinschaft im Gerichtsverfahren regelt § 44.

66 Sofern die Wohnungseigentümergemeinschaft nach der Gemeinschaftsordnung in **Untergemeinschaften** untergliedert ist, betrifft dies nur das Innenverhältnis. Die Untergemeinschaften bilden **keine Rechtssubjekte** und sind somit auch nicht rechtsfähig (*OLG Naumburg* 4 W 18/08, ZMR 2009, 389; *Armbrüster* GE 2007, 420, 436; *Bärmann/Wenzel* § 10 Rn 26). Auch wenn in einer Mehrhausanlage die Gemeinschaftsordnung bestimmt, dass für die Instandhaltung des Gebäudes A ausschließlich die Mitglieder der Untergemeinschaft A zuständig sind und auch nur diese die anfallenden Kosten zu tragen haben, kann nur die Gesamtgemeinschaft einen Vertrag mit einem Handwerker schließen. Aus diesem Vertrag haften gemäß § 10 Abs 8 alle Wohnungseigentümer der (gesamten) Gemeinschaft quotal, sofern mit dem Gläubiger der Gemeinschaft nicht ausdrücklich vereinbart ist, dass die akzessorische Haftung nach § 10 Abs 8 nur die Mitglieder der jeweiligen Untergemeinschaft treffen soll. Die Haftungsquoten der Mitglieder der betroffenen Untergemeinschaft können abweichend von § 10 Abs 8 nur erhöht werden, wenn alle Mitglieder der Untergemeinschaft sich damit ausdrücklich einverstanden erklären. Durch Eigentümerbeschluss kann der Verwalter nicht ermächtigt werden, höhere Haftungsquoten zu vereinbaren.

2. Ausübungs- und Wahrnehmungsbefugnis der Gemeinschaft für Rechte und Pflichten der Wohnungseigentümer (S 3). Neben den zum Verwaltungsvermögen gehörenden Rechten und Pflichten übt die Gemeinschaft gemäß § 10 Abs 6 S 3 die **gemeinschaftsbezogenen Rechte der Wohnungseigentümer** aus und nimmt die **gemeinschaftsbezogenen Pflichten** der Wohnungseigentümer wahr. Gleiches gilt für **sonstige Rechte** und Pflichten der Wohnungseigentümer, soweit diese gemeinschaftlich geltend gemacht werden können oder zu erfüllen sind. Mit der Regelung, dass die Rechte und Pflichten der Wohnungseigentümer von der Gemeinschaft „ausgeübt" und „wahrgenommen" werden, weist das Gesetz ihre Geltendmachung und Erfüllung der Gemeinschaft zu. Dies bedeutet, dass die Befugnis zur Ausübung von Rechten und zur Wahrnehmung von Pflichten (**Ausübungsbefugnis**) aus der (bisherigen) Kompetenz der Gesamtheit der Wohnungseigentümer ausgegliedert und der Gemeinschaft zugeordnet wird (Gegenäußerung Bundesregierung, BT-Drucks 16/887, S 61). Mit der Normierung einer bloßen Ausübungsbefugnis anstelle einer Vollrechtsübertragung bringt der Gesetzgeber zum Ausdruck, dass den Wohnungseigentümern weiterhin die maßgebliche Stellung in der Wohneigentumsanlage und der Gemeinschaft nur eine gleichsam dienende Funktion zukommen soll (Gegenäußerung Bundesregierung, BT-Drucks 16/887, S 61). Gleichwohl kann die Gemeinschaft als Treuhänderin im Rahmen der Ausübungsbefugnis über die Rechte der Wohnungseigentümer verfügen (*Bärmann/Wenzel* § 10 Rn 242; aA *Riecke/Schmid/ Elzer* § 10 Rn 413). So verlangt die Gemeinschaft im Rahmen einer Leistungsklage etwa **Leistung an sich** und nicht an die Wohnungseigentümer. Ein von der Gemeinschaft erstrittenes Urteil gegen Dritte oder einzelne Wohnungseigentümer bindet auch die übrigen Mitglieder der Gemeinschaft. Im Prozess können die Mitglieder der Gemeinschaft als Zeugen gehört werden (*Riecke/Schmid/Elzer* § 10 Rn 414). 67

Abgrenzungsfragen: Mit der Begründung einer Ausübungsbefugnis der Gemeinschaft für Rechte der Wohnungseigentümer beseitigt das Gesetz Abgrenzungsschwierigkeiten zwischen den zum Verwaltungsvermögen gehörenden Rechten der Gemeinschaft einerseits und den gemeinschaftsbezogenen Rechten der Wohnungseigentümer andererseits. In beiden Fällen ist gemäß § 10 Abs 6 S 3 aktivlegitimiert für die gerichtliche Geltendmachung der Rechte ausschließlich die Gemeinschaft als rechtsfähiger Verband. Die Aktivlegitimation der Gemeinschaft ist in beiden Fällen **nicht** von einer **vorherigen Beschlussfassung** der Wohnungseigentümer abhängig. Der Verwalter bedarf lediglich einer Prozessführungsbefugnis nach § 27 Abs 3 S 1 Nr 4 und 7 iVm Abs 2 Nr 3. 68

Für die Beurteilung der Aktivlegitimation ist allerdings zu unterscheiden zwischen den „gemeinschaftsbezogenen" Rechten iSd § 10 Abs 6 S 3, Hs 1 und den „sonstigen Rechten" der Wohnungseigentümer iSd § 10 Abs 6 S 3, Hs 2. Die sonstigen Rechte können von der Gemeinschaft nur geltend gemacht werden, wenn die Wohnungseigentümer sich dazu durch Vereinbarung oder Beschluss entschieden haben, also die Geltendmachung eines Anspruchs gleichsam durch Beschluss oder Vereinbarung an die Gemeinschaft gezogen haben. Weiterhin bedarf es auch hier einer Ermächtigung 69 des Verwalters zur außergerichtlichen oder gerichtlichen Vertretung nach § 27 Abs 3 S 1 Nr 3 und 7. Ohne einen **„Heranziehungsbeschluss"** oder eine entsprechende Vereinbarung kann das „sonstige Recht" nur durch die Wohnungseigentümer persönlich – einzeln oder gemeinsam – geltend gemacht werden.

70 a) **Gemeinschaftsbezogene Rechte der Wohnungseigentümer (Hs 1, 1. Var).** Die Gemeinschaft übt gemäß § 10 Abs 6 S 3, Hs 1, 1. Var. die **gemeinschaftsbezogenen Rechte** der Wohnungseigentümer aus. Die Norm stellt insoweit auf die Rechtsprechung des BGH zur Geltendmachung gemeinschaftsbezogener Forderungen ab (vgl *BGH* V ZB 9/88, NJW 1989, 1091; V ZB 1/90, NJW 1990, 2386, V ZB 9/91, NJW 1992, 182; V ZR 118/91, NJW 1993, 727). Die Ausübungsbefugnis ist ausschließlich und verdrängt die bis zum 30.6.2007 bestehende Ausübungsbefugnis der Wohnungseigentümer (*Becker* MietRB 2007, 180). „Gemeinschaftsbezogen" sind die Angelegenheiten, für die nach der bis zum 30.6.2007 geltenden Fassung des WEG gemäß § 21 Abs 1 eine ausschließliche **Verwaltungszuständigkeit der Gesamtheit der Wohnungseigentümer** bestand, sodass der Anspruch grundsätzlich nur durch alle Wohnungseigentümer gemeinsam aufgrund eines Beschlusses geltend gemacht werden konnte (Gegenäußerung Bundesregierung, BT-Drucks 16/887, S 61). Hierunter fallen **zum Beispiel** deliktische oder vertragliche Ansprüche auf Schadensersatz wegen Verletzung des gemeinschaftlichen Eigentums (*BGH* V ZR 118/91, NJW 1993, 727; *Becker* MietRB 2007, 180), der Anspruch gegen den Verwalter auf Auskunftserteilung (*KG* 24 W 5516/86, ZMR 1987, 100), der Anspruch auf Durchsetzung eines Notwegerechts (*BGH* V ZR 159/05, ZMR 2007, 46) und der Anspruch auf Minderung und kleinen Schadensersatz aus Erwerbsverträgen wegen Mängeln am Gemeinschaftseigentum (*BGH* V ZR 372/89, NJW 1991, 2480). Eine gemeinschaftsbezogene Angelegenheit stellt auch die **Vermietung des Gemeinschaftseigentums** dar (*Wenzel* ZWE 2006, 462). Die Mieteinnahmen gehören hingegen zum Verwaltungsvermögen.

71 In den Gesetzesmaterialien (Gegenäußerung Bundesregierung, BT-Drucks 16/887, S 61) werden auch die Ansprüche auf Zahlung zu den **Lasten und Kosten** gemäß § 16 Abs 2 und **Schadensersatzansprüche** gegen den Verwalter der Bestimmung des § 10 Abs 6 S 3, Hs 1, 1. Var zugeordnet. Diese Zuordnung ist jedoch systematisch unrichtig, da diese Ansprüche zum Verwaltungsvermögen im Sinne des § 10 Abs 7 gehören; es handelt sich nicht um Rechte der Wohnungseigentümer sondern um Rechte der Gemeinschaft im Sinne des § 10 Abs 6 S 2.

72 b) **Gemeinschaftsbezogene Pflichten der Wohnungseigentümer (Hs 1, 2. Var).** Die gemeinschaftsbezogenen Pflichten der Wohnungseigentümer nimmt gemäß § 10 Abs 6 S 3, Hs 1, 2. Var die Gemeinschaft als rechtsfähiger Verband wahr. Auch hier verdrängt die gesetzliche Wahrnehmungsbefugnis der Gemeinschaft die Rechtszuständigkeit der Wohnungseigentümer (*Bärmann/Wenzel* § 10 Rn 258; aA *Riecke/Schmid/Elzer* § 10 Rn 424). „Gemeinschaftsbezogene Pflichten" sind solche, die – gäbe es § 10 Abs 6 S 3, Hs 1, 2. Var nicht – **sämtliche Wohnungseigentümer** gemeinsam aufgrund der Mitberechtigung am gemeinschaftlichen Eigentum träfen. Ohne Bedeutung ist, ob die Wohnungseigentümer für die Pflicht teilschuldnerisch oder gesamtschuldnerisch hafteten. Zu den **gemeinschaftsbezogenen Pflichten** der Wohnungseigentümer, die gemäß § 10 Abs 6 S 3, Hs 1, 2. Var von der Gemeinschaft wahrgenommen werden, gehört die Pflicht zur Aufrechterhaltung der **Verkehrssicherheit** auf dem gemeinschaftlichen Grundstück (siehe auch *OLG München* 34 Wx 82/05, NZM 2006, 110),

Allgemeine Grundsätze § 10 WEG II

die Pflicht zur Erfüllung **nachbarrechtlicher Ausgleichsansprüche** des Grundstücksnachbarn analog § 906 Abs 2 S 2 BGB, die Pflicht zur Erfüllung **von Schadensersatzansprüchen** einzelner Wohnungseigentümer nach §§ 280, 241 BGB wegen nicht rechtzeitiger oder unterlassener Beschlussfassung (*Becker* MietRB 2007, 180; *Elzer* ZMR 2006, 628; *Wenzel* ZWE 2006, 462), die Pflicht zur Abwehr oder **Sanierung von Bodenverunreinigungen** nach § 4 Abs 2, 3 BBodSchG.

Die Wohnungseigentümergemeinschaft haftet für die Erfüllung der Pflichten mit dem **73 Verwaltungsvermögen** (§ 10 Abs 7). Daneben haftet jeder **Wohnungseigentümer** mit seinem Privatvermögen für die Verbindlichkeit der Gemeinschaft nach dem Verhältnis seines Miteigentumsanteils (§ 10 Abs 8).

c) Sonstige Rechte, soweit diese gemeinschaftlich geltend gemacht werden können 74 (Hs 2, 1. Var).** Zu den „sonstigen" Rechten der Wohnungseigentümer im Sinne des § 10 Abs 6 S 3, Hs 2 zählen Ansprüche, die grundsätzlichen den Wohnungseigentümern als **Individualansprüche** zustehen und von den Eigentümern allein und ohne vorherigen Mehrheitsbeschluss gerichtlich geltend gemacht werden können, die aber nach **hM** (siehe *BGH* V ZB 17/06, ZMR 2006, 457; *OLG München* 34 Wx 083/05, ZMR 2006, 304; *Armbrüster* ZWE 2006, 470; *Wenzel* ZWE 2006, 462) **durch Mehrheitsbeschluss zur Angelegenheit der Gesamtheit der Wohnungseigentümer** gemacht werden können . Hierzu zählen insbesondere Ansprüche gegen einen Wohnungseigentümer gemäß § 1004 Abs 1 BGB auf Beseitigung und Unterlassung einer Störung des gemeinschaftlichen Eigentums wegen unzulässiger baulicher Veränderung oder unzulässigen Gebrauchs sowie Besitzschutzansprüche gegen Dritte nach § 859 ff BGB wegen Störung des Gemeinschaftseigentums (§ 15 Rn 30 ff).

Weiterhin gehören in diese Kategorie **Ansprüche aus Erwerbsverträgen** auf Nacher- 75 füllung, Erstattung aufgewandter Fertigstellungs- und Mangelbeseitigungskosten und Kostenvorschuss wegen Mängeln am Gemeinschaftseigentum (*Armbrüster* GE 2007, 420, 432; *Wenzel* ZWE 2006, 462, 467). In der Gegenäußerung der Bundesregierung, BT-Drucks 16/887, S 61, werden diese Ansprüche zwar systematisch unrichtig § 10 Abs 6 S 3, Hs 1 zugeordnet. Es wird dabei aber verkannt, dass auch diese Ansprüche grundsätzlich durch einen einzelnen Wohnungseigentümer geltend gemacht werden können und daher nicht per se gemeinschaftsbezogen im Sinne des § 10 Abs 6 S 3, Hs 1 sind.

Ein Beschluss der Wohnungseigentümer, wonach ein Anspruch im Sinne des § 10 76 Abs 6 S 3, Hs 2 von der Gemeinschaft gerichtlich durchgesetzt werden soll, bewirkt noch nicht, dass der einzelne Wohnungseigentümer die Berechtigung zur Durchsetzung des ihm zustehenden Anspruchs verliert. Die nach altem Recht zulässige **Konkurrenz der Anspruchsverfolgung** durch den Einzelnen und die Gemeinschaft bleibt auch nach neuem Gesetzeslage grundsätzlich bestehen (Gegenäußerung Bundesregierung, BT-Drucks 16/887, S 62; *OLG München* 32 Wx 111/07, NZM 2008, 87; **aA** *Wenzel* NZM 2008, 74; *Riecke/Schmid/Elzer* § 10 Rn 430; *Becker* ZWE 2007, 432). Erhebt die Gemeinschaft allerdings Klage gegen den Anspruchsgegner, fehlt für eine weitere Klage des einzelnen Wohnungseigentümers das **Rechtsschutzbedürfnis**. Ist die Klage des einzelnen Eigentümers bereits in dem Zeitpunkt anhängig, in dem die Gemeinschaft Klage erhebt, muss der Einzelne seine Klage in der Hauptsache für erledigt erklären, soweit der Streitgegenstand mit dem des Klageverfahrens der Gemeinschaft übereinstimmt (so im Ergebnis auch *Becker* ZWE 2007, 432; *Bärmann/Wenzel* § 10

Kümmel 113

Rn 256). Hat ein einzelner Wohnungseigentümer bereits einen **rechtskräftigen Titel** erwirkt, ist die Gemeinschaft mit der Durchsetzung ihres Anspruchs präkludiert, wenn dem Klageverfahren des Einzeleigentümers sämtliche Mitglieder der Gemeinschaft beigeladen waren.

77 **d) Sonstige Pflichten, soweit diese gemeinschaftlich zu erfüllen sind (Hs 2, 2. Var)**
„Sonstige" Pflichten der Wohnungseigentümer im Sinne des § 10 Abs 6 S 3, Hs 2, die **gemeinschaftlich zu erfüllen** sind, aber keine gemeinschaftsbezogenen Pflichten im Sinne des § 10 Abs 6 S 3, Hs 1 darstellen, gibt es – auf Basis der bisherigen Rechtsprechung zur alten Gesetzesfassung – nicht. Die Gesetzesmaterialien enthalten auch keine Anhaltspunkte, um welche Art von Pflichten es sich hierbei handeln könnte. Die Rechtsentwicklung bleibt daher abzuwarten. Nach der Auffassung *Wenzels* sollen die öffentlich-rechtlichen oder privatrechtlichen Lasten des Grundstücks (§§ 103, 436, 1047 BGB) in diese Kategorie fallen (*Bärmann/Wenzel* § 10 Rn 262).

78 **3. Umgang mit Altverträgen und Alttiteln.** Soweit in **Verträgen aus der Zeit vor Veröffentlichung der Entscheidung des** *BGH* **vom 2.6.2005** zur Rechtsfähigkeit der Wohnungseigentümergemeinschaft (V ZB 32/05, NJW 2005, 2061) die Wohnungseigentümer als Vertragspartner des Dritten genannt sind, ergibt die Auslegung in der Regel, dass die rechtsfähige Wohnungseigentümergemeinschaft als Vertragspartnerin gemein ist. Dies gilt jedenfalls dann, wenn der Vertrag aufseiten der Gemeinschaft vom Verwalter als Vertreter der Gemeinschaft geschlossen wurde. Denn der Verwalter war auch vor der WEG-Novelle grundsätzlich nicht berechtigt, die Wohnungseigentümer persönlich zu vertreten (*BGH* V ZB 32/05, NJW 2005, 2061). Eine solche Vertretungsmacht konnte auch nicht durch Beschluss der Eigentümerversammlung begründet werden (*BGH* V ZB 32/05, NJW 2005, 2061). Der Verwalter konnte nur die Gemeinschaft als Verband vertreten, vorausgesetzt er war dazu durch Beschluss oder Vereinbarung ermächtigt worden. Aus den von der Gemeinschaft geschlossenen Verträgen **haftet nur die Gemeinschaft** mit dem Verwaltungsvermögen. Die Wohnungseigentümer haften aus Verträgen, die vor dem 1.7.2007 von der Gemeinschaft geschlossen wurden, nicht akzessorisch für die Verbindlichkeiten der Gemeinschaft (Rn 97). Die Wohnungseigentümer konnten nur dann persönlich Vertragspartner eines Dritten werden, wenn sie sich – gegebenenfalls neben dem Verband – klar und eindeutig persönlich verpflichtet oder ausdrücklich dem Verwalter, der als Vertreter handelte, Vollmacht im eigenen Namen erteilt haben (*BGH* V ZB 32/05, NJW 2005, 2061).

79 Aus einem **Titel**, der die **Wohnungseigentümer** namentlich **als Gläubiger** nennt (insbesondere Wohngeldtitel oder Kostenfestsetzungsbeschlüsse), können nur die Wohnungseigentümer vollstrecken. Dies gilt auch dann, wenn auf Basis der Entscheidung des *BGH* vom 2.6.2005 (V ZB 32/05, NJW 2005, 2061) materiell-rechtlicher Inhaber der titulierten Forderung die rechtsfähige Gemeinschaft ist und der Titel der materiellen Rechtslage widerspricht. Der im Vollstreckungsverfahren für die Titelgläubiger tätige Rechtsanwalt erhält die Erhöhungsgebühr nach § 7 Abs 1 RVG iVm Nr 1008 RVG-VV (*BGH* V ZB 77/06, NZM 2007, 411). Sind die **Wohnungseigentümer** in einem Alttitel namentlich **als Schuldner** benannt, darf der Gläubiger auch dann gegen die Wohnungseigentümer persönlich vollstrecken, wenn nach der Entscheidung des BGH vom 2.6.2005 oder der zum 1.7.2007 in das WEG eingefügten Bestimmungen des § 10 Abs 6, 7 materiell-rechtlicher Schuldner bzw Wahrnehmungsbefugter die rechtsfähige Gemeinschaft ist. Eine **Berichtigung des Titels** nach § 139 ZPO scheidet

aus, weil es an einer offenbaren Unrichtigkeit fehlt (*BGH* I ZB 83/06, ZMR 2007, 286). Der Titel beruht lediglich auf einer materiell-rechtlich falschen Entscheidung des erkennenden Gerichts. Durch eine **Rubrumsberichtigung** darf sich die Identität der Partei nicht ändern (*BGH* BGHReport 2003, 1168). Wohnungseigentümergemeinschaft und Wohnungseigentümer sind unterschiedliche Rechtssubjekte.

VIII. Verwaltungsvermögen (§ 10 Abs 7)

Träger des Verwaltungsvermögens ist die **rechtsfähige Gemeinschaft**. Der einzelne 80 Wohnungseigentümer ist am Verwaltungsvermögen nicht unmittelbar beteiligt. Er kann auch nicht die Auseinandersetzung verlangen, denn die Gemeinschaft der Wohnungseigentümer ist gemäß § 11 Abs 1 unauflöslich. Um das Verwaltungsvermögen im Wege der Zwangsvollstreckung verwerten zu können, ist ein Titel gegen die Gemeinschaft als solche erforderlich und ausreichend (Gegenäußerung Bundesregierung, BT-Drucks 16/887, S 62 f.).

Das Verwaltungsvermögen besteht aus den im Rahmen der gesamten Verwaltung des 81 gemeinschaftlichen Eigentums **gesetzlich begründeten und rechtsgeschäftlich erworbenen Sachen und Rechten** sowie den entstandenen **Verbindlichkeiten**. Dies gilt unabhängig davon, ob der Erwerb vor oder nach Inkrafttreten der Gesetzesänderung am 1.7.2007 stattgefunden hat (Gegenäußerung Bundesregierung, BT-Drucks 16/887, S 62 f.).

1. Bewegliche Sachen und Immobiliarrechte. Gegenstände, die gemäß § 94 BGB 82 **wesentliche Bestandteile** des gemeinschaftlichen Grundstücks sind, gehören nicht zum Verwaltungsvermögen (*Bub* ZWE 2007, 15, 19). Sie sind gemeinschaftliches Eigentum aller Eigentümer. Alle beweglichen Gegenstände, insbesondere **Zubehör** im Sinne des § 97 BGB (*Bärmann/Wenzel* § 10 Rn 288; **aA** *Riecke/Schmid/Elzer* § 10 Rn 463), können zum Verwaltungsvermögen gehören (*Wenzel* ZWE 2006, 462), soweit sie vom Verband rechtsgeschäftlich erworben wurden (zB Verwaltungsunterlagen, Heizöl, Bewirtschaftungsgegenstände, Bargeld). Es gibt keine Gegenstände, die dem Verwaltungsvermögen kraft Gesetzes zugeordnet sind. Insoweit bedürfte es eines gesetzlichen Rechtsüberganges vom früheren Grundstückseigentümer auf die Gemeinschaft; hierfür fehlt jedoch eine entsprechende Rechtsnorm. Soweit zum Verwaltungsvermögen üblicherweise **technische Unterlagen** über die Wohnanlage gehören, ist der Erstveräußerer aufgrund der Kaufverträge regelmäßig verpflichtet, diese Unterlagen der Gemeinschaft zu übereignen. Die Abgrenzung von Gemeinschaftseigentum und Verwaltungsvermögen mag im Einzelfall zufällig erscheinen, ist jedoch die natürliche Konsequenz aus der Entscheidung des Gesetzgebers, neben dem gemeinschaftlichen Eigentum als weitere Vermögensmasse das Verwaltungsvermögen zu bilden, das nicht den Wohnungseigentümern als Rechtsträgern zugeordnet ist. Den Besitz an den zum Verwaltungsvermögen gehörenden beweglichen Sachen vermittelt der Verwalter als Handlungsorgan der Gemeinschaft (vgl *Palandt/Bassenge* § 854 BGB, Rn 10 f.).

Die Eigentümergemeinschaft ist **grundbuchfähig** (*BGH* V ZB 32/05, NJW 2005, 2061, 83 Gliederungspunkt 7). Zum Verwaltungsvermögen können daher auch beschränkt dingliche Rechte, zB Grundschulden, Hypotheken, beschränkt persönliche Dienstbarkeiten gehören. Die Eigentümergemeinschaft kann darüber hinaus **Eigentümerin** eines Grundstücks, zB einer an die Wohnanlage angrenzenden Stellplatzfläche, sein (*Hügel* DNotZ 2005, 753, 771; *Häublein* Festschrift für Seuß, S 125; *Abramenko* ZMR

2006, 338; *Armbrüster* GE 2007, 420, 428 mit Bedenken wegen der Außenhaftung). Über die Begründung des beschränkt dinglichen Rechts oder den Erwerb des Grundeigentums können die Wohnungseigentümer durch **Mehrheitsbeschluss** entscheiden (*Schneider* ZMR 2006, 813; *Abramenko* ZMR 2006, 338; *Wenzel* NZM 2006, 321; **aA** *LG-Nürnberg-Fürth* ZMR 2006, 812, 813; *Jennißen* NZM 2006, 203, 205: Vereinbarung erforderlich). Die Begründung bzw der Erwerb des dinglichen Rechts stellt eine konkrete Verwaltungsmaßnahme iSd § 21 Abs 1 dar, sodass Beschlusskompetenz besteht. Die Frage, ob der Erwerb des dinglichen Rechts ordnungsmäßiger Verwaltung entspricht, berührt die Beschlusskompetenz nicht (§ 23 Rn 10).

84 Die Gemeinschaft kann auch **Wohnungseigentum innerhalb ihrer Anlage** erwerben. Ob der Erwerb ordnungsmäßiger Verwaltung entspricht, hängt von den Umständen des Einzelfalls ab. Es bedarf eines sachlichen Grundes, der aus dem Gebrauch oder der Verwaltung des gemeinschaftlichen Eigentums herrührt. Ein solcher Grund kann etwa sein, dass die Gemeinschaft wegen Platzmangels einen Fahrradabstellraum benötigt oder das zu erwerbende Sondereigentum Voraussetzung für die Errichtung eines Aufzuges als Modernisierungsmaßnahme (§ 22 Abs 2) ist. Soll ein Entziehungsurteil nach § 19 Abs 1 vollstreckt werden, so kann der Erwerb der Wohnungseigentumseinheit durch die Gemeinschaft ordnungsmäßiger Verwaltung entsprechen, wenn sich außer der Gemeinschaft niemand bereit findet, die Wohnungseigentumseinheit zu erwerben. Der Erwerb von Grundeigentum widerspricht jedoch ordnungsmäßiger Verwaltung, wenn der Kaufpreis von der Gemeinschaft finanziert werden muss. Die Vermeidung künftiger Wohngeldausfälle kann den Erwerb des Wohnungseigentums durch die Gemeinschaft nicht rechtfertigen (**aA** *Derleder* ZWE 2008, 13, 19), da die Gemeinschaft an sich selbst kein Wohngeld zahlen muss. In diesem Fall reduziert sich der Gesamtverteilungsschlüssel um den auf die erworbene Wohnungseigentumseinheit entfallenden Anteil (**aA** wohl *Bärmann/Wenzel* § 10 Rn 289). Bei Kosten, die im Verhältnis die Wohnungseigentümer untereinander verbrauchsabhängig abgerechnet werden, ist der Verbrauchsanteil der von der Gemeinschaft erworbenen Wohnung von den übrigen Mitgliedern der Gemeinschaft nach dem für die Verwaltungskosten geltenden Verteilungsschlüssel zu tragen. Der Erwerb von Wohnungseigentum durch die Gemeinschaft in der eigenen Anlage führt dazu, dass das **Stimmrecht** für dieses Wohnungseigentum ruht (*Häublein* Festschrift für Seuß, S 125).

85 Tritt eine Wohnungseigentümergemeinschaft als **Bieterin in einem Zwangsversteigerungsverfahren** auf, hat weder der Rechtspfleger der Zwangsversteigerungsabteilung bei der Zuschlagserteilung noch das Grundbuchamt bei der Eigentumsumschreibung zu prüfen, ob der Erwerb des Grundeigentums für die Gemeinschaft ordnungsmäßiger Verwaltung entspricht (*OLG Celle* 4 W 213/07, NJW 2008, 1537). Die Rechtspflegeorgane haben lediglich zu prüfen, ob die Person, die für die Eigentümergemeinschaft im Versteigerungstermin handelt, dazu berechtigt ist.

86 **2. Ansprüche und Verbindlichkeiten.** Weder dem Gesetzestext noch den Gesetzesmaterialien lässt sich entnehmen, welche schuldrechtlichen Ansprüche und Verbindlichkeiten dem Verwaltungsvermögen im Detail zugeordnet sind. § 10 Abs 7 S 2 bestimmt lediglich, dass das Verwaltungsvermögen aus den im Rahmen der gesamten Verwaltung des gemeinschaftlichen Eigentums gesetzlich begründeten und rechtsgeschäftlich erworbenen Rechten sowie den entstandenen Verbindlichkeiten besteht. Gemäß § 10 Abs 7 umfasst das Verwaltungsvermögen ausdrücklich auch Verbindlich-

Allgemeine Grundsätze § 10 WEG II

keiten. Dadurch wird deutlich, dass das Verwaltungsvermögen nicht nur aus Aktiva, sondern auch aus Passiva besteht. Die Verbindlichkeiten treffen die Gemeinschaft unabhängig von ihrem Mitgliederbestand und unabhängig davon, ob sie gesetzlich oder rechtsgeschäftlich begründet wurden (Gegenäußerung Bundesregierung, BT-Drucks 16/887, S 62 f).

a) Gesetzliche Rechte und Verbindlichkeiten. Zu den gesetzlichen Rechten und Verbindlichkeiten gehören zB **Ansprüche** des Verbandes **gemäß § 280 BGB** gegen einzelne Wohnungseigentümer auf Schadensersatz wegen Nichtausstattung der Gemeinschaft mit den erforderlichen Finanzmitteln (*Armbrüster* GE 2007, 420, 426; zu Grund und Umfang dieses Anspruchs siehe *BGH* V ZB 32/05, NJW 2005, 2061, 2064) und der Anspruch nach § 985 BGB auf Herausgabe der Verwaltungsunterlagen (*OLG München* 32 Wx 14/06, NZM 2006, 349). 87

b) Rechtsgeschäftlich begründete Rechte und Verbindlichkeiten. Die Gemeinschaft kann durch Rechtsgeschäft Rechte begründen und Verbindlichkeiten eingehen. Insoweit sind Rechte und Verbindlichkeiten gegenüber den Wohnungseigentümern (Innenverhältnis) und gegenüber Dritten (Außenrechtsverhältnis) zu unterscheiden. Im Außenverhältnis entstehen Rechte und Verbindlichkeiten, wenn der Verwalter im Rahmen seiner Befugnisse gemäß § 27 Abs 3 als Organ der Gemeinschaft tätig wird oder die Wohnungseigentümer die Gemeinschaft unter den Voraussetzungen des § 27 Abs 3 S 2 vertreten. Aus **Verträgen der Gemeinschaft mit Dritten** können auch Ansprüche der Wohnungseigentümer resultieren, wenn das jeweilige Rechtsgeschäft ein Vertrag mit **Schutzwirkung zugunsten Dritter** ist (so *OLG Düsseldorf* I-3 Wx 281/05, ZMR 2006, 56), was in der Regel anzunehmen ist, wenn sich der Vertrag auf das Gemeinschaftseigentum bezieht. 88

Bei der **Vermietung des Gemeinschaftseigentums** ist Vermieterin die Gemeinschaft (*Wenzel* ZWE 2006, 462), da der Abschluss des Mietvertrages eine gemeinschaftsbezogene Angelegenheit iSd Abs 6 S 3, Hs 1 darstellt. 89

Aus dem **Innenverhältnis** resultieren **Ansprüche**, die durch Vereinbarung oder Mehrheitsbeschluss der Eigentümer begründet werden, insbesondere Beitragsansprüche nach § 16 Abs 2 aus Beschlüssen über Wirtschaftspläne, Jahresabrechnungen und Sonderumlagen. Auf **Passivseite** gehören zu den Verbindlichkeiten der Gemeinschaft im Innenverhältnis etwa die Verpflichtung zur Auszahlung von Guthaben aus Jahresabrechnungen, die Verpflichtung zur Erfüllung von Aufwendungsersatzansprüchen wegen Notgeschäftsführung gemäß § 21 Abs 2 (siehe § 21 Rn 21) und die Verpflichtung aus ungerechtfertigter Bereicherung zur Rückzahlung ohne Rechtsgrund eingenommener Wohngelder (*OLG München* 32 Wx 40/06, ZMR 2006, 553). 90

3. Keine Bestandteile des Verwaltungsvermögens. Nicht zum Verwaltungsvermögen gehören die **gemeinschaftsbezogenen Rechte der Wohnungseigentümer**, wie zB der Anspruch auf Schadensersatz wegen Beschädigung des Gemeinschaftseigentums oder Mängelansprüche der Wohnungseigentümer aus Erwerbsverträgen. Inhaber dieser Ansprüche sind nach wie vor die Wohnungseigentümer (siehe oben Rn 70). Der Gesetzgeber hat sich insoweit ausdrücklich gegen eine Vollrechtsübertragung auf die Gemeinschaft entschieden (Gegenäußerung Bundesregierung, BT-Drucks 16/887, S 62 f) und der Gemeinschaft in § 10 Abs 6 S 3 lediglich eine Ausübungsbefugnis zukommen lassen. Weiterhin gehören nicht zum Verwaltungsvermögen **individuelle Ansprüche** der Eigentümer, die nach der Rechtsprechung durch Mehrheitsbeschluss 91

Kümmel

zu einer Angelegenheit der Gemeinschaft gemacht werden können (siehe *BGH* V ZB 17/06, ZMR 2006, 457; *OLG München* 34 Wx 083/05, ZMR 2006, 304; *Armbrüster* ZWE 2006, 470; *Wenzel* ZWE 2006, 2), zB der Anspruch gegen einen Wohnungseigentümer gemäß § 1004 Abs 1 BGB auf Beseitigung einer unzulässigen baulichen Veränderung (siehe Gegenäußerung Bundesregierung, BT-Drucks 16/887, S 61 f) oder der Unterlassungsanspruch wegen unzulässigem Gebrauch des gemeinschaftlichen Eigentums. Selbst wenn die Wohnungseigentümer über die gemeinschaftliche Durchsetzung eines solchen Anspruchs beschließen, wird der Anspruch dadurch nicht zum Bestandteil des Verwaltungsvermögens. Die Gemeinschaft ist aufgrund der in § 10 Abs 6 S 3 normierten Ausübungsbefugnis lediglich berechtigt, diese Rechte geltend zu machen (Rn 74).

92 Zur Passivseite des Verwaltungsvermögens gehören nicht Verpflichtungen aus der Verletzung der **Verkehrssicherungspflicht** bezüglich des gemeinschaftlichen Grundstücks (*Bärmann/Wenzel* § 10 Rn 271; **aA** *OLG München* 34 Wx 82/05, NZM 2006, 110; *Armbrüster* GE 2007, 420, 429). Die Gemeinschaft übt in der Regel nicht die Sachherrschaft über das gemeinschaftliche Grundstück aus, dies tun vielmehr die Wohnungseigentümer oder der Verwalter für sie. Gleichwohl muss der Geschädigte eine Schadensersatzklage gegen die Gemeinschaft richten, da diese gemäß § 10 Abs 6 S 3, Hs 1 die gemeinschaftsbezogenen Pflichten der Wohnungseigentümer wahrnimmt (siehe Rn 72).

93 **4. Verwaltungsvermögen bei Auflösung der Gemeinschaft und Wiedergeburt.** Vereinigen sich sämtliche Wohnungseigentumseinheiten in einer Hand, so löst sich die Gemeinschaft als Rechtssubjekt auf und das Verwaltungsvermögen geht gemäß § 10 Abs 7 S 4 im Wege der **Gesamtrechtsnachfolge** auf den **Alleineigentümer** der Wohnanlage über. Die vormals dem Verwaltungsvermögen gehörenden Sachen und Rechte verlieren ihre Zweckbindung (**aA** *Bärmann/Wenzel* § 10 Rn 294). Der Zweckbindung bedarf es nicht mehr, weil nicht mehr zwischen dem Privatvermögen des Alleineigentümers und dem ehemaligen Verwaltungsvermögen unterschieden werden kann. Das ehemalige Verwaltungsvermögen stellt nach Auflösung der Gemeinschaft kein zweckgebundenes (und damit nur beschränkt der Zwangsvollstreckung unterliegendes) Vermögen des Alleineigentümers dar, in das nur die Gläubiger der ehemaligen Gemeinschaft vollstrecken könnten. Die akzessorische Haftung der (ehemaligen) Wohnungseigentümer nach § 10 Abs 8 wegen früherer Verbindlichkeiten der Gemeinschaft bleibt von der Auflösung der Gemeinschaft unberührt. **Vollstreckbare Titel** gegen die Gemeinschaft wegen Verbindlichkeiten aus der Zeit vor Auslösung der Gemeinschaft können gemäß § 727 ZPO auf den Alleineigentümer des Grundstücks umgeschrieben werden.

94 Das Gesetz regelt nicht das Schicksal des ehemaligen Verwaltungsvermögens in dem Fall, dass der Alleineigentümer der Wohnanlage eine Einheit wieder veräußert und dadurch eine **Gemeinschaft** der Wohnungseigentümer **erneut entsteht**. Nach den Äußerungen der Bundesregierung in den Gesetzesmaterialien (Gegenäußerung Bundesregierung, BT-Drucks 16/887, S 63; so auch *Köhler* Das neue WEG, Rn 117; *Bärmann/Wenzel* § 10 Rn 295; **aA** *Spielbauer/Then* § 10 Rn 56) soll das Verwaltungsvermögen in diesem Fall gemäß § 10 Abs 7 S 1 und 2 wieder der Gemeinschaft zustehen. Der Gesetzestext gibt dies jedoch nicht her. Nachvollziehbar ist zwar, dass auch der „neuen" Gemeinschaft ein Verwaltungsvermögen zustehen kann. Die wiedergeborene

Gemeinschaft ist aber ebenso wenig Teilrechtsnachfolgerin des Alleineigentümers wie sie es im Fall der erstmaligen Begründung einer Wohneigentumsanlage ist. Jedenfalls bedürfte es für eine Rechtsnachfolge einer ausdrücklichen gesetzlichen Regelung, die fehlt. Sachen, Rechte und Verbindlichkeiten können ohne gesetzliche Normierung und ohne **rechtsgeschäftlichen Übertragungsakt** nicht den Rechtsträger wechseln. Abgesehen davon bliebe bei einer solchen Rechtsnachfolge unklar, welche Sachen, Rechte und Verbindlichkeiten auf die Gemeinschaft übergingen und welche beim ehemaligen Alleineigentümer verblieben. Angenommen auf dem Grundstück befände sich ein Rasenmäher, den der ehemalige Alleineigentümer angeschafft hatte. Ginge dieser Rasenmäher mit der Entstehung der Gemeinschaft ins Verwaltungsvermögen über oder verbliebe er im Eigentum des ehemaligen Grundstückseigentümers, etwa weil dieser den Rasenmäher auch noch für andere Grundstücke benötigt? Die gleiche Unklarheit ergäbe sich bei **Bankkonten**. Hat der Alleineigentümer der Wohnanlage ein gesondertes Konto für die Bewirtschaftung der Wohnanlage eingerichtet, dann ist es unvorstellbar, dass das Kontoguthaben von selbst auf die spätere Gemeinschaft übergeht. Diese Unklarheiten bei der Vermögenszuordnung stehen einer „automatischen" Rechtsnachfolge vom Alleineigentümer auf die Gemeinschaft unüberwindbar entgegen (**aA** *Bärmann/Wenzel* § 10 Rn 294 f).

IX. Außenrechtsbeziehungen (Abs. 8)

1. Quotale Haftung der Eigentümer (S 1). – a) Grundsätzliches. Für die Verbindlich- 95 keiten der Gemeinschaft aus Rechtsverhältnissen mit Dritten haftet das Verwaltungsvermögen. Aufgrund der seit dem 1.7.2007 geltenden Bestimmung des § 10 Abs 8 haftet daneben jeder Wohnungseigentümer für die Verbindlichkeiten der Gemeinschaft nach dem **Verhältnis seines Miteigentumsanteils** gemäß § 16 Abs 1 S 2. Die Haftung ist **nicht subsidiär** gegenüber der Haftung der Gemeinschaft (*Derleder/Fauser* ZWE 2007, 2). Der Gläubiger kann – bis zur Grenze der Willkür – einen oder mehrere Wohnungseigentümer unmittelbar anteilig in Anspruch nehmen, auch wenn die Gemeinschaft liquide ist (*Armbrüster* GE 2007, 420, 426). Der Eigentümer kann von der Gemeinschaft aber Freistellung verlangen, da ihm gegen die Gemeinschaft ein Aufwendungsersatzanspruch zusteht (§ 257 BGB). Ist der in Anspruch genommene Eigentümer **Wohngeldbeiträge schuldig** geblieben, die für die Erfüllung der Ansprüche des Gläubigers bestimmt waren, kann die Gemeinschaft gegen den Freistellungsanspruch des Gläubigers aufrechnen (*Derleder/Fauser* ZWE 2007, 2).

Die Wohnungseigentümer stehen mit der Gemeinschaft in **keiner Gesamtschuldner-** 96 **schaft.** Wird ein Wohnungseigentümer in Höhe seiner Haftungsquote in Anspruch genommen, entspricht das Verhältnis zur Gemeinschaft der Rechtslage bei Inanspruchnahme einer oHG und eines persönlich haftenden Gesellschafters nach §§ 128, 129 HGB (*Derleder/Fauser* ZWE 2007, 2). Der einzelne Wohnungseigentümer wird aber „**wie ein Gesamtschuldner**" mit dem Verband in Höhe seines Anteils verurteilt, sodass es zu keiner doppelten Inanspruchnahme kommen kann. Erfüllt ein Eigentümer seine quotale Schuld, wird die Gemeinschaft insoweit analog § 422 BGB befreit, die Haftung der übrigen Eigentümer bleibt aber bestehen. Begleicht hingegen die Gemeinschaft die Forderung des Gläubigers teilweise, so reduziert sich die Schuld des einzelnen Wohnungseigentümers entsprechend der Höhe seines Miteigentumsanteils (*Derleder/Fauser* ZWE 2007, 2).

Kümmel

97 Der Gesetzgeber wandte sich mit der seit dem 1.7.2007 geltenden quotalen Haftung von der **Rechtsprechung des** *BGH* ab, nach der der einzelne Wohnungseigentümer grundsätzlich nicht für Verbindlichkeiten der Gemeinschaft akzessorisch haftete (*BGH* V ZB 32/05, NJW 2005, 2061). Eine persönliche Haftung der Wohnungseigentümer neben der Gemeinschaft kam nach Auffassung des BGH nur in Betracht, wenn die Wohnungseigentümer sich neben der Gemeinschaft klar und eindeutig persönlich verpflichtet hatten. Das Gesetz enthält keine **Überleitungsvorschrift** zu § 10 Abs 8. Somit ist davon auszugehen, dass die quotale Haftung nur für Verbindlichkeiten gilt, die nach dem 30.6.2007 begründet wurden (*OLG Karlsruhe* 9 U 5/08, NZM 2009, 247; *Briesemeister* NZM 2008, 230; **aA** *Bärmann/Wenzel* § 10 Rn 304; wohl auch *KG* 27 U 36/07, ZMR 2008, 557). Wäre eine Rückwirkung auch für ältere Verbindlichkeiten gewollt gewesen, hätte der Gesetzgeber dies ausdrücklich normieren müssen (so auch *Briesemeister* NZM 2008, 230).

98 Für eine **Vollstreckung** gegen den einzelnen Wohnungseigentümer ist ein vollstreckbarer Titel gegen den Eigentümer persönlich erforderlich. Aus einem Titel gegen die Gemeinschaft kann nur gegen diese in das Verwaltungsvermögen (§ 10 Abs 7) vollstreckt werden. Der Gläubiger hat den uneingeschränkten Zugriff auf alle Vermögensgegenstände. Etwaige **Zweckbindungen**, denen die Bestandteile des Verwaltungsvermögens im Innenverhältnis zu den Wohnungseigentümern unterliegen (zB Rücklage für Dachsanierung), können dem vollstreckenden Gläubiger nicht entgegengehalten werden (*Derleder/Fauser* ZWE 2007, 2).

99 Ein von der Gemeinschaft beauftragter Werkunternehmer kann sich eine **Bauhandwerkersicherungshypothek** (§ 648 BGB) in die Grundbücher aller Wohnungseigentumseinheiten in Höhe der jeweiligen Haftungsquote eintragen lassen (Gegenäußerung Bundesregierung, BT-Drucks 16/887, S 66). Der Umstand, dass die Wohnungseigentümer selbst nicht Besteller und die Gemeinschaft zwar Besteller, aber nicht Eigentümer der Wohnungen ist, steht dem ausnahmsweise nicht entgegen. Denn die Wohnungseigentümer „beherrschen" die Gemeinschaft und nutzen das Gemeinschaftseigentum, an dem die Baumaßnahme durchgeführt wird; die Leistung des Handwerkers kommt ihnen wirtschaftlich zugute (vgl *BGH* VII ZR 12/87, 1988, 255; *Armbrüster* GE 2007, 420, 422; *Derleder/Fauser* ZWE 2007, 2).

100 b) Verbindlichkeiten der Gemeinschaft. Die Haftung bezieht sich auf sämtliche **Verbindlichkeiten der Gemeinschaft**, gleich aus welchem Verpflichtungsgrund (zB gesetzlich, vertraglich, hoheitlich). Die quotale akzessorische Haftung der Wohnungseigentümer gilt jedoch nur für Verbindlichkeiten „der Gemeinschaft". Aus Verträgen, die die Wohnungseigentümer persönlich – einzeln oder gemeinsam – eingegangen sind, haften die Wohnungseigentümer unmittelbar und unbeschränkt. § 10 Abs 8 findet auf solche Verträge keine Anwendung, da keine Verbindlichkeit der Gemeinschaft vorliegt. Kommt ein Vertrag durch **schlüssiges Verhalten** zustande, stellt sich regelmäßig die Frage, wer Vertragspartner des Dritten geworden ist – die Gemeinschaft oder die Wohnungseigentümer. Dies betrifft insbesondere **Versorgungsverträge** über die Lieferung von Elektrizität, Wasser und Gas. Sofern vonseiten der Wohnanlage kein ausdrücklicher Vertrag mit dem Versorgungsunternehmen geschlossen wird, in dem der Vertragspartner eindeutig benannt ist, kommt der Vertrag durch faktische Entgegennahme der Versorgungsleistung zustande. Es kommt also darauf an, ob die Versorgungsleistung aus Sicht des Lieferanten von der rechtsfähigen Gemeinschaft oder von den Wohnungseigentümern entgegengenommen wird. Für eine Entgegennahme durch die Wohnungseigentümer spricht, dass Wasser und Gas in der Regel im Bereich des Sondereigentum verbraucht werden und dies mit der Verwaltung und dem Gebrauch des Gemeinschaftseigentums nichts zu tun hat. Für eine Abnahme der Versorgungsleistung durch die Gemeinschaft spricht, dass das Versorgungsunternehmen – jedenfalls bei Wasser – nur einen Vertrag für die gesamte Wohnanlage abschließen will und die Abrechnung auf Basis eines Zentralzählers im Haus erfolgen soll. Der *BGH* entschied in einem Fall der gemeinsamen **Gasversorgung**, dass die Gasabnahme aus objektiver Sicht des Gaslieferanten nur dahin verstanden werden könne, dass die Gesamtheit der Wohnungseigentümer als der für das Gasleitungssystem grundsätzlich zuständige Personenkreis als Vertragspartner beliefert werden sollte; denn auch aus der Sicht des Versorgungsunternehmens sollte das Gas über den alleinigen Zähler an alle Wohnungseigentümer in ihrer Eigenschaft als Miteigentümer des Grundstücks geliefert werden (VIII ZR 125/06, NZM 2007, 363). Auch das KG scheint nunmehr von seiner früheren Rechtsprechung (zu **Wasserversorgungsverträgen**) abzukehren und der Rechtsprechung des BGH zu folgen (siehe *KG* 27 U 36/07, ZMR 2008, 557; entgegen *KG* 7 U 251/05, GE 2006, 1478; 22 U 79/06, ZMR 2008, 556; 13 U 26/07, GE 2007, 1485; zu **Abfall- und Straßenreinigungsgebühren** in Berlin siehe *KG* 1 U 96/05, NZM 2006, 585). Durch Allgemeine Versorgungsbedingungen der Lieferanten (AVB) kann weder der Vertragspartner vorgegeben noch entgegen § 10 Abs 8 eine gesamtschuldnerische Haftung der Wohnungseigentümer für Verbindlichkeiten der Gemeinschaft angeordnet werden (*Bärmann/Wenzel* § 10 Rn 311).

Die Haftung für **öffentlich-rechtliche Beiträge** und **Gebühren** richtet sich nach dem jeweiligen **öffentlichen Gesetz**, das die Körperschaft oder Behörde berechtigt, derartige Beiträge oder Gebühren durch **Verwaltungsakt** abzufordern. Die Rechtsfähigkeit der Wohnungseigentümergemeinschaft hindert die Geltung einer im kommunalen Abgabenrecht statuierten gesamtschuldnerischen Haftung der Wohnungseigentümer nicht (*BGH* VII ZR 196/08, 9 E 2009, 977; *OLG Hamm* 15 Wx 164/08, ZMR 2009, 464; *BVerwG* 10 B 65/05, NZM 2006, 146). Die quotale Haftung der Wohnungseigentümer nach § 10 Abs 8 kommt nur zum Tragen, wenn das öffentliche Recht eine **Haftung der Gemeinschaft** anordnet. Allerdings bedarf es auch in diesem Fall eines Bescheides gegen die Eigentümer, wenn die Behörde gegen die Eigentümer persönlich vollstrecken will. Verfassungsrechtlich wäre es auch zulässig, wenn das öffentliche Gesetz eine parallele Haftung von Gemeinschaft und Wohnungseigentümern jeweils in voller Höhe vorschriebe. **101**

c) Zeitliche Begrenzung der akzessorischen Haftung. Die akzessorische Haftung des Wohnungseigentümers gilt nur für solche **Verbindlichkeiten**, die während seiner Zugehörigkeit zur Gemeinschaft **entstanden** und während dieses Zeitraums **fällig geworden** sind. Dies gilt unabhängig davon, ob es sich um einmalige oder wiederkehrende Leistungen handelt. Bei Verbindlichkeiten aus Vertrag „entsteht" die Verbindlichkeit mit Abschluss des Vertrages und Eintritt etwaiger wirksamkeitsbegründender Bedingungen (**aA** *Riecke/Schmid/Elzer* § 10 Rn 481, wonach zwischen Entstehung und Begründung eines Anspruchs zu unterscheiden sei). Bei **Dauerschuldverhältnissen** (zB Versorgungsverträgen, Dienstverträgen) haften im Fall der Veräußerung einer Wohnungseigentumseinheit zwischen Entstehung und Fälligkeit einer Verbindlichkeit der frühere und der neue Wohnungseigentümer gesamtschuldnerisch. **102**

103 Die in § 10 Abs 8 S 1, Hs 2 vorgesehene entsprechende Anwendung des § 160 HGB führt allerdings zu einer **zeitlichen Begrenzung** der Haftung des Veräußerers. Der Veräußerer haftet analog § 160 HGB nur für Verbindlichkeiten der Gemeinschaft, wenn diese während seiner Zugehörigkeit zur Gemeinschaft oder vor Ablauf von fünf Jahren seit der Eigentumsumschreibung (oder Zuschlag in der Zwangsversteigerung) fällig geworden und daraus Ansprüche gegen ihn in einer in § 197 Abs 1 Nr 3 bis 5 BGB bezeichneten Art (gerichtliche Entscheidung, vollstreckbare Urkunde, vollstreckbarer Vergleich, festgestellte Ansprüche im Insolvenzverfahren) festgestellt sind oder eine behördliche oder gerichtliche Vollstreckungshandlung vorgenommen oder beantragt wird. Einer Feststellung in einer in § 197 Abs 1 Nr 3 bis 5 BGB bezeichneten Art bedarf es nicht, soweit der Veräußerer den Anspruch schriftlich anerkannt hat (§ 160 Abs 2 HGB analog).

104 § 10 Abs 8 findet auch auf die **werdende Wohnungseigentümergemeinschaft** (Rn 7 ff) und deren Mitglieder Anwendung (*Bärmann/Wenzel* § 10 Rn 316). Denn auch die werdende Gemeinschaft ist rechtsfähig und kann Verbindlichkeiten eingehen oder einem gesetzlichen Anspruch ausgesetzt sein. Anstelle des im Grundbuch eingetragenen teilenden Alleineigentümers trifft die akzessorische quotale Haftung den durch Vormerkung gesicherten Erwerber als Mitglied der werdenden Gemeinschaft.

105 d) **Abdingbarkeit.** § 10 Abs 8 S 1 ist hinsichtlich der Höhe der Haftungsquote abdingbar. Aus Gründen des Gläubigerschutzes bedarf eine abweichende rechtsgeschäftliche Regelung aber sowohl der **Zustimmung des Gläubigers** als auch der **Zustimmung sämtlicher Wohnungseigentümer**. Der Verwalter kann die Wohnungseigentümer insoweit nur vertreten, wenn er von jedem Wohnungseigentümer ausdrücklich bevollmächtigt wurde oder die Gemeinschaftsordnung eine entsprechende Vollmacht enthält. Durch bloße Vereinbarung im Sinne des § 10 Abs 2 S 2 kann eine von § 10 Abs 8 S 1 abweichende Haftungsquote mit Wirkung gegenüber dem Gemeinschaftsgläubiger nicht geregelt werden. Eine solche Vereinbarung entfaltet nur Wirkung im Verhältnis der Wohnungseigentümer untereinander. Sie wäre im Innenausgleich zu berücksichtigen.

106 2. **Rückgriff bei der Gemeinschaft und den Wohnungseigentümern.** Wird ein Eigentümer nach § 10 Abs 8 S 1 quotal in Anspruch genommen, kann er bei der **Gemeinschaft** Rückgriff nehmen. Dies gilt allerdings nur, wenn ein Anspruch des (angeblichen) Gläubigers gegen die Gemeinschaft einredefrei bestand. Um in einem Rückgriffsprozess die Einwendung der Gemeinschaft auszuschließen, der Eigentümer habe auf eine in Wirklichkeit nicht bestehende oder einredebehaftete Schuld geleistet oder sei zu Unrecht verurteilt worden, sollte er nur bei eindeutiger Rechtslage die behauptete Schuld freiwillig erfüllen und es ansonsten auf ein Klageverfahren ankommen lassen, in dem er der Gemeinschaft den **Streit verkündet**. Gemäß §§ 74, 68 ZPO kann die Gemeinschaft im Rückgriffsprozess nicht mehr einwenden, der vom Dritten in Anspruch genommene Wohnungseigentümer sei zu Unrecht verurteilt worden.

107 Nimmt der Eigentümer Rückgriff bei der Gemeinschaft, muss er sich seinen **Haftungsanteil nicht anrechnen** lassen. Die Gemeinschaft kann allerdings die **Aufrechnung** mit offenen Beitragsforderungen gegen den Eigentümer erklären. Umgekehrt kann der Eigentümer mit seinem Erstattungsanspruch gegen Beitragsforderungen der Gemeinschaft nur aufrechnen, wenn die Forderung des Eigentümers unbestritten, anerkannt oder rechtskräftig festgestellt ist (etwas weiter gehend *Bärmann/Wenzel* § 10 Rn 337).

Ein **Rückgriff bei den übrigen Wohnungseigentümern** ist nicht möglich. Die aus dem 108
Aufwendungsersatzanspruch des Eigentümers resultierende Verbindlichkeit der
Gemeinschaft stellt keine Verbindlichkeit iSd § 10 Abs 8 dar, da die quotale Haftung nur
für Außenverbindlichen der Gemeinschaft, nicht aber für Sozialverbindlichkeiten
gegenüber den Wohnungseigentümern gilt (so auch *Riecke/Schmid/Elzer* § 10 Rn 503).
Der einzelne Wohnungseigentümer ist im Innenverhältnis auf die Finanzierungsinstrumentarien des WEG angewiesen. Kann die Gemeinschaft seine Forderung aus dem Verwaltungsvermögen nicht erfüllen, hat der Eigentümer gemäß § 21 Abs 4 einen Anspruch
auf Beschlussfassung und Einziehung einer Sonderumlage, mit der seine Forderung
erfüllt werden kann. Würde man § 10 Abs 8 auch auf Aufwendungsersatzansprüche der
Wohnungseigentümer nach quotaler Erfüllung einer Gemeinschaftsschuld anwenden,
käme es zu einem Haftungskreisel unter den Eigentümern, den es zu vermeiden gilt.

Anders ist die Rechtslage allerdings, wenn ein Wohnungseigentümer eine Verbindlich- 109
keit der Gemeinschaft – im Wege der Notgeschäftsführung – nicht nur quotal, sondern
in **voller Höhe tilgt**, etwa um eine Versorgungssperre des Wasserlieferanten abzuwenden. Soweit der Eigentümer in diesem Fall über seine gesetzliche, quotale Verpflichtung hinaus Zahlung geleistet hat, steht ihm ein Aufwendungsersatzanspruch aus Notgeschäftsführung nach § 21 Abs 2 zu (siehe dazu § 21 Rn 21). Hinsichtlich dieses
Anspruchs steht der Eigentümer einem Drittgläubiger gleich, sodass die Wohnungseigentümer für den Aufwendungsersatzanspruch des Eigentümers anteilig haften, allerdings bestimmt sich der Haftungsanteil des einzelnen Eigentümers nicht nach § 10
Abs 8 sondern nach § 16 Abs 2 bzw dem vereinbarten oder beschlossenen Kostenverteilungsschlüssel (*Bärmann/Wenzel* § 10 Rn 338).

3. Einwendungen und Einreden (S 2 und 3). Das System der Einwendungen und Ein- 110
reden ist dem **Vorbild der Bürgenhaftung** nachgebildet. Der Eigentümer kann gegenüber einem Gläubiger der Gemeinschaft neben den in seiner Person begründeten
auch die der Gemeinschaft zustehenden Einwendungen und Einreden geltend
machen, nicht aber seine Einwendungen und Einreden gegenüber der Gemeinschaft.
Für die Einrede der Anfechtbarkeit und Aufrechenbarkeit ist § 770 BGB entsprechend anzuwenden. Zu den persönlichen Einwendungen und Einreden gehören insbesondere die Erfüllung, die Aufrechnung, der Verjährungseinwand. Auf diese Einwendungen und Einreden kann sich der Eigentümer auch berufen, wenn diese der
Gemeinschaft im Verhältnis zum Gläubiger zustehen.

Der Eigentümer kann allerdings keine **Einwendungen** gegenüber dem Gläubiger gel- 111
tend machen, die ihm im **Innenverhältnis** zur Gemeinschaft zustehen. Der Gläubiger
muss sich dadurch nicht mit Fragen aus dem Innenverhältnis zwischen Wohnungseigentümer und Gemeinschaft befassen. Der in Anspruch genommene Eigentümer
kann also nicht einwenden, er habe seine Beitragspflichten gegenüber der Gemeinschaft (zB aufgrund eines Sonderumlagebeschlusses) vollständig erfüllt, sodass es
nicht an ihm liege, wenn die Gemeinschaft ihre Zahlungspflichten nicht erfüllen
könne. Der Eigentümer muss gleichwohl in Höhe seines Miteigentumsanteils für die
Schuld der Gemeinschaft einstehen, kann aber im Innenverhältnis Rückgriff beim
Verwaltungsvermögen oder bei den übrigen Wohnungseigentümern nehmen.

Für die Einrede der **Anfechtbarkeit** und **Aufrechenbarkeit** ist § 770 BGB entspre- 112
chend anzuwenden. Dies bedeutet, dass der Eigentümer die Befriedigung des Gläubigers der Gemeinschaft verweigern kann, solange der Gemeinschaft das Recht zusteht,

Kümmel

II WEG § 11   Unauflöslichkeit der Gemeinschaft

das ihrer Verbindlichkeit zugrunde liegende Rechtsgeschäft anzufechten. Das gleiche Recht hat der Eigentümer, solange sich der Gläubiger durch Aufrechnung gegen eine fällige Forderung der Gemeinschaft befriedigen kann. Beruft sich der in Anspruch genommene Wohnungseigentümer auf eine Einrede aus §§ 10 Abs 8 S 3, 770 Abs 1 oder 2 BGB, ist die Klage des Gläubigers, soweit die Forderungen sich decken, als „derzeit" unbegründet abzuweisen.

113   Ergeht in einem Klageverfahren des Gläubigers ein **Urteil zulasten der Gemeinschaft**, wirkt dieses gegen jeden Wohnungseigentümer (vgl *BGH* IX ZR 272/96, MDR 1998, 1240 zu § 128 HGB). Es nimmt den Eigentümern die Einwendungen, die der Gesellschaft abgesprochen wurden. Dem Wohnungseigentümer bleibt die Möglichkeit, sich auf die der Gemeinschaft noch offenstehenden und seine persönlichen Einwendungen zu berufen. Fällt das **Urteil zugunsten der Gemeinschaft** aus, kann sich jeder Wohnungseigentümer darauf berufen. Ein Urteil im Klageverfahren gegen einen Wohnungseigentümer wirkt weder für noch gegen die Gemeinschaft oder die anderen Eigentümer.

114   **4. Haftung wegen ordnungswidriger Verwaltung (S 4).** § 10 Abs 8 S 4 regelt den **Gleichlauf der Haftung** der Wohnungseigentümer **im Innenverhältnis** gegenüber der Gemeinschaft mit der Haftung der Gemeinschaft gegenüber Gläubigern im **Außenverhältnis**. Nach Ansicht des BGH trifft jeden Wohnungseigentümer die Pflicht, der Gemeinschaft durch entsprechende Beschlussfassung die finanzielle Grundlage zur Begleichung der laufenden Verpflichtungen zu verschaffen oder mit anderen Worten: Die Wohnungseigentümer müssen dafür sorgen, dass das Verwaltungsvermögen ständig liquide ist, um die Schulden der Gemeinschaft erfüllen zu können. Verstoßen die Eigentümer gegen diese Pflicht, etwa dadurch, dass sie nicht auf einen Beschluss über die Bereitstellung ausreichender finanzieller Mittel hinwirken, so haftete jeder Wohnungseigentümer nach der Rechtsprechung des BGH zu der bis zum 30.6.2007 geltenden Fassung des WEG gemäß § 280 Abs 1, § 281 BGB für entsprechende Schäden als Gesamtschuldner gegenüber der Gemeinschaft (*BGH* V ZB 32/05, NJW 2006, 2061, Gliederungspunkt III.9.d.). Seit dem 1.7.2007 stellt § 10 Abs 8 S 4 klar, dass der einzelne Wohnungseigentümer gegenüber der Gemeinschaft insoweit nur **anteilig haftet**. Die Wohnungseigentümer können diese Haftung **durch Vereinbarung** iSd § 10 Abs 2 S 2 **einschränken**, ausschließen oder auch erweitern. Eine haftungsbeschränkende Vereinbarung müsste auch ein Pfändungsgläubiger gegen sich gelten lassen, wenn er auf die internen Schadensersatzansprüche der Gemeinschaft gegen die Eigentümer zugreift (*Derleder/Fauser* ZWE 2007, 2, 13).

§ 11   Unauflöslichkeit der Gemeinschaft

(1) ¹Kein Wohnungseigentümer kann die Aufhebung der Gemeinschaft verlangen. ²Dies gilt auch für eine Aufhebung aus wichtigem Grund. ³Eine abweichende Vereinbarung ist nur für den Fall zulässig, dass das Gebäude ganz oder teilweise zerstört wird und eine Verpflichtung zum Wiederaufbau nicht besteht.

(2) Das Recht eines Pfändungsgläubigers (§ 751 des Bürgerlichen Gesetzbuchs) sowie das im Insolvenzverfahren bestehende Recht (§ 84 Abs. 2 der Insolvenzordnung), die Aufhebung der Gemeinschaft zu verlangen, ist ausgeschlossen.

(3) Ein Insolvenzverfahren über das Verwaltungsvermögen der Gemeinschaft findet nicht statt.

Übersicht

	Rn		Rn
I. Grundsatz der Unauflöslichkeit (Abs 1 S 1 und 2)	1	IV. Vollziehung der Auflösung	10
II. Vereinbarung über Auflöslichkeit bei Zerstörung (Abs 1 S 3)	5	V. Pfändungsgläubiger und Insolvenzverwalter (Abs 2)	12
III. Aufhebungsvertrag	9	VI. Keine Insolvenzfähigkeit der Gemeinschaft (Abs 3)	14

I. Grundsatz der Unauflöslichkeit (Abs 1 S 1 und 2)

Die Wohnungseigentümergemeinschaft ist auf **Dauer angelegt**. Kein Wohnungseigentümer kann die Aufhebung der Gemeinschaft verlangen, auch nicht aus **wichtigem Grund**. Damit unterscheidet sich die Wohnungseigentümergemeinschaft in einem wesentlichen Aspekt von der Bruchteilsgemeinschaft gemäß §§ 741 ff BGB, bei der der grundsätzlich bestehende Aushebungsanspruch nach § 749 Abs 1 BGB zwar ausgeschlossen werden kann, dies aber nicht für eine Aufhebung aus wichtigem Grund gilt (§ 749 Abs 2 BGB). Der Ausschluss des Aufhebungsanspruchs dient dem Schutz des Eigentums vor einer wirtschaftlich nachteiligen Zwangsverwertung. Kein Eigentümer soll befürchten müssen, dass die Wohnungseigentümergemeinschaft und damit das Gemeinschaftseigentum gegen seinen Willen aufgelöst werden (vgl BR-Drucks 75/51 zu § 11). Als Korrektiv schuf der Gesetzgeber die Möglichkeit der Eigentumsentziehung nach §§ 18, 19 für den Fall, dass den Eigentümern die Fortsetzung der Gemeinschaft mit einem störenden oder zahlungsunfähigen Eigentümer nicht zumutbar ist. Die Gemeinschaft wird im Falle der Eigentumsentziehung unter den übrigen Wohnungseigentümern und dem Rechtsnachfolger des ausgeschlossenen Eigentümers fortgesetzt. **1**

Die Unauflöslichkeit der Gemeinschaft kann durch Vereinbarung iSd § 10 Abs 2 S 2 oder Beschluss **nicht abbedungen** werden. Damit sind Vereinbarungen nichtig, die einen Aufhebungsanspruch oder die Aufhebung der Gemeinschaft unter einer bestimmten Bedingung – mit Ausnahme der Zerstörung – vorsehen (vgl *BayObLG* BReg 2 Z 23/78, Rpfleger 1980, 110). Die Auflösung ist auch dann ausgeschlossen, wenn die Willenserklärungen zur Begründung der Gemeinschaft der Anfechtung unterliegen, die Wohnungseigentümer aber bereits im Grundbuch eingetragen sind. In diesem Fall bleibt nur ein Schadensersatzanspruch. **2**

Selbst bei einer Zerstörung des Gebäudes oder anderen Fällen **wirtschaftlicher Wertlosigkeit der Wohnanlage** kann eine Auflösung der Gemeinschaft nicht verlangt werden. Dies folgt aus einem Umkehrschluss zu § 11 Abs 1 S 3, wonach bei einer Zustörung des Gebäudes ein Anspruch auf Auflösung der Gemeinschaft nur besteht, wenn die Wohnungseigentümer dies vereinbart haben. Fehlt eine solche Vereinbarung und erweist sich die einzelne Wohnungseigentumseinheit mangels Kaufinteressenten als nicht veräußerungsfähig, ist dies grundsätzlich ein rein wirtschaftliches Problem und von dem Veräußerungswilligen hinzunehmen (vgl *BGH* V ZB 18/07, NJW 2007, 2547). Nur **ausnahmsweise** kann nach Treu und Glauben auch ohne eine Vereinbarung iSd Abs 1 S 3 ein **Anspruch auf Mitwirkung** zur Aufhebung der Gemeinschaft bestehen (*BGH* V ZB 18/07, NJW 2007, 2547; *Riecke/Schmid/Elzer* § 11 Rn 7; *Staudinger/Kreuzer* § 11 Rn Rn 13; *Weitnauer/Lüke*, § 11 Rn 7), denn gemäß § 10 Abs 2 S 3 kann jeder Wohnungseigentümer eine Vereinbarung iSd § 11 Abs 1 S 3 verlangen, wenn die Verweigerung einer solchen Vereinbarung aus **schwerwiegenden Gründen** unter **3**

II WEG § 11 Unauflöslichkeit der Gemeinschaft

Berücksichtigung aller Umstände des Einzelfalls, insbesondere der Rechte und Interessen der anderen Wohnungseigentümer, unbillig erscheint. Ein solcher Ausnahmefall kann gegeben sein, wenn die Voraussetzungen des § 22 Abs 4 vorliegen und die übrigen Wohnungseigentümer weder zu einer Neuerrichtung des Gebäudes noch zu einer Auflösung der Sondereigentumsrechte (§ 9 Abs 1 Nr 2) bereit sind und auch sonst keine konstruktiven Vorschläge unterbreiten, wie mit dem ruinösen Gebäude verfahren werden soll. Allein der Umstand, dass eine Instandsetzung des Gebäudes teurer ist als der Neuwert der Wohnanlage, stellt allerdings keinen schwerwiegenden Grund im vorgenannten Sinne dar. Sind die Sondereigentumsrechte infolge völliger Zerstörung des Gebäudes bereits gegenstandslos geworden und die Wohnungseigentümer zu einer Neuerrichtung des Gebäudes nicht bereit, kann nach Treu und Glauben ein Anspruch auf Stellung eines Antrages auf Schließung der Wohnungsgrundbücher bestehen (§ 9 Abs 1 Nr 2).

4 Der einzelne Wohnungseigentümer kann sich seines Wohnungseigentums nicht analog § 928 BGB durch **Dereliktion** entledigen (*BGH* V ZB 18/07, NJW 2007, 2547). Zulässig ist allerdings der Verzicht sämtlicher Wohnungseigentümer. Denn in diesem Fall wird das ganze Eigentum an dem Grundstück aufgegeben. Die rechtliche Situation ist dieselbe wie bei dem Verzicht auf das Alleineigentum nach § 928 Abs 1 BGB (*BGH* V ZB 18/07, NJW 2007, 2547).

II. Vereinbarung über Auflöslichkeit bei Zerstörung (Abs 1 S 3)

5 Ist die Wohnanlage **ganz oder teilweise zerstört** und besteht nach der Gemeinschaftsordnung und dem WEG **keine Verpflichtung zum Wiederaufbau**, kann die Auflöslichkeit der Gemeinschaft gemäß § 11 Abs 1 S 3 durch Vereinbarung geregelt werden. Die Wohnungseigentümer können regeln, welcher Grad der Zerstörung für eine Auflösung erreicht sein muss und unter welchen Voraussetzungen eine Verpflichtung zum Wiederaufbau besteht (*Bärmann/Wenzel* § 11 Rn 20). Eine Verpflichtung zum Wiederaufbau besteht nach § 22 Abs 4 nicht, wenn das Gebäude zu mehr als der Hälfte seines Wertes zerstört und der Schaden nicht durch eine Versicherung oder in anderer Weise gedeckt ist (§ 22 Rn 197, 201). Die Pflicht zum Wiederaufbau kann durch Vereinbarung iSd § 10 Abs 2 S 2 eingeschränkt oder ausgeschlossen werden (*KG* 24 W 9042/96, ZMR 1997, 534; § 22 Rn 202). So lange eine Verpflichtung zum Wiederaufbau besteht, ist eine Aufhebung der Gemeinschaft zwingend ausgeschlossen. Gegebenenfalls müssen die Wohnungseigentümer zunächst die Voraussetzungen für eine Verpflichtung zum Wiederaufbau ändern, um anschließend die Aufhebung der Gemeinschaft betreiben zu können. Enthält die Gemeinschaftsordnung eine sog. Öffnungsklausel (siehe § 10 Rn 30), können die Wohnungseigentümer die Verpflichtung zum Wiederaufbau gegebenenfalls durch Mehrheitsbeschluss aufheben.

6 Besteht im Falle einer völligen oder teilweisen Zerstörung keine Verpflichtung zum Wiederaufbau (mehr), kann die Vereinbarung iSd § 11 Abs 1 S 3 regeln, dass die Wohnungseigentümer über die Auflösung der Gemeinschaft mit einer bestimmten **Stimmenmehrheit beschließen** oder dass jeder einzelne Wohnungseigentümer die Auflösung der Gemeinschaft **verlangen kann**. Auch die Art und Weise der Auflösung können die Wohnungseigentümer durch Vereinbarung iSd §§ 11 Abs 1 S 3; 10 Abs 2 S 3 regeln.

Unauflöslichkeit der Gemeinschaft § 11 WEG II

Eine **Zerstörung** iSd § 11 Abs 1 S 3 liegt vor, wenn das Gebäude oder wesentliche 7
Teile des Gebäudes vernichtet oder derart beschädigt sind, dass ein Gebrauch des
überwiegenden Sondereigentums nicht mehr möglich ist. Ist das Gebäude noch
bewohnbar bzw nutzbar, kann von einer „Zerstörung" nicht allein deshalb ausgegangen werden, weil die Kosten für eine Sanierung des Gebäudes über dem Verkehrswert des Objekts in mangelfreiem Zustand liegen. Den Wohnungseigentümern darf durch eine Aufhebung der Gemeinschaft nicht der noch gegebene Gebrauch des Sondereigentums entzogen werden. Aus diesem Grunde ist § 11 Abs 1 S 3 auf sog. wirtschaftliche **Schrottimmobilien** nicht übertragbar.

Analog § 11 Abs 1 S 3 ist eine Vereinbarung über die Aufhebung der Gemeinschaft 8
auch für den Fall möglich, dass das Gebäude noch nicht vollständig errichtet ist (sog
stecken gebliebener Bau) und die Fertigstellung weder beschlossen noch verlangt werden kann (*Staudinger/Kreuzer* § 11 Rn 20).

III. Aufhebungsvertrag

Unabhängig von einer Vereinbarung nach § 11 Abs 1 S 3 bleibt den Wohnungseigentü- 9
mern jederzeit die Möglichkeit, die Aufhebung der Gemeinschaft durch **Vertrag** zu
regeln (*BayObLG* BReg 2 Z 23/78, Rpfleger 1980, 110). Der Vertrag bedarf gemäß § 4
Abs 3 WEG, § 311b Abs 1 S 1 BGB der **notariellen Beurkundung**, sofern er einzelne
Wohnungseigentümer zur Aufhebung oder Übertragung des Sondereigentums verpflichtet, was etwa bei einer Realteilung der Fall wäre. Auf welche Weise die Aufhebung der Gemeinschaft vollzogen wird (zB Veräußerung aller Einheiten, Realteilung, Aufhebung der Sondereigentumsrechte, Versteigerung), bleibt der Entscheidung der Wohnungseigentümer überlassen. Der Anteil der Miteigentümer aus einer Veräußerung oder Versteigerung bestimmt sich nach § 17, sofern die Wohnungseigentümer keine anderweitige Regelung treffen.

IV. Vollziehung der Auflösung

Ist die Gemeinschaft aufgrund einer Vereinbarung iSd § 11 Abs 1 S 3 aufzulösen, 10
bedarf es einer Einigung aller Wohnungseigentümer über die **Aufhebung der Sondereigentumsrechte** und der Eintragung der Rechtsänderung in das Grundbuch (*Bärmann/Wenzel* § 11 Rn 29). Der Anspruch auf Zustimmung zur Aufhebung des Sondereigentums ist gemäß § 43 Nr 1 WEG, § 23 Nr 2c) GVG vor dem **Amtsgericht** geltend zu machen, in dessen Bezirk das Grundstück liegt.

Durch Aufhebung der Sondereigentumsrechte wandelt sich die Wohnungseigentümer- 11
gemeinschaft in eine Bruchteilsgemeinschaft nach §§ 741 ff, 1008 ff BGB. Die **Bruchteilsgemeinschaft** an dem Grundstück wird mangels anderweitiger Regelungen der
Eigentümer gemäß §§ 752 ff BGB **aufgehoben**. Für Streitigkeiten der Bruchteilsberechtigten untereinander sind die allgemeinen Zivilgerichte zuständig.

V. Pfändungsgläubiger und Insolvenzverwalter (Abs 2)

Der mit § 11 Abs 1 bezweckte **Schutz des Eigentümers** vor einer Zwangsverwertung 12
der Wohnung wegen Auflösung der Gemeinschaft (siehe Rn 1) wäre nicht perfekt,
wenn zwar nicht der einzelne Wohnungseigentümer, wohl aber ein Pfändungsgläubiger gemäß § 751 BGB oder ein Insolvenzverwalter gemäß § 84 Abs 2 InsO die Aufhebung der Gemeinschaft verlangen könnten. Folglich schließt § 11 Abs 2 diese Rechte

Kümmel

aus. Dem Gläubiger eines Wohnungseigentümers bleibt die Möglichkeit, gemäß § 866 Abs 1 ZPO die **Immobiliarvollstreckung** in die Wohnungseigentumseinheit seines Schuldners zu betreiben. Der Insolvenzverwalter kann die Wohnungseigentumseinheit im Rahmen des Insolvenzverfahrens verwerten.

13 **Ausnahme:** Abs 2 gilt nicht, sofern der Wohnungseigentümer ausnahmsweise aufgrund einer Vereinbarung nach § 11 Abs 1 S 3 (Rn 5 ff) oder aufgrund eines Aufhebungsvertrages (Rn 9) die Aufhebung der Gemeinschaft verlangen kann (*Riecke/Schmid/Elzer* § 11 Rn 28; *Staudinger/Kreuzer* § 11 Rn 16; *Bärmann/Wenzel* § 11 Rn 28). In diesem Fall ist der Aufhebungsanspruch des einzelnen Wohnungseigentümers durch einen Gläubiger pfändbar (§§ 851 Abs 1, 857 Abs 1 ZPO). Der Insolvenzverwalter eines Wohnungseigentümers kann den Aufhebungsanspruch anstelle des Eigentümers geltend machen.

VI. Keine Insolvenzfähigkeit der Gemeinschaft (Abs 3)

14 Der Gesetzgeber hat sich mit der seit dem 1.7.2007 geltenden Bestimmung des § 11 Abs 3 ausdrücklich gegen eine Insolvenzfähigkeit der Gemeinschaft der Wohnungseigentümer iSd § 10 Abs 6 entschieden. Benötigt die Gemeinschaft Finanzmittel, haben die Wohnungseigentümer gemäß § 16 Abs 2 entsprechende Sonderumlagen zu beschließen. Die Binnenhaftung der Wohnungseigentümer gegenüber der Gemeinschaft ist trotz der Bestimmung des § 10 Abs 8 S 4 unbegrenzt. Die Wohnungseigentümer müssen so lange Wohngeldbeiträge (beschließen und) leisten, bis die Gemeinschaft über ausreichend Finanzmittel verfügt.

§ 12 Veräußerungsbeschränkung

(1) Als Inhalt des Sondereigentums kann vereinbart werden, dass ein Wohnungseigentümer zur Veräußerung seines Wohnungseigentums der Zustimmung anderer Wohnungseigentümer oder eines Dritten bedarf.

(2) [1]Die Zustimmung darf nur aus einem wichtigen Grund versagt werden. [2]Durch Vereinbarung gemäß Absatz 1 kann dem Wohnungseigentümer darüber hinaus für bestimmte Fälle ein Anspruch auf Erteilung der Zustimmung eingeräumt werden.

(3) [1]Ist eine Vereinbarung gemäß Absatz 1 getroffen, so ist eine Veräußerung des Wohnungseigentums und ein Vertrag, durch den sich der Wohnungseigentümer zu einer solchen Veräußerung verpflichtet, unwirksam, solange nicht die erforderliche Zustimmung erteilt ist. [2]Einer rechtsgeschäftlichen Veräußerung steht eine Veräußerung im Wege der Zwangsvollstreckung oder durch den Insolvenzverwalter gleich.

(4) [1]Die Wohnungseigentümer können durch Stimmenmehrheit beschließen, dass eine Veräußerungsbeschränkung gemäß Absatz 1 aufgehoben wird. [2]Diese Befugnis kann durch Vereinbarung der Wohnungseigentümer nicht eingeschränkt oder ausgeschlossen werden. [3]Ist ein Beschluss gemäß Satz 1 gefasst, kann die Veräußerungsbeschränkung im Grundbuch gelöscht werden. [4]Der Bewilligung gemäß § 19 der Grundbuchordnung bedarf es nicht, wenn der Beschluss gemäß Satz 1 nachgewiesen wird. [5]Für diesen Nachweis ist § 26 Abs. 3 entsprechend anzuwenden.

Veräußerungsbeschränkung § 12 WEG II

Übersicht

	Rn		Rn
I. Normzweck	1	1. Wichtiger Grund	48
II. Wirksamwerden der Veräußerungsbeschränkung	2	a) Mangelnde wirtschaftliche Leistungsfähigkeit	50
III. Erforderlichkeit der Zustimmung bei Veräußerung (Abs 1)	4	b) Verstoß gegen Regeln der Gemeinschaft	53
IV. Änderung und Aufhebung der Veräußerungsbeschränkung (Abs 4)	31	c) Unerheblichkeit von Fehlern im Erwerbsvertrag	57
V. Zustimmungsberechtigte	34	2. Regelung durch Vereinbarung	58
1. Wohnungseigentümer	35	3. Prüfpflicht des Zustimmungsberechtigten und Mitwirkungspflicht des Veräußerers	59
2. Dritte (Verwalter)	37		
3. Fehlen des Zustimmungsberechtigten	41	4. Durchsetzung des Anspruchs auf Zustimmung	62
VI. Zustimmungserklärung	42	VIII. Wirkung fehlender Zustimmung (Abs 3)	64
1. Zugang, Form und Widerruf	42		
2. Frist zur Erteilung	46	IX. Schadensersatz bei verweigerter Zustimmung	66
3. Kosten	47		
VII. Versagung der Zustimmung aus wichtigem Grund (Abs 2)	48		

I. Normzweck

Wohnungseigentum ist grundsätzlich frei veräußerlich. Entgegen § 137 BGB (rechtsgeschäftliches Veräußerungsverbot) können die Wohnungseigentümer gemäß § 12 vereinbaren, dass die Veräußerung des Wohnungseigentums der **Zustimmung anderer Wohnungseigentümer oder eines Dritten,** idR des Verwalters, bedarf. Hierdurch soll der auf Dauer angelegten Gemeinschaft die Möglichkeit gegeben werden, sich vor wirtschaftlich unzuverlässigen oder störenden Eigentümern zu schützen. Einem Missbrauch einer solchen Vereinbarung steht der **zwingende** Abs 2 entgegen, der die Versagung der Zustimmung nur aus wichtigem Grund zulässt. Wegen des Ausnahmecharakters ist § 12 eng auszulegen (*BGHZ* 37, 209). Ein generelles Veräußerungsverbot gibt es nicht. **1**

II. Wirksamwerden der Veräußerungsbeschränkung

Bei der Vereinbarung iSd § 12 Abs 1 handelt es sich um eine Vereinbarung iSd § 10 Abs 2 S 2. Eine Vereinbarung bedarf zu ihrer Wirksamkeit grundsätzlich **nicht** der **Eintragung im Grundbuch** (vgl § 10 Rn 17). Auch eine noch nicht nach § 10 Abs 3 im Grundbuch eingetragene Veräußerungsbeschränkung bindet die Mitglieder der Wohnungseigentümergemeinschaft. Die Veräußerungsbeschränkung hat aber lediglich schuldrechtliche Wirkung, sie bindet nicht den Erwerber. Der Veräußerer macht sich ggf schadensersatzpflichtig, wenn er die Wohnungseigentumseinheit ohne die erforderliche Zustimmung veräußert und ein wichtiger Grund für die Versagung der Zustimmung vorliegt (*Bärmann/Wenzel* § 12 Rn 8). Der Erwerber erlangt auch ohne die nur schuldrechtlich wirkende Veräußerungsbeschränkung das Eigentum. Die absoluten Rechtswirkungen des § 12 Abs 3 treten erst mit der Eintragung der Veräußerungsbeschränkung im Grundbuch ein, denn erst mit der Eintragung im Grundbuch wird diese Vereinbarung zum Inhalt des Sondereigentums. **2**

Kümmel

3 Im Fall der Begründung von Wohnungseigentum durch einen aufteilenden Alleineigentümer (§ 8 WEG) kann der Aufteiler grundsätzlich autonom entscheiden, an wen er die erste Wohnung veräußert. Schließt er allerdings in kurzer zeitlicher Abfolge Kaufverträge über weitere Wohnungen und entsteht dadurch vor der ersten Eigentumsumschreibung eine **werdende Wohnungseigentümergemeinschaft** (siehe § 10 Rn 7), gelten die §§ 10 ff WEG für die Mitglieder der werdenden Wohnungseigentümergemeinschaft entsprechend (*BGH* V ZB 85/07, NZM 2008, 649). Der Schutzzweck der Veräußerungsbeschränkung erfasst auch die Mitglieder einer werdenden Gemeinschaft, denn auch diese haben ein Interesse daran, dass keine unzuverlässigen Personen in die (künftige) Eigentümergemeinschaft gelangen. Das Absatzinteresse des aufteilenden Eigentümers vermag das Schutzinteresse der Erwerber nicht zu verdrängen (**aA** *OLG Hamm* 15 W 26/94, NJW-RR 1994, 975). Folglich bedarf jede Veräußerung nach Entstehung der werdenden Gemeinschaft der Veräußerungszustimmung entsprechend § 12 (*Bärmann/Wenzel* § 12 Rn 10; **aA** Vorauflage Rn 5; *OLG Hamm* 15 W 26/94, NJW-RR 1994, 975; *Staudinger/Kreuzer* § 12 Rn 14). Lediglich Eigentumsumschreibungsanträge, die im Zeitpunkt der Entstehung der werdenden Gemeinschaft dem Grundbuchamt bereits vorliegen, werden noch ohne eine Veräußerungszustimmung vollzogen (§ 878 BGB). Eine andere Frage ist, ob die Mitgliedschaft in der werdenden Wohnungseigentümergemeinschaft die Zustimmung zum Erwerbsvertrag nach § 12 voraussetzt. Dies ist zumindest bei denjenigen Erwerbern zu bejahen, deren Erwerbsverträge nach Entstehung der werdenden Gemeinschaft geschlossen werden. Denn ohne die erforderliche Veräußerungszustimmung ist der Erwerbsvertrag unwirksam (§ 12 Abs 3). Ein wirksamer Erwerbsvertrag ist jedoch Voraussetzung für die Mitgliedschaft in der werdenden Wohnungseigentümergemeinschaft.

III. Erforderlichkeit der Zustimmung bei Veräußerung (Abs 1)

4 Eine Veräußerungszustimmung ist **nur erforderlich**, wenn eine Vereinbarung der Wohnungseigentümer (bzw die Gemeinschaftsordnung) dies bestimmt. Den Wohnungseigentümern steht eine **Gestaltungsbefugnis** insoweit zu, als sie bestimmte Veräußerungsfälle vom Zustimmungsvorbehalt ausnehmen können, zB die erstmalige Veräußerung durch den aufteilenden Eigentümer, die Veräußerung an Verwandte gerader Linie, die Veräußerung an ein anderes Mitglied der Gemeinschaft, die Veräußerung durch den Insolvenzverwalter eines Wohnungseigentümers oder die Veräußerung durch Zwangsversteigerung.

5 Enthält die Vereinbarung über die Veräußerungszustimmung keine Detailregelungen, ist die Veräußerungszustimmung bei allen rechtsgeschäftlichen Veräußerungen erforderlich, wobei die Veräußerung im Wege der **Zwangsversteigerung** oder durch den **Insolvenzverwalter** einer rechtsgeschäftlichen Veräußerung gleich steht (§ 12 Abs 3 S 2).

6 **Veräußerung** ist die vollständige oder teilweise rechtsgeschäftliche Übertragung des Wohnungs- oder Teileigentums unter Lebenden auf einen neuen Rechtsträger. Eine Veräußerungszustimmung ist somit **erforderlich, bei**

7 – der isolierten Übertragung eines im **Sondereigentum** stehenden Raumes auf eine andere Wohnungseigentumseinheit, die im Eigentum einer anderen Person steht (*Riecke/Schmid/Schneider* § 12 Rn 46; *Palandt/Bassenge* § 12 Rn 3; **aA** *OLG Celle* 4 Wx 2/74, NJW 1974, 1909; *Staudinger/Kreuzer* § 12 Rn 19); anders, wenn die Einheit, der das Sondereigentum angefügt wird, ebenfalls im Eigentum des Veräußerers steht,

Veräußerungsbeschränkung **§ 12 WEG II**

- Übertragung eines **Miteigentumsanteils** am Gemeinschaftseigentum auf einen 8
anderen Eigentümer, wenn dies rechtliche Konsequenzen für das schuldrechtliche
Verhältnis der Wohnungseigentümer untereinander hat, zB durch Änderung der
Stimmkraft oder der Kostentragung (*Riecke/Schmid/Schneider* § 12 Rn 46; *Palandt/
Bassenge* § 12 Rn 3; *Staudinger/Kreuzer* § 12 Rn 19),
- Übertragung eines **Bruchteils** an einer Wohnungseigentumseinheit, 9
- Einbringung der Wohnungseigentumseinheit in eine juristische Person oder Perso- 10
nengesellschaft,
- Übertragung der Wohnungseigentumseinheit an einen **Grundpfandgläubiger**, und 11
zwar auch dann, wenn die Veräußerung im Wege der Zwangsversteigerung keiner
Zustimmung bedurft hätte (*Riecke/Schmid/Schneider* § 12 Rn 33),
- Übertragung der Wohnungseigentumseinheit an einen **anderen Wohnungseigentü-** 12
mer (*KG* 1 W 31/78, MDR 1978, 935),
- Übertragung einer Wohnungseigentumseinheit vom **aufteilenden Eigentümer** auf 13
einen **Ersterwerber** (*BGH* V ZB 13/90, NJW 1991, 1613),
- Übertragung der Wohnungseigentumseinheit von der **Erbengemeinschaft** auf einen 14
der Miterben und zwar auch dann, wenn dies der Erfüllung eines Vermächtnisses
oder einer Teilungsanordnung dient (*BayObLG* BReg 2 Z 50/81, MDR 1982, 496);
anders bei Verfügung über Nachlass (Rn 27),
- **Übertragung** der Wohnungseigentumseinheit von einer GmbH & Co KG auf ihre 15
beiden alleinigen Kommanditisten (*OLG Hamm* 15 W 15/06, ZMR 2007, 212),
- **Rückübertragung** einer Wohnungseigentumseinheit auf den Veräußerer nach einver- 16
nehmlicher Aufhebung des Kaufvertrages (*Riecke/Schmid/Schneider* § 12 Rn 45;
Palandt/Bassenge § 12 Rn 3; *Köhler/Bassenge/Fritsch* Teil 17, Rn 31) oder infolge
gesetzlicher Rückabwicklung durch Wandlung, Anfechtung etc; bei einer Rückab-
wicklung aufgrund gesetzlicher Gestaltungsrechte durch den Erwerber besteht ein
Anspruch auf Erteilung der Veräußerungszustimmung, wenn der Veräußerer die
Rückübertragung im Verhältnis zum ursprünglichen Erwerber nicht verhindern kann
(*Palandt/Bassenge* § 12 Rn 3; *Riecke/Schmid/Schneider* § 12 Rn 45; aA *Weitnauer/
Lüke* § 12 Rn 2; *Müller*, Rn 117); kein Fall des § 12 liegt vor, wenn die Eigentumsüber-
tragung unwirksam war, sodass das Grundbuch nur berichtigt werden muss,
- Erwerb der Wohnungseigentumseinheit durch einen **vorkaufsberechtigten Mieter** 17
nach § 577 BGB (*Staudinger/Kreuzer* § 12 Rn 18; *Riecke/Schmid/Schneider* § 12
Rn 61; aA *Köhler/Bassenge/Fritsch* Teil 17, Rn 31); wird die Veräußerungszustimmung ohne wichtigen Grund verweigert, ist der Veräußerer im Verhältnis zum Mieter verpflichtet, die Veräußerungszustimmung gerichtlich einzufordern,
- **Entziehung** des Wohnungseigentums gemäß § 18 (*Köhler/Bassenge/Fritsch* Teil 17, 18
Rn 31),
- **Tausch** von Wohnungseigentumseinheiten unter Eigentümern derselben Gemein- 19
schaft, auch wenn damit keine Änderung des Stimmrechts oder der Kostentragung
verbunden ist (**aA** *Bärmann/Wenzel* § 12 Rn 19), weil auch der Tausch ein Veräuße-
rungsvorgang ist.

Nicht erforderlich ist eine Veräußerungszustimmung bei 20

- Eintragung einer **Auflassungsvormerkung** im Grundbuch (*Riecke/Schmid/Schneider* 21
§ 12 Rn 62),
- **Belastung** der Wohnungseigentumseinheit mit einem beschränkt dinglichen Recht 22
(§ 12 stellt keine Belastungsbeschränkung dar),

Kümmel 131

II WEG § 12 Veräußerungsbeschränkung

23 – gleichzeitiger Veräußerung **aller Einheiten** an einen Erwerber (*Staudinger/Kreuzer* § 12 Rn 19),
24 – **Unterteilung** einer Wohnungseigentumseinheit in mehrere rechtlich selbstständige Einheiten (*Staudinger/Kreuzer* § 12 Rn 18),
25 – **rechtlicher Vereinigung** selbstständiger Einheiten (*Köhler/Bassenge/Fritsch* Teil 17, Rn 31),
26 – öffentlich-rechtlicher **Enteignung** (*Staudinger/Kreuzer* § 12 Rn 18),
27 – Verfügung eines Miterben über seinen **Anteil an dem Nachlass** und zwar auch dann, wenn der Nachlass nur aus dem Wohnungseigentum besteht (*OLG Hamm* 15 W 209/79, MDR 1980, 56).
28 – **Gesellschafterwechsel** bei einer Personengesellschaft oder juristischen Person,
29 – Übertragung von einer **Gesamthandsgemeinschaft** auf eine **personengleiche** andere Gesamthandsgemeinschaft oder Bruchteilsgemeinschaft (*LG Lübeck* 7 T 774/90, Rpfleger 1991, 201),
30 – Erwerb durch **Erbschaft**.

IV. Änderung und Aufhebung der Veräußerungsbeschränkung (Abs 4)

31 Die **Änderung** einer Veräußerungsbeschränkung bedarf grundsätzlich einer Vereinbarung isd § 10 Abs 2 S 2. Die Zustimmung etwaiger dinglich Berechtigter ist für diesen Rechtsakt gemäß § 5 Abs 4 S 2 nicht erforderlich. Gemäß § 12 Abs 4, der zum 1.7.2007 in das Wohnungseigentumsgesetz eingefügt wurde, kann eine vereinbarte Veräußerungsbeschränkung **durch Beschluss** mit einfacher Stimmenmehrheit **aufgehoben** werden. Durch Beschluss möglich ist auch eine nur teilweise Aufhebung der Veräußerungsbeschränkung etwa in der Weise, dass eine Veräußerungszustimmung nur noch bei bestimmten Wohnungen erforderlich ist, bestimmte Arten der Veräußerung (zB Zwangsversteigerung) von dem Zustimmungserfordernis ausgenommen werden oder für bestimmte Fälle ein Anspruch auf Erteilung der Zustimmung eingeräumt wird (vgl *Bärmann/Wenzel* § 12 Rn 55). Die Mehrheitskompetenz kann durch Vereinbarung der Wohnungseigentümer nicht eingeschränkt oder ausgeschlossen werden (§ 12 Abs 4 S 2).

32 Unmittelbar mit dem Zustandekommen des Beschlusses nach § 12 Abs 4 ist die Veräußerungsbeschränkung aufgehoben. Die **Löschung** der Vereinbarung nach § 12 Abs 1 **im Grundbuch** ist nur deklaratorischer Natur. Den **Antrag auf Löschung** kann jeder Wohnungseigentümer für sein Wohnungsgrundbuch stellen. Dem Antrag eines Eigentümers auf Löschung der Veräußerungsbeschränkung in den Grundbüchern fremder Wohnungen fehlt die nach § 13 Abs 1 GBO erforderliche Antragsberechtigung (*Riecke/Schmid/Schneider* § 12 Rn 68h). Der Verwalter ist nur antragsberechtigt, wenn die Veräußerung seiner Zustimmung bedarf oder er durch Eigentümerbeschluss ermächtigt wurde, den Löschungsantrag für die Wohnungseigentümer zu stellen (für eine generelle Antragsberechtigung des Verwalters: *Bärmann/Wenzel* § 12 Rn 61). Zur Löschung der Veräußerungsbeschränkung im Grundbuch bedarf es keiner Bewilligung gemäß § 19 GBO durch die Eigentümer. Es genügt, die Niederschrift über den Aufhebungsbeschluss vorzulegen, bei der die Unterschriften der in § 24 Abs 6 bezeichneten Personen öffentlich beglaubigt sind (§ 12 Abs 4 S 3 iVm § 26 Abs 3).

33 Eine durch Beschluss aufgehobene Veräußerungsbeschränkung kann nicht durch **Zweitbeschluss wiederbegründet** werden (*Häublein* ZMR 2007, 409). Für einen solchen Beschluss fehlt die Beschlusskompetenz. Die Wiederbegründung bedarf einer Vereinbarung.

V. Zustimmungsberechtigte

Die Veräußerungsbeschränkung kann an die Zustimmung aller oder einzelner Wohnungseigentümer oder eines Dritten geknüpft sein. 34

1. Wohnungseigentümer. Die Vereinbarung über die Veräußerungsbeschränkung kann bestimmen, dass die Veräußerung der Zustimmung **aller, einzelner** (zB Beirat) oder einer bestimmten (ggf qualifizierten) **Mehrheit** der Wohnungseigentümer bedarf. Spricht die Gemeinschaftsordnung nur von der Zustimmung „der (anderen) Wohnungseigentümer", sind damit im Zweifel alle Mitglieder der Gemeinschaft gemeint (*Staudinger/Kreuzer* § 12 Rn 20; *Riecke/Schmid/Schneider* § 12 Rn 77; aA *Bärmann/Wenzel* § 12 Rn 23; *Weitnauer/Lüke* § 12 Rn 5; *Köhler/Bassenge/Fritsch* Teil 17, Rn 34: Mehrheitsbeschluss genügend). Denn § 12 bezweckt nicht nur den Schutz einzelner oder einer (zufälligen) Mehrheit der Wohnungseigentümer, vielmehr soll die Norm alle Wohnungseigentümer vor unzuverlässigen Erwerbern schützen. Die Mehrheitskompetenz lässt sich nicht allgemein aus § 21 Abs 3 WEG herleiten, denn die Erteilung einer Veräußerungszustimmung fällt gesetzessystematisch nicht in den Bereich der Verwaltung des Gemeinschaftseigentums iSd §§ 20 ff (aA *Bärmann/Wenzel* § 12 Rn 23), sondern betrifft die Zusammensetzung der Gemeinschaft und ist damit ein Grundlagengeschäft. Ist hingegen ausdrücklich die Zustimmung einer Eigentümer**mehrheit** vereinbart, liegt darin die Kompetenzzuweisung für einen Mehrheitsbeschluss. Dieser Beschluss ist dem Grundbuchamt anhand der Versammlungsniederschrift nachzuweisen, wobei die Unterschriften der in § 24 Abs 6 bezeichneten Personen öffentlich beglaubigt sein müssen. 35

Die zustimmenden Eigentümer müssen sowohl im **Zeitpunkt der Erteilung der Zustimmung** als auch im **Zeitpunkt des Eingangs des Umschreibungsantrages** beim Grundbuchamt im Grundbuch eingetragen sein. Bei einem Eigentumswechsel aufseiten des Zustimmenden vor Eingang des Umschreibungsantrages beim Grundbuchamt wird die von dem Rechtsvorgänger erteilte Zustimmung wirkungslos (*OLG Celle* 4 W 14/05, NZM 2005, 260; *Bärmann/Wenzel* § 12 Rn 37; aA *Riecke/Schmid/Schneider* § 12 Rn 78). 36

2. Dritte (Verwalter). Die Gemeinschaftsordnung kann die Veräußerung auch an die Zustimmung eines Dritten knüpfen, wobei es grundsätzlich keine Einschränkungen gibt, wer der Dritte sein kann. Ist die Zustimmung des **amtierenden Verwalters** erforderlich, hat dieser seine Amtsstellung durch die Niederschrift über seine Bestellung nachzuweisen, wobei die Unterschriften der in § 24 Abs 6 bezeichneten Personen öffentlich beglaubigt sein müssen (§ 26 Abs 3). Wurde der Verwalter gerichtlich bestellt, ist eine Ausfertigung der Gerichtsentscheidung mit Rechtskraftvermerk vorzulegen. 37

Die Verwaltereigenschaft muss im Zeitpunkt des Zugangs der Verwalterzustimmung vorliegen. **Endet das Verwalteramt** anschließend, ändert dies an der Wirksamkeit der erteilten Zustimmung nichts (*Riecke/Schmid/Schneider* § 12 Rn 84; aA *Bärmann/Wenzel* § 12 Rn 38; *Palandt/Bassenge* § 12 Rn 7: die Verwaltereigenschaft müsse auch noch in dem Zeitpunkt bestehen, in dem die Auflassungserklärung des Veräußerers gemäß §§ 873 Abs 2, 878 BGB bindend wird und der Umschreibungsantrag beim Grundbuchamt eingeht). 38

39 Der Verwalter erteilt die Zustimmung in der Regel als **Treuhänder** für die Wohnungseigentümer (*BGH* IV ZR 226/89, NJW 1991, 168). Daher ist es legitim, wenn der Verwalter einen Beschluss der Wohnungseigentümer über die Frage herbeiführt, ob er der Veräußerung zustimmen soll oder nicht. Lässt der Verwalter sich durch Mehrheitsbeschluss der Wohnungseigentümer anweisen, macht er sich im Verhältnis zum Veräußerer jedenfalls nicht schadensersatzpflichtig, wenn er die Zustimmung weisungsgemäß trotz des Fehlens eines wichtigen Grundes verweigert, solange es nicht offensichtlich an einem wichtigen Grund fehlt. Ist ein Verwalter wirksam bestellt, kann dessen fehlende Zustimmung nicht durch eine Zustimmung aller Wohnungseigentümer ersetzt werden (**aA** *Riecke/Schmid/Schneider* § 12 Rn 79; *OLG Saarbrücken* 5 W 251/88, DNotZ 1989, 439), sofern die Gemeinschaftsordnung dies nicht zulässt. Die Wohnungseigentümer können den Verwalter lediglich durch Beschluss anweisen, wie er sich verhalten soll (*OLG Düsseldorf* I-3 Wx 321/04, NJW-RR- 2005, 1254; *Palandt/Bassenge* § 12 Rn 6). Ein **Beschluss** der Wohnungseigentümerversammlung, durch den die Zustimmung zur Veräußerung eines Wohnungseigentums versagt wird, entfaltet **keine Sperrwirkung**, wenn ein wichtiger Grund zur Verweigerung der Zustimmung nicht vorliegt (*OLG Hamm* 15 W 199/92, NJW-RR 1993, 279).

40 Der Verwalter ist nicht durch **§ 181 BGB** gehindert, die Veräußerungszustimmung für eine ihm selbst gehörende Einheit zu erteilen (*BayObLG* BReg 2 Z 54/85, WuM 1986, 285, wobei die Zustimmung dann gegenüber dem Erwerber abzugeben ist; *KG* 1 W 244/03, NJW-RR 2004, 1161; **aA** *Bärmann/Wenzel* § 12 Rn 27). Gleiches gilt, wenn der Verwalter selbst eine Wohnungseigentumseinheit erwerben will (*KG* 1 W 244/03, NZM 2004, 588, wobei die Zustimmung gegenüber dem Veräußerer zu erklären ist).

41 **3. Fehlen des Zustimmungsberechtigten.** Erfüllt niemand die Voraussetzungen, die nach der Gemeinschaftsordnung an die Person des Zustimmungsberechtigten geknüpft sind, fällt die Kompetenz zur Erteilung der Veräußerungszustimmung an die Wohnungseigentümer (*Riecke/Schmid/Schneider* § 12 Rn 87). In diesem Fall ist die Zustimmung **sämtlicher Wohnungseigentümer** erforderlich. Die Zustimmung der **Eigentümermehrheit** aufgrund eines Beschlusses genügt in dieser Konstellation nur, wenn die Gemeinschaftsordnung dies bestimmt (siehe Rn 35; **aA** *Bärmann/Wenzel* § 12 Rn 29).

VI. Zustimmungserklärung

42 **1. Zugang, Form und Widerruf.** Die Veräußerungszustimmung ist eine **einseitige empfangsbedürftige und bedingungsfeindliche Willenserklärung**, die gemäß § 182 BGB sowohl gegenüber dem Veräußerer als auch gegenüber dem Erwerber abgegeben werden kann und mit dem Zugang wirksam wird. Ist der Notar beauftragt worden, die erforderliche Erklärung einzuholen, ist er auch zu deren Entgegennahme bevollmächtigt (*Bärmann/Wenzel* § 12 Rn 32). Sie bezieht sich auf die Veräußerung an einen bestimmten Erwerber. Die Zustimmung kann ohne **Kenntnis vom Veräußerungsvertrag** und damit auch schon **vor** dessen **Abschluss** erteilt werden (*BayObLG* BReg 2 Z 107/91, WuM 1991, 612).

43 Eine Veräußerungszustimmung kann nicht mehr **widerrufen** werden, wenn bereits die Auflassungserklärung des Veräußerers gemäß §§ 873 Abs 2, 878 BGB bindend geworden ist und der Umschreibungsantrag beim Grundbuchamt gestellt wurde (*OLG Hamm* 15 W 55/01, NZM 2001, 955).

Die Zustimmungserklärung bedarf zu ihrer Wirkung keiner Form, sie muss dem Grundbuchamt aber in öffentlich oder **notariell beglaubigter Form** nachgewiesen werden (§ 29 GBO). Die **Verwaltereigenschaft** ist in der Form des § 26 Abs 3 nachzuweisen. Zum Nachweis bei Zustimmung durch Eigentümerbeschluss siehe Rn 35. **44**

Durch die Erteilung der Zustimmung werden der Veräußerungsvertrag und die Auflassung mit **Wirkung ex nunc** wirksam. Eine rückwirkende Genehmigung des schuldrechtlichen Vertrages und der Eigentumsübertragung kommt nicht in Betracht (*Bärmann/Wenzel* § 12 Rn 40). **45**

2. Frist zur Erteilung. Der Zustimmungsberechtigte hat die Veräußerungszustimmung **unverzüglich**, dh ohne schuldhaftes Zögern, zu erteilen, wenn keine Versagungsgründe vorliegen. Eine sofortige Zustimmung kann nicht verlangt werden, da der Zustimmungsberechtigte die Möglichkeit haben muss, das Vorliegen eines wichtigen Grundes zu prüfen. Da die Einholung von Auskünften aus Wirtschafts- und Schuldnerdatenbanken einige Tage dauert, wird man dem Zustimmungsberechtigten eine Prüffrist von 1 bis 2 Wochen im Regelfall zugestehen müssen (*Müller* Rn 128; *BayObLG* WE 1984, 60: 1 Woche; *Riecke/Schmid/Schneider* § 12 Rn 91; *F. Schmidt* WE 1998, 5: 3 bis 4 Wochen). Treten nach ersten Recherchen objektiv nachvollziehbare Zweifel an der wirtschaftlichen oder persönlichen Zuverlässigkeit des Erwerbers auf, ist dem Verwalter Zeit für weitere Recherchen zu geben. **46**

3. Kosten. Sämtliche Kosten, die durch die Erteilung der Veräußerungszustimmung anfallen, sind Kosten der Verwaltung. Regelmäßig fallen **Notargebühren** für die Beglaubigung der Verwalterbestellung und der Veräußerungszustimmung an. Viele Verwalter erhalten – aufgrund entsprechender Regelung im Verwaltervertrag – eine **Sondergebühr** für den mit der Veräußerungszustimmung anfallenden Arbeitsaufwand. Diese Kosten sind gemäß § 16 Abs 2 von **allen Wohnungseigentümern** nach dem Verhältnis der Miteigentumsanteile zu tragen (*Staudinger/Kreuzer* § 12 Rn 30), sofern die Gemeinschaftsordnung keine andere Kostenverteilung regelt oder die Wohnungseigentümer keinen Beschluss nach § 16 Abs 3 gefasst haben. Bestimmt ein vor dem 1.7.2007 geschlossener Verwaltervertrag, der auf einem Mehrheitsbeschluss der Eigentümer beruht, dass der Veräußerer oder der Erwerber die Kosten der Verwalterzustimmung zu tragen haben, so berührt dies nicht das Verhältnis der Wohnungseigentümer untereinander. Die Kosten sind gleichwohl auf alle Wohnungseigentümer nach dem allgemeinen Kostenverteilungsschlüssel umzulegen, sofern die Wohnungseigentümer keine andere Kostenverteilung beschlossen haben (§ 16 Abs 3). **47**

VII. Versagung der Zustimmung aus wichtigem Grund (Abs 2)

1. Wichtiger Grund. Die **Veräußerungszustimmung** darf gemäß § 12 Abs 2 S 1 nur aus **wichtigen Gründen** versagt werden. Bei einem wichtigen Grund handelt es sich um in der **Person des Erwerbers** (nicht des Veräußerers) oder dessen Umfeld liegende und durch konkrete Anhaltspunkte belegte Umstände, wonach der Erwerber aufgrund seiner wirtschaftlichen oder persönlichen Verhältnisse nicht Willens oder in der Lage sein wird, seinen Pflichten als Wohnungseigentümer nachzukommen oder die Rechte der anderen Eigentümer zu beachten (st Rspr; siehe nur *OLG Frankfurt* 20 W 493/04, NZM 2006, 380). Auf ein Verschulden des Erwerbers kommt es nicht an (*BayObLG* 2Z BR 80/92, NJW-RR 1993, 280; *OLG Frankfurt* 20 W 376/92, ZMR 1994, 124). Die Voraussetzungen für die Annahme eines wichtigen Grundes sind geringer als die für **48**

II WEG § 12 Veräußerungsbeschränkung

die Entziehung des Wohnungseigentums (*BayObLG* 2Z BR 80/92, NJW-RR 1993, 280). Es muss sich aber um **Umstände von Gewicht** handeln, nicht ausreichend sind Unzuträglichkeiten, persönliche Spannungen oder Vorkommnisse, wie sie in jedem Gemeinschafts- und Nachbarschaftsverhältnis immer wieder einmal auftreten können (*OLG Zweibrücken* 3 W 142/05, ZMR 2006 219).

49 Der **Zustimmungsberechtigte** ist für das Vorliegen eines wichtigen Grundes **darlegungs- und beweispflichtig**. Bloße Vermutungen und spekulative Erwägungen genügen nicht (*OLG Frankfurt* 20 W 493/04, NZM 2006, 380; *Riecke/Schmid/Schneider* § 12 Rn 108).

50 **a) Mangelnde wirtschaftliche Leistungsfähigkeit.** Ein wichtiger Grund liegt vor, wenn der Erwerber wirtschaftlich nicht in der Lage sein wird, seinen Beitrag zu den Lasten und Kosten des Gemeinschafts- und Sondereigentums zu leisten. Dies ist etwa der Fall, wenn das Einkommen des Erwerbers unterhalb oder nur knapp oberhalb der Pfändungsfreigrenze liegt und der Erwerber kein sonstiges pfändbares Vermögen nachweisen kann.

51 Zwar fallen seit dem 1.7.2007 die Wohngeldforderungen der Eigentümergemeinschaft in die Rangklasse 2 des § 10 Abs 1 ZVG, sodass zumindest im Wege der Zwangsversteigerung des Wohnungseigentums die Beitragsforderungen der Gemeinschaft realisiert werden können. Ist die Wohnungseigentumseinheit bis zum Verkehrswert mit Grundpfandrechten belastet, stellt sie idR keine ausreichende Haftungsmasse für die Realisierung der Wohngeldforderungen der Gemeinschaft dar. Denn der Vorrang in Rangklasse 2 ist auf einen Betrag in Höhe von fünf Prozent des Verkehrswertes der Wohnungseigentumseinheit begrenzt. Zudem entstehen durch das Versteigerungsverfahren neue Kosten, für die der Eigentümer ebenfalls haftet. Die Titulierung der Wohngeldforderungen und das anschließende Zwangsversteigerungsverfahren nehmen selten weniger als eineinhalb Jahre in Anspruch. Übersteigen die in diesem Zeitraum fällig werdenden Wohngeldforderungen fünf Prozent des Verkehrswertes der Wohnung, ist die Gemeinschaft auf weiteres Vermögen des Schuldners angewiesen. Der Erwerber muss somit weiteres Vermögen bzw Einkommen nachweisen.

52 Das **Vermögen des Ehegatten** des Erwerbers ist nicht zu berücksichtigen, wenn der Ehegatte für die Wohngeldverbindlichkeiten nicht haftet (*LG Köln* 29 T 239/99, ZMR 2000, 704). Hat der Erwerber die **eidesstattliche Versicherung** über seine Vermögensverhältnisse abgegeben, beweist dies, dass er entweder nicht leistungswillig oder nicht leistungsfähig ist. Die Veräußerungszustimmung ist zu verweigern, wenn der Erwerber keine Verbesserung seiner Vermögenssituation nachweisen kann. Hat der Erwerber **keinen festen Wohnsitz** oder ist er **nicht ordnungsgemäß gemeldet**, besteht die Gefahr, dass Wohngeldbeiträge nicht gerichtlich beigetrieben werden können; ein wichtiger Grund liegt vor. Gleiches gilt, wenn es sich bei dem Erwerber um eine sog. **Briefkastenfirma** handelt, die weder über Geschäftsräume noch über einen präsenten Geschäftsführer verfügt. Allein die Tatsache, dass der Erwerber ein Unternehmen mit gesetzlich **beschränkter Haftungsmasse** (zB GmbH) oder mit **Sitz im Ausland** (zB engl limited) ist, stellt keinen wichtigen Grund dar (*Becker* ZWE 2001, 362; *Riecke/Schmid/ Schneider* § 12 Rn 116), wenn eine zustellfähige Anschrift vorhanden und dem Verwalter bekannt gegeben ist. Anders ist dies freilich, wenn der Erwerber nachweislich **insolvenzgefährdet** oder **unterkapitalisiert** ist. Die wirtschaftliche Unzuverlässigkeit des Erwerbers ist belegt, wenn er als Mieter der Wohnung bereits die **Miete nicht ord-

nungsgemäß gezahlt hat (*OLG Köln* 19 U 139/95, NJW-RR 1996, 1296) oder **Wohngeldrückstände** für andere Wohnungen in derselben Wohnanlage hatte oder sich entgegen der Bestimmung im Kaufvertrag weigert, das Wohngeld für die erworbene Wohnung vor Eigentumsumschreibung zu leisten (*OLG Düsseldorf* 3 Wx 576/96, ZMR 1997, 430). Erwirbt ein **Minderjähriger** die Wohnungseigentumseinheit, kann die Zustimmung verweigert werden (*Köhler/Bassenge/Fritsch* Teil 17, Rn 65), solange nicht der Nachweis erbracht wird, dass der Minderjährige in der Lage sein wird, die Wohngeldbeiträge zu leisten. **Wohngeldrückstände des Veräußerers** stellen keinen Versagungsgrund dar!

b) Verstoß gegen Regeln der Gemeinschaft. Weiterhin kann die Veräußerungszustimmung versagt werden, wenn aufgrund konkreter Umstände zu erwarten ist, dass sich der Erwerber nicht an die gesetzlichen, vereinbarten und beschlossenen Regeln der Gemeinschaft halten wird. Ein wichtiger Grund liegt aber nur vor, wenn der Verstoß gegen die Regeln der Gemeinschaft von **erheblicher Schwere** ist, sodass die Gemeinschaftsinteressen unzumutbar beeinträchtigt werden. Nicht jeder Verstoß gegen § 14 Nr 1 rechtfertigt die Verweigerung der Zustimmung. 53

Die Veräußerungszustimmung kann etwa verweigert werden, wenn die erkennbare Absicht des Erwerbers besteht, sein **Wohneigentum entgegen** den Bestimmungen der **Teilungserklärung zu nutzen** (*OLG Düsseldorf* 3 Wx 240/96, NJW-RR 1997, 268), oder wenn der Erwerber bereits erklärt hat, er werde die **Hausordnung nicht akzeptieren** (*OLG Düsseldorf* 3 Wx 459/96, WuM 1997, 387). Anders kann die Rechtslage aber sein, wenn der Erwerber lediglich eine vom Veräußerer begonnene und von den anderen Eigentümern bislang nicht angegriffene Nutzung fortsetzt. Ein wichtiger Grund liegt vor, wenn der Erwerber bereits eine **bauliche Veränderung** am Gemeinschaftseigentum vorgenommen hat, die die anderen Eigentümer erheblich beeinträchtigt (*Köhler/Bassenge/Fritsch* Teil 17, Rn 66). Die Veräußerungszustimmung ist zu versagen, wenn der Erwerber sich verpflichtet hat, dem zur Veräußerung bereits rechtskräftig verurteilten Wohnungseigentümer einen **lebenslangen Nießbrauch** zu bestellen (*BayObLG* 2Z BR 19/98, ZMR 1998, 790). 54

Ein wichtiger Grund kann in der Unfähigkeit des Erwerbers liegen, sich in eine Gemeinschaft einzugliedern, zB bei nachgewiesener **Streitsucht**; Meinungsverschiedenheiten zwischen dem Erwerber und einem Wohnungseigentümer oder dem Verwalter reichen hierzu allerdings in der Regel nicht aus (*OLG Frankfurt* 20 W 493/04, NZM 2006, 380; *BayObLG* 2Z BR 114/94, WuM 1995, 328). Die Veräußerungszustimmung kann nicht deshalb versagt werden, weil der Erwerber für den Veräußerer mehrere **Beschlüsse** der Wohnungseigentümerversammlung erfolgreich **angefochten** hat. Ein wichtiger Grund kann aber vorliegen, wenn der Lebensgefährte des Veräußerers die Wohnung erwerben soll und in der Vergangenheit durch **provozierendes, beleidigendes und lärmendes Verhalten** immer wieder für Streit mit anderen Wohnungseigentümern gesorgt hat (*BayObLG* 2Z BR 37/01, NZM 2002, 255). Versucht der Erwerber, die Zustimmung durch **Drohung** mit einem empfindlichen Übel zu erreichen, stellt dies einen Versagungsgrund dar (*OLG Düsseldorf* 3 Wx 240/96, ZMR 1997, 88). 55

Die **soziale Homogenität** der Gemeinschaft ist für das Vorliegen eines wichtigen Grundes unerheblich (*Köhler/Bassenge/Fritsch* Teil 17, Rn 66). Kinderreiche Familien, studentische Wohngemeinschaften, Ausländer oder Angehörige anderer Religionsge- 56 meinschaften können daher vom Erwerb nicht abgehalten werden (*Riecke/Schmid/ Schneider* § 12 Rn 121).

57 c) Unerheblichkeit von Fehlern im Erwerbsvertrag. Der **Inhalt des Erwerbsvertrages** ist für die Beurteilung, ob ein wichtiger Grund iSd § 12 Abs 2 S 1 vorliegt, **ohne Bedeutung.** Der Inhalt des Vertrages kann jedoch ein geplantes gemeinschaftswidriges Verhalten des Erwerbers belegen (*OLG Frankfurt* 20 W 376/92, ZMR 1994, 124). Die Veräußerungszustimmung kann grundsätzlich nicht mit der Begründung versagt werden, der Veräußerer habe Teile des Gemeinschaftseigentums als Sondereigentum „mitverkauft" (*KG* 24 W 147/01, NZM 2002, 29). Unerheblich ist auch die unzutreffende Erklärung im Kaufvertrag, der Veräußerer habe keine Wohngeldrückstände (*BayObLG* WE 1884, 60; *Riecke/Schmid/Schneider* § 12 Rn 130).

58 2. Regelung durch Vereinbarung. Die Wohnungseigentümer können **nicht** durch Vereinbarung **regeln**, welche Umstände einen wichtigen Grund zur Versagung der Veräußerungszustimmung darstellen. Sie können aber durch Vereinbarung bestimmen, welche Umstände keinen wichtigen Grund darstellen, sodass der Veräußerer in diesem Fall einen Anspruch auf Erteilung der Veräußerungszustimmung hat (§ 12 Abs 2 S 2).

59 3. Prüfpflicht des Zustimmungsberechtigten und Mitwirkungspflicht des Veräußerers Der Zustimmungsberechtigte ist verpflichtet, das Vorliegen eines wichtigen Grundes zu prüfen. Er muss dabei aber **grundsätzlich keine Nachforschungen** über die Person des Erwerbers und dessen Vermögensverhältnisse anstellen (ähnlich *Staudinger/Kreuzer* § 12 Rn 52), wenn die Gemeinschaftsordnung dies nicht bestimmt. Er muss lediglich auf **öffentlich bekannte** oder **gemeinschaftsbekannte Informationen** zurückgreifen. Ergeben sich daraus aber Anhaltspunkte für das Vorliegen eines wichtigen Grundes, muss der Zustimmungsberechtigte diesen **Anhaltspunkten nachgehen** und weitere Ermittlungen anstellen. Bestätigen sich die Anhaltspunkte nicht, ist die Veräußerungszustimmung zu erteilen. Verbleibt es bei einem Verdacht, ohne konkrete Tatsachen für einen wichtigen Grund nachweisen zu können, ist die Zustimmung ebenfalls zu erteilen, da die Darlegungs- und Beweislast beim Zustimmungsberechtigten liegt (*Bärmann/Wenzel* § 12 Rn 42; *OLG Hamm* 15 W 199/92, NJW-RR 1993, 279). Andererseits ist es dem Zustimmungsberechtigten nicht untersagt, Ermittlungen über die Person des Erwerbers anzustellen, etwa Wirtschafts- und Schuldnerdateien abzufragen. Die dadurch entstehenden Kosten sind von der Eigentümergemeinschaft zu tragen, sofern die Kosten angemessen sind.

60 Der **Veräußerer** ist verpflichtet, dem Zustimmungsberechtigten auf Verlangen jede ihm mögliche Information über den Erwerber zu erteilen oder diesen zu einer entsprechenden Selbstauskunft zu veranlassen (*OLG Hamburg* 2 Wx 92/98, ZMR 2004, 850; *OLG Köln* 19 U 139/95, NJW-RR 1996, 1296), damit der Zustimmungsberechtigte seiner Prüfpflicht im Rahmen ordnungsmäßiger Verwaltung nachkommen kann. Die **Selbstauskunft** bezieht sich aber nur auf allgemeine Daten, nicht auf die Vermögensverhältnisse. Liegen allerdings konkrete Anhaltspunkte vor, die den Erwerber als wirtschaftlich oder persönlich ungeeignet erscheinen lassen, obliegt es dem Veräußerer, diese Anhaltspunkte zu widerlegen. Hat der Erwerber zB die eidesstattliche Versicherung über seine Vermögensverhältnisse abgegeben, obliegt dem Veräußerer der Nachweis, dass der Erwerber wirtschaftlich wieder leistungsfähig ist.

61 Der Zustimmungsberechtigte darf die Erteilung der Veräußerungszustimmung nicht von der **Vorlage des Erwerbsvertrages** abhängig machen (*Köhler/Bassenge/Fritsch*

Teil 17, Rn 49; **aA** *Liessem* NJW 1988, 1306; offen gelassen *OLG Hamburg* 2 Wx 92/98, ZMR 2004, 850), da das Vorliegen eines wichtigen Grundes nicht vom Kaufvertragsinhalt abhängt (Rn 57). Der Zustimmungsberechtigte muss lediglich erfahren, welche Einheit veräußert werden soll. Die Gemeinschaftsordnung kann allerdings eine Pflicht zur Vorlage des vollständigen Erwerbsvertrages begründen (*OLG Hamburg* 2 Wx 92/98, ZMR 2004, 850).

4. Durchsetzung des Anspruchs auf Zustimmung. Liegt kein wichtiger Grund zur Verweigerung der Veräußerungszustimmung vor, kann der **Veräußerer** vom Zustimmungsberechtigten die Erteilung der Veräußerungszustimmung verlangen, notfalls im Klagewege. Im Fall der Zwangsversteigerung ist der betreibende Gläubiger zur Durchsetzung des Anspruchs auf Zustimmung berechtigt (*Bärmann/Wenzel* § 12 Rn 45). Hat der zustimmungsverpflichtete Verwalter die Zustimmung verweigert, weil die Wohnungseigentümer ihn entsprechend – durch individuelle Erklärungen oder durch Beschluss – angewiesen haben, bleibt gleichwohl **Anspruchsgegner** der Verwalter. Der Verwalter sollte in dem Klageverfahren aber vorsorglich den anderen Wohnungseigentümern den Streit verkünden. Anders ist die Passivlegitimation hingegen zu beurteilen, wenn nach der Gemeinschaftsordnung die Verwalterzustimmung durch eine Entscheidung der Eigentümer ersetzt werden kann; in diesem Fall sind die **Wohnungseigentümer passivlegitimiert**, wenn diese die Zustimmung verweigern. Der **Erwerber** hat **keinen Anspruch** auf Erteilung der Zustimmung, da er mit den Wohnungseigentümern oder dem zustimmungsberechtigten Dritten noch in keinem Rechtsverhältnis steht. Der Erwerber kann den Zustimmungsanspruch lediglich als Prozessstandschafter des Veräußerers geltend machen. 62

Die Zustimmungserklärung gilt nach **§ 894 ZPO** mit Rechtskraft der Entscheidung als abgegeben (*OLG Zweibrücken* 3 W 142/05, ZMR 2006 219). Der **Streitwert** entspricht je nach dem Verkehrswert der Wohnung 10-20 Prozent des Kaufpreises (*BayObLG* 2Z BR 19/98, NZM 1998, 868; *Köhler/Bassenge/Fritsch* Teil 17, Rn 81 mwN). 63

VIII. Wirkung fehlender Zustimmung (Abs 3)

Fehlt die erforderliche Zustimmung, sind gemäß § 12 Abs 3 S 1 sowohl der schuldrechtliche **Kaufvertrag** als auch die dinglichen **Auflassungserklärungen** gegenüber jedermann **schwebend unwirksam**. Wird der Erwerber gleichwohl als Eigentümer ins Grundbuch eingetragen, etwa weil die Unwirksamkeit der Veräußerungszustimmung nicht erkannt wurde, ist das **Grundbuch unrichtig**. Gemäß § 53 GBO kann ein **Amtswiderspruch** eingetragen werden. Der Grundbuchberichtigungsanspruch steht ausschließlich dem Veräußerer, nicht aber dem Verwalter oder den übrigen Eigentümern zu (*OLG Hamm* 15 W 55/01, ZMR 2001, 840). Nach Auffassung des *OLG Hamm* soll ein Mehrheitsbeschluss aber ordnungsmäßiger Verwaltung entsprechen, mit dem die Wohnungseigentümer den Verwalter ermächtigen, den Veräußerer auf Geltendmachung seines **Grundbuchberichtigungsanspruch** in Anspruch zu nehmen (*OLG Hamm* 15 W 268/00, ZWE 2002, 42). 64

Im Fall der **Zwangsversteigerung** ist der Zuschlag nach §§ 79 ff ZVG nur zu erteilen, wenn die Veräußerungszustimmung vorliegt. Ergeht der Zuschlag ohne die erforderliche Zustimmung, heilt der rechtskräftige staatliche Hoheitsakt das Fehlen der Zustimmung. Der Ersteher wird auch ohne die erforderliche Zustimmung Eigentümer (*Bärmann/Wenzel* § 12 Rn 49; *Riecke/Schmid/Schneider* § 12 Rn 105). 65

IX. Schadensersatz bei verweigerter Zustimmung

66 Verweigert der Zustimmungsberechtigte ohne wichtigen Grund die Zustimmung, können dem **Veräußerer** gemäß § 280 BGB Schadensersatzansprüche wegen Pflichtverletzung zustehen (*Staudinger/Kreuzer* § 12 Rn 63). Der **Erwerber** kann hingegen keine Ansprüche gegen den Zustimmungsberechtigten geltend machen, da er mit diesem in keiner Rechtsbeziehung steht. Dem Erwerber können allenfalls Schadensersatzansprüche gegen den Veräußerer zustehen, wenn dieser seinen Anspruch auf Erteilung der Veräußerungszustimmung nicht durchsetzt, sodass die Abwicklung des Kaufvertrages scheitert. Befindet sich der Zustimmungsberechtigte mit der Erteilung der erforderlichen Zustimmung im **Verzug**, kommt ein Ersatzanspruch des Veräußerers wegen Verzugsschäden in Betracht (*BayObLG* 2Z BR 80/92, NJW-RR 1993, 280).

67 Erteilt der Zustimmungsberechtigte die Zustimmung, obwohl kein **wichtiger Grund** gegen den Erwerber **vorgelegen** hat, kommt ein Schadensersatzanspruch der Wohnungseigentümer bzw. der Wohnungseigentümergemeinschaft gegen den Zustimmungsberechtigten in Betracht (*Köhler/Bassenge/Fritsch* Teil 17, Rn 80). Ein kausaler Schaden entsteht etwa, wenn der Erwerber zur Zahlung der Wohngeldbeiträge nicht in der Lage ist.

§ 13 Rechte des Wohnungseigentümers

(1) Jeder Wohnungseigentümer kann, soweit nicht das Gesetz oder Rechte Dritter entgegenstehen, mit den im Sondereigentum stehenden Gebäudeteilen nach Belieben verfahren, insbesondere diese bewohnen, vermieten, verpachten oder in sonstiger Weise nutzen, und andere von Einwirkungen ausschließen.

(2) ¹Jeder Wohnungseigentümer ist zum Mitgebrauch des gemeinschaftlichen Eigentums nach Maßgabe der §§ 14, 15 berechtigt. ²An den sonstigen Nutzungen des gemeinschaftlichen Eigentums gebührt jedem Wohnungseigentümer ein Anteil nach Maßgabe des § 16.

Übersicht

	Rn		Rn
I. Allgemeines	1	V. Sondernutzungsrecht	24
II. Rechte aus dem Sondereigentum	2	1. Begriff und Rechtsnatur	24
1. Allgemeine Eigentumsrechte	2	2. Berechtigter	26
2. Beschränkungen der Eigentumsrechte	4	3. Begründung	30
		4. Übertragung	34
3. Eigentums- und Besitzschutz	7	5. Aufhebung	36
4. Schadensersatzansprüche	10	6. Belastung	37
5. Nachbarrechtlicher Ausgleichsanspruch	11	7. Rechtsinhalt	38
		a) Rechte	39
III. Rechte aus dem Miteigentum	12	b) Pflichten	44
1. Mitgebrauch	13	8. Ansprüche bei Störungen	52
2. Rechte an sonstigen Nutzungen	17	9. Verjährung	53
3. Eigentums- und Besitzschutz	18	10. Abgrenzung zur Gebrauchsregelung	54
4. Schadensersatzansprüche	21		
IV. Verfügungen über das Sonder- und Gemeinschaftseigentum	22	11. Abgrenzung zur Miete	55

I. Allgemeines

§ 13 konkretisiert das allgemeine Eigentumsrecht des § 903 BGB. Die Norm unterscheidet nach der Natur der Sache zwischen dem Recht aus dem Sondereigentum und dem aus dem Gemeinschaftseigentum. Beides ist echtes Eigentum und genießt den Eigentumsschutz. § 13 befasst sich jedoch nicht abschließend mit allen Rechten aus dem Wohnungseigentum, zB nicht mit den Veräußerungs- und Belastungsrechten des Sondereigentums, Verfügungsrechten aller Miteigentümer über das Grundstück als Ganzes und Abwehransprüchen gegen Störungen des Eigentums. **1**

II. Rechte aus dem Sondereigentum

1. Allgemeine Eigentumsrechte. Jeder Wohnungseigentümer ist in Bezug auf sein Sondereigentum **Alleineigentümer**. Daher übernimmt § 13 Abs 1 fast wörtlich § 903 BGB. Hiernach kann jeder Wohnungseigentümer (positiver Inhalt der Regel) mit seinem Sondereigentum nach Belieben verfahren. Er kann grundsätzlich (zu Einschränkungen siehe Rn 4) rechtlich Gebrauch machen durch **Übereignung, Belastung** mit dinglichen Rechten Dritter und **tatsächlich Gebrauch** machen durch Benutzung und Veränderung, wobei Verfügungen nur in Verbindung mit dem Miteigentumsanteil erfolgen können. Das Gesetz erläutert durch Beispiele den Umfang des tatsächlichen Gebrauchs durch Bewohnen der zum Sondereigentum gehörenden Räume, durch Vermietung oder Verpachtung oder durch Nutzung in sonstiger Weise. Hierzu zählt das Recht, die Räume zu verändern (Entfernen einer nichttragenden Innenwand), Gegenstände in das Sondereigentum einzufügen oder Bestandteile des Sondereigentums zu beseitigen. **2**

Jeder Wohnungseigentümer kann (negativer Inhalt der Regel) andere Personen von der **Einwirkung** auf die im Sondereigentum stehenden Räume und Gebäudeteile **ausschließen**. Dieses Recht gibt dem Sondereigentümer die Möglichkeit zur Klage auf Herausgabe (§§ 985 ff BGB) oder Beseitigung der Störung im Besitz (§§ 1004 ff BGB). Im Gegensatz zu § 903 BGB spricht § 13 nicht von „jeder Einwirkung" sondern nur von „Einwirkung", dies deshalb, weil jeder Sondereigentümer auch gewissen Duldungspflichten (§ 14 Nr 3 und 4) unterliegt. **3**

2. Beschränkungen der Eigentumsrechte. Die Rechte aus dem Sondereigentum sind jedoch beschränkt durch Gesetz und Rechte Dritter. Jeder Sondereigentümer unterliegt den allgemeinen Schranken des Eigentums. Diese können sich aus dem **Privatrecht** (zB § 904 BGB – Nachbarrecht) oder dem **öffentlichen Recht** (zB Bauordnungsrecht, Denkmalschutzrecht, Zweckbestimmungsnormen oder dem Gebot der Rücksichtnahme im Immissionsschutzrecht) ergeben. **4**

Die in jeder Teilungserklärung enthaltene **Zweckbestimmung** regelt, ob es sich bei einer Einheit um Wohnungseigentum oder um Teileigentum handelt. Wohnungseigentum darf grundsätzlich nur zu Wohnzwecken und Teileigentum zu jedem anderen Zweck als zu Wohnzwecken genutzt werden. Die Nutzung einer Teileigentumseinheit zu Wohnzwecken ist unzulässig (*BayObLG* 2Z BR 52/98, NZM 1999, 80; *OLG Frankfurt* 3 U 47/96, NZM 1998, 198). Nur **ausnahmsweise** ist auch ein zweckbestimmungswidriger Gebrauch zulässig, wenn dieser nicht mehr stört als ein Gebrauch im Rahmen der Zweckbestimmung (*BayObLG* 2Z BR 60/01, ZWE 2002, 35; 2Z BR 130/93, WuM 1994, 222; *OLG Köln* 16 Wx 128/02, NZM 2003, 115). Ob dies der Fall ist, muss **5** anhand einer **typisierenden generellen Betrachtungsweise** festgestellt werden (*BayObLG* 2Z BR 20/00, ZWE 2001, 28), wobei Beeinträchtigungen weder vorgetragen noch nachgewiesen werden müssen (*BayObLG* 2Z BR 52/98, NZM 1999, 80; *OLG Frankfurt* 3 U 47/96, NZM 1998, 198). Unerheblich ist daher, ob der Nutzer sich besonders ruhig verhält (*BayObLG* 2Z BR 89/04, ZMR 2004, 925).

6 Unabhängig von der jeweiligen Zweckbestimmung darf ein Wohnungseigentümer gemäß § 14 Nr 1 von seinem Sondereigentum nur in solcher Weise Gebrauch machen, dass dadurch keinem der anderen Wohnungseigentümer über das bei einem geordneten Zusammenleben unvermeidliche Maß hinaus ein Nachteil erwächst. Die Grenzen des Gebrauchs und der Nutzung des Sondereigentums können ferner durch **Vereinbarung** (§ 15 Abs 1) und **Beschluss** (§ 15 Abs 2) der Wohnungseigentümer geregelt, d. h. erweitert oder eingeschränkt, werden.

7 **3. Eigentums- und Besitzschutz.** Das Sondereigentum genießt **Eigentumsschutz** nach den §§ **985, 1004 BGB**. Jeder Wohnungseigentümer kann Abwehransprüche wegen Beeinträchtigung des Sondereigentums sowohl gegenüber Dritten als auch gegenüber den Mitgliedern der Gemeinschaft allein geltend machen. Die Ausübung der Abwehransprüche kann nicht durch Beschluss der Wohnungseigentümer an die Gemeinschaft gezogen werden (*Bärmann/Wenzel* § 13 Rn 141; *Riecke/Schmid/Abramenko* § 15 Rn 25). Dafür fehlt der Eigentümerversammlung die Beschlusskompetenz. Anders ist dies bei Störungen des Gemeinschaftseigentums.

8 Der einzelne Wohnungseigentümer ist hinsichtlich der in seinem Sondereigentum stehenden Gebäudeteile Teilbesitzer iSd **§ 865 BGB**. Er genießt daher **Besitzschutz** wie ein Alleinbesitzer sowohl gegenüber Dritten als auch gegenüber den anderen Wohnungseigentümern (*BayObLG* 2Z BR 140/97, WuM 1998, 561). Ihm stehen die Besitzschutzrechte der §§ 859 ff BGB zu.

9 **Öffentlich-rechtlichen Nachbarschutz** genießt das Sondereigentum gegenüber Nachbargrundstücken (*VGH München* 1 CS 03.1785, NZM 2004, 235: zu baurechtlichen Nachbarrechten).

10 **4. Schadensersatzansprüche.** Schadensersatzansprüche wegen Verletzung des Sondereigentums (§ 823 Abs 1 BGB) stehen dem einzelnen betroffenen Eigentümer als Individualrechte zu und können von diesem allein geltend gemacht werden.

11 **5. Nachbarrechtlicher Ausgleichsanspruch.** Noch weitgehend **ungeklärt** ist, ob im Verhältnis der Wohnungseigentümer untereinander nachbarrechtliche Ausgleichsansprüche analog § 906 Abs 2 S 2 BGB bestehen können. Nach Auffassung des *OLG Stuttgart* (7 U 135/05, ZMR 2006, 391 mit zustimmender Anm *Dötsch*) soll dies möglich sein, etwa wenn ein undichter Sanitäranschluss zu Wasserschäden in einer benachbarten Sondereigentumseinheit geführt hat. Für die Störereigenschaft eines Wohnungseigentümers sei es ausreichend aber auch erforderlich, dass die Beeinträchtigung des „Nachbarn" wenigstens mittelbar auf den Willen des Eigentümers oder Besitzers zurückgehe. Ob dies der Fall sei, könne nicht begrifflich, sondern nur in wertender Betrachtung von Fall zu Fall festgestellt werden (vgl *Wenzel* NJW 2005, 241). Bei dieser wertenden Betrachtung sei im Wesentlichen auf die Schadensursache abzustellen. Nicht allein das Eigentum an der benachbarten Wohnung begründe den Anspruch, sondern der Gebrauch oder der Zustand des Sondereigentums, von dem die Schadensursache ausgehe. Nach Auffassung des *OLG München* (32 Wx 116/06, ZMR 2007, 215) komme ein nachbar-

rechtlicher Ausgleichsanspruch jedenfalls dann nicht zum Tragen, wenn der Wohnungseigentümer von seinem Wohnungseigentum einen Gebrauch mache, der nach der Gemeinschaftsordnung gestattet sei. Für das Verhältnis der Mieter verschiedener Wohnungen eines Hauses untereinander hat der *BGH* (V ZR 180/03, ZMR 2004, 335) die doppelt analoge Anwendbarkeit des § 906 Abs 2 S 2 BGB verneint, da weder eine planwidrige Regelungslücke noch eine vergleichbare Interessenlage wie bei Grundstücksnachbarn bestehe.

III. Rechte aus dem Miteigentum

§ 13 iVm §§ 14–16 sind dem § 743 Abs 2 BGB nachgebildet. Jedem Wohnungseigentümer gebührt ein **Mitgebrauch** am gemeinschaftlichen Eigentum gemäß §§ 14, 15 und an sonstigen Nutzungen des gemeinschaftlichen Eigentums gemäß § 16. 12

1. Mitgebrauch. Der **Mitgebrauch** gemäß §§ 14, 15 steht jedem Wohnungseigentümer 13 zu und kann nur durch Vereinbarung ausgeschlossen werden. Der Umfang zum Mitgebrauch hängt nicht von der **Größe des Miteigentumsanteils** ab, der Inhaber eines großen Miteigentumsanteils ist also nicht zu einem intensiveren Mitgebrauch berechtigt als der Inhaber eines kleinen Miteigentumsanteils. Das Recht zum Mitgebrauch steht allen Wohnungseigentümern in gleichem Umfang zu (*OLG Hamm* 15 W 210/00, NZM 2001, 239). Durch den Mitgebrauch darf jedoch keinem anderen Miteigentümer über das bei einem geordneten Zusammenleben unvermeidbare Maß hinaus ein Nachteil erwachsen (zu den Grenzen des zulässigen Gebrauchs siehe § 14 Rn 15 ff). Im Rahmen des § 15 können die Wohnungseigentümer jedoch abweichende Regelungen durch Beschluss oder Vereinbarung treffen.

Eingeschränkt ist das Mitgebrauchsrecht **kraft Natur der Sache,** wenn bestimmte 14 Bereiche des Gemeinschaftseigentums nur über ein Sondereigentum zugänglich sind. Die Auslegung der Teilungserklärung kann in diesen Fällen ergeben, dass diese Bereiche, etwa ein **Spitzboden**, der gemeinschaftlichen Nutzung aller Wohnungseigentümer nicht zugänglich sind und nur zur Durchführung von Instandhaltungs- oder Instandsetzungsarbeiten betreten werden dürfen (*OLG Hamm* 15 W 210/00, NZM 2001, 239; *BayObLG* 2Z BR 98/04, ZMR 2004, 844). Bei einem (nachträglich angebauten) **Balkon,** der nur über eine Wohnung betreten werden kann, haben nur die Eigentümer ein Recht zum Gebrauch, von deren Wohnung aus der Balkon erreichbar ist (*BayObLG* 2Z BR 179/03, ZMR 2004, 132).

Die **Vermietung des Sondereigentums** berechtigt den Mieter, auch das gemeinschaftliche Eigentum mitzugebrauchen. Dies gilt grundsätzlich auch für den Mitgebrauch derjenigen gemeinschaftlichen Einrichtungen, die für die Nutzung des Sondereigentums nicht notwendig sind (*BayObLG* 2Z BR 90/97, ZMR 1998, 182; einschränkend *OLG Düsseldorf* I-3 Wx 97/04, NJW-RR 2005, 163). Hierfür können die übrigen Eigentümer kein Entgelt verlangen (*BayObLG* DWE 1984, 30), zB für die Benutzung eines gemeinschaftlichen Schwimmbades. Etwas anderes kann gelten, wenn die Angestellten eines Mieters, der ein Ladenlokal gemietet hat, das gemeinschaftliche Schwimmbad benutzen. Überlässt ein Eigentümer seine Teileigentumseinheit an den Betreiber einer Kindertagesstätte, sind die dort betreuten Kinder grundsätzlich nicht berechtigt, den in der Wohnanlage vorhandenen Kinderspielplatz täglich zu gebrauchen (*BayObLG* 2Z BR 90/97, ZMR 1998, 182). Denn der Spielplatz dient seiner konkludenten Zweckbestimmung nach vornehmlich den in der Wohnanlage wohnenden Kindern. 15

II WEG § 13   Rechte des Wohnungseigentümers

Ein **unzulässiger Übermaßgebrauch** kann auch vorliegen, wenn ein Eigentümer oder dessen Angehörige (zB Kinder) ständig Gäste in die Wohnanlage mitbringen (zB Kinder aus der Nachbarschaft), die das gemeinschaftliche Eigentum regelrecht belagern. Zu Abwehransprüchen gegen den Mieter siehe § 14 Rn 34.

16   Eine **Verpflichtung zum Mitgebrauch** besteht generell **nicht.** Sie könnte sich aber aus einer bestimmten Sachlage heraus im negativen Sinn ergeben, zB das Verbot, Hausmüll im Fahrstuhl zu transportieren, wenn eine Müllschluckeranlage vorhanden ist.

17   **2. Rechte an sonstigen Nutzungen.** Die sonstigen Nutzungen des gemeinschaftlichen Eigentums sind die „**Früchte**" iSd § 99 BGB. Dies sind sowohl die rechtlichen Früchte, zB Gelderträge aus der Vermietung oder Verpachtung gemeinschaftlicher PKW-Stellplätze (§ 99 Abs 3 BGB), als auch die natürlichen Früchte, zB das Obst eines im gemeinschaftlichen Garten stehenden Obstbaumes (§ 99 Abs 1 BGB). An diesen Nutzungen gebührt jedem Wohnungseigentümer gemäß § 16 Abs 1 ein seinem Anteil am gemeinschaftlichen Eigentum entsprechender Bruchteil. Keine Früchte sind die **Gebrauchsvorteile** einer Sache nach § 100 BGB, da an ihnen keine Bruchteile möglich sind. Für diese gilt § 13 Abs 2 S 1.

18   **3. Eigentums- und Besitzschutz.** Jeder Wohnungseigentümer kann in Ansehung des Gemeinschaftseigentums am gesamten Grundstück nach Maßgabe des § 1011 BGB Ansprüche gegen Dritte aus §§ 985 ff, 1004 BGB geltend machen; Ansprüche auf **Herausgabe** gemeinschaftlichen Eigentums kann er jedoch nur **an alle Miteigentümer** gemeinschaftlich (§ 432 BGB) verlangen. Zu diesen Ansprüchen zählen zB der Anspruch auf Herausgabe eines Teils des gemeinschaftlichen Grundstücks, den ein Nachbar für sich beansprucht, Beseitigung von Bauschutt auf dem gemeinsamen Grundstück, den der Bauherr des Nachbargrundstücks ablagern ließ, Beseitigung bzw Unterlassung von Geruchs- oder Lärmbelästigungen, die vom Nachbargrundstück ausgehen, Beseitigung eines Überbaus. Hierbei sind die Miteigentümer nicht notwendige Streitgenossen (*BGH* V ZR 67/83, BGHZ 92, 351). Die **Besitzschutzansprüche** gegen Dritte aus § 859 ff BGB kann jeder Wohnungseigentümer als Mitbesitzer allein geltend machen. Im Verhältnis zu den anderen Wohnungseigentümern gilt jedoch die Beschränkung des § 866 BGB.

19   Die Wohnungseigentümer können die Geltendmachung von Abwehransprüchen wegen Störung des Gemeinschaftseigentums durch **Mehrheitsbeschluss** zur **Gemeinschaftsangelegenheit** machen. Aktivlegitimiert ist dann gemäß § 10 Abs 6 S 3, Hs 2, 2. Variante die Gemeinschaft der Wohnungseigentümer (§ 10 Rn 24; § 15 Rn 30).

20   Zu Abwehransprüchen des Eigentümers wegen **Störungen durch andere Wohnungseigentümer** aufgrund Verstoßes gegen §§ 14, 15 siehe § 15 Rn 25.

21   **4. Schadensersatzansprüche.** Wird das Gemeinschaftseigentum geschädigt, stehen Schadensersatzansprüche gemäß § 823 BGB allen Wohnungseigentümern gemeinschaftlich zu. Die Geltendmachung der Schadensersatzansprüche ist jedoch gemäß § 10 Abs 6 S 3, Hs 1 Angelegenheit der (rechtsfähigen) Wohnungseigentümergemeinschaft (vgl § 10 Rn 57).

IV. Verfügungen über das Sonder- und Gemeinschaftseigentum

22   **Besondere Rechte aus dem Wohnungseigentum,** die nicht in § 13 geregelt sind, ergeben sich aus § 747 BGB. Hiernach kann jeder Wohnungseigentümer über sein Wohnungseigentum einschließlich des Zubehörs rechtlich verfügen, es also ganz oder teil-

weise veräußern oder belasten oder inhaltlich verändern, sofern nicht Vereinbarungen nach § 12 dieses Recht beschränken. Das Wohnungseigentum kann z. B. zugunsten des jeweiligen Eigentümers einer anderen Wohnung mit einer Grunddienstbarkeit belastet werden, wonach ein Fenster ständig geschlossen zu halten ist (*BGH* V ZR 182/87, *WE* 1990, 22).

Jeder Wohnungseigentümer kann ferner gemeinsam mit allen übrigen Wohnungseigentümern über das **Grundstück als Ganzes verfügen**, einschließlich der zum Sondereigentum gehörenden Gebäudeteile. 23

V. Sondernutzungsrecht

1. Begriff und Rechtsnatur. Der Begriff Sondernutzungsrecht bezeichnet die einem oder einigen Wohnungseigentümern eingeräumte Befugnis, einen Teil des **Gemeinschaftseigentums allein nutzen** zu dürfen und die übrigen Wohnungseigentümer von der Nutzung ausschließen zu können (*BGH* V ZB 11/77, *NJW* 1979, 548; *KG* 24 W 201/05, *ZMR* 2007, 384, 386; *BayObLG* BReg 2 Z 119 – 122/84, *NJW-RR* 1986, 93). Das Gesetz verwendet den Begriff ausschließlich in § 5 Abs 4. Das Recht zur Sondernutzung kann sich auf gemeinschaftliche Räume (zB Keller), Teile eines gemeinschaftlichen Raumes (zB Flur, Stellplatz in Garage), ganze Gebäude und Gebäudeteile (zB Tiefgarage, Schwimmbad), Freiflächen (zB Garten) oder einzelne Gebäudebestandteile (zB Fassade als Werbefläche, Aufzug) beziehen. Gegenstand des Sondernutzungsrechts kann aber stets nur gemeinschaftliches Eigentum sein. Das eingetragene Sondernutzungsrecht ist weder ein dingliches noch ein grundstücksgleiches Recht, sondern ein **schuldrechtliches Gebrauchsrecht**, das mit der Eintragung im Grundbuch eine Inhaltsänderung aller Wohnungseigentumsrechte bewirkt (*BGH* V ZB 14/00, *ZMR* 2001, 120). 24

Alleinige **Nutzungsrechte am Sondereigentum** fallen nicht darunter (*Ott* Sondernutzungsrecht, S 11). Ebenso wenig fallen Alleinnutzungsrechte unter Mitberechtigten an einer Wohnungseigentumseinheit in diese Kategorie (*Palandt/Bassenge* § 13 Rn 8; *BayObLG* 2Z BR 56/94, *NJW-RR* 1994, 1427). 25

2. Berechtigter. Inhaber eines Sondernutzungsrechts kann nur **ein Wohnungseigentümer**, dh ein aktuelles Mitglied der Wohnungseigentümergemeinschaft, sein (*BGH* V ZB 11/77, *NJW* 1979, 548). Ein Sondernutzungsrecht zugunsten einer Person außerhalb der Wohnungseigentümergemeinschaft ist nicht denkbar, da ein Sondernutzungsrecht durch Vereinbarung der Wohnungseigentümer iSd § 10 Abs 2 S 2 begründet wird und eine solche Vereinbarung keine Rechtswirkungen für oder gegen Dritte entfalten kann (*Staudinger/Kreuzer* § 15 Rn 13; *KG* 1 W 64/03, *DNotZ* 2004, 634). 26

In der Regel wird ein Sondernutzungsrecht dem jeweiligen **Inhaber einer bestimmten Wohnungseigentumseinheit** zugewiesen. Sofern die entsprechende Vereinbarung als Inhalt des Sondereigentums (§ 5 Abs 4) in den Grundbüchern eingetragen ist, bindet sie gemäß § 10 Abs 3 Sondernachfolger des begünstigten Eigentümers und der vom Mitgebrauch ausgeschlossenen Eigentümer (sog **dingliches Sondernutzungsrecht**). Durch die Eintragung im Grundbuch verliert das Sondernutzungsrecht aber nicht den Charakter einer schuldrechtlichen Vereinbarung (*OLG Zweibrücken* 3 W 3/08, *ZMR* 2008, 667). Ein Sondernutzungsrecht kann nicht dem bloßen Bruchteil eines Wohnungseigentums dinglich zugeordnet werden (*KG* 1 W 64/03, *DNotZ* 2004, 634; **aA** *Bärmann/Wenzel* § 13 Rn 79). 27

Kümmel 145

II WEG § 13   Rechte des Wohnungseigentümers

28   Zulässig ist ein **persönliches Sondernutzungsrecht**, das einem bestimmten Wohnungseigentümer ohne gleichzeitige Zuweisung an eine bestimmte Wohnungseigentumseinheit eingeräumt ist (*Palandt/Bassenge* § 13 Rn 9; *Schneider* Rpfleger 1998, 9). Berechtigter kann in diesem Fall auch sein, wer nur Miteigentümer einer Wohnungseigentumseinheit ist (*Palandt/Bassenge*, § 13 Rn 9; **aA** wohl *KG* 1 W 64/03, DNotZ 2004, 634). Dieses Sondernutzungsrecht bindet nach Eintragung in allen Grundbüchern künftige, von der Mitbenutzung ausgeschlossene Wohnungseigentümer. Es erlischt, wenn der Begünstigte aus der Wohnungseigentümergemeinschaft ausscheidet. Der Sondernutzungsberechtigte kann das persönliche Sondernutzungsrecht auf ein anderes Mitglied der Gemeinschaft übertragen, sofern nicht die Auslegung der Gemeinschaftsordnung ergibt, dass das Sondernutzungsrecht zwingend an die Person des Begünstigten geknüpft ist.

29   Ein Sondernutzungsrecht kann auch **mehreren Eigentümern** unterschiedlicher Wohnungseigentumseinheiten als Mitberechtigten zustehen. In diesem Fall gelten für das Rechtsverhältnis der Berechtigten untereinander die Vorschriften des BGB über die Rechtsgemeinschaft, §§ 741 ff BGB (*BayObLG* 2Z BR 78/92, WuM 1992, 705).

30   **3. Begründung.** Ein Sondernutzungsrecht kann grundsätzlich nur durch **Vereinbarung** iSd § 10 Abs 2 S 2, Abs 3 begründet werden. Einer Vereinbarung steht die einseitige Begründung durch den teilenden Eigentümer in der Teilungserklärung gleich (§§ 8 Abs 2, 5 Abs 4). Die Vereinbarung ist **nicht formbedürftig**. Soll die Vereinbarung zwecks Bindung künftiger Wohnungseigentümer im Grundbuch eingetragen werden, muss sie jedoch mindestens notariell oder öffentlich beglaubigt werden (§ 29 GBO). Zur Zustimmung dinglich Berechtigter siehe § 5 Rn 55.

31   Bei einer Begründung von Wohnungseigentum nach § 8 hat der **teilende Eigentümer** häufig ein wirtschaftliches Interesse, Sondernutzungsrechte an bestimmten Gemeinschaftsflächen, insbesondere Kellerräumen oder Stellplätzen, gesondert zu verwerten. Er muss sich zu diesem Zweck in der Gemeinschaftsordnung das Recht vorbehalten, nach Entstehung der (werdenden) Wohnungseigentümergemeinschaft noch **Sondernutzungsrechte begründen** oder bestehende Sondernutzungsrechte bestimmten Erwerbern **zuordnen** zu können, ohne dass es der Mitwirkung der übrigen Miteigentümer bedarf. Dem Aufteiler stehen dafür **mehrere rechtliche Konstruktionen** zur Verfügung: Er kann die Sondernutzungsrechte in der Teilungserklärung bereits begründen und diese sämtlichst einer Sondereigentumseinheit zuweisen, die er voraussichtlich als letzte veräußern wird. Die Übertragung der einzelnen Sondernutzungsrechte auf andere Sondereigentumseinheiten bedarf auch nach Entstehung der Wohnungseigentümergemeinschaft nicht der Zustimmung der übrigen Wohnungseigentümer (siehe Rn 34). Weiterhin hat der aufteilende Eigentümer die Möglichkeit, in der Teilungserklärung alle künftigen Erwerber von dem gemeinschaftlichen Gebrauch der Sondernutzungsfläche auszuschließen mit der Folge, dass das Sondernutzungsrecht zunächst keiner Wohnung zugeordnet wird und er allein im Rahmen eines persönlichen Sondernutzungsrechts zur Nutzung dieser Flächen berechtigt bleibt (*Häublein* Sondernutzungsrechte, S 277, 279). Später kann der Aufteiler die persönlichen Sondernutzungsrechte bestimmten Wohnungseigentumseinheiten zuweisen. Die Zuweisung bedarf gemäß § 10 Abs 3 der Eintragung im Grundbuch des begünstigten Wohnungseigentums, um Sonderrechtsnachfolger zu binden. Eine dritte Möglichkeit besteht darin, künftige Erwerber unter der aufschiebenden Bedingung (§ 158 Abs 1 BGB) einer

Zuweisung eines Sondernutzungsrechts von der Mitnutzung bestimmter Teile des gemeinschaftlichen Eigentums auszuschließen (*Häublein* aaO, S 278; *BayObLG* BReg 2 Z 119/84, NJW-RR 1986, 93; *OLG Hamm* 15 W 444/06, ZMR 2008, 159). Bei dieser Variante werden die Miteigentümer nicht von Anfang an von der Mitnutzung ausgeschlossen, sondern es steht ihnen ein Mitnutzungsrecht so lange zu, bis der Berechtigte von seinem Recht zur Begründung und Zuweisung des Sondernutzungsrechtes Gebrauch macht. Es handelt sich hierbei – im Gegensatz zu den beiden vorgenannten Gestaltungsmöglichkeiten – um einen Fall eines echten Begründungsvorbehalts, weil das Sondernutzungsrecht erst nachträglich durch einseitige Erklärung des aufteilenden Eigentümers begründet wird (*Häublein* aaO, S 282, 283). Auch hier ist es zur Bindung von Sondernachfolgern erforderlich, den Begründungsvorbehalt in sämtliche Grundbücher (vgl *OLG Hamm* 15 W 444/06, ZMR 2008, 159) und die Zuweisung des Sondernutzungsrechts in die Grundbücher der betroffenen Wohnungseigentumseinheiten einzutragen (*OLG Frankfurt* 20 W 290/05, NZM 2008, 214; BReg 2 Z 115/89, RPfleger 1990, 63). Bei einer vierten Variante bestimmt die Teilungserklärung zunächst nur in Form einer Öffnungsklausel, dass es dem Aufteiler vorbehalten und seiner alleinigen Entscheidung überlassen bleibt, durch nachträgliche Änderung der Teilungserklärung an bestimmten Flächen Sondernutzungsrechte zu begründen und zu vergeben. Dieser Fall unterscheidet sich von der dritten Gestaltungsmöglichkeit dadurch, dass die übrigen Mitglieder der Gemeinschaft noch nicht aufschiebend bedingt vom Mitgebrauch ausgeschlossen sind und der Eintritt der Bedingung nicht lediglich von einer Zuweisungserklärung abhängt. Vielmehr bleibt dem Aufteiler die Entscheidung vorbehalten, ob überhaupt Sondernutzungsrechte begründet werden (zu einem solchen Fall siehe *KG* 24 W 201/05, ZMR 2007, 384, 387). In diesem Fall müssen die Begründung und die Zuweisung der Sondernutzungsrechte in sämtlichen Grundbüchern der Wohnanlage eingetragen werden, um künftige Wohnungseigentümer zu binden (*KG* 24 W 201/05, ZMR 2007, 384, 387).

Gegenstand und Inhalt des Sondernutzungsrechts müssen hinreichend bestimmt beschrieben sein. Ein im Grundbuch eingetragenes Sondernutzungsrecht unterliegt den **Bestimmtheitserfordernissen des Grundbuchrechts.** Nach den Auslegungsgrundsätzen für Grundbucheintragungen (vgl § 10 Rn 27) ist die Eintragung des Sondernutzungsrechts im Grundbuch nur wirksam, wenn für jeden außenstehenden Dritten anhand des Wortlauts der Vereinbarung und der ggf in Bezug genommenen Zeichnungen und Pläne erkennbar ist, welcher räumliche Bereich des gemeinschaftlichen Eigentums mit dem Sondernutzungsrecht belegt sein soll und welche Befugnisse und Verpflichtungen sich aus dem Sondernutzungsrecht ergeben (*OLG Zweibrücken* 3 W 3/08, ZMR 2008, 667). Bei der **Auslegung** dürfen die örtlichen Verhältnisse herangezogen werden. Subjektive Vorstellungen der an dem Abschluss der Vereinbarung Beteiligten sind jedoch ebenso ohne Belang wie das bisherige Verständnis der Wohnungseigentümer und die Handhabung in der Vergangenheit. Bei unauflöslichen Widersprüchen zwischen dem Wortlaut der Vereinbarung und den in Bezug genommenen Zeichnungen oder Plänen fehlt es an der erforderlichen Bestimmtheit, die Bindungswirkung des § 10 Abs 3 tritt nicht ein. 32

Ein **Mehrheitsbeschluss** zur Begründung eines Sondernutzungsrechts ist mangels Beschlusskompetenz der Wohnungseigentümerversammlung nichtig (*BGH* V ZB 58/99, NJW 2000, 3500), sofern nicht die Gemeinschaftsordnung eine **Öffnungsklausel** enthält, wonach Sondernutzungsrechte durch Mehrheitsbeschluss der Wohnungsei- 33 gentümer begründet werden können (*Becker/Kümmel/Ott* Rn 292; Palandt/*Bassenge* § 13 Rn 10; **aA** *Riecke/Schmid/Abramenko* § 13 Rn 32). Eine solche Öffnungsklausel muss den Bereich des betreffenden Gemeinschaftseigentums hinreichend klar umreißen (*Becker* ZWE 2002, 341; *Ott* Sondernutzungsrecht, S 98). Fehlt es an einer solchen inhaltlichen Bestimmtheit der Öffnungsklausel, ist ein Mehrheitsbeschluss nichtig.

34   **4. Übertragung.** Ein im Grundbuch eingetragenes dingliches Sondernutzungsrecht kann durch **Einigung und Eintragung** (§§ 873, 877 BGB) von einer Wohnungseigentumseinheit **auf eine andere Einheit** ganz oder teilweise übertragen werden (*BGH* V ZB 14/00, ZMR 2001, 120). Dieser Rechtsakt bedarf gemäß § 5 Abs 4 der Zustimmung der dinglich Berechtigten an den beteiligten Wohnungseigentumseinheiten (§§ 877, 876 BGB). Die Zustimmung der übrigen Wohnungseigentümer ist nicht erforderlich, da sich deren Rechtsstellung nicht ändert (*BGH* V ZB 11/77, NJW 1979, 548), wohl aber die Zustimmung etwaiger dinglich Berechtigter am verlierenden Wohnungseigentum (*Bärmann/Wenzel,* § 13 Rn 124). Die Übertragung des Sondernutzungsrechts wird nur in den Grundbüchern der beteiligten Wohnungseigentumseinheiten vermerkt.

35   Ein **nicht im Grundbuch eingetragenes Sondernutzungsrecht** wird durch Abtretung übertragen (§§ 398 BGB), Zessionar kann allerdings nur ein Mitglied der Wohnungseigentümergemeinschaft sein. Die Gemeinschaftsordnung kann die Übertragung eines Sondernutzungsrechts jedoch ausschließen oder von der Zustimmung eines Dritten abhängig machen (*Becker/Kümmel/Ott* Rn 296). Bei einem Eigentümerwechsel aufseiten eines vom Mitgebrauch ausgeschlossenen Wohnungseigentümers muss der Sondernachfolger das Sondernutzungsrecht auch dann nicht gegen sich gelten lassen, wenn er dieses beim Erwerb seines Wohnungseigentums positiv kannte (*OLG Hamm* 15 W 444/06, ZMR 2008, 159).

36   **5. Aufhebung.** Ein Sondernutzungsrecht kann grundsätzlich nur durch **Vereinbarung** iSd § 10 Abs 2 S 2 aufgehoben werden (*BGH* V ZB 14/00, NJW 2000, 3643). Ein einseitiger Verzicht ist nicht möglich. Der Inhaber eines im Grundbuch eingetragenen dinglichen Sondernutzungsrechts kann lediglich durch einseitige Erklärung die **Löschung des Sondernutzungsrechts** aus den Grundbüchern bewilligen; eine Mitwirkung der übrigen Wohnungseigentümer ist dafür nicht erforderlich (*BGH* V ZB 14/00, NJW 2000, 3643). Die Löschung des eingetragenen Sondernutzungsrechts im Wohnungseigentumsgrundbuch lässt die schuldrechtliche Vereinbarung über den Ausschluss des Mitbenutzungsrechts der anderen Wohnungseigentümer an dem der Sondernutzung unterliegenden Teil des Gemeinschaftseigentums bis zum Abschluss einer Aufhebungsvereinbarung unberührt. Sie beseitigt nur deren „dingliche Wirkung" (*BGH* V ZB 11/77, NJW 1979, 548), sodass der Sonderrechtsnachfolger eines durch die Vereinbarung vom Mitgebrauch ausgeschlossenen Wohnungseigentümers das schuldrechtliche Sondernutzungsrecht nicht gegen sich gelten lassen muss (*BGH* V ZB 14/00, NJW 2000, 3643). Das Sondernutzungsrecht wird folglich mit Eintritt eines Eigentümerwechsels hinfällig.

37   **6. Belastung.** Ein Sondernutzungsrecht kann **nicht mit beschränkt dinglichen Rechten** belastet werden. Als Gegenstand der Belastung taugt nur die Wohnungseigentumseinheit insgesamt. Im Fall der Belastung der Wohnungseigentumseinheit mit einer Dienstbarkeit, erstreckt sich das Nutzungsrecht auch auf den Sondernutzungsbereich (*Palandt/Bassenge* § 13 Rn 13). Eine Dienstbarkeit an einem Wohnungseigentum

kann nicht mit dem Inhalt ins Grundbuch eingetragen werden, dass Ausübungsbereich ein Sondernutzungsrecht am gemeinschaftlichen Eigentum sein soll (*OLG Zweibrücken* 3 W 232/98, NZM 1999, 771).

7. Rechtsinhalt. Der Inhalt eines Sondernutzungsrechts ergibt sich aus der Teilungserklärung und den Vereinbarungen der Wohnungseigentümer sowie aus §§ 13, 14. 38

a) Rechte. Das Sondernutzungsrecht berechtigt zum **alleinigen Gebrauch** und zum **Ausschluss der übrigen Wohnungseigentümer** vom Mitgebrauch. Es erlaubt dem Berechtigten keinen weitergehenden Gebrauch, als er den anderen Eigentümern zustünde, wenn das Sondernutzungsrecht nicht bestünde. Der Berechtigte hat lediglich das Recht, die übrigen Wohnungseigentümer vom Mitgebrauch auszuschließen, nicht mehr und nicht weniger. Der Berechtigte darf folglich – mangels abweichender Regelung – von dem der Sondernutzung unterliegenden Bereich des Gemeinschaftseigentums nur in solcher Weise Gebrauch machen, als dadurch keinem der anderen Wohnungseigentümer über das bei einem geordneten Zusammenleben unvermeidliche Maß hinaus ein Nachteil erwächst (§ 14 Nr 1). 39

Der **Mieter** der begünstigten Wohnungseigentumseinheit darf die Sondernutzungsbereiche, etwa einen Stellplatz oder eine Terrasse, wie der Eigentümer benutzen, wenn diese Flächen mitvermietet sind. Sofern die Teilungserklärung nichts anderes bestimmt, kann ein Wohnungseigentümer auch die seiner Sondernutzung unterliegenden Gemeinschaftsflächen separat vermieten (*Schuschke* NZM 1999, 241). Die **Mieteinnahmen** stehen dem Sondernutzungsberechtigten ebenso zu wie sonstige Früchte, die er im Rahmen der ihm eingeräumten Nutzungsbefugnis zieht. **Übermaßfrüchte** stehen allerdings gemäß § 13 Abs 2 S 2 allen Wohnungseigentümern zu. 40

Zweckbestimmungen in der Gemeinschaftsordnung und sonstige vereinbarte **Gebrauchsregelungen** iSd § 15 Abs 1 für das Gemeinschaftseigentum binden auch den Sondernutzungsberechtigten. **Bauliche Veränderungen** sind nur unter den Voraussetzungen des § 22 Abs 1 zulässig, sofern die Gemeinschaftsordnung keine abweichende Regelung enthält. 41

Das Sondernutzungsrecht an einer „**Gartenfläche**" etwa berechtigt zu einer gärtnerischen Nutzung. Welche Tätigkeiten und welche Umgestaltungen am Gemeinschaftseigentums mit einer gärtnerischen Nutzung vereinbar sind, kann jeweils nur im Einzelfall unter Berücksichtigen der besonderen Umstände entschieden werden. Grundsätzlich zulässig ist die **übliche gärtnerische Pflege**, das fachgerechte Zurückschneiden von Pflanzen und das Entfernen und Neueinsetzen kurzlebiger Pflanzen. Der Sondernutzungsberechtigte darf der Art und Weise der Bepflanzung grundsätzlich selbst bestimmen. Nach den Grundsätzen von Treu und Glauben hat er aber den konkreten Zuschnitt der Wohn- und Grünanlage zu berücksichtigen. Auf die Verkehrsüblichkeit im örtlichen Bereich ist Rücksicht zu nehmen; geeignetenfalls sind auch Wertungsmaßstäbe aus dem jeweiligen Nachbarrecht zu berücksichtigen (vgl *KG* 24 W 1752/87, NJW-RR 1987, 1360; *BayObLG* 2Z BR 53/00, ZMR 2001, 122). Für die Zulässigkeit von Pflanzungen an der Grenze zwischen zwei Sondernutzungsrechten kann auf die landesrechtlichen Bestimmungen des Nachbarrechts abgestellt werden (vgl *BGH* V ZR 276/06, NJW 2007, 3636). Unzulässig kann im Einzelfall die Anpflanzung eines stark wachsenden Baumes (*KG* 24 W 1752/87, NJW- RR 1987, 1360) oder die Entfernung eines prägenden Baumes oder einer Hecke mit Sichtschutzfunktion sein (*BayObLG* 2Z BR 112/99, NZM 2001, 672). In der Regel unzulässig ist das Aufstellen von **Gartenhäusern**, 42

Geräteschuppen (*BayObLG* BReg 2 Z 84/87, NJW-RR 1988, 591), Wasserbecken (*BayObLG* 2Z BR 178/98, ZMR 1999, 580) und anderen Baulichkeiten, die mit einer bloßen gärtnerischen Nutzung nicht zwingend verbunden sind. Die Zulässigkeit solcher Baulichkeiten richtet sich nach § 22 Abs 1.

43 Das Sondernutzungsrecht an einem „**Kellerraum**" oder „**Spitzboden**" berechtigt nur zum Abstellen und Lagern von Gegenständen, nicht aber zum Ausbau als Wohn- oder Schlafraum, Einbau eines Fensters oder zur Herstellung eines Deckendurchbruchs (*BayObLG* 2Z BR 51/93, NJW-RR 1993, 1295), wenn damit eine Beeinträchtigung iSd § 14 Nr 1 verbunden ist. Ein „**Pkw-Stellplatz**" darf nur zum Abstellen von Personenkraftwagen, nicht aber zum dauerhaften Abstellen eines großen Wohnmobils (*BayObLG* WE 1994, 281) oder als Lagerfläche für andere Gegenstände, zB Umzugskartons, genutzt werden. Die Errichtung eines Carports oder einer Garage auf der Stellplatzfläche stellt eine unzulässige bauliche Veränderung dar, sofern nichts anderes vereinbart ist (*OLG Hamm* 15 W 82/98, NZM 1998, 921).

44 b) Pflichten. Die **Instandhaltung und Instandsetzung** des Gemeinschaftseigentums obliegt gemäß § 21 Abs 1, Abs 5 Nr 2 den Wohnungseigentümern gemeinsam. Dies gilt grundsätzlich auch für Bereiche des Gemeinschaftseigentums, an denen ein Sondernutzungsrecht besteht. Dem Sondernutzungsberechtigten kann jedoch durch Vereinbarung die Verwaltung, insbesondere die Pflicht zur Instandhaltung und Instandsetzung, auferlegt werden. Dies ist auch sinnvoll, wenngleich es in vielen Gemeinschaftsordnungen übersehen wurde und später nicht mehr gegen den Willen des Sondernutzungsberechtigten in die Gemeinschaftsordnung aufgenommen werden kann. Die Pflicht zur Instandhaltung und Instandsetzung kann sich durch **Auslegung** der Gemeinschaftsordnung ergeben. Erlaubt etwa das Sondernutzungsrecht an einer **Gartenfläche** dem Sondernutzungsberechtigten die Durchführung der gärtnerischen Pflege und Gestaltung, so korrespondiert dies nach Sinn und Zweck sowie unter Berücksichtigung von Treu und Glauben mit der Verpflichtung, die Grünfläche zumindest so zu pflegen, dass sie keinen Schaden nimmt und die optische Erscheinung der Wohnanlage gewahrt bleibt. Die durch die Pflege und Gestaltung der Grünfläche entstehenden **Kosten** hat der Sondernutzungsberechtigte allein zu tragen. Für Maßnahmen, die über die bloße Pflege und Unterhaltung hinausgehen, zB das Fällen eines Baumes wegen Umsturzgefahr, bleibt im Zweifel jedoch die Eigentümergemeinschaft verantwortlich. Sie hat auch die Kosten solcher weitergehenden Maßnahmen zu tragen. Der Sondernutzungsberechtigte ist zur Fällung eines großen prägenden Baumes selbst dann nicht verpflichtet, wenn ihm durch Vereinbarung die Instandhaltung und Instandsetzung der Sondernutzungsfläche ausdrücklich auferlegt ist (vgl *OLG Düsseldorf* I-3 Wx 227/03, ZMR 2004, 608).

45 Die Pflicht zur Instandhaltung und Instandsetzung greift allerdings erst, wenn das der Sondernutzung unterliegende Gemeinschaftseigentum nach Begründung der Wohnungseigentümergemeinschaft zunächst mangelfrei hergestellt war. Instandhaltung ist die Erhaltung eines ordnungsgemäßen mangelfreien Zustands; Instandsetzung die Wiederherstellung eines ordnungsgemäßen mangelfreien Zustands. Wenn das Gemeinschaftseigentum aber noch nie ordnungsgemäß hergestellt war, ist zunächst die Wohnungseigentümergemeinschaft verpflichtet, **erstmals** einen **ordnungsgemäßen Zustand herzustellen.** Erst danach greift die Pflicht des Sondernutzungsberechtigten zur Instandhaltung und Instandsetzung. Soll der Sondernutzungsberechtigte auch verpflichtet sein, einen erstmaligen ordnungsgemäßen Zustand herzustellen, muss dies in der Gemeinschaftsordnung eindeutig zum Ausdruck kommen (*BayObLG* 2Z BR 45/ 02, ZWE 2003, 187). Besteht das Sondernutzungsrecht an einer bewusst noch nicht angelegten Grünfläche, so fällt die erstmalige Anlegung und Gestaltung allerdings in den Zuständigkeitsbereich des Sondernutzungsberechtigten.

Für eine **Pflicht** des Sondernutzungsberechtigten **zur Instandhaltung und Instandsetzung** spricht häufig auch die Formulierung in der **Gemeinschaftsordnung**, dass „der Sondernutzungsberechtigte die Rechte und Pflichten eines Sondereigentümers" haben soll (vgl *BayObLG* 2Z BR 203/03, ZMR 2004, 357). 46

Ist dem Sondernutzungsberechtigten die Instandhaltung und Instandsetzung durch Vereinbarung ausdrücklich auferlegt, bleibt häufig **unklar, welche Gebäude- und Grundstücksbestandteile** im Einzelnen von der Verpflichtung umfasst sind. Im Zweifel ist davon auszugehen, dass der Sondernutzungsberechtigte nicht schlechter stehen soll als ein Sondereigentümer, sodass sich die Instandhaltungspflicht nur auf solche Gebäude- und Grundstücksbestandteile bezieht, die im Fall der Sondereigentumszuweisung gemäß § 5 sondereigentumsfähig wären, nicht aber auf Gebäudebestandteile, die für den Bestand und die Sicherheit des Gebäudes erforderlich sind oder die auch den übrigen Wohnungseigentümern dienen (siehe *Staudinger/Bub* § 16 Rn 40 mit zahlreichen Rechtsprechungsnachweisen). 47

Für die **Lasten und Kosten** des Sondernutzungsbereichs gilt grundsätzlich § 16 Abs 2. Die Gemeinschaftsordnung kann jedoch dem Sondernutzungsberechtigten bestimmte Kostenpositionen auferlegen, was mangels ausdrücklicher Regelung durch Auslegung der Gemeinschaftsordnung zu ermitteln ist. Ist der Sondernutzungsberechtigte zur Instandhaltung und Instandsetzung verpflichtet, hat er im Zweifel auch die dadurch entstehenden Kosten zu tragen. 48

Gemäß **§ 16 Abs 3** können die Wohnungseigentümer mit einfacher Stimmenmehrheit – auch abweichend von der Gemeinschaftsordnung – beschließen, dass der Sondernutzungsberechtigte die auf den Sondernutzungsbereich entfallenden **Betriebskosten** zu tragen hat (vgl § 16 Rn 39). § 16 Abs 3 erfasst **nicht** die Kosten der Instandhaltung und Instandsetzung. Nach der **Heizkostenverordnung** sind vom Sondernutzungsberechtigten zwingend die Kosten für die Beheizung und den Warmwasserverbrauch in den Sondernutzungsräumen zu tragen. 49

Hat der Sondernutzungsberechtigte die Kosten der **Instandhaltung und Instandsetzung** nach der Gemeinschaftsordnung nicht zu tragen, können die Wohnungseigentümer gleichwohl im **Einzelfall** gemäß § 16 Abs 4 dem Sondernutzungsberechtigten die Kosten der Maßnahme auferlegen, wenn damit dem alleinigen Gebrauch durch den Sondernutzungsberechtigten Rechnung getragen wird (zB Erneuerung des Oberbelags einer Terrasse). Der Beschluss bedarf einer Mehrheit von drei Viertel aller stimmberechtigten Wohnungseigentümer und mehr als der Hälfte aller Miteigentumsanteile. 50

Mit der Pflicht zur Instandhaltung und Instandsetzung trifft den Sondernutzungsberechtigten im Zweifel auch die **Verkehrssicherungspflicht** an der Sondernutzungsfläche. Aber auch wenn die Instandhaltung und Instandsetzung nicht auf den Sondernutzungsberechtigten übertragen ist, wird er für die Verkehrssicherheit auf der Sondernutzungsfläche zu sorgen haben, da die Verkehrssicherheit vor allem an das Kriterium der Beherrschbarkeit der Gefahrenquelle und die Eröffnung des Verkehrs anknüpft. 51

52 **8. Ansprüche bei Störungen.** Der Sondernutzungsberechtigte kann wie ein Sondereigentümer gemäß **§ 1004 Abs 1 BGB** Störungen durch andere Wohnungseigentümer und Dritte abwehren, **Besitzschutzansprüche** und Abwehransprüche wegen verbotener Eigenmacht (*OLG Düsseldorf* 3 Wx 184/00, ZMR 2001, 217) geltend machen und das **Selbsthilferecht** nach § 910 BGB ausüben (*KG* 24 W 115/04, NZM 2005, 745). Darüber hinaus stehen ihm Ansprüche aus § 280 BGB (iVm dem Gemeinschaftsverhältnis) gegen die übrigen Wohnungseigentümer und deliktische **Schadensersatzansprüche** gemäß § 823 BGB gegen Dritte und Wohnungseigentümer zu. Nutzt ein Wohnungseigentümer oder Dritter unberechtigt die Sondernutzungsfläche, ist ein Anspruch des Sondernutzungsberechtigten wegen **ungerechtfertigter Bereicherung** möglich (*KG* 24 W 1394/98, ZWE 2000, 138).

53 **9. Verjährung.** Die vorstehend beschriebenen Ansprüche aus dem Sondernutzungsrecht unterliegen der Regelverjährung von drei Jahren (siehe § 15 Rn 33). Der Anspruch auf Einräumung des Besitzes an der Sondernutzungsfläche im Falle der vollständigen Besitzentziehung verjährt hingegen erst in 30 Jahren, § 197 Abs 1 Nr 1 BGB (aA *Bärmann/Wenzel* § 13 Rn 104: unverjährbar).

54 **10. Abgrenzung zur Gebrauchsregelung.** Das Sondernutzungsrecht (und der damit einhergehende Gebrauchsentzug für die übrigen Wohnungseigentümer) ist abzugrenzen von einer mehrheitlich zu beschließenden Gebrauchsregelung iSd § 15 Abs 2. Während für eine Gebrauchsregelung eine Beschlusskompetenz gegeben ist, fehlt sie für einen Gebrauchsentzug (*BGH* V ZB 58/09, NJW 2000, 3500). Eine mehrheitlich zu beschließende Gebrauchsregelung liegt vor, wenn der alleinige Gebrauch dem Berechtigten nur zu **bestimmten Zeiten** vorbehalten bleibt, zB nur am Wochenende oder nur zu bestimmten Tageszeiten, und im Übrigen sämtliche Wohnungseigentümer zum Mitgebrauch berechtigt sind (vgl *OLG Düsseldorf* I-3 Wx 162/07, GuT 2008, 219). Eine bloße Gebrauchsregelung liegt auch dann vor, wenn die Wohnungseigentümer, mit Ausnahme des Berechtigten, nur von **bestimmten Arten des Gebrauchs** ausgeschlossen werden, zB dem dauerhaften Parken auf einem Grundstücksteil, während das Befahren und vorübergehende Halten auf dieser Fläche allen Eigentümern erlaubt ist. Auf anderer Ebene ist die Frage angesiedelt, ob solche Regelungen ordnungsmäßigem Gebrauch iSd § 15 Abs 2 entsprechen (siehe dazu § 15 Rn 8 ff). Wird einem Wohnungseigentümer ein bestimmter Bereich des Gemeinschaftseigentums zur alleinigen Nutzung zugewiesen, kann darin ebenfalls eine Gebrauchsregelung liegen, wenn gleichzeitig auch allen anderen Wohnungseigentümern ein alleiniger Nutzungsbereich zugewiesen wird (zB Keller, Stellplätze, Gartenflächen) und eine Änderung der Zuteilung durch Beschluss möglich bleibt (siehe § 15 Rn 11).

55 **11. Abgrenzung zur Miete.** Das Sondernutzungsrecht ist abzugrenzen von der Miete. Die Abgrenzung kann u. a. Bedeutung für die Frage erlangen, ob ein Mehrheitsbeschluss für die Begründung des Rechtsverhältnisses ausreichend ist und wie das Rechtsverhältnis beendet werden kann. Ob ein Mietverhältnis oder ein Sondernutzungsrecht vorliegt, ist durch **Auslegung** zu ermitteln. Mietvertrag und Sondernutzungsrecht ist gemein, dass beide Rechtsverhältnisse eine Gebrauchsüberlassung zum Hauptinhalt haben. Während ein Sondernutzungsrecht aber nur durch Vereinbarung der Wohnungseigentümer begründet werden kann, kann ein Mietverhältnis über Bereiche des Gemeinschaftseigentums auch durch einen Vertrag zwischen der rechtsfähigen Wohnungseigentümergemeinschaft im Sinne des § 10 Abs 6 und dem Mieter zustande kommen (§ 10 Rn 70). Für den Abschluss des Mietvertrages genügt ein Mehrheitsbeschluss der Wohnungseigentümer nach § 15 Abs 2, wenn der Vertrag ordnungsmäßiger Verwaltung entspricht (*BGH* V ZB 46/99, NJW 2000, 3211). Mieter kann jede Person sein, Sondernutzungsberechtigter hingegen nur ein Mitglied der Wohnungseigentümergemeinschaft. Ein Mietvertrag ist grundsätzlich einseitig ordentlich kündbar (sofern keine ausdrückliche Befristung des Mietverhältnisses vorliegt). Ein Sondernutzungsrecht wird regelmäßig ohne zeitliche Befristung vereinbart und kann nur durch Vereinbarung aller Wohnungseigentümer, also nur mit Zustimmung des Sondernutzungsberechtigten, aufgehoben werden. Der Mieter ist zur Zahlung eines Mietzinses verpflichtet. Der Sondernutzungsberechtigte schuldet grundsätzlich keine Gegenleistung, allerdings können die Wohnungseigentümer die (nachträgliche) Einräumung eines Sondernutzungsrechts von einer einmaligen Geldzahlung oder einem periodisch zu leistenden Nutzungsentgelt abhängig machen.

§ 14 Pflichten des Wohnungseigentümers

Jeder Wohnungseigentümer ist verpflichtet:
1. die im Sondereigentum stehenden Gebäudeteile so instand zu halten und von diesen sowie von dem gemeinschaftlichen Eigentum nur in solcher Weise Gebrauch zu machen, dass dadurch keinem der anderen Wohnungseigentümer über das bei einem geordneten Zusammenleben unvermeidliche Maß hinaus ein Nachteil erwächst;
2. für die Einhaltung der in Nummer 1 bezeichneten Pflichten durch Personen zu sorgen, die seinem Hausstand oder Geschäftsbetrieb angehören oder denen er sonst die Benutzung der im Sonder- oder Miteigentum stehenden Grundstücks- oder Gebäudeteile überlässt;
3. Einwirkungen auf die im Sondereigentum stehenden Gebäudeteile und das gemeinschaftliche Eigentum zu dulden, soweit sie auf einem nach Nummer 1, 2 zulässigen Gebrauch beruhen;
4. das Betreten und die Benutzung der im Sondereigentum stehenden Gebäudeteile zu gestatten, soweit dies zur Instandhaltung und Instandsetzung des gemeinschaftlichen Eigentums erforderlich ist; der hierdurch entstehende Schaden ist zu ersetzen.

Übersicht

	Rn		Rn
I. Bedeutung der Norm	1	b) Beispiele aus der Rechtsprechung	18
II. Verbot von Beeinträchtigungen	2		
1. Vermeidbarer Nachteil	2	III. Gebrauch durch Nichteigentümer (Nr 2)	30
2. Instandhaltung des Sondereigentums (Nr 1 Var 1)	8	1. Abwehranspruch gegen den Wohnungseigentümer	30
a) Inhalt der Instandhaltungspflicht	8	2. Abwehranspruch gegen den Nichteigentümer	34
b) Sonderproblem Trittschall	13	IV. Duldung zulässigen Gebrauchs (Nr 3)	39
3. Pflicht zum maßvollen Gebrauch des Sonder- und Gemeinschaftseigentums (Nr 1 Var 2)	15	V. Duldung von Eingriffen in das Sondereigentum (Nr 4 Hs 1)	41
a) Grenzen des zulässigen Gebrauchs	15	VI. Aufopferungsanspruch des Sondereigentümers (Nr 4 Hs 2)	51

Kümmel

II WEG § 14 — Pflichten des Wohnungseigentümers

I. Bedeutung der Norm

1 § 14 beschreibt als Gegenstück zu § 13 (Rechte) die besonderen Pflichten eines Wohnungseigentümers und konkretisiert in den hier angesprochenen Fällen die sich aus der Gemeinschaft allgemein ergebenden **Schutz- und Treuepflichten**, insbesondere die Pflicht zur gegenseitigen Rücksichtnahme. Die Vorschrift wird ergänzt durch §§ 15, 16 (Gebrauchregelungen und Beitragpflichten) und §§ 21, 22 und 28 (Verwaltung, besondere Aufwendungen, Abrechnung, Rechnungslegung). § 14 ist gemäß § 10 Abs 2 S 2 **abdingbar;** die Wohnungseigentümer können die Pflichten durch Vereinbarungen einschränken oder erweitern (§ 15 Abs 1) oder durch Beschluss konkretisieren (§ 15 Abs 2). Die Regelung beinhaltet Pflichten in Bezug auf das Sondereigentum und das gemeinschaftliche Eigentum (Nr 1 und 2) sowie Duldungspflichten (Nr 3 und 4).

II. Verbot von Beeinträchtigungen

2 **1. Vermeidbarer Nachteil.** Jeder Wohnungseigentümer darf mit seinem Sondereigentum und dem Gemeinschaftseigentum nur in solcher Weise verfahren, dass keinem der anderen Wohnungseigentümer über das bei einem geordneten Zusammenleben unvermeidbare Maß hinaus ein Nachteil erwächst. Unter einem **Nachteil** ist jede **nicht ganz unerhebliche Beeinträchtigung** zu verstehen (*OLG Celle* 4 W 203/01, ZWE 2002, 371), wobei nur konkrete und objektiv nachweisbare Beeinträchtigungen als Nachteil gelten. Ob ein unvermeidbarer Nachteil vorliegt, hängt von den Umständen des Einzelfalls ab. Dabei sind sowohl die örtlichen Gegebenheiten als auch Lage, Bauweise und Charakter des Gebäudes sowie die vereinbarte Zweckbestimmung zu berücksichtigen (*OLG München* 34 Wx 063/05, OLGR München 2005, 645). Entscheidend ist, ob sich nach der Verkehrsanschauung ein Wohnungseigentümer in der entsprechenden Lage verständlicherweise beeinträchtigt fühlen kann (*BGH* V ZB 27/90, NJW 1992, 978; *VerfGH Berlin* VerfGH 188/01, WuM 2003, 39). Ganz geringfügige Beeinträchtigungen bleiben außer Betracht (*BayObLG* 2 Z 23/79, ZMR 1980, 381); sie sind zu dulden. Die Grenze für die Bejahung eines Nachteils liegt damit sehr niedrig. Sie ist nicht erst bei einer erheblichen Beeinträchtigung überschritten; alle Beeinträchtigungen, die über die Grenze des ganz Unerheblichen hinausgehen und vermeidbar sind, haben grundsätzlich zu unterbleiben.

3 Für die Feststellung, welche Beeinträchtigungen hingenommen werden müssen, können technische Regelwerke und einschlägige **DIN-Vorschriften** herangezogen werden (*BayObLG* 2Z BR 111/92, WE 1994, 147), bei Schallschutzproblemen etwa die DIN 4109 (*BayObLG* 2Z BR 77/99, NZM 2000, 504) oder bei elektromagnetischen Strahlungen die 26. BImSchV; geringfügige Überschreitungen der dort bestimmten Grenzwerte können im Einzelfall noch hinzunehmen sein, da es sich nur um Richtwerte handelt. In besonderen Einzelfällen kann aber auch trotz Einhaltung der Grenzwerte eine Beeinträchtigung vorliegen. Es sind grundsätzlich die Regelwerke und Vorschriften heranzuziehen, die im **Zeitpunkt der Errichtung** der Wohnanlage galten. Bei nachträglichen baulichen Umgestaltungen und Erneuerungen ist auf die in diesem Zeitpunkt geltenden Normen abzustellen. Handelt es sich um eine Wohnanlage mit einem planmäßig erhöhten technischen Standard, ist dieser auch bei späteren Instandhaltungsmaßnahmen und baulichen Umgestaltungen einzuhalten (vgl *OLG München* 34 Wx 114/07, ZMR 2008, 317).

Ein Gebrauch unter Verstoß gegen **öffentlich-rechtliche Vorschriften** beeinträchtigt andere Eigentümer nur dann, wenn die Vorschriften drittschützender Natur sind (*BayObLG* 2Z BR 116/95, WE 1996, 471; *OLG Saarbrücken* 5 W 173/98-52, NZM 1999, 265). Die Wertungen der **Nachbarrechtsgesetze** können im Rahmen der Interessenabwägung Berücksichtigung finden (*BGH* V ZR 276/06, NJW 2007, 3636; *OLG Hamm* 15 W 77/02, NZM 2003, 156). Wirtschaftliche Interessen einzelner Wohnungseigentümer sind hingegen im Rahmen des § 14 Nr 1 grundsätzlich nicht zu berücksichtigen (*BayObLG* 2Z BR 139/97, NZM 1998, 1007). Ein Nachteil ist allerdings gegeben, wenn Sondereigentum in einer Weise genutzt wird, die mit einem **sozialen Unwerturteil** breiter Bevölkerungskreise behaftet ist und sich nachteilig auf den Verkehrswert und den Mietpreis der anderen Wohnungs- und Teileigentumseinheiten auswirkt (etwa bei **Prostitution**; *VerfGH Berlin* VerfGH 188/01, WuM 2003, 39). 4

Bei der Bewertung einer Störung ist der Tatsache Rechnung zu tragen, dass gewisse gegenseitige Störungen beim Zusammenleben in einer Hausgemeinschaft nicht vermieden werden können. Ein Anspruch auf Abwehr **unvermeidbarer Störungen** besteht nicht. Allerdings müssen die unvermeidbaren Störungen so gering wie möglich gehalten werden. In Altbauten etwa lassen sich knarrende Dielen auch bei vorsichtigem Begehen nicht vermeiden; eine Toilettenspülung darf auch dann bedient werden, wenn der Spülvorgang in anderen Wohnungen mangels ausreichendem Schallschutz zu hören ist. Dennoch ist die Geräuschverursachung auch in diesen Fällen auf das Unvermeidbare zu beschränken (*Köhler/Bassenge/Kümmel* Teil 9, Rn 369). 5

Ein vermeidbarer Nachteil kann im Einzelfall noch hinzunehmen sein, wenn bei einer **Grundrechtsabwägung** (vgl *BVerfG* 1 BvR 1806/04, NZM 2005, 182) den Interessen des einen Eigentümers gegenüber den Interessen der beeinträchtigten Eigentümer der Vorrang zu geben ist. Dies betrifft vornehmlich Fälle des **barrierefreien Zugangs** (*BayObLG* 2Z BR 161/03, ZMR 2004, 209; *LG Hamburg* 318 T 70/99, NZM 2001, 767) und der Installation von **Parabolantennen** (*BGH* V ZB 51/03, ZMR 2004, 438). Gebieten es die Grundrechte eines Einzeleigentümers, das Sonder- oder Gemeinschaftseigentum in bestimmter Weise zu gebrauchen oder bauliche Veränderungen vornehmen zu dürfen, bewirkt das grundrechtlich geschützte Eigentumsrecht (Art 14 Abs 1 GG) der anderen Wohnungseigentümer, dass sich die Beeinträchtigung im Rahmen des bei einem geordneten Zusammenleben Zumutbaren und Unvermeidbaren halten muss. Die beeinträchtigten Wohnungseigentümer haben ein Direktions- und Mitbestimmungsrecht, das sie mit einfacher Stimmenmehrheit ausüben (*BGH* V ZB 51/03, ZMR 2004, 438). Die Wohnungseigentümer können durch Beschluss vorgeben, wie die Barrierefreiheit hergestellt wird oder an welcher Stelle der Eigentümer eine Parabolantenne installieren darf (siehe dazu § 22 Rn 104). Zweifelhaft ist, ob in die nach § 14 Nr 1 vorzunehmende Grundrechtsabwägung auch **Mieterinteressen** einzustellen sind, insbesondere ob Grundrechte von Mietern das Eigentumsrecht der anderen Eigentümer verdrängen können. Dagegen spricht, dass § 14 Nr 1 nur im Verhältnis der Wohnungseigentümer untereinander gilt (**aA** *Köhler/Bassenge/Hogenschurz* Teil 9, Rn 100). Bei Ehegatten und Familienangehörigen eines Wohnungseigentümers ist das Grundrecht aus Art 6 GG zu berücksichtigen. 6

Typische Konstellationen: Eine unzulässige Beeinträchtigung kann vorliegen, wenn ein Wohnungseigentümer das Sonder- oder Gemeinschaftseigentum **zweckbestim-** 7 mungswidrig gebraucht (s dazu Rn 16). Eine Beeinträchtigung liegt in der Regel vor, wenn in die **Statik und Substanz des Gebäudes eingriffen** wird. Der Eingriff muss allerdings von einiger Erheblichkeit sein. Das ist immer dann der Fall, wenn der Eingriff Sicherungs- und Ausgleichsmaßnahmen erforderlich macht, um Gefahren für die Standsicherheit des Gebäudes zu vermeiden (*BGH* V ZB 45/00, NJW 2001, 1212). Einen in der Praxis sehr häufig auftretenden Nachteil stellt die **Veränderung des optischen Gesamteindrucks** der Wohnanlage dar (*BGH* V ZB 27/90, NJW 1992, 979). Insoweit ist ohne Bedeutung, ob die optische Veränderung von der eigenen Wohnung, vom Grundstück der Wohnanlage oder nur von Nachbargrundstücken aus sichtbar ist. In allen Konstellationen kann ein Nachteil vorliegen. Ein Nachteil liegt regelmäßig vor, wenn sich durch eine bauliche Umgestaltung **die Wartungs- und Reparaturanfälligkeit** des gemeinschaftlichen Eigentums **erhöht** (*KG* 24 W 5299/90, WuM 1991, 128) oder die Möglichkeit der **Schadenserkennung erschwert**. Da die Instandhaltung und Instandsetzung des gemeinschaftlichen Eigentums auch nach Durchführung einer baulichen Veränderung Aufgabe aller Wohnungseigentümer bleibt, erhöht sich durch die Umgestaltung die allen Wohnungseigentümern obliegende Instandhaltungslast. Ein Nachteil kann auch darin liegen, dass ein Eigentümer das Sondereigentum oder Gemeinschaftseigentum – gegebenenfalls nach einer baulichen Umgestaltung – **intensiver nutzt** als bislang (*BayObLG* 2Z BR 73/93, NJW-RR 1994, 82; *BGH* V ZB 45/00, NJW 2001, 1212). Führt das Tun eines Wohnungseigentümers dazu, dass anderen Wohnungseigentümern der **Gebrauch** des gemeinschaftlichen Eigentums **entzogen** oder **eingeschränkt wird**, folgt daraus ein Nachteil (*BayObLG* 2Z BR 74/92, NJW-RR 1993, 85). Unzulässig ist ein Gebrauch oder eine Umgestaltung der Wohnanlage, wenn dadurch andere Wohnungseigentümer einer **erhöhten Gefahr** für Gesundheit, Leib, Leben oder Eigentum ausgesetzt werden (*OLG Zweibrücken* 3 W 12/00, NZM 2000, 623). Auch die **Ungewissheit möglicher Gefährdungen** (zB durch Mobilfunksendemast, *OLG Hamm* 15 W 287/01, NZM 2002, 456) müssen die Eigentümer nicht hinnehmen. Nach Eingriffen eines Eigentümers in konstruktive Bestandteile des Gebäudes können die Wohnungseigentümer einen Nachweis über die Standsicherheit des Gebäudes oder des betroffenen Gebäudeteils verlangen. Eine Beeinträchtigung kann darin liegen, dass die Wohnungseigentümer **nachteiligen Immissionen** (Lärm, Geruch) ausgesetzt werden (*OLG Hamburg* 2 W 24/88, OLGZ 1989, 309; *OLG Düsseldorf* I-3 Wx 162/07, GuT 2008, 219; zur Trittschallproblematik siehe Rn 13). Hierzu zählen auch sog **negative** Immissionen, etwa der Entzug von Licht oder Luft. Die Tatsache, dass die Nutzung oder die bauliche Veränderung eines Wohnungseigentümers öffentlich-rechtlich genehmigt ist, bedeutet nicht , dass keine vermeidbaren Nachteile iSd § 14 Nr 1 vorliegen.

2. Instandhaltung des Sondereigentums (Nr 1 Var 1). – a) Inhalt der Instandhaltungs-
8 **pflicht.** Die Pflicht zur Instandhaltung (und Instandsetzung) des Sondereigentums umfasst die Durchführung **aller erforderlichen Instandhaltungsmaßnahmen** auf eigene Kosten an allen Bauteilen, Anlagen und Einrichtungen, die im Sondereigentum stehen oder deren Instandhaltung nach der Gemeinschaftsordnung dem jeweiligen Wohnungseigentümer auferlegt ist (*Staudinger/Kreuzer* § 14 Rn 13). Der Eigentümer ist auch verpflichtet, das Sondereigentum **erstmals** in einen **ordnungsgemäßen Zustand** zu versetzen, wenn nur dadurch Beeinträchtigungen der anderen Wohnungseigentümer abgewendet werden können (*Bärmann/Wenzel* § 14 Rn 30). **Beispiele** für Instandhaltungspflicht: Reparatur einer defekten Wasser- oder Heizungsleitung, soweit diese

im Sondereigentum steht; Beseitigung von Feuchtigkeitsschäden im Sondereigentum; Beseitigung von Abfall oder Müll, wenn eine Geruchsbelästigung oder die Gefahr von Ungezieferbefall besteht. Befinden sich im Teileigentum (zB Keller) eines Eigentümers Wasserleitungen für andere Wohnungen, hat der Eigentümer dafür zu sorgen, dass diese nicht einfrieren (*BayObLG* BReg 2 Z 87/88, ZMR 1989, 349).

Die **Verwaltungszuständigkeit** für das Sondereigentum liegt beim jeweiligen Sondereigentümer. Der Wohnungseigentümer entscheidet autonom, wann er welche Instandhaltungs- und Instandsetzungsmaßnahmen durchführt. Die Wohnungseigentümergemeinschaft kann ihm insoweit keine Vorgaben durch Mehrheitsbeschluss machen. Insbesondere kann die Wohnungseigentümergemeinschaft den einzelnen Eigentümer nicht durch Beschluss verpflichten, bestimmte Maßnahmen durchzuführen. Solche **Beschlüsse** wären **nichtig** (s § 23 Rn 30 ff). Durch Vereinbarung iSd § 10 Abs 2 S 2 kann die Instandhaltungs- und Instandsetzungspflicht nach § 14 Nr 1 allerdings abgeändert und ergänzt werden. Gleiches gilt für die Schadensersatzhaftung des Eigentümers aufgrund von Mängeln am Sondereigentum. 9

Die Instandhaltungspflicht **entsteht** spätestens **mit Eintritt eines Schadens** am Gemeinschaftseigentum oder am Sondereigentum eines anderen Eigentümers. Ein Wohnungseigentümer ist zur Durchführung von Instandhaltungsmaßnahmen am Sondereigentum aber auch schon dann verpflichtet, wenn sein Sondereigentum marode ist und mit einem Schadenseintritt gerechnet werden muss, sog. **gefahrgeneigte Situation** (*Staudinger/Kreuzer* § 14 Rn 9). Die Gefahr eines Schadenseintritts muss im Gerichtsverfahren anhand objektiver Umstände nachgewiesen werden (*OLG Hamburg* 2 Wx 53/95, MDR 1997, 816). Hierfür kann es genügen, wenn in der Wohnung des Störers in immer kürzeren Abständen Wasserschäden auftreten. Es besteht jedoch keine Verpflichtung des Wohnungseigentümers, die Wasserinstallation regelmäßig von einem Fachmann überprüfen zu lassen (*BayObLG* 2Z BR 13/94, ZMR 1994, 277; *OLG Frankfurt* 20 W 281/03, OLGR Frankfurt 2005, 852). 10

Entstehen durch eine Vernachlässigung des Sondereigentums Nachteile für andere Eigentümer, hat der Sondereigentümer Abhilfe zu schaffen und im Falle eines Schadenseintritts gemäß §§ 280 f BGB **Schadensersatz** zu leisten. War der Mangel am Sondereigentum allerdings nicht bekannt und der Schadenseintritt auch nicht vorhersehbar, scheidet eine Schadensersatzhaftung mangels Verschuldens aus. Nach Ansicht des *OLG Stuttgart* (7 U 135/05, NZM 2006, 141) sollen die Grundsätze des verschuldensunabhängigen **nachbarrechtlichen Ausgleichsanspruchs** (§ 906 Abs 2 S 2 BGB analog) jedoch auch im Verhältnis der Wohnungseigentümer untereinander anwendbar sein. Für die Störereigenschaft eines Wohnungseigentümers sei es ausreichend aber auch erforderlich, dass die Beeinträchtigung des „Nachbarn" wenigstens mittelbar auf den Willen des Eigentümers oder Besitzers zurückgehe. Ob dies der Fall sei, könne nicht begrifflich, sondern nur in wertender Betrachtung von Fall zu Fall festgestellt werden (vgl *Wenzel* NJW 2005, 241). Bei dieser wertenden Betrachtung sei im Wesentlichen auf die Schadensursache abzustellen. Nicht allein das Eigentum an der benachbarten Wohnung begründe den Anspruch, sondern der Gebrauch oder der Zustand des Sondereigentums, von dem die Schadensursache ausgehe. Nach Auffassung des *OLG München* komme ein nachbarrechtlicher Ausgleichsanspruch jedenfalls dann nicht zum Tragen, wenn der Wohnungseigentümer von seinem Wohnungseigentum einen Gebrauch mache, der nach der Gemeinschaftsordnung gestattet sei (*OLG München* 11

32 Wx 116/06, ZMR 2007, 215). Für das Verhältnis der Mieter verschiedener Wohnungen eines Hauses untereinander hat der *BGH* (V ZR 180/03, ZMR 2004, 335) die doppelt analoge Anwendbarkeit des § 906 Abs 2 S 2 BGB verneint, da weder eine planwidrige Regelungslücke noch eine vergleichbare Interessenlage wie bei Grundstücksnachbarn bestehe.

12 Der **Verwalter** ist berechtigt, die **Wohnungen** zwecks Feststellung einer Beeinträchtigung zu **besichtigen**. Er muss dieses in angemessener Zeit ankündigen. Gehen jedoch keine negativen Einflüsse vom Zustand einer Eigentumswohnung aus, ist dies ohne Belang (*BayObLG* 1 b Z 17/89, NJW-RR 1990, 854). Insbesondere können die übrigen Eigentümer nicht eine Renovierung der Wohnung in bestimmten Zeitabständen verlangen.

13 **b) Sonderproblem Trittschall.** Verändert ein Eigentümer den **Bodenbelag** in seiner Wohnung (zB Fliesen statt Teppich) und verringert sich dadurch der Trittschallschutz mehr als unerheblich, kann der beeinträchtigte Eigentümer Beseitigung der Störung, dh **Wiederherstellung des früheren Trittschallniveaus**, verlangen (*OLG Hamm* 15 W 39/01, ZMR 2001, 842; ausführlich *Köhler/Bassenge/Hogenschurz* Teil 9, Rn 310ff). Dies gilt unabhängig davon, ob die Vorgaben der DIN 4109 noch eingehalten sind, denn jede mehr als unerhebliche Verschlechterung des bislang vorhandenen Trittschallniveaus stellt einen vermeidbaren Nachteil dar (*OLG München* 34 Wx 114/07, NZM 2008, 133). Dies gilt insbesondere dann, wenn das Gebäude in einem schalltechnisch besseren Zustand errichtet worden ist, als es die DIN vorschreibt. Bei der Bestimmung des zu bewahrenden Trittschallniveaus ist auf das besondere **Gepräge der Wohnanlage** abzustellen, das sich aus dem Ausstattungsstandard der Anlage im Zeitpunkt der Begründung von Wohnungseigentum ergibt. Als Anhaltspunkte zur Bestimmung des Gepräges können die Baubeschreibung, Regelungen in der Gemeinschaftsordnung und das tatsächliche Wohnumfeld herangezogen werden (*OLG München* 34 Wx 114/07, NZM 2008, 133). Fehlt es an prägenden Elementen oder sind solche nicht eindeutig oder nicht ausreichend feststellbar, können ergänzend die maßgeblichen DIN-Normen einen aussagekräftigen Ansatz zur Bestimmung des Schallschutzes bilden. Insbesondere sind die technischen Standards im Errichtungszeitpunkt ein wichtiges Kriterium für die einzuhaltenden Trittschallschutzwerte. Ein Wohnungseigentümer ist grundsätzlich nicht verpflichtet, durch nachträgliche Maßnahmen den bestehenden Schallschutz zu verbessern (*OLG Stuttgart* 8 W 315/93, NJW-RR 1994, 1497). Nimmt jedoch ein Wohnungseigentümer Jahrzehnte nach Errichtung eines Bauwerks Veränderungen am Bodenbelag vor, tauscht er diesen insbesondere aus, dürfen die DIN-Werte nicht unterschritten werden, die im Zeitpunkt der Aufteilung der Anlage in Wohnungseigentum galten (*OLG Düsseldorf* I-3 Wx 115/07, ZMR 2008, 233). Diese bilden aber vor dem Hintergrund des tatsächlichen Gepräges der Anlage weder eine Ober- noch eine Untergrenze, denn es gilt der Grundsatz, dass jede erhebliche Verschlechterung des Trittschallniveaus einen vermeidbaren Nachteils darstellt. Sofern das bisherige Trittschallniveau vornehmlich auf einem schalldämmenden Belag im Sondereigentum beruhte, darf der Sondereigentümer den Belag zwar verändern, muss aber durch (zumutbare) **Ausgleichsmaßnahmen** einer Verringerung des Trittschallniveaus entgegenwirken. Wird ein **Dachgeschossrohling** oberhalb einer bislang nicht gegen Trittschall gedämmten Geschossdecke **nachträglich ausgebaut**, sind die im Zeitpunkt des Ausbaus geltenden DIN-Normen sowie etwaige Vorgaben der Gemeinschaftsordnung zum Trittschall einzuhalten.

Ob eine Verschlechterung des Trittschallschutzes eingetreten ist, muss ggf durch **Ver-** 14
gleichsmessungen in Räumen, in denen sich der Bodenbelag nicht verändert hat, geklärt
werden. Neben den gemessenen Trittschallpegeln ist aber auch die **Lästigkeit** des von
dem neuen Belag ausgehenden Lärms zu berücksichtigen, für die die gemessene Lautstärke nur ein Teilaspekt ist (vgl *OLG München* 32 Wx 030/05, NZM 2005, 509). Über
die Lästigkeit der Geräuscheinwirkung entscheiden die Zivilgerichte ohne Bindung an
Richtwerte, die lediglich einen Anhaltspunkt darstellen. Durch richterlichen Augenschein kann an Ort und Stelle geklärt werden, ob die Auswechslung des Fußbodenbelags in einer Wohnung zu einer mehr als unerheblichen Geräuschbelästigung in einer
anderen Wohnung geführt hat (*OLG Köln* 16 Wx 240/03, ZMR 2004, 462).

**3. Pflicht zum maßvollen Gebrauch des Sonder- und Gemeinschaftseigentums (Nr 1
Var 2). – a) Grenzen des zulässigen Gebrauchs.** Das Recht zum Gebrauch des Sondereigentums (§ 13 Rn 2) und Mitgebrauch des Gemeinschaftseigentums (§ 13 Rn 13) 15
ist im **Rahmen der Zweckbestimmung** (Rn 16) und der vereinbarten und beschlossenen Gebrauchsregelungen nach § 15 Abs 1 und 2 maßvoll auszuüben. Keinem anderen
Wohnungseigentümer darf ein Nachteil erwachsen, der das bei einem geordneten
Zusammenleben **unvermeidbare Maß** der Beeinträchtigung **überschreitet**. Unvermeidbar sind Beeinträchtigungen, die sich aus dem Zusammenleben von Menschen,
aus deren Eigenschaften oder aus der Substanz des Hauses ergeben können. Niemand
ist in einer Gemeinschaft vor Personen „geschützt", mit denen er nicht auskommt.
Dem leicht querulatorischen Nachbarn geht man am besten aus dem Weg. In Altbauten lassen sich knarrende Dielen oder polternde Holztreppen auch bei vorsichtigem
Begehen nicht vermeiden, der mangelnde Schallschutz tut ein Übriges. Kinder sind
lauter und „wilder" als Erwachsene; nicht jedermann mag Haustiere. Fremde Sitten
und Gebräuche stoßen mancherorts auf Unverständnis; Neid oder Missgunst steigern
die Empfindlichkeitsschwelle. Daher sind Rücksicht, aber auch Toleranz geboten.

Die Teilungserklärung bestimmt, ob es sich bei einer Sondereigentumseinheit um 16
Wohnungseigentum oder um Teileigentum handelt. Wohnungseigentum darf grundsätzlich nur zu Wohnzwecken genutzt werden (*BayObLG* 2Z BR 130/93, WuM 1994,
222). Teileigentum darf – mangels einschränkender Vereinbarung – zu jedem beliebigen Zweck, nicht aber als Wohnraum genutzt werden (*BayObLG* 2Z BR 130/93,
WuM 1994, 222). Eine von der **Zweckbestimmung** abweichende Nutzung ist ausnahmsweise zulässig, wenn diese bei **typisierender Betrachtungsweise** (*BayObLG* 2 Z
BR 20/00, ZWE 2001, 28) nicht mehr stört als ein Gebrauch im Rahmen der Zweckbestimmung (*BayObLG* 2 Z BR 60/01, ZWE 2002, 35; *OLG Köln* 16 Wx 128/02,
NZM 2003, 115), wobei Beeinträchtigungen weder vorgetragen noch nachgewiesen
werden müssen (*BayObLG* 2Z BR 52/98, NZM 1999, 80). Die Nutzung eines Teileigentums zu Wohnzwecken ist unzulässig, da die Wohnnutzung bei typisierender
Betrachtungsweise die intensivste Form des Gebrauchs darstellt (*BayObLG* 2 Z BR
52/98, NZM 1999, 80; 2Z BR 130/93, WuM 1994, 222). Eine Wohnung wird regelmäßig
ohne zeitliche Unterbrechung auch am Wochenende genutzt, was bei Gewerbeeinheiten in der Regel nicht der Fall ist.

Die Beeinträchtigung muss, wenn sie dieser Vorschrift unterfallen soll, mit dem **räum-** 17
lich-gegenständlichen Bereich des Wohnungseigentums im Zusammenhang stehen.
Nur dann handelt es sich um eine wohnungseigentumsrechtliche Streitigkeit iSd § 43
Nr 1 (*KG* 24 W 2634/87, NJW-RR 1988, 586). Beeinträchtigungen, die keinen Bezug

zum Wohnungseigentum haben, sondern allein in der Person eines Wohnungseigentümers beruhen (wie Beleidigungen und tätliche Übergriffe), begründen allgemeine bürgerlich-rechtliche Unterlassungsansprüche, für die die Zuständigkeitsnorm des § 43 nicht gilt.

18 b) Beispiele aus der Rechtsprechung. Die nachfolgenden Beispiele aus der Rechtsprechung betreffen Konstellationen, in denen die Eigentümer keine Gebrauchsregelung durch Vereinbarung oder Beschluss nach § 15 getroffen haben:

19 Die Nutzung einer Wohnung als **Anwaltsbüro, Steuerberaterpraxis** oder **Versicherungsvertretung** mit nur einer oder wenigen Büroangestellten und geringem Publikumsverkehr stört nicht mehr als eine Wohnnutzung (*OLG Köln* 16 Wx 232/01, NZM 2002, 258); unzulässig ist dagegen ein Anwaltsbüro mit merklichem Besucherverkehr. Die teilweise Nutzung einer Wohnung als **Architekturbüro** ist zulässig, der Architekt darf auch ein Werbeschild an der Hauswand anbringen (*KG* 24 W 5760/93, WE 1995, 19). **Arztpraxen** werden in Wohnungen als zulässig angesehen, wenn sie für die Mitbewohner keine größeren als die üblichen Störungen verursachen, wobei auf den Zuschnitt der Praxis (zB Bestellpraxis) und den Umfang des Patientenverkehrs, auf die Sprechstundenzeiten und auf die Lage im Gebäude und die Größe des Gebäudes abzustellen ist (*OLG München* 34 Wx 24/05, ZMR 2005, 727). Die Nutzung einer Wohnung zum Betrieb einer psychologischen Einzelpraxis oder Heilpraktikerpraxis zu den üblichen Tageszeiten kann daher zulässig sein (*OLG Düsseldorf* 3 Wx 500/97, WuM 1998, 112), nicht aber der Betrieb einer **Arztpraxis** mit erheblichem Besucherverkehr (*BayObLG* 2Z BR 50/00, ZWE 2000, 521). Unzulässig ist die Nutzung einer Wohnung als **Tierarztpraxis** (*OLG München* 34 Wx 24/05, ZMR 2005, 727).

20 Die Nutzung einer Wohnung als **Aussiedlerheim** (*OLG Hamm* 15 W 127/91, WE 1992, 135) oder **Arbeiterwohnheim** (*OLG Frankfurt* 20 W 124/03, NZM 2004, 231) ist wegen des fortlaufend wechselnden Personenkreises unzulässig; andererseits kann die Überlassung einer Wohnung an eine Familie von Aus- und Übersiedlern für eine Übergangszeit zulässig sein, wenn konkrete Beeinträchtigungen nicht vorliegen (*KG* 24 W 3030/92, WE 1992, 343). Der Betrieb eines **Pflegeheim**s stört wegen des damit verbundenen Besucher- und Lieferverkehrs in der Regel mehr als eine bloße Wohnnutzung (*OLG Köln* 16 Wx 122/06, NZM 2007, 572). Eine überhöhte **Belegungsdichte** in einer Wohnung, zB bei mehr als zwei Personen je Zimmer, kann einen unzulässigen Gebrauch darstellen (*OLG Stuttgart* 8 W 219/92, WE 1993, 25). Die kurzfristige Überlassung einer in einem touristisch geprägten Feriengebiet gelegenen Wohnung an **Feriengäste** kann zulässig sein (*OLG Frankfurt* 20 W 613/82, OLGZ 1983, 61), nicht aber die verbundene Nutzung mehrerer Wohnungen als **Boarding-House** (*OLG Saarbrücken* 5 W 115/05, ZMR 2006, 554). Unzulässig ist die pensions- oder hotelähnliche Einrichtung und die Vermietung von Wohnungen an **ständig wechselnde Touristen** oder Geschäftsleute, wenn der Vermieter sich aus der Vermietung eine berufsmäßige Erwerbsquelle verschafft und die Vermietung einen Umfang an unternehmerischer Tätigkeit erfordert, der über die übliche Vermietungstätigkeit eines Hauseigentümers hinausgeht (*KG* 24 W 34/07, ZMR 2007, 801; 24 W 276/06, GE 2007, 997). Der **Leerstand** von Sondereigentumsräumen führt grundsätzlich nicht zu einer Beeinträchtigung der übrigen Wohnungseigentümer (*BayObLG* BReg. 1b Z 17/98, WuM 1990, 315). Ohne besondere Vereinbarung gibt es auch bei Gewerbeeinheiten **keine Betriebspflicht**.

Die Anbringung außen hängender **Blumenkästen** ist zulässig, wenn die Landesbauord- 21
nung dies gestattet, das naturbedingte **Herabfallen von Blüten und Blättern** aus solchen
Blumenkästen ist von den anderen Wohnungseigentümern hinzunehmen (*LG Hamburg*
10 T 13/79, DWE 1984, 93). Die Ausübung der **Prostitution** oder der Betrieb eines **Bordells** in Teileigentum ist geeignet, die Interessen der übrigen Miteigentümer zu schädigen (*BayObLG* 2Z BR 30/93, WE 1994, 243; BReg 2 Z 103/86, MDR 1987, 409; *KG* 24
W 56/01, ZWE 2002, 322; 24 W 2741/86, MDR 1986, 939; *OLG Frankfurt* 20 W 338/89,
OLGZ 1990, 419; *LG Hamburg* 318 T 87/07, ZMR 2008, 828), Gleiches gilt für Wohnungseigentum (*OLG Frankfurt* 20 W 613/82, OLGZ 1983, 61; siehe auch *BayObLG*
BReg 2 Z 61/77, MDR 1979, 232); die Überlassung einer Wohnung an eine Prostituierte
muss daher nicht geduldet werden (*OLG Frankfurt* 20 W 508/01, ZMR 2002, 616), insbesondere dann nicht, wenn die Prostituierte ihre Dienste in Zeitungsanzeigen unter
Angabe der vollen Anschrift anbietet (*BayObLG* 2Z BR 40/95, WuM 1995, 676; *OLG
Frankfurt* 20 W 338/89, OLGZ 1990, 419; *KG*, 24 W 2741/86, MDR 1986, 939). Die Nutzung einer Wohnung durch Prostituierte kann aber im Einzelfall zulässig sein, wenn in
der Wohnanlage keine Familien wohnen, Obdachlose zur Wiedereingliederung untergebracht sind und sich auch in der Umgebung randständige Personen aufhalten (*OLG
Köln* 16 Wx 117/08, ZMR 2009, 387). Der ladenmäßige Betrieb eines Erotik-Fachgeschäfts mit Videothek (**Sexshop**) im Rahmen der gewerberechtlichen Bestimmungen ist
in Teileigentum zulässig, sofern in der Wohngegend ähnliche Geschäfte und Nachtclubs
vorhanden sind; nicht erlaubt ist aber die Vorführung von Sexfilmen mit Einzelkabinenbetrieb (*KG* 24 W 3925/98, NZM 2000, 879; *VerfGH Berlin* VerfGH 188/01, WuM 2003,
39). Die Nutzung einer im ersten Obergeschoss gelegenen Wohnung als **Friseursalon**
stört und beeinträchtigt jedenfalls in einer kleinen Wohnanlage mehr als eine Wohnnutzung (*BayObLG* 2Z BR 39/00, ZWE 2001, 112).

Das **Grillen** auf dem Balkon stellt wegen der Brandgefahr sowie der Rauch- und 22
Geruchsimmissionen eine nicht unerhebliche Beeinträchtigung der übrigen Wohnungseigentümer dar (*LG Düsseldorf* 25 T 435/90, MDR 1991, 52). **Küchengerüche**
lassen sich nicht gänzlich vermeiden. Vermeidbar sind allerdings Küchengerüche
außerhalb des Sondereigentums, die durch eine Dunstabzugshaube mit Filter verringert werden könnten *OLG Düsseldorf* I-3 Wx 162/07, GuT 2008, 219). Das Aufstellen
eines **mobilen Schwimmbeckens** mit mehreren Kubikmetern Fassungsvermögen im
Garten führt idR zu einer optischen Beeinträchtigung der Wohnanlage und ist unzulässig.

Das Abstellen von **Mülltüten** und **Abfällen im Hausflur** kann zu einer Beeinträchti- 23
gung der anderen Wohnungseigentümer führen (*OLG Düsseldorf* 3 Wx 88/96, WE
1996, 394). Das Abstellen von **Fahrrädern im Treppenhaus** stellt einen zweckwidrigen
Gebrauch dar und ist daher unzulässig, auch wenn das Treppenhaus hinreichend breit
ist (*AG Hannover* 71 II 547/05, ZMR 2006, 649). Das **Rauchen** mehrerer Zigaretten
täglich im gemeinschaftlichen Treppenhaus führt zu einer abwehrfähigen Beeinträchtigung (*AG Hannover* 70 II 414/99, NZM 2000, 520). Das Abstellen von **Motorrädern
im Keller** widerspricht wegen der vom Kraftstoff und Getriebeöl ausgehenden Gerüche und Brandgefahren ordnungsmäßigem Gebrauch (*BayObLG* BReg. 2 Z 133/87,
WuM 1988, 182).

Das **Musizieren** von nicht mehr als 3 Stunden täglich außerhalb der Ruhezeiten kann 24
noch hinnehmbar sein (*BayObLG*, 2Z BR 55/95, WE 1996, 439).

II WEG § 14   Pflichten des Wohnungseigentümers

25 Die Haltung ungefährlicher Kleintiere, wie Ziervögel, Schildkröten, Hamster, Kaninchen, Zierfische im Aquarium, gehört grundsätzlich zum sozial üblichen Wohngebrauch. Die Tierhaltung überschreitet allerdings dann die Grenze des Zulässigen, wenn von den Tieren störende Gerüche oder Geräusche oder konkrete Gefahren für das Eigentum oder Gesundheit, Leib und Leben der Hausbewohner ausgehen. Eine **übermäßige Tierhaltung** in der Wohnung kann zu einer Beeinträchtigung der anderen Wohnungseigentümer führen, ohne dass es auf konkrete Belästigungen einzelner Wohnungseigentümer ankommt (*OLG Frankfurt* 20 W 87/03, NZM 2006, 265), so etwa die Haltung von mehr als 4 Katzen in einer Ein-Zimmer-Wohnung (*KG* 24 W 6272/90, ZMR 1991, 440). Hält ein Hausbewohner exotische, **giftige Tiere**, kann ein Übermaßgebrauch vorliegen, wenn die übrigen Hausbewohner keinen Einfluss auf die Art der Haltung haben und ein Entweichen der Tiere nicht völlig ausgeschlossen werden kann (*OLG Karlsruhe* 14 Wx 51/03, NZM 2004, 551). Der Freilauf eines **Kampfhundes** ohne Leine und Maulkorb in gemeinschaftlich genutzten Kellerräumen stellt eine unzumutbare Beeinträchtigung der anderen Wohnungseigentümer dar (*KG* 24 W 65/02, NZM 2002, 868).

26 Ein Wohnungseigentümer kann verlangen, dass das **Trampeln** auf den Boden durch **Kinder** in der darüberliegenden Wohnung unterlassen wird (*BayObLG* 2Z BR 113/93, ZMR 1994, 167). Der Teileigentümer, der in der Wohneigentumsanlage ein nach der Gemeinschaftsordnung zulässiges Geschäft betreibt, darf ein ortsübliches und angemessenes **Werbeschild** an der Außenfront des Hauses anbringen (*OLG Frankfurt* 20 W 151/81, Rpfleger, 1982, 64; *OLG Köln* 16 Wx 11/06, NZM 2007, 92). Dies gilt auch für einen Wohnungseigentümer, der in seiner Wohnung einen nicht störenden Beruf ausübt (*KG* 24 W 5760/93, NJW-RR 1995, 333). Der Wohnungseigentümerversammlung steht hinsichtlich des Ortes und der Art und Weise der Werbeschilder aber ein Direktionsrecht zu, das sie mit einfacher Stimmenmehrheit ausübt. **Hinweisschilder auf** eine zur **Vermietung** stehende Sondereigentumseinheit sind allenfalls in zurückhaltender Form an den Fenstern der Sondereigentumseinheit, nicht aber an der Gebäudefassade oder im sonstigen Bereich des Gemeinschaftseigentums zulässig. Das Anbringen von **Spruchbändern** mit politischen Parolen an der Balkonbrüstung ist unzulässig (*KG* 24 W 4716/87, ZMR 1988, 268).

27 Auch wenn **Teileigentum** grundsätzlich nicht zu Wohnzwecken genutzt werden darf, ist in Teileigentum (ohne eingrenzende Zweckbestimmung) der Betrieb eines **Wohnheims, Pflegeheims** oder **Boarding-House** mit gemeinschaftlichen Küchen- und Sanitäreinrichtungen innerhalb des Sondereigentums zulässig (*Bärmann/Wenzel* § 13 Rn 36). Zulässig ist in Teileigentum auch die pensionsartige Überlassung der Räume an Touristen, Feriengäste und Geschäftsleute, da es sich hierbei nicht mehr um eine Wohnnutzung handelt (vgl *KG* 24 W 34/07, ZMR 2007, 803).

28 **Garagenstellplätze** in einer Sammeltiefgarage dürfen nicht derart als Lagerfläche genutzt werden, dass das Abstellen eines Pkw nicht mehr möglich ist. Garagenstellplätze sind grundsätzlich keine Lagerflächen. Von überfüllten Regalen auf Garagenstellplätzen kann im Einzelfall eine optische Beeinträchtigung für die anderen Eigentümer ausgehen. Bestimmt die Gemeinschaftsordnung, dass Kfz- Abstellplätze abwechselnd von den Wohnungseigentümern nach Bedarf belegt werden können, so widerspricht es ordnungsmäßigem Gebrauch, ein **Wohnmobil** längerfristig abzustellen (*BayObLG* BReg 2 Z 60/84, ZMR 1985, 29).

Bei einem unzulässigen Gebrauchsverhalten steht jedem beeinträchtigten Wohnungs- 29
eigentümer ein **Abwehranspruch** gemäß § 1004 Abs 1 BGB iVm § 15 Abs 3 zu (siehe
§ 15 Rn 29 ff.).

III. Gebrauch durch Nichteigentümer (Nr 2)

1. Abwehranspruch gegen den Wohnungseigentümer. Jeder Wohnungseigentümer 30
hat für die **Einhaltung der Verpflichtung** zum maßvollen Gebrauch **durch die Personen** zu sorgen, die zu seinem **Hausstand oder Geschäftsbetrieb** gehören (zB Ehegatte,
Kinder, Gäste und Hausangestellte, Angestellte) oder denen er sonst die Nutzung des
Sondereigentums oder der im gemeinschaftlichen Eigentum stehenden Grundstücksoder Gebäudeteile überlassen hat (zB Mieter, Pächter oder Gäste, die die Wohnung
während der Ferienzeit unentgeltlich nutzen, Reinigungspersonal, Erwerber der Wohnung vor Eigentumsübergang, Gäste eines Gaststättenbetriebes, Lieferanten, Frachtführer, Handwerker). Wie der Wohnungseigentümer diese Pflicht erfüllt, ist grundsätzlich ihm überlassen und kann ihm deswegen nicht vorgeschrieben werden (*BGH*
V ZB 5/95, NJW 1995, 2036). Eine Klage, die den vermietenden Eigentümer verpflichten soll, den **Mietvertrag** mit seinem Mieter **zu kündigen**, wäre unbegründet
(*KG* 24 W 3925/98, ZMR 2000, 402). Die beeinträchtigten Wohnungseigentümer können den vermietenden Miteigentümer lediglich gemäß § 1004 Abs 1 BGB in Anspruch
nehmen, dafür Sorge zu tragen, dass ein konkret bezeichnetes Gebrauchsverhalten
oder eine konkrete Störung – auch durch Dritte – unterbleiben. Für jeden Fall der
Zuwiderhandlung kann dem Eigentümer gemäß § 890 ZPO ein angemessenes **Ordnungsgeld** – ersatzweise Ordnungshaft – angedroht werden, was der Kläger im Hauptsacheverfahren zusätzlich zum Unterlassungsantrag sogleich beantragen sollte.
Kommt der Eigentümer nach rechtskräftiger Verurteilung dieser Verpflichtung nicht
nach, prüft das Vollstreckungsgericht im Falle eines Antrages auf Festsetzung eines
Ordnungsmittels, ob er die Zuwiderhandlung verschuldet hat, weil er als mittelbarer
Störer nicht **alles ihm Mögliche und Zumutbare unternommen** hat, um den geschuldeten Erfolg zu erreichen (*BGH* V ZB 5/95, NJW 1995, 2036; *BayObLG* 2Z BR 63/93,
ZMR 1994, 25). Hier kann im Einzelfall eine Abmahnung genügen, im äußersten Fall
aber auch die Kündigung des Nutzungsverhältnisses bis hin zur Durchführung eines
Räumungsprozesses erforderlich sein. Dem Schuldner ist auch eine Klage gegen den
Mieter mit ungewissen Erfolgsaussichten zumutbar (*OLG Stuttgart* 8 W 256/92, ZMR
1996, 553). Eine ordentliche Kündigung mit langen vereinbarten Kündigungsfristen
genügt nicht, wenn auch eine frühere Kündigungsmöglichkeit besteht, etwa bei
Schriftformmängeln eines Gewerbemietvertrages.

Verhält sich der **Nutzungsberechtigte** im Verhältnis zum Eigentümer **vertragstreu**, weil 31
der Eigentümer ihm das wohnungseigentumsrechtlich störende Verhalten (zB den
Betrieb eines Restaurants) mietvertraglich gestattet hat, muss der Eigentümer versuchen, den Mieter zu einer vorzeitigen Vertragsaufhebung zu bewegen, notfalls durch
Zahlung einer Abfindung. Der angebotene Abfindungsbetrag muss so hoch sein, dass
er für den Mieter bei objektiver Betrachtung eine ernsthafte Alternative für die Fortsetzung des Vertragsverhältnisses darstellt. Das Vollstreckungsgericht prüft, ob der
dem Mieter gebotene Abfindungsbetrag die Opfergrenze erreicht hat (vgl *OLG Celle*
4 W 138/03, ZMR 2004, 689). Bei der Bemessung der Höhe des Ordnungsgeldes hat
das Gericht zu berücksichtigen, ob der Gläubiger gemäß § 1004 BGB mit größeren
Erfolgsaussichten als der Schuldner unmittelbar gegen deren Mieter vorgehen könnte
(*OLG Stuttgart* 8 W 256/92, ZMR 1992, 553).

II WEG § 14 — Pflichten des Wohnungseigentümers

32 Erleidet ein Wohnungseigentümer durch das störende Verhalten des Nutzers einer anderen Einheit einen Schaden, etwa weil sein Mieter die Miete mindert oder kündigt, macht sich der Eigentümer, dessen Nutzer die Störung verursacht, **schadensersatzpflichtig** (§ 280 BGB oder § 823 BGB), wenn ihn ein Verschulden trifft (*OLG Saarbrücken* 5 W 2/07, NZM 2007, 774). Ein **Verschulden** liegt jedenfalls vor, wenn er dem Nutzer das störende Verhalten mietvertraglich gestattet hat (*OLG Hamm* 15 W 370/94, ZMR 1996, 41; in *Riecke/Schmid/ Abramenko* § 14 Rn 31) oder zumutbare Maßnahmen zur Beendigung der Störung, zB durch Kündigung des Mietverhältnisses, unterlässt (*BayObLG* 2Z BR 120/01, ZMR 2002, 286; *KG* 24 W 21/02, ZMR 2002, 968). Selbst wenn dem vermietenden Eigentümer ein Eigenverschulden nicht vorgeworfen werden kann, muss er sich gemäß § 278 BGB das **Verhalten seines Mieters zurechnen** lassen (*BayObLG* BReg 2 Z 36/69, NJW 1970, 1551; *KG* 24 W 21/02, ZMR 2002, 968). Im Verhältnis der Wohnungseigentümer untereinander ist der Mieter bei dem Gebrauch des gemeinschaftlichen Eigentums Erfüllungsgehilfe (*OLG Saarbrücken* 5 W 2/07, NZM 2007, 774), es sei denn, die schuldhafte Handlung steht in keinem sachlichen Zusammenhang mit dem Gebrauch des Sonder- oder Gemeinschaftseigentums. § 14 Nr 2 ist **kein Schutzgesetz** iSd § 823 Abs 2 BGB (*Bärmann/Wenzel* § 14 Rn 50; **aA** *Palandt/Bassenge* § 14 Rn 13).

33 Die Wohnungseigentümergemeinschaft hat keinen Anspruch gegen den vermietenden Eigentümer auf **Einsicht** in den bestehenden **Mietvertrag**. Lediglich der **Mietername** ist auf Nachfrage **bekannt zu geben** (*Bärmann/Wenzel* § 13 Rn 58).

34 **2. Abwehranspruch gegen den Nichteigentümer.** Jeder Wohnungseigentümer kann gemäß § 1004 Abs 1 BGB vom Mieter oder sonstigen Nutzer einer fremden Wohnung Unterlassung oder Beendigung jeglicher Beeinträchtigung des Sondereigentums oder des Gemeinschaftseigentums verlangen. Eine Eigentumsbeeinträchtigung liegt in jedem dem Inhalt des Eigentums (§§ 906–924 BGB) widersprechenden Eingriff in die rechtliche oder tatsächliche Herrschaftsmacht des Eigentümers. Der beeinträchtigte Wohnungseigentümer kann somit gegen den Mieter eines anderen Eigentümers die gleichen Störungen abwehren wie die Mieter verschiedener Wohnungen untereinander.

35 Nach **hM** im Schrifttum (*Riecke/Schmid/Riecke* Anhang zu § 15 Rn 46; *Armbrüster/M. Müller* ZMR 2007, 321; *Armbrüster/M. Müller* Festschrift für Seuß, 2007, S 3; *Elzer* ZMR 2006, 733; *Nüßlein* PiG 76, 130; *Bärmann/Wenzel* § 13 Rn 156) und **ständiger Rechtsprechung** (*KG* 24 W 298/03, ZMR 2005, 977; 24 W 7/01, ZMR 2002, 458; *OLG Stuttgart* 8 W 256/92, ZMR 1992, 553; *OLG Karlsruhe* 6 U 49/93, NJW-RR 1994, 146; *OLG München* 25 U 3550/91, NJW-RR 1992, 1492) sollen die Wohnungseigentümer vom Mieter aber auch die Unterlassung solcher Störungen verlangen können, die allein in einem **Verstoß gegen Vereinbarungen** der Wohnungseigentümer liegen, ohne dass sonstige Eigentumsbeeinträchtigungen im Sinne des § 906 BGB vorliegen.

Beispiele. Eine Teileigentumseinheit darf nach der in der Teilungserklärung enthaltenen Zweckbestimmung nur als „Laden" genutzt werden, der Mieter betreibt jedoch in der Einheit eine Gaststätte; nach der Gemeinschaftsordnung ist das Halten von Hunden untersagt, der Mieter eines Eigentümers hält jedoch einen Hund; der Mieter stellt seinen Pkw außerhalb der gekennzeichneten Stellplatzflächen auf dem gemeinschaftlichen Grundstück ab.

Die Rechtsprechung argumentiert in solchen Fällen, der vermietende Wohnungseigentümer könne seinem Mieter nicht mehr an Rechten einräumen, als ihm selbst im

Verhältnis zu den anderen Wohnungseigentümern zustehe (*OLG Karlsruhe*, 6 U 49/ 93, NJW-RR 1994, 146). Wenn der Wohnungseigentümer ein vereinbarungswidriges Tun gegenüber den übrigen Eigentümern zu unterlassen habe, dann gelte dies auch für den Mieter. Die in der Teilungserklärung enthaltene Zweckbestimmung einer Wohnungseigentumseinheit werde zum Inhalt des betreffenden Sondereigentums (§ 15 Abs 1, § 5 Abs 4); jede andere nach typisierender Betrachtungsweise störendere Nutzungsart sei daher nicht vom Inhalt des Sondereigentums gedeckt und beeinträchtige die anderen Wohnungseigentümer, die – in ihrem Eigentumsrecht verletzt – den dinglichen Abwehranspruch aus § 1004 BGB mit absoluter Wirkung gegen jeden zweckwidrig Nutzenden geltend machen könnten (*OLG München* 25 U 3550/91, NJW-RR 1992, 1492). Gerade dann, wenn der vermietende Wohnungseigentümer im Mietvertrag seinem Mieter eine vom Inhalt der Teilungserklärung abweichende Nutzung gestattet habe und diese Nutzung als störendere Nutzungsart gegenüber der zwischen den Wohnungseigentümern vereinbarten anzusehen sei, erscheine es für die Durchsetzbarkeit von Abwehransprüchen betroffener Wohnungseigentümer erforderlich, dass diese gegen einen störenden Mieter vorgehen könnten, ohne eine nach § 906 BGB nicht mehr hinzunehmende Überschreitung der Nutzung nachweisen zu müssen (*OLG Karlsruhe* 6 U 49/93, NJW-RR 1994, 146). Nach Auffassung des *OLG Frankfurt* (2 U 124/02, NJW-RR 1993, 981) besteht ein Abwehranspruch nach § 1004 Abs 1 BGB gegen den Mieter nicht nur bei einem Verstoß gegen die in der Teilungserklärung/Gemeinschaftsordnung enthaltenen Zwecksbestimmungen und Vereinbarungen sondern auch bei einem Verstoß gegen eine durch Eigentümerbeschluss herbeigeführte Gebrauchsregelung (zB Verbot von Kampfhunden).

Gegen die Argumentation der Rechtsprechung lässt sich einwenden, dass es für die Frage, welche Abwehrrechte die Wohnungseigentümer gegen den Mieter einer Sondereigentumseinheit haben, nicht darauf ankommt, von wem der Mieter sein Recht zum Besitz und zum Gebrauch ableitet. Es stellt sich daher auch nicht die Frage, ob der Eigentümer dem Mieter mehr Gebrauchsrechte einräumen kann, als dem Eigentümer im Verhältnis zu den übrigen Mitgliedern der Wohnungseigentümergemeinschaft zustehen. Ein Vermieter (der nicht zugleich der Eigentümer der Mietsache sein muss) verpflichtet sich aufgrund des Mietvertrages lediglich schuldrechtlich, dem Mieter den Gebrauch der Mietsache zu gewähren (§ 535 Abs 1 S 1 BGB). Ob er diese Verpflichtung auf Basis seiner dinglichen Rechtsposition oder seiner schuldrechtlichen Position zu Dritten erfüllen kann, ist für die Wirksamkeit des Mietvertrages ohne Bedeutung. Absolute Rechte gegenüber Dritten werden durch einen Mietvertrag nicht übertragen, schon gar keine Rechte aus dem Eigentum. 36

Entgegen der Rechtsprechung lässt sich eine nach § 1004 Abs 1 BGB abwehrfähige Eigentumsbeeinträchtigung auch nicht aus dem Umstand herleiten, dass die vereinbarten Zweckbestimmungen und Gebrauchsregelungen der Wohnungseigentümer mit der Eintragung im Grundbuch zum Inhalt des Sondereigentums werden. Denn das Gesetz enthält keinen Anhaltspunkt dafür, dass die Vereinbarungen infolge der Eintragung im Grundbuch auch Wirkung gegenüber jeglichen Dritten, etwa Mietern, entfalten. Nach dem Wortlaut des § 10 Abs 3 WEG hat die Eintragung im Grundbuch nur den Zweck, Sondernachfolger der Wohnungseigentümer zu binden. Durch die Eintragung im Grundbuch erlangt die Vereinbarung keine absolute Wirkung gegenüber jedermann. Der 2. Abschnitt des WEG (§§ 10 bis 19), auf den § 5 Abs 4 WEG verweist, ist mit den Worten „*Gemeinschaft der Wohnungseigentümer*" überschrieben. 37

Mieter und sonstige Nutzer des Sondereigentums gehören nicht zur Gemeinschaft der Wohnungseigentümer. In § 10 Abs 3 WEG heißt es weiterhin, dass nur solche Vereinbarungen als Inhalt des Sondereigentums im Grundbuch eingetragen werden können, *„durch die die Wohnungseigentümer **ihr Verhältnis untereinander** (...) regeln."* § 10 und §§ 13 bis 15 WEG verweisen ausschließlich auf das Rechtsverhältnis der Wohnungseigentümer untereinander.

38 Das **jüngere Schrifttum** (*Riecke/Schmid/Abramenko* § 13 Rn 4; *Müller/Weber* Formularbuch WEG, L.I.2. Anm 12; *Jennißen/Hogenschurz* § 14 Rn 19) ist daher zu Recht der Auffassung, dass Wohnungseigentümer gegenüber dem in § 14 Nr 2 genannten Personenkreis keinen unmittelbaren Anspruch aus § 1004 Abs 1 BGB auf Unterlassung vereinbarungs- und beschlusswidrigen Verhaltens haben.

IV. Duldung zulässigen Gebrauchs (Nr 3)

39 Gemäß § 14 Nr 3 hat jeder Wohnungseigentümer die **Einwirkungen** auf sein Sondereigentum und das Gemeinschaftseigentum zu **dulden**, die von einem nach § 14 Nr 1 und 2 zulässigen Gebrauch oder dem legitimen Zustand fremden Sondereigentums ausgehen. Der Wohnungseigentümer hat auch Einwirkungen zu dulden, die von einem nach der Gemeinschaftsordnung zulässigen Gebrauch ausgehen. Eine Duldungspflicht besteht hingegen nicht, wenn die Grenzen des nach § 14 Nrn 1, 2 und der Gemeinschaftsordnung Zulässigen überschritten sind. Unter „Einwirkungen" sind jegliche Nachteile iSd § 14 Nr 1 zu verstehen.

40 Die Pflicht zur Duldung bedeutet, dass Abwehransprüche nach § 1004 Abs 1 BGB nicht geltend gemacht werden können. § 14 Nr 3 schließt jedoch **sonstige Ansprüche** nicht aus, wie etwa **Aufopferungsansprüche** wegen Schäden, die einem Eigentümer aufgrund eines nach § 14 Nr 1 oder der Gemeinschaftsordnung zulässigem Verhalten entstanden sind.

V. Duldung von Eingriffen in das Sondereigentum (Nr 4 Hs 1)

41 Gemäß § 14 Nr 4 Hs 1 hat der Wohnungseigentümer – gegen Ersatz des dadurch entstehenden Schadens (Hs 2) – das **Betreten** und die **Benutzung** der in seinem Sondereigentum stehenden Gebäudeteile zu dulden, soweit dies zur Instandhaltung oder Instandsetzung des gemeinschaftlichen Eigentums erforderlich ist. Häufige Anwendungsfälle sind: die Reparatur schadhafter gemeinschaftlicher Versorgungsleitungen, des Daches, des Außenputzes; das Auswechseln der im Gemeinschaftseigentum stehenden Fenster; Balkonsanierung mit der Notwendigkeit, den auf der Betonplatte befindlichen Oberbelag, der im Sondereigentum steht, zu entfernen.

42 Über den Gesetzeswortlaut hinaus, der nur das Betreten und die Benutzung des Sondereigentums erfasst, ist der Wohnungseigentümer auch verpflichtet, **Eingriffe in die Substanz des Sondereigentums** bis hin zur teilweisen **Zerstörung** zu dulden, wenn dies zur Instandhaltung des Gemeinschaftseigentums erforderlich ist (*BayObLG* 2Z BR 2/ 04, ZMR 204, 762), zB das Aufbrechen einer im Sondereigentum stehenden Wand und Abschlagen der Fliesen, um eine Rohrverstopfung zu beseitigen.

43 Kann das gemeinschaftliche Eigentum auch ohne Inanspruchnahme des Sondereigentums instand gesetzt werden (zB durch die Verwendung eines Fassadengerüstes oder mobilen Lastenaufzuges), ist der Eigentümer zur Duldung von Einwirkungen auf sein

Sondereigentum nicht verpflichtet, auch wenn der Eigentümergemeinschaft dadurch **erhebliche Mehrkosten** entstehen. Nur im **Ausnahmefall** kann es gegen **Treu und Glauben** verstoßen, wenn der Sondereigentümer die Gemeinschaft auf eine Alternativlösung verweist, so etwa wenn die Einwirkung auf das Sondereigentum gering wäre und der Gemeinschaft bei einer Instandsetzung ohne Berührung des Sondereigentums außerordentlich hohe Kosten entstünden oder das Gemeinschaftseigentum in anderer Weise erheblichen Schaden nähme (vgl. *Bärmann/Wenzel* § 14 Rn 61; *BayObLG* 2Z BR 66/95, WuM 1995, 728). Ist der Zugang zum instand zu setzenden Gemeinschaftseigentums über zwei Sondereigentumseinheiten möglich, ist der Zugang zu wählen, bei dem der Eingriff in das Sondereigentum geringer ausfällt. Sind die Beeinträchtigungen des Sondereigentums bei beiden Varianten gleich und fallen auch die Kosten gleich aus, entscheidet das Los (*Riecke/Schmid/Abramenko* § 14 Rn 35).

Der Wohnungseigentümer hat das Betreten seiner Wohnung auch zum Zwecke der **44** Vornahme einer gegen ihn gerichteten **Versorgungssperre** wegen Wohngeldrückständen zu gestatten. Durch einen bestandskräftigen Eigentümerbeschluss, der die Verwaltung ermächtigt, eine Versorgungssperre zu verhängen und diese Maßnahme einschließlich eines Betretens der Wohnung zur Vorbereitung und Anbringung von Absperrvorrichtungen notfalls auch gerichtlich durchzusetzen, wird der Tatrichter, der über die Gewährung des Wohnungszutritts zu entscheiden hat, nicht davon entbunden, Feststellungen zu den tatsächlichen Voraussetzungen des Zurückbehaltungsrechts und zur Verhältnismäßigkeit der begehrten Maßnahmen zu treffen (*OLG München* 34 W 5/05, NZM 2005, 304). Gegenüber dem **Mieter** besteht hingegen kein Zutrittsrecht (*Suilmann* ZWE 2001, 476; **aA** *Bärmann/Wenzel* § 14 Rn 67; *Briesemeister* ZMR 2007, 661).

Ein Wohnungseigentümer hat das Betreten seiner Wohnung auch dann zu gestatten, **45** wenn **zunächst nur geprüft** werden soll, ob Maßnahmen der Instandsetzung oder Instandhaltung am Gemeinschaftseigentum erforderlich sind (*OLG München* 34 Wx 133/05, ZMR 2006, 388). Voraussetzung ist aber, dass **ausreichende Anhaltspunkte** für die Notwendigkeit solcher Maßnahmen vorliegen (*BayObLG* 2Z BR 16/96, WuM 1996, 584; *OLG Hamburg* 2 Wx 31/98, ZMR 200, 479), denn unter dem Gesichtspunkt des Art 13 GG sind an die Voraussetzungen, unter denen eine Verpflichtung iSd § 14 Nr 4 bejaht werden kann, strenge Anforderungen zu stellen, insbesondere dann, wenn es nur um die Feststellung geht, ob Maßnahmen zur Instandhaltung oder Instandsetzung in Betracht kommen (*OLG München* 34 Wx 133/05, ZMR 2006, 388). Ein Betretungsrecht ohne sachlichen Grund ist auch dann nicht anzuerkennen, wenn es zeitlich auf zwei Termine pro Jahr beschränkt ist (*OLG Zweibrücken* 3 W 184/00, NZM 2001, 289).

Bei **baulichen Veränderungen** besteht eine Duldungspflicht nur, wenn der betrof- **46** fene Wohnungseigentümer der Maßnahme zugestimmt hat oder die bauliche Veränderung durch bestandskräftigen Eigentümerbeschluss genehmigt wurde. Aufgrund der aus dem Gemeinschaftsverhältnis folgenden Schutz- und Treupflichten (§ 242 BGB) kann eine Pflicht zur Duldung von Eingriffen ins Sondereigentum auch bestehen, um **Instandhaltungsmaßnahmen an fremdem Sondereigentum** zu ermöglichen. So kann ein Wohnungseigentümer zur teilweisen Entfernung seiner Zwischendecke verpflichtet sein, wenn dies zur Behebung einer Verstopfung des Badewannenabflusses in der darüber gelegenen Wohnung erforderlich ist und dem Eigentümer bei Abwägung aller Umstände (Verursachung von Schmutz,

Kosten, zukünftige Verhältnisse) dieser Eingriff in sein Sondereigentum zugemutet werden kann (*BayObLG* BReg 2 Z 51/89, DWE 1990, 29).

47 Sind bei der Gestattung von Eingriffen in das Sondereigentum erhebliche Beschädigungen zu erwarten, kann der betroffene Wohnungseigentümer die Gestattung der Eingriffe von einer vorherigen **Sicherheitsleistung** abhängig machen (*KG* 24 W 4146/85, ZMR 1986, 210; zurückhaltend aber *BayObLG* 2Z BR 25/03, WuM 2004, 736).

48 Nicht ausdrücklich geregelt sind der **Zeitpunkt** und die **Dauer** des Gestattenmüssens. Die zeitliche Einwirkung auf das Sondereigentums ist auf das notwendige Maß zu beschränken. Der Verwalter hat Zeitpunkt und ungefähre Dauer vorher bekannt zu geben. Der berufstätige und alleinstehende Alleineigentümer muss sich auf die Maßnahmen einstellen können, indem er evtl Urlaub nimmt oder einen Bekannten um die Aufsicht in seiner Wohnung bittet. Der Eigentümer ist nicht verpflichtet, den Verwalter oder einen Nachbarn mit der Beaufsichtigung zu betrauen. Muss der betroffene Wohnungseigentümer für die Zeit der Inanspruchnahme seiner Wohnung Urlaub nehmen, weil andere zumutbare Aufsichtspersonen nicht vorhanden sind, so hat die Gemeinschaft einen eventuellen **Verdienstausfall** zu ersetzen (Rn 61). Der Eigentümer ist nicht verpflichtet, notwendige **Vorbereitungsmaßnahmen** in seiner Wohnung zu treffen, zB das Wegräumen von Möbelstücken (*BayObLG* 2Z BR 66/95, WuM 1995, 728). Den Eigentümer trifft nur eine Duldungspflicht, nicht eine Handlungspflicht. Die Maßnahmen müssen ggf durch die Gemeinschaft veranlasst werden.

49 Soweit das **Sondereigentum vermietet** ist, kann die Gemeinschaft vom Sondereigentümer verlangen, dass dieser seinen Mieter auf Duldung des Betretens der Wohnung gerichtlich in Anspruch nimmt. Der Anspruch des Sondereigentümers gegen den Mieter kann sich aber nur aus dem Mietvertrag bzw den §§ 535 ff BGB ergeben. § 14 Nr 4 Hs 1 bindet den Mieter nicht, denn die §§ 10 ff regeln nur das Verhältnis der Wohnungseigentümer untereinander (**aA** *Bärmann/Wenzel* § 14 Rn 67, 71; *Palandt/Bassenge* § 14 Rn 15). Der Anspruch aus § 14 Nr 4 Hs 2 ist ein schuldrechtlicher Anspruch aus dem Gemeinschaftsverhältnis, nicht ein absoluter Anspruch aus dem Eigentum.

50 **Inhaber des Anspruchs** aus § 14 Nr 4 Hs 1 sind die Wohnungseigentümer gemeinsam. Der Anspruch wird gemäß § 10 Abs 6 S. 3, Hs 1 von der Gemeinschaft der Wohnungseigentümer gerichtlich und außergerichtlich geltend gemacht. Eines gesonderten „Heranziehungsbeschlusses" der Eigentümerversammlung bedarf es nicht. Der **Klageantrag** richtet sich darauf, bestimmten Personen (dem Verwalter und Handwerkern) Zugang zu bestimmten Räumen des Sondereigentums zu gewähren und konkret benannte Tätigkeiten oder Eingriffe in das Sondereigentum zu dulden. Die **Gewährung des Zugangs** zum Sondereigentum wird gemäß § 888 ZPO durch Zwangsgeld und Zwangshaft und die **Duldung bestimmter Handlungen** im Sondereigentum gemäß § 890 ZPO durch Ordnungsgeld und Ordnungshaft **vollstreckt**. Bezüglich der Duldung sollte im Hauptsacheverfahren bereits der Antrag gestellt werden, dass dem Beklagten für jeden Fall der Zuwiderhandlung Ordnungsgeld und Ordnungshaft angedroht werden.

VI. Aufopferungsanspruch des Sondereigentümers (Nr 4 Hs 2)

51 Gemäß § 14 Nr 4 Hs 2 ist dem Wohnungseigentümer der Schaden zu ersetzen, der ihm im Vorfeld und bei der Durchführung von Instandhaltungsmaßnahmen am Gemeinschaftseigentum entsteht (*OLG Frankfurt* 20 W 362/04, ZMR 2006, 625). Trotz der

Formulierung „Schaden ersetzen" liegt der Norm ein **verschuldensunabhängiger, aufopferungsähnlicher Gedanke** ähnlich dem nachbarrechtlichen Ausgleichsanspruch entsprechend § 906 Abs 2 BGB zugrunde (*BGH* IV ZR 226/01, NJW 2003, 826). Erleidet ein Eigentümer infolge seiner Verpflichtung zur Duldung des Betretens oder der Benutzung seines Sondereigentums ein Sonderopfer, soll er dieses unabhängig von einem Verschulden der Gemeinschaft oder einer Vermeidbarkeit des Schadens auf die Gemeinschaft abwälzen können, weil die Instandhaltung Angelegenheit der Gemeinschaft ist.

Der Anspruch umfasst sowohl unmittelbare Substanzschäden am Sondereigentum und an sonstigen privaten Gegenständen des betroffenen Eigentümers als auch adäquat kausal verursachte **Vermögensfolgeschäden**. Nach Sinn und Zweck der Regelung sind auch Schäden erfasst, die durch stärkere Eingriffe als das bloße Betreten oder Benutzen, etwa die teilweise Zerstörung von Sondereigentum, entstehen (*OLG Hamburg* 2 Wx 32/02, ZMR 2003, 131). Die Wohnungseigentümergemeinschaft ist in diesen Fällen verpflichtet, das Sondereigentum anschließend in den vorherigen Zustand zurückzuversetzen, sofern dies technisch möglich ist. Auf den Einwand der finanziellen Unzumutbarkeit kann sich die Gemeinschaft nur in Extremfällen berufen. Lässt sich etwa eine Zerstörung antiker Fliesen nicht vermeiden, müssen vorab Musterabdrücke genommen werden, um die Fliesen originalgetreu zu reproduzieren. Einen **Abzug „Alt für Neu"** muss sich der betroffene Wohnungseigentümer nicht anrechnen lassen. Die Eigentümergemeinschaft hat auch Ersatz für solche Schäden zu leisten, die entstanden sind, weil der betroffene Eigentümer das Sondereigentum nach Begründung der Wohnungseigentumsanlage umgestaltet hat (zB nachträgliche Verkleidung von Versorgungsleitungen). 52

Folgende Positionen sind in Rechtsprechung und Schrifttum als Aufopferungsschäden anerkannt: 53
- Kosten für Reparatur und **Wiederherstellung** des Sondereigentums, 54
- **Mietausfall** und sonstiger **entgangener Gewinn** (*OLG Frankfurt* 20 W 362/04, ZMR 2006, 625); gemäß § 252 S 2 BGB gilt der Gewinn als entgangen, welcher nach dem gewöhnlichen Lauf der Dinge oder nach den besonderen Umständen, insbesondere nach den getroffenen Anstalten und Vorkehrungen, mit Wahrscheinlichkeit erwartet werden konnte; der betroffene Wohnungseigentümer muss daher im Prozess vortragen und ggf beweisen, dass er ohne die Maßnahme der Gemeinschaft Vermietungsabsicht gehabt hätte, die Wohnung vermietbar gewesen wäre und ein Mieter mit großer Wahrscheinlichkeit zur Verfügung gestanden hätte, 55
- **Umzugs**-, Transport- und Lagerkosten (*BGH* IV ZR 226/01, NJW 2003, 826), 56
- Kosten für **Ersatzwohnraum** (*BGH* IV ZR 226/01, NJW 2003, 826), 57
- finanzieller **Ausgleich für fehlenden Eigengebrauch** von Teilen der Eigentumswohnung (zB Terrasse) für nicht unerhebliche Zeit (*BayObLG* BReg 2 Z 93/86, ZMR 1987, 227); anders aber bei Terrassen oder Gartenflächen vor Räumen, die gewerblich oder freiberuflich genutzt werden (*BayObLG* 2Z BR 135/93, ZMR 1994, 420); ein finanzieller Ausgleich setzt voraus, dass sich die Entziehung oder Einschränkung des Gebrauchs „typischerweise auf die materielle Grundlage der Lebenshaltung signifikant auswirkt" (*BGHZ* 98, 212; *BGH* NJW 1987, 771), weil der betroffene Raum für die Lebensführung des jeweiligen Eigentümers von zentraler Bedeutung ist (*OLG Köln* 16 Wx 99/05, NZM 2006, 592), eine bloße Beeinträchtigungen des ungestörten Wohnens genügt nicht (*KG* 24 W 501/97, ZMR 1998, 369), 58

59 – Kosten für **Vorsorgemaßnahmen** bis zur Höhe des Schadens, der ohne die Vorsorgemaßnahmen entstanden wäre (*BayObLG* 2Z BR 135/93, ZMR 1994, 420),
60 – Kosten der **Säuberung** (*Palandt/Bassenge* § 14 Rn 17),
61 – **Verdienstausfall**, wenn der Entschluss, unbezahlten Urlaub zu nehmen, keine ungewöhnliche Reaktion darauf ist, dass der Wohnungseigentümer seine Wohnung zur Durchführung von Instandhaltungs- oder Instandsetzungsarbeiten zur Verfügung stellen muss; als ungewöhnliche und deshalb zum Schadensersatz nicht verpflichtende Reaktion ist es jedoch anzusehen, wenn ein Wohnungseigentümer unbezahlten Urlaub nimmt, um Handwerker in seiner Wohnung zu beaufsichtigen und Arbeiten auszuführen, die er auch in seiner Freizeit erledigen kann, denn solange es möglich und zumutbar ist, auf andere, billigere Weise Vorsorge zum Schutz des Eigentums und zur Vor- und Nachbereitung der Handwerksarbeiten zu treffen, ist die Inanspruchnahme unbezahlten Urlaubs eine ungewöhnliche Reaktion auf die Verpflichtung, die Arbeiten zu dulden (*KG* 24 W 9125/97, NZM 2000, 284).

62 Ein Ersatzanspruch besteht analog § 14 Nr 4 Hs 2 auch dann, wenn ein Eigentümer das Betreten oder die Benutzung eines **Sondernutzungsbereichs** hinnehmen muss und ihm dadurch Schäden entstehen (*OLG Düsseldorf* I-3 Wx 140/05, ZMR 2006, 459).

63 Für einen Ersatzanspruch gemäß § 14 Nr 4 Hs 2 genügt es hingegen nicht, dass der Schaden am Sondereigentum zwar auf Mängel am Gemeinschaftseigentum zurückzuführen ist (zB Schimmelflecken am Teppichboden wegen Feuchtigkeit in der Geschossdecke), der **Schaden aber** noch **keine Folge von Instandsetzungsmaßnahmen** am Gemeinschaftseigentum ist (*OLG Frankfurt* 20 W 34/02, ZMR 2009, 382). In diesen Fällen kommt lediglich ein Schadensersatzanspruch gegen die Gemeinschaft gemäß §§ 280 ff BGB in Betracht, wenn die Beseitigung des Mangels am Gemeinschaftseigentum von der Gemeinschaft schuldhaft verzögert oder unterlassen wurde und dies zum Schaden am Sondereigentum geführt hat (*BayObLG* 2Z BR 45/02, ZMR 2003, 366). § 14 Nr 4 H 2 greift ebenfalls nicht, wenn ein Wohnungseigentümer eine **bauliche Veränderung** am Gemeinschaftseigentum vorgenommen hat (zB Aufbringung eines Fliesenbelages auf einen Balkon), die im Zuge von Sanierungsmaßnahmen am Gemeinschaftseigentum entfernt werden muss (*LG Köln* 29 T 190/00, ZMR 2001, 924). Die Investition des betroffenen Eigentümers ist in diesem Fall verloren, der Eigentümer muss sich selbst um die Wiederherstellung der baulichen Veränderung kümmern, sofern diese überhaupt zulässig ist.

64 Wird die Wohnungseigentümergemeinschaft von einem Eigentümer gemäß § 14 Nr 4 Hs 2 auf Ausgleich eines Schadens in Anspruch genommen, stellt dies nach Auffassung des *BGH* einen Haftpflichtfall dar, der von der **Haftpflichtversicherung für Haus- und Grundbesitzer** grundsätzlich erfasst ist, wenn nach den Versicherungsbedingungen zum Umfang des Versicherungsschutzes auch Ansprüche eines einzelnen Wohnungseigentümers gegen die Gemeinschaft gehören (*BGH* IV ZR 226/01, NJW 2003, 826). Das Schadensereignis sieht der *BGH* in dem Eingriff der Gemeinschaft in das Sondereigentum des betroffenen Wohnungseigentümers. Schließen die Versicherungsbedingungen Schäden am Gemeinschafts- und Sondereigentum vom Versicherungsschutz aus, so gilt dies nur für die **unmittelbaren** Sachschäden, nicht jedoch für **Vermögensfolgeschäden**. Kosten für die Wiederherstellung oder Reparatur des Sondereigentums oder sonstiger Gegenstände des betroffenen Wohnungseigentümers muss die Versicherung daher nicht ersetzen, wohl aber mittelbare Schäden wie Mietausfall für die Anmietung einer Ersatzwohnung, Möbeltransportkosten usw.

Bestimmt die **Gemeinschaftsordnung**, dass ein Wohnungseigentümer bestimmte Bereiche des Gemeinschaftseigentums **auf eigene Kosten instand zu setzen** hat, so trägt der Eigentümer sämtliche Kosten dieser Maßnahme, mithin auch die Kosten für Folgemaßnahmen am Sondereigentum (**aA** *Riecke/Schmid/Abramenko* § 14 Rn 36). Beispiel: Hat ein Wohnungseigentümer nach der Gemeinschaftsordnung die Fenster auf eigene Kosten instand zu setzen, so muss er nach einem erforderlich gewordenen Austausch eines Fensters auch die begleitenden Putz- und Malerarbeiten an den Fensterleibungen durchführen und die Kosten für diese Folgemaßnahmen allein tragen. Ein Ersatzanspruch des Sondereigentümers besteht ebenfalls nicht, wenn der Schaden oder die Vermögensminderung beim Sondereigentümer auch ohne die Instandsetzungsmaßnahme am Gemeinschaftseigentum eingetreten ist bzw eingetreten wäre, so etwa bei einer Schwammsanierung, wenn der Innenputz oder die Dielen des Sondereigentümers ebenfalls mit Schwamm befallen waren und daher ohnehin vom Sondereigentümer hätten erneuert werden müssen. 65

Der Ersatzanspruch richtet sich gegen die Wohnungseigentümergemeinschaft und ist gemäß § 10 Abs 6 S 2 aus dem **Verwaltungsvermögen** zu erfüllen. Entgegen früherer Rechtslage (als Schuldner noch die übrigen Wohnungseigentümer waren) muss sich der Eigentümer bei der Geltendmachung der Entschädigung zunächst keinen Eigenanteil nach § 16 Abs 2 anrechnen lassen (ähnlich *Bärmann/Wenzel* § 10 Rn 259 für Schadensersatzansprüche des Einzeleigentümers gegen die Gemeinschaft nach § 280 BGB; **aA** *Riecke/Schmid/Abramenko* § 14 Rn 39). Der Umstand, dass es sich bei dem Entschädigungsbetrag gemäß § 16 Abs 7 um Kosten der Verwaltung handelt, die nach dem jeweils geltenden Verteilungsschlüssel auf alle Wohnungseigentümer – also auch auf den Geschädigten – umzulegen sind, kommt erst in der Jahresabrechnung zum Tragen. Erst die Jahresabrechnung setzt den endgültigen Anteil des Geschädigten an dem Entschädigungsbetrag fest. 66

Durch die Bezeichnung der Erstattungsbeträge in § 16 Abs 7 als „Kosten der Verwaltung" liegt der Schluss nahe, diese Kosten dem Anwendungsbereich des § 16 Abs 3 zuzuordnen (*Bärmann/Becker* § 16 Rn 162), wonach der **Verteilungsschlüssel** für Betriebskosten und Kosten der Verwaltung mit einfacher Stimmenmehrheit **dauerhaft geändert** werden kann. Es darf allerdings bezweifelt werden, dass diese Zuordnung dem Willen des Gesetzgebers entspricht. Der Wortlaut des § 16 Abs 4 aF (§ 16 Abs 7 nF) erfuhr durch die WEG-Novelle des Jahres 2007 keine Änderung. Bis zum 30.6.2007 unterschied das Gesetz nicht zwischen Kosten der Verwaltung und Kosten der Instandsetzung/Instandhaltung. Für sämtliche Kosten des Gemeinschaftseigentums galt § 16 Abs 2. § 16 Abs 4 aF brachte vor der WEG-Novelle lediglich klarstellend zum Ausdruck, dass auch die Ausgaben der Erstattungsbeträge nach § 14 Nr 4 von sämtlichen Wohnungseigentümern nach dem Verhältnis der Miteigentumsanteile zu tragen sind. Durch die WEG-Novelle sollte sich daran – soweit ersichtlich – nichts ändern. Es liegen keine Anhaltspunkte vor, dass dem Gesetzgeber bei der Schaffung des § 16 Abs 3 und 4 bewusst war, die Formlierung „Kosten der Verwaltung" bereits in § 16 Abs 4 aF verwandt zu haben. In gesetzessystematischer Hinsicht überrascht es jedenfalls, die Ausgaben iSd § 14 Nr 4 Hs 2 bei den Betriebkosten und dem Verwalterhonorar zu finden, anstatt bei den Kosten der Instandsetzungsmaßnahme, in deren 67

II WEG § 15 Gebrauchsregelung

Folge sie entstehen. Eine Zuordnung der Ausgaben nach § 14 Nr 4 zum Anwendungsbereich des § 16 Abs 4 nF hätte auch nach dem Sinn und Zweck des neu geschaffenen § 16 Abs 3 und 4 näher gelegen.

68 Der Erstattungsanspruch nach § 14 Nr 4 Hs 2 kann nicht durch Beschluss **dauerhaft** ausgeschlossen oder gekürzt werden. Ein solcher gesetzesändernder Beschluss wäre nichtig (*BGH* V ZB 58/99, NJW 2000, 3500). Es bedarf einer Vereinbarung. Sofern die Wohnungseigentümer aber im **Einzelfall** unter den Voraussetzungen des § 16 Abs 4 beschließen können, dass die Kosten einer baulichen Veränderung oder Instandsetzungsmaßnahme nur von einem oder einzelnen Wohnungseigentümern getragen werden, erfasst die Beschlusskompetenz auch Umfang und Höhe des Entschädigungsanspruchs nach § 14 Nr 4 Hs 2. Im Einzelfall kann daher durch Beschluss **der Entschädigungsanspruch** abweichend vom Gesetz geregelt, uU auch ausgeschlossen werden (vgl *Jennißen/Jennißen* § 16 Rn 129; **aA** *Bärmann/Becker* § 16 Rn 162).

§ 15 Gebrauchsregelung

(1) Die Wohnungseigentümer können den Gebrauch des Sondereigentums und des gemeinschaftlichen Eigentums durch Vereinbarung regeln.

(2) Soweit nicht eine Vereinbarung nach Absatz 1 entgegensteht, können die Wohnungseigentümer durch Stimmenmehrheit einen der Beschaffenheit der im Sondereigentum stehenden Gebäudeteile und des gemeinschaftlichen Eigentums entsprechenden ordnungsmäßigen Gebrauch beschließen.

(3) Jeder Wohnungseigentümer kann einen Gebrauch der im Sondereigentum stehenden Gebäudeteile und des gemeinschaftlichen Eigentums verlangen, der dem Gesetz, den Vereinbarungen und Beschlüssen und, soweit sich die Regelung hieraus nicht ergibt, dem Interesse der Gesamtheit der Wohnungseigentümer nach billigem Ermessen entspricht.

Übersicht

	Rn		Rn
I. Allgemeines	1	1. Regelungsgegenstand des Beschlusses	8
II. Gebrauchsregelungen durch Vereinbarung (Abs 1)	2	2. Anfechtungs- und Nichtigkeitsgründe	9
1. Regelungsgegenstand der Vereinbarung	2	3. Beispiele aus der Rechtsprechung	12
2. Widersprüchliche Gebrauchsregelungen	4	IV. Regelungsbefugnis des Verwalters	22
3. Zweckbestimmung im engeren Sinne	5	V. Anspruch auf ordnungsmäßigen Gebrauch (Abs 3)	25
a) Regelungsinhalt	5	1. Anspruch auf Beschlussregelung	25
b) Verstoß gegen Zweckbestimmung (Rechtsprechungsbeispiele)	6	2. Abwehranspruch wegen Störungen	29
III. Gebrauchsregelungen durch Mehrheitsbeschluss (Abs 2)	8	3. Verjährung und Verwirkung	33
		4. Schadensersatz	35

I. Allgemeines

§ 15 lässt Regelungen der Wohnungseigentümer über den Gebrauch des Sondereigentums und des gemeinschaftlichen Eigentums durch Vereinbarung und Beschluss zu. Gebrauch ist, wie in § 745 BGB, gleichbedeutend mit tatsächlicher Benutzung, hier etwa Alleinbenutzung des Sondereigentums iSd § 13 Abs 1 und Mitbenutzung des gemeinschaftlichen Eigentums iSd § 13 Abs 2. Mehrere Berechtigte einer Wohnungseigentumseinheit können untereinander keine Regelungen nach § 15 treffen (*Palandt/ Bassenge* § 15 Rn 1; **aA** *BayObLG*, 2Z BR 56/94, NJW-RR 1994, 1427; *OLG Frankfurt* 20 W 281/98, NZM 2001, 527). Für sie gelten die Vorschriften des jeweiligen Gemeinschaftsverhältnisses, etwa § 741 ff BGB bei Bruchteilgemeinschaften. 1

II. Gebrauchsregelungen durch Vereinbarung (Abs 1)

1. Regelungsgegenstand der Vereinbarung. Die Wohnungseigentümer können den Gebrauch des **Sondereigentums** und des **Gemeinschaftseigentums** durch Vereinbarung regeln (Abs 1). Hierbei handelt es sich um Vereinbarungen iSd § 10 Abs 2 S 2. Diese wirken gegenüber Sondernachfolgern nur, wenn sie gemäß Abs 3 in den Grundbüchern eingetragen sind. Zum Zustandekommen und zur Wirksamkeit einer Vereinbarung siehe § 10 Rn 17 ff. 2

Notwendig ist eine Vereinbarung immer dann, wenn die zu treffende Gebrauchsregelung über den Rahmen der Ordnungsmäßigkeit hinausgeht und daher nicht mehr gemäß Abs 2 beschlossen werden kann. Dies ist der Fall, wenn für das Sondereigentum oder das Gemeinschaftseigentum Gebrauchsregelungen getroffen werden sollen, die die gesetzlichen Grenzen des zulässigen Gebrauch nach §§ 13, 14 einschränken oder erweitern. Eine durch Vereinbarung zulässige Einschränkung des Gebrauchs liegt etwa vor, wenn das Musizieren oder die Tierhaltung beschränkt oder verboten werden oder wenn dem Wohnungseigentümer untersagt wird, trotz eines vorhandenen Kabelanschlusses eine Parabolantenne zu installieren. Einer Vereinbarung darf es auch, wenn ein an sich unzulässiger Gebrauch gestattet werden soll, etwa die Nutzung von Wohnungen zu gewerblichen Zwecken oder das Grillen auf den Balkonen. Die Regelungsfreiheit der Wohnungseigentümer durch Vereinbarung geht sogar so weit, dass eine Vermietung des Sondereigentums verboten (*Bärmann/Wenzel* § 15 Rn 15) oder aufgrund der Besonderheiten der Wohnanlage ein Eigengebrauch untersagt bzw eine Vermietungsverpflichtung aufgestellt werden kann (vgl *BGH* V ZR 289/05, NJW 2007, 213 zum „betreuten Wohnen"). Nach Auffassung des BGH können die Wohnungseigentümer durch Vereinbarung auch verpflichtet werden, einen Vertrag mit einem Dritten einzugehen, etwa einen Betreuungsvertrag (*BGH* V ZR 289/05, NJW 2007, 213). 3

2. Widersprüchliche Gebrauchsregelungen. Gebrauchsregelungen, insbesondere Zweckbestimmungen über die Nutzung des Sondereigentums, können in der **Gemeinschaftsordnung,** in der dinglichen **Teilungserklärung** oder in dem dort in Bezug genommenen **Aufteilungsplan** enthalten sein. Sind die Regelungen zum Gebrauch widersprüchlich, stellt sich die Frage, welche Regelung Vorrang hat. Die Lösung ist in diesen Fällen unter Heranziehung der für die **Auslegung** von Grundbucheintragungen geltenden Grundsätze zu suchen (s § 10 Rn 27 f). Abzustellen ist auf Wortlaut und Sinn der Grundbucheintragung, wie sie sich für einen unbefangenen Betrachter als nächstliegende Bedeutung des Eingetragenen und in Bezug Genommenen ergibt; 4

ohne Bedeutung ist der Wille des Verfassers der Gebrauchsregelung. Die Gemeinschaftsordnung hat im Zweifel Vorrang vor der Teilungserklärung und diese hat wiederum Vorrang vor etwaigen Beschriftungen im Aufteilungsplan (*OLG Schleswig* 2 W 2020/07, ZMR 2008, 990; *OLG Düsseldorf* 3 Wx 249/02, ZMR 2004, 449; *OLG Stuttgart* 8 W 603/89, ZMR 1990, 190; *BayObLG* 2 Z BR 52/98, NZM 1999, 80; BReg 2 Z 127/84, WuM 1985, 238). Die Teilungserklärung, soweit sie selbst Zweckbestimmungen enthält, verweist auf den Aufteilungsplan in der Regel nur hinsichtlich der Nummer der Eigentumseinheit und nicht hinsichtlich der dortigen Raumbezeichnungen, etwa als „Laden" oder „Gaststätte" (*OLG Düsseldorf* 3 Wx 118/00, NZM 2000, 1009; *BayObLG* BReg 2 Z 127/84, WuM 1985, 238). Heißt es zB in der Teilungserklärung, dass der betreffende Miteigentumsanteil verbunden ist mit dem Teileigentum an den im Aufteilungsplan bezeichneten „gewerblichen Räumen", während sich im Aufteilungsplan die Bezeichnung „Laden" findet, so kann in dem Teileigentum grundsätzlich jedes Gewerbe betrieben werden, also auch eine Gaststätte (vgl *KG* 24 W 3094/99, NZM 2000, 387; *BayObLG* BReg 2 Z 127/84, WuM 1985, 238). Die kraft Gesetzes umfassende Nutzungsmöglichkeit eines Wohnungs-/Teileigentums entfällt nur dann, wenn eine Einschränkung ausdrücklich und widerspruchsfrei ausgewiesen ist (*OLG Stuttgart* 8 W 603/89, ZMR 1990, 190). Ein unbefangener Betrachter geht nicht davon aus, dass die am engsten begrenzte Zweckbestimmung Vorrang haben soll (*BayObLG* 2 Z BR 23/94, WuM 1995, 50; *OLG Frankfurt/ M*, 20 W 182/91, OLGZ 1993, 299; *OLG Stuttgart* 8 W 603/89, ZMR 1990, 190). Bei Beschreibungen im Aufteilungsplan handelt es sich in der Regel nur um unverbindliche Gebrauchsvorstellungen des teilenden Eigentümers oder um Gebrauchsvorschläge des Architekten (*OLG Schleswig* 2 W 165/98, NZM 1999, 79; *OLG Hamm* 15 W 177/86, NJW-RR 1986, 1336; *OLG Hamburg* 2 Wx 94/01, ZWE 2002, 592, 595). Ein Aufteilungsplan hat grundsätzlich nur die Funktion, die Aufteilung des Gebäudes sowie Lage und Größe der im Sondereigentum und Gemeinschaftseigentum stehenden Gebäudeteile zu beschreiben (§ 7 Abs 4 Nr 1 WEG). Es ist nicht seine Aufgabe, die Art und Weise des Gebrauchs zu regeln (*OLG Schleswig* 2 W 39/02, ZMR 2004, 68). Oftmals sind die Angaben auch nur als Funktionsbezeichnungen zu verstehen, die die gekennzeichneten Räume von den übrigen Wohnräumen abgrenzen sollen (*KG* 24 W 3094/99, KGR 2000, 78; *OLG Bremen* 3 W 26/93, WuM 1993, 696). Nehmen Eintragungsbewilligung, Eintragungserklärung und Gemeinschaftsordnung ausdrücklich nur dort Bezug auf den Aufteilungsplan, wo Gegenstand und Inhalt des Sondereigentums umschrieben werden, kann daraus der Umkehrschluss gezogen werden, dass im Aufteilungsplan gerade keine verbindliche Gebrauchsregelung für das Gemeinschaftseigentum getroffen werden soll (*OLG Schleswig* 2 W 39/02, ZMR 2004, 68). Die Rechtsprechung betont allerdings, dass es sich bei den dargestellten Grundsätzen nur um **Zweifelsregelungen** handelt. Im Einzelfall kann sich auch ergeben, dass den Angaben im Aufteilungsplan oder der Teilungserklärung der Vorrang vor der Gemeinschaftsordnung gebührt, wenn die Gesamtumstände dafür sprechen.

5   **3. Zweckbestimmung im engeren Sinne. – a) Regelungsinhalt.** Während eine Zweckbestimmung im weiteren Sinne festlegt, ob die zum Sondereigentum gehörenden Räume Wohnungseigentum (zu Wohnzwecken dienend) oder Teileigentum (nicht zu Wohnzwecken dienend) sind, regelt die Zweckbestimmung im engeren Sinne, in welchen Grenzen eine Teileigentumseinheit (zB als Laden) oder Wohnungseigentumseinheit genutzt werden darf (*BayObLG* 2 Z BR 90/96, WE 1998, 117). Eine Zweckbe-

stimmung im engeren Sinne hat **Vereinbarungscharakter** gemäß § 15 Abs 1 (*BayObLG* 2Z BR 60/01, ZWE 2002, 35; 2Z BR 130/93, WuM 1994, 222), sie **konkretisiert** quasi die **Zweckbestimmung im weiteren Sinne** (zur Zweckbestimmung im weiteren Sinne siehe § 14 Rn 15). Dies schließt allerdings eine Vereinbarung der Wohnungseigentümer nicht aus, die es gestattet, bei Wohnungseigentum die im Sondereigentum stehenden Räume auch **zu anderen Zwecken** als zum Wohnen gebrauchen zu dürfen (*BayObLG* 2Z BR 90/96, WE 1998, 117). Jedoch kann durch eine Vereinbarung der Gebrauch von Wohnungseigentum zu Wohnzwecken nicht untersagt werden. Entsprechendes gilt für das Teileigentum. Zweckbestimmungen über die Nutzung von Wohnungs- oder Teileigentum befinden sich entweder in der **Gemeinschaftsordnung** oder in der dinglichen **Teilungserklärung** bzw. in dem dort in Bezug genommenen **Aufteilungsplan**.

b) Verstoß gegen Zweckbestimmung (Rechtsprechungsbeispiele). Widerspricht der vom Wohnungseigentümer praktizierte Gebrauch der Zweckbestimmung, können die übrigen Wohnungseigentümer Unterlassung verlangen, wenn der zweckbestimmungswidrige Gebrauch mehr stört als der zweckbestimmungsgemäße. Hierzu hat sich die nachfolgend dargestellte Kasuistik entwickelt. In der Darstellung ist die im jeweiligen Fall vereinbarte Zweckbestimmung vorangestellt, das streitige Gebrauchsverhalten schließt sich an:

Abstellraum: unzulässig die Nutzung als Wohn- und Schlafraum (*BayObLG* 2 Z BR 67/93, WE 1994, 302);

Apotheke: unzulässig der Betrieb einer Gaststätte (*OLG Stuttgart* DWE 1987, 139);

Atelier und Wohnung: unzulässig die Benutzung als „Bier-, Kaffee- und Brotzeitstüberl" (*BayObLG* BReg 2 Z 51/84, WuM 1985, 234);

Berufliche Tätigkeit – gleich welcher Art: zulässig der Betrieb einer Diskogaststätte (*OLG Schleswig* 2 W 202/07, ZMR 2008, 990).

Büro: unzulässig Nutzung als Spielsalon (*AG Passau* 1 UR II 123/79, Rpfleger 1980, 23), als Wohnung (*LG Bielefeld* 3 T 186/81, Rpfleger 1981, 355), als Kinderarztpraxis (*OLG Stuttgart* 8 W 357/86, DWE 1988, 139);

Büro/Praxis: unzulässig die Benutzung als Ballettstudio (*LG Bremen* 2 T 19/91, NJW-RR 1991, 1423);

Büroräume: unzulässig die Benutzung als Kinderarztpraxis (*OLG Düsseldorf* 3 Wx 259/95, NJW-RR 1996, 267); zulässig allerdings die Nutzung als Einzel- oder Bestellpraxis, wenn keine größeren Beeinträchtigungen durch Publikumsverkehr zu erwarten sind, als sie auch von einem Bürobetrieb ausgehen können (*OLG Hamm* 15 W 372/02, ZMR 2005, 219);

Café: unzulässig der Betrieb einer bis 4 Uhr morgens geöffneten Gaststätte (*OLG Hamburg* 2 Wx 20/98, MDR 1998, 1156 m Anm *Riecke*) und der Betrieb als Bistro mit Spielautomaten (*OLG Zweibrücken* 3 W 91/97, WE 1997, 474);

Dachboden: siehe „Speicher" und „Spitzboden";

Flur: unzulässige Wohnnutzung (*BayObLG* 2Z BR 103/94, WE 1996, 116);

Freie berufliche Tätigkeit: zulässig Tätigkeit als Versicherungsvertretung u. Wahrsagerei (*KG* 24 W 7471/92, NJW-RR 1994, 206); Anwaltskanzlei; Architekturbüro; Arztpraxis; Maklerbüro;

Garage: unzulässig die Benutzung als Diele (*BayObLG* Rpfleger 1984, 234), Wohnraum, Bad, Gästezimmer und Lager; zulässig die Nutzung als Werkstatt, wenn nicht ersichtlich ist, dass von der Werkstattnutzung mehr Störungen ausgehen als von einer Garage (*OLG Hamburg* 2 Wx 60/05, ZMR 2005, 975);

Gaststätte: unzulässig der Betrieb eines Nachtlokals (*BayObLG* DWE 1985, 126); zulässig musikalische Wiedergaben und Darbietungen, soweit diese nach öffentlichen Auflagen zulässig sind (*BayObLG* 2Z BR 63/93, WE 1994, 278);

Geschäftsräume: zulässig Betrieb einer chemischen Reinigung (*BayObLG* 2Z BR 23/94, WuM 1995, 50) und einer Gaststätte (*BayObLG* BReg. 2 Z 96/80, MDR 1982, 496);

Gewerbliche Einheit für Verkaufszwecke: unzulässig der Betrieb einer Spielothek (*OLG Frankfurt* DWE 1986, 4);

Gewerbliche Räume: zulässig Schulungs- und Unterrichtsräume für Asylbewerber und Aussiedler (*BayObLG* 2 Z 144/91, WE 1992, 227) und Spielhalle (*AG Dortmund* 139 II 82/ 94, ZAP EN-Nr. 9/95); zulässig Nutzung als Tagesstätte mit Kontakt- und Informationsstellenfunktion für Menschen mit psychischer Behinderung (*OLG Zweibrücken* 3 W 21/05, ZMR 2006, 76); zulässig der Betrieb einer gaststättenähnlichen Begegnungsstätte für Senioren durch einen gemeinnützigen Verein (*OLG Düsseldorf* I-3 Wx 162/07, GuT 2008, 219);

Gewerbliche Zwecke: erlaubt grundsätzlich **jede gesetzlich zulässige gewerbliche Nutzung** (*OLG Düsseldorf* 3 Wx 249/02, ZMR 2004, 449), eine Beschränkung kann sich lediglich aus dem Charakter oder der baulichen Gestaltung der Anlage ergeben (*OLG Hamm* 15 W 29/ 05, ZMR 2006, 149); auch eine **nichtgewerbliche Nutzung** ohne Gewinnerzielungsabsicht, wie etwa der Betrieb einer Begegnungsstätte eines **deutsch-kurdischen Kulturvereins**, ist von der Zweckbestimmung gedeckt, soweit diese bei typisierender Betrachtungsweise nicht zu intensiveren Beeinträchtigungen führt als eine gewerbliche Nutzung; unerheblich ist, ob von dem jeweiligen Gebrauch eine »Befruchtung« für das Gesamtobjekt ausgeht (*OLG Hamm* 15 W 29/05, ZMR 2006, 149); zulässig der Betrieb eines Cafés (*OLG Zweibrücken* WE 1987, 86); unzulässig der Betrieb eines Massagesalons (*OLG Hamburg* 2 W 4/73, MDR 74, 138);

Beliebiges Gewerbe oder Beruf: zulässig Betrieb einer Methadon-Abgabestelle, wenn ein separater Eingang vorhanden ist und in der näheren Umgebung des Hauses vielgestaltige Gewerbebetriebe angesiedelt sind (*OLG Düsseldorf* 3 Wx 336/01, ZWE 2002, 230);

Hausmeisterwohnung: grundsätzlich als Hausmeisterwohnung zu nutzen, ausnahmsweise aber eine anderweitige Nutzung, zB Vermietung an Dritte, zulässig, wenn aus triftigen Gründen eine Nutzung als Hausmeisterwohnung im Einzelfall nicht möglich ist (*BayObLG* BReg. 2 Z 50/88, WuM 1989, 38);

Hobbyraum: unzulässig die Benutzung als Wohnung (*OLG Zweibrücken* 3 W 87/01, ZWE 2002, 47) und als Ballettstudio (*BayObLG* BReg 2 Z 59/84, ZMR 1985, 307); zulässig Nutzung als Betreuungsstätte für Kleinkinder bei halbtägiger werktäglicher Nutzung (*BayObLG* BReg 2 Z 112/90, WuM 1991, 302); bestimmt die Gemeinschaftsordnung, dass die zu einer Wohnungseigentumseinheit gehörenden Hobbyräume, auch wenn sie mit der darüber oder darunter liegenden Wohnung verbunden wurden, nicht zum ständigen Aufenthalt bestimmt sind, ihre Nutzung aber andererseits zu Wohnzwecken insoweit zulässig ist, als nicht öffentlich-rechtliche Vorschriften des Baurechts entgegenstehen, so ist damit nicht die Nutzung zweier nach Wanddurchbruch zusammengelegter Hobbyräume als neue selbstständige Wohnung erlaubt (*BayObLG* 2Z BR 089/04, ZMR 2004, 925);

Kammer: zulässig Wohnnutzung und selbstständige Vermietung (*KG* 24 W 4887/89, NJW-RR 1991, 1359);

Gebrauchsregelung § 15 WEG II

Kellerraum: unzulässig die Benutzung als Wohnraum (*BayObLG* 2Z BR 94/99, ZWE 2000, 122); zulässig Nutzung als Hobbyraum (*OLG Düsseldorf* 3 Wx 426/95, WE 1997, 346) und Musizierzimmer, wenn durch Isoliermaßnahmen keine Geräuschbeeinträchtigungen entstehen (*BayObLG* 2Z BR 83/00, ZWE 2001, 160); zulässig Nutzung als Trockensauna (*OLG Frankfurt* 20 W 378/03, NZM 2006, 747);

Laden: **unzulässig** chemische Reinigung (*BayObLG* 2 Z BR 34/97, OLGR 1998, 19); Gaststätte (*BayObLG* 2Z BR 31/93, WE 1994, 180; BReg 2 Z 66/79, ZMR 1980, 251; *OLG Frankfurt* 20 W 279/89, WE 1991, 18; *OLG Karlsruhe* 11 W 38/85, OLGZ 1985, 397; *KG* 24 W 3538/84, MDR 1985, 675), Spielsalon (*KG* 24 W 6087/89, ZMR 1990, 307), Sauna außerhalb der Ladenschlusszeiten (*BayObLG* BReg 2 Z 65/85, NJW 1986, 1052), Tanzcafé (*BayObLG* BReg. 2 Z 1/78, ZMR 1978, 380), Sexshop, wenn mit dem Charakter der Wohnanlage und den diesen prägenden örtlichen Verhältnisse nicht vereinbar (*BayObLG* 2Z BR 45/94, NJW-RR 1995, 467), Pizza-Liefer-Service (*BayObLG* 2Z BR 161/97, NZM 1998, 335), Kleingaststätte mit Öffnungszeiten bis 22.00 Uhr (*BayObLG* 2Z BR 143/99, ZWE 2000, 129); Frauensportstudio (*OLG Schleswig* 2 W 21/02, ZMR 2003, 709); Eisdiele (*OLG Schleswig* 2 W 7/00, NZM 2000, 1237), Waschsalon (*OLG Frankfurt* 20 W 159/86, OLGZ 1987, 49), Videothek (*BayObLG*, 2Z BR 121/92, WE 1994, 248), Sonnenstudio (*BayObLG*, 2Z BR 2/96, WuM 1996, 361), Fisch- und Feinkostgroß- und Einzelhandel, weil der Großhandel mit der An- und Ablieferung großer Warenmengen ohne zeitliche Begrenzung einhergeht (*OLG München* 34 Wx 111/06, ZMR 2007, 718); **zulässig** kleine Kindertagesstätte (*KG* 24 W 3386/91, WE 1992, 286; *OLG Düsseldorf* 3 Wx 64/02, GuT 2003, 70); die zwischenzeitlich eingetretene Liberalisierung der **Ladenöffnungszeiten** führt nicht dazu, dass ein „Laden" nunmehr auch bis in die Nacht betrieben werden darf, denn für den Inhalt des zur Zweckbestimmung verwendeten Begriffs ist der Zeitpunkt des Zustandekommens der Vereinbarung maßgebend, ein späterer Begriffswandel spielt grundsätzlich keine Rolle (*BayObLG* 2Z BR 103/04, ZMR 2005, 215; *OLG München* 34 Wx 111/06, ZMR 2007, 718; aA mit eingehender Begründung *OLG Hamm* 15 W 205/06, NZM 2007, 805; *OLG München* 32 Wx 35/08, NZM 2008, 652), die Auslegung der Teilungserklärung kann allerdings im Einzelfall ergeben, dass der Verweis auf Ladenöffnungszeiten bzw Ladenschlusszeiten dynamisch zu verstehen ist (*OLG Hamm* 15 W 205/06, NZM 2007, 805);

Laden bestehend aus Ladenlokal mit WC: unzulässig die Benutzung als Gaststätte (*OLG Frankfurt* 20 W 279/89, WuM 1990, 316);

Ladenlokal: unzulässig die Benutzung als Pizza-Imbissstube (*OLG Düsseldorf* 3 Wx 464/92, NJW-RR 1994, 146);

Ladenräume: unzulässig die Einrichtung eines Waschsalons mit Getränkeausschank (*OLG Frankfurt* 20 W 159/89, OLGZ 1987, 49);

Ladenwohnung: zulässig Drogenberatungsstelle (*KG* 24 W 8659/97, NZM 1999, 425);

Lagerraum: unzulässig die Benutzung als Gymnastik-/Tanzstudio (*BayObLG* 2Z BR 93/93, NJW-RR 1994, 527);

Nebenräume: müssen im Verhältnis zu den „Haupträumen" untergeordnete Funktion haben, was den Betrieb eines hiervon unabhängigen selbstständigen Gewerbes in diesen Räumen ausschließt (*OLG München* 34 Wx 63/06, NZM 2006, 933);

Praxis: unzulässig Gaststätte (*BayObLG* 2Z BR 229/03, ZMR 2004, 685);

Partyraum: unzulässig Wohnnutzung (*BayObLG* 2Z BR 56/95, WE 1997, 358);

Sauna: unzulässig Pärchentreff und Swingerclub (*BayObLG* 2Z BR 178/99, NZM 2000, 871; 2Z BR 19/94, WE 1995, 188);

Kümmel

Speicher: unzulässig Wohnnutzung (*BGH* V ZR 217/02, ZMR 2004, 278; *BayObLG* 2Z BR 101/00, ZWE 2001, 432; *OLG Düsseldorf* 3 Wx 566/96, WE 1997, 468);

Spitzboden: unzulässig Wohnnutzung (*OLG Hamm* 15 W 4/98, NZM 1998, 873; *BayObLG* 2Z BR 103/94, WE 1996, 116; *OLG Düsseldorf* I-3 Wx 252/03, ZMR 2004, 610);

Vergnügungsbetrieb: unzulässig Bordell (*OLG Karlsruhe* 14 Wx 98/00, ZMR 2002, 151);

Wohnung: unzulässig die Einrichtung einer Arztpraxis oder Heim zur Erprobung moderner Erziehungsmethoden (*OLG Frankfurt* 20 W 100/80, Rpfleger 1981, 148); zulässig Ausübung einer Steuerberaterpraxis oder eines Architektenbüros (*KG* 24 W 5760/92, NJW-RR 1995, 333; *BayObLG* 2Z BR 137/98, NZM 1999, 130);

Gutes Wohnhaus: zulässig Praxis als Krankengymnastin (*BayObLG* DWE 1984, 86);

III. Gebrauchsregelungen durch Mehrheitsbeschluss (Abs 2)

8 **1. Regelungsgegenstand des Beschlusses.** Soweit eine Vereinbarung nach Abs 1 nicht entgegensteht, können die Wohnungseigentümer Regelungen des **ordnungsmäßigen Gebrauchs** durch Mehrheitsbeschluss treffen. Eine Regelung ist ordnungsmäßig, wenn sie **im Interesse der Gesamtheit der Wohnungseigentümer** liegt, dh ein geordnetes und störungsfreies Zusammenleben der Wohnungseigentümer fördert und der **Wahrung des Hausfriedens dient** (*Köhler/Bassenge/Kümmel* Teil 9, Rn 411). Die individuelle Handlungsfreiheit darf durch die Regelung nur so weit eingeschränkt werden, wie dies zur Erreichung dieses Zwecks erforderlich ist. Eine Maßnahme liegt im Interesse der Gesamtheit der Wohnungseigentümer, wenn sie nach billigem Ermessen und bei objektiv vernünftiger Betrachtungsweise den **konkreten Bedürfnissen** der Wohnungseigentümer, den **örtlichen** und **baulichen Besonderheiten** der Wohnanlage sowie der **Verkehrsauffassung** entspricht (*OLG Köln* 16 Wx 165/99, NZM 2000, 191). Durch Mehrheitsbeschluss darf ein nach § 14 Nr 1 zulässiger Gebrauch nicht verboten und ein über den Rahmen des § 14 Nr 1 hinausgehender Gebrauch nicht gestatten werden. Ein Mehrheitsbeschluss ist danach nur ordnungsmäßig, wenn er den nach § 14 Nr 1 zulässigen Gebrauch **konkretisiert** (*Köhler/Bassenge/Kümmel* Teil 9, Rn 409). Konkrete Kriterien mit Allgemeingültigkeit lassen sich für die Bestimmung der Ordnungsmäßigkeit allerdings nicht aufstellen. Unter mehreren möglichen Regelungen ordnungsmäßigen Gebrauchs steht den Wohnungseigentümern ein nicht kleinlich zu bemessender **Ermessensspielraum** zu, so etwa bei der Festlegung der Ruhezeiten. Das Gericht kann die Beschlüsse nur auf Ermessensfehler überprüfen (*OLG Frankfurt* 20 W 22/02, NZM 2004, 31).

9 **2. Anfechtungs- und Nichtigkeitsgründe.** Ein Beschluss, der die Grenze der Ordnungsmäßigkeit überschreitet (siehe Rn 8), ist **anfechtbar**, nicht aber nichtig. **Nichtigkeit** liegt vor, wenn der Beschluss gegen eine Vereinbarung nach § 15 Abs 1 verstößt oder diese abändert. Ein solcher Fall ist etwa gegeben, wenn einem Wohnungseigentümer eine **erlaubte Nutzung** des Sondereigentums dauerhaft **verboten** oder ein Gebrauch dauerhaft gestattet werden soll, der **gegen** die vereinbarte **Zweckbestimmung** verstößt. Nur anfechtbar ist ein Beschluss hingegen, wenn **im Einzelfall** die Vermietung des Sondereigentums an einen **bestimmten Mieter** unter Verstoß gegen die Zweckbestimmung gestattet wird (*OLG Saarbrücken* 5 W 115/05, ZMR 2006, 554; *OLG Schleswig* 2 W 90/03, ZMR 2006, 476; **aA** *Bärmann/Wenzel* § 15 Rn 35).

10 Ebenfalls nichtig ist ein Beschluss, der einen Wohnungseigentümer zu einem bestimmten **Tun verpflichtet** (ähnlich *Bärmann/Wenzel* § 15 Rn 37; *Schmidt/Riecke* ZMR 2005,

252; siehe auch § 23 Rn 30 ff). Ein solcher Beschluss hätte gesetzesändernden Inhalt, da es einem Wohnungseigentümer grundsätzlich frei steht, das Sonder- und Gemeinschaftseigentum nicht zu gebrauchen, solange es dadurch keinen Schaden nimmt. Ein Beschluss iSd § 15 Abs 2 kann nur die Grenzen des zulässigen Gebrauchs konkretisieren, nicht aber Ansprüche gegen den einzelnen Wohnungseigentümer zu einem bestimmten Tun begründen.

Nichtig ist ein Beschluss, durch den einem Wohnungseigentümer das **Mitgebrauchsrecht** an einer Fläche oder einem baulichen Bestandteil des gemeinschaftlichen Eigentums gänzlich **entzogen** wird (*BGH* V ZB 58/99, NJW 2000, 3500; *OLG München* 34 W 103/05, ZMR 2007, 561). Dies ist etwa der Fall, wenn einem Wohnungseigentümer – unter Ausschluss aller anderen Wohnungseigentümer – ein alleiniges Sondernutzungsrecht eingeräumt wird. Für die Entziehung des Mitgebrauchsrechts nach § 13 Abs 2 WEG fehlt den Wohnungseigentümern die Beschlusskompetenz (*BGH* V ZB 58/99, NJW 2000, 3500 (3502); *OLG Frankfurt* 20 W 440/01, NZM 2004, 910). Andererseits besteht jedoch eine Beschlusskompetenz für eine Gebrauchsregelung, durch die eine gemeinschaftliche Fläche (zB Gartenfläche) räumlich aufgeteilt und die gebildeten **Teilflächen** jeweils einzelnen Wohnungseigentümern oder einer Gruppe von Wohnungseigentümern **zum ausschließlichen Gebrauch zugewiesen** werden (*OLG Hamm* 15 W 351/04, ZMR 2005, 400). Zu sonstigen Nichtigkeitsgründen siehe § 23 Rn 72 ff. 11

3. Beispiele aus der Rechtsprechung

Heizungsraum/Zählerraum: Ordnungsmäßig ist ein Mehrheitsbeschluss, wonach die einzelnen Wohnungseigentümer nur zusammen mit dem **Verwalter**, dem Hausmeister oder dem Verwaltungsbeirat den im gemeinschaftlichen Eigentum stehenden Heizungskeller oder Zählerraum betreten dürfen (*OLG Köln* 16 Wx 215/96, WE 1997, 427; sa *BayObLG* BReg 2 Z 78/71, BayObLGZ 1972, 94; *BayObLG* 2Z BR 167/01, ZWE 2002, 318) und den einzelnen Wohnungseigentümern **kein Schlüssel** für diese Räume zur Verfügung gestellt wird. 12

Keller: Die Zuordnung des Gebrauchs der Kellerverschläge an die einzelnen Wohneinheiten kann grundsätzlich durch Mehrheitsbeschluss erfolgen (*KG* 24 W 401/91, ZMR 1991, 311; 24 W 4201/89, ZMR 1990, 154); die Zuordnung kann später aus sachlichen Gründen durch Zweitbeschluss geändert werden. Stehen nicht genügend Kellerräume zur Verfügung, kann über die erste Zuweisung das Los entscheiden und für die spätere Verteilung eine Warteliste erstellt werden. Möglich ist es auch, die Kellerräume aufgrund eines Losverfahrens an die Eigentümer für einen begrenzten Zeitraum zu vermieten (*BayObLG* 2 Z 160/91, WE 1992, 346); siehe auch „Vermietung". 13

Kfz-Abstellplatz: Es kann ordnungsmäßigem Gebrauch entsprechen, eine **turnusmäßige Verteilung** der vorhandenen, aber nicht ausreichenden Kfz-Abstellplätze zu beschließen (*KG* 24 W 7352/93, WE 1994, 339; *OLG Köln* 16 Wx 857, ZMR 2009, 388; *BayObLG* 2 Z 160/91, WE 1992, 346; 2 Z BR 88/92, ZMR 1993, 341: Vergabe durch Los). Ordnungsmäßig ist ein Mehrheitsbeschluss, wonach die im gemeinschaftlichen Eigentum stehenden Kfz-Abstellplätze aufgrund eines **Losverfahrens** an die Eigentümer für einen begrenzten Zeitraum vermietet werden (*BayObLG* 2 Z 160/91, WE 1992, 346), wonach auf den Kfz-Abstellflächen keine Klein-Lkw und **Wohnmobile** abgestellt werden dürfen (*OLG Hamburg* 2 Wx 22/90, WE 1992, 115) und wonach ein gemeinschaftlicher Eigentum stehender Kfz-Stellplatz nur von **Behinderten** gebraucht werden darf (*AG Mülheim* 19 II 28/90, DWE 1991, 84). Nicht ordnungsmäßig ist ein Mehrheitsbeschluss, der eine zeitlich unbegrenzte Vermietung von Garagen an einzelne Wohnungseigentümer vorsieht, wenn nur wenige Garagen im gemeinschaftlichen Eigentum zur Verfügung stehen (*KG* 24 W 1434/1990, ZMR 1990, 426). 14

II WEG § 15   Gebrauchsregelung

15 **Grünfläche:** Ordnungsmäßig ist ein Mehrheitsbeschluss, wonach von der gemeinschaftlichen Grünfläche nur ein abgegrenzter Teil als **Liegewiese** und **Kinderspielplatz** genutzt werden darf (*BayObLG* 2 Z 145/91, WE 1992, 264) und wonach auf der gemeinschaftlichen Rasenfläche Kinder spielen dürfen (*OLG Frankfurt* 20 W 362/90, ZMR 1991, 353; *OLG Saarbrücken* 5 W 187/89, NJW-RR 1990, 24); dies gilt jedoch nicht, wenn damit auch das **Ballspielen** erlaubt wird (*OLG Düsseldorf* 3 Wx 352/85, MDR 1986, 852).

16 **Haustierhaltung:** Ordnungsmäßig ist ein Mehrheitsbeschluss, der die Haustierhaltung auf einen Hund oder drei Katzen je Wohnung **beschränkt** (*KG* 24 W 1012/97, NZM 1998, 670; *OLG Celle* 4 W 15/03, NZM 2003, 242; *BayObLG* 2Z BR 21/98, NZM 1998, 961; *OLG Frankfurt* 20 W 247/78, Rpfleger 1978, 409, 414.). Gleiches gilt für einen Beschluss, der die Haltung von mehr als zwei Katzen verbietet, wenn von einer größeren **Anzahl Katzen** Geruchsbelästigungen ausgehen (*BayObLG* 2 Z 15/91, WE 1992, 143). Ordnungsmäßig ist ein Mehrheitsbeschluss, wonach Haustiere in den **Außenanlagen** nicht frei herumlaufen dürfen (*BayObLG* 2Z BR 21/98, NZM 1998, 961; 2Z BR 127/93, WE 1995). Nicht ordnungsmäßig ist ein Mehrheitsbeschluss, wonach die Haustierhaltung **grundsätzlich verboten** ist (*OLG Karlsruhe* 11 W 142/87, ZMR 1988, 184; *OLG Düsseldorf* 3 Wx 173/02, WuM 2002, 506; für Nichtigkeit: *OLG Saarbrücken* 5 W 154/05, ZMR 2007, 308).

17 **Treppenhaus:** Nicht ordnungsmäßig ist ein Mehrheitsbeschluss, der das Abstellen von **Kinderwagen** in einem engen Treppenhaus gestattet (*OLG Hamburg* 2 Wx 10/91, WE 1993, 87). Ist das Treppenhaus hingegen so groß, dass Kinderwagen ohne Beeinträchtigung des Fluchtweges abgestellt werden können, steht es im Ermessen der Gemeinschaft, das Abstellen von Kinderwagen an konkret bezeichneter Stelle zu gestatten. Das Abstellen von **Fahrrädern** in einem ausreichend breiten Treppenhaus entspricht hingegen nur ausnahmsweise ordnungsmäßigem Gebrauch, wenn die Fahrräder weder in den Kellern noch an anderer Stelle des Gemeinschaftseigentums abgestellt werden können. Das Treppenhaus stellt in der Regel den ersten Fluchtweg dar. Ein Beschluss, wonach die **Hauseingangstür** ständig oder zu bestimmten Zeiten so zu verschließen ist, dass auch ein Verlassen des Hauses nur mit einem Schlüssel möglich ist, widerspricht ordnungsmäßigem Gebrauch. Ordnungswidrig ist auch ein Mehrheitsbeschluss, wonach die Hauseingangstür werktags bis 19.00 Uhr offen gehalten werden darf, wenn dadurch die Sicherheit des Hauses beeinträchtigt wird (*BayObLG* BReg 2 Z 44/81, MDR 1982, 501).

18 **Mülltonnenraum:** Ordnungswidrig ist ein Mehrheitsbeschluss, der den Zutritt und die Benutzung des Mülltonnenraumes auf zwei Tage in der Wochen beschränkt (*AG Aachen* 12 UR 53/02, ZMR 2004, 70).

19 **Musizieren:** Ordnungsmäßig ist ein Mehrheitsbeschluss, der die **Ruhezeiten** von 20.00 Uhr bis 8.00 Uhr und 12.00 Uhr bis 14.00 Uhr festlegt (*BGH* V ZB 11/98, NJW 1998, 3713). Nicht ordnungsmäßig ist ein Mehrheitsbeschluss, der auch das Musizieren in **Zimmerlautstärke** verbietet (*BayObLG* 2Z BR 96/01, ZWE 2001, 595; *OLG Hamm* 15 W 122/80, MDR 1981, 320: für Nichtigkeit). Nicht ordnungsmäßig ist ein Mehrheitsbeschluss, der das Musizieren über Zimmerlautstärke auf die Zeiten von vormittags zwischen 7.00 und 13.00 Uhr und nachmittags zwischen 15.00 und 20.00 Uhr beschränkt, obwohl nach der Gemeinschaftsordnung in den Wohnungen jegliche Gewerbeausübung zulässig ist (*BayObLG* 2Z BR 141/01, ZWE 2002, 312).

20 **Vermietung:** Die Wohnungseigentümer können über die Vermietung von im Gemeinschaftseigentum stehenden Räumen grundsätzlich mit einfacher Stimmenmehrheit beschließen (*BGH* V ZB 46/99, NJW 2000, 3211); an die Stelle des Eigengebrauchs tritt der Anteil an den Mieteinnahmen. Ordnungsmäßig ist die Vermietung auch dann, wenn im Einzelfall bei einer großen Zahl von Eigentümern und einer nur gegen einen relativ **niedrigen Mietzins** vermieteten kleinen Fläche der Anteil des einzelnen Eigentümers an der Mietein-

nahme rechnerisch gering ausfällt und wirtschaftlich unbedeutend ist (*OLG Hamburg* 2 Wx 144/01, ZMR 2004, 615). Der vom Mieter zu zahlende Mietzins muss allerdings in einem angemessenen Verhältnis zum Gebrauchswert stehen. Die Vermietung von Gemeinschaftseigentum an ein **Mitglied der Gemeinschaft** geht einer Vermietung an einen außenstehenden **Dritten** vor, weil der Gebrauch des Gemeinschaftseigentums grundsätzlich den Wohnungseigentümern zusteht. Im Rahmen des Mietvertrages darf dem Mieter keine Nutzung gestattet werden, die gegen bestehende Vereinbarungen und Beschlüsse oder gegen die aus § 14 Nr 1, 2 WEG folgenden Gebrauchsschranken verstößt (*LG Nürnberg-Fürth* 14 T 4053/05, ZMR 2007, 729). Ordnungswidrig ist ein Mehrheitsbeschluss, der eine sehr **langfristige Vermietung** (zB 30 Jahre) von Garagen oder Kellern an einzelne Wohnungseigentümer vorsieht, wenn nur wenige Garagen bzw. Keller im gemeinschaftlichen Eigentum zur Verfügung stehen (*KG* 24 W 1434/90, ZMR 1990, 426); der Mietvertrag muss so ausgestaltet sein, dass der gemeinschaftliche Raum in einem überschaubaren Zeitraum der Gemeinschaft wieder zur Verfügung gestellt werden kann (zB durch ein jährliches Kündigungsrecht).

Wäsche trocknen: Durch Mehrheitsbeschluss kann den Wohnungseigentümern das von außen **sichtbare Aufhängen** von Wäsche untersagt werden. Nicht ordnungsmäßig ist hingegen ein Mehrheitsbeschluss, der das sichtbare Aufhängen und Auslegen von Wäsche, Betten usw. auf Balkonen, Terrassen, im Gartenbereich und in den Fenstern für unzulässig erklärt, wenn dies gleichbedeutend mit einem **generellen Verbot** des Wäschetrocknens im Freien ist (*OLG Düsseldorf* 3 Wx 393/02, ZMR 2005, 142). 21

IV. Regelungsbefugnis des Verwalters

Gemäß § 27 Abs 1 Nr 1 hat der Verwalter für die **Durchführung der Hausordnung** zu sorgen. Dies berechtigt den Verwalter aber nur zu tatsächlichen Maßnahmen, wie etwa zu Aushängen im Treppenhaus oder zum Aussprechen von Ermahnungen gegenüber einzelnen Eigentümern. Eine Hausordnung oder ähnliche Nutzungsregelungen kann der Verwalter grundsätzlich nicht mit Verbindlichkeit für die Wohnungseigentümer aufstellen. Dies ist gemäß § 21 Abs 5 Nr 1 den Wohnungseigentümern überlassen. 22

Die Gemeinschaftsordnung kann jedoch abweichend vom Gesetz bestimmen, dass ein bestimmter Gebrauch des Sonder- oder Gemeinschaftseigentums nur zulässig ist, wenn der **Verwalter** seine **Zustimmung** erteilt hat. Häufig anzutreffen ist etwa die Regelung, dass eine Wohnung auch zu gewerblichen oder freiberuflichen Zwecken genutzt werden darf, wenn der Verwalter zustimmt, wobei der Verwalter die Zustimmung nur versagen darf, wenn die beabsichtigte Nutzung zu einer erheblichen Beeinträchtigung der Hausbewohner führt oder dies zu befürchten ist. Die Zustimmung des Verwalters stellt in diesen Fällen eine **formelle Voraussetzung** für die Ausübung des Gewerbes oder Berufes dar. Die Prüfung und Entscheidung der Frage, ob die Voraussetzungen für die Zustimmungserteilung gegeben sind, wird zunächst in die Hand des Verwalters gelegt (*BayObLG* 2Z BR 89/96, NJWE-MietR 1997, 159). Die Wohnungseigentümer können aber jederzeit die Entscheidung des Verwalters durch Beschluss ersetzen oder eine erteilte Zustimmung widerrufen (vgl *Köhler/Bassenge/Kümmel* Teil 9, Rn 393 ff). Allein der Umstand, dass der Verwalter die Zustimmung erteilt oder verweigert hat, macht daher den von der Zweckbestimmung abweichenden Gebrauch noch nicht **materiell** zulässig bzw unzulässig. Liegen die Voraussetzungen, unter denen die Zustimmung zu erteilen ist, vor, hat der Wohnungseigentümer einen **Anspruch auf die Zustimmung** (*BayObLG* 2Z BR 19/96, WE 1997, 77; 2 Z BR 110/95, WE 1996, 468), ein Ermessen besteht nicht. Die zu Unrecht verweigerte Zustimmung kann vom Verwalter gerichtlich eingefordert werden (*BayObLG* 2 Z BR 39/00, ZWE 2001, 112). Ein 23

II WEG § 15 Gebrauchsregelung

negativer Mehrheitsbeschluss muss gerichtlich angefochten werden verbunden mit dem Antrag, die Zustimmung zu erteilen. Wird eine Zustimmung zu Unrecht von der Eigentümerversammlung verweigert, erwächst dieser Beschluss nach Ablauf der Anfechtungsfrist des § 46 Abs 1 in Bestandskraft und bindet alle Beteiligten (*Staudinger/Kreuzer* § 15 Rn 61). Macht der Wohnungseigentümer in materiell zulässiger Weise, jedoch ohne Zustimmung des Verwalters, von seinem Wohnungseigentum in der streitigen Art und Weise Gebrauch, kann ein Unterlassungsanspruch nicht allein auf das Fehlen der Zustimmung gestützt werden (*BayObLG* 2Z BR 110/95, WE 1996, 468).

24 Bestimmt die Gemeinschaftsordnung, dass der Verwalter eine **Hausordnung** aufstellen darf, ist eine solche Hausordnung verbindlichen, solange die Wohnungseigentümer nicht selbst eine Hausordnung oder einzelne Gebrauchsregelungen beschlossen haben. Eine durch den Verwalter aufgestellte Hausordnung kann jederzeit durch Mehrheitsbeschluss der Eigentümer aufgehoben oder abgeändert werden (*BayObLG* 2Z BR 96/01, ZMR 2002, 64).

V. Anspruch auf ordnungsmäßigen Gebrauch (Abs 3)

25 **1. Anspruch auf Beschlussregelung.** Gemäß § 15 Abs 3 kann jeder Wohnungseigentümer einen Gebrauch verlangen, der dem Gesetz (§§ 13, 14 Nr 1) oder den Vereinbarungen (Abs 1) und Beschlüssen (Abs 2) entspricht. Die Norm ähnelt § 21 Abs 4, wonach jeder Wohnungseigentümer einen individuellen Anspruch auf ordnungsmäßige Verwaltung hat. Der Anspruch ist auf die Einhaltung der geltenden Gebrauchsregelungen durch die Wohnungseigentümer gerichtet. Fehlt es an einer die Interessen aller Wohnungseigentümer ausgleichenden Gebrauchsregelung, kann der einzelne Wohnungseigentümer von den übrigen Eigentümern die Schaffung einer Gebrauchsregelung durch Beschluss verlangen. Allerdings hat der Wohnungseigentümer in der Regel keinen Anspruch darauf, den Gebrauch in einer ganz bestimmten Weise zu regeln. Denn der Wohnungseigentümerversammlung steht bei der Beschlussfassung ein **Ermessensspielraum** zu. Da nicht alles und jedes regelungsbedürftig ist, hat die Eigentümerversammlung auch ein Ermessen, ob über § 14 Nr 1 und 2 und die bestehenden Vereinbarungen hinaus eine Gebrauchsregelung getroffen wird. Ein Anspruch auf Gebrauchsregelung besteht nur im Falle einer **Regelungslücke**. Eine Gebrauchsregelung ist etwa erforderlich, wenn das Wohnhaus über weniger Keller als Wohnungen verfügt und jeder Wohnungseigentümer einen Keller begehrt. In diesem Fall bedarf es eines Kellerverteilungsplans, auf den der Einzelne einen Anspruch hat. Nur wenn die Wohnungseigentümer eine ordnungsmäßige Ermessensentscheidung verweigern, kann der einzelne Eigentümer eine Gebrauchsregelung durch das Gericht ersetzen lassen.

26 Bevor ein **Rechtsschutzbedürfnis** für eine auf Beschlussersetzung gerichtete **Gestaltungsklage** besteht, muss der Wohnungseigentümer versucht haben, die Gebrauchsregelung in der Versammlung durch Beschluss herbeizuführen (*BGH* V ZB 21/03, NJW 2003, 3476). Verweigert die Wohnungseigentümerversammlung ermessensfehlerhaft eine Beschlussfassung oder wird der Beschlussantrag abgelehnt, kann jeder einzelne Wohnungseigentümer den Negativbeschluss nach § 46 Abs 1 anfechten und einen Antrag auf Ersetzung der begehrten Gebrauchsregelung durch Gerichtsentscheidung stellen. Die **Klage** ist **gegen alle** übrigen Wohnungseigentümer zu richten, auch gegen die, die der begehrten Gebrauchsregelung zugestimmt haben (*Bärmann/Wenzel* § 15 Rn 49; für die Kostengrundentscheidung des Gerichts gilt § 49 Abs 1). Erwächst ein **Negativbeschluss** der Eigentümerversammlung **in Bestandskraft**, steht dies einer

gerichtlichen Beschlussersetzung zunächst entgegen (fehlendes Rechtsschutzbedürfnis für eine unmittelbare Anrufung des Gericht; aA *Bärmann/Wenzel* § 15 Rn 51). Der einzelne Wohnungseigentümer muss erneut versuchen, die Gebrauchsregelung durch einen Zweitbeschluss der Wohnungseigentümer herbeizuführen.

Das Gericht entscheidet über den Beschlussersetzungsantrag gemäß § 21 Abs 8 nach billigem Ermessen. Der **Klageantrag** ist deshalb bereits ausreichend bestimmt, wenn Gegenstand und Inhalt der begehrten Gebrauchsregelung umschrieben werden (zB Verteilung der Kellerräume). Das Gericht kann die Gebrauchsregelung selbst formulieren. Es ist bei seiner Entscheidung aber an bestehende Vereinbarungen und Beschlüsse gebunden. **27**

Der Anspruch auf **Gebrauchsregelung durch Vereinbarung** folgt aus § 10 Abs 2 S 3 und ist nur gegeben, wenn ein Festhalten an der geltenden Regelung aus schwerwiegenden Gründen unter Berücksichtigung aller Umstände des Einzelfalls, insbesondere der Rechte und Interessen der anderen Wohnungseigentümer, unbillig erscheint (siehe § 10 Rn 36 ff.). **28**

2. Abwehranspruch wegen Störungen. Verstößt ein Wohnungseigentümer gegen die gesetzlichen, vereinbarten oder beschlossenen Gebrauchsregelungen, steht jedem Wohnungseigentümer ein Abwehranspruch nach § 1004 Abs 1 BGB iVm § 15 Abs 3 zu. Dieser ist darauf gerichtet, dass der oder die störenden Wohnungseigentümer einen **unzulässigen Gebrauch** des Sonder- oder Gemeinschaftseigentums **unterlassen** oder einen **störenden Gebrauch beendigen**. Nach einmaligem Verstoß wird Wiederholungsgefahr widerlegbar vermutet (*BayObLG* BReg. 2 Z 119/86, MDR 1987, 410). Neben dem allgemeinen Unterlassungsanspruch aus § 1004 BGB kommen auch Abwehransprüche gemäß §§ 859 ff BGB wegen Störung oder Entziehung des Sondereigentums in Betracht. Darüber hinaus können die Wohnungseigentümer verlangen, dass der Störer **Maßnahmen zur Verhinderung des unzulässigen Gebrauchs** ergreift (*BayObLG* 2Z BR 146/97, WE 1998, 398; 2Z BR 1/94, WE 1995, 90; 2Z BR 67/93, WE 1994, 302; 2 Z BR 50/93, ZMR 1993, 530). Wird etwa ein Kellerraum zu Wohnzwecken genutzt, können die Wohnungseigentümer die Abtrennung der Sanitäreinrichtungen von den gemeinschaftlichen Versorgungssträngen oder die Beseitigung des für den Mieter der Kellerräume angebrachten Briefkastens verlangen (*BayObLG* 2Z BR 146/97, WE 1998, 398; 2 Z BR 50/93, ZMR 1993, 530). **29**

Der Abwehranspruch steht jedem Wohnungseigentümer, der durch einen gesetzes-, vereinbarungs- oder beschlusswidrigen Gebrauch über das in § 14 Nr 1 bestimmte Maß hinaus beeinträchtigt wird, als **Individualrecht** zu (*BayObLG* 2Z BR 225/03, ZMR 2004, 445), gleich ob sich die Störung auf den Gebrauch des Sondereigentums oder des Gemeinschaftseigentums auswirkt. Die Geltendmachung des Abwehranspruchs ist **nicht** von einem **vorherigen Beschluss** der Wohnungseigentümer abhängig (*KG* 24 W 6087/89, ZMR 1990, 307). Die Wohnungseigentümer können die Durchsetzung des Abwehranspruchs wegen Störung des Gemeinschaftseigentums (nicht wegen Störung des Sondereigentums; siehe § 13 Rn 7) durch Mehrheitsbeschluss **zur Gemeinschaftsangelegenheit machen**, sodass gemäß § 10 Abs 6 S 3, Hs 2 aktivlegitimiert für eine Abwehrklage (auch) die Wohnungseigentümergemeinschaft ist (siehe § 10 Rn 74; zur alten Gesetzeslage *BayObLG* 2Z BR 9/96, WE 1997, 79). Ein solcher Beschluss kann von dem Eigentümer, gegen den die Gemeinschaft gerichtlich vorgehen will, nicht erfolgreich mit dem Einwand angefochten werden, es liege kein rechts- **30** widriges Verhalten vor, weshalb ein Abwehranspruch gegen ihn nicht bestehe und die Einleitung eines Gerichtsverfahrens gegen ihn ordnungsmäßiger Verwaltung widerspreche. Das materiellrechtliche Bestehen eines Unterlassungsanspruchs prüft das Gericht nicht in dem Anfechtungsverfahren sondern erst in dem sich anschließenden Unterlassungsverfahren. Eine Anfechtung des Heranziehungs- und **Vorbereitungsbeschlusses** kann nur auf formelle Beschlussfehler gestützt werden (*KG* 24 W 5678/96, ZMR 1997, 318).

31   Der **Verwalter** hat aus seiner Amtsstellung heraus keinen eigenen Abwehranspruch gegen einen störenden Wohnungseigentümer (*Köhler/Bassenge/Kümmel* Teil 9, Rn 433).

32   **Anspruchsgegner** ist der störende Wohnungseigentümer. Ist dieser eine GbR, kann der Anspruch sowohl gegen die einzelnen Gesellschafter in ihrer gesamthänderischen Verbundenheit (*OLG München* 34 Wx 24/95, ZMR 2005, 727) als auch gegen die GbR als Rechtsperson gerichtet werden. Hat der Wohnungseigentümer die Wohnungseigentumseinheit einem **Dritten** zur Nutzung überlassen und gehen von diesem Störungen aus, stehen den beeinträchtigten Wohnungseigentümern Abwehransprüche sowohl gegen den (vermietenden) Eigentümer als auch unmittelbar gegen den Nutzer zu (§ 14 Rn 34).

33   **3. Verjährung und Verwirkung.** Der allgemeine zivilrechtliche Abwehranspruch gemäß § 1004 Abs 1 BGB unterliegt gemäß § 195 BGB der regelmäßigen **Verjährungsfrist von drei Jahren** (siehe *Palandt/Bassenge* § 1004 BGB, Rn 45; *BGH* V ZR 98/03, NJW 2004, 1035). Das gleiche gilt im Wohnungseigentumsrecht für Abwehransprüche wegen unzulässiger baulicher Veränderungen oder wegen unzulässigen Gebrauchs (*OLG Hamm* 15 Wx 198/08, ZMR 2009, 386). Die Verjährungsfrist **beginnt** gemäß § 199 Abs 1 BGB mit dem Schluss des Jahres zu laufen, in dem der Anspruch entstanden und der durch die Störung beeinträchtigte Wohnungseigentümer von den den Anspruch begründenden Umständen, dh von dem unzulässigen Gebrauch und der Person des Störers, Kenntnis erlangt oder ohne grobe Fahrlässigkeit erlangen müsste. Wegen der Anknüpfung an die subjektive Kenntnis kann die Verjährungsfrist für jeden beeinträchtigten Wohnungseigentümer zu einem anderen Zeitpunkt zu laufen beginnen (aA *Staudinger/Kreuzer* § 15 Rn 54). Ohne Rücksicht auf die Kenntnis verjährt der Anspruch jedoch in zehn Jahren von seiner Entstehung an (§ 199 Abs 4 BGB). Da der Anspruch auf ein Unterlassen gerichtet ist, entsteht der Anspruch mit der Zuwiderhandlung (§ 199 Abs 5 BGB). Hier sind mehrere Sachverhaltskonstellationen zu unterscheiden. Liegt eine **abgeschlossene Störungshandlung** vor, deren Folgen lediglich faktisch fortwirken (zB Änderung des im Sondereigentum stehenden Bodenbelages in der Wohnung; Abstellen von Umzugskartons auf einen Garagenstellplatz), beginnt die Verjährungsfrist mit der Beendigung der Störungshandlung zu laufen. Der Umstand, dass der Eingriff (zB Trittschallgeräusche) noch fortwirkt, steht dem Verjährungsbeginn nicht entgegen (vgl *BGH* I ZR 136/71, NJW 1973, 2285 zu § 21 UWG). Hiervon zu unterscheiden ist der Fall, dass die Störungs*handlung* selbst noch andauert (zB Nutzung eines Kellerraums zum dauernden Aufenthalt) oder sich **wiederholt** (zB wiederholte Ruhestörung durch laute Musik). Bei Dauerhandlungen kann keine Verjährung eintreten, solange der Eingriff noch andauert. Beim Vorliegen einer fortgesetzten Handlung läuft für jede Störungshandlung eine besondere Verjährungsfrist (vgl *RG* Z 134, 335, 341). Ein Eigentümerwechsel hat auf den Lauf der Verjährungsfrist keinen Einfluss.

Sofern bei fortdauernden oder wiederholten Störungshandlungen auch über einen langen Zeitraum keine Verjährung eintritt, kann dem Abwehranspruch der Einwand der **Verwirkung** entgegenstehen. Voraussetzung der Verwirkung ist, dass der Berechtigte sein Recht längere Zeit nicht geltend gemacht hat und weitere Umstände hinzutreten, die das Abwehrbegehren als gegen Treu und Glauben verstoßend erscheinen lassen (st Rspr, vgl *OLG Zweibrücken* 3 W 87/01, ZWE 2002, 47; *BayObLG* 2 Z BR 56/99, NZM 1999, 866; *OLG Köln* 16 Wx 13/95, NJW-RR 1995, 851; *KG* 24 W 6092/88, NJW-RR 1989, 976). Die Verwirkung ist als **rechtsvernichtende Einwendung** im gerichtlichen Verfahren von Amts wegen zu berücksichtigen (vgl *BGH* NJW 1966, 345). 34

4. Schadensersatz. Erleidet ein Wohnungseigentümer durch das gesetzes-, vereinbarungs- oder beschlusswidrige **Gebrauchsverhalten** eines anderen Eigentümers einen Schaden (zB infolge Mietminderung), stehen dem beeinträchtigten Eigentümer im Falle des Verschuldens gemäß §§ 280 ff, 823 BGB Schadensersatzansprüche gegen den Störer zu. Der Schadensersatzanspruch unterliegt ebenfalls der regelmäßigen **Verjährung** gemäß § 195 BGB. 35

§ 16 Nutzungen, Lasten und Kosten

(1) ¹Jedem Wohnungseigentümer gebührt ein seinem Anteil entsprechender Bruchteil der Nutzungen des gemeinschaftlichen Eigentums. ²Der Anteil bestimmt sich nach dem gemäß § 47 der Grundbuchordnung im Grundbuch eingetragenen Verhältnis der Miteigentumsanteile.

(2) Jeder Wohnungseigentümer ist den anderen Wohnungseigentümern gegenüber verpflichtet, die Lasten des gemeinschaftlichen Eigentums sowie die Kosten der Instandhaltung, Instandsetzung, sonstigen Verwaltung und eines gemeinschaftlichen Gebrauchs des gemeinschaftlichen Eigentums nach dem Verhältnis seines Anteils (Absatz 1 Satz 2) zu tragen.

(3) Die Wohnungseigentümer können abweichend von Absatz 2 durch Stimmenmehrheit beschließen, dass die Betriebskosten des gemeinschaftlichen Eigentums oder des Sondereigentums im Sinne des § 556 Abs. 1 des Bürgerlichen Gesetzbuches, die nicht unmittelbar gegenüber Dritten abgerechnet werden, und die Kosten der Verwaltung nach Verbrauch oder Verursachung erfasst und nach diesem oder nach einem anderen Maßstab verteilt werden, soweit dies ordnungsmäßiger Verwaltung entspricht.

(4) ¹Die Wohnungseigentümer können im Einzelfall zur Instandhaltung oder Instandsetzung im Sinne des § 21 Abs. 5 Nr. 2 oder zu baulichen Veränderungen oder Aufwendungen im Sinne des § 22 Abs. 1 und 2 durch Beschluss die Kostenverteilung abweichend von Absatz 2 regeln, wenn der abweichende Maßstab dem Gebrauch oder der Möglichkeit des Gebrauchs durch die Wohnungseigentümer Rechnung trägt. ²Der Beschluss zur Regelung der Kostenverteilung nach Satz 1 bedarf einer Mehrheit von drei Viertel aller stimmberechtigten Wohnungseigentümer im Sinne des § 25 Abs. 2 und mehr als der Hälfte aller Miteigentumsanteile.

(5) Die Befugnisse im Sinne der Absätze 3 und 4 können durch Vereinbarung der Wohnungseigentümer nicht eingeschränkt oder ausgeschlossen werden.

(6) ¹Ein Wohnungseigentümer, der einer Maßnahme nach § 22 Abs. 1 nicht zugestimmt hat, ist nicht berechtigt, einen Anteil an Nutzungen, die auf einer solchen Maßnahme beruhen, zu beanspruchen; er ist nicht verpflichtet, Kosten, die durch eine solche Maßnahme verursacht sind, zu tragen. ²Satz 1 ist bei einer Kostenverteilung gemäß Absatz 4 nicht anzuwenden.

(7) Zu den Kosten der Verwaltung im Sinne des Absatzes 2 gehören insbesondere Kosten eines Rechtsstreits gemäß § 18 und der Ersatz des Schadens im Falle des § 14 Nr. 4.

(8) Kosten eines Rechtsstreits gemäß § 43 gehören nur dann zu den Kosten der Verwaltung im Sinne des Absatzes 2, wenn es sich um Mehrkosten gegenüber der gesetzlichen Vergütung eines Rechtsanwalts aufgrund einer Vereinbarung über die Vergütung (§ 27 Abs. 2 Nr. 4, Abs. 3 Nr. 6) handelt.

Übersicht

	Rn		Rn
I. Einleitung	1	a) Laufende öffentliche Lasten des Grundstücks	48
II. Gesetzlicher und vereinbarte Verteilungsschlüssel	3	b) Wasser- und Abwasserkosten	49
1. § 16 Abs 1 S 2 (Miteigentumsanteile)	3	c) Heiz- und Warmwasserkosten	54
2. Vereinbarte abweichende Maßstäbe	7	d) Aufzug	57
a) Mehrhausanlage	10	e) Müllbeseitigung	59
b) Wohnfläche	11	f) Gebäudereinigung	60
c) Betriebskosten	12	g) Gartenpflege	61
d) Umdeutung nichtiger Zuweisungen zum Sondereigentum	13	h) Allgemeinstromkosten	62
		i) Schornsteinreinigung	63
e) Sondernutzungsrechte	14	j) Hausmeister	64
f) Kosten der Instandhaltung und Instandsetzung	16	k) Kosten der Medienversorgung	65
		l) Waschküche	66
3. Öffnungsklausel	22	2. Die Kosten der Verwaltung	67
a) Sachlicher Grund	23	a) Kosten der sonstigen Verwaltung	68
b) Bestimmungsrecht des Verwalters	24	b) Kosten des gemeinschaftlichen Gebrauchs	71
c) Einzelfälle	25	c) Kosten eines Rechtsstreits	74
d) Keine Öffnungsklausel	28	d) Kosten der Entziehungsklage (Abs 7)	78
4. Anwendung eines falschen Verteilungsschlüssel	29	e) Entschädigungskosten (§ 16 Abs 7)	79
III. Der Anteil an Nutzungen (§ 16 Abs 1 S 1)	32	VI. Beschlusskompetenz gemäß § 16 Abs 4	80
1. Begriff der Nutzungen	32	1. Kosten der Instandhaltung und Instandsetzung	82
2. Anspruch auf Nutzungen	34		
IV. Die Lasten des gemeinschaftlichen Eigentums	37	2. Maßnahmen nach § 22 Abs 1 und 2	85
V. Beschlusskompetenz für Betriebs- und Verwaltungskosten (§ 16 Abs 3)	40	3. Kosten baulicher Veränderung nach § 16 Abs 7	86
1. Betriebskosten nach § 556 BGB	46		

	Rn		Rn
4. Einzelfallregelung	90	b) Vereinbarung der Haftung für Rückstände	117
5. Maßstab der abweichenden Kostenverteilung	92	aa) Erwerb durch Zuschlag	118
6. Qualifizierte Mehrheit (§ 16 Abs 4 S 2)	94	bb) Rechtsgeschäftlicher Erwerb	119
VII. Zwingender Charakter der Abs 3 und 4 (§ 16 Abs 5)	97	c) Umfang der Haftung des Erwerbers	122
VIII. Anspruch auf Änderung des Verteilungsschlüssels	99	d) Wohngeldvorschüsse	127
IX. Die Beitragspflicht der Wohnungseigentümer	106	e) Sonderumlage	128
1. Art der Beiträge	106	f) Fehlbeträge aus der Jahresabrechnung	129
2. Begründung der Beitragspflicht	109	g) Guthaben aus der Jahresabrechnung	132
3. Beitragspflicht vor Entstehung der Gemeinschaft	110	7. Beitragspflicht des Erben	133
		a) Nachlassverbindlichkeiten	134
4. Beitragspflicht bei Zwischenvermietung	113	b) Beschränkung der Erbenhaftung auf den Nachlass	143
5. BGB-Gesellschaft als Eigentümer	114	c) Die Unzulänglichkeitseinrede im Verfahren	145
6. Beitragspflicht bei Eigentümerwechsel (Sonderrechtsnachfolge)	115	8. Beitragspflicht bei Zwangsverwaltung	146
		9. Beitragspflicht bei Insolvenz	152
a) Keine gesetzliche Haftung des Erwerbers für Rückstände	116	X. Ausgleichs- und Rückzahlungsansprüche	159
		XI. Begründung von Leistungspflichten durch Beschluss	166

Literatur: *Armbrüster* Korrektur grob unbilliger Kostenverteilungsschlüssel, GE 2001, 267; *ders* Die Kosten des Gebrauchs des Sondereigentums, ZWE 2002, 145; *ders* Bauliche Veränderungen und Aufwendungen gemäß § 22 Abs. 1 WEG und Verteilung der Kosten gemäß § 16 Abs. 4, Abs. 6 WEG, ZWE 2008, 61; *Bader* Tätige Mithilfe als Beitrag der Wohnungseigentümer, WE 1994, 288; *Becker* Die Haftung der Wohnungseigentümer für Kehr- und Überprüfungsgebühren nach dem Schornsteinfegergesetz, WE 1994, 361; *ders* Die Verteilung der Kosten des Betriebs und der Verwaltung (§ 16 Abs. 3 WEG), ZWE 2008, 217; *Bielefeld* Kostentragung bei Sondernutzungsrechten, WE 1997, 168; *ders* Änderung der Kostenverteilung durch mehrheitliche Beschlussfassung, DWE 2007, 115; *Bub* Maßnahmen der Modernisierung und Anpassung an den Stand der Technik (§ 22 Abs. 2 WEG) und Verteilung der Kosten gem. § 16 Abs. 4 WEG, ZWE 2008, 205; *Deckert* Instandhaltungs- und Instandsetzungspflichten bei Garagen- und Stellplatzeigentum DWE 2005, 71; *ders* Die Verteilung der Prozesskosten in der Jahresabrechnung, ZWE 2009, 63; *Derleder* Die Prozesskostenverteilung zwischen den Wohnungseigentümern, ZfIR 2007, 823; *Drasdo* Die Haftung des aus der Gemeinschaft ausgeschiedenen Eigentümers, WE 1996, 89; *Elzer* Die Kostenverteilung bei Instandhaltungen und Instandsetzungen sowie bei modernisierenden Instandsetzungen, ZMR 2008, 153; *Gottschalg* Kostentragung bei Instandsetzungsmaßnahmen im Sondereigentumsbereich, NZM 1998, 746; *Greiner* Rechtsfragen der Abfallgebühren in Wohnungseigentümergemeinschaften, ZMR 2000, 717; *Häublein* Kostenverteilungsschlüssel in der Gemeinschaftsordnung unter besonderer Berücksichtigung „bauträgerfreundlicher" Regelungen; ZWE 2005, 191; *ders* Die Verteilung von Folgekosten bei Baumaßnahmen, ZWE 2008, 368; *Hogenschurz* Die Abrechnung von Kabelanschluß- und Abfallgebühren nach der Entscheidung des BGH, Beschluss vom 25.9.2003 – V ZB 21/03 –, ZMR 2003, 901; *Hügel* Die Verteilung der Kosten eines gerichtlichen Verfahrens und erhöhter Gebührensätze für Rechtsanwälte in der Jahresabrechnung,

ZWE 2008, 265 *Jennißen* Die Kostenverteilung nach Miteigentumsanteilen gem. § 16 Abs. 2 WEG, ZWE 2001, 461; *Köhler* Der BGH und die Schulden des Voreigentümers, ZMR 2000, 270; *Kuhla* Prozesskostenvorschüsse aus der Gemeinschaftskasse, ZWE 2009, 196; *Meffert* Beschlusskompetenz der Wohnungseigentümer für Kostenregelungen gem. § 16 Abs. 3 und 4 WEG n. F., ZMR 2007, 667; *Merle* Beschlusskompetenz und Kostentragung, ZWE 2001, 342; *H Müller* Die Erwerberhaftung und kein Ende, ZMR 1999, 669; *Peters* Messdifferenzen bei Wasserzählern – Unvermeidbar aber erklärlich, NZM 2000, 696; *Schmid* Änderung der Heizkostenverteilung nach § 16 III WEG nF, ZMR 2007, 844; *ders* Festlegung von Flächen im Wohnungseigentum, ZWE 2008, 371; *ders* Gibt es einen wohnungseigentumsrechtlichen Betriebskostenbegriff? ZMR 2008, 440; *J.-H. Schmidt* Neue Möglichkeiten der Kostenverteilung bei baulichen Maßnahmen in Wohnungseigentumsanlagen, ZMR 2007, 913; *Wenzel* Die Zahlungspflichten des Zwangsverwalters gegenüber der Wohnungseigentümergemeinschaft, ZWE 2005, 277.

I. Einleitung

1 § 16 wurde durch die WEG-Novelle 2007 erweitert um Regelungen über die Beschlusskompetenz für die Verteilung von Betriebskosten und Kosten der Verwaltung (Abs 3) sowie für die Verteilung der Kosten von baulichen Maßnahmen im Einzelfall (Abs 4), die auch gegenüber bestehenden und künftigen Vereinbarungen Vorrang haben (Abs 5).

2 § 16 betrifft (außer Abs 3) das gemeinschaftliche Eigentum und regelt die Verteilung der Nutzungen (wie § 743 Abs 1 BGB), der Lasten und der Verwaltungskosten (wie § 748 BGB). Die Regelung gilt nur für das Innenverhältnis der Wohnungseigentümer untereinander. Die Haftung Dritten gegenüber regelt § 10 Abs 8. § 16 ist abänderbar mit Ausnahme der Abs 3 und 4, deren Befugnisse nicht durch Vereinbarung eingeschränkt oder ausgeschlossen werden dürfen (§ 16 Abs 5). Es können andere Verteilungsschlüssel vereinbart werden oder es können Wohnungseigentümer durch Vereinbarung von der Nutzung von Teilen des gemeinschaftlichen Eigentums ausgeschlossen werden (vgl § 13 Rn 24; Sondernutzungsrecht). Ein das Gesetz oder eine Vereinbarung ändernder Mehrheitsbeschluss ist nichtig, es sei denn dass Gesetz selbst (§ 16 Abs 3 und 4) oder die Gemeinschaftsordnung (Öffnungsklausel) begründen eine Beschlusskompetenz (*BGH* V ZB 58/99, NJW 2000, 3500). § 62 enthält eine Übergangsvorschrift nur für das Verfahrensrecht, so dass grundsätzlich ab dem 1.7.2007 in allen Verfahren das neue materielle Recht zur Anwendung kommt (*OLG München* 32 Wx 165/07, NZM 2008, 408). Geht es aber um die Wirksamkeit eines Eigentümerbeschlusses, ist auf die Rechtslage im Zeitpunkt des Beschlusses abzustellen (*OLG Köln* 16 Wx 289/07, ZMR 2008, 815; *BGH*, V ZR 74/08, ZMR 2009, 296, 298).

II. Gesetzlicher und vereinbarte Verteilungsschlüssel

3 **1. § 16 Abs 1 S 2 (Miteigentumsanteile).** Nach § 16 Abs 1 richtet sich die Verteilung der Nutzungen (s dazu Rn 32) nach dem Verhältnis der Miteigentumsanteile. Maßgeblich ist dabei das nach § 47 GBO im Wohnungsgrundbuch eingetragene Verhältnis der Anteile. Gemäß § 16 Abs 2, der ausdrücklich auf § 16 Abs 1 S 2 verweist, gilt der gleiche Verteilungsschlüssel für die Verteilung der Lasten des gemeinschaftliches Eigentums (s dazu Rn 37), der Kosten der Instandhaltung, Instandsetzung (s dazu Rn 81), der sonstigen Verwaltung (s dazu Rn 67) und eines gemeinschaftlichen Gebrauchs des gemeinschaftlichen Eigentums (s dazu Rn 70). Diese Regelung wiederholt damit für das Wohnungseigentum den in §§ 743 Abs 1, 748 BGB enthaltenen Grundsatz.

Die **Größe des Miteigentumsanteils bestimmt das Gesetz nicht** (*BGH* V ZR 156/75, **4** NJW 1976, 1976; *KG* 24 W 111/92, WuM 1992, 560). In der Regel wird dieser Anteil sich nach der Wohnungsgröße richten, jedoch sind die Miteigentümer bei der Festsetzung der Anteile frei. Sie können andere Maßstäbe bei der Einteilung zugrunde legen. Diese können sich zB aus Lage und Beschaffenheit des einzelnen Wohnungseigentums ergeben. So kann unabhängig von der Größe etwa eine Penthousewohnung einer Hochhausanlage wegen ihrer Lage (keine Einsicht von Nachbarn, gute Aussicht, Sonneneinfall, Dachterrasse) höher zu bewerten sein als eine im Erdgeschoss gelegene Wohnung. Wiederum unabhängig von der Größe der Wohnfläche können Wohnungen mit Balkonen oder Terrassen höher zu bewerten sein als Wohnungen ohne diese Einrichtungen. Immer jedoch wird die Bewertung einer subjektiven Einschätzung unterliegen, allgemeingültige Maßstäbe gibt es nicht.

Sittenwidrig kann es sein, wenn der teilende Eigentümer einzelnen Eigentümern eine **5** geringere Belastung verschaffen will und deshalb die Miteigentumsanteile so festlegt, dass sie von den ihm bekannten tatsächlichen Wertverhältnissen abweichen, die laut Teilungserklärung maßgeblich sein sollen (*BayObLG* 2Z BR 35/98, NZM 1999, 31, 33). Besteht eine Anlage aus Eigentumswohnungen und einem Teileigentum Tiefgarage mit 6417/100 000 Miteigentumsanteilen, das im Bruchteilseigentum eines Teils der Wohnungseigentümer steht, kann für die Abrechung von Kosten, die sowohl von Wohnungs- und Garageneigentümern anteilig zu tragen sind, bei Wohnungseigentümern, die Miteigentümer der Tiefgarage sind, das Bruchteilseigentum von 1/207 in einen fiktiven Miteigentumsanteil von 31/100 000 umgerechnet werden (*BayObLG* 2Z BR 161/98, NZM 1999, 859, 860).

Eine Änderung der Miteigentumsanteile ist erst ab dem Zeitpunkt der Eintragung im **6** Grundbuch zu berücksichtigen (*BayObLG* 2Z BR 60/99, DNotZ 2000, 208). Ein **Anspruch auf Abänderung der Miteigentumsanteile** kann sich zwar grundsätzlich aus § 10 Abs 2 S 3 ergeben, doch ist dies dann nicht gerechtfertigt, wenn durch ein Abänderung des Kostenverteilungsschlüssels die Unbilligkeit behoben werden kann (*OLG München* 32 Wx 165/07, NZM 2008, 408; zum Anspruch auf Änderung des Verteilungsschlüssels s Rn 99 ff).

2. Vereinbarte abweichende Maßstäbe. Da die Regelungen des § 16 Abs 1 und 2 abän- **7** derbar sind, können andere Verteilungsschlüssel vereinbart werden. Die Teilungserklärung oder eine nachträgliche Vereinbarung kann einen von der gesetzlichen Regelung abweichenden Verteilungsschlüssel festgelegen. Dies kann allgemein oder nur für bestimmte Arten der Nutzungen oder Lasten geschehen. Hierbei kommen auch differenzierte Regeln in Betracht (zB Befreiung der Erdgeschosswohnung von den Fahrstuhlkosten, Mehrbelastung einer gewerblich genutzten Wohnung infolge intensiverer Nutzung des gemeinschaftlichen Eigentums wie Fahrstuhl oder Treppenhaus). Enthält die Teilungserklärung unklare Regelungen über die Bewirtschaftungskosten, so wird dadurch der gesetzliche Verteilungsschlüssel nicht abgeändert (*KG* 24 W 364/01, ZMR 2003, 873; *OLG Hamburg* 2 Wx 104/01, ZMR 2004, 614). Eine in der Teilungserklärung getroffene Regelung über die Verteilung der Lasten und Kosten des gemeinschaftlichen Eigentums, die von der Eintragungsbewilligung ausdrücklich ausgenommen war und deshalb nicht im Grundbuch eingetragen ist, bindet den Rechtsnachfolger eines Wohnungseigentümers nicht. Die Berufung auf die fehlende Eintragung ist nicht grundsätzlich rechtsmissbräuchlich (*OLG Düsseldorf* 3 Wx 432/96, WuM 1997, 392). Eine Vereinbarung über die Änderung des Verteilungsschlüssels kann auch durch Zustimmung zu einem gerichtlichen Vergleich geschlossen werden, wenn alle Wohnungseigentümer im Termin anwesend sind (*OLG Köln* 16 Wx 204/02, ZMR 2004, 59). Zu den Voraussetzungen für das Zustandekommen einer Vereinbarung durch schlüssiges Verhalten s *OLG Hamburg* 2 Wx 76/03, ZMR 2003, 870. Der Begriff Wohnungseigentümer wird oft als Oberbegriff zur Bezeichnung von Wohnungs- und Teileigentümern gebraucht; eine bloß formale Unterscheidung zwischen Wohnungs- und Teileigentum rechtfertigt deshalb nicht die Befreiung der Teileigentumseinheiten von Grundsteuer und Gebäudeversicherungsprämien (*OLG Hamburg* 2 Wx 12/02, ZMR 2005, 72, 73).

8   Soweit gemäß § 16 Abs 3 und 4 oder aufgrund einer Öffnungsklausel (dazu Rn 22) Beschlusskompetenz besteht, kann der vereinbarte Verteilungsschlüssel ebenso wie der gesetzliche Verteilungsschlüssel durch einen Mehrheitsbeschluss geändert werden.

9   Bestimmt die Teilungserklärung, dass die laufenden Kosten für Betrieb, Unterhalt und mit Ausnahme der Fundamente, Boden, tragende Mauern und Decken auch der Erneuerung der Tiefgaragenanlage von den **Nutzungsberechtigten** allein zu tragen sind, dann haben die Nutzungsberechtigten die Kosten für die Erneuerung des Tors und der Beleuchtung der Tiefgaragenanlage zu tragen (*BayObLG* 2Z BR 64/02, NZM 2003, 29). Zur Auslegung einer Gemeinschaftsordnung, nach der die benutzungs*berechtigten* Sondereigentümer der gemeinsamen Anlagen kostentragungspflichtig sind, und aus tatsächlichen Gründen einige Sondereigentümer eine Anlage nicht nutzen können vgl *OLG München* 34 Wx 81/06, NZM 2007, 167 (Warmwasserversorgungseinrichtung). Eine Freistellung nicht nutzender Wohnungseigentümer von den Kosten eines Aufzugs und der Reinigung von Treppenhäusern setzt eine eindeutige Bestimmung in der die Kostenverteilung regelnden Teilungserklärung voraus. Sieht diese eine Ausscheidung solcher Kosten vor, die nur einem Wohnungseigentümer zugeordnet werden rechtfertigt dies nicht die Freistellung von Wohnungseigentümern ohne Nutzungsinteresse, wenn im Übrigen Aufzug und Treppenhaus von mehreren Wohnungseigentümern genutzt werden (*OLG Celle* 4 W 241/06, NZM 2007, 217).

10 a) **Mehrhausanlage.** Bestimmt die Gemeinschaftsordnung einer Mehrhausanlage, die aus einem Hochhaus und einem gesonderten Ladenzentrum besteht, dass jeweils die an einem Haus allein zur Sondernutzung berechtigten Wohnungseigentümer die auf sie entfallenden Kosten und Lasten allein zu tragen haben, soweit sie ausscheidbar sind, so fallen darunter nur solche Kosten, die von vornherein von den übrigen Kosten getrennt und ohne weiteres bestimmten Sondernutzungsberechtigten allein zugeordnet werden können. Gemeinschaftskosten, die erst nachträglich nach einem im Einzelfall noch festzulegenden Verteilungsschlüssel umgelegt werden müssen, fallen nicht darunter. Dies gilt zB für die Kosten eines Hausmeisters, der für beide Häuser ua Schnee räumt, es sei denn, der Vertrag mit dem Hausmeister ist so gestaltet, dass die Vergütung für das Tätigwerden für die jeweiligen Häuser gesondert bestimmt ist (*BayObLG* 2Z BR 116/92,WuM 1993, 297).

11 b) **Wohnfläche.** Bestimmt die Teilungserklärung, dass Kosten nach **Wohn**fläche zu berechnen sind, ist bei einem Teileigentum die Nutzfläche maßgebend (*BayObLG* 2Z BR 54/00, NZM 2001, 141, 142; *OLG Frankfurt* 20 W 241/05, NZM 2007, 490). Ist nicht geregelt, wie die Wohnfläche berechnet wird, dann sind Balkone, Loggien und Dachterrassen mit einem Viertel ihrer Grundfläche anzusetzen (*BayObLG* 2Z BR 136/95, WuM 1996, 294). Die Wohnungseigentümer können in einem solchen Fall auch

zunächst die genaue Vermessung und sodann die genaue Festlegung der anteiligen Wohn- und Nutzflächen beschließen; und zwar über den Anwendungsbereich des § 16 Abs 3 hinaus, weil insoweit die Teilungserklärung nur konkretisiert wird (vgl *KG* 24 W 50/01, NZM 2002, 261). Sind in der Teilungserklärung bei den einzelnen Einheiten Flächenangaben vermerkt, so sind die Kosten grundsätzlich nach diesen zu verteilen (*OLG Frankfurt* 20 W 241/05, NZM 2007, 490). Decken sich die Flächenangaben in der Teilungserklärung nicht mit den tatsächlichen Größen der Wohnungen, dann kommt – soweit nicht schon über § 16 Abs 3 eine befriedigende Lösung erfolgen kann – im Einzelfall ein Anspruch auf Änderung des Verteilungsschlüssels in Betracht (s dazu Rn 99). Bestimmt die Teilungserklärung ausdrücklich eine Verteilung der Bewirtschaftungskosten der Wohnanlage nach anteiligen Wohn- bzw Nutzflächen **einschließlich** der Kellerräume, so können – soweit nicht nach § 16 Abs 3 und 4 Beschlusskompetenz gegeben ist – ohne vorherige gerichtliche Änderung des Verteilungsschlüssels die Kellerflächen nicht bloß mit 25 % berücksichtigt werden (*KG* 24 W 50/01, NZM 2002, 261). Zur Auslegung einer Bestimmung der Teilungserklärung, wonach die Lasten des gemeinschaftlichen Eigentums nach dem Verhältnis der auf seine Einheit entfallenden Wohn- und Nutzfläche gemäß DIN in der jeweils gültigen Fassung zu tragen sind, vgl *OLG Düsseldorf* 3 Wx 28/01, NZM 2002, 262.

c) Betriebskosten. Sind nach einer Teilungserklärung, die aus der Zeit vor der WEG-Novelle 2007 stammt, nach einem bestimmten Schlüssel „Betriebskosten" zu verteilen, so gilt dies für alle Kosten und Lasten im Sinne von § 16 Abs 2 einschließlich Instandsetzungskosten und Instandhaltungsrücklage, weil es im Wohnungseigentumsrecht anders als im Mietrecht keine Trennung zwischen Instandhaltung und laufendem Betrieb gab (*KG* 24 W 4594/95, WuM 1996, 171, 172; *OLG Hamm* 15 W 151/03, NZM 2003, 803, 804; aA *OLG Schleswig* 2 W 108/94, WuM 1996, 783, 784). Zur Kostenverteilung in Fällen, in denen die Wohnungseigentümer nach der Teilungserklärung die laufenden Betriebskosten nach Miteigentumsanteilen zu tragen haben, aber gleichzeitig bestimmt ist, dass die Kosten ausschließlich der jeweilige Wohnungseigentümer zu tragen hat, sofern selbstständige Versorgungsanlagen oder spezielle Messgeräte vorhanden sind vgl *BayObLG* 2Z BR 35/96, WuM 1997, 234.

12

d) Umdeutung nichtiger Zuweisungen zum Sondereigentum. Eine in der Teilungserklärung enthaltene nichtige Zuweisung von Gebäudebestandteilen zum Sondereigentum kann im Einzelfall in eine Regelung umgedeutet werden, welche die Instandhaltungspflicht für diese Gebäudeteile den einzelnen Wohnungseigentümern auferlegt, zu deren Sondereigentum die Gebäudeteile gehören (vgl *OLG Karlsruhe* 11 Wx 71/99, NZM 2002, 220 mwN; *Weitnauer/Gottschalg* § 16 Rn 20; *Armbrüster* in Bärmann, § 5 Rn 27; *Staudinger/Rapp* § 5 Rn 29; *Bärmann/Pick* § 5 Rn 18; wohl auch *Müller* S 42 Fn 59; **aA:** *Deckert* WE 1992, 93; *Sauren* § 1 Rn 8 „Fenster"). Bevor eine Umdeutung in Betracht kommt, ist zunächst im Wege der Auslegung festzustellen, ob die Teilungserklärung überhaupt eine nichtige Zuordnung zum Sondereigentum vornimmt (*OLG München* 34 Wx 116/06 NZM 2007, 369 mwN – Isolierschicht eines Balkonbodens). Die Umdeutung der Teilungserklärung setzt voraus, dass der teilende Eigentümer einen vom Gesetz abweichenden Verteilungsschlüssel gewollt hätte, wenn ihm bewusst gewesen wäre, dass die Zuweisung zum Sondereigentum nichtig ist (vgl etwa *OLG Hamm* 15 W 115/96, WE 1997, 152, 153). Die Umdeutung einer Teilungserklärung unterliegt dabei denselben Beschränkungen wie die Auslegung der Teilungserklärung. Abzustellen ist auch insoweit auf den objektiven Sinn des im Grundbuch

13

Eingetragenen, wie er sich für den unbefangenen Betrachter als nächstliegende Bedeutung ergibt (*OLG Karlsruhe* 11 Wx 71/99, NZM 2002, 220). Umstände außerhalb der Urkunde, insbesondere subjektive Vorstellungen des teilenden Eigentümers, die nicht aus der Urkunde selbst erkennbar sind, müssen deshalb unberücksichtigt bleiben (vgl etwa *OLG Hamm* 15 W 115/96, WE 1997, 152, 153). Auch Beschlüsse der Wohnungseigentümer können weder zur Auslegung noch zur Umdeutung der Teilungserklärung herangezogen werden (**aA** *LG Düssseldorf* 19 T 81/01, NZM 2002, 126 m abl Anm *Niedenführ* NZM 2002, 106).

14 **e) Sondernutzungsrechte.** Die (ergänzende) Auslegung der Teilungserklärung kann ergeben, dass mit der Einräumung eines Sondernutzungsrechts zugleich die Instandhaltungskosten dieses gemeinschaftlichen Eigentums dem Sondernutzungsberechtigten auferlegt sind (*Staudinger/Bub* § 16 Rn 40 mwN; *Hogenschurz* Sondernutzungsrecht, § 3 Rn 13 ff). Erfolgt nach der Gemeinschaftsordnung die Abrechnung der Betriebs-, Instandsetzungs- und Reparaturkosten sowie der Instandhaltungsrückstellung nach Miteigentumsanteilen und nach der Sondernutzung, haben allein die Wohnungseigentümer, denen das Sondernutzungsrecht an einem Tiefgaragenstellplatz zusteht, die trennbaren Lasten und Kosten der Tiefgarage zu tragen (*BayObLG* 2Z BR 75/98, NZM 1999, 26).

15 Die **übliche Gartenpflege**, zu der auch der Ersatz abgestorbener Pflanzen, das regelmäßige Rasenmähen und das Zurückschneiden von Hecken, Sträuchern und Bäumen gehört, ist Teil der Sondernutzung einer Gartenfläche. Die hierdurch verursachten Kosten sind also Kosten der Sondernutzung, die nicht unter § 16 Abs 2 fallen, sondern von jedem Sondernutzungsberechtigten allein zu tragen sind. Hat ein Wohnungseigentümer nach der Teilungserklärung ausdrücklich die Gartenfläche, an der er ein Sondernutzungsrecht hat, instand zu halten, dann hat er auch die Kosten der Bewässerung zu tragen; die Kosten für den Einbau eines Zwischenzählers zur Erfassung der Bewässerungskosten sind dagegen von der Wohnungseigentümergemeinschaft zu tragen (*OLG Köln* 16 Wx 58/05, NZM 2005, 785). Zur Auslegung der Bestimmungen einer Gemeinschaftsordnung über die Kostentragungspflicht von Sondernutzungsberechtigten s auch *BayObLG* 2Z BR 203/03, ZMR 2004, 357). Die Kosten für die Beseitigung eines Baumes, der auf einer Sondernutzungsfläche steht und ein angrenzendes Garagengebäude beeinträchtigt, braucht der Sondernutzungsberechtigte auch dann nicht allein zu tragen, wenn die Teilungserklärung bestimmt, dass die Kosten der Instandhaltung und Instandsetzung Sondernutzungsfläche der Sondernutzungsberechtigte zu tragen hat, denn eine solche Maßnahme geht über rein gärtnerische Erhaltungsmaßnahmen hinaus (*OLG Düsseldorf* 3 Wx 227/03, ZMR 2004, 606, 608).

16 **f) Kosten der Instandhaltung und Instandsetzung.** Durch die Gemeinschaftsordnung oder eine sonstige von der gesetzlichen Regelung **abweichende Vereinbarung** können die Kosten der Instandhaltung und Instandsetzung einzelner Teile des gemeinschaftlichen Eigentums (zB Fenster) dem jeweiligen Wohnungseigentümer auferlegt werden (*BayObLG* 2Z BR 87/98, NZM 1999, 28 mwN). So können zB die Kosten für die Gebäudeteile und Einrichtungen, die zu den Garagen gehören, nur den Garageneigentümern gemeinsam auferlegt werden (*OLG Düsseldorf* 3 Wx 14/99, NZM 1999, 571). Ist aber erstmalig ein ordnungsmäßiger Zustand herzustellen, werden diese Maßnahmen von einer solchen Regelung in der Gemeinschaftsordnung nicht erfasst (*OLG München* 34 Wx 116/06, NZM 2007, 369 mwN; *KG*, 24 W 83/07, ZMR 2009, 135).

Sollen die Kosten der Instandhaltung von Gebäudeteilen, die zum gemeinschaftlichen 17
Eigentum gehören, einer Gruppe von Sondernutzern allein aufgebürdet werden,
bedarf es einer klaren und eindeutigen Regelung (*OLG Frankfurt* 20 W 205/05, NZM
2007, 523 – Markisenanlage; *KG* 24 W 83/07, ZMR 2009, 135 – räumlicher Bereich des
Sondereigentums). Verpflichtet die Teilungserklärung jeden Eigentümer, die Instandhaltung aller zum Sondereigentum gehörenden Teile der Eigentumseinheit einschließlich des Zubehörs sowie der seinem Sondernutzungsrecht unterliegenden Bereiche auf
eigene Kosten vorzunehmen, so wird nur für das Sondereigentum die gesetzliche
Regelung des § 14 Abs 1 Nr 1 wiederholt und auf die Sondernutzungsbereiche
erstreckt, so dass keine Reparaturkosten auf die Sondernutzungsberechtigten verlagert werden (*KG* 24 W 81/03, Info-M 2005, 255 = ZWE 2005, 569 m Anm *F Schmidt*
[Hydraulikanlage]).

Bestimmt die Teilungserklärung, dass die Kosten für die Instandhaltung der **Fenster-** 18
scheiben in Außenfenstern von den jeweiligen Sondereigentümern zu tragen sind, so
sind die einzelnen Wohnungseigentümer nicht verpflichtet, die Kosten für den Austausch oder die Erneuerung des ganzen Fensters zu tragen (*OLG Düsseldorf* 3 Wx 377/
02, ZMR 2003, 696). Verpflichtet die Teilungserklärung den einzelnen Wohnungseigentümer, Glasschäden an Fenstern und Türen im räumlichen Bereich seines Sondereigentums zu beheben, kann dazu auch die Auswechslung „blind" gewordener Scheiben in
rundum verglasten Dachgauben fallen (*OLG Düsseldorf* 3 Wx 185/04, NZM 2005, 264).
Bestimmt die Teilungserklärung, dass die Instandsetzungsarbeiten an Fenstern, Balkonumkleidungen, Balkon- und Wohnungsabschlusstüren mit Ausnahme des Außenanstrichs der betreffende Wohnungseigentümer ohne Rücksicht auf die Ursache des Schadens zu veranlassen hat, so sind die Kosten für die Erneuerung von Alu-Fenstern von
den Wohnungseigentümern zu tragen, innerhalb deren Sondereigentum die Maßnahme
durchgeführt wird (*OLG Düsseldorf* 3 Wx 376/98, WuM 1999, 350).

Die **hydraulischen Hebebühnen** von Doppelstockgaragen gehören auch dann zum 19
gemeinschaftlichen Eigentum des Garagengebäudes, wenn an den einzelnen Doppelstockgaragen Sondereigentum begründet wurde, so dass die Kosten für die Reparatur
einer Hebebühnen nicht von dem Eigentümer der Doppelstockgarage, sondern von
allen Garageneigentümern anteilig zu tragen sind (*OLG Düsseldorf* 3 Wx 14/99, NZM
1999, 571, 572; *OLG Celle* 4 W 162/05, NZM 2005, 871; *KG* 24 W 81/03, Info-M 2005,
255; **aA** *Deckert* ZWE 2000, 295, 299; *Häublein* MittBayNot 2000, 112).

Bestimmt die Gemeinschaftsordnung, dass zwischen Wohnungen und Tiefgaragen- 20
stellplätzen **getrennte Abrechnungseinheiten** gebildet werden und die Instandhaltung
und Instandsetzung von gemeinschaftlichen Flächen, Hauszeilen, Anlagen und Einrichtungen, deren Nutzung nur einem oder einer bestimmten Anzahl von Wohnungseigentümern zusteht, den Nutzungsberechtigten obliegt, dann haben die Teileigentümer der Tiefgarage die Kosten der Sanierung der Bodenplatte und der Stützpfeiler der
Tiefgarage allein zu tragen (*BayObLG* 2Z BR 001/04, ZMR 2004, 765).

Bestimmt die Teilungserklärung, dass die Wohnungseigentümer die Kosten und Lasten 21
der ihnen jeweils zugeordneten **Balkone** zu tragen haben, dann brauchen sich Wohnungseigentümer ohne Balkon an den Kosten der Balkonsanierung auch insoweit nicht
zu beteiligen, als Teile des gemeinschaftlichen Eigentums saniert werden (*OLG Braun-*
schweig 3 W 9/06, ZMR 2006, 787, 788). Bestimmt die Gemeinschaftsordnung ausdrücklich, dass der Wohnungseigentümer, vor dessen Wohnung die Balkone liegen, an diesen

ein ausschließliches Benutzungsrecht besitzt und hierfür alle Kosten der Instandhaltung und Instandsetzung allein zu tragen hat, dann sind sämtliche Instandhaltungs- und Instandsetzungsarbeiten, auch die an den konstruktiven Teile der Balkone, von dieser Kostenregelung umfasst (*OLG München* 34 Wx 059/06, ZMR 2007, 557).

22 **3. Öffnungsklausel.** Die Teilungserklärung kann bestimmen, dass die Verteilung von Nutzungen oder Lasten der Wohnungseigentümerversammlung überlassen wird, die dann darüber mit Mehrheit entscheidet (*BayObLGZ* 71, 138). Gemäß § 16 Abs 5 können die Befugnisse zur Änderung der Kostenverteilung aufgrund der § 16 Abs 3 und 4 nicht durch Vereinbarung der Wohnungseigentümer eingeschränkt oder ausgeschlossen werden. Eine Öffnungsklausel, die für Betriebskosten eine Änderung des Verteilungsschlüssels nur mit qualifizierter Mehrheit erlaubt, läuft damit leer. Eine Regelung, wonach Beschlüsse der Eigentümerversammlung nur einstimmig gefasst werden können, gilt nicht, soweit es um eine Abstimmung über die Änderung des Verteilungsschlüssels nach § 16 Abs 3 und 4 geht (*OLG Hamm* 15 Wx 89/08, NZM 2009, 162). Abweichende Kostenverteilungsbeschlüsse aufgrund einer Öffnungsklausel mit geringeren Anforderungen, also bei Instandhaltungsmaßnahmen zum Beispiel ohne das Erfordernis einer qualifizierten Mehrheit, bleiben zulässig, weil solche Beschlüsse die Befugnis der Mehrheit der Wohnungseigentümer nicht einschränken, sondern erweitern (s Rn 98). Durch eine Öffnungsklausel legitimierte Beschlüsse mit Vereinbarungsinhalt wirken auch **ohne Eintragung ins Grundbuch** gegen Sondernachfolger (§ 10 Abs 4 S 2). Zur Frage ob ein Verteilungsschlüssel wirksam geändert wird, wenn die Änderung in einem umfangreichen Beschluss „versteckt" ist vgl *OLG Düsseldorf* 3 Wx 344/03, ZMR 2004, 848.

23 **a) Sachlicher Grund.** Enthält die Teilungserklärung eine **Öffnungsklausel**, wonach die Änderung des Verteilungsschlüssels beschlossen werden kann, so ist aus Gründen des Vertrauensschutzes eine Änderung gleichwohl nur dann zulässig, wenn dafür sachliche Gründe vorliegen und einzelne Wohnungseigentümer aufgrund der Neuregelung gegenüber der bisherigen Regelung nicht unbillig benachteiligt werden (*BGH* VII ZB 21/84, NJW 1985, 2832, 2833; *OLG Hamm* 15 W 349/99, NZM 2000, 505, 506). Es ist aber nicht erforderlich, dass die Voraussetzungen gegeben sind, unter denen der einzelne Wohnungseigentümer eine Änderung des Verteilungsschlüssels erreichen kann (dazu Rn 99 ff). Eine **rückwirkende Änderung** des Kostenverteilungsschlüssels führt regelmäßig zu einer unbilligen Benachteiligung der betroffenen Wohnungseigentümer und ist deshalb insoweit für ungültig zu erklären (*OLG Hamm* 15 W 440/05, ZMR 2007, 293).

24 **b) Bestimmungsrecht des Verwalters.** Die Gemeinschaftsordnung kann dem Verwalter wirksam die Bestimmung und die Änderung des Kostenverteilungsschlüssels, etwa nach § 317 BGB, übertragen (offen gelassen von *KG* 24 W 31/03, NZM 2004, 910). Jedenfalls kann in einem solchen Fall **erst recht die Eigentümerversammlung** den Verteilungsschlüssel durch Beschluss ändern (*OLG Frankfurt* 20 W 485/98, NZM 2001, 140) und der Verwalter ist schon aus Gründen der Neutralität berechtigt, die Bestimmungs- und Änderungskompetenz der Eigentümergemeinschaft zu überlassen (*KG* 24 W 31/03, NZM 2004, 910). Voraussetzung ist auch insoweit, dass ein **sachlicher Grund** vorliegt (*BayObLG* 2Z BR 132/03, ZMR 2004, 211, 212). Dieser liegt zB dann vor, wenn zu wenig auf bestimmte Besonderheiten einer Gemeinschaft abgestellt wird (vgl hierzu *KG* 24 W 184/90, WuM 1991, 366). Solche Beschlüsse oder Maßnahmen des

Verwalters unterliegen der gerichtlichen Überprüfung (§§ 23 Abs 4, 43 Nr 4, 46), da jeder Miteigentümer einen Anspruch auf ordnungsgemäße Verwaltung hat. Kann nach der Öffnungsklausel jedes andere in der Wohnungswirtschaft übliche und angemessene Umlegungsverfahren angewendet werden, besonders wenn es der Angemessenheit oder der Einfachheit dient, ist dennoch ein Mehrheitsbeschluss über die Änderung nach den Grundsätzen **ordnungsmäßiger Verwaltung** gerichtlich überprüfbar (*KG* 24 W 31/03, NZM 2004, 910).

c) Einzelfälle. Bestimmt die Teilungserklärung, dass sich ein ausbauberechtigter 25 Wohnungseigentümer nach Baubeginn mit den betroffenen Einheiten zu 50% an den Bewirtschaftungskosten der Wohnanlage zu beteiligen hat, so kann ein nach Baubeginn gefasster Mehrheitsbeschluss, der diese Kostenbeteiligung mit sofortiger Wirkung feststellt, nicht für ungültig erklärt werden, weil er auf einer (verdeckten) Öffnungsklausel beruht (*KG* 24 W 6354/00, NZM 2001, 959, 960). Eine Öffnungsklausel, die sich auf die Kostenverteilung für die „Betriebskosten" bezieht, erstreckt sich auch auf die Instandsetzungskosten (*OLG Hamm* 15 W 151/03, NZM 2003, 803, 804).

Enthält eine nicht im Grundbuch gewahrte Vereinbarung über eine von der Teilungs- 26 erklärung abweichende Kostenverteilung eine Öffnungsklausel, so widerspricht ein Mehrheitsbeschluss über die Rückkehr zur alten Kostenverteilung nicht den Grundsätzen ordnungsgemäßer Verwaltung (*OLG Hamburg* 2 Wx 35/98, NZM 2002, 27).

Eine Änderung des Verteilungsschlüssels durch Mehrheitsbeschluss auf anteilige 27 Wohn-/Nutzfläche ist wirkungslos, wenn Zweifelsfragen (zB die Einbeziehung von Balkonen, Loggien und Dachterrassen) ausdrücklich offen bleiben und die Umstellung deshalb rechnerisch nicht vollzogen werden kann (*KG* 24 W 5414/95, WuM 1996, 364, 366). Ein Beschluss über die Änderung des Kostenverteilungsschlüssels muss sowohl inhaltlich hinreichend klar gefasst sein als auch die sachlich notwendigen Einzelregelungen umfassen (*OLG Hamm* 15 W 396/03, NZM 2004, 504, 505). Bei Beschlüssen, durch die auf Grund einer Öffnungsklausel der vereinbarte Verteilungsschlüssel abgeändert werden soll, muss sich aus dem Protokoll zumindest eindeutig ergeben, zu welchem Antrag eine Abstimmung erfolgt ist und welches Abstimmungsergebnis erzielt wurde, damit auf eine konkludente Feststellung und Verkündung des Beschlussergebnisses geschlossen werden kann (*OLG München* 32 Wx 165/06, NZM 2007, 365).

d) Keine Öffnungsklausel. Fehlt eine Öffnungsklausel ist ein Mehrheitsbeschluss 28 über die Änderung des Verteilungsschlüssels **nur dann nichtig, wenn** auch **keine Beschlusskompetenz aufgrund der** durch die WEG-Novelle 2007 eingefügten **Abs 3 und 4** besteht. Die Beschlusskompetenz nach diesen Vorschriften fehlt zB, wenn der Beschluss eine generelle Regelung über die Verteilung von Instandsetzungskosten trifft.

4. Anwendung eines falschen Verteilungsschlüssel. Die bloße **Anwendung eines fal-** 29 **schen Verteilungsschlüssels** führt schon deshalb nicht zur Nichtigkeit des Beschlusses über die Genehmigung einer konkreten Jahresabrechnung oder über die Erhebung einer Sonderumlage, weil der Verteilungsschlüssel nicht mit Bindungswirkung für die Zukunft geändert wird (vgl *BGH* V ZB 58/99, NJW 2000, 3500; *BayObLG* 2 Z BR 125/03, NZM 2004, 659, 660).

30 Selbst wenn die Wohnungseigentümer jahrelang Wirtschaftspläne und Jahresabrechnungen mit einem von der Teilungserklärung abweichenden Verteilungsschlüssel genehmigen, bewirkt dies keine Änderung des Verteilungsschlüssels, wenn Änderungswille und Änderungsbewusstsein der Wohnungseigentümer für die Zukunft nicht feststehen (*OLG Köln* 16 Wx 6/95, WE 1995, 155, 157; *BayObLG* 2 Z BR 101/00, ZWE 2001, 432, 756 mwN; a**A** *LG Köln* 29 T 265/96, WuM 1997, 393 m zust Anm *Füchtler* S 394).

31 Wird der Kostenverteilungsschlüssel durch einen **Beschluss aller Wohnungseigentümer** geändert, kann auch eine Vereinbarung vorliegen (*OLG Düsseldorf* 3 Wx 392/00, NZM 2001, 530).

III. Der Anteil an Nutzungen (§ 16 Abs 1 S 1)

32 **1. Begriff der Nutzungen.** Nutzungen sind, wie in § 13 Abs 2 S 2 beschrieben (vgl § 13 Rn 17), nur die „Früchte" im Sinne des § 99 BGB, und zwar sowohl die natürlichen als auch die rechtlichen Früchte. Nicht zu den Früchten zählen Gebrauchsvorteile, da an solchen keine Bruchteile möglich sind (§ 100 BGB). Für diese gilt § 13 Abs 2 S 1 iVm §§ 14, 15. Bei natürlichen Früchten kommen hauptsächlich in Betracht Obst, Gemüse, Blumen aus dem der Gemeinschaft gehörenden Garten, die gemäß § 953 BGB gemeinschaftliches Eigentum werden. Früchte eines Rechts können sein: Entgelte aus der Vermietung oder Verpachtung von Grundstücken, Grundstücksflächen oder Räumen, die im gemeinschaftlichen Eigentum stehen, Verpachtung einer Außenwand zu Reklamezwecken, aber auch Früchte aus dem gemeinschaftlichen Vermögen, zB Zinserträge aus der Instandhaltungsrücklage, die langfristig angelegt ist. Diese Erträge stehen den Miteigentümern im Verhältnis ihrer Miteigentumsanteile zu. Zum Verwaltungsvermögen vgl § 10 Rn 80 ff.

33 Die Art und Weise der Fruchtziehung gehört zur Verwaltung iSd § 21 Abs 1. Sie steht, sofern nicht durch Vereinbarung oder Mehrheitsbeschluss anderes geregelt ist, der Eigentümergemeinschaft zu. Sie kann dem Verwalter übertragen werden. Kraft Gesetzes ist dieser befugt, den Reinertrag der Nutzungen an die Wohnungseigentümer auszuzahlen (§ 27 Abs 1 Nr 5, Abs 3 Nr 4).

34 **2. Anspruch auf Nutzungen.** Der Anspruch des einzelnen Wohnungseigentümers auf seinen Anteil bezieht sich nur auf den Reinertrag der Nutzungen, nicht auf deren Rohertrag (*BGH* LM § 812 BGB Nr 15; *OLG Hamm* Mitt RheinNotK 1981, 192). Er richtet sich gegen die anderen Miteigentümer auf Gewährung seines Anteils an den Früchten, der seinem Miteigentumsanteil entspricht. Der einzelne Wohnungseigentümer kann diesen Anteil nicht vom Schuldner verlangen. Er kann auch nur über diesen Anteil selbst verfügen, ihn abtreten oder verpfänden. Dieser Anspruch kann dem einzelnen Wohnungseigentümer nach § 16 Abs 1 S 1 nicht durch Mehrheitsbeschluss gegen seinen Willen entzogen werden. Die ausdrückliche Übernahme des § 745 Abs 3 S 2 BGB in das Wohnungseigentumsgesetz ist daher überflüssig. Ein Mehrheitsbeschluss, wonach die Erträge für die Fremdnutzung einer im gemeinschaftlichen Eigentum stehenden Hofdurchfahrt nur den Teileigentümern der im Hofbereich befindlichen Garagen zugewiesen werden, ist nichtig (*OLG Düsseldorf* 3 Wx 258/02, NZM 2003, 28).

Der einzelne Wohnungseigentümer ist jedoch von den Nutzungen insoweit ausgeschlossen, als er einer baulichen Veränderung nach § 22 Abs 1 nicht zugestimmt hat und sich die Nutzung aus dieser Maßnahme ergibt (§ 16 Abs 6). In Betracht kommen hier bauliche Veränderungen, die zu einer Wertverbesserung des Objekts führen (nachträglicher Einbau eines Aufzuges, Schwimmbades, Neugestaltung der Gartenanlage als Park, Einbau moderner Türen und Fenster, ohne dass dies aus der Sicht der Instandsetzung notwendig wäre). Hier gebührt dem nicht zustimmenden Eigentümer kein Anteil an den Früchten der Maßnahme, zB Entgelt für Schwimmbadbenutzung durch Dritte – angestellt im Laden (Teileigentum) eines Miteigentümers. Lässt sich aber die Nutzung praktisch nicht abtrennen (zB beim Einbau einer energiesparenden Heizungsanlage, Installierung von Kabelfernsehen ohne Möglichkeit einer Absperreinrichtung), so ist zwar der widersprechende Eigentümer von dem Anteil der Herstellungskosten befreit, er haftet aber wegen möglicher Ersparnis gegenüber dem früheren Zustand der Gemeinschaft gegenüber aus ungerechtfertigter Bereicherung (*OLG Hamm* 15 W 300/01, ZMR 2002, 965 mwN). Die sich aus solchen Maßnahmen ergebenden Wertsteigerungen des Sondereigentums müssen freilich alle Miteigentümer hinnehmen. **35**

Von einem Wohnungseigentümer, der unberechtigt seine Dachgeschosswohnung durch Erweiterung auf gemeinschaftliches Eigentum ausgebaut hat, kann die Wohnungseigentümergemeinschaft für die Überlassung der Flächen nur eine Nutzungsentschädigung für unausgebauten Dachraum verlangen (*KG* 24 W 158/02, ZMR 2004, 377, 378). **36**

IV. Die Lasten des gemeinschaftlichen Eigentums

Lasten des gemeinschaftlichen Eigentums sind solche, die aus dem Grundstück selbst resultieren und sowohl die dingliche Haftung des Grundstücks als auch die persönliche Haftung des Schuldners voraussetzen. Sie sind der Gegensatz zu den Nutzungen, als sie den Nutzwert des Grundstücks mindern. In Betracht kommen sowohl privatrechtliche Lasten als auch öffentlich-rechtliche Lasten (s dazu Rn 48). **37**

Zu den privatrechtlichen Lasten gehören Grundschuld- und Hypothekenzinsen oder Renten, soweit alle Wohnungseigentumsrechte belastet sind. Lasten aus Grundpfandrechten, die nur einzelne Wohnungseigentumsrechte betreffen, sind Sache des einzelnen Wohnungseigentümers und nicht der Gemeinschaft. Inwieweit wiederkehrende Tilgungsbeträge, die sich auf **Gesamtgrundpfandrechte** beziehen, zu den Lasten gehören, ist streitig (bejahend *BayObLG* BReg 2 Z 14/73, NJW 1973, 1881; *Becker* in Bärmann, § 16 Rn 29; verneinend *Weitnauer/Gottschalk* § 16 Rn 15). **38**

Nach hier vertretener Meinung werden solche Kapitalkosten Lasten des Grundstücks. Sie unterliegen einer besonderen Zweckbestimmung und werden durch Einzahlung Teil des Verwaltungsvermögens, das dem Zugriff des Gläubigers eines einzelnen Wohnungseigentümers entzogen ist. Nicht zu den Lasten gehören jedoch Kapitalrücklagen, die der Tilgung einer noch nicht fälligen Hypothek dienen sollen. **39**

V. Beschlusskompetenz für Betriebs- und Verwaltungskosten (§ 16 Abs 3)

40 Struktur des § 16 Abs 3:

§ 16 Abs 3 begründet die **Beschlusskompetenz** der Wohnungseigentümer **für**
- **die Verteilung,**
  - der *Betriebskosten* im Sinne des § 556 Abs 1 BGB
    - des gemeinschaftlichen Eigentums oder
    - des Sondereigentums
    soweit sie nicht unmittelbar gegenüber Dritten abgerechnet werden,
  - der *Kosten der Verwaltung*
- nach
  - Verbrauch oder
  - Verursachung oder
  - einem anderen Maßstab
- **die Erfassung**
  - der *Betriebskosten* im Sinne des § 556 Abs 1 BGB
    - des gemeinschaftlichen Eigentums oder
    - des Sondereigentums
    soweit sie nicht unmittelbar gegenüber Dritten abgerechnet werden,
  - der *Kosten der Verwaltung*
- nach
  - Verbrauch oder
  - Verursachung

soweit dies der ordnungsgemäßen Verwaltung entspricht.

41 Die Beschlusskompetenz des § 16 Abs 3 erstreckt sich – anders als die Beschlusskompetenz des § 16 Abs 4 – auch auf Regelungen, die über den Einzelfall hinausgehen. Beschlüsse im Rahmen des § 16 Abs 3 können mit einfacher Mehrheit einen vereinbarten Kostenverteilungsschlüssel generell abändern (*Becker* in Bärmann, § 16 Rn 74; *Elzer* in Riecke/Schmid § 16 Rn 56 ff; **aA** AG Hamburg 102d C 1062/07, ZMR 2009, 320). § 16 Abs 3 stellt klar, dass Betriebskosten des Sondereigentums nur erfasst werden, soweit sie über die Gemeinschaft abgerechnet werden, nicht aber, soweit sie von einem Wohnungseigentümer unmittelbar gegenüber Dritten abgerechnet werden. Die Grundsteuer (s Rn 48) sowie in der Regel Strom- und Gaslieferungen für die einzelnen Wohnungen fallen daher nicht unter § 16 Abs 3.

42 Die beschlossenen Maßnahmen müssen **ordnungsmäßiger Verwaltung** entsprechen. Die Wohnungseigentümer können aufgrund ihrer Privatautonomie zwar grundsätzlich frei entscheiden, ob sie eine verursachungs- oder verbrauchsabhängige Abrechnung einführen oder ob sie weiterhin nach dem geltenden oder nach einem anderen Maßstab abrechnen wollen. Die Entscheidung ist aber nur rechtmäßig, wenn sie ordnungsmäßiger Verwaltung entspricht. Ob dies der Fall ist, richtet sich nach den Umständen des jeweiligen Einzelfalls. Die Mehrheit darf sich nicht über schutzwürdige Belange der Minderheit hinwegsetzen und einzelne Miteigentümer nicht gegenüber dem früheren Zustand unbillig benachteiligen (*LG Nürnberg-Fürth* 14 S 7627/08, NZM 2009, 363). Die Wohnungseigentümer sind gehalten, gemäß den jeweiligen Umständen des Einzelfalls den Verteilungsschlüssel auszuwählen, der den Interessen der Gemeinschaft und des einzelnen Wohnungseigentümers angemessen ist und insbesondere nicht zu einer ungerechtfertigten Benachteiligung Einzelner führt (vgl BT-Drucks 16/ 887 S 23). Zu berücksichtigen ist dabei jedoch, dass jede Änderung bei irgendeinem der Beteiligten zu einer Mehrbelastung führt, weshalb der durch das Gesetz eröffnete Spielraum für denkbare, ordnungsgemäße Umlageschlüssel erst dann verlassen wird, wenn ein neu beschlossener Schlüssel zu einer erheblichen Mehrbelastung einzelner Wohnungseigentümer führt (*LG Nürnberg-Fürth* 14 S 7627/08, NZM 2009, 363). Beschlüsse, die ordnungsgemäßer Verwaltung widersprechen sind nicht nichtig, sondern nur anfechtbar, denn die Ordnungsmäßigkeit ist aus Gründen der Rechtssicherheit nicht kompetenzbegründend (*BGH* V ZB 58/99, NJW 2000, 3500, 3503).

Sowohl für die Entscheidung, **ob** eine Änderung der Kostenverteilung erfolgen soll, 43 als auch für die Entscheidung, **in welcher Weise** sie erfolgen soll, bedarf es – wie bei der Anwendung einer Öffnungsklausel – eines **sachlichen Grundes**, so dass willkürliche Entscheidungen nicht getroffen werden dürfen (*AG Hamburg* 102d C 1062/07, ZMR 2009, 320; *AG Hannover* 481 C 1989/08, ZMR 2009, 558; vgl auch BT-Drucks 16/887 S 23; **krit** zum Erfordernis des sachlichen Grundes für die Abänderung des gesetzlichen Verteilungsschlüssels *LG Nürnberg-Fürth* 14 S 7627/08, NZM 2009, 363; *Becker* ZWE 2008, 217, 223 jeweils mwN). Tragen die Beklagten zu einem sachlichen Grund für die Änderung weder vor und ist ein solcher auch sonst nicht ersichtlich oder der konkret gewählte Schlüssel in der Praxis nicht anerkannt, so kann dies ein Anhaltspunkt dafür sein, dass die getroffene Regelung willkürlich sein könnte (*LG Nürnberg-Fürth* 14 S 7627/08, NZM 2009, 363, 364).

Eine **rückwirkende Änderung** des Kostenverteilungsschlüssels führt regelmäßig zu 44 einer unbilligen Benachteiligung der betroffenen Wohnungseigentümer und ist deshalb für ungültig zu erklären (*AG Hannover* 485 C 11734/07, ZMR 2008, 845; s auch Rn 23).

Im Anfechtungsprozess trägt der Kläger die **Darlegungs- und Beweislast** für die Tatsa- 45 chen, aus denen sich eine unangemessene Benachteiligung ergibt, während die Beklagten die Tatsachen darlegen und beweisen müssen, aus denen sich ein sachlicher Grund für die Kostenbelastung ergibt (*Becker* ZWE 2008, 217, 223).

1. Betriebskosten nach § 556 BGB. Gemäß § 556 Abs 1 S 2 BGB sind Betriebs- 46 kosten die Kosten, die dem Eigentümer durch das Eigentum oder durch den bestimmungsmäßigen Gebrauch des Gebäudes, der Nebengebäude, Anlagen, Einrichtungen und des Grundstücks laufend entstehen. Im Mietrecht dient der Betriebskostenbegriff der Bestimmung derjenigen Kosten, die vertraglich auf den Mieter umgelegt werden können. Im Wohnungseigentumsrecht ist es demgegenüber selbstverständlich, dass Betriebskosten, die bei der Gemeinschaft anfallen, auf die einzelnen Wohnungseigentümer umzulegen sind. Hier geht es nur um die Beschlusskompetenz für den Verteilungsschlüssel. Diese unterschiedliche Funktion des Betriebskostenbegriffs ist bei der Auslegung des § 16 Abs 3 zwar zu berücksichtigen (vgl etwa *Becker* in Bärmann, § 16 Rn 78), doch erlaubt der Funktionsunterschied allein noch nicht, von vornherein bestimmte Betriebskosten der BetrKV vom Anwendungsbereich des § 16 Abs 3 auszunehmen. Es bedarf vielmehr der Abwägung im jeweiligen Einzelfall, ob Betriebskosten vom Anwendungsbereich des § 16 Abs 3 auszunehmen sind. Gemäß § 556 Abs 1 S 3 BGB gilt für die Aufstellung der Betriebskosten die Betriebskostenverordnung vom 25. November 2003 (BGBl I S 2346, 2347) fort.

47 Die Betriebskostenverordnung (BetrKV) enthält folgende Regelung:

§ 1
Betriebskosten

(1) Betriebskosten sind die Kosten, die dem Eigentümer oder Erbbauberechtigten durch das Eigentum oder Erbbaurecht am Grundstück oder durch den bestimmungsmäßigen Gebrauch des Gebäudes, der Nebengebäude, Anlagen, Einrichtungen und des Grundstücks laufend entstehen. Sach- und Arbeitsleistungen des Eigentümers oder Erbbauberechtigten dürfen mit dem Betrag angesetzt werden, der für eine gleichwertige Leistung eines Dritten, insbesondere eines Unternehmers, angesetzt werden könnte; die Umsatzsteuer des Dritten darf nicht angesetzt werden.

(2) Zu den Betriebskosten gehören nicht:
1. die Kosten der zur Verwaltung des Gebäudes erforderlichen Arbeitskräfte und Einrichtungen, die Kosten der Aufsicht, der Wert der vom Vermieter persönlich geleisteten Verwaltungsarbeit, die Kosten für die gesetzlichen oder freiwilligen Prüfungen des Jahresabschlusses und die Kosten für die Geschäftsführung (Verwaltungskosten),
2. die Kosten, die während der Nutzungsdauer zur Erhaltung des bestimmungsmäßigen Gebrauchs aufgewendet werden müssen, um die durch Abnutzung, Alterung und Witterungseinwirkung entstehenden baulichen oder sonstigen Mängel ordnungsgemäß zu beseitigen (Instandhaltungs- und Instandsetzungskosten).

§ 2
Aufstellung der Betriebskosten

Betriebskosten im Sinne von § 1 sind:
1. die laufenden öffentlichen Lasten des Grundstücks,
   hierzu gehört namentlich die Grundsteuer;
2. die Kosten der Wasserversorgung,
   hierzu gehören die Kosten des Wasserverbrauchs, die Grundgebühren, die Kosten der Anmietung oder anderer Arten der Gebrauchsüberlassung von Wasserzählern sowie die Kosten ihrer Verwendung einschließlich der Kosten der Eichung sowie der Kosten der Berechnung und Aufteilung, die Kosten der Wartung von Wassermengenreglern, die Kosten des Betriebs einer hauseigenen Wasserversorgungsanlage und einer Wasseraufbereitungsanlage einschließlich der Aufbereitungsstoffe;
3. die Kosten der Entwässerung,
   hierzu gehören die Gebühren für die Haus- und Grundstücksentwässerung, die Kosten des Betriebs einer entsprechenden nicht öffentlichen Anlage und die Kosten des Betriebs einer Entwässerungspumpe;
4. die Kosten
   a) des Betriebs der zentralen Heizungsanlage einschließlich der Abgasanlage,
   hierzu gehören die Kosten der verbrauchten Brennstoffe und ihrer Lieferung, die Kosten des Betriebsstroms, die Kosten der Bedienung, Überwachung und Pflege der Anlage, der regelmäßigen Prüfung ihrer Betriebsbereitschaft und Betriebssicherheit einschließlich der Einstellung durch eine Fachkraft, der Reinigung der Anlage und des Betriebsraums, die Kosten der Messungen nach dem Bundes-Immissionsschutzgesetz, die Kosten der Anmietung oder anderer Arten der Gebrauchsüberlassung einer Ausstattung zur Verbrauchserfassung sowie die

Kosten der Verwendung einer Ausstattung zur Verbrauchserfassung einschließlich der Kosten der Eichung sowie der Kosten der Berechnung und Aufteilung
oder
b) des Betriebs der zentralen Brennstoffversorgungsanlage,
hierzu gehören die Kosten der verbrauchten Brennstoffe und ihrer Lieferung, die Kosten des Betriebsstroms und die Kosten der Überwachung sowie die Kosten der Reinigung der Anlage und des Betriebsraums
oder
c) der eigenständig gewerblichen Lieferung von Wärme, auch aus Anlagen im Sinne des Buchstabens a,
hierzu gehören das Entgelt für die Wärmelieferung und die Kosten des Betriebs der zugehörigen Hausanlagen entsprechend Buchstabe a
oder
d) der Reinigung und Wartung von Etagenheizungen und Gaseinzelfeuerstätten,
hierzu gehören die Kosten der Beseitigung von Wasserablagerungen und Verbrennungsrückständen in der Anlage, die Kosten der regelmäßigen Prüfung der Betriebsbereitschaft und Betriebssicherheit und der damit zusammenhängenden Einstellung durch eine Fachkraft sowie die Kosten der Messungen nach dem Bundes-Immissionsschutzgesetz;

5. die Kosten
a) des Betriebs der zentralen Warmwasserversorgungsanlage,
hierzu gehören die Kosten der Wasserversorgung entsprechend Nummer 2, soweit sie nicht dort bereits berücksichtigt sind, und die Kosten der Wassererwärmung entsprechend Nummer 4 Buchstabe a
oder
b) der eigenständig gewerblichen Lieferung von Warmwasser, auch aus Anlagen im Sinne des Buchstabens a,
hierzu gehören das Entgelt für die Lieferung des Warmwassers und die Kosten des Betriebs der zugehörigen Hausanlagen entsprechend Nummer 4 Buchstabe a
oder
c) der Reinigung und Wartung von Warmwassergeräten,
hierzu gehören die Kosten der Beseitigung von Wasserablagerungen und Verbrennungsrückständen im Innern der Geräte sowie die Kosten der regelmäßigen Prüfung der Betriebsbereitschaft und Betriebssicherheit und der damit zusammenhängenden Einstellung durch eine Fachkraft;

6. die Kosten verbundener Heizungs- und Warmwasserversorgungsanlagen
a) bei zentralen Heizungsanlagen entsprechend Nummer 4 Buchstabe a und entsprechend Nummer 2, soweit sie nicht dort bereits berücksichtigt sind,
oder
b) bei der eigenständig gewerblichen Lieferung von Wärme entsprechend Nummer 4 Buchstabe c und entsprechend Nummer 2, soweit sie nicht dort bereits berücksichtigt sind,
oder
c) bei verbundenen Etagenheizungen und Warmwasserversorgungsanlagen entsprechend Nummer 4 Buchstabe d und entsprechend Nummer 2, soweit sie nicht dort bereits berücksichtigt sind;

7. die Kosten des Betriebs des Personen- oder Lastenaufzugs,
hierzu gehören die Kosten des Betriebsstroms, die Kosten der Beaufsichtigung, der Bedienung, Überwachung und Pflege der Anlage, der regelmäßigen Prüfung ihrer Betriebsbereitschaft und Betriebssicherheit einschließlich der Einstellung durch eine Fachkraft sowie die Kosten der Reinigung der Anlage;
8. die Kosten der Straßenreinigung und Müllbeseitigung,
zu den Kosten der Straßenreinigung gehören die für die öffentliche Straßenreinigung zu entrichtenden Gebühren und die Kosten entsprechender nicht öffentlicher Maßnahmen; zu den Kosten der Müllbeseitigung gehören namentlich die für die Müllabfuhr zu entrichtenden Gebühren, die Kosten entsprechender nicht öffentlicher Maßnahmen, die Kosten des Betriebs von Müllkompressoren, Müllschluckern, Müllabsauganlagen sowie des Betriebs von Müllmengenerfassungsanlagen einschließlich der Kosten der Berechnung und Aufteilung;
9. die Kosten der Gebäudereinigung und Ungezieferbekämpfung,
zu den Kosten der Gebäudereinigung gehören die Kosten für die Säuberung der von den Bewohnern gemeinsam genutzten Gebäudeteile, wie Zugänge, Flure, Treppen, Keller, Bodenräume, Waschküchen, Fahrkorb des Aufzugs;
10. die Kosten der Gartenpflege,
hierzu gehören die Kosten der Pflege gärtnerisch angelegter Flächen einschließlich der Erneuerung von Pflanzen und Gehölzen, der Pflege von Spielplätzen einschließlich der Erneuerung von Sand und der Pflege von Plätzen, Zugängen und Zufahrten, die dem nicht öffentlichen Verkehr dienen;
11. die Kosten der Beleuchtung,
hierzu gehören die Kosten des Stroms für die Außenbeleuchtung und die Beleuchtung der von den Bewohnern gemeinsam genutzten Gebäudeteile, wie Zugänge, Flure, Treppen, Keller, Bodenräume, Waschküchen;
12. die Kosten der Schornsteinreinigung,
hierzu gehören die Kehrgebühren nach der maßgebenden Gebührenordnung, soweit sie nicht bereits als Kosten nach Nummer 4 Buchstabe a berücksichtigt sind;
13. die Kosten der Sach- und Haftpflichtversicherung,
hierzu gehören namentlich die Kosten der Versicherung des Gebäudes gegen Feuer-, Sturm-, Wasser- sowie sonstige Elementarschäden, der Glasversicherung, der Haftpflichtversicherung für das Gebäude, den Öltank und den Aufzug;
14. die Kosten für den Hauswart,
hierzu gehören die Vergütung, die Sozialbeiträge und alle geldwerten Leistungen, die der Eigentümer oder Erbbauberechtigte dem Hauswart für seine Arbeit gewährt, soweit diese nicht die Instandhaltung, Instandsetzung, Erneuerung, Schönheitsreparaturen oder die Hausverwaltung betrifft; soweit Arbeiten vom Hauswart ausgeführt werden, dürfen Kosten für Arbeitsleistungen nach den Nummern 2 bis 10 und 16 nicht angesetzt werden;
15. die Kosten des Betriebs der Gemeinschafts-Antennenanlage,
hierzu gehören die Kosten des Betriebsstroms und die Kosten der regelmäßigen Prüfung ihrer Betriebsbereitschaft einschließlich der Einstellung durch eine Fachkraft oder das Nutzungsentgelt für eine nicht zu dem Gebäude gehörende Antennenanlage sowie die Gebühren, die nach dem Urheberrechtsgesetz für die Kabelweitersendung entstehen,
oder

des Betriebs der mit einem Breitbandkabelnetz verbundenen privaten Verteilanlage,
hierzu gehören die Kosten entsprechend Buchstabe a, ferner die laufenden monatlichen Grundgebühren für Breitbandkabelanschlüsse;
16. **die Kosten des Betriebs der Einrichtungen für die Wäschepflege,**
hierzu gehören die Kosten des Betriebsstroms, die Kosten der Überwachung, Pflege und Reinigung der Einrichtungen, der regelmäßigen Prüfung ihrer Betriebsbereitschaft und Betriebssicherheit sowie die Kosten der Wasserversorgung entsprechend Nummer 2, soweit sie nicht dort bereits berücksichtigt sind;
17. **sonstige Betriebskosten,**
hierzu gehören Betriebskosten im Sinne des § 1, die von den Nummern 1 bis 16 nicht erfasst sind.

a) Laufende öffentliche Lasten des Grundstücks. Zu den Betriebskosten zählen 48 gemäß § 2 Nr 1 BetrKV die laufenden öffentlichen Lasten des Grundstücks. Zu den öffentlichen Lasten, die nach öffentlichem Recht den Grundstückseigentümer treffen, gehören Gebühren und Abgaben wie Anliegerbeiträge für straßenbauliche Verbesserungs- und Erneuerungsmaßnahmen. Städtische Umlagen (Abwassergebühren, Müllabfuhrgebühren, Straßenreinigungsgebühren, Schornsteinfegergebühren, *VG Freiburg* 4 K 705/90, WuM 1991, 126) sind in § 2 Nr 2, 8 und 12 BetrKV gesondert genannt. Die **Grundsteuer**, die § 2 Nr 1 BetrKV ausdrücklich nennt, fällt allerdings nicht unter § 16 Abs 3, weil sie nach § 93 Abs 1 S 1 BewG gesondert für jedes Wohnungseigentum erhoben wird. **Erschließungsbeiträge** für den erstmaligen Bau von Erschließungsstraßen zählen nicht zu den laufenden Lasten. Sie treffen nach § 134 BauGB anteilig die Wohnungseigentümer und fallen schon deshalb nicht unter § 16 Abs 3.

b) Wasser- und Abwasserkosten. Zu den Betriebskosten zählen gemäß § 2 Nr 2 49 und 3 BetrKV die Kosten der Wasserversorgung und die Kosten der Entwässerung. Die Rechtsprechung hatte schon vor der WEG-Novelle 2007 mit feinsinniger Argumentation die Beschlusskompetenz für die Einführung einer verbrauchsabhängigen Abrechnung der Kosten der Wasserversorgung der Sondereigentumseinheiten und der damit verbundenen Kosten der Abwasserentsorgung und die Installation von Erfassungsgeräten bejaht, soweit keine entgegenstehende Vereinbarung besteht (*BGH* V ZB 21/03, NJW 2003, 3476). § 16 Abs 3 stellt nunmehr klar, dass insoweit Beschlusskompetenz besteht und zwar gemäß § 16 Abs 5 auch dann, wenn eine entgegenstehende Vereinbarung vorhanden sein sollte. Darüber hinaus besteht Beschlusskompetenz auch bei Wasser- und Abwasserkosten des gemeinschaftlichen Eigentums, also zB bei einer Waschküche, einem Schwimmbad oder einer Bewässerung des gemeinschaftlichen Gartens (vgl BT- Drucks 16/887 S 22).

Ein Beschluss über die Einführung der verbrauchsabhängigen Abrechnung von Kalt- 50 wasserkosten und den Einbau von Kaltwasserzählern wird meist auch **ordnungsgemäßer Verwaltung** entsprechen, weil sie dem Verursacherprinzip Rechnung trägt und als Anreiz zur Sparsamkeit zu deutlichen Einsparungen führt. (*BGH* V ZB 21/03, NJW 2003, 3476, 3479). Die Wohnungseigentümer haben allerdings auf Grund ihres Selbstorganisationsrechts (*BGH* V ZB 11/98, NJW 1998, 3713) einen Ermessensspielraum, der es ihnen ermöglicht, alle für und gegen eine verbrauchsabhängige Abrechnung sprechenden Umstände abzuwägen (vgl *Bub* ZWE 2001, 457, 459; *Armbrüster* ZWE 2002, 145, 149). Hierbei können die Umstände des Einzelfalls im Wege der **Ermes-**

sensreduktion ergeben, dass nur die verbrauchsabhängige Kostenverteilung ordnungsmäßiger Verwaltung entspricht. Das ist namentlich dann der Fall, wenn in der Wohnungseigentumsanlage Geräte zur Verbrauchserfassung bereits vorhanden sind (Rechtsgedanke § 556a Abs 1 S 2 BGB), wenn der Einbau von Wasserzählern durch die Bauordnungen der Länder vorgeschrieben ist (s dazu *Bub* ZWE 2001, 457, 459 Fn 26), oder wenn jede andere Abrechnungsmethode grob unbillig erscheint (*BGH* V ZB 21/03, NJW 2003, 3476, 3479). In diesen Fällen der Ermessensreduktion hat der einzelne Wohnungseigentümer einen **Anspruch auf Einführung der verbrauchsabhängigen Abrechnung**. Umgekehrt kann die Einführung der verbrauchsabhängigen Abrechnung ordnungsmäßiger Verwaltung widersprechen. Nach dem Rechtsgedanken des § 11 Abs 1 Nr 1a HeizkostenV ist dies dann der Fall, wenn die Aufwendungen für den Einbau von Messgeräten unverhältnismäßig sind, weil sie die im Verlauf von 10 Jahren zu erwartenden Einsparungen übersteigen (*BGH* V ZB 21/03, NJW 2003, 3476, 3479).

51 Es widerspricht ordnungsgemäßer Verwaltung, einzelne Wohnungseigentümer vollständig von der Verpflichtung zu befreien, sich an den Kosten des Gemeinschaftswassers zu beteiligen, nur weil ihnen diese Aufwendungen nur in geringem Maß zu Gute kommen (*OLG Köln* 16 Wx 168/04, NZM 2005, 20).

52 Auch die Kosten der **Wartung von Wassermengenreglern** fallen unter den Anwendungsbereich des § 16 Abs 3, obwohl die Wartung der Instandhaltung dieser Geräte dient. Solche überschaubaren Kosten für Maßnahmen der laufenden Instandhaltung und Instandsetzung des gemeinschaftliches Eigentums, für deren Vergabe der Verwalter gemäß § 27 Abs 3 S 1 Nr 3 ohne besondere Ermächtigung vertretungsbefugt ist, unterliegen nach Sinn und Zweck der gesetzlichen Regelung nicht den strengen Anforderungen einer doppelt qualifizierten Beschlusskompetenz (*J-H Schmidt* ZMR 2007, 913, 924; *Abramenko* WEG, § 3 Rn 20; *Becker* ZWE 2008, 217, 219; *Hügel/Elzer* NZM 2009, 457, 463; **aA** *Elzer* in *Riecke/Schmid* § 16 Rn 63 f).

53 **Kaltwasseruhren** finden Verwendung im geschäftlichen Verkehr und **müssen** deshalb gemäß § 2 Abs 1 des Eichgesetzes in der Fassung vom 23.3.1992 (BGBl I S 711, zuletzt geändert durch Gesetz vom 2.2.2007 BGBl I S 58) zugelassen und **geeicht sein**. Kaltwasseruhren, die zur gemeinschaftlichen Abrechnung der Wasserkosten Verwendung finden, gehören zum gemeinschaftlichen Eigentum (so *OLG Hamburg* 2 Wx 73/01, ZMR 2004, 291; *Bielefeld* S 53 und 178; **aA** *Jennißen* ZWE 2001, 461, 462). Die Nacheichung, die bei Kaltwasseruhren alle 6 Jahre zu erfolgen hat, ist jedenfalls vom Verwalter zu veranlassen, weil die ordnungsgemäße Verbrauchserfassung voraussetzt, dass sie regelmäßig geprüft und ggf. erneuert werden (*Jennißen* ZWE 2001, 461, 462). Eich-, Wartungs- und Reparaturkosten sind im Zweifel ebenso wie die Anschaffungskosten nach Miteigentumsanteilen zu verteilen (ebenso *Häublein* NJW 2003, 3529, 3530). § 16 Abs 3 eröffnet die Möglichkeit, die Kosten der Eichung nach einem anderen Schlüssel zu verteilen, zB nach Anzahl der Kaltwasseruhren. Eichpflichtige Geräte dürfen nach Ablauf der Eichfrist nicht mehr zur Verbrauchserfassung verwendet werden (*BayObLG* 2Z BR 236/04, ZMR 2005, 969, 970). Jeder Wohnungseigentümer ist im übrigen verpflichtet, die in seiner Wohnung installierten Verbrauchserfassungsgeräte nach Ablauf der Eichfrist erneut eichen oder gegen geeichte Geräte austauschen zu lassen (*LG Frankfurt/Main* 2-09 T 401/96, ZMR 1997, 156 für Wärmemengenzähler). Die Wasserzähler in den Wohnungen dienen der relativen Kostenverteilung. Unvermeidliche **Messdifferenzen** zwischen dem Hauptzähler und den Wohnungszählern werden so gleichmäßig auf alle Nutzer entsprechend ihrem eigenen Wasserverbrauch verteilt (vgl dazu *Peters* NZM 2000, 696). Für die Verteilung der Messdifferenz zwischen dem Hauptzähler und den Wohnungszählern nach Miteigentumsanteilen dagegen *Häublein* NJW 2003, 3529, 3530.

c) Heiz- und Warmwasserkosten. Zu den Betriebskosten zählen die Kosten des Betriebs der zentralen Heizungsanlage einschließlich der Abgasanlage (§ 2 Nr 4a) BetrKV), des Betriebs der zentralen Brennstoffversorgungsanlage (§ 2 Nr 4b) BetrKV), der Wärmelieferung (§ 2 Nr 4c) BetrKV), des Betriebs der zentralen Warmwasserversorgungsanlage (§ 2 Nr 5a) BetrKV), der Warmwasserlieferung (§ 2 Nr 5b) BetrKV), der Reinigung und Wartung von Warmwassergeräten (§ 2 Nr 5c) BetrKV), die Kosten verbundener Heizungs- und Warmwasserversorgungsanlagen (§ 2 Nr 6a) BetrKV) und der Wärme- und Warmwasserlieferung (§ 2 Nr 6b) BetrKV). **54**

Die Kosten der Reinigung und Wartung von Etagenheizungen und Gaseinzelfeuerstätten (§ 2 Nr 4d) BetrKV) und von verbundenen Etagenheizungen und Warmwasserversorgungsanlagen (§ 2 Nr 6c) BetrKV) gehören zwar auch zu den Betriebskosten, sie werden jedoch in der Regel von den einzelnen Wohnungseigentümern unmittelbar gegenüber Dritten abgerechnet. **55**

Bei der Verteilung dieser Kosten müssen die Wohnungseigentümer die Vorgaben der **Heizkostenverordnung** beachten. Wegen der dort enthaltenen Regelungen wird auf die Erläuterungen zur HeizKostVO in Kapitel III verwiesen; vgl aber auch § 21 Rn 67. **56**

d) Aufzug. Zu den Betriebskosten zählen die Kosten des Betriebs des Personen- oder Lastenaufzugs (§ 2 Nr 7 BetrKV). Sofern keine abweichende Regelung besteht, hat sich der Eigentümer einer Erdgeschosswohnung grundsätzlich an den Aufzugskosten zu beteiligen, auch wenn er den Aufzug nicht nutzt, und alle Eigentümer einer Mehrhausanlage haben die Wartungskosten eines Aufzugs zu tragen, selbst wenn im „eigenen" Haus eine solche Anlage nicht eingebaut ist (*BGH* VII ZB 15/83, NJW 1984, 2576; *BayObLG* BReg 2 Z 157/91, WuM 1992, 155). § 16 Abs 3 ermöglicht es, durch Mehrheitsbeschluss eine Kostenregelung zu treffen, die dem Maß des Gebrauchs der gemeinschaftlichen Eigentums Rechnung trägt. Eine gemäß § 16 Abs 3 geänderte Kostenverteilung, wonach die Kosten eines Personenlifts nunmehr im Verhältnis der Miteigentumsanteile auf alle Eigentümer, einschließlich des Eigentümers einer Gewerbeeinheit im Souterrain umgelegt werden sollen, weil auch dieser den Aufzug nutzen könne, entspricht nicht ordnungsgemäßer Verwaltung, weil ein sachlicher Grund für diese Änderung fehlt (*BGH* VII ZB 21/84, NJW 1985, 2832, 2833; *Becker* in Bärmann, § 16 Rn 98; **aA** *AG Dresden* 152 C 6477/07, NZM 2008, 135). Umgekehrt kann danach differenziert werden, in welchem Stockwerk sich das jeweilige Sondereigentum befindet und der Kostenverteilungsschlüssel so gewählt werden, dass die Miteigentümer am meisten zahlen, die am höchsten wohnen (*LG Nürnberg-Fürth* 14 S 7627/08, NZM 2009, 363, 364). **57**

Auch die Kosten der **Pflege und Reinigung der Aufzugsanlage** fallen unter den Anwendungsbereich des § 16 Abs 3, obwohl diese Maßnahmen der Instandhaltung der Anlage dienen (vgl Rn 52). Haben die Wohnungseigentümer einen **Vollwartungsvertrag** geschlossen, der über die laufenden Instandhaltungsmaßnahmen hinaus auch größere Reparaturmaßnahmen umfasst, sind die Kosten dieser Reparaturen nach dem allgemeinen Schlüssel zu verteilen, es sei denn die Wohnungseigentümer haben bei der Beschlussfassung über den Abschluss des Vollwartungsvertrages zugleich mit dop- **58** pelt qualifizierter Mehrheit gemäß § 16 Abs 4 insgesamt eine abweichende Kostenverteilung beschlossen (vgl *Becker* ZWE 2008, 217, 219 f mwN).

59 e) Müllbeseitigung. Zu den Betriebskosten zählen die Kosten der Straßenreinigung und Müllbeseitigung (§ 2 Nr 8 BetrKV). Während für Straßenreinigungskosten eine Abweichung vom allgemeinen Verteilungsschlüssel in der Regel nicht veranlasst sein wird, ist es bei den Müllbeseitigungskosten durchaus denkbar, dass eine Verteilung nach Personen oder auch eine gesonderte Erfassung der Müllbeseitigungskosten für Teileigentümer sachlich gerechtfertigt ist. Voraussetzung ist, dass der Anfall von Müll nach dem Verursacherprinzip festgestellt werden kann (*OLG Köln* 16 Wx 223/05, NZM 2006, 467, 468). Die Kosten für den Abfall sind zB dann einwandfrei aufzuteilen, wenn für jede Wohnung eine Mülltonne bereitgestellt wird und nicht für alle Wohnungen ein Sammelbehälter. Ein Beschluss, der die Verteilung der Kosten für Müll nach der Anzahl der zu einem bestimmten Tag polizeilich gemeldeten Personen vorsieht, entfaltet mangels Durchführbarkeit keine Wirkungen, wenn die Meldebehörde nicht angeben kann, welche Personen an einem bestimmten Tag für welche Wohnung gemeldet sind (*BayObLG* 2Z BR 15/96, WuM 1996, 439).

60 f) Gebäudereinigung. Zu den Betriebskosten zählen gemäß § 2 Nr 9 BetrKV die Kosten der Gebäudereinigung und Ungezieferbekämpfung. Obgleich Kosten für die Reinigung gemeinschaftlicher Gebäudeteile zugleich Maßnahmen der laufenden Instandhaltung sind, fallen die dadurch verursachten Kosten unter den Anwendungsbereich des § 16 Abs 3 (*LG Nürnberg-Fürth* 14 S 7627/08, NZM 2009, 363, 364; vgl auch Rn 52). Da eine verbrauchs- oder nutzungsabhängige Erfassung nicht in Betracht kommt, sind sie grundsätzlich nach Miteigentumsanteilen umzulegen (*LG Nürnberg-Fürth* 14 S 7627/08, NZM 2009, 363, 364; *Greiner* Rn 891). Die Umlage nach Einheiten wird in der Regel ordnungsgemäßer Verwaltung widersprechen (*LG Nürnberg-Fürth* 14 S 7627/08, NZM 2009, 363, 364).

61 g) Gartenpflege. Zu den Betriebskosten zählen die Kosten der Gartenpflege (§ 2 Nr 10 BetrKV). Obwohl es sich bei der Gartenpflege zugleich um Maßnahmen der laufenden Instandhaltung handelt, fallen die dadurch verursachten Kosten unter den Anwendungsbereich des § 16 Abs 3 (vgl Rn 52). Zur persönlichen Pflege des gemeinschaftlichen Gartens können einzelne Wohnungseigentümer nicht durch Mehrheitsbeschluss verpflichtet werden (vgl Rn 107). Zu den Bewässerungskosten vgl Rn 15. Unabhängig von einer Regelung durch die Gemeinschaftsordnung, die sich auch im Wege der Auslegung ergeben kann (s Rn 14), haben die Wohnungseigentümer gemäß § 16 Abs 3 die Möglichkeit, durch Mehrheitsbeschluss die Kosten der laufenden Pflege eines gemeinschaftlichen Gartens, dem Wohnungseigentümer aufzuerlegen, dem der Garten zur Sondernutzung zugewiesen ist.

62 h) Allgemeinstromkosten. Zu den Betriebskosten zählen gemäß § 2 Nr 11 BetrKV die Kosten der Beleuchtung. Hierzu gehört sowohl die Treppenhausbeleuchtung als auch die Beleuchtung gemeinschaftlicher Wege. Eine vom allgemeinen Verteilungsschlüssel abweichende Regelung durch Mehrheitsbeschluss kommt insbesondere hinsichtlich der Kosten der Beleuchtung eines Garagengebäudes in Betracht, in dem nicht alle Wohnungseigentümer einen Stellplatz haben.

63 i) Schornsteinreinigung. Zu den Betriebskosten zählen die Kosten der Schornsteinreinigung (§ 2 Nr 12 BetrKV).

j) Hausmeister. Zu den Betriebskosten zählen gemäß § 2 Nr 14 BetrKV die Kosten **64**
für den Hauswart. Gehört die Hausmeistervergütung nach der Teilungserklärung zu
den Gemeinschaftskosten, so ist sie auch dann auf alle Wohnungseigentümer zu verteilen, wenn die im Leistungsverzeichnis des Hausmeistervertrages aufgeführten Leistungen einzelne Wohnungseigentümer nicht oder kaum betreffen (*OLG Düsseldorf*
3 Wx 377/02, ZMR 2003, 696, 697).

k) Kosten der Medienversorgung. Zu den Betriebskosten zählen die Kosten des **65**
Betriebs der Gemeinschafts-Antennenanlage (§ 2 Nr 15a) BetrKV) oder des Betriebs
der mit einem Breitbandkabelnetz verbundenen privaten Verteilanlage (§ 2 Nr 15b)
BetrKV). Enthält die Gemeinschaftsordnung keinen anderen Maßstab, entspricht die
Verteilung von Kabelanschlusskosten nach Miteigentumsanteilen auch dann ordnungsgemäßer Verwaltung, wenn der Kabelnetzbetreiber diese Kosten gegenüber der
Wohnungseigentümergemeinschaft nach einem anderen Schlüssel bemisst (*BGH*
V ZB 83/07, NJW 2008, 886). Die Kosten des Kabelfernsehens sind zwar Kosten des
Gebrauchs des Sondereigentums (*OLG Hamm* 15 W 142, ZMR 2004, 774; *Hogenschurz* ZMR 2003, 901; *Armbrüster* ZWE 2008, 48; *Becker* ZWE 2008, 217, 218). Dies
besagt jedoch noch nichts für den anzuwendenden Verteilungsschlüssel (so aber *OLG
Hamm* 15 W 142, ZMR 2004, 774). Die Zuordnung zu den Kosten des Gebrauchs des
Sondereigentums konnte allerdings vor der WEG-Novelle 2007 eine Beschlusskompetenz der Wohnungseigentümer zur Festlegung des Verteilungsschlüssels begründen
(vgl für Kaltwasserkosten Rn 49). Die Beschlusskompetenz folgt jetzt aus § 16 Abs 3,
wonach die Wohnungseigentümer mit einfacher Mehrheit beschließen können, dass
die Kosten des Kabelanschlusses abweichend vom allgemeinen Verteilungsschlüssel
nach Wohneinheiten auf die Wohnungseigentümer zu verteilen sind, die einen Kabelanschluss haben (*Armbrüster* ZWE 2008, 49; *Becker* in Bärmann, § 16 Rn 79). Die
Umlage „pro Einheit" entspricht ordnungsgemäßer Verwaltung (*LG Nürnberg-Fürth*
14 S 7627/08, NZM 2009, 363, 364).

l) Waschküche. Die Kosten des Betriebs der Einrichtungen für die Wäschepflege (§ 2 **66**
Nr 16 BetrKV) gehören ebenfalls zu den Betriebskosten.

2. Die Kosten der Verwaltung. Bei dem Begriff der Verwaltungskosten geht das **67**
Gesetz in § 16 Abs 2 von den Kosten der Instandhaltung, Instandsetzung und der sonstigen Verwaltung sowie der Kosten eines gemeinschaftlichen Gebrauchs des Gemeinschaftseigentums aus und entspricht damit im wesentlichen § 738 BGB. Die Kosten
der Instandhaltung und Instandsetzung fallen jedoch nicht unter die Regelung des § 16
Abs 3. Dies ergibt sich aus § 16 Abs 4.

a) Kosten der sonstigen Verwaltung. Kosten der sonstigen Verwaltung sind solche, **68**
die zu einer ordnungsgemäßen Verwaltung erforderlich sind, auf die jeder Wohnungseigentümer nach § 21 Abs 4 einen Anspruch hat. Hierzu zählen die Kosten der Feuer-
und Haftpflichtversicherung (§ 21 Abs 5 Nr 3), die Instandhaltungsrücklage (§ 21
Abs 5 Nr 4), die Vergütung des Verwalters und evtl. des Verwaltungsbeirats (in Form
einer Aufwandsentschädigung) sowie alle Kosten, die dadurch entstehen, dass der
Verwalter die ihm gemäß § 27 obliegenden Aufgaben wahrnimmt (Verwaltungskosten
des Verwalters wie Telefongebühren, Schreib- oder Portoauslagen, technischer Bedarf,
Vergütung des Hausmeisters oder anderer Hilfspersonen wie Reinigungspersonal,
Gärtner, Schwimmbadwärter oder Straßenfeger). Für die **Verwaltervergütung** gilt im
Innenverhältnis der allgemeine Verteilungsschlüssel, sofern keine abweichende Rege-

lung besteht (s § 26 Rn 76). Eine abweichende Regelung, zB die Verteilung nach Wohneinheiten, können die Wohnungseigentümer gemäß § 16 Abs 3 mit einfacher Mehrheit beschließen. Solange eine abweichende Regelung nicht beschlossen worden ist, gilt der allgemeine Verteilungsschlüssel (*LG Lüneburg* 9 S 67/08, ZMR 2009, 554). Ob der Beschluss über den Verwaltervertrag zugleich eine solche Regelung enthält ist eine Frage der Auslegung. Ohne besondere Anhaltspunkte wird dies eher zweifelhaft sein, weshalb eine ausdrückliche Regelung zu empfehlen ist (ebenso *Becker* ZWE 2008, 217, 220). Es widerspricht angemessener Kostenverteilung, die erheblichen zusätzlichen Kosten einer aufwändigen rund um die Uhr **Bewachung** mit strenger Zugangskontrolle („Doorman"), die nach den räumlichen Gegebenheiten unmittelbar nur die Wohnungen betrifft, auch den Teileigentümern im Erdgeschoss aufzubürden, deren Zugänge direkt an der Straße liegen und unabhängig von dem bewachten Zugangssystem sind (*KG* 24 W 31/03, NZM 2004, 910).

69 Weiterhin zählen zu diesen Kosten der Ersatz der Aufwendungen für **Notmaßnahmen** iSd § 21 Abs 2 und Kosten der Kontenführung.

70 Die Teilungserklärung kann bestimmen, dass die Aufwendungen eines Wohnungseigentümers, der Mieter oder Nutzer eines der Wohnanlage benachbarten unbebauten Grundstücks ist und als solcher Mietzins und Nebenkosten wie Gartenpflegekosten und Abgaben wegen Wegereinigung zu tragen hat, von allen Wohnungseigentümern nach Maßgabe des Verteilungsschlüssels für die Kosten des gemeinschaftlichen Eigentums zu tragen sind (*OLG Hamburg* 2 Wx 16/94, WuM 1996, 644). Einem Teileigentümer kann zwar nicht untersagt werden, Wasser zu „gewerblichen Zwecken" aus dem Leitungsnetz zu nehmen. Die Wasserkosten dürfen aber nicht in die Jahresgesamtabrechnung eingestellt werden, sondern sind von dem Teileigentümer gesondert zu tragen, denn sie gehören nicht zu den Kosten der Verwaltung und des gemeinschaftlichen Gebrauchs des gemeinschaftlichen Eigentums (*BayObLG* 2 Z BR 82/96, ZMR 1997, 152).

71 **b) Kosten des gemeinschaftlichen Gebrauchs.** Kosten des gemeinschaftlichen Gebrauchs lassen sich von den sonstigen Verwaltungskosten und von den Betriebskosten kaum trennen. Dies ist auch nicht erforderlich, da beide rechtlich gleich zu behandeln sind. Die gleichwohl im Gesetz getroffene Differenzierung basiert auf § 748 BGB. Zu diesen Kosten zählen zum Beispiel die Energieversorgungskosten für Gemeinschaftseinrichtungen, zB die Treppenhausbeleuchtung.

72 Kosten des gemeinschaftlichen Gebrauchs können auch außerhalb der Teilungserklärung in einer Hausordnung geregelt werden (§ 21 Abs 5 Nr 1) und sind insoweit einem Mehrheitsbeschluss zugänglich. Dies gilt zB für Treppenhausreinigung und Schneebeseitigung. Solche Regeln müssen sich im Rahmen einer ordnungsgemäßen Verwaltung bewegen und nach „billigem Ermessen" (§ 315 BGB) getroffen werden. Überschreitet ein solcher Beschluss diese Grenze, ist er nach Anfechtung durch das Gericht für ungültig zu erklären.

73 Die Kostenbelastung trifft, sofern in der Gemeinschaftsordnung oder durch einen Beschluss gemäß § 16 Abs 3 keine abweichende Regelung getroffen ist, grundsätzlich alle Wohnungseigentümer unabhängig davon, ob sie das Recht auf Nutzung oder Gebrauch ausüben oder ausüben können.

c) **Kosten eines Rechtsstreits.** Im Zusammenhang mit den Kosten gerichtlicher Verfahren stellen sich verschiedene Fragen. Zunächst ist zu beantworten, ob der Verwalter Prozesskosten oder Kostenvorschüsse aus dem Verwaltungsvermögen bezahlen darf. Die weitere Frage, ob solche Kosten, auch wenn sie zu Unrecht dem Verwaltungsvermögen entnommen worden sind, jedenfalls in der Jahresabrechnung ausgewiesen werden müssen, wird nahezu einhellig bejaht (vgl *BGH* V ZB 1/06, NJW 2007, 1869, Tz 18, mwN; s auch § 28 Rn 58). Schließlich erhebt sich die Frage, nach welchem Verteilungsschlüssel solche Kosten vorläufig oder endgültig zu verteilen sind. Insoweit ist der Vorrang der Gerichtskostenentscheidung allgemein anerkannt (*BGH* V ZB 1/06, NJW 2007, 1869, Tz 17 mwN; s auch § 28 Rn 58). 74

Soweit es sich um Kosten der Verwaltung handelt, darf der Verwalter die Kosten eines Rechtsstreits selbstverständlich aus dem Verwaltungsvermögen bezahlen. Dies gilt für einen **Rechtsstreit mit Dritten**, an dem die Eigentümergemeinschaft selbst oder sämtliche Wohnungseigentümer gemeinsam und gleichgerichtet beteiligt sind (*BGH* V ZB 1/06, NJW 2007, 1869, Tz 25 mwN). Dies gilt zunächst für Klagen von Dritten, die unter § 43 Nr 5 fallen, aber auch für Klagen der Gemeinschaft zur Durchsetzung von Mängelansprüchen oder zur Abwehr unberechtigter Werklohnforderungen für die Instandsetzung des gemeinschaftlichen Eigentums (*BayObLG* 2Z BR 122/92, WuM 1993, 482, 484 mwN). Trotz der Regelung des § 16 Abs 8 gilt dies aber auch für Streitigkeiten zur Verfolgung von gemeinschaftlichen **Beitrags- und Schadensersatzansprüchen** gegen einzelne Wohnungseigentümer (vgl *BGH* V ZB 1/06, NJW 2007, 1869, Tz 25), für Streitigkeiten mit dem Verwalter, die unter **§ 43 Nr 3** fallen, für die **Beschlussanfechtungsklage des Verwalters** (§§ 43 Nr 4, 46 Abs 1), die sich gegen alle Wohnungseigentümer richtet (ebenso *Becker* in Bärmann, § 16 Rn 157; *Deckert* ZWE 2009, 63, 64) und gemäß § 16 Abs 7 für die **Entziehungsklage** nach § 18 (s Rn 78). 75

Keine Kosten der sonstigen Verwaltung sind gemäß § 16 Abs 8 die Kosten eines Rechtsstreits nach § 43, an dem einzelne Wohnungseigentümer auf der Aktiv- oder Passivseite beteiligt sind. Dies gilt für Verfahren, die unter § 43 Nr 1 fallen, und insbesondere für die **Beschlussanfechtungsklage eines Wohnungseigentümers** (§§ 43 Nr 4, 46 Abs 1). Diese Kosten dürfen jedenfalls nicht endgültig aus dem Verwaltungsvermögen finanziert werden. Es widerspricht auch ordnungsgemäßer Verwaltung, den Prozessgegner an einer Sonderumlage zur Prozessfinanzierung zu beteiligen (*OLG München* 32 Wx 125/06, NZM 2007, 251; *Becker* in Bärmann, § 16 Rn 154, **aA** *Deckert* ZWE 2009, 63, 67). Der Verwalter ist jedoch befugt, im Falle einer Anfechtungsklage die Rechtsanwaltskosten für die beklagten Wohnungseigentümer **vorläufig** aus dem Verwaltungsvermögen zu bezahlen (*Becker* in Bärmann, § 16 Rn 154; **aA** *Schmid* NZM 2008, 386; *Merle* in Bärmann, § 28 Rn 80; *Wolicki* in Abramenko, Handbuch, § 6 Rn 262; *Kuhla* ZWE 2009, 196, 198). Die Überprüfung der Gültigkeit von Beschlüssen dient auch dem Interesse der Gemeinschaft an einer ordnungsmäßigen Verwaltung (vgl *BGH* V ZB 11/03, NJW 2003, 3124, 3125). Deshalb ist der Verwalter berechtigt, die für eine ordnungsgemäße Durchführung des Verfahrens erforderlichen Mittel dem Verwaltungsvermögen zumindest vorläufig zu entnehmen. Der Bildung von Unterkonten oder Sonderrücklagen für Prozesskosten bedarf es daher nicht (ebenso *Deckert* ZWE 2009, 63, 67; **aA** *Kuhla* ZWE 2009, 196, 198; *Hügel* ZWE 2008, 265, 271). Die aus dem Verwaltungsvermögen verauslagten Kosten sind in der nächsten Jahresabrechnung – soweit eine rechtskräftige Kostenentscheidung des Gerichts noch aussteht – ausschließlich auf die beklagten Woh- 76 nungseigentümer zu verteilen (*Deckert* ZWE 2009, 63, 67). Zur **Kostenerstattung** des erfolgreichen Anfechtungsklägers s § 46 Rn 16. Die Umlage der **Kosten eines Rechtsgutachtens** zur Prüfung der Rechtswirksamkeit von Beschlüssen früherer Eigentümerversammlungen scheitert nicht an § 16 Abs 8, selbst wenn möglicherweise später infolge dieses Gutachtens gegen einen Miteigentümer ein Prozess geführt wird (*OLG Köln* 16 Wx 217/96, WuM 1997, 695).

77 Die **Mehrkosten** aufgrund einer Vereinbarung **nach § 27 Abs 2 Nr 4, Abs 3 S 1 Nr 6** gehören gemäß § 16 Abs 8 zu den Verwaltungskosten. Infolge einer solchen Vereinbarung ist es möglich, dass einzelne Wohnungseigentümer im Falle ihres Unterliegens – insbesondere bei Anfechtungsklagen gemäß § 46 – der Gegenseite, also den übrigen beteiligten Wohnungseigentümern, deren Kosten nur nach dem gesetzlichen Streitwert zu erstatten haben. Die übrigen Wohnungseigentümer hingegen haben ihre Kosten, insbesondere die Gebühren für anwaltliche Vertretung, nach einem vereinbarten höheren Streitwert zu entrichten. Diese zunächst von der obsiegenden Mehrheit zu tragende Differenz ist Besonderheit eines Rechtsstreits innerhalb einer Wohnungseigentümergemeinschaft, bei dem die Entscheidung gegen alle Wohnungseigentümer wirkt. Daher hat es der Gesetzgeber für sachgerecht gehalten, dass alle Wohnungseigentümer diese Differenz zu tragen haben. Es wäre zudem unbillig, wenn einzelne später im Rechtsstreit unterlegene Wohnungseigentümer an den Mehrkosten, die den anderen Miteigentümern durch die Klageerhebung oder Rechtsverteidigung entstehen, nicht beteiligt würden (BT-Drucks 16/887 S 77).

78 **d) Kosten der Entziehungsklage (Abs 7).** Die Kosten eines Rechtsstreits gemäß § 18 gehören nach § 16 Abs 7 (bisher Abs 4) zu den Kosten der Verwaltung im Sinne von § 16 Abs 2. Sie sind daher anteilig auf alle Wohnungseigentümer, **einschließlich des Beklagten**, umzulegen, auch dann wenn letzterer obsiegt hat (*OLG Düsseldorf* 3 Wx 356/93, ZMR 1996, 571 m zust Anm *Drasdo* S 573; *OLG Düsseldorf* 3 Wx 127/06, NZM 2007, 569). Dies gilt nicht nur für die Gerichtskosten und die außergerichtlichen Kosten der klagenden Miteigentümer, sondern auch für den Kostenerstattungsanspruch des obsiegenden Miteigentümers. § 16 Abs 7 verstößt nicht gegen Art 14 Abs 1 GG. Eine Korrektur der anteiligen Kostenhaftung nach § 16 Abs 7 ist gemäß § 242 BGB insbesondere dann möglich, wenn der betroffene Eigentümer keinerlei ausreichend begründeten Anlass zur Erhebung der Entziehungsklage gegeben hat (*OLG Düsseldorf* 3 Wx 356/93, ZMR 1996, 571 m zust Anm *Drasdo* S 573). Wird der Entziehungsklage stattgegeben, so hat der Beklagte die Kosten zu tragen (§ 91 ZPO). Erledigt sich die Entziehungsklage vor Zustellung in der Hauptsache, weil der Beklagte die Wohngeldrückstände begleicht, so hat er den Klägern deren Anwaltskosten als Verzugsschaden zu ersetzen. Nicht erstattungsfähig, weil nicht notwendig, sind dabei diejenigen Mehrkosten, die entstanden, weil die gegen einen Mehrfacheigentümer gerichtete Klage in mehrere Prozesse aufgespalten wurde (*KG* 24 W 3965/91, WuM 1992, 389). Der **Streitwert** einer Eigentumsentziehungsklage bemisst sich nach dem Verkehrswert des zu veräußernden Wohnungs- und Teileigentums (*BGH* V ZR 28/06, NZM 2006, 873). Unter § 16 Abs 7 fallen auch die Kosten, die durch eine anwaltliche Beratung entstanden sind, wenn die Beratung dazu geführt hat, die Entziehungsklage nicht zu erheben (*BayObLG* 2Z BR 186/03, NZM 2004, 235).

e) Entschädigungskosten (§ 16 Abs 7). Zu den Verwaltungskosten zählen auch die 79
Aufwendungen für den Ersatz von Schäden, die bei der Benutzung von Sondereigentum zur Instandsetzung des gemeinschaftlichen Eigentums entstanden sind (§§ 14 Nr 4, 16 Abs 7). Der nach § 14 Nr 4 zu ersetzende Schaden ist nicht anteilig zu kürzen, obwohl es sich bei der Schadensersatzleistung um Kosten der Verwaltung nach § 16 Abs 2 handelt, weil der Anspruch aus dem Verwaltungsvermögen zu befriedigen ist (s auch § 14 Rn 66). Sind Teile des Sondereigentums schon vor der Instandsetzungsmaßnahme beschädigt, so ist die Gemeinschaft ersatzpflichtig, wenn die Beschädigung auf dem Mangel des gemeinschaftlichen Eigentums beruht und im Falle einer früheren Sanierung das noch unbeschädigte Sondereigentum nach § 14 Nr 4 Hs 2 zu ersetzen gewesen wäre (*OLG Köln* 16 Wx 20/98, NZM 1999, 83).

VI. Beschlusskompetenz gemäß § 16 Abs 4

Struktur des § 16 Abs 4 80

§ 16 Abs 4 begründet die **Kompetenz** der Wohnungseigentümer
- mit **qualifizierter Mehrheit**
- im **Einzelfall**
- die **Verteilung der Kosten** für
  - Instandhaltungs- oder -setzungsmaßnahmen (**§ 21 Abs 5 Nr 2**) oder
  - bauliche Veränderungen (**§ 22 Abs 1 und 2**)
- **abweichend** zu regeln von
  - dem allgemeinen Maßstab des § 16 Abs 2 oder
  - einem vereinbarten Maßstab (§ 16 Abs 5)
- wenn der abweichende Maßstab dem **Gebrauch** oder der **Möglichkeit des Gebrauchs** durch die Wohnungseigentümer Rechnung trägt.

§ 16 Abs 4 begründet die Kompetenz mit qualifizierter Mehrheit im Einzelfall die Ver- 81
teilung der Kosten für Instandhaltungs- oder Instandsetzungsmaßnahmen (§ 21 Abs 5 Nr 2) oder bauliche Veränderungen (§ 22 Abs 1 und 2) abweichend von dem allgemeinen Maßstab des § 16 Abs 2 oder einem vereinbarten Maßstab (§ 16 Abs 5) zu regeln, wenn der abweichende Maßstab dem Gebrauch oder der Möglichkeit des Gebrauchs durch die Wohnungseigentümer Rechnung trägt. Erfüllt ein Beschluss alle Voraussetzungen des § 16 Abs 4, dann kann es dahingestellt bleiben, ob die Auslegung der Gemeinschaftsordnung eine vereinbarte Kostenverteilung ergibt (*AG Rosenheim* 8 C 2090/07, ZMR 2008, 339). Für die Durchführung von Maßnahmen zur ordnungsmäßigen Instandhaltung oder Instandsetzung des gemeinschaftlichen Eigentums haben die Wohnungseigentümer gemäß § 21 Abs 5 Nr 2 Beschlusskompetenz (s § 21 Rn 62 ff). In der Praxis wird über die einzelne Instandsetzungsmaßnahme und über die Verteilung der dadurch ausgelösten Kosten regelmäßig gemeinsam beschlossen. Vor Einführung der Beschlusskompetenz nach § 16 Abs 4 durch die WEG-Novelle 2007 wurde ein Beschluss, der abweichend von der gesetzlichen Regelung den nicht zustimmenden Wohnungseigentümer an den Kosten einer baulichen Maßnahme, die über die Instandhaltung hinausgeht (überschießende Instandsetzung), beteiligte, als nichtig angesehen, weil er eine Bindungswirkung für die Verteilung der Kosten in der kommenden Abrechnung beabsichtigte, so dass es sich nicht nur um eine konkrete Maßnahme aus einem bestimmten Anlass handelte (vgl etwa *Wenzel* ZWE 2001, 226, 236; *Merle* ZWE 2001, 342, 344; **aA** *Häublein* NJW 2005, 1466, 1469: restriktive Ausle-

gung des § 16 Abs 3). Dieses Problem ist durch § 16 Abs 4 nunmehr gelöst. Die für den Einzelfall getroffene Kostenregelung für eine bauliche Maßnahme ist allenfalls anfechtbar, weil die Voraussetzungen des § 16 Abs 4 nicht erfüllt sind. Sie ist jedoch nicht nichtig, weil grundsätzlich Beschlusskompetenz besteht.

82   **1. Kosten der Instandhaltung und Instandsetzung.** Hierzu zählen alle Aufwendungen für Maßnahmen, die den ursprünglichen Zustand des gemeinschaftlichen Eigentums erhalten oder einen mangelhaften Zustand beseitigen und den ursprünglichen Zustand wieder herstellen (vgl § 21 Rn 62 ff). Die Kosten für die erstmalige Herstellung eines einwandfreien Zustands (vgl § 21 Rn 92) zählen ebenfalls zu den Instandsetzungskosten, die von allen Wohnungseigentümern zu tragen sind. Erfasst werden auch die Kosten für eine sog. „modernisierende Instandsetzung" (vgl § 21 Rn 84). Überschaubare Kosten für **Maßnahmen der laufenden Instandhaltung** und Instandsetzung des gemeinschaftliches Eigentums, für deren Vergabe der Verwalter gemäß § 27 Abs 3 S 1 Nr 3 ohne besondere Ermächtigung vertretungsbefugt ist, unterliegen nach Sinn und Zweck der gesetzlichen Regelung allerdings nicht den strengen Anforderungen einer doppelt qualifizierten Beschlusskompetenz, sondern fallen entweder als Betriebskosten (s Rn 52, 58, 61) oder als sonstige Kosten laufender Instandhaltungsmaßnahmen unter den Anwendungsbereich des § 16 Abs 3 (vgl *Becker* in Bärmann, § 16 Rn 113). Zu den Kosten der Instandsetzung des gemeinschaftlichen Eigentums gehören auch die Kosten für Arbeiten am Sondereigentum, die notwendig sind, um die Instandsetzung des gemeinschaftlichen Eigentums zu ermöglichen (*OLG Düsseldorf* 3 Wx 418/98, WuM 1999, 349). Müssen die Schichten der Feuchtigkeitsisolierung und Wärmedämmung auf einer Dachterrasse saniert werden und dabei der zum Sondereigentum gehörende, aus Fliesen bestehende oberste Belag der Dachterrasse entfernt und anschließend neue Fliesen verlegt werden, muss sich der Eigentümer der Dachterrasse an den Kosten der Fliesenverlegung wegen der langen Lebensdauer von Fliesen nicht unter dem Gesichtspunkt „neu für alt" über seinen Anteil hinaus beteiligen (*BayObLG* 2 Z BR 18/98, WuM 1998, 369). Zu den gemeinschaftlichen Kosten der Heizungssanierung gehören auch die Kosten für Folgearbeiten innerhalb der Wohnungen unabhängig davon, ob die Installationen Sonder- oder Gemeinschaftseigentum darstellen (*KG* 24 W 1170/96, WuM 1996, 786). War eine der Feuchtigkeitsisolierung dienende Folie in einer Zwischendecke von Anfang an nicht fachgerecht eingebracht worden, sind bei Fehlen einer abweichenden Vereinbarung die Kosten der Sanierung auch dann von allen Wohnungseigentümern zu tragen, wenn die Isolierung vor der Entstehung der Wohnungseigentümergemeinschaft von einem Eigentümer als Sonderwunsch in Auftrag gegeben worden ist (*OLG Köln* 16 Wx 153/01, NZM 2002, 125, 126). Die Kosten eines selbstständigen Beweisverfahrens zur **Feststellung der Ursachen** von Schimmelbildung im Sondereigentum sind auch dann von allen Wohnungseigentümer zu tragen, wenn sich herausstellt, dass die Schadensursache im Wohnverhalten des betroffenen Wohnungseigentümers liegt, es sei denn es steht fest, dass der Wohnungseigentümer schuldhaft gehandelt hat (*BayObLG* 2 Z BR 57/01, NZM 2002, 448).

83   Ein Wohnungseigentümer kann sich seiner Verpflichtung, an einer ordnungsgemäßen Verwaltung mitzuwirken und sich anteilig an den dadurch veranlassten Kosten zu beteiligen, nicht durch Berufung auf seine schlechten wirtschaftlichen Verhältnisse und die zwischen Eltern und Kindern gemäß § 1618a BGB bestehende Pflicht zur gegenseitigen Rücksichtnahme entziehen. Bei einer aus Mutter und Tochter bestehenden Wohnungseigentümergemeinschaft ist es deshalb nicht rechtsmissbräuchlich, wenn die Tochter die Mitwirkung der Mutter bei Maßnahmen der Instandhaltung des gemeinschaftlichen Eigentums und Zahlung der anteiligen Kosten verlangt, obwohl die wirtschaftlichen Verhältnisse der Mutter schlecht sind (*BayObLG* 2Z BR 24/93, WuM 1993, 561).

Ein **Mehrheitsbeschluss**, wonach die Fenster der einzelnen Wohnungen von jedem Wohnungseigentümer auf eigene Kosten selbst instand zu setzen sind, ist dagegen **nichtig**. Sonderpflichten, die über den typischerweise in einer Hausordnung geregelten Pflichtenkreis hinausgehen, können nicht durch Mehrheitsentscheidung begründet werden. *Becker/Strecker* (ZWE 2001, 569, 576) halten einen solchen Beschluss wegen fehlender Zustimmung zu einer Sonderbelastung im Ergebnis ebenfalls für unwirksam. Haben aufgrund eines nichtigen Beschlusses bereits einige Wohnungseigentümer Maßnahmen auf eigene Kosten durchgeführt, so kommen für diese Aufwendungsersatzansprüche aus Geschäftsführung ohne Auftrag (§ 683 BGB) in Betracht, soweit die Gemeinschaft die Aufwendungen ohne den nichtigen Beschluss zu tragen gehabt hätte (vgl *Wenzel* ZWE 2001, 226, 235). Jedenfalls kommt aber ein Anspruch auf Bereicherungsausgleich wegen unberechtigter Geschäftsführung ohne Auftrag (§ 684 BGB iVm § 818 Abs 2 BGB) in Betracht (*OLG Hamburg* 2 Wx 103/99, NZM 2002, 872). Ein Beschluss, diesen Wohnungseigentümern die Instandsetzungskosten aus der Instandhaltungsrücklage zu erstatten, entspricht daher ordnungsgemäßer Verwaltung (ebenso *AG Neuss* 27c II 205/01 WEG, NZM 2002, 31). Ebenso entspricht es ordnungsgemäßer Verwaltung, Wohnungseigentümern, die bereits auf eigene Kosten ihre Fenster saniert haben, bei der Höhe nicht mehr nachweisbaren Kosten, rechtlicher Unsicherheit hinsichtlich des Verjährungsbeginns und auszuschließender Verwirkung ihren geschätzte Mindestaufwand zu erstatten (*OLG Düsseldorf* 3 Wx 271/07, NZM 2008, 736). Die Wohnungseigentümergemeinschaft kann auch im Wege eines abändernden Zweitbeschlusses die Instandhaltungslast wieder in eigene Regie zurück zu übernehmen, auch wenn ein einzelner Miteigentümer Kosten für die Sanierung des zu seiner Wohnung gehörenden Balkons zwischenzeitlich bereits aufgewendet hat (*OLG Hamm* 15 W 166/06, ZMR 2007, 296). Dies entspricht aber nur dann ordnungsgemäßer Verwaltung, wenn die Beschlussfassung auch eine Übergangsregelung für die bereits durchgeführte Balkonsanierung trifft, die dem Grundsatz der notwendigen Gleichbehandlung der Miteigentümer sowie der Gewährung von Vertrauensschutz gegenüber früher getroffenen gemeinschaftlichen Regelungen Rechnung trägt (*OLG Hamm* wie vor). Zum Vertrauensschutz bei Kostenregelungen nach § 16 Abs 4 im Fall von objektsbezogenen Teilinstandsetzungen siehe Rn 93. Zum Anspruch des einzelnen Wohnungseigentümers auf Aufwendungsersatz für von ihm durchgeführte Instandhaltungsmaßnahmen siehe auch § 21 Rn 21 ff. Die Kosten für die Instandsetzung der zum gemeinschaftlichen Eigentum gehörenden Balkonteile hat ein Wohnungseigentümer auch dann anteilig zu tragen, wenn seine Wohnung keinen Balkon hat (*OLG Düsseldorf* 3 Wx 418/98, WuM 1999, 349).

2. Maßnahmen nach § 22 Abs 1 und 2. § 16 Abs 4 begründet die Kompetenz mit qualifizierter Mehrheit im Einzelfall die Verteilung der Kosten für bauliche Veränderungen oder Aufwendungen im Sinne von § 22 Abs 1 und 2 abweichend von dem allgemeinen Maßstab des § 16 Abs 2 zu regeln. **Bauliche Veränderungen** im Sinne von § 22 Abs 1 sind auf Dauer angelegte gegenständliche Eingriffe in die Substanz des gemeinschaftlichen Eigentums, die nicht mehr der Pflege, Erhaltung oder Bewahrung des gegenwärtigen Zustands oder seiner erstmaligen Herstellung dienen, sondern darüber hinaus einen neuen Zustand schaffen. **Besondere Aufwendungen** im Sinne von § 22 Abs 1 sind Aufwendungen für unnötige Verwaltungsmaßnahmen (zB Neueindeckung eines noch völlig intakten Daches, Neuanstrich einer noch sauberen Fassade) oder für solche Maßnahmen, die dem bestehenden Zustand etwas hinzufügen (Anschaffung nicht benötigter Gartengeräte – selbstfahrender Rasenmäher für 200 qm Grünfläche). Im Interesse einer dauerhaften Erhaltung des Verkehrswerts der Anlage gibt § 22 Abs 2 den Wohnungseigentümern die Kompetenz mit qualifizierter Mehrheit **Maßnahmen** zu beschließen, die **der Modernisierung** oder der Anpassung des Gemeinschaftseigentums an den Stand der Technik dienen, ohne dass ein Zusammenhang mit einer Reparatur vorliegt. Die Kompetenz, mit einfacher Mehrheit Maßnahmen der modernisierenden Instandsetzung zu beschließen, bleibt davon unberührt (§ 22 Abs 3). Bei einer Modernisierung im Einzelfall haben die Wohnungseigentümer die Kompetenz, mit qualifizierter Mehrheit auch über die Art und Weise der Finanzierung sowie eine etwaige Rücklagenbildung zu entscheiden (§§ 16 Abs 4 iVm 22 Abs 2: argumentum a maiore ad minus – vgl BT-Drucks 16/887 S 31).

86 **3. Kosten baulicher Veränderung nach § 16 Abs 6.** Die Vorschrift erfasst nicht bauliche Veränderungen gemäß § 22 Abs 2 (*Becker* in Bärmann, § 16 Rn 139). Einvernehmen besteht darüber, dass gemäß § 16 Abs 6 S 1 Hs 2 ein Wohnungseigentümer, der einer baulichen Veränderung nach § 22 Abs 1 S 2 nicht zustimmen brauchte und auch nicht zugestimmt hat, an den Nutzungen und an den Herstellungs- und Unterhaltungskosten nicht zu beteiligen ist (*BGH* V ZB 27/90, NJW 1992, 978; *OLG Hamm* 15 W 300/01, ZMR 2002, 965). Nach bislang überwiegender Auffassung sollten im Falle eines bestandskräftigen Mehrheitsbeschlusses über die Vornahme einer baulichen Veränderung Wohnungseigentümer, die dem Beschluss nicht zugestimmt haben, weil sie zB an der Eigentümerversammlung nicht teilgenommen haben, deren Zustimmung zur baulichen Veränderung aber gemäß § 22 Abs 1 erforderlich gewesen wäre, nicht von den Kosten freigestellt sein (vgl aus der Rechtsprechung *BayObLG* 2 Z BR 62/95, WuM 1996, 787, 789; *OLG Hamm* 15 W 300/01, ZMR 2002, 965). Diese auch hier bis zur Vorauflage vertretene Auffassung, dass sich die Kostenfreistellung nur auf § 22 Abs 1 S 2 beziehe, muss sich jedoch entgegenhalten lassen, dass sich aus dem Wortlaut der Vorschrift keine Anhaltspunkte für diese Einschränkung ergeben. Die Überlegung, ein Wohnungseigentümer, dessen Zustimmung erforderlich ist, bedürfe der Kostenfreistellung nicht, weil er die bauliche Veränderung und damit die Entstehung von Kosten ohnedies verhindern könne, trägt ebenfalls nicht. Wird über die Vornahme einer baulichen Veränderung des gemeinschaftliches Eigentums, die allen Wohnungseigentümer zugute kommen soll, ein Mehrheitsbeschluss gefasst (Vornahmebeschluss), dann wird dieser Beschluss, wenn er nicht angefochten wird, bestandskräftig und bindet auch diejenigen Wohnungseigentümer, deren Zustimmung erforderlich gewesen wäre (s § 22 Rn 125). Die Beschlusskompetenz für bauliche Veränderungen ergibt sich nach der Klarstellung durch die WEG-Novelle 2007 jetzt ausdrücklich aus § 22 Abs 1. Der bestandskräftige Mehrheitsbeschluss ersetzt die Zustimmung der Wohnungseigentümer, deren Zustimmung erforderlich gewesen wäre (ganz hM, vgl etwa *Bub* ZWE 2008, 205, 208; *Hogenschurz* in Jennißen, § 22 Rn 17; *Abramenko* ZMR 2009, 97 **aA** *Armbrüster* ZWE 2008, 61, 65 f und ZMR 2009, 252). Für die Kostenfreistellung nach § 16 Abs 6 S 1 ist deshalb allein maßgeblich, dass die Zustimmung nicht erteilt worden ist; ob die Zustimmung erforderlich war, ist unerheblich (ebenso

Nutzungen, Lasten und Kosten § 16 WEG II

OLG Hamm 15 W 314/96, ZMR 1997, 371; *OLG München* 32 Wx 87/08, ZMR 2008, 905; *Becker* in Bärmann, § 16 Rn 141 mwN; *Elzer* in *Riecke/Schmid*, § 16 Rn 284). Zu einer hiervon abweichenden Kostenregelung siehe Rn 89. Die Kosten dürfen nicht aus Geldern der Gemeinschaft bezahlt werden, wenn nicht alle Wohnungseigentümer an den Kosten zu beteiligen sind. Dies gilt auch für die Sonder- und Gesamtrechtsnachfolger dieses Wohnungseigentümers. Rechtsnachfolger anderer Wohnungseigentümer müssen dies ohne Grundbucheintragung gegen sich gelten lassen (*BGH* V ZB 27/90, NJW 1992, 978). Der von den Kosten freigestellte Wohnungseigentümer haftet auch nicht im Außenverhältnis (*Demharter* MDR 1988, 265).

Erlangen Wohnungseigentümer durch unvermeidbaren Mitgebrauch einer baulichen **87** Veränderung (zB verfrühte Heizungsmodernisierung), der sie nicht zugestimmt haben und zu deren Kosten sie folglich gemäß § 16 Abs 6 nicht beitragen müssen, einen zu berechnenden Vermögensvorteil (zB Einsparung von Heizungskosten), so müssen diese Wohnungseigentümer nach den Grundsätzen ungerechtfertigter Bereicherung gemäß §§ 812 ff BGB den Wohnungseigentümern, welche die Kosten getragen haben, diesen Vermögensvorteil herausgeben (*OLG Hamm* 15 W 300/01, ZMR 2002, 965; *OLG Schleswig* 2 W 111/06, NZM 2007, 650).

Ein Wohnungseigentümer, der einer baulichen Veränderung zugestimmt hat, muss **88** sich – unabhängig davon, ob seine Zustimmung nach § 22 Abs 1 S 2 entbehrlich war oder nicht – grundsätzlich auch an den Kosten beteiligen, es sei denn er hat sich gegen die Tragung der Kosten verwahrt. Die Auslegung eines Beschlusses, der im Fremdinteresse die **bauliche Veränderung eines einzelnen Wohnungseigentümers** im Bereich seines Sondereigentums genehmigt (Gestattungsbeschluss), ergibt allerdings in der Regel, dass dieser Wohnungseigentümer die Kosten der Maßnahme allein tragen soll. Die Zustimmung führt in diesem Fall auch nach Sinn und Zweck des § 16 Abs 6 S 1 nicht zu einer Kostenbelastung der zustimmenden Wohnungseigentümer (ebenso *Staudinger/Bub* § 16 Rn 256). Jedenfalls ergibt die ergänzende Auslegung der Zustimmungserklärungen, dass sich die zustimmenden Wohnungseigentümer gegen eine Kostentragung verwahren. Gemäß § 16 Abs 6 S 1 sind sie dann von den Kosten freigestellt (vgl *Merle* in Bärmann, § 22 Rn 289 mwN). Um Auslegungsschwierigkeiten zu vermeiden, sollten die Wohnungseigentümer mit qualifizierter Mehrheit gemäß § 16 Abs 4, Abs 6 S 2 beschließen, dass der einzelne Wohnungseigentümer die Kostenlast allein trägt. Aber auch ein mit einfacher Mehrheit gefasster Beschluss ist nicht nichtig, sondern lediglich anfechtbar (vgl *Greiner* Rn 455). Die Freistellung der übrigen Wohnungseigentümer von den Kosten der baulichen Veränderung umfasst auch die **Folgekosten** (*Häublein* NZM 2007, 752, 761; *Armbrüster* ZWE 2008, 61, 67; *Bub* ZWE 2008, 205, 215; *Becker* in Bärmann, § 16 Rn 121; aA *Elzer* ZWE 2008, 153, 162). Die Zustimmung zu einer baulichen Veränderung, die ein Wohnungseigentümer im Bereich seines Sondereigentums auf eigene Kosten vornehmen will, kann auch ohne ausdrückliche Regelung dahin auszulegen sein, dass der betreffende Wohnungseigentümer auch die Folgekosten der Maßnahme zu tragen hat (*BayObLG* NZM 2001, 1138, 1140).

Haben die Wohnungseigentümer die Verteilung der Kosten einer Maßnahme nach **89** § 22 Abs 1 gemäß § 16 Abs 4 geregelt, ist für eine Anwendung des § 16 Abs 6 S 1 gemäß § 16 Abs 6 S 2 kein Raum mehr. Eine solche Kostenregelung ist sowohl bei Beschlüssen über die Vornahme von baulichen Veränderungen im Interesse der Mehrheit der Wohnungseigentümer als auch bei Beschlüssen über die Gestattung von bau-

Niedenführ 215

lichen Veränderungen einzelner Wohnungseigentümer, zur Vermeidung von Auslegungsschwierigkeiten dringend anzuraten. Der auf die Einzelmaßnahme bezogene Beschluss wird auch dann bestandskräftig, wenn er die nach § 16 Abs 4 erforderliche Mehrheit verfehlt. Wer als Folge der Regelung der Wohnungseigentümer gemäß § 16 Abs 4 die Kosten zu tragen hat, muss auch die Nutzungen beanspruchen können, unabhängig davon, ob er die Kostenverteilung mit beschlossen oder ob er ihr nicht zugestimmt hat und überstimmt worden ist.

90 **4. Einzelfallregelung.** Der Beschluss der Wohnungseigentümer zur Regelung der Kosten muss einen Einzelfall betreffen. Für generelle Regelungen fehlt die Beschlusskompetenz, so dass solche Beschlüsse nichtig sind. Nichtig ist zum Beispiel ein Mehrheitsbeschluss, wonach bei einer Mehrhausanlage die Instandhaltungskosten künftig gesondert je Haus abzurechnen sind (*OLG Köln* 16 Wx 311/97, WuM 1998, 174). Die Beschränkung auf den Einzelfall bezieht sich sowohl auf die Maßnahmen als auch auf die Kostenregelung und grenzt die Beschlusskompetenz gegenüber einem Änderungsanspruch gemäß § 10 Abs 2 S 3 (s dazu Rn 99 ff) ab, der auf eine generelle Änderung, der geltenden Kostenverteilung zielt. Entscheidend ist, dass über eine konkrete Maßnahme beschlossen wird. Welchen Zeitraum ihre Durchführung beansprucht, ist unmaßgeblich (*Meffert* ZMR 2007, 667, 669; *Bub* ZWE 2008, 205, 215). Erfasst werden auch die Folgekosten einer konkreten Maßnahme (*Bub* ZWE 2008, 205, 215 mwN). Die Kostenregelung muss in Zusammenhang mit der Beschlussfassung über eine Maßnahme der Instandhaltung oder Instandsetzung oder einer baulichen Maßnahme gemäß § 22 Abs 1 oder einer solchen zur Modernisierung oder Anpassung an den Stand der Technik gemäß § 22 Abs 2 stehen (vgl BT-Drucks 16/887 S 24). Eine Kostenregelung über eine Balkonsanierung, die einzelne Wohnungseigentümer im Innenverhältnis zu den übrigen Wohnungseigentümern von ihrer Kostentragungspflicht freistellt, weil ein Dritter (Hotel-Pächter) diese Kosten tragen soll, und nur bestimmte Wohnungseigentümer mit den anteiligen Kosten belastet, entspricht nicht ordnungsmäßiger Verwaltung (*OLG München* 32 Wx 041/06, NZM 2006, 587). Nicht um eine Einzelfallregelung handelt es sich, wenn statt der laut Gemeinschaftsordnung mit unterschiedlichen Beiträgen einheitlich zu bildenden Instandhaltungsrücklage für Wohnungen und Garagen zwei getrennte Instandhaltungsrücklagen gebildet werden sollen (*AG Hannover* 485 C 11734/07, ZMR 2008, 845).

91 Mit der beschlossenen Kostenverteilung können die Wohnungseigentümer von der gesetzlichen und der vereinbarten Kostenverteilung abweichen und zum Beispiel Wohnungseigentümer, die einer Maßnahme gemäß § 22 Abs 1 oder 2 nicht zustimmen möchten, wie § 16 Abs 6 S 2 klarstellt, zur anteiligen Kostentragung verpflichten. Für einen **Vorratsbeschluss**, der es Wohnungseigentümern irgendwann einmal ermöglichen soll, unter kostenmäßiger Beteiligung der Wohnungseigentümergemeinschaft einen zweiten Rettungsweg zu bauen fehlt das Rechtsschutzbedürfnis (*OLG Düsseldorf* 3 Wx 1/08, NZM 2008, 529).

92 **5. Maßstab der abweichenden Kostenverteilung.** Die Kosten müssen bei einer abweichenden Regelung nach dem Gebrauch oder der Möglichkeit des Gebrauchs des Gemeinschaftseigentums durch die Wohnungseigentümer verteilt werden. Den Begriff „Nutzung" hat der Gesetzgeber nicht gewählt, um verfehlte Rückschlüsse aus der Verwendung dieses Begriffs in § 16 Abs 1 zu vermeiden (vgl BT-Drucks 16/887 S 24). Die Formulierung „Rechnung tragen" soll nach dem Willen des Gesetzgebers

Nutzungen, Lasten und Kosten § 16 WEG II

verdeutlichen, dass die Wohnungseigentümer einen Spielraum haben, insbesondere also pauschalisieren dürfen und auch andere Kriterien bei der Entscheidung über den Kostenverteilungsschlüssel mit berücksichtigen können, um zu einer sachgerechten Lösung zu kommen (vgl BT-Drucks 16/887 S 24). In Betracht kommt, die Kosten für das Streichen von Fenstern nach deren Anzahl abzurechnen oder die Reparatur der im Gemeinschaftseigentum stehenden Teile von Balkonen nur den Wohnungseigentümern in Rechnung stellen, zu deren Wohnung ein Balkon gehört, oder allein die Nutzungsberechtigten von Garagen oder Stellplätzen mit den Kosten der Instandsetzung zu belasten.

Die Wohnungseigentümer dürfen im Falle der Sanierung von konstruktiven Teilen nur 93 eines einzelnen Balkons, dessen Sanierungsbedarf auf dem Alter der Wohnanlage beruht, mit doppelt qualifizierter Mehrheit beschließen, dass die Sanierungskosten allein vom betroffenen Wohnungseigentümer zu tragen sind (*AG Oldenburg* 10 C 10016/07, NZM 2008, 495). Ebenso können die Wohnungseigentümer einer Mehrhausanlage mit doppelt qualifizierter Mehrheit beschließen, dass die Eigentümer eines Hauses die Kosten der Sanierung „ihres" Daches allein zu tragen haben (*AG München* 483 C 470/08, ZMR 2009, 238). Solche Beschlüsse dürfen jedoch nicht dazu führen, dass die mit den Kosten belasteten Wohnungseigentümer später an den Kosten der Sanierung weiterer Balkone bzw der Dächer anderer Häuser beteiligt werden. Würde der Beschluss über die Kosten einer **objektbezogenen Teilinstandsetzung** zugleich eine entsprechende Handhabung auf die spätere Sanierung weiterer Balkone festlegen, ginge er über den Einzelfall hinaus und wäre deshalb nichtig (*AG München* 483 C 470/08, ZMR 2009, 238; *Becker* in Bärmann, § 16 Rn 118). Der Wohnungseigentümer, der die Kosten einer objektbezogenen Teilinstandsetzung allein zu tragen hat, kann aber gemäß § 21 Abs 4 verlangen, dass gleich gelagerte Einzelfälle nicht willkürlich unterschiedlich behandelt werden. Ein Beschluss, der ihn an den Kosten für die spätere Sanierung von Balkonen anderer Wohnungseigentümer beteiligte, wäre daher anfechtbar (vgl *Becker* in Bärmann, § 16 Rn 118 mwN).

6. Qualifizierte Mehrheit (§ 16 Abs 4 S 2). Das Erfordernis einer qualifizierten Mehr- 94 heit soll gewährleisten, dass ein Beschluss über eine Änderung der Kostenverteilung nur gefasst werden kann, wenn dies dem Willen der ganz überwiegenden Mehrheit entspricht (vgl BT- Drucks 16/887 S 24). Der Beschluss zur abweichenden Kostenverteilung bedarf der Mehrheit von drei Viertel aller stimmberechtigten Wohnungseigentümer iSd § 25 Abs 2 und mehr als der Hälfte aller Miteigentumsanteile. Die Abweichung ist daher nur möglich, wenn sie dem Willen der ganz überwiegenden Mehrheit entspricht. Erforderlich ist zunächst die qualifizierte Kopfmehrheit (§ 25 Abs 2) von drei Viertel aller, nicht nur in der Versammlung vertretenen, stimmberechtigten Wohnungseigentümer. Erforderlich ist außerdem die einfache Mehrheit aller Miteigentumsanteile. Wird die erforderliche Stimmenzahl nicht erreicht, so ist ein gleichwohl gefasster Mehrheitsbeschluss wirksam, aber anfechtbar. Er erlangt unter den Voraussetzungen des § 23 Abs 4 Bestandskraft.

Das Mehrheitserfordernis entspricht dem der Beschlussfassung über eine Modernisie- 95 rungs- oder Anpassungsmaßnahme im Sinne des § 22 Abs 2, so dass die Wohnungseigentümer über eine solche Maßnahme und zugleich über deren Kostenverteilung entscheiden können, ohne dass sich die erforderliche Stimmenmehrheit verändert. Wollen die Wohnungseigentümer dagegen eine abweichende Regelung über die Kosten

Niedenführ 217

einer Instandsetzungsmaßnahme oder einer baulichen Veränderung im Sinne von § 22 Abs 1 treffen, erhöhen sich dadurch die Anforderungen an die Stimmenmehrheit. Damit soll verhindert werden, dass der vereinbarte oder gesetzliche Kostenverteilungsschlüssel auch nur im Einzelfall zu leicht außer Kraft gesetzt werden kann (vgl BT-Drucks 16/887 S 25).

96 Eine abweichende Kostenverteilung für bauliche Veränderungen erfordert nicht die Zustimmung aller Wohnungseigentümer, die mit den Kosten belastet werden. Wer eine Gebrauchsmöglichkeit erhält und damit regelmäßig auch an einer Werterhöhung teilnimmt, soll sich nach dem Willen des Gesetzgebers nicht der Kostentragung entziehen können, wenn sich dies nicht mit dem Willen der weit überwiegenden Mehrheit der Wohnungseigentümer deckt (vgl BT-Drucks 16/887 S 25).

VII. Zwingender Charakter der Abs 3 und 4 (§ 16 Abs 5)

97 § 16 Abs 5 stellt sicher, dass die Beschlusskompetenz für Betriebs- und Verwaltungskosten (§ 16 Abs 3) und für Kosten der Instandhaltung und der baulichen Veränderung (§ 16 Abs 4) nicht durch abweichende geltende oder künftige Vereinbarungen zu Ungunsten der vorgesehenen Mehrheit der Wohnungseigentümer eingeschränkt oder ausgeschlossen werden kann.

98 Abweichende Kostenverteilungsbeschlüsse aufgrund einer Öffnungsklausel mit geringeren Anforderungen, also zum Beispiel ohne das Erfordernis einer qualifizierten Mehrheit, bleiben zulässig, weil solche Beschlüsse die Befugnis der Mehrheit der Wohnungseigentümer nicht einschränken, sondern erweitern.

VIII. Anspruch auf Änderung des Verteilungsschlüssels

99 Einen Anspruch auf Änderung des Verteilungsschlüssels bejahte die Rechtsprechung vor dem Inkrafttreten der WEG-Novelle 2007 nur unter der Voraussetzung, dass der geltende Verteilungsschlüssel *bei Anlegung eines strengen Maßstabs* nicht sachgerecht war und zu *grob unbilligen* Ergebnissen führte, die mit Treu und Glauben (§ 242 BGB) nicht zu vereinbaren sind (vgl *BGH* V ZB 21/03, NJW 2003, 3476, 3477 mwN). § 10 Abs 2 S 3 gibt dem einzelnen Wohnungseigentümer jetzt einen schuldrechtlichen Anspruch gegen die übrigen Wohnungseigentümer auf Abänderung des vereinbarten oder des gesetzlichen Kostenverteilungsschlüssels. § 10 Abs 2 S 3 findet auch auf Verfahren Anwendung, die am 1.7.2007 bereits anhängig waren, denn § 62 enthält eine Übergangsvorschrift nur für das Verfahrensrecht (*OLG München* 32 Wx 165/07, NZM 2008, 408). Der Änderungsanspruch setzt voraus, dass ein Festhalten an der geltenden Regelung **aus schwerwiegenden Gründen** unter Berücksichtigung aller Umstände des Einzelfalls, insbesondere der Rechte und Interessen der anderen Wohnungseigentümer, **unbillig** erscheint.

100 Das Gesetz nennt keinen konkreten Schwellenwert für die Unbilligkeit. Dies steht im Einklang mit der bisherigen Rechtsprechung des BGH wonach alle Umstände des einzelnen Falles zu berücksichtigen sind und es nicht allein auf ein bestimmtes Maß der Kostenmehrbelastung ankommt (*BGH* V ZB 22/04, NJW 2004, 3413). Eine Kostenmehrbelastung ab etwa 25 Prozent wird jedoch Unbilligkeit nahe legen, unabhängig davon, ob die Kostenregelung von Anfang an verfehlt war oder erst im Nachhinein aufgrund geänderter Umstände unbillige Ergebnisse hervorruft (vgl BT-Drucks 16/ 887 S 19). Soweit es nicht um kleinere und damit nicht spürbar belastende Geldbe-

Nutzungen, Lasten und Kosten § 16 WEG II

träge geht, will die neue Regelung vermeiden, dass ein Anspruch wegen eines Missverhältnisses der Kostentragung erst bejaht wird, wenn das Mehrfache dessen zu bezahlen ist, was bei sachgerechter Kostenverteilung zu tragen wäre (BT-Drucks 16/ 887 S 19).

Für die Entscheidung, dass die Fortgeltung eines Kostenverteilungsschlüssels aus schwerwiegenden Gründen nicht unbillig erscheint, wird sprechen, wenn nur ein Teil der Kosten betroffen ist oder wenn langfristig der Ausgleich einer aktuellen Kostenmehrbelastung zu erwarten ist oder wenn die Kostenmehrbelastung in den Risikobereich des Klägers fällt oder wenn die Auswirkungen einer Regelung bereits bei Erwerb einer Wohnung absehbar waren (vgl *BGH* V ZB 22/04, NJW 2004, 3413). Für einen Abänderungsanspruch wird dagegen sprechen, wenn die Miteigentumsanteile ganz erheblich von der Wohnfläche abweichen, ohne dass dies durch andere Faktoren gerechtfertigt ist, wenn eine nachträgliche bauliche Veränderung zu einer grob unbilligen Kostenverteilung führt oder wenn ein Miteigentum aus rechtlichen Gründen auf Dauer nicht genutzt werden kann (vgl *OLG Zweibrücken* 3 W 24/99, NZM 1999, 808). **101**

Soweit die Rechtsprechung einen Änderungsanspruch bereits unter den früher geltenden strengen Voraussetzungen wegen grober Unbilligkeit bejaht hat, besteht jetzt erst recht ein Änderungsanspruch. Ist nach dem geltenden Verteilungsschlüssel fast dreimal soviel oder gar mehr zu zahlen als bei einer sachgerechten Kostenverteilung, hat der Betroffene einen Anspruch auf Abänderung des Verteilungsschlüssels (*BayObLG* BReg 2 Z 124/91, WuM 1992, 83). Ein Abänderungsanspruch besteht auch, wenn einem Wohnungseigentümer nur 40% der Nutzfläche des gesamten Objekts zur Verfügung stehen, er aber 75% der Instandhaltungskosten zu tragen hat (*BayObLG* 2Z BR 131/94, WuM 1997, 61, 62). Sind die Miteigentumsanteile von Wohnungen mit Garage ebenso groß wie die Miteigentumsanteile von Wohnungen gleicher Größe ohne Garage, so ist die Verteilung der Instandhaltungskosten für die Garagen nach Miteigentumsanteilen grob unbillig, weil dann die Wohnungseigentümer ohne Garage die Instandhaltung der Garagen mit gleich großen Beträgen mitfinanzieren müssen, ohne einen Vorteil davon zu haben (*OLG Celle* 4 W 228/97, WuM 1998, 172, 173). In Betracht kommt ein Änderungsanspruch auch, wenn leerstehende Räume, die nicht nutzbar sind, an verbrauchsabhängigen Kosten beteiligt werden (*BayObLG* 24 W 310/ 01, NZM 2002, 389). Sind in allen Wohnungen und Gewerbeeinheiten Messgeräte zur Erfassung des Wasserverbrauchs installiert, so kommt ein Anspruch auf Abänderung des Verteilungsschlüssels in Betracht (*BGH* V ZB 21/03, NJW 2003, 3476, 3479). Ein Änderungsanspruch kommt in Betracht, wenn infolge eines Dachausbaus die Wohn- und Nutzflächen um mehr als 25% von den Miteigentumsanteilen abweichen (*AG Hannover* 483 C 11333/07, ZMR 2009, 234). **102**

Der Änderungsanspruch ist im Verfahren nach § 43 Nr 1 durchzusetzen. Die Klage ist gegen die übrigen Wohnungseigentümer auf Zustimmung zur Vereinbarung eines bestimmten Kostenverteilungsschlüssels zu richten. Besteht Beschlusskompetenz für die Änderung des Kostenverteilungsschlüssels (zB nach § 16 Abs 3) wird in der Regel das **Rechtsschutzbedürfnis** für die Klage fehlen, wenn nicht zuvor versucht wurde, einen Beschluss der Wohnungseigentümer herbeizuführen (*OLG Hamm* 15 W 358/06, ZMR 2008, 156; *Abramenko* ZMR 2005, 22, 24; *Hinz* ZMR 2005, 271, 272; *Becker* ZWE 2008, 217, 226). Kann dem klagenden Wohnungseigentümer im Einzelfall nicht zugemutet werden, die Eigentümerversammlung anzurufen, weil die Mehrheit bereits **103**

Niedenführ 219

vorher signalisiert hat, dass sie nicht zustimmen wird, so ist die Klage unmittelbar zulässig. Gleiches gilt, wenn bis auf wenige Wohnungseigentümer bereits alle der Änderung in grundbuchmäßiger Form zugestimmt haben. In einem solchen Fall, können die restlichen Wohnungseigentümer unmittelbar auf Zustimmung in Anspruch genommen werden. Die Wohnungseigentümer, die bereits zugestimmt haben, sind beizuladen (§ 48 Abs 1), so dass das Urteil für und gegen alle Wohnungseigentümer wirkt (§ 48 Abs 3).

104 Die Vollstreckung des Urteils erfolgt nach § 894 ZPO, so dass mit Rechtskraft des Urteils die Zustimmung als abgegeben gilt. Der geänderte Verteilungsschlüssel, der auch für Sondernachfolger wirkt (§ 10 Abs 4), ist erst bei den Eigentümerbeschlüssen anzuwenden, die nach Rechtskraft des Urteils gefasst werden. Der Änderungsanspruch kann vorher auch nicht durch Anfechtung des Beschlusses über die Jahresabrechnung erfolgreich geltend gemacht werden. Solange der Kostenverteilungsschlüssel noch nicht abgeändert ist, muss er der Jahresabrechnung und dem Wirtschaftsplan zugrunde gelegt werden (*BayObLG* 24 W 310/01, NZM 2002, 389 mwN). Ein Wohnungseigentümer kann auch einer Zahlungsklage nicht den Einwand der unzulässigen Rechtsausübung mit der Begründung entgegenhalten, er habe einen Abänderungsanspruch (vgl *BayObLG* 2Z BR 35/96, WuM 1997, 234, 235; **aA** *OLG Celle* 4 W 228/97, WuM 1998, 172, 173). Die Prüfung, ob ein Abänderungsanspruch besteht, würde die schnelle Durchsetzung der Zahlungsansprüche der Gemeinschaft beeinträchtigen und könnte deren Liquidität gefährden. Der Einwand muss daher gegenüber Wohngeldansprüchen ebenso ausgeschlossen sein, wie die Aufrechnung mit streitigen Gegenforderungen. Eine rechtskräftige Entscheidung über den Verteilungsschlüssel kann nur durch Vereinbarung geändert werden, es sei denn, es besteht ausnahmsweise ein Anspruch auf Abänderung.

105 In besonderen Fällen kann sich ein Anspruch auf Befreiung von bestimmten Kosten ergeben. Steht zB eine Wohnung wegen Unverkäuflichkeit leer, hat der Eigentümer (Bauträger) sich dennoch an sämtlichen Allgemeinkosten zu beteiligen. Für ausschließlich verbrauchsabhängige Kosten (Müllabfuhrgebühren) kommt jedoch ein Anspruch auf Änderung der Kostenverteilung in Betracht (vgl *Elzer* in *Riecke/Schmid* § 16 Rn 244 f).

IX. Die Beitragspflicht der Wohnungseigentümer

106 **1. Art der Beiträge.** Der Beitrag des einzelnen Wohnungseigentümers zu den Kosten und Lasten besteht grundsätzlich in einer Geldzahlung (Wohngeld), und zwar entweder durch Vorschüsse auf die zu erwartenden Unkosten oder durch Zahlung des sich aus der Abrechnung ergebenden Betrages sowie durch Beiträge für künftige Aufwendungen (Instandhaltungsrücklage). Vorschüsse ergeben sich im Rahmen des von der Gemeinschaft mehrheitlich beschlossenen Wirtschaftsplanes (§ 28 Abs 1, 2). Zur Teilnahme am Lastschriftverfahren durch Erteilung einer Einzugsermächtigung siehe § 28 Rn 147.

107 **Persönliche Dienstleistungen** des einzelnen Wohnungseigentümers sind nicht grundsätzlich ausgeschlossen. Solche Verpflichtungen können unter besonderen Voraussetzungen, insbesondere bei kleineren Anlagen und Ortsüblichkeit in vergleichbaren Mietshäusern, in begrenztem Umfang auch durch Mehrheitsbeschluss auferlegt werden (**aA** *Wenzel* NZM 2004, 542, 544). So kann zB die Schneeräum- und Streupflicht durch einzelne Wohnungseigentümer im Wechsel nach einem aufgestellten Plan erfüllt werden (*OLG Stuttgart* 8 W 89/87, DWE 1987, 99 m abl Anm *Bielefeld;* aA *OLG Düsseldorf* 3 Wx 77/08, NZM 2009, 162). Haben die Wohnungseigentümer durch bestandskräftigen Mehrheitsbeschluss einen monatlichen Kehr- und wöchentlichen Winterdienst beschlossen, fehlt für die Anfechtung eines späteren gleichlautenden Beschlusses das Rechtsschutzbedürfnis (*OLG Frankfurt* 20 W 342/95, NJWE-MietR 1996, 251). Beschlossen werden kann auch die Treppenhausreinigung durch einzelne Wohnungseigentümer in einem gewissen Turnus (*BayObLG* 2Z BR 28/94, WuM 1994, 403 mwN). Eine Ungleichbehandlung einzelner Wohnungseigentümer ist jedoch nicht von dem bei der Beschlussfassung bestehenden Ermessen der Wohnungseigentümer gedeckt (*BayObLG* 2Z BR 63/03, ZMR 2005, 132, 133). Da solche Beschlüsse nur im Rahmen einer ordnungsgemäßen Verwaltung möglich sind, müssen die Dienstleistungen nach billigem Ermessen angemessen verteilt werden. Zur persönlichen Pflege des gemeinschaftlichen Gartens können einzelne Wohnungseigentümer nicht durch Mehrheitsbeschluss verpflichtet werden. Verweigern einzelne Wohnungseigentümer die beabsichtigten Naturaldienste, kommt regelmäßig nur eine Vergabe aller Gartenpflegearbeiten an eine Drittfirma mit Verteilung der Kosten nach § 16 Abs 2 in Betracht. Im Einzelfall kann beschlossen werden, dass Miteigentümer von den Kostenanteilen befreit sind, wenn sie freiwillig die Pflegemaßnahmen selbst durchführen (*KG* 24 W 3064/93, WuM 1994, 101, 102). Ein Wohnungseigentümer kann durch Mehrheitsbeschluss jedenfalls dann nicht zur „tätigen Mithilfe herangezogen werden, wenn er die ihm aufgegebenen Arbeiten nicht sachgerecht oder nur mit einem nicht zu vertretenden Aufwand ausführen kann (*OLG Düsseldorf* 3 Wx 225/03, NZM 2004, 554). Ein Beschluss, wonach im Hinblick auf die Gartenanlage der Gemeinschaft einfache Pflegearbeiten wie Kehren, Unkrautjäten, Gießen etc von den Hausbewohnern in Eigenregie unentgeltlich getätigt werden sollen, entspricht schon deshalb nicht ordnungsgemäßer Verwaltung, weil er nicht festlegt, wer wann welche Arbeiten in welchem Umfange zu erledigen habe, und deshalb inhaltlich zu unbestimmt ist (*OLG Köln* 16 Wx 151/04, NZM 2005, 260).

108 Umgekehrt kann sich ein einzelner Wohnungseigentümer nicht eigenmächtig seiner Geldzahlungsverpflichtung entziehen, indem er seine persönlichen Dienste anbietet (*BayObLG* BReg 2 Z 62/84, DWE 1985, 125). Hat die Gemeinschaft beschlossen, ein Reinigungsunternehmen mit der Treppenhausreinigung zu beauftragen, kann der Wohnungseigentümer seinen Zahlungsbeitrag nicht mit dem Hinweis verweigern, er wolle das Treppenhaus selbst putzen.

109 **2. Begründung der Beitragspflicht.** Die anteilmäßige Verpflichtung jedes Wohnungseigentümers gegenüber den anderen Wohnungseigentümern wird entweder durch den Beschluss über den Wirtschaftsplan als Vorschuss (§ 28 Abs 2, 5) oder durch den Beschluss über die Jahresabrechnung (§ 28 Abs 3, 5) zu einer konkreten Verbindlichkeit. Erst durch die Beschlüsse wird im Rahmen der allgemeinen Beitragspflicht eine Verbindlichkeit der einzelnen Wohnungseigentümer begründet (*BGH* V ZB 10/87, DWE 1988, 63; *BGH*,VII ZR 151/88, NJW 1989, 2748). Vorher fehlt es nicht nur an der Fälligkeit, sondern an einer vollwirksamen Forderung überhaupt (*BGH* V ZR 279/91, NJW 1993, 593). Eine **Ausnahme** hiervon kommt bei einer Wohnungseigentümergemeinschaft in Betracht, die aus zwei zerstrittenen Wohnungseigentümern besteht, die über das gleiche Stimmrecht verfügen. Ist hier kein Verwalter bestellt, dann kann der Wohnungseigentümer, der die gemeinschaftlichen Kosten und Lasten verauslagt hat, ohne weitere Formalitäten von dem anderen Wohnungseigentümer dessen Anteil an den Kosten und Lasten erstattet verlangen und gegebenenfalls gerichtlich geltend machen (*BayObLG* 2 Z BR 84/01, NZM 2002, 609, *LG München* I 1 S 10255/08, ZMR 2009, 637). Zur **Fälligkeit**, **Verjährung** und **gerichtlichen Geltendmachung** der Beiträge s im einzelnen § 28 Rn 151 ff.

110 **3. Beitragspflicht vor Entstehung der Gemeinschaft.** Solange noch nicht mindestens zwei Wohnungseigentümer im Grundbuch eingetragen sind, kann eine „werdende Wohnungseigentümergemeinschaft" bestehen (vgl dazu § 10 Rn 8 ff). Die Mitgliedschaft in einer werdenden Wohnungseigentümergemeinschaft verpflichtet zur Beitragszahlung (*BGH* V ZB 85/07, NJW 2008, 2639). Auch nachdem die Wohnungseigentümergemeinschaft entstanden ist, dürfen diejenigen Ersterwerber, die schon vorher werdende Wohnungseigentümer waren, bei Beschlüssen mitwirken (vgl § 10 Rn 12). Sie haften deshalb für Beiträge, die von der in Vollzug gesetzten Wohnungseigentümergemeinschaft begründet worden sind, weil es sich nicht um einen Beschluss zu Lasten Dritter handelt (*BGH* V ZB 85/07, NJW 2008, 2639 – Tz 16). – Erwerber, für die eine Auflassungsvormerkung eingetragen und auf die der Besitz übergegangen ist, die aber erst nach Entstehung der Wohnungseigentümergemeinschaft von einem bereits eingetragenen Erwerber oder vom Bauträger erworben haben(Zweiterwerber), haften nicht für die von der bereits entstandenen Wohnungseigentümergemeinschaft begründeten Verbindlichkeiten (*BayObLG* BReg 2 Z 7/90, NJW 1990, 3216; *Merle* in Bärmann, § 25 Rn 11 aE); *Elzer* ZMR 2008, 810; **aA** *Wenzel* in Bärmann, § 10 Rn 18; *Wenzel* NZM 2008, 626 mwN in Fn 25; offen gelassen von *BGH* V ZB 85/07, NJW 2008, 2639 – Tz 21). Für die Wohnungen dieser Erwerber ist der im Grundbuch eingetragene teilende Eigentümer/Bauträger beitragspflichtig. Gegen die Auffassung, Erwerber auch nach Entstehung der Gemeinschaft „für einen gewissen Zeitraum" wie eingetragene Wohnungseigentümer zu behandeln, spricht, dass sie keine eindeutige Abgrenzung des maßgeblichen Zeitraums erlaubt. Der Bauträger ist grundsätzlich auch für leerstehende, nicht veräußerte Wohnungen beitragspflichtig (*Bub* Rechnungswesen, V. Rn 155; s aber auch Rn 105).

111 Führt der teilende Eigentümer für die ihm verbliebenen Wohnungen und zugleich für die nach und nach im Grundbuch eingetragenen Erwerber aufgrund von Absprachen mit den einzelnen Käufern die Verwaltung des gemeinschaftlichen Eigentums bis zu einem bestimmten Stichtag, ab dem der erste gewählte Verwalter tätig wird, und zahlen die Erwerber ohne Verwalterbestellung und ohne Wirtschaftsplan freiwillig monatliche Beitragsvorschüsse auf ein Sonderkonto des teilenden Eigentümers, so hat dieser gemäß § 667 BGB aus Auftragsrecht individuelle Abrechnungen mit den einzelnen Käufern vorzunehmen. Dabei haben die Käufer ihre Zahlungen nachzuweisen und der teilende Eigentümer hat seine Ausgaben nachzuweisen (vgl *KG* 24 W 680/00, NZM 2001, 591). Auch wenn bereits eine Wohnungseigentümergemeinschaft entstanden war, beginnt das geordnete Rechnungs- und Finanzwesen in einem solchen Fall erst für die Zeit nach dem Stichtag (*KG* 24 W 680/00, NZM 2001, 591, 593). Ist bei dem teilenden Eigentümer aus der Zeit vor dem Stichtag ein Minussaldo entstanden, so kann dieser nicht mit Beitragsvorschüssen aufgerechnet werden, die für die Zeit nach dem Stichtag zu zahlen sind, auch wenn sich die Zusammensetzung der Gemeinschaft nicht geändert hat (*KG* 24 W 680/00, NZM 2001, 591, 593).

Der Inhaber eines **isolierten Miteigentumsanteils** ist bis zur Behebung des gesetzlich 112
nicht vorgesehenen Zustands zur anteiligen Kostentragung verpflichtet (*OLG Hamm*
15 W 259/05, ZMR 2007, 213).

4. Beitragspflicht bei Zwischenvermietung. Hat die Eigentümergemeinschaft die 113
gesamte Anlage an einen gewerblichen Zwischenmieter vermietet, so sind die einzelnen Wohnungseigentümer auch dann Schuldner des Wohngelds, wenn der Mietvertrag
bestimmt, dass der Zwischenmieter den Mietzins abzüglich des Wohngelds an die
Wohnungseigentümer überweist. Von einer befreienden Schuldübernahme (§ 414
BGB) könnte nur ausgegangen werden, wenn im Vertrag zweifelsfrei zum Ausdruck
kommt, dass der einzelne Wohnungseigentümer freigestellt wird. Ist dies nicht der
Fall, kann allenfalls von einer Erfüllungsübernahme ausgegangen werden (*BayObLG*
2 Z BR 143/93, WuM 1994, 570, 571).

5. BGB-Gesellschaft als Eigentümer. Die im Grundbuch eingetragenen Gesellschaf- 114
ter einer BGB-Gesellschaft sind als Gesamtschuldner zur Zahlung der Wohngelder
verpflichtet. Ein Gesellschafter der die Übertragung der Mitgliedschaft geltend macht,
haftet solange das Grundbuch noch nicht berichtigt ist. Etwas anderes gilt nur dann,
wenn der Eigentümergemeinschaft das Ausscheiden aus der Gesellschaft nachgewiesen wird, was nach ganz überwiegender Auffassung nicht in der Form des § 29 GBO zu
geschehen braucht (*OLG Stuttgart* 8 W 39/05, NZM 2005, 426 mwN; aA *OLG Hamm*
15 W 416/88, NJW-RR 1989, 655). Mehrere Personen, die als Mitglieder einer Bruchteilsgemeinschaft Eigentümer einer Wohnung sind, haften für die Beiträge als
Gesamtschuldner (*Merle* in Bärmann, § 28 Rn 147 mwN).

6. Beitragspflicht bei Eigentümerwechsel (Sonderrechtsnachfolge). Beitragspflichtig 115
ist **der jeweilige Eigentümer** der Wohnung, auch ein Treuhandeigentümer (*OLG
Düsseldorf* 3 Wx 112/01, NZM 2002, 260). Der noch im Grundbuch eingetragene
Wohnungseigentümer hat die Lasten und Kosten des gemeinschaftlichen Eigentums
auch dann noch zu tragen, wenn er die Eigentumswohnung veräußert hat, sie nicht
mehr nutzt und für den Erwerber schon eine Auflassungsvormerkung eingetragen ist
(*BGH* VII ZB 28/82, NJW 1983, 1615 m Anm *Röll*). Der ausgeschiedene Veräußerer
haftet dagegen nicht für Kosten, die auf einem Beschluss beruhen, der erst nach seinem Eigentumsverlust gefasst worden ist, weil Gesamtakte zu Lasten Dritter unzulässig sind (*BGH* V ZB 10/87, NJW 1988, 1910). Hat die Wohnungseigentümergemeinschaft keinen Wirtschaftsplan beschlossen, kann sie einen ausgeschiedenen
Wohnungseigentümer weder auf Grund einer nach seinem Ausscheiden beschlossenen Jahresabrechnung noch aus ungerechtfertigter Bereicherung für die Lasten und
Kosten in Anspruch nehmen, die vor seinem Ausscheiden entstanden sind (*OLG
München* 34 Wx 27/07, NZM 2007, 812). Ein Beschluss begründet für einen Veräußerer auch dann keine Zahlungspflichten für Wohnungen, deren Eigentum er
bereits vor Beschlussfassung übertragen hat, wenn er als Wohnungseigentümer an
der Beschlussfassung teilnimmt, weil er nur einen Teil seiner Einheiten veräußert
hat. Denn die aus dem Wohnungseigentum sich ergebenden Rechte und Pflichten
nach § 16 Abs 2 sind nicht personenbezogen, sondern an die jeweilige Einheit
geknüpft (*BGH* V ZB 16/95, NJW 1996, 725 [Jahresabrechnung], *OLG Hamburg* 2
Wx 72/97, NZM 2002, 129, 130 [Sonderumlage]). Der Erwerber haftet für die Beiträge, die nach seinem Eigentumserwerb fällig geworden sind. Werden versehentlich
in der Jahresabrechnung einem Wohnungseigentümer Kosten für Räume belastet,

die gar nicht zu seinem Sondereigentum gehören, so ist der Genehmigungsbeschluss nicht nichtig (*BayObLG* 2Z BR 35/04, ZMR 2005, 299).

116 a) Keine gesetzliche Haftung des Erwerbers für Rückstände. Der Erwerber einer Eigentumswohnung haftet nicht kraft Gesetzes für Wohngeldrückstände des Voreigentümers (*BGH* V ZB 3/86, NJW 1987, 1638; *BGH* V ZB 43/93, NJW 1994, 2950 mwN; *Becker* in Bärmann, § 16 Rn 165; **aA** *Merle* in Bärmann, § 26 Rn 152; *Pick* JR 1988, 205; *Röll* NJW 1983, 153 ff; *Junker* S 246 ff, 250 ff). Dies gilt für den rechtsgeschäftlichen Erwerb und erst recht für den originären Eigentumserwerb durch Zuschlag in der Zwangsversteigerung (*BGH* V ZB 3/86, NJW 1987, 1638;).

117 b) Vereinbarung der Haftung für Rückstände. Die Vereinbarung einer Haftung für Rückstände ist nur eingeschränkt möglich.

118 aa) Erwerb durch Zuschlag. Eine Bestimmung in der Teilungserklärung, wonach der Ersteher einer Eigentumswohnung im Wege der Zwangsversteigerung für Wohngeldrückstände des Voreigentümers haftet, ist wegen Verstoß gegen § 56 S 2 ZVG gemäß § 134 BGB nichtig (*BGH* V ZB 3/86, NJW 1987, 1638). Dies gilt erst recht für einen Mehrheitsbeschluss, der die Haftung des Erstehers begründen soll (*BayObLG* BReg 2 Z 108/83, Rpfleger 1984, 428). Eine Bestimmung in der Teilungserklärung, wonach der Erwerber gesamtschuldnerisch für etwaige Rückstände haftet, ist dahin auszulegen, dass nur der rechtsgeschäftliche Erwerber gemeint ist, nicht jedoch der Ersteher in der Zwangsversteigerung (*BGH* VIII ZB 4/83, NJW 1984, 308).

119 bb) Rechtsgeschäftlicher Erwerb. Für den rechtsgeschäftlichen Erwerb kann durch **Vereinbarung** die Haftung des Erwerbers für Wohngeldrückstände des Voreigentümers wirksam begründet werden (*BGH* V ZB 43/93, NJW 1994, 2950 mwN; vgl schon *BGH* V ZB 3/86, NJW 1987, 1638). Eine solche Vereinbarung wirkt, wenn sie als Inhalt des Sondereigentums in das Grundbuch eingetragen ist, auch gegen Sondernachfolger (§§ 10 Abs 4, 5 Abs 4, 8 Abs 2). Sie verstößt weder gegen zwingendes Recht (§ 10 Abs 2 S 2 WEG, § 134 BGB), noch gegen Treu und Glauben (§ 242 BGB) oder gegen die guten Sitten (§ 138 BGB). Die Vereinbarung hat zwar dingliche Wirkung, weil die Haftung des Erwerbers unmittelbar durch den Erwerb des Sondereigentums bewirkt wird. Sie verstößt aber nicht gegen den Typenzwang im Sachenrecht, weil der Gesetzgeber im WEG die Möglichkeit eröffnet hat, den Inhalt des Sondereigentums zu bestimmen. Einen Verstoß gegen das Verbot des Vertrags zu Lasten Dritter liegt nicht vor, weil die Verpflichtung des Erwerbers nicht unmittelbar durch die Vereinbarung bewirkt wird, sondern erst durch den freiwilligen Erwerb des Wohnungseigentums, dessen Inhalt durch die Vereinbarung gestaltet ist. Die Vereinbarung hält auch der Inhaltskontrolle nach § 242 BGB stand, denn es verstößt grundsätzlich nicht gegen Treu und Glauben, wenn sich aufgrund hoher Belastungen mit rückständigen Beiträgen kein rechtsgeschäftlicher Erwerber findet, denn der veräußerungswillige Wohnungseigentümer hat diesen Zustand durch sein eigenes Verhalten herbeigeführt.

120 Haftet der rechtsgeschäftliche Erwerber einer Eigentumswohnung nach der Teilungserklärung für Zahlungsrückstände des Voreigentümers, gilt dies grundsätzlich auch für den Fall eines Ersterwerbs vom teilenden Eigentümer (*OLG Düsseldorf* 3 Wx 588/96, ZMR 1997, 245). Haftet der Erwerber nach der Gemeinschaftsordnung „für rückständige Beträge des Veräußerers", umfasst die Haftung auch eine fällige Sonderumlage (*BayObLG* 2Z BR 49/96, ZMR 1996, 619).

Durch **Mehrheitsbeschluss** kann die Haftung eines rechtsgeschäftlichen Erwerbers für Beitragsrückstände des Veräußerers dagegen nicht begründet werden. Ein solcher Beschluss wäre **nichtig**, weil eine vom dispositiven Recht abweichende Regelung nach § 10 Abs 2 S 2 nur durch Vereinbarung möglich ist (vgl *BGH* V ZB 58/99, NJW 2000, 3500; *Wenzel* ZWE 2001, 226, 235). **121**

c) Umfang der Haftung des Erwerbers. Der Erwerber einer Eigentumswohnung haftet daher grundsätzlich nur für Beiträge, die nach seiner Eintragung als Eigentümer in das Grundbuch durch einen Beschluss der Wohnungseigentümer begründet worden sind (*BGH* V ZB 10/87, NJW 1988, 1910). Er haftet auch für Beiträge, die vor dem Eigentumswechsel begründet worden sind, aber erst danach fällig geworden sind (*OLG Hamm* 15 W 440/95, ZMR 1996, 337). Er haftet dagegen nicht – auch nicht analog § 16 Abs 2 als sog „werdender Wohnungseigentümer" – für Verbindlichkeiten, die noch vor seinem Eigentumserwerb begründet und fällig geworden sind (*BGH* V ZB 14/88, NJW 1989, 2697). Dies gilt auch dann, wenn sich die Eigentumsumschreibung verzögert, weil das Grundbuchamt zu Unrecht die erforderliche Verwalterzustimmung beanstandet (*OLG Celle*, 4 W 32/08, ZMR 2009, 52). Zahlt der Erwerber Beiträge, die vor seiner Eintragung in das Grundbuch fällig geworden sind, so kann ihm gegen den Veräußerer ein Ersatzanspruch zustehen (*OLG Düsseldorf* 9 U 88/00, NZM 2001, 198). **122**

Durch einen Schuldbeitritt können Veräußerer und Erwerber aber auch eine Mithaftung des Erwerbers begründen. Außerdem kann der Veräußerer seinen Freistellungsanspruch gegen den Erwerber an die übrigen Wohnungseigentümer abtreten, so dass diese den Erwerber unmittelbar in Anspruch nehmen können (*BGH* VII ZB 28/82, NJW 1983, 1615). Beim Erwerb im Wege der Zwangsversteigerung beginnt die Beitragspflicht des Erstehers mit dem Zuschlagsbeschluss, durch den er originär Eigentum erwirbt. **123**

Eine **befreiende Schuldübernahme** verlangt die Mitwirkung des Gläubigers (§ 415 BGB), also der Wohnungseigentümergemeinschaft. Dazu ist eine Vereinbarung über die Auswechslung des Schuldners der Wohngeldforderungen erforderlich, weil von der gesetzlichen Regelung in § 16 Abs 2 abgewichen würde. Im Allgemeinen wird das wohlverstandene Interesse einer Eigentümergemeinschaft nicht darauf hinauslaufen, einen Wohnungseigentümer von Wohngeldforderungen endgültig freizustellen. Absprachen über eine Direktleistung durch zahlungskräftige Mieter dienen deshalb regelmäßig der Beschleunigung und der Verkürzung des Zahlungswegs, aber nicht der Entlassung des eigentlichen Wohngeldschuldners aus seinen Verpflichtungen nach § 16 Abs 2. Dass der Verwalter außerhalb seines Aufgabenkatalogs eine dem Wortlaut nach schuldbefreiende Übernahme als Nichtberechtigter (§ 185 BGB) vereinbart hat, lässt nicht vermuten, dass auch die Wohnungseigentümer untereinander sich entsprechend geeinigt hätten (*BayObLG* 2 Z BR 032/04, NZM 2005, 625). **124**

Ist das **Grundbuch unrichtig**, weil der Eigentumserwerb wirksam nach § 123 BGB angefochten worden ist, dann haftet der im Grundbuch eingetragene Erwerber (Bucheigentümer) nicht für die nach einer Eintragung fällig gewordenen Beiträge (*BGH* V ZB 2/94, NJW 1994, 3352). Auch der aufgrund nichtiger Auflassung unrichtig im Grundbuch eingetragene Wohnungseigentümer schuldet der Gemeinschaft kein Wohngeld und kann bereits gezahlte Beträge zurückverlangen (*KG* 24 W 6976/00, ZWE 2001, 440). Dies gilt natürlich auch für einen Ersterwerber (*KG* 24 W 230/01, **125**

NZM 2003, 400). Haben beide Parteien übereinstimmend bei Verkauf und Auflassung des Sondereigentums irrtümlich eine nachweisbar falsche Vorstellung vom Gegenstand der Übertragung (Laden Nr 2 mit bestimmten Kellerräumen von ca 28 m), dann erlangt der Erwerber durch die Eintragung im Grundbuch als Eigentümer eines tatsächlich ganz anderen Sondereigentums (Laden Nr 2 mit einem Kellerraum von 6,4 m) kein Eigentum, weil keine dinglichen Einigung über die Übertragung eines Ladens mit einem Kellerraum von 6,4 m erfolgt ist. Auch dieser Scheineigentümer ist zur Zahlung von Wohngeld nicht verpflichtet (*BayObLG* 2 Z BR 101/01, ZWE 2002, 76, 77 m Anm *Becker,* S 71). Zur Haftung eines Bucheigentümers nach Treu und Glauben s *OLG Stuttgart* 8 W 170/05, ZMR 2005, 983, 984).

126 Den Erwerber trifft allerdings eine **mittelbare Haftung für Altschulden** (*KG* 24 W 26/01, NZM 2002, 745; *Bub* Rechnungswesen, V. Rn 89). **Verwaltungsschulden** sind die Verbindlichkeiten der Gemeinschaft gegenüber Dritten, die durch Rechtsgeschäfte der laufenden Verwaltung begründet worden sind. Für die während ihrer Zugehörigkeit zur Gemeinschaft entstanden oder während dieses Zeitraums fällig gewordenen Verwaltungsschulden haften die Wohnungseigentümer im Außenverhältnis gemäß § 10 Abs 8. Die neu in die Gemeinschaft eintretenden Wohnungseigentümer zahlen die monatlichen Beitragsvorschüsse ab dem auf die Umschreibung folgenden Monat (oder per Erfüllungsübernahme im Kaufvertrag ab Nutzungswechsel), können aber nicht verlangen, dass von ihren Beiträgen nur die nach ihrem Eintritt begründeten Verwaltungsschulden beglichen werden. Vielmehr zahlen sie in das einheitliche Verwaltungsvermögen ein, aus dem die bestehenden Verwaltungsschulden getilgt werden. Dem steht nicht entgegen, dass nur durch Vereinbarung (Teilungserklärung/Gemeinschaftsordnung) eine „Erwerberhaftung" begründet werden kann (*BGH* V ZB 43/93, NJW 1994, 2950). Denn diese Rechtsprechung erfasst nur die gegen den Vorgänger durch Eigentümerbeschluss bereits „begründeten und fällig gewordenen" (*BGH* V ZB 14/88, NJW 1989, 2697) Verbindlichkeiten (insbesondere die monatlichen Beitragsvorschüsse und die Jahresabrechnungsfehlbeträge), nicht aber die nach Eintritt des neuen Wohnungseigentümers durch Eigentümerbeschluss festgelegten Wohngelder und Abrechnungsspitzen. Die eingezahlten Wohngelder gehören zum Verwaltungsvermögen, das gemäß § 10 Abs 7 der Wohnungseigentümergemeinschaft zusteht. In die Wirtschaftspläne und Abrechnungen sind die Einnahmen und Ausgaben (oder Kosten) unabhängig von dem Haftungsverband im Außenverhältnis aufzunehmen. Eine im Vorjahr entstandene Verwaltungsschuld kann der Verwalter im Folgejahr begleichen, auch wenn inzwischen ein Eigentümerwechsel stattgefunden hat. Ebenso bleiben die Wohngeldvorschüsse Bestandteil des Verwaltungsvermögens über das Wirtschaftsjahr hinaus und dienen dem Ausgleich von Verwaltungsschulden ohne Rücksicht auf den Zeitpunkt ihres Entstehens und des Haftungsverbandes gegenüber dem Außengläubiger. Daraus folgt, dass eine grundsätzlich zulässige Aufrechnung des Wohnungseigentümers aus Notgeschäftsführung gegen Forderungen aus dem Gemeinschaftsverhältnis unabhängig von einem Eigentümerwechsel erfolgen kann. Die Vorstellung, jeder Wohnungseigentümer trage auch im Innenverhältnis für die Dauer seiner Zugehörigkeit zur Gemeinschaft die aktuellen Verwaltungsschulden, ist unzutreffend, weil die Gemeinschaft über ein spezifisches Finanz- und Rechnungswesen verfügt, welches die Ausgaben für das gemeinschaftliche Eigentum mit mehrheitlich beschlossenen Wirtschaftsplänen und Jahresabrechnungen regelt, nicht aber an die Entstehung der Verwaltungsschuld und den jeweiligen Haftungsverband anknüpft (*KG* 24 W 26/01, NZM 2002, 745).

d) Wohngeldvorschüsse. Der Erwerber einer Eigentumswohnung haftet nicht für die vor seiner Eintragung oder vor dem Zuschlag in der Zwangsversteigerung fällig gewordenen Wohngeldvorschüsse. Er hat nur die danach fälligen Raten zu zahlen (*KG* 24 W 3613/90, ZMR 1991, 72, 73). Auch bei einer Umwandlung von Sondereigentum in gemeinschaftliches Eigentum haftet der bisherige Eigentümer nur für die vor dem Eigentumswechsel fällig gewordenen Wohngeldvorschüsse (*BayObLG* 2 Z BR 61/99, NZM 2000, 192). Der Beschluss über die Jahresabrechnung hebt den Beschluss über den Wirtschaftsplan in der Regel nicht auf. Soweit fällige Vorschüsse zum Zeitpunkt der Beschlussfassung über die Jahresabrechnung nicht gezahlt sind, hat der Beschluss über die Jahresabrechnung nur eine den Wirtschaftsplan bestätigende oder rechtsverstärkende Wirkung. Eine Ersetzung der Schuld aus dem Wirtschaftsplan durch die Schuld aus der Jahresabrechnung (Novation) ist regelmäßig nicht bezweckt (*BGH* V ZB 16/95, NJW 1996, 725; *BayObLG* 2Z BR 41/02, NZM 2002, 743, 744). Kann die Beitragsschuld nicht aus der beschlossenen Jahresabrechnung hergeleitet werden, können daher Ansprüche noch auf den Wirtschaftsplan gestützt werden. Dies gilt für Vorschussansprüche gegen einen ausgeschiedenen Wohnungseigentümer. Gegen ihn können Ansprüche aus der Jahresabrechnung nicht hergeleitet werden, wenn über sie nach dem Eigentümerwechsel beschlossen worden ist, weil Gesamtakte zu Lasten Dritter unzulässig sind (*BGH* V ZB 10/87, NJW 1988, 1910). Der ausgeschiedene Wohnungseigentümer haftet aber für die während des Zeitraums seiner Eigentümerstellung fällig gewordenen Wohngeldvorschüsse trotz einer nach seinem Ausscheiden beschlossenen Jahresabrechnung den anderen Wohnungseigentümern weiter aus dem Wirtschaftsplan (*BGH* V ZB 16/95, NJW 1996, 725). Allerdings werden die Ansprüche der Höhe nach begrenzt durch das Ergebnis der Jahresabrechnung (*BayObLG* 2 Z BR 93/99, NZM 2000, 298, 299). **127**

e) Sonderumlage. Beiträge zu einer Sonderumlage hat ein Erwerber dann zu leisten, wenn diese nach seinem Erwerb fällig geworden sind. Dies gilt auch bei einem Erwerb im Wege des Zuschlags in der Zwangsversteigerung (*LG Saarbrücken* 5 S 26/08, NZM 2009, 590). Die Festsetzung einer Sonderumlage ist ein Nachtrag zum Jahreswirtschaftsplan der Gemeinschaft (*BGH* V ZB 22/88, NJW 1989, 3018). Es ist deshalb ebenso wie beim Wirtschaftsplan auf die Fälligkeit abzustellen (*OLG Karlsruhe* 14 Wx 82/03, ZMR 2005, 310 mwN). Der Erhebung einer Sonderumlage zur Beseitigung von Liquiditätsschwierigkeiten steht nicht entgegen, dass mit den zu zahlenden Beträgen auch Verbindlichkeiten abgedeckt werden sollen, die schon vor dem Eigentumserwerb eines Wohnungseigentümers entstanden sind. Ebenso wie sich ein Erwerber an den Kosten einer Reparatur beteiligen muss, die schon vor dem Erwerb erforderlich war, muss er sich wie alle übrigen Wohnungseigentümer Mittel zur Beseitigung einer Liquiditätsschwierigkeit beisteuern (*OLG Düsseldorf* 3 Wx 187/01, ZWE 2002, 90, 91). Dies gilt auch für den Erwerb im Wege der Zwangsversteigerung (*OLG Celle* 4 W 217/03, ZMR 2004, 525). **128**

f) Fehlbeträge aus der Jahresabrechnung. Für Fehlbeträge aus der Jahresabrechnung haftet grundsätzlich der im Zeitpunkt der Beschlussfassung über die Jahresabrechnung im Grundbuch eingetragene Wohnungseigentümer. Beim Erwerb in der Zwangsversteigerung kommt es auf den Zuschlag an. Der Erwerber einer Eigentumswohnung haftet auch dann für Beiträge zu den Lasten und Kosten (§ 16 Abs 2), wenn es sich um Nachforderungen aus Abrechnungen für frühere Jahre handelt, sofern nur der Beschluss, der die Nachforderungen begründet (§ 28 Abs 5), erst nach dem Eigen- **129**

tumserwerb gefasst worden ist (*BGH* V ZB 10/87, NJW 1988, 1910). Ob die beschlossene Jahresabrechnung noch auf den Namen des Rechtsvorgängers lautet, ist unerheblich (*KG* 24 W 2520/96, WuM 1998, 503, 505). Wird der Beschluss über die Jahresabrechnung erst zu einem Zeitpunkt gefasst, in dem der Erwerber die Wohnung schon wieder weiterveräußert hat und dies im Grundbuch gewahrt ist, dann begründet dieser Beschluss für ihn keine Haftung für Wohngeld mehr (*BayObLG* BReg 2 Z 144/86, NJW- RR 1990, 81, 82). Es würde sich insoweit um einen unzulässigen Gesamtakt zu Lasten Dritter handeln (*BGH* V ZB 10/87, NJW 1988, 1910). Dies gilt auch, wenn er als Eigentümer einer anderen Eigentumswohnung der Eigentümergemeinschaft weiterhin angehört (*BGH* V ZB 16/95, NJW 1996, 725).

130 Wird die Genehmigung der Jahresabrechnung durch die Eigentümerversammlung verzögert, um bei einem bevorstehenden Eigentümerwechsel einen neuen, finanzkräftigen Schuldner zu gewinnen, so steht dem Erwerber gegen eine derartige Manipulation der Einwand des Rechtsmissbrauchs (§ 162 Abs 2, § 242 BGB) zu. Dieser ist durch rechtzeitige Anfechtung des Genehmigungsbeschlusses geltend zu machen, da der Beschluss nicht wegen Sittenwidrigkeit (§ 138 BGB) nichtig ist. Nach Ansicht des *BayObLG* reicht die rechtsmissbräuchliche Ausnutzung formaler Rechtspositionen nicht aus, um Sittenwidrigkeit zu bejahen(*BayObLG* 2 Z BR 43/94, WuM 1995, 52, 53).

131 Eine neue Schuld begründet die Jahresabrechnung aber nur für die **Abrechnungsspitze**, dh für den Betrag, der die Summe der beschlossenen Vorschüsse übersteigt. Der Beschluss über die Jahresabrechnung hat hinsichtlich der noch offenen Vorschüsse aus dem Wirtschaftsplan nur eine bestätigende oder rechtsverstärkende Wirkung (*BGH* V ZB 16/95, NJW 1996, 725). Der Erwerber haftet daher – soweit nicht wirksam die Haftung für Rückstände begründet worden ist – aus einer nach seinem Eintritt beschlossenen Jahresabrechnung nicht für Fehlbeträge, soweit diese aus rückständigen Beitragszahlungen des Rechtsvorgängers herrühren. Fehlt ein wirksamer Wirtschaftsplan und wird deshalb erst mit dem Beschluss über die Genehmigung der Jahresabrechnung eine Beitragsschuld gegen die einzelnen Wohnungseigentümer begründet, haftet ein zwischenzeitlich im Grundbuch eingetragener Erwerber bei Bestandskraft dieses Beschlusses für die gesamten in dem betreffenden Jahr entstandenen Kosten, auch wenn er seinerzeit weder im Grundbuch eingetragen war noch Nutzungen aus dem Objekt gezogen hatte(*OLG Köln* 16 Wx 141/07, ZMR 2008, 478). Zum Einwand des Rechtsmissbrauch s Rn 130. Der Erwerber kann bei einem rechtsgeschäftlichen Erwerb Regress beim Verkäufer nehmen (*OLG Köln* wie vor).

132 **g) Guthaben aus der Jahresabrechnung.** Hat der Voreigentümer alle Vorschüsse vollständig eingezahlt, so steht ein Guthaben aus der Jahresabrechnung allein dem Erwerber zu. Der Beschluss über die Jahresabrechnung begründet für den Voreigentümer keinen Rückzahlungsanspruch. Siehe dazu auch § 28 Rn 86, 199.

7. Beitragspflicht des Erben

Literatur: *Bonifacio* Die Haftung des Erben als Hausgeldschuldner nach dem WEG, MDR 2006, 244; *Dötsch* Beschränkte Erbenhaftung für Hausgeldschulden? ZMR 2006, 902; *Hügel* Das Ableben eines Wohnungseigentümers und dessen Folgen für die Eigentümergemeinschaft, ZWE 2006, 174; *Köhler*Vor- und Nacherbschaft bei der Verwaltung von Wohnungseigentum, ZWE 2007, 186; *Niedenführ* Haftung des Erben für Wohngeld, NZM 2000, 641; *Siegmann* Nochmals: Haftung des Erben für Wohngeld, NZM 2000, 995.

Nutzungen, Lasten und Kosten § 16 WEG **II**

Der Erbe als Gesamtrechtsnachfolger eines Wohnungseigentümers haftet grundsätzlich für alle Wohngeldschulden des Erblassers. Streitig ist, ob der Erbe die Haftung für Wohngelder, die nach dem Erbfall begründet worden sind, beschränken kann. **133**

a) Nachlassverbindlichkeiten. Nach dem Grundsatz der Universalsukzession (§ 1922 BGB) gehen auf den Erben auch die Nachlassverbindlichkeiten über. Nachlassverbindlichkeiten sind gemäß § 1967 Abs 2 BGB zunächst die Verbindlichkeiten, die der Erblasser eingegangen ist, aber nicht mehr erfüllt hat. Solche sog. **Erblasserschulden** sind zweifelsfrei die **Wohngelder, die vor dem Tod des Erblassers begründet und fällig geworden sind.** Nachlassverbindlichkeiten sind gemäß § 1967 Abs 2 BGB ferner die den Erben als solchen treffenden Verbindlichkeiten **(sog Erbfallschulden).** Bei den Erblasserschulden und den Erbfallschulden handelt es sich um sogenannte **reine Nachlassverbindlichkeiten.** **134**

Der Erbe haftet nach dem Haftungssystem des BGB ab der Annahme der Erbschaft für die Nachlassverbindlichkeiten grundsätzlich zunächst unbeschränkt, das heißt nicht nur mit dem Nachlass sondern mit seinem gesamten eigenen Vermögen. Der Erbe hat jedoch die Möglichkeit bei reinen Nachlassverbindlichkeiten, eine Beschränkung seiner Haftung auf den Nachlass zu erreichen (dazu Rn 143). **135**

Für Verbindlichkeiten, die aus Rechtshandlungen des Erben anlässlich des Erbfalls entstehen **(Nachlasserbenschulden),** haftet der Erbe wie jeder andere mit seinem eigenen Vermögen. Es handelt sich um **Eigenschulden** (*Palandt/Edenhofer* § 1967 BGB Rn 8), es sei denn, es wurde ausdrücklich oder stillschweigend mit dem Gläubiger eine Beschränkung der Haftung des Erben auf den Nachlass vereinbart (*Palandt/Edenhofer* § 1967 BGB Rn 10). Neben dieser Eigenschuld entsteht gleichzeitig eine Nachlassverbindlichkeit, sofern der Erbe vom Standpunkt eines sorgfältigen Verwalters aus betrachtet in ordnungsgemäßer Verwaltung des Nachlasses gehandelt hat (*Palandt/Edenhofer* § 1967 BGB Rn 9; *Soergel/Stein* § 1967 BGB Rn 8; *Staudinger/Marotzke* § 1967 BGB Rn 42). Bei dieser Art Nachlassverbindlichkeit handelt es sich nicht um eine reine Nachlassverbindlichkeit, weil daneben die Eigenhaftung des Erben mit seinem eigenen Vermögen besteht. Der Erbe kann deshalb bei Nachlasserbenschulden außer durch Vereinbarung mit dem Gläubiger keine Beschränkung der Haftung auf den Nachlass erreichen(*Soergel/Stein* § 1990 BGB Rn 9; *Staudinger/Marotzke* § 1967 BGB Rn 5). Kommt es aber zu einer Haftungssonderung, hat der Erbe gegen den Nachlass einen Erstattungsanspruch aus § 1978 Abs 3 BGB. Dieser Erstattungsanspruch hat gemäß § 324 Abs 1 Nr 1 InsO Vorrang vor den übrigen Nachlassverbindlichkeiten. Hierin liegt die Bedeutung der Einstufung von Nachlasserbenschulden als Nachlassverbindlichkeiten. Dem Gläubiger der Nachlasserbenschuld kann der Erbe den Erstattungsanspruch, der sich gegen den Nachlass richtet, aber nicht entgegenhalten. **136**

Die **nach dem Erbfall entstandenen Wohngelder** werden teilweise als Nachlasserbenschuld angesehen, für die der Erbe grundsätzlich keine Haftungsbeschränkung erreichen könne (so *Siegmann* NZM 2000, 995; *Marotzke* ZEV 2000, 153). **137**

Teilweise wird eine Nachlasserbenschuld angenommen, aber gleichwohl die Möglichkeit der Haftungsbeschränkung bejaht (*BayObLG* 2 Z BR 73/99, NZM 2000, 41 m Anm *Niedenführ* NZM 2000, 641 und *Siegmann* NZM 2000, 995 = ZEV 2000, 151 m Anm *Marotzke* S 153). Sieht man die nach dem Erbfall entstandenen Wohngeldansprüche aber als Nachlasserbenschuld an, kann eine Haftungsbeschränkung gegenüber der Wohnungseigentümergemeinschaft nicht erreicht werden (s oben Rn 136). **138**

Niedenführ

139 Teilweise werden die nach dem Erbfall entstandenen Wohngelder als vom Erblasser herrührende Nachlassverbindlichkeit im Sinne des § 1967 Abs 2 BGB (Erblasserschuld) angesehen, es sei denn, der Erbe entschließt sich, Eigentümer der Wohnung zu bleiben (*OLG Köln* 16 Wx 64/91, NJW-RR 1992, 460; *Palandt/Edenhofer* § 1967 BGB Rn 3).

140 Teilweise wird angenommen, bei den nach dem Tod des Erblassers entstandenen Wohngeldschulden handele sich zwar nicht um eine Erblasserschuld, die Verbindlichkeit sei aber gleichwohl als reine Nachlassverbindlichkeit anzusehen, weil sie ohne Zutun des Erben zwangsläufig entstehe (*OLG Hamburg* 2 W 42/85, NJW-RR 1986, 177, 178; gegen Erblasserschuld auch *Soergel/Stein* § 1967 BGB Rn 4 und *Lange/Kuchinke* Erbrecht, 5. Aufl, S 1196). Weil die Wohngeldverpflichtung mit dem Erwerb der Eigentumswohnung als Nachlassgegenstand entsteht, ohne dass eine Rechtshandlung des Erben erforderlich ist, ist es gerechtfertigt, die nach dem Tod des Erblassers **fällig** gewordenen Wohngelder als reine Nachlassverbindlichkeiten einzustufen und damit dem Erben die Möglichkeit zu eröffnen, eine Beschränkung der Haftung auf den Nachlass zu erreichen (ebenso *Hügel* ZWE 2006, 174, 179; *Köhler* ZWE 2007, 186; **aA** *Marotzke* ZEV 2000, 153; *Siegmann* NZM 2000, 995; *Bonifacio* MDR 2006, 244, 245; *Dötsch* ZMR 2006, 902).

141 Eine andere Beurteilung ist nur dann geboten, wenn der Erbe sich entschließt, die Eigentumswohnung nicht den Nachlassgläubigern zur Befriedigung zu überlassen, sondern selbst zu behalten. Dann haftet er auch mit seinem eigenen Vermögen für die Erfüllung der Wohngeldverpflichtung (ebenso *Lange/Kuchinke* Erbrecht, 5. Aufl, S 1196; *Köhler* ZWE 2007, 186). Durch Antrag auf Eröffnung des Insolvenzverfahrens oder Erhebung der Unzulänglichkeitseinrede gibt der Erbe zwar im Regelfall zu erkennen, dass er die Nachlassgegenstände nicht behalten will. Dies gilt aber dann nicht, wenn der Erbe vorher zu erkennen gegeben hatte, er wolle die Wohnung behalten und dadurch die Eigenhaftung begründet worden war. Dann kann wegen der Eigenhaftung eine Beschränkung der Haftung auf den Nachlass nicht mehr erreicht werden. Ob es sich zugleich um eine Nachlassverbindlichkeit handelt ist dann im Verhältnis zum Gläubiger des Wohngelds unerheblich. Es handelt sich dann nicht um eine reine Nachlassverbindlichkeit, sondern um eine Nachlasserbenschuld, bei der die Beschränkung der Haftung auf den Nachlass wegen der gleichzeitigen Eigenhaftung nicht erreicht werden kann (s oben Rn 136).

142 Ist **Vor- und Nacherbschaft** angeordnet, ist eine Vollstreckung in den Nachlass wegen der den Nacherben schützenden Regelungen in § 2115 BGB und § 773 ZPO problematisch; s dazu *Köhler* ZWE 2007, 186, 187.

143 **b) Beschränkung der Erbenhaftung auf den Nachlass.** Die unbeschränkbare Haftung des Erben tritt gemäß § 1994 Abs 1 S 2 BGB ein, wenn der Erbe die Frist zu Errichtung eines Inventars versäumt oder gemäß § 2005 Abs 1 S 1 BGB, wenn er absichtlich ein unrichtiges Inventar errichtet. Solange der Erbe noch nicht unbeschränkbar haftet, kann er eine Beschränkung der Haftung auf den Nachlass dadurch herbeiführen, dass auf seinen Antrag (§ 1981 BGB) die Nachlassverwaltung (§§ 1975–1988 BGB) angeordnet wird oder auf seinen Antrag (§ 1980 BGB) das Nachlassinsolvenzverfahren (§§ 1975–1980 BGB; §§ 316, 320 InsO) eröffnet wird. Hierdurch wird das Nachlassvermögen vom Eigenvermögen des Erben getrennt. Sowohl die Nachlassverwaltung als auch das Nachlassinsolvenzverfahren bezwecken die geordnete Befriedigung der Nachlassgläubiger aus dem Nachlass.

Ist der Nachlass so gering, dass er nicht einmal die Kosten der Nachlassverwaltung 144 bzw die Kosten eines Insolvenzverfahrens deckt, wäre es nicht sinnvoll, die Nachlassverwaltung anzuordnen oder ein Nachlassinsolvenzverfahren zu eröffnen, weil die Gläubiger daraus keine Befriedigung erwarten könnten. Ein Antrag auf Anordnung der Nachlassverwaltung würde gemäß § 1982 BGB und ein Antrag auf Eröffnung des Nachlassinsolvenzverfahrens würde gemäß § 26 InsO mangels Masse abgelehnt. Die Haftungsbeschränkung wird gemäß § 1990 Abs 1 BGB in einem solchen Fall dadurch erreicht, dass der Erbe, der noch nicht unbeschränkbar haftet, die Befriedigung eines Gläubigers verweigern kann, sofern der Nachlass nicht ausreicht (Unzulänglichkeitseinrede). Gleiches gilt, wenn die Nachlassverwaltung gemäß § 1988 Abs 2 mangels Masse aufgehoben wird oder das Nachlassinsolvenzverfahren gemäß § 207 InsO mangels Masse eingestellt wird.

c) Die Unzulänglichkeitseinrede im Verfahren. Wird der Erbe von einem Nachlass- 145 gläubiger in Anspruch genommen, so muss er im Verfahren die Unzulänglichkeitseinrede erheben. Das Gericht kann dann nach pflichtgemäßem Ermessen sich darauf beschränken, den Erben unter dem Vorbehalt der Beschränkung der Haftung auf den Nachlass zur Leistung zu verpflichten (Dem Antragsgegner wird die Beschränkung seiner Haftung auf den Nachlass des am ... verstorbenen ... vorbehalten.). In diesem Fall muss der Erbe Vollstreckungsabwehrantrag nach §§ 781, 785, 767 ZPO stellen, wenn der Nachlassgläubiger in das Eigenvermögen des Erben vollstrecken will. Im Verfahren über den Vollstreckungsabwehrantrag ist dann zu prüfen, ob dem Erben die Haftungsbeschränkung möglich ist. Das Gericht kann aber auch eine sachliche Entscheidung über die Unzulänglichkeitseinrede des Erben treffen. Verneint es die Möglichkeit der Haftungsbeschränkung für den Erben, lehnt es die Aufnahme eines Vorbehalts ab. Bejaht es die Möglichkeit der Haftungsbeschränkung, entscheidet es, dass die Leistung nur aus dem Nachlass zu bewirken ist (Die Leistung ist nur aus dem Nachlass des am ... verstorbenen ... zu bewirken.). Dies kommt insbesondere dann in Betracht, wenn die Unzulänglichkeit des Nachlasses unstreitig ist oder aufgrund der Abweisung eines Antrags auf Eröffnung des Nachlassinsolvenzverfahrens mangels Masse feststeht. Steht sogar fest, dass der Nachlass erschöpft ist, also überhaupt keine Nachlassgegenstände mehr vorhanden sind, ist der Antrag abzuweisen.

8. Beitragspflicht bei Zwangsverwaltung. Ist die Zwangsverwaltung einer Eigentums- 146 wohnung angeordnet, so richtet sich der Anspruch auch gegen den Zwangsverwalter. Für die vor dem 1.7.2007 angeordneten Zwangsverwaltungen ist unumstritten, dass der Zwangsverwalter aus den Nutzungen der Eigentumswohnung alle nach Anordnung der Zwangsverwaltung fällig werdenden Wohngeldforderungen als Ausgaben der Verwaltung gemäß § 155 Abs 1 ZVG vorweg zu bestreiten hat (*BGH* V ZB 81/08, NZM 2009, 129 mwN; *OLG Hamm* 15 W 342/03, ZMR 2004, 457 mwN; *Wenzel* ZWE 2005, 277, 280). Ob der Zwangsverwalter in der Lage ist, die Wohngelder aus den Nutzungen zu erwirtschaften ist unerheblich. Es genügt, wenn er die Ausgaben der Verwaltung aus Vorschüssen des Gläubigers bezahlen kann (arg § 161 Abs 3 ZVG; *OLG Hamm* wie vor; vgl auch *BGH* IX ZR 21/07, ZIP 2009, 536, zitiert nach Juris Rn 21).

Durch die WEG-Novelle 2007 wurde mit Wirkung vom 1.7.2007 den laufenden Wohn- 147 geldern in § 10 Abs 1 Nr 2 ZVG in begrenztem Umfang ein Vorrecht eingeräumt. Zugleich wurde § 156 Abs 1 S 2 ZVG in das Gesetz eingefügt, wonach der Verwalter die nach § 16 Abs 2, § 28 Abs 2 und 5 geschuldeten fälligen Beiträge ohne vorherige

Niedenführ

Aufstellung eines Teilungsplans zu berichtigen hat. Laut Gesetzesbegründung (BT-Drucks 16/887, S 47) sollten die Wohngeldbeiträge dadurch den öffentlichen Lasten gleich gestellt werden, weil sie anderenfalls gemäß § 155 Abs 2 ZVG erst nach Aufstellung des Teilungsplanes ausgezahlt werden könnten. Diese Schlechterstellung sollte vermieden werden. Nach **hM** dürfen jedoch öffentliche Lasten nicht aus einem Gläubigervorschuss befriedigt werden, weil dadurch ein vorrangiger Gläubiger durch den von einem nachrangigen Gläubiger geleisteten Vorschuss befriedigt würde (vgl Kapitel IV, Nr 5 ZVG Rn 36 mwN). Für nach dem 30.6.2007 angeordnete Zwangsverwaltungen wird nun ebenfalls vertreten, Wohngeldforderungen dürften nicht aus einem Gläubigervorschuss befriedigt werden (vgl etwa *AG Schöneberg* 77 C 55/08 WEG, ZMR 2009, 157; *AG Duisburg* 76a C 24/08, NZM 2008, 937. 21; *Schneider* NZM 2008, 919 mwN). Durch die Änderung des ZVG wollte der Gesetzgeber jedoch die Stellung von Wohnungseigentümergemeinschaften innerhalb des Zwangsversteigerungsverfahrens verbessern (vgl BT-Drucks 16/887, S 47). Dies spricht dafür, die Wohngeldforderungen weiter als Ausgaben der Verwaltung iSv § 155 Abs 1 ZVG einzuordnen (ebenso *LG Köln* 6 T 437/08, NZM 2008, 936; *AG Leipzig* 470 L 147/08, NZM 2008, 937; *LG Frankenthal* 1 T 65/08, Rpfleger 2008, 519; vgl auch *AG Lampertheim* 4 C 1/08, ZMR 2008, 746 [dort war allerdings die Zwangsverwaltung schon am 6.7.2006 angeordnet worden]; *Becker* in Bärmann, § 16 Rn 176 mwN; der *BGH* V ZB 81/08, NJW 2009, 598, konnte die Frage bislang offen lassen). Ob Ansprüche als „Ausgaben" der Verwaltung im Sinne des § 155 Abs 1 ZVG zu qualifizieren sind, hängt allein davon ab, ob deren Begleichung der ordnungsgemäßen Nutzung und Instandhaltung dient, damit der Zwangsverwalter seinen Verpflichtungen nach § 152 ZVG nachkommen kann. Dies ist für Wohngeldbeiträge weiterhin zu bejahen.

148 Der Zwangsverwalter ist verpflichtet, als Ausgabe der Verwaltung die sog **Abrechnungsspitze** der während seiner Verwaltung von den Wohnungseigentümern beschlossenen Jahreseinzelabrechnung vorab zu bezahlen, auch wenn er für den Zeitraum, den die Einzelabrechnung umfasst, noch nicht als Zwangsverwalter bestellt war (*OLG München* 34 Wx 114/06, NZM 2007, 452). Soweit aber der Fehlbetrag aus einer nach Anordnung der Zwangsverwaltung beschlossenen Jahresabrechnung auf der Nichtzahlung von Wohngeldern beruht, die vor der Anordnung der Zwangsverwaltung bereits fällig geworden waren, ist der Zwangsverwalter auch dann nicht zur Zahlung verpflichtet, wenn der Beschluss über die Jahresabrechnung bereits bestandskräftig geworden ist (*BayObLG* 2Z BR 33/99, NZM 1999, 715; ebenso *Hauger* FS für Bärmann und Weitnauer, S 366; *Schnauder* WE 1991, 7, 11; *Wenzel* WE 1997, 124, 126; **aA** *OLG Karlsruhe* 11 W 167/89, ZMR 1990, 189, 190; *OLG Köln* 16 Wx 146/92, WuM 1993, 702; *Müller* WE 1990, 190, 192). Dies entspricht der Rechtsprechung des BGH wonach der Beschluss über die Jahresabrechnung eine Schuld nur für die sogenannte Abrechnungsspitze begründet (*BGH* V ZB 17/99, NJW 1999, 3713). Übersteigt der Zwangsverwalter, dass der Fehlbetrag aus der Jahresabrechnung den Schuldsaldo des Vorjahres enthält, sind die Wohnungseigentümer insoweit wegen ungerechtfertigter Bereicherung zur Rückzahlung verpflichtet (*BayObLG* 2Z BR 33/99, NZM 1999, 715). Der Zwangsverwalter kann den Beschluss über die Jahresabrechnung mit dem Ergebnis anfechten, dass in der Einzelabrechnung des Wohnungseigentümers, dessen Wohnung zwangsverwaltet wird, die Sonderbelastung in Höhe der Vorschüsse nicht gegen die Zwangsverwaltungsmasse fällig gestellt werden darf, während die persönliche Haftung des Wohnungseigentümers insoweit bestehen bleibt (*KG* 24 W 60/05, ZMR 2006, 221, 222).

Der Zwangsverwalter kann gegenüber der Wohngeldnachforderung nicht mit dem 149
Anspruch auf Vorschusszahlung aus § 161 Abs 3 ZVG aufrechnen, wenn die Vorschusszahlung nicht über das Vollstreckungsgericht angefordert worden ist (*OLG Köln* 16 Wx 146/92, WuM 1993, 702, 703). Der Einwand fehlender Solvenz der Masse kann nicht mit dem zu erwartenden Bestand der Masse nach dem Ende der Zwangsverwaltung begründet werden (*OLG Köln* 16 Wx 146/92, WuM 1993, 702, 704). Zahlt ein Wohnungseigentümer über einen längeren Zeitraum das Wohngeld für eine vermietete Eigentumswohnung nicht, so kann sich der Verwalter schadensersatzpflichtig machen, wenn er nicht zur Sicherung des laufenden Wohngeldes aus einem Vollstreckungsbescheid über rückständige Wohngelder die Zwangsverwaltung betreibt (*OLG Hamburg* 2 Wx 53/91, WuM 1993, 300, 301).

Ist die Zwangsverwaltung angeordnet, so kann das Wohngeld gleichwohl gegen den 150
Eigentümer (*OLG Zweibrücken* 3 W 167/04, NZM 2005, 949 mwN; *OLG München* 32 Wx 124/06, Rpfleger 2007, 158) und gegen den gemäß §§ 35, 80 InsO an seine Stelle getretenen **Insolvenzverwalter** gerichtlich geltend gemacht werden (*AG Neukölln* 70 II 222/04, ZMR 2005, 659, 660). Der Wohnungseigentümer wird von seiner Zahlungspflicht nur in Höhe der Leistungen des Zwangsverwalters frei (*Staudinger/Bub* § 28 Rn 221).

Wird die Zwangsverwaltung wegen Antragsrücknahme oder Nichtzahlung des Vor- 151
schusses durch den betreibenden Gläubiger aufgehoben, verliert der Zwangsverwalter ab dem Erlass des Aufhebungsbeschlusses die Prozessführungsbefugnis für Wohngeldklagen betreffend die zwangsverwaltete Wohnung (*KG* 24 W 313/01, NZM 2004, 639; *AG Hanau* 41 II 160/03, NZM 2004, 640). In einem solchen Fall ist in den Tatsacheninstanzen ein gewillkürter Parteiwechsel auf den Wohnungseigentümer sachdienlich (*KG* wie vor). Wird die Zwangsverwaltung über Wohnungseigentum dagegen wegen Zuschlags in der Zwangsversteigerung aufgehoben, so ist der Verwalter weiterhin befugt, anhängige Verfahren aus der Zeit seiner Amtstätigkeit auf der Aktiv- und Passivseite fortzuführen (*OLG München* 32 Wx 165/06, NZM 2007, 365 mwN). Verletzt der Zwangsverwalter gegenüber der Wohnungseigentümergemeinschaft Pflichten aus dem ZVG kann sie gegen den Zwangsverwalter auch dann **Schadensersatz aus § 154 ZVG** verlangen, wenn sich nicht formell am Vollstreckungsverfahren beteiligt war (*BGH* IX ZR 21/07, NZM 2009, 243).

9. Beitragspflicht bei Insolvenz

Literatur: *Lüke* Freigabe und was dann ? Zu den materiellrechtlichen Folgen der Freigabe der Wohnung in der Insolvenz ihres Eigentümers, FS Wenzel, 2005, S. 235; *ders.* Insolvenz des Wohnungseigentümers, ZWE 2006, 370; *Pape* Haftungsbewehrte Pflicht des Insolvenzverwalters zur Freigabe von Wohnungseigentum, ZfIR 2007, 817.

Fällt eine Eigentumswohnung in die Insolvenzmasse, so gehören zu den **Masseverbindlichkeiten** 152
im Sinne von § 55 Abs 1 Nr 1 InsO, die gemäß § 53 InsO vorweg zu berichtigen sind, diejenigen Lasten und Kosten des gemeinschaftlichen Eigentums, **die nach Eröffnung des Insolvenzverfahrens fällig geworden sind** (HK-InsO/*Eickmann* § 55 InsO Rn 14; vgl zu §§ 58 Nr 2, 57 KO *BGH* V ZB 22/88, NJW 1989, 3018; *BayObLG* 2Z BR 92/98 WuM 1999, 643; *KG* 24 W 747/99, ZIP 2000, 2029 m Anm *Eckert* EWiR § 58 KO 1/01, 284; offen gelassen von *BGH* IX ZR 161/01, ZMR 2002, 929). Bei Eröffnung des Insolvenzverfahrens bereits fällige Beträge sind dagegen **Insolvenzforderungen** nach § 38 InsO.

II WEG § 16 Nutzungen, Lasten und Kosten

153 Der Anteil des insolventen Wohnungseigentümers an einer nach Eröffnung fällig gewordenen **Sonderumlage** ist Masseverbindlichkeit iSv § 55 Abs 1 Nr 1 InsO (vgl zu 58 Nr 2 KO: *BGH* V ZB 22/88, NJW 1989, 3018). Zahlungspflichten, die vor der Eröffnung des Insolvenzverfahrens fällig geworden sind, sind dagegen Insolvenzforderungen. Die uneingeschränkte Anwendung der Fälligkeitstheorie auf die Fälle der Zwangsverwaltung und Insolvenz wird jedoch im Anschluss an die Entscheidung des 9. Zivilsenats des *BGH* (IX ZR 161/01, ZMR 2002, 929) zunehmend in Zweifel gezogen (vgl *Wenzel* ZWE 2005, 277 ff). Danach soll es nicht mehr darauf ankommen, wann die Forderung wohnungseigentumsrechtlich entstanden ist, sondern darauf, wann der anspruchsbegründende Tatbestand materiell-rechtlich abgeschlossen war (vgl *Wenzel* ZWE 2005, 277, 280). Dies soll zur Folge haben, dass der Insolvenzverwalter nur für den Anteil einer Ausfalldeckungsumlage haftet, der den Wohngeldvorschüssen entspricht, die in der Zeit nach Eröffnung oder Beschlagnahme fällig geworden sind (vgl *Wenzel* ZWE 2005, 277, 281). Soweit eine Ausfalldeckungsumlage Beitragsausfälle abdecken soll, die vor diesem Zeitpunkt entstanden sind, soll der Insolvenzverwalter dagegen nicht haften. Jedenfalls für solche Sonderumlagen, die nicht der Ausfalldeckung sondern der Finanzierung einer Instandsetzungsmaßnahme dienen, ist dieser Auffassung nicht zu folgen (ebenso *AG Moers* 63 II 13/06 WEG, NZM 2007, 51, 52).

154 Der Fehlbetrag aus einer nach Verfahrenseröffnung beschlossenen **Jahresabrechnung**, der darauf beruht, dass der Gemeinschuldner vor der Eröffnung fällig gewordene Wohngeldvorschüsse nicht bezahlt hat, zählt jedoch nicht zu den Masseverbindlichkeiten (vgl zur KO: *BGH* IX ZR 98/93, NJW 1994, 1866; *BayObLG* 2Z BR 92/98, WuM 1999, 643 mwN; ebenso *Hauger* FS für Bärmann und Weitnauer, S 353, 361 f; **aA** *KG* 24 W 5688/92, WuM 1993, 763). Eine Ersetzung der Schuld aus dem Wirtschaftsplan durch die Schuld aus der Jahresabrechnung (Novation) ist regelmäßig nicht bezweckt (*BGH* V ZB 16/95, NJW 1996, 725). Der Fehlbetrag aus der Jahresabrechnung, der auf der Nichtzahlung von Vorschüssen beruht, bleibt daher eine einfache Insolvenzforderung. Rückständige Wohngeldvorschüsse werden durch den Beschluss über die Jahresabrechnung nicht zur Masseverbindlichkeit aufgewertet. Da das Insolvenzverfahren auf eine gleichmäßige Befriedigung aller Insolvenzgläubiger abzielt, ist eine Schmälerung der Insolvenzmasse zugunsten der Wohnungseigentümer nicht gerechtfertigt. Der BGH hat bisher offen gelassen, ob er anders zu entscheiden wäre, wenn die Wohnungseigentümer bei Beschlussfassung ausdrücklich den Willen zur Novation äußerten. Bestandskräftige Einzelabrechnungen sind auch für den Insolvenzverwalter hinsichtlich der Höhe der auf die Wohnung entfallenden Lasten und Kosten verbindlich, nicht jedoch hinsichtlich der Frage, ob sich der Schuldsaldo aus Masseverbindlichkeiten oder Insolvenzforderungen zusammensetzt (*BayObLG* 2Z BR 92/98, WuM 1999, 643 [zur KO]; kritisch dazu *Müller* ZMR 1999, 669, 670). Zur Frage, ob die Einzelabrechnung auch hinsichtlich der geleisteten Zahlungen und des sich daraus ergebenden Schuldsaldos verbindlich ist, siehe § 28 Rn 80.

155 Ist die Eigentumswohnung durch die **Freigabe** in das insolvenzfreie Vermögen des Schuldners gelangt, dann muss die Gemeinschaft ihre Ansprüche für den Zeitraum nach der Freigabe gegenüber dem insolvenzfreien Vermögen des Schuldners geltend machen (*LG Berlin* 55 T 112/06 WEG, ZMR 2008, 244; *Vallender* NZI 2004, 401, 405; *Lüke* FS Wenzel, S 245 f; **aA** *AG Mannheim* 4 UR WEG 105/04, NZM 2004, 800). Den Streit um die Wirksamkeit einer Freigabe seiner Wohnung muss der Wohnungseigentümer mit dem Insolvenzverwalter austragen; die Wohnungseigentümergemeinschaft ist nicht gehindert, die nach Freigabe fällig gewordenen Beträge gegen den Wohnungseigentümer gerichtlich geltend zu machen (*KG* 24 W 142/02, NZM 2004 383). Die Freigabe beendet nicht die gemäß § 240 ZPO eingetretene Unterbrechung eines Rechtsstreits gegen den insolventen Wohnungseigentümer, dessen Gegenstand Insolvenzforderungen sind (*AG Halle-Saalkreis* 120 II 4/05, ZMR 2006, 82). Die Aufnahme eines solchen Passivprozesses erfolgt nur dann gemäß den §§ 87, 179 Abs 1, 180 Abs 2 InsO durch den Gläubiger, wenn der Insolvenzverwalter oder ein Insolvenzgläubiger die Forderung bestritten hat. Die nach der Freigabe fällig gewordenen Wohngelder können trotz des Insolvenzverfahrens gegen den Wohnungseigentümer gerichtlich geltend gemacht werden (ebenso *AG Magdeburg* 180 UR II 57/05 (180), ZMR 2006, 324). Die vom Insolvenzverwalter unterlassene Freigabe des Wohnungseigentums begründet weder aus § 61 InsO noch aus § 60 InsO einen Schadensersatzanspruch der Wohnungseigentümergemeinschaft wegen entgangenen Hausgelds (*LG Stuttgart* 10 S 5/07, NZM 2008, 532; *Pape* ZfIR 2007, 817; **aA** *OLG Düsseldorf* 3 Wx 299/05, NZM 2007, 47). Zum Einfluss des Antrags auf Restschuldbefreiung s Rn 156.

Hat der Schuldner **Restschuldbefreiung** beantragt, können Insolvenzgläubiger während der sog Wohlverhaltensperiode gemäß § 294 InsO nicht gegen den Schuldner vollstrecken. Für Neugläubiger, die nach der Eröffnung des Verfahrens eine Forderung gegen den Schuldner erworben haben, ist eine Vollstreckung wegen der Abtretung der pfändbaren Bezüge an den Treuhänder nur eingeschränkt möglich. Ihnen bleibt letztlich nur die Vollstreckung in Gegenstände, die der Insolvenzverwalter schon während des Verfahrens freigegeben hat (MünchKomm-InsO/*Hintzen* § 201 Rn 8). Der Schaffung eines Vollstreckungstitels steht die eingeschränkte Möglichkeit der Vollstreckung jedoch nicht entgegen, insbesondere fehlt nicht das Rechtsschutzinteresse für eine Klage (vgl *BGH* IX ZR 73/06, NZM 2007, 771 [Mietzahlungsklage]). 156

Beispiel: Dem Beklagten wurde in dem Insolvenzverfahren, das am 15.4.2003 eröffnet worden war und durch rechtskräftigen Beschluss vom 1.6.2005 nach Schlussverteilung aufgehoben worden ist, durch Beschluss vom 12.5.2005 Restschuldbefreiung angekündigt. Die Insolvenzverwalterin hat am 15.7.2003 die Eigentumswohnung des Beklagten freigegeben. 157

- Wohngelder Januar bis April 2003: Insolvenzforderungen
- Wohngelder Mai bis Juli 2003: Masseverbindlichkeiten
- Wohngelder ab August: Haftung des Wohnungseigentümers

Hat der Insolvenzverwalter gemäß § 208 InsO **Masseunzulänglichkeit** angezeigt, weil die Insolvenzmasse zwar ausreicht, um die Verfahrenskosten zu decken, jedoch nicht um die sonstigen Masseverbindlichkeiten zu erfüllen, dann sind die danach fällig werdenden Wohngelder Neumasseverbindlichkeiten im Sinne von § 209 Abs 1 Nr 2, Abs 2 Nr 3 InsO (*OLG Düsseldorf* 3 Wx 299/05, NZM 2007, 47). Diese Verbindlichkeiten können durch Leistungsklage gegen den Insolvenzverwalter geltend gemacht werden, es sei denn der Insolvenzverwalter beruft sich erneut auf Masseunzulänglichkeit (*AG Neukölln* 70 II 222/04, ZMR 2005, 659, 660). Während die erstmalige Masseunzulänglichkeitsanzeige nach § 208 InsO für das Prozessgericht verbindliche Wirkung hat, muss die erneute eingewendete Masseunzulänglichkeit vom Insolvenzverwalter hinreichend dargelegt und bewiesen werden (*OLG Düsseldorf* 3 Wx 299/05, NZM 2007, 47). Für Altmasseverbindlichkeiten, die vor der Masseunzulänglichkeitsanzeige 158 begründet wurden (§ 209 Abs 1 Nr 3 InsO) gilt das Vollstreckungsverbot des § 210 InsO mit der Folge, dass die betreffenden Forderungen nicht mehr mit der Leistungsklage verfolgt werden können (*OLG Düsseldorf* 3 Wx 299/05, NZM 2007, 47).

X. Ausgleichs- und Rückzahlungsansprüche

159 Ein Wohnungseigentümer, der Kosten und Lasten des gemeinschaftlichen Eigentums über seinen Anteil hinaus bezahlt hat, hat einen Ausgleichsanspruch gegen die Wohnungseigentümergemeinschaft, der seine Grundlage in §§ 16 Abs 2, 21 Abs 2, 3, §§ 683, 684, 748 BGB haben kann (vgl dazu *BGH* VII ZB 1/84, NJW 1985, 912; *BayObLG* 2Z BR 31/94, WuM 1995, 55 mwN). Die übrigen Wohnungseigentümer sind zum Ausgleich nicht als Gesamtschuldner, sondern als **Teilschuldner** nach dem in § 16 Abs 1 S 2 bestimmten Anteil verpflichtet (§ 10 Abs 8). Gleiches gilt für einen Bereicherungsanspruch des Verwalters wegen eigenmächtiger Sanierungsmaßnahmen (s § 27 Rn 27, *OLG München* 34 Wx 047/05, ZMR 2006, 639, 641).

160 Zur Verteilung einer Quote, die auf eine im Insolvenzverfahren angemeldete Forderung gezahlt wird s § 28 Rn 40.

161 Wird ein Sonderumlagebeschluss für ungültig erklärt, ist Voraussetzung für die Rückerstattung bereits gezahlter Beträge nach zwischenzeitlichen Abrechnungsbeschlüssen, dass die Wohnungseigentümer über die Folgenbeseitigung der misslungenen Umlage einen Beschluss fassen, der notfalls gerichtlich erzwingbar ist (*KG* 24 W 7648/96, WuM 1998, 432).

162 Zum Anspruch auf Auszahlung eines in der Jahresabrechnung ausgewiesenen Guthabens s § 28 Rn 199.

163 Wird ein Wohnungseigentümer, der in derselben Anlage mehrere Wohnungen hat, nach Veräußerung einiger Wohnungen von den Erwerbern wegen Mängeln am gemeinschaftlichen Eigentum erfolgreich aus werkvertraglicher Gewährleistung auf Vorschuss in Anspruch genommen, kann er von den übrigen Wohnungseigentümern Ausgleich verlangen, wenn der Vorschuss von der Gemeinschaft zur Mängelbeseitigung verwendet wird (*OLG Düsseldorf* 3 Wx 276/05, NZM 2006, 664). Der Anspruch ergibt sich nicht unmittelbar aus § 16 Abs 2, nicht aus dem Gesichtspunkt des Gesamtschuldnerausgleichs, nicht aus Geschäftsführung ohne Auftrag und auch nicht aus ungerechtfertigter Bereicherung, sondern aus dem Rechtsgedanken der §§ 16 Abs 2, 748, 242 BGB (*OLG Düsseldorf* 3 Wx 353/97, WuM 1999, 475). Der Ausgleichsanspruch ist gerechtfertigt, weil ohne die Durchsetzung der Gewährleistungsansprüche die übrigen Wohnungseigentümer sich entsprechend ihren Anteilen an der erstmaligen mangelfreien Herstellung des gemeinschaftlichen Eigentums hätten beteiligen müssen, weil die Gesellschaft, die das Gebäude schlüsselfertig errichtet hatte, insolvent geworden war. Es würde dem Grundsatz von Treu und Glauben widersprechen, wenn ein einzelner Wohnungseigentümer, der nicht als Bauträger haftet, nur wegen der Weiterveräußerung von Wohnungen die Kosten allein zu tragen hätte.

164 Ist ein Wohnungseigentümer nach der Teilungserklärung berechtigt, seine Dachgeschosswohnung auszubauen, ist eine zusätzliche Hausschwammbeseitigung am Drempel und Dachstuhl notwendige Folge einer Geschäftsbesorgung, für deren Kosten die Miteigentümer anteilig gemäß § 670 BGB in Anspruch genommen werden können, auch wenn es sich nicht um einen Fall der Notgeschäftsführung handelt.

(*KG* 24 W 7853/96, ZMR 1998, 191). Als Anspruchsgrundlage kommen auch Geschäftsführung ohne Auftrag (§§ 683, 670 BGB) und ungerechtfertigte Bereicherung in Betracht, da die Wohnungseigentümer die Sanierungsmaßnahme ohnehin hätten durchführen müssen.

Zu **Aufwendungsersatzansprüchen** s. auch § 21 Rn 21 (Notgeschäftsführung), § 21 Rn 23 (eigenmächtige Instandsetzung) und § 21 Rn 79 (nichtige Übertragung der Instandhaltung). **165**

XI. Begründung von Leistungspflichten durch Beschluss

Literatur: *Briesemeister* Die Begründung von Sonderpflichten einzelner Wohnungseigentümer durch Mehrheitsbeschluss, ZWE 2003, 307; *J-H Schmidt/Riecke* Anspruchsbegründung und Anspruchsvernichtung durch Mehrheitsbeschluß – kann die Wohnungseigentümergemeinschaft mit Miteigentümern „kurzen Prozess" machen? ZMR 2005, 252; *Wenzel* Anspruchsbegründung durch Mehrheitsbeschluss ?, NZM 2004, 542.

Leistungspflichten eines Wohnungseigentümers, die sich weder aus dem Gesetz noch aus einer Vereinbarung ergeben, können außerhalb der Jahresabrechnung nicht durch einen Mehrheitsbeschluss begründet werden. Die Begründung von Sonderpflichten bedarf der Zustimmung des betroffenen Wohnungseigentümers (*Merle* ZWE 2001, 342, 345). Ein Beschluss, wonach ein Wohnungseigentümer wegen einer eigenmächtigen baulichen Veränderung des gemeinschaftlichen Eigentums für Schäden und Kosten hafte und Beträge zu erstatten habe, die dem Gemeinschaftskonto entnommen worden waren (vgl dazu *BayObLG* 2Z BR 64/96, NJWE-MietR 1997, 61), kann selbstständig keinen Zahlungsanspruch begründen. Auch für Schadensersatzansprüche gegen einen Wohnungseigentümer wegen der Beschädigung des gemeinschaftlichen Eigentums kann nicht durch Mehrheitsbeschluss eine selbstständige Anspruchsgrundlage geschaffen werden (*Briesemeister* ZWE 2003, 307, 313; *Wenzel*, NZM 2004, 542; **aA** *BayObLG* 2Z BR 101/02, NZM 2003, 239; *OLG Köln* 16 Wx 156/03, NZM 2003, 806, 807; *OLG Köln* 16 Wx 192/05, NZM 2006, 662). Zur Regelung von **Reinigungspflichten** siehe Rn 72, 107. **166**

Ein Mehrheitsbeschluss, wonach für die Sondernutzung des Gemeinschaftseigentums eine **Nutzungsentschädigung** in bestimmter Höhe zu zahlen ist, begründet ohne gesetzliche Anspruchsgrundlage keinen Zahlungsanspruch (**aA** *OLG Köln* 16 Wx 156/03, NZM 2003, 806, 807). Durch Mehrheitsbeschluss kann auch keine selbstständige Anspruchsgrundlage für den Anspruch auf **Beseitigung bestimmter baulicher Veränderungen** durch einen Wohnungseigentümer geschaffen werden (*OLG Zweibrücken* 3 W 98/07, ZWE 2007, 455m Anm *Demharter* S 457; **aA** *OLG Hamburg* 2 Wx 115/08, ZMR 2009, 306 m abl Anm *J-H Schmidt*; s auch § 22 Rn 170). Ein Beschluss, der einem Wohnungseigentümer die Kosten für die Anschaffung einer neuen Schließanlage auferlegt, weil er Schlüssel von seinem Mieter nicht mehr zurückerlangen kann (vgl *LG Dortmund* 9 T 1211/99 WEG, NZM 2000, 1016) begründet keine Anspruchsgrundlage für die Zahlung der Kosten. **167**

Zahlungspflichten können die Wohnungseigentümer nur im Rahmen der Beschlusskompetenz nach § 21 Abs 7 und im Rahmen des Rechnungswesens durch Beschlüsse über Wirtschaftsplan, Sonderumlage und Jahresabrechnung begründen. In der Jahreseinzelabrechnung können deshalb Kosten einem bestimmten Wohnungseigentümer allein auferlegt werden (vgl § 28 Rn 69). **168**

169 Ob durch einen Beschluss eine selbstständige Anspruchsgrundlage geschaffen werden soll, ist zunächst im Einzelfall durch Auslegung zu ermitteln. Dies ist in der Regel nicht der Fall (*KG* 24 W 5678/96, WuM 1997, 291 mwN). Ein Eigentümerbeschluss, der im Rahmen der geltenden Vereinbarungen und des dispositiven Rechts einem einzelnen Wohnungseigentümer eine besondere Verpflichtung auferlegen will, muss dies für den Betroffenen klar erkennbar machen. Kann der Beschluss auch so verstanden werden, dass die Verpflichtung unabhängig von den rechtlichen Voraussetzungen entsteht, ist der Beschluss nicht nur wegen fehlender inhaltlicher Bestimmtheit für ungültig zu erklären (siehe *BayObLG* 2Z BR 99/98, WuM 1999, 179), sondern nichtig.

§ 17 Anteil bei Aufhebung der Gemeinschaft

¹Im Falle der Aufhebung der Gemeinschaft bestimmt sich der Anteil der Miteigentümer nach dem Verhältnis des Wertes ihrer Wohnungseigentumsrechte zur Zeit der Aufhebung der Gemeinschaft. ²Hat sich der Wert eines Miteigentumsanteils durch Maßnahmen verändert, deren Kosten der Wohnungseigentümer nicht getragen hat, so bleibt eine solche Veränderung bei der Berechnung des Wertes dieses Anteils außer Betracht.

Übersicht

	Rn		Rn
I. Allgemeines	1	IV. Erlöschen der Sondereigentumsrechte	12
II. Die Aufhebung der Gemeinschaft	3		
III. Die Anteilsbemessung	5	V. Verfahren	13

Literatur: *Kreuzer* Wertverschiebung aufgrund baulicher Änderungen, WE 1996, 450; *ders* Aufhebung von Wohnungseigentum, NZM 2001, 123; *Röll* Die Aufhebung von Wohnungseigentum an Doppelhäusern, DNotZ 2000, 749.

I. Allgemeines

1 S 2 ist aufgrund Art 1 Nr 8 **WEG-ÄnderungsG** geändert worden. Hierbei handelt es sich um eine durch § 16 Abs 4 bedingte Folgeänderung, die den Regelungsgehalt der Norm unverändert lässt.

2 § 17 bestimmt die **Höhe des Auseinandersetzungsguthabens** jedes einzelnen Wohnungseigentümers **im Falle einer Aufhebung** der Wohnungseigentümergemeinschaft, nicht die Voraussetzungen zur Aufhebung der Gemeinschaft (Rn 3) oder deren Durchführung (Rn 4).

II. Die Aufhebung der Gemeinschaft

3 Eine Aufhebung der Gemeinschaft ist grundsätzlich nur unter folgenden **Voraussetzungen** möglich: Zum einen durch formlose (*Staudinger/Kreuzer* § 11 Rn 24; aA *Jennißen/ Heinemann* § 17 Rn 4: in der Form des § 4) Vereinbarung sämtlicher Wohnungseigentümer, solange das Gebäude besteht. Zum anderen auf Verlangen eines oder mehrerer Wohnungseigentümer bei völliger oder teilweiser Zerstörung des Gebäudes, wenn hierüber in der Gemeinschaftsordnung oder nachträglich eine Vereinbarung gemäß § 11 Abs 1 S 3 getroffen worden ist und eine Verpflichtung zum Wiederaufbau nach § 22 Abs 4 nicht besteht. Anders als in den Fällen des § 9 Abs 1 Nr 1 und 2 (vgl dazu Rn 12 und § 9 Rn 2, 3), entsteht keine gewöhnliche Bruchteilsgemeinschaft im Sinne der §§ 1008 ff, 747 ff BGB.

Die **Durchführung der Aufhebung** der Gemeinschaft erfolgt – soweit nichts anderes vereinbart ist – im Wege der Auseinandersetzung der Miteigentümer nach den §§ 752 ff BGB. Das Gesamtgrundstück einschließlich des Gebäudes ist entweder in Natur zu teilen, was in der Regel wegen § 752 S 1 BGB ausgeschlossen sein dürfte, oder nach § 753 BGB durch freihändigen Verkauf gemäß §§ 753 ff BGB oder Teilungsversteigerung gemäß § 180 ff ZVG zu verwerten. Der Verkaufs- und Versteigerungserlös ist unter den Miteigentümern nach Maßgabe von § 17 zu verteilen. 4

III. Die Anteilsbemessung

Abweichend von dem Bemessungsgrundsatz des § 16 nach Miteigentumsanteilen stellt § 17 auf den **wirklichen Wert des Wohnungseigentumsrechts** zum Zeitpunkt der Aufhebung ab. Dabei ist mit dem Begriff „Wohnungseigentumsrechte" das Sondereigentumsrecht (§ 1 Abs 2, 3) gemeint (*Riecke/Schmid/Elzer* § 17 Rn 10). Der Aufhebungsanteil berechnet sich also nach dem Wertverhältnis der Sondereigentumsrechte untereinander und ist damit grundsätzlich (Ausnahme Rn 10) auch für den Anteil jedes Wohnungseigentümers am gemeinschaftlichen Eigentum maßgebend. Sind zB die WE 1 500 000 €, die WE 2 200 000 und die WE 3 bis 5 jeweils 100 000 € wert, steht dem Wohnungseigentümer 1 am Wert des gemeinschaftlichen Eigentums 1/2, dem Wohnungseigentümer 2 1/5 und den übrigen Wohnungseigentümern jeweils 1/10 zu. Die Gemeinschaftsordnung bzw. eine nachträgliche Vereinbarung kann eine andere Bemessungsgrundlage vorsehen, da § 17 **abänderbar** ist (§ 10 Abs 2 S 2). Ein den Verteilungsmaßstab ändernder Mehrheitsbeschluss ist hingegen gesetzeswidrig und daher nichtig, es sei denn die Gemeinschaftsordnung enthält eine entsprechende Öffnungsklausel (vgl *BGH* V ZB 58/99, NJW 2000, 3500; *Pick* in Bärmann, § 17 Rn 15; **aA** *Jennißen/Heinemann*, § 17 Rn 1). 5

Das Abstellen auf den wirklichen Wert soll **Ungerechtigkeiten** bei der Verteilung **vermeiden**, die dadurch entstehen können, dass einzelne Sondereigentumseinheiten wertverbessernde Maßnahmen erfahren haben, andere aber durch Vernachlässigung im Wert gesunken sind. Korrigiert werden mittelbar auch die von Anfang an – gewollt oder zufällig – nicht im Verhältnis der Werte zueinander festgelegten Miteigentumsanteile (*Weitnauer/Lüke* § 17 Rn 4). 6

Die **Berechnung des Wertes** der Wohnungseigentumsrechte obliegt in erster Linie den Wohnungseigentümern im Wege der Vereinbarung (*Pick* in Bärmann, § 17 Rn 11). Soweit eine solche nicht zu Stande kommt, ist der Wert vom Gericht nach § 287 Abs 2 ZPO im Rahmen einer Auseinandersetzungsklage sachverständig zu **schätzen**. Die Wertermittlungsmethode steht dabei im pflichtgemäßen Ermessen des Tatrichters (vgl *BGH* V ZR 213/03, NZM 2004, 709). Die Summe der ermittelten Werte muss dann ins Verhältnis zu dem zur Verteilung vorhandenen Erlös gesetzt werden (vgl die Formel bei *Jennißen/Heinemann* § 17 Rn 11). 7

Für die Wertermittlung ist auf den **Zeitpunkt der Aufhebung** abzustellen. Werterhöhungen müssen zu diesem Zeitpunkt noch vorhanden sein. Bei völliger Zerstörung des Gebäudes vor der Aufhebung der Gemeinschaft sind sie daher nicht mehr zu berücksichtigen. Es erfolgt eine Verteilung entsprechend der Miteigentumsanteile bzw einem abweichend vereinbarten Verteilungsschlüssel, und zwar auch im Falle einer 8

Versicherungsdeckung (*Weitnauer/Lüke* § 17 Rn 5; **aA** *Staudinger/Kreuzer* § 17 Rn 6). Etwaige Unbilligkeiten sind über eine entsprechende Anwendung von § 10 Abs 2 S 3 zu lösen (*Jennißen/Heinemann* § 17 Rn 17). Etwas anderes gilt, wenn das Gebäude erst nach der Aufhebung der Gemeinschaft zerstört worden ist.

9 Für die **Wertermittlung des Sondereigentums** ist sein Sach- und Ertragswert zu ermitteln. Hierbei sind alle den Verkehrswert des Sondereigentums beeinflussenden Umstände zu Gunsten und zu Lasten des jeweiligen Wohnungseigentümers zu berücksichtigen. Besondere Bedeutung kommt dabei der Wohnfläche, der Zahl der Zimmer, der Ausstattung der Wohnung, ihrem Erhaltungszustand und ihrer Lage im Gebäude (Stockwerkshöhe, Himmelsrichtung) zu. Außer Betracht bleiben etwaige Belastungen des Sondereigentums (Eintragungen in Abteilung II und III des Wohnungsgrundbuchs).

10 Für die **Wertermittlung des gemeinschaftlichen Eigentums** sind insbesondere auch Werterhöhungen zu berücksichtigen, welche die Wohnungseigentümer etwa aufgrund modernisierender Instandsetzungsmaßnahmen gemäß § 21 Abs 5 Nr 2, baulicher Veränderungen gemäß § 22 Abs 1 oder Maßnahmen im Sinne von § 22 Abs 2 geschaffen haben (Aufbringung einer Wärmedämmung, Bau eines Schwimmbades, repräsentativer Ausbau des Eingangsbereichs oder Einbau eines Fahrstuhls). Derartige **Werterhöhungen** kommen indes gemäß § 17 S 2 **nur denjenigen Wohnungseigentümern zugute**, die sich an den Kosten dieser Maßnahmen beteiligt haben. Dies ist dann nicht der Fall, wenn ein Wohnungseigentümer einer baulichen Veränderung gemäß § 22 Abs 1 nicht zugestimmt hat (auch wenn er ihr mangels Beeinträchtigung nicht zustimmen musste, *Pick* in Bärmann § 17 Rn 17). Er darf dann nicht an den Nutzungen teilhaben, muss sich aber grundsätzlich auch nicht an Kosten beteiligen (§ 16 Abs 6 S 1). In diesem Fall gilt das Wertverhältnis der Sondereigentumsrechte nur für den Wert des gemeinschaftlichen Eigentums ohne die werterhöhende Maßnahme. Der auf die werterhöhende Maßnahme entfallende Wertanteil ist nur unter den Wohnungseigentümern zu verteilen, die sich an den Kosten der Maßnahme beteiligt haben, und zwar nach dem Wertverhältnis der Sondereigentumsrechte nur dieser Wohnungseigentümer. Eine Ausnahme eröffnet § 16 Abs 4, der es den Wohnungseigentümern ermöglicht, die Kosten einer Maßnahme gemäß § 22 Abs 1 auch solchen Wohnungseigentümern aufzuerlegen, die einer baulichen Veränderung nicht zugestimmt haben, sofern sie von dieser einen Gebrauchsvorteil haben. In diesem Fall ist es gerechtfertigt, dass der Wohnungseigentümer an der Werterhöhung partizipiert; ebenso wie an den Nutzungen (§ 16 Abs 6 S 2).

11 Das der Gemeinschaft der Wohnungseigentümer gehörende **Verwaltungsvermögen** (vgl § 10 Abs 7) zählt nicht zum Wohnungseigentum und bleibt daher für die Wertermittlung außer Betracht. Da die Gemeinschaft der Wohnungseigentümer mit der Aufhebung der Gemeinschaft untergeht (vgl § 10 Abs 7 S 4) muss ihr Vermögen auf die Mitglieder verteilt werden. Dafür ist es sachgerecht an den gesetzlichen (§ 16 Abs 2: Miteigentumsanteile) bzw den vereinbarten Kostenverteilungsschlüssel anzuknüpfen (*Jennißen/Heinemann* § 17 Rn 12; *Riecke/Schmid/Elzer* § 17 Rn 7). Die Befriedigung von Verbandsschulden kann jeder Wohnungseigentümer gemäß § 755 BGB vorab aus dem Erlös verlangen (*Pick* in Bärmann, § 17 Rn 24). Die ebenfalls zum Verwaltungsvermögen gehörenden Wohngeldansprüche sind nach § 756 BGB zu berücksichtigen (*Jennißen/Heinemann* § 17 Rn 12).

IV. Erlöschen der Sondereigentumsrechte

Von der Aufhebung der Gemeinschaft ist das Erlöschen der Sondereigentumsrechte zu unterscheiden. Werden sämtliche Sondereigentumsrechte durch Einigung aller Wohnungseigentümer in der Form des § 4 aufgehoben (Fall des § 9 Abs 1 Nr 1, vgl dort Rn 2), so besteht die Gemeinschaft als gewöhnliche Bruchteilsgemeinschaft nach §§ 1008 ff, 741 ff BGB fort. § 17 findet in diesem Fall **entsprechende Anwendung** (*Palandt/Bassenge* § 17 Rn 1; *Pick* in Bärmann, § 17 Rn 9, 10; differenzierend *Jennißen/Heinemann* § 17 Rn 7). Im Fall des § 9 Abs 1 Nr 2 (vgl dort Rn 3), ist § 17 wegen der völligen Zerstörung des Gebäudes hingegen bedeutungslos (*Jennißen/Heinemann* § 17 Rn 7, vgl auch Rn 8).

12

V. Verfahren

Der Anspruch **auf Zustimmung** eines Wohnungseigentümers **zur Aufhebung** der Gemeinschaft ist in einem Rechtsstreit nach §§ 43 Nr 1, 23 Nr 2c GVG geltend zu machen. Nicht hingegen Ansprüche **aus der Aufhebung** der Gemeinschaft, für die zwar ebenfalls das Prozessgericht zuständig ist (vgl *BayObLG* BReg 2 Z 23/78, Rpfleger 1980, 110); dessen örtliche und sachliche Zuständigkeit richtet sich aber nach den allgemeinen Vorschriften (§§ 3 ff ZPO; 23 Nr 1, 71 Abs 1 GVG). Denn nach einer Aufhebung der Gemeinschaft fehlt es an einer Streitigkeit der Wohnungseigentümer untereinander, da es zu diesem Zeitpunkt keine Wohnungseigentümer mehr gibt.

13

§ 18 Entziehung des Wohnungseigentums

(1) ¹Hat ein Wohnungseigentümer sich einer so schweren Verletzung der ihm gegenüber anderen Wohnungseigentümern obliegenden Verpflichtungen schuldig gemacht, dass diesen die Fortsetzung der Gemeinschaft mit ihm nicht mehr zugemutet werden kann, so können die anderen Wohnungseigentümer von ihm die Veräußerung seines Wohnungseigentums verlangen. ²Die Ausübung des Entziehungsrechts steht der Gemeinschaft der Wohnungseigentümer zu, soweit es sich nicht um eine Gemeinschaft handelt, die nur aus zwei Wohnungseigentümern besteht.

(2) Die Voraussetzungen des Absatzes 1 liegen insbesondere vor, wenn
1. der Wohnungseigentümer trotz Abmahnung wiederholt gröblich gegen die ihm nach § 14 obliegenden Pflichten verstößt;
2. der Wohnungseigentümer sich mit der Erfüllung seiner Verpflichtungen zur Lasten- und Kostentragung (§ 16 Abs. 2) in Höhe eines Betrags, der drei vom Hundert des Einheitswerts seines Wohnungseigentums übersteigt, länger als drei Monate in Verzug befindet; in diesem Fall steht § 30 der Abgabenordnung einer Mitteilung des Einheitswerts an die Gemeinschaft der Wohnungseigentümer oder, soweit die Gemeinschaft nur aus zwei Wohnungseigentümern besteht, an den anderen Wohnungseigentümer nicht entgegen.

(3) ¹Über das Verlangen nach Absatz 1 beschließen die Wohnungseigentümer durch Stimmenmehrheit. ²Der Beschluss bedarf einer Mehrheit von mehr als der Hälfte der stimmberechtigten Wohnungseigentümer. ³Die Vorschriften des § 25 Abs. 3, 4 sind in diesem Fall nicht anzuwenden.

(4) Der in Absatz 1 bestimmte Anspruch kann durch Vereinbarung der Wohnungseigentümer nicht eingeschränkt oder ausgeschlossen werden.

Übersicht

	Rn		Rn
I. Allgemeines	1	a) Verstöße gegen Pflichten	
II. Anspruchsvoraussetzungen	7	gemäß § 14	16
1. Generalklausel		b) Zahlungsverzug	17
(Abs 1)	8	III. Die Durchsetzung des Entziehungs-	
a) Schwere Pflichtver-		sanspruchs	19
letzung	8	1. Mehrheitsbeschluss (Abs 3)	20
b) Unzumutbarkeit	11	2. Entziehungsklage	
c) Schuldig machen	14	(Abmeierungsklage)	22
2. Regelbeispiele (Abs 2)	16	IV. Unabdingbarkeit (Abs 4)	28

I. Allgemeines

1 Abs 1 S 2 ist als Folge der vom Gesetz in § 10 anerkannten Teilrechtsfähigkeit der Gemeinschaft der Wohnungseigentümer aufgrund Art 1 Nr 9 **WEG-ÄnderungsG** angefügt worden.

2 Im Interesse eines reibungslosen Funktionierens der Gemeinschaft können die Wohnungseigentümer – wie auch bei § 12 – Einfluss auf die Zusammensetzung der Gemeinschaft ausüben. Mit § 12 kann das Eindringen einer unerwünschten Person verhindert, mit § 18 deren **Entfernung aus der Gemeinschaft** erreicht werden (*Riecke/ SchmidRiecke* § 18 Rn 3). Der Anspruch auf Entziehung des Wohnungseigentums gemäß § 18 Abs 1 bildet das notwendige Regulativ zur grundsätzlichen Unauflöslichkeit der Gemeinschaft (§ 11). Denn die Entziehung schafft Abhilfe bei unerträglichen Verhältnissen infolge schwerer Pflichtverletzungen und soll den Gemeinschaftsfrieden wiederherstellen (*BGH* V ZR 26/06, NZM 2007, 290). Ziel ist es, künftige Störungen der Wohnungseigentümergemeinschaft zu verhindern, nicht hingegen vergangenes Handeln zu sanktionieren (*LG Augsburg* 7 S 1401/04, ZMR 2005, 230; *Staudinger/ Kreutzer* § 18 Rn 1).

3 Die Entziehung des Wohnungseigentums erfolgt durch eine erzwungene Veräußerung an einen Dritten. Dies stellt einen schweren **Eingriff in das durch Art 14 Abs 1 GG grundrechtlich geschützte Eigentum** dar. Eine derartige Verpflichtung ist nur bei Vorliegen enger Voraussetzungen zulässig. Eine solche Voraussetzung kann vorliegen, wenn ein Eigentümer mit seinem Eigentum so verfährt, dass die Rechte anderer Personen, darunter auch Eigentumsrechte, in erheblichem Maße verletzt werden. Dies gilt insbesondere dann, wenn – wie beim Wohnungseigentum – mehrere Personen in einem so engen Verhältnis stehen, dass jede ihr Recht nur dann ungestört ausüben kann, wenn alle anderen eine vorgegebene Ordnung bei der Benutzung ihres Eigentums beachten. Es verstößt daher grundsätzlich nicht gegen Art 14 Abs 1 GG , wenn der Inhalt des Wohnungseigentums durch Abs 1 dahin bestimmt wird, dass eine Verpflichtung zur Veräußerung möglich ist, wenn ein Eigentümer seine Pflichten gegenüber anderen Wohnungseigentümern schwer verletzt (*BVerfG* 1 BvR 1523/92, NJW 1994, 241). Da den Wohnungseigentümern, insbesondere zur Beitreibung rückständiger Beiträge, auch noch andere Rechtsbehelfe zur Verfügung stehen (vgl Rn 18), steht das Entziehungsverlangen erst nach Ausschöpfung aller anderen Möglichkeiten als „äußerstes Mittel" und ultima ratio zur Verfügung (*BVerfG* 1 BvR 1523/92, NJW 1994, 241; *BGH* V ZR 26/06, NZM 2007, 290).

Gegen eine **Umgehung des Entziehungsanspruchs** dadurch, dass der störende Wohnungseigentümer das Wohnungseigentum von dem Dritten zurück erwirbt oder das Wohnungseigentum an einen Strohmann oder den Ehepartner freiwillig veräußert, können sich die Wohnungseigentümer am zweckmäßigsten durch Vereinbarung einer Veräußerungsbeschränkung gemäß § 12 schützen. Außerdem kann ein Vorkaufsrecht zugunsten der Wohnungseigentümer vereinbart werden. Eine **Vereitelung des Entziehungsanspruchs** dadurch, dass der störende Wohnungseigentümer das Wohnungseigentum mit dinglichen Rechten belastet, die in der Zwangsversteigerung nicht erlöschen, kann im Wege der einstweiligen Verfügung gemäß § 935 ZPO durch ein Belastungsverbot verhindert werden. Mit der Beschlagnahme des Wohnungseigentums analog § 20 ZVG besteht ein Veräußerungsverbot (vgl § 19 Rn 6). Eine freiwillige Veräußerung ist dann ebenso wie eine Belastung des Wohnungseigentumsrechtes gegenüber den die Zwangsversteigerung betreibenden Wohnungseigentümern unwirksam.

4

Der Entziehungsanspruch gemäß § 18 Abs 1 kann grundsätzlich erst ab Eintragung im Grundbuch geltend gemacht werden. Eine Entziehung des Anwartschaftsrechts auf Eigentumserwerb gegenüber einem Käufer analog Abs 1 ist nur möglich, wenn bereits eine **werdende Wohnungseigentümergemeinschaft** entstanden ist (*Jennißen/Heinemann* § 18 Rn 8; *Riecke/Schmid/Riecke* § 18 Rn 5). Daneben ist der Verkäufer zum Rücktritt vom Kaufvertrag wegen positiver Vertragsverletzung aufgrund unzumutbar schwerer Verstöße des Käufers berechtigt. Dies gilt auch noch nach Eintragung des Erwerbers im Grundbuch (*Jennißen/Heinemann* § 18 Rn 8). § 18 stellt insoweit keine Spezialvorschrift für den Sonderbereich des Wohnungseigentums dar (**aA** *BGH* V ZR 118/70, NJW 1972, 1667). Während es im Rahmen des § 18 um eine Verletzung von Gemeinschaftsinteressen geht, kann der Veräußerer nur wegen einer Vertragsverletzung im Verhältnis Verkäufer-Käufer zurücktreten (*Pick* in Bärmann, § 18 Rn 4).

5

Gehören einem Wohnungseigentümer **mehrere Wohnungseigentumsrechte** ist § 18 für jedes Wohnungseigentum gesondert zu prüfen. Gehört ein Wohnungseigentum **mehreren Personen** als Bruchteilseigentümern (zB Ehegatten), kann Veräußerung nur von dem Störer verlangt werden (§ 747 S 1 BGB; **aA** *Staudinger/Kreuzer* § 18 Rn 21; offengelassen von *BayObLG* 2 Z BR 20/99, NZM 1999, 578). Der § 18 erfüllende Verstoß der anderen – nicht störenden – Miteigentümer kann aber darin bestehen, dass sie die Störung des Miteigentümers nicht unterbinden (*LG Köln* 29 S 90/00, ZMR 2002, 227). Gehört ein Wohnungseigentum mehreren Personen als Gesamthandsberechtigten (zB Erbengemeinschaft), genügt es, wenn die Voraussetzungen des § 18 bei einem Gesamthänder vorliegen (vgl § 425 BGB).

6

II. Anspruchsvoraussetzungen

Abs 1 beschreibt die Voraussetzungen für den Entziehungsanspruch als **Generalklausel**, dh mit allgemein gehaltenen Formulierungen, die viele verschiedenartige Tatbestände erfassen. Abs 2 nennt **zwei Regelbeispiele**.

7

1. Generalklausel (Abs 1). – a) Schwere Pflichtverletzung. Voraussetzung ist eine schwere Pflichtverletzung **als Wohnungseigentümer** – nicht als Verwalter (*LG Berlin* 85 T 266/94, DWE 1995, 168) – **gegenüber anderen Wohnungseigentümern.** Ausreichend ist es, wenn sie gegenüber einem einzelnen Wohnungseigentümer oder gegenüber dessen Angehörigen oder Nutzungsberechtigten im Sinne von § 14 Nr 2 begangen wird. Die Pflichtverletzung muss ihren Anlass nicht im Gemeinschaftsverhältnis

8

haben, wie etwa bei Tätlichkeiten infolge privater Streitigkeiten. Bei besonders schweren Pflichtverstößen kann ein einzelner Verstoß ausreichen, um den Entziehungsanspruch zu begründen (vgl Rn 13).

9 Schwere Pflichtverletzungen sind zum **Beispiel**: grobe Beleidigungen (*AG Dachau* 3 C 265/00, ZMR 2006, 319); Verleumdungen, Formalbeleidigungen (*LG Stuttgart* 5 S 477/95, NJW-RR 1997, 589); unbegründete Strafanzeigen; Gewalttätigkeiten bis hin zu Körperverletzungen; schwere Vernachlässigung des Sondereigentums (*LG Tübingen* 1 S 39/94, NJW-RR 1995, 650); Nutzung der Eigentumswohnung als Bordell; Einbruch in fremden Keller; unsittliche Belästigungen der im Hause wohnenden Frauen oder Kinder; fortlaufende unpünktliche Erfüllung von Wohngeldansprüchen, ohne dass der in Abs 2 Nr 2 geforderte Betrag erreicht wird (*BGH* V ZR 26/06, NZM 2007, 290); gemeinschaftswidriges, querulatorisches Verhalten, dass beim Verkauf einer Eigentumswohnung als zu offenbarender Sachmangel anzusehen ist (*LG Stuttgart* 5 S 477/95, NJW-RR 1997, 589: teils mutwilliges Betreiben einer Unzahl von WEG-Verfahren).

10 In der Regel **kein Entziehungsgrund** sind Lärmstörungen durch Kleinkinder (vgl *LG Aachen* 15 C 611/63, ZMR 1965, 75 für Mietrecht), Vermietung an Gastarbeiter (*LG Wuppertal* 9 S 361/75, DWE 1976, 125), wiederholte, aber nicht querulatorische Beschlussanfechtungen (*OLG Köln* 16 Wx 7/04, NJW-RR 2004, 877); Verführung des Nachbars Weib (*Jennißen/Heinemann* § 18 Rn 17); unzulässige bauliche Veränderungen (*Jennißen/Heinemann* § 18 Rn 17); politische Tätigkeit eines Wohnungseigentümers; strafrechtliche Verurteilung (*Staudinger/Kreuzer* § 18 Rn 8); störendes Verhalten, das auf Krankheit beruht (*LG Mannheim* 6 S 83/68 zu § 553 ff aF, ZMR 1969, 241), es sei denn, es liegt eine besonders schwere Störung vor (vgl Rn 14).

11 b) Unzumutbarkeit. Die Pflichtverletzung muss so schwer sein, dass den von ihr betroffenen Wohnungseigentümern eine Fortsetzung der Gemeinschaft mit dem Störer nicht mehr zugemutet werden kann. Ob Unzumutbarkeit zu bejahen ist, ist eine **Frage des Einzelfalls**. Gegeneinander abzuwägen sind das Interesse der Wohnungseigentümer an der Entfernung des störenden Eigentümers und dessen Interesse, sein Eigentum zu behalten.

12 Dabei ist stets zu bedenken, dass die Entziehung des Wohnungseigentums nur das letzte Mittel zur Behebung schwerwiegender Konflikte zwischen den Wohnungseigentümern sein darf, da es sich um einen schweren Eingriff in das Eigentum handelt (vgl Rn 3). Sie kommt grundsätzlich nur in Betracht, wenn zuvor weniger einschneidende Maßnahmen, insbesondere eine **Abmahnung**, erfolglos waren (*BGH* V ZR 26/06, NZM 2007, 290; *LG Aachen* 2 S 298/91, ZMR 1993, 233; *AG Dachau* 3 C 265/00, ZMR 2006, 319; *Armbrüster* WE 1999, 46; noch strenger *Bärmann/Pick* § 18 Rn 5: erfolglose Unterlassungsklage nach § 43 Nr 1). Auf sie kann nur ausnahmsweise verzichtet werden, wenn diese der Gemeinschaft unzumutbar ist (etwa durch eine nicht hinnehmbare Verzögerung bei der Herstellung geordneter Verhältnisse infolge gravierender Pflichtverstöße) oder offenkundig keine Aussicht auf Erfolg bietet (*BGH* V ZR 26/06, NZM 2007, 290; *AG Dachau* 3 C 265/00, ZMR 2006, 319; *Riecke/Schmid/Riecke* § 18 Rn 28). Die Abmahnung setzt keinen Beschluss der Gemeinschaft voraus, der aber möglich ist; es genügt, dass der Verwalter oder ein Wohnungseigentümer sie ausspricht. Anders als bei einer Abmahnung durch Beschlussfassung, für den eine Mehrheit nach § 18 Abs 3 (vgl dazu Rn 20) nicht erforderlich ist (*OLG Hamburg* 2 Wx 9/03,

ZMR 2003, 596), ist die Abmahnung durch Verwalter/Wohnungseigentümer nicht selbstständig anfechtbar (*BayObLG* 2Z BR 19/04, NJW-RR 2004, 1020). Der Wille der Gemeinschaft, dem störenden Wohnungseigentümer im Falle fortdauernder Pflichtverletzung das Wohnungseigentum entziehen zu wollen, muss in der Abmahnung hinreichend zum Ausdruck kommen (vgl *BGH*, V ZR 26/06, NZM 2007, 290). Hierzu gehört insbesondere auch die bestimmte Formulierung der konkret störenden Verhaltensweisen (*LG München* 1 S 6883/08, ZWE 2009, 38). Schließlich muss die Mahnung dem Entziehungsbeschluss zeitlich voraus gegangenen sein, da sie anderenfalls den ihr zugedachten Zweck, den Wohnungseigentümer vor dem drohenden Entziehungsbeschluss zu warnen, nicht erfüllen kann (*BGH* V ZR 26/06, NZM 2007, 290; *Staudinger/Kreuzer* § 18 Rn 17). Die Abmahnung verliert ihre Wirkungsdauer, wenn der Wohnungseigentümer unter Berücksichtigung aller Umstände annehmen darf, die zur Abmahnung führenden Vorgänge hätten sich für die Gemeinschaft erledigt (*BGH* V ZR 26/06, NZM 2007, 290). Ein wegen fehlender Abmahnung nicht ausreichender Entziehungsbeschluss stellt sich rechtlich als Abmahnung dar (*BGH* V ZR 26/06, NZM 2007, 290).

Entfallen die unzumutbaren Verhältnisse zu einem späteren Zeitpunkt (zB Auszug des Mieters, der den Hausfrieden unzumutbar störte) oder handelt es sich um einen einmaligen Verstoß, so müssen besondere Gründe – insbesondere **Wiederholungsgefahr** – vorliegen, wenn allein aufgrund vergangener Verletzungen eine Verpflichtung zur Veräußerung des Wohnungseigentums erfolgen soll (*LG Augsburg* 7 S 1401/04, ZMR 2005, 230). Aber auch dann, wenn eine Wiederholungsgefahr nicht zu erwarten ist, kann eine Verpflichtung zur Veräußerung zulässig sein, wenn die einmalige Verletzung von einer solchen Schwere ist, dass den anderen Wohnungseigentümern das weitere gemeinsame Bewohnen einer Wohnungseigentumsanlage zusammen mit demjenigen, der seine Pflichten ihnen gegenüber verletzt hat, nicht zugemutet werden kann (*BVerfG* 1 BvR 1523/92, NJW 1994, 241). **13**

c) Schuldig machen. Ein schuldhaftes Handeln ist grundsätzlich Voraussetzung für die Verpflichtung zur Veräußerung des Wohnungseigentums (*Weitnauer/Lüke* § 18 Rn 5). Auch eine **unverschuldete Störung** kann aber den Entziehungsanspruch begründen. Unproblematisch ist dies, soweit der schuldunfähige Zustand schuldhaft herbeigeführt wurde (allgemeine Lebensführungsschuld bei Alkohol- und Drogensucht). Dies gilt aber auch dann, wenn sich der Wohnungseigentümer etwa infolge einer Geisteskrankheit dauerhaft in einem die Schuld ausschließenden Zustand befindet (*LG Tübingen* 1 S 39/94, NJW-RR 1995, 650). Dieser Umstand muss aber bei der Beurteilung der Schwere der Pflichtverletzung (besonders schwere Pflichtverletzung) und der Unzumutbarkeit (Wiederholungsgefahr) besondere Berücksichtigung finden (*BVerfG* 1 BvR 1523/92, NJW 1994, 241). **14**

Für eine **Pflichtverletzung seiner Angehörigen bzw Nutzungsberechtigten** hat der Wohnungseigentümer nicht gemäß § 278 BGB einzustehen. Insoweit ist eine eigene schuldhafte Pflichtverletzung des Wohnungseigentümers gemäß § 14 Nr 2 erforderlich, etwa dadurch, dass er das Fehlverhalten seines Mieters nicht unterbindet (*AnwK-BGB/Schultzky* § 18 Rn 6; (*Palandt/Bassenge* § 18 Rn 2; **aA** *BayObLG* BReg 2 Z 36/4 MDR 1970, 586; *Staudinger/Kreuzer* § 18 Rn 11). **15**

2. Regelbeispiele (Abs 2). – a) Verstöße gegen Pflichten gemäß § 14. Gemäß Abs 2 Nr 1 sind die Voraussetzungen des Abs 1 erfüllt, also auch die Unzumutbarkeit der Fort- **16**

setzung der Gemeinschaft, wenn ein Wohnungseigentümer trotz Abmahnung wiederholt gröblich gegen die ihm nach § 14 obliegenden Pflichten verstößt. Erforderlich sind danach mindestens drei gleichartige gravierende Pflichtverstöße: einer vor und zwei nach der Abmahnung. Zur Abmahnung vgl Rn 12. Anders als im Rahmen der Generalklausel des Abs 1 kann von dem Erfordernis der Abmahnung auch nicht ausnahmsweise abgesehen werden (*Jennißen/Heinemann* § 18 Rn 21). Da Abs 2 Nr 1 keine Sperrwirkung entfaltet (*BGH* V ZR 26/06, NZM 2007, 290), können weniger als drei Verstöße zu einem Entziehungsanspruch führen, wenn die Voraussetzungen des Abs 1 vorliegen. Voraussetzung ist grundsätzlich auch bei Abs 2 Nr 1, dass die Pflichtverletzung schuldhaft erfolgt (vgl Rn 14, 15). Der Ausschluss eines Wohnungseigentümers aus der Eigentümergemeinschaft aufgrund Abs 2 Nr 1 verletzt nicht das Grundrecht aus Art 14 GG (Nichtannahmebeschluss des *BVerfG* 1 BvR 1526/96, WuM 1998, 45).

17 **b) Zahlungsverzug.** Gemäß Abs 2 Nr 2 ist ein Entziehungsanspruch nach Abs 1, und damit auch die Unzumutbarkeit der Fortsetzung der Gemeinschaft, gegeben, wenn ein Wohnungseigentümer mit der Erfüllung seiner Pflicht zur Lasten- und Kostentragung (§ 16 Abs 2) länger als 3 Monate in Verzug gerät und der rückständige Betrag 3% des Einheitswertes des Wohnungseigentums übersteigt. Die Anknüpfung an den Einheitswert ist nicht mehr zeitgemäß, aber ohne eine Änderung des Gesetzes weiter maßgebend (*Schmidt* ZWE 2002, 113). Die Schwierigkeiten beim Nachweis des Einheitswertes haben mit der Änderung des § 18 Abs 2 Nr 2 durch Art 9 des Gesetzes zur Reform des Kontopfändungsgesetzes vom 7.7.2009 (BGBl. I 1707, 1712), die am 11.7.2009 in Kraft getreten ist, ihr Ende gefunden. Das Finanzamt darf nunmehr unter Lockerung des Steuergeheimnisses (§ 30 AO) den Einheitswert der Wohnungseigentümergemeinschaft bzw dem anderen Wohnungseigentümer einer aus zwei Wohnungseigentümern bestehenden Wohnungseigentümergemeinschaft mitteilen. Zum Verzug mit Beitragsforderungen vgl § 28 Rn 159 ff. Eine Abmahnung ist nicht vorgeschrieben. Ein der Abmahnung entsprechender Effekt wird dadurch erreicht, dass die Entziehung nach § 19 Abs 2 entfällt, wenn die Rückstände bis zum Zuschlag in der Zwangsversteigerung ausgeglichen werden (*BGH* V ZR 26/06, NZM 2007, 290).

18 Abs 2 Nr 2 ist keine abschließende Sonderregelung. Sofern sich ein Wohnungseigentümer mit erheblichen Wohngeldzahlungen in Verzug befindet, kann es auf der Grundlage von § 21 Abs 7 (vgl § 21 Rn 128) in Ausübung eines **Zurückbehaltungsrechts** gemäß § 273 BGB unter Beachtung des Verhältnismäßigkeitsgrundsatzes zulässig sein, den säumigen Eigentümer – auch bei vermietetem Wohnungseigentum (*KG* 24 W 7/01, ZMR 2002, 458) – bis zum Ausgleich der Rückstände von der Belieferung mit Wasser und Wärmeenergie auszuschließen, sog. Versorgungssperre (*BGH* V ZR 235/04, ZMR 2005, 880; vgl auch § 28 Rn 196 f).

III. Die Durchsetzung des Entziehungsanspruchs

19 Die Erhebung der Entziehungsklage setzt grundsätzlich einen **Beschluss der Wohnungseigentümer** voraus (Abs 3). Ein solcher ist nur dann nicht erforderlich, wenn es sich um eine Gemeinschaft handelt, die nur aus zwei Wohnungseigentümern besteht (*LG Köln* 29 S 90/00, ZMR 2002, 227; *LG Aachen* 2 S 298/91, ZMR 1993, 233). Der Verwalter hat auf Antrag auch nur eines Wohnungseigentümers einen entsprechenden Tagesordnungspunkt vorzusehen. Er kann nicht davon absehen, weil eine informelle Befragung der Wohnungseigentümer ergeben hat, dass die Mehrheit die Angelegenheit als „Privatsache" ansieht, mit der sich die Versammlung nicht beschäftigen soll

(*OLG Köln* 16 Wx 97/97, ZMR 1998, 48). Für eine ordnungsmäßige Ladung reicht die Bezeichnung als „Abmeierungsklage" (*KG* 24 W 2452/95, DWE 1996, 30; *AnwHdB/ Vandenhouten* Teil 4 Rn 46). Lehnen die Wohnungseigentümer ab, einen Miteigentümer durch Prozess zur Veräußerung seines Wohnungseigentums zu zwingen, kann die Veräußerung nicht verlangt werden. Diese Entscheidung kann gerichtlich nur eingeschränkt überprüft werden, denn die Wohnungseigentümer haben für ihre Entscheidung einen weiten Ermessensspielraum (*KG* 24 W 3553/95, WuM 1996, 299). Umgekehrt sind die überstimmten Eigentümer an den Beschluss gebunden (§ 10 Abs 5). Wegen der Beschlussanfechtung in diesem Fall vgl Rn 21.

1. Mehrheitsbeschluss (Abs 3). Gemäß Abs 3 S 1 entscheiden die Wohnungseigentü- 20 mer in der Eigentümerversammlung (§ 23 Abs 1) mit Stimmenmehrheit, außerhalb allstimmig (§ 23 Abs 3) darüber, ob sie von dem Störer die Veräußerung des Wohnungseigentums verlangen wollen. Das Veräußerungsverlangen muss sich eindeutig ergeben (*OLG Hamm* 15 W 314/89, MDR 1990, 343 verneint dies für den Fall, dass nur die nachrangige Erteilung einer Prozessstandschaft für den Verwalter erkennbar ist). Der Beschluss kann mit Befristungen und Bedingungen versehen werden (*Staudinger/Kreutzer* § 18 Rn 32, 33). Der von dem Entziehungsanspruch betroffene Wohnungseigentümer ist gemäß § 25 Abs 5 2. Fall nicht stimmberechtigt (*BayObLG* BReg 2 Z 143/91, NJW 1993, 603; *Weitnauer/Lüke* § 18 Rn 9). Gemäß Abs 3 S 3 finden § 25 Abs 3 und 4, welche die Beschlussfähigkeit betreffen, keine Anwendung. Erforderlich ist nämlich gemäß Abs 3 S 2 eine (absolute) **Mehrheit von mehr als der Hälfte aller stimmberechtigten Wohnungseigentümer**, nicht nur der erschienenen Eigentümer. Abzustimmen ist **nach Köpfen**. Mitberechtigte eines Wohnungseigentums sind ein Kopf (§ 25 Abs 2 S 2). Jeder Wohnungseigentümer hat danach nur eine Stimme, ohne Rücksicht auf die Größe seines Miteigentumsanteils (*OLG Rostock* 3 W 5/08, ZMR 2009, 470). Bestimmt die Gemeinschaftsordnung, dass nicht nach Köpfen, sondern nach Miteigentumsanteilen abzustimmen ist, so gilt dies grundsätzlich nicht für die Beschlussfassung über die Entziehung des Wohnungseigentums. Insoweit bedarf es einer ausdrücklichen Vereinbarung (*BayObLG* 2 Z BR 179/98, NZM 99, 868, vgl dazu Rn 30). Enthaltungen sind als Nein-Stimmen zu zählen (*AnwHdB/Vandenhouten*, Teil 4 Rn 246; *Riecke/Schmid/Riecke* § 18 Rn 49). Bei einer Mehrhauswohnanlage sind alle Wohnungseigentümer mit Ausnahme des Störers stimmberechtigt, nicht nur die Eigentümer des betroffenen Hausblocks (*BayObLG* BReg 2 Z 77/70, Rpfleger 1972, 144; vgl auch Rn 30).

Der Beschluss über die Entziehung kann angefochten werden. Im Wege der **Anfech-** 21 **tungsklage** gemäß §§ 43 Nr 4, 46 ist nur zu prüfen, ob der Beschluss formal ordnungsgemäß zu Stande gekommen ist, nicht hingegen ob das Entziehungsverlangen aus sachlichen Gründen gerechtfertigt ist (*BayObLG* 2 Z BR 20/99, NZM 1999, 578). Beachtlich sind daher etwa Ladungsmängel (*OLG Düsseldorf* 3 Wx 147/97, ZMR 1998, 244: Verstoß gegen § 23 Abs 2), Mängel bei der Durchführung der Versammlung (*OLG Hamm* 15 W 314/89, MDR 1990, 343: Verstoß gegen den Grundsatz der Nichtöffentlichkeit), mangelnde Bestimmtheit (*OLG Hamm* 15 W 314/89, MDR 1990, 343, vgl oben Rn 20) und unterbliebene Abmahnung (*BGH* V ZR 26/06, NZM 2007, 290). Dies gilt entsprechend für den Abmahnungsbeschluss (*BayObLG* 2 Z BR 1/95, NJW-RR 1996, 12). Der Rechtsstreit über die Entziehungsklage (vgl dazu Rn 23) kann aber bis zur rechtskräftigen Entscheidung über die Anfechtung des auf die Entziehung gerichteten Eigentümerbeschlusses ausgesetzt werden (*OLG Hamburg* 13 W 32/87,

WuM 1991, 310). Da Beklagte im Anfechtungsrechtsstreit die übrigen Wohnungseigentümer sind, Kläger der Entziehungsklage der Verband scheidet eine Widerklage aus (*Köhler* Rn 279; a**A** *Jennißen/Heinemann* § 19 Rn 12). Zwar bleiben die Wohnungseigentümer trotz der gesetzlichen Prozessstandschaft (vgl Rn 24) weiterhin Rechtsinhaber des Erziehungsanspruchs. Der ZPO liegt jedoch ein formeller Parteibegriff zugrunde. Im Rechtsstreit über die Entziehungsklage ist das Gericht an das dortige Ergebnis gebunden (*KG* 1 W 1140/67, OLGZ 1967, 462). Der Streitwert der Anfechtungsklage beläuft sich auf 20% des Verkehrswertes der Wohnung des Beklagten (*LG Bremen* 2 T 294/99, WuM 1999, 598; *Jennißen/Heinemann*, § 18 Rn 38).

22 **2. Entziehungsklage (Abmeierungsklage).** Kommt der Störer dem mit absoluter Stimmenmehrheit beschlossenen Veräußerungsverlangen nicht freiwillig nach, indem er seine Eigentumswohnung veräußert, so muss der Anspruch aus § 18 Abs 1 mittels einer Klage durchgesetzt werden.

23 Gemäß § 43 Nr 1, 2, 23 Nr 2c GVG ist unabhängig vom Wert des Streitgegenstands das Amtsgericht – Zivilprozessabteilung – zuständig, in dessen Bezirk das Grundstück liegt. Es kann jedoch auch die Zuständigkeit eines Schiedsgerichts vereinbart werden (*BayObLG*, BReg 2 Z 73/72, Z 1973, 1). **Prozessvoraussetzung** ist der Mehrheitsbeschluss gemäß Abs 3 (vgl Rn 20). Nichtigkeitsgründe sind nur dann noch zu überprüfen, wenn darüber nicht bereits bindend im Rahmen einer Anfechtungsklage (Rn 21) entschieden worden ist (§§ 43 Nr 4, 48 Abs 4).

24 **Klagebefugt** (gesetzliche Prozessstandschaft) ist seit Inkrafttreten der WEG-Novelle nur die Gemeinschaft der Wohnungseigentümer als Ausübungsbefugte (§ 18 Abs 1 S 2 Hs 1 in Erweiterung des § 10 Abs 6 S 3 [*Pick* in Bärmann, § 18 Rn 33). Dies führt in am Stichtag anhängigen Verfahren (vgl dazu § 62 Rn 2, 6) nicht dazu, dass ein Parteiwechsel von den bis dahin klagebefugten Wohnungseigentümern (vgl § 18 Abs 1 aF) auf die Gemeinschaft der Wohnungseigentümer erforderlich ist (*OLG München* 34 Wx 77/07, NJW 2008, 856). Ein mit absoluter Mehrheit beschlossenes Veräußerungsverlangen enthält regelmäßig zugleich die Ermächtigung des Verwalters zur Erhebung der Entziehungsklage gemäß § 27 Abs 3 S 1 Nr 7 sowie zur Mandatserteilung an einen Rechtsanwalt (*KG* 24 W 3965/91, WuM 1992, 389). Empfehlenswert ist dennoch eine ausdrückliche Klarstellung. Die Gemeinschaft kann aber auch einen oder mehrere Wohnungseigentümer ermächtigen, für sie den Prozess zu führen (*Pick* in Bärmann, § 18 Rn 49). Eine Rückdelegation der Ausübungsbefugnis an einzelne bzw. alle Wohnungseigentümer oder den Verwalter ist ebenso möglich (*Jennißen/Heinemann* § 19 Rn 9). Klagebefugt ist der einzelne Wohnungseigentümer dann, wenn es sich um eine Gemeinschaft handelt, die aus zwei Wohnungseigentümern besteht (§ 18 Abs 1 S 2 Hs 2). In diesen Fällen ist wegen des gesetzlichen Kopfprinzips ein Mehrheitsbeschluss nicht möglich (vgl auch Rn 20).

25 **Klageantrag** und **Tenor** lauten auf Verurteilung des Beklagten zur Veräußerung seines – konkret bezeichneten – Wohnungseigentums (vgl § 19 Abs 1 S 1). Dem Klageantrag ist zu entsprechen, wenn die Voraussetzungen von § 18 Abs 1 und 2 vorliegen. Weisen die Wohnungseigentümer den Verwalter durch Mehrheitsbeschluss an, die gemäß § 12 Abs 3 erforderliche Zustimmung zum Verkauf der Eigentumswohnung durch den beklagten Wohnungseigentümer zunächst nicht zu erteilen, um die bereits erhobenen Entziehungsklage nicht die Grundlage zu entziehen, so stellt dies ein unzulässiges **widersprüchliches Verhalten** gemäß § 242 BGB dar, was zum Anspruchsverlust führt (*OLG Karlsruhe* 9 U 14/78,veröffentlicht bei JURIS). Dies gilt nicht, soweit der freiwillige Verkauf zur Umgehung des Entziehungsrechts missbraucht wird (vgl Rn 4). Aus dem Veräußerungsurteil können die Wohnungseigentümer 30 Jahre lang vorgehen (§ 197 Abs 1 Nr 3 BGB). Zur Wirkung des Urteils siehe § 19. Der Streitwert der Entziehungsklage bestimmt sich nach dem Verkehrswert des zu veräußernden Wohnungseigentums (*BGH* V ZR 28/06, NZM 2006, 873; *OLG Rostock* 7 W 63/05, ZMR 2006, 476) und nicht nach dem Interesse des Sondereigentümers am Behaltendürfen seines Eigentums (so *OLG Köln* 16 Wx 193/98, ZMR 1999, 284).

Die Wohnungseigentümer können mit Mehrheit beschließen, die **Klage zurückzunehmen** oder die Klage doch nicht zu erheben. Sie können auch beschließen, aus einem Urteil nicht zu vollstrecken. Ebenso können sie beschließen, das Entziehungsverfahren auszusetzen, für den Fall, dass der Beklagte seine Wohngeldrückstände bezahlt (*BayObLG* BReg 2 Z 65/74, Z 1975, 53). Auf Beschlüsse der vorerwähnten Art findet Abs 3 entsprechende Anwendung (vgl dazu Rn 20). 26

Die **Kosten eines Rechtsstreits gemäß § 18** gehören zu den Kosten der Verwaltung im Sinne von § 16 Abs 2 (vgl § 16 Abs 7, im Gegensatz zu § 16 Abs 8). Sie sind daher anteilig auf alle Wohnungseigentümer, einschließlich des beklagten Wohnungseigentümers, umzulegen, auch wenn letzterer obsiegt (*BayObLG* BReg 2 Z 44/82, Z 1983, 109; *BayObLG* BReg 2 Z 143/91, NJW 1993, 603; *OLG Stuttgart* 8 W 424/84, NJW-RR 1986, 379; *OLG Düsseldorf* 3 Wx 356/93, ZMR 1996, 571 m zust Anm *Drasdo* S 573). Dies gilt nicht nur für die Gerichtskosten und die außergerichtlichen Kosten der klagenden Gemeinschaft der Wohnungseigentümer- und zwar gemäß § 16 Abs 8 auch für etwaige Mehrkosten, die infolge einer Streitwertvereinbarung nach § 27 Abs 3 Nr 6 entstanden sind, sondern auch für die dem obsiegenden beklagten Wohnungseigentümer zu erstattenden außergerichtlichen Kosten. § 16 Abs 7 verstößt nicht gegen Art 14 Abs 1 GG. Eine Korrektur der anteiligen Kostenhaftung nach § 16 Abs 7 ist gemäß § 242 BGB dann möglich, wenn der betroffene Eigentümer keinen ausreichend begründeten Anlass zur Erhebung der Entziehungsklage gegeben hat (*OLG Düsseldorf* 3 Wx 356/93, ZMR 1996, 571).Wird der Entziehungsklage stattgegeben, hat der Beklagte die Kosten zu tragen (§ 91 ZPO). Ausgenommen hiervon sind jedoch die Rechtsanwaltskosten der Klägerin, die die gesetzliche Anwaltsvergütung infolge einer Streitwertvereinbarung nach § 27 Abs 3 Nr 6 übersteigen. Solche Mehrkosten haben alle Wohnungseigentümer anteilig als Verwaltungskosten zu tragen, § 16 Abs 8. Erledigt sich die Entziehungsklage vor Zustellung in der Hauptsache, weil der Beklagte die Wohngeldrückstände beglichen oder das Veräußerungsverlangen erfüllt, hat er den Klägern deren Anwaltskosten als Verzugsschaden zu ersetzen. Nicht erstattungsfähig, weil nicht notwendig, sind diejenigen Mehrkosten, die entstanden sind, weil die gegen einen Mehrfacheigentümer gerichtete Klage in mehrere Prozesse aufgespalten wurde (*KG* 24 W 3965/91, WuM 1992, 389). 27

IV. Unabdingbarkeit (Abs 4)

Gemäß Abs 4 kann der Entziehungsanspruch des **Abs 1** nicht durch Vereinbarung eingeschränkt oder gar ausgeschlossen werden, wie etwa durch die abschließende Benennung von Entziehungsgründen (*OLG Düsseldorf* 3 Wx 77/00, ZMR 2000, 549). Es handelt sich, ebenso wie bei der Unauflöslichkeit gemäß § 11 Abs 1, um zwingendes Recht (§ 10 Abs 2 S 2). Eine Erweiterung des Entziehungsanspruchs, etwa durch ein Absehen vom Verschulden oder den Verzicht auf das Abmahnerfordernis, ist hin- 28 gegen zulässig, soweit der Bestimmtheitsgrundsatz gewahrt ist (*OLG Düsseldorf* 3 Wx 77/00, NJW-RR 2001, 231: für Entziehungsgründe „nachbarrechtliche Störungen" und „schwere persönliche Misshelligkeiten" verneint).

29 Gleiches gilt für **Abs 2**, der Abs 1 lediglich ergänzt (*Palandt/Bassenge* § 18 Rn 7). Insbesondere kann der Verzugsbetrag gemäß Abs 2 Nr 2 von den Wohnungseigentümern zwar verringert, nicht aber erhöht werden (*Jennißen/Heinemann* § 18 Rn 43, 44).

30 Abs 3 ist insoweit unabdingbar, als ein Entziehungsbeschluss Prozessvoraussetzung der Entziehungsklage ist (*AnwK-BGB/Schultzky* § 18 Rn 14) Es können aber von Abs 3 abweichende Anforderungen an das Zustandekommen eines Mehrheitsbeschlusses vereinbart werden. Dabei kann die Beschlussfassung sowohl erleichtert (Mehrheit der Erschienenen; Mehrheit nach Miteigentumsanteilen oder Wohnungseigentumsrechten [*OLG Hamm* 15 W 71/04, NJW-RR 2004, 1380]) als auch erschwert (qualifizierte Mehrheit [*OLG Celle* 4 Wx 1/55, NJW 1955, 953; *Weitnauer/Lüke* § 18 Rn 12]; Allstimmigkeit) werden. Es muss jedoch bei einer Beschlussfassung der Wohnungseigentümer verbleiben. Eine Verlagerung der Entscheidungsbefugnis auf einzelne Wohnungseigentümer oder einen Dritten, zB auf den Verwalter oder ein Gremium, ist nicht zulässig (*Staudinger/Kreuzer* § 18 Rn 34; *Weitnauer/Lüke* § 18 Rn 12).

Bei Mehrhausanlagen kann vereinbart werden, dass eine Beschlussfassung nur der unmittelbar gestörten Hausgemeinschaft ausreichend ist (*Staudinger/Kreuzer* § 18 Rn 34).

§ 19 Wirkung des Urteils

(1) ¹Das Urteil, durch das ein Wohnungseigentümer zur Veräußerung seines Wohnungseigentums verurteilt wird, berechtigt jeden Miteigentümer zur Zwangsvollstreckung entsprechend den Vorschriften des Ersten Abschnitts des Gesetzes über die Zwangsversteigerung und die Zwangsverwaltung. ²Die Ausübung dieses Rechts steht der Gemeinschaft der Wohnungseigentümer zu, soweit es sich nicht um eine Gemeinschaft handelt, die nur aus zwei Wohnungseigentümern besteht.

(2) Der Wohnungseigentümer kann im Falle des § 18 Abs. 2 Nr. 2 bis zur Erteilung des Zuschlags die in Absatz 1 bezeichnete Wirkung des Urteils dadurch abwenden, dass er die Verpflichtungen, wegen deren Nichterfüllung er verurteilt ist, einschließlich der Verpflichtung zum Ersatz der durch den Rechtsstreit und das Versteigerungsverfahren entstandenen Kosten sowie die fälligen weiteren Verpflichtungen zur Lasten- und Kostentragung erfüllt.

(3) Ein gerichtlicher oder vor einer Gütestelle geschlossener Vergleich, durch den sich der Wohnungseigentümer zur Veräußerung seines Wohnungseigentums verpflichtet, steht dem in Absatz 1 bezeichneten Urteil gleich.

Übersicht

	Rn		Rn
I. Allgemeines	1	IV. Vergleich	14
II. Die Urteilswirkungen nach § 19	2	V. Abdingbarkeit	15
III. Abwendungsbefugnis	13	VI. Übergangsrecht	16

Wirkung des Urteils § 19 WEG II

Literatur: *Abramenko* Die Entfernung des zahlungsunfähigen oder unzumutbaren Miteigentümers aus der Gemeinschaft. Neue Möglichkeiten durch die Teilrechtsfähigkeit des Verbandes, ZMR 2006, 338; *Müller* Zwangsversteigerung von Wohnungseigentum, ZWE 2006, 378.

I. Allgemeines

Abs 1 ist aufgrund Art 1 Nr 10 **WEG-ÄnderungsG** geändert worden. Damit wurde 1
die in der Praxis nicht bewährte Vollstreckung des Entziehungsurteils im Wege der freiwilligen Versteigerung durch einen Notar durch eine Vollstreckung im Wege der Zwangsversteigerung nach ZVG ersetzt. Sie ist folgerichtiger Teil eines aufgrund der ZPO erfolgenden Erkenntnisverfahrens und vermeidet eine sonst auftretende Spaltung des Rechtsmittelsystems und der Rechtsmittelzüge.

II. Die Urteilswirkungen nach § 19

Die Entziehung des Wohnungseigentums erfolgt aufgrund eines Urteils des Amtsgerichts 2
unter den Voraussetzungen des § 18 (vgl dazu § 18 Rn 2 ff). Die Vollstreckung des Urteils erfolgt entsprechend den Vorschriften des Ersten Abschnitts des Gesetzes über die Zwangsversteigerung und die Zwangsverwaltung (Abs 1 S 1). Es kommt insoweit nur eine **Zwangsversteigerung** nach den Vorschriften der §§ 1 bis 145a ZVG in Betracht, denn die Vorschriften über die Zwangsverwaltung (§§ 146 bis 161 ZVG) sind zur Durchsetzung des Anspruchs auf Veräußerung des Wohnungseigentums nicht geeignet (*Palandt/Bassenge* § 19 Rn 1). Auch diese Vorschriften sind auf ihre entsprechende Anwendbarkeit zu überprüfen, da sie für die Zwangsversteigerung wegen Geldforderungen konzipiert sind (*Jennißen/Heinemann* § 19 Rn 25).

Als Folge des rechtskräftigen Entziehungsurteils hat der verurteilte Wohnungseigentümer 3
in einer Wohnungseigentümerversammlung kein **Stimmrecht** mehr (§ 25 Abs 5 3. Fall). Da Insolvenz-, Zwangs- und Nachlassverwalter ihr Stimmrecht als Organe der Rechtspflege selbstständig, im eigenen Namen und aus eigenem Recht ausüben und sich das Ruhen des Stimmrechts gemäß § 25 Abs 5 Fall 3 nicht auf das Wohnungseigentum, sondern auf den störenden Wohnungseigentümer bezieht, wirkt sich die rechtskräftige Verurteilung eines Wohnungseigentümers nach § 18 WEG nicht auf ihr Stimmrecht aus (*BayObLG* 2Z BR 131/98, NZM 1999, 77; *Merle* in Bärmann, § 25 Rn 151).

Für die Durchführung des Zwangsversteigerungsverfahrens müssen die Voraussetzungen 4
der Zwangsvollstreckung gegeben sein. Das Urteil muss daher rechtskräftig oder vorläufig **vollstreckbar** sein (§ 704 Abs 1 ZPO). Vollstreckungsgläubigerin ist grundsätzlich allein die Gemeinschaft der Wohnungseigentümer (Abs 1 S 2 Hs 1; Fall der gesetzlichen Vollstreckungsstandschaft). Die diesbezügliche Vertretungsbefugnis des Verwalters (§ 27 Abs 3 S 1 Nr 7) sollte ebenfalls in dem Entziehungsbeschluss nach § 18 Abs 3 klargestellt werden. Eine konkurrierende Ausübungsbefugnis des einzelnen Wohnungseigentümers ist trotz des Widerspruchs zu S 1 abzulehnen (*Jennißen/Heinemann* § 19 Rn 30; **aA** *Pick* in Bärmann, § 19 Rn 3; *Köhler* Rn 293). Da sie gemäß § 18 Abs 1 S 2 Hs 1 auch Klägerin ist, ist ihr die **Vollstreckungsklausel** zu erteilen (§§ 724, 725 ZPO). Bei einer Gemeinschaft, die nur aus zwei Wohnungseigentümern besteht, ist der gemäß § 18 Abs 1 S 2 Hs 2 klagende Wohnungseigentümer (vgl § 18 Rn 24) Vollstreckungsgläubiger (Abs 1 S 2 Hs 2). Diesem ist dann die Vollstreckungsklausel zu erteilen. Im erst genannten Fall ist daher die Gemeinschaft der Wohnungseigentü-

Vandenhouten 251

mer sowohl im Urteil als auch in der Vollstreckungsklausel als Partei namentlich – nämlich als „Wohnungseigentümergemeinschaft" gefolgt von der bestimmten Angabe des gemeinschaftlichen Grundstücks (§ 10 Abs 6 S 4) – bezeichnet, für die die Zwangsvollstreckung stattfinden soll (§ 750 Abs 1 ZPO); im zweit genannten Fall der klagende Wohnungseigentümer. Schließlich muss das Urteil dem verurteilten Wohnungseigentümer zugestellt sein.

5   Für das ZVG-Verfahren ist gem § 1 Abs 1 ZVG das Amtsgericht als Vollstreckungsgericht am Ort der Liegenschaft zuständig. Funktionell zuständig ist der Rechtspfleger (§ 3 Nr 1i) RpflG). Wegen der Einzelheiten des Zwangsversteigerungsverfahrens wird auf *AnwHdB/Klose* Teil 16 Rn 472 ff verwiesen.

6   Der Beschluss, durch den die Zwangsversteigerung angeordnet wird, gilt als Beschlagnahme des Wohnungseigentums, § 20 ZVG analog. Die Beschlagnahme hat die Wirkung eines **Veräußerungsverbots**, § 23 Abs 1 S 1 ZVG analog. Mit der Eintragung des Zwangsversteigerungsvermerks ist eine Veräußerung an nahe Verwandte oder einen Strohmann zwecks Umgehung des Entziehungsanspruchs ebenso wie eine Belastung des Wohnungseigentums zwecks Vereitelung des Entziehungsanspruchs ohne Zustimmung der Gläubiger nicht mehr möglich (vgl auch § 18 Rn 4). Ein Bedürfnis für eine Sicherung des Anspruchs auf Rechtsübertragung an den zukünftigen Ersteigerer im Wege einer Vormerkung gemäß § 883 BGB (vgl *KG* 1 W 4545/78, Rpfleger 1979, 198) besteht mithin nicht mehr.

7   Das Urteil, das den Wohnungseigentümer zur Veräußerung seines Wohnungseigentums verurteilt, wird im Rang von § 10 Abs 1 Nr 5 ZVG vollstreckt (aA *Jennißen/Heinemann* § 19 Rn 29: rangloses Versteigerungsrecht, da nur Ansprüche, die ein Recht auf Befriedigung aus dem Grundstück gewähren, rangfähig sind; dem ist entgegenzuhalten, dass § 19 Abs 1 S 1 ausdrücklich eine entsprechende Anwendung des ZVG vorsieht [*Pick* in Bärmann § 19 Rn 4]) und genießt damit keinen Vorrang gegenüber bestehenden Grundpfandrechten. Da bei einer Vollstreckung aus **Rangklasse 5** sämtliche vorgehenden Ansprüche beim geringsten Gebot zu berücksichtigen (vgl § 44 ZVG) und vom Ersteher zu übernehmen sind, bleiben die Belastungen in der Regel weiter bestehen, sofern sich – etwa bei einem über den Verkehrswert hinaus belasteten Wohnungseigentum – überhaupt ein Bietinteressent findet. Dies gilt insbesondere für die Fälle, in denen die Entziehung auf § 18 Abs 2 Nr 1 (Verstoß gegen Pflichten gemäß § 14) beruht (vgl § 18 Rn 16).

8   Beruht die Entziehung hingegen auf § 18 Abs 2 Nr 2 (Zahlungsverzug, vgl dazu § 18 Rn 17), kommt auch eine Vollstreckung aus **Rangklasse 2** in Betracht, was eine Zwangsversteigerung auch gegen den Willen der dann nachrangigen Kreditinstitute ermöglicht. Titulierte Wohngeldansprüche gemäß §§ 16 Abs 2, 28 Abs 2 und 5 können nämlich in begrenztem Umfang (die laufenden und rückständigen Beträge aus dem Jahr der Beschlagnahme und den letzten zwei Jahren, nicht jedoch mehr als 5% des Verkehrswertes [§ 10 Abs 1 Nr 2 ZVG], mindestens jedoch 3% des Einheitswertes [§ 10 Abs 3 ZVG]) im Rang von § 10 Abs 1 Nr 2 ZVG vollstreckt werden. Wollen die Wohnungseigentümer aus Rangklasse 2 gegen den Wohnungseigentümer vorgehen, müssen sie ihren (titulierten) Anspruch bei einem laufenden Zwangsversteigerungsverfahren rechtzeitig anmelden, damit er noch bei der Feststellung des geringsten Gebots berücksichtigt werden kann (§ 45 ZVG); anderenfalls müssen sie das Zwangsversteigerungsverfahren eigenständig betreiben.

Eine **Veräußerungsbeschränkung gemäß § 12** ist auch im Rahmen der Zwangsversteigerung zu beachten (vgl § 12 Rn 5). Im Entziehungsbeschluss kann eine entsprechende Zustimmung der Wohnungseigentümer nicht gesehen werden, da der Ersteher zu diesem Zeitpunkt noch unbekannt ist.

9

Mit dem **Zuschlag in der Zwangsversteigerung** geht das Eigentum auf den Ersteher über (§ 90 ZVG) und der verurteilte Wohnungseigentümer scheidet aus der Wohnungseigentümergemeinschaft aus. Umstritten ist derzeit, ob der Erwerb eines Wohnungseigentums durch die Gemeinschaft der Wohnungseigentümer in der Zwangsversteigerung zulässig ist. Dabei ist der inzwischen wohl ganz überwiegend vertretenen Auffassung, wonach der Erwerb von Immobiliareigentum durch die Gemeinschaft der Wohnungseigentümer zulässig ist und damit notwendigerweise auch von ihrer Grundbuchfähigkeit auszugehen ist, zu folgen (*OLG Celle* 4 W 213/07, ZMR 2008, 210; *LG Deggendorf* 1 T 59/08, ZMR 2008, 909; *Jennißen/Grziwotz* § 10 Rn 65 ff; *Elzer* in Hügel-Elzer, S 157; *Häublein* Festschrift Wenzel, 2005, S 175; *ders* ZWE 2007, 474; *Abramenko* ZMR 2006, 338; *Wenzel* ZWE 2006, 462, 469; *Kümmel* ZMR 2007, 894; **aA** *LG Nürnberg-Fürth* 11 T 4131/06, ZMR 2006, 812 mit ablehnender Anmerkung *Schneider; LG Hannover* 3 T 35/07, ZMR 2007, 893). Nur diese Auffassung trägt den Konsequenzen der Anerkennung einer Teilrechtsfähigkeit der Wohnungseigentümergemeinschaft Rechnung. Ob dieser Erwerb noch einen hinreichenden Bezug zur Verwaltung des gemeinschaftlichen Eigentums aufweist, insbesondere wenn man einen unzumutbaren Eigentümer aus der Gemeinschaft entfernen oder auch den Erwerb durch einen missliebigen Mitbieter verhindern will, mithin als Maßnahme der ordnungsmäßigen Verwaltung anzusehen ist, obliegt nicht den Grundbuchämtern im Rahmen der Eintragung der Eigentümergemeinschaft als Eigentümerin, sondern nur den Wohnungseigentumsgerichten im Rahmen des Beschlussanfechtungsverfahrens nach § 46 (*OLG Celle* 4 W 213/07, ZMR 2008, 210). Auch die Ersteigerung durch den ausgeschlossenen Wohnungseigentümer selbst kommt in Betracht. Der nach § 19 Abs 1 erstrittene Titel ist dann allerdings nicht gebraucht (*Pick* in Bärmann, § 19 Rn 9). Der Zuschlag an einen nahen Angehörigen oder eine Vertrauensperson kann nur dadurch verhindert werden, dass die nach § 12 erforderliche Zustimmung versagt wird, sofern sie vereinbart ist.

10

Die Vollstreckung auf **Räumung und Herausgabe** findet aufgrund des Zuschlagsbeschlusses durch den Ersteher statt, § 93 Abs 1 S 1 ZVG. Damit ist eine Vollstreckung gegen den verurteilten Wohnungseigentümer und sonstige Dritte (berechtigte/unberechtigte Besitzer) möglich. Bei Dritten, die aufgrund eines schuldrechtlichen (Miet-/Pachtvertrag) oder dinglichen (Nießbrauch) Rechts Besitz haben, welches durch die Zwangsversteigerung nicht erlischt, soll die Zwangsvollstreckung unterbleiben (§ 93 Abs 1 S 2 ZVG). Wird gleichwohl vollstreckt, so kann der berechtigte Besitzer Drittwiderspruchsklage erheben (§ 93 Abs 1 S 3 ZVG, § 771 ZPO). Vollstreckt der Ersteher nicht gegen den verurteilten Wohnungseigentümer, sondern belässt diesem den Besitz der Eigentumswohnung, so kann gegen den Ersteher die Entziehungsklage erhoben werden.

11

Die Regelungen der §§ 57 ff ZVG, die das **Verhältnis des Erstehers zu den Mietern** und Pächtern regeln, finden aufgrund der Verweisung in § 19 Abs 1 S 1 entsprechende

12

Anwendung. Ein Mietverhältnis geht daher gemäß §§ 566 BGB, 57 ZVG mit dem Zuschlag auf den Ersteher über. Gemäß § 57a ZVG steht diesem jedoch ein einmaliges Sonderkündigungsrecht zu. § 183 ZVG ist nicht anwendbar.

III. Abwendungsbefugnis

13 Gemäß Abs 2 kann ein Wohnungseigentümer, der zur Veräußerung seines Wohnungseigentums verurteilt wurde, weil er gemäß § 18 Abs 2 Nr 2 im Zahlungsverzug war, die Urteilswirkungen durch Zahlung vor Zuschlag, der mit seiner Verkündung im Versteigerungstermin oder einem gesonderten Verkündungstermin wirksam wird (§ 89 ZVG), abwenden. Erforderlich ist der vollständige **Ausgleich aller Zahlungsrückstände** (auch die nach der Klageerhebung fällig gewordenen Kosten und Lasten) und die Zahlung der Kosten des Entziehungs- und des Versteigerungsverfahrens. Mit der Zahlung entfällt nur die Vollstreckbarkeit des Urteils. Den Erfüllungseinwand muss der betroffene Wohnungseigentümer daher im Streitfalle mit der Vollstreckungsgegenklage nach § 767 ZPO geltend machen und ggf. eine einstweilige Anordnung des Prozessgerichts nach § 769 Abs 1 ZPO erwirken (*KG* 1 W 71/03, FGPrax 2004, 91). Hat der Wohnungseigentümer seine Rückstände bereits vor der letzten mündlichen Verhandlung im Rechtsstreit über die Entziehung seines Wohnungseigentums beglichen, ist die Klage als unbegründet abzuweisen; soweit die Bezahlung nach Rechtshängigkeit erfolgt ist, liegt ein Fall der Hauptsachenerledigung vor.

IV. Vergleich

14 Abs 3 stellt einen gerichtlich oder vor einer Gütestelle geschlossenen Vergleich iSv § 794 Abs 1 Nr 1 ZPO einem Entziehungsurteil gleich. Dies gilt auch für einen schiedsrichterlichen Vergleich (*Staudinger/Kreuzer* § 19 Rn 19). Aus einem notariellen bzw einem Anwaltsvergleich kann hingegen keine Zwangsversteigerung stattfinden, da dieser auf die Abgabe einer Willenserklärung (Zustimmung zur Veräußerung) gerichtet wäre, vgl §§ 794 Abs 1 Nr 5, 796a Abs 2 ZPO).

V. Abdingbarkeit

15 **Abs 1 und 3** sind unabdingbar, da das Verfahrensrecht nicht der Disposition der Parteien unterliegt (aA *Jennißen/Heinemann* § 19 Rn 59, der die Vereinbarung einer von § 19 Abs 1 abweichenden Art der Veräußerung für zulässig erachtet). Insoweit ergänzen sie zudem § 18 Abs 1, der ebenfalls nicht abdingbar ist (vgl § 18 Rn 28). **Abs 2** kann dagegen durch Vereinbarung ausgeschlossen oder abgeändert werden (§ 10 Abs 2 S 2).

VI. Übergangsrecht

16 Die im Zeitpunkt des Inkrafttreten des WEG- Reformgesetzes (vgl dazu § 62 Rn 2, 6) bereits nach § 53 Abs 1 aF beantragten Verfahren sind noch nach den alten Verfahrensvorschriften durchzuführen, § 62 Abs 1.

3. Abschnitt
Verwaltung

§ 20 Gliederung der Verwaltung

(1) Die Verwaltung des gemeinschaftlichen Eigentums obliegt den Wohnungseigentümern nach Maßgabe der §§ 21 bis 25 und dem Verwalter nach Maßgabe der §§ 26 bis 28, im Falle der Bestellung eines Verwaltungsbeirats auch diesem nach Maßgabe des § 29.

(2) Die Bestellung eines Verwalters kann nicht ausgeschlossen werden.

Übersicht

	Rn		Rn
I. Allgemeines	1	1. Die Verwaltungsorgane	3
II. Die Gliederung der Verwaltung	3	2. Unabdingbarkeit eines Verwalters	6

I. Allgemeines

Der 3. Abschnitt des WEG „Verwaltung" betrifft die **Verwaltung des gemeinschaftlichen Eigentums**. § 20 Abs 1 stellt den nachfolgenden gesetzlichen Bestimmungen der §§ 21 bis 29, die – in Abgrenzung voneinander – vornehmlich die Befugnisse der zur Verwaltung berufenen Organe regeln, eine systematische Gliederung voran. Diese Vorschriften werden durch die Vorschriften über die Gemeinschaft gemäß § 741 ff BGB ergänzt, § 10 Abs 2 S 1. 1

Sein **Sondereigentum** verwaltet jeder Wohnungseigentümer allein, § 13 Abs 1. Da nur die Verwaltung des gemeinschaftlichen Eigentums der Regelung durch Beschlussfassung der Wohnungseigentümer unterliegt (§§ 20 Abs 1, 21 Abs 1) –, können Eingriffe in den Kernbereich des Sondereigentums wegen absoluter Unzuständigkeit der Eigentümerversammlung nicht wirksam mehrheitlich beschlossen werden (*OLG Düsseldorf* 3 Wx 419/00, ZMR 2001, 306). Es können sich aber bei der Verwaltung des gemeinschaftlichen Eigentums Berührungspunkte mit Gegenständen des Sondereigentums ergeben, wenn etwa Maßnahmen zur Instandhaltung und Instandsetzung ohne Eingriff in das Sondereigentum kaum möglich sind (zB bei Dachterrasse, Balkon oder Heizung). In diesen Fällen besteht dann auch eine sich auf das Sondereigentum erstreckende Beschlusskompetenz (*OLG München* 34 Wx 46/07, ZMR 2009, 65; *LG Landshut* 64 T 3268/07, ZMR 2009, 145). 2

II. Die Gliederung der Verwaltung

1. Die Verwaltungsorgane. § 20 gibt eine Übersicht über die zur Verwaltung befugten Organe. Eine Verwaltung erfolgt danach durch die **Wohnungseigentümer** nach Maßgabe der §§ 21–25. Diese treffen grundsätzlich sämtliche Verwaltungsentscheidungen gemeinsam, und zwar überwiegend durch Beschlussfassung, ansonsten durch Vereinbarung. Ausnahmen finden sich in dringenden Fällen zugunsten des Verwalters in § 27 Abs 1 Nr 3 und zugunsten eines einzelnen Wohnungseigentümers in § 21 Abs 2. Daneben erfolgt eine Verwaltung durch den **Verwalter**, dessen Bestellung nicht ausgeschlossen werden kann (Rn 6), nach Maßgabe der §§ 26–28. Er ist in erster Linie zur Vollziehung der Verwaltungsentscheidungen berufen. Schließlich wirkt der **Verwal-** 3

tungsbeirat als fakultative Verwaltungseinrichtung im Falle seiner Bestellung bei der Verwaltung gemäß § 29 mit, indem er den Verwalter bei seiner Tätigkeit überwacht und unterstützt.

4 Die Wohnungseigentümer können von diesen Kompetenz zuweisenden Vorschriften **abweichende Vereinbarungen** treffen, soweit nicht ausdrücklich etwas anderes bestimmt ist, § 10 Abs 2 S 2. Abweichende Mehrheitsbeschlüsse sind hingegen grundsätzlich nichtig (*OLG Düsseldorf* 3 Wx 213/02, ZMR 2003, 126). In engen Grenzen ist eine solche Kompetenzverlagerung aber auch im Beschlusswege möglich (*OLG Düsseldorf* 3 Wx 253/00, ZMR 2001, 303; *Gottschalg* ZWE 2000, 50).

Zum Begriff der Verwaltung siehe § 21 Rn 3 ff.

5 Abs 1 hat insofern eine eigenständige Bedeutung, als er den Wohnungseigentümern – als Einzelpersonen ebenso wie als Mitglied der Wohnungseigentümergemeinschaft –, dem Verwalter und – im Falle seiner Bestellung – dem Verwaltungsbeirat eine **Verpflichtung zur Mitwirkung** an der Verwaltung auferlegt („Obliegt" im Gegensatz zu § 21 Abs 1: „steht zu"). Es handelt sich um dabei eine Sozialpflicht, die durch § 21 Abs 4 näher ausgestaltet wird (vgl dazu *BGH* V ZB 32/05, ZMR 2005, 547).

6 2. Unabdingbarkeit eines Verwalters. Gemäß Abs 2 ist das **Recht, einen Verwalter zu bestellen**, unabdingbar. Dies gilt unabhängig davon, ob es sich um eine kleine (etwa eine Zweier- oder Dreiergemeinschaft, *OLG Saarbrücken* 5 W 255/03, MietRB 2004, 174) oder große Gemeinschaft (*BGH* V ZB 4/89, WE 1989, 130) handelt.

7 **Entgegenstehende Regelungen** in der Gemeinschaftsordnung, einer Vereinbarung oder einem Mehrheitsbeschluss sind wegen Gesetzeswidrigkeit gemäß § 134 BGB nichtig (*BGH* VII ZR 193/75, NJW 1977, 44). Dies gilt auch für einen vorübergehenden Ausschluss. Nichtig ist auch jede Regelung, die die Bestellung eines Verwalters zu üblichen Bedingungen mittelbar ausschließt oder behindert (*KG* 24 W 1118/93, NJW-RR 1994, 402: Vergütungsfixierung; offengelassen von *OLG Frankfurt* 20 W 31/93, NJW-RR 1993, 845: Vergütungsausschluss; *BayObLG* 2 Z BR 97/94, NJW-RR 1995, 271: Festlegung auf bestimmten Verwalter bzw beschränkter Kandidatenkreis; *BayObLG* 2Z BR 49/95, WuM 1986, 497: Einführung eines Quorums).

8 Aus dem durch Abs 2 garantierten Recht, einen Verwalter zu bestellen, folgt jedoch **keine Verpflichtung** der Wohnungseigentümer, einen Verwalter zu bestellen. Auch die Gemeinschaft der Wohnungseigentümer erfordert nach der gesetzlichen Konzeption (vgl § 27 Abs 3 S 2) nicht zwingend einen Verwalter als Handlungsorgan (*Riecke/Schmid/Elzer* § 20 Rn 114). Es ist somit im allseitigen Einverständnis zulässig, von dem Recht, einen Verwalter zu bestellen, (vorerst) keinen Gebrauch zu machen. Denn in diesen Fällen bleibt das notfalls gemäß § 43 Nr 1 im Klagewege durchsetzbare Recht, von den anderen Wohnungseigentümern als Maßnahme ordnungsmäßiger Verwaltung gemäß § 21 Abs 4 und Abs 8 die Zustimmung zur Bestellung eines Verwalters zu verlangen, unberührt. Insoweit ist auch die Bestimmung in einer Gemeinschaftsordnung wirksam, wonach zunächst kein Verwalter bestellt werden soll (*LG Köln* 11 T 173/81, Mitt-RhNotK 1981, 200; *Weitnauer/Lüke* § 20 Rn 4; **aA** *Merle* in Bärmann, § 20 Rn 13).

9 Ist kein Verwalter bestellt obliegt die Verwaltung **allen Miteigentümern gemeinsam**, es sei denn sie haben einen Bevollmächtigten bestellt (*BGH* V ZR 350/03, ZMR 2005, 884; *KG* 24 W 7204/91, NJW-RR 1993, 470; vgl auch § 21 Rn 8). Im Übrigen verbleibt jedem Wohnungseigentümer das Recht, Notmaßnahmen nach § 21 Abs 2 durchzuführen (§ 21 Rn 20 ff).

§ 21 Verwaltung durch die Wohnungseigentümer

(1) Soweit nicht in diesem Gesetz oder durch Vereinbarung der Wohnungseigentümer etwas anderes bestimmt ist, steht die Verwaltung des gemeinschaftlichen Eigentums den Wohnungseigentümern gemeinschaftlich zu.

(2) Jeder Wohnungseigentümer ist berechtigt, ohne Zustimmung der anderen Wohnungseigentümer die Maßnahmen zu treffen, die zur Abwendung eines dem gemeinschaftlichen Eigentum unmittelbar drohenden Schadens notwendig sind.

(3) Soweit die Verwaltung des gemeinschaftlichen Eigentums nicht durch Vereinbarung der Wohnungseigentümer geregelt ist, können die Wohnungseigentümer eine der Beschaffenheit des gemeinschaftlichen Eigentums entsprechende ordnungsmäßige Verwaltung durch Stimmenmehrheit beschließen.

(4) Jeder Wohnungseigentümer kann eine Verwaltung verlangen, die den Vereinbarungen und Beschlüssen und, soweit solche nicht bestehen, dem Interesse der Gesamtheit der Wohnungseigentümer nach billigem Ermessen entspricht.

(5) Zu einer ordnungsmäßigen, dem Interesse der Gesamtheit der Wohnungseigentümer entsprechenden Verwaltung gehört insbesondere:
1. die Aufstellung einer Hausordnung;
2. die ordnungsmäßige Instandhaltung und Instandsetzung des gemeinschaftlichen Eigentums;
3. die Feuerversicherung des gemeinschaftlichen Eigentums zum Neuwert sowie die angemessene Versicherung der Wohnungseigentümer gegen Haus- und Grundbesitzerhaftpflicht;
4. die Ansammlung einer angemessenen Instandhaltungsrückstellung;
5. die Aufstellung eines Wirtschaftsplans (§ 28);
6. die Duldung aller Maßnahmen, die zur Herstellung einer Fernsprechteilnehmereinrichtung, einer Rundfunkempfangsanlage oder eines Energieversorgungsanschlusses zugunsten eines Wohnungseigentümers erforderlich sind.

(6) Der Wohnungseigentümer, zu dessen Gunsten eine Maßnahme der in Absatz 5 Nr. 6 bezeichneten Art getroffen wird, ist zum Ersatz des hierdurch entstehenden Schadens verpflichtet.

(7) Die Wohnungseigentümer können die Regelung der Art und Weise von Zahlungen, der Fälligkeit und der Folgen des Verzugs sowie der Kosten für eine besondere Nutzung des gemeinschaftlichen Eigentums oder für einen besonderen Verwaltungsaufwand mit Stimmenmehrheit beschließen.

(8) Treffen die Wohnungseigentümer eine nach dem Gesetz erforderliche Maßnahme nicht, so kann an ihrer Stelle das Gericht in einem Rechtsstreit gemäß § 43 nach billigem Ermessen entscheiden, soweit sich die Maßnahme nicht aus dem Gesetz, einer Vereinbarung oder einem Beschluss der Wohnungseigentümer ergibt.

Übersicht

	Rn		Rn
I. Allgemeines	1	1. Verwaltung durch alle Wohnungseigentümer	7
II. Der Begriff der Verwaltung	3	2. Die gerichtliche Geltendmachung von Ansprüchen	9
III. Die Verwaltung des gemeinschaftlichen Eigentums	7		

	Rn		Rn
a) Individuelle Ansprüche	10	d) Entscheidungskompetenz	66
b) Gemeinschaftsbezogene		e) Bestandsaufnahme	67
Ansprüche	17	f) Zweistufiges Vorgehen	68
c) Ansprüche der Gemein-		g) Vergleichsangebote	69
schaft der Wohnungseigen-		h) Schadensersatz	70
tümer	19	i) Darlehensaufnahme	77
3. Notmaßnahmen	20	j) Übertragung auf einzelne	
a) Ersatzanspruch	21	Wohnungseigentümer	78
b) Beispiele für Notmaß-		4. Modernisierende Instand-	
nahmen	25	setzung	84
4. Verwaltung durch Mehrheits-		5. Öffentlich-rechtliche Vor-	
beschluss	27	schriften	86
a) Ordnungsmäßige Verwal-		6. Anspruch auf Instandsetzung	89
tung	28	7. Erstmalige Herstellung eines	
b) Beispiele aus der Recht-		ordnungsmäßigen Zustands	92
sprechung	36	8. Trittschallschutz	96
aa) Maßnahmen ordnungs-		9. Versicherungen	108
mäßiger Verwaltung	36	a) Feuerversicherung	109
bb) Maßnahmen nicht		b) Versicherung gegen	
ordnungsmäßiger Ver-		Haus- und Grundbesitzer-	
waltung	40	haftpflicht	110
IV. Anspruch auf ordnungsmäßige		c) Weitere Versicherungen	111
Verwaltung	42	10. Instandhaltungsrücklage	115
1. Inhalt des Anspruchs	42	11. Wirtschaftsplan	120
2. Verfahren	46	12. Telefon, Rundfunk, Energie-	
3. Abdingbarkeit	48a	versorgung	121
4. Beispiele aus der Recht-		VII. Regelung von Geldangelegen-	
sprechung	49	heiten (Abs 7)	124
V. Pflichtverletzung	51	1. Art und Weise von Zahlungen	126
VI. Die besonderen Fälle einer		2. Fälligkeit	127
ordnungsmäßigen Verwaltung	52	3. Folgen des Verzugs	128
1. Allgemeines	52	4. Kosten für besondere Nut-	
2. Hausordnung	53	zung des gemeinschaftlichen	
3. Instandhaltung und Instand-		Eigentums	129
setzung	62	5. Kosten für einen besonderen	
a) Instandhaltung	63	Verwaltungsaufwand	130
b) Instandsetzung	64	VIII. Ermessensentscheidungen des	
c) Ermessensspielraum	65	Gerichts (Abs 8)	133

Literatur: *Abramenko* Der Verband als Inhaber von Rechten und Pflichten der Wohnungseigentümer, ZMR 2007, 841; *Armbrüster* Haftung des Wohnungseigentümers für Schäden am Gemeinschaftseigentum, insbesondere bei Baumaßnahmen, ZMR 1997, 395; *Becker* Die Haftung der Wohnungseigentümer für Schäden am Sondereigentum infolge mangelhafter Instandsetzung des gemeinschaftlichen Eigentums, ZWE 2000, 56; *Becker* Die Ausübung von Rechten durch die Eigentümergemeinschaft, ZWE 2007, 432; *Becker/Strecker* Mehrheitsherrschaft und Individualrechtsschutz bei der Instandsetzung gemeinschaftlichen Eigentums, ZWE 2001, 569; *Bielefeld* Instandhaltung und Instandsetzung von Fenstern, DWE 1989, 2; *Briesemeister* Verwaltungsschulden der Sanierungsgemeinschaft: Realitäts- oder (Un-)Lustprinzip?, NZM 2002, 970; *Deckert* Die Instandhaltungsrückstellung im Wohnungseigentumsrecht (ausgewählte Rechtsfragen), ZMR 2005, 753; *Drabek* Obstruktives Eigentümerverhalten bei notwendigen Sanierungen am gemeinschaftlichen Eigentum, ZMR 2003, 242; *Häublein* Die Mehrhausanlage in der Verwalterpraxis, NZM 2003, 785; *ders*

Erstattungsansprüche des Wohnungseigentümers für Maßnahmen gemäß § 21 Abs 2 WEG, ZWE 2008, 410; *Hogenschurz* Trittschallschutz und Bodenbelagswechsel in Eigentumswohnungen, MDR 2008, 786; *Kümmel* Der einstimmige Beschluss als Regelungsinstrument der Wohnungseigentümer, ZWE 2001, 52; *Lüke* Der Zweitbeschluss, ZWE 2000, 98; *Mahlke* Kostenerstattungsansprüche des Wohnungseigentümers wegen von ihm selbst veranlaßter und finanzierter Sanierungsmaßnahmen im Bereich des gemeinschaftlichen Eigentums bei fehlenden oder nichtigen Eigentümerbeschlüssen, ZMR 2003, 318; *Rapp* Verwaltungsvermögen und Rechtsnachfolge im Wohnungseigentum, ZWE 2002, 557; *Wenzel* Umstellung des Fernsehempfangs-bauliche Veränderung?, ZWE 2007, 179.

I. Allgemeines

§ 21 enthält die grundlegenden materiellen Bestimmungen über die Verwaltung des 1
gemeinschaftlichen Eigentums durch die Wohnungseigentümer. Ausgenommen sind hier die besonderen Fälle des Wiederaufbaus und sonstiger baulicher Veränderungen, die § 22 regelt. Dieser ergänzt damit den § 21. Die Vorschrift ist den §§ 744, 745 BGB nachgebildet. Durch das **WEG-ÄnderungsG** vom 26.3.2007 (BGBl I S 370) wurden der Vorschrift die Abs 7 und 8 angefügt.

Alle Bestimmungen des § 21 sind **abdingbar** (§ 10 Abs 2 S 2). Ein das Gesetz oder 2
bestehende Vereinbarungen ändernder Mehrheitsbeschluss ist jedoch nichtig, wenn die Gemeinschaftsordnung nicht ausnahmsweise die Möglichkeit einer Mehrheitsentscheidung eröffnet, denn eine Änderung des Gesetzes oder einer Vereinbarung ist nur durch Vereinbarung möglich (*BGH* V ZB 58/99, Z 145, 158, 167 = NJW 2000, 3500).

II. Der Begriff der Verwaltung

Zur Verwaltung des gemeinschaftlichen Eigentums gehören **alle Entscheidungen und** 3
Maßnahmen, die in Bezug auf das gemeinschaftliche Eigentum auf eine Änderung des bestehenden Zustands oder eine Geschäftsführung in tatsächlicher oder rechtlicher Hinsicht abzielen und im Interesse der Gesamtheit der Wohnungseigentümer erforderlich sind (*BGH* V ZR 118/91, Z 121, 22 = NJW 1993, 727). Auch Entscheidungen über den Erwerb von Immobiliareigentum durch die Wohnungseigentümergemeinschaft (*OLG Celle* 4 W 213/07, ZMR 2008, 210) fallen darunter.

Die Verwaltung ist also nicht auf Beschlussfassungen in der Wohnungseigentümerver- 4
sammlung beschränkt, sondern schließt ihre **tatsächliche Durchführung** ein (*BGH* V ZB 28/98, NJW 1999, 2108).

Die **Grenze** der Verwaltung liegt beim Gebrauch und der Nutzung des gemeinschaftli- 5
chen Eigentums, die nicht dem gemeinschaftlichen Interesse aller Wohnungseigentümer, sondern dem des einzelnen Wohnungseigentümers dienen (*Merle* in Bärmann, § 20 Rn 7). Für sie gelten die §§ 13–15. Nicht zur Verwaltung gehören auch Vereinbarungen der Wohnungseigentümer über ihr Verhältnis untereinander, die Aufhebung der Gemeinschaft sowie Verfügungen über das gemeinschaftliche Eigentum, insbesondere die sachenrechtlichen Grundlagen (**aA** *OLG Hamm* 15 W 330/90, NJW-RR 1991, 338: Eintragung einer Baulast). Auch die Begründung von Anspruchsgrundlagen für Leistungspflichten außerhalb des Bereichs der Lasten und Kosten (insbesondere Schadensersatzansprüche, Beseitigungsansprüche wegen unzulässiger baulicher Veränderungen [§ 22 Rn 179], tätige Mithilfe [Rn 54a]) gehören nicht dazu (*Schmidt/ Riecke* ZMR 2005, 252; *Wenzel* NZM 2004, 542; **aA** *BayObLG* 2 Z BR 101/02, NJW-RR 2003, 587, *OLG Hamburg* 2 Wx 148/00, ZMR 2003, 447; *OLG Köln* 16 Wx 192/05,

NZM 2006, 662). Die besonderen Fälle des § 22 (bauliche Veränderungen, Modernisierung, Wiederaufbau) können im Rahmen der ordnungsmäßigen Verwaltung liegen, wenn zB eine bauliche Veränderung nicht über die ordnungsmäßige Instandhaltung und Instandsetzung hinausgeht, eine Modernisierungsmaßnahme zugleich eine modernisierende Instandsetzung darstellt oder ein Wiederaufbau mit der Brandversicherungssumme bewerkstelligt werden kann.

6   Die früher höchst umstrittene Zuordnung des **Verwaltungsvermögens** hat nunmehr in § 10 Abs 7 eine gesetzliche Regelung erfahren; siehe dazu § 10 Rn 80. Auch dieses ist Gegenstand der gemeinschaftlichen Verwaltung (*Jennißen/Heinemann* § 21 Rn 1).

III. Die Verwaltung des gemeinschaftlichen Eigentums

7   **1. Verwaltung durch alle Wohnungseigentümer.** Nach § 21 Abs 1 steht die Verwaltung des gemeinschaftlichen Eigentums allen Wohnungseigentümern grundsätzlich gemeinsam zu, soweit das Gesetz oder Vereinbarungen der Wohnungseigentümer nicht etwas anderes besagen. So ist zB eine Vereinbarung zulässig, wonach abgegrenzte Teile einer Wohnanlage durch Gruppen von Wohnungseigentümern getrennt verwaltet werden (*BayObLG* BReg 2 Z 57/84, DNotZ 1985, 414). Soweit diese Vorschrift eingreift, gilt sie als Sonderregelung (vgl § 10 Abs 2 S 1) vor der allgemeinen Bestimmung des § 1011 BGB (*BGH* V ZR 118/91, Z 121, 22 = NJW 1993, 727). Grundsätzlich bedürfen daher Verwaltungsmaßnahmen der Zustimmung aller Wohnungseigentümer im Wege des **einstimmigen Beschlusses** (*Kümmel* ZWE 2001, 52; *Wenzel* ZWE 2001, 226). Da die Verwaltung durch alle Wohnungseigentümer in der Praxis bei Maßnahmen der laufenden Verwaltung zu einem nicht vertretbaren Aufwand durch den Verwalter und – gerade bei Großanlagen – zur faktischen Blockade der Verwaltung führen könnte, lässt das Gesetz in §§ 21 Abs 2, 3, 7 und § 22 Abs 1, 2 selbst Ausnahmen von diesem Grundsatz zu.

8   Nimmt **ein Wohnungseigentümer** im Einverständnis aller Wohnungseigentümer die Verwaltungsaufgaben wahr, ohne Verwalter zu sein, so ist Grundlage dieser Tätigkeit der stillschweigend gemäß § 670 BGB erteilte Auftrag eines jeden anderen Wohnungseigentümers, seine nach § 21 Abs 1 bestehende Verpflichtung zur Mitwirkung an der Verwaltung des gemeinschaftlichen Eigentums wahrzunehmen und ihn insoweit zu vertreten. Jeder einzelne Wohnungseigentümer hat gegen ihn gemäß § 666 BGB einen Auskunftsanspruch, der auf den von ihm erteilten Auftrag beruht und deshalb von jedem allein geltend gemacht werden kann (*KG* 24 W 7204/91, NJW- RR 1993, 470).

9   **2. Die gerichtliche Geltendmachung von Ansprüchen.** Hier ist zu unterscheiden zwischen individuellen Ansprüchen der einzelnen Wohnungseigentümer, gemeinschaftsbezogenen Ansprüchen der Wohnungseigentümer und Ansprüchen der Gemeinschaft als teilrechtsfähigem Verband.

10 **a) Individuelle Ansprüche.** Jeder Wohnungseigentümer kann grundsätzlich einen Anspruch, der ihm individuell zusteht, allein **ohne** einen **ermächtigenden Beschluss** der übrigen Wohnungseigentümer geltend machen. Besonderheiten gelten bei der Durchsetzung von Gewährleistungsansprüchen wegen Baumängeln am gemeinschaftlichen Eigentum, weil zwar jeder Erwerber einen eigenen Anspruch aus dem Erwerbsvertrag hat, aber die Interessen aller Wohnungseigentümer betroffen sind (vgl dazu Anh zu § 21 Rn 22 ff).

Verwaltung durch Wohnungseigentümer § 21 WEG II

Individuelle Ansprüche kommen auch **gegen den Verwalter** in Betracht, zB wegen einer **11** Sorgfaltspflichtverletzung des Verwalters gegenüber einem Wohnungseigentümer, die allein bei diesem zu einem Schaden geführt hat (vgl *BGH* V ZB 9/91, NJW 1992, 182).

Auch **Ansprüche auf ordnungsmäßige Verwaltung** gemäß § 21 Abs 4 stehen jedem **12** Wohnungseigentümer persönlich zu (*BayObLG* 2Z BR 130/98, NZM 1999, 767). Jeder einzelne Wohnungseigentümer kann daher den Anspruch auf Vorlage von Jahresabrechnung und Wirtschaftsplan gegen den Verwalter geltend machen (*BayObLG* BReg 2 Z 18/90, NJW-RR 1990, 659).

Der einzelne Wohnungseigentümer kann einen auf Geldzahlung an sich selbst gerich- **13** teten **Schadensersatzanspruch** wegen der Beeinträchtigung seines Wohnungseigentums, die durch eine Einwirkung auf das gemeinschaftliche Eigentum verursacht wurde, ohne Ermächtigung durch die Wohnungseigentümer **gegen einen Dritten** geltend machen, denn in diesem Fall ist weder der Gebrauch oder die Verwaltung des gemeinschaftlichen Eigentums noch eine aufgrund des Innenverhältnisses zwischen mehreren Gläubigern bestehende Empfangszuständigkeit betroffen (*BGH* V ZR 118/91, Z 121, 22 = NJW 1993, 727). Gleiches gilt für einen Schadensersatzanspruch wegen der Beschädigung seines Sondereigentums durch einen **anderen Wohnungseigentümer** (*BGH* V ZB 28/98, NJW 1999, 2108).

Auch den Anspruch aus § 1004 Abs 1 S 1 BGB auf **Beseitigung** einer Beeinträchtigung **14** des gemeinschaftlichen Eigentums gegen einen störenden Miteigentümer kann der einzelne Wohnungseigentümer ohne Ermächtigung durch die übrigen Wohnungseigentümer geltend machen, weil in diesem Fall der Gebrauch des gemeinschaftlichen Eigentums im Vordergrund steht (*BGH* V ZB 27/90, NJW 1992, 978). Dies gilt auch für den Anspruch aus § 1004 Abs 1 S 1 BGB gegen den Mieter als Zustandsstörer auf Duldung der Störungsbeseitigung (*BGH* V ZR 112/06, NJW 2007, 432).

Auch **Unterlassungsansprüche** aus dem Miteigentum an dem Grundstück gemäß **15** § 1004 Abs 1 S 2 BGB stehen weder dem Verband zu, noch können sie ohne einen entsprechenden Beschluss der Wohnungseigentümer von dem Verband gerichtlich geltend gemacht werden (*BGH* V ZB 17/06, NZM 2006, 465). Unterlassungs- und Beseitigungsansprüche aus § 15 Abs 3 sind ihrem Wesen nach ebenfalls Individualansprüche (*BayObLG* 2 Z BR 225/03, NZM 2004, 344).

Gemäß § 10 Abs 6 S 3 übt die Gemeinschaft sonstige Rechte aus, soweit diese gemein- **16** schaftlich geltend gemacht werden können. Hierzu zählen die den Wohnungseigentümern zustehenden Individualansprüche (Rn 10 ff; vgl auch § 10 Rn 74). Danach sind sie berechtigt, aber nicht verpflichtet (*OLG München* 34 Wx 083/05, ZMR 2006, 304; vgl auch *Wenzel* NZM 2006, 321, 323), Abwehrrechte aus § 1004 BGB wegen Verletzung des gemeinschaftlichen Eigentums **durch Mehrheitsbeschluss zur Angelegenheit der Gesamtheit der Wohnungseigentümer** zu machen (*BGH* V ZB 17/06, ZMR 2006, 457). Dies schließt den einzelnen Wohnungseigentümer – anders als für Ansprüche der Wohnungseigentümer gegen den Bauträger aus Erwerbsverträgen (vgl *BGH* VII ZR 236/05, ZMR 2007, 627; *Wenzel* NJW 2007, 905; vgl auch Anh zu § 21 Rn 32 ff) aber nicht von der Verfolgung seiner Rechte aus (BT-Drucks 16/887, S 62; *OLG München* 32 Wx 111/07, NZM 2008, 87; *Kümmel* § 10 Rn 63; **aA** *Wenzel* in Bärmann, § 10 Rn 253; *Becker* ZWE 2007, 432). Eine divergierende Inanspruchnahme als Folge der **Konkurrenz der Anspruchsverfolgung** kann prozessual durch Beiladung bzw Streitverkündung vermieden werden (*Abramenko* ZMR 2007, 841).

Vandenhouten

17 b) Gemeinschaftsbezogene Ansprüche. Gemäß § 10 Abs 6 S 3 übt die Gemeinschaft die gemeinschaftsbezogenen Rechte der Wohnungseigentümer aus (vgl § 10 Rn 70), dh der Gemeinschaft der Wohnungseigentümer steht grundsätzlich die alleinige Prozessführungsbefugnis zu. Hierunter fallen etwa der deliktische Anspruch auf Schadensersatz wegen Verletzung des gemeinschaftlichen Eigentums (*BGH* V ZR 118/91, NJW 1993, 727), der Anspruch gegen den Verwalter auf Erfüllung seiner vertraglichen Pflichten (*KG* 24 W 5516/86, ZMR 1987, 100: Auskunftserteilung; *BayObLG* 2Z BR 10/03, ZMR 2003, 692: Durchführung der Hausordnung), der Anspruch auf Durchsetzung eines Notwegerechts (*BGH* V ZR 159/05, ZMR 2007, 46), der Anspruch aus einer zu Gunsten des Grundstückseigentümers bestellten Grunddienstbarkeit (*OLG Hamm* 15 W 92/05, ZMR 2006, 878) und der Anspruch auf Minderung und kleinen Schadensersatz aus Erwerbsverträgen (*BGH* V ZR 372/89, NJW 1991, 2480 – s dazu Anh § 21 Rn 36 ff).

18 Der einzelne Wohnungseigentümer kann nur aufgrund einer **Ermächtigung durch die Gemeinschaft** gemeinschaftsbezogene Ansprüche gegen den Verwalter (*BGH* V ZB 9/88, NJW 1989, 1091), gegen andere Wohnungseigentümer (*OLG Hamm* 15 W 82/98, NZM 1998, 921) oder Dritte (*BGH* V ZR 118/91, Z 121, 22 = NJW 1993, 727) geltend machen. Sowohl die Durchsetzung des Anspruchs auf Naturalrestitution (§ 249 S 1 BGB) als auch des Anspruchs auf volle Restitution des Schadens in Geld (§ 249 S 2 BGB), zwischen denen der Geschädigte die Wahl hat, gehören zur Verwaltung des gemeinschaftlichen Eigentums. Gleiches gilt für den Kompensationsanspruch nach § 251 Abs 1 BGB. Auch die Ausübung eines Zurückbehaltungsrechts wegen eines allen Wohnungseigentümern gemeinschaftlich zustehenden Anspruchs ist der Entscheidung der Gemeinschaft vorbehalten (*BayObLG* 2Z BR 122/92, WuM 1993, 482). Kommt ein Beschluss, der die Rechtsverfolgung durch einen einzelnen Wohnungseigentümer billigt, nicht zustande, kann die Prozessführungsbefugnis in einem Rechtsstreit nach § 43 Nr 1 erstritten werden (*BGH* III ZR 248/95, NJW 1997, 2106).

19 c) Ansprüche der Gemeinschaft der Wohnungseigentümer. Hierzu gehören alle Ansprüche, deren Inhaberin die Gemeinschaft gemäß § 10 Abs 6 S 2 ist, also die als Gemeinschaft gesetzlich begründeten und rechtsgeschäftlich erworbenen Rechte. Dies sind insbesondere Ansprüche aus Verträgen der Gemeinschaft mit Dritten, und so auch des Verwaltervertrages (vgl § 10 Rn 86 ff) und die Beitragsansprüche nach § 16 Abs 2 aus Beschlüssen über Jahresabrechnungen, Wirtschaftspläne und Sonderumlagen. Der Gemeinschaft steht als Anspruchsinhaberin die alleinige Prozessführungsbefugnis zu.

20 3. Notmaßnahmen. Jeder Wohnungseigentümer ist berechtigt, ohne Zustimmung der anderen Wohnungseigentümer die Maßnahmen zu treffen, die erforderlich sind, um einen dem gemeinschaftlichen Eigentum unmittelbar drohenden Schaden abzuwenden. Dies gilt auch, wenn sie nach ihrem Ausmaß als bauliche Veränderungen zu qualifizieren sind (*Jennißen/Hogenschurz* § 22 Rn 10). Da grundsätzlich der Verwalter bzw die Wohnungseigentümer gemeinschaftlich für Instandhaltung und Instandsetzung des gemeinschaftlichen Eigentums zu sorgen haben (§ 27 Abs 1 Nr 2, 3; § 21 Abs 3, 5 Nr 2), muss eine **Gefahrensituation** für das Gemeinschaftseigentum vorliegen, in der dem eingreifenden Eigentümer ein Zuwarten auf das Tätigwerden des Verwalters oder auf die Zustimmung der anderen Miteigentümer nicht zugemutet werden kann (*OLG Hamburg* 2 Wx 35/05, ZMR 2007, 129; *OLG Frankfurt/M* 20 W 347/05, ZWE

2009, 123). In solchen Eilfällen wird man sogar eine Verpflichtung des einzelnen Wohnungseigentümers zum Eingreifen annehmen müssen. Mangels Eilbedürftigkeit ist ein Eingreifen des einzelnen Miteigentümers nicht erlaubt, wenn ein gefahrträchtiger Zustand bereits längere Zeit besteht und der Verwalter bereits längere Zeit Kenntnis von der Situation hat (*BayObLG* 2Z BR 50/01, WuM 2002, 105; *OLG Hamburg* 2 Wx 35/05, ZMR 2007, 129; *OLG Frankfurt/M* 20 W 347/05, ZWE 2009, 123). Die Befugnis besteht für die **Gefahrenbeseitigung**, nicht hingegen für die dauerhafte Behebung ihrer Ursachen (*BayObLG* 2 Z BR 50/01, WuM 2002, 105). Aus § 21 Abs 2 folgt keine Vertretungsmacht für die anderen Wohnungseigentümer oder den Verband (*Palandt/ Bassenge* § 21 Rn 7; aA *Bub* ZWE 2008, 245).

a) Ersatzanspruch. Da es sich bei einer Notmaßnahme um eine echte (berechtigte) **21** Geschäftsführung ohne Auftrag gemäß §§ 677, 683 BGB handelt, hat der Eingreifende einen **Aufwendungsersatzanspruch** gemäß § 670 BGB (*OLG München* 32 Wx 129/07, NZM 2008, 215; *Merle* in Bärmann, § 21 Rn 14; aA *Häublein* ZWE 2008, 410: Anspruch analog § 110 Abs 1 HGB, 713, 670 BGB; *BayObLG* BReg 2 Z 95/85, WuM 1986, 354: Anspruch aus § 16 Abs 2). Dieser Anspruch richtet sich gegen den Verband (*OLG München* 32 Wx 129/07, NZM 2008, 215; *OLG Hamm* 15 W 385/06, ZMR 2008, 230; *Palandt/Bassenge*, § 21 Rn 7). Die erforderlichen Aufwendungen sind Kosten der Verwaltung im Sinne des § 16 Abs 2 (*OLG München*, 32 Wx 129/07, NZM 2008, 215; *Riecke/Schmid/Drabek* § 21 Rn 86; *Merle* in Bärmann, § 21 Rn 14). Sie sind aus dem Gemeinschaftsvermögen zu begleichen, und zwar ohne Abzug in Höhe der Miteigentumsquote des regressberechtigten Eigentümers (*Häublein* ZWE 2008, 410, 413). Wegen der Beteiligung des Anspruchstellers am Verwaltungsvermögen tritt dieses Ergebnis wirtschaftlich ein, da die Ausgabe in der Jahresabrechnung anteilig auf ihn umgelegt wird. Die einzelnen Wohnungseigentümer, die neben der Wohnungseigentümer daneben gemäß § 10 Abs 8 S 1 als Teilschuldner haften (*Palandt/Bassenge* § 21 Rn 7; *Merle* in Bärmann, § 21 Rn 16; *Riecke/Schmid/Drabek* § 21 Rn 86; aA *OLG München* 32 Wx 129/07, NZM 2008, 215; *Häublein* ZWE 2008, 410, 414: § 10 Abs 8 S 1 anwendbar nur bei Haftung gegenüber Dritten), sind berechtigt, den in Vorlage getretenen Wohnungseigentümer auf Befriedigung aus dem Verwaltungsvermögen zu verweisen (*OLG Hamm* 15 W 240/91, OLGZ 1994, 22; *Elzer* ZMR 2008, 323). Dies ergibt sich aus der Treuepflicht der Wohnungseigentümer untereinander. Der Ersatzberechtigte sollte daher – soweit ein ausreichendes Verwaltungsvermögen vorhanden ist – den Verband auf Zahlung in Anspruch nehmen. Der Wohnungseigentümer kann Befriedigung seines Anspruchs auch dadurch erreichen, dass er seinen Anspruch auf Aufwendungsersatz gegen Beitragsforderungen der Wohnungseigentümergemeinschaft gemäß §§ 387, 389 BGB **aufrechnet** (*BayObLG* BReg 2 Z 134/90, WuM 1991, 413; *BayObLG* 2 Z BR 94/02, ZWE 2003, 179; *KG* 24 W 5988/94, NJW-RR 1996, 465). Ist der Wohnungseigentümer im Rahmen der Notgeschäftsführung eine Verbindlichkeit eingegangen, so hat er gegen die Wohnungseigentümergemeinschaft gemäß § 257 BGB einen Anspruch auf **Befreiung** von dieser Verbindlichkeit (*Merle* in Bärmann, § 21 Rn 18).

Erstattungsfähig sind die Aufwendungen, die der Wohnungseigentümer den Umständen **22** nach für erforderlich halten durfte. Hierzu zählen regelmäßig die zur Feststellung von Bauschäden angefallenen Kosten eines öffentlich bestellten und vereidigten Sachverständigen, nicht aber Kreditkosten zur Finanzierung der in Auftrag gegebenen Mängelbeseitigungskosten (*OLG Hamm* 15 W 240/91, OLGZ 1994, 22 = WE 1993, 110).

23 Die Regelung des § 21 Abs 2 schließt die Ansprüche eines Wohnungseigentümers gegen die Wohnungseigentümer aus Geschäftsführung ohne Auftrag oder aus ungerechtfertigter Bereicherung nicht aus (*BayObLG* 2Z BR 66/95, WuM 1995, 728; *OLG Köln* 16 Wx 55/99, ZMR 1999,790; *OLG Frankfurt/M* 20 W 347/05, ZWE 2009, 123). Liegt **keine Notgeschäftsführung** nach § 21 Abs 2 vor, besteht aber **regelmäßig kein Anspruch aus berechtigter Geschäftsführung ohne Auftrag**. Ergibt sich aus einer vorangegangenen Beschlussfassung, dass die Maßnahme nicht dem Willen der Wohnungseigentümer entspricht, scheidet ein Anspruch aus Geschäftsführung ohne Auftrag von vornherein aus (*OLG Hamburg* 2 Wx 35/05, ZMR 2007, 129; *OLG Frankfurt/M* 20 W 347/05, ZWE 2009, 123). Dieser ist nur dann unbeachtlich, wenn ein einzelner Wohnungseigentümer eine Maßnahme vornehmen, deren Erfüllung im öffentlichen Interesse liegt (§ 679 BGB). Im Übrigen spricht eine Vermutung dafür, dass die von einem einzelnen Wohnungseigentümer getroffene Maßnahme nicht dem mutmaßlichen Willen der Wohnungseigentümer entspricht (*BayObLG* 2Z BR 106/99, NZM 2000, 299; *OLG Frankfurt/M* 20 W 347/05, ZWE 2009, 123; **aA** *OLG Köln* 16 Wx 153/01, NZM 2002, 125: Maßnahme entspricht dem mutmaßlichen Willen, wenn sie objektiv im Interesse der Wohnungseigentümergemeinschaft liegt). Etwas anderes gilt ausnahmsweise dann, wenn die von dem handelnden Wohnungseigentümer durchgeführte Maßnahme als einzige den Grundsätzen ordnungsmäßiger Verwaltung entsprochen hat, weil er auf diese konkrete Maßnahme gemäß § 21 Abs 4 einen Anspruch hatte (*BayObLG* 2 Z BR 106/99, NZM 2000, 299; *OLG Celle* 4 W 286/01, ZWE 2002, 369; *OLG Frankfurt/M* 20 W 347/05, ZWE 2009, 123; *AG Wennigsen* 21 C 11/08, ZMR 2009, 414; *Niedenführ* ZMR 1991, 121).

24 Bei einer nicht berechtigten Geschäftsführung ohne Auftrag besteht gemäß §§ 684, 812 ff BGB ein **Bereicherungsanspruch** auf Ersatz der durch eine nützliche Maßnahme erzielten Wertsteigerung, wobei nur Ersatz solcher Aufwendungen verlangt werden kann, die der Geschäftsherrn später unausweichlich ebenfalls angefallen wären (*BayObLG* 2Z BR 106/99, NZM 2000, 299, 300; *OLG Hamburg* 2 Wx 35/05, ZMR 2007, 129; *OLG Frankfurt/M* 20 W 347/05, ZWE 2009, 123).

25 b) Beispiele für Notmaßnahmen. Unter § 21 Abs 2 fällt die **Behebung baulicher Schäden**, zB Wassereinbruch durch bei Sturm abgedecktem Dach: Noteindeckung; Wasserrohrbruch am Wochenende: Beauftragung des Handwerkernotdienstes zur Abdichtung; Gasgeruch: Beauftragung des Gasnotdienstes; Aufbruch der Hauseingangstür durch Einbrecher: Auswechseln des Schlosses; Rohrverstopfung: Beauftragung des Rohrreinigungsdienstes.

26 Bei **rechtlichen Nachteilen** ist § 21 Abs 2 nicht anwendbar (*Riecke/Schmid/Drabek* § 21 Rn 85; **aA** Vorauflage; *Bub* ZWE 2009, 245). Keine Notmaßnahmen sind daher die Einleitung eines Rechtsstreits zur Hemmung der drohenden Verjährung, die gerichtliche Geltendmachung von rückständigen Wohngeldern, wenn der Gemeinschaft durch die Nichtzahlung die Illiquidität droht und Versorgungsunternehmen die Sperrung der Versorgung androhen oder die Tilgung von Schulden des Verbandes (*OLG Köln* 16 Wx 55/99, ZMR 1999, 790: Begleichung einer Versicherungsprämie). Auch die Durchführung **eines selbstständigen Beweisverfahrens** zur Feststellung von Mängeln am Gemeinschaftseigentum ist keine Notmaßnahme nach § 21 Abs 2 (*BayObLG* 2Z BR 66/95, WuM 1995, 728; *OLG Frankfurt/M* 20 W 347/05, ZWE 2009, 123). Ein Aufwendungsersatzanspruch ist nach den Grundsätzen der Geschäftsführung ohne Auftrag gemäß §§ 677 ff BGB zu beurteilen (vgl Rn 23).

4. Verwaltung durch Mehrheitsbeschluss. § 21 Abs 3 regelt das Kernstück der ordnungsmäßigen Verwaltung durch die Wohnungseigentümer und ist von größter praktischer Bedeutung. Soweit nicht durch eine Vereinbarung nach § 10 Abs 2 alle Wohnungseigentümer eine abweichende Regelung getroffen haben (**Vereinbarungsvorbehalt**), können sie durch Stimmenmehrheit eine der Beschaffenheit des gemeinschaftlichen Eigentums entsprechende ordnungsmäßige Verwaltung beschließen. Abs 3 betrifft nur das gemeinschaftliche Eigentum. Ein Beschluss, der in das Sondereigentum eingreift, ist mangels Beschlusskompetenz nichtig (*OLG Köln* 16 Wx 121/00, NZM 2001, 541: Balkonbelag; *OLG Düsseldorf* 3 Wx 419/00, NZM 2001, 238: Einziehung und Verwendung der Miete für Sondereigentum). 27

a) Ordnungsmäßige Verwaltung. Ordnungsmäßig iSv § 21 Abs 3 sind alle Maßnahmen, die **im Interesse aller Wohnungseigentümer** – nicht nur Einzelner – auf die **Erhaltung, Verbesserung oder dem der Zweckbestimmung des gemeinschaftlichen Eigentums entsprechenden Gebrauch** gerichtet sind. Eine Maßnahme erfolgt im Interesse der Gesamtheit der Wohnungseigentümer, wenn sie bei objektiver Betrachtungsweise, unter Berücksichtigung der besonderen Umstände des Einzelfalles, **nützlich** ist (*OLG Hamburg* 2 Wx 30/03, ZMR 2003, 866; *Merle* in Bärmann, § 21 Rn 26). Maßstab ist der Standpunkt eines vernünftig und wirtschaftlich denkenden Beurteilers. Der mit dem Mehrheitsbeschluss verbundene Nutzen ist gegen die damit verbundenen Risiken abzuwägen (*BayObLG* 2Z BR 40/03, NZM 2004, 391). Dabei ist den Wohnungseigentümern ein gewisser **Ermessensspielraum** einzuräumen ist. Entsprechen mehrere Maßnahmen ordnungsmäßiger Verwaltung, so ist es Sache der Wohnungseigentümer, durch Beschlussfassung in der Eigentümerversammlung eine Auswahl zu treffen (*BayObLG* 2Z BR 043/04, NZM 2004, 746; *OLG Düsseldorf* 3 Wx 394/98, NZM 1999, 766). Das Gericht darf im Falle einer Anfechtung sein Ermessen nicht an die Stelle des Ermessens der Wohnungseigentümer setzen, so dass der Beschluss nicht für ungültig erklärt werden darf, weil eine andere Regelung zweckmäßiger erscheint. 28

In Betracht kommen sowohl rein wirtschaftliche Maßnahmen als auch rechtliche Maßnahmen. Abs 5 zählt nur beispielhaft einige **wirtschaftliche Maßnahmen** auf, die zu einer ordnungsmäßigen Verwaltung gehören: Aufstellen einer Hausordnung, Instandhaltung und Instandsetzung des gemeinschaftlichen Eigentums, Feuer- und Haftpflichtversicherung, Ansammeln einer Instandhaltungsrückstellung und Aufstellen eines Wirtschaftsplans (siehe unten Rn 52 ff). Zu den **rechtlichen Maßnahmen** gehört insbesondere der Abschluss von Verträgen. 29

Die Beschlusskompetenz der Wohnungseigentümer umfasst auch die Befugnis, über eine Angelegenheit, über die bereits durch Beschluss entschieden worden ist, erneut eine Entscheidung herbeizuführen (*BGH* V ZB 8/90, Z 113, 197 = NJW 1991, 979; sog **Zweitbeschluss**). Der zweite Beschluss muss sich dabei für seine Wirksamkeit an den Regelungen des WEG und der Gemeinschaftsordnung messen lassen sowie den Grundsätzen ordnungsmäßiger Verwaltung entsprechen (*OLG Saarbrücken* 5 W 60/97-23, WuM 1998, 243). Dies ist nicht der Fall, wenn durch einen abändernden Zweitbeschluss oder einen Aufhebungsbeschluss schutzwürdige Bestandsinteressen aus dem Inhalt und den Wirkungen des Erstbeschlusses betroffen werden bzw. einzelne Wohnungseigentümer unbillig beeinträchtigt werden (*BGH* V ZB 8/90, Z 113, 197 = NJW 1991, 979; *OLG Hamm* 15 W 166/06, ZMR 2007, 296: Änderung der Instandhaltungs- 30 last ohne Übergangsregelung für bereits durchgeführte Reparaturen; verneint von *KG* 24 W 911/98, NZM 2000, 552 für einen Zweitbeschluss über die Aufhebung eines Beschlusses, wonach zur Vorbereitung von Regressansprüchen ein selbstständiges Beweisverfahren durchgeführt werden sollte), es sei denn überwiegend sachliche Gründe sprechen für die neue Regelung *(OLG Köln* 16 Wx 10/02, NZM 2002, 454; *OLG Frankfurt/M* 20 W 229/03, ZWE 2006, 358), etwa das nachträgliche Bekanntwerden bedeutsamer Umstände *(OLG Düsseldorf* 3 Wx 414/99, NZM 2000, 875: Jahresabrechnung beruht auf einem erst nach Bestandskraft erkannten Fehler der Messeinrichtung). Gibt es keine schutzwürdigen Bestandsinteressen ist ein sachlicher Grund zur Rechtfertigung des Zweitbeschlusses nicht erforderlich *(OLG Frankfurt* 20 W 34/02, OLGR Frankfurt 2005, 334; *Elzer* ZMR 2007, 237). Die grundlose inhaltsgleiche Wiederholung früherer Eigentümerbeschlüsse, die schon angefochten sind (erst recht nach erfolgreich durchgeführtem Anfechtungsverfahren), in der Hoffnung, sie könnten bestandskräftig werden, ist mit einer ordnungsmäßigen Verwaltung nicht vereinbar. Ein solcher Wiederholungsbeschluss ist deshalb nach Anfechtung für ungültig zu erklären *(KG* 24 W 4748/93, WuM 1994, 561; *AG Neukölln* 70 II 113/04, ZMR 2005, 235, das solche Beschlüsse sogar für nichtig erachtet; einschränkend *Lüke* ZWE 2000, 98, 100).

31 Ein **Anspruch** eines Wohnungseigentümers **auf Änderung** oder Aufhebung eines Eigentümerbeschlusses durch einen Zweitbeschluss folgt nach neuem Recht aus § 10 Abs 2 S 3 WEG analog *(OLG München* 34 Wx 78/07, NZM 2009, 132; *Abramenko* ZWE 2007, 336). Danach kann die Änderung eines Beschlusses verlangt werden, wenn schwerwiegende Umstände das Festhalten an der bestehenden Regelung als unbillig erscheinen lassen. Relevant sind nur Umstände, die bei der Beschlussfassung noch nicht berücksichtigt werden konnten (nach altem Recht folgte ein solcher Anspruch nur aus § 242 BGB, wenn außergewöhnliche Umstände das Festhalten an der bestehenden Regelung als grob unbillig erscheinen ließen, vgl *OLG Düsseldorf* I-3 Wx 194/06, ZMR 2007, 379).

32 Eine Grenze der ordnungsmäßigen Verwaltung zieht § 22 **Abs 1**. Bauliche Veränderungen und Aufwendungen, die über die ordnungsmäßige Instandhaltung oder Instandsetzung hinausgehen, können nicht mit Mehrheit beschlossen werden, sondern bedürfen der Zustimmung derjenigen Wohnungseigentümer, deren Rechte durch die Veränderung über das in § 14 bestimmte Maß hinaus beeinträchtigt werden. Zu beachten ist aber auch hier, dass nicht angefochtene Mehrheitsbeschlüsse bestandskräftig werden (vgl Rn 33).

33 Andere Mehrheitsbeschlüsse über Maßnahmen, die nicht mehr ordnungsmäßiger Verwaltung entsprechen und deshalb eines **einstimmigen Beschlusses** durch Zustimmung aller Wohnungseigentümer der Gemeinschaft bedürften *(Palandt/Bassenge* § 21 Rn 2; *Merle* in Bärmann, § 21 Rn 40; *Becker/Kümmel/Ott* Rn 174 f), sind – soweit sie lediglich mit Stimmenmehrheit gefasst wurden – nicht nichtig, sondern werden bestandskräftig, wenn sie nicht fristgerecht angefochten werden *(BGH* V ZB 58/99, Z 145, 158, 168 = NJW 2000, 3500). Das Gesetz räumt den Wohnungseigentümern nämlich ausdrücklich die Möglichkeit einer Mehrheitsentscheidung ein, sofern es um eine ordnungsmäßige Maßnahme geht. Die Eigentümerversammlung ist insoweit also nicht von vornherein für eine Beschlussfassung absolut unzuständig *(Buck* WE 1998, 90; *Wenzel* ZWE 2000, 2). Sie darf nur keine Beschlüsse fassen, die über die „Ordnungsmäßigkeit" der Verwaltung hinausgehen. Ob dies der Fall ist, hängt aber von den Umständen des Einzelfalles ab und ist vielfach nicht leicht zu entscheiden. Die Beschlusskompetenz kann deshalb aus Gründen der Rechtssicherheit nicht davon abhängen, ob eine Maßnahme ordnungsmäßig ist (**aA** *Häublein* ZMR 2000, 423, 429). Für Verwaltungsregelungen bleibt es also dabei, dass bestandskräftige Mehrheitsbeschlüsse gültig sind, auch wenn der Regelungsgegenstand einen einstimmigen Beschluss erfordert hätte (*BGH* V ZB 58/99, Z 145, 158, 168 = NJW 2000, 3500). Wird die Zustimmung aller Wohnungseigentümer hingegen erreicht, scheidet eine Anfechtung wegen inhaltlicher Ordnungswidrigkeit des Beschlusses aus (*Kümmel* ZWE 2001, 516).

Beschlüsse wirken auch **ohne Eintragung in das Grundbuch** gegenüber Rechtsnachfolgern (§ 10 Abs 4). Aus Verträgen mit Dritten, die aufgrund eines Mehrheitsbeschlusses abgeschlossen werden, wird die Wohnungseigentümergemeinschaft verpflichtet (§ 10 Abs 6 S 2). Das Verfahren der Beschlussfassung regeln die §§ 23–25. 34

In einem **Rechtsstreit nach § 43 Nr 4** (Anfechtungsklage) prüft das Gericht, ob der Beschluss gegen die Gemeinschaftsordnung bzw. eine nachträgliche Vereinbarung oder gegen zwingendes Recht (zB §§ 134, 138, 242 BGB) verstößt und ob die Maßnahme ordnungsmäßig im Sinne von § 21 Abs 3 ist. Erstrebt der Kläger eine andere Maßnahme, setzt dies einen Antrag gemäß § 21 Abs 4 voraus, der im selben Prozess gestellt werden kann. 35

b) Beispiele aus der Rechtsprechung. – aa) Maßnahmen ordnungsmäßiger Verwaltung. Die Erhebung einer erforderlichen Sonderumlage etwa bei Liquiditätsengpässen (*BGH* V ZB 22/88, NJW 1989, 3018) ebenso wie eine **Finanzierungsregelung** bei kostenverursachenden Maßnahmen (*BayObLG*, 2 Z BR 130/98, NZM 1999, 767), der **Abschluss von Verträgen**, etwa des Verwaltervertrages – auch die Erweiterung der Aufgaben des Verwalters und die entsprechende Sondervergütung (*KG* 24 W 93/08, ZMR 2009, 709) –, des Hausmeistervertrages, von Werkverträgen mit Handwerkern, von Wartungs- und Versicherungsverträgen, einer Vermögensschadenshaftpflichtversicherung für den Verwaltungsbeirat (*KG* 24 W 203/02, ZMR 2004, 780; **aA** *Köhler* ZMR 2002, 891), nicht aber für den Verwalter (*Palandt/Bassenge* § 21 Rn 9), die Geltendmachung von Wohngeldforderungen gegen säumige Wohnungseigentümer. Hierzu zählt auch die Ermächtigung des Verwalters zur **Kreditaufnahme** zwecks kurzfristiger Überbrückung ausgebliebener Wohngeldzahlungen (*BayObLG* 2 Z BR 58/04, NJW-RR 2004, 1602 und *OLG Hamm* 15 W 169/91, NJW-RR 1992, 403: in Höhe der Beiträge für 3 Monate; siehe aber *BayObLG* 2Z BR 229/04, NJW-RR 2006, 20: nicht aber zur Finanzierung größerer Instandsetzungsmaßnahmen; **aA** *Elzer* NZM 2009, 57). **Öffentlich-rechtlichen Verpflichtungen** nachzukommen, entspricht immer ordnungsmäßiger Verwaltung (*BGH* V ZB 37/02, NZM 2002, 992: durch behördlichen Bescheid geforderte Brandschutzmaßnahmen; *OLG München* 34 Wx 46/07, NJW-RR 2008, 1182: Anpassung einer Heizungsanlage an die Standards der Energieeinsparverordnung; vgl auch *OLG Hamm* 15 W 107/04, ZMR 2005, 806). 36

Ein Beschluss, dass **Schuhe** witterungsbedingt **im Flur** auf der Fußmatte zeitweilig abgestellt werden dürfen, verstößt nicht gegen die Verkehrssicherungspflicht und entspricht damit ordnungsmäßiger Verwaltung (*OLG Hamm* 15 W 168 – 169/88, MDR 1988, 677). Sofern keine Vereinbarung entgegensteht, können die Wohnungseigentümer durch Mehrheitsbeschluss als Maßnahme ordnungsmäßiger Verwaltung gemäß § 21 Abs 3 bestimmen, ob die **Heizungsanlage** auch in den Sommermonaten in Betrieb 37 zu halten oder abzustellen ist (*BayObLG* 2Z BR 117/92, WuM 1993, 291). Der **Austausch einer Schließanlage** wegen eines ungeklärten Schlüsselverlusts entspricht in der Regel ordnungsmäßiger Verwaltung (*BayObLG* 2Z BR 182/04, ZMR 2006, 137).

38 Ein **Beschluss**, einen **Anspruch gerichtlich geltend zu machen**, widerspricht nur dann ordnungsmäßiger Verwaltung, wenn der Anspruch **offensichtlich unbegründet** (Maßstab: querulatorisch gefärbt, vgl. *OLG Hamm* 15 W 396/03, NJW-RR 2004, 805) ist (*BayObLG* 2Z BR 18/94, WuM 1994, 571 [Schadensersatzanspruch gegen früheren Verwalter]; *BayObLG* 2Z BR 41/98, NZM 1999, 175 [öffentlich-rechtliche Schutzansprüche nach dem BImSchG]; *BayObLG* 2 Z BR 153/98, NZM 1999, 862 [Gewährleistungsanspruch gegen Bauträger]; *OLG München* 34 Wx 034/05, ZMR 2005, 907 [Abschleppkosten]; *OLG Oldenburg* 5 W 67/05, ZMR 2006, 72 [Schadensersatzanspruch gegen früheren Verwalter unter Hinzuziehung eines Rechtsanwalts]; *OLG Frankfurt a M* 20 W 9/08, ZMR 2009, 462 [Gewährleistungsanspruch gegen Bauträger]; enger wohl *OLG Düsseldorf* I-3 Wx 8/03, NZM 2003, 643: die Kosten müssen in Anbetracht der Erfolgsprognose vertretbar sein). **Umgekehrt** widerspricht es in der Regel ordnungsmäßiger Verwaltung, **offensichtlich schlüssig** dargelegte Schadensersatzansprüche nicht gerichtlich geltend zu machen (*OLG Düsseldorf* 3 Wx 270/99, NZM 2000, 347; *OLG Hamm* 15 W 396/03, NJW-RR 2004, 805). Dies schließt nicht aus, das von der Gemeinschaft zu tragende Prozesskostenrisiko bei der Ermessensentscheidung zu berücksichtigen. Das Argument, die Mehrheit der Wohnungseigentümer könne nicht gezwungen werden, gegen ihren Willen erhebliche Mittel für die Prozessführung mit jeweils hohem Kostenrisiko für die Geltendmachung von Ansprüchen aufzuwenden, auf die sie selbst keinen Wert legten, kann jedoch nicht ohne Rücksicht auf den Gegenstand der einzelnen Ansprüche pauschal deren gerichtliche Geltendmachung hindern (*OLG Hamm* 15 W 396/03, NZM 2004, 504 [Ansprüche gegen früheren Verwalter]). Der Beschluss über die **Genehmigung eines gerichtlichen Vergleichs** entspricht ordnungsmäßiger Verwaltung, wenn der Inhalt des Vergleichs unter Berücksichtigung aller Umstände angemessen, zumindest aber vertretbar erscheint (*BayObLG* 2 Z BR 17/03, NZM 2003, 807).

39 Die Wohnungseigentümer können sich auch dann mehrheitlich für die **Anmietung einer Satellitenanlage** entscheiden, wenn dies im Zehnjahresvergleich erheblich teurer ist als der Kauf einer Anlage, sofern sonstige vernünftige wirtschaftliche Gründe für die Anmietung sprechen (*OLG Köln*, 16 Wx 108/98, NZM 1998, 970). Der Beschluss, das Sondernutzungsrecht an zwei oberirdischen Stellplätzen zu erwerben, um darauf zusätzlich erforderliche Müllbehälter abzustellen, kann ordnungsmäßiger Verwaltung entsprechen (*BayObLG*, 2Z BR 23/98, NZM 1998, 978). Zu Regelungen über die Höhe von **Verzugszinsen** für rückständige Wohngelder und zu Beschlüssen über die Teilnahme am **Lastschriftverfahren** s Rn 124 ff.

40 **bb) Maßnahmen nicht ordnungsmäßiger Verwaltung.** Ein **Beschluss, der eine in der Teilungserklärung enthaltene Regelung lediglich wiederholt**, widerspricht ordnungsmäßiger Verwaltung, weil er nur geeignet ist, Unsicherheit in die durch die Teilungserklärung getroffene Rechtslage zu tragen (*KG* 24 W 3698/92, NJW-RR 1993, 1104). Ein Beschluss über die **Einleitung eines selbstständigen Beweisverfahrens** widerspricht ordnungsmäßiger Verwaltung, wenn nicht erkennbar ist, wer Gegner des Verfahrens sein soll (*BayObLG* 2 Z BR 28/02, NZM 2002, 1000). Die Beauftragung eines Rechtsanwaltes mit **Vergleichsverhandlungen** widerspricht ordnungsmäßiger Verwal-

tung, wenn alle Wohnungseigentümer dem Vergleich zustimmen müssen und bereits ein Wohnungseigentümer die Ablehnung signalisiert hat (*KG* 24 W 349/02, NZM 2004, 951). Ein Beschluss, der den Verwalter ohne jegliche inhaltliche Vorgaben ermächtigt, in Absprache mit dem Beiratsvorsitzenden einen Rechtsanwalt für die **Rechtsberatung** der Gemeinschaft **in der Eigentümerversammlung** zu beauftragen, widerspricht auch in einer zerstritten Gemeinschaft ordnungsmäßiger Verwaltung (*OLG Hamm* 15 W 203/02, NZM 2005, 185). Es widerspricht ordnungsmäßiger Verwaltung, den Verwalter zu beauftragen, gebührenpflichtige **Rechtsauskünfte** zu Schadensersatzansprüchen einzuholen, die gegen ihn gerichtet sind (*KG* 24 W 3/02, ZMR 2004, 458). Keine Maßnahme ordnungsmäßiger Verwaltung ist die Entscheidung über die **Bauabnahme** und Abschluss eines Vergleichs über festgestellte Baumängel. Sie bedarf der Einstimmigkeit (*AG Hochheim* 4 UR II 47/85, NJW-RR 1986, 563). Es entspricht nicht ordnungsmäßiger Verwaltung, wenn die Wohnungseigentümer beschließen, ein **behördliches Genehmigungsverfahren** für die Genehmigung von Loggia-Verglasungen in Gang zu setzen, die Kosten der Instandhaltungsrücklage zu entnehmen und erst später auf die Wohnungseigentümer umzulegen, die tatsächlich eine Loggia-Verglasung anbringen lassen (*BayObLG* 2 Z BR 146/98, NZM 1999, 275).

Ist ein Teil der dinglich zur Sondernutzung zugewiesenen **Kfz- Stellplätze** so geschnit- **41** ten, dass ein gemeinschaftliches Parken nicht ohne Behinderung der beteiligten Fahrzeuge möglich ist, so kann die Gemeinschaft nicht mit einfacher Mehrheit beschließen, auf Kosten der Gemeinschaft für einen der beteiligten Eigentümer auf einem Nachbargrundstück einen Parkplatz anzumieten, um ein reibungsloses Parken aller Eigentümer zu ermöglichen. Das Problem muss vielmehr allein von dem beteiligten Eigentümer und dem Verkäufer dieser Wohnungen gelöst werden (*OLG Köln* 16 Wx 324/97, ZMR 1998, 458). Die Wohnungseigentümer können aber mehrheitlich beschließen, ein Grundstück, auf dem die in der Baugenehmigung zur Auflage gemachten Kfz-Stellplätze entsprechend der ursprünglichen Planung errichtet werden sollten, nicht zu kaufen, sondern nur langfristig zu pachten(*BayObLG* 2Z BR 172/97, WuM 1998, 566).

IV. Anspruch auf ordnungsmäßige Verwaltung

1. Inhalt des Anspruchs. § 21 Abs 4 erweitert § 745 Abs 2 BGB dahin, dass jeder **42** Wohnungseigentümer auch dann, wenn Vereinbarungen oder Beschlüsse über die Verwaltung vorliegen, eine diesen Vereinbarungen oder Beschlüssen, aber auch gerichtlichen Entscheidungen entsprechende Verwaltung verlangen kann. Dieser individual-rechtliche Anspruch eines jeden Wohnungseigentümers (*BayObLG* BReg 2 Z 18/90, NJW-RR 1990, 659) richtet sich **gegen die Wohnungseigentümer** und nicht gegen den Verband (*OLG München* 34 Wx 144/06, NJW-RR 2008, 461). Grundsätzlich ist dies die Gesamtheit der übrigen Wohnungseigentümer, ggf aber auch nur ein Einzelner (*BayObLG* 2Z BR 174/99, NZM 2000, 1011). Dies hängt davon ab, wem die begehrte Verwaltungsmaßnahme obliegt. Ist eine Regelung (Vereinbarung oder Beschluss) vorhanden, so richtet sich der Anspruch auf deren Befolgung (*Palandt/Bassenge* § 21 Rn 11). Sind solche Regelungen nicht vorhanden, so richtet sich der Anspruch auf eine Verwaltung, die dem Interesse der Gesamtheit der Wohnungseigentümer nach billigem Ermessen entspricht, d. h. sie muss den Grundsätzen ordnungsmäßiger Verwaltung im Sinne von Abs 3 entsprechen (Rn 28). Wegen des den Wohnungseigentümern zustehenden Ermessensspielraums ist der Anspruch erfüllt, wenn die Wohnungseigentümer eine im Spielraum liegende, aber nicht die erstrebte Maßnahme beschließen (*OLG Frankfurt* 20 W 506/01, ZMR 2004, 290).

43 Die Vorschrift hat insbesondere dann praktische Bedeutung, wenn ein zur ordnungsmäßigen Verwaltung erforderlicher Mehrheitsbeschluss nicht zustande kommt, sei es, dass Stimmengleichheit besteht (es sind nur zwei Wohnungseigentümer vorhanden), sei es dass eine Mehrheit aus nicht zu billigenden Gründen eine Minderheit majorisiert und eine ordnungsmäßige Verwaltung blockiert, indem sie sich zB weigert, einen Verwalter zu bestellen. In Betracht kommt die Vorschrift aber auch dann, wenn die Gemeinschaft es unterlässt, die in Abs 5 genannten Maßnahmen zu treffen.

44 Der Anspruch aus § 21 Abs 4 richtet sich **gegen den Verwalter**, etwa wenn dieser gefasste Beschlüsse nicht oder nur teilweise durchführt (*BayObLG* BReg 2 Z 18/90, NJW-RR 1990, 659) oder Wirtschaftsplan und Jahresabrechnung nicht erstellt (*BayObLG* BReg 2 Z 18/90, NJW-RR 1990, 659).

45 Von dem Anspruch des einzelnen Wohnungseigentümers ist der **Anspruch des Verbandes gegen die Wohnungseigentümer** auf ordnungsmäßige Verwaltung gemäß § 21 Abs 4 zu unterscheiden. Die Wohnungseigentümer treffen Treuepflichten, die ein Mindestmaß an Loyalität gegenüber dem Verband erfordern. Hierzu gehört unter anderem die Pflicht, dem Verband die finanzielle Grundlage zur Begleichung der laufenden Verpflichtungen durch Beschluss über Wirtschaftsplan, Sonderumlage oder Jahresabrechnung zu verschaffen. Erfüllen die Wohnungseigentümer schuldhaft ihre Verpflichtung gegenüber dem Verband zur Beschlussfassung nicht, so kann der Verband die Wohnungseigentümer auf Schadensersatz wegen Pflichtverletzung nach § 280 BGB in Anspruch nehmen (*BGH* V ZB 32/05, ZMR 2005, 547).

46 **2. Verfahren.** Der Anspruch gegen die übrigen Wohnungseigentümer ist in einem Rechtsstreit nach § 43 Nr 1 und gegen den Verwalter in einem Rechtsstreit nach § 43 Nr 3 geltend zu machen. Eine Ermächtigung durch die anderen Wohnungseigentümer ist nicht erforderlich (*BayObLG* BReg 2 Z 18/90, NJW-RR 1990, 659). Der Klageantrag muss grundsätzlich eine konkrete Maßnahme benennen (§ 253 Abs 2 Nr 2 ZPO), an den das Gericht gem § 308 Abs 1 S 1 ZPO gebunden ist; siehe für einen unbestimmten Klageantrag Rn 134 ff. Bevor ein Wohnungseigentümer die Übrigen gemäß § 21 Abs 4 auf Zustimmung zu einer Maßnahme der ordnungsmäßigen Verwaltung im Verfahren nach § 43 Nr 1 in Anspruch nimmt, muss er grundsätzlich versuchen, einen entsprechenden Beschluss der Wohnungseigentümer herbeizuführen (*OLG Hamm* 15 W 396/03, NJW-RR 2004, 805). Anderenfalls fehlt ihm das erforderliche **Rechtsschutzbedürfnis**. Dazu hat er gegenüber dem Verwalter einen Anspruch auf Einberufung einer außerordentlichen Eigentümerversammlung, sofern er ein Viertel der übrigen Wohnungseigentümer dafür gewinnen kann (§ 24 Abs 2 Hs 2) oder Gründe ordnungsmäßiger Verwaltung die zeitnahe Behandlung der Maßnahme gebieten (*OLG Köln* 16 Wx 245/03, NZM 2004, 305; *AnwHdB/Vandenhouten* Teil 4 Rn 20). Andernfalls kann er die Frage bei der nächsten ordentlichen Wohnungseigentümerversammlung auf die Tagesordnung setzen lassen (*BayObLG* 2 Z BR 152/03, NZM 2004, 109; *OLG Frankfurt* 20 W 103/01, ZMR 2004, 288; *Staudinger/Bub* § 21 Rn 109). In einer zweigliedrigen Wohnungseigentümergemeinschaft, in der die beiden uneinigen Wohnungseigentümer gleiches Stimmrecht haben, kann sofort Klage erhoben werden (*OLG Köln* 16 Wx 111/04, ZMR 2005, 725). Gleiches gilt, wenn es einem Wohnungseigentümer im Einzelfall nicht zumutbar ist, vorher eine Beschlussfassung der Gemeinschaft herbeizuführen, weil das Abstimmungsergebnis sicher vorhergesagt werden kann (*OLG Düsseldorf* 3 Wx 345/97, NJW-RR 1999, 163; *KG* 24 W 3566/98, NZM 2000, 286; *OLG Hamm* 15 W 396/03, NJW-RR 2004, 805). Ein nicht für ungültig erklärter **Beschluss über eine abweichende Verwaltungsmaß-** **47** **nahme** bindet das Gericht. Raum für eine gerichtliche Entscheidung gibt es dann nicht (*BayObLG* 2Z BR 117/92, WuM 1993, 291). Dies gilt auch für einen Beschluss, der die beantragte Maßnahme abgelehnt hat, sofern sie über die bloße Antragsablehnung zum Beschlusszeitpunkt hinaus (vgl. dazu *OLG München* 34 Wx 33/06, ZMR 2006, 800) einen sachlichen Regelungsgehalt – etwa eine Beschlussfassung über das kontradiktorische Gegenteil – enthält (*BayObLG* 2Z BR 232/03, ZMR 2004, 524; *OLG München* 34 Wx 78/07, NZM 2009, 132; Palandt/*Bassenge* § 23 WEG Rn 11; *Niedenführ* § 43 Rn 77; *Wenzel* ZMR 2005, 413). Der Verpflichtungsantrag kann dann nur noch Erfolg haben, wenn der Wohnungseigentümer einen Anspruch auf Abänderung hat (vgl dazu Rn 31).

Die gerichtliche Entscheidung geht bei der Leistungsklage in der Regel auf Zustim- **48** mung der anderen Wohnungseigentümer, also auf Abgabe einer Willenserklärung. Das rechtskräftige Urteil gestaltet die Rechtslage so, als ob die Wohnungseigentümer einen entsprechenden Beschluss gefasst hätten (*KG* 24 W 9042/96, WuM 1997, 698). Das Gericht kann aber auch die als ordnungsmäßig erkannte abgelehnte Maßnahme unmittelbar anordnen (vgl dazu Rn 134 ff).

3. Abdingbarkeit. Die Regelung des Abs 4 ist durch Vereinbarung abdingbar (*Merle* **48a** in Bärmann, § 21 Rn 461; aA Staudinger/*Bub* § 21 Rn 18).

4. Beispiele aus der Rechtsprechung. Aus § 21 Abs 4 kann ein Anspruch auf Bestellung **49** eines **Verwalters** folgen, wenn dieser fehlt oder vom Gericht abberufen wurde (*BayObLG* BReg 2 Z 49/88, NJW-RR 1989, 461). Aus § 21 Abs 4 kann sich auch ein Anspruch auf Abberufung des Verwalters ergeben. Das Gericht kann im Rahmen des ihm gemäß § 21 Abs 8 eingeräumten Rechtsfolgeermessens (vgl dazu Rn 134 ff) die **Bestellung oder Abberufung** unmittelbar vornehmen (*OLG Düsseldorf* I-3 Wx 85/07, NZM 2008, 452). Zur ordnungsmäßigen Verwaltung gehört auch, das gemeinschaftliche Eigentum in einen **verkehrssicheren Zustand** zu versetzen und in einem solchen Zustand zu erhalten, so dass bei seiner bestimmungsgemäßen Nutzung Wohnungseigentümern und Dritten keine Gefahren drohen. Es kann deshalb ein Anspruch auf erstmalige Herstellung eines ordnungsmäßigen Zustands bestehen, der die Wohnungseigentümer verpflichtet, einen Zaun zu dem an der Grundstücksgrenze auf dem Nachbargrundstück verlaufenden Bach zu errichten, der kleine Kinder daran hindert, darunter durchzukriechen oder darüber zu steigen (*BayObLG* 2Z BR 180/99, NZM 2000, 513). Die Abgrenzung einer Zufahrtsstraße durch einen Zaun kann dagegen nicht verlangt werden, wenn die Gefahren durch die Straße nicht größer sind als die bei der Teilnahme am allgemeinen Straßenverkehr (*BayObLG* 2Z BR 180/99, NZM 2000, 513). Ein Anspruch aus § 21 Abs 4 kann sich ergeben, wenn bestimmte bauliche Einrichtungen **öffentlich-rechtlich zwingend vorgeschrieben** sind (*OLG Hamm* 15 W 107/04, ZMR 2005, 806).

Wenn **Schäden im Sondereigentum** eines Wohnungseigentümers auftreten, deren Ursache in Mängeln des Gemeinschaftseigentums liegen kann, entspricht es ordnungsmäßiger Verwaltung, iSv § 21 Abs 4, die Ursachen umgehend durch Gutachten eines Sachverständigen feststellen zu lassen. Jeder Wohnungseigentümer hat in einer solchen Lage Anspruch auf Durchführung eines selbstständigen Beweisverfahrens (*BayObLG* 2Z BR 57/01, NZM 2002, 448; *OLG Hamm* 15 W 240/91, OLGZ 1994, 22).

50 Ist ein vom früheren Alleineigentümer begründetes **Mietverhältnis** über eine Wohnung mit der Bildung von Wohnungseigentum auf die Wohnungseigentümer (seit *BGH* V ZB 32/05, ZMR 2005, 547: den Verband) übergegangen, kann der Wohnungseigentümer, dem das Sondereigentum an der vermieteten Wohnung zusteht, von den übrigen Wohnungseigentümern die Zustimmung zu einer von ihm ausgesprochenen bzw auszusprechenden Kündigung des Mietverhältnisses verlangen. Er hat grundsätzlich Anspruch auf eine so weitgehende Mitwirkung der übrigen Wohnungseigentümer an der Auflösung des Mietverhältnisses, dass die Kündigung beim Mietgericht nicht aus formellen Gründen scheitert (*OLG Hamburg* 2 Wx 20/96, ZMR 1996, 614; *OLG Hamburg* 2 Wx 83/97, WuM 1998, 508).

V. Pflichtverletzung

51 In der Praxis wird Schadensersatz vorwiegend im Zusammenhang mit Instandhaltungsmaßnahmen begehrt. Es wird daher auch wegen der allgemeiner Ausführungen zu Schadensersatzansprüchen auf Rn 70 verwiesen.

Wegen der Geltendmachung von Schadensersatz im Falle der Verletzung von Verkehrssicherungspflichten wird auf § 10 Rn 92 verwiesen.

VI. Die besonderen Fälle einer ordnungsmäßigen Verwaltung

52 **1. Allgemeines.** Abs 5 zählt nur beispielhaft eine Reihe von Maßnahmen auf, die zur ordnungsmäßigen Verwaltung gehören. Obwohl Abs 5 abdingbar ist, wird anzunehmen sein, dass bei Fehlen einer der hier aufgezeigten Maßnahmen jeder Wohnungseigentümer hierauf einen Anspruch hat (vgl Rn 38).

2. Hausordnung

Literatur: *Elzer* Die Hausordnung einer Wohnungseigentumsanlage, ZMR 2006, 733.

53 In der Hausordnung sind Gebrauchs- und Verwaltungsregelungen zusammengefasst, die den Schutz des Gebäudes, die Aufrechterhaltung von Sicherheit und Ordnung und die Erhaltung des Hausfriedens sichern sollen (*OLG Frankfurt/M* 20 W 430/04, NJW-RR 2007, 377). In der Regel wird die Hausordnung durch **Mehrheitsbeschluss** festgelegt (§ 21 Abs 3). Jeder Wohnungseigentümer kann verlangen, dass eine Hausordnung aufgestellt wird (§ 21 Abs 5 Nr 1, Abs 4). Eine durch Mehrheitsbeschluss aufgestellte Hausordnung kann jederzeit durch Stimmenmehrheit abgeändert oder aufgehoben werden (*Merle* in Bärmann, § 21 Rn 60). Bei ihrer Änderung sind jedoch schutzwürdige Belange der Wohnungseigentümer zu berücksichtigen (*BayObLG* 2Z BR 93/97, NZM 1998, 239). Im Übrigen muss die Gestaltungsfreiheit der Wohnungseigentümer respektiert werden (*OLG Frankfurt/M* 20 W 430/04, NJW-RR 2007, 377). Die Hausordnung kann aber auch bereits in der Teilungserklärung/ Gemeinschaftsordnung enthalten sein. Auch in diesem Fall darf sie in der Regel als formeller (unechter) Satzungsbestandteil (**aA** *Riecke/Schmid/Elzer* § 10 Rn 80; *Schmidt* ZMR 2009, 325: echte materielle Vereinbarung) – auch ohne spezielle Öffnungsklausel – durch Mehrheitsbeschluss abgeändert werden (*BayObLG* 2Z BR 93/97, NZM 1998, 239), es sei denn die Auslegung ergibt, dass sie ausnahmsweise Vereinbarungscharakter hat (*Merle* in Bärmann, § 21 Rn 60, 61). Dann kommt nur eine Änderung durch Vereinbarung in Betracht.

Die Gemeinschaftsordnung, eine nachträgliche Vereinbarung, aber auch ein Mehrheitsbeschluss (*OLG Stuttgart* 8 W 89/87, NJW-RR 1987, 976; *Palandt/Bassenge* § 21 Rn 13; **aA** *Elzer* ZMR 2006, 733) können den **Verwalter ermächtigen**, eine Hausordnung aufzustellen, die dann solange für alle Wohnungseigentümer verbindlich ist, bis sie durch Mehrheitsbeschluss der Wohnungseigentümer geändert oder aufgehoben wird (*BayObLG* 2Z BR 96/01, ZWE 2001, 595/596). Die Zuständigkeit der Eigentümergemeinschaft, eine Hausordnung zu beschließen, wird nicht dadurch ausgeschlossen, dass die Gemeinschaftsordnung die Aufstellung einer Hausordnung durch den Verwalter vorsieht (*KG* 24 W 3791/91, WuM 1992, 81). Regelungen der Wohnungseigentümer kann der Verwalter nicht abändern. Eine durch den Verwalter erstellte Hausordnung unterliegt nicht der Anfechtung. Sie ist nichtig, soweit die Regelungen nicht den Grundsätzen ordnungsmäßiger Verwaltung entsprechen. Eine **vom Gericht** in einem Rechtsstreit nach § 43 Nr 1, § 21 Abs 8 **erlassene Hausordnung** darf nur enthalten, was durch Mehrheitsbeschluss regelbar ist und kann durch Mehrheitsbeschluss abgeändert werden. **54**

Die Hausordnung entfaltet nur gegenüber den Wohnungseigentümern, nicht jedoch **gegenüber Dritten** Geltung. Dritte, insbesondere Mieter und deren Familienangehörige, sind an die Hausordnung nur gebunden, wenn sie in den Mietvertrag einbezogen wurde. Anderenfalls stehen den Wohnungseigentümern nur gesetzliche Unterlassungs- und Beseitigungsansprüche aus ihrem Eigentumsrecht gegenüber dem störenden Dritten zu (vgl *Schmidt* ZMR 2009, 325 und § 14 Rn 34). Im Übrigen hat der vermietende Wohnungseigentümer den anderen Wohnungseigentümern gegenüber gemäß § 14 Nr 2 dafür Sorge zu tragen, dass der Mieter die Hausordnung beachtet. **55**

Die mehrheitlich beschlossene Hausordnung darf nur solche Regeln enthalten, die dem **ordnungsmäßigen Gebrauch** gemäß § 15 Abs 2 oder **ordnungsmäßiger Verwaltung** gemäß § 21 Abs 3 dienen. Die Regelungen verlangen in der Regel einen vernünftigen Kompromiss zwischen den gegensätzlichen Interessen (zB gewerblichen Nutzern und Bewohnern des Hauses, Tierhaltern und Nichttierhaltern, Musikliebhabern und Ruhebedürftigen). In diesem Rahmen steht den Wohnungseigentümern ein Ermessensspielraum zu, was die Notwendigkeit und Zweckmäßigkeit einer Regelung angeht; dieses ist in einer gerichtlichen Nachprüfung weitgehend entzogen (*OLG Frankfurt* 20 W 384/07, jurisAnwZert MietR 11/2009-5). Darüber hinausgehende Eingriffe sind nur durch Vereinbarung regelbar, zB das generelle Verbot der Hundehaltung (*OLG Düsseldorf* 3 Wx 459/96, WuM 1997, 387) oder des Musizierens. Ebenfalls nicht statthaft ist das generelle Verbot des Wäschetrocknens im Freien (vgl *OLG Düsseldorf* I-3 Wx 393/02, NZM 2004, 107). Soweit die Regelungen weder gegen zwingende Rechtsvorschriften noch in den dinglichen Kernbereich des Wohnungseigentums eingreifen noch gegen wesentliche Grundgedanken des Gesetzes verstoßen (vgl dazu *BayObLG* 2Z BR 156/01, NZM 2002, 171: Einführung einer verschuldensunabhängigen Verursacherhaftung; *OLG Saarbrücken* 5 W 154/06 – 51, ZMR 2007, 308: absolutes Tierhaltungsverbot mit krit. Anm. *Drabek* ZWE 2007, 188), sind **vereinbarungsersetzende Mehrheitsbeschlüsse** nicht von vornherein nichtig, sondern können in Bestandskraft erwachsen, wenn sie nicht fristgerecht angefochten werden (*BGH* V ZB 5/95, NJW 1995, 2037: Hundehaltung, vgl allgemein auch *BGH* V ZB 58/99, NJW 2000, 3500). **56**

57 Verbotsnormen in einer Hausordnung müssen so klar und bestimmt sein, dass für jeden feststeht, was erlaubt und was verboten ist. Beschlüsse, die gegen das **Bestimmtheitsgebot** verstoßen, sind allerdings regelmäßig nicht nichtig, sondern nur anfechtbar, es sei denn, dem Beschluss kann überhaupt keine vernünftige Regelung entnommen werden. Nichtig ist zB eine Regelung, die den Verwalter verpflichtet, „grobe Verstöße gerichtlich zu ahnden" (*BayObLG* 2 Z BR 156/01, NZM 2002, 171) oder die das Singen und Musizieren außerhalb von Ruhezeiten „in nicht belästigender Weise und Lautstärke" gestattet (*BGH* V ZB 11/98, ZMR 1999, 41). Eine Bestimmung in der Hausordnung, dass Kinderwagen „vorübergehend im Hausflur abgestellt werden dürfen" ist nicht wegen inhaltlicher Unbestimmtheit nichtig (*OLG Hamm* 15 W 444/00, NZM 2001, 1084).

58 Typische Regeln einer Hausordnung sind beispielsweise: Benutzungsregelungen für das gemeinschaftliche Eigentum (insbes Treppenhaus, Flure, Aufzüge und Grünflächen); Benutzungsregelungen für Stellplätze (auch für solche die einem Sondernutzungsrecht unterliegen, *KG* 24 W 5943/94, NJW-RR 1996, 586), Benutzungsregelungen für Waschküche und Trockenraum; Regelungen zum Brand- und Kälteschutz, Regelungen zur Heizungsdauer, Regelungen zur Haustierhaltung und Regelungen zur häuslichen Ruhe; die Haustür betreffende Schließregelungen. Zu weiteren Beispielen vgl § 15 Rn 12 ff.

59 Die generelle Übertragung von Leistungspflichten (sog **„tätige Mithilfe"**) auf die Wohnungseigentümer durch Vereinbarung ist zulässig (*Palandt/Bassenge* § 21 Rn 16). Ihre Übertragung durch Mehrheitsbeschluss ist nur zulässig, soweit sich es sich um Tätigkeiten handelt, die typischerweise Gegenstand einer Hausordnung sind (*Merle* in Bärmann, § 21 Rn 80; **aA** *Wenzel* NZM 2004, 542; *Schmidt* ZMR 2009, 326). Hierzu gehören die Reinigungs- und Winterdienste (*BayObLG* BReg 2 Z 154/91, NJW-RR 1992, 343; *BayObLG* 2Z BR 28/94, WuM 1994, 403: Treppenhaus- und Kellerreinigung; *BayObLG* 2 Z BR 24/93, NJW-RR 1993, 1361: Laub- und Schneefegen, Streuen; **aA** *OLG Düsseldorf* I-3 Wx 77/08, WuM 2008, 570: keinerlei Pflicht zur aktiven Mitwirkung). Anderenfalls fehlt es an der erforderlichen Beschlusskompetenz. Daraus folgt, dass anderweitige Pflichten, wie Instandhaltungs- oder Instandsetzungsarbeiten (zB Streichen der im Sondereigentumsbereich belegenen Fenster oder der zur Nutzung zugewiesenen Briefkästen, Fassadenanstrich, **aA** *LG Landshut* 64 T 2111/05, ZMR 2007, 493), Pflege der Außenanlagen (*KG* 24 W 3064/93, NJW-RR 1994, 207; *OLG Düsseldorf* I-3 Wx 77/08, WuM 2008, 570) nicht durch Mehrheitsbeschluss übertragen werden können. Solche Beschlüsse sind mangels Beschlusskompetenz nichtig (*Palandt/Bassenge* § 21 Rn 16; *Wenzel* NZM 2004, 544; *Schmidt/Riecke* ZMR 2005, 252; **aA** *Riecke/Schmid/Drabek* § 21 Rn 174: nur anfechtbar; *Becker/Strecker* ZWE 2001, 569: (schwebend) unwirksam). Die Eigentümergemeinschaft ist jedoch bei Einzelmaßnahmen grundsätzlich nicht gehindert, Miteigentümern – wie jeden anderen Dritten – mit deren Einverständnis Arbeiten an der Wohnanlage zu übertragen (*KG* 24 W 5797/90, ZMR 1991, 355 (Außenanstrich gegen ortsübliches Entgelt; *KG* 24 W 2452/95, NJW-RR 1996, 526: Dachrinnenreinigung; *OLG Hamm* 15 W 76/94, WE 1995, 378: Anstrich des Treppenhauses; *BayObLG* 2Z BR 75/97, WE 1998, 196: Übertragung von Reparatur- und Wartungsarbeiten).

60 Soweit eine Beschlusskompetenz besteht, müssen die Regelungen ordnungsmäßiger Verwaltung, also dem Interesse der Gesamtheit der Wohnungseigentümer entsprechen. Wird zB durch Hausordnung die Reinigung des Treppenhauses im Eingangsbereich ausschließlich dem Eigentümer der Erdgeschosswohnung übertragen, widerspricht diese Regelung dem Interesse aller Wohnungseigentümer, weil angesichts des in der Regel am stärksten verschmutzten Eingangsbereiches eine **gleichmäßige Verteilung** der Leistungspflichten nicht erfolgt ist (*BayObLG* BReg 2 Z 154/91, NJW-RR 1992, 343). Eine Regelung ist auch dann nicht ordnungsmäßig, wenn sie nicht berücksichtigt, dass einzelne Wohnungseigentümer aus tatsächlichen Gründen (zB wegen Krankheit, Alter) gehindert sind, die Leistungspflichten zu erfüllen. Schließlich muss die Übertragung der Leistungspflicht zur **Kostenersparnis** beitragen (*Merle* in Bärmann, § 21 Rn 83).

Zur Übertragung von Reinigungs- und Winterdiensten auf einzelne Wohnungseigentümer s auch § 16 Rn 107.

Regelt eine Hausordnung die **Benutzung des Hausflurs,** sind sein Zweck als gemeinschaftliche Einrichtung, die Pflicht der Wohnungseigentümer zur gegenseitigen Rücksichtnahme (§§ 13 Abs 2 S 1, 14 Nr 1), öffentlich-rechtliche Bestimmungen, Verkehrssicherungspflichten und besondere Bedürfnisse einzelner Wohnungseigentümer zu beachten. Die pauschale Regelung, dass **Kinderwagen** grundsätzlich im Hausflur abgestellt werden können, kann gegen den Grundsatz ordnungsmäßiger Verwaltung verstoßen, wenn die Größe des Hausflurs nicht für alle Wohnungseigentümer mit Kinderwagen ausreicht (*OLG Hamburg* 2 Wx 10/91, WuM 1993, 78). Das Recht zur **Gestaltung des Treppenhauses** kann nicht den Bewohnern der jeweiligen Etage als „Sondernutzungsrecht" überlassen werden (vgl *OLG Düsseldorf* I-3 Wx 393/02, NZM 2004, 107). Nichtig ist eine durch Mehrheitsbeschluss aufgestellte Hausordnung insoweit, als sie eine **Haftung für Schäden** durch den Verursacher bestimmt, weil dies vom gesetzlichen Leitbild der Verschuldenshaftung abweicht (*BayObLG* 2Z BR 156/01, NZM 2002, 171). Bestimmungen einer Haus- und **Gartenordnung,** wonach der Garten als Ziergarten zu pflegen ist und Baumschaukeln und Hängematten an den Bäumen nicht angebracht werden dürfen, schränkt den Sondernutzungsberechtigten, der nach Gemeinschaftsordnung verpflichtet ist, die ihm zur Sondernutzung zugewiesene und Gartenfläche allein zu unterhalten sowie ordnungsmäßig instand zu halten und instand zu setzen, unzulässig ein (*BayObLG* 2Z BR 63/03, ZMR 2005, 132). Grundsätzlich bestehen aber keine Bedenken Regelungen der Hausordnung auf **Bereiche, die der Sondernutzung unterliegen,** zu erstrecken (*KG* 24 W 5943/94, ZMR 1996, 279; *OLG München* 34 Wx 25/07, ZMR 2007, 484 jeweils zu Regelungen hinsichtlich der Parkplatzbenutzung). Unwirksam ist eine Bestimmung, wonach das **Aufstellen und Lagern von Gegenständen** (zB Waren, Verpackungen, Fahrzeuge aller Art, Kinderwagen, Schlitten, Kinderroller uÄ) außerhalb der Wohnungen und der dazugehörigen Keller sowie sonstigen Räumen nur an den dazu vorzusehenden Stellen gestattet ist, weil sie auch jedes, auch nur kurzzeitige Abstellen von Gegenständen erfasst (*BayObLG* 2Z BR 63/03, ZMR 2005, 132). Unangemessen ist auch das generelle Verbot, im Gartenteil einen „Abfallplatz" zu errichten, weil es auch das Anlegen eines kleinflächigen Komposters verbieten würde (*BayObLG* 2Z BR 63/03, ZMR 2005, 132). 61

3. Instandhaltung und Instandsetzung. Die ordnungsmäßige Instandhaltung und Instandsetzung des gemeinschaftlichen Eigentums ist ordnungsmäßige Verwaltung, für die auch der Verwalter nach § 27 Abs 1 Nr 2 die erforderlichen Maßnahmen zu treffen hat (s dazu § 27 Rn 15). Diejenige des Sondereigentums kann hingegen wegen absolu- 62 ter Unzuständigkeit der Eigentümergemeinschaft nicht wirksam beschlossen werden (zur Abgrenzung vgl die Kommentierung zu § 5), es sei denn es handelt sich um eine einheitliche Gesamtmaßnahme an Gemeinschafts- und Sondereigentum (*OLG München* 34 Wx 46/07, ZMR 2009, 64 [Heizungsanlage nebst Heizkörpern], *LG München* 1 T 2063/07, ZMR 2008, 488 [Innen- und Außenfenstern]. Die hierdurch entstehenden Kosten sind Verwaltungskosten nach § 16 Abs 2, deren abweichende Verteilung für den Einzelfall durch einen Beschluss mit qualifizierter Mehrheit (§ 16 Abs 4) geregelt werden kann. Zu Kostenregelungen in der Teilungserklärung/Gemeinschaftsordnung s § 16 Rn 16 ff. Hat ein Wohnungseigentümer nach der Gemeinschaftsordnung die Kosten der Instandhaltung von Teilen des gemeinschaftlichen Eigentums allein zu finanzieren, so richtet sich die Erforderlichkeit einer Maßnahme gleichwohl nach dem Interesse der Gesamtheit der Wohnungseigentümer (*BayObLG* 2Z BR 241/03, ZMR 2004, 608). Die Grenze der Instandhaltungs- oder Instandsetzungsmaßnahmen liegt bei der baulichen Veränderung iSd § 22. Ob größere Instandhaltungsmaßnahmen aus der Instandhaltungsrücklage bezahlt werden oder ob eine Sonderumlage erhoben wird, liegt im pflichtgemäßen Ermessen der Wohnungseigentümer. Es gibt keinen Anspruch darauf, immer zuerst die Rücklage auszuschöpfen (*BayObLG* 2Z BR 37/03, ZMR 2003, 694).

63 **a) Instandhaltung.** des gemeinschaftlichen Eigentums bedeutet Erhaltung des bestehenden Zustandes. Dies umfasst pflegende, erhaltende und vorsorgende Maßnahmen, die dazu dienen, den ursprünglichen Zustand aufrechtzuerhalten (*KG* 24 W 5328/92, WuM 1993, 562; *OLG Hamm* 24 W 5328/92, DWE 1987, 54; vgl auch *KG* 24 W 362/08, ZMR 2009, 625). Hierzu gehört auch die übliche Gartenpflege (*LG Frankfurt/Main* 2/ 9 T 362/89, NJW- RR 1990, 24: üblicher Baumschnitt, Auslichten von Bäumen, Erneuerung abgestorbener Pflanzen, nicht aber Fällen von Bäumen). Auch die Kosten eines mit Pflegemaßnahmen betrauten Hauswarts sowie die Kosten der Reinigung gemeinschaftlicher Gebäudeteile werden erfasst (*KG* 24 W 5328/92, WuM 1993, 562).

64 **b) Instandsetzung.** bedeutet Wiederherstellung des ursprünglichen ordnungsmäßigen Zustands durch Reparatur oder Ersatzbeschaffung einer gemeinschaftlichen Anlage (zB Heizungsanlage). Dazu gehören auch öffentlich-rechtlich vorgesehene bauliche Veränderungen (*BayObLG* 2 Z 74/79, NJW 1981, 690). Die Erneuerung einer technischen Anlage ist nicht erst dann notwendig, wenn sie endgültig vollständig ausfällt, sondern schon dann, wenn sie in einem Zustand ist, in dem jederzeit wesentliche Teile unbrauchbar werden können (*BayObLG* 2 Z BR 136/93, WuM 1994, 504). Zur Instandsetzung gehört bei ursprünglichen Mängeln auch die erstmalige Herstellung eines ordnungsmäßigen Zustandes (*BayObLG* 2 Z 74/79, NJW 1981, 690; *BayObLG* BReg 2 Z 68/89, NJW-RR 1989, 1293, *OLG Hamm* 24 W 5328/92, DWE 1987, 54; vgl auch *BayObLG* BReg 2 Z 57/89, NJW-RR 1989, 1165: aus § 21 Abs 4 folgt grundsätzlich ein Anspruch auf Beseitigung von Baumängeln). Dies umfasst zB auch die Beseitigung und Begrünung eines illegalen Weges auf dem Grundstück und dessen Einzäunung, um die unerlaubte Benutzung des gemeinschaftlichen Eigentums durch Dritte auszuschließen *(BayObLG* BReg 2 Z 38/89, NJW-RR 1990, 82) oder die Schaffung eines Durchgangs in einer das gemeinschaftlichen Eigentum trennenden Hecke (*BayObLG* BReg 2 Z 125/88, ZMR 1989, 192).

65 **c) Ermessensspielraum.** Bei der Beschlussfassung über Sanierungsmaßnahmen haben die Wohnungseigentümer einen Ermessensspielraum (*OLG Düsseldorf* 3 Wx

13/02, NZM 2002, 704; *OLG Hamburg* 2 Wx 30/03, ZMR 2003, 866; *BayObLG* 2 Z BR 43/04, NZM 2004, 746). Der Ermessenspielraum wird nicht überschritten, wenn über die Mindestsanierung hinaus Arbeiten vergeben werden, deren Ausführung noch nicht zwingend notwendig, aber auch nicht unvertretbar ist (*OLG Düsseldorf* 3 Wx 394/98, NZM 1999, 766). Ebenso kann umgekehrt bei der Sanierung einer durchfeuchteten Fassade eine erheblich kostengünstigere Maßnahme ergriffen werden, die den gleichen Sanierungseffekt hat (*OLG Düsseldorf* 3 Wx 81/00, NZM 2000, 1067 [Aufbringen eines Wärmeverbundsystems mit Klinkerimitat statt Abriss und Neuerrichtung einer Klinkermauer]). Der Beschluss über eine Instandsetzungsmaßnahme entspricht ordnungsmäßiger Verwaltung, wenn die Maßnahme nach einer an den konkreten Bedürfnissen und Möglichkeiten der Gemeinschaft ausgerichteten Kosten-Nutzen-Analyse und unter Berücksichtigung der Verkehrsauffassung wie der wirtschaftlichen Leistungsfähigkeit der Gemeinschaft vertretbar ist (*BayObLG* 2 Z BR 70/01, NZM 2002, 531: Gesamtanstrich anstatt punktueller Ausbesserung). Die beabsichtigte Maßnahme soll zwar grundsätzlich den einzelnen Wohnungseigentümer nicht finanziell überfordern, doch steht eine hohe finanzielle Belastung der beschlossenen Sanierungsmaßnahme dann nicht entgegen, wenn sie angesichts der fortschreitenden Verschlechterung des Bauzustands erforderlich und unaufschiebbar ist (*BayObLG* NZM 2002, 531).

d) Entscheidungskompetenz. Die notwendigen Entscheidungen über das „Ob" und 66 das „Wie" von Maßnahmen der Instandhaltung und Instandsetzung des gemeinschaftlichen Eigentums hat die Wohnungseigentümergemeinschaft zu treffen (und nicht der Verwalter, *OLG Frankfurt* 20 W 115/06, MietRB 2009, 297, vgl § 27 Rn 15). Auf den Verwaltungsbeirat kann diese Entscheidungskompetenz grundsätzlich nur durch Vereinbarung gemäß § 10 Abs 2 S 1 übertragen werden, da dadurch eine grundlegende Zuständigkeitsänderung zwischen diesen drei Organen vorgenommen wird (*OLG Frankfurt* 20 W 448/86, OLGZ 1988, 188; *LG München* 1 T 4472/08, ZMR 2009, 398). Ein auf den Einzelfall beschränkter Mehrheitsbeschluss genügt ausnahmsweise dann, wenn der mit der gesetzlichen Regelung intendierte Schutzzweck nicht ausgehöhlt wird, d. h. das Recht des Wohnungseigentümers an der Entscheidung über jede einzelne Maßnahme mitzuwirken, muss gewährleistet sein (*OLG Düsseldorf* 3 Wx 61/97, ZMR 1997, 605; *LG München* 1 T 4472/08, ZMR 2009, 398; bestätigt durch *OLG München* 32 Wx 164/08, ZMR 2009, 630). Dies ist dann der Fall, wenn der Beschluss die maßgeblichen Kriterien für eine Entscheidung durch den Verwaltungsbeirat bzw den Verwalter vorgibt (*BayObLG* 2 Z BR 156/04, FGPrax 2005, 14; *Merle* in Bärmann, § 29 Rn 86). Unwirksam ist die Übertragung der Entscheidungskompetenz über die Sanierung der Heizungs- und Warmwasseranlage auf einen aus zwei Wohnungseigentümern bestehenden „Arbeitskreis" (*OLG Düsseldorf* 3 Wx 213/02, NZM 2002, 1031). Unbedenklich ist es, dem Verwaltungsbeirat oder einem Bauausschuss durch Mehrheitsbeschluss beratende, vorbereitende und prüfende Aufgaben zu übertragen, weil in diesem Fall die Entscheidungsbefugnis bei der Wohnungseigentümergemeinschaft verbleibt (*OLG Frankfurt* 20 W 448/ 86, OLGZ 1988, 188). Problematisch erscheint es hingegen, dem Verwaltungsbeirat die Farbauswahl des Treppenhauses und die Auswahl des Unternehmers aus den vorhandenen Kostenvoranschlägen zu übertragen, nachdem die Sanierung und der Kostenrahmen durch Beschluss festgelegt worden sind (**aA** *KG* 24 W 141/02, ZMR 2004, 622).

67 e) Bestandsaufnahme. Es widerspricht ordnungsmäßiger Verwaltung, die Durchführung von Sanierungsmaßnahmen zu beschließen, ohne dass eine Bestandsaufnahme über den Umfang der Schäden und deren mögliche Ursachen erfolgt ist (*OLG Hamm* 15 W 88/06, ZMR 2007, 131). Nur aufgrund einer Bestandsaufnahme kann sachgerecht entschieden werden, ob eine Mangelbehebung zwingend erforderlich ist, ob sie sofort durchzuführen und in welchem Umfang sie vorzunehmen ist (*OLG Hamm* 15 W 88/06, ZMR 2007, 131). Es entspricht ordnungsmäßiger Verwaltung, einen Sachverständigen mit Sanierungsuntersuchungen und der Erstellung eines Sanierungsplans zu beauftragen, wenn es um die Beseitigung schädlicher Bodenverunreinigungen (Altlasten) geht (*OLG München* 34 Wx 114/05, ZMR 2006, 311). Wenn im Sondereigentum eines Wohnungseigentümers Schäden auftreten, für die Mängel des gemeinschaftlichen Eigentums ursächlich sein können, dann entspricht es ordnungsmäßiger Verwaltung, die Ursachen umgehend durch ein **Sachverständigengutachten** feststellen zu lassen (*BayObLG* 2 Z BR 57/01, NZM 2002, 448). Der Verwalter hat einen entsprechenden Beschluss herbeizuführen.

68 f) Zweistufiges Vorgehen. Die Wohnungseigentümer können den Beschluss über die **Sanierung und** den Beschluss über die **Vergabe der Arbeiten** getrennt fassen (*BayObLG* 2Z BR 43/04, NZM 2004, 746, 747). Ein solches zweistufiges Vorgehen ist regelmäßig sinnvoll (ebenso *Armbrüster* ZWE 2000, 20, 21). Ist bestandskräftig beschlossen, Sanierungsmaßnahmen nach näherer Vorgabe eines Gutachtens durchzuführen, kann der spätere, nach Einholung von Vergleichsangeboten gefasste Beschluss über die Vergabe der Arbeiten nicht erfolgreich mit der Begründung angefochten werden, die vom Gutachter vorgeschlagenen Maßnahmen seien gar nicht erforderlich (*BayObLG* 2Z BR 19/99, NZM 1999, 910). Der Beschluss über die Auftragsvergabe ist jedoch für ungültig zu erklären, wenn die vergebenen Arbeiten sich nicht im wesentlichen mit den beschlossen Sanierungsmaßnahmen decken (*BayObLG* 2Z BR 19/99, NZM 1999, 910).

69 g) Vergleichsangebote. Die Vergabe eines Auftrags zur Durchführung von Instandsetzungsarbeiten am gemeinschaftlichen Eigentum setzt regelmäßig voraus, dass der Verwalter mehrere Alternativ- oder Konkurrenzangebote einholt. Dabei müssen für die Einholung von Angeboten ein **quantitatives** (regelmäßig sollen mindestens drei Angebote eingeholt werden) **und** ein **qualitatives** (alle wesentlichen Kostenpositionen müssen erfasst sein) **Kriterium** erfüllt sein (*Armbrüster* ZWE 2000, 20). Durch die Einholung von Alternativ- oder Konkurrenzangeboten soll nämlich gewährleistet werden, dass einerseits technische Lösungen gewährt werden, die eine dauerhafte Beseitigung von Mängeln und Schäden versprechen, dass aber andererseits auf die Wirtschaftlichkeit geachtet wird und keine übertreuerten Aufträge erteilt werden. Dabei ist aber nicht notwendigerweise dem kostengünstigsten Angebot der Vorrang zu geben (*BayObLG* BReg 2 Z 68/89, NJW-RR 1989, 1293; *BayObLG* 2Z BR 92/94, WuM 1996, 651; *BayObLG* 2Z BR 130/98, NZM 1999, 767). Der Verwalter kann die Wohnungseigentümer nicht darauf verweisen, es sei ihre Sache, Vergleichsangebote einzuholen (*OLG Köln* 16 Wx 50/03, ZMR 2004, 148). Es besteht jedoch regelmäßig keine Pflicht für eine Ausschreibung nach den Regeln der VOB/A (*BayObLG* 2Z BR 85/01, NZM 2002, 564). Kein Wohnungseigentümer kann verpflichtet werden, der Vergabe von Sanierungsarbeiten auf der Grundlage von Vergleichsangeboten zuzustimmen, die erst noch eingeholt werden sollen (*BayObLG* 2Z BR 130/98, NZM 1999, 767). Ein Eigentümerbeschluss, der über eine größere Baumaßnahme (zB eine Balkonssanierung) entscheidet, ohne dass vorher Vergleichsangebote eingeholt wurden, entspricht regelmäßig nicht ordnungsmäßiger Verwaltung (*BayObLG* 2Z BR 54/99, ZWE 2000, 37m Anm *Armbrüster* ZWE 2000, 20, vgl aber auch *BayObLG* BReg 2 Z 68/89, NJW-RR 1989, 1293). Die Vergabe eines Reparaturauftrages ohne Einholung vergleichender Kostenangebote widerspricht insbesondere dann ordnungsmäßiger Verwaltung, wenn mit den Stimmen einer Mehrheitsgruppe ein Mitglied dieser Gruppe beauftragt wird, es sei denn, es ist besondere Eilbedürftigkeit gegeben (*KG* 24 W 1146/93, WuM 1993, 426, 427). Die Pflicht, Konkurrenzangebote einzuholen, besteht auch dann, wenn für die abgeschlossenen Arbeiten an einzelnen Wohnblöcken eine Ausschreibung stattgefunden hatte und nach längerer Zeit ein nicht nur geringfügiger Folgeauftrag für weitere Wohnblöcke erteilt werden soll (*BayObLG* 2Z BR 85/01, NZM 2002, 564). Ein Instandsetzungsbeschluss widerspricht ordnungsmäßiger Verwaltung, wenn den Wohnungseigentümern objektiv falsche Angaben über angebliche öffentliche Zuschüsse gemacht werden (*KG* 24 W 7880/95, WuM 1996, 300).

h) Schadensersatz. Das Gemeinschaftsverhältnis der Wohnungseigentümer begründet eine **schuldrechtliche Sonderbeziehung**, in deren Rahmen die Miteigentümer gegenseitig verpflichtet sind, bei der Verwaltung des gemeinschaftlichen Eigentums zusammenzuwirken (§ 21 Abs 1). Sie korrespondiert mit dem Anspruch jedes einzelnen Wohnungseigentümers aus § 21 Abs 4 auf ordnungsmäßige Verwaltung, zu der die ordnungsmäßige Instandhaltung und Instandsetzung des gemeinschaftlichen Eigentums nach § 21 Abs 5 Nr 2 WG zählt. Verletzen Wohnungseigentümer ihre Pflicht zur Mitwirkung an einer ordnungsmäßigen Verwaltung, können sie dem einzelnen Wohnungseigentümer, der durch die Pflichtverletzung einen **Schaden an seinem Sondereigentum** erlitten hat, unter den Voraussetzungen der §§ 280 Abs 1, Abs 2, 286 Abs 1 BGB oder aus § 823 BGB zum Schadensersatz verpflichtet sein. Die Pflichtverletzung kann darin bestehen, dass erkannte Mängel nicht oder nicht rechtzeitig angezeigt oder beseitigt, die zur Mängelbeseitigung erforderlichen Kostenvorschüsse nicht rechtzeitig erbracht oder eine Maßnahme ordnungsmäßiger Verwaltung abgelehnt oder verzögert wurde (*BayObLG* 2Z BR 27/02, NZM 2002, 705, 707; *KG* 24 U 340/00, NZM 2001, 613; *OLG Hamm* 15 W 402/04, ZMR 2005, 808; *OLG München* 34 Wx 24/07, NZM 2009, 130). Richtet sich der Anspruch aber auf Ersatz von Schäden, die nicht am Sondereigentum, sondern am Gemeinschaftseigentum entstanden sind, fällt dieser Anspruch in die ausschließliche Verwaltungszuständigkeit der Gesamtheit der Wohnungseigentümer (*BGH* V ZR 118/91, NJW 1993, 727). In diesem Fall ist die Gemeinschaft der Wohnungseigentümer allein ausübungsbefugt gemäß § 10 Abs 6 S 3 Hs 1 (vgl § 10 Rn 70). 70

Voraussetzung ist stets ein **Verschulden** (§ 276 BGB) der in Anspruch genommenen Wohnungseigentümer (*OLG München* 34 Wx 24/07, NZM 2009, 130), welches im Zweifel indiziert wird (§ 280 Abs 1 S 2 BGB). Abzustellen ist dabei nur auf die persönliche Pflichtenstellung der Wohnungseigentümer. Die Pflicht der Wohnungseigentümer zum Zusammenwirken bei der ordnungsmäßigen Instandsetzung des gemeinschaftlichen Eigentums beschränkt sich nicht darauf, durch Beschlussfassung die Instandsetzung zu ermöglichen, sondern die beschlossene Maßnahme muss auch innerhalb angemessener Frist umgesetzt werden (*BayObLG* 2 Z BR 27/02, NZM 2002, 705). Eine Zurechnung etwaiger Pflichtverletzungen des Verwalters findet in diesem Zusammenhang nicht statt. Seine Verpflichtungen nach § 27 Abs 1 nimmt der Verwalter im Verhältnis der Wohnungseigentümer untereinander als eigene Aufgabe 71 war. Der Verwalter ist insoweit nicht Erfüllungsgehilfe im Sinne des § 278 BGB (*KG* 24 W 3233/85, NJW-RR 1986, 1078; *KG* 24 W 283/03, ZMR 2005, 402; *OLG Düsseldorf* 3 Wx 369/98, WuM 1999, 355; *OLG Hamm* 15 W 402/04, ZMR 2005, 808; *OLG Frankfurt* 20 W 347/05, ZWE 2009, 123). Zu Schadensersatzansprüchen gegen den Verwalter wegen Pflichtverletzungen bei der Instandhaltung des gemeinschaftlichen Eigentums siehe § 27 Rn 16.

72 Ein Wohnungseigentümer kann Ersatz für Schäden an seinem Sondereigentum geltend machen, die dadurch entstanden sind, dass die übrigen Wohnungseigentümer schuldhaft eine notwendige Reparatur unterlassen haben (Wassereinbruch durch das Flachdach, der trotz mehrfacher Abmahnung nicht beseitigt wurde, *OLG Frankfurt* 20 W 357/85, OLGZ 1987, 23). Hat jedoch der geschädigte Wohnungseigentümer **selbst nichts unternommen**, um die Wohnungseigentümer zu einer Beschlussfassung über die Sanierung zu veranlassen, scheidet ein Schadensersatzanspruch regelmäßig aus (*OLG Düsseldorf* 3 Wx 369/98, WuM 1999, 355).

73 Die Wohnungseigentümer üben die gemeinschaftliche Verwaltung durch Beschlussfassung in der Eigentümerversammlung aus (§ 23 Abs 1). Problematisch ist, ob **bestandskräftige Beschlüsse** der Eigentümerversammlung, die Sanierungsmaßnahmen ablehnen, die unzureichend sind (vgl *OLG Hamm* 15 W 402/04, ZMR 2005, 808) oder die eine bereits beschlossene Sanierungsmaßnahme aufschieben oder wieder aufheben (vgl *OLG München* 32 Wx 120/08, NZM 2009, 402) **Ansprüche** des geschädigten Wohnungseigentümers auf Schadenersatz **ausschließen** können. Dafür spricht, dass der geschädigte Wohnungseigentümer die Beschlüsse hätte anfechten und weitergehende Maßnahmen mithilfe eines Leistungsantrages (§ 21 Abs 4) durchsetzen können (so *OLG Hamm* 15 W 402/04, ZMR 2005, 808; *Briesemeister* jurisAnwZert MietR 13/2009-1). Für eine derart weitgehende Befugnis der Wohnungseigentümer, gesetzlich geregelte Anspruchsvoraussetzungen durch eigene Entscheidungen zu beseitigen, fehlt es ihnen jedoch an der erforderlichen Beschlusskompetenz (*OLG München* 32 Wx 120/08, NZM 2009, 402 m Anm *Walke* jurisAnwZert MietR 9/2009-5; *Schmidt/Riecke* ZMR 2005, 252; offen gelassen von *OLG München* 34 Wx 24/07, NZM 2009, 130). Das Vorliegen bestandskräftiger Eigentümerbeschlüsse schließt daher einen Anspruch wegen verzögerter oder unterlassener Instandsetzung nicht grundsätzlich aus, sondern nur dann, wenn die Beschlussfassung den Grundsätzen ordnungsmäßiger Verwaltung entsprach.

74 Zu ersetzen ist auch ein **Mietausfallschaden** (*KG* 24 W 97/03, ZMR 2005, 308; *AG Flensburg* 69 II 37/04, ZMR 2005, 482). Ein **Nutzungsausfall** ist als Vermögensschaden nur zu bewerten, wenn er Wirtschaftsgüter von zentraler Bedeutung betrifft, auf deren ständige Verfügbarkeit die eigene wirtschaftliche Lebenshaltung des Betroffenen typischerweise angewiesen ist; eine Dachterrasse gehört dazu nicht (*OLG Köln* 16 Wx 99/05, NZM 2006, 592).

75 Entsteht einem Wohnungseigentümer ein Schaden durch ein **Verschulden** des mit der Instandsetzung **beauftragten Unternehmens**, dann haftet die Gemeinschaft der Wohnungseigentümer dafür gemäß §§ 278, 280 BGB (*BGH* V ZB 28/98, NJW 1999, 2108; *OLG Hamburg* 2 Wx 132/01, ZMR 2005, 392). Der geschädigte Wohnungseigentümer hat sich ein Verschulden des Unternehmens anteilig als Mitverschulden anrechnen zu lassen (*BGH* V ZB 28/98, NJW 1999, 2108; *BayObLG* 2Z BR 47/00, ZWE 2001, 159); dies geschieht durch Zahlung aus dem Verwaltungsvermögen.

Eine **Sonderregelung** enthält § 14 Nr 4 Hs 2. Danach hat die Gemeinschaft einem 76
Wohnungseigentümer den Schaden zu ersetzen, der an seinem Sondereigentum bei
der Durchführung von Maßnahmen zur Instandsetzung des gemeinschaftlichen Eigentums entsteht (s § 14 Rn 51 ff). Für einen Ersatzanspruch nach § 14 Nr 4 Hs 2 WEG
genügt es aber nicht, dass ein Schaden am Sondereigentum zwar auf Mängel am
Gemeinschaftseigentum zurückzuführen ist, der Schaden aber noch keine Folge von
Instandsetzungsmaßnahmen am Gemeinschaftseigentum ist (*OLG Frankfurt* 20 W
347/05, ZWE 2009, 123).

i) Darlehensaufnahme. Ein Beschluss über die Durchführung von Instandsetzungs- 77
maßnahmen entspricht nur dann ordnungsmäßiger Verwaltung, wenn die Kostenfrage
ordnungsmäßig geregelt ist (*BayObLG* 2Z BR 122/95, WuM 1996, 239; *BayObLG* 2
Z BR 130/98, NZM 1999, 767). Hier kommt die Finanzierung durch Sonderumlage
oder durch Entnahme der erforderlichen Mittel aus der Instandhaltungsrücklage in
Betracht. Ein Beschluss über die Finanzierung von Instandsetzungsmaßnahmen durch
Kredit entspricht nicht ordnungsmäßiger Verwaltung (*BayObLG* 2 Z BR 229/04,
NJW-RR 2006, 20; **aA** *Elzer* NZM 2009, 57). Zur Ermächtigung des Verwalters zur
begrenzten Darlehensaufnahme zur Liquiditätssicherung s auch Rn 36 und § 27 Rn 44.

j) Übertragung auf einzelne Wohnungseigentümer. Instandsetzungs- und Instandhal- 78
tungsmaßnahmen bestimmter Teile des gemeinschaftlichen Eigentums können durch
Vereinbarung einzelnen Wohnungseigentümern übertragen werden (*BayObLG*
2 Z BR 99/00, ZWE 2001, 366, 368). Es kann zB vereinbart werden, den Anstrich der
Fenster oder Wohnungseingangstüren den jeweiligen Wohnungseigentümern zu übertragen, so dass diese abweichend von § 16 Abs 2 auch die Kosten der Maßnahme zu
tragen haben (vgl § 16 Rn 316). Legt die Gemeinschaftsordnung die Instandhaltungspflicht für einen Teil des gemeinschaftlichen Eigentums dem einzelnen Wohnungseigentümer auf, umfasst dies nicht die Verpflichtung, erstmalig einen ordnungsmäßigen
Zustand herzustellen (*BayObLG* 2 Z BR 63/96, ZMR 1996, 574; *BayObLG* 2 Z BR
45/02, ZMR 2003, 366; *OLG Köln* 16 Wx 153/01, OLGR 2002, 22; *KG* 24 W 65/06,
unveröffentlicht). Die **nichtige Zuordnung** von Gebäudeteilen **zum Sondereigentum**
kann in eine Übertragung der Instandhaltungspflicht auf einzelne Eigentümer umzudeuten sein (vgl § 5 Rn 6, § 16 Rn 13).

Ein **Mehrheitsbeschluss**, der die Instandhaltung und Instandsetzung des gemeinschaft- 79
lichen Eigentums auf die einzelnen Wohnungseigentümer überträgt, ist entgegen der
früher ganz überwiegend vertretenen Ansicht **nichtig**, weil die Verwaltungszuständigkeit abweichend vom Gesetz verlagert wird und regelmäßig zugleich der Kostenverteilungsschlüssel geändert wird (vgl *Wenzel* ZWE 2001, 226, 235). *Becker/Strecker* (ZWE
2001, 569, 576) halten einen solchen Beschluss wegen fehlender Zustimmung zu einer
Sonderbelastung im Ergebnis ebenfalls für (schwebend) unwirksam. Zur Übertragung
von Einzelmaßnahmen im Einverständnis der Verpflichteten vgl Rn 59.

Wohnungseigentümer, die aufgrund eines nichtigen Beschlusses bereits Maßnahmen
auf eigene Kosten durchgeführt haben, können gemäß § 683 BGB **Aufwendungsersatzansprüche aus Geschäftsführung ohne Auftrag** (vgl *Wenzel* ZWE 2001, 226, 235) oder
Bereicherungsansprüche (*Mahlke* ZMR 2003, 318, 323) haben, soweit die Gemeinschaft
die Aufwendungen ohne den nichtigen Beschluss zu tragen gehabt hätte. Ein Beschluss,
diesen Wohnungseigentümern die Instandsetzungskosten zu erstatten, entspricht daher
ordnungsmäßiger Verwaltung (*AG Neuss* 27c II 205/01 WEG, NZM 2002, 31: hier

Erstattung durch Entnahme aus Instandhaltungsrücklage). Aufgrund der gesteigerten Treuepflicht innerhalb der Wohnungseigentümergemeinschaft gilt dies auch noch dann, wenn – bei der Höhe nach nicht mehr nachweisbaren Kosten- die Erstattung eines Mindestaufwandes beschlossen wird (*OLG Düsseldorf* I-3 Wx 271/07, NZM 2008, 736), oder die Gewährung eines 50%igen Ausgleichs bei bereits verjährten Erstattungsansprüchen (*OLG Düsseldorf* 3 Wx 158/08, NZM 2009, 362).

Haben sich die Wohnungseigentümer einer Anlage darüber geeinigt, dass jeder sein Balkongeländer außen auf eigene Kosten streicht, so bedeutet dies nicht, dass jeder auch den Farbton des Anstrichs selbst auswählen darf. Können sich die Wohnungseigentümer über den Farbton nicht einigen, bleibt die Entscheidung einem Mehrheitsbeschluss vorbehalten (*BayObLG* 2 Z BR 79/96, WuM 1997, 188).

80 Ist die Instandhaltung und Instandsetzung des gemeinschaftlichen Eigentums wirksam auf einzelne Wohnungseigentümer übertragen, so **haften** diese **gemäß §§ 280, 278 BGB** auch für das Verschulden eines Sanierungsunternehmens, das sie mit der Ausführung der Arbeiten beauftragen. Der geschädigte Wohnungseigentümer muss sich dabei ein Verschulden des Werkunternehmers gemäß §§ 254, 278 BGB in der Regel selbst zu einem Bruchteil als Mitverschulden anrechnen lassen, wenn auch ihm die Instandsetzungsverpflichtung oblag. Die Haftungsquote des einzelnen Wohnungseigentümers im Innenverhältnis bestimmt sich nach der Zahl der Wohnungseigentümer, auf die eine Übertragung erfolgt ist (*BGH* V ZB 28/98, NJW 1999, 2108).

81 Ein bestandskräftiger Beschluss, wonach ein Wohnungseigentümer zur Instandsetzung von Gemeinschaftseigentum aufgefordert und ihm eine Vorschussklage angedroht wird, begründet **keine selbstständige Instandsetzungspflicht** dieses Wohnungseigentümers, sondern ermöglicht nur die Rechtsverfolgung auf der Grundlage eines unterstellten Anspruchs (*KG* 24 W 6750/95 WuM 1996, 373).

82 Ob ein Wohnungseigentümer, der bei der Instandsetzung des gemeinschaftlichen Eigentums Angebote einholt, die Korrespondenz mit den anbietenden Bauhandwerkern führt und Baustellenbesichtigungen vornimmt, von den übrigen Wohnungseigentümern eine **Vergütung** für diese Tätigkeiten verlangen kann, hängt von den Vereinbarungen ab, die er mit den Wohnungseigentümern getroffen hat (s dazu *BayObLG* 2 Z BR 111/97, WuM 1998, 676).

83 Die Gemeinschaftsordnung einer **Mehrhausanlage** kann bestimmen, dass die Wohnungseigentümer der einzelnen Häuser über die Instandhaltung und Instandsetzung ihres Gebäudes beschließen können. In diesem Fall kann jedoch ein Wartungsvertrag, der von zwei Hausgemeinschaften geschlossen worden ist, nicht allein von den Wohnungseigentümern einer der Hausgemeinschaften gekündigt werden (*BayObLG* 2 Z BR 16/00, NZM 2000, 1021).

84 **4. Modernisierende Instandsetzung.** Sie ist eine ordnungsmäßige Instandsetzung, die über die bloße Wiederherstellung des bisherigen Zustandes hinausgeht und deshalb zu einer baulichen Veränderung führt, aber eine technisch bessere und wirtschaftlich sinnvollere Lösung zur Behebung eines Mangels darstellt (*OLG Düsseldorf* 3 Wx 258/ 02, NZM 2003, 28); anzulegen ist der Maßstab eines vernünftigen, wirtschaftlichen denkenden und gegenüber erprobten Neuerungen aufgeschlossenen Hauseigentümers. Sie darf nicht zu eng am bestehenden Zustand ausgerichtet werden, wenn die im Wohnungseigentum stehenden Gebäude zum Schaden aller Eigentümer nicht vorzei-

tig veralten und an Wert verlieren sollen *(BayObLG* 2Z BR 176/03, ZMR 2004, 442); die Kosten müssen in einem vernünftigen Verhältnis zum erzielten Vorteil stehen (sog **Kosten-Nutzen-Vergleich**), was bei einer Amortisation in bis zu 10 Jahren anzunehmen ist. Eine modernisierende Instandsetzung, bei der sich der Zusatzaufwand erst nach 20 Jahren amortisiert, kann nicht mit Mehrheit beschlossen werden *(BayObLG* 2Z BR 167/04, FGPrax 2005, 108; *KG* 24 W 7880/95, WuM 1996, 300). Hingegen stellt sich die Frage der Amortisation der Kosten nicht, wenn öffentlich- rechtliche Vorschriften (zB § 8 WärmeschutzVO bzw § 9 EnergieeinsparVO) die modernisierende Instandsetzung gebieten *(BayObLG* 2Z BR 95/01, NZM 2002, 75; *OLG Hamm* I-15 Wx 139/08, WuM 2009, 252). Eine modernisierende Instandsetzung liegt nur dann vor, wenn sie **aus Anlass einer notwendigen Instandsetzung** erfolgt und diese bewirkt. Dabei muss der Defekt nicht bereits eingetreten sein. Vielmehr genügt schon ein absehbarer Modernisierungsbedarf *(Merle* in Bärmann, § 21 Rn 101). Daher fehlt es an einer modernisierenden Instandsetzung, wenn sie nur bei dieser Gelegenheit erfolgt *(BayObLG* 2Z BR 167/04, FGPrax 2005, 108: Solaranlage zur Warmwasserbereitung anlässlich Heizungssanierung) oder wenn eine Ersetzung intakter Anlagen erfolgt *(BayObLG* 2Z BR 171/99, NZM 2000, 679; *OLG Düsseldorf* 3 Wx 352/97, FGPrax 1998, 49: Maßnahmen nach § 22 Abs 1 oder 2). Voraussetzung bleibt stets ein schwerwiegender Mangel des Gemeinschaftseigentums, der dessen Reparatur von einem gewissen Gewicht oder dessen Erneuerung erforderlich macht *(OLG Schleswig* 2 W 111/06, NZM 2007, 650 mit Anm *F Schmidt* ZWE 2007, 251).

Beispiele für modernisierende Instandsetzungen: 85

Außenbereich: Verlegung von Betonschwellen zur Verkehrsberuhigung in eine Parkplatzeinfahrt *(KG* 24 W 3664/84, DWE 1985, 95), das Auslichten von Bäumen *(AG Hamburg-Blankenese* 506 II 24/83, DWE 1985, 95), Asphaltboden statt Plattenbelag *(OLG Schleswig* 2 W 35/67 SchlHA 1968, 70). Die Ersetzung von Holztrennwänden auf Terrassen durch Trennmauern mit den gleichen Ausmaßen stellt angesichts der unterschiedlichen Materialien keine modernisierende Instandhaltung, denn Stein stellt keine technische Weiterentwicklung von Holz, sondern schlichtweg ein anderes Baumaterial dar *(LG Berlin* 55 T 117/06 WEG, GE 2007, 1563).

Balkon: Die Installation eines Geländersystems *(OLG Hamburg* 2 Wx 30/03, ZMR 2003, 866) oder von Leichtmetallgeländern *(OLG München* 34 Wx 105/05, ZMR 2006, 302) anstelle massiver Balkonbrüstungen. Die Errichtung neuer um 83% größerer Balkone ist auch dann keine modernisierenden Instandsetzung, wenn die alten Balkone abbruchreif sind *(AG Düsseldorf* 291 II 148/06 WEG, ZMR 2008, 249).

Dach: Veränderung der Dachkonstruktion eines Flachdachs *(KG* 24 W 5369/88, NJW-RR 1989, 463; *BayObLG* BReg 2 Z 104/89, MDR 1990, 552), Eindecken eines bisher mit Wellteerpappe abgedeckten Daches mit Dachziegeln, wenn nur so die Abdichtung des Daches erreicht werden kann *(OLG Braunschweig* 3 W 49/93,WuM 1994, 502), Sanierung eines Flachdachs durch Herstellung eines Walmdachs *(KG* 24 W 914/93, NJW-RR 1994, 528; *BayObLG,* 2 Z BR 4/98, NZM 1998, 338).

Fahrstuhl: Austausch eines altersschwachen Aufzugs gegen eines neuen modernisierter Art *(LG Hamburg* 318 S 91/08, ZMR 2009, 314; *AG Nürnberg* 1 UR II 330/03 WEG, ZMR 2004, 384.

Fassade: Das Anbringen einer Wärmedämmung ist eine Maßnahme der modernisierenden Instandsetzung *(OLG Frankfurt* 20 W 392/83, OLGZ 1984, 129; *OLG Düsseldorf* 3 Wx 81/00, NZM 2000, 1067; *OLG Hamm* 15 W 88/06, ZMR 2007, 131: auch der Kellerdecke). Auf die Amortisation der Mehrkosten kommt es nicht an, wenn die Verkleidung den Anforderungen der WärmeschutzVO entspricht (*BayObLG* 2Z BR 95/01, NZM 2002, 75, 76). Kein Anspruch auf modernisierende Instandsetzung besteht, wenn die Wärmedämmung einer Giebelwand zwar nicht dem heute maßgeblichen Standard entspricht, aber dem baulichen Standard im Zeitpunkt der Errichtung des Gebäudes und konkrete Nachteile für einzelne Wohnungseigentümer mit dem derzeitigen Zustand nicht verbunden sind. (*OLG Hamburg* 2 Wx 61/95, WuM 1999, 55, 57). Gleiches gilt auch bei konkreten Nachteilen (Schimmel, Stockflecken), wenn diese durch den eigenmächtigem Einbau von Isolierglasfenstern verursacht wurden (*OLG Düsseldorf* I-3 Wx 54/07, NZM 2007, 930). Die Sanierung einer mehr als 30 Jahre alten Fassade wegen loser Platten, Undichtigkeit und Asbestbelastung (Eternit) durch Verkleidung mit einem Wärmedämm-Verbundsystem (Thermohaut) stellt eine modernisierende Instandsetzung dar (*OLG Düsseldorf* 3 Wx 258/02, NZM 2003, 28).

Fenster: Austausch reparaturbedürftiger, einscheibenverglaster Holzfenster durch Kunststoff-Fenster mit Isolierverglasung, wenn dadurch das äußere Erscheinungsbild des Hauses nicht verändert wird (*BayObLG* BReg 2 Z 118/90,WuM 1991, 56; *OLG Köln* 16 Wx 89/97, ZMR 1998, 49; *OLG Köln* 16 Wx 219/97, NZM 1998, 821; *BayObLG* 2Z BR 177/04, ZMR 2005, 894; **aA** *KG* 24 W 15/07, GE 2007, 1561: keine modernisierende Instandsetzung, da inzwischen allgemein bekannt sei, dass die dicht schließenden Kunststofffenster zwar zu Heizkostenersparnis führen, aber auch vielfach zu Schimmelbildung).

Heizung: Ob der Austausch einer Heizungsanlage eine modernisierende Instandsetzung ist, richtet sich ua nach folgenden Gesichtspunkten (vgl *BayObLG* 2Z BR 136/93, WuM 1994, 504):

- Funktionsfähigkeit der bisherigen Anlage,
- Verhältnis zwischen wirtschaftlichem Aufwand und zu erwartendem Erfolg,
- künftige laufende Kosten, langfristige Sicherung des Energiebedarfs,
- Umweltverträglichkeit,
- Bewährung der geplanten Modernisierung in anderen Fällen.

Bejaht wurde eine modernisierende Instandsetzung beim Austausch einer Ölheizung gegen eine Gasheizung (*OLG Celle* 4 W 47/92, WuM 1993, 89), beim Einbau einer Gas-Heizungsanlage statt einer Wärmepumpenanlage (*KG* 24 W 7640/93, NJW-RR 1994, 1358) und Austausch der Gasheizung durch Einbau der Brennwerttechnik (*AG Ludwigsburg* 20 C 2872/08, WuM 2009, 251). Keine modernisierende Instandsetzung ist das Ersetzen von einzelnen im Sondereigentum stehenden Nachtspeicheröfen durch eine gemeinschaftliche Heizungsanlage (*OLG Hamm* 5 U 220/93, NJW-RR 1995, 909); uU aber Maßnahme gemäß § 22 Abs 2 (§ 22 Rn 174). Die Umstellung einer (Öl-) Zentralheizungsanlage auf Fernwärme geht über eine modernisierende Instandhaltung hinaus, wenn ein baldiger Ausfall der Heizungsanlage nicht wahrscheinlich und eine sofortige Erneuerung nicht erforderlich ist (*OLG Düsseldorf* 3 Wx 352/97, ZMR 1998, 185); anders jedoch wenn die Ölheizung sanierungsbedürftig ist und bei einem Vergleich zwischen dem wirtschaftlichen Erfolg, den künftigen Kosten, der langfristigen Sicherung des Energiebedarfs und der Umweltverträglichkeit die Fernwärmeversorgung gegenüber der Erneuerung der Ölheizung deutlich günstiger ist (*OLG Hamburg* 2 Wx 18/04, ZMR 2005, 803). Bei einer aus zwei Häusern bestehenden Wohnungseigentumsanlage kann nicht mehrheitlich beschlossen werden, dass die bisherige gemeinschaftliche Heizungsanlage nur noch ein Haus versorgt und in dem anderen Haus eine eigene Anlage errichtet wird (*BayObLG* 2Z BR 28/02, NZM 2002, 1000). Auch das Abkoppeln einer Wohnung von der gemeinsamen Heizungsanlage und das Aufstellen eines neuen Heizkessels für diese Wohnung ist keine modernisierende Instandsetzung, selbst wenn der vorhandene Heizkessel unzureichend dimensioniert ist (*OLG Düsseldorf* I-3 Wx 397/02, ZMR 2003, 953).

Medienversorgung: Modernisierende Instandsetzung ist der Ersatz einer Gemeinschaftsantenne durch Breitbandkabel, falls die Gemeinschaftsantenne reparaturbedürftig ist, oder wenn standortbedingt durch die Gemeinschaftsantenne kein einwandfreier Ton- und Bildempfang möglich ist (*LG Hamburg* 20 T 63/87, WE 1990, 31). Jedenfalls ist die Zustimmung eines Wohnungseigentümers, dem kein Nachteil erwächst, verzichtbar. Dies ist gegeben, wenn die Reparatur der vorhandenen Antennenanlage im Verhältnis zu den Kabelanschlusskosten annähernd denselben Aufwand erfordern würde (*BayObLG* BReg 1 b Z 36/88, MDR 1990, 551; vgl auch *Bielefeld* DWE 1989, 161). Ebenso muss ein Wohnungseigentümer einen Beschluss hinnehmen, wonach die Dachantenne demontiert wird und ein Kabelanschluss erfolgt, wenn dadurch seine bisherigen Empfangsmöglichkeiten nur in geringem Umfang beeinträchtigt werden, aber die übrigen Eigentümer zusätzliche Informationsmöglichkeiten erhalten (*OLG Köln* 16 Wx 83/95, WuM 1996, 109). Ein Beschluss, wonach alle Wohnungen in die Breitbandverteileranlage für einen bereits vorhandenen Kabelanschluss eingebunden werden sollen und die vorhandene, einwandfrei arbeitende Dachantennenanlage abzubauen ist, braucht nicht hingenommen zu werden (*BayObLG* 2Z BR 71/98, NZM 1999, 264, aA *Wenzel* ZWE 2007, 179). Der Ersatz eines funktionsfähigen, nicht reparaturbedürftigen Anschlusses an das Breitbandkabel durch eine Gemeinschafts-Satellitenempfangsanlage ist bauliche Veränderung. Es fehlt aber an der Zustimmungspflicht, wenn sich das Angebot an Fernseh- und Radiosendern nicht nachteilig verändert und die Kostenbelastung nicht zunimmt (*BayObLG* 2Z BR 171/99, NZM 2000, 679). Soll die Medienversorgung auf ein anderes System umgestellt werden, hat der Verwalter grundsätzlich vor der Beschlussfassung Angebote für die verschiedenen konkurrierenden Systeme (Satellitenschüssel, Kabel, Antenne) einzuholen (*BayObLG* 2Z BR 274/03, NZM 2004, 385; *OLG München* 32 Wx 072/06, ZMR 2006, 799). Die Umstellung der Medienversorgung kann uU mit qualifizierter Mehrheit als Maßnahme der Modernisierung gemäß § 22 Abs 2 beschlossen werden (vgl § 22 Rn 164). Wird ein Breitbandkabelanschluss auf Veranlassung und auf Kosten eines einzelnen Wohnungseigentümers installiert, so sind die übrigen Wohnungseigentümer verpflichtet, von ihren Mietern am Verteilerkasten eigenmächtig angebrachte Kabel zur Nutzung des Anschlusses zu trennen, auch wenn der Anschluss zum Gemeinschaftseigentum gehört (*OLG Düsseldorf* 3 Wx 181/05, NZM 2006, 782).

Treppenhaus: Ersetzen einer Raufasertapete durch eine Glasfasertapete bei der Renovierung des Treppenhauses (*OLG Düsseldorf* 3 Wx 370/93, WuM 1994, 503 = NJW-RR 1994, 1169). Keine modernisierende Instandsetzung ist der Anbau eines Personenaufzugs an einen Altbau aus dem Jahr 1910 (*BayObLG* 2Z BR 39/92, WuM 1992, 562) ebenso wie eine Türverglasung (*BayObLG* 2 Z 94/81, DWE 1983, 30).

Warmwasserboiler: Werden zwei 16 Jahre alte, je 750 Liter fassende Warmwasserboiler, von denen einer defekt ist, ersetzt durch einen neuen, 500 Liter fassenden Boiler aus Edelstahl, der durch ein besseres Heizsystem ausreichend warmes Wasser zur Verfügung stellt, so ist dies eine modernisierende Instandsetzung (*OLG Düsseldorf* 3 Wx 40/02, NZM 2002, 705). Die Umstellung der Warmwasserversorgung durch Wärmetauscher und Boiler auf eine zentrale Warmwasserversorgung kann modernisierende Instandsetzung sein (*BayObLG* 2Z BR 176/03, ZMR 2004, 442, 443).

5. Öffentlich-rechtliche Vorschriften. Zur ordnungsmäßigen Instandsetzung zählen **86** auch öffentlich-rechtlich vorgeschriebene bauliche Veränderungen (*BayObLG* 2 Z 74/79, NJW 1981, 690), zB der Einbau einer neuen Entlüftungsanlage; die Errichtung eines Kinderspielplatzes (*BayObLG* 2Z BR 10/98; NZM 1998, 817); die Anpassung einer Heizungsanlage (*OLG München* 34 Wx 46/07, NJW-RR 2008, 1182) oder einer Hausfassade (*OLG Hamm* I-15 Wx 139/08, WuM 2009, 252) an die Wärmeschutzverordnung bzw. Energieeinsparverordnung. Dies gilt aber nicht, soweit derartige Anforderungen nur für Neubauten gelten (*OLG Hamburg* 2 Wx 61/95, WuM 1999, 55: kein

Anspruch auf zeitgemäße Wärmedämmung; *OLG Stuttgart* 8 W 315/93, OLGZ 1994, 524: kein Anspruch auf zeitgemäßen Schallschutz). Das am 7.8.2008 (BGBl I S 1658) erlassene Gesetz zur Förderung Erneuerbarer Energien im Wärmebereich (EEWärmeG) gilt nur für die Neuerrichtung von Gebäuden. Veränderungen bestehender Gebäude werden nicht erfasst (vgl auch *Schläger* ZMR 2009, 339).

87 Die am 15.7.1988 (BGBl I S 1059) erlassene Erste Verordnung zur Durchführung des Bundes-Immissionsschutzgesetzes (Verordnung über **Kleinfeuerungsanlagen** – 1. BImSchV), neugefasst durch Bekanntmachung vom 14.3.1997 (BGBl I S490) zuletzt geändert durch Verordnung vom 14.8.2003 (BGBl I S 1614), gilt für alle üblichen Heizungs- und Warmwasserzubereitungsanlagen. Zweck der Verordnung ist sowohl die Einsparung von Energie als auch die Verringerung der Schadstoffbelastung der Luft. Um dies zu erreichen, legt die Verordnung Grenzwerte für den Ausstoß von Ruß und für die Abgasverluste fest. Die Einhaltung der Grenzwerte wird durch jährliche Messungen des Bezirksschornsteinfegermeisters überwacht. Verstöße gegen die Verordnung können zu Bußgeldern führen. Der Verwalter kann die Durchführung der erforderlichen Messungen auch ohne Beschlussfassung zu Lasten der Eigentümergemeinschaft veranlassen, da die Einhaltung öffentlich-rechtlicher Vorschriften grundsätzlich eine Maßnahme der ordnungsmäßigen Verwaltung ist. Stellt sich bei den Messungen heraus, dass die Anlage die Grenzwerte der 1. BImSchV überschreitet, so kann jeder Wohnungseigentümer gemäß den §§ 21 Abs 4, 43 Abs 1 Nr 1 WEG den Austausch der Anlage durchsetzen.

88 Zur Pflicht zum Einbau von Messeinrichtungen einer zentralen Heizungs- und Warmwasserversorgungsanlage vgl die HeizkostenV Kapitel III.

89 **6. Anspruch auf Instandsetzung.** Jeder Wohnungseigentümer hat gemäß § 21 Abs 4, 5 Nr 2 Anspruch auf Instandsetzung des gemeinschaftlichen Eigentums. Er kann von den übrigen Wohnungseigentümern verlangen, dass sie an der Durchführung erforderlicher Instandsetzungsmaßnahmen **mitwirken** (*BayObLG* 2Z BR 122/95, WuM 1996, 239). Die Wohnungseigentümer haben aber alle erforderlichen Maßnahmen zur ordnungsmäßigen Instandsetzung zu veranlassen, auch ohne dass ein einzelner Wohnungseigentümer sie verlangt (*BayObLG* 2Z BR 32/94, WuM 1995, 57 = ZMR 1994, 431).

90 Ein Wohnungseigentümer kann zur Beseitigung von Feuchtigkeitsschäden an einer Außenwand seiner Wohnung von der Wohnungseigentümergemeinschaft keine aufwändige Außenisolierung verlangen, sondern nur eine erheblich kostengünstigere Innendämmung, sofern diese Maßnahme nicht von vornherein untauglich ist (*LG Bremen* 2 T 647/92, WuM 1994, 37). Die Wohnungseigentümer dürfen sich auf die Empfehlung eines Fachunternehmens verlassen, bei Feuchtigkeitsschäden zur Eingrenzung der Schadensursache schrittweise vorzugehen. Eine Haftung der Wohnungseigentümer gegenüber einem einzelnen Wohnungseigentümer kommt dann nur nach § 278 BGB in Betracht, falls die Empfehlung unrichtig war (*BayObLG* 2Z BR 32/94, WuM 1995, 57 = ZMR 1994, 431). Erfüllungsgehilfe des Verwalters ist das Fachunternehmen nicht (s § 27 Rn 105).

91 Ein Anspruch des einzelnen Wohnungseigentümers auf **Ersatzvornahme oder Zahlung der voraussichtlichen Kosten** für eine künftige Ersatzvornahme besteht auch dann nicht, wenn er einen Anspruch auf Instandsetzung hat. Bei Streit darüber, ob die Maßnahme zur ordnungsmäßigen Verwaltung gehört, muss sich der Wohnungseigentümer – gegebenenfalls gerichtlich – um eine Beschlussfassung der Wohnungseigentümer bemühen (*OLG München* 24 Wx 4/05, ZMR 2006, 154).

7. Erstmalige Herstellung eines ordnungsmäßigen Zustands.

Jeder Wohnungseigentümer hat aus § 21 Abs 4 einen **Anspruch gegen die übrigen Wohnungseigentümer** auf erstmalige Herstellung eines ordnungsmäßigen Zustands des gemeinschaftlichen Eigentums und des Sondereigentums entsprechend der Teilungserklärung, der Gemeinschaftsordnung, dem Aufteilungsplan und den Bauplänen, nicht hingegen des Kaufvertrages *(OLG Köln* 16 Wx 32/00, ZMR 2000, 861). Zu den Bauplänen gehört auch der Entwässerungsplan *(BayObLG* 2Z BR 66/99, NZM 2000, 515). Eine bauliche Veränderung, die der erstmaligen **Herstellung eines planmäßigen Zustands** dient, gehört zur Instandsetzung und kann deshalb mit Mehrheit beschlossen werden *(BayObLG* 2Z BR 4/96, WuM 1996, 299). Hierzu gehören etwa der Anspruch auf im Bauplan vorgesehene Einrichtungen, wie ein Zaun *(BayObLG* 2Z BR 48/99, ZMR 2000, 38; *OLG Hamm* 15 W 131/06, ZMR 2008, 227), eine Treppe *(BayObLG* 2Z BR 34/00, ZfIR 2000, 461), Abwasserrohre *(BayObLG* 2Z BR 110/94, ZMR 1995, 87) oder ein Versorgungsweg *(BayObLG* 2 Z BR 20/99, NZM 1999, 578). Auch die erstmalige gärtnerische Gestaltung wird hiervon erfasst *(BayObLG* BReg 2Z 29/91, WuM 1991, 448). Die erstmalige Herstellung des ordnungsmäßigen Zustands ist auch dann Gemeinschaftsangelegenheit, wenn die Abweichung auf dem Wunsch eines späteren Wohnungseigentümers beruht, so dass dieser nur zur Duldung der Herstellung und der Kostenbeteiligung, nicht aber zur Herstellung auf eigene Kosten verpflichtet ist *(OLG Frankfurt/M* 20 W 538/05, NZM 2008, 322). Das gleiche gilt, wenn die Gemeinschaftsordnung die Instandhaltungspflicht für einen Teil des gemeinschaftlichen Eigentums dem einzelnen Wohnungseigentümer auferlegt *(BayObLG* 2Z BR 63/96, ZMR 1996, 574; *BayObLG,* 2Z BR 45/02, ZMR 2003, 366; *OLG Köln* 16 Wx 153/01, OLGR 2002, 22; *KG* 24 W 65/06, unveröffentlicht). Ebenso werden Ansprüche auf **Beseitigung** bei Entstehung des Wohnungseigentums **vorhandener Mängel** erfasst, zB die Herstellung eines Heckendurchgangs, um den Gebrauch des gemeinschaftlichen Eigentums zu ermöglichen *(BayObLG* BReg 2 Z 125/88, ZMR 1989, 192), die Errichtung eines Regenfallrohres *(BayObLG* 2Z BR 66/99, NZM 2000, 515) oder die Erneuerung einer äußeren Isolierung eines 100 Jahre alten Altbaus, die auf Grund des langen Zeitablaufs ihre Wirksamkeit weitgehend verloren und schon bei Begründung der Gemeinschaft nicht vorhanden war, auch wenn die Isolierung des Kellergeschosses den bei Errichtung des Bauwerks um die Jahrhundertwende geltenden Regeln der Technik entsprach *(OLG Düsseldorf* 3 Wx 95/04, NZM 2005, 184). Weitere Beispiele vgl § 22 Rn 16). 92

Wer eine Eigentumswohnung ersteigert hat, braucht sich nicht entgegenhalten lassen, sein Rechtsvorgänger habe auf derartige Ansprüche verzichtet oder ein entsprechendes Recht verwirkt *(BayObLG* 2Z BR 232/03, ZMR 2004, 524). Wer beim Erwerb die Abweichung der Bauausführung von der Teilungserklärung nicht positiv kannte, sondern nur hätte erkennen können, handelt nicht **rechtsmissbräuchlich**, wenn er gegen die übrigen Wohnungseigentümer einen Anspruch auf erstmalige Herstellung eines der Teilungserklärung entsprechenden Zustands geltend macht *(BayObLG* 2 Z BR 232/03, ZMR 2004, 524); vgl. aber Rn 95. 93

Welche **Maßnahmen** die Wohnungseigentümer zur Herstellung des ordnungsmäßigen Zustands wählen, liegt grundsätzlich in ihrem Ermessen, soweit sie dem Interesse der Gesamtheit der Wohnungseigentümer nach billigem Ermessen entsprechen. Enthalten die Pläne und die Baubeschreibung zur Bauausführung im Einzelnen keine Angaben, ist die Ausführung zu wählen, die **den rechtlichen Vorschriften entspricht** und im 94

Übrigen **sachgerecht** ist (*BayObLG* 2Z BR 110/94, ZMR 1995, 87). Was der ordnungsmäßige Zustand ist, ergibt sich nicht nur aus der Teilungserklärung nebst Gemeinschaftsordnung und aus den Bauplänen, sondern kann sich auch aus öffentlich-rechtlichen Vorschriften, zB über Kinderspielplätze (*BayObLG* 2Z BR 10/98, ZMR 1998, 647) oder Kfz-Stellplätze (*BayObLG* 2Z BR 124/01, NZM 2002, 875), ergeben. Dies rechtfertigt aber keinen Eingriff in bestehende Sondernutzungsrechte, wenn den öffentlich-rechtlichen Vorgaben auch auf andere Weise Rechnung getragen werden kann (*BayObLG* 2Z BR 020/04, ZMR 2005, 383).

95 Der Anspruch findet seine Grenze in **§ 242 BGB**. Die Herstellung eines den Plänen entsprechenden Bauzustands kann nicht verlangt werden, wenn dies bei Berücksichtigung aller Umstände nach Treu und Glauben nicht zumutbar ist (*BayObLG* 2Z BR 232/03, ZMR 2004, 524 mwN). Dieser Grundsatz gilt erst recht, wenn von den ursprünglichen Plänen abgewichen werden soll (*OLG Hamburg* 2 Wx 94/01, NZM 2003, 109, 111). Hat ein Wohnungseigentümer durch eine bauliche Veränderung auf eigene Kosten einen Baumangel behoben, ist den Beteiligten vor der Entscheidung über den Beseitigungsanspruch Gelegenheit zu geben, einen Mehrheitsbeschluss über die Konzeption der Behebung des Baumangels zu fassen, weil vorher nicht feststeht, ob die Wohnungseigentümer überhaupt eine andere Lösung für die Mangelbeseitigung anstreben (*OLG Karlsruhe* 11 Wx 42/00, NZM 2001, 758). Besteht der **Streit nur zwischen zwei benachbarten Wohnungseigentümern** über die Abgrenzung ihres Sondereigentums oder Sondernutzungsrechts, so kann der eine Wohnungseigentümer den Anspruch auf Herstellung eines dem Aufteilungsplan entsprechenden Zustands, gegen den anderen Wohnungseigentümer allein richten, sofern die übrigen Wohnungseigentümer nicht betroffen sind (*BayObLG* 2Z BR 18/96,WuM 1996, 491; *BayObLG* 2Z BR 174/99, NZM 2000, 1011). Die **gerichtliche Geltendmachung** des Anspruchs auf Mitwirkung bei der erstmaligen Herstellung eines ordnungsmäßigen Zustands erfordert grundsätzlich die vorherige Befassung der Eigentümerversammlung (vgl Rn 46). Dies kann jedoch ausnahmsweise unterbleiben, wenn davon auszugehen ist, dass der antragstellende Wohnungseigentümer ohnehin keine Mehrheit in der Versammlung finden wird (*BayObLG* 2Z BR 65/00, ZMR 2001, 469). Der Anspruch auf Herstellung eines erstmaligen ordnungsmäßigen Zustands gemäß § 21 Abs 4 unterliegt der dreijährigen **Regelverjährung** des § 195 BGB. Die Verjährungsfrist beginnt im Zeitpunkt der Kenntnis bzw. grobfahrlässigen Unkenntnis von dem Anspruch. Der Zweiterwerber muss sich die Kenntnis bzw. fahrlässige Unkenntnis des Rechtsvorgängers zurechnen lassen (*OLG Düsseldorf* I-3 Wx 60/80, ZMR 2009, 706; *Schmid* ZMR 2009, 585).

8. Trittschallschutz.

Literatur: *Behr/Pause/Vogel* Schallschutz in Wohngebäuden – Eine Bestandsaufnahme in Technik und Recht, NJW 2009, 1385.

96 Die **DIN 4109** (Schallschutz im Hochbau) ist zwar keine unmittelbar geltende Rechtsvorschrift, sondern sie enthält lediglich technische Regelungen mit Empfehlungscharakter (*OLG München* 34 Wx 114/07, NZM 2008, 133). Sie hat gleichwohl unter zwei Gesichtspunkten Bedeutung für den Trittschallschutz. Ihre jeweilige Fassung bestimmt einerseits den **Stand der Technik**, der im Zeitpunkt der Erbauung eines Hauses für den Trittschallschutz maßgeblich ist (*OLG Schleswig* 2 W 144/02, ZMR 2003, 876). Andererseits hat sie als **Mindeststandard** ein erhebliches tatsächliches Gewicht bei der Beurteilung, ob eine Veränderung des Oberbodenbelags ein Gebrauch des Sonderei-

gentums ist, der zu einem Nachteil im Sinne von § 14 Nr 1 WEG führt (*OLG Frankfurt* 20 W 95/01, NZM 2005, 68). Die DIN 4109 wurde im Verlauf der Zeit geändert. Die erste Fassung der DIN 4109 (1944) legte als Standardkonstruktion für Wohnungstrenndecken eine Decke aus Stahlbeton mit darauf liegendem schwimmendem Estrich fest, enthielt aber noch keine Grenzwerte. Die DIN 4109 (1962) bestimmte als Grenzwert ein Trittschallschutzmaß TSM = 0 dB. Dies entspricht einem bewerteten Normtrittschallpegel von L n, w = 63 dB. Die Anforderungen der DIN 4109 (1962) waren bereits seit Mitte der 70er Jahre technisch überholt (*OLG Schleswig* 2 W 144/02, ZMR 2003, 876). Die im Entwurfsstadium verbliebene DIN 4109 (1979) enthielt bereits einen bewerteten Normtrittschallpegel von L n,w = 53 dB, der einem Trittschallschutzmaß TSM = +10 dB entspricht. Dieser Grenzwert wurde in die heute noch geltende DIN 4109 (1989) übernommen. Die dort vorgesehenen Regelungen entsprechen ebenfalls nicht mehr dem Stand der Technik; zwischenzeitlich ist im Juni 2001 ein neuer Entwurf für die DIN 4109-10 veröffentlicht worden. Zum technischen Verständnis der Schallschutzproblematik muss man wissen, dass eine Entkopplung des Oberbodens von den tragenden Wänden und Decken von entscheidender Bedeutung für eine wirksame Trittschalldämmung ist. Eine solche wird heute vorwiegend durch „schwimmenden" Estrich gewährleistet. Ein bündig verlegter Oberbodenbelag führt zu Schallbrücken, die zu einer Ausbreitung des Schalls führen (*Hogenschurz* MietRB 2008, 215).

Vorrangig vor der DIN 4109 ist jedoch das Schallschutzniveau, welches anhand der Wohnanlage prägenden Umstände (tatrichterlich) zu bestimmen ist (*OLG München* 34 Wx 114/07, NZM 2008, 133; *OLG Düsseldorf* I-3 Wx 115/07, NZM 2008, 288). Hierbei ist vom Ausstattungsstandard der Anlage **im Zeitpunkt der Begründung von Wohnungseigentum** auszugehen (*OLG Celle* 4 W 4/05, NZM 2005, 379; *OLG Saarbrücken* 5 W 253/05 – 76, ZMR 2006, 802). Anhaltspunkte zur Bestimmung des **Gepräges** können die Baubeschreibung (*OLG München* 32 Wx 30/05, NZM 2005, 509; *OLG Köln* 16 Wx 180/02, ZMR 2003, 704), Regelungen in der Gemeinschaftsordnung (*OLG Köln* 16 Wx 275/97, NJW-RR 1998, 1312) und das tatsächliche Wohnumfeld bilden. 97

Beispiel: Bestimmt die Gemeinschaftordnung, dass eine **Änderung des Fußbodenbelages nur mit vorheriger Zustimmung des Verwalters** vorgenommen werden darf, die nur dann zu erteilen ist, wenn durch die geplante Maßnahme keine oder nur vorübergehende Nachteile für das Gemeinschaftseigentum oder das Sondereigentum anderer zu befürchten sind, dann richten sich die Anforderung an den Schallschutz nicht nach DIN- Vorschriften, die nur einen Mindeststandard sichern, sondern Maßstab ist ausschließlich das in der konkreten Wohnungseigentumsanlage vorhandene bauliche Niveau (*OLG Köln* 16 Wx 275/97, NZM 1998, 673; *OLG Köln* 16 Wx 180/02, ZMR 2003, 704).

Fehlt es an prägenden Elementen, sind solche nicht eindeutig oder trotz Aufklärungsbemühungen nicht ausreichend feststellbar, können insbesondere die **maßgeblichen DIN-Normen im Errichtungszeitpunkt** des Gebäudes einen aussagekräftigen Ansatz zur Bestimmung des Schutzniveaus, mithin für die einzuhaltenden Trittschallschutzgrenzwerte, bilden (*OLG München* 34 Wx 114/07, NZM 2008, 133; *OLG Celle* 4 W 4/ 05, NZM 2005, 379; *OLG Frankfurt* 20 W 204/03, NZM 2006, 903; *Hogenschurz* MDR 2003, 201/203).Wurde ein Altbau vor der Begründung von Wohnungseigentum so umfassend saniert, dass dies einer Neuherstellung des Gebäudes gleichkommt, kommt es auf die im **Zeitpunkt der Sanierung** geltende Fassung an. Wurde zB ein im Jahr 1922 erbautes Haus im Jahr 1978 unter erheblichem Bauaufwand saniert und den 98 damaligen Wohnverhältnissen angepasst wurde, ist der für Neubauten des Jahres 1978 geltende Maßstab anzuwenden.

99 Sind die maßgeblichen Grenzwerte nicht oder nicht mehr eingehalten, kommt ein **Anspruch gegen die übrigen Wohnungseigentümer** auf Instandsetzung des gemeinschaftlichen Eigentums (§ 21 Abs 4, Abs 5 Nr 2) in Betracht, wozu auch die erstmalige ordnungsmäßige Herstellung des Bauwerks und damit auch die Beseitigung anfänglicher Baumängel gehört (*OLG Köln* 16 Wx 180/02, ZMR 2003, 704; *OLG Schleswig* 2 W 144/02, ZMR 2003, 876; vgl auch Rn 92). Der einzelne Wohnungseigentümer ist regelmäßig verpflichtet, die erforderlichen Arbeiten in seinem Sondereigentum zu dulden (*BayObLG* 2Z BR 14/92, WuM 1993, 85, 87). In gewissem Rahmen kann auch eine zwischenzeitlich eingetretene technische Entwicklungen berücksichtigende „modernisierende Instandsetzung" und damit eine Anpassung an den aktuellen Standard des Schallschutzes begehrt werden (*OLG Schleswig* 2 W 144/02, ZMR 2003, 876).

100 Die Herstellung eines Schallschutzes, der den maßgeblichen Anforderungen entspricht, **kann** allerdings nach Treu und Glauben **unzumutbar sein**. Welche Maßnahme im Einzelfall verlangt werden kann, hängt davon ab, wie sich in einer vergleichbaren Situation ein wirtschaftlich denkender, vernünftiger Alleineigentümer verhalten würde. In die Kosten-Nutzen-Analyse sind dabei nach dem Grundsatz der Gleichbehandlung die Sanierungskosten für die Gesamtanlage einzustellen, wenn von dem unzureichenden Schallschutz alle Wohnungseigentümer in gleicher Weise betroffen sind (*OLG Schleswig* 2 W 144/02, ZMR 2003, 876, 878). Haben die Wohnungseigentümer bestandskräftig beschlossen, von einer Beseitigung der Trittschallübertragung abzusehen, kann der Anspruch auf erstmalige Herstellung eines ordnungsmäßigen Zustand grundsätzlich nicht mehr gegen die übrigen Wohnungseigentümer geltend gemacht werden (*BayObLG* 2Z BR 98/98, NZM 1999, 262).

101 Trotz eventueller Lärmbelästigungen kann bei bereits bestehendem unzureichendem Schallschutz – zB wegen einer sehr geringen Deckenstärke und unzureichend ausgeführtem Estrich – **keine Abhilfe von einem anderen Sondereigentümer** verlangt werden (*OLG Köln* 16 Wx 180/02, ZMR 2003, 704). Dies gilt auch dann, wenn sich der Trittschallschutz infolge **üblicher Abnutzung des Belags** verschlechtert (*OLG Stuttgart* 8 W 315/93, NJW-RR 1994, 1497; *OLG Köln* 16 Wx 102/00, NZM 2001, 135; *OLG Düsseldorf* 3 Wx 256/01, ZMR 2002, 297). Denn der tatsächliche Zustand der Trittschalldämmung prägt die Wohnanlage und muss im Grundsatz hingenommen werden. In diesen Fällen kann daher auch ein Wohnungseigentümer, der nachträglich eine verbesserte Trittschalldämmung einbaut, mangels *notwendiger* Aufwendungen von den anderen Wohnungseigentümern keinen Kostenersatz verlangen, selbst wenn der eingebaute Trockenestrich zum gemeinschaftlichen Eigentum gehört (*OLG Celle* 4 W 4/05, NZM 2005, 379).

102 Hat ein Wohnungseigentümer aber die Situation durch bestimmte Maßnahmen **verschlechtert** (*OLG Stuttgart* 8 W 315/93, NJW-RR 1994, 1497; *OLG Köln* 16 Wx 102/00, NZM 2001, 135; *OLG Köln* 16 Wx 68/01, ZMR 2002, 77; *OLG Düsseldorf* 3 Wx 256/01, ZMR 2002, 297; *Wenzel* in Bärmann, § 14 Rn 29; *Hogenschurz* MDR 2004, 201) kann jeder Wohnungseigentümer gemäß § 15 Abs 3 WEG, § 1004 Abs 1 BGB den Störer auf Beseitigung oder Unterlassung in Anspruch nehmen (*OLG Düsseldorf* 3 Wx 120/01, ZMR 2002, 69), wenn das Maß des § 14 Nr 1 überschritten wird. Als Maßnahme der Verschlechterung des Schallschutzes kommt insbesondere die **Entfernung eines Teppichbodenbelags** in Betracht. Der innerhalb des Sondereigentums auf dem Estrich verlegte Oberbodenbelag (zB Teppich, Fliesen, Parkett) ist nach allgemeiner Meinung gemäß § 5 Abs 1 zwar Sondereigentum des jeweiligen Wohnungseigentümers (*BayObLG* 2Z BR 113/93, NJW-RR 1994, 598). Jeder Wohnungseigentümer darf daher grundsätzlich den in seinem Sondereigentum stehenden Bodenbelag entfernen oder durch einen anderen ersetzen. Eine Beschränkung bei der Wahl des Bodenbelags ergibt sich jedoch aus § 14 Nr 1, wonach das Sondereigentum nur in einer Weise gebraucht werden darf, dass dadurch keinem anderen Wohnungseigentümer über das bei einem geordneten Zusammenleben unvermeidliche Maß hinaus ein Nachteil erwächst (*OLG Köln* 16 Wx 102/00, NZM 2001, 135). Da der Maßstab des § 14 Nr 1 nach § 22 Abs 1 S 2 gleichermaßen für bauliche Veränderungen wie nach § 15 Abs 3 für den Gebrauch des Sondereigentums gilt, kann im Regelfall dahingestellt bleiben, ob die Veränderung des Oberbodenaufbaus eine bauliche Veränderung im Sinne von § 22 Abs 1 S 1 darstellt (*OLG Frankfurt* 20 W 95/01, NZM 2005, 68). Bedeutung hat die Unterscheidung jedoch, wenn eine **Rechtsnachfolge** vorliegt. Reine Veränderungen des zum Sondereigentum gehörenden Oberbodenbelags ohne Eingriff in das gemeinschaftliche Eigentum, sind keine baulichen Veränderungen im Sinne von § 22 Abs 1, so dass bei nicht hinzunehmenden nachteiligen Veränderungen der Rechtsnachfolger als **Handlungsstörer** (er gebraucht nachteilig) und nicht nur – wie bei einer baulichen Veränderung (Veränderung ist abgeschlossen) – als Zustandsstörer in Anspruch genommen werden kann.

Für die Frage, ob ein Wohnungseigentümer über das nach § 14 zulässige Maß hinaus beeinträchtigt wird, gilt die **Faustregel**, dass der bestehende Schallschutz keineswegs verschlechtert werden darf (*AnwHdB/Hogenschurz* Teil 9 Rn 326). Dafür ist zunächst die Ausstattung im Zeitpunkt vor Veränderung des Bodenbelages maßgebend (*OLG Hamm* 15 W 39/01, ZMR 2001, 842; *OLG Köln* 16 Wx 180/02, ZMR 2003, 704). Dies ist grundsätzlich anhand der **DIN 4109 in der zur Zeit der Vornahme der Umbauarbeiten maßgeblichen Fassung** zu überprüfen (*BayObLG* 2Z BR 113/93, NJW-RR 1994, 598; *BayObLG* 2Z BR 77/99, NZM 2000, 504; *OLG Köln* 16 Wx 102/00, NZM 2001, 135, 136; *OLG Frankfurt* 20 W 95/01, NZM 2005, 68; *OLG München* 34 Wx 114/07, NZM 2008, 133; *Hogenschurz* MDR 2004, 201). Der Wohnungseigentümer muss aber keine Maßnahmen ergreifen, um den Anforderungen an die DIN- Werte genügen, die schon vorher nicht eingehalten waren, sondern er hat nur den Trittschallschutzwert herzustellen, der vor dem Austausch des Bodenbelags vorhanden war (vgl *OLG Saarbrücken* 5 W 253/05–76, ZMR 2006, 802; *OLG Schleswig* 2 W 33/07, WuM 2007, 591).

Beispiel: Der Alleineigentümer eines im Jahr 1900 erbauten Hauses begründet im Jahr 1990 durch Teilungserklärung nach § 8 Wohnungseigentum. Zu diesem Zeitpunkt beträgt das Trittschallschutzmaß der Wohnungstrenndecke zwischen den Wohnungen A und B + 5 dB, das heißt in der Wohnung B ist ein Normtrittschallpegel von L n,w = 58 dB messbar. Die maßgebliche DIN 4109 (1989) verlangt ein Trittschallschutzmaß von + 10 dB. Ersetzt der Eigentümer der Wohnung A im Jahr 2000 den vorhandenen Teppichboden durch ein ordnungsgemäß verlegtes Parkett und beträgt das Trittschallschutzmaß anschließend + 6 dB, so kann ihn der Eigentümer der Wohnung B nicht auf Verbesserung des Trittschallschutzes in Anspruch nehmen, obwohl die DIN 4109 (1989) nicht eingehalten ist, weil gegenüber dem vorherigen Zustand keine Verschlechterung eingetreten ist.

104 Etwas anderes gilt aber, wenn das Gebäude schalltechnisch in einem besseren Zustand errichtet wurde, als die zur Zeit der Veränderung maßgeblichen DIN-Norm vorschreiben. Denn hierdurch erhält das Gebäude ein besonderes Gepräge. In einem solchen Fall ist bei der Beurteilung, ob eine nachteilige Veränderung vorliegt, der **tatsächlich bessere Schallschutz** Maßstab (*OLG Schleswig* 2 W 33/07,WuM 2007, 591; *OLG München* 34 Wx 20/07, ZMR 2007, 809; *OLG München* 34 Wx 114/07, NZM 2008, 133; *OLG Düsseldorf* I-3 Wx 115/07, NZM 2008, 288), selbst wenn die Standards herabgesetzt oder die heraufgesetzten Standards den bisherigen Schutz nicht bieten (*OLG München* 32 Wx 030/05, NZM 2005, 309; *OLG München* 34 Wx 114/07, NZM 2008, 133; *OLG Schleswig* 2 W 33/07,WuM 2007, 591). Verbessert ein Wohnungseigentümer nach Begründung von Wohnungseigentum durch Veränderungen des Oberbodens den Schallschutz, so ist er aber nicht gehindert, den ursprünglichen Zustand wieder herzustellen, indem er Teppichboden und Laminat entfernt und das bei Aufteilung vorhandene Parkett wieder frei legt (*LG München* 1 T 6682/04, NZM 2005, 590).

105 Neben den Trittschallpegeln hängt die **Lästigkeit** der durch die Auswechslung des Oberbodenbelages entstehenden Geräusche aber noch von weiteren Umständen ab, für die es auf das **Eigenempfinden des Tatrichters** ankommt und somit einem richterlichen Augenschein erforderlich machen (*OLG Köln* 16 Wx 240/03, ZMR 2004, 462; *OLG München* 32 Wx 030/05, NZM 2005, 509). Denn die gemessene Lautstärke ist für die Lästigkeit nur ein Teilaspekt (*OLG Köln* 7 U 83/96, ZMR 1998, 161). Dies kann im Ergebnis dazu führen, dass trotz Einhaltung der Trittschallwerte ein rechtlich relevanter Nachteil vorliegt und umgekehrt können auch einmal deren Werte überschritten werden, ohne dass ein solcher Nachteil vorliegt.

106 Ist ein Wohnungseigentümer verpflichtet, die Störung zu beseitigen, bleibt es ihm überlassen, **auf welche Weise** das geschieht, zB auch durch Belegung eines Fliesenbelags mit Teppichboden. Dass auch der Estrich, der zum Gemeinschaftseigentum zählt, unter Umständen mangelhaft ist, entlastet ihn nicht von seiner Beseitigungspflicht. Die Treuepflicht der Wohnungseigentümer untereinander gebietet es, nicht die bei Ausbau und Wiederherstellung des Estrichs kostenmäßig ca. vierfach höhere Variante der Schadensbeseitigung zu wählen, die darüber hinaus unabsehbare Folgekosten mit sich bringen würde (*OLG Düsseldorf* 3 Wx 120/01, NZM 2001, 958, 959; *OLG Frankfurt* 20 W 95/01, NZM 2005, 68).

107 Die Rechtsprechung zum Trittschallschutz hat auch Bedeutung für den **Schallschutz von sonstigen Installationen**. Die vorstehenden Grundsätze gelten entsprechend für den Schutz vor Installationsgeräuschen, die infolge nachträglicher Sanierungsarbeiten an zumeist im Gemeinschaftseigentum stehenden Anlagen entstehen, und zwar sowohl bei Veranlassung durch einen Wohnungseigentümer (*BayObLG* 2Z BR 77/99, NZM 2000, 504; *OLG München* 34 Wx 021/06, ZMR 2006, 643 m krit Anm *Hogenschurz* [WC- und Urinaleinbau]; *OLG Frankfurt* 20 W 204/03, NZM 2006, 903 [Unterputzverlegung von Heizungsrohren]), als auch durch die Gemeinschaft (*OLG München* 34 Wx 23/07, NZM 2008, 249).

9. Versicherungen

Literatur: *Armbrüster* Versicherungsschutz für Wohnungseigentümer und Verwalter, ZMR 2003, 1; *Armbrüster* Die Abwicklung von Gebäudeschäden mit dem Versicherer, ZWE 2009, 109; *Jansen/Köhler* Die Kündigung eines Feuerversicherungsvertrages nach Beendigung der Monopolversicherung, WE 1995, 142; *Nußbaum* Haftung der Wohnungseigentümer für Leitungswasserschäden, NZM 2003, 617; *J-H Schmidt* Rohrsanierungen auf Druck der Gebäudeversicherung – Eingriffe in das Sondereigentum, ZMR 2005, 669.

Der Abschluss einer Feuer- und Haftpflichtversicherung gehört zur ordnungsmäßigen Verwaltung. Der Verwalter hat auf den erforderlichen Versicherungsschutz hinzuwirken, § 27 Abs 1 Nr 2. Er ist aber nicht ermächtigt, die Versicherungsverträge kraft seiner gesetzlichen Vertretungsmacht für die Wohnungseigentümer abzuschließen, er bedarf hierzu einer besonderen Ermächtigung durch die Wohnungseigentümer in Form eines Mehrheitsbeschlusses gemäß § 27 Abs 1 Nr 1, 27 Abs 3 S 1 Nr 7. Gleiches gilt für die Kündigung eines Versicherungsvertrages. Die Wohnungseigentümer haben auch über die zu beauftragende Versicherungsgesellschaft und die Vertragskonditionen zu beschließen. Der Vertragsabschluss erfolgt zwischen Versicherer und der Gemeinschaft der Wohnungseigentümer, da dieser ebenso wie die Schadensabwicklung zur Verwaltung des gemeinschaftlichen Eigentums gemäß § 10 Abs 6 S 1 gehört (*Palandt/Bassenge* § 21 WEG Rn 17). Dies gilt auch, soweit Risiken Dritter mitversichert sind (*Jennißen/Heinemann* § 21 Rn 82). Der Verwalter ist grundsätzlich verpflichtet, Versicherungsprovisionen, die er für den Abschluss eines Versicherungsvertrages mit der Eigentümergemeinschaft erhält, an das Gesamthandsvermögen herauszugeben (*LG Köln* 30 T 64/92, WuM 1993, 712). Dritte (zB Mieter) können die Wohnungseigentümer nicht auf Abschluss bestimmter Versicherungen in Anspruch nehmen (*Merle* in Bärmann, § 21 Rn 111). 108

a) Feuerversicherung. Die Feuerversicherung ist eine Sachversicherung und betrifft nur das Gemeinschaftseigentum, nicht aber das Sondereigentum. Dies zu versichern ist Sache des jeweiligen Wohnungseigentümers. Mit ihr sind grundsätzlich die durch Brand, Explosion, Blitzschlag oder durch den Absturz von Luftfahrzeugen und Luftfahrtteilen entstehenden Schäden abgesichert. Die Versicherung ist zum Neuwert abzuschließen. Hierbei wird jedoch nicht ein fester Betrag gemeint sein, sondern der „Gleitende Neuwert" (*Weitnauer/Lüke* § 21 Rn 37). Eine Versicherung zum Verkehrswert empfiehlt sich, wenn die Wohnungseigentümer ohnehin keine Wiederaufbauverpflichtung vereinbart haben (*Jennißen/Heinemann*, § 21 Rn 83). Dies kann grundsätzlich nur vereinbart, nicht jedoch beschlossen werden (vgl *LG Essen* 9 T 163/06, ZMR 2007, 817: Mehrheitsbeschluss zulässig, wenn angesichts desolater finanzieller Verhältnisse auf diese Weise einer Kündigung des Versicherers vorgebeugt werden soll). In vielen Bundesländern hatten staatliche Brandversicherungsanstalten Monopolcharakter. Zur Aufhebung des Monopols s *Jansen/Köhler* WE 1995, 142. 109

b) Versicherung gegen Haus- und Grundbesitzerhaftpflicht. Die Haus- und Grundbesitzerhaftpflicht ist eine Schadensversicherung. Die Versicherungssumme muss der Höhe nach angemessen sein. Sie richtet sich nach den Umständen des Einzelfalles, insbesondere nach Lage, Zustand, Größe und Alter des Gebäudes (*Merle* in Bärmann, § 21 Rn 117). Abgedeckt werden nur Gefahren, die von dem gemeinschaftlichen Eigentum ausgehen. Hierbei handelt es sich im Wesentlichen um Schadensersatzansprüche, die aufgrund einer Verletzung der Verkehrssicherungspflicht (Streupflicht) oder nach § 836 BGB entstehen können. Aber auch der Anspruch aus § 14 Nr 4 Hs 2 ist ein Anspruch auf Schadensersatz iSv § 1 Ziff 1 AHB. Der Risikoausschluss für „Schäden am Gemeinschafts-, Sonder- und Teileigentum" nimmt nur den unmittelbaren Sachschaden, nicht jedoch Folgeschäden von der Leistungspflicht aus (*BGH* IV ZR 226/01, NZM 2003, 197). 110

Zur Übertragung der Wegereinigung auf einen Dritten vgl auch *BGH* NJW-RR 1989, 394. Die Versicherung umfasst auch die Haftung der Gemeinschaft der Wohnungseigentümer, des Verwalters und des Hausmeisters (*Merle* in Bärmann, § 21 Rn 117).

111 **c) Weitere Versicherungen.** Der Gemeinschaft steht es frei, weitere Versicherungen abzuschließen. Ordnungsmäßiger Verwaltung entspricht insbesondere der empfehlenswerte Abschluss einer **Hagel-, Sturm- und Leitungswasserschadensversicherung**, die häufig zusammen mit einer Feuerversicherung als sog verbundene Gebäudeversicherung angeboten wird. Eine Gebäude-Leitungswasserversicherung deckt als kombinierte Versicherung für das gesamte Gebäude im Normalfall nicht nur die zur Schadensbehebung am gemeinschaftlichen Eigentum erforderlichen Kosten, sondern auch die Kosten, die für die **Schadensbeseitigung am Sondereigentum** anfallen (vgl *Nussbaum* NZM 2003, 617, 619). Versicherungsnehmerin und damit Vertragspartnerin des Versicherers, ist der Verband. Es handelt sich um eine Versicherung für fremde Rechnung, da jeder Wohnungseigentümer Versicherter, dh Inhaber des Anspruchs gegen den Versicherer, hinsichtlich seines Sondereigentums und seiner Beteiligung am gemeinschaftlichen Eigentum ist. Entsteht ein Schaden am gemeinschaftlichen Eigentum, so ist der Verwalter für die Schadensbehebung und die Abwicklung mit dem Versicherer zuständig. Bei Schäden am Sondereigentum obliegt die Schadensbehebung und –abwicklung grundsätzlich dem geschädigten Wohnungseigentümer. Die Pflicht des Verwalters beschränkt sich insoweit nur darauf, ihn dabei zu unterstützen (*Armbrüster* ZWE 2009, 109). Ist die eigenständige Schadensabwicklung in den allgemeinen Versicherungsbedingungen ausgeschlossen, muss der Verwalter den Anspruch des Versicherten gegenüber dem Versicherer geltend machen. Für die Schadensbeseitigung ist der Verwalter jedoch auch in diesem Fall nicht zuständig. Zieht die Gemeinschaft die Entschädigungssumme ein, muss sie diese aufgrund des zwischen ihr und den Wohnungseigentümern bestehenden gesetzlichen Treuhandverhältnisses an den betroffenen Wohnungseigentümer weiterleiten. Pflichtverletzungen des Verwalters in diesem Zusammenhang hat die Gemeinschaft gemäß § 278 BGB zu vertreten (*OLG Hamm* 15 W 420/06, ZMR 2008, 401; *Armbrüster* ZWE 2009, 109).

112 Ein geschädigter Miteigentümer ist aufgrund der **Rücksichtnahmepflicht** (§ 241 Abs 2 BGB), die sich aus der zwischen den Mitgliedern einer Wohnungseigentümergemeinschaft bestehenden schuldrechtlichen Sonderverbindung ergibt, verpflichtet, nicht den schädigenden Miteigentümer auf Schadensausgleich in Anspruch zu nehmen, wenn der geltend gemachte Schaden Bestandteil des versicherten Interesses ist, der Gebäudeversicherer nicht Regress nehmen könnte und nicht besondere Umstände vorliegen, die ausnahmsweise eine Inanspruchnahme des Schädigers durch den Geschädigten rechtfertigen (*BGH* V ZR 62/06, NZM 2007, 88 m Anm *Armbrüster* ZWE 2007, 30).

113 In der Praxis wird häufig im Interesse einer niedrigen Prämie ein sog. **Selbstbehalt** (Eigenbeteiligung) vereinbart. Der Verwalter bedarf zu einer entsprechenden Einschränkung des Versicherungsschutzes regelmäßig einer Ermächtigung durch Vereinbarung oder Beschluss (*Armbrüster* ZMR 2003, 1,5). Im Schadensfall ist der Selbstbehalt nicht anteilig auf alle Wohnungseigentümer zu verteilen, sondern bei der Schadensregulierung vorweg vom Gesamtschaden abzuziehen (aA *AG Saarbrücken* 1 II 173/01, ZMR 2002, 980, m zust Anm *Köhler* ZMR 2002, 891). Ist ein Schaden teils am Gemeinschaftseigentum, teils am Sondereigentum entstanden, so ist eine verhältnismäßige Aufteilung des Selbstbehalts auf die einzelnen Schadenspositionen vorzunehmen (*Armbrüster*

ZWE 2009, 109). Diese Verteilungsregel kann nur durch Vereinbarung, nicht aber durch Beschluss geändert werden (*Armbrüster* ZWE 2009, 109; **aA** *OLG Köln* 16 Wx 124/03, NZM 2003, 641).

Auch der Abschluss einer **Glasbruchversicherung** bei großen und damit teuren Isolierscheiben sowie bei Glaseingangstüren (es sei denn, es besteht bereits eine Hausratsversicherung, die Glasbruch mit umfasst) oder der Abschluss einer **Gewässerschadenhaftpflichtversicherung** bei der Lagerung von Heizöl kann ordnungsmäßiger Verwaltung entsprechen. Auch der Abschluss einer Vermögensschadenshaftpflicht für Verwaltungsbeiratsmitglieder entspricht den Grundsätzen ordnungsmäßiger Verwaltung (*KG* 24 W 203/02, ZMR 2004, 780). **114**

10. Instandhaltungsrücklage

Literatur: *Deckert* Die Instandhaltungsrückstellung im Wohnungseigentumsrecht (ausgewählte Rechtsfragen), ZMR 2005, 753.

Nach § 21 Abs 5 Nr 4 gehört die Ansammlung einer angemessenen Instandhaltungsrückstellung zur ordnungsmäßigen Verwaltung. Der Begriff Instandhaltungsrückstellung dürfte aus dem Bilanzrecht stammen, ist aber mit dem dort verwendeten Begriff nicht inhaltsgleich. Deshalb wird meist der Begriff Instandhaltungsrücklage gebraucht (vgl *Bärmann/Seuß* Rn 451). Die Ansammlung einer Instandhaltungsrücklage in angemessener Höhe dient der Sicherung notwendiger Reparaturen des Gemeinschaftseigentums größeren Ausmaßes (Flachdachsanierung, Reparatur der Heizungsanlage, Fassadenrenovierung uÄ), es können aber alle Maßnahmen einer Instandhaltung oder Instandsetzung (auch einer modernisierenden; nicht aber einer Maßnahme nach § 22 Abs 2) aus der Rücklage bestritten werden. Es besteht zwar keine gesetzliche Pflicht zur Bildung einer Rücklage, sie kann jedoch als Maßnahme der ordnungsmäßigen Verwaltung mehrheitlich beschlossen (§ 21 Abs 3) und von jedem Wohnungseigentümer gemäß § 21 Abs 4 verlangt werden, ausgenommen die Ansammlung wäre durch die Gemeinschaftsordnung oder eine nachträgliche Vereinbarung ausgeschlossen oder modifiziert (vgl Rn 116). **115**

Bei einer **Mehrhausanlage** kann die Gemeinschaftsordnung bestimmen, dass für die einzelnen Gebäude getrennte Rücklagen gebildet werden. Sind nach der Gemeinschaftsordnung bei einer Mehrhausanlage die Wohnungseigentümer der jeweiligen Häuser zu deren Instandhaltung jeweils allein verpflichtet (selbstständige Wirtschaftseinheiten), kann ebenfalls die Rücklage für mehrere Häuser getrennt und in unterschiedlicher Höhe angesammelt werden. Eine getrennte Ansammlung muss erfolgen, wenn für einzelne Gebäude (zB Wohngebäude und Tiefgarage) einer Mehrhausanlage eine unterschiedliche Kostenverteilung vereinbart ist (*BayObLG* 2Z BR 25/02, WuM 2002, 681: Beschluss über Ansammlung einer einheitlichen Instandhaltungsrücklage ist nichtig). Eine Abrechnung, die in den Fällen getrennter Ansammlung den Gesamtbetrag der Instandhaltungsrücklage ausweist, entspricht aber ordnungsmäßiger Verwaltung, wenn der Rücklage noch keine Beträge entnommen worden sind (*OLG München* 32 Wx 143/05, NJW 2006, 382). Ohne eine Grundlage in der Gemeinschaftsordnung dürfte für einen Mehrheitsbeschluss, der eine getrennte Abrechnung bestimmt, die Beschlusskompetenz fehlen, weil das Gesetz von einer einheitlichen Instandhaltungsrücklage ausgeht (**aA** *Häublein* NZM 2003, 785, 789). Daher können die Wohnungseigentümer einer aus einem Wohngebäude und Garagen bestehenden Wohnanlage, deren Gemeinschaftsordnung die Bildung einer einheitlichen Instand- **116** haltungsrücklage vorsieht, die Bildung getrennter Instandhaltungsrücklagen nur durch eine Vereinbarung bewirken oder mit der in der Gemeinschaftsordnung vorgesehenen qualifizierten Mehrheit beschließen (*OLG Düsseldorf* 3 Wx 521/97, ZMR 1998, 308).

117 Die **Höhe der Rücklage** ist nach objektiven Maßstäben zu ermitteln. Maßgebend sind die tatsächlichen Verhältnisse, insbesondere Alter, Größe, bauliche Besonderheiten und Zustand. Angemessen ist, was ein verständiger und vorausschauender Eigentümer zur Pflege seines Eigentums zurücklegen würde. So wird bei einem Neubau die Rücklage anfangs niedriger sein als bei einem in Wohnungseigentum umgewandelten Altbau. Bei der Bemessung der Instandhaltungsrücklage und des jährlichen Beitrags dazu haben die Wohnungseigentümer einen weiten Ermessensspielraum; nur wesentlich zu niedrige (*Palandt/Bassenge* § 21 WEG Rn 17) oder überhöhte Ansätze (*OLG Düsseldorf* 3 Wx 123/02, FGPrax 2002, 210; *OLG Hamm* 15 W 25/06, ZWE 2007, 34) widersprechen ordnungsmäßiger Verwaltung. Dieser Rahmen wird jedenfalls dann nicht überschritten, wenn die Grenzen des § 28 Abs 2 der II. BerechnungsVO eingehalten werden (*OLG Düsseldorf* 3 Wx 123/02, FGPrax 2002, 210). Danach dürfen seit dem 1.1.2008 pro qm Wohnfläche bei einer zurückliegenden Bezugsfertigkeit von weniger als 22 Jahren höchstens 7,187 €, einer zurückliegenden Bezugsfertigkeit von mindestens 22–31 Jahren höchstens 9,97 € und bei einer zurückliegenden Bezugsfertigkeit von mindestens 32 Jahren höchstens 12,74 € als Instandhaltungskosten angesetzt werden. Selbst wenn eine Rücklage für eine notwendige Instandsetzung bereits in ausreichender Höhe gebildet ist, so können die gesamten Kosten auch durch eine Sonderumlage aufgebracht werden (*BayObLG* 2Z BR 37/03, ZMR 2003, 694).

118 Wegen der **Zweckbestimmung der Rücklage** widerspricht es ordnungsmäßiger Verwaltung, sie aufzulösen oder für andere Maßnahmen, etwa zum Ausgleich von Wohngeldausfällen, zu verwenden. Insoweit ist auch der Verwalter, der den Weisungsvorgabe der Wohnungseigentümer untersteht, nicht befugt, wegen seiner Vergütungsansprüche auf die Instandhaltungsrücklage zurückzugreifen (*OLG Düsseldorf* I-3 Wx 326/04, NZM 2005, 628). Dies gilt aber nur für den amtierenden Verwalter, nicht für den ausgeschiedenen und damit nicht mehr weisungsgebundenen Verwalter (*OLG Hamm* 15 W 239/06, ZWE 2008, 182 m Anm *Drabek* ZWE 2008, 179). Die teilweise Auflösung einer zu hohen Instandhaltungsrücklage kann aber mehrheitlich beschlossen werden, etwa um eine Sonderumlage zur Deckung einer Liquiditätslücke (*OLG Saarbrücken* 5 W 110/98 – 35, NJW-RR 2000, 87; *OLG München* 34 Wx 76/07, NZM 2008, 613; *LG Saarbrücken* 5 T 691/98, NZM 1999, 870), zu vermeiden. Erforderlich ist aber der Erhalt eines angemessenen Bestandes, der von den Umständen des Einzelfalles, etwa dem Zustand der Anlage, ihrem Alter und ihrer Reparaturanfälligkeit, abhängt (OLG Saarbrücken 5 W 110/98 – 35, NJW-RR 2000, 87). Ist dies nicht der Fall oder soll die Instandhaltungsrücklage vollständig aufgelöst werden, bedarf es – da dies in der Regel nicht ordnungsmäßiger Verwaltung entsprechen dürfte – eines einstimmigen Beschlusses. Die fehlende Einstimmigkeit führt aber nicht zur Nichtigkeit des Beschlusses, da sich die erforderliche Beschlusskompetenz aus § 21 Abs 3 ergibt. Für bauliche Veränderungen, denen ein Wohnungseigentümer zu Recht widersprochen hat, kann die Rücklage nicht verwendet werden. Ein einzelner Wohnungseigentümer kann die Auszahlung seines Anteils an der Rücklage nicht verlangen. Im Fall der Veräußerung eines Wohnungseigentums geht der Anteil an der Rücklage auf den Erwerber über, da dieser einen Teil des Verwaltungsvermögens darstellt. Der Verwalter hat die Rücklage zu verwalten (§ 27 Abs 1 Nr 6) und in den Wirtschaftsplan aufzunehmen (§ 28 Abs 1 Nr 3). Der Ver-

walter hat die Rücklage verzinslich anzulegen (s § 27 Rn 41). Die Gemeinschaft kann mehrheitlich beschließen, wie die Rücklage angelegt werden soll. Da in den wenigsten Fällen ein sofortiger Zugriff auf diese Gelder notwendig sein wird, kommt auch eine langfristige und damit gewinnbringende Anlage in Betracht. Die Anlage in Form eines Bausparvertrages ist grundsätzlich möglich (vgl *Brych* FS Seuß, S 65 ff und WEZ 1987, 65), aber nicht bei einer im Vergleich zu anderen Anlagen schlechten Rendite und Unsicherheit, ob überhaupt ein Bauspardarlehen in Anspruch genommen werden wird (*OLG Düsseldorf* 3 Wx 322/95, WuM 1996, 112).

Besagt die Gemeinschaftsordnung, dass die Instandhaltungsrücklage zur Vornahme aller Instandsetzungsarbeiten bestimmt ist, die das gemeinschaftliche Eigentum betreffen, könnte dieser Wortlaut dafür sprechen, dass auch **Kleinreparaturen** aus der Instandhaltungsrücklage bezahlt werden müssen. Sinn der Instandhaltungsrücklage ist jedoch, notwendige größere Reparaturen des Gemeinschaftseigentums zu sichern. Zwar wird es mit Recht als zulässig angesehen, auch Kleinreparaturen aus der Instandhaltungsrücklage zu bezahlen (vgl etwa Staudinger/*Bub* § 21 Rn 201). Ein Zwang dies zu tun, würde jedoch die Bildung einer angemessenen Rücklage verzögern, wenn nicht gar verhindern. Deshalb kann als nächstliegender Sinn einer solchen Regelung nicht angenommen werden, dass Kleinreparaturen aus der Instandhaltungsrücklage bezahlt werden müssen. Die Wohnungseigentümer können im Rahmen ordnungsmäßiger Verwaltung entscheiden, ob sie kleinere Reparaturen aus der Instandhaltungsrücklage bezahlen oder in der Jahresabrechnung umlegen. 119

11. Wirtschaftsplan. Das Aufstellen eines Wirtschaftsplans durch den Verwalter (§ 28 Abs 1) und die Beschlussfassung darüber (§ 28 Abs 5) gehören ebenfalls zur ordnungsmäßigen Verwaltung (siehe dazu § 28 Rn 7 ff). 120

12. Telefon, Rundfunk, Energieversorgung. Jeder Wohnungseigentümer ist zur Duldung der Maßnahmen verpflichtet, die zur Herstellung eines Telefonanschlusses, einer Rundfunk- (oder Fernseh-)empfangsanlage oder eines Energieversorgungsanschlusses (Gas, Wasser, Strom) zugunsten eines anderen Wohnungseigentümers erforderlich sind (Abs 5 Nr 6). Hierbei spielt es keine Rolle, ob diese Maßnahmen das Maß des § 14 überschreiten (*BayObLG* 2Z BR 79/01, ZMR 2002, 211). Die Herstellung eines Anschlusses ist jedoch nur insoweit zu dulden, als es um den Anschluss an eine bereits vorhandene Hauptleitung geht (*BayObLG* BReg 2 Z 86/91, WuM 1991, 625; *BayObLG* 2Z BR 96/92, WuM 1993, 79) und als es sich um den ersten Anschluss handelt. Denn § 21 Abs 5 Nr. 6 garantiert nur einen Mindeststandard (*Merle* in Bärmann, § 21 Rn 137). Der Anschluss an eine außerhalb des Hauses verlaufende öffentliche Versorgungsleitung ist dagegen als Maßnahme nach § 21 Abs 5 Nr 2o der als bauliche Veränderung zu beurteilen (*BayObLG* 2Z BR 96/92, WuM 1993, 79) ebenso wie die Erstellung eines zweiten Anschlusses. Die **Duldungspflicht** betrifft nur das Gemeinschaftseigentum. Werden bei der Durchführung einer solchen Maßnahme auch Teile des Sondereigentums berührt, zB wenn dort eine Versorgungsleitung durchgeführt werden muss, ist eine mehrheitliche Genehmigung der Eigentümergemeinschaft weder erforderlich noch ausreichend. Die Gemeinschaft hat für Eingriffe im Bereich des Sondereigentums keine Beschlusskompetenz. In diesen Fällen muss sich der anschlusswillige Wohnungseigentümer mit den Miteigentümern einigen, durch deren Sondereigentum Versorgungsleitungen geführt werden sollen (*Riecke/Schmid/Drabek* § 21 Rn 276; *Merle* in Bärmann, § 21 Rn 136). 121

Kommt eine solche nicht zustande, kann die Zustimmung zu einer solchen Maßnahme grundsätzlich gerichtlich eingefordert werden. Sie ist gegen den Willen des einzelnen Eigentümers aber nur dann durchsetzbar, wenn unter Berücksichtigung des Gemeinschaftsverhältnisses die Verweigerung sich als ein Verstoß gegen die Treuepflicht nach § 242 BGB darstellt (*Riecke/Schmid/Drabek* § 21 Rn 276; *Merle* in Bärmann, § 21 Rn 136). Der Umfang und die Grenzen der Zustimmungsverpflichtung ergeben sich dabei aus der Erforderlichkeit. Nur die Maßnahmen müssen geduldet werden, die zur Herstellung des Anschlusses erforderlich sind (*Drabek* aaO, § 21 Rn 273). Damit ist der betroffene Wohnungseigentümer berechtigt, vor Baubeginn genau zu erfahren, welche Maßnahmen geplant sind und wie sich diese Baumaßnahmen auf sein Sondereigentum auswirken. Solange dies nicht der Fall ist, kann er seine Zustimmung verweigern. Nicht unter diesen Absatz fällt die Umrüstung von einer Gemeinschaftsantenne auf das Breitbandkabel (siehe oben Rn 85 „Medienversorgung").

122 Der durch solche Maßnahmen begünstigte Wohnungseigentümer hat der Gemeinschaft verschuldensunabhängig alle **Schäden zu ersetzen**, die bei der Durchführung entstehen, gleichgültig, ob sie durch die Ausführung bedingt sind oder zufällig entstehen (§ 21 Abs 6). Auch dem zur Duldung verpflichteten Sondereigentümer steht analog § 14 Nr 4 Hs 2 ein Anspruch auf Ersatz seiner Schäden zu.

123 Aus § 27 Abs 3 S 1 Nr 4, Abs 1 Nr 8 folgt in Ergänzung zu § 21 Abs 5 Nr 6 die **Befugnis des Verwalters**, die zur Installation der Einrichtungen erforderlichen Erklärungen mit Wirkung für und gegen die Gemeinschaft der Wohnungseigentümer abzugeben.

VII. Regelung von Geldangelegenheiten (Abs 7)

Literatur: *Merle* Neue Beschlusskompetenzen in Geldangelegenheiten gemäß 21 Abs 7 WEG, ZWE 2007, 321; *Müller* Beschlüsse in Geldangelegenheiten gemäß § 21 Abs 7 WEG, ZWE 2008, 278.

124 § 21 Abs 7 erleichtert die Verwaltung, indem er die Beschlusskompetenz zur Regelung von bestimmten Geldangelegenheiten begründet bzw. ausdrücklich klarstellt. Die Vorschrift beseitigt eine verbreitete Rechtsunsicherheit, die im Anschluss an die Entscheidung des *BGH* vom 20.9.2000 (V ZB 58/99, BGHZ 145, 158) darüber entstanden war, wie weit genau die **Beschlusskompetenz** für die Regelung von Zahlungsmodalitäten reicht. Aus der systematischen Stellung des § 21 Abs 7 (vgl dazu Rn 125) folgt – auch wenn [wie bei anderen neuen Beschlusskompetenzen gemäß § 16 Abs 5, 12 Abs 4 S 2 und § 22 Abs 2 S 2] ausdrücklich nichts anderes bestimmt ist –, dass die durch sie eingeräumte Beschlussmacht **nicht abdingbar** ist (*Hügel/Elzer* § 8 Rn 72; *Müller* ZWE 2008, 278; **aA** *Merle* in Bärmann, § 21 Rn 145; *Abramenko* § 2 Rn 21). Soweit aber das gesetzliche Kopfstimmrecht durch die Gemeinschaftsordnung oder eine nachträgliche Vereinbarung abbedungen ist, kommt die vereinbarte Stimmkraft zum Zuge (so auch *Müller* ZWE 2008, 278).

125 Bei den in § 21 Abs 5 genannten Einzelbeispielen einer ordnungsmäßigen Verwaltung steht die Beschlusskompetenz unter dem Vereinbarungsvorbehalt des § 21 Abs 3, so dass bei entgegenstehenden Vereinbarungen keine Beschlusskompetenz nicht mehr gegeben ist. Demgegenüber ist bei § 21 Abs 7, der den Abs 5 erweitert, Beschlusskompetenz **unabhängig von** bereits bestehenden oder zukünftigen **Vereinbarungen** gegeben. Diese können also jederzeit abgeändert werden. Auch diese müssen ordnungs-

mäßiger Verwaltung entsprechen, können aber von den gesetzlichen Vorschriften abweichende Regelungen treffen (zB Einführung übergesetzlicher Zinsen, vgl BT-Drucks 16/887 S 27). Die Ordnungsmäßigkeit ist – wie bei allen Maßnahmen gemäß § 21 Abs 3 auch – **nicht kompetenzbegründend**, so dass ein Mehrheitsbeschluss, der nicht ordnungsmäßiger Verwaltung entspricht, nur anfechtbar, nicht aber nichtig ist *(BGH* V ZB 58/99, NJW 2000, 3500). Dies gilt auch, wenn Beschlüsse in Geldangelegenheiten über den von Abs 7 vorgegebenen Rahmen hinaus gefasst werden, zB Kosten eines Verwaltungsaufwandes, der nicht als ein *besonderer* Verwaltungsaufwand angesehen werden kann oder nicht die Folgen, sondern die Voraussetzungen des Verzugs geregelt werden *(Merle* ZWE 2007, 321; *Müller* ZWE 2008, 278).

1. Art und Weise von Zahlungen. Dies betrifft im Wesentlichen die Zahlungen der einzelnen Wohnungseigentümer an die Gemeinschaft. Danach können die Wohnungseigentümer beschließen, dass zur Erfüllung von Beitragsforderungen, Barzahlungen verboten sind (vgl § 28 Rn 145), ein Dauerüberweisungsauftrag einzurichten, eine Einzugsermächtigung zu erteilen ist oder generell das Lastschriftverfahren eingeführt wird (vgl § 28 Rn 147). Hierunter fällt auch ein Verbot von „Sammelüberweisungen" für mehrere Wohnungseigentumseinheiten und das Gebot, die zu tilgenden Forderungen genau zu bezeichnen *(OLG Düsseldorf* 3 Wx 7/01, ZMR 2001, 723, vgl auch § 28 Rn 150). 126

2. Fälligkeit. Danach können die Wohnungseigentümer Regelungen über die Fälligkeit von Beitragsforderungen (Wohngeld, Jahresabrechnung, Sonderumlage), nicht mehr nur für den Einzelfall (vgl *BGH* V ZB 34/03, NJW 2003, 3550), sondern allgemein für alle zukünftigen Zahlungen regeln (vgl dazu § 28 Rn 153). Auch Vorfälligkeitsregelungen und Verfallklauseln fallen darunter (vgl dazu § 28 Rn 154). 127

3. Folgen des Verzugs. Die Voraussetzungen des Verzuges gemäß §§ 286 ff BGB dürfen daher nicht abweichend geregelt werden (zB Zinsen ab Fälligkeit). Hierunter fallen Beschlüsse, die für den Fall des Verzuges übergesetzliche oder pauschalierte Verzugszinsen, die unabhängig von Eintritt und Höhe eines tatsächlichen Schadens über den in § 288 BGB vorgesehenen Prozentsatz hinausgehen, vorsehen. Derartige Regelungen widersprechen auch dann nicht ordnungsmäßiger Verwaltung, wenn sie über einen tatsächlich zu erwartenden Schaden hinaus einen gewissen Abschreckungseffekt erzielen sollen. Sittenwidrig überhöhte Zinsregelungen sind gemäß § 138 BGB nichtig *(Hügel/Elzer* § 8 Rn 61: 20% pa als äußerste Grenze). Als Verzugsfolge kann auch eine Vertragsstrafe geregelt werden (**aA** *Köhler* Rn 305), nicht aber bei einem Verstoß gegen eine Vermietungsbeschränkung *(Palandt/Bassenge* § 21 Rn 21; **aA** *Merle* in Bärmann, § 21 Rn 153). Wegen des Eingriffs in den Kernbereich des Wohnungseigentums kann das Ruhen des Stimmrechts ebenso wenig als Verzugsfolge geregelt werden wie die Entziehung des Wohnungseigentums, für den § 18 Abs 3 Spezialvorschrift ist *(Müller* ZWE 2008, 278). § 21 Abs 7 kann aber Rechtsgrundlage für eine Versorgungssperre (zu den Voraussetzungen vgl § 28 Rn 196 f) sein *(Keller* WuM 2009, 267). 128

4. Kosten für besondere Nutzung des gemeinschaftlichen Eigentums. Hierunter fallen Kosten, die durch eine **übermäßige Nutzung** des gemeinschaftlichen Eigentums entstehen, die gegenüber einer Nutzung, wie sie für die gewöhnliche und bestimmungsgemäße Nutzung des Sondereigentums erforderlich ist, gesteigert ist *(Palandt/Bassenge* § 21 Rn 22). Hierbei ist ein konkret-individueller Maßstab anzulegen *(Häublein* ZMR 2007, 409; *Klimesch* ZMR 2009, 342; **aA** *Merle* ZWE 2007, 321: abstrakt-genereller 129

Maßstab). Bezugsgröße ist also der sich hinsichtlich des gemeinschaftlichen Eigentums besonders schonend und sparsam verhaltende Wohnungseigentümer. Es kommt nicht entscheidend darauf an, ob die Nutzung den nach § 13 Abs 2 zulässigen Gebrauch übersteigt (aA *Hügel/Elzer* § 8 Rn 64; *Müller* ZWE 2008, 278). Die Regelung kann für den Einzelfall, aber auch abstrakt-generell formuliert sein; sie kann vor oder nach der besonderen Nutzung beschlossen werden. Dies ermöglicht etwa die Festsetzung einer Umzugskostenpauschale, da Umzüge in Treppenhäusern und Aufzügen gewöhnlich zu stärkeren Verschmutzungen und zu Beschädigungen führen, oder etwa einer Hundehaltungspauschale. Aufgrund dieser Vorschrift kann hingegen kein Entgelt (zB für die Nutzung eines Schwimmbades, eines Parkplatzes oder einer Waschmaschine) verlangt werden. Denn die Regelung erfasst nur Kosten, die durch die Nutzung verursacht werden (*Merle* in Bärmann, § 21 Rn 158; aA *Hügel/Elzer*, § 8 Rn 63). Entgelte können aber als Gebrauchsregelungen gemäß § 15 Abs 2 beschlossen werden.

130 **5. Kosten für einen besonderen Verwaltungsaufwand.** Dabei handelt es sich um zusätzliche Kosten, die durch einen **über** den normalen, **üblichen Aufwand** bei der Verwaltung des gemeinschaftlichen Eigentums **hinausgehenden, übermäßigen** Verwaltungsaufwand entstehen. Hierunter fallen zB eine Pauschale für die Nichtteilnahme am Lastschriftverfahren (vgl § 28 Rn 148), ein Zuschlag für die Verwaltung vermieteten Wohnungseigentums (vgl *OLG Frankfurt* 20 W 260/90, ZMR 1991, 72), eine Mahngebühr (vgl auch § 28 Rn 169), eine Gebühr für die gerichtliche Geltendmachung von Beitragsforderungen (vgl aber § 28 Rn 188) ebenso wie eine Gebühr für die prozessbedingte Zusatzarbeit bei Rechtsanwaltsbeauftragung (vgl dazu *Greiner* ZMR 2009, 403), Gebühr für die Erteilung einer Veräußerungszustimmung nach § 12, Gebühr für die Erstellung von Bescheinigungen aus steuerlichen Gründen (zB Zinsbescheinigung, Bescheinigung über haushaltsnahe Dienstleistungen, vgl *KG* 24 W 93/08, GE 2009, 723), Kosten, die durch die Anfertigung und Versendung besonders erbetener Kopien von Verwaltungsunterlagen, etwa in Ausübung des Einsichtsrechts in die Versammlungsniederschriften oder in die Beschlusssammlung entstehen, ebenso wie die Kosten für die Durchführung einer außerordentlichen Eigentümerversammlung. Ein besonderer Verwaltungsaufwand liegt aber nicht vor, wenn die vorstehenden Tätigkeiten durch die normale Vergütung des Verwalters abgegolten sind, weil sie zu seinen gesetzlichen Aufgaben gehören (zB die Anfertigung eines Mahnschreibens gemäß § 27 Abs 1 Nr 4; Unterrichtung über die Anhängigkeit eines Rechtsstreits gem. § 27 Abs 1 Nr 7; Gewährung von Einsicht in die Verwaltungsunterlagen). Der Umfang der Abgeltung ist ggf durch Auslegung zu ermitteln. Ein besonderer Verwaltungsaufwand liegt also nur dann vor, wenn dem Verwalter für eine Tätigkeit eine Sondervergütung zusteht oder für eine nicht abgegoltene Tätigkeit bislang keine Vergütung vereinbart wurde (ähnlich *Merle* in Bärmann, § 21 Rn 164, 165). Geregelt werden kann ein Kostenersatz durch die kostenverursachenden Wohnungseigentümer und die Verteilung dieser Kosten im Innenverhältnis.

Beispiel: Steht dem Verwalter aufgrund des Verwaltervertrages gegen die Gemeinschaft der Wohnungseigentümer ein Anspruch auf Zahlung einer Gebühr für die Fertigung einer Mahnung in Höhe von 10 Euro zu, so kann im Beschlusswege geregelt werden, dass der die Mahnung auslösende Wohnungseigentümer diese Kosten allein zu tragen hat. In der Jahresabrechnung sind sie allein auf ihn umzulegen. Wurde sie von diesem bereits beglichen, so ist ihm als Einnahme gutzuschreiben und als Ausgabe zu belasten.

Nicht von der Beschlusskompetenz gedeckt ist die **Begründung einer Verpflichtung** 131
unmittelbar zu Gunsten des Verwalters (*Hügel/Elzer* § 8 Rn 70; **aA** *Merle* in Bärmann,
§ 21 Rn 166).

Ein besonderer Verwaltungsaufwand kann aber auch dann vorliegen, wenn er **nicht** 132
beim Verwalter entstanden ist (zB Rücklastschriftgebühren, Kosten für die Tätigkeit
eines Ersatzzustellungsvertreters gemäß § 45 Abs 2 und 3 oder des Verwaltungsbeirats).

VIII. Ermessensentscheidungen des Gerichts (Abs 8)

Literatur: *Merle* Ermessensentscheidungen des Gerichtes nach § 21 Abs 8 WEG, ZWE 2008, 9.

Vor der Erstreckung der ZPO-Vorschriften auf Verfahren in Wohnungseigentumssa- 133
chen entschied der Richter gemäß § 43 Abs 2 aF nach billigem Ermessen, soweit bindende Vorgaben für eine Entscheidung fehlten (vgl *Gaier* NZM 2004, 527). Nunmehr
ist § 21 Abs 8 die **gesetzliche Grundlage** für Ermessensentscheidungen des Gerichts in
Rechtsstreitigkeiten nach § 43 Nr 1, die auf die Verwirklichung eines Anspruchs auf
ordnungsmäßige Verwaltung gemäß § 21 Abs 4 gerichtet sind. Da in der Regel mehrere unterschiedliche Maßnahmen den Anforderungen des § 21 Abs 4 genügen und
das Auswahlermessen insoweit grundsätzlich bei den Wohnungseigentümern in ihrer
Gesamtheit liegt, wird das Gericht durch § 21 Abs 8 ermächtigt, anstelle der Wohnungseigentümer eine **Regelung nach billigem Ermessen** zu treffen.

§ 21 Abs 8 setzt dabei zunächst voraus, dass die Wohnungseigentümer eine nach dem 134
Gesetz **erforderliche Verwaltungsmaßnahme unterlassen** haben. Eine Maßnahme ist
nach dem Gesetz erforderlich, wenn ein Anspruch auf die Verwaltungsmaßnahme
gemäß § 21 Abs 4 besteht. Die Notwendigkeit für solche Ermessensentscheidungen
besteht in der Praxis zB bei Scheitern eines gemäß § 28 Abs 5 WEG erforderlichen
Mehrheitsbeschlusses über den Wirtschaftsplan (*KG* 24 W 4800/90, OLGZ 1991, 180)
oder die Jahresabrechnung (*KG* 24 W 7393/90, OLGZ 1991, 434) über die Verwalterbestellung (*OLG Düsseldorf* I-3 Wx 85/07, NZM 2008, 452), über eine Instandhaltungsmaßnahme (*OLG Hamm* 15 W 166/06, ZMR 2007, 296) oder über eine Zuteilung von Kellerräumen, Garagen oder Stellplätzen (*KG* 24 W 1434/90, NJW-RR 1990,
1495; *KG* 24 W 7352/93, NJW-RR 1994, 912).

Weitere Voraussetzung für die Anwendbarkeit von § 21 Abs 8 ist, dass sich die erfor- 135
derliche Verwaltungsmaßnahme **weder aus dem Gesetz, einer Vereinbarung noch aus
einem Beschluss** ergibt. Eine Verwaltungsmaßnahme ist insbesondere dann nicht
erforderlich, wenn die Wohnungseigentümer in dieser Angelegenheit bereits beschlossen haben, mag dieser Beschluss auch nicht ordnungsmäßiger Verwaltung entsprechen. In diesem Fall ist der Wohnungseigentümer, der mit dieser Entscheidung der
Wohnungseigentümer nicht einverstanden ist, auf die Anfechtungsklage beschränkt.
Ist der Beschluss bereits bestandskräftig, fehlt dem klagenden Wohnungseigentümer
ein Rechtsschutzbedürfnis für die von ihm erhobene Klage. Dies gilt grundsätzlich
nicht für den Fall eines bloßen Negativbeschlusses, es sei denn dass dieser über die
Antragsablehnung hinaus eine sachliche Regelung des Beschlussgegenstandes beinhaltet. Eine Ausnahme gilt auch, soweit der Kläger analog § 10 Abs 2 S 3 einen
Anspruch auf Änderung des gefassten Beschlusses hat (vgl dazu Rn 31). In den Fällen
einer Anfechtungsklage kann der Kläger mit dieser einen Antrag gemäß § 21 Abs 8 zu
verbinden. Aber auch die Beklagten können im Wege einer Hilfswiderklage für den

Fall, dass die beschlossene Verwaltungsmaßnahme auf Anfechtung hin für ungültig erklärt wird, einen Antrag gemäß § 21 Abs 8 stellen. Das Gericht kann aber eine andere als die in dem angefochtenen Beschluss getroffene Maßnahme erst mit Wirkung für den Zeitpunkt bestimmen, in dem der angefochtene Beschluss rechtskräftig für ungültig erklärt ist (*Jennißen/Suilmann* § 21 Rn 142).

136 Ein **Rechtsschutzbedürfnis** für eine Klage nach § 21 Abs 8 besteht ebenso wie bei einer Klage nach § 21 Abs 4 grundsätzlich nur dann, wenn zuvor versucht wurde, eine Entscheidung der Wohnungseigentümerversammlung herbeizuführen. Insoweit wird zunächst auf die Ausführungen zu Rn 46 verwiesen. Ist eine Beschlussfassung der Wohnungseigentümer bislang nur an der Weigerung des Verwalters gescheitert, eine Eigentümerversammlung einzuberufen oder einen entsprechenden Tagesordnungspunkt anzukündigen, kann sich das Gericht im Rahmen eines Antrages nach § 21 Abs 8 auf Anordnungen zur Durchführung einer Eigentümerversammlung beschränken.

137 Bei Vorliegen der Voraussetzungen des § 21 Abs 8 lässt das Gesetz einen **unbestimmten Klageantrag** zu. Ohne die Möglichkeit einer Ermessensentscheidung des Gerichts wäre der Wohnungseigentümer, wegen § 253 Abs 2 Nr. 2 ZPO gezwungen, dem Gericht mit dem Klageantrag eine bestimmte Verwaltungsmaßnahme – etwa den exakt formulierten Wirtschaftsplan – zu unterbreiten. Der Kläger darf sich aber nicht darauf beschränken, zB den Erlass eines in keiner Weise konkretisierten Wirtschaftsplanes zu beantragen. Erforderlich ist insoweit, dass der Kläger den Regelungsbedarf hinreichend beschreibt und sämtliche Grundlagen für die Bestimmung der Verwaltungsmaßnahme liefert (*Palandt/Bassenge* § 21 WEG Rn 12). Umgekehrt kann das Gericht nur dann eine Ermessensentscheidung nach § 21 Abs 8 treffen, wenn der Kläger einen entsprechenden Klageantrag gestellt hat (§ 308 ZPO). Kläger kann nur ein Wohnungseigentümer, nicht hingegen der Verwalter sein, der dem Rechtsstreit nicht einmal beizuladen ist, vgl § 48 Abs 1 S 2. Die Klage ist gegen alle übrigen Wohnungseigentümer, nicht gegen die Gemeinschaft der Wohnungseigentümer zu richten. Sie sind insoweit notwendige Streitgenossen im Sinne von § 62 ZPO.

138 § 21 Abs 8 zielt auf eine Gestaltung der materiellen Rechtslage, denn durch das Urteil wird das Rechtsverhältnis der Wohnungseigentümer untereinander unmittelbar gestaltet, indem es die erforderliche Beschlussfassung ersetzt, entweder in dem es die Wohnungseigentümer zur Zustimmung zu einer bestimmten Maßnahme verurteilt oder die Vornahme der Maßnahme unmittelbar anordnet (*OLG Düsseldorf* I-3 Wx 85/07, NZM 2008, 452). Ist dies im erstgenannten Fall ein Beschluss, so besteht nach Rechtskraft die gleiche Lage wie bei Beschlussfassung in der Eigentümerversammlung. Es ergeht also wie bei der Anfechtungsklage ein **Gestaltungsurteil**. Da das Gericht anstelle der Wohnungseigentümer entscheidet, muss sich die Entscheidung des Gerichts im Rahmen dessen halten, was auch die Wohnungseigentümer regeln können. Die Kostenentscheidung trifft das Gericht nach Maßgabe von § 49 Abs 1 (vgl dazu § 49 Rn 16).

139 Nach Rechtskraft der gerichtlichen Entscheidung können die Wohnungseigentümer diese -wie jeden anderen Beschluss auch – im Wege eines sog **Zweitbeschlusses** ersetzen, nicht aber aufheben, ohne eine neue eigenständige Regelung zu treffen. Anderenfalls würde die durch die gerichtliche Entscheidung geschlossen Regelungslücke wieder neu entstehen. Da dies die Rechtskraft der gerichtlichen Entscheidung missachtet, ist ein solcher Beschluss nicht nur anfechtbar, sondern mangels Beschlusskompetenz nichtig (*Jennißen/Suilmann* § 21 Rn 133).

Anhang zu § 21
Die Durchsetzung von Mängelrechten wegen anfänglichen Baumängeln am gemeinschaftlichen Eigentum

Übersicht

	Rn		Rn
I. Bauträgervertrag	1	a) Primäre Ausübungsbefug-	
II. Anwendung von Werkvertragsrecht	6	nis der Gemeinschaft	37
		b) Ausnahmen	46
III. Ausschluss der Mängelhaftung	11	c) Anspruchshöhe	48
IV. Die Mängelhaftung des BGB-Werkvertrags	13	5. Rücktritt und großer Schadensersatz	50
1. Anspruch auf Nacherfüllung	13	6. Beschlüsse	54
2. Anspruch auf Selbstvornahme	17	7. Ansprüche innerhalb der Gemeinschaft	55
3. Rücktritt, Minderung und Schadensersatz	18	VI. Leistungsverweigerungsrecht	58
V. Die Durchsetzung der Mängelrechte	22	VII. Verjährung	59
1. Allgemeines	22	1. Allgemeines	59
2. Inhaber der Rechte	23	2. Hemmung der Verjährung	62
3. Anspruch auf Nacherfüllung	24	3. Neubeginn der Verjährung	65
a) Primäre Einzelbefugnis	25	VIII. Die Abnahme des gemeinschaftlichen Eigentums	67
b) Ausübungsbefugnis der Wohnungseigentümergemeinschaft	32	1. Begriff der Abnahme	67
		2. Form der Abnahme	68
		3. Folgen der Abnahme	69
4. Minderung und kleiner Schadensersatz	36	4. Zuständigkeit für die Abnahme	74

Literatur: *Auktor* Zwang zur Geltendmachung des Nachbesserungsanspruchs des Wohnungseigentümers gegen den Bauträger, NZM 2002, 239; *Basty* Der Bauträgervertrag – Überblick unter Berücksichtigung der Schuldrechtsmodernisierung, ZWE 2002, 381; *ders* Zur Abnahme des Gemeinschaftseigentums, FS Wenzel, 2005, S. 103; *Blackert* Die Wohnungseigentümergemeinschaft im Zivilprozess, 1999; *Derleder* Wohnungseigentum unter modernisiertem Werkvertragsrecht, NZM 2003, 81; *ders* Die gemeinschaftsbezogenen Mängelrechte gemäß § 10 VI 3 WEG gegenüber dem Bauträger, ZWE 2009, 1; *Drasdo* Mehr- und Reihenhausanlagen unter MaBV, NZM 2003, 961; *Dworok* Die Abnahme des Gemeinschaftseigentums, GE 2008, 38; *Gaier* Der Beginn der regelmäßigen Verjährung von gemeinschaftlichen Ansprüchen der Wohnungseigentümer nach neuem Recht, NZM 2003, 90; *Habscheid* Die Verfügung über Sachmängelansprüche bezüglich des Gemeinschaftseigentums der Wohnungseigentümergemeinschaft unter besonderer Berücksichtigung des Insolvenzverfahrens, NZI 2000, 568; *Häublein* Die Gestaltung der Abnahme des gemeinschaftlichen Eigentums beim Erwerb neu errichteter Eigentumswohnungen, DNotZ 2002, 68; *Hügel* Ausübungsbefugnis der Wohnungseigentümergemeinschaft für die Abnahme des Gemeinschaftseigentums und zur Verfolgung von Mängelrechten, ZMR 2008, 855; *Köhler* Bauträgervertrag – Rechte des einzelnen Erwerbers wegen Mängeln am Gemeinschaftseigentum, MDR 2005, 1148; *Lotz* Die Abnahme und das WEG – Die Besonderheiten, BauR 2008, 740; *Ott* Die Verfolgung von Mängelrechten gegen den Bauträger – Wedelt der Schwanz mit dem Hund? NZM 2007, 506; *Pause* Bauträgervertrag: Teilrechtsfähigkeit der Wohnungseigentümergemeinschaft und die Geltendmachung von Mängeln am Gemeinschaftseigentum, BTR 2005, 205; *Pause/Vogel* Auswirkungen der WEG-Reform auf die Geltendmachung von Mängeln am Gemeinschaftseigentum, ZMR 2007, 577; *Riesenberger* Abnahme des gemeinschaftlichen Eigentums, NZM 2004, 537; *Mathias Schmid* Warum es

Niedenführ

keine Zuständigkeit der WEG für die sog. „Mängel am Gemeinschaftseigentum" gibt, BauR 2009, 727; *Schulze-Hagen* Die Ansprüche des Erwerbers wegen Mängeln am Gemeinschaftseigentum, ZWE 2007, 113; *Schuska* Die Wirksamkeit des Haftungsausschlusses für Sachmängel beim Erwerb sanierter Altbauten, NZM 2009, 108; *Wendel* Gewährleistungsrechte der Wohnungseigentümer nach dem Schuldrechtsmodernisierungsgesetz, ZWE 2002, 57; *Wenzel* Rechte der Erwerber bei Mängeln am Gemeinschaftseigentum – Eine systematische Betrachtung, ZWE 2006, 1109; *ders* Die Zuständigkeit der Wohnungseigentümergemeinschaft bei der Durchsetzung von Mängelrechten der Ersterwerber, NJW 2007, 1905.

I. Bauträgervertrag

1 Die typische Form des Erwerbs einer neu errichteten oder neu zu errichtenden Eigentumswohnung ist der Kauf vom Bauträger. Bauträger ist, wer gewerbsmäßig Bauvorhaben (als Bauherr) im eigenen Namen und in der Regel für eigene Rechnung vorbereitet oder durchführt (vgl § 34c Abs 1 Nr 2a GewO; zur Entwicklung des Begriffs vgl *Seuß* WE 1993, 266).

2 Der Bauträger erbringt wirtschaftliche und technische Leistungen. Er baut regelmäßig auf eigenem Grundstück oder lässt dort bauen. Er verkauft in aller Regel zu einem Festpreis ein Grundstück mit der Verpflichtung, dort ein schlüsselfertiges Gebäude zu errichten. Der Bauträgervertrag ist ein aus Kauf- und Werkvertragselementen zusammengesetzter Vertrag (hM, vgl *BGH* VII ZR 268/83, NJW 1985, 2573; *BGH* VII ZR 366/83, NJW 1986, 925). Der Vertrag zwischen Bauträger und Erwerber ist – soweit er das Grundstück betrifft – Kaufvertrag. Der Vertrag ist aber insgesamt, dh auch soweit er die Bauverpflichtung betrifft, gemäß **§ 311b Abs 1 BGB** zu beurkunden, da es sich um einen einheitlichen Vertrag handelt (*BGH* VII ZR 12/80, NJW 1981, 274).

3 Die werkvertragliche **Vergütung** wird gemäß § 641 BGB mit Abnahme fällig. Abschlagszahlungen können nach § 632a BGB beansprucht werden. In der Praxis wird für Bauträgerverträge regelmäßig eine Vergütung nach Baufortschritt gemäß MaBV vereinbart. Die auf der Grundlage von Art 244 EGBGB ergangene VO über Abschlagszahlungen bei Bauträgerverträgen v 23.5.2001 (BGBl I S 981) stellt klar, dass dies grundsätzlich zulässig ist. Abweichungen von den Regelungen der MaBV sind unwirksam und führen zur Anwendung des BGB-Werkvertragsrechts. Noch nicht abschließend geklärt ist, ob formularmäßige Vergütungsregelungen, die mit der MaBV vereinbar sind, im Hinblick auf die KlauselRL wirksam vereinbart werden können. Zu Problemen bei Mehr- und Reihenhausanlagen s *Drasdo* NZM 2003, 961.

4 Der Bauträger beauftragt häufig einen Generalunternehmer, der nicht selten seinerseits Subunternehmer einschaltet. Der Vertrag zwischen Bauträger und Generalunternehmer ist Werkvertrag. Ebenso die Verträge zwischen Generalunternehmer und Subunternehmern. Es kann sich dabei jeweils um einen Werkvertrag nach BGB oder VOB/B handeln. Daneben können Verträge mit so genannten Bausonderfachleuten bestehen, zB Architekt, Statiker, Ingenieur.

5 Beim Erwerb im sog. **Bauherrenmodell** werden dagegen aus steuerlichen Gründen die Erwerber, vertreten durch den Baubetreuer, als Bauherren unmittelbar Vertragspartner der Bauhandwerker (vgl etwa *BGH* VII ZR 187/78, NJW 1979, 2101). Baubetreuer ist hier, wer gewerbsmäßig Bauvorhaben in fremdem Namen vorbereitet oder durchführt (vgl § 34c Abs 1 Nr 2a GewO; Baubetreuung im engeren Sinn). Der einzelne Erwerber haftet aber den Bauhandwerkern für die Herstellungskosten, bei

denen es sich nicht um Verwaltungsschulden, sondern um sog. Aufbauschulden handelt, entgegen § 427 BGB regelmäßig nicht als Gesamtschuldner, sondern nur anteilig (*BGH* VII ZR 187/78, NJW 1979, 2101).

II. Anwendung von Werkvertragsrecht

Für Mängelansprüche des Erwerbers eines Grundstücks mit vom Veräußerer darauf zu errichtenden oder im Bau befindlichen Haus oder Eigentumswohnung gilt nach gefestigter Rechtsprechung des *BGH* in aller Regel Werkvertragsrecht (vgl etwa *BGH* VII ZR 308/77, NJW 1979, 1406 mwN; *BGH* VII ZR 30/78, NJW 1979, 2207). Dies gilt auch, wenn der Vertrag als Kaufvertrag und die Vertragsparteien als Käufer und Verkäufer bezeichnet sind. Unerheblich ist auch, in welchem Umfang das Gebäude oder die Eigentumswohnung bei Vertragsschluss schon fertig gestellt ist. Selbst wenn der Bau bei Vertragsschluss schon fertig ist, richtet sich die Mängelhaftung nach Werkvertragsrecht (vgl etwa *BGH* VII ZR 36/76, NJW 1977, 1336). Entscheidend ist die zum Vertragsinhalt gemachte Verpflichtung des Grundstücksveräußerers zur Erstellung des Bauwerks (*BGH* VII ZR 36/76, NJW 1977, 1336), die sich aus den Umständen, dem Sinn und Zweck des Veräußerungsvertrages, seiner wirtschaftlichen Bedeutung und der Interessenlage der Vertragsparteien ergeben kann (*BGH* VII ZR 155/72, NJW 1973, 1235). Bei bereits fortgeschrittenem Bau besteht die Erstellungsverpflichtung darin, das Bauwerk fertig zu stellen (*BGH* VII ZR 269/73, NJW 1976, 515). Eine formularmäßige Bestimmung, dass der Vertrag über die Veräußerung einer Eigentumswohnung mit der Verpflichtung des Veräußerers zur Fertigstellung nicht Werkvertrag, sondern Kaufvertrag sein soll hat die Rspr. als unwirksam eingestuft (*BGH* VII ZR 30/78, NJW 1979, 2207). 6

Ein nach Werkvertragsrecht zu beurteilender Erwerbsvertrag liegt auch dann vor, wenn ein **Altbau** in eine Eigentumswohnungsanlage umgewandelt wird und den Veräußerer eine der Neuerrichtung vergleichbare **Herstellungsverpflichtung** trifft (st Rspr vgl *BGH* VII ZR 303/04, NZM 2006, 902; *BGH*, VII ZR 210/05, NZM 2007, 519 mwN). Übernimmt der Veräußerer vertraglich Bauleistungen, die insgesamt nach Umfang und Bedeutung Neubauarbeiten vergleichbar sind, haftet er nicht nur für die ausgeführten Umbauarbeiten, sondern auch für die in diesem Bereich vorhandene Altbausubstanz nach den Regeln des Werkvertrags; dies gilt auch dann, wenn die vom Veräußerer übernommenen Arbeiten vor Vertragsschluss bereits ausgeführt wurden (*BGH* VII ZR 210/05, NZM 2007, 519). Unerheblich ist, ob in den Baubestand der Fundamente, Außenwände und Geschossdecken eingegriffen wurde (*BGH*, wie vor). 7

Die Rechtsprechung des BGH zur Wirksamkeit von Haftungsausschlüssen in Verträgen über die Veräußerung neu errichteter, im Bau befindlicher oder noch zu errichtender Eigentumswohnungen kann aber auf Veräußerungsverträge über Grundstücke mit **Altbauten ohne Herstellungsverpflichtung** des Veräußerers nicht übertragen werden (*BGH* VII ZR 117/04, NZM 2006, 21). Bei dem Erwerb einer Altbauwohnung richten sich die Ansprüche deshalb nach Kaufrecht, wenn die Wohnung lediglich renoviert wurde, ohne dass Sanierungsmaßnahmen erfolgten, die nach Art und Umfang dem Neubau von Wohnungen gleichzusetzen wären (vgl *OLG Frankfurt* 4 U 106/91, NJW-RR 1993, 121). 8

Die vorstehenden Abgrenzungskriterien gelten trotz Angleichung der Mängelhaftung durch das Schuldrechtsmodernisierungsgesetz weiter (vgl *BGH* VII ZR 210/05, NZM 2007, 519; *Schuska* NZM 2009, 108, 109; *Wenzel* in Bärmann, Nach § 10 Rn 5 mwN). 9

10 Ab welchem Zeitpunkt der Erwerb einer Wohnung vom Bauträger als Verkauf einer gebrauchten Eigentumswohnung eingestuft werden kann, hat der *BGH* noch nicht entschieden. Maßgebend ist, ob der Erwerber nach der Verkehrsanschauung die Wohnung nicht mehr als für sich errichtet bzw. hergestellt werten kann, wofür die Umstände des Einzelfalles ausschlaggebend sind (*Doerry* ZfBR 1982, 189, 190). Von einer gebrauchten Wohnung kann man ausgehen, wenn sich aus dem Gesamtinhalt des Veräußerungsvertrages keine Hinweise auf die Erstellungspflicht des Bauträgers ergeben und die Wohnung über längere Zeit benutzt worden ist. Um den Verkauf einer gebrauchten Wohnung handelt es sich jedenfalls dann, wenn der Verkauf zwei Jahre nach Errichtung erfolgt (vgl *OLG Schleswig* BauR 1982, 60).

III. Ausschluss der Mängelhaftung

11 Bei Veräußerungsverträgen über neu errichtete, im Bau befindliche oder erst zu errichtende Häuser oder Eigentumswohnungen ist die formularmäßige völlige Freizeichnung des Veräußerers von der Gewährleistung unangemessen und unwirksam, wobei es keinen Unterschied macht, ob das Formblatt vom Notar oder vom Veräußerer stammt (*BGH* VII ZR 308/77, NJW 1979, 1406). Auch der formelhafte Ausschluss in einem notariellen Individualvertrag ist nach § 242 BGB unwirksam, es sei denn, die Freizeichnung wurde mit dem Erwerber unter ausführlicher Belehrung über die einschneidenden Rechtsfolgen eingehend erörtert (*BGH* VII ZR 117/04, NZM 2006, 21, 23). Der nach den Regeln des Werkvertrags haftende Veräußerer von Wohnungen eines sanierten Altbaus kann gemäß § 309 Nr 8 lit b, aa BGB die Haftung auch nicht für die Mängel der unberührt gebliebenen Bausubstanz formularmäßig ausschließen (*BGH* VII ZR 210/05, NZM 2007, 519 mwN).

12 Der Bauträger kann seine Haftung auch nicht auf die Abtretung seiner eigenen Ansprüche gegen den Generalunternehmer beschränken. Die formularmäßige Freizeichnung ist nur insoweit möglich, als sich der Erwerber aus den abgetretenen Ansprüchen schadlos halten kann (*BGH* VII ZR 30/78, NJW 1979, 2207). Das Risiko, dass die Schadloshaltung fehlschlägt, trägt der Veräußerer, der deshalb selbst haftet, sobald der Bauunternehmer zahlungsunfähig geworden ist. Der Erwerber einer Eigentumswohnung hat danach in erster Linie Ansprüche nach den §§ 631 ff BGB gegen den Bauträger.

IV. Die Mängelhaftung des BGB-Werkvertrags

13 **1. Anspruch auf Nacherfüllung.** Bis zur Abnahme gemäß § 640 BGB (vgl dazu Rn 67 ff) hat der Erwerber Anspruch auf Erfüllung, dh auf Herstellung des versprochenen (§ 631 Abs 1 BGB), also mangelfreien Werkes (*BGH* X ZR 27/91, NJW-RR 1992, 1078). Ist das Werk mangelhaft, kann der Erwerber Nacherfüllung verlangen (§§ 634 Nr 1, 635 BGB), es sei denn, diese ist unzumutbar oder unmöglich (§ 635 Abs 3 BGB). Der Anspruch auf Nacherfüllung erlischt nicht durch den Ablauf einer zur Nacherfüllung gesetzten Frist.

14 Auch nach der Abnahme hat der Erwerber primär Anspruch auf Nacherfüllung (§§ 634 Nr 1, 635 BGB). Hierbei handelt es sich noch nicht um einen Mängelhaftungsanspruch im eigentlichen Sinn, sondern um einen modifizierten Erfüllungsanspruch (*BGH* VII ZR 222/73, NJW 1976, 143). Der ursprüngliche Erfüllungsanspruch konkretisiert sich aber ab Abnahme auf das hergestellte und bereits als Erfüllung angenommene Werk. Die Nacherfüllung kann durch Beseitigung des Mangels oder Neuherstellung erfolgen (§ 635 Abs 2 BGB). Ist die Nacherfüllung durch Beseitigung des Mangels am hergestellten Werk nicht möglich, kann Neuherstellung verlangt werden (vgl *BGH* VII ZR 303/84, JZ 1986, 291, 294 m Anm *Kohler*). Der Anspruch auf Nacherfüllung entfällt auch hier, wenn diese unzumutbar oder unmöglich ist (§ 635 Abs 3 BGB).

Voraussetzung für den Anspruch auf Nacherfüllung ist ein **Mangel** (§ 633 BGB). 15

Der Mangel darf seine Ursache nicht im Verantwortungsbereich des Erwerbers 16 haben. Worauf er sonst beruht, ist gleichgültig. Unerheblich ist, ob der Werkunternehmer Fachmann ist, ob der Mangel erkennbar ist oder ob der Mangel auf einem Verschulden beruht. Das Beseitigungsverlangen muss den Mangel konkret bezeichnen.

2. Anspruch auf Selbstvornahme. Der Erwerber kann den Mangel selbst beseitigen 17 oder beseitigen lassen und Ersatz der erforderlichen Aufwendungen hinterher oder als Vorschuss verlangen (§§ 634 Nr 2, 637 BGB). Voraussetzung ist der erfolglose Ablauf einer zur Nacherfüllung bestimmten angemessenen Frist, soweit nicht die Fristsetzung gemäß §§ 323 Abs 2, 637 Abs 2 BGB entbehrlich ist.

3. Rücktritt, Minderung und Schadensersatz. Der Erwerber kann gemäß § 634 Nr 3 18 BGB nach den §§ 636, 323 und 326 Abs 5 BGB vom Vertrag zurücktreten oder nach § 638 BGB die Vergütung mindern.

Voraussetzung ist auch hier, dass erfolglos eine angemessene Frist zur Nacherfüllung 19 gesetzt worden war (§ 323 Abs 1 BGB), soweit dies nicht gemäß §§ 281 Abs 2, 323 Abs 2, 636 BGB entbehrlich ist.

Gemäß § 634 Nr 4 BGB kann der Erwerber nach den §§ 636, 280, 281, 283 und 311a 20 BGB Schadensersatz oder nach § 284 BGB Ersatz vergeblicher Aufwendungen verlangen. Hat der Erwerber Schadensersatz statt der Leistung verlangt, ist gemäß § 281 Abs 4 BGB das Recht auf Nacherfüllung und Selbstvornahme ausgeschlossen.

Bei dem Anspruch auf Schadensersatz ist zu unterscheiden zwischen dem kleinen 21 Schadensersatz und dem großen Schadensersatz. Bei dem **großen Schadensersatz** wird das mangelhafte Werk insgesamt zurückgewiesen und Schadensersatz statt der ganzen Leistung verlangt. Voraussetzung ist eine erhebliche Pflichtverletzung (§ 281 Abs 1 S 3 BGB), also erhebliche Mängel (*Wendel* ZWE 2002, 57, 59). Bei dem **kleinen Schadensersatz** behält der Erwerber die Eigentumswohnung und macht Schadensersatz statt der Leistung unter Berücksichtigung des Empfangenen geltend. Der Erwerber kann insoweit die Nachteile ersetzt verlangen, die er durch die mangelhafte Erfüllung erlitten hat. Dies sind insbesondere die Kosten der Mangelbeseitigung, ein verbleibender Minderwert oder entgangener Gewinn.

V. Die Durchsetzung der Mängelrechte

1. Allgemeines. Die Antwort auf die Frage, wie die Ansprüche durchgesetzt werden 22 können, hat neben den Interessen des einzelnen Wohnungseigentümers einerseits das Interesse der übrigen Wohnungseigentümer an der Durchsetzung gemeinschaftsbezogener und sonstiger Ansprüche, die sinnvollerweise gemeinschaftliche durchgesetzt, und andererseits das Interesse des Bauträgers an einer übersichtlichen Haftungslage, die eine unterschiedliche Inanspruchnahme ausschließt, zu berücksichtigen.

II WEG Anhang zu § 21   Die Durchsetzung von Mängelrechten

23   **2. Inhaber der Rechte.** Der einzelne Wohnungseigentümer hat aus dem Erwerbsvertrag einen individuellen Anspruch auf mangelfreie Werkleistung auch in Bezug auf das gesamte gemeinschaftliche Eigentum. **Inhaber aller in Betracht kommenden Ansprüche** wegen Mängeln des gemeinschaftlichen Eigentums **sind die einzelnen Ersterwerber.** Jeder einzelne Erwerber von Wohnungseigentum ist grundsätzlich berechtigt, seine individuellen Rechte aus dem Vertrag mit dem Veräußerer selbstständig zu verfolgen, solange durch sein Vorgehen gemeinschaftsbezogene Interessen der Wohnungseigentümer oder schützenswerte Interessen des Veräußerers nicht beeinträchtigt sind (*BGH* VII ZR 236/05, NJW 2007, 1952 Tz 18 mwN). Die Wohnungseigentümergemeinschaft als Verband ist nicht Inhaberin der Rechte, weil sie nicht Vertragspartnerin des Erwerbsvertrags ist. Ihr ist aber gemäß § 10 Abs 6 S 3 die **Ausübung** von gemeinschaftsbezogenen Rechten zugewiesen. Zudem kann sie die Ausübung sonstiger Rechte, deren gemeinschaftliche Durchsetzung sinnvoll ist, an sich ziehen.

24   **3. Anspruch auf Nacherfüllung.** Der Bauträger soll die Mängel insgesamt nur einmal beseitigen, weshalb die Nachbesserungsansprüche auf eine unteilbare Leistung gerichtet sind. Der einzelne Wohnungseigentümer kann deshalb Nacherfüllung hinsichtlich des gemeinschaftlichen Eigentums, dh der ganze Leistung verlangen, denn es besteht mangels teilbarer Leistung keine Teilgläubigerschaft gemäß § 420 BGB (*BGH* VII ZR 30/78, NJW 1979, 2207, 2208). Dies gilt auch, wenn andere Wohnungseigentümer ihre Ansprüche wegen Verjährung nicht mehr durchsetzen können (*BGH* VII ZR 72/84, NJW 1985, 1551, 1552). Weil ein **Vorschuss** für die Beseitigung von Mängeln verwendet werden muss und die Entscheidung darüber, wie dies im Einzelnen zu geschehen hat, allen Wohnungseigentümer gemeinschaftlich obliegt, ist die Vorschussklage auf Zahlung an die Gemeinschaft zu richten (*BGH* VII ZR 236/05, NJW 2007, 1952 Tz 18 mwN). Daraus folgt, dass auch der Anspruch auf Nacherfüllung selbst in der Weise geltend zu machen ist, dass auf Leistung an alle zu klagen ist, denn im Rahmen der Vollstreckung nach § 887 Abs 2 ZPO kann dieser Anspruch in einen Anspruch auf Vorschuss übergehen. Die Ansprüche, die auf Nacherfüllung gerichtet sind, stehen den Wohnungseigentümern deshalb als **Gesamtberechtigten gemäß § 432 BGB** zu (ebenso *Wenzel* in Bärmann, Nach § 10 Rn 9). Aus den gleichen Gründen wie ein Erwerber die Zahlung von Kosten der Mängelbeseitigung am Gemeinschaftseigentum regelmäßig nicht an sich verlangen kann, hat er auch nicht die Möglichkeit, mit diesem Ersatzanspruch gegen eine von ihm noch geschuldete restliche Vergütung ohne weiteres **aufzurechnen** (*BGH* VII ZR 50/06, NJW 2007, 1957, Tz 75). Haben jedoch einzelne Erwerber den Veräußerer in Verzug mit der Beseitigung von Mängeln am Gemeinschaftseigentum gesetzt und danach die Mängel beseitigen lassen, können sie Zahlung des Aufwendungsersatzes an sich verlangen, denn nach mangelfreier Herstellung des Gemeinschaftseigentums hat die Wohnungseigentümergemeinschaft kein schützenswertes Interesse, die Mittel zu erlangen, die einzelne Erwerber zur Beseitigung der Mängel aufgewandt haben (*BGH* VII ZR 304/03, NZM 2005, 792).

25   **a) Primäre Einzelbefugnis.** Den auf ordnungsgemäße Erfüllung gerichteten Anspruch auf Nacherfüllung kann hinsichtlich des gemeinschaftlichen Eigentums jeder einzelne Erwerber auch ohne vorherigen Mehrheitsbeschluss grundsätzlich allein geltend machen (*BGH* VII ZR 30/78, NJW 1979, 2207; *BGH* VII ZR 9/80, NJW 1981, 1841; *Wendel* ZWE 2002, 57, 59). Das mit dem Interesse der Gemeinschaft übereinstimmende Nacherfüllungsverlangen beeinträchtigt schützenswerte Interessen des

Die Durchsetzung von Mängelrechten **Anhang zu § 21 WEG II**

Veräußerers nicht, zumal alle Wohnungseigentümer primär zunächst nur diesen Anspruch haben (*BGH* VII ZR 30/78, NJW 1979, 2207; *BGH* VII ZR 72/84, NJW 1985, 1551). Dies gilt auch, wenn es darum geht, Nacherfüllungsansprüche, die der Bauträger an die Gemeinschaft abgetreten hat, gegen Bauhandwerker geltend zu machen (*BGH* VII ZR 247/78, BauR 1980, 69, 71).

Jeder einzelne Wohnungseigentümer kann ferner selbstständig den Anspruch auf **Auf-** 26 **wendungsersatz** und **Vorschuss für die Selbstvornahme** gerichtet auf Zahlung an die Gemeinschaft geltend machen (*BGH* VII ZR 36/76, NJW 1977, 1336). Die Durchführung der Selbstvornahme erfordert allerdings grundsätzlich einen Beschluss der Wohnungseigentümer, denn die Instandsetzung des gemeinschaftlichen Eigentums ist eine Maßnahme der gemeinschaftlichen Verwaltung. Auch Ansprüche aufgrund einer **Gewährleistungsbürgschaft**, die den Zweck hat, eine schnelle Nachbesserung zu ermöglichen, indem die dafür erforderlichen Mittel alsbald verfügbar sind, kann jeder einzelne Erwerber selbstständig gerichtlich geltend machen (*BGH* IX ZR 57/91, NJW 1992, 1881, 1882).

Dies gilt auch, wenn andere Wohnungseigentümer ihre Ansprüche wegen Verjährung 27 nicht mehr durchsetzen können (*BGH* VII ZR 72/84, NJW 1985, 1551, 1552).

Der Einzelklagebefugnis steht nicht entgegen, dass der Nachbesserungsanspruch auf die 28 Instandsetzung des gemeinschaftlichen Eigentums gerichtet ist, die nach § 21 Abs 1, Abs 5 Nr 2 der Wohnungseigentümergemeinschaft obliegt. Etwaige aus der Verwaltungsbefugnis der Wohnungseigentümergemeinschaft sich ergebende Beschränkungen gelten nur für das Innenverhältnis zwischen den Wohnungseigentümern (*BGH* IX ZR 57/91, NJW 1992, 1881, 1882).

Vorschüsse auf die Kosten der Mangelbeseitigung, die einzelne Wohnungseigentümer 29 oder die Gemeinschaft vom Bauträger erlangt haben, sind gemeinschaftlich zur Beseitigung der Mängel zu verwenden. Dies gilt unabhängig davon, wie die Mittel erlangt wurden, außergerichtlich durch freiwillige Zahlung des Bauträgers, nach erfolgreicher Klage auf Vorschuss oder nach Vollstreckung eines Urteils, das den Bauträger zur Beseitigung der Mängel verpflichtet (§ 887 Abs 1 und 2 ZPO).

Die Vorschusszahlung ist grundsätzlich gegenüber dem Bauträger abzurechnen. Soweit 30 sie nicht verbraucht wird, ist sie zurückzuzahlen. Das kommt insbesondere dann in Betracht, wenn sich später herausstellen sollte, dass die von einem Wohnungseigentümer angestrebte Mangelbeseitigung innerhalb der Gemeinschaft nicht durchsetzbar ist. Den nicht benötigten Teil des Vorschusses kann der Bauträger aber auch dann zurückverlangen, wenn er von mehreren Wohnungseigentümern nebeneinander auf Zahlung in Anspruch genommen worden war (*BGH* VII ZR 36/76, NJW 1977, 1336).

Wird über das Vermögen des Bauträgers das Insolvenzverfahren eröffnet, verlieren 31 Ansprüche auf Nachbesserung ihre Durchsetzbarkeit. An ihre Stelle tritt ein Ersatzanspruch aus § 103 Abs 2 S 1 InsO (vgl zu § 26 KO *BGH* V ZR 52/95, NJW 1996, 1056 mwN). Die Höhe dieses Ersatzanspruchs des einzelnen Wohnungseigentümers richtet sich nach dem Unterschied des Werts seiner Wohnung bei mangelfreiem Gemeinschaftseigentum zum Wert der Wohnung angesichts der Mängel. Die Wertminderung der konkreten Wohnung richtet sich nach der durch den Miteigentumsanteil bestimmten Quote des gesamten Minderwerts, der sich nach dem Gesamtnachbesserungsaufwand richtet, wenn die Mängel des Gemeinschaftseigentums keine Auswirkungen auf das Sondereigentum haben (*BGH* V ZR 52/95, NJW 1996, 1056 im Anschluss an *BGH* V ZR 40/88, JZ 1990, 145 m Anm *Weitnauer*; s Rn 48).

32 b) Ausübungsbefugnis der Wohnungseigentümergemeinschaft. Die Wohnungseigentümergemeinschaft **kann** im Rahmen der ordnungsgemäßen Verwaltung des Gemeinschaftseigentums **die Ausübung** der auf die ordnungsgemäße Herstellung des Gemeinschaftseigentums gerichteten Rechte der einzelnen Erwerber aus den Verträgen mit dem Veräußerer **durch Mehrheitsbeschluss an sich ziehen** (*BGH* VII ZR 236/05, NJW 2007, 1952 Tz 20; *Pause/Vogel* ZMR 2007, 577; *Riecke/Vogel* in Riecke/Schmid, Anhang zu § 8 Rn 10; *Hügel* ZMR 2008, 855, 859; **aA** *Ott* NZM 2007, 505; *Schmid* BauR 2009, 727, einschränkend *OLG München* 32 Wx 30/07, NZM 2007, 488 für den Fall, dass nach der Teilungserklärung jeder Wohnungseigentümer auf eigene Rechnung für die Instandhaltung von im Gemeinschaftseigentum stehenden Gegenständen zu sorgen hat). Die Wohnungseigentümer können zB beschließen, Zahlung des Kostenvorschusses für die Mängelbeseitigung und des Schadensersatzes für Mangelfolgeschäden an die Gemeinschaft zu verlangen (*BGH* VII ZR 233/95, NJW 1997, 2173). Sie können auch beschließen, die Nachbesserungsansprüche zunächst außergerichtlich geltend zu machen und festlegen, ob Nacherfüllung durch den Bauträger oder Vorschuss der für die Selbstbeseitigung erforderlichen Kosten oder Kostenerstattung nach Ersatzvornahme verlangt werden soll. Ein Beschluss, wonach im Einverständnis mit dem Veräußerer von Wohnungseigentum, über notwendige Mängelbeseitigungsarbeiten erst nach Vorlage eines Sanierungskonzepts entschieden werden soll, weil die Mängelursachen noch nicht ausreichend bekannt nachgewiesen sind, lässt die Fälligkeit des Mängelbeseitigungsanspruchs des einzelnen Erwerbers grundsätzlich unberührt (*BGH* VII ZR 84/05, NZM 2006, 542, 544). Durch den Beschluss über die gemeinschaftliche Durchsetzung eines auf die Beseitigung von Mängeln des Gemeinschaftseigentums gerichteten Erfüllungs- oder Nacherfüllungsanspruchs **wird der einzelne Erwerber von der Verfolgung seiner Rechte** insoweit **ausgeschlossen**(*BGH* VII ZR 236/05, NJW 2007, 1952 Tz. 21; **aA** *Derleder* ZWE 2009, 1, 11). Die Ausübungsbefugnis der Wohnungseigentümergemeinschaft kann auch bereits in der **Gemeinschaftsordnung** festgelegt werden (vgl *Hügel* ZMR 2008, 855, 860 f mit Formulierungsvorschlag).

33 Die Wohnungseigentümer können auch durch Mehrheitsbeschluss den **Verwalter** ermächtigen, Nachbesserungsansprüche **als Prozessstandschafter** im eigenen Namen klageweise geltend zu machen (*BGH* VII ZR 9/80, NJW 1981, 1841). Gleiches gilt für den einzelnen Wohnungseigentümer, und zwar auch bei Mängeln außerhalb des räumlichen Bereichs seines Sondereigentums.

34 Soweit Rechte der einzelnen Wohnungseigentümer wegen Mängeln des Sondereigentums betroffen sind, besteht zwar keine aus dem Gesetz abgeleitete Zuständigkeit der Wohnungseigentümergemeinschaft, doch kann sie in gewillkürter Prozessstandschaft Ansprüche verfolgen, die in einem engen rechtlichen und wirtschaftlichen Zusammenhang mit der Verwaltung des gemeinschaftlichen Eigentums stehen und an deren Durchsetzung sie ein eigenes schutzwürdiges Interesse hat. Die Wohnungseigentümergemeinschaft kann deshalb von den einzelnen Wohnungseigentümern ermächtigt werden, neben den Ansprüchen wegen Mängeln des Gemeinschaftseigentums auch Ansprüche wegen Mängeln des Sondereigentums geltend zu machen (*BGH* VII ZR 236/05, NJW 2007, 1952, Tz 24). Auch wenn nur noch wenige Eigentümer Ansprüche auf Beseitigung von Mängeln am gemeinschaftlichen Eigentum haben, kann die Wohnungseigentümergemeinschaft durch Beschluss diese Ansprüche an sich ziehen und einen Rechtsanwalt damit beauftragen, diese Ansprüche namens der noch aktivlegitimierten Wohnungseigentümer geltend zu machen. Denn die Gemeinschaft hat aufgrund der Treuepflichten der Wohnungseigentümer untereinander einen Anspruch darauf, dass die Wohnungseigentümer, die noch Ansprüche wegen Mängeln des gemeinschaftlichen Eigentums haben, diese Ansprüche gegen den Bauträger geltend machen (*OLG München* 17 U 4845/01, NZM 2002, 826, 827).

Hat der einzelne Wohnungseigentümer Klage auf Nachbesserung bereits erhoben, so tritt wegen Wegfall der Prozessführungsbefugnis Erledigung der Hauptsache ein (ebenso *Wenzel* in Bärmann, Nach § 10 Rn 37; **aA** *Staudinger/Bub* § 21 Rn 261). 35

4. Minderung und kleiner Schadensersatz. Diese Rechte stehen den Erwerbern als Mitgläubigern gemäß § 432 BGB zu, weil eine Klage auf Leistung an den einzelnen Erwerber schon deswegen ausscheidet, da die Wohnungseigentümergemeinschaft für die Geltendmachung und Durchsetzung der gemeinschaftsbezogenen Rechte auf Minderung und auf kleinen Schadensersatz von vornherein allein zuständig ist (*BGH* VII ZR 236/05, NJW 2007, 1952, Tz 19). Aus dem Erfordernis, die zweckentsprechende Verwendung der Mittel zu gewährleisten, folgt zudem die Unteilbarkeit des Anspruchs auf kleinen Schadensersatz; der nach den Mängelbeseitigungskosten berechnete Schadensersatzanspruch wegen eines behebbaren Mangels am Gemeinschaftseigentum kann deshalb grundsätzlich nur mit dem **Antrag auf Zahlung an die Gemeinschaft** durchgesetzt werden (*BGH* VII ZR 200/04, ZMR 2005, 799 mwN.) Zahlung an sich kann der einzelne Wohnungseigentümer nur verlangen, wenn er hierzu ermächtigt ist (*BGH* VII ZR 372/89, NJW 1991, 2480; *BGH* VII ZR 284/98, NZM 2000, 95; **aA** *Hauger* WE 1993, 38, 41). Dies gilt auch, wenn der klagende Wohnungseigentümer der einzige ist, dessen Ansprüche noch nicht verjährt sind (**aA** *OLG Frankfurt* 3 U 270/89, NJW-RR 1991, 665 für Minderung). 36

a) Primäre Ausübungsbefugnis der Gemeinschaft. Für die Geltendmachung und Durchsetzung der gemeinschaftsbezogenen Rechte auf Minderung und auf kleinen Schadensersatz von vornherein allein zuständig ist (*BGH* VII ZR 236/05, NJW 2007, 1952, Tz 19; *OLG Frankfurt* 25 U 129/08, ZMR 2009, 215; *Hügel* ZMR 2008, 855, 859; **aA** *Derleder* ZWE 2009, 1, 11). Auch die Voraussetzungen für diese Rechte kann allein die Wohnungseigentümergemeinschaft schaffen (*BGH*, wie vor). Dies schließt nicht aus, dass in Eilfällen auch ohne einen Beschluss handelt. Das Wahlrecht zwischen Minderung und Schadensersatz statt der Leistung steht grundsätzlich nur der Wohnungseigentümergemeinschaft zu (*BGH* VII ZR 200/04, ZMR 2005, 799 mwN; *Pause* NJW 1993, 553, 555; **aA** *Weitnauer* JZ 1991, 1054; *Bub* NZM 1999, 530, 534). Der Veräußerer kann nicht einigen Wohnungseigentümern zur Minderung und den anderen zum Schadensersatz, etwa in Form der Erstattung der Kosten für die Mängelbeseitigung verpflichtet sein, so dass die Rechte nur einheitlich und damit gemeinschaftlich ausgeübt werden können. Es handelt sich bei dem Recht auf Minderung bzw. Schadensersatz auch nicht um eine teilbare Leistung, denn sie betreffen das gemeinschaftliche Eigentum, weshalb eine Entscheidung über die Verwendung der Beträge erforderlich ist, denn diese brauchen nicht tatsächlich zur Mangelbeseitigung verwendet werden (*BGH* VII ZR 30/78, NJW 1979, 2207, 2208; *Wenzel* in Bärmann Nach § 10 Rn 12). 37

II WEG Anhang zu § 21   Die Durchsetzung von Mängelrechten

38 Der Beschluss, zu mindern oder kleinen Schadensersatz zu verlangen, enthält zugleich die Entscheidung, dem Bauträger eine **Frist zur Nacherfüllung** zu setzen. Der Verwalter ist durch einen solchen Beschluss im Zweifel ermächtigt, die Erklärung abzugeben. Der Ablauf der Frist zur Nacherfüllung führt noch nicht zum Erlöschen des Nacherfüllungsanspruchs, sondern nur zum Entstehen der Gestaltungsrechte Rücktritt und Minderung. Erst die Ausübung des Minderungsrechts muss daher gemeinschaftlich erfolgen.

39 Hat die Wohnungseigentümergemeinschaft durch Mehrheitsbeschluss eine Entscheidung getroffen, so kann sie den **Verwalter** oder einen **einzelnen Wohnungseigentümer** ermächtigen, den Anspruch im eigenen Namen mit dem Verlangen der Leistung an alle oder an sich geltend zu machen (*BGH* VII ZR 30/78, NJW 1979, 2207; *BGH* IX ZR 57/91, NJW 1992, 1881, 1883; *BGH* VII ZR 284/98, NZM 2000, 95, 96; *BGH* VII ZR 236/05, NJW 2007, 1952, Tz 22). Die Wohnungseigentümer können durch Mehrheitsbeschluss auch einen **Dritten**, der nicht ihr Verwalter ist, zur Geltendmachung von Ansprüchen ermächtigen (*BGH* VII ZR 206/07, NZM 2009, 547 Tz 16). Der Beschluss einer Wohnungseigentümergemeinschaft, mit dem sie ihren vermeintlichen Verwalter – eine **Gesellschaft bürgerlichen Rechts**, die nicht wirksam zum Verwalter bestellt werden – zur gerichtlichen Geltendmachung von das Gemeinschaftseigentum betreffenden Gewährleistungsansprüchen ermächtigt, ist interessengerecht dahin auszulegen, dass die Gesellschaft bürgerlichen Rechts ermächtigt wird (*BGH* VII ZR 206/07, NZM 2009, 547 Tz 11). Ermächtigen Wohnungseigentümer den Verwaltungsbeirat, im eigenen Namen Mängelansprüche gegen den Bauträger geltend zu machen, sind damit die jeweils amtierenden Mitglieder des Verwaltungsbeirats sachbefugt (*BGH* VII ZR 130/03, NZM 2004, 464).

40 Haben die Wohnungseigentümer eines neu errichteten Hauses zur Abgeltung der Baumängel einen bestimmten Betrag erhalten und ihn auf der Grundlage eines Mehrheitsbeschlusses an die einzelnen Wohnungseigentümer verteilt, so kann dieser Beschluss dahin auszulegen sein, dass beschlossen ist, die Baumängel nicht zu beseitigen. Der einzelne Wohnungseigentümer hat dann keine Möglichkeit, von der Gemeinschaft die Beseitigung der Baumängel zu verlangen (*BayObLG* BReg 2 Z 57/89, NJW-RR 1989, 1165).

41 Hat die Eigentümerversammlung mit Mehrheit beschlossen, zu mindern, so kann ein einzelner überstimmter Wohnungseigentümer nicht mehr Nacherfüllung verlangen, denn der Bauträger braucht nicht doppelt zu leisten, indem der Preis herabgesetzt wird und dennoch nachgebessert wird (*BGH* VII ZR 30/78, NJW 1979, 2207). Hat die Gemeinschaft beschlossen, zu mindern, aber noch nicht das Recht ausgeübt, so muss der Wohnungseigentümer, der schon Klage auf Nachbesserung erhoben hat, die Hauptsache für erledigt erklären, um eine Klageabweisung zu vermeiden (**aA** *Pause* NJW 1993, 553, 559: Klageänderung).

42 Die Geltendmachung des Minderungsrechts steht der Gemeinschaft zu (*BGH* VII ZR 269/88, NJW 1990, 1663; *Pause* NJW 1993, 553, 560; **aA** *Bub* NZM 1999, 530, 534; *Hauger* NZM 1999, 536, 541). Auch eine von der Gemeinschaft durchgesetzte Minderung ist aber an den einzelnen Wohnungseigentümer als Ausgleich für den Minderwert seines Miteigentums weiterzuleiten, es sei denn, es wird nachträglich die Verwendung zur Beseitigung der Mängel beschlossen (*BGH* VII ZR 269/88, NJW 1990, 1663).

Die Entscheidung der Gemeinschaft, nicht zu mindern, sondern als Schadensersatz 43
die Mängelbeseitigungskosten zu verlangen, enthält die Entscheidung, die Mängel
beheben zu wollen. Der Schadensersatzbetrag kann dann bei der Gemeinschaft verbleiben,
muss aber zweckentsprechend verwendet werden. Abweichende Beschlüsse
sind grundsätzlich anfechtbar, aber nicht nichtig (*BayObLG* BReg 2 Z 57/89, NJW-
RR 1989, 1165).

Die Gemeinschaft kann es aber auch dem einzelnen Wohnungseigentümer überlassen, 44
ob und in welchem Umfang er das Minderungsrecht entsprechend seinem Miteigentumsanteil
selbst geltend macht (*BGH* VII ZR 53/82, NJW 1983, 453).

Wirkt sich ein behebbarer Mangel des gemeinschaftlichen Eigentums nicht nur an diesem, 45
sondern auch an dem Sondereigentum aus, kann der betroffene und zur Durchsetzung
bevollmächtigte Wohnungseigentümer Zahlung der für die Mangelbeseitigung
erforderlichen Kosten (sog kleiner Schadensersatz) an die Gemeinschaft verlangen.
Nur bei Verurteilung zur Zahlung an die Gemeinschaft ist nämlich sichergestellt, dass
die Mittel zweckentsprechend verwendet werden.

b) Ausnahmen. Eine Ausnahme von den vorstehenden Grundsätzen gilt, wenn sich 46
ein nicht behebbarer Mangel des gemeinschaftlichen Eigentums **nur am Sondereigentum**
eines einzigen Wohnungseigentümers auswirkt. Der betroffene Wohnungseigentümer
kann in diesem Fall das Minderungsrecht bzw den gleich hohen Schadensersatzanspruch
selbstständig geltend machen (*BGH* VII ZR 269/88, NJW 1990, 1663). Ein
schützenswertes Interesse der Gemeinschaft, über die Verwendung des Minderungsbetrages
zu entscheiden, liegt in diesem Fall nicht vor, da der Mangel nicht behoben
werden kann und nur ein einzelner Wohnungseigentümer betroffen ist.

Kommt nach dem Gegenstand des geltend gemachten Anspruchs ein Wahlrecht nicht 47
in Betracht und kann auch kein Streit über die Verwendung des als Schadensersatz zu
zahlenden Geldbetrages entstehen, können einzelne Wohnungseigentümer auf Leistung
an sich klagen (*OLG Dresden* NZM 2001, 773, 774).

c) Anspruchshöhe. Eine nach dem Miteigentumsanteil berechnete Quote des gesamten 48
Mängelbeseitigungsaufwands bewirkt regelmäßig keinen angemessenen Ausgleich,
wenn ein behebbarer Mangel des gemeinschaftlichen Eigentums sich auch an
dem Sondereigentum auswirkt, weil unberücksichtigt bleibt, wie stark sich der Mangel
im Sondereigentum auswirkt. Wird zB bei einem nicht behebbaren Mangel Wertminderung
verlangt, kommt es allein darauf an, welchen Wertverlust die Wohnung durch
die fortwirkenden Beeinträchtigungen des Mangels erleidet (*BGH* VII ZR 372/89,
NJW 1991, 2480). Gleiches gilt, wenn der Schaden nach den für die Mängelbeseitigung
erforderlichen Kosten berechnet wird. Dass der einzelne Wohnungseigentümer
im Falle der Mangelbeseitigung gemäß § 16 Abs 2 WEG nur einen Instandsetzungsbeitrag
zu leisten hat, der seinem Miteigentumsanteil entspricht, entlastet den Veräußerer
nicht (*BGH* VII ZR 372/89, NJW 1991, 2480; **aA** *Weitnauer* JZ 1991, 145; *Hauger*
WE 1994, 38, 40).

Für die werkvertragliche Mängelhaftung gilt, dass jeder einzelne Erwerber Anspruch 49
auf die mangelfreie Herstellung des gesamten gemeinschaftlichen Eigentums hat
(*BGH* VII ZR 372/89, NJW 1991, 2480). Dieser werkvertraglich den einzelnen Erwerbern
geschuldete Erfolg setzt sich bei den Mängelhaftungsansprüchen fort. Obwohl
der einzelne Erwerber die Herstellungskosten nur anteilig schuldet, umfasst sein

Anspruch auf Schadensersatz die gesamten Kosten, die zur Beseitigung des Mangels am gemeinschaftlichen Eigentum erforderlich sind. Wegen dieser werkvertraglichen Erfolgshaftung ist eine Beschränkung des Anspruchs auf die Quote auch dann nicht geboten, wenn auch Wohnungseigentümer begünstigt werden, die als Zweiterwerber keine werkvertraglichen Ansprüche haben oder die wegen Verjährung keine Ansprüche mehr haben. Gesichtspunkte der Schadensberechnung rechtfertigen kein anderes Ergebnis. Der einzelne Wohnungseigentümer hätte zwar gemäß § 16 Abs 2 die Kosten für eine Beseitigung des Mangels nur anteilig zu tragen, wenn die Instandsetzung des gemeinschaftlichen Eigentums nach § 21 Abs 5 Nr 2 durch die Wohnungseigentümer erfolgte. Dieses im Innenverhältnis der Wohnungseigentümer geltende Prinzip rechtfertigt es aber nicht, den Anspruch zum Vorteil des Schuldners auch im Außenverhältnis zu verkürzen (*Wenzel* in Bärmann, Nach § 10 Rn 49; aA Weitnauer/*Briesemeister* Anh § 8 Rn 72). Zu berücksichtigen ist, dass der als Schadensersatz zu leistende Betrag dem einzelnen Erwerber nicht zur freien Verfügung zufließt, sondern allen Wohnungseigentümern, die über die Verwendung des Betrages zu entscheiden haben.

50 **5. Rücktritt und großer Schadensersatz.** Die auf Rückabwicklung gerichteten Rechte (Rücktritt und großer Schadensersatz) kann jeder Wohnungseigentümer als **Einzelgläubiger** allein durchsetzen und auf Leistung an sich klagen, weil von ihrer Ausübung das gemeinschaftliche Eigentum nicht betroffen wird. Jeder einzelne Erwerber kann die Rechte auf großen Schadensersatz oder Rücktritt selbstständig geltend machen, denn diese sind **nicht gemeinschaftsbezogen** (*BGH* VII ZR 236/05, NJW 2007, 1952, Tz 18 mwN). Durch einen wirksamen Rücktritt wird der Erwerber wieder durch den Veräußerer ersetzt. Auch der große Schadensersatz (vgl Rn 21) ist im Ergebnis ebenso wie Rücktritt auf die Rückgängigmachung des Erwerbsvertrages gerichtet.

51 Rücktritt und großer Schadensersatz setzen grundsätzlich eine Fristsetzung voraus. Durch eine solche Erklärung verlieren die anderen Wohnungseigentümer im Gegensatz zur Rechtslage vor den Änderungen durch das Schuldrechtsmodernisierungsgesetz (§ 634 Abs 1 S 3 BGB aF; vgl dazu *BGH* VII ZR 84/05, ZMR 2006, 537, 538) ihre Nacherfüllungsansprüche nicht. Der Erwerber ist daher nach neuem Recht unabhängig von dem mit der Fristsetzung verfolgten Ziel stets berechtigt, ohne Mitwirkung der übrigen Wohnungseigentümer, dem Bauträger eine angemessene Frist zur Mängelbeseitigung zu setzen. Verlangt ein Erwerber großen Schadensersatz, so erlischt nur sein Erfüllungsanspruch, die Ansprüche der übrigen Erwerber werden dadurch nicht berührt. Zur Anrechnung des Nutzungsvorteils s *BGH* VII ZR 325/03, NZM 2006, 19.

52 Die Wohnungseigentümergemeinschaft ist nicht berechtigt, die Verfolgung der Mängelansprüche in einer Weise an sich zu ziehen, die es den Erwerbern unmöglich macht, die Voraussetzungen für die Rückabwicklung ihrer Verträge zu schaffen (ebenso *Wenzel* ZWE 2006, 109, 114; *Derleder* ZWE 2009, 1, 12; offen gelassen von *BGH* VII ZR 276/05, LMK Nr 10, 2006, 197107). Hat die Wohnungseigentümergemeinschaft beschlossen, vom Veräußerer **Vorschuss** auf Mängelbeseitigungskosten zu fordern, bleibt der einzelne Erwerber – jedenfalls solange der Vorschuss noch nicht bezahlt ist – berechtigt, die Voraussetzungen für den Anspruch auf großen Schadensersatzanspruch zu schaffen (*BGH* VII ZR 276/05, LMK Nr 10, 2006, 197107). Durch das Vorschussverlangen erlischt das Interesse der Gemeinschaft an einer Mängelbeseitigung regelmäßig nicht, deshalb widerspricht die Fristsetzung zur Mängelbeseitigung nicht den Interessen der Wohnungseigentümergemeinschaft. Auch schützenswerte Interessen des Veräußerers sind regelmäßig nicht beeinträchtigt, weil der Veräußerer durch die Beseitigung der Mängel der Forderung auf Zahlung eines Vorschusses jederzeit den Boden entziehen kann.

Ein **Vergleich** aufgrund eines Beschlusses der Wohnungseigentümergemeinschaft, mit dem Mängel des Wohnungseigentums abgegolten werden, lässt die bereits entstandenen Ansprüche der Erwerber unberührt, vom Veräußerer großen Schadensersatz oder Wandelung zu verlangen (*BGH* VII ZR 276/05, LMK Nr 10, 2006, 197107) Der Veräußerer kann dieses Ergebnis nur vermeiden, indem er die gerügten Mängel innerhalb der ihm gesetzten Frist vollständig beseitigt. Eine Beseitigung der Mängel nach Fristablauf kann dem Erwerber den Anspruch auf großen Schadensersatz nicht mehr gegen seinen Willen entziehen. Der schon entstandene Schadensersatzanspruch entfällt daher auch nicht dadurch, dass eine Mängelbeseitigung deshalb nicht mehr in Betracht kommt, weil die Mängel durch eine Zahlung an die Wohnungseigentümergemeinschaft abgegolten sind. Es ist auch kein widersprüchliches Verhalten gegenüber dem Veräußerer, wenn ein Wohnungseigentümer für einen Vorschuss stimmt, der den nach seinem Ausscheiden verbleibenden Wohnungseigentümern zugute kommt, während er selbst gewillt ist, den Vertrag rückabzuwickeln. Ein Verlust des Anspruchs auf großen Schadensersatz würde allerdings dann eintreten, wenn sich auch der Erwerber selbst individuell gegenüber dem Bauträger mit der vergleichsweisen Erledigung durch Zahlung einverstanden erklärte (vgl *Wenzel* ZWE 2006, 109, 115). 53

6. Beschlüsse. Soweit für die Durchsetzung der Rechte Beschlüsse der Wohnungseigentümer erforderlich sind, stellt sich die Frage, wer zur Beschlussfassung berufen ist. Dabei ist zu berücksichtigen, dass die einzelnen Erwerber die Ansprüche aus den Erwerbsverträgen bereits geltend machen können, bevor sie als Wohnungseigentümer im Grundbuch eingetragen sind (vgl *OLG Frankfurt* 3 U 165/91, NJW-RR 1993, 339). Eine Wohnungseigentümergemeinschaft ist erst entstanden, wenn mindestens zwei Personen als Wohnungseigentümer im Grundbuch eingetragen sind. In der Zeit davor kommt ab der Anlegung der Wohnungsgrundbücher eine werdende Wohnungseigentümergemeinschaft in Betracht (vgl § 10 Rn 8). Auch diese ist bereits für die Beseitigung anfänglicher Mängel des gemeinschaftlichen Eigentums zuständig, und unabhängig davon, ob sie sich nach Eigentümerwechseln aus Erst- und Zweiterwerbern zusammensetzt, befugt, die Ausübung von Mängelrechten an sich zu ziehen (*Wenzel* in Bärmann, Nach § 10 Rn 31). Der Bauträger, der noch unveräußerte Wohnungen hat, ist gemäß § 25 Abs 5 von der Abstimmung ausgeschlossen (*OLG Köln* 16 Wx 134/90, NJW-RR 1991, 850). Der Bauträger hat sich aber an den Kosten der gegen ihn selbst gerichteten Prozesse zu beteiligen (*BayObLG* BReg 2 Z 143/91, NJW 1993, 603; *Pause* NJW 1993, 553, 558). Beschließen die Wohnungseigentümer eine Sonderumlage, um die Sicherheitsleistung erbringen zu können, die Voraussetzung für die Zwangsvollstreckung aus einem Urteil gegen den Bauträger ist, so hat sich der Bauträger, der zugleich Wohnungseigentümer ist, an dieser Sonderumlage zu beteiligen (*BayObLG* 2Z BR 24/01, NZM 2001, 766). Bestimmt die Gemeinschaftsordnung einer Mehrhausanlage, dass die Kosten der Instandsetzung und Instandhaltung auf die einzelnen Untergemeinschaften der Wohnhäuser und der Tiefgarage umzulegen sind, können die Teileigentümer der Tiefgaragenplätze allein entscheiden, welche Ansprüche wegen Baumängeln an der Tiefgarage geltend gemacht werden sollen (*BayObLG* 2Z BR 142/95, WuM 1996, 369). 54

55 7. Ansprüche innerhalb der Gemeinschaft. Unabhängig von dem Willen oder der Möglichkeit, Ansprüche selbst durchzusetzen, kann jeder Wohnungseigentümer von der Gemeinschaft gemäß § 21 Abs 4, Abs 5 Nr 2 die Instandsetzung und Instandhaltung des gemeinschaftlichen Eigentums einschließlich der Beseitigung von Baumängeln verlangen. Etwas anderes kommt nur in Betracht, wenn der Veräußerer gegenüber dem Wohnungseigentümer wirksam die Mängelhaftung ausgeschlossen haben sollte oder ein Verzicht des Wohnungseigentümers auf Ansprüche vorliegt. Soweit der einzelne Wohnungseigentümer befugt ist, Rechte selbstständig geltend zu machen, hat er keinen Anspruch gegen die übrigen Wohnungseigentümer auf ein gemeinschaftliches Tätigwerden. Ist bereits ein Beschluss über die Geltendmachung von Rechten gefasst, so kann jeder einzelne Wohnungseigentümer die Durchführung des Beschlusses verlangen (§ 21 Abs 4) und dies im Verfahren nach § 43 Nr 2 gegen den Verwalter erzwingen (vgl § 27 Rn 11).

56 Eine vergleichsweise zur Abgeltung von Ansprüchen gezahlte Summe ist grundsätzlich zur Mängelbeseitigung zu verwenden. Sie kann nach Beschluss auch in die Instandhaltungsrücklage eingestellt werden. Haben die Wohnungseigentümer beschlossen, den Betrag anteilig an die Wohnungseigentümer auszuzahlen, so kann dies als Beschluss auszulegen sein, die Mängel nicht zu beseitigen. Nach einem solchen Beschluss hat der einzelne Wohnungseigentümer keinen Mängelbeseitigungsanspruch mehr gegen die übrigen Wohnungseigentümer (*BayObLG* 2Z BR 98/98, WuM 1999, 351). Der Beschluss ist anfechtbar, aber nicht nichtig (*BayObLG* BReg 2 Z 57/89, NJW-RR 1989, 1165).

57 Hat die Wohnungseigentümergemeinschaft die Verfolgung von vertraglichen Mängelansprüchen hinsichtlich des Gemeinschaftseigentums durch Beschluss zur Verwaltungsangelegenheit gemacht, kann sie nach § 816 Abs 1 BGB jedenfalls die Anteile der Kaufpreisreduzierung, die in verschiedenen Prozessen der Wohnungskäufer mit dem Verkäufer und mit differenzierten Vergleichsergebnissen nachweislich im Hinblick auf das mangelhafte Gemeinschaftseigentum erstritten worden sind, vorschussweise zu den voraussichtlichen Kosten der ordnungsgemäßen Erstherstellung herausverlangen (*KG* 24 W 210/02, NZM 2004, 303).

VI. Leistungsverweigerungsrecht

58 Der Erwerber einer Eigentumswohnung kann gemäß § 320 BGB die Zahlung des Erwerbspreises wegen Baumängeln am **Sondereigentum** in einem angemessenen Verhältnis zum voraussichtlichen Mängelbeseitigungsaufwand verweigern (*BGH* VII ZR 373/82, NJW 1984, 725, 727). Auch wegen Mängeln am gemeinschaftlichen Eigentum hat der Erwerber ein Leistungsverweigerungsrecht. Es kann jedoch grundsätzlich nicht jeder einzelne Wohnungseigentümer ein unbeschränktes Leistungsverweigerungsrecht geltend machen, weil dann die Summe der zurückgehaltenen Erwerbspreise den zur Mangelbeseitigung erforderlichen Aufwand leicht um ein Vielfaches übersteigen kann. Werden mehrere Erwerber vom Veräußerer auf Zahlung des Erwerbspreises in Anspruch genommen, so richtet sich der Umfang des Leistungsverweigerungsrechts deshalb regelmäßig nach der Miteigentumsquote (ebenso *Riecke/Vogel* in Riecke/Schmid, Anhang zu § 8 Rn 44; offen gelassen von *BGH* VII ZR 47/97, WuM 1998, 613, 614). Wird nur ein Wohnungseigentümer in Anspruch genommen, so darf dieser allerdings den 3–5 fachen Betrag des insgesamt notwendigen Beseitigungsaufwands zurückbehalten (*BGH* VII ZR 47/97, WuM 1998, 613, 614).

VII. Verjährung

1. Allgemeines. Nach dem Werkvertragsrecht des BGB gilt für Bauwerke eine Verjährungsfrist von 5 Jahren (§ 634a Abs 1 Nr 2 BGB). Die Frist beginnt mit der Abnahme (dazu Rn 67ff) oder der endgültigen Abnahmeverweigerung (*BGH* VII ZR 43/80, NJW 1981, 822). Dabei wird nicht zwischen erkennbaren und versteckten Mängeln unterschieden. Wird ein Mangel bei der Abnahme nicht erkannt und tritt erst später in Erscheinung, so kann er nur innerhalb der 5-Jahresfrist gerügt werden. Wenn der Mangel arglistig verschwiegen wurde, gilt die regelmäßige Verjährungsfrist von 3 Jahren, die nach § 199 Abs 1 BGB zu laufen beginnt, jedoch frühestens 5 Jahre nach Abnahme endet (§ 634a Abs 3 S 2 BGB). Die nach § 199 Abs 1 Nr 2 BGB für den Verjährungsbeginn erforderlichen subjektiven Voraussetzungen müssen für alle Wohnungseigentümer erfüllt sein. Kenntnisse des Verwalters werden den Wohnungseigentümern nur dann zugerechnet, wenn der Verwalter gemäß § 27 Abs 2 Nr 3 zur Durchsetzung der Ansprüche ermächtigt worden ist (vgl *Gaier* NZM 2003, 90, 95). 59

Bei Erwerb einer neu erstellten Eigentumswohnung vom Bauträger kann im Kaufvertrag, der den Vorschriften über die Gestaltung rechtsgeschäftlicher Schuldverhältnisse durch Allgemeine Geschäftsbedingungen (§§ 305 ff BGB) unterliegt, nur die Mängelhaftung nach dem Werkvertragsrecht des BGB mit der Verjährungsfrist von 5 Jahren vereinbart werden. 60

Der Bauträger kann die ihm gegen seine Erfüllungsgehilfen zustehenden Ansprüche zwar an den Erwerber abtreten, aber nicht verlangen, dass der Erwerber diese Ansprüche streitig durchsetzt. In der Regel haftet der Bauträger deshalb dem Erwerber bei Baumängeln allein. Ist die Verjährungsfrist abgelaufen, so haben die Wohnungseigentümer für Baumängel am gemeinschaftlichen Eigentum insgesamt einzustehen, weil es sich dann um Maßnahmen ordnungsmäßiger Instandhaltung handelt. 61

2. Hemmung der Verjährung. Die Verjährung wird gehemmt, solange der Auftragnehmer (Veräußerer) das Vorhandensein eines Mangels und seine Verantwortlichkeit prüft oder Nachbesserungsarbeiten vornimmt (§ 203 BGB). Ferner durch die gerichtliche Geltendmachung des Anspruchs (§ 204 Abs 1 BGB) auch durch Streitverkündung (§ 204 Abs 1 Nr 6 BGB). 62

Ein Antrag auf ein **selbstständiges Beweisverfahren** (§ 204 Abs 1 Nr 7 BGB) hemmt die Verjährung ebenfalls. Das von einem Wohnungseigentümer eingeleitete selbstständige Beweisverfahren hemmt die Verjährung seiner Ansprüche unabhängig davon, ob diese gemeinschaftlich verfolgt werden müssen. Die den Wohnungseigentümern bei der Durchsetzung ihrer Ansprüche auferlegten Beschränkungen ändern nichts daran, dass ihnen die Ansprüche aufgrund ihrer individuellen Erwerbsverträge zustehen (vgl Rn 23). Bei der Einleitung des selbstständigen Beweisverfahrens ist ein gemeinschaftliches Vorgehen der Wohnungseigentümer nicht geboten. Die zum Schutz der Gemeinschafts- und Schuldnerinteressen gebotenen Beschränkungen bei der Durchsetzung von Gewährleistungsansprüchen sind hier nicht erforderlich. Die selbstständige Einleitung eines solchen Verfahrens, das die Durchsetzung der Ansprüche nur vorbereitet, liegt im Interesse der Gemeinschaft, ohne dass es berechtigte Interessen des Veräußerers gefährdet (*BGH* VII ZR 372/89, NJW 1991, 2480). 63

Droht Verjährungseintritt, so ist der **Verwalter** berechtigt und verpflichtet, zur Abwendung von Nachteilen ein selbstständiges Beweisverfahren einzuleiten (§ 27 64

Abs 2 Nr 2; *BGH* VII ZR 276/79, NJW 1981, 282). Ein Beschluss, der den Verwalter ermächtigt, alle rechtlich notwendigen Schritte zur Durchführung selbstständigen Beweisverfahrens in die Wege zu leiten, kann dahin ausgelegt werden, dass der Verwalter das Verfahren in gewillkürter Prozessstandschaft durchführen darf. Ein selbstständiges Beweisverfahren, das der Verwalter in Prozessstandschaft gegen den Veräußerer einleitet, hemmt die Verjährung der Ansprüche der Erwerber (*BGH* VII ZR 360/02, NZM 2003, 814).

65 **3. Neubeginn der Verjährung.** Die Verjährung beginnt erneut durch ein Anerkenntnis iSv § 212 BGB. Anerkennt und beseitigt der Bauträger nach Ablauf der Verjährungsfrist einen Teil der Baumängel, so folgt allein daraus noch nicht, dass er darauf verzichtet, auch gegenüber den weiteren Ansprüchen der Wohnungseigentümer die Einrede der Verjährung zu erheben (*BayObLG* 2Z BR 82/02, NZM 2003, 31).

66 Der auf Zahlung verklagte Erwerber kann verjährte Ansprüche durch Einrede (§ 320 BGB) oder durch Aufrechnung (§ 215 BGB) geltend machen.

VIII. Die Abnahme des gemeinschaftlichen Eigentums

67 **1. Begriff der Abnahme.** Abnahme iSd § 640 BGB ist die körperliche Hinnahme der vollendeten Leistung (Realakt) und deren Billigung als eine in der Hauptsache vertragsgemäße Leistung (Willenserklärung) durch den Auftraggeber (vgl etwa *BGH* VII ZR 235/84, NJW 1986, 1758). Der Auftraggeber (Erwerber) ist zur Abnahme verpflichtet, sobald das Werk mangelfrei erstellt ist (§ 640 BGB). Der Erwerber kann auch ein mit Mängeln behaftetes Werk abnehmen und sich seine Rechte wegen der Mängel vorbehalten. Nimmt der Erwerber ein abnahmereifes Werk nicht ab, so gerät er in Annahmeverzug hinsichtlich des Werkes und in Schuldnerverzug hinsichtlich der Abnahme. Die Wirkungen der Abnahme treten dann automatisch ein.

68 **2. Form der Abnahme.** Die Abnahme kann ausdrücklich und grundsätzlich auch durch schlüssiges Handeln, das heißt durch ein Verhalten erfolgen, das den Willen zum Ausdruck bringt, das Werk als im Wesentlichen vertragsgemäß entgegenzunehmen. Die Abnahme hat aber förmlich zu erfolgen, wenn dies vertraglich vereinbart ist. In diesem Fall kann die Abnahme nicht stillschweigend, zB durch widerspruchslose Ingebrauchnahme erfolgen. Wurde die förmliche Abnahme vergessen, kann aber ein stillschweigender Verzicht auf die förmliche Abnahme durch längere Benutzung in Betracht kommen (vgl etwa *BayObLG* 2Z BR 75/00, NZM 2001, 539, 540).

69 **3. Folgen der Abnahme.** Die Abnahme hat im Werkvertragsrecht mehrere Folgen:

Sie bewirkt gemäß § 641 BGB die Fälligkeit des Vergütungsanspruchs des Werkunternehmers (Bauträgers) und lässt dessen Verjährung beginnen. Vor Abnahme ist die Klage auf Vergütung mangels Fälligkeit abzuweisen, wenn wesentliche Mängel vorliegen. Danach ist eine Verurteilung Zug um Zug gegen Mangelbeseitigung möglich.

70 Der Auftraggeber muss sich die Ansprüche aus § 634 Nr 1 bis 3 BGB wegen bekannter Mängel vorbehalten, da sie ansonsten nach § 640 Abs 2 BGB untergehen.

71 Es beginnt gemäß § 634a Abs 2 BGB die Verjährung der Gewährleistungs- und Schadensersatzansprüche wegen mangelhafter Bauleistungen.

72 Von der Abnahme an trägt der Erwerber die Behauptungs- und Beweislast für das Vorliegen von Mängeln, während vorher der Bauträger die Mangelfreiheit der Bauleistung

darlegen und beweisen muss (*BGH* VII ZR 112/71, NJW 1973, 1792). Mit der Abnahme geht die Gefahr für die Bauleistung auf den Erwerber über (§§ 644, 645 BGB). Auch nach Abnahme bleibt ein Anspruch auf Neuherstellung, wenn der Mangel auf andere Weise nicht beseitigt werden kann (*BGH* VII ZR 303/84, JZ 1986, 294 m Anm *Kohler*). 73

4. Zuständigkeit für die Abnahme. Da jeder einzelne Wohnungseigentümer aufgrund des Erwerbsvertrages einen eigenen Anspruch auf mangelfreies Gemeinschaftseigentum hat (vgl Rn 23), ist grundsätzlich jeder Erwerber für sich zur Abnahme des Gemeinschaftseigentums zuständig (*BGH* VII ZR 72/84, NJW 1985, 1551, 1552; aA *Wenzel* in Bärmann § 10 Rn 57). Die Belange der Wohnungseigentümer verlangen keine gemeinschaftliche Abnahme des gemeinschaftlichen Eigentums. Der Bauträger bleibt grundsätzlich solange dem Anspruch auf mangelfreie Herstellung des gemeinschaftlichen Eigentums ausgesetzt, solange dies noch ein Erwerber, dessen Anspruch noch nicht verjährt ist, fordern kann. Das Interesse des Bauträgers dies zu verhindern, führt nicht dazu, dass ein späterer Erwerber, dessen Anspruch noch nicht verjährt ist, eine bereits erfolgte Abnahme gegen sich gelten lassen muss. 74

Die Verträge mit den einzelnen Erwerbern können aber regeln, dass die Wohnungseigentümergemeinschaft, der Verwalter oder der Verwaltungsbeirat für die Abnahme zuständig sind (vgl etwa *BayObLG* 2Z BR 153/98, NZM 1999, 862 und NZM 2Z BR 75/ 00, 2001, 539, 540 [Vollmacht des Verwalters]; s dazu auch *Häublein* DNotZ 2002, 608 und *Basty* FS Wenzel, S 115). Die Verträge können auch vorsehen, dass die Abnahme des gemeinschaftlichen Eigentums durch einen vereidigten Sachverständigen erfolgt. Die Vereinbarung einer Abnahme durch einen Verwalter, der Bauträger ist, hält einer Inhaltskontrolle nach § 307 BGB im Hinblick auf § 181 BGB nicht stand (*Basty* FS Wenzel, S 115; *Riecke/Vogel* in Riecke/Schmid Anhang zu § 8 Rn 29). Die Abnahme kann auch durch Vereinbarung zu einer Angelegenheit der gemeinschaftlichen Verwaltung gemacht werden (*BayObLG* NZM 1999, 862, 864; *Riecke/Vogel* in Riecke/Schmid Anhang zu § 8 Rn 29; *Hügel* ZMR 2008, 855, 857; aA *Riesenberger* NZM 2004, 537, 539). Zu einem Muster für eine solche Regelung vgl *Hügel* ZMR 2008, 855, 858. Die Abnahme ist zwar kein gemeinschaftsbezogenes Recht im Sinne von § 10 Abs 6 S 3 (aA *Wenzel* in Bärmann § 10 Rn 57), sie kann aber als sonstige Pflicht im Sinne dieser Vorschrift durch Beschluss zu einer Angelegenheit der Gemeinschaft werden (*Hügel* ZMR 2008, 855, 856; vgl auch *BayObLG* 2Z BR 153/98, NZM 1999, 862, 864; aA *Lotz* BauR 2008, 740, 745). Ist die Abnahme gemeinschaftliche Angelegenheit, kann sich ein Wohnungseigentümer durch seine individuelle Abnahme nicht den Kosten entziehen, die durch eine Klage des Bauträgers gegen die übrigen Wohnungseigentümer auf Abnahme des gemeinschaftlichen Eigentums entstehen (*BayObLG* 2Z BR 153/98, NZM 1999, 862, 864). Eine gemeinschaftliche Abnahme wirkt gemäß § 10 Abs 4 S 1 auch gegenüber späteren Erwerbern (*Hügel* ZMR 2008, 855, 857). 75

§ 22 Besondere Aufwendungen, Wiederaufbau

(1) ¹**Bauliche Veränderungen und Aufwendungen, die über die ordnungsmäßige Instandhaltung oder Instandsetzung des gemeinschaftlichen Eigentums hinausgehen, können beschlossen oder verlangt werden, wenn jeder Wohnungseigentümer zustimmt, dessen Rechte durch die Maßnahmen über das in § 14 Nr. 1 bestimmte Maß hinaus beeinträchtigt werden.** ²**Die Zustimmung ist nicht erforderlich, soweit**

die Rechte eines Wohnungseigentümers nicht in der in Satz 1 bezeichneten Weise beeinträchtigt werden.

(2) ¹Maßnahmen gemäß Absatz 1 Satz 1, die der Modernisierung entsprechend § 559 Abs. 1 des Bürgerlichen Gesetzbuches oder der Anpassung des gemeinschaftlichen Eigentums an den Stand der Technik dienen, die Eigenart der Wohnanlage nicht ändern und keinen Wohnungseigentümer gegenüber anderen unbillig beeinträchtigen, können abweichend von Absatz 1 durch eine Mehrheit von drei Viertel aller stimmberechtigten Wohnungseigentümer im Sinne des § 25 Abs. 2 und mehr als der Hälfte aller Miteigentumsanteile beschlossen werden. ²Die Befugnis im Sinne des Satzes 1 kann durch Vereinbarung der Wohnungseigentümer nicht eingeschränkt oder ausgeschlossen werden.

(3) Für Maßnahmen der modernisierenden Instandsetzung im Sinne des § 21 Abs. 5 Nr. 2 verbleibt es bei den Vorschriften des § 21 Abs. 3 und 4.

(4) Ist das Gebäude zu mehr als der Hälfte seines Wertes zerstört und ist der Schaden nicht durch eine Versicherung oder in anderer Weise gedeckt, so kann der Wiederaufbau nicht gemäß § 21 Abs. 3 beschlossen oder gemäß § 21 Abs. 4 verlangt werden.

Übersicht

	Rn		Rn
I. Einleitung	1	f) Verbot der Benachteiligung Behinderter gemäß Art. 3 Abs 3 S 2 GG	103
II. Beschlusskompetenz für bauliche Veränderungen (§ 22 Abs 1)	2	g) Parabolantenne	104
1. Gesetzgeberische Intention	2	8. Mehrheitsbeschluss	116
2. Systematik der §§ 21, 22	3	a) Beschlussfassung	117
3. Überblick über die Struktur der Regelung	4	b) Inhalt des Beschlusses	123
4. Begriffsbestimmungen	11	c) Rechtsfolgen	127
a) Bauliche Veränderung	11	9. Zustimmung	138
b) Besondere Aufwendungen	13	10. Gestattungsanspruch	139
5. Abgrenzungen	14	11. Vereinbarungen	141
a) Modernisierende Instandsetzung	14	12. Anspruch auf Duldung einer baulichen Veränderung	144
b) Erstmalige Herstellung eines ordnungsmäßigen Zustands	16	13. Abdingbarkeit	146
		a) Zustimmungsfreiheit	147
c) Ursprüngliche planwidrige Errichtung	17	b) Einführung des Einstimmigkeitsprinzips	148
d) Nicht dauerhafte Umgestaltung	20	c) Einführung des Mehrheitsprinzips	149
6. Einzelfälle in alphabetischer Übersicht	21	d) Zustimmung des Verwalters	154
7. Beeinträchtigung im Sinne von §§ 22 Abs 1 S 1, 14 Nr 1	87	e) Gestattung konkreter Veränderungen	158
a) Nachteilige Veränderung des optischen Gesamteindrucks	93	III. Beschlusskompetenz für Modernisierungsmaßnahmen (§ 22 Abs 2)	159
		1. Modernisierung	160
b) Unzulässige Nutzung	97	a) Nachhaltige Erhöhung des Gebrauchswerts	161
c) Nachahmung	98	b) Dauerhafte Verbesserung der Wohnverhältnisse	162
d) Sonstige Beeinträchtigungen	99	c) Nachhaltige Einsparung von Energie oder Wasser	163
e) Wand- oder Deckendurchbruch	100		

Besondere Aufwendungen, Wiederaufbau § 22 WEG II

	Rn			Rn
2. Anpassung an den Stand der Technik	164	1.	Ausschluss der Ansprüche	182
			a) Rechtsmissbrauch	182
3. Dienlichkeit	165		b) Verwirkung	188
4. Keine Änderung der Eigenart der Wohnanlage	166		c) Verjährung	190
		2.	Anspruchsgegner	191
5. Keine unbillige Beeinträchtigung einzelner Wohnungseigentümer	167	3.	Verfahrensfragen	193
			a) Klagebefugnis	194
			b) Vollstreckung	195
6. Qualifizierte Mehrheit	171	V.	Wiederaufbau (Abs 4)	196
7. Kein Anspruch auf Modernisierung	173	1.	Verpflichtung zum Wiederaufbau	197
8. Zwingendes Recht (§ 22 Abs 2 S 2)	174	2.	Anspruch auf Wiederaufbau	203
IV. Ansprüche bei unzulässigen baulichen Veränderungen	176	VI.	Steckengebliebener Bau	206

Literatur: *Abramenko* Die Freistellung von Kosten für bauliche Veränderungen gemäß § 16 Abs 3 WEG nach dem Ende des Zitterbeschlusses, ZMR 2003, 468; *ders* Die Wirkung von Beschlüssen über bauliche Veränderungen, ZMR 2009, 97; *Armbrüster* Die Verteilung der Folgekosten beim Dachausbau ZWE 2002, 85; *ders* Bauliche Veränderungen und Aufwendungen gemäß § 22 Abs. 1 WEG und Verteilung der Kosten gemäß § 16 Abs. 4 und 6 WEG, ZWE 2008, 61; *ders* Die Wirkung von Beschlüssen über bauliche Veränderungen, ZMR 2009, 252; *Bub* Maßnahmen der Modernisierung und Anpassung an den Stand der Technik (§ 22 Abs 2 WEG) und Verteilung der Kosten gemäß § 16 Abs 4 WEG, ZWE 2008, 205 *Derleder* Barrierefreiheit im Wohnungseigentumsrecht, ZWE 2004, 118; *ders* Parabolantennen in der Wohnungseigentumsanlage und digitales Fernsehen, ZWE 2006, 220; *Drasdo* Parabolantennen in der Wohnungseigentümergemeinschaft, ZWE 2005, 295; *Eichberger/Schlapka* Die Werbeanlage – Zankapfel für die Wohnungseigentümergemeinschaft, ZMR 2005, 927; *Häublein* Bauliche Veränderungen nach der WEG-Novelle – neue Fragen und alte Probleme in „neuem Gewand", NZM 2007, 752; *ders* Die Willensbildung in der Wohnungseigentumsgemeinschaft nach der WEG-Novelle, ZMR 2007, 409; *Hitpaß* Aktuelle Rechtsprechung zur Videoüberwachung von Grundstücken, ZMR 2005, 247; *Hogenschurz* Verjährung und Verwirkung von Beseitigungs-Wiederherstellungsansprüchen bei baulichen Veränderungen nach dem Gesetz zur Modernisierung des Schuldrechts, ZWE 2002, 512; *ders* Die Entwicklung der Rechtsprechung zur Errichtung von Parabolantennen durch einzelne Wohnungseigentümer, DWE 2005, 63; *ders* Rechte bei eigenmächtigen baulichen Veränderungen eines Wohnungseigentümers, MietRB 2008, 35; *Huff* Elektronische Überwachung in der Wohnungseigentumsanlage, NZM 2002, 90; *ders* Grenzen der Videoüberwachung in der Wohnungseigentumsanlage, NZM 2002, 688; *ders* Neues zur Videoüberwachung im Miet- und Wohnungseigentumsrecht, NZM 2004, 535; *Köhler* Die „gefestigte" Rechtsprechung zu Satellitenanlagen, ZWE 2002, 97; *Kümmel* Die Genehmigung baulicher Veränderungen gemäß § 22 Abs 1 WEG, ZMR 2007, 932; *ders* Abwehransprüche der Wohnungseigentümer gemäß § 1004 BGB gegen Mieter und sonstige Nutzer des Sonder- und Gemeinschaftseigentums, ZWE 2008, 273; *Maaß/Hitpaß* Entwicklung der Parabolantennen-Rechtsprechung seit 2000, NZM 2003, 181; *Merle* Neues WEG: Beschluss und Zustimmung zu baulicher Veränderung, ZWE 2007, 374; *Ott* Der stecken gebliebene Bau nach Insolvenz des Bauträgers, NZM 2003, 134; *Rix* Der steckengebliebene Bau, 1991; *Röll* Der einstimmige Beschluss als Regelungsinstrument ZWE 2001, 55; *ders* Verwirkung und Verjährung von Ansprüchen auf Beseitigung baulicher Änderungen und Unterlassung von Nutzungsänderungen nach der Schuldrechtsmodernisierung, ZWE 2002, 353; *Schmack/Kümmel* Der einstimmige Beschluss als Regelungsinstrument im Wohnungseigentumsrecht, ZWE 2000, 433; *dies* Der einstimmige Beschluss als Regelungsinstrument, ZWE

2001, 58; *Schuschke* Veränderungen und Umbauten in der eigenen Eigentumswohnung, ZWE 2000, 146; *Wenzel* Die Verfolgung von Beseitigungsansprüchen durch die Wohnungseigentümergemeinschaft, NZM 2006, 321; *ders* Umstellung des Fernsehempfangs-bauliche Veränderung?, ZWE 2007, 179.

I. Einleitung

1 § 22 wurde mit Ausnahme von Abs 4, der dem bisherigen Abs 2 wortgleich entspricht, durch die Novelle 2007 (Gesetz zur Änderung des Wohnungseigentumsgesetzes und anderer Gesetze vom 26.3.2007) vollständig neu formuliert und außerdem um eine Regelung über Beschlusskompetenz für Modernisierungen (Abs 2) erweitert (vgl Begründung Regierungsentwurf BT-Drucks 16/887 S 28 ff und Beschlussempfehlung des Rechtsausschusses BT-Drucks 16/3843 S 50).

II. Beschlusskompetenz für bauliche Veränderungen (§ 22 Abs 1)

2 **1. Gesetzgeberische Intention.** Dem Gesetzgeber ging es bei der Neufassung des § 22 Abs 1 zunächst um die Beseitigung eines Missverständnisses. Denn die Vorstellung, dass bauliche Veränderungen stets der Einstimmigkeit bedürfen, war verbreitet. Dem wurde durch die Einführung einer ausdrücklichen Beschlusskompetenz Genüge getan (BT-Drucks 16/887 S 28). Weiterer Gesetzeszweck ist zu verhindern, dass einzelne Wohnungseigentümer durch die Vornahme baulicher Veränderungen vollendete Tatsachen schaffen, bevor ausreichend geprüft ist, wen eine Maßnahme nachteilig betrifft. Eine hinreichende Information und Mitwirkung der Wohnungseigentümer soll nun durch die Befassung der Eigentümergemeinschaft vor Durchführung einer baulichen Maßnahme sichergestellt werden (BT-Drucks16/887 S 28).

3 **2. Systematik der §§ 21, 22.** Nach § 21 Abs 1 können Verwaltungsmaßnahmen nur mit Zustimmung sämtlicher Wohnungseigentümer getroffen werden (vgl § 21 Rn 7). Dieser Grundsatz erfährt eine Ausnahme durch § 21 Abs 3, wonach Maßnahmen der ordnungsmäßigen Instandhaltung oder Instandsetzung des gemeinschaftlichen Eigentums (§ 21 Abs 5 Nr 2) sowie der modernisierenden Instandsetzung (§ 22 Abs 3) mehrheitlich beschlossen und gemäß § 21 Abs 4 verlangt werden können. § 22 Abs 1 bestimmt modifizierend, dass bauliche Veränderungen (zum Begriff S Rn 11) und besondere Aufwendungen (zum Begriff S Rn 13), die über eine ordnungsmäßige Instandhaltung oder Instandsetzung des gemeinschaftlichen Eigentums bzw seine modernisierende Instandsetzung hinausgehen, mehrheitlich beschlossen oder von einzelnen Wohnungseigentümern verlangt werden können, wenn jeder Wohnungseigentümer zustimmt, dessen Rechte durch die Maßnahmen über das in § 14 Nr 1 bestimmte Maß hinaus beeinträchtigt werden. Eine neu eingeführte Kategorie einer baulichen Veränderung stellt die Modernisierung nach § 22 Abs 2 WEG dar: sie müssen mit qualifizierter Mehrheit beschlossen werden (vgl Rn 179), erfordern aber nicht die Zustimmung aller über das Maß des § 14 Nr 1 beeinträchtigten Wohnungseigentümer.

4 **3. Überblick über die Struktur der Regelung.** § 22 Abs 1 S 1 bringt zum Ausdruck, dass die Wohnungseigentümer **Beschlusskompetenz** für bauliche Veränderungen haben. Aus § 22 Abs 1 S 1 Hs 2 folgt, dass ein Beschluss über die Genehmigung einer baulichen Veränderung nur dann und stets dann ordnungsmäßiger Verwaltung entspricht, wenn alle Beeinträchtigten der Vornahme der baulichen Veränderung zugestimmt haben.

Besondere Aufwendungen, Wiederaufbau § 22 WEG II

§ 22 Abs 1 S 2 stellt dabei klar, dass nur diejenigen Wohnungseigentümer zustimmen   5
müssen, die durch die Maßnahme im Sinne des § 22 Abs 1 Satz 1 beeinträchtigt sind,
um zu vermeiden, dass § 22 Abs 1 S 1 im Hinblick auf den Grundsatz der gemeinschaftlichen Verwaltung (§ 21 Abs 1) dahin ausgelegt wird, es sei immer ein einstimmiger Beschluss aller Wohnungseigentümer erforderlich (vgl BT-Drucks 16/887 S 29).
Hält sich die Beeinträchtigung des einzelnen Wohnungseigentümers aber innerhalb
der Grenzen des § 14 Nr 1, so bedarf es seiner **Zustimmung** nicht. Dabei kann § 22
Abs 1 S 1 nur in dem Sinne verstanden werden, dass **alle beeinträchtigten Wohnungseigentümer** an der zur Legitimation der baulichen Veränderung erforderlichen (Rn 7)
Beschlussfassung mitwirken müssen. Die Zustimmung kann damit allein durch eine
positive Stimmabgabe im Rahmen einer Beschlussfassung nach § 22 Abs 1 S 1 erklärt
werden (*Merle* in Bärmann, § 22 Rn 133; *Palandt/Bassenge* § 22 Rn 6; *Kümmel* ZMR
2007, 932; **aA** *Häublein* NZM 2007, 752; *Armbrüster* ZWE 2008, 61, *Abramenko* ZMR
2009, 97). So sieht es auch die Gesetzesbegründung, wenn sie ausführt, dass mit dem
Erfordernis der Zustimmung aller Beeinträchtigten die benötigte Stimmenzahl geregelt wird (vgl BT-Drucks 16/887 S 28).

In der Praxis werden solche Maßnahmen zwar meist nur mit Zustimmung aller Wohnungseigentümer – also einstimmig – beschlossen werden können, weil im Regelfall
alle Wohnungseigentümer beeinträchtigt sind. Die Beschlusskompetenz besteht aber
unabhängig davon, ob alle Beeinträchtigten zustimmen. Ein Beschluss über eine bauliche Veränderung, dem entgegen § 22 Abs 1 S 1 nicht alle beeinträchtigten Wohnungseigentümer zugestimmt haben, ist deshalb nur **anfechtbar**, nicht aber unwirksam
(vgl BT-Drucks 16/887 S 29; *Palandt/Bassenge* § 22 Rn 7 [zur Rechtslage vor der
Novelle 2007: *BayObLG* BReg 2 Z 84/87, NJW-RR 1988, 591; *BayObLG* 2Z BR 81/
00, NZM 2001, 133; *OLG Köln* 16 Wx 156/00, NZM 2001, 293; *OLG Köln* 16 Wx 10/
02, NZM 2002, 454; *Buck* WE 1998, 90, 92 f; *Wenzel* ZWE 2000, 2, 4 ff]; **aA** *Armbrüster* ZWE 2008, 61, der den Beschluss weder für anfechtbar noch für nichtig erachtet,
dafür aber angesichts von Art 14 Abs 1 S 1 GG vor seiner Durchführung in jedem Fall
die Zustimmung der Beeinträchtigten verlangt).

Nach bisherigem Verständnis konnte die nach § 22 Abs 1 S 2 aF erforderliche Zustimmung   6
des einzelnen beeinträchtigen Wohnungseigentümers formlos auch außerhalb
einer Versammlung erteilt werden (*BayObLG* 2Z BR 121/02, NZM 2003, 720; *Röll*
ZWE 2001, 55, 56; *Ott* ZWE 2002, 61, 65). Nach § 22 Abs 1 S 1 bedarf hingegen nunmehr **jede Maßnahme** nach § 22 Abs 1 der **Legitimation durch Mehrheitsbeschluss**,
sofern ihre Vornahme nicht durch Teilungserklärung/ Gemeinschaftsordnung bzw eine
nachträgliche Vereinbarung oder gesetzliche Regelung legitimiert ist. Die Legitimation ausschließlich auf der Grundlage außerhalb der Eigentümerversammlung erteilter Zustimmungen beeinträchtigter Wohnungseigentümer ist ausgeschlossen (*Palandt/
Bassenge* § 22 Rn 6; *Merle* in Bärmann, § 22 Rn 133; *Kümmel* ZMR 2007, 932; *Hügel/
Elzer* § 7 Rn 16; *Riecke/Schmid-Drabek*, § 22 Rn 22; *Lüke* ZfIR 2008, 225; **aA** Voraufl.
Niedenführ § 22 Rn 4; *Häublein* NZM 2007, 752; *Armbrüster* ZWE 2008, 61; *Abramenko* ZMR 2009, 97). Ebenso reicht es für die Vornahme einer baulichen Veränderung nicht, dass kein Wohnungseigentümer beeinträchtigt ist. Dies folgt aus dem
Gesetzeszweck (vgl dazu Rn 2), aus der Regelung des Anspruchs in § 22 Abs 1 S 1 (vgl
dazu Rn 7) und aus der Systematik des Gesetzes. Da es bei allen Maßnahmen der ordnungsmäßigen Verwaltung eines Beschlusses der Wohnungseigentümer bedarf, sofern
sie nicht auf einer Vereinbarung oder Gesetz beruhen, wäre es nicht überzeugend,

wenn die weiterreichenden Eingriffe nach § 22 nicht eines Beschlusses als legitimierender Grundlage bedürften (*Lüke* ZfIR 2008, 225, 228). Schließlich sprechen auch Gründe der Rechtssicherheit für den von der Praxis gut zu handhabenden Lösungsansatz.

7   Ein einzelner Wohnungseigentümer hat gemäß § 22 Abs 1 S 1 („Bauliche Veränderungen und Aufwendungen ... können verlangt werden") einen **Anspruch** gegen die anderen Wohnungseigentümer, eine Maßnahme gemäß § 22 Abs 1 S 1 im Beschlusswege zu gestatten, wenn ihr alle Wohnungseigentümer zugestimmt haben, deren Rechte über das in § 14 Nr 1 bestimmte Maß hinaus beeinträchtigt werden (vgl BT-Drucks 16/887 S 29). Nicht beeinträchtigte Wohnungseigentümer können die Durchführung der Maßnahme also nicht verhindern. Hieraus folgt zugleich, dass außerhalb einer Eigentümerversammlung erteilte Zustimmungen beeinträchtigter Wohnungseigentümer zur Legitimation einer solchen Maßnahme allein nicht ausreichen, denn der Anspruch auf einen Beschluss setzt die Zustimmung der beeinträchtigten Wohnungseigentümer voraus. Wäre deren formlose Zustimmung bereits ausreichend, wäre ein Anspruch auf Beschlussfassung überflüssig, da der Wohnungseigentümer eines Beschlusses zur Vornahme einer baulichen Veränderung nicht mehr bedürfte. Die Schaffung eines solchen Anspruchs ist daher nur dann sinnvoll, wenn allein ein Beschluss die Vornahme baulicher Veränderungen legitimieren kann (*Merle* in Bärmann, § 22 Rn 124; *Kümmel* ZMR 2007, 932).

Wegen weiterer Einzelheiten vgl Rn 139.

8   Diejenigen Wohnungseigentümer, deren Zustimmung zu einer baulichen Veränderung nicht notwendig ist und die dieser nicht oder nur unter Verwahrung gegen die Kostenlast oder nur zwangsweise aufgrund des Anspruchs nach § 22 Abs 1 S 1 (vgl Rn 7) zugestimmt haben, sind grundsätzlich nicht verpflichtet, sich an den **Kosten der Maßnahme** gemäß § 22 Abs. 1 S. 1 zu beteiligen (§ 16 Abs 6 S 1), können aber auch keinen Anteil an den Nutzungen, die diese Maßnahme erbracht hat, beanspruchen (s auch Rn 128, § 16 Rn 86). Im Fall der Aufhebung der Gemeinschaft bleibt nach § 17 Abs 2 eine Wertsteigerung, die durch die Maßnahme gemäß § 22 Abs 1 S 1 erfolgte, für sie außer Betracht. Etwas anderes gilt nur dann, wenn gemäß § 16 Abs 4 eine abweichende Kostenregelung mit qualifizierter Mehrheit getroffen wurde (§ 16 Abs 6 S 2).

9   Unter § 22 fällt auch die Zustimmung zur **Bebauung des Nachbargrundstücks**, wenn durch diese Maßnahmen das gemeinschaftliche Eigentum in baulicher Hinsicht betroffen ist (*OLG Köln* 16 Wx 56/95, WuM 1995, 502). Wirkt eine mit einem geringen Überbau verbundene bauliche Maßnahme an der Grenzwand des Nachbargrundstücks in gleicher Weise wie eine bauliche Veränderung des gemeinschaftlichen Eigentums, dann richtet sich die Wirksamkeit eines Mehrheitsbeschlusses, der die Zustimmung zu dem beabsichtigten Überbau erteilt, allein nach § 22 Abs 1 (*OLG Celle* 4 W 184/03, ZMR 2004, 361: Anbringung einer Fassadenverkleidung).

10 Die Bestimmungen des § 22 sind mit Ausnahme der Regelung des § 22 Abs 2 S 1 durch Vereinbarung **abänderbar**. Ein das Gesetz ändernder Mehrheitsbeschluss ist jedoch nichtig, wenn die Gemeinschaftsordnung nicht ausnahmsweise die Möglichkeit einer Mehrheitsentscheidung eröffnet, denn eine Änderung des Gesetzes ist nur durch Vereinbarung möglich (*BGH* V ZB 58/99, *Z* 145, 158= NJW 2000, 3500), vgl dazu im Einzelnen Rn 146.

Besondere Aufwendungen, Wiederaufbau § 22 WEG II

4. Begriffsbestimmungen. – a) Bauliche Veränderung. Im Sinne von § 22 ist dies die 11 gegenständliche Umgestaltung des gemeinschaftlichen Eigentums durch Eingriff in die Substanz oder die Veränderung des Erscheinungsbildes des **gemeinschaftlichen Eigentums** ohne Substanzeingriff (*Palandt/Bassenge* § 22 Rn 1; *Jennißen/Hogenschurz* § 22 Rn 3; *Schuschke* ZWE 2000, 146; a*A Niedenführ* Voraufl § 22 Rn 18: nur Substanzeingriffe). **Vergleichszustand** ist der Errichtungszustand des Gebäudes. Soweit später durch zulässige Maßnahmen gemäß §§ 21, 22 ein anderer Zustand geschaffen wird, wird dieser zum Vergleichszustand für spätere Veränderungen (*BayObLG* 2Z BR 73/01, NZM 2001, 956; *OLG Celle* 4 W 184/03, ZMR 2004, 361). Gleiches gilt, wenn Maßnahmen zu dulden sind, weil der Anspruch auf Beseitigung verwirkt (*OLG Saarbrücken* 5 W 286/95, FGPrax 1997, 56) oder verjährt ist. Ein neuer Vergleichszustand wird aber nicht durch einen Beschluss geschaffen, der die Maßnahmen lediglich duldet (*BayObLG* 2Z BR 73/01, NZM 2001, 956).

Nicht von § 22 erfasst werden bauliche Veränderungen **im Bereich des Sondereigen-** 12 **tums.** Beschränkungen ergeben sich insoweit unmittelbar aus § 14 Nr 1. Bewirken sie aber eine Umgestaltung des gemeinschaftlichen Eigentums, so liegt auch darin eine bauliche Veränderung im Sinne von § 22 Abs 1 (*OLG Hamburg* 2 Wx 94/01, NZM 2003, 109; *Merle* in Bärmann, § 22 Rn 8).

b) Besondere Aufwendungen. Es handelt sich um Aufwendungen für unnötige nicht- 13 bauliche Verwaltungsmaßnahmen, z. B. die Anschaffung nicht benötigter Pflegegeräte (*BayObLG* BReg 2 Z 141/90, WuM 1991, 210: Schneeräumgerät; *BayObLG* 2Z BR 75/97, WE 1998, 196: Leiter für Montage- und Wartungsarbeiten; selbstfahrender Rasenmäher für 200 qm Grünfläche) oder die Anstellung unnötigen Personals (zB Hausmeister, Doorman, Wachpersonal; vgl auch *BayObLG* BReg 2 Z 141/90, WuM 1991, 210).

5. Abgrenzungen. – a) Modernisierende Instandsetzung. Nach gefestigter Rechtspre- 14 chung dürfen anstelle einer veralteten Anlage neue, technisch bessere, zB energiesparende Anlagen eingebaut werden, wenn dies wirtschaftlich sinnvoll ist. Es handelt sich dann trotz Umgestaltung des gemeinschaftlichen Eigentums nicht um eine bauliche Veränderung, sondern um eine Instandsetzungsmaßnahme (vgl dazu § 21 Rn 84 f).

Der neu eingefügte § 22 Abs 3 soll klarstellen, dass Maßnahmen der modernisieren- 15 den Instandsetzung wie bisher mit einfacher Mehrheit beschlossen werden können (BT-Drucks 16/887 S 32). Für die Abgrenzung kommt es darauf an, ob durch die Maßnahme vorhandene Einrichtungen wegen bereits notwendiger oder absehbarer Reparaturen technisch auf einen aktuellen Stand gebracht oder durch eine wirtschaftlich sinnvollere Lösung ersetzt werden – dann § 21 Abs 5 Nr 2 – oder ob sie keinen Bezug mehr zur Instandhaltung oder Instandsetzung haben, aber Modernisierung sind – dann § 22 Abs 2. Ist beides nicht der Fall, bedarf die Maßnahme gemäß § 22 Abs 1 der Zustimmung aller über das Maß des § 14 Nr 1 hinaus Beeinträchtigten.

b) Erstmalige Herstellung eines ordnungsmäßigen Zustands. Ordnungsmäßiger Ver- 16 waltung entsprechen auch bauliche Veränderungen, die sich aus der Zweckbestimmung des Hauses oder der Teilungserklärung, der Gemeinschaftsordnung, dem Aufteilungsplan – nicht aber dem Kaufvertrag (*OLG Köln* 16 Wx 32/00, ZMR 2000, 861) – ergeben oder erkennbar sind (*BayObLG* BReg 2 Z 23/75, Z 1975, 177). Die erstmalige vollständige Errichtung und Ausstattung des Hauses, wie sie ursprünglich vorgesehen war, ist deshalb keine bauliche Veränderung iSv § 22 Abs 1 (*KG* 24 W

Vandenhouten 325

4146/85, OLGE 1986, 174: Schallschutzmaßnahmen; *BayObLG* BReg 2 Z 68/89, NJW-RR 1989, 1293: Wärmedämmung; *BayObLG* 2Z BR 48/99, ZMR 2000, 38: Sichtschutzzaun). Zur erstmaligen Herstellung eines ordnungsmäßigen Zustands s auch § 21 Rn 92.

17   c) **Ursprüngliche planwidrige Errichtung.** Errichtet der **Bauträger** das Gebäude von vornherein abweichend vom ursprünglichen Plan, liegt keine bauliche Veränderung vor (*BayObLG* 2Z BR 83/93, WuM 1993, 759; *BayObLG* 2Z BR 78/94, WuM 1994, 640; *OLG Frankfurt* 20 W 538/05, NZM 2008, 322). In einem solchen Fall besteht kein Beseitigungsanspruch gegen den Wohnungseigentümer, der Wohnungseigentum in einer bestimmten baulichen Gestaltung erwirbt (vgl auch Rn 180), denn er ist nicht schon deshalb Störer iSd § 1004 BGB, weil der Zustand der Wohnanlage von dem in der Teilungserklärung oder der Gemeinschaftsordnung vorgesehenen abweicht (*OLG Zweibrücken* 3 W 226/01, NZM 2002, 253). Es besteht allenfalls ein gegen die Gesamtheit der Wohnungseigentümer gerichteter Anspruch auf Herstellung eines den Plänen entsprechenden Zustandes, und zwar auch dann, wenn die Abweichung auf einer Absprache des Bauträgers mit dem Wohnungseigentümer beruht (*BayObLG* 2Z BR 78/94, WuM 1994, 640; *BayObLG* 2Z BR 57/98, NZM 1999, 286; *OLG Celle* 4 W 52/99, OLGR 1999, 367; *OLG Frankfurt* 20 W 538/05, NZM 2008, 322, s auch § 21 Rn 92). Eine vom Aufteilungsplan abweichende Bauausführung ist aber dann eine bauliche Veränderung, wenn die Wohnanlage nicht von einem Bauträger errichtet worden ist, sondern von mehreren Bauherren, die aufgrund einer Teilung nach § 3 schon zu Beginn der Bauarbeiten Wohnungseigentümer geworden sind (*BayObLG* 2Z BR 57/98, NZM 1999, 286). Den mit den Bauherren identischen Wohnungseigentümern obliegt dann die Gestaltungsbefugnis (BayObLG 2Z BR 25/97, WE 1998, 149).

18   Auch **nach Fertigstellung des Gebäudes** und nach einer Teilung gem § 8 WEG kann der Bauträger das Grundstück nach seinen Vorstellungen baulich ausgestalten, solange er Eigentümer aller Wohnungs- und Teileigentumseinheiten bleibt. Ihm steht zu dieser Zeit noch die alleinige Herrschaftsmacht nicht nur über jedes Sondereigentum, sondern auch über das gemeinschaftliche Eigentum zu. Verändert er das gemeinschaftliche Eigentum baulich, so liegt darin keine bauliche Veränderung. Er ist nicht etwa „Störer" seines eigenen Eigentums, auch wenn dieses schon die Rechtsform des Wohnungseigentums erhalten hat. Wenn sodann andere Personen Wohnungs- oder Teileigentumseinheiten erwerben, übernehmen sie das Sondereigentum und das gemeinschaftliche Eigentum in diesem (geänderten) Zustand. Sie können daher die Beseitigung dieses Zustands nicht gem. § 1004 BGB verlangen (*BayObLG* 2Z BR 83/93, WuM 1993, 759; *OLG Schleswig* 2 W 52/91, WE 1994, 87; *OLG Zweibrücken* 3 W 226/01, NZM 2002, 253).

19   Die Veränderungsmacht hat der Bauträger **solange bis zumindest eine sog werdende Wohnungseigentümergemeinschaft** (vgl dazu § 10 Rn 7) **entstanden ist** (*BayObLG* 2Z BR 83/93,WuM 1993, 759; *OLG Schleswig* 2 W 52/91, WE 1994, 87; *OLG Zweibrücken* 3 W 226/01, NZM 2002, 253). Nimmt der Bauträger ab diesem Zeitpunkt auf Veranlassung eines Erwerbers eine Veränderung vor, so ist dies eine bauliche Veränderung iSv § 22 Abs 1 (*OLG Frankfurt* 20 W 538/05, NZM 2008, 322). Die Gestaltungsbefugnis obliegt nämlich nun nicht mehr dem Bauträger, sondern der Eigentümergemeinschaft (*OLG Köln* 16 Wx 86/97, NZM 1998, 199). Ein Beseitigungsanspruch gemäß § 1004 BGB besteht.

Besondere Aufwendungen, Wiederaufbau § 22 WEG II

d) Nicht dauerhafte Umgestaltung. Eine Wäschespinne, die nicht fest und dauerhaft 20
installiert ist, sondern nur bei Bedarf in ein im Boden eingelassenes Führungsrohr
geschoben wird, ist keine bauliche Veränderung (*OLG Zweibrücken* 3 W 198/99,
NZM 2000, 293). Auch das Aufstellen von Biertischen, Bänken und Schirmen, die im
Boden nicht fest verankert sind, für jeweils 6 Monate im Jahr ist nicht mit einer auf
Dauer angelegten baulichen Veränderung des Grundstücks verbunden (*BayObLG* 2Z
BR 182/01, NZM 2002, 569). Auch in diesen Fällen kommt ein Unterlassungsanspruch
aus § 15 Abs 3 in Betracht, wenn der Gebrauch des Sondereigentums oder des
gemeinschaftlichen Eigentums iSv. § 14 Nr 1 zu einem Nachteil führt, der über das bei
einem geordneten Zusammenleben unvermeidliche Maß hinausgeht (vgl *BGH* V ZB
51/03, NJW 2004, 937). Bei Gebrauch einer Wäschespinne durch den Sondernutzungsberechtigten wird dies regelmäßig nicht der Fall sein (*OLG Zweibrücken* 3 W 198/99,
NZM 2000, 293). Dagegen kann das Aufstellen einer Parabolantenne zu einem solchen Nachteil führen (vgl Rn 104 ff).

6. Einzelfälle in alphabetischer Übersicht

Aufzug: Der Einbau eines (Außen-)Aufzugs in umgewandelten Altbau ist bauliche Verände- 21
rung (*BayObLG* 2Z BR 39/92, WuM 1992, 562; *AG Konstanz* 12 C 17/07, ZMR 2008, 494).

Antennen: Das Anbringen von Amateurfunkantennen ist bauliche Veränderung (*Bay-* 22
ObLG 2Z 51/85, MDR 1987, 235; *OLG Saarbrücken* 5 W 9/97-8, ZMR 1998, 310; *LG Stuttgart* 2 T 458/90, WuM 1991, 213). Siehe auch Kabelfernsehen und Mobilfunkantenne.

Aufstockung: Eine Aufstockung des Hauses ist bauliche Veränderung (*BayObLG* 2Z BR 23
117/00, ZMR 2001, 560; *OLG Hamburg* 2 Wx 35/05, ZMR 2007, 129). Ist bei der Renovie-
rung eines Flachdaches beabsichtigt, durch Aufstockung des Gebäudes neuen Wohn- und
Nutzraum zu schaffen, liegt eine bauliche Veränderung und nicht eine modernisierende
Instandsetzung vor (*BayObLG* 2Z BR 117/00, ZMR 2001, 560). Anders aber, wenn die
Ersetzung des Flachdachs etwa durch ein Walmdach zum Zwecke dauerhafter Schadensbe-
seitigung technisch geboten ist (*BayObLG* 2Z BR 4/98 , ZMR 1998, 364; *KG* 24 W 914/93,
WuM 1994, 223).

Außenbeleuchtung: Der Austausch eines Zeitschalters für die Außenbeleuchtung gegen 24
einen Dämmerungsschalter (*BayObLG* 2Z BR 60/93, WuM 1993, 758) ist keine bauliche
Veränderung.

Außenkamin: Die Errichtung eines Außenkamins ist auch in einer Mehrhausanlage eine 25
bauliche Veränderung (*OLG Köln* 16 Wx 9/00, NZM 2000, 764).

Balkon: Der **Anbau** eines Balkons ist eine bauliche Veränderung (*BayObLG* 2Z BR 1/01, 26
ZMR 2001, 640; *OLG Hamburg* 2 Wx 42/04, ZMR 2006, 702), die jedoch als Modernisierung eingestuft werden kann (S Rn 161, 166). Die **Verglasung** eines Balkons und die **Errichtung eines Wintergartens** sind typische bauliche Veränderungen (*BayObLG* 2Z BR 22/92,
WuM 1992, 563; *BayObLG* 2Z BR 89/93, WuM 1993, 750; *BayObLG* 2Z BR 213/03, NZM
2004, 836; *OLG Düsseldorf* 3 Wx 483/94, WuM 1995, 337; *OLG Frankfurt/Main* 20 W 192/
84, OLGZ 1985, 48; *OLG Bremen* 3 W 56/92, WuM 1993, 209; *OLG Köln* 16 Wx 205/96,
MDR 1996, 1235). Ist die Errichtung eines Wintergartens aber durch die Teilungserklärung
gestattet, bedarf auch ein Balkon rundum verglast werden (*OLG Düsseldorf* 3 Wx 230/91,
ZMR 2000, 190). Der nachträgliche Einbau eines Heizkörpers in einem schon bestehenden
Wintergarten bedarf nicht der Zustimmung (*OLG Düsseldorf* 3 Wx 66/04, ZMR 2005, 643).
Der Anbau eines Wintergartens fällt auch nicht unter § 22 Abs 2 (s Rn 765). Gleiches gilt
für die Errichtung eines Glaserkers (*OLG Zweibrücken*, 3 W 179/02, ZMR 2004, 60, 61).
Bauliche Veränderungen sind weiter das Anbringen einer **Markise** (*BayObLG* 2 Z BR 34/

95, ZMR 1995, 420; *KG* 24 W 6483/93, WuM 1994, 99; *OLG Zweibrücken* 3 W 251/03; NZM 2004, 428: im Einzelfall aber keine nachteilige optische Beeinträchtigung) oder von Wandfliesen im Balkonbereich (*AG Hannover* 71 II 182/04, ZMR 2005, 658). Die Errichtung einer **Balkontrennwand** ist ebenso wie deren Entfernung eine bauliche Veränderung (*BayObLG* 2Z 111/83, WuM 1985, 35; *BayObLG* 2Z BR 68/00, GE 2001, 775; *LG Itzehoe* 1 S 1/ 07, Info M 2008, 232). Das Aufsägen des Balkongeländers und Einrichten eines Durchgangs mit mobiler Treppenkonstruktion ist bauliche Veränderung (*OLG Karlsruhe* 11 Wx 49/98, NZM 1999, 36). Bauliche Veränderung ist auch das Unterfangen eines vorher auf Stützen gelagerten Balkons durch einen geschlossenen Anbau, wodurch ein **Abstellraum unter dem Balkon** auf einer bisherigen Gartenfläche gewonnen wird (*OLG Köln* 16 Wx 10/00, NZM 2000, 296). 643). Auch **ohne Substanzeingriff** wegen Veränderung des Erscheinungsbildes ist das **Anbringen eines Katzennetzes** am Balkon bauliche Veränderung (*OLG Zweibrücken* 3 W 44/98, NZM 1998, 376); ebenso das Aufstellen von **Grillkaminen** aus Fertigbetonteilen, das Aufstellen einer mobilen Markise, die Bespannung der Balkongitter mit Stoff oder Plane. Werden **Leichtmetallgeländer** anstelle von massiven Balkonbrüstungen angebracht, kann dies eine modernisierende Instandsetzung darstellen (*OLG München* 34 Wx 105/05, ZMR 2006, 302).

27 **Blitzschutz:** Eine mit relativ geringem Kostenaufwand erstmals durchgeführte Maßnahme zum Schutz eines höheren Gebäudes vor der elementaren Gefahr des Blitzeinschlags ist keine bauliche Veränderung (*OLG Düsseldorf* 3 Wx 163/00, NZM 2001, 146).

28 **Bäume:** Das ersatzlose Fällen von Bäumen kann eine beeinträchtigende bauliche Veränderung sein (*LG Frankfurt/Main* 2/9 T 362/89, NJW-RR 1990, 24; *OLG München* 32 Wx 004/ 06, ZMR 2006, 799; *OLG Schleswig* 2 W 25/07, WuM 2007, 587). Ob das Fällen mehrerer Bäume als bauliche Veränderung zu bewerten ist, hängt im Einzelfall unter anderem davon ab, ob der Eingriff in die gärtnerische Gestaltung der Außenanlage zu einem deutlich veränderten Eindruck führt (*OLG Düsseldorf* I-3 Wx 97/03, NZM 2003, 980). Voraussetzung für eine bauliche Veränderung ist, dass die Bäume für den Gesamteindruck der Anlage mitbestimmend sind (*OLG Köln* 16 Wx 208/98, NZM 1999, 623). Das Fällen von einzelnen Bäumen in einer Wohnanlage mit rund 60 Bäumen bedarf nicht der Zustimmung aller Wohnungseigentümer (*BayObLG* 2Z BR 142/00, WuM 2001, 299). Das Fällen von Bäumen ist keine bauliche Veränderung, wenn es erforderlich ist, weil die Bäume nicht mehr standsicher sind (*OLG Köln* 16 Wx 208/98, NZM 1999, 623). Das Entfernen der auf einem Tiefgaragendach stehenden Bäume ist keine bauliche Veränderung, wenn Anhaltspunkte dafür bestehen, dass die Baumwurzeln in die schon beschädigte Dichtungsschicht eindringen und weitere Schäden verursachen (*BayObLG* 2Z BR 24/96, WuM 1996, 493). Erfolgt die Beseitigung der Bäume aufgrund eines nicht angefochtenen Mehrheitsbeschlusses, ist die aufgrund dieses Beschlusses durchgeführte Maßnahme rechtmäßig. Nach der rechtmäßigen Beseitigung kann eine Neubepflanzung als Maßnahme ordnungsmäßiger Verwaltung gemäß § 21 Abs 3 beschlossen werden (*OLG Schleswig* 2 W 25/07, WuM 2007, 587).

29 **Bepflanzung:** Das Stutzen der rankenden Grünbepflanzung (Weinlaub) an der Hausfassade kann als Maßnahme nach § 21 Abs 5 Nr 2 mit Mehrheit beschlossen werden (*OLG Saarbrücken* 5 W 60/97 – 23, WuM 1998, 243, 244); das vollständige dauerhafte Entfernen des Fassadengrüns ist dagegen eine bauliche Veränderung (*OLG Düsseldorf* I-3 Wx 298/04, NZM 2005, 149). Die erstmalige gärtnerische Gestaltung des gemeinschaftliche Grundstücks, zB durch Pflanzen einer Hecke, können die Wohnungseigentümer mehrheitlich beschließen (§ 21 Abs 3, Abs 5 Nr 2 WEG), soweit nicht Teilungserklärung (Aufteilungsplan) oder Gemeinschaftsordnung bereits verbindlich die Gestaltung festlegen (*BayObLG* BReg 2 Z 29/91, WuM 1991, 448). Die Schaffung eines Durchgangs durch eine Hecke ist keine bauliche Veränderung, soweit es um die erstmalige Herstellung eines ordnungsmäßigen Zustands geht (*BayObLG* BReg 2 Z 125/88, ZMR 1989, 192). Das Aufstellen von

Besondere Aufwendungen, Wiederaufbau § 22 WEG II

Pflanztrögen auf einer Terrasse ist keine bauliche Veränderung des gemeinschaftlichen Eigentums (*BayObLG* BReg 2 Z 65/91, WE 1992, 42). Das Entfernen von Pflanztrögen von einer Terrasse ist jedoch bauliche Veränderung, nicht jedoch wenn feststeht, dass sie asbesthaltig sind (*BayObLG* 2Z BR 63/92, WuM 1993, 207).

Böden: Das Auswechseln eines Asphaltbodens durch Steinplatten ist keine bauliche Ver- 30 änderung (*OLG Schleswig* GWW 1968, 220). Wird ein **Plattenbelag** im Rahmen eines vereinbarten Sondernutzungsrechts zur Erstellung einer Terrasse auf einem Streifen des gemeinschaftlichen Eigentums aufgebracht, liegt eine bauliche Veränderung vor; es kann jedoch eine Beeinträchtigung fehlen (*BayObLG* BReg 2 Z 23/75, Z 1975, 177).

Carport: Die Errichtung eines Carports auf dem Pkw-Stellplatz durch den Sondernut- 31 zungsberechtigten ist bauliche Veränderung (*BayObLG* 2Z BR 30/99, NZM 1999, 855; *BayObLG* 2Z BR 107/02, NZM 2003, 199), die aber nicht unbedingt mit einer optischen Beeinträchtigung verbunden sein muss (*OLG Hamburg* 2 Wx 19/04, ZMR 2005, 305).

Dach: Typische bauliche Veränderung ist wegen der intensiveren Nutzungsmöglichkeit der 32 Ausbau eines Dachbodens zur Wohnung (*BayObLG* 2Z BR 73/93, WuM 1994, 163; *OLG Karlsruhe* 11 W 133/86, WuM 1987, 236; *OLG Braunschweig* 3 W 66/89, WuM 1991, 367; *OLG Hamburg* 2 Wx 53/95, MDR 1997, 816). Ebenso der Einbau von Dachfenstern unter Umgestaltung von Giebelfenstern (*BayObLG* 2Z 35/82, Rpfleger 1983, 14), die Veränderung der Schornsteine (*BayObLG* 2Z 112/84, DWE 1986, 22) und der Durchbruch in einen Giebel bei einem in Sondereigentum stehenden Reihenhaus (*AG Hamburg* 102 a II 34/88 WEG, DWE 1989, 78). Das Sondernutzungsrecht an einem Speicherraum gibt nicht das Recht, die Decke zu durchbrechen und eine Wendeltreppe sowie Dachflächenfenster einzubauen (*BayObLG* 2Z BR 51/93, WuM 1993, 706; **aA** *OLG Karlsruhe* 11 W 102/84, ZMR 1985, 209) bzw den Dachraum zu Wohnzwecken auszubauen (*OLG Frankfurt* 20 W 49/90, OLGZ 1991, 195; *OLG Hamm* 14 W 4/98, NZM 1998, 718), es sei denn die Zulässigkeit eines Dachausbaus ist vereinbart (*BayObLG* 2Z BR 167/99, NZM 2000, 1232). Die Zulässigkeit baulicher Veränderungen ist anhand des Inhalts der Vereinbarung im Einzelfall festzustellen (*BayObLG* 2Z BR 217/03, NZM 2004, 836: Dachfenster und Dachgauben zulässig, nicht aber Dachloggia; *OLG München* 32 Wx 179/06, ZMR 2007, 993: Dachgauben zulässig; *KG* 24 W 4224/83, ZMR 1986, 189: Dachterrasse unzulässig). Das Ersetzen einer Dachluke durch ein Dachflächenfenster zur Verbesserung der Lichtverhältnisse im sondergenutzten Dachraum ist bauliche Veränderung (*KG* 24 W 5299/90, WuM 1991, 128; *OLG Düsseldorf* 3 Wx 400/00, NZM 2001, 136), im Einzelfall kann eine Beeinträchtigung aber fehlen (*OLG Köln* 16 Wx 149/99, ZMR 2000, 638: nicht einsehbar). Beim Einbau einer Verbindungstreppe zum Spitzboden kann eine Beeinträchtigung fehlen (*BayObLG* 2Z BR 9/94, WuM 1995, 60). Das Ersetzen der Kiesschicht auf der Dachterrasse durch Erde und Pflanzen ist bauliche Veränderung (*BayObLG* 2Z BR 27/96, WuM 1996, 495, *OLG Köln* 16 Wx 217/04, NZM 2005, 508; *OLG München* 34 Wx 119/04, MDR 2007, 827).

Decken: Der Deckendurchbruch zur Verbindung zweier Wohnungen ist bauliche Verände- 33 rung (*BayObLG* BReg 2 Z 130/91, NJW-RR 1992, 272; *KG* 24 W 6746/89, NJW-RR 1990, 334; *KG* WuM 1993, 292). Zur Frage, ob ein Nachteil iSv § 14 Nr 1 vorliegt s Rn 100.

Entlüftungsanlage: Die Installation einer Entlüftungsanlage am Küchenfenster eines Gast- 34 stättenbetriebes ist bauliche Veränderung (*OLG Köln* 16 Wx 189/99, ZWE 2000, 428).

Fahrradständer: Die Anschaffung und Montage eines Fahrradständers auf dem im gemein- 35 schaftlichen Eigentum stehenden Hof ist auch dann eine Maßnahme der ordnungsgemäßen Verwaltung, die mit Stimmenmehrheit beschlossen werden kann, wenn bisher noch kein Fahrradständer vorhanden war, sondern die Räder einzeln im Hof abgestellt wurden (*OLG Köln* 16 Wx 69/96, WuM 1997, 64); s auch Rn 100.

Vandenhouten 329

II WEG § 22 Besondere Aufwendungen, Wiederaufbau

36 Fassade: Das Verputzen einer Sichtbetonfassade ist bauliche Veränderung (*BayObLG* WEZ 1988, 182).

37 Fenster: Bauliche Veränderungen sind das Auswechseln von Fenstern und der Einbau einer Sprossenverglasung (*OLG Frankfurt/Main* 20 W 192/84, OLGZ 1985, 48); das Ersetzen von Glasbausteinen im Treppenhaus durch Fenster (*BayObLG* 2Z BR 3/98, WuM 1998, 373); die Vergrößerung von zwei Einzelfenstern zu einer Fenster-Kombination und Errichtung eines Holzbalkons davor (*BayObLG* 2Z BR 125/93, WuM 1994, 564); oder Ersetzung eines Fensters in eine Tür zum Hof /Garten (*BayObLG* 2Z BR 27/93, WuM 1993, 564; *BayObLG* 2Z BR 89/97, WuM 1998, 116); der Einbau eines Dachflächenfensters (*OLG Köln* 16 Wx 86/97, NZM 1998, 199); die Vergrößerung eines Kellerfensters (*OLG Düsseldorf* 3 Wx 129/92, ZMR 1993, 581). Das Ersetzen einfach verglaster Fenster durch **Thermopanfenster** ist bei Veränderung des äußeren Erscheinungsbildes bauliche Veränderung, die aber bei Geringfügigkeit regelmäßig niemanden beeinträchtigt (*OLG Köln* 16 Wx 67/80, NJW 1981, 585), ansonsten handelt es sich bei optisch gleicher Farbe und Aufteilung in der Regel um eine modernisierende Instandsetzung (vgl § 21 Rn 85). Der Einbau eines Dreh-Kippfensters anstelle eines Kippfensters ist bauliche Veränderung (*OLG Köln* 16 Wx 80/98, NZM 1999, 263). Die Anbringung von **Abluftöffnungen** für Wäschetrockner, Klimaanlage oder Dunstabzugshaube in Außenfensterscheiben ist insbesondere wegen der damit einhergehenden Gefahr von (Lärm-/Geruchs-)Immissionen beeinträchtigend (*OLG Köln* 16 Wx 160/98, WuM 1999, 296). Bauliche Veränderungen sind daher erst recht ein Klimagerät im Außenfenster (*OLG Frankfurt/Main* 20 W 712/82, Rpfleger 1983, 64). Werden einbruchsichere **Fenstergitter** vor den Fenstern angebracht, liegt eine bauliche Veränderung vor (*OLG Zweibrücken* 3 W 12/00, NZM 2000, 623; *KG* 24 W 8114/99, NZM 2001, 341; *OLG Düsseldorf* 3 Wx 148/04, NZM 2005, 264). Diese kann jedoch nach Treu und Glauben zu dulden sein (s dazu Rn 145). Der statisch unbedenkliche und das äußere Erscheinungsbild nicht nennenswert beeinflussende **Umbau** eines Fensters **in eine Terrassentür**, die das Betreten und die Reinigung der vorgelagerten Dachfläche erlaubt, ist zwar bauliche Veränderung, beeinträchtigt aber nicht über das in § 14 bestimmte Maß hinaus (*OLG Düsseldorf* 3 Wx 364/98, NZM 1999, 264; *OLG Hamburg* 2 Wx 85/01, ZMR 2005, 391). Wird ein Holz-Fenster durch ein **Kunststoff-Fenster** ersetzt, ist dies eine bauliche Veränderung (*KG* 24 W 7471/ 92, WuM 1993, 752; *KG* 24 W 15/07, GE 2007, 1561; aA *BayObLG* 2 Z BR 177/04, BayOLGR 2005, 266: Maßnahme der ordnungsmäßigen Instandsetzung), die jedoch als Modernisierung eingestuft werden kann (Rn 161). Lässt ein Wohnungseigentümer aber entgegen einem bestandskräftigen Mehrheitsbeschluss Kunststoff-Fenster statt Holzfenster einbauen, kann die Wohnungseigentümergemeinschaft die Beseitigung verlangen (*OLG Düsseldorf* 3 Wx 314/04, NZM 2005, 426). Beim Einbau eines dreigeteilten Fensters statt eines zweigeteilten in ein Bauwerk, das insgesamt einen uneinheitlichen Eindruck erweckt, fehlt in der Regel an einer Beeinträchtigung (*BayObLG* 2Z BR 12/94, WuM 1994, 565).

38 Garage: Bauliche Veränderung ist das Betonieren einer Garagenzufahrt (*OLG Celle* 4 Wx 10/67, MDR 1968, 48); die Errichtung einer Garage statt eines Stellplatzes (*BayObLG* 2Z 18/84, DWE 1984, 125); das Anbringen seitlicher Begrenzungen durch Metallbleche und ein Schwingtor an einem Tiefgaragenstellplatz (*BayObLG* 2Z BR 82/97, WuM 1998, 175); das Anbringen eines verschließbaren Tors an einer offenen Garage (*BayObLG* 2Z BR 38/98, WuM 1998, 679; *BayObLG* BReg 2 Z 29/86, MDR 1986, 853; *BayObLG* 16 Wx 13/99, NZM 1999, 865); die Errichtung eines Tores an der Einfahrt zu einem Stellplatz (*BayObLG* BReg 2 Z 102/90, WuM 1991,210); ein Klingeltableau mit Gegensprechanlage im Bereich der Ein- und Ausfahrt einer Tiefgarage (*BayObLG* 2Z BR 129/97, NZM 1998, 522); die Herstellung eines Geräteraums zwischen zwei Garagen (*BayObLG* 2Z BR 70/98, NZM 1998, 775); die Errichtung einer Garage, die über die Maße im Aufteilungsplan hinausgeht (*OLG Düsseldorf* 3 Wx 227/97, NZM 1998, 79). Der Neubau einer Doppelgarage auf einer Sondernutzungsfläche ist bauliche Veränderung, die aber bei einem entsprechend großen Grund-

Besondere Aufwendungen, Wiederaufbau § 22 WEG II

stückszuschnitt im Einzelfall nicht über das in § 14 Nr 1 bestimmte Maß hinaus beeinträchtigt (*BayObLG* 2Z BR 121/02, NZM 2003, 720).

Garten: Wer ein Sondernutzungsrecht an einem Teil des gemeinschaftlichen Gartens hat, 39 darf grundsätzlich keine Maßnahmen der Gartengestaltung vornehmen, die über die übliche Gartenpflege hinausgehen. Das Anpflanzen von Bäumen und Sträuchern in Gartenteilen, an denen Sondernutzungsrechte bestehen, ist in der Regel ohne Zustimmung der anderen Wohnungseigentümer gestattet (*OLG Köln* 16 Wx 88/96, WuM 1996, 640). Die grundlegende Umgestaltung ist eine bauliche Veränderung. Die Gemeinschaftsordnung kann jedoch dem Sondernutzungsberechtigten bei der Gartenplanung und -gestaltung einen weitergehenden Gestaltungsspielraum gewähren (vgl etwa *OLG Hamm* 15 W 426/99, NZM 2000, 910). Ist vereinbart, dass ein Wohnungseigentümer den Garten "ortsüblich nutzen" darf, so kann ihm damit je nach den örtlichen Verhältnissen auch das Recht eingeräumt sein, auf der Sondernutzungsfläche bauliche Veränderungen vorzunehmen, etwa die Pergola als offenes Rankgerüst für Schling- und Kletterpflanzen zu errichten (*BayObLG* 2Z BR 131/97, NZM 1998, 443). Kniehohe Beeteinfassungsmauern im Garten sind eine bauliche Veränderung (*KG* 24 W 3851/93, WuM 1994, 225). Auch ein Sandkasten im Garten ist eine bauliche Veränderung (*LG Paderborn* 5 T 535/93, WuM 1994, 104). Ein Wohnungseigentümer, der an einer abschüssigen Gartenfläche ein Sondernutzungsrecht hat, kann berechtigt sein, die Hangfläche in einen Steingarten umzugestalten. In diesem Fall darf er Holzpalisaden zur Befestigung des Hangs durch Betonmauern mit Natursteinverkleidung ersetzen, sofern die Mauern durch ihre Bepflanzung den Eindruck eines Steingartens erwecken (*BayObLG* 2Z BR 53/00, NZM 2001, 200). Das Anbringen von Stufen in einer Böschung zwischen Terrasse und Gartenfläche ist bauliche Veränderung (*BayObLG* 2Z BR 33/04, NZM 2004, 747, 748) ebenso die Pflasterung einer Grünfläche (*BayObLG* 2Z BR 79/97, WuM 1997, 700). Das Verlegen von Trittplatten auf dem Rasen ist bauliche Veränderung; ob dadurch den anderen Wohnungseigentümern über das bei einem geordneten Zusammenleben unvermeidliche Maß hinaus ein Nachteil erwächst, ist Tatfrage. (*BayObLG* 2Z BR 21/01, NZM 2001, 959); s auch *Grundstücksoberfläche*.

Gartenhäuschen: Ein Gerätehaus auf der Grünfläche ist bauliche Veränderung (*KG* Rpfl 40 1977, 314). Dies gilt auch für dessen Auch Errichtung auf einer Sondernutzungsfläche am Garten (*BayObLG* BReg 2 Z 84/87, NJW-RR 1988, 591; *BayObLG* 2Z BR 188/98, NZM 1999, 809; *OLG Zweibrücken* 3 W 198/99, NZM 2000, 293; *BayObLG* 2Z BR 73/01, NZM 2001, 956). Die Errichtung eines Gewächshauses ist bauliche Veränderung, die aber nicht unbedingt mit einer optischen Beeinträchtigung verbunden sein muss (*OLG Hamburg* 2 Wx 19/04, ZMR 2005, 305).

Gasleitung: Die Neuerrichtung einer Gasleitung, die aus dem Kellerraum eines Wohnungs- 41 eigentümers durch eine tragende Wand in den Kellerraum eines anderen Wohnungseigentümers führen soll, ist bauliche Veränderung (*BayObLG* 2Z BR 164/97, NZM 1998, 1014).

Gegensprechanlage: Der erstmalige Einbau einer Gegensprechanlage in das Klingelta- 42 bleau ist zwar eine bauliche Veränderung. Sie beeinträchtigt aber in der Regel keinen Wohnungseigentümer über das in § 14 bestimmte Maß hinaus (*BayObLG* 2Z BR 5/02, NZM 2002, 869, 870).

Grillplatz: Die Entfernung eines Grillplatzes ist in der Regel eine bauliche Veränderung 43 (*BayObLG* 2Z BR 049/04, ZMR 2004, 924).

Grundstücksoberfläche: Die Umgestaltung der Grundstückoberfläche, zB durch Begradi- 44 gung eines abschüssigen Hangs und Einbau von zwei Stufen in die gebildete Böschung, ist ebenfalls eine bauliche Veränderung (*BayObLG* 2Z BR 86/02, NZM 2003, 242). Für eine Beeinträchtigung durch eine solche Maßnahme kann bereits die Möglichkeit einer intensiveren Nutzung genügen (*BayObLG* 2Z BR 86/02, NZM 2003, 242).

Vandenhouten

45 Heckenrückschnitt: Der Beschluss über einen dauerhaften deutlichen Heckenrückschnitt kann im Einzelfall eine bauliche Veränderung zum Gegenstand haben (*BayObLG* 2Z BR 249/03, NJW-RR 2004, 1378; *OLG München* 34 Wx 054/05, ZMR 2006, 67).

46 Heizung: Das Umstellen einer Ölheizung auf eine wahlweise mit Öl oder Gas betriebene Heizung ist Maßnahme der modernisierenden Instandsetzung (*BayObLG* 2 Z 26/88 WE 1989, 208). Der Bau einer eigenen Heizungsanlage statt Fernwärmebezug ist bauliche Veränderung (*OLG Frankfurt/Main* 20 W 134/86 WEZ 1987, 174). Bei Austausch von Elektro- gegen Gasheizung kann eine Beeinträchtigung fehlen (*OLG Frankfurt/Main* 20 W 230/91, WuM 1992, 561). Wenn in einer Wohnanlage bislang keine gemeinschaftliche Heizungsanlage vorhanden war, stellt die Umstellung der Wärmeversorgung von Nachtspeicherstrom auf Gas eine bauliche Veränderung dar (*OLG Hamm* 5 U 220/93, NJW-RR 1995, 909).

47 Hofpflasterung: Die Pflasterung einer gemeinschaftlich genutzten Hoffläche ist keine bauliche Veränderung, wenn dadurch erstmals ein mangelfreier und ordnungsgemäßer Zustand hergestellt wird (*OLG Düsseldorf* 3 Wx 126/99, NZM 2000, 390).

48 Jalousien: *siehe Markisen.*

49 Kabelfernsehen: Bauliche Veränderung ist grundsätzlich das Umrüsten einer Gemeinschaftsantenne auf Kabelfernsehen (**aA** *Wenzel* ZWE 2007, 179: Maßnahme gemäß § 21 Abs 3; *Bub* ZWE 2008, 205: Maßnahme der modernisierenden Instandsetzung)und das Umrüsten vom Kabelanschluss auf eine Gemeinschafts- Satellitenempfangsanlage. Der Kabelanschluss beeinträchtigt jedoch nicht über das Maß des § 14 Nr 1 hinaus, wenn die Reparatur der vorhandenen Antennenanlage etwa gleich viel kosten würde, der Widersprechende von Kosten freigestellt wird und sein Empfang im bisherigen Umfang sichergestellt ist (*BayObLG* BReg 1 b Z 36/88,NJW- RR 1990, 330; *KG* 24 W 6716/90, WuM 1992, 89). Vgl dazu auch § 21 Rn 85. Es kann auch eine Maßnahme der Modernisierung vorliegen s Rn 164.

50 Kaltwasserzähler: Der Einbau von Kaltwasserzählern ist keine bauliche Veränderung iSv § 22 Abs 1 S 1, sondern fällt als eine notwendige Folgemaßnahme zu der Entscheidung über die Einführung der verbrauchsabhängigen Abrechnung ebenso wie diese unter den Anwendungsbereich des § 21 Abs 3 (*BGH* V ZB 21/03, NJW 2003, 3476). Siehe dazu § 16 Rn 49.

51 Kamin: Der Anschluss eines Kachelofens an einen (Not-)Kamin ist jedenfalls dann eine bauliche Veränderung, sofern für dessen Betrieb auf dem Dach der Wohnanlage der vorhandene Kamin durch ein Aufsatzrohr erhöht und im Keller die Belüftungsöffnung für einen im gemeinschaftlichen Eigentum stehenden Raum verschlossen werden muss (*BayObLG* 2Z BR 61/03, WuM 1994, 48). Der Anschluss eines Kaminofens an einen Kamin durch einen Wohnungseigentümer ist wegen des Ausschlusses der übrigen vom Mitgebrauch nachteilig, wenn aus technischen Gründen nur ein Ofen angeschlossen werden kann (*LG München II* 1 T 22910/07, ZMR 2009, 482). Die in der Teilungserklärung nicht vorgesehene Errichtung eines Außenkamins stellt einen Eingriff in die Substanz der Außenwand des Hauses und damit eine bauliche Veränderung des gemeinschaftlichen Eigentums dar (*OLG Köln* 16 Wx 9/00, NZM 2000, 764).

52 Kaninchengehege: Nicht zustimmungsbedürftig ist das Aufstellen eines kleinen Kaninchengeheges im Spielbereich eines zur Sondernutzung zugewiesenen Gartens (*OLG Köln* 16 Wx 58/06, NZM 2005, 785).

53 Kellerräume: Die Zusammenfassung von drei Kellerräumen, die zu zwei verschiedenen Wohnungen gehören, und ihre Ausstattung mit Sauna, Dusche und WC ist bauliche Veränderung und ermöglicht eine intensivere Nutzung der Kellerräume, auch als eigene Wohnung; sie darf daher nur mit Zustimmung aller anderen Wohnungseigentümer vorgenommen werden (*BayObLG* BReg 2 Z 130/91, NJW-RR 1992, 272).

Besondere Aufwendungen, Wiederaufbau § 22 WEG II

Kinderspielplatz: Die Anlage eines baurechtlich vorgeschriebenen Kinderspielplatzes und die Versetzung einer Kinderschaukel, zwecks Einhaltung der erforderlichen Sicherheitsabstände, können mehrheitlich beschlossen werden (*BayObLG* 2Z BR 10/98, NZM 1998, 817). **54**

Klimaanlage: Der Einbau einer Klimaanlage, die Kernbohrungen von maximal 5 cm im Außenmauerwerk, das Anbringen eines 6x9 cm großen weißen Kunststoffkanals auf der weiß verputzten Außenwand der zur Dachgeschosswohnung des Sondereigentümers gehörenden Loggia sowie ein auf der Loggia aufgestelltes, von außen nicht sichtbares Gerät erfordert, bedarf als bauliche Veränderung nicht der Zustimmung sämtlicher Wohnungseigentümer, weil ein erheblicher Nachteil fehlt (*OLG Düsseldorf* I-3 Wx 197/06, ZMR 2007, 206). Entstehen durch den Betrieb Geräuschemissionen, die den zulässigen Lärmimmissionsrichtwert der TA Lärm für reine Wohngebiete mit nachts 35 dB (A) deutlich überschreiten [48,7 dB (A)], so liegt hierin kein rechtlich relevanter Nachteil, wenn der betroffene Nachbar in Kenntnis der zu erwartenden Geräuschimmissionen seine Zustimmung mit der Installation der Klimaanlage erklärt hatte (*OLG Düsseldorf* I-3 Wx 197/06, ZMR 2007, 206); anderenfalls schon (*OLG Köln* 16 Wx 160/98, WuM 1999, 296). **55**

Leuchtreklame: *siehe Reklame.* **56**

Loggia: Die Errichtung einer Treppe von der Loggia in den Gemeinschaftsgarten (*LG Essen* WEZ 1987, 112) ist ebenso bauliche Veränderung wie die Verglasung einer Loggia (*BayObLG* BReg 2 Z 34/87, WuM 1987, 327; *OLG Frankfurt a*M 20 W 192/84, OLGZ 1985, 48; *OLG Zweibrücken* 3 W 58/87, NJW- RR 1987, 1358), die aber jetzt Modernisierung gemäß § 22 Abs 2 sein können (vgl *AG Hannover* 484 C 9807/07, ZMR 2008, 250; *AG Konstanz* 12 C 17/07, ZMR 2008, 494). **57**

Markisen: Das Anbringen von Markisen oder Rollläden ist bauliche Veränderung (*BayObLG* BReg 2 Z 63/85, NJW-RR 1986, 178; *BayObLG* 2Z BR 34/95,WuM 1995, 449; *OLG Frankfurt/Main* 20 W 370/84, OLGZ 1986, 42; *KG* 24 W 6483/93, WuM 1994, 99; *KG* 24 W 7039/94, WuM 1995, 226; *OLG Zweibrücken* 3 W 251/03, NZM 2004, 428), ebenso das Anbringen von Außenjalousien (*BayObLG* WuM 1992, 98) und vorstehenden Rollladenkästen (*OLG Düsseldorf* 3 Wx 99/95, WuM 1996, 111). Ob sie zu einer nachteiligen Veränderung des optischen Gesamteindrucks einer Wohnanlage führt, liegt weitgehend auf tatrichterlichem Gebiet (*BayObLG* 2Z BR 34/95, WuM 1995, 449). **58**

Mobilfunkantenne: Die Installation einer Mobilfunkantenne ist eine bauliche Veränderung (*OLG München* 34 Wx 109/06, WuM 2007, 34). Die derzeit bestehende Ungewissheit, ob und in welchem Maße Mobilfunkantennen, die für den UMTS-Betrieb ausgelegt sind, zu gesundheitlichen Gefahren für die in der unmittelbaren Nähe der Anlage lebenden Menschen führen, begründet eine tatsächliche Beeinträchtigung iSv § 14 Nr 1, weil bereits diese Ungewissheit die Lebensqualität in der Wohnanlage beeinträchtigt (*OLG Hamm* 15 W 287/01, NZM 2002, 456). Hierauf kommt es allerdings dann nicht an, wenn die Teilungserklärung einem Sondernutzungsberechtigten ausdrücklich gestattet, die Dachfläche für „leistungsstarke Antennen" zu nutzen (*OLG Köln* 16 Wx 221/02, NZM 2003, 200). Dann kann aber noch eine optische Beeinträchtigung in Betracht kommen (vgl *OLG Saarbrücken* 5 W 9/97 - 8, ZMR 1998, 310). **59**

Mülltonnen: Die Umwandlung eines Müllcontainerplatzes in einen Parkplatz ist bauliche Veränderung (*OLG Frankfurt/Main* 20 W 279/79, OLGZ 1980, 78). Ebenso die Verlegung der Mülltonnenanlage (*BayObLG* 2Z BR 138/01, NZM 2003, 114), bei der es aber einer Beeinträchtigung fehlen kann (*BayObLG* 2Z BR 138/01, NZM 2003, 114; *OLG Hamburg* 2 W 34/76, MDR 1977, 230; *OLG Karlsruhe* 3 W 14/77, MDR 1978, 495). Die erstmalige Einrichtung eines Mülltonnenabstellplatzes auf der gemeinschaftlichen Grundstücksfläche ist aber eine Maßnahme der ordnungsgemäßen Verwaltung (*LG Bremen* 2 T 553/96, WuM 1997, 389). **60**

Vandenhouten

II WEG § 22 — Besondere Aufwendungen, Wiederaufbau

61 Pergola: Das Anbringen einer Pergola ist bauliche Veränderung (*OLG Frankfurt/Main* 20 W 216/88, DWE 1989, 70; *BayObLG* BReg 2 Z 35/80, Rpfleger 1981, 284; *BayObLG* 2Z BR 131/97, NZM 1998, 443; *OLG München* 34 Wx 033/06, ZMR 2006, 801). Pergola (Laubengang) ist ein Gerüstwerk über Wegen oder Plätzen, insbesondere im Garten, das als Träger für schattengebende Schling- und Kletterpflanzen dient.

62 Pflanztröge: Das Aufstellen oder Entfernen von Pflanzkübeln ist zwar keine bauliche Veränderung, weil die Maßnahme nicht mit einer gegenständlichen Veränderung des gemeinschaftlichen Eigentums verbunden ist (vgl aber die hier vertretene Ansicht Rn 11), doch kann darin wegen der optischen Veränderung ein Gebrauch des Sondereigentums oder des gemeinschaftlichen Eigentums liegen, der zu einem Nachteil führt, der über das bei einem geordneten Zusammenleben unvermeidliche Maß hinausgeht (*BayObLG* 2Z BR 25/97, WE 1998, 149; *BayObLG* 2Z BR 63/92, WuM 207; vgl auch *BGH* V ZB 51/03, NJW 2004, 937).

63 Photovoltaikanlage: *siehe Sonnenkollektoren.*

64 Reklame: An der Außenwand angebrachte Leuchtreklamen sind bauliche Veränderungen. Soweit es sich aber um eine ortsübliche und angemessene Werbung für ein in zulässiger Weise in der Anlage betriebenes Gewerbe handelt, ist eine Zustimmung nicht erforderlich (*BayObLG* 2Z BR 74/00, NZM 2000, 1236; siehe zur fehlenden Beeinträchtigung auch *OLG Hamm* 15 W 131/79, OLGZ 80, 274). Bestimmt die Teilungserklärung, dass Werbeschriften an der gesamten Fassade angebracht werden können, aber nicht die freie Sicht aus den Fenstern nach vorn behindern dürfen, so kann jeder Wohnungseigentümer verlangen, dass an Fenstern der Eigentumsanlage angebrachte störende Werbefolien entfernt werden, auch wenn die Sicht aus den Fenstern seiner Wohnung durch die Werbung nicht beeinträchtigt wird (*OLG Düsseldorf* 3 Wx 181/05, NZM 2006, 782).

65 Rollläden: *siehe Markisen.*

66 Rollladenheber: Das Nachrüsten eines bisher manuell betriebenen Rollladens durch einen elektrisch betriebenen Rolladenheber kann eine bauliche Veränderung sein. Es entsteht aber kein Nachteil iSd § 22 Abs 1 S 2, wenn der Umbau die Außenfassade nicht verändert und die durch den Elektromotor verursachten Geräusche nicht nennenswert über die bisher durch das Bedienen der Rollladengurte verursachten hinausgehen, jedenfalls aber das Maß üblicher Wohngeräusche nicht übersteigen (*OLG Köln* 16 Wx 115/00, NZM 2001, 53).

67 Rollstuhlrampe: Der Anbau einer Rollstuhlrampe ist bauliche Veränderung. Wegen seiner Behinderung kann ein auf den Rollstuhl angewiesener Wohnungseigentümer im Einzelfall aber Anspruch auf Zustimmung zum Bau einer behindertengerechten Rollstuhlrampe haben (vgl dazu *AG Dortmund* 139 II 84/93 WEG, WuM 1996, 242). Zu baulichen Veränderungen für eine behindertengerechte Nutzung siehe auch unter Treppenlift.

68 Sitzgruppe: Das Aufstellen einer **Sitzgruppe** auf der zum gemeinschaftlichen Eigentum gehörenden Grünfläche beeinträchtigt im Regelfall nicht über das in § 14 bestimmte Maß hinaus (*OLG Karlsruhe* 11 Wx 94/96, ZMR 1997, 608).

69 Sonnenkollektoren: Die Neuerrichtung von 10m^2 großen Sonnenkollektoren zur Warmwasseraufbereitung ist eine bauliche Veränderung (*OLG München* 34 Wx 76/05, NZM 2005, 825). Der Beseitigungsanspruch entfällt nicht allein deshalb, weil es sich bei den Sonnenkollektoren um ein umweltfreundliches Mittel zur Gewinnung von Energie handelt (*BayObLG* 2Z BR 2/00, NZM 2000, 674). Ggf aber Maßnahme nach § 22 Abs 2, vgl Rn 163). Das Anbringen einer 0,8 m^2 großen Photovoltaikanlage (Anlage zur Umsetzung von Lichtenergie in elektrische Energie) auf dem Flachdach einer Garage ist eine bauliche Veränderung, wobei aber eine über das in § 14 bestimmte Maß hinausgehende Beeinträchtigung fehlen kann (*BayObLG* 2Z BR 147/01, NZM 2002, 74). Auch bei der Anbringung von zwei Solarzellen ohne Substanzeingriff kann es an einer Beeinträchtigung fehlen (*BayObLG* 2Z BR 75/92, WuM 1992, 709).

Besondere Aufwendungen, Wiederaufbau § 22 WEG II

Speicher: Der Ausbau eines Speichers zu Wohnzwecken ist bauliche Veränderung (*OLG München* 34 Wx 028/05, ZMR 2006, 301). **70**

Stellplätze: Das Wiederanbringen einer im Aufteilungsplan vorgesehenen und ursprünglich vorhandenen Absperrkette zwischen den Stellplätzen eines Parkplatzes ist keine bauliche Veränderung, wenn die Kette unrechtmäßig entfernt wurde (*BayObLG* 2Z BR 86/98, NZM 1999, 29). Eine bauliche Veränderung liegt vor, wenn ein Maschendrahtzaun, der Stellplätze voneinander abtrennt, durch eine massive und unelastische Holztrennwand ersetzt wird (*OLG München* 34 Wx 001/06, ZMR 2006, 641). **71**

Stromversorgungsanlage: Verstärkung einer Stromversorgungsanlage ist keine bauliche Veränderung, wenn moderne elektrische Geräte einen gesteigerten Stromverbrauch verursachen (BayObLG 2 Z 99/70, Z 71, 280); wohl aber die Erweiterung der normalen Stromversorgungsanlage, damit Heizungs- und Warmwasserverbrauch mit Nachtstrom betrieben werden können (*BayObLG* BReg 2 Z 102/87, WuM 1988, 320). **72**

Teppichklopfstange: Die Entfernung einer im Erdboden fest fundamentierten Teppichklopfstange stelle eine bauliche Veränderung dar (*LG Karlsruhe* 11 S 85/08, ZWE 2009, 327).

Terrasse: Die Erweiterung einer Terrassenüberdachung und Rundumverglasung (*OLG Zweibrücken* 3 W 136/88, OLGZ 1989, 181), die Vergrößerung einer Terrasse um 1/3 (*OLG Karlsruhe* 11 Wx 42/00, NZM 2001, 758), der Bau einer Holzterrasse auf einer unbebauten Grundstücksfläche (*BayObLG 2 Z BR 99/97*, WuM 1998, 115), der Einbau einer Betontreppe in die Böschung einer Terrasse (*BayObLG* BReg 2 Z 80/91, ZMR 1991, 444), der Ersatz der mit Platten belegten Trittstufen durch eine betonierte Treppe (*BayObLG* 2Z BR 74/02, NZM 2003, 121 [LS]), die Überdachung einer Terrasse (*OLG München* 34 Wx 056/05, ZMR 2006, 230) sind bauliche Veränderungen. Die Errichtung eines Saunahauses auf der Terrasse ist bauliche Veränderung (*BayObLG* 2Z BR 4/01, ZWE 2001, 428). Auch die Vergrößerung einer Terrasse unter Einbeziehung von 0,50 bis 0,60 m der zum Sondernutzungsrecht desselben Wohnungseigentümers gehörenden Rasenflächen ist bauliche Veränderung. Sie beeinträchtigt aber in der Regel nicht über das in § 14 bestimmte Maß hinaus (*BayObLG* 2Z BR 110/97, ZMR 1998, 359). **73**

Treppenhaus: Das Anbringen einer Garderobe an den Wänden des Treppenhauses ist bauliche Veränderung (*OLG München* 34 Wx 160/05, ZMR 2006, 712); ebenso das Auswechseln einer Flureingangstür (*BayObLG* WEZ 1988, 179). Der Einbau von Schränken im Bereich der Wohnungstür auf dem Treppenpodest des gemeinschaftlichen Treppenhauses ist bauliche Veränderung (*KG* 24 W 7087/91, WuM 1993, 83). Siehe auch Wohnungsabschlusstür. **74**

Treppenlift: Der Einbau eines Treppenlifts ist bauliche Veränderung. Die Abwägung der Interessen eines behinderten Wohnungseigentümers und der Interessen der übrigen Wohnungseigentümer kann aber ergeben, dass der Einbau eines solchen Liftes nicht über das Maß des § 14 hinaus beeinträchtigt (vgl dazu *BayObLG* 2Z BR 161/03, ZMR 2004, 209; *LG Hamburg* 318 T 70/99, NZM 2001, 767; *OLG München* 32 Wx 51/05, NZM 2005, 707; *OLG München*, 34 Wx 66/07, NZM 2008, 848 und Rn 103). Für das Mietrecht hat der Gesetzgeber unter dem Eindruck einer Entscheidung des *BVerfG* (1 BvR 1460/99, NJW 2000, 2658) in § 554a BGB einen Anspruch des Mieters auf Zustimmung zu baulichen Veränderungen für eine behindertengerechte Nutzung der Mietsache normiert. Anspruchsvoraussetzung ist, dass die umfassende Abwägung der Interessen von Mieter, Vermieter und Mitmietern zugunsten des Mieters ausfällt (s dazu *Lammel* Mietrecht, § 554a Rn 13 ff). **75**

Videoüberwachung: Die Installation einer Videoüberwachungsanlage ist keine modernisierende Instandsetzung, sondern bauliche Veränderung, die der Zustimmung aller Wohnungseigentümer bedarf, da sie einen unzulässigen Eingriff in das Persönlichkeitsrecht der ande- **76**

Vandenhouten

ren Eigentümer darstellt (*OLG Köln* 16 Wx 13/07, ZMR 2008, 559; *AG Frankfurt/Main* 65 UR II 149/02, NZM 2003, 68; *Huff* NZM 2002, 89, 91; *ders* NZM 2002, 688; **aA** *KG* 24 W 309/01, NZM 2002, 702 [Videoauge sei keine bauliche Veränderung]). Beim Einbau eines Videoauges in die gemeinschaftliche Klingelanlage wird eine über das Maß des § 14 hinausgehende Beeinträchtigung fehlen, wenn die Vorgaben des § 6b BDSG beachtet sind (*Huff* NZM 2002, 89, 92). Insbesondere ist gemäß § 6b Abs 2 BDSG der Umstand der Beobachtung und wer für die Beobachtung verantwortlich ist, durch geeignete Maßnahmen erkennbar zu machen. Die Einführung der Videoüberwachung durch eine **Kleinstkamera im Klingeltableau** und Übertragung in das hausinterne Kabelnetz ohne technische Beschränkung genügt den Anforderungen des § 6b BDSG nicht (*KG* 24 W 309/01, NZM 2002, 702). Der unzulässigen Videoüberwachung von Gemeinschaftsflächen durch einzelne Wohnungseigentümer steht es gleich, wenn durch Anbringung einer Attrappe auch nur der Eindruck einer solchen Überwachungsmöglichkeit erweckt wird (*AG Tempelhof-Kreuzberg* 72 C 26/06.WEG, GE 2009, 391). Zur Frage, ob ein Beweisverwertungsverbot bei nicht erkennbarer privater Videoüberwachung besteht vgl *OLG Karlsruhe* NZM 2002, 703 m abl Anm *Huff* NZM 2002, 688. Ein Beschluss, der die dauernde unkontrollierte Videoüberwachung von Gemeinschaftsflächen untersagt, entspricht regelmäßig ordnungsgemäßer Verwaltung (*OLG München* 32 Wx 002/05, ZMR 2005, 474; vgl auch *OLG Düsseldorf* 3 Wx 199/06, NZM 2007, 166). Vgl zur Videoüberwachung auch *Hitpaß* ZMR 2005, 247.

§ 6b BDSG in der ab 28. August 2002 gültigen Fassung lautet:

(1) Die Beobachtung öffentlich zugänglicher Räume mit optisch-elektronischen Einrichtungen (Videoüberwachung) ist nur zulässig, soweit sie
1. zur Aufgabenerfüllung öffentlicher Stellen,
2. zur Wahrnehmung des Hausrechts oder
3. zur Wahrnehmung berechtigter Interessen für konkret festgelegte Zwecke erforderlich ist und keine Anhaltspunkte bestehen, dass schutzwürdige Interessen der Betroffenen überwiegen.

(2) Der Umstand der Beobachtung und die verantwortliche Stelle sind durch geeignete Maßnahmen erkennbar zu machen.

(3) Die Verarbeitung oder Nutzung von nach Absatz 1 erhobenen Daten ist zulässig, wenn sie zum Erreichen des verfolgten Zwecks erforderlich ist und keine Anhaltspunkte bestehen, dass schutzwürdige Interessen der Betroffenen überwiegen. Für einen anderen Zweck dürfen sie nur verarbeitet oder genutzt werden, soweit dies zur Abwehr von Gefahren für die staatliche und öffentliche Sicherheit sowie zur Verfolgung von Straftaten erforderlich ist.

(4) Werden durch Videoüberwachung erhobene Daten einer bestimmten Person zugeordnet, ist diese über eine Verarbeitung oder Nutzung entsprechend den §§ 19a und 33 zu benachrichtigen.

(5) Die Daten sind unverzüglich zu löschen, wenn sie zur Erreichung des Zwecks nicht mehr erforderlich sind oder schutzwürdige Interessen der Betroffenen einer weiteren Speicherung entgegenstehen.

77 **Wände:** Der Durchbruch durch eine Wand zur Verbindung zweier Eigentumswohnungen ist bauliche Veränderung (*BayObLG* 2Z BR 71/94, NJW- RR 1995, 649[tragende Wand]; *BayObLG* 2Z BR 58/96, WuM 1997, 288 [nichttragende Wand]); ebenso ein Wanddurchbruch zwischen Haupt- und Nebengebäude, der wegen des Höhenunterschieds auch einen Eingriff in die Decke des Heizungsraums erfordert (*BayObLG* 2Z BR 147/97, WuM 1998, 623). Zur Frage ob ein Nachteil iSv § 14 Nr 1 vorliegt siehe Rn 100.

78 **Wärmezähler:** Ob der Einbau von Wärmezählern eine bauliche Veränderung ist, hat das *BayObLG* (BReg 2 Z 90/87, NJW-RR 1988, 273) mangels Beeinträchtigung offen gelassen.

Besondere Aufwendungen, Wiederaufbau § 22 WEG II

Wäschespinne: Das Verlegen einer fest einbetonierten Wäschespinne ist bauliche Veränderung (*BayObLG* 2Z BR 12/93, WuM 1993, 295). Eine Wäschespinne, die nicht fest und dauerhaft installiert ist, sondern nur bei Bedarf in ein im Boden eingelassenes Führungsrohr geschoben wird, ist keine bauliche Veränderung (*OLG Zweibrücken* 3 W 198/99, NZM 2000, 293). Die Installation des Führungsrohrs ist zwar als bauliche Veränderung anzusehen, aber regelmäßig hinzunehmen, weil andere Wohnungseigentümer dadurch nicht über das in § 14 bestimmte Maß hinaus in ihren Rechten beeinträchtigt werden. Der Gebrauch der Wäschespinne durch den Sondernutzungsberechtigten, begründet regelmäßig ebenfalls keine Nachteile, die über das in § 14 Nr 1 festgelegte Maß hinausgehen (*OLG Zweibrücken* 3 W 198/99, NZM 2000, 293). 79

Wasserentkalkungsanlage: Der Einbau einer Wasserentkalkungsanlage ist wegen nicht auszuschließender gesundheitlicher Beeinträchtigungen bauliche Veränderung (*OLG Karlsruhe* 11 Wx 53/98, NZM 1999, 274). 80

Wege: Das Anlegen eines Plattenweges auf Rasenfläche ist bauliche Veränderung (*BayObLG* BReg 2 Z 166/87, WuM 1989, 41); ebenso umgekehrt die Beseitigung eines Plattenweges (*BayObLG* 2Z BR 15/95, WuM 1995, 674). 81

Werbung: siehe Reklame. 82

Windfang: Der Bau eines Windfangs ist bauliche Veränderung (*BayObLG* 2Z 41/81, Rpfleger 1982, 268). 83

Wintergarten: siehe Balkon. 84

Wohnungsabschlusstür: Der eigenmächtige Austausch einer Wohnungsabschlusstür gegen eine anders gestaltete ist bauliche Veränderung (*OLG München* 34 W x 111/05, ZMR 2006, 797, 798). Der Beschluss, bei einem erforderlichen Austausch künftig weiße statt hellbraune Wohnungsabschlusstüren einzubauen, hat zwar eine bauliche Veränderung zum Gegenstand. Er beeinträchtigt im Allgemeinen aber keinen Wohnungseigentümer über das in § 14 bestimmte Maß hinaus, auch wenn für eine gewisse Übergangszeit im Treppenhaus Türen unterschiedlicher Farbe vorhanden sind (*BayObLG* 2Z BR 5/02, NZM 2002, 869, 871). 85

Zäune: Bauliche Veränderung ist das Errichten eines Maschendrahtzaunes zwischen zwei Stellplätzen einer Doppelgarage (*BayObLG* BReg 2 Z 171/90, WuM 1991, 306), eines Grenzzauns zwischen Gartenflächen (*KG* 24 W 2514/84, ZMR 1985, 27; *KG* 24 W 3064/93, WuM 1994, 101; *OLG Düsseldorf* 3 Wx 9/96, WuM 1997, 187), eines massiven Holzzaunes als Windschutz (*LG Hannover* 1 T 48/84 DWE 1984, 127); oder einer Betonplatte als Sichtschutz (*OLG Hamburg* 2 W 24/88, WE 1989, 141). Bei Errichtung eines Grenzzaunes zwischen Garten und Sondernutzungsfläche kann aber eine Beeinträchtigung fehlen (*BayObLG* BReg 2 Z 9/81, Rpfleger 1982, 219); ebenso beim Ersetzen einer Flechtwand durch einen sog **Friesenwall** (*OLG Schleswig* 2 W 90/98, NJW-RR 1999, 666). Ein ca 60 cm hoher Jägerzaun auf der Trennlinie für den Wohnungseigentümern zur Sondernutzung zugeteilten Gartenflächen, stellt eine zustimmungspflichtige bauliche Veränderung dar, wenn er zu einer „Durchschneidung" eines relativ kleinen Gartens und damit zu einer negativen Umgestaltung der Wohnanlage führt (*OLG Düsseldorf* 3 Wx 9/96, WuM 1997, 187). Eine Sichtschutzwand zwischen Gartenflächen einer Einfamilienhäusergemeinschaft ist zustimmungspflichtig, auch wenn in anderen Gärten, die nicht zur Wohnungseigentumsanlage gehören, solche Wände bereits vorhanden sind (*OLG Köln* 16 Wx 3/98, NZM 1999, 178). Das Anbringen einer grünen Sichtschutzmatte hinter einem Maschendrahtzaun ist eine bauliche Veränderung, die mit einer optischen Beeinträchtigung verbunden ist (*BayObLG* 2Z BR 9/00, NZM 2000, 678). Es kann aber ein Anspruch auf erstmalige Herstellung eines ordnungsgemäßen Zustands die Wohnungseigentümer verpflichten, einen Zaun zu dem an der Grundstücksgrenze auf dem Nachbargrundstück verlaufenden **Bach** zu errichten, der kleine Kinder daran hindert darunter durchzukriechen oder darüber zu steigen (*BayObLG* 2Z BR 86

180/99, NZM 2000, 513). Die Abgrenzung einer Zufahrtsstraße durch einen Zaun kann dagegen nicht verlangt werden, wenn die Gefahren durch die Straße nicht größer sind als die bei der Teilnahme am allgemeinen Straßenverkehr (*BayObLG* 2Z BR 180/99, NZM 2000, 513).

87 **7. Beeinträchtigung im Sinne von §§ 22 Abs 1 S 1, 14 Nr 1.** Nach Abs 1 S 2 bedarf eine Maßnahme nach S 1 nicht der Zustimmung eines Wohnungseigentümers, wenn dieser nicht über das in § 14 bestimmte Maß hinaus in seinen Rechten beeinträchtigt wird. Diese Regelung beschränkt den Personenkreis, der zustimmen muss. Die nicht nachteilig betroffenen Wohnungseigentümer scheiden aus dem Kreis derer aus, deren Zustimmung erforderlich ist. Dies ist zu unterscheiden von der Frage des Stimmrechts der Nichtbeeinträchtigten bei dem nach § 22 Abs 1 S 1 zur Legitimation einer baulichen Veränderung zu fassenden Mehrheitsbeschlusses (vgl dazu Rn 6, 116) und der Frage, ob die Zustimmung nur im Rahmen dieses Beschlussverfahrens durch positive Stimmabgabe erklärt werden kann (vgl dazu Rn 5).

Nicht betroffen können bei einer **Mehrhausanlage** die Eigentümer anderer Häuser sein, wenn die bauliche Veränderung nur ein Haus betrifft (Einbau eines Aufzugs, wenn nach Häusern getrennt verwaltet wird; Ausbau eines Trockenbodens in einem Haus [*LG Kiel* 3 T 223/89, NJW-RR 1990, 719]). In diesen Fällen ist – auch ohne ausdrückliche Vereinbarung in der Teilungserklärung/ Gemeinschaftsordnung (*BayObLG* 2Z BR 161/03, ZMR 2004, 209; *OLG München* 34 Wx 66/07, NZM 2008, 848) – zugleich das Stimmrecht auf die Wohnungseigentümer beschränkt, deren Haus von der Maßnahme betroffen ist. Wirkt sich die bauliche Veränderung hingegen nachteilig auf den optischen Gesamteindruck der Anlage aus, sind alle Wohnungseigentümer der Mehrhausanlage betroffen (*OLG Schleswig* 2 W 57/99, NZM 2000, 385: Verglasung eines Laubenganges; *OLG München* 34 Wx 109/06, WuM 2007, 34: Errichtung einer Mobilfunkanlage). Ein gleichwohl nur auf einer Teilversammlungen gefasster Beschluss ist nichtig (*OLG Schleswig* 2 W 57/99, NZM 2000, 385).

88 Maßgebend ist, ob dem Wohnungseigentümer in vermeidbarer Weise ein Nachteil entsteht. In Betracht kommen **nur konkrete und objektive Beeinträchtigungen** (*BGH* V ZB 27/90, NJW 1992, 978; *OLG Hamburg* 2 Wx 19/04, ZMR 2005, 305). Für einen Nachteil ist entscheidend, ob sich nach der Verkehrsanschauung ein Wohnungseigentümer in einer entsprechenden Lage verständlicherweise beeinträchtigt fühlen kann (*BGH* V ZB 27/90, NJW 1992, 978; *BayObLG* 2Z BR 34/95, WuM 1995, 449; *KG* 24 W 7039/94, WuM 1995, 226). **Unerhebliche Beeinträchtigungen** genügen nicht (*BGH* V ZB 27/90, NJW 1992, 978; *BayObLG* 2Z BR 22/92, WuM 1992, 563). Die Schwelle dafür, ob durch eine bauliche Veränderung ein nur unerheblicher Nachteil entsteht, ist auch aus verfassungsrechtlichen Gründen (Art 14 Abs 1 GG) eher niedrig anzusetzen (*BVerfG* 1 BvR 1806/04, ZMR 2005, 634 m Anm *Schmid* S 636). Maßgeblich ist der durch die Veränderung aktuell bewirkte Zustand, nicht ob nach dem Hinzutreten weiterer Umstände in Zukunft ein Nachteil entstehen kann (*OLG Hamburg* 2 Wx 109/97, WuM 1998, 743). Die bloße Möglichkeit, dass bei Zahlungsunfähigkeit des Miteigentümers, der eine bauliche Veränderung vorgenommen hat, andere Wohnungseigentümer mit Kosten belastet werden (sog **faktisches Kostenrisiko**), führt nicht dazu, dass sie der Maßnahme zustimmen müssen (*BGH* V ZB 27/90, NJW 1992, 978).

89 **Beeinträchtigungen, die** nicht zwangsläufig von der baulichen Veränderung selbst, sondern allenfalls **von deren Benutzern ausgehen**, können einen Unterlassungsan-

Besondere Aufwendungen, Wiederaufbau § 22 WEG II

spruch nach § 15 Abs 3, nicht jedoch die Beseitigung der baulichen Veränderung rechtfertigen (*OLG Karlsruhe* 11 Wx 94/96, WuM 1997, 567: Errichtung einer Sitzgruppe auf einer im gemeinschaftlichen Eigentum stehenden Grünfläche).

Ob ein Wohnungseigentümer beeinträchtigt wird, hängt nicht davon ab, ob die Maßnahme für die Gemeinschaft **zwingend erforderlich** ist (*BayObLG* BReg 2 Z 23/75, Z 1975, 177), denn Maßstab ist die Beeinträchtigung eines Wohnungseigentümers, nicht die Notwendigkeit der Maßnahme. 90

Es findet grundsätzlich auch **keine Abwägung** statt zwischen den Vorteilen, die mit der baulichen Veränderung für einen oder mehrere Wohnungseigentümer verbunden sind, und den Nachteilen für den oder die zustimmungspflichtigen Wohnungseigentümer (*OLG Düsseldorf* 3 Wx 9/96, WuM 1997, 187; vgl auch *BayObLG* 2Z BR 2/00, NZM 2000, 674; s aber Rn 103, 104). 91

Bei einem geordneten **Zusammenleben nächster Verwandter** sind im Hinblick auf die Pflicht zur besonderen Rücksichtnahme gemäß § 1618a BGB auch Nachteile als unvermeidlich anzusehen, die im Verhältnis zu einem Fremden nicht hingenommen werden müssten. Der Ausbau des Dachgeschosses eines aus zwei Eigentumswohnungen bestehenden Hauses hat jedoch so weitreichende nachteilige Auswirkungen, dass er auch von nahen Verwandten selbst bei beengten Wohnverhältnissen nicht geduldet werden muss (*BayObLG* 2Z BR 104/92, WuM 1993, 88). 92

a) Nachteilige Veränderung des optischen Gesamteindrucks. Eine Beeinträchtigung kann insbesondere in einer nicht nur unerheblichen nachteiligen Veränderung des architektonischen Gesamteindrucks der Anlage bestehen (vgl etwa *BGH* V ZB 27/90, NJW 1992, 978). Dies kommt vor allem bei Loggia- und Balkonverglasungen in Betracht, die ins Auge fallen und sich nicht in den Gesamteindruck der Fassade einfügen (vgl zB *OLG Hamm* 15 W 275/94, WuM 1995, 220 und Rn 26, 57). Entscheidend ist nur, dass die nachteilige Veränderung **von außen sichtbar** ist, also vom Standort eines Miteigentümers, etwa aus dessen Wohnbereich (*BayObLG* BReg 2 Z 84/85, WuM 1986, 287; *LG Berlin* 85 T 91/00 WEG, ZMR 2001, 575), oder eines unbefangenen Dritten, etwa von der Straße aus (siehe *BayObLG* 2Z BR 81/98, ZMR 1999, 118), also nicht nur aus ganz ungewöhnlichen Perspektiven, wie etwa aus der Luft oder von einer für Wohnungseigentümer und Dritte gewöhnlich nicht zugänglichen Dachfläche (*BayObLG* 2Z BR 73/01, NZM 2001, 956). Eine Beeinträchtigung scheidet daher nicht schon dann aus, wenn sie für den einzelnen Wohnungseigentümer aus seiner Wohnung heraus nicht wahrnehmbar ist (*OLG Hamm* 15 W 275/94, WuM 1995, 220; *OLG Celle* 4 W 295/94, WuM 1995, 338; *OLG Zweibrücken* ZMR 2004, 60, 62). Wird der optische Gesamteindruck einer Wohnanlage durch eine Baumaßnahme verändert, kann ein Nachteil fehlen, wenn die Baumaßnahme aufgrund einer dichten Bepflanzung dauerhaft (immergrüne Pflanzen!) nicht sichtbar ist (*BayObLG* 2Z BR 48/99, ZMR 2000, 38, vgl auch *BayObLG* BReg 2 Z 84/85, WuM 1986, 287). Ist der optische Gesamteindruck bereits uneinheitlich, wird die Verstärkung und Intensivierung dieses Zustands nur schwerlich eine erhebliche nachteilige Veränderung ergeben können (*BayObLG* 2Z BR 12/94, WuM 1994, 565 **aA** *OLG Düsseldorf* 3 Wx 318/00; NZM 2001, 243; *OLG Köln* 16 Wx 40/05, NZM 2005, 790; *OLG München* 34 Wx 033/06, ZMR 2006, 801, 802). Eine Beeinträchtigung kann darin liegen, dass die Fassade in orange gestrichen wird (*OLG Hamburg* 2 Wx 103/04, ZMR 2005, 394, 395). 93

Vandenhouten 339

94 Ob die Veränderung des optischen Gesamteindrucks nachteilig ist, entscheiden die Tatsacheninstanzen (*OLG Zweibrücken* 3 W 251/03, NZM 2004, 428; *BayObLG* 2Z BR 61/03, WuM 2004, 48). Eine Augenscheinseinnahme ist nicht erforderlich, wenn **Fotografien** das Erscheinungsbild der Wohnanlage hinreichend klar vermitteln (*OLG Hamm* 15 W 275/94, WuM 1995, 220; *OLG Celle* 4 W 295/94, WuM 1995, 338; *OLG Hamm* 15 W 426/99, NZM 2000, 910).

95 Problematisch erscheint, dass es Aufgabe der WEG-Gerichte sein soll zu entscheiden, ob die Veränderung im Einzelfall **architektonisch oder ästhetisch geglückt** ist. Deshalb wird teilweise jede wesentliche Veränderung des optischen Gesamteindrucks als Nachteil eingestuft (so *OLG Zweibrücken* 3 W 58/87, NJW-RR 1987, 1358; *KG* 24 W 402/91, MDR 1992, 1055; *OLG Celle* 4 W 295/94, WuM 1995, 338; *OLG Köln* 16 Wx 149/99, NZM 2000, 765; *Palandt/Bassenge* § 22 Rn 10). § 22 Abs 1 S 2 will aber Veränderungen ermöglichen, die nicht nachteilig sind (*BayObLG* 2Z BR 22/92, WuM 1992, 563; *BayObLG* 2Z BR 75/92, WuM 1992, 709; *OLG Hamburg* 2 Wx 109/97, WuM 1998, 743). Deshalb ist auch eine bauliche Veränderung, die den optischen Gesamteindruck wesentlich verändert (also deutlich sichtbar ist), nicht zustimmungspflichtig, wenn die Veränderung nicht nachteilig ist (*BayObLG* 2Z BR 82/96, ZMR 1997, 152; *OLG Schleswig* 2 W 90/98, NJW-RR 1999, 666; *OLG Zweibrücken* 3 W 141/99, FGPrax 1999, 220 unter Aufgabe seiner bisherigen Rspr; *Merle* in Bärmann, § 22 Rn 185).

96 Bestimmt die Teilungserklärung, dass kein Wohnungseigentümer die äußere Gestalt des Bauwerks oder der im gemeinschaftlichen Eigentum stehenden Bestandteile ändern darf, dann ist **jede** nicht völlig unerhebliche **Veränderung** des optischen Erscheinungsbildes unzulässig, unabhängig davon, ob die Veränderung des Gesamteindrucks nachteilig ist (*BayObLG* 2Z BR 63/95, WuM 1996, 487).

97 b) Unzulässige Nutzung. Eine Beeinträchtigung ist auch immer dann gegeben, wenn die bauliche Veränderung eine Nutzung ermöglicht, die der Zweckbestimmung des Sondereigentums widerspricht (*OLG Düsseldorf* 3 Wx 337/95, WuM 1996, 170 – [Kiosk statt Laden]; *OLG Köln* 16 Wx 172/94, WuM 1995, 331 – [Nutzung von Räumen zu Wohnzwecken]; *BayObLG* 2Z BR 135/97, NJW-RR 1998, 875 [Anbringen von Garderobenelementen an den Wänden des Treppenhauses]). Ist ein Spitzboden, der gemeinschaftliches Eigentum ist, nur von einer einzigen Wohnung aus erreichbar, so hat der Eigentümer dieser Wohnung ohne eine Regelung in der Teilungserklärung nicht „aus der Natur der Sache" automatisch ein Sondernutzungsrecht an diesem Spitzboden. Er darf ihn nur so nutzen, wie ihn die übrigen Wohnungseigentümer mitbenutzen dürften, wenn sie Zugang zum Spitzboden hätten. Er darf ihn daher allenfalls als Abstellraum benutzen. Er ist jedoch nicht zu Baumaßnahmen berechtigt, die eine Nutzung als Wohnraum oder wohnungsähnlichen Raum oder sonst ausschließlich für seine Zwecke erlauben (*OLG Köln* 16 Wx 163/00, NZM 2001, 385; nach Ansicht des *OLG Hamm* [15 W 210/00, NZM 2001, 239] darf ein solcher Spitzboden überhaupt nur zu Instandsetzungsmaßnahmen und zu Kontrollzwecken betreten werden).

98 c) Nachahmung. Ein Nachteil kann auch darin bestehen, dass jeder andere Wohnungseigentümer das gleiche Recht auf Zustimmung zu einer vergleichbaren baulichen Veränderung in Anspruch nehmen könnte und es dann aller Voraussicht nach zu Unzuträglichkeiten käme (*OLG Köln* 16 Wx 230/95, WuM 1996, 292; **aA** wohl *BayObLG* 2Z BR 75/92, WuM 1992, 709, 711; einschränkend auch *BayObLG* 2Z BR 39/

99, NZM 1999, 1146: Gefahr der Nachahmung nur Zusatzargument). Dies kommt insbesondere bei Parabolantennen und Balkonverglasungen in Betracht. Die Zustimmung zur baulichen Veränderung eines Wohnungseigentümers führt zwar nicht zu einem Anspruch auf Zustimmung anderer Wohnungseigentümer zu ihrer baulichen Veränderung. Die bereits vorgenommene Veränderung kann aber dazu führen, dass eine weitere Veränderung nicht mehr als Beeinträchtigung des optischen Gesamteindrucks anzusehen ist. Jedenfalls sind Streitigkeiten und gerichtliche Auseinandersetzungen mit Nachahmern regelmäßig nicht auszuschließen.

d) Sonstige Beeinträchtigungen. Als Beeinträchtigung sind außerdem anzusehen: 99

- **Beschränkung des Rechts auf Mitgebrauch** des gemeinschaftlichen Eigentums (*BayObLG* 2Z BR 135/97, NZM 1998, 336; *LG München I* 1 T 22910/07, ZMR 2009, 482)
- **Lärm- und Geruchsimmissionen**, zB die von Klimageräten ausgehenden Lärmbelästigungen (*OLG Köln* 16 Wx 160/98, WuM 1999, 296; vgl auch Rn 37, 55)
- **Beeinträchtigung der Stabilität** und statischen Sicherheit des Gebäudes (*BGH* V ZB 45/00, NJW 2001, 1212)
- **Beseitigung einer Einrichtung**, die allen Wohnungseigentümern dient (Schwimmbad, Fahrstuhl)
- Konkrete **Erhöhung der Wartungs- oder Reparaturanfälligkeit** (*OLG Hamm* 15 W 153/03, FGPrax 2004, 105)
- Nicht jeder **Verstoß gegen öffentlich-rechtliche Vorschriften** begründet einen über das unvermeidliche Maß hinausgehenden Nachteil im Sinn des § 14 Nr 1 WEG (*BGH*V ZB 45/00, NJW 2001, 1212; *BayObLG* 2Z BR 138/01, NZM 2003, 114; *BayObLG* 2Z BR 88/04, NZM 2005, 109; *OLG München* 32 Wx 051/05, MDR 2006, 144; *Palandt/Bassenge* § 22 Rn 10). Vielmehr müssen den übrigen Wohnungseigentümern hierdurch konkrete Nachteile entstehen. Dies kann dann der Fall sein, wenn die Vorschriften den Schutz des einzelnen Wohnungseigentümers bezwecken, also drittschützenden Charakter haben (*BayObLG* 2Z BR 116/95, WuM 1996, 107; vgl auch *OLG Hamm* 15 Wx 142/08, MietRB 2009, 173 = DWE 2009,66), oder wenn die Gefahr besteht, dass die Wohnungseigentümer wegen des Verstoßes darauf in Anspruch genommen werden können, die Veränderung rückgängig zu machen (*BayObLG* 2Z BR 88/04, NZM 2005, 109). Anderenfalls ist der Verstoß grundsätzlich unschädlich. Ein Verstoß ist etwa dann unschädlich, wenn das Amt für Abfallwirtschaft eine Verlegung der Mülltonnenanlage akzeptiert, die gegen die Hausmüllentsorgungssatzung verstößt (*BayObLG* 2Z BR 138/01, NZM 2003, 114). Die Beseitigung einer Maßnahme, die gegen bauordnungsrechtliche Vorschriften verstößt, kann aber immer dann verlangt werden, wenn diese aufgrund von Vereinbarungen zu beachten sind (*BayObLG* BReg 2 Z 102/90, WuM 1991, 210). Vgl weiter Rn 100.
- **Möglichkeit der intensiveren Nutzung**, zB des Sondernutzungsrechts am Garten, auch wenn sich zunächst an der Nutzung tatsächlich nichts ändert (*OLG Karlsruhe* 11 Wx 49/98, WuM 1998, 744: hier Verbindung von Balkon mit Garten durch portable Treppe; *BayObLG* 2Z BR 86/02, NZM 2003, 242: Begradigung eines abschüssigen Hanges). Ein Teileigentümer, der sein Sondereigentum unbeschränkt gewerblich nutzen darf, kann daraus nicht das Recht zu baulichen Veränderungen ableiten, die eine intensivere Nutzung der Gewerbeeinheit ermöglichen (*KG* 24 W 344/01, ZMR 2002, 967). Eine intensivere Nutzung wird auch dadurch ermöglicht, dass Kel-

ler oder Speicherräume, auch wenn für sie ein Sondernutzungsrecht bestellt ist, in Wohnräume umgestaltet werden (*BayObLG* 2Z BR 51/93, ZMR 1993, 476; *OLG Köln* 16 Wx 149/99, NZM 2000,765. Vgl auch Rn 102.
- **Erschwerte Möglichkeit der Schadenserkennung/Schadenszuordnung/Schadensbeseitigung** (*BayObLG* 2Z BR 27/96, WuM 1996, 495; *OLG Köln* 16 Wx 238/96, WE 1997, 430; *OLG Frankfurt aM* 20 W 195/03, ZWE 2006, 243)
- **Gefährdung der Sicherheit** anderer Wohnungseigentümer (*OLG Zweibrücken* 3 W 12/00, NZM 2000, 623: Fensterschutzgitter, die zugleich eine Kletterhilfe für den Einstieg in anderen Wohnungen geben)
- **Ungewissheit möglicher gesundheitlicher Beeinträchtigungen** (*OLG Hamm* 15 W 287/01, NZM 2002, 456: Mobilfunkantennen)

100 **e) Wand- oder Deckendurchbruch.** Ein Wand- oder Deckendurchbruch zur Verbindung von zwei Wohnungen hebt die **Abgeschlossenheit** der betroffenen Wohnungen auf. Damit wird ein der Teilungserklärung sowie § 3 Abs 2 widersprechender Zustand geschaffen. Dieser objektiv ordnungswidrige Zustand allein ist noch kein Nachteil iSv § 14 Nr 1 (*BGH* V ZB 45/00, NJW 2001, 1212). Entscheidend ist, dass § 14 Nr 1 dem Schutz subjektiver Rechte der einzelnen Wohnungseigentümer dient und nicht per se der Beachtung der Rechtsordnung (ebenso *Heerstraßen* DWE 1994, 2). Die Aufhebung der Abgeschlossenheit zwischen zwei Wohnungen berührt aber in erster Linie nur die Interessen der beiden betroffenen Wohnungseigentümer. Das in § 3 Abs 2 als Sollvorschrift ausgestaltete Abgeschlossenheitserfordernis will eine eindeutige räumliche Abgrenzung der Sondereigentumsbereiche untereinander sowie zum gemeinschaftlichen Eigentum gewährleisten und dadurch Streitigkeiten vermeiden, wie sie unter der Geltung des früheren Stockwerkeigentums als Folge unklarer Verhältnisse entstanden waren (*GmS-OGB* GmS-OGB 1/91, BGHZ 119, 42, 46). Die Aufhebung der Abgeschlossenheit ist daher nur für die Eigentümer der beiden verbundenen Wohnungen ein Nachteil. Es genügt daher, dass diese mit der Verbindung einverstanden sind. Ein Nachteil ergibt sich auch nicht daraus, dass bei Veräußerung einer der beiden Wohnungen der Erwerber die Beseitigung des Durchbruchs verlangen könnte.

101 Die Öffnung einer Trennwand kann aber aus anderen Gründen ein nicht hinzunehmender Nachteil sein, insbesondere dann, wenn **ein wesentlicher Eingriff in die Substanz des gemeinschaftlichen Eigentums** vorliegt. Handelt es sich bei der Trennwand um eine **nicht tragende Wand**, scheidet nach hM ein Eingriff in die Substanz des gemeinschaftlichen Eigentums aus, denn eine solche Wand steht im gemeinsamen Sondereigentum der beiden Wohnungseigentümer (*BGH* V ZB 45/00, NJW 2001, 1212; *OLG Schleswig* 2 W 21/02, NZM 2003, 483, vgl dazu § 5 Rn 7: Geht man – wie hier – von gemeinschaftlichen Eigentum aus, liegen weder eine Beeinträchtigung der Statik noch sonstige Nachteile vor). Handelt es sich bei der Trennwand aber um eine **tragende Wand**, so steht sie gemäß § 5 Abs 2 im gemeinschaftlichen Eigentum. Ein Nachteil für die anderen Wohnungseigentümer, der das in § 14 Nr 1 bestimmte Maß übersteigt, ist in diesem Fall erst dann ausgeschlossen, wenn kein vernünftiger Zweifel daran besteht, dass ein wesentlicher Eingriff in die Substanz des Gebäudes unterblieben ist, insbesondere zum Nachteil der übrigen Eigentümer keine Gefahr für die konstruktive Stabilität des Gebäudes und dessen Brandsicherheit geschaffen wurde (*BGH* V ZB 45/00, NJW 2001, 1212). Die **Veränderung von Anzahl und Größe der in der Anlage vorhandenen Wohnungen** ist nach der Verkehrsanschauung keine nicht mehr hinnehmbare Beeinträchtigung. Das Interesse des einzelnen Wohnungseigentümers,

dass solche Veränderungen ohne seine Zustimmung unterbleiben, ist grundsätzlich nicht geschützt (*BGH* V ZB 45/00, NJW 2001, 1212; *Staudinger/Bub* § 22 Rn 71; ähnlich *Röll* WE 1998, 367).

Ein nicht zu duldender Nachteil kann sich im Einzelfall aus der Gefahr einer **intensiveren Nutzbarkeit** der vergrößerten Räumlichkeiten ergeben (vgl *BayObLG* BReg 2 Z 130/91, NJW-RR 1992, 272; *KG* 24 W 5074/95, NJW-RR 1997, 587; *OLG Köln* 16 Wx 58/06, NZM 2005, 785; *Staudinger/Bub* § 22 WEG Rn 78 ; *Merle* in Bärmann, § 22 Rn 147; *Röll* WE 1998, 367; *Heerstraßen* DWE 1994, 2). Dies setzt voraus, dass die durch den Wanddurchbruch ermöglichte Nutzung der miteinander verbundenen Räumlichkeiten intensiver und störender ist. Allein aus dem direkten Zugang ergibt sich eine solche Gefahr nicht. Vielmehr entfällt die Notwendigkeit, das im gemeinschaftlichen Eigentum befindliche Treppenhaus in Anspruch zu nehmen, um von einer Raumeinheit in die andere zu gelangen. Diese Nutzung ist schonender, weil innerhalb der beiden Sondereigentumseinheiten stattfindend. Sie berührt die übrigen Wohnungseigentümer in ihrer Rechtsstellung nicht nachteilig, sondern ist eher vorteilhaft (*BGH* V ZB 45/00, NJW 2001, 1212).

f) Verbot der Benachteiligung Behinderter gemäß Art. 3 Abs 3 S 2 GG. Einen Individualanspruch auf Gestattung (Rn 7, 139) von Baumaßnahmen für einen **barrierefreien Zugang,** etwa durch den Bau einer Rollstuhlrampe im Eingangsbereich (vgl dazu *AG Dortmund* 139 II 84/93 WEG, WuM 1996, 242; *Derleder* ZWE 2004, 118) oder durch den Einbau eines Treppenlifts (s Rn 75) wird in der Regel ein behinderter Wohnungseigentümer haben, dem der Zugang zu seiner Wohnung nicht anders möglich ist, § 22 Abs 1 S 1. In Fällen dieser Art entsteht den übrigen Wohnungseigentümern nämlich kein Nachteil, der das Maß des § 14 Nr 1 WEG übersteigt (*BayObLG* 2Z BR 161/03, ZMR 2004, 209; *OLG München* 34 Wx 66/07, NZM 2008, 848; *Palandt/Bassenge* § 22 Rn 11; *Staudinger/Bub* § 22 Rn 54), so dass die Zustimmung der anderen Wohnungseigentümer gemäß § 22 Abs 1 S 2 entbehrlich ist. Nach Ansicht des Gesetzgebers sind solche Maßnahmen jedenfalls als **unvermeidlich** zu bewerten, wenn die Barrierefreiheit nach objektiven Kriterien geboten und ohne erhebliche Eingriffe in die Substanz des gemeinschaftlichen Eigentums technisch machbar ist (vgl BT-Drucks 16/887 S 31). Bei der Abwägung aller Umstände des Einzelfalles sind neben dem Eigentumsrecht (Art 14 Abs 1 S 1 GG) der anderen Miteigentümer auch das Eigentumsrecht des Behinderten und das Verbot der Benachteiligung Behinderter (Art 3 Abs 3 S 2 GG) zu berücksichtigen, denn die Grundrechte fließen als Teil der allgemeinen Wertordnung in die Auslegung des Zivilrechts auch insoweit ein, als es um die Abwägung im Rahmen der §§ 22 Abs 1, 14 Nr 1 geht (vgl *BVerfG* 1 BvR 1687/92, NJW 1994, 1147 [Parabolantenne]). Dem Verbot der Benachteiligung Behinderter kommt dabei erhöhte Bedeutung zu, denn von einem verständigen Miteigentümer darf und muss erwartet werden, dass er Toleranz auch und gerade gegenüber Behinderten aufbringt (vgl BT- Drucks 16/887 S 31).

g) Parabolantenne. Die Befestigung einer Parabolantenne auf dem Dach oder im Garten einer Wohnanlage ist **regelmäßig** eine **bauliche Veränderung** (*OLG Zweibrücken* 3 W 30/92, NJW 1992, 2899). Gleiches gilt, wenn eine Parabolantenne im räumlichen Bereich einer zur Sondernutzung zugewiesenen Loggia am gemeinschaftlichen Eigentum verschraubt und befestigt wird (*OLG Düsseldorf* 3 Wx 333/92, WuM 1994, 162). An einer baulichen Veränderung fehlt es angesichts dauerhafter Umgestaltung

II WEG § 22   Besondere Aufwendungen, Wiederaufbau

auch dann nicht, wenn die Parabolantenne ohne feste Verankerung lediglich auf dem Balkon hingestellt wird (*OLG Köln* 16 Wx 207/04, NZM 2005, 223; *OLG Celle* 4 W 89/06, ZfIR 2006, 739; *Schuschke* ZWE 2000, 146; **aA** *Niedenführ* Voraufl § 22 Rn 18, offengelassen von *BGH* V ZB 51/03, NJW 2004, 937; *OLG Schleswig* 2 W 56/03, WE 2003, 109). Gleichwohl kommt auch auf der Grundlage der anderen Ansicht ein Unterlassungsanspruch aus § 15 Abs 3 in Betracht. Auch das bloße **Hinstellen** einer Parabolantenne kann nämlich ein **gegen § 14 Nr 1 verstoßender Gebrauch** des Sondereigentums oder des gemeinschaftlichen Eigentums sein, wenn wegen einer optischen Beeinträchtigung ein Nachteil vorliegt, der über das bei einem geordneten Zusammenleben unvermeidliche Maß hinausgeht (*BGH* V ZB 51/03, NJW 2004, 937).

105 Die Installation einer Parabolantenne darf ein Wohnungseigentümer ebenso wie sonstige bauliche Veränderungen grundsätzlich nur vornehmen, wenn alle Wohnungseigentümer damit einverstanden sind. Die Zustimmung kann aber entbehrlich sein, wenn die Parabolantenne **von außen nicht sichtbar** ist und auch sonst ein Nachteil der übrigen Wohnungseigentümer nicht in Betracht kommt (*BGH* V ZB 51/03, NJW 2004, 937; *OLG München* 34 Wx 83/05, NZM 2006, 345 [die auf den Balkon gestellte Antenne kann nur durch einen Schlitz zwischen Außenmauer und Balkonumfassung wahrgenommen werden]).

106 Ein **Anspruch auf Installation einer Parabolantenne** kann sich aus einem Grundrecht ergeben. Dabei können die Kriterien der für das Verhältnis des Mieters zum Vermieter ergangenen Entscheidungen auf das Verhältnis der Wohnungseigentümer untereinander übertragen werden (*BVerfG* 1 BvR 1107/92, NJW 1995, 1665). Ob mit der Installation der Parabolantenne ein Nachteil verbunden ist, der das in § 14 Nr 1 WEG bestimmte Maß übersteigt, ist im Einzelfall aufgrund einer fallbezogenen Abwägung des **Grundrechts auf Informationsfreiheit** (Art 5 Abs 1 GG), des Grundrechts auf **Religionsfreiheit** (Art. 4 GG) und des Grundrechts auf **freie Berufsausübung** (Art 12 GG) gegenüber dem Eigentumsrecht (Art 14 Abs 1 GG) zu beantworten.

107 Im Regelfall ist es nach dem derzeitigen Stand der Rechtsprechung nicht verfassungswidrig, **bei vorhandenem Kabelanschluss** ein überwiegendes Interesse der Wohnungseigentümergemeinschaft zu bejahen, Störungen des äußeren Erscheinungsbildes des Hauses durch Parabolantennen zu vermeiden (*BVerfG* 1 BvR 1192/92, NJW 1993, 1252; *OLG Frankfurt/Main* 20 REMiet 1/91, NJW 1992, 2490 ; *OLG Köln* WuM 1996, 292, WuM 1996, 292). Im konkreten Fall kann es allerdings geboten sein, besondere Eigentümer- oder Mieterinteressen, die bei einer typisierenden Betrachtungsweise nicht mitbefasst werden, etwa eine **ausländische Staatsangehörigkeit**, in die Güter- und Interessenabwägung einzubeziehen und zu gewichten (*BVerfG* 1 BvR 1192/92, NJW 1993, 1252). Die grundlegende Bedeutung des Grundrechts auf Informationsfreiheit bei der Anwendung und Auslegung der bürgerlich-rechtlichen Vorschriften wird verkannt, wenn ein Wohnungseigentümer mit ausländischer Staatsangehörigkeit auf den Kabelanschluss verwiesen wird, der ihm nur beschränkten oder gar keinen Zugang zu seinen Heimatprogrammen bietet (*BVerfG* 1 BvR 1687/92, NJW 1994, 1147 = WE 1994, 205 m Anm *Bachmann*: Türkei; *BVerfG* 1 BvR 439/93, NJW 1994, 2143: Portugal; *OLG Karlsruhe* 3 REMiet 2/93, NJW 1993, 2815: Italien; *OLG Stuttgart* 8 W 164/ 93, WuM 1996, 177: Italien, Kroatien). Es ist jedoch verfassungsrechtlich nicht zu beanstanden, dass die fachgerichtliche Rechtsprechung dem ausländischen Mieter regelmäßig zumutet, die Kabelanlage statt einer Satellitenempfangsanlage zu nutzen,

Besondere Aufwendungen, Wiederaufbau § 22 WEG II

wenn dadurch Zugang zu Programmen in der Sprache des ausländischen Mieters besteht (*BVerfG* 1 BvR 1953/00, NZM 2005, 252). Bei der Prüfung eines Rechts auf Anbringung einer Parabolantenne sind die für den Bezug von weiteren ausländischen Programmen aufzubringenden Kosten bei der Abwägung zwischen den Vermieter- und Mieterinteressen zu berücksichtigen und es ist verfassungsrechtlich nicht zu beanstanden, wenn die Abwägung zu Lasten des Mieters ausfällt, es sei denn die Zusatzkosten sind so hoch, dass sie nutzungswillige Interessenten typischerweise davon abhalten, das Programmpaket zu beziehen (*BVerfG* 1 BvR 1953/00, NZM 2005, 252). Kann der ausländische Mieter fünf Heimatprogramme mittels eines von ihm für monatlich rd. Zehn Euro zusätzlich anzuschaffenden Decoders über den hauseigenen Kabelanschluss empfangen und stört die geplante Parabolantenne am hierfür vorgesehenen Platz das Gesamtbild der Gebäudefassade, so ist es nicht zu beanstanden, wenn das Instanzgericht dem Eigentumsrecht des Vermieters aus Art 14 GG Vorrang einräumt (*BGH* VIII ZR 118/04, NZM 2005, 335). Die gleichen Erwägungen gelten auch im Verhältnis eines Wohnungseigentümers zur Wohnungseigentümergemeinschaft (vgl *OLG München* 34 Wx 101/05, ZMR 2006, 309, 310).

Das Informationsinteresse eines **im Ausland geborenen Wohnungseigentümers**, der die   108
deutsche Staatsangehörigkeit angenommen hat, bewertet die Rechtsprechung geringer als das Interesse eines dauerhaft in Deutschland lebenden Wohnungseigentümers mit ausländischer Staatsangehörigkeit (*BayObLG* 2Z BR 77/94, NJW 1995, 337). Hat die Wohnanlage einen Kabelanschluss, so gibt das Grundrecht auf Informationsfreiheit nach der bisherigen Rechtsprechung einem **deutschen Wohnungseigentümer** grundsätzlich nicht das Recht ohne Zustimmung der übrigen Wohnungseigentümer eine Parabolantenne anzubringen, auch wenn er sich dem angelsächsischen Kulturkreis besonders verbunden fühlt und bestimmte nur über Satellitenantenne empfangbare englischsprachige Sender zur privaten Vermögensverwaltung heranzieht (*BayObLG* 2Z BR 92/00, NZM 2001, 433). Ob das Informationsinteresse von deutschen Wohnungsnutzern heute noch durch einen vorhandenen Kabelanschluss ausreichend befriedigt wird, erscheint jedoch angesichts der technischen Entwicklung fraglich (vgl dazu *Köhler* ZWE 2002, 97; *Dörr* WuM 2002, 347; *Maaß/Hitpaß* NZM 2003, 181, 183/184; offen gelassen von *BGH* V ZB 51/03, NJW 2004, 937, der aber auf das Positionspapier der EU-Kommission vom 27.6.2001 – KOM [2001] 351 hinweist). Auch einem deutschen Wohnungsnutzer kann unabhängig von einem beruflichen Interesse (Übersetzer, Dolmetscher) ein Informationsgrundrecht im Hinblick auf fremdsprachige Programme nicht ohne weiteres versagt werden, weil es im Hinblick auf das Zusammenwachsen Europas, den zunehmenden internationalen Austausch und die Globalisierung der Arbeitsmärkte genügen kann, wenn er die Programme ausländischer Sender auf Grund eines abstrakten Fortbildungsinteresses oder zur Verbreiterung seiner Kommunikationsfähigkeiten empfangen will (*OLG Zweibrücken* 3 W 213/05, NZM 2006, 937). Das Grundrecht auf ungehinderte Berufsausübung ist bei der Interessenabwägung nur dann zu berücksichtigen, wenn die zweckbestimmungswidrige Nutzung einer Wohnung zu beruflichen oder gewerblichen Zwecken nicht mehr stört als eine Nutzung zu Wohnzwecken (*BayObLG* 2Z BR 103/98, WuM 1998, 678).

Kann der **Mieter** oder der Lebenspartner des Mieters vom Vermieter verlangen, dass   109
er die Installation einer Parabolantenne duldet, dann hat der vermietende Wohnungseigentümer seinerseits einen Duldungsanspruch gegen die übrigen Wohnungseigentümer (*OLG Hamm* 15 W 166/01, NZM 2002, 445).

Vandenhouten

II WEG § 22 Besondere Aufwendungen, Wiederaufbau

110 Rechtfertigt das Grundrecht auf Informationsfreiheit die Installation einer Parabolantenne, ist dem grundrechtlich geschützten Eigentumsrecht dadurch Rechnung zu tragen, dass die Parabolantenne fachgerecht und den Bau- und Denkmalschutzvorschriften entsprechend an dem zum Empfang geeigneten Ort installiert wird, an dem sie möglichst wenig stört (*BGH* V ZB 51/03, NJW 2004, 937). Die Eigentümergemeinschaft hat bei der Entscheidung über die **Art und Weise der Installation** ein **Mitbestimmungsrecht**, welches durch Beschlussfassung auszuüben ist und gewährleisten soll, dass die Parabolantenne und die Kabelführung möglichst unauffällig und schonend angebracht werden (*BGH* V ZB 51/03, NJW 2004, 937; *OLG Düsseldorf* 3 Wx 174/95, WuM 1996, 110; *OLG Hamm* 15 W 166/01, NZM 2002, 445; *OLG München* 32 Wx 146/07, NZM 2008, 91). Ein Beschluss der Wohnungseigentümer über einen bestimmten Standort der Antenne entfaltet keine Bindungswirkung, wenn an diesem Standort der Empfang der begehrten Programme nicht gewährleistet ist (*OLG Schleswig* 2 W 217/02, NZM 2003, 558). Reicht eine Gemeinschaftsparabolantenne zur Befriedigung der Informationsinteressen der beteiligten Wohnungseigentümer aus, kann dies der Installation von Einzelparabolantennen entgegenstehen (*BVerfG* 1 BvR 1107/92, NJW 1995, 1665). Gleiches gilt, wenn der Anschluss an eine andere Einzelanlage möglich ist, deren Eigentümer dies gestattet. Eine Zustimmung zur Installation kann von dem Abschluss einer Vereinbarung abhängig machen werden, nach der der Antragsteller verpflichtet wird, den Anschluss durch andere Eigentümer, die auf vom gleichen Satelliten ausgestrahlte Programme angewiesen sind, bei Bedarf zu gestatten; technisch ist dies ohne weiteres durch Austausch des sog LNB durch ein Mehrfach-LNB möglich (*OLG München* 32 Wx 146/07, NZM 2008, 91). Desweiteren kann sie von der Sicherstellung der Kosten für mögliche Beschädigungen des gemeinschaftlichen Eigentums und den späteren Rückbau abhängig gemacht werden (*OLG München* 32 Wx 146/07, NZM 2008, 91).

111 Damit die anderen Wohnungseigentümer ihre berechtigten Interessen wahren können, darf eine Parabolantenne **nicht eigenmächtig** installiert werden (*BGH* V ZB 51/03, NJW 2004, 937). Dem Verlangen nach Beseitigung kann die Berechtigung zur Vornahme der baulichen Veränderung entgegengehalten werden (*OLG Schleswig* 2 W 94/04, ZMR 2005, 816, 817). Erfolgreich ist dies, wenn auch unter Berücksichtigung des Mitbestimmungsrechts der übrigen Wohnungseigentümer der gewählte Standort nicht zu beanstanden ist. Haben die Wohnungseigentümer bestandskräftig beschlossen, an welchen Gebäudeteilen Parabolantennen fachgerecht installiert werden dürfen, darf ein ausländischer Wohnungseigentümer, eine von der geltenden Beschlusslage abweichende Parabolantenne nicht beibehalten (*OLG Frankfurt* 20 W 186/03, NZM 2005, 427).

112 Ist ein Beschluss über die Pflicht zur **Beseitigung ungenehmigt angebrachter Parabolantennen** bestandskräftig geworden, so kann sich weder ein ausländischer Eigentümer (*OLG Köln* 16 Wx 135/04, NZM 2005, 108; *AG Hannover* 485 C 10315/08, ZMR 2009, 233) noch ein deutscher Eigentümer im Hinblick auf den ausländischen Mieter seiner Wohnung (*OLG Köln* 16 Wx 207/04, NZM 2005, 223) später darauf berufen, die Antennenanlage werde zum Empfang von Sendern aus dem Heimatland benötigt. Es handelt sich bei einem solchen Beschluss nicht um ein generelles Verbot, weil er nur die eigenmächtig angebrachten Parabolantennen betrifft (ebenso *Hogenschurz* DWE 2005, 63). Eine selbstständige Anspruchsgrundlage für die Beseitigung begründet ein solcher Beschluss aber nicht (s Rn 179, § 16 Rn 166). Im Unterlassen der Anfechtung des Beseitigungsbeschlusses liegt aber der Verzicht auf den ansonsten etwa gegebenen

Anspruch auf Duldung der Satellitenanlage. Dass der Vermieter sich durch einen solchen Verzicht seinen Mietern gegenüber möglicherweise schadensersatzpflichtig macht, beeinträchtigt die Ansprüche der übrigen Eigentümer ihm gegenüber nicht (*OLG Köln* 16 Wx 207/04, NZM 2005, 223).

Hat ein Wohnungseigentümer zulässigerweise eine eigene Parabolantenne installiert **113** und wird nachträglich eine gemeinschaftliche Empfangsanlage installiert oder die vorhandene Anlage so umgerüstet, dass der Betrieb der eigenen Parabolantenne entbehrlich wird, können die Wohnungseigentümer deren Beseitigung verlangen (*Wenzel* ZWE 2007, 179, 185). Die eigene Parabolantenne genießt in diesem Fall **keinen Bestandsschutz**, weil mit ihrer Beseitigung kein rechtlicher Nachteil für den Eigentümer verbunden ist. Sein grundrechtlich geschütztes Informationsinteresse wird durch die Gemeinschaftsanlage gewahrt. Sofern nunmehr zumutbare Kosten für die Benutzung anfallen, tritt dies hinter dem Eigentümerinteresse an einem optisch nicht beeinträchtigten äußeren Erscheinungsbild des Gebäudes zurück.

Die Gemeinschaftsordnung oder eine sonstige **Vereinbarung** können zur Einschrän- **114** kung der grundrechtlich geschützten Informationsfreiheit eines Wohnungseigentümers führen (*BGH* V ZB 51/03, NJW 2004, 937; **aA** *OLG Düsseldorf* ZWE 2001, 336 = ZMR 2001, 648; wohl auch *OLG Zweibrücken* NZM 2002, 269). Weil ein Wohnungseigentümer nicht gezwungen ist, von dem Freiheitsrecht Gebrauch zu machen, kann er sich dazu verpflichten, die Installation einer Parabolantenne zu unterlassen (*BGH* V ZB 51/03, NJW, 2004, 937). Beschränkt die Gemeinschaftsordnung die Befugnis zur Installation von Parabolantennen, dann kann sich ein Interessent vor dem Erwerb des Wohnungseigentums hierüber informieren. Erwirbt er gleichwohl das Wohnungseigentum, dann muss dies als Verzicht auf die Ausübung des Grundrechts auf Informationsfreiheit verstanden werden (*BGH* V ZB 51/03, NJW 2004, 937). Eine Regelung in der Gemeinschaftsordnung unterliegt allerdings der Inhaltskontrolle nach § 242 BGB, weshalb ein Festhalten an einem generellen Verbot treuwidrig sein kann (zB wenn Satellitenempfangsanlagen inzwischen auf Grund ihrer Größe das optische Erscheinungsbild der Wohnanlage nicht beeinträchtigen und auch sonstige berechtigte Interessen der Wohnungseigentümer nicht berührt sind, vgl auch *OLG Zweibrücken* 3 W 213/05, NZM 2006, 937), und es kann im Einzelfall ein Anspruch auf Änderung der Gemeinschaftsordnung gemäß § 10 Abs 2 S 3 bestehen (*BGH* V ZB 51/03, NJW 2004, 937). Ein Beschluss, der eine Vereinbarung über die Installation von Parabolantennen ändert (zB Berechtigung zur Installation, wenn damit keine schwerwiegende Nachteile verbunden sind, wird in generelles Verbot geändert), ist nichtig (*BGH* V ZB 51/03, NJW 2004, 937; allgemein *BGH* V ZB 58/99, NJW 2000, 3500).

Ein **Beschluss**, der das Anbringen von Parabolantennen generell verbietet, greift in den **115** Kernbereich des Wohnungseigentums ein, weil er den wesentlichen Inhalt der Nutzung von Wohnungseigentum einschränkt (*BGH* V ZB 51/03, NJW 2004, 937). Weil sich aber der Eingriff gegen ein Individualrecht richtet, auf das der Rechtsinhaber verzichten kann, ist der Beschluss nicht sofort nichtig, sondern **schwebend unwirksam** (*BGH* V ZB 51/03, NJW 2004, 937). Schwebend unwirksam ist ein Beschluss, der mit der Zustimmung des Betroffenen wirksam und mit dessen endgültiger Verweigerung unwirksam wird. Bei einem Verbot von Parabolantennen können potenziell mehrere Wohnungseigentümer in ihren Rechten betroffen sein. In einem solchen Fall tritt die Unwirksamkeit des Beschlusses ein, sobald ein betroffener Wohnungseigentümer seine Zustimmung endgültig verweigert, was er auch durch Anfechtung des Beschlusses zum Ausdruck bringen kann. Wird der Beschluss durch Zustimmung wirksam, dürften Sondernachfolger nicht gemäß § 10 Abs 4 daran gebunden sein, weil anderenfalls der Beschluss weiterreichende Wirkungen hätte als eine nicht im Grundbuch eingetragene Vereinbarung (*Derleder* ZWE 2006, 220; **aA** *Wenzel* ZWE 2007, 179, 184).

116 **8. Mehrheitsbeschluss.** Nach § 22 Abs 1 S 1 haben die Wohnungseigentümer nunmehr nicht nur eine ausdrückliche Kompetenz bauliche Veränderungen des gemeinschaftlichen Eigentums zu beschließen, wenn jeder Wohnungseigentümer zustimmt, dessen Rechte durch die Maßnahme über das in § 14 Nr 1 bestimmte Maß hinaus beeinträchtigt werden (vgl zur alten Rechtslage *BGH* VII ZB 3/70, *Z* 54, 65; *BayObLG* 2Z BR 81/00, NZM 2001, 133, 134; *OLG Hamm* 5 U 220/93, NJW-RR 1995, 909; *OLG Hamm* 15 W 281, ZMR 2005, 566). Der Beschluss der Eigentümerversammlung ist zudem mangels abweichender Vereinbarung **Zulässigkeitsvoraussetzung** für eine bauliche Veränderung (vgl Rn 6) Es genügt daher nicht, dass die notwendigen Zustimmungen außerhalb eines Wohnungseigentümerbeschlusses erklärt werden oder niemand rechtserheblich beeinträchtigt wird. Vielmehr müssen alle beeinträchtigten Wohnungseigentümer ihre Zustimmung durch eine positive Stimmabgabe bei der Beschlussfassung zum Ausdruck gebracht haben (vgl Rn 5).

117 **a) Beschlussfassung.** Dies hat indes nicht zur Folge, dass alle nicht beeinträchtigten Wohnungseigentümer von ihrem **Stimmrecht** bei der Beschlussfassung ausgeschlossen sind (*Palandt/Bassenge* § 22 Rn 7; *Merle* in Bärmann, § 22 Rn 135; *Häublein* NZM 2007, 752; *Baer* AnwZert MietR 15/200-1; **aA** *Lüke* ZfIR 2009, 225). Diese Auffassung ist schon deshalb abzulehnen, weil in diesen Fällen dem Versammlungsleiter die Verpflichtung obläge festzustellen, wer durch die bauliche Veränderung beeinträchtigt ist und wer nicht (vgl dazu ausführlich *AnwHdB/Vandenhouten* Teil 4 Rn 254 ff, so auch *Häublein* NZM 2007, 752). Der Gefahr, dass andernfalls nicht betroffene Wohnungseigentümer durch ihr Abstimmungsverhalten eine befürwortende Beschlussfassung blockieren können, obwohl sie über keinerlei schützenswerte Belange verfügen (so *Lüke* ZfIR 2009, 225), ist der Gesetzgeber durch die ausdrückliche Einführung eines Gestattungsanspruchs begegnet. Kommt eine Versammlungsmehrheit nicht zu Stande, obwohl alle beeinträchtigten Wohnungseigentümer der baulichen Veränderung durch positive Stimmabgabe zugestimmt haben, darf der Versammlungsleiter den Beschluss daher nur als abgelehnt verkünden (sog. **Negativbeschluss**). In diesem Fall steht dem die bauliche Veränderung anstrebenden Wohnungseigentümer der – notfalls gerichtlich durchsetzbare – **Gestattungsanspruch** nach § 22 Abs 1 S 1 zu (vgl Rn 7 und 139). Der Negativbeschluss ist auf seine Anfechtung hin nicht für ungültig zu erklären, wenn die bauliche Veränderung tatsächlich nicht mit der erforderlichen Versammlungsmehrheit genehmigt worden ist. Er steht aber auch weder einer erneuten Beschlussfassung der Wohnungseigentümer im Wege des Zweitbeschlusses, noch einer Klage auf Gestattung der baulichen Veränderung entgegen (§ 21 Rn 47). Auch ein Wohnungseigentümer, dem die bauliche Veränderung überwiegend oder gar ausschließlich zu Gute kommt, ist grundsätzlich nicht von seinem Stimmrecht ausgeschlossen (*BayObLG* 2Z BR 161/03, ZMR 2004, 209).

118 Die Stimmabgabe in der Eigentümerversammlung, mit der einer baulichen Veränderung zugestimmt wird, kann wegen arglistiger Täuschung angefochten werden (*BayObLG* 2Z BR 144/00, NZM 2001, 1037).

Ob die Eigentümerversammlung über eine bauliche Veränderung einen Mehrheitsbeschluss gefasst hat, der nur bei rechtzeitiger Anfechtung ungültig ist, oder ob eine rechtlich folgenlose **Probeabstimmung** zur Erforschung des Meinungsbildes vorliegt hängt von der Feststellung des Beschlussergebnisses durch den Versammlungsleiter ab (vgl § 23 Rn 49). **119**

Zu den Ja-Stimmen für einen Genehmigungsbeschluss müssen die **Stimmen aller beeinträchtigten Wohnungseigentümer** zählen. Stimmt die Mehrheit der in der Versammlung erschienenen Wohnungseigentümer dem Beschlussantrag über die Genehmigung einer baulichen Veränderung zu, darf ihn der **Versammlungsleiter** aber als angenommen verkünden, sofern er davon ausgehen kann, dass ihm alle beeinträchtigten Wohnungseigentümer zugestimmt haben. Ist für ihn indes offenkundig, dass nicht alle beeinträchtigten Wohnungseigentümer zugestimmt haben, muss die Verkündung eines positiven Beschlussergebnisses durch ihn unterbleiben (*LG München I* 1 S 19129/08, WuM 2009, 426). Der negative Beschluss ist auf seine **Anfechtung** hin für ungültig zu erklären und ein positives Beschlussergebnis festzustellen, wenn entgegen der Auffassung des Versammlungsleiters alle beeinträchtigten Wohnungseigentümer zugestimmt haben oder kein Wohnungseigentümer beeinträchtigt ist. Umgekehrt kann ein beeinträchtigter Wohnungseigentümer einen Genehmigungsbeschluss anfechten, der für ungültig zu erklären ist, wenn dieser durch die bauliche Veränderung beeinträchtigt wird (**aA** *Armbrüster* ZWE 2008, 61). Er ist dann nicht für ungültig zu erklären, wenn feststeht, dass der Kläger durch die bauliche Veränderung nicht über das in § 14 Nr 1 bestimmte Maß hinaus in seinen Rechten beeinträchtigt wird. Haben zwar nicht alle beeinträchtigten Wohnungseigentümer ihre Zustimmung durch positive Stimmabgabe dokumentiert, die Fehlenden ihre Zustimmung jedoch formlos außerhalb der Eigentümerversammlung erklärt, ist einer Anfechtungsklage angesichts des bestehenden Gestattungsanspruchs (vgl dazu Rn 139) gemäß § 242 BGB der Erfolg zu versagen sein. **120**

Unterbleibt eine fristgerechte Anfechtung des Beschlusses über eine bauliche Veränderung, dem entgegen § 22 Abs 1 S 1 nicht alle beeinträchtigten Wohnungseigentümer zugestimmt haben, ist der Beschluss nicht nichtig, sondern **wirksam** (vgl BT-Drucks 16/887 S 29; *Palandt/Bassenge* § 22 Rn 7; **aA** *Armbrüster* ZWE 2008, 61, der den Beschluss weder für anfechtbar noch für nichtig erachtet, dafür aber vor seiner Durchführung die formlose Zustimmung der Beeinträchtigten verlangt). **121**

§ 22 betrifft aber nur bauliche Veränderungen des gemeinschaftlichen Eigentums. Ein unangefochtener Mehrheitsbeschluss, der eine bauliche Veränderung fremden Sondereigentums anordnet, ist **nichtig**, weil er Inhalt und Umfang des Sondereigentums verändert und damit in dessen Kernbereich eingreift (*OLG Düsseldorf* 3 Wx 389/95, NJWE- MietR 1997, 81; *OLG Köln* 16 Wx 121/00, NZM 2001, 541: Beschluss über Balkonbodenbelag).

Wegen der Besonderheiten einer **Mehrhausanlage** wird auf Rn 87 verwiesen. **122**

b) Inhalt des Beschlusses. Der Beschluss muss die beabsichtigte bauliche Maßnahme bezeichnen. Die **konkrete Bauausführung** muss noch nicht bestimmt sein. Liegen der Beschlussfassung indes Bauzeichnungen zu Grunde, so kann von deren Billigung ausgegangen werden. Haben die Wohnungseigentümer die Vornahme einer baulichen Veränderung des gemeinschaftlichen Eigentums wirksam beschlossen, so stellt die Festlegung der näheren Einzelheiten eine Maßnahme der ordnungsmäßigen Verwal- **123**

tung gemäß § 21 Abs 3 dar, die mit Mehrheit beschlossen werden kann (*BayObLG* BReg 2 Z 149/87, WuM 1988, 185; *OLG Düsseldorf* 3 Wx 126/99, NZM 2000, 390).

124 Der Genehmigungsbeschluss ist grundsätzlich auf die konkret vorgestellte bauliche Veränderung beschränkt. Sie deckt weder eine **abweichende Ausführung**, noch spätere Änderungen (*OLG Zweibrücken* 3 W 198/99, NZM 2000, 293).

125 Der Genehmigungsbeschluss kann an **Bedingungen und Auflagen** geknüpft werden, (*BayObLG* 2Z BR 164/97, NZM 1998, 1014), sofern kein Anspruch auf Erteilung eines Gestattungsbeschlusses besteht, weil kein Wohnungseigentümer beeinträchtigt ist.

126 Eine nicht legitimierte bauliche Veränderung kann **nachträglich** durch Beschluss **genehmigt** werden. Ein Beschluss, der sich dagegen ausspricht, dass eine bauliche Veränderung abgerissen werden soll, kann grundsätzlich nicht dahin ausgelegt werden, dass durch ihn die bauliche Veränderung genehmigt wird (*BayObLG* 2Z BR 16/95, WuM 1995, 504). Ist eine bauliche Veränderung durch bestandskräftigen Beschluss genehmigt, handelt es sich um einen nachträglichen Genehmigungsbeschluss, wenn die Wohnungseigentümer nach abweichender Bauausführung durch einen weiteren Beschluss die bauliche Veränderung billigen. An einem solche fehlt es, wenn der zweite Beschluss nur feststellt, dass die Ausführung der Baumaßnahme dem Genehmigungsbeschluss entspricht (*BayObLG* 2Z BR 113/98, NZM 1999, 30).

127 **c) Rechtsfolgen.** Zur Durchführung des Genehmigungsbeschluss ist der Verwalter nach § 27 Abs 1 Nr 1 berechtigt und verpflichtet. Er muss daher grundsätzlich alle zur Ausführung erforderlichen tatsächlichen und rechtlichen Maßnahmen vornehmen. Dies gilt grundsätzlich auch, sofern die bauliche Veränderung nur im Interesse eines einzelnen Wohnungseigentümers erfolgt. In einem solchen Fall kann der Beschluss aber auch ohne Verstoß gegen § 27 Abs 4 eine Durchführung der Maßnahme durch den einzelnen bestimmen. Beim Verwalter verbleiben in diesem Fall lediglich Überwachungs-und Kontrollaufgaben (*Merle* in Bärmann, § 22 Rn 152).

128 Ein Nachteil iSd § 14 Nr 1 liegt in der Praxis häufig vor, wenn die überstimmten Wohnungseigentümer sich an den **Kosten** der baulichen Veränderung beteiligen sollen. Ob dies der Fall ist, muss durch Auslegung des Mehrheitsbeschlusses ermittelt werden, wenn dieser die Kostentragung nicht ausdrücklich regelt. Grundsätzlich ist für den Fall einer **baulichen Veränderung im Gesamtinteresse** davon auszugehen, dass keine Änderung der Bestimmung des § 16 Abs 6 S 1 Hs 2 erfolgen soll, wonach ein Wohnungseigentümer, der einer baulichen Veränderung nicht oder nur unter Verwahrung gegen die Kostenlast zugestimmt hat, deren Kosten nicht zu tragen hat (ebenso *Merle* in Bärmann, § 22 Rn 289). Dies gilt aber dann nicht, wenn es sich bei einer beschlossenen Maßnahme zur Instandhaltung des gemeinschaftlichen Eigentums nur deshalb um eine bauliche Veränderung iSd § 22 Abs 1 handelt, weil sie über das erforderliche Maß hinausgeht. In diesem Sonderfall gehen die Wohnungseigentümer bei der Beschlussfassung davon aus, dass sich alle Wohnungseigentümer an den Kosten der geplanten Maßnahme beteiligen müssen. Dies ist auch gerechtfertigt, da in jedem Fall das gemeinschaftliche Eigentum in Stand gesetzt werden musste. Nichtig ist ein solcher Beschluss nicht, denn § 16 Abs 4 begründet insofern eine Beschlusskompetenz (vgl § 16 Rn 81). Die nicht zustimmenden Wohnungseigentümer sind dann neben den übrigen zustimmenden Wohnungseigentümern gemäß § 16 Abs 2 in Höhe der Kosten anteilig heranzuziehen, die für eine ordnungsgemäße Instandhaltung oder Instandset-

Besondere Aufwendungen, Wiederaufbau § 22 WEG **II**

zung aufzuwenden gewesen wären. Für die darüber hinausgehenden Mehrkosten verbleibt es bei der Freistellung gem. § 16 Abs 6 S 1 Hs 2 (*Merle* in Bärmann, § 22 Rn 295).

Eine Kostenbeteiligung aller Wohnungseigentümer ist auch dann beschlossen, wenn die Kosten der Maßnahme nicht nur vorläufig aus der **Instandhaltungsrücklage** aufgebracht werden sollen. Ohne Zustimmung aller Wohnungseigentümer dürfen Instandsetzungsmaßnahmen, die über eine ordnungsgemäße Verwaltung hinausgehen und deshalb bauliche Veränderungen sind, auch dann nicht aus der Rücklage finanziert werden, wenn ein Fall des § 22 Abs 2 vorliegt. Sofern der Instandhaltungsrücklage unzulässigerweise Geld entnommen worden ist, können die Wohnungseigentümer beschließen, dass die Summe der Instandhaltungsrücklage wieder zugeführt wird (*OLG Hamm* 15 W 300/01, ZMR 2002, 965). Wird ein solcher Beschluss nicht gefasst, kann der einzelne Wohnungseigentümer gemäß § 21 Abs 4 verlangen, dass das unzulässigerweise verausgabte Geld wieder der Instandhaltungsrücklage zugeführt wird. Eine bauliche Veränderung ist von den Wohnungseigentümern zu bezahlen, die der Maßnahme zugestimmt haben. In diesem Fall ist in den Einzelabrechnungen dieser zustimmenden Wohnungseigentümer der entsprechende Anteil an den aufzubringenden Kosten aufzuführen. Wurde die Erneuerung dagegen mit Recht aus der Instandhaltungsrücklage beglichen, weil es sich um eine ordnungsmäßige Instandsetzung handelt, dann brauchen die Kosten in den Einzelabrechnungen nicht mehr umgelegt zu werden (*OLG Hamm* 15 W 300/01, ZMR 2002, 965).

129

Umgekehrt ergibt in der Regel die Auslegung eines Beschlusses, der im Fremdinteresse die **bauliche Veränderung eines einzelnen Wohnungseigentümers** im Bereich seines Sondereigentums genehmigt, dass dieser Wohnungseigentümer die Kosten der Maßnahme allein trägt. Die Zustimmung führt in diesem Fall auch nach Sinn und Zweck des § 16 Abs 6 S 1 nicht zu einer Kostenbelastung der zustimmenden Wohnungseigentümer (ebenso *Staudinger/Bub* § 16 Rn 256). Dies gilt erst recht, wenn sie nur zwangsweise aufgrund des Anspruchs nach § 22 Abs 1 S 1 erteilt wurde. Jedenfalls ergibt die ergänzende Auslegung der Zustimmungserklärungen, dass sich die zustimmenden Wohnungseigentümer gegen eine Kostentragung verwahren. Gemäß § 16 Abs 6 S 1 sind sie dann von den Kosten freigestellt (vgl *Merle* in Bärmann, § 22 Rn 290). Die Zustimmung zu einer baulichen Veränderung, die ein Wohnungseigentümer im Bereich seines Sondereigentums/Sondernutzungsrechts auf eigene Kosten vornehmen will, kann dahin auszulegen sein, dass er auch die Folgekosten der Maßnahme zu tragen hat (*BayObLG* 2Z BR 70/00, NZM 2001, 1138).

130

Der Genehmigungsbeschluss wird nicht dadurch entbehrlich, dass die Ausführung der baulichen Veränderung öffentlich-rechtlichen Vorgaben entspricht und **behördlich genehmigt** ist, denn die öffentlich-rechtlichen Anforderungen und Genehmigungen wirken sich nicht auf das Rechtsverhältnis der Wohnungseigentümer untereinander aus. Sie können eine privatrechtlich erforderliche Zustimmung nicht ersetzen (*OLG Köln* 16 Wx 10/00, NZM 2000, 296).

131

Ein bestandskräftig gewordener Beschluss **schließt** das **Beseitigungsverlangen aus** (*BayObLG* BReg 2 Z 84/87, NJW-RR 1988, 591; *BayObLG* 2Z BR 58/94, WuM 1995, 222). Ein Unterlassungsanspruch gegen ein bestimmtes Bauvorhaben ist solange unbegründet, bis der angefochtene Beschluss über die Billigung der Baumaßnahme rechtskräftig für ungültig erklärt worden ist (*BayObLG* 2Z BR 61/98, NZM 1999,

132

Vandenhouten 351

132). Bei Beschlussanfechtung kann allerdings die Durchführung der Baumaßnahme durch eine einstweilige Verfügung untersagt werden.

133 Die **Beseitigung einer** durch bestandkräftigen Mehrheitsbeschluss **genehmigten baulichen Veränderung**, ist wiederum eine bauliche Veränderung, die grundsätzlich der Zustimmung aller Wohnungseigentümer bedarf (*OLG Köln* 16 Wx 185/99, ZWE 2000, 429).

134 Der **Widerruf einer** durch bestandskräftigen Beschluss **erteilten Zustimmung** zu einer baulichen Veränderung, die noch nicht durchgeführt ist, durch einen späteren Eigentümerbeschluss, hat keine bauliche Veränderung zum Gegenstand und bedarf deshalb nicht der Zustimmung aller Wohnungseigentümer (*OLG Köln* 16 Wx 10/02, NZM 2002, 454). Der neue Beschluss (sog abändernder Zweitbeschluss, vgl auch § 21 Rn 30) muss aber ordnungsmäßiger Verwaltung entsprechen und darf nicht ohne überwiegende sachliche Gründe in wohlerworbene Rechte von Wohnungseigentümern eingreifen, die auf den Bestand des ersten Beschlusses vertraut haben (*BayObLG* 2Z BR 58/94, WuM 1995, 222; *OLG Köln* 16 Wx 10/02, NZM 2002, 454).

135 Wird **umgekehrt** durch Mehrheitsbeschluss eine bauliche Veränderung genehmigt, obwohl bereits bestandskräftig die Beseitigung der Baumaßnahme beschlossen wurde, ist der Zweitbeschluss auf Anfechtung für ungültig zu erklären, wenn er schutzwürdige Belange eines Wohnungseigentümers aus Inhalt und Wirkungen des Erstbeschlusses beeinträchtigt (*BGH* V ZB 8/90, Z 113, 197; *OLG Düsseldorf* 3 Wx 318/00, NZM 2001, 243). War der Erstbeschluss bestandskräftig aufgehoben (nach dem mitgeteilten Sachverhalt der oa Entscheidung des *OLG Düsseldorf* war dies der Fall), ist der Zweitbeschluss gleichwohl für ungültig zu erklären, wenn die bauliche Veränderung gemäß § 14 Nr 1 nachteilig ist.

136 Die **Abänderung** oder **Aufhebung** eines bestandkräftigen Beschlusses, der eine bauliche Veränderung genehmigt hat, kann analog § 10 Abs 2 S 3 nur verlangt werden, wenn neu hinzugetretene schwerwiegende Umstände das Festhalten an der bestehenden Regelung als unbillig erscheinen lassen (vgl zur alten Rechtslage *BayObLG* 2Z BR 159/99, NZM 2000, 672; *OLG Düsseldorf* I-3 Wx 194/06, ZMR 2007, 379: danach folgte ein solcher Anspruch nur aus § 242 BGB, wenn außergewöhnliche Umstände das Festhalten an der bestehenden Regelung als grob unbillig erscheinen ließen).

137 Das Problem der **Bindung des Sonderrechtsnachfolgers** eines Wohnungseigentümers an eine bereits erteilte Zustimmung zu baulichen Veränderungen durch den Rechtsvorgänger entfällt. Liegt ein Beschluss gemäß § 22 Abs 1 S 1 vor, so wirkt dieser nämlich nach § 10 Abs 4 auch gegen einen Sondernachfolger (*Merle* in Bärmann, § 22 Rn 132; *Hügel/Elzer* § 7 Rn 21. Eine Eintragung des Beschlusses in das Grundbuch bedarf es zu einer solchen Bindung nicht. Die Bindung besteht unabhängig davon, ob der Ausbau im Zeitpunkt der Rechtsnachfolge zumindest teilweise bereits ins Werk gesetzt worden ist. Ein solches Erfordernis, das in weiten Teilen der Rechtsprechung als Voraussetzung für eine Bindung des Rechtsnachfolgers an die durch den Rechtsvorgänger erteilte Zustimmung aufgestellt worden war (vgl *BayObLG* 2Z BR 110/97, NZM 1998, 524; *OLG Düsseldorf* 3 Wx 227/97, NZM 1998, 79; *KG*, 24 W 318/02, ZMR 2005, 75, 77) hat nach der Neufassung des § 22 Abs 1 keinen Bestand mehr.

138 **9. Zustimmung.** Soweit nicht etwas Anderes vereinbart ist (vgl Rn 146 ff) oder ein Fall des § 22 Abs 2 vorliegt, bedürfen bauliche Veränderungen der Zustimmung aller

beeinträchtigten Wohnungseigentümer. Diese Zustimmung kann nur durch positive Stimmabgabe im Rahmen einer zur Legitimation der baulichen Maßnahme erforderlichen Beschlussfassung nach § 22 Abs 1 S 1 abgegeben werden (vgl Rn 5, 6). Da die Beeinträchtigung zumeist alle Wohnungseigentümer betrifft, ist in diesen Fällen ein einstimmiger Beschluss aller Wohnungseigentümer erforderlich.

10. Gestattungsanspruch. Nach § 22 Abs 1 S 1 hat ein einzelner Wohnungseigentümer einen individuellen Anspruch gegen die anderen Wohnungseigentümer, eine Maßnahme im Sinne des § 22 Abs 1 S 1 im Beschlusswege zu gestatten, wenn ihr alle dadurch beeinträchtigten Wohnungseigentümer zugestimmt haben (BT-Drucks 16/887 S 29). Der einzelne Wohnungseigentümer hat also einen Anspruch darauf, dass die übrigen Wohnungseigentümer ihr **Einverständnis mit der Durchführung der Maßnahme** erklären. Voraussetzung für den Gestattungsanspruch ist, dass **sämtliche beeinträchtigte Wohnungseigentümer** der baulichen Veränderung **zugestimmt** haben. Da der Anspruch erst auf eine Beschlussfassung gerichtet ist, dh darauf, dass die Wohnungseigentümer im Rahmen der Beschlussfassung nach § 22 Abs 1 S 1 eine positive Stimme abgeben, können diese Zustimmungserklärungen auch außerhalb der Eigentümerversammlung – also mündlich oder schriftlich – erklärt werden (*Merle* in Bärmann, § 22 Rn 155; *Palandt/ Bassenge* § 22 Rn 8). Entgegen der Gesetzesbegründung obliegt die Durchführung dieses Beschluss gemäß § 27 Abs 1 Nr 1, Abs 4 dem Verwalter, was indes die Vornahme der baulichen Veränderung durch den Einzelnen ermöglicht, solange die Überwachungs- und Kontrollaufgaben beim Verwalter verbleiben (vgl auch Rn 127). **139**

Ist eine positive Beschlussfassung gemäß § 22 Abs 1 S 1 1. Fall daran gescheitert, dass einige der Beeinträchtigten mit „Nein" gestimmt oder sich der Stimme enthalten haben, besteht – von den Fällen einer Zustimmungsverpflichtung aus Treu und Glauben abgesehen (vgl Rn 144) – kein Anspruch auf Gestattung der baulichen Veränderung im Beschlusswege. Kommt eine positive Beschlussfassung jedoch deshalb nicht zu Stande, weil nicht alle Beeinträchtigten in der Versammlung anwesend waren oder zwar alle Beeinträchtigten zugestimmt, diese aber nicht die Versammlungsmehrheit bildeten, kann der bauwillige Wohnungseigentümer die Genehmigung der von ihm beabsichtigten Maßnahme verlangen, wenn alle Beeinträchtigten zugestimmt haben. Der Anspruch ist in einem **Rechtsstreit nach § 43 Nr 1** durch Klage gegen alle übrigen Wohnungseigentümer (*Kümmel* ZMR 2007, 932; **aA** *Merle* in Bärmann, § 22 Rn 157: nur gegen die nicht schriftlich Zustimmenden) durchzusetzen. Ein Rechtsschutzbedürfnis für diese Klage ist aber erst dann zu bejahen, wenn der Wohnungseigentümer zuvor vergeblich versucht hatte, eine entsprechende Regelung durch Beschluss herbeizuführen (vgl dazu § 21 Rn 346). Das Urteil ersetzt – abhängig vom Klägerantrag – die für eine positive Beschlussfassung nach § 22 Abs 1 S 1 erforderlichen Zustimmungen, was zu einem Eigentümerbeschluss führt oder es ersetzt die positive Beschlussfassung gemäß § 21 Abs 8. Eine **Kostenentscheidung gemäß § 49 Abs 1** ermöglicht es die Kosten des Rechtsstreits denjenigen aufzuerlegen, die die Beschlussfassung verhindert haben. Die Bestandskraft eines Negativbeschlusses steht der Klage in der Regel nicht entgegen (vgl § 21 Rn 247). Eine Kostenlast der zwangsweise Zustimmenden gem. § 16 Abs 6 S 1 scheidet in der Regel aus (vgl Rn 8, 130). **140**

11. Vereinbarungen. § 22 Abs 1 schließt nicht aus, dass die Zulässigkeit einer baulichen Veränderung auch zum Gegenstand einer Vereinbarung gemacht werden kann (*Palandt/Bassenge* § 22 Rn 5; *Riecke/Schmid-Elzer* § 22 Rn 38). Liegt eine Vereinba- **141**

rung vor, ist ein Mehrheitsbeschluss für die Legitimation der baulichen Veränderung nicht mehr erforderlich. Die Reichweite der baulichen Gestattung ist durch Auslegung der Vereinbarung zu ermitteln. Derartige Vereinbarungen finden sich zum einen in der **Teilungserklärung/Gemeinschaftsordnung**. Hier kann sich eine Legitimation der baulichen Veränderung auch aus einer vereinbarten Gebrauchsregelung oder aus einer Zweckbestimmung des Sondereigentums ergeben. Ist dem Teileigentümer nach der Gemeinschaftsordnung gestattet, diesen zu gewerblichen Zwecken zu nutzen, müssen die übrigen Wohnungseigentümer die zur Herbeiführung einer solchen Nutzung erforderlichen Maßnahmen einschließlich baulicher Veränderungen des gemeinschaftlichen Eigentums dulden. Dazu gehört zB die Anbringung eines Briefkastens (mit oder ohne Klingelanlage) an der Hauseingangstür (*BayObLG* 2Z BR 8/97, ZMR 1997, 317) ebenso wie die Anbringung ortsüblicher und angemessener Werbeanlagen am gemeinschaftlichen Eigentum (*BayObLG* 2Z BR 74/00, NZM 2001, 123). Bestehen allerdings mehrere Möglichkeiten der Gestaltung, brauchen die übrigen Wohnungseigentümer eine Lösung, die ihre Belange in vermeidbarer Weise wesentlich mehr beeinträchtigt als eine andere, nicht hinzunehmen (*BayObLG* 2Z BR 8/97, ZMR 1997, 317). Die Einräumung eines **Sondernutzungsrechts** an einer unbebauten Fläche umfasst jedoch nicht ohne weiteres auch die Zustimmung zur Bebauung dieser Fläche (*OLG Köln* 16 Wx 46/95, WuM 1995, 608; *OLG Köln* 16 Wx 10/00, NZM 2000, 296; *OLG Köln* 16 Wx 247/01, NZM 2002, 458; *BayObLG* 2Z BR 86/02, NZM 2003, 242). Die Gemeinschaftsordnung kann aber etwa dem Sondernutzungsberechtigten bei der Gartenplanung und -gestaltung einen weitergehenden Gestaltungsspielraum gewähren, so dass auch eine grundlegende Umgestaltung zulässig ist (vgl etwa *OLG Hamm* 15 W 426/99, NZM 2000, 910).

142 Vereinbarungen können auch **nachträglich** geschlossen werden. Eine Vereinbarung liegt zum Beispiel dann vor, wenn bei einem „zwanglosen Zusammentreffen" aller Wohnungseigentümer schriftlich fixiert wird, dass eine bestimmte bauliche Veränderung gestattet wird (*BayObLG* 2Z BR 107/02, NZM 2003, 199; *OLG Hamm* 15 W 395/03, ZMR 2005, 220).

143 Treffen die Wohnungseigentümer eine Vereinbarung über die Zulässigkeit einer baulichen Veränderung, ist gemäß § 10 Abs 3 ein **Rechtsnachfolger** an die Vereinbarung nur gebunden, wenn die Vereinbarung als Inhalt des Sondereigentums im Grundbuch eingetragen wird (*BGH* V ZB 51/03, NJW 2004, 937, 940). Ist dies nicht der Fall, ergibt sich eine Bindung des Sonderrechtsnachfolger allenfalls aus dem allgemeinen Treueverhältnis der Wohnungseigentümer untereinander, soweit mit der baulichen Veränderung bei Eintritt des neuen Eigentümers bereits begonnen worden war (*Hügel/Elzer* § 7 Rn 23).

144 **12. Anspruch auf Duldung einer baulichen Veränderung.** Ein Anspruch auf die erforderliche Zustimmung zu einer baulichen Veränderung besteht grundsätzlich nicht (*BayObLG* 2Z BR 103/98, WuM 1998, 679; *BayObLG* 2Z BR 164/97, NZM 1998, 1014; *OLG München*, 34 Wx 66/07, NZM 2008, 848). Ebenso wie in Ausnahmefällen ein Anspruch auf Änderung von Vereinbarungen in Betracht kommt, kann sich aber aus dem Gemeinschaftsverhältnis der Wohnungseigentümer untereinander nach Treu und Glauben unter Abwägung der Interessen aller Beteiligten ein Anspruch auf Duldung einer baulichen Veränderung ergeben (*KG* 24 W 2014/93, WuM 1994, 103; *BayObLG* 2Z BR 15/95, WuM 1995, 674).

Bei konkret feststellbarer erhöhter **Einbruchsgefahr** kommt ein Anspruch auf Duldung von Einbruchsicherungen in Betracht (*KG* 24 W 2014/93, WuM 1994, 103). Eine allgemeine Einbruchsgefahr genügt jedoch nicht (*KG* 24 W 8114/99, 24 W 2406/00, NZM 2001, 341; *OLG Köln* 16 Wx 48/04, NZM 2004, 385). Keine Duldungspflicht besteht, wenn mit einbruchsicheren Fenstergittern zugleich eine Kletterhilfe geschaffen wird, die den Einstieg in eine andere Wohnung der Anlage erleichtert (*OLG Zweibrücken* 3 W 12/00, NZM 2000, 623). Ein Anspruch auf Duldung von Fenstergittern setzt auch voraus, dass die erhöhte Einbruchsgefahr nicht durch weniger beeinträchtigende Maßnahmen (Sicherheitsglas, „Pilzköpfe", Verstärkung der Fensterbeschläge, Schutz des Rollladens gegen Hochschieben) beseitigt werden kann (*OLG Düsseldorf* 3 Wx 148/04, NZM 2005, 264). Der Einbau einer Stahlgittertür vor der Wohnungseingangstür der Wohnung im obersten Stockwerk, bedarf nicht der Zustimmung der übrigen Wohnungseigentümer, wenn sie von den unteren Stockwerken her nicht eingesehen werden kann (*OLG Köln* 16 Wx 204/04, NZM 2005, 463). **145**

13. Abdingbarkeit. Die Bestimmungen des § 22 Abs 1 sind durch Vereinbarung abänderbar (*BayObLG* 2Z BR 63/95, WuM 1996, 487). Für einen Mehrheitsbeschluss, der die Zulässigkeit von baulichen Veränderung generell und mit Dauerwirkung abweichend von § 22 Abs 1 regelt, fehlt jedoch die Beschlusskompetenz (*BayObLG* 2Z BR 88/04, NZM 2005, 109). **146**

a) Zustimmungsfreiheit. Ist § 22 Abs 1 durch Vereinbarung wirksam abbedungen, sind die allgemeinen nachbarrechtlichen Vorschriften des Privatrechts (insbesondere die §§ 906 ff BGB und das jeweils landesrechtliche Nachbarrecht) und des öffentlichen Rechts, soweit sie drittschützenden Charakter haben (zB Abstandsflächenvorschriften), entsprechend anzuwenden (*BayObLG* 2Z BR 52/96, WuM 1996, 789 [Abweichung gegenüber *BayObLG* BReg 2 Z 121/88, WuM 1989, 451 ff]; *BayObLG* 2Z BR 101/99, ZWE 2000, 175 m Anm *Schmack* S 168; *BayObLG* 2 BR 104/00, ZMR 2000, 563; *BayObLG* 2Z BR 60/00, NZM 2001, 769; *BayObLG* 2Z BR 067/04, ZMR 2005, 212; *OLG München* 32 Wx 2/08, ZMR 2008, 566). Bestimmt die Gemeinschaftsordnung, dass eine Zustimmung zu baulichen Maßnahmen nur erforderlich ist, wenn sie auch bei einer Realteilung notwendig wäre, dann richtet sich die Zulässigkeit der Errichtung eines Bretterzaunes direkt neben einem Maschendrahtzaun, der zwei Sondernutzungsflächen voneinander trennt, nicht nach § 22, sondern nach § 922 S 3 BGB (*BayObLG* 2Z BR 10/93, WuM 1993, 565, 566; vgl auch *LG Itzehoe* 11 S 30/08, ZMR 2009, 479). Bestimmt die Gemeinschaftsordnung, dass „bauliche Veränderungen, insbesondere Um-, An- und Einbauten, sowie Installationen auch dann vom jeweiligen Wohnungseigentümer vorgenommen werden können, wenn sie gemeinschaftliches Eigentum betreffen, sofern sich dieses im räumlichen Bereich des dem jeweiligen Wohnungseigentümer zustehenden Hauses befindet" ist § 22 Abs 1 abbedungen (*BayObLG* 2Z BR 101/99, ZWE 2000, 175). **147**

b) Einführung des Einstimmigkeitsprinzips. Die Gemeinschaftsordnung kann die Zulässigkeit einer baulichen Veränderung abweichend von § 22 Abs 1 in jedem Fall von der Zustimmung aller Wohnungseigentümer abhängig machen (*BayObLG* 2Z BR 79/97, WuM 1997, 700; *OLG Düsseldorf* 3 Wx 186/06, NJW-RR 2007, 1024). Bestimmt die Gemeinschaftsordnung, dass bauliche Veränderungen nur vorgenommen werden dürfen, wenn ein einstimmiger Beschluss vorliegt, so kommt es nicht darauf an, ob eine Zustimmung einzelner Wohnungseigentümer mangels Beeinträchtigung entbehr- **148**

lich ist (*BayObLG* 32 Wx 019/05, NZM 2005, 622; *OLG Frankfurt* 20 W 471/02, NZM 2005, 947). Bestimmt die Gemeinschaftsordnung, dass ein Wohnungseigentümer "die äußere Gestalt des Bauwerks oder der im gemeinschaftlichen Eigentum stehenden Bestandteile nicht ändern" darf (sog **Änderungsverbot**), so ist jede nicht völlig unerhebliche bauliche Veränderung ohne Rücksicht auf ihre Auswirkung auf das optische Erscheinungsbild der Wohnanlage von der Zustimmung aller übrigen Wohnungseigentümer abhängig (*BayObLG* 2Z BR 63/95, WuM 1996, 487).

149 c) **Einführung des Mehrheitsprinzips.** Die Teilungserklärung kann vorsehen, dass eine bestimmte (einfache oder qualifizierte) Mehrheit eine bauliche Veränderung beschließen kann. Dann ist nicht die Mitwirkung aller benachteiligten Wohnungseigentümer erforderlich (*OLG Frankfurt/Main* 20 W 126/81, OLGZ 1981, 313; *BayObLG* BReg 2 Z 123/89, NJW-RR 1990, 209; *BayObLG* 2Z BR 62/95, WuM 1996, 787). Insofern ist bei der **Auslegung unklarer Klauseln** grundsätzlich davon auszugehen, dass nur dieses Erfordernis eingeschränkt werden soll, nicht aber dass nun auch Wohnungseigentümer in die Entscheidung einbezogen werden sollen, deren Zustimmung schon nach dem Gesetz (§ 22 Abs 1 S 2) nicht erforderlich ist. Daher sind Bezugsgröße für die bestimmte Mehrheit lediglich die beeinträchtigten Wohnungseigentümer und im Übrigen verbleibt es bei der Regelung des § 22 Abs 1 S 2, es sei denn der Wortlaut der Regelung nimmt ausdrücklich Bezug auf die Mehrheit „der" oder „aller" Wohnungseigentümer (vgl *BayObLG* 2Z BR 113/98, NZM 1999, 30: Stimmenmehrheit von drei Viertel aller (nicht nur der Anwesenden) Miteigentümer) und *BayObLG* 2Z BR 70/00, NZM 2001, 1138: Mehrheitsbeschluss der Wohnungseigentümer). Können nach der Teilungserklärung bauliche Veränderungen „mit einer Mehrheit von ¾ aller vorhandenen Stimmen" beschlossen werden, wird die Regelung des § 22 Abs 1 einerseits verschärft, andererseits erleichtert. Einerseits ist ein Beschluss mit qualifizierter Mehrheit unabhängig davon erforderlich, ob andere Wohnungseigentümer über das in § 14 Nr 1 bestimmte Maß hinaus beeinträchtigt werden. Andererseits ist nicht die Zustimmung aller von der Maßnahme beeinträchtigten Wohnungseigentümer erforderlich (*BayObLG* 2Z BR 131/97, NZM 1998, 443). Soweit nicht ausdrücklich etwas anderes geregelt ist, sind nicht nur die an der Beschlussfassung teilnehmenden Wohnungseigentümer gemeint (*Palandt/Bassenge* § 22 Rn 13).

150 Können nach der Teilungserklärung Änderungen der äußeren Gestalt des Gebäudes mit einfacher Mehrheit beschlossen werden, dann gilt dies erst recht für bauliche Veränderungen im Inneren des Gebäudes (*OLG Düsseldorf* 3 Wx 169/98, WuM 1999, 477). Ist unklar, ob die Teilungserklärung das Mehrheitsprinzip einführt, verbleibt es grundsätzlich bei der gesetzlichen Regelung (*OLG Oldenburg* 5 W 104/97, NZM 1998, 39). Weist die Teilungserklärung die Entscheidung über bauliche Veränderungen der Eigentümerversammlung zu, ohne klarzustellen, ob ein Mehrheitsbeschluss ausreicht, wird durch diese Öffnungsklausel jedenfalls die Beschlusskompetenz der Eigentümerversammlung begründet. Wird ein Mehrheitsbeschluss bestandskräftig, der diese Klausel als **Einführung des Mehrheitsprinzips** auslegt, so kann künftig über bauliche Veränderungen durch Mehrheitsbeschluss entschieden werden (*KG* 24 W 8114/99, 24 W 2406/00, NZM 2001, 341). Erlaubt die Teilungserklärung bauliche Veränderungen, die einer sinnvollen und zumutbaren Verbesserung der Wohnanlage dienen, mit Zustimmung einer 2/3 Mehrheit, fällt darunter auch eine Maßnahme, durch die ein Wohnungseigentümer beeinträchtigt wird. Anderenfalls würde dies zu einer Rückkehr

Besondere Aufwendungen, Wiederaufbau § 22 WEG II

des in § 22 Abs 1 WEG verankerten Einstimmigkeitsprinzips führen (*KG* 24 W 253/02, NZM 2003, 642: Pflasterung einer Wegabkürzung zum Müllplatz über eine gemeinschaftliche Rasenfläche).

Kann laut Teilungserklärung die Verweigerung der erforderlichen **Einwilligung des** 151 **Verwalters** durch einen Eigentümerbeschluss ersetzt werden, so wird dadurch mangels eindeutiger Regelung nicht § 22 Abs 1 zugunsten einer Mehrheitsentscheidung abgeändert (*KG* 24 W 2051/91, WuM 1991, 517; *OLG Zweibrücken* 3 W 30/92, NJW 1992, 2899; *OLG Düsseldorf* 3 Wx 159/95, WuM 1997, 567).Gestattet die Teilungserklärung bauliche Veränderungen aufgrund eines Mehrheitsbeschlusses, so wird hiervon auch das bauliche Erscheinungsbild der Wohnanlage erfasst, zB die Veränderung der historischen Bausituation eines denkmalgeschützten Gebäudes (*OLG Köln* 16 Wx 293/97, WuM 1998, 308).

Ein nach der Teilungserklärung möglicher Mehrheitsbeschluss über die Genehmigung 152 einer baulichen Veränderung ist auf seine Anfechtung hin für ungültig zu erklären, wenn er nicht ordnungsgemäßer Verwaltung entspricht. Dies ist dann der Fall wenn für die bauliche Veränderung kein **sachlicher Grund** vorliegt und sie einen nicht zustimmenden Wohnungseigentümer **unbillig benachteiligt** (*BayObLG* BReg 2 Z 123/ 89, NJW-RR 1990, 209; *KG* 24 W 1542/99, NZM 2000 348).

Ist das Mehrheitsprinzip eingeführt, findet § 16 Abs 6 S 1 keine Anwendung mit der 153 Folge, dass sich alle Wohnungseigentümer an den **Kosten der Maßnahme** zu beteiligen haben (*BayObLG* 2Z BR 62/95, WuM 1996, 787; *BayObLG* 2Z BR 70/00, NZM 2001, 1138; *Merle* in Bärmann, § 22 Rn 294; aA *OLG Frankfurt/Main* 20 W 126/81, OLGZ 1981, 313; *Staudinger/Bub* § 22 Rn 9).

d) Zustimmung des Verwalters. Dürfen nach der Teilungserklärung, bauliche Ver- 154 änderungen nur mit schriftlicher Erlaubnis des Verwalters vorgenommen werden, bedeutet dies keine Erleichterung gegenüber § 22 Abs 1, sondern eine Erschwerung. Die Zulässigkeit baulicher Veränderungen wird **zusätzlich** von der schriftlichen Zustimmung des Verwalters abhängig gemacht, um die Wohnungseigentümer davor zu schützen, dass einer von ihnen eigenmächtig bauliche Maßnahmen vornimmt und sich darauf beruft, die anderen Wohnungseigentümer seien nicht beeinträchtigt und müssten daher nicht zustimmen. Eine derartige Regelung lässt § 22 Abs 1 unberührt (*OLG Zweibrücken* 3 W 30/92, NJW 1992, 2899; *OLG Düsseldorf* 3 Wx 159/95, WuM 1997, 567; *OLG Köln* 16 Wx 97/03, ZMR 2004, 146). Eine in der Teilungserklärung vorgesehene Überprüfung der Zustimmungsverweigerung durch die Wohnungseigentümer ändert dann § 22 Abs 1 auch nicht (s Rn 151). Die Verwalterzustimmung ist entbehrlich, sobald die Wohnungseigentümer selbst zugestimmt haben. Die Teilungserklärung kann aber auch wirksam bestimmen, dass zur Umgestaltung des gemeinschaftlichen Eigentums nur die Zustimmung des Verwalters, nicht aber die Zustimmung der anderen Wohnungseigentümer erforderlich ist (*KG* 24 W 2334/ 97, NZM 1998, 771).

Wurde die vorherige Zustimmung (Einwilligung) des Verwalters **nicht eingeholt**, so 155 führt dies für sich allein noch nicht dazu, dass ein Beseitigungsantrag schon aus formellen Gründen Erfolg hat. Analog § 185 Abs 2 BGB reicht es aus, wenn eine nachträgliche Zustimmung (Genehmigung) erfolgt. Aber selbst wenn weder vor noch nach der baulichen Veränderung eine Zustimmung des Verwalters erteilt worden ist, ist das Fehlen der Zustimmung unbeachtlich, wenn ein durchsetzbarer Anspruch auf Gestat-

Vandenhouten 357

tung gemäß § 22 Abs 1 S 1 besteht (*BGH* V ZB 51/03, NJW 2004, 937, 940; *OLG Schleswig* 2 W 94/04, ZMR 2005, 816). Der Wohnungseigentümer, der entgegen der Gemeinschaftsordnung die Zustimmung des Verwalters nicht einholt, geht aber das Risiko ein, die Maßnahme wieder beseitigen zu müssen. Er wird einem Beseitigungsanspruch regelmäßig nicht den Einwand der Unzumutbarkeit entgegenhalten können (s dazu Rn 182).

156 Ist die Verwalterzustimmung **alleiniges Erfordernis** und versagt der Verwalter die Zustimmung, kann er in einem Rechtsstreit gemäß § 43 Nr 3 auf Zustimmung verklagt werden. Ist sie dagegen nur zusätzliches Erfordernis ist nur Klage gegen die übrigen Wohnungseigentümer auf Feststellung der Zulässigkeit zu erheben.

157 Teilt der Verwalter einem Wohnungseigentümer mit, eine von diesem beabsichtigte Baumaßnahme bedürfe nicht der Zustimmung der übrigen Wohnungseigentümer, so haftet er einem anderen Wohnungseigentümer auf Ersatz der bei der Abwehr der Baumaßnahme entstandenen Rechtsverfolgungskosten, sofern die **Mitteilung unzutreffend** ist (*BGH* V ZB 9/91, Z 115, 253).

158 **e) Gestattung konkreter Veränderungen.** Die Gemeinschaftsordnung kann einem Wohnungseigentümer konkrete bauliche Veränderungen gestatten. Erlaubt die Gemeinschaftsordnung einem Wohnungseigentümer die Errichtung eines Wintergartens, haben die übrigen Wohnungseigentümer die erforderlichen baulichen Maßnahmen zu dulden. Sie brauchen aber bei mehreren Gestaltungsmöglichkeiten keine Lösung hinzunehmen, die ihre Belange in vermeidbarer Weise wesentlich mehr beeinträchtigt als eine andere (*BayObLG* 2Z BR 61/98, NZM 1999, 132). Gestattet die Teilungserklärung neben der Überdachung der Terrasse auch sonstige bauliche Veränderungen im Bereich der Terrasse, soweit baurechtlich zulässig, ist auch die Errichtung eines Wintergartens erlaubt (*OLG Zweibrücken* 3 W 100/03, NZM 2005, 510). Gestattet die Teilungserklärung einem Wohnungseigentümer Baumaßnahmen im Dachgeschoss zur Bildung von Wohneinheiten „auf seine Kosten und Gefahr" durchzuführen, so haftet er auch für Zufallsschäden, die durch den Ausbau entstehen (*KG* 24 W 4734/92, WuM 1993, 209). Mit dem Abschluss eines nach der Teilungserklärung gestatteten Ausbaus des Dachgeschosses entsteht insgesamt gemeinschaftliches Eigentum an den konstruktiv wichtigen Teilen der Außenumgrenzung der Dachgeschosswohnung, auch wenn der Ausbau unvollständig oder mangelhaft erfolgt ist. Die Gemeinschaft hat gegen den ausbauenden Wohnungseigentümer einen Anspruch auf vollständige und mangelfreie Erstherstellung der zum gemeinschaftlichen Eigentum gehörenden Dachteile. Eine Erstreckung dieser Haftung auf spätere Erwerber der ausgebauten Wohnung scheidet jedoch im Regelfall aus, so dass der Erwerber in der Regel von der Gemeinschaft die Mitwirkung bei der Dachsanierung verlangen kann (*KG* 24 W 8820/98, 24 W 2976/99, NZM 2000, 1012).

III. Beschlusskompetenz für Modernisierungsmaßnahmen (§ 22 Abs 2)

159 Im Interesse einer dauerhaften Erhaltung des Verkehrswerts der Anlage gibt § 22 Abs 2 den Wohnungseigentümern die Kompetenz mit qualifizierter Mehrheit aller stimmberechtigten Wohnungseigentümer bauliche Veränderungen zu beschließen, die der Modernisierung oder der Anpassung des gemeinschaftlichen Eigentums an den Stand der Technik dienen, ohne dass ein Zusammenhang mit einer Reparatur vorliegt. Maßnahmen nach § 22 Abs 2 sind immer auch Maßnahmen nach § 22 Abs 1 S 1. Dies

hat zur Folge das Maßnahmen der Modernisierung auch als bauliche Veränderung nach § 22 Abs 1 mit einfacher Stimmenmehrheit beschlossen werden können, wenn weniger als dreiviertel der Wohnungseigentümer durch die Maßnahme beeinträchtigt wird und die beeinträchtigten Wohnungseigentümer zustimmen (*Bub* ZWE 2008, 205; *Häublein* NZM 2007, 752). Soweit Maßnahmen zwar Modernisierung im Sinne des § 559 BGB oder Anpassung an den Stand der Technik darstellen, aber nach § 21 Abs 3 als Maßnahmen ordnungsmäßiger Verwaltung mit Stimmenmehrheit beschlossen werden können, unterfallen sie nicht dem Erfordernis einer qualifizierten Mehrheit nach § 22 Abs 2 S 1. § 22 Abs 3 stellt dies für Maßnahmen der **modernisierenden Instandsetzung** ausdrücklich klar. Eine Maßnahme gemäß § 22 Abs 2 muss nicht allen Wohnungseigentümern zugute kommen (*Häublein* NZM 2007, 752). Ein gegebenenfalls erforderlicher Ausgleich kann über eine Kostenregelung nach § 16 Abs 4 erfolgen (*Bub* ZWE 2008, 205), die derselben doppelt qualifizierten Mehrheit wie ein Beschluss nach § 22 Abs 1 S 1 bedarf. Fehlt eine derartige Kostenregelung sind die Kosten einer Maßnahme im Sinne von § 22 Abs 2 von sämtlichen – auch den mit „Nein" stimmenden – Wohnungseigentümern, vorbehaltlich einer davon abweichenden Vereinbarung, gemäß § 16 Abs 2 nach Miteigentumsanteilen zu tragen.

1. Modernisierung. § 22 Abs 2 S 1 verweist für die Frage, was unter Modernisierung zu verstehen ist, auf die Regelung des § 559 Abs 1 BGB. Diese Vorschrift definiert den Begriff der Modernisierung als bauliche Maßnahmen, die der nachhaltigen Erhöhung des Gebrauchswerts, der dauerhaften Verbesserung der Wohnverhältnisse oder der Einsparung von Energie oder Wasser dienen. Wegen der Einordnung von Einzelmaßnahmen kann auf Rechtsprechung und Schrifttum zum Mietrecht zurückgegriffen werden, die allerdings häufig Maßnahmen innerhalb des Sondereigentums betrifft. Erfasst werden kleine, mittlere und größere Vorhaben, etwa das **Aufstellen eines Fahrradständers**, das nachträgliche **Anbringen einer Gegensprechanlage** oder auch der **Einbau eines Fahrstuhls** (vgl BT-Drucks 16/887 S 30). Soweit eine Maßnahme bisher als modernisierende Instandsetzung eingestuft wurde (s dazu § 21 Rn 84), wird sie meist auch eine Modernisierung darstellen. Die modernisierende Instandsetzung erfordert aber, dass ein Instandsetzungsbedarf vorliegt bzw absehbar ist, die veraltete Heizungsanlage zB nicht mehr oder nicht mehr richtig funktioniert. Demgegenüber können Modernisierungsmaßnahmen im Sinne von § 22 Abs 1 auch unabhängig von einem notwendigen oder bald absehbaren Instandsetzungsbedarf vorgenommen werden. Die drei genannten Modernisierungsmaßnahmen können sich überschneiden.

160

a) Nachhaltige Erhöhung des Gebrauchswerts. Die Gebrauchswerterhöhung kann sich auf den Gebrauch des gemeinschaftlichen Eigentums oder auf denjenigen des Sondereigentums auswirken. Dabei muss es sich um den bestimmungsgemäßen Gebrauch handeln (*Merle* in Bärmann, § 22 Rn 331). Nachhaltigkeit bedeutet, dass die Erhöhung auf Dauer bewirkt wird und nicht nur geringfügig ist. Die Rechtsprechung zum Mietrecht hat eine Verbesserung des Gebrauchswerts zum Beispiel in folgenden Fällen bejaht: Einbau einer Zentralheizungs- oder **Warmwasserversorgungsanlage** (*LG München* 14 S 7397/87, WuM 1989, 27); Einbau von Isolierglas oder **Schallschutzfenstern** (*LG Berlin* 64 S 170/02, GE 2003, 122) und **Verstärkung der Elektrosteigleitungen** (*LG Berlin* 64 S 170/02, GE 2003, 122); Einbau einer Türsprech-/Videoanlage (*LG München* 14 S 7397/87, WuM 1989, 27); Einbau einer neuen **Haustür mit zusätzlichen Sicherungen** und **Vordach über dem Hauseingang** (*LG Berlin* 64 S 170/02, GE 2003, 122). Eine Gebrauchswerterhöhung liegt auch vor bei: Umstellung eines Garagentores auf Funksteuerung

161

(*Palandt/Bassenge* § 22 Rn 15); Anbau einer Verbindungstreppe zum Garten (*AG Hannover* 484 C 9807/07, ZMR 2008, 250), **Anbau eines Balkons** (*AG Konstanz* 12 C 10/07, NZM 2007, 888), Fenstervergrößerungen, Einbau von Dachgauben, Balkonverglasung (**aA** *AG Konstanz* 12 C 17/07, ZMR 2008, 494), Einbau zusätzlicher Fenster (**aA** *AG Konstanz* 12 C 17/07 , ZMR 2008, 494); Einbau von Rauchwarnmeldern (vgl auch *Schmidt/Breiholdt/Riecke* ZMR 2008, 341); Austausch von Holz- gegen Kunststofffenster (*LG München I* 1 S 20171/08, ZWE 2009, 318).

162 **b) Dauerhafte Verbesserung der Wohnverhältnisse.** Sie bezieht sich nur auf das gemeinschaftliche Eigentum. Beispiele für bauliche Maßnahmen, welche die allgemeinen Wohnverhältnisse verbessern, sind die Anlage und der Ausbau von **Kinderspielplätzen, Grünanlagen, Stellplätzen und anderen Verkehrsanlagen** (vgl *AnwKomm/Scheff* § 559 Rn 13); der **Einbau eines Fahrstuhls** (*AG München* 453 C 35603/04, Info-M 2006, 120), Errichtung von Außenaufzügen (*AG Konstanz* 12 C 17/07, ZMR 2008, 494), Anbindung der Regenentwässerung an das Abwassersystem der Straße (*AG Schöneberg* 77 C 58/08 WEG, GE 2008, 1637).

163 **c) Nachhaltige Einsparung von Energie oder Wasser.** Als energiesparende Maßnahmen kommen insbesondere Maßnahmen zur **Verbesserung der Wärmedämmung**, zur Verringerung des Energieverlustes und des Energieverbrauchs der zentralen Heizungs- und Warmwasseranlage sowie zur Rückgewinnung von Wärme in Betracht; auch der Anschluss eines Hauses an das Fernwärmeversorgungsnetz wegen der dadurch ermöglichten Einsparung von Primärenergie (*LG Berlin* 65 S 352/9, NZM 2002, 64), der Einbau von Solaranlagen, weil nicht erneuerbare Energie eingespart wird (*Schläger* ZMR 2009, 341; vgl auch *BayObLG* 2Z BR 2/00, NZM 2000, 674); Austausch einer Nachtspeicherheizung durch Anschluss an die Gaszentralheizung (*AG Hamburg* 49 C 248/07, jurisPR-MietR 17/2008 Anm 4). Maßnahmen, die Wasser sparen, sind z. B. der Einbau von Wasserzählern (vgl aber Rn 50); Maßnahmen zur Erfassung und Verwendung von Regenwasser für die Zwecke der Gartenbewässerung oder der WC-Spülung (vgl etwa Staudinger/*Emmerich* § 559 BGB Rn 32a mwN). Maßnahmen, die Strom sparen, wie der Einbau von Zeitschaltern (*Bub* ZWE 2008, 205). Nicht erfasst werden Maßnahmen zur Umstellung auf billigere Energie, da dies zu Mehrverbrauch reizen kann (zB Einbau eines Blockheizkraftwerks, vgl *AG Freiburg* 1 UR II 143/06, ZWE 2008, 355; *LG Koblenz* 2 S 52/08, ZWE 2009, 282). Nachhaltigkeit bedeutet, dass die Einsparung auf Dauer bewirkt wird. Im Übrigen genügt die Messbarkeit der Einsparung, ohne dass es auf eine bestimmte Mindesteinsparung ankommt (*BGH* VIII ARZ 3/01, NJW 2002, 2036).

164 **2. Anpassung an den Stand der Technik.** Mit „**Stand der Technik**" meint das Gesetz das Niveau einer anerkannten und in der Praxis bewährten, fortschrittlichen technischen Entwicklung, welches das Erreichen des gesetzlich vorgegebenen Ziels, nämlich die dauerhafte Erhaltung des Werts des langlebigen Wirtschaftsguts Wohn-/Geschäftshaus, gesichert erscheinen lässt (BT-Drucks 16/887 S 30). Der Begriff „Stand der Technik" verlangt, dass auch wirtschaftliche Gesichtspunkte im Sinne eines angemessenen Kosten-Nutzen-Verhältnisses zu berücksichtigen sind (*Bub* ZWE 2008, 205; vgl dazu § 21 Rn 84). Dies ist etwa die **Umrüstung** von einer Satellitenanlage mit terrestrischem Digitalfernsehen [27 Fernsehprogramme] **auf ein rückkanalfähiges Breitbandkabelnetz** [34 analoge Fernseh- und 30 Hörfunkprogramme, mit Decoder weitere 60 u. a. auch ausländische Fernsehprogramme sowie bessere Bildqualität] (vgl *BGH* VIII

ZR 253/04, NZM 2005, 697; **aA** *Wenzel* ZWE 2007, 179 und *Bub* ZWE 2008, 205, wonach diese Maßnahme als zum allgemein üblichen Wohnkomfort und Ausstattungsstandard gehörend gemäß § 21 Abs 3 als Maßnahme ordnungsmäßiger Verwaltung beschlossen werden kann) oder von einer Gemeinschaftsantennenanlage oder Breitbandkabel auf eine Gemeinschaftsparabolantenne.

3. Dienlichkeit. Der Begriff „dienen" will sicherstellen, dass die Anforderungen an einen Modernisierungsbeschluss nicht höher als an einen Beschluss zur modernisierenden Instandsetzung sind, weshalb es ausreicht, dass die Maßnahme sinnvoll und voraussichtlich geeignet ist (vgl BT-Drucks 16/887 S 30), nicht aber geboten sein muss. Bei der Beurteilung ist auf den Maßstab eines vernünftigen, wirtschaftlich denkenden und sinnvollen Neuerungen gegenüber aufgeschlossenen Hauseigentümers abzustellen, der bestrebt ist, sein Eigentum vor vorzeitiger Veraltung und Wertverlust zu bewahren (vgl zur modernisierenden Instandsetzung *BayObLG* 2Z BR 176/03, ZMR 2004, 442).

4. Keine Änderung der Eigenart der Wohnanlage. Eine Umgestaltung der Wohnanlage, die deren bisherige Eigenart ändert, gestattet § 22 Abs 2 nicht, um das Vertrauen des Erwerbers auf den wesentlichen inneren und äußeren Bestand der Eigentumsanlage zu schützen.

Die Gesetzesbegründung (BT-Drucks 16/887 S 30) nennt folgende Beispiele: Errichtung eines Anbaus, etwa eines Wintergartens, eine Aufstockung oder einen Abriss von Gebäudeteilen, oder vergleichbare Veränderungen des inneren oder äußeren Bestandes, etwa eine Luxussanierung oder der Ausbau eines nicht zu Wohnzwecken genutzten Speichers zu Wohnungen oder die Umwandlung einer größeren Grünfläche in einen Parkplatz. Diese Maßnahmen dürften überwiegend schon keine Modernisierung im Sinne des § 22 Abs 2 sein (*Bub* ZWE 2008, 205). Es darf **kein enger Maßstab** angelegt werden, will man den durch den Gesetzgeber geschaffenen Spielraum nicht unnötig einschränken. Daher ist bei der Errichtung von Außenaufzügen (**aA** *AG Konstanz* 12 C 17/07, ZMR 2008, 494) und der Errichtung von Solaranlagen auf dem Dach (**aA** *Spielbauer/Then* § 22 Rn 19, 21) diese Grenze noch nicht als erreicht anzusehen. Eine Änderung der Eigenart kann auch durch eine nachteilige Veränderung des optischen Gesamteindrucks in Betracht kommen, wofür aber in Abgrenzung zu § 22 Abs 1 nicht schon jede nicht ganz unerhebliche Veränderung ausreichen dürfte. Der optische Gesamteindruck muss vielmehr **erheblich nachteilig beeinträchtigt** sein. Sie ist ggf zu bejahen, wenn durch sie ein uneinheitlicher Gesamteindruck entsteht, etwa durch Verglasung nur einzelner, nicht aller Balkone, oder durch Störung der Symmetrie beim Bau von Dachgauben in einer vorhandenen Dachgeschosswohnung oder beim Einbau zusätzlicher Fenster. Die Grenze erst bei groben ästhetischen Verunstaltungen und Verschandelungen zu ziehen, erscheint hingegen zu weit (*Abramenko* § 4 Rn 43; *Häublein* ZMR 2007, 752). Als Änderung der Eigenart können auch Maßnahmen in Betracht kommen, die zur spezifischen Eigenart der Wohnanlage in Widerspruch stehen, wie etwa die Errichtung eines Kinderspielplatzes in einer Seniorenresidenz (*Merle* in Bärmann, § 22 Rn 338).

Für solche Maßnahmen ist nach § 22 Abs 1 die Zustimmung aller Beeinträchtigten erforderlich.

5. Keine unbillige Beeinträchtigung einzelner Wohnungseigentümer. Maßnahmen, die ein Mitglied der Gemeinschaft gegenüber den anderen unbillig beeinträchtigen, gestattet § 22 Abs 2 nicht. Ein Wohnungseigentümer soll einer Maßnahme nicht mit

Erfolg widersprechen können, wenn diese sinnvoll ist und er gegenüber anderen nicht unbillig benachteiligt wird (vgl Beschlussempfehlung des Rechtsausschusses BT-Drucks 16/3843 S 50). Maßgebend ist, ob die Veränderung zu einem Nachteil für einen oder mehrere Wohnungseigentümer führt und welches Maß die Beeinträchtigung hat. Die Beurteilung hängt weitgehend von den Umständen des Einzelfalles ab. Allerdings reicht im Gegensatz zu § 22 Abs 1 nicht schon eine nicht ganz unerhebliche Beeinträchtigung aus. Dabei muss es sich um eine **im Vergleich zu den anderen Wohnungseigentümern** dieser Anlage unbillige Beeinträchtigung handeln, so dass auch deren Beeinträchtigung zu berücksichtigen ist (Anwendung des Sonderopfergedankens, vgl *Jennißen/Hogenschurz* § 22 Rn 74).

168 Umstände, die zwangsläufig mit Modernisierungen verbunden sind, reichen nach dem Willen des Gesetzgebers für sich allein nicht aus, etwa die nach einer technischen Anpassung erhöhte Wartungs- oder Reparaturanfälligkeit oder die Kompliziertheit einer neuen technischen Anlage oder die mit dem Einbau eines Fahrstuhls verbundene Einschränkung der Gebrauchsmöglichkeit des Treppenhauses oder eine intensivere Nutzung von Obergeschossen (vgl BT-Drucks 16/887 S 31). Weiter dürften Änderungen des optischen Gesamteindrucks der Wohnanlage in der Regel ausscheiden, da hierdurch alle Wohnungseigentümer gleichermaßen betroffen sind. Gleiches gilt für Gefährdungen des gemeinschaftlichen Eigentums. In Betracht kommen aber Maßnahmen gemäß § 22 Abs 2, die nicht unerhebliche positive Immissionen, wie etwa Geräusch- und Geruchseinwirkungen, **oder negative Immissionen**, wie etwa der Entzug von Licht und Luft, auf das Sondereigentum eines einzelnen Wohnungseigentümers zur Folge haben. So beeinträchtigt der Anbau eines Balkons an einer Wohnung im Wege der Balkonaufstockung einen Wohnungseigentümer gegenüber den anderen dann unbillig, wenn allein seine Wohnung in einem Bereich, der gerade der Belichtung und Belüftung dient, wie der Balkon oder das Wohnzimmer, durch den Anbau in ihren Lichtverhältnissen beeinträchtigt wird (*AG Konstanz* 12 C 10/07, NZM 2007, 888).

169 Auch die **Kosten der Maßnahmen** können eine Beeinträchtigung darstellen (s Rn 128). Sie werden für einen Wohnungseigentümer, für den eine Gebrauchsmöglichkeit besteht, dann als unbillige Beeinträchtigung anzusehen sein, wenn sie das Maß der Aufwendungen übersteigen, die das gemeinschaftliche Eigentum in einen allgemein üblichen Zustand versetzen, etwa zur Energieeinsparung oder zur Schadstoffminderung. Mit solchen Maßnahmen muss jeder Wohnungseigentümer rechnen und entsprechende private Rücklagen bilden oder einen Kredit aufnehmen, um sie zu finanzieren (vgl BT-Drucks 16/887 S 31). Für einen vom Gebrauch ausgeschlossenen Wohnungseigentümer (zB nachträglicher Balkonanbau) hingegen schon dann, wenn er mit Kosten belastet wird (*Schmidt* jurisPR-MietR 11/2009-3).

170 Eine unbillige Beeinträchtigung könnte sich im Einzelfall ergeben, wenn ein Wohnungseigentümer wegen der Kosten von Modernisierungsmaßnahmen **gezwungen** würde, sein Wohnungseigentum **zu veräußern**. Solche Fälle können aber durch angemessene Rücklagenbildung vermieden werden. Bei einer Modernisierung im Einzelfall haben die Wohnungseigentümer die Kompetenz, mit qualifizierter Mehrheit auch über die Art und Weise der Finanzierung sowie eine etwaige Rücklagenbildung zu entscheiden (§§ 16 Abs 4 iVm 22 Abs 2: argumentum a maiore ad minus – vgl BT-Drucks 16/887 S 31).

Besondere Aufwendungen, Wiederaufbau § 22 WEG **II**

6. Qualifizierte Mehrheit. Der Beschluss zur Modernisierung bedarf der Mehrheit 171
von drei Viertel aller stimmberechtigten Wohnungseigentümer im Sinne des § 25
Abs 2 (Mehrheit nach Köpfen) und mehr als der Hälfte aller Miteigentumsanteile.
Die Maßnahmen können daher nur durchgeführt werden, wenn sie dem Willen der
ganz überwiegenden Mehrheit entsprechen. Hierdurch soll dem Konflikt zwischen
der veränderungswilligen Mehrheit und den Bestandsschutzinteressen der Minderheit gelöst werden. Erforderlich ist zunächst die qualifizierte **Kopfmehrheit** (§ 25
Abs 2) von **drei Viertel aller**, nicht nur der in der Versammlung vertretenen,
stimmberechtigten Wohnungseigentümer. Soweit Bezugsgröße nur alle stimmberechtigten Wohnungseigentümer sind, sind lediglich dauerhafte (nicht nur vorübergehende [zB vereinbartes Ruhen des Stimmrechts bei Wohngeldrückständen])
Stimmrechtsausschlüsse zu berücksichtigen, um Zufälligkeiten zu vermeiden (*Häublein* NZM 2007, 752). Das Kopfstimmrecht gilt auch, wenn es in anderen Angelegenheiten abbedungen ist (*LG München I* 1 S 20171/08, ZWE 2009, 318; *Palandt/Bassenge* § 22 Rn 20; *Bub* ZWE 2008, 205; aA *Merle* in Bärmann, § 22 Rn 349, wenn
nach abweichender Stimmrechtsvereinbarung Beschluss zu Stand kommt). Erforderlich ist außerdem die **einfache Mehrheit aller Miteigentumsanteile**. Bei Zweier- und
Dreiergemeinschaften ist daher stets ein einstimmiger Beschluss aller Wohnungseigentümer erforderlich. Wird die erforderliche Stimmenzahl nicht erreicht, so ist ein
gleichwohl gefasster Mehrheitsbeschluss wirksam, aber anfechtbar. Beim Verfehlen
der qualifizierten Mehrheit ist der Versammlungsleiter- in der Regel der Verwalter – aber verpflichtet, einen Negativbeschluss festzustellen und zu verkünden.
Anderenfalls muss er im Falle einer Beschlussanfechtung mit einer Kostentragung
gemäß § 49 Abs 2 rechnen. Da Maßnahmen nach § 22 Abs 2 immer auch Maßnahmen nach § 22 Abs 1 S 1 sind (aA *Abramenko* § 4 Rn 35: abschließende Sonderregelung), kann es aber sein, dass die nach § 22 Abs 1 S 1 erforderliche einfache Stimmenmehrheit erreicht worden ist. Ist dies der Fall, so hat ihn der Versammlungsleiter auf der Basis von § 22 Abs 1 als zu Stande gekommen festzustellen und zu verkünden, sofern er die Versammlung zuvor auf diesen Umstand hingewiesen hat und
die Mehrheit einen Beschluss auf dieser Grundlage schließen will (*AnwHdB/Vandenhouten* Teil 4 Rn 254 ff). Dies sollte durch einen Geschäftsordnungsbeschluss
dokumentiert werden (*AnwHdB/Vandenhouten* Teil 4 Rn 254c). Haben dem
Beschluss nicht alle Beeinträchtigten zugestimmt, ist er auf seine Anfechtung hin für
ungültig zu erklären, anderenfalls nicht.

Die **Aufhebung eines Modernisierungsbeschlusses** kann, sofern die Maßnahme noch 172
nicht umgesetzt ist, durch einfachen Mehrheitsbeschluss auf der Grundlage der vereinbarten Stimmrechtsregelung erfolgen. Denn der hinter dem qualifizierten Mehrheitserfordernis stehenden Schutzzweck (vgl Rn 171) ist hier nicht betroffen (*Häublein* ZMR 2009, 424). Ist die Maßnahme hingegen bereits durchführt, wird es sich in
der Regel um eine bauliche Veränderung handeln, die den Anforderungen des § 22
Abs 1 S 1 unterliegt. Die **Abänderung** eines Beschlusses nach § 22 Abs 2 WEG bedarf
im Hinblick auf die gleiche Interessenlage der qualifizierten Mehrheit wie für
den Erstbeschluss (*Häublein* ZMR 2009, 424). Inhaltlich ist die Rechtmäßigkeit dieser
Beschlüsse nach den Grundsätzen des abändernden Zweitbeschlusses (vgl dazu § 21
Rn 30) zu beurteilen.

7. Kein Anspruch auf Modernisierung. Ein einzelner Wohnungseigentümer hat kei- 173
nen Anspruch auf die Durchführung von Modernisierungsmaßnahmen. Dies ergibt

Vandenhouten 363

sich daraus, dass nach § 22 Abs 2 Modernisierungen nur beschlossen, aber nicht wie bauliche Veränderungen nach § 22 Abs 1 auch verlangt werden können. § 22 Abs 2 dient allein der Einschränkung des Prinzips der Einstimmigkeit. Einen Anspruch auf eine Beschlussfassung, welche die Maßnahme gestattet, hat ein einzelner Wohnungseigentümer nur unter den Voraussetzungen des § 22 Abs 1 S 1, wenn also alle Wohnungseigentümer zustimmen, denen die Maßnahme einen Nachteil zufügt, der über das bei einem geordneten Zusammenleben unvermeidliche Maß (§ 14 Nr 1) hinausgeht (vgl Rn 129). Zum Anspruch auf Baumaßnahmen für einen barrierefreien Zugang s Rn 103.

174 **8. Zwingendes Recht (§ 22 Abs 2 S 2).** § 22 Abs 2 S 2 stellt sicher, dass die Neuregelung durch abweichende geltende oder künftige Vereinbarungen nicht zu Ungunsten der vorgesehenen Mehrheit der Wohnungseigentümer eingeschränkt oder ausgeschlossen werden kann. So ist etwa eine Vereinbarung, die die Beschlusskompetenz ausschließt oder eine größere Mehrheit als nach § 22 Abs 2 erforderliche vereinbart, gemäß § 134 BGB nichtig.

175 Abweichende Beschlüsse zu baulichen Veränderungen oder Aufwendungen aufgrund einer **Öffnungsklausel mit geringeren Anforderungen**, also etwa ohne das Erfordernis der hier vorgeschriebenen qualifizierten Mehrheit (*LG Dessau-Roßlau* 1 S 231/07, ZMR 2008, 324), bleiben im übrigen zulässig, weil solche Beschlüsse die Befugnis der Mehrheit der Wohnungseigentümer nicht einschränken, sondern erweitern. Regelungen in der Gemeinschaftsordnung, die ohne Differenzierung zwischen Maßnahmen nach § 22 Abs 1 S 1 und solchen nach § 22 Abs 2 bauliche Veränderungen betreffen, sind dahingehend auszulegen, dass sie nicht anwendbar sind, wenn ein Beschluss nach § 22 Abs 2 leichter zu Stande kommt. Umgekehrt hat diese Regelung Vorrang, wenn sie geringere Anforderungen als § 22 Abs 2 an eine Beschlussfassung stellt (*Merle* in Bärmann, § 22 Rn 348; *Häublein* ZMR 2007, 409).

IV. Ansprüche bei unzulässigen baulichen Veränderungen

176 Ist eine Maßnahme nach § 22 Abs 1 weder durch Beschluss noch durch Vereinbarung oder aus Gründen von Treu und Glauben legitimiert, besteht verschuldensunabhängiger **Anspruch auf Beseitigung** gemäß §§ 1004 Abs 1 S 1 BGB iVm §§ 15 Abs 3, 14 Nr 1. Der Beseitigungsanspruch ist darauf gerichtet, die Beeinträchtigungen für die Zukunft abzustellen (*Palandt/Bassenge* § 1004 BGB Rn 28). Die Auswahl unter den geeigneten Maßnahmen bleibt dem Schuldner überlassen (*KG* 24 W 317/06, ZMR 2007, 639). Er umfasst die Wiederherstellung des ursprünglichen Zustands, wenn nur so die Beeinträchtigung beseitigt werden kann, was in der Regel der Fall sein wird (*BayObLG* 2Z BR 159/98, NZM 2000, 47; *Merle* in Bärmann, § 22 Rn 306).

177 Zur Vorbereitung eines Beseitigungsanspruchs kann dem einzelnen Wohnungseigentümer ein **Auskunftsanspruch** gegen den Miteigentümer zustehen, der die baulichen Veränderungen vorgenommen hat. Der Auskunftsanspruch besteht auch bei Veräußerung des Wohnungseigentums während des anhängigen Verfahrens aus dem Gesichtspunkt nachwirkender Treuepflicht fort, weil im Zweifel nur der Antragsgegner als möglicher Störer die Einzelheiten kennt, die zur Beurteilung eines Anspruchs nach § 1004 BGB erforderlich sind (*OLG Düsseldorf* 3 Wx 516/94, ZMR 1997, 149).

178 Ein Anspruch auf **Duldung von Untersuchungen** kommt in Betracht, wenn ein Wohnungseigentümer eine nachteilige bauliche Veränderung (Entfernung des Bodenbelags und Einbringung von Hydrokulturen auf einer Dachterrasse) selbst wieder beseitigt hat, aber zu überprüfen ist, ob die Dachhaut Beschädigungen erlitten hat (*OLG Celle* 4 W 221/03, ZMR 2004, 363).

Ein **unangefochtener Mehrheitsbeschluss**, der einen Wohnungseigentümer zur Beseitigung einer baulichen Veränderung auffordert, **begründet keine eigenständige Anspruchsgrundlage** für den Beseitigungsanspruch, sondern ist lediglich als Vorbereitung eines gerichtlichen Verfahrens zu verstehen (*KG* 24 W 6750/95, NJW-RR 1996, 1102; *OLG Zweibrücken* 3 W 98/07, WuM 2008, 570; *Merle* in Bärmann, § 22 Rn 308; *Staudinger/Bub* § 22 Rn 218; *Briesemeister* ZWE 2003, 307; *Wenzel* NZM 2004, 542; *Schmidt/Riecke*, ZMR 2005, 252; a.A. *OLG Köln* 16 Wx 121/03, ZMR 2004, 215; *OLG Köln* 16 Wx 156/03, NZM 2003, 806; *OLG Hamburg* 2 Wx 115/08, ZMR 2009, 306 m krit Anm *Schmidt*; *Palandt/Bassenge* § 22 Rn 35). Kommt eine derartige Auslegung nicht in Betracht, ist der Beschluss mangels Beschlusskompetenz nichtig (*Wenzel* NZM 2004, 542; *Schmidt/Riecke* ZMR 2005, 252; **aA** *Becker/ Strecker* ZWE 2001, 569: (schwebend) unwirksam, bis ihm der Verpflichtete zustimmt; vgl auch § 16 Rn 169). Erst recht folgt eine selbstständige Beseitigungsverpflichtung nicht aus einem nicht für ungültig erklärten Beschluss über die Ablehnung eines Genehmigungsantrags (*Schmidt* NZM 2008, 395; aA *AG Schorndorf* 6 C 1097/07, NZM 2008, 411). Hingegen kann die nicht für ungültig erklärte Ablehnung eines Beseitigungsantrags einem neuen Beseitigungsantrag entgegenstehen (*BayObLG* 2Z BR 131/03, FGPrax 2004, 60). **179**

§ 985 BGB gibt ferner einen Anspruch auf **Verschaffung des unmittelbaren Mitbesitzes** am gemeinschaftlichen Eigentum, soweit die bauliche Veränderung zu dessen Entzug geführt hat (zB Errichtung eines Gartenhäuschens auf der gemeinschaftlichen Gartenfläche). Daneben besteht ein (Schadensersatz-)**Anspruch auf Wiederherstellung des ursprünglichen Zustands** gemäß §§ 823 Abs 1, 249 BGB, denn in einer § 22 Abs 1 widersprechenden baulichen Veränderung liegt zugleich eine widerrechtliche Verletzung des gemeinschaftlichen Eigentums der übrigen Wohnungseigentümer. Dieser Anspruch setzt jedoch Verschulden voraus. Fahrlässigkeit dürfte immer dann anzunehmen sein, wenn die bauliche Veränderung weder durch Beschluss noch durch eine Vereinbarung legitimiert worden ist (*Merle* in Bärmann, § 22 Rn 309). Ein Wohnungseigentümer, der rechtswidrig einen auf seiner Sondernutzungsfläche stehenden Baum beseitigt hat, ist ausnahmsweise dann nicht zur Wiederherstellung des ursprünglichen Zustands verpflichtet, wenn ihm die Beseitigung durch eine erstinstanzliche Entscheidung gestattet war und er 1 ½ Monate danach mit der Beseitigung beginnt, ohne Kenntnis von einer zwischenzeitlich erhobenen Berufung zu haben. Er ist in diesem Fall nur gemäß § 251 Abs 2 S 1 BGB zur Entschädigung in Geld verpflichtet (*OLG Düsseldorf* 3 Wx 166/02, NZM 2003, 483). **180**

Auch § 823 Abs 2 iVm §§ 1004, 249 BGB kommt als Anspruchsgrundlage in Betracht.

Ist die Veränderung noch nicht durchgeführt, so besteht ein **Anspruch auf Unterlassung** gemäß § 1004 Abs 1 S 2 BGB iVm §§ 15 Abs 3, 14 Nr 1, wenn die begründete Besorgnis eines künftigen Eingriffs besteht (*BayObLG* 2Z BR 110/92, WuM 1993, 294). Dies ist dann der Fall, wenn der Wohnungseigentümer bei der Baubehörde die Genehmigung der beeinträchtigenden Baumaßnahmen beantragt hat, erst recht aber, wenn ihm die Baugenehmigung bereits erteilt worden ist. **181**

II WEG § 22   Besondere Aufwendungen, Wiederaufbau

182   **1. Ausschluss der Ansprüche. – a) Rechtsmissbrauch.** Ein Beseitigungsanspruch ist an den Maßstab der unzulässigen Rechtsausübung (§§ 226, 242 BGB) gebunden. Das Verlangen nach Beseitigung einer baulichen Veränderung kann rechtsmissbräuchlich sein, wenn es nur unter unverhältnismäßigen, billigerweise **nicht zumutbaren Aufwendungen** erfüllt werden könnte. Bei der Prüfung der Zumutbarkeit sind alle Umstände des Einzelfalls zu berücksichtigen (*BayObLG* 2Z BR 68/99, NZM 1999, 1150). Allein der Umstand, dass zur Erfüllung des Beseitigungsanspruchs erhebliche finanzielle Mittel erforderlich sind und die bereits getätigten Aufwendungen wirtschaftlich sinnlos werden, reicht aber für einen Verstoß gegen Treu und Glauben nicht aus (*OLG Köln* 16 Wx 9/00, NZM 2000, 764). Anderes kann gelten, wenn die Baumaßnahme nicht dem individuellen Vorteil einzelner Wohnungseigentümer dient, sondern die Mehrheit gemeinschaftliche Zwecke verfolgt (*BayObLG* 2Z BR 68/99, NZM 1999, 1150).

183   Neben den Kosten ist insbesondere auch der **Grad des Verschuldens** des verändernden Wohnungseigentümers, maßgeblich. Der Beseitigungsanspruch entfällt daher im Hinblick auf unverhältnismäßig hohe Kosten nicht, wenn der Verpflichtete die bauliche Veränderung bewusst gegen den ausdrücklich erklärten Willen der beeinträchtigten Wohnungseigentümer vorgenommen hat (*OLG Frankfurt/Main* 20 W 594/95, FGPrax 1997, 54; *BayObLG* BReg 1bZ 22/89, WuM 1990, 610). Gleiches gilt, wenn ein Wohnungseigentümer **ohne Legitimation** (Beschluss oder Vereinbarung) bauliche Veränderungen vornimmt und dabei wissentlich ein hohes Risiko eingeht (zur alten Rechtslage *OLG München* 34 Wx 111/05, ZMR 2006, 797; *Schmack* ZWE 2000, 168: ohne Zustimmung).

184   Rechtsmissbrauch liegt aber in der Regel dann vor, wenn ein **Anspruch auf Gestattung** der baulichen Veränderung (vgl Rn 139) besteht (*Palandt/Bassenge* § 22 Rn 35). Gleiches gilt, wenn ein Zustand geschaffen wurde, der optisch den Vorstellungen des Klägers entspricht und sonst keine Beeinträchtigungen ersichtlich sind (*OLG Düsseldorf* 3 Wx 186/06, NJW-RR 2007, 1024).

185   Ein Verlangen auf Beseitigung ist rechtsmissbräuchlich, wenn irgendeine mit Beeinträchtigungen verbundene bauliche Veränderung zur Erhaltung eines ordnungsgemäßen Zustands **ohnehin notwendig** war und ein Wohnungseigentümer, der sich einer einvernehmlichen Lösung entzogen hatte, durch die ohne seine Zustimmung vorgenommene Baumaßnahme nur geringfügig beeinträchtigt wird (*BayObLG* 2Z BR 130/01, NZM 2003, 120).

186   Überschreitet der bauordnungsrechtlich zulässige Ausbau eines im Sondereigentum stehenden Dachraumes zu Wohnzwecken den Rahmen, der durch die Vorbehalte der Teilungserklärung gezogen ist (komplette Ersetzung eines flachgeneigten Walmdaches durch ein Mansardendach), so haben die übrigen Wohnungseigentümer zwar keinen Anspruch auf Wiederherstellung des früheren Zustands, weil dies **unzumutbar** wäre; sie können aber eine dem Umfang des zulässigen Umbaus nicht entsprechende Nutzung des Dachraums untersagen (*LG Stuttgart* 2 T 570/91, WuM 1992, 557).

187   Ein Beseitigungsverlangen ist nicht deshalb rechtsmissbräuchlich, weil bereits andere Wohnungseigentümer das Erscheinungsbild der Anlage durch genehmigte oder ungenehmigte Maßnahmen verändert haben (*BayObLG* 2Z BR 22/92, WuM 1992, 563; *OLG Köln* 16 Wx 40/05, NZM 2005, 790). Die Unterscheidung zwischen einzelnen Wohnungseigentümern bei der Geltendmachung von Beseitigungsansprüchen ohne sachlichen Grund kann aber eine unzulässige Rechtsausübung darstellen (*OLG Oldenburg* 5 W 18/97, WuM 1997, 391). Gleiches gilt, wenn er die Beseitigung verlangende Wohnungseigentümer selbst gegen § 22 Abs 1 verstoßende bauliche Veränderungen vorgenommen hat. Eine **gegenseitige „Aufrechnung"** baulicher Veränderung kommt nicht in Betracht (*OLG Frankfurt aM* 20 W 594/95, FGPrax 1997, 54).

Dem Anspruch auf Beseitigung eines Carports auf einem Pkw-Stellplatz kann grundsätzlich nicht eine Beeinträchtigung der Stellplatznutzung durch vom Nachbargrundstück ausgehende Immissionen entgegengehalten werden (*BayObLG* 2Z BR 30/99, NZM 1999, 855: Verschmutzung eines teuren Pkws durch Bäume auf dem Nachbargrundstück).

b) Verwirkung. Der Beseitigungsanspruch kann verwirkt sein (vgl etwa *KG* 24 W 6582/96, WuM 1997, 241; *OLG Schleswig* 2 W 52/04, ZMR 2005, 737; *OLG Hamburg* 2 Wx 9/05, ZMR 2005, 805). Verwirkung setzt voraus, dass seit der Möglichkeit, ein Recht geltend zu machen, längere Zeit verstrichen ist (**Zeitmoment**) und besondere Umstände hinzutreten (**Umstandsmoment**), die das verspätete Geltendmachen des Rechts als Verstoß gegen Treu und Glauben erscheinen lassen, weil sich der Verpflichtete darauf einrichten durfte und sich auch darauf eingerichtet hat, der Berechtigte werde sein Recht in Zukunft nicht mehr geltend machen (*OLG München* 32 Wx 001/08, WuM 2008, 572; vgl auch *Palandt/Heinrichs* § 242 BGB Rn 87). Allein die fehlende eigene Nutzung von Wohnungseigentum und der über 8 Jahre unterbliebene Versuch einer gerichtlichen Durchsetzung von Beseitigungsansprüchen reichen für den Einwand der Verwirkung nicht (*OLG Oldenburg* 5 W 18/97, WuM 1997, 391), ebenso wenig der Ablauf von mehr als 10 Jahren (*OLG Köln* 16 Wx 80/98, NZM 1999, 263). Etwas Anderes gilt jedoch, wenn 10 Jahre vergangen sind und die Berechtigten sich auf diesen Zustand erkennbar eingestellt haben (*KG* 24 W 6092/88, WuM 1989, 449; *OLG Oldenburg* 15 W 347/89, OLGZ 1990, 159). Der Anspruch auf die Beseitigung einer Terrasse ist verwirkt, wenn sie 30 Jahre lang ohne Beanstandungen hingenommen wurde und der Wohnungseigentümer, der die Terrasse errichtet hat, sie im Vertrauen auf die weitere Nutzung erneuert hat (*BayObLG* 2Z BR 65/01, NZM 2002, 128).

Ein **Sonderrechtsnachfolger** kann nicht Beseitigung verlangen, wenn der Beseitigungsanspruch seines Rechtsvorgängers durch Duldung der baulichen Veränderung verwirkt war (*KG* 24 W 5753/92, 24 W 2301/93, WuM 1994, 38; *BayObLG* 2Z BR 33/04, NZM 2004, 747, 748; *OLG Hamburg* 2 Wx 9/05, ZMR 2005, 805). Die Verwirkung von Beseitigungs- oder Unterlassungsansprüchen hat gegenüber dem Sonderrechtsnachfolger eines Miteigentümers jedoch dann keine Wirkung, wenn diese der positiven Begründung eines damit dinglich wirkenden Sondernutzungsrechts gleich käme (*OLG Köln* 16 Wx 7/01, ZMR 2002, 73: Nutzung eines Pkw-Stellplatzes [aA noch *OLG Köln* 16 Wx 319/96, WuM 1997, 637]; *OLG Celle* 4 W 108/07, OLGR Celle 2007, 756: Nutzung eines im gemeinschaftlichen Eigentum stehenden Speichers als Wohnraum; *OLG Hamm* 15 W 444/06, ZMR 2008, 159: Nutzung eines Teils des gemeinschaftlichen Gartens). Ein Wohnungseigentümer, der eine bauliche Veränderung vorgenommen hat, die schon längere Zeit geduldet wurde, ohne dass bereits Verwirkung eingetreten ist, darf sich jedoch nicht darauf einrichten, dass ein Sonderrechtsnachfolger die Veränderung ebenfalls dulden wird. Die Verwirkung des Beseitigungsanspruchs des Erwerbers ist selbstständig zu beurteilen.

II WEG § 22 Besondere Aufwendungen, Wiederaufbau

190 c) Verjährung. Der Einwand der Verwirkung hat jedoch nur bei einem Verzicht auf die Verjährungseinrede Bedeutung. Denn der aus § 1004 BGB folgende Beseitigungsanspruch ist ein Anspruch, der der Verjährung unterliegt. Nach der Schuldrechtsreform gilt für den Beseitigungsanspruch nicht mehr die dreißigjährige, sondern die **dreijährige Verjährungsfrist** gemäß § 195 BGB (*OLG Hamm* 15 Wx 198/08, ZMR 2009, 386). Der Wohnungseigentümer erlangt hierdurch nur eine Rechtsposition dergestalt, das die übrigen Wohnungseigentümer diesen Zustand faktisch dulden müssen. Er kann aus der Duldungspflicht nicht das Recht ableiten, den erreichten Zustand im Sinne einer Ausweitung des optischen Nachteils weiter zu verändern (*OLG Düsseldorf* 3 Wx 217/07, NZM 2009, 442).

191 2. Anspruchsgegner. Verantwortlich für die Beseitigung ist der im Zeitraum der Baumaßnahme eingetragene Eigentümer als **Handlungsstörer**. Der Wohnungseigentümer ist Handlungsstörer, wenn er die Veränderung selbst vorgenommen hat, dh dass er die Eigentumsbeeinträchtigung durch eigenes positives Tun oder pflichtwidriges Unterlassen unmittelbar oder mittelbar verursacht hat (vgl *BGH* V ZR 112/06, NZM 2007, 130). Eine mittelbare Verursachung durch eigenes positives Tun liegt vor, wenn ein **vermietender Wohnungseigentümer** seinem Mieter die bauliche Veränderung gestattet hat (*BayObLG* 2Z BR 51/96, ZMR 1996, 623; *OLG Düsseldorf* 3 Wx 400/00, NZM 2001, 136; *OLG Düsseldorf* 3 Wx 181/05, NZM 2006, 782; aA *Merle* in Bärmann, § 22 Rn 304). Eine mittelbare Verursachung durch pflichtwidriges Unterlassen liegt vor, wenn der Mieter die bauliche Veränderung ohne Zustimmung des Wohnungseigentümers vorgenommen hat. Gemäß § 14 Nr 1 und 2 hat der Wohnungseigentümer nämlich dafür zu sorgen, dass sein Mieter keine unzulässigen baulichen Veränderungen vornimmt. Der Wohnungseigentümer ist verpflichtet, auf den Mieter mit allen geeigneten rechtlichen Maßnahmen einzuwirken, damit dieser erforderlichenfalls bei der Beseitigung mitwirkt. Diese Verpflichtung ist gemäß § 888 ZPO zu vollstrecken (*OLG Köln* 16 Wx 58/00, NZM 2000, 1018, vgl auch Rn 206). Der Mieter kann daneben als Handlungsstörer im Zivilprozess selbstständig in Anspruch genommen werden (*KG* 24 W 6582/96, WuM 1997, 241; *Kümmel* ZWE 2008, 273, 277). Hat der Mieter nicht selbst verändert, ist er bloßer Zustandsstörer, wenn durch dessen maßgebenden Willen der beeinträchtigende Zustand aufrechterhalten wird (*BGH* V ZR 112/06, NZM 2007, 130; *Kümmel* ZWE 2008, 273, 277). Der Handlungsstörer muss die Störung selbst beseitigen, indem er den früheren Zustand auf seine Kosten wiederherstellt; er hat dabei die für die Beseitigungsmaßnahmen erforderlichen öffentlich-rechtlichen Genehmigungen einzuholen (*OLG Köln* 16 Wx 10/00, NZM 2000, 296).

192 Die Haftung als Handlungsstörer geht nicht auf den **Sonderrechtsnachfolger** über (*OLG Köln* 16 Wx 44/03, NZM 2004, 389; *OLG Hamm* 15 W 129/04, ZMR 2005, 306, 307; *OLG Hamburg* 2 Wx 10/05, ZMR 2006, 377). Auch als Zustandsstörer kann der Sonderrechtsnachfolger nicht auf Beseitigung in Anspruch genommen werden, denn hinsichtlich des gemeinschaftlichen Eigentums sind alle gemeinsam für dessen Zustand verantwortlich. Der Sonderrechtsnachfolger hat nur die Wiederherstellung des gemeinschaftlichen Eigentums zu dulden (*KG* 24 W 6574/90, WuM 1991, 516; *KG* 24 W 6750/95, WuM 1996, 373; *BayObLG* 2Z BR 163/01, NZM 2002, 351; *OLG München* 34 Wx 112/06, ZMR 2007, 643; *OLG Düsseldorf* I-3 Wx 3/08, ZMR 2008, 731). Die Kosten der Beseitigung tragen in diesem Fall alle Wohnungseigentümer (auch der Sonderrechtsnachfolger) gemeinsam gemäß § 16 Abs. 2 (*OLG Schleswig* 2 W 140/99, NZM 2000, 674). Der Voreigentümer, der durch seine rechtswidrige bauliche Veränderung den Rückbau verursacht hat, bleibt zwar Handlungsstörer. Da ihm infolge der Veräußerung seines Sondereigentums die Störungsbeseitigung in der Regel unmöglich ist, bleibt er nur zur Kostenerstattung verpflichtet. Hat jedoch der Erwerber vor dem Eigentumserwerb als Mieter oder sonstiger Nutzer die bauliche Veränderung selbst vorgenommen, kann er auf Beseitigung in Anspruch genommen werden (*BayObLG* 2Z BR 152/99, NZM 2000, 686; *KG* 24 W 6582/96, WuM 1997, 241; *OLG München* 34 Wx 112/06, NZM 2007, 643). Gleiches gilt, wenn die Beseitigung zwar mit einem Eingriff in das veräußerte Sondereigentum verbunden ist, der Erwerber aber zur Rückabwicklung des Vertrages bereit ist (vgl *OLG Hamm* 15 W 347/89, WE 1990, 101).

Der Anspruch gegen den Handlungsstörer geht auf dessen **Gesamtrechtsnachfolger** (Erben) über (*BayObLG* 2Z BR 18/96, WuM 1996, 491; *OLG Frankfurt* 20 W 95/01, NZM 205, 68).

3. Verfahrensfragen. Streitigkeiten, über bauliche Veränderungen sind in einem Rechtsstreit nach § 43 zu entscheiden. 193

a) Klagebefugnis. Den Beseitigungsanspruch kann jeder Wohnungseigentümer allein ohne Ermächtigung durch die übrigen Wohnungseigentümer gerichtlich durchsetzen (*BGH* V ZB 27/90, Z 116, 392). Der Mieter eines Wohnungseigentümers kann nach entsprechender Ermächtigung den **Beseitigungsanspruch** als Verfahrensstandschafter im eigenen Namen vor dem WEG-Gericht geltend machen (*BayObLG* 2Z BR 9/00, NZM 2000, 678). Die Wohnungseigentümer sind im Rahmen der gemeinschaftlichen Verwaltung berechtigt, nicht jedoch verpflichtet, die Verfolgung der Beseitigungsansprüche durch Mehrheitsbeschluss an sich zu ziehen und zu einer gemeinschaftlichen Angelegenheit zu machen (*BGH* V ZB 17/06, ZMR 2006, 457; *OLG München* 34 Wx 083/05, ZMR 2006, 304; *Wenzel* ZWE 2006, 462). In diesem Fall obliegt dann dem Verband gemäß § 10 Abs 6 S 3 Hs 2 die Geltendmachung (vgl § 10 Rn 74). Die Geltendmachung seiner Rechte durch den Einzelnen wird hierdurch jedoch nicht ausgeschlossen (vgl § 21 Rn 16). Der Verwalter kann durch Mehrheitsbeschluss ermächtigt werden, die Beseitigung einer baulichen Veränderung, gegen einen Wohnungseigentümer durchzusetzen (*BayObLG* 2Z BR 212/03, NZM 2004, 388, 389). Ein Verwalter, der nur allgemein zur gerichtlichen Geltendmachung von Ansprüchen der Wohnungseigentümer ermächtigt ist, kann den Anspruch auf Beseitigung einer baulichen Veränderung nur dann gerichtlich geltend machen, wenn ein Eigentümerbeschluss vorliegt, der die Beseitigung verlangt (*BayObLG* 2Z BR 180/99, NZM 2000, 513). **Schadensersatzansprüche** wegen Beschädigung des gemeinschaftlichen Eigentums übt die Wohnungseigentümergemeinschaft hingegen gemäß § 10 Abs 6 S 3 Hs 1 aus. 194

b) Vollstreckung. Der Beseitigungsanspruch wird in der Regel gemäß § 887 ZPO im Wege der Ersatzvornahme vollstreckt. Die Verpflichtung, das Betreten der Wohnung zu dulden, braucht nicht gesondert ausgesprochen zu werden, wenn der Wohnungseigentümer gegen den sich der Titel richtet, selbst in der Wohnung wohnt oder sein Mieter mit der vertretbaren Handlung einverstanden ist. Gegen einen Wohnungseigentümer, der seine Wohnung vermietet hat, erfolgt die Zwangsvollstreckung, soweit der Dritte mit der vertretbaren Handlung nicht einverstanden ist, nach § 888 ZPO durch Zwangsmittel (*OLG Köln* 16 Wx 58/00, NZM 2000, 1018). Die Verhängung von Zwangsmitteln ist erst dann unzulässig, wenn der insoweit darlegungs- und beweispflichtige – Wohnungseigentümer erfolglos alle zumutbaren Maßnahmen einschließlich eines gerichtlichen Vorgehens und eines Abfindungsangebotes unternommen hat, 195 um den Dritten zur Duldung der Handlung zu veranlassen (*BGH* I ZB 46/08, NZM 2009, 202). Sofern sein Name und seine Anschrift bekannt sind, erscheint daher ein direktes Vorgehen gegen den Mieter sinnvoller. Der Beschluss einer Eigentümerversammlung, der inhaltlich darauf gerichtet ist festzustellen, dass ein für einen Wohnungseigentümer rechtskräftig titulierter Anspruch auf Beseitigung einer baulichen Veränderung (trotz gewisser Maßabweichungen) erfüllt sei, ist nichtig (*OLG Hamm* 15 W 405/00, NZM 2001, 543).

V. Wiederaufbau (Abs 4)

196 § 22 Abs 4 bezweckt den Schutz der Wohnungseigentümer vor den gewaltigen Kosten des Wiederaufbaus eines **überwiegend zerstörten Gebäudes**, wenn der Schaden nicht gedeckt ist.

197 **1. Verpflichtung zum Wiederaufbau.** Die Gemeinschaft ist verpflichtet, ein Gebäude wieder aufzubauen, wenn es höchstens zur Hälfte seines (nicht des Grundstücks) Wertes zerstört ist. Bei der **Wertberechnung** ist sowohl das Gemeinschafts- wie das Sondereigentum zu berücksichtigen (*Merle* in Bärmann, § 22 Rn 358; aA Staudinger/*Bub* § 22 Rn 260; *Weitnauer/Lüke* § 22 Rn 25, der bei der Wertberechnung wegen der systemischen Stellung des § 22 Abs 4 nur das gemeinschaftliche Eigentum einbezieht). Das Gesetz geht jedoch vom „Gebäude" aus, das begrifflich das Sondereigentum umfasst. Hier ist jedoch nur der Wert zu berücksichtigen, der sich bei Erstellung des Gebäudes mit der dabei vorgesehenen Ausstattung des Sondereigentums ergibt. Besondere (nachträglich eingebaute) Luxusausstattungen des Sondereigentums sind nicht zu bewerten (*Merle* in Bärmann, § 22 Rn 358). Wertsteigerungen des gemeinschaftlichen Eigentums und erhebliche Wertminderungen des Sondereigentums, etwa durch grobe Vernachlässigung, sind hingegen zu berücksichtigen. Bei der Wertberechnung ist vom Verkehrswert z Zt des Schadenseintritts auszugehen. Dieser ist mit dem Restwert nach der Zerstörung zu vergleichen. Den Wert und den Zerstörungsgrad können die Wohnungseigentümer nur einstimmig festlegen, nicht aber durch Mehrheitsbeschluss. Wird keine Einigung erzielt, entscheidet hierüber das Gericht (§ 43 Nr 1).

198 Eine Besonderheit besteht bei **Mehrhausanlagen**. Ist nur eines von mehreren Gebäuden zerstört, ist nur dessen Wert zu berücksichtigen (*Merle* in Bärmann, § 22 Rn 361).

199 Ein Garagengebäude ist bei einer Wohnungseigentumsanlage auch dann **Nebenraum**, wenn es vom Wohnungsgebäude getrennt steht. Der Grad der Zerstörung bemisst sich folglich nach dem gemeinsamen Wert (*OLG Schleswig* 2 W 89/97, NJW-RR 1998, 15).

200 Auf den **Grund der Zerstörung** kommt es nicht an (Explosion, Brand, Verfall durch Überalterung oder unterlassene Instandsetzungen, Feuchtigkeitsschäden [vgl *BayObLG* 2Z BR 99/00, ZMR 2001, 832], Kriegsschäden, Erdbeben etc).

201 Ist der eingetretene **Schaden** vollständig durch eine Versicherung oder in anderer Weise **gedeckt** (Schadensersatzansprüche gegen Brandstifter, Rücklage, Entschädigung durch öffentliche Hand – das Haus erhielt Schäden durch Absenkung infolge U-Bahn-Baus –), besteht eine Verpflichtung zum Wiederaufbau, unabhängig von der Höhe des Schadens. Die Schadensdeckung muss aber tatsächlich sichergestellt sein, ein bloßer Anspruch, der nicht realisierbar ist, weil der Verursacher vermögenslos ist, reicht nicht aus. Ist der Schaden nur teilweise gedeckt und führt dies unter dessen Verwendung dazu, dass das Gebäude nicht mehr zu mehr als seiner Hälfte zerstört ist, besteht ebenfalls eine Verpflichtung zum Wiederaufbau.

In der Teilungserklärung oder in einer späteren **Vereinbarung** kann die Pflicht zum Wiederaufbau unabhängig vom Grad der Zerstörung und der Schadensdeckung normiert sein. Ein Mehrheitsbeschluss reicht hierzu nicht aus. Umgekehrt kann durch einen Mehrheitsbeschluss nicht bestimmt werden, dass der Wiederaufbau auch bei einer Zerstörung von weniger als der Hälfte des Werts nur dann verlangt werden kann, wenn der Schaden durch eine Versicherung oder in sonstiger Weise gedeckt ist (*BayObLG* 2Z BR 110/95, WuM 1996, 495). Regelt die Teilungserklärung in Ergänzung zu § 22, dass bei jeder „teilweisen Zerstörung" die Wiederherrichtung des Gebäudes nur mit qualifizierter Mehrheit beschlossen werden kann, gilt dies allenfalls für Fälle der plötzlichen Zerstörung, nicht dagegen für die Baufälligkeit aufgrund unterlassener Instandsetzungen (*KG* 24 W 9042/96, ZMR 1997, 534). 202

2. Anspruch auf Wiederaufbau. Liegt eine Verpflichtung zum Wiederaufbau vor, kann jeder Wohnungseigentümer den Wiederaufbau **des gemeinschaftlichen Eigentums** verlangen (§ 21 Abs 4), und er kann mit einfacher Mehrheit beschlossen werden (§ 21 Abs 3). Eine Pflicht, Sondereigentum wieder aufzubauen, ergibt sich nicht aus § 21 Abs 3, 4 iVm § 22 Abs 4, die nur die Verwaltung des gemeinschaftlichen Eigentums behandeln. Sie kann aber unter den Voraussetzungen des § 14 Nr 1 bestehen (*Merle* in Bärmann, § 22 Rn 365 ff). Das gemeinschaftliche Eigentum ist in dem Zustand wieder aufzubauen, der vor der Zerstörung bestand. Wird ein davon abweichender Zustand erstrebt, kann dies unter den Voraussetzungen von § 22 Abs 1, 2 beschlossen werden (*OLG Köln* 16 Wx 113/88, ZMR 1989, 384). Allerdings gelten auch hier die Grundsätze zur modernisierenden Instandsetzung (vgl § 21 Rn 84). 203

Liegt keine Verpflichtung zum Wiederaufbau vor, kann ein einzelner Wohnungseigentümer diesen nicht verlangen. Ein Wiederaufbau kann in diesem Fall nur mit **Zustimmung aller Wohnungseigentümer** beschlossen werden, sofern die Teilungserklärung oder eine Vereinbarung nichts anderes regelt. Besteht keine Verpflichtung zum Wiederaufbau, kann die Teilungserklärung die Möglichkeit der Aufhebung der Gemeinschaft vorsehen (§ 11 Abs 1 S 3). 204

Ansonsten bleibt sowohl die Gemeinschaft als auch das Wohnungseigentum als solches bestehen, es sei denn die Wohnungseigentümer vereinbaren nach der Zerstörung die **Aufhebung der Gemeinschaft**. Auch ohne Regelung in der Teilungserklärung kann aber ein Anspruch auf Aufhebung der Gemeinschaft gemäß § 21 Abs 4 dann gegeben sein (und mit Mehrheit beschlossen werden), wenn dies ordnungsgemäßer Verwaltung entspricht (§ 21 Abs 3; vgl *Merle* in Bärmann, § 22 Rn 370). Davon ist regelmäßig dann auszugehen, wenn das Gebäude zerstört ist und eine Wiederaufbaupflicht nicht besteht. Denn ohne eine Pflicht zum Wiederaufbau ist der Fortbestand des zerstörten Wohnungseigentums auf Dauer sinnlos. 205

VI. Steckengebliebener Bau

Die teilweise Zerstörung eines Gebäudes ist vergleichbar mit dem Fall, dass ein Neubau wegen Insolvenz des Bauträgers nicht fertig gestellt wurde. Wurde für den Erwerber vor Eröffnung des Insolvenzverfahrens eine Auflassungsvormerkung eingetragen, dann kann der Insolvenzverwalter die Erfüllung des kaufvertraglichen Teils des Bauträgervertrags nicht ablehnen. Er ist dann zur Eigentumsverschaffung verpflichtet 206

II WEG § 22   Besondere Aufwendungen, Wiederaufbau

(*BGH* VII ZR 366/83, Z 96, 275). Ob der Insolvenzverwalter auch zur Erstellung des Gebäudes verpflichtet ist, richtet sich nach § 103 InsO. Hat der Erwerber den Bauträgervertrag im Zeitpunkt der Verfahrenseröffnung bereits vollständig erfüllt, also die vereinbarte Vergütung schon vollständig bezahlt, dann hat er nur als Insolvenzgläubiger einen Anspruch auf Schadensersatz wegen Nichterfüllung insoweit, als er im Verhältnis zum Baufortschritt zuviel gezahlt hat. Hat der Erwerber den Vergütungsanspruch noch nicht vollständig erfüllt, dann hat der **Insolvenzverwalter** gemäß § 103 InsO ein **Wahlrecht**. Er kann die restliche Fertigstellung ablehnen mit der Folge, dass der Erwerber als Insolvenzgläubiger einen Anspruch auf Schadensersatz wegen Nichterfüllung hat. Er kann aber auch – sofern dies für die Insolvenzmasse wirtschaftlich vorteilhafter ist – Erfüllung wählen, mit der Folge, dass er zur Fertigstellung verpflichtet ist.

207 Ist der Insolvenzverwalter nicht zur Fertigstellung verpflichtet, können die (werdenden) Wohnungseigentümer die mangelfreie Fertigstellung eines stecken gebliebenen Baus gemäß § 21 Abs 3, 22 Abs 4 analog mehrheitlich beschließen, wenn die Wohnanlage weitgehend, jedenfalls zu deutlich mehr als der Hälfte ihres endgültigen Werts hergestellt ist (*OLG Köln* 16 Wx 113/88, ZMR 1989, 384; *OLG Frankfurt/Main* 20 W 208/92, WuM 1994, 36; *BayObLG* 2Z BR 172/97, WuM 1998, 566; *BayObLG* 2Z BR 144/01, NZM 2003, 66). Damit korrespondiert der Anspruch jeden Wohnungseigentümers auf Fertigstellung gemäß § 21 Abs 4. Dies folgt aus dem allgemeinen Treueverhältnis der Wohnungseigentümer untereinander. Weitergehend folgt aus § 21 Abs 3, 4 generell ein **Anspruch auf restliche Fertigstellung** unabhängig von dem bereits erreichten Grad der Fertigstellung mit der Erwägung, dass die Wohnungseigentümer sich mit dem Eintritt in die Wohnungseigentümergemeinschaft einer immanenten Herstellungspflicht unterworfen haben (*Merle* in Bärmann, § 22 Rn 378 ff; *Ott* NZM 2003, 134).

208 Die **Kosten der** mehrheitlich beschlossenen **Fertigstellung** eines steckengebliebenen Baus haben alle Wohnungseigentümer gemäß § 16 Abs 2 nach dem Verhältnis ihrer Miteigentumsanteile zu tragen, wenn die Gemeinschaftsordnung allgemein diesen Verteilungsschlüssel bestimmt. (*OLG Frankfurt/Main* 20 W 114/90, WuM 1994, 35). Durch Mehrheitsbeschluss kann eine von dem in der Teilungserklärung enthaltenen Verteilerschlüssel abweichende Kostenregelung unter den Voraussetzungen von § 16 Abs 4 getroffen werden (vgl dazu *OLG Frankfurt/Main* 20 W 208/92, WuM 1994, 36). Unterschiedliche finanzielle Leistungen der einzelnen Wohnungseigentümer an den Bauträger sind grundsätzlich entsprechend ihrem Miteigentumsanteil zu verrechnen, soweit sie nachweislich in den Bau eingegangen sind (*Merle* in Bärmann, § 22 Rn 386; **aA** *Ott* NZM 2003, 134, 138).

209 Zahlungspflichten aus einer zur Finanzierung der Fertigstellung beschlossenen Sonderumlage treffen auch den Bauträger bzw den Insolvenzverwalter (*BayObLG* 2Z BR 173/99, ZfIR 2000, 552; *Ott* NZM 2003, 134, 137). Dies gilt für die Wohnungen, deren Erwerber nicht Mitglied einer werdenden Wohnungseigentümergemeinschaft geworden ist oder für die es noch gar keinen Erwerber gibt. Stellt ein einzelner Wohnungseigentümer Gemeinschaftseinrichtungen fertig, hat er gegenüber den übrigen Miteigentümern einen Erstattungsanspruch aus GoA oder ungerechtfertigter Bereicherung (*BayObLG* 2 Z 62/81, DWE 1982, 137).

Ein Anspruch auf Fertigstellung betrifft grundsätzlich **nur das gemeinschaftliche** 210
Eigentum. Eine Verpflichtung zur Herstellung des Sondereigentums kann sich allenfalls im Einzelfall aus § 14 Nr 1 ergeben (*Merle* in Bärmann, § 22 Rn 386; *Ott* NZM 2003, 134). Die Kosten des Aufbaus seines Sondereigentums hat jeder Wohnungseigentümer selbst zu tragen.

Diese Ansprüche aus einem nicht fertig gestellten Gebäude setzen voraus, dass die 211
Miteigentümer bereits im Grundbuch eingetragen sind oder für ihr Verhältnis untereinander bereits vor Eintragung die Anwendung der Vorschriften des WEG vereinbart haben. Vor Entstehung einer **werdenden Wohnungseigentümergemeinschaft** (s dazu § 10 Rn 7) ist die restliche Fertigstellung jedoch dann riskant, wenn für die Erwerber noch keine Vormerkung eingetragen ist, weil der Insolvenzverwalter in diesem Fall auch die Erfüllung der kaufvertraglichen Seite des Bauträgervertrags ablehnen kann (vgl *Ott* NZM 2003, 134).

§ 23 Wohnungseigentümerversammlung

(1) Angelegenheiten, über die nach diesem Gesetz oder nach einer Vereinbarung der Wohnungseigentümer die Wohnungseigentümer durch Beschluss entscheiden können, werden durch Beschlussfassung in einer Versammlung der Wohnungseigentümer geordnet.

(2) Zur Gültigkeit eines Beschlusses ist erforderlich, dass der Gegenstand bei der Einberufung bezeichnet ist.

(3) Auch ohne Versammlung ist ein Beschluss gültig, wenn alle Wohnungseigentümer ihre Zustimmung zu diesem Beschluss schriftlich erklären.

(4) [1]**Ein Beschluss, der gegen eine Rechtsvorschrift verstößt, auf deren Einhaltung rechtswirksam nicht verzichtet werden kann, ist nichtig.** [2]**Im Übrigen ist ein Beschluss gültig, solange er nicht durch rechtskräftiges Urteil für ungültig erklärt ist.**

Übersicht

	Rn		Rn
I. Allgemeines	1	aa) Abweichung vom Gesetz und von Vereinbarungen	15
II. Beschlussfassung in der Versammlung (Abs 1)	2	bb) Eingriff in die individuelle Rechtsposition eines	
1. Versammlung der Wohnungseigentümer	2	Wohnungseigentümers	30
2. Beschlusskompetenz	5	cc) Eingriff in das Sondereigentum	34
a) Rechtsprechung des BGH	6	dd) Eingriff in den Kernbereich des Wohnungseigentums	35
b) Kompetenzzuweisung durch das WEG	8	ee) An-sich-Ziehen von Individualansprüchen durch die Gemeinschaft	36
aa) Angelegenheiten der Verwaltung	9	3. Zustandekommen eines Beschlusses	39
bb) Angelegenheiten des Gebrauchs	11	a) Beschlussantrag	40
c) Kompetenzzuweisung durch Vereinbarung	12	b) Durchführung der Abstimmung	42
d) Fallgruppen fehlender Beschlusskompetenz	14		

Kümmel 373

	Rn		Rn
aa) Stimmabgabe	42	d) Vereinbarte Wirksamkeits-	
bb) Abstimmungsver-		voraussetzungen	57
fahren	46	4. Bindungswirkung von Negativ-	
cc) Auszählung der		beschlüssen	58
Stimmen	47	5. Auslegung von Beschlüssen	59
c) Bekanntgabe des Beschluss-		6. Änderung und Aufhebung von	
ergebnisses	49	Beschlüssen (Zweitbeschluss)	60
aa) Rechtliche Wirkung	49	III. Bezeichnung des Beschlussgegen-	
bb) Durchführung der		standes (Abs 2)	63
Bekanntgabe	50	IV. Beschlussfassung im schriftlichen	
cc) Voraussetzungen für		Verfahren (Abs 3)	66
die Bekanntgabe eines		V. Fehlerhafte Beschlüsse (Abs 4)	71
positiven Beschlusses	52	1. Nichtige Beschlüsse	72
dd) Fehlerhafte und unter-		a) Nichtigkeitsgründe	72
bliebene Beschluss-		b) Rechtsfolgen der Nichtigkeit	79
bekanntgabe	55	2. Anfechtbare Beschlüsse	80

I. Allgemeines

1 § 23 regelt **Grundfragen der Beschlussfassung** durch die Wohnungseigentümer. Die Norm wird ergänzt durch die §§ 24 und 25. Die Wohnungseigentümer können durch Vereinbarung abweichende oder ergänzende Regelungen treffen, solange der Wohnungseigentümerversammlung nicht ihre Funktion als Willensbildungsorgan der Gemeinschaft genommen wird. Abs 3 ist nach der Rechtsprechung nicht dahingehend abänderbar, dass Beschlüsse im schriftlichen Verfahren mit Stimmenmehrheit gefasst werden können (*BayObLG* BReg 2 Z 63/80, MDR 1981, 320; *OLG Hamm* 15 W 117/76, MDR 1978, 759; *OLG Köln* 16 Wx 72/76, WEM 1977, 52; **aA** *Bärmann/Merle* § 23 Rn 110; *Staudinger/Bub* § 23 Rn 46; *Riecke/Schmid/Drabek* § 23 Rn 50). Abs 4 wurde mit Wirkung zum 1.7.2007 geändert. Die Frist zur Beschlussanfechtung ist nunmehr in § 46 geregelt.

II. Beschlussfassung in der Versammlung (Abs 1)

2 **1. Versammlung der Wohnungseigentümer.** Gemäß Abs 1 sind Beschlüsse in einer Versammlung der Wohnungseigentümer zu fassen, sofern keine Beschlussfassung im schriftlichen Verfahren nach Abs 3 erfolgt. Eine Versammlung liegt nur vor, wenn eine Einberufung stattgefunden hat, die von den Eigentümern als solche erkennbar war (zur Einberufung durch eine unzuständige Person siehe § 24 Rn 5). In einer **spontanen Zusammenkunft** können grundsätzlich keine Beschlüsse gefasst werden (Nichtversammlung), es sei denn alle Eigentümer bzw. Stimmrechtsträger sind anwesend und deklarieren das Zusammentreffen unter Verzicht auf eine ordnungsgemäße Einberufung übereinstimmend als Versammlung (Vollversammlung). In einer Nichtversammlung können keine Beschlüsse gefasst werden, widrigenfalls liegen Nichtbeschlüsse vor, die keinerlei Rechtswirkungen entfalten (*OLG Hamm* 15 W 308/89, WE 1993, 24).

3 Zur Teilnahme an der Eigentümerversammlung nebst Beschlussfassung sind grundsätzlich alle Wohnungseigentümer berechtigt. Die Gemeinschaftsordnung kann jedoch vorsehen, dass **Teilversammlungen** abzuhalten sind, was bisweilen bei Mehrhausanlagen anzutreffen ist. Voraussetzung für eine wirksame Beschlussfassung in einer Teilversammlung ist, dass die zu fassenden Beschlüsse nur Angelegenheiten betreffen, die ausschließlich die an der Teilversammlung teilnahmeberechtigten Eigentümer berühren (siehe § 25 Rn 22). Andernfalls sind die in der Teilversammlung gefassten Beschlüsse nichtig (*OLG München* 34 Wx 109/06, ZMR 2007, 391), weil die nicht geladenen Wohnungseigentümer bewusst von der Willensbildung ausgeschlossen wurden (vgl § 24 Rn 37).

In großen Wohnparks ist es bisweilen Praxis, **gemeinsame Versammlungen mehrerer selbstständiger Wohnungseigentümergemeinschaften** durchzuführen. Sofern die Gemeinschaftsordnungen solche Versammlungen nicht ausdrücklich zulassen, ist diese Praxis bereits deshalb rechtswidrig, weil gegen den Grundsatz der Nichtöffentlichkeit der Eigentümerversammlung verstoßen wird (siehe dazu § 24 Rn 38). Der Verstoß gegen die Nichtöffentlichkeit führt allerdings nur zur Anfechtbarkeit der in der Versammlung gefassten Beschlüsse. Nach Ablauf der Anfechtungsfrist kann der Beschluss in Bestandskraft erwachsen. Werden die einzelnen Wohnungseigentümergemeinschaften jedoch wie eine Gemeinschaft behandelt mit der Folge, dass bei den Beschlussfassungen gemeinsam abgestimmt und bei der Auszählung der Stimmen und der Feststellung und Verkündung der Beschlussergebnisse nicht nach den einzelnen Wohnungseigentümergemeinschaften unterschieden wird, liegen **Nichtbeschlüsse** vor (vgl *OLG Hamm* 15 W 14/02, NZM 2004, 787; *OLG Düsseldorf* I-3 Wx 223/02, ZMR 2003, 765), die keinerlei Rechtswirkungen entfalten und keiner gerichtlichen Ungültigerklärung bedürfen. 4

2. Beschlusskompetenz. Wohnungseigentümer können Beschlüsse nur in solchen Angelegenheiten fassen, in denen ihnen eine Beschlusskompetenz (bzw Mehrheitskompetenz) zusteht. **Bis September 2000** entsprach es im Wohnungseigentumsrecht ständiger Rechtsprechung, dass Mehrheitsbeschlüsse in Angelegenheiten, in denen den Wohnungseigentümern keine Beschlusskompetenz zusteht, fehlerhaft und damit gemäß § 23 Abs 4 aF erfolgreich anfechtbar sind. Blieb eine fristgemäße Anfechtung aber aus, erwuchsen die Beschlüsse nach Auffassung der Gerichte in **Bestandskraft**. 5

a) Rechtsprechung des BGH. Seit der Entscheidung des *BGH* vom 20.9.2000 (V ZB 8/99, NJW 2000, 3500) ist höchstrichterlich geklärt, dass Beschlüsse nur in Bestandskraft erwachsen können, wenn der Eigentümerversammlung für die zu regelnde Angelegenheit Beschlusskompetenz zusteht. Andernfalls ist der Beschluss **nichtig**. 6

Der *BGH* führt in seiner Entscheidung aus: 7

„Das Wohnungseigentumsgesetz unterscheidet zwischen Angelegenheiten, die die Wohnungseigentümer durch (Mehrheits-)Beschluss, und solchen, die sie durch Vereinbarung regeln können. Gemäß § 23 Abs 1 WEG können durch Beschlussfassung solche Angelegenheiten geordnet werden, über die nach dem Wohnungseigentumsgesetz oder nach einer Vereinbarung die Wohnungseigentümer durch Beschluss entscheiden können. Anderenfalls bedarf es einer Vereinbarung, § 10 Abs 1 WEG. Die Mehrheitsherrschaft bedarf damit der Legitimation durch Kompetenzzuweisung. Sie ist nach dem Willen des Gesetzgebers nicht die Regel, sondern die Ausnahme. Sie wird vom Gesetz nur dort zugelassen, wo es um das der Gemeinschaftsgrundordnung nachrangige Verhältnis der Wohnungseigentümer untereinander, namentlich um die Ausgestaltung des ordnungsgemäßen Gebrauchs und um die ordnungsmäßige Verwaltung des gemeinschaftlichen Eigentums (§ 15 Abs 2, § 21 Abs 1 und 3 WEG) geht. Ist eine Angelegenheit weder durch das Wohnungseigentumsgesetz noch durch Vereinbarung

II WEG § 23 Wohnungseigentümerversammlung

dem Mehrheitsprinzip unterworfen, kann eine Regelung durch Mehrheitsbeschluss nicht erfolgen: Der Mehrheit fehlt von vorneherein jede Beschlusskompetenz, die Wohnungseigentümerversammlung ist für eine Beschlussfassung absolut unzuständig. (...) Ein ohne Beschlusskompetenz gefasster Beschluss ist nichtig."

8 **b) Kompetenzzuweisung durch das WEG.** Die Gerichte müssen seitdem die im Detail schwierig zu beantwortende Fragen entscheiden, in welchen Fällen Beschlusskompetenz besteht und wann nicht. Der *BGH* stellte im Jahr 2000 zutreffend fest, dass das Gesetz den Wohnungseigentümern die Beschlusskompetenz nur in **Angelegenheiten der Verwaltung** (§ 21 Abs 1 und 3) und **des Gebrauchs** (§ 15 Abs 2) einräumt. Keine Beschlusskompetenz bestand zum damaligen Zeitpunkt in Angelegenheiten des sog. Gemeinschaftsgrundverhältnis, welches sämtliche Regelungen umfasst, mit denen die Wohnungseigentümer ihre Rechtsbeziehungen untereinander in Abweichung oder Ergänzung der Gesetzesnormen regeln. Solche Bestimmungen können grundsätzlich nur durch Vereinbarungen iSd § 10 Abs 3 WEG getroffen werden. Mit der am 1.7.2007 in Kraft getretenen **Änderung des WEG** schuf der Gesetzgeber allerdings einige Beschlusskompetenzen im Bereich des Gemeinschaftsgrundverhältnisses, siehe § 12 Abs 4, § 16 Abs 3 und 4 und § 21 Abs 7. Die neuen Beschlusskompetenzen gelten jedoch nur für Beschlüsse, die nach dem 30.6.2007 gefasst wurden. Die Änderung des WEG führt nicht zur nachträglichen Wirksamkeit früherer nichtiger Beschlüsse (*OLG Köln* 16 Wx 289/07, ZMR 2008, 815).

9 **aa) Angelegenheiten der Verwaltung.** Der *BGH* definiert den Begriff der Verwaltung als sämtliche Maßnahmen und Entscheidungen, die in tatsächlicher oder rechtlicher Hinsicht auf eine Änderung des bestehenden Zustands der Wohnanlage abzielen oder sich als Geschäftsführung zu Gunsten der Wohnungseigentümer in Bezug auf das Gemeinschaftseigentum darstellen (*BGH* V ZB 118/91, NJW 1993, 727; III ZR 248/95, NJW 1997, 2106). Unter „Verwaltung" sind sowohl die Verwaltungsentscheidungen als auch die Verwaltungsmaßnahmen zu verstehen. Eine Verwaltungsentscheidung ist ein Beschluss der Wohnungseigentümer, der rechtsverbindlich festlegt, welche **konkreten Verwaltungsmaßnahmen** durchzuführen sind. Konkrete Verwaltungsentscheidungen erschöpfen sich in der **Regelung eines Einzelfalls.** Beispiele sind die Bestellung und Abberufung des Verwalters, die Genehmigung des Wirtschaftsplans und der Jahresabrechnung, die Durchführung einer Sanierungsmaßnahme, die Beauftragung eines Handwerkers.

10 Wohnungseigentümer können durch Beschluss nicht entscheiden, worüber die Wohnungseigentümer künftig durch Beschluss entscheiden können. Beschlüsse iSd § 21 Abs 1 und 3 enthalten daher **keine rechtlichen Vorgaben für weitere Verwaltungsentscheidungen,** sie erledigen sich vielmehr mit ihrer Durchführung. Dies unterscheidet sie von Bestimmungen des Gemeinschaftsgrundverhältnisses (§ 10 Abs 2 S 2), die den rechtlichen Rahmen für eine oder viele Verwaltungsentscheidungen und Gebrauchsregelungen vorgeben. Für die Beschlusskompetenz in Verwaltungsangelegenheiten nach § 21 ist **ohne Bedeutung,** ob die Verwaltungsentscheidung sich im Rahmen ordnungsmäßiger Verwaltung hält oder nicht. Beschlusskompetenz besteht folglich auch für die Genehmigung einer Jahresabrechnung, der ein falscher Kostenverteilungsschlüssel hinsichtlich der Instandhaltungskosten zugrunde liegt. Die Fehlerhaftigkeit der Abrechnung führt nur zur Anfechtbarkeit, nicht aber zur Nichtigkeit des Beschlusses (vgl *BayObLG* 2Z BR 156/04, ZMR 2005, 639).

bb) Angelegenheiten des Gebrauchs. Beschlusskompetenz besteht auch für Regelungen über den Gebrauch des Sonder- und Gemeinschaftseigentums, sofern nicht eine bestehende **Vereinbarung** (der Teilungserklärung) **abgeändert** oder einem Eigentümer der **Gebrauch** von Bereichen des Gemeinschaftseigentums vollständig **entzogen** wird. Beispiele: Beschluss über Ruhezeiten im Haus und das Halten von Tieren (Hausordnung), Beschluss über den Gebrauch der im Gemeinschaftseigentum stehenden Kellerabteile und Stellplätze. Ohne Bedeutung für die Beschlusskompetenz ist auch hier, ob die Regelung die Grenzen des ordnungsmäßigen Gebrauchs überschreitet. 11

c) Kompetenzzuweisung durch Vereinbarung. Gemäß § 23 Abs 1 kann den Wohnungseigentümern Beschlusskompetenz auch kraft Vereinbarung zustehen. Die Wohnungseigentümer können also vereinbaren, dass Angelegenheiten des Gemeinschaftsverhältnisses statt durch Vereinbarung durch Mehrheitsbeschluss geregelt werden können, sog. **Öffnungsklausel** (*BGH* VII ZB 21/84, NJW 1985, 2832). Je nach Reichweite der vereinbarten Beschlussermächtigung lassen sich **allgemeine** und **konkrete** (sachlich begrenzte) Öffnungsklauseln unterscheiden. Die hM billigt grundsätzlich Änderungen der Gemeinschaftsordnung aufgrund einer allgemeinen Öffnungsklausel, nach der „die Wohnungseigentümer ihr Verhältnis untereinander abweichend von den Bestimmungen dieser Gemeinschaftsordnung und von den gesetzlichen Vorschriften durch Beschluss regeln" können (*Becker/Kümmel/Ott* Rn 162; *Staudinger/Bub* § 23 Rn 101; *Bärmann/Merle*, § 23 Rn 15 mwN). Allerdings muss die beschlossene Regelung durch **sachliche Gründe** gerechtfertigt sein und darf einzelne Wohnungseigentümer gegenüber dem bisherigen Rechtszustand nicht unbillig benachteiligen (*BGH* B v 27.6.1985 – VII ZB 21/84, NJW 1985, 2832). 12

Ein vereinbarungsändernder Beschluss aufgrund einer Öffnungsklausel, der die Schranken einer Mehrheitsentscheidung verletzt (zB weil die erforderliche Mehrheit nicht erreicht ist oder weil ein Eigentümer unbillig benachteiligt wird), kann erfolgreich **angefochten** werden. Unterbleibt die fristgemäße Anfechtung, wird der Änderungsbeschluss bestandskräftig (*Palandt/Bassenge* § 10 Rn 22; *Staudinger/Bub* § 23 Rn 101). **Nichtig** ist jedoch ein Beschluss aufgrund einer konkreten Öffnungsklausel, der die sachlichen Grenzen der Öffnungsklausel überschreitet, sodass die Beschlusskompetenz fehlt. 13

d) Fallgruppen fehlender Beschlusskompetenz. Die Konstellationen fehlender Beschlusskompetenz lassen sich in die nachfolgend dargestellten Fallgruppen unterteilen. 14

aa) Abweichung vom Gesetz und von Vereinbarungen. Keine Beschlusskompetenz besteht für Entscheidungen der Eigentümer, die das Gemeinschaftsgrundverhältnis abweichend vom Gesetz oder bestehenden Vereinbarungen (der Gemeinschaftsordnung) regeln. Sog. gesetzes- und vereinbarungsändernde Beschlüsse sind nichtig. Eine Ausnahme gilt seit dem 1.7.2007 für die in § 12 Abs 4, § 16 Abs 3 und 4 und § 21 Abs 7 zugelassenen Beschlussregelungen. 15

Beispiele für sog **gesetzesändernde Beschlüsse** sind Beschlüsse über die Verteilung der Stimmkraft abweichend von § 25 Abs 2 S 1, die generelle Beschlussfähigkeit der Eigentümerversammlung, die generelle Anzahl der Beiratsmitglieder, die generelle Übertragung von Aufgaben auf den Beirat, die Übertragung der Instandhaltungspflicht für Fenster und Türen auf den jeweiligen Eigentümer, den Ausschluss eines Eigentümers vom Mitgebrauch durch die Begründung eines Sondernutzungsrechts zugunsten eines anderen Eigentümers. 16

II WEG § 23   Wohnungseigentümerversammlung

17 Eine vom Gesetz **„abweichende"** Regelung zeichnet sich dadurch aus, dass sich im Falle ihrer Nichtigkeit eine gesetzliche Bestimmung finden lässt, die an ihre Stelle tritt, was bei konkreten Verwaltungsentscheidungen nicht der Fall ist. Wollen die Wohnungseigentümer etwa regeln, dass ein von § 16 Abs 2 abweichender Kostenverteilungsschlüssel für Instandhaltungsmaßnahmen gelten soll, findet im Fall der Nichtigkeit dieser Regelung der gesetzliche Verteilungsschlüssel nach § 16 Abs 2 Anwendung. Sind konkrete Verwaltungsentscheidungen unwirksam, etwa die Bestellung eines Verwalters, enthält das Gesetz keine Regelung, die an ihre Stelle tritt. Das Gesetz regelt nur das Gemeinschaftsgrundverhältnis in abstrakt-genereller Form. Die Regelung der Verwaltung und des Gebrauchs im Einzelfall ist gemäß § 21 Abs 1 und 3, § 15 Abs 2 den Wohnungseigentümern überlassen. Hierfür besteht Beschlusskompetenz.

Leitsätze aus der jüngeren **Rechtsprechung:**

18   – Ein Beschluss, der unabhängig von einem konkreten Wirtschaftsplan generell die **Fortgeltung eines jeden Wirtschaftsplanes** – bis zur „Verabschiedung" eines neuen – zum Gegenstand hat, ist mangels Beschlusskompetenz der Wohnungseigentümer nichtig (*OLG Düsseldorf* I-3 Wx 77/03, ZMR 2003, 862). Wirksam ist hingegen ein Beschluss über die Fortgeltung eines **konkreten Wirtschaftsplans** bis zur Beschlussfassung über den nächsten Wirtschaftsplan (*BayObLG* 2Z BR 117/02, ZMR 2003, 279; *KG* 24 W 26/01, ZMR 2002, 607).

19   – Ein Beschluss, mit dem die Wohnungseigentümer eine über den konkreten Wirtschaftsplan hinausgehende, **generelle Fälligkeitsregelung** schaffen, war mangels Beschlusskompetenz nichtig (*BGH* V ZB 34/03, ZMR 2003, 943). Seit dem 1.7.2007 folgt die Beschlusskompetenz für Fälligkeitsregelungen aus § 21 Abs 7. Schon bislang war ein Beschluss aber wirksam, mit dem die Eigentümer die Fälligkeit der Beitragsvorschüsse aufgrund eines **konkreten Wirtschaftsplans** regeln (*BGH* V ZB 34/03, ZMR 2003, 943).

20   – Ein Beschluss, der allgemein den **Verzugszins** für Wohngeldschulden abweichend vom Gesetz festlegt, war nichtig (*BayObLG* 2Z BR 144/01, ZMR 2003, 365). Seit dem 1.7.2007 folgt die Beschlusskompetenz für Verzugsregelungen aus § 21 Abs 7.

21   – Eine Regelung in der mehrheitlich beschlossenen Hausordnung, wonach die **Gestaltung des Treppenabsatzes** eine Etage tiefer (inkl des Aufstellens von Möbeln) – unter Ausschluss der übrigen Miteigentümer – den Bewohnern der jeweiligen Etage obliegt, unterfällt nicht der Beschlusskompetenz der Eigentümergemeinschaft für Gebrauchsregelungen und ist daher nichtig (*OLG Düsseldorf* I-3 Wx 393/02, NZM 2004, 107).

22   – Ein Beschluss über die **Stilllegung eines Müllschluckers** entzieht den Eigentümern den Gebrauch am Müllschlucker und ist daher mangels Beschlusskompetenz nichtig (*BayObLG* 2Z BR 177/01, ZMR 2002, 607).

23   – Ein Beschluss, der für **Beschlussanträge** der Wohnungseigentümer die **Schriftform** und eine schriftliche Begründung vorschreibt, überschreitet die Beschlusskompetenz der Wohnungseigentümer und ist nichtig (*KG* 24 W 179/01, ZMR 2002, 863).

24   – Eine durch Mehrheitsbeschluss aufgestellte Hausordnung ist nichtig, soweit sie eine **Haftung** für den Verursacher auch **ohne Verschulden** vorsieht (*BayObLG* 2Z BR 156/01, ZMR 2002, 526).

– Regelt die Teilungserklärung die Kostenverteilung bezüglich der **Bewirtschaftungs-** 25
kosten (ua Betriebskosten) einer Sauna dahingehend, dass diese nach dem Verhältnis
der Miterbbaurechts- bzw. Teilerbbaurechtsanteile zu tragen sind, stellt die Auferlegung einer Gebühr für die Saunanutzung eine Änderung der Gemeinschaftsordnung
dar, die von der Eigentümergemeinschaft nur im Wege einer Vereinbarung, nicht aber
durch (unangefochten gebliebenen) Mehrheitsbeschluss getroffen werden kann
(*OLG Düsseldorf* I-3 Wx 94/03, ZMR 2004, 528). Seit dem 1.7.2007 folgt die
Beschlusskompetenz für derartige Regelungen aber aus § 16 Abs 3.

– Ein Beschluss der Wohnungseigentümerversammlung, der die nach der Teilungser- 26
klärung erlaubte gewerbliche **Nutzung eines Teileigentums einschränkt**, ist als vereinbarungsändernder Beschluss mangels Beschlusskompetenz der Wohnungseigentümer nichtig (*OLG Düsseldorf* 3 Wx 149/03, ZMR 2003, 861).

– Ein Beschluss, der die Nutzung einer Wohnungseigentumseinheit als Boarding- 27
Haus für zulässig erklärt, **weicht von** der **Zweckbestimmung** des Sondereigentums
ab und ist daher als vereinbarungsändernder Beschluss nichtig (*OLG Saarbrücken*
5 W 115/05, ZMR 2006, 554).

Nicht nichtig, sondern **lediglich anfechtbar** sind sog **gesetzes- oder vereinbarungswid-** 28
rige Beschlüsse, mit denen die Wohnungseigentümer bei einer konkreten Verwaltungsentscheidung gegen das Gesetz oder eine bestehende Vereinbarung (die
Gemeinschaftsordnung) verstoßen. **Beispiele:** Beschluss über eine Sonderumlage mit
einem unrichtigen Kostenverteilungsschlüssel, die Bestellung eines Beirats mit mehr
oder weniger als drei Mitgliedern, die Übertragung von Entscheidungsbefugnissen auf
den Beirat im Rahmen einer konkreten Sanierungsmaßnahme. Solche Beschlüsse
überschreiten die Grenze der Ordnungsmäßigkeit und sind daher rechtswidrig. Da der
Beschluss aber trotz seiner Rechtswidrigkeit lediglich eine konkrete Verwaltungsentscheidung zum Inhalt hat, besteht Beschlusskompetenz.

In diese Kategorie fallen auch Mehrheitsbeschlüsse über **bauliche Veränderungen.** 29
Zwar können nach der bis zum 30.6.2007 geltenden Fassung des § 22 Abs 1 S 1 bauliche Veränderungen, die über die ordnungsmäßige Instandhaltung oder Instandsetzung hinausgehen, nicht mit Stimmenmehrheit beschlossen werden. Dies ändert aber
nichts daran, dass die Genehmigung einer baulichen Veränderung eine konkrete Verwaltungsentscheidung darstellt, für die gemäß § 21 Beschlusskompetenz besteht. Wird
durch einen Mehrheitsbeschluss die Zustimmung eines durch die Maßnahme beeinträchtigten Wohnungseigentümers übergangen, führt dies zwar zur Rechtswidrigkeit
und damit Anfechtbarkeit des Beschlusses, nicht jedoch zu dessen Nichtigkeit (*OLG
Hamburg* 2 Wx 78/01, ZMR 2004, 366; *BayObLG* 2Z BR 81/00, ZMR 2001, 292). Seit
dem 1.7.2007 regelt § 22 Abs 1 ausdrücklich, dass bauliche Veränderungen beschlossen
werden können.

bb) Eingriff in die individuelle Rechtsposition eines Wohnungseigentümers. Streitig 30
ist, ob einem Wohnungseigentümer gegen dessen Willen **Leistungspflichten** durch
Mehrheitsbeschluss auferlegt werden können, zB indem die Eigentümergemeinschaft
beschließt,

– dass ein Wohnungseigentümer die von ihm rechtmäßigerweise errichtete **bauliche
Veränderung** wieder **beseitigen** soll (siehe *OLG Köln* 16 Wx 121/03, ZMR 2004,
215; *OLG Hamburg* 2 Wx 148/00, ZMR 2003, 447),

- dass ein Wohnungseigentümer eine bestimmte **Schadensersatzsumme zu leisten hat**, obwohl er keinen Schaden verursacht hat (siehe *BayObLG* 15.1.2003 – 2Z BR 101/02, NZM 2003, 239),
- dass die Wohnungseigentümer zur turnusmäßigen **Reinigung des Treppenhauses** verpflichtet sind (siehe *OLG Düsseldorf* I-3 Wx 225/03, NZM 2004, 554).

31 Nach zutreffender Auffassung des jüngeren **Schrifttums** fehlt für eine solche Regelung die Beschlusskompetenz. Es werde durch den Mehrheitsbeschluss ein Schuldgrund geschaffen, den das Gesetz nicht vorsehe. Dies sei nach dem auch unter Wohnungseigentümern grundsätzlich geltenden Vertragsprinzip nur mit Zustimmung des beeinträchtigten Eigentümers, also nur durch Vereinbarung möglich (so ausdrücklich *Schmidt/Riecke* ZMR 2005, 252; *Wenzel* NZM 2004, 542; *Briesemeister* ZWE 2003, 307; *Fritsch* ZWE 2005, 384; *Becker/Kümmel/Ott* Rn 274; *Staudinger/Bub* § 23 Rn 115a). Unter die Beschlusskompetenz falle lediglich die Entscheidung darüber, ob ein aus Sicht der Eigentümergemeinschaft bestehender Anspruch außergerichtlich oder gerichtlich durchgesetzt werden soll. Die Beurteilung, ob der von der Gemeinschaft behauptete Anspruch tatsächlich besteht, bleibe jedoch letztlich dem Gericht vorbehalten.

32 Die **Rechtsprechung** hält anspruchsbegründende Beschlüsse überwiegend für wirksam. Die Beschlusskompetenz ergebe sich aus §§ 21 Abs 1, 15 Abs 2, wonach die Wohnungseigentümer durch Beschluss Angelegenheiten der Verwaltung und des Gebrauchs regeln können. Die Frage, ob die beschlossene Leistungspflicht nach der materiellen Rechtslage tatsächlich bestehe, betreffe die Ordnungsmäßigkeit des Beschlusses. Für die Beschlusskompetenz sei aber ohne Bedeutung, ob sich die beschlossene Regelung noch im Rahmen ordnungsmäßiger Verwaltung halte oder nicht (*OLG Köln* 16 Wx 121/03, ZMR 2004, 215; *OLG Hamburg* 2 Wx 148/00, ZMR 2003, 447; *BayObLG* 2Z BR 101/02, NZM 2003, 239; **aA** nunmehr *OLG Hamm* 15 W 507/04, ZMR 2005, 897; *OLG Düsseldorf* 3 Wx 77/08, NZM 2009, 162; *OLG Zweibrücken* 3 W 98/07, ZMR 2007, 646; *AG Neukölln* 70 II 191/04, ZMR 2005, 315).

33 Die gleiche rechtsdogmatische Frage liegt der umgekehrten Konstellation zugrunde, in der einem Eigentümer durch Mehrheitsbeschluss ein Anspruch gegen die Gemeinschaft genommen werden soll. Auch für eine **Anspruchsvernichtung** fehlt der Eigentümerversammlung die Beschlusskompetenz. Nichtig ist daher ein Beschluss, wonach einem Eigentümer der Aufopferungsanspruch nach § 14 Nr 4 wegen Inanspruchnahme des Sondereigentums vollständig genommen werden soll (*OLG Düsseldorf* I-3 Wx 140/05, ZMR 2006, 459). Nicht nichtig, sondern nur anfechtbar sei aber nach Auffassung des *BayObLG* (2Z BR 135/93, ZMR 1994, 420) ein Mehrheitsbeschluss, der die Entschädigung mehrerer, durch Bauarbeiten am gemeinschaftlichen Eigentum betroffener Wohnungseigentümer pauschal regelt.

34 cc) Eingriff in das Sondereigentum. Den Wohnungseigentümern fehlt auch die Beschlusskompetenz für Regelungen zur **Verwaltung des Sondereigentums**. Die Verwaltung des Sondereigentums obliegt ausschließlich dem jeweiligen Sondereigentümer. **Beispiele** aus der Rechtsprechung: Ein Beschluss, durch den die Wohnungseigentümer die **Zustimmung zur Teilung eines Wohnungseigentums versagen**, ist wegen fehlender Beschlusskompetenz nichtig (*BayObLG* 2Z BR 90/02, ZMR 2003, 689). Eine Wohnungseigentümergemeinschaft kann im Rahmen einer notwendigen Balkonsanierung nicht durch Mehrheitsbeschluss über die Art des **Balkon-Bodenbelags** entscheiden

(*OLG Köln* 16 Wx 121/00, ZMR 2001, 568). Nichtig ist daher auch ein Mehrheitsbeschluss, wonach die ursprünglich lose Verlegung der – durch Teilungserklärung dem Sondereigentum zugewiesenen – Bodenbeläge auf den Balkonen (mit Rücksicht auf einen zu besorgenden erhöhten Kontroll- und Wartungsaufwand der im Gemeinschaftseigentum stehenden Isolierung) nicht geändert werden darf und im Zuge einer Erneuerung der Abdichtung wieder hergestellt werden muss (*OLG Düsseldorf* 3 Wx 348/01, ZMR 2002, 613). Ein Mehrheitsbeschluss über die Vornahme und Organisation der modernisierenden Instandsetzung durch Erneuerung der durch die Teilungserklärung dem Sondereigentum zugewiesenen Wohnungseingangstüren fällt nicht in die Beschlusskompetenz der Eigentümergemeinschaft (*OLG Düsseldorf* 3 Wx 293/01, ZMR 2002, 445). Nichtig ist ein Beschluss, der die Wohnungseigentümer zum **Abschluss eines Mietvertrages** über ihr Sondereigentum mit einem Dritten, z. B. einem Hotelbetreiber, verpflichtet (*OLG München* 32 Wx 41/06, NZM 2006, 587). Die Wohnungseigentümer können allerdings durch Mehrheitsbeschluss den Gebrauch des Sondereigentums regeln (*OLG Frankfurt* 20 W 314/05), soweit eine Vereinbarung nicht entgegen steht (*OLG Saarbrücken* 5 W 115/05, ZMR 2006, 554).

dd) Eingriff in den Kernbereich des Wohnungseigentums. Mangels Beschlusskompetenz nichtig sind Beschlüsse, die in den sog. Kernbereich des Wohnungseigentums eingreifen. Der Kernbereich umfasst nach Auffassung des *BGH* den „**wesentlichen Inhalt der Nutzung von Wohnungseigentum**" (*BGH* 4.5.1995 – V ZB 5/95, GE 1995, 1215). Dies sind – mit anderen Worten – sämtliche Fragen, deren Regelung ureigenste Angelegenheit jedes Wohnungseigentümers ist. **Beispiele**: Nichtig ist ein Eigentümerbeschluss, wonach der Verwalter der Wohnungseigentumsanlage für die vermietenden Sondereigentümer den Mietzins einzuziehen hat und diese Eigentümer einen Teil des Mieterträges der Gemeinschaft zur Verfügung stellen müssen (*OLG Düsseldorf* 3 Wx 419/00, ZMR 2001, 306). Nichtig ist auch ein Mehrheitsbeschluss, durch den die Eigentümer ihre Zustimmung zur Widmung einer im Gemeinschaftseigentum stehenden Grundstücksfläche als Gemeindestraße erklären (*BayObLG* 2Z BR 38/02, NZM 2002, 825). 35

ee) An-sich-Ziehen von Individualansprüchen durch die Gemeinschaft. Noch wenig diskutiert ist die Frage, ob die Eigentümerversammlung die Geltendmachung von Individualansprüchen einzelner Eigentümer durch Mehrheitsbeschluss an sich ziehen kann. 36

Beispiel: Ein Wohnungseigentümer hat eine bauliche Veränderung vorgenommen, durch die (nur) ein Mitglied der Gemeinschaft über das in § 14 Nr 1 bestimmte Maß hinaus beeinträchtigt wird, sodass auch nur diesem Eigentümer ein Rückbauanspruch gemäß § 1004 Abs 1 BGB iVm § 22 Abs 1 zusteht; die Eigentümergemeinschaft beschließt, den Rückbauanspruch des Einzeleigentümers durch Einschaltung eines Anwalts gerichtlich durchzusetzen. Dieser Beschluss ist nichtig. Da der Rückbauanspruch nur dem beeinträchtigten Wohnungseigentümer zusteht, kann auch nur dieser Eigentümer – und nicht die übrigen Eigentümer – darüber entscheiden, ob er seinen individuellen Rückbauanspruch geltend macht.

Die **Rechtsprechung** gibt sich bislang großzügig hinsichtlich der Wirksamkeit solcher Beschlüsse. Die Gerichte erkannten bislang nur selten, dass der Versammlung auch in diesen Angelegenheiten die Beschlusskompetenz fehlt. Erste Stimmen im Schrifttum ziehen die Beschlusskompetenz jedoch zu Recht in Zweifel (siehe *Schmidt/Riecke* ZMR 2005, 252, 266). Das *OLG Hamm* (15 W 405/00, ZMR 2001, 654) hält zutreffend einen Beschluss der Eigentümerversammlung für nichtig, der inhaltlich darauf gerichtet ist festzustellen, dass ein für einen Wohnungseigentümer rechtskräftig titulierter 37

Anspruch auf Beseitigung einer baulichen Veränderung (trotz gewisser Maßabweichungen) erfüllt sei. Nach Auffassung des *BayObLG* (2Z BR 103/04, ZMR 2005, 330) sollen Wohnungseigentümer jedoch durch Stimmenmehrheit beschließen können, dass Ansprüche auf Beseitigung unzulässiger baulicher Veränderungen oder auf Unterlassung unzulässigen Gebrauchs, die an sich als Individualansprüche jedem Eigentümer zu eigener Disposition zustehen, durch die Gemeinschaft geltend gemacht werden können. Keine Beschlusskompetenz bestehe hingegen für die Durchsetzung individueller Ansprüche eines Eigentümers gegen einen anderen Eigentümer wegen Verletzung des Persönlichkeitsrechts und zwar auch dann, wenn durch die Äußerungen des Störers der Gemeinschaftsfriede unmittelbar gestört werde (*BayObLG* BReg 2 Z 122/90, NJW-RR 1991, 402).

38 Nach ständiger, aber sehr zweifelhafter Rechtsprechung soll die Eigentümerversammlung die Kompetenz haben, durch Mehrheitsbeschluss die Verfolgung individueller **Mängelrechte aus den Erwerbsverträgen hinsichtlich des Gemeinschaftseigentums** zur Angelegenheit der Gemeinschaft zu machen (*BGH* VII ZR 9/80, NJW 1981, 1841; *KG* 24 W 100/04, *KG*R 2005, 735; *BayObLG* 2Z BR 89/99, ZMR 2000, 113). Entgegen der Annahme der Rechtsprechung folgt die Beschlusskompetenz nicht bereits aus dem Umstand, dass sich die individuellen Mängelrechte der Erwerber jeweils auf das Gemeinschaftseigentum beziehen. Denn Mängelrechte können auch Erwerbern zustehen, die noch nicht Mitglied der (werdenden) Wohnungseigentümergemeinschaft geworden sind, etwa weil sie erst nach Entstehung der Wohnungseigentümergemeinschaft den Erwerbsvertrag abgeschlossen haben. Diese Erwerber können an der Beschlussfassung in der Eigentümerversammlung nicht mitwirken und sind an einen solchen Beschluss auch nicht gebunden. Dies zeigt, dass die Verfolgung von Gewährleistungsansprüchen wegen Mängeln am Gemeinschaftseigentum nicht in die Verwaltungszuständigkeit der Eigentümerversammlung fällt, insbesondere dann nicht, wenn die Mehrheit der Erwerber noch gar nicht Mitglied der Eigentümergemeinschaft ist. Sofern bestimmte Mängelrechte aus Schuldnerschutzgründen nur einheitlich ausgeübt werden können (zB Minderung), muss die Einheitlichkeit des Vorgehens der Erwerber gegebenenfalls auf anderem Wege als durch Beschluss in der Wohnungseigentümerversammlung herbeigeführt werden.

39 **3. Zustandekommen eines Beschlusses.** Ein Beschluss der Wohnungseigentümer kommt zustande, indem die Wohnungseigentümer in der Versammlung oder im schriftlichen Verfahren über einen konkreten Beschlussantrag abstimmen und der Versammlungsvorsitzende bzw Beschlussinitiator das Abstimmungsergebnis feststellt sowie das Beschlussergebnis verkündet.

40 **a) Beschlussantrag.** Die Beschlussfassung beginnt mit der Formulierung des Beschlussantrages. In der Regel erledigt dies der **Versammlungsvorsitzende.** Der Versammlungsvorsitzende kann aber auch jedem anderen Teilnehmer der Versammlung das Wort erteilen, um einen verbindlichen Beschlussantrag zu formulieren. Der Beschlussantrag enthält den **Wortlaut der zu treffenden Regelung,** über die die Versammlungsteilnehmer abstimmen. Einer besonderen Form bedarf der Beschlussantrag nicht, wobei die Textform gleichwohl zu empfehlen ist.

41 Da der Beschlussantrag den Beschlussinhalt vorgibt, ist darauf zu achten, dass der Beschlussantrag klar, verständlich und inhaltlich **eindeutig formuliert** ist. Im Falle inhaltlicher Unbestimmtheit wäre der Beschluss erfolgreich anfechtbar (§ 46 Abs 1).

Wird der Beschlussantrag vom Verwalter als Versammlungsleiter formuliert, können dem Verwalter gemäß § 49 Abs 2 die Kosten eines Beschlussmängelverfahrens auferlegt werden, wenn die mangelhafte Formulierung des Beschlussantrages die Tätigkeit des Gerichts veranlasst hat.

b) Durchführung der Abstimmung. – aa) Stimmabgabe. Nach der Formulierung des Beschlussantrages fordert der Versammlungsvorsitzende die Wohnungseigentümer und sonstigen Stimmrechtsträger (vgl § 25 Rn 3 ff) zur Abgabe der Stimmen auf. Die Stimmabgabe unterliegt den allgemeinen **zivilrechtlichen Regeln für Willenserklärungen**, insbesondere den Vorschriften über die Geschäftsfähigkeit (§§ 105 ff BGB), die Anfechtbarkeit (§§ 119 ff BGB) und die Stellvertretung (§§ 164 ff BGB). **Empfänger der Stimmabgabe** ist der Versammlungsvorsitzende (*BGH* V ZB 37/02, ZMR 2002, 936; aA *BayObLG* 2Z BR 144/00, ZMR 2001, 994: auch die anderen Wohnungseigentümer) als Empfangsvertreter der Wohnungseigentümer. Der Versammlungsvorsitzende hat die Wirksamkeit der Stimmabgaben zu prüfen. Eine unwirksame Stimmabgabe darf der Versammlungsvorsitzende nicht werten. 42

Eine wirksame Stimmabgabe kann nur Zustimmung (Ja-Stimme) oder Ablehnung (Nein-Stimme) zum Inhalt haben. Die Äußerung eines Versammlungsteilnehmers, er stimme dem Beschlussantrag mit einer inhaltlichen Modifizierung zu, ist als Ablehnung zu werten. Eine **Stimmabgabe unter** einer **Bedingung** ist ungültig (*BayObLG* 2Z BR 116/94, WuM 1995, 227; *Jennißen/Elzer* vor §§ 23 bis 25 Rn 41), da die Stimmabgabe ihrer Funktion nach bedingungsfeindlich ist. Denn der Versammlungsvorsitzende muss mit dem Zugang der Abstimmungserklärung wissen, wie er diese werten soll. Daran wäre er gehindert, wenn die Wirksamkeit oder der Inhalt der Stimmabgabe von Umständen außerhalb seines Wissensbereichs abhingen. Die Erklärung eines Versammlungsteilnehmers, er stimme mit der Mehrheit bzw schließe sich der Mehrheit an, ist als Stimmenthaltung zu werten. **Stimmenthaltungen** bleiben bei der Ermittlung des Abstimmungsergebnisses unberücksichtigt. Gleiches gilt für die nicht ausgeübte Stimme eines abwesenden oder nicht vertretenen Eigentümers. Die Gemeinschaftsordnung kann allerdings vorsehen, dass Stimmenthaltungen oder abwesende Stimmen den Nein-Stimmen zuzuzählen sind. In diesem Fall müssen auch die Stimmenthaltungen ausgezählt werden. 43

Verfügt ein Wohnungseigentümer über mehrere Wohnungseigentumseinheiten, kann er die Stimmen für die Wohnungen unterschiedlich ausüben. Hat ein Eigentümer nur eine **Stimme** (zB beim Kopfstimmrecht), ist diese **nicht teilbar**. 44

Der Abstimmende kann die Stimmabgabe bis zur Verkündung des Beschlussergebnisses **widerrufen** (*Jennißen/Elzer* vor §§ 23 bis 25 Rn 47; aA *Armbrüster* ZWE 2000, 455; *Staudinger/Bub* § 23 Rn 69: kein Widerruf nach Zugang beim Versammlungsvorsitzenden). Eine **Anfechtung** der Stimmabgabe gemäß § 119 ff BGB ist zwar grundsätzlich auch noch nach dem Zustandekommen des Beschlusses möglich. Die nachträgliche Ungültigkeit der Stimme hat aber auf die Wirksamkeit des Beschlusses keinen Einfluss mehr, wenn der Beschluss bereits in Bestandskraft erwachsen ist. 45

bb) Abstimmungsverfahren. Für die ordnungsgemäße Durchführung der Abstimmung hat der Versammlungsvorsitzende zu sorgen, er legt das Abstimmungsverfahren fest. In Betracht kommt Abstimmung durch Handheben, Abgabe von Stimmzetteln, Zuruf, Akklamation etc (*Bärmann/Merle* § 23 Rn 36). Die Abstimmung kann offen oder geheim, namentlich oder anonym erfolgen. Das Procedere ist stets so zu wählen, 46

Kümmel

dass eine unbeeinflusste und fehlerfreie Willensbildung gewährleistet ist. **Namentliche Abstimmung** ist erforderlich, wenn die Stimmabgabe durch den einzelnen Eigentümer mit weitergehenden rechtlichen Konsequenzen (zB Haftungsfragen) verbunden ist. Einer **geheimen Abstimmung** bedarf es, wenn bei einer offenen Abstimmung zu befürchten ist, dass einzelne Eigentümer in der Freiheit ihrer Stimmabgabe beeinträchtigt sind.

47 **cc) Auszählung der Stimmen.** Der Versammlungsvorsitzende hat grundsätzlich die Anzahl der wirksam abgegebenen Ja- und Nein-**Stimmen** durch **Auszählung** zu ermitteln. Eine detaillierte Auszählung der abgegebenen Stimmen kann ausnahmsweise unterbleiben, wenn die Abstimmung derart eindeutig ausfällt, dass am Abstimmungsergebnis kein Zweifel besteht.

48 Zulässig ist die Ermittlung des Abstimmungsergebnisses im sog **Subtraktionsverfahren**. Dabei wird nach Ermittlung der Ja-Stimmen und der Stimmenthaltungen oder nach Ermittlung der Nein-Stimmen und der Stimmenthaltungen durch Subtraktion von den insgesamt vertretenen Stimmen auf die Zahl der nicht abgefragten Stimmen geschlossen (*BGH* V ZB 37/02, NJW 2002, 3629). Voraussetzung für diese Verfahrensweise ist allerdings, dass im Zeitpunkt der jeweiligen Abstimmung die Anzahl der anwesenden und vertretenen Wohnungseigentümer und – bei Abweichung vom Kopfprinzip – auch deren Stimmkraft feststeht. Dabei sind insbesondere bei knappen Mehrheitsverhältnissen genaue Feststellungen zu den anwesenden oder vertretenen Wohnungseigentümern erforderlich, etwa durch sorgfältige Kontrolle des Teilnehmerverzeichnisses und dessen ständige Fortschreibung, die den einzelnen Abstimmungen zugeordnet werden kann (*BGH* V ZB 37/02, NJW 2002, 3629). Sind im Einzelfall die notwendigen **organisatorischen Maßnahmen** zur exakten Feststellung der Gesamtzahl der Stimmen nicht sichergestellt, so sollte dies für den Versammlungsvorsitzenden Anlass sein, von der Subtraktionsmethode Abstand zu nehmen. Das gilt um so mehr, als in solchen Situationen Umstände maßgebende Bedeutung gewinnen können, die bei klaren Mehrheiten wegen ihrer geringen praktischen Bedeutung zu vernachlässigen sind. So kann etwa die „Passivität" eines während der Versammlung eingeschlafenen Wohnungseigentümers mangels eines willensgetragenen Verhaltens nicht als Stimmabgabe gewertet werden. Auch die Gefahr des Übersehens von Stimmverboten (etwa nach § 25 Abs 5) ist bei der Subtraktionsmethode größer als bei Auszählung aller Stimmen. Lässt sich die Zahl der anwesenden Wohnungseigentümer nicht mehr aufklären und verbleiben deshalb Zweifel an den Mehrheitsverhältnissen, so ist im Falle der Beschlussanfechtung davon auszugehen, dass der Versammlungsleiter die Zahl der Ja-Stimmen zu Unrecht festgestellt hat (*OLG Köln* 16 Wx 185/01, NZM 2002, 458).

49 **c) Bekanntgabe des Beschlussergebnisses. – aa) Rechtliche Wirkung.** Der Versammlungsvorsitzende hat aus dem Abstimmungsergebnis, also der Anzahl der wirksam abgegebenen Ja-Stimmen und Nein-Stimmen, nach den maßgeblichen rechtlichen Regeln das Beschlussergebnis herzuleiten, d. h. zu entscheiden, ob der Beschlussantrag angenommen (positiver Beschluss) oder abgelehnt wurde (negativer Beschluss). Das Beschlussergebnis ist vom Versammlungsvorsitzenden zu verkünden, denn die Bekanntgabe des Beschlussergebnisses ist **Voraussetzung für das rechtswirksame Zustandekommen** eines Eigentümerbeschlusses. Sie hat darüber hinaus **konstitutive Bedeutung** für das Beschlussergebnis (*BGH* V ZB 10/01, NJW 2001, 3339). Unter-

bleibt die Bekanntgabe, fehlt es an einer **Tatbestandsvoraussetzung** eines Beschlusses, ein Beschluss liegt nicht vor (*BGH* V ZB 10/01, NJW 2001, 3339).

bb) Durchführung der Bekanntgabe. Mit der Bekanntgabe des Beschlussergebnisses 50 bringt der Versammlungsvorsitzende zum Ausdruck, ob der Beschlussantrag angenommen oder abgelehnt wurde. Dies muss **in der Eigentümerversammlung** geschehen, aber nicht in das Versammlungsprotokoll aufgenommen werden. Die Verkündung kann der Vorsitzende ausdrücklich oder in **konkludenter Weise** vornehmen. Allerdings ist zu beachten, dass bei der Auslegung der Verkündungserklärung nur solche Umstände Berücksichtigung finden können, die für jedermann ohne weiteres erkennbar sind, sich insbesondere aus dem Protokoll ergeben (*BGH* V ZB 10/01, NJW 2001, 3339). Daher wird für die Annahme einer konkludenten Ergebnisbekanntgabe in der Regel die bloße Wiedergabe des für sich genommen eindeutigen Abstimmungsergebnisses im Versammlungsprotokoll genügen, es sei denn, dass sich das hieraus folgende Beschlussergebnis nach den zu berücksichtigenden Umständen, insbesondere aufgrund der protokollierten Erörterungen in der Eigentümerversammlung, vernünftigerweise in Frage stellen lässt (*BGH* V ZB 10/01, NJW 2001, 3339). Allein aus dem Fehlen einer Beschlussfeststellung im Protokoll lässt sich hiernach regelmäßig noch nicht schließen, dass ein Beschluss nicht zustande gekommen ist, im Zweifel wird vielmehr bei einem protokollierten klaren Abstimmungsergebnis von einer konkludenten Beschlussfeststellung auszugehen sein (*BGH* V ZB 10/01, NJW 2001, 3339).

Ist in der Eigentümerversammlung **nur eine Person anwesend**, die zugleich den Ver- 51 sammlungsvorsitz ausübt (zB der Verwalter mit den Vollmachten der Eigentümer), müssen die Stimmabgabe und die Bekanntgabe des Beschlusses so nach außen durch einen Formalakt manifestiert werden, dass ein Dritter im Nachhinein feststellen kann, ob ein Beschluss zustande gekommen ist. Die nachträgliche Abfassung der Versammlungsniederschrift oder die Eintragung des Beschlusses in die Beschluss-Sammlung genügen dafür nicht (*OLG München* 34 Wx 14/07, ZMR 2008, 409), weil die Bekanntgabe des Beschlusses noch in der Eigentümerversammlung erfolgen muss. Es empfiehlt sich, die Stimmabgaben und die Beschlussverkündung unmittelbar in der Versammlung zu protokollieren (*Elzer* MietRB 2008, 378).

cc) Voraussetzungen für die Bekanntgabe eines positiven Beschlusses. Der Ver- 52 sammlungsvorsitzende darf einen positiven Beschluss nur verkünden, wenn die für den Beschluss erforderliche (einfache oder qualifizierte) **Stimmenmehrheit erreicht** ist (*Kümmel* ZWE 2006, 278; *Müller* DWE 2005, 8, *J-H Schmidt* DWE 2005, 9; *Deckert* DWE 2005, 7; *Köhler/Bassenge/Hogenschurz* Teil 11, Rn 63 ff; einschränkend *Sauren* DWE 2005, 97; *Häublein* NJW 2005, 1466). Der *BGH* führt in seiner Entscheidung vom 23.8.2001 (V ZB 10/01, NJW 2001, 3339) aus: „*Sowohl die Ermittlung des richtigen Abstimmungsergebnisses als auch seine Beurteilung anhand der rechtlichen Mehrheitserfordernisse setzen Rechtskenntnisse voraus, die von den Eigentümern weder erwartet werden können noch verlangt werden dürfen.*" Der *BGH* geht folglich davon aus, dass der Versammlungsvorsitzende das Abstimmungsergebnis anhand „*der rechtlichen Mehrheitserfordernisse*" beurteilen muss, mit der Konsequenz, dass ein Negativbeschluss zu verkünden ist, wenn die erforderliche Mehrheit nicht erreicht wird.

Sofern das WEG von einer Beschlussfassung „durch Stimmenmehrheit" spricht, ist 53 **einfache Stimmenmehrheit** gemeint. Diese ist erreicht, wenn mehr Ja-Stimmen als Nein-Stimmen abgegeben werden. Stimmenthaltungen bleiben ohne Beachtung.

Kümmel

54 Die **Verkündung** eines wirksamen Beschlusses – gleich ob positiv oder negativ – hat zu **unterbleiben,** wenn den Eigentümern für die beabsichtigte Regelung die Beschlusskompetenz fehlt (*Deckert* DWE 2005, 7; *Sauren* DWE 2005, 97). Der Anschein eines wirksamen Beschlusses wird dadurch vermieden. Liegen sonstige **Nichtigkeitsgründe** vor, zB die bewusste Nichtladung eines Wohnungseigentümers oder ein Verstoß gegen die guten Sitten oder eine zwingende gesetzliche Vorschrift, muss der Verwalter die Verkündung eines wirksamen Beschlusses ebenfalls verweigern, um den Anschein eines wirksamen Beschlusses zu vermeiden (so iE auch *J-H Schmidt* DWE 2005, 9).

55 **dd) Fehlerhafte und unterbliebene Beschlussbekanntgabe.** Die Verkündungserklärung des Versammlungsvorsitzenden ist für das Beschlussergebnis auch dann **konstitutiv,** wenn die Verkündung der materiellen Rechtslage widerspricht. Allerdings leidet der Beschluss dann an einem Fehler, den die Wohnungseigentümer im Rahmen eines fristgebundenen **Beschlussmängelverfahrens** nach §§ 43 Nr 4, 46 Abs 1 korrigieren lassen können. Erklärt der Versammlungsvorsitzende etwa den Beschlussantrag für angenommen, obwohl der Antrag die erforderliche Mehrheit verfehlte, ist dagegen innerhalb der Frist des § 46 Abs 1 Klage zu erheben mit dem Antrag auf Feststellung, dass der angegriffene Beschluss mit negativem Ergebnis zustande gekommen sei, der Beschlussantrag also abgelehnt wurde. Soll das Gericht nicht nur die fehlerhafte Beschlussverkündung korrigieren, sondern den Beschluss insgesamt für ungültig erklären, muss der Kläger innerhalb der Fristen des § 46 Abs 1 Anfechtungsklage erheben und weitere Beschlussfehler vortragen, die eine Ungültigerklärung des Beschlusses rechtfertigen.

56 **Lehnt** der Versammlungsleiter die **Bekanntgabe** eines Beschlussergebnisses **ab,** sei es pflichtwidrig oder weil er sich zur Verkündung wegen tatsächlicher oder rechtlicher Schwierigkeiten bei der Bewertung des Abstimmungsergebnisses außerstande sieht, können die Eigentümer eine Klage gegen den Versammlungsvorsitzenden auf Feststellung des Beschlussergebnisses erheben. Die nicht klagenden Wohnungseigentümer sind diesem Verfahren analog § 48 Abs 1 beizuladen. Das Gericht komplettiert mit seiner Entscheidung den Tatbestand für einen wirksamen Eigentümerbeschluss (*BGH* V ZB 10/01, NJW 2001, 3339). Verkündet der Vorsitzende einen negativen Beschluss, obwohl die Voraussetzungen eines positiven Beschlusses vorliegen, können die Wohnungseigentümer diesen Negativbeschluss innerhalb der Frist des § 46 Abs 1 anfechten und zugleich die gerichtliche Feststellung begehren, dass der Beschluss positiv zustande gekommen sei (*BGH* V ZB 30/02, NJW 2002, 3704). Der Feststellungsantrag ist im Gegensatz zum Anfechtungsantrag nicht fristgebunden (*Palandt/Bassenge* § 23 Rn 10). Das Gericht hat im Rahmen des Beschlussfeststellungsverfahrens etwaige **Anfechtungs- und Nichtigkeitsgründe,** die von den Beteiligten vorgetragen werden, zu beachten, denn es handelt sich um ein Beschlussmängelverfahren nach § 43 Nr 4, in dem das Gericht über die Gültigkeit des streitgegenständlichen Beschlusses abschließend entscheidet (*OLG München* 34 Wx 97/06, ZMR 2007, 221; *Bärmann/Merle* § 23 Rn 44; *Bärmann/Wenzel* § 43 Rn 110; *Becker* ZWE 2006, 157; *Riecke/Schmid/Abramenko* § 43 Rn 20; *Jennißen/Suilmann* § 46 Rn 141; **aA** *Deckert* ZMR 2003, 157; *Müller* NZM 2003, 222; *AG Hamburg-Blankenese* 539 C 27/08, ZMR 2008, 1001 mit zustimmender Anm *Elzer*; *AG Braunschweig* 34 II 70/07, ZMR 2007, 733). Die Klage auf Feststellung eines positiven Beschlusses hat daher keinen Erfolg, wenn der Beschluss an Nichtigkeits- und Anfechtungsgründen leidet und zumindest ein Eigentümer sich darauf beruft. Die Darlegungs- und Beweislast für den Nichtigkeits- oder Anfechtungsgrund trägt der Eigentümer, der sich darauf beruft.

d) Vereinbarte Wirksamkeitsvoraussetzungen. Die Wohnungseigentümer können 57
durch Vereinbarung die Wirksamkeit von Beschlüssen an zusätzliche Voraussetzungen
knüpfen, etwa an die notarielle Beglaubigung der Versammlungsniederschrift oder die
Eintragung des Beschlusses in die Beschluss-Sammlung. Bei solchen Vereinbarungen
ist im Einzelfall zu prüfen, ob bei einem Fehlen der Voraussetzung der Beschluss keinerlei Regelungswirkung im Sinne einer **Ungültigkeit** entfalten oder ob das Fehlen
der „Wirksamkeitsvoraussetzung" lediglich bewirken soll, dass der Beschluss erfolgreich **angefochten** werden kann. Die Rechtsprechung tendiert dazu, das Fehlen der
vereinbarten „Wirksamkeitsvoraussetzung" lediglich als Beschlussfehler einzustufen,
der eine erfolgreiche Anfechtung begründet (siehe *BGH* V ZB 2/97, NJW 1997, 2956;
OLG Schleswig 2 W 230/03, ZMR 2006, 721; *OLG Köln* 16 Wx 220/05, ZMR 2006,
711; *OLG Düsseldorf* I-3 Wx 207/04, ZMR 2005, 218).

4. Bindungswirkung von Negativbeschlüssen. Wirksame Beschlüsse binden alle Mitglieder 58
der Wohnungseigentümergemeinschaft sowie gemäß § 10 Abs 4 Sondernachfolger mit deren Eintritt in die Gemeinschaft. Auch ein Negativbeschluss, bei dem der
Beschlussantrag nicht die erforderliche Mehrheit gefunden hat, entfaltet grundsätzlich
Bindungswirkung. Allerdings lässt die Ablehnung eines Beschlussantrags die **Rechtslage weitgehend unverändert,** insbesondere kann aus der Ablehnung nicht auf den
Willen der Wohnungseigentümer geschlossen werden, das Gegenteil des Beschlussantrags zu wollen (*BGH* V ZB 10/01, NJW 2001, 3339). Durch den Negativbeschluss
bringen die Wohnungseigentümer lediglich zum Ausdruck, den zur Abstimmung
gestellten Beschlussantrag nicht annehmen zu wollen. Aus welchen Gründen dies
geschieht (formellen oder inhaltlichen), kann dem Rechtsakt in der Regel nicht entnommen werden, weil der Beschlusswortlaut sich dazu nicht äußert. Stimmen die
Wohnungseigentümer beispielsweise über die Beauftragung eines Handwerkers ab
und findet der Beschlussantrag nicht die erforderliche Mehrheit, so könnten die an
der Abstimmung beteiligten Wohnungseigentümer ua deshalb mit „Nein" gestimmt
haben, weil der Beschluss in der Einladung zur Versammlung nicht ordnungsgemäß
angekündigt war oder weil das vorliegende Kostenangebot nicht aussagekräftig genug
war. Dies bedeutet aber nicht, dass die Gemeinschaft die Durchführung der Instandhaltungsmaßnahme generell ablehnt. Wollen die Wohnungseigentümer die Durchführung einer Verwaltungsmaßnahme verbindlich ablehnen, müssen sie über einen entsprechenden Beschlussantrag mit „negativem Inhalt" positiv abstimmen. Anders als
ein Positivbeschluss mit negativem Inhalt entfaltet der Negativbeschluss **keine Sperrwirkung** für eine erneute Beschlussfassung über den Regelungsgegenstand (*BGH*
V ZB 30/02, NJW 2002, 3704). Wird der Negativbeschluss bestandskräftig, bedeutet
dies für einen Eigentümer, der im Rahmen seines Anspruchs auf ordnungsmäßige
Verwaltung eine Beschlussfassung über eine Verwaltungsmaßnahme gemäß § 21
Abs 4 erzwingen will, dass er der Wohnungseigentümerversammlung zunächst erneut
die Möglichkeit zur Willensbildung geben muss, bevor das Gericht gemäß § 21 Abs 8
die Entscheidung der Wohnungseigentümer ersetzen kann (vgl *OLG Hamm* 15 W
396/03, ZMR 2004, 852; *BayObLG* 2Z BR 63/02, ZMR 2003, 50Rn). Der Negativbeschluss steht der begehrten Maßnahme allerdings nicht inhaltlich entgegen (*OLG
München* 34 Wx 103/06, ZMR 2007, 304; *Wenzel* ZMR 2005, 413).

5. Auslegung von Beschlüssen. Für die Auslegung von Eigentümerbeschlüssen gelten 59
die §§ 133, 157 BGB. Die Beschlüsse sind wegen der Wirkung gegenüber Sondernachfolgern wie im Grundbuch eingetragene Erklärung aus sich heraus – **objektiv und nor-**

mativ – auszulegen (*BGH* V ZB 11/98, NJW 1998, 3713). Umstände außerhalb des protokollierten Beschlusses dürfen nur herangezogen werden, wenn sie nach den besonderen Verhältnissen des Einzelfalles für jedermann ohne weiteres erkennbar sind, zB weil sie sich aus dem – übrigen – Versammlungsprotokoll oder aus den örtlichen Gegebenheiten der Wohnanlage ergeben. Bei der Beurteilung der Frage, ob ein Eigentümerbeschluss hinreichend inhaltlich bestimmt ist, darf daher ausschließlich auf die vorgenannten Auslegungskriterien zurückgegriffen werden. Ist die Versammlungsniederschrift allerdings inhaltlich unrichtig, kann dies jederzeit noch eingewandt werden (vgl § 24 Rn 66).

60 **6. Änderung und Aufhebung von Beschlüssen (Zweitbeschluss).** Die Wohnungseigentümer sind grundsätzlich nicht gehindert, über eine schon geregelte gemeinschaftliche Angelegenheit erneut zu beschließen. Die Befugnis dazu ergibt sich aus der autonomen Regelungszuständigkeit der Gemeinschaft. Dabei ist grundsätzlich unerheblich, aus welchen Gründen die Gemeinschaft eine erneute Beschlussfassung durchführt. Von Bedeutung ist nur, ob der neue Beschluss aus sich heraus einwandfrei ist, insbesondere ob er **ordnungsmäßiger Verwaltung** entspricht (*BGH* V ZB 8/90, NJW 1991, 979). Haben die Wohnungseigentümer etwa eine Instandhaltungsmaßnahme beschlossen, ist ein erneuter Beschluss, der den Erstbeschluss aufhebt, anfechtbar, wenn der Erstbeschluss ordnungsmäßiger Verwaltung entsprach und im nachhinein keine zwingenden Gründe eingetreten sind, die gegen die Durchführung der Instandhaltungsmaßnahme sprechen (zB die Vordringlichkeit anderer Maßnahmen).

61 Jeder Wohnungseigentümer kann nach § 21 Abs 3 und 4 verlangen, dass der neue Beschluss seine **schutzwürdigen Belange** aus dem Inhalt und den Wirkungen des ersten Beschlusses berücksichtigt (*BGH* V ZB 8/90, NJW 1991, 979). Schutzwürdige Belange können insbesondere dann beeinträchtigt sein, wenn der Erstbeschluss für einen Wohnungseigentümer eine günstige Rechtsposition begründet hat, die durch den Zweitbeschluss eingeschränkt oder entzogen werden soll (*BayObLG* BReg 2 Z 134/87, WuM 1988, 322; *OLG Stuttgart* 8 W 37/89, OLGZ 1990, 175). Das bedeutet jedoch nicht, dass durch einen Zweitbeschluss generell etwaige tatsächliche Vorteile erhalten bleiben müssen, die der Erstbeschluss begründet hat. In jedem Fall ist eine Abwägung zwischen den Interessen des begünstigten Wohnungseigentümers und den Interessen der übrigen Eigentümer vorzunehmen. Überwiegen die Interessen des durch den Erstbeschluss begünstigten Eigentümers, kann der Zweitbeschluss erfolgreich angefochten werden. Wurde einem Wohnungseigentümer etwa durch Beschluss gestattet, eine bauliche Veränderung vorzunehmen (zB Anbringung einer Markise), darf diese Gestattung nicht durch einen erneuten Beschluss aufgehoben werden, wenn der begünstigte Wohnungseigentümer im Vertrauen auf den Erstbeschluss bereits Vermögensdispositionen getroffen hat.

62 Wohnungseigentümer können die Möglichkeit des Zweitbeschlusses dazu nutzen, einen bereits gefassten Beschluss, der wegen eines **Formfehlers** angefochten wurde, zu bestätigen und den Formfehler damit zu **heilen**. Das Beschlussanfechtungsverfahren gegen den Erstbeschluss erledigt sich mit der Bestandskraft des Zweitbeschlusses (*BGH* V ZB 30/02, NJW 2002, 3704). Unzulässig ist dagegen die ständige Wiederholung eines Beschlusses in der Hoffnung, bei der dritten oder fünften Wiederholung werde die Minderheit die Anfechtungsfrist versäumen oder aufgrund psychischer oder finanzieller Erschöpfung auf eine Anfechtung verzichten. Eine solche grundlose, inhaltsgleiche Wiederholung früherer Beschlüsse, die bereits Gegenstand von Anfechtungsverfahren sind, ist mit den Grundsätzen ordnungsmäßiger Verwaltung nicht vereinbar. Ist ein Beschluss aber bereits rechtskräftig für ungültig erklärt worden, ist die Rechtskraft kein Hindernis dafür, erneut einen Beschluss mit gleichem Inhalt zu fassen, der dann Gegenstand eines weiteren Anfechtungsverfahrens sein kann.

III. Bezeichnung des Beschlussgegenstandes (Abs 2)

Bei der Einberufung der Eigentümerversammlung müssen die in der Versammlung abzuhandelnden Beschlussgegenstände so bezeichnet sein, dass die Wohnungseigentümer in die Lage versetzt werden, sich auf die Versammlung vorzubereiten und zu entscheiden, ob sie überhaupt an der Versammlung teilnehmen wollen (*OLG Düsseldorf* 3 Wx 7/01, ZMR 2001, 723). An die Bezeichnung dürfen **keine übertriebenen Anforderungen** gestellt werden. In der Regel genügt eine stichwortartige Bezeichnung, wenn ein mit der Wohnanlage vertrauter Eigentümer erkennen kann, was Gegenstand der Eigentümerversammlung sein soll (*OLG Celle* 4 W 6/02, ZWE 2002, 474). Es ist nicht erforderlich, dass der Eigentümer sämtliche Einzelheiten des Gegenstandes übersehen und die Auswirkungen eines Beschlusses in jeder Hinsicht erkennen kann (*Riecke/Schmid/Drabek* § 23 Rn 30). Der Inhalt eines beabsichtigten Beschlusses muss nicht bereits mitgeteilt werden (*OLG Celle* 4 W 6/02, ZWE 2002, 474). Werden Beschlussanträge in der Einladung angekündigt, können diese in der Versammlung noch abgeändert werden, soweit das angekündigte Beschlussthema nicht verlassen wird. **Je bedeutsamer** oder schwerwiegender die Angelegenheit für die Eigentümer ist, **desto ausführlicher** muss die Bezeichnung in der Einladung sein. War eine Angelegenheit hingegen schon mehrfach Gegenstand von Eigentümerversammlungen, kann die Bezeichnung kürzer ausfallen, als wenn sich die Versammlung erstmals mit der Angelegenheit befassen soll (*BayObLG* 2Z BR 261/03, ZMR 2005, 460). In der Einladung muss nicht ausdrücklich darauf hingewiesen werden, dass zu dem betreffenden Tagesordnungspunkt ein Beschluss gefasst werden soll (*BayObLG* 2Z BR 261/03, ZMR 2005, 460). **Geschäftsordnungsbeschlüsse**, die ausschließlich den Ablauf der Versammlung betreffen, bedürfen keiner Ankündigung (*Jennißen/Elzer* § 23 Rn 59).

63

Beispiele aus der Rechtsprechung: Die Bezeichnungen „**Wahl eines Verwalters**" und „**Bestellung eines Verwalters**" umfassen die Bestellung eines Verwalters, die Beschlussfassung über den Verwaltervertrag und das Verwalterhonorar (*OLG Celle* 4 W 143/04, NZM 2005, 308) sowie die Abwahl des bisherigen Verwalters (*KG* 24 W 1435/88, ZMR 1989, 186). Die Bezeichnung „**Wiederwahl des Verwalters**" erlaubt auch die Bestellung eines anderen Verwalters. Die Bezeichnung „**Wirtschaftsplan 1988**" erfasst auch die Beschlussfassung über die Fortgeltung des Wirtschaftsplans über das Wirtschaftsjahr hinaus (*KG* 24 W 3798/90, NJW-RR 1990, 1298) sowie die Beschlussfassung über die Erhöhung der Zuführung zur Rücklage (*BayObLG* 2Z BR 48/95, WE 1996, 234). Der Tagesordnungspunkt „**Hausfassade Rückseite**" erlaubt einen Beschluss über die gerichtliche Geltendmachung von Mängelrechten gegen den Bauträger, wenn alle Wohnungseigentümer bereits vorab über die Schadhaftigkeit der Fassade informiert wurden (*BayObLG* BReg 2 Z 3/73, MDR 1973, 584). Sind in der Tagesordnung Instandhaltungsmaßnahmen angekündigt, erfasst dies auch die Beschlussfassung über die **Finanzierung** durch Entnahme aus der Instandhaltungsrücklage oder durch Sonderumlage (*OLG Düsseldorf* 3 Wx 7/01, ZMR 2001, 723). Unter dem Tagesordnungspunkt „**Verschiedenes**" können nur Beschlüsse von völlig

64

untergeordneter Bedeutung mit keiner oder einer nur sehr geringen finanziellen Bedeutung gefasst werden, die die Grenze des Belanglosen nicht überschreitet (*OLG München* 34 Wx 76/05, NZM 2005, 825; *OLG Hamm* 15 W 218/91, NJW-RR 1993, 468; *Staudinger/Bub* § 23 Rn 196 f mwN).

65 Ein **Verstoß** gegen Abs 2 begründet grundsätzlich die **Anfechtbarkeit** des nicht ausreichend angekündigten Beschlusses. Eine Ungültigerklärung scheidet nur dann aus, wenn feststeht, dass der Beschluss bei ordnungsgemäßer Ankündigung ebenso gefasst worden wäre und keine materiellen Beschlussfehler vorliegen (*OLG München* 34 Wx 76/05, NZM 2005, 825). Die **Darlegungslast** liegt insoweit bei denjenigen Eigentümern, die den Beschluss trotz unzureichender Ankündigung gefasst haben. Das Gericht kann gemäß § 49 Abs 2 die **Kosten des Beschlussanfechtungsverfahrens** dem Verwalter auferlegen, wenn dieser die unzureichende Bezeichnung des Beschlussgegenstandes grob fahrlässig oder vorsätzlich verursacht hat. Haben jedoch bei einer sog. „**Vollversammlung**" sämtliche Wohnungseigentümer auf die Einhaltung der Formvorschrift des § 23 Abs 2 verzichtet, wird der Verfahrensmangel der fehlenden Bezeichnung des Gegenstands bei der Einberufung geheilt (*OLG Celle* 4 W 143/04, NZM 2005, 308).

IV. Beschlussfassung im schriftlichen Verfahren (Abs 3)

66 Ohne Versammlung kann ein Beschluss im schriftlichen Verfahren gefasst werden, wenn sich **alle Wohnungseigentümer** an diesem Verfahren beteiligen und dem Beschluss zustimmen (§ 23 Abs 3). Die **Zustimmung** muss sich sowohl auf den Umstand, dass außerhalb einer Versammlung im schriftlichen Verfahren beschlossen werden soll, als auch auf den **Beschlussantrag** selbst beziehen (*Bärmann/Merle* § 23 Rn 98). Eine Zustimmung in der Sache wird in der Regel so zu verstehen sein, dass sie sich auch auf das Procedere bezieht. Ein Wohnungseigentümer, der vom **Stimmrecht ausgeschlossen** ist (§ 25 Rn 23), muss nur dem Procedere, nicht aber in der Sache zustimmen (*Kümmel* ZWE 2000, 62; *F Schmidt* ZWE 2000, 155; **aA** *Staudinger/Bub* § 23 Rn 216; *Bärmann/Merle* § 23 Rn 100; *BayObLG* 2Z BR 89/01, ZMR 2002, 138: Zustimmung auch in der Sache erforderlich). Ansonsten ist die Zustimmung aller Wohnungseigentümer auch dann erforderlich, wenn in einer Versammlung Stimmenmehrheit zur Beschlussfassung ausreichen würde (analog § 32 Abs 2 BGB). Zur Abdingbarkeit des Allstimmigkeitserfordernisses siehe Rn 1.

67 Die Zustimmung ist **schriftlich** zu erklären. Dies erfordert gemäß § 126 BGB mindestens die eigenhändige Unterschrift des Erklärenden. Ein **Telefax** genügt nicht (*Staudinger/Bub* § 23 Rn 98; *Bärmann/Merle* § 23 Rn 96). Die Unterschrift kann auf ein Zirkular gesetzt werden, das von einem Eigentümer zum nächsten gegeben wird und am Ende zum Beschlussinitiator zurückgelangt. Neben dem Verwalter ist jeder Wohnungseigentümer zur **Einleitung** eines schriftlichen Beschlussverfahrens berechtigt, sofern die Gemeinschaftsordnung nichts anderes bestimmt (*Bärmann/Merle* § 23 Rn 95). Wird eine nur in Textform abgegebene Stimme vom Beschlussinitiator als wirksam gewertet, liegt zwar ein Beschlussfehler vor, mangels Anfechtung erwächst ein verkündeter Beschluss jedoch in Bestandskraft (*AG Hamburg-Barmbek* 881 II 34/06, ZMR 2009, 406). Denn das Formerfordernis des § 23 Abs 3 ist anders als das Einstimmigkeitserfordernis (Rn 1) abdingbar.

Ein **Beschluss** ist gefasst, wenn die Zustimmung des letzten Wohnungseigentümers **68** beim Beschlussinitiator eingeht, dieser das Beschlussergebnis feststellt und allen Wohnungseigentümern das Beschlussergebnis **bekannt gibt** (*BGH* V ZB 10/01, NJW 2001, 3339). Ein Zugang der Verkündung bei jedem Wohnungseigentümer ist nicht erforderlich. Es genügt jede Form der Unterrichtung, etwa durch Aushang, wenn mit einer Kenntnisnahme durch die Wohnungseigentümer gerechnet werden kann (*BGH* V ZB 10/01, NJW 2001, 3339). Ab diesem Zeitpunkt beginnt auch die Anfechtungsfrist zu laufen. Der Beschlussinitiator kann und sollte eine Frist setzen, innerhalb derer die Stimmberechtigten ihre Stimme abzugeben haben. Liegen nach Ablauf der Frist nicht sämtliche Stimmabgaben vor, ist der Beschlussantrag abgelehnt.

Solange nicht sämtliche nach § 23 Abs 3 erforderlichen Zustimmungserklärungen vorliegen, fehlt es am Tatbestand eines Beschlusses. Eine Anfechtung ist weder erforderlich **69** noch möglich. Umstritten ist, welche Rechtsfolgen eintreten, wenn der Beschlussinitiator **trotz Fehlens der erforderlichen Zustimmungserklärungen** einen positiven Beschluss verkündet. Geht man mit der hM davon aus, dass § 23 Abs 3 insoweit zwingendes Recht darstellt, als das Allstimmigkeitsprinzip nicht durch Vereinbarung gegen das Mehrheitsprinzip ersetzt werden könne (vgl. Rn 1), ist der fehlerhaft verkündete Beschluss nichtig. Denn gemäß § 23 Abs 1 S. 1 ist ein Beschluss nichtig, der gegen eine Rechtsvorschrift verstößt, auf deren Einhaltung rechtswirksam nicht verzichtet werden kann. Die Nichtigkeit kann mit der negativen Feststellungsklage festgestellt werden.

Bis zur Verkündung des Beschlussergebnisses kann jeder Wohnungseigentümer seine **70** Zustimmung **widerrufen** (*Bärmann/Merle* § 23 Rn 106; *Palandt/Bassenge* § 23 Rn 6; **aA** *Weitnauer/Lüke* § 23 Rn 11, der die einmal erklärte Zustimmung als bindend ansieht; *Staudinger/Bub* § 23 Rn 222, der die Erklärung als bindend ansieht, wenn die letzte Zustimmung beim Initiator eingeht).

V. Fehlerhafte Beschlüsse (Abs 4)

Das Gesetz unterteilt die fehlerhaften Beschlüsse danach, ob sie nichtig oder nur **71** anfechtbar sind.

1. Nichtige Beschlüsse. – a) Nichtigkeitsgründe. Ein Nichtigkeitsgrund kann im **72** Zustandekommen oder im Regelungsinhalt des Beschlusses liegen. **Formelle Nichtigkeitsgründe** sind zB die bewusste Nichtladung eines Wohnungseigentümers oder der vorsätzlich rechtswidrige Ausschluss eines stimmberechtigten Wohnungseigentümers von der Versammlung.

Nichtig ist ein Beschluss, der gegen eine **Rechtsvorschrift verstößt**, auf deren Einhal- **73** tung rechtswirksam nicht verzichtet werden kann (Abs 4 S 1). Nichtig ist zB eine Beschlussfassung, wonach zwei Personen gleichzeitig das Verwalteramt bekleiden sollen (*BGH* V ZB 4/98, NJW 1989, 2059) oder dem Verwalter die Erfüllung der ihm nach § 27 Abs 1 bis 3 obliegenden Aufgaben (zB die Verwahrung der Gemeinschaftsgelder) untersagt wird. Auch ein Verstoß gegen zwingende Vorschriften des BGB oder zwingende Vorschriften des öffentlichen Rechts führt zur Nichtigkeit des Beschlusses (*Staudinger/Bub* § 23 Rn 251 ff).

Nichtig sind gem § 134 BGB Beschlüsse, die gegen ein **gesetzliches Verbot** verstoßen **74** (*BGH* VII ZB 3/70, NJW 1970, 1316; V ZB 4/89, NJW 1989, 2059). Darunter fallen insbesondere Beschlüsse, die ein durch Strafgesetz sanktioniertes Verhalten gestatten oder den Verwalter zu einem solchen Verhalten verpflichten, zB die Durchführung einer Instandsetzungsmaßnahme in Schwarzarbeit. § 134 BGB findet jedoch nicht bei Verstößen gegen bauordnungsrechtliche Vorschriften Anwendung (*OLG Hamm* 15 W 444/00, ZWE 2002, 44).

75 Gemäß § 138 BGB ist ein Beschluss nichtig, der gegen die **guten Sitten verstößt** (*BGH* V ZB 2/93, NJW 1994, 3230; V ZB 5/95, NJW 1995, 2036). Ob ein Sittenverstoß vorliegt, ist wertend nach dem Anstandsgefühl aller billig und gerecht Denkenden zu ermitteln (BGHZ 69, 269). Der Begriff der guten Sitten wird durch die herrschende Rechts- und Sozialmoral inhaltlich bestimmt, wobei ein durchschnittlicher Maßstab anzulegen ist (*Palandt/Ellenberger* § 138 BGB, Rn 2). Abzustellen ist nicht nur auf den objektiven Gehalt des Beschlusses, sondern auch auf die Motive der Wohnungseigentümer sowie den Zweck der Regelung. Auf die Kenntnis der Sittenwidrigkeit kommt es nicht an. Es genügt, wenn sich die beschlussfassenden Wohnungseigentümer der Umstände bewusst sind, aus denen sich die Sittenwidrigkeit ergibt (*BGH* NJW 2005, 2991). **Beispiele:** Nichtig ist ein Beschluss, der das **Musizieren** in der Wohnung vollständig **verbietet** (*BGH* V ZB 11/98, NJW 1998, 3713). Gleiches gilt für einen Beschluss, der die Musizierzeiten derart einschränkt, dass dies einem völligem Musizierverbot gleichkommt (*OLG Hamm* 15 W 122/80, MDR 1981, 320; aA *BayObLG* 2Z BR 96/01, ZWE 2001, 595; zu einer noch zulässigen Musizierzeitenregelung s *OLG Hamm* 15 W 181/85, OLGZ 1986, 167). Ein Beschluss, der das Abstellen eines **Rollstuhls im Treppenhaus verbietet,** kann im Einzelfall gegen die guten Sitten verstoßen, wenn es keine andere Abstellmöglichkeit für den Rollstuhl gibt (*OLG Düsseldorf* 3 W 227/83, ZMR 1984, 161).

76 Nichtig ist ein Beschluss, der wegen **inhaltlicher Unbestimmtheit** oder Widersprüchlichkeit keine durchführbare Regelung enthält (*OLG Hamm* 15 W 331/90, WE 1991, 108; *Staudinger/Bub* § 23 Rn 256 f; *Bärmann/Merle* § 23 Rn 147 f). Nichtig ist daher zB ein Beschluss, der das Singen und Musizieren außerhalb von Ruhezeiten nur in „nicht belästigender Weise und Lautstärke" gestattet (*BGH* V ZB 11/98, NJW 1998, 3713), oder ein Beschluss, der eine bauliche Veränderung genehmigt, ohne die bauliche Veränderung hinreichend bestimmt zu beschreiben (*OLG Düsseldorf* I-3 Wx 234/04, ZMR 2005, 143). Lässt der Beschluss eine durchführbare Regelung noch erkennen, ist er wirksam, aufgrund seines zweifelhaften Inhalts aber anfechtbar. Nur anfechtbar ist daher ein Beschluss, wonach Kinderwagen im Flur *vorübergehend* abgestellt werden dürfen (*OLG Hamm* 15 W 444/00, ZWE 2002, 44).

77 Gegenstandslos und damit nichtig ist ein Beschluss, der von den Wohnungseigentümern etwas **Undurchführbares** verlangt (*BayObLG* 2Z BR 15/96, WuM 1996, 439; *Staudinger/Bub* § 23 Rn 255). Dies gilt etwa für eine Gebrauchsregelung, die wegen der baulichen Beschaffenheit der Wohnanlage niemand einhalten kann.

78 Nichtig ist ein Beschluss, wenn den Eigentümern zur Regelung der betreffenden Angelegenheit die **Beschlusskompetenz fehlt** (Rn 5 ff).

79 b) Rechtsfolgen der Nichtigkeit. Ein nichtiger Beschluss ist von Anfang an unwirksam. Auf die Nichtigkeit kann sich jeder berufen, ohne dass es einer gerichtlichen Entscheidung über die Nichtigkeit bedarf (*BGH* V ZB 4/98, NJW 1989, 2059). Gleichwohl kann im Einzelfall ein Rechtsschutzbedürfnis bestehen, im Wege einer Feststellungsklage nach § 43 Nr 4 die Nichtigkeit eines Beschlusses feststellen zu lassen.

2. Anfechtbare Beschlüsse. Sonstige Beschlussfehler, die nicht die Nichtigkeit 80
des Beschlusses zur Folge haben, lassen die Wirksamkeit des Beschlusses zunächst
unberührt. Gemäß § 23 Abs 4 S 2 ist der Beschluss erst ungültig, wenn ein
Gericht ihn durch **rechtskräftiges Urteil** für ungültig erklärt hat. Das Urteil hat
zur Folge, dass der Beschluss rückwirkend aufgehoben wird. Wurde der Beschluss
bereits vollzogen, kann der Anfechtungskläger gegebenenfalls einen **Folgebeseitigungsanspruch** gegen die übrigen Wohnungseigentümer oder die Gemeinschaft
geltend machen. Dieser Anspruch ist auf Beseitigung der Folgen der Beschlussfassung und Beschlussdurchführung gerichtet (vgl *Bärmann/Merle* 23 Rn 193; *Staudinger/Wenzel* § 43 Rn 43; *Wenzel* WE 1998, 455; *Gottschalg* NZM 2001, 113). Die
bloße Rechtshängigkeit einer Anfechtungsklage nach § 46 Abs 1 lässt die Wirksamkeit des Beschlusses vorerst unberührt. Der Verwalter ist verpflichtet, angefochtene Beschlüsse durchzuführen, solange diese noch nicht rechtskräftig für
ungültig erklärt sind.

Wird ein fehlerhafter (aber nicht nichtiger) Beschluss nicht innerhalb der Frist des § 46 81
Abs 1 S 2 gerichtlich angefochten, erwächst der Beschluss in **Bestandskraft**. Die
Bestandskraft hat zur Folge, dass kein Wohnungseigentümer oder sonstiger Stimmberechtigter sich auf die Fehlerhaftigkeit des Beschlusses berufen kann. Ein Beschluss
erwächst auch dann in Bestandskraft, wenn eine **Anfechtungsklage als unbegründet
abgewiesen** wird (§ 48 Abs 4).

Ein auf die Ungültigerklärung eines Beschlusses gerichtetes rechtskräftiges Urteil 82
hindert die Wohnungseigentümer grundsätzlich nicht, einen **Beschluss mit gleichem Inhalt** erneut zu fassen. Die Rechtskraft des Urteils erfasst nur den Erstbeschluss. Der Zweitbeschluss bedarf wiederum der Anfechtung, wenn er an formellen oder inhaltlichen Fehlern leidet. Die erneute Fassung eines angefochtenen
oder für ungültig erklärten Beschlusses kann sinnvoll sein, um formelle
Beschlussfehler zu heilen. Wird ein Beschluss wegen eines formellen Beschlussfehlers in begründeter Weise angefochten, kann die Gemeinschaft einer Verurteilung dadurch entgehen, dass sie den Beschlussinhalt unter Vermeidung des
formellen Beschlussfehlers erneut beschließt und zugleich den Erstbeschluss aufhebt. Wird der Zweitbeschluss bestandskräftig, erledigt sich die Anfechtung des
Erstbeschlusses.

Will ein Wohnungseigentümer die Durchführung eines gerichtlich angefochtenen, 83
aber noch nicht rechtskräftig für ungültig erklärten Beschlusses verhindern, kann
er im **einstweiligen Verfügungsverfahren** beantragen, den Beschluss bis zur rechtskräftigen Entscheidung über die Beschlussanfechtungsklage außer Kraft zu setzen
(siehe auch *Bonifacio* ZMR 2007, 592). Da der Erlass einer einstweiligen Verfügung allerdings einen Verfügungsgrund voraussetzt, hat der Antrag an das
Gericht nur Erfolg, wenn infolge der Durchführung des Beschlusses Zustände
geschaffen würden, die nicht wieder rückgängig gemacht werden könnten oder
wenn vorhandene Zustände unwiederbringlich zerstört würden. Nur die Gefahr,
der Verwalter könnte einen gefassten Beschluss durchführen, begründet noch keinen Verfügungsgrund, wenn die Wirkungen des Beschlusses rückgängig gemacht
werden können.

§ 24 Einberufung, Vorsitz, Niederschrift

(1) Die Versammlung der Wohnungseigentümer wird von dem Verwalter mindestens einmal im Jahr einberufen.

(2) Die Versammlung der Wohnungseigentümer muss von dem Verwalter in den durch Vereinbarung der Wohnungseigentümer bestimmten Fällen, im Übrigen dann einberufen werden, wenn dies schriftlich unter Angabe des Zweckes und der Gründe von mehr als einem Viertel der Wohnungseigentümer verlangt wird.

(3) Fehlt ein Verwalter oder weigert er sich pflichtwidrig, die Versammlung der Wohnungseigentümer einzuberufen, so kann die Versammlung auch, falls ein Verwaltungsbeirat bestellt ist, von dessen Vorsitzenden oder seinem Vertreter einberufen werden.

(4) [1]Die Einberufung erfolgt in Textform. [2]Die Frist der Einberufung soll, sofern nicht ein Fall besonderer Dringlichkeit vorliegt, mindestens zwei Wochen betragen.

(5) Den Vorsitz in der Wohnungseigentümerversammlung führt, sofern diese nichts anderes beschließt, der Verwalter.

(6) [1]Über die in der Versammlung gefassten Beschlüsse ist eine Niederschrift aufzunehmen. [2]Die Niederschrift ist von dem Vorsitzenden und einem Wohnungseigentümer und, falls ein Verwaltungsbeirat bestellt ist, auch von dessen Vorsitzenden oder seinem Vertreter zu unterschreiben. [3]Jeder Wohnungseigentümer ist berechtigt, die Niederschriften einzusehen.

(7) [1]Es ist eine Beschluss-Sammlung zu führen. [2]Die Beschluss-Sammlung enthält nur den Wortlaut
1. der in der Versammlung der Wohnungseigentümer verkündeten Beschlüsse mit Angabe von Ort und Datum der Versammlung,
2. der schriftlichen Beschlüsse mit Angabe von Ort und Datum der Verkündung und
3. der Urteilsformeln der gerichtlichen Entscheidungen in einem Rechtsstreit gemäß § 43 mit Angabe ihres Datums, des Gerichts und der Parteien,

soweit diese Beschlüsse und gerichtlichen Entscheidungen nach dem 1. Juli 2007 ergangen sind. [3]Die Beschlüsse und gerichtlichen Entscheidungen sind fortlaufend einzutragen und zu nummerieren. [4]Sind sie angefochten oder aufgehoben worden, so ist dies anzumerken. [5]Im Falle einer Aufhebung kann von einer Anmerkung abgesehen und die Eintragung gelöscht werden. [6]Eine Eintragung kann auch gelöscht werden, wenn sie aus einem anderen Grund für die Wohnungseigentümer keine Bedeutung mehr hat. [7]Die Eintragungen, Vermerke und Löschungen gemäß den Sätzen 3 bis 6 sind unverzüglich zu erledigen und mit Datum zu versehen. [8]Einem Wohnungseigentümer oder einem Dritten, den ein Wohnungseigentümer ermächtigt hat, ist auf sein Verlangen Einsicht in die Beschluss-Sammlung zu geben.

(8) [1]Die Beschluss-Sammlung ist von dem Verwalter zu führen. [2]Fehlt ein Verwalter, so ist der Vorsitzende der Wohnungseigentümerversammlung verpflichtet, die Beschluss-Sammlung zu führen, sofern die Wohnungseigentümer durch Stimmenmehrheit keinen anderen für diese Aufgabe bestellt haben.

Übersicht

	Rn		Rn
I. Allgemeines	1	d) Gäste	51
II. Einberufung der Versammlung	2	e) Verwalter	53
1. Einberufungsberechtigte Personen (Abs 3)	2	f) Verwaltungsbeirat	54
2. Pflicht des Verwalters zur Einberufung (Abs 2)	7	g) Rechtswidriger Ausschluss von der Versammlung	55
a) Jährliche Versammlung	7	2. Versammlungsleitung (Abs 5)	56
b) Einberufungsverlangen der qualifizierten Minderheit	8	3. Beendigung	59
		IV. Versammlungsniederschrift (Abs 6)	60
		1. Inhalt der Niederschrift	61
c) Einberufung im Rahmen ordnungsmäßiger Verwaltung	14	2. Protokollersteller und Unterzeichner	63
d) Durchsetzung des Anspruchs auf Einberufung gegen den Verwalter	15	3. Frist zur Erstellung, Versendung und Einsichtsrecht	67
		4. Berichtigung der Niederschrift	70
3. Form der Einberufung (Abs 4)	16	a) Verfahren	70
4. Einberufungsfrist (Abs 4)	18	b) Gegenstand und Umfang der Berichtigung	73
5. Inhalt der Einberufung (Tagesordnung)	22	V. Beschluss-Sammlung (Abs 7 und 8)	76
6. Ort der Versammlung	25	1. Form	77
7. Zeit der Versammlung	29	2. Inhalt und Erscheinungsbild	78
8. Einzuladende Personen	31	a) Reihenfolge der Eintragung	78
9. Zugang der Einberufung und Folgen der Nichtladung	35	b) Nummerierung	79
III. Durchführung der Versammlung	38	c) Eintragung von Beschlüssen	80
1. Teilnahmeberechtigte Personen	38	d) Eintragung von Urteilen	82
a) Wohnungseigentümer und gesetzliche Vertreter/Amtswalter	38	e) Vermerke	87
		f) Löschungen	88
		3. Unverzüglichkeit der Eintragungen	89
b) Zulässigkeit von Bevollmächtigten	42	4. Verantwortlicher für die Beschluss-Sammlung	90
		5. Korrektur	93
c) Teilnahme von Beratern (Anwälten)	48	6. Kein öffentlicher Glaube	94
		7. Einsichtsrecht	95

I. Allgemeines

§ 24 behandelt technische Fragen der Einberufung, des Vorsitzes und der Durchführung der Versammlung sowie der Protokollierung der in der Versammlung gefassten Beschlüsse. Mit Inkrafttreten der WEG-Novelle am 1.7.2007 ist die Frist zur Einberufung geändert (früher eine Woche) und die Vorschrift zur Beschluss-Sammlung (Abs 7 und 8) neu eingefügt worden. Mit Ausnahme des Minderheitenrechts gemäß Abs 2 sind alle Regelungen des § 24 durch Vereinbarung **abdingbar**. Das Recht zur Teilnahme an der Versammlung darf aber nicht wesentlich eingeschränkt oder ausgeschlossen werden, da das Recht auf Mitwirkung an Beschlussfassungen zum Kernbereich des Wohnungseigentums gehört (*Staudinger/Bub* § 24 Rn 6). 1

II. Einberufung der Versammlung

1. Einberufungsberechtigte Personen (Abs 3). Eine Wohnungseigentümerversammlung kann grundsätzlich nur vom **Verwalter** einberufen werden. Nur wenn ein Verwalter fehlt oder sich pflichtwidrig weigert, darf der **Beirats**vorsitzende oder dessen Stell- 2 vertreter zur Versammlung einladen (Abs 3). Eine Ladungspflicht des Beirats besteht aber nicht (**aA** *Staudinger/Bub* § 24 Rn 75 ff). Gibt es zwar einen Verwaltungsbeirat, ist das Amt des Vorsitzenden oder des Stellvertreters aber nicht vergeben, muss die Einladung von allen amtierenden Beiratsmitgliedern ausgesprochen werden (*Palandt/ Bassenge* § 24 Rn 3).

3 Fehlt ein Verwalter oder weigert dieser sich pflichtwidrig oder ist er an der Einberufung gehindert und gibt es auch keinen Verwaltungsbeirat oder macht der Beirat von seinem Ladungsrecht keinen Gebrauch, so kann sich ein **Wohnungseigentümer** im Einzelfall von allen Eigentümern zur Einberufung einer Eigentümerversammlung mit bestimmten Tagesordnungspunkten **ermächtigen lassen**. Verweigern allerdings alle oder einige Eigentümer diese Ermächtigung, obwohl die Durchführung der Eigentümerversammlung erforderlich ist und ordnungsmäßiger Verwaltung entspricht, kann jeder Eigentümer seinen Anspruch auf Ermächtigung eines ladungsbereiten Eigentümers zur Einberufung einer Eigentümerversammlung mit konkret bezeichneten Tagesordnungspunkten im Klagewege durchsetzen. Wenn ein Eigentümer gemäß § 21 Abs 4 einen Anspruch auf Beschlussfassung über eine bestimmte Angelegenheit hat, dann muss er erst recht von den Eigentümern verlangen können, dass diese einen Eigentümer zur Einberufung einer Eigentümerversammlung ermächtigen, wenn es auf anderem Wege nicht zu einer Eigentümerversammlung kommen kann. Das Gericht trifft seine Entscheidung gemäß § 21 Abs 8 nach billigem Ermessen. Die Kostenentscheidung folgt aus § 49 Abs 1.

4 Weiterhin ist die Durchführung einer Eigentümerversammlung möglich, wenn sich **sämtliche Eigentümer** auf Ort, Zeit und Tagesordnung einer Versammlung **einigen** oder alle Eigentümer zu einer **Vollversammlung** zusammentreffen.

5 Umstritten ist, wie sich die **Einberufung durch eine unzuständige Person** auf die Wirksamkeit der in der Versammlung gefassten Beschlüsse auswirkt (zum Streitstand ausführlich *Staudinger/Bub* § 24 Rn 147 ff). Entscheidend ist darauf abzustellen, ob der Wohnungseigentümer bei objektivem Verständnis des Ladungsschreibens davon ausgehen musste, dass eine Eigentümerversammlung stattfinden wird. Lädt ein **Dritter**, der in keinerlei rechtlicher oder faktischer Beziehung zur Verwaltung der Wohnanlage steht und/oder den Eigentümern unbekannt ist, liegt eine Nichtladung vor. Kommt es gleichwohl zu einer „Versammlung", sind die gefassten Beschlüsse nichtig, es handelt sich um Nichtbeschlüsse (*Bärmann/Merle* § 24 Rn 25; *Jennißen/Elzer* § 23 Rn 24).

6 So liegt es etwa, wenn in einer verwalterlosen Wohnanlage ein Eigentümer ein fremdes Verwaltungsunternehmen bittet, zu einer Versammlung einzuladen, in der sich dann dieses Unternehmen als Verwalterkandidat vorstellt. Wird die Versammlung hingegen durch einen hierzu nicht ermächtigten **Wohnungseigentümer** oder den **faktischen Verwalter** einberufen, dessen Bestellung unwirksam oder dessen Bestellungszeit abgelaufen ist, liegt eine wirksame Eigentümerversammlung vor, die allerdings an einem Einberufungsmangel leidet. Die in der Versammlung gefassten Beschlüsse sind im Falle der **Anfechtung** für ungültig zu erklären, wenn nicht ausgeschlossen werden kann, dass sich die fehlerhafte Einberufung auf das Beschlussergebnis ausgewirkt hat (siehe *BayObLG* 2Z BR 113/04, NZM 2005, 307 und *OLG Hamm* 15 W 138/96, ZMR 1997, 49 für Einberufung durch Eigentümer; *BayObLG* 2Z BR 161/01, ZMR 2002, 532 für Einberufung durch faktischen Verwalter). Für einen Eigentümer, der an der Versammlung teilgenommen hat, hat sich der Ladungsmangel in der Regel nicht aus-

gewirkt, denn er hat der Einladung Folge geleistet. Blieb ein Eigentümer hingegen wegen des Ladungsmangels (zu Recht) der Versammlung fern, kann – bei entsprechendem Sachvortrag des Anfechtungsklägers – in der Regel nicht ausgeschlossen werden, dass der Eigentümer in der Versammlung die Meinungsbildung beeinflussende Gesichtspunkte vorgebracht hätte, die zu einem anderen Abstimmungsergebnis geführt hätten (*OLG Hamm* 15 W 138/96, ZMR 1997, 49; *Staudinger/Bub* § 24 Rn 152). Von der **Ursächlichkeit des Einberufungsmangels** ist grundsätzlich solange auszugehen, bis das Gegenteil zweifelsfrei festgestellt ist (BayObLGZ 1992, 79). Die Kausalität des Einberufungsmangels kann jedoch ausgeschlossen werden, wenn in der Eigentümergemeinschaft Spannungen bestehen und der Anfechtungskläger dort weitgehend isoliert ist, weshalb die Wohnungseigentümer in ihrer Mehrheit auch nicht anders abgestimmt hätten, wenn der Kläger erschienen wäre, mitdiskutiert und mitabgestimmt hätte (*BayObLG* 2Z BR 161/01, ZMR 2002, 532; vgl auch *KG* 24 W 6566/95, ZMR 1997, 154).

2. Pflicht des Verwalters zur Einberufung (Abs 2). – a) Jährliche Versammlung. Der Verwalter hat mindestens **einmal im Kalenderjahr** eine Wohnungseigentümerversammlung einzuberufen (§ 24 Abs 1). In dieser Versammlung sind die Jahresabrechnung des Vorjahres und der Wirtschaftsplan zu beschließen. Die Versammlung ist weiterhin in den durch Vereinbarung bestimmten Fällen einzuberufen (§ 24 Abs 2 Hs 1). 7

b) Einberufungsverlangen der qualifizierten Minderheit. Darüber hinaus hat der Verwalter zu einer Eigentümerversammlung einzuladen, wenn dies schriftlich unter Angabe des Zwecks und der Gründe von mehr als einem Viertel der Wohnungseigentümer verlangt wird (§ 24 Abs 2 Hs 2). Das **Einberufungsverlangen** müssen **mehr als 25 Prozent** aller Eigentümer – gerechnet nach Köpfen – mittragen. Steht eine Wohnungseigentumseinheit im Bruchteilseigentum mehrerer Personen (zB Ehegatten), zählen die Bruchteilsberechtigten nur als ein Kopf. Das Einberufungsverlangen muss in diesem Fall analog § 25 Abs 2 S 2 von allen Bruchteilsberechtigten mitgetragen werden (*Staudinger/Bub* § 24 Rn 68). Hat ein Bruchteilsberechtigter allerdings darüber hinaus auch noch eine Einheit im Alleineigentum, stellt dieser Eigentümer neben der Bruchteilsgemeinschaft einen weiteren Kopf dar. Haben hingegen alle Bruchteilsberechtigten auch noch eine Einheit im Alleineigentum, bildet die Bruchteilsgemeinschaft neben den Bruchteilsberechtigten keinen weiteren Kopf (anders beim Stimmrecht). 8

Das Minderheitenquorum berechnet sich auch dann **nach Köpfen**, wenn das **Stimmrecht** einem anderen Kriterium – etwa Miteigentumsanteilen oder Anzahl der Einheiten – folgt (*OLG Hamm* 15 W 34/73, NJW 1973, 2300). Eigentümer, die bei der Beschlussfassung gemäß § 25 Abs 5 vom **Stimmrecht ausgeschlossen** wären oder deren Stimmrecht ruht, können das Einberufungsverlangen nicht mittragen, da es auf deren Willen bei der Willensbildung innerhalb der Gemeinschaft gerade nicht ankommen soll (aA *Staudinger/Bub* § 24 Rn 68; *Jennißen/Elzer* § 24 Rn 11). Wer an der Abstimmung nicht teilnehmen darf, hat erst recht keinen Anspruch darauf, dass zu dem Beschlussgegenstand eine Eigentümerversammlung nebst Beschlussfassung stattfindet. Die Höhe und die Berechnung des Minderheitenquorums können nicht durch Vereinbarung zulasten der Minderheit erschwert werden (*BayObLG* 2 Z 54/72, NJW 1973, 151; *Riecke/Schmid/Riecke* § 24 Rn 66; *Palandt/Bassenge* § 24 Rn 2). 9

10 Das Minderheitenquorum muss im Zeitpunkt des Zugangs des **Einberufungsverlangens** beim Verwalter erfüllt sein (*Palandt/Bassenge* § 24 Rn 2). Spätere Eigentümerwechsel lassen den Anspruch auf Durchführung einer Versammlung nicht entfallen. Nach Auffassung des *LG Berlin* besteht für einen gerichtlichen Antrag, den Verwalter zur Einberufung einer außerordentlichen Eigentümerversammlung zu verpflichten, kein Rechtsschutzbedürfnis, wenn der Kläger nicht zunächst vergeblich den Verwaltungsbeirat zur Einberufung der Wohnungseigentümerversammlung aufgefordert hat (*LG Berlin* 85 T 4/90, GE 1990, 879; **aA** *Staudinger/Bub* § 24 Rn 76).

11 Das Einberufungsverlangen muss **schriftlich** erklärt werden. Dies setzt gemäß § 126 BGB die eigenhändige Unterschrift des Erklärenden oder, im Falle einer elektronisch abgefassten Erklärung, gemäß § 126a BGB die Hinzufügung des Namens und eine qualifizierte elektronische Signatur voraus. Ein **Telefaxschreiben** erfüllt das Schriftformerfordernis nicht (vgl *Palandt/Ellenberger* § 126 BGB, Rn 12). Die Eigentümer müssen das Einberufungsverlangen nicht in einer Urkunde erklären. Es genügt, wenn mehrere Eigentümer unabhängig voneinander die Durchführung einer Eigentümerversammlung mit inhaltsgleichen Tagesordnungspunkten verlangen (*BayObLG* 1 b Z 25/89, WuM 1990, 464). Wird das schriftliche Einberufungsverlangen von einem **Vertreter** (zB Rechtsanwalt) abgegeben, ist das Schriftformerfordernis auch ohne Beifügung einer schriftlichen Vollmacht gewahrt. Der Verwalter kann das Einberufungsverlangen allerdings gemäß § 174 BGB mit dem Hinweis auf die fehlende Vollmacht zurückweisen, wenn ihm die Vertretungsmacht nicht aufgrund anderer Umstände bekannt ist. Die Zurückweisung muss in diesem Fall unverzüglich erfolgen.

12 In dem Einberufungsverlangen müssen dem Verwalter der **Zweck** und **die Gründe** für die Durchführung der Eigentümerversammlung mitgeteilt werden. An die Erfüllung dieser Voraussetzungen sind allerdings nur **geringe Anforderungen** zu stellen. Die Eigentümer müssen lediglich zum Ausdruck bringen, welche Angelegenheiten in der Eigentümerversammlung behandelt werden sollen und warum nicht bis zur nächsten ordentlichen Eigentümerversammlung abgewartet werden kann. Beschlussanträge müssen nicht bereits vorformuliert werden. Der **Verwalter** ist **nicht berechtigt**, die von den Eigentümern genannten Gründe für die Durchführung der Versammlung auf Wahrheitsgehalt und Plausibilität zu überprüfen (*OLG München* 34 Wx 28/06, ZMR 2006, 719; *BayObLG* 2Z BR 1/03, NZM 2003, 317Rn). Nur wenn Angaben zum Zweck und der Gründe fehlen oder das Minderheitenrecht nach § 24 Abs 2 offensichtlich missbraucht wird, kann der Verwalter die Einberufung der Eigentümerversammlung verweigern. Andernfalls muss er die Einberufung **unverzüglich** vornehmen.

13 Den **Zeitpunkt** der Versammlung bestimmt der Verwalter, ihm ist dabei ein **Ermessensspielraum** eingeräumt (*BayObLG* BReg 2 Z 72/90, WuM 1991, 131). An Terminsvorgaben der Eigentümer ist er grundsätzlich nicht gebunden. Verzögert der Verwalter die Einberufung aber ungebührlich oder schiebt er den Termin für die Versammlung zu weit hinaus, kommt dies einer pflichtwidrigen Weigerung gleich (vgl *OLG Hamm* 15 W 177/79, OLGZ 1981, 24, 28). Der Ermessensspielraum ist bei einer erst zweieinhalb Monate nach Eingang des Einberufungsverlangens stattfindenden Versammlung überschritten (*BayObLG* 2Z BR 1/03, NZM 2003, 317). In der Regel sollte die Versammlung binnen zwei Wochen einberufen werden und binnen Monatsfrist stattfinden (*Jennißen/Elzer* § 24 Rn 16).

c) Einberufung im Rahmen ordnungsmäßiger Verwaltung. Unabhängig vom Vorliegen eines Einberufungsverlangens nach § 24 Abs 2 hat der Verwalter eine Eigentümerversammlung einzuberufen, wenn nach den Grundsätzen ordnungsmäßiger Verwaltung **dringend eine Beschlussfassung** der Eigentümer herbeigeführt werden muss. In diesem Fall kann jeder Wohnungseigentümer gemäß § 21 Abs 4 vom Verwalter die Einberufung einer Eigentümerversammlung verlangen. 14

d) Durchsetzung des Anspruchs auf Einberufung gegen den Verwalter. Verweigert der Verwalter pflichtwidrig die Einberufung einer Eigentümerversammlung und lehnt auch der Verwaltungsbeirat die Ladung ab, kann jeder Wohnungseigentümer den Verwalter klageweise auf Einberufung der Versammlung in Anspruch nehmen. Der Anspruch folgt aus § 21 Abs 4. Im Klageantrag sind die Tagesordnungspunkte zu benennen, die Gegenstand der Versammlung sein sollen (§ 23 Abs 2). Der Klage fehlt nicht deshalb das Rechtsschutzbedürfnis, weil der Kläger sich selbst zur Einberufung einer Versammlung ermächtigen lassen könnte (**aA** *Jennißen/Elzer* § 24 Rn 23). Die Einberufung einer Versammlung ist originäre Aufgabe des Verwalters. Ein Einzeleigentümer muss den Zeit- und Kostenaufwand einer Einberufung nicht auf sich nehmen. 15

3. Form der Einberufung (Abs 4). Die Einberufung der Versammlung muss in **Textform** erfolgen. Die Textform verlangt eine in lesbaren Schriftzeichen abgefasste Erklärung oder Mitteilung. Der Urheber und der Abschluss der Erklärung müssen in geeigneter Weise erkennbar sein (§ 126b BGB). Die Unterschrift des Verwalters ist nicht erforderlich. Eine Einladung per Kopie, Fax oder E-Mail wäre ausreichend. Ein Ausdruck auf Papier ist nicht erforderlich, es genügt, wenn die Einladung dauerhaft gespeichert und auf einem Bildschirm gelesen werden kann. Es muss allerdings sichergestellt werden, dass der Empfänger die Möglichkeit zum Lesen des Dokuments hat. Die Einladung muss den Gegenstand der Beschlussfassung enthalten (§ 23 Rn 63). Die Einladung ist an die dem Verwalter **zuletzt mitgeteilte Anschrift** des Wohnungseigentümers zu versenden. 16

Verstöße gegen das **Textformerfordernis** führen im Fall der Anfechtung dann nicht zur Ungültigerklärung der in der Versammlung gefassten Beschlüsse, wenn feststeht, dass die Beschlüsse bei Vermeidung des Ladungsfehlers ebenso gefasst worden wären (*Staudinger/Bub* § 24 Rn 159; *Riecke/Schmidt/Elzer* Rn 311). Davon ist auszugehen, wenn die Einladung trotz des Formfehlers ihren Zweck erfüllt hat, weil alle Eigentümer verstanden haben, wann und wo die Eigentümerversammlung mit welchen Tagesordnungspunkten stattfinden soll. Kann die **Kausalität** des Formverstoßes für das Abstimmungsergebnis hingegen nicht ausgeschlossen werden, sind die in der Versammlung gefassten Beschlüsse für ungültig zu erklären (*Palandt/Bassenge* § 24 Rn 8). 17

4. Einberufungsfrist (Abs 4). Die Frist zur Einberufung der Versammlung (§ 24 Abs 4 S 2) beträgt seit dem 1.7.2007 mindestens **zwei Wochen** (früher 1 Woche), falls nicht besondere Dringlichkeit eine kurzfristigere Einberufung erforderlich macht. Für die **Berechnung der Zwei-Wochen-Frist** gilt §§ 187 Abs 1 BGB iVm § 188 Abs 2 BGB. Die Frist endet nach zwei Wochen mit dem Ablauf desjenigen Tages, der durch seine Benennung dem Tag entspricht, an dem die Einladung dem Eigentümer zuging. Die Versammlung kann frühestens am Folgetag stattfinden. Geht die Einladung etwa an einem Montag zu, kann die Versammlung frühestens am Dienstag der übernächsten Woche stattfinden. Ohne Bedeutung für die Fristberechnung ist, ob das Fristende auf 18 einen Sonnabend, einen Sonntag oder einen sonstigen Feiertag fällt; § 193 BGB findet keine Anwendung, da es hier weder um die Abgabe einer Willenserklärung noch um die Bewirkung einer Leistung geht (*Palandt/Bassenge* § 24 Rn 9; *Bärmann/Merle* § 24 Rn 36; **aA** *Staudinger/Bub* § 24 Rn 82).

19 Im Fall besonderer **Dringlichkeit** darf die Einladungsfrist nur um das unumgängliche Maß verkürzt werden. In der Eilversammlung dürfen auch nur dringliche Angelegenheiten behandelt werden. Die nicht dringlichen Angelegenheiten sind in einer mit der Regelfrist einzuberufenden Versammlung abzuhandeln.

20 Die Einberufungsfrist gilt auch für **nachgeschobene Tagesordnungspunkte**.

21 § 24 Abs 4 S 2 beinhaltet nur eine **Sollvorschrift** (*BGH* V ZB 24/01, NJW 2002, 1647). Eine **Fristunterschreitung** führt daher im Fall der Anfechtung nicht ohne weiteres zu Ungültigerklärung der in der Versammlung gefassten Beschlüsse (*BayObLG* 2Z BR 137/98, NZM 1999, 139). Vielmehr wird die Fristunterschreitung nur relevant, wenn der Anfechtende durch die Fristunterschreitung gehindert war, an der Versammlung teilzunehmen oder einen Vertreter zu entsenden oder sich auf die Versammlung hinreichend vorzubereiten. Der Anfechtende trägt für diese Umstände die **Darlegungs- und Beweislast**. Können die Beklagten dagegen zur Überzeugung des Gerichts einwenden, dass der Beschluss bei Einhaltung der gesetzlichen Ladungsfrist bzw. bei Teilnahme des Anfechtenden an der Versammlung ebenso zustande gekommen wäre, scheidet eine Ungültigerklärung des Beschlusses mangels **Kausalität** des Ladungsmangels aus. Für die fehlende Kausalität tragen die Beklagten die Darlegungs- und Beweislast (*KG* 24 W 5809/96, WE 1998, 31; *OLG Köln* 16 Wx 87/00, NZM 2000, 1017; 16 Wx 216/03, ZMR 2004, 299; *Staudinger/Bub* § 24 Rn 146). Rein rechnerische Erwägungen hinsichtlich der Stimmabgabe genügen insoweit nicht. In der Regel kann nämlich nicht ausgeschlossen werden, dass der Anfechtende im Fall der Teilnahme an der Versammlung die anderen Eigentümer durch Wortbeiträge zu einem anderen Abstimmverhalten bewegt hätte (vgl *KG* 24 W 6566/95, ZMR 1997, 154). Eine Ausnahme hiervon kann wiederum bei sog. Blockbildung oder Fraktionsverhalten anzunehmen sein, wenn Beschlüsse immer mit dem gleichen Abstimmungsergebnis zustande kommen (vgl *KG* 24 W 6566/95, ZMR 1997, 154; *BayObLG* 2Z BR 161/01, ZMR 2002, 532).

22 **5. Inhalt der Einberufung (Tagesordnung).** Den Inhalt der Ladung zur Versammlung bestimmt die einberufungsberechtigte Person, in der Regel also der **Verwalter**. Der Empfänger muss der Ladung entnehmen können, welche Wohnungseigentümergemeinschaft betroffen ist, wann und wo die Versammlung stattfinden soll und welche Themen Gegenstand der Versammlung sein sollen (Tagesordnung). Zur Ankündigung von Eigentümerbeschlüssen siehe § 23 Rn 63.

23 Die **Tagesordnung** (Inhalt und Reihenfolge) wird vom Einberufenden nach billigem Ermessen festgelegt (*Häublein* ZMR 2004, 725). Der Verwaltungsbeirat hat insoweit keine eigenständigen Mitwirkungsrechte. Nur wenn der Verwalter pflichtwidrig die Aufnahme eines Tagesordnungspunktes verweigert, kann der **Verwaltungsbeirat** analog § 24 Abs 3 die Tagesordnung durch ein eigenes Schreiben an alle Wohnungseigentümer ergänzen (*OLG Frankfurt* 20 W 426/05, NZM 2009, 34). Gegenstand der Versammlung – und damit auch der Tagesordnung – müssen sämtliche Angelegenheiten der Gemeinschaft sein, deren Behandlung im **Interesse der Gesamtheit** aller Wohnungseigentümer liegt. Soll aufgrund besonderer Umstände zu einer außerordentlichen Eigentümerversammlung eingeladen werden, können weniger eilige Angelegenheiten auf eine spätere Versammlung verschoben werden. Eine **Ergänzung** der Tagesordnung ist jederzeit möglich, solange die Frist des § 24 Abs 4 S 2 eingehalten werden kann.

Gemäß § 21 Abs 4 hat jeder Wohnungseigentümer einen **Anspruch auf Aufnahme** solcher Tagesordnungspunkten in die Ladung, deren Behandlung ordnungsmäßiger Verwaltung entspricht (*OLG Frankfurt* 20 W 103/01, ZMR 2004, 288). Ist die Frist des § 24 Abs 4 S 2 bereits abgelaufen, besteht kein Anspruch auf Verschiebung der Versammlung. Der Einzeleigentümer kann lediglich die Durchführung einer weiteren Versammlung oder – wenn die Angelegenheit so lange warten kann – die Aufnahme des Tagesordnungspunktes in die Einladung zur nächsten regulären Versammlung verlangen. Das Begehren auf Berücksichtigung einer Angelegenheit in der Tagesordnung sollte daher möglichst schon vor Versendung der Ladungen an die einberufungsberechtigte Person herangetragen werden, verbunden mit der Aufforderung, die Berücksichtigung des Begehrens binnen einer gesetzten Frist zu bestätigen. Bestätigt der Einberufungsberechtigte die Bereitschaft zur Aufnahme des Tagesordnungspunktes nicht, besteht das erforderliche Rechtsschutzbedürfnis für eine Klage gegen den Einberufungsberechtigten auf Verpflichtung zur Aufnahme eines Tagesordnungspunktes in die Ladung zur nächsten Versammlung (*OLG Frankfurt* 20 W 103/01, ZMR 2004, 288). 24

6. Ort der Versammlung. Der Ort der Eigentümerversammlung und der Versammlungsraum müssen so gewählt sein, dass eine ungestörte Willensbildung der Eigentümer möglich ist. Dem Einladenden steht insoweit ein **Auswahlermessen** zu. Die Eigentümer können allerdings durch **Mehrheitsbeschluss** den Ort der nächsten Versammlung festlegen. 25

Soweit die Eigentümer weder durch Vereinbarung noch durch Beschluss eine Bestimmung getroffen haben, muss die Versammlung in **räumlicher Nähe zur Wohnanlage** stattfinden (*OLG Köln* 16 Wx 101/90, NJW-RR 1991, 725), wobei kein kleinlicher Maßstab anzulegen ist. Unnötige Anfahrtswege für die selbstnutzenden Eigentümer sollen vermieden werden. Die Versammlung hat auch dann in räumlicher Nähe zur Wohnanlage stattzufinden, wenn die ganz überwiegende Mehrheit der Eigentümer auswärts wohnt und einen erheblichen Anreiseaufwand hat (*OLG Köln* 16 Wx 188/05, NZM 2006, 227). Erreichbarkeit des Versammlungsortes mit öffentlichen Verkehrsmitteln ist grundsätzlich zu gewährleisten (*Riecke/Schmid/Riecke* § 24 Rn 16). 26

Der **Versammlungsraum** muss hinsichtlich Lage und Ausstattung zumutbar sein und die Nichtöffentlichkeit der Versammlung gewährleisten. Der Gastraum eines Lokals bei Anwesenheit weiterer Lokalbesucher ist unzulässig (*OLG Frankfurt* 20 W 16/95, NJW 1997, 3395). Die Notwendigkeit von Sitzgelegenheiten ist davon abhängig zu machen, wie lange die Eigentümerversammlung dauert (*OLG Düsseldorf* 3 Wx 512/92, WuM 1993, 305). Der Raum muss so groß sein, dass er alle teilnahmewilligen Eigentümer aufnehmen kann. Bei entsprechend großen Räumen bedarf es einer Lautsprecheranlage (*Huff* WE 1988, 51). Gehören zur Gemeinschaft gehbehinderte Eigentümer, muss der Versammlungsraum auch für diese erreichbar sein (*OLG Köln* 16 Wx 216/03, ZMR 2004, 299, hier lag sogar Nichtigkeit der Beschlussfassung wegen vorsätzlichem Fernhalten des Eigentümers von der Versammlung vor). Bei erheblichen Spannungen zwischen den Eigentümern oder zwischen den Eigentümern und dem Verwalter ist die Durchführung der Versammlung in der Wohnung des Verwalters oder eines Eigentümers oder der Kanzlei des Anwalts eines Eigentümers oder des Verwalters unzumutbar (vgl *OLG Hamm* 15 W 109/00, NZM 2001, 297). 27

II WEG § 24   Einberufung, Vorsitz, Niederschrift

28 Führt die Wahl des Versammlungsortes unter **Verstoß** gegen die vorstehenden Ausführungen dazu, dass ein Eigentümer an der Versammlung nicht teilnehmen konnte oder die Willensbildung in anderer Weise beeinträchtigt war, sind die in der Versammlung gefassten Beschlüsse für ungültig zu erklären, wenn nicht mit Sicherheit angenommen werden kann, dass die Beschlüsse bei Meidung des Verfahrensmangels ebenso zustande gekommen wären. Für die fehlende **Kausalität** des Beschlussmangels tragen die Anfechtungsbeklagten die Beweislast (*OLG Frankfurt* 20 W 16/95, NJW 1997, 3395; *Staudinger/Bub* § 24 Rn 157).

29 **7. Zeit der Versammlung.** Die Versammlungszeit wird vom Verwalter nach **billigem Ermessen** festgelegt. In kleineren Wohnanlagen soll der Ladende den Zeitpunkt der Versammlung mit den Eigentümern so abstimmen, dass möglichst viele Eigentümer an der Versammlung teilnehmen können (*LG München I* 1 T 3954/04, NZM 2005, 591). Die Versammlung muss zu einem Zeitpunkt stattfinden, der grundsätzlich allen **berufstätigen Eigentümern** die Teilnahme an der Versammlung ermöglicht (*OLG Frankfurt* 20 W 403/82, NJW 1983, 398). Fehlerhaft ist daher in der Regel die Durchführung der Versammlung an einem Vormittag oder frühen Nachmittag eines Arbeitstages. An **Werktagen** sollte eine Eigentümerversammlung mit berufstätigen Eigentümern frühestens 17.00 Uhr beginnen (vgl *OLG Düsseldorf* 3 Wx 512/92, WuM 1993, 305). Im Einzelfall kann sich aber auch ein späterer Versammlungsbeginn erforderlich machen. Insoweit kommt es stets auf die personelle Zusammensetzung der Eigentümergemeinschaft an. **Sonn- und Feiertage** scheiden nicht grundsätzlich aus, es ist jedoch auf Kirchenbesucher Rücksicht zu nehmen. Zu allgemeinen Gottesdienstzeiten kann eine Versammlung nicht stattfinden (*BayObLG* BReg 2 Z 68/86, WuM 1987, 329; *LG Lübeck* 7 T 556/85, NJW-RR 1986, 813 zu Karfreitag), wohl aber an einem Samstag nach einem Feiertag um 20.00 Uhr (*OLG Zweibrücken* 3 W 133/93, WE 1994, 146). Die **Schulferien** stehen der Durchführung einer Eigentümerversammlung grundsätzlich nicht entgegen (*Riecke/Schmid/Riecke* § 24 Rn 24). Eine Ausnahme kann aber zu machen sein, wenn ein erheblicher Anteil der Eigentümer der betreffenden Gemeinschaft schulpflichtige Kinder hat und die Eigentümer sich im Urlaub befinden.

30 Die **Versammlung** ist **zu beenden**, wenn den Eigentümern eine weitere Teilnahme an der Versammlung wegen der fortgeschrittenen Abend- oder Nachtstunde nicht mehr zumutbar ist. Dies gilt insbesondere, wenn der nächste Tag ein Werktag ist. Eine Versammlung sollte in der Regel spätestens um 23.00 Uhr beendet werden. Wird die Versammlung über den Zeitpunkt des Zumutbaren hinaus fortgeführt, sind alle ab diesem Zeitpunkt gefassten Beschlüsse für ungültig zu erklären, wenn nicht mit Sicherheit feststeht, dass die Versammlungszeit ohne Einfluss auf das Ergebnis der Beschlussfassung geblieben ist (*Staudinger/Bub* § 24 Rn 156).

31 **8. Einzuladende Personen.** Zur Versammlung sind **alle Eigentümer** einzuladen und zwar unabhängig davon, ob sie bei den anstehenden Beschlussthemen vom Stimmrecht ausgeschlossen sind oder das Stimmrecht ruht (*BayObLG* 2Z BR 97/01, NZM 2002, 616). Darüber hinaus sind jene Personen einzuladen, denen anstelle eines Eigentümers das **Stimmrecht** zusteht. Dies sind **Zwangsverwalter, Insolvenzverwalter, Nachlassverwalter, Testamentsvollstrecker** und die Mitglieder der werdenden Wohnungseigentümergemeinschaft (siehe § 10 Rn 7 ff). Im Fall der Zwangsverwaltung hat auch der betroffene Eigentümer ein Recht zur Teilnahme an der Versammlung, sodass er

Einberufung, Vorsitz, Niederschrift § 24 WEG II

neben dem Zwangsverwalter einzuladen ist (*Staudinger/Bub* § 24 Rn 57; *Riecke/ Schmidt/Elzer* Rn 462). Vor Eröffnung des Insolvenzverfahrens ist ein etwa bestellter vorläufiger Insolvenzverwalter neben dem Eigentümer zu laden; nach Eröffnung des Insolvenzverfahrens bedarf es einer Ladung des Eigentümers nicht mehr, da der Eigentümer die Verfügungsbefugnis über das Wohnungseigentum vollständig verloren hat (*Staudinger/Bub* § 24 Rn 57; **aA** *Jennißen/Elzer* § 24 Rn 43). Bei **geschäftsunfähigen** oder beschränkt geschäftsfähigen Wohnungseigentümern ist gemäß § 131 BGB der gesetzliche Vertreter zu laden. In Fällen der Betreuung gemäß § 1896 Abs 1 BGB ist neben dem Eigentümer auch der **Betreuer** zu laden, wenn die zu behandelnde Angelegenheit zum Aufgabenkreis des Betreuers gehört (*Drabek* ZWE 2000, 395). Bei der **Vorerbschaft** hat der Vorerbe während der Dauer der Vorerbschaft die volle Rechtsstellung des Erblassers, sodass nur der Vorerbe und nicht der Nacherbe zu laden ist (vgl *Bärmann/Merle* § 24 Rn 67). Etwaige **rechtsgeschäftliche Vertreter** von Eigentümern müssen nicht geladen werden, es sei denn, der vertretene Eigentümer hat darum ausdrücklich gebeten. Es obliegt dem Eigentümer, seinen Vertreter über die Eigentümerversammlung zu informieren.

Sind **juristische Personen** oder rechtsfähige **Personengesellschaften** Wohnungseigentü- 32 mer, ist deren gesetzlicher Vertreter (Geschäftsführer) zu laden. Hat die juristische Person oder Personengesellschaft mehrere Geschäftsführer, so genügt es, wenn die Ladung einem Geschäftsführer zugeht (analog § 125 Abs 2 S 3 HGB). Bei **Bruchteilsgemeinschaften, Erbengemeinschaften** und ehelichen Gütergemeinschaften sind grundsätzlich sämtliche Beteiligten dieser Gemeinschaften zur Versammlung zu laden. Häufig ist in der Gemeinschaftsordnung jedoch bestimmt, dass die Mitberechtigten verpflichtet sind, einen gemeinsamen Vertreter zu bestellen. In diesem Fall genügt es, wenn die Ladung nur dem Vertreter zugeht.

Erfolgt die Einberufung der Versammlung nicht durch den Verwalter, sondern durch 33 den Beirat etwa, stellt sich die Frage, ob der **Verwalter zwingend eingeladen** werden muss mit der Folge, dass bei unterbliebener Ladung ein Beschlussfehler vorliegt. Ist der Verwalter zugleich Mitglied der Gemeinschaft, so muss er bereits aufgrund seiner Eigentümerstellung geladen werden. Ansonsten mag es zwar in der Regel sinnvoll sein, den Verwalter einzuladen, ein einklagbares Recht auf Teilnahme an der Versammlung steht dem Verwalter aber nicht zu (**aA** *Jennißen/Elzer* § 24 Rn 50). Ein Teilnahmerecht folgt insbesondere nicht aus der Amtsstellung (*Riecke/Schmidt/Elzer* Rn 437). Der Verwalter ist zwar verpflichtet, die Beschlüsse der Wohnungseigentümer durchzuführen, dafür muss er aber nicht an der Versammlung teilnehmen; er kann die Beschlüsse der Versammlungsniederschrift entnehmen. Es wäre nicht einzusehen, warum es den Eigentümern unmöglich sein soll, ohne Beeinflussung durch den Verwalter Beschlüsse zu fassen, so etwa, wenn der Verwalter abberufen werden soll und der Verwalter die Einberufung einer Versammlung verweigert oder die Eigentümer sich einvernehmlich zu einer Vollversammlung zusammenfinden. Der Verwalter kann daher in diesen Fällen die gefassten Beschlüsse nicht erfolgreich mit dem Einwand anfechten, er sei zur Eigentümerversammlung nicht geladen worden.

Bestehen nach der Gemeinschaftsordnung sog **Untergemeinschaften** und bestimmt 34 die Gemeinschaftsordnung, dass die Untergemeinschaften über die sie allein betreffenden Angelegenheiten in separaten **Teilversammlungen** abstimmen, so sind zu dieser Versammlung nur die Mitglieder der jeweiligen Untergemeinschaft zu laden. Die

Kümmel 403

Mitglieder der übrigen Untergemeinschaften haben jedoch ein Anwesenheits- und Rederecht. Sieht die Gemeinschaftsordnung Teilversammlungen nicht ausdrücklich vor, sind stets sämtliche Wohnungseigentümer zu laden (unabhängig von der Abstimmberechtigung).

35 **9. Zugang der Einberufung und Folgen der Nichtladung.** Die Ladung muss den Adressaten zugehen, dh in deren Machtbereich gelangen, sodass sie von der Ladung Kenntnis nehmen können. Die tatsächliche Kenntnisnahme ist für einen wirksamen Zugang nicht erforderlich. Die Beweislast für den **Zugang** der Ladung tragen im Fall der Anfechtung die Beklagten. Wurde von Eigentümern der Zugang der Ladung bereits mehrfach bestritten, hat der Verwalter vorsorglich dafür zu sorgen, dass der Zugang rechtlich gesichert nachgewiesen werden kann (*Staudinger/Bub* § 24 Rn 57a), zB indem die Ladung per Boten oder per Einschreiben übersandt wird. Wird eine Einschreibesendung aber nicht abgeholt, ist die Ladung nicht zugegangen (vgl *BGH* VIII ZR 22/97, NJW 1998, 976; *Staudinger/Bub* § 24 Rn 57a; aA *Bärmann/Merle* § 24 Rn 32). Die Ladung ist an die **letzte bekannte Adresse** zu versenden. Es obliegt dem Eigentümer, den Verwalter über Adressänderungen zu informieren. Kommt ein Eigentümer dieser Obliegenheit nicht nach, hat er die tatsächlichen und rechtlichen Konsequenzen zu tragen (*Bärmann/Merle* § 24 Rn 32); er kann die gefassten Beschlüsse nicht mit dem Argument anfechten, er habe die Einladung zur Versammlung nicht erhalten (*Jennißen/Elzer* § 24 Rn 42). Im Fall des Eigentümerwechsels obliegt es dem neuen Eigentümer, den Verwalter über den Eigentümerwechsel zu informieren (*Jennißen/Elzer* § 24 Rn 45). Im Falle eines Eigentümerwechsels außerhalb des Grundbuchs durch Erbfall oder Zwangsversteigerung gilt zudem § 893 BGB entsprechend (*Palandt/Bassenge* § 24 Rn 5). Die Wohnungseigentümer können wirksam vereinbaren, dass eine per Post versandte Ladung als zugegangen gilt, wenn sie vom Verwalter an die zuletzt benannte Adresse abgesandt wurde (*Jennißen/Elzer* § 24 Rn 92). Durch eine solche Klausel wird die Gefahr des Verlustes der Postsendung auf den Adressaten der Ladung übertragen.

36 Wird eine nach den vorstehenden Ausführungen einzuladende Person zur Versammlung nicht geladen oder geht die Ladung nicht zu, liegt ein **formeller Beschlussmangel** vor. Dieser führt grundsätzlich nur zur **Anfechtbarkeit** der in der Versammlung gefassten Beschlüsse (*BGH* V ZB 17/99, NJW 1999, 3713; *OLG Celle* 4 W 310/01, ZWE 2002, 276). Eine Ungültigkeitserklärung der in der Versammlung gefassten Beschlüsse ist nur ausgeschlossen, wenn feststeht, dass die Beschlüsse bei ordnungsgemäßer Ladung ebenso gefasst worden wären (*OLG Celle* 4 W 310/01, ZWE 2002, 276; *BayObLG*, BReg 2 Z 100/90, NJW 1991, 531; 2Z BR 4/92, NJW-RR 1992, 910). Hierbei liegt die Entscheidung über die Ursächlichkeit des Einladungsfehlers im Wesentlichen auf tatsächlichem Gebiet. Kriterien bei der Beurteilung können hierbei einstimmig gefasste Beschlüsse, eine Gegnerschaft oder feindselige Stimmung gegen den Kläger sein (*BayObLG* BReg 2 Z 100/90, NJW-RR 1991, 531; *OLG Celle* 4 W 310/01, ZWE 2002, 276).

37 Wird eine einzuladende Person hingegen **bewusst** nicht geladen oder in anderer Weise bewusst von der Teilnahme an der Versammlung ausgeschlossen, sind die gefassten Beschlüsse nach der Rechtsprechung **nichtig**, ohne dass es auf die Ursächlichkeit der unterbliebenen Ladung für das Beschlussergebnis ankommt (*BayObLG* 2Z BR 199/04, NZM 2005, 630 zur Nichtmitteilung des Versammlungsortes; *OLG Köln* 16 Wx

216/03, ZMR 2004, 299 zur Nichterreichbarkeit des Versammlungsortes durch Rollstuhlfahrer; *OLG Zweibrücken* 3 W 179/02, ZMR 2004, 60). Nach Auffassung des *OLG Köln* (16 Wx 216/03, ZMR 2004, 299) soll eine Ausnahme von der Nichtigkeit wiederum vorliegen, wenn der betroffene Wohnungseigentümer in der Versammlung vom Stimmrecht ausgeschlossen war. Bleibt die Frage, ob eine Nichtladung versehentlich oder vorsätzlich erfolgt ist, unaufklärbar, trifft die materielle Feststellungslast den anfechtenden Eigentümer (*Jennißen/Elzer* § 24 Rn 53).

III. Durchführung der Versammlung

1. Teilnahmeberechtigte Personen. – a) **Wohnungseigentümer und gesetzliche Vertreter/Amtswalter.** Die Versammlung der Wohnungseigentümer ist **nicht öffentlich** (*BGH* V ZB 24/92, NJW 1993, 1329). An der Versammlung dürfen daher grundsätzlich nur Personen teilnehmen, die entweder Wohnungseigentümer sind oder Wohnungseigentümer kraft Vollmacht oder kraft Amtes oder Gesetzes vertreten oder Mitglied der werdenden Wohnungseigentümergemeinschaft sind. Teilnahmeberechtigt sind alle Personen, die zur Versammlung zwingend zu laden waren (siehe Rn 31 ff). Durch den Grundsatz der Nichtöffentlichkeit soll eine durch äußere Einflüsse unberührte Willensbildung gewährleistet werden. Die Wohnungseigentümer sollen in der Versammlung auftretende Meinungsverschiedenheiten dort allein unter sich austragen können (*BGH* V ZB 24/92, NJW 1993, 1329). Das Teilnahmerecht steht dem Eigentümer auch dann zu, wenn er bei der Beschlussfassung vom **Stimmrecht ausgeschlossen** ist oder sein Stimmrecht ruht. 38

Bei **juristischen Personen** oder **Personengesellschaften** ist das vertretungsberechtigte Organ teilnahmebefugt. Besteht dieses aus mehreren Personen, sind alle Organwalter teilnahmebefugt, wenn diese die Gesellschaft nur gemeinsam vertreten können. Bei Einzelvertretungsbefugnis kann das Teilnahmerecht nur ein Vertreter ausüben (*Bärmann/Merle* § 24 Rn 65). Bei nichtrechtsfähigen Personenmehrheiten, wie etwa **Bruchteilgemeinschaften** und **Erbengemeinschaften**, steht das Teilnahmerecht allen Mitberechtigten zu. 39

Zum Teilnahmerecht bei Untergemeinschaften und **Teilversammlungen** siehe Rn 34. 40

In der sog **werdenden Wohnungseigentümergemeinschaft** (siehe dazu § 10 Rn 7 ff) hat der noch im Grundbuch eingetragene **Aufteiler** kein Teilnahmerecht mehr, wenn bereits sämtliche Wohnungen veräußert sind und sämtliche Erwerber Mitglied der werdenden Wohnungseigentümergemeinschaft geworden sind (*OLG Hamm* 15 W 428/06, ZMR 2007, 712). 41

b) **Zulässigkeit von Bevollmächtigten.** Die Nichtöffentlichkeit der Versammlung schließt nicht aus, dass sich Wohnungseigentümer oder gesetzliche **Vertreter** von Eigentümern in der Versammlung durch Dritte vertreten lassen. Der Vertretene hat dann der Versammlung fern zu bleiben (*Bärmann/Merle* § 24 Rn 76). Die Bevollmächtigung bedarf grundsätzlich keiner Schriftform. Da die Stimmabgabe in der Versammlung jedoch ein einseitiges Rechtsgeschäft iSd § 174 BGB darstellt, ist der Bevollmächtigte durch den Versammlungsvorsitzenden von der Abstimmung und damit auch von der Teilnahme an der Versammlung auszuschließen, wenn ein Wohnungseigentümer oder eine sonstige stimmberechtigte Person vom Vertreter die Vorlage der **Vollmachtsurkunde** verlangt und dieser die Urkunde nicht vorlegen kann (*OLG München* 34 Wx 091/07, ZMR 2008, 236; *Lehmann-Richter* ZMR 2007, 42

741). Jeder Wohnungseigentümer hat in der Versammlung ein Recht auf Einsicht in die vorhandenen Vollmachtsurkunden (*OLG München* 34 Wx 060/07, ZMR 2008, 657). Wird ihm dies verwehrt, liegt ein Beschlussfehler vor. Die Vollmachtsurkunde muss im **Original** vorliegen; eine Kopie oder ein Telefax genügen insoweit nicht (*Palandt/Heinrichs* § 174 BGB Rn 5). Auch ein Verweis des Vertreters darauf, die Bevollmächtigung sei dem Versammlungsvorsitzenden bekannt oder die Vollmachtsurkunde beim Verwalter hinterlegt, ersetzt die Vorlage der Vollmachtsurkunde nicht (*OLG München* 34 Wx 091/07, ZMR 2008, 236), weil sich jeder Versammlungsteilnehmer in der Versammlung von dem Bestehen der Vollmacht überzeugen können muss. Erhebt ein Versammlungsteilnehmer die Vollmachtsrüge und wird die Stimmabgabe des ohne Vollmachtsurkunde Erschienenen vom Versammlungsvorsitzenden gleichwohl gewertet, liegt ein Beschlussfehler vor (*OLG München* 34 Wx 091/07, ZMR 2008, 236). Dieser stellt jedoch nur dann einen Grund zur gerichtlichen Ungültigerklärung des Beschlusses dar, wenn die fehlerhafte Stimmenwertung das Beschlussergebnis beeinflusst hat. Wird von keinem Versammlungsteilnehmer ein Nachweis der Bevollmächtigung verlangt, ist die Stimmabgabe des Erschienenen wirksam, sofern er tatsächlich wirksam bevollmächtigt war. Dies gilt auch dann, wenn die Gemeinschaftsordnung eine „schriftliche Vollmacht" ausdrücklich vorschreibt (*OLG Hamm* 15 W 142/05, ZMR 2006, 63).

43 Die Gemeinschaftsordnungen kann bestimmen, dass sich die Wohnungseigentümer in der Versammlung nur durch einen eingeschränkten Personenkreis vertreten lassen können, zB nur durch Ehegatten, andere Eigentümer oder den Verwalter (sog **Vertreterklausel**). In einem solchen Fall ist ein Bevollmächtigter, der nicht zu dem bezeichneten Personenkreis gehört, grundsätzlich weder teilnahme- noch stimmberechtigt (*BGH* V ZB 1/86, NJW 1987, 650; V ZB 24/92, NJW 1993, 1329). Er kann trotz wirksamer Bevollmächtigung oder schriftlicher Vollmachtsurkunde von der Teilnahme an der Versammlung und der Abstimmung ausgeschlossen werden. Der Sinn einer Vertretungsbeschränkung liegt regelmäßig darin, fremde Einflüsse von der Gemeinschaft fern zu halten und zu verhindern, dass interne Gemeinschaftsangelegenheiten nach außen getragen werden (*BGH* V ZB 1/86, NJW 1987, 650). Die **Reichweite der Vertretungsbeschränkung** ist daher im Einzelfall durch **Auslegung** zu ermitteln. Die Beschränkung der Vertretung auf Familienangehörige, Wohnungseigentümer und den Verwalter schließt in der Regel nicht aus, dass sich eine **Handelsgesellschaft** durch einen Angestellten vertreten lässt, da von ihm ebenso wenig wie von einem Angehörigen gemeinschaftswidrige Einflüsse zu erwarten sind (*OLG Frankfurt* 20 W 692/78, OLGZ 1979, 134; *BayObLG* BReg 2 Z 54/80, MDR 1982, 58).

44 Nach Auffassung des *BayObLG* (2Z BR 124/96, NJW-RR 1997, 463) ist der Partner einer **nichtehelichen Lebensgemeinschaft** (ohne gemeinsame Kinder) weder einem Ehegatten noch einem Verwandten in gerader Linie gleichzustellen. Das *OLG Köln* (16 Wx 200/03, ZMR 2004, 378) entschied zu einer aus dem Jahr 1962 datierenden Gemeinschaftsordnung, dass der Partner einer nichtehelichen Lebensgemeinschaft einem Ehegatten gleich steht, wenn die Lebensgemeinschaft unstreitig und evident sowie auf Dauer angelegt ist und die Verfestigung der Gemeinschaft durch gemeinsame Kinder zu einem eheähnlichen oder ehegleichen Verhältnis nach außen dokumentiert wird.

Ist eine Wohnung bereits verkauft, die Eigentumsumschreibung aber noch nicht 45
erfolgt, so wird eine Vertreterklausel regelmäßig dahin auszulegen sein, dass die Vertretung durch den **künftigen bzw werdenden Wohnungseigentümer** nicht ausgeschlossen ist, da dieser die typischen Interessen eines Wohnungseigentümers wahrnimmt und somit auch hier gemeinschaftsfremde Einflüsse nicht zu befürchten sind (*Bärmann/Merle* § 25 Rn 75).

Die **Bevollmächtigung des Erwerbers** zur Ausübung des Stimmrechts vor Eigentums- 46
umschreibung kann außerhalb des Kaufvertrages durch gesondertes Rechtsgeschäft erfolgen oder im Kaufvertrag enthalten sein. Die Rechtsprechung ist bemüht, den **Kaufverträgen** auch ohne eine ausdrückliche Regelung zum Stimmrecht im Wege der Auslegung eine frühzeitige Befugnis des Erwerbers zur Stimmrechtsausübung zu entnehmen. In der Regel sei von einer Bevollmächtigung des Erwerbers auszugehen, wenn der Erwerber aufgrund des Kaufvertrages in den **Besitz der Wohnung** gelangt und zu seinen Gunsten eine **Auflassungsvormerkung** im Grundbuch eingetragen sei (*KG* 24 W 3942/94, ZMR 1994, 524). Die Eintragung einer Auflassungsvormerkung sei für die Annahme einer Stimmrechtsübertragung aber nicht zwingend erforderlich; der Wille der Vertragsparteien zur Bevollmächtigung des Erwerbers könne sich auch aus anderen Umständen ergeben; angesichts der ungesicherten Rechtsstellung des nicht durch eine Vormerkung gesicherten Erwerbers seien die Anforderungen an eine schlüssig erteilte Vollmacht des Veräußerers allerdings höher zu veranschlagen als beim Vorliegen einer Vormerkung. So könne für eine Ermächtigung zur Stimmrechtsausübung etwa sprechen, dass die Verwaltung im Einverständnis mit dem Verkäufer den Erwerber zur Teilnahme an der Eigentümerversammlung geladen habe (*KG* 24 W 126/03, ZMR 2004, 460).

In Ausnahmefällen können sich die Wohnungseigentümer auf die Vertreterklausel 47
nicht berufen, wenn die Vertretungsbeschränkung auf bestimmte Personen nach **Treu und Glauben** (§ 242 BGB) unzumutbar ist (*BGH* V ZB 1/86, NJW 1987, 650; V ZB 24/92, NJW 1993, 1329). So können sich die Wohnungseigentümer nicht auf eine Beschränkung der Vertretung durch Ehegatten, den Verwalter oder einen anderen Wohnungseigentümer berufen, wenn der Ehegatte aus gesundheitlichen Gründen zur Vertretung nicht in der Lage ist, der Wohnungseigentümer selbst mit den übrigen Wohnungseigentümern völlig zerstritten ist und erst unmittelbar vor der Versammlung ein neuer Verwalter bestellt wurde, den der verhinderte Wohnungseigentümer nicht kennt (*OLG Düsseldorf* 3 Wx 332/98, NZM 1999, 271). Bei kleinen Wohnanlagen kann das Festhalten an einer Vertretungsbeschränkung treuwidrig sein, wenn aufgrund der Zerstrittenheit der Wohnungseigentümer untereinander zu befürchten ist, dass bei einer Vertretung durch andere Wohnungseigentümer die Interessen des Vertretenen nicht hinreichend gewahrt würden (*OLG Braunschweig* 3 W 27/89, NJW-RR 1990, 979). Ein Verstoß gegen Treu und Glauben ist auch anzunehmen, wenn die Wohnungseigentümer über mehrere Jahre die von einer vereinbarten Vertretungsbeschränkung abweichende Vertretung eines Wohnungseigentümers hingenommen haben und sich nunmehr auf die Vertreterklausel berufen, ohne dem betroffenen Wohnungseigentümer rechtzeitig Gelegenheit gegeben zu haben, für eine anderweitige, der Regelung in der Gemeinschaftsordnung entsprechende Vertretung zu sorgen (*OLG Hamm* 14 W 424/96, NJW-RR 1997, 846). Die Wohnungseigentümer müssen nach Treu und Glauben eine Ausnahme von der Vertreterklausel zulassen, wenn der verhinderte Wohnungseigentümer im Ausland lebt, der deutschen Sprache nicht hin-

reichend mächtig ist, in der Gemeinschaft Spannungen bestehen und die Schwester des Eigentümers die Vertretung in der Versammlung übernehmen soll (*OLG Hamburg* 2 Wx 93/06, ZMR 2007, 477).

48 **c) Teilnahme von Beratern (Anwälten).** Ein Wohnungseigentümer ist wegen des Gebots der Nichtöffentlichkeit der Versammlung grundsätzlich nicht berechtigt, sich in der Versammlung durch einen Berater (zB Anwalt, Architekt) begleiten zu lassen. Das Gebot der Nichtöffentlichkeit der Versammlung steht dagegen. Der Wohnungseigentümer muss sich vor der Versammlung den benötigten Rat einholen oder den Berater außerhalb des Versammlungsraumes konsultieren. Sofern der Berater durch Redebeiträge auf die übrigen Wohnungseigentümer Einfluss nehmen oder in sonstiger Weise die Interessen des Eigentümers in der Diskussion vertreten soll, kann der Eigentümer dem Berater Stimmrechtsvollmacht erteilen und ihm damit Zugang zur Versammlung verschaffen. Der bevollmächtigende Eigentümer muss dann aber dem Versammlungsraum fern bleiben. Die Möglichkeit der Vertretung durch den Berater kann allerdings durch eine sog. Vertreterklausel in der Gemeinschaftsordnung eingeschränkt sein (siehe Rn 43, 47).

49 **Ausnahmsweise** darf sich ein Wohnungseigentümer in der Versammlung durch einen Berater begleiten lassen, wenn der Wohnungseigentümer ein **berechtigtes Interesse an der Anwesenheit** eines Beraters hat, das gewichtiger ist als das Interesse der anderen Wohnungseigentümer, die Versammlung auf den Kreis der Wohnungseigentümer und nur bestimmte Bevollmächtigte zu beschränken (*BGH* V ZB 24/92, NJW 1993, 1329). Es bedarf einer **Abwägung der gegensätzlichen Belange** im Einzelfall. Gesichtspunkte bilden ua in der Person des betroffenen Wohnungseigentümers liegende Umstände, wie hohes Alter oder geistige Gebrechlichkeit, aber auch Umstände, die in der Schwierigkeit der anstehenden Beratungsgegenstände zu sehen sind; andererseits kann in kleineren Gemeinschaften das Interesse der übrigen Wohnungseigentümer, von äußeren Einflussnahmen ungestört beraten und abstimmen zu können, höher zu veranschlagen sein (*BayObLG* 2Z BR 32/02, NZM 2002, 616). **Zerstrittenheit** der Wohnungseigentümer untereinander reicht nicht aus, auch wenn sie im Zusammenhang mit einem der Beratungsgegenstände steht (*BayObLG* 2Z BR 125/96, WuM 1997, 568/570). Ist die Anwesenheit des Beraters im Einzelfall nicht zulässig, muss der Berater die Versammlung verlassen, wenn mindestens ein Eigentümer dies verlangt (vgl Rn 51).

50 Etwas anderes gilt bei Beratern, die **im Auftrag der Wohnungseigentümergemeinschaft** anwesend sind (zB der für eine Sanierungsmaßnahme am Gemeinschaftseigentum beauftragte Architekt oder der von der Gemeinschaft beauftragte Rechtsanwalt). Da diese Personen nicht die Interessen einzelner Wohnungseigentümer wahrnehmen, kann ihre Anwesenheit durch Mehrheitsbeschluss zugelassen werden (*BayObLG* 2Z BR 212/03, NZM 2004, 388). Dies gilt auch für einen Rechtsanwalt, der die Interessen der Gemeinschaft gegen ein Mitglied der Gemeinschaft wahrnimmt oder der die beklagten Wohnungseigentümer in einem Beschlussanfechtungsverfahren nach §§ 43 Nr 4, 46 Abs 1 vertritt. Zwar wird dieser Rechtsanwalt gegen die Interessen eines Mitgliedes der Gemeinschaft tätig. Da der Rechtsanwalt aber alle übrigen Wohnungseigentümer vertritt, ist die Versammlung der richtige Ort für einen Gedankenaustausch zwischen dem Anwalt und dessen Mandanten. Von dem Anwalt gehen keine sach- oder gemeinschaftsfremden Einflüsse auf die Willensbildung aus. Zugleich wird man dem Eigentümer, gegen den die Beratung gerichtet ist, die Begleitung durch einen eigenen Rechtsanwalt zugestehen müssen.

d) Gäste. Gäste sind in der Versammlung wegen des Grundsatzes der Nichtöffent- 51
lichkeit nur zulässig, wenn alle Versammlungsteilnehmer mit der Anwesenheit des Gastes einverstanden sind. Auf das Befinden der an der Versammlung nicht teilnehmenden Eigentümer kommt es insoweit nicht an (aA *Jennißen/Elzer* § 24 Rn 83), denn diese Personen werden durch den Gast in ihrer Meinungsbildung nicht beeinflusst. Der Versammlungsvorsitzende kann über die Anwesenheit des Gastes nicht verbindlich entscheiden. Da jeder Wohnungseigentümer ein individuelles Recht auf Nichtöffentlichkeit der Versammlung hat, genügt der **Widerspruch** auch nur **eines Wohnungseigentümers** oder einer sonstigen stimmberechtigten Person, um einen Gast von der Versammlung auszuschließen (*Bärmann/Merle*, § 24 Rn 91; aA *Palandt/Bassenge*, § 24 Rn 16). Der Ausschluss von der Versammlung wird durch den Versammlungsvorsitzenden vollzogen. Ein Mehrheitsbeschluss, wonach die Teilnahme eines Gastes an der Versammlung geduldet werden soll, widerspricht ordnungsmäßiger Verwaltung. (*Jennißen/Elzer* § 24 Rn 69; aA *Palandt/Bassenge* § 24 Rn 16; *Staudinger/Bub* § 24 Rn 96: Mehrheitsbeschluss zulässig). Wird die Anwesenheit eines Gastes **rügelos geduldet**, kann hierin im Einzelfall ein stillschweigender Verzicht auf die Einhaltung der Nichtöffentlichkeit liegen (*OLG Hamburg* 2 Wx 2/07, ZMR 2007, 550).

Werden Gäste gegen das Votum eines Eigentümers **rechtswidrig** zur Versammlung 52
zugelassen, sind die in der Versammlung gefassten Beschlüsse für **ungültig** zu erklären, sofern nicht mit an Sicherheit grenzender Wahrscheinlichkeit feststeht, dass die Anwesenheit der Gäste ohne Einfluss auf die Beschlüsse geblieben ist (*BayObLG* 2Z BR 212/03, NZM 2004, 388). Nach Auffassung des *OLG Hamm* (15 W 15/96, ZMR 1996, 677) genügt die nie völlig auszuschließende theoretische Möglichkeit einer negativen Beeinflussung der Beschlussfassung durch Gäste in der Eigentümerversammlung für die Ungültigerklärung nicht; vielmehr habe der Anfechtende darzulegen, welche Einwände in der Sache er erhoben hätte, wenn die betreffenden Personen nicht anwesend gewesen wären und womit er die übrigen Abstimmungsberechtigten zu beeinflussen versucht hätte.

e) Verwalter. Der Verwalter darf an der Versammlung teilnehmen. Die Wohnungsei- 53
gentümer können den Verwalter jedoch durch **Mehrheitsbeschluss** von der Teilnahme an der Versammlung **ausschließen** (*Riecke/Schmidt/Elzer* Rn 537; aA *Bärmann/Merle* § 24 Rn 89). Den Versammlungsvorsitz muss dann eine andere Person übernehmen. Ist der Verwalter allerdings zugleich Wohnungseigentümer, kann er von der Versammlung nicht ausgeschlossen werden.

f) Verwaltungsbeirat. Das Mitglied des Verwaltungsbeirats, welches nicht zugleich 54
Wohnungseigentümer ist und auch keinen Wohnungseigentümer vertritt, darf an der Versammlung insoweit teilnehmen, wie der Aufgabenbereich des Verwaltungsbeirats betroffen ist (*OLG Hamm* 15 W 98/06, ZMR 2007, 133). Die Teilnahme an der Versammlung dient der sachgerechten Erfüllung der dem Beirat obliegenden Aufgaben. Gemeinschaftsfremde Einflüsse sind von dem Beiratsmitglied nicht zu erwarten.

g) Rechtswidriger Ausschluss von der Versammlung. Der unberechtigte Ausschluss 55
eines Eigentümers oder einer anderen teilnahmeberechtigten Person von der Versammlung steht hinsichtlich der Rechtsfolgen der Nichtladung gleich. Die in der Versammlung gefassten Beschlüsse sind für **ungültig** zu erklären, wenn nicht mit Sicherheit fest-

steht, dass die Beschlüsse ohne den Verfahrensfehler ebenso gefasst worden wären (*OLG Hamm* 15 W 66/02, ZMR 2003, 51; *BayObLG* 2Z BR 32/02, NZM 2002, 616; *KG* 24 W 5147/88, ZMR 1989, 388). Das *LG Düsseldorf* (25 T 885/03, ZMR 2005, 231) lehnt ausdrücklich eine Vernehmung aller an der Versammlung Beteiligten zur Kausalitätsfrage ab, weil der Verlauf der Versammlung bei Teilnahme des Ausgeschlossenen nicht dargestellt werden kann bzw. die Beteiligten insoweit nur Vermutungen äußern könnten, welchen Einfluss die Teilnahme des Ausgeschlossenen auf ihr Stimmverhalten gehabt hätte (ähnlich *Bärmann/Merle* § 24 Rn 94: unwiderlegliche Vermutung für die Kausalität). Wird eine Person **bewusst rechtswidrig** von der Versammlung ausgeschlossen, steht dies der bewussten Nichtladung gleich, sodass die in der Versammlung gefassten Beschlüsse **nichtig** sind (zur bewussten Nichtladung siehe Rn 37).

56 **2. Versammlungsleitung (Abs 5).** In der Versammlung führt gemäß § 24 Abs 5 der Verwalter den **Vorsitz**, sofern die Versammlung nichts anderes mehrheitlich beschließt. Ein solcher Beschluss ist nicht selbstständig anfechtbar, da er sich mit dem Ablauf der Versammlung erledigt. Ein Geschäftsordnungsbeschluss muss in der Tagesordnung zur Versammlung nicht angekündigt werden.

57 Die Leitung der Versammlung obliegt dem dazu Befugten in der Regel **persönlich**. Gleichwohl wird die Versammlungsleitung auch ein Vertreter übernehmen können, wenn die Versammlung dies nicht rügt. Bei **juristischen Personen** übernimmt deren gesetzlicher Vertreter (Geschäftsführer, Vorstand) die Leitung; zulässig wird in der Regel auch die Versammlungsleitung durch einen Angestellten oder Prokuristen sein.

58 Dem Vorsitzenden steht die Leitung der Versammlung zu. Er hat für die ordnungsgemäße Durchführung der Tagesordnung zu sorgen, jedem der will, Gehör zu verschaffen und die Stimmabgabe der Teilnehmer zu ermöglichen. Er übt das **Hausrecht** aus. Er kann **Ordnungsmaßnahmen** ergreifen, etwa die Redezeit begrenzen, Störern das Wort entziehen oder diese – als letztes Mittel – von der Versammlung ausschließen, wenn andernfalls eine ordnungsgemäße Willensbildung der Wohnungseigentümer nicht mehr möglich ist. Da das Ordnungsrecht eine von den Eigentümern abgeleitete Befugnis ist, können die Wohnungseigentümer Ordnungsmaßnahmen des Vorsitzenden jederzeit durch **Mehrheitsbeschluss** aufheben oder an Stelle des Vorsitzenden Ordnungsmaßnahmen beschließen (*Bärmann/Merle* § 24 Rn 104; *Becker* Versammlung der Wohnungseigentümer, S 69 ff). Die Wohnungseigentümer können sich auch eine Geschäftsordnung durch Mehrheitsbeschluss geben. Ordnungsmaßnahmen und **Geschäftsordnungsbeschlüsse** sind **nicht separat anfechtbar**, da sie sich mit Ablauf der Versammlung erledigen. Bei rechtswidrigen Ordnungsmaßnahmen können aber die in der Versammlung gefassten Sachbeschlüsse erfolgreich angefochten werden, wenn die Ordnungsmaßnahme Einfluss auf das Ergebnis dieser Beschlüsse hatte.

59 **3. Beendigung.** Die Versammlung wird vom **Vorsitzenden** beendet. Nach Beendigung der Versammlung können keine wirksamen Beschlüsse mehr gefasst werden; etwaige Abstimmungen führen zu Nichtbeschlüssen. Beendet der Vorsitzende die Versammlung **ohne sachlichen Grund** vor Abarbeitung der Tagesordnung, handelt er rechtsmissbräuchlich. Die anwesenden Eigentümer können dann die Versammlung fortsetzen und einen neuen Versammlungsvorsitzenden wählen. Würde man dem Verwalter das Recht zubilligen, eine ordnungsgemäß einberufene Versammlung aufzulösen, so hätte dies in der Praxis die nicht vertretbare Folge, dass de facto nie eine Beschlussfassung gegen den Willen des Verwalters möglich wäre (*OLG Celle* 4 W 310/01, ZWE 2002, 276).

IV. Versammlungsniederschrift (Abs 6)

Über die in der Versammlung gefassten Beschlüsse ist eine Niederschrift aufzunehmen (§ 24 Abs 6). **60**

1. Inhalt der Niederschrift. Die Versammlungsniederschrift muss folgenden Mindestinhalt haben: **61**

- Bezeichnung der Eigentümergemeinschaft,
- Tag der Versammlung,
- Aussage zur Beschlussfähigkeit der Versammlung,
- Wortlaut der gefassten Beschlüsse,
- Anzahl der gültigen Ja- und Nein-Stimmen sowie das verkündete Beschlussergebnis.

Der **Verlauf der Versammlung** und **mündliche Äußerungen** der anwesenden Personen müssen in die Niederschrift grundsätzlich nicht aufgenommen werden. Dies ist nur erforderlich, wenn die Wohnungseigentümer einen entsprechenden Beschluss gefasst haben oder die Gemeinschaftsordnung eine dahingehende Regelung enthält. Im Übrigen steht es im **Ermessen** des Protokollführers, welche Tatsachen er in die Niederschrift aufnimmt. Aufgabe der Niederschrift ist es nicht, abwesende Wohnungseigentümer vollständig über alle Diskussionsbeiträge zu unterrichten (*BayObLG* BReg 2 Z 121/89, WuM 1990, 173). Empfehlenswert ist aber in jedem Fall die **namentliche Aufzählung** der in der Versammlung anwesenden Personen und die Beifügung der **Vollmachtserklärungen** im Original, da dies Rückschlüsse auf die Beschlussfähigkeit der Versammlung ermöglicht. **62**

2. Protokollersteller und Unterzeichner. Wer die Versammlungsniederschrift **erstellt**, ist grundsätzlich ohne Bedeutung. Denn Rechtsverbindlichkeit erlangt die Versammlungsniederschrift erst dadurch, dass sie vom Vorsitzenden der Versammlung und einem Wohnungseigentümer und, falls ein Verwaltungsbeirat bestellt worden ist, auch von dessen Vorsitzendem oder seinem Vertreter **unterschrieben** wird. Diese Personen bestätigen durch ihre Unterschrift die inhaltliche Richtigkeit der Niederschrift. Eine solche Bestätigung kann aber nur erfolgen, wenn diese Personen in der Eigentümerversammlung anwesend waren (*Palandt/Bassenge* § 24 Rn 22). Nehmen sowohl der Vorsitzende des Verwaltungsbeirats als auch sein Vertreter an der Versammlung nicht teil, ist deren Unterschrift entbehrlich (*Bärmann/Merle* § 24 Rn 111). **Wechselt** während der Versammlung **der Versammlungsvorsitz** (zB durch Abwahl und Neuwahl des Verwalters), unterzeichnet der jeweilige Versammlungsvorsitzende das Protokoll in den Passagen, die die Zeit seines Versammlungsvorsitzes betreffen. **63**

Verweigern der Versammlungsvorsitzende oder der Beiratsvorsitzende die **Unterschrift**, so berührt dies die Gültigkeit der gefassten Beschlüsse nicht; lediglich der Beweiswert der Versammlungsniederschrift ist gemindert (*Palandt/Bassenge* § 24 Rn 21). Bestimmt die Gemeinschaftsordnung allerdings, dass zur **Gültigkeit eines Beschlusses** die Protokollierung des Beschlusses erforderlich ist und das Protokoll vom Verwalter und von zwei von der Eigentümerversammlung bestimmten Wohnungseigentümern zu unterzeichnen ist, dann führt ein Verstoß gegen diese Vorgaben zur Anfechtbarkeit des Beschlusses, nicht aber zu dessen Nichtigkeit (*BGH* V ZB 2/ 97, NJW 1997, 2956). In diesem Fall hat die Auswahl der unterzeichnungsberechtigten Eigentümer zu Beginn der Versammlung durch Mehrheitsbeschluss zu erfolgen; die **64**

Auswahl kann nicht nachgeholt werden. Der Beschluss über die Bestimmung der Unterzeichnungsberechtigten ist zu seiner Gültigkeit ebenfalls zu protokollieren. Unterbleibt die Protokollierung, ist der Beschluss fehlerhaft mit der weiteren Folge, dass auch alle übrigen Beschlüsse der Versammlung wegen fehlerhafter Protokollierung für ungültig zu erklären sind (*OLG Schleswig* 2 W 230/03, ZMR 2006, 721).

65 Wurde in der Eigentümerversammlung ein **Verwalter bestellt** und bedarf es zur **Veräußerung** einer Wohnungseigentumseinheit der Zustimmung des Verwalters nach § 12, so ist den Erfordernissen des § 26 Abs 4 nur genügt, wenn alle in § 24 Abs 6 S 2 genannten Personen die Versammlungsniederschrift unterzeichnet haben und die Unterschriften sich auf derselben Urkunde befinden (*LG Berlin* 86 T 611/04).

66 Die ordnungsgemäß erstellte Niederschrift ist eine **Privaturkunde** im Sinne des § 416 ZPO. Ihre **Beweiskraft** beschränkt sich darauf, dass die Unterzeichner den Inhalt der Niederschrift für wahrheitsgemäß befinden (*BayObLG* 2Z BR 97/01, ZWE 2002, 469). In einem späteren Beschlussanfechtungsverfahren kann ein Beteiligter noch vortragen und unter Beweis stellen, dass die Niederschrift unrichtig ist und ein Beschluss anders gefasst wurde, als die Niederschrift es wiedergibt (*BayObLG* BReg 2 Z 75/89, NJW-RR 1990, 210).

67 **3. Frist zur Erstellung, Versendung und Einsichtsrecht.** Das Gesetz regelt nicht, innerhalb welcher Frist die Niederschrift angefertigt werden muss. Nach der Rechtsprechung muss die Niederschrift mindestens eine Woche vor Ablauf der Beschlussanfechtungsfrist des § 46 Abs 1, mithin **drei Wochen** nach der Versammlung, vorliegen (*BayObLG* BReg 2 Z 67/88, WuM 1989, 202; *OLG Frankfurt* 20 W 165/90, WuM 1990, 461). Die verspätete Erstellung der Versammlungsniederschrift nach Ablauf der Anfechtungsfrist bei gleichzeitiger Nichtfortführung der Beschluss-Sammlung stellt für einen in der Versammlung nicht anwesenden Wohnungseigentümer ein objektives Hindernis für eine sachgerechte Ausübung des Anfechtungsrechts dar mit der Folge, dass einem anfechtungswilligen Wohnungseigentümer gemäß § 46 Abs 1 S 3 die Wiedereinsetzung in den vorigen Stand zu gewähren ist. Wohnungseigentümern, die in der Versammlung anwesend waren, ist zuzumuten, dass sie auch ohne Protokoll etwaige Beschlussanfechtungsanträge fristwahrend stellen.

68 Jeder **Wohnungseigentümer** darf die Versammlungsniederschriften selbst oder durch einen Vertreter einsehen. Dieses Recht steht auch **Dritten** zu, soweit sie ein berechtigtes Interesse haben und von einem Eigentümer zur Einsichtnahme ermächtigt wurden, zB Kaufinteressenten. Die **Einsichtnahme** erfolgt grundsätzlich am Ort der Verwaltung (§ 269 BGB) oder in den Räumen der Wohnanlage. Ist der Ort der Anlage vom Ort der Verwaltung weit entfernt, kann der einzelne Wohnungseigentümer auf seine Kosten die Übersendung von **Abschriften der Protokolle** verlangen. Ein Einsichtsrecht in Notizen zur Niederschrift der Versammlung steht dem Wohnungseigentümer nicht zu (*KG* NJW 1989, 532). Nichtgewährung der Einsicht kann den Verwalter schadensersatzpflichtig machen. Zur **Herausgabe der Originalprotokolle** ist der Verwalter nicht verpflichtet (*BayObLG* 2Z BR 188/03, ZMR 2004, 443).

69 Eine Pflicht des Verwalters, die Niederschrift innerhalb der Frist des § 46 Abs 1 zu vervielfältigen und an die Wohnungseigentümer zu **versenden**, besteht nach dem Gesetz nicht. § 24 Abs 6 S 3 räumt den Wohnungseigentümern lediglich ein Recht auf Einsichtnahme ein. Hat allerdings der Verwalter aufgrund **längerer Übung** in der Vergangenheit das Vertrauen geschaffen, dass eine Kopie der Niederschrift unaufgefordert an die Wohnungseigentümer versendet wird, muss er sich daran festhalten lassen und das Protokoll auch in Zukunft vor Ablauf der Beschlussanfechtungsfrist an die Eigentümer versenden (*Bärmann/Merle* § 24 Rn 123).

4. Berichtigung der Niederschrift. – a) Verfahren. Gibt die Versammlungsniederschrift die Ereignisse in der Versammlung unzutreffend wieder, kann grundsätzlich jeder Wohnungseigentümer eine Berichtigung verlangen. Der Berichtigungsanspruch ist zunächst auf **außergerichtlichem Wege** zu verfolgen. Er richtet sich gegen die Personen, die mit ihrer Unterschrift die angebliche Richtigkeit der Niederschrift bestätigt haben. Diese Personen müssen das Original der Niederschrift mit einem **Berichtigungsvermerk** versehen und diesen ebenfalls unterzeichnen. Anschließend sollte der Verwalter alle Wohnungseigentümer über die Protokollberichtigung informieren. 70

Scheitert das außergerichtliche Berichtigungsbegehren, weil die **Protokollunterzeichner** eine Berichtigung ablehnen, kann die Änderung der Niederschrift im gerichtlichen Verfahren nach § 43 Nr 1 durchgesetzt werden. Die **Klage** ist **gegen** diejenigen Personen zu richten, die mit ihrer Unterschrift die angebliche Richtigkeit der Niederschrift bestätigt haben und im Nachhinein die Berichtigung verweigern. Die übrigen Wohnungseigentümer sind gemäß § 48 Abs 1 beizuladen. Die Beklagten werden vom Gericht verurteilt, die Niederschrift einer bestimmten Eigentümerversammlung in einer konkret bezeichneten Art und Weise zu berichtigen. 71

Umstritten ist, ob die Klage auf Berichtigung innerhalb der **Monatsfrist** des § 46 Abs 1 eingereicht werden muss. Die bisherige Rechtsprechung bejahte eine analoge Anwendung des § 23 Abs 4 aF (*OLG Köln* 16 Wx 106/78, OLGZ 1979, 282; *OLG Hamm* 15 W 450/84, OLGZ 1985, 147; *KG* 24 W 1227/90, WuM 1990, 363; aA *Bärmann/Merle* § 24 Rn 130; *Staudinger/Bub* § 24 Rn 124; *Abramenko* ZMR 2003, 326, 328 mit ausführlicher Begründung). Der Schutz des Vertrauens in das protokollierte Beschlussergebnis verlange eine Ausdehnung der Monatsfrist auch auf Anträge zur Protokollberichtigung. Gegen diese Ansicht spricht, dass eine Berichtigung des Protokolls auch auf außergerichtlichem Wege herbeigeführt werden kann, sodass die Ausschlusswirkung des § 46 Abs 1 WEG ohne weiteres umgangen werden könnte. Die von der Rechtsprechung erstrebte Rechtssicherheit kann unabhängig davon auch deshalb nicht erreicht werden, weil für den Inhalt und das Zustandekommen eines Beschlusses allein die Feststellung des Abstimmungsergebnisses durch den Versammlungsvorsitzenden – und nicht der Inhalt des Protokolls – maßgeblich ist (*BGH* V ZB 10/01, NJW 2001, 3339). Der Versammlungsniederschrift kommt hinsichtlich Beschlussinhalt und Beschlussergebnis keine konstitutive Bedeutung zu (*BayObLG* 2Z BR 152/04, ZMR 2005, 462). Ein Beteiligter kann in einem späteren Beschlussmängelverfahren nach § 43 Nr 4 immer noch einwenden, der Beschluss sei anders zustande gekommen, als die Versammlungsniederschrift es wiedergebe (*BayObLG* BReg 2 Z 75/89, NJW-RR 1990, 210; *Abramenko* ZMR 2003, 326, 328). Das Gericht müsste bei entsprechendem Sachvortrag Beweis über die Äußerungen des Versammlungsvorsitzenden bei der Abstimmung und Beschlussfeststellung erheben. 72

b) Gegenstand und Umfang der Berichtigung. Der Berichtigung unterliegen vornehmlich die **Angaben über Beschlussinhalt** und **Beschlussergebnis**. Stimmen das wahre Beschlussergebnis und das vom Versammlungsvorsitzenden festgestellte und verkündete Beschlussergebnis nicht überein, muss das Protokoll die Beschlussfeststellung durch den Versammlungsvorsitzenden wiedergeben. Andernfalls wäre die Nie- 73 derschrift unrichtig. Gegen die unrichtige Feststellung und Verkündung des Vorsitzenden müssen die Eigentümer im Rahmen eines fristgebundenen Beschlussmängelverfahrens vorgehen (§ 46). Eine Protokollberichtigung wäre hier der falsche Weg. Gibt die Niederschrift die Zahl der abgegebenen Ja-Stimmen und Nein-Stimmen unzutreffend wieder, kann eine Berichtigung jedoch nur verlangt werden, wenn sich die behauptete Unrichtigkeit auf das Abstimmungsergebnis ausgewirkt hat. Andernfalls fehlt der Klage das erforderliche Rechtsschutzbedürfnis (*BayObLG* BReg 2 Z 144/90, WuM 1991, 310).

74 Hinsichtlich des **fakultativen Inhalts** der Niederschrift kann ein Wohnungseigentümer gemäß §§ 823, 1004 BGB eine Berichtigung verlangen, wenn sein **Persönlichkeitsrecht verletzt** wird. Dies ist anzunehmen, wenn die in der Niederschrift enthaltenen Ausführungen einen sachlichen Bezug vermissen lassen und zur bloßen Schmähung eines Wohnungseigentümers herabsinken, etwa wenn die Niederschrift bloßstellende oder sonst diskriminierende Ausführungen über einen Wohnungseigentümer enthält (*BayObLG* BReg 2 Z 121/89, WuM 1990, 173). Dies ist aber nicht bereits bei jeglicher Kritik der Fall.

75 Der fakultative Inhalt der Niederschrift steht grundsätzlich im **pflichtgemäßen Ermessen** des Protokollanten. Die Niederschrift widerspricht jedoch ordnungsmäßiger Verwaltung, wenn Sachverhalte – etwa Äußerungen der Eigentümer – unrichtig wiedergegeben werden. Hat die unrichtige Tatsachenwiedergabe **rechtliche Bedeutung**, ist die Unrichtigkeit zu berichtigen. Bei Tatsachenwiedergaben, denen keine rechtliche Bedeutung zukommt, kann keine Berichtigung sondern nur deren Streichung verlangt werden. Für einen Antrag auf Streichung besteht aber dann kein Rechtsschutzbedürfnis, wenn die unzutreffende Passage das Verhältnis der Wohnungseigentümer untereinander in keiner Weise berührt. Dem Protokollführer ist zu empfehlen, neben den Beschlüssen so wenig wie möglich Tatsachenbericht in die Niederschrift aufzunehmen. Streitigkeiten über den fakultativen Inhalt der Niederschrift lassen sich dadurch weitgehend vermeiden.

V. Beschluss-Sammlung (Abs 7 und 8)

76 Zusätzlich zur Versammlungsniederschrift ist eine Beschluss-Sammlung zu führen. Diese gibt in lückenloser Reihenfolge die seit dem 1.7.2007 gefassten **Beschlüsse** und die Wohnanlage betreffende **Gerichtsentscheidungen** wieder. Frühere Beschlüsse oder Gerichtsentscheidungen können, müssen aber nicht in die Beschluss-Sammlung aufgenommen werden (BT-Drucks 16/887, S 33).

77 **1. Form.** Besondere **Form**erfordernisse bestehen nicht. Auch das äußere **Erscheinungsbild** ist nicht vorgegeben. Die Beschluss-Sammlung kann beispielsweise als gebundenes Buch, als Stehordner oder als elektronische Datei geführt werden. Sofern die Beschluss-Sammlung in Papierform geführt wird, müssen die Blätter nicht zwingend fest miteinander verbunden sein. Durch die vorgeschriebene **fortlaufende Nummerierung** der Eintragungen kann ein Dritter erkennen, ob das ihm vorliegende Dokument vollständig ist. Die im Einzelfall gewählte Form muss sicherstellen, dass die **Eintragungen dauerhaft erhalten** bleiben und jederzeit **ungehindert Einsicht** in die Beschluss-Sammlung genommen werden kann. Die Beschluss-Sammlung muss deshalb übersichtlich geführt werden. Je nach Anzahl der Eintragungen kann es angezeigt sein, ein Inhaltsverzeichnis anzulegen, in dem etwa der Gegenstand des

Beschlusses oder der Inhalt des Urteils in Kurzform bezeichnet wird (BT-Drucks 16/ 887, S 34). Die Wohnungseigentümer, etwaige Erwerbsinteressenten, sonstige berechtigte Dritte und der Verwalter sollen sich anhand der Beschluss-Sammlung auf einfachem Weg Kenntnis von der aktuellen Beschlusslage verschaffen können.

2. Inhalt und Erscheinungsbild. – a) Reihenfolge der Eintragung. Die Beschlüsse und 78 gerichtlichen Entscheidungen sind fortlaufend einzutragen und zu nummerieren (§ 24 Abs 7 S 3). Die **Reihenfolge** der Eintragung sollte sich nach der zeitlichen Abfolge des Zustandekommens der Beschlüsse und Gerichtsentscheidungen richten, auch wenn dies nicht zwingend ist (BT-Drucks 16/887, S 33).

b) Nummerierung. Die **Nummerierung** hat versammlungs- und jahresübergreifend zu 79 erfolgen. Die Art der Nummerierung ist so zu wählen, dass Eintragungen nachträglich weder entfernt noch hinzugefügt werden können, ohne dass dies anhand der Nummerierung auffiele. Die Vollständigkeit der Beschluss-Sammlung muss anhand der Nummerierung überprüfbar sein. Unzulässig wäre es daher, bei jeder Versammlung oder jedem Kalenderjahr erneut mit der Nummer 1 (zB 1/2008) zu beginnen. Denn bei dieser Art der Nummerierung ließen sich einem Kalenderjahr oder einer Versammlung nachträglich Beschlüsse hinzufügen, insbesondere wenn die Blätter der Beschluss-Sammlung nicht fest miteinander verbunden sind.

c) Eintragung von Beschlüssen. Einzutragen ist jeweils nur der **Wortlaut** der gefass- 80 ten Beschlüsse nebst dem verkündeten **Beschlussergebnis** (Antrag angekommen oder abgelehnt) sowie **Ort und Datum** der Versammlung bzw. Verkündung. Der Wortlaut des Beschlusses entspricht dem Inhalt des Beschlussantrages, über den abgestimmt wurde (siehe § 23 Rn 40). Nimmt der Beschlusswortlaut inhaltlich Bezug auf **Urkunden** oder Schriftstücke, zB Handwerkerangebote, Baupläne, Wirtschaftsplan, Jahresabrechnung, sind diese Unterlagen nicht zum Inhalt der Beschluss-Sammlung zu machen (**aA** *Bärmann/Merle* § 24 Rn 152), denn die Bezugsunterlagen sind nicht formeller Bestandteil des Beschlusswortlauts. Es empfiehlt sich, die erwähnten Unterlagen als Anlage zur Versammlungsniederschrift zu nehmen.

Geschäftsordnungsbeschlüsse, also Beschlüsse über den Ablauf einer Eigentümerver- 81 sammlung, müssen in die Beschluss-Sammlung nicht aufgenommen werden (*Deckert* NZM 2005, 927, 928), da sie sich spätestens mit Beendigung der Versammlung erledigen und aus der Beschluss-Sammlung umgehend wieder gelöscht werden könnten, wenn sie eintragen würden. In die Versammlungsniederschrift nach § 24 Abs 6 sind diese Beschlüsse freilich aufzunehmen.

d) Eintragung von Urteilen. In die Beschluss-Sammlung einzutragen sind die **Urteils-** 82 **formeln** der gerichtlichen Entscheidungen in einem Rechtsstreit gemäß § 43 mit Angabe ihres **Datums,** des **Gerichts** und der **Parteien.** Da § 24 Abs 7 S 2 Nr 3 auf sämtliche Nummern des § 43 verweist, sind die Urteile auch dann einzutragen, wenn sie das Verhältnis der Wohnungseigentümer untereinander nicht unmittelbar betreffen, wie es etwa bei Verfahren nach § 43 Nr 5 der Fall sein kann (**aA** *Bärmann/Merle* § 24 Rn 160; *Jennißen/Elzer* § 24 Rn 159 f: Eintragung nicht erforderlich). Eine teleologische Reduktion des § 24 Abs 7 S 2 Nr 3 kommt nicht in Betracht. In gleicher Weise wie der Gesetzgeber sich mit der Neufassung des § 43 entschieden hat, auch solche Rechtsstreitigkeiten vor dem örtlich belegenen Gericht austragen zu lassen, die zwar das Verhältnis der Wohnungseigentümer untereinander nicht betreffen, aber gleichwohl einen gegenständlichen Bezug zur Wohneigentumsanlage haben, liegt auch § 24

Abs 7 S 2 Nr 3 die Entscheidung zugrunde, sämtliche Gerichtsentscheidungen in die Beschluss-Sammlung aufzunehmen, sofern sie einen Bezug zum Gemeinschaftsverhältnis oder zum Sonder- oder Gemeinschaftseigentum haben. Auf die Eintragung der Gerichtsentscheidungen kann nicht mit dem Argument verzichtet werden, die Entscheidungen hätten für das Verhältnis der Wohnungseigentümer untereinander keine Bedeutung. Die Beschluss-Sammlung soll ein vollständiges Bild über die die Wohnanlage betreffenden Rechtsstreitigkeiten geben, auch wenn der Verwalter naturgemäß nur solche Gerichtsentscheidungen in die Beschluss-Sammlung eintragen kann, von denen er Kenntnis erhält.

83 Bei **Klage abweisenden Urteilen** ist ebenfalls nur der Tenor einzutragen (aA *Bärmann/Merle* § 24 Rn 163; *Riecke/Schmid/Riecke* § 24 Rn 109: Eintragung auch des Klageantrags), auch wenn der Leser der Beschluss-Sammlung aus der Urteilsformel nicht ersehen kann, welchen Gegenstand die erfolglose Klage hatte. Diese Information lässt sich jedoch durch Einsichtnahme in das Urteil erlangen. Aus der Beschluss-Sammlung kann der Wohnungseigentümer zumindest erkennen, dass ein Urteil ergangen ist.

84 Zur einzutragenden Urteilsformel gehört neben der **Entscheidung zur Hauptsache** auch die **Nebenentscheidung** über die Kosten und die vorläufige Vollstreckbarkeit (*Jennißen/Elzer* § 24 Rn 158). Verfahrensbegleitende Beschlüsse des Gerichts, Kostenfestsetzungsbeschlüsse und Vollstreckungsbescheide gehören nicht in die Beschluss-Sammlung (aA *Jennißen/Elzer* § 24 Rn 158). Gleiches gilt für Gerichtsentscheidungen in Verfahren, die nicht unter den Regelungsbereich des § 43 fallen.

85 Sind an einem Rechtsstreit sämtliche Wohnungseigentümer beteiligt (zB in Beschlussanfechtungsverfahren), genügt es für die **Angabe der Parteien**, dass auf Aktivseite oder auf Passivseite „alle übrigen Wohnungseigentümer" – mit Ausnahme des Prozessgegners – beteiligt sind (*Bärmann/Merle* § 24 Rn 165). Die namentliche Benennung der übrigen Wohnungseigentümer kann dann unterbleiben. Die Namen ergeben sich aus dem Urteilsrubrum und dem Grundbuch.

86 **Gerichtliche Vergleiche** sind nicht unter einer laufenden Nummer in die Beschluss-Sammlung einzutragen (*Riecke/Schmid/Riecke* § 24 Rn 112; *Jennißen/Elzer* § 24 Rn 162; aA *Bärmann/Merle* § 24 Rn 164). Regelt ein Vergleich die Gültigkeit oder den Inhalt eines Eigentümerbeschlusses, muss er aber als Vermerk im Sinne des § 24 Abs 7 S 4 bei dem betroffenen Beschluss erwähnt werden. Soweit ein Vergleich eine Vereinbarung im Sinne des § 10 Abs 2 S 2 zum Regelungsgegenstand hat, mag der Vergleich zur Bindung von Rechtsnachfolgern in das Grundbuch eingetragen werden (vgl § 10 Rn 50 ff). Vereinbarungen gehören jedoch nicht in die Beschluss-Sammlung. Gleiches gilt für Verträge zwischen einzelnen Wohnungseigentümern und Verträge zwischen der Gemeinschaft und dem Verwalter oder Dritten.

87 **e) Vermerke.** Wird ein Beschluss gerichtlich angefochten oder aufgehoben, muss die Eintragung des Beschlusses durch einen entsprechenden **Vermerk** ergänzt werden (S 4). Der Vermerk könnte bei Beschlüssen lauten: „Angefochten, AG Neukölln – 77 C 36/08". Wird eine Gerichtsentscheidung angefochten, könnte der Vermerk lauten: „Berufung eingelegt, LG Berlin 55 S 97/08".

88 **f) Löschungen.** Wird ein Beschluss vom Gericht rechtskräftig für ungültig erklärt, kann der Beschluss gelöscht werden (§ 24 Abs 7 S 5). Die **Löschung** kann durch Streichung der Eintragung und Hinzufügung eines Löschungsvermerks – ähnlich wie im

Grundbuch – erfolgen. Zulässig ist es auch, die Eintragung aus der Beschluss-Sammlung vollständig zu entfernen, wobei die laufende Nummer frei zu lassen und ein Löschungsvermerk mit Datumsangabe (zB: „gelöscht am ...") aufzunehmen ist. Eine Eintragung **kann** auch gelöscht werden, wenn sie aus einem anderen Grund für die Wohnungseigentümer keine Bedeutung mehr hat (§ 24 Abs 7 S 6). Keine Bedeutung hat eine Eintragung zB, wenn der Beschluss durch eine spätere Regelung überholt ist oder wenn der Beschluss sich durch Zeitablauf erledigt hat. Für die Beurteilung kommt es maßgeblich auf die Umstände des Einzelfalls an. Bestehen Zweifel, ob eine Eintragung keine Bedeutung mehr hat, sollte von einer Löschung abgesehen werden. Nach der Gesetzesbegründung (BT-Drucks 16/887, S. 34) soll der Begriff „Bedeutung" dem für die Führung der Beschluss-Sammlung Verantwortlichen einen **Beurteilungsspielraum** einräumen, ob sich eine Eintragung erledigt hat oder nicht. Die Löschungen und Vermerke gemäß den S 3 bis 6 sind ebenfalls unverzüglich zu erledigen und mit Datum zu versehen (§ 24 Abs 7 S 7).

3. Unverzüglichkeit der Eintragungen. Die Eintragungen und Vermerke müssen **89** unverzüglich, dh ohne schuldhaftes Zögern (§ 121 Abs 1 S 1 BGB), vorgenommen werden (§ 24 Abs 7 S 7). Im Regelfall hat die Aktualisierung der Beschluss-Sammlung daher **am nächsten** oder übernächsten **Geschäftstag** zu erfolgen (*Bärmann/Merle* § 24 Rn 143). Eine Erledigung der Eintragung nach einer Woche ist nicht mehr unverzüglich (*LG München I* 1 T 2263/07, NZM 2008, 410).

4. Verantwortlicher für die Beschluss-Sammlung. Die Beschluss-Sammlung ist vom **90** **Verwalter** zu führen (§ 24 Abs 8 S 1). Der Begriff „führen" umfasst alle mit der Anlegung der Sammlung, den Eintragungen, der Aktualisierung, der Löschung und der Einsichtnahme verbundenen Maßnahmen (BT-Drucks 16/887, S 34). Der Verwalter ist zunächst für jene Eintragungen und Vermerke verantwortlich, die nach dem Unverzüglichkeitsgebot während seiner Amtszeit vorzunehmen sind. Endet die Amtszeit, endet auch die Befugnis, Änderungen an der Beschluss-Sammlung vornehmen zu dürfen. Im Falle des **Verwalterwechsels** muss sich der neue Verwalter um die Aktualisierung, Richtigkeit und Vollständigkeit der Beschluss-Sammlung kümmern und etwa fehlende Eintragungen nachholen oder unrichtige Eintragungen korrigieren.

Fehlt ein Verwalter, so ist der Vorsitzende der Wohnungseigentümerversammlung ver- **91** pflichtet, die Beschluss-Sammlung zu führen. Die Wohnungseigentümer können aber durch Stimmenmehrheit einen anderen für diese Aufgabe bestellen (§ 24 Abs 8 S 2). Diese Person muss nicht Mitglied der Wohnungseigentümergemeinschaft sein (zB ein Notar).

Gibt es einen Verwalter, kann ihm die Aufgabe zur Führung der Beschluss-Sammlung **92** nur durch **Vereinbarung** genommen werden. Ein Beschluss, mit dem in abstrakt-genereller Weise die Befugnis zur Führung der Beschluss-Sammlung einer anderen Person übertragen wird, etwa dem Vorsitzenden des Verwaltungsbeirats, wäre nichtig. Nur anfechtbar ist hingegen ein Beschluss, mit dem eine konkrete Person zur Führung der Beschluss-Sammlung ermächtigt wird.

5. Korrektur. Entspricht der Inhalt der Beschluss-Sammlung nicht den Vorgaben des **93** Gesetzes und der Gemeinschaftsordnung, ist der Verwalter (bzw die zur Führung der Beschluss-Sammlung berechtigte Person) **von Amts wegen** zur unverzüglichen Korrektur der fehlerhaften Eintragungen, Vermerke und Löschungen verpflichtet. Die Wohnungseigentümer sind über die Korrektur zu unterrichten, wenn bereits eine Ein-

Kümmel

sichtnahme in die Beschluss-Sammlung stattgefunden hat (*Bärmann/Merle* § 24 Rn 172). Bei **Meinungsverschiedenheiten** über die Richtigkeit der Beschluss-Sammlung entscheiden die Eigentümer durch Beschluss mit einfacher **Stimmenmehrheit**, ob bzw. welche Änderungen der Beschluss-Sammlung vorzunehmen sind. Unabhängig davon steht jedem Eigentümer nach § 21 Abs 4 ein **Anspruch auf Korrektur** bzw. Ergänzung zu, sofern die Beschluss-Sammlung nicht den Vorgaben des Gesetzes entspricht.

94 **6. Kein öffentlicher Glaube.** Die Beschluss-Sammlung genießt **keinen öffentlichen Glauben**, wie es etwa beim Grundbuch oder beim Handelsregister der Fall ist. Sie stellt in wesentlichen Teilen lediglich ein Abbild der Versammlungsniederschriften dar. Kein Eigentümer kann sich darauf verlassen, dass der Inhalt der Beschluss-Sammlung richtig und vollständig ist. Da die Beschluss-Sammlung neben den Versammlungsniederschriften aber die einzige Möglichkeit für Wohnungseigentümer und etwaige Erwerbsinteressenten darstellt, sich über die Beschlusslage in der Wohnanlage zu informieren, verlangt das Gesetz vom Verwalter eine **erhöhte Sorgfalt** bei der Führung der Beschluss-Sammlung und sanktioniert etwaige Pflichtverletzungen hart. Die unrichtige Führung der Beschluss-Sammlung stellt gemäß § 26 Abs 1 S 4 einen **wichtigen Grund zur sofortigen Abberufung** aus dem Verwalteramt und die Kündigung des Verwaltervertrages dar. Insoweit genügt in der Regel bereits eine einmalige Pflichtverletzung (BT-Drucks 16/887, S 34). Die fehlerhafte Führung der Beschluss-Sammlung dürfte grundsätzlich auch einer Wiederbestellung des Verwalters entgegenstehen.

95 **7. Einsichtsrecht.** Einem Wohnungseigentümer oder einem Dritten, den ein Wohnungseigentümer ermächtigt hat, ist auf sein Verlangen **Einsicht** in die Beschluss-Sammlung zu gewähren (§ 24 Abs 7 S 8). Der ermächtigte Dritte muss kein eigenes Interesse an der Einsichtnahme vorweisen können. Der Verwalter ist im Rahmen der Einsichtgewährung verpflichtet, **Ablichtungen** zu fertigen (BT-Drucks 16/887, S. 34) und zu versenden (aA *Bärmann/Merle* § 24 Rn 181: keine Verpflichtung zur Versendung), sofern dies verlangt wird. Die **Kosten** der Ablichtung und Übersendung sind dem Verwalter vom jeweiligen Eigentümer zu erstatten, sofern der Verwaltervertrag und die Gemeinschaftsordnung keine anderweitige Regelung enthalten. Sonstige Dritte haben ohne Ermächtigung durch einen Eigentümer keinen Anspruch auf Einsicht in die Beschluss-Sammlung, auch dann nicht, wenn sie zur Verfolgung eigener Ansprüche gegen die Eigentümergemeinschaft auf Informationen aus der Beschluss-Sammlung angewiesen sind. Der Verwalter darf diesen Personen ohne Ermächtigung keine Informationen aus der Beschluss-Sammlung zukommen lassen.

§ 25 Mehrheitsbeschluss

(1) **Für die Beschlussfassung in Angelegenheiten, über die die Wohnungseigentümer durch Stimmenmehrheit beschließen, gelten die Vorschriften der Absätze 2 bis 5.**

(2) ¹**Jeder Wohnungseigentümer hat eine Stimme.** ²**Steht ein Wohnungseigentum mehreren gemeinschaftlich zu, so können sie das Stimmrecht nur einheitlich ausüben.**

(3) **Die Versammlung ist nur beschlussfähig, wenn die erschienenen stimmberechtigten Wohnungseigentümer mehr als die Hälfte der Miteigentumsanteile, berechnet nach der im Grundbuch eingetragenen Größe dieser Anteile, vertreten.**

Mehrheitsbeschluss § 25 WEG II

(4) ¹Ist eine Versammlung nicht gemäß Absatz 3 beschlussfähig, so beruft der Verwalter eine neue Versammlung mit dem gleichen Gegenstand ein. ²Diese Versammlung ist ohne Rücksicht auf die Höhe der vertretenen Anteile beschlussfähig; hierauf ist bei der Einberufung hinzuweisen.

(5) Ein Wohnungseigentümer ist nicht stimmberechtigt, wenn die Beschlussfassung die Vornahme eines auf die Verwaltung des gemeinschaftlichen Eigentums bezüglichen Rechtsgeschäfts mit ihm oder die Einleitung oder Erledigung eines Rechtsstreits der anderen Wohnungseigentümer gegen ihn betrifft oder wenn er nach § 18 rechtskräftig verurteilt ist.

Übersicht

	Rn		Rn
I. Allgemeines (Abs 1)	1	2. Stimmverbot (Abs 5)	23
II. Stimmrecht (Abs 2)	2	a) Vornahme eines Rechtsgeschäfts	23
1. Inhaber des Stimmrechts und Stimmkraft (Abs 2 S 1)	2	b) Einleitung oder Erledigung eines Rechtsstreits	25
2. Stimmrecht bei mehreren Berechtigten und mehrfacher Berechtigung (Abs 2 S 2)	9	c) Persönlicher Anwendungsbereich	26
3. Stimmrecht bei Unterteilung und Vereinigung von Wohnungseigentum. Stimmrecht nach Köpfen:	12	aa) Verwandtschaftliche Beziehungen	26
		bb) Vertretung bei der Stimmabgabe	27
III. Beschlussfähigkeit der Versammlung (Abs 3)	15	cc) Zwangsverwalter	29
1. Erstversammlung	15	dd) Mehrere Berechtigte am Wohnungseigentum	30
2. Wiederholungsversammlung (Abs 4)	17	ee) Juristische Personen und Personengesellschaften	31
IV. Stimmrechtsschranken	20	d) Rechtsfolgen des Stimmverbots	34
1. Gegenständlich beschränktes Stimmrecht	21	3. Ruhen des Stimmrechts	36
		4. Missbrauch des Stimmrechts	38

I. Allgemeines (Abs 1)

§ 25 regelt in Ergänzung zu § 23 und § 24 formelle Fragen der Beschlussfassung in der Eigentümerversammlung. Die Norm ist durch Vereinbarung **weitgehend abdingbar**. Insbesondere kann die Stimmkraft abweichend von Abs 2 geregelt werden. Lediglich ein vollständiger Entzug des Stimmrechts wäre unzulässig (*BGH* V ZB 1/86, NJW 1987, 650). **1**

II. Stimmrecht (Abs 2)

1. Inhaber des Stimmrechts und Stimmkraft (Abs 2 S 1). Gemäß Abs 2 S 1 hat jeder Wohnungseigentümer eine Stimme (**Kopfstimmrecht**), gleich wie viele Wohnungseigentumseinheiten ihm gehören und wie viele Miteigentumsanteile mit dem Wohnungseigentum verbunden sind. In der Praxis häufiger anzutreffen ist eine Stimmkraftverteilung nach der Größe der Miteigentumsanteile (**Wertprinzip**) oder nach der Anzahl der einem Wohnungseigentümer gehörenden Wohnungen/Einheiten (**Objektstimmrecht**). **2**

Kümmel

II WEG § 25 Mehrheitsbeschluss

3 Stimmrechtsträger ist grundsätzlich der Wohnungseigentümer oder das Mitglied der werdenden Wohnungseigentümergemeinschaft (siehe § 10 Rn 7 ff). Sind **Nachlassverwalter** oder **Testamentsvollstrecker** bestellt, üben diese das Stimmrecht für den Eigentümer aus. Ist über das Vermögen eines Wohnungseigentümers das Insolvenzverfahren eröffnet, übt der **Insolvenzverwalter** das Stimmrecht aus, solange die Wohnungseigentumseinheit aus der Insolvenzmasse nicht freigegeben ist.

4 Steht die Wohnungseigentumseinheit unter **Zwangsverwaltung**, ist der Zwangsverwalter zur Abstimmung berechtigt, sofern der Beschlussgegenstand in irgendeiner Weise den Zweck der Zwangsverwaltung, nämlich möglichst hohe Erträge aus der Wohnung zu ziehen, berührt. Dies ist bei nahezu allen Beschlussgegenständen anzunehmen, insbesondere wenn Kostenfragen oder die Instandhaltung betroffen sind oder Gebrauchsregelungen getroffen werden. Gilt in einer Gemeinschaft das **Kopfstimmrecht** nach § 25 Abs 2 und stehen nur eine oder mehrere Einheiten eines Eigentümers unter Zwangsverwaltung, tritt wie bei einer teilweisen Veräußerung der Einheiten eine Stimmrechtsmehrung ein, sodass der Zwangsverwalter für die von ihm verwalteten Einheiten ein eigenes Stimmrecht erhält. Nach anderer Ansicht soll der Verwalter analog § 25 Abs 2 S 2 mit dem Eigentümer nur gemeinsam stimmberechtigt sein (*KG* 24 W 1063/89, NJW-RR 1989, 1162; *Staudinger/Bub* § 25 Rn 141). Diese Auffassung führt allerdings dazu, dass der Zwangsverwalter nicht unabhängig vom Votum des Schuldners abstimmen kann, was mit dem Zweck der Zwangsverwaltung nicht vereinbar wäre. Nach einer weiteren Ansicht soll das Stimmrecht zwischen Schuldner und Verwalter nach Bruchteilen aufgeteilt werden (*Bärmann/Merle* § 25 Rn 24; *Bornheimer* S 182). Betreut der Zwangsverwalter das Eigentum verschiedener Eigentümer, hat er bei Geltung des Kopfstimmrechts je Schuldner eine Stimme (*KG* 24 W 322/00, ZMR 2005, 148).

5 Sonstige Personen, wie etwa Nießbraucher, Grundpfandgläubiger, Wohnungsberechtigte oder Mieter haben kein eigenes Stimmrecht. Sie können allenfalls als Vertreter auftreten, sofern sie wirksam bevollmächtigt sind.

6 Ein **künftiger oder werdender Eigentümer** (nicht zu verwechseln mit dem Mitglied einer werdenden Wohnungseigentümergemeinschaft), dh der noch nicht im Grundbuch eingetragene schuldrechtliche Erwerber einer Wohnungseigentumseinheit, erlangt ein eigenes Stimmrecht erst mit der Eigentumsumschreibung im Grundbuch (*BGH* V ZB 6/88, NJW 1989, 1087). Für den Erwerber kann sich aber die Frage stellen, ab welchem Zeitpunkt er **für den Veräußerer das Stimmrecht** ausüben kann, dann als rechtsgeschäftlicher Vertreter des Veräußerers. Die Bevollmächtigung des Erwerbers zur Ausübung des Stimmrechts vor Eigentumsumschreibung kann außerhalb des Kaufvertrages durch gesondertes Rechtsgeschäft erfolgen oder im Kaufvertrag enthalten sein. Die Rechtsprechung ist bemüht, den Kaufverträgen auch ohne eine ausdrückliche Regelung zum Stimmrecht im Wege der Auslegung eine frühzeitige Befugnis des Erwerbers zur Stimmrechtsausübung zu entnehmen. In der Regel sei von einer Bevollmächtigung des Erwerbers auszugehen, wenn der Erwerber aufgrund des Kaufvertrages in den Besitz der Wohnung gelangt und zu seinen Gunsten eine Auflassungsvormerkung im Grundbuch eingetragen sei (*KG* 24 W 3942/94, ZMR 1994, 524). Die Eintragung einer **Auflassungsvormerkung** sei für die Annahme einer Stimmrechtsübertragung aber nicht zwingend erforderlich; der Wille der Vertragsparteien zur Bevollmächtigung des Erwerbers könne sich auch aus anderen Umständen ergeben; angesichts der ungesicherten Rechtsstellung des nicht durch eine Vormerkung gesicherten Erwerbers seien die Anforderungen an eine schlüssig erteilte Vollmacht des Veräußerers allerdings höher zu veranschlagen als beim Vorliegen einer Vormerkung. So könne für eine Ermächtigung zur Stimmrechtsausübung etwa sprechen, dass die Verwaltung im Einverständnis mit dem Verkäufer den Erwerber zur Teilnahme an der Eigentümerversammlung geladen hat (*KG* 24 W 126/03, ZMR 2004, 460).

Hat ein Eigentümer allerdings eine oder einzelne von mehreren ihm gehörenden Einheiten veräußert und gilt in der Wohnungseigentümergemeinschaft das gesetzliche **Kopfstimmrecht**, so kann er den **Erwerber** nur ganz oder gar nicht bevollmächtigen. Eine teilweise Bevollmächtigung nur für die veräußerte Wohnung ist nicht möglich, da dem Eigentümer für alle Wohnungen nur eine (unteilbare) Stimme zusteht und durch eine bloße Bevollmächtigung oder Stimmrechtsübertragung keine Stimmrechtsmehrung eintreten kann (*Staudinger/Bub* § 25 Rn 112; aA *Bärmann/Merle* § 25 Rn 10). 7

Ist der Erwerber im Kaufvertrag wirksam mit der Stimmrechtsausübung bevollmächtigt worden, ist diese Ermächtigung im Zweifelsfall dahin auszulegen, dass sie nicht zu einer Beschlussfassung berechtigt, die der erkennbaren **Interessenlage des Veräußerers** widerspricht, zB bei einem Beschluss über die Abberufung des in der Teilungserklärung als Verwalter bestellten Veräußerers (*BayObLG* 2Z BR 89/01, NZM 2002, 300 m abl Anm *F Schmidt* DNotZ 2002, 147). 8

2. Stimmrecht bei mehreren Berechtigten und mehrfacher Berechtigung (Abs 2 S 2) 9
Steht ein Wohnungseigentum mehreren gemeinschaftlich zu (zB bei Bruchteilgemeinschaft, Erbengemeinschaft oder ehelicher Gütergemeinschaft), können die Mitberechtigten das Stimmrecht nur **einheitlich** ausüben (§ 25 Abs 2 S 2). Dies gilt sowohl beim gesetzlichen Kopfstimmrecht als auch beim Stimmrecht nach Einheiten oder Miteigentumsanteilen. Wird die Stimme nicht einheitlich ausgeübt, ist die Stimmabgabe **unwirksam**.

Erscheinen in der Eigentümerversammlung **nicht sämtliche Berechtigten** an der Wohnungseigentumseinheit, so sind die Erschienenen ohne eine Vollmacht oder sonstige Vertretungsbefugnis nicht berechtigt, die nicht erschienen Mitberechtigten ihrer Wohnungseigentumseinheit mitzuvertreten (*Jennißen/Elzer* Vor §§ 23 bis 25 Rn 49). Dies gilt auch dann, wenn die erschienenen Mitberechtigten im Innenverhältnis der Personenmehrheit über die Stimmenmehrheit verfügen. In diesem Fall mögen die erschienenen Mitberechtigten zwar einen internen Beschluss über die Ausübung des Stimmrechts innerhalb der Wohnungseigentümerversammlung herbeiführen können. Dieser Beschluss berechtigt die Mehrheit der Mitberechtigten aber noch nicht, die Minderheit im Außenverhältnis zur Wohnungseigentümergemeinschaft zu vertreten (aA *Bärmann/Merle* § 25 Rn 52 ff). Abgesehen davon könnte der Versammlungsvorsitzende und jeder Wohnungseigentümer gemäß § 174 BGB die (angebliche) Vollmacht mangels schriftlicher Vollmachturkunde zurückweisen (vgl § 24 Rn 42). 10

Ist ein Eigentümer an **mehreren Wohnungseigentumseinheiten berechtigt**, etwa in der Weise, dass er Alleineigentümer einer Einheit und darüber hinaus Bruchteilsberechtigter einer weiteren Einheit ist, so hat er bei Geltung des Kopfprinzips eine Stimme für die ihm allein gehörende Einheit und darüber hinaus eine Mitstimmberechtigung für die Einheit, an der er einen Bruchteil hält (*OLG Düsseldorf* I-3 Wx 364/03, ZMR 2004, 696). Er kann in seiner Eigenschaft als Alleineigentümer anders stimmen als in seiner Eigenschaft als Mitberechtigter. § 25 Abs 2 S 2 gilt bei gleichzeitiger Berechti- 11 gung an verschiedenen Einheiten nicht, solange die Miteigentümergemeinschaften nicht personenidentisch sind (vgl *Bärmann/Merle* § 25 Rn 64). Beispiel: Gehört Ehegatten ein Wohnung gemeinsam und darüber hinaus jedem Ehegatten noch eine Einheit allein, haben die Ehegatten bei Geltung des Kopfstimmrechts insgesamt drei Stimmen: je eine Stimme für die im Alleineigentum stehende Einheit und eine gemeinsame Stimme für die ihnen gemeinsam gehörende Einheit (vgl *KG* 24 W 2084/88, OLGZ 1988, 434). Die Eheleute müssen sich nur für die ihnen gemeinsam gehörende Einheit auf eine einheitliche Stimmabgabe einigen.

12 **3. Stimmrecht bei Unterteilung und Vereinigung von Wohnungseigentum. Stimmrecht nach Köpfen:** Die Unterteilung einer Einheit in mehrere Einheiten ändert bei Geltung des Kopfstimmrechts an der Stimmverteilung zunächst nichts. Erst wenn die neu entstandenen Einheiten veräußert werden, tritt eine **Stimmenmehrung** ein (*KG* 24 W 9353/97, ZMR 2000, 191; *OLG Düsseldorf* I-3 Wx 364/03, ZMR 2004, 696; aA *OLG Stuttgart* 8 W 475/03, NZM 2005, 312; *BGH* V ZB 2/78, NJW 1979, 870; *Palandt/Bassenge* § 25 Rn 6). Dieser Umstand führt aber nicht dazu, dass die Unterteilung der Einheiten der Zustimmung der übrigen Eigentümer bedürfte (*OLG Düsseldorf* I-3 Wx 364/03, ZMR 2004, 696). Legt ein Eigentümer mehrere, ihm gehörende Einheiten zusammen, ändert dies an der Stimmenverteilung nichts. Legen zwei Eigentümer ihre Einheiten grundbuchlich zusammen, vereinigen sich auch ihre Stimmen.

13 **Stimmrecht nach Einheiten:** Die Unterteilung einer Wohnung in mehrere rechtlich selbstständige Einheiten führt bei Geltung des Objektstimmrechts grundsätzlich dazu, dass das zuvor auf die ungeteilte Einheit entfallende **Stimmrecht** entsprechend der Zahl der neu entstandenen Einheiten nach Bruchteilen **aufgespalten** und diesen zugewiesen wird (*BGH* V ZB 22/04, NJW 2004, 3413). Es tritt also keine Stimmenmehrung ein. Eine entsprechende Anwendung des § 25 Abs 2 S 2 scheitert an der Selbstständigkeit der neuen Einheiten. Angesichts der zu wahrenden Interessen der übrigen Wohnungseigentümer ändert sich daran bei einer späteren Veräußerung der durch Unterteilung entstandenen Einheiten nichts (*BGH* V ZB 22/04, NJW 2004, 3413). Die Teilungserklärung kann allerdings Abweichendes regeln. Ist etwa ein Dachgeschossrohling mit einem überproportional großen Miteigentumsanteil verbunden und bestimmt die Gemeinschaftsordnung, dass der Eigentümer dieser Einheit das Dachgeschoss zu Wohnzwecken ausbauen, in mehrere selbstständige Einheiten unterteilen und anschließend veräußern darf, so kann die Auslegung der Gemeinschaftsordnung ergeben, dass den neu entstehenden Einheiten jeweils ein volles Stimmrecht zustehen soll. Bei grundbuchlicher Zusammenlegung mehrerer Einheiten, tritt eine Stimmenreduzierung ein.

14 **Stimmrecht nach Miteigentumsanteilen:** Eine Unterteilung oder Zusammenlegung von Wohnungseigentumseinheiten wirkt sich auf die Stimmverteilung nicht aus, wenn sich die Stimmkraft nach Miteigentumsanteilen richtet.

III. Beschlussfähigkeit der Versammlung (Abs 3)

15 **1. Erstversammlung.** Die Versammlung der Wohnungseigentümer ist beschlussfähig, wenn die erschienenen stimmberechtigten Wohnungseigentümer mehr als die Hälfte der Miteigentumsanteile vertreten (§ 25 Abs 3). Die Beschlussfähigkeit muss bei **jeder Abstimmung** und nicht nur zu Beginn der Versammlung gegeben sein. Verlassen einzelne Wohnungseigentümer den Versammlungsraum bewusst mit dem Ziel, die Ver-

sammlung beschlussunfähig zu machen und dadurch eine bestimmte Beschlussfassung zu verhindern, so kann dieses Verhalten im Einzelfall **rechtsmissbräuchlich** sein, sodass die Versammlung trotz des Verlassens als beschlussfähig zu werten ist. Diese Konstellation ist mit dem Fall vergleichbar, in dem der Verwalter die Versammlung rechtsmissbräuchlich für beendet erklärt, um eine bestimmte Beschlussfassung zu verhindern (siehe § 24 Rn 59).

Die Miteigentumsanteile **nicht stimmberechtigter Wohnungseigentümer** bleiben bei der Feststellung der Beschlussfähigkeit unberücksichtigt (*BayObLG* 2Z BR 75/92; WuM 1992, 709; **aA** *KG* 24 W 3200/88, ZMR 1988, 469). Dies kann dazu führen, dass eine Versammlung nur beschlussfähig ist, wenn sämtliche stimmberechtigten Wohnungseigentümer anwesend oder vertreten sind. Ist die Hälfte aller Miteigentumsanteile von einem Stimmverbot betroffen, soll § 25 Abs 3 in diesem Fall nicht zur Anwendung kommen, weil die erste Versammlung dann niemals beschlussfähig sein könne (*OLG Düsseldorf* 3 Wx 393/98, ZMR 1999, 274; *BayObLG* 2Z BR 75/92; WuM 1992, 709; *KG* 24 W 6075/92, WuM, 1994, 41; **aA** *Häublein* NZM 2005, 534; *Riecke/Schmid/Riecke* § 25 Rn 47: nicht stimmberechtigte Miteigentumsanteile bleiben auch bei Ermittlung der Vergleichsgröße unberücksichtigt). Diese Ansicht hat zur Konsequenz, dass jede Erst-Versammlung beschlussfähig wäre, sofern nur ein stimmberechtigter Wohnungseigentümer anwesend oder vertreten ist. Dieses Ergebnis widerspricht jedoch Sinn und Zweck des § 25 Abs 3. Die Norm soll die Eigentümergemeinschaft vor Beschlüssen einer zufälligen Minderheit schützen, wenn diese Beschlüsse dem Willen der übrigen stimmberechtigten Eigentümermehrheit widersprechen (vgl *KG* 24 W 3200/88, ZMR 1988, 469). Das gesetzgeberische Anliegen würde geradezu torpediert, wenn im Fall des vom Stimmrecht ausgeschlossenen Mehrheitseigentümers jede Erstversammlung – ohne weitere Voraussetzungen – beschlussfähig wäre. Der mutmaßliche Wille des Gesetzgebers verlangt, § 25 Abs 3 auch in diesem Fall anzuwenden, dann mit der Maßgabe, dass die in der Versammlung anwesenden oder vertretenen Wohnungseigentümer mehr als die Hälfte der „**stimmberechtigten** Miteigentumsanteile" vertreten müssen. Bei dieser Auslegung wäre die stimmberechtigte Majorität vor Minderheitsbeschlüssen in der Erstversammlung geschützt (siehe auch *Häublein* NZM 2004, 534; *Riecke/Schmid/Riecke* § 25 Rn 47).

2. Wiederholungsversammlung (Abs 4). Ist eine Versammlung zu allen oder zu einzelnen Tagesordnungspunkten beschlussunfähig, so ist eine neue Versammlung mit diesen Tagesordnungspunkten einzuberufen (§ 25 Abs 4 S 1). Diese neue Versammlung ist **ohne Rücksicht auf die Höhe der vertretenen Miteigentumsanteile beschlussfähig** (§ 25 Abs 4 S 2 Hs 1); hierauf ist in der Versammlung hinzuweisen (Abs 4 S 2 Hs 2). Unterbleibt dieser **Hinweis**, sind die in der Wiederholungsversammlung gefassten Beschlüsse für ungültig zu erklären, wenn auch in dieser Versammlung die erschienenen stimmberechtigten Wohnungseigentümer nicht mehr als die Hälfte der Miteigentumsanteile vertreten haben und nicht mit Sicherheit feststeht, dass die Beschlüsse mit dem Hinweis ebenso zustande gekommen wären (*Riecke/Schmid/Riecke* § 25 Rn 48).

Die **Einladung** zur Wiederholungsversammlung darf **erst nach Beendigung der Erstversammlung versandt** werden. Die häufig anzutreffende Praxis, dass der Verwalter die Einladung zur Erstversammlung sogleich mit der Einladung zur Zweitversammlung verbindet für den Fall, dass die Erstversammlung beschlussunfähig sein sollte

(**Eventualeinberufung**), ist rechtswidrig (*Staudinger/Bub* § 25 Rn 260). Die in einer solchen Versammlung gefassten Beschlüsse sind für ungültig zu erklären, sofern nicht feststeht, dass der Ladungsmangel für das Beschlussergebnis nicht kausal geworden ist (*Staudinger/Bub* § 25 Rn 261). Da § 25 Abs 4 aber abdingbar ist, können die Wohnungseigentümer durch Vereinbarung bestimmen, dass jede Versammlung beschlussfähig oder zumindest die Eventualeinberufung zulässig ist.

19 In der Wiederholungsversammlung können auch **weitere Beschlussthemen** abgehandelt werden, die noch nicht auf der Tagesordnung der Erstversammlung standen. Die „Wiederholungsversammlung" ist hinsichtlich dieser Tagesordnungspunkte aber eine Erstversammlung im Sinne des § 25 Abs 3.

IV. Stimmrechtsschranken

20 Das WEG kennt mehrere Fälle, in denen der Wohnungseigentümer vom Stimmrecht ausgeschlossen oder zumindest in der Ausübung seines Stimmrechts eingeschränkt ist.

21 **1. Gegenständlich beschränktes Stimmrecht.** Wohnungseigentümer sind gemäß § 25 Abs 1 und 2 grundsätzlich berechtigt, bei allen Verwaltungsentscheidungen und Gebrauchsregelungen mitzuwirken. Eine Ausnahme hiervon ist für die Fälle zu machen, in denen nur eine abgrenzbare Gruppe von Wohnungseigentümern von der zu treffenden Beschlussregelung betroffen ist. Wird von einzelnen Maßnahmen nur ein **bestimmter Teil der Wohnungseigentümer** berührt mit der Folge, dass die Interessen der übrigen Wohnungseigentümer in keiner Weise betroffen sind, so ist das Stimmrecht auf diejenigen Wohnungseigentümer beschränkt, die von der Angelegenheit betroffen sind. Eine solche Beschränkung des Stimmrechts kann insbesondere bei Mehrhaus-Wohnanlagen in Betracht kommen (*BayObLG* 2Z BR 99/99, NZM 2000, 554; 2Z BR 142/95, WuM 1996, 369; *Bärmann/Merle* § 25 Rn 92 ff). Aber auch in diesen Fällen ist zu beachten, dass insbesondere bei Entscheidungen, die die **Kostentragung** der Wohnungseigentümer im Innenverhältnis oder die Haftung der Wohnungseigentümer oder der Gemeinschaft im Außenverhältnis betreffen, regelmäßig alle Wohnungseigentümer betroffen und daher auch zur Abstimmung berechtigt sind.

22 Bestimmt die Gemeinschaftsordnung einer **Mehrhausanlage**, dass die Kosten eines Gebäudekomplexes in Abweichung von § 16 Abs 2 WEG nur von den Eigentümern zu tragen sind, deren Sondereigentum sich in diesem Gebäudeteil befindet, betrifft ein Beschluss der Wohnungseigentümer über die Beauftragung eines Dritten zur Durchführung von Instandsetzungsmaßnahmen an diesem Gebäudekomplex gleichwohl **sämtliche** Mitglieder der Gesamtgemeinschaft, wenn gemäß § 10 Abs 8 WEG sämtliche Wohnungseigentümer für die Verbindlichkeiten der Gemeinschaft gegenüber dem Dritten haften. Der Umstand, dass die übrigen Wohnungseigentümer einen internen Freistellungsanspruch gegen die Eigentümer des instand zu setzenden Gebäudeteils haben, ändert an der Tatsache nichts, dass sämtliche Eigentümer im Außenverhältnis haften und somit durch den Beschluss in ihrer Rechtsposition „betroffen" werden (*Jennißen/Jennißen* § 16 Rn 64; **aA** *Wenzel* NZM 2006, 321; *Jennißen/Elzer* Vor §§ 23–25 Rn 155). Es sind selbst dann sämtliche Wohnungseigentümer stimmberechtigt, wenn die Gemeinschaftsordnung ausdrücklich regeln sollte, dass über Instandsetzungsarbeiten in einer Untergemeinschaft nur die Eigentümer der betreffenden Untergemeinschaft abzustimmen haben. Denn eine Vereinbarung, die Wohnungseigentümer dauerhaft in Angelegenheiten vom Stimmrecht ausschließt, die die persönli-

Mehrheitsbeschluss § 25 WEG II

che Haftung im Innen- oder Außenverhältnis betreffen, ist mit Treu und Glauben nicht zu vereinbaren und hält einer an § 242 BGB orientierten Inhaltskontrolle nicht stand (vgl § 10 Rn 24 ff).

2. Stimmverbot (Abs 5). – a) Vornahme eines Rechtsgeschäfts. Ein Wohnungseigentümer ist gemäß § 25 Abs 5, 1. Fall nicht stimmberechtigt, wenn die Eigentümergemeinschaft über die Vornahme eines Rechtsgeschäfts mit ihm beschließt. Beispiel: Mit einem Wohnungseigentümer soll ein Werkvertrag über die malermäßige Instandsetzungsmaßnahme des Treppenhauses abgeschlossen werden. Rechtspolitischer Grund für das Stimmverbot ist die **Doppelrolle**, in der sich der betreffende Wohnungseigentümer befindet. Er ist einerseits Mitglied der Eigentümergemeinschaft und in dieser Eigenschaft an einer ordnungsgemäßen Verwaltungsführung im Interesse sämtlicher Wohnungseigentümer interessiert. Andererseits strebt er den Abschluss eines – in der Regel entgeltlichen – Vertrages mit der Gemeinschaft an, der für ihn mit einem individuellen Vorteil verbunden ist. Um in dieser Situation der nahe liegenden Gefahr zu begegnen, dass sich der Eigentümer bei der Abstimmung gemeinschaftswidrig verhält, ist er von der Abstimmung ausgeschlossen.

Ausnahme: Kein Stimmverbot besteht für einen Wohnungseigentümer, der zum **Verwalter bestellt** oder vom Verwalteramt **abberufen** werden soll. Dies gilt auch, wenn der Beschluss über die Bestellung oder Abberufung zugleich auch den Abschluss oder die Kündigung des Verwaltervertrages betrifft. Nur wenn die Wohnungseigentümer über die Abberufung und Kündigung des Verwaltervertrages **aus wichtigem Grund** entscheiden, ist der betroffene Wohnungseigentümer vom Stimmrecht ausgeschlossen (*BGH* V ZB 30/02, NJW 2002, 3704). Der Verwalter unterliegt darüber hinaus einem Stimmverbot, wenn über seine **Entlastung** beschlossen wird.

b) Einleitung oder Erledigung eines Rechtsstreits. Der Wohnungseigentümer ist nach § 25 Abs 5, 2. Fall nicht stimmberechtigt, wenn der Beschluss die Einleitung oder Erledigung eines Rechtsstreits der anderen Wohnungseigentümer oder der Gemeinschaft gegen ihn betrifft. Auch hier besteht die Gefahr, dass sich der Wohnungseigentümer, gegen den der Rechtsstreit geführt wird, bei der Stimmabgabe von privaten Interessen leiten lässt. Er unterliegt daher einem Stimmverbot. Um die Einleitung eines Rechtsstreits geht es bei Entscheidungen über Anträge nach § 43 Nr 1, Anträge auf Erlass eines Mahnbescheids oder vorprozessuale Maßnahmen, wie die Beauftragung eines Rechtsanwalts. Entscheidungen über die Einlegung von Rechtsmitteln, die Auftragsrücknahme oder den Abschluss eines gerichtlichen Vergleichs betreffen die Erledigung eines Rechtsstreits.

c) Persönlicher Anwendungsbereich. – aa) Verwandtschaftliche Beziehungen. Das Stimmverbot erfasst grundsätzlich nur die im Grundbuch als Wohnungseigentümer eingetragenen Personen. **Persönliche Näheverhältnisse**, insbesondere verwandtschaftliche Beziehungen zu einer von einem Stimmverbot betroffenen Person, führen nicht zu einem Stimmrechtsausschluss nach § 25 Abs 5 (*Bärmann/Merle* § 25 Rn 135).

bb) Vertretung bei der Stimmabgabe. Die vom Stimmrecht ausgeschlossene Person kann sich nicht durch eine andere Person bei der Stimmabgabe **vertreten lassen**. Umgekehrt ist ein vom Stimmverbot betroffener Wohnungseigentümer nicht befugt, einen anderen Wohnungseigentümer **zu vertreten** (*OLG Düsseldorf* 3 Wx 174/01, ZWE 2001, 557). Der vom Stimmverbot betroffene Vertreter hat jedoch die Möglichkeit, einem anderen Wohnungseigentümer Untervollmacht zu erteilen, um die Stimme

Kümmel 425

des Vollmachtgebers nicht verfallen zu lassen. Die Untervollmacht darf allerdings nicht mit Weisungen für die Abstimmung verbunden sein, damit das Stimmverbot auf diese Weise nicht umgangen wird. Ein Nichtwohnungseigentümer kann einen Wohnungseigentümer dann nicht bei der Stimmabgabe wirksam vertreten, wenn er (zB der Verwalter) – wäre er selbst Wohnungseigentümer – einem Stimmverbot unterläge (*OLG Düsseldorf* 3 Wx 174/01, ZWE 2001, 557).

28 Daraus folgt, dass der **Verwalter**, der nicht zugleich Mitglied der Wohnungseigentümergemeinschaft ist, die Wohnungseigentümer nicht bei der Abstimmung über seine **Entlastung** vertreten kann, sofern die Vollmacht nicht im Außenverhältnis dahingehend beschränkt ist, dass der Verwalter nur mit Ja oder Nein stimmen kann. Wird mit der Entlastung zugleich über einen weiteren Punkt (zB die Jahresabrechnung) abgestimmt, erstreckt sich der Stimmrechtsausschluss auch auf die Abstimmung über diesen weiteren Punkt (*OLG Köln* 16 Wx 165/06, ZMR 2007, 715).

29 **cc) Zwangsverwalter.** Wird das Wohnungseigentum durch einen **Zwangsverwalter** verwaltet, nimmt dieser anstelle des Wohnungseigentümers das Stimmrecht wahr. Ein Stimmverbot des Wohnungseigentümers berührt das Stimmrecht des Zwangsverwalters nicht, da dieser nicht als Interessenvertreter des Wohnungseigentümers anzusehen ist (*Kefferpütz* S 118 ff; *Bärmann/Merle* § 25 Rn 139). Allerdings ist der Insolvenz- oder Zwangsverwalter vom Stimmverbot betroffen, wenn die Beschlussfassung die Vornahme eines Rechtsgeschäfts unmittelbar mit ihm oder die Einleitung oder Erledigung eines Rechtsstreit der anderen Wohnungseigentümer gegen ihn betrifft.

30 **dd) Mehrere Berechtigte am Wohnungseigentum.** Gehört ein Wohnungseigentum **mehreren Personen gemeinschaftlich** (Bruchteilsgemeinschaft, Erbengemeinschaft, Ehegatten), können diese ihr Stimmrecht gemäß § 25 Abs 2 S 2 nur einheitlich ausüben. Ist nur ein Teil der Mitberechtigten von einem Stimmverbot betroffen, so wirkt sich das Stimmverbot nach herrschender Meinung auch auf das Stimmrecht der nicht unmittelbar betroffenen Mitberechtigten aus (*BayObLG* 2Z BR 75/92, NJW-RR 1993, 206; *Müller* Praktische Fragen, Rn 387). Mit der Gegenansicht (*Kefferpütz* S 144; *Palandt/Bassenge* § 25 Rn 15; *Bärmann/Merle* § 25 Rn 144) ist eine differenzierte Betrachtungsweise vorzunehmen. Abzustellen ist auf die interne Willensbildung der mitberechtigten Gemeinschafter. Hat der vom Stimmverbot Betroffene einen maßgeblichen Einfluss auf die Willensbildung, ist das Stimmverbot auch den anderen Mitberechtigten zuzurechnen. Erfolgt etwa die Willensbildung der Mitberechtigten untereinander durch Mehrheitsbeschluss, ist ein maßgeblicher Einfluss des vom Stimmverbot betroffenen Mitberechtigten gegeben, wenn dieser mindestens die Hälfte der Stimmen in der Mitberechtigtengemeinschaft hält (*Kefferpütz* S 152). Hat die Willensbildung innerhalb der Mitberechtigtengemeinschaft dagegen einstimmig zu erfolgen, sind alle Mitberechtigten bereits dann von der Ausübung des Stimmrechts ausgeschlossen, wenn ein Mitberechtigter unmittelbar von einem Stimmverbot betroffen ist (*Kefferpütz* S 153). Steht Wohnungseigentum **Ehegatten** gemeinschaftlich zu, bewirkt ein Stimmrechtsausschluss bei einem Ehegatten, dass auch der andere von der Abstimmung ausgeschlossen ist.

31 **ee) Juristische Personen und Personengesellschaften.** Eine dem § 25 Abs 5 vergleichbare Sachlage ist gegeben, wenn eine **juristische Person** Wohnungseigentümerin ist und ein Rechtsgeschäft mit einem ihrer **Gesellschafter** oder **Organe** vorgenommen werden soll. Da die juristische Person nicht selbst zur Willensbildung

fähig ist, sondern diese vielmehr je nach der Kompetenzverteilung durch den unmittelbar vom Stimmverbot betroffenen Gesellschafter bzw. das Organ erfolgt, liegt die gleiche Interessenkollision vor, für die § 25 Abs 5 ein Stimmverbot anordnet. Für die Ausdehnung eines bei der Gesellschaft bestehenden Stimmverbotes auf den handelnden Gesellschafter oder das Organ ist entscheidend, welchen Einfluss der Gesellschafter oder das Organ auf die Willensbildung bei der juristischen Person hat. Bei einer **GmbH** etwa liegt die Geschäftsführung grundsätzlich in den Händen des bzw. der Geschäftsführer. Allerdings kann die Gesellschafterversammlung die Geschäftsführung jederzeit an sich ziehen und dem Geschäftsführer verbindliche Anweisungen erteilen. Deshalb sind sowohl die beim Geschäftsführer als auch die bei den Gesellschaftern angesiedelten Stimmverbote der GmbH zuzurechnen, sofern diesen ein maßgeblicher Einfluss auf die Willensbildung zukommt. Ein maßgeblicher Einfluss eines betroffenen Gesellschafters ist anzunehmen, wenn er mindestens die Hälfte der Stimmen in der Gesellschafterversammlung auf sich vereinigt, da dann eine Willensbildung ohne sein Einverständnis nicht mehr zustande kommen kann (siehe *Bärmann/Merle* § 25 Rn 148). Bei der **Aktiengesellschaft** liegt die Geschäftsführung ausschließlich beim Vorstand. Die AG ist von der Abstimmung in der Wohnungseigentümerversammlung ausgeschlossen, wenn mindestens die Hälfte der Vorstandmitglieder dem Grunde nach vom Stimmverbot betroffen sind (*Kefferpütz* S 163). Dagegen haben Stimmverbote bei den Aktionären auf das Stimmrecht der AG keinen Einfluss. Eine Ausnahme gilt nur bei der Ein-Mann-AG.

In der umgekehrten Situation geht es um die **Zurechnung** eines bei der juristischen Person angesiedelten Stimmverbots **auf ihre Gesellschafter und Organe**. Ein Stimmverbot liegt vor, wenn aufgrund der gesellschaftsrechtlichen Verflechtungen zwischen dem betroffenen Wohnungseigentümer und dessen Gesellschaft die Gefahr besteht, dass sich der Wohnungseigentümer bei der Beschlussfassung in seiner Eigenschaft als Gesellschafter oder Organ von den Interessen der juristischen Person leiten lassen wird. Dies ist regelmäßig zu befürchten, wenn es für ihn wirtschaftlich günstiger ist, die Interessen der juristischen Person wahrzunehmen als die Interessen der Wohnungseigentümergemeinschaft. Unproblematisch hat die Zurechnung eines Stimmverbots zu erfolgen, wenn der Wohnungseigentümer Alleingesellschafter der juristischen Person ist. Bei einer geringeren Beteiligung bildet das Maß der Beteiligung an der Wohnungseigentümergemeinschaft einerseits und an der juristischen Person andererseits ein brauchbares Abgrenzungskriterium. Überwiegt der aus der Gesellschaft zu erwartende Gewinn betragsmäßig die Kostentragungslast in der Wohnungseigentümergemeinschaft, ist von einem Stimmverbot auszugehen. Hat der Wohnungseigentümer hingegen innerhalb der Gemeinschaft einen größeren Kostenanteil zu tragen, als er Gewinne aus der Gesellschaft zieht, besteht nicht ohne weiteres die Gefahr, dass er sein Stimmrecht zum wirtschaftlichen Nachteil der Eigentümergemeinschaft ausübt. 32

Wird über die Vornahme eines Rechtsgeschäfts oder die Einleitung oder Erledigung eines Rechtsstreits gegen eine **Personenhandelsgesellschaft** oder Partnerschaft Beschluss gefasst, so ist ein Wohnungseigentümer, der **persönlich haftender Gesellschafter** der betroffenen Gesellschaft ist, ebenfalls nicht stimmberechtigt. Hat der Wohnungseigentümer dagegen nur die Stellung eines Kommanditisten, bleibt sein Stimmrecht bestehen (ausführlich *Bärmann/Merle* § 25 Rn 150). 33

34 d) Rechtsfolgen des Stimmverbots. Ein Wohnungseigentümer, der von einem Stimmverbot betroffen ist, darf bei der Beschlussfassung **nicht mitstimmen**. Eine dennoch abgegebene Stimme ist unwirksam und darf vom Versammlungsvorsitzenden nicht berücksichtigt werden. Wird die Stimme zu Unrecht mitgezählt, ist der Beschluss für ungültig zu erklären, wenn die fehlerhaft gewertete Stimme für das Beschlussergebnis von Bedeutung war.

35 Stimmverbote schließen einen Wohnungseigentümer nur von seinem Stimmrecht aus. Auf das **Rede-, Teilnahme- und Antragsrecht** hat das Stimmverbot keinen Einfluss. Ebenso verliert der von einem Stimmverbot betroffene Wohnungseigentümer nicht die Befugnis, den Beschluss, bei dem er nicht stimmberechtigt war, gerichtlich **anzufechten** (*Bärmann/Merle* § 25 Rn 159).

36 3. Ruhen des Stimmrechts. Von einem Ruhen des Stimmrechts spricht man, wenn der Stimmrechtsinhaber generell von der Mitwirkung an Beschlussfassungen ausgeschlossen ist, ohne dass es auf den konkreten Beschlussgegenstand ankommt. Ein solcher Fall liegt nach § 25 Abs 5, 3. Fall vor, wenn ein Wohnungseigentümer nach § 18 zur **Veräußerung seines Wohnungseigentums verurteilt** wurde. Fraglich ist, ob ein nach § 18 rechtskräftig verurteilter Wohnungseigentümer einen anderen Wohnungseigentümer vertreten kann. Richtiger Weise wird man dies verneinen müssen (*Bärmann/ Merle* § 25 Rn 168), auch wenn der nach § 18 rechtskräftig verurteilte Wohnungseigentümer ein Recht zur Teilnahme an der Versammlung hat und rechtswidrige Beschlüsse anfechten kann (§ 24 Rn 35; *Bärmann/Merle* § 24 Rn 62).

37 Darüber hinaus kann die **Gemeinschaftsordnung** ein Ruhen des Stimmrechts anordnen, wenn sich der Wohnungseigentümer einer Pflichtverletzung innerhalb der Gemeinschaft schuldig gemacht hat. Bewährt ist etwa die Bestimmung, dass ein Wohnungseigentümer an Beschlussfassungen nicht mitwirken darf, wenn er mit **Wohngeldzahlungen** in bestimmter Höhe im **Rückstand** ist. Solche Bestimmungen sind grundsätzlich zulässig und wirksam. Sie müssen jedoch verhältnismäßig sein. Nicht jede Pflichtverletzung kann einen Entzug des Stimmrechts rechtfertigen. Zulässig ist die Anordnung eines Stimmrechtsausschlusses, wenn ein Wohnungseigentümer drei Monate kein Wohngeld gezahlt hat. Wegen Unverhältnismäßigkeit nichtig wäre eine Klausel, wonach das Stimmrecht eines Eigentümers ruhen soll, wenn er „mit Wohngeldbeiträgen" mindestens drei Monate im Verzug ist. Denn die Teilungserklärung muss, um inhaltlich ausreichend bestimmt zu sein und einer Inhaltskontrolle stand zu halten (siehe § 10 Rn 24 ff), die Höhe des zum Stimmrechtsausschluss führenden Verzugsbetrages beziffern.

38 4. Missbrauch des Stimmrechts. Der Wohnungseigentümer darf sein Stimmrecht nicht rechtsmissbräuchlich ausüben. Dies verbietet die Treuepflicht der Wohnungseigentümer und der Grundsatz von Treu und Glauben. Ob ein Stimmrechtsmissbrauch vorliegt, hängt von den **konkreten Umständen des Einzelfalls** ab. Die Beschränkung des Stimmrechts durch die Treuepflicht und den Grundsatz von Treu und Glauben ist hinsichtlich der **Rechtsfolge** zu unterscheiden von den in § 25 Abs 5 geregelten Stimmverboten. Ist ein Wohnungseigentümer von einem Stimmverbot betroffen, ist dessen Stimmrecht von Anfang an ausgeschlossen. Dagegen kann sich ein Verstoß gegen den Grundsatz von Treu und Glauben nur aus der **konkreten Ausübung des Stimmrechts** ergeben. Der Wohnungseigentümer kann also grundsätzlich an der Abstimmung teilnehmen, er darf sein Stimmrecht nur nicht missbrauchen. Ihm verbleibt immer die

Möglichkeit, von seinem Stimmrecht in rechtmäßiger Weise Gebrauch zu machen (*Bärmann/Merle* § 25 Rn 177). Missbraucht er sein Stimmrecht, ist die Stimmabgabe unwirksam. Der gesamte Eigentümerbeschluss ist aber lediglich anfechtbar, wobei eine Ungültigerklärung durch das Gericht nur dann in Betracht kommt, wenn sich die rechtsmissbräuchliche Stimmabgabe auf das Abstimmungsergebnis ausgewirkt hat.

Ein Fall der **Majorisierung** liegt vor, wenn ein Wohnungseigentümer sein Stimmenübergewicht dazu missbraucht, einen ihm genehmen Beschluss herbeizuführen. Grundsätzlich steht es auch einem Mehrheitseigentümer frei, ob und in welcher Weise er von seinem Stimmrecht Gebrauch macht (*BayObLG* 2Z BR 143/04, ZMR 2006, 139; *Bärmann/Merle* § 25 Rn 178). Ein Missbrauch des Stimmrechts liegt daher nicht schon dann vor, wenn der Mehrheitseigentümer mit seinen Stimmen einen Beschluss gegen die Stimmen aller anderen Wohnungseigentümer durchsetzt (*BGH* V ZB 30/02, NJW 2002, 3704). Es müssen weitere Umstände hinzutreten, um die Ausübung des Stimmrechts durch den Mehrheitseigentümer als missbräuchlich ansehen zu können (*Bärmann/Merle* § 25 Rn 179). Solche Umstände liegen vor, wenn der Mehrheitseigentümer bei der Abstimmung nicht die Interessen der Gemeinschaft im Auge hat, sondern ausschließlich eigene Interessen verfolgt, so etwa, wenn er sich selbst zum Verwalter bestellt, obwohl andere Mitbewerber fachlich besser geeignet sind und auch preislich bessere Angebote vorgelegt haben. Der gesamte Eigentümerbeschluss ist aber lediglich anfechtbar, wobei eine Ungültigerklärung durch das Gericht nur dann in Betracht kommt, wenn sich die Stimmabgabe auf das Abstimmungsergebnis ausgewirkt hat.

§ 26 Bestellung und Abberufung des Verwalters

(1) ¹Über die Bestellung und Abberufung des Verwalters beschließen die Wohnungseigentümer mit Stimmenmehrheit. ²Die Bestellung darf auf höchstens fünf Jahre vorgenommen werden, im Falle der ersten Bestellung nach der Begründung von Wohnungseigentum aber auf höchstens drei Jahre. ³Die Abberufung des Verwalters kann auf das Vorliegen eines wichtigen Grundes beschränkt werden. ⁴Ein wichtiger Grund liegt regelmäßig vor, wenn der Verwalter die Beschluss-Sammlung nicht ordnungsmäßig führt. ⁵Andere Beschränkungen der Bestellung oder Abberufung des Verwalters sind nicht zulässig.

(2) Die wiederholte Bestellung ist zulässig; sie bedarf eines erneuten Beschlusses der Wohnungseigentümer, der frühestens ein Jahr vor Ablauf der Bestellungszeit gefasst werden kann.

(3) Soweit die Verwaltereigenschaft durch eine öffentlich beglaubigte Urkunde nachgewiesen werden muss, genügt die Vorlage einer Niederschrift über den Bestellungsbeschluss, bei der die Unterschriften der in § 24 Abs. 6 bezeichneten Personen öffentlich beglaubigt sind.

Übersicht

	Rn		Rn
I. Allgemeines	1	3. Anfechtung der Verwalterbestellung	17
II. Bestellung des Verwalters	5	a) Fehlende Eignung	18
1. Eignung des Verwalters	7		
2. Mehrheitsbeschluss	14	b) Bestimmtheit des Beschlusses	20

	Rn		Rn
c) Konkurrenzangebote	21	IV. Abberufung des Verwalters	85
d) Teilungültigkeit	22	1. Mehrheitsbeschluss über die Abberufung	86
e) Wirkung der Ungültigerklärung	23	a) Stimmrecht des Verwalters	87
f) Erledigung der Hauptsache	24	b) Anspruch auf Abberufung	88
g) Rechtsmittel des Verwalters	25	c) Wirksamkeit der Abberufung	91
4. Bestellung in der Teilungserklärung	26	d) Anfechtungsbefugnis des Verwalters	92
5. Höchstdauer der Bestellung	27	2. Abberufung aus wichtigem Grund	96
6. Wiederwahl	29	a) Einschränkung der Abberufung	96
7. Beschränkungen der Verwalterbestellung	30	b) Keine Erklärungsfrist	97
III. Verwaltervertrag	31	c) Wichtiger Grund	98
1. Vertragsabschluss	33	d) Einzelfälle	99
a) Vertragsangebot durch den Bestellungsbeschluss	34	e) Abberufungsgrund des § 26 Abs 1 S 4	102
b) Vertragsannahme durch den Bestellungsbeschluss	35	3. Kündigung des Verwaltervertrages	103
c) Vertragsschluss nach Verwalterbestellung	36	a) Rechtsschutz gegen die Kündigung	104
d) Umfang einer Abschlussvollmacht	42	b) Kündigungserklärung	107
2. Rechtsnatur des Vertrages	50	c) Kündigungsfristen	108
3. Einzelne Regelungen des Verwaltervertrags	54	d) § 626 Abs 2 BGB	109
a) Instandsetzungsmaßnahmen	54	e) Kündigungsgründe	110
b) Einstellung von Hilfskräften	56	f) Abmahnung	114
c) Übersendung des Versammlungsprotokolls	57	V. Amtsniederlegung	115
d) Haftungsbeschränkung	58	VI. Ansprüche bei einem Verwalterwechsel	118
e) Verwaltervollmacht	61	1. Anspruch auf Herausgabe nicht verbrauchter Wohngelder	119
f) Regelungen über das Gemeinschaftsverhältnis	62	2. Herausgabe der Verwaltungsunterlagen	124
4. Vergütung	64	3. Anspruch des Verwalters auf Aufwendungsersatz	126
a) Vergütungsanspruch	64	VII. Nachweis der Verwalterstellung	129
b) Höhe der Vergütung	66	VIII. Verwalterbestellung durch das Gericht	134
c) Sondervergütung	69	1. Entscheidung des Gerichts	138
d) Fälligkeit	75	2. Beendigung der Verwalterstellung	141
e) Verteilungsschlüssel	76		
f) Verjährung	79		
5. Auswirkung von Leistungsstörungen auf die Vergütung	80		
6. Vertragsdauer	82		

Literatur: *Abramenko* Parteien und Zustandekommen des Verwaltervertrags nach der neuen Rechtsprechung zur Teilrechtsfähigkeit der Wohnungseigentümergemeinschaft, ZMR 2006, 6; *Armbrüster* Beginn und Ende von Verwalterstellung und Verwaltervertrag, ZfIR 2003, 9; *Bielefeld* Aushandeln und Abschluss des Verwaltervertrages durch den Verwaltungsbeirat, DWE 2001, 129; *Briesemeister* Der Verwaltervertrag als Instrument zur Begründung von Einzelpflichten der Wohnungseigentümer, ZMR 2003, 312; *ders* Das Stimmrecht des WEG-Verwalters bei Eigentümerbeschlüssen über seine eigene Verwalterstellung, FS Bub, 2007, 17; *Bogen* Bestellung und Anstellung des Verwalters im Wohnungseigentumsrecht,

ZWE 2002, 289; *Deckert* Erweiterung der Befugnisse des Verwalters durch Verwaltervertrag, ZWE 2003, 247; *ders* Bestellung des WEG-Erstverwalters durch den teilenden Grundstückseigentümer: Eine rechtkonforme Praxis? FS Bub, 2007, 37; *Drasdo* Beschränkung der Abberufung des Verwalters auf einen wichtigen Grund, NZM 2001, 923; *ders* Die Haftung der Wohnungseigentümer für Handlungen des Verwaltungsbeirats bei Schadensersatzansprüchen des Verwalters, ZWE 2001, 522; *ders* Anfechtung des Abberufungsbeschlusses durch den Wohnungseigentumsverwalter, NZM 2002, 853; *ders* Der Bauträgerverwalter, BTR 2005, 2; *Elzer* Zur gerichtlichen Entscheidung über die Wiederwahl eines WEG-Verwalters, ZMR 2001, 418; *Fritsch* Die vorzeitige Beendigung des Verwalterverhältnisses im Wohnungseigentum, ZMR 2005, 829; *Frohne* Die Haupt- und Nebenpflichten des Verwalters vor Amtsantritt und nach Amtsende, NZM 2002, 242; *Furmans* Verwaltervertrag und AGB-Gesetz – nicht notwendig ein Widerspruch, NZM 2000, 985; *dies* Verwaltungsvertrag und neues ABG-Recht, DWE 2002, 77; *dies* Klauselkontrolle von Verwalterverträgen, NZM 2004, 201; *Greiner* Zum Abschluss der Verwaltervertrags, ZWE 2008, 454; *Gottschalg* Die Übertragung von Kompetenzen der Wohnungseigentümer auf Verwalter und Verwaltungsbeirat, ZWE 2000, 50; *ders* Durchsetzung von Verwaltergebühren, NZM 2000, 473; *ders* Die Abberufung des Verwalters und die Beendigung/Kündigung des Verwaltervertrages, DWE 2001, 85; *ders* Die Bestellung des Verwalters und der Abschluss des Verwaltervertrages, DWE 2001, 51; *ders* Rechtliche Möglichkeiten und Grenzen der Vergütungsgestaltung des WEG-Verwalters, ZWE 2002, 200; *ders* Notwendige Änderungen der Verwalterverträge als Folge des neuen AGB-Rechts, DWE 2003, 41; *ders* Bauträger-, Verwalter- und Vermieteridentität, NZM 2002, 841; *ders* Das Anfechtungsrecht des Verwalters – neue Aspekte, ZWE 2006, 332; *Häublein* „Drittwirkung" der Verwalterpflichten, ZWE 2008, 1 und 80; *Hügel* Die Gesellschaft bürgerlichen Rechts als Verwalter nach dem WEG, ZWE 2003, 323; *Jacoby* Zum Abschluss des Verwaltervertrages, ZWE 2008, 327; *Hügel* Der Verwalter als Organ des Verbands Wohnungseigentümergemeinschaft und als Vertreter der Wohnungseigentümer, ZMR 2008, 1; *Joussen* Die Maklerprovision des WEG-Verwalters, NZM 2004, 761; *Langemaack* Maklerprovision für WEG-Verwalter – Selbstständiges Versprechen, NZM 2003, 466; *Merle* Bestellung und Abberufung des Verwalters nach § 26 des Wohnungseigentumsgesetzes (Berlin 1977); *ders* Bauträger und Immobilienverwalter, ZWE 2002, 391; *Niedenführ* Zahlungsanspruch der Wohnungseigentümer gegen den früheren Verwalter bei ungeklärten Abhebungen vom Treuhandkonto, NZM 2000, 270; *ders* Vollmacht des Verwaltungsbeirats zum Abschluss des Verwaltervertrags, NZM 2001, 517; *ders* Unwirksame Sondervergütungsbestimmung im Verwaltervertrag, NZM 2003, 307; *Reuter* Die Anfechtung von Beschlüssen der Wohnungseigentümer durch den Verwalter, ZWE 2001, 286; *Reichert* Die Abrechnungspflicht des ehemaligen Verwalters, ZWE 2001, 92; *Sauren* Verwaltung unter dem Rechtsberatungsgesetz, NZM 2003, 966; *Schmidt* Erweiterung der Kompetenzen des Verwaltungsbeirats, ZWE 2001, 137; *J. Schmidt* Konsumentenmacht der Verwalter – Wohnungseigentumsrechtliche Probleme, ZWE 2002, 348; *Steinmann* Die rechtsfähige GbR als WEG-Verwalterin, GE 2001, 1663; *Striewski* Verwalterbestellung ohne Verwaltervertrag, ZWE 2001, 8; *Suilmann* Beschlussanfechtung durch den abberufenen Verwalter, ZWE 2000, 106; *Wenzel* Die Befugnis des Verwalters zur Anfechtung des Abberufungsbeschlusses, ZWE 2001, 510; *Windisch* Maklerprovision für WEG-Verwalter?, NZM 2000, 478.

I. Allgemeines

§ 26 wurde durch Art 1 Nr 5 des Gesetzes zur Änderung des Wohnungseigentumsgesetzes und der Verordnung über das Erbbaurecht vom 30.7.1973 (BGBl I S 910) neu gefasst, wobei insbesondere die Höchstdauer für die Verwalterbestellung eingeführt und der Abs 4 der Vorschrift angefügt wurde. Durch die WEG-Novelle 2007 wurde Abs 1 in S 2 um einen Halbsatz (Höchstdauer für die Erstbestellung) erweitert und es wurde Abs1 um den S 4 (Abberufungsgrund bei fehlerhafter Beschluss-Sammlung) ergänzt. **1**

II WEG § 26 Bestellung und Abberufung des Verwalters

2 Die Vorschrift regelt die Bestellung und Abberufung des Verwalters, die zulässige Höchstdauer der Verwalterbestellung, die Möglichkeit der Wiederwahl und die Anforderungen an den Nachweis der Verwaltereigenschaft. Die Bestellung und die Abberufung des Verwalters sind als organisationsrechtliche Akte zu unterscheiden von dem rechtsgeschäftlichen Abschluss des Verwaltervertrags und seiner Beendigung. Die gesetzlichen Aufgaben und Befugnisse des Verwalters sind in den §§ 24, 27, 28 näher geregelt.

3 § 26 ist in engem Zusammenhang mit § 20 Abs 2 zu sehen, wonach die Bestellung eines Verwalters nicht durch Vereinbarung ausgeschlossen werden kann. Dies hat zur Folge, dass jeder Wohnungseigentümer gemäß §§ 21 Abs 4, 43 Nr 1 und in dringenden Fällen per einstweiliger Verfügung einen gerichtlich durchsetzbaren Anspruch auf Bestellung eines Verwalters hat. Eine Eigentümergemeinschaft kann dabei nur so lange ohne Verwalter bleiben, solange sich alle Wohnungseigentümer darüber einig sind, dass eine Verwalterbestellung nicht erforderlich ist, zB weil die Gemeinschaft sehr klein ist und die auftretenden Fragen einvernehmlich geregelt werden. Ein Beschluss der Wohnungseigentümer, für eine bestimmte Zeit keinen Verwalter zu bestellen, verstößt gegen § 20 Abs 2 und ist deshalb nichtig (**aA** *Müller* Rn 412).

4 Um die Interessen von Wohnungseigentumsverwaltern kümmern sich vor allem der Dachverband Deutscher Immobilienverwalter (DDIV) und der Bundesverband Wohnungs- und Immobilienverwalter (BfW).

II. Bestellung des Verwalters

5 Die Bestellung und die Abberufung des Verwalters sind nach der **Trennungstheorie** als organisationsrechtliche Akte zu unterscheiden von dem rechtsgeschäftlichen Abschluss des Verwaltervertrags und seiner Beendigung (vgl für Bestellung und Vertragsabschluss *BGH* III ZR 248/95, NJW 1997, 2106). Nahezu Einigkeit besteht darüber, dass niemand ohne Annahme der Bestellung die Verwalterstellung erlangt, weil niemand gegen seinen Willen zum Verwalter bestellt werden kann (vgl etwa *Merle* in Bärmann, § 26 Rn 22, 23).

6 Die **Vertragstheorie** geht davon aus, dass der Gewählte die Stellung des Verwalters nicht schon mit dem Bestellungsbeschluss, sondern erst mit dem Abschluss des Verwaltervertrages erlangt (*BayObLG* BReg 2 Z 25/74, BayObLGZ 1974, 305, 309; *OLG Oldenburg* 5 Wx 32/78, Rpfl 1979, 266; *OLG Hamburg* 2 Wx 33/00, ZWE 2002, 133, 134; *Staudinger/Bub* § 26 Rn 130). Demgegenüber vertritt die im Vordringen begriffene **Trennungstheorie im engeren Sinn** sich anlehnend an die im Gesellschaftsrecht für die Bestellung von Vertretungsorganen anerkannte Rechtslage, der Verwalter erlange seine Rechtsstellung bereits mit Annahme der auf dem Beschluss beruhenden Bestellungserklärung *(Schmidt* WE 1998, 209, 210*; Merle* in Bärmann, § 26 Rn 26; *Striewski* ZWE 2001, 8, 10; *Wenzel* ZWE 2001, 510, 512; *Gottschalg* Rn 13). Diese Auffassung verdient Zustimmung (die noch in NZM 2001, 517 vertretene Ansicht wurde aufgegeben). Für die Trennungstheorie im engeren Sinn spricht noch nicht § 26 Abs 4, denn diese Vorschrift will nur den Nachweis der Verwaltereigenschaft erleichtern und ist deshalb kein durchgreifendes Argument für eine Verwalterstellung ohne Verwaltervertrag (*Staudinger/Bub* § 26 Rn 130). Entscheidend ist jedoch, dass das Gesetz in den §§ 24, 27, und 28 Rechte und Pflichten des Verwalters begründet, ohne diese gesetzlichen Verwalterpflichten vom Abschluss eines Verwaltervertrags abhängig zu machen (ebenso *Wenzel* ZWE 2001, 510, 512). Die Amtsstellung des Verwalters wird damit durch den Bestellungsbeschluss und die Zustimmungserklärung des Bestellten begründet.

1. Eignung des Verwalters. Die fachlichen und persönlichen Fähigkeiten des Verwalters sind regelmäßig entscheidend für das Funktionieren einer Eigentümergemeinschaft. Eine bestimmte Ausbildung oder ein Qualifikationsnachweis sind jedoch rechtlich nicht vorgeschrieben. Jedermann kann als Wohnungseigentumsverwalter tätig werden. Er braucht nur den Beginn seiner Berufsausübung gemäß § 14 Abs 1 GewO dem örtlichen Gewerbeamt anzuzeigen. Die Wohnungseigentümer sind daher gezwungen, sich über die berufliche Qualifikation des zu wählenden Verwalters ein eigenes Bild zu machen. Sie sollten dies sehr sorgfältig tun und sich bei der persönlichen Vorstellung des Verwalters in der Eigentümerversammlung ausführlich nach Berufsausbildung, Berufserfahrung und betrieblicher Ausstattung (EDV usw) erkundigen. Sie sollten auch Auskünfte einholen, insbesondere von Eigentümern, die in einer Eigentumswohnungsanlage wohnen, die der Bewerber verwaltet. 7

Zum Verwalter kann jede natürliche Person bestellt werden. Auch ein Wohnungseigentümer kann Verwalter sein. Verwalter einer Wohnungseigentümergemeinschaft kann auch eine juristische Person (zB GmbH oder Genossenschaft) oder eine Personenhandelsgesellschaft (OHG oder KG) sein. Eine Verwaltungsgesellschaft, die einen kaufmännisch eingerichteten Gewerbebetrieb erfordert, kann nach der Neufassung des § 1 HGB auch ohne Eintragung in das Handelsregister eine OHG sein (s dazu *Drasdo* ZMR 1999, 303). Verwalter kann auch ein Einzelkaufmann sein. Tritt dieser unter einer Firma auf, so ist Verwalter gleichwohl der Kaufmann persönlich (vgl § 17 HGB). Veräußert er sein Einzelhandelsgeschäft mit Firma, so wird der Erwerber dadurch nicht Verwalter (*BayObLG* BReg 2 Z 104/89, WuM 1990, 234). 8

Die Bestellung einer **Gesellschaft bürgerlichen Rechts** zum Verwalter, ist nach der Rechtsprechung des BGH **nichtig** (*BGH* V ZB 132/05, NJW 2006, 2189 m krit Anm *Schäfer* S 2160 = ZWE 2006, 183 m krit Anm *Armbrüster*, S 181 = LMK 2006 (Nr 5), 178161 m krit Anm *Niedenführ*; *BGH* VII ZR 206/07, NZM 2009, 547 Tz 10). 9

Nichtig ist auch ein Beschluss, durch den zwei Personen, die nicht einmal eine Gesellschaft bürgerlichen Rechts bilden, zu Verwaltern bestellt werden, weil die Verwaltung aus Gründen der Klarheit der Verantwortlichkeit nur einer einzelnen Person übertragen werden kann (*BGH* II ZR 117/89, WuM 1990, 128). 10

Durch die Übernahme des Geschäfts einer GmbH & Co. KG mit allen Aktiva und Passiva durch eine GmbH ohne Liquidation im Wege der Anwachsung geht das Verwalteramt nicht auf die GmbH über (*OLG Köln* 16 Wx 5/06, ZMR 2006, 385). Das gleiche gilt, wenn sämtliche Anteile auf eine Komplementär-GmbH übergehen (*BayObLG* BReg 2 Z 6/87, BayObLGZ 1987, 54). 11

Der Geschäftsbesorgungsvertrag des WEG-Verwalters ist seinem Wesen nach nicht über den Tod des Verwalters hinaus, sondern auf die Person angelegt. Das aufgrund besonderen Vertrauens übertragene und mit weitreichenden Vollmachten versehene Amt des Verwalters geht im Zweifel nicht auf den Gesamtrechtsnachfolger über (§§ 168, 673 BGB analog). Das Verwalterverhältnis endet deshalb mit dem **Tod des Verwalters** (*OLG München* 34 Wx 89/07, ZWE 2008, 343). Ebenso endet es grundsätzlich mit dem Erlöschen der zum Verwalter bestellten juristischen Person. Etwas anderes kommt 12 allenfalls dann in Betracht, wenn eine juristische Person, die Verwalter ist, durch **Umwandlung oder Verschmelzung** erlischt (*OLG Düsseldorf* 3 Wx 159/90, NJW-RR 1990, 1299). Im Fall der Umwandlung einer einzelkaufmännischen Firma in Form der Ausgliederung zum Zweck der Neugründung einer GmbH geht das Verwalteramt nicht von selbst auf die GmbH über, weil sich durch den Rechtsformwechsel der direkte Einfluss der Wohnungseigentümer auf die natürliche Person, die als Verwalter handelt, abschwächen kann (*BayObLG* 2Z BR 161/01, NZM 2002, 346, 348).

13 Die Beschlüsse einer Eigentümerversammlung, die von einem fehlerhaft bestellten Verwalter einberufen worden war, sind zwar nicht nichtig, aber anfechtbar (*OLG Stuttgart* WE 1990, 106).

14 **2. Mehrheitsbeschluss.** Die Wohnungseigentümer entscheiden gemäß § 26 Abs 1 S 1 über die Bestellung des Verwalters durch einen Mehrheitsbeschluss. Ein Wohnungseigentümer, der zum **Verwalter** bestellt werden soll, **ist stimmberechtigt** (*BGH* V ZB 30/ 02, NZM 2002, 995, 999). Das Stimmrecht entfällt nicht dadurch, dass mit der Bestellung zugleich über den Abschluss des Verwaltervertrags beschlossen wird, denn der Schwerpunkt der Beschlussfassung liegt weiterhin in der Bestellung als Akt der Mitverwaltung (*BGH* V ZB 30/02, NZM 2002, 995, 999). Das Stimmenübergewicht eines Wohnungseigentümers bei der Entscheidung über seine Bestellung zum Verwalter genügt allein noch nicht, um unter dem Gesichtspunkt einer Majorisierung einen Stimmrechtsmissbrauch zu begründen, der die abgegebenen Stimmen unwirksam machen würde (*BGH* V ZB 30/02, NZM 2002, 995, 1000). Ein Mehrheitseigentümer darf auch mitstimmen, wenn der Abschluss eines Verwaltervertrages mit seiner Ehefrau gebilligt werden soll (*OLG Saarbrücken* 5 W 60/97, WuM 1998, 243, 245). Der Beschluss über die erneute Bestellung einer GmbH zum Verwalter ist rechtsmissbräuchlich, wenn ihr Geschäftsführer, der gleichzeitig auch Geschäftsführer der Bauträgergesellschaft ist, die Beseitigung von Mängeln am Gemeinschaftseigentum gegenüber dieser nicht weiterverfolgt, so dass von vornherein nicht mit der Begründung eines unbelasteten, für die Tätigkeit des Verwalters erforderlichen Vertrauensverhältnisses zu den anderen Wohnungseigentümern zu rechnen ist (*OLG Karlsruhe* 14 Wx 41/06, ZMR 2008, 408).

15 Die **relative Stimmenmehrheit genügt** auch dann **nicht**, wenn über mehrere Bewerber gleichzeitig abgestimmt wird (*BayObLG* 2Z BR 85/02, ZMR 2004, 125, 126). Erforderlich und ausreichend ist stets die einfache Stimmenmehrheit der in der Versammlung anwesenden oder vertretenen Wohnungseigentümer, unabhängig davon, ob nach dem gesetzlichen Kopfprinzip (§ 25 Abs 2), nach Miteigentumsanteilen oder nach Wohnungseinheiten abzustimmen ist. Eine Abweichung vom Kopfprinzip ist nicht verboten (*BayObLG* 2Z BR 85/02, ZMR 2004, 125, 126). Unzulässig ist jedoch gemäß § 26 Abs 1 S 5 das Erfordernis einer qualifizierten Mehrheit.

16 Auswahl und Bestellung des Verwalters können nicht auf den Verwaltungsbeirat übertragen werden (*LG Lübeck* DWE 1986, 64). Zulässig ist aber eine Vorauswahl durch den Verwaltungsbeirat (*OLG Düsseldorf* 3 Wx 202/01, ZWE 2002, 185 m Anm *Maroldt* S 172). Zur Bestellung des Verwalters in der Teilungserklärung s Rn 26.

17 **3. Anfechtung der Verwalterbestellung.** Der Beschluss über die Bestellung des Verwalters ist ein organisationsrechtlicher Akt der Gemeinschaft, durch den zunächst nur die Person des Verwalters bestimmt wird. Es handelt sich um eine Angelegenheit der ordnungsgemäßen Verwaltung. Der Bestellungsbeschluss ist deshalb auf Antrag

gemäß den §§ 23 Abs 4, 43 Nr 4 für ungültig zu erklären, wenn ein **wichtiger Grund** vorliegt, der **gegen die Bestellung dieses Verwalters** spricht. Ein solcher Grund ist ebenso wie bei der Abberufung aus wichtigem Grund (vgl dazu Rn 96 ff) zu bejahen, wenn unter Berücksichtigung aller, nicht notwendig vom Verwalter verschuldeter Umstände nach Treu und Glauben eine Zusammenarbeit mit dem gewählten Verwalter unzumutbar und das erforderliche Vertrauensverhältnis von vornherein nicht zu erwarten ist. Dies wird der Fall sein, wenn Umstände vorliegen, die den Gewählten als unfähig oder ungeeignet für das Amt erscheinen lassen. Da sich aber bei der Bestellung eines Verwalters im Gegensatz zur Abberufung eine Mehrheit der Eigentümer für die Person des Verwalters ausgesprochen hat, sind an die Beurteilung dessen, was ein wichtiger Grund ist, **schärfere Maßstäbe** anzulegen als bei der Abberufung. Das Gericht wird deshalb ohne zwingende Notwendigkeit nicht in die Mehrheitsentscheidung der Wohnungseigentümer eingreifen (*OLG Hamburg* 2 Wx 145/01, ZMR 2005, 71/72; *KG*, 24 W 12/07, ZMR 2007, 801). Ein Grund gegen die Wiederbestellung eines Verwalters kann sich nur aus Tatsachen ergeben, die **im Zeitpunkt der Bestellung** bereits vorgelegen haben. Nach der Bestellung entstandene Gründe können nicht erfolgreich nachgeschoben werden (*BayObLG* 2Z BR 77/00, NZM 2001, 104, 105; *KG* 24 W 12/07, ZMR 2007, 801).

a) Fehlende Eignung. Als ungeeignet kann sich ein Verwalter erweisen, der **nicht neutral** ist und nicht gegenüber allen Wohnungseigentümern über soviel Autorität und Durchsetzungskraft verfügt, um zu erreichen, dass die unterschiedlichen Interessen zur Kenntnis genommen und abgewogen werden (*OLG Hamm* 15 W 109/00, NZM 2001, 297, 298). Die erneute Bestellung eines Verwalters, der in der Wohnanlage dafür geworben hat, bei Wohnungsverkäufen als **Makler** beauftragt zu werden, entspricht nicht ordnungsgemäßer Verwaltung, wenn der Verwalter gleichzeitig Veräußerungen gemäß § 12 zustimmen muss (*BayObLG* 2Z BR 135/96, WuM 1997, 397). Ein Verwalter, von dessen Zustimmung gemäß § 12 die Gültigkeit des Wohnungsverkaufs abhängt, kann nicht Makler des Käufers sein (*BGH* IV ZR 36/90, ZMR 1991, 71). Der Anspruch des (gewöhnlichen) WEG-Verwalters auf Entgelt für eine Wohnungsvermittlung ist nicht nach § 2 Abs 2 S 1 Nr 2 WoVermG ausgeschlossen, weil er nach Sinn und Zweck nicht als Verwalter von Wohnräumen im Sinne dieser Vorschrift anzusehen ist (*BGH* III ZR 299/02, NZM 2003, 358). Bei der Beurteilung der Frage, ob ein wichtiger Grund vorliegt, kann auch die vom Verwalter verlangte **Vergütung** eine Rolle spielen (*BayObLG* WE 1990, 111). Es besteht aber kein Anspruch darauf, allein unter Kostengesichtspunkten einen aus der Sicht der Mehrheit bewährten Verwalter auszuwechseln (*OLG Hamburg* 2 Wx 145/01, ZMR 2005, 71, 72). Die Bestellung eines Verwalters, dessen Vergütung etwa 40% über den Konkurrenzangeboten liegt, entspricht nur dann ordnungsmäßiger Verwaltung, wenn sachliche Gründe für die Bezahlung der höheren Vergütung vorhanden sind (*OLG München* 32 Wx 109/07, NZM 2007, 804). Ein Verwalter, der eine in wesentlichen Punkten unrichtige **Versammlungsniederschrift** erstellt, ist in der Regel für die weitere Ausübung des Verwalteramtes ungeeignet (*BayObLG* 2Z BR 135/03, NZM 2004, 108). Die **verspätete Fertigstellung des Protokolls** ist zwar pflichtwidrig, steht für sich genommen einer Wiederwahl des Verwalters aber nicht entgegen (*BayObLG* 2Z BR 101/00, NZM 2001, 754, 757). Wegen einer **getilgten Vorstrafe** des Verwalters kann nicht erfolgreich geltend gemacht werden, die Verwalterwahl verstoße gegen die Grundsätze ordnungsmäßiger Verwaltung (*KG* 24 W 4238/88, NJW-RR 1989, 842, 843). Die erneute Bestellung eines Verwalter entspricht nicht

18

ordnungsgemäßer Verwaltung, wenn er vom Gericht beanstandete **gravierende Defizite der Jahresabrechnung** nicht ausgeräumt hat (*OLG Düsseldorf* 3 Wx 123/05, ZMR 2006, 144, 145) oder seiner Abrechnung einen **unrichtigen Verteilungsschlüssel** zugrunde gelegt hatte (*OLG Köln* WuM 1998, 1622), es sei denn, dies war dem Verwalter im konkreten Fall subjektiv nicht vorwerfbar (*BayObLG* 2Z BR 135/03, NZM 2001, 754, 757). Besteht die Wohnungseigentümergemeinschaft nur aus zwei Personen, kann sich ein wichtiger Grund gegen die Bestellung des Verwalters daraus ergeben, dass dieser in einem Beschlussanfechtungsverfahren als **anwaltlicher Vertreter** des anderen Wohnungseigentümers aufgetreten war (*BayObLG* 2Z BR 115/00, ZMR 2001, 721). Ein Verwalter, der sich bei der Vorbereitung einer Eigentümerversammlung und bei der Versammlungsleitung so von seinen Aversionen gegen einen Miteigentümer leiten lässt, dass elementare Mitwirkungsrechte unterlaufen werden und deshalb gefasste Beschlüsse nichtig sind, ist unabhängig davon, ob diese Aversionen berechtigt sind und ob diese von den anderen Miteigentümern geteilt werden, für die Verwaltung der betreffenden Wohnungseigentümergemeinschaft ungeeignet (*OLG Köln* 16 Wx 191/04, NZM 2005, 150). Von einem wichtigen Grund ist auch dann auszugehen, wenn der allein mit Stimmen der im Mietpool organisierten Wohnungseigentümer gewählte Verwalter in der benachbarten Wohnungseigentümergemeinschaft bereits **Mietpool-Wohnungseigentümer** zu Beschlussanfechtungen unter Kostenübernahme aufgefordert hat (*AG Hamburg-Blankenese* 539 C 2/08, ZMR 2008, 841). Zur Abberufung des Verwalters wegen unzureichenden Ausgleichs der Interessen von Mitgliedern eines Mietpools und anderen Eigentümern vgl auch *AG Dorsten* 42 II 32/06, NZM 2008, 778.

19 Die persönliche und fachliche Eignung eines Verwalters ist besonders kritisch zu prüfen, wenn ein Mehrheitseigentümer sein **absolutes Stimmübergewicht** für eine seinen Interessen einseitig verbundene Person (zB Ehefrau) einsetzt (*OLG Düsseldorf* 3 Wx 210/95, WuM 1995, 610). Es entspricht in der Regel nicht ordnungsmäßiger Verwaltung, wenn der Geschäftsführer und die Alleingesellschafterin einer GmbH, die über die Mehrheit der Stimmen verfügen, gegen den Willen der übrigen Wohnungseigentümer die GmbH zur Verwalterin bestellen (*BayObLG* 2Z BR 46/96, WuM 1996, 648). Der Beschluss über die Wahl eines Verwalters kann auch deshalb für ungültig zu erklären sein, weil ein Wohnungseigentümer **rechtsmissbräuchlich** seine **Stimmenmehrheit** dazu ausgenutzt hat, der nach Köpfen weit überwiegenden Mehrheit der Wohnungseigentümer einen ihm genehmen Verwalter aufzuzwingen (vgl dazu *OLG Zweibrücken* 3 W 72/89, ZMR 1990, 30, 32). Der Mehrheitseigentümer missbraucht aber nicht automatisch sein Stimmrecht schon dann, wenn er sein Stimmenübergewicht einsetzt, um seine Ehefrau oder eine Vertrauensperson, mit der er wirtschaftlich eng verbunden ist, zur Verwalterin zu wählen. Es ist stets im Einzelfall zu prüfen, ob Umstände vorliegen, die das Ausnutzen einer Stimmenmehrheit als rechtsmissbräuchlich erscheinen lassen (*OLG Saarbrücken* 5 W 60/97, WuM 1998, 243, 245).

20 **b) Bestimmtheit des Beschlusses.** Der Beschluss über die Bestellung des Verwalters muss **hinreichend bestimmt** sein (Person des Verwalters, Bestellungszeitraum) und auch die **wesentlichen Eckdaten** des Verwaltervertrags (Laufzeit, Höhe der Vergütung) festlegen (*OLG Hamm* 15 W 66/02, NZM 2003, 486, 487), anderenfalls ist der Beschluss anfechtbar. Das OLG Düsseldorf hat einen Beschluss, wonach der Verwalter „**auf der Grundlage der derzeit relevanten Geschäftsbedingungen**" erneut bestellt wurde, für ungültig erklärt, weil unklar und auch nicht durch den weiteren Inhalt des Versammlungsprotokolls bestimmbar sei, welches die „derzeit relevanten Geschäftsbedingungen" sein sollen (*OLG Düsseldorf* 3 Wx 70/06, NZM 2007, 488). Beschlüsse, die auch für Sondernachfolger Gültigkeit haben sollen, sind zwar wie eine Grundbucheintragung auszulegen und müssen deshalb aus sich heraus verständlich sein. Unklar ist nach dem vorgenannten Beschluss aber allenfalls der Inhalt des Verwaltervertrags. Dies muss sich nicht zwingend auch auf den organisationsrechtlichen Bestellungsakt auswirken (vgl Rn 22). Aber auch der Inhalt des Verwaltervertrages erscheint hinreichend bestimmbar, da es ohne weiteres nahe liegend ist, dass die im Zeitpunkt der Beschlussfassung (2004) geltenden Vertragsbedingungen, die in dem schriftlichen Verwaltervertrag aus dem Jahr 1996 niedergelegt waren, fort gelten sollten, soweit nicht zwischenzeitlich durch Beschluss genehmigte und somit feststellbare Vertragsänderungen erfolgt sind.

c) Konkurrenzangebote. In der Regel ist es vor der Bestellung eines neuen Verwalters auch geboten, mehrere Konkurrenzangebote einzuholen, damit die Angemessenheit der Honorarvorstellungen der einzelnen Anbieter überprüft werden kann (*OLG Hamm* 15 W 66/02, NZM 2003, 486, 487). Soll eine Wiederwahl erfolgen, müssen Alternativangebote nicht unterbreitet werden (*OLG Schleswig* 2 W 24/05, ZMR 2006, 803, 804). Wurden solche Angebote eingeholt, müssen sie allen Wohnungseigentümern vor der Bestellung eines neuen Verwalters zugänglich gemacht werden (*OLG Köln* 16 Wx 23/05, NZM 2005, 428). Eine rechtliche Verpflichtung, in der Eigentümerversammlung anwesende Bewerber um das Verwalteramt anzuhören, besteht nicht (*OLG München* 32 Wx 109/07, NZM 2007, 804). **21**

d) Teilungültigkeit. Analog § 139 BGB bleibt der Bestellungsbeschluss trotz Ungültigkeit des Beschlusses betreffend den Abschluss des Verwaltervertrages ausnahmsweise gültig, wenn anzunehmen ist, dass die Verwalterbestellung auch ohne den für ungültig erklärten Teil beschlossen worden wäre. Maßgeblich ist, welche Entscheidung die Wohnungseigentümer bei Kenntnis der Teilungültigkeit nach Treu und Glauben und bei vernünftiger Abwägung aller maßgeblichen Umstände getroffen hätten, wobei auf den Zeitpunkt der Beschlussfassung abzustellen ist (*OLG Köln* 16 Wx 232/06, ZMR 2008, 70). **22**

e) Wirkung der Ungültigerklärung. Auch wenn der Beschluss über die Verwalterwahl angefochten wird, hat der Verwalter seinen vertraglichen Vergütungsanspruch solange, bis der Beschluss rechtskräftig für ungültig erklärt ist. Wird der Beschluss über die Verwalterbestellung rechtskräftig für unwirksam erklärt, so führt dies zum **Verlust der Verwalterstellung mit rückwirkender Kraft** (*BayObLG* BReg 2 Z 100/90, NJW-RR 1991, 531, 532 mwN). Die in einer von ihm zwischenzeitlich einberufenen Versammlung gefassten Beschlüsse sind aber nicht deswegen unwirksam (Rechtsgedanke § 32 FGG; *BGH* V ZB 20/07, NJW 2007, 2776, Tz 9 mwN). Auch der aufgrund des Bestellungsbeschlusses abgeschlossene **Verwaltervertrag** wird durch eine spätere gerichtliche Aufhebung des Eigentümerbeschlusses über die Verwalterbestellung nicht rückwirkend unwirksam (vgl *BGH* III ZR 248/95, NJW 1997, 2106). Erst wenn die Wahl rechtskräftig für ungültig erklärt ist, entfallen vertragliche Ansprüche, denn der Vertragsabschluss ist dahingehend auszulegen, dass eine Rechtsbindung für die Zukunft erst eintritt, wenn der Beschluss über die Verwalterwahl bestandskräftig ist (*KG* 24 W 5042/89, NJW-RR 1990, 153, 154). Die Geltendmachung von Vergütungsansprüchen kann aber rechtsmissbräuchlich sein, wenn der Verwalter es pflichtwidrig unterlässt, eine Eigentümerversammlung mit dem Ziel seiner Abberufung anzuberau- **23**

men (*OLG München* 34 Wx 28/06, NZM 2006, 631). Für die Zeit der Untersagung der Amtsausübung durch einstweilige Verfügung hat der Verwalter jedoch keinen Vergütungsanspruch (*KG* 24 W 6672/89, WuM 1991, 57).

24 f) Erledigung der Hauptsache. Die Anfechtungsklage gegen die Verwalterbestellung, ist in der Hauptsache erledigt, wenn die Frist für die Bestellung abgelaufen ist. Das Rechtsschutzinteresse ist entfallen, weil die rückwirkende Beseitigung der Verwalterbestellung keine Auswirkungen hätte. Alle Rechtshandlungen des Verwalters während des Bestellungszeitraums bleiben nämlich wirksam und auch der Verwaltervertrag und die sich daraus ergebenden Vergütungsansprüche werden nicht rückwirkend beseitigt (vgl *OLG Köln* 16 Wx 64/04, NZM 2004, 625).

25 g) Rechtsmittel des Verwalters. Wird der Bestellungsbeschluss für ungültig erklärt, ist der gemäß § 48 Abs 1 S 2 beizuladende **Verwalter** befugt, noch während des Laufs der Rechtsmittelfrist auf Seiten der Beklagten beizutreten und als streitgenössischer Nebenintervenient (§ 69 ZPO) selbstständig gegen diese Entscheidung **Rechtsmittel** einzulegen (vgl *Briesemeister* ZWE 1008, 416, 418; vgl auch *BGH* V ZB 20/07, NJW 2007, 2776 [zur Rechtslage vor der WEG-Novelle 2007]).

26 4. Bestellung in der Teilungserklärung. Der (erste) Verwalter kann auch schon in der Teilungserklärung bestellt werden (*BGH* V ZB 39/01, NJW 2002, 3240, 3244 mwN; **aA** *Deckert* FS Bub, S 37; *Sauren* in Abramenko, Handbuch, § 7 Rn 6). Auf diese Weise kann der teilende Eigentümer sich selbst oder einen ihm genehmen Dritten zum Verwalter bestellen. Beachtet die vom teilenden Eigentümer in der Teilungserklärung getroffene Verwalterbestellung die Vorgaben aus § 26 Abs 1 S 2 bis 4, dann hält die Bestellung grundsätzlich einer Inhaltskontrolle nach § 242 BGB stand (*BG* V ZB 39/01, NJW 2002, 3240, 3244). Räumt die Teilungserklärung dem teilenden Eigentümer nur die Befugnis ein, den ersten Verwalter zu bestellen, ohne dass der Verwalter namentlich bestimmt wird, so endet diese Befugnis mit dem Entstehen der werdenden Eigentümergemeinschaft (*BayObLG* 2Z BR 142/93, WuM 1994, 506 = NJW-RR 1994, 784). Zur werdenden Wohnungseigentümergemeinschaft s § 10 Rn 8. Die Amtszeit des in der Teilungserklärung bestellten ersten Verwalters darf nicht die Höchstdauer von 3 Jahren überschreiten. Eine Bestellung für einen längeren Zeitraum ist unwirksam, soweit sie 3 Jahre übersteigt. Sieht die Teilungserklärung vor, dass der Verwalter turnusmäßig alle drei Jahre nach der Ordnungszahl der Wohnungen wechselt, dann endet die Wirksamkeit dieser Regelung nach 5 Jahren. Die Wohnungseigentümer sollen spätestens nach 5 Jahren über die Person des Verwalters neu bestimmen können. Hieran wären sie gehindert, wenn durch das Turnusverfahren auf Jahre hinaus der Verwalter – wenn auch nicht länger als jeweils 3 Jahre – durch die Teilungserklärung festgelegt wäre (*LG Freiburg* 4 T 248/93, WuM 1994, 406; *Soergel/Stürner* § 26 Rn 4; **aA** *LG München II* MittBay NotK 1978, 59). Ebenfalls unwirksam ist die Bestellung unter einer Bedingung, etwa in der Weise, dass eine bestimmte Person an die Stelle des zunächst bestellten Verwalters treten soll, wenn 40% der Wohnungen verkauft sind. Es soll keine Unklarheit darüber bestehen, wer Verwalter ist (vgl *KG* 1 W 936/75, ZMR 1977, 347, *OLGZ* 1976, 266, 268 ff). Unzulässig ist es auch, in der Teilungserklärung die Verwalterbestellung einem Dritten zu übertragen oder auf einen Personenkreis (zB Wohnungseigentümer) einzuschränken (*BayObLG* 2Z BR 97/94, WuM 1995, 229). Auch ein in der Teilungserklärung bestellter Verwalter kann durch einen Mehrheitsbeschluss der Wohnungseigentümer abberufen werden. Zum Abschluss des Verwaltervertrages im Fall der Bestellung in der Teilungserklärung siehe *Merle* in Bärmann, § 26 Rn 107 ff und *Staudinger/Bub* § 26 Rn 224.

5. Höchstdauer der Bestellung. Ein Verwalter darf nicht auf eine längere Zeit als 27 5 Jahre bestellt werden, im Falle der ersten Bestellung nach der Begründung von Wohnungseigentum aber auf höchstens 3 Jahre (§ 26 Abs 1 S 2). Eine Bestellung für einen längeren Zeitraum ist nicht insgesamt nichtig, sie endet lediglich automatisch mit dem Ablauf der gesetzlichen Frist (*OLG München* 34 Wx 2/07 NZM 2007, 647). Wird ein Verwalter in der Teilungserklärung bestellt, so beginnt seine Bestellungszeit nicht erst mit rechtswirksamer Entstehung der Wohnungseigentümergemeinschaft, also mit der Eintragung unterschiedlicher Eigentümer für mindestens zwei Einheiten, sondern bereits mit der Entstehung einer werdenden Wohnungseigentümergemeinschaft (*Merle* in Bärmann, § 26 Rn 51; **aA** *KG* 24 W 3464/90, WuM 1990, 467). Zur werdenden Wohnungseigentümergemeinschaft s § 10 Rn 8 ff. Wird der Verwalter durch Beschluss bestellt, ist der im Beschluss festgelegte Beginn des Bestellungszeitraums maßgebend.

Die Höchstdauer der Bestellung eines Verwalters war vor der WEG-Novelle 2007 ein- 28 heitlich auf fünf Jahre begrenzt. Die Frist für die Verjährung von Mängelansprüchen bei neu errichteten Eigentumswohnungen beträgt ebenfalls fünf Jahre (§ 634a Abs 1 Nr 2 BGB). Da Bauträger bei der Begründung von Wohnungseigentum den ersten Verwalter in der Regel auf die Höchstdauer von fünf Jahren bestellten, barg der Gleichlauf der Bestellungsdauer mit der Verjährungsfrist die Gefahr von Interessenkonflikten. Deshalb ist die Bestellungsdauer für den (zeitlich) ersten Verwalter mit Wirkung ab 1.7.2007 auf höchstens drei Jahre beschränkt. Die Neuregelung des § 26 Abs 1 S 2 ist anwendbar auf die erstmalige Bestellung eines Verwalters, die nach diesem Zeitpunkt vorgenommen wird. Unberührt bleiben noch vor dem Inkrafttreten vorgenommene Bestellungen.

6. Wiederwahl. Ein Verwalter kann wiederholt bestellt werden (§ 26 Abs 2). Der 29 Beschluss über die Wiederwahl darf frühestens 1 Jahr vor Ablauf der Bestellungszeit gefasst werden (§ 26 Abs 2). Ein zuvor gefasster Beschluss ist nichtig, es sei denn, die neue Amtszeit beginnt sofort mit der Neubestellung, so dass die Wohnungseigentümer nicht länger als fünf Jahre nach Beschlussfassung gebunden sind (vgl *OLG Zweibrücken* 3 W 64/04, NZM 2005, 752; vgl auch *BGH* III ZR 65/94, NJW-RR 1995, 780, 781 mwN). Eine Verlängerung der Amtszeit ohne neuen Beschluss durch eine Verlängerungsklausel im Erstbeschluss oder in der Teilungserklärung ist unwirksam, soweit die Bestellungszeit insgesamt 5 Jahre übersteigt (*OLG Frankfurt* 20 W 871/83, OLGZ 1984, 257). Die Bestellung wird also erst unwirksam, wenn der Fünfjahreszeitraum überschritten wird (*BayObLG* 2Z BR 94/95, WuM 1996, 650, 651). Soweit nicht besondere Umstände vorliegen, besteht grundsätzlich keine Pflicht des Verwalters, auf Verlangen eines Wohnungseigentümers die Frage der Neubestellung länger als ein Jahr vor Ablauf der Bestellungszeit auf die Tagesordnung einer Eigentümerversammlung zu setzen, denn dadurch würde eine Wiederwahl ausscheiden. Dem Interesse der Wohnungseigentümer, einen etwaigen Verwalterwechsel ohne zeitlichen Druck vorzubereiten, kann dadurch genügt werden, dass diese Frage ohne Beschlussfassung erörtert wird, was auch ohne Aufnahme in die Tagesordnung möglich ist (vgl dazu *BayObLG* BReg 2 Z 147/91, WuM 1992, 86).

30 **7. Beschränkungen der Verwalterbestellung.** Die Beschränkung der Bestellung auf eine Amtsdauer von höchstens 5 (3) Jahren (§ 26 Abs 1 S 2) ist die einzige vom Gesetzgeber zugelassene Beschränkung. Andere Beschränkungen sind gemäß § 26 Abs 1 S 5 unzulässig. Hierunter fallen sowohl Regelungen, die eine qualifizierte Mehrheit vorsehen, als auch Bestimmungen – sei es in der Teilungserklärung oder in einer schuldrechtlichen Vereinbarung–, die zur Bestellung eines bestimmten Verwalters verpflichten. Nichtig ist zB eine Bestimmung in der Gemeinschaftsordnung, dass die Neubestellung des Verwalters mit 3/4–Mehrheit erfolgt (*BayObLG* 2Z BR 88/93, WuM 1994, 230; *BayObLG* 2Z BR 49/95, WuM 1996, 497). Sind laut Gemeinschaftsordnung alle Beschlüsse über die Verwaltung des gemeinschaftlichen Eigentums einstimmig zu fassen, dann gilt diese Regelung gemäß § 26 Abs 1 S 5 nicht für die Beschlüsse über die Bestellung und Abberufung des Verwalters (*OLG Köln* 16 Wx 105/03, NZM 2003, 685). Zulässig sind dagegen Regelungen, welche die Verwalterbestellung zugunsten der Wohnungseigentümer erleichtern. Dies gilt nicht für eine Vereinbarung, wonach die Bestellung eines Verwalters immer nur für 3 Jahre erfolgt, weil dadurch eine Bestellung für 4 oder 5 Jahre ausgeschlossen würde (*OLG Düsseldorf* 3 Wx 118/07, ZWE 2008, 52; *Merle* in Bärmann, § 26 Rn 81). Zulässig ist dagegen die Vereinbarung der Erleichterung, dass eine nur relative Mehrheit für die Bestellung genügt (*Merle* in Bärmann, § 26 Rn 82).

III. Verwaltervertrag

31 Vertragspartner des Verwaltervertrags sind der Verwalter und die Wohnungseigentümergemeinschaft als Verband (*OLG Hamm* 15 W 109/05, NZM 2006, 632). Es handelt sich jedoch zugleich – soweit der Vertrag Pflichten ausgestaltet, die ihm auch gegenüber den einzelnen Wohnungseigentümer obliegen – um einen Vertrag zugunsten der Wohnungseigentümer als Dritten (*Abramenko* ZMR 2006, 6, 7; *Häublein* ZWE 2008, 80, 84), jedenfalls aber mit Schutzwirkungen zugunsten der Wohnungseigentümer (vgl *OLG Frankfurt* 20 W 169/07, ZWE 2008, 470 mwN). Streitigkeiten zwischen Wohnungseigentümern und Verwalter oder zwischen Wohnungseigentümergemeinschaft und Verwalter über den Verwaltervertrag und die sich aus ihm ergebenden Rechte und Pflichten sind vor dem gemäß § 43 Nr 3 zuständigen Gericht auszutragen (vgl dazu § 43 Rn 60).

32 Der Abschluss eines Verwaltervertrags ist nicht Voraussetzung für die Begründung der Amtsstellung des Verwalters (s oben Rn 6). Ohne Verwaltervertrag hat der Bestellte allerdings keinen Anspruch auf angemessene Vergütung, sondern nur ein Anspruch auf Aufwendungsersatz. Dieser Aufwendungsersatzanspruch ist keiner aus Geschäftsführung ohne Auftrag, denn der Verwalter ist aufgrund des Bestellungsbeschlusses zu der Geschäftsbesorgung berechtigt. Der Anspruch auf Ersatz der tatsächlichen Aufwendungen ergibt sich aus der analogen Anwendung der §§ 27 Abs 3 WEG, 670, 713 BGB (*Striewski* ZWE 2001, 8, 11; *Wenzel* ZWE 2001, 510, 512). Führt ein Wohnungseigentümer in einer verwalterlosen Zeit einzelne Verwaltungsmaßnahmen durch, kann es im Einzelfall ordnungsgemäßer Verwaltung entsprechen, wenn ihm die Wohnungseigentümer nachträglich einen pauschalen Aufwendungsersatz zubilligen (*BayObLG* ZMR 2003, 694). Der Verwaltervertrag sollte eine **Bindung** des Verwalters **an die** Bestimmungen der **Gemeinschaftsordnung** ausdrücklich vorsehen, obwohl der Verwalter an die bestehenden Vereinbarungen ohnehin gebunden ist (*Merle* ZWE 2001, 145). Ob die Wohnungseigentümer durch Vereinbarungen nach Abschluss des

Verwaltervertrags in die Rechtsstellung des Verwalters eingreifen können (so *Merle* ZWE 2001, 145) erscheint zweifelhaft. Auch aus § 27 Abs 3 Nr 7 wird man dies nicht ableiten können (so aber *Merle* ZWE 2006, 365, 369), denn gegen seinen Willen kann der Verwalter zB nicht zum Prozessbevollmächtigten bestellt werden.

1. Vertragsabschluss. Der Verwaltervertrag kann wie sonstige Verträge auf verschiedene Weise durch Angebot und Annahme zustande kommen. Der Verwaltervertrag kann formfrei geschlossen werden. Ist vereinbart, dass der Vertrag schriftlich geschlossen wird, so kommt er erst zustande mit der Errichtung der privatschriftlichen Vertragsurkunde (§§ 126, 127, 154 Abs 2 BGB). Soll der Vertrag schriftlich geschlossen werden, so ist dies aber regelmäßig dahin auszulegen, dass die Schriftform nur Beweiszwecken dienen soll (*Staudinger/Bub* § 26 Rn 212). Da § 154 Abs 2 BGB nur eine Auslegungsregel enthält, ist er in diesem Fall nicht anzuwenden (vgl etwa *Soergel/ M Wolf* § 154 BGB Rn 14). Der Verwaltervertrag kommt deshalb in der Regel schon vor der Unterzeichnung der privatschriftlichen Vertragsurkunde zustande (*BayObLG* 2Z BR 98/96, WuM 1997, 396). Das Vertragsverhältnis entsteht zur Wohnungseigentümergemeinschaft als Verband (s Rn 31). Der **Mehrheitsbeschluss,** einen bestimmten Verwaltervertrag abschließen zu wollen, ist nicht nur das Ergebnis der Willensbildung, sondern **enthält zugleich die auf Abschluss des Vertrages gerichtete Willenserklärung** der Wohnungseigentümergemeinschaft als Verband, die lediglich noch des Zugangs bedarf (*Greiner* ZWE 2008, 454; *Merle* in Bärmann, § 26 Rn 96; **aA** *Jacoby* ZWE 2008, 327; *Hügel* ZMR 2008, 1, 4). 33

a) Vertragsangebot durch den Bestellungsbeschluss. Unterbreiten die Wohnungseigentümer dem Verwalter als Teil des Bestellungsbeschlusses das Angebot zum Abschluss eines konkreten Verwaltervertrags, so kommt dieser Vertrag stillschweigend dadurch zustande, dass der Gewählte die Bestellung annimmt, sei es mündlich, schriftlich oder konkludent durch Aufnahme seiner Tätigkeit (*Staudinger/Bub* § 26 Rn 210). Etwas anderes gilt nur dann, wenn der Verwalter eine entgegenstehende Erklärung abgibt. Der Bestellungsbeschluss der Wohnungseigentümer enthält auch dann zugleich ein Angebot zum Abschluss eines Verwaltervertrages, wenn bei der Bestellung kein konkreter Vertrag ins Auge gefasst ist. Der Verwaltervertrag kommt auch in diesem Fall stillschweigend durch die Annahme der Bestellung zustande (*BGH* VII ZR 328/79, NJW 1980, 2466, 2468; *OLG Hamm* 15 W 174/96, ZMR 1997, 94, 95; *BayObLG* 2Z BR 98/96, WuM 1997, 396). Der Inhalt des Vertrages richtet sich dann nach den gesetzlichen Bestimmungen, soweit der Bestellungsbeschluss keine Regelungen vorgibt. Durch Auslegung ist zu ermitteln, ob es sich um einen unentgeltlichen Auftrag (§ 662 BGB) oder um einen Dienstvertrag handelt, der eine Geschäftsbesorgung zum Gegenstand hat (§§ 611, 675 BGB). Im letzteren Fall schuldet die Eigentümergemeinschaft dem Verwalter die übliche Vergütung (§ 612 Abs 1 u 2 BGB). 34

b) Vertragsannahme durch den Bestellungsbeschluss. Hat der Verwalter vor seiner Bestellung ein bestimmtes Angebot gemacht, so wird dieses durch den Bestellungsbeschluss angenommen, auch wenn dies nicht ausdrücklich verlautbart wird (*BayObLG* BReg 2 Z 25/74, BayObLGZ 1974, 305, 310; *BayObLG* BReg 2 Z 8/90, WuM 1990, 236; *Staudinger/Bub* § 26 Rn 210; *Merle* in Bärmann, § 26 Rn 96). 35

c) Vertragsschluss nach Verwalterbestellung. Haben die Wohnungseigentümer oder der Verwalter vor der Bestellung ausdrücklich klargestellt, dass zusätzlich zum Bestellungsbeschluss ein Verwaltervertrag abgeschlossen werden soll, dessen Vertragsbedin- 36 gungen im Zeitpunkt des Bestellungsbeschlusses aber noch nicht feststehen, so muss der Inhalt des Vertrages zunächst ausgehandelt werden. Unterbleibt aus irgendwelchen Gründen ein ausdrücklicher Vertragsabschluss, kann im Einzelfall ein Verwaltervertrag stillschweigend zustande kommen, wenn der Gewählte über einen längeren Zeitraum die Leistungen eines Verwalters erbringt, ohne dass der noch fehlende Abschluss des Vertrages beanstandet wird (*BayObLG* WE 1988, 31; *Staudinger/Bub* § 26 Rn 217; **aA** *Müller* Rn 435: Ein Verwaltervertrag komme immer spätestens mit der Aufnahme der Verwaltertätigkeit zustande).

37 Für den nachträglichen Abschluss des Verwaltervertrag kommen mehrere Möglichkeiten in Betracht. Rechtlich am sichersten ist es, wenn die Wohnungseigentümergemeinschaft durch Beschluss einen oder mehrere Wohnungseigentümer damit beauftragt, mit dem Verwalter zu verhandeln, damit dieser einen dem Verhandlungsergebnis entsprechenden Vertrag anbietet, dem die Mehrheit der Wohnungseigentümer dann durch Beschluss zustimmt (*Staudinger/Bub* § 26 Rn 218). Bei diesem Beschluss hat ein Wohnungseigentümer, der zum Verwalter bestellt wurde, kein Stimmrecht (§ 25 Abs 5), weil es hier um den Abschluss eines Rechtsgeschäfts geht. Ein Wohnungseigentümer darf aber mitstimmen, wenn der Abschluss eines Verwaltervertrages mit seiner Ehefrau gebilligt werden soll (*OLG Saarbrücken* 5 W 60/97, WuM 1998, 243, 245). Die Wohnungseigentümer können gemäß **§ 27 Abs 3 S 3** durch Beschluss festlegen, dass die Entgegennahme des Vertragsangebotes auch dann durch die Verhandlungsführer erfolgen kann, wenn ein Verwalter vorhanden ist (ebenso *Abramenko* in Riecke/Schmid, § 26 Rn 40; **aA** *Staudinger/Bub* § 26 Rn 209, 218). Der Verwalter ist nach § 27 Abs 3 Nr 1, Abs 4 zwar unabdingbar berechtigt, Willenserklärungen mit Wirkung für und gegen die Wohnungseigentümer entgegenzunehmen. Es kann deshalb nicht ausgeschlossen werden, dass das Angebot zu Händen des amtierenden Verwalters erfolgt. Ein zusätzlicher Empfangsberechtigter kann aber wirksam bestellt werden.

38 Weil die Abstimmung über den ausgehandelten Verwaltervertrag eine zusätzliche Eigentümerversammlung erfordern würde, werden **Aushandeln und Abschluss des Vertrages** oft durch Mehrheitsbeschluss auf einen Wohnungseigentümer oder den Verwaltungsbeirat **delegiert**. Die Ermächtigung eines Wohnungseigentümers zum Vertragsabschluss hat ihre Grundlage in § 27 Abs 3 S 3. Die Ermächtigung muss nicht zeitgleich mit dem Bestellungsbeschluss erfolgen, sondern kann auch nachgeholt werden (*AG Hamburg-Blankenese* 539 C 27/08, ZMR 2009, 643). Es ist **streitig**, ob und in welchem Umfang die Festlegung des Vertragsinhalts wirksam delegiert werden darf.

39 Jedenfalls dann, wenn mit der Vertragsdauer und der Grundvergütung die **wesentlichen Eckdaten** durch den Bestellungsbeschluss **bestimmt** sind, kann die Festlegung der übrigen Einzelheiten des Verwaltervertrages delegiert werden (*OLG Düsseldorf* 3 Wx 221/97, WuM 1998, 50, 52 mwN; *OLG Köln* 16 Wx 115/01, NZM 2001, 991; *OLG Hamburg* 2 Wx 112/02, ZMR 2003, 864; *AG Saarbrücken* 1 WEG C 7/08, ZMR 2009, 560; *Gottschalg* ZWE 2000, 50, 54).

40 Sind dagegen die wesentlichen **Eckdaten** des Verwaltervertrags **nicht festgelegt**, kann die Bevollmächtigung zum Aushandeln und Abschluss des Vertrags nur durch Vereinbarung, nicht durch Mehrheitsbeschluss erfolgen, denn auch das Aushandeln und der Abschluss des Verwaltervertrages gehören gemäß § 26 zu den ureigensten Aufgaben der Eigentümerversammlung (ebenso *OLG Düsseldorf* 3 Wx 221/97, WuM 1998, 50,

52 mwN; *OLG Hamm* 15 W 66/02, NZM 2003, 486; *OLG Hamburg* 2 Wx 147/00, ZMR 2003, 776; *Staudinger/Bub* § 26 Rn 219; *Jennißen* in Jennißen, § 26 Rn 65; **aA** *OLG Köln* 16 Wx 135/02, NZM 2002, 1002; *Schmidt* ZWE 2001, 137, 140; *Merle* in Bärmann, § 26 Rn 100).

Die Übertragung durch Mehrheitsbeschluss ist aber jedenfalls dann wirksam, wenn der **Beschluss bestandkräftig** geworden ist (*OLG Köln* 16 Wx 115/01, NZM 2001, 991; *OLG Köln* 16 Wx 135/02, NZM 2002, 1002; *OLG Frankfurt* 20 W 169/07, ZWE 2008, 470, 473 mwN; *Bielefeld* DWE 2001, 129, 131; *Häublein* ZMR 2003, 231, 239). Die Erteilung der Vollmacht zum Aushandeln eines Verwaltervertrags regelt ausschließlich den konkreten Einzelfall. Der Beschluss strebt keine Abänderung der Rechtslage für die Zukunft an. Es handelt sich deshalb allenfalls um einen gesetzes- oder vereinbarungswidrigen Beschluss, der bestandskräftig werden kann. Der Beschluss ist auch nicht gemäß § 27 Abs 4 WEG, § 134 BGB nichtig, wenn ein amtierender Verwalter vorhanden ist und es nicht um die erneute Bestellung dieses Verwalters geht (**aA** *Staudinger/Bub* § 26 Rn 221). Das unabdingbare Recht des Verwalters die Beschlüsse der Wohnungseigentümer durchzuführen (§ 27 Abs 1 Nr 1) besteht nur insoweit, als der Beschluss seinem Inhalt nach der Durchführung bedarf. Dies ist nicht der Fall bei einem Beschluss, der sich darauf beschränkt, eine Vollmacht zu erteilen. Anderenfalls wären die Wohnungseigentümer auch gehindert, einem Rechtsanwalt unmittelbar durch Beschluss den Auftrag zu erteilen, Wohngeldansprüche der Wohnungseigentümer geltend zu machen. Der amtierende Verwalter hat gemäß § 27 Abs 1 Nr 1 nur dann den Verwaltervertrag mit seinem Nachfolger auszuhandeln, wenn die Wohnungseigentümer ihn damit beauftragen. 41

d) Umfang einer Abschlussvollmacht. Ist der Verwaltungsbeirat ermächtigt, den Inhalt des Verwaltervertrages auszuhandeln, stellt sich die Frage nach den Grenzen einer solchen Vollmacht. Maßgeblich ist insofern der Inhalt des Ermächtigungsbeschlusses. Ist die Ermächtigung mit der Einschränkung versehen, dass bestimmte Eckdaten (Vertragslaufzeit, Vergütung) zu beachten sind, ist insoweit auch die Vertretungsmacht nach außen eingeschränkt (*Hügel* ZMR 2008, 1, 5). Der Umfang einer nicht näher bestimmten Ermächtigung des Verwaltungsbeirats zum Aushandeln des Verwaltervertrages ist dahin auszulegen, dass sie auf den **Abschluss eines Vertrages** beschränkt ist, **der ordnungsgemäßer Verwaltung entspricht** (*OLG Frankfurt* 20 W 169/07, ZWE 2008, 470, 477 mwN; Palandt/*Bassenge* § 26 Rn 14; **aA** *Hügel* ZMR 2008, 1, 5: ohne eine Einschränkung im Ermächtigungsbeschluss nach außen unbeschränkte Vollmacht). 42

Überschreitet der Verwaltungsbeirat die Grenzen seiner Vollmacht, handelt er als vollmachtloser Vertreter (§ 177 BGB). Der Verwaltervertrag wird insoweit nur wirksam, wenn die Wohnungseigentümer die Überschreitung genehmigen (*AG Lahr* WE 1992, 320; *Staudinger/Bub* § 26 Rn 222). Allerdings ist nicht der gesamte Verwaltervertrag unwirksam, wenn für einzelne Klauseln die Vollmacht fehlte (*OLG Hamm* 15 W 133/00, NZM 2001, 49, 51). 43

Der Verwaltungsbeirat kann grundsätzlich als ermächtigt angesehen werden, für über die Regelleistungen des Verwalters hinausgehende Zusatzleistungen **Sondervergütungen** vertraglich festzulegen (s dazu Rn 69 ff). 44

Ob eine Sondervergütung für die Durchführung außerordentlicher **Eigentümerversammlungen** durch den Verwaltungsbeirat vereinbart werden darf, hängt davon ab, ob 45 bei der Vereinbarung der Grundvergütung klargestellt war, dass diese nur die Durchführung einer Eigentümerversammlung umfasst (*OLG Hamm* 15 W 133/00, NZM 2001, 49, 52).

46 Im Rahmen ordnungsgemäßer Verwaltung kann der Verwaltungsbeirat auch Vereinbarungen über die Pauschalierung von **Aufwendungsersatz** des Verwalter treffen (s Rn 74).

47 Die Einräumung einer **Verwaltervollmacht,** die der Grundsatz der ordnungsgemäßer Verwaltung gebietet (s Rn 61) kann auch durch einen Beauftragten zum Vertragsinhalt gemacht werden.

48 Scheitert die wirksame Vereinbarung von **Haftungsbeschränkungen** zugunsten des Verwalters nicht schon an den Vorschriften der §§ 305 ff BGB (s Rn 58), muss jedenfalls der Verwaltungsbeirat konkret durch Beschluss bevollmächtigt werden, derartige Regelungen zu vereinbaren (*OLG Hamm* 15 W 133/00, NZM 2001, 49, 53; *OLG Frankfurt* 20 W 169/07, ZWE 2008, 470, 478; *Gottschalg* Rn 268).

49 Soll das **Gemeinschaftsverhältnis** der Wohnungseigentümer über den Verwaltervertrag geregelt werden (s dazu Rn 62), ist eine Vollmacht erforderlich, die ausdrücklich zur Vereinbarung der entsprechenden Klausel ermächtigt.

50 **2. Rechtsnatur des Vertrages.** Der Verwaltervertrag kann ein unentgeltlicher Auftrag iSd §§ 662 ff BGB sein. In der Regel wird es sich aber um einen entgeltlichen Dienstvertrag handeln, auf den jedoch, weil er eine Geschäftsbesorgung zum Gegenstand hat, gemäß § 675 BGB ebenfalls wichtige Vorschriften des Auftragsrechts Anwendung finden. Gemäß § 665 BGB ist der Verwalter berechtigt, von den Weisungen der Wohnungseigentümer, also insbesondere von Beschlüssen, abzuweichen, wenn er nach den Umständen annehmen darf, dass diese bei Kenntnis der Sachlage die Abweichung billigen würden. Er hat aber – soweit nicht durch den Aufschub Gefahr droht – die Wohnungseigentümer von seiner Absicht zu informieren und ihre Entschließung abzuwarten. Der Verwalter ist den Wohnungseigentümern zur Auskunft und Rechenschaft verpflichtet (§ 666 BGB). Er hat alles, was er zur Ausführung des Auftrages erhält und was er durch die Ausführung der Geschäftsbesorgung erlangt, den Wohnungseigentümern herauszugeben (§ 667 BGB). Die Wohnungseigentümer sind verpflichtet, dem Verwalter für die zu seiner Tätigkeit erforderlichen Aufwendungen Vorschuss zu leisten (§ 669 BGB). Der Verwalter hat Anspruch auf Ersatz seiner Aufwendungen durch die Wohnungseigentümer (§ 670 BGB).

51 Neben den Vorschriften des BGB über den Geschäftsbesorgungsvertrag regeln die §§ 27, 28 die Rechte und Pflichten des Verwalters gegenüber den Wohnungseigentümern. Im Übrigen ist es Sache der Vertragsparteien, diese im Verwaltervertrag im Einzelnen festzulegen.

52 Sofern der Verwalter den Wohnungseigentümern einen zur mehrfachen Verwendung **vorformulierten Vertrag** anbietet, den die Wohnungseigentümer, ohne ihn im einzelnen auszuhandeln, durch den Bestellungsbeschluss annehmen, unterliegt der Verwaltervertrag der Inhaltskontrolle nach §§ 305 ff BGB. Zu Beispielen der Inhaltskontrolle von Verwalterverträgen s *Furmans* DWE 2002, 77 und *Gottschalg* DWE 2003, 41. Ein Eigentümerbeschluss, der einen Verwaltervertrag billigt, der gegen die §§ 305 ff BGB oder die Gemeinschaftsordnung verstößt, entspricht nicht dem Grundsatz ordnungsmäßiger Verwaltung (*BayObLG* BReg 2 Z 40/90, WuM 1991, 312, 313).

Ein Verstoß liegt zB vor, wenn der Verwaltervertrag vorsieht, dass eine **Ladung zur** 53
Eigentümerversammlung wirksam ist, wenn sie an die letzte dem Verwalter bekannte
Anschrift gerichtet ist (§ 308 Nr 6 BGB; *OLG München* 34 Wx 46/07, ZMR 2009, 64,
65), wenn der Verwalter vom Selbstkontrahierungsverbot des **§ 181 BGB** befreit wird
(§ 307 Abs 1, Abs 2 Nr 2 BGB; *OLG Düsseldorf* 3 Wx 51/06, NZM 2006, 936, 937;
OLG München 34 Wx 46/07, ZMR 2009, 64, 66), wenn der Verwalter auf Kosten der
Wohnungseigentümergemeinschaft Sonderfachleute beauftragen darf, ohne dass die
Voraussetzungen klar umrissen sind (§ 307 Abs 1 S 2 BGB; *OLG Düsseldorf* wie vor);
wenn der Verwalter nur zur Abhaltung einer **Eigentümerversammlung** pro Wirtschaftsjahr als Grundleistung verpflichtet, ohne klarzustellen, dass der Verwalter für
eine von ihm verschuldete weitere Versammlung keine zusätzliche Vergütung beanspruchen kann (§ 307 Abs 1 S 1 BGB; *OLG Düsseldorf* wie vor; *OLG München* 34
Wx 46/07, ZMR 2009, 64, 67). Zu Haftungsbeschränkungen und Verjährungsverkürzungen s Rn 59.

3. Einzelne Regelungen des Verwaltervertrags. – a) Instandsetzungsmaßnahmen 54
Gemäß § 27 Abs 3 S 1 Nr 3 ist der Verwalter zur Vornahme der laufenden Maßnahmen
der erforderlichen ordnungsmäßigen Instandhaltung und Instandsetzung gemäß § 27
Abs 1 Nr 2 ermächtigt. Auch ohne einen Eigentümerbeschluss darf er danach die **laufenden Reparaturen bzw. Maßnahmen geringeren Umfangs**, die der Instandsetzung des
gemeinschaftlichen Eigentums dienen, als gesetzlicher Vertreter der Wohnungseigentümergemeinschaft in Auftrag zu geben (*Merle* ZWE 2006, 365, 368). Eine Vertragsbestimmung, wonach der Verwalter berechtigt ist, die laufenden Instandhaltungs- und
Instandsetzungsmaßnahmen zu veranlassen, ist daher nicht zu beanstanden (vgl aber
zur Rechtslage vor der WEG-Novelle 2007 noch *OLG München* 34 Wx 46/07, ZMR
2009, 64, 66). Auch ein Beschluss, wonach kleine Reparaturen bis zu einem Betrag von
2.500 € netto pro Maßnahme keinen besonderen Eigentümerbeschluss erfordern, dürfte
noch konform zum Anwendungsbereich des § 27 Abs 3 S 1 Nr 3 sein (**aA** wohl *AG Recklinghausen* 90 C 31/08, NZM 2009, 521: Obergrenze von insgesamt 2.500 € im Wirtschaftsjahr dürfe nicht überschritten werden). Die Befugnis des § 27 Abs 3 S 1 Nr 3 kann
durch eine Vereinbarung der Wohnungseigentümer nicht eingeschränkt werden (§ 27
Abs 4). Dies gilt auch für Einschränkungen durch den Verwaltervertrag (*Merle* in Bärmann, § 27 Rn 265). Eine Vertragsbestimmung die differenziert regelt, welche Instandhaltungsmaßnahmen der Verwalter eigenständig durchführen darf, für welche er der
Zustimmung des Verwaltungsbeirats bedarf und welche einen Mehrheitsbeschluss der
Wohnungseigentümer erfordern, ist daher nur wirksam, soweit sie die gesetzliche Vertretungsbefugnis aus § 27 Abs 3 S 1 Nr 3 nicht einschränkt. Regelungen, die nur die
Geschäftsführungsbefugnis im Innenverhältnis einschränken, sind wirksam (ebenso
Häublein ZWE 2009, 189, 195). Zulässig sind auch Ergänzungen und Erweiterungen der
Vertretungsbefugnis im Außenverhältnis. Für eine über die gesetzliche Regelung
hinausgehende Kompetenzverlagerung auf den Verwalter dürfte aber wohl kein Bedarf
mehr bestehen. In jedem Fall muss aber das finanzielle Risiko einer solchen Regelung
für die einzelnen Wohnungseigentümer überschaubar sein, so dass es entweder einer
gegenständlichen Beschränkung, einer Budgetierung oder einer Begrenzung der Höhe
nach bedarf (*OLG München* 34 Wx 46/07, ZMR 2009, 64, 66). Die Befürchtung der Verwalter könnte die Regelungen zur Begrenzung der Höhe umgehen, indem Großaufträge in mehrere Aufträge zerstückelt werden, steht einer Kompetenzverlagerung auf
den Verwalter nicht entgegen. Ein solches Verhalten wäre durch den Verwaltervertrag

nicht gedeckt, sondern würde eine Pflichtverletzung des Verwalters darstellen, die Schadensersatzansprüche begründen könnte.

55 Bestimmt die Gemeinschaftsordnung, dass der Verwalter grundsätzlich, also über die laufenden Maßnahmen hinaus, für die Vergabe von Instandsetzungsmaßnahmen keiner Zustimmung bedarf, können die Wohnungseigentümer gleichwohl mit dem Verwaltervertrag eine individuelle Sonderbeziehung zum Verwalter eingehen, die für die Vergabe von Aufträgen zu Maßnahmen, die ein bestimmten Volumen überschreiten, die Zustimmung des Verwaltungsbeirats oder der Eigentümerversammlung verlangt. Hierdurch wird das Verhältnis der Wohnungseigentümer untereinander nämlich nur mittelbar betroffen, ohne dass die Regelungen der Teilungserklärung über die Grundordnung des Gemeinschaftsverhältnisses abgeändert werden. Die Beschlusskompetenz der Wohnungseigentümer ist daher gegeben. Ob der Beschluss rechtmäßig ist, hängt allein davon ab, ob er ordnungsgemäßer Verwaltung entspricht (ebenso *Wenzel* ZWE 2001, 226, 233).

56 **b) Einstellung von Hilfskräften.** Der Verwalter darf im Hinblick auf die Instandhaltungspflicht einen Hausmeister anstellen und ein Reinigungsunternehmen beauftragen (§ 27 Abs 3 S 1 Nr 3), wobei aber die Dauer der vertraglichen Bindung einen angemessenen Rahmen nicht überschreiten darf (vgl § 27 Rn 21). Eine entsprechende Vertragsbestimmung ist daher nicht zu beanstanden (vgl aber zur Rechtslage vor der WEG-Novelle 2007 noch *OLG München* 34 Wx 46/07, ZMR 2009, 64, 66). Die Befugnis zur Einstellung von Personal darf gemäß § 27 Abs 4 im Außenverhältnis nicht von der Zustimmung des Verwaltungsbeirats abhängig gemacht werden.

57 **c) Übersendung des Versammlungsprotokolls.** Verpflichtet die Teilungserklärung den Verwalter nicht, das Versammlungsprotokoll an alle Miteigentümer zu versenden, hat sich jeder Eigentümer grundsätzlich selbst beim Verwalter über die gefassten Beschlüsse zu informieren und von seinem Recht auf Einsicht in die Protokolle (§ 24 Abs 6 S 3) Gebrauch zu machen (*BayObLG* BReg 2 Z 8/91, WuM 1991, 412). Das Protokoll muss aus diesem Grund mindestens 1 Woche vor dem Ablauf der Anfechtungsfrist gefertigt sein (*BayObLG* BReg 2 Z 67/88, NJW-RR 1989, 656; *KG* 24 W 5414/95, WuM 1996, 364, 365). Es ist deshalb nicht zu beanstanden, wenn dem Verwalter durch den Verwaltervertrag die Pflicht auferlegt wird, jedem Wohnungseigentümer das Protokoll innerhalb von 3 Wochen ab Beschlussfassung also 1 Woche vor dem Ablauf der Anfechtungsfrist zu übersenden.

58 **d) Haftungsbeschränkung.** Die Haftung des Verwalters kann mit Ausnahme der Haftung für eigenes vorsätzliches Verhalten (§§ 276 Abs 3, 278 S 2 BGB) individualvertraglich ausgeschlossen oder auf bestimmte Höchstsummen beschränkt werden.

59 Handelt es sich bei dem Verwaltervertrag um einen **Formularvertrag** iSv § 305 Abs 1 BGB, so ist gemäß § 309 Nr 7a bei Schäden aus der Verletzung von Leben, Körper oder Gesundheit der Ausschluss oder eine Beschränkung der Haftung für eigenes Verschulden und für Vorsatz und grobe Fahrlässigkeit von Erfüllungsgehilfen unwirksam. Für sonstige Schäden ist gemäß § 309 Nr 7b nur eine Beschränkung der Haftung auf Vorsatz und grobe Fahrlässigkeit des Verwalters oder seiner Erfüllungsgehilfen wirksam. Möglich ist danach durch Formularvertrag also nur eine Haftungsbegrenzung für leichte Fahrlässigkeit, wenn es nicht um Schäden aus der Verletzung von Leben, Körper oder Gesundheit geht. Über das Klauselverbot des § 309 Nr 7 BGB hinaus muss die Haftungsbeschränkung auch einer Inhaltskontrolle nach § 307 BGB standhalten.

Dies gilt insbesondere für die Freizeichnung von der Haftung für die leicht fahrlässige Verletzung von wesentlichen Vertragspflichten – sog Kardinalpflichten – (vgl etwa *Gottschalg* DWE 2003, 41, 43). Eine unzulässige Haftungsbegrenzung kann auch in der **Verkürzung der Verjährungsfrist** liegen (*Furmanns* NZM 2004, 201, 205). So wenn die Verjährung wechselseitiger Ansprüche der Parteien aus vertraglichem oder gesetzlichem Grunde auf Erfüllung und auf Schadensersatz wegen Nichterfüllung entgegen § 195 BGB auf zwei Jahre festgelegt wird und der Beginn der Verjährungsfrist – entgegen § 199 I Nr 2 BGB – nicht an die Kenntnis des Gläubigers geknüpft wird (*OLG Düsseldorf* 3 Wx 51/06, NZM 2006, 936, 937) oder wenn die Verjährung unabhängig von der Kenntnis des Geschädigten vom schädigenden Ereignis auch bei vorsätzlichen Vertragsverletzungen auf drei Jahren beschränkt wird (*OLG München* 34 Wx 45/06, NZM 2007, 92). Zur Verjährung von Pflichtverletzungen s § 27 Rn 112.

Unabhängig vom Inhalt der Vertragsbestimmung widerspricht ein Beschluss, wonach ohne adäquate Gegenleistung ein laufender Verwaltervertrag um eine Haftungsbegrenzung zugunsten des Verwalters ergänzt wird, dem Grundsatz ordnungsgemäßer Verwaltung (*BayObLG* 2Z BR 89/02, NZM 2003, 204, 205). **60**

e) Verwaltervollmacht. Die Begründung einer Prozessvollmacht zur Vertretung der Wohnungseigentümergemeinschaft in gerichtlichen Verfahren auf der Aktivseite entspricht ordnungsgemäßer Verwaltung (s § 27 Rn 84). Eine solche Vollmacht ist durch den Grundsatz der ordnungsgemäßen Verwaltung sogar geboten. Die Passivvertretung ist gesetzlich geregelt (§ 27 Abs 2 Nr 2, Abs 3 S 1 Nr 2). **61**

f) Regelungen über das Gemeinschaftsverhältnis. Regelungen über das Gemeinschaftsverhältnis der Wohnungseigentümer untereinander können nicht durch den Verwaltervertrag, sondern nur durch Gemeinschaftsordnung, sonstige Vereinbarung oder Mehrheitsbeschluss begründet werden (*OLG Hamm* 15 W 349/99, NZM 2000, 505; *Palandt/Bassenge* § 26 Rn 12). Soweit allerdings die Bestimmungen des Verwaltervertrages mit den Regelungen der Gemeinschaftsordnung und bereits bestandskräftigen Mehrheitsbeschlüssen übereinstimmen, ist kein Grund für die Unwirksamkeit einer Vertragsbestimmung erkennbar, welche die ohnehin geltende Rechtslage bloß wiederholt (**aA** *OLG Hamm* 15 W 133/00, NZM 2001, 49, 52). Soll das Gemeinschaftsverhältnis der Wohnungseigentümer untereinander über den Verwaltervertrag geregelt werden, muss der Verwaltervertrag entweder durch Beschluss genehmigt werden oder es bedarf einer Vollmacht, die ausdrücklich zur Vereinbarung der entsprechenden Klausel ermächtigt. **62**

Die Wohnungseigentümer können allerdings ihr **gemeinschaftliches Verhältnis zum Verwalter** im Verwaltervertrag abweichend vom dispositiven Recht und von Vereinbarungen regeln. Hierdurch wird das Verhältnis der Wohnungseigentümer untereinander nämlich nur mittelbar betroffen, ohne dass die Regelungen der Teilungserklärung über die Grundordnung des Gemeinschaftsverhältnisses abgeändert werden. Die Beschlusskompetenz der Wohnungseigentümer ist insoweit gegeben. Ob der Beschluss rechtmäßig ist, hängt allein davon ab, ob er ordnungsgemäßer Verwaltung entspricht (ebenso *Wenzel* ZWE 2001, 226, 233). **63**

4. Vergütung. – a) Vergütungsanspruch. Im Regelfall wird der Verwalter nicht unentgeltlich, sondern gegen Vergütung tätig werden. Für den Anspruch auf Verwaltervergütung ist nicht die Bestellung zum Verwalter, sondern der Verwaltervertrag maßgebend (*BayObLG* 2Z BR 94/95, WuM 1996, 650). Sind laut Teilungserklärung alle **64**

Beschlüsse über die Verwaltung des gemeinschaftlichen Eigentum einstimmig zu fassen, dann gilt diese Regelung gemäß § 26 Abs 1 S 5 zwar nicht für die Beschlüsse über die Bestellung und Abberufung des Verwalters, wohl aber für einen Beschluss über die nachträgliche Erhöhung der Vergütung (*OLG Köln* 16 Wx 105/03, NZM 2003, 685). Schuldner der Vergütung ist die Wohnungseigentümergemeinschaft als Vertragspartner (*OLG Hamm* 15 W 109/05, NZM 2006, 632). Die einzelnen Wohnungseigentümer haften gemäß § 10 Abs 8 für die Vergütungsansprüche, die während ihrer Zugehörigkeit zur Gemeinschaft entstanden oder während dieses Zeitraums fällig geworden sind, nach dem Verhältnis ihrer Miteigentumsanteile.

65 Wer Lasten und Kosten des gemeinschaftlichen Eigentums trägt, ohne einen Verwaltervertrag geschlossen zu haben, hat zwar keinen Vergütungsanspruch, aber einen Anspruch auf Aufwendungsersatz, der auch ohne einen Beschluss über die Jahresabrechnung durchgesetzt werden kann (*BayObLG* 2Z BR 97/95, WuM 1996, 496, 497). Auch für Aufwendungsersatzansprüche des ausgeschiedenen Verwalters gegen einen Wohnungseigentümer ist ein Eigentümerbeschluss über die Jahresabrechnung nicht Voraussetzung (*BayObLG* 2Z BR 43/96, WuM 1996, 663). Als Anspruchsgrundlagen für eine Erstattung verauslagter Beträge kommen eine entgeltliche Geschäftsbesorgung (§§ 675, 670 BGB), Geschäftsführung ohne Auftrag (§§ 677, 683 BGB) oder ungerechtfertigte Bereicherung in Betracht.

66 **b) Höhe der Vergütung.** Die Höhe der Vergütung richtet sich nach der vertraglichen Vereinbarung. Ist eine solche nicht getroffen worden, so ist die übliche Vergütung geschuldet. Für die gesetzlichen Aufgaben ist zurzeit eine monatliche Verwaltervergütung zwischen 15,00 € und 35,00 € pro Wohnung und zwischen 1,50 € und 2,50 € pro Garage plus MWSt üblich, wobei sich die Höhe im Einzelfall nach der Größe der Eigentumsanlage richtet. Wird durch Mehrheitsbeschluss die Verwaltervergütung für vermietete Wohnungen um 2,50 € höher als für selbstgenutzte Eigentumswohnungen festgesetzt, so liegt darin kein Verstoß gegen den Grundsatz der ordnungsmäßigen Verwaltung (*OLG Frankfurt* 20 W 260/90, ZMR 1991, 72). Nach Ansicht des *OLG Düsseldorf* entspricht die Vereinbarung einer Vergütung von 7,00 € netto (14,00 DM) für die Verwaltung eines von einem Nicht-Wohnungseigentümer genutzten Hobbyraums oder einer Garage nicht ordnungsgemäßer Verwaltung (*OLG Düsseldorf* 3 Wx 253/00, NZM 2001, 390, 392). Bemisst sich die Vergütung nach der Anzahl der Einheiten, dann vermindert sich der Vergütungsanspruch des Verwalters, wenn Einheiten zusammengelegt werden (*AG Aachen* 119 C 49/08 ZMR 2009, 717 m Anm *Drasdo*).

67 Anspruch auf Zahlung von **Umsatzsteuer** zusätzlich zur Verwaltergebühr hat der Verwalter nur wenn dies ausdrücklich vereinbart wurde. Zur Zulässigkeit von Wertsicherungsklauseln vgl *BayObLG* DWE 1984, 30; *Gottschalg* NZM 2000, 473, 475.

68 Ein Beschluss über die **Erhöhung der Vergütung** während der Laufzeit des Verwaltervertrags entspricht in der Regel nicht ordnungsgemäßer Verwaltung. Etwas anderes kann dann gelten, wenn der Verwaltervertrag eine Erhöhungsklausel enthält. Auch eine solche Klausel rechtfertigt aber keine Erhöhung wegen solcher Umstände, die bereits bei der ursprünglichen Vergütungsvereinbarung hätten berücksichtigt werden können (*BayObLG* 2Z BR 219/03, NZM 2004, 794). Eine Anpassungsklausel im Verwaltervertrag, die den Verwalter berechtigt, die Verwaltergebühren einmal jährlich an die Entwicklung der Verwaltungskosten anzupassen ist gemäß § 307 Abs 1 BGB

unwirksam (*OLG Düsseldorf* 3 Wx 326/04, NZM 2005, 625). Wird die Verwaltervergütung durch Mehrheitsbeschluss erhöht, so bedarf es der Umsetzung durch einen Änderungsvertrag (*OLG Düsseldorf* wie vor).

c) Sondervergütung. Für die Erfüllung von Aufgaben, die über das gesetzliche Maß 69 hinaus durch den Verwaltervertrag dem Verwalter auferlegt werden, können Zusatzvergütungen vereinbart werden. Einen zusätzlichen Anspruch auf Aufwendungsersatz hat der Verwalter nicht, soweit es um Tätigkeiten geht, für die eine Vergütung vereinbart ist. Ein Beschluss, der dem Verwalter für Tätigkeiten, die zu seinem Pflichtenkreis gehören, eine Zusatzvergütung zubilligt, entspricht nicht ordnungsgemäßer Verwaltung (*OLG Düsseldorf* 3 Wx 107/98, WuM 1998, 681; *OLG Düsseldorf* 3 Wx 169/98, WuM 1999, 477, 479).

Dem Verwalter kann im Verwaltervertrag oder durch einen Mehrheitsbeschluss, der 70 den Verwaltervertrag ergänzt, eine **Sondervergütung für die gerichtliche Geltendmachung von Ansprüchen** versprochen werden (*BGH* V ZB 9/92, NJW 1993, 1924; *OLG Köln* 16 Wx 173/89, NJW 1991, 1302; *BayObLG* BReg 2 Z 104/87, NJW-RR 1988, 847; **aA** *KG* 24 W 5948/88, WuM 1989, 93). Wenn der Verwalter selbstständig ohne Einschaltung eines Rechtsanwalts Ansprüche geltend macht, kann ihm auch eine Sondervergütung bewilligt werden, deren Höhe nach dem **RVG** unter Einschluss der Erhöhungsbeträge der Nr 1008 VV berechnet wird (*BGH* V ZB 9/92, NJW 1993, 1924 [zur BRAGO]; *Merle* in Bärmann, § 26 Rn 146). Eine solche Sondervergütung entspricht allerdings dann nicht ordnungsmäßiger Verwaltung, wenn sich der Verwalter der Hilfe eines Rechtsanwalts bedient (ebenso *Merle* WE 1994, 3, 6). Der Verwalter hat nämlich den Vorteil, dass für ihn die Tatsachenaufbereitung aufgrund seiner allgemeinen Verwaltungstätigkeit, für die er bereits eine Vergütung erhält, regelmäßig einfach ist. Er wird außerdem im gerichtlichen Verfahren durch den Rechtsanwalt entlastet. Für den Fall, dass der Verwalter einen Rechtsanwalt mit der Durchsetzung der Ansprüche beauftragt, erscheint deshalb eine von der Höhe des Geschäftswerts unabhängige pauschale Sondervergütung ausreichend, die sich daran orientiert, welchen Aufwand die Weitergabe der anspruchsbegründenden Tatsachen bereitet. Ist im Verwaltervertrag eine pauschale Zusatzvergütung nach dem RVG für die Tätigkeit des Verwalters im Rahmen der gerichtlichen Geltendmachung von Wohngeldforderungen bestandskräftig vereinbart, entsteht diese auch dann, wenn der Verwalter den Prozess durch einen Anwalt führen lässt (*AG Nürnberg* 90 C 40246/07, ZMR 2008, 750). Schuldner der Sondervergütung ist die Wohnungseigentümergemeinschaft. Zur Frage der Erstattungsfähigkeit der Sondervergütung vgl § 28 Rn 189.

Ob die Zusage einer pauschalen Sondervergütung für den Fall „Veranlassung von 71 Klageverfahren bei Zahlungsrückstand, zahlbar vom säumigen Eigentümer" in einem Formularvertrag gegen das Transparenzgebot des § 305 Abs 1 S 2 BGB verstößt, weil unklar ist, auf welche Zahlungsrückstände es ankommt und unter welchen Voraussetzungen ein Klageverfahren als veranlasst gilt, erscheint fraglich (so aber *OLG Düsseldorf* 3 Wx 364/02, NZM 2003, 119, 120 [zu § 9 AGBG aF] m **abl** Anm *Müller* NZM 2003, 307; *Gottschalg* DWE 2003, 41, 45).

Die Bewilligung einer zusätzlichen **Sondervergütung für eine besonders aufwändige** 72 **Bauüberwachung** entspricht auch dann ordnungsgemäßer Verwaltung, wenn der Verwalter nach dem Verwaltervertrag die Aufgabe hat, Baumaßnahmen an der Wohnanlage zu überwachen (*OLG Köln* 16 Wx 35/01, NZM 2001, 470). Zur Zahlung einer Sondervergütung für die Bearbeitung von Zahlungen der Wohnungseigentümer, die nicht am **Lastschriftverfahren** teilnehmen s § 28 Rn 148.

73 Der Verwalter kann nach dem Verwaltervertrag Anspruch auf eine **Sondervergütung für die Zustimmung zur Veräußerung** nach § 12 haben. Soweit nichts anderes geregelt ist, entsteht dieser Vergütungsanspruch mit der Zustimmung zur Veräußerung und wird von der Wohnungseigentümergemeinschaft geschuldet. Wohnungseigentümer, die zu diesem Zeitpunkt Mitglieder der Gemeinschaft sind, haften nach § 10 Abs 8. In Betracht kommt im Einzelfall ein Rückgriffsanspruch gegen den Veräußerer als Veranlasser. Der Erwerber dagegen wird auch dann nicht Schuldner dieses Anspruchs, wenn er in den Verwaltervertrag eintritt, denn er haftet nicht für Verwaltervergütungen, die vor seinem Eintritt entstanden und fällig geworden sind (*KG* 24 W 1783/97, WuM 1997, 522). Auch die Unterzeichnung des Verwaltervertrages durch den Erwerber kann nicht dahin ausgelegt werden, dass der Erwerber über die gesetzlichen Verpflichtungen hinaus für bereits entstandene Verbindlichkeiten aufkommen will (*KG* 24 W 1783/97, WuM 1997, 522). Aus der Anerkennung der Gemeinschaftsordnung und der Übernahme der Vertragskosten durch den Erwerber im notariellen Kaufvertrag ergeben sich weder eine Schuldübernahme noch ein Schuldbeitritt des Erwerbers und auch kein Vertrag zugunsten des Verwalters (*KG* wie vor). Legt der Verwalter für die Zustimmung zur Veräußerung nicht eine zum tatsächlichen Prüfungsaufwand im angemessenen Verhältnis stehende Pauschale, sondern einen Prozentsatz des Kaufpreises des Wohnungseigentums zugrunde, kann dies gegen § 138 BGB oder die Vorschriften über die Gestaltung rechtsgeschäftlicher Schuldverhältnisse durch Allgemeine Geschäftsbedingungen (§§ 305 ff BGB) verstoßen (*KG* 24 W 1783/97, WuM 1997, 522).

74 Bei der Bewilligung einer Sondervergütung kann auch auf den Zeit- und Arbeitsaufwand des Verwalters abgestellt und ein bestimmter **Stundensatz** festgelegt werden (*BayObLG* 2Z BR 11/04, NZM 2004, 587, 588). Ein Stundensatz von 130 € für den Geschäftsführer einer Verwaltungsgesellschaft widerspricht aber ordnungsgemäßer Verwaltung (*BayObLG* wie vor). Es ist nicht Sache des Gerichts festzulegen, welcher Stundensatz angemessen ist (*BayObLG* wie vor). Im Rahmen ordnungsgemäßer Verwaltung können auch Vereinbarungen über die **Pauschalierung von Aufwendungsersatz** des Verwalter getroffen werden, soweit der Verwalter hierauf nach §§ 675, 670 BGB zusätzlich zu seiner Vergütung Anspruch hat. Dabei entspricht die Erstattung von Kopierkosten entsprechend den Sätzen der Nr 7000 VV-RVG sicherlich ordnungsmäßiger Verwaltung. Auch die Festlegung von 0,50 € pro Seite ohne zahlenmäßige Obergrenze dürfte aber die Grenze ordnungsgemäßer Verwaltung noch nicht überschreiten (zweifelnd *OLG Hamm* 15 W 133/00, NZM 2001, 49, 52).

75 **d) Fälligkeit.** Ist im Verwaltervertrag eine monatliche Vergütung pro Wohnung festgelegt, so wird die Vergütung jeweils mit Ablauf des Monats fällig (§ 614 S 2 BGB), es sei denn, es ist etwas anderes vertraglich bestimmt. Ist keine monatliche Vergütung festgelegt, so richtet sich die Fälligkeit nach § 614 S 1 BGB und ist daher erst nach Vorlage der Jahresabrechnung zu entrichten (*OLG Hamm* NJW-RR 1993, 845, 846). Ein Beschluss, die vertraglich vereinbarte Verwaltervergütung rückwirkend um mehr als 65% zu erhöhen, entspricht nicht den Grundsätzen ordnungsgemäßer Verwaltung (*OLG Düsseldorf* 3 Wx 107/98, WuM 1998, 681).

e) Verteilungsschlüssel. Auch wenn nach dem Verwaltervertrag die Vergütung pro 76
Wohneinheit bemessen wird, richtet sich im Innenverhältnis der Verteilungsschlüssel
nach § 16 Abs 2 (Miteigentumsanteile) oder nach dem vereinbarten Verteilungsschlüssel (*OLG Köln* 16 Wx 84/02, NZM 2002, 615; *LG Lüneburg* 9 S 67/08, ZMR 2009, 554), soweit nichts anderes beschlossen ist (§ 16 Abs 3). Bestimmt die Gemeinschaftsordnung, dass Betriebskosten nach Wohneinheiten zu verteilen sind, soweit dies "möglich, zweckmäßig und sachdienlich" ist, dann ist die Verwaltervergütung grundsätzlich nach Einheiten umzulegen (*BayObLG* 2Z BR 40/01, ZMR 2001, 827). Im Außenverhältnis haften die Wohnungseigentümer dem Verwalter für die Bezahlung der Vergütung gemäß § 10 Abs 8 anteilig. Für neu in die Gemeinschaft eintretende Wohnungseigentümer ergibt sich die Pflicht zur Zahlung der Vergütung vom Eintritt an daraus, dass der Verwaltervertrag gemäß § 10 Abs 4 von diesem Zeitpunkt an auch für sie gilt (vgl *KG* 24 W 188/93, WuM 1993, 755, 756).

Der Verwalter darf seine Vergütung dem Gemeinschaftskonto entnehmen (abbu- 77
chen). Deshalb kann auch im Verwaltervertrag geregelt werden, dass der Verwalter anteilig monatliche Vorschüsse auf seine Vergütung aus den verwalteten gemeinschaftlichen Geldern entnehmen darf (*OLG Hamm* 15 W 133/00, NZM 2001, 49, 51). Es widerspricht aber ordnungsgemäßer Verwaltung, wenn der Verwalter sein Honorar der Instandhaltungsrücklage entnimmt (*OLG Düsseldorf* 3 Wx 326/04, NZM 2005, 625). Der Verwalter kann seinen vertraglichen Vergütungsanspruch auch ohne Beschlussfassung der Gemeinschaft über den Wirtschaftsplan gerichtlich gegen einzelne Wohnungseigentümer durchsetzen (*KG* 24 W 5042/89, NJW-RR 1990, 153, 154). Der Verwalter erreicht eine höhere Vergütung nicht dadurch, dass er stillschweigend eine höhere Gebühr in den Wirtschaftsplan einstellt, ohne vor Beschlussfassung auf die Erhöhung hinzuweisen (*OLG Düsseldorf* 3 Wx 326/04, NZM 2005, 625 m Anm *Vogl* ZMR 2006, 101). Hinsichtlich der Mehrvergütung hat die Wohnungseigentümergemeinschaft einen bereicherungsrechtlichen Rückzahlungsanspruch (*LG Mainz* 3 T 180/03, ZMR 2005, 153). Zum Einfluss der Anfechtung der Verwalterwahl auf die vertraglichen Vergütungsansprüche siehe Rn 18. Zu Vergütungsansprüchen bei Abberufung s Rn 104, 106.

Der Verwalter hat **Versicherungsprovisionen**, die er für den Abschluss eines Versiche- 78
rungsvertrages mit der Wohnungseigentümergemeinschaft erhält, an das Gemeinschaftsvermögen herauszugeben (*OLG Düsseldorf* 3 Wx 492/97, WuM 1998, 311).

f) Verjährung. Die Vergütungsansprüche des Verwalters **verjähren** gemäß § 195 BGB 79
in 3 Jahren. Zur Überleitungsvorschrift des Schuldrechtsmodernisierungsgesetzes (Art 229 § 6 EGBGB) siehe § 28 Rn 176.

5. Auswirkung von Leistungsstörungen auf die Vergütung. Das Recht der Leistungsstö- 80
rungen hat sich durch das Schuldrechtsmodernisierungsgesetz geändert. Die Überleitungsvorschrift enthält Art 229 § 5 EGBGB. Erbringt der Verwalter die geschuldeten Leistungen überhaupt nicht, verliert er den Vergütungsanspruch nach Maßgabe der §§ 326, 615, 616 BGB. § 326 BGB setzt voraus, dass die geschuldete Leistung unmöglich ist (§ 275 BGB). Dies ist bei einer Dienstleistung nur dann der Fall, wenn sie nicht nachgeholt werden kann. Kann sie nachgeholt werden, tritt Befreiung von der Dienstleistung nur ein, wenn der Dienstberechtigte gemäß § 615 BGB in Annahmeverzug gerät. Unmöglich ist z. B. die Aufstellung von Wirtschaftsplänen für abgelaufene Wirtschaftsjahre. Ob die Erstellung von Jahresabrechnungen für den ausgeschiedenen Verwalter

II WEG § 26 Bestellung und Abberufung des Verwalters

unmöglich ist, erscheint dagegen zweifelhaft (s aber *BayObLG* 2Z BR 132/96, WuM 1997, 345, 346). Insoweit dürfte wegen Verzugs unter den Voraussetzungen des § 323 BGB ein Anspruch auf Schadensersatz statt Leistung in Betracht kommen (vgl § 28 Rn 128). Teilweise Unmöglichkeit steht der vollständigen Unmöglichkeit gleich, wenn die Leistung unteilbar ist oder die Teilerfüllung für den Gläubiger kein Interesse hat. Dies wird bei einem Verwaltervertrag nur selten in Betracht kommen, so dass die Wohnungseigentümer in der Regel nur hinsichtlich des unmöglich gewordenen Teils der Leistungen die Rechte des § 326 Abs 4 BGB haben. Sie können gemäß §§ 326 Abs 4, 346–348 BGB die Rückgewähr des Teils der Vergütung verlangen, der dem unmöglichen Teil der Leistung entspricht (vgl *BayObLG*, 2Z BR 132/96, WuM 1997, 345).

81   Eine Schlechterfüllung der Verwalterpflichten führt demgegenüber grundsätzlich nicht zum Wegfall des Vergütungsanspruchs, sondern allenfalls zu Schadensersatzansprüchen der Wohnungseigentümer gegen den Verwalter, mit denen sie gegebenenfalls gegen den Vergütungsanspruch des Verwalters aufrechnen können (*BayObLG* 2Z BR 132/96, WuM 1997, 345).

82   **6. Vertragsdauer.** § 26 Abs 1 S 2 begrenzt auch die Laufzeit des Verwaltervertrags auf die **Höchstdauer von 5 Jahren** (*BGH* V ZB 39/01, NJW 2002, 3240, 3245). Es ist sinnvoll, die Dauer der Bestellung nach dem Bestellungsbeschluss und die Laufzeit des Vertrages aufeinander abzustimmen. Bestimmt die Teilungserklärung, dass die Bestellung eines Verwalters jeweils auf volle 5 Jahre erfolgt, können die Wohnungseigentümer gleichwohl eine individuelle Sonderbeziehung zum Verwalter eingehen, die eine kürzere Bestelldauer vorsieht. Hierdurch wird das Verhältnis der Wohnungseigentümer untereinander nämlich nur mittelbar betroffen, ohne dass die Regelungen der Teilungserklärung über die Grundordnung des Gemeinschaftsverhältnisses abgeändert werden. Die Beschlusskompetenz der Wohnungseigentümer für eine kürzere Bestellzeit ist daher gegeben. Ob der Beschluss rechtmäßig ist, hängt allein davon ab, ob er ordnungsgemäßer Verwaltung entspricht (ebenso *Wenzel* ZWE 2001, 226, 233). Die Bestellung eines neuen Verwalters für beispielsweise zunächst 3 Jahre entspricht ordnungsgemäßer Verwaltung, weil dies den Wohnungseigentümern erlaubt, sich nach dieser Zeit vom Verwalter zu lösen, wenn er nicht zufriedenstellend arbeitet, ohne dass ein wichtiger Grund für eine sofortige Abberufung vorliegen muss.

83   Beträgt die Vertragslaufzeit 5 Jahre und ist gemäß § 26 Abs 1 S 3 vereinbart, dass eine vorzeitige Vertragsbeendigung nur aus wichtigem Grund möglich ist, dann ist eine ordentliche Kündigung vor Ablauf der 5 Jahre ausgeschlossen. Auch in einem **Formularvertrag** kann grundsätzlich eine Laufzeit von mehr als 2 Jahren wirksam vereinbart werden. **§ 309 Nr 9a BGB** findet auf den Verwaltervertrag keine Anwendung, weil er nach seinem Normzweck nicht die interessengerechte Sonderregelung des § 26 Abs 1 S 2 verdrängen will (*BGH* V ZB 39/01, NJW 2002, 3240, 3245 zu § 11 Nr 12a AGBG aF). Soweit nicht besondere Umstände hinzutreten, verstoßen Laufzeitregelungen in einem Verwaltervertrag, die sich im Rahmen des § 26 Abs 1 S 2 halten, auch nicht gegen **§ 307 BGB** (*BGH* V ZB 39/01, NJW 2002, 3240, 3246 zu § 9 AGBG aF).

84   Der Zeitablauf der Bestellung zum Verwalter führt nicht automatisch dazu, dass auch der Verwaltervertrag beendet ist und dann Vergütungsansprüche des Verwalters entfallen. Jedoch kann der Verwaltervertrag so eng an die Verwalterstellung gekoppelt sein, dass die Beendigung der Bestellung auch den Verwaltervertrag beendet (*BayObLG* 2Z BR 94/95, WuM 1996, 650).

IV. Abberufung des Verwalters

Ebenso wie zwischen der Bestellung des Verwalters und dem Abschluss des Verwal- 85
tervertrages ein Unterschied besteht, ist zwischen der Abberufung des Verwalters
und der Kündigung des Verwaltervertrages zu unterscheiden. Ein Beschluss über die
fristlose Kündigung des Verwaltervertrags ist aber regelmäßig dahin auszulegen,
dass gleichzeitig der Verwalter abberufen wird (*KG* 24 W 31/03, NZM 2004, 913,
914). Auch ein Beschluss über die Bestellung eines neuen Verwalters enthält in der
Regel die Abberufung des bisherigen Verwalters (*KG* wie vor). Ist der Verwalter
auf unbestimmte Zeit bestellt worden, kann er jederzeit abberufen werden, es sei
denn die Abberufung ist auf das Vorliegen eines wichtigen Grundes beschränkt worden (*Wenzel* ZWE 2001, 510, 514). Ist der Verwalter für eine bestimmte Zeit bestellt
worden, setzt eine vorzeitige Beendigung des Amtes ebenfalls voraus, dass ein wichtiger Grund hierfür vorliegt (*Wenzel* ZWE 2001, 510, 514). Eine Teilungserklärung,
die auf einen ihr anliegenden Verwaltervertrag Bezug nimmt, der eine Kündigung
nur aus wichtigem Grund erlaubt, ist dahin auszulegen, dass auch eine Abberufung
des Verwalters nur aus wichtigem Grund möglich ist (*OLG Düsseldorf* 3 Wx 89/05,
NZM 2005, 828, 829).

1. Mehrheitsbeschluss über die Abberufung. Für die Abberufung des Verwalters 86
genügt ein Mehrheitsbeschluss (§ 26 Abs 1 S 1). Bestimmungen in der Teilungserklärung oder Vereinbarungen, die eine qualifizierte Mehrheit vorsehen, sind gemäß § 26
Abs 1 S 5 nicht zulässig. Sind laut Teilungserklärung alle Beschlüsse über die Verwaltung des gemeinschaftlichen Eigentums einstimmig zu fassen, dann gilt diese
Regelung gemäß § 26 Abs 1 S 5 nicht für die Beschlüsse über die Bestellung und
Abberufung des Verwalters (*OLG Köln* 16 Wx 105/03, NZM 2003, 685). Auf das
Abberufungsrecht aus wichtigem Grund kann nicht verzichtet werden (*BayObLG*
BReg 2 Z 60/70, BayObLGZ 1972, 139, 141). Eine Beschränkung des Abberufungsrechts ist gemäß § 26 Abs 1 S 3 und 5 nur in der Weise zulässig, dass das Recht zur
Abberufung auf das Vorliegen eines wichtigen Grundes beschränkt wird. Ein
Beschluss, wonach mit sofortiger Wirkung ein neuer Verwalter bestellt wird, enthält
in der Regel die Abberufung des bisherigen Verwalters (*BayObLG* 2Z BR 126/02,
ZWE 2004, 86 m Anm *Suilmann*).

a) Stimmrecht des Verwalters. Ein Verwalter, der gleichzeitig Wohnungseigentümer 87
ist, darf bei der Beschlussfassung über die Abberufung grundsätzlich mitstimmen
(*BGH* V ZB 30/02, NZM 2002, 995, 999). Das Stimmrecht entfällt nicht dadurch, dass
mit der Abberufung zugleich über die Auflösung des Verwaltervertrags beschlossen
wird, denn der Schwerpunkt der Beschlussfassung liegt weiterhin in der Abberufung
als Akt der Mitverwaltung (*BGH* V ZB 30/02, NZM 2002, 995, 999). Für den Fall der
Abberufung aus wichtigem Grund besteht jedoch ein Stimmverbot, weil nach dem
Rechtsgedanken der §§ 712 Abs 1, 737 BGB, §§ 117, 127, 140 HGB das Mitglied einer
Personenvereinigung nicht beteiligt sein soll, wenn über Maßnahmen zu entscheiden
ist, welche die Gemeinschaft ihm gegenüber aus wichtigem Grund vornehmen will
(*BGH* V ZB 30/02, NZM 2002, 995, 999). Bei einem Stimmrechtsausschluss darf der
Verwalter auch nicht als Bevollmächtigter anderer Wohnungseigentümer an der
Abstimmung teilnehmen (*OLG Düsseldorf* 3 Wx 366/98, WuM 1999, 59, 60 mwN) und
zwar unabhängig davon, ob er selbst Wohnungseigentümer ist (*OLG Düsseldorf* 3 Wx
174/01, NZM 2001, 992). Der Verwalter, dem für die Abstimmung Vollmacht erteilt

ist, kann jedoch grundsätzlich wirksam anderen Wohnungseigentümern Untervollmacht erteilen, sofern er eine Weisung für das Abstimmungsverhalten unterlässt, denn der Unterbevollmächtigte vertritt nicht den Bevollmächtigten, sondern den Vollmachtgeber (*BayObLG* 2Z BR 36/98, WuM 1999, 58 für den Abschluss des Verwaltervertrages).Verfügt der Verwalter über die Stimmenmehrheit, so kann es rechtsmissbräuchlich sein, wenn er seine Abberufung ablehnt. Das Stimmenübergewicht eines Wohnungseigentümers bei der Entscheidung über seine Abberufung als Verwalter genügt allein noch nicht, um unter dem Gesichtspunkt einer Majorisierung einen Stimmrechtsmissbrauch zu begründen, der die abgegebenen Stimmen unwirksam machen würde (*BGH* V ZB 30/02, NZM 2002, 995, 1000). Umgekehrt besteht für den einzelnen Wohnungseigentümer kein Recht, den Verwalter gemäß § 21 Abs 2 allein abzuberufen. Auch der Verwaltungsbeirat ist dazu nicht berechtigt (*BayObLGZ* 1965, 34, 41). Ein Mehrheitsbeschluss hat auch Wirkung für die Minderheit.

88 b) Anspruch auf Abberufung. Wird ein Antrag auf Abberufung des Verwalters von der Mehrheit der Wohnungseigentümer abgelehnt, so kann jeder Wohnungseigentümer gemäß den §§ 21 Abs 4, 43 Nr 1 beantragen, die Zustimmung der Wohnungseigentümer durch einen Beschluss des Gerichts zu ersetzen (*OLG Düsseldorf* 3 Wx 8/02, NZM 2002, 487, 488). Gleiches gilt, wenn erfolglos versucht wurde, die Einberufung einer Eigentümerversammlung mit dem Tagesordnungspunkt „Abberufung des Verwalters" zu erreichen (*OLG Düsseldorf* 24 W 6574/90, WuM 1991, 516). Kann dem klagenden Wohnungseigentümer im Einzelfall nicht zugemutet werden, die Eigentümerversammlung anzurufen, so ist die Klage unmittelbar zulässig (*BayObLG* BReg Z 45/85, ZMR 1985, 390, 391; *OLG Düsseldorf* 3 Wx 456/92, WuM 1994, 717; *OLG Düsseldorf* 3 Wx 345/97, NZM 1998, 517; *OLG Celle* 4 W 49/99, NZM 1999, 841; *BayObLG* 2Z BR 139/01, NZM 2003, 905). Keine Unzumutbarkeit liegt in der Regel dann vor, wenn während des Verfahrens der Verwalter neu bestellt wird und der Antragsteller keinen Antrag auf Ungültigerklärung des Bestellungsbeschlusses stellt (*BayObLG* 2Z BR 108/03, NZM 2004, 110).

89 Einen Anspruch auf Abberufung hat der einzelne Wohnungseigentümer gegen die übrigen Wohnungseigentümer nur dann, wenn ein so schwerwiegender Grund vorliegt, dass auch unter Berücksichtigung eines Beurteilungsspielraums der Gemeinschaft die Nichtabberufung nicht mehr vertretbar erscheint (*OLG Celle* 4 W 49/99, NZM 1999, 841; *OLG Schleswig* 2 W 137/06, ZMR 2007, 485). Die Anforderungen für einen Abberufungsanspruch des einzelnen Wohnungseigentümers sind also höher als die Voraussetzungen für eine Abberufung des Verwalters aus wichtigem Grund durch einen Mehrheitsbeschluss der Gemeinschaft (aA *OLG Düsseldorf* 3 Wx 8/02, NZM 2002, 487, 488: wichtiger Grund genüge). Da ein wichtiger Grund zur Abberufung aber voraussetzt, dass der Eigentümergemeinschaft insgesamt eine Fortsetzung der Zusammenarbeit mit dem Verwalter nicht mehr zugemutet werden kann (s Rn 98), indiziert die Feststellung eines wichtigen Grundes in der Regel zugleich, dass nur die Abberufung ordnungsgemäßer Verwaltung entsprechen wird. Die Eigentümerversammlung hat bei der Beurteilung, ob ein wichtiger Grund zur Abberufung des Verwalters vorliegt und ob die Ausübung eines nach Feststellung eines wichtigen Grundes noch verbleibenden Ermessens das Verbleiben im Amt rechtfertigt **keine Einschätzungsprärogative**, die eine gerichtliche Überprüfung ausschließen könnte, denn andernfalls liefe der Anspruch des einzelnen Wohnungseigentümers auf eine ordnungsgemäße Verwaltung leer (*OLG Hamm* 15 W 396/03, NZM 2004, 504, 506). Kommt es infolge eines Irrtums des Verwalters zu einer kurzen, folgenlos gebliebenen Lücke im Versicherungsschutz, ist es den Wohnungseigentümern nicht verwehrt, von einer Abberufung des Verwalters abzusehen (*AG Neuss* 72 II 124/06, ZMR 2007, 575).

Mit **Ablauf des Bestellungszeitraums** erledigen sich die Anträge, den Negativbeschluss 90
zur Abberufung des Verwalters aufzuheben und einen Positivbeschluss dadurch zustande zu bringen, dass das Gericht die Zustimmungen zur Abberufung ersetzt (*OLG Köln* 16 Wx 216/05, Info-M 2006, 138; *OLG Düsseldorf* 3 Wx 107/05, ZMR 2006, 544, 545). Mit dem Ablauf des Bestellungszeitraums erübrigt sich eine Entscheidung über den Negativbeschluss, weil dessen Inhalt sich darin erschöpft, die inzwischen ohnehin eingetretene Beendigung der Verwalterstellung abzulehnen. Das Rechtsschutzinteresse an der Zustimmung zur Abberufung ist entfallen, weil die Verwalterstellung, die durch die Abberufung beendet werden soll, bereits beendet ist. Das gerichtliche Verfahren auf Abberufung des Verwalters wird auch dann unzulässig, wenn dieser nach Ablauf seiner Amtszeit durch bestandskräftigen Beschluss erneut zum Verwalter bestellt wurde (*OLG Köln* 16 Wx 125/98, NZM 1998, 959). Ein durch gerichtliche Entscheidung entlassener Verwalter kann keine Vergütung für die Zeit verlangen, in der er durch einstweilige Verfügung vom Verwalteramt suspendiert war, sofern die Pflichtverletzungen, die zu seiner Abberufung führten, bereits bei Erlass der einstweiligen Verfügung vorlagen (*KG* 24 W 5453/88, OLGZ 1989, 430).

c) Wirksamkeit der Abberufung. Der Abberufungsbeschluss ist sofort mit Beschluss- 91
fassung wirksam. Eine abweichende Vereinbarung ist unwirksam (*KG* MDR 1978, 580). Er bleibt, wie alle Beschlüsse, auch im Falle einer Anfechtung gemäß § 43 Nr 4 so lange gültig, bis er durch Gerichtsbeschluss rechtskräftig für ungültig erklärt ist (*BayObLG* BReg 2 Z 21/76, BayObLGZ 1976, 211, 213; *KG* 1 W 2570/77, OLGZ 1978, 179, 180; *KG* 24 W 5478/86, NJW-RR 1989, 839). Die Abberufung ist eine empfangsbedürftige Willenserklärung, weshalb das Amt des Verwalters mit **Zugang** des Abberufungsbeschlusses endet (*BGH* V ZB 6/88, NJW 1989, 1087). Einer Annahme durch den Verwalter bedarf die Abberufungserklärung nicht (*BayObLG* 2Z BR 126/02, ZWE 2004, 86 m Anm *Suilmann*). Der Gültigkeit des Abberufungsbeschlusses steht nicht entgegen, dass die Abberufung auf das Fehlen eines wichtigen Grundes beschränkt ist und ein solcher Grund fehlt (*Wenzel* ZWE 2001, 510, 514; aA *Suilmann* ZWE 2000, 106, 111; *Drasdo* NZM 2001, 923, 928 [der Abberufungsbeschluss sei dann nichtig]). Macht die Eigentümergemeinschaft keinen Gebrauch von der Möglichkeit, den Versammlungsleiter, der die Beschlüsse über die Abberufung eines Verwalters und Bestellung eines neuen Verwalters nicht verkünden will, mehrheitlich abzuberufen und einen verkündungswilligen Versammlungsleiter zu wählen, besteht kein Grund, im Wege der einstweiligen Verfügung anzuordnen, dass ab sofort der neue Verwalter die Rechte und Pflichten des Verwalters innehat (*AG Hamburg-Blankenese* 539 C 26/08, ZMR 2008, 918).

d) Anfechtungsbefugnis des Verwalters. Der abberufene Verwalter ist analog § 43 92
Nr 4 befugt, den Beschluss über seine Abberufung anzufechten (*BGH* V ZB 39/01, NJW 2002, 3240, 3242; *Merle* ZWE 2000, 9; *Wenzel* ZWE 2001, 510; aA *Suilmann* ZWE 2000, 106 ff; *Reuter* ZWE 2001, 286; *Drasdo* NZM 2001, 923, 930 u NZM 2002, 853; *Becker* ZWE 2002, 211; *Gottschalg* ZWE 2006, 332: nur Klage auf Feststellung, dass die Abberufung unwirksam ist). Das Recht zur Anfechtung des Abberufungsbeschlusses folgt aus dem durch die Bestellung begründeten Recht des Verwalters, das

Amt bis zu einer rechtmäßigen vorzeitigen Abberufung auszuüben (*Wenzel* ZWE 2001, 510, 515). Dem Argument, die Wohnungseigentümer könnten durch eine Abberufung in Form einer Vereinbarung das Anfechtungsrecht des Verwalters unterlaufen (*Suilmann* ZWE 2000, 106, 111) ist entgegenzuhalten, dass die Anfechtungsbefugnis dann nie bestünde, weil stets statt eines Beschlusses eine Vereinbarung in Betracht kommt (*Wenzel* ZWE 2001, 510, 511).

93 Mit **Ablauf der Amtszeit** entfällt das Rechtsschutzinteresse an der Anfechtung des Abberufungsbeschlusses; eine rechtshängige Anfechtungsklage erledigt sich in der Hauptsache. Die vorzeitige Abberufung beeinträchtigt den anfechtenden Wohnungseigentümer mit Ablauf des Bestellungszeitraums nicht mehr in seinen Rechten. Deshalb entfällt das Rechtsschutzinteresse. Der abberufene Verwalter könnte nämlich seine Aufgaben und Befugnisse nicht mehr wahrnehmen. Eine ihm zu Unrecht entzogene Rechtsstellung könnte ihm durch eine Entscheidung nicht mehr zurückgegeben werden (*OLG Hamm* 15 W 77/98, NZM 1999, 227). Aus denselben Gründen wird auch dem abberufenen Verwalter selbst nach Ablauf der Amtszeit das Rechtsschutzinteresse fehlen (*KG* 24 W 2316/96, ZMR 1997, 610; offen gelassen von *BGH* V ZB 39/01, NJW 2002, 3240, 3242; **aA** *BayObLG* 2Z BR 89/01, ZMR 2002, 138). Er kann seine Interessen dadurch wahren, dass er die Unwirksamkeit der Abberufung feststellen lässt (*Wenzel* ZWE 2001, 510, 515).

94 Die **Bestellung des neuen Verwalters** darf der abberufene Verwalter dagegen nicht anfechten (*KG* 1 W 2570/77, OLGZ 1978, 179, 180; *OLG Hamm* 15 W 138/96, ZMR 1997, 49).

95 Wird der Abberufungsbeschluss für unwirksam erklärt, dann ist mit dem Eintritt der formellen Rechtskraft die **Abberufung rückwirkend beseitigt** (*OLG Zweibrücken* 3 W 202/02, ZMR 2004, 63, 64). Dies hat zur **Folge,** dass der Beschluss über die **Bestellung** eines neuen Verwalters **nichtig** ist, weil die Bestellung eines zweiten Verwalters nicht möglich ist, denn Verwalter kann immer nur eine natürliche oder juristische Person sein (*OLG Hamm* 15 W 66/02, NZM 2003, 486; *OLG Zweibrücken* 3 W 202/02, ZMR 2004, 63, 64). Der neue Verwalter ist daher durch eine gerichtliche Entscheidung, die den Abberufungsbeschluss für ungültig erklärt, in seinen Rechten betroffen und deshalb befugt, Rechtsmittel einzulegen (*OLG Düsseldorf* 3 Wx 204/03, ZMR 2004, 53, 54). Die Nichtigkeit der Bestellung des neuen Verwalters führt nicht zur Anfechtbarkeit von Beschlüssen, die in einer von ihm zwischenzeitlich einberufenen Versammlung gefasst worden sind (*OLG Zweibrücken* 3 W 202/02, ZMR 2004, 63, 64). Nach dem Willen der Vertragschließenden ist davon auszugehen, dass der mit dem neuen Verwalter abgeschlossene **Verwaltervertrag** unabhängig vom Ausgang des gerichtlichen Verfahrens über die Gültigkeit der Abberufung des Vorverwalters **für die Schwebezeit rechtswirksam** sein soll, aber die Ungültigerklärung des Abberufungsbeschlusses im Wege einer stillschweigend vereinbarten auflösenden Bedingung, die vertragliche Bindung für die Zukunft entfallen lässt. Der neue Verwalter hat daher für die Zeit seines Wirkens vertragliche Ansprüche gegen die Wohnungseigentümer. Der alte Verwalter hat für die Schwebezeit Vergütungsansprüche aus § 615 BGB. Auf bereits im Zeitpunkt einer Wiederbestellung bekannte Tatsachen kann ein Antrag auf Abberufung nicht gestützt werden (s Rn 101).

96 **2. Abberufung aus wichtigem Grund. – a) Einschränkung der Abberufung.** Sofern keine besondere Abrede getroffen wurde, ist eine Abberufung des Verwalters jeder-

Bestellung und Abberufung des Verwalters § 26 WEG II

zeit möglich (*OLG Hamm* 15 W 77/98, NZM 1999, 229, 230). Gemäß § 26 Abs 1 S 3 kann die Abberufung des Verwalters auf das Vorliegen eines wichtigen Grundes beschränkt werden. Eine solche Beschränkung kann die Teilungserklärung oder eine sonstige Vereinbarung enthalten. Sie kann ferner durch den Bestellungsbeschluss begründet werden, auch dann wenn die Teilungserklärung die Abberufung nicht auf das Vorliegen eines wichtigen Grundes beschränkt (*Drasdo* NZM 2001, 923, 926). Auch im Verwaltervertrag, der ebenfalls eines Beschlusses bedarf, kann die Beschränkung der Abberufung ohne entsprechende Grundlage in der Teilungserklärung begründet werden (*Drasdo* NZM 2001, 926, 927). Diese Regelungen betreffen nicht das Verhältnis der Wohnungseigentümer untereinander, sondern ihr Verhältnis zum Verwalter. Die Beschlüsse können deshalb allenfalls erfolgreich angefochten werden, wenn sie nicht ordnungsgemäßer Verwaltung entsprechen. Eine Beschränkung der Abberufung auf das Vorliegen eines wichtigen Grundes ist auch dann zu bejahen, wenn der Verwalter für einen fest bestimmten Zeitraum bestellt worden ist (*Wenzel* ZWE 2001, 510, 514).

b) Keine Erklärungsfrist. § 626 Abs 2 BGB gilt für die Abberufung als Organisationsakt nicht, sondern hat für die Abberufung aus wichtigem Grund nur dann Bedeutung, wenn diese zugleich die fristlose Kündigung des Verwaltervertrags enthält (*Staudinger/Bub* § 26 Rn 414; missverständlich *BayObLG* 2Z BR 3/99, NZM 1999, 844, 845; *BayObLG* 2Z BR 120/99, NZM 2000, 341, 342). Das Recht zur Abberufung kann aber nach dem Rechtsgedanken des § 314 Abs 3 BGB verwirkt sein, wenn die Abberufung nicht innerhalb einer angemessenen Frist nach Kenntnis des Abberufungsgrundes erfolgt (ebenso *Merle* in Bärmann, § 26 Rn 188). Ist Grund für die Abberufung ein Interessenkonflikt, dann reicht es aus, wenn ein solcher Dauertatbestand bei Abberufung noch vorlag (*OLG Hamm* 15 W 326/01, NZM 2002, 295, 297).

c) Wichtiger Grund. Ein wichtiger Grund liegt vor, wenn den Wohnungseigentümern unter Beachtung aller – nicht notwendig vom Verwalter verschuldeter – Umstände nach Treu und Glauben eine weitere Zusammenarbeit mit dem Verwalter nicht mehr zuzumuten ist, insbesondere durch diese Umstände das erforderliche Vertrauensverhältnis zerstört ist (*BGH* V ZB 39/01, NJW 2002, 3240, 3243 mwN; *OLG Hamm* 15 W 396/03, NZM 2004, 504, 506 mwN).

d) Einzelfälle. Ein wichtiger Grund kommt im Einzelfall in Betracht,

– wenn der Verwalter eine **strafbare Handlung** begeht, insbesondere ein Vermögens- oder Eigentumsdelikt, wobei sich die Tat nicht gegen die Eigentümergemeinschaft richten muss; die Verurteilung wegen einer solchen Tat führt grundsätzlich zu einer schwerwiegenden Störung des Vertrauensverhältnisses (*BayObLG* 2Z BR 8/98, WuM 1998, 624, 625); ausreichen dürfte bereits die Anklageerhebung durch die Staatsanwaltschaft, weil das Vertrauen der Wohnungseigentümer in den Verwalter schon dann schwerwiegend gestört sein wird, wenn die Anklagebehörde den hinreichenden Tatverdacht bejaht; es genügt natürlich auch, wenn die Tat unstreitig ist (*OLG Hamm* 15 W 77/98, NZM 1999, 229, 230); weigert sich die Mehrheit trotz Verurteilung des Verwalters wegen Untreue in mehreren Fällen den Verwalter abzuberufen, dann ist dies rechtsmissbräuchlich (*OLG Köln* 16 Wx 15/01, NZM 2002, 221);
– wenn der Verwalter Wohnungseigentümer **beleidigt** oder ihnen gegenüber **tätlich wird**;

II WEG § 26   Bestellung und Abberufung des Verwalters

- wenn der Verwalter **Weisungen** der Wohnungseigentümer **nicht beachtet**, z. B. entgegen der ausdrücklichen Weisung Ansprüche der Gemeinschaft gegen einen Wohnungseigentümer weiterverfolgt (*OLG Düsseldorf* 3 Wx 492/97, WuM 1998, 311) oder gegen den Willen der Eigentümergemeinschaft seine Zustimmung gemäß § 12 zur Veräußerung oder zu einer Vermietung oder Nutzungsänderung erteilt;
- wenn der Verwalter sich weigert, **Beschlüsse** der Wohnungseigentümer durchzuführen;
- wenn der Verwalter keine **Einsicht** in die Versammlungsniederschriften gewährt oder erst nach Ablauf der Anfechtungsfrist (*LG Freiburg* NJW 1968, 1973);
- wenn der Verwalter ein **Versammlungsprotokoll** bewusst falsch erstellt (*BayObLG* WEM 1980, 125);
- wenn der Verwalter **Insolvenzantrag** stellen muss oder sonst in Vermögensverfall gerät (*OLG Stuttgart* 8 W 572/76, OLGZ 1977, 433); ausreichen kann, dass der Geschäftsführer der Verwaltergesellschaft mit zwei Gesellschaften, deren Geschäftsführer oder Gesellschafter er war, in Insolvenzverfahren verwickelt war (*BayObLG* 2Z BR 102/04, ZMR 2005, 301, 302);
- wenn der Verwalter dem Rücklagenkonto **eigenmächtig Gelder entnimmt**;
- wenn er sich entgegen dem Antrag einer Vielzahl von Wohnungseigentümern weigert, die fristlose Kündigung des Verwaltervertrages als Tagesordnungspunkt in die **Einladung** aufzunehmen (*OLG Frankfurt* 20 W 206/87, ZMR 1988, 348);
- wenn er jegliche Zusammenarbeit mit dem **Verwaltungsbeirat** verweigert (*OLG Frankfurt* 20 W 206/87, ZMR 1988, 348);
- wenn er längere Zeit keine **Eigentümerversammlung** einberuft, obwohl dadurch die Funktionsfähigkeit der Verwaltung in Frage gestellt wird oder sonstige Gründe eine baldige Einberufung erfordern (*BGH* V ZB 39/01, NJW 2002, 3240, 3243) oder die jährliche Einberufungspflicht verletzt (*AG Hamburg-Blankenese* 539 C 27/08, ZMR 2008, 1001);
- wenn er einem **Einberufungsverlangen** gemäß § 24 Abs 2 nicht Folge leistet oder wenn er die rechtzeitige Durchführung einer Eigentümerversammlung verhindert und dadurch die Möglichkeit zur ordentlichen Kündigung vereitelt (*OLG Frankfurt* 20 W 147/87, OLGZ 1988, 43; *OLG Düsseldorf* 3 Wx 492/97, WuM 1998, 311; *OLG Düsseldorf* 3 Wx 345/97, NZM 1998, 517); dies gilt für ein Einberufungsverlangen insbesondere dann, wenn die Wohnungseigentümer mit konkreten Beanstandungen schwerwiegende Vorwürfe erheben, die den Verdacht finanzieller Unregelmäßigkeiten begründen, und denen der Verwalter nicht konkret entgegentritt (*OLG Düsseldorf* 3 Wx 217/02, NZM 2004, 110);
- wenn er als **Versammlungsleiter** den Wohnungseigentümern kein Rederecht gewährt oder wenn er die Versammlung verlässt weil seine Auffassung durch die Mehrheit abgelehnt wird;
- wenn er das Verlangen einer antragsberechtigten Minderheit iSv § 24 Abs 2, den Neuabschluss einer verbundenen **Gebäudeversicherung** für das Gemeinschaftseigentum der Eigentümerversammlung zur Beschlussfassung zu unterbreiten, ablehnt und eigenmächtig über den Neuabschluss entscheidet (*BayObLG* BReg 1 b Z 25/89, WuM 1990, 464, 466);
- wenn er verschweigt, dass er für den Abschluss der erforderlichen Versicherungsverträge für die Gemeinschaft von der Versicherungsgesellschaft **Provisionen** in erheblichem Umfang erhalten hat (*OLG Düsseldorf* 3 Wx 492/97, WuM 1998, 311);

Bestellung und Abberufung des Verwalters § 26 WEG II

- wenn er pflichtwidrig den mit der Prüfung der Jahresabrechnung beauftragten Wohnungseigentümern Auskünfte sowie die Einsicht in die **Abrechnungsunterlagen** verweigert (*BayObLG* BReg 1 b Z 25/89, WuM 1990, 464, 466; *AG Pinneberg* 68 II 93/02 WEG, ZMR 2005, 318, 319);
- wenn er in der die Verwalterbestellung vorbereitenden Eigentümerversammlung gezielte Fragen nach nicht getilgten **Vorstrafen** ausweichend oder bagatellisierend beantwortet und dadurch bei einem Teil der Wohnungseigentümer ein Irrtum über den Umfang der noch nicht getilgten Vorstrafen erregt wird (*KG* 24 W 5948/92, WuM 1993, 761);
- wenn er sich **Ansprüche eines Dritten** gegen die Wohnungseigentümer abtreten lässt und diese gegen die Wohnungseigentümer oder einen von ihnen gerichtlich geltend macht (*BayObLG* 2Z BR 54/93, WuM 1993, 762);
- wenn er **Gelder der Wohnungseigentümer** nicht von seinem Vermögen getrennt hält und es dadurch zu Unklarheiten und Verwicklungen kommt (*BayObLG* 2Z BR 108/95, WuM 1996, 116, 118);
- wenn er Ausgaben nicht in die **Abrechnung** des betreffenden Jahres oder bei fehlender Deckung nicht in den Wirtschaftsplan für das nächste Jahr einsetzt, sondern erst mehrere Jahre später ohne nähere Erläuterung in der Jahresabrechnung berücksichtigt und dies trotz Aufforderung der Wohnungseigentümer auch nachträglich nicht erklärt (*BayObLG* 2Z BR 108/95, WuM 1996, 116, 118);
- wenn er die von den Wohnungseigentümern beschlossene Zweckbindung bei der Verwaltung bestimmter Gelder nicht respektiert und eigenmächtig **Gelder** von einem für die Bausanierung bestimmten Sonderkonto der Gemeinschaft zur Befriedigung eigener Ansprüche (zB angebliches Verwalterhonorar) entnimmt (*OLG Düsseldorf* 3 Wx 569/96, WuM 1997, 572);
- wenn der Verwalter bei einer **Abrechnung** einseitig der Anweisung des Mehrheitseigentümers folgt, obwohl die Art der Abrechnung nicht den Grundsätzen ordnungsgemäßer Verwaltung entspricht (*OLG Köln* 16 Wx 156/98, WuM 1999, 298);
- wenn der Verwalter **Abrechnungen** oder **Wirtschaftspläne** gar nicht oder mit ungebührlicher Verzögerung erstellt, insbesondere die **Jahresabrechnung** über einen längeren Zeitraum verzögert und die Wohnungseigentümer über mehrere Eigentümerversammlungen hin vertröstet, wobei ihm eine förmliche Ausschlussfrist nicht gesetzt worden sein muss (*OLG Köln* 16 Wx 156/98, WuM 1999, 299; vgl. auch *OLG Düsseldorf* 3 Wx 8/02, NZM 2002, 487) oder wiederholt die Jahresabrechnung nicht rechtzeitig aufstellt (*BayObLG* 2Z BR 76/99, NZM 2000, 343); verzögert sich aber die Jahresabrechnung, weil die Daten für die verbrauchsabhängige Heizkostenabrechnung noch fehlen (*OLG Brandenburg* 5 Wx 15/01, NZM 2002, 131, 132) oder sonstige nachvollziehbare Gründe für die Verzögerung dargelegt werden (*BGH* V ZB 39/01, NJW 2002, 3240, 3243), liegt ein wichtiger Grund nicht vor;
- wenn er die **Jahresabrechnung** nicht in der dem Gesetz entsprechenden üblichen überwiegend von Rechtsprechung und Schrifttum anerkannten Methode erstellt (*OLG Düsseldorf* 3 Wx 46/05, ZMR 2006, 293);
- wenn er die **Abrechnung** von Entnahmen aus dem Gemeinschaftsvermögen monatelang verzögert (*OLG Köln* 16 Wx 126/98, NZM 1998, 960);
- wenn der Verwalter mehrere Jahre seine **Verpflichtungen aus** einem gerichtlichen **Vergleich** zur Neuverteilung laufender Kosten sowie zu Abrechnungserstellungen **nicht umsetzt** (*OLG Köln* 16 Wx 228/07, ZMR 2009, 311);

II WEG § 26　　　　　　Bestellung und Abberufung des Verwalters

- wenn eine vertrauensvolle Zusammenarbeit zwischen Verwalter und **Verwaltungsbeirat** nicht mehr möglich ist (*BayObLG* 2Z BR 97/99, NZM 2000, 510; *BayObLG* 2Z BR 14/02, ZMR 2002, 774; *OLG Köln* 16 Wx 37/07, ZMR 2007, 717); hat aber der Verwaltungsbeirat das Zerwürfnis in vorwerfbarer Weise selbst herbeigeführt, besteht grundsätzlich kein wichtiger Grund für eine Kündigung des Verwaltervertrags (*BayObLG* 2Z BR 150/98, WuM 1999, 354);
- wenn der Verwalter nicht für geordnete **finanzielle Verhältnisse** der Gemeinschaft sorgt, so dass wegen zu geringer oder nicht rechtzeitig beigetriebener Wohngeldvorschüsse Liquiditätsengpässe entstehen, die der Verwalter durch ein eigenes Darlehen an die Gemeinschaft zu beheben versucht (*OLG Karlsruhe* 4 W 71/97, WuM 1998, 240; *OLG Köln* 16 Wx 21/99, WuM 2000, 269);
- wenn er gegen Wohnungseigentümer **Strafanzeigen** erstattet, die jeder Grundlage entbehren (*OLG Düsseldorf* 3 Wx 345/97, NZM 1998, 517);
- wenn die allgemeine Gefahr von **Interessenkollisionen** wegen wirtschaftlicher **Identität mit dem Bauträger**, sich deswegen konkretisiert, weil die Wohnungseigentümer Verwaltungsmaßnahmen im Hinblick auf die gemeinschaftliche Geltendmachung von Gewährleistungsansprüchen treffen wollen (*OLG Hamm* 15 W 17/04, NZM 2004, 744);
- wenn er ohne einen ermächtigenden Beschluss **eigenmächtig Aufträge zur Ausführung von nicht** dringenden **Instandsetzungsmaßnahmen erheblichen Umfangs** vergibt (*BayObLG* 2Z BR 181/03, ZMR 2004, 601), denn es handelt sich insofern weder um **laufende** Maßnahmen der erforderlichen ordnungsmäßigen Instandhaltung und Instandsetzung (§ 27 Abs 3 S 1 Nr 3 iVm Abs 1 Nr 2) noch um dringende Maßnahmen (§ 27 Abs 3 S 1 Nr 4 iVm Abs.1 Nr 3), so dass der Verwalter nicht gesetzlicher Vertreter der Wohnungseigentümergemeinschaft ist;
- wenn er der Einladung zu einer Eigentümerversammlung ein Schreiben seines Verfahrensbevollmächtigten an ihn beifügt, in dem der **Verwaltungsbeiratsvorsitzende als klassisch psychologischer Fall bezeichnet** wird (*BayObLG* 2Z BR 240/03, ZMR 2004, 923);
- wenn er **interne Schreiben an die Presse weiterleitet** (*AG Kassel* 800 II 74/05 WEG, ZMR 2006, 322).

100　Regelmäßig **kein wichtiger Grund** sind Unmutsäußerungen über Wohnungseigentümer, Rechenfehler in der Abrechnung, Verzögerungen bei der Durchführung von Reparaturen oder bei der Erledigung von Anfragen der Wohnungseigentümer oder bei der Versendung der Versammlungsniederschrift, Verweigerung der Akteneinsicht (vgl *BayObLG* BReg 2 Z 45/85, ZMR 1985, 390, 391). Ist der Geschäftsführer des Bauträgers Verwalter, so ist dies im Hinblick auf die Durchsetzung von Gewährleistungsansprüchen zwar problematisch, aber für sich allein noch kein wichtiger Grund für die Abberufung (*OLG Köln* 16 Wx 215/96, WuM 1997, 696, 697). Ein Bauträger kann jedoch als Verwalter abberufen werden, wenn es wegen behaupteter Mängel am Bau zu erheblichen Meinungsverschiedenheiten zwischen ihm und den Wohnungseigentümern gekommen ist (*AG Solingen* 18 II 45/99 WEG, NZM 2001, 149, 150).

101　Wurde dem Verwalter für einen bestimmten Zeitraum **Entlastung** erteilt, so können Verfehlungen aus dieser Zeit als wichtiger Grund nicht mehr geltend gemacht werden (*BayObLG* 2 Z 45/85, ZMR 1985, 390, 391). Ein Beschluss über die erneute Bestellung eines Verwalters hat für die abgelaufene Amtszeit nicht die Wirkung eines Entlastungsbeschlusses. Ein Antrag auf **Abberufung des erneut bestellten Verwalters** kann aber nicht allein auf sein Verhalten und seine Tätigkeit vor seiner Wiederbestellung gestützt werden (*OLG Düsseldorf* 3 Wx 47/96, WuM 1997, 67; *OLG Celle* 4 W 49/99, NZM 1999, 841; *OLG Düsseldorf* NZM 2002, 487, 488; *BayObLG* 2Z BR 066/04, ZMR 2004, 840, 841). Dies gilt auch dann, wenn der Wohnungseigentümer, der die Abberufung beantragt, bei der Wiederbestellung durch die absolute Stimmenmehrheit eines anderen Wohnungseigentümer majorisiert worden ist, denn der Bestellungsbeschluss hätte angefochten werden können (*OLG Düsseldorf* 3 Wx 9/00, NZM 2000, 1019, 1020). Eine schuldrechtliche Vereinbarung der Gemeinschaft mit dem Verwalter oder einem Dritten, trotz Vorliegen eines wichtigen Grundes keine Abberufung vorzunehmen, ist unwirksam (vgl *OLG Köln* OLGZ 1969, 389, 391; *LG Freiburg* NJW 1968, 1373). Fassen die Wohnungseigentümer dagegen im Einzelfall einen Beschluss, den Verwalter trotz Vorliegen eines wichtigen Grundes nicht abzuberufen, so ist dieser Beschluss wirksam, solange er nicht angefochten wird.

e) Abberufungsgrund des § 26 Abs 1 S 4. Ein wichtiger Grund für die Abberufung des Verwalters liegt gemäß § 26 Abs 1 S 4 regelmäßig vor, wenn der Verwalter entgegen seiner Pflicht gemäß § 24 Abs 8 S 1 die Beschluss-Sammlung nicht ordnungsmäßig führt, insbesondere den Anforderungen des § 24 Abs 7 nicht entspricht. Den Verwalter trifft in einem solchen Fall in der Regel ein schwerer Vorwurf schon bei einer einmaligen Verletzung, denn die Beschluss-Sammlung stellt einerseits keine besonderen Anforderungen an den Verwalter, sie hat aber andererseits erhebliche Bedeutung sowohl für den Erwerber einer Eigentumswohnung als auch für die Wohnungseigentümer und den Verwalter selbst (vgl BT-Drucks 16/887 S 35). Es handelt sich um ein Regelbeispiel, das im Ausnahmefall widerlegbar ist. Dies bedeutet, dass nicht jeder noch so geringe Mangel in der Führung der Beschluss-Sammlung stets einen wichtigen Grund für die Abberufung des Verwalters darstellt (*AG München* 485 C 602/07, ZMR 2009, 644, 655). Maßgebend bleibt die gebotene umfassende Abwägung aller Umstände (*AG München* wie vor). **102**

3. Kündigung des Verwaltervertrages. Der Verwaltervertrag ist in der Regel ein Dienstvertrag, der eine Geschäftsbesorgung zum Gegenstand hat. Es finden deshalb grundsätzlich die Vorschriften des BGB über die Kündigung von Dienstverträgen Anwendung. **103**

a) Rechtsschutz gegen die Kündigung. Die Kündigung des Verwaltervertrages ist nach der Trennungstheorie von der Abberufung des Verwalters zu unterscheiden. Beides kann auseinanderfallen, so zB wenn nach dem Verwaltervertrag eine Abberufung nur aus wichtigem Grund möglich ist, der nicht vorliegt, aber der Abberufungsbeschluss mangels Anfechtung bestandskräftig wird. Der Verwalter verliert dann seine Stellung als Verwalter und die mit dieser Stellung verbundenen Vollmachten und Befugnisse (*BayObLGZ* 1958, 234, 238). Er behält aber aufgrund des Verwaltervertrages seinen Anspruch auf Vergütung unter den Voraussetzungen des § 615 BGB (*BayObLG* BReg 2 Z 16/74, BayObLGZ 1974, 275). Die ersparten Aufwendungen können auf 20% des Honorars geschätzt werden (*OLG Hamburg* 2 Wx 22/99, ZMR 2005, 974, 975). Der Verwalter kann sich grundsätzlich darauf beschränken, nur die fristlose Kündigung des Verwaltervertrags anzugreifen (vgl *OLG Köln* 16 Wx 67/00, NJW-RR 2001, 159), indem er beantragt, die Unwirksamkeit der Kündigung festzustellen (s Rn 106). **104**

II WEG § 26   Bestellung und Abberufung des Verwalters

105 **Verwalteramt und Verwaltervertrag können** aber auch **materiellrechtlich miteinander verknüpft sein.** Bestimmt der Verwaltervertrag, dass die Abberufung des Verwalters nur aus wichtigem Grund zulässig ist und auch der Verwaltervertrag mit der vorzeitigen Abberufung endet, dann bewirkt die Bestandskraft eines Abberufungsbeschlusses gleichzeitig das Ende des Verwaltervertrags (*BayObLG* 2Z BR 119/92, WuM 1993, 306). Aber auch ohne ausdrückliche Regelung kommt eine Verknüpfung im Wege der ergänzenden Vertragsauslegung in Betracht. So ist zB davon auszugehen, dass nach dem Willen der Vertragschließenden der auf der Grundlage einer noch nicht bestandskräftigen Verwalterbestellung abgeschlossene Verwaltervertrag zwar unabhängig vom Ausgang des gerichtlichen Verfahrens über die Gültigkeit der Bestellung für die Zwischenzeit rechtswirksam sein soll, aber die gerichtliche Ungültigerklärung aufgrund einer stillschweigend vereinbarten auflösenden Bedingung die vertragliche Bindung für die Zukunft entfallen lässt (*BGH* III ZR 248/95, NJW 1997, 2106, 2107; *KG* 24 W 291/03, NZM 2005, 21). Gleiches gilt bei Bestellung eines Verwalters im Anschluss an die vorzeitige Abberufung eines Verwalters (s Rn 23). Über diese beiden Fälle hinaus ist im Zweifel anzunehmen, dass der Verwaltervertrag nur für die Dauer der Bestellung und unter der auflösenden Bedingung abgeschlossen wird, dass er auch mit der Bestandskraft der Abberufung endet (*OLG Zweibrücken* 3 W 202/02, ZMR 2004, 63, 66; *Wenzel* ZWE 2001, 510, 513). **In solchen Fällen muss der Verwalter den Abberufungsbeschluss anfechten,** weil er sich seine Rechte aus dem Vertrag nur zusammen mit der Amtsstellung erhalten kann. Das Rechtsschutzinteresse für die Anfechtung des Abberufungsbeschlusses folgt auch hier nicht aus dem Interesse an der Aufrechterhaltung des Vertrages, sondern aus dem Interesse an der weiteren Ausübung des Amtes. Fehlt ein wichtiger Grund für die Abberufung des Verwalters, so ergibt aus den gleichen Erwägungen, dass der Verwaltervertrag nicht durch die ausgesprochene außerordentliche Kündigung mit sofortiger Wirkung beendet worden ist (*BGH* V ZB 39/01, NJW 2002, 3240, 3244).

106 Ist der Bestand des Verwaltervertrags materiellrechtlich **nicht** mit dem Verwalteramt **verknüpft,** kann sich der Verwalter damit begnügen, durch einen **Feststellungsantrag** geltend zu machen, die Kündigung des Verwaltervertrags sei unwirksam, oder gleich mit einem Zahlungsantrag die Vergütung verlangen (*BayObLG* 2Z BR 150/98, WuM 1999, 354, 355; *Weitnauer/Lüke* § 26 Rn 42). Für eine fristgebundene Anfechtung des Beschlusses über die Kündigung des Verwaltervertrags besteht kein Rechtsschutzinteresse (*BGH* V ZB 39/01, NJW 2002, 3240, 3241). Der Beschluss über die Kündigung des Verwaltervertrags besagt nämlich nur, dass die Mehrheit der Wohnungseigentümer der Ansicht ist, ein wichtiger Grund für eine Kündigung liege vor und deshalb solle der Verwaltervertrag gekündigt werden (*BayObLG* 2Z BR 150/98, WuM 1999, 354, 355). Das Rechtsschutzbedürfnis für einen Antrag auf Feststellung der Unwirksamkeit der Kündigung des Verwaltervertrages und auf Feststellung der Berechtigung zur Entnahme der Vergütung entfällt, wenn die streitigen Honoraransprüche durch einen auf § 812 BGB gestützten Gegenantrag der Wohnungseigentümer auf Rückzahlung des vom Verwalter entnommenen Honorars Verfahrensgegenstand geworden sind (*KG* 24 W 2316/96, WuM 1997, 572). Der Verwalter muss dann seinen Feststellungsantrag für erledigt erklären. Nimmt ein Verwalter die Kündigung unbeanstandet hin und lässt auch in der Folgezeit nicht erkennen, dass er am Fortbestand des Verwaltervertrages festhalten will, so widerspricht es den in § 242 BGB verankerten Grundsätzen von Treu und Glauben mit der Folge der Verwirkung der Vergütungsansprüche, wenn er erst etwa 3 Jahre nach der Kündigung Vergütungsansprüche erhebt und diese mit der Unwirksamkeit der Kündigung begründet (*OLG Düsseldorf* 3 Wx 181/03, ZMR 2004, 691). Entfaltet der Verwalter nach der Kündigung keine Verwaltertätigkeit mehr und erklärt er sich der Gemeinschaft gegenüber zudem in keiner Weise mehr für vertraglich verpflichtet, so endet auch sein Honoraranspruch (*OLG Düsseldorf* 3 Wx 163/07, ZMR 2008, 392).

b) Kündigungserklärung. Die Kündigungserklärung ist in der Regel in der Abberufung enthalten. Der Abberufungsbeschluss stellt also regelmäßig die Kündigungserklärung dar. Die Kündigung ist ebenso wie die Abberufung eine empfangsbedürftige Willenserklärung. Ist der Verwalter auf der Eigentümerversammlung anwesend, so wird die Erklärung dadurch wirksam, dass der Verwalter das Beschlussergebnis wahrnimmt (*Palandt/Ellenberger* § 130 BGB Rn 14). Ist der Verwalter nicht anwesend, so muss für den Zugang der Erklärung gesorgt werden (§ 130 BGB). Der Zugang muss beweisbar sein. Zu empfehlen ist der Einwurf des Versammlungsprotokolls in Gegenwart von Zeugen in den Briefkasten des Verwalters, ein Einschreiben mit Rückschein oder die Zustellung durch den Gerichtsvollzieher (§ 132 BGB). 107

c) Kündigungsfristen. Soweit der Verwaltervertrag keine Regelung enthält, sind bei der ordentlichen Kündigung die allgemeinen Kündigungsfristen zu beachten. In Betracht kommen § 621 Nr 3 oder 4 BGB. Danach hat die Kündigung am fünfzehnten eines Monats zum Monatsende zu erfolgen, wenn die Vergütung nach Monaten bemessen ist. Ist die Vergütung nach Vierteljahren oder längeren Zeitabschnitten bemessen, so beträgt die Kündigungsfrist sechs Wochen zum Quartalsende. Kann eine unwirksame außerordentliche Kündigung in eine ordentliche Kündigung umgedeutet werden, dann führt diese nur dann zur fristgemäßen Beendigung des Verwaltervertrags, wenn das Recht zur ordentlichen Kündigung nicht ausgeschlossen ist (*BGH* V ZB 39/01, NJW 2002, 3240, 3244). 108

d) § 626 Abs 2 BGB. Nach § 626 Abs 2 BGB kann eine Kündigung aus wichtigem Grund nur innerhalb von 2 Wochen erfolgen. Diese Frist findet nur mit der Maßgabe Anwendung, dass die Kündigung innerhalb angemessen kurzer Zeit zu erfolgen hat (*OLG Hamburg* 2 Wx 22/99, ZMR 2005, 974, 975), denn die Kündigung des Verwalters muss durch die Mehrheit der Wohnungseigentümer erfolgen. Zum gleichen Ergebnis gelangt man, wenn man auf den Rechtsgedanken des § 314 Abs 3 BGB abstellt (so *Merle* in Bärmann, § 26 Rn 169). Für die Frage der angemessenen Dauer der Frist ist maßgebend, wie schnell eine Beschlussfassung durch eine Eigentümerversammlung zu erreichen ist (*OLG Frankfurt* OLGZ 1988, 42, 45; *OLG Frankfurt* 20 W 206/87, ZMR 1988, 348; *BayObLG* 2Z BR 3/99, NZM 1999, 844, 845). Ein Wohnungseigentümer, der die Kündigung des Verwaltervertrags erreichen will, muss in angemessener Frist nach Kenntnis der Kündigungsgründe die Einberufung einer Eigentümerversammlung verlangen. Verfügt er selbst über das nach § 24 Abs 2 erforderliche Quorum, hat er einen Anspruch auf Kündigung aus wichtigem Grund jedenfalls dann verwirkt, wenn erst nach Ablauf von zwei Monaten die Einberufung verlangt (*BayObLG* 2Z BR 120/99, NZM 2000, 341, 343). Die Fristwahrung erfolgt durch Zugang der Kündigungserklärung. Einem Verwalter, der an der Eigentümerversammlung nicht teilgenommen hat, ist daher unverzüglich das Protokoll der Eigentümerversammlung zugänglich zu machen. 109

110 e) Kündigungsgründe. Die Kündigungsgründe müssen bei Kündigung nicht mitgeteilt werden. Es reicht, dass sie vorhanden sind (*Palandt/Weidenkaff* § 626 BGB Rn 32). Es muss aber deutlich gemacht werden, dass die Kündigung aus wichtigem Grund erklärt wird (*Palandt/Weidenkaff* § 626 BGB Rn 19). Nach § 626 Abs 2 S 3 BGB müssen Kündigungsgründe auf Verlangen unverzüglich schriftlich (Textform genügt) mitgeteilt werden. Geschieht dies nicht, ist die Kündigung aber nicht unwirksam. Folge sind nur Schadensersatzansprüche (*Palandt/Weidenkaff* § 626 BGB Rn 32). Erfährt der Kündigende erst nach der Kündigung schon früher entstandene Kündigungsgründe, kann sich der Gegner nicht auf die fehlende Mitteilung berufen.

111 Kündigungsgründe können im Verfahren nachgeschoben werden, auch wenn sie vorher nicht mitgeteilt wurden. Dies gilt unabhängig davon, ob sie bekannt waren oder erst später bekannt wurden (aA wohl *OLG Düsseldorf* 3 Wx 569/96, WuM 1997, 572). Entscheidend ist, dass der Kündigungsgrund im Zeitpunkt der Kündigung vorlag. Insofern besteht ein Unterschied zum Arbeitsrecht. Wegen der erforderlichen Anhörung des Betriebsrats sind dort dem Nachschieben von Kündigungsgründen Grenzen gesetzt. Kündigungsgründe, die schon so lange bekannt waren, dass die modifizierte Frist des § 626 Abs 2 BGB nicht gewahrt ist, können jedoch nicht erfolgreich nachgeschoben werden.

112 Nach der Kündigungserklärung entstandene Kündigungsgründe können eine neue Kündigung rechtfertigen. Eine solche Kündigung kann grundsätzlich durch Nachschieben der Kündigungsgründe schlüssig erklärt sein. Zu beachten ist aber, dass für die Kündigung regelmäßig ein Beschluss der Wohnungseigentümer erforderlich ist.

113 Im Verwaltervertrag kann ein Sonderkündigungsrecht der Wohnungseigentümer für den Fall vereinbart werden, dass der zuständige Sachbearbeiter bei dem Verwalter ausscheidet (*BayObLG* 2Z BR 17/04, ZMR 2004, 687).

114 f) Abmahnung. Eine Abmahnung ist nach hM entbehrlich, wenn das notwendige Vertrauensverhältnis zerstört ist (*Palandt/Weidenkaff* § 626 Rn 18). Dies ist beim Verwalter stets Voraussetzung für die Kündigung aus wichtigem Grund. Eine Abmahnung ist deshalb grundsätzlich nicht erforderlich. Reicht eine Abmahnung aus, um den Missstand zu beheben, dann liegt ein wichtiger Grund regelmäßig nicht vor. Zum wichtigen Grund s Rn 98.

V. Amtsniederlegung

Literatur: *Bogen* Die Amtsniederlegung des Verwalters im Wohnungseigentumsrecht, 2002; Die Niederlegung des Amtes durch den Verwalter im Wohnungseigentumsrecht, ZWE 2002, 153; *Gottschalg* Amtsniederlegung des WEG-Verwalters, FS Wenzel, 2005, 159; *Reichert* Die unberechtigte Amtsniederlegung aus wichtigem Grund, ZWE 2002, 438.

115 Das Verwalteramt kann auch durch eine Amtsniederlegung des Verwalters enden. Die Amtsniederlegung ist in der Regel nur dann berechtigt, wenn ein wichtiger Grund hierfür vorliegt. Eine unberechtigte Amtsniederlegung kann ebenso wie eine berechtigte Amtsniederlegung, die zur Unzeit erfolgt, Schadensersatzansprüche der Wohnungseigentümer auslösen. Die **Amtsniederlegung** ist eine einseitige empfangsbedürftige Willenserklärung. Sie **muss** deshalb dem Erklärungsempfänger **zugehen**, um wirksam zu werden (§ 130 BGB). Da die Wohnungseigentümergemeinschaft ein teilrechtsfähiger Verband sui generis ist (10 Abs 6) und der Verwalter ist in erster Linie notwendiges Vertretungsorgan des Verbandes ist (§ 27 Abs 3), wird die Niederlegungserklärung dem Verband und nicht den einzelnen Wohnungseigentümern zugehen müssen (für die Außen-GbR jetzt ebenso Anw-Komm/*Heidel/Pade* § 712 BGB Rn 14). Da der Verwalter wegen Interessenkollision hier nicht zur Vertretung des Verbands berechtigt ist, treten an seine Stelle die Wohnungseigentümer (§ 27 Abs 3 S 2). Nach einem allgemeinen Rechtsprinzip genügt bei der Passivvertretung aber der Zugang bei einem Gesamtvertreter (s etwa *Soergel/Leptien* § 164 BGB Rn 28). Danach genügt ähnlich wie im Vereinsrecht (vgl *Soergel/Hadding* § 27 BGB Rn 16 mwN) die Niederlegungserklärung auf einer Eigentümerversammlung für den Zugang bei dem Verband (anders noch *OLG München* 32 Wx 60/05, Info-M 2006, 30 [Zugang an alle Wohnungseigentümer erforderlich]).

Ebenso wie zwischen der Abberufung des Verwalters durch Mehrheitsbeschluss der Wohnungseigentümer und der **Kündigung des Verwaltervertrags** durch empfangsbedürftige Willenserklärung zu unterscheiden ist, ist auch zwischen der Niederlegung des Amtes durch den Verwalter und der Kündigung des Verwaltervertrags durch den Verwalter zu unterscheiden (ebenso *Staudinger/Bub* § 26 Rn 478; *Gottschalg* FS Wenzel S 167; offen gelassen *BayObLG* 2Z BR 29/99, NZM 2000, 48, 49). In der Erklärung des Verwalters, er lege das Verwalteramt aus wichtigem Grund fristlos nieder, liegt aber in der Regel zugleich die Kündigung des Verwaltervertrags (*BayObLG* 2Z BR 29/99, NZM 2000, 48, 49; *Gottschalg* FS Wenzel S 167). Will der Verwalter seine Rechte aus dem Verwaltervertrag, insbesondere seinen Vergütungsanspruch wahren, ist grundsätzlich ein ausdrücklicher Vorbehalt erforderlich (*BayObLG* 2Z BR 29/99, NZM 2000, 48, 50). Vertragspartner des Verwaltervertrags sind der Verwalter und die Wohnungseigentümergemeinschaft als Verband (s etwa *Abramenko* ZMR 2006, 6). Erklärungsempfänger der Vertragskündigung durch den Verwalter ist folglich der Verband, so dass für den Zugang bei dem Verband genügt die Erklärung der Kündigung auf einer Eigentümerversammlung. **116**

Ist der Verwaltervertrag durch eine wirksame fristlose Kündigung des Verwalters aufgelöst, so kommt aber ein Schadensersatzanspruch des Verwalters aus § 628 Abs 2 BGB gegen den oder diejenigen Wohnungseigentümer in Betracht, die durch ihr vertragswidriges Verhalten (zB Formalbeleidigungen) seine fristlose Kündigung ausgelöst haben (*BayObLG* 2Z BR 29/99, NZM 2000, 48, 50). Auch dann, wenn ein Mitglied des Verwaltungsbeirats die fristlose Kündigung ausgelöst hat, begründet die unterlassene Abberufung dieses Beiratsmitglieds keine Schadensersatzansprüche des Verwalters gegen ein Wohnungseigentümer, weil einzelnen Wohnungseigentümer nicht zugerechnet werden kann, dass ein Abberufungsbeschluss nicht zustande kommt (*BayObLG* 2Z BR 29/99, NZM 2000, 48, 50; aA *Drasdo* ZWE 2001, 522, 526). **117**

VI. Ansprüche bei einem Verwalterwechsel

Literatur: *Köhler* Die Herausgabe von WEG-Verwaltungsunterlagen – ein Aspekt bei der Übernahme einer Wohnungseigentumsverwaltung, ZWE 2002, 255; *Reichert* Die Rechtsstellung des Verwalters nach Beendigung des Verwaltungsverhältnisses, 2004; *ders* Rechte und Pflichten des ausgeschiedenen Verwalters, ZWE 2005, 173.

Wird der Verwalter vorzeitig abberufen, der Bestellungsbeschluss für ungültig erklärt, endet der Bestellungszeitraum ohne erneute Bestellung oder legt der Verwalter sein Amt nieder, hat er alle Verwaltungsunterlagen und die der Wohnungseigentümergemeinschaft zustehenden Gelder an die Wohnungseigentümer zu Händen des neuen Verwalters herauszugeben (§§ 675, 667 BGB) und über seine Einnahmen und Ausga- **118** ben gemäß §§ 675, 666 BGB, § 28 Abs 4 Rechnung zu legen (*BayObLG* BReg 2 Z 50/ 75, BayObLGZ 1975, 327, 329; *BayObLG* 2Z BR 55/93, WuM 1994, 44). Zur Rechnungslegung s § 28 Rn 131. Ein Muster für einen Antrag zur gerichtlichen Durchsetzung dieser Ansprüche ist im Anhang IV B unter Ziffer 3 abgedruckt.

119 **1. Anspruch auf Herausgabe nicht verbrauchter Wohngelder.** Anspruchsgrundlage ist jeweils § 667 BGB, entweder unmittelbar oder in Verbindung mit § 675 BGB oder §§ 677, 681 BGB (vgl *BayObLG* 2Z BR 53/99, NZM 1999, 1148 m Anm *Niedenführ* NZM 2000, 270). Ein vertraglicher Anspruch der Gemeinschaft der Wohnungseigentümer aus §§ 675, 667 BGB auf Herausgabe der dem Verwalter zugeflossenen und von diesem nicht bestimmungsgemäß verbrauchten Wohngelder kommt auch dann in Betracht, wenn die Verwaltertätigkeit deshalb beendet wird, weil der Beschluss der Wohnungseigentümer über die Verwalterbestellung rechtskräftig für ungültig erklärt wird (*BGH* III ZR 248/95, NJW 1997, 2106). Der Verwaltervertrag wird durch die rechtskräftige Entscheidung nur für die Zukunft aufgelöst (vgl Rn 23). Bis zu diesem Zeitpunkt hat der Verwalter, falls ihm die Amtsausübung nicht durch eine einstweilige Verfügung untersagt worden ist (s dazu *KG* 24 W 6672/89, NJW-RR 1991, 274), vertragliche Vergütungsansprüche und er ist bevollmächtigt, die Beitragszahlungen der Wohnungseigentümergemeinschaft entgegenzunehmen (§§ 27 Abs 2 Nr 2 WEG, 362 Abs 2 BGB). Die Wohnungseigentümer zahlen ihre Beiträge somit an einen Berechtigten. Grundlage für den Anspruch der Wohnungseigentümergemeinschaft auf Herausgabe der an den Verwalter gezahlten Beiträge ist deshalb § 667 BGB und nicht § 816 Abs. 2 BGB. Ist der Verwaltervertrag ausnahmsweise unwirksam, folgt der Anspruch aus §§ 667, 677, 681 S 2 BGB, weil es im Interesse der Wohnungseigentümer liegt, dass die Aufgaben des Verwalters wahrgenommen werden (s *BGH* XI ZR 25/88, ZMR 1989, 265, 266).

120 Die Geltendmachung des Herausgabeanspruchs aus §§ 675, 667 BGB setzt nicht voraus, dass ein Beschluss der Wohnungseigentümer über die Jahresabrechnung (§ 28 Abs 3) oder die Rechnungslegung (§ 28 Abs 4) zustande kommt (*BGH* III ZR 248/95, NJW 1997, 2106). Der Verwalter hat gemäß § 667 BGB das zur Ausführung des Amtes Erhaltene herauszugeben. Dies sind regelmäßig die bei Amtsübernahme auf den Konten vorhandenen Gelder (Anfangssaldo) und die von den Wohnungseigentümern gezahlten Beiträge (Einnahmen), soweit sie nicht bestimmungsgemäß zur Verwaltung des gemeinschaftlichen Eigentums verbraucht worden sind (Ausgaben). Die Wohnungseigentümer können einen Anspruch aus § 667 BGB nicht dadurch berechnen, dass sie tatsächliche Zahlungsvorgänge mit Forderungen saldieren (*BayObLG* 2Z BR 55/93, WuM 1994, 43). Die Wohnungseigentümer müssen die Höhe des Anfangssaldos und die Höhe der gezahlten Wohngelder beweisen (*BayObLG* 2Z BR 83/99, NZM 2000, 245, 246). Der Verwalter muss die bestimmungsgemäße Verwendung der Gelder beweisen (*BayObLG* 2Z BR 53/99, NZM 1999, 1148 m Anm *Niedenführ* NZM 2000, 270; *Palandt/Sprau* § 667 BGB Rn 10).

121 Die Höhe des herauszugebenden Betrages ist im Ergebnis durch eine Rechnungslegung nach § 259 BGB zu ermitteln. Auf diese haben die Wohnungseigentümer nach § 666 BGB Anspruch. Häufig werden deshalb ausgeschiedene Verwalter im Wege des Stufenantrags auf Rechnungslegung, eidesstattliche Versicherung und Zahlung in Anspruch genommen. Dies ist aber nicht notwendig. Die Rechnungslegung dient zwar der Durchsetzung des Herausgabeanspruchs aus § 667 BGB. Sie ist aber nicht Voraus-

setzung für diesen Anspruch (s etwa *Palandt/Sprau* § 667 BGB Rn 1). Im Wohnungseigentumsrecht gilt insoweit nichts anderes. Der Beschluss über die Jahresabrechnung dient nur der internen Abrechnung der Wohnungseigentümer untereinander. Allerdings sollte dem Verwalter nicht nur ausreichend Gelegenheit zur Rechnungslegung gegeben werden. Er sollte vor der Einleitung des gerichtlichen Verfahrens mit der Rechnungslegung in Verzug sein. Nur dann können die Wohnungseigentümer Verfahrenskosten als Verzugsschaden geltend machen, soweit sie unterliegen, weil der Verwalter erst im anhängigen Verfahren Rechnung legt und nachweist, dass er die herausverlangten Gelder ganz oder teilweise bestimmungsgemäß verbraucht hat.

Der Verwalter darf mit Ansprüchen auf rückständige Vergütung gegen den Anspruch auf Rückzahlung von Geldern aufrechnen (*OLG Stuttgart* 8 W 446/82, ZMR 1983, 422). 122

Hat ein Verwalter, der nach der Teilungserklärung die Zuordnung und Übertragung der Sondernutzungsrechte an den Pkw-Abstellplätzen vorzunehmen hat, die Sondernutzungsrechte gegen Entgelt übertragen, so hat er das Entgelt an die Wohnungseigentümer herauszugeben (*BayObLG* 2Z BR 82/94, WuM 1996, 653). 123

2. Herausgabe der Verwaltungsunterlagen. Der Verwalter hat gemäß § 667 BGB alle Verwaltungsunterlagen an die Wohnungseigentümergemeinschaft zu Händen des neuen Verwalters herauszugeben (*OLG Hamburg* 2 Wx 117/06, ZMR 2008, 148). Dies gilt auch, wenn der Abberufungsbeschluss angefochten ist, solange er noch nicht rechtskräftig für ungültig erklärt ist (*OLG Celle* 4 W 114/05, NZM 2005, 748749). Inhaber des Herausgabeanspruchs ist die Wohnungseigentümergemeinschaft (*OLG München* 32 Wx 14/06, NZM 2006, 349). Der Verwalter schuldet die Herausgabe der Originalbelege und Originalrechnungen (*OLG Hamburg* 2 Wx 117/06, ZMR 2008, 148). War der Bauträger Verwalter, muss er nach seinem Ausscheiden die Bauunterlagen herausgeben, die er als Bauträger in Besitz hat, soweit sie die Errichtung der Wohnanlage betreffen und für Ansprüche gegen die am Bau Beteiligten von Bedeutung sind (*BayObLG* 2Z BR 6/01, NZM 2001, 469). Der Anspruch ist nicht auf solche Unterlagen beschränkt, die von der Eigentümergemeinschaft zur Prüfung ihrer Ansprüche benötigt werden, und erfasst **sämtliche Unterlagen und Konten**, in denen Vorgänge betreffend die Wohnungseigentumsanlage gebucht sind. Dem Anspruch steht auch nicht entgegen, dass über das Konto auch Geldbewegungen Dritter (zB Mieteinn- und -auszahlungen im Rahmen der Sondereigentumsverwaltung) geflossen sind, doch ist der Verwalter befugt, vor einer Herausgabe der Unterlagen diejenigen Beträge in den Kontoauszügen unkenntlich zu machen, die sich nach dem Buchungstext zweifelsfrei auf Geldbewegungen Dritter beziehen (*OLG Hamm* 15 W 41/07, NZM 2008, 850). Der schlichte Vortrag, nicht mehr im Besitz von Unterlagen zu sein, genügt nicht zur Darlegung der Unmöglichkeit der Herausgabe, wenn feststeht, dass der Verwalter im Besitz der Unterlagen war. Zudem muss der Schuldner gegebenenfalls Kopien der Belege anfordern oder sich sonst um den Ersatz derselben bemühen (*OLG Hamm* wie vor; vgl auch *OLG Hamm* 15 W 181/06, ZMR 2007, 982). Gegenüber dem Anspruch der Wohnungseigentümer auf Herausgabe von Verwaltungsunterlagen steht dem früheren Verwalter kein Zurückbehaltungsrecht wegen Vergütungsansprüchen zu (*OLG Hamm* 15 W 181/06, ZMR 2007, 982). Ein Titel auf Herausgabe von Verwaltungsunterlagen ist wie jeder Herausgabetitel nach § 883 ZPO zu vollstrecken, sofern es nur um die Herausgabe einzelner genau bezeichneter Unterlagen geht. Lautet der Titel dagegen antragsgemäß auf Herausgabe aller Verwaltungsunterlagen, 124 wobei einzelne Unterlagen lediglich beispielhaft angegeben sind (vgl Klagemuster Anhang IV), dann erfolgt die Vollstreckung nach § 888 ZPO, weil die Herausgabe der Unterlagen der Rechenschaftspflicht dient (*OLG Frankfurt* 20 W 49/97, WuM 1999, 61, 62; *OLG Hamburg* 2 Wx 117/06, ZMR 2008, 148; *Abramenko* in Riecke/Schmid, § 26 Rn 79).

125 Möglich ist eine **einstweilige Regelungsverfügung** (§ 940 ZPO) zugunsten der Wohnungseigentümergemeinschaft, vertreten durch ihren neu bestellten Verwalter, die den früheren Verwalter zur befristeten Herausgabe der Verwaltungsunterlagen zwecks Einsichtnahme verpflichtet (*AG Kelheim* 5 C 965/07, ZMR 2008, 83). Liegt zwischen der Abwahl des Verwalters und dem Antrag auf Erlass der einstweiligen Verfügung eine Zeitspanne von dreieinhalb Monaten, in der nach erfolglosen Mahnungen zunächst nur der Hauptsacheantrag gestellt wurde, fehlt für eine Leistungsverfügung auf Herausgabe der Verwaltungsunterlagen der Verfügungsgrund (vgl *LG Hamburg* 318 T 222/07, ZMR 2008, 326 unter Hinweis auf die Vorinstanz [sog. Selbstwiderlegung der Eilbedürftigkeit]). Ist zudem innerhalb kurzer Frist mit einem vorläufig vollstreckbaren Titel in der Hauptsache zu rechnen und besteht wenig Hoffnung, in den Unterlagen Zahlungsbelege zu finden, die zwei bereits mahnenden Gläubigern entgegengehalten werden können, so ist der Erlass einer Leistungsverfügung nicht gerechtfertigt (*LG Hamburg* 318 T 222/07, ZMR 2008, 326). Bei der **Bemessung des Streitwerts** ist zu berücksichtigen, dass das Herausgabeverlangen im einstweiligen Rechtsschutz jenem im Hauptsacheverfahren bereits nahe kommt, so dass im Regelfall ein Bruchteil von 1/2 des Hauptsachestreitwerts gerechtfertigt erscheint (*AG Hamburg* 102A C 36/08, ZMR 2009, 232).

126 **3. Anspruch des Verwalters auf Aufwendungsersatz.** Der Verwalter hat umgekehrt einen Anspruch gegen die Wohnungseigentümer auf Aufwendungsersatz (§ 670 BGB). Der Aufwendungsersatzanspruch des ausgeschiedenen Verwalters setzt einen Eigentümerbeschluss über die Jahresabrechnung nicht voraus (*BayObLG* 2Z BR 43/96, WuM 1996, 663). Weist das Treuhandkonto des ausscheidenden Verwalters unstreitig nur wegen unzureichender Wirtschaftsplanansätze und nicht gezahlter monatlicher Beitragsvorschüsse einen Fehlbestand auf, hat der Verwalter gegen die Gemeinschaft der Wohnungseigentümer einen Anspruch auf Aufwendungsersatz, der schon vor Verzugseintritt gemäß §§ 256, 246 BGB jedenfalls mit 4% zu verzinsen ist (*KG* 24 W 8575/96, WuM 1997, 574). Verzug tritt nicht schon dann ein, wenn der ausgeschiedene Verwalter die Bankunterlagen über das offene Treuhandkonto nach Anforderung dem neuen Verwalter übergibt, sondern gemäß § 286 Abs 1 BGB grundsätzlich erst nach der Mahnung den Fehlbestand zu erstatten (*KG* 24 W 2514/98, WuM 1999, 62). Für die Zeit nach Ablauf des Verwaltervertrages stehen einem Verwalter keine Vergütungsansprüche, sondern nur Ansprüche auf Aufwendungsersatz nach §§ 677 ff BGB zu (*BayObLG* 2Z BR 132/96, WuM 1997, 345).

127 Der Verwalter hat weitere Tätigkeiten nach seiner Abberufung zu unterlassen. Wird er gleichwohl tätig, so hat er weder nach den Grundsätzen der Geschäftsführung ohne Auftrag (§§ 677 ff BGB) noch nach Bereicherungsrecht (§§ 812 ff BGB) einen Vergütungsanspruch gegen die Eigentümergemeinschaft (*BayObLG* BReg 2 Z 42/84, MDR 1985, 145). Ihm kann aber ein Anspruch auf Erstattung von Geldbeträgen zustehen, die er nach Abberufung für die Gemeinschaft gezahlt hat (*BayObLG* WE 1989, 64).

Bestellung und Abberufung des Verwalters § 26 WEG II

Aufwendungsersatzansprüche des Verwalters **verjähren** gemäß § 195 BGB in 3 Jahren. **128**
Zur Rechtslage vor Inkrafttreten des Schuldrechtsmodernisierungsgesetzes vgl *OLG Köln* 16 Wx 177/00, ZMR 2001, 913. Zur Überleitungsvorschrift (Art 229 § 6 EGBGB) siehe § 28 Rn 176. Eine **Verwirkung** des Aufwendungsersatzanspruchs tritt nicht ein, wenn über mehrere Jahre keine Eigentümerbeschlüsse über Jahresabrechnungen gefasst wurden, da die Wohnungseigentümer dann nicht darauf vertrauen können, dass keine Nachzahlungen zu leisten sind (*BayObLG* 2Z BR 78/97, WuM 1997, 702).

VII. Nachweis der Verwalterstellung

Literatur: *Röll* Der Nachweis von Beschlüssen der Wohnungseigentümerversammlung gegenüber dem Grundbuchamt, Rpfl 1986, 4 f.

§ 26 Abs 3 regelt den Fall, dass die Verwaltereigenschaft durch eine öffentlich beglau- **129**
bigte Urkunde nachgewiesen werden muss. Dies kommt insbesondere gemäß § 29 GBO in Betracht. § 26 Abs 3 sieht für diesen Fall vor, dass die Vorlage der Niederschrift über die Versammlung, in welcher der Bestellungsbeschluss gefasst wurde, ausreicht, sofern die Unterschriften der Personen, die gemäß § 24 Abs 6 S 2 die Niederschrift zu unterschreiben haben, öffentlich beglaubigt sind. Die Unterschrift des Verwaltungsbeiratsvorsitzenden kann nur verlangt werden wenn Anhaltspunkte dafür vorliegen, dass ein Verwaltungsbeirat bestellt ist. Ist der Vorsitzende des Verwaltungsbeirats zugleich Vorsitzender der Eigentümerversammlung, so reicht es aus, dass die Niederschrift mit dem Beschluss der Verwalterbestellung von ihm und einem weiteren Wohnungseigentümer unterschrieben ist, es sei denn, es liegen Anhaltspunkte dafür vor, dass ein stellvertretender Beiratsvorsitzender bestellt ist und er in dieser Eigenschaft an der Versammlung teilgenommen hat (*LG Lübeck* 7 T 70/91, Rpfl 1991, 309). Die maßgeblichen Eigenschaften der Personen, die unterzeichnet haben, müssen nicht in der Form des § 29 GBO oder des § 26 Abs 4 nachgewiesen werden (*LG Lübeck* 7 T 70/91, Rpfl 1991, 309 mwN). Die öffentliche Beglaubigung hat gemäß § 129 Abs 1 BGB durch einen Notar zu erfolgen, sie wird ersetzt durch die notarielle Beurkundung (§ 129 Abs 2 BGB).

Wurde der Verwalter durch einen schriftlichen Beschluss gemäß § 23 Abs 3 bestellt, so **130**
ist die öffentliche Beglaubigung der Unterschriften sämtlicher Wohnungseigentümer erforderlich (*BayObLG* BReg 2 Z 14/85, Rpfl 1986, 299). Wurde der Verwalter in der Teilungserklärung bestellt, so kann der Nachweis durch die Teilungserklärung geführt werden, da diese ebenfalls in der Form des § 29 GBO abgegeben werden muss. Ein gerichtlich bestellter Verwalter kann zum Nachweis seiner Verwaltereigenschaft eine Ausfertigung des Gerichtsbeschlusses vorlegen.

Sehen die Teilungserklärung und die Bestellungsbeschlüsse einen Endtermin für die **131**
Amtsdauer vor, so besteht die Vermutung, dass die Verwaltereigenschaft bis zu diesem Zeitpunkt fortbesteht (*OLG Oldenburg* 5 Wx 32/78, Rpfl 1979, 266). Ist ein Endtermin nicht vorgesehen, so ist von einer Bestellung auf 5 (3) Jahre auszugehen. Beträgt die Amtszeit 1 Jahr und verlängert sie sich ohne Kündigung um jeweils ein weiteres Jahr bis zu insgesamt 5 Jahren, so ist mangels anderer Anhaltspunkte davon auszugehen, dass eine Kündigung nicht erfolgt ist. Bestehen aber konkrete Zweifel daran, dass die Verwaltereigenschaft noch fortbesteht, so hat das Grundbuchamt nicht nur einen formgerechten Nachweis der Verwalterbestellung zu verlangen, sondern auch den Nachweis der Fortdauer der Verwalterstellung. Ist zB in der Teilungserklä-

Niedenführ 469

rung der Verwalter für 3 Jahre ab Fertigstellung der Wohnanlage bestellt, so reicht die Teilungserklärung als Nachweis nicht aus, wenn sie älter als 3 Jahre ist. Vorzulegen ist in diesem Fall z. B. auch noch eine Bescheinigung der Baubehörde über die Fertigstellung der Anlage (*BayObLG* BReg 2 Z 25/91, WuM 1991, 363 zu Abs 1 S 2 aF).

132 Eine Pflicht des Grundbuchamtes, außerhalb eines Eintragungsverfahrens, den Nachweis eines Verwalterwechsels zu den Grundakten zu nehmen, besteht nicht, denn das Grundbuchamt hat nicht die Funktion eines Registergerichts für Verwalter (*BayObLG* BReg 2 Z 45/75, BayObLGZ 1975, 264 ff).

133 Die Beweiserleichterung des § 26 Abs 3 gilt nicht, wenn eine Änderung der Gemeinschaftsordnung in das Grundbuch eingetragen werden soll (*BayObLGZ* 1978, 377 vgl dazu § 10 Rn 53). Unabhängig von § 26 Abs 3 kann der Verwalter gemäß § 27 Abs 6 die Ausstellung einer Vollmachtsurkunde über seine Vertretungsmacht verlangen (vgl dazu § 27 Rn 100).

VIII. Verwalterbestellung durch das Gericht

Literatur: *Abramenko* Die gerichtliche Verwalterbestellung ohne Anrufung der Eigentümerversammlung, ZMR 2009, 429; *Bonifacio* Die Einsetzung eines Notverwalters nach der WEG-Reform, MDR 2007, 869; *Briesemeister* Bestellung des Wohnungseigentumsverwalters durch einstweilige Verfügung, NZM 2009, 64.

134 Der Verwalter ist ein unabdingbar notwendiges Organ jeder Wohnungseigentümergemeinschaft (§ 20 Abs 2). Fehlt ein Verwalter so kann jeder einzelne Wohnungseigentümer zur Verwirklichung des Anspruchs auf ordnungsgemäße Verwaltung (§ 21 Abs 4) im Wege der **Gestaltungsklage** (§ 43 Nr 1) beantragen, dass das Gericht einen Verwalter bestellt (vgl *OLG Düsseldorf* 3 Wx 85/07 Info-M 2008, 25; *LG Stuttgart* 10 T 80/08, ZMR 2009, 148 mwN; *Merle* in Bärmann, § 26 Rn 258, 260; *Briesemeister* NZM 2009, 64, 65; vgl auch BT-Drucks 16/887 S 35; **aA** *Bonifacio* MDR 2007, 869, 871: kein Gestaltungsurteil im Hauptsacheverfahren). Der Klageantrag braucht die Modalitäten der Verwalterbestellung (Person des Verwalters, Amtszeit, Vertragsbedingungen) nicht im Einzelnen enthalten, diese kann das Gericht gem § 21 Abs 8 nach billigem Ermessen selbst regeln (ebenso *Bonifacio* MDR 2007, 869, 870).

135 In Fällen besonderer Eilbedürftigkeit kann im Wege einer **einstweiligen Regelungsverfügung** gemäß den §§ 935 ff ZPO eine Verwalterbestellung erreicht werden (*AG Landsberg am Lech* 1 C 2225/08, ZMR 2009, 486 m zust Anm *Abramenko* S 429; BT-Drucks 16/887 S 35; *Merle* in Bärmann, § 26 Rn 271; *Bonifacio* MDR 2007, 869, 871; *Briesemeister* NZM 2009, 64, 67). Ein **Verfügungsgrund** besteht nur, wenn die Bestellung eines Verwalters so dringend ist, dass die Durchsetzung des Anspruchs im Hauptsacheverfahren gegenüber der begehrten Regelungsverfügung wesentliche Nachteile für die Antragsteller mit sich bringen würde (§ 940 ZPO). Dies kann sich zum Beispiel aus dem Erfordernis ergeben, Heizöl zu bestellen und zur Beseitigung von Liquiditätsproblemen eine Beschlussfassung über den Wirtschaftsplan herbeizuführen (*LG Stuttgart* 10 T 80/08, ZMR 2009, 148). Der Antragsteller sollte mit dem Verfügungsantrag einzelne konkret erforderliche Verwaltungsmaßnahmen glaubhaft zu machen (*Briesemeister* NZM 2009, 64, 68). Die einstweilige Verfügung bedarf der Zustellung binnen Monatsfrist an die übrigen Wohnungseigentümer (§ 936 iVm § 929 ZPO). Zur Wahrung der Vollziehungsfrist müsste an sich innerhalb der Monatsfrist an alle übrigen Wohnungseigentümer zugestellt werden. Die Zustellung an einen Wohnungsei-

gentümer als Gesamtvertreter gemäß § 170 Abs 3 ZPO iVm § 27 Abs 3 S 2 würde nur ausreichen, wenn sich der Antrag gegen die Wohnungseigentümergemeinschaft als Verband richten würde. Möglich ist aber die Zustellung an den Ersatzzustellungsvertreter nach § 45 Abs 3 (*AG Landsberg am Lech* 1 C 2225/08, ZMR 2009, 486 m zust Anm *Abramenko* S 429). Haben die Wohnungseigentümer einen solchen nicht bestellt, kann er auf Antrag oder von Amts wegen durch das Gericht bestellt werden.

Ein Verwalter fehlt auch, wenn der bestellte Verwalter aus rechtlichen oder tatsächlichen Gründen (zB schwere Krankheit) seine Aufgaben nicht wahrnehmen kann. Nimmt der von den Wohnungseigentümern bestellte Verwalter seine Aufgaben nicht oder nicht ordnungsgemäß wahr, so dass seine Abberufung aus wichtigem Grund gerechtfertigt wäre, und sind die Wohnungseigentümer nicht bereit oder nicht in der Lage, den Verwalter abzuberufen, dann muss der Klageantrag darauf gerichtet sein, den alten Verwalter abzuberufen und einen neuen Verwalter zu bestellen (s Rn 88). 136

Scheitert die Bestellung eines neuen Verwalters durch die Wohnungseigentümer nur daran, dass entweder kein Verwalter vorhanden ist, der eine Eigentümerversammlung einberufen kann, oder dass der vorhandene Verwalter keine Eigentümerversammlung einberuft, und ist auch kein Verwaltungsbeirat vorhanden, der nach § 24 Abs 3 zur Einberufung berechtigt wäre, dann kann ein einzelner Wohnungseigentümer auf gegen die übrigen Wohnungseigentümer gerichteten Klageantrag, analog **§ 37 Abs 2 BGB** zur Einberufung der Versammlung ermächtigt werden (vgl *OLG Köln* 16 Wx 114/92, NZM 2003, 810, 811 mwN; *AG Hamburg-Blankenese* 539 C 26/08, ZMR 2008, 918; *Merle* in Bärmann, § 24 Rn 24; *Greiner* Rn 683, 684; *Riecke* in Riecke/Schmid § 24 Rn 11; **aA** *Palandt/Bassenge* § 24 WEG Rn 4). Ist dieser Weg gangbar, weil keine besondere Dringlichkeit besteht, fehlt für die gerichtliche Bestellung eines Verwalters in der Regel das Rechtsschutzinteresse, weil die Wohnungseigentümer die Verwalterbestellung selbst regeln können (*OLG Köln* 16 Wx 114/92, NZM 2003, 810, 811; vgl aber *LG Stuttgart* 10 T 80/08, ZMR 2009, 148). Ohne eine gerichtliche Ermächtigung sind einzelne Wohnungseigentümer zur Einberufung einer Eigentümerversammlung nicht berechtigt (vgl § 24 Rn 6). 137

1. Entscheidung des Gerichts. Das Gericht kann gemäß § 21 Abs 8 nach billigem Ermessen entscheiden, weil die Bestellung eines Verwalters eine nach dem Gesetz erforderliche Maßnahme ist, die eigentlich die Wohnungseigentümer zu treffen hätten. Es ist deshalb nicht zwingend an die im Klageantrag vorgeschlagene Person des Verwalters gebunden. Weil das Gericht regelmäßig nicht über eine Liste von Verwaltern verfügt, die Verwaltungen zu übernehmen bereit sind, sollte der Kläger bzw im Verfügungsverfahren der Antragsteller ein oder zwei geeignete Personen vorschlagen, hilfsweise die personelle Entscheidung dem Gericht überlassen (ebenso *Briesemeister* NZM 2009, 64, 66). Das Gericht kann bei der Ausübung des Auswahlermessens mehrere Vorschläge auch unter Eignungs- und Kostengesichtspunkten gegeneinander abwägen und wird bei gleicher Eignung den günstigeren Anbieter auswählen. Vor der Bestellung eines Verwalters muss dessen Bereitschaft zur Übernahme des Amtes feststehen, da niemand gegen seinen Willen zum Verwalter bestellt werden kann. Die **Kostenentscheidung** kann das Gericht bei erfolgreicher Klage gemäß § 49 Abs 1 nach billigem Ermessen treffen und sie allen Wohnungseigentümern anteilig auferlegen (**aA** *Briesemeister* NZM 2009, 64, 67: alleinige Kostenlast der Beklagten). Die Gestaltungswirkung des Urteils tritt mit **Rechtskraft** ein. 138

II WEG § 26 Bestellung und Abberufung des Verwalters

139 Der vom Gericht bestellte Verwalter hat die gleichen Befugnisse und die gleiche Rechtsstellung wie der von den Wohnungseigentümern nach § 26 Abs 1 S 1 bestellte Verwalter. Seine Befugnisse dürfen nur im Rahmen des § 27 Abs 4 eingeschränkt werden. Das Gericht überschreitet sein Rechtsfolgeermessen, wenn es ohne sachliche Notwendigkeit die gesetzlich geregelten Kompetenzen des von ihm bestellten Verwalters erweitert (*Merle* in Bärmann, § 26 Rn 267; vgl auch *OLG München* 34 Wx 43/07, ZMR 2008, 74, die dem Verwalter eingeräumten Befugnisse, um die es dort ging, dürften aber nach der WEG-Novelle 2007 der Befugnis gemäß § 27 Abs 3 S 1 Nr 3 entsprechen). Sobald die Gemeinschaft einen neuen Verwalter bestellt hat, kann ein Verfahren, das auf die Bestellung eines Verwalters gerichtet ist, nicht mehr fortgeführt werden. Wird ein vom Gericht bestellter Verwalter anschließend durch Beschluss der Wohnungseigentümerversammlung zum ordentlichen Verwalter bestellt, so entfällt damit in der Regel das Rechtsschutzbedürfnis für ein Rechtsmittel, das sich gegen die gerichtliche Verwalterbestellung richtet. Die Rechtshandlungen eines gerichtlich bestellten Verwalters bleiben analog § 32 FGG auch dann wirksam, wenn der Bestellungsbeschluss durch ein Rechtsmittelgericht aufgehoben wird (*BayObLG* BReg 2 Z 165/91, WuM 1992, 283).

Das Gericht ist befugt, in dem Beschluss über die Bestellung des Verwalters auf Antrag des Klägers gleichzeitig dessen **Vergütung** festzusetzen. Unterbleibt eine solche Festsetzung, so hat der Verwalter Anspruch auf die dem bisherigen Verwalter vertraglich zugesagte Vergütung (*KG* 24 W 1267/93, WuM 1993, 760, 761). Eine Bestimmung in der Teilungserklärung, wonach ein Verwalter für seine Tätigkeit keine Vergütung erhält, hindert nicht Bestellung eines Verwalters, der nur gegen Entgelt tätig wird (*OLG Frankfurt* 20 W 31/93, NJW-RR 1993, 845). Nach hier vertretener Ansicht gilt dies schon deshalb, weil die Regelung in der Teilungserklärung gegen § 20 Abs 2 verstößt.

140 Bestellt das Gericht auf Antrag einen Verwalter, der einen anderen ablöst, kann es auf Antrag (Klagehäufung) neben der Bestellung des Verwalters und der Festsetzung seiner Vergütung **weitere Regelungen** treffen, zB ein Veräußerungsverbot gemäß §§ 135, 136 BGB gegen den ehemaligen Verwalter erlassen, den bisherigen Verwalter zur Herausgabe von Unterlagen verurteilen.

141 2. Beendigung der Verwalterstellung. Das Amt des gerichtlich bestellten Verwalters endet, wenn das Gericht ihn auf Antrag wieder abberuft, wenn die Eigentümergemeinschaft einen anderen Verwalter bestellt oder durch Zeitablauf, wenn er vom Gericht antragsgemäß oder gemäß § 21 Abs 8 für eine feste Zeitspanne bestellt worden war, spätestens aber gemäß § 26 Abs 1 S 2 nach 5 bzw 3 Jahren. Das Gericht kann die Beschlussfassung der Wohnungseigentümer über eine Verwalterneubestellung auf Antrag für eine bestimmte Zeit ausschließen oder die Verwalterabberufung nur aus wichtigem Grund gestatten (*KG* 24 W 341/01, NZM 2003, 808). Begrenzt das Gericht die Amtszeit des Verwalters auf eine bestimmte Frist, so hat es den Zeitraum gemäß § 21 Abs 8 nach billigem Ermessen entsprechend den Umständen des Einzelfalles sinnvoll festzulegen (*BayObLG* BReg 2 Z 49/88, NJW-RR 1989, 461, 462).

§ 27 Aufgaben und Befugnisse des Verwalters

(1) Der Verwalter ist gegenüber den Wohnungseigentümern und gegenüber der Gemeinschaft der Wohnungseigentümer berechtigt und verpflichtet,
1. Beschlüsse der Wohnungseigentümer durchzuführen und für die Durchführung der Hausordnung zu sorgen;
2. die für die ordnungsmäßige Instandhaltung und Instandsetzung des gemeinschaftlichen Eigentums erforderlichen Maßnahmen zu treffen;
3. in dringenden Fällen sonstige zur Erhaltung des gemeinschaftlichen Eigentums erforderliche Maßnahmen zu treffen;
4. Lasten- und Kostenbeiträge, Tilgungsbeträge und Hypothekenzinsen anzufordern, in Empfang zu nehmen und abzuführen, soweit es sich um gemeinschaftliche Angelegenheiten der Wohnungseigentümer handelt;
5. alle Zahlungen und Leistungen zu bewirken und entgegenzunehmen, die mit der laufenden Verwaltung des gemeinschaftlichen Eigentums zusammenhängen;
6. eingenommene Gelder zu verwalten;
7. die Wohnungseigentümer unverzüglich darüber zu unterrichten, dass ein Rechtsstreit gemäß § 43 anhängig ist;
8. die Erklärungen abzugeben, die zur Vornahme der in § 21 Abs. 5 Nr. 6 bezeichneten Maßnahmen erforderlich sind.

(2) Der Verwalter ist berechtigt, im Namen aller Wohnungseigentümer und mit Wirkung für und gegen sie
1. Willenserklärungen und Zustellungen entgegenzunehmen, soweit sie an alle Wohnungseigentümer in dieser Eigenschaft gerichtet sind;
2. Maßnahmen zu treffen, die zur Wahrung einer Frist oder zur Abwendung eines sonstigen Rechtsnachteils erforderlich sind, insbesondere einen gegen die Wohnungseigentümer gerichteten Rechtsstreit gemäß § 43 Nr. 1, Nr. 4 oder Nr. 5 im Erkenntnis- und Vollstreckungsverfahren zu führen;
3. Ansprüche gerichtlich und außergerichtlich geltend zu machen, sofern er hierzu durch Vereinbarung oder Beschluss mit Stimmenmehrheit der Wohnungseigentümer ermächtigt ist;
4. mit einem Rechtsanwalt wegen eines Rechtsstreits gemäß § 43 Nr. 1, Nr. 4 oder Nr. 5 zu vereinbaren, dass sich die Gebühren nach einem höheren als dem gesetzlichen Streitwert, höchstens nach einem gemäß § 49a Abs. 1 Satz 1 des Gerichtskostengesetzes bestimmten Streitwert bemessen.

(3) [1]Der Verwalter ist berechtigt, im Namen der Gemeinschaft der Wohnungseigentümer und mit Wirkung für und gegen sie
1. Willenserklärungen und Zustellungen entgegenzunehmen;
2. Maßnahmen zu treffen, die zur Wahrung einer Frist oder zur Abwendung eines sonstigen Rechtsnachteils erforderlich sind, insbesondere einen gegen die Gemeinschaft gerichteten Rechtsstreit gemäß § 43 Nr. 2 oder Nr. 5 im Erkenntnis- und Vollstreckungsverfahren zu führen;
3. die laufenden Maßnahmen der erforderlichen ordnungsmäßigen Instandhaltung und Instandsetzung gemäß Absatz 1 Nr. 2 zu treffen;
4. die Maßnahmen gemäß Absatz 1 Nr. 3 bis 5 und 8 zu treffen;
5. im Rahmen der Verwaltung der eingenommenen Gelder gemäß Absatz 1 Nr. 6 Konten zu führen;

6. mit einem Rechtsanwalt wegen eines Rechtsstreits gemäß § 43 Nr. 2 oder Nr. 5 eine Vergütung gemäß Absatz 2 Nr. 4 zu vereinbaren;
7. sonstige Rechtsgeschäfte und Rechtshandlungen vorzunehmen, soweit er hierzu durch Vereinbarung oder Beschluss der Wohnungseigentümer mit Stimmenmehrheit ermächtigt ist.

²Fehlt ein Verwalter oder ist er zur Vertretung nicht berechtigt, so vertreten alle Wohnungseigentümer die Gemeinschaft. ³Die Wohnungseigentümer können durch Beschluss mit Stimmenmehrheit einen oder mehrere Wohnungseigentümer zur Vertretung ermächtigen.

(4) Die dem Verwalter nach den Absätzen 1 bis 3 zustehenden Aufgaben und Befugnisse können durch Vereinbarung der Wohnungseigentümer nicht eingeschränkt oder ausgeschlossen werden.

(5) ¹Der Verwalter ist verpflichtet, eingenommene Gelder von seinem Vermögen gesondert zu halten. ²Die Verfügung über solche Gelder kann durch Vereinbarung oder Beschluss der Wohnungseigentümer mit Stimmenmehrheit von der Zustimmung eines Wohnungseigentümers oder eines Dritten abhängig gemacht werden.

(6) Der Verwalter kann von den Wohnungseigentümern die Ausstellung einer Vollmachts- und Ermächtigungsurkunde verlangen, aus der der Umfang seiner Vertretungsmacht ersichtlich ist.

Übersicht

	Rn		Rn
I. Einleitung	1	9. Abgabe von Erklärungen	
II. Die Stellung des Verwalters	6	(Abs 1 Nr 8)	58
III. Aufgaben und Befugnisse im Innenverhältnis	9	IV. Die Vertretung der Wohnungseigentümer	59
1. Durchführung von Beschlüssen (Abs 1 Nr 1)	11	1. Willenserklärungen und Zustellungen (Abs 2 Nr 1)	62
2. Durchführung der Hausordnung (Abs 1 Nr 1)	12	2. Eilmaßnahmen und Passivprozesse (Abs 2 Nr 2)	64
3. Instandhaltungsmaßnahmen (Abs 1 Nr 2)	14	3. Geltendmachung von Ansprüchen (Abs 2 Nr 3)	66
a) Aufgaben des Verwalters	15	4. Gebührenvereinbarungen	
b) Befugnisse des Verwalters	20	(Abs 2 Nr 4)	71
4. Dringende Erhaltungsmaßnahmen (Abs 1 Nr 3)	32	V. Die Vertretung des Verbands	74
5. Einziehung von Geldern (Abs 1 Nr 4)	35	1. Willenserklärungen und Zustellungen (Abs 3 S 1 Nr 1)	75
6. Zahlungen und Leistungen (Abs 1 Nr 5)	37	2. Eilmaßnahmen und Passivprozesse (Abs 3 S 1 Nr 2)	76
7. Die Verwaltung eingenommener Gelder (Abs 1 Nr 6, Abs 3 S 1 Nr 5, Abs 5)	39	3. Laufende Instandhaltung (Abs 3 S 1 Nr 3)	78
a) Eingenommene Gelder	40	4. Maßnahmen nach Abs 1 Nr 3–5 und 8 (Abs 3 S 1 Nr 4)	79
b) Getrennte Verwaltung	45	5. Kontenführung (Abs 3 S 1 Nr 5)	81
c) Kontenführung	46	6. Vergütungsvereinbarung (Abs 3 S 1 Nr 6)	82
d) Einschränkung der Verfügungsbefugnis	50	7. Sonstige Geschäfte (Abs 3 S 1 Nr 7)	83
8. Unterrichtung über Rechtsstreite (Abs 1 Nr 7)	51	a) Prozessvollmacht	84

	Rn		Rn
b) Prozessstandschaft des Verwalters	91	c) Haftungsausschluss	106
		d) Kausalität	108
c) Verwalterwechsel	93	e) Schaden	109
VI. Vertretung bei Fehlen eines Verwalters (Abs 3 S 2 und 3)	96	f) Mitverschulden	110
		g) Entlastung	111
VII. Unabdingbarkeit (Abs 4)	97	h) Verjährung	112
VIII. Sonstige Pflichten gegenüber den Wohnungseigentümern	98	2. Haftung aus unerlaubter Handlung	113
IX. Nachweis der Vertretungsmacht (Abs 6)	100	3. Beispiele	117
		XI. Die Haftung des Verwalters gegenüber Dritten	118
X. Die Haftung des Verwalters gegenüber den Wohnungseigentümern	101	1. Haftung aus unerlaubter Handlung	118
1. Haftung wegen Vertragsverletzungen	101	2. Haftung als vollmachtloser Vertreter	119
a) Verschulden	104	XII. Haftung der Wohnungseigentümergemeinschaft für den Verwalter	120
b) Haftung für Erfüllungsgehilfen	105		

Literatur: *Abramenko* Zur Haftung des Verwalters für unterlassene und falsche Beschlussfeststellungen, ZWE 2004, 140; *ders* Die Streitwertvereinbarung nach § 27 Abs 2 Nr 4, Abs 3 S 1 Nr 6 WEG, ZWE 2009, 154; *Armbrüster* Der Verwalter als Organ der Gemeinschaft und Vertreter der Wohnungseigentümer, ZWE 2006, 470; *Bauriedl* Die Haftung des WEG-Verwalters für verzögerte, unterlassene und mangelhafte Instandsetzungsmaßnahmen, ZMR 2006, 252; *Bergerhoff* Umfassende Prozessvollmacht des Verwalters bei der Beschlussanfechtungsklage, GE 2008, 653; *Bielefeld* Geldwäschegesetz und Kontenführung für die Wohnungseigentümer, ZWE 2003, 130; *Breiholdt/Adamy* Neue Rechtsprechung zum Maklerlohn des Verwalters von Wohnungseigentum, DWE 2002, 87; *Bub* Instandhaltung und Instandsetzung des gemeinschaftlichen Eigentums, ZWE 2009, 245; *Drasdo* Zustellungsvollmacht des Verwalters im Zivilprozess gegenüber ausgeschiedenen Wohnungseigentümern, NZM 2003, 793; *Elzer* Kreditaufnahme durch den Verband Wohnungseigentümergemeinschaft, NZM 2009, 58; *ders* Welche Auswirkungen hat die Reform des § 79 ZPO auf Wohnungseigentumsverwalter? ZMR 2008, 772; *Fritsch* Die Trinkwasserverordnung vom 21.5.2001 – Haftungsfalle für Wohnungseigentumsverwalter? ZMR 2005, 175; *ders* Die Verkehrssicherungspflicht im Wohnungseigentum, ZWE 2005, 384; *Gottschalg* Haftungsrisiken des WEG- Verwalters bei der Beschlussfassung und bei der Durchführung von Eigentümerbeschlüssen, DWE 2002, 43; *ders* Typische Haftungsrisiken des WEG-Verwalters, NZM 2003, 457; *ders* Verkehrssicherungspflichten des Wohnungseigentumsverwalters, NZM 2002, 590; *ders* Die Haftung des Verwalters für die Nichtdurchführung von Beschlüssen, ZWE 2003, 225; *ders* Zur Haftung des Verwalters für fehlerhafte oder unterlassene Beschlussfeststellungen, ZWE 2005, 32; *ders* Verwalteraufgaben und Verwalterhaftung nach aktueller Rechtsprechung und neuem WEG-Recht, DWE 2008, 113; *ders* Pflicht und Befugnis des Verwalters zur Mandatierung eines Rechtsanwalts, ZWE 2009, 114; *Gruber* Im Überblick: Die Vertretungsmacht des WEG-Verwalters, NZM 2000, 263; *Häublein* Verwalter und Verwaltungsbeirat – einige aktuelle Probleme, ZMR 2003, 233; *ders* „Drittwirkung" der Verwalterpflichten, ZWE 2008, 1 und 80; *ders* Laufende Maßnahmen der Instandhaltung und Instandsetzung des gemeinschaftlichen Eigentums – Aufgaben und Befugnis des Verwalters gem. § 27 Abs 3 S 1 Nr 3 WEG, ZWE 2009, 189; *Hügel* Der Verwalter als Organ des Verbands Wohnungseigentümergemeinschaft und als Vertreter der Wohnungseigentümer, ZMR 2008, 1; *Lehmann-Richter* Der Verwalter als Prozessbevollmächtigter, ZWE 2009, 298; *Lüke* Instandhaltung und Instandsetzung des gemeinschaftlichen Eigentums – Sonstige

Niedenführ

II WEG § 27   Aufgaben und Befugnisse des Verwalters

Maßnahmen; ZWE 2009, 101; *Meffert* Der Streit um die Vertretung der beklagten Eigentümer im Beschlussanfechtungsverfahren, GE 2008, 782; *Merle* Zur Vertretungsmacht des Verwalters nach § 27 RegE-WEG, ZWE 2006, 365; *ders* Zur Vertretung der beklagten Wohnungseigentümer im Beschlussanfechtungsverfahren, ZWE 2008, 109; *Müller* Die Prozessvertretung der Beklagten durch den Verwalter im Anfechtungsrechtsstreit, ZWE 2008, 226; *Reiß-Fechter* Öffentliche Förderung von Instandhaltungs- und Modernisierungsmaßnahmen und Haftung des Verwalters, Wohnungseigentümer 2004, 346; *Schmid* Die Verkehrssicherungspflicht in Wohnungseigentumsanlagen, ZWE 2009, 295; *I. Schmidt* Sondereigentumsverwaltung durch den Verwalter, ZWE 2000, 506; *Skauradzun* Die Verwalterhaftung – Pflichten und Haftungsbeschränkungen, ZWE 2008, 405; *Suilmann* Die Ermächtigung des Verwalters nach § 27 Abs 3 S 1 Nr 7 WEG, ZWE 2008, 113; *Vandenhouten* Die Informationspflichten des Verwalters bei Rechtsstreitigkeiten gemäß § 27 Abs 1 Nr 7 WEG, ZWE 2009, 145; *Wenzel* Die Wahrnehmung der Verkehrsicherungspflicht durch den Wohnungseigentumsverwalter, ZWE 2009, 57.

I. Einleitung

1 § 27 wurde durch die WEG-Novelle 2007 vollkommen neu gefasst. Die jetzige Fassung beruht auf der Gegenäußerung der Bundesregierung (BT-Drucks 16/887 S 58/59 [Text], S 69 ff [Begründung]) und den Änderungen gemäß der Beschlussempfehlung des Rechtsausschusses (BT-Drucks 16/3843 S 51 ff).

2 **§ 27 Abs 1** bestimmt die Aufgaben, die der Verwalter im **Innenverhältnis** zu den Wohnungseigentümern als gesetzliches Mindesterfordernis zu erfüllen hat. Er wird ergänzt durch die §§ 24, 25 Abs 4 (Einberufung und Leitung der Eigentümerversammlung), § 28 Abs 1 (Wirtschaftsplan) und § 28 Abs 3 (Jahresabrechnung). Streitigkeiten über den Umfang der Aufgaben und Befugnisse sind im Verfahren gemäß § 43 Nr 3 zu entscheiden.

3 § 27 Abs 2 und 3 bestimmen das Minimum der Vertretungsbefugnis des Verwalters im **Außenverhältnis**. Nach Anerkennung der Teilrechtsfähigkeit der Wohnungseigentümergemeinschaft agiert der Verwalter einerseits gemäß **§ 27 Abs 2** als **Vertreter der Wohnungseigentümer** in deren Eigenschaft **als Mitberechtigte am gemeinschaftlichen Grundstück** und andererseits gemäß § 27 Abs 3 als **Organ der teilrechtsfähigen Gemeinschaft** (vgl BT-Drucks 16/887 S 69). Ob in Form des rechtsfähigen Verbandes und der nicht rechtsfähigen Bruchteilsgemeinschaft zwei unterschiedliche Gemeinschaften existieren (Trennungstheorie) oder ob die Wohnungseigentümer eine Gemeinschaft mit unterschiedlichen Rechtskreisen bilden (Einheitstheorie) ist umstritten (vgl dazu etwa *Wenzel* in Bärmann, § 10 Rn 218 ff; *Elzer* in Riecke/Schmid, § 10 Rn 375 jeweils mwN). Von praktischer Bedeutung ist allein die Zuordnung der Aufgaben und Befugnisse des Verbands einerseits von den Aufgaben und Befugnissen der Wohnungseigentümer andererseits. Das Gesetz weist dem Verband die gesamte Verwaltung des gemeinschaftlichen Eigentums zu (vgl § 10 Abs 6 S 1 – BT-Drucks 16/887 S 60). Zudem ordnet das Gesetz dem Verband die Ausübung der gemeinschaftsbezogenen Rechte und die Wahrnehmung der gemeinschaftsbezogenen Pflichten zu (vgl § 10 Abs 6 S 3 – BT-Drucks 16/887 S 61). Weitere Rechte, die gemeinschaftlich geltend gemacht werden können, darf der Verband zur Ausübung an sich ziehen. Zur Abgrenzung im Einzelnen s § 10 Rn 59 ff.

4 Die Aufgaben und Befugnisse nach § 27 Abs 1 bis 3 können gemäß **§ 27 Abs 4** nicht eingeschränkt werden. Eine Erweiterung ist dagegen möglich, sei es durch Gemein-

Aufgaben und Befugnisse des Verwalters § 27 WEG II

schaftsordnung, sonstige Vereinbarung oder Beschluss (s Rn 97). Zu den Maßnahmen, die in § 27 Abs 2 und 3 genannt sind, ist der Verwalter **nicht nur berechtigt,** sondern im Rahmen seiner Vertretungsmacht **auch verpflichtet,** wenn dies zur ordnungsmäßigen Erfüllung seiner Aufgaben erforderlich ist. Dies folgt nach der Vorstellung des Gesetzgebers auch ohne ausdrückliche gesetzliche Regelung bereits aus den mit dem Amt und dem Verwaltervertrag übernommenen Pflichten, zu deren Erfüllung die verliehene Vertretungsmacht gerade ermächtigen soll (vgl BT-Drucks 16/3843 S 52).

§ 27 Abs 5 enthält Einzelregelungen über die Geldverwaltung, die aber abdingbar sind. Gemäß **§ 27 Abs 6** hat der Verwalter Anspruch auf die Ausstellung einer Vollmachtsurkunde.   5

II. Die Stellung des Verwalters

Der Verwalter ist weisungsgebundener Sachwalter des Gemeinschaftsvermögens und in erster Linie Vollzugsorgan der Gemeinschaft hinsichtlich der von dieser beschlossenen Maßnahmen. Die Weisungen der Gemeinschaft hat er zu befolgen, eine Abweichung ohne vorherige Rücksprache ist nur bei Gefahr in Verzug möglich (vgl § 26 Rn 50). Will er von Weisungen oder Beschlüssen abweichen, so muss er dies im Klageweg gemäß § 43 Nr 3 oder 4 durchsetzen (*BayObLGZ* 1972, 139, 142). Die Befugnisse des Verwalters ergeben sich neben § 27 aus den Vereinbarungen und Beschlüssen der Wohnungseigentümer und aus den Regelungen des Verwaltervertrages.   6

Der Verwalter darf seine Befugnisse nur mit Zustimmung der Wohnungseigentümergemeinschaft insgesamt auf Dritte übertragen (*BayObLG* BReg 2 Z 50/75, BayObLGZ 1975, 327, 330; *OLG Hamm* 15 W 15/96, ZMR 1996, 678, 679/680; *KG* 24 W 310/01, NZM 2002, 389, 390). Er darf jedoch Hilfskräfte zur Erfüllung einzelner Aufgaben beschäftigen (zB Hausmeister oder Reinigungskräfte), die Einladung und Leitung der Eigentümerversammlung delegieren (vgl *Bielefeld* NZM 1999, 836) und für einzelne Rechtsgeschäfte Untervollmacht erteilen. Juristische Personen handeln durch ihre gesetzlichen Vertreter (zB Geschäftsführer) oder ihre rechtsgeschäftlich bestellten Vertreter (zB Prokuristen). Sofern die Teilungserklärung oder der Verwaltervertrag nichts anderes bestimmen, kann eine juristische Person einzelne Verwaltungsaufgaben (zB Unterzeichnung der Einladung zur Wohnungseigentümerversammlung, Versammlungsleitung) auf Erfüllungsgehilfen delegieren (*LG Flensburg* 5 T 341/97, NZM 1998, 776 mwN).Die Verfügungsbefugnis über Gemeinschaftskonten darf einem Dritten aber nur mit Zustimmung der Wohnungseigentümer erteilt werden.   7

Ist der Verwalter nicht zur Vertretung der Gemeinschaft berechtigt gewesen, weil der Verwaltervertrag nicht zustande gekommen oder beendet ist, so kommt die Anwendung der Vorschriften über die Haftung des vollmachtlosen Vertreters (§§ 177 ff BGB) oder eine Haftung der Gemeinschaft nach den Grundsätzen der Anscheins- oder Duldungsvollmacht in Betracht.   8

III. Aufgaben und Befugnisse im Innenverhältnis

§ 27 Abs 1 regelt die Aufgaben und die Befugnisse des Verwalters im Innenverhältnis zu den Wohnungseigentümern und zur Wohnungseigentümergemeinschaft.   9

Die Neufassung des § 27 trennt Innenverhältnis und Vertretungsmacht deutlicher als bisher voneinander. Die Ergänzung des Einleitungssatzes, wonach der Verwalter aus   10

Niedenführ

Absatz 1 ausdrücklich nur gegenüber den Wohnungseigentümern und gegenüber der Gemeinschaft der Wohnungseigentümer berechtigt und verpflichtet wird, stellt klar, dass sich aus § 27 Abs 1 keine Vertretungsmacht, sondern lediglich Rechte und Pflichten im Innenverhältnis ergeben (vgl BT-Drucks 16/887 S 70). Die Handlungsfähigkeit der Gemeinschaft stellt § 27 Abs 3 sicher, der die gesetzliche Vertretungsmacht regelt.

11 **1. Durchführung von Beschlüssen (Abs 1 Nr 1).** Gemäß § 27 Abs 1 Nr 1 hat der Verwalter die Aufgabe, die Beschlüsse der Wohnungseigentümer durchzuführen. Hält er einen Beschluss für unwirksam, so hat er gemäß § 43 Nr 4 das Recht, diesen Beschluss durch das Gericht für ungültig erklären zu lassen. Er darf aber auch einen anfechtbaren Beschluss durchführen, insbesondere dann, wenn der Beschluss inhaltlich mit den Grundsätzen ordnungsgemäßer Verwaltung in Einklang steht und lediglich aus formellen Gründen anfechtbar ist. Der Verwalter kann es in diesem Fall den Wohnungseigentümern überlassen, den Beschluss anzufechten (vgl *BayObLG* ZMR 1975, 84, 85). Ist ein Beschluss nichtig, so ist er nicht durchzuführen. Bestehen die Wohnungseigentümer auf der Durchführung des Beschlusses, so hat der Verwalter die Nichtigkeit gerichtlich feststellen zu lassen (vgl § 43 Rn 74). Will der Verwalter von einer Weisung, die ihm die Wohnungseigentümer durch Beschluss erteilt haben, abweichen oder sie gar nicht ausführen, so muss er den Beschluss anfechten (vgl *BayObLGZ* 1972, 139, 142). Umgekehrt können die Wohnungseigentümer die Durchführung von beschlossenen Maßnahmen im Verfahren nach § 43 Nr 3 dadurch erzwingen, dass sie einen Gerichtsbeschluss erwirken, der den Verwalter zu bestimmten Handlungen anweist (vgl *OLG Frankfurt* 20 W 279/79, OLGZ 1980, 78, 79/80). Verletzt der Verwalter seine Pflichten aus § 27 Abs 1 Nr 1, § 665 BGB, Beschlüsse weisungsgemäß auszuführen, dann hat nur die Wohnungseigentümergemeinschaft das Recht, den Verwalter deswegen abzumahnen (*KG* 24 W 279/02, NZM 2003, 683, 684). Ein Verwalter, der in Vollzug eines Eigentümerbeschlusses eine Kinderschaukel aufstellen lässt, kann grundsätzlich nicht auf Beseitigung der von ihr ausgehenden Beeinträchtigungen in Anspruch genommen werden. Etwas anders kann gelten, wenn die Aufstellung der Schaukel in dem Eigentümerbeschluss offensichtlich keine Grundlage hat (*BayObLG* 2Z BR 11/95, WuM 1996, 655).

12 **2. Durchführung der Hausordnung (Abs 1 Nr 1).** Gemäß § 27 Abs 1 Nr 1 hat der Verwalter für die Durchführung der Hausordnung zu sorgen. Die Aufstellung der Hausordnung ist gemäß § 21 Abs 5 Nr 1 ein Erfordernis der ordnungsgemäßen Verwaltung, die gemäß § 21 Abs 3 durch Mehrheitsbeschluss erfolgt und die von jedem Wohnungseigentümer gemäß § 21 Abs 4 verlangt werden kann (vgl dazu im Einzelnen § 21).

13 Der Verwalter hat darauf hinzuwirken, dass die Wohnungseigentümer die Regeln der Hausordnung einhalten. Er hat ferner die Aufgabe, darauf zu achten, dass die Wohnungseigentümer ihre Pflichten gemäß § 14 erfüllen. Hierzu gehört auch, auf die Wohnungseigentümer einzuwirken, damit diese ihre Mieter veranlassen, die Hausordnung einzuhalten (§ 14 Nr 2). Besteht Streit darüber, welche Pflichten die Wohnungseigentümer nach der Hausordnung haben, so kann er insoweit die gerichtliche Feststellung begehren. Bei gröblichen Verstößen gegen die Pflicht des § 14 hat der Verwalter eine Abmahnung gemäß § 18 Abs 2 Nr 1 auszusprechen.

14 **3. Instandhaltungsmaßnahmen (Abs 1 Nr 2).** Gemäß § 27 Abs 1 Nr 2 ist der Verwalter berechtigt und verpflichtet, die für die ordnungsgemäße Instandhaltung und Instandsetzung des gemeinschaftlichen Eigentums erforderlichen Maßnahmen zu treffen.

Aufgaben und Befugnisse des Verwalters § 27 WEG II

a) Aufgaben des Verwalters. In erster Linie ist es Sache der Wohnungseigentümer 15
selbst, für die Beseitigung von Mängeln des gemeinschaftlichen Eigentums zu sorgen
(§ 21 Abs 5 Nr 2). Die Pflicht des Verwalters aus § 27 Abs 1 Nr 2 besteht deshalb in
erster Linie nur darin, **die erforderlichen Maßnahmen festzustellen,** die Wohnungseigentümer hierüber **zu unterrichten** und deren **Entscheidung herbeizuführen** (*BayObLG* 2Z BR 266/03, NZM 2004, 390 mwN; *OLG Düsseldorf* 3 Wx 231/96, WuM 1997, 576 mwN; *Staudinger/Bub* § 27 Rn 128). Zur Erfüllung dieser Pflichten ist der Verwalter berechtigt, **Fotografien** des Gemeinschaftseigentums herzustellen und in der Eigentümerversammlung zu zeigen, soweit dadurch im Einzelfall nicht in das allgemeine Persönlichkeitsrecht von Wohnungseigentümern eingegriffen wird (vgl dazu *AG Köln* 202 C 15/08, NZM 2009, 133 im Grundsatz bestätigt durch *LG Köln* 29 S 67/08, NZM 2009, 283). Ermöglichen die vom Dach eines anderen Hauses aus gefertigten Fotografien einen gezielten Einblick in den üblicherweise von der Einsichtnahme durch Dritte ausgeschlossenen Sauna- und Wohnbereich, dürfen sie nicht ohne Einwilligung gefertigt werden (*LG Köln* 29 S 67/08, NZM 2009, 283). Der Verwalter ist verpflichtet, die Wohnungseigentümer im Zusammenhang mit Maßnahmen der Instandhaltung auf bestehende **Förderungsmöglichkeiten** hinzuweisen, wobei ein Mitverschulden der Wohnungseigentümer in Betracht kommt, wenn sie bei zumutbarer Sorgfalt hätten erkennen können, dass ihnen Fördermittel zustehen (*LG Mönchengladbach* 5 T 51/06, NZM 2007, 417 – Umstellung der Heizungsanlage auf Erdgas). Zu den Pflichten des Verwalters – auch des Bauträger-Verwalters – gehört auch die Überprüfung des Gebäudes auf **Baumängel** innerhalb des Laufs der Verjährungsfrist (*OLG München* 32 Wx 79/08, NZM 2008, 895).

Verletzt der Verwalter schuldhaft die ihm durch § 27 Abs 1 Nr 2 auferlegten Pflichten, 16
haftet er den Wohnungseigentümern für den dadurch entstandenen Schaden aus **§ 280 Abs 1 BGB** (*BayObLG* 2Z BR 53/97, NZM 1998, 583; *BayObLG* 2Z BR 6/92, WuM 1992, 389, 390; *BayObLG* BReg 2 Z 40/89, WuM 1990, 178, 179; *BayObLG* 2Z BR 40/99, NZM 1999, 840). Darüber hinaus haftet er auch für Schäden, die einem einzelnen Wohnungseigentümer an dessen Sondereigentum entstanden sind (*BayObLG* 2Z BR 40/99, NZM 1999, 840). Daneben kann auch ein Schadensersatzanspruch aus **unerlaubter Handlung** bestehen (*BayObLG* 2Z BR 106/95, WuM 1996, 654). Ein Verwalter braucht zwar grundsätzlich keinen Anlass für die Annahme haben, dass Gebäudeteile, an denen Reparaturarbeiten durchgeführt werden sollen, mit **Asbest** verseucht sind, er muss jedoch, wenn eine Kontamination festgestellt wird, unverzüglich die notwendigen Maßnahmen für eine Beseitigung der Gefahrenquelle veranlassen (*OLG Köln* 16 Wx 99/05, NZM 2006, 592).

Dem Verwalter obliegt die Ausführung von Instandsetzungsmaßnahmen erst im 17
Rahmen der **Durchführung von Beschlüssen** der Wohnungseigentümer. Aus eigenem Recht ist der Verwalter nicht befugt, einen Sachverständigen zu bestellen und umfangreiche Sanierungsmaßnahmen in Auftrag zu geben (*OLG Hamm* 15 W 212/96, NJW-RR 1997, 908). Erst nachdem die Wohnungseigentümer den Verwalter durch Beschluss beauftragt haben, Instandsetzungsarbeiten am gemeinschaftlichen Eigentum durchführen zu lassen, hat er unverzüglich für die Ausführung der Arbeiten zu sorgen (*BayObLG* 2Z BR 120/95, WuM 1996, 498). Kommt der Verwalter damit in **Verzug**, den Beschluss der Wohnungseigentümer durchzuführen, so haftet er für den einem Wohnungseigentümer entstandenen Schaden (*OLG Köln* 16 Wx 29/96, WuM 1997, 68; *BayObLG* 2Z BR 85/99, NZM 2000, 501, 502). Nur in drin-

genden Fällen ist der Verwalter verpflichtet, von sich aus tätig zu werden (*BayObLG* 2Z BR 20/95, WuM 1995, 677).

18 Der Verwalter hat regelmäßig nicht die Pflichten eines Bauleiters. Er hat jedoch die Interessen der Wohnungseigentümer als Bauherren wahrzunehmen und sich daher so zu verhalten, wie sich ein Eigentümer ohne Verschulden gegen sich selbst zu verhalten hätte, wenn er Auftraggeber der Sanierungsarbeiten wäre. Er hat insbesondere vor Zahlung des Werklohns sorgfältig zu prüfen, ob die Leistungen mangelfrei erbracht sind (*OLG Düsseldorf* 3 Wx 231/96, WuM 1997, 576 mwN). Der Verwalter ist dagegen nicht verpflichtet, die für Sanierungsarbeiten in Betracht gezogenen Firmen auf ihre wirtschaftliche Leistungsfähigkeit hin zu überprüfen, soweit nicht ausnahmsweise die wirtschaftliche Leistungsfähigkeit ein besonders herausragendes Kriterium für die Auftragsvergabe darstellt (*OLG Düsseldorf* 3 Wx 231/96, WuM 1997, 576).

19 Ein Beschluss der Wohnungseigentümer, der die Instandsetzung der Außenseiten der Fenster als Teil des gemeinschaftlichen Eigentums auf die einzelnen Wohnungseigentümer überträgt, ist nichtig (s § 16 Rn 84). Eine entsprechende Vereinbarung ist jedoch möglich (s § 16 Rn 16, § 21 Rn 78). Dürfen die Wohnungseigentümer den erforderlichen Anstrich der im gemeinschaftlichen Eigentum stehenden Außenfenster in Eigenleistung erbringen, so entspricht es ordnungsmäßiger Verwaltung, wenn der Verwalter im Rahmen seiner Pflicht zur Instandhaltung und Instandsetzung die Arbeiten den einzelnen Wohnungseigentümern überträgt, sofern diese zur mangelfreien Ausführung der Arbeiten in der Lage sind. Die Zahlung eines Entgelts für die Eigenleistungen aus der Instandhaltungsrücklage darf den verkehrsüblichen Werklohn für solche Arbeiten nicht übersteigen (*KG* 24 W 5797/90, WuM 1991, 624; *KG* 24 W 2452/95, ZMR 1996, 223). Zur steuerlichen Behandlung solcher Entgelte s *Sauren* WE 1996, 322.

20 b) Befugnisse des Verwalters. Der Eigentümerversammlung ist grundsätzlich die Entscheidung über Art und Umfang von Instandhaltungsarbeiten vorbehalten. Ohne Beschlussfassung der Wohnungseigentümer oder gar gegen deren erklärten Willen darf der Verwalter Maßnahmen nach § 27 Abs 1 Nr 2 nicht veranlassen (*BayObLG* 2Z BR 13/01, NZM 2001, 535). Macht er dies doch, haftet er wegen Pflichtverletzung (*OLG Celle* 4 W 199/00, NZM 2002, 169; *BayObLG* 2Z BR 266/03, NZM 2004, 390). Die Entscheidung über die Durchführung von Maßnahmen nach § 27 Abs 1 Nr 2 kann grundsätzlich nur durch eine Vereinbarung auf den Verwalter übertragen werden (*OLG Frankfurt* 20 W 448/86, OLGZ 1988, 188). In engen Grenzen ist eine solche Kompetenzverlagerung aus Gründen der Praktikabilität und zur Klarstellung der Kompetenz des Verwalters aber durch Beschluss zulässig. Ein Beschluss, wonach der Verwalter bis zu 2500 € Aufträge ohne jede Zustimmung und bis zu 10 000 € mit Zustimmung des Verwaltungsbeirats vergeben darf, dürfte sich noch im zulässigen Rahmen halten (**aA**: *OLG Düsseldorf* 3 Wx 61/97, WuM 1997, 639 mit abl Anm *Münstermann-Schlichtmann* S 640).

21 Während Aufträge über **außerordentliche, nicht dringende Maßnahmen** der Zustimmung bedürfen (*BGH* VII ZR 193/75, NJW 1977, 44; *Merle* ZWE 2006, 365, 368), kann der Verwalter gemäß § 27 Abs 3 S 1 Nr 4, Abs 1 Nr. 3 **außerordentliche, dringende Maßnahmen** als gesetzlicher Vertreter der Wohnungseigentümergemeinschaft in Auftrag geben. Der Verwalter ist gemäß § 27 Abs 3 S 1 Nr 3 außerdem berechtigt, auch ohne einen Eigentümerbeschluss **laufende Reparaturen bzw Maßnahmen geringeren Umfangs**, die der Instandsetzung des gemeinschaftlichen Eigentums dienen, als gesetzlicher Vertreter der Wohnungseigentümergemeinschaft in Auftrag zu geben (*Merle* ZWE 2006, 365, 368). Die Bestimmung des Anwendungsbereichs von § 27 Abs 3 S 1 Nr 3 muss sowohl dem Eigentümerschutz wie auch dem Verkehrsschutz Rechnung tragen (ebenso *Häublein* ZWE 2009, 189, 193). Es kommt folglich darauf an, ob der Vertragspartner des Verbands davon ausgehen darf, dass eine durchschnittliche, an den eigenen Belangen interessierte Wohnungseigentümergemeinschaft, die Entscheidung über den Vertragsabschluss typischerweise dem Verwalter überlässt, weil die Maßnahme von untergeordneter Bedeutung ist (*Häublein* ZWE 2009, 189, 195). Danach darf der Verwalter im Hinblick auf die Instandhaltungspflicht einen Hausmeister anstellen und ein Reinigungsunternehmen beauftragen. Zum Abschluss eines Hausmeistervertrages mit fünfjähriger Laufzeit ist er jedoch ohne einen Eigentümerbeschluss nicht berechtigt (*OLG Köln* 16 Wx 184/04, NZM 2005, 345; *Greiner* Rn 1352; aA *Häublein* ZWE 2009, 189, 193: Kompetenz zum Abschluss von Dauerschuldverhältnissen deren Laufzeit den Zeitraum der Verwalterbestellung nicht überschreitet). Er darf Ersatzteile für defekte gemeinschaftliche Anlagen beschaffen und für Verschleißteile einen angemessenen Vorrat beschaffen. Er ist ferner berechtigt, notwendige Ersatzbeschaffungen (zB Waschmaschinen oder Gerätschaften des Hausmeisters) vorzunehmen (*BayObLG* BReg 2 Z 34/75, NJW 1975, 2296, 2297). Die erforderlichen Aufwendungen gehören zu den Verwaltungskosten gemäß § 16 Abs 2. Der Verwalter darf seine Auslagen aus der Instandhaltungsrücklage (§ 21 Abs 5 Nr 4) decken (*BayObLG* 2Z BR 108/95, WuM 1996, 116, 118). Die Festlegung von vertraglichen Obergrenzen (s dazu § 26 Rn 54) vermag gemäß § 27 Abs 4 die durch § 27 Abs 3 S 1 Nr 3 begründete Vertretungsmacht des Verwalters im Außenverhältnis nicht wirksam einzuschränken, sondern nur Pflichten des Verwalters gegenüber dem Verband im Innenverhältnis zu begründen (ebenso *Häublein* ZWE 2009, 189, 195).

Die Pflicht zur Instandhaltung umfasst auch die **Pflicht zur Kontrolle des gemein-** 22 **schaftlichen Eigentums** (*BayObLG* 2Z BR 40/99, NZM 1999, 840). Die Kontrollpflicht hat aber ihre Grenze dort, wo dem Verwalter Kontrollmaßnahmen nicht zugemutet werden können oder wo er zu einer Beurteilung, ob Instandhaltungsmaßnahmen notwendig sind, mangels Fachkenntnis nicht in der Lage ist. So ist dem Verwalter zB nicht zuzumuten, zu Kontrollzwecken Dachbegehungen selbst vorzunehmen (*OLG Zweibrücken* 3 W 203/90, NJW-RR 1991, 1301). Ohne Beschluss der Eigentümerversammlung ist der Verwalter grundsätzlich nicht befugt, eine Fachfirma mit der regelmäßigen Kontrolle des Daches im Hinblick auf vorhandene oder entstehende Schäden zu beauftragen (*OLG Zweibrücken* 3 W 203/90, NJW-RR 1991, 1301) oder sonstige **Wartungsverträge** abzuschließen (*BayObLG* 2Z BR 40/99, NZM 1999, 840), wenn sie den Rahmen des § 27 Abs 3 S 1 Nr 3 überschreiten. Er hat aber die Pflicht, die Wohnungseigentümer auf die Möglichkeit und gegebenenfalls Notwendigkeit von Wartungsverträgen hinzuweisen (*BayObLG* 2Z BR 40/99, NZM 1999, 840). Sind die Wohnungseigentümer über die Gefahren aus der Verstopfung von Dachrinnen informiert, haftet der Verwalter nicht für einen Schaden, der durch einen Wassereintritt infolge einer verstopften Dachrinne eingetreten ist (*BayObLG* 2Z BR 40/99, NZM 1999, 840). Der Verwalter ist nicht verpflichtet, für eine regelmäßige Wartung der Regenwasser-Fallrohre unter Öffnung der Revisionsklappen zu sorgen und deshalb nicht ersatzpflichtig für unvorhersehbare Wasserschäden in Wohnungen wegen verstopfter Rohre (*KG* 24 W 4300/98, NZM 1999, 131).

II WEG § 27   Aufgaben und Befugnisse des Verwalters

23 Da der Verwalter aber gemäß **§§ 836, 838 BGB** für Schäden haftet, die durch die Ablösung von Gebäudeteilen entstehen (vgl Rn 114), darf und muss er jedenfalls insoweit eine zuverlässige fachkundige Person mit der regelmäßigen Nachprüfung im gebotenen Umfang betrauen (*BGH* VI ZR 176/92, NJW 1993, 1782, 1783).

24 Dem Verwalter kann durch **Ordnungsverfügung der Bauaufsichtsbehörde** aufgegeben werden, Instandsetzungsmaßnahmen vorzunehmen, die zur Beseitigung einer Störung der öffentlichen Sicherheit und Ordnung erforderlich sind (*OVG München* WuM 1994, 507).

25 Hat die Eigentümergemeinschaft bestimmte **Sanierungsmaßnahmen beschlossen**, so ist der Verwalter gemäß § 27 Abs 1 Nr 1 verpflichtet, diese auszuführen. Der Verwalter ist in diesem Fall – sofern er nicht gemäß § 27 Abs 3 S 1 Nr 7 ausdrücklich zur Auftragsvergabe ermächtigt wird – in der Regel konkludent bevollmächtigt, die Wohnungseigentümergemeinschaft vertraglich zu verpflichten und den Reparaturauftrag in ihrem Namen zu erteilen. Voraussetzung ist, dass sich die Auftragssumme annähernd in dem Rahmen hält, der durch den Beschluss vorgegeben wird. Beschließen die Wohnungseigentümer eine Gebäudesanierung, die eine bestimmte Summe nicht übersteigen soll und soll mit dem Auftragnehmer eine Pauschalfestpreisvereinbarung getroffen werden, muss dies im Eigentümerbeschluss klargestellt sein. Anderenfalls ist der Verwalter nicht gehindert, eine andere Preisvereinbarung zu treffen (*BayObLG* 2Z BR 18/97, ZMR 1997, 431).

26 Hat umgekehrt eine von dem Verwalter vorgeschlagene Sanierungsmaßnahme nicht die Zustimmung der Mehrheit der Wohnungseigentümer gefunden, so darf der Verwalter die Maßnahme nicht trotzdem durchführen und sich dabei auf § 27 Abs 1 Nr 2 berufen. Die ordnungsmäßige Instandhaltung und Instandsetzung des gemeinschaftlichen Eigentums ist nämlich in erster Linie eine Angelegenheit der ordnungsmäßigen Verwaltung, über die die Wohnungseigentümer durch Beschluss entscheiden (§ 21 Abs 5 Nr 2, Abs 3). Der Verwalter hat es daher den sanierungswilligen Wohnungseigentümern zu überlassen, ob sie die Durchführung einer Sanierungsmaßnahme im gerichtlichen Verfahren gemäß §§ 43 Abs 1 Nr 1, 21 Abs 4 gegenüber der Mehrheit durchsetzen. Ein einzelner Wohnungseigentümer kann den Verwalter ohne ermächtigenden Beschluss der Wohnungseigentümerversammlung nicht auf Durchführung von Maßnahmen zur Instandsetzung des gemeinschaftlichen Eigentums gerichtlich in Anspruch nehmen (*KG* 24 W 2161/90, WuM 1991, 59).

27 Haben die Wohnungseigentümer beschlossen, keine Gesamtsanierung des Daches durchzuführen, sondern nur eine Einzelreparatur, ist der Verwalter ohne eine erneute Beschlussfassung der Wohnungseigentümer nur dann befugt, die Gesamtsanierung des Daches gemäß einem Vorschlag des Dachdeckers in Auftrag zu geben, wenn ohne die sofortige Durchführung der Arbeiten die Erhaltung des Daches gefährdet wäre. Hat der Verwalter jedoch ausreichend Zeit und Gelegenheit, einen Beschluss der Eigentümer über die Sanierungsmaßnahme herbeizuführen, dann ist der Auftrag zur Gesamtsanierung des Daches eine **unberechtigte Geschäftsführung ohne Auftrag**. Der Verwalter hat dann nur einen Anspruch aus §§ 684 S 1, 812 BGB auf Ersatz der Verwendungen, auch wenn diese nicht werterhöhend waren, den Wohnungseigentümern aber später unausweichliche Aufwendungen erspart haben (vgl *OLG Düsseldorf* 3 Wx 447/93, WuM 1996, 178; *BayObLG* 2Z BR 20/30, ZMR 2003, 759).

Zur Vornahme von baulichen Veränderungen und Aufwendungen, die über die ord- 28
nungsmäßige Instandhaltung und Instandsetzung hinausgehen (vgl dazu § 22), ist der
Verwalter nicht befugt, es sei denn, er wurde durch die Wohnungseigentümer insoweit
besonders ermächtigt. Soweit der Verwalter aufgrund werkvertraglicher Mängelhaftung der Gemeinschaft gegenüber zur Mängelbeseitigung verpflichtet ist, kann er
nicht unter Berufung auf § 27 Abs 1 Nr 2 Instandsetzungsmaßnahmen durchführen
und von der Eigentümergemeinschaft Aufwendungsersatz verlangen (*OLG Köln* 16
Wx 40/77, OLGZ 1978, 7).

Die dem Verwalter in § 27 Abs 1 Nr 2 auferlegte Pflicht zur Instandhaltung und Instand- 29
setzung betrifft **nur das gemeinschaftliche Eigentum**. Sie wird auch dann nicht auf das
Sondereigentum einzelner Wohnungseigentümer erweitert, wenn sich die gem § 21
Abs 5 Nr 3 vorgeschriebene Feuerversicherung für das gemeinschaftliche Eigentum aus
Gründen der Praktikabilität auf das Sondereigentum erstreckt und an einem Sondereigentum Brandschäden entstehen. Der Verwalter ist lediglich verpflichtet, den geschädigten Wohnungseigentümer bei der Durchsetzung seiner Versicherungsansprüche zu
unterstützen und ihm insbesondere die Versicherungsnummer bekanntzugeben (*KG* 24
W 1484/91, WuM 1991, 707). Tritt in einer Wohnung ein **Wasserschaden** auf, dessen
Ursache im gemeinschaftlichen Eigentum liegen kann, muss der Verwalter unverzüglich
alles Erforderliche tun, um die Ursache des Schadens festzustellen. Verletzt er diese
Pflicht schuldhaft, haftet er für den Schaden eines Wohnungseigentümers auch dann,
wenn sich später herausstellt, dass die Schadensursache im Sondereigentum liegt (*BayObLG* 2Z BR 53/97, NZM 1998, 583; *OLG Münchenn* 34 Wx 156/05, ZMR 2006, 716).
Steht aber von vornherein fest, dass die Schadensursache im Sondereigentum liegt, hat
allein der betroffene Wohnungseigentümer für die Behebung und Begrenzung des Schadens zu sorgen. Der Verwalter ist in diesem Fall, sofern der Mieter der Wohnung Kenntnis vom Schadensfall hat, nur verpflichtet, Notmaßnahmen zu ergreifen und den Versicherer zu unterrichten (*BayObLG* 2Z BR 5/96, NJW-RR 1996, 1298). Zur Beseitigung
der Schäden im Sondereigentum und zur Geltendmachung des Deckungsanspruchs
gegen den Versicherer ist der Verwalter auch dann nicht verpflichtet, wenn er in eigenen Namen eine Leitungswasserversicherung abgeschlossen hat, die auch Schäden im
Sondereigentum abdeckt (*BayObLG* 2Z BR 5/96, NJW-RR 1996, 1298, *BayObLG* 2Z
BR 53/97, NZM 1998, 583, 584). Übernimmt er aber die Besorgung dieser Geschäfte für
den betroffenen Wohnungseigentümer, hat er dies ordnungsgemäß und zügig zu tun
(*BayObLG* 2Z BR 53/97, NZM 1998, 583, 584).

Ein mit der Instandsetzung des gemeinschaftlichen Eigentums beauftragtes Sanie- 30
rungsunternehmen ist regelmäßig nicht Erfüllungsgehilfe des Verwalters iSv § 278
BGB, weil der Verwalter nicht selbst zur Instandsetzung des gemeinschaftlichen
Eigentums verpflichtet ist, sondern lediglich für die Instandsetzung zu sorgen hat
(*BayObLG* 2Z BR 6/92, WuM 1992, 390).

Zur Haftung wegen der Verletzung von Verkehrssicherungspflichten s Rn 114 f. 31

4. Dringende Erhaltungsmaßnahmen (Abs 1 Nr 3). Gemäß § 27 Abs 1 Nr 3 darf und 32
muss der Verwalter in dringenden Fällen auch Maßnahmen ergreifen, die über die
ordnungsmäßige Instandhaltung und Instandsetzung hinausgehen, sofern sie erforderlich sind, um einen Schaden abzuwenden, der dem gemeinschaftlichen Eigentum
droht. Im Gegensatz zu § 21 Abs 2 ist nicht Voraussetzung, dass der Schaden unmittelbar droht.

33 Dringend sind Fälle, die wegen ihrer Eilbedürftigkeit eine vorherige Einberufung einer Eigentümerversammlung nicht zulassen. Entscheidend ist, ob die Erhaltung des gemeinschaftlichen Eigentums gefährdet wäre, wenn nicht umgehend gehandelt würde (*BayObLG* 2Z BR 266/03, NZM 2004, 390). Der Verwalter ist in diesen Fällen gemäß § 27 Abs 3 S 1 Nr 4 berechtigt, die zur Erhaltung des gemeinschaftlichen Eigentums erforderlichen Maßnahmen namens der Wohnungseigentümergemeinschaft in Auftrag geben. Auch wenn die erforderlichen Instandsetzungsarbeiten durch Baumängel verursacht sein können und Gewährleistungsansprüche gegen den Verwalter in seiner Funktion als Architekt, Bauträger oder Bauunternehmer in Betracht kommen, darf der Verwalter in dringenden Fällen die Wohnungseigentümergemeinschaft ohne vorherige Beschlussfassung durch Aufträge verpflichten (*OLG Hamm* 15 W 119/86, OLGZ 1989, 54).

34 Zur Durchführung von Notmaßnahmen gemäß § 27 Abs 1 Nr 3 darf auch ohne Duldungstitel auf der Grundlage von § 14 Nr 4 in das Sondereigentum eingegriffen werden, zB bei einem Wasserschaden im Sondereigentum.

35 **5. Einziehung von Geldern (Abs 1 Nr 4).** Gemäß § 27 Abs 1 Nr 4 ist der Verwalter verpflichtet, bestimmte Geldbeträge anzufordern, in Empfang zu nehmen und abzuführen. In erster Linie hat der Verwalter das Recht, die von den einzelnen Wohnungseigentümern gemäß § 16 Abs 2 zu tragenden Lasten und Kosten des gemeinschaftlichen Eigentums zugunsten der Gemeinschaft einzuziehen. Die Vertretungsmacht des Verwalters, insoweit im Namen der Gemeinschaft tätig zu werden, ergibt sich aus § 27 Abs 3 S 1 Nr 4. Ein Recht diese Beiträge gerichtlich geltend zu machen ergibt sich daraus nicht. Ein solches Recht hat der Verwalter gemäß § 27 Abs 3 Nr 7 nur, wenn er dazu besonders ermächtigt ist. Die Zahlung von Wohngeld an den Verwalter hat auch dann schuldbefreiende Wirkung, wenn sie nicht auf das vom Verwalter für die Eigentümergemeinschaft eingerichtete Sonderkonto erfolgt, sondern auf das allgemeine Geschäftskonto des Verwalters, sofern dieser uneingeschränkte Verfügungsgewalt über das Geld erlangt (*OLG Saarbrücken* 5 W 157/87, OLGZ 1988, 45 ff; *OLG München* 32 Wx 73/07, ZMR 2007, 815; *OLG Köln* 16 Wx 244/06, ZMR 2008, 71). Bei Streit über den Zahlungseingang auf dem Geschäftskonto kann sich ein Wohnungseigentümer jedoch nicht auf Erfüllungswirkung berufen, wenn das Einverständnis mit der Überweisung auf das allgemeine Geschäftskonto des Verwalters fehlte, weil der Verwalter ihm zur Zahlung von Wohngeldrückständen ein bestimmtes Girokonto mitgeteilt hatte (*AG Pinneberg* 68 II 52/07 WEG, ZMR 2008, 86; s auch § 28 Rn 145).

36 Der Verwalter kann ferner Tilgungsbeiträge und Hypothekenzinsen bezüglich der Belastungen des gemeinschaftlichen Eigentums einziehen. Durch besondere Vereinbarung kann der Verwalter auch beauftragt werden, Zinsen und Tilgungsbeträge einzuziehen und abzuführen, die Belastungen des Sondereigentums eines einzelnen Wohnungseigentümers betreffen (kritisch zur Zweckmäßigkeit einer solchen Vereinbarung: *Müller* Rn 487; vgl auch *BayObLG* 2 Z 50/77, Rpfl 1978, 256; *KG* 1 W 811/72, NJW 1975, 318). Durch Zahlung unmittelbar an den Gläubiger wird der einzelne Wohnungseigentümer nicht von seiner Leistungspflicht gegenüber der Gemeinschaft frei. Befriedigen Wohnungseigentümer wegen Zahlungsunfähigkeit des persönlichen Schuldners (Bauträger) zur Abwendung der Zwangsvollstreckung den Gläubiger einer auf dem Grundstück lastenden Gesamtgrundschuld, so können die erbrachten Zahlungen ausgleichspflichtige Lasten gemäß § 16 Abs 2 sein. Ein Ausgleich kann nur gemeinschaftlich, nicht aber zwi-

Aufgaben und Befugnisse des Verwalters § 27 WEG II

schen einzelnen Wohnungseigentümern erfolgen (*BayObLG* BReg 2 Z 14/73, BayObLGZ 1973, 142).

6. Zahlungen und Leistungen (Abs 1 Nr 5). Gemäß § 27 Abs 1 Nr 5 ist der Verwalter 37 verpflichtet, alle Zahlungen, die mit der laufenden Verwaltung zusammenhängen, vorzunehmen. Er hat insbesondere Versicherungsbeiträge, öffentliche Gebühren, Kosten für Gas, Wasser und Strom, Löhne für den Hausmeister und für Reinigungspersonal usw bezahlen, also im Wesentlichen diejenigen Beträge, die als Aufwendungen in den Wirtschaftsplan aufgenommen werden. Die Vertretungsmacht des Verwalters, insoweit im Namen der Gemeinschaft tätig zu werden, ergibt sich aus § 27 Abs 3 S 1 Nr 4. Der Verwalter ist ferner verpflichtet, Lieferungen entgegenzunehmen und geleistete Arbeiten abzunehmen. In diesem Zusammenhang ist er befugt, Fristsetzungen und Mängelrügen vorzunehmen. Ein Recht zur Ausübung von Gestaltungsrechten (Rücktritt, Kündigung, Minderung) hat er jedoch nicht. Erbringt der Verwalter Zahlungen für erkennbar mangelhafte Werkleistungen, so ist er den Wohnungseigentümern zum Schadensersatz verpflichtet, wenn sie ihre Ansprüche gegen den Werkunternehmer nicht durchsetzen können (*KG* 24 W 5506/92, WuM 1993, 306).

§ 27 Abs 1 Nr 5 betrifft nur die Erfüllung bereits bestehender Verpflichtungen. Ein 38 Recht des Verwalters, zu Lasten der Gemeinschaft neue Verpflichtungen einzugehen, ergibt sich daraus nicht. Ob er dazu befugt ist, richtet sich nach den zwischen ihm und der Gemeinschaft getroffenen Vereinbarungen.

7. Die Verwaltung eingenommener Gelder (Abs 1 Nr 6, Abs 3 S 1 Nr 5, Abs 5). Nach 39 § 27 Abs 1 Nr 6 (bisher Nr 4) hat der Verwalter die Aufgabe eingenommene Gelder zu verwalten. Die Vorschrift wurde sprachlich angepasst, da der vorher verwendete Begriff „gemeinschaftliche Gelder" auf die Besitzgemeinschaft der §§ 741 ff BGB verwies, diese Gelder nun aber gemäß § 10 Abs 7 S 3 der teilrechtsfähigen Gemeinschaft der Wohnungseigentümer zustehen (vgl BT-Drucks 16/887 S 70). § 27 Abs 5 regelt hierzu Einzelheiten. Zu Aufgaben des Verwalters nach dem Geldwäschegesetz s *Bielefeld* ZWE 2003, 130.

a) Eingenommene Gelder. Die Formulierung stellt klar, dass der Verwalter sämtli- 40 che zum Zweck der Verwaltung eingenommenen Gelder zu verwalten hat (vgl BT-Drucks 16/887 S 70). Eingenommene Gelder sind alle von den Wohnungseigentümern aufgrund ihrer Pflicht zur Kosten- und Lastentragung eingezahlten Gelder, seien es Wohngeldvorschüsse (§ 28 Abs 2), Sonderumlagen, Gelder zum Ausgleich von Fehlbeträgen aus der Jahresabrechnung oder die zur Ansammlung der Instandhaltungsrücklage (§ 21 Abs 5 Nr 4) eingezahlten Beträge; Einnahmen aus der Vermietung und Verpachtung gemeinschaftlichen Eigentums (§ 16); Zinsen, die aus der Anlage gemeinschaftlicher Gelder fließen.

Der Verwalter hat Gelder der Instandhaltungsrücklage verzinslich anzulegen. Hierfür 41 bieten sich in erster Linie ein Festgeldkonten, Sparbücher und festverzinsliche Wertpapiere an. Die Wohnungseigentümer können aber eine andere Anlageform beschließen (s § 21 Rn 118). Der Verwalter darf Gelder der Instandhaltungsrücklage grundsätzlich nicht auf dem Girokonto belassen, um dort Deckungslücken auszugleichen, denn dies widerspricht der Zweckbestimmung der Instandhaltungsrücklage. Die zur Anlage bestimmten Gelder sind spätestens zum Quartalsende auf entsprechende Konten abzuführen (vgl dazu *BayObLG* 2Z BR 106/94, WuM 1995, 341, 343). Ob die Wohnungseigentümer den Verwalter erfolgreich auf Schadensersatz in Anspruch neh-

Niedenführ 485

men können, wenn er mit der Instandhaltungsrücklage Lücken auf dem Girokonto stopft, hängt im Einzelfall von der Höhe der Überziehungszinsen ab und davon, in welcher Zeit die Lücke durch eine Sonderumlage hätte beseitigt werden können.

42 Der Verwalter muss sich auch sonst im Innenverhältnis zu den Wohnungseigentümern in den Schranken seiner treuhänderischen Stellung halten und die von den Wohnungseigentümern beschlossene Zweckbindung bei der Verwaltung bestimmter Gelder respektieren. Entnimmt er eigenmächtig Gelder von einem für die Bausanierung bestimmten Sonderkonto der Gemeinschaft zur Befriedigung eigener Ansprüche (zB angebliches Verwalterhonorar), so kann der darin liegende Vollmachtsmissbrauch ohne vorherige Abmahnung zur fristlosen Kündigung des Verwaltervertrages und sofortigen Abberufung des Verwalters aus wichtigem Grund führen (*OLG Düsseldorf* 3 Wx 569/96, ZMR 1997, 485). Verfügt der Verwalter über eingenommene Gelder in offensichtlich treuwidriger Weise, ist die dadurch begünstigte Bank verpflichtet, das Erlangte an die Wohnungseigentümergemeinschaft zurückzuerstatten (*OLG Koblenz* 5 U 1538/03, NZM 2004, 953). Zum Anspruch der Wohnungseigentümergemeinschaft gegen die Ehefrau des Verwalters auf Rückzahlung von veruntreuten Geldern s *AG Hamburg* 508 C 448/03, NZM 2004, 955.

43 Der Verwalter ist befugt, über Konten und Bargeld der Wohnungseigentümer zu verfügen, soweit er die Mittel für solche Maßnahmen verwendet, die er in Ausübung der ihm nach § 27 obliegenden Aufgaben unter Berücksichtigung des Wirtschaftsplans vornehmen darf. Die Eigentümer können ihm weitgehende Befugnisse einräumen. Ohne ausdrückliche Ermächtigung (§ 185 BGB) darf der Verwalter das Bankkonto der Eigentümergemeinschaft nicht überziehen oder in anderer Weise einen **Kredit** für die Eigentümergemeinschaft aufnehmen (*BGH* VIII ZR 109/92, NJW-RR 1993, 1227, 1228; **aA** *Müller* Rn 486 für kurzfristige geringe Überziehung).

44 Der Verwalter kann über seine im Gesetz festgelegten Befugnisse hinaus durch Mehrheitsbeschluss der Wohnungseigentümer ermächtigt werden, einen Kredit für die Wohnungseigentümergemeinschaft in limitierter Höhe zur Deckung eines Fehlbedarfs aufzunehmen (*BayObLG* WE 1991, 111, 112; *OLG Hamm* 15 W 169/91, OLGZ 1992, 313; *KG* 24 W 1145/93, WuM 1994, 400, 401 = NJW- RR 1994, 1105; *Brych* WE 1991, 98 mwN; *ders* WE 1995, 15; teilweise abweichend *Feuerborn* ZIP 1988, 146, 150; vgl dazu im Einzelnen auch *Elzer* NZM 2009, 58). Als Obergrenze für eine oder mehrere Kreditaufnahmen kann die Summe der Hausgeldvorauszahlungen für 3 Monate angenommen werden (*BayObLG* WE 1991, 111, 112; *OLG Hamm* 15 W 169/91, OLGZ 1992, 313). Genehmigt die Gemeinschaft einen vom Verwalter zur Bezahlung notwendiger Instandsetzungsarbeiten aufgenommenen Kredit nicht, so hat der Verwalter gegen sie einen Befreiungsanspruch und nach eigener Rückzahlung des Kredits einen Erstattungsanspruch gemäß § 670 BGB (*BGH* VIII ZR 109/92, NJW-RR 1993, 1227, 1228).

45 b) Getrennte Verwaltung. Der Verwalter hat die eingenommenen Gelder gemäß § 27 Abs 5 S 1 von seinem Vermögen gesondert zu halten. Er darf sein eigenes Geld nicht mit dem der Gemeinschaft vermischen. Er muss deshalb Bargeld in einer gesonderten Kasse aufbewahren. Sein eigenes Bankkonto darf er für die Gelder der Eigentümergemeinschaft nicht verwenden, auch nicht ein Unterkonto zu seinem Konto. § 27 Abs 5 S 1 ist abdingbar (*Müller* Rn 485). Es ist jedoch nur eine Änderung durch Vereinbarung oder Teilungserklärung möglich, nicht dagegen durch Mehrheitsbeschluss.

Ein vernünftiger Grund, von der getrennten Verwaltung der gemeinschaftlichen Gelder abzusehen, ist aber nicht erkennbar (ebenso *Müller* Rn 485).

c) Kontenführung. § 27 Abs. 3 Nr 5 stellt klar, dass der Verwalter zur Verwaltung der 46
eingenommenen Gelder im Namen der Gemeinschaft Konten führen kann, wozu auch
das Eröffnen und das Schließen eines Kontos gehören.

Der Verwalter hat hierzu ein Konto auf den Namen der Wohnungseigentümergemein- 47
schaft eröffnen, also ein offenes **Fremdkonto**, dessen Inhaberin die Gemeinschaft ist,
über das der Verwalter aber verfügen darf (vgl dazu auch *OLG Frankfurt* 20 W 791/
79, OLGZ 1980, 413 f). Ein solches Konto schützt die Wohnungseigentümer vor
Zugriffen der Gläubiger des Verwalters und gewährt ihnen bei Insolvenz des Verwalters ein Aussonderungsrecht nach § 47 InsO. Das offene Fremdkonto bietet zudem
den Vorteil, dass bei einem Verwalterwechsel lediglich die Verfügungsbefugnis des
alten Verwalters der Bank gegenüber widerrufen werden muss und dem neuen Verwalter Verfügungsberechtigung erteilt wird. Verwaltet der Verwalter mehrere Wohnungseigentumsanlagen, so muss für jede ein eigenes Konto geführt werden.

Ein **Grund für** die Eröffnung eines **Treuhandkontos**, bei dem Kontoinhaber der Ver- 48
walter ist, aber der Bank gegenüber klargestellt ist, dass das Guthaben nur treuhänderisch für die Eigentümergemeinschaft verwaltet wird, ist nach Anerkennung der Teilrechtsfähigkeit der Wohnungseigentümergemeinschaft **nicht mehr erkennbar** und
widerspricht deshalb ordnungsgemäßer Verwaltung (*AG Straußberg* 27 C 12/08, ZWE
2009, 183, 187; *Merle* ZWE 2006, 365, 369; *Hügel* ZMR 2008, 1, 6; *Wolicki* in Abramenko Handbuch, § 6 Rn 283). Bei einem Treuhandkonto sind die Wohnungseigentümer nämlich gezwungen, gegenüber einem Zugriff der Gläubiger des Verwalters
Drittwiderspruchsklage gemäß § 771 ZPO zu erheben. Bei einem Treuhandkonto
haben die Wohnungseigentümer bei Insolvenz des Verwalters nur dann ein Aussonderungsrecht nach § 47 InsO, wenn nachgewiesen werden kann, dass auf dem Konto ausschließlich Gelder der Wohnungseigentümergemeinschaft eingegangen sind (*OLG
Hamm* 27 U 283/98, ZIP 1999, 765 [zu § 43 KO] m zust Anm *Smid* EWiR 1/99, 803;
OLG Jena 4 U 851/05, ZMR 2007, 486; vgl auch *LG Meiningen* 3 O 1031/04, ZMR
2007, 494).

Eine Mitarbeiterin des Verwalters, der eine EC-Karte für das Konto der Wohnungsei- 49
gentümergemeinschaft überlassen ist und die Zugang zum Ordner mit der Geheimzahl hat, ist Erfüllungsgehilfin des Verwalters hinsichtlich der Pflicht, die Konten der
Wohnungseigentümergemeinschaft ordnungsgemäß zu verwalten (*OLG München* 32
Wx 077/06, MDR 2007, 81).

d) Einschränkung der Verfügungsbefugnis. Die Befugnis des Verwalters zur Verfü- 50
gung über ein Bankkonto der Gemeinschaft hängt von den mit dem Kreditinstitut
getroffenen Absprachen ab. Gemäß § 27 Abs 5 S 2 kann die Verfügungsbefugnis im
Außenverhältnis durch Vereinbarung oder Mehrheitsbeschluss von der Zustimmung
eines Wohnungseigentümers oder eines Dritten abhängig gemacht werden. Insoweit
erlaubt das Gesetz abweichend von § 27 Abs 4 eine Einschränkung der Befugnisse des
Verwalters. Es ist eine grob fahrlässige Verletzung des vom Verwaltungsbeirat übernommenen Auftrags, den ausgehandelten Verwaltervertrag abzuschließen, wenn dem
Verwalter entgegen der ausdrücklichen Weisung der Eigentümerversammlung die
uneingeschränkte Verfügungsmacht über ein Rücklagenkonto von erheblicher Höhe
eingeräumt wird (*OLG Düsseldorf* 3 Wx 221/97, WuM 1998, 50, 53). In der Praxis

wird die Verfügungsbefugnis des Verwalters häufig dahingehend eingeschränkt, dass ab einer bestimmten Summe (zB 2500 €) die Zustimmung eines Mitglieds des Verwaltungsbeirats erforderlich ist. Zu Ansprüchen gegen die Bank bei weisungswidrigem Verfügen s *OLG München* 18 U 6003/99, NZM 2000, 1023. Die Wohnungseigentümer können durch Beschluss auch festlegen, über welches Kreditinstitut der Zahlungsverkehr abgewickelt werden soll.

51 **8. Unterrichtung über Rechtsstreite (Abs 1 Nr 7).** Gemäß § 27 Abs 1 Nr 7 ist der Verwalter verpflichtet, die Wohnungseigentümer unverzüglich, also ohne schuldhaftes Zögern (§ 121 Abs 1 S 1 BGB), über **alle** Rechtsstreitigkeiten gemäß § 43 zu unterrichten. Die Information soll den Wohnungseigentümern ermöglichen, sich frühzeitig an Rechtsstreitigkeiten zu beteiligen, die ihre rechtlichen Interessen berühren (BT-Drucks 16/887 S 7). Die Unterrichtungspflicht ist deshalb nicht auf die Fälle eingeschränkt, in denen der Verwalter Zustellungsvertreter der Wohnungseigentümer ist, sondern gilt auch für Aktivprozesse, insbesondere für Wohngeldklagen des Verbandes (*Heinemann* in Jennißen, § 27 Rn 54; *Vandenhouten* ZWE 2009, 145, 149; **aA** *Merle* in Bärmann, § 27 Rn 88). Die Unterrichtungspflicht besteht in allen Verfahren, in denen eine Zustellung an den Verwalter als Zustellungsvertreter der Wohnungseigentümer gemäß § 45 Abs 1 erfolgt, oder in denen er gesetzlicher oder gewillkürter Vertreter der Wohnungseigentümer gemäß § 27 Abs 2 Nr 2 und 3 oder der Gemeinschaft gemäß § 27 Abs 3 S 1 Nr 2 und Nr 7 ist oder in denen er selbst Partei ist, es sei denn, es handelt sich um einen Rechtsstreit zwischen zwei Parteien, der die rechtlichen Interessen anderer Wohnungseigentümer erkennbar nicht betrifft (vgl zu Praxisbeispielen im Einzelnen *Vandenhouten* ZWE 2009, 145, 148-151). Handelt es sich nicht um ein Verfahren nach § 43, findet zwar § 27 Abs 1 Nr 7 keine Anwendung, doch ist der Verwalter zur Information verpflichtet, wenn gemäß § 27 Abs 2 Nr 1 oder gemäß § 27 Abs 3 S 1 Nr 1 eine Zustellung an ihn als Vertreter der Wohnungseigentümer oder der Wohnungseigentümergemeinschaft erfolgt ist (ebenso *Heinemann* in Jennißen, § 27 Rn 55; *Hügel* ZMR 2008, 1, 7). Die Unterrichtungspflicht ist unabhängig von der Wirksamkeit der Zustellung (*Vandenhouten* ZWE 2009, 145, 147; **aA** wohl *Hügel* ZMR 2008, 1, 7: maßgeblich sei Rechtshängigkeit). Zu informieren ist über die Anhängigkeit, nicht im Zeitpunkt der Anhängigkeit (*Vandenhouten* ZWE 2009, 145, 152). Im Einzelfall kann auch eine Unterrichtung ausgeschiedener Wohnungseigentümer in Betracht kommen, wenn die in diese noch von dem Rechtsstreit betroffen sind. (*Vandenhouten* ZWE 2009, 145, 151).

52 **Keine Unterrichtungspflicht** besteht, soweit das Gericht gemäß § 48 Abs 1 S 1 von einer Beiladung der übrigen Wohnungseigentümer abgesehen hat, weil ihre rechtlichen Interessen erkennbar nicht betroffen sind (ebenso *Abramenko* in Riecke/Schmid, § 27 Rn 34; *Hügel* ZMR 2008, 1, 7; **aA** *Heinemann* in Jennißen, § 27 Rn 55). Ein Wohnungseigentümer, der selbst Klage erhoben hat oder dem eine Klage als Beklagtem zugestellt worden ist, braucht nicht informiert zu werden (*Merle* in Bärmann, § 27 Rn 90). Eine Unterrichtung des Verbandes ist ebenfalls nicht erforderlich, da ihm die Kenntnis des Verwalters als Organ gemäß § 166 Abs 1 BGB zuzurechnen ist (*Vandenhouten* ZWE 2009, 145, 151).

53 Ist eine Zustellung an einen **Ersatzzustellungsvertreter** erfolgt, tritt dieser gemäß § 45 Abs 2 S 2, Abs 3 an die Stelle des Verwalters auch hinsichtlich der Unterrichtungspflicht (*Abramenko* in Riecke/Schmidt, § 27 Rn 34, *Vandenhouten* ZWE 2009, 145,

147; aA *Heinemann* in Jennißen, § 27 Rn 54). Sofern in der Verwalter in keiner Weise an einem Verfahren beteiligt ist, trifft ihn auch keine Unterrichtungspflicht.

Bei **Aktivprozessen** muss der Verwalter unverzüglich nach Klageeinreichung informieren (*Heinemann* in Jennißen, § 27 Rn 56), bei **Passivprozessen** unverzüglich nach Zustellung (*Palandt/Bassenge* § 27 Rn 11). Im Regelfall muss die Information bereits am nächsten Tag erfolgen (*Vandenhouten* ZWE 2009, 145, 152). 54

Die **Art und Weise der Unterrichtung** hängt von den Umständen des Einzelfalles ab. Sinnvoll ist es, wenn in der Verwalter über in die E-Mail Adressen sämtlicher Wohnungseigentümer verfügt, denn auf diesem Weg kann die Information schnell und kostengünstig erfolgen (*Greiner* Rn 1380). Geschuldet ist zunächst nur die erste Information, dass ein Rechtsstreit anhängig ist. Weitere Informationen oder Einsicht in die Unterlagen braucht der Verwalter nur auf Anfrage zu gewähren (*Vandenhouten* ZWE 2009, 145, 153). 55

Im Falle der **Verletzung der Informationspflicht** kommen Schadensersatzansprüche in Betracht. Es kann aber auch ein wichtiger Grund für die Abberufung des Verwalters vorliegen (*Vandenhouten* ZWE 2009, 145, 154). 56

Bei einem Verbandsprozess kann die Wohnungseigentümergemeinschaft die **Erstattung der** durch die interne Unterrichtung ihrer Mitglieder über den Prozess entstehenden **Kosten** nicht verlangen (*BGH* V ZB 172/08, NZM 2009, 517 Tz 8, 9 = ZWE 2009, 306 m Anm *Briesemeister* S 308). Der Zeitaufwand für das Zusammenstellen und das Absenden der Briefsendungen an die Wohnungseigentümer gehört zu den Aufgaben des Verwalters und kann jedenfalls nicht auf den unterlegenen Prozessgegner abgewälzt werden (*BGH* wie vor Tz 18). Diese Kosten der Information sind – soweit nichts anderes vereinbart ist – mit der Grundvergütung abgegolten (*Vandenhouten* ZWE 2009, 145, 153). Zur Kostenerstattung bei einer **Anfechtungsklage** s § 46 Rn 94. 57

9. Abgabe von Erklärungen (Abs 1 Nr 8). Gemäß § 27 Abs 2 Nr 8 hat der Verwalter die Erklärungen abzugeben, die zur Vornahme der in § 21 Abs 5 Nr 6 bezeichneten Maßnahmen erforderlich sind. Diese Erklärungen sind gemeinschaftsbezogen und können künftig nur von der teilrechtsfähigen Gemeinschaft abgegeben werden. Die Vertretungsmacht des Verwalters, insoweit im Namen der Gemeinschaft tätig zu werden, ergibt sich aus § 27 Abs 3 S 1 Nr 4. 58

IV. Die Vertretung der Wohnungseigentümer

§ 27 Abs 2 legt fest, in welchem Umfang der Verwalter mindestens zur Vertretung der Wohnungseigentümer befugt ist. Erweiterungen der Vertretungsmacht sind möglich, nicht jedoch Einschränkungen (§ 27 Abs 4). Soweit der Verwalter im Rahmen des § 27 Abs 2 für die Wohnungseigentümer tätig wird, ist er ihr gesetzlicher Vertreter. Diese gesetzliche Vertretungsmacht dauert für einen aus der Gemeinschaft ausgeschiedenen Wohnungseigentümer jedenfalls insoweit fort, als gemeinschaftliche Verpflichtungen der Wohnungseigentümer gegenüber Dritten aus der Zeit seiner Zugehörigkeit zur Eigentümergemeinschaft abzuwickeln sind (*BGH* VII ZR 276/79, NJW 1981, 282 m Anm *Kellmann*). 59

Sowohl als gesetzlicher wie als rechtsgeschäftlicher Vertreter unterliegt der Verwalter den Beschränkungen des § 181 BGB. Er darf als Vertreter der Wohnungseigentümer weder mit sich selbst noch als Vertreter eines Dritten ein Rechtsgeschäft vornehmen, 60 es sei denn, dass das Rechtsgeschäft ausschließlich der Erfüllung einer Verbindlichkeit dient. Die Wohnungseigentümer können den Verwalter aber vom Verbot des Selbstkontrahierens befreien (ebenso *Merle* in Bärmann, § 27 Rn 100).

61 Aus § 27 Abs 2 ergibt sich keine Befugnis des Verwalters, im Namen der Wohnungseigentümer Ansprüche anzuerkennen (*BayObLG* 2Z BR 11/97, ZMR 1997, 325). Zur wirksamen Abgabe eines Anerkenntnisses ist der Verwalter daher nur befugt, wenn sich eine entsprechende Vollmacht aus der Gemeinschaftsordnung, dem Verwaltervertrag oder aus einem Mehrheitsbeschluss ergibt (*OLG Düsseldorf* 3 Wx 369/98, WuM 1999, 355, 356). Der Verwalter ist auch nicht berechtigt, zu Lasten der Wohnungseigentümergemeinschaft auf die Möglichkeit der Aufrechnung gegen einen Zahlungsanspruch eines Wohnungseigentümers zu verzichten (*BayObLG* 2Z BR 113/03, ZMR 2004, 839).

62 **1. Willenserklärungen und Zustellungen (Abs 2 Nr 1).** § 27 Abs 2 Nr 1 gibt dem Verwalter für einen bestimmten Bereich eine passive Vertretungsmacht. Eine **Willenserklärung**, die gegenüber allen Wohnungseigentümern abzugeben ist, wird wirksam, wenn sie gegenüber dem Verwalter abgegeben wird bzw. wenn sie dem Verwalter zugeht (vgl §§ 130, 164 Abs 1, Abs 3 BGB). Eine Willenserklärung ist die Äußerung eines rechtlich erheblichen Willens, die auf einen rechtlichen Erfolg abzielt.

63 Der Verwalter ist ferner ermächtigt, **Zustellungen** an die Wohnungseigentümer entgegenzunehmen. Dies gilt über den Wortlaut der Vorschrift hinaus nicht nur für Zustellungen an alle Wohnungseigentümer, allerdings ist der Verwalter nicht Zustellungsvertreter einzelner Wohnungseigentümer in deren individuellen Angelegenheiten (*Heinemann* in Jennißen, § 27 Rn 69). Für **Zustellungen im Rahmen von gerichtlichen Verfahren** gegen alle Wohnungseigentümer als Beklagte (zB Klagen Dritter im Anwendungsbereich des § 43 Nr 5, Anfechtungsklage des Verwalters) oder gegen die übrigen Wohnungseigentümer (Anfechtungsklagen von Wohnungseigentümern) sowie für die Beiladung enthält § 45 Abs 1 eine spezielle Regelung. Diese wird man – insbesondere mit Blick auf den Ersatzzustellungsvertreter – auch für Verfahren, die nicht unter § 43 fallen, entsprechend anwenden. Zudem ist der Verwalter gemäß § 27 Abs 2 Nr 2 in bestimmten Passivprozessen gesetzlicher Prozessvertreter der Wohnungseigentümer (s Rn 65), so dass insoweit Zustellungen nach Rechtshängigkeit an ihn zu bewirken sind. Der Verwalter hat gemäß § 27 Abs 2 Nr 1 eine teilweise, inhaltlich auf die Zustellungen beschränkte Vollmacht, so dass für die Zustellung an ihn die Übergabe einer Ausfertigung oder Abschrift des zuzustellenden Schriftstücks genügt (*BGH* VII ZR 276/79, NJW 1981, 282, 283). Der Verwalter muss die Wohnungseigentümer über Zustellungen an ihn in geeigneter Weise unterrichten (vgl *OLG Köln* 16 Wx 51/79, ZMR 1980, 190, 191). Nimmt der Verwalter eine alle Wohnungseigentümer gerichtete behördliche Aufforderung zur Beseitigung von Mängeln am gemeinschaftlichen Eigentum als Zustellungsvertreter entgegen, so wird allein dadurch dem einzelnen Wohnungseigentümer bei einem Verkauf seines Wohnungseigentums noch nicht die Kenntnis von deren Inhalt vermittelt (*BGH* V ZR 320/01, NZM 2003, 118, 119).

64 **2. Eilmaßnahmen und Passivprozesse (Abs 2 Nr 2).** Gemäß § 27 Abs 2 Nr 2 ist der Verwalter berechtigt, die Maßnahmen zu ergreifen, die zur Wahrung einer Frist oder zur Abwehr eines sonstigen Rechtsnachteils erforderlich sind. In Betracht kommen insbesondere Verjährungsfristen, Rechtsmittelfristen, Ausschlussfristen, Kündigungsfristen (vgl aber *LG Essen* 1 S 115/78, VersR 1979, 80, 81 zur Kündigung eines Versicherungsvertrages), aber auch vertraglich vereinbarte Fristen. Zur Abwehr von sonstigen Rechtsnachteilen ist der Verwalter insbesondere befugt, bei Bedarf ein **selbstständiges Beweisverfahren** einzuleiten (*BayObLG* BReg 2 Z 21/76, BayObLGZ 1976, 211, 213) oder gegen einen Mahnbescheid Widerspruch zu erheben. Der Verwalter ist auch zur fristwahrenden Inanspruchnahme eines Gewährleistungsbürgen berechtigt (*OLG Düsseldorf* 22 U 114/91, NJW- RR 1993, 470).

§ 27 Abs 2 Nr 2 regelt, dass der Verwalter in **Passivprozessen** gemäß § 43 Nr 1 (Binnenstreitigkeiten), Nr 4 (Anfechtungsklagen) oder Nr 5 (Klagen Dritter) gesetzlich zur Vertretung der Wohnungseigentümer im Erkenntnis- und Vollstreckungsverfahren ermächtigt ist (*AG Bernau* 34 C 1/08, WuM 2008, 621; *Abramenko* in Riecke/Schmid, § 27 Rn 48; *Suilmann* in Jennißen, § 46 Rn 83; *Müller* ZWE 2008, 226, 227; *Bergerhoff* GE 2008, 653; *Hügel* ZMR 2008, 1, 7; *Gottschalg* ZWE 2009, 114, 116; *Deckert* ZWE 2009, 63, 66; **aA** *Merle* ZMR 2008, 109; *ders* in Bärmann, § 27 Rn 125 f). Der Verwalter darf trotz der Formulierung „im Namen aller Wohnungseigentümer" in § 27 Abs 2 wie bisher, in einem Rechtsstreit eines oder mehrerer Wohnungseigentümer gemäß § 43 Nr 1 oder §§ 43 Nr 4, 46 Abs 1 S 1 die übrigen Wohnungseigentümer auf der Passivseite vertreten (vgl BT-Drucks 16/3843 S 53). Nach Sinn und Zweck der Regelung vertritt er aber bei Klagen Dritter nicht einzelne Wohnungseigentümer (ebenso *Briesemeister* NZM 2007, 345, 346). Der Verwalter ist als Vollzugsorgan der Mehrheitsbeschlüsse gesetzlich dazu berufen, den Mehrheitswillen gegen eine Anfechtungsklage zu verteidigen. Wohnungseigentümer, die dem Kläger beistehen wollen, können dies tun, indem sie selbst fristgerecht Klage erheben oder innerhalb der Anfechtungsfrist beitreten (zur Möglichkeit der Nebenintervention s § 47 Rn 14). Nur dann können sie bei der Kostenentscheidung dem Kläger gleichgestellt werden. Sofern sie den Kläger nur argumentativ unterstützen, haben sie im Verfahren die Position eines Beklagten. Es besteht keine Veranlassung, einem Wohnungseigentümer, der sich nicht fristgerecht der Klage anschließt, eine kostenrechtliche Sonderbehandlung zu gewähren. Wer nicht bereit ist, von Anfang an das Kostenrisiko eines Scheiterns der Klage zu übernehmen, kann nicht erwarten, wie der obsiegende Kläger behandelt zu werden, wenn er sich im Verlauf des Verfahrens auf dessen Seite stellt.

3. Geltendmachung von Ansprüchen (Abs 2 Nr 3). Die Wohnungseigentümer können den Verwalter gemäß § 27 Abs 2 Nr 3 durch Mehrheitsbeschluss oder Vereinbarung ermächtigen, Ansprüche gerichtlich und außergerichtlich geltend zu machen (Aktivprozesse). Die Wohnungseigentümer können die Ermächtigung für den Einzelfall oder allgemein für bestimmte Fälle erteilen, und zwar entweder durch Mehrheitsbeschluss, durch Gemeinschaftsordnung oder sonstige Vereinbarung. Aus § 27 Abs 2 Nr 3 selbst ergibt sich noch keine Prozessvollmacht des Verwalters, wie der Wortlaut der Vorschrift („..., sofern er hierzu ... ermächtigt ist;") zeigt. Ohne die Ermächtigung zur Vertretung in gerichtlichen Verfahren gemäß § 27 Abs 2 Nr 3 hat der Verwalter nur die Befugnis zur Vornahme gerichtlicher Eilmaßnahmen zur Fristwahrung oder Beweissicherung (§ 27 Abs 2 Nr 2).

Die Bedeutung des § 27 Abs 2 Nr 3 ist gering, da insbesondere die Wohngeldansprüche der Wohnungseigentümergemeinschaft als teilrechtsfähigem Verband zustehen und der Verband zudem befugt ist, gemeinschaftsbezogene Ansprüche der einzelnen Wohnungseigentümer zur Ausübung an sich zu ziehen. Siehe zur Ermächtigung des Verwalters Ansprüche der Wohnungseigentümergemeinschaft geltend zu machen Rn 84.

68 Die Durchsetzung von **individuellen Ansprüchen** einzelner Wohnungseigentümer oder von **gemeinschaftsbezogenen Ansprüchen** der einzelnen Wohnungseigentümer gegen einen anderen Wohnungseigentümer fällt nicht unter § 27 Abs 2 Nr 3 („... im Namen aller Wohnungseigentümer ...").

69 Ein Beschluss, der den Verwalter ermächtigt, Ansprüche der Wohnungseigentümer auf Beseitigung einer baulichen Veränderung, auf Unterlassung einer zweckbestimmungswidrigen Benutzung oder auf Beachtung der Hausordnung gerichtlich geltend zu machen, ist jedoch dahin auszulegen, dass die Wohnungseigentümergemeinschaft die gemeinschaftsbezogenen Ansprüche der Kläger zur Ausübung an sich zieht und den Verwalter beauftragt, sie gerichtlich geltend zu machen.

70 Die Ermächtigung gemäß § 27 Abs 2 Nr 3 kann auch in einem mehrheitlich beschlossenen Verwaltervertrag enthalten sein. Ob eine solche Ermächtigung vorliegt ist durch Auslegung zu ermitteln.

71 **4. Gebührenvereinbarungen (Abs 2 Nr 4).** Die gesetzliche Ermächtigung des Verwalters zu vereinbaren, dass sich die Vergütung nach einem höheren als dem gesetzlichen Streitwert richtet, steht im Zusammenhang mit der Neuregelung des Streitwerts in § 49a GKG. Im Fall der Klage eines einzelnen Wohnungseigentümers gegen die übrigen Wohnungseigentümer kann es für diese schwierig sein, einen Rechtsanwalt zu finden, der für einen im Einzelfall möglicherweise niedrigen Streitwert zur Übernahme des Mandats bereit ist. Der Streitwert 5000 € für die Anfechtungsklage gegen den Beschluss über eine Sanierungsmaßnahme (vgl Anh § 50 Rn 8) würde nämlich auch für den Rechtsanwalt gelten, der die Beklagten vertritt, welche die Sanierungsmaßnahme befürworten, obwohl deren Interesse an der gerichtlichen Entscheidung 100 000 € entspricht. § 27 Nr 4 ermächtigt deshalb den Verwalter mit einem Rechtsanwalt wegen eines Rechtsstreits gemäß § 43 Nr 1, Nr 4 oder Nr 5 zu vereinbaren, dass sich die Gebühren nach einem höheren als dem gesetzlichen Streitwert, höchstens nach einem gemäß § 49a Abs 1 S 1 GKG (50% des Interesses der Parteien und aller Beigeladenen an der Entscheidung) bestimmten Streitwert bemessen. Die Wohnungseigentümer können den Verwalter nach § 27 Abs 3 S 1 Nr 7 im Rahmen ordnungsgemäßer Verwaltung zu anderen Vergütungsvereinbarungen ermächtigen, etwa zur Vereinbarung eines Stundenhonorars (*Abramenko* ZWE 2009, 154, 158).

72 Die Mehrkosten gegenüber der gesetzlichen Vergütung eines Rechtsanwalts aufgrund einer Vereinbarung über die Vergütung sind gemäß § 16 Abs 8 Kosten der Verwaltung im Sinne des § 16 Abs 2 (s § 16 Rn 77). Ob die Wohnungseigentümer aufgrund einer aus § 21 Abs 7 folgenden Beschlusskompetenz wirksam beschließen können, dass die Mehrkosten einer Gebührenvereinbarung nach § 27 Abs 2 Nr 4 allein von dem Prozessgegner zu tragen sind, wenn und soweit dieser unterlegen ist (so *Abramenko* ZWE 2009, 154, 159/160), erscheint fraglich, weil dadurch die vom Gesetzgeber mit der Streitwertbegrenzung beabsichtigte Kostenentlastung des einzelnen Wohnungseigentümers ausgehebelt würde.

73 Schließt der Verwalter im Rahmen seiner Vertretungsmacht gemäß § 27 Abs 2 Nr 4 eine Gebührenvereinbarung, dann haften die Wohnungseigentümer als **Gesamtschuldner**, weil sie sich gemeinschaftlich zur Leistung der Rechtsanwaltsvergütung verpflichtet haben (*Abramenko* ZWE 2009, 154, 155).

Aufgaben und Befugnisse des Verwalters § 27 WEG II

V. Die Vertretung des Verbands

§ 27 Abs 3 regelt, inwieweit der Verwalter Vertretungsmacht besitzt, im Namen der 74
Gemeinschaft der Wohnungseigentümer Willenserklärungen abzugeben und Rechtshandlungen vorzunehmen. Der Verwalter ist danach nur in bestimmten Angelegenheiten zur Vertretung ermächtigt ist. Die Wohnungseigentümer haben aber die Möglichkeit, dem Verwalter durch Mehrheitsbeschluss weitergehende Vertretungsbefugnisse einzuräumen. Fehlt ein Verwalter oder ist der Verwalter nicht zur Vertretung ermächtigt, greift subsidiär die Vertretungsmacht aller Wohnungseigentümer ein.

1. Willenserklärungen und Zustellungen (Abs 3 S 1 Nr 1). § 27 Abs 3 Nr 1 normiert 75
eine umfassende Empfangsvertretungsmacht des Verwalters. In Betracht kommt zB eine Mahnung, die Kündigung eines Mietvertrages über im gemeinschaftlichen Eigentum stehende Räume oder eine Kündigung des Anstellungsvertrages durch den Hausmeister, wenn dieser in unmittelbaren Vertragsbeziehungen zur Gemeinschaft steht. Bei gerichtlichen Verfahren gegen den Verband (Passivprozesse) ist gemäß § 27 Abs 3 S 1 Nr 2 an den Verwalter als gesetzlichen Prozessvertreter (§ 170 ZPO) zuzustellen (s Rn 77). Ist der Verwalter für Aktivprozesse gemäß § 27 Abs 3 S 1 Nr 7 zum Prozessbevollmächtigten des Verbands bestellt, ist ebenfalls an ihn zuzustellen (§ 172 Abs 1 S 1 ZPO).

2. Eilmaßnahmen und Passivprozesse (Abs 3 S 1 Nr 2). § 27 Abs 3 Nr 2 ermächtigt 76
den Verwalter, im Namen der Gemeinschaft Maßnahmen zu treffen, die zur Wahrung einer Frist oder zur Abwendung eines sonstigen Rechtsnachteils erforderlich sind.

§ 27 Abs 3 S 1 Nr 2 stellt zudem klar, dass der Verwalter insbesondere in Passivprozes- 77
sen gemäß § 43 Nr 2 oder Nr 5 zur Vertretung der Gemeinschaft im Erkenntnis- und Vollstreckungsverfahren ermächtigt ist. Damit werden Zweifel an der Prozessfähigkeit der Gemeinschaft in Passivprozessen ausgeräumt. Richtet sich ein Individualanspruch eines Wohnungseigentümers gegen den Verwalter und die Gemeinschaft, scheidet eine Prozessvertretung der Gemeinschaft durch den Verwalter wegen Interessenkollision regelmäßig aus (*KG* 24 W 77/03, ZMR 2004, 142). In diesem Fall kann gemäß § 27 Abs 3 S 2 iVm § 170 Abs 3 an einen Wohnungseigentümer zugestellt werden (s Rn 96). Zur Zustellungsvertretung s auch Rn 75.

3. Laufende Instandhaltung (Abs 3 S 1 Nr 3). Gemäß § 27 Abs 3 S 1 Nr 3 ist der Ver- 78
walter zur Vornahme der laufenden Maßnahmen der erforderlichen ordnungsmäßigen Instandhaltung und Instandsetzung gemäß § 27 Abs 1 Nr 2 ermächtigt. Zur Abgrenzung s Rn 21.

4. Maßnahmen nach Abs 1 Nr 3–5 und 8 (Abs 3 S 1 Nr 4). Gemäß § 27 Abs 3 Nr 4 79
ist der Verwalter zur Vornahme der dringlichen Maßnahmen der Verwaltung (§ 27 Abs 1 Nr 3) ermächtigt.

Außerdem ist der Verwalter ermächtigt, die in § 27 Abs 1 Nr 4 und 5 vorgesehenen 80
Zahlungen und Leistungen einzufordern und zu bewirken.

5. Kontoführung (Abs 3 S 1 Nr 5). § 27 Abs 3 Nr 5 stellt klar, dass der Verwalter zur 81
Verwaltung der eingenommenen Gelder im Namen der Gemeinschaft Konten führen kann, wozu auch das Eröffnen und das Schließen eines Kontos gehören. S dazu Rn 46.

6. Vergütungsvereinbarung (Abs 3 S 1 Nr 6). Die gesetzliche Ermächtigung des 82
Verwalters zur Vereinbarung einer Vergütung steht ebenso wie die Regelung des

Niedenführ 493

§ 27 Abs 2 Nr 5 im Zusammenhang mit der Neuregelung des Streitwerts in § 49a GKG (vgl Rn 71).

83 **7. Sonstige Geschäfte (Abs 3 S 1 Nr 7).** § 27 Abs 3 Nr 7 gibt den Wohnungseigentümern die Beschlusskompetenz, dem Verwalter durch Stimmenmehrheit eine weitergehende Vertretungsmacht zu erteilen. Er geht im Interesse der Handlungsfähigkeit der Gemeinschaft über die Möglichkeiten des § 27 Abs 2 hinaus. Dort bezieht sich diese Kompetenz nur auf die Geltendmachung von Forderungen. Nach § 27 Abs 3 Nr 7 kann dagegen auch eine umfassendere Vertretungsmacht erteilt werden. Für eine solche Beschlussfassung genügt die Stimmenmehrheit.

84 **a) Prozessvollmacht.** Die Wohnungseigentümer können den Verwalter gemäß § 27 Abs 3 S 1 Nr 7 durch Mehrheitsbeschluss oder Vereinbarung ermächtigen, Ansprüche der Wohnungseigentümergemeinschaft gerichtlich und außergerichtlich geltend zu machen (Aktivprozesse). Dies gilt für alle Verfahrensarten. Ohne eine solche Ermächtigung hat der Verwalter nur die Befugnis zur Vornahme gerichtlicher Eilmaßnahmen (§ 27 Abs 3 S 1 Nr 2). Enthält der Verwaltervertrag die Ermächtigung zur Prozessführung, so genügt dies, weil der Verwaltervertrag aufgrund eines Mehrheitsbeschlusses zustande kommt.

85 Fehlt die Prozessvollmacht, so hat das Gericht die vom Verwalter zu vertretenden Wohnungseigentümer auf den Mangel hinzuweisen und die Gelegenheit zu geben, die Ermächtigung auf einer einzuberufenden Eigentümerversammlung nachzuholen. Die vollmachtlose Vertretung durch den Verwalter und den vom Verwalter bestellten Rechtsanwalt kann nämlich gemäß § 89 ZPO nachträglich genehmigt werden (*BayObLG* 2Z BR 93/93, WuM 1994, 292, 293).

86 Ist dem Verwalter Prozessvollmacht erteilt, so ist er berechtigt, einen **Rechtsanwalt** mit der Führung des Verfahrens zu beauftragen (*BayObLG* BReg 2 Z 66/79, BayObLGZ 1980, 154, 156/157; *OLG Zweibrücken* WE 1987, 163; *BayObLG* WE 1989, 175, 176). Für die Beauftragung eines Rechtsanwalts mit der **außergerichtlichen** Beitreibung von Wohngeld bedarf er jedoch einer besonderen Ermächtigung (*OLG Düsseldorf* 24 U 29/99, NZM 2001, 290, 292).

87 Die Ermächtigung zur Prozessführung wird nicht dadurch in Frage gestellt, dass der Beschluss über die Verwalterbestellung angefochten ist und möglicherweise für ungültig erklärt wird (*BayObLG* 2Z BR 185/03, NZM 2004, 261). Wird der Beschluss über die Verwalterbestellung rechtskräftig für ungültig erklärt, ist er von Anfang an unwirksam, mit der Folge, dass die Vertretungsbefugnis des Verwalters entfällt. Die Vertretungsbefugnis entfällt jedoch nicht rückwirkend, sondern erst ab der Ungültigkeitserklärung (Rechtsgedanke § 32 FGG; aA *BayObLG* BReg 2 Z 21/76, BayObLGZ 1976, 211).

88 Der Verwaltungsbeirat ist grundsätzlich nicht befugt, eine Prozessvollmacht rückgängig zu machen, doch kann die Ermächtigung zur Prozessführung an die Bedingung der Zustimmung des Verwaltungsbeirats geknüpft werden (*OLG Zweibrücken* WE 1987, 163), außerdem kann eine durch die Gemeinschaftsordnung allgemein erteilte Prozessvollmacht im Einzelfall durch Mehrheitsbeschluss eingeschränkt werden (*BayObLG* BReg 2 Z 56/78, Rpfl 1980, 23).

89 Die gerichtliche Geltendmachung von Wohngeldrückständen ohne Einschaltung eines Rechtsanwalts erfolgt, obwohl er zur Prozessführung einer Ermächtigung bedarf,

durch den Verwalter als Organ der Wohnungseigentümergemeinschaft, so dass kein Fall der Bevollmächtigung im Sinne von § 79 ZPO vorliegt (vgl *Elzer* ZMR 2008, 772). Zur Sondervergütung für eine solche Tätigkeit siehe § 26 Rn 44, 70; § 28 Rn 189; *Lehmann-Richter* ZWE 2009, 298, 299.

Hat der Verwalter Prozessvollmacht, ist er ohne ausdrückliche Ermächtigung nicht befugt, in einem außergerichtlichen Vergleich während eines anhängigen Wohngeldverfahrens auf Wohngeldansprüche zu verzichten (*BayObLG* 2Z BR 147/98, NZM 1999, 78). Gemäß § 81 ZPO ist er aber berechtigt, zur Prozessbeendigung einen **gerichtlichen Vergleich** zu schließen, wenn dies nicht ausdrücklich ausgeschlossen ist (*KG* 24 W 7632/00, NZM 2002, 444). Die Änderung der Teilungserklärung durch Vergleich bedarf jedoch der Zustimmung aller Wohnungseigentümer eine Genehmigung des Vergleichs durch Mehrheitsbeschluss reicht nicht aus (*KG* 24 W 7632/00, NZM 2002, 444). 90

b) Prozessstandschaft des Verwalters. Die Wohnungseigentümer können den Verwalter auch ermächtigen, Ansprüche der Wohnungseigentümergemeinschaft im Rahmen von § 43 Nr 1 im eigenen Namen geltend zu machen und Zahlung an sich zu verlangen (gewillkürte Prozessstandschaft – *BGH* V ZB 10/87, NJW 1988, 1910). Das notwendige eigene schutzwürdige Interesse ergibt sich aus der Pflicht des Verwalters, seine Aufgaben ordnungsgemäß und reibungslos zu erfüllen (*BGH* V ZB 10/87, NJW 1988, 1910; *Abramenko* in Riecke/Schmid, § 27 Rn 71; *Heinemann* in Jennißen, § 27 Rn 125; **aA** *Merle* in Bärmann, § 27 Rn 232: es fehle das eigene schutzwürdige Interesse des Verwalters). Auch in diesem Fall ist er befugt, einen Rechtsanwalt zu beauftragen. 91

Ist der Verwalter ermächtigt, Ansprüche der Wohnungseigentümer gerichtlich und außergerichtlich geltend zu machen, ohne dass näher geregelt ist, ob er dies im eigenen Namen oder als Vertreter zu tun hat, darf der Verwalter sowohl als Vertreter als auch als Prozessstandschafter auftreten (*OLG Köln* 16 Wx 169/97, NZM 1998, 865; vgl auch *KG* 24 W 6578/90, WuM 1991, 415; *BayObLG* 2Z BR 76/96, ZMR 1997, 42, 43; *OLG Koblenz* 10 U 1611/97, NZM 2000, 518). Gestattet der Wortlaut des Verwaltervertrags die Prozessführung im Namen der Wohnungseigentümer, dann ist der Verwalter gleichwohl zur Prozessführung im eigenen Namen berechtigt, wenn der Vertrag ihn zur Aufgabenerfüllung mit umfassenden Befugnissen ausstattet (*OLG München* 32 Wx 058/06, ZMR 2006, 647). Die vertragliche Ermächtigung des Verwalters umfasst bei interessengerechter Auslegung auch die Ansprüche der Wohnungseigentümergemeinschaft (*BGH* V ZB 17/06, NZM 2006, 465, 466; *OLG München* 34 Wx 83/05, NJW-RR 2006, 592). Die praktische Relevanz einer Prozessstandschaft für die Wohnungseigentümergemeinschaft dürfte schwinden, nachdem das Gesetz sie als teilrechtsfähigen Verband anerkannt hat (§ 10 Abs 6). 92

c) Verwalterwechsel. Hat ein Verwalter vor seinem Ausscheiden einen Rechtsstreit als Prozessstandschafter begonnen, so ist er befugt, ihn fortzusetzen, es sei denn, die Wohnungseigentümer widerrufen ausdrücklich die Prozessführungsbefugnis oder der neue Verwalter übernimmt gemäß § 263 ZPO das Verfahren (*KG* 24 W 6578/90, WuM 1991, 415; *BayObLG* 2Z BR 126/96, ZMR 1997, 199 = WuM 1997, 297; *OLG Köln* 16 Wx 50/04, NZM 2005, 460). Ein Eintritt des neuen Verwalters in das Verfahren im Wege des Parteiwechsels ist als sachdienlich zuzulassen (*BayObLG* BReg 2 Z 72/85, BayObLGZ 1986, 128, 130; *BayObLG* 2Z BR 93/99, NZM 2000, 298, 299). Der Parteiwechsel im Berufungsverfahren setzt ein zulässiges Rechtsmittel voraus (*BayObLG* 2Z BR 81/99, NZM 2000, 307). 93

94 Hat der Verwalter als Prozessstandschafter einen Vollstreckungstitel erwirkt, so bedarf es der Titelumschreibung analog § 727 ZPO, wenn nach einem Wechsel im Verwalteramt der neue Verwalter aus diesem Titel vollstrecken will (*OLG Düsseldorf* 6 Wx 469/96, WuM 1997, 298 mwN). Die Umschreibung des Titels auf den neuen Verwalter erfordert die Abtretung des Anspruchs durch die Wohnungseigentümergemeinschaft an den neuen Verwalter als Treuhänder und den Nachweis der Rechtsnachfolge gemäß § 726 ZPO (*LG Hannover* NJW 1970, 436 m Anm *Diester*). Einfacher dürfte insoweit die Umschreibung des Titels vom Prozessstandschafter auf den Ermächtigenden sein, also vom ausgeschiedenen Verwalter auf die Wohnungseigentümergemeinschaft, vertreten durch den neuen Verwalter (vgl *LG Darmstadt* WuM 1995 m krit Anm *Lipka*; offen gelassen von *OLG Düsseldorf* 6 Wx 469/96, WuM 1997, 298).

95 Macht ein Verwalter als Prozessbevollmächtigter einen Wohngeldanspruch geltend, so gilt seine Prozessvollmacht auch für den neuen Verwalter, wenn während des Verfahrens ein Verwalterwechsel stattfindet (*KG* 24 W 3531/88, NJW-RR 1989, 657).

VI. Vertretung bei Fehlen eines Verwalters (Abs 3 S 2 und 3)

Literatur: *Drabek* Die Ermächtigung eines Wohnungseigentümer zum Vertreter der Gemeinschaft – § 27 Abs 3 S 3 WEG, ZWE 2008, 75.

96 Da die Gemeinschaft selbst rechtsfähig ist (§ 10 Abs 6), muss im Interesse des Rechtsverkehrs ein Vertretungsorgan auch für den Fall bereit stehen, dass die Wohnungseigentümer sich nicht dazu entschließen können oder wollen, einen Verwalter zu bestellen. Insbesondere muss auch für diese Fälle die Prozessfähigkeit der Gemeinschaft sichergestellt werden, denn anderenfalls, wäre eine gegen die Gemeinschaft gerichtete Klage schon aus diesem Grund als unzulässig abzuweisen, obwohl der Kläger einen entsprechenden Mangel der Prozessfähigkeit weder erkennen noch beseitigen könnte. Deshalb bestimmt § 27 Abs 3 S 2, dass die Gemeinschaft immer dann, wenn ein Verwalter fehlt oder er nicht zur Vertretung berechtigt ist, von allen Wohnungseigentümern vertreten wird. Gemäß § 170 Abs 3 ZPO genügt für Zustellungen die Zustellung an einen Wohnungseigentümer. Möchten die Wohnungseigentümer einen Verwalter nicht bestellen oder ihn nicht zur Vertretung ermächtigen, können sie nach § 27 Abs 3 S 3 auch einen oder mehrere Wohnungseigentümer zur Vertretung ermächtigen. Insbesondere kann statt des Verwalters auch ein einzelner Wohnungseigentümer ermächtigt werden, Ansprüche des Verbandes im eigenen Namen durchzusetzen (vgl schon *BGH* V ZR 350/03, NZM 2005, 747).

VII. Unabdingbarkeit (Abs 4)

97 Die dem Verwalter nach den Abs 2 und 3 zustehenden Aufgaben und Befugnisse können nicht eingeschränkt werden, auch nicht durch Gemeinschaftsordnung oder sonstige Vereinbarung. Dies schließt aber nicht aus, dass die Wohnungseigentümer Richtlinien für die Verwaltungstätigkeit festlegen und dem Verwalter im Einzelfall Weisungen erteilen, wie er eine Aufgabe auszuführen hat. Entstehen insoweit Streitigkeiten, dann sind diese im Verfahren nach § 43 Nr 3 zu klären. Zulässig sind auch **Erweiterungen** der Aufgaben und Befugnisse des Verwalters im Rahmen des individuellen Bestellungsrechtsverhältnisses, sei es durch Gemeinschaftsordnung, sonstige Vereinbarung oder Beschluss (*Merle* in Bärmann, § 26 Rn 97). Eine den Verwalter bindende wirksame Erweiterung des vertraglichen Pflichtenkatalogs kann aber nicht einseitig erfolgen;

Aufgaben und Befugnisse des Verwalters § 27 WEG **II**

erforderlich ist, dass Wohnungseigentümergemeinschaft und Verwalter einen den Pflichtenumfang des Verwalters erweiternden Vertrag schließen (*AG Essen* 195 II 269/ 06, NZM 2007, 573).

VIII. Sonstige Pflichten gegenüber den Wohnungseigentümern

Weitere Aufgaben des Verwalters ergeben sich aus §§ 24, 25 Abs 4 (Einberufung und Leitung der Eigentümerversammlung) und aus § 28 (Wirtschaftsplan und Jahresabrechnung). Im Verwaltervertrag können zusätzliche Pflichten des Verwalters festgelegt werden. 98

Jeder Wohnungseigentümer kann von dem Verwalter die Auskunft über die Namen und Adressen der übrigen Wohnungseigentümer (Eigentümerliste) verlangen (*OLG Frankfurt* 20 W 866/83, OLGZ 1984, 258; *OLG Saarbrücken* 5 W 72/06, ZMR 2007, 141; *Drasdo* NZM 1999, 542, 543 mwN). Zur Gewährung von Einsicht in die Verwaltungsunterlagen s § 28 Rn 121. 99

IX. Nachweis der Vertretungsmacht (Abs 6)

Gemäß § 27 Abs 6 hat der Verwalter einen Anspruch darauf, dass die Wohnungseigentümer ihm eine Vollmachtsurkunde ausstellen, aus der sich der Umfang seiner Vertretungsmacht ergibt. Die Vollmachtsurkunde ist ein Schriftstück, das die Person des Verwalters und den Inhalt seiner Vollmacht bezeichnet und von den Wohnungseigentümern unterschrieben ist, wobei es genügt, dass die Mehrheit der Wohnungseigentümer oder eine von der Mehrheit beauftragte Person die Vollmachtsurkunde unterschreibt. Für den Anspruch auf Rückgabe der Vollmachtsurkunde nach Erlöschen der Vollmacht, für die Kraftloserklärung der Vollmachtsurkunde und die Vertretungsbefugnis nach außen bis zur Rückgabe oder Kraftloserklärung gelten die §§ 172 Abs 2, 173, 175 und 176 BGB entsprechend. Der Verwalter kann seinen Anspruch im Verfahren nach § 43 Nr 3 durchsetzen. Ein durch das Gericht bestellter Verwalter kann sich durch den Gerichtsbeschluss ausweisen. Wurde dem Verwalter durch Mehrheitsbeschluss für eine bestimmte Angelegenheit eine besondere Vollmacht erteilt, so kann der Verwalter seine Vertretungsmacht durch eine beglaubigte Abschrift dieses Beschlusses nachweisen (*BayObLG* NJW 1964, 1962). Zum Nachweis der Verwalterstellung gegenüber dem Grundbuchamt vgl § 26 Rn 129 ff. 100

X. Die Haftung des Verwalters gegenüber den Wohnungseigentümern

1. Haftung wegen Vertragsverletzungen. Der Verwalter ist den Wohnungseigentümern bei schuldhafter Verletzung seiner Pflichten aus dem Verwaltervertrag zum Schadensersatz verpflichtet. Sofern der Verwaltervertrag, der in der Regel ein entgeltlicher Geschäftsbesorgungsvertrag ist, keine zusätzlichen Pflichten festlegt, hat der Verwalter die ihm in den §§ 24, 27 und 28 auferlegten Pflichten zu erfüllen. Geschieht dies verspätet, gar nicht oder schlecht, so haftet er aus Verzug (§§ 286 ff BGB) bzw Pflichtverletzung (§ 280 ff BGB). Wohnungseigentümer, die den (früheren) Verwalter auf Schadensersatz in Anspruch nimmt, tragen grundsätzlich die Darlegungs- und Beweislast für die objektive Pflichtverletzung, jedoch hat sich der Verwalter zu entlasten, wenn kein tauglicher Beleg für eine aus Mitteln der Gemeinschaft getätigte Zahlung vorliegt (*OLG Oldenburg* 6 W 28/07, ZMR 2008, 238). 101

Niedenführ 497

II WEG § 27   Aufgaben und Befugnisse des Verwalters

102 Der einzelne Wohnungseigentümer kann wegen einer Beschädigung seiner Sachen einen Schadensersatzanspruch gegen den Verwalter auf die Schlechterfüllung des Verwaltervertrags stützen, obwohl nicht er gemeinsam mit den übrigen Wohnungseigentümern, sondern die Wohnungseigentümergemeinschaft als teilrechtsfähiger Verband Vertragspartner des Verwalters ist (*OLG Düsseldorf* 3 Wx 281/05, ZWE 2007, 92 m Anm *Briesemeister*; *OLG Frankfurt* 20 W 169/07, ZWE 2008, 470 mwN).

103 Kommt trotz Bestellungsbeschluss ein Verwaltervertrag – aus welchen Gründen auch immer – nicht zustande oder wird der Bestellungsbeschluss rechtskräftig für unwirksam erklärt, so dass die Grundlage für den Abschluss des Verwaltervertrages entfällt, oder ist die Amtszeit abgelaufen, ohne dass die Beteiligten dies registriert haben, dann haftet der Verwalter, der ohne vertragliche Grundlage tätig geworden ist, für Pflichtverletzungen aus dem gesetzlichen Schuldverhältnis, das durch die Amtsübernahme entsteht (vgl *Müller* Rn 531; *Bub* WE 1989, 11/12). Wer ohne als Verwalter bestellt zu sein, tatsächlich Aufgaben der gemeinschaftlichen Verwaltung wahrnimmt (faktischer Verwalter), insbesondere über gemeinschaftliche Geldmittel verfügt, haftet der Gemeinschaft nach Grundsätzen des Auftragsrechts, ohne sich auf eine Haftungsbeschränkung berufen zu können (*OLG Hamm* 15 W 180/07, NZM 2008, 90).

104 **a) Verschulden.** Voraussetzung ist, dass die Pflichtverletzung schuldhaft war, dh vorsätzlich oder fahrlässig (§ 276 Abs 1 S 1 BGB). Fahrlässig handelt ein Verwalter, der die im Verkehr erforderliche Sorgfalt außer Acht lässt (§ 276 Abs 1 S 2 BGB). Maßstab ist dabei die Sorgfalt, die ein durchschnittlicher und gewissenhafter Verwalter bei der zu erfüllenden Aufgabe aufgewandt hätte (*OLG München* 34 Wx 156/05, ZMR 2006, 716, 717). Einer gewerblichen Hausverwalterin müssen ihre vertraglichen und gesetzlichen Verpflichtungen bekannt sein, so dass sie sich auf einen bloßen Rechtsirrtum, an dessen Vorliegen strenge Anforderungen zu stellen sind, regelmäßig nicht berufen kann (*OLG Frankfurt* 20 W 209/04, NZM 2005, 951). Zu berücksichtigen ist auch, ob der Verwalter auf bestimmten Gebieten besondere Sachkunde hat (*BayObLG* BReg 2 Z 40/89, ZMR 1990, 65, 67). Auch bei einem unentgeltlich tätigen Verwalter ist der Haftungsmaßstab nicht generell reduziert (*OLG München* 34 Wx 156/05, ZMR 2006, 716, 717). Auf Empfehlungen eines Fachmannes darf der Verwalter sich grundsätzlich verlassen (*OLG Düsseldorf* 3 Wx 190/98, WuM 1998, 683, 684). Da der Verwaltervertrag Dienstvertragscharakter hat, schuldet der Verwalter den Wohnungseigentümern aber nur die sorgfältige Leistung der vereinbarten Dienste, nicht dagegen die Herbeiführung eines bestimmten Erfolges. Ist den Wohnungseigentümer die drohende **Verjährung von Baumängelansprüchen** bekannt, dann trifft den Verwalter gleichwohl ein Mitverschulden, wenn er es unterlässt, eine rechtzeitige Entscheidung der Wohnungseigentümer, über das weitere Vorgehen herbeizuführen (*BayObLG* 2Z BR 62/02, NZM 2002, 957).

105 **b) Haftung für Erfüllungsgehilfen.** Gemäß § 278 BGB haftet der Verwalter auch für ein Verschulden seiner Erfüllungsgehilfen. Dies sind diejenigen Personen, deren sich der Verwalter zur Erfüllung der ihm obliegenden Pflichten bedient. Eine Mitarbeiterin des Verwalters, der eine EC-Karte für das Konto der Wohnungseigentümergemeinschaft überlassen ist und die Zugang zum Ordner mit der Geheimzahl hat, ist Erfüllungsgehilfin des Verwalters hinsichtlich der Pflicht, die Konten der Wohnungseigentümergemeinschaft ordnungsgemäß zu verwalten (*OLG München* 32 Wx 077/06, MDR 2007, 81). Ein mit der Instandsetzung des gemeinschaftlichen Eigentums beauf-

Aufgaben und Befugnisse des Verwalters § 27 WEG II

tragtes **Sanierungsunternehmen ist** regelmäßig **nicht Erfüllungsgehilfe** des Verwalters iSv § 278 BGB, weil der Verwalter nicht selbst zur Instandsetzung des gemeinschaftlichen Eigentums verpflichtet ist, sondern lediglich für die Instandsetzung zu sorgen hat (*BayObLG* 2Z BR 6/92, WuM 1992, 390; *AG Hamburg-St. Georg* 980 II 124/06, ZMR 322). Gleiches gilt für einen **Architekten** (*OLG Düsseldorf* 3 Wx 63/03, ZMR 2004, 365; *BayObLG* 2Z BR 85/01, NZM 2002, 564, 567). **Versorgungs- oder Abrechnungsunternehmen** sind ebenfalls nicht Erfüllungsgehilfe des Verwalters ist (*OLG Brandenburg* 13 Wx 4/06 NZM 2007, 774).

c) Haftungsausschluss. Die Haftung des Verwalters kann mit Ausnahme der Haftung **106** für eigenes vorsätzliches Verhalten (§§ 276 Abs 3, 278 S 2 BGB) vertraglich ausgeschlossen oder auf bestimmte Höchstsummen beschränkt werden. Handelt es sich bei dem Verwaltervertrag um einen Formularvertrag iSv § 305 Abs 1 BGB, so ist eine Beschränkung der Haftung für Schäden aus der Verletzung von Leben, Körper oder Gesundheit überhaupt nicht und für sonstige Schäden nur eine Beschränkung der Haftung auf Vorsatz und grobe Fahrlässigkeit des Verwalters oder seiner Erfüllungsgehilfen möglich § 309 Nr 7 BGB. Durch Formularvertrag kann also nur die Haftung für leichte Fahrlässigkeit ausgeschlossen werden, wenn es nicht um Schäden aus der Verletzung von Leben, Körper oder Gesundheit geht. Die geltungserhaltende Reduktion eines darüber hinausgehenden Haftungsausschlusses auf Schadensfälle, die nicht die Verletzung von Leben, Körper und Gesundheit betreffen, ist nicht möglich (vgl etwa *OLG München* 32 Wx 93/07, FGPrax 2008, 218).

Verwalter, die nach der Teilungserklärung über die Zustimmung zu tatsächlichen **107** oder rechtlichen Handlungen zu entscheiden haben, können dem Haftungsrisiko einer Fehlentscheidung nicht ohne weiteres entgehen, indem sie nicht selbst über die Zustimmung entscheiden, sondern einen Beschluss der Eigentümerversammlung herbeiführen (*BGH* V ZB 4/94, NJW 1996, 1216). Eine Haftung kommt gleichwohl in Betracht, wenn der Verwalter schuldhaft eine Pflicht verletzt hat, die sich aus dem Verwaltervertrag ergibt. Welche Pflichten der Verwalter übernommen hat, beurteilt der *BGH*, je nach Verwaltertyp unterschiedlich. Einen Amateur-Verwalter, der unentgeltlich tätig ist, entlastet regelmäßig eine Weisung der Eigentümerversammlung. Ein gewerblicher Verwalter, der gegen Vergütung Dienstleistungen erbringt, ist dagegen verpflichtet, selbst sorgfältig zu prüfen, ob er die Zustimmung erteilt. Ist sogar eine Sondervergütung für die Bearbeitung von Anträgen auf Zustimmung vereinbart, muss der Verwalter darüber hinaus auch einen besonderen Verwaltungsaufwand erbringen. Schiebt der gewerbliche Verwalter den Wohnungseigentümern die Entscheidung zu, obwohl keine ernstlichen Zweifel bestehen, dass die Zustimmung zu erteilen ist, haftet er für die durch eine Verzögerung eintretenden Schäden wegen Verzuges. Nur wenn trotz sorgfältiger Prüfung ernstliche Zweifel verbleiben, ob im Einzelfall die Zustimmung zu erteilen ist, darf der gewerbliche Verwalter eine Entscheidung der Wohnungseigentümer herbeiführen. Er muss sie dann aber umfassend darüber informieren, worin die Zweifelsfragen bestehen. Geschieht dies nicht, kann er zum Schadensersatz verpflichtet sein, wenn die Eigentümerversammlung falsch entscheidet und dadurch ein Schaden entsteht. Die Verwalter haften jedoch nicht für solche Rechtsirrtümer, die ihnen trotz sorgfältiger Prüfung der Rechtslage unterlaufen (*BGH* V ZB 4/94, NJW 1996, 1216).

108 d) Kausalität. Voraussetzung für einen Schadensersatzanspruch gegen den Verwalter ist, dass die konkrete Pflichtverletzung für den Schaden ursächlich ist. Auf die hypothetische Erwägung, der Verwalter wäre auch dann bis zum Eintritt eines Wasserschadens untätig geblieben, wenn er schon vorher die unzureichende Abdichtung des Gebäudes gegen Grundwasser gekannt hätte, kann ein Schadensersatzanspruch nicht gestützt werden (*OLG Düsseldorf* 3 Wx 190/98, WuM 1998, 683, 684). Die Verletzung der Pflicht, vor Eintritt der Verjährung von Mängelansprüchen gegen den Bauträger eine Entscheidung der Wohnungseigentümer über das weitere Vorgehen herbeizuführen, ist nicht ursächlich für den Schadenseintritt (Anspruchsverjährung), wenn aufgrund konkreter Umstände davon auszugehen ist, dass die Wohnungseigentümergemeinschaft einen Hinweis des Verwalters auf die drohende Verjährung nicht zum Anlass genommen hätte, gerichtlich gegen den Bauträger vorzugehen (*OLG Düsseldorf* 3 Wx 148/01, NZM 2002, 707). Der geschädigte Wohnungseigentümer, der den (früheren) Verwalter auf Schadensersatz in Anspruch nimmt, trägt grundsätzlich die Darlegungs- und Beweislast für die Kausalität zwischen konkreter Pflichtverletzung und Schaden. Von diesem allgemein geltenden Grundsatz ist nur dann abzuweichen, wenn die objektive Pflichtwidrigkeit den Geschädigten typischerweise in Beweisnot hinsichtlich der Kausalität bringt oder wenn nach den Grundsätzen des Anscheinsbeweises eine bestimmte Schadensfolge typischerweise durch eine bestimmte Pflichtverletzung hervorgerufen wird oder wenn sich der Schadensfall in einem allein vom Pflichtigen beherrschten Gefahrenbereich ereignet (s dazu *OLG Düsseldorf* 3 Wx 31/96, WuM 1997, 581, 582; *BayObLG* 2Z BR 53/97, NZM 1998, 583; *BayObLG* 2Z BR 85/99, NZM 2000, 501, 502; *OLG Oldenburg* 6 W 28/07, ZMR 2008, 238). Ein Anscheinsbeweis kann in Fällen außerordentlicher Naturereignisse, mit denen erfahrungsgemäß nicht zu rechnen ist, erschüttert werden (vgl *OLG Zweibrücken*, 3 W 11/02, NZM 2002, 570: Jahrhundertorkan). Bei der Verletzung von vertraglichen Beratungs- und Aufklärungspflichten besteht die Vermutung, dass sich der Geschädigte „aufklärungsrichtig" verhalten hätte (*OLG München* 32 Wx 93/07, FGPrax 2008, 218).

109 e) Schaden. Wird durch die schuldhafte Pflichtverletzung ein Schaden verursacht, so muss der Verwalter ihn nach Maßgabe der §§ 249 ff BGB ersetzen. Ob die pflichtwidrige Vergabe eines Sanierungsauftrags ohne Einholung von Konkurrenzangeboten zu einem Schaden geführt hat, weil eine Auftragsvergabe zu günstigeren Preisen möglich gewesen wäre, kann im Regelfall nur durch ein Sachverständigengutachten aufgeklärt werden (vgl dazu *BayObLG* 2Z BR 85/01, NZM 2002, 564, 567/568). Einen modifizierten Rückbau (statt Naturalrestitution) sieht das Gesetz als Schadensersatz nicht vor (*OLG Düsseldorf* 3 Wx 63/03, ZMR 2004, 365).

110 f) Mitverschulden. Anwendung findet auch § 254 BGB, wonach ein Mitverschulden der Wohnungseigentümer die Pflicht des Verwalters zum Schadensersatz einschränken (vgl zB *OLG Köln* WE 1989, 31) und bei besonders großem Mitverschulden sogar ausschließen kann. Ein Ausschluss der Haftung kommt insbesondere in Betracht, wenn der Verwalter lediglich einen Beschluss der Wohnungseigentümer durchführt. Aus dem Rechtsgedanken des § 254 BGB ergibt sich jedoch keine Pflicht des Geschädigten, zur Schadensminderung auf Vergleichsverhandlungen einzugehen, die vom Schädiger vorgeschlagen werden (*BayObLG* 2Z BR 19/01, NZM 2002, 133, 134).

111 g) Entlastung. Nachträglich kann die Pflicht zum Schadensersatz durch einen Beschluss der Wohnungseigentümer über die Entlastung des Verwalters ausgeschlossen werden. Ein solcher Beschluss wirkt wie ein negatives Schuldanerkenntnis im Hinblick auf solche Vorgänge, die im Zeitpunkt der Beschlussfassung bekannt oder bei zumutbarer Sorgfalt erkennbar waren (s § 28 Rn 207 ff).

h) Verjährung. Die Ansprüche aus der vertraglichen Haftung verjähren gemäß § 195 BGB in drei Jahren. Die Verjährungsfrist für beginnt jedoch erst, wenn der Gläubiger von dem Anspruch und der Person des Schuldners Kenntnis erlangt hat oder ohne grobe Fahrlässigkeit hätte erlangen müssen (§ 199 Abs 1 Nr 2 BGB). Daneben bestimmt das Gesetz von diesen subjektiven Voraussetzungen unabhängige Maximalfristen von 10 bzw 30 Jahren (§ 199 Abs 2-4 BGB). Das neue Recht kombiniert also eine relativ kurze Verjährungsfrist, deren Beginn kenntnisabhängig ist, mit vergleichsweise langen Maximalfristen. Für den Verjährungsbeginn ab Kenntnis bedarf es grundsätzlich der Kenntnis aller Wohnungseigentümer, wobei Kenntnisse des Verwaltungsbeirats im Einzelfall den Wohnungseigentümern zugerechnet werden können. Zur Überleitungsvorschrift des Schuldrechtsmodernisierungsgesetzes (Art 229 § 6 EGBGB) siehe § 28 Rn 176. 112

2. Haftung aus unerlaubter Handlung. Neben der Haftung aus Vertrag kommt eine Haftung des Verwalters aus unerlaubter Handlung gemäß den §§ 823 ff BGB in Betracht. Dies ist etwa der Fall, wenn der Verwalter schuldhaft gemeinschaftliches Eigentum oder fremde Rechtsgüter beschädigt (§ 823 Abs 1 BGB) oder Gelder der Gemeinschaft veruntreut (§ 823 Abs 2 BGB iVm § 266 StGB). 113

Ein häufiger Fall der Haftung des Verwalters aus unerlaubter Handlung wird die **Verletzung einer ihm obliegenden Verkehrssicherungspflicht** sein. Verkehrssicherungspflicht ist ua die Rechtspflicht desjenigen, der den öffentlichen Verkehr auf einem unter seiner Verfügung stehenden Grundstück duldet, für den verkehrssicheren Zustand zu sorgen (Beleuchtung, Eis und Schneeräumung, Sicherung von Baustellen etc). Eine **originäre Haftung** des Verwalters für die Verletzung von Verkehrssicherungspflichten wurde vor dem Inkrafttreten der WEG-Novelle 2007 nach überwiegender Ansicht auf § 27 Abs 1 Nr 2 aF gestützt, wonach der Verwalter die erforderlichen Maßnahmen für die ordnungsmäßige Instandhaltung und Instandsetzung des gemeinschaftlichen Eigentums zu treffen hat (vgl *BGH* VI ZR 176/92, NJW 1993, 1782; *OLG Düsseldorf* 3 Wx 619/94, WuM 1995, 230; *Gottschalg* NZM 2002, 590; **aA** *Fritsch* ZWE 2005, 384, 393). In der Fassung des WEG-Novelle 2007 betrifft der – im Übrigen inhaltlich gleich lautende – § 27 Abs 1 Nr 2 zweifelsfrei allein das Innenverhältnis des Verwalters zu den Wohnungseigentümern. Aus diesem Grund wird zum Teil eine originäre Haftung des Verwalters wegen der Verletzung von Verkehrssicherungspflichten verneint (vgl etwa *Merle* in Bärmann, § 27 Rn 300; *Wenzel* ZWE 2009, 57, 59; **aA** *Heinemann* in Jennißen, § 27 Rn 172; *Demharter* ZWE 2006, 44; *Schmid* ZWE 2009, 295, 296). Zwar bestehen die Pflichten aus der Organstellung zur ordnungsgemäßen Führung der Geschäfte eines Verbands grundsätzlich nur gegenüber dem Verband (vgl etwa *BGH* VI ZR 335/88, NJW 1990, 976, 977), doch kann sich eine **deliktsrechtliche Eigenhaftung** des Organs aus der mit seinen Geschäftsführeraufgaben verbundenen Garantenstellung zum Schutz Außenstehender vor Gefährdung oder Verletzung ihrer Schutzgüter im Sinne von § 823 Abs 1 BGB ergeben (vgl etwa *BGH* VI ZR 335/88, NJW 1990, 976, 978). Im Umfang der dem Verwalter im Innenverhältnis gemäß § 27 Abs 1 Nr 2 und 3 auferlegten Verpflichtungen (s dazu Rn 15 ff, 32 ff) besteht insoweit auch eine originäre Verkehrssicherungspflicht des Verwalters nach außen. Den Ver- 114 walter trifft insoweit gemäß §§ 836, 838 BGB die Einstandspflicht für den durch die Ablösung von Teilen des verwalteten Gebäudes verursachten Schaden. Er hat alle zumutbaren Maßnahmen zu treffen, die aus technischer Sicht geboten und geeignet sind, die Gefahr einer Ablösung von Dachteilen nach Möglichkeit rechtzeitig zu erkennen und ihr zu begegnen (vgl *BGH* VI ZR 176/92, NJW 1993, 1782; **aA** *Wenzel* in Bärmann, § 10 Rn 313).

115 Zudem kommt eine Haftung des Verwalters in Betracht, wenn er rechtsgeschäftlich auf ihn **übertragene Verkehrssicherungspflichten** verletzt. Verkehrssicherungspflichten, deren Träger im Regelfall die Wohnungseigentümergemeinschaft als Verband ist (vgl *Armbrüster* ZWE 2006, 470, 473) oder die – soweit eine gesetzliche Regelung (zB § 836 BGB) an die Eigentümerstellung anknüpft – von dem Verband wahrzunehmen sind (*Wenzel* ZWE 2009, 57, 58) können mit Einverständnis des Verwalters auf diesen übertragen werden (*OLG Frankfurt* 3 U 93/01, WuM 2002, 619; *BayObLG* 2Z BR 144/04, NZM 2005, 24, 25; *OLG München* 34 Wx 82/05, ZMR 2006, 226 m Anm *Elzer*; *OLG Karlsruhe* 14 U 107/07, ZMR 2009, 623, 624). Die Verkehrssicherungspflichten des ursprünglich Verantwortlichen verkürzen sich dann auf Kontroll- und Überwachungspflichten. Der Verwalter wird seinerseits deliktisch verantwortlich. Voraussetzung für eine wirksame Übertragung ist, dass sie **klar und eindeutig** vereinbart wird (*BGH* VI ZR 126/07, NJW 2008, 1440, 1441 mwN). Es muss deutlich zum Ausdruck kommen, dass der Verwalter zusätzlich zu den Kontroll-, Hinweis- und Organisationspflichten, die ihm durch § 27 Abs 1 Nr 2 auferlegt sind, weitere Verpflichtungen übernimmt. Nicht ausreichend dürfte sein, wenn der Verwaltervertrag die Verpflichtung des Verwalters enthält, alles zu tun, was zu einer ordnungsmäßigen Verwaltung notwendig ist (ebenso *Wenzel* ZWE 2009, 57, 61; **aA** *OLG Karlsruhe* 14 U 107/07, ZMR 2009, 623, 624 mwN). Der Verwalter wiederum kann die Verkehrssicherungspflicht auf einen Dritten übertragen, zB auf einen Hausmeister. Den Verwalter trifft dann lediglich die Pflicht zu dessen Überwachung, wobei er im Allgemeinen darauf vertrauen darf, dass der Hauswart den ihm übertragenen Verpflichtungen auch nachkommt, so lange nicht konkrete Anhaltspunkte bestehen, die dieses Vertrauen erschüttern (*BayObLG* 2Z BR 144/04, NZM 2005, 24, 25). Der Verwalter haftet für Schäden, die seine Hilfspersonen verursacht haben nicht, wenn er den Nachweis erbringt, dass er bei deren Auswahl und Überwachung die im Verkehr erforderliche Sorgfalt beachtet hat (§ 831 BGB).

116 Zu Verschulden, Haftungsausschluss und Schadensumfang kann auf die Ausführungen zur vertraglichen Haftung verwiesen werden. Ansprüche aus unerlaubter Handlung **verjähren** gemäß §§ 195, 199 Abs 2, 3, 203 BGB in drei Jahren ab Kenntnis des Schadens und der Person des Ersatzpflichtigen, spätestens jedoch in 30 Jahren. Zur Überleitungsvorschrift des Schuldrechtsmodernisierungsgesetzes (Art 229 § 6 EGBGB) siehe § 28 Rn 176.

3. Beispiele

117 **Auftragsvergabe:** Der Verwalter haftet, wenn er ohne hinreichende Vollmacht Planungs- und Vergabeleistungen für eine Sanierungsmaßnahme in Auftrag gibt, ohne eine eindeutige Beschlussfassung der Wohnungseigentümer herbeiführt zu haben (*OLG Celle* 4 W 199/00, NZM 2002, 169).

Bauliche Veränderung: Teilt der Verwalter einem Wohnungseigentümer mit, eine von diesem beabsichtigte Baumaßnahme bedürfe nicht der Zustimmung der übrigen Wohnungseigentümer, so haftet er einem anderen Wohnungseigentümer auf Ersatz der bei der Abwehr der Baumaßnahme entstandenen Rechtsverfolgungskosten, sofern die Mitteilung unzutreffend ist (*BGH* V ZB 9/91, NJW 1992, 182).

Baumängel: Zu den Pflichten des Verwalters gehört auch die Überprüfung des Gebäudes auf Baumängel innerhalb des Laufs der Verjährungsfrist (*OLG München* 32 Wx 79/08 NZM 2008, 895). Unterlässt es der Verwalter schuldhaft, die Wohnungseigentümer vor Ablauf der Verjährungsfrist auf Baumängel hinzuweisen, haftet er (*BayObLG* 2Z BR 82/02, NZM 2003, 31; *OLG Frankfurt* 20 W 169/07, ZWE 2008, 470). Die Hinweispflicht entfällt nur dann, wenn die Baumängel bereits allen Wohnungseigentümern bekannt sind (*BayObLG* 2Z BR 122/00, NZM 2001, 388, 389). Der Verwalter macht sich auch dann schadensersatzpflichtig, wenn er Zahlungen für erkennbar mangelhafte Werkleistungen erbringt und später Mängelansprüche gegen den Werkunternehmer nicht durchsetzbar sind (*OLG Frankfurt* 20 W 356/07, ZMR 2009, 620).

Baunebenkosten: Bezahlt der Verwalter Baunebenkosten (Gaslieferung während der Bauzeit), die im Außenverhältnis die Bauherrengemeinschaft und im Innenverhältnis die Generalübernehmerin zu tragen hat, aus dem Vermögen der Wohnungseigentümergemeinschaft, so haftet er (*OLG Hamburg* 2 Wx 72/93, WuM 1995, 126).

Beschlussfeststellung: Stellt der Verwalter ein Beschlussergebnis nicht oder unrichtig fest, so haftet er (s dazu *Abramenko* ZWE 2004, 140; *Gottschalg* ZWE 2005, 32).

Delegation: Überträgt der Verwalter die Hausverwaltung der Liegenschaft auf einen Dritten und unterbindet vertragswidrige Überweisungen vom Hausgeldkonto nicht, so haftet er (*OLG Frankfurt* 20 W 209/04, NZM 2005, 951).

Diebstahl von gemeinschaftlichem Eigentum: Hat der Verwalter nach dem Diebstahl einer Waschmaschine aus der Gemeinschaftswaschküche alle Eigentümer auf die Notwendigkeit einer Absicherung der Waschküche durch ein Rundschreiben hingewiesen, hat er seine Pflichten nicht verletzt, wenn es hiernach trotzdem zu einem erneuten Diebstahl einer Waschmaschine kommt. Das erste Rundschreiben war ausreichend, wenn in der Vergangenheit keine Diebstähle erfolgt waren und deshalb ein weiterer Diebstahl nicht zu erwarten war. Für die Absicherung der Waschküche müssen vorrangig die Eigentümer eine Lösung finden (*LG Saarbrücken* 5 S 10/08, ZWE 2009, 54).

Fördermittel: Der Verwalter ist verpflichtet, die Wohnungseigentümer im Zusammenhang mit Maßnahmen der Instandhaltung auf bestehende Förderungsmöglichkeiten hinzuweisen, wobei ein Mitverschulden der Wohnungseigentümer in Betracht kommt, wenn sie bei zumutbarer Sorgfalt hätten erkennen können, dass ihnen Fördermittel zustehen (*LG Mönchengladbach* 5 T 51/06, NZM 2007, 417 – Umstellung der Heizungsanlage auf Erdgas).

Forderungen gegen die Wohnungseigentümergemeinschaft: Aus dem Verwaltervertrag ergibt sich die Pflicht, berechtigte Forderung gegen die Wohnungseigentümergemeinschaft fristgerecht zu begleichen, oder, wenn das Guthaben auf dem Konto des Verbandes nicht ausreicht oder Zweifel an der Berechtigung einer Forderung bestehen, rechtzeitig die Wohnungseigentümer zu informieren, zu beraten und entsprechende Beschlussfassungen einzuleiten (*OLG München* 32 Wx 93/07, FGPrax 2008, 218).

Instandhaltung: Zur Haftung des Verwalter wegen Pflichtverletzungen bei der Instandhaltung des gemeinschaftlichen Eigentums s. Rn 16.

Instandhaltungsrücklage: Haben die Wohnungseigentümer beschlossen, den als Instandhaltungsrücklage angesammelten Kapitalbetrag in einer Weise anzulegen, die ordnungsgemäßer Verwaltung widerspricht, so kann den Verwalter eine Mithaftung für den Verlust der Anlage treffen, wenn er das Verlustrisiko der speziellen Anlage hätte erkennen müssen und gleichwohl weder die Eigentümerversammlung auf das bestehende Risiko hingewiesen noch seine Mitwirkung von einem gesonderten Beschluss der Eigentümerversammlung über die spezielle Anlage abhängig gemacht hat (*OLG Celle* 4 W 7/04, NZM 2004,426).

Jahresabrechnung: Wird die Jahresabrechnung so mangelhaft erstellt, dass die Wohnungseigentümer einen Sachverständigen einschalten müssen (*BayObLG* BReg 2 Z 67/75, BayObLGZ 1975, 369, 372/373) oder einen Dritten mit der Erstellung der Jahresabrechnung beauftragen müssen (*OLG Düsseldorf* 3 Wx 194/02, NZM 2003, 907) haftet der Verwalter. Einen Anspruch gegen den Verwalter auf Schadensersatz statt der Leistung wegen Nichterstellung der Jahresabrechnung haben die Wohnungseigentümer nur, wenn die Voraussetzungen des § 281 BGB vorliegen (vgl *KG* 24 W 5725/91, WuM 1993, 142 [zu § 326 BGB aF]; *OLG München* 32 Wx 93/07, FGPrax 2008, 218- zur Rechnungslegung des ausgeschiedenen Verwalters). Nicht zu vertreten hat der Verwalter eine Verzögerung bei Erstellung einer Jahresabrechnung, die den Anforderungen der Gemeinschaftsordnung entspricht, wenn der Grund hierfür im Verantwortungsbereich eines Dritten liegt, der – wie zB ein Versorgungs- oder Abrechnungsunternehmen – nicht Erfüllungsgehilfe des Verwalters ist, sondern auf der Grundlage eines mit der Wohnungseigentümergemeinschaft bestehenden Vertrages für die Wohnungseigentümer tätig wird (*OLG Brandenburg* 13 Wx 4/06 NZM 2007, 774).

Mangelhafte Werkleistungen: Zahlt der Verwalter für erkennbar mangelhafte Werkleistungen und können die Wohnungseigentümer ihre Ansprüche gegen den Werkunternehmer nicht durchsetzen, so haftet der Verwalter (*KG* 24 W 5506/92, WuM 1993, 306; *OLG Düsseldorf* 3 Wx 186/95, ZMR 1997, 380).

Verkehrssicherungspflicht: Der Verwalter haftet, wenn er die ihm obliegende Verkehrssicherungspflicht verletzt, indem er zB nicht oder nicht rechtzeitig bei Glatteis streut oder einen Gefahrenzustand an einem Kinderspielplatz, der zum gemeinschaftlichen Eigentum gehört, nicht rechtzeitig beseitigt (*OLG Frankfurt* 20 W 365/81, OLGZ 1982, 16: Dornenhecke und Jägerzaun). Eine Verletzung der Verkehrssicherungspflicht kommt auch in Betracht, wenn der Verwalter, den Beschluss ein fehlendes Treppengeländer anzubringen, nicht unverzüglich ausführt (*BayObLG* 2Z BR 120/95, WuM 1996, 497).

Wirtschaftsplan: Der Verwalter haftet, wenn er schuldhaft die Ansätze im Wirtschaftsplan zu niedrig bemisst, so dass den Wohnungseigentümern dadurch ein Zinsschaden entsteht (*AG Waiblingen* 1 GR I 76/95, WuM 1996, 115).

Zustimmung zur Veräußerung: Erteilt der Verwalter die erforderliche Zustimmung zur Veräußerung gemäß § 12 zu spät haftet er (*BayObLG* 2 Z 18/83, DWE 1984, 60); Wird ein Verwalter nach dem ihm bekannten Ende seiner Amtszeit weiter als Verwalter tätig, hat er die nachvertragliche Pflicht, einen veräußerungswilligen Wohnungseigentümer darauf hinzuweisen, dass er eine Zustimmung nach § 12 nicht erteilen kann (*KG* 22 U 4407/97, NZM 1999, 255); Unterlässt es der Verwalter bei zweifelhafter Rechtslage unverzüglich eine Weisung der Wohnungseigentümergemeinschaft einzuholen, so hat er dem Veräußerer aus der Verzögerungsschaden auch dann zu ersetzen, wenn er seine Zustimmung nach anwaltlicher Beratung verweigert hat, sofern erkennbar war, dass ein wichtiger Grund für eine Zustimmungsverweigerung fehlte (*OLG Düsseldorf* 3 Wx 321/04, NZM 2005, 787). Bestimmt die Teilungserklärung, dass der Verwalter dem Verkauf einer Wohnung zustimmen muss, ist der Verwalter dem Erwerber gegenüber nicht verpflichtet, ungefragt auf anstehende, noch nicht finanzierte Sanierungsmaßnahmen und die daraus zu erwartende Sonderumlage hinzuweisen (*OLG Köln* 16 Wx 154/98, WuM 1999, 300).

Zwangsverwaltung: Der Verwalter haftet, wenn er es unterlässt, die Zwangsverwaltung einer vermieteten Eigentumswohnung zu betreiben (*OLG Hamburg* 2 Wx 53/91, WuM 1993, 300, 301).

XI. Die Haftung des Verwalters gegenüber Dritten

1. Haftung aus unerlaubter Handlung. Eine Haftung des Verwalters gegenüber Dritten aus unerlaubter Handlung kommt insbesondere in Betracht, wenn er eine ihm obliegende Verkehrssicherungspflicht verletzt (s Rn 114). **118**

2. Haftung als vollmachtloser Vertreter. Gemäß § 179 Abs 1 BGB ist der Verwalter einem Dritten gegenüber zur Vertragserfüllung oder zum Schadensersatz verpflichtet, wenn er ohne Vollmacht der Wohnungseigentümer in deren Namen einen Vertrag schließt und die Wohnungseigentümer den Vertrag nicht genehmigen. **119**

XII. Haftung der Wohnungseigentümergemeinschaft für den Verwalter

Die Wohnungseigentümergemeinschaft als Verband haftet Dritten gegenüber gemäß § 278 BGB für ein Verschulden des Verwalters, wenn dieser als ihr **Erfüllungsgehilfe** bei der Eingehung oder Abwicklung eines Vertrages tätig geworden ist. Die dem Verwalter durch § 27 in der Fassung der WEG-Novelle 2007 zugewiesenen Befugnisse rechtfertigen es, ihn als **Organ** des Verbands im Sinne von § 31 BGB anzusehen (*Merle* in Bärmann, § 27 Rn 305; *Abramenko* in Riecke/Schmid, § 26 Rn 58; *Heinemann* in Jennißen, § 27 Rn 179). Der Verband haftet folglich ohne die Möglichkeit einer Entlastung für Schäden, die Dritten durch eine den Verwalter zum Schadensersatz verpflichtende Handlung entstehen, die in Ausführung der dem Verwalter als Organ zustehenden Aufgaben erfolgt. Dies gilt zB, wenn der Verwalter bei der Erledigung der dem Verband obliegenden oder vom Verband wahrzunehmenden Verkehrssicherungspflichten Schäden verursacht. Ist die Verkehrssicherungspflicht wirksam auf den Verwalter übertragen (s Rn 115), haftet der Verband nur für die Verletzung von Kontroll- und Überwachungspflichten. Dritte im Verhältnis zum Verband sind auch die einzelnen Wohnungseigentümer (vgl *Wenzel* ZWE 2009, 57, 62). Im Verhältnis der Wohnungseigentümer untereinander ist der Verwalter dagegen weder Erfüllungs- noch Verrichtungsgehilfe und auch nicht Organ iSv § 31 BGB, da er regelmäßig nicht in den Angelegenheiten einzelner Wohnungseigentümer tätig wird (ebenso *Abramenko* in Riecke/Schmid, § 26 Rn 59; vgl auch *OLG Frankfurt* 20 W 94/84, OLGZ 1985, 144, 146; *KG* 24 W 3233/85, ZMR 1986, 318; *OLG Frankfurt* 20 W 395/92, OLGZ 1993, 188, 189; *BayObLG* 2Z BR 106/95, WuM 1996, 654; *OLG Düsseldorf* 3 Wx 369/98, WuM 1999, 356, 357[zum alten Recht]). Auch soweit der Verwalter im Verhältnis zum Verband eigene Aufgaben wahrnimmt, also nicht als Organ tätig wird, haftet der Verband nicht. Die Gemeinschaft haftet daher nur dann für Schäden am Sondereigentum, die auf Mängel des gemeinschaftlichen Eigentums zurückzuführen sind, wenn die Wohnungseigentümer ein eigenes Verschulden trifft, nicht aber für eine etwaige Verletzung der dem Verwalter gemäß § 27 Abs 1 Nr 2 obliegenden Kontroll-, Hinweis- und Organisationspflichten betreffend die ordnungsgemäße Instandhaltung und Instandsetzung des gemeinschaftlichen Eigentums (*Heinemann* in Jennißen, § 27 Rn 179; vgl auch *OLG Düsseldorf* 3 Wx 619/94, WuM 1995, 230 [zum alten Recht]). Eine Haftung des Verbands gemäß §§ 280, 278, 31 BGB kommt jedoch in Betracht bei Verletzung von Schutzpflichten, die sich aus dem Mitgliedschaftsverhältnis ergeben (*Wenzel* ZWE 2009, 57, 62). Führte ein Verwalter die von ihm als Zwischenvermieter an einen Wohnungseigentümer zu zahlende Miete vertragswidrig nicht als Wohngeld an die Gemeinschaft ab, so ist der Gemeinschaft, die diesen Wohnungseigentümer auf Zahlung der dadurch entstandenen Rückstände in Anspruch nimmt, dieses Fehlverhalten nicht zuzurechnen (*OLG Hamburg* WE 1991, 18 = ZMR 1990, 467). **120**

§ 28 Wirtschaftsplan, Rechnungslegung

(1) ¹Der Verwalter hat jeweils für ein Kalenderjahr einen Wirtschaftsplan aufzustellen. ²Der Wirtschaftsplan enthält:
1. die voraussichtlichen Einnahmen und Ausgaben bei der Verwaltung des gemeinschaftlichen Eigentums;
2. die anteilmäßige Verpflichtung der Wohnungseigentümer zur Lasten- und Kostentragung;
3. die Beitragsleistung der Wohnungseigentümer zu der in § 21 Abs. 5 Nr. 4 vorgesehenen Instandhaltungsrückstellung.

(2) Die Wohnungseigentümer sind verpflichtet, nach Abruf durch den Verwalter dem beschlossenen Wirtschaftsplan entsprechende Vorschüsse zu leisten.

(3) Der Verwalter hat nach Ablauf des Kalenderjahrs eine Abrechnung aufzustellen.

(4) Die Wohnungseigentümer können durch Mehrheitsbeschluss jederzeit von dem Verwalter Rechnungslegung verlangen.

(5) Über den Wirtschaftsplan, die Abrechnung und die Rechnungslegung des Verwalters beschließen die Wohnungseigentümer durch Stimmenmehrheit.

Übersicht

	Rn		Rn
I. Allgemeines	1	d) Unberechtigte Ausgaben	57
II. Wirtschaftsplan	7	e) Kosten eines Rechtsstreits nach § 43	58
1. Aufstellen des Wirtschaftsplans	8	f) Umsatzsteuer	59
2. Geltungsdauer des Wirtschaftsplans	12	g) Zinsabschlagsteuer	60
a) Wirtschaftsperiode	12	h) Haushaltsnahe Dienstleistungen	61
b) Fortgeltung von Wirtschaftsplänen	13	i) Darstellung der Kontenstände	62
c) Rückwirkung von Wirtschaftsplänen	14	j) Muster einer Gesamtabrechnung	64
3. Inhalt des Wirtschaftsplans	15	3. Einzelabrechnung	65
4. Muster eines Wirtschaftsplans	23	a) Verteilungsschlüssel	67
5. Beschluss über den Wirtschaftsplan	24	b) Gesamtabrechnung als Grundlage	70
6. Sonderumlage	31	c) Saldo der Abrechnung	74
a) Nachtrag zum Wirtschaftsplan	31	d) Saldo aus der Vorjahresabrechnung	75
b) Höhe der Sonderumlage	33	e) Wirkung der Einzelabrechnung	80
c) Anspruchsgrundlage für den Beitrag	34	f) Muster einer Einzelabrechnung:	82
d) Sonderumlage wegen Wohngeldrückständen	36	g) Einzelabrechnung bei Eigentümerwechsel	83
III. Jahresabrechnung	41	4. Beschluss über die Jahresabrechnung	94
1. Funktionen der Jahresabrechnung	42	a) Bedeutung des Beschlusses	95
2. Form und Inhalt der Jahresgesamtabrechnung	45	b) Stimmberechtigte	96
a) Keine Bilanz	48	c) Anfechtungsgründe	98
b) Heizkosten	52	d) Genehmigungsfiktion	116
c) Instandhaltungsrücklage	54		

	Rn		Rn
e) Delegation der Genehmigung	117	b) Höhe des Verzugszinses	164
		c) Verzugsschaden	168
5. Anspruch auf Erstellung der Jahresabrechnung	118	d) Ende des Verzugs	170
		e) Ratenzahlungsvereinbarung	171
6. Einsicht in Unterlagen	121		
7. Anspruch auf Auskunft	126	4. Verjährung der Wohngeldansprüche	172
8. Fälligkeit der Abrechnung	128		
9. Keine Übersendung aller Einzelabrechnungen	129	5. Aufrechnungsausschluss	181
		6. Zurückbehaltungsrecht	184
10. Verwalterwechsel	131	7. Gerichtliche Durchsetzung	185
IV. Buchführung für die WEG-Verwaltung	132	8. Zwangsvollstreckung	191
		9. Versorgungssperre	196
1. Grundsätze ordnungsmäßiger Buchführung	134	10. Sicherungsabtretung von Mietforderungen	198
a) Dokumentationsprinzip	135	VI. Guthaben aus der Jahresabrechnung	199
b) Belegprinzip	136		
c) Aufbewahrungspflicht	137	VII. Rechnungslegung	201
d) Besonderheiten für die EDV-Buchführung	138	1. Anspruchsvoraussetzungen	201
		2. Inhalt der Rechnungslegung	202
2. Form der Buchführung	139	3. Vollstreckung des Titels auf Rechnungslegung	203
3. Buchführungssystem	140		
V. Beitragsforderungen	143	VIII. Entlastung des Verwalters	205
1. Art und Weise der Beitragszahlung	145	1. Wirkung der Entlastung	207
2. Fälligkeit	151	2. Erkennbarkeit von Ansprüchen	211
a) Wohngeldvorschüsse	152		
b) Fehlbeträge aus der Jahresabrechnung	156	3. Anfechtbarkeit des Entlastungsbeschlusses	212
		4. Kein Anspruch auf Entlastung	219
3. Verzug mit Beiträgen	159	5. Kein Stimmrecht des Verwalters	220
a) Verzugsvoraussetzungen	160		

Literatur: *Abramenko* Zur Abgrenzung zwischen teilweiser und gänzlicher Ungültigerklärung von Jahresabrechnungen, ZMR 2003, 402; *ders* Der Anspruch auf Ergänzung einer Jahresabrechnung, ZMR 2004, 91; *Armbrüster* Beschlüsse über die Abrechnung, ZWE 2005, 257; *Beck* Das neue BMF-Schreiben vom 26.10.2007 zu haushaltsnahen Dienstleistungen, GE 2007, 1540; *ders* Haushaltsnahe Dienstleistungen nach § 35a EStG, ZWE 2008, 313; *Briesemeister* Der insolvente Mehrheitseigentümer in der Wohnungseigentümergemeinschaft, NZM 2003, 777; *Deckert* Muster einer Verwalterabrechnung nach § 28 WEG, NJW 1989, 1064; *Demharter* Jahresabrechnung bei Eigentümerwechsel, ZWE 2001, 60; *ders* Unberechtigterweise vom Verwalter getätigte Ausgaben, ZWE 2001, 585; *ders* Begrenzung der Vorauszahlungspflicht durch die Jahresabrechnung, GE 2003, 575; *Drasdo* Datenschutz im Bereich der Wohnungseigentümergemeinschaften – Listenversendung von Wohngeldschuldnern, NZM 1999, 542; *ders* Kosten von Bau und Sanierungsmaßnahmen und in einem Wirtschaftsjahr nicht verbrauchter Sonderumlagen in der Abrechnung, ZWE 2000, 248; *ders* Die Behandlung der Verwaltungskosten, NZM 2000, 468; *ders* Abrechnungsspitze nach Eigentümerwechsel, NZM 2003, 297; *ders* Die Zulässigkeit von Abgrenzungen in der Jahresabrechnung, ZWE 2002, 166; *ders* Wohngeldvorfälligkeit bei Zahlungssäumnis als Beschlussmaßnahme ordnungsmäßiger Verwaltung, NZM 2003, 588; *ders* Interdependenz zwischen Gesamt- und Einzelabrechnung, NZM 2005, 293; *Einsiedler* Die Sonderumlage: Voraussetzungen, Abrechnung, Eigentümerwechsel, ZMR 2009, 573; *Gaier* Der Beginn der regelmäßigen Verjährung von gemeinschaftlichen Ansprüchen der Wohnungseigentümer nach neuem Recht, NZM 2003, 90; *ders* Versorgungssperre bei Beitragsrückständen des vermietenden Wohnungseigentümers, ZWE 2004, 109; *Giese* Gedanken zur praxisgerechten Verwaltungsabrechnung in der Wohnungseigentumsverwaltung, WE 1993, 64; *Greiner* Wirtschaftsplan und Hausgeld – einige praktische Fragen, ZMR 2002, 647; *Greiner/Vogel* Vereinbarung eines Anspruchs auf Entlastung des Verwalters – Ausweg oder Irrweg?, ZMR 2003, 465; *Happ* Die vermietete Eigentumswohnung, DWE 2003, 5; *Häublein* Schutz der Gemeinschaft vor zahlungsunfähigen Miteigentümern, ZWE 2004, 48; *Hauger* Das Rechnungswesen des Verwalters, 1988; *Hogenschurz* Die Zwangsvollstreckung von Wohngeldforderungen – Ein überblick; DWE 2004, 124; *Jennißen* Die zeitanteilige Aufteilung der Jahresabrechnung gegenüber Veräußerer und Erwerber von Wohnungseigentum, ZWE 2000, 494; *ders* Rechnungsabgrenzungen in der Verwalterabrechung, ZWE 2002, 19; *ders* Abhängigkeit der mietrechtlichen Betriebskostenabrechnung von der wohnungseigentumsrechtlichen Jahresabrechnung, NZM 2002, 236; *ders* Aufteilungstheorie versus Fälligkeitstheorie, ZMR 2005, 267; *Köhler* Verwalterentlastung, Beiratsprüfung und ähnlich gefährliche Handlungen, ZMR 2001, 865; *Kahlen* Neue Vorschriften zur Aufbewahrung von Rechnungen und neue Bußgeldvorschriften – Der Verwalter in der Verantwortung, ZMR 2005, 837; *Kümmel/v. Seldeneck* Die Versorgungssperre in Wohnungseigentumsanlagen, GE 2002, 1045; *Lützenkirchen/Jennißen* Mietrechtliche Betriebskostenabrechnung und wohnungseigentumsrechtliche Jahresabrechnung im Spannungsverhältnis, ZWE 2002, 446; *Ludley* Haushaltsnahe Dienst- und Handwerkerleistungen und deren Auswirkungen auf Betriebskostenabrechnungen und Jahresabrechnungen, ZMR 2007, 331; *Merle* Zur Rechtslage nach der Entscheidung des BGH vom 20. September 2000, DWE 2001, 45; *ders* Schuldrechtsmodernisierung – Auswirkungen auf die Geltendmachung von Beitragsforderungen, ZWE 2003, 231; *ders* Die Fälligkeit von Beitragsforderungen aus dem Wirtschaftsplan, ZWE 2004, 312; *ders* Die Beschlusskompetenz über den Wirtschaftsplan, ZWE 2005, 287; *Merle/Merle* Abrechnung von Guthaben bei Eigentümerwechsel, GE 2003, 307; *Niedenführ* Rechnungsabgrenzungspositionen in der Jahresabrechnung der Wohnungseigentümergemeinschaft? DWE 2005, 58; *Rau* Wohngeldabrechnung – Haftung auf die so genannte „Abrechnungsspitze" bei Eigentümerwechsel, MDR 2005, 124; *Riecke* Abschied von der Entlastung des Verwalters, WuM 2003, 256; *Sauren/Rupprecht* Wohnungseigentumsverwaltung nach der Schuldrechtsreform, NZM 2002, 585; *Schirrmann* Umsatzsteuerliche Probleme der Wohnungseigentümergemeinschaft, WuM 1996, 689; *ders* Umsatzsteuer und Wohnungseigentum, WE 1998, 212, 248, 292 und 331; *Schlüter* Haushaltsnahe Dienstleistungen – Neue Klarstellungen durch das BMF, ZWE 2007, 485; *Schmidt* Verzug und Verzugszinsen im Wohnungseigentum, ZWE 2000, 448; *Schultzky* Das Verhältnis von Wirtschaftsplan, Sonderumlage und Jahresabrechnung – Dogmatische Einordnung und praktische Bedeutung, ZMR 2008, 757; *Slomian* Die Abrechnung von Guthaben bei Eigentümerwechsel, ZWE 2002, 206; *Sturhahn* Vorschüsse auf gerichtliche und außergerichtliche Kosten in Verfahren nach § 43 WEG und die Bestimmung des § 16 V WEG, NZM 2004, 84; *Stähling* Dauerkonflikt Jahresabrechnung der Wohnungseigentümergemeinschaft, NZM 2005, 726; *Syring* Nochmals: Jahresabrechnung bei Eigentümerwechsel, ZWE 2002, 565; *Tank* „Hauhaltsnahe Dienstleistungen" – Sondervergütung für den Verwalter?, DWE 2007, 85; *Vogl* Zu den Möglichkeiten einer Wohnungseigentümergemeinschaft sich gegen Zahlungsausfälle eines insolventen Mitgliedes zu schützen, ZMR 2003, 716; *Wenzel* Die Jahresabrechnung – Inhalt und Konsequenzen der Rechtsprechung des Bundesgerichtshofes, WE 1997, 124; *ders* Die Entscheidung des Bundesgerichtshofes zur Beschlusskompetenz der Wohnungseigentümerversammlung und ihre Folgen, ZWE 2001, 226; *Wilhelmy* Haushaltsnahe Dienstleistungen und Beschäftigungsverhältnisse in Wohnungseigentümergemeinschaften, DWE 2007, 84; *Wolfsteiner* Vollstreckbare Urkunden über Wohngeld, FS Wenzel, 2005, S 59; *Wolicki* Die Zwangsverwaltung von Sondereigentum, NZM 1999, 321; *ders* Im Überblick: Die Kosten des Zwangsverwaltungsverfahrens, NZM 2001, 663; *ders* Wohnungseigentumsrecht: Checkliste zur Vorbereitung von gerichtlichen Hausgeldbeitreibungsverfahren, MDR 2003, 729.

§ 28 WEG II

I. Allgemeines

§ 28 bildet gemeinsam mit § 16 Abs 2 die gesetzliche Grundlage für eine geordnete Wirtschaftsführung der Wohnungseigentümergemeinschaft. Die WEG-Novelle 2007 hat die Vorschrift nicht geändert. **1**

§ 28 Abs 1 bestimmt, dass ein **Wirtschaftsplan** aufzustellen ist. Dies ist ein Voranschlag über die im Wirtschaftsjahr voraussichtlich entstehenden Kosten und ihre Deckung durch Einnahmen. Es handelt sich hierbei also um eine Art Haushaltsplan oder Budget der Eigentümergemeinschaft. Aus § 28 Abs 2 in Verbindung mit dem durch Eigentümerbeschluss (§ 28 Abs 5) genehmigten Wirtschaftsplan ergibt sich die **Anspruchsgrundlage** für die Pflicht des einzelnen Wohnungseigentümers, **Vorschüsse** auf die von ihm gemäß § 16 Abs 2 zu tragenden Lasten und Kosten zu zahlen. Diese Vorschüsse werden als Wohngeld oder um die Verwechslungsgefahr mit den öffentlichen Zuschüssen nach dem Wohngeldgesetz zu vermeiden als Hausgeld bezeichnet. **2**

§ 28 Abs 3 bestimmt, dass der Verwalter nach Ablauf des Kalenderjahres eine **Abrechnung** aufzustellen hat. Diese Jahresabrechnung erfasst die tatsächlichen, im Geschäftsjahr eingegangenen Gesamteinnahmen und die geleisteten Gesamtausgaben und legt nach Genehmigung durch Eigentümerbeschluss (§ 28 Abs 5) endgültig fest, welche Lasten und Kosten der einzelne Eigentümer für das vergangene Jahr gemäß § 16 Abs 2 zu tragen hat. Die Einzelabrechnung ist **Anspruchsgrundlage** für die Pflicht des einzelnen Wohnungseigentümers, einen **Fehlbetrag** auszugleichen. Sie kann aber auch Grundlage für einen Anspruch des Wohnungseigentümers auf Auszahlung eines Guthabens sein. Die Geltendmachung eines Schadensersatzanspruchs der Gemeinschaft gegen einen Wohnungseigentümer aus § 280 Abs 1 BGB wegen schuldhafter Verletzung der Pflicht zum schonenden Gebrauch des Gemeinschaftseigentums gemäß § 14 Nr 1 (vgl dazu im Einzelnen § 14 Rn 15), setzt nicht voraus, dass der Schadensbetrag in die von den Wohnungseigentümern beschlossene Jahresabrechnung samt Einzelabrechnungen eingestellt worden ist (*BayObLG* BReg 2 Z 119/90, WuM 1991, 60). **3**

§ 28 Abs 4 gibt den Wohnungseigentümern das Recht, neben der periodischen Jahresabrechnung jederzeit durch einen Mehrheitsbeschluss vom Verwalter Rechnungslegung zu verlangen. **4**

Gemäß § 28 Abs 5 beschließen die Wohnungseigentümer über den Wirtschaftsplan, die Jahresabrechnung und eine Rechnungslegung mit Mehrheit. Die Beschlüsse sind einerseits im Verfahren nach §§ 21 Abs 4, 43 Nr 1 erzwingbar und andererseits sämtlich nach §§ 23 Abs 4, 43 Nr 4, 46 anfechtbar und damit gerichtlicher Kontrolle unterstellt. Die Beschlussanfechtung entbindet nicht von der Zahlungspflicht, solange der Beschluss nicht rechtskräftig für ungültig erklärt ist (*BayObLG* 2Z BR 41/02, NZM 2002, 743, 744). **5**

Die Vorschriften des § 28 sind allesamt abänderbar (arg: § 10 Abs 2 S 2). Ein das Gesetz ändernder Mehrheitsbeschluss ist jedoch nichtig, wenn die Gemeinschaftsordnung nicht ausnahmsweise die Möglichkeit einer Mehrheitsentscheidung eröffnet, denn eine Änderung des Gesetzes ist nur durch Vereinbarung möglich (*BGH* V ZB 58/99, NJW 2000, 3500). Ein Mehrheitsbeschluss, der den Verwalter davon freistellt, in Zukunft Einzelwirtschaftspläne zu erstellen, ist nichtig (*BayObLG* 2Z BR 112/04, ZMR 2005, 384, 385). **6**

Niedenführ

II. Wirtschaftsplan

7 Das Aufstellen eines Wirtschaftsplans gehört gemäß § 21 Abs 5 Nr 5 zur ordnungsmäßigen Verwaltung und kann nur durch Vereinbarung oder Teilungserklärung ausgeschlossen werden. Der Wirtschaftsplan bindet nicht die Jahresabrechnung. Diese kann vom Wirtschaftsplan abweichen (*BayObLG* BReg 2 Z 8/74, NJW 1974, 1910).

8 **1. Aufstellen des Wirtschaftsplans.** Der Wirtschaftsplan ist vom Verwalter aufzustellen (§ 28 Abs 1 S 1), ohne dass es einer besonderen Aufforderung bedarf. Über seine endgültige Feststellung entscheiden die Wohnungseigentümer gemäß § 28 Abs 5 durch Mehrheitsbeschluss. Dabei kann auch ein vom Vorschlag des Verwalters abweichender Plan beschlossen werden.

9 Jeder Wohnungseigentümer kann vom Verwalter die Aufstellung des Wirtschaftsplans verlangen und im Verfahren nach § 43 Nr 3 gerichtlich durchsetzen (§ 21 Abs 4, Abs 5 Nr 5; *BayObLG* BReg 2 Z 125/71, NJW 1972, 1376). Ebenso kann jeder Wohnungseigentümer gemäß §§ 21 Abs 4, 28 Abs 5, 43 Nr 1 die Beschlussfassung über den Wirtschaftsplan erzwingen oder umgekehrt einen Beschluss über den Wirtschaftsplan gemäß § 43 Nr 4 anfechten. Wird der vom Verwalter aufgestellte Wirtschaftsplan von der Mehrheit der Wohnungseigentümer abgelehnt, obwohl er ordnungsmäßiger Verwaltung entspricht, so kann jeder einzelne Wohnungseigentümer die übrigen auf Zustimmung zu dem Wirtschaftsplan in Anspruch nehmen (§§ 21 Abs 4, 28 Abs 5, 43 Nr 1; vgl auch *Niedenführ* ZMR 1991, 121, 123) oder beantragen, dass das Gericht einen Wirtschaftsplan aufstellt und die Vorschüsse gemäß § 21 Abs 8 durch vorläufig vollstreckbares Urteil fällig stellt. Das Gericht ist dabei nicht verpflichtet, detaillierte Gesamt- und Einzelwirtschaftspläne aufzustellen, sondern kann die voraussichtlichen Kosten nach den Angaben der Beteiligten schätzen (*KG* 24 W 4800/90, WuM 1990, 614). Nach Ablauf des Wirtschaftsjahres haben die Wohnungseigentümer nur noch über die dann vom Verwalter aufzustellende Jahresabrechnung (§ 28 Abs 3) zu beschließen (§ 28 Abs 5), so dass mit diesem Zeitpunkt auch der jedem Wohnungseigentümer zustehende Anspruch auf Beschlussfassung über den Wirtschaftsplan und gegebenenfalls auf entsprechende gerichtliche Festlegung erlischt (*KG* 24 W 1925/85, ZMR 1986, 250).

10 Die Wohnungseigentümer können im Einzelfall durch Mehrheitsbeschluss den Verwalter von der Aufstellung eines neuen Wirtschaftsplans befreien und die Fortgeltung des bisherigen Wirtschaftsplans beschließen, wenn dies ordnungsmäßiger Verwaltung entspricht, weil sich gegenüber dem Vorjahr keine wesentlichen Änderungen ergeben haben (*BayObLG* BReg 2 Z 40/90, WuM 1991, 312).

11 Die Beschlussfassung über den Wirtschaftsplan setzt nicht die Genehmigung der Jahresabrechnung für das Vorjahr voraus (*OLG Düsseldorf* 3 Wx 169/98, WuM 1999, 477, 479). Wirksam wird der Wirtschaftsplan erst mit der Beschlussfassung durch die Wohnungseigentümer (*BayObLG* BReg 2 Z 85/70, BayObLGZ 1971, 313, 317). Erst dann ist der Verwalter gemäß § 27 Abs 1 Nr 1 verpflichtet den Wirtschaftsplan durchzuführen.

12 **2. Geltungsdauer des Wirtschaftsplans. – a) Wirtschaftsperiode.** Aus § 28 Abs 1 S 1 und § 28 Abs 3 folgt, dass das Wirtschaftsjahr dem Kalenderjahr entspricht. Entgegen dieser gesetzlichen Regelung kann die Teilungserklärung oder eine sonstige Vereinbarung das Wirtschaftsjahr abweichend vom Kalenderjahr festlegen. Selbst eine langjährige faktische Handhabung führt aber nicht zu einer Vereinbarung über ein vom

Kalenderjahr abweichendes Wirtschaftsjahr (*OLG Düsseldorf* 3 Wx 378/00, NZM 2001, 546). Ein Mehrheitsbeschluss, der generell die gesetzliche oder vereinbarte Regelung über das Wirtschaftsjahr ändert, ist nichtig (*Wenzel* ZWE 2001, 226, 234). Der Beschluss über einen konkreten Wirtschaftsplan oder eine konkrete Jahresabrechnung mit einem vom Kalenderjahr abweichenden Wirtschaftsjahr ist dagegen nicht nichtig (*Bielefeld* DWE 2003, 77, 85). Ein solcher Beschluss ist aber bei rechtzeitiger Anfechtung für ungültig zu erklären (**aA** für vor dem 1.1.2001 gefasste Beschlüsse *KG* 24 W 71/01, NZM 2002, 447). Hat ein Wohnungseigentümer über Jahre hinweg unwidersprochen ein vom Kalenderjahr abweichendes Wirtschaftsjahr hingenommen, dann verhält er sich treuwidrig (§ 242 BGB), wenn er, ohne dass für ihn ein wirtschaftlicher oder sonstiger Vorteil damit verbunden wäre, den Beschluss über den Wirtschaftsplan anficht und auf einer aufwändigen und kostenträchtigen Neuerstellung des Wirtschaftsplans beharrt (*OLG Celle* 4 W 60/02 zitiert nach Juris Rn 47; *OLG München* 32 Wx 164/08, ZMR 2009, 630). Für die Zukunft ist allerdings eine Beanstandung der Abrechnungszeiträume nicht durch die Übung der vergangenen Jahre abgeschnitten, so dass die Abrechnungen nach dem Kalenderjahr vorgenommen werden müssen, wenn ein derartiger Wunsch rechtzeitig geäußert wird und zuvor keine anders lautende Regelung zu Stande kommt (*OLG Celle* wie vor). Die Rückkehr zu dem durch das Gesetz oder eine Vereinbarung vorgeschriebenen Wirtschaftsjahr durch Bildung eines Rumpfwirtschaftsjahres entspricht ordnungsgemäßer Verwaltung.

b) Fortgeltung von Wirtschaftsplänen. Der für eine Wirtschaftsperiode beschlossene Wirtschaftsplan begründet Vorschusspflichten der Wohnungseigentümer (§ 28 Abs 2) nur für den betreffenden Zeitraum, nicht jedoch darüber hinaus (*OLG Düsseldorf* 3 Wx 77/03, ZMR 2003, 862 mwN). Dies folgt aus dem Wortlaut des Gesetzes (§ 28 Abs 1 S 1: „jeweils für ein Kalenderjahr" und § 28 Abs 2: „dem beschlossenen Wirtschaftsplan entsprechende Vorschüsse"). Etwas anderes gilt nur, wenn die generelle Fortgeltung der Wirtschaftspläne durch Vereinbarung festgelegt ist oder wenn bei der Beschlussfassung über einen konkreten Wirtschaftsplan gleichzeitig seine Fortgeltung bis zur Beschlussfassung über den nächsten Wirtschaftsplan beschlossen wird. Es ist in aller Regel geboten, bei der Beschlussfassung über einen Wirtschaftsplan gleichzeitig dessen **Fortgeltung** bis zur Beschlussfassung über den nächsten Wirtschaftsplan festzulegen. Ein Mehrheitsbeschluss, wonach der konkrete Wirtschaftsplan bis zum nächsten Wirtschaftsplan fortgilt, ist weder nichtig noch anfechtbar, sondern entspricht dem Grundsatz ordnungsmäßiger Verwaltung (*KG* 24 W 16/02, NZM 2002, 294; *BayObLG* 2Z BR 41/02, NZM 2002, 743, 744; *OLG Düsseldorf* 3 Wx 77/03, ZMR 2003, 862; *Wenzel* ZWE 2001, 226, 237; *Gottschalg* NZM 2001, 950; *Merle* in Bärmann, § 28 Rn 49). Der Fortgeltungsbeschluss beeinträchtigt nicht den Anspruch des einzelnen Wohnungseigentümers gegen den Verwalter auf Aufstellung eines neuen Wirtschaftsplans (*Gottschalg* NZM 2001, 950). Im Einzelfall kann auch ohne einen ausdrücklichen Fortgeltungsbeschluss die **Auslegung** des Beschlusses über den Wirtschaftsplan ergeben, dass der Wirtschaftsplan über das Wirtschaftsjahr hinaus fortgelten soll. Dies kommt zB in Betracht, wenn laut Protokoll die Beschlussfassung über den nächsten Wirtschaftsplan erst im Dezember des Folgejahres stattfinden soll (*OLG Hamburg* 2 Wx 4/99, NZM 2003, 203). Ein Mehrheitsbeschluss, wonach Wohngeld aufgrund des „letzten bestandskräftigen Wirtschaftsplans" zu zahlen ist, ist schon deshalb für ungültig zu erklären, weil unbestimmt ist, welcher Wirtschaftsplan maßgebend ist (vgl dazu

OLG Düsseldorf 3 Wx 75/03, NZM 2003, 854). Ein **Organisationsbeschluss**, der generell die Fortgeltung der Wirtschaftspläne anordnet, ändert die gesetzliche Regelung ab und ist deshalb **nichtig** (*OLG Düsseldorf* 3 Wx 77/03, ZMR 2003, 862). Auch § 21 Abs 7 begründet insofern keine Beschlusskompetenz. Auch durch eine mehrjährige widerspruchslos durchgeführte Übung kann die generelle Fortgeltung der Wirtschaftspläne nicht begründet werden (so aber *OLG Köln* 16 Wx 119/95, WuM 1995, 733, 735). Auch bei gerichtlicher Bestimmung des Wirtschaftsplans ist es angebracht, dessen Fortgeltung bis zur Beschlussfassung über einen neuen Wirtschaftsplan anzuordnen (*KG* 24 W 1701/92, WuM 1993, 303, 304).

14 **c) Rückwirkung von Wirtschaftsplänen.** Ein Mehrheitsbeschluss, der für ein bereits abgeschlossenes Wirtschaftsjahr rückwirkend einen Wirtschaftsplan genehmigt, ist nichtig und begründet deshalb keine Zahlungspflichten (*OLG Schleswig* 2 W 7/01, ZWE 2002, 141, 142; **aA** *AG Saarbrücken* 1 WEG II 84/04, ZMR 2005, 319, 320). Nach Ablauf des zu planenden Wirtschaftsjahres ist nämlich eine Vorausplanung nicht mehr möglich. Es ist vielmehr die Jahresabrechnung über die tatsächlichen Einnahmen und Ausgaben dieses Wirtschaftsjahres zu erstellen (vgl oben Rn 9). Besteht ein akutes Liquiditätsproblem, so ist dieses über eine Sonderumlage zu lösen (ebenso *Merle* in Bärmann, § 28 Rn 13).

15 **3. Inhalt des Wirtschaftsplans.** § 28 Abs 1 S 2 umschreibt den gesetzlichen Mindestinhalt eines Wirtschaftsplans. Danach ist zunächst eine Gegenüberstellung der voraussichtlichen Einnahmen und Ausgaben erforderlich (Abs 1 S 2 Nr 1). Zum Wirtschaftsplan gehört ferner die Feststellung, in welchem Umfang der einzelne Wohnungseigentümer zu Vorschussleistungen auf die Lasten und Kosten herangezogen werden wird (§ 28 Abs 2 S 2 Nr 2) und die Höhe der Beiträge des einzelnen Wohnungseigentümers zu der gemäß § 21 Abs 5 Nr 4 zu bildenden Instandhaltungsrücklage (§ 28 Abs 2 S 2 Nr 3).

16 Auf der **Einnahmeseite** sind insbesondere die zur Kosten- und Lastendeckung insgesamt benötigten Beiträge der Wohnungseigentümer aufzuführen. Ferner Erträge, die dem Vermögen der Gemeinschaft durch Vermietung und Verpachtung des gemeinschaftlichen Eigentums oder durch Zinsen zufließen (BayObLGZ 1973, 78, 79). Zu den in den Wirtschaftsplan aufzunehmenden voraussichtlichen Einnahmen gehören auch die Zinserträge aus der Anlage der Instandhaltungsrücklage (*OLG Köln* 16 Wx 47/08, NZM 2008, 652). Ist im Zeitpunkt der Aufstellung des Wirtschaftsplans bereits absehbar, dass bei einzelnen Wohnungseigentümern mit Ausfällen bei der Wohngeldzahlung zu rechnen ist, so ist dies im Wirtschaftsplan zu berücksichtigen (*BayObLG* BReg 2 Z 41/86, BayObLGZ 1986, 263, 269/270). Forderungen sind als Einnahmen in den Wirtschaftsplan nur dann aufzunehmen, wenn mit ihrer Erfüllung während des Wirtschaftsjahres gerechnet werden kann (*BayObLG* 2Z BR 179/98, NZM 1999, 868, 869).

17 Auf der **Ausgabenseite** sind sämtliche Kosten aufzuführen, die aller Voraussicht nach im Wirtschaftsjahr auf die Gemeinschaft zukommen werden (BayObLGZ 1973, 78, 79/80). Hierzu zählen zB: Versicherungsbeiträge, Hausmeisterlohn, Kosten für Hausreinigung und Gartenpflege, Aufzugskosten, Kosten für Wasser, Kanal, Strom und Gas, Kosten für Abfallbeseitigung, Kosten für Straßenreinigung, Heizungskosten, Kosten für Schornsteinfeger, Kosten für Kleinreparaturen, Verwaltervergütung. Auch die Zins- und Tilgungsbeträge gemeinschaftlicher Belastungen (vgl § 27 Abs 1 Nr 4) kön-

nen in den Wirtschaftsplan aufgenommen werden (*Augustin* § 28 Rn 3), nicht aber die Kosten für einen Rechtsstreit (§ 16 Abs 8).

Abgesehen von § 28 Abs 1 S 2 Nr 1–3 enthält das Gesetz keine Einzelvorgaben für Form und Inhalt des Wirtschaftsplans. Erforderlich ist eine den Grundsätzen ordnungsgemäßer Buchführung entsprechende geordnete, übersichtliche und nachprüfbare Darstellung der Entwicklung der gemeinschaftlichen Gelder im kommenden Wirtschaftsjahr. **18**

Der Wirtschaftsplan muss ebenso wie die Jahresabrechnung ohne Zuziehung eines Buchprüfers verstehbar sein. Der Wirtschaftsplan sollte in Struktur und Gliederung der Jahresabrechnung entsprechen. Da § 28 insgesamt abänderbar ist, können durch Vereinbarung die Mindestanforderungen an den Inhalt des Wirtschaftsplans so herabgesetzt werden, dass er nur den von den einzelnen Wohnungseigentümern monatlich zu entrichtenden Wohngeldvorschuss nennt (*BayObLG* NZM 1999, 1058). Ein Mehrheitsbeschluss, der von den gesetzlichen Vorgaben abweicht, ist jedoch nichtig (vgl *BGH* V ZB 58/99, NJW 2000, 3500). **19**

Außergewöhnliche Ausgaben, die nicht vorhersehbar sind, können nicht in den Wirtschaftsplan aufgenommen werden. Sie sind durch eine Sonderumlage zu decken (*OLG Hamm* Rpfl 1970, 400, 402; vgl dazu Rn 36). **20**

Ein Wirtschaftsplan verstößt regelmäßig dann gegen die Grundsätze ordnungsmäßiger Verwaltung, wenn er entweder zu wesentlich überhöhten Vorschüssen oder zu erheblichen Nachzahlungen führt (*BayObLG* 2Z BR 134/97, NZM 1998, 334). Die Wohnungseigentümer haben aber bei der Festsetzung des Jahreswirtschaftsplans einen weiten **Ermessensspielraum**. Sie können die Vorschüsse knapp oder reichlich bemessen (*BayObLG* 2Z BR 101/00, NZM 2001, 754, 756). Die Wohnungseigentümer können im Wirtschaftsplan einen angemessenen Beitrag zur Vermeidung voraussichtlicher Liquiditätsengpässe vorsehen (*KG* 24 W 2762/94, WuM 1994, 721). Wegen zu geringen Volumens darf das Gericht einen Wirtschaftsplan nur dann für ungültig erklären, wenn es zugleich ersatzweise einen Wirtschaftsplan mit höheren Ansätzen bestimmt, da ansonsten die Wohnungseigentümer ganz ohne Grundlage für Vorschusszahlungen wären (*KG* 24 W 4560/90, WuM 1991, 224). Es ist nicht zu beanstanden, wenn die Zinseinnahmen im Wirtschaftsplan aus Vorsicht geringer angesetzt werden als die tatsächlichen Einnahmen des Vorjahres (*OLG Hamburg* 2 Wx 133/01, ZMR 2004, 452). **21**

Es widerspricht nicht dem Grundsatz ordnungsmäßiger Verwaltung, wenn im Wirtschaftsplan die Heizkostenvorschüsse entgegen dem geltenden **Verteilungsschlüssel** nicht nach Miteigentumsanteilen, sondern nach beheizter Fläche berechnet werden, sofern die Differenz verhältnismäßig gering ist, da die tatsächlichen Heizkosten in aller Regel ohnehin stark von der Schätzung abweichen. Die Jahresabrechnung wird durch eine solche Handhabung nicht präjudiziert, sie ist nach dem vereinbarten Verteilerschlüssel vorzunehmen (*KG* 24 W 3798/90, WuM 1990, 367). Soweit nicht außergewöhnliche Umstände vorliegen, hat die Verteilung der Kosten im Wirtschaftsplan grundsätzlich nach dem jeweils maßgeblichen Kostenverteilungsschlüssel zu erfolgen, denn der Wirtschaftsplan bleibt auch nach dem Beschluss der Jahresabrechnung weiter Grundlage für die Vorauszahlungen (*OLG Hamm* 15 W 240/07, ZMR 2009, 58, 60). **22**

23 4. Muster eines Wirtschaftsplans. Ein Wirtschaftsplan mit Einzelwirtschaftsplan könnte zB wie folgt aussehen:

I. voraussichtliche Wohngeldeinnahmen					48 000,00
II. Kosten	Betrag	Schlüssel	Anteile	Basis	Betrag
Brandversicherung	3000,00	MEA	100	1000	300,00
Haftpflichtversicherung	1900,00	MEA	100	1000	190,00
Gebäudeversicherung	4400,00	MEA	100	1000	440,00
Hausmeister	4000,00	MEA	100	1000	400,00
Hausreinigung	1000,00	MEA	100	1000	100,00
Gartenpflege	500,00	MEA	100	1000	50,00
Bankspesen	1400,00	MEA	100	1000	140,00
Abfallbeseitigung	3050,00	MEA	100	1000	305,00
Kabelanschluss	450,00	Anschlüsse	1	10	45,00
Wasser	3900,00	MEA	100	1000	390,00
Kanal	3900,00	MEA	100	1000	390,00
Allgemeinstrom	4100,00	MEA	100	1000	410,00
Straßenreinigung	650,00	MEA	100	1000	65,00
Sonstige Betriebskosten	3000,00	MEA	100	1000	300,00
Heizung/Warmwasser	4000,00	MEA	100	1000	400,00
Kaminkehrer	280,00	MEA	100	1000	28,00
Verwaltungskosten	2400,00	Einheiten	1	10	240,00
Kleinreparaturen	350,00	MEA	100	1000	35,00
Gesamtkosten:	**42280,00**			Ihre Kosten:	**4228,00**
III. Instandhaltungsrücklage	6000,00	MEA	100	1000	600,00
		Wohngeld	Jahr	€	4828,00
		Wohngeld	**Monat**	€	**405,00**

24 5. Beschluss über den Wirtschaftsplan. Über den Wirtschaftsplan haben grundsätzlich alle Wohnungs- und Teileigentümer abzustimmen, auch wenn der Wirtschaftsplan einzelne Positionen enthält, die nur eine abgeschlossene Gruppe betrifft, zB die Teileigentümer der Tiefgarage (*BayObLG* 2Z BR 107/00, NZM 2001, 771). Ein Verwalter, der gleichzeitig Wohnungseigentümer ist, kann bei der Beschlussfassung über den Wirtschaftsplan mitwirken. Da es nach der Konzeption des Gesetzes keine Ein-Personen-Gemeinschaft gibt, entsteht bei einer Teilung nach § 8 WEG eine Wohnungseigentümergemeinschaft erst, wenn zusätzlich zu dem aufteilenden Eigentümer ein Wohnungskäufer als Miteigentümer in das Grundbuch eingetragen wird (*BGH* V ZB 85/07, NJW 2008, 2639). Ein Wirtschaftsplan, den der teilende Eigentümer im Wege eines „Ein-Mann-Beschlusses" verabschiedet, begründet für die Zeit nach Entstehen der (werdenden) Wohnungseigentümergemeinschaft keine Wohngeldforderungen (*OLG Köln* 16 Wx 141/07, ZMR 2008, 478). Zur Übertragung auf den Verwaltungsbeirat s Rn 29.

Die strengen Anforderungen, die das *OLG Köln* an die Unterrichtung der Wohnungs- 25
eigentümer vor der Beschlussfassung über die Abrechnung stellt (s Rn 129), gelten
jedenfalls nicht für die Verabschiedung des Wirtschaftsplans. Die Einzelwirtschaftspläne müssen aber allgemein zugänglich ausreichende Zeit vor der Versammlung aus-
liegen und dies muss den Wohnungseigentümern bekannt gegeben werden (*OLG
Köln* 16 Wx 187/98, WuM 1999, 297). Der Beschluss über den Wirtschaftsplan kann
auch auf Weitergeltung des bisherigen Wirtschaftsplans lauten. Die Wohnungseigentümer können sich darauf beschränken, die bisherigen Wohngeldzahlungen auch weiterhin für verbindlich zu erklären (*BayObLG* BReg 2 Z 40/90, WuM 1991, 312). Ein solcher Beschluss ist der späteren Abrechnung nicht vorgreiflich (*BayObLG* BReg 2 Z
8/74, NJW 1974, 1910). Das Rechtsschutzbedürfnis für den Antrag auf Ungültigerklärung eines solchen Beschlusses entfällt nicht schon dadurch, dass der Wirtschaftsplan
durch Zeitablauf überholt ist (*OLG Hamm* OLGZ 1971, 96, 100f).

Die **Genehmigung der Jahresabrechnung** führt nicht zum Wegfall des Rechtsschutz- 26
bedürfnisses für die Anfechtung des Wirtschaftsplans (*BayObLG* 2Z BR 134/97,
NZM 1998, 334). Ist der Beschluss über die Jahresabrechnung **bestandskräftig**
geworden, dann erledigt sich die Anfechtungsklage gegen die Genehmigung des
Wirtschaftsplans in der Hauptsache, **wenn** zwischenzeitlich weder ein Wechsel im
Eigentum stattgefunden hat noch über das Vermögen eines Wohnungseigentümers
das Insolvenzverfahren eröffnet oder über seine Eigentumswohnung die Zwangsverwaltung angeordnet wurde (*OLG Hamburg* 2 Wx 104/02, ZMR 2003, 864, 865;
OLG Köln 16 Wx 110/04, ZMR 2005, 649; vgl auch Rn 158). Hat der Anfechtungskläger unstreitig alle Vorauszahlungen aus dem Wirtschaftsplan erbracht, dann entfällt mit der Bestandskraft der Jahresabrechnung in der Regel sein Rechtsschutzinteresse für die Anfechtung des Beschlusses über den Wirtschaftsplan (so im Ergebnis
zu Recht *OLG Hamm* 15 W 25/06, ZWE 2007, 34, 37 m Anm *Wanderer*). Würde der
Beschluss über den Wirtschaftsplan für ungültig erklärt, dann würde die aus der Jahresabrechnung geschuldete „Abrechnungsspitze" die ursprünglich aus dem Wirtschaftsplan geschuldeten Beträge umfassen, so dass ein Rückzahlungsanspruch nicht
entstünde (vgl *Wanderer* wie vor S 40).

Aus dem beschlossenen Wirtschaftsplan muss sich unmittelbar die **Höhe der Vor-** 27
schüsse des einzelnen Eigentümers ergeben (Einzelwirtschaftsplan). Grundsätzlich
sind dabei die jeweiligen Beträge ausdrücklich festzulegen. Im Einzelfall kann es aber
ausnahmsweise genügen, wenn sie sich durch die Angabe geeigneter Verteilungsschlüssel im Gesamtwirtschaftsplan anhand der bekannten Umrechnungsfaktoren mittels einfacher Rechenvorgänge leicht ermitteln lassen (*BayObLG* BReg 1 b Z 5/89,
NJW-RR 1990, 720). Die Wohngeldvorschüsse werden ohne einen Beschluss auch
über den Einzelwirtschaftsplan nicht fällig (*BayObLG* 2Z BR 112/04, ZMR 2005, 384,
386; **aA** *KG* 24 W 1408/89, NJW-RR 1990, 395; offen gelassen durch *BGH* V ZB 1/90,
NJW 1990, 2386, der aber wohl der Ansicht des *BayObLG* zuneigt). Im Wirtschaftsplan sind die in § 28 Abs 1 Nr 2 und 3 geforderten Angaben, dh der Verteilungsschlüssel und die einzelnen Beitragsleistungen, die maßgeblichen Größen, da erst durch
einen Eigentümerbeschluss über die jeden einzelnen Wohnungseigentümer treffende
Zahlungspflicht die Wohngeldschuld fällig wird. Beim Wirtschaftsplan führt daher das
Fehlen von Einzelberechnungen zur Ungültigerklärung eines allein auf den Gesamtwirtschaftsplan beschränkten Beschlusses, während ein Beschluss allein über die Jahresgesamtabrechnung für sich Wirksamkeit haben kann, da er das Gesamtergebnis

jedem weiteren Streit entzieht und damit eine Grundlage für die Einzelabrechnungen bildet (*BGH* V ZB 32/05, NJW 2005, 2061).

28 Haben die Eigentümer einer **Mehrhausanlage** für ihren Wohnblock einen Wirtschaftsplan beschlossen, dann erlangt dieser ohne eine fristgerechte Anfechtung auch dann Wirksamkeit, wenn die Eigentümer dieses Hauses keine selbstständige Wohnungseigentümergemeinschaft bilden, denn es handelt sich nicht um einen Fall der absoluten Unzuständigkeit der Eigentümer, die mehrheitlich entschieden haben. Die Zahlung von Wohngeldvorschüssen kann aber nur an den für die Gesamtanlage ordnungsgemäß bestellten Verwalter verlangt werden, solange rechtlich noch keine selbstständige Eigentümergemeinschaft für den Wohnblock begründet worden ist (*OLG Köln* 16 Wx 81/90, WuM 1990, 613, 614).

29 Ein **Mehrheitsbeschluss**, der die Aufstellung des Wirtschaftsplans dem Verwaltungsbeirat überträgt, ist **nichtig** (*Wenzel* ZWE 2001, 226, 235). Ein vom Verwaltungsbeirat aufgrund einer solchen Ermächtigung beschlossener Wirtschaftsplan begründet daher keine Zahlungsansprüche gegen die einzelnen Wohnungseigentümer (anders noch *OLG Köln* 16 Wx 291/97, WuM 1998, 179). Die **Gemeinschaftsordnung** kann die Beschlusskompetenz für den Wirtschaftsplan wirksam auf den Verwaltungsbeirat übertragen. Beschlüsse des Verwaltungsbeirats, die gegen das Gesetz, Beschlüsse der Wohnungseigentümer oder die Gemeinschaftsordnung – zB im Hinblick auf den Kostenverteilungsschlüssel – verstoßen, sind nichtig (*OLG Hamm* 15 W 340/06, ZWE 2007, 350).

30 Ist eine wirksame Beschlussfassung über einen Wirtschaftsplan nicht erfolgt, so ist ein Bereicherungsanspruch gegen die Wohnungseigentümergemeinschaft wegen gleichwohl gezahlter Wohngeldvorschüsse im Hinblick auf den Vorrang des Innenausgleichs durch das Instrument der Jahresabrechnung ausgeschlossen; auch für einen ausgeschiedenen Wohnungseigentümer (*OLG Hamm* 15 W 412/02, NZM 2005, 460). Fehlt ein wirksamer Wirtschaftsplan enthält die Abrechnungsspitze der Jahresabrechnung alle anteiligen Kosten des abgelaufenen Wirtschaftsjahres (*OLG Köln* 16 Wx 141/07, ZMR 2008, 478).

31 6. Sonderumlage. – a) Nachtrag zum Wirtschaftsplan. Über die im Wirtschaftsplan für das laufende Jahr festgesetzten Vorschüsse hinaus, kann sich für die Wohnungseigentümer die Pflicht ergeben, wegen eines unvorhergesehenen Bedarfs der Gemeinschaft (Beitragsausfälle, unvorhergesehene Instandhaltungsmaßnahme) zusätzliche Vorschüsse (Sonderumlage) zu zahlen. Die Festsetzung einer Sonderumlage ist ein Nachtrag zum Wirtschaftsplan, der dadurch ergänzt oder geändert wird (*BGH* V ZB 22/88, NJW 1989, 3018). Die Zahlungen auf Sonderumlagen sind in die Abrechnung als Einnahmen einzustellen (vgl etwa *KG* 24 W 233/03, ZMR 2005, 309). Zur ausnahmsweise gesonderten Abrechnung s Rn 73. Sonderumlagen können für alle Kosten, die gemeinschaftlich zu tragen sind, festgesetzt werden, auch für die Kosten wirksam beschlossener Entziehungsklagen nach § 18 (*KG* 24 W 1146/93, WuM 1993, 426, 427). Ist ein Rechtsstreit anhängig oder ist mit einem solchen zu rechnen, so entspricht es ordnungsmäßiger Verwaltung, wenn zugleich mit dem Wirtschaftsplan eine Sonderumlage für die Wohnungseigentümer, die regelmäßig Anfechtungsklagen ausgesetzt sind, zur Abdeckung der Prozesskosten erhoben wird (*BayObLG* 2Z BR 97/93, WuM 1994, 295). Anfechtbar, aber nicht nichtig, ist ein Beschluss über die Erhebung einer Sonderumlage zur Bezahlung von Kostenvorschüssen für den Rechtsanwalt, der die

Wohnungseigentümer vertritt, gegen die Anfechtungsklage erhoben wurde, wenn daran entgegen § 16 Abs 8 auch der Kläger beteiligt wird (vgl *BayObLG* 2Z BR 004/ 04, NZM 2005, 68). Ein Beschluss über die Erhebung einer allgemeinen Sonderumlage zur Bezahlung offener Rechtsanwaltskosten entspricht nur dann ordnungsgemäßer Verwaltung, wenn diese Kosten von der Wohnungseigentümergemeinschaft als Verband geschuldet werden (*OLG München* 32 Wx 125/06 ZMR 2007, 140).

Beschließen die Wohnungseigentümer eine Sonderumlage, um die Sicherheitsleistung **32** erbringen zu können, die Voraussetzung für die Zwangsvollstreckung aus einem gegen den **Bauträger** erwirkten Urteil ist, so hat sich der Bauträger, der zugleich Wohnungseigentümer ist, an dieser Sonderumlage zu beteiligen (*BayObLG* 2Z BR 27/01, NZM 2001, 766). Ob größere **Instandhaltungsmaßnahmen** aus der Instandhaltungsrücklage bezahlt werden oder ob eine Sonderumlage erhoben wird, liegt im pflichtgemäßen Ermessen der Wohnungseigentümer. Es gibt keinen Anspruch darauf, immer zuerst die Rücklage auszuschöpfen (*BayObLG* 2Z BR 092/04, NZM 2004, 745). Machen die Wohnungseigentümer eine Auflistung offener Verbindlichkeiten zur Grundlage eines Beschlusses über die Erhebung einer Sonderumlage, tritt dadurch **keine Zweckbindung** dahin ein, dass die Sonderumlage nur zum Ausgleich dieser Verbindlichkeiten verwendet werden dürfte (*KG* 24 W 233/03, ZMR 2005, 309).

b) Höhe der Sonderumlage. Die Höhe einer Sonderumlage hat sich am geschätzten **33** Finanzbedarf auszurichten. Es ist also eine Prognose der erforderlichen Kosten notwendig, wobei ähnlich wie beim Wirtschaftsplan (s Rn 21) eine großzügige Handhabung zulässig ist (*BayObLG* 2Z BR 12/98, WuM 1998, 305; *OLG Düsseldorf* 3 Wx 187/01, ZWE 2002, 90, 91).

c) Anspruchsgrundlage für den Beitrag. Der Anspruch auf Zahlung einer Sonderum- **34** lage ergibt sich aus § 16 Abs 2 in Verbindung mit einem Mehrheitsbeschluss über die Erhebung der Sonderumlage. Da die Festsetzung einer Sonderumlage ein Nachtrag zum Jahreswirtschaftsplan der Gemeinschaft ist, muss der Umlagebeschluss analog § 28 Abs 1 S 2 Nr 2 die anteilmäßige Beitragsverpflichtung der Wohnungseigentümer bestimmen (*BGH* V ZB 22/88, NJW 1989, 3018; *BayObLG* 2Z BR 247/03, ZMR 2004, 606). Bei akutem Reparaturbedarf ist im Zweifel davon auszugehen, dass eine konkret beschlossene Sonderumlage sofort fällig ist. Es genügt, den Gesamtbetrag der Umlage zu beschließen, wenn die Einzelbeiträge nach dem allgemeinen Verteilungsschlüssel (zB Miteigentumsanteile oder Wohnfläche) durch einfache Rechenoperationen eindeutig bestimmbar sind (*OLG Braunschweig* 3 W 9/06, ZMR 2006, 787 mwN). Dies gilt nicht, wenn ein Verteilungsschlüssel nicht genannt ist und außerdem nicht feststeht, welcher Schlüssel zur Anwendung kommen soll (*OLG Braunschweig* wie vor). Ist die Größe der Wohnflächen umstritten, wird mangels leichter Errechenbarkeit keine Fälligkeit der Sonderumlage begründet (*KG* 24 W 366/01, NZM 2002, 873). Ein Beschluss, der einen von der Teilungserklärung abweichenden Verteilungsschlüssel anwendet, ist nicht nichtig, sondern nur anfechtbar (*BayObLG* 2Z BR 125/03, NZM 2004, 659, 660; § 16 Rn 37). Ein Beschluss, wonach bestimmte Instandsetzungsarbeiten am gemeinschaftlichen Eigentum durchgeführt werden sollen, begründet in der Regel noch nicht die Verpflichtung der Wohnungseigentümer zur Zahlung einer Sonderumlage. Dafür ist ein zusätzlicher ausdrücklicher Beschluss über die Finanzierung der Maßnahme erforderlich (*OLG Köln* 16 Wx 30/98, NZM 1998, 877). Wurde beschlossen, die Kosten einer Instandsetzungsmaßnahme durch eine Sonderumlage aufzubringen, kann ein Wohnungseigentümer der Forderung des auf ihn entfallenden Teils des tatsächlich bezahlten Rechnungsbetrages nicht entgegenhalten, die Arbeiten seien mangelhaft ausgeführt worden, so dass der von dem Unternehmen in Rechnung gestellte Betrag nicht gerechtfertigt sei (*BayObLG* 2Z BR 103/96, WuM 1997, 61). Haben die Wohnungseigentümer zur Finanzierung umfangreicher Sanierungsarbeiten eine Sonderumlage beschlossen, entfällt die Zahlungspflicht nicht dadurch, dass die Wohnungseigentümer später die Änderung der Ausführungsart hinsichtlich einzelner Sanierungsmaßnahmen beschließen (*KG* 24 W 2613/98, NZM 2000, 553).

35 Wird ein Sonderumlagebeschluss für ungültig erklärt, ist Voraussetzung für die **Rückerstattung** bereits gezahlter Beträge nach zwischenzeitlichen Abrechnungsbeschlüssen, dass die Wohnungseigentümer über die Folgenbeseitigung der misslungenen Umlage einen Beschluss fassen, der notfalls gerichtlich erzwingbar ist (*KG* 24 W 7648/96, WuM 1998, 432).

36 **d) Sonderumlage wegen Wohngeldrückständen.** Es entspricht ordnungsgemäßer Verwaltung, eine Sonderumlage zu erheben, wenn Nachforderungen aus früheren Jahresabrechnungen vorübergehend oder dauernd uneinbringlich sind und dadurch Einnahmeausfälle entstehen, die zur Deckung beschlossener Ausgaben der Gemeinschaft oder zur Tilgung gemeinschaftlicher Verbindlichkeiten ausgeglichen werden müssen (*BGH* V ZB 22/88, NJW 1989, 3018). Es ist dagegen nicht möglich, den offenen Rückstand als Kostenposition in die Jahresabrechnung einzustellen und auf alle Wohnungseigentümer umzulegen, denn der Rückstand ist eine Forderung und hat deshalb in einer reinen Einnahmen- und Ausgabenrechnung keinen Platz (*BayObLG* 2Z BR 70/01, NZM 2002, 531). Der Erhebung einer Sonderumlage zur Beseitigung von Liquiditätsschwierigkeiten steht nicht entgegen, dass mit den zu zahlenden Beträgen auch Verbindlichkeiten abgedeckt werden sollen, die schon vor dem Eigentumserwerb eines Wohnungseigentümers entstanden sind. Ebenso wie sich ein Erwerber an den Kosten einer Reparatur beteiligen muss, die schon vor dem Erwerb erforderlich war, muss er wie alle übrigen Wohnungseigentümer Mittel zur Beseitigung einer Liquiditätsschwierigkeit beisteuern (*OLG Düsseldorf* 3 Wx 187/01, ZWE 2002, 90, 91). Ein Beschluss über die Erhebung einer Sonderumlage wegen Wohngeldrückständen eines Wohnungseigentümers braucht die Rückstände nicht im Einzelnen zu bezeichnen. Die Umlage wird jedenfalls solange geschuldet, als nicht unstreitig oder rechtskräftig festgestellt ist, dass die Rückstände vollständig ausgeglichen sind (*BayObLG* 2Z BR 184/98, NZM 1999, 1154, 1155).

37 In die Erhebung einer Sonderumlage zur Deckung eines Wohngeldausfalls ist auch der Wohnungseigentümer anteilig einzubeziehen, der den Ausfall verursacht hat und über dessen Vermögen zwischenzeitlich das Insolvenzverfahren eröffnet ist. Der Anteil dieses Wohnungseigentümers ist Masseverbindlichkeit iSv § 55 Abs 1 Nr 1 InsO (*BGH* V ZB 22/88 NJW 1989, 3018 [zu 58 Nr 2 KO] – vgl auch § 16 Rn 153). Die uneingeschränkte Anwendung der Fälligkeitstheorie auf die Fälle der Zwangsverwaltung und Insolvenz wird jedoch im Anschluss an die Entscheidung des 9. Zivilsenats des *BGH* (IX ZR 161/, ZMR 2002, 929) zunehmend in Zweifel gezogen (vgl *Wenzel* ZWE 2005, 277 ff). Danach soll es nicht mehr darauf ankommen, wann die Forderung wohnungseigentumsrechtlich entstanden ist, sondern darauf, wann der anspruchsbegründende Tatbestand materiell-rechtlich abgeschlossen war (vgl *Wenzel* ZWE 2005, 277, 280). Dies soll zur Folge haben, dass Zwangsverwalter und Insolvenzverwalter

Wirtschaftsplan, Rechnungslegung § 28 WEG II

nur für den Anteil einer Ausfalldeckungsumlage haften, der den Wohngeldvorschüssen entspricht, die in der Zeit nach Eröffnung oder Beschlagnahme fällig geworden sind (vgl *Wenzel* ZWE 2005, 277, 281). Soweit eine Ausfalldeckungsumlage Beitragsausfälle abdecken soll, die vor diesem Zeitpunkt entstanden sind, sollen Zwangsverwalter und Insolvenzverwalter dagegen nicht haften.

Bei der Festlegung der Höhe der Sonderumlage können die Wohnungseigentümer berücksichtigen, dass der Anteil des zahlungsunfähigen Wohnungseigentümers, über dessen Vermögen ein Insolvenzverfahren noch nicht eröffnet ist, voraussichtlich nicht beigetrieben werden kann. Die Sonderumlage kann daher so festgelegt werden, dass auch ohne den Anteil des zahlungsunfähigen Wohnungseigentümers der Ausgleich der offenen Rechnungen möglich ist (*KG* 24 W 177/02, NZM 2003, 484). 38

Steht der Ausfall endgültig fest, was frühestens nach dem Ausscheiden des insolventen Wohnungseigentümer aus der Gemeinschaft der Fall ist, sollen nach Ansicht des *KG* die insgesamt entstandenen Wohngeldrückstände durch Beschluss auf die im Zeitpunkt der Beschlussfassung vorhandenen Wohnungseigentümer nach dem allgemeinen Kostenverteilungsschlüssel aufgeteilt werden können. Ein Wohnungseigentümer, der die Wohnung vor der Beschlussfassung ersteigert hat, sei ebenfalls zur anteiligen Zahlung dieser Sonderumlage verpflichtet, weil er erstmals durch diese Umlage belastet werde (*KG* 24 W 92/02, NZM 2003, 116, 117; *Briesemeister* NZM 2003, 777, 781). Für die Nachtragsumlage müsse die Zusammensetzung der aufgelaufenen Wohngeldrückstände genau nach den zwischenzeitlichen Wirtschaftsplänen und Jahresabrechnungen sowie den Wohnungen des zahlungsunfähigen Wohnungseigentümers festgestellt werden (*KG* 24 W 92/02, NZM 2003, 116; *Briesemeister* NZM 2003, 777, 782). Diese Auffassung erscheint insoweit bedenklich, als sie auf die Verteilung der Fehlbeträge des insolventen Wohnungseigentümers abstellt. Diese Fehlbeträge sind und bleiben Forderungen der Wohnungseigentümergemeinschaft, wobei allerdings irgendwann feststehen kann, dass sie nicht realisiert werden können. Die Umlegung dieser Fehlbeträge unter Einbeziehung der Erwerber widerspräche den Grundsätzen der Erwerberhaftung. Durch die Einbeziehung des insolventen Wohnungseigentümers in Wirtschaftspläne, Jahresabrechnungen und Sonderumlagen entstehen über mehr oder weniger lange Zeiträume in den Jahresabrechnungen aber auch Guthaben der zahlungsfähigen Wohnungseigentümer. Diese Guthaben sind Forderungen gegen die Wohnungseigentümergemeinschaft, wobei streitig ist, ob ohne einen Beschluss über die Auszahlung der Guthaben mit ihnen aufgerechnet werden kann (s dazu Rn 199). Bei erheblichen Wohngeldausfällen ist ein Beschluss sinnvoll, die entstandenen Guthaben erst nach dem Ausscheiden des insolventen Wohnungseigentümers auszugleichen, weil anderenfalls sofort neue Sonderumlagen erforderlich würden. Werden die Guthabenforderungen befriedigt, entstehen dadurch Ausgaben. Diese Ausgaben können in der Jahresabrechnung auf alle Wohnungseigentümer entsprechend dem allgemeinen Kostenverteilungsschlüssel umgelegt werden. Dies folgt daraus, dass die Wohnungseigentümergemeinschaft grundsätzlich auch die Möglichkeit gehabt hätte, die Wohngeldausfälle durch ein Darlehen zu decken. An den Ausgaben, die nach dem Eigentumserwerb zur Darlehenstilgung erfolgen, müsste sich ein Erwerber ebenfalls beteiligen. 39

Erhält die Eigentümergemeinschaft vom Insolvenzverwalter auf ihre angemeldete Forderung eine Quote zur freien Verfügung, so fließt dieser Betrag in das Verwaltungsvermögen und kann im Rahmen ordnungsgemäßer Verwaltung zur Befriedigung von Forderungen verwendet werden. Ob daraus in erster Linie anteilig die Forderun- 40

Niedenführ 519

gen zu befriedigen sind, die durch die Sonderumlagen zur Liquiditätssicherung entstanden sind (so *KG* 24 W 7648/96, WuM 1998, 432) hängt von den Umständen des Einzelfalles ab. Insoweit kann schon bei Erhebung der Sonderumlage eine Regelung getroffen werden. Ein Anspruch des einzelnen Wohnungseigentümers auf Zustimmung zum Beschluss einer Sonderumlage zur Deckung von Beitragsausfällen setzt voraus, dass dies die einzige Möglichkeit einer ordnungsgemäßen Verwaltung ist (*OLG Saarbrücken* 5 W 110/98, NZM 2000, 198). Dies ist nicht der Fall, wenn die teilweise Auflösung einer zu hohen Instandhaltungsrücklage beschlossen werden kann (*OLG Saarbrücken* wie vor). Eine nach Beschlagnahme des Wohnungseigentums und Anordnung der Zwangsverwaltung beschlossene Sonderumlage verpflichtet den Zwangsverwalter auch dann zur Zahlung, wenn sie dazu dient, Wohngeldausfälle, die aus der beschlagnahmten Wohnung herrühren nachzufinanzieren (*OLG Düsseldorf* 3 Wx 201/90, WuM 1990, 458).

III. Jahresabrechnung

41   Gemäß § 28 Abs 3 hat der Verwalter nach Ablauf des Kalenderjahres eine Abrechnung aufzustellen. Durch Vereinbarung kann das Wirtschaftsjahr abweichend vom Kalenderjahr festgelegt werden. Auch eine langjährige faktische Handhabung führt nicht zu einer Vereinbarung über ein vom Kalenderjahr abweichendes Wirtschaftsjahr (*OLG Düsseldorf* 3 Wx 378/00, NZM 2001, 546). Legt der Verwalter statt einer Gesamtjahresabrechnung vier Quartalsabrechnungen vor, so widerspricht der Genehmigungsbeschluss der Eigentümerversammlung ordnungsgemäßer Verwaltung (*OLG Düsseldorf* 3 Wx 120/06, NZM 2007, 165).

42   **1. Funktionen der Jahresabrechnung.** Die Abrechnung, die von den Wohnungseigentümern gemäß § 28 Abs 5 durch Mehrheitsbeschluss zu genehmigen ist, hat **zwei Funktionen:**

43   Sie dient **erstens** der **Kontrolle des Verwalters.** Die Pflicht zur Rechnungslegung des Verwalters ergibt sich bereits aus der allgemeinen Regelung der §§ 666, 675 BGB. Die § 28 Abs 3 und 4 enthalten insoweit spezielle, außerhalb des BGB normierte Rechnungslegungspflichten. Auch für diese ergibt sich die Art und Weise der Rechnungslegung aus § 259 Abs 1 BGB. Danach hat der Verwalter den Wohnungseigentümern eine geordnete Zusammenstellung der Einnahmen und Ausgaben zu erstellen und die Belege vorzulegen. Aus diesem Grund muss die Jahresgesamtabrechnung eine **Übersicht über alle tatsächlich geleisteten Einnahmen und Ausgaben** (also der Ein- und Auszahlungen) enthalten und den **Anfangs- und Endstand der Bankkonten** angeben. Der Saldo zwischen den tatsächlich geleisteten Einnahmen und Ausgaben muss mit den Salden der Bankkonten übereinstimmen (**rechnerische Schlüssigkeit**). Nur wenn dies ohne weiteres aus der Jahresabrechnung nachvollziehbar ist, können die Wohnungseigentümer unschwer erkennen, ob der Verwalter richtig abgerechnet hat und ordnungsgemäß mit den Geldern der Wohnungseigentümer umgegangen ist.

44   Die Jahresabrechnung dient **zweitens** der Feststellung, in welcher Höhe die Wohnungseigentümer Beiträge zu den Lasten und Kosten des gemeinschaftlichen Eigentums leisten müssen. Zu diesem Zweck sind die **umzulegenden Einnahmen und Ausgaben aus der Gesamtabrechnung nach dem jeweiligen Verteilungsschlüssel** auf die einzelnen Wohnungseigentümer **zu verteilen.** Diesem Zweck dienen die Einzelabrechnungen.

Wirtschaftsplan, Rechnungslegung § 28 WEG II

2. Form und Inhalt der Jahresgesamtabrechnung. Die Gesamtabrechnung ist nach 45
Form und Inhalt mit der Rechnungslegung identisch (*OLG Düsseldorf* 3 Wx 194/02,
NZM 2003, 907). Sie muss vollständig, übersichtlich und nachvollziehbar sein. **Vollständig** ist die Abrechnung nur, wenn sämtliche tatsächlichen Einnahmen und Ausgaben aufgeführt sind. Bei den Einnahmen sind insbesondere die Wohngeldzahlungen der Eigentümer aufzuführen. **Nachvollziehbar** ist die Abrechnung, wenn die Summen der einzelnen Geldbewegungen und Buchungsvorgänge einzeln nachgewiesen sind, und zwar in einer für die Wohnungseigentümer verständlichen Weise (*BayObLG* 2Z BR 151/04, NZM 2005, 750). Ist eine Aufklärung nur durch einen Sachverständigen möglich, so hat der Verwalter dessen Kosten zu tragen (*BayObLG* BReg 2 Z 67/75, BayObLGZ 1975, 369, 372/373).

Voraussetzung für eine ordnungsgemäße Abrechnung ist eine Buchführung des Verwalters, die den wesentlichen Grundsätzen einer ordnungsgemäßen Buchführung entspricht (s Rn 132). Aufzeichnungen und Belege über die Einnahmen und Ausgaben und über den Stand der Gemeinschaftskonten müssen vollständig und richtig sein und zeitlich sowie nach Sachgruppen geordnet sein. Zur Frist für die Aufbewahrung dieser Unterlagen s Rn 137. 46

Auch bei einer **Mehrhausanlage** kommt eine getrennte Abrechnung und Beschlussfassung nur ausnahmsweise in Betracht, wenn dies durch Vereinbarung festgelegt ist (*OLG Zweibrücken* 3 W 64/04, NZM 2005, 751). Dies gilt für die Abrechnung von Heizkosten auch dann, wenn die Versorgung über mehrere Fernwärmeanschlüsse erfolgt (*BayObLG* 2Z BR 17/93, WuM 1994, 105). Haben die Wohnungseigentümer eines einzelnen Hauses über eine Jahresabrechnung allein für dieses Haus beschlossen, kann der Beschluss ausnahmsweise dann nicht für ungültig erklärt werden, wenn die Beschlüsse der anderen Untergemeinschaften über ihre Jahresabrechnungen schon bestandskräftig geworden sind (*BayObLG* 2Z BR 16/94, WuM 1994, 567). Sofern nicht durch Vereinbarung eine gesonderte Abrechnung festgelegt ist, erstreckt sich die Entscheidungsbefugnis der Gemeinschaft für die Jahresabrechnung auch auf den „Teilhaushalt" einer Schwimmbad-Sondernutzergemeinschaft, die nicht alle Miteigentümer umfasst. Die Ausgaben für das Schwimmbad sind in die Gesamtabrechnung einzustellen, aber in den Einzelabrechnungen nur auf die Schwimmbad-Sondernutzer umzulegen. Die Abrechnung über den Schwimmbad-Teilhaushalt ist Bestandteil der Gesamtjahresabrechnung und kann auch dann nur mit dieser zusammen angefochten werden, wenn die Schwimmbad-Sondernutzer eine identische Teilabrechnung für ihren Bereich gesondert festgelegt hatten (*KG* 2Z BR 35/96, ZMR 1997, 247). Umgekehrt kann eine „**Dachgemeinschaft**" nicht über Jahresabrechnungen und Wirtschaftspläne einzelner selbstständiger Wohnungseigentümergemeinschaften beschließen (*OLG Düsseldorf* 3 Wx 223/02, NZM 2003, 446). 47

a) Keine Bilanz. Eine Bilanz hat den Zweck, die Vermögenslage eines Unternehmens zu einem bestimmten Stichtag darzustellen. Die Gewinn- und Verlustrechnung bezweckt den Erfolg einer Periode festzustellen. Um den wirtschaftlichen Erfolg einer Periode bestimmen zu können, müssen teilweise Zu- und Abflüsse, die in einer Periode erfolgen, einer anderen Periode zugeordnet werden. Dies geschieht durch Rechnungsabgrenzungspositionen. Die Jahresabrechnung der Wohnungseigentümergemeinschaft hat jedoch nicht die Funktion, einen unternehmerischen Erfolg zu ermitteln. Sie dient der Kontrolle des Verwalters und der Verteilung von Einnahmen und Ausgaben auf die 48

Niedenführ

II WEG § 28   Wirtschaftsplan, Rechnungslegung

einzelnen Wohnungseigentümer (s Rn 43 f). Die Jahresgesamtabrechnung einer Wohnungseigentümergemeinschaft ist deshalb nicht in Form einer Bilanz (mit Rechnungsabgrenzungsposten uÄ), sondern als **einfache Einnahmen-Ausgabenrechnung** aufzustellen. Es sind also allein die tatsächlich im Wirtschaftsjahr erzielten Gesamteinnahmen den tatsächlich geleisteten Ausgaben dieser Periode gegenüberzustellen (*BayObLG* 2Z BR 175/99, NZM 2000, 873, 875 mwN; *OLG Karlsruhe* 4 W 71/97, WuM 1998, 240; *OLG Zweibrücken* 3 W 224/98, NZM 1999, 276; *OLG Düsseldorf* 3 Wx 194/02, NZM 2003, 907; ebenso *Drasdo* ZWE 2000, 248, 249 mwN; *Seuß* WE 1993, 32, 36; *Demharter* ZWE 2001, 585; *Drasdo* ZWE 2002, 166; **aA** *Schröder/Münstermann-Schlichtmann* WE 1991, 174; WE 1994, 65; *Jennißen* Verwalterabrechnung, Rn 496 ff; *Giese* WE 1993, 64; *Jennißen* ZWE 2002, 19 u 169).

49 Wünschen die Wohnungseigentümer eine Jahresabrechnung, die einer Bestands- und Erfolgsrechnung im Sinne des HGB entspricht und dementsprechend offene Forderungen und Verbindlichkeiten berücksichtigt, Rechnungsabgrenzungen vornimmt und einen Vermögensstatus angibt, ist eine **Vereinbarung** erforderlich. Ein **Mehrheitsbeschluss** ist jedenfalls auf Anfechtung für ungültig zu erklären (*OLG Zweibrücken* 3 W 224/98, NZM 1999, 276; *BayObLG* 2Z BR 175/99, NZM 2000, 873, 875) und darüber hinaus nichtig. § 28 bestimmt zwar nicht ausdrücklich, in welcher Weise die Jahresabrechnung aufzustellen ist. Eine Abweichung vom dispositiven Recht liegt aber auch dann vor, wenn von dem durch Auslegung bestimmten Inhalt eines Gesetzes abgewichen wird.

50 Fällig gewordene, aber in dem betreffenden Wirtschaftsjahr noch nicht beglichene Rechnungen sind daher in die Jahresabrechnung nicht einzustellen (*OLG Karlsruhe* 4 W 71/97, WuM 1998, 240). Auch Versicherungsprämien sind in Höhe der im Wirtschaftsjahr tatsächlich geleisteten Zahlungen in die Jahresabrechnung aufzunehmen (*BayObLG* 2Z BR 49/98, WuM 1998, 750). Der offene Rückstand eines zahlungsunfähigen Wohnungseigentümers kann nicht als Kostenposition in die Jahresabrechnung eingestellt und auf alle Wohnungseigentümer umgelegt werden, denn der Rückstand ist eine Forderung und hat deshalb in einer reinen Einnahmen- und Ausgabenrechnung keinen Platz (*BayObLG* 2Z BR 70/01, NZM 2002, 531). Zur Beseitigung der Deckungslücke ist eine Sonderumlage zu beschließen (s Rn 35). Auf der Einnahmeseite sind anders als im Wirtschaftsplan nicht die geschuldeten Wohngeldvorschüsse, sondern die im Abrechnungszeitraum tatsächlich gezahlten Wohngeldvorschüsse auszuweisen (*BayObLG* BReg 1 b Z 14/88, NJW-RR 1989, 840, 841; *BayObLG* 2Z BR 73/92, WuM 1993, 92, 93; **aA** offenbar *LG Köln* 29 T 55/06, ZMR 2007, 652). Zahlungen eines Wohnungseigentümers, die während eines Abrechnungsjahrs eingehen, sind unabhängig von ihrer Anrechnung nach § 366 BGB in diesem Jahr als Einnahmen in der Gesamtabrechnung zu verbuchen (*BayObLG* 2Z BR 139/01, NZM 2003, 905). Zur Anrechnung in der Einzelabrechnung s Rn 72.

51 Nach Ansicht des *KG* widerspricht die Aufnahme offener Verbindlichkeiten in eine Jahresabrechnung ausnahmsweise dann nicht dem Grundsatz ordnungsmäßiger Verwaltung, wenn die Klarheit und Übersichtlichkeit der Abrechnung dadurch nicht leidet. Dies soll insbesondere dann gelten, wenn die Verbindlichkeiten nur deshalb offen geblieben sind, weil einzelne Wohnungseigentümer ihre Wohngeldvorschüsse nicht gezahlt haben (*KG* 24 W 1145/93, WuM 1994, 400; **aA** zu Recht: *BayObLG* 2Z BR 11/94, WuM 1994, 498, 499; *Staudinger/Bub* § 28 Rn 327). Auch nach Ansicht des *KG* ist es aber nicht zulässig, einen unspezifischen Einnahmeausfall des Vorjahres ohne nähere Erläuterung als Soll-Position in die Abrechnung einzustellen (*KG* 24 W 8413/ 99, DWE 2001, 117). Hat sich die Zusammensetzung der Eigentümergemeinschaft zwischen der Entstehung der Verbindlichkeit und dem Beschluss über die Jahresabrechnung geändert, so kann der Abrechnungsbeschluss aus diesem Grund nur dann für ungültig erklärt werden, wenn er von einem Wohnungseigentümer angefochten wird, der sein Wohnungseigentum erst nach Entstehung der Verbindlichkeit erworben hat (*KG* 24 W 1145/93, WuM 1994, 400). Nach hier vertretener Ansicht spricht zwar nichts gegen die zusätzliche Angabe der offenen Verbindlichkeiten, doch sollte diese Mitteilung deutlich getrennt von der eigentlichen Jahresabrechnung, die Gegenstand des Eigentümerbeschlusses ist, erfolgen. Zur Deckung des Finanzbedarfs sind die offenen Verbindlichkeiten in den Wirtschaftsplan der nächsten Periode einzustellen. Sie können auch durch eine Sonderumlage gedeckt werden, die mit den Guthaben der Wohnungseigentümer verrechnet wird, die ihre Vorschüsse geleistet haben. Erkennt die Eigentümergemeinschaft Aufwendungen eines Wohnungseigentümers für das gemeinschaftliche Eigentum als berechtigt an und verrechnet sie mit dem von diesem geschuldeten Wohngeld, so sind die verrechneten Auslagen als Ausgaben und die verrechneten Wohngelder als Einnahmen in die Jahresabrechnung aufzunehmen (*KG* 24 W 3698/92, WuM 1993, 429, 430).

b) Heizkosten. Eine Abweichung von dem allgemeinen Grundsatz, wonach nur die 52 tatsächlichen Ausgaben abzurechnen sind, wird ganz überwiegend bei den Heizkosten zugelassen (vgl etwa *OLG Hamm* 15 W 7/01, ZWE 2001, 446; *BayObLG* 2Z BR 47/ 03, NZM 2003, 900, 901; *LG Köln* 29 T 96/03, ZMR 2005, 151 m Anm *Stähling*; *LG Köln* 29 T 55/06, ZMR 2007, 652; *LG Nürnberg-Fürth* 14 S 4692/08, ZMR 2009, 74; *Demharter* ZWE 2002, 416; *Merle* in Bärmann, § 28 Rn 71). Grund hierfür ist, dass die HeizkostenVO eine verbrauchsabhängige Abrechnung vorschreibt und deshalb die Heizkostenabrechnung auf der Grundlage der „Aufwendungen" und nicht der „Ausgaben" eines Jahres zu erfolgen hat (*Weitnauer/Wilhelmy* Anh II Rn 24). Die Kosten des Verbrauchs im Dezember eines Jahres sind daher auch dann in der Heizkostenabrechnung zu berücksichtigen, wenn die Rechnung für die Energielieferung erst im Folgejahr bezahlt wird. Die Heizkostenabrechnung, die regelmäßig auch die Kosten für Warmwasser umfasst, wird in der Regel nicht durch den Verwalter erstellt, sondern von hierauf spezialisierten Dienstleistungsunternehmen. Der Verwalter übermittelt dem Serviceunternehmen die in der Abrechnungsperiode entstandenen Brennstoffkosten und die umlagefähigen Betriebskosten. Das Serviceunternehmen ermittelt bei den einzelnen Nutzern an Hand der Verbrauchsmessgeräte den individuellen Verbrauch. Anschließend erstellt es die Heizkostenabrechnung nach den Vorgaben der HeizkostenVO und den für die jeweilige Wohnungseigentümergemeinschaft maßgebenden Besonderheiten (vgl etwa *Franke* DIV 1997, 86; *Klocke* S 139 ff). Das Ergebnis der Heizkostenabrechnungen bestimmt den Anteil der einzelnen Wohnungseigentümers an den Gesamtheizkosten.

Es wäre zwar möglich, eine **Gesamt**abrechnung aufzustellen, die ohne Ausnahme dem 53 Prinzip der reinen Einnahmen und Ausgabenabrechnung folgt und ausschließlich die Zu- und Abflüsse der jeweiligen Wirtschaftsperiode berücksichtigt (vgl *Niedenführ* DWE 2005, 58), zumal die Vorgaben der HeizkostenV primär den Verteilungsschlüssel regeln und damit die Einzelabrechnung betreffen und nicht Jahresgesamtabrechnung, die der Kontrolle des Verwalters dient (*Drasdo* ZWE 2002, 166, 168; *Müller*

Rn 1069). In der Praxis werden jedoch meist die Gesamtbeträge aus der Heizkostenabrechnung auch in die Gesamtabrechnung aufgenommen. Dies ist nach ganz überwiegender Auffassung (s Rn 52) nicht unzulässig, hat aber in aller Regel zur Folge, dass der Abgleich zwischen dem Saldo der Einnahmen und Ausgaben und dem Saldo der Kontenstände nicht mehr ohne weiteres nachvollziehbar ist, weil die tatsächlichen Ausgaben für Heizkosten im Kalenderjahr höher oder niedriger waren. Die Nachvollziehbarkeit der Jahresabrechnung muss dann dadurch erhalten werden, dass der Unterschiedsbetrag zwischen den verursachungsabhängig ermittelten Heizkosten und den tatsächlichen Zahlungen als Abgrenzungsposten ausgewiesen wird (vgl dazu beispielhaft *OLG Hamm* 15 W 7/01, ZWE 2001, 446; *LG Köln* 29 T 55/06, ZMR 2007, 652; *LG Nürnberg-Fürth* 14 S 4692/08, ZMR 2009, 74). Unterbleibt dies, ist ein Abgleich der Bankkonten mit der Einnahmen-Ausgabenrechnung nicht möglich. Spätestens im Anfechtungsprozess ist die rechnerische Schlüssigkeit der Abrechnung nachvollziehbar darzulegen (s Rn 103).

54 **c) Instandhaltungsrücklage.** Zur Ansammlung der Instandhaltungsrücklage und ihrer Zweckbestimmung s § 21 Rn 115 ff. Abweichend von dem allgemein geltenden Grundsatz, wonach nur die tatsächlichen Ausgaben abzurechnen sind, hat früher die hM im Anschluss an eine Entscheidung des *BayObLG* die Ansicht vertreten, die Instandhaltungsrücklage sei in der Abrechnung mit dem im Wirtschaftsplan festgelegten Sollbetrag anzusetzen. Dies wurde damit begründet, dass anderenfalls die säumigen Eigentümer von ihrer Beitragspflicht frei würden und sich für die anderen sich ein positiver Saldo ergäbe, wenn die Zuführung zur Rücklage hinter dem Ansatz im Wirtschaftsplan zurückbleibt, weil einige Eigentümer ihre Vorschüsse nicht vollständig gezahlt haben und der Verwalter mit den eingehenden Beträgen zunächst die laufenden Ausgaben bestritten hat (vgl *BayObLG* BReg 2 Z 79/90, WuM 1990, 459, 460; ebenso *OLG Hamm* 15 W 7/01, ZWE 2001, 446, 447 m Anm *Demharter* S 416). Diese Handhabung erschwert regelmäßig die Nachvollziehbarkeit der Jahresabrechnung, zumal häufig als Folge bei der Darstellung der Instandhaltungsrücklage nicht der wirkliche Bestand (Ist-Bestand) sondern nur der Soll-Bestand mitgeteilt wird. Aus diesem Grund wird teilweise empfohlen, einen doppelten Status (tatsächlich vorhandene Beträge/Sollbeträge) vorzulegen (*LG Köln* 29 T 96/03, ZMR 2005, 151 m Anm *Stähling*). In jedem Fall muss die Darstellung der Instandhaltungsrücklage die tatsächlich vorhandenen Gelder ausweisen (*OLG Saarbrücken* 5 W 166/05, NZM 2006, 228, 229). Es ist aber gar nicht erforderlich, den Soll-Betrag der Instandhaltungsrücklage in die Jahresgesamtabrechnung als Ausgabe aufzunehmen. Die nach dem Wirtschaftsplan geschuldeten Zahlungen auf die Instandhaltungsrücklage werden auch nach der Beschlussfassung weiter aufgrund des Wirtschaftsplans geschuldet, weil dieser durch den Beschluss über die Jahresabrechnung nicht aufgehoben wird. Eine Ersetzung der Schuld aus dem Wirtschaftsplan durch die Schuld aus der Jahresabrechnung (Novation) ist nämlich regelmäßig nicht bezweckt (*BGH* V ZB 16/95, NJW 1996, 725). Eine neue Schuld begründet die Jahresabrechnung nur für die Abrechnungsspitze, dh für den Betrag, der die Summe der beschlossenen Vorschüsse übersteigt (*BGH* IX ZR 98/93, NJW 1994, 1866; *BGH* V ZB 16/95, NJW 1996, 725). Es ist daher nicht nötig, den Soll-Betrag der Instandhaltungsrücklage in die Jahresabrechnung als Ausgabe aufzunehmen (ebenso *Demharter* ZWE 2001, 416, 417; *Merle* in Bärmann, § 28 Rn 72; im Ergebnis ebenso *Drasdo* ZWE 2002, 166, 168; **aA** *Jennißen* ZWE 2002, 169, 170). Bei der Berechnung der Abrechnungsspitze sind allerdings in der Einzelabrechnung die geschuldeten Wohngeldvorschüsse ohne den auf die Instandhaltungsrücklage entfallenden Teil anzusetzen. Dies ist auch deshalb gerechtfertigt, weil die Zahlung auf die Instandhaltungsrücklage nicht als Vorschuss auf die zu erwartenden Ausgaben, sondern als endgültiger Beitrag zur Ansammlung der Rücklage geschuldet wird.

Ohne Zustimmung aller Wohnungseigentümer dürfen Instandsetzungsmaßnahmen, die über eine ordnungsgemäße Verwaltung hinausgehen und deshalb bauliche Veränderungen sind, nicht aus der Instandhaltungsrückstellung finanziert werden. Sofern der Instandhaltungsrücklage unzulässigerweise Geld entnommen worden ist, können die Wohnungseigentümer beschließen, dass die Summe der Instandhaltungsrückstellung wieder zugeführt wird (*OLG Hamm* 15 W 300/01, ZMR 2002, 965). Wird ein solcher Beschluss nicht gefasst, kann der einzelne Wohnungseigentümer gemäß § 21 Abs 4 verlangen, dass das unzulässigerweise verausgabte Geld wieder der Instandhaltungsrücklage zugeführt wird. Eine bauliche Veränderung ist – soweit nicht gemäß § 16 Abs 4 eine andere Regelung getroffen wurde – von den Wohnungseigentümern zu bezahlen, die der Maßnahme zugestimmt haben (§ 16 Abs 6). In diesem Fall ist in den Einzelabrechnungen dieser zustimmenden Wohnungseigentümer der entsprechende Anteil an den aufzubringenden Kosten aufzuführen. Wurde die Erneuerung dagegen mit Recht aus der Instandhaltungsrücklage beglichen, weil es sich um eine ordnungsgemäße Instandsetzung handelt, dann brauchen die Kosten in den Einzelabrechnungen nicht mehr umgelegt zu werden (*OLG Hamm* 15 W 300/01, ZMR 2002, 965). Sind nach der Gemeinschaftsordnung einer Mehrhausanlage die Kosten nach Gebäuden zu trennen, sind auch die Instandhaltungsrücklagen für die Wirtschaftseinheiten getrennt auszuweisen. Solange aber der Rücklage noch keine Kosten entnommen worden sind, ist der Ausweis des Gesamtbetrages unschädlich (*OLG München* 32 Wx 143/05, NZM 2006, 182). 55

Enthält eine Jahresgesamtabrechnung unter den Kosten einen Posten „Zuweisung Rücklage" in Höhe von 225 200 €, der dahingehend erläutert wird, dass es sich um zwei fällige Sonderumlagen in Höhe von 215 000 € sowie um die geplante Zuführung zur Rücklage in Höhe von 10 200 € handelt und enthält diese Jahresabrechnung weiter eine Position „Entwicklung der Instandhaltungsrücklage" mit einem Zugang in Höhe von 231 531,37 € und einem Abgang in Höhe von 256 844,79 € für die Bezahlung einer Sanierungsmaßnahme, dann ist die Abrechnung hinsichtlich der Position „Zuweisung Rücklage" fehlerhaft, weil das Geld nicht in diesem Wirtschaftsjahr endgültig der Instandhaltungsrücklage zugeführt wurde (*OLG München* 34 Wx 148/06, NZM 2007, 734). Wird (ergebnisneutral) eine Zuweisung zur Instandhaltungsrücklage unter der Position „Kosten" ausgewiesen, dann muss auch ein (ebenfalls ergebnisneutraler) Geldzufluss aus der Instandhaltungsrücklage auf die Einnahmenseite in der Jahresabrechnung dargestellt sein (*OLG München*, wie vor). 56

d) Unberechtigte Ausgaben. In die Jahresgesamtabrechnung sind alle tatsächlichen Einnahmen und Ausgaben einzustellen ohne Rücksicht darauf, ob sie zu Recht getätigt worden sind. (*BGH* III ZR 248/95, NJW 1997, 2106, 2108; *KG* 24 W 6339/91, WuM 1992, 327; *BayObLG* 2Z BR 70/01, NZM 2002, 531; *BayObLG* 2Z BR 150/03, ZMR 2004, 50, 51; *Demharter* ZWE 2001, 585). Maßgebend ist also die **rechnerische Richtigkeit**, nicht die sachliche Richtigkeit der Jahresabrechnung. Die Jahresabrechnung des Verwalters soll den Wohnungseigentümern nämlich eine einfache und leicht nachvollziehbare Überprüfung ermöglichen, welche Beträge im Abrechnungszeitraum 57

Niedenführ

eingegangen sind und welche Ausgaben wofür getätigt worden sind. Auch wenn der Verwalter Geld für Angelegenheiten verwendet hat, die nicht zur Verwaltung des gemeinschaftlichen Eigentums gehören, müssen diese Beträge in der Jahresabrechnung erscheinen, damit das Rechenwerk stimmig ist (*BayObLG* 2Z BR 133/00, NZM 2001, 1040, 1041). Bräuchten die Ausgaben in der Gesamtabrechnung nicht erscheinen, erschwerte dies den Wohnungseigentümern die Entscheidung, ob sie die Ausgaben vom Verwalter zurückverlangen (*BayObLG* 2Z BR 70/01, NZM 2002, 531). Hat der Verwalter zu Lasten des Gemeinschaftskontos Ausgaben getätigt, die Sondereigentum betreffen, so ist ihm insoweit die Entlastung zu verweigern. In die Jahresabrechnung sind die Ausgaben aber aufzunehmen, allerdings in den **Einzelabrechnungen** nur auf die Wohnungseigentümer umzulegen, deren Sondereigentum betroffen ist, wobei im Zweifel der Verteilungsmaßstab des § 16 Abs 2 anzuwenden ist (*KG* 24 W 6339/91, WuM 1992, 327; *BayObLG* 2Z BR 25/92, WuM 1992, 448, 449;*OLG Hamm* 15 W 322/06, ZMR 2008, 60 – siehe auch Rn 69).

58 e) Kosten eines Rechtsstreits nach § 43. Der Grundsatz, wonach die tatsächlichen Ausgaben in die Jahresabrechnung einzustellen sind, findet auch Anwendung auf Kosten eines Rechtsstreits nach § 43. Diese sind zwar gemäß § 16 Abs 8 **mit Ausnahme der Mehrkosten** gegenüber der gesetzlichen Vergütung eines Rechtsanwalts **aufgrund einer Vereinbarung über die Vergütung** (§ 27 Abs 2 Nr 4, Abs 3 Nr 6) **keine Kosten der Verwaltung** des gemeinschaftlichen Eigentums im Sinne des § 16 Abs 2 und daher keine Ausgaben, die der Gemeinschaft zur Last fallen. Sind aber solche Kosten aus dem Verwaltungsvermögen gezahlt worden, so sind diese tatsächlich getätigten Ausgaben auch abzurechnen (*BGH* V ZB 1/06, NJW 2007, 1869, Tz 18 mwN). Es genügt, dass die Verfahrenskosten in den Einzelabrechnungen auf die nach der gerichtlichen Kostenentscheidung belasteten Wohnungseigentümer umgelegt werden (*OLG Frankfurt* 20 W 56/03, NZM 2006, 302, 303). Die Kosten dürfen aber nicht dem Erwerber auferlegt werden, wenn sie das Gericht seinem Rechtsvorgänger auferlegt hatte (*OLG Frankfurt* wie vor). § 16 Abs 8 will nur erreichen, dass eine gerichtliche Kostenentscheidung nicht durch Anwendung der allgemeinen gesetzlichen Verteilungsregel des § 16 Abs 2 umgangen wird. Deshalb widerspricht es nicht der Regelung des § 16 Abs 8, im Innenverhältnis der mit den Verfahrenskosten belasteten Wohnungseigentümer den Verteilungsmaßstab des § 16 Abs 2 anzuwenden, wenn nach der gerichtlichen Entscheidung mehrere Wohnungseigentümer Verfahrenskosten zu tragen haben (ebenso *Sturhahn* NZM 2004, 84, 86; **aA** *OLG Düsseldorf* 3 Wx 261/02, NZM 2003, 327). Ein die Gerichtsentscheidung nachträglich ändernder Mehrheitsbeschluss wäre nichtig. Haben nach der gerichtlichen Entscheidung mehrere Wohnungseigentümer Verfahrenskosten **als Gesamtschuldner** zu tragen, so gilt für das Innenverhältnis dieser Wohnungseigentümer im Zweifel ebenfalls der Verteilungsmaßstab des § 16 Abs 2 (*BGH* V ZB 1/06, NZM 2007, 358, 361 mwN; *KG* 24 W 143/05, ZMR 2006, 153; *Sturhahn* NZM 2004, 84, 86; **aA** *OLG Düsseldorf* 3 Wx 261/02, NZM 2003, 327; *AG Neuss* 27 II 94/93 WEG, WuM 1994, 398 im Anschluss an *Drasdo* WuM 1993, 226: Verteilung nach Köpfen analog § 100 Abs 1 ZPO). Sind lediglich **Kostenvorschüsse** aus dem Verwaltungsvermögen gezahlt worden, sind diese aber gerichtliche Kostenentscheidung noch nicht vor, so sind die Kosten im Zweifel nach dem Schlüssel des § 16 Abs 2 zu verteilen. Verfährt der Verwalter hinsichtlich der Verfahrenskosten in dieser Weise, so liegt kein Grund vor, ihm die Entlastung zu verweigern (vgl dazu *KG* 24 W 6339/91, WuM 1992, 327). Liegt eine Gerichtskostenentscheidung noch nicht vor, dürfen **Vor-**

schüsse auf **Rechtsanwaltskosten** für die Vertretung im Anfechtungsprozess in den Einzelabrechnungen nur den Beklagten auferlegt werden (*KG* 24 W 6/05, ZMR 2006, 224; *LG Leipzig* 1 T 420/06, ZMR 2007, 400).

f) Umsatzsteuer. Die Umsatzsteuer ist nur dann in der Jahresabrechnung gesondert 59 auszuweisen, wenn die Wohnungseigentümer auf die Steuerbefreiung ihrer Leistungen an alle oder einzelne Wohnungseigentümer verzichtet haben (*BayObLG* 2Z BR 28/96, ZMR 1996, 574; vgl dazu auch *Schirrmann* WuM 1996, 689 und WE 1998, 212, 248, 292 und 331).

g) Zinsabschlagssteuer. Bei der Zinsabschlagssteuer handelt es sich nicht um Ausga- 60 ben. Sie hat als Quellensteuer vielmehr zur Folge, dass der Wohnungseigentümergemeinschaft von vornherein Zinsen in geringerer Höhe gutgeschrieben werden. Die Zinsabschlagsteuer ist deshalb nicht in die Abrechung aufzunehmen (vgl *Niedenführ* NZM 1999, 640, 646; aA *Staudinger/Bub* § 28 Rn 340: Bruttozinsen als Einnahme und Zinsabschlag als Ausgabe). Der einzelne Wohnungseigentümer kann aber verlangen, dass der Verwalter ihm seinen Anteil an der Zinsabschlagsteuer bescheinigt, damit er die Steuer über seine Steuererklärung vom Finanzamt erstattet bekommt.

h) Haushaltsnahe Dienstleistungen. Die Voraussetzungen unter denen für den ein- 61 zelnen Wohnungseigentümer eine Steuerermäßigung in Betracht kommt regelt das BMF-Rundschreiben vom 26.10.2007 (IV C 4 – S 2296-b/07/0003) – abgedruckt in NZM 2007, 847 –, welches das BMF-Rundschreiben vom 3.11.2006 (IV C 4 – S 2296b – 60/06) ersetzt hat, unter Rn 18 wie folgt:

Besteht ein Beschäftigungsverhältnis zu einer Wohnungseigentümergemeinschaft (zB bei Reinigung und Pflege von Gemeinschaftsräumen) oder ist eine Wohnungseigentümergemeinschaft Auftraggeber der haushaltsnahen Dienstleistung bzw. der handwerklichen Leistung, kommt für den einzelnen Wohnungseigentümer eine Steuerermäßigung in Betracht, wenn in der Jahresabrechnung

– **die im Kalenderjahr unbar gezahlten Beträge nach den begünstigten haushaltsnahen Beschäftigungsverhältnissen (zur Berücksichtigung von geringfügigen Beschäftigungsverhältnissen), Dienstleistungen und Handwerkerleistungen (§ 35a I Nr 2, II 1 und II 2 EStG) jeweils gesondert aufgeführt sind,**
– **der Anteil der steuerbegünstigten Kosten (Arbeits- und Fahrtkosten) ausgewiesen ist und**
– **der Anteil des jeweiligen Wohnungseigentümers individuell errechnet wurde.**

Hat die Wohnungseigentümergemeinschaft zur Wahrnehmung ihrer Aufgaben und Interessen einen Verwalter bestellt und ergeben sich die Angaben nicht aus der Jahresabrechnung, ist der Nachweis durch eine Bescheinigung des Verwalters über den Anteil des jeweiligen Wohnungseigentümers zu führen. Ein Muster für eine derartige Bescheinigung ist als Anlage beigefügt.

Rn 33 des Rundschreibens bestimmt:

Bei Wohnungseigentümern und Mietern ist erforderlich, dass die auf den einzelnen Wohnungseigentümer und Mieter entfallenden Aufwendungen für haushaltsnahe Beschäftigungsverhältnisse und Dienstleistungen sowie für Handwerkerleistungen entweder in der Jahresabrechnung gesondert aufgeführt oder durch eine Bescheinigung des Verwalters oder Vermieters nachgewiesen sind. Aufwendungen für regelmäßig wiederkehrende Dienstleistungen (wie zB Reinigung des Treppenhauses, Garten-

pflege, Hausmeister) werden grundsätzlich anhand der geleisteten Vorauszahlungen im Jahr der Vorauszahlungen berücksichtigt, einmalige Aufwendungen (wie zB Handwerkerrechnungen) dagegen erst im Jahr der Genehmigung der Jahresabrechnung. Es ist aber auch nicht zu beanstanden, wenn Wohnungseigentümer die gesamten Aufwendungen erst in dem Jahr geltend machen, in dem die Jahresabrechnung im Rahmen der Eigentümerversammlung genehmigt worden ist. Entsprechendes gilt für die Nebenkostenabrechnung der Mieter. Handwerkerleistungen, die im Jahr 2005 erbracht worden sind, sind aber auch dann nicht begünstigt, wenn die Jahresabrechnung 2005 im Jahr 2006 durch die Eigentümerversammlung genehmigt worden ist.

Der Lohnkostenanteil für die begünstigten Tätigkeiten kann danach entweder in der Jahresabrechnung ausgewiesen oder vom Verwalter bescheinigt werden (*Schlüter* ZWE 2007, 485, 487). Die Umsetzung in der Verwaltungspraxis erfordert für beide Varianten einen erhöhten Aufwand schon bei der Buchhaltung. Der einzelne Wohnungseigentümer kann verlangen, dass ihm der Verwalter die ihn betreffenden, anteiligen haushaltsnahen Dienstleistungen bescheinigt (*AG Neuss* 74 II 106/07 WEG, NZM 2007, 736). Der Verwalter braucht die Bescheinigung jedoch nicht unentgeltlich erstellen, ein Zusatzvergütung in Höhe von 25 € ist angemessen (*AG Neuss* 74 II 106/ 07 WEG, NZM 2007, 736; *LG Düsseldorf* 19 T 489/07, NZM 2008, 453). Eine Verpflichtung des Verwalters, die Jahresabrechnung so zu erstellen, dass die Wohnungseigentümer damit bestimmte Ausgaben steuerlich geltend machen können, zB als Werbungskosten oder als Steuerermäßigung iS von § 35a EStG, besteht nicht (*KG* 24 W 93/08, ZMR 2009, 709, 711; *AG Bremen* 111a II 89/07 WEG, ZMR 2007, 819; *Ludley* ZMR 2007, 331, 334; aA *Jennißen* in Jennißen § 28 Rn 86).

62 **i) Darstellung der Kontenstände.** Zur Vollständigkeit einer Jahresgesamtabrechnung gehört, dass der **Bestand und die Entwicklung der Bankkonten** für die laufende Verwaltung (Girokonto) und die Instandhaltungsrücklage dargestellt sind (*BayObLG* 2Z BR 8/03, ZMR 2003, 760; *BayObLG* 2Z BR 110/02, ZMR 2003, 761, 762; *BayObLG* 2Z BR 150/03, ZMR 2004, 50, 51). Die Darstellung der Instandhaltungsrücklage muss die tatsächlich vorhandenen Gelder ausweisen (*OLG Saarbrücken* 5 W 166/05, NZM 2006, 228, 229). Die **rechnerische Schlüssigkeit** der Jahresabrechnung besteht nur dann, wenn der Saldo zwischen den tatsächlichen Einnahmen und Ausgaben mit dem Saldo der Kontenstände vom Jahresanfang und Jahresende übereinstimmt (*OLG Hamm* 15 W 7/01, ZWE 2001, 446, 448 m Anm *Demharter* S 416; aA *BayObLG* 2Z BR 8/03, ZMR 2003, 760, 761). Ob Vermögensübersichten als Abrechnung des gemeinschaftlichen Vermögens außerhalb der Geldkonten und Kassenbestände als Bestandteil der Jahresabrechnungen geschuldet sind, hat der *BGH* offengelassen (*BGH* V ZB 11/03, NJW 2003, 3124, 3127).

63 Außerdem soll den Wohnungseigentümern auch einen **Überblick über den Stand der Geldanlagen** gegeben werden, damit sie deren ordnungsgemäße Anlage überprüfen können und damit sie bei Instandhaltungsmaßnahmen wissen, ob die Rücklage ausreicht oder ob eine Sonderumlage erforderlich ist (vgl *OLG Düsseldorf* 3 Wx 75/95, ZMR 1997, 323 zur Darstellung des Kontenbestands und der Kontenentwicklung der Instandhaltungsrücklage bei Bundesanleihen und Bundesschatzbriefen „B"). Fehlende Angaben über den Kontenstand und die Zinserträge sollen aber nachgeholt werden können (s Rn 103). Folge sei nicht, dass der Beschluss über die Jahresabrechnung für ungültig erklärt wird (*BayObLG* BReg 2 Z 66/89, ZMR 1990,

Wirtschaftsplan, Rechnungslegung § 28 WEG II

63). Haben die Wohnungseigentümer beschlossen, die Einnahmen aus dem Verkauf von Waschmünzen für die zum gemeinschaftlichen Eigentum gehörende Waschmaschine der Instandhaltungsrücklage zuzuführen, besteht keine Verpflichtung, ein gesondertes Waschmaschinenkonto zu führen (*BayObLG* BReg 1 b Z 38/88 , WE 1991, 164). Die Abrechnung hat grundsätzlich jährlich zu erfolgen. Die Abrechnung der Heiz- und Warmwasserkosten darf nur dann für einen Zeitraum von mehreren Jahren zusammengefasst werden, wenn entweder die Gemeinschaftsordnung dies vorsieht oder wenn eine jährliche Abrechnung tatsächlich unmöglich ist, weil Zählerablesungen und Verbrauchsmessungen fehlen (*BayObLG* 2Z BR 25/92, WuM 1992, 448).

j) Muster einer Gesamtabrechnung. Eine Jahresgesamtabrechnung (Einnahmen/Ausgaben-Überschussrechnung) kann zB wie folgt aussehen: 64

Wohngeldabrechnung für die Zeit vom 1.1.2007 bis 31.12.2007

Wohnanlage: Goetheallee 347

Einnahmen		
laufende Einnahmen aus Vorschüssen	+ 55 000,00	
laufende Zahlungen auf Instandhaltungsrücklage	+ 5 000,00	
Nachzahlungen auf die Vorjahresabrechnung	+ 5 000,00	
Wohngelder	+ 65 000,00	**65 000,00**
Zinsen	500,00	
Mieten	1 000,00	
Versicherungsleistungen	1 000,00	
zu verteilende Einnahmen	2 500,00	**2 500,00**
Zufluss aus Instandhaltungsrücklage		+ 35 000,00
Gesamteinnahmen:		**102 500,00** +102 500,00
Ausgaben		
Brandversicherung	– 3 000,00	
Haftpflichtversicherung	– 1 900,00	
Gebäudeversicherung	– 4 400,00	
Hausmeister	– 4 000,00	
Hausreinigung	– 1 000,00	
Gartenpflege	– 500,00	
Bankspesen	– 1 400,00	
Abfallbeseitigung	– 3 000,00	
Kabelanschluss	– 500,00	
Wasser	– 3 900,00	
Kanal	– 3 900,00	
Allgemeinstrom	– 4 100,00	
Straßenreinigung	– 800,00	
Sonstige Betriebskosten	– 3 000,00	
Heizung/Warmwasser für das laufende Jahr	– 3 000,00	
Kaminkehrer	– 300,00	
Verwaltungskosten	– 2 400,00	
Kleinreparaturen	– 400,00	
Allgemeine Betriebskosten	**– 41 500,00**	**– 41 500,00**

Niedenführ

Dachsanierung	– 40 000,00	– 40 000,00
aus Instandhaltungsrücklage gedeckt	+ 35 000,00	
zu verteilende Ausgaben für Instandsetzung	– 5 000,00	– 5 000,00
zu verteilende Gesamtausgaben		– 46 500,00
tatsächlicher Abfluss an das Rücklagenkonto		– 5 000,00
Auszahlung von Guthaben der Vorabrechnung		– 1 000,00
Heizung/Warmwasser für das Vorjahr 2001		– 1 000,00
Gesamtausgaben		**– 88 500,00**
Saldo		**14 000,00**

Kontenentwicklung:
Girokonto A-Bank:
Stand 1.1.2007	2 000,00 €
Stand 31.12.2007	16 000,00 €
Saldo	**14 000,00 €**

Der Saldo muss dem Saldo der Einnahmen-Ausgabenrechnung entsprechen, wenn – wie im Regelfall – keine Barzahlungen erfolgt sind.
Festgeldkonto Rücklage A-Bank:
Stand 1.1.2007	50 000,00 €
Zugang vom Girokonto	+ 5 000,00 €
Zugang aus Zinsen (vermindert um Steuer)	+ 1 000,00 €
Abfluss an das Girokonto für Dachsanierung	– 35 000,00 €
Stand 31.12.2007	**21 000,00 €**

65 **3. Einzelabrechnung.** Eine vollständige Jahresabrechnung liegt nur vor, wenn sie die Einzelabrechnungen nebst Heizkosteneinzelabrechnung umfasst (*BayObLG* BReg 2 Z 66/89, ZMR 1990, 63; vgl auch Rn 100). Die Jahresabrechnung muss eine Einzelaufteilung des Gesamtergebnisses auf die einzelnen Wohnungseigentümer enthalten mit Angabe der angewendeten Kostenverteilungsschlüssel.

66 Der vermietende Wohnungseigentümer kann verlangen, dass die Abrechnung so strukturiert ist, dass er mit ihrer Hilfe im Stande ist, die **Mietnebenkostenabrechnung** für seinen Mieter zu erstellen (*BGH* ZMR 1982, 108, 109). Ohne eine entsprechende Vereinbarung kann aber nicht verlangt werden, dass die Einzelabrechnung unverändert als wirksame Betriebskostenabrechnung gegenüber dem Mieter verwendet werden kann (*BayObLG* 2Z BR 198/04, ZMR 2005, 564).

67 **a) Verteilungsschlüssel.** Soweit kein anderer Verteilungsschlüssel vereinbart oder aufgrund einer gesetzlichen (§ 16 Abs 3 und 4) oder vereinbarten Beschlusskompetenz wirksam beschlossen worden ist, bestimmt § 16 Abs 1 S 2 den Verteilungsschlüssel.

68 Die **Anwendung eines Verteilungsschlüssels**, der von der gesetzlichen Regelung oder von Bestimmungen der Teilungserklärung abweicht, führt nicht zur Nichtigkeit des Beschlusses über die Genehmigung einer konkreten Jahresabrechnung wegen fehlender Beschlusskompetenz, weil der Verteilungsschlüssel nicht mit Bindungswirkung für die Zukunft geändert wird (vgl § 16 Rn 29). Die Anwendung eines falschen Verteilungsschlüssels berührt zwar nicht die Jahresgesamtabrechnung, führt aber regelmäßig zu Mängeln aller Einzelabrechnungen, weil der Betrag, der einem Wohnungseigentümer zuviel auferlegt wurde, den anderen verhältnismäßig zu wenig auferlegt wurde. Deswegen kann der Fehler auch nicht dadurch behoben werden, dass dem Wohnungseigentümer, der zu Unrecht zu hoch belastet wurde, der entsprechende Betrag gutgeschrieben wird (*BayObLG* 2Z BR 36/00, NZM 2001, 296). Die Anfechtung eines Beschlusses über die Jahresabrechnung wegen der Anwendung eines falschen Verteilungsschlüssels ist in der Regel rechtsmissbräuchlich, wenn die übrigen Wohnungseigentümer mit dem Abrechnungsmaßstab einverstanden sind und der Kläger durch die Änderung nur Nachteile hätte (*BayObLG* 2Z BR 195/03, ZMR 2004, 358, 359).

Leistungspflichten eines Wohnungseigentümers, die sich weder aus dem Gesetz noch aus einer Vereinbarung ergeben, können außerhalb der Jahresabrechnung nicht durch einen Mehrheitsbeschluss begründet werden (vgl § 16 Rn 166). In der Einzelabrechung können Kosten einem bestimmten Wohnungseigentümer als Sonderbelastung allein auferlegt werden. Werden in eine Jahreseinzelabrechnung Forderungen der Wohnungseigentümergemeinschaft aufgenommen, die nach materiellem Recht gar nicht entstanden, später untergegangen oder verjährt sind, ist der Beschluss über die Jahresabrechnung nicht nichtig (*OLG Köln* 16 Wx 156/03, NZM 2003, 806, 807; *KG* 24 W 189/02, ZMR 2003, 874; *BayObLG* 2Z BR 178/04, NZM 2005, 624; *OLG Düsseldorf* 3 Wx 229/05, ZMR 2006, 217 m Anm *Riecke*; *OLG Hamburg* 2 Wx 30/08, ZMR 2009, 781; *Briesemeister* ZWE 2003, 307, 312). An der Zuständigkeit für eine solche Beschlussfassung fehlt es nicht etwa deshalb, weil eine in die Abrechnung eingestellte Forderung dem materiellen Recht widerspricht. Der Beschluss über die Einzelabrechnung verstößt in einem solchen Fall auch nicht gegen § 138 BGB. Die Einstellung der fraglichen Forderung in die Einzelabrechnung verstößt nicht schon dann gegen die guten Sitten, wenn den Verpflichteten kein Verschulden treffen sollte, aber aus der Sicht der damals beschließenden Wohnungseigentümer jedenfalls der Verursacher des entstandenen Schadens war (vgl *BayObLG* 2Z BR 178/04, NZM 2005, 624). Die Genehmigung der Jahresabrechnung wird ohne Anfechtung bestandskräftig. Auf Anfechtung sind jedoch alle Einzelabrechnungen insoweit für ungültig zu erklären, als einem einzelnen Wohnungseigentümer zu Unrecht Ausgaben allein auferlegt worden sind (*KG* 24 W 189/02, ZMR 2003, 874). Im Anfechtungsverfahren ist festzustellen, ob die Wohnungseigentümergemeinschaft gegen den Anfechtenden einen materiellrechtlichen Anspruch auf die ihm in der Einzelabrechnung aufgebürdeten Ausgaben hat (*KG* 24 W 123/04, Info-M 2006, 89 unter Aufgabe von *KG* 24 W 189/02, ZMR 2003, 874). Werden umgekehrt Ausgaben auf alle Wohnungseigentümer aufgeteilt, obwohl sie nach der materiellen Rechtslage nur einzelnen Wohnungseigentümern aufzubürden waren, sind auf Anfechtung ebenfalls sämtliche Einzelabrechnungen hinsichtlich der angefochtenen anteiligen Beträge für ungültig zu erklären (*KG* 24 W 123/04, Info-M 2006, 89). Die Gemeinschaft verstößt jedoch nicht gegen das ihr im Rahmen ordnungsgemäßer Verwaltung zustehende Ermessen, wenn sie bei Forderungen, deren Umlage auf einzelne Wohnungseigentümer zweifelhaft ist, die tatsächlich entstandenen Kosten insgesamt nach dem allgemeinen Kostenverteilungsschlüssel verteilt, anstatt die jeweils betroffenen Sondereigentümer hiermit im Wege der Einzelabrechnung zu belasten (*OLG Hamm* 15 W 322/06, ZMR 2008, 60).

b) Gesamtabrechnung als Grundlage. Ausgaben, die nicht in der Jahresgesamtabrechnung enthalten sind, können grundsätzlich nicht Gegenstand der Einzelabrechnung sein. Werden die Einzelabrechnungen deshalb angefochten, so sind sie nur hinsichtlich dieser Beträge für ungültig zu erklären (*BayObLG* 2Z BR 26/92, WuM 1992, 395).

71 Eine Ausnahme muss aber bei der verbrauchsabhängigen **Heizkostenabrechnung** dann gelten, wenn im Folgejahr Heizkosten für das laufende Jahr gezahlt worden sind und die Einnahmen-/Ausgaben-Überschussrechnungen sich auf die tatsächlich gezahlten Heizkosten beschränkt. Anderenfalls muss das Prinzip der reinen Einnahmen-/Ausgaben-Abrechnung durchbrochen werden und es muss eine Korrektur über Rechnungsabgrenzungsposten erfolgen (s Rn 52 ff).

72 Eine Abweichung zwischen Gesamt- und Einzelabrechnung kommt auch dann in Betracht, wenn ein Wohnungseigentümer im Januar mit entsprechender Tilgungsbestimmung das **Wohngeld** für den Monat Dezember des Vorjahres zahlt. In die Gesamtabrechnung des Vorjahres ist die Zahlung nicht aufzunehmen, weil es sich nicht um eine tatsächliche Einnahme dieses Jahres handelt. In der Einzelabrechnung des Vorjahres darf die Zahlung des Dezember- Wohngelds aber zugunsten des Wohnungseigentümers angerechnet werden. In der Gesamtabrechnung des laufenden Jahres ist die im Januar erfolgte Zahlung zu berücksichtigen, weil Zahlungen eines Wohnungseigentümers, die während eines Abrechnungsjahrs eingehen, unabhängig von ihrer Anrechnung nach § 366 BGB in diesem Jahr als Einnahmen in der Gesamtabrechnung zu verbuchen sind (*BayObLG* 2Z BR 139/01, NZM 2003, 905).

73 Umfangreiche Sanierungsmaßnahmen, die durch eine **Sonderumlage** finanziert worden sind und sich über mehrere Jahre erstrecken, werden oftmals gesondert abgerechnet (vgl *AG Kerpen* 15 II 27/96, ZMR 1998, 376; *Köhler* ZMR 1998, 300). Die Einheitlichkeit der Abrechnung kann jedoch erhalten werden, wenn im ersten Sanierungsjahr in den Jahreseinzelabrechnungen ein auf der Sonderumlage beruhender Überschuss, der entstanden ist, weil noch nicht alle Ausgaben für die Sanierung erfolgt sind, korrigiert wird (vgl dazu *Drasdo* ZWE 2000, 248). Es widerspricht aber nicht ordnungsgemäßer Verwaltung, mehrjährige Bauarbeiten am Schluss erstmals jahresübergreifend abzurechnen (*KG* 24 W 182/02, NZM 2004, 263).

74 **c) Saldo der Abrechnung.** Wesentlicher Bestandteil der Einzelabrechnung ist die Gegenüberstellung des von dem einzelnen Wohnungseigentümer auf der Grundlage der Jahresabrechnung geschuldeten Betrags und der von ihm hierauf geleisteten Vorauszahlungen mit dem sich daraus ergebenden Saldo in Form eines Fehlbetrags oder einer Überzahlung (*BayObLG* BReg 2 Z 91/88, ZMR 1989, 28). Die Einzelabrechnung darf sich nicht darauf beschränken, den Anteil an den Gesamtkosten festzulegen, sondern muss auch eine Verrechnung mit den Wohngeldvorschüssen enthalten (*BayObLG* WE 1990, 147).

75 **d) Saldo aus der Vorjahresabrechnung.** Der Saldo aus der Vorjahresabrechnung gehört nicht in die Einzelabrechnung (*BayObLG* 2Z BR 110/02, ZMR 2003, 761, 762). Er kann aber zur Information als offene Zahlungsverpflichtung mitgeteilt werden. Der Beschlussfassung unterliegt er nicht. Ist der Vorjahressaldo Gegenstand der Beschlussfassung, dann ist der Beschluss über die Einzelabrechnung **insoweit** für ungültig zu erklären (*OLG Düsseldorf* 3 Wx 3/91, WuM 1991, 623; *BayObLG* 2Z BR 73/92, WuM 1993, 92, 93). Ebenfalls für ungültig zu erklären ist der Beschluss, Salden aus der Abrechnung auf neue Rechnung vorzutragen (*LG Düsseldorf* 19 T 360/93, WuM 1994, 399). Zu den Auswirkungen eines bestandskräftigen Beschlusses s Rn 77.

Wirtschaftsplan, Rechnungslegung § 28 WEG II

Eine **Kontostandsmitteilung**, aus der sich für den einzelnen Wohnungseigentümer der Gesamtbetrag ergibt, den er nach der Berechnung des Verwalters schuldet, ist ebenfalls nicht Gegenstand der Jahresabrechnung (*BayObLG* 2Z BR 179/98, NZM 1999, 868, 869). Wird in eine Einzelabrechnung eine angebliche **Altschuld** aus einer früheren Jahresabrechnung aufgenommen, so wird diese Schuld durch den Beschluss über die aktuelle Jahresabrechnung nicht erneut festgelegt. Maßgebend für die Zahlungspflicht bleibt die erstmalige Festlegung der Altschuld in dem Beschluss über die Jahresabrechnung die sich auf die Periode bezieht, in der die Altschuld angefallen sein soll (*KG* 24 W 3618/92, WuM 1993, 302, 303). 76

Die Rechtsprechung ist aber überwiegend der Ansicht, ein bestandskräftiger Beschluss, der eine Jahresabrechnung genehmigt, die Wohngeldrückstände aus den Abrechnungen früherer Jahre als Ausgaben einbezieht, sei Grundlage für die Geltendmachung auch der Wohngeldrückstände aus früheren Jahren (*OLG Köln* 16 Wx 39/00, NZM 2000, 909; *BayObLG* 2Z BR 164/03, ZMR 2004, 355; *OLG Düsseldorf* I-3 Wx 65/04, ZMR 2005, 2005, 642). Ob eine solche Einbeziehung gewollt ist, soll durch Auslegung zu ermitteln sein. Laute die Einzelabrechnung wie folgt, werde eine Zahlungspflicht nur für Fehlbetrag der aktuellen Abrechnung festgelegt: 77

Ausgaben 2002 laut Umlage	– 3000,00 €
vorauszuzahlende Vorschüsse	2450,00 €
Fehlbetrag	– 550,00 €
Saldo aus der Abrechnung 2001	– 600,00 €
Gesamtrückstand	– 1150,00 €

Laute die Einzelabrechnung dagegen wie folgt, erfasse sie auch den Vorjahressaldo (*BayObLG* NZM 2000, 52): 78

Saldo aus der Abrechnung 2001	– 600,00 €
2002 vorausgezahlte Vorschüsse	– 2450,00 €
verbleibender Betrag	– 1850,00 €
Ausgaben 2002 laut Umlage	– 3000,00 €
Fehlbetrag	– 1150,00 €

Dieser Auffassung kann allenfalls für diejenigen Fälle gefolgt werden, in denen kein Eigentümerwechsel stattfand. Gegen sie spricht, dass die äußere Gestaltung der Jahresabrechnung durch den Verwalter in der Regel nicht den Rückschluss auf einen bestimmten Willen der Wohnungseigentümer erlaubt. Es ist vielmehr davon auszugehen, dass die Wohnungseigentümer sich rechtskonform verhalten wollen. Ebenso wie der Beschluss über die Genehmigung der Jahresabrechnung regelmäßig im Sinne einer Schuldbegründung nur für die Abrechnungsspitze auszulegen ist (*BGH* V ZB 17/99 NJW 1999, 3713), ist der Beschluss unabhängig von der Gestaltung der Abrechnung dahin auszulegen, dass der Saldo aus der Vorjahresabrechnung nicht erneut beschlossen wird. Maßgebend für die Zahlungspflicht bleibt die erstmalige Festlegung des Saldos in dem Beschluss über die Jahresabrechnung die sich auf die Vorperiode bezieht (*KG* 24 W 3618/92, WuM 1993, 302, 303). Der Vorjahressaldo 79

II WEG § 28 Wirtschaftsplan, Rechnungslegung

wird aber Streitgegenstand, wenn er gerichtlich geltend gemacht wird. Ist der Betrag streitig, hat das Gericht die Klägerin darauf hinzuweisen, dass die vorangegangenen Abrechnungsbeschlüsse und Abrechnungen vorzulegen sind (*KG* 24 W 5582/95, WuM 1996, 175).

80 **e) Wirkung der Einzelabrechnung.** Ob Einwände gegen die Höhe der in der Einzelabrechnung berücksichtigten Vorauszahlungen nach Bestandskraft des Beschlusses über die Genehmigung der Jahresabrechnung noch möglich sind, ist streitig. Nach hier vertretener Ansicht nimmt die Bestandskraft des Beschlusses über die Genehmigung der Jahresabrechnung dem Wohnungseigentümer nicht den **Erfüllungseinwand** (ebenso *LG Hamburg* 318 T 239/04, ZMR 2006, 77, 78; *Armbrüster* ZWE 2005, 267, 275; *Riecke* ZMR 2006, 218; *Wolicki* in Abramenko Handbuch, § 6 Rn 368; **aA** *BayObLG* 2Z BR 193/03, ZMR 2004, 65; *LG Köln* 29 T 294/07, ZMR 2008, 830; *Merle* in Bärmann, § 28 Rn 106; offen gelassen *KG* 24 W 87/03, NZM 2005, 22). Nach Eintritt der Bestandskraft sind zwar Einwendungen gegen die sachliche Richtigkeit der Jahresabrechnung ausgeschlossen (*BGH* V ZB 43/93, NJW 1994, 2950, 2953). Nach der Rechtsprechung des *BGH* begründet der Beschluss über die Genehmigung der Jahresabrechnung aber nur für den nach der Einzelabrechnung auf den jeweiligen Wohnungseigentümer entfallenden Betrag, der die nach dem Wirtschaftsplan beschlossenen Vorschüsse übersteigt, originär eine Schuld (vgl *BGH* V ZB 17/99 NJW 1999, 3713). Anspruchsgrundlage für die Vorschüsse bleibt weiter der Wirtschaftsplan (*BayObLG* 2Z BR 41/02, NZM 2002, 743, 744). Funktion der Einzelabrechnung ist allein die Verteilung der in der Gesamtabrechnung aufgeführten Kosten auf die Wohnungseigentümer nach den maßgebenden Verteilungsschlüsseln und die Feststellung welcher Betrag über die beschlossenen Vorschüsse hinaus noch zu zahlen ist, bzw um welchen Betrag sich die beschlossenen Vorschüsse gegebenenfalls reduzieren. Weist die bestandskräftig beschlossene Jahresabrechnung ein Guthaben aus, kann ein Wohnungseigentümer nicht mit der einfachen Behauptung, die in der Einzelabrechnung ausgewiesenen Zahlungen seien nicht erbracht worden, auf Zahlung in Anspruch genommen werden; der Verwalter trägt dann die Darlegungs- und Beweislast dafür, dass die ausgewiesenen Zahlungsbeträge eindeutig unrichtig sind (*KG* 24 W 87/03, NZM 2005, 22). Die Erfüllungswirkung von Zahlungen entfällt nicht rückwirkend dadurch, dass der Verwalter später der Verrechnung mit anderen Zeiträumen zustimmt oder einem Käufer Wohngeldvorschüsse erstattet, die dieser im Hinblick auf eine im Kaufvertrag vereinbart Erfüllungsübernahme ab Übergabe für den Verkäufer erbracht hat (*KG* wie vor). Hat der Verwalter einer kleineren Wohnungseigentümergemeinschaft den Fehlbetrag der laufenden Kosten aus eigener Tasche vorgeschossen, weil einer der Miteigentümer mit seinen Zahlungen erheblich im Rückstand war, so liegt darin keine befreiende Drittleistung (§ 267 BGB) für den säumigen Wohnungseigentümer, so dass die Gemeinschaft von diesem die rückständigen Beiträge weiterhin verlangen kann (*OLG Köln* 16 Wx 210/04, NZM 2005, 263).

81 Stellt sich nach bestandskräftig beschlossener Jahresabrechnung heraus, dass den dort abgerechneten Heizkosten wegen eines falsch eingebauten Messgerätes eine unrichtige Erfassung zu Grunde lag, kann die Jahresabrechnung im Wege des Zweitbeschlusses korrigiert werden (*OLG Düsseldorf* 3 Wx 414/99, NZM 2000, 875).

Wirtschaftsplan, Rechnungslegung   § 28 WEG II

f) Muster einer Einzelabrechnung:

Verteilung der Ausgaben:

	Betrag	Schlüssel	Anteile	Basis	Betrag
Brandversicherung	– 3000,00	MEA	100	1000	– 300,00
Haftpflichtversicherung	– 1900,00	MEA	100	1000	– 190,00
Gebäudeversicherung	– 4400,00	MEA	100	1000	– 440,00
Hausmeister	– 4000,00	MEA	100	1000	– 400,00
Hausreinigung	– 1000,00	MEA	100	1000	– 100,00
Gartenpflege	– 500,00	MEA	100	1000	– 50,00
Aufzugskosten	– 1400,00	MEA	100	1000	– 140,00
Abfallbeseitigung	– 3000,00	MEA	100	1000	– 300,00
Kabelanschluss	– 500,00	Anschlüsse	1	10	– 50,00
Wasser	– 3900,00	MEA	100	1000	– 390,00
Kanal	– 3900,00	MEA	100	1000	– 390,00
Allgemeinstrom	– 4100,00	MEA	100	1000	– 410,00
Straßenreinigung	– 800,00	MEA	100	1000	– 80,00
Sonstige Betriebskosten	– 3000,00	MEA	100	1000	– 300,00
Heizkosten	*– 3000,00*	*Verbrauch*			*– 300,00*
Kaminkehrer	– 300,00	MEA	100	1000	– 30,00
Verwaltungskosten	– 2400,00	Einheiten	1	10	– 240,00
Kleinreparaturen	– 400,00	MEA	100	1000	– 40,00
Dachsanierung	– 5000,00	MEA	100	1000	– 500,00
				Ausgaben:	**– 4650,00**
Heizkosten gezahlt in 2003	*– 1000,00*	*Verbrauch*			*– 100,00*
					– 4750,00
Einnahmen					
Zinsen	500,00	MEA	100	1000	+ 50,00
Mieten	1000,00	MEA	100	1000	+ 100,00
Versicherungsleistungen	1000,00	MEA	100	1000	+ 100,00
				Einnahmen	**+ 250,00**
				Ihre Kosten:	**4500,00**

Berechnung der Abrechnungsspitze:

auf die Wohnung entfallende Ausgaben	4500,00 €
voraus**zuzahlende** Vorschüsse auf die Kosten (ohne Instandhaltungsrücklage)	4260,00 €
Fehlbetrag (= Abrechnungsspitze)	**– 240,00 €**

Niedenführ

II WEG § 28   Wirtschaftsplan, Rechnungslegung

Aufstellung über die zu zahlenden Wohngelder:

Fehlbetrag 2002 (= Abrechnungsspitze)	– 240,00 €
vorauszuzahlende Vorschüsse auf die Kosten	– 4260,00 €
Beitrag zur Instandhaltungsrücklage	– 300,00 €
2001 für 2002 gezahlte Vorschüsse	355,00 €
2002 gezahlte Vorschüsse	3195,00 €
2003 für 2002 gezahlte Vorschüsse	355,00 €
Zahlungen auf die Instandhaltungsrücklage	275,00 €
	– 620,00 €

83 **g) Einzelabrechnung bei Eigentümerwechsel.** Eine zeitanteilige Berechnung der auf den Voreigentümer einerseits und den Erwerber andererseits entfallenden Ausgaben ist nicht vorzunehmen (*OLG Hamm* 15 W 323/99, NZM 2000, 139, 140; **aA** *Jennißen* ZWE 2000, 494). Unschädlich ist, wenn in der Einzelabrechnung für die Wohnung nicht der Erwerber, sondern – in Unkenntnis der erfolgten Eigentumsumschreibung – noch der Voreigentümer genannt ist, da für alle Beteiligten erkennbar die Abrechnung für die Wohnung bestimmt ist und zudem die Verpflichtung des ausgeschiedenen Voreigentümers ein unzulässiger Gesamtakt zu Lasten eines Dritten gewesen wäre (*BGH* V ZB 43/93, NJW 1994, 2950, 2953).

84 Bei einem Eigentumswechsel zum 30.9. gilt zum Beispiel Folgendes:

auf die Wohnung entfallende Ausgaben	4000,00 €
voraus**gezahlte** Vorschüsse	2300,00 €
auf die Wohnung entfallender Fehlbetrag	1700,00 €

Der auf die Wohnung entfallende Fehlbetrag von 1700 € ist nicht allein vom Erwerber zu tragen, wenn von den vorauszuzahlenden Vorschüssen in Höhe von 3600 € auf den Erwerber ¼ also 900 € entfallen und er davon 300 € gezahlt hat. Er hat dann nur noch 600 € an Vorschüssen zuzüglich der Abrechnungsspitze zu zahlen. Auf den Voreigentümer entfallen von den vorauszuzahlenden Vorschüssen also 2700 €. Hat er 2000 € gezahlt, so hat er noch 700 € zu zahlen (ähnlich *Demharter* ZWE 2001, 60, 63).

85 Die Einzelabrechnung für den Erwerber müsste daher richtig wie folgt aussehen:

auf die Wohnung entfallende Ausgaben	4000,00 €
voraus**zuzahlende** Vorschüsse auf die Kosten (ohne Instandhaltungsrücklage)	3600,00 €
Fehlbetrag (= Abrechnungsspitze)	**– 400,00 €**
vom Erwerber zu zahlende Vorschüsse	900,00 €
vom Erwerber gezahlte Vorschüsse	300,00 €
vom Erwerber noch zu zahlende Vorschüsse	600,00 €
insgesamt offenes Wohngeld	**– 1000,00 €**

86 Haben Voreigentümer und Erwerber unvollständig gezahlt, kann der Fehlbetrag ein **rechnerisches Guthaben** darstellen. Dieses gebührt dem Erwerber als Abrechnungs-

Wirtschaftsplan, Rechnungslegung § 28 WEG II

spitze aber nur anteilig, denn die Schuld des Voreigentümers aus dem Wirtschaftsplan wird ebenfalls durch das Ergebnis der Jahresabrechnung begrenzt (ebenso *Staudinger/ Bub* § 28 Rn 253; *Demharter* ZWE 2001, 60, 63; *Wenzel* WE 1997, 124, 128; **aA** *Merle* in *Bärmann*, § 28 Rn 93; *Slomian* ZWE 2002, 206; *Syring* ZWE 2002, 565; *Drasdo* NZM 2003, 297, 301).

auf die Wohnung entfallende Ausgaben	3000,00 €
voraus**gezahlte** Vorschüsse	2300,00 €
auf die Wohnung entfallender Fehlbetrag	**− 700,00 €**

Der auf die Wohnung entfallende Fehlbetrag von 700 € ist nicht allein vom Erwerber zu tragen, wenn sich bei vorauszuzahlenden Vorschüssen in Höhe von 3600 € sich ein rechnerisches Guthaben in Höhe von 600 € ergibt. Von den vorauszuzahlenden Vorschüssen entfallen auf den Erwerber also 900 €. Hat er davon 300 € gezahlt, so hat er unter Berücksichtigung des auf ihn entfallenden rechnerischen Guthabens von 150 € noch **450** € zu zahlen. Auf den Voreigentümer entfallen von den vorauszuzahlenden Vorschüssen also 2700 €. Hat er 2000 € gezahlt, so hat er unter Berücksichtigung des auf ihn entfallenden rechnerischen Guthabens von 450 € noch **250** € zu zahlen. Darauf reduziert sich seine offene Schuld von 700 € aus dem Wirtschaftsplan (ähnlich *Demharter* ZWE 2001, 60, 63). Die Einzelabrechnung für den Erwerber müsste daher richtig wie folgt aussehen: 87

auf die Wohnung entfallende Ausgaben	3000,00 €	
voraus**zuzahlende** Vorschüsse	3600,00 €	
rechnerisches Guthaben (= Abrechnungsspitze)	**+ 600,00 €**	
vom Erwerber zu zahlende Vorschüsse		900,00 €
vom Erwerber gezahlte Vorschüsse		− 300,00 €
Guthabenanteil des Erwerbers (¼)		− 150,00 €
vom Erwerber noch zu zahlende Vorschüsse		− 450,00 €
insgesamt offenes Wohngeld		**− 450,00 €**

88

Eine Einzelabrechnung, die sich abweichend von den Tabellen Rn 85 und Rn 88 darauf beschränkt, einen Fehlbetrag von 700 € (Tabelle Rn 86) oder 1700 € (Tabelle Rn 84) für die Wohnung auszuweisen, ist auf Anfechtung für ungültig zu erklären. Der Erwerber kann nämlich den Beschluss über die Jahresabrechnung erfolgreich anfechten, wenn sie über die Abrechnungsspitze hinaus eine Zahlungspflicht für nicht gezahlte Vorschüsse des Veräußerers begründet (*OLG Düsseldorf* 3 Wx 3/91, WuM 1991, 623 m abl Anm *Drasdo*; *KG* 24 W 4142/92, WuM 1993, 756; *KG* 24 W 5882/93, WuM 1994, 497; *OLG Köln* 16 Wx 129/97, WuM 1997, 395; *Hauger* FS für Bärmann und Weitnauer S 363; *Wenzel* WE 1994, 353, 357/358 und WE 1996, 442, 448; **aA** *Drasdo* WE 1996, 89 und WuM 1997, 185; offen gelassen: *BayObLG* 2Z BR 43/94, WuM 1995, 52; *OLG Köln* 16 Wx 2/97, ZMR 1997, 249) oder wegen fehlender Aufschlüsselung begründen kann (*OLG Düsseldorf* 3 Wx 283/00, ZWE 2001, 77, 78 m zust Anm *Demharter* S 60 = NZM 2001, 432). 89

Niedenführ

90 Fraglich ist, welchen Betrag der Erwerber schuldet, wenn der Beschluss über die Genehmigung einer Einzelabrechnung, die inhaltlich der Tabelle Rn 84 oder Rn 86 entspricht, bestandskräftig geworden ist. Der *BGH* hat entschieden, dass selbst dann, wenn eine bestandskräftige Einzelabrechnung einen über die Abrechnungsspitze hinausgehenden Fehlbetrag ausweist, durch den Abrechnungsbeschluss keine Schuld des Erstehers in Höhe des gesamten Fehlbetrages begründet wird (*BGH* V ZB 17/99, NJW 1999, 3713; *KG* 24 W 5437/98, NZM 1999, 467; *Staudinger/Bub* § 28 Rn 413). Nach Ansicht des *BGH* ergibt die Auslegung des Genehmigungsbeschlusses, dass die Wohnungseigentümer den Erwerber nicht abweichend von der Rechtsordnung zur Haftung für Rückstände verpflichten wollen. Ob etwas anderes dann zu gelten hätte, wenn die Wohnungseigentümer eine Schuld des Erwerbers ausdrücklich entgegen der Rechtsordnung hätten begründen wollen oder ob ein derartiger Beschluss nichtig wäre, hat der *BGH* offen gelassen.

91 Zum gleichen Ergebnis gelangt man, wenn man den Beschluss über die Genehmigung der Einzelabrechnung inhaltlich auf die Feststellung der Abrechnungsspitze beschränkt. Unabhängig von der äußeren Gestaltung der Einzelabrechnung begründet diese dann stets nur einen Anspruch hinsichtlich der Abrechnungsspitze. Offene Vorschüsse, die der Erwerber zu zahlen hatte, schuldet auch dieser ebenso wie der Voreigentümer ausschließlich weiter aufgrund des Wirtschaftsplans. Allerdings ist die Forderung aus dem Wirtschaftsplan durch den Beschluss über die Genehmigung der Jahresabrechnung insoweit bestätigt und verstärkt worden, als sie den Vorschusscharakter verloren hat und nunmehr endgültig geschuldet wird, gegebenenfalls in ihrer Höhe reduziert durch ein (rechnerisches) Guthaben. Folge der hier vertretenen Auffassung ist, dass die Feststellungen in der Einzelabrechnung zur Höhe der aus dem Wirtschaftsplan noch offenen Forderungen und der bereits gezahlten Vorschüsse nicht von der Bestandskraft des Beschlusses über die Einzelabrechnungen erfasst werden und dem Wohnungseigentümer weiterhin der Erfüllungseinwand erhalten bleibt. Dem Voreigentümer, der ausschließlich weiter aus dem Wirtschaftsplan verpflichtet ist, steht der Erfüllungseinwand ohnehin zu. In dem obigen Beispiel (Tabelle Rn 88) schuldet der Wohnungseigentümer den Betrag von 450 € also nicht als Schuldsaldo aus der Jahresabrechnung (so aber *Demharter* ZWE 2001, 60, 63) sondern aus dem Wirtschaftsplan. Haftet der rechtsgeschäftliche Erwerber aufgrund einer Vereinbarung für Rückstände des Voreigentümers, ist auch dies kein Grund, den über die Abrechnungsspitze hinausgehenden Anspruch gegen ihn als Schuldsaldo über die Einzelabrechnung zu begründen, denn die Rückstände des Voreigentümers, für die er haftet, ergeben sich aus dem Wirtschaftsplan.

92 Soweit sich die aus der Einzelabrechnung ergebende Beitragsbelastung und die gezahlten Beitragvorschüsse decken, tritt eine Verrechnungswirkung ein, die der Eigentümergemeinschaft das Recht gewährt, die geleisteten Vorschüsse endgültig zu behalten und die eine Rückzahlung ausschließt (*OLG Hamm* 15 W 323/99, NZM 2000, 139, 141). Der Verwalter darf diese Verrechnungswirkung nach Genehmigung der Jahresabrechnung nicht im Hinblick auf einen später festgestellten Eigentümerwechsel durch eine neue Abrechnung zum Nachteil des Erwerbers verändern (*OLG Hamm* 15 W 323/99, NZM 2000, 139, 141).

93 Ein Voreigentümer, der auf Zahlung offener Vorschüsse aus dem Wirtschaftsplan in Anspruch genommen wird, kann den Erfüllungseinwand erheben. Er kann aber auch geltend machen, die beschlossene Jahresabrechnung sei unrichtig, weil sie überhaupt oder zu einem höheren Guthaben hätte führen müssen. Der Beschluss über die Jahresabrechnung hat nämlich ihm gegenüber keine Bindungswirkung, da es sich anderenfalls um einen unzulässigen Gesamtakt zu Lasten Dritter handeln würde. Der Voreigentümer trägt aber für beide Einwände die Darlegungs- und Beweislast.

4. Beschluss über die Jahresabrechnung. Die Teilungserklärung kann wirksam bestimmen, dass eine **Beschlussfassung** gemäß § 28 Abs 5 durch die Eigentümerversammlung **nicht erforderlich** ist, denn § 28 Abs 5 ist abdingbar. Der Anspruch auf Zahlung eines Fehlbetrags entsteht dann auch ohne einen Beschluss über die Genehmigung der Jahresabrechnung. Der Unterschied zur Genehmigungsfiktion (dazu Rn 116) besteht darin, dass die Abrechnung nicht bestandskräftig wird und deshalb unbeschränkt auch im Zahlungsverfahren sämtliche Einwände gegen den Inhalt der Abrechnung erhoben werden können. Im Gegensatz zur Genehmigungsfiktion werden Rechte des einzelnen Wohnungseigentümers also nicht eingeschränkt. Um die Jahresabrechnung bestandskräftig werden zu lassen, empfiehlt sich trotz einer solchen Bestimmung in der Teilungserklärung eine Beschlussfassung über die Jahresabrechnung. Der Beschluss über die Jahresabrechnung ist im Verfahren nach §§ 21 Abs 4, 43 Nr 1 erzwingbar. Das Rechtsschutzbedürfnis für den Antrag gegen einen Mehrheitseigentümer auf Zustimmung zur Jahresabrechnung fehlt aber, sofern die Möglichkeit besteht, die Jahresabrechnung ohne dessen Mitwirkung zu beschließen (*OLG Köln* 16 Wx 112/02, ZMR 2003, 608). Ein Beschluss über die **Entlastung des Verwalters** ist in der Regel dahin auszulegen, dass er zugleich die stillschweigende Billigung der Jahresabrechnung enthält (*BayObLG* 2Z BR 10/92, WuM 1992, 329 mwN; *OLG München* 34 Wx 147/06, NZM 2007, 488). Beschließen die Wohnungseigentümer unter dem gleichen Tagesordnungspunkt die Entlastung des Verwaltungsbeirats, lehnen aber zugleich die Entlastung des Verwalters ab, kann daraus regelmäßig nicht auf die gleichzeitige Genehmigung der Jahresabrechnung geschlossen werden (*OLG München* wie vor).

94

a) Bedeutung des Beschlusses. Der Beschluss der Wohnungseigentümer über die Jahresgesamtabrechnung legt im Verhältnis der Wohnungseigentümer untereinander bindend fest, welche Einnahmen zu verbuchen sind und welche Ausgaben als Lasten und Kosten gemäß § 16 Abs 2 durch die Einzelabrechnungen auf die Wohnungseigentümer nach dem jeweiligen Verteilungsschlüssel umzulegen sind (*OLG Frankfurt* 20 W 732/78, OLGZ 1979, 136, 137; *BayObLG* BReg 2 Z 26/86, WuM 1988, 101 mwN). Zur Unterrichtung der Wohnungseigentümer über die Abrechnung vor der Beschlussfassung siehe Rn 129.

95

b) Stimmberechtigte. Über die Jahresabrechnung haben grundsätzlich alle Wohnungs- und Teileigentümer abzustimmen, auch wenn die Jahresabrechnung einzelne Positionen enthält, die nur eine abgeschlossene Gruppe betrifft, zB die Teileigentümer der Tiefgarage (*BayObLG* 2Z BR 107/00, NZM 2001, 771).

96

Wird über die Jahresabrechnung und die Entlastung des Verwalters jeweils gesondert abgestimmt, so ist ein Verwalter, der zugleich Wohnungseigentümer ist, bei der Beschlussfassung über die Jahresabrechnung stimmberechtigt (*AG Frankfurt* 65 UR II 308/90 WEG, WuM 1991, 712).Anderenfalls erstreckt sich der Stimmrechtsausschluss des Verwalters für die Entlastung (s Rn 220) auch auf die Abstimmung über die Jahresabrechnung (*OLG Köln* 16 Wx 165/06, ZMR 2007, 715).

97

98 **c) Anfechtungsgründe.** Die Anfechtung des Beschlusses über die Jahresabrechnung kann auf **einzelne selbstständige Rechnungsposten** beschränkt werden (*KG* 24 W 5797/90, WuM 1991, 624 mwN; *BayObLG* 2Z BR 12/03, ZMR 2003, 692). Geschieht dies, so kann nach Ablauf der Anfechtungsfrist die Jahresabrechnung über die vorgenommene Beschränkung hinaus nicht mehr angefochten werden (*BayObLG* 2Z BR 26/92, WuM 1992, 395). Eine Beschränkung ergibt sich in der Regel nicht bereits daraus, dass der Antragsteller nur zu einzelnen Posten der Abrechnung konkrete Rügen vorbringt, sofern er deutlich macht, dass er die Jahresabrechnung auch im übrigen gerichtlich überprüft wissen will (*BayObLG* 2Z BR 12/03, ZMR 2003, 692). Wird der Beschluss über die Jahresabrechnung wegen bestimmter Kostenpositionen angefochten, weil insoweit Forderungen gegen Dritte in einer Vermögensübersicht aufgeführt sind, die vom Beschluss umfasst ist, ist der Beschluss insoweit für ungültig zu erklären (*BayObLG* 2Z BR 171/01, NZM 2002, 455).

99 Auch wenn der **Beschluss** über die Jahresabrechnung **insgesamt angefochten** worden ist, kann das Gericht den Beschluss nur hinsichtlich einzelner mangelhafter Positionen für ungültig erklären (*BGH* V ZB 1/06, NZM 2007, 358, 359; *OLG Frankfurt* 20 W 283/01, ZMR 2003, 769 m Anm *Abramenko*; *OLG München* 34 Wx 065/07, NZM 2008, 492). Voraussetzung ist, dass sich der Fehler auf einzelne Positionen beschränkt. Die **Auslegung des Klageantrags** kann ergeben, dass der Anfechtungskläger die Jahresabrechnung nur in einer bestimmten Position angreift (vgl *LG Saarbrücken* 5 T 40/09, NZM 2009, 323). Kann jedoch die **rechnerische Schlüssigkeit** der Gesamtabrechnung nicht nachvollzogen werden, wird der Beschluss über die Jahresabrechung regelmäßig insgesamt für ungültig zu erklären sein (*OLG Düsseldorf* 3 Wx 397/97, WuM 1999, 357; *Abramenko* ZMR 2003, 402, 404). Ebenso ist der Beschluss über eine Jahresabrechnung insgesamt für ungültig zu erklären, wenn die Jahresabrechnung nicht auf den tatsächlichen Einnahmen und Ausgaben aufbaut, sondern in Form einer **Bilanz** erstellt ist (*BayObLG* 2Z BR 113/92, WuM 1993, 485, 486; *Abramenko* ZMR 2003, 402, 404). Erschließt sich die vom Zu- und Abflussprinzip abweichende Aufteilung eines Zahlungseingangs auf zwei Jahresabrechnungen ohne Schwierigkeiten aus den schriftlichen Erläuterungen, die den beiden Jahresabrechnungen beigefügt waren, kann aus verfahrensökonomischen Gründen eine abweichende Handhabung sachgerecht sein (*OLG München* 34 Wx 065/07, NZM 2008, 492). Nach Ansicht des *OLG Frankfurt* (20 W 283/01, ZMR 2003, 769 m Anm *Abramenko*) liegt es im **Ermessen der Tatsacheninstanzen**, ob sie bei schwerwiegenden Fehlern der Jahresabrechnung den Genehmigungsbeschluss insgesamt oder nur teilweise für ungültig erklären, wobei jedoch eine bloße Teilungültigerklärung zwingend geboten sei, wenn ein Mangel vorliegt, der die Festlegung der Gesamtkosten nicht beeinträchtigt. Für die Abgrenzung zwischen vollständiger oder nur teilweiser Ungültigerklärung kommt es jedenfalls nicht entscheidend darauf an, ob ein quantitativ erheblicher Teil der Gesamt- bzw Einzelabrechnungen fehlerbehaftet ist (*OLG München* 34 Wx 065/07 NZM 2008, 492).

100 Ob der Beschluss über die Jahresabrechnung insgesamt für ungültig zu erklären ist, weil die **Jahresabrechnung unvollständig** ist, hängt davon ab, welche Bestandteile fehlen. Dabei ist zunächst zu berücksichtigen, dass Jahresgesamtabrechnung und die Einzelabrechnungen eigenständige Funktionen haben (s Rn 43 f). Wenn der erforderliche **Beschluss über die Einzelabrechnungen fehlt**, bewirkt dies nicht, dass der Beschluss über die Jahresgesamtabrechnung für ungültig zu erklären ist; allerdings hat jeder Wohnungseigentümer einen Anspruch darauf, dass ergänzend auch über die Einzelabrechnungen beschlossen wird (*BayObLG* BReg 2 Z 66/89, ZMR 1990, 63; *OLG Brandenburg* 13 Wx 9/07, ZMR 2008, 386; *OLG München* 34 Wx 46/07, ZMR 2009, 64; aA *KG* 24 W 1408/89, NJW-RR 1990, 395, 396). Zur Frage, ob auch die Einzelabrechnungen beschlossen wurden s Rn 157. Sind abrechnungsreife Ausgaben und Einnahmen zwar in die beschlossene Jahresgesamtabrechnung, nicht aber in die Einzelabrechnungen eingestellt und dort anteilig umgelegt, hat jeder Wohnungseigentümer einen gerichtlich durchsetzbaren Anspruch gegen den Verwalter und die Eigentümergemeinschaft auf Ergänzung der betreffenden Jahresabrechnung. Dieser Anspruch kann auch noch nach Ablauf der Anfechtungsfrist des § 46 Abs 1 S 2 geltend gemacht werden (*KG* 24 W 2353/96, WuM 1997, 578). Umgekehrt ist jedoch ein Beschluss über Einzelabrechnungen für ungültig zu erklären, wenn nicht spätestens gleichzeitig die Gesamtabrechnung beschlossen wurde, auf der die Einzelabrechnungen beruhen (*BayObLG* 2Z BR 129/93, WuM 1994, 568, 569).

Fehlen wesentliche Bestandteile einer Jahresgesamtabrechnung, so ist der Genehmigungsbeschluss nach hM nicht für ungültig zu erklären, sondern der einzelne Wohnungseigentümer hat lediglich einen **Anspruch auf Ergänzung** der Jahresabrechnung (*BayObLG* 2Z BR 12/03, ZMR 2003, 692; *OLG Hamm* 15 W 13/98, NZM 1998, 923; *OLG Frankfurt* 20 W 209/01, ZMR 2003, 594; *OLG Frankfurt* 20 W 283/01, ZMR 2003, 769 m Anm *Abramenko*; *Palandt/Bassenge* § 28 Rn 17; *Staudinger/Bub* § 28 Rn 556; aA *Abramenko* ZMR 2003, 402, 404/405). Genehmigen die Wohnungseigentümer zB nur die Abrechnung über die Ausgaben und ihre Verteilung auf die einzelnen Wohnungseigentümer, ist nach hM der Beschluss, sofern er insoweit richtig ist, nicht für ungültig zu erklären. Es besteht lediglich ein Anspruch auf Ergänzung der Beschlussfassung über die Einnahmen und den Abschlusssaldo (*BayObLG* 2Z BR 26/92, WuM 1992, 395). Vor dieser Ergänzung kann der Verwalter nicht entlastet werden (*BayObLG* 2Z BR 73/92, WuM 1993, 92, 93). **101**

Liegen nur Einzelabrechnungen über Nebenkosten vor und wird auf deren Grundlage die Jahresabrechnung beschlossen, dann hat dieser Beschluss keine Jahresabrechnung im Rechtssinne zum Gegenstand; er kann mit diesem Inhalt keine Bestandskraft erlangen und bildet keine Grundlage für einen Anspruch auf Zahlung von Wohngeld (*OLG Düsseldorf* 3 Wx 84/07, NZM 2007, 811). **102**

Fehlen **Angaben über die Kontostände** der Bankkonten der Gemeinschaft, soll ebenfalls nur ein Anspruch auf Ergänzung der Jahresgesamtabrechnung bestehen, sofern die Jahresabrechnung im Übrigen richtig ist (*BayObLG* 2Z BR 150/03, ZMR 2004, 50, 51). Nur wenn die Jahresabrechnung so viele Mängel und Lücken enthält, dass die ordnungsgemäßen Teile für sich allein keine hinreichende Aussagekraft mehr haben, ist der Beschluss über die Genehmigung der Jahresabrechnung insgesamt für ungültig zu erklären (*BayObLG* 2Z BR 110/02, ZMR 2003, 761, 762). Dies soll zB dann der Fall sein, wenn nur die in der Gesamtabrechnung angeführten Ausgabenbeträge übrig blieben (*BayObLG* 2Z BR 110/02, ZMR 2003, 761, 762). Gegen die herrschende Meinung spricht, dass bei fehlenden Einnahmen und/oder Kontoständen, die **rechnerische Schlüssigkeit** der Jahresgesamtabrechnung (s Rn 43, 53) nicht überprüft werden kann. Damit ist die Funktion der Jahresgesamtabrechnung, eine Kontrolle des Verwalters zu ermöglichen (s Rn 43) in Frage gestellt. Dies spricht dafür, einen Beschluss, der eine in wesentlichen Teilen unvollständige Jahresgesamtabrechnung genehmigt, insgesamt für ungültig zu erklären, wenn nicht einmal eine rechnerische Schlüssigkeitsprüfung **103** möglich ist (im Ergebnis ebenso *Abramenko* ZMR 2003, 402, 405). Dies gilt allerdings dann nicht, wenn die fehlenden Bestandteile, zB die Kontostände, im Verlauf des Anfechtungsverfahrens nachgeliefert werden und dann die rechnerische Schlüssigkeit feststeht (so wohl *OLG Frankfurt* 20 W 209/01, ZMR 2003, 594). S zum Ergänzungsanspruch auch *Abramenko* ZMR 2004, 91.

104 Beschließen die Eigentümer, nachdem der Beschluss über die Genehmigung der Jahresabrechnung teilweise für ungültig erklärt worden ist, zur Umsetzung des Gerichtsurteils zwei Wohnungseigentümer mit der Erstellung der Jahresabrechnung gemäß dem Gerichtsurteil zu beauftragen und werden diese Abrechnungen nach ihrer Genehmigung abermals angefochten, sind die unveränderten Abrechnungsbestandteile der erneuten Überprüfung durch das Gericht entzogen (*OLG Düsseldorf* 3 Wx 127/06, NZM 2007, 569). Der Genehmigungsbeschluss unterliegt der gerichtlichen Überprüfung, soweit die neue Abrechnung durch Änderungen den gerichtlichen Beanstandungen Rechnung tragen sollte und soweit sie Änderungen in den durch rechtskräftige Entscheidung bestandskräftig gewordenen Teilen der ursprünglichen Abrechnung aufweist (*OLG Düsseldorf* wie vor).

105 Werden mehrere Einzelausgaben (unstreitig rechnerisch richtig) unter dem Begriff „Zahlungen aus der Rücklage" zusammengefasst, dann ist es unschädlich für die Ordnungsmäßigkeit der Abrechnung, wenn der Oberbegriff für die Einzelverbindlichkeiten ungeschickt gewählt ist (*OLG München* 32 Wx 15/05, OLGR 2005, 451).

106 Greift ein Wohnungseigentümer seine Einzelabrechnung an, weil ein **falscher Verteilungsschlüssel** angewendet worden sei, dann sind notwendigerweise alle Einzelabrechnungen Verfahrensgegenstand (*KG* 24 W 5414/95, WuM 1996, 364, 366). Wurde ein falscher Verteilungsschlüssel angewandt, besteht aber keine Veranlassung, die Gesamtabrechnung für ungültig zu erklären, denn eine falsche Verteilung der Ausgaben und Einnahmen auf die einzelnen Wohnungseigentümer berührt die Richtigkeit der Gesamtabrechnung nicht.

107 Wirkt sich ein Fehler nur in der Größenordnung von Cent-Beträgen aus, dann widerspricht es in der Regel Treu und Glauben (§ 242 BGB), deswegen die gesamte Jahresabrechnung für ungültig zu erklären. Solche geringfügigen Unrichtigkeiten sind von den Wohnungseigentümern hinzunehmen (*BayObLG* WE 1989, 218; **aA** *KG* 24 W 4594/95, WuM 1996, 171 für den Fall, dass ein falscher Verteilungsschlüssel angewendet wurde).

108 Nichtig wegen **absoluter Unzuständigkeit der Eigentümerversammlung** ist ein Eigentümerbeschluss über die Jahresabrechnung, wenn er ausschließlich einen Zeitraum (Bauherrenphase) betrifft, in dem die Wohnungseigentümergemeinschaft noch nicht entstanden war (vgl *KG* 24 W 2066/91, WuM 1992, 388). Soweit es aber um Zahlungsvorgänge des Bauträgers geht, in dem die Wohnungseigentümergemeinschaft entstanden ist, ist ein Beschluss über die Jahresabrechnung, der nicht zwischen Bauherrenphase und der Zeit, in der die Eigentümergemeinschaft bereits entstanden ist, unterscheidet, nicht nichtig (*BayObLG* 2Z BR 49/93, WuM 1993, 701).

109 Ist die nach § 29 Abs 3 vorgesehene **Vorprüfung durch den Verwaltungsbeirat** unterblieben, so ergibt sich daraus kein formaler Anfechtungsgrund s § 29 Rn 17.

110 Ein Anspruch auf Ergänzung der Jahresabrechnung um eine Aufstellung über Forderungen und Verbindlichkeiten (Vermögensstatus) besteht nicht, denn eine solche Auf-

stellung gehört nicht zu den wesentlichen Bestandteilen einer Jahresabrechnung (*BayObLG* 2Z BR 79/99, NZM 2000, 280).

Einer besonderen Beschlussfassung über die Einzelabrechnungen bedarf es dann nicht, wenn bereits die Jahresgesamtabrechnung verbindlich entsprechend dem geltenden und anerkannten Verteilungsschlüssel den auf jeden umlagepflichtigen Quadratmeter entfallenden Kostenanteil und bei den Heizkosten den tatsächlich zu verteilenden Aufwand und den hierfür maßgebenden Verteilungsschlüssel festlegt, so dass die Einzelabrechnungen lediglich den rechnerischen Vollzug der Gesamtabrechnung darstellen (*OLG Zweibrücken* 3 W 199/88, ZMR 1990, 156, 157; aA *Staudinger/Bub* § 28 Rn 356). **111**

Ein Beschluss, durch den noch gar nicht vorliegende Einzelabrechnungen unter der Bedingung genehmigt werden, dass sie richtig sind, widerspricht dem Grundsatz der ordnungsmäßigen Verwaltung (*BayObLG* WE 1990, 138). **112**

Auf nicht notwendige Bestandteile der Jahresabrechnung erstreckt sich der Beschluss nicht. Unrichtigkeiten in solchen Teilen führen deshalb nicht zur Ungültigkeit des Beschlusses über die Jahresabrechnung (*BayObLG* 2Z BR 29/93, WuM 1993, 488, 489). Die Eigentümerversammlung kann auch eine vom Verwalter nicht unterschriebene Jahresabrechnung der Beschlussfassung zugrunde legen (*KG* 24 W 2452/95, ZMR 1996, 223). **113**

Widerspricht die Abrechnung der Heizungs- und Warmwasserkosten wegen des unzulänglichen technischen Zustands der Heizungsanlage ordnungsmäßiger Verwaltung, kann der die Abrechnung genehmigende Beschluss nicht deswegen für ungültig erklärt werden. Der durch die Abrechnung benachteiligte Wohnungseigentümer kann Anspruch auf Vornahme der technischen Maßnahmen haben, die eine ordnungsmäßige Wärmeerfassung sicherstellen. Außerdem können Schadensersatzansprüche gegen die übrigen Wohnungseigentümer bestehen, sofern diese es schuldhaft unterlassen haben, erforderliche und zumutbare Maßnahmen zu veranlassen. Solche Ansprüche können im Anfechtungsverfahren dem Beschluss über die Genehmigung der Jahresabrechnung aber nicht entgegengehalten werden (*BayObLG* 2Z BR 105/97, WuM 1997, 691). **114**

Ein **Anspruch auf Abänderung des Kostenverteilungsschlüssels**, der noch nicht realisiert ist, kann nicht dazu führen, dass der Beschluss über die Jahresabrechnung für ungültig erklärt wird (vgl § 16 Rn 104). **115**

d) Genehmigungsfiktion. Die Gemeinschaftsordnung oder eine sonstige Vereinbarung kann bestimmen, dass die Jahresabrechnung auch ohne Beschluss der Wohnungseigentümer bestandskräftig wird, wenn nicht innerhalb einer bestimmten Frist Widerspruch gegen sie erhoben wird (*OLG Hamm* 15 W 169/80, OLGZ 1982, 20, 26). Die Klausel: „Wenn nicht innerhalb von 14 Tagen nach der Absendung der Abrechnung ein schriftlicher, begründeter Widerspruch von mehr als der Hälfte der Miteigentumsanteile eingelegt ist, gilt die Abrechnung als anerkannt", hält der Inhaltskontrolle nach den Maßstäben des § 242 BGB nicht stand und ist unwirksam, weil sie die Rechte des einzelnen Wohnungseigentümers unzulässig aushöhlt, denn die Voraussetzungen dieser Genehmigungsfiktion werden so gut wie immer eintreten (*BayObLG* BReg 2 Z 97/87, DNotZ 1989, 428, 429 m Anm *Weitnauer*, S 430 ff und Anm *Böttcher* Rpfl 1990, 161). Nach Ansicht des *KG* ist die Klausel: „Die Abrechnung gilt als aner- **116**

Niedenführ

kannt, wenn nicht innerhalb vier Wochen nach Absendung dieser schriftlich widersprochen wird." unwirksam, weil ein an das einseitige Verwalterhandeln (Absendung der Abrechnung) geknüpfter Automatismus des Erlöschens gesetzlicher Eigentümerbefugnisse (Beschlussfassung über die Jahresabrechnung) die personenrechtliche Gemeinschaftsstellung der Wohnungseigentümer zu stark aushöhlt und deshalb der Inhaltskontrolle nach § 242 BGB nicht standhält (*KG* 24 W 1434/90, ZMR 1990, 428 [Vorlagebeschluss]; **aA** *OLG Frankfurt* 20 W 426/84, OLGZ 1986, 45). Der *BGH* hat die Frage offen gelassen, weil die Eigentümergemeinschaft in einer Versammlung die Abrechnung wirksam beschlossen hatte, wozu sie auch befugt war, falls bereits aufgrund der Genehmigungsfiktion eine bestandskräftige Abrechnung vorgelegen haben sollte. Die Eigentümergemeinschaft kann, über eine schon geregelte Angelegenheit erneut beschließen. Sie muss dabei aber schutzwürdige Belange eines Wohnungseigentümers aus Inhalt und Wirkung des Erstbeschlusses beachten (*BGH* V ZB 8/90, NJW 1991, 979). Aber selbst wenn eine Regelung in der Gemeinschaftsordnung, wonach die Jahresabrechnung und der Wirtschaftsplan des Verwalters als genehmigt gelten, wenn nicht innerhalb einer bestimmten Frist Widerspruch eingelegt wird, rechtlich wirksam sein sollte (offen gelassen von *BGH* V ZB 8/90, NJW 1991, 979), tritt die Wirkung jedenfalls dann nicht ein, wenn der Verwalter zugleich mit der Übersendung der Jahresabrechnung zu einer Eigentümerversammlung einlädt, deren Tagesordnung ua den Punkt "Genehmigung der Jahresabrechnung" umfasst. Die Genehmigungsfiktion soll die Arbeit des Verwalters erleichtern, indem ihm die Möglichkeit eingeräumt wird, von der Vorschrift des § 28 Abs 5 abzuweichen, der eine Beschlussfassung der Wohnungseigentümer vorsieht. Legt der Verwalter gleichwohl die Abrechnung der Eigentümerversammlung zur Beschlussfassung vor, dann erklärt er damit zugleich konkludent, dass er von Genehmigungsfiktion für die konkret vorgelegte Jahresabrechnung keinen Gebrauch macht (*KG* 24 W 6358/90, WuM 1991, 417). Erfolgt eine Beschlussfassung, so ist allein der Beschluss maßgebend (*BGH* V ZB 8/90, NJW 1991, 979; *OLG München* 34 Wx 46/07, ZMR 2009, 64). Die Gemeinschaftsordnung kann auch regeln, dass vor der Genehmigung der Abrechnung eine Rechnungsprüfung durch den Verwaltungsbeirat, durch einen oder mehrere Wohnungseigentümer als gewählte Rechnungsprüfer oder durch einen außen stehenden Dritten (zB Treuhandgesellschaft) erfolgt. Die in einem **Verwaltervertrag** enthaltene Klausel „Die vom Verwalter erstellte Jahresabrechnung gilt gegenüber dem Verwalter als genehmigt, wenn die Wohnungseigentümergemeinschaft nicht innerhalb von vier Wochen nach Vorlage Einwendungen erhebt." ist unwirksam (*OLG München* 32 Wx 118/08, NJW 2008, 3574).

117 e) Delegation der Genehmigung. Ein Mehrheitsbeschluss, der die Entscheidung über die Billigung der Jahresabrechnung und über die Entlastung des Verwalters auf den Verwaltungsbeirat überträgt, ist **nichtig** (*Wenzel* ZWE 2001, 226, 235). Die Wohnungseigentümer können aber die Jahresabrechnung vorbehaltlich einer Prüfung durch den Verwaltungsbeirat genehmigen. In diesem Fall steht der Eigentümerbeschluss unter der **aufschiebenden Bedingung** einer Billigung durch den Verwaltungsbeirat und wird mit deren Versagung endgültig wirkungslos (*BayObLG* 2Z BR 77/96, WuM 1996, 722). Die Anfechtungsfrist beginnt in einem solchen Fall erst mit der Billigung der Abrechnung durch den Beirat zu laufen. Wirksam ist auch ein Beschluss, der die Jahresabrechnung unter der aufschiebenden Bedingung genehmigt, dass ein bestimmter Wohnungseigentümer diese innerhalb von zwei Wochen ebenfalls genehmigt (*OLG Köln* 16 Wx 142/04, NZM 2005, 23). Die **Gemeinschaftsordnung** kann die Beschlusskompetenz für die Jahresabrechnung wirksam auf den Verwaltungsbeirat übertragen. Beschlüsse des Verwaltungsbeirats, die gegen das Gesetz, Beschlüsse der Wohnungseigentümer oder die Gemeinschaftsordnung – zB im Hinblick auf den Kostenverteilungsschlüssel – verstoßen, sind nichtig (*OLG Hamm* 15 W 340/06, ZWE 2007, 350). Beschließt die Eigentümerversammlung trotz Beschlusskompetenz des Verwaltungsbeirats über die Jahresabrechnung, ist dieser Beschluss nicht nichtig (*OLG Hamburg* 2 Wx 134/99, ZMR 2003, 773, 774).

5. Anspruch auf Erstellung der Jahresabrechnung. Der Anspruch auf Erstellung der Jahresabrechnung kann gemäß § 43 Nr 3 gegen den Verwalter gerichtlich durchgesetzt werden. Da die Einzelabrechnungen für jeden Wohnungseigentümer Teil der Jahresabrechnung sind, hat jeder einzelne Wohnungseigentümer einen individuellen Anspruch auf Erstellung der Abrechnung und ist daher allein klagebefugt (*OLG München* 34 Wx 055/06, NZM 2007, 293). Verlangt ein Wohnungseigentümer die Erstellung von Jahresabrechnungen, tritt Erledigung der Hauptsache ein, wenn der Verwalter Jahresabrechnungen zur Akte reicht, die den formalen Mindestanforderungen genügen. Unerheblich ist, ob die Jahresabrechnungen an sachlichen Fehlern leiden. Die Wohnungseigentümer haben über die Jahresabrechnungen zunächst durch Beschluss zu entscheiden (*OLG Hamm* 15 W 357/97, NZM 1998, 875; *OLG München* 34 Wx 055/06, NZM 2007, 293). Der Anspruch auf Abrechnung der eingezahlten Vorschüsse und Auszahlung eines Guthabens geht mit der Eigentumsübertragung auf den Rechtsnachfolger über und kann deshalb nicht mehr durch den Veräußerer gerichtlich geltend gemacht werden (*KG* 24 W 7323/98, NZM 2000, 830). Sonstige Abrechnungspflichten außerhalb der Jahresabrechnung gibt es gegenüber einem ausgeschiedenen Wohnungseigentümer nicht (*KG* 24 W 7323/98, NZM 2000, 830).

118

Streitig ist, ob eine gerichtliche Entscheidung (Titel), wonach der Verwalter eine ordnungsgemäße Jahresabrechung zu erstellen hat, nach § 887 ZPO (Ersatzvornahme) oder nach § 888 ZPO (Zwangsgeld) vollstreckt wird. Nach hier vertretender Ansicht erfolgt die Vollstreckung grundsätzlich nach § 887 ZPO, denn die Erstellung der Jahresabrechnung ist keine höchstpersönliche Leistung, sondern jedem möglich, der über die nötigen Kenntnisse, die Gemeinschaftsordnung und die Zahlungsbelege verfügt (ebenso: *BayObLG* WE 1989, 220; **aA** *KG* 1 W 1386/71, NJW 1972, 2093; *LG Köln* 29 T 49/96, WuM 1997, 126 m abl Anm *Rau*; *OLG Köln* 2 W 225/96, WuM 1997, 245: § 888 ZPO). Bei einem Verwalterwechsel während des Wirtschaftsjahres muss der neue Verwalter die Jahresabrechnung erstellen (s Rn 131). Daraus folgt, dass die Erstellung der Jahresabrechnung keine höchstpersönliche Leistung ist. Der alte Verwalter ist allerdings noch zur Rechnungslegung verpflichtet. Ein Titel, der den Verwalter zur Rechnungslegung verpflichtet, ist nach § 888 ZPO zu vollstrecken (s Rn 203). Die Vollstreckung des Titels auf Erstellung der Jahresabrechnung durch Ersatzvornahme nach § 887 ZPO ist ebenfalls erst dann möglich, wenn bereits die Zahlungsbelege herausgegeben sind und Rechnungslegung erfolgt ist. Der Titel, wonach der Verwalter eine ordnungsgemäße Jahresabrechnung zu erstellen hat, umfasst als Minus die Verpflichtung zur Rechnungslegung. Ist die Rechnungslegung noch nicht erfolgt, ist der Titel, der den Verwalter verpflichtet, eine ordnungsgemäße Jahresabrechnung zu erstellen, zunächst nach § 888 ZPO zu vollstrecken (vgl dazu auch *OLG Köln* 2 W 201/97, WuM 1998, 375, 377).

119

II WEG § 28 Wirtschaftsplan, Rechnungslegung

120 Kommt ein Beschluss über die Jahresabrechnung nicht zustande, so kann jeder einzelne Wohnungseigentümer gerichtliche Hilfe in Anspruch nehmen (*OLG München* 34 Wx 055/06, NZM 2007, 293). Nach hier vertretener Ansicht sind die Wohnungseigentümer, die der Jahresabrechnung nicht zugestimmt haben, auf Zustimmung in Anspruch zu nehmen (vgl dazu auch *Niedenführ* ZMR 1991, 121, 122). Nach Meinung des *KG* ist der Antrag eines Wohnungseigentümers, einen anderen zur Zustimmung einer abgelehnten Jahresabrechnung zu verpflichten, als Antrag auf Festlegung der Jahresabrechnung durch das Gericht mit Bindungswirkung für und gegen alle Wohnungseigentümer aufzufassen (*KG* 24 W 1701/92, WuM 1993, 303). Das *KG* ist der Auffassung, die Ersetzung der Zustimmung durch Gerichtsbeschluss (§ 894 ZPO) sei problematisch, weil die Abstimmung bereits abgeschlossen ist und die Ansicht der Wohnungseigentümer, die zugestimmt haben, sich inzwischen gewandelt haben könnte. Dagegen spricht, dass die Zustimmung des in Anspruch genommenen Wohnungseigentümers durch das Gericht nur dann ersetzt wird, wenn ein Mehrheitsbeschluss über die Jahresabrechnung ordnungsmäßiger Verwaltung entspricht und in diesem Fall auch die anderen Wohnungseigentümer zur Zustimmung verpflichtet bleiben. Das *KG* bejaht zu Recht das Rechtsschutzbedürfnis für den Antrag auf Festlegung der Jahresabrechnung durch das Gericht nur, wenn der Antragsteller vorher im Rahmen des Möglichen und Zumutbaren versucht hat, eine Entscheidung der Eigentümergemeinschaft zu erreichen. Hierfür soll jedoch ein Scheitern der Beschlussfassung in der vorangegangenen Eigentümerversammlung nicht ohne weiteres ausreichen (*KG* 24 W 7393/90, ZMR 1991, 447). Dies überzeugt nicht, denn es sind keine Gründe ersichtlich, die dafür sprechen, dass ein gescheiterter Beschluss über eine Jahresabrechnung, die ordnungsmäßiger Verwaltung entspricht, nicht genügen soll, um diese Abrechnung mit Hilfe des Gerichts durchzusetzen. Entspricht die Abrechnung nicht den gesetzlichen Anforderungen, so besteht der Anspruch auf Zustimmung nicht. Nach einer späteren Entscheidung des *KG* genügt jedenfalls das Scheitern der Beschlussfassung in einer fehlerhaft einberufenen Eigentümerversammlung, an der alle Wohnungseigentümer teilgenommen haben, weil davon ausgegangen werden kann, dass auch in einer ordnungsgemäß einberufenen Versammlung nicht anders entschieden werden wird (*KG* 24 W 1701/92, WuM 1993, 303).

121 **6. Einsicht in Unterlagen.** Jeder einzelne Wohnungseigentümer hat das Recht, in die Aufzeichnungen und Belege der Abrechnung Einsicht zu nehmen (*OLG München* 34 Wx 27/06, NZM 2006, 512). Dieses Recht muss ihm bereits eine angemessene Zeit vor der Beschlussfassung gewährt werden (*BayObLG* BReg 2 Z 16/72, BayObLGZ 1972, 246, 247). Zum Recht auf Einsichtnahme in fremde Einzelabrechnungen s Rn 129. Das Recht auf Einsicht in die Belege und Unterlagen wird durch eine Rechnungsprüfung des Verwaltungsbeirats oder sonstiger Personen nicht ausgeschlossen. Auch nachdem die Jahresabrechnung bereits genehmigt ist und/oder dem Verwalter Entlastung erteilt worden ist, kann jeder Wohnungseigentümer noch Einsicht in die Belege nehmen (*BayObLG* 2Z BR 113/03, ZMR 2004, 839, 840). Dies gilt nicht nur, wenn der Verwalter vor der Beschlussfassung erfolglos zur Gestattung der Einsicht aufgefordert worden war, oder wenn die Anfechtungsfrist noch läuft oder wenn die Belege in einem gerichtlichen Verfahren benötigt werden, sondern grundsätzlich in jedem Fall, ohne dass der Wohnungseigentümer dem Verwalter ein besonderes berechtigtes Interesse darlegen müsste (*BayObLG* BReg 2 Z 83/77, BayObLGZ 1978, 231, 233/234). Auch der ausgeschiedene Wohnungseigentümer hat Anspruch auf Einsicht in die Verwaltungsunterlagen (*KG* 24 W 7323/98, NZM 2000, 830). Die Klage auf Gewährung von Einsicht in die Verwaltungsunterlagen ist gegen den Verwalter zu richten (*BayObLG* 2Z BR 76/99, NJW-RR 2000, 463, 463), der die Unterlagen in Besitz hat. Die übrigen Wohnungseigentümer, die beizuladen sind (vgl § 48 Rn 7), haben die Einsichtnahme hinzunehmen (*KG* 24 W 7323/98, NZM 2000, 830 [noch zum FGG-Verfahren]). Der Antrag auf Verpflichtung des Verwalters, Einsicht in die Abrechnungsunterlagen zu gewähren, kann mit dem Antrag auf Ungültigerklärung des Beschlusses über die Jahresabrechnung verbunden werden (*BayObLG* 2Z BR 139/01, NZM 2003, 905; *OLG München* 34 Wx 46/07, ZMR 2009, 64, 65).

Der Verwalter kann sich gegenüber dem Einsichtsrecht nicht auf tatsächliche Schwierigkeiten berufen, die sich für ihn ergeben, wenn zahlreiche Eigentümer einer großen Liegenschaft von ihrem Anspruch auf Einsicht in die Belege Gebrauch machen (*BayObLG* 2Z BR 175/99, NZM 2000, 873, 874). Eine Grenze für das Einsichtsrecht bilden allein das Schikaneverbot und Treu und Glauben. Das Ersuchen eines Wohnungseigentümers auf Einsichtnahme muss sich daher auf vorhandene und hinreichend genau bezeichnete Unterlagen beziehen, die ohne nennenswerten Vorbereitungsaufwand und ohne Störungen des Betriebsablaufs der Verwaltung eingesehen und fotokopiert werden können (*OLG Hamm* 15 W 124/97, NZM 1998, 724). Ein Anspruch auf Einsichtnahme in die bei einem Kreditinstitut geführten Kontounterlagen besteht nicht. 122

Das Recht auf Einsichtnahme in die Belege ist nach Maßgabe des Grundsatzes von Treu und Glauben und unter **Beachtung des Schikaneverbotes** (§§ 242, 226 BGB) auszuüben (*BayObLG* BReg 2 Z 16/72; BayObLGZ 1972, 246, 248). Ein Verstoß gegen diese Grundsätze liegt zB vor, wenn der Wohnungseigentümer eine ihm angebotene ausreichende Gelegenheit zur Einsichtnahme ohne Grund oder in einer sonst gegen Treu und Glauben verstoßenden Weise nicht wahrgenommen hat (*BayObLG* BReg 2 Z 83/77; BayObLGZ 1978, 231, 234). Art, Umfang und Dauer der Möglichkeit der Einsichtnahme richten sich nach dem Informationsbedürfnis und dem Umfang der Belege (*BayObLG* BReg 2 Z 83/77; BayObLGZ 1978, 231, 233). Erforderlich und ausreichend wird es in der Regel sein, wenn die Belege und Unterlagen zwischen Mitteilung der Abrechnung, und dem Termin der Eigentümerversammlung, die über die Genehmigung der Abrechnung beschließen soll, eine angemessene Zeit lang in der Wohnungseigentumsanlage zur Einsichtnahme bereitgehalten werden. Die Wohnungseigentümer sind gleichzeitig mit der Mitteilung der Abrechnung über die Möglichkeit der Einsichtnahme zu informieren. Zum Ort der Einsichtnahme vgl auch *OLG Köln* 16 Wx 10/01, ZMR 2001, 851. Der Umfang des Einsichtsrechts kann durch Vereinbarung oder Teilungserklärung eingeschränkt werden. Die Einsichtnahme darf dem Wohnungseigentümer aber nicht verweigert werden, wenn von ihr seine Entscheidung abhängt, ob er den Beschluss über die Genehmigung der Abrechnung anficht. Durch einen Mehrheitsbeschluss ist das Recht auf Einsichtnahme in die Belege nicht abdingbar, da insoweit elementare Rechte des einzelnen Wohnungseigentümers berührt werden (*OLG Hamm* 15 W 200/87, NJW-RR 1988, 597, 598). 123

Die Unterlagen sind **grundsätzlich im Büro der Verwaltung** zur Einsichtnahme zugänglich zu machen (*OLG Köln* 16 Wx 241/05, NZM 2006, 702; *Merle* in Bärmann, § 28 Rn 104). Hat aber der Verwalter seinen Sitz sehr weit entfernt von der Wohnungseigentumsanlage, so haben die Eigentümer ausnahmsweise auch Anspruch darauf, in die Verwaltungsunterlagen am Sitz der Wohnungseigentumsanlage Einsicht 124 zu nehmen. Diese Einsichtnahme hat aus Kostengründen grundsätzlich im Zusammenhang mit einer Wohnungseigentümerversammlung zu erfolgen. Ein Wohnungseigentümer, der die Einsichtnahme unabhängig von einer Versammlung verlangt, muss ein besonderes rechtliches Interesse für das außerordentliche Einsichtsverlangen darlegen (*OLG Köln* 16 Wx 10/01, ZMR 2001, 851). Für einen Antrag auf Gewährung von Einsicht in die Buchungsunterlagen des Verwalters kann das Rechtsschutzbedürfnis fehlen, wenn sich der Verwalter ausdrücklich bereit erklärt hat, die Einsicht in seinen Geschäftsräumen zu gewähren, der Wohnungseigentümer aber auf Aushändigung der Unterlagen oder Einsichtnahme außerhalb der Geschäftsräume beharrt (*BayObLG* WE 1989, 145, 146). Dies gilt jedenfalls dann, wenn sich die Geschäftsräume der Verwaltung und die Eigentumswohnungsanlage in zumutbarer räumlicher Entfernung befinden. Das Recht des einzelnen Wohnungseigentümers auf Einsichtnahme in die Verwaltungsunterlagen begründet wegen der damit verbundenen Verlustgefahr **keinen Anspruch auf Herausgabe** der Unterlagen an den Wohnungseigentümer (*OLG München* 34 Wx 27/06, NZM 2006, 512) und auch **kein Recht auf Einsichtnahme an einem neutralen Ort** (*KG* 24 W 7323/98, NZM 2000, 830; *OLG Köln* 16 Wx 241/05, NZM 2006, 702).

125 Dem Wohnungseigentümer ist in jedem Fall Gelegenheit zu geben, sich selbst **Abschriften** zu fertigen oder von Dritten fertigen zu lassen. Ein Anspruch gegen den Verwalter auf Erteilung von Abschriften der Abrechnungsunterlagen kann sich aus der Gemeinschaftsordnung ergeben (*OLG Karlsruhe* 3 W 8/76, MDR 1976, 758; *OLG Zweibrücken* WE 1991, 334). Der Anspruch auf Einsicht in die Verwaltungsunterlagen schließt – soweit es nicht ausnahmsweise zumutbar ist, handschriftliche Abschriften zu fertigen – den Anspruch ein, vom Verwalter die Fertigung und Überlassung von **Kopien** Zug um Zug **gegen Erstattung der entstehenden Kosten** verlangen (*OLG München* 34 Wx 27/06, NZM 2006, 512). Kosten von 0,30 € pro Kopie können als angemessen angesehen werden (*OLG München* 32 Wx 177/06, NZM 2007, 692). Das Verlangen alle Belege eines Wirtschaftsjahres kopiert und zugesandt zu erhalten, kann im Einzelfall gegen das Schikaneverbot verstoßen (*OLG München* wie vor). Klagt ein Wohnungseigentümer gegen den Verwalter auf Übersendung von Kopien aus den Verwalterunterlagen, sind übrigen Wohnungseigentümer ebenso wie bei der Klage auf Gewährung von Einsicht in die Verwaltungsunterlagen beizuladen (vgl § 48 Rn 7). Ein Mehrheitsbeschluss, wonach die Erstellung und Aushändigung von Kopien nur gegen Vorkasse erfolgt, widerspricht nicht ordnungsgemäßer Verwaltung, wenn eine entgegenstehende Vereinbarung nicht besteht (*BayObLG* 2Z BR 168/03, NZM 2004, 509, 510).

126 **7. Anspruch auf Auskunft.** Die Wohnungseigentümer haben einen gemeinschaftlichen Anspruch auf **Auskunft** über die Einzelheiten der Abrechnung (§ 666 BGB). Verbleiben trotz Auskunft Zweifel an der Vollständigkeit der Abrechnung, so kann die Abgabe einer eidesstattlichen Versicherung verlangt werden (§ 259 Abs 2 BGB).

127 Der Verwalter ist außerhalb von Eigentümerversammlungen dem einzelnen Wohnungseigentümer gegenüber nicht zu Auskünften verpflichtet. Ein individueller Anspruch auf Auskunftserteilung, der von jedem einzelnen Wohnungseigentümer gemäß § 43 Nr 3 geltend gemacht werden kann, besteht aber, soweit der Verwalter zur Abrechnung und Rechnungslegung verpflichtet ist und soweit es um Angelegenheiten geht, über die nicht von den Eigentümern zu beschließen ist, an deren Aufklärung der einzelne Eigentümer aber ein aktuelles berechtigtes Interesse hat (*BayObLG* BReg

2 Z 7/72, Rpfl 1972, 262). Einen individuellen Auskunftsanspruch wird man immer dann bejahen können, wenn die Auskunft der Durchsetzung individueller Ansprüche dient. Soweit die Auskunft dagegen der Durchsetzung eines gemeinschaftlichen Anspruchs gegen den Verwalter dient, steht der Auskunftsanspruch allen Wohnungseigentümern gemeinschaftlich zu.

8. Fälligkeit der Abrechnung. Der Verwalter hat die Abrechnung vorzulegen, ohne **128** dass es einer Aufforderung durch die Wohnungseigentümer bedarf (*OLG Hamm* OLGZ 1975, 158). § 28 Abs 3 nennt als maßgeblichen Zeitpunkt den Ablauf des Kalenderjahres. Eine genaue Frist hat der Gesetzgeber nicht bestimmt. Sofern durch den Verwaltervertrag oder die Teilungserklärung keine Frist bestimmt ist, hat der Verwalter die Abrechnung und den Wirtschaftsplan in den ersten Monaten des neuen Wirtschaftsjahres vorzulegen (*BayObLG* BReg 2 Z 18/90, NJW-RR 1990, 660; für drei bis höchstens sechs Monate *OLG Düsseldorf* 3 Wx 8/02, NZM 2002, 487, 488 ebenso *OLG Zweibrücken* 3 W 153/06, ZMR 2007, 887; *OLG Brandenburg* 13 Wx 4/ 06, NZM 2007, 774). Die verspätete Vorlage der Jahresabrechnung kann wichtiger Grund für die Abberufung des Verwalters sein (s § 26 Rn 99). Einen Anspruch gegen den Verwalter auf Schadensersatz statt der Leistung wegen Nichterstellung der Jahresabrechnung haben die Wohnungseigentümer nur, wenn die Voraussetzungen des § 281 BGB vorliegen (vgl *KG* 24 W 5725/91, WuM 1993, 142 [zu § 326 BGB aF]). Nicht zu vertreten hat der Verwalter eine Verzögerung bei Erstellung einer Jahresabrechnung, die den Anforderungen der Gemeinschaftsordnung entspricht, wenn der Grund hierfür im Verantwortungsbereich eines Dritten liegt, der – wie zB ein Versorgungs- oder Abrechnungsunternehmen – nicht Erfüllungsgehilfe des Verwalters ist, sondern auf der Grundlage eines mit der Wohnungseigentümergemeinschaft bestehenden Vertrages für die Wohnungseigentümer tätig wird (*OLG Brandenburg* 13 Wx 4/06 NZM 2007, 774).

9. Keine Übersendung aller Einzelabrechnungen. Der Verwalter ist verpflichtet, den **129** Wohnungseigentümern die schriftliche Abrechnung vor der Eigentümerversammlung, die über die Genehmigung der Jahresabrechnung beschließen soll, vorzulegen, dh zu übersenden (ebenso *Merle* in Bärmann, § 28 Rn 99; aA *Drasdo* WE 1996, 12, 13). Zu übersenden sind die **Gesamtabrechnung und die jeweilige Einzelabrechnung.** Es ist jedoch nicht erforderlich, jedem Wohnungseigentümer sämtliche Einzelabrechnungen zuzusenden (ebenso *LG Itzhoe* 11 S 6/08; ZMR 2009, 142; *AG Kerpen* 15 II 27/95, WuM 1997, 124; *Drasdo* WE 1996, 12; *Merle* in Bärmann, § 28 Rn 96; *Staudinger/Bub* § 28 Rn 528; **aA:** *OLG Köln* 16 Wx 36/95, WE 1995, 222 m abl Anm *Seuß* S 223, *Deckert* S 228, *Drasdo* ZMR 1995, 325 = und *Demharter* FG Prax 1995, 171; *Schuschke* NZM 1998, 423). Das *OLG Köln* hat seine abweichende Auffassung dahin konkretisiert, dass zwar nicht die Übersendung aller Einzelabrechnungen geboten sei, aber jeder stimmberechtigte Eigentümer vor (und während) der Versammlung ausreichend Gelegenheit haben müsse, alle Einzelabrechnungen der übrigen Miteigentümer in zumutbarer Weise zu überprüfen (*OLG Köln* 16 Wx 80/05, NZM 2006, 66 m Anm *Drasdo* ZMR 2006, 225; **aA** *LG Itzhoe* 11 S 6/08; ZMR 2009, 142). Es genüge nach Ansicht des OLG Köln insoweit nicht, dass der Verwalter die entsprechenden Unterlagen lediglich mitführt, ohne die Eigentümer auf deren Vorhandensein und die Einsichtsmöglichkeit hinzuweisen (*OLG Köln* 16 Wx 200/06, NZM 2007, 366; **aA** *LG Itzhoe* 11 S 6/08; ZMR 2009, 142). Das **Recht auf Einsichtnahme in fremde Einzelabrechnungen** folgt daraus, dass sich die Stimmabgabe jedes einzelnen Wohnungs-

II WEG § 28   Wirtschaftsplan, Rechnungslegung

eigentümers bei der Beschlussfassung auch auf die Genehmigungen der fremden Einzelabrechnungen erstreckt und deshalb auch für diese Abrechnungen eine Kontrollmöglichkeit der einzelnen Wohnungseigentümer bestehen muss (*OLG München* 32 Wx 177/06, NZM 2007, 692). Das Bundesdatenschutzgesetz steht diesem Anspruch nicht entgegen, da die Wohnungseigentümergemeinschaft keine anonyme Gemeinschaft ist und die Einsichtnahme dem Zweck des Gemeinschaftsverhältnisses dient (*OLG München* wie vor, mwN). Das Verlangen nach Erstellung von **Kopien der Einzelabrechnungen** ist in der Regel nicht rechtsmissbräuchlich, wobei Kosten von 0,30 Euro pro Kopie als angemessen angesehen werden können (*OLG München* wie vor, mwN).

130 Zum Ort an dem Einsicht in Unterlagen zu gewähren ist siehe Rn 124.

131 **10. Verwalterwechsel.** Sofern die Teilungserklärung oder der Verwaltervertrag nichts anderes bestimmen, muss derjenige Verwalter die Jahresabrechnung erstellen, der bei Fälligkeit der Abrechnung Amtsinhaber ist. Zur Fälligkeit s Rn 128. Da die Verpflichtung des Verwalters zur Aufstellung der Jahresabrechnung nach Ablauf des Wirtschaftsjahres entsteht, hat der zum 1.1. des Folgejahres bestellte neue Verwalter die Jahresabrechnung für das Vorjahr zu erstellen, wenn sein Vorgänger während des Vorjahres oder zum Jahresende (31.12.) ausgeschieden ist (*OLG Köln* 16 Wx 88/85, OLGZ 1986, 163; *OLG Hamburg* 2 W 61/86, OLGZ 1987, 188; *OLG Hamm* 15 W 260/92, NJW-RR 1993, 847; *OLG Celle* 4 W 107/05, ZMR 2005, 718/719; *OLG München* 34 Wx 055/06, NZM 2007, 293; *OLG Zweibrücken* 3 W 153/06, ZMR 2007, 887). Die Wohnungseigentümer können aber vom alten Verwalter **Rechnungslegung** gemäß § 28 Abs 4 verlangen (*OLG Hamburg* 2 W 61/86, OLGZ 1987, 188; *OLG Zweibrücken* 3 W 153/06, ZMR 2007, 887; **aA** *OLG Köln* 16 Wx 88/85, OLGZ 1986, 163, 166: nur gegen gesonderte Vergütung). Die Verpflichtung des ausgeschiedenen Verwalters zur Rechnungslegung umfasst neben der verständlichen und nachvollziehbaren Darlegung aller Einnahmen und Ausgaben auch – unter Beifügung der entsprechenden Belege – eine Aufstellung der noch bestehenden Forderungen, Verbindlichkeiten und Kontostände (*OLG München* 32 Wx 93/07, FGPrax 2008, 218 – s auch Rn 202). Ein Verwalter, dessen Amtszeit am 31.12. endet, ist also grundsätzlich nur zur Rechnungslegung für das abgelaufene Jahr verpflichtet (§ 28 Abs 4), während der neue Verwalter auf der Grundlage dieser Rechnungslegung die Jahresabrechnung (§ 28 Abs 3) zu erstellen hat. Gegen gesonderte Vergütung kann der ausgeschiedene Verwalter allerdings auch zur Erstellung der Jahresabrechnung, die die Einzelabrechnungen umfasst, verpflichtet sein (*OLG Stuttgart* 8 W 366/76, Justiz 1980, 278). Umgekehrt kann sich der neue Verwalter verpflichten, die Abrechnung zu erstellen, die bereits vor seinem Amtsantritt fällig geworden ist. Ob er hierfür eine gesonderte Vergütung erhält, hängt von der mit den Wohnungseigentümern getroffenen Vereinbarung ab (**aA** wohl *KG* 24 W 5725/91, WuM 1993 142: maßgebend sei der im Einzelfall erforderliche Arbeitsaufwand). Es widerspricht nicht ordnungsgemäßer Verwaltung, wenn die Wohnungseigentümer beschließen, die Jahresabrechnung für einen Zeitraum vor der Amtszeit des Verwalters durch einen Dritten erstellen zu lassen (*OLG Düsseldorf* 3 Wx 133/95, WuM 1995, 731).

IV. Buchführung für die WEG-Verwaltung

132 Ein Verwalter, der gewerbsmäßig WEG-Verwaltung betreibt, ist nach den Vorschriften des HGB zur Buchführung für seinen eigenen Geschäftsbetrieb verpflichtet (auch bezeichnet als Finanz- oder Geschäftsbuchführung oder financial accounting). Die

Wirtschaftsplan, Rechnungslegung § 28 WEG II

betriebliche Buchführung dokumentiert durch die Aufzeichnung aller Geschäftsvorfälle die Tätigkeit eines Unternehmens und ermöglicht dadurch eine **Rechenschaftslegung** gegenüber Anteilseignern, Banken, dem Staat und der Öffentlichkeit. Außerdem ermöglicht die Buchführung den **periodischen Erfolg** zu ermitteln (Bilanz, Gewinn und Verlustrechnung).

Darüber hinaus hat der WEG-Verwalter aber als wirtschaftlicher Treuhänder der Wohnungseigentümer eine von seinem Betrieb getrennte und gesonderte Buchführung über alle Geschäftsvorfälle der Wohnungseigentümergemeinschaft zu betreiben (Verwaltungsbuchführung). Vorgaben für die Buchführung des WEG-Verwalters ergeben sich aus den Bestimmungen des WEG in Verbindung mit den Vorschriften des BGB über die Rechnungslegung (§ 259 BGB). Die Verwaltungsbuchführung muss danach so organisiert sein, dass sie für Wirtschaftsplan, Jahresabrechnung und eine Einnahmen- und Ausgabenübersicht ermöglicht. 133

1. Grundsätze ordnungsmäßiger Buchführung. Voraussetzung für eine ordnungsgemäße Abrechnung ist eine Buchführung des Verwalters, die den wesentlichen Grundsätzen einer ordnungsgemäßen Buchführung entspricht. Aufzeichnungen und Belege über die Einnahmen und Ausgaben und über den Stand der Gemeinschaftskonten müssen vollständig und richtig sein und zeitlich sowie nach Sachgruppen geordnet sein. Die Grundsätze ordnungsmäßiger Buchführung sind ein unbestimmter Rechtsbegriff. Er spezifiziert die gesetzlichen Regelungen und wird fortlaufend an den gesellschaftlichen und wirtschaftlichen Wandel angepasst. Die formellen GoB sollen Klarheit und Übersichtlichkeit der Aufzeichnung sicherstellen. 134

a) Dokumentationsprinzip. Dieses verlangt die **vollständige, richtige, zeitgerechte und geordnete Dokumentation** aller Zahlungs- und Buchungsvorgänge. Die einzelnen Vorgänge sind danach in einem sinnvoll angelegten **Kontenplan** nach **Belegnummerierung** und **Datum** identifizierbar zu verbuchen. Der Kontenplan richtet sich nach den Anforderungen der einzelnen Wohnungseigentümergemeinschaft. Vorschläge für Kontenpläne finden sich bei *Jenißen* Verwalterabrechnung, Anhang Anlage 2 und bei *Bärmann/Seuß* Praxis d WEs, S 613. Es empfiehlt sich, die Sachkonten entsprechend der Gliederung der Jahresabrechnung zu bilden. Außerdem ist es geboten, für jeden Wohnungseigentümer ein eigenes Beitragskonto zu führen (*Staudinger/Bub* § 28 Rn 291; *Merle* in Bärmann, § 28 Rn 180). Ein Wohnungseigentümer mit durchschnittlichen Kenntnissen muss sich anhand der Bücher und Belege ohne weitere Auskünfte des Verwalters und erst recht ohne Hinzuziehung eines Sachverständigen oder Buchprüfers in angemessener Zeit einen Überblick über die Geschäftsvorfälle und den Stand des Vermögens verschaffen können (s etwa *BayObLG* BReg 2 Z 78/87, NJW-RR 1988, 19; *Bub* Finanz- und Rechnungswesen, Rn 37). Insoweit besteht ein Unterschied zu kaufmännischen Buchführung, bei der es ausreicht, dass ein sachverständiger Dritter (Buchhalter, Buchprüfer, Steuerberater, Wirtschaftsprüfer) sich in angemessener Zeit einen Überblick über die Geschäftsvorfälle und die Lage des Unternehmens verschaffen kann. Dieser Unterschied ist deshalb gerechtfertigt, weil die Buchführung für die WEG-Verwaltung dazu dient eine einfache Einnahmen- Ausgabenrechnung zu ermöglichen. Es bedarf daher weder der Bewertung von Forderungen noch der Bildung von Rechnungsabgrenzungsposten, deren Beurteilung besonderen Sachverstand erfordert. Allerdings widerspricht die Buchführung einer WEG- Verwaltung, insbesondere wenn sie EDV-gestützt ist und größere Wohnungseigentümergemeinschaften betrifft, nicht schon dann 135

Niedenführ

ordnungsgemäßer Verwaltung, weil sie ein Wohnungseigentümer ohne jede Sachkenntnis nicht nachvollziehen kann (ebenso *Bub* Rechnungswesen, Rn 37).

136 **b) Belegprinzip.** Dieses besagt, dass keine Buchung ohne schriftlichen Beleg ausgeführt werden darf. In der Regel liegen natürliche Belege (Rechnungen, Quittungen, Bankauszüge) vor. Fehlen solche, so sind sog künstliche Belege anzufertigen, zB Umbuchungsanweisungen. Eigenbelege für tatsächliche Ausgaben kommen nur in absoluten Ausnahmefällen in Betracht (zB bei Trinkgeldern, die üblicherweise nicht quittiert werden). Aus dem Beleg muss sich regelmäßig ergeben der konkrete Geschäftsvorfall, die konkrete Bezeichnung des Geschäftspartners, der Bezug zur Wohnungseigentümergemeinschaft und die Höhe des Betrages (*OLG Oldenburg* 6 W 28/07, ZMR 2008, 238). Der Verwalter hat sich hinsichtlich einer objektiven und subjektiven Pflichtverletzung zu entlasten, wenn kein tauglicher Beleg vorliegt (*OLG Oldenburg* wie vor). Die Belege sind systematisch zu nummerieren und so abzulegen, dass sie ohne Schwierigkeiten der jeweiligen Buchung zugeordnet werden können. In der Unternehmenspraxis wird auf dem Beleg ein Kontierungsstempel angebracht und ein **Buchungssatz** eingetragen, damit die Verbuchung nachvollzogen werden kann. Der Buchungssatz der kaufmännischen Buchführung zeigt, welche Buchungskonten betroffen sind und auf welcher Kontoseite gebucht wird. Zuerst wird das Konto genannt, bei dem im Soll gebucht wird, anschließend das Konto, bei dem im Haben gebucht wird. Beide Kontenangaben werden durch das Wort „an" verbunden. Dies kann auf die Buchführung für die WEG-Verwaltung so nicht übertragen werden (s Rn 141).

137 **c) Aufbewahrungspflicht.** Zu den Grundsätzen ordnungsmäßiger Buchführung gehört die Pflicht, Belege und Buchungsunterlagen ordnungsgemäß aufzubewahren, damit eine nachträgliche Kontrolle möglich ist. Eine ausdrückliche gesetzliche Regelung für die Dauer der Aufbewahrung von Unterlagen der Wohnungseigentümergemeinschaft gibt es nicht. Die Wohnungseigentümer können daher durch Mehrheitsbeschluss über die Dauer der Aufbewahrung entscheiden. Bei der Beschlussfassung ist aber der Grundsatz ordnungsgemäßer Verwaltung zu beachten. Die Teilungserklärung, Versammlungsprotokolle und ein Beschlussbuch sind dauernd aufzubewahren. Verträge und sonstige Unterlagen sind nicht nur für die Dauer ihrer Laufzeit aufzubewahren, sondern darüber hinaus jedenfalls solange, als wechselseitige Ansprüche noch nicht verjährt sind. Außerdem darf die Gemeinschaft nicht die Aufbewahrungsfristen verkürzen, die der Verwalter nach den handels- und steuerrechtlichen Bestimmungen beachten muss. Die Aufbewahrungspflicht für Buchungsbelege beträgt sowohl nach § 257 Abs 1 Nr 4, Abs 4 HGB als auch nach § 147 AO zehn Jahre, während Schriftkehr nach diesen Vorschriften sechs Jahre aufzubewahren ist. Diese Fristen sind auch für die Aufbewahrung von Unterlagen der Wohnungseigentümergemeinschaft maßgebend (ebenso *AG Königstein* 3 UR II 29/99, NZM 2000, 876). Aus § 14b Abs 1 S 1 UStG ergibt sich die bußgeldbewehrte (§ 26a Abs 2 UStG) Pflicht, Rechnungen im Zusammenhang mit Arbeiten an einem Grundstück 10 Jahre aufzubewahren (s dazu *Kahlen* ZMR 2005, 837).

138 **d) Besonderheiten für die EDV-Buchführung.** Für die EDV- Buchführung gelten weitere Anforderungen an die Verfahrensdokumentation, an die Überwachung der Funktionssicherheit der EDV-Anlage, an die Kontrollen zur Vermeidung von System- und Bedienungsfehlern sowie an die Datensicherung. Hierzu ist auf das BMF-Schreiben vom 5.7.1978 (BStBl I, 250 ff) zu verweisen.

2. Form der Buchführung. Es gibt keine gesetzlichen Bestimmungen über die **139**
Form der Buchführung für die WEG-Verwaltung. Da insoweit regelmäßig auch
keine Vereinbarungen bestehen, kann der Verwalter frei wählen. Als Buchführungsform kommen in Betracht die Übertragungsbuchführung, das amerikanische
Journal, die Durchschreibebuchführung und die interne oder externe EDV-Buchführung. Zur Aufzeichnung der Geschäftsvorfälle dienen die „Bücher". Dies sind
heute in der Regel EDV-Dateien oder Computerlisten. Im sog **Grundbuch** (Journal, Memorial, Primanota, oder Tagebuch) werden alle Geschäftsvorfälle **chronologisch** aufgelistet. Das Grundbuch kann in mehrere Teilbücher (Kassenbuch,
Bankkonto) aufgeteilt sein. Eine zweite Verbuchung erfolgt im sog. **Hauptbuch**
nach **sachlichen Kriterien** (Sach- und Personenkonten). Aus dem Hauptbuch können Nebenbücher ausgegliedert sein, die getrennt geführt werden und deren
Daten als Sammelbuchungen in das Hauptbuch einfließen. Bei der **Übertragungsbuchführung** erfolgen zuerst die Eintragungen in das Journal, dann werden sie in
das Hauptbuch, das heißt auf die Konten übertragen. Bei der **Durchschreibebuchführung** werden die Buchungen in das Hauptbuch, das bedeutet in das jeweilige
Konto eingetragen und in das Journal durchgeschrieben oder umgekehrt. Beim
amerikanischen Journal sind Journal und Hauptbuch zu einem einzigen Formular
vereinigt. Einige Spalten haben Journalfunktion, die übrigen Spalten haben Kontenfunktion, wobei Einnahmen und Ausgaben in getrennte Spalten eingetragen
werden. Die Zahl der Hauptbuchkonten ist aus Platzgründen und aus Gründen
der Übersichtlichkeit beschränkt. Geeignet ist das amerikanische Journal deshalb
nur für kleinere Wohnungseigentümergemeinschaften. Das amerikanische Journal
kann manuell erstellt werden. Man kann dazu aber auch ein Tabellenkalkulationsprogramm (zB Excel) benutzen. Bei der **EDV-Buchführung** werden die Eingaben
des Buchhalters automatisch im Journal und auf den Konten gebucht. Vorherrschend ist heute die EDV-gestützte Buchführung. Traditionelle Buchführungstechniken wie die Übertragungsbuchführung und die Durchschreibebuchführung spielen heute keine Rolle mehr.

3. Buchführungssystem. Für die Einnahmen-Ausgabenrechnung des WEG-Ver- **140**
walters ist die einfache Buchführung ausreichend (*BayObLG* WE 1991, 164).
Eine doppelte Buchführung ist nicht vorgeschrieben (*Drasdo* WuM 1993, 445;
Sauren WE 1994, 172; *Merle* in Bärmann, § 28 Rn 177; *Staudinger/Bub* § 28
Rn 288). Bei der einfachen Buchführung, die heute handelsrechtlich nicht mehr
zulässig ist, werden Einnahmen und Ausgaben buchmäßig nur auf Bestandskonten festgehalten. Die Ermittlung des Periodenerfolgs erfolgt durch einen
Bestandsvergleich am Ende der Periode. Es gibt keine Erfolgskonten zur Erfassung von Aufwendungen und Erträgen, so dass keine Gewinn- und Verlustrechnung aufgestellt werden kann. Obwohl die doppelte Buchführung nicht vorgeschrieben ist, wird im Schrifttum den Verwaltern die doppelte Buchführung
empfohlen (vgl etwa *Merle* in Bärmann, § 28 Rn 177; *Staudinger/Bub* § 28 Rn 288;
Seuß WE 1993, 32, 36). Die doppelte Buchführung (kaufmännische Buchführung)
hat mehrere Kennzeichen: Jeder Geschäftsfall wird doppelt gebucht, einmal in
zeitlicher Reihenfolge im **Journal** (Tagebuch) und ein zweites Mal sachlich geordnet auf **Konten** (Bestandskonten, Erfolgskonten, Privatkonten). Geschäftsvorfälle
werden immer auf zwei Konten (also doppelt) gebucht: Auf einem Konto im **Soll**
und auf einem anderen Konto im **Haben**. Dabei sind die Buchungsregeln für die

Bestandskonten, die Erfolgskonten und die Privatkonten zu beachten. Der Periodenerfolg wird auf zweifache Weise ermittelt: Erstens durch einen Bestandsvergleich über die **Bilanz**. Dabei wird das Eigenkapital aus zwei aufeinanderfolgenden Bilanzen verglichen. Die Differenz ist der Gewinn oder der Verlust des Jahres, sofern keine Privatentnahmen und Privateinlagen getätigt wurden. Zweitens über die **Gewinn und Verlustrechnung** (Erträge minus Aufwendungen gleich Gewinn oder Verlust). Der Gewinn, der in der Gewinn- und Verlustrechnung ermittelt wird, muss mit dem Gewinn übereinstimmen, der sich aufgrund des Bestandsvergleichs ergibt. Die kaufmännische doppelte Buchführung ist ein sich selbst kontrollierendes System, das die **rechnerische Richtigkeit** aller Buchungen garantiert. Die Summe aller Sollbuchungen muss mit der Summe aller Habenbuchungen übereinstimmen. In der Bilanz muss die Summe der Aktiva mit der Summe der Passiva übereinstimmen. Ist das nicht der Fall, muss der Buchhalter die Fehler suchen und berichten.

141 Die doppelte Buchführung, bei der die laufenden Geschäftsvorfälle sowohl auf Bestandskonten (zB für das Bankgirokonto und das Sparkonto) als auch auf Erfolgskonten (für Einnahme- und Ausgaben) gebucht werden, wird als üblich für berufsmäßige Verwalter bezeichnet (*Staudinger/Bub* § 28 Rn 288). Die vom Verwalter durchzuführende doppelte Buchführung ist jedoch nicht identisch mit der zuvor beschriebenen kaufmännischen doppelten Buchführung. Zunächst erfolgen die Buchungen im Gegensatz zur kaufmännischen doppelten Buchführung erst im Zeitpunkt der tatsächlichen Geldbewegung. Das Abrechnungsergebnis wird also nicht durch den Vergleich von Aufwand und Ertrag, sondern durch den Vergleich von Einzahlungen und Auszahlungen ermittelt. Es gilt also ebenso wie bei der Einnahmen-Überschussrechnung das Zu- und Abflussprinzip. Die Einnahmen-Überschussrechnung nach § 4 Abs 3 EStG erlaubt Kleingewerbetreibenden und Freiberuflern, die nicht nach HGB und Steuerrecht zur Buchführung verpflichtet sind, auf einfache Art und Weise ihren Gewinn zu ermitteln. Obwohl auch bei der Einnahmen-Überschussrechnung Geschäftsvorfälle gebucht werden, handelt es sich nicht um eine Buchführung im Sinne des Handels- und Steuerrechts, sondern um eine relativ einfache Aufzeichnung der Einnahmen und Ausgaben. Außerdem lassen sich die Buchungssätze der kaufmännischen doppelten Buchführung nicht auf die Buchführung des WEG-Verwalters übertragen. Nach kaufmännischer doppelter Buchführung würde zum Beispiel bei der Zahlung von Wohngeld die Buchung auf dem Buchungskonto Bank im Soll erfolgt, obwohl es sich um einen Zufluss handelt. Grund dafür ist, dass es sich bei dem Bestandskonto Bank um ein Aktivkonto handelt, bei dem Anfangsbestand und Zugänge im Soll (links) gebucht werden, weil der Endbestand auf die linke Seite der Bilanz (Aktivseite) fließt. Dies passt für die Buchführung der WEG-Verwaltung nicht, da dort keine Bilanz aufgestellt wird. Darüber hinaus tilgt der Wohnungseigentümer durch seine Zahlung eine Forderung der Wohnungseigentümergemeinschaft gegen ihn aus dem Wirtschaftsplan. Aus der Sicht eines Vermögensvergleichs ist dieser Vorgang erfolgsneutral. Die Forderungen nehmen ab und das Bankkonto nimmt zu. Es handelt sich um einen sogenannten Aktivtausch. Die Wohngeldzahlungen könnten daher nicht auf ein Erfolgskonto gebucht werden. Doppelte Buchführung bedeutet bei der WEG-Verwaltung danach lediglich Buchung sowohl chronologisch als auch sachlich (also doppelt) und auf sowohl auf einem oder mehreren Buchungskonten Bank als auch auf Einzahlungs- und Auszahlungskonten.

Diese Struktur lässt sich in der Form eines amerikanischen Journals beispielhaft wie 142
folgt darstellen:

Journalfunktion des Bankgirokontos				Sachliche Zuordnung		
Datum	Text	Beleg	Bank	Einzahlungen		Auszahlungen
				Wo 1	Wo 2	Strom
1.1.04	WG Wo 1	Bank 1	+ 200	+ 200		
3.1.04	WG Wo 1	Bank 2	+ 300		+ 300	
15.1.04	Strom Jan	Bank 3	– 1000			– 1000
Saldo			– 500	+ 200	+ 300	– 1000

Kontrollrechnung: Differenz der Summe Einzahlungen und der Summe Auszahlungen muss identisch sein mit dem Banksaldo.

V. Beitragsforderungen

Die Beitragsforderung werden regelmäßig durch Beschluss begründet (s § 16 Rn 100). 143
Gemäß § 28 Abs 2 sind die Wohnungseigentümer verpflichtet, dem beschlossenen
Wirtschaftsplan entsprechende Vorschüsse zu leisten. Außerdem sind Beiträge zu
beschlossenen **Sonderumlagen** zu leisten. Der Anspruch aus dem Wirtschaftsplan auf
Zahlung von Vorschüssen entfällt weder mit dem Ablauf des Wirtschaftsjahres (*OLG
Frankfurt* 20 W 871/83, OLGZ 1984, 257) noch mit der Erstellung der Jahresabrechnung durch den Verwalter (*BayObLG* BReg 2 Z 48/76, ZMR 1977, 378). Der
Anspruch entfällt auch nicht, wenn für die gleiche Periode bereits ein Beschluss über
die Jahresabrechnung gefasst worden ist, denn dieser Beschluss bezweckt im Regelfall
nicht die Ersetzung der Schuld aus dem Wirtschaftsplan durch die Schuld aus der Jahresabrechnung (*BGH* V ZB 16/95, NJW 1996, 725; *BGH* V ZB 17/99, NJW 1999,
3713; *BayObLG* 2Z BR 41/02, NZM 2002, 743, 744). Die Zahlungspflicht aus dem
beschlossenen Wirtschaftsplan wird aber durch das Ergebnis der Jahresabrechnung
der Höhe nach begrenzt, wenn die Einzelabrechnung einen geringeren Schuldsaldo
ausweist (*BayObLG* 2Z BR 93/99, NZM 2000, 298, 299 mwN; *BayObLG* 2Z BR 54/
00, NZM 2001, 141, 142; *OLG Zweibrücken* 3 W 46/02, ZMR 2003, 135; *OLG Hamm*
15 Wx 43/08, ZMR 2009, 61, 63). Dies gilt auch für Forderungen aus Beschlüssen über
Sonderumlagen, wenn diese in der Jahresabrechnung berücksichtigt worden sind
(*OLG Hamm* 15 Wx 43/08, ZMR 2009, 61, 63). Werden Wohngeldvorschüsse aus dem
Wirtschaftsplan gerichtlich geltend gemacht, erledigt sich die Hauptsache durch den
Eigentümerbeschluss über die Jahresabrechnung insoweit, als diese eine geringere
Wohngeldschuld als der Wirtschaftsplan ausweist (*BayObLG* 2Z BR 177/98, NZM
1999, 853). Eine Umstellung des geltend gemachten Anspruchs vom Wirtschaftsplan
als Schuldgrund auf die Jahresabrechnung ist nicht geboten, weil der Beschluss über
die Jahresabrechnung den Wirtschaftsplan nicht aufhebt (*BGH* V ZB 16/95, NJW
1996, 725).

Aus der **Jahresabrechnung** kann sich die Pflicht zum Ausgleich von Fehlbeträgen oder 144
ein Anspruch des Wohnungseigentümers auf Auszahlung eines Guthabens ergeben.
Einwendungen gegen die Höhe der in der Jahresabrechnung ausgewiesenen Ausgaben
und die angewandten Verteilungsschlüssel können nur durch Anfechtung des

Beschlusses über die Genehmigung der Jahresabrechnung geltend gemacht werden, nicht im Zahlungsverfahren (*BayObLG* 2Z BR 129/98, NZM 1999, 281). Die Anfechtung des Beschlusses über die Jahresabrechnung gebietet nicht die Aussetzung eines Verfahrens, in dem Fehlbeträge aus der Jahresabrechnung geltend gemacht werden (*OLG Karlsruhe* WuM 1991, 567, 568; *BayObLG* 2Z BR 2/93, WuM 1993, 298).

145 **1. Art und Weise der Beitragszahlung.** Das BGB geht als selbstverständlich davon aus, dass jede Geldschuld durch **Barzahlung** des Nennwertbetrages erfüllt werden kann (vgl etwa *BGH* XI ZR 80/93, NJW 1994, 318). Hat der Zahlungsempfänger auf Briefköpfen, Rechnungen oder ähnlichem ein Konto angegeben, so ist davon auszugehen, dass er mit einer Zahlung durch **Banküberweisung** einverstanden ist. Ist dem Schuldner ausdrücklich ein bestimmtes Konto benannt, so hat die Überweisung auf ein anderes Konto grundsätzlich keine Erfüllungswirkung (*BGH* II ZR 150/85 NJW 1986, 2428; *OLG Düsseldorf* 3 Wx 214/05, NZM 2006, 347). Hat der Verwalter einem Wohnungseigentümer zur Zahlung von Wohngeldrückständen ein bestimmtes Girokonto mitgeteilt, so besteht kein Einverständnis mit der Überweisung auf das allgemeine Geschäftskonto des Verwalters, weshalb der Wohnungseigentümer sich bei Streit über den Zahlungseingang auf dem Geschäftskonto nicht auf Erfüllungswirkung berufen kann (*AG Pinneberg* 68 II 52/07 WEG, ZMR 2008, 86). Erfüllungswirkung besteht aber, wenn der mit der Zahlung verfolgte Zweck trotz der Fehlleitung eingetreten ist und die Interessen des Gläubigers durch die weisungswidrige Überweisung nicht verletzt werden (*BGH* XI ZR 207/90, NJW 1991, 3208, 3209). Die Zahlung von Wohngeld an den Verwalter hat auch dann schuldbefreiende Wirkung, wenn sie nicht auf das vom Verwalter für die Eigentümergemeinschaft eingerichtete Sonderkonto erfolgt, sondern auf das allgemeine Geschäftskonto des Verwalters, sofern dieser uneingeschränkte Verfügungsgewalt über das Geld erlangt (*OLG Saarbrücken* 5 W 157/87, OLGZ 1988, 45 ff; *OLG München* 32 Wx 73/07, ZMR 2007, 815; *OLG Köln* 16 Wx 244/06, ZMR 2008, 71). Die Überweisung auf ein anderes als das in der Wohngeldabrechnung angegebene Konto des Verwalters hat Erfüllungswirkung, wenn der Verwalter auch das Geld auf dem zutreffenden Konto unterschlagen hat, so dass dieses der Gemeinschaft genauso wenig zur Verfügung steht, wie das fehlüberwiesene Geld (*OLG Köln* 16 Wx 297/97, WuM 1998, 249).

146 Regelungen über die Art und Weise von Zahlungen können gemäß § 21 Abs 7, der durch die **WEG-Novelle 2007** in das Gesetz eingefügt worden ist, mit Stimmenmehrheit beschlossen werden.

147 Ebenso wie Gemeinschaftsordnung bestimmen kann, dass die Wohnungseigentümer dem Verwalter eine Ermächtigung zum Einzug des geschuldeten Hausgeldes zu erteilen haben (*BayObLG* 2Z BR 107/98, WuM 1998, 749) kann – was vorher stark umstritten war – auch durch einen Mehrheitsbeschluss, die Verpflichtung zur **Teilnahme am Lastschriftverfahren** begründet werden.

148 Die Wohnungseigentümer können auch beschließen, dass der Verwalter eine **zusätzliche Vergütung** für die Bearbeitung von Zahlungen erhält, die nicht per Lastschrift eingezogen werden. Ein derartiger Anspruch des Verwalters kann auch durch den Verwaltervertrag begründet werden, der auf einem Mehrheitsbeschluss beruht. Ist der Verwaltungsbeirat zum Abschluss des Verwaltervertrages ermächtigt, so muss sich die Ermächtigung ausdrücklich darauf erstrecken, eine solche Mehraufwandsgebühr vertraglich zu vereinbaren (*OLG Hamm* 15 W 349/99, NZM 2000, 505, 506). Die Höhe einer solchen Sondervergütung muss sich in angemessenem Rahmen halten (*BayObLG* 2Z BR 101/95, WuM 1996, 490).

Gemäß § 21 Abs 7 können die Wohnungseigentümer eine Regelung über die Kosten für einen besonderen Verwaltungsaufwand mit Stimmenmehrheit beschließen, so dass der einzelne Wohnungseigentümer zum Schuldner der Sondervergütung bestimmt werden darf. Dies durchbricht den allgemeinen Grundsatz, wonach Sonderpflichten eines Wohnungseigentümers nicht ohne dessen Zustimmung begründet werden können (s § 16 Rn 168). 149

Die Wohnungseigentümer können durch einen Mehrheitsbeschluss wirksam festlegen, dass die Zahlung der Wohngelder nicht durch „**Sammelüberweisung**" erfolgen darf, sondern nur durch Einzelüberweisung unter Angabe der Wohnung für welche die Zahlung geleistet wird (*OLG Düsseldorf* 3 Wx 7/01, NZM 2001, 540). 150

2. Fälligkeit. Gemäß § 21 Abs 7, der durch die **WEG-Novelle 2007** in das Gesetz eingefügt worden ist, kann eine Regelung der Fälligkeit mit Stimmenmehrheit beschlossen werden. Diese Beschlusskompetenz steht nicht unter Vereinbarungsvorbehalt (vgl BT-Drucks 16/887 S 27). 151

a) Wohngeldvorschüsse. Die Vorschüsse werden ohne einen Beschluss auch über den **Einzelwirtschaftsplan** nicht fällig (vgl Rn 27). Von dieser Voraussetzung abgesehen werden die Vorschüsse – soweit nichts anderes bestimmt ist – fällig nach **Abruf durch den Verwalter** (§ 28 Abs 2, § 271 Abs 1 BGB). Bei fehlender Vorgabe durch die Teilungserklärung kann die Fälligkeit auch durch einen mehrheitlich beschlossenen Verwaltervertrag bestimmt werden, weil dadurch der Zeitpunkt des Abrufs durch den Verwalter vertraglich festgelegt wird (*KG* 24 W 747/99, NZM 2001, 238). 152

Gemäß § 21 Abs 7 können die Wohnungseigentümer nicht nur für den konkreten Wirtschaftsplan (so schon bisher *BGH* V ZB 40/03, NJW 2003, 3550, 3553) sondern generell die Fälligkeit der Vorschüsse aus dem Wirtschaftsplan bestimmen, auch wenn die Teilungserklärung eine entgegenstehende Regelung enthält. 153

Die Wohnungseigentümer können auch eine Fälligkeitsregelung mit **Verfallklausel** beschließen und bestimmen, dass die Vorschüsse aus dem Wirtschaftsplan insgesamt zu Beginn der Wirtschaftsperiode fällig sind, aber in monatlichen Teilleistungen erbracht werden können, solange der einzelne Wohnungseigentümer nicht mit mehr als zwei Teilleistungen in Rückstand gerät. Eine solche Regelung entspricht von Ausnahmefällen abgesehen auch ordnungsgemäßer Verwaltung (*BGH* V ZB 40/03, NJW 2003, 3550, 3553). Dies ist jedoch dann nicht der Fall, wenn für die Eigentümergemeinschaft empfindliche Beitragsverluste absehbar sind, weil im maßgeblichen Zeitraum aufgrund konkreter Anhaltspunkte mit einer erheblichen Zahl von Insolvenzverfahren, Zwangsverwaltungen oder auch Eigentümerwechseln gerechnet werden muss (*BGH* wie vor). Von der Verfallklausel, die durch den Verlust eines Stundungsvorteils charakterisiert wird, ist eine **Vorfälligkeitsregelung** zu unterscheiden. Eine solche liegt vor, wenn die Vorschüsse für das Wirtschaftsjahr monatlich in Teilbeträgen fällig werden, aber bei einem näher bestimmten Zahlungsverzug Fälligkeit des gesamten noch offenen Betrages eintritt. Auch für eine solche Regelung besteht jetzt gemäß § 21 Abs 7 Beschlusskompetenz, weil es sich um die Regelung einer Verzugsfolge handelt, die nach dieser Vorschrift mit Stimmenmehrheit beschlossen werden darf. 154

Niedenführ 557

155 Die Vorschussleistungen sind grundsätzlich in monatlich gleichbleibender Höhe festzusetzen. Eine andere Handhabung würde dem Grundsatz ordnungsmäßiger Verwaltung widersprechen. Es entspricht nämlich dem Interesse der Gesamtheit der Wohnungseigentümer nach billigem Ermessen (§ 21 Abs 4), dass die monatlichen Belastungen gleichmäßig sind. Dies gilt auch deshalb, weil die Vorschüsse sonst nicht per Dauerauftrag bezahlt werden könnten. Ausnahmsweise dann, wenn in einem Monat zu Beginn der Wirtschaftsperiode ein besonders hoher Finanzbedarf besteht, der nicht aus dem vorhandenen Verwaltungsvermögen zu decken ist, kann für diesen Monat ein höherer Vorschuss festgesetzt werden. Würde man dies nicht gestatten, so müsste zur Vermeidung einer Darlehensaufnahme eine Sonderumlage beschlossen werden, die im Ergebnis gleichfalls zu einer unregelmäßigen Zahlungshöhe führen würde.

156 b) Fehlbeträge aus der Jahresabrechnung. Voraussetzung für die **Fälligkeit** einer Forderung der Eigentümergemeinschaft aus der Jahresabrechnung ist ein Eigentümerbeschluss auch über die Einzelabrechnungen, denn Gesamtabrechnung und Einzelabrechnungen stehen in einem untrennbaren Zusammenhang. Es genügt nicht, dass aus der Gesamtabrechnung durch einfache Rechenschritte die anteiligen Kosten ermittelt werden können. Unerlässlicher Teil der Einzelabrechnungen sind nämlich die individuell geleisteten anrechenbaren Vorschüsse, weil sich erst aus ihnen ergibt, ob ein Fehlbetrag entstanden ist (*BayObLG* 2Z BR 132/01, NZM 2002, 1033, 1034). Zur Möglichkeit des Erfüllungseinwands s Rn 80. Auch die Einzelabrechnungen untereinander hängen zusammen. Wird z. B. eingewandt, ein Verteilungsschlüssel sei unrichtig angewandt worden, so sind davon alle Einzelabrechnungen, nicht aber die Gesamtabrechnung betroffen (*BayObLG* BReg 2 Z 44/90, WuM 1990, 616; str **aA** zB *Bader* DWE 1991, 51). Ohne Beschluss auch über die Einzelabrechnung wird eine konkrete Nachzahlungspflicht des einzelnen Wohnungseigentümers nicht festgelegt, mit der Folge, dass eine Grundlage für die gerichtliche Geltendmachung eines Zahlungsanspruchs fehlt. In diesem Fall sind die Wohnungseigentümer aber auf Grund des Wirtschaftsplans verpflichtet, die darin festgelegten Wohngeldvorauszahlungen bis zur Höhe des in der Endabrechnung errechneten Nachzahlungsbetrages zu leisten. Der auf den Wirtschaftsplan gestützte Anspruch ist im Verhältnis zu dem Anspruch aus der Jahresabrechnung ein vorläufiger Anspruch. Der Anspruch wird durch den Beschluss über die Gesamt- und Einzelabrechnung endgültig festgestellt. Der Beschluss über die Jahresabrechnung begrenzt die Pflicht zur Zahlung aus dem Wirtschaftsplan aber der Höhe nach auf die sich aus der Jahresabrechnung ergebende endgültige Wohngeldschuld (*BayObLG* WE 1991, 24). Bestimmt die Gemeinschaftsordnung, dass Fehlbeträge aus der Jahresabrechnung der Instandhaltungsrücklage entnommen werden, dann schließt das einen Zahlungsanspruch aus der Jahresabrechnung aus (*BayObLG* 2Z BR 268/03, ZMR 2005, 64, 65).

157 Aus der Niederschrift über die Eigentümerversammlung braucht nicht ausdrücklich hervorzugehen, dass auch die Einzelabrechnung beschlossen wurde. Es genügt, wenn sich aus den Umständen ergibt, über welche Abrechnungen die Wohnungseigentümer beschlossen haben. Regelmäßig sind dies die Abrechnungen, die den Wohnungseigentümern vor der Eigentümerversammlung übersandt worden sind (*BayObLG* 2Z BR 5/93, WuM 1993, 487, 488). Wenn den Eigentümern bei der Beschlussfassung sowohl die Gesamt- als auch die individuellen Einzelabrechnungen vorgelegen haben, sind im Zweifel beide beschlossen worden (*OLG Brandenburg* 13 Wx 9/07, ZMR 2008, 386). Allein der Umstand, dass auch Einzelabrechnungen erstellt worden sind, genügt nicht

(*OLG München* 34 Wx 46/07, ZMR 2009, 64, 65). Der Einwand, die Einzelabrechnung, auf die der Zahlungsanspruch gestützt wird, sei gar nicht Gegenstand der Beschlussfassung gewesen, sondern eine andere, ist im Zahlungsverfahren möglich (*BayObLG* 2Z BR 129/98, NZM 1999, 281, 282). Wird eine Jahresabrechnung nachträglich für ungültig erklärt, bleibt die Vollstreckung aus dem Titel, der auf der Jahresabrechnung basiert, in Höhe des Wirtschaftsplanes zulässig. Soweit Jahresabrechnung und Wirtschaftsplan inhaltlich übereinstimmen, bilden sie einen einheitlichen Schuldgrund (*OLG Düsseldorf* 3 Wx 211/97, WuM 1997, 519).

Eine neue originäre Schuld begründet die Jahresabrechnung nur für die **Abrechnungsspitze** dh für den Betrag, der die Summe der beschlossenen Vorschüsse übersteigt. Soweit fällige Vorschüsse zum Zeitpunkt der Beschlussfassung über die Jahresabrechnung nicht gezahlt sind, hat der Beschluss über die Jahresabrechnung nur eine den Wirtschaftsplan bestätigende oder rechtsverstärkende Wirkung. Eine Ersetzung der Schuld aus dem Wirtschaftsplan durch die Schuld aus der Jahresabrechnung (Novation) ist regelmäßig nicht bezweckt (*BGH* V ZB 16/95, NJW 1996, 725; *BayObLG* 2Z BR 41/02, NZM 2002, 743, 744; *OLG Brandenburg* 13 Wx 9/07, ZMR 2008, 386). Eine bestätigende oder rechtsverstärkende Wirkung des Beschlusses über die Jahresabrechnung wird dann angenommen, wenn und soweit der Schuldner der Vorauszahlungen nach dem Wirtschaftsplan mit dem Schuldner des Anspruchs auf die Abrechnungsspitze identisch ist, **wenn** also **kein Eigentümerwechsel stattgefunden hat** (*OLG Hamm* 15 W 48/03, ZMR 2004, 54; *OLG Hamm* 15 Wx 208/09, ZMR 2009, 467). In diesem Fall **kann der Anspruch** auf Zahlung von Wohngeld für ein Abrechnungsjahr **einheitlich auf den in der Einzelabrechnung ausgewiesenen Fehlbetrag gestützt werden,** auch wenn dieser über die Abrechnungsspitze hinaus rückständige Wohngelder nach dem Wirtschaftsplan enthält (*OLG Hamm* 15 W 48/03, ZMR 2004, 54 m Anm *Deckert* S 371; *BayObLG* 2Z BR 85/04, NZM 2004, 711, 712). Eine **bestätigende Wirkung** des Beschlusses über die Jahresabrechnung wird bejaht, wenn bei offenen Vorschüssen der Beschluss über den Wirtschaftsplan noch nicht bestandskräftig ist, während eine **rechtsverstärkende Wirkung** bei bestandskräftigem Wirtschaftsplan angenommen wird (*Wenzel* WE 1997, 124, 126). Bei einem nicht bestandskräftigen Wirtschaftsplan werde mit dem Genehmigungsbeschluss die Jahresabrechnung Schuldgrund, so dass – soweit kein Eigentümerwechsel vorliegt – auf den Anspruch auf die Jahresabrechnung umzustellen sei (*Wenzel* WE 1997, 124, 128).

3. Verzug mit Beiträgen. Die **Information** der Mitglieder der Wohnungseigentümergemeinschaft über säumige Wohnungseigentümer verstößt auch dann nicht gegen Bestimmungen des Datenschutzes, wenn der Verwalter eine Liste versendet, aus der sich die Höhe der Rückstände der einzelnen Wohnungseigentümer ergibt (vgl dazu *Drasdo* NZM 1999, 266). Nennt eine Versammlungsniederschrift angebliche Zahlungsrückstände eines Wohnungseigentümers, so hat dieser keinen Anspruch darauf, dass der Grund dafür in der Niederschrift vermerkt wird, sofern erkennbar ist, dass die Forderungen streitig sind (*BayObLG* 2Z BR 168/03, NZM 2004, 509, 510).

a) Verzugsvoraussetzungen. Der **Verzug** richtet sich in erster Linie nach dem BGB. Leistet der Schuldner auf eine **Mahnung** des Gläubigers nicht, die nach dem Eintritt der Fälligkeit erfolgt, so kommt er durch die Mahnung in Verzug (§ 286 Abs 1 S 1 BGB). Die Mahnung erfolgt in der Regel durch den Verwalter. Die Wohnungseigentümer können aber durch Mehrheitsbeschluss auch einen Wohnungseigentümer zur

II WEG § 28 Wirtschaftsplan, Rechnungslegung

Mahnung des Schuldners ermächtigen (vgl *Merle* ZWE 2003, 231, 233). Der Mahnung stehen die Erhebung der **Klage** auf die Leistung sowie die **Zustellung eines Mahnbescheids** im Mahnverfahren gleich (§ 286 Abs 1 S 2 BGB).

161 Der Mahnung bedarf es nicht, wenn für die Leistung eine **Zeit nach dem Kalender** bestimmt ist (§ 286 Abs 2 Nr 1 BGB) oder der Leistung ein **Ereignis** vorauszugehen hat und eine angemessene Zeit für die Leistung in der Weise bestimmt ist, dass sie sich von dem Ereignis an nach dem Kalender berechnen lässt (§ 286 Abs 2 Nr 2 BGB) oder der Schuldner die **Leistung ernsthaft und endgültig verweigert** (§ 286 Abs 2 Nr 3 BGB) oder aus besonderen Gründen unter Abwägung der beiderseitigen Interessen der sofortige Eintritt des Verzugs gerechtfertigt ist (§ 286 Abs 2 Nr 4 BGB). Nach der Regelung des **§ 286 Abs 3 BGB** kommt der Schuldner einer Entgeltforderung spätestens in Verzug, wenn er nicht innerhalb von 30 Tagen nach Fälligkeit und Zugang einer Rechnung oder gleichwertigen Zahlungsaufstellung leistet. Diese Vorschrift **findet** auf Beitragsforderungen jedoch **keine Anwendung**, weil diese keine **Entgelt**forderungen sind (vgl *Merle* ZWE 2003, 231, 234/235). Der Schuldner kommt nicht in Verzug, solange die Leistung infolge eines Umstandes unterbleibt, den er nicht **zu vertreten** hat (§ 286 Abs 4 BGB).

162 Bestimmt die Gemeinschaftsordnung, eine sonstige Vereinbarung oder ein Beschluss die Zeit für die Leistung nach dem Kalender, so kommt ein Wohnungseigentümer mit **Wohngeldvorschüssen** auch ohne Mahnung in Verzug, wenn er nicht rechtzeitig leistet (§ 286 Abs 2 Nr 1 BGB). Ist zum Beispiel das Wohngeld zum 3. Werktag eines Monats zu leisten, so gerät der Wohnungseigentümer ab dem darauf folgenden Tag in Verzug. In Verzug gerät der Wohnungseigentümer mit Vorschusszahlungen, die mit Abruf durch den Verwalter fällig werden, wenn er auch nach Mahnung des Verwalters nicht unverzüglich leistet (§ 286 Abs 1 BGB). Enthält der Abruf des Verwalters eine angemessene Zahlungsfrist, so tritt nach § 286 Abs 2 Nr 2 BGB Zahlungsverzug schon mit Fristablauf ein.

163 Vom Eintritt der **Rechtshängigkeit** an (Zustellung der Klageschrift) ist gemäß § 291 BGB ein Wohngeldanspruch zu verzinsen, auch wenn der Wohnungseigentümer nicht im Verzug ist. Wird die Wohngeldschuld erst später fällig, so ist sie von der Fälligkeit an zu verzinsen.

164 b) **Höhe des Verzugszinses.** Die Höhe des Verzugszinses richtet sich in erster Linie nach dem BGB.

165 Der gesetzliche Verzugszinssatz beträgt für das Jahr 5 Prozentpunkte über dem Basiszinssatz (§ 288 Abs 1 S 2 BGB). § 288 Abs 2 BGB, wonach bei Rechtsgeschäften, an denen ein Verbraucher nicht beteiligt ist, der Verzugszinssatz für Entgeltforderungen 8 Prozentpunkte über dem Basiszinssatz beträgt, ist auf Wohngeldforderungen nicht anwendbar (ebenso *Merle* ZWE 2003, 231, 236; aA *Sauren/Rupprecht* NZM 2002, 585, 587).

166 Nach **§ 288 Abs 3 BGB** kann der Gläubiger aus einem anderen Rechtsgrund höhere Zinsen verlangen als den gesetzlichen Verzugszins. Gemäß § 21 Abs 7, der durch die **WEG-Novelle 2007** in das Gesetz eingefügt worden ist, können die Wohnungseigentümer im Rahmen ordnungsgemäßer Verwaltung durch **Mehrheitsbeschluss** höhere Zinsen als die gesetzlichen Verzugszinsen festlegen. Auch durch die Gemeinschaftsordnung oder eine sonstige Vereinbarung kann bis zur Grenze der Sittenwidrigkeit ein höherer Zinssatz als der gesetzliche Verzugszinssatz wirksam festgelegt werden. Viele

Gemeinschaftsordnungen bestimmen, dass Wohngeldforderungen bei Verzug mit einem bestimmten Zinssatz über dem Diskontsatz der Deutschen Bundesbank zu verzinsen sind. Diese Regelungen gelten fort, wobei an die Stelle des Diskontsatzes der Deutschen Bundesbank mit Wirkung vom 1.1.1999 der Basiszinssatz nach § 1 DÜG und mit Wirkung vom 1.1.2002 der Basiszinssatz nach § 247 BGB (vgl Art 229 § 7 Abs 1 S 1 Nr 2 EGBGB) getreten ist. Bei einem vereinbarten Verzugszins, der sich auf den Diskontsatz der Deutschen Bundesbank bezieht, kann auch für Zeiten vor dem 1.1.2002 der Antrag auf Zahlung von zB 6% (= 6 Prozentpunkte) über dem Basiszinssatz lauten. Soweit Zinsen für einen Zeitraum vor dem 1.1.1999 geltend gemacht werden, bezeichnet nämlich eine Bezugnahme auf den Basiszinssatz den Diskontsatz der Deutschen Bundesbank in der in diesem Zeitraum maßgebenden Höhe (Art 229 § 7 Abs 1 S 3 EGBGB). Für die Zeit vor dem 1.1.2002 sind das DÜG und die auf seiner Grundlage erlassenen Rechtsverordnungen in der bis zu diesem Tag geltenden Fassung anzuwenden (Art 229 § 7 Abs 2 EGBGB). Ist der vereinbarte Zinssatz niedriger als der gesetzliche Zinssatz und ist auch nicht gemäß § 21 Abs 7 ein Mehrheitsbeschluss über einen höheren Zinssatz gefasst worden, so hat die Vereinbarung Vorrang.

Nach **§ 288 Abs 4 BGB** ist die Geltendmachung eines weiteren Schadens nicht ausgeschlossen. Muss die Gemeinschaft zur Herstellung ihrer Liquidität einen Kredit aufnehmen, so können die Kreditzinsen als Schaden geltend gemacht werden, die bei fristgerechter Zahlung des Antragsgegners eingespart worden wären. 167

c) Verzugsschaden. Der Anspruch auf Schadensersatz wegen Verzögerung der Beitragsleistungen folgt aus §§ 280 Abs 1 und 2, 286 BGB. Inhalt und Umfang des Anspruchs richten sich nach § 249 ff BGB. Ein Anspruch auf Ersatz der Kosten für die den Verzug begründenden **Erstmahnung** besteht nicht (s etwa *Palandt/Grüneberg* § 286 Rn 45). Zu ersetzen sind aber die Kosten für Mahnschreiben, die nach Verzugseintritt abgesandt werden und die Kosten, die durch die Einschaltung eines Rechtsanwalts entstehen (s etwa *Palandt/Grüneberg* § 286 Rn 45). 168

Gemäß § 21 Abs 7, der durch die **WEG-Novelle 2007** in das Gesetz eingefügt worden ist, können die Wohnungseigentümer im Rahmen ordnungsgemäßer Verwaltung als Regelung der Folgen des Verzugs bzw. als Regelung der Kosten für einen besonderen Verwaltungsaufwand beschließen, dass im Falle der Säumnis mit Hausgeldzahlungen der säumige Eigentümer dem Verwalter eine **Mahngebühr** schuldet. Die Neuregelung durchbricht den allgemeinen Grundsatz, wonach Sonderpflichten eines Wohnungseigentümers nicht ohne dessen Zustimmung begründet werden können (s § 16 Rn 168) und ermöglicht ohne Umweg über die Eigentümergemeinschaft die direkte Kostenzuweisung an den Verursacher. Ein Anspruch des Verwalters kann auch durch den Verwaltervertrag begründet werden, weil dieser auf einem Mehrheitsbeschluss beruht. Zur Klagepauschale siehe Rn 189. 169

d) Ende des Verzugs. Für die Beendigung des Verzugs ist die Vornahme der geschuldeten Leistungshandlung ausreichend (s etwa *Palandt/Grüneberg* § 286 BGB Rn 36). Auf den Zeitpunkt des Zahlungseingangs kommt es daher nicht an. 170

e) Ratenzahlungsvereinbarung. Es widerspricht nicht ordnungsgemäßer Verwaltung, bei einem bekannt zahlungsunfähigen Wohnungseigentümer von der gerichtlichen Beitreibung von Forderungen abzusehen und eine Ratenzahlungsvereinbarung mit ihm zu treffen (*BayObLG* 2Z BR 168/03, NZM 2004, 509, 510). Es widerspricht 171 nicht dem Grundsatz der Gleichbehandlung der Wohnungseigentümer, wenn gegen zahlungsfähige Wohnungseigentümer zu gleichen Zeit gerichtlich vorgegangen wird (*BayObLG* wie vor).

172 **4. Verjährung der Wohngeldansprüche.** Wohngeldansprüche unterliegen der Verjährung (ganz hM, vgl etwa *BGH* V ZR 350/03, NJW 2005, 3146; **aA** *Jennißen* Verwalterabrechnung, Rn 770). Alle Arten von Beitragsforderungen verjähren gemäß § 195 BGB in drei Jahren. Die Verjährungsfrist beginnt gemäß § 199 BGB mit dem Schluss des Jahres, in dem der Anspruch entstanden ist, dh fällig geworden ist, **und** der Gläubiger von den Umständen, die den Anspruch begründen, **sowie** der Person des Schuldners Kenntnis erlangt hat oder ohne grobe Fahrlässigkeit hätte erlangen müssen.

173 Für die Kenntnis iSv § 199 Abs 1 Nr. 2 BGB ist die Kenntnis aller Wohnungseigentümer maßgebend, wobei ihnen jedoch gemäß § 166 Abs 1 BGB die Kenntnis des Verwalters und des Verwaltungsbeirats zugerechnet wird (vgl *Gaier* NZM 2003, 90, 95/96; *Merle* ZWE 2003, 231, 238). Der Wohngeldschuldner kann sich nach Treu und Glauben auf die Kenntnis des Vertretenen aber dann nicht berufen, wenn der Verwalter mit ihm bewusst zum Nachteil des Vertretenen zusammengewirkt hat (*OLG München* 34 Wx 129/06, NZM 2007, 526). Die Kenntnis des Verwalters von Anspruch und Schuldner wird im Regelfall schon durch die Beschlussfassung begründet werden. Etwas anderes gilt jedoch im Falle eines Eigentümerwechsels für die nach der Eintragung des neuen Eigentümers fällig werdenden Beiträge. Unabhängig von der Kenntnis verjähren die Beitragforderungen spätestens in 10 Jahren ab Fälligkeit (§ 199 Abs 4 BGB).

174 Die Verjährung der aus dem Wirtschaftsplan geschuldeten Wohngeldvorschüsse beginnt durch den Beschluss über die Jahresabrechnung für diese Forderungen nicht neu zu laufen (ebenso *Schultzky* ZMR 2008, 757, 761; **aA** *OLG Dresden* 3 W 1369/05, ZMR 2006, 543; *OLG Hamm* 15 Wx 208/09, ZMR 2009, 467; wohl auch *OLG Hamburg* 2 Wx 4/05, ZMR 2006, 791, 792). Eine Novation würde zwar eine Änderung der Verjährungsfrist nach sich ziehen (*Soergel/Niedenführ* § 195 BGB Rn 52). Eine Novation liegt aber im Verhältnis zwischen Jahresabrechnung und Wirtschaftsplan gerade nicht vor, denn eine neue originäre Schuld begründet die Jahresabrechnung nur für die Abrechnungsspitze dh für den Betrag, der die Summe der beschlossenen Vorschüsse übersteigt. Dem steht nicht entgegen, dass aufgrund der bestätigenden oder rechtsverstärkenden Wirkung der Jahresabrechnung der Zahlungsanspruch – sofern kein Eigentümerwechsel stattfand – einheitlich auf die Jahresabrechnung gestützt werden kann (s Rn 158).

175 Rechtskräftig festgestellte Ansprüche verjähren in 30 Jahren (§ 197 Abs 1 Nr 3 BGB), beginnend mit der Rechtskraft der Entscheidung (§ 201 BGB). Titulierte Zinsen verjähren jedoch innerhalb der regelmäßigen Verjährungsfrist von drei Jahren (§ 197 Abs 2 BGB).

176 Dieses Verjährungsrecht findet gemäß **Art 229 § 6 Abs 1 S 1 EGBGB** auf die am 1.1.2002 bestehenden und noch nicht verjährten Ansprüche Anwendung.

177 Eine **Ausnahme** von dieser Grundregel enthält Art 229 § 6 Abs 1 S 2 EGBGB, wonach sich **Beginn, Hemmung, Ablaufhemmung und Neubeginn** der Verjährung für den Zeitraum vor dem 1.1.2002 nach dem BGB in der bis zu diesem Tag geltenden Fassung bestimmen, wobei unter „Neubeginn" nach der bisherigen Terminologie die Unterbrechung der Verjährung zu verstehen ist. Wenn nach Ablauf des 31.12.2001 ein Umstand eintritt, bei dessen Vorliegen nach altem Recht eine vor dem 1.1.2002 eintretende Unterbrechung der Verjährung als nicht erfolgt oder als erfolgt gilt, so ist auch insoweit das BGB in der vor dem 1.1.2002 geltenden Fassung anzuwenden (Art 229 § 6 Abs 1 S 2 EGBGB).

Soweit das neue Recht **anstelle der Unterbrechung der Verjährung deren Hemmung vorsieht**, so gilt gemäß Art 229 § 6 Abs 2 EGBGB eine Unterbrechung der Verjährung, die nach altem Recht vor dem 1.1.2002 eintritt und mit Ablauf des 31.12.2001 noch nicht beendigt ist, als mit dem Ablauf des 31.12.2001 beendigt, und die neue Verjährung ist mit Beginn des 1.1.2002 gehemmt. 178

Ist die **Verjährungsfrist nach dem neuen Verjährungsrecht länger** als nach den bisherigen Vorschriften, so verbleibt es gemäß Art 229 § 6 Abs 3 EGBGB bei der kürzeren Frist. 179

Ist die **Verjährungsfrist nach dem neuen Verjährungsrecht kürzer**, so wird die kürzere Frist gemäß Art 229 § 6 Abs 4 S 1 EGBGB von dem 1.1.2002 an berechnet, um zu vermeiden, dass die kürzere neue Frist am 1.1.2002 bereits abgelaufen ist. Auch Wohngeldansprüche, die vor dem 1.1.2002 entstanden waren, verjähren damit – wenn auch die subjektiven Voraussetzungen vorliegen (*BGH* XI ZR 44/06, NJW 2007, 1584) – in der Regel spätestens mit Ablauf des **31.12.2004**. Läuft jedoch die nach altem Recht längere Frist früher ab, so ist die Verjährung mit dem Ablauf der längeren bisherigen Frist vollendet (Art 229 § 6 Abs 4 S 1 EGBGB). 180

5. Aufrechnungsausschluss. Gegenüber dem Anspruch auf Wohngeld kann nach gefestigter Rechtsprechung nur mit gemeinschaftsbezogenen Gegenforderungen nach § 21 Abs 2 (Notmaßnahmen) oder §§ 680, 683 BGB aufgerechnet werden, es sei denn, die Gegenforderung ist anerkannt oder rechtskräftig festgestellt (*BayObLG* 2Z BR 032/04, NZM 2005, 625; *OLG Frankfurt* 20 W 189/05, NZM 2007, 367; *OLG Brandenburg* 13 Wx 9/07, ZMR 2008, 386). Gleiches gilt für die Aufrechnung gegenüber einem Anspruch auf Zahlung einer **Sonderumlage** (*BayObLG* 2Z BR 144/01, NZM 2003, 66, 67). Forderungen aus § 14 Nr 4 unterliegen selbst dann dem Verbot der Aufrechnung, wenn die Gemeinschaftsforderung ihren Rechtsgrund in einem Sonderumlagenbeschluss für diejenige Maßnahme hat, aus der der Eigentümer seinen Schadensersatzanspruch gem § 14 Nr 4 herleitet (*OLG München* 34 Wx 128/06, ZMR 2007, 397, 398). Bestimmt die **Gemeinschaftsordnung**, dass nur mit unbestrittenen oder rechtskräftig festgestellten Ansprüchen aufgerechnet werden darf, ist die Aufrechnung mit Ansprüchen aus Notgeschäftsführung ausgeschlossen (*KG* 24 W 328/02, NZM 2003, 906; *OLG Frankfurt* 20 W 189/05, NZM 2007, 367; *OLG Brandenburg* 13 Wx 9/07, ZMR 2008, 386). Ist streitig, ob Gegenforderungen substantiiert bestritten sind, ist eine Aufrechnung mit diesen Gegenforderungen nicht möglich (*BayObLG* 2Z BR 36/99, NZM 1999, 1058, 1059). Der Verwalter ist zur wirksamen Abgabe eines Anerkenntnisses nur befugt, wenn sich eine entsprechende Vollmacht aus der Gemeinschaftsordnung, dem Verwaltervertrag oder aus einem Mehrheitsbeschluss ergibt, denn § 27 Abs 3 enthält keine Befugnis des Verwalters, im Namen der Wohnungseigentümergemeinschaft Ansprüche anzuerkennen. Zur Aufrechnung befugt ist nur der Wohnungseigentümer, der 181 selbst die Notgeschäftsführung vorgenommen hat (*KG* 24 W 7149/93, WuM 1995, 332). Die Aufrechnung des Wohnungseigentümers aus Notgeschäftsführung gegen Forderungen aus dem Gemeinschaftsverhältnis kann unabhängig von einem Eigentümerwechsel erfolgen (*KG* 24 W 26/01, NZM 2002, 745; s auch § 16 Rn 126). Das Aufrechnungsverbot gilt auch, wenn die Gegenforderung nicht als Wohnungseigentümer erworben wurde, zB wegen Beschädigung des im Alleineigentum eines Wohnungseigentümers stehenden Nachbarhauses (*OLG Düsseldorf* 3 Wx 53/07, ZMR 2008, 56).

182 Beginnt allerdings das geordnete Rechnungs- und Finanzwesen erst zu einem bestimmten Stichtag, so kann der teilende Eigentümer nicht mit einem Minussaldo aus der Zeit vor dem Stichtag mit Beitragsvorschüssen aufrechnen, die er für die Zeit nach dem Stichtag zu zahlen hat, auch wenn sich die Zusammensetzung der Gemeinschaft nicht geändert hat (*KG* 24 W 680/00, NZM 2001, 591, 593).

183 Möglich ist auch die Aufrechnung mit unstreitigen **Erstattungsforderungen** wegen der Bezahlung gemeinschaftlicher Verbindlichkeiten gegenüber öffentlichen Versorgungsbetrieben über den im Innenverhältnis geschuldeten Anteil hinaus (*KG* 24 W 7149/93, WuM 1995, 333, 335). Erfüllt ein Wohnungseigentümer infolge der **Aufrechnung eines Gläubigers** eine Verwaltungsschuld der Wohnungseigentümergemeinschaft, liegt ebenfalls ein der Notgeschäftsführung vergleichbarer Tatbestand vor, der – soweit die Gemeinschaftsordnung dies nicht ausschließt – zur Aufrechnung gegen laufende Wohngeldvorschüsse berechtigt, da der Verwalter die Forderung des Gläubigers aus Gemeinschaftsmitteln hätte ausgleichen müssen (*KG* 24 W 185/01, NZM 2003, 686; *OLG Frankfurt* 20 W 189/05, NZM 2007, 367). Nicht möglich ist dagegen die Aufrechnung mit einer Forderung des Verwalters, die dieser an den Wohnungseigentümer abgetreten hat (*BayObLG* Rpfl 1976, 422). Soweit die Aufrechnung unzulässig ist, darf eine der Rechtskraft fähige Entscheidung über die Gegenforderung nicht ergehen (*OLG Stuttgart* 8 W 248/88, NJW- RR 1989, 841, 842). Ist die Aufrechnung unzulässig, so ist der Wert der zur Aufrechnung gestellten Forderung gemäß § 19 Abs 3 S 1 GKG bei der Festsetzung des Geschäftswerts nicht zu berücksichtigen (*BayObLG* WE 1991, 26). Die Aufrechnungsbeschränkung gilt auch für einen **ausgeschiedenen Wohnungseigentümer** (*BayObLG* 2Z BR 138/95, WuM 1996, 298; *LG Köln* 34 S 263/91, WuM 1992, 640; *Palandt/Bassenge* § 16 Rn 32; *Weitnauer/Gottschalg* § 16 Rn 28). In einer **Zweiergemeinschaft** gilt die Aufrechnungsbeschränkung ebenfalls (*LG München I* 1 S 10225/08, ZMR 2009, 637).

184 **6. Zurückbehaltungsrecht.** Auch ein Zurückbehaltungsrecht kann Ansprüchen auf Hausgeldvorschüsse nicht entgegengehalten werden (*OLG Frankfurt* 20 W 262/79, OLGZ 1979, 391; *OLG München* 34 Wx 61/05, NZM 2005, 674). Ein Ausschluss des Zurückbehaltungsrechts in der Gemeinschaftsordnung ist wirksam (*BayObLG* 2Z BR 24/01, NZM 2001, 766).

185 **7. Gerichtliche Durchsetzung.** Die Beiträge sind durch Klage bei dem gemäß § 43 Nr 2 zuständigen Gericht geltend zu machen, auch soweit sich der Anspruch gegen einen ausgeschiedenen Wohnungseigentümer richtet. **Aktiv legitimiert** und damit **klagebefugt** ist die teilrechtsfähige Wohnungseigentümergemeinschaft, die Inhaberin der Wohngeldansprüche ist (§ 10 Abs 6 S 2), die als Forderungen zum Verwaltungsvermögen (§ 10 Abs 7) gehören. Die Wohnungseigentümergemeinschaft kann gemäß § 27

Abs 3 S 1 Nr 7 den Verwalter ermächtigen, die Beträge in ihrem Namen oder als Prozessstandschafter gegenüber einem säumigen Eigentümer gerichtlich geltend zu machen (vgl § 27 Rn 84). Eine Ermächtigung, die von Wohngeldzahlungen spricht, erfasst auch Sonderumlagen (*OLG Hamm* 15 Wx 43/08, NZM 2009, 90). Durch Mehrheitsbeschluss kann auch direkt ein Rechtsanwalt bevollmächtigt werden.

Gemäß § 27 Abs 3 S 3 kann auch ein einzelner Wohnungseigentümer mit der gerichtlichen Geltendmachung beauftragt werden. Ohne Ermächtigung ist ein einzelner Wohnungseigentümer mangels Aktivlegitimation nicht klagebefugt. Ein auf Feststellung der Abrechnungsgrundlagen gerichteter Antrag eines einzelnen Wohnungseigentümers kann deshalb auch nicht im Wege des Stufenklage mit dem Zahlungsantrag verbunden werden (*Staudinger/Bub* § 28 Rn 509; aA *Weitnauer/Gottschalg* § 16 Rn 35). 186

Passiv legitimiert ist grundsätzlich derjenige Wohnungseigentümer, der im Zeitpunkt der Beschlussfassung über die Jahresabrechnung im Grundbuch als Eigentümer eingetragen ist (siehe dazu § 16 Rn 115 ff). 187

Dem Verwalter kann im Verwaltervertrag oder durch einen Mehrheitsbeschluss, der den Verwaltervertrag ergänzt, eine Sondervergütung für die gerichtliche Geltendmachung von Wohngeld **(Klagepauschale)** versprochen werden (vgl *BGH* V ZB 9/92, NJW 1993, 1924 – § 26 Rn 69 f). Gemäß § 21 Abs 7, der durch die **WEG-Novelle 2007** in das Gesetz eingefügt worden ist, können die Wohnungseigentümer zwar im Rahmen ordnungsgemäßer Verwaltung Regelungen der Folgen des Verzugs und der Kosten für einen besonderen Verwaltungsaufwand beschließen. Die umfasst aber nicht die Befugnis, die Kosten für die gerichtliche Geltendmachung durch den Verwalter als Prozessbevollmächtigten dem Gegner durch Beschluss aufzuerlegen. 188

Die Wohnungseigentümergemeinschaft muss die Klagepauschale grundsätzlich als außergerichtliche Kosten im Kostenfestsetzungsverfahren geltend machen (*OLG Frankfurt* 20 W 113/90, WuM 1990, 457, 458; aA *OLG Köln* 16 Wx 173/89, WuM 1990, 462, 463; vgl auch *AG Nürnberg* 90 C 40246/07, ZMR 2008, 750). Die Geltendmachung eines materiellrechtlichen Kostenerstattungsanspruchs ist mangels Rechtsschutzinteresse unzulässig, soweit er sich mit dem prozessualen Kostenerstattungsanspruch deckt und im Kostenfestsetzungsverfahren geltend gemacht werden kann (vgl etwa *Thomas/Putzo* vor § 90 Rn 15). 189

Durch die **Eröffnung des Insolvenzverfahrens** über das Vermögen des Beklagten wird das Verfahren gemäß § 240 S 1 ZPO unterbrochen. Die Unterbrechung endet, wenn das Insolvenzverfahren beendet wird oder wenn der Passivprozess nach §§ 179 Abs 1, 180 Abs 2 InsO oder § 184 S 2 InsO aufgenommen wird. Dafür ist Voraussetzung, dass die zur Tabelle angemeldete Forderung im Prüfungstermin bestritten wird. Unterbrechung tritt gemäß § 240 S 2 ZPO auch ein, wenn die Verwaltungs- und Verfügungsbefugnis über das Vermögen des Schuldners auf einen vorläufigen Verwalter übergeht. Voraussetzung ist, dass es sich um einen sogenannten starken Verwalter nach § 22 Abs 1 InsO handelt (vgl *BGH* II ZR 70/98, ZIP 1999, 1314). 190

8. Zwangsvollstreckung. Die Zwangsvollstreckung ist im 8. Buch der ZPO geregelt. Das Gesetz unterscheidet bei Zahlungstiteln nach der Art des Zugriffsobjekts. Die Vollstreckung erfolgt auf Antrag, der an das zuständige Vollstreckungsorgan zu richten ist. 191

Niedenführ

Zugriffsobjekt	Vollstreckungsorgan
bewegliche Sachen § 808 ZPO	Gerichtsvollzieher § 753 ZPO
Rechte §§ 828, 829, 857 ZPO	Vollstreckungsgericht § 828 ZPO
unbewegliche Sachen: Zwangshypothek § 866 ZPO Zwangsverwaltung	Grundbuchamt § 867 ZPO
Zwangsversteigerung §§ 866, 869 ZPO iVm ZVG	Vollstreckungsgericht § 1 ZVG

Zur Zwangsvollstreckung durch **Zwangsverwaltung** und **Zwangsversteigerung** nach den Vorschriften des ZVG siehe Anhang.

192 Voraussetzungen für die Zwangsvollstreckung sind neben dem **Vollstreckungstitel** (insbesondere Urteile, Vergleiche, notarielle Urkunden) die **Vollstreckungsklausel** (§ 724 ZPO) und die **Zustellung** (§ 750 ZPO). Es kann im Einzelfall aus wirtschaftlichen Gründen ordnungsgemäßer Verwaltung entsprechen, nicht sofort Zwangsvollstreckungsmaßnahmen zu ergreifen (*OLG Hamburg* 2 Wx 107/01, ZMR 2004, 367, 369). Die Zwangsvollstreckung der Wohnungseigentümergemeinschaft als teilrechtsfähigem Verband aus einem noch auf den Namen der einzelnen Wohnungseigentümer lautenden Wohngeldtitel scheitert an der fehlenden **Identität zwischen Vollstreckungs- und Titelgläubiger**, denn bei den im Titel einzeln aufgeführten Wohnungseigentümern und dem Verband handelt es sich um unterschiedliche Rechtssubjekte (*BGH* V ZB 77/06, NZM 2007, 411). Solange dem Vollstreckungsorgan keine berichtigte Fassung des Titels vorgelegt wird, muss es die Zwangsvollstreckung ablehnen. Haben die Wohnungseigentümer vor der Bekanntgabe der Entscheidung vom 2.6.2005 zur Teilrechtsfähigkeit (*BGH* V ZB 32/05 NZM 2005, 543) einen vollstreckbaren Titel erwirkt, kann ihnen deshalb auch nicht vorgehalten werden, es wäre keine Mehrvertretungsgebühr angefallen, wenn statt ihrer der Verband vollstreckt hätte (*BGH* wie vor).

193 Die Teilungserklärung kann wirksam eine Verpflichtung zur **Unterwerfung unter die sofortige Zwangsvollstreckung** (Vollstreckungstitel) wegen eines der Höhe nach bestimmten Wohngeldes mit Wirkung für den jeweiligen Wohnungseigentümer enthalten (*KG* 24 W 661/97, NJW-RR 1997, 1304 mwN; *KG* 24 W 328/02, ZMR 2004, 618; s dazu *Häublein* ZWE 2004, 48, 57; krit zur Effizienz einer solchen Regelung *Wolfsteiner* FS Wenzel, S 60).

194 Für die teilrechtsfähige Wohnungseigentümergemeinschaft als Gläubigerin kann eine **Zwangshypothek** in das Grundbuch eingetragen werden (*LG Bremen* 3 T 137/07, NZM 2007, 453). Die Eintragung einer Zwangshypothek wegen Ansprüchen einer Wohnungseigentümergemeinschaft gegen einen Miteigentümer für Forderungen, die ein Vorrecht nach § 10 Abs 1 Nr 2 ZVG genießen, kann nicht unter Hinweis auf ein angeblich fehlendes Rechtsschutzbedürfnis (entsprechend § 54 GBO) versagt werden (*LG Düsseldorf* 19 T 113/08, NZM 2008, 813). Für die Löschung der Zwangshypothek nach Befriedigung der Forderung genügt eine vom Verwalter erteilte **löschungsfähige Quittung**. Für die löschungsfähige Quittung reicht die notarielle Beglaubigung aus, eine Beurkundung ist nicht erforderlich (*BayObLG* 2Z BR 113/94, WuM 1996, 658).

Hat der **Verwalter als Prozessstandschafter** einen Titel im eigenen Namen erwirkt, so **195** kann er als sog Vollstreckungsstandschafter auch im eigenen Namen vollstrecken. Zu den Auswirkungen eines Verwalterwechsels vgl § 27 Rn 93. Eine **Zwangshypothek** kann für den Verwalter einer Wohnungseigentumsanlage eingetragen werden, wenn er im Vollstreckungstitel als Gläubiger ausgewiesen ist, wobei es unerheblich ist, ob der Verwalter materiell- rechtlicher Forderungsinhaber ist, oder ob der Titel von ihm als Prozessstandschafter erstritten wurde (*BGH* V ZB 15/01, NJW 2001, 3627). Weil die Eintragung einer Zwangshypothek nicht nur eine Maßnahme der Zwangsvollstreckung (§ 866 Abs 1 ZPO), sondern verfahrensrechtlich zugleich ein Grundbuchgeschäft ist, hat das Grundbuchamt sowohl die vollstreckungsrechtlichen Anforderungen als auch die grundbuchrechtlichen Eintragungsvoraussetzungen zu beachten und dabei zu gewährleisten, dass die auch bei einer Zwangssicherungshypothek (§§ 866 f ZPO) nach §§ 1115, 1184 ff BGB, § 15 GBVfg erforderlichen Angaben zur Person des Gläubigers im Grundbuch vermerkt werden (vgl *BGH* V ZB 15/01, NJW 2001, 3627 mwN). Aus der Anwendung des § 1115 Abs 1 BGB folgt aber nicht, dass bei einer Zwangssicherungshypothek nur ein Titelgläubiger, der mit dem materiell-rechtlichen Forderungsinhaber identisch ist, als Gläubiger in das Grundbuch eingetragen werden kann. Vielmehr ermöglicht ein im Wege der Prozessstandschaft erstrittener Vollstreckungstitel die Eintragung des Prozessstandschafters als Titelgläubiger auch dann, wenn er materiell- rechtlich nicht Inhaber der Forderung ist (vgl *BGH* V ZB 15/01, NJW 2001, 3627, 3628 mwN). Eine Zwangshypothek beruht nicht auf einer Einigung gemäß §§ 873, 1113 BGB. Weil es sich um eine Vollstreckungsmaßnahme in der Form eines Grundbuchgeschäfts handelt, hat das Grundbuchamt nach einem Antrag gemäß § 867 Abs 1 S 1 ZPO als Vollstreckungsvoraussetzung insbesondere zu prüfen, ob ein geeigneter Vollstreckungstitel vorliegt. Ist das der Fall, so ist allein der Vollstreckungstitel Grundlage für das Tätigwerden des Grundbuchamts als Vollstreckungsorgan. Um die Effizienz des Vollstreckungsverfahrens zu erhalten, ist es zu einer materiellen Überprüfung des Titels nicht befugt. Einreden und Einwendungen gegen den titulierten Anspruch sind außerhalb des Vollstreckungsverfahrens durch den Angriff gegen den Vollstreckungstitel, insbesondere mit der Klage nach § 767 ZPO, geltend zu machen. In diesem Sinne wird die Zwangsvollstreckung, obwohl sie der Verwirklichung des materiellen Rechts zu dienen bestimmt ist, von ihrer materiell-rechtlichen Grundlage gelöst. Deshalb kann bei einer Zwangssicherungshypothek nur die Person gemäß § 1115 Abs 1 BGB als Gläubiger eingetragen werden, die durch den Vollstreckungstitel oder eine beigefügte Vollstreckungsklausel (§§ 750 Abs 1, 795 ZPO) als Inhaber der titulierten Forderung ausgewiesen ist (vgl *BGH* V ZB 15/01, NJW 2001, 3627, 3628 mwN). Die Verantwortung des Grundbuchamts für die Richtigkeit des Grundbuchs steht dem nicht entgegen. Zu einer Unrichtigkeit des Grundbuches führt es nicht, wenn das Grundbuchamt eine im Vollstreckungstitel entgegen dem materiellen Recht als Berechtigten ausgewiesene Person als Gläubiger einer Zwangssicherungshypothek in das Grundbuch einträgt. § 1113 Abs 1 BGB, der die Identität von materiell-rechtlichem Forderungsinhaber und Hypothekengläubiger erzwingt (Akzessorietät bezüglich der Person des Berechtigten), gilt nur für die rechtsgeschäftlich bestellte Sicherungshypothek und hindert nicht das Entstehen einer – anderen Regeln folgenden – Zwangssicherungshypothek. Für die Eintragung als Gläubiger einer Zwangssicherungshypothek nach § 1115 Abs 1 BGB ist es unerheblich, ob der im Titel aufgeführte Vollstreckungsgläubiger diesen aus eigenem Recht oder im Wege der Prozessstandschaft erlangt hat. Auch ein zur Prozessführung im eigenen Namen ermächtigter Prozessstandschafter ist in dem von ihm erstrittenen Titel als Gläubiger ausgewiesen und damit berechtigt, den zuerkannten fremden Anspruch im eigenen Namen zu vollstrecken und die hierfür grundsätzlich erforderliche Vollstreckungsklausel zu beantragen. Dies gilt unabhängig davon, ob der Vollstreckungstitel auf Leistung an den Prozessstandschafter oder an den materiellen Rechtsinhaber lautet (vgl *BGH* V ZB 15/01, NJW 2001, 3627, 3628 mwN).

196 **9. Versorgungssperre.** Ist ein Wohnungseigentümer mit erheblichen Wohngeldzahlungen in Verzug, kann es in Ausübung eines Zurückbehaltungsrechts gemäß § 273 BGB unter Beachtung des Verhältnismäßigkeitsgrundsatzes zulässig sein, den säumigen Eigentümer bis zum Ausgleich der Rückstände von der Belieferung mit Wasser und Wärmeenergie auszuschließen (*BGH* V ZR 235/04, NZM 2005, 626). Die nach § 273 BGB erforderliche **Konnexität** des wechselseitig Geschuldeten folgt aus der für alle Mitglieder der Gemeinschaft bestehenden Berechtigung zur Teilhabe an den gemeinschaftlichen Leistungen und der damit korrespondierenden Pflicht zur Erfüllung der jedem Mitglied der Gemeinschaft gegenüber allen anderen Mitgliedern bestehenden Verpflichtungen (*BGH* wie vor). Bei der Belieferung mit Strom und Gas ist der einzelne Wohnungseigentümer meist unmittelbar Vertragspartner des Versorgungsunternehmens. Deshalb ist die Gemeinschaft zu einer Sperre der Versorgung mit Strom und Gas regelmäßig nicht berechtigt. Die **Ausübung** des Zurückbehaltungsrechtes **bedarf eines Beschlusses** der Wohnungseigentümer (*BGH* wie vor). Wegen der Bedeutung der Heizwärme für die Bewohnbarkeit der an die gemeinschaftliche Versorgung angeschlossenen Eigentumswohnungen und die Pflicht der Wohnungseigentümer zur gegenseitigen Rücksichtnahme ist ein Beschluss, die Versorgung mit Heizwärme zu unterbinden, nur bei einem **erheblichen Wohngeldrückstand** rechtmäßig. Als erheblich ist insoweit ein Rückstand mit mehr als sechs Monatsbeträgen anzusehen (*BGH* V ZR 235/04, NZM 2005, 626; *OLG Dresden* 3 W 82/07, ZMR 2008, 140 *Armbrüster* WE 1999, 14, 15; *Gaier* ZWE 2004, 109, 117). Durch Teilzahlungen in Höhe der auf die Versorgungsleistungen entfallenden Beträge kann das Zurückbehaltungsrecht nicht abgewendet werden (*KG* 24 W 112/04, ZMR 2005, 905; *OLG Dresden* 3 W 82/07, ZMR 2008, 140). Dem Vollzug der Sperre muss eine **Androhung** vorausgehen, sofern um den Vollzug nicht prozessiert wird. Hat die Gemeinschaft ein Recht zur Sperrung der Leitungen, dann kann sie von dem säumigen Wohnungseigentümer auch die **Duldung des Zugangs** zu seiner Wohnung verlangen, wenn die Sperre nur dort vorgenommen werden kann (*OLG München* 34 Wx 5/05, NZM, 2005, 304; *OLG Frankfurt* 20 W 56/06, NZM 2006, 869; *KG* 24 W 94/01, ZWE 2001, 497 m insoweit zust Anm *Suilmann* S 476). Ein bestandskräftiger Eigentümerbeschluss, der die Verwaltung zur Versorgungssperre ermächtigt, entbindet das Gericht, das über die Duldung des Wohnungszutritts zu entscheiden hat, nicht von der Prüfung der tatsächlichen Voraussetzungen des Zurückbehaltungsrechts und der Verhältnismäßigkeit der Maßnahme (*OLG München* 34 Wx 005/05, NZM 2005, 304).

197 Einem **Mieter** gegenüber besteht dagegen kein Recht auf Zugang zur Wohnung (*KG* 8 U 208/05, NZM 2006, 297). Bei einer vermieteten Wohnung kann die Versorgungssperre erfolgreich nur vorgenommen werden, wenn eine Absperrmöglichkeit außerhalb der Wohnung besteht. Die Versorgungssperre der Gemeinschaft ist jedoch gegenüber dem Mieter **keine** Besitzstörung durch **verbotene Eigenmacht** (*KG* 24 W 94/01, ZWE 2001, 497 m insoweit abl Anm *Suilmann* S 476; *Gaier* ZWE 2004, 109, 113; *Palandt/Bassenge* § 862 Rn 4; **aA** *OLG Köln* 2 U 74/99, ZWE 2000, 543 m abl Anm

Bielefeld S 516;). Ebenso wie bei der Liefersperre eines Versorgungsunternehmens (vgl etwa *LG Frankfurt* 2–17 S 465/97, NZM 1998, 714 m zust Anm *Hempel* S 689; *Palandt/Bassenge* § 862 Rn 4 mwN) fehlt es an der verbotenen Eigenmacht, weil die dingliche Beziehung durch die Sonderbeziehung der Gemeinschaft zum vermietenden Wohnungseigentümer überlagert wird. Der Mieter kann die Versorgungssperre vermeiden, indem er sich mit der Gemeinschaft auf eine Zahlung der Bewirtschaftungskosten direkt an die Gemeinschaft verständigt.

10. Sicherungsabtretung von Mietforderungen. Die Gemeinschaftsordnung kann auch eine Verpflichtung der Wohnungseigentümer enthalten, Mietansprüche aus einer vermieteten Eigentumswohnung zur Sicherung der Wohngeldzahlungen an die übrigen Wohnungseigentümer abzutreten (s dazu *Häublein* ZWE 2004, 48, 60). **198**

VI. Guthaben aus der Jahresabrechnung

Anspruchsgrundlage für die Rückzahlung eines Guthabens aus der Jahresabrechnung ist der Beschluss der Wohnungseigentümer über die Jahresgesamt- und -einzelabrechnung. Eines Rückgriffs auf § 812 Abs 1 S 2 1. Alt BGB bedarf es nicht (**aA** *KG* 24 W 1940/92, WuM 1993, 91, 92). Die Erfüllung eines Bereicherungsanspruchs aus Mitteln der Gemeinschaft kann erst und nur dann verlangt werden, wenn eine durch Beschlussfassung der Gemeinschaft genehmigte Jahresabrechnung ein Guthaben ausweist. Einer isolierten Anspruchsverfolgung außerhalb der Abrechnung der Wirtschaftsperiode steht das durch die Jahresabrechnung konkretisierte Innenverhältnis der Wohnungseigentümer entgegen, wonach zwischen den Eigentümern lediglich ein Innenausgleich zulässig ist (*OLG Köln* 16 Wx 215/06, ZMR 2007, 642). Der Anspruch richtet sich gegen den Verband als Träger des Verwaltungsvermögens). Zur Rechtslage von dem Inkrafttreten der WEG-Novelle 2007 wurde vertreten, die Rückzahlung könne insbesondere bei größeren Guthaben nur dann verlangt werden, wenn aus der abgerechneten Wirtschaftsperiode noch Gelder vorhanden sind oder durch Nachforderungen beschafft werden können (vgl *KG* 24 W 1940/92, WuM 1993, 91, 92 *KG* 24 W 6844/00, ZWE 2001, 438, 439; *KG* 24 W 26/01, NZM 2002, 745). § 21 Abs 7 gibt den Wohnungseigentümern jetzt die Beschlusskompetenz, Guthaben mit künftigen Vorschüssen zu verrechnen oder die Fälligkeit der Auszahlung hinauszuschieben. Machen die Wohnungseigentümer von dieser Möglichkeit keinen Gebrauch, sind die Guthaben sofort fällig und können von den einzelnen Wohnungseigentümern gegen den Verband geltend gemacht werden (ebenso *Abramenko* in Riecke/Schmid, § 28 Rn 93; *Merle* in Bärmann, § 28 Rn 117). Das Guthaben steht dem im Zeitpunkt der Beschlussfassung im Grundbuch eingetragenen Wohnungseigentümer zu, nicht dem ausgeschiedenen Veräußerer (*KG* 24 W 7323/98, NZM 2000, 830; *Merle* in Bärmann, § 28 Rn 118; **aA** *AG Langenfeld* 11 C 376/89, WuM 1990, 88, m abl Anm *Drasdo*). **199**

Wird das Guthaben auf ein vom Wohnungseigentümer mitgeteiltes Bankkonto ausgezahlt, tritt dadurch Erfüllung ein (*OLG München* 24 Wx 004/05, ZMR 2006, 154, 155). **200**

VII. Rechnungslegung

1. Anspruchsvoraussetzungen. Der Anspruch der Wohnungseigentümer auf Rechnungslegung ergibt sich bereits aus den §§ 666, 675, 259 BGB. § 28 Abs 4 stellt klar, dass die Wohnungseigentümer aufgrund eines Mehrheitsbeschlusses jederzeit Rechnungslegung verlangen können. Der Verwalter ist nicht einem einzelnen Eigentümer, **201**

sondern nur den Wohnungseigentümern in ihrer Gesamtheit aufgrund eines Mehrheitsbeschlusses zur Rechnungslegung verpflichtet (*BayObLG* WE 1989, 145, 146). Eines Beschlusses bedarf es nicht, wenn sämtliche Wohnungseigentümer den Anspruch auf Rechnungslegung geltend machen (*BayObLG* 2Z BR 255/03, NZM 2004, 621). Der einzelne Wohnungseigentümer kann von den anderen die Zustimmung zu einem solchen Beschluss gemäß den §§ 21 Abs 4, 43 Nr 1 erzwingen, wenn das Verlangen einer ordnungsgemäßen Verwaltung entspricht. Der gegen den Verwalter – auch den ausgeschiedenen – gerichtete Anspruch ist im Verfahren nach § 43 Nr 2 durchzusetzen. Der Verwalter kann die Rechnungslegung verweigern, wenn das Verlangen nach ihr schikanös ist (§§ 242, 226 BGB). Er hat insoweit auch die Möglichkeit eines Feststellungsantrags im Verfahren nach § 43 Nr 2. Die Forderung nach Rechnungslegung ist jedenfalls dann gerechtfertigt, wenn sich Anhaltspunkte ergeben, dass der Verwalter von dem beschlossenen Wirtschaftsplan abweicht oder wenn sonst Unregelmäßigkeiten zu befürchten sind. Nach Ablauf eines Geschäftsjahres tritt die Pflicht zur Erstellung der Jahresabrechnung an die Stelle der Pflicht zur außerordentlichen Rechnungslegung (*KG* 24 W 5670/86, ZMR 1988, 70, 71/72).

Die Rechnungslegung hat innerhalb angemessener Frist zu erfolgen.

202 **2. Inhalt der Rechnungslegung.** Die außerordentliche Rechnungslegung aufgrund einer besonderen Aufforderung gemäß § 28 Abs 4 hat ebenso wie die vom Verwalter periodisch und ohne Aufforderung zu erstellende Jahresabrechnung (§ 28 Abs 3) gemäß § 259 BGB eine geordnete Zusammenstellung der Einnahmen und Ausgaben zu enthalten. Sie dient der Kontrolle der laufenden Geschäftsführungstätigkeit des Verwalters und soll im Falle seiner Ablösung während des Wirtschaftsjahres den neuen Verwalter in die Lage versetzen, die Verwaltung fortzuführen. Sie muss unter Beifügung der Belege alle Einnahmen und Ausgaben des betreffenden Zeitabschnitts verständlich und nachvollziehbar darlegen und die Kontostände der einzelnen Bankkonten enthalten. Im Gegensatz zur Jahresabrechnung ist aber eine Aufteilung des Gesamtergebnisses auf die einzelnen Wohnungseigentümer nicht geschuldet (*BayObLG* 2 Z 11/78, BayObLGZ 1979, 30, 32) und zwar auch nicht von einem Verwalter, der vor Ablauf eines Wirtschaftsjahres ausscheidet (*BayObLG* wie vor S 33).

203 **3. Vollstreckung des Titels auf Rechnungslegung.** Ein Titel, der den Verwalter zur Rechnungslegung verpflichtet, ist nach § 888 ZPO zu vollstrecken (*OLG Köln* 2 W 201/97, WuM 1998, 375, 376 mwN; *BayObLG* 2Z BR 9/02, NZM 2002, 489, 491 mwN; **aA** *OLG Düsseldorf* 3 Wx 33/99, NZM 1999, 842 m abl Anm *Nies* S 832). Ebenso wie bei der Jahresabrechnung hat der Verwalter Einsicht in die Belege zu gewähren und ergänzende Auskünfte zu erteilen.

204 Der **Einwand der Erfüllung** ist zwar im Regelfall durch Vollstreckungsgegenantrag (§ 767 analog) geltend zu machen. Weil der Zwangsmittelbeschluss aber voraussetzt, dass der Schuldner die unvertretbare Handlung noch nicht vorgenommen hat, ist der Erfüllungseinwand auch im Vollstreckungsverfahren beachtlich (*Zöller/Stöber* § 888 ZPO Rn 11). Teilweise wird allerdings vertreten, der Erfüllungseinwand sei im Verfahren nach § 888 ZPO nur beachtlich, wenn die Handlung, die nach Auffassung des Schuldners zur Erfüllung führt, unstreitig ist (*OLG Köln* 20 W 76/88, NJW-RR 1989, 188) oder präsent beweisbar ist (*OLG Düsseldorf* 9 W 43/87, NJW-RR 1988, 63; *KG* 24 W 6684/86, NJW-RR 1987, 840). Bei dem Anspruch auf Rechnungslegung ist die vollständige Erfüllung jedenfalls dann im Vollstreckungsverfahren zu prüfen, wenn

sich die den Gläubigern überlassenen Schriftstücke bei den Akten befinden (*BayObLG* 2Z BR 9/02, NZM 2002, 489, 491).

VIII. Entlastung des Verwalters

Literatur: *Gottschalg* Verwalterentlastung im Wohnungseigentumsrecht, NJW 2003, 1293; *Greiner/Vogel* Vereinbarung eines Anspruchs auf Entlastung im Verwaltervertrag – Ausweg oder Irrweg?, ZMR 2003, 465; *Köhler* Die Entlastung des WEG-Verwalters – Eine kritische Betrachtung, ZMR 1999, 293; *H Merle* Revolutionäres zur Entlastung des Verwalters, DWE 2003, 47; *Niedenführ* Verwalterentlastung niemals ordnungsgemäße Verwaltung?, NZM 2003, 305; *Rühlicke* Die Entlastung des Verwalters, ZWE 2003, 14; *ders* Der Anspruch des Verwalters auf Entlastung, ZWE 2004, 145; *Hogenschurz* Verwalterentlastung aus Sicht einzelner Wohnungseigentümer, NZM 2003, 630.

Die Entlastung des Verwalters ist im WEG nicht geregelt. Es ist die Erklärung der 205 Wohnungseigentümer, dass sie die Amtsführung des Verwalters billigen. Dies geschieht durch Mehrheitsbeschluss. Ziel der Verwalterentlastung ist, die in der Vergangenheit geleistete Verwaltungstätigkeit zu billigen und dem Verwalter für sein Tätigwerden in der Zukunft das Vertrauen auszusprechen. Die Entlastung schafft damit die Grundlage für eine weitere vertrauensvolle Zusammenarbeit in der Zukunft, woran die Wohnungseigentümer ein berechtigtes Interesse haben (*BGH* V ZB 11/03, NJW 2003, 3124, 3125 mwN). Die Wirkungen der Entlastung (s Rn 207) sind nur die Folge dieser Vertrauenskundgabe.

Die Entlastung kann ausdrücklich oder konkludent erfolgen. Ob zB der Beschluss 206 über die Jahresabrechnung stillschweigend zugleich die Entlastung des Verwalters enthält, ist durch Auslegung zu ermitteln (*BayObLG* BReg 2 Z 26/86, WuM 1988, 101). Mangels anderweitiger Anhaltspunkte wird dies regelmäßig der Fall sein (*BayObLG* 2 Z 34/79, Rpfl 1980, 478; *OLG Celle* 4 196/82, OLGZ 1983, 177, 178/ 179; *OLG Düsseldorf* 3 Wx 92/00, ZWE 2001, 270 m krit Anm *Demharter* S 256). Umgekehrt enthält ein Entlastungsbeschluss in der Regel zugleich die stillschweigende Billigung der Jahresabrechnung (*BayObLG* 2Z BR 10/92, WuM 1992, 329 mwN). Entlastung des Verwalters und Genehmigung der Jahresabrechnung sind aber auch dann rechtlich zwei Beschlüsse mit verschiedenen Gegenständen, wenn einheitlich darüber abgestimmt wird. Anfechtung und Ungültigkeitserklärung können daher auf einen dieser Beschlüsse beschränkt werden (*BayObLG* 2Z BR 36/00, NZM 2001, 296).

1. Wirkung der Entlastung. Die Entlastung bewirkt wie ein negatives Schuldaner- 207 kenntnis nach § 397 Abs 2 BGB, dass den Wohnungseigentümern keine Ansprüche gegen den Verwalter wegen solcher Vorgänge zustehen, die bekannt oder bei zumutbarer Sorgfalt erkennbar waren (vgl *BGH* III ZR 248/95, NJW 1997, 2106, 2108; *BayObLG* 2Z BR 122/00, NZM 2001, 388, 389 mwN; *OLG Köln* 16 Wx 87/01, NZM 2001, 862, 863).

Der Entlastungsbeschluss zielt aber nicht auf die Wirkungen eines negativen Schuld- 208 anerkenntnisses nach § 397 Abs 2 BGB. Diese Wirkungen sind vielmehr nur die Folge der Vertrauenskundgabe. Dogmatisch wird man die Entlastung im Regelfall wohl nicht als ein (vertragliches oder einseitiges) Rechtsgeschäft ansehen können, das einen Verzicht auf Ansprüche gegen den Verwalter zum Inhalt hat (vgl *Rühlicke* ZWE 2003, 54, 57). Es dürfte insoweit bereits der Wille der Wohnungseigentümer fehlen, durch Zustimmung zu dem Entlastungsantrag dem Verwalter gegenüber einen rechtsgeschäftlichen Verzicht zu erklären. Dies bringt die Formulierung zum Ausdruck, dass die Entlastung wie ein negatives Schuldanerkenntnis wirkt. Die Folgewirkung der Entlastung lässt sich aus dem Grundsatz von Treu und Glauben (§ 242 BGB) herleiten (vgl *Rühlicke* ZWE 2003, 54, 60; *Gottschalg* Verwalterhaftung, Rn 232). Die mit dem Entlastungsbeschluss bezweckte Vertrauenskundgabe führt beim Verwalter zu der berechtigten Erwartung, dass die vergangene Verwaltungsperiode von den Wohnungseigentümern abschließend geprüft und gebilligt wurde. Es wäre daher ein mit Treu und Glauben nicht zu vereinbarendes widersprüchliches Verhalten (venire contra factum proprium), zuerst die bisherige Verwaltertätigkeit zu billigen, dann aber gleichwohl Schadensersatzansprüche wegen solcher Pflichtverletzungen geltend zu machen, die im Zeitpunkt der Entlastung bereits erkennbar waren.

209 Wird dem Verwalter im Zusammenhang mit der Erläuterung und Genehmigung der **Jahresabrechnung** Entlastung erteilt, so beschränkt sich die Entlastung auf das Verwalterhandeln, das sich in der Abrechnung niedergeschlagen hat (*BayObLG* 2Z BR 122/00, NZM 2001, 388, 389 *BayObLG* 2Z BR 82/02, NZM 2003, 31, 32). Die Entlastung umfasst auch die Billigung der Entnahme von Geldern aus der Instandhaltungsrücklage zur Bezahlung von baulichen Maßnahmen (*BayObLG* 2 Z 74/79, DWE 1981, 93, 94/95). Verbirgt sich hinter der Ausgabenposition „Grundsteuer", dass der Verwalter jahrelang an den Bauträger gerichtete Grundsteuerbescheide aus Gemeinschaftsmitteln bezahlt hat, so schließen die ihm erteilten Entlastungen Schadensersatzansprüche aus, weil die Wohnungseigentümer dies durch Einsicht in die Belege hätten erkennen können (*BayObLG* 2Z BR 166/99, ZMR 2000, 317). Ein Entlastungsbeschluss berührt nicht **individuelle Schadensersatzansprüche** eines Wohnungseigentümers gegen den Verwalter. Der Schadensersatzanspruch eines Wohnungseigentümers gegen den Verwalter wegen Schäden an seinem Sondereigentum und Vermögen unterliegt nicht der Verwaltung der Wohnungseigentümer, da diese sich nur auf das gemeinschaftliche Eigentum beschränkt. Über einen Ersatzanspruch wegen eines am Sondereigentum eines einzelnen Wohnungseigentümers eingetretenen Schadens können deshalb die Wohnungseigentümer nicht durch Beschluss verfügen. Ein solcher Beschluss wäre wegen absoluter Unzuständigkeit der Wohnungseigentümerversammlung nichtig (*OLG Hamm* 15 W 212/96, NJW-RR 1997, 908 mwN). Ein **strafbares Verhalten** des Verwalters begründet auch dann Schadensersatzansprüche, wenn ihm Entlastung erteilt worden ist. Werden daher schlüssig Tatsachen vorgetragen, die die Voraussetzungen einer strafbaren Handlung erfüllen, darf eine inhaltliche Prüfung nicht mit dem Hinweis auf die Entlastung abgelehnt werden (*OLG Celle* 4 W 335/90, NJW-RR 1991, 979).

210 Wird dem Verwalter nach Rechnungslegung Entlastung erteilt, so wird er dadurch von der Pflicht zu weiteren Erklärungen über Vorgänge, die bei Beschlussfassung bekannt oder erkennbar waren, befreit (*BayObLG* BReg 2 Z 22/75, BayObLGZ 1975, 161, 165; *OLG Frankfurt* 20 W 732/78, OLGZ 1979, 136, 137). Sofern aber die Jahresabrechnung die notwendigen Angaben über Stand und Entwicklung der Instandhaltungsrücklage nicht enthält, hat ein Wohnungseigentümer insoweit auch noch nach Beschlussfassung über die Jahresabrechnung und Entlastung des Verwalters einen Auskunftsanspruch (*BayObLG* WE 1989, 180, 181).

211 **2. Erkennbarkeit von Ansprüchen.** Grundsätzlich ist auf den Kenntnisstand aller Wohnungseigentümer abzustellen und nicht auf die Erkenntnismöglichkeiten einzel-

ner Eigentümer mit besonderer Sachkunde (*BayObLG* 2Z BR 122/00, NZM 2001, 388; *BayObLG* 2Z BR 82/02, NZM 2003, 31, 32). Es kann nicht erwartet werden, dass sich die Wohnungseigentümer die erforderliche Kenntnis durch eigene Untersuchungen selbst verschaffen (*KG* WuM 1993, 140, 141). Für die Erkennbarkeit reicht es aber aus, wenn der Verwaltungsbeirat die Vorgänge kannte oder kennen musste (*OLG Düsseldorf* 3 Wx 92/00, ZWE 2001, 270 m krit Anm *Demharter* S 256; *OLG Köln* 16 Wx 87/01, NZM 2001, 862, 863; *OLG Düsseldorf* 3 Wx 13/01, NZM 2002, 264). Die Wirksamkeit eines Entlastungsbeschlusses hängt nicht davon ab, dass der Verwalter die Wohnungseigentümer über mögliche Schadensersatzansprüche gegen sich belehrt hat (*BayObLG* 2Z BR 36/01, NZM 2001, 537). Die **Feststellungslast für die Erkennbarkeit** eines Anspruchs tragen die Wohnungseigentümer (*OLG Karlsruhe* 11 Wx 76/99, NZM 2000, 298).

3. Anfechtbarkeit des Entlastungsbeschlusses. Ein Eigentümerbeschluss, mit dem einem Verwalter Entlastung erteilt wird, **steht nicht grundsätzlich im Widerspruch zu einer ordnungsmäßigen Verwaltung**, denn die Wohnungseigentümer haben ein berechtigtes Interesse durch die Vertrauenskundgabe die Grundlage für eine weitere vertrauensvolle Zusammenarbeit in der Zukunft zu schaffen (*BGH* V ZB 11/03, NJW 2003, 3124 mwN; *BayObLG* 2Z BR 182/04, ZMR 2006, 137, 138; **aA** *AG Kerpen* 15 II 54/03, NZM 2004, 112). Ob das Interesse an der Entlastung des Verwalters mit der Aufwertung der Kontrollrechte der Wohnungseigentümer begründet werden kann (so *Rühlicke* ZWE 2003, 54, 63 und ZWE 2003, 373) erscheint zweifelhaft, denn es ist nicht belegt, dass die Entlastung den Verwalter tatsächlich dazu ansporn, die Wohnungseigentümer umfassender zu informieren Auch ein Eigentümerbeschluss, mit dem einem **ausgeschiedenen Verwalter** Entlastung erteilt wird, widerspricht nicht grundsätzlich einer ordnungsmäßigen Verwaltung (*BGH* V ZB 40/03, NJW 2003, 3554). Für den ausgeschiedenen Verwalter hat der Gesichtspunkt der Vertrauenskundgabe für die Zukunft allerdings keine Bedeutung. Die mit der Entlastung verbundene Vertrauenskundgabe beschränkt sich bei ihm auf die Billigung der zurückliegenden Amtsführung. Der *BGH* (wie vor) bejaht gleichwohl ein Interesse der Wohnungseigentümer an der Entlastung, weil dem neuen Verwalter signalisiert werde, auch ihm werde bei ordentlicher Amtsführung in gleicher Weise Vertrauen entgegengebracht werden. Hierdurch werde die Grundlage für eine vertrauensvolle Zusammenarbeit mit dem neuen Verwalter geschaffen. Es ist jedoch fraglich, ob die Vertrauenskundgabe gegenüber einem Konkurrenten Einfluss auf das Verhältnis des neuen Verwalters zu den Wohnungseigentümern haben kann. Im Ergebnis ist dem *BGH* aber zuzustimmen, weil die Entscheidung über die Entlastung die Wohnungseigentümer zwingt, sich Klarheit darüber zu verschaffen, ob sie die in der Vergangenheit geleistete Verwaltungstätigkeit billigen wollen oder ob sie Ansprüche gegen den Verwalter geltend machen wollen. Dies hat deshalb Bedeutung, weil erkennbare Schadensersatzansprüche gegen den Verwalter bereits nach 3 Jahren verjähren (§§ 195, 199 BGB).

Ein Eigentümerbeschluss, mit dem einem Verwalter Entlastung erteilt wird, **widerspricht ordnungsgemäßer Verwaltung**, wenn Ansprüche gegen den Verwalter erkennbar in Betracht kommen und nicht aus besonderen Gründen Anlass besteht, auf die hiernach möglichen Ansprüche zu verzichten (*BGH* V ZB 11/03, NJW 2003, 3124). Ausreichend ist eine objektive Pflichtverletzung des Verwalters. Ob möglicherweise das Verschulden fehlt, ist unerheblich (*OLG Frankfurt* 20 W 115/01, NZM 2003, 980 [Ls]). Unschlüssiger Sachvortrag zu vermeintlichen Schadensersatzansprüchen gegen

II WEG § 28 — Wirtschaftsplan, Rechnungslegung

den Verwalter steht der Entlastung nicht entgegen (*OLG Hamburg* 2 Wx 133/01, ZMR 2004, 452). Wird der Beschluss auf Anfechtung rechtskräftig für ungültig erklärt, entfällt die Entlastung gemäß §§ 48 Abs 1 S 2, Abs 3 auch gegenüber dem beigeladenen Verwalter. Ob tatsächlich ein Schadensersatzanspruch besteht, ist in dem Verfahren festzustellen, in dem der Schadensersatzanspruch geltend gemacht wird. Einen solchen Anspruch kann ein einzelner Wohnungseigentümer nicht ohne ermächtigenden Beschluss der Gemeinschaft geltend machen (*BayObLG* BReg 2 Z 49/91, WuM 1991, 443, 444).

214 Ein Schadensersatzanspruch kommt zum Beispiel in Betracht, wenn der Verwalter in der Jahresabrechnung nur den jeweiligen Endstand, nicht aber den Anfangsstand der Konten angegeben hat (*BayObLG* BReg 2 Z 26/86, WuM 1988, 101) oder wenn in der Jahresgesamtabrechnung nicht die im Abrechnungszeitraum tatsächlich gezahlten Wohngeldvorschüsse ausgewiesen sind (*BayObLG* BReg 1 b Z 14/88, NJW-RR 1989, 840, 841) oder wenn die Übersicht über die Konten der Wohnungseigentümergemeinschaft fehlt (*OLG Düsseldorf* I-3 Wx 261/04, ZMR 2005, 720, 721). Eine Verweigerung der Entlastung des Verwalters kann nicht mit der Begründung erfolgen, der Verwalter habe entgegen den Bestimmungen des Verwaltervertrages seine Geschäftsbesorgung an der Rechtsprechung orientiert. Überschreitet der Verwalter allerdings eigenmächtig den ihm vorgegebenen Verhandlungsspielraum, zB hinsichtlich der Höhe der dem Hauswart zu zahlenden Vergütung, so widerspricht dies den Grundsätzen ordnungsmäßiger Verwaltung und damit einer Entlastung des Verwalters (*OLG Düsseldorf* 3 Wx 182/91, WuM 1991, 619).

215 Hat der Verwalter aufgrund eines Ermächtigungsbeschlusses der Wohnungseigentümer und nach Empfehlung eines Sachverständigen Instandsetzungsarbeiten am gemeinschaftlichen Eigentum veranlasst und aus der Instandhaltungsrücklage bezahlt, kann der Entlastungsbeschluss nicht wegen etwaiger Regressansprüche gegen einen Sondereigentümer erfolgreich angefochten werden. (*OLG Düsseldorf* 3 Wx 149/96, WuM 1996, 793).

216 Ein Entlastungsbeschluss ist insgesamt für ungültig zu erklären, wenn eine unvollständige Gesamtabrechnung und fehlerhafte Einzelabrechnungen zur Beschlussfassung vorgelegt werden (*BayObLG* 2Z BR 129/93, WuM 1994, 568). Der Verwalter ist befugt, Rechtsmittel gegen eine Entscheidung einzulegen, die einen Beschluss über die Entlastung für ungültig erklärt (*KG* WE 1989, 134).

217 Wird der Beschluss der Eigentümerversammlung über die Entlastung für unwirksam erklärt, so berührt dies die Gültigkeit des Beschlusses über die Jahresabrechnung nicht (*BayObLG* BReg 2 Z 6/83, BayObLGZ 1983, 314, 319/320; *BayObLG* BReg 2 Z 26/86, WuM 1988, 101). Wird dagegen umgekehrt ein Beschluss über die Jahresabrechnung für ungültig erklärt, so ist im Regelfall davon auszugehen, dass insoweit auch die Voraussetzungen für einen gültigen Beschluss über die Entlastung fehlen (*BayObLG* BReg 1 b Z 14/88, NJW-RR 1989, 840, 841).

218 Auch der Beschluss über die **Entlastung von Wohnungseigentümern**, die durch Mehrheitsbeschluss mit der Überarbeitung von teilweise für ungültig erklärten Jahresabrechnungen betraut worden waren, überschreitet bei marginalen Differenzbeträgen nicht das Entschließungsermessen der Gemeinschaft und entspricht daher ordnungsgemäßer Verwaltung (*OLG Düsseldorf* 3 Wx 127/06, NZM 2007, 569).

4. Kein Anspruch auf Entlastung. Anspruch auf Entlastung hat der Verwalter nur, 219
wenn die Teilungserklärung, eine sonstige Vereinbarung oder der Verwaltervertrag
dies vorsieht (*OLG Düsseldorf* 3 Wx 581/94, ZMR 1996, 622 mwN; *OLG Düsseldorf*
3 Wx 393/98, WuM 1999, 481, 482; *BayObLG* 2Z BR 36/01, NZM 2001, 537 mwN;
AnwHdB/Köhler Teil 14 Rn 250; *Weitnauer/Gottschalg* § 28 Rn 32). Der Verwalter hat
aber Anspruch auf negative Feststellung, wenn sich die Wohnungseigentümer konkreter Ansprüche berühmen (*OLG Düsseldorf* 3 Wx 581/94, ZMR 1996, 622).

5. Kein Stimmrecht des Verwalters. Ein Verwalter, der gleichzeitig Wohnungseigen- 220
tümer ist, ist bei einem Beschluss, durch den ihm für eine Jahresabrechnung oder
Rechnungslegung Entlastung erteilt werden soll, nicht stimmberechtigt (*BayObLG*
BReg 2 Z 45/77, Rpfl 1979, 66; *OLG Karlsruhe* 14 Wx 41/06, ZMR 2008, 408). Dies
gilt auch, wenn er von den Beschränkungen des § 181 BGB befreit ist (*AG Frankfurt*
65 UR II 308/90 WEG, WuM 1991, 712). Er ist auch gehindert, in Vollmacht für
andere Wohnungseigentümer abzustimmen (*LG Frankfurt* 2/9 T 1014/87, NJW-RR
1988, 596; *OLG Köln* 16 Wx 165/06, ZMR 2007, 715). Die Ausübung des Stimmrechts
durch einen vom Verwalter bevollmächtigten Wohnungseigentümer ist eben falls ausgeschlossen (*AG Frankfurt* 65 UR II 308/90 WEG, WuM 1991, 712). Das für eine Verwalter-GmbH geltende Stimmverbot erstreckt sich auch auf ihren geschäftsführenden
Mehrheitsgesellschafter sowie auf die Gesellschaften, auf deren Willensbildung dieser
Geschäftsführer Einfluss nehmen kann (*OLG Karlsruhe* 14 Wx 41/06, ZMR 2008,
408). Der Verwalter, dem für die Abstimmung Vollmacht erteilt ist, kann aber grundsätzlich wirksam anderen Wohnungseigentümern Untervollmacht erteilen, sofern er
eine Weisung für das Abstimmungsverhalten unterlässt, denn der Unterbevollmächtigte vertritt nicht den Bevollmächtigten, sondern den Vollmachtgeber (*BayObLG* 2Z
BR 36/98, WuM 1999, 58 für den Abschluss des Verwaltervertrages).

§ 29 Verwaltungsbeirat

(1) ¹Die Wohnungseigentümer können durch Stimmenmehrheit die Bestellung eines Verwaltungsbeirats beschließen. ²Der Verwaltungsbeirat besteht aus einem Wohnungseigentümer als Vorsitzenden und zwei weiteren Wohnungseigentümern als Beisitzern.

(2) Der Verwaltungsbeirat unterstützt den Verwalter bei der Durchführung seiner Aufgaben.

(3) Der Wirtschaftsplan, die Abrechnung über den Wirtschaftsplan, Rechnungslegungen und Kostenanschläge sollen, bevor über sie die Wohnungseigentümerversammlung beschließt, vom Verwaltungsbeirat geprüft und mit dessen Stellungnahme versehen werden.

(4) Der Verwaltungsbeirat wird von dem Vorsitzenden nach Bedarf einberufen.

Übersicht

	Rn		Rn
I. Allgemeines	1	VI. Vergütung	26
II. Bestellung	2	VII. Haftung	27
III. Ende des Beiratsamts	7	VIII. Beiratssitzungen	34
IV. Zusammensetzung	10	IX. Streitigkeiten	35
V. Aufgaben	15		

Niedenführ

II WEG § 29   Verwaltungsbeirat

Literatur: *Abramenko* Die schuldrechtlichen Beziehungen zwischen Verwaltungsbeirat und Wohnungseigentümergemeinschaft nach Anerkennung ihrer Teilrechtsfähigkeit, ZWE 2006, 273; *Armbrüster* Bestellung der Mitglieder des Verwaltungsbeirats, ZWE 2001, 355; *ders* Beendigung der Mitgliedschaft im Verwaltungsbeirat, insbesondere Abberufung, ZWE 2001, 412; *ders* Willensbildung und Beschlussfassung im Verwaltungsbeirat, ZWE 2001, 463; *Bub* Verwalter und Verwaltungsbeirat im Überblick, ZWE 2002, 7; *ders* Die Blockabstimmung in der Aktionärs-Hauptversammlung und in der Wohnungseigentümerversammlung, FS Derleder, 2005, S 221; *Deckert* Der Verwaltungsbeirat, DWE 2005, 12; *Dippel/Wolicki* Auflösung oder Fortbestand des Verwaltungsbeirats bei Wegfall eines seiner Mitglieder, NZM 1999, 603; *Drasdo* Die Haftung der Wohnungseigentümer für Handlungen des Verwaltungsbeirats bei Schadensersatzansprüchen des Verwalters, ZWE 2001, 522; *ders* Der Bestellung des Verwaltungsbeiratsmitglieder, ZMR 2005, 596; *Gottschalg* Haftung des Verwaltungsbeirats, ZWE 2001, 185; *ders* Die Haftung der Wohnungseigentümer für den Verwaltungsbeirat, ZWE 2001, 360; *ders* Beiratstätigkeit in der Wohnungseigentümergemeinschaft, NZM 2003, 81; *Häublein* Haftungsbeschränkungen zugunsten der Mitglieder des Verwaltungsbeirats im Wohnungseigentumsrecht, ZfIR 2001, 939; *Häublein* Verwalter und Verwaltungsbeirat – einige aktuelle Probleme, ZMR 2003, 233; *Kümmel* Die Mitgliedschaft von Personenvereinigungen im Verwaltungsbeirat, NZM 2003, 303; *Maas* Der Verwaltungsbeirat als Organ der Gemeinschaft der Wohnungseigentümer, 2000; *Schmidt* Outsourcing im WEG ? Zum Problem von Nichteigentümern im Verwaltungsbeirat, ZWE 2004, 18.

I. Allgemeines

1   Während der Verwalter gemäß § 20 Abs 2 ein notwendiges Organ der Wohnungseigentümergemeinschaft ist, steht es den Wohnungseigentümern frei, ob sie gemäß den §§ 20 Abs 1, 29 Abs 1 S 1 durch Mehrheitsbeschluss einen Verwaltungsbeirat bestellen. Der Verwaltungsbeirat ist ebenso wie der Verwalter zwar Verwaltungsorgan, aber nicht Organ iSd § 31 BGB. § 29 ist insgesamt abänderbar. Wenn die Gemeinschaftsordnung nicht ausnahmsweise eine Mehrheitsentscheidung eröffnet, ist ein das Gesetz änderner Mehrheitsbeschluss jedoch nichtig, denn eine Änderung des Gesetzes ist nur durch Vereinbarung möglich (BGHZ 145, 158, 167). Die Bestellung eines Verwaltungsbeirates kann durch Vereinbarung ausgeschlossen werden. Die Streichung der Vorschriften über den Verwaltungsbeirat im Vordruck einer Teilungserklärung hat aber nicht die Bedeutung eines derartigen Ausschlusses (*OLG Köln* Rpfl 1972, 261). Die Wahl eines Verwaltungsbeirats kann nicht gemäß den §§ 21 Abs 4, 43 Nr 1 erzwungen werden (*Bub* ZWE 2002, 7, 11; **aA** *Merle* in Bärmann, § 29 Rn 8). Zusätzlich oder anstelle eines Verwaltungsbeirates können die Wohnungseigentümer auch andere Kontrollorgane schaffen, zB einen Kassen- oder Rechnungsprüfer (ebenso *BayObLG* WuM 1994, 45 = NJW- RR 1994, 338).

II. Bestellung

2   Der Verwaltungsbeirat wird durch Mehrheitsbeschluss der Wohnungseigentümer bestellt. Maßgebend ist die einfache Mehrheit der anwesenden Stimmberechtigten (*Armbrüster* ZWE 2001, 355, 357 f). Stimmberechtigt sind sowohl der zu Bestellende als auch ein Verwalter, der zugleich Wohnungseigentümer ist (*Armbrüster* ZWE 2001, 355, 359). Bestimmt die Gemeinschaftsordnung, dass für die Bestellung des Verwaltungsbeirats ein Beschluss aller Wohnungseigentümer erforderlich ist, so diese Regelung auch bei einer größeren Wohnungseigentümergemeinschaften nicht nichtig (*BayObLG* 2 Z BR 11/04, NZM 2004, 587). Die jahrelange Praxis der Bestellung durch

Mehrheitsbeschluss ändert diese Vereinbarung nur ab, wenn den Wohnungseigentümern die Regelung der Gemeinschaftsordnung bekannt ist (*BayObLG* wie vor).

Ein Beschluss über Bestellung eines Verwaltungsbeirats ist für ungültig zu erklären, 3
wenn er den Grundsätzen ordnungsmäßiger Verwaltung widerspricht, weil schwerwiegende Umstände bekannt sind, die gegen die Person des Gewählten sprechen (*KG* 24 W 3/02, ZMR 2004, 458/459). Ein wichtiger Grund gegen die Bestellung eines Wohnungseigentümers zum Mitglied des Verwaltungsbeirats liegt vor, wenn ein Vertrauensverhältnis von vorneherein nicht zu erwarten ist oder die Zusammenarbeit mit dem Bestellten unzumutbar erscheint (*OLG Frankfurt* NZM 2001, 627). Die Wohnungseigentümer haben jedoch einen weiten Ermessensspielraum und sind nicht gezwungen, eine Entscheidung zu treffen, die ein außenstehender Dritter als die beste und ausgewogenste Entscheidung ansehen würde. An die Eignung eines Mitglieds des Verwaltungsbeirats können nämlich nicht die gleichen Anforderungen gestellt werden, wie an die Eignung eines Verwalters (*OLG Köln* NZM 1999, 1155; *OLG Frankfurt* NZM 2001, 627). Nicht ohne weiteres gegen die Eignung als Mitglied des Verwaltungsbeirats sprechen deshalb dauernder Streit mit einem anderen Wohnungseigentümer (*OLG Köln* NZM 1999, 1155) oder die Tatsache, dass der Wohnungseigentümer als Rechtsanwalt die Gemeinschaft und den Verwalter in Beschlussanfechtungsverfahren oder einzelne Wohnungseigentümer in Verfahren gegen einen anderen Wohnungseigentümer vertreten hat (*OLG Frankfurt* NZM 2001, 627). Ebenfalls nicht ausreichend ist das Misstrauen der überstimmten Minderheit, die Verfolgung eigener Interessen oder der Interessen einer Mehrheitsgruppe (*KG* 24 W 3/02, ZMR 2004, 458/459). Allein die Absicht eines Wohnungseigentümers, seine Wohnung zu verkaufen, steht seiner Bestellung zum Mitglied des Verwaltungsbeirats nicht entgegen (*BayObLG* NZM 2001, 990 [Ls]). Die Bestellung eines Wohnungseigentümers zum Verwaltungsbeirat, in dessen Person die Entziehungsvoraussetzungen des § 18 Abs 2 Nr 2 vorliegen, widerspricht ordnungsgemäßer Verwaltung (**aA** *LG Baden-Baden* 3 T 87/07, ZMR 2009, 473 m abl Anm *Abramenko*).

Die **Wahl** von drei Wohnungseigentümern zu Mitgliedern eines Verwaltungsbeirats 4
bedeutet zugleich die Bestellung dieses Verwaltungsorgans. Ein gesonderter Beschluss ist entbehrlich (*BayObLG* NZM 1999, 857). Nach allgemeinen demokratischen Grundsätzen ist eine Bestellung des Verwaltungsbeirats durch **Blockwahl** grundsätzlich nur zulässig, wenn dies in der Gemeinschaftsordnung vorgesehen ist (*Drasdo* ZMR 2005, 596, 597; **aA** *LG Schweinfurt* WuM 1997, 641 m abl Anm *Drasdo*). Eine Bestellung en bloc ist aber immer dann zulässig, wenn kein einziger Wohnungseigentümer vor der Stimmabgabe eine Einzelabstimmung verlangt (*KG* 24 W 194/02, NZM 2005, 107; *OLG Hamburg* 2 Wx 4/04, ZMR 2005, 395, 396; *Armbrüster* ZWE 2001, 35, 358).

Die Wohnungseigentümer können (und sollten) gleichzeitig mit der Bestellung durch 5
Mehrheitsbeschluss weitere Einzelheiten festlegen, insbesondere Dauer der Amtszeit, Nachrücken von Ersatzmitgliedern, Vergütung oder Aufwendungsersatz, Geschäftsordnung des Verwaltungsbeirates, Vorsitzender. Werden keine Bestimmungen getroffen, so können die Verwaltungsbeiräte sich selbst eine Geschäftsordnung geben und ihren Vorsitzenden wählen. Zu einem Muster für Statut des Verwaltungsbeirats siehe *Armbrüster* ZWE 2001, 463, 465.

6 Die Organstellung des Beiratsmitglieds wird ebenso wie beim Verwalter durch den Bestellungsbeschluss und die Annahme der Bestellung begründet. Von der Organstellung zu trennen ist die schuldrechtliche Beziehung zwischen Beiratsmitglied und Wohnungseigentümern, bei der es sich regelmäßig um ein Auftragsverhältnis handelt.

III. Ende des Beiratsamts

7 Die Abberufung eines Mitglieds des Verwaltungsbeirats ist grundsätzlich jederzeit, auch vor Ablauf der Amtszeit, möglich (*OLG Hamm* NZM 1999, 227, 229 mwN; *Armbrüster* ZWE 2001, 412, 413). Eine Höchstdauer der Bestellungszeit sieht das Gesetz für den Verwaltungsbeirat nicht vor. Die Bestellung eines neuen Verwaltungsbeirats (Neuwahl) enthält in der Regel schlüssig die Abberufung des früheren Verwaltungsbeirats (*OLG München* 34 Wx 69/07, ZMR 2007, 996). Durch Vereinbarung kann das Recht zur vorzeitigen Abberufung des Verwaltungsbeirats auf das Vorliegen eines wichtigen Grundes beschränkt werden (*OLG Hamm* NZM 1999, 227, 228). Auch ohne eine solche Beschränkung widerspricht die vorzeitige Abberufung ohne wichtigen Grund ordnungsgemäßer Verwaltung, wenn das Beiratsmitglied eine Vergütung erhält, die weitergezahlt werden muss (*Armbrüster* ZWE 2001, 412, 413). Ein Antrag auf gerichtliche Abberufung der Mitglieder des Verwaltungsbeirats ist ohne vorherige Anrufung der Wohnungseigentümerversammlung zulässig, wenn feststeht, dass dort ein entsprechender Antrag abgelehnt werden würde (*OLG München* 32 Wx 115/06, NZM 2007, 132). Ist ein Verwaltungsbeirat auf unbefristete Zeit eingesetzt, kann der Verwalter über den Antrag eines Wohnungseigentümers auf Neubestellung des Verwaltungsbeirats zunächst eine Abstimmung darüber herbeiführen, ob überhaupt der Beirat neu bestellt werden soll, und vom Ausgang dieser Abstimmung die Neuwahl abhängig machen (*OLG München* 34 Wx 69/07, ZMR 2007, 996). Wird die Neubestellung abgelehnt, so ist der Antrag, diesen Negativbeschluss für ungültig zu erklären, jedenfalls dann zulässig, wenn der Kläger gleichzeitig in Form eines Verpflichtungsantrags die Vornahme der abgelehnten Handlung begehrt (*OLG München* wie vor).

8 Die Mitgliedschaft im Verwaltungsbeirat endet auch, wenn das Beiratsmitglied der Gemeinschaft gegenüber erklärt, dass es sein Amt niederlegt, was jederzeit möglich ist (*Armbrüster* ZWE 2001, 412, 413 mwN).

9 Nach Beendigung des Amtes hat der Verwaltungsbeirat gemäß § 667 BGB alle Unterlagen, welche die Wohnungseigentümergemeinschaft betreffen im Original herauszugeben (*OLG Hamm* ZMR 1997, 433).

IV. Zusammensetzung

10 Soweit nichts anderes vereinbart ist, besteht der Verwaltungsbeirat gemäß § 29 Abs 1 S 2 aus **drei Wohnungseigentümern**, von denen einer Vorsitzender und die anderen Beisitzer sind. Die Zahl der Beiratsmitglieder und die Zusammensetzung des Verwaltungsbeirats kann durch Vereinbarung abweichend von § 29 Abs 1 S 2 bestimmt werden (*OLG Düsseldorf* ZMR 1991 32 = NJW-RR 1991, 594). Auch ein Außenstehender, der nicht Wohnungseigentümer ist, kann nur dann zum Mitglied des Verwaltungsbeirates bestellt werden, wenn dies die Teilungserklärung oder eine Vereinbarung gemäß § 10 Abs 2 S 2 gestattet (*KG* NJW-RR 1989, 460; *BayObLG* WuM 1991, 714 unter Aufgabe von BayObLGZ 1972, 161; *LG Karlsruhe* 11 S 22/09, ZMR 2009, 550;

aA *AG Karlsruhe-Durlach* 4 C 28/08, ZMR 2009, 410 m abl Anm *Elzer*; Schmidt ZWE 2004, 18, 29: Nichtigkeit selbst einer Vereinbarung).

Verwaltungsbeirat kann nur eine **natürliche Person** sein (*Staudinger/Bub* § 29 Rn 83; *Armbrüster* ZWE 2001, 355, 356; Schmidt ZWE 2004, 18, 26; aA *Kümmel* NZM 2003, 303; *Häublein* ZMR 2003, 231, 238). Dies folgt daraus, dass der Verwaltungsbeirat der eigenverantwortlichen Selbstverwaltung dient und daher das persönliche Engagement des Wohnungseigentümers im Vordergrund steht (*Schmidt* ZWE 2004, 18, 27). Ist eine juristische Person oder eine Personenhandelsgesellschaft Wohnungseigentümer, so kann weder ein Mitglied des Vertretungsorgans noch ein Gesellschafter zum Verwaltungsbeirat bestellt werden, sofern diese Person nicht auch selbst Wohnungseigentümer ist (*Armbrüster* ZWE 2001, 355, 356; *Bub* ZWE 2002, 7, 10; *Kümmel* NZM 2003, 301; *Häublein* ZMR 2003, 231, 238; aA *Merle* in Bärmann, § 29 Rn 12; *Schmidt* ZWE 2004, 18, 26; *Baumgart* in Abramenko, Handbuch, § 7 Rn 189). 11

Ein **Mehrheitsbeschluss**, der mit Bindungswirkung für die Wohnungseigentümer untereinander die Zusammensetzung des Verwaltungsbeirats generell abweichend vom Gesetz festlegen will, ist nichtig. Dagegen ist ein Beschluss, der einen konkreten Verwaltungsbeirat bestellt, dessen Zusammensetzung vom Gesetz abweicht, nur anfechtbar (*BayObLG* NZM 2002, 529, 530; *BayObLG* ZMR 2003, 760, 761; *AG Hannover* 483 C 9800/07, ZMR 2009, 150; *Wenzel* ZWE 2001, 226, 233; im Ergebnis ebenso *Armbrüster* ZWE 2001, 355; aA *Elzer* ZMR 2009, 412). 12

Scheidet ein Wohnungseigentümer, der zum Verwaltungsbeirat bestellt ist, aus der Eigentümergemeinschaft aus, so scheidet er gleichzeitig aus dem Verwaltungsbeirat aus (*BayObLG* ZMR 1993, 127, 129). Wird er später erneut Wohnungseigentümer, so wird er nicht automatisch, sondern nur durch eine Bestellung wieder Verwaltungsbeirat (*BayObLG* ZMR 1993, 127, 129). Der Verwalter kann nicht gleichzeitig Mitglied des Verwaltungsbeirates sein (*OLG Zweibrücken* OLGZ 1983, 438). Ihm steht grundsätzlich auch kein Recht auf Teilnahme an den Sitzungen des Verwaltungsbeirates zu. Ist der Verwalter zugleich Wohnungseigentümer, ist er bei der Bestellung der Beiratsmitglieder stimmberechtigt (*Armbrüster* ZWE 2001, 355, 359). 13

Fällt ein Mitglied des Verwaltungsbeirats durch Amtsniederlegung, Tod oder Ausscheiden aus der Wohnungseigentümergemeinschaft weg, so besteht der Verwaltungsbeirat bis zur Bestellung eines Ersatzmitglieds aus den restlichen noch verbleibenden Mitgliedern (*Dippel/Wolicki* NZM 1999, 603; *Armbrüster* ZWE 2001, 355, 356; aA *Drasdo* Verwaltungsbeirat, S 39). 14

V. Aufgaben

Gemäß § 29 Abs 2 hat der Verwaltungsbeirat den Verwalter bei der Durchführung seiner Aufgaben zu unterstützen. Er kann insbesondere den Verwalter beraten und zwischen ihm und den Wohnungseigentümern vermitteln, zB wenn es um Fragen der Hausordnung geht. Der Verwaltungsbeirat hat ferner das Recht – nicht aber die Pflicht (BayObLGZ 1972, 161) – die Verwaltungstätigkeit zu überwachen und jederzeit darüber Auskünfte zu verlangen. 15

Gemäß § 29 Abs 3 soll der Verwaltungsbeirat insbesondere den Wirtschaftsplan, die Jahresabrechnung, Rechnungslegungen und Kostenvoranschläge prüfen und mit einer Stellungnahme versehen, bevor die Wohnungseigentümerversammlung darüber be- 16 schließt. Hierzu gehört zunächst eine **rechnerische Schlüssigkeitsprüfung**, die den Saldo zwischen Einnahmen und Ausgaben mit dem Saldo der Kontenstände vom Jahresanfang und Jahresende vergleicht, und zwar sowohl bezüglich der laufenden Verwaltung, als auch im Hinblick auf die Instandhaltungsrücklage. Erforderlich ist ferner eine Überprüfung der sachlichen Richtigkeit der einzelnen Abrechnungspositionen, wozu zumindest eine Überprüfung der Belege durch Stichproben gehört. Der Verzicht auf die Kontrolle der Kontenbelege ist eine grob fahrlässige Pflichtverletzung (*OLG Düsseldorf* WuM 1998, 50, 54 = NZM 1998, 36 = WE 1998, 265). Schließlich ist zu überprüfen, ob die richtigen Kostenverteilungsschlüssel angewandt wurden.

17 Weder der einzelne Wohnungseigentümer, noch die Wohnungseigentümergemeinschaft hat gegen die Mitglieder des Verwaltungsbeirats einen gerichtlich durchsetzbaren Anspruch darauf, dass der Verwaltungsbeirat einen **Prüfbericht** erstellt. Es kommt in einem solchen Fall neben Schadensersatzansprüchen nur ein Anspruch des einzelnen Wohnungseigentümers auf eine Neubestellung in Betracht (*KG* ZMR 1997, 544). Da eine Prüfung durch den Verwaltungsbeirat nicht erzwungen werden kann, kann der Beschluss über eine Jahresabrechnung auch nicht allein wegen einer fehlenden Prüfung durch den Beirat für ungültig erklärt werden (*BayObLG* 2Z BR 185/03, NZM 2004, 261, 262; *KG* NZM 2003, 901, 902).

18 Gemäß § 24 Abs 3 ist der Vorsitzende des Verwaltungsbeirats oder sein Stellvertreter befugt, eine **Eigentümerversammlung** einzuberufen, wenn ein Verwalter fehlt oder wenn der Verwalter sich pflichtwidrig weigert, eine Wohnungseigentümerversammlung einzuberufen.

19 Gemäß § 24 Abs 6 S 2 hat der Vorsitzende des Verwaltungsbeirats oder sein Stellvertreter die **Niederschrift** über die Eigentümerversammlung zu unterschreiben.

20 **Weitere Aufgaben** können dem Verwaltungsbeirat mit dessen Einverständnis durch Beschluss übertragen werden. Die dem Verwalter gemäß § 27 Abs 1–3 zustehenden Befugnisse dürfen dadurch aber nicht eingeschränkt werden (§ 27 Abs 4).

21 Im einzelnen kann der Verwaltungsbeirat mit der **Überwachung** der laufenden Tätigkeit des Verwalters betraut werden (BayObLGZ 1972, 161); mit der Nachprüfung von Beschwerden einzelner Wohnungseigentümer gegen Verwaltermaßnahmen; mit der Abnahme des gemeinschaftlichen Eigentums und der Geltendmachung von Gewährleistungsansprüchen (*OLG Frankfurt* NJW 1975, 2297).

22 Mit der Auswahl und der **Bestellung des Verwalters** kann der Verwaltungsbeirat nicht beauftragt werden (*LG Lübeck* DWE 1986, 64). Die Kündigung des Verwaltervertrages ist nur wirksam, wenn der Verwaltungsbeirat aufgrund eines entsprechenden Mehrheitsbeschlusses handelte (BayObLGZ 1965, 34, 41). Zum Aushandeln und Abschluss des Verwaltervertrages siehe § 26 Rn 38.

23 Einem einzelnen Wohnungseigentümer gegenüber ist der Verwaltungsbeirat, ebenso wie der Verwalter, grundsätzlich nur im Rahmen der Wohnungseigentümerversammlung zur **Auskunft** verpflichtet, soweit nicht im Einzelfall aus besonderen Gründen ein individueller Auskunftsanspruch nach Treu und Glauben zu bejahen ist (BayObLGZ 1972, 161). Auch der Individualanspruch kann nach Ansicht des *BayObLG* (WuM 1995, 66) gerichtlich nur geltend gemacht werden, wenn er zuvor in einer Eigentümerversammlung erörtert wurde.

Der Verwaltungsbeirat hat nicht das Recht, Beschlüsse der Wohnungseigentümer aufzuheben oder zu ändern (*BayObLG* Rpfl 1980, 23). 24

Ist nach einem Beschluss der Wohnungseigentümer die **Zustimmung** des Verwaltungsbeirats für eine bestimmte Maßnahme des Verwalters erforderlich, genügt es nicht, dass der Vorsitzende des Verwaltungsbeirats diese Zustimmung erteilt. Hat eine Willensbildung des Verwaltungsbeirats stattgefunden, darf der Vorsitzende aber deren Ergebnis übermitteln (*BayObLG* NZM 2002, 529, 530). 25

VI. Vergütung

Anspruch auf eine Vergütung hat ein Verwaltungsbeiratsmitglied nur, wenn ein entsprechender Beschluss der Wohnungseigentümer gefasst wurde. Auch ohne Beschluss kann das Mitglied des Verwaltungsbeirates aber gemäß § 670 BGB Ersatz seiner Aufwendungen (Telefon-, Porto-, Fahrtkosten) verlangen. Die Wohnungseigentümer können durch Mehrheitsbeschluss den Aufwendungsersatz des Verwaltungsbeirats für das Kalenderjahr durch eine angemessene Auslagenpauschale abgelten (*OLG Schleswig* 2 W 124/03, NZM 2005, 588, 589 mwN; *Wenzel* ZWE 2001, 226, 237). Zum Aufwendungsersatz bei Teilnahme an einem Fachseminar vgl *BayObLG* DWE 1983, 123. 26

VII. Haftung

Der Verwaltungsbeirat haftet nach Auftragsrecht, wenn er unentgeltlich tätig wird, und nach Dienstvertragsrecht, wenn ihm eine Vergütung und nicht nur Aufwendungsersatz gezahlt wird. **Vertragspartner** des Verwaltungsbeirats ist die Wohnungseigentümergemeinschaft als Verband (*Abramenko* ZWE 2006, 273, 276). Auftragnehmer sind die einzelnen Mitglieder des Verwaltungsbeirats, da das Gremium Verwaltungsbeirat keine eigene Rechtspersönlichkeit besitzt. Die einzelnen Mitglieder des Verwaltungsbeirats haften gemäß § 421 S 1 BGB als Gesamtschuldner. Dies gilt sowohl für die gesetzlichen Pflichten der Mitglieder des Verwaltungsbeirats als auch für Pflichten aus zusätzlich übernommenen Aufträgen (*OLG Düsseldorf* WuM 1998, 50, 52 = NZM 1998, 36). Ist die Gemeinschaft der Wohnungseigentümer aufgrund einer Willensbildung, die ordnungsgemäßer Verwaltung widerspricht, für die Entstehung eines Schadens mitverantwortlich, so kann der Verwaltungsbeirat einem vertraglichen Schadensersatzanspruch des teilrechtsfähigen Verbands ein **Mitverschulden** entgegenhalten (aA *Abramenko* ZWE 2007, 273, 276/277), denn es gibt nur eine einzige Wohnungseigentümergemeinschaft, die als teilrechtsfähiger Verband nach außen auftreten kann und im Innenverhältnis eine nicht rechtsfähige Gemeinschaft der Wohnungseigentümer ist (vgl *Armbrüster* ZWE 2006, 470, 472; *Wenzel* NZM 2006, 321, 322). 27

Ein Beschluss über die **Entlastung** eines Verwaltungsbeirats entspricht ebenso wie der Beschluss über die Entlastung des Verwalters ordnungsmäßiger Verwaltung, wenn der Verwaltungsbeirat objektiv keine Pflichtverletzung begangen hat, also seine Pflichten voll erfüllt hat. Erscheint ein Ersatzanspruch möglich, widerspricht die Entlastung ordnungsmäßiger Verwaltung (*BayObLG* 2Z BR 182/04, ZMR 2006, 137, 138; *OLG München* 32 Wx 87/08, ZMR 2008, 905). Ob tatsächlich ein Schadensersatzanspruch besteht, ist in dem Verfahren festzustellen, in dem der Schadensersatzanspruch geltend gemacht wird. Einen solchen Anspruch kann ein einzelner Wohnungseigentümer nicht ohne ermächtigenden Beschluss der Gemeinschaft geltend machen (*BayObLG* WuM 1991, 443, 444 = NJW-RR 1991, 1360). Wurde dem Verwalter im Zusammen- 28 hang mit der Aufstellung der Jahresabrechnung die Entlastung verweigert, bewirkt dies in der Regel im Hinblick auf § 29 Abs 3, dass auch dem Verwaltungsbeirat die Entlastung zu versagen ist (*OLG Hamburg* ZMR 2003, 772, 773).

29 Die Wohnungseigentümer haften für Pflichtverletzungen des Verwaltungsbeirates nicht nach § 31 BGB, denn dieser ist zwar Verwaltungsorgan, aber nicht Organ iSd § 31 BGB. Sie haben für Pflichtverletzungen nur nach den §§ 823, 831 BGB einzustehen. Hat ein Mitglied des Verwaltungsbeirats die fristlose Kündigung des Verwalter ausgelöst, begründet die unterlassene Abberufung dieses Beiratsmitglieds keine Schadensersatzansprüche des Verwalters gegen alle Wohnungseigentümer, weil einzelnen Wohnungseigentümer nicht zugerechnet werden kann, dass ein Abberufungsbeschluss nicht zustande kommt (*BayObLG* NZM 2000, 48, 50 = ZWE 2000, 72; **aA** *Drasdo* ZWE 2001, 522, 526). Ein Schadensersatzanspruch des Verwalters aus § 628 Abs 2 BGB kommt nur gegen den oder diejenigen Wohnungseigentümer in Betracht, die durch ihr Vertragswidriges Verhalten (zB Formalbeleidigungen) seine fristlose Kündigung ausgelöst haben (*BayObLG* NZM 2000, 48, 50 = ZWE 2000, 72).

30 Der Verzicht des Verwaltungsbeirats auf die Kontrolle der Kontenbelege ist eine grob fahrlässige Verletzung der gesetzlichen Pflichten aus § 29 Abs 3 (*OLG Düsseldorf* WuM 1998, 50, 54 = NZM 1998, 36 = WE 1998, 265).

31 Es ist eine grob fahrlässige Verletzung des vom Verwaltungsbeirat übernommenen Auftrags, den ausgehandelten Verwaltervertrag abzuschließen, wenn dem Verwalter entgegen der ausdrücklichen Weisung der Eigentümerversammlung die uneingeschränkte Verfügungsmacht über ein Rücklagenkonto von erheblicher Höhe eingeräumt wird (*OLG Düsseldorf* WuM 1998, 50, 53 = NZM 1998, 36 = WE 1998, 265).

32 Eine **Haftungsbeschränkung** durch Vereinbarung ist möglich. Die Haftung des Beiratsmitglieds kann durch Vereinbarung auf Vorsatz und grobe Fahrlässigkeit beschränkt werden (*Gottschalg* ZWE 2001, 185, 188). Ein Mehrheitsbeschluss, der mit Bindungswirkung für die Wohnungseigentümer untereinander die Haftung des Verwaltungsbeirats abweichend vom Gesetz festlegen will, ist nichtig. Dagegen ist ein Beschluss, der die Haftung der bestellten Beiratsmitglieder beschränkt, nur anfechtbar (*Wenzel* ZWE 2001, 226, 233 und 236).

33 Es entspricht ordnungsgemäßer Verwaltung, den Abschluss einer **Vermögensschadenshaftpflichtversicherung** für den Verwaltungsbeirat auf Kosten der Wohnungseigentümergemeinschaft zu beschließen (*KG* 24 W 203/02, NZM 2004, 743).

VIII. Beiratssitzungen

34 Gemäß § 29 Abs 4 werden die Sitzungen des Verwaltungsbeirates von dem Vorsitzenden nach Bedarf einberufen. Soweit keine Einigung über eine abweichende Handhabung erfolgt ist, gelten für die Einberufung der Beiratssitzungen die Formalien für die Einberufung einer Eigentümerversammlung entsprechend. Soweit keine Geschäftsordnung besteht, die Abweichendes vorsieht, ist der Verwaltungsbeirat beschlussfähig, wenn mehr als die Hälfte seiner Mitglieder anwesend sind. Beschlüsse werden mit einfacher Mehrheit der anwesenden Beiratsmitglieder gefasst, wobei jedes Mitglied eine Stimme hat. Die Beschlüsse sind schriftlich niederzulegen und von den Sitzungsteilnehmern zu unterschreiben.

IX. Streitigkeiten

Über Streitigkeiten zwischen den Wohnungseigentümern und dem Verwaltungsbeirat entscheidet das nach § 43 Nr 1 zuständige Amtsgericht und zwar analog § 43 Nr 1 auch dann, wenn ein Außenstehender Mitglied des Verwaltungsbeirats ist (BayObLGZ 1972, 161). 35

4. Abschnitt
Wohnungserbbaurecht

§ 30 [Wohnungserbbaurecht]

(1) Steht ein Erbbaurecht mehreren gemeinschaftlich nach Bruchteilen zu, so können die Anteile in der Weise beschränkt werden, dass jedem der Mitberechtigten das Sondereigentum an einer bestimmten Wohnung oder an nicht zu Wohnzwecken dienenden bestimmten Räumen in einem auf Grund des Erbbaurechts errichteten oder zu errichtenden Gebäude eingeräumt wird (Wohnungserbbaurecht, Teilerbbaurecht).

(2) Ein Erbbauberechtigter kann das Erbbaurecht in entsprechender Anwendung des § 8 teilen.

(3) ¹Für jeden Anteil wird von Amts wegen ein besonderes Erbbaugrundbuchblatt angelegt (Wohnungserbbaugrundbuch, Teilerbbaugrundbuch). ²Im Übrigen gelten für das Wohnungserbbaurecht (Teilerbbaurecht) die Vorschriften über das Wohnungseigentum (Teileigentum) entsprechend.

Übersicht

	Rn		Rn
I. Allgemeines	1	1. Besondere Grundbuchblätter	24
II. Das aufgeteilte Erbbaurecht	5	2. Eintragungen im Grundbuch	27
III. Begründung des Wohnungserbbaurechts (Abs 1, 2)	10	V. Entsprechende Anwendung der Wohnungseigentumsvorschriften (Abs 3 S 2)	33
1. Allgemeines	10		
2. Vertragliche Teilungserklärung (Abs 1)	11	1. Fortgeltung des vereinbarten Inhalts des Erbbaurechts	34
3. Einseitige Teilungserklärung (Abs 2)	19	2. Besonderheiten aus der Natur des Erbbaurechts	44
IV. Grundbuchmäßige Behandlung (Abs 3 S 1)	24		

Literatur: *Rethmeier* Rechtsfragen des Wohnungseigentumsrechts, MittRhNotK 1993, 145; *Schneider* Das neue WEG – Handlungsbedarf für Erbbaurechtsherausgeber, ZfIR 2007, 168.

I. Allgemeines

Nach § 30 kann an Räumen in **Gebäuden, die aufgrund eines Erbbaurechts** errichtet sind oder errichtet werden sollen, Sondereigentum der Erbbauberechtigten begründet werden. Wird Sondereigentum an einer Wohnung eingeräumt, entsteht ein Wohnungserbbaurecht, wird es nicht zu Wohnzwecken dienenden Räumen eingeräumt, entsteht ein Teilerbbaurecht. Dies entspricht § 1 Abs 1; daher gelten im Folgenden gemäß Abs 3 S 2 in Verbindung mit § 1 Abs 6 für das Teilerbbaurecht die Ausführun- 1 gen über das Wohnungserbbaurecht entsprechend. Ist Gegenstand des Erbbaurechts ein Bauwerk, das kein Gebäude ist, so kann hieran kein Sondereigentum begründet werden (*BGH* V ZR 213/90, NJW 1992, 1681). Haben die Erbbauberechtigten an dem Gebäude kein Eigentum, wie das bei vor dem 22.1.1919 bestellten Erbbaurechten der Fall ist (*RGRK-Augustin* § 30 Rn 9), kann Sondereigentum für sie ebenfalls nicht begründet werden.

2   Durch § 30 werden die **Vorschriften** über die Umwandlung des Miteigentums an einem Grundstück nach Bruchteilen in Wohnungs- oder Teileigentum und für die Wohnungs- oder Teileigentümergemeinschaft (§§ 1–29) auf die Umwandlung der Mitberechtigung an einem Erbbaurecht nach Bruchteilen in Wohnungs- oder Teilerbbaurechte und auf die Wohnungs- oder Teilerbbaurechtsgemeinschaft **ausgedehnt**, womit das Rechtsverhältnis der Wohnungserbbauberechtigten untereinander geregelt wird.

3   Hiervon zu unterscheiden ist ein anderes, diesen Bereich überlagerndes Rechtsverhältnis, nämlich das **Verhältnis zwischen Wohnungserbbauberechtigten und Grundstückseigentümer**, welches sich nach den für das ErbbauR geltenden Regelungen bestimmt.

4   Die **Bedeutung** des Wohnungserbbaurechts für die Praxis liegt insbesondere darin, dass weiteren Bevölkerungskreisen der Erwerb von rechtlich selbständigen und verkehrsfähigen kleineren Wohneinheiten zu einem günstigen Preis ermöglicht wird, da Grund und Boden nicht finanziert werden müssen. Das Teilerbbaurecht eignet sich demgegenüber für die Errichtung gewerblicher Anlagen. Der bisherige Grundstückseigentümer bleibt dabei Eigentümer seines Grund und Bodens, was insbesondere für öffentlich-rechtliche Körperschaften und Kommunen oder auch Kirchen von Bedeutung ist.

II. Das aufgeteilte Erbbaurecht

5   Voraussetzung für die Begründung von Wohnungserbbaurecht ist das **Bestehen eines Erbbaurechts**. Es sind zwei Arten von Erbbaurecht zu unterscheiden: zum einen die vor dem 22. Januar 1919 begründeten Erbbaurechte, die sich nach §§ 1012–1017 BGB richten (vgl § 38 ErbbauVO), zum anderen die Erbbaurechte neuer Art, die durch die Verordnung über das Erbbaurecht vom 15.1.1919 (RGBl S 72) geregelt werden. Im Folgenden wird nur noch das Erbbaurecht neuerer Art behandelt, da bei Erbbaurechten älterer Art Sondereigentum nicht begründet werden kann (vgl Rn 1).

6   Das Erbbaurecht begründet für den Berechtigten das veräußerliche und vererbliche **Recht, auf oder unter der Oberfläche eines Grundstücks ein Bauwerk zu haben** (§ 1 Abs 1 ErbbauVO). Es kann aber auf einen für das Bauwerk nicht erforderlichen Teil des Grundstücks erstreckt werden, sofern das Bauwerk wirtschaftlich die Hauptsache bleibt (§ 1 Abs 2 ErbbauVO). Die Wohnungserbbaurechte beziehen sich also – anders als beim Wohnungseigentum (vgl § 1 Abs 4) – nicht zwingend auf die gesamte Grundstücksfläche.

7   Erbbaurechte sind **grundstücksgleiche Rechte**. Denn die sich auf Grundstücke beziehenden Vorschriften gelten grundsätzlich auch für Erbbaurechte. § 11 Abs 1 ErbbauVO schränkt diesen Grundsatz insoweit ein, als die Anwendung der §§ 925 (Auflassung), 927 (Aufgebotsverfahren) und 928 (Aufgabe des Eigentums) BGB ausgeschlossen ist. So erfolgt die Bestellung des Erbbaurechts durch Einigung und Eintragung im Grundbuch

(§ 873 BGB), wobei dieses nicht durch eine auflösende Bedingung (§ 1 Abs 4 S 1 ErbbauVO), wohl aber durch eine aufschiebende Bedingung oder Befristung – „auf Zeit" (zB 99 Jahre) – beschränkt werden kann. Eine Bestellung auf unbestimmte Zeit oder auf Lebenszeit des Erbbauberechtigten ist hingegen nichtig (*BGH* V ZR 122/66, Z 52, 269). Das Erbbaurecht kann dabei nur zur ausschließlich ersten Rangstelle bestellt werden (§ 10 Abs 1 ErbbauVO). Im Übrigen kann es wie ein Grundstück belastet werden.

Das Erbbaurecht führt zu einer **Trennung des Eigentums am Gebäude** vom Eigentum am Grundstück. Denn mit der Errichtung eines Gebäudes aufgrund eines Erbbaurechts wird es nicht wesentlicher Bestandteil des Grundstücks (§ 94 Abs 1 BGB), sondern es gilt als wesentlicher Bestandteil des Erbbaurechts (§ 12 Abs 1 S 1 ErbbauVO) und steht im **Eigentum des Erbbauberechtigten**; bei einem gemeinschaftlichen Erbbaurecht steht es im Miteigentum dieser Personen. Diese Eigentumslage ist die Grundlage für die Begründung von Sondereigentum an Räumen des Gebäudes für die Erbbauberechtigten. Da das Grundstück im Eigentum des Grundstückseigentümers bleibt, entsteht an ihm kein gemeinschaftliches Eigentum. Sofern das Erbbaurecht sich auf Teile des Grundstücks erstreckt (Rn 6), kann an dieser Grundstückfläche nur ein gemeinschaftliches Nutzungsrecht der Erbbauberechtigten entstehen (vgl auch Rn 44). 8

Zulässig ist auch ein **Gesamterbbaurecht** (*BGH* V ZR 21/74, NJW 1976, 519), bei dem mehrere Grundstücke mit ein und demselben Erbbaurecht belastet werden. Wohnungserbbaurechte können auch an einem Gesamterbbaurecht begründet werden (*BayObLG* BReg 2 Z 95/89, Rpfleger 1989, 503; *Demharter* DNotZ 1986, 457; aA *Weitnauer/Mansel* § 30 Rn 21). 9

III. Begründung des Wohnungserbbaurechts (Abs 1, 2)

1. Allgemeines. Das Wohnungserbbaurecht kann ebenso wie das Wohnungseigentum entweder durch vertragliche Teilungserklärung nach § 3 oder durch einseitige Teilungserklärung nach § 8 der bzw des Erbbauberechtigten **begründet** werden (§ 30 Abs 1 und 2). 10

2. Vertragliche Teilungserklärung (Abs 1). Die Aufteilung in Wohnungserbbaurechte kann **entsprechend** § 3 durch eine Vereinbarung der Mitberechtigten am Erbbaurecht in der Weise erfolgen, dass dem einzelnen Vertragsschließenden ein bestimmtes Sondereigentum eingeräumt wird. 11

Dies setzt voraus, dass das **Erbbaurecht** den Mitberechtigten **nach Bruchteilen** zusteht. Ist das Erbbaurecht nicht schon für Mitberechtigte bestellt worden, muss es in ein Bruchteilserbbaurecht umgewandelt werden. Zur Umwandlung des Erbbaurechts eines Alleinberechtigten in ein Erbbaurecht das Mehreren nach Bruchteilen zusteht sowie zur Umwandlung eines mehreren Personen in Gesamthandsgemeinschaft (zB GBR, Erbengemeinschaft) zustehenden Erbbaurechts in eine Bruchteilsgemeinschaft ist für den schuldrechtlichen Vertrag eine notarielle Beurkundung gemäß §§ 11 Abs 2, 311b Abs 1 BGB und für den dinglichen Vollzug eine Einigung der Beteiligten, die in der Form des § 29 GBO nachzuweisen ist, und die Eintragung im Erbbaugrundbuch erforderlich (§ 873 BGB, §§ 1, 14 ErbbauVO). Davon zu unterscheiden ist die Aufteilung selbst (Rn 13, 14). Ist als Inhalt des Erbbaurechts eine Veräußerungsbeschränkung nach § 5 Abs 1 ErbbauVO vereinbart, ist zur Einräumung der Mitberechtigung am Erbbaurecht die Zustimmung des Grundstückseigentümers erforderlich. 12

13 Weiter ist erforderlich, dass sich die Erbbauberechtigten entweder gleichzeitig bei ihrem Erwerb oder auch später darüber **einigen**, dass ihre **Anteile am Erbbaurecht** in der Weise **beschränkt** werden, dass jedem Mitberechtigten an den auf Grund des Erbbaurechts errichteten oder zu errichtenden Gebäudes das Sondereigentum an einer bestimmten Wohnung (Wohnungserbbaurecht) oder an nicht zu Wohnzwecken dienenden Räumen (Teilerbbaurecht) eingeräumt wird. Für Inhalt und Gegenstand des Sondereigentums gilt § 5.

14 Der zur Teilung verpflichtende schuldrechtliche Vertrag bedarf der notariellen Beurkundung (§§ 30 Abs 3 S 2, 4 Abs 3, § 311b BGB). Das dingliche Geschäft ist dem Grundbuchamt lediglich in der **Form** des § 29 GBO nachzuweisen und bedarf nicht der Form der Auflassung (§ 4 Abs 2), da für die schwächere Rechtsänderung keine strengeren Voraussetzungen verlangt werden können als für die Bestellung oder Veräußerung des Erbbaurechts gemäß § 11 Abs 1 ErbbauVO (*Weitnauer/Mansel* § 30 Rn 14; *Pick* in Bärmann, § 30 Rn 34; aA *Palandt/Bassenge* § 30 Rn 1).

15 Für die Begründung von Wohnungserbbaurechten durch vertragliche Teilungserklärung ist – anders als für den Bruchteilserwerb am Erbbaurecht (vgl Rn 12) – auch im Falle einer Veräußerungsbeschränkung für das Erbbaurecht nach § 5 Abs 1 ErbbauVO **keine Zustimmung des Grundstückseigentümers** erforderlich, da es sich nicht um eine – auch nur teilweise Veräußerung des Erbbaurechts handelt (*LG Augsburg* 5 T 408/79, MittBayNotK 1979, 68).

16 Da die **dinglichen Rechte am Erbbaurecht** (zB Grundpfandrechte, Erbbauzinsreallast usw) als Gesamtrechte an den einzelnen Wohnungserbbaurechten fortbestehen, ist zur Aufteilung weder die Zustimmung der Grundpfandgläubiger noch des Grundstückseigentümers als Erbbauzinsberechtigem erforderlich (*LG Augsburg* 5 T 408/79, MittBayNotK 1979, 68). Zwar können Grundstückseigentümer und Erbbauberechtigter das Erfordernis einer solchen Zustimmung schuldrechtlich vereinbaren, nicht aber dinglich sichern (*BayObLG* BReg 2 Z 31/77, Rpfleger 1978, 375; *OLG Celle* 4 Wx 20/80, Rpfleger 1981, 22).

17 Schließlich ist die **Eintragung** jedes Anteils am Erbbaurecht mit den Angaben über das dazugehörende Sondereigentum und den Beschränkungen durch die Einräumung der zu den anderen Anteilen gehörenden Sondereigentumsrechte in einem Wohnungserbbaugrundbuch erforderlich (*BayObLG* 2Z BR 268/03, NZM 2004, 789).

18 Mit der **Anlegung sämtlicher Wohnungserbbaugrundbücher** wird die Teilung wirksam (§ 7 Abs 1).

19 **3. Einseitige Teilungserklärung (Abs 2).** Die Aufteilung in Wohnungserbbaurechte kann **entsprechend** § 8 auch durch einseitige Teilungserklärung erfolgen. Hierbei wird eine Teilung des einer Person allein oder mehreren Personen als Gesamthands- oder Bruchteilsberechtigten zustehenden Erbbaurechts durch Erklärung gegenüber dem Grundbuchamt in der Weise bewirkt, dass das Erbbaurecht in Bruchteile zerlegt und jeder Anteil mit dem Sondereigentum an einer bestimmten Wohnung (Wohnungserbbaurecht) oder an bestimmten nicht zu Wohnzwecken dienenden Räumen (Teilerbbaurecht) verbunden wird (sog Vorratsteilung). Steht das Erbbaurecht mehreren in Mitberechtigung zu, setzt sich diese Berechtigung an jedem einzelnen Wohnungserbbaurecht fort.

Die materiell-rechtlich formfreie Teilungserklärung ist dem Grundbuchamt in der 20
Form des § 29 GBO nachzuweisen. Zur Teilung ist weder die Zustimmung des Grundstückseigentümers (auch nicht in seiner Eigenschaft als Erbbauzinsberechtigter) noch der dinglich Berechtigten erforderlich (*BayObLG* BReg 2 Z 31/77, Rpfleger 1978, 375), vgl auch Rn 15, 16.

Der Grundstückseigentümer kann auch zu seinen eigenen Gunsten sein Grundstück 21
mit einem Erbbaurecht belasten (sog. **Eigentümererbbaurecht**) und dieses in Wohnungs- und Teilerbbaurechte aufteilen (*BGH* V ZR 222/80, Rpfleger 1982, 143).

Schließlich ist die **Eintragung** jedes Anteils am Erbbaurecht mit den Angaben über 22
das dazugehörende Sondereigentum und den Beschränkungen durch die Einräumung der zu den anderen Anteilen gehörenden Sondereigentumsrechte in einem Wohnungserbbaugrundbuch erforderlich.

Mit der **Anlegung der Wohnungserbbaugrundbücher** wird die Teilung wirksam (§ 8 23
Abs 2 S 2).

IV. Grundbuchmäßige Behandlung (Abs 3 S 1)

1. Besondere Grundbuchblätter. Bei Begründung des Wohnungserbbaurechts sind 24
ebenso wie beim Wohnungseigentum grundsätzlich für jedes Wohnungserbbaurecht von Amts wegen ein eigenes Grundbuch, das **Wohnungserbbaugrundbuch** oder Teilerbbaugrundbuch anzulegen (§ 7 Abs 1 S 1; § 8 WGV).

Das **Erbbaugrundbuch** (§ 14 ErbbauVO) wird von Amts wegen **geschlossen**, § 7 Abs 1 25
S 3. Das Grundbuch für das Grundstück bleibt hingegen neben den besonderen Erbbaugrundbuchblättern bestehen.

Ist Verwirrung hiervon nicht zu besorgen, kann bei vertraglicher Teilungserklä- 26
rung nach § 3 gemäß § 7 Abs 2 von der Anlegung besonderer Wohnungserbbaugrundbücher abgesehen werden (**aA** *Staudinger/Rapp* § 30 Rn 19); in diesem Fall ist das Erbbaugrundbuchblatt als „**gemeinschaftliches Wohnungserbbaugrundbuch**" oder „gemeinschaftliches Teilerbbaugrundbuch" zu bezeichnen (§ 7 Abs 2 S 2; § 8 WGV). § 7 Abs 2 gilt nicht für den Fall der einseitigen Teilungserklärung nach § 8 (§§ 30 Abs 2, 8 Abs 2 S 1).

2. Eintragungen im Grundbuch. Für das Wohnungserbbaugrundbuch gelten nach § 8 27
WGV die Vorschriften der §§ 2–7 dieser Verfügung entsprechend.

Danach sind im **Bestandsverzeichnis** in Spalte 3 des Wohnungserbbaugrundbuchs ein- 28
zutragen der Anteil der Mitberechtigung am Erbbaurecht unter Angabe des zahlenmäßig ausgedrückten Bruchteils (§ 3 Abs 1 Buchst a WGV), die Angabe und Bezeichnung des mit dem Erbbaurecht belasteten Grundstücks (§ 3 Abs 1 Buchst b WGV) sowie des Eigentümers und die Dauer des Erbbaurechts. Ferner ist hier einzutragen das mit dem Anteil am Erbbaurecht verbundene Sondereigentum an einer bestimmten Wohnung des Gebäudes und die Beschränkung des durch die Einräumung der zu den anderen Anteilen gehörenden Sondereigentumsrechte unter Angabe der Grundbuchblätter für diese Anteile (§ 3 Abs 1 Buchst c WGV). Im übrigen kann zur näheren Bezeichnung des Gegenstandes und des Inhalts auf die Eintragungsbewilligung Bezug genommen werden (§ 7 Abs 3; § 3 Abs 2 Hs 1 WGV).

Vandenhouten

II WEG § 30 Wohnungserbbaurecht

29 Eine **Veräußerungsbeschränkung** gemäß § 12 muss hingegen ausdrücklich im Grundbuch eingetragen werden, da sie sonst ohne dingliche Wirkung ist (§ 3 Abs 2 Hs 2 WGV; vgl auch § 7 Rn 48).

30 Daneben sind in Spalte 3 spätere inhaltliche **Änderungen** des Erbbaurechts selbst einzutragen, in Spalte 6 hingegen Veränderungen des Gegenstandes und des Inhalts des Sondereigentums (§ 3 Abs 5 WGV).

31 Für Eintragungen in **Abt I, II und III** des Wohnungserbbaugrundbuches gelten keine Besonderheiten. Belastungen des bisherigen Erbbaurechts sind mit Anlegung der Wohnungserbbaugrundbuchblätter als Gesamtbelastungen zu übernehmen. Dieses gilt ebenfalls für den Erbbauzins als dinglich subjektive Reallast.

32 Ein **Muster** für ein Wohnungserbbaugrundbuch ist der WGV als Anlage 3 beigefügt (Kapitel IV, Nr 3).

V. Entsprechende Anwendung der Wohnungseigentumsvorschriften (Abs 3 S 2)

33 Da für das Wohnungserbbaurecht die Vorschriften über das Wohnungseigentum entsprechend gelten, sind im Rechtsverhältnis der Wohnungserbbauberechtigten untereinander die Vorschriften über die Gemeinschaft der Wohnungseigentümer (§§ 10 ff), die Verwaltung (§§ 20 ff) und das Verfahren (§§ 43 ff) entsprechend anwendbar.

34 1. **Fortgeltung des vereinbarten Inhalts des Erbbaurechts.** Das **Rechtsverhältnis zwischen Grundstückseigentümer und Erbbauberechtigtem** bestimmt sich grundsätzlich nach den für das Erbbaurecht geltenden Regelungen, also nach dem Erbbauvertrag, der ErbbauVO und hilfsweise nach den Regelungen über Grundstücke im BGB nach Maßgabe des § 11 Abs 1 S 1 ErbbauVO. § 2 ErbbauVO räumt die Möglichkeit ein, bestimmte dieses Verhältnis betreffende Vereinbarungen zum Inhalt des Erbbaurechts zu machen. Ihnen kommt eine dingliche Wirkung nur in der Weise zu, als dass sie für den jeweiligen Grundstückseigentümer und jeweiligen Erbbauberechtigten verbindlich bleiben (*BGH* V ZR 16/88, NJW 1990, 832). Solche Vereinbarungen können insbesondere betreffen Bestimmungen über die Instandhaltung, Verwendung und Versicherung des Bauwerks, die Tragung öffentlicher und privater Lasten und Abgaben sowie den Heimfall.

35 Derartige Vereinbarungen bleiben gegenüber den Wohnungserbbauberechtigen verbindlich. Sie können von den Wohnungserbbauberechtigten einseitig **weder aufgehoben noch verändert** werden (*BayObLG* BReg 2 Z 95/89, Rpfleger 1989, 503). Bei der Anwendung der §§ 1–29 sind diese Vereinbarungen somit zu beachten.

36 Auch etwaige **Zustimmungsvorbehalte** des Grundstückseigentümers zur Veräußerung und Belastung des Erbbaurechts (**§ 5 ErbbauVO**) bleiben bestehen und gelten für jedes einzelne Wohnungserbbaurecht (*BayObLG* BReg 2 Z 95/89, Rpfleger 1989, 503).

37 Durch Einigung zwischen dem Grundstückseigentümer und dem Inhaber eines Wohnungserbbaurechts sowie Eintragung in das Grundbuch kann allerdings eine Veräußerungs- oder Belastungsbeschränkung nach § 5 ErbbauVO für dieses eine Wohnungserbbaurecht aufgehoben werden. Hierzu ist weder eine Zustimmung der übrigen Wohnungserbbauberechtigten noch der an dem Wohnungserbbaurecht oder am Grundstück dinglich Berechtigten erforderlich (*BayObLG* BReg 2 Z 95/89, Rpfleger 1989, 503).

Da aber auch eine **Veräußerungsbeschränkung gemäß § 12 WEG** zum Inhalt des Sondereigentums gemacht werden kann, ist es möglich, dass Veräußerungsbeschränkungen nach § 5 Abs 1 ErbbauVO und § 12 nebeneinander bestehen. Zur Wirksamkeit einer Veräußerung sind dann sowohl die Zustimmung des Grundstückseigentümers als auch die Zustimmung des Berechtigten nach § 12 erforderlich. **38**

Der **Anspruch auf Zustimmung** ist im Übrigen nach WEG und ErbbauVO unterschiedlich geregelt (vgl § 12 Abs 2; § 7 Abs 3 ErbbauVO). Während nach § 12 die Zustimmung nur aus wichtigem Grund verweigert werden kann, genügt für die Versagung nach § 7 ErbbauVO ein ausreichender Grund (*OLG Frankfurt* 20 W 615/78, Rpfleger 1979, 24). **39**

Grundsätzlich kann ein Wohnungserbbaurecht ebenso wie ein Grundstück **belastet** werden. Es sind jedoch Veräußerungsbeschränkungen gemäß § 5 Abs 2 ErbbauVO ebenso wie die Erschwerung der Beleihung nach § 21 ErbbauVO zu beachten. **40**

Ist das aufgeteilte Erbbaurecht mit einer **Erbauzinsreallast** belastet, so entsteht eine Gesamterbbauzinsreallast an allen Wohnungserbbaurechten. Die Erbbauzinsreallast steht nur dem Grundstückseigentümer zu. Daher kann bei einer Aufteilung nach § 8 nicht zu Gunsten des jeweiligen Inhabers eines dem Veräußerer verbleibenden Wohnungserbbaurechts ein Erbbauzins nach § 9 ErbbauVO bestellt werden (*OLG Düsseldorf* 3 W 78/76, DNotZ 1977, 305). Zulässig ist dagegen die Bestellung einer sonstigen subjektiv-dinglichen Reallast (§ 1105 BGB) zu Gunsten des jeweils Berechtigten des vom Veräußerer zurückbehaltenen Anteils (*OLG Düsseldorf* 3 W 78/76, DNotZ 1977, 305). **41**

Hat sich der Grundstückseigentümer nach § 2 Nr 1 ErbbauVO die Zustimmung zur **Vermietung** vorbehalten, so kann er gemäß § 986 Abs 1 S 2 BGB gegen den Mieter vorgehen, dem ohne seine Zustimmung das Bauwerk überlassen wurde (*BGH* VIII ZR 252/64, WM 1967, 614; aA *Weitnauer* DNotZ 1968, 303). **42**

Für **Rechtsstreitigkeiten** aus dem Rechtsverhältnis zwischen Grundstückseigentümer und Wohnungserbbauberechtigten (zB über Erbbauzins, Zustimmungsanspruch nach § 7 ErbbauVO) gilt § 43 nicht. **43**

2. Besonderheiten aus der Natur des Erbbaurechts. Eine Gebrauchsregelung nach § 15 oder die Vereinbarung eines Sondernutzungsrechts nach § 10 Abs 2 kann auch für **Grundstücksflächen** vereinbart werden, auf die das Erbbaurecht gemäß § 1 Abs 2 ErbbauVO erstreckt worden ist (vgl Rn 6, 8). **44**

Erlischt das Erbbaurecht durch Aufhebung (§ 26 ErbbauVO) oder durch Zeitablauf (§ 27 ErbbauVO), so hat dies notwendigerweise das Erlöschen des Wohnungserbbaurechts zur Folge. Denn das Gebäude wird wesentlicher Bestandteil des Grundstücks (§ 12 Abs 3 ErbbauVO) und damit Eigentum des Grundstückseigentümers. Damit erlöschen gleichzeitig die Sondereigentumsrechte (*BayObLG* 2Z BR 24/99, Rpfleger 1999, 327). Bei Beendigung durch Zeitablauf haben die Erbbauberechtigten einen Entschädigungsanspruch gegenüber dem Grundstückseigentümer (§ 27 ErbbauVO). An diesem Entschädigungsanspruch wird die Gemeinschaft als Gemeinschaft nach §§ 741 ff BGB fortgesetzt. An die Stelle der Anteile am Erbbaurecht tritt die entsprechende Anteilsberechtigung an der Entschädigungssumme. Das Grundstück haftet für die Entschädigungsforderung an Stelle des Erbbaurechts mit dessen Rang (§ 28 ErbbauVO). **45**

II WEG § 30   Wohnungserbbaurecht

46 Da mit dem Zeitpunkt des Erlöschens des Erbbaurechts und damit auch der Wohnungserbbaurechte das Grundbuch unrichtig geworden ist, hat der Grundstückseigentümer einen **Grundbuchberichtigungsanspruch**, sofern die Entschädigungsforderung (§ 28 ErbbauVO) sichergestellt ist (*Pick* in Bärmann, § 30 Rn 53).

47 Ist ein **Heimfall** gemäß § 2 Nr 4 ErbbauVO als Inhalt des Erbbaurechts vereinbart, so sind die Wohnungserbbauberechtigten mit dem Eintritt der Voraussetzungen verpflichtet, ihre Anteile auf den Grundstückseigentümer oder einen von ihm benannten Dritten gegen Zahlung einer angemessenen Vergütung (§ 32 ErbbauVO) zu übertragen. In diesem Fall erlischt weder das Erbbaurecht noch wird seine Eigenschaft als Wohnungserbbaurecht aufgehoben. Der Heimfallanspruch kann dem Grundstückseigentümer je nach Vereinbarung auch nur gegen einzelne Personen zustehen. Ist vereinbart worden, dass durch schuldhaftes Verhalten eines Erbbauberechtigten der Heimfall für alle Anteile ausgelöst wird, so ist dieses bindend. Der Grundstückseigentümer kann Übertragung aller Anteile und nicht nur Übertragung der Anteile des schuldhaft Handelnden verlangen (RGRK-*Augustin* § 30 Rn 32; **aA** *Pick* in Bärmann, § 30 Rn 76). Werden dem Grundstückseigentümer im Wege des Heimfalls nur einzelne Wohnungserbbaurechte übertragen, so steht ihm das Aufhebungsrecht nach § 26 ErbbauVO nicht zu, weil weiterhin Wohnungserbbaurechte in der Hand Dritter bestehen.

48 Vereinigen sich alle Wohnungserbbaurechte in der Hand des Grundstückseigentümers, kann er die **Schließung der Wohnungserbbaugrundbücher** nach § 9 Abs 1 Nr 3 beantragen. Sofern er nicht auch die Aufhebung des Erbbaurechts nach § 26 ErbbauVO beantragt, wird dann wieder ein einheitliches Erbbaugrundbuch angelegt.

II. Teil
Dauerwohnrecht

§ 31 Begriffsbestimmungen

(1) ¹Ein Grundstück kann in der Weise belastet werden, dass derjenige, zu dessen Gunsten die Belastung erfolgt, berechtigt ist, unter Ausschluss des Eigentümers eine bestimmte Wohnung in einem auf dem Grundstück errichteten oder zu errichtenden Gebäude zu bewohnen oder in anderer Weise zu nutzen (Dauerwohnrecht). ²Das Dauerwohnrecht kann auf einen außerhalb des Gebäudes liegenden Teil des Grundstücks erstreckt werden, sofern die Wohnung wirtschaftlich die Hauptsache bleibt.

(2) Ein Grundstück kann in der Weise belastet werden, dass derjenige, zu dessen Gunsten die Belastung erfolgt, berechtigt ist, unter Ausschluss des Eigentümers nicht zu Wohnzwecken dienende bestimmte Räume in einem auf dem Grundstück errichteten oder zu errichtenden Gebäude zu nutzen (Dauernutzungsrecht).

(3) Für das Dauernutzungsrecht gelten die Vorschriften über das Dauerwohnrecht entsprechend.

Übersicht

	Rn		Rn
I. Allgemeines	1	III. Begriffsbestimmung	9
II. Wirtschaftliche Bedeutung des Dauerwohnrechts	5	IV. Nutzungsrecht	13
		V. Gegenstand der Bestellung	14
1. Mietähnliches Dauerwohnrecht	7	VI. Umfang der Bestellung	16
		VII. Berechtigter	20
2. Eigentumsähnliches Dauerwohnrecht	8	VIII. Begründung und Beendigung	21
		IX. Entgelt	24

Literatur: *Flik* Überleitung des Gebäudeeigentums in Dauerwohnrechte und Dauernutzungsrechte?, BWNotZ 1996, 97; *Hilmes/Krüger* Das Schattendasein des Dauernutzungsrechts, ZfIR 2009, 184; *Spiegelberger* Der aktuelle Anwendungsbereich des Dauerwohn- und Dauernutzungsrechts, FS Bärmann und Weitnauer, 1990, 647.

I. Allgemeines

Der II. Teil des WEG stellt dem im I. Teil behandelten Wohnungseigentum das Dauerwohn- bzw Dauernutzungsrecht gegenüber, bei dem es sich um eine **besondere Art der beschränkt persönlichen Dienstbarkeit** handelt. Es hat im wesentlichen zum Inhalt, dass derjenige zu dessen Gunsten die Belastung erfolgt, berechtigt ist, unter Ausschluss des Eigentümers bestimmte Räume eines Gebäudes zu nutzen. 1

Wie schon bei Wohnungs- und Teileigentum (§ 1 Abs 1) unterscheidet das WEG auch hier danach, ob sich das Recht auf Wohnungen (**Dauerwohnrecht** gemäß Abs 1) oder auf nicht zu Wohnzwecken dienende Räume (**Dauernutzungsrecht** gemäß Abs 2) bezieht, behandelt aber beide Arten gleich (Abs 3). 2

Im Gegensatz zu den Bestimmungen über das Wohnungseigentum regeln die **Vorschriften über das Dauerwohnrecht** im Wesentlichen nur die dingliche Seite des Rechts. Die schuldrechtliche Ausgestaltung bleibt den Vereinbarungen der Beteiligten überlassen; dieses gilt insbesondere für die Bemessung des Entgelts. 3

4 Nach Aufhebung des § 52 WEG gelten für alle Streitigkeiten über das Dauerwohnrecht die **allgemeinen Zuständigkeitsregeln der ZPO**.

II. Wirtschaftliche Bedeutung des Dauerwohnrechts

5 Sinn und Zweck der Einführung des Dauerwohnrechts war ein Bedürfnis nach **dinglicher Absicherung von Finanzierungsbeiträgen**. Das Wohnungsrecht nach § 1093 BGB – wie auch alle anderen Dienstbarkeiten – genügte den Erfordernissen nicht in jeder Beziehung, denn es ist weder veräußerlich noch vererblich.

6 Das Dauerwohnrecht kann nach den erstrebten **wirtschaftlichen Zwecken** im Rechtsverkehr zwei verschiedene Aufgaben erfüllen.

7 **1. Mietähnliches Dauerwohnrecht.** In diesem Fall wird das Dauerwohnrecht in der Regel **für eine bestimmte Zeit** bestellt und gewährt dem Inhaber als stärkere Sicherung des von ihm gezahlten Baukostenzuschusses eine Art dinglich gesichertes Miet- oder Pachtrecht bis er seinen Finanzierungsbeitrag „abgewohnt" hat. Dabei wird die Höhe des Entgelts für die Nutzung der Räume nach den Grundsätzen der Miete errechnet.

8 **2. Eigentumsähnliches Dauerwohnrecht.** In diesem Fall ist angestrebter Zweck nicht nur ein zeitgebundenes Nutzungsrecht, sondern eine wertbeständige Kapitalanlage. Der Berechtigte hat als Entgelt in einem solchen Fall die vollen Finanzierungskosten des Baus einschließlich der Kosten des Grundstückserwerbs sowie die Verzinsung und Tilgung des Fremdkapitals und der laufenden Bewirtschaftungskosten zu übernehmen oder zumindest erhebliche Beiträge hierzu zu leisten. Er ist wirtschaftlich einem Eigentümer oder Wohnungseigentümer gleichgestellt (vgl zu den Anforderungen auch *BFG* IX R 14/06, BFH/NV 2007, 1471). Nach § 20 Abs 4 des 1. WoBauG gilt ein derartiges Dauerwohnrecht als eigentumsähnlich. Es wird dem Berechtigten **für unbegrenzte oder doch sehr lange Zeit** (zB 99 Jahre) bestellt. Die Rechte des Eigentümers beschränken sich nur noch auf gewisse Verwaltungsbefugnisse. Dieser Fall kann namentlich in Verbindung mit genossenschaftlichen Rechtsgestaltungen praktisch werden.

III. Begriffsbestimmung

9 Die Begriffsbestimmung des Dauerwohnrechts lehnt sich weitgehend an die Begriffsbestimmung des Wohnungsrechts nach § 1093 BGB an. Es ist ein dienstbarkeitsartiges, veräußerliches und vererbliches Recht (§ 33 Abs 1) an einem Grundstück und gestattet dem Berechtigten eine **Wohnung** (vgl die Ausführungen zu § 1 Rn 10 ff) in einem Gebäude (Bauwerk, in dem sich mindestens ein einer Nutzung zugänglicher Raum befindet [*LG Frankfurt* 2/9 T 835/70, NJW 1971, 759] und welches wesentlicher Bestandteil des Grundstücks ist [*LG Münster* 5 T 872/52 u 877/52, DNotZ 1953, 148], vgl auch § 3 Rn 11) unter Ausschluss des Eigentümers zu bewohnen oder in anderer Weise zu nutzen.

Sofern die Wohnung wirtschaftliche Hauptsache bleibt, kann sich das Dauerwohnrecht auch auf einen außerhalb des Gebäudes liegenden Teil des Grundstückes erstrecken (Abs 1 S 2).

10 Wird das Recht an **nicht zu Wohnzwecken dienenden Räumen** bestellt (vgl die Ausführungen zu § 1 Rn 16 ff), wird es als Dauernutzungsrecht bezeichnet (Abs 2).

Beispiel: U-Bahnhof (*LG Frankfurt* 2/9 T 835/70, NJW 1971, 759). Auch hier kann sich gemäß § 31 Abs 1 S 2, Abs 3 das Recht auf unbebaute Teile des Grundstücks erstrecken, zB Tankwartraum mit Tankstelle (*LG Münster* 5 T 872/52 u 877/52, DNotZ 1953, 148).

Rechtliche Unterschiede zwischen Dauerwohnrecht und Dauernutzungsrecht bestehen nicht (§ 31 Abs 3). Soweit daher im Folgenden vom Dauerwohnrecht die Rede ist, gelten die Ausführungen für das Dauernutzungsrecht entsprechend. 11

Dauerwohn- und Dauernutzungsrecht können auch zusammen als **Einheit** bestellt und eingetragen werden (*BayObLG* BReg 2 Z 20/60, Z 1960, 231: Werkstatt oder Laden mit dazugehörigen Wohnräumen). 12

IV. Nutzungsrecht

Dauerwohnrecht geht nur auf **Nutzung**, dh es berechtigt zur Fruchtziehung iSd § 100 BGB. Der Berechtigte kann daher die Rechtsfrüchte aus Vermietung und Verpachtung des Dauerwohnrechts ziehen und auch die Sachfrüchte, soweit sich das Recht auf einen außerhalb des Gebäudes liegenden Teil des Grundstücks erstreckt (*Weitnauer/Mansel* § 31 Rn 1; *Pick* in Bärmann, § 31 Rn 5). 13

Es gibt aber kein Verwertungsrecht, so dass aus ihm die Zwangsvollstreckung nicht betrieben werden kann (*BayObLG* BReg 2 Z 226–231/56, Z 57, 102).

Zum **Inhalt** des Nutzungsrechts vgl die Ausführungen zu § 33.

V. Gegenstand der Bestellung

Mit einem Dauerwohnrecht kann ein Grundstück (auch ein realer Grundstücksteil, vgl § 7 Abs 2 GBO), ein Wohnungseigentum (*BGH* V ZR 128/76, Rpfleger 1979, 58), ein Erbbaurecht (so ausdrücklich § 42) und ein Wohnungs-/Teilerbbaurecht (*Palandt/Bassenge* § 31 Rn 3) belastet werden; nicht aber ein Sondernutzungsrecht (*OLG Hamburg* 2 Wx 153/01, ZMR 2004, 616), ein Nießbrauch (*Weitnauer/Mansel* § 31 Rn 1) oder ein gewöhnlicher Miteigentumsanteil (*BayObLG* BReg 2 Z 226–231/56, Z 1957, 102). 14

Die Frage, ob **mehrere Grundstücke** mit einem einheitlichen Dauerwohnrecht belastet werden können, ist umstritten. Die Zulässigkeit einer solchen Gesamtbelastung wird dann bejaht, wenn die dem Dauerwohnrecht unterliegenden und sich auf den mehreren Grundstücken befindlichen Räume eine Einheit bilden (*LG Hildesheim* 5 T 370/59, NJW 1960, 49; *Palandt/Bassenge* § 31 Rn 3; *Böttcher* MittBayNotK 1993, 129; aA *Pick* in Bärmann, § 31 Rn 54, der eine vorherige Vereinigung der Grundstücke verlangt; nach *Weitnauer/Mansel* § 31 Rn 6 handelt es sich nicht um ein Dauerwohn- oder Dauernutzungsrecht, sondern der Sache nach um mehrere Rechte, wobei „die den Gegenstand der Rechte bildenden Räume einheitlich genutzt werden". 15

VI. Umfang der Bestellung

An einem **ganzen Gebäude** kann ein Dauerwohnrecht ebenso begründet werden (*BGH* V ZR 99/57, NJW 1958, 1289) wie ein Dauernutzungsrecht an einem **einzelnen Raum** (*LG Münster* 5 T 872/52 u 877/52, DNotZ 1953, 148 mit Anm *Hoche*). Auch an einem unterirdischen Bauwerk (U-Bahnhof) ist eine Bestellung möglich (*LG Frankfurt* 2/9 T 835/70, NJW 1971, 759), ebenso an Räumen in verschiedenen Stockwerken, sofern sie in sich abgeschlossen sind (§ 32 Abs 1). 16

17 Umstritten ist die Frage, ob an einer Wohnung oder einem Raum mehrere Dauerrechte begründet werden können. Die Zulässigkeit ist jedenfalls dann zu bejahen, wenn sie für die jeweiligen Berechtigten ein über mehrere Jahre während oder zeitlich unbegrenztes und jeweils wiederkehrendes Recht gewähren, die belasteten Räume in einer jeweils unterschiedlichen kalendermäßig festgelegten Zeit oder in jährlich wählbaren periodischen Zeitabschnitten („**time-sharing**") zu nutzen (*LG Hamburg* 302 O 50/90, NJW-RR 1991, 823; *Palandt/Bassenge* § 31 Rn 2; *Hoffmann* MittBayNot 1987, 177; *Gralka* NJW 1987, 1997; *Schmidt* WEZ 1987, 119; *Tonner/Tonner* WM 1989, 313; offen gelassen von *BGH* V ZR 184/94, NJW 1995, 2637; **aA** *OLG Stuttgart* 8 W 421/85, NJW 1987, 2023 mit der Erwägung, dass eine derartige kurzfristige Nutzung mit dem Wesen des Dauerwohnrechts unvereinbar sei; *Pick* in Bärmann, § 31 Rn 26, 52; *Weitnauer/Mansel* vor § 31 Rn 11).

18 Das **Gebäude** braucht bei Bestellung des Dauerwohnrechts **noch nicht errichtet** zu sein, es genügt vielmehr, dass seine Errichtung geplant ist. Für die Eintragung im Grundbuch ist aber die Vorlegung einer Bauzeichnung erforderlich (§ 32 Abs 2 Nr 1). Solange die mit dem Recht belasteten Räume noch nicht gebaut und damit noch nicht vorhanden sind, ruht das Nutzungsrecht (*Pick* in Bärmann, § 31 Rn 39; *Palandt/Bassenge*, § 31 Rn 3; *Weitnauer/Mansel* § 31 Rn 1). Umstritten ist, ob dies dem Berechtigten bereits – wie beim Wohnungseigentum (vgl dazu § 3 Rn 12) – eine dingliche Anwartschaft auf Erstellung der entsprechenden den Gegenstand des Dauerwohnrechts bildenden Gebäudeteile einräumt (*so Pick* in Bärmann, § 31 Rn 39; **aA** *Weitnauer/Mansel* § 31 Rn 1). Jedenfalls kann sich ein solcher Anspruch aus dem Grundgeschäft der Rechtsbestellung ergeben.

19 Entsprechend §§ 1093 Abs 1, 1031 BGB erstreckt sich das Dauerwohnrecht auch auf das **Grundstückszubehör** (*Pick* in Bärmann, § 31 Rn 27; *Weitnauer/Mansel* § 31 Rn 3).

VII. Berechtigter

20 Berechtigter eines Dauerwohnrechts kann eine bestimmte **natürliche oder juristische Person** sein. Auch der Grundstückseigentümer selbst kann Berechtigter sein (*BayObLG* 2Z BR 60/97, NJW-RR 1997, 1233). Ein Dauerwohnrecht kann auch für eine **Mehrheit von Berechtigten** sowohl zu Bruchteilen (*BGH* V ZR 184/94, NJW 1995, 2637) wie auch zur gesamten Hand bestellt werden (*Pick* in Bärmann, § 31 Rn 50; *Palandt/Bassenge* § 31 Rn 4; *Weitnauer/Mansel* § 31 Rn 7). Aber auch eine Bestellung für Mehrere als Gesamtberechtigte nach § 428 BGB ist zulässig (*BGH* V ZB 24/66, WM 1967, 95; *OLG Celle* 4 U 162/95, OLGR 1996, 231; *Pick in Bärmann*, § 31 Rn 50; **aA** *Palandt/Bassenge* § 31 Rn 4; *Weitnauer/Mansel* § 31 Rn 8 unter Hinweis auf *BayObLG* BReg 2 Z 171/54, Z 1954, 322).

VIII. Begründung und Beendigung

21 Da das Dauerwohnrecht ein dingliches Recht (Grundstücksbelastung) ist, ist zur rechtsgeschäftlichen Bestellung formlose **Einigung** der Beteiligten (§ 873 BGB) und **Eintragung in Abteilung II** des belasteten Grundstücks auf Grund einer in der Form des § 29 GBO nachzuweisenden Eintragungsbewilligung des Grundstückseigentümers erforderlich. Die **Umwandlung** eines Dauerwohnrechts in ein Dauernutzungsrecht stellt sich als Änderung des vereinbarten Inhalts des dinglichen Rechts gemäß § 877 BGB dar, die unter den gleichen Voraussetzungen wie die Bestellung erfolgt. Das

Dauerwohnrecht unterliegt Rangvorschriften (§§ 879 ff BGB), die Gutglaubensvorschriften (§§ 892, 893 BGB) finden Anwendung. Es ist mit einem Nießbrauch (§ 1068 BGB) und einem Pfandrecht (§ 1273 BGB) **belastbar**, nicht jedoch mit einem Wohnungsrecht nach § 1093 BGB, einer Reallast oder mit Grundpfandrechten, da das Dauerwohnrecht kein grundstücksgleiches Recht ist.

Das **Verpflichtungsgeschäft** – in der Regel ein Rechtskauf gemäß § 453 BGB (*BGH* V ZR 26/66, NJW 1969, 1850) – bedarf nicht der Form des § 311b BGB (*BGH* V ZR 121/82, WM 1984, 142; *LG Hamburg*, 302 O 50/90, NJW-RR 91,823). Für Schenkungen ist jedoch § 518 BGB, für besondere Vertriebsformen (Haustürgeschäfte [*LG Lübeck* 17 O 245/95, VuR 1996, 127 zum HausTWG], Fernabsatzverträge) sind die §§ 312 ff BGB und für Teilzeit-Wohnrechteverträge („time- sharing") die §§ 481 ff BGB zu beachten. 22

Das Dauerwohnrecht **endet** mit vereinbartem Fristablauf, weiterhin durch Aufgabe des Berechtigten nach § 875 BGB, die dem Grundbuchamt gegenüber in der Form des § 29 GBO nachzuweisen ist, und entsprechend § 1026 BGB (*BayObLG* 2Z BR 29/95, NJW-RR 1996, 397). Es erlischt mit dem Erlöschen eines Erbbaurechts, sofern dieses mit dem Recht belastet war (§ 42) oder in der Zwangsversteigerung des belasteten Grundstücks, falls es nicht in das geringste Gebot fällt. Das Dauerwohnrecht endet nicht mit dem Heimfall (§ 36) und der Zerstörung des Gebäudes (§ 33 Abs 4 Nr. 4) und ebenfalls nicht durch Vereinigung des Rechts mit dem Eigentum am Grundstück. Eine Kündigung ist unzulässig (*BGH* V ZR 99/57, NJW 1958, 1289; *LG Frankfurt* 2-25 O 381/99, NZM 2000, 877). 23

IX. Entgelt

Die Verpflichtung zur Zahlung eines Entgelts kann – anders als im Erbbaurecht – nicht durch eine Belastung des Dauerwohnrechts mit einer **Reallast** gesichert werden. Es ergibt sich allein aus dem zugrunde liegenden Verpflichtungsgeschäft (vgl Rn 22). Damit besteht aber auch nicht die Gefahr, dass es im Fall der Zwangsversteigerung erlischt (*Weitnauer/Mansel* vor § 31 Rn 15). 24

§ 32 Voraussetzungen der Eintragung

(1) **Das Dauerwohnrecht soll nur bestellt werden, wenn die Wohnung in sich abgeschlossen ist.**

(2) ¹**Zur näheren Bezeichnung des Gegenstands und des Inhalts des Dauerwohnrechts kann auf die Eintragungsbewilligung Bezug genommen werden.** ²**Der Eintragungsbewilligung sind als Anlagen beizufügen:**
1. **eine von der Baubehörde mit Unterschrift und Siegel oder Stempel versehene Bauzeichnung, aus der die Aufteilung des Gebäudes sowie die Lage und Größe der dem Dauerwohnrecht unterliegenden Gebäude- und Grundstücksteile ersichtlich ist (Aufteilungsplan); alle zu demselben Dauerwohnrecht gehörenden Einzelräume sind mit der jeweils gleichen Nummer zu kennzeichnen;**
2. **eine Bescheinigung der Baubehörde, dass die Voraussetzungen des Absatzes 1 vorliegen.**

³Wenn in der Eintragungsbewilligung für die einzelnen Dauerwohnrechte Nummern angegeben werden, sollen sie mit denen des Aufteilungsplans übereinstimmen. ⁴Die Landesregierungen können durch Rechtsverordnung bestimmen, dass und in welchen Fällen der Aufteilungsplan (Satz 2 Nr. 1) und die Abgeschlossenheit (Satz 2 Nr. 2) von einem öffentlich bestellten oder anerkannten Sachverständigen für das Bauwesen statt von der Baubehörde ausgefertigt und bescheinigt werden. ⁵Werden diese Aufgaben von dem Sachverständigen wahrgenommen, so gelten die Bestimmungen der Allgemeinen Verwaltungsvorschrift für die Ausstellung von Bescheinigungen gemäß § 7 Abs. 4 Nr. 2 und § 32 Abs. 2 Nr. 2 des Wohnungseigentumsgesetzes vom 19. März 1974 (BAnz. Nr. 58 vom 23. März 1974) entsprechend. ⁶In diesem Fall bedürfen die Anlagen nicht der Form des § 29 der Grundbuchordnung. ⁷Die Landesregierungen können die Ermächtigung durch Rechtsverordnung auf die Landesbauverwaltungen übertragen.

(3) Das Grundbuchamt soll die Eintragung des Dauerwohnrechts ablehnen, wenn über die in § 33 Abs. 4 Nr. 1 bis 4 bezeichneten Angelegenheiten, über die Voraussetzungen des Heimfallanspruchs (§ 36 Abs. 1) und über die Entschädigung beim Heimfall (§ 36 Abs. 4) keine Vereinbarungen getroffen sind.

Übersicht

	Rn		Rn
I. Allgemeines	1	2. Anlagen zur Eintragungs-	
II. Abgeschlossenheit	3	bewilligung	6
III. Eintragung des Dauerwohnrechts		3. Weiterer Inhalt der Eintra-	
ins Grundbuch	5	gungsbewilligung	8
1. Eintragungsvoraussetzungen	5	4. Bezugnahme auf die Eintra-	
		gungsbewilligung	11

I. Allgemeines

1 Abs 1 S 2 wurde durch Art 1 Nr 17 a) WEG-ÄnderungsG aufgehoben, da er gegenstandslos geworden ist (vgl § 3 Rn 1). Abs 2 S 4 bis 7 wurden durch Art 1 Nr 17 b) WEG-ÄnderungsG angefügt. Wegen der gesetzgeberischen Intention wird auf § 7 Rn 1 verwiesen.

2 Abs 1 und 2 entsprechen fast wörtlich den Vorschriften für das Wohnungseigentum (§ 3 Abs 2, § 7 Abs 3, 4).

II. Abgeschlossenheit

3 Die Abgeschlossenheit wird für das Dauerwohnrecht aus den gleichen Gründen verlangt, wie für das Wohnungseigentum. Ihr Fehlen steht dem Bestehen bzw Fortbestehen des Dauerwohnrechts nicht entgegen, da Abs 1 nur eine Sollvorschrift ist (vgl hierzu § 3 Rn 18).

4 Wegen der Voraussetzungen für die Abgeschlossenheit einer Wohnung oder sonstiger nicht zu Wohnzwecken dienender Räume wird auf die Ausführungen zu § 3 Rn 19 ff verwiesen. Ein Zusammenhang mit Räumen auf dem Nachbargrundstück ist daher unschädlich (*LG München* 13 T 489/72, DNotZ 1973, 417; vgl auch § 3 Rn 23).

Voraussetzungen der Eintragung § 32 WEG II

III. Eintragung des Dauerwohnrechts ins Grundbuch

1. Eintragungsvoraussetzungen. Zur Eintragung im Grundbuch ist neben dem 5
Antrag des Eigentümers oder Berechtigten (§ 13 GBO, vgl hierzu § 7 Rn 13) und der
Voreintragung des Eigentümers (§ 39 GBO) die **Eintragungsbewilligung des Betroffenen** (§ 19 GBO) erforderlich, die in der Form des § 29 GBO nachzuweisen ist. Sie
muss den Gegenstand des Dauerwohnrechts in Übereinstimmung mit dem Aufteilungsplan bezeichnen. Sofern in der Eintragungsbewilligung für die einzelnen Dauerwohnrechte Nummern angegeben werden, sollen diese mit den Bezeichnungen des
Aufteilungsplans übereinstimmen (§ 32 Abs 2 S 3).

2. Anlagen zur Eintragungsbewilligung. Gemäß Abs 2 S 2 sind der Eintragungsbewil- 6
ligung als Anlagen beizufügen:
- **ein Aufteilungsplan** (vgl § 7 Rn 20 ff). Hier genüg es, wenn er außer der Lage und
  Größe der dem Dauerwohnrecht unterliegenden Gebäude- und Grundstücksteile,
  die Aufteilung des in Frage kommenden Stockwerks erkennen lässt, wenn das Dauerwohnrecht nur für eine Wohnung bestellt wird. Wird ein ganzes Haus mit einem
  Dauerwohnrecht belastet (*BGH* V ZR 99/57, NJW 1958, 1289), ist eine Bauzeichnung (Abs 2 Nr 2), aber keine Abgeschlossenheitsbescheinigung erforderlich;
- **eine Bescheinigung** der Baubehörde, dass die mit dem Dauerwohnrecht belasteten
  Räume, in sich gegenüber „fremden" Räumen **abgeschlossen** sind (vgl § 7 Rn 38 ff).
  Zur Frage der Bindungswirkung des Grundbuchamtes vgl § 7 Rn 42.

Aufteilungsplan und Abgeschlossenheitsbescheinigung werden im Regelfall von der 7
Baubehörde ausgefertigt und bescheinigt (Abs 2 S 2; vgl § 7 Rn 16). In besonders
geregelten Ausnahmefällen kommt eine Ausfertigung und Bescheinigung auch durch
einen öffentlich bestellten oder anerkannten Sachverständigen in Betracht (Abs 2 S 4;
vgl dazu § 7 Rn 17, 18). Form und Inhalt werden durch die **Allgemeine Verwaltungsvorschrift für die Ausstellung von Bescheinigungen** gemäß § 7 Abs 4 Nr 2 und § 32
Abs 2 Nr 2 des Wohnungseigentumsgesetzes (Abgeschlossenheitsbescheinigung) –
AVA [Kapitel IV, Nr 4] geregelt (vgl § 7 Rn 19).

3. Weiterer Inhalt der Eintragungsbewilligung. Da das WEG das Dauerwohnrecht 8
nicht erschöpfend regelt, haben die Beteiligten in Anlehnung an die ErbbauVO durch
vertragliche Vereinbarung den **Inhalt des Rechts** weitgehend selbst zu bestimmen. Der
Inhalt von Vereinbarungen über Art und Umfang der Nutzungen (§ 33 Abs 4 Nr 1),
Instandhaltung und Instandsetzung der dem Dauerwohnrecht unterliegenden Gebäudeteile (§ 33 Abs 4 Nr 2), die Pflicht des Berechtigten zur Tragung öffentlicher oder
privatrechtlicher Lasten des Grundstücks (§ 33 Abs 4 Nr 3), die Versicherung des
Gebäudes und sein Wiederaufbau im Falle der Zerstörung (§ 33 Abs 4 Nr 4), die
Voraussetzungen für den Fall der Begründung eines Heimfallanspruchs (§ 36 Abs 1)
und über die Entschädigung beim Heimfall (§ 36 Abs 4) sollen als weiterer Inhalt in
die Eintragungsbewilligung aufgenommen werden.

Das **Grundbuchamt** hat nach Abs 3 zu **prüfen**, ob die erforderlichen Vereinbarungen 9
getroffen sind. Es hat dabei lediglich die Eintragungsbewilligung zu Grunde zu legen.
Das Grundbuchamt ist mangels einer § 20 GBO entsprechenden Vorschrift weder
berechtigt noch verpflichtet, das Zustandekommen dieser Vereinbarungen zu prüfen
(*Palandt/Bassenge* § 32 Rn 2; *Weitnauer/Mansel* § 3 Rn 7; aA *OLG Düsseldorf* 3 W
266/77, Rpfleger 1977, 446). Der Ausschluss eines Heimfallanspruchs im Falle der

Vandenhouten

Rückübertragung muss nicht ausdrücklich vereinbart sein. Es genügt, dass eine Regelung unterblieben ist (*BayObLG* 2 Z 10/54, NJW 1954, 959). Ist ein Heimfallanspruch vereinbart, müssen seine Voraussetzungen (vgl § 36 Rn 5, 6) ebenso wie die Vereinbarung oder der Ausschluss einer Entschädigungspflicht (vgl § 36 Rn 21) geregelt sein.

10 Das Grundbuchamt soll die **Eintragung ablehnen**, wenn die Eintragungsbewilligung keine Angaben über die notwendigen Vereinbarungen (vgl Rn 8) enthält. Eine gleichwohl vorgenommene Eintragung ist wirksam, da es sich um eine **Sollvorschrift** handelt. Das Dauerwohnrecht ist mit der Eintragung entstanden. Für das Verhältnis der Beteiligten zueinander gelten dann die getroffenen schuldrechtlichen Abmachungen. Mangels dinglicher Wirkung binden sie Einzelrechtsnachfolger nicht (vgl § 38 Rn 4).

11 4. **Bezugnahme auf die Eintragungsbewilligung.** In Erweiterung des § 874 BGB, der nur für Grundstücksrechte gilt (*Palandt/Bassenge* § 874 BGB Rn 4), kann gemäß Abs 2 S 1 zur **näheren Bezeichnung des Inhalts** des Dauerwohnrechts auf die Eintragungsbewilligung Bezug genommen werden. Eintragungsbewilligung und Grundbucheintrag bilden eine Einheit. Bezugnahme auf die Eintragungsbewilligung bedeutet also, dass die in Bezug genommenen Urkunden (Aufteilungsplan, Abgeschlossenheitsbescheinigung) genau so Inhalt des Grundbuchs sind, wie die in ihm vollzogene Eintragung selbst und am öffentlichen Glauben teilnehmen (vgl dazu § 7 Rn 45) Die rechtliche Natur des Dauerwohnrechts als solche muss jedoch im Grundbuch selbst eingetragen werden.

12 **Befristungen** des Dauerwohnrechts (aufschiebend oder auflösend) müssen im Grundbuch selbst zum Ausdruck gebracht werden. Eine Bezugnahme auf die Eintragungsbewilligung reicht nicht aus (vgl *BayObLG* 2Z BR 46/98, NZM 1998, 531).

13 Für vereinbarte **Veräußerungsbeschränkungen** (§ 35) genügt die Bezugnahme auf die Eintragungsbewilligung (vgl § 35 Rn 4).

§ 33 Inhalt des Dauerwohnrechts

(1) ¹**Das Dauerwohnrecht ist veräußerlich und vererblich.** ²**Es kann nicht unter einer Bedingung bestellt werden.**

(2) **Auf das Dauerwohnrecht sind, soweit nicht etwas anderes vereinbart ist, die Vorschriften des § 14 entsprechend anzuwenden.**

(3) **Der Berechtigte kann die zum gemeinschaftlichen Gebrauch bestimmten Teile, Anlagen und Einrichtungen des Gebäudes und Grundstücks mitbenutzen, soweit nichts anderes vereinbart ist.**

(4) **Als Inhalt des Dauerwohnrechts können Vereinbarungen getroffen werden über:**
1. **Art und Umfang der Nutzungen;**
2. **Instandhaltung und Instandsetzung der dem Dauerwohnrecht unterliegenden Gebäudeteile;**
3. **die Pflicht des Berechtigten zur Tragung öffentlicher oder privatrechtlicher Lasten des Grundstücks;**
4. **die Versicherung des Gebäudes und seinen Wiederaufbau im Falle der Zerstörung;**
5. **das Recht des Eigentümers, bei Vorliegen bestimmter Voraussetzungen Sicherheitsleistung zu verlangen.**

Übersicht

	Rn		Rn
I. Allgemeines	1	III. Vertraglicher Inhalt des Dauer-	
II. Gesetzlicher Inhalt des Dauer-		wohnrechts (Abs 4)	21
wohnrechts	2	1. Allgemeines	21
1. Veräußerlichkeit und Vererb-		2. Vorgeschriebene Verein-	
lichkeit (Abs 1 S 1)	2	barungen	24
2. Bedingungsfeindlichkeit		3. Mögliche Vereinbarungen	31
(Abs 1 S 2)	7	IV. Schuldrechtliche Vereinbarungen	32
3. Pflichten des Dauerwohnbe-		V. Nachträgliche Vereinbarungs-	
rechtigten (Abs 2)	11	änderung	33
4. Mitbenutzungsrecht (Abs 3)	18		

I. Allgemeines

Der in § 31 nur allgemein umschriebene Inhalt des Dauerwohnrechts wird durch § 33 **1** ergänzt, der Vorschriften über den gesetzlichen Inhalt des Rechts (Abs 1 bis 3) und dem durch Vereinbarung zu schaffenden Inhalt (Abs 4) enthält. Andere Vereinbarungen, die zum dinglichen Inhalt des Rechts gemacht werden können, enthalten zB die §§ 35, 36, 39 und 40. Sonstige Vereinbarungen haben schuldrechtlichen Charakter.

II. Gesetzlicher Inhalt des Dauerwohnrechts

1. Veräußerlichkeit und Vererblichkeit (Abs 1 S 1). Das Dauerwohnrecht ist im **2** **Gegensatz zum dinglichen Wohnungsrecht** (§ 1093 BGB) veräußerlich und vererblich (Abs 1 S 1). Diese dem Dauerwohnrecht wesenseigentümlichen Eigenschaften sind nicht abdingbar (*Weitnauer/Mansel* § 33 Rn 2).

Zur **Veräußerung** sind gemäß § 873 BGB (formlose) Einigung der Beteiligten und **3** Eintragung des Rechtsübergangs im Grundbuch erforderlich. Das Verpflichtungsgeschäft bedarf nicht der Form des § 311b BGB. Die Veräußerlichkeit des Dauerwohnrechts kann durch Vereinbarung beschränkt werden (§ 35). Zu den Folgen der Veräußerung vgl § 37 Rn 9 ff, § 38 Rn 3 ff. Wegen einer Belastung des Dauerwohnrechts wird auf § 31 Rn 21 verwiesen.

Die **Zwangsvollstreckung** in das Dauernutzungsrecht erfolgt nach § 857 ZPO (*Palandt/* **4** *Bassenge* § 33 Rn 1). Drittschuldner ist der Eigentümer. Die Pfändung wird mit Grundbucheintragung wirksam. Die Verwertung erfolgt durch Veräußerung (857 Abs 5 ZPO) oder durch andere Verwertung (§ 844 ZPO).

Der **Vererblichkeit** des Dauerwohnrechts steht nicht entgegen, dass es nur für Lebzei- **5** ten des Berechtigten bestellt wird (vgl auch Rn 9).

Gegen die Vererbung kann sich der Eigentümer faktisch auch durch **Vereinbarung 6 eines Heimfallanspruchs** (§ 36) für den Fall des Todes des Berechtigten schützen.

2. Bedingungsfeindlichkeit (Abs 1 S 2). Die **Bestellung** des Dauerwohnrechts kann **7** ebenso wie die Auflassung (§ 925 Abs 2 BGB) nicht unter einer – auflösenden oder aufschiebenden – Bedingung erfolgen.

Eine bedingte **Übertragung oder Belastung** des Dauerwohnrechts ist im Gegensatz **8** zur bedingten Übertragung eines Erbbaurechts (§ 11 Abs 1 S 2 ErbbauVO) hingegen möglich.

Vandenhouten

9 Eine **Befristung** ist dagegen zulässig (§ 41). Sie erfolgt durch Bestimmung eines Anfangs- oder Endtermins (aufschiebende oder auflösende Zeitbestimmung), der auch ungewiss sein kann. Insbesondere kann das Dauerwohnrecht für die Lebenszeit des Berechtigten oder des Eigentümers bestellt werden (*Palandt/Bassenge* § 33 Rn 2; *Weitnauer/Mansel* § 33 Rn 3).

10 Hingegen ist die Bestellung eines Dauerwohnrechts für einen **Ehegatten** mit der Bestimmung, dass es nach seinem Tode dem anderen Gatten zufällt, nicht möglich. Hier erfolgt die Bestellung zu Gunsten des zweiten Ehegatten nicht nur aufschiebend befristet, sondern auch unter der Bedingung seines Überlebens (*Weitnauer/Mansel* § 33 Rn 3; **aA** wohl *Pick* in Bärmann, § 33 Rn 61).

11 **3. Pflichten des Dauerwohnberechtigten (Abs 2).** Haben die Beteiligten **keine abweichenden Vereinbarungen** getroffen, richten sich die Pflichten des Dauerwohnberechtigten gegenüber dem Eigentümer – nicht auch gegenüber anderen Dauerwohnberechtigten oder Mietern – nach dem entsprechend anzuwendenden § 14. Dem Sondereigentum entsprechen die mit dem Dauerwohnrecht belasteten Räume und Gebäudeteile, dem gemeinschaftlichen Eigentum die nach Abs 3 zum gemeinschaftlichen Gebrauch bestimmten Teile, Anlagen und Einrichtungen des Gebäudes und Grundstücks.

Die Vorschriften des Nießbrauchsrechts und des Mietrechts finden keine entsprechende Anwendung (*BGH* V ZR 190/67, NJW 1969, 1850; *LG Frankfurt* 2-25 O 381/99, NZM 2000, 877).

12 Im Einzelnen ergeben sich für den Dauerwohnberechtigten folgende Pflichten:

13 Der Berechtigte hat die dem Dauerwohnrecht unterliegenden Gebäude- und Grundstücksteile so **instandzuhalten,** dass dadurch dem Eigentümer kein Nachteil erwächst, der über das bei einem geordneten Zusammenleben unvermeidliche Maß hinausgeht (§ 14 Nr 1). Diese begrenzte Instandhaltungs- und Instandsetzungspflicht besteht nicht hinsichtlich der gemeinschaftlichen Gebäude- und Grundstücksteile.

14 Der Berechtigte darf von den seinem Dauerwohnrecht unterliegenden wie auch von den gemeinschaftlich genutzten Gebäude- und Grundstücksteilen nur in solcher Weise **Gebrauch machen,** dass dadurch dem Eigentümer des Gebäudes kein Nachteil erwächst, der über das bei einem geordneten Zusammenleben unvermeidliche Maß hinausgeht (§ 14 Nr 1).

15 Der Berechtigte hat die **Pflicht, für die Einhaltung** der unter Rn 13 und 14 aufgeführten Pflichten **durch Personen,** die seinem Hausstand oder Geschäftsbetrieb angehören oder denen er sonst die Benutzung der seinem Dauerwohnrecht unterliegenden oder zum gemeinschaftlichen Gebrauch bestimmten Gebäude oder Grundstücksteile überlässt, zu sorgen (§ 14 Nr 2). Seine Haftung für diese Personen richtet sich nach §§ 278, 831 BGB.

16 Der Berechtigte hat umgekehrt **Einwirkungen** auf die seinem Dauerwohnrecht unterliegenden oder die gemeinschaftlich genutzten Gebäude- und Grundstücksteile **zu dulden,** soweit sie auf einem nach a) und b) zulässigen Gebrauch beruhen (§ 14 Nr 3).

17 Schließlich hat der Berechtigte das **Betreten** und **die Benutzung** der seinem Dauerwohnrecht unterliegenden Gebäudeteile zu gestatten, soweit dies zur Instandhaltung und Instandsetzung der zur gemeinschaftlichen Benutzung bestimmten Gebäudeteile erforderlich ist (§ 14 Nr 4). Ein hierdurch entstehender Schaden ist dem Berechtigten zu ersetzen (*Palandt/Bassenge* § 33 Rn 3; *Weitnauer/Mansel* § 33 Rn 9).

4. Mitbenutzungsrecht (Abs 3). Der Dauerwohnberechtigte kann ebenso wie der Berechtigte nach § 1093 BGB – wenn dessen Wohnungsrecht auf einen Teil des Gebäudes beschränkt ist (§ 1093 Abs 3 BGB) – die **zum gemeinschaftlichen Gebrauch bestimmten Teile**, Anlagen und Einrichtungen mitbenutzen, Abs 3. Hierzu gehören insbesondere Sammelheizung (*BGH* V ZR 37/66, WM 1969, 1087 zu § 1093), Treppenhaus, Hofraum, Waschküche, Trockenboden, Fahrradkeller, Gas-, Wasser-, elektrische Leitungen (*BayObLG* BReg 2 Z 60/91, Rpfleger 1992, 57 zu § 1093), Fahrstuhl; Garten (*BayObLGZ* 2Z BR 60/97, NJW-RR 1997, 1233) oder Sauna. Das Dauernutzungsrecht an Geschäftsräumen schließt das Recht ein, die Außenwände zu Reklamezwecken zu benutzen (*OLG Frankfurt* 10 U 201/68, BB 1970, 731). **18**

Durch Vereinbarung kann die Mitbenutzung insoweit **abbedungen** werden, als sie zur Nutzung der Räume nicht zwingend erforderlich ist, zB Garten (*BayObLG* BReg 2 Z 60/91, Rpfleger 1992, 57; *LG Freiburg* 14 O 324/00, WuM 2002, 151 jeweils zu § 1093). **19**

Das Mitbenutzungsrecht steht auch den in § 14 Nr 2 bezeichneten Personen zu. **20**

III. Vertraglicher Inhalt des Dauerwohnrechts (Abs 4)

1. Allgemeines. Der Inhalt des Dauerwohnrechts ergibt sich nur in einem geringen Umfang aus dem Gesetz (vgl Rn 2 ff). Den Beteiligten ist es überlassen, in weitem Umfang den Inhalt des Dauerwohnrechts selbst zu bestimmen. Derartige Vereinbarungen stellen eine **Durchbrechung des Grundsatzes der Bestimmtheit der Sachenrechte** dar. Sie erlangen dingliche Wirkung, wenn sie in die Eintragungsbewilligung aufgenommen und unter Bezugnahme auf diese im Grundbuch als Inhalt des Dauerwohnrechts eingetragen werden. **21**

Mit dinglicher Wirkung können als Inhalt des Dauerwohnrechts Vereinbarungen nur über solche Fragen getroffen werden, die das **Gesetz ausdrücklich zulässt**. Zwar sind Vereinbarungen auch über andere Fragen möglich, jedoch haben diese nur schuldrechtliche Wirkung zwischen den Beteiligten. **22**

Bei den Vereinbarungen ist zu unterscheiden zwischen solchen, die vorgeschrieben (notwendig) sind, um die Eintragung des Dauerwohnrechts zu erreichen (§ 32 Abs 3) und solchen die möglich (nur zugelassen) sind. **23**

2. Vorgeschriebene Vereinbarungen. Nach § 32 Abs 3 sind folgende Vereinbarungen zu treffen: **24**

Vereinbarungen zu **Umfang** und **Art der Nutzung (Abs 4 Nr 1)**, die denjenigen von § 15 Abs 1 entsprechen (vgl dort Rn 2 ff). Danach kann zB eine Nutzung der dem Dauerwohnrecht unterliegenden Räume zu gewerblichen Zwecken oder ihre Vermietung oder Verpachtung ausgeschlossen oder von der Zustimmung des Eigentümers abhängig gemacht werden (*BayObLG* BReg 2 Z 20/60, Z 1960, 231[239]). Auch kann die Vermietung nur an einen bestimmten Personenkreis zugelassen werden. Die Vereinbarung kann ein Wettbewerbsverbot vorsehen. Verstößt der Berechtigte gegen diese Vereinbarungen, in dem er die seinem Dauerwohnrecht unterliegenden Räume ohne Zustimmung des Eigentümers an einen Dritten vermietet, ist zwar der Mietvertrag wirksam, dem Eigentümer steht jedoch sowohl gegen den Berechtigten als auch gegen den Dritten – ein Unterlassungsanspruch nach § 1004 BGB zu. Der Verstoß kann bei entsprechender Vereinbarung einen Heimfallanspruch auslösen. **25**

26 Vereinbarungen zur **Instandhaltung und Instandsetzung** der dem Dauerwohnrecht unterliegenden Gebäudeteile – in Ergänzung oder Abweichung von § 33 Abs 2 **(Abs 4 Nr 2).** Die Instandhaltungs- und Instandsetzungspflicht kann dabei ganz oder teilweise dem Gebäudeeigentümer oder dem Dauerwohnberechtigten auferlegt werden. Auch kann zwischen Schönheitsreparaturen und anderen Reparaturen unterschieden werden.

27 Da nach § 33 Abs 3 der Dauerwohnberechtigte die **zum gemeinschaftlichen Gebrauch bestimmten Teile**, Anlagen und Einrichtungen des Gebäudes und Grundstückes mitnutzen kann, sind Vereinbarungen über eine Instandhaltungs- und Instandsetzungspflicht dieser Teile, Anlagen und Einrichtungen möglich (*BayObLG* BReg 2 Z 192/59, Z 1959, 520; *Riecke/Schmid-Schmid* § 33 Rn 10; *Palandt/Bassenge* § 33 Rn 4; *Weitnauer/Mansel* § 33 Rn 13).

28 Vereinbarungen zur **Tragung öffentlicher** und **privatrechtlicher Lasten** des Grundstücks **(Abs 4 Nr 3).** Zum Begriff der Grundstückslasten siehe § 16.

Diese grundsätzlich dem Eigentümer obliegende Verpflichtung kann auf den Berechtigten übertragen werden. Eine derartige Vereinbarung wirkt nur im Innenverhältnis gegenüber dem Eigentümer (vgl § 1047 BGB *Palandt/Bassenge* § 33 Rn 4; *Weitnauer/Mansel* § 33 Rn 14).

29 Vereinbarungen über die **Versicherung** des Gebäudes (in der Regel der Eigentümer) und seinen **Wiederaufbau** im Falle seiner Zerstörung. Ohne eine solche Regelung ist der Eigentümer nicht zum Wiederaufbau verpflichtet (vgl auch § 31 Rn 18). Es kann auch eine Verpflichtung zum erstmaligen Aufbau begründet werden (*Palandt/Bassenge* § 33 Rn 4).

30 Für Vereinbarungen über die Voraussetzungen eines **Heimfallanspruches** wird auf die Ausführungen zu § 32 Rn 9 und zu § 36 verwiesen.

31 **3. Mögliche Vereinbarungen.** Mit dinglicher Wirkung möglich, aber nicht notwendig sind folgende Vereinbarungen:

– Vereinbarungen über einen Anspruch auf **Sicherheitsleistung** in Anlehnung an § 1051 BGB **(Abs 4 Nr 5).** Die Voraussetzungen sind in der Eintragungsbewilligung anzugeben. Fehlt eine entsprechende Vereinbarung kann der Eigentümer nicht analog § 1051 BGB Sicherheit verlangen (*Palandt/Bassenge* § 33 Rn 4; *Weitnauer/Mansel* § 33 Rn 16),
– Vereinbarungen über Beschränkungen der Veräußerungsbefugnis des Berechtigten (§ 35),
– Vereinbarungen über die Begründung eines Heimfallanspruchs (§ 36 Abs 1),
– Vereinbarungen über Entschädigungszahlungen beim Heimfall (§ 36 Abs 4),
– Vereinbarungen über ein Bestehenbleiben des Dauerwohnrechts im Falle der Zwangsversteigerung (§ 39),
– Vereinbarungen über die Wirksamkeit von Verfügungen über den Anspruch auf Entgelt gegenüber im Range vorgehende oder gleichstehende Realgläubiger (§ 40 Abs 2) sowie
– Abweichungen von den Bestimmungen des § 33 Abs 2 und Abs 3 und des § 41 Abs 2.

IV. Schuldrechtliche Vereinbarungen

Die Beziehungen zwischen den Beteiligten können durch weitere Vereinbarungen geregelt werden. Diese können jedoch **nicht zum Inhalt des Dauerwohnrechts** gemacht. Sie wirken nur schuldrechtlich zwischen den Vertragsparteien. Hierher gehören zB Vereinbarungen über die Verpflichtung zur Umwandlung in Wohnungseigentum, über Vertragsstrafenzahlungen, über das Recht auf Erneuerung des Dauerwohnrechts, aber auch über eine Verkaufsverpflichtung des Gebäudes an den Dauerwohnberechtigten. 32

V. Nachträgliche Vereinbarungsänderung

Nachträgliche Änderungen von Vereinbarungen, die dinglicher Inhalt des Dauerwohnrechts geworden sind (vgl Rn 24 ff, 31), sind **Inhaltsänderungen** gemäß § 877 BGB. Sie bedürfen mithin (formloser) Einigung der Beteiligten sowie Eintragung der Rechtsänderung im Grundbuch. Die Zustimmung gleich- und nachrangig dinglicher Berechtiger erfolgt nach Maßgabe von § 876 BGB. 33

Vereinbarungen, die lediglich einen schuldrechtlichen Inhalt haben (vgl Rn 32) können jederzeit durch **bloße Einigung** geändert werden. 34

§ 34 Ansprüche des Eigentümers und der Dauerwohnberechtigten

(1) Auf die Ersatzansprüche des Eigentümers wegen Veränderungen oder Verschlechterungen sowie auf die Ansprüche der Dauerwohnberechtigten auf Ersatz von Verwendungen oder auf Gestattung der Wegnahme einer Einrichtung sind die §§ 1049, 1057 des Bürgerlichen Gesetzbuchs entsprechend anzuwenden.

(2) Wird das Dauerwohnrecht beeinträchtigt, so sind auf die Ansprüche des Berechtigten die für die Ansprüche aus dem Eigentum geltenden Vorschriften entsprechend anzuwenden.

Übersicht

	Rn		Rn
I. Allgemeines	1	2. Ansprüche des Eigentümers	4
II. Ansprüche zwischen Dauerwohnberechtigten und Eigentümer (§ 34 Abs 1)		3. Verjährung der Ansprüche	6
		III. Ansprüche des Dauerwohnberechtigten gegen Dritte	9
	2		
1. Ansprüche des Dauerwohnberechtigten	2		

I. Allgemeines

Durch § 34 wird der **gesetzliche Inhalt des Dauerwohnrechts** durch Verweisung auf die Vorschriften über den Nießbrauch (§§ 1049, 1057 BGB) ergänzt. Während Abs 1 das Verhältnis zwischen Dauerwohnberechtigtem und Eigentümer regelt, behandelt Abs 2 das Verhältnis des Dauerwohnberechtigtem und Eigentümer regelt, behandelt Abs 2 das Verhältnis des Dauerwohnberechtigen zu Dritten. 1

II. Ansprüche zwischen Dauerwohnberechtigten und Eigentümer (§ 34 Abs 1)

2   **1. Ansprüche des Dauerwohnberechtigten.** Macht der Dauerwohnberechtigte auf die seiner Nutzung unterliegenden Gebäude- oder Grundstücksteile Verwendungen, zu denen er nicht verpflichtet ist (zB Einbau eines Bades), kann er vom Eigentümer **Ersatz dieser Verwendungen** nach den Vorschriften über die Geschäftsführung ohne Auftrag (GoA) verlangen, §§ 34 Abs 1, 1049 Abs 1 BGB. Liegen die Voraussetzungen einer berechtigten GoA (§ 683 [mit Willen des Eigentümers], § 679 [im öffentlichen Interesse], § 684 S 2 BGB [nachträgliche Genehmigung durch Eigentümer] vor, kann der Berechtigte vom Eigentümer vollen Ersatz seiner Aufwendungen verlangen *(Palandt/Bassenge* § 34 Rn 2). Liegen die Voraussetzungen einer berechtigte GoA nicht vor, kann der Dauerwohnberechtigte vom Eigentümer Herausgabe des Erlangten nach den Vorschriften über die Herausgabe einer ungerechtfertigten Bereicherung verlangen (§ 684 S 1 BGB).

3   Der Dauerwohnberechtigte ist berechtigt, **eine Einrichtung,** mit der er die seinem Recht unterliegenden Räume oder Gebäude versehen hat, **wegzunehmen** (§§ 34 Abs 1, 1049 Abs 2 BGB). Er muss dann auf seine Kosten den früheren Zustand wieder herstellen (§ 258 BGB). Dies gilt auch dann, wenn die Einrichtung wesentlicher Bestandteil des Gebäudes geworden ist, vgl § 951 Abs 2 S 1 BGB.

4   **2. Ansprüche des Eigentümers. Schadensersatzansprüche** des Eigentümers gegen den Dauerwohnberechtigten **wegen Veränderungen oder Verschlechterungen** der dem Dauerwohnrecht unterliegenden Räume oder sonstigen Teile des Anwesens sind im WEG nicht geregelt. Es gelten die allgemeinen Vorschriften des BGB. Der Dauerwohnberechtigte haftet danach für Veränderungen oder Verschlechterungen, die durch vertragswidrigen Gebrauch (§ 280 BGB) oder durch unerlaubte Handlungen (§ 823 BGB) herbeigeführt wurden. Für Veränderungen oder Verschlechterungen, die auf einer vereinbarungsgemäß zulässigen Nutzung oder Mitbenutzung beruhen, hat er nicht einzustehen (vgl § 1050 BGB).

5   Der **Anspruch** des Eigentümers auf **Rückgabe** der benutzten Räume nach Beendigung des Dauerwohnrechts ergibt sich aus § 985 BGB, denn mit der Beendigung des Dauerwohnrechts entfällt das Recht zum Besitz (§ 986 Abs 1 S 1 BGB).

6   **3. Verjährung der Ansprüche.** Die Ansprüche des Dauerwohnberechtigten wie auch die Ansprüche des Eigentümers verjähren nach dem in Abs 1 für entsprechend anwendbar erklärten § 1057 S 1 BGB in **6 Monaten.** Der Beginn der Verjährungsfrist ist abweichend von den allgemeinen Bestimmungen (§§ 199 ff BGB) durch § 1057 S 2 BGB in Verbindung mit § 548 Abs 1 S 2, Abs 2 BGB wie folgt geregelt:

7   Die **Verjährung der Ansprüche des Dauerwohnberechtigten** auf Ersatz von Verwendungen oder Wegnahme von Einrichtungen beginnt mit der Beendigung des Dauerwohnrechts (§ 548 Abs 2 BGB).

8   Die **Verjährung der Ersatzansprüche des Eigentümers** wegen Veränderungen oder Verschlechterungen beginnt mit dem Zeitpunkt, in dem er die dem Dauerwohnrecht unterliegenden Gebäude- oder Grundstücksteile zurück erhält (§ 548 Abs 1 S 2 BGB).

III. Ansprüche des Dauerwohnberechtigten gegen Dritte

Nach Abs 2 stehen dem Dauerwohnberechtigten bei Beeinträchtigungen seines Rechts durch Dritte in Anlehnung an die für den Nießbrauch geltende Regelung des § 1065 BGB die gleichen Ansprüche wie dem Eigentümer zu. Er kann von dem unberechtigten Besitzer Herausgabe der Sache verlangen (§ 985 BGB) und von dem Störer Beseitigung der Beeinträchtigung oder Unterlassung fordern (§ 1004 BGB). **9**

§ 35 Veräußerungsbeschränkung

¹**Als Inhalt des Dauerwohnrechts kann vereinbart werden, dass der Berechtigte zur Veräußerung des Dauerwohnrechts der Zustimmung des Eigentümers oder eines Dritten bedarf.** ²**Die Vorschriften des § 12 gelten in diesem Fall entsprechend.**

Ebenso wie beim Wohnungseigentum (§ 12 Abs 1) und beim Erbbaurecht (§ 5 Abs 1 ErbbauVO) kann beim Dauerwohnrecht – abweichend von § 137 BGB – eine Veräußerungsbeschränkung zum Inhalt des Rechts gemacht werden, die den Eigentümer in gewissen Grenzen vor der freien Veräußerlichkeit schützt (*Pick* in Bärmann, § 35 Rn 1; *Staudinger/Spiegelberger* § 35 Rn 1). Eine Belastungsbeschränkung kann hingegen nicht vereinbart werden (*Riecke/Schmid-Schmid* § 35 Rn 1). **1**

Wegen der **Ausgestaltung** nimmt S 2 auf § 12 Bezug. Es wird auf die dortigen Erläuterungen verwiesen. **2**

Eine Vereinbarung über eine **völlige Unveräußerlichkeit** ist wegen Verstoß gegen § 33 Abs 1 S 1 (vgl dort Rn 2) unzulässig (*Pick* in Bärmann, § 35 Rn 6; *Weitnauer/Mansel* § 35 Rn 1). Gleiches gilt für ein Gebot, nur an bestimmten Personen zu veräußern (*Erman/Grziwotz* § 12 Rn 1; *MünchKomm-BGB/Engelhardt* § 33 Rn 2; *MünchKomm-BGB/Commichau* § 12 Rn 4). **3**

Während § 3 Abs 2 WGV für das Wohnungseigentum eine ausdrückliche Eintragung im Grundbuch vorsieht (vgl § 7 Rn 48), genügt für die Eintragung einer Verfügungsbeschränkung die **Bezugnahme auf die Eintragungsbewilligung** gemäß § 32 Abs 2 S 1 (*Palandt/Bassenge* § 35 Rn 1; aA *Staudinger/Spiegelberger* § 35 Rn 3, wonach die entsprechende Anwendung nach S 2 sich auch auf § 3 Abs 2 WGV bezieht); es empfiehlt sich jedoch, sie im Grundbuch ihrem wesentlichen Inhalt nach ausdrücklich einzutragen (so auch *Weitnauer/Mansel* § 35 Rn 2, *Pick* in Bärmann, § 35 Rn 4). **4**

§ 36 Heimfallanspruch

(1) ¹**Als Inhalt des Dauerwohnrechts kann vereinbart werden, dass der Berechtigte verpflichtet ist, das Dauerwohnrecht beim Eintritt bestimmter Voraussetzungen auf den Grundstückseigentümer oder einen von diesem zu bezeichnenden Dritten zu übertragen (Heimfallanspruch).** ²**Der Heimfallanspruch kann nicht von dem Eigentum an dem Grundstück getrennt werden.**

(2) Bezieht sich das Dauerwohnrecht auf Räume, die dem Mieterschutz unterliegen, so kann der Eigentümer von dem Heimfallanspruch nur Gebrauch machen, wenn ein Grund vorliegt, aus dem ein Vermieter die Aufhebung des Mietverhältnisses verlangen oder kündigen kann.

(3) Der **Heimfallanspruch verjährt in sechs Monaten** von dem Zeitpunkt an, in dem der Eigentümer von dem Eintritt der Voraussetzungen Kenntnis erlangt, ohne Rücksicht auf diese Kenntnis in **zwei Jahren** von dem Eintritt der Voraussetzungen an.

(4) ¹Als Inhalt des Dauerwohnrechts kann vereinbart werden, dass der Eigentümer dem Berechtigten eine Entschädigung zu gewähren hat, wenn er von dem Heimfallanspruch Gebrauch macht. ²Als Inhalt des Dauerwohnrechts können Vereinbarungen über die Berechnung oder Höhe der Entschädigung oder die Art ihrer Zahlung getroffen werden.

Übersicht

	Rn		Rn
I. Der Heimfallanspruch (Abs 1)	1	II. Beschränkungen der Geltend-	
1. Begriff des Heimfallanspruchs	1	machung des Heimfallanspruches	
2. Vereinbarung eines Heimfall-		(Abs 2)	14
anspruchs	5	III. Verjährung des Heimfall-	
3. Voraussetzungen des Heimfall-		spruches (Abs 3)	19
anspruchs	8	IV. Entschädigung beim Heimfall	
4. Geltendmachung und Erfüllung		(Abs 4)	21
des Heimfallanspruchs	10		

Literatur: *Mayer* Zur Störfallvorsorge beim Dauerwohnrecht: Heimfallanspruch bei Tod des Berechtigten oder Veräußerung des Rechts, DNotZ 2003, 908.

I. Der Heimfallanspruch (Abs 1)

1 **1. Begriff des Heimfallanspruchs.** Der Heimfallanspruch ist das **Recht des Eigentümers** von dem Dauerwohnberechtigten beim Eintritt bestimmter Voraussetzungen die Übertragung des Dauerwohnrechts auf sich selbst oder auf einen von ihm benannten Dritten zu verlangen.

2 Der Eintritt der vereinbarten Voraussetzungen bewirkt **kein Erlöschen des Dauerwohnrechts** und **keinen Rechtsübergang kraft Gesetzes**, sondern der Eigentümer muss den Übertragungsanspruch geltend machen und der Dauerwohnberechtigte ihn erfüllen.

3 Der Heimfallanspruch hat eine **vormerkungsähnliche Wirkung**, indem er auch gegen einen Dauerwohnberechtigten wirkt, der das Dauerwohnrecht nach Eintritt der Heimfallvoraussetzungen (*Staudinger/Spiegelberger* § 36 Rn 14; *Mayer* DNotZ 2003, 908 [928]) – nach **aA** nach Geltendmachung des Anspruchs (*Anwkomm/Heinemann* § 36 Rn 1; *Pick* in Bärmann, § 36 Rn 30) – erworben hat.

4 Der Heimfallanspruch ist ein **subjektiv-dingliches Recht**, denn er ist mit dem Eigentum am belasteten Grundstück untrennbar verbunden (Abs 1 S 2) und mithin dessen wesentlicher Bestandteil im Sinne von § 96 BGB. Er steht dem jeweiligen Grundstückseigentümer zu und richtet sich gegen den jeweiligen Dauerwohnberechtigten. Über ihn kann nicht selbstständig verfügt werden: Er kann weder abgetreten noch verpfändet (§ 1274 Abs 2 BGB) oder gepfändet (§ 891 ZPO) werden.

5 **2. Vereinbarung eines Heimfallanspruchs.** Der Heimfallanspruch gehört **nicht** zum **notwendigen Inhalt** des Dauerwohnrechts. Fehlt in der Eintragungsbewilligung eine Angabe über die Vereinbarung eines Heimfallanspruches, so hat das Grundbuchamt davon auszugehen, dass ein derartiger Anspruch nicht vereinbart worden ist und darf die Eintragung des Dauerwohnrechts nicht wegen der fehlenden Angabe ablehnen (*BayObLG* 2 Z 10/54, NJW 1954, 959).

Ist hingegen ein Heimfallanspruch als Inhalt des Dauerwohnrechts vereinbart, so sind seine **Voraussetzungen** notwendiger Inhalt des Dauerwohnrechts (§ 32 Abs 3). Sie sind in der Eintragungsbewilligung anzugeben. Ihr Fehlen führt zur Ablehnung des Eintragungsantrages durch das Grundbuchamt. Zur Rechtslage, wenn das Grundbuchamt trotz des Fehlens einträgt, vgl § 32 Rn 10.

6

Da nach Abs 1 S 1 ein Heimfallanspruch nur für den Fall des Eintritts „bestimmter Voraussetzungen" vereinbart werden kann, ist die Vereinbarung eines völlig voraussetzungslosen Heimfallanspruches unzulässig und unwirksam, so zB wenn das jederzeitige Übertragungsverlangen des Eigentümers Voraussetzung sein soll (*LG Oldenburg* BReg 2 Z 71/78, Rpfleger 1979, 381 zu § 2 Nr 4 ErbbauVO).

7

3. Voraussetzungen des Heimfallanspruchs. Die Beteiligten können grundsätzlich die Voraussetzungen, unter denen ein Heimfallanspruch bestehen soll, **frei vereinbaren**. Als Voraussetzungen kommen in erster Linie Umstände in der Person und im Herrschaftsbereich des Dauerwohnberechtigten in Betracht, zB Verletzungen der nach § 14 obliegenden Verpflichtungen, Zahlungsverzug, nicht gestattete bauliche Veränderungen, Belastung des Dauerwohnrechts, Zwangsvollstreckung in das Dauerwohnrecht (vgl Rn 4), Vermietung oder Verpachtung der Räume, Insolvenzeröffnung über das Vermögen des Dauerwohnberechtigten, Tod des Dauerwohnberechtigten (§ 33 Rn 6; *OLG Hamm* 15 W 286/64, OLGZ 1965, 72 zu § 2 Nr 4 ErbbauVO); aber auch Umstände in der Person und im Herrschaftsbereich des Eigentümers, zB Tod des Eigentümers, Veräußerung des Grundstücks, Zwangsvollstreckung in das Grundstück.

8

Die Vereinbarungsfreiheit der Beteiligten findet ihre **Grenze** in den allgemeinen Bestimmungen der §§ 134, 138 BGB. Unwirksam ist daher die Vereinbarung eines Heimfallanspruchs für den Fall der Veräußerung des Dauerwohnrechts, da sie auf eine rechtsmissbräuchliche Umgehung der Veräußerungsbeschränkung des § 35 in den Grenzen des § 12 Abs 2 hinausläuft (*Pick* in Bärmann, § 36 Rn 68; *Weitnauer/Mansel* § 36 Rn 8; **aA** *AnwKomm/Heinemann* § 36 Rn 3; *Palandt/Bassenge* § 36 Rn 2; *Mayer* DNotZ 2003, 908).

9

4. Geltendmachung und Erfüllung des Heimfallanspruchs. Bei Eintritt der vereinbarten Voraussetzungen kann der Grundstückseigentümer vom Dauerwohnberechtigten die **Übertragung des Dauerwohnrechts** durch Einigung und Eintragung (§ 873 BGB) an sich oder einen von ihm bezeichneten Dritten verlangen; das Verlangen wird durch formfreie empfangsbedürftige Willenserklärung gestellt. Der bezeichnete Dritte erlangt keinen eigenen Anspruch, kann aber vom Eigentümer zur Geltendmachung von dessen Anspruch ermächtigt werden, was bei gerichtlicher Geltendmachung in Prozessstandschaft erfolgt.

10

Ist die Verletzung einer vertraglichen Pflicht als vereinbarte Voraussetzung eingetreten, so steht der Geltendmachung des Anspruchs nicht entgegen, dass der Dauerwohnberechtigte die Erfüllung dieser **Pflicht nachholt** (*BGH* V ZR 271/86, NJW-RR 1988, 715 zu § 2 Nr 4 ErbbauVO).

11

Wird das Dauerwohnrecht auf den Eigentümer übertragen, so wird es als „**Eigentümerwohnrecht**" zum Recht an der eigenen Sache (*Palandt/Bassenge* § 36 Rn 2;

12

Weitnauer/Mansel § 36 Rn 1). Die Übertragung des Dauerwohnrechts ändert an der zeitlichen Begrenzung nichts; mit dem Zeitablauf erlischt das Recht des Eigentümers bzw Dritten.

13 Für die gerichtliche Geltendmachung gelten § 43 und damit auch §§ 23 Nr 2c, 72 Abs 2 GVG nicht; die **Zuständigkeit** und der **Rechtsmittelzug** richten sich nach den allgemeinen Vorschriften. Der Klageantrag und das Urteil lauten auf Abgabe der Einigungserklärung nach § 873 BGB und der Eintragungsbewilligung nach § 19 GBO durch den Dauerwohnberechtigten. Diese Erklärungen gelten nach § 894 ZPO mit Rechtskraft des Urteils als abgegeben und das Urteil wahrt die nach § 29 GBO erforderliche Form der Eintragungsbewilligung.

II. Beschränkungen der Geltendmachung des Heimfallanspruches (Abs 2)

14 Nach Abs 2 kann der Eigentümer seinen Heimfallanspruch nur geltend machen, wenn ein Grund gegeben ist, aus dem ein Vermieter das **Mietverhältnis über Räume**, die dem Mietschutz unterliegen, aufheben oder kündigen kann. Durch diese Beschränkung soll verhindert werden, dass durch die Bestellung eines Dauerwohnrechts die Kündigungsvorschriften umgangen werden und der Dauerwohnberechtigte schlechter als ein Mieter gestellt wird.

15 Da das Mieterschutzgesetz nicht mehr gilt, ist Abs 2 dahin zu verstehen, dass auf den Heimfallanspruch die für die Kündigung eines Mietverhältnisses durch den Vermieter geltenden **mietrechtlichen Vorschriften** (zB §§ 568 ff BGB) **entsprechend** anzuwenden sind (*Pick* in Bärmann, § 36 Rn 58; *Palandt/Bassenge* § 36 Rn 2; *Weitnauer/Mansel* § 36 Rn 6; **aA** *Mayer* DNotZ 2003, 908 [926]). Diese Kündigungsvorschriften betreffen im Übrigen nur Wohnräume, unabhängig davon, ob diese frei finanziert, öffentlich gefördert oder steuerbegünstigt sind. Für Geschäfts- und gewerbliche Räume gibt es hingegen keinen Kündigungsschutz.

Wegen näherer Einzelheiten wird auf die zu den angeführten Mieterschutzbestimmungen ergangenen Erläuterungen verwiesen.

16 Die entsprechende Anwendung der Kündigungsvorschriften führt letztlich dazu, dass der Eigentümer den Heimfallanspruch nur geltend machen kann, wenn er ein **berechtigtes Interesse am Heimfall** hat (insbesondere Eigenbedarf oder erhebliche Vertragsverletzungen des Dauerwohnberechtigten) und wenn die Übertragung des Dauerwohnrechts für den widersprechenden Berechtigten oder seine Familie zwar eine Härte bedeuten würde, die aber unter Würdigung der berechtigten Interessen des Eigentümers zu rechtfertigen ist (§ 574 BGB).

17 Durch Abs 2 wird nicht die Vertragsfreiheit der Beteiligten bei der Vereinbarung von Voraussetzungen für den Heimfallanspruch eingeschränkt, sondern nur seine Geltendmachung durch den Eigentümer. Auch wird durch Abs 2 **kein Heimfallanspruch kraft Gesetzes** für den Fall geschaffen, dass ein Kündigungsgrund nach dem sozialen Mietrecht vorliegt; ein solcher Grund muss als Voraussetzung des Heimfallanspruches ausdrücklich vereinbart sein.

18 Abs 2 ist zu Ungunsten des Dauerwohnberechtigten **unabdingbar**, abweichende Vereinbarungen zu seinen Gunsten sind jedoch zulässig.

III. Verjährung des Heimfallanspruches (Abs 3)

Abs 3 stellt eine **Ausnahme von** § **902 Abs 1 S 1 BGB** dar, wonach Ansprüche aus einem eingetragenen Recht nicht der Verjährung unterliegen. 19

Der Heimfallanspruch verjährt ohne Rücksicht auf die Kenntnis des Eigentümers von dem Eintritt der Voraussetzungen in **2 Jahren**; die Verjährungsfrist beginnt mit dem Eintritt dieser Voraussetzung. Hat der Eigentümer früher Kenntnis von dem Eintritt der Voraussetzungen des Heimfallanspruchs, beträgt die Verjährungsfrist 6 Monate und beginnt mit dem Zeitpunkt der Erlangung der Kenntnis des Eigentümers. Beruft sich der Dauerwohnberechtigte auf Verjährung, ist er für eine frühere Kenntnis des Eigentümers beweispflichtig. 20

IV. Entschädigung beim Heimfall (Abs 4)

Die Beteiligten können als Inhalt des Dauerwohnrechts die Zahlung einer **Entschädigung** für den Fall der Geltendmachung des Heimfallanspruches vereinbaren; es steht ihnen auch frei, Bestimmungen über die Berechnung der Entschädigung, ihre Höhe und ihre Zahlungsart zu treffen (Beispiel in *BayObLG* 2 Z 20/60, NJW 1960, 2100). 21

Im Gegensatz zu § 32 ErbbauVO muss die vereinbarte Höhe der Entschädigung **nicht** „angemessen" sein. Ist nur eine Vereinbarung über die Entschädigung, nicht aber auch über deren Höhe getroffen, so wird eine angemessene Entschädigung geschuldet (*Pick* in Bärmann, § 36 Rn 94; *Palandt/Bassenge* § 36 Rn 3). 22

Nur bei **langfristigen Dauerwohnrechten** im Sinne von § 41 Abs 1 gehört eine Verpflichtung zur Zahlung einer angemessenen Entschädigung zum unabdingbaren gesetzlichen Inhalt des Rechts (§ 41 Abs 3). 23

Der Entschädigungsanspruch richtet sich gegen den Eigentümer und wird mit Erfüllung des Heimfallanspruchs durch Einigung und Eintragung **fällig** (*BGH* V ZR 301/88, NJW 1990, 2067 zu § 32 ErbbauVO). Vorausverfügungen sind nach allgemeinen Grundsätzen zulässig (*BGH* V ZR 191/74, NJW 1976, 895 zu § 32 ErbbauVO). 24

Zwar bleibt es den Beteiligten überlassen, eine Entschädigungspflicht des Eigentümers für den Heimfallanspruch zu vereinbaren oder nicht, in jedem Fall muss aber – im Gegensatz zum Ausschluss des Heimfallrechts – auch der **Ausschluss** einer Entschädigungspflicht in der Eintragungsbewilligung **ausdrücklich** erwähnt werden (§ 32 Abs 3). Fehlt diese Angabe, obwohl ein Heimfall zum Inhalt des Dauerwohnrechts gemacht ist, so soll das Grundbuchamt die Eintragung des Dauerwohnrechts ablehnen; zur Rechtslage, wenn es gleichwohl einträgt, vgl § 32 Rn 10. 25

§ 37 Vermietung

(1) Hat der Dauerwohnberechtigte die dem Dauerwohnrecht unterliegenden Gebäude- oder Grundstücksteile vermietet oder verpachtet, so erlischt das Miet- oder Pachtverhältnis, wenn das Dauerwohnrecht erlischt.

(2) Macht der Eigentümer von seinem Heimfallanspruch Gebrauch, so tritt er oder derjenige, auf den das Dauerwohnrecht zu übertragen ist, in das Miet- oder Pachtverhältnis ein; die Vorschriften der §§ 566 bis 566e des Bürgerlichen Gesetzbuchs gelten entsprechend.

(3) ¹Absatz 2 gilt entsprechend, wenn das Dauerwohnrecht veräußert wird. ²Wird das Dauerwohnrecht im Wege der Zwangsvollstreckung veräußert, so steht dem Erwerber ein Kündigungsrecht in entsprechender Anwendung des § 57a des Gesetzes über die Zwangsversteigerung und die Zwangsverwaltung zu.

Übersicht

	Rn		Rn
I. Allgemeines	1	IV. Veräußerung des Dauerwohnrechts	
II. Erlöschen des Dauerwohnrechts (Abs 1)	3	(Abs. 3)	9
		1. Rechtsgeschäftliche Veräußerung	9
III. Heimfallanspruch (Abs 2)	6	2. Veräußerung im Wege der Zwangsvollstreckung	11

Literatur: *Constantin* Schutz des Eigentümers gegen unberechtigte Vermietung durch den Dauerwohn- oder Dauernutzungsberechtigten nach dem WEG, NJW 1969, 1417.

I. Allgemeines

1 § 37 regelt, welchen Einfluss das Erlöschen und die Übertragung des Dauerwohnrechts auf **Miet- und Pachtverträge** hat, die der Dauerwohnberechtigte über die Räume abgeschlossen hat, unterschiedlich.

2 Nicht anwendbar ist § 37, wenn die Räume **schon bei Begründung** des Dauerwohnrechts vom Eigentümer vermietet oder verpachtet waren. In diesem Fall tritt der Dauerwohnberechtigte für die Zeit seines Dauerwohnrechts in die Verträge nach §§ 567, 581 Abs 2 BGB ein und für sein Verhältnis zum Mieter gelten die allgemeinen Bestimmungen (*Pick* in Bärmann, § 37 Rn 6; *Weitnauer/Mansel* § 37 Rn 7).

II. Erlöschen des Dauerwohnrechts (Abs 1)

3 Erlischt das Dauerwohnrecht durch Zeitablauf, durch Aufgabe oder Aufhebung oder durch Nichtbestehenbleiben in der Zwangsversteigerung (§ 91 ZVG; sa § 39), so **erlischt** – im Gegensatz zur Vermietung und Verpachtung durch einen Nießbraucher (§ 1056 BGB) oder Erbbauberechtigten (§ 30 Erbbau VO) – das **Miet- und Pachtverhältnis**.

4 Der Eigentümer hat gegen den nicht mehr zum Besitz berechtigten Mieter oder Pächter sowie denjenigen, dem dieser den Besitz befugt oder unbefugt überlassen hat, den **Herausgabeanspruch** nach § 985 BGB, nicht aber den Rückgabeanspruch gem § 546 BGB (*Palandt/Bassenge* § 37 Rn 2). Der Mieter kann sich dabei nicht auf Kündigungsschutz berufen.

5 Hat der **Berechtigte** einseitig oder durch Vereinbarung mit dem Eigentümer sein Dauerwohnrecht aufgegeben und erlischt so das Miet- oder Pachtverhältnis vor Ablauf der Zeit, für die es eingegangen wurde, **haftet** er dem Mieter oder Pächter gegenüber nach den Grundsätzen der Rechtsmängelhaftung gemäß § 536 Abs 3 BGB (*Pick in Bärmann*, § 37 Rn 8; *Palandt/Bassenge* § 37 Rn 2; *Weitnauer/Mansel* § 37 Rn 2). Bei einem bewussten Zusammenwirken zwischen Eigentümer und Dauerwohnberechtigten zum Nachteil des Mieters kann gegen den Herausgabeanspruch des Eigentümers eine Einwendung aus § 826 BGB in Betracht kommen (*Pick* in Bärmann, § 37 Rn 17).

Eintritt in ein Rechtsverhältnis § 38 WEG II

III. Heimfallanspruch (Abs 2)

Wird das Dauerwohnrecht auf Grund eines Heimfallanspruchs auf den Eigentümer oder einen Dritten **übertragen**, so treten diese in das bestehende Miet- oder Pachtverhältnis in entsprechender Anwendung der §§ 566–566e, 581 Abs 2 BGB ein. 6

Der Eigentümer kann zwar nach dem Heimfall das Mietverhältnis nach Abs 1 dadurch beenden, dass er das Dauerwohnrecht aufhebt (*Pick* in Bärmann, § 37 Rn 41; *Palandt/Bassenge* § 37 Rn 2; *Weitnauer/Mansel* § 37 Rn 4; **aA** *Soergel/Stürmer* § 37 Rn 3; *Constantin*, NJW 1969, 1417), er setzt sich dann aber **Schadensersatzforderungen** des Mieters aus (vgl oben Rn 5). 7

Erwirbt der Eigentümer das Dauerwohnrecht, **ohne** dass ein **Heimfallanspruch** besteht, so gilt Abs 3. 8

IV. Veräußerung des Dauerwohnrechts (Abs. 3)

1. Rechtsgeschäftliche Veräußerung. Ebenso wie beim Heimfall des Dauerwohnrechts gilt auch beim rechtsgeschäftlichen Erwerb des Dauerwohnrechts der Grundsatz „**Kauf bricht nicht Miete**" des § 566 BGB. Der Erwerber, der auch der Eigentümer sein kann (vgl oben Rn 8), tritt er an die Stelle des bisherigen Berechtigten in die sich aus dem Miet- oder Pachtverhältnis ergebenden Rechte und Verpflichtungen ein, sofern bei seiner Eintragung als neuer Berechtigter im Grundbuch die vermieteten oder verpachteten Räume bereits dem Mieter oder Pächter überlassen worden waren (vgl §§ 566–566e BGB). 9

Hat der Veräußerer des Dauerwohnrechts **trotz eines Verbots** oder ohne eine erforderliche Zustimmung des Eigentümers (vgl § 33 Abs 4 Nr 1) einen Miet- oder Pachtvertrag abgeschlossen, wird dadurch die Wirksamkeit dieses Vertrages nicht berührt. Der Erwerber des Dauerwohnrechts tritt auch in diesem Fall in das Mietverhältnis ein (*Palandt/Bassenge* § 37 Rn 3; *Weitnauer/Mansel* § 37 Rn 5). Er ist aber an die zum Inhalt des Dauerwohnrechts gehörende Nutzungsbeschränkung gebunden und der Eigentümer kann von ihm Unterlassung verlangen (*Weitnauer/Mansel* § 37 Rn 5). 10

2. Veräußerung im Wege der Zwangsvollstreckung. Auch bei Veräußerung im Wege der Zwangsvollstreckung nach §§ 857 Abs 1, 844 ZPO oder § 1277 BGB oder durch den Insolvenzverwalter tritt der Erwerber in das bestehende Miet- und Pachtverhältnis ein. Er hat aber nach § 57a ZVG ein **außerordentliches Kündigungsrecht** zum ersten zulässigen Termin. Soweit dieses Kündigungsrecht durch die §§ 57c, d ZVG eingeschränkt wird, gelten diese Bestimmungen auch bei einer Zwangsvollstreckungsveräußerung im Sinne dieser Vorschrift, obwohl in § 37 Abs. 3 S 2 nur der § 57a ZVG erwähnt wird (*Pick* in Bärmann § 37 Rn 47; *Palandt/Bassenge* § 37 Rn 3; *Weitnauer/Mansel* § 37 Rn 6). 11

§ 38 Eintritt in das Rechtsverhältnis

(1) Wird das Dauerwohnrecht veräußert, so tritt der Erwerber an Stelle des Veräußerers in die sich während der Dauer seiner Berechtigung aus dem Rechtsverhältnis zu dem Eigentümer ergebenden Verpflichtungen ein.

(2) ¹Wird das Grundstück veräußert, so tritt der Erwerber an Stelle des Veräußerers in die sich während der Dauer seines Eigentums aus dem Rechtsverhältnis zu dem

II WEG § 38   Eintritt in ein Rechtsverhältnis

Dauerwohnberechtigten ergebenden Rechte ein. ²**Das Gleiche gilt für den Erwerb auf Grund Zuschlages in der Zwangsversteigerung, wenn das Dauerwohnrecht durch den Zuschlag nicht erlischt.**

Übersicht

	Rn		Rn
I. Allgemeines	1	2. Veräußerung des Grundstücks	12
II. Eintritt in das Rechtsverhältnis	3	3. Veräußerung im Wege der	
III. Umfang der Eintrittswirkung	9	Zwangsversteigerung	14
1. Veräußerung des Dauerwohnrechts	9		

I. Allgemeines

1   Die § 566 BGB nachgebildete Vorschrift regelt die **schuldrechtlichen Beziehungen** zwischen dem Erwerber eines Dauerwohnrechts und dem Grundstückseigentümer einerseits und zwischen dem Erwerber eines Grundstücks und dem Dauerwohnberechtigten andererseits **bei Einzelrechtsnachfolge.** Sie gilt entsprechend § 567b BGB auch bei Weiterveräußerung (*Pick* in Bärmann, § 38 Rn 27). Da ein Universalrechtsnachfolger (zB Erbe) sowohl des Dauerwohnberechtigten als auch des Grundstückseigentümers nicht nur in die dinglichen, sondern auch in die schuldrechtlichen Verpflichtungen seines Rechtsvorgängers eintritt (Wesen der Gesamtrechtsnachfolge), war insoweit eine besondere Regelung im WEG nicht erforderlich.

2   § 38 spricht nicht schlechthin vom Rechtsnachfolger, sondern nur vom „**Erwerber**" des Dauerwohnrechts bzw. des Grundstücks. Daher treten zB Pfandgläubiger oder Nießbraucher am Dauerwohnrecht nicht in dessen Verpflichtungen ein.

II. Eintritt in das Rechtsverhältnis

3   Der Erwerber tritt nach dieser Vorschrift in die sich aus dem schuldrechtlichen Grundvertrag zwischen dem Dauerwohnberechtigten und Grundstückseigentümer ergebenden Rechte und Pflichten ein. Soweit gegenseitige Rechte und Pflichten **gesetzlicher oder vereinbarter Regelungsinhalt** des Dauerwohnrechts sind, ergibt schon die dingliche Wirkung diese Eintrittswirkung des Erwerbers.

4   Umstritten ist die Frage, ob die Eintrittswirkung des § 38 sich auch auf vereinbarte Rechte und Pflichten erstreckt, die durch Eintragung im Grundbuch hätten verdinglicht werden können (§ 33 Abs 4, 35, 36, 39, 40 Abs 2), es aber nicht sind. Da der Gesetzgeber durch § 32 Abs 3 sogar einen gewissen Zwang zur Verdinglichung derartiger Vereinbarungen vorsieht, ist es sein erkennbarer Wille, den Übergang von Rechten und Pflichten auf den Rechtsnachfolger nach § 38 zu verneinen, wenn sie **nicht verdinglicht** sind (*Pick* in Bärmann, § 38 Rn 17; *Palandt/Bassenge* § 38 Rn 1; *Weitnauer/Mansel* § 38 Rn 5; aA *Soergel/Stürmer* § 38 Rn 4; *Staudinger/Spiegelberger* § 38 Rn 6; *Hoche* NJW 1954, 959).

5   Wenn das Gesetz in Abs 1 auch nur von den „Verpflichtungen" und in Abs 2 nur von den „Rechten" spricht, so geht es davon aus, dass die **dem gegenüberstehenden Rechte** des Dauerwohnberechtigten bzw **Verpflichtungen** des Grundstückseigentümers regelmäßig zum dinglichen Rechtsinhalt gehören oder gemacht werden können. Sollte dieses im Einzelfall nicht zutreffen, bestehen keine Bedenken, die Eintrittswirkung des Erwerbers auch in solche Rechtsbeziehungen anzunehmen, die sich im Falle

Vandenhouten

des Abs 1 als „Rechte" und im Falle des Abs 2 als „Verpflichtungen" darstellen (*Pick* in Bärmann, § 38 Rn 12, 13; *Palandt/Bassenge* § 38 Rn 2; *Weitnauer/Mansel* § 38 Rn 7; weitergehend *Staudinger/Spiegelberger* § 38 Rn 11 [Eintritt in die volle Rechtsstellung, da § 38 auch Rechte und Pflichten erfasse, die zum Rechtsinhalt hätten gemacht werden können]).

Die Eintrittswirkung kann sich aber immer nur auf Vereinbarungen erstrecken, die in einem notwendigen rechtlichen oder wirtschaftlichen **Zusammenhang mit dem Dauerwohnrecht** stehen (vgl insoweit die Rechtsprechung zu § 566 Abs 1 BGB). 6

Für den Eintritt kommt es nicht darauf an, ob der Erwerber **Kenntnis vom Inhalt** der schuldrechtlichen Vereinbarungen hatte oder hätte haben können; sein guter Glaube wird nicht geschützt (*Pick* in Bärmann, § 38 Rn 25; *Palandt/Bassenge* § 38 Rn 1; *Weitnauer/Mansel* § 38 Rn 11). Er muss sich beim Eigentümer oder Dauerwohnberechtigten über den aktuellen Stand dieser Vereinbarungen informieren; bei falschen oder unvollständigen Angaben gelten die allgemeinen Haftungsbestimmungen. 7

Im Hinblick auf eine mögliche Einzelrechtsnachfolge empfiehlt es sich, den an sich **formfreien Vertrag** über die Bestellung des Dauerwohnrechts mit den schuldrechtlichen Vereinbarungen mindestens privatschriftlich zu schließen und für seine Änderung nach § 125 S 2 BGB zu vereinbaren, dass sie auf die Vertragsurkunde selbst oder auf ein mit diesem zu verbindendes Blatt gesetzt werden. Da diese Abrede jederzeit formfrei aufgehoben werden kann (*Palandt/Heinrichs* § 125 BGB Rn 14), ist die Sicherung des Erwerbers aber nur unvollkommen. 8

III. Umfang der Eintrittswirkung

1. Veräußerung des Dauerwohnrechts. Der Erwerber des Dauerwohnrechts übernimmt mit schuldbefreiender Wirkung (§§ 417, 418 BGB) die sich für die Dauer seiner Berechtigung ergebenden **fällig werdenden Verpflichtungen**, also in erster Linie Zahlung des laufenden Entgelts oder sonstige laufende Zahlungen (zB Heizungskosten, Grundsteuer usw.). Für Rückstände haftet der Erwerber daher nicht (*Pick* in Bärmann, § 38 Rn 40; *Palandt/Bassenge* § 38 Rn 2; *Weitnauer/Mansel* § 38 Rn 8); für sie haftet der Veräußerer weiter. 9

Der **Veräußerer haftet** aber andererseits auch **nicht** entsprechend § 566 Abs 2 BGB für die Verpflichtungen seines Rechtsnachfolgers (*Pick* in Bärmann, § 38 Rn 40; *Weitnauer/Mansel* § 38 Rn 8). Möglich ist die schuldrechtliche Vereinbarung einer derartigen Haftung des bisherigen Dauerwohnberechtigten (*Pick* in Bärmann, § 38 Rn 42; *Weitnauer/Mansel* § 38 Rn 8), für die ebenfalls die Eintrittswirkung des § 38 bei einer Veräußerung durch den Erwerber gilt. 10

Infolge der Schuldübernahme **erlöschen** entsprechend § 418 BGB die für die Forderung bestellten Bürgschaften und Pfandrechte (*Palandt/Bassenge* § 38 Rn 1; *Weitnauer/ Mansel* § 38 Rn 8). 11

2. Veräußerung des Grundstücks. Der Erwerber des Grundstücks hat in erster Linie **Anspruch auf** die laufende **Zahlung des Entgelts**, aber auch nur für die Zukunft und für die Dauer seines Eigentums. Rückstände kann er nicht beanspruchen. Abweichend von §§ 566b, 566c BGB muss der Erwerber Vorausverfügungen des Veräußerers über das Entgelt für das Dauerwohnrecht gegen sich gelten lassen (*Pick* in Bärmann, § 38 Rn 15; *Palandt/Bassenge* § 38 Rn 2; *Weitnauer/Mansel* § 38 Rn 9). 12

II WEG § 39   Zwangsversteigerung

13 Entscheidend für den Eintritt des Erwerbers in die schuldrechtlichen Beziehungen des bisherigen Eigentümers zum Dauerwohnberechtigten ist seine **Eintragung im Grundbuch**; abweichend von § 566 Abs 1 BGB ist nicht erforderlich, dass die mit dem Dauerwohnrecht belasteten Räume oder Grundstücksteile ihm schon überlassen sind (*Palandt/Bassenge* § 38 Rn 2).

14 **3. Veräußerung im Wege der Zwangsversteigerung.** Die Eintrittswirkung nach Rn 9–11 gilt auch bei Veräußerung des Dauerwohnrechts im Wege der Zwangsvollstreckung (*AnwKomm/Heinemann* § 38 Rn 2; *Palandt/Bassenge* § 38 Rn 2).

15 Die **Eintrittswirkung nach Rn 12, 13** gilt auch für den Ersteher eines Grundstücks, wenn das Dauerwohnrecht bestehen bleibt und nicht durch Zuschlag erlischt; der Ersteher wird dann trotz nicht rechtsgeschäftlichen Erwerbs bezüglich der Eintrittswirkungen wie ein rechtsgeschäftlicher Erwerber behandelt (§ 38 Abs 2 S 2). In der Zwangsversteigerung bleibt das Dauerwohnrecht bestehen, wenn der betreibende Gläubiger dem Dauerwohnberechtigten im Rang nachgeht, wenn eine Vereinbarung nach § 39 über das **Fortbestehen des Dauerwohnrechts** getroffen wurde oder wenn eine Abweichung von den gesetzlichen Bestimmungen des geringsten Gebotes vorliegt (§§ 44, 59, 91 ZVG). Dem Ersteher steht das außerordentliche Kündigungsrecht nach § 57a ZVG nicht zu (*Pick* in Bärmann, § 38 Rn 46; *Weitnauer/Mansel* § 38 Rn 10).

§ 39 Zwangsversteigerung

(1) Als Inhalt des Dauerwohnrechts kann vereinbart werden, dass das Dauerwohnrecht im Falle der Zwangsversteigerung des Grundstücks abweichend von § 44 des Gesetzes über die Zwangsversteigerung und die Zwangsverwaltung auch dann bestehen bleiben soll, wenn der Gläubiger einer dem Dauerwohnrecht im Range vorgehenden oder gleichstehenden Hypothek, Grundschuld, Rentenschuld oder Reallast die Zwangsversteigerung in das Grundstück betreibt.

(2) Eine Vereinbarung gemäß Absatz 1 bedarf zu ihrer Wirksamkeit der Zustimmung derjenigen, denen eine dem Dauerwohnrecht im Range vorgehende oder gleichstehende Hypothek, Grundschuld, Rentenschuld oder Reallast zusteht.

(3) Eine Vereinbarung gemäß Absatz 1 ist nur wirksam für den Fall, dass der Dauerwohnberechtigte im Zeitpunkt der Feststellung der Versteigerungsbedingungen seine fälligen Zahlungsverpflichtungen gegenüber dem Eigentümer erfüllt hat; in Ergänzung einer Vereinbarung nach Absatz 1 kann vereinbart werden, dass das Fortbestehen des Dauerwohnrechts vom Vorliegen weiterer Voraussetzungen abhängig ist.

Übersicht

	Rn		Rn
I. Allgemeines	1	1. Gesetzliche Bedingung	14
II. Voraussetzungen für das Bestehenbleiben		2. Vereinbarte Bedingungen	16
bleiben	3	IV. Berücksichtigung der Vereinbarung	
1. Vereinbarung	3	in der Zwangsversteigerung	17
2. Gläubigerzustimmung	9	1. Allgemeines	17
3. Eintragung	11	2. Nichtzustimmung aller betroffenen Gläubiger	24
III. Bedingungen für das Bestehenbleiben	14		

I. Allgemeines

Da das Dauerwohnrecht als Belastung des Grundstücks im Rangverhältnis des § 879 BGB zu anderen eingetragenen Rechten steht, fällt es nicht in das **geringste Gebot**, wenn ein im Rang vorgehender oder im Rang gleichstehender Gläubiger die Zwangsversteigerung betreibt (§ 44 Abs 1 ZVG). Es erlischt dann durch Zuschlag (§ 91 ZVG).   1

Der Dauerwohnberechtigte hat damit eine schlechtere Stellung als der Mieter, dessen Recht fortbesteht (§ 57 ZVG) und der durch §§ 573, 574 BGB und durch §§ 57c ZVG gegen eine Kündigung nach § 57a ZVG weitgehend gesichert ist. Diesem Nachteil des Dauerwohnrechts will § 39 abhelfen, in dem er **Bestandschutz in der Zwangsversteigerung** ermöglicht.   2

II. Voraussetzungen für das Bestehenbleiben

1. Vereinbarung. Erforderlich ist zunächst eine materiell-rechtlich **formfreie** Vereinbarung zwischen dem Dauerwohnberechtigten und dem Eigentümer über das Bestehenbleiben des Dauerwohnrechts für den Fall der Zwangsversteigerung durch einen Grundpfand- oder Reallastgläubiger eines im Rang vorgehenden oder gleichstehenden Rechts (Abs 1). Soweit Gläubiger aus einem dem Dauerwohnrecht im Rang nachgehenden Recht die Zwangsversteigerung betreiben, ist eine Vereinbarung nicht erforderlich, da das Dauerwohnrecht auch ohne sie bestehen bleibt (§§ 44, 52 ZVG).   3

Gegenüber anderen dinglich Berechtigten (zB **Nießbraucher, Erbbauberechtigten**) kommt eine Vereinbarung nach § 39 nicht in Betracht, da sie nicht die Zwangsversteigerung des Grundstücks betreiben können.   4

Betreiben **Gläubiger der Rangklasse 1–3** des § 10 Abs 1 ZVG (öffentliche Lasten, Lasten- und Kostenbeiträge nach §§ 16 Abs 2, 28 Abs 2 und 5 WEG, Zwangsverwaltungskosten) die Zwangsversteigerung, so ist die Vereinbarung wirkungslos. Der Dauerwohnberechtigte hat ihnen gegenüber das Ablösungsrecht nach § 268 BGB und kann so sein Recht erhalten (*Pick* in Bärmann, 13 § 39 Rn 43; *Palandt/Bassenge* § 39 Rn 1).   5

Die Vereinbarung bedarf der **Eintragung im Grundbuch** als Inhalt des Dauerwohnrechts. Zur Eintragung § 32 Rn 5 ff und unten Rn 11 ff. Dadurch erlangt sie dingliche Wirkung.   6

Regelmäßig wird die Vereinbarung **bei Bestellung** des Dauerwohnrechts getroffen. Sie ist aber auch **nachträglich** als Inhaltsänderung nach §§ 877, 876 BGB möglich.   7

Dritte, die Rechte am Dauerwohnrecht haben (zB Pfandgläubiger oder Nießbraucher) müssen einer Vereinbarung **nicht zustimmen**, da ihr Recht nicht berührt wird (§§ 876 S 2, 877 BGB). Nur einer nachträglichen Änderung der Vereinbarung zu Ungunsten des Dauerwohnrechts oder ihrer Aufhebung müssen sie zustimmen (*BayObLG* BReg 2 Z 192/59, Z 1959, 520 [528]).   8

2. Gläubigerzustimmung. Zur Wirksamkeit der Vereinbarung ist grundsätzlich die Zustimmung aller im Rang **vorgehender oder gleichstehender Grundpfandgläubiger** und Reallastberechtigter erforderlich. Die Zustimmung anderer Berechtigter zB aus Abteilung II des Grundbuches ist nicht erforderlich.   9

Sind diese Rechte **mit dem Recht eines Dritten** belastet (Nießbrauch oder Pfandrecht), ist auch deren Zustimmung erforderlich, denn die Zustimmung der Grund-   10 pfandgläubiger oder Reallastberechtigten ist eine Verfügung über das belastete Recht (*Pick* in Bärmann, § 39 Rn 47; *Palandt/Bassenge* § 39 Rn 2; *Weitnauer/Mansel* § 39 Rn 16).

11 **3. Eintragung.** Als Inhalt des Dauerwohnrechts ist die Vereinbarung im Grundbuch einzutragen. Wegen des Inhalts der Voraussetzungen, unter denen das Dauerwohnrecht bestehen bleiben soll, kann zwar auf die Eintragungsbewilligung Bezug genommen werden, jedoch bedarf es in der Eintragung selbst eines **Hinweises auf die Vereinbarung** (*Pick* in Bärmann, § 39 Rn 50; *Weitnauer/Mansel* § 39 Rn 13; aA *Palandt/Bassenge* § 39 Rn 2; *Soergel/Stürmer* § 39 Rn 3).

12 Auch ist es erforderlich, dass die Zustimmung nach Abs 2 entsprechend § 18 GBV bei den betroffenen Rechten in Abteilung III des Grundbuches vermerkt wird (*LG Hildesheim* 5 T 427/65, Rpfleger 1966, 116 mit zust Anmerkung *Riedel; Pick* in Bärmann, § 39 Rn 49; *Weitnauer/Mansel* § 39 Rn 13).

13 Auch vor **Zustimmungserklärung** der Gläubiger kann die Vereinbarung bereits eingetragen werden, da die Zustimmung nur eine Voraussetzung für die Wirksamkeit der Vereinbarung, nicht aber für die Eintragungsfähigkeit ist (*OLG Schleswig* 2 W 75/61, SchlHA 1962, 146).

III. Bedingungen für das Bestehenbleiben

14 **1. Gesetzliche Bedingung.** Nach Abs 3 Hs 1 ist die **Vereinbarung über das Fortbestehen** des Dauerwohnrechts nur wirksam, wenn der Berechtigte im Zeitpunkt der Feststellung der Versteigerungsbedingungen – also im Versteigerungstermin, § 66 Abs 1 ZVG – seine fälligen Zahlungsverpflichtungen gegenüber dem Grundstückseigentümer erfüllt hat. Hierunter fallen insbesondere die Zahlung des laufenden Entgelts; aber auch übernommene Beitragsleistungen zur Instandhaltung und Instandsetzung, zu öffentlichen Lasten usw Verschulden des Berechtigten an der Nichterfüllung ist nicht Voraussetzung der Unbestimmtheit der Vereinbarung.

15 Diese gesetzliche Bedingung ist **unabdingbar** (*Pick* in Bärmann, § 39 Rn 55; *Weitnauer/Mansel* § 39 Rn 15) und vom Versteigerungsgericht von Amts wegen zu prüfen.

16 **2. Vereinbarte Bedingungen.** Als Inhalt des Dauerwohnrechts können der Grundstückseigentümer und der Berechtigte **nach freiem Belieben** weitere Bedingungen für das Bestehenbleiben des Dauerwohnrechts vereinbaren. Sie können zB vereinbaren, dass an den Ersteher vom Zuschlag an ein höheres Entgelt zu zahlen und hierfür Sicherheit zu leisten ist.

IV. Berücksichtigung der Vereinbarung in der Zwangsversteigerung

17 **1. Allgemeines.** Sind die Voraussetzungen für das Fortbestehen des Dauerwohnrechts alle gegeben, so ist es im geringsten Gebot als **bestehen bleibendes Recht** aufzuführen.

18 Lässt sich hingegen im Versteigerungstermin nicht zweifelsfrei klären, ob alle Bedingungen für das Bestehenbleiben erfüllt sind, ist das Dauerwohnrecht als **bedingtes Recht** (§§ 50, 51 ZVG) in das geringste Gebot aufzunehmen.

19 Stellt sich nachträglich heraus, dass das Dauerwohnrecht **nicht bestehen geblieben** ist, so hat der Ersteher den Betrag, um den sich der Wert des Grundstücks ohne das Dauerwohnrecht erhöht und den das Versteigerungsgericht bei Festsetzung des geringsten Gebots zu bestimmen hatte, zusätzlich zum Bargebot zu zahlen. Der Zuzahlungsbetrag ist vom Zuschlag an zu verzinsen und erst drei Monate nach Kündigung zu zahlen (§ 51 Abs 1 S 2 ZVG). Kündigen kann der Berechtigte, dem der Zuzahlungsbetrag zugeteilt ist (§ 125 ZVG) oder dem er als Nächstberechtigter zusteht. Die Kündigung kann erst nach erfolgter Übertragung (§ 125 ZVG) oder im Rahmen der Klage erfolgen.

Von Amts wegen hat eine **Zuteilung des Zuzahlungsbetrages** nach § 125 ZVG nur zu 20 erfolgen, wenn spätestens im Verteilungstermin objektiv feststeht, dass das im geringsten Gebot berücksichtigte Dauerwohnrecht nicht besteht.

Der Zuzahlungsbetrag ist an die nächst ausfallenden Gläubiger (Berechtigte) in ihrer 21 Reihenfolge laut Teilungsplan zuzuteilen.

Der **Streit über das Bestehenbleiben** oder den Fortfall des Dauerwohnrechts ist im 22 Verteilungstermin zu klären (*Pick* in Bärmann, § 39 Rn 66; *Weitnauer/Mansel* § 39 Rn 17).

Stellt sich erst nach Beendigung des Verteilungsverfahrens der Fortfall des Rechts 23 heraus, findet keine Nachtragsverteilung und damit keine Übertragung nach § 125 ZVG statt. Der Berechtigte (wer sich für berechtigt hält) ist dann auf den **Klageweg** gegen den Ersteher zu verweisen.

2. Nichtzustimmung aller betroffenen Gläubiger. Haben nicht alle im Range vorge- 24 henden oder gleichstehenden Gläubiger der Vereinbarung nach § 39 zugestimmt, so kann das Dauerwohnrecht nur dann im geringsten Gebot als bestehen bleibendes Recht aufgenommen werden, wenn dadurch das Recht des Gläubigers, der nicht zugestimmt hat, nicht beeinträchtigt wird. Dieses ist nur dann der Fall, wenn die Zwangsversteigerung von einem Gläubiger betrieben wird, der dem nicht zustimmenden Gläubiger im Range nachgeht und damit dessen Recht in jedem Fall bestehen bleibt. (*Pick* in Bärmann, § 39 Rn 69; *Palandt/Bassenge* § 39 Rn 3).

§ 40 Haftung des Entgelts

(1) ¹Hypotheken, Grundschulden, Rentenschulden und Reallasten, die dem Dauerwohnrecht im Range vorgehen oder gleichstehen, sowie öffentliche Lasten, die in wiederkehrenden Leistungen bestehen, erstrecken sich auf den Anspruch auf das Entgelt für das Dauerwohnrecht in gleicher Weise wie auf eine Mietforderung, soweit nicht in Absatz 2 etwas Abweichendes bestimmt ist. ²Im Übrigen sind die für Mietforderungen geltenden Vorschriften nicht entsprechend anzuwenden.

(2) ¹Als Inhalt des Dauerwohnrechts kann vereinbart werden, dass Verfügungen über den Anspruch auf das Entgelt, wenn es in wiederkehrenden Leistungen ausbedungen ist, gegenüber dem Gläubiger einer dem Dauerwohnrecht im Range vorgehenden oder gleichstehenden Hypothek, Grundschuld, Rentenschuld oder Reallast wirksam sind. ²Für eine solche Vereinbarung gilt § 39 Abs. 2 entsprechend.

Übersicht

	Rn		Rn
I. Rechtsgrundlage der Vorschrift	1	III. Ausnahmeregelung nach Abs 1 S 1	4
II. Grundsatzregelung nach Abs 1 S 2	3	IV. Vereinbarungen nach Abs 2	8

Vandenhouten

I. Rechtsgrundlage der Vorschrift

1 Der Gesetzgeber ist davon ausgegangen, dass es sich bei dem **Entgelt** für das Dauerwohnrecht – unabhängig davon, ob es einmalig oder in wiederkehrenden Leistungen zu erbringen ist – nicht um eine Miet- oder Pachtforderung handelt.

2 Die Fragen, ob und inwieweit sich die dingliche Haftung für Grundpfandrechte bei der Vermietung oder Verpachtung des Grundstücks auf das Entgelt erstreckt, ob und inwieweit das Entgelt durch die Zwangsvollstreckung in das unbewegliche Vermögen erfasst wird und ob und inwieweit Vorausverfügungen über das Entgelt gegenüber einem Erwerber wirksam sind (vgl für Miet- und Pachtzinsen §§ 1123, 1124 BGB), waren daher durch die **Sondervorschrift** des § 40 zu klären.

II. Grundsatzregelung nach Abs 1 S 2

3 Nach dieser Bestimmung sind die für Mietforderungen geltenden Vorschriften auf den Entgeltanspruch grundsätzlich nicht entsprechend anwendbar. Daraus folgt, dass vorbehaltlich einer Ausnahme nach Abs 1 S 1 jede **Zahlung des Dauerwohnberechtigten** an den Grundstückseigentümer (§ 566c BGB), auch eine Vorauszahlung (§ 566b BGB) ebenso wie sonstige Verfügungen (Abtretung, Verpfändung), gegenüber rechtsgeschäftlichen Grundstückserwerbern (§ 38 Abs 2), Erstehern in der Zwangsversteigerung (§§ 57, 57b ZVG), sofern das Dauerwohnrecht auf Grund einer Vereinbarung (§ 39) oder nach § 59 ZVG bestehen bleibt, dem Insolvenzverwalter (§ 110 InsO) und dem Zwangsverwalter (§§ 21 Abs 2, 148 Abs 1 ZVG) **wirksam** ist.

III. Ausnahmeregelung nach Abs 1 S 1

4 Ausnahmsweise erstrecken sich **Grundpfandrechte** (Hypotheken, Grund- und Rentenschulden) und Reallasten auf den Anspruch auf das Entgelt für das Dauerwohnrecht – zu dem auch Pflichten nach § 33 Abs 4 Nr 2 und 3 gehören (*Pick* in Bärmann, § 40 Rn 5) – in gleicher Weise wie auf eine Mietforderung, wenn sie dem Dauerwohnrecht **im Range vorgehen oder gleichstehen**. Stehen sie im Range nach dem Dauerwohnrecht, bleibt es bei der Grundsatzregelung des Abs 1 S 2 (vgl Rn 3).

5 Die Erstreckung nach S 1 gilt darüber hinaus auch für **öffentliche Lasten**, die in wiederkehrenden Leistungen bestehen (vgl hierzu das Gesetz vom 9.3.1934, RGBl I S 181, über die Pfändung von Miet- und Pachtzinsforderungen wegen Ansprüchen aus öffentlichen Grundstückslasten) und zwar ohne Rücksicht auf den Rang.

6 Für die dem Dauerwohnrecht im Range vorgehenden Grundpfandrechte und Reallasten und für öffentliche Lasten gelten daher **die §§ 1123 ff BGB**. Der Anspruch auf das Entgelt für das Dauerwohnrecht wird in Bezug auf die Haftung gegenüber diesen Gläubigern der Mietforderung gleichgestellt und zwar auch dann, wenn er in einer einmaligen Zahlung besteht. Wird wegen eines solchen Rechts die Zwangsverwaltung angeordnet, erfasst die Beschlagnahme auch den Anspruch auf das Entgelt (§§ 148 Abs 1 S 1, 21 Abs 2 ZVG, 865 ZPO).

7 **Vorausverfügungen** über das Entgelt sind gegenüber den Gläubigern und dem Zwangsverwalter nur insoweit wirksam, als sie unter entsprechenden Voraussetzungen über Mietforderungen wirksam wären. Vergleiche hierzu im Einzelnen die Kommentierungen zu §§ 1123, 1124 BGB.

Besondere Vorschriften für langfristige Dauerwohnrechte § 41 WEG II

IV. Vereinbarungen nach Abs 2

Abs 2 eröffnet dem Berechtigten und dem Grundstückseigentümer ausdrücklich die 8
Möglichkeit, als Ausnahme zu Abs 1 S 1 durch Einigung und Eintragung mit dinglicher Wirkung zu vereinbaren, dass **Vorausverfügungen** über das Entgelt entgegen § 1124 BGB **wirksam** sind. Eine derartige Vereinbarung ist jedoch nur möglich, wenn das Entgelt in wiederkehrenden Leistungen ausbedungen ist und nur gegenüber Gläubigern von im Rang dem Dauerwohnrecht vorgehenden oder gleichstehenden Grundpfandrechten und Reallasten, nicht jedoch von öffentlichen Lasten. In entsprechender Anwendung von § 39 Abs 2 ist zur Wirksamkeit die Zustimmung der betroffenen Gläubiger und Reallastberechtigten erforderlich (Abs 2 S 2).

Nach Abs 2 können Vereinbarungen jeder Art über die Wirksamkeit von Vorausverfügungen getroffen werden; sie müssen sich nicht auf die Wirksamkeit schlechthin beschränken, sondern können z. B. **bestimmte Beträge** betreffen (*Pick* in Bärmann, § 40 Rn 32, 44; *Weitnauer/Mansel* § 40 Rn 12). 9

§ 41 Besondere Vorschriften für langfristige Dauerwohnrechte

(1) Für Dauerwohnrechte, die zeitlich unbegrenzt oder für einen Zeitraum von mehr als zehn Jahren eingeräumt sind, gelten die besonderen Vorschriften der Absätze 2 und 3.

(2) Der Eigentümer ist, sofern nicht etwas anderes vereinbart ist, dem Dauerwohnberechtigten gegenüber verpflichtet, eine dem Dauerwohnrecht im Range vorgehende oder gleichstehende Hypothek löschen zu lassen für den Fall, dass sie sich mit dem Eigentum in einer Person vereinigt, und die Eintragung einer entsprechenden Löschungsvormerkung in das Grundbuch zu bewilligen.

(3) Der Eigentümer ist verpflichtet, dem Dauerwohnberechtigten eine angemessene Entschädigung zu gewähren, wenn er von dem Heimfallanspruch Gebrauch macht.

Übersicht

	Rn		Rn
I. Langfristige Dauerwohnrechte (Abs 1)	1	1. Löschungsanspruch	5
II. Löschungsverpflichtung des Eigentümers (Abs 2)	5	2. Löschungsvormerkung	12
		III. Entschädigungspflicht des Eigentümers (Abs 3)	16

I. Langfristige Dauerwohnrechte (Abs 1)

Dauerwohnrechte und auch Dauernutzungsrechte (vgl § 31 Abs 3) können auch in der 1 Weise bestellt werden, dass sie zeitlich unbegrenzt oder für einen Zeitraum von mehr als 10 Jahren eingeräumt werden. Da eine Befristung in das Grundbuch einzutragen ist (§ 32 Rn 12) und sich aus der Nichteintragung einer Befristung die zeitliche Unbegrenztheit ergibt, braucht die Langfristigkeit **nicht besonders eingetragen** zu werden (*Staudinger/Spiegelberger* § 41 Rn 3; *Weitnauer/Mansel* § 32 Rn 5; aA *AnwKomm/Heinemann* § 41 Rn 1; *Pick* in Bärmann, § 41 Rn 3).

Derartig langfristige Rechte werden regelmäßig vereinbart, wenn der Berechtigte 2 erhebliche Baukostenzuschüsse leistet oder anteilsmäßig die Finanzierung des Baues

II WEG § 41 Besondere Vorschriften für langfristige Dauerwohnrechte

einschließlich der Tilgung und Verzinsung des Fremdkapitals sowie der Bewirtschaftungskosten übernimmt. Er erhält dann kein mietähnliches Benutzungsrecht, sondern wird wirtschaftlich einem Eigentümer gleichgestellt. Für derartige Rechte mit **„eigentumsähnlichem Charakter"** hat der Gesetzgeber die Sondervorschriften in Abs 2 und Abs 3 erlassen.

3 Als **„langfristig"** im Sinne dieser Vorschrift gilt ein auf kurze Zeit bestelltes Dauerwohnrecht dann, wenn es vor Ablauf so verlängert wird, dass vom Zeitpunkt der Verlängerung an die vereinbarte Laufzeit noch mehr als 10 Jahre beträgt (*Pick* in Bärmann, § 41 Rn 3; *Palandt/Bassenge* § 41 Rn 1). Ein Dauerwohnrecht mit ungewissem Endtermin (zB Tod des Berechtigten) ist zeitlich begrenzt; nach Ablauf von 10 Jahren gilt § 41 (*Palandt/Bassenge* § 41 Rn 1).

4 Entsteht vor Ablauf der vereinbarten Laufzeit ein **Heimfallanspruch** (zB Tod des Eigentümers oder des Dauerwohnberechtigten), so ist dies für die Anwendung des § 41 unbeachtlich (*Pick* in Bärmann, § 41 Rn 4).

II. Löschungsverpflichtung des Eigentümers (Abs 2)

5 **1. Löschungsanspruch.** Da aus den finanziellen Leistungen des Berechtigten die Zinsen und Tilgungen des aufgenommenen Fremdkapitals erbracht werden, entspricht es regelmäßig der Interessenlage, dass er auch die Vorteile aus der fortschreitenden Tilgung genießt und mit seinem Recht in die erste Rangstelle im Grundbuch aufrückt.

6 Abs 2 gibt daher dem Dauerwohnberechtigten gegen den Eigentümer einen Anspruch darauf, dass dieser auf durch Vereinigung der Hypothek mit dem Eigentum entstandene **Eigentümergrundschulden** (vgl Rn 9, 10) verzichtet und sie löschen lässt.

7 Die Löschungspflicht des Grundstückseigentümers besteht kraft Gesetzes. Sie gehört damit zum **dinglichen Inhalt** des langfristigen Dauerwohnrechts und geht daher ebenso auf den Rechtsnachfolger des Grundstückseigentümers über wie der Löschungsanspruch auf den Erwerber des Dauerwohnrechts (*Pick* in Bärmann, § 41 Rn 11; *Palandt/Bassenge* § 41 Rn 2).

8 Wenn auch das Gesetz in Abs 2 nur von der Löschung einer **„Hypothek"** spricht, so gilt die Verpflichtung auch gegenüber Grund- und Rentenschulden bei Vereinigung mit dem Eigentum, zB infolge Ablösung (*Pick* in Bärmann, § 41 Rn 12; *Palandt/Bassenge* § 41 Rn 2; *Weitnauer/Mansel* § 41 Rn 2).

9 Der Löschungsanspruch besteht nur bei **ursprünglichen Fremdpfandrechten**, die später zu Eigentümergrundschulden geworden sind. Abs 2 gilt daher nicht bei Eigentümergrundschulden, die von vornherein als solche eingetragen worden sind (§ 1196 BGB), bei so genannten „Eigentümerhypotheken" (§§ 1143, 1173, 1177 Abs 2 BGB) und auch nicht bei Eigentümergrundschulden, die nur deshalb bestehen, weil die durch eine Hypothek zu sichernde Forderung nicht entstanden ist (§ 1163 Abs 1 S 1 BGB) oder der Brief dem Gläubiger nicht übergeben wurde (§ 1163 Abs 2 BGB; *Pick* in Bärmann, § 41 Rn 13; aA *AnwKomm/Heinemann* § 41 Rn 2 für §§ 1143, 1173, 1177 Abs 2 BGB).

10 Die Vorschrift des Abs 2 umfasst hingegen neben den **Fällen des Übergangs** der Grundpfandrechte durch Erlöschen der Forderung (§ 1163 Abs 1 S 2 BGB) auch den Übergang durch Gläubigerverzicht (§ 1168 Abs 1 BGB), Gläubigerausschluss (§§ 1170

Besondere Vorschriften für langfristige Dauerwohnrechte § 41 WEG II

Abs 2 S 1, 1171 Abs 2 S 1 BGB), das Ersatzgrundpfandrecht (§ 1182 S 1 BGB) und den Erwerb der Zwangs- und Arresthypothek nach §§ 868, 932 ZPO (*AnwKomm/Heinemann* § 41 Rn 2; *Pick* in Bärmann, § 41 Rn 13).

Wie sich aus dem Gesetzeswortlaut ergibt, ist der Löschungsanspruch **abdingbar**. Da er gesetzlicher Inhalt des langfristigen Dauerwohnrechts ist, bedürfen derartige abweichende Vereinbarungen der Eintragung im Grundbuch, um gegenüber Rechtsnachfolgern wirksam zu sein (*Pick* in Bärmann, § 41 Rn 11; *Palandt/Bassenge* § 41 Rn 2). **11**

2. Löschungsvormerkung. Der Löschungsanspruch des Berechtigten gegen den Eigentümer erstreckt als dinglicher Inhalt des langfristigen Dauerwohnrechts seine Wirkungen nur auf die beiderseitigen Rechtsnachfolger. Er entfaltet **keine Wirkung gegenüber Erwerbern** der auf den Eigentümer als Eigentümergrundschulden übergegangenen Grundpfandrechte. **12**

Um auch gegenüber diesen Dritten ähnliche Wirkungen zu erzielen, gibt Abs 2 dem Berechtigten gegenüber dem Eigentümer in Anlehnung an § 1179 BGB einen Anspruch auf Bewilligung der Eintragung einer Vormerkung zur Sicherung dieses Löschungsanspruchs bei den im Range vorgehenden oder gleichstehenden Grundpfandrechten. Nur wenn eine derartige Vormerkung im Grundbuch eingetragen ist, ist der Dauerwohnberechtigte gegen **Verfügungen des Eigentümers** über die Eigentümergrundschuld geschützt. Verfügungen sind ihm dann gegenüber relativ unwirksam (§ 883 Abs 2 BGB) und er hat gegenüber dem Dritten den Anspruch aus § 888 BGB. **13**

Die Vormerkung schützt den Berechtigten hingegen nicht gegen **Verfügungen des** noch im Grundbuch eingetragenen **Grundpfandrechtsgläubigers** gegenüber einem gutgläubigen Erwerber des Grundpfandrechts, nachdem es bereits Eigentümergrundschuld geworden ist (*Pick* in Bärmann, § 41 Rn 14). **14**

Das Dauerwohnrecht selbst hat dagegen **nicht schon kraft Gesetzes** die Wirkung einer solchen Löschungsvormerkung (*Pick* in Bärmann, § 41 Rn 14; *Palandt/Bassenge* § 41 Rn 2; *Weitnauer/Mansel* § 41 Rn 2). **15**

III. Entschädigungspflicht des Eigentümers (Abs 3)

Beim **Heimfall** langfristiger Dauerwohnrechte hat der Berechtigte nach Abs 3 in Anlehnung an § 32 Abs 1 ErbbauVO einen dem Grunde nach unabdingbaren (*BGH* V ZR 99/57, NJW 1958, 1289) Anspruch auf Zahlung einer angemessenen Entschädigung. **16**

Dieser Entschädigungsanspruch ist **gesetzlicher Inhalt** langfristiger Dauerwohnrechte und braucht daher nicht im Grundbuch eingetragen zu werden (*AnwKomm/Heinemann* § 41 Rn 3). **17**

Vereinbarungen über die Höhe der Entschädigung, ihre Berechnung und die Art der Zahlungen können als Inhalt des Dauerwohnrechts vereinbart werden (vgl § 36 Abs 4 S 2) und erlangen durch Eintragung im Grundbuch dingliche Wirkung. Das Grundbuchamt prüft nicht die **Angemessenheit** der vereinbarten Entschädigung; darüber entscheidet im Streitfall das Prozessgericht (*AnwKomm/Heinemann* § 41 Rn 3; *Palandt/Bassenge* § 41 Rn 3; *Weitnauer/Mansel* § 41 Rn 3). **18**

Vandenhouten

19 Über die Angemessenheit der Entschädigung enthält das Gesetz keine Vorschriften. Bei der **Berechnung** der Entschädigung ist aber mindestens alles zu berücksichtigen, was der Berechtigte zur Tilgung von Belastungen und zur Finanzierung der Baukosten beigetragen hat, wobei eine Entschädigung für die Dauer seiner Benutzung abzuziehen wäre. Zu berücksichtigen sind auch Werterhöhung durch Veränderungen oder Verbesserungen der Wohnungen, Ersatzansprüche des Eigentümers für nicht genehmigte Umbauten und der Zustand der Räume (*Palandt/Bassenge* § 41 Rn 3). Die angemessene Entschädigung kann auch Null sein, zB wenn das vereinbarte Entgelt nach Art einer angemessene Miete berechnet ist (*Pick* in Bärmann, § 41 Rn 26; *Weitnauer/Mansel* § 41 Rn 3).

§ 42 Belastung eines Erbbaurechts

(1) Die Vorschriften der §§ 31 bis 41 gelten für die Belastung eines Erbbaurechts mit einem Dauerwohnrecht entsprechend.

(2) Beim Heimfall des Erbbaurechts bleibt das Dauerwohnrecht bestehen.

Übersicht

	Rn		Rn
I. Zweck der Vorschrift	1	III. Heimfall des Erbbaurechts (Abs 2)	4
II. Entsprechende Anwendung der §§ 31–41 (Abs 1)	3	IV. Erlöschen des Erbbaurechts	7

I. Zweck der Vorschrift

1 Da sich die Belastung eines **Erbbaurechts** mit einem Dauerwohnrecht bereits aus § 11 Abs 1 ErbbauVO ergibt, will § 42 nur zweifelsfrei klarstellen, dass für das Dauerwohnrecht am Erbbaurecht die gleichen Vorschriften gelten wie für ein Dauerwohnrecht am Grundstück.

2 Ebenso wie am **Wohnungseigentum** und am Teileigentum Dauerwohnrechte bzw. Dauernutzungsrechte bestellt werden können (§ 31 Rn 14), können diese auch am **Wohnungserbbaurecht** und am Teilerbbaurecht begründet werden (*Pick* in Bärmann, § 42 Rn 1a; *Palandt/Bassenge* § 42 Rn 1).

II. Entsprechende Anwendung der §§ 31–41 (Abs 1)

3 Die Vorschriften der §§ 31–41 sind **mit der Maßgabe** anzuwenden, dass „Erbbaurecht" an die Stelle von „Grundstück" und „Erbbauberechtigter" an die Stelle von „Eigentümer (bzw Grundstückseigentümer)" treten. Ein außerhalb des Gebäudes liegender Grundstücksteil im Sinne von § 31 Abs 1 S 2 ist die Fläche, auf die sich das Erbbaurecht nach § 1 Abs 2 ErbbauVO erstreckt (*Palandt/Bassenge* § 42 Rn 1).

III. Heimfall des Erbbaurechts (Abs 2)

4 Entgegen § 33 Abs 1 S 3 ErbbauVO bestimmt Abs 2, dass das **Dauerwohnrecht** beim Heimfall des Erbbaurechts nicht erlischt, sondern am Eigentümererbbaurecht **bestehen bleibt**. Der Grundstückseigentümer oder der von ihm bezeichnete Dritte treten mit dem Heimfall an Stelle des bisherigen Erbbauberechtigten in alle Rechte und Pflichten gegenüber dem Dauerwohnberechtigten ein.

Die Belastung eines Erbbaurechts mit einem Dauerwohnrecht kann im Falle des 5
Heimfalls zu einer **wirtschaftlichen Belastung** des Grundstückseigentümers führen, da
er für die Bestellungsdauer des Dauerwohnrechts nicht über die belasteten Räume
verfügen kann. Dieser Nachteil kann zwar über die Entschädigungspflicht nach § 32
ErbbauVO ausgeglichen werden, aber nur für den Fall, dass sie überhaupt besteht und
nicht ausgeschlossen ist (§ 32 Abs 1 S 2 letzter Hs ErbbauVO).

Zwar bestimmt § 42 Abs 2, dass das Dauerwohnrecht entgegen § 33 Abs 3 ErbbauVO 6
beim Heimfall bestehen bleibt, trifft aber keine Regelung, dass die **Zustimmung des
Grundstückseigentümers** zur Belastung des Erbbaurechts mit einem Dauerwohnrecht
mit dinglicher Wirkung als Inhalt des Erbbaurechts vereinbart werden kann (vgl § 5
Abs 2 ErbbauVO für die Belastung mit einer Hypothek, Grund- oder Rentenschuld
oder Reallast). Das *OLG Stuttgart* (NJW 1959, 979) und das (JurBüro 1971, 455)
sehen hierin eine echte Gesetzeslücke und bejahen in analoger *LG Osnabrück*
Anwendung des § 5 Abs 2 ErbbauVO die Zulässigkeit einer Vereinbarung über die
Zustimmung des Grundstückseigentümers zur Belastung des Erbbaurechts mit einem
Dauerwohnrecht (ebenso *AnwKomm/Heinemann* § 42 Rn 2; *Palandt/Bassenge* § 42
Rn 1; *Soergel/Stürmer* § 42 Rn 1; **aA** *Pick* in Bärmann, § 42 Rn 10; *Weitnauer/Mansel*
§ 42 Rn 4).

IV. Erlöschen des Erbbaurechts

Mit dem Erlöschen des Erbbaurechts erlischt im Gegensatz zum bloßen Heimfall in 7
jedem Fall **auch das Dauerwohnrecht**. Die für Miet- und Pachtverträge geltende Sonderregelung aus § 30 ErbbauVO findet auf das Dauerwohnrecht keine Anwendung.

III. Teil
Verfahrensvorschriften

§ 43 Zuständigkeit

Das Gericht, in dessen Bezirk das Grundstück liegt, ist ausschließlich zuständig für
1. **Streitigkeiten über die sich aus der Gemeinschaft der Wohnungseigentümer und aus der Verwaltung des gemeinschaftlichen Eigentums ergebenden Rechte und Pflichten der Wohnungseigentümer untereinander;**
2. **Streitigkeiten über die Rechte und Pflichten zwischen der Gemeinschaft der Wohnungseigentümer und Wohnungseigentümern;**
3. **Streitigkeiten über die Rechte und Pflichten des Verwalters bei der Verwaltung des gemeinschaftlichen Eigentums;**
4. **Streitigkeiten über die Gültigkeit von Beschlüssen der Wohnungseigentümer;**
5. **Klagen Dritter, die sich gegen die Gemeinschaft der Wohnungseigentümer oder gegen Wohnungseigentümer richten und sich auf das gemeinschaftliche Eigentum, seine Verwaltung oder das Sondereigentum beziehen;**
6. **Mahnverfahren, wenn die Gemeinschaft der Wohnungseigentümer Antragstellerin ist.** ²**Insoweit ist § 689 Abs. 2 der Zivilprozessordnung nicht anzuwenden.**

Übersicht

	Rn		Rn
I. Gesetzesmaterialien	1	XI. Streitigkeiten mit dem Verwalter	
II. Zivilprozessverfahren	2	(§ 43 Nr 3)	60
III. Internationale Zuständigkeit	5	1. Grundsatz	61
IV. Ausschließliche örtliche Zuständigkeit	7	2. Klagebefugnis	67
		3. Rechtsschutzbedürfnis	70
V. Sachliche Zuständigkeit	11	XII. Entscheidung über die Gültigkeit	
VI. Schiedsgerichtsvereinbarung	14	von Beschlüssen (§ 43 Nr 4)	73
VII. Schlichtungsverfahren nach § 15a EGZPO	17	1. Anwendungsbereich	74
		2. Beschlussfeststellungsklage	77
VIII. Rechtsmittel	24	3. Klage auf Feststellung des Beschlussinhalts	79
1. Berufung	24		
2. Wert des Beschwerdegegenstands	26	4. Anfechtung von Negativbeschlüssen	83
3. Sofortige Beschwerde	32	XIII. Klagen Dritter (§ 43 Nr 5)	91
4. Berufungs- und Beschwerdegericht	35	XIV. Mahnverfahren (§ 43 Nr 6)	98
		XV. Eigentümerwechsel	101
5. Revision	40	XVI. Einstweiliger Rechtsschutz	110
IX. Streitigkeiten der Wohnungseigentümer untereinander (§ 43 Nr 1)	41	1. Verfügungsanspruch	111
		2. Verfügungsgrund	112
		3. Glaubhaftmachung	113
1. Anwendungsbereich	41	4. Antrag	114
2. Klagebefugnis	55	5. Widerspruch	115
X. Streitigkeiten der Wohnungseigentümer mit der Gemeinschaft (§ 43 Nr 2)	56	6. Antrag auf Klageerhebung	116
		7. Sofortige Beschwerde	117
		8. Berufung	118
		9. Arrest	119

Zuständigkeit § 43 WEG II

Literatur: *Briesemeister* Das Rechtsmittelverfahren in Wohnungseigentumssachen; ZWE 2007, 77; *ders* korrigenda zur WEG-Reform, NZM 2007, 345; *Gottschalg* Das neue Verfahrensrecht: Erkenntnisverfahren, ZWE 2007, 71; *Wenzel* Der Negativbeschluss und seine rechtlichen Folgen, ZMR 2005, 413; *ders* Die Verfolgung von Beseitigungsansprüchen durch die Wohnungseigentümergemeinschaft, NZM 2006, 321.

I. Gesetzesmaterialien

Begründung Regierungsentwurf: (BT-Drucks 16/887 S 35); Stellungnahme Bundesrat (BT-Drucks 16/887 S 51 ff); Gegenäußerung der Bundesregierung (BT-Drucks 16/887 S 72); Beschlussempfehlung Rechtsausschuss (BT-Drucks 16/3843 S 54). **1**

II. Zivilprozessverfahren

Vor der **WEG-Novelle 2007** waren gemäß § 43 Abs 1 aF für die dort aufgezählten Verfahren die Gerichte der freiwilligen Gerichtsbarkeit zuständig. Ob ein Verfahren unter den Katalog des § 43 fällt, hat jetzt nur noch Bedeutung für die örtliche und sachliche Zuständigkeit und nicht mehr für Abgrenzung von Prozessgericht und Gericht der freiwilligen Gerichtsbarkeit. Die Gerichte entscheiden in Wohnungseigentumssachen nach den Vorschriften der ZPO, wobei die Sonderregelungen der §§ 44 bis 50 WEG für das gerichtliche Verfahren zu beachten sind. Nach der Übergangsvorschrift des § 62 Abs 1 sind für die am 1.7.2007 bei Gericht anhängigen Verfahren in Wohnungseigentumssachen die Verfahrensvorschriften in ihrer bis dahin geltenden Fassung weiter anzuwenden. **2**

Die wesentlichen Unterschiede zum früheren Verfahren bestehen darin, dass **3**
– das Gericht gemäß den §§ 330 ff ZPO durch **Versäumnisurteil** entscheiden kann,
– die Vorschriften über die **Zurückweisung verspäteten Vorbringens** (§§ 273, 275–277, 282, 296 ZPO) gelten,
– die Vorschriften über die Beweisantritte (§§ 371, 373, 403, 420 ZPO) und Auslagenvorschüsse (§ 379 ZPO), den Beweismittelverzicht, die Beweismittelauswahl durch Beteiligte (§ 404 Abs 4 ZPO) und das bindende Anerkenntnis über die Echtheit von Privaturkunden Anwendung finden. Die Durchführung einer Beweisaufnahme kann nunmehr von der Einzahlung eines Vorschusses abhängig gemacht werden. Die Parteivernehmung gemäß § 448 ZPO setzt jetzt voraus, dass bereits eine gewisse Wahrscheinlichkeit für die Richtigkeit der Behauptungen besteht,
– der **einstweilige Rechtsschutz** durch einstweilige Verfügung (§§ 935 ff ZPO) oder Arrest (§§ 916 ff ZPO) und nicht mehr durch eine einstweilige Anordnung erfolgt,
– **gesetzliche Einlassungs- und Ladungsfristen** zu beachten sind,
– die Vorschriften für die Form und den Umfang des **Sitzungsprotokolls** (§§ 162, 160 ZPO) zu beachten sind, insbesondere Anträge und Erklärungen in die Sitzungsniederschrift aufzunehmen sind,
– die **Rechtsmittel** nunmehr Berufung und Revision sind.

Aufgrund der Verweisung in § 30 Abs 3 S 2 finden die §§ 43 ff entsprechende Anwendung auf die Streitigkeiten von Wohnungserbbauberechtigten. **4**

III. Internationale Zuständigkeit

Nach dem allgemeinen deutschen Verfahrensrecht ist das nach § 43 örtlich zuständige Gericht im Zweifel auch international für Klagen gegen den im Ausland wohnenden Eigentümer und umgekehrt für dessen Klagen, die unter § 43 fallen, zuständig. **5**

Niedenführ

II WEG § 43   Zuständigkeit

6   Eine spezielle Regelung enthält die EuGVVO. Gemäß Art 2 EuGVVO ist grundsätzlich die internationale Zuständigkeit der Gerichte des Staates gegeben, in dem sich der Wohnsitz der in Anspruch genommenen Person befindet. Ohne Rücksicht auf den Wohnsitz sind nach Art 22 Nr 1 EuGVVO für Verfahren, welche dingliche Rechte an unbeweglichen Sachen zum Gegenstand haben, die Gerichte des Staates zuständig, in dem die unbewegliche Sache belegen ist. Ob darunter auch schuldrechtliche Ansprüche wie Beitragsforderungen fallen, ist streitig, kann aber dahingestellt bleiben, weil die deutschen Gerichte für einen Zahlungsanspruch einer deutschen Wohnungseigentümergemeinschaft gegen einen im Ausland wohnenden Eigentümer jedenfalls gemäß Art 5 Nr 1a EuGVVO (Erfüllungsort) international zuständig sind (*OLG Stuttgart* 8 W 411/04, NZM 2005, 430 m Nachw zum Meinungsstand).

IV. Ausschließliche örtliche Zuständigkeit

7   § 43 bestimmt für die Verfahren nach § 43 Nr 1 bis 6 das Gericht als ausschließlich örtlich zuständig, in dessen Bezirk das Grundstück liegt. Auch für Klagen Dritter gemäß § 43 Nr 5 (früher § 29b ZPO) bleibt es beim ausschließlichen Gerichtsstand am Ort der Anlage.

8   Die örtliche Zuständigkeit ist Verfahrensvoraussetzung. Wird bei einem örtlich unzuständigen Gericht Klage erhoben, so hat das Gericht darauf hinzuweisen und die Klage gemäß § 281 ZPO auf Antrag des Klägers an das örtlich zuständige Gericht zu verweisen. Wird die Verweisung nicht beantragt, so ist die Klage als unzulässig abzuweisen.

9   Da das Gesetz den Gerichtsstand ausdrücklich als ausschließlichen bezeichnet, verdrängt er im Falle der Konkurrenz einen nicht ausschließlichen Gerichtsstand und es ist gemäß § 40 Abs 2 S 1 Nr 2, S 2 ZPO die Begründung der Zuständigkeit durch Prorogation (§ 38 ZPO) oder durch rügelose Einlassung (§ 39 ZPO) ausgeschlossen so dass die Klage zulässig nur zum Gericht des ausschließlichen Gerichtsstandes erhoben werden kann (vgl etwa *Zöller/Vollkommer* § 12 ZPO Rn 8).

10 Zur Wahrung der Antragsfrist des § 46 Abs 1 S 2 bei rechtzeitiger Einreichung der Anfechtungsklage bei einem örtlich unzuständigen Gericht s § 46 Rn 52.

V. Sachliche Zuständigkeit

11 Die vom Streitwert unabhängige ausschließliche sachliche Zuständigkeit der Amtsgerichte für die Streitigkeiten nach **§ 43 Nr 1-Nr 4 und Nr 6** (Binnenstreitigkeiten) ergibt sich aus § 23 Nr 2 Buchstabe c) GVG.

12 Für Klagen Dritter gemäß **§ 43 Nr 5** (früher § 29b ZPO) richtet sich die sachliche Zuständigkeit dagegen wie bisher nach den allgemeinen Vorschriften (vgl die §§ 23 Nr 1, 71 Abs 1 GVG). Danach ist für diese Streitigkeiten die erstinstanzliche Zuständigkeit des Landgerichts gegeben, sofern es sich um Streitigkeiten handelt, deren Gegenstand an Geld oder Geldeswert die Summe von 5000 € übersteigt.

13 Streiten sich das für einen allgemeinen Zivilprozess zuständige Landgericht und das nach § 43 zuständige Amtsgericht über die sachliche Zuständigkeit, bestimmt das Oberlandesgericht nach § 36 Abs 1 Nr 6 ZPO das zuständige Gericht (*OLG München* 31 AR 92/08, NZM 2008, 576). Ist die gegen mehrere **Streitgenossen** gerichtete Klage für einen Teil der Streitgenossen (Wohnungseigentümer) eine zur Zuständigkeit des

Amtsgerichts gehörende Wohnungseigentumssache, während für andere Streitgenossen (Mieter, Pächter) die sachliche Zuständigkeit des Landgerichts begründet ist, liegen die Voraussetzungen für die Bestimmung des zuständigen Gerichts nach § 36 I Nr. 3 ZPO vor (*OLG München* 31 AR 18/08, NZM 2008, 528; *OLG München* 31 AR 74/08, NZM 2008, 777). § 36 Abs 1 Nr 3 ZPO erfasst neben der örtlichen auch die sachliche Zuständigkeit und kommt auch zur Anwendung, wenn eines der in Betracht kommenden Gerichte ausschließlich zuständig ist(*OLG München* 31 AR 18/08, NZM 2008, 528 mwN). Ebenfalls unschädlich ist, dass Klagen verbunden werden, für die bei isolierter Betrachtung unterschiedliche Rechtsmittelzuständigkeiten bestehen (*OLG München* 31 AR 74/08, NZM 2008, 777). Liegt ein einheitlicher Streitgegenstand vor und wird als gemeinsam zuständiges Gericht das Amtsgericht bestimmt, richtet sich die Zuständigkeit innerhalb des Amtsgericht allein nach dessen Geschäftsverteilungsplan (*OLG München* 31 AR 18/08, NZM 2008, 528). Für WEG-Verfahren hat das Gesetz – im Unterschied etwa zu den Familiensachen (vgl § 23b GVG) – keine besonderen Spruchkörper („Abteilungen") angeordnet, weshalb durch das übergeordnete Gericht nicht bestimmt wird, dass für eine Klage innerhalb des Amtsgerichts die Abteilung für Wohnungseigentumssachen zuständig ist (*OLG München* 31 AR 18/08, NZM 2008, 528; *OLG München* 31 AR 74/08, NZM 2008, 777).

VI. Schiedsgerichtsvereinbarung

Für Wohnungseigentumssachen ist eine Schiedsvereinbarung (§ 1029 ZPO) zulässig, **14** soweit der Gegenstand, auf den sie sich bezieht, durch Vergleich geregelt werden kann (*OLG Zweibrücken* 3 W 192/85, ZMR 1986, 64). Für eine solche Vereinbarung gelten die **§§ 1025 bis 1066 ZPO**. Sie kann im Grundbuch als Inhalt des Sondereigentums eingetragen werden und wirkt dann auch gegen Sonderrechtsnachfolger (§ 10 Abs 3). Das Schiedsgericht entscheidet anstelle des staatlichen Gerichts endgültig. Eine Aufhebung des Schiedsspruchs ist nur unter engen Voraussetzungen möglich (§ 1059 ZPO). Eine Klage ist als unzulässig abzuweisen, wenn sich der Beklagte auf den Schiedsvertrag beruft (§ 1032 ZPO). Die Formvorschriften des § 1031 ZPO sind gewahrt, wenn die Schiedsgerichtsvereinbarung in der Teilungserklärung enthalten ist. Für gerichtliche Entscheidungen im Zusammenhang mit dem schiedsrichterlichen Verfahren (zB für die Aufhebung des Schiedsspruchs nach § 1059 ZPO) ist das OLG zuständig, in dessen Bezirk der Ort des schiedsrichterlichen Verfahrens liegt, sofern nichts anderes vereinbart ist (§ 1062 ZPO). Zum Ständigen Schiedsgericht für Wohnungseigentumssachen in Leipzig vgl *Seuß* NZM 1998, 501.

Die Schiedsgerichtsvereinbarung unterscheidet sich vom **Schiedsgutachtenvertrag**, **15** durch den die Beteiligten vereinbaren, dass entscheidungserhebliche Tatsachen von einem Schiedsgutachter festzustellen sind. Er hat zur Folge, dass das Gericht die Tatsachen nicht selbst feststellen darf und für seine Entscheidung in den Grenzen der §§ 317-319 BGB an die Feststellungen des Schiedsgutachters gebunden ist. Solange der Schiedsgutachter seine Feststellungen noch nicht getroffen hat, ist der Antrag als zurzeit unbegründet zurückzuweisen.

Möglich ist schließlich auch die Vereinbarung eines sogenannten Vorschaltverfahrens **16** (Güte- oder Schlichtungsvereinbarung), wonach vor Anrufung des staatlichen Gerichts der Versuch einer gütlichen Einigung durch eine Schlichtungsstelle (zB Eigentümerversammlung, Verwaltungsbeirat) erforderlich ist. Eine solche Vereinbarung hat zur Folge, dass ein unmittelbar beim staatlichen Gericht eingereichter Antrag

II WEG § 43 Zuständigkeit

als zurzeit unzulässig zurückzuweisen ist (*OLG Zweibrücken* 3 W 192/85, ZMR 1986, 64; *BayObLG* 2Z BR 69/95, = WuM 1996, 724 mwN). Dies gilt allerdings nicht, wenn die übrigen Wohnungseigentümer ihre ablehnende Haltung gegenüber dem Begehren des Antragstellers bereits hinreichend zum Ausdruck gebracht haben (*OLG Frankfurt* 20 W 18/87, OLGZ 1988, 63; *BayObLG* BReg 2 Z 156/90, ZMR 1991, 231, 232). Ein in der Gemeinschaftsordnung für jede Auseinandersetzung angeordnetes „Vorschaltverfahren" gilt nicht für fristgebundene **Beschlussanfechtungen** (*AG Merseburg* 21 C 4/07, ZMR 2008, 747 – ebenso für das Schlichtungsverfahren § 15a Abs 2 S 1 Nr 1 EGZPO).

VII. Schlichtungsverfahren nach § 15a EGZPO

17 Das nach **§ 15a EGZPO** aufgrund eines Landesgesetzes mögliche Schlichtungsverfahren gilt nur für Ansprüche, die durch Klage geltend zu machen sind (vgl BT-Drucks 14/980 S 6). Vor der Zuweisung der WEG-Sachen zum Zivilprozess war deshalb in den Antragsverfahren des § 43 Abs 1 aF kein Schlichtungsverfahren durchzuführen. Durch die Erstreckung der ZPO-Vorschriften auf WEG-Sachen hat sich dies geändert. Soweit die Länder von der Ermächtigung des § 15a EGZPO Gebrauch gemacht haben, was verbreitet der Fall ist, bedarf es nunmehr auch in den Streitigkeiten nach § 43 Nr 1–3, 5 unter bestimmten Voraussetzungen eines Schlichtungsverfahrens vor Klageerhebung.

18 Gemäß § 15a Abs 1 S 1 Nr 1 EGZPO kann durch Landesgesetz bestimmt werden, dass in **vermögensrechtlichen Streitigkeiten** vor dem **Amtsgericht** über Ansprüche, deren Gegenstand an Geld oder Geldeswert die Summe von **750 Euro** nicht übersteigt die Erhebung der Klage erst zulässig ist, nachdem von einer durch die Landesjustizverwaltung eingerichteten oder anerkannten Gütestelle versucht worden ist, die Streitigkeit einvernehmlich beizulegen. Gleiches gilt für Streitigkeiten über Ansprüche wegen **Verletzung der persönlichen Ehre**, die nicht in Presse oder Rundfunk begangen worden sind (§ 15a Abs 1 S 1 Nr 3 EGZPO). Der Kläger hat in diesen Fällen eine von der Gütestelle ausgestellte **Bescheinigung** über einen erfolglosen Einigungsversuch **mit der Klage einzureichen** (§ 15a Abs 1 S 2 EGZPO). Diese Bescheinigung ist ihm auf Antrag auch auszustellen, wenn binnen einer Frist von drei Monaten das von ihm beantragte Einigungsverfahren nicht durchgeführt worden ist (§ 15a Abs 1 S 3 EGZPO).

19 Die Regelung des § 15 Abs 1 EGZPO findet keine Anwendung auf Klagen, die binnen einer gesetzlich angeordneten Frist zu erheben sind (§ 15a Abs 2 S 1 Nr 1 EGZPO). Vor Erhebung der **Anfechtungsklage** ist somit **kein Schlichtungsverfahren** durchzuführen.

20 Die Regelung des § 15 Abs 1 EGZPO findet außerdem keine Anwendung auf die Durchführung des streitigen Verfahrens, wenn ein Anspruch im Mahnverfahren geltend gemacht worden ist (§ 15a Abs 2 S 1 Nr 5 EGZPO). Macht die Wohnungseigentümergemeinschaft somit **Wohngeld** gerichtlich geltend, ist **kein Schlichtungsverfahren** durchzuführen, **wenn** zunächst versucht worden ist, einen Titel im **Mahnverfahren** zu erlangen.

21 Die Regelung des § 15 Abs 1 EGZPO findet außerdem keine Anwendung auf **Klagen wegen vollstreckungsrechtlicher Maßnahmen**, insbesondere nach dem Achten Buch der ZPO (§ 15a Abs 2 S 1 Nr 6 EGZPO). Die Regelung des § 15 Abs 1 EGZPO findet keine Anwendung, wenn die **Parteien nicht in demselben Land** wohnen oder ihren Sitz oder eine Niederlassung haben (§ 15a Abs 2 S 2 EGZPO).

Das Erfordernis eines Einigungsversuchs vor einer von der Landesjustizverwaltung 22 eingerichteten oder anerkannten Gütestelle entfällt, wenn die Parteien einvernehmlich einen Einigungsversuch vor einer sonstigen Gütestelle, die Streitbeilegungen betreibt, unternommen haben (§ 15a Abs 3 EGZPO).

Die **Kosten** der Gütestelle, die durch das Einigungsverfahren nach § 15a Abs 1 23 EGZPO entstanden sind, gehören zu den Kosten des Rechtsstreits im Sinne des § 91 Abs 1, 2 ZPO (§ 15a Abs 4 EGZPO). Das Nähere regelt das Landesrecht (§ 15a Abs 5 EGZPO). Die vor den Gütestellen geschlossenen Vergleiche gelten als Vergleiche im Sinne des § 794 Abs 1 Nr 1 ZPO (§ 15a Abs 6 EGZPO).

VIII. Rechtsmittel

1. Berufung. Gegen Endurteile der ersten Instanz findet das Rechtmittel der **Beru-** 24 **fung** statt (§§ 511–541 ZPO), wenn der Wert des Beschwerdegegenstands (Berufungssumme) **600 €** übersteigt (§ 511 Abs 2 Nr 1 ZPO) **oder** das Gericht des ersten Rechtszugs die **Berufung im Urteil zugelassen** hat (§ 511 Abs 2 Nr 2 ZPO), weil die Rechtssache grundsätzliche Bedeutung hat oder die Fortbildung des Rechts oder die Sicherung einer einheitlichen Rechtsprechung eine Entscheidung des Berufungsgerichts erfordern (§ 511 Abs 4 S 1 ZPO). Die Zulassung ist bindend (§ 511 Abs 4 S 1 ZPO). Der Berufungskläger hat den Wert des Beschwerdegegenstands glaubhaft zu machen (§ 511 Abs 3 ZPO).

Nach § 513 Abs 1 ZPO kann die Berufung nur darauf gestützt werden, dass die Ent- 25 scheidung auf einer Rechtsverletzung beruht oder nach § 529 ZPO zugrunde zu legende Tatsachen eine andere Entscheidung rechtfertigen. Das Berufungsgericht hat gemäß § 529 Abs 1 Nr 1 ZPO die vom Gericht des ersten Rechtszuges festgestellten Tatsachen für eine Verhandlung und Entscheidung zugrunde zu legen, soweit nicht konkrete Anhaltspunkte Zweifel an der Richtigkeit oder Vollständigkeit der entscheidungserheblichen Feststellungen begründen und deshalb eine erneute Feststellung geboten ist.

2. Wert des Beschwerdegegenstands. Der Wert des Beschwerdegegenstands richtet 26 sich nach der **Beschwer und** dem **Änderungsinteresse** des Berufungsklägers, das durch den Berufungsantrag (§ 520 Abs 3 S 2 Nr 1 ZPO) bestimmt wird. Die **Beschwer** bestimmt sich danach, was dem einzelnen Berufungskläger durch die angefochtene Entscheidung versagt wird. Ist zum Beispiel eine Klage auf Zahlung von 5000 € in Höhe von 2000 € abgewiesen worden, so beträgt die Beschwer Klägers 2000 € und die des Beklagten 3000 €. Legt der Kläger Berufung ein, um weitere 1600 € zugesprochen zu erhalten, so beträgt die Berufungssumme 1600 €. Der Wert des Beschwerdegegenstands kann somit zwar nicht höher, wohl aber niedriger als die Beschwer sein. Die Höhe richtet sich allein nach der Entscheidung zur Hauptsache, Nebenentscheidungen und Kosten bleiben außer Betracht.

Maßgebend ist auch für **Beschlussanfechtungsklagen** allein das vermögenswerte Inte- 27 resse des einzelnen Berufungsklägers an der Änderung der angefochtenen Entscheidung und nicht der Streitwert, der in Wohnungseigentumssachen gemäß § 49a GKG festgesetzt wird. Siehe dazu Anh § 50. Verteidigt ein Wohnungseigentümer oder der

Verwalter für die Gemeinschaft einen Mehrheitsbeschluss, der in der Vorinstanz für ungültig erklärt worden ist, richtet sich die Beschwer nach dem Interesse aller Wohnungseigentümer an der Gültigkeit des Eigentümerbeschlusses (*KG* 24 W 7385/96, ZMR 1997, 247). Bei der erfolglosen Anfechtung eines Beschlusses über die Aufnahme eines Kredits richtet sich die Beschwer des Klägers mangels einer gesamtschuldnerischen Haftung nach außen (vgl § 10 Abs 8) nach dem im Innenverhältnis auf den Antragsteller entfallenden Anteil.

28 Weil für die Anfechtung eines Eigentümerbeschlusses regelmäßig genügt, dass der Kläger durch die Beseitigung des Beschlusses eine ordnungsgemäße Verwaltung erreichen will (vgl § 46 Rn 17), gebietet der Grundsatz der „prozessualen Waffengleichheit" umgekehrt, dass für die Beschwer der beklagten Wohnungseigentümer das Interesse ausreicht, die Ungültigkeit eines Beschlusses zu verhindern, der nach ihrer Ansicht ordnungsgemäßer Verwaltung entspricht. Der Nachweis einer Beschwer im Sinne persönlicher Nachteile, darf von den Berufungsklägern, die den erstinstanzlichen Erfolg des Anfechtungsklägers beseitigen wollen, nicht verlangt werden (*BGH* V ZB 11/03, NJW 2003, 3124, 3125; **aA** *OLG Karlsruhe* 14 Wx 17/07, ZWE 2009, 229).

29 Wird die Anfechtungsklage gegen den Beschluss über die **Verwalterbestellung** abgewiesen, so ist für den Wert des Beschwerdegegenstands grundsätzlich maßgebend, welche Vergütung der Kläger für die fragliche Zeit an den Verwalter zu zahlen hätte (*BayObLG* 2Z BR 26/96, WuM 1996, 505). Im Einzelfall ist aber zu prüfen, ob sich die Beschwer in der wirtschaftlichen Belastung mit den Verwaltergebühren erschöpft. Soll der Beschluss über die **Entlastung des Verwalters** für ungültig erklärt werden, weil der Verwalter die Instandhaltungsrücklage nicht zinsgünstig angelegt habe, richtet sich die Rechtsmittelbeschwer des Klägers nach seinem Anteil an dem geltend gemachten Zinsschaden (*BayObLG* 2Z BR 5/99, ZWE 2000, 120). Wurde der Beschluss über die Verwalterentlastung für ungültig erklärt, richtet sich der Wert des Beschwerdegegenstands nach dem Interesse des einzelnen Wohnungseigentümers an der Aufrechterhaltung des Entlastungsbeschlusses. Dieses wird im Allgemeinen darin bestehen, die Tätigkeit des Verwalters für die Vergangenheit zu billigen und ihm – im Interesse einer weiteren vertrauensvollen Zusammenarbeit – für die Zukunft Vertrauen zu bekunden. Der Bemessung des Werts des Beschwerdegegenstands auf über 600 € im Wege der Schätzung steht nicht entgegen, dass dieses Interesse nicht unmittelbar in einer veränderten Vermögenslage Ausdruck findet (*BGH* V ZB 11/03, NJW 2003, 3124, 3125).

30 Wird der Beschluss über die **Jahresabrechnung** wegen eines angeblich falschen Kostenverteilungsschlüssels und wegen einzelner Ausgabenpositionen angefochten, richtet sich die Beschwer nach der anteiligen Belastung, die der Kläger bei der seiner Ansicht nach richtigen Jahresabrechnung erspart hätte (*BayObLG* 2Z BR 1/00, ZWE 2000, 461). Wird der Beschluss über die Jahresabrechnung insgesamt angefochten, bemisst sich der Wert der individuellen Beschwer des Klägers in der Regel nach seiner in der Einzelabrechnung ausgewiesenen Gesamtbelastung (*BayObLG* 2Z BR 12/03, ZMR 2003, 692). Wurde der Beschluss über eine **Abmahnung** erfolglos angefochten, die eine spätere Entziehung nach § 18 ermöglichen soll, so übersteigt der Wert des Beschwerdegegenstands 600 € (*OLG Düsseldorf* 3 Wx 444/99, NZM 2000, 878 [1500 DM]). Das Interesse an der **Beseitigung des Lichtentzugs** durch zwei Nadelbäume übersteigt ebenfalls 600 € (*OLG Düsseldorf* 3 Wx 214/00, ZMR 2000, 783). Die

Beschwer des Klägers bestimmt sich bei der Anfechtung eines Beschlusses, der die Wohnungseigentümer zur Teilnahme am **Lastschriftverfahren** verpflichtet, in erster Linie nach seinem Interesse, selbst über die Zahlungsweise zu entscheiden, und der Gefahr eines Missbrauchs der Einziehungsermächtigung (*BayObLG* 2Z BR 48/97, WuM 1997, 459). Bei der **Anfechtung eines Wirtschaftsplans** bestimmt sich der Wert der Beschwer nach der behaupteten Mehrbelastung und seinem geschätzten Interesse an einer ordnungsgemäßen Aufstellung des Wirtschaftsplans (*BayObLG* 2Z BR 119/04, NZM 2005, 752, 753).

Bei **Klagehäufung** genügt es, wenn die Summe der Werte 600 € übersteigt (*BGH* V ZB 11/03, NJW 2003, 3124, 3125). Ausreichend ist auch, wenn lediglich ein Hilfsantrag den Wert des Beschwerdegegenstands erreicht (*KG* 17 U 1300/78, OLGZ 1979, 348). Bei einem gemeinsamen Rechtsmittel von Streitgenossen ist die Beschwer zusammenzuzählen (*KG* 24 W 3700/92, WuM 1993, 149, 150; *BayObLG* 2Z BR 43/93, WuM 1993, 765, 766). Nimmt der Kläger seinen Zahlungsantrag soweit zurück, dass der Wert des Beschwerdegegenstands 600 € nicht mehr übersteigt, wird das Rechtsmittel grundsätzlich unzulässig (*BayObLG* 2Z BR 134/93, WuM 1994, 574). Durch Erweiterung des Antrags im Berufungsverfahren kann die Beschwerdesumme nicht erreicht werden (*BayObLG* 2Z BR 98/00, NZM 2001, 244). **31**

3. Sofortige Beschwerde. Das Rechtsmittel der sofortigen Beschwerde (§§ 567–572 ZPO) findet statt gegen die im ersten Rechtszug ergangenen Entscheidungen der Amtsgerichte und Landgerichte, wenn dies im Gesetz ausdrücklich bestimmt ist (§ 567 Abs 1 Nr 1 ZPO) oder wenn es sich um solche eine mündliche Verhandlung nicht erfordernde Entscheidungen handelt, durch die ein das Verfahren betreffendes Gesuch zurückgewiesen worden ist (§ 567 Abs 1 Nr 2 ZPO). Gegen Entscheidungen über Kosten ist die Beschwerde nur zulässig, wenn der Wert des Beschwerdegegenstands 200 € übersteigt (§ 567 Abs 2 ZPO). Der Beschwerdegegner kann sich der Beschwerde anschließen, selbst wenn er auf die Beschwerde verzichtet hat oder die Beschwerdefrist verstrichen ist. Die Anschließung verliert ihre Wirkung, wenn die Beschwerde zurückgenommen oder als unzulässig verworfen wird (§ 567 Abs 3 ZPO). **32**

Die sofortige Beschwerde ist, soweit keine andere Frist bestimmt ist, binnen einer **Notfrist von zwei Wochen** bei dem Gericht, dessen Entscheidung angefochten wird, oder bei dem Beschwerdegericht einzulegen (§ 569 Abs 1 S 1 ZPO). Die Notfrist beginnt, soweit nichts anderes bestimmt ist, mit der Zustellung der Entscheidung, spätestens mit dem Ablauf von fünf Monaten nach der Verkündung des Beschlusses (§ 569 Abs 1 S 2 ZPO). Die Beschwerde wird durch Einreichung einer **Beschwerdeschrift** eingelegt (§ 569 Abs 2 S 1 ZPO). Die Beschwerdeschrift muss die Bezeichnung der angefochtenen Entscheidung sowie die Erklärung enthalten, dass Beschwerde gegen diese Entscheidung eingelegt werde (§ 569 Abs 2 S 2 ZPO). Die Beschwerde kann auch durch Erklärung zu Protokoll der Geschäftsstelle eingelegt werden, wenn der Rechtsstreit im ersten Rechtszug nicht als Anwaltsprozess zu führen ist oder war, oder die Beschwerde die Prozesskostenhilfe betrifft oder sie von einem Zeugen, Sachverständigen oder Dritten im Sinne der §§ 142, 144 erhoben wird (§ 569 Abs 3 ZPO). **33**

Gegen einen Beschluss ist die **Rechtsbeschwerde** statthaft, wenn dies im Gesetz ausdrücklich bestimmt ist (§ 574 Abs 1 Nr 1 ZPO) oder das Beschwerdegericht, das Berufungsgericht oder das Oberlandesgericht im ersten Rechtszug sie in dem Beschluss zugelassen hat (§ 574 Abs 1 Nr 2 ZPO). In den Fällen des § 574 Abs 1 Nr 1 ZPO ist die **34**

Rechtsbeschwerde nur zulässig, wenn die Rechtssache grundsätzliche Bedeutung hat (§ 574 Abs 2 Nr 1 ZPO) oder die Fortbildung des Rechts oder die Sicherung einer einheitlichen Rechtsprechung eine Entscheidung des Rechtsbeschwerdegerichts erfordert (§ 574 Abs 2 Nr 1 ZPO). In den Fällen des § 574 Abs 1 Nr 2 ZPO ist die Rechtsbeschwerde zuzulassen, wenn die Voraussetzungen des § 574 Abs 2 ZPO vorliegen (§ 574 Abs 3 S 1 ZPO). Das Rechtsbeschwerdegericht ist an die Zulassung gebunden (§ 574 Abs 3 S 2 ZPO). Zu den Voraussetzungen des § 574 Abs 2 ZPO vgl *BGH* V ZB 16/02, NJW 2002, 3029. Eine Rechtsbeschwerde ist in einstweiligen Verfügungsverfahren nicht statthaft (vgl *BGH* VII ZB 11/02, MDR 2003, 824).

35 **4. Berufungs- und Beschwerdegericht.** In Streitigkeiten nach **§ 43 Nr 1 bis Nr 4 und Nr 6** ist gemäß § 72 Abs 2 S 1 GVG das für den Sitz des Oberlandesgerichts zuständige Landgericht gemeinsames Berufungs- und Beschwerdegericht für den Bezirk des Oberlandesgerichts, in dem das Amtsgericht seinen Sitz hat. Dies gilt gemäß § 72 Abs 2 S 1 GVG auch für die in § 119 Abs 1 Nr 1b) und c) GVG genannten Sachen mit Auslandsberührung. Die Zuständigkeitskonzentration auf ein einziges Landgericht im Bezirk eines Oberlandesgerichts soll zu einer häufigeren und intensiveren Befassung der zuständigen Berufungsspruchkörper mit der komplexen Materie des Wohnungseigentumsrechts führen und so der Qualitätssteigerung der Berufungsentscheidungen und der Herausbildung einer gleichmäßigen Revisionszulassungspraxis dienen (vgl BT-Drucks 16/3843 S 60). Die Zuständigkeit des Landgerichts in Wohnungseigentumssachen mit Auslandsberührung dient ebenfalls der Konzentration und der Rechtsklarheit, denn sie macht die Prüfung des Gerichtsstands jeder einzelnen Partei zur Feststellung der Zuständigkeit entbehrlich (vgl BT-Drucks 16/3843 S 60). Die Landesregierungen sind jedoch gemäß § 72 Abs 2 S 3 GVG ermächtigt, durch Rechtsverordnung anstelle des Landgerichts am Sitz des Oberlandesgerichts ein anderes Landgericht im Bezirk des Oberlandesgerichts zu bestimmen. Sie können gemäß § 72 Abs 2 S 4 GVG die Ermächtigung auf die Landesjustizverwaltungen übertragen. Eine **Übersicht** über die eingerichteten Schwerpunktgerichte ist abgedruckt in NJW 2008, 1790.

36 Für die Rechtsmittel in Streitigkeiten nach **§ 43 Nr 5** verbleibt es bei der vom Wert des Beschwerdegegenstands abhängigen Rechtsmittelzuständigkeit nach § 119 Abs 1 Nr 2 GVG und § 72 Abs 1 GVG.

37 Das nach § 72 Abs 2 GVG bestimmte Landgericht ist auch für **Zwangsvollstreckungsverfahren** in Wohnungseigentumssachen zuständig (*OLG Oldenburg* 5 AR 41/08, NZM 2009, 89 [zu §§ 887, 793, 567ff ZPO]; *OLG Karlsruhe* 15 AR 13/08, BeckRS 2009 08624 [zu §§ 890, 793, 567ff ZPO]). Ist das zuständige Vollstreckungsorgan jedoch das **Vollstreckungsgericht**, also das Amtsgericht, bei dem der Schuldner im Inland seinen allgemeinen Gerichtsstand hat (§ 828 Abs 2 ZPO), ist eine Sachnähe zum Erkenntnisverfahren typischerweise nicht gegeben, so dass die Annahme nicht gerechtfertigt ist, die Sache gehöre ihrem Wesen nach vor die Wohnungseigentumsgerichte (*OLG Karlsruhe* 15 AR 23/08, NZM 2009, 246 [sofortige Beschwerde gegen die Aufhebung Pfändungs- und Überweisungsbeschlusses]).

38 Die besondere Zuständigkeitsregelung des § 72 Abs 2 GVG gilt auch für Berufungen gegen Amtsgerichtsurteile, mit denen über **Vollstreckungsabwehrklagen** (§ 767 ZPO) entschieden wurde, die sich gegen die Vollstreckung aus in Wohnungseigentumsverfahren ergangenen Kostenfestsetzungsbeschlüssen richten (*BGH* V ZB 188/08, NZM 2009, 322).

Zuständigkeit § 43 WEG II

Hat ein Landgericht zu Unrecht seine erstinstanzliche Zuständigkeit in einer Streitig- **39**
keit nach § 43 Nr 1 bis 4 und 6 WEG bejaht, ist nach der allgemeinen Regelung des
§ 119 Abs 1 Nr 2 GVG das Oberlandesgericht für die Entscheidung über die Berufung
zuständig. § 72 Abs 2 S 1 GVG begründet als Sonderregelung zu § 72 Abs 1 GVG eine
Zuständigkeit des Landgerichts nur für Berufungen gegen Entscheidungen des Amtsgerichts. Richtet sich eine Beschwerde gegen die **Streitwertbemessung** des Landgerichts für das Berufungsverfahren, entscheidet über sie das zuständige Oberlandesgericht(*OLG Koblenz* 5 W 220/09, NJW 2009, 1978; *OLG Koblenz* 5 W 70/08, MDR 2008, 405 mwN).

5. Revision. Gegen die in der Berufungsinstanz erlassenen Endurteile findet die **40**
Revision statt (§§ 545–566a ZPO). Nach der Übergangsvorschrift des § 62 Abs 2 finden in Wohnungseigentumssachen nach § 43 Nr 1 bis Nr 4 die Bestimmungen über die Nichtzulassungsbeschwerde (§ 543 Abs 1 Nr 2, § 544 ZPO) keine Anwendung, soweit die anzufechtende Entscheidung vor dem 1.7.2012 verkündet worden ist. Eine Revision bedarf bis zu diesem Zeitpunkt der Zulassung durch das Berufungsgericht.

IX. Streitigkeiten der Wohnungseigentümer untereinander (§ 43 Nr 1)

1. Anwendungsbereich. Unter § 43 Nr 1 fallen Streitigkeiten über die sich aus der **41**
Gemeinschaft der Wohnungseigentümer (§§ 10–19) und aus der Verwaltung des
gemeinschaftlichen Eigentums (§§ 20–29) ergebenden Rechte und Pflichten der Wohnungseigentümer untereinander. Die in § 43 Abs 1 Nr 1 aF enthaltenen Ausnahmen
für die Entscheidung über Ansprüche, die sich aus der rechtskräftigen Aufhebung der
Gemeinschaft ergeben (§ 17) und für die Klage auf Entziehung des Wohnungseigentums (§§ 18, 19, 51) sind entfallen. Die Entziehungsklage fällt jetzt unter § 43 Nr 2
(s Rn 56).

Schon § 43 Abs 1 Nr 1 aF war weit auszulegen (*BGH* V ZB 24/02, NZM 2002, 1003, **42**
1005). Dies gilt auch für § 43 Nr 1 (*BGH* V ZB 188/08, NZM 2009, 322 Tz 9). Die Entscheidung, ob ein Verfahren unter diese Vorschrift fällt, hat nur noch Bedeutung für
die örtliche und sachliche Zuständigkeit und nicht mehr für die Abgrenzung von Prozessgericht und Gericht der freiwilligen Gerichtsbarkeit. Auf die Rechtsprechung zur
Abgrenzung aus der Zeit vor der WEG-Novelle 2007 kann weitgehend zurückgegriffen werden. Unter § 43 Nr 1 fallen grundsätzlich alle gemeinschaftsbezogenen Streitigkeiten der Wohnungseigentümer untereinander. Ob der Anspruch seine Grundlage im
WEG, im BGB oder in einem anderen Gesetz hat, ist ohne Bedeutung. Maßgebend
ist, ob die vom Kläger vorgetragenen anspruchsbegründenden Tatsachen einen inneren Zusammenhang mit dem Gemeinschaftsverhältnis der Wohnungseigentümer
untereinander und den sich hieraus ergebenden Rechten und Pflichten aufweisen (vgl
BayObLG 2Z BR 170/01, NZM 2002, 460). Unter § 43 Nr 1 fällt auch die Klage gegen
einen Wohnungseigentümer der als Mieter einer anderen Wohnung von den übrigen
Wohnungseigentümern in Anspruch genommen wird (*KG* 24 W 298/03, ZMR 2005,
977, 978). Nimmt ihn dagegen sein Vermieter als Mieter in Anspruch, dann handelt es
sich um eine Mietsache.

Wurde ein Anspruch an einen Dritten **abgetreten** so fällt er gleichwohl unter § 43 **43**
Nr 1 (*KG* 24 U 5302/83, WuM 1984, 308). Gleiches gilt, wenn ein Anspruch nach **Pfändung** durch den Pfändungsgläubiger geltend gemacht wird. Ist Wohnungseigentümer
eine GmbH u Co KG, so fällt auch der Wohngeldanspruch gegen die **Komplementär-**

Niedenführ

II WEG § 43 — Zuständigkeit

GmbH (§§ 161 Abs 2, 128 HGB) unter § 43 Nr. 1 (*BayObLG* WE 1990, 57). Bei Eröffnung eines Insolvenzverfahrens über das Vermögen eines Wohnungseigentümers tritt der Insolvenzverwalter an dessen Stelle (§§ 35, 80 InsO). Der Insolvenzverwalter ist wegen der gegen die Masse gerichteten Ansprüche aus § 16 Abs 2 vor dem WEG-Gericht zu verklagen, wenn er die Eigentumswohnung veräußert oder dem Gemeinschuldner freigegeben hat (*BGH* V ZB 24/02, NZM 2002, 1003, 1004).

44 Ansprüche gegen **Erben** eines Wohnungseigentümers fallen auch dann unter § 43 Nr 1 oder 2, wenn die Erben noch nicht im Grundbuch als neue Eigentümer eingetragen sind, denn das Eigentum geht auf die Erben mit dem Tod des Erblassers kraft Gesetzes außerhalb des Grundbuchs über, weshalb die Eintragung der Erben als Eigentümer eine bloße Grundbuchberichtigung gemäß § 22 GBO ist (*BayObLG* 2Z BR 5/93, WuM 1993, 487).

45 Nicht unter § 43 Nr 1 fallen Streitigkeiten, die den 1. Abschnitt des Teil I (§§ 1–9) des WEG betreffen, soweit die Eigentumsverhältnisse nicht nur als Vorfrage zu prüfen sind. Dies gilt für Streitigkeiten über den Umfang des Sondereigentums und die Abgrenzung zum gemeinschaftlichen Eigentum (*OLG Karlsruhe* 4 W 144/74, NJW 1975, 1976). Gleiches gilt grundsätzlich für Streitigkeiten über Gegenstand, Inhalt sowie Begründung und Aufhebung des Sondereigentums. Der Streit, ob ein bestimmter Raum zum Sondereigentum oder zum gemeinschaftlichen Eigentum gehört, fällt nicht unter § 43 Nr 1. Dies gilt sowohl für die Klage auf Feststellung, als auch für die Leistungsklage auf Herausgabe oder Grundbuchberichtigung (*BGH* V ZR 118/94, NJW 1995, 2851; *BayObLG* 2Z BR 80/95, NJW-RR 1996, 912, 913). Beansprucht ein Wohnungseigentümer von den übrigen die **Umwandlung von Gemeinschaftseigentum in Sondereigentum**, so fällt die Klage nicht unter § 43 Nr 1 (*KG* 24 W 3797/97, NZM 1998, 581). Unter § 43 Nr 1 fällt aber die Klage auf Zustimmung zur Abänderung der in der Teilungserklärung enthaltenen Zuordnung von Kellerräumen, an denen teils Sondereigentum und teils Sondernutzungsrechte bestehen (*OLG München* 34 Wx 120/05, ZMR 2006, 156, 157).

46 Die Klage auf Einräumung von Sondereigentum, dessen Begründung wegen eines nicht auflösbaren Widerspruchs zwischen Teilungserklärung und Aufteilungsplan gescheitert ist, fällt unter § 43 Nr 1, weil sich der Anspruch allein aus dem Gemeinschaftsverhältnis der Wohnungseigentümer iVm § 242 BGB ergibt (*BayObLG* 2Z BR 11/98, WuM 1999, 232, 234 zu § 43 Abs 1 Nr 1 aF).

47 Hat der Käufer einer Eigentumswohnung, der nie im Grundbuch als Eigentümer eingetragen worden ist, im notariellen Kaufvertrag die Bezahlung des Wohngeldes ab Besitzübergang übernommen, ist das allgemeine Zivilgericht zuständig für die Entscheidung über eine Streitigkeit, die auf den notariellen Kaufvertrag gestützt wird (*BayObLG* 2Z AR 92/97, WuM 1998, 119 = NZM 1998, 258).

48 Der **Anspruch auf Zustimmung zur Veräußerung** gemäß § 12 **gegen einen Dritten**, der weder Verwalter noch Wohnungseigentümer ist, fällt nicht unter § 43 Nr 1.

49 **Nicht unter § 43 Nr 1** fallen **schuldrechtliche Ansprüche**, insbesondere **aus dem Erwerbsvertrag** auf Verschaffung, Begründung, Aufhebung, Übertragung, Herausgabe oder Belastung des Wohnungseigentums oder Unterlassung einer bestimmten Nutzung. Dies gilt auch dann, wenn sie sich gegen einen Bauträger richten, der zugleich Verwalter oder Wohnungseigentümer ist (*BGH* VII ZR 186/73, NJW 1976, 239; *OLG*

Stuttgart 8 W 603/89, ZMR 1990, 190, 191). Gleiches gilt für ein **Konkurrenzverbot**, das ein Teileigentümer auf eine schuldrechtliche Sonderbeziehung mit anderen Teileigentümern stützt (*BayObLG* 2Z BR 6/96, WuM 1996, 359).

Wird jedoch der Bauträger in seiner Eigenschaft als Wohnungseigentümer in Anspruch genommen, dann ist das WEG-Gericht zuständig (*BayObLG* 2Z BR 170/01, NZM 2002, 460). Der **Anspruch auf Beseitigung von baulichen Veränderungen gegen den Verkäufer** fällt nicht unter § 43 Nr 1 (*OLG Düsseldorf* 3 W 195/82, MDR 1983, 320). 50

Zahlungsansprüche eines Wohnungseigentümers gegen den **Treuhänder und Baubetreuer** der Bauherrengemeinschaft, welche die Anlage errichtet hat, wegen zweck- und treuwidriger Verwendung von eingezahlten Beträgen, fallen auch dann nicht unter § 43 Nr 1, wenn der Beklagte zugleich Wohnungseigentümer ist (*BayObLG* AR 2 Z 44/91, WuM 1991, 450). 51

Die Überprüfung von Zahlungsansprüchen wegen der Vollendung eines sogenannten „steckengebliebenen Baus" (s dazu § 22 Rn 206) fällt nicht unter § 43 Nr 1, wenn die Ansprüche ausschließlich aus einer schuld- bzw. gesellschaftsrechtlichen Sonderbeziehung der Parteien und nicht aus dem Gemeinschaftsverhältnis der Wohnungseigentümer abgeleitet werden (*OLG Karlsruhe* 3 W 72/99, NZM 2001, 145). 52

Entsteht zwischen Miteigentümern zweier Garagen- bzw. Stellplatzgrundstücke, die weder Wohnungs- noch Teileigentümer sind, Streit über die sich aus Grunddienstbarkeiten ergebenden Rechte so ist das allgemeine Prozessgericht zuständig, auch wenn sich die Grundstücke auf einem Areal befinden, das ursprünglich als Wohnungseigentumsanlage geplant war (*OLG Celle* 4 W 239/88, NJW-RR 1989, 143). 53

Ansprüche einer aus den Wohnungseigentümern mehrerer Wohnungseigentümergemeinschaften bestehenden **Bruchteilsgemeinschaft nach § 741 BGB**, der zB ein Kinderspielplatz oder eine andere Freifläche zwischen den Wohnanlagen gehört, sind im allgemeinen Zivilprozess geltend zu machen. Richten sich die Ansprüche gegen den gemeinsamen Verwalter, so bedarf ein Miteigentümer, der gegen den Verwalter auf Leistung an alle klagt (§ 432 Abs 1 BGB), nicht der Ermächtigung durch einen Eigentümerbeschluss (*BayObLG* 2Z BR 112/92, WuM 1993, 308). Auch für Streitigkeiten der Teilhaber einer Bruchteilsgemeinschaft an einem Teileigentum (Tiefgarage) sind die allgemeinen Prozessgerichte zuständig. Beschlüsse der Teilhaber einer solchen Gemeinschaft sind nicht anfechtbar. Es kann aber Klage auf Feststellung der Nichtigkeit erhoben werden (*BayObLG* 2Z AR 42/94, WuM 1994, 644). 54

2. Klagebefugnis. Die Klagebefugnis ergibt sich grundsätzlich aus der materiellrechtlichen Sachbefugnis. In Wohnungseigentumssachen besteht jedoch die Besonderheit, dass gemäß § 10 Abs 6 S 3 die Gemeinschaft die **gemeinschaftsbezogenen Rechte** der Wohnungseigentümer ausübt (vgl § 10 Rn 70, § 21 Rn 17). Außerdem kann die Gemeinschaft gemäß § 10 Abs 6 S 3 sonstige Rechte ausüben, soweit diese gemeinschaftlich geltend gemacht werden können (vgl § 10 Rn 63, § 21 Rn 16). Unterlassungsansprüche aus dem Miteigentum an dem Grundstück stehen weder dem Verband zu, noch können sie ohne einen entsprechenden Beschluss der Wohnungseigentümer von dem Verband gerichtlich geltend gemacht werden (*BGH* V ZB 17/06, NZM 2006, 465). Klagebefugt für solche individuellen Ansprüche ist der einzelne Wohnungseigentümer, wobei auch Klage gegen einen Wohnungseigentümer von den übrigen Wohnungseigentümern erho- 55

II WEG § 43 Zuständigkeit

ben werden kann, denen jeweils der Individualanspruch zusteht. Kläger sind dann die in der Eigentümerliste aufgeführten einzelnen Wohnungseigentümer, nicht die Wohnungseigentümergemeinschaft als Verband (vgl *OLG München* 34 Wx 69/05, NZM 2005, 672 für den Anspruch auf Beseitigung einer baulichen Veränderung). Die Wohnungseigentümer sind insoweit im Rahmen der gemeinschaftlichen Verwaltung allerdings berechtigt, nicht jedoch verpflichtet, die Verfolgung dieser Ansprüche durch Mehrheitsbeschluss an sich zu ziehen und zu einer gemeinschaftlichen Angelegenheit zu machen (*OLG München* 32 Wx 077/05, ZMR 2006, 157, 158; vgl auch *Wenzel* NZM 2006, 321, 323). Der Annahme einer Prozessstandschaft der Wohnungseigentümergemeinschaft (so *OLG München* 34 Wx 83/05, NZM 2006, 345, 346) bedarf es nicht. Zur Vertretungsbefugnis des Verwalters in solchen Fällen s § 27 Rn 69.

X. Streitigkeiten der Wohnungseigentümer mit der Gemeinschaft (§ 43 Nr 2)

56 § 43 Nr 2 beruht auf der Regelung über die Teilrechtsfähigkeit der Gemeinschaft der Wohnungseigentümer. Gemäß § 10 Abs 6 S 5 ist die Gemeinschaft der Wohnungseigentümer im Rahmen ihrer Teilrechtsfähigkeit auch parteifähig und kann insoweit selbst Klägerin und Beklagte sein. Dies gilt sowohl für Streitigkeiten mit Dritten als auch für Streitigkeiten mit Wohnungseigentümern. Letztere erfasst § 43 Nr 2. Unter § 43 Nr 2 fallen auch Klagen, mit denen die Wohnungseigentümergemeinschaft in Ausübung gemeinschaftsbezogener Rechte (§ 10 Abs 6 S 3) Ansprüche verfolgt. Hierzu gehört gemäß § 18 Abs 1 S 2 auch die Entziehungsklage.

57 Auch Ansprüche der Gemeinschaft gegen einen durch Eigentümerwechsel **ausgeschiedenen Wohnungseigentümer** fallen unter § 43 Nr 2 (vgl *BGH* V ZB 24/02, NZM 2002, 1003, 1004 zu § 43 Abs 1 Nr 1 aF). Hieran wollte der Gesetzgeber nichts ändern (vgl BT-Drucks 16/3843 S 55). Nimmt die Wohnungseigentümergemeinschaft einen ausgeschiedenen Wohnungseigentümer aber aus einem an sie **abgetretenen kaufvertraglichen Freistellungsanspruch** des Erwerbers in Anspruch, dann verbleibt bei der allgemeinen Zuständigkeit (*OLG München* 34 Wx 055/05, ZMR 2005, 979).

58 Stehen sich die Gemeinschaft und einzelne Wohnungseigentümer **wie Dritte** gegenüber, so zB bei Vermietung gemeinschaftlicher Anlagen an einen Wohnungseigentümer, fallen die Streitigkeiten nicht unter § 43 Nr 2. Klagt der Wohnungseigentümer in diesem Fall gegen die Gemeinschaft, dann richtet sich die Zuständigkeit nach § 43 Nr 5. Gleiches gilt für Ansprüche, die ein Wohnungseigentümer aufgrund seiner anwaltlichen Tätigkeit als Bevollmächtigter in einem WEG-Verfahren gegen einen anderen Wohnungseigentümer geltend macht (vgl *BayObLG* 2Z BR 150/97, NZM 1998, 515 zu § 43 Abs 1 Nr 1 aF).

59 In einem Rechtsstreit zwischen der rechtsfähigen Wohnungseigentümergemeinschaft und einem anderen Wohnungseigentümer kann ein der Gemeinschaft zugehöriger Wohnungseigentümer, der nicht selbst Partei ist, als **Zeuge** vernommen werden, da nach § 27 Abs 3 S 2 nur gemeinsam mit den übrigen Wohnungseigentümern vertretungsbefugt ist, und deshalb einem gesetzlichen Vertreter einer juristischen Person nicht gleichsteht (*AG Lichtenberg* 12 C 240/07 WEG, ZMR 2008, 576).

XI. Streitigkeiten mit dem Verwalter (§ 43 Nr 3)

60 Das WEG-Gericht entscheidet gemäß § 43 Nr 2 über die Rechte und Pflichten des Verwalters bei der Verwaltung des gemeinschaftlichen Eigentums.

1. Grundsatz. Die Vorschrift ist weit auszulegen (*BGH* V ZB 188/08, NZM 2009, 322   **61**
Tz 9). Im Zweifel fallen Ansprüche gegen den Verwalter unter § 43 Nr 3.
Maßgeblich ist, ob der geltend gemachte Anspruch im inneren Zusammenhang mit der Tätigkeit des Verwalters steht (*BGH* VII ZR 35/70, NJW 1972, 1318). Unter § 43 Nr 3 fallen auch Ansprüche gegen einen **ausgeschiedenen Verwalter** (*BGH* VII ZR 35/70, NJW 1972, 1318). Auch Ansprüche gegen einen früheren faktischen Verwalter fallen unter § 43 Nr 3 (*KG* 24 W 6578/90, WuM 1991, 415). Es genügt dabei, dass der Beklagte mit Wissen und Billigung der Wohnungseigentümer die Verwaltergeschäfte geführt hat, selbst wenn er nicht förmlich zum Verwalter bestellt war (*KG* 1 W 4193/80, OLGZ 1981, 304). Umgekehrt fallen **Vergütungsansprüche** (*BGH* VII ZR 328/79, NJW 1980, 2466) oder **Aufwendungsersatzansprüche** (*BayObLG* 2Z BR 43/96, WuM 1996, 663) des ausgeschiedenen Verwalters gegen die Wohnungseigentümer unter § 43 Nr 3 und nicht unter § 43 Nr 5. Maßgebend ist, dass die den Verwalter treffende Pflicht bzw das von ihm in Anspruch genommene Recht im inneren Zusammenhang mit der Verwaltung des gemeinschaftlichen Eigentums steht. Dies ist auch der Fall, wenn der Beklagte nicht selbst Verwalter war, sondern als Gesellschafter einer als Verwalterin abberufenen OHG für deren Verbindlichkeiten gemäß § 128 HGB in Anspruch genommen wird (*BayObLG* BReg 2 Z 41/87, WuM 1988, 102). Unter § 43 Nr 3 fallen auch Ansprüche gegen den Geschäftsführer einer Verwaltungs-GmbH (*KG* 24 W 154/05, NZM 2006, 61). Ebenso Ansprüche gegen den früheren Verwalter auf **Herausgabe von Unterlagen**, die die Errichtung der Wohnungseigentumsanlage durch die frühere Verwalterin als Bauträgerin betreffen (*OLG Hamm* 15 W 361/85, NJW-RR 1988, 268). Gleiches gilt für Ansprüche, die ausgeschiedenen und gegenwärtigen Wohnungseigentümern gemeinschaftlich gegen den Verwalter zustehen (*BayObLG* 2Z AR 12/94, WuM 1994, 572, 573).

In Betracht kommen Anträge der Wohnungseigentümer auf **Auskunft** (*BayObLG*   **62**
BReg 2 Z 7/72, BayObLGZ 1972, 162, 166), **Rechnungslegung** (vgl § 28 Rn 201 ff), **Herausgabe von Unterlagen** (BayObLGZ 1969, 209), Einsicht in Unterlagen (*OLG Frankfurt* 20 W 732/78, OLGZ 1979, 136, 138), Leistung von **Schadensersatz** wegen schuldhafter Verletzung des Verwaltervertrages oder wegen unerlaubter Handlungen, die im Zusammenhang mit der Verwaltertätigkeit stehen (*BGH* VII ZR 35/70, NJW 1972, 1318). Außerdem Anträge auf Verpflichtung des Verwalters zur **Einberufung und Leitung einer Eigentümerversammlung** (BayObLGZ 1970, 1) oder auf Ermächtigung zur Einberufung analog § 37 Abs 2 BGB. Desgleichen Anträge auf **Berichtigung des Protokolls** einer Eigentümerversammlung, wenn dessen rechtlich bedeutsamer Inhalt falsch ist oder wenn der Inhalt das Persönlichkeitsrecht eines Beteiligten verletzt (*BayObLG* BReg 2 Z 22/69, BayObLGZ 1982, 445, 448). Ferner Anträge der Wohnungseigentümer auf Verpflichtung des Verwalters zur **Erstellung eines Wirtschaftsplans** (§ 28 Abs 1, Vollstreckung gem § 887 ZPO) oder zur **Erstellung der Jahresabrechnung** (§ 28 Abs 3) oder auf Verpflichtung zur **Durchführung von** unangefochten gebliebenen **Beschlüssen** und allgemein über die Ausführung oder Nichtausführung von Aufgaben nach § 27 (vgl etwa *KG* NJW 1956, 1679).

Anträge eines verkaufswilligen Wohnungseigentümers auf Verpflichtung des Verwal-   **63**
ters zur **Zustimmung zu einer Veräußerung** (§ 12, Vollstreckung gem § 894 ZPO; BayObLGZ 1977, 40) oder eines Wohnungseigentümers auf Verpflichtung zur **Zustimmung zu** einem bestimmten **Gebrauch** (§ 15) fallen ebenso unter § 43 Nr 3 wie Streitigkeiten über die Rechtmäßigkeit von Verwaltermaßnahmen, über den

Umfang und das Fortbestehen von Verwalteraufgaben (*OLG Köln* 16 Wx 106/78, OLGZ 1979, 282, 284), über Zustandekommen, Dauer und Beendigung des **Verwaltervertrages** (BayObLGZ 1977, 40). Ebenfalls nach § 43 Nr 3 ist der Anspruch auf Unterlassung weiterer Tätigkeiten nach Abberufung geltend zu machen (*BayObLG* BReg 2 Z 19/73, BayObLGZ 1973, 145, 147;). Zulässig gemäß § 43 Nr 3 ist auch ein Antrag auf Feststellung, dass eine wirksame Verwalterbestellung vorliegt (*KG* OLGZ 1976, 267).

64 Umgekehrt fallen unter § 43 Nr 3 Ansprüche des Verwalters auf Zahlung der Vergütung oder auf Aufwendungsersatz (*BGH* VII ZR 328/79, NJW 1980, 2466).

65 **Nicht unter § 43 Nr 3** fallen Ansprüche, die mit der Verwaltertätigkeit nicht in Zusammenhang stehen, so zB, wenn der Verwalter gleichzeitig als Unternehmer **Energielieferant** der Gemeinschaft ist (*OLG Hamm* 15 W 215/78, Rpfl 1979, 318) oder gleichzeitig das **Sondereigentum** verwaltet (*BayObLG* 2Z BR 53/95, WuM 1995, 672) und damit insoweit den Wohnungseigentümern wie ein Dritter gegenübertritt. Ein Schadensersatzanspruch gegen den Haftpflichtversicherer des Verwalters fällt ebenfalls nicht unter § 43 Nr 3 (*BayObLG* BReg 2 Z 22/87, MDR 1987, 765).

66 Ansprüche des Verwalters wegen **ehrverletzender Äußerungen** von Wohnungseigentümern sind im allgemeinen Zivilprozess geltend zu machen (*BayObLG* BReg 2 Z 131/88, BayObLGZ 1989, 67[soweit nicht ein Zusammenhang mit der Verwaltung des gemeinschaftlichen Eigentums besteht] ; *OLG Düsseldorf* 15 U 63/00, ZWE 2001, 164 m Anm *Fritsch*; anders aber *BayObLG* 2Z BR 16/01, ZWE 2001, 319 m Anm *Derleder* S 312 und Erwiderung *Fritsch* S 478; *OLG München* 31 AR 92/08, NZM 2008, 576). Ansprüche eines Wohnungseigentümers auf **Unterlassung ehrverletzender Äußerungen des Verwalters** fallen unter § 43 Nr 3, wenn ein Zusammenhang mit der Verwaltung des gemeinschaftlichen Eigentums besteht. Dies ist zB der Fall bei Äußerungen während einer Eigentümerversammlung. Ansprüche eines Verwalters auf **Ersatz von Aufwendungen**, die er nach Ablauf seiner Verwaltertätigkeit auf Bitten des neuen Verwalters noch für die Wohnungseigentümergemeinschaft gemacht haben will, sind vor dem allgemeinen Zivilgericht geltend zu machen (*OLG Köln* 16 Wx 48/02, NZM 2002, 749). Streitigkeiten zwischen neuem und altem Verwalter wegen Widerrufs und Unterlassung von Behauptungen sind im allgemeinen Zivilprozess auszutragen (*OLG München* 32 Wx 104/05, NZM 2006, 25).

67 **2. Klagebefugnis.** Der einzelne Wohnungseigentümer ist nur insoweit klagebefugt, als er einen individuellen Anspruch gegen den Verwalter geltend machen will, zB wegen einer Sorgfaltspflichtverletzung des Verwalters gegenüber ihm, die allein bei ihm zu einem Schaden geführt hat (vgl *BGH* V ZB 9/91, NJW 1992, 182). Unerheblich ist insoweit, dass die Wohnungseigentümergemeinschaft als teilrechtsfähiger Verband Vertragspartner des Verwalters ist, denn Ansprüche der einzelnen Wohnungseigentümer können sich unter dem Gesichtspunkt des Vertrages mit Schutzwirkung zugunsten Dritter ergeben (*OLG Düsseldorf* 3 Wx 281/05, ZWE 2007, 92 m Anm *Briesemeister*; *OLG Frankfurt* 20 W 169/07, ZWE 2008, 470; vgl § 26 Rn 31). Auch Ansprüche auf ordnungsmäßige Verwaltung stehen jedem Wohnungseigentümer persönlich zu (§ 21 Abs 4). Jeder einzelne Wohnungseigentümer kann daher den Anspruch auf Vorlage von Jahresabrechnung und Wirtschaftsplan gegen den Verwalter gerichtlich geltend machen (s § 28 Rn 9 und 118). Auch den Antrag auf Feststellung der Unwirksamkeit des mit dem Verwalter geschlossenen Geschäftsbe-

sorgungsvertrages kann ein einzelner Wohnungseigentümer ohne Ermächtigung der übrigen stellen (*OLG Hamm* 15 W 133/00, NZM 2001, 49, 51).

Einen **Anspruch der Wohnungseigentümergemeinschaft** oder einen **gemeinschaftsbe-** 68 **zogenen Anspruch** gegen den Verwalter kann der einzelne Wohnungseigentümer nur selbstständig geltend machen, wenn die Gemeinschaft ihn durch Beschluss dazu ermächtigt hat (BGHZ V ZB 9/88, NJW 1989, 1087 mwN; *AG Hannover* 480 C 7201/ 08, ZMR 2009, 81). Dies gilt auch für Erfüllungsansprüche aus dem Verwaltervertrag, der zwischen dem Verwalter und der Wohnungseigentümergemeinschaft als teilrechtsfähigem Verband geschlossen ist (*OLG München* 34 Wx 055/06, NZM 2007, 293). Für diese ist der Verband aktivlegitimiert. Gleiches gilt für Schadensersatzansprüche aus der Verletzung von Verwalterpflichten (*OLG München* 32 Wx 93/07, FGPrax 2008, 218 – s aber Rn 67). Der einzelne Wohnungseigentümer hat ohne Ermächtigung gegen den Verwalter auch keinen Anspruch auf Rückzahlung unberechtigter Abhebungen vom Gemeinschaftskonto (*AG Dortmund* 513 C 58/08, NZM 2009, 324). Zu Auskunftsansprüchen siehe § 28 Rn 126. Ohne einen solchen Beschluss ist der einzelne Wohnungseigentümer für gemeinschaftsbezogene Ansprüche nur klagebefugt, wenn die gerichtliche Geltendmachung des Anspruchs eine Notmaßnahme nach § 21 Abs 2 ist. Ansonsten muss er die übrigen Wohnungseigentümer erst auf Zustimmung zur gerichtlichen Geltendmachung gemäß § 21 Abs 4 im Verfahren nach § 43 Nr 1 in Anspruch nehmen. Vorher muss er jedoch versuchen, einen entsprechenden Beschluss der Wohnungseigentümer herbeizuführen (*OLG Hamburg* 2 Wx 74/91, WuM 1993, 705, 706). Diese Grundsätze gelten auch, wenn Gemeinschaftsansprüche gegen einen nicht mehr amtierenden Verwalter geltend gemacht werden sollen (*KG* 24 W 2779/89, WuM 1990, 180, 181). Auch ein Wohnungseigentümer, der einen Schaden am Gemeinschaftseigentum im Wege der Notgeschäftsführung auf seine Kosten beseitigt hat, bedarf der Ermächtigung um auf Schadensersatzanspruch gegen den Verwalter klagen zu können, weil dieser es versäumt habe, den Schaden rechtzeitig der Gebäudeversicherung der Gemeinschaft zu melden (*OLG Köln* 16 Wx 228/04, NZM 2005, 307).

Ein **Schadensersatzanspruch der Wohnungseigentümergemeinschaft** gegen den Ver- 69 walter fällt in das Verwaltungsvermögen. Der Verband bleibt als Träger des Verwaltungsvermögens unabhängig von zwischenzeitlichen Eigentümerwechseln aktiv legitimiert. Der einzelne Wohnungseigentümer kann vom Verwalter weder verlangen, dass bei Umbauarbeiten veränderte Kellerabteile dem Aufteilungsplan entsprechend wiederhergestellt werden, noch gegen den Verwalter die Feststellung beantragen, er dürfe zur Zahlung bestimmter Kosten nicht herangezogen werde (*BayObLG* 2Z BR 112/98, WuM 1999, 129). Zur Durchsetzung von Ansprüchen nach § 1004 BGB aus Instandhaltungs- und/oder Veränderungsmaßnahmen am Gemeinschaftseigentum gegen den Verwalter sind einzelne Miteigentümer ohne entsprechenden Gemeinschaftsbeschluss nicht berechtigt (*OLG Schleswig* 2 W 109/97, WuM 1998, 308). Lässt der Verwalter elektrische Zuleitungen zu einzelnen Kellerräumen unterbrechen, weil diese seiner Ansicht nach unberechtigt angebracht wurden, kann der Wiederherstellungsanspruch nicht von einem einzelnen Wohnungseigentümer geltend gemacht werden (*KG* 24 W 1184/00, NZM 2000, 677).

3. Rechtsschutzbedürfnis. Das Rechtsschutzbedürfnis für die Klage gegen eine 70 Maßnahme des Verwalters entfällt, sobald die Maßnahme durch einen Mehrheitsbeschluss der Wohnungseigentümer gebilligt ist. Der Antragsteller muss dann sei-

II WEG § 43 Zuständigkeit

nen Antrag in einen Beschlussanfechtungsantrag ändern (*BayObLG* BReg 2 Z 16/ 72, BayObLGZ 1972, 246, 247).

71 Ein Rechtsschutzbedürfnis für eine gegen den Verwalter gerichtete Klage auf **Protokollberichtigung** besteht nur, wenn der rechtlich bedeutsame Inhalt des Protokolls falsch ist oder der Inhalt des Protokolls das Persönlichkeitsrecht des Antragstellers verletzt. Es liegt im Interesse des Rechtsfriedens in einer Gemeinschaft, dass nicht wegen jeder Geringfügigkeit ein Protokollberichtigungsverfahren herbeigeführt werden kann (*BayObLG* BReg 2 Z 39/82, BayObLGZ 1982, 445, 448). Bestimmt die Gemeinschaftsordnung, dass das Protokoll einer Eigentümerversammlung von der nächsten Versammlung zu bestätigen ist, so fehlt vor der Bestätigung das Rechtsschutzbedürfnis für einen Antrag auf Feststellung, welche von zwei unterschiedlichen Versionen des Protokolls maßgeblich ist (*BayObLG* BReg 2 Z 60/89, NJW-RR 1989, 1168, 1170). Für einen Antrag auf Berichtigung des Protokolls hinsichtlich der Anzahl der abgegebenen Ja- Stimmen fehlt das Rechtsschutzbedürfnis, wenn sich die behauptete Unrichtigkeit auf das Abstimmungsergebnis nicht auswirkt (*BayObLG* BReg 2 Z 144/90, WuM 1991, 310).

72 Das Rechtsschutzbedürfnis für einen gegen den Verwalter gerichteten Antrag auf Unterlassung bestimmter Verwaltungsmaßnahmen fehlt, solange der Antragsteller den Verwalter nicht erfolglos um Abhilfe aufgefordert hat (*BayObLG* BReg 2 Z 16/ 72, BayObLGZ 1972, 246, 251). Für die gerichtliche Geltendmachung des Anspruchs auf Einsicht in die zu einer Jahresabrechnung gehörenden Belege entfällt das Rechtsschutzbedürfnis, wenn der Verwalter sich ernstlich bereit erklärt, die Einsicht zu gewähren (*BayObLG* Rpfl 1977, 126).

XII. Entscheidung über die Gültigkeit von Beschlüssen (§ 43 Nr 4)

73 Für die Entscheidung über Anfechtungsklagen von Wohnungseigentümern oder Verwaltern ist das Amtsgericht in dessen Bezirk das Grundstück liegt, ausschließlich örtlich und sachlich zuständig. Zum Anwendungsbereich s Rn 74 zu sonstigen Einzelheiten der wohnungseigentumsrechtlichen Anfechtungsklage siehe § 46.

74 **1. Anwendungsbereich.** Die Vorschrift erfasst
– Beschlussanfechtungsklagen gemäß § 46,
– Klagen auf Feststellung der Nichtigkeit von Beschlüssen,
– Klagen auf Feststellung der Gültigkeit von Beschlüssen, wenn deren Nichtigkeit behauptet wird,
– Klagen auf Feststellung, dass ein Eigentümerbeschluss mit dem in einer Versammlungsniederschrift protokollierten Inhalt überhaupt nicht zustande gekommen ist, zB wegen fehlender Stimmabgabe des einzigen anwesenden Wohnungseigentümers (*BayObLG* 2Z BR 72/95, NJW-RR 1996, 524) oder unterbliebener Verkündung des Beschlusses *OLG München* 34 Wx 3/06, ZWE 2006, 456,
– Klagen auf Feststellung, ein Eigentümerbeschluss mit einem bestimmten Inhalt sei entgegen der Versammlungsniederschrift überhaupt nicht gefasst worden,
– Beschlussfeststellungsklagen bei unterbliebener Feststellung und Verkündung des Beschlussergebnisses (s Rn 77),
– Klagen auf Feststellung des Inhalts von Beschlüssen (s Rn 79).

Diese Klagen unterliegen der Monatsfrist des § 46 Abs 1 S 2, wenn ohne die Klage ein bestimmter Beschluss bestandskräftig werden würde. Dies ist bei nichtigen und nicht verkündeten Beschlüssen nicht der Fall. Die Klage auf Feststellung, dass ein Eigentümerbeschluss entgegen einem verkündeten Ergebnis infolge falscher Stimmenzählung nicht oder anders zustande gekommen ist, muss dagegen innerhalb der Monatsfrist des § 46 Abs 1 S. 2 erhoben werden(*KG* 24 W 1227/90, NJW-RR 1991, 214), denn der Erfolg der Klage setzt die Beseitigung des verkündeten positiven Beschlusses durch Anfechtung innerhalb der Monatsfrist des § 46 Abs 1 S 2 voraus.

Anträge auf **Berichtigung fehlerhaft protokollierter Beschlüsse** unterliegen dagegen nicht der Monatsfrist des § 46 Abs 1 S 2 (str, wie hier *Abramenko* ZMR 2003, 326 mwN). 75

§ 43 Nr 4 erfasst auch die Anfechtung von Beschlüssen gemäß **§ 18 Abs 3**, wobei im Rahmen der Anfechtungsklage nur die Ordnungsmäßigkeit der Beschlussfassung zu überprüfen ist, da die inhaltliche Berechtigung des Veräußerungsbegehrens im Entziehungsverfahren zu klären ist (*BayObLG* BReg 1 b Z 5/88, WuM 1990, 95). Auch ein Beschluss der Eigentümerversammlung, einen Wohnungseigentümer unter Hinweis auf § 18 abzumahnen, ist lediglich daraufhin zu überprüfen, ob die Beschlussfassung ordnungsgemäß war, nicht jedoch darauf, ob die Abmahnung materiell berechtigt war (*LG Düsseldorf* 25 T 49/91, ZMR 1991, 314). 76

2. Beschlussfeststellungsklage. Ob ein Beschluss vorliegt, sei es ein negativer oder ein positiver Beschluss, hängt von der **Feststellung und Bekanntgabe des Beschlussergebnisses durch den Versammlungsleiter** ab (s § 23 Rn 49). Ist laut Protokoll abweichend von der Bekanntgabe in der Eigentümerversammlung ein Beschluss zustande gekommen, dann ist ein gegen diesen Beschluss gerichteter Anfechtungsantrag umzudeuten in den Antrag auf Feststellung, ein positiver Beschluss sei nicht gefasst worden (*KG* 24 W 9387/00, NZM 2002, 613). 77

Unterbleibt die Feststellung und Verkündung des Beschlussergebnisses pflichtwidrig oder stellt der Versammlungsleiter nur das tatsächliche Stimmenverhältnis (Abstimmungsergebnis) fest, so liegt ein Nichtbeschluss vor, der keiner Anfechtung bedarf. In diesem Fall ist ein **nicht fristgebundener Antrag auf Beschlussfeststellung** nach § 43 Nr 4 möglich (*BGH* V ZB 10/01, NJW 2001, 3339, 3342; *Wenzel* ZWE 2000, 382, 385; *Bub* ZWE 2000, 194, 202). Die rechtskräftige Feststellung des Beschlussergebnisses durch das Gericht ersetzt die unterbliebene Feststellung des Versammlungsleiters und vervollständigt so den Tatbestand für das Entstehen des Beschlusses (*BGH* V ZB 10/01, NJW 2001, 3339, 3342/3343). Bei eilbedürftigen Beschlussgegenständen kann im Wege der einstweiligen Verfügung eine vorläufige Regelung getroffen werden. Der Beschlussfeststellungsantrag könnte etwa lauten: Es wird beantragt, festzustellen, dass in der Eigentümerversammlung vom ... zu TOP ... ein Beschluss mit folgendem Inhalt: „..." gefasst worden ist. Fraglich ist, ob Gegenstand des Beschlussfeststellungsverfahrens auch inhaltliche Mängel des Beschlusses sind. Jedenfalls Nichtigkeitsgründe müssen in dem Verfahren geprüft werden, weil für die Feststellung eines nichtigen Beschlusses das Rechtsschutzbedürfnis fehlen würde. Nichtigkeits- und Anfechtungsgründe bilden jedoch einen einheitlichen Streitgegenstand (s § 46 Rn 74). Dies spricht neben dem Grundsatz der Verfahrensökonomie dafür, dass auch im Beschlussfeststellungsverfahren abschließend über die Gültigkeit des Beschlusses zu entscheiden ist und die rechtskräftige Entscheidung des Gerichts nicht mehr die Möglichkeit der Anfechtung dieses Beschlusses eröffnet (ebenso *Becker* ZWE 2006, 157, 161; *Merle* in Bärmann, § 23 Rn 44; *Abramenko* in Riecke/Schmid, § 43 Rn 20; *Wenzel* in Bärmann, § 49 Rn 110; **aA** *AG Hamburg-Blankenese* 539 C 27/08, ZMR 2008, 78

1001; *Riecke/v. Rechenberg* MDR 2002, 310; *Deckert* ZMR 2003, 157; *Müller* NZM 2003, 222, 224). Der Tenor des stattgebenden Gerichtsbeschlusses müsste dann in der Hauptsache lauten: Es wird festgestellt, dass in der Eigentümerversammlung vom ... zu TOP ... wirksam ein Beschluss mit folgendem Inhalt „..." gefasst wurde.

79 3. Klage auf Feststellung des Beschlussinhalts. Die Feststellungen des Versammlungsleiters bestimmen konstitutiv auch den **Inhalt des Beschlusses** (*BGH* V ZB 10/01, NJW 2001, 3339, 3341). Entspricht das festgestellte und verkündete Beschlussergebnis nicht den tatsächlichen und rechtlichen Verhältnissen, so ist der Fehler durch Beschlussanfechtung auszuräumen (*Wenzel* ZWE 2000, 382, 386). Mit der Anfechtungsklage kann ein Antrag auf Feststellung des wirklich gefassten, aber vom Versammlungsleiter nicht festgestellten Beschlussinhalts verbunden werden (*BayObLG* 2Z BR 85/02, ZMR 2004, 125, 126).

80 Hat der Versammlungsleiter einzelne Wohnungseigentümer zu Unrecht von der Abstimmung ausgeschlossen, so kann dies im Falle der Beschlussanfechtung zur nachträglichen Feststellung eines anderen Beschlussinhalts führen (*KG* 24 W 5147/88, ZMR 1989, 388, 389). Der Erfolg eines Antrags auf Feststellung, dass entgegen dem vom Versammlungsleiter festgestellten Ergebnis infolge falscher Stimmenzählung kein positiver Beschluss zustande gekommen sei, setzt die Beseitigung des verkündeten positiven Beschlusses durch Anfechtung innerhalb der Monatsfrist des § 46 Abs 1 S 2 voraus. Der Erfolg des Feststellungsantrags setzt außerdem voraus, dass auch im Übrigen alle Erfordernisse für einen wirksamen Beschluss vorliegen (*BayObLG* 2Z BR 85/02, ZMR 2004, 125, 126). Im Verfahren nach § 43 Nr 4 ist auch umgekehrt zu klären, ob entgegen den Feststellungen des Versammlungsleiters doch ein positiver Beschluss zustande gekommen ist (s Rn 89).

81 Hat der Verwalter versäumt, in der Niederschrift über die Versammlung zu vermerken, wer sich an der Abstimmung beteiligt hat, so muss im Beschlussanfechtungsverfahren mit den zur Verfügung stehenden Erkenntnisquellen aufgeklärt werden, ob die erforderliche Mehrheit erreicht wurde. Verbleiben insoweit Zweifel, ist davon auszugehen, dass der Verwalter zu Unrecht die erforderliche Mehrheit festgestellt hat, so dass der angefochtene Beschluss für ungültig zu erklären ist (*OLG Köln* 16 Wx 185/01, NZM 2002, 458).

82 Richtet sich eine Anfechtungsklage gegen einen Beschluss, der mangels Feststellung und Bekanntgabe des Beschlussergebnisses noch nicht zur Entstehung gelangt ist, dann kann das Gericht das Beschlussergebnis feststellen, sofern dies möglich ist, und den Beschluss wegen inhaltlicher Mängel für ungültig erklären (*OLG München* 34 Wx 097/06, Info-M 2007, 128).

83 4. Anfechtung von Negativbeschlüssen. Beschlüsse, die einen Antrag ablehnen, weil die erforderliche Mehrheit fehlt (Negativbeschlüsse), sind ebenfalls Ausdruck der Willensbildung der Wohnungseigentümer in dem dafür vorgesehenen Verfahren (vgl § 23 Rn 58). Inzwischen ist allgemein anerkannt, dass auch Negativbeschlüsse Beschlussqualität haben und **grundsätzlich anfechtbar** sind (*BGH* V ZB 10/01, NJW 2001, 3339, 3343 mwN; *BayObLG* 2Z BR 63/02, ZMR 2003, 50; *OLG Hamm* 15 W 396/03, ZMR 2004, 852, 855; *OLG München* 34 Wx 69/04, ZMR 2007, 996; *Wenzel* ZMR 2005, 413). Ein Negativbeschluss liegt auch vor, wenn die Gemeinschaftsordnung für einen bestimmten Gegenstand eine qualifizierte Mehrheit verlangt, bei der Abstimmung aber nur eine einfache Mehrheit zustande kommt (*KG* 24 W 9387/00, ZWE 2002, 471).

Ein Negativbeschluss, der einen Antrag auf Vornahme einer bestimmten Maßnahme 84
ablehnt, unterscheidet sich inhaltlich von einem Beschluss, der den Antrag annimmt,
eine bestimmte Maßnahme nicht vorzunehmen (*Wenzel* ZMR 2005, 413, 414; **aA** *Bay-
ObLG* 2Z BR 63/02, NZM 2003, 122). Der positive Beschluss über einen negativ formulierten Antrag enthält eine sachliche Regelung, indem er die Fortdauer der bisherigen
Regelung verbindlich festlegt (vgl *Wenzel* ZMR 2005, 413, 414). Ein Negativbeschluss
enthält nur ganz ausnahmsweise dann eine sachliche Regelung, wenn seine Auslegung
ergibt, dass mit der Ablehnung eines bestimmten Antrags zugleich das kontradiktorische Gegenteil beschlossen sein sollte (*Wenzel* ZMR 2005, 413, 415). Beispiel: Der
Antrag eine Sanierung zurückzustellen wird abgelehnt und zugleich eine Sonderumlage
beschlossen.

Im Regelfall hat der Negativbeschluss jedoch keinen sachlichen Regelungsgehalt, sondern erschöpft sich in der Ablehnung des zur Abstimmung gestellten Antrags. Er enthält keine negative Regelung. Er ist nur ein Beschluss über den Beschlussantrag, nicht
zugleich ein Beschluss über den Antragsgegenstand. Der bestandskräftige Negativbeschluss steht deshalb der Durchsetzung der begehrten Regelung – zB durch einen Verpflichtungsantrag – nicht entgegen (*Wenzel* ZMR 2005, 413, 415). Er entfaltet auch
keine Sperrwirkung für eine erneute Beschlussfassung über denselben Gegenstand
(*BGH* V ZB 30/02, NZM 2002, 995, 997). Deshalb ist seine Anfechtung regelmäßig
weder Voraussetzung für eine neue Beschlussfassung noch für den Erfolg eines Verpflichtungsantrags (*LG Hamburg* 318 T 179/06, ZMR 2008, 825). Etwas anderes gilt
aber dann, wenn der Beschluss nach seinem Inhalt die Durchführung einer Maßnahme nicht nur vorläufig, sondern generell ablehnt (*OLG München* 32 Wx 2/06,
NZM 2006, 703/704). 85

Für das **Rechtsschutzbedürfnis** einer Anfechtungsklage genügt grundsätzlich das Interesse eines Wohnungseigentümers eine ordnungsgemäße Verwaltung zu erreichen
(*BGH* V ZB 11/03, NJW 2003, 3124, 3125). 86

Das Rechtsschutzbedürfnis für die Anfechtung eines Negativbeschlusses besteht 87
namentlich dann, wenn die Ablehnung des Antrags materiell-rechtlich ordnungsgemäßer Verwaltung widerspricht, weil der Antragsteller einen klagbaren Anspruch auf
Beschlussfassung hat (vgl *Wenzel* ZMR 2005, 413, 416; *LG Köln* 29 T 72/04, ZMR
2005, 311, 312). Hierunter fällt zB auch die sachlich nicht berechtigte Ablehnung des
Antrags auf Verpflichtung des Verwalters zur Erteilung der ihm vorbehaltenen
Zustimmung zu einer baulicher Veränderung oder einer Veräußerung (vgl *BGH* V ZB
4/94, NJW 1996, 1216).

Ein Rechtsschutzbedürfnis für die Anfechtungsklage ist regelmäßig dann zu bejahen, 88
wenn der Kläger gleichzeitig in Form eines Verpflichtungsantrags die Vornahme der
abgelehnten Handlung begehrt (*OLG München* 34 Wx 69/07, ZMR 2007, 996 mwN).
Das Rechtsschutzbedürfnis für die Anfechtung setzt nicht unbedingt voraus, dass
gleichzeitig ein Antrag auf Vornahme der abgelehnten Maßnahme gestellt wird, weil
nicht erforderlich ist, dass der Antragsteller in einem individuellen Recht beeinträchtigt ist (*Wenzel* ZMR 2005, 413, 416). Umgekehrt ist die Anfechtung des ablehnenden
Beschlusses für den Erfolg eines Antrags auf Vornahme einer Maßnahme der ordnungsgemäßen Verwaltung nicht erforderlich, weil der Negativbeschluss keine Bindungswirkung hat. Der Leistungsantrag ist danach grundsätzlich ausreichend (*LG
Hamburg* 318 T 179/06, ZMR 2008, 825). Etwas anderes gilt aber dann, wenn der

Beschluss nach seinem Inhalt die Durchführung einer Maßnahme nicht nur vorläufig, sondern generell ablehnt (*OLG München* 32 Wx 2/06, NZM 2006, 703/704).

89 Ein Rechtsschutzbedürfnis besteht vor allem dann, wenn die nach Ansicht des Antragstellers falsche Feststellung eines negativen Beschlussergebnisses in einen positiven Beschluss umgewandelt werden soll (*BGH* V ZB 30/02, NZM 2002, 995, 997; *OLG München* 34 Wx 100/06, NZM 2007, 447). Neben der Beseitigung des Negativbeschlusses durch rechtzeitige Anfechtung bedarf es eines Feststellungsantrags, um verbindlich zu klären, mit welchem Inhalt der angefochtene Beschluss tatsächlich ergangen ist (*BGH* V ZB 30/02, NZM 2002, 995, 996). Im Rahmen dieses kombinierten Beschlussanfechtungs- und Feststellungsverfahrens ist auch über sämtliche Anfechtungs- und Nichtigkeitsgründe des festzustellenden Beschlusses zu entscheiden, so dass die rechtskräftige Feststellung eines bestimmten Beschlusses nicht mehr dessen Anfechtung ermöglicht (*Müller* NZM 2003, 222, 225; *Wenzel* ZMR 2005, 413, 416).

90 Das **Rechtsschutzinteresse fehlt** jedoch dann, wenn der angefochtene Negativbeschluss keine Rechte des Klägers beeinträchtigt, weil der Kläger keinen Anspruch auf positive Beschlussfassung hat, der Negativbeschluss auch er keine Sperrwirkung für eine erneute Beschlussfassung der Wohnungseigentümer über denselben Gegenstand entfaltet, da er sich in der Ablehnung gerade dieses Beschlussantrags erschöpft und die Feststellung des negativen Beschlussergebnisses auch nicht mängelbehaftet ist (*OLG München* 34 Wx 103/06, NZM 2007, 522).

XIII. Klagen Dritter (§ 43 Nr 5)

91 Für Klagen Dritter gemäß **§ 43 Nr 5** ist nach den §§ 23 Nr 1, 71 Abs 1 GVG die erstinstanzliche Zuständigkeit des Landgerichts gegeben, sofern es sich um Streitigkeiten handelt, deren Gegenstand an Geld oder Geldeswert die Summe von 5000 € übersteigt.

92 § 43 Nr 5 hat § 29b ZPO aF in das WEG integriert und so die **ausschließliche örtliche Zuständigkeit** des Gerichts, in dessen Bezirk das Grundstück liegt, für alle Wohnungseigentumssachen in nur einer Vorschrift konzentriert. Die **sachliche Zuständigkeit** richtet sich nach den allgemeinen Vorschriften (s Rn 1). Zum **Streitwert** s Anh § 50 Rn 3.

93 Ohne die Regelung müssten, soweit nicht wegen § 29 ZPO ein Gerichtsstand am Ort des Bauwerks aus dem Ortsbezug eines Vertrages begründet war, die einzelnen Wohnungseigentümer an ihrem jeweiligen Wohnsitz verklagt werden; bei passiver Streitgenossenschaft wäre eine Entscheidung nach § 36 Abs 1 Nr 3 ZPO herbeizuführen. Die Bedeutung der Regelung ist in dieser Hinsicht geringer geworden, nachdem die Wohnungseigentümergemeinschaft als teilrechtsfähig anerkannt ist (vgl § 10 Abs 6).

94 Klagender **Dritter** kann jeder sein, der nicht Mitglied der Wohnungseigentümergemeinschaft war oder ist. In Betracht kommen etwa Heizöllieferanten, Architekten, Mieter, Bauhandwerker, Versorgungsunternehmen oder Versicherer. Gehört der Kläger der Wohnungseigentümergemeinschaft an, fällt die Klage gleichwohl unter § 43 Nr 5 nicht unter § 43 Nr 1, wenn er nicht aus dem Gemeinschaftsverhältnis selbst vorgeht, sondern wie ein Dritter auf Grund eigener Leistungen gegenüber der Gemeinschaft (als Handwerker, Architekt usw) klagt. Dementsprechend fällt auch die Klage eines Wohnungseigentümers gegen die Wohnungseigentümergemeinschaft aus einer an ihn abgetretenen Forderung eines Dritten (zB des Hausmeisters) unter § 43 Nr 5 (*LG Nürnberg-Fürth* 8 O 7516/07, NZM 2008, 494).

Klagen der Wohnungseigentümer oder der Wohnungseigentümergemeinschaft **gegen** **95** **Dritte** fallen nicht unter § 43 Nr 5. Es bleibt bei der Zuständigkeit der allgemeinen Zivilgerichte (*Wenzel* in Bärmann, § 43 Rn 115). Das gilt auch im Fall der negativen Feststellungsklage.

Als **Beklagte** kommen die Wohnungseigentümer – auch ausgeschiedene (vgl BT- **96** Drucks 16/3843 S 54) oder die Wohnungseigentümergemeinschaft in Betracht. Unter § 43 Nr 5 fallen aber auch Klagen gegen eine werdende Wohnungseigentümergemeinschaft (s dazu § 10 Rn 7). Andere Gemeinschaften erfasst die Vorschrift nicht.

Der Streitgegenstand muss sich entweder auf das gemeinschaftliche Eigentum im **97** Sinne von § 1 Abs 5 oder seine Verwaltung (1. und 2. Alt) oder auf das Sondereigentum im Sinne von § 1 Abs 2, 3 und § 5 (3. Alt) beziehen. Ansprüche aus der Verwaltung des Sondereigentums fallen nicht unter § 43 Nr 5, sondern in die Zuständigkeit der allgemeinen Zivilgerichte (*Wenzel* in Bärmann, § 43 Rn 120; **aA** *Suilmann* in Jennißen, § 46 Rn 46). Erfasst werden Klagen wegen Forderungen auf Grund Herstellung, Reparatur oder Modernisierung von denjenigen Teilen der Wohnungseigentumsanlage, die nicht im Sondereigentum oder im Eigentum Dritter stehen. In Betracht kommen aber auch Klagen aufgrund von Mietverträgen über gemeinschaftliches Eigentum (Kfz-Stellplätze) und aufgrund von Dienstverträge mit dem Hausmeister.

XIV. Mahnverfahren (§ 43 Nr 6)

§ 43 Nr 6 übernimmt in modifizierter Form die Zuständigkeitsregelung für das Mahn- **98** verfahren im früheren § 46a Abs 1 S 2. Im Hinblick auf die Binnenstreitigkeiten des § 43 Nr 1 bis Nr 4 führt § 43 Nr 6 insofern zu einer Beschränkung der bisherigen Zuständigkeit, als nur noch auf Mahnverfahren abgestellt wird, in denen die Wohnungseigentümergemeinschaft Antragstellerin ist. Dies gilt insbesondere für Wohngeldansprüche und Schadensersatzansprüche gegen den Verwalter.

Weil die Wohnungseigentümergemeinschaft keinen „Sitz" im Sinne des § 17 Abs 1 S 1 **99** ZPO hat, wäre ohne die Regelung des § 43 Nr 6 für die Bestimmung des zuständigen Mahngerichts gemäß § 689 Abs 2 S 1 ZPO iVm § 17 Abs 1 S 2 ZPO auf den Ort, an dem die Verwaltung geführt wird, abzustellen gewesen.

Für die übrigen Binnenstreitigkeiten bestand kein Bedürfnis für eine von der Zustän- **100** digkeitsregelung des § 689 Abs 2 ZPO abweichende Regelung, denn für den Mahnantrag eines Wohnungseigentümers gegen einen anderen Wohnungseigentümer oder den Verwalter kann das nach § 689 Abs 2 ZPO zuständige Mahngericht ohne Schwierigkeiten ermittelt werden.

XV. Eigentümerwechsel

Kommt es infolge rechtsgeschäftlicher Veräußerung oder Zwangsversteigerung zu **101** einem Eigentümerwechsel, so stellt sich **materiell-rechtlich** die Frage, ob der Erwerber oder der Veräußerer Nutzungen, Lasten und Kosten des gemeinschaftlichen Eigentums zu tragen hat und wer in der Eigentümerversammlung stimmberechtigt ist. Dies ist eine Frage der Sachbefugnis (vgl dazu § 16 Rn 115, § 25 Rn 6, § 22 Rn 192).

Niedenführ 645

102 **Verfahrensrechtlich** stellt sich die Frage, ob ein Eigentümerwechsel Auswirkungen auf die Parteistellung hat.

103 Kommt es zu einem **Eigentümerwechsel nach Rechtshängigkeit**, so hat dies auf das Verfahren keinen Einfluss (§§ 261 Abs 3 Nr 2, 265, 325 ZPO). Durch die Veräußerung des Wohnungseigentums entfällt weder die aktive noch die passive Prozessführungsbefugnis des ausgeschiedenen Wohnungseigentümers. Dies ist unproblematisch, soweit sich durch das Ausscheiden die Aktiv- oder Passivlegitimation nicht ändert, weil zB der ausgeschiedene Wohnungseigentümer materiell- rechtlich für die bis zu seinem Ausscheiden angefallenen Hausgeldvorauszahlungen haftet. Der Anwendung des § 265 Abs 2 ZPO bedarf es bei fortbestehender Sachlegitimation nicht, um die fortbestehende Prozessführungsbefugnis zu begründen (*BGH* V ZB 10/01, NJW 2001, 3339).

104 Ein Wechsel der Sachbefugnis kommt in Betracht in Anfechtungsklagen und bei Unterlassungs- oder Beseitigungsansprüchen. Bewirkt der Eigentümerwechsel eine Änderung der Aktiv- oder Passivlegitimation, so hat dies auf den Fortbestand der Prozessführungsbefugnis des ausgeschiedenen Wohnungseigentümers gemäß § 265 Abs 2 ZPO keinen Einfluss. Der Veräußerer führt das Verfahren als gesetzlicher Prozessstandschafter im eigenen Namen für den Rechtsnachfolger weiter (*BGH* V ZB 10/01, NJW 2001, 3339). Er kann einen Anfechtungsprozess weiter betreiben (*BGH* V ZB 10/01, NJW 2001, 3339) und im Wege der Klageerweiterung einen Zahlungsanspruch geltend machen, der in einem engen rechtlichen und wirtschaftlichen Zusammenhang mit dem vorher gestellten Antrag steht (*BayObLG* 2 Z 21/82, ZMR 1983, 391, 393). Mit der Veräußerung eines Wohnungseigentums kann aber das Rechtsschutzinteresse an der Anfechtungsklage entfallen (vgl § 46 Rn 29).

105 Die förmliche Beteiligung des Sondernachfolgers am Verfahren ist weder bei der Anwendung des § 265 Abs 2 ZPO noch bei fortbestehender Sachlegitimation geboten (*BGH* V ZB 10/01, NJW 2001, 3339; **aA** für den letztgenannten Fall *Suilmann* Beschlussmängelverfahren, S 148f).

106 Ein auf Unterlassung einer bestimmten Nutzung des Sondereigentums in Anspruch genommener Wohnungseigentümer bleibt auch nach Veräußerung mit Wirkung für und gegen seinen Rechtsnachfolger Verfahrensbeteiligter (*OLG Oldenburg* 5 Wx 44/78, ZMR 1980, 63). Die gerichtliche Entscheidung hat gemäß § 10 Abs 4 auch ohne Eintragung im Grundbuch unmittelbare Wirkung für den Sonderrechtsnachfolger. Im Rahmen der Vollstreckung ist allerdings eine Umschreibung des Titels gemäß §§ 325, 727 ZPO auf den Rechtsnachfolger erforderlich (vgl etwa *BayObLG* BReg 2 Z 34/91, WuM 1991, 632). Voraussetzung ist insoweit ferner, dass der Rechtsnachfolger im Hinblick auf das anhängige Verfahren bösgläubig ist (§ 325 Abs 2 ZPO). In Betracht kommt auch eine Vollstreckung gegen den ausgeschiedenen Wohnungseigentümer nach § 888 ZPO dahingehend, dass dieser seinen Rechtsnachfolger zum Unterlassen bewegen muss.

107 Dem neuen Eigentümer steht es frei, sich als Nebenintervenient (unselbstständiger Streitgehilfe gemäß §§ 67, 265 Abs 2 S 2 ZPO) ebenfalls am Verfahren zu beteiligen (*BGH* V ZB 10/01, NJW 2001, 3339). Die Verfahrensstellung des Veräußerers kann der Erwerber nur übernehmen, wenn der Gegner zustimmt (vgl § 265 Abs 2 S 2 ZPO; *OLG Hamm* WE 1990, 104). Die Kläger können ihn auch im Wege der Streitverkündung zum Verfahren hinzuziehen. Wird ein Unterlassungsantrag bei einem Eigentümerwechsel während des Verfahrens zum selben Streitgegenstand auf den Rechtsnachfolger

erstreckt, so entfällt für den gegen den Veräußerer gerichteten Antrag das Rechtsschutzbedürfnis denn durch eine spätere Umschreibung des Vollstreckungstitels auf den Rechtsnachfolger (§§ 325, 727 ZPO) können die Kläger nicht mehr erreichen als durch die direkte Inanspruchnahme des Rechtsnachfolgers (*BayObLG* BReg 2 Z 56/82, BayObLGZ 1983, 73, 76/77; umgekehrt *BayObLG* 2Z BR 45/94, WuM 1994, 635: kein Rechtsschutzbedürfnis für die Erstreckung des Antrags auf den Erwerber).

Ansprüche der Wohnungseigentümergemeinschaft gegen den Verwalter, Wohnungseigentümer oder Dritte gehören zum Verwaltungsvermögen, dessen Träger der Verband ist. Ein Wechsel von Eigentümern wirkt sich hier nicht aus, der Anspruch bleibt unabhängig von einem Mitgliederwechsel dem Verband zugeordnet.   **108**

Zur Auswirkung der Wohnungsveräußerung durch einen beigeladenen Wohnungseigentümer siehe § 48 Abs 2 S 3.   **109**

XVI. Einstweiliger Rechtsschutz

Die Regelungen über einstweilige Verfügungen (Sicherungsverfügung, Regelungsverfügung, §§ 935, 940 ZPO) sollen bewirken, dass eine Partei in dringenden Fällen, in denen sie Gefahr läuft, durch Zeitablauf ihre Rechte auf Dauer zu verlieren, vorläufigen staatlichen Rechtsschutz erhält. Daraus folgt, dass durch eine einstweilige Verfügung grundsätzlich das Rechtsverhältnis zwischen zwei Parteien nur vorübergehend geregelt werden kann, also, von seltenen Ausnahmefällen abgesehen, eine endgültige Regelung nicht erreicht werden kann. Bei besonderer Eilbedürftigkeit (Dringlichkeit) kann eine einstweilige Verfügung auch ohne mündliche Verhandlung erlassen werden (§ 937 Abs 2 ZPO).   **110**

1. Verfügungsanspruch. Der Erlass einer einstweiligen Verfügung setzt einen Verfügungsanspruch voraus, also eine Anspruchsgrundlage für das Begehren des Antragstellers. Diese ergibt sich ebenso wie beim Klageverfahren aus materiellem Recht. Der Anspruch braucht nicht auf eine endgültige Rechtsfolge gerichtet zu sein, auch vorübergehende Ansprüche (etwa aus verbotener Eigenmacht) oder befristete Ansprüche können durch eine einstweilige Verfügung gesichert werden.   **111**

2. Verfügungsgrund. Weitere Voraussetzung für den Erlass einer einstweiligen Verfügung ist ein Verfügungsgrund. Dieser wird in aller Regel in einer Eilbedürftigkeit begründet sein, die den Antragsteller daran hindert, in einem Klageverfahren den Ausgang des Rechtsstreits in Ruhe abzuwarten.   **112**

3. Glaubhaftmachung. Da es sich bei dem einstweiligen Verfügungsverfahren um ein sog. summarisches Verfahren handelt, genügt zur Beweisführung die Glaubhaftmachung isd § 294 ZPO aus. Glaubhaftmachung bedeutet, dass dem Gericht nicht die volle Überzeugung, sondern nur die erhebliche Wahrscheinlichkeit einer zu beweisenden Tatsache vermittelt werden muss. Neben den sonstigen Beweismitteln, ist gemäß § 294 Abs 1 ZPO auch die eidesstattliche Versicherung zulässig. Statthaft sind gemäß § 294 Abs 2 ZPO jedoch nur präsente Beweismittel. Ob die Glaubhaftmachung ausreicht, darüber entscheidet das Gericht nach freier Überzeugung. Eine besondere Form ist für die eidesstattliche Versicherung nicht vorgesehen, sie kann vor dem Gericht mündlich erklärt werden oder schriftlich abgefasst werden. Die Glaubhaftmachung muss sich auf sämtliche Tatsachen beziehen, die den Verfügungsanspruch und den Verfügungsgrund ausfüllen sollen, sofern sie nicht offenkundig oder gerichtsbekannt sind.   **113**

II WEG § 44 Bezeichnung der Wohnungseigentümer in der Klageschrift

114 **4. Antrag.** Im Verfügungsantrag müssen die Parteien ebenso wie bei einer Klage genau bezeichnet werden. Der Verfügungsantrag sollte hinreichend bestimmt und klar formuliert werden. Die strengen Anforderungen wie beim Klageantrag gelten hier allerdings nicht. Das Gericht kann vom Verfügungsantrag abweichen und diesen modifizieren. Da grundsätzlich nur eine vorläufige Regelung beantragt werden darf, sollte dies in der Regel auch im Verfügungsantrag zum Ausdruck kommen, zumal der Antragsteller anderenfalls Gefahr läuft, dass sein Antrag teilweise zurückgewiesen wird (zu einem Antragsmuster s Kapitel 5).

115 **5. Widerspruch.** Gegen eine ohne mündliche Verhandlung durch Beschluss erlassene einstweilige Verfügung ist der Widerspruch zulässig (§§ 936, 924 ZPO). Auf den Widerspruch wird mündlich verhandelt und durch Endurteil entschieden (§§ 936, 925 ZPO). Der Antragsgegner kann den Vortrag des Antragstellers in seinem Verfügungsantrag erschüttern, die Beweiswürdigung angreifen sowie eigene Beweismittel vorbringen. Auch insoweit genügt eine Glaubhaftmachung im Sinne des § 294 ZPO mit der Beschränkung auf präsente Beweismittel. Zeugen sind deshalb zum Termin zu stellen.

116 **6. Antrag auf Klageerhebung.** Nach §§ 936, 926 ZPO ist dem Antragsteller auf Antrag eine Ausschlussfrist zur Klageerhebung zu setzen. Nach fruchtlosem Ablauf der Frist ist auf Antrag die Aufhebung der einstweiligen Verfügung durch Endurteil auszusprechen. Diese Entscheidung ist nur mit der Berufung angreifbar, eine Revision ist nicht zulässig (§ 545 Abs 1).

117 **7. Sofortige Beschwerde.** Wird der Erlass der einstweiligen Verfügung abgelehnt, so ist hiergegen die Beschwerde gegeben. Eine Rechtsbeschwerde ist in einstweiligen Verfügungsverfahren nicht statthaft (vgl *BGH* VII ZB 11/02, MDR 2003, 824).

118 **8. Berufung.** Wird auf Grund mündlicher Verhandlung eine einstweilige Verfügung erlassen, der Antrag zurückgewiesen oder auf den Widerspruch die einstweilige Verfügung bestätigt, ergeht ein Urteil, das mit der Berufung angegriffen werden kann. Eine Revision ist in einstweiligen Verfügungsverfahren nicht möglich.

119 **9. Arrest.** Eine Sicherung rückständiger Wohngeldzahlungen ermöglicht der Arrest (§§ 916 ff ZPO). Auch hier reicht Glaubhaftmachung hinsichtlich des Arrestgrundes und des Arrestanspruchs aus. Der dingliche Arrest wird in der Regel ohne mündliche Verhandlung erlassen. Die Wohnungseigentümergemeinschaft muss glaubhaft machen, dass der Wohnungseigentümer Ansprüche vereiteln will (Beiseiteschaffen von Vermögensgegenständen, Umzug ins außereuropäische Ausland). Der Vortrag, der Wohnungseigentümer befinde sich in einer schlechten Vermögenslage genügt nicht.

§ 44 Bezeichnung der Wohnungseigentümer in der Klageschrift

(1) [1]Wird die Klage durch oder gegen alle Wohnungseigentümer mit Ausnahme des Gegners erhoben, so genügt für ihre nähere Bezeichnung in der Klageschrift die bestimmte Angabe des gemeinschaftlichen Grundstücks; wenn die Wohnungseigentümer Beklagte sind, sind in der Klageschrift außerdem der Verwalter und der gemäß § 45 Abs. 2 Satz 1 bestellte Ersatzzustellungsvertreter zu bezeichnen. [2]Die namentliche Bezeichnung der Wohnungseigentümer hat spätestens bis zum Schluss der mündlichen Verhandlung zu erfolgen.

Bezeichnung der Wohnungseigentümer in der Klageschrift § 44 WEG II

(2) ¹Sind an dem Rechtsstreit nicht alle Wohnungseigentümer als Partei beteiligt, so sind die übrigen Wohnungseigentümer entsprechend Absatz 1 von dem Kläger zu bezeichnen. ²Der namentlichen Bezeichnung der übrigen Wohnungseigentümer bedarf es nicht, wenn das Gericht von ihrer Beiladung gemäß § 48 Abs. 1 Satz 1 absieht.

Übersicht

	Rn		Rn
I. Gesetzesmaterialien	1	IV. Eigentümerliste (Abs 1 S 2)	7
II. Anwendungsbereich des Abs 1	2	V. Bezeichnung der Beizuladenden (Abs 2 S 1)	12
III. Kurzbezeichnung in der Klageschrift (Abs 1 S 1)	4	VI. Entbehrlichkeit der Liste der Beizuladenden (Abs 2 S 1)	13

I. Gesetzesmaterialien

Begründung Regierungsentwurf: (BT-Drucks 16/887 S 35); Stellungnahme Bundesrat (BT-Drucks 16/887 S 50); Gegenäußerung der Bundesregierung (BT-Drucks 16/887 S 73); Beschlussempfehlung Rechtsausschuss (BT-Drucks 16/3843 S 57). **1**

II. Anwendungsbereich des Abs 1

§ 44 Abs 1 betrifft Klagen, die durch oder gegen alle Wohnungseigentümer mit Ausnahme des Gegners erhoben werden. Zwar werden nach der Anerkennung der Rechtsfähigkeit der Wohnungseigentümergemeinschaft durch § 10 Abs 6 Aktivprozesse aller Wohnungseigentümer mit Ausnahme des Antragsgegners seltener sein. Sie kommen aber nach wie vor zB dann in Betracht, wenn alle Wohnungseigentümer mit Ausnahme des Antragsgegners gegen diesen gemeinsam ihre individuellen Ansprüche auf Beseitigung einer baulichen Veränderung oder auf Unterlassung eines zweckwidrigen Gebrauchs geltend machen. **2**

Bei den Passivprozessen richtet sich insbesondere die Anfechtungsklage nach § 46 Abs 1 WEG gegen die übrigen Wohnungseigentümer. **3**

III. Kurzbezeichnung in der Klageschrift (Abs 1 S 1)

§ 253 Abs 2 Nr 1 ZPO verlangt, dass die Parteien in der Klageschrift so genau bezeichnet werden, dass kein Zweifel an der Person besteht. In der Regel bedarf es hierfür ihrer namentlichen Bezeichnung. Für den Zivilprozess hatte der BGH schon bisher die Auffassung vertreten, dass es den Anforderungen des § 253 Abs 2 Nr 1 ZPO genügt, wenn die Kläger oder Beklagten vereinfachend als „Wohnungseigentümergemeinschaft X-Straße, vertreten durch den Verwalter Y" bezeichnet werden, da zweifelsfrei erkennbar ist, wer Partei sein soll und die Angabe der einzelnen Wohnungseigentümer auf gerichtliche Auflage nachgeholt werden kann (vgl *BGH* VII ZR 167/76, NJW 1977, 1686). Im Anschluss an diese Praxis gestattet § 44 Abs 1 S 1 eine Kurzbezeichnung (Sammelbezeichnung) der Wohnungseigentümer in der Klageschrift. **4**

Es genügt danach, wenn sich aus der Klageschrift ergibt, dass die Klage durch die Wohnungseigentümer einer bestimmten Liegenschaft mit Ausnahme der Beklagten erhoben wird oder aber sich die Klage gegen alle Wohnungseigentümer mit Ausnahme des Klägers richtet. Die in der vorgeschlagenen Regelung geforderte **5**

Niedenführ 649

II WEG § 44 Bezeichnung der Wohnungseigentümer in der Klageschrift

„bestimmte Angabe des gemeinschaftlichen Grundstücks" kann nach der postalischen Anschrift oder dem Grundbucheintrag erfolgen.

6 Um die Zustellung zu ermöglichen, sind bei **Passivprozessen** der Wohnungseigentümer in der Klageschrift außerdem der Verwalter, der gemäß § 45 Abs 1 Zustellungsvertreter der Wohnungseigentümer ist, und der gemäß § 45 Abs 2 S 1 bestellte Ersatzzustellungsvertreter mit Namen und Anschriften zu bezeichnen. Bei Anfechtungsklagen ist dabei besondere Sorgfalt geboten, weil Zustellungsverzögerungen, die auf einer Angabe nicht zustellungsbevollmächtigter Personen beruhen, zu einer Versäumung der Anfechtungsfrist führen können (vgl. etwa *LG Hamburg* 318 S 88/08, ZMR 2009, 795). Es sind stets sowohl der Verwalter als auch der Ersatzzustellungsvertreter mitzuteilen, da die Entscheidung, an wen zuzustellen ist, allein dem Gericht obliegt (vgl § 45 Rn 1). Für Aktivprozesse besteht kein entsprechender Regelungsbedarf, da eine gemeinschaftliche Klageerhebung ohnehin durch einen Prozessbevollmächtigten erfolgen wird, an den gemäß § 172 Abs 1 S 1 ZPO zuzustellen ist.

IV. Eigentümerliste (Abs 1 S 2)

7 Diese Regelung gilt sowohl die Aktiv- als auch die Passivprozesse der Wohnungseigentümer. Es kann im Erkenntnisverfahren nicht darauf verzichtet werden, alle Wohnungseigentümer namentlich zu bezeichnen bzw eine Liste vorzulegen, aus der sich die derzeitigen Wohnungseigentümer ergeben. Anderenfalls wäre nicht sichergestellt, dass eine spätere Zwangsvollstreckung durchgeführt werden könnte. Für die Zwangsvollstreckung wird eine vereinfachende Kurzbezeichnung nur zugelassen, sofern die Wohnungseigentümer Vollstreckungsgläubiger sind; zu Beginn des Verfahrens ist aber noch ungewiss, ob die Antragsteller hinsichtlich der gerichtlichen und außergerichtlichen Kosten des Verfahrens nicht zu Vollstreckungsschuldnern werden können. Aber auch wenn die Wohnungseigentümer Vollstreckungsgläubiger sind, könnten sich anderenfalls Schwierigkeiten in der Zwangsvollstreckung ergeben, und zwar bei der Eintragung einer Zwangshypothek (vgl *BayObLG* BReg 2 Z 126/85, NJW-RR 1986, 564). Darüber hinaus ist die genaue Bezeichnung der Wohnungseigentümer auch für die Einlegung von Rechtsmitteln (vgl *BGH* III ZB 17/93, NJW 1993, 2943) und das Eintreten der materiellen Rechtskraft (*Stein/Jonas/Leipold* § 313 ZPO Rn 11) erforderlich.

8 Insbesondere bei Anfechtungsklagen kann es für den Kläger, der die einmonatige Anfechtungsfrist gemäß § 46 Abs 1 einhalten muss, schwierig sein in der Kürze der Zeit, eine richtige und vollständige Liste beizufügen. Er muss unter Umständen erst das Grundbuchamt um Auskunft ersuchen oder den Verwalter zur Übergabe einer Eigentümerliste auffordern. Ihm soll daher noch nach der Klageerhebung ein gewisser Zeitraum verbleiben, in dem er die für § 253 Abs 2 Nr 1 ZPO erforderliche Parteibezeichnung vervollständigen kann. Im Zivilprozessrecht genügt es im Allgemeinen, wenn die Prozessvoraussetzungen bis zum Schluss der mündlichen Verhandlung (oder dem Zeitpunkt, der diesem gleichsteht, § 128 Abs 2 S 2 ZPO) vorliegen. § 44 Abs 1 S 2 bestimmt dementsprechend, dass die Eigentümerliste zwar nicht der Klageschrift beigefügt werden muss, die namentliche Bezeichnung der Wohnungseigentümer jedoch spätestens bis zum Schluss der Verhandlung zu erfolgen hat.

9 Das Gericht kann im Anfechtungsprozess dem Verwalter – obwohl er Zustellungsvertreter der Beklagten ist (§ 27 Abs 2 Nr 1) – analog § 142 Abs 1 ZPO eine Frist zur

Bezeichnung der Wohnungseigentümer in der Klageschrift § 44 WEG   II

rechtzeitigen Beibringung der Liste setzen (*LG Stuttgart* 19 T 299/08, ZMR 2009, 77; *Abramenko* in Riecke/Schmid, § 44 Rn 7; **aA** *LG Stuttgart* 2 S 34/08, Info-M 2009, 139; *Wenzel* in Bärmann, § 44 Rn 11). Weil der anfechtende Wohnungseigentümer zur Erhebung seiner Anfechtungsklage (noch) keine solche Eigentümerliste benötigt, hat das *LG Stuttgart* unbeschadet eines gegen den Verwalter gerichteten (Verfügungs-)Anspruchs auf Überlassung einer aktuellen Eigentümerliste einen (Verfügungs-)Grund für eine Leistungsverfügung auf Herausgabe einer Eigentümerliste zur Verwendung in einem Anfechtungsverfahren verneint (*LG Stuttgart* 19 T 299/08, ZMR 2009, 77).

Erfolgt die namentliche Bezeichnung der Wohnungseigentümer nicht bis zum Schluss der mündlichen Verhandlung, so sind die Voraussetzungen des § 253 Abs 2 Nr 1 ZPO, der durch § 44 Abs 1 lediglich abgewandelt, aber nicht aufgehoben wird, nicht erfüllt. Dem Kläger bzw den Klägern wird es lediglich gestattet, die Voraussetzungen des § 253 Abs 2 Nr 1 ZPO zeitlich verzögert zu erfüllen. Bei endgültiger grundloser Verweigerung der notwendigen Angaben ist die Klage als unzulässig abzuweisen (*BGH* IV ZR 4/87, NJW 1988, 2114). Die Bezeichnung der Beklagten erst in einem gemäß § 283 ZPO nachgelassenen Schriftsatz ist verspätet, weil der Schriftsatznachlass – wie sich aus § 296a ZPO ergibt – nicht den Schluss der mündlichen Verhandlung hinausschiebt (*LG Stuttgart* 2 S 34/08, Info-M 2009, 138). Zudem dient der Schriftsatznachlass gemäß § 283 ZPO nur dazu, in einem Schriftsatz Erklärungen zum Tatsachenvortrag des Gegners nachzubringen, zu dem in der mündlichen Verhandlung nicht Stellung genommen werden konnte, weil er nicht rechtzeitig vor dem Termin mitgeteilt worden war. Es dürfte auch nicht möglich sein, die Bezeichnung der Beklagten nach einem gerichtlichen Hinweis in der mündlichen Verhandlung innerhalb einer gemäß § 139 Abs 5 ZPO gesetzten Frist in einem Schriftsatz nachzubringen. Um insoweit Auseinandersetzungen zu vermeiden, sollte das Gericht schon vor der mündlichen Verhandlung darauf hinweisen, dass die Bezeichnung bis zum Schluss der mündlichen Verhandlung zu erfolgen hat.   **10**

Probleme, die sich aus einer unrichtigen Eigentümerliste ergeben könnten (vgl dazu *Müller* DIV 2005, 78, 79) lassen sich vermeiden, wenn Klageschrift und Urteil die Wohnungseigentümer als Partei eindeutig bestimmbar bezeichnen. In Anfechtungsprozess könnte das Rubrum zB wie folgt gefasst werden: „... alle am .... im Grundbuch eingetragenen Wohnungseigentümer mit Ausnahme des Klägers, namentlich bezeichnet in der anliegenden Liste ...". Im Wege der Auslegung ergibt sich, dass bei einem Eigentümerwechsel außerhalb des Grundbuchs (Gesamtrechtsnachfolge, Zuschlag) dieser maßgebend ist. Das maßgebliche Datum bezeichnet den Zeitpunkt der Rechtshängigkeit. Diese Handhabung hat den Vorteil, dass der Kreis der Parteien unabhängig von der Eigentümerliste eindeutig bestimmbar festgelegt wird. Die Eigentümerliste hat nur noch deklaratorische Bedeutung und kann im Bedarfsfall berichtigt werden (vgl auch *BayObLG* 2Z BR 114/04, NZM 2005, 110 [zum FGG-Verfahren]).   **11**

V. Bezeichnung der Beizuladenden (Abs 2 S 1)

§ 44 Abs 2 steht im Zusammenhang mit § 48 Abs 1 S 1. Sind an dem Rechtsstreit nicht alle Wohnungseigentümer als Partei beteiligt, so sind nach dieser Vorschrift die übrigen Wohnungseigentümer beizuladen. Ihnen ist gemäß § 48 Abs 1 S 3 die Klageschrift mit den Verfügungen des Vorsitzenden zuzustellen. Damit die Zustellung gemäß § 45 unverzüglich erfolgen kann, ist es geboten, dass bereits in der Klageschrift die übrigen   **12**

Wohnungseigentümer und der Verwalter sowie der Ersatzzustellungsvertreter bezeichnet werden. Für die Bezeichnung der übrigen Wohnungseigentümer in der Klageschrift genügt auch hier zunächst die Kurzbezeichnung nach dem gemeinschaftlichen Grundstück. Die namentliche Bezeichnung in Form einer Liste hat bis zum Schluss der mündlichen Verhandlung zu erfolgen.

VI. Entbehrlichkeit der Liste der Beizuladenden (Abs 2 S 1)

13 Die nach § 44 Abs 1 S 2 erforderliche namentliche Bezeichnung ist gemäß § 44 Abs 2 S 2 entbehrlich, wenn das Gericht ausnahmsweise von der Beiladung der übrigen Wohnungseigentümer absieht (vgl § 48 Rn 5).

§ 45 Zustellung

(1) Der Verwalter ist Zustellungsvertreter der Wohnungseigentümer, wenn diese Beklagte oder gemäß § 48 Abs. 1 Satz 1 beizuladen sind, es sei denn, dass er als Gegner der Wohnungseigentümer an dem Verfahren beteiligt ist oder aufgrund des Streitgegenstandes die Gefahr besteht, der Verwalter werde die Wohnungseigentümer nicht sachgerecht unterrichten.

(2) ¹Die Wohnungseigentümer haben für den Fall, dass der Verwalter als Zustellungsvertreter ausgeschlossen ist, durch Beschluss mit Stimmenmehrheit einen Ersatzzustellungsvertreter sowie dessen Vertreter zu bestellen, auch wenn ein Rechtsstreit noch nicht anhängig ist. ²Der Ersatzzustellungsvertreter tritt in die dem Verwalter als Zustellungsvertreter der Wohnungseigentümer zustehenden Aufgaben und Befugnisse ein, sofern das Gericht die Zustellung an ihn anordnet; Absatz 1 gilt entsprechend.

(3) Haben die Wohnungseigentümer entgegen Absatz 2 Satz 1 keinen Ersatzzustellungsvertreter bestellt oder ist die Zustellung nach den Absätzen 1 und 2 aus sonstigen Gründen nicht ausführbar, kann das Gericht einen Ersatzzustellungsvertreter bestellen.

Übersicht

	Rn		Rn
I. Gesetzesmaterialien	1	3. Ausschluss bei Gefahr nicht sachgerechter Unterrichtung	11
II. Der Verwalter als Zustellungsvertreter (Abs 1)	2	4. Fehlen eines Verwalters	14
1. Anwendungsbereich	3	III. Ersatzzustellungsvertreter (§ 45 Abs 2 S 1)	15
2. Ausschluss des Verwalters als Gegner der Wohnungseigentümer	10	IV. Funktion des Ersatzzustellungsvertreters (§ 45 Abs 2 S 2)	20
		V. Gerichtlich bestellter Ersatzzustellungsvertreter (§ 45 Abs 3)	21

Literatur: *Abramenko* Die Vertretungsmacht des Verwalters im Beschlussanfechtungsverfahren, ZMR 2002, 885; *Drabek* Die Bestellung zum Ersatzzustellungsvertreter der Wohnungseigentümer – § 45 Abs. 2 WEG, ZWE 2008, 22; *Hogenschurz* Der Ersatzzustellungsvertreter nach § 45 WEG in der Fassung des Gesetzesentwurfs der Bundesregierung zur Änderung des Wohnungseigentumsgesetzes und anderer Gesetze, ZMR 2005, 764; *Reichert* Der Wohnungseigentümer als Zustellungsvertreter nach dem RegE-WEG, ZWE 2006, 477; *Schmid* Der gerichtlich bestellte Ersatzzustellungsvertreter nach § 45 Abs. 3 WEG, MDR 2009, 297.

I. Gesetzesmaterialien

Die Begründung zum Regierungsentwurf (BT-Drucks 16/887 S 36 f) ist vor der Neufassung des § 27 infolge der Anerkennung der Wohnungseigentümergemeinschaft als rechtsfähiger Verband verfasst worden. Dies ist zu berücksichtigen, soweit die Gesetzesmaterialien für die Auslegung des § 45 herangezogen werden. **1**

II. Der Verwalter als Zustellungsvertreter (Abs 1)

Die gerichtliche Zustellung an alle Wohnungseigentümer würde zwar am ehesten die Information des einzelnen Wohnungseigentümers gewährleisten. Die Zustellung an jeden einzelnen Wohnungseigentümer wäre jedoch bei Wohnungseigentümergemeinschaften mit mehr als 20 Wohnungseigentümern mit einem so unverhältnismäßigen Aufwand für die Gerichte verbunden, dass eine vernünftige Verfahrensführung nicht mehr möglich wäre. Dies rechtfertigt es, für die Begründung der Rechtshängigkeit oder der Wirkungen der Beiladung die Zustellung der Klage an den Verwalter oder den Ersatzzustellungsvertreter genügen zu lassen. Für den einzelnen Wohnungseigentümer muss deshalb die über den Zustellungsvertreter vermittelte Möglichkeit der Kenntnisnahme von dem Prozess ausreichen. **2**

1. Anwendungsbereich. Nicht von § 45 erfasst sind Zustellungen an die Wohnungseigentümergemeinschaft als **Verband**. § 27 Abs 3 S 1 Nr 1 bestimmt, dass der Verwalter berechtigt ist, im Namen der Gemeinschaft der Wohnungseigentümer mit Wirkung für und gegen sie Zustellungen entgegen zu nehmen. Danach ist der Verwalter grundsätzlich Zustellungsvertreter der teilrechtsfähigen Wohnungseigentümergemeinschaft. Bei gerichtlichen Verfahren gegen den Verband (Passivprozesse) ist gemäß § 27 Abs 3 S 1 Nr 2 an den Verwalter als gesetzlichen Prozessvertreter (§ 170 ZPO) zuzustellen. Fehlt ein Verwalter oder ist er nicht zur Vertretung berechtigt, wird die Gemeinschaft gemäß § 27 Abs 3 S 2 von allen Wohnungseigentümern vertreten. Gemäß § 170 Abs 3 ZPO genügt dann die Zustellung an einen Wohnungseigentümer. Ist die Vertretungsbefugnis des Verwalters zweifelhaft, sollte vorsorglich sowohl an den Verwalter als auch an einen Wohnungseigentümer zugestellt werden (ebenso *Wenzel* in Bärmann, § 45 Rn 6). Ist der Verwalter für Aktivprozesse gemäß § 27 Abs 3 S1 Nr 7 zum Prozessbevollmächtigten des Verbands bestellt (s § 27 Rn 84), ist ebenfalls an ihn zuzustellen (§ 172 Abs 1 S 1 ZPO). **3**

Ebenfalls nicht von § 45 erfasst sind **Aktivprozesse der Wohnungseigentümer**. Diese kann der Verwalter als Prozessbevollmächtigter oder Prozessstandschafter der Wohnungseigentümer (§ 27 Abs 2 Nr 3) führen, wenn er dazu ermächtigt ist (s § 27 Rn 66 ff). An den Verwalter ist dann gemäß § 172 Abs 1 S 1 ZPO zuzustellen. **4**

Für **Zustellungen an die Wohnungseigentümer außerhalb gerichtlicher Verfahren** gilt nicht § 45 sondern § 27 Abs 2 Nr 1. Danach ist der Verwalter berechtigt, im Namen der Wohnungseigentümer und mit Wirkung für und gegen sie Zustellungen entgegenzunehmen, soweit sie an die Wohnungseigentümer in dieser Eigenschaft gerichtet sind (s § 27 Rn 63). **5**

§ 45 Abs 1 stellt klar, dass der Verwalter auch bei gerichtlichen Auseinandersetzungen der Wohnungseigentümer untereinander grundsätzlich Zustellungsvertreter der beklagten oder beizuladenden Wohnungseigentümer ist. Dies betrifft zunächst die **6**

Fälle, in denen ein oder mehrere Wohnungseigentümer gegen die übrigen Wohnungseigentümer klagen, also insbesondere die **Anfechtungsklage** (vgl § 46 Abs 1).

7 § 45 Abs 1 gilt ferner, wenn an dem Rechtsstreit der Wohnungseigentümer untereinander nicht alle Wohnungseigentümer als Partei beteiligt sind, für die Zustellung an die gemäß § 48 Abs 1 S 1 beizuladenden übrigen Wohnungseigentümer.

8 Unberührt bleibt § 172 Abs 1 S 1 ZPO. Der Verwalter kann aufgrund einer allgemeinen oder auf den Einzelfall bezogenen Ermächtigung Prozessbevollmächtigter der Wohnungseigentümer sein (§ 27 Abs 2 Nr 3). Ebenso ist der Verwalter gemäß § 27 Abs 2 Nr 2 in bestimmten Passivprozessen gesetzlicher Prozessvertreter der Wohnungseigentümer (s § 27 Rn 65), so dass insoweit Zustellungen nach Rechtshängigkeit an ihn zu bewirken sind (*Wenzel* in Bärmann, § 45 Rn 2). Haben die Wohnungseigentümer einen Rechtsanwalt beauftragt, so hat die Zustellung an diesen zu erfolgen (§ 172 Abs 1 S 1 ZPO).

9 Die gesetzliche Klarstellung des § 45 Abs 1 verpflichtet das Gericht nicht, immer die Zustellung an den Verwalter anzuordnen, denn in einer kleineren Wohnungseigentümergemeinschaft kann es sinnvoll sein, die Zustellung an alle betroffenen Wohnungseigentümer zu veranlassen (vgl BT-Drucks 16/887 S 37). Dies gilt allerdings nur soweit der Verwalter bloßer Zustellungsvertreter gemäß § 45 Abs 1 ist. Ist der Verwalter auch Prozessbevollmächtigter oder gesetzlicher Prozessvertreter der Wohnungseigentümer (s Rn 8) muss gemäß § 172 Abs 1 S 1 ZPO an ihn zugestellt werden (*Abramenko* in Riecke/Schmid, § 45 Rn 2; *Wenzel* in Bärmann, § 45 Rn 10).

10 **2. Ausschluss des Verwalters als Gegner der Wohnungseigentümer.** Der Verwalter ist nach dem Rechtsgedanken des § 178 Abs 2 ZPO kein tauglicher Zustellungsvertreter, wenn er als Gegner der Wohnungseigentümer an dem Rechtsstreit beteiligt ist. In Betracht kommen hier insbesondere die Fälle des § 43 Nr 3. Die Zustellung an den Verwalter kann aber auch in einem Beschlussanfechtungsverfahren ausgeschlossen sein, so zum Beispiel, wenn der Verwalter einen Beschluss der Wohnungseigentümer anficht, einer Anfechtungsklage als Nebenintervenient gemäß § 66 ZPO beitritt oder Rechtsmittel gegen eine Entscheidung einlegt, die zu seinen Lasten einen Beschluss für ungültig erklärt (vgl etwa *BGH* V ZB 20/07, NJW 2007, 2776 – Anfechtung des Bestellungsbeschlusses).

11 **3. Ausschluss bei Gefahr nicht sachgerechter Unterrichtung.** Auch wenn der Verwalter nicht als Gegner der Wohnungseigentümer an dem Rechtsstreit beteiligt ist, kann ihn ein Interessenkonflikt hindern, die Wohnungseigentümer zu vertreten. In Betracht kommt ein Interessenkonflikt zB, wenn ein Beschluss über die **Entlastung des Verwalters** angefochten wird und insoweit außerdem Pflichtwidrigkeiten des Verwalters in Betracht kommen (*OLG Stuttgart* 4 W 16/75, OLGR 1976, 8), wenn der Beschluss der Wohnungseigentümer über die **Bestellung des Verwalters** angefochten wird (*AG Dortmund* 512 C 39/08, NZM 2008, 938; *AG Hamburg-Blankenese* 539 C 2/08, ZMR 2008, 575) oder wenn ein Beschluss angefochten wird, der unmittelbar Rechte und Pflichten des Verwalters zum Gegenstand hat (*OLG Hamm* 15 W 300/84, Rpfl 1985, 257; *OLG Frankfurt* 20 W 150/89, OLGZ 1989, 433, 434) oder bei einer unter § 43 Nr 1 fallenden Klage auf Abberufung des Verwalters.

12 Die gerichtliche Praxis war bisher sehr zurückhaltend mit der Annahme einer Interessenkollision. Der Verwalter wurde nach überwiegender Auffassung nicht schon bei einer bloß abstrakten Gefahr einer Interessenkollision sondern nur dann als Zustellungsvertreter der Wohnungseigentümer ausgeschlossen, wenn **konkret** ein in der Sache begründeter Interessenkonflikt die Befürchtung nahe legte, der Verwalter werde die übrigen Wohnungseigentümer nicht sachgerecht informieren (vgl etwa *BayObLG* 2Z BR 161/01, NZM 2002, 346, 347; *KG* 24 W 77/03, NZM 2003, 604 = ZMR 2004, 142; *Abramenko* ZMR 2002, 885, 886 f; *Anwaltkomm-SachenR/Schultzky* § 27 WEG Rn 18; **aA** *OLG Frankfurt* 20 W 150/89, OLGZ 1989, 433, 434; *Staudinger/Bub* § 27 Rn 235).

Die Neuregelung lässt zwar nicht sicher erkennen (ebenso *Abramenko* ZMR 2005, 22, 26), ob nunmehr schon ein abstrakter Interessenkonflikt ausreicht (so *Hogenschurz* ZMR 2005, 764, 765; *Wenzel* in Bärmann, § 45 Rn 18; *AG Konstanz* 12 C 5/08, ZWE 2008, 350) oder ob wie bisher ein konkreter Interessenkonflikt erforderlich ist (so mit Recht *AG Heidelberg* 45 C 73/08, ZWE 2009, 266 m zust Anm *Briesemeister* S 270, 273 [Anfechtung der Verwalterentlastung neben anderen Beschlüssen]; *Abramenko* in Riecke/Schmid, § 45 Rn 5; wohl auch *AG Hamburg-Blankenese* 539 C 2/08, ZMR 2008, 575), um den Verwalter als Zustellungsvertreter auszuschließen. Der *BGH* hat diese Frage bisher offen gelassen (*BGH* V ZB 172/08, NZM 2009, 517 Tz 13 = ZWE 2009, 306 m Anm *Briesemeister* S 308). Die praktische Bedeutung des Meinungsstreits ist aber entschärft durch die Möglichkeit der Zustellung an den von den Wohnungseigentümern gemäß § 45 Abs 2 S 1 bestellten Ersatzzustellungsvertreter. Um das Risiko einer unwirksamen Zustellung zu vermeiden wird im Zweifelsfall eine Zustellung an den Ersatzzustellungsvertreter vorzunehmen sein. Im Anwendungsbereich des § 172 Abs 1 S 1 ZPO (s Rn 8f) ist allerdings eine Doppelzustellung sowohl an den Verwalter als auch an den Ersatzzustellungsvertreter zu empfehlen, weil insoweit die Zustellung an den Ersatzzustellungsvertreter unwirksam wäre, wenn der Verwalter nicht als Zustellungsvertreter ausgeschlossen ist (*Wenzel* in Bärmann, § 45 Rn 22). Zu den **Kosten der Unterrichtung** s § 46 Rn 94.

4. Fehlen eines Verwalters. Soweit bei Fehlen eines Verwalters Zustellungen an die einzelnen Wohnungseigentümer als Beklagte oder Beizuladende erforderlich sind, ist ebenfalls eine Zustellung an den Ersatzzustellungsvertreter möglich. Es besteht kein Anlass, den Fall eines nicht vorhandenen Verwalters anders zu behandeln als den als Zustellungsvertreter ausgeschlossenen Verwalter.

III. Ersatzzustellungsvertreter (§ 45 Abs 2 S 1)

§ 45 Abs 2 S 1 verpflichtet die Wohnungseigentümer, für den Fall, dass der Verwalter als Zustellungsvertreter ausgeschlossen ist, vorsorglich durch Beschluss mit Stimmenmehrheit einen Ersatzzustellungsvertreter sowie dessen Vertreter zu bestellen. Einer Aufforderung des Gerichts bedarf es hierfür nicht. Es kommt auch nicht darauf an, dass ein Rechtsstreit bereits anhängig ist. Der Ersatzzustellungsvertreter ist vielmehr – ebenso wie der Verwalter – stets zu bestellen, damit das Gericht in einem Rechtsstreit, in dem die Zustellung an den Verwalter nicht in Betracht kommt, ohne Zeitverlust die Zustellung an ihn anordnen kann.

Der Begriff „Ersatzzustellungsvertreter" bringt einerseits zum Ausdruck, dass der Verwalter weiterhin primärer Zustellungsvertreter bleibt. Andererseits ist auch der Ersatzzustellungsvertreter seiner Bezeichnung nach Vertreter, er ist also kein Zustellungsbevollmächtigter, so dass die Übergabe nur einer Ausfertigung oder Abschrift des Schriftstücks an ihn genügt (*BGH* VII ZR 276/79, NJW 1981, 282). Ebenso wie der Verwalter muss auch der Ersatzzustellungsvertreter die Wohnungseigentümer über Zustellungen an ihn in geeigneter Weise unterrichten.

17 Zum Ersatzzustellungsvertreter kann auch eine juristische Person bestellt werden (ebenso *Hogenschurz* ZMR 2005, 764, 765; *Drabek* ZWE 2009, 22, 24; *Wenzel* in Bärmann, § 45 Rn 27). Die Gesetzesbegründung, wonach jede natürliche Person bestellt werden kann (vgl BT-Drucks 16/887 S 37), will nicht juristische Personen ausschließen, sondern nur klarstellen, dass auch Dritte, die nicht Wohnungseigentümer sind, als Ersatzzustellungsvertreter bestellt werden können.

18 In der Regel wird es sinnvoll sein, den Ersatzzustellungsvertreter aus den Reihen der Wohnungseigentümer auszuwählen. Jedoch kommt auch jede andere für diese Aufgabe geeignete Person in Betracht, beispielsweise ein Mieter. Erforderlich ist die Bereitschaft zur Übernahme der Aufgaben eines Ersatzzustellungsvertreters, da ein Beschluss zu Lasten Dritter nach allgemeinen Grundsätzen unzulässig ist.

19 Es ist dem Selbstorganisationsrecht der Wohnungseigentümer überlassen, mit welchen Befugnissen sie den Ersatzzustellungsvertreter ausstatten und auf welche Weise er die Wohnungseigentümer zu informieren hat. Die Anforderungen werden sich je nach Größe und Struktur der Wohnungseigentümergemeinschaft unterscheiden. Die Wohnungseigentümer können ihn auch vorab ermächtigen, für die Gruppe der verklagten Wohnungseigentümer einen (bestimmten) Rechtsanwalt als Prozessbevollmächtigten zu bestellen. Solche Regelungen gehören zur ordnungsmäßigen Verwaltung.

IV. Funktion des Ersatzzustellungsvertreters (§ 45 Abs 2 S 2)

20 Gemäß § 45 Abs 2 S 2 tritt der Ersatzzustellungsvertreter in die dem Verwalter (nur) in Bezug auf seine Funktion als Zustellungsvertreter zustehenden Aufgaben und Befugnisse ein, sofern das Gericht – das hierzu wiederum nicht verpflichtet ist – die Zustellung an ihn anordnet. Da Abs 1 entsprechend anzuwenden ist, hat das Gericht vorab zu prüfen, ob der Ersatzzustellungsvertreter wegen seiner Parteirolle oder aus sonstigen Gründen einer Interessenkollision für die Entgegennahme von Zustellungen ausscheidet.

V. Gerichtlich bestellter Ersatzzustellungsvertreter (§ 45 Abs 3)

21 Gemäß § 45 Abs 3 kann das Gericht auf Anregung oder **von Amts wegen** einen Ersatzzustellungsvertreter bestellen, falls eine Zustellung nach den Abs 1 und 2 ausnahmsweise nicht möglich sein sollte, insbesondere weil die Wohnungseigentümer entgegen § 45 Abs 2 S 1 nicht oder nicht wirksam einen Ersatzzustellungsvertreter bestellt haben oder dessen Bestellungszeit abgelaufen ist oder er seine Stellung aus anderen Gründen verloren hat (Abberufung, rechtskräftige Ungültigerklärung des Bestellungsbeschlusses, Amtsniederlegung, Tod, Eintritt einer auflösenden Bedingung). Ein Ersatzzustellungsvertreter fehlt auch dann, wenn der bestellte Ersatzzustellungsvertreter aus rechtlichen oder tatsächlichen Gründen (zB schwere Krankheit) seine Aufgaben nicht wahrnehmen kann.

22 Vor der Bestellung eines Ersatzzustellungsvertreters muss dessen **Bereitschaft zur Übernahme** des Amtes feststehen, da niemand gegen seinen Willen zum Ersatzzustellungsvertreter bestellt werden kann (*AG Hamburg-Blankenese* 539 C 2/08, ZMR 2008,

575; *LG Nürnberg-Fürth* 14 T 2512/09, NZM 2009, 365, 366; *Abramenko* in *Riecke/ Schmid*, § 45 Rn 8 mwN). Das Gericht hat bei der Ausübung seines Auswahlermessens zu berücksichtigen, dass als Ersatzzustellungsvertreter nur eine Person in Betracht, die diese Verwaltungsaufgabe auch organisatorisch umsetzen kann (*AG Dortmund* 512 C 39/08, NZM 2008, 938).

Den Wohnungseigentümern braucht dagegen anders als bei der Bestellung eines Verwalters vor der Bestellung eines Ersatzzustellungsvertreters von Amts wegen, wodurch die Zustellung einer Klage ermöglicht werden soll, **rechtliches Gehör** nicht gewährt zu werden (**aA** *Wenzel* in *Bärmann*, § 45 Rn 39; *LG Hamburg* 318 S 88/08, ZMR 2009, 795). Hierfür sprechen zunächst Gründe der Praktikabilität. Müsste das Gericht zunächst allen Wohnungseigentümern den Hinweis zustellen, dass es beabsichtigt, eine bestimmte Person zum Ersatzzustellungsvertreter zu bestellen, wäre die durch § 45 Abs 3 eröffnete Möglichkeit weitgehend wertlos. Eine einstweilige Verfügung, die ohne vorheriges rechtliches Gehör möglich wäre, könnte das Gericht jedenfalls nicht von Amts wegen erlassen. Letztlich entscheidend ist aber, dass die Wohnungseigentümer die Notwendigkeit einer gerichtlichen Bestellung regelmäßig selbst verursacht haben, weil sie ihre Obliegenheit gemäß § 45 Abs 2 S 1 nicht erfüllt haben. Zu berücksichtigen ist dabei auch, dass die Aufgaben des Ersatzzustellungsvertreters – anders als die eines Verwalters – auf einen begrenzten Bereich beschränkt sind. Zudem können die Wohnungseigentümer jederzeit den gerichtlich bestellten Ersatzzustellungsvertreter durch die Bestellung eines neuen Ersatzzustellungsvertreters ablösen. 23

Das Gericht ist – ebenso wie bei der Bestellung eines Verwalters (s § 26 Rn 136) – befugt, in dem Beschluss über die Bestellung des Ersatzzustellungsvertreters in dessen Einvernehmen eine **Vergütung** festzusetzen (*AG Dortmund* 512 C 39/08, NZM 2008, 938; *Wenzel* in *Bärmann*, § 45 Rn 46; **aA** *Drasdo* NJW-Spezial 2009, 35). Unterbleibt eine solche Festsetzung, so hat der Ersatzzustellungsvertreter Anspruch auf die übliche Vergütung (ebenso *Wenzel* in *Bärmann*, § 45 Rn 46). Die Vergütung des Ersatzzustellungsvertreters ist Teil der erstattungsfähigen Prozesskosten (ebenso *Drabek* ZWE 2009, 22, 25; *Wenzel* in *Bärmann*, § 45 Rn 32; **aA** *AG Dortmund* 512 C 39/08, NZM 2008, 938). Einen Kostenvorschuss für die Vergütung des Ersatzzustellungsvertreters kann das Gericht gleichwohl nicht anfordern, insbesondere die Zustellung der Klage nicht von der Einzahlung eines Vorschusses durch die Antragsteller abhängig machen (*Schmid* MDR 2009, 297; **aA** *AG Dortmund*, 512 C 39/08, NZM 2008, 938). Bei der Vergütung des Ersatzzustellungsvertreters handelt es sich zwar auch um Kosten der Verwaltung, die grundsätzlich nach § 16 Abs 2 zu verteilen sind (ebenso *Wenzel* in *Bärmann*, § 45 Rn 32). Dennoch kann das Gericht der an einer Anfechtungsklage nicht beteiligten Wohnungseigentümergemeinschaft nicht aufgeben, einen Vorschuss für die Vergütung des Ersatzzustellungsvertreters zu zahlen (vgl *Schmid* MDR 2009, 297; **aA** *AG Dortmund* 512 C 39/08, NZM 2008, 938). 24

Die **sofortige Beschwerde** kann in allen vom Gesetz ausdrücklich bestimmten Fällen (§ 567 Abs 1 Nr 1 ZPO) sowie dann eingelegt werden, wenn die angegriffene Entscheidung ohne mündliche Verhandlung ergehen konnte und ein das Verfahren betreffendes Gesuch zurückgewiesen wurde (§ 567 Abs 1 Nr 2 ZPO). **Nicht statthaft** ist danach die sofortige Beschwerde **gegen die Bestellung** eines Ersatzzustellungsvertreters durch das Gericht (*LG Berlin* 85 T 103/08, NZM 2008, 896; *LG Nürnberg-* 25

II WEG § 46 Anfechtungsklage

Fürth 14 T 2512/09, NZM 2009, 365). Statthaft sind insoweit nur noch die Gehörsrüge (§ 321a ZPO) und die Gegenvorstellung als formloser Rechtsbehelf. Wird jedoch ein **Antrag** auf Bestellung eines Ersatzzustellungsvertreters **zurückgewiesen**, findet dagegen gemäß § 567 Abs 1 Nr 2 ZPO die sofortige Beschwerde statt.

§ 46 Anfechtungsklage

(1) ¹**Die Klage eines oder mehrerer Wohnungseigentümer auf Erklärung der Ungültigkeit eines Beschlusses der Wohnungseigentümer ist gegen die übrigen Wohnungseigentümer und die Klage des Verwalters ist gegen die Wohnungseigentümer zu richten.** ²**Sie muss innerhalb eines Monats nach der Beschlussfassung erhoben und innerhalb zweier Monate nach der Beschlussfassung begründet werden.** ³**Die §§ 233 bis 238 der Zivilprozessordnung gelten entsprechend.**

(2) **Hat der Kläger erkennbar eine Tatsache übersehen, aus der sich ergibt, dass der Beschluss nichtig ist, so hat das Gericht darauf hinzuweisen.**

Übersicht

	Rn		Rn
I. Gesetzesmaterialien	1	1. Fristbeginn	44
II. Klagebefugnis	3	2. Fristende	46
1. Eigentümerwechsel	4	3. Fristwahrung	47
2. Klagebefugnis bei Mitberechtigung	7	4. Antrag auf Prozesskostenhilfe	55
3. Zwangs- und Insolvenzverwalter	11	VI. Begründungsfrist (§ 46 Abs 1 S 2 2. Hs)	56
4. Verwalter	13	VII. Wiedereinsetzung in den vorigen Stand (§ 46 Abs 1 S 3)	61
5. Nießbraucher	14	1. Unverschuldete Fristversäumnis	62
6. Verband	15		
III. Rechtsschutzinteresse	16	2. Fristgerechter Wiedereinsetzungsantrag	70
1. Grundsatz	16		
2. Zweitbeschluss	22	3. Entscheidung über den Wiedereinsetzungsantrag	72
3. Anfechtung nach Zustimmung	24		
4. Einberufungsmangel	25	VIII. Hinweis auf Nichtigkeitsgründe (§ 46 Abs 2)	73
5. Vollzogener Beschluss	26		
6. Negativbeschlüsse	27	IX. Teilweise Unwirksamkeit	78
7. Beschlüsse zur Geschäftsordnung	28	X. Wirkung der Beschlussanfechtung	79
8. Eigentümerwechsel	29		
IV. Gegner der Anfechtungsklage (§ 46 Abs 1 S 1)	30	XI. Unterbrechung des Verfahrens gemäß § 240 ZPO	82
1. Klage von Wohnungseigentümern	31	XII. Erledigung der Hauptsache	89
2. Klage des Verwalters	38	XIII. Die Kostenerstattung des erfolgreichen Anfechtungsklägers	90
V. Anfechtungsfrist (§ 46 Abs 1 S 2 1. Hs)	39	XIV. Sonstige Kostenfragen	91
		XV. Einstweiliger Rechtsschutz	94

Literatur: *Becker* Die Anfechtungsklage des Mitberechtigten am Wohnungseigentum, ZWE 2008, 405; *Bonifacio* Die neue Anfechtungsklage im Wohnungseigentumsrecht, ZMR 2007, 592; *Briesemeister* Das Anfechtungsrecht des WEG-Verwalters in eigener Sache, ZWE 2008, 416; *ders* Das Nachschieben von Anfechtungsgründen nach Ablauf der Begründungsfrist des § 46 I 2 WEG im Beschlussanfechtungsprozess des Wohnungseigentümers, ZMR 2008, 253; *Dötsch* Genügt ein Prozesskostenhilfeantrag zur Wahrung der Anfechtungsfrist nach WEG? NZM 2008, 309; *ders* Anfechtungsbegründungsfrist iS des § 46 Abs 1 S 2 WEG – Gebot einer einschränkenden Auslegung? ZMR 2008, 433; *Elzer* Wiedereinsetzung in Anfechtungsgründe, ZMR 2009, 256; *Niedenführ* Erste Erfahrungen mit dem neuen WEG-Verfahrensrecht, NJW 2008, 1768; *Schmid* Zwang zur Anfechtung von Wohnungseigentümerbeschlüssen? NZM 2008, 186; *ders* Die Kosten des im Beschlussanfechtungsprozess erfolgreichen Wohnungseigentümers, NZM 2008, 385; *Schuschke* Parteiberichtigung und Parteiänderung in wohnungseigentumsrechtlichen Verfahren, NZM 2009, 417; *Wolicki* Die Kostenentscheidung bei Beschlussanfechtungsklagen nach der WEG-Novelle – Erwiderung auf Michael J. Schmid, NZM 2008, 385, NZM 2008, 718.

I. Gesetzesmaterialien

Begründung Regierungsentwurf BT-Drucks 16/887 S 37 ff; Stellungnahme Bundesrat BT-Drucks 16/887 S 51 ff; Gegenäußerung der Bundesregierung BT-Drucks 16/887 S 73; Beschlussempfehlung Rechtsausschuss BT-Drucks 16/3843 S 57. 1

Zum **Anwendungsbereich** der Anfechtungsklage siehe § 43 Rn 74. 2

II. Klagebefugnis

Klagebefugt ist jeder einzelne Wohnungseigentümer. Zur Verbindung mehrerer Anfechtungsklagen siehe § 47. 3

1. Eigentümerwechsel. Wohnungseigentümer ist regelmäßig, wer als solcher im Grundbuch eingetragen ist. Der **Ersteher** einer Eigentumswohnung in der Zwangsvollstreckung wird jedoch bereits mit Zuschlag Wohnungseigentümer und ist schon ab diesem Zeitpunkt anfechtungsberechtigt, auch wenn es sich um Beschlüsse handelt, die vor dem Zuschlag gefasst wurden (offen gelassen *LG Frankfurt* 2/9 T 311/90, ZMR 1991, 194, 195). Auch der **Erbe** wird unmittelbar mit dem Erbfall Wohnungseigentümer und ist somit bereits vor Eintragung im Grundbuch anfechtungsbefugt. 4

Ein rechtsgeschäftlicher **Erwerber**, der bei bereits **voll eingerichteter Gemeinschaft** noch nicht als Wohnungseigentümer im Grundbuch eingetragen ist, hat kein eigenes Stimmrecht (vgl *BGH* V ZB 6/88, NJW 1989, 1087) und auch kein eigenes Anfechtungsrecht (*BayObLG* BReg 2 Z 100/90, NJW-RR 1991, 531, 532). Ihm können allenfalls Stimmrecht und Anfechtungsrecht zur Ausübung übertragen werden. Nach Ansicht des *Kammergerichts* (*KG* 24 W 3842/94, WuM 1994, 714) ist der im Grundbuch abgesicherte Erwerber regelmäßig als ermächtigt anzusehen, in Prozessstandschaft für den Veräußerer einen Beschluss anzufechten. Aus Gründen der Klarheit sollte jedoch eine ausdrückliche Ermächtigung des Erwerbers verlangt werden. Jedenfalls ist eine Prozessstandschaft innerhalb der Anfechtungsfrist offen zulegen (*KG* 24 W 126/03, NZM 2004, 511, 512). Der Erwerber ist aber dann befugt, Beschlüsse anzufechten, die vor der Eigentumsumschreibung oder vor dem Zuschlag gefasst wurden, wenn die Anfechtungsfrist noch nicht abgelaufen ist (*OLG Frankfurt* 20 W 202/91, NJW- RR 1992, 1170). Ob er bei Beschlussfassung schon Eigentümer war, ist unmaßgeblich, da gemäß § 10 Abs 4 ein Beschluss grundsätzlich gegen ihn wirkt. Solange noch nicht mindestens zwei Wohnungseigentümer im Grundbuch eingetragen sind, kann eine „**werdende Wohnungseigentümergemeinschaft**" bestehen (vgl dazu § 10 Rn 8 ff). Deren Mitglieder sind berechtigt, die von dieser Gemeinschaft gefassten Beschlüsse anzufechten. 5

II WEG § 46 — Anfechtungsklage

6 Wer **vor Beschlussfassung** aus der Gemeinschaft **ausgeschieden** ist, kann nicht Anfechtungsklage erheben, denn der Beschluss entfaltet für den Ausgeschiedenen keine Bindungswirkung mehr (*BGH* V ZB 11/88, NJW 1989, 714, 715). Der ausgeschiedene Wohnungseigentümer kann gegebenenfalls auf Feststellung der fehlenden Bindungswirkung klagen. War der Kläger bei Beschlussfassung noch Wohnungseigentümer, so kann er den Beschluss anfechten, wenn er seine Rechtsstellung berührt (*BGH* V ZB 24/02, NJW 2002, 1003, 1005; *Palandt/Bassenge* § 46 Rn 2).

7 **2. Klagebefugnis bei Mitberechtigung.** Ist eine **BGB-Gesellschaft** Wohnungseigentümer, so ist diese selbst klagebefugt, sofern es sich um eine rechtsfähige Außengesellschaft handelt (*Becker* ZWE 2008, 405, 408 mwN). Handelt es sich um eine reine Innengesellschaft, so ist ein einzelner Gesellschafter grundsätzlich nicht berechtigt, einen Eigentümerbeschluss anzufechten. Eine Ausnahme kommt nur dann in Betracht, wenn die anderen Gesellschafter aus gesellschaftswidrigen Gründen im Zusammenwirken mit dem Gegner ihre Mitwirkung verweigern (*BayObLG* 2Z 47/90, NJW-RR 1991, 215, 216; *Becker* ZWE 2008, 405, 408; **aA** *Sauren* WE 1992, 40).

8 Dagegen ist ein an einem Wohnungseigentum in **Bruchteilsgemeinschaft** Beteiligter gemäß § 1011 BGB berechtigt, einen Eigentümerbeschluss allein anzufechten (*OLG Frankfurt* 20 W 241/05, NZM 2007, 490).

9 Auch bei einer **Erbengemeinschaft** ist jeder Miterbe anfechtungsberechtigt (*BayObLG* WuM 1998, 747, 748; *Suilmann* in Jenißen, § 46 Rn 26).

10 Die übrigen Mitberechtigten, die nicht selbst klagen, sind analog § 48 Abs 1 S 1 beizuladen, damit sich auch die Rechtskraft eines klageabweisenden Urteils auf sie erstreckt und es ihnen dadurch gemäß § 48 Abs 3, 4 verwehrt ist, später noch die Nichtigkeit des Beschlusses geltend zu machen (*Becker* ZWE 2008, 405, 409). Der klagende Mitberechtigte hat die übrigen Mitberechtigten analog § 44 Abs 2 S 1 in der Klage zu bezeichnen (*Becker* wie vor). Beitreten könne die übrigen Mitberechtigten nur auf Seiten des Klägers, da die Mitberechtigten ihr Recht nur einheitlich ausüben dürfen (*Becker* ZWE 2008, 405, 410).

11 **3. Zwangs- und Insolvenzverwalter.** Unterliegt die Eigentumswohnung der **Zwangsverwaltung**, so stehen das Stimmrecht bei der Beschlussfassung über die Jahresabrechnung und das Anfechtungsrecht dem Zwangsverwalter zu (*BayObLG* BReg 2 Z 4/91, WuM 1991, 309). Der Eigentümer der zwangsverwalteten Wohnung hat kein eigenes Anfechtungsrecht (*LG Berlin* 85 T 404/07, ZMR 2009, 474 mwN).

12 Anfechtungsberechtigt ist auch der **Insolvenzverwalter** (*Wenzel* in Bärmann, § 46 Rn 35). Mit der Eröffnung des Insolvenzverfahrens geht die Verwaltungs- und Verfügungsbefugnis über das Wohnungseigentum gemäß § 80 InsO auf den Insolvenzverwalter über. Der Wohnungseigentümer kann dann nicht mehr wirksam Anfechtungsklage erheben. Gibt der Insolvenzverwalter das Wohnungseigentum erst nach Ablauf der Anfechtungsfrist frei, so wirkt dies nicht zurück auf den Zeitpunkt der Klageeinreichung durch den Wohnungseigentümer; die Klagefrist ist versäumt (*OLG Hamm* 15 W 106/03, NZM 2004, 586).

13 **4. Verwalter.** Umstritten ist, in welchem Umfang der Verwalter anfechtungsbefugt ist. Nach hier vertretener Auffassung ist der Verwalter kraft seines Amtes klagebefugt (*OLG Hamm* 15 W 232/69, OLGZ 1971, 96, 98; *Abramenko* in Riecke/Schmid, § 46 Rn 3 mwN; **einschränkend** *Wenzel* in Bärmann, § 46 Rn 32 mwN; **aA** *LG Nürnberg-*

Fürth 14 S 8312/08, ZMR 2009, 483; *Suilmann* in Jennißen, § 46 Rn 40 ff mwN). Der Verwalter ist jedenfalls dann, wenn er durch den Beschluss in seiner Rechtsstellung betroffen ist, anfechtungsbefugt (*BGH* V ZB 39/01, NJW 2002, 3240; *LG Nürnberg-Fürth* 14 S 8312/08, ZMR 2009, 483, 484; *Wenzel* in Bärmann, § 46 Rn 32; *Abramenko* in Riecke/Schmid, § 46 Rn 3; aA *Suilmann* in Jennißen, § 46 Rn 50 f). Das Antragsrecht endet grundsätzlich mit seiner Abberufung. Der abgewählte Verwalter ist aber, auch wenn er nicht gleichzeitig Wohnungseigentümer ist, befugt, den Abberufungsbeschluss anzufechten (*BGH* V ZB 6/88, NJW 1989, 1087 mwN; *BGH* V ZB 39/01, NJW 2002, 3240, 3242; aA *Suilmann* ZWE 2000, 106 ff; s auch § 26 Rn 92). Der abberufene Verwalter, der von den Wohnungseigentümern unter Aufhebung des Abberufungsbeschlusses erneut zum Verwalter bestellt wird, hat kein Rechtsschutzbedürfnis für die Anfechtung des neuen Bestellungsbeschlusses (*OLG Naumburg* 11 Wx 7/99, NZM 2000, 1025).

5. Nießbraucher. Der **Nießbraucher** an einem Wohnungseigentum hat weder ein eigenes Stimmrecht, noch ein eigenes Anfechtungsrecht (*BGH* V ZB 24/01, NJW 2002, 1647; *OLG Düsseldorf* 3 Wx 323/04, NZM 2005, 627 und 911; *Wenzel* in Bärmann, § 46 Rn 36). **14**

6. Verband. Umstritten ist die **Klagebefugnis des Verbandes**, wenn dieser Eigentümer einer Einheit ist (mit Recht ablehnend: *Häublein* FS Seuss, 2007, S 125, 139; *Bonifacio* ZMR 2007, 592, 596; *Wenzel* in Bärmann, § 46 Rn 30; aA *Elzer* in Hügel/Elzer, § 13 Rn 120; *Abramenko* in Riecke/Schmid, § 44 Rn 2). **15**

III. Rechtsschutzinteresse

1. Grundsatz. Das Rechtsschutzinteresse (Rechtsschutzbedürfnis) ist das berechtigte Interesse eines in seinen Rechten Beeinträchtigten, ein Gericht in Anspruch zu nehmen, um den begehrten Rechtsschutz zu erreichen. Es ist zu verneinen, wenn das erstrebte Ziel einfacher, billiger oder auch ohne Inanspruchnahme des Gerichts zu erreichen ist. **16**

Für eine Beschlussanfechtung ist ein besonderes Rechtsschutzbedürfnis grundsätzlich nicht nachzuweisen. Da das Anfechtungsrecht nicht nur dem persönlichen Interesse des anfechtenden Wohnungseigentümers oder dem Minderheitenschutz dient, sondern dem Interesse der Gemeinschaft an einer ordnungsmäßigen Verwaltung, genügt für die Anfechtung grundsätzlich das Interesse eines Wohnungseigentümers, eine ordnungsmäßige Verwaltung zu erreichen (*BGH* V ZB 11/03, NJW 2003, 3124, 3125; *OLG München* 34 Wx 76/07, NJW 2008, 1679). Der anfechtende Wohnungseigentümer braucht deshalb durch den angefochtenen Beschluss nicht persönlich betroffen sein oder sonst Nachteile zu erleiden (*BGH* wie vor). **17**

Kein Rechtsschutzbedürfnis für eine Beschlussanfechtung hat jedoch ein Wohnungseigentümer, der von dem angefochtenen Beschluss deswegen gar nicht betroffen wird, weil er durch die **Vereinbarung einer getrennten Verwaltung** von abgegrenzten Teilen einer Wohnanlage von der Mitverwaltung insoweit ausgeschlossen ist (*BayObLG* BReg 2 Z 57/84, DNotZ 1985, 414, 416). Die Anfechtungsklage kann im Einzelfall auch **rechtsmissbräuchlich** sein, zum Beispiel wenn ein Beschluss über die Jahresabrechnung wegen der Anwendung eines falschen Verteilungsschlüssels angefochten wird, obwohl die übrigen Wohnungseigentümer mit dem Abrechnungsmaßstab einverstanden sind und der Kläger durch die Änderung nur Nachteile hätte (*BayObLG* 2 Z BR 195/03, ZMR 2004, 358, 359). **18**

19 Dass ein besonderes Rechtsschutzbedürfnis nicht nachzuweisen ist, bedeutet nicht, dass Beschlussanfechtungsanträge auch dann zulässig sind, wenn im Einzelfall das Rechtsschutzbedürfnis nicht wegen fehlenden persönlichen Interesses, sondern aus anderen Gründen fehlt. Benennt der anfechtende Wohnungseigentümer zB nur Gründe für die Anfechtung, die außerhalb des Gegenstandes der Beschlussfassung liegen, so fehlt das Rechtsschutzbedürfnis, weil der Antragsteller sein Ziel auch dann nicht erreichen würde, wenn der Beschluss für ungültig erklärt würde (*LG Frankfurt* 2/9 T 1204/89, NJW-RR 1990, 1238).

20 Das Rechtsschutzbedürfnis entfällt nicht dadurch, dass der Verwalter den Beschluss für unverbindlich hält und eine neue Beschlussfassung in Aussicht stellt, denn dem Verwalter könnte auf Antrag auch nur eines Wohnungseigentümers die Durchführung des nicht angefochtenen Beschlusses gerichtlich aufgegeben werden (*OLG Frankfurt* 20 W 279/79, OLGZ 1980, 78, 79/80).

21 Das Rechtsschutzbedürfnis für einen Beschlussanfechtungsantrag entfällt auch nicht deshalb, weil ein anderer Wohnungseigentümer bereits vorher einen identischen Antrag eingereicht hat, denn der Antragsteller, der seinen Antrag früher gestellt hat, könnte diesen ja zurücknehmen (BayObLGZ 1977, 226, 228). Zur Verbindung von Anfechtungsklagen, die denselben Beschluss betreffen, vgl § 47.

22 **2. Zweitbeschluss.** Das Rechtsschutzbedürfnis für einen Beschlussanfechtungsantrag entfällt in der Regel, nachdem ein **inhaltsgleicher Zweitbeschluss** Bestandskraft erlangt hat (*BGH* V ZB 6/88, NJW 1989, 1087; *OLG Frankfurt* 20 W 34/89, OLGZ 1989, 434, 435; vgl dazu auch *Merle* WE 1995, 363; *Lüke* ZWE 2000, 98, 104). Dies gilt jedoch nicht, wenn der Antragsteller durch die Verbindung eines Anfechtungsantrags mit einem positiven Feststellungsantrag einen unrichtigen Negativbeschluss in einen Beschluss mit positivem Inhalt umwandeln will. Die Bestandskraft eines zweiten Negativbeschlusses könnte an einem Erfolg des Beschlussfeststellungsantrags nichts ändern, sondern ginge ins Leere (*BGH* V ZB 30/02, NZM 2002, 995, 997). Wäre der erste Beschluss schon aus formellen Gründen für ungültig zu erklären, so kann das ihn betreffende Anfechtungsverfahren so lange ausgesetzt werden, bis über die Anfechtung des zweiten Beschlusses rechtskräftig entschieden ist, sofern der zweite Beschluss den formellen Fehler nicht enthält. Für die Anfechtung eines Beschlusses, der mit einem schon bestandskräftigen Beschluss inhaltsgleich ist, fehlt regelmäßig das Rechtsschutzbedürfnis (*BGH* V ZB 2/93, NJW 1994, 3230).

23 Ein bisher als bestandskräftig angesehener, möglicherweise vereinbarungsändernder Mehrheitsbeschluss kann jedenfalls durch Mehrheitsbeschluss wieder aufgehoben werden. Für die Feststellung der Wirksamkeit des Aufhebungsbeschlusses fehlt nicht deswegen das Rechtsschutzinteresse, weil auch die Feststellung der Nichtigkeit des aufgehobenen Beschluss in Betracht kommt und dann der Zweitbeschluss gegenstandslos wäre (*OLG Stuttgart* 8 W 54/98, NZM 2001, 532, 533).

24 **3. Anfechtung nach Zustimmung.** Das Rechtsschutzbedürfnis für eine Beschlussanfechtung entfällt nicht allein deswegen, weil der anfechtende Wohnungseigentümer dem angefochtenen Beschluss in der Eigentümerversammlung zugestimmt hat (*BayObLG* 2Z BR 235/03, ZMR 2004, 688). Die Anfechtungsklage kann aber unbegründet sein, weil materiell-rechtlich die Anfechtungsbefugnis fehlt, da sie verwirkt ist oder weil das Gebot von Treu und Glauben entgegensteht. Kein Rechtsmissbrauch liegt vor, wenn ein Wohnungseigentümer der Jahresabrechnung trotz Bedenken zugestimmt hatte und nach der Eigentümerversammlung nochmals die Unterlagen überprüft hat (*BayObLG* wie vor).

4. Einberufungsmangel. Für die auf einen Einberufungsmangel gestützte Anfechtung eines Beschlusses fehlt das Rechtsschutzbedürfnis, wenn der Wohnungseigentümer trotz Kenntnis des Mangels keine Einwendungen gegen die vom Versammlungsleiter ausdrücklich festgestellte ordnungsmäßige Einberufung und Beschlussfähigkeit der Eigentümerversammlung erhebt. So handelt zB ein Wohnungseigentümer rechtsmissbräuchlich, der ausdrücklich damit einverstanden ist, dass ein bereits ausgeschiedener Verwalter eine Eigentümerversammlung einberuft, wenn er Beschlüsse, denen er nicht zugestimmt hat, mit der Begründung anficht, die Eigentümerversammlung sei nicht ordnungsgemäß einberufen worden (*BayObLG* 2Z BR 4/92, WuM 1992, 331, 332). 25

5. Vollzogener Beschluss. Das Rechtsschutzbedürfnis für die Anfechtung eines Beschlusses entfällt auch nach dem Vollzug des Beschlusses grundsätzlich nicht, solange der anfechtende Wohnungseigentümer nicht darauf verzichtet hat, die Maßnahme rückgängig zu machen (*BayObLG* 2Z BR 179/01, NZM 2002, 623). Das Rechtsschutzbedürfnis für die Anfechtung eines Beschlusses über eine bauliche Veränderung entfällt erst, wenn die Rückgängigmachung der Baumaßnahme tatsächlich ausgeschlossen ist oder dem Rückbau der Einwand der unzulässigen Rechtsausübung entgegensteht (*OLG Düsseldorf* 3 Wx 163/00, NZM 2001, 146). Erforderlich ist zudem, dass die Ungültigerklärung auch sonst keine Auswirkungen mehr haben könnte (*OLG Hamm* 15 W 240/07, ZMR 2009, 58, 61). Daran fehlt es, wenn durch die Anfechtung die Grundlage für eine Beteiligung an den Kosten einer baulichen Veränderung beseitigt werden soll (*OLG Hamm* wie vor). 26

6. Negativbeschlüsse. Zum Rechtsschutzbedürfnis für die Anfechtung von Negativbeschlüssen siehe § 43 Rn 86. 27

7. Beschlüsse zur Geschäftsordnung. Für die Anfechtung von Beschlüssen zur Geschäftsordnung fehlt das Rechtsschutzbedürfnis. Beschlüsse über die Änderung der Reihenfolge der Tagesordnungspunkte sind deshalb nicht anfechtbar (*BayObLG* 2Z BR 108/95, WuM 1996, 116, 117). Auch ein Beschluss, der einen Rechtsanwalt als Berater des Wohnungseigentümers von einer konkreten Versammlung ausschließt, wird von selbst gegenstandslos. Für die Anfechtung eines solchen Beschlusses fehlt daher das Rechtsschutzbedürfnis. Ist der Ausschluss rechtswidrig und wirkt sich dies auf andere Beschlüsse aus, so können diese Beschlüsse auf rechtzeitige Anfechtung für ungültig erklärt werden (*BayObLG* 2Z BR 72/95, WuM 96, 113, 114). Zulässig ist aber die Anfechtung eines Beschlusses, der generell für die Zukunft einen Berater von Versammlungen ausschließt (*BayObLG* wie vor). 28

8. Eigentümerwechsel. Mit der Veräußerung eines Wohnungseigentums kann das Rechtsschutzinteresse an der Anfechtung eines Eigentümerbeschlusses entfallen, wenn die Ungültigerklärung des Beschlusses für den Antragsteller keinerlei Rechtsfolgen mehr auslöst und sein Rechtsnachfolger an der Fortführung des Verfahrens kein Interesse hat (*BayObLG* 2Z BR 5/98, WuM 1998, 511, 512; *BayObLG* 2Z BR 62/99, NZM 2000, 350 [im konkreten Fall Interesse bejaht]). 29

Niedenführ

IV. Gegner der Anfechtungsklage (§ 46 Abs 1 S 1)

30 Aus § 46 Abs 1 S 1 in Verbindung mit der Überschrift ergibt sich die Definition der Anfechtungsklage. Es handelt sich um eine Klage, die darauf gerichtet ist, einen Beschluss durch ein Gestaltungsurteil für ungültig zu erklären.

31 1. Klage von Wohnungseigentümern. Die Anfechtungsklage eines oder mehrerer Wohnungseigentümer ist – wie § 46 Abs 1 ausdrücklich klarstellt – gegen alle übrigen Wohnungseigentümer zu richten, nicht nur gegen diejenigen, die dem Beschluss zugestimmt haben (*AG Wiesbaden* 92 C 4115/07, ZMR 2008, 340). Die Klage ist nämlich nicht darauf gerichtet, die einzelnen Willenserklärungen der zustimmenden Wohnungseigentümer zu beseitigen. Sie ist darauf gerichtet, das Ergebnis der Willensbildung zu beseitigen, indem der Beschluss für ungültig erklärt wird. Die überstimmte Minderheit ist solange an den verkündeten Mehrheitsbeschluss gebunden, bis dieser rechtskräftig für ungültig erklärt worden ist. Die Ungültigerklärung kann auch wegen eines formellen Fehlers erfolgen, der einem zustimmenden Wohnungseigentümer nicht zuzurechnen ist.

32 Die Anfechtungsklage ist nicht gegen die Wohnungseigentümergemeinschaft zu richten. Insoweit unterscheidet sich die wohnungseigentumsrechtliche Anfechtungsklage von dem aktienrechtlichen Anfechtungsverfahren, bei dem die Aktiengesellschaft als juristische Person Beklagte ist. Eine gesetzliche Regelung, wonach die Wohnungseigentümergemeinschaft als Verband passiv legitimiert wäre, hätte zwar möglicherweise zur Erleichterung des Rechtsverkehrs beitragen können (vgl *Armbrüster* ZWE 2006, 470, 474). Sie hätte andererseits aber die Wohnungseigentümergemeinschaft stärker einer juristischen Person angenähert, ohne dass die sich daraus ergebenden Folgen ausreichend geklärt sind. Außerdem gehört zur internen Willensbildung auch deren Überprüfung im Wege der Anfechtungsklage (vgl *Bub* FS Blank, 2006, 601, 604). Nach den bisherigen praktischen Erfahrungen ist auch nicht zu erwarten, dass der Kläger häufig einer Vielzahl von individuell agierenden Wohnungseigentümern gegenüberstehen wird. Es ist vielmehr zu erwarten, dass die verklagten Wohnungseigentümer wie bisher als Gruppe gemeinsam auftreten werden. Zur Bezeichnung der beklagten Wohnungseigentümer in der Klageschrift siehe § 44 Rn 4.

33 Die beklagten Wohnungseigentümer sind **notwendige Streitgenossen** gemäß § 62 Abs 1 ZPO, deshalb kann gegen die nicht zur mündlichen Verhandlung erschienenen Wohnungseigentümer, die nicht durch den Verwalter vertreten werden, kein Teilversäumnisurteil ergehen (*AG Wiesbaden* 92 C 4116/07, ZMR 2008, 165; *AG Bernau* 34 C 1/08, WuM 2008, 621).

34 Wird die Anfechtungsklage gegen die Wohnungseigentümergemeinschaft gerichtet, so ist die Klage wegen fehlender Passivlegitimation als unbegründet abzuweisen.

35 Die Parteibezeichnung ist als Teil einer Prozesshandlung aber grundsätzlich der Auslegung zugänglich, wobei maßgebend ist, wie die Bezeichnung bei objektiver Deutung aus der Sicht der Empfänger (Gericht und Gegenpartei) zu verstehen ist, welcher Sinn der in der Klageschrift gewählten Bezeichnung bei objektiver Würdigung des Erklärungsinhalts beizulegen ist (vgl etwa *BGH* X ZR 144/06, MDR 2008, 524 mwN). Bei einer objektiv unrichtigen oder auch mehrdeutigen Bezeichnung ist grundsätzlich diejenige Person als Partei anzusprechen, die erkennbar durch die Parteibezeichnung betroffen werden soll (*BGH* wie vor, mwN). Bei der Auslegung der Parteibezeichnung sind über die im Rubrum der Klageschrift enthaltenen Angaben hinaus der gesamte Inhalt der Klageschrift einschließlich etwaiger beigefügter Anlagen zu berücksichtigen (*BGH* wie vor, mwN). Dabei gilt der Grundsatz, dass die Klageerhebung gegen die in Wahrheit gemeinte Partei nicht an deren fehlerhafter Bezeichnung scheitern darf, wenn diese Mängel in Anbetracht der jeweiligen Umstände letztlich keine vernünftigen Zweifel an dem wirklich Gewollten aufkommen lassen, auch dann, wenn statt der richtigen Bezeichnung irrtümlich die Bezeichnung einer tatsächlich existierenden (juristischen oder natürlichen) Person gewählt wird, solange nur aus dem Inhalt der Klageschrift und etwaigen Anlagen unzweifelhaft deutlich wird, welche Partei tatsächlich gemeint ist (*BGH* wie vor, mwN). Von der fehlerhaften Parteibezeichnung, die eine Berichtigung des Rubrums ermöglicht, zu unterscheiden ist die irrtümliche Benennung der falschen, am materiellen Rechtsverhältnis nicht beteiligten Person als Partei; diese wird Partei, weil es entscheidend auf den Willen des Klägers so, wie er objektiv geäußert ist, ankommt (*BGH* wie vor, mwN).

Maßgeblich ist danach, ob im Einzelfall die **Auslegung der Klageschrift** ergibt, dass sich die Klage gegen die übrigen Wohnungseigentümer richtet (vgl etwa *OLG Karlsruhe* 14 Wx 24/07, NZM 2008, 651; *AG Konstanz* 12 C 17/07, ZMR 2008, 494; *AG Konstanz* 12 C 10/07, NZM 2008, 777; *LG Nürnberg-Fürth* 14 T 8340/08, ZMR 2009, 75; *LG Itzehoe* 11 S 37/08, ZMR 2009, 479). Da es der Vorlage einer **Eigentümerliste** nur bedarf, wenn nicht der Verband, sondern die übrigen Wohnungseigentümer verklagt werden, wird man im Wege der Auslegung zu dem Ergebnis gelangen, dass sich die Klage gegen die übrigen Wohnungseigentümer richtet, wenn in der Klageschrift die übrigen Wohnungseigentümer namentlich aufgelistet sind (*LG Nürnberg-Fürth* 14 T 9452/08, ZMR 2009, 803) oder die Vorlage einer Eigentümerliste angekündigt wird (**aA** *AG Dresden* 152 C 6477/07, NZM 2008, 135; *AG Schwarzenbek* 2 C 1693/07, ZMR 2009, 159) oder vom Verwalter die Vorlage einer Eigentümerliste begehrt wird (**aA** *AG Bochum* 95 C 19/08, ZMR 2008, 740). Verwendet die Klagebegründung bei der Bezeichnung der beklagten Partei den **Plural**, spricht dies dafür, dass die übrigen Wohnungseigentümer Beklagte sind (*LG Nürnberg-Fürth* 14 T 8340/08, ZMR 2009, 75). Indiz dafür, dass sich die Klage gegen die übrigen Wohnungseigentümer richten soll, kann auch sein, dass **mehr als zwei Doppel der Klageschrift** zur Akte gereicht werden (**aA** *LG Berlin* 85 S 21/08, ZMR 2009, 390). Bezeichnet die Klageschrift als Beklagte die „WEG M-S-WEG ..., R.", vertreten durch den Verwalter", so kann es als nahe liegend angesehen werden, dass mit dieser Sammelbezeichnung nicht die rechtsfähige Wohnungseigentümergemeinschaft selbst, sondern ihre einzelnen Mitglieder – mit Ausnahme des Antragstellers selbst – gemeint sind (*OLG Karlsruhe* 14 Wx 24/07, NZM 2008, 651; **aA** *AG Hamburg-St. Georg* 980 C 192/07, ZMR 2008, 742 für die Bezeichnung: „Wohnungseigentümergemeinschaft A...Straße 21 in H...., bestehend aus den Wohnungseigentümern 1.... 7....."). Noch weiter gehend hält die 25. Zivilkammer des *LG Düsseldorf* bei Beschlussanfechtungsklagen eine durch das Gericht angeregte Rubrumsberichtigung von der Wohnungseigentümergemeinschaft auf die übrigen Wohnungseigentümer grundsätzlich für möglich, weil die Wohnungseigentümergemeinschaft nach der gesetzlichen Regelung als Beklagte offensichtlich nicht in Betracht kommt (*LG Düsseldorf* 25 S 5/08, NZM 2008, 813 [nicht rkr]; **aA** 16. Zivilkammer des *LG Düsseldorf* 16 S 13/08, ZMR 2009, 67; *LG Köln* 29 S 93/06, ZMR 2009, 632 und *LG Köln* 29 S 64/08, ZMR 2009, 633: Auslegung nur bei mehrdeutiger Bezeichnung). Der Umstand, dass die nach § 46 nicht gegen die Wohnungseigentümergemeinschaft zu richten ist, spricht in der Tat vieles dafür, dass der Anfechtungskläger regelmäßig die übrigen Mitglieder der Gemeinschaft in Anspruch nehmen will, es sei denn er vertritt ausdrücklich eine hierzu abweichende Rechtsansicht (ebenso *Schuschke* NZM 2009, 417, 421; *Hügel/Elzer* NZM 2009, 457, 469). Erklärt der Kläger in einem Schreiben an das Gericht nochmals ausdrücklich, er verklage nicht die einzelnen Wohnungseigentümer, sondern die Wohnungseigentümergemeinschaft, dann besteht für eine gegenteilige Auslegung allerdings kein Raum mehr (*LG Itzehoe* 11 S 37/08, ZMR 2009, 479; *Schuschke* NZM 2009, 417, 421).

37 Fehlt jegliche Bezeichnung der Beklagten in der Klageschrift, dann kann ein solcher Mangel im notwendigen Inhalt der Klageschrift zwar noch bis zur mündlichen Verhandlung beseitigt und dadurch eine Abweisung der Klage als unzulässig vermieden werden. Weil die Klage aber erst dann ordnungsgemäß erhoben ist, wenn die fehlende Parteibezeichnung nachgeholt worden ist, ist eine Anfechtungsklage wegen Versäumung der Anfechtungsfrist auch dann als unbegründet abzuweisen, wenn das Gericht die Klageschrift von sich aus „demnächst" an die richtigen Beklagten zugestellt hatte (vgl *AG Charlottenburg* 74 C 84/07 WEG, ZMR 2008, 247).

38 **2. Klage des Verwalters.** Die Anfechtungsklage des Verwalters ist gegen alle Wohnungseigentümer zu richten. Zur Bezeichnung der beklagten Wohnungseigentümer in der Klageschrift siehe § 44 Rn 4.

V. Anfechtungsfrist (§ 46 Abs 1 S 2 1. Hs)

39 § 46 Abs 1 S 2 1. Hs bestimmt die Anfechtungsfrist, die früher in § 23 Abs 4 S 2 geregelt war. Die Anfechtungsfrist wird gewahrt durch die Erhebung der Klage, so dass die Rechtshängigkeit (Zustellung der Klage) maßgeblich ist (§§ 253, 261 Abs 1 ZPO), wobei jedoch gemäß § 167 ZPO die rechtzeitige Einreichung der Klageschrift bei Gericht genügt, sofern Zustellung demnächst erfolgt.

40 Mit der Verlagerung der Regelung über die Anfechtungsfrist in den verfahrensrechtlichen Teil des Wohnungseigentumsgesetzes werden die für die Beschlussanfechtung maßgeblichen Bestimmungen zusammengeführt. Es handelt sich bei der Anfechtungsfrist jedoch wie bisher (vgl *BGH* V ZB 14/98, NJW 1998, 3648) um eine materiellrechtliche Ausschlussfrist und nicht um eine Zulässigkeitsvoraussetzung für die Anfechtungsklage (vgl BT-Drucks 16/887 S 38). Insoweit gilt nichts anderes als für die aktienrechtliche Anfechtungsklage, für die ebenfalls eine Anfechtungsfrist vorgeschrieben ist, die unbeschadet des Standorts in einer Vorschrift, die überwiegend verfahrensrechtliche Bestimmungen trifft, als materiell-rechtliche Frist eingestuft wird (vgl *Hüffer* § 246 AktG Rn 20).

41 Die verspätete Anfechtungsklage ist deshalb nicht als unzulässig, sondern als unbegründet abzuweisen. Wegen der sachlichen Übereinstimmung der Rechtsschutzziele von Anfechtungs- und Nichtigkeitsfeststellungsklage (vgl Rn 74) gilt das allerdings nur, wenn kein Nichtigkeitsgrund vorliegt. Ist dies der Fall, ist die Nichtigkeit festzustellen.

42 Die Frist kann weder durch die Gemeinschaftsordnung noch durch Beschlussfassung verändert werden. Die Monatsfrist ist keine Verjährungsfrist, sondern eine Ausschlussfrist. Es gibt deshalb keine Hemmung oder Unterbrechung nach §§ 202 ff, 208 ff BGB. Die Fristversäumnis führt kraft Gesetzes zum Wegfall der Anfechtungsbefugnis. Das Gericht muss die Klage deshalb in jeder Verfahrenslage auch dann abweisen,

Anfechtungsklage § 46 WEG II

wenn sich die verklagten Wohnungseigentümer nicht auf den Fristablauf berufen (vgl für die aktienrechtliche Anfechtungsklage *MünchKomm-AktG/Hüffer* § 246 AktG Rn 34).

Für die **Anfechtung der einzelnen Stimmabgabe** wegen Irrtums oder arglistiger Täuschung gilt die Anfechtungsfrist nicht. 43

1. Fristbeginn. Die Frist beginnt mit dem Tag der Beschlussfassung, bei schriftlicher Beschlussfassung mit der Beschlussfeststellung und Mitteilung des Beschlussergebnisses an alle Wohnungseigentümer. Er ist zu dem Zeitpunkt existent geworden in dem mit seiner Kenntnisnahme durch die Wohnungseigentümer den Umständen nach gerechnet werden konnte (*BGH* V ZB 10/01, ZWE 2001, 530). Da eine Versendung der Niederschrift (§ 24 Abs 6) gesetzlich nicht vorgesehen ist, kann der Fristbeginn nicht vom Zeitpunkt der Kenntnisnahme der Beschlüsse durch den Wohnungseigentümer abhängig gemacht werden. Zur Wiedereinsetzung siehe Rn 61. 44

Da jeder Wohnungseigentümer damit rechnen muss, dass auf einer Versammlung Beschlüsse gefasst werden, muss er sich bei Nichtteilnahme selbst Kenntnis vom Ergebnis der Versammlung verschaffen, will er nicht eine Fristversäumung riskieren. Allerdings kann sich der Verwalter schadensersatzpflichtig machen, wenn er die Niederschrift der Versammlung oder das Ergebnis der schriftlichen Abstimmung nicht so rechtzeitig vor Ablauf der Frist den Wohnungseigentümern übersendet, dass ihnen ausreichend Gelegenheit gegeben ist, eine Anfechtung zu überdenken oder Rechtsrat einzuholen. 45

2. Fristende. Das Fristende ist nach § 188 Abs 2 BGB zu bestimmen. Die Frist verstreicht also mit dem Ablauf des Tages, der im folgenden Kalendermonat seiner Zahl nach dem Datum der Beschlussfassung entspricht. Für kurze Monate ist § 188 Abs 3 BGB zu beachten (Beschlussfassung 31.8. – Fristende 30.9.). Fällt das Fristende auf einen Sonntag, einen Feiertag oder einen Sonnabend, so läuft die Frist erst mit dem Ende des nächsten Werktages ab (§ 193 BGB). Hemmung oder Unterbrechung der Frist finden nicht statt. 46

3. Fristwahrung. § 46 Abs 1 S 2 1. Hs bestimmt, dass die Anfechtungsklage innerhalb eines Monats nach der Beschlussfassung erhoben werden muss. Maßgeblich für die Fristwahrung ist danach die Zustellung der Klageschrift, mit der die Rechtshängigkeit eintritt (§§ 253, 261 Abs 1 ZPO), wobei jedoch gemäß § 167 ZPO die rechtzeitige Einreichung der Klageschrift bei Gericht genügt, sofern die Zustellung demnächst erfolgt (s Rn 48). Das Fristende ist nach §§ 188 Abs 2, 3, 193 BGB zu bestimmen (s Rn 46). Wegen der rigiden Wirkungen der Ausschlussfrist bestimmt § 46 Abs 1 S 3, dass die Vorschriften der §§ 233 bis 238 ZPO über die Wiedereinsetzung in den vorigen Stand entsprechend gelten (s Rn 61). 47

Die Anfechtungsfrist ist gewahrt, wenn die Klage spätestens am letzten Tag der Frist durch Zustellung der Klageschrift erhoben wird (§ 253 Abs 1 ZPO). Ausreichend ist jedoch gemäß § 167 ZPO auch die rechtzeitige Einreichung der Klageschrift bei Gericht, sofern die Zustellung demnächst erfolgt (vgl BT-Drucks 16/887 S 37). „Demnächst" ist eine Zustellung dann erfolgt, wenn sie innerhalb eines den Umständen entsprechenden angemessenen Zeitraums nach Ablauf der versäumten Frist erfolgt. Zustellungsverzögerungen durch unvollständige oder unrichtige Angaben des Klägers zu den Zustellungsadressaten (vgl dazu § 44), durch Angaben unter einem falschen 48

Niedenführ

II WEG § 46 Anfechtungsklage

Aktenzeichen oder durch verspätete Einzahlung des auf die Gerichtskosten zu leistenden Vorschusses gehen zu Lasten des Klägers und hindern die rückwirkende Fristwahrung.

49 In bürgerlichen Rechtsstreitigkeiten soll gemäß § 12 Abs 1 S 1 GKG die Klage erst nach Zahlung der Gebühr für das Verfahren im Allgemeinen (3 Gerichtsgebühren) zugestellt werden. Da für die Anfechtungsklage im Regelfall keine der Ausnahmen der §§ 12 Abs 2, 14 GKG zutrifft, ist ihre Zustellung von der **Einzahlung des Kostenvorschusses** abhängig zu machen, mit der Folge, dass eine nicht rechtzeitige Zahlung zur Versäumung der Anfechtungsfrist führen kann (*BGH* V ZR 74/08, ZMR 2009, 296; *LG Nürnberg-Fürth* 14 S 4986/08, NZM 2008, 897; *AG Wiesbaden* 92 C 6247/07, ZMR 2008, 581; *Abramenko* in Riecke/Schmid, § 46 Rn 7; *Suilmann* in Jennißen, § 46 Rn 83; *Bonifacio* ZMR 2007, 592; *Wenzel* in Bärmann, § 46 Rn 57 f.; aA *Elzer* in Hügel/Elzer, § 13 Rn 178). Der Kläger darf die Anforderung des Gerichtskostenvorschusses durch das Gericht eine gewisse Zeit abwarten (*Suilmann* in Jennißen, § 46 Rn 83), muss dann aber den Vorschuss unverzüglich einzahlen (*BGH* II ZR 236/84, NJW 1986, 1347, 1348), wobei eine der klagenden Partei zuzurechnende Verzögerung der Klagezustellung um bis zu 14 Tage regelmäßig als geringfügig einzustufen ist (*BGH* XII ZR 177/92, NJW 1994, 1073). Wird der Gerichtskostenvorschuss nach gerichtlicher Anforderung nicht innerhalb eines Zeitraums eingezahlt, der sich „um **zwei Wochen bewegt oder nur geringfügig darüber** liegt" (*BGH* V ZR 74/08, ZMR 2009, 296, 299), ist die Klage als unbegründet abzuweisen (vgl auch *LG Nürnberg-Fürth* 14 S 4986/08, NZM 2008, 897; *AG Bonn* 27 C 1/07, ZMR 2008, 245; *AG Wiesbaden* 92 C 6247/07, ZMR 2008, 581; *AG Bernau* 34 C 1/08, WuM 2008, 621; *LG Hamburg* 318 S 78/08, ZMR 2009, 396; *LG Berlin* 85 S 21/08, ZMR 2009, 390). Der Kläger muss nach einer angemessenen Frist bei Gericht nachfragen, wenn die Vorschussanforderung ausbleibt. Ein Zeitraum von drei Wochen, in dem der Prozessbevollmächtigte der gerichtlichen Zahlungsaufforderung untätig entgegensieht, ohne sich um den Fortgang des Verfahrens zu kümmern, kann allgemein nicht als zu lang angesehen werden (*BGH* IV ZR 13/91, NJW-RR 1992, 470). Nach Ablauf dieser Wartefrist muss die klagende Partei dann entweder den Vorschuss von sich aus berechnen und einzahlen oder aber die gerichtliche Berechnung und Anforderung des Vorschusses zumindest in Erinnerung bringen (*BGH* wie vor).

50 Gemäß § 63 Abs 1 S 1 GKG hat das Gericht den Wert sogleich ohne Anhörung der Parteien durch Beschluss vorläufig festzusetzen. Enthält die Klageschrift noch keine Begründung, werden häufig ausreichende Anhaltspunkte fehlen für eine vorläufige Festsetzung des Streitwerts, der die Grundlage für die Höhe des anzufordernden Vorschusses bildet. Das Gericht muss dann im Einzelfall nach pflichtgemäßem Ermessen entscheiden, ob es den Kläger zu näheren Angaben auffordert. Wegen des dringenden Interesses der Gemeinschaft, rasch zu erfahren, ob die Beschlüsse angefochten wurden, darf das Gericht die Anforderungen an die Darlegung von Tatsachen zum Streitwert aber nicht überspannen (*LG Nürnberg-Fürth* 14 T 2925/08, ZMR 2008, 737). Eine Vorabinformation des Verwalters durch formlose Übersendung der Klageschrift sollte unterbleiben, weil durch die Bestellung eines Rechtsanwalts auf Beklagtenseite schon vor Zustellung erstattungsfähige außergerichtliche Kosten entstehen könnten (*Niedenführ* NJW 2008, 1768, 1770). Wenngleich Parteiangaben zum vorläufigen Streitwert das Gericht nicht binden, bildet die Einschätzung des vorläufigen Streitwerts in der Klageschrift doch einen geeigneten Anknüpfungspunkt für eine vorläufige gerichtliche Schätzung gemäß § 3 ZPO (*LG Nürnberg-Fürth* 14 T 2925/08, ZMR 2008, 737). Ergeben sich aus der Begründung der Klage Anhaltspunkte dafür, dass die in der vorläufigen Streitwertfestsetzung angenommene Bewertung des Rechtsstreits unzureichend ist, so können die Differenzkosten nachgefordert werden (*LG Nürnberg-Fürth* 14 T 2925/08, ZMR 2008, 737). Wartet das Gericht den Eingang der Klagebegründung ab, geht diese Verzögerung der Zustellung der Klageschrift nicht zu Lasten des Klägers (*LG Nürnberg-Fürth* 14 T 2925/08, ZMR 2008, 737).

Zur Fristwahrung reicht die Klageerhebung, die Begründung kann innerhalb der Frist des § 46 Abs 1 S 2 2. Hs nachgeholt werden. Bei einer Beschlussanfechtung handelt es sich um eine Prozesshandlung, die grundsätzlich bedingungsfeindlich ist, so dass eine **bedingte Beschlussanfechtung** regelmäßig als unzulässig abzuweisen ist (*AG Bremen* 111a II 89/07 WEG, ZMR 2007, 819).   51

Obwohl § 43 Nr 4 eine ausschließliche Zuständigkeit begründet, genügt für Fristwahrung auch die Klage vor einem unzuständigen Gericht. Jedenfalls bei rechtzeitigem Verweisungsantrag ist es unschädlich, wenn der Beschluss des § 281 ZPO erst nach Ablauf der Monatsfrist ergeht. Die Anfechtungsfrist wird auch gewahrt, wenn der Antrag rechtzeitig bei einem **örtlich unzuständigen Gericht** eingegangen ist und das Verfahren später antragsgemäß an das zuständige Gericht verwiesen wird (*BGH* V ZB 14/98, NJW 1998, 3648). Ob die Zuständigkeit des zunächst angerufenen Gerichts (zu Unrecht) vereinbart war ist entgegen der Ansicht des *OLG Braunschweig* (OLGZ 1989, 186, 188 f) unerheblich.   52

An den Inhalt von Beschlussanfechtungsanträgen ist das Gericht gebunden. Die der Rechtssicherheit dienende Ausschlussfrist kann ihre Funktion nur erfüllen, wenn das Gericht streng daran gebunden ist, ob innerhalb der Monatsfrist eine ausdrücklich erklärte Beschlussanfechtung erfolgt ist oder ob nicht. Eine wirksame Beschlussanfechtung liegt nur vor, wenn sich dem Antrag unter Berücksichtigung aller erkennbaren Umstände sowie nach Maßgabe der allgemeinen Auslegungsgrundsätze entnehmen lässt, welche Beschlüsse im Einzelnen angefochten werden sollen (*OLG Celle* 4 W 164/88, OLGZ 1989, 183). Ein Antrag, mit dem die Genehmigung der Jahresabrechnung angefochten wird, kann zB lebensnah als gleichzeitige Anfechtung der Verwalterentlastung angesehen werden (*OLG Düsseldorf* 3 Wx 182/91, WuM 1991, 619).   53

Ein wirksamer Beschlussanfechtungsantrag liegt vor, wenn zunächst alle Beschlüsse angefochten werden, weil das Versammlungsprotokoll noch nicht vorliegt, und der Antrag später nach Ablauf der Anfechtungsfrist auf bestimmte Beschlüsse beschränkt wird (*BayObLG* 2Z BR 41/95, WuM 1995, 451; *BayObLG* 2Z BR 103/00, NZM 2001, 143). Die Anfechtungsfrist wird aber nicht gewahrt, wenn „die innerhalb der Eigentümerversammlung gefassten Beschlüsse vorbehaltlich der Benennung der konkret anzufechtenden Tagesordnungspunkte" angefochten werden und die Konkretisierung erst nach Fristablauf erfolgt (*OLG Köln* 16 Wx 50/96, WuM 1996, 499).   54

4. Antrag auf Prozesskostenhilfe. Gemäß § 46 Abs 1 S 2 1. Hs wird die Anfechtungsfrist nur durch Klageerhebung gewahrt. Die Einreichung eines isolierten Antrags auf Prozesskostenhilfe (PKH) genügt zur Fristwahrung (zunächst) nicht (*Wenzel* in Bärmann, § 46 Rn 56). Für die aktienrechtliche Anfechtungsklage ist im Ergebnis anerkannt, dass die Wahrung der Anfechtungsfrist des § 246 AktG auch durch einen PKH-Antrag möglich ist, wobei die Lösung teils durch eine Analogie zu § 206 BGB, teils durch entsprechende Anwendung der §§ 233 ff ZPO und teils durch Fortbildung des   55

§ 246 Abs 1 AktG iVm § 167 ZPO gewonnen wird (vgl *Hüffer* § 246 AktG Rn 25 mwN; *Dötsch* NZM 2008, 309, 310). Im Anschluss daran wird teilweise auch für die Anfechtungsklage des § 46 im Wege der offenen Rechtsfortbildung vertreten, die Zustellung sei noch demnächst erfolgt, wenn nach rechtzeitigem PKH-Antrag unverzüglich nach Bewilligung der PKH eine ordnungsgemäße Klageschrift eingereicht werde (*Suilmann* in Jennißen, § 46 Rn 98; wohl auch *Abramenko* in Riecke/Schmid, § 46 Rn 6). Für die Anfechtungsklage des § 46 verdient aber wegen § 46 Abs 1 S 3 eine Lösung über die Wiedereinsetzung in den vorigen Stand Vorzug (ebenso *Dötsch* NZM 2008, 309, 310; *Wenzel* in Bärmann, § 46 Rn 46). Reicht der Kläger innerhalb der Klagefrist einen PKH-Antrag ein, dem die erforderlichen Bewilligungsunterlagen beigefügt sind, und legt er die zur Beurteilung der Erfolgsaussichten erforderlichen Tatsachen innerhalb der Klagebegründungsfrist dar, dann ist ihm, wenn er dies innerhalb von zwei Wochen (§ 234 Abs 1 S 1 ZPO) nach Mitteilung der PKH-Bewilligung beantragt, Wiedereinsetzung in die Anfechtungsfrist zu gewähren.

VI. Begründungsfrist (§ 46 Abs 1 S 2 2. Hs)

56 Die neu eingeführte Klagebegründungsfrist des § 46 Abs 1 S 2 2. Hs von zwei Monaten ab der Beschlussfassung berücksichtigt, dass die Niederschrift über die Versammlung der Wohnungseigentümer den Wohnungseigentümern manchmal erst kurz vor Ablauf der Klagefrist zur Verfügung steht und die zur Begründung verbleibende Zeit in Fällen dieser Art oft zu knapp ist (vgl BT-Drucks 16/887 S 73).

57 Bei der Begründungsfrist des § 46 Abs 1 S 2 handelt sich nicht um eine besondere Sachurteilsvoraussetzung, sondern um eine **Komponente der materiell-rechtlichen Ausschlussfrist** des § 46 Abs 1 S 2 1. Hs (*BGH* V ZR 74/08, ZMR 2009, 296 mwN; *AG Wernigerode* 9 C 579/07 WEG, ZMR 2008, 88; *Bergerhoff* NZM 2007, 425, 427; **aA** *Elzer* in Hügel/Elzer, § 13 Rn 154). Die Versäumung der Frist führt daher – vorbehaltlich des Durchgreifens vorgetragener Nichtigkeitsgründe – zur Abweisung der Klage als unbegründet (*BGH* V ZR 74/08, ZMR 2009, 296 m Anm *Dötsch*).

58 Die Begründungsfrist des § 46 Abs 1 S 2 bezweckt, für die Wohnungseigentümer und für den Verwalter zumindest im Hinblick auf Anfechtungsgründe alsbald Klarheit darüber herzustellen, in welchem Umfang und auf Grund welcher tatsächlichen Grundlage ein angefochtener Beschluss einer gerichtlichen Überprüfung unterzogen wird (*BGH* V ZR 74/08, ZMR 2009, 296, 299 m Anm *Dötsch* S 300 und *Elzer* S 256; *BGH* Urt v 27.3.2009, V ZR 196/08, NZM 2009, 436 Tz 13). Es ist deshalb unerlässlich, dass sich der **Lebenssachverhalt**, auf den die Anfechtungsklage gestützt wird, zumindest **in seinem wesentlichen Kern** aus den innerhalb der Begründungsfrist eingegangenen Schriftsätzen selbst ergibt, wobei wegen der Einzelheiten auf Anlagen verwiesen werden kann (*BGH* wie vor). Entscheidend sind die Tatsachen, nicht ihre rechtliche Würdigung. **Ein Nachschieben von Anfechtungsgründen ist ausgeschlossen** (*BGH* V ZR 74/08, ZMR 2009, 296, 299 m Anm *Dötsch* S 300 und *Elzer* S 256; *Suilmann* in Jennißen, § 46 Rn 107 ff; **aA** *Sauren* NZM 2007, 857, 858; *Bonifacio* ZMR 2007, 593). Einer fehlenden Begründung der Anfechtungsklage entspricht es, wenn die Begründung so allgemein gehalten ist, dass ein individueller Bezug auf den Anfechtungsantrag nicht erkennbar ist, zB nur vorgetragen wird die Beschlüsse entsprächen nicht ordnungsgemäßer Verwaltung (*AG Hamburg* 102g C 14/08, ZMR 2009, 231, 232). Erforderlich ist eine einzelfallbezogene und auf den Streitfall zugeschnittene Begründung, anhand derer das Gericht erkennen kann, aus welchen Gründen die

angefochtenen Beschlüsse ungültig sein sollen, warum sie zB nicht ordnungsgemäßer Verwaltung entsprechen (*AG Hamburg* wie vor). Einerseits kann zwar keine Substantiierung im Einzelnen gefordert werden anderseits lässt sich aber der Anfechtungsgrund von anderen nur abgrenzen, wenn auch der Lebenssachverhalt wenigstens in Umrissen vorgetragen wird, weshalb eine bloß schlagwortartige Beschreibung des Anfechtungsgrunds nur ausnahmsweise, nämlich dann ausreichend sein wird, wenn das Schlagwort den maßgeblichen Lebenssachverhalt hinreichend deutlich eingrenzt (*BGH* Urt v 27.3.2009, V ZR 196/08, NZM 2009, 436 Tz 14). Unzureichend ist der Vortrag, dass die Beschlüsse mangels Beschlussfähigkeit angefochten werden sollen, weil unklar bleibt, welcher Ausschnitt aus dem Bereich der Beschlussfähigkeitsmängel nach § 25 Abs 3 angesprochen werden soll (*BGH* Urt v 27.3.2009, V ZR 196/08, NZM 2009, 436 Tz 17). Nach Ansicht des *LG Lüneburg* genügt es für die ordnungsgemäße Begründung der Anfechtung eines Beschlusses über die erneute Bestellung eines Verwalters nicht, wenn angeführt wird, die Erhöhung des Verwalterhonorars sei nicht korrekt, das Honorar liege deutlich über vergleichbaren Vergütungen, die Verwaltung arbeite nicht ordnungsgemäß und die Abrechnungen seien falsch, weil zumindest die vergleichbaren Vergütungen und einzelne Fehler in der Abrechnung hätten dargelegt werden müssen (*LG Lüneburg* 5 S 40/08, ZMR 2009, 636). Möglich bleibt die nachträgliche Ergänzung oder Berichtigung des Tatsachenvortrags (*BGH* NJW 1987, 780), aber nur bis zur Grenze der Klageänderung.

Die Klagebegründungsfrist kann als materiell-rechtliche Frist weder nach § 224 ZPO noch nach § 520 Abs 1 S 2 ZPO verlängert werden (ebenso *LG Dessau-Roßlau* 1 S 231/07, ZMR 2008, 324; *Suilmann* in Jennißen, § 46 Rn 105; **aA** *Elzer* in Hügel/Elzer, § 13 Rn 155). Es kommt – auch wegen der systematischen Stellung des § 46 Abs 1 S 3 – insoweit nur eine **Wiedereinsetzung in den vorherigen Stand** in Betracht (*LG Nürnberg-Fürth* 14 S 4885/08, ZMR 2009, 317; *Bonifacio* ZMR 2007, 592; *Greiner* Rn 1598; *Suilmann* in Jennißen, § 46 Rn 113). Wird fälschlicherweise einem Antrag auf Verlängerung der Begründungsfrist durch gerichtliche Verfügung stattgegeben, so kann dies – soweit keine Nichtigkeitsgründe vorliegen – jedenfalls dann nicht die Bestandskraft des angefochtenen Beschlusses verhindern, wenn der Verlängerungsantrag schuldhaft erst nach Ablauf der Begründungsfrist gestellt wurde (vgl *AG Wernigerode* 9 C 579/07 WEG, ZMR 2008, 88 [Eigentümerversammlung: 9.7.2007, Anhängigkeit: 9.8.2007, Eingang des Verlängerungsgesuchs: Donnerstag d. 13.9.2007]). Fraglich ist dabei schon, ob eine Umdeutung des verspäteten Verlängerungsantrags in einen Wiedereinsetzungsantrag in Betracht kommt (offengelassen von *LG Dessau-Roßlau* 1 S 231/07, ZMR 2008, 324; für die Berufungsbegründungsfrist verneint von *BGH* VersR 1968, 992). Auf einen fristgerecht eingegangenen Antrag kann eine Frist zwar auch noch nach ihrem Ablauf verlängert werden, doch wird der Kläger weder auf eine antragsgemäße Verlängerung noch auf deren Wirksamkeit vertrauen dürfen (vgl *LG Dessau-Roßlau* 1 S 231/07, ZMR 2008, 324, 325 [Eigentümerversammlung: 9.7.2007, Anhängigkeit: 9.8.2007, Eingang des Verlängerungsgesuchs: Montag d. 10.9.2007]). Eine Wiedereinsetzung wegen einer unwirksamen Verlängerung könnte allenfalls dann in Betracht kommen, wenn der Verlängerungsantrag so rechtzeitig gestellt wurde, dass bei seiner Ablehnung noch eine fristgerechte Begründung hätte erfolgen können. Wegen der Wirkungen der Entscheidung nach § 48 Abs 3 handelt es sich bei mehreren Anfechtungsklägern um **notwendige Streitgenossen** (*BGH* Urt v 27.3.2009, V ZR 196/08, NZM 2009, 436 Tz 20). Die durch eine Verbindung mehrerer Klagen entstandene notwendige Streitgenossenschaft führt nach § 62 Abs 1 Hs 2 ZPO zwar dazu, dass die Frist für die Vornahme einer Prozesshandlung durch einen von mehreren klagenden Wohnungseigentümern gewahrt werden kann. Weil es sich bei der Begründungsfrist nach § 46 Abs 1 S 2 aber um eine **materiell-rechtliche Ausschlussfrist** (s Rn 57) handelt, findet § 62 Abs 1 ZPO auf ihre Wahrung keine, auch keine entsprechende Anwendung (*BGH* Urt v 27.3.2009, V ZR 196/08, NZM 2009, 436 Tz 21). Die Frist wird deshalb auch nicht bei Verfahrensverbindung nach § 47 S 1 nicht durch das rechtzeitige Vorbringen anderer Kläger gewahrt. Wird die rechtzeitig begründete Klage eines Streitgenossen zurückgenommen, ist nur über die von den verbleibenden Streitgenossen rechtzeitig vorgebrachten Anfechtungsgründe zu entscheiden (*BGH* Urt v 27.3.2009, V ZR 196/08, NZM 2009, 436 Tz 22). Haben die verbleibenden Kläger in den Fristen des § 46 Abs 1 S 2 Anfechtungsgründe nicht vorgetragen, ist die Klage als unbegründet abzuweisen (*BGH* wie vor).

60 Teilweise wird vertreten, die Klagebegründungsfrist des § 46 Abs 1 S 2 gelte für die Klage auf Feststellung eines inhaltlich anderen Beschlusses (*AG Wiesbaden* 92 C 4116/07, ZMR 2008, 165 m krit Anm *Riecke* Info-M 2007, 371). Insoweit erscheint eine Differenzierung geboten. Eine isolierte Anfechtungsklage kann nicht ohne weiteres dahin ausgelegt werden, dass der Kläger zugleich die Feststellung eines inhaltlich anderen Beschlusses begehrt, denn der Kläger kann sich damit begnügen, ein Urteil zu erstreben, welches den unrichtigen Beschluss für ungültig erklärt. Dagegen wird die isolierte Klage auf Feststellung eines Beschlusses mit anderem Inhalt regelmäßig dahin auszulegen sein, dass sie auch den Antrag enthält, den verkündeten unrichtigen Beschluss für ungültig zu erklären, weil sie anderenfalls nicht erfolgreich sein könnte. Der Umstand, dass der Erfolg der Klage auf Feststellung eines inhaltlich anderen Beschlusses die Beseitigung des verkündeten unrichtigen Beschlusses voraussetzt, hat auch Auswirkungen auf die Frage, ob auch die Feststellungsklage innerhalb der 2-Monatsfrist begründet werden muss. Dies ist nur insoweit erforderlich, als die Begründung für die Feststellungs- und die Anfechtungsklage parallel laufen. Wäre zum Beispiel nur deswegen statt des Kandidaten A der Kandidat B zum Verwalter gewählt, weil die Stimmenzählung unrichtig war, dann muss dies fristgerecht vorgetragen werden. Steht dagegen aufgrund des fristgerechten Vortrags fest, dass jedenfalls nicht der Kandidat A gewählt ist – zB weil dieser offensichtlich ungeeignet ist – wird es zulässig sein, außerhalb der Begründungsfrist noch die Gründe vorzutragen, aufgrund derer der Kandidat B gewählt ist. Der Erfolg der Feststellungsklage setzt außerdem voraus, dass auch im Übrigen alle Erfordernisse für einen wirksamen Beschluss vorliegen (*BayObLG* 2Z BR 85/02, ZMR 2004, 125, 126).

VII. Wiedereinsetzung in den vorigen Stand (§ 46 Abs 1 S 3)

61 Wegen der rigiden Wirkungen der Ausschlussfrist ordnet das Gesetz im Anschluss an die von der Rechtsprechung in Wohnungseigentumssachen für die Wiedereinsetzung entwickelten Grundsätze die entsprechende Anwendbarkeit der §§ 233 bis 238 ZPO auf die Ausschlussfrist gemäß Abs 1 S 2 an (BT-Drucks 16/887 S 38).

62 **1. Unverschuldete Fristversäumnis.** War ein Kläger ohne sein Verschulden verhindert, die Anfechtungsfrist Frist des § 46 Abs 1 S 2 einzuhalten, so ist ihm auf Antrag Wiedereinsetzung in den vorigen Stand zu gewähren (§ 46 Abs 1 S 3 WEG iVm § 233 ZPO).

Unverschuldet ist eine Fristversäumnis, wenn sie unter Berücksichtigung der im Ver- **63** kehr erforderlichen und vernünftigerweise zumutbaren Sorgfalt nicht abgewendet werden konnte (*OLG Frankfurt* 20 W 580/78, OLGZ 1979, 16, 17/18; *OLG Braunschweig* 3 W 2/88, OLGZ 1989, 186, 190). Rechtsirrtum und Rechtsunkenntnis bilden nur einen Wiedereinsetzungsgrund, wenn sie unverschuldet sind, dh wenn die zumutbaren Erkundigungen erfolgt sind (*BayObLG* BReg 2 Z 142/90, WuM 1991, 227).

Für die Frage, ob die **Versäumnis der Anfechtungsfrist unverschuldet** war, kommt es **64** darauf an, ob der Wohnungseigentümer rechtzeitig vor dem Ablauf der Anfechtungsfrist Kenntnis von dem gefassten Beschluss nehmen konnte. War der Beschlussgegenstand in der Einladung nicht hinreichend bezeichnet oder hat der Wohnungseigentümer gar keine Einladung erhalten, dann ist die Versäumung der Anfechtungsfrist aufgrund des Einladungsmangels unverschuldet, es sei denn, der Wohnungseigentümer erhält das Protokoll spätestens 1 Woche vor dem Ablauf der Anfechtungsfrist (*KG* 24 W 4957/96, NJW- RR 1997, 776).

Fehlt ein Einladungsmangel und ist der Verwalter auch nicht ausnahmsweise zur Pro- **65** tokollversendung verpflichtet, dann ist eine verspätete Übersendung des Protokolls kein Grund für eine Wiedereinsetzung.

Kennt der Eigentümer aus der Einladung den Beschlussgegenstand, muss er sich **66** selbst beim Verwalter über die gefassten Beschlüsse informieren und von seinem Recht auf Einsicht in die Protokolle (§ 23 Abs 6 S 3) Gebrauch machen (*BayObLG* BReg 2 Z 8/91, WuM 1991, 412). Verstößt der Wohnungseigentümer gegen diese Obliegenheit zu eigenständiger Information, dann ist die Fristversäumung nicht unverschuldet (*OLG Frankfurt* 20 W 165/90, WuM 1990, 461, 462; vgl auch *LG Frankfurt* 2/ 9 T 311/90, ZMR 1991, 193; *OLG Düsseldorf* 3 Wx 536/93, WuM 1995, 228).

Das Protokoll muss aus diesem Grund mindestens 1 Woche vor dem Ablauf der **67** Anfechtungsfrist gefertigt sein (*BayObLG* BReg 2 Z 67/88, NJW-RR 1989, 656; *KG* 24 W 5414/95, WuM 1996, 364, 365 = NJW-RR 1996, 844). Für einen Wohnungseigentümer, der an der Eigentümerversammlung nicht teilgenommen hat, bedeutet die verspätete Erstellung des Protokolls ein objektives Hindernis für die Wahrung der Anfechtungsfrist, weil er sich auf mündliche Auskünfte über die Abstimmungsergebnisse und Beschlussinhalte und auf nicht vollständig unterzeichnete Protokollentwürfe nicht zu verlassen braucht (*KG* 24 W 91/01, NZM 2002, 168; *BayObLG* 2Z BR 130/02, ZMR 2003, 435).

Einem Wohnungseigentümer, der in der Versammlung persönlich anwesend war, kann **68** dagegen in der Regel nicht deshalb Wiedereinsetzung gewährt werden, weil das Protokoll innerhalb der Anfechtungsfrist noch nicht fertig gestellt ist (*BayObLG* 2Z BR 165/03, ZMR 2004, 212, 213).

Unrichtige Auskünfte des Verwalters über die Wirksamkeit eines Beschlusses können **69** die Wiedereinsetzung wegen unverschuldeter Verhinderung der Anfechtungsfrist begründen (*BayObLG* 2Z BR 81/00, NZM 2001, 133). Wird eine Klage zurückgenommen, weil der Kläger nach einem Hinweis des Gerichts meint, die Anfechtungsfrist sei nicht gewahrt, so kann für eine erneute Anfechtungsklage keine Wiedereinsetzung gewährt werden (*OLG Hamm* 15 W 63/03, NZM 2003, 684, 685).

2. Fristgerechter Wiedereinsetzungsantrag. Erforderlich ist ein Antrag auf Wieder- **70** einsetzung innerhalb der **Wiedereinsetzungsfrist von zwei Wochen** (§ 234 Abs 1 S 1

ZPO). Die Frist beginnt mit dem Tag, an dem das Hindernis behoben ist (§ 234 Abs 2 ZPO). Die Wiedereinsetzungsfrist beginnt zu laufen, wenn das der Fristwahrung entgegenstehende Hindernis tatsächlich aufgehört hat zu bestehen oder wenn sein Weiterbestehen nicht mehr als unverschuldet angesehen werden kann (*KG* 24 W 2670/93, WuM 1993, 764 mwN). War der Kläger ohne sein Verschulden verhindert, die Frist des § 234 Abs 1 ZPO einzuhalten, so ist ihm auf Antrag Wiedereinsetzung in den vorigen Stand zu gewähren (§ 233 ZPO). **Nach Ablauf eines Jahres**, von dem Ende der versäumten Frist an gerechnet, kann die Wiedereinsetzung nicht mehr beantragt werden (§ 234 Abs 3 ZPO).

71 Die Form des Antrags auf Wiedereinsetzung richtet sich nach den Vorschriften, die für die versäumte Prozesshandlung gelten (§ 236 Abs 1 ZPO). Der Antrag muss die Angabe der die Wiedereinsetzung begründenden Tatsachen enthalten; diese sind bei der Antragstellung oder im Verfahren über den Antrag glaubhaft zu machen (§ 236 Abs 1 S 1 ZPO). Die versäumte Anfechtungsklage ist innerhalb der zweiwöchigen Antragsfrist des § 234 Abs 1 S 1 ZPO nachzuholen; ist dies geschehen, so kann Wiedereinsetzung auch ohne Antrag gewährt werden (§ 236 Abs 1 S 2 ZPO).

72 **3. Entscheidung über den Wiedereinsetzungsantrag.** Über den Antrag auf Wiedereinsetzung entscheidet das Gericht, dem die Entscheidung über die nachgeholte Prozesshandlung zusteht (§ 237 ZPO), also das für die Anfechtungsklage ausschließlich zuständige Amtsgericht. Die Entscheidung über die Wiedereinsetzung muss ausdrücklich erfolgen. Das Verfahren über den Antrag auf Wiedereinsetzung ist mit dem Verfahren über die nachgeholte Prozesshandlung zu verbinden (§ 238 Abs 1 S 1 ZPO). Das Gericht kann jedoch das Verfahren zunächst auf die Verhandlung und Entscheidung über den Antrag beschränken (§ 238 Abs 1 S 2, 146 ZPO) und durch Zwischenurteil Wiedereinsetzung gewähren. Die Gewährung der Wiedereinsetzung ist unanfechtbar (§ 238 Abs 3 ZPO). Eine Versagung der Wiedereinsetzung durch Zwischenurteil kommt nicht in Betracht. Bei Versagung ist auch die Hauptsache zur Entscheidung reif, so dass zugleich mit der Versagung der Wiedereinsetzung die Anfechtungsklage durch Endurteil als unbegründet zurückzuweisen ist. Gegen diese Entscheidung findet die Berufung statt (§ 238 Abs 2 S 1 ZPO). Die Kosten der Wiedereinsetzung fallen dem Antragsteller zur Last, soweit sie nicht durch einen unbegründeten Widerspruch des Gegners entstanden sind (§ 238 Abs 4 ZPO).

VIII. Hinweis auf Nichtigkeitsgründe (§ 46 Abs 2)

73 Ist eine Anfechtungsklage rechtskräftig als unbegründet zurückgewiesen, so ist der Beschluss sowohl in Bezug auf Anfechtungsgründe als auch auf Nichtigkeitsgründe als rechtswirksam anzusehen (§ 48 Abs 4). § 46 Abs 2 begründet im Hinblick auf diese umfassende Rechtskrafterstreckung des § 48 Abs 4 eine gegenüber § 139 ZPO erweiterte Hinweispflicht bei Anfechtungsklagen. Sie ermöglicht es dem Gericht, von sich aus auf vom Kläger nicht vorgetragene Tatsachen hinzuweisen, die ihm bei der Durchsicht der Akte aufgefallen sind und aus denen sich Nichtigkeitsgründe ergeben.

74 Das Gericht hat zwar auch im Zivilprozess rechtliche Aspekte ohne Rüge zu prüfen, wenn ein einheitlicher Streitgegenstand vorliegt. Ebenso wie bei der aktienrechtlichen Nichtigkeits- und Anfechtungsklage (vgl hierzu *BGH* II ZR 286/01, NJW 2002, 3465) ist auch der Streitgegenstand von Nichtigkeits- und Anfechtungsklagen, die sich gegen denselben Eigentümerbeschluss richten, identisch. Aus der Identität der Rechtsschutz-

ziele folgt für die aktienrechtliche Anfechtungsklage, dass das Gericht die Wirksamkeit des angefochtenen Beschlusses auch auf Nichtigkeitsgründe hin zu überprüfen hat. Dies gilt für eine Anfechtungsklage in Wohnungseigentumssachen ebenso.

Wird daher nur auf Feststellung der Nichtigkeit eines Eigentümerbeschlusses geklagt, 75 so kann Gericht auch Anfechtungsgründe prüfen und umgekehrt. Das Gericht ist zu einer solchen Prüfung nicht nur befugt, sondern verpflichtet, weil es eine reine Rechtsfrage ist, ob die vorgetragenen Tatsachen geeignet sind, einen Beschluss für ungültig zu erklären oder seine Nichtigkeit festzustellen.

Der Übergang von Nichtigkeits- zur Anfechtungsklage oder umgekehrt ist bei unver- 76 ändertem Sachverhalt keine Klageänderung. Einer Anfechtungsklage steht das Prozesshindernis der Rechtshängigkeit entgegen, wenn derselbe Sachverhalt schon Gegenstand einer Nichtigkeitsklage desselben Klägers ist oder umgekehrt. Ein Teilurteil über Nichtigkeits- oder Anfechtungsgründe oder über einen Teil der Kläger ist unzulässig. Es ist nicht erforderlich, aber zulässig und kostenrechtlich unschädlich Nichtigkeits- und Anfechtungsgründe durch Haupt- und Eventualantrag in den Prozess einzuführen. Es gibt wegen der Identität der Rechtsschutzziele keinen Grund, Nichtigkeit vor Anfechtung zu prüfen, selbst wenn Eventualanträge gestellt sind. Will der Kläger bestimmte Sachverhaltsteile nicht oder nicht mehr zur Prüfung stellen, dann muss er seinen Tatsachenvortrag entsprechend beschränken.

Das Gericht ist bei einer Anfechtungsklage zwar verpflichtet, ohne besondere Rüge 77 auch Nichtigkeitsgründe prüfen. Weil aber das Gericht nicht von sich aus Tatsachen berücksichtigen darf, die der Kläger – wenn auch nur versehentlich – nicht vorgetragen hat, begründet § 46 Abs 2 im Interesse einer sachgerechten Entscheidung, insbesondere unter Berücksichtigung des Umstandes, dass die Rechtskraft der Entscheidung gemäß § 48 Abs 4 auch Nichtigkeitsgründe umfasst, eine spezielle Hinweispflicht des Gerichts (vgl BT-Drucks 16/887 S 38).

IX. Teilweise Unwirksamkeit

Bei teilweiser Unwirksamkeit eines Beschlusses findet § 139 BGB analoge Anwendung 78 (*BGH* V ZB 11/98, NJW 1998, 3713). Ein Mehrheitsbeschluss ist deshalb nur dann teilweise für ungültig zu erklären, wenn der gültige Teil sinnvollerweise Bestand haben kann und anzunehmen ist, dass ihn die Wohnungseigentümer so beschlossen hätten. So kann zB die Anfechtung der Jahresabrechnung auf einen selbstständigen Rechnungsposten beschränkt werden (*BayObLG* BReg 2 Z 83/85, NJW 1986, 385; *KG* 24 W 5797/90, WuM 1991, 624 mwN; *BayObLG* 2Z BR 1/00, NZM 2000, 1240). Nach Ablauf der Anfechtungsfrist kann die Anfechtung nicht mehr auf weitere Posten erstreckt werden (*BayObLG* 2Z BR 26/92, WuM 1992, 395). Wird die Anfechtung eines Beschlusses auf einen Teil beschränkt, der nicht abtrennbar ist, so ist der Antrag grundsätzlich als Anfechtung des ganzen Beschlusses auszulegen, wobei aber unter Umständen wegen der Beschränkung die Anfechtung und Ungültigerklärung nur auf bestimmte Gründe gestützt werden können (*BayObLG* 2Z BR 171/99, NZM 2000, 679).

X. Wirkung der Beschlussanfechtung

Die Anfechtungsklage hat keine aufschiebende Wirkung. Ein Beschluss ist so lange 79 gültig, bis er durch rechtskräftigen Gerichtsbeschluss für ungültig erklärt worden ist (*BayObLG* BReg 2 Z 129/89, WuM 1990, 183, 184).

Niedenführ

II WEG § 46 — Anfechtungsklage

80 Das Gericht kann jedoch auf gesonderten Antrag im Wege der einstweiligen Verfügung anordnen, dass die Durchführung des Beschlusses bis zur Beendigung des Verfahrens zu unterbleiben hat. Siehe dazu Rn 94.

81 Zur Rückabwicklung aufgehobener Wohnungseigentumsbeschlüsse siehe *Gottschalg* NZM 2001, 113.

XI. Unterbrechung des Verfahrens gemäß § 240 ZPO

82 Die Unterbrechung ist ein von Amts wegen zu beachtender Stillstand des Verfahrens kraft Gesetzes. Der **Tod des Klägers** führt gemäß § 239 ZPO zur Unterbrechung des Verfahrens bis zur Aufnahme durch den Rechtsnachfolger.

83 Durch die **Eröffnung des Insolvenzverfahrens** über das Vermögen einer Partei wird das Verfahren, sofern es die Insolvenzmasse betrifft, gemäß § 240 S 1 ZPO unterbrochen, bis es nach den für das Insolvenzverfahren geltenden Vorschriften aufgenommen oder das Insolvenzverfahren beendet wird. Die Unterbrechung tritt gemäß § 240 S 2 ZPO auch ein, wenn die Verwaltungs- und Verfügungsbefugnis über das Vermögen des Schuldners auf einen vorläufigen Verwalter übergeht. Voraussetzung ist, dass es sich um einen so genannten starken vorläufigen Verwalter nach § 22 Abs 1 InsO handelt (vgl *BGH* II ZR 70/98, ZIP 1999, 1314).

84 Für die Beschlussanfechtung im FGG-Verfahren nach § 43 Abs 1 Nr 4 aF wurde die Auffassung vertreten, dass ein solches Verfahren **nicht** analog § 240 ZPO durch die Eröffnung des Insolvenzverfahrens über das Vermögen des anfechtenden Wohnungseigentümers (vgl *KG* 24 W 26/04, ZMR 2005, 647 mwN) oder des Verwalters (*OLG Schleswig* 2 W 267/04, ZMR 2006, 315) unterbrochen wird. Begründet wurde diese Auffassung damit, dass für die Wohnungseigentümergemeinschaft die Gültigkeit oder Ungültigkeit von Eigentümerbeschlüssen, mit denen die Verwaltung des gemeinschaftlichen Eigentums geregelt wird, elementare Bedeutung hat, weshalb über die Gültigkeit von Eigentümerbeschlüssen in angemessener Zeit gerichtlich entschieden werden müsse. Dieses Argument gilt in gleicher Weise für den Fall, dass der insolvente Wohnungseigentümer zu den Antragsgegnern eines Beschlussanfechtungsverfahrens gehört.

85 Seitdem aufgrund der **WEG-Novelle 2007** das Verfahren nach den Regeln der ZPO zu führen ist, findet § 240 ZPO unmittelbar Anwendung. Voraussetzung für die Unterbrechung ist, dass das Verfahren die Insolvenzmasse betrifft. Dies wird zB zu bejahen sein, wenn sich die Anfechtungsklage gegen den Beschluss über die Genehmigung des Wirtschaftsplans richtet. Wird in einem solchen Fall über das Vermögen des Anfechtungsklägers das Insolvenzverfahren eröffnet, dann dürfte eine Verfahrensunterbrechung eintreten. Die Wohnungseigentümergemeinschaft erleidet dadurch auch nicht ohne weiteres einen Nachteil, weil der Beschluss gültig ist, solange er nicht für ungültig erklärt worden ist. Weil es sich um einen Aktivprozess handelt, kann ihn nur der Insolvenzverwalter aufnehmen (§ 85 Abs 1 S 1 InsO, § 250 ZPO). Lehnt er die Aufnahme ab, so steht dies einer Freigabe gleich und sowohl der Schuldner als auch die beklagten Wohnungseigentümer können den Rechtsstreit aufnehmen (§ 85 Abs 2 ZPO). Verzögert der Insolvenzverwalter die Aufnahme, gilt § 239 Abs 2 bis 4 ZPO entsprechend, dh die beklagten Wohnungseigentümer können beantragen, den Insolvenzverwalter zur Aufnahme und zur Verhandlung zu laden.

Anfechtungsklage § 46 WEG II

Fraglich ist, ob eine Anfechtungsklage auch dann unterbrochen wird, wenn über das **86** Vermögen eines der beklagten Wohnungseigentümer das Insolvenzverfahren eröffnet wird. Es handelt sich weder um einen Aktivprozess (§ 85 InsO) noch um einen Passivprozess der Aus- oder Absonderungsrechte oder Masseverbindlichkeiten (§ 86 InsO) betrifft, so dass eine Aufnahme durch den Insolvenzverwalter nicht vorgesehen ist. Gegenstand des Verfahren ist auch keine Insolvenzforderung im Sinne von § 87 InsO (vgl dazu § 16 Rn 155). Der Insolvenzverwalter nimmt gemäß § 80 Abs 1 InsO die Mitgliedschaftsrechte des insolventen Wohnungseigentümers für diesen wahr. Dies gilt für die Teilnahme an Eigentümerversammlungen und korrespondierend für die Anfechtung von Beschlüssen, aber auch für die Verteidigung von angefochtenen Beschlüssen als Mitglied der Wohnungseigentümergemeinschaft. Der Insolvenzverwalter tritt bei der Ausübung der Mitgliedschaftsrechte des Insolvenzschuldners an die Stelle der Wohnungseigentümers und kann sich, da er notwendiger Streitgenosse der übrigen Beklagten ist, auch nicht durch Anerkenntnis der Kostenlast entziehen. Seine rechtlichen Interessen werden durch die übrigen Wohnungseigentümer mit vertreten, so dass für eine Unterbrechung gemäß § 240 ZPO keine Veranlassung besteht. Meist wird ohnehin ein gemeinsamer Prozessbevollmächtigter durch den gemäß § 27 Abs 2 Nr 3 hierzu ermächtigten Verwalter bestellt worden sein.

Der **Tod des Verwalters** unterbricht eine Anfechtungsklage nicht (*BayObLG* WuM **87** 1990, 322).

Wird über das Vermögen des gemäß § 48 Abs 1 S 2 beigeladenen Verwalters das Insolvenz- **88** verfahren eröffnet, dann tritt keine Verfahrensunterbrechung ein, weil der Verwalter in diesem Fall nicht Partei ist. Ist er Prozessbevollmächtigter der Wohnungseigentümer, ohne dass ein Rechtsanwalt eingeschaltet ist, dann müssen die Wohnungseigentümer sich selbst vertreten oder einen anderen Prozessbevollmächtigten beauftragen. Ist der Verwalter selbst Anfechtungskläger tritt eine Verfahrensunterbrechung ein, für deren Beendigung die Ausführungen unter Rn 85 entsprechend gelten.

XII. Erledigung der Hauptsache

Der Antrag auf **Ungültigerklärung eines Eigentümerbeschlusses** über die Erteilung **89** eines Auftrags an den Verwalter ist in der Hauptsache erledigt, wenn der Auftrag vollständig ausgeführt ist, die Kosten seiner Durchführung geregelt sind und ein weiteres Tätigwerden des Verwalters nicht mehr in Betracht kommt (*BayObLG* WE 1990, 142, 143). Der Antrag, einen Eigentümerbeschluss über die Durchführung einer Umbaumaßnahme für ungültig zu erklären, erledigt sich nicht allein dadurch in der Hauptsache, dass die Maßnahme durchgeführt ist, denn die Ungültigerklärung hätte zur Folge, dass die Maßnahme auf Verlangen wieder rückgängig zu machen ist. Hat der Kläger jedoch erklärt, dass er eine Rückgängigmachung nicht will, so entfällt das Rechtsschutzbedürfnis für den Beschlussanfechtungsantrag (*BayObLG* 2Z BR 34/92, WuM 1992, 566). Eine Anfechtungsklage erledigt sich jedoch dann in der Hauptsache, wenn die beschlossene Maßnahme durchgeführt ist, eine Rückgängigmachung ausgeschlossen ist und die Ungültigerklärung auch sonst keine Auswirkungen mehr haben könnte (*BayObLG* 2Z BR 25/98, WuM 1998, 747, 748). Eine Anfechtungsklage erledigt sich in der Hauptsache, wenn ein **zweiter Beschluss**, der den angefochtenen ersetzt, bestandskräftig geworden ist (*OLG Düsseldorf* 3 Wx 26/99, WuM 1999, 482; s auch Rn 22 zum inhaltsgleichen Zweitbeschluss). Zu Wirtschaftsplan und Jahresabrechnung s § 28 Rn 26.

XIII. Die Kostenerstattung des erfolgreichen Anfechtungsklägers

90 Die Kosten bei Streitgenossen regelt § 100 ZPO. Obsiegt der Anfechtungskläger, dann haften gemäß § 100 Abs 1 ZPO die beklagten Wohnungseigentümer für die Kostenerstattung nach Kopfteilen. Dies gilt auch dann, wenn der Kostentenor lautet: „Die Kosten des Rechtsstreits haben die Beklagten zu tragen." (vgl etwa *Hüßtege* in Thomas/Putzo § 100 Rn 8). Zu bevorzugen ist aber die Tenorierung: „Die Beklagten tragen die Kosten des Rechtsstreit zu je 1/30. § 100 Abs 4 S 1 ZPO, wonach mehrere Beklagte für die Kostenerstattung als Gesamtschuldner haften, wenn sie in der Hauptsache als Gesamtschuldner verurteilt werden, kommt bei einer Anfechtungsklage nicht in Betracht. Für den erfolgreichen Kläger würde die Durchsetzung seines Kostenerstattungsanspruchs – insbesondere bei größeren Wohnungseigentümergemeinschaften – jedoch äußerst beschwerlich sein, wenn er Kostenfestsetzungsbeschlüsse gegen jeden einzelnen nach Kopfteilen haftenden Beklagten erwirken und gegebenenfalls vollstrecken müsste. Auch die Gerichte würden durch die Abwicklung einer Vielzahl von einzelnen Kostenerstattungsansprüchen erheblich belastet. Dies rechtfertigt allerdings auf keinen Fall eine Verurteilung der beklagten Wohnungseigentümer zur Kostenerstattung als Gesamtschuldner, weil der Kläger dann einen der Beklagten auf die volle Kostenerstattung in Anspruch nehmen könnte, ohne dass es dafür eine gesetzliche Grundlage gibt (*Niedenführ* NJW 1768, 1771; *Deckert* ZWE 2009, 63, 68; **aA** *AG Dortmund* 511 C 3/07, NZM 2008, 171 m krit Anm *Drasdo* NJW-Spezial 2008, 163; *Wolicki* NZM 2008, 385). Die Anregung des *AG Dortmund*, die Kostenerstattungsansprüche der Kläger zwischen der Klägerseite und dem die Beklagten gemäß § 27 Abs 2 Nr 2 vertretenden Verwalter (s § 27 Rn 65) über das Verwaltungsvermögen abzuwickeln mit anschließender Umlage auf die unterlegenen Wohnungseigentümer erscheint dagegen nicht nur praktikabel sondern auch im Einklang mit der materiellen Rechtslage (ebenso *Briesemeister* ZWE 2009, 306, 308 **aA** *Weber/Schmieder* WuM 2009, 441, 444). Die Gemeinschaft wird dadurch zwar mit dem Insolvenzrisiko einzelner Beklagter belastet, doch wird man aus dem Gemeinschaftsverhältnis der Wohnungseigentümer untereinander, das eine schuldrechtliche Sonderbeziehung begründet, nach Treu und Glauben einen **materiell-rechtlichen Anspruch** des obsiegenden Klägers herleiten können, seine Kostenerstattungsansprüche aus dem Verwaltungsvermögen befriedigt zu erhalten. Das Anfechtungsrecht dient nämlich nicht nur dem persönlichen Interesse des anfechtenden Wohnungseigentümers oder dem Minderheitenschutz, sondern dem Interesse der Gemeinschaft an einer ordnungsmäßigen Verwaltung (*BGH* V ZB 11/03, NJW 2003, 3124, 3125). Erfüllt der Verwalter den Kostenerstattungsanspruch des Klägers allerdings nicht freiwillig, wird es nicht möglich sein, die zu erstattenden Kosten des Klägers einheitlich gegenüber allen Beklagten, vertreten durch den Verwalter gerichtlich festzusetzen (anders noch *Niedenführ* NJW 2008, 1768, 1771). Ein solcher Kostenfestsetzungsbeschluss stünde nicht im Einklang mit der Kostengrundentscheidung. Zudem ist der Verband als Träger des Verwaltungsvermögens nicht am Anfechtungsprozess beteiligt. Es bleibt daher bei größeren Gemeinschaften nur die Möglichkeit, den materiell-rechtlichen Anspruch in einem neuen Prozess gegen den Verband geltend zu machen (vgl auch *Deckert* ZWE 2009, 63, 68: Anweisungs-Verpflichtungsklage). Die Möglichkeit der Kostenfestsetzung nimmt einem neuen Kostenerstattungsprozess nicht das Rechtsschutzbedürfnis, weil jedenfalls bei Gemeinschaften mit mehr als 20 Wohnungseigentümern das Kostenfestsetzungsverfahren gerade keinen einfacheren Weg der Anspruchsdurchsetzung darstellt.

XIV. Sonstige Kostenfragen

Zweifelhaft erscheint die Empfehlung, im Hinblick auf das Kostenrisiko der Beklagten bei einer erfolgreichen Anfechtungsklage selbst den Beschluss anzufechten, wenn mit Klagen anderer Wohnungseigentümer zu rechnen ist (so aber *Schmid* NZM 2008, 185, 186). Ein solches Verhalten birgt die Gefahr, dass sich ein erheblich höheres Kostenrisiko realisiert, wenn die Klage entgegen aller Erwartung doch nicht erfolgreich ist (vgl *Niedenführ* NJW 2008, 1768, 1772). Ausschlaggebend sollte vielmehr sein, ob Interesse an der Ungültigerklärung des Beschlusses besteht. Zu den Auswirkungen einer nacheinander von allen Wohnungseigentümer erhobenen Anfechtungsklages § 47 Rn 13. 91

Ob diejenigen Beklagten, die dem angefochtenen Beschluss nicht zugestimmt hatten, die ihnen entstandenen Prozesskosten von den Zustimmenden als Schaden ersetzt verlangen können, weil diese eine sich aus Gemeinschaftsverhältnis ergebende Pflicht verletzt haben, indem sie einem Beschluss zustimmten, der ordnungsgemäßer Verwaltung widerspricht (vgl *Schmid* NZM 2008, 185, 187), erscheint fraglich. Dagegen spricht, dass jeder der beklagten Wohnungseigentümer durch die Nichtanfechtung des Beschlusses ebenfalls einen Ursachenbeitrag für einen möglichen Eintritt der Bestandskraft eines ordnungsgemäßer Verwaltung widersprechenden Beschlusses gesetzt hat. Einer Beteiligung an den Prozesskosten kann er daher nur entgehen, wenn er selbst das Risiko einer eigenen Anfechtungsklage auf sich nimmt. 92

Nach § 50 sind den Wohnungseigentümern nur die Kosten eines bevollmächtigten Rechtsanwalts als zur zweckentsprechenden Rechtsverfolgung notwendige Kosten zu erstatten, wenn nicht aus Gründen, die mit dem Gegenstand des Rechtsstreits zusammenhängen, eine Vertretung durch mehrere Rechtsanwälte geboten war. Fechten mehrere Wohnungseigentümer gesondert einen Beschluss an, findet § 50 jedenfalls keine Anwendung auf die bis zur Verbindung der Anfechtungsprozesse gemäß § 47 bereits entstandenen Rechtsanwaltsgebühren (ebenso *Schmid* NZM 2008, 185, 186; *Drasdo* ZMR 2008, 266, 267). Darüber hinaus wird aber auch für die weiteren nach der Verbindung bis zum Abschluss der ersten Instanz entstehenden Rechtsanwaltsgebühren, insbesondere für die Terminsgebühren mehrerer Rechtsanwälte, die Erstattungsfähigkeit zu bejahen sein, während für das Berufungsverfahren – von Besonderheiten des Einzelfalles abgesehen – dann eine gemeinsame Vertretung zumutbar erscheint (ebenso *Suilmann* in Jennißen, § 50 Rn 11). Die beklagten Wohnungseigentümer verfolgen in der Sache dasselbe Ziel, nämlich die Abwehr der von der Klägerseite erhobenen Einwendungen gegen die Wirksamkeit eines von ihnen gefassten Beschlusses, weshalb die Beauftragung eines gemeinsamen Rechtsanwalts grundsätzlich ausreichend ist (*BGH* V ZB 11/09, NJW 2009, 3168 Tz 8 – s auch § 50). 93

Bei einem Verbandsprozess kann die Wohnungseigentümergemeinschaft die **Erstattung der durch die** interne **Unterrichtung** ihrer Mitglieder **über den Prozess entstehenden Kosten** nicht verlangen (*BGH* V ZB 172/08, NZM 2009, 517 Tz 8, 9 = ZWE 2009, 306 m Anm *Briesemeister* S 308). Da die Anfechtungsklage gegen die übrigen Mitglieder der Gemeinschaft zu richten ist, handelt es sich zwar nicht um einen Verbandsprozess, sondern um einen Individualprozess gegen die Mitglieder der Gemeinschaft. Dieser Individualprozess ist jedoch einem Verbandsprozess gegen die Wohnungseigentümergemeinschaft angenähert, denn die Klage ist nicht jedem einzelnen Wohnungseigentümer, sondern dem Verwalter zuzustellen, der nach § 45 Abs 1 für die 93a

Wohnungseigentümer zustellungsbevollmächtigt ist. Der Verwalter ist nach Maßgabe von § 27 Abs 2 Nr 2 berechtigt, die Wohnungseigentümer in dem Rechtstreit zu vertreten oder anwaltlich vertreten zu lassen. Wegen dieser Ähnlichkeit in der technischen Abwicklung ist die Unterrichtung der Wohnungseigentümer durch den Verwalter auch bei einer Beschlussanfechtung als interne Angelegenheit der Gemeinschaft anzusehen, deren Kosten grds nicht auf den unterlegenen Anfechtungskläger abgewälzt werden können. Dies gilt jedenfalls dann, wenn die Wohnungseigentümer den Anfechtungsprozess verbandsähnlich führen und von ihrer Möglichkeit, den Prozess selbst zu führen keinen Gebrauch machen (*BGH* wie vor Tz 11; **aA** *Weber/ Schmieder* WuM 2009, 441, 442). Ist der Verwalter nicht zustellungsbevollmächtigt, weil er als Gegner der Wohnungseigentümer an dem Verfahren beteiligt ist, kann der Anfechtungsprozess nicht ähnlich wie ein Verbandsprozess der Gemeinschaft geführt werden. Besteht auf Grund des Streitgegenstandes die Gefahr, der Verwalter werde die Wohnungseigentümer nicht sachgerecht unterrichten, kann der Anfechtungsprozess nur dann ähnlich wie ein Verbandsprozess geführt werden, wenn eine sachgerechte Unterrichtung der Wohnungseigentümer über ihren Prozess sichergestellt ist. Die Unterrichtung der Wohnungseigentümer ist in diesem Fall Voraussetzung für die Zustellungsvollmacht des Verwalters. Sie ist deshalb im Sinne von § 91 Abs 1 S 1 ZPO notwendig, so dass die Kosten für die Unterrichtung dem Grunde nach erstattungsfähig sind (*BGH* wie vor Tz 13, 14). Der Höhe nach sind sie nur insoweit erstattungsfähig, als sie notwendig sind. Für die sachgerechte Unterrichtung ist es regelmäßig nötig, den Wohnungseigentümern die **Klageschrift** und die **Klagebegründung** mit einem **Anschreiben** zuzuleiten, das sie auch über die Ladung zum Termin unterrichtet (*BGH* wie vor Tz 16). Eine Übersendung von umfangreichen **Anlagen** ist dagegen im Regelfall nicht notwendig (*BGH* wie vor Tz 17). Der Zeitaufwand für das Zusammenstellen und das Absenden der Briefsendungen an die Wohnungseigentümer gehört zu den Aufgaben des Verwalters und kann jedenfalls nicht auf den unterlegenen Prozessgegner abgewälzt werden (*BGH* wie vor Tz 18).

XV. Einstweiliger Rechtsschutz

94 Die Anfechtungsklage hat keine aufschiebende Wirkung. Das Gesetz misst dem Vollziehungsinteresse der Gemeinschaft somit grundsätzlich ein größeres Gewicht zu als dem Aussetzungsinteresse des Anfechtungsklägers. Gleichwohl kann aber grundsätzlich durch eine Regelungsverfügung gemäß § 940 ZPO die Vollziehbarkeit eines Beschlusses der Eigentümerversammlung ausgesetzt werden. Ergänzend zur Anfechtungsklage kann daher in einem gesonderten Verfahren (s dazu auch § 43 Rn 110), der Erlass einer einstweiligen Verfügung beantragt werden, durch die den anderen Wohnungseigentümer und dem Verwalter die Ausführung der beschlossenen Maßnahmen untersagt wird. Der Tenor kann zB lauten: Die Vollziehung des Beschlusses der Eigentümerversammlung vom ... wird bis zur rechtskräftigen Entscheidung in der Hauptsache ausgesetzt. Voraussetzung für den Erlass einer einstweiligen Verfügung zur Regelung eines einstweiligen Zustand in Bezug auf ein streitiges Rechtsverhältnis ist gemäß § 940 ZPO, dass die Regelung zur Abwendung wesentlicher Nachteile nötig erscheint (**Verfügungsgrund**). Ein Verfügungsgrund besteht jedenfalls dann nicht (mehr), wenn der Antragsteller in Kenntnis der maßgeblichen Umstände untätig bleibt und einen Rechtsverstoß oder eine Beeinträchtigung des Rechtsverhältnisses über längere Zeit hingenommen hat, weil er dann zum Ausdruck gebracht hat, dass keine Dringlichkeit

für eine sofortige Sicherung besteht (sog Dringlichkeitsverlust bzw Selbstwiderlegung der Eilbedürftigkeit). Dies kann angenommen werden, wenn der Kläger den Antrag auf Erlass einer einstweiligen Verfügung erst zwei Monate nach der Beschlussfassung und erst nach Beginn der Sanierungsarbeiten stellt (*LG München I* 36 S 9508/08, ZWE 2009, 84 m Anm *Briesemeister* S 87). Ob eine einstweilige Regelung geboten ist, ist durch eine Abwägung der schutzwürdigen Interessen beider Seiten zu beurteilen. Angesichts des nach der gesetzlichen Regelung vorrangigen Vollziehungsinteresses kann die Vollziehung eines Beschlusses für die Zeit des schwebenden Anfechtungsprozesses nur dann per einstweiliger Verfügung ausgesetzt werden, wenn glaubhaft gemacht wurde, dass im konkreten Einzelfall ausnahmsweise die Interessen des Anfechtungsklägers überwiegen (*LG München I* 1 T 13169/08, ZMR 2009, 73). Dies kommt in Betracht, wenn ihm ein weiteres Zuwarten wegen drohender irreversibler Schäden nicht mehr zugemutet werden kann oder wenn bei unstreitiger Sachlage und gefestigter Rechtsprechung die Rechtswidrigkeit des Beschlusses so offenkundig ist, dass es hierfür nicht erst der umfassenden Prüfung durch ein Hauptsacheverfahren bedarf (*LG München I* wie vor; *AG München* 485 C 330/09, ZMR 2009, 806). Geht es um Sanierungsmaßnahmen, muss der dem Anfechtungskläger bei einer Durchführung des Beschlusses drohende Schaden erheblich größer sein als der Schaden, welcher der Wohnungseigentümergemeinschaft bei Nichtausführung entsteht (*LG München I* 36 S 9508/08, ZWE 2009, 84 m Anm *Briesemeister* S 87).

§ 47 Prozessverbindung

¹**Mehrere Prozesse, in denen Klagen auf Erklärung oder Feststellung der Ungültigkeit desselben Beschlusses der Wohnungseigentümer erhoben werden, sind zur gleichzeitigen Verhandlung und Entscheidung zu verbinden.** ²**Die Verbindung bewirkt, dass die Kläger der vorher selbstständigen Prozesse als Streitgenossen anzusehen sind.**

Übersicht

	Rn		Rn
I. Gesetzesmaterialien	1	III. Wirkung der Verbindung (§ 47 S 2)	7
II. Verbindung von Anfechtungs- und		IV. Nebenintervention	14
Nichtigkeitsklagen (§ 47 S 1)	2	V. Geschäftswert	20

Literatur: *Abramenko* Die Beschlussanfechtung durch alle Eigentümer, ZMR 2008, 689.

I. Gesetzesmaterialien

Begründung Regierungsentwurf BT-Dr 16/887 S 38 f; Stellungnahme Bundesrat BT-Dr 16/887 S 51 ff; Gegenäußerung der Bundesregierung BT-Dr 16/887 S 73 ff; Beschlussempfehlung Rechtsausschuss (BT-Dr 16/3843 S 57). **1**

II. Verbindung von Anfechtungs- und Nichtigkeitsklagen (§ 47 S 1)

§ 47 S 1 bestimmt, dass mehrere Klagen, die darauf gerichtet sind, denselben Beschlusses durch ein Gestaltungsurteil für ungültig zu erklären (Anfechtungsklagen) oder durch ein Feststellungsurteil seine Ungültigkeit festzustellen (Nichtigkeitsklagen) zu verbinden sind. Zu verbinden sind alle Prozesse, in denen es um die Gültigkeit desselben Beschlusses der Wohnungseigentümer geht; Musterbeschluss s Anhang. **2**

3 Die Notwendigkeit der Prozessverbindung folgt aus der Identität des Streitgegenstandes. Unabhängig davon, ob die Klage als Anfechtungsklage auf ein Gestaltungsurteil oder ein als Nichtigkeitsklage auf ein Feststellungsurteil abzielt, liegt ein einheitlicher Streitgegenstand vor (vgl § 46 Rn 74 und § 48 Rn 15). Eine Verfahrensverbindung scheidet nicht deswegen aus, weil nicht vollkommen identische Beschlussanfechtungen vorliegen und widerstreitende Interessen der Anfechtenden bestehen (so aber *AG Hamburg-Harburg* 611 C 144/07, ZMR 2008, 919). Falls die einzelnen Anfechtungsklagen nur zum Teil dieselben Beschlüsse betreffen (inkongruente Anfechtung), kann das Gericht zur Förderung der Übersichtlichkeit gemäß § 145 Abs 1 ZPO einzelne Beschlussanfechtungen abtrennen.

4 Außerdem ist wegen der Rechtskraftwirkung der Entscheidung für und gegen alle Wohnungseigentümer und den Verwalter (§§ 325 ZPO, 48 Abs 3 WEG) zu gewährleisten, dass die Entscheidung in allen Klagen, die denselben Beschluss der Wohnungseigentümer betreffen, einheitlich ergeht.

5 § 246 Abs 3 S 3 AktG enthält für das aktienrechtliche Anfechtungsverfahren eine parallele Regelung.

6 Wurden irrtümlich zwei gesonderte Verfahren geführt, weil sie aufgrund der Geschäftsverteilung zu verschiedenen Richtern gelangt sind, so sind die Verfahren gegebenenfalls in höherer Instanz rückwirkend förmlich zu verbinden. Sobald eines der Verfahren vom Amtsgericht förmlich entschieden ist, ist die Entscheidungskompetenz des Amtsgerichts über die Beschlussanfechtungsanträge verbraucht (vgl *KG* 24 W 1647/92, WuM 1993, 93). Ein noch in der unteren Instanz anhängiger Prozess kann nach hier vertretener Ansicht mit dem in höherer Instanz anhängigen Prozess verbunden werden, wenn der Kläger des weniger weit fortgeschrittenen Prozesses damit einverstanden ist (vgl zur Problematik auch *OLG Schleswig* 2 W 124/03, NZM 2005, 588, 590). Unterbleibt die Verbindung, so tritt in den weiteren Verfahren Erledigung der Hauptsache ein, wenn in einem Verfahren der Antrag rechtskräftig zurückgewiesen wird und die übrigen anfechtenden Wohnungseigentümer an diesem Verfahren auch formell beteiligt waren (*BayObLG* 2Z BR 135/02, ZMR 2003, 590 m Anm *Jacoby*). Sind ausnahmsweise zwei divergierende Entscheidung rechtskräftig geworden, dann kommt eine Aufhebung der späteren Entscheidung nach einem Wiederaufnahmeantrag analog § 580 Nr 7a ZPO in Betracht (vgl *Löke* ZMR 2003, 722, 727).

III. Wirkung der Verbindung (§ 47 S 2)

7 § 47 S 2 bestimmt, dass die Kläger der ursprünglich selbstständigen Prozesse aufgrund der Verbindung als Streitgenossen anzusehen sind.

8 Diese Regelung ist notwendig, weil die Kläger in den vorher selbstständigen Prozessen unterschiedliche Parteirollen innehatten. Bei Beschlussanfechtungen sind nämlich Beklagte alle Wohnungseigentümer mit Ausnahme des oder der Anfechtenden (vgl § 46 Abs 1 S 1). Insoweit unterscheidet sich die wohnungseigentumsrechtliche Anfechtungsklage von dem aktienrechtlichen Anfechtungsverfahren, bei dem die Aktiengesellschaft als juristische Person Beklagte ist. In dem zunächst selbstständigen Beschlussanfechtungsverfahren des Wohnungseigentümers A ist der Kläger B also Beklagter und umgekehrt. Ohne die Regelung des § 47 S 2 würde die später anhängig gewordene Klage im verbundenen Prozess zur Widerklage (vgl *MünchKomm-ZPO/*

Peters § 147 ZPO Rn 9). In Anbetracht des einheitlichen Streitgegenstandes wäre dies nicht sachgerecht, zumal die Kläger jeweils dasselbe prozessuale Ziel verfolgen.

Dass die Neuordnung der Parteirollen keine Klagerücknahme im Hinblick auf die früheren Gegner und jetzigen Streitgenossen ist und damit auch keine kostenrechtlichen Folgen nach sich zieht, versteht sich von selbst, da die Wirkung der Verbindung gesetzlich angeordnet ist (vgl BT-Drucks 16/887 S 39). 9

Die Ausgestaltung der Streitgenossenschaft richtet sich nach den allgemeinen Vorschriften der §§ 59 bis 63 ZPO. 10

Mehrere Anfechtungskläger sind Streitgenossen, und zwar notwendige Streitgenossen gemäß § 62 1. Fall ZPO (prozessrechtlich notwendige Streitgenossenschaft), weil die Rechtskraft des Anfechtungsurteils gemäß § 48 Abs 3, 325 ZPO für und gegen alle Anfechtungsbefugten wirkt und Gericht deshalb den Beschluss nur einheitlich gegenüber allen Klägern für ungültig erklären kann. Dieser Zwang zu gleichförmiger Entscheidung über Mängel des Beschlusses genügt, um notwendige Streitgenossenschaft anzunehmen. Dem steht nicht entgegen, dass einzelne Kläger wegen Fristüberschreitung (§ 46 Abs 1 S 2) abgewiesen werden können und damit Prozessergebnisse nicht notwendig identisch sind. 11

Ein Kläger, der nicht innerhalb der Monatsfrist Klage erhoben hat, ist bei Zurückweisung der Klage eines anderen Klägers nicht befugt Berufung einzulegen (*BayObLG* BReg 2 Z 119/91, WuM 1992, 212). 12

Fechten nacheinander **alle Wohnungseigentümer einen Beschluss** fristgerecht **an**, führt die Neuordnung der Parteirollen infolge der Verfahrensverbindung dazu, dass nur noch Kläger aber keine Beklagten mehr vorhanden sind. Zum Teil wird vertreten, dies führe wegen des Verbots des Insichprozesses zu einer Verfahrensbeendigung (*AG Bingen* 3 C 399/07, NZM 2009, 167 im Anschluss an *Bonifacio* ZMR 2007, 592, 594). Zudem bestehe kein Rechtsschutzbedürfnis für eine gerichtliche Entscheidung, da die Parteien dasselbe Ziel verfolgen und dieses einfach und kostengünstig dadurch erreichen könnten, indem sie den Beschluss in der nächsten Eigentümerversammlung oder durch einen Umlaufbeschluss selbst wieder aufheben (*AG Bingen* 3 C 399/07, NZM 2009, 167). Dieser Auffassung kann nicht gefolgt werden, denn es ist keineswegs gewährleistet, dass der Beschluss tatsächlich durch die Wohnungseigentümer einverständlich aufgehoben wird (vgl *Abramenko* ZMR 2008, 689, 690). Gesetzlich nicht vorgesehen ist der Fall, dass von Beginn an alle Wohnungseigentümer als Streitgenossen eine Anfechtungsklage erheben, denn in diesem Fall fehlte von Anfang an ein Prozessgegner, da keine Wohnungseigentümer übrig wären, gegen die sich die Klage richten könnte. Um eine solche Situation handelt es sich hier jedoch nicht, da zunächst die jeweils anderen Wohnungseigentümer Beklagte sind. Der vollständige Wegfall der Beklagtenseite ist zwar für das grundsätzlich kontradiktorisch ausgestaltete Zivilprozessverfahren ungewöhnlich. Die besondere Ausnahme beruht aber auf der gesetzlich gebotenen Verbindung der Verfahren. Mit Blick auf das Klageziel ist der Wegfall der Gegenpartei nicht problematisch, weil die Klage nicht auf eine Leistung gerichtet ist, sondern auf ein Gestaltungsurteil oder bei Nichtigkeit des Beschlusses auf ein Feststellungsurteil. Diese Entscheidungen haben in der Hauptsache keinen vollstreckungsfähigen Inhalt, müssen also nicht gegenüber einem Prozessgegner durchgesetzt werden. Es bedarf also nicht der Konstruktion eines Beklagten (so aber *Abramenko* ZMR 2008, 689, 690: Beklagte sei die Wohnungseigentümergemeinschaft als Verband). Die Situation, dass kein Klageabweisungsantrag gestellt wird, ist auch im Zivil- 13 prozess nicht ungewöhnlich. Sie führt in anderen Konstellationen zu einem Versäumnisurteil zugunsten der Kläger. Die Prozesskosten müssen die Kläger tragen. Dies folgt schon daraus, dass eine andere Partei nicht vorhanden ist. Es ist dem Zivilprozess auch nicht fremd, dass ein obsiegender Kläger die Prozesskosten zu tragen hat (vgl § 93 ZPO). Danach haben die Kläger die Gerichtskosten als Streitgenossen anteilig zu tragen; ihre außergerichtlichen Kosten tragen sie selbst.

IV. Nebenintervention

14 Die Nebenintervention (Beitritt) eines beklagten Wohnungseigentümers auf der Seite des Anfechtungsklägers wird nicht schon deswegen als unzulässig angesehen werden können, weil die Nebenintervention gemäß § 66 Abs 1 ZPO einen zwischen anderen Personen anhängigen Rechtsstreit voraussetzt. Auch bei der notwendigen Streitgenossenschaft im Sinne von § 62 ZPO liegen in Wahrheit mehrere selbstständige, lediglich zwingend verbundene Prozesse des Klägers gegen die einzelnen Beklagten vor. Den Beitritt eines Streitgenossen auf Seiten seines Prozessgegners hält die Rechtsprechung deshalb grundsätzlich für zulässig (vgl *BGH* III ZR 72/52, NJW 1953, 420).

15 Während des Laufs der Anfechtungsfrist kann ein Wohnungseigentümer daher statt selbst Klage zu erheben auch dem Anfechtungskläger beitreten.

16 Es besteht jedoch keine Veranlassung, einem Wohnungseigentümer für den die Monatsfrist des § 46 Abs 1 S 2 verstrichen ist, die prozessrechtliche Position eines Streitgenossen (§ 69 ZPO) des Anfechtungsklägers einzuräumen, denn es ist nicht Sinn und Zweck der Regelungen über die Nebenintervention, dem Streithelfer, der die ihm gesetzlich eingeräumte Rechtsschutzmöglichkeit, Anfechtungsklage zu erheben, versäumt hat, eine zweite Chance zu geben (vgl für die aktienrechtliche Anfechtungsklage *OLG Frankfurt* 5 W 14/06, zit nach Juris).

17 Tritt der Rechtsnachfolger eines Wohnungseigentümers auf Klägerseite in ein anhängiges Beschlussanfechtungsverfahren ein, so begründet dies ein neues Prozessrechtsverhältnis mit der Beklagtenseite und neue Rechtshängigkeit. Da der neue Kläger nicht Rechtsnachfolger im Verfahren wird, ist seine Beschlussanfechtung nur erfolgreich, wenn er die Anfechtungsfrist gewahrt hat (vgl *OLG Frankfurt* WE 1989, 171 [zum FGG-Verfahren]).

18 Wegen der Identität des Streitgegenstands von Anfechtungs- und Nichtigkeitsklage (vgl § 46 Rn 74) kann ein Wohnungseigentümer jedoch nach dem Ablauf der Anfechtungsfrist beitreten, wenn der Kläger auch Nichtigkeitsgründe geltend gemacht hat und der Nebenintervenient seinen Beitritt auf einen derartigen Grund beschränkt. Der beitretende Wohnungseigentümer könnte nämlich bis zur rechtskräftigen Entscheidung ohne die Fristbeschränkung des § 46 Abs 1 S 2 selbst Klage auf Feststellung der Nichtigkeit des Beschlusses erheben und würde dann nach Verbindung gemäß § 47 S 2 ebenfalls zum Streitgenossen des Klägers.

19 Der bloße Beitritt hilft nicht gegen die Verfahrensbeendigung durch Prozesserklärung des Klägers, z. B. durch Klagerücknahme gemäß § 269 ZPO (*OLG Köln* 18 U 168/02, AG 2003, 522, 523) oder durch Erklärungen gemäß §§ 91a, 306 ZPO oder durch Zurücknahme des Rechtsmittels (§§ 516, 565 ZPO). Der Streithelfer des Berufungsklägers muss auch Ablauf der Berufungsfrist (§ 517, 1. Hs ZPO) gegen sich gelten lassen (*BGH* II ZB 41/03, WM 2005, 77, 78).

V. Geschäftswert

Erfolgt eine Verbindung, so kann nur ein Streitwert für die verbundenen Klagen zusammengerechnet festgesetzt werden, und es ist eine einheitliche Kostenentscheidung zu treffen (*BayObLG* NJW 1967, 986). 20

§ 48 Beiladung, Wirkung des Urteils

(1) ¹**Richtet sich die Klage eines Wohnungseigentümers, der in einem Rechtsstreit gemäß § 43 Nr. 1 oder Nr. 3 einen ihm allein zustehenden Anspruch geltend macht, nur gegen einen oder einzelne Wohnungseigentümer oder nur gegen den Verwalter, so sind die übrigen Wohnungseigentümer beizuladen, es sei denn, dass ihre rechtlichen Interessen erkennbar nicht betroffen sind.** ²**Soweit in einem Rechtsstreit gemäß § 43 Nr. 3 oder Nr. 4 der Verwalter nicht Partei ist, ist er ebenfalls beizuladen.**

(2) ¹**Die Beiladung erfolgt durch Zustellung der Klageschrift, der die Verfügungen des Vorsitzenden beizufügen sind.** ²**Die Beigeladenen können der einen oder anderen Partei zu deren Unterstützung beitreten.** ³**Veräußert ein beigeladener Wohnungseigentümer während des Prozesses sein Wohnungseigentum, ist § 265 Abs. 2 der Zivilprozessordnung entsprechend anzuwenden.**

(3) **Über die in § 325 der Zivilprozessordnung angeordneten Wirkungen hinaus wirkt das rechtskräftige Urteil auch für und gegen alle beigeladenen Wohnungseigentümer und ihre Rechtsnachfolger sowie den beigeladenen Verwalter.**

(4) **Wird durch das Urteil eine Anfechtungsklage als unbegründet abgewiesen, so kann auch nicht mehr geltend gemacht werden, der Beschluss sei nichtig.**

Übersicht

	Rn		Rn
I. Gesetzesmaterialien	1	VII. Veräußerung des Wohnungseigentums (Abs 2 S 3)	12
II. Beiladung der übrigen Wohnungseigentümer (Abs 1 S 1)	2	VIII. Rechtskraftwirkung des Urteils (Abs 3)	13
III. Entbehrlichkeit der Beiladung	5	IX. Rechtskraftwirkung bei Anfechtungsklagen (Abs 4)	15
IV. Beiladung des Verwalters (Abs 1 S 2)	9	1. Klageabweisung	15
V. Durchführung der Beiladung (Abs 2 S 1)	10	2. Stattgebendes Urteil	19
VI. Beitritt der Beigeladenen (Abs 2 S 2)	11		

Literatur: *Suilmann* Die Beiladung von Wohnungseigentümern nach § 48 WEG, MietRB 2008, 219.

I. Gesetzesmaterialien

Begründung Regierungsentwurf: (BT-Drucks 16/887 S 39 ff); Stellungnahme Bundesrat (BT-Drucks 16/887 S 51 ff); Gegenäußerung der Bundesregierung (BT-Drucks 16/887 S 73 ff); Beschlussempfehlung Rechtsausschuss (BT-Drucks 16/3843 S 57). 1

II. Beiladung der übrigen Wohnungseigentümer (Abs 1 S 1)

2 Die Regelung entspricht im Wesentlichen der bisherigen Rechtslage. Das Gericht hatte von Amts wegen die Beteiligten im materiellen Sinne, also diejenigen, deren Rechte und Pflichten durch das Verfahren unmittelbar beeinflusst werden können, formell zu beteiligen. Dies war sowohl ein Gebot der Sachaufklärung (§ 12 FGG), als auch wegen der Rechtskrafterstreckung ein Gebot des rechtlichen Gehörs.

3 § 48 Abs 1 S 1 hält wegen der Rechtskrafterstreckung an der grundsätzlichen Beteiligung aller Wohnungseigentümer fest. Klagt ein Wohnungseigentümer zum Beispiel gegen den Verwalter auf Vorlage der Jahresabrechnung (§§ 21 Abs 4, 28 Abs 3), oder gegen einen anderen Wohnungseigentümer auf Beseitigung einer baulichen Veränderung (§§ 1004 Abs 1 BGB, 22 Abs 1), geht es inhaltlich um Angelegenheiten, die alle Wohnungseigentümer betreffen, so dass den nicht als Partei beteiligten Wohnungseigentümern rechtliches Gehör zu verschaffen ist.

4 § 48 Abs 1 S 1 nennt nur die Streitigkeiten nach § 43 Nr 1 und Nr 3, so dass sowohl Verfahren, in denen nur die Gemeinschaft als Rechtssubjekt aktiv oder passivlegitimiert ist, als auch Streitigkeiten über die Gültigkeit von Beschlüssen der Wohnungseigentümer (Anfechtungs- und Nichtigkeitsklagen) ausgeklammert sind. Ein Regelungsbedürfnis besteht nur für Streitigkeiten der Wohnungseigentümer untereinander. Die Beiladung der übrigen Wohnungseigentümer in den Fällen des § 43 Nr 2 ist entbehrlich, weil ihre Rechte hier von der Gemeinschaft wahrgenommen werden. Anfechtungs- und Nichtigkeitsklagen nach § 43 Nr 4 sind ohnehin gegen alle übrigen Wohnungseigentümer zu richten, so dass es ihrer Beiladung hier nicht bedarf. Fälle der notwendigen Streitgenossenschaft auf der Aktivseite werden ausgegrenzt durch die Voraussetzung, dass der Kläger „einen ihm allein zustehenden Anspruch", also einen individuellen Rechtsanspruch geltend macht. Wann dies der Fall ist, ergibt sich aus dem materiellen Recht. In Betracht kommen insbesondere der Anspruch auf ordnungsmäßige Verwaltung gemäß § 21 Abs 4 (vgl § 21 Rn 12) und der Anspruch auf Beseitigung einer baulichen Veränderung gemäß § 1004 Abs 1 BGB (vgl § 22 Rn 194).

III. Entbehrlichkeit der Beiladung

5 § 48 Abs 1 regelt im Einklang mit der Rechtsprechung zum früher geltenden FGG-Verfahren ausdrücklich, dass diejenigen Wohnungseigentümer, deren rechtliche Interessen ausnahmsweise nicht betroffen sind, auch nicht formell zu beteiligen sind.

6 Der Beiladung aller Wohnungseigentümer bedarf es ausnahmsweise nicht, wenn der Streitgegenstand erkennbar nur den Kläger und bestimmte Wohnungseigentümer betrifft. Dies ist zB der Fall, wenn bei einer Mehrhausanlage die gerichtliche Entscheidung für die Wohnungseigentümer einzelner Häuser mangels gemeinschaftlicher Interessen keine Bindungswirkung entfalten kann (*BayObLG* BReg 2 Z 23/75, BayObLGZ 1975, 177 ff) oder bei typischen nachbarrechtlichen Streitigkeiten, die ausschließlich den Kläger und den Beklagten betreffen (vgl *BayObLG* NJW-RR 1990, 660, 661). Macht ein Wohnungseigentümer einen ihm allein zustehenden Schadensersatzanspruch gegen den Verwalter geltend, sind die anderen Wohnungseigentümer nicht beizuladen (*BGH* V ZB 9/91, NJW 1992, 182; *BayObLG* 2Z BR 85/99, NZM 2000, 501). In Angelegenheiten, die nur einen begrenzten Kreis von Wohnungseigentümern in ihren rechtlichen Interessen betreffen, sind auch nur diese zu beteiligen. Ein denkbares Informationsinteresse allein reicht für die Annahme einer materiellen Beteiligung nicht aus (*BGH* V ZB 9/91, NJW 1992, 182).

Nach Ansicht des *BayObLG* sind allerdings dann alle Wohnungseigentümer zu beteiligen, wenn der Schadensersatzanspruch des einzelnen Wohnungseigentümers gegen den Verwalter darauf gestützt wird, dass der Verwalter einen Eigentümerbeschluss nicht ausgeführt habe und die Auslegung des Beschlusses, die sich nach seinem objektiven Erklärungswert richtet, für die Entscheidung von Bedeutung ist (*BayObLG* BReg 2 Z 84/91, WuM 1991, 711). Soll der Verwalter aber verpflichtet werden, der Veräußerung eines Wohnungseigentums zuzustimmen, sind die übrigen Wohnungseigentümer beizuladen (*BayObLG* 2Z BR 50/97, NJW-RR 1997, 1307). Wohnungseigentümer, die durch eine im Grundbuch eingetragene Gebrauchsregelung vom Mitgebrauch einer Gartenfläche ausgeschlossen sind, brauchen nicht an einem Prozess beteiligt zu werden, in dem sich die übrigen Wohnungseigentümer um die Aufteilung des Sondernutzungsrechts an dieser Gartenfläche streiten (*BayObLG* BReg 2 Z 112/91, WuM 1992, 80). Der Anspruch auf Einsichtnahme in die Verwaltungsunterlagen richtet sich unmittelbar gegen den Verwalter, der die Unterlagen in Besitz hat, aber zugleich mittelbar gegen die Wohnungseigentümer, die gemäß § 48 Abs 1 S 1 beizuladen sind und die Einsichtnahme hinzunehmen haben (*KG* 24 W 7323/98, FGPrax 2000, 94, 95 [noch zum FGG-Verfahren]). Gleiches muss gelten, wenn ein Wohnungseigentümer vom Verwalter die Übersendung von Kopien aus den Verwalterunterlagen verlangt (**aA** *BayObLG* 2Z BR 140/02, ZMR 2003, 514 [noch zum FGG-Verfahren]). 7

Der Beiladung der übrigen Wohnungseigentümer bedarf es auch nicht, wenn die Klage zum Beispiel wegen fehlenden Rechtsschutzbedürfnisses oder einer notwendigen Streitgenossenschaft auf der Passivseite unzulässig ist. Denn ein Prozessurteil erwächst hinsichtlich des Streitgegenstandes nicht in Rechtskraft, so dass die Interessen der übrigen Wohnungseigentümer hierdurch nicht berührt werden (BT-Drucks 16/887 S 74). 8

IV. Beiladung des Verwalters (Abs 1 S 2)

Streitigkeiten nach § 43 Nr 3 über die Rechte und Pflichten des Verwalters bei der Verwaltung des gemeinschaftlichen Eigentums beeinflussen unmittelbar die Rechtsstellung des Verwalters. Gleiches gilt für Streitigkeiten über die Gültigkeit von Beschlüssen der Wohnungseigentümer nach § 43 Nr 4, denn der Verwalter hat die Aufgabe, die Beschlüsse der Wohnungseigentümer durchzuführen (§ 27 Abs 1 Nr 1). § 48 Abs 1 S 2 ordnet deshalb für diese Verfahren die Beiladung des Verwalters an, soweit er nicht bereits als Partei beteiligt ist. 9

V. Durchführung der Beiladung (Abs 2 S 1)

Der Begriff „Beiladung" ist der Terminologie des § 640e ZPO entlehnt. In Wohnungseigentumssachen wäre es jedoch nicht sachgerecht, stets auf die Ladung zum Termin zur mündlichen Verhandlung abzustellen. Denn einerseits kann ein schriftliches Vorverfahren angeordnet bzw. zunächst nur die Güteverhandlung anberaumt werden. Den beizuladenden Wohnungseigentümern soll es aber möglich sein, ihre rechtlichen Interessen bereits in diesem Verfahrensstadium zu wahren. Andererseits erscheint es nicht erforderlich, sie zu dem Termin zu laden. Eine Ladung beinhaltet die Aufforderung zum Erscheinen, während für die Interessenwahrung der übrigen Wohnungsei- 10 gentümer eine Benachrichtigung genügt. In § 48 Abs 2 S 1 bestimmt deshalb, dass die Beiladung durch Zustellung der Klageschrift, der die Verfügungen des Vorsitzenden beizufügen sind, zu erfolgen hat. Die Zustellung kann gemäß § 45 Abs 1 an den Verwalter oder – im Falle einer Interessenkollision – an den gemäß § 45 Abs 2 S 1 bestimmten Zustellungsbevollmächtigten erfolgen.

VI. Beitritt der Beigeladenen (Abs 2 S 2)

11 Gemäß § 48 Abs 2 S 2 können die Beigeladenen der einen oder anderen Partei zu ihrer Unterstützung beitreten. Sie werden dann zu Nebenintervenienten. Die Form des Beitritts regelt § 70 ZPO. Die Nebenintervention (Streithilfe) erfolgt durch das Einreichen eines Schriftsatzes, der beiden Parteien zuzustellen ist (§ 70 ZPO). Der Nebenintervenient ist berechtigt, im eigenen Namen Angriffs- und Verteidigungsmittel geltend zu machen und sämtliche Prozesshandlungen wirksam vorzunehmen, soweit er sich dadurch nicht zur unterstützten Partei in Widerspruch setzt (§ 67 ZPO). Der Nebenintervenient und die von ihm unterstützte Partei sind gemäß § 68 ZPO an die tatsächlichen und rechtlichen Feststellungen des rechtskräftigen Urteils aus dem Vorprozess gegen den Dritten gebunden, falls es zwischen ihnen zu einem Rechtsstreit kommt (Nebeninterventionswirkung).

VII. Veräußerung des Wohnungseigentums (Abs 2 S 3)

12 § 48 Abs 2 S 3 betrifft den Fall, dass ein beigeladener Wohnungseigentümer während des Prozesses sein Wohnungseigentum veräußert. Da sich § 265 Abs 2 ZPO auf Parteien bezieht (§ 265 Abs 1 ZPO), ist er auf Beigeladene nicht anwendbar. Deshalb ordnet § 48 Abs 2 S 3 seine Geltung gesetzlich an, mit der Folge, dass die Rechtsnachfolge nichts an der Stellung des bisherigen Beigeladenen ändert, der zum gesetzlichen Prozessstandschafter seines Rechtsnachfolgers wird (vgl *Zöller/Greger* § 265 ZPO Rn 6).

VIII. Rechtskraftwirkung des Urteils (Abs 3)

13 Gemäß § 325 Abs 1 ZPO wirkt das rechtskräftige Urteil für und gegen die Parteien und deren Rechtsnachfolger. Die Rechtskrafterstreckung auf Rechtsnachfolger bezieht sich dabei auch auf die Rechtsnachfolge nach rechtskräftig abgeschlossenem Prozess (vgl *Zöller/Vollkommer* § 325 ZPO Rn 13), so dass kein Wertungswiderspruch zu § 10 Abs 3 besteht. Darüber hinaus ordnet der neue § 48 Abs 3 an, dass das rechtskräftige Urteil auch für und gegen die Beigeladenen und ihre Rechtsnachfolger wirkt.

14 § 48 Abs 3 erstreckt die Rechtskraftwirkung in den Fällen des § 43 Nr 3 und 4 außerdem auf den beigeladenen Verwalter, auch wenn er nicht Partei ist. Wie nach bisherigem Recht ist der Verwalter in den Fällen des § 43 Nr 1 nicht an die gerichtliche Entscheidung gebunden, da diese nur das Verhältnis der Wohnungseigentümer untereinander betrifft. Die Bindung des Verwalters in den übrigen Konstellationen des § 43 folgt daraus, dass er weisungsgebundener Sachwalter des Gemeinschaftsvermögens und Vollzugsorgan der Gemeinschaft hinsichtlich der von diesen beschlossenen Maßnahmen ist. Soweit ein die Wohnungseigentümer bindendes Urteil reicht, ersetzt dieses die Weisungen und Maßnahmen der Gemeinschaft.

IX. Rechtskraftwirkung bei Anfechtungsklagen (Abs 4)

1. Klageabweisung. Schon vor der WEG-Novelle 2007 war allgemein anerkannt, dass 15
sich die Rechtskraft eines Urteils, durch das eine Anfechtungsklage als unbegründet
abgewiesen wird, auch auf etwaige Nichtigkeitsgründe erstreckt. War ein Antrag auf
Ungültigkeitserklärung eines Eigentümerbeschlusses rechtskräftig als unbegründet
zurückgewiesen, so war der Beschluss sowohl in Bezug auf Anfechtungsgründe als
auch auf Nichtigkeitsgründe als rechtswirksam anzusehen (*BayObLG* 2Z BR 41/02,
NZM 2002, 743, 744; *OLG Zweibrücken* 3 W 46/02, ZWE 2002, 542, 544). Es würde
dem Gedanken des Rechtsfriedens innerhalb einer Wohnungseigentümergemeinschaft widersprechen, wenn nach Abschluss eines – möglicherweise langwierigen –
Verfahrens über die Frage der Ungültigerklärung eines Eigentümerbeschlusses immer
wieder in dem Verfahren nicht ausdrücklich zur Sprache gekommene Nichtigkeitsgründe noch geltend gemacht werden und Gegenstand neuer Verfahren sein könnten
(*BayObLG* BReg 2 Z 24/79, ZMR 1982, 63). § 48 Abs 4 stellt deshalb klar, dass die
bisherige Rechtskrafterstreckung auch künftig gilt. Auf der Basis der besonderen Hinweispflicht gemäß § 46 Abs 2 sowie der zwingenden Prozessverbindung gemäß § 47 ist
die Rechtssicherheit gewährleistet.

Das **abweisende Prozessurteil** entfaltet keine materielle Rechtskraft, so dass eine neue 16
Klage unter den allgemeinen Prozessvoraussetzungen zulässig bleibt. Es darf deshalb
nicht offen gelassen werden, ob die Klage als unzulässig oder als unbegründet abgewiesen wird (*BGH* V ZR 74/08, ZMR 2009, 296 m Anm *Dötsch*).

Wird die Klage wegen **Versäumung der Anfechtungsfrist** oder durch **Versäumnisurteil** 17
als unbegründet abgewiesen, so ist die spätere Geltendmachung von Nichtigkeitsgründen ausgeschlossen, denn der Gesetzgeber hat nur eine Hinweispflicht des Gerichts
normiert (s § 46 Rn 77) die Geltendmachung von Nichtigkeitsgründen aber der Disposition der Wohnungseigentümer überlassen (*Abramenko* in Riecke/Schmid, § 48
Rn 17; *Suilmann* in Jennißen, § 48 Rn 51; aA *Wenzel* in Bärmann, § 49 Rn 48; *Drasdo*
NJW-Spezial 2009, 225).

Die Rechtskraft einer Entscheidung, deren Begründung bei der Prüfung einer **Vor-** 18
frage feststellt, ein bestimmter Beschluss sei gültig und für die Beteiligten bindend,
hindert dagegen nicht einen späteren Antrag auf Feststellung, der Beschluss sei nichtig (*OLG Düsseldorf* 3 Wx 332/00, NZM 2001, 711, 712).

2. Stattgebendes Urteil. Die materielle Rechtskraft einer Entscheidung, die einen 19
Eigentümerbeschluss für ungültig erklärt hat, erstreckt sich nur auf die Ungültigkeit
dieses konkreten Beschlusses und hindert die Beteiligten nicht, erneut einen inhaltsgleichen Beschluss zu fassen (*BGH* V ZB 21/03, NJW 2003, 3476, 3480). Beschließen
die Eigentümer, nachdem der Beschluss über die Genehmigung der Jahresabrechnung
teilweise für ungültig erklärt worden ist, zur Umsetzung des Gerichtsurteils zwei Wohnungseigentümer mit der Erstellung der Jahresabrechnung gemäß dem Gerichtsurteil
zu beauftragen und werden diese Abrechnungen nach ihrer Genehmigung abermals
angefochten, sind die unveränderten Abrechnungsbestandteile der erneuten Überprüfung durch das Gericht entzogen (*OLG Düsseldorf* 3 Wx 127/06, NZM 2007, 569).

§ 49 Kostenentscheidung

(1) Wird gemäß § 21 Abs. 8 nach billigem Ermessen entschieden, so können auch die Prozesskosten nach billigem Ermessen verteilt werden.

(2) Dem Verwalter können Prozesskosten auferlegt werden, soweit die Tätigkeit des Gerichts durch ihn veranlasst wurde und ihn ein grobes Verschulden trifft, auch wenn er nicht Partei des Rechtsstreits ist.

Übersicht

	Rn		Rn
I. Überblick	1	III. Kostentragung des Verwalters	
1. Gesetzesmaterialien	1	(§ 49 Abs 2)	17
2. Regelungsinhalt des § 49	2	1. Ermessensentscheidung des	
3. Die Kostenentscheidung nach		Gerichts	22
den §§ 91 ff ZPO	3	2. Folgen für materiell-rechtliche	
a) Grundsatz	3	Schadensersatzansprüche	24
b) Teilunterliegen	4	3. Folgen für andere prozessuale	
c) Sofortiges Anerkenntnis	5	Kostenerstattungsansprüche	25
d) Schuldhaft verursachte Kosten	6	4. Parteistellung des Verwalters	26
e) Erfolglose Angriffs- oder		5. Pflichtwidriges Verhalten des	
Verteidigungsmittel	7	Verwalters	28
f) Erfolglose Rechtsmittel	8	6. Kausalität der Pflichtwidrigkeit	29
g) Vergleich	9	7. Grobes Verschulden	31
h) Streitgenossen	10	a) Grundsätze	31
i) Nebenintervention	11	b) Einzelfälle	32
j) Erledigung der Hauptsache	12	8. Rechtliches Gehör (Art 103 Abs 1 GG)	33
k) Klagerücknahme	15	IV. Anfechtung der Kostenentscheidung	34
II. Billigkeitsentscheidung in Fällen des § 21 Abs 8 (§ 49 Abs 1)	16	V. Überblick über die Rechtsanwaltsgebühren	37

Literatur: *Deckert* Kostentragungspflicht des Verwalters aus Beschlussanfechtungsverfahren NZM 2009, 272; *Drasdo* Die Belastung des Verwalters mit Verfahrenskosten im Beschlussanfechtungsverfahren, NZM 2009, 257; *Lehmann-Richter* Rechtsmittel des Verwalters gegen Kostenentscheidungen nach § 49 Abs 2 WEG, ZWE 2009, 74; *Niedenführ* Die Auferlegung von Prozesskosten an den Verwalter nach § 49 Abs 2 WEG, ZWE 2009, 69; *Riecke* Das Verhältnis des § 49 Abs 2 WEG zu materiell-rechtlichen Schadensersatzansprüchen gegen den Verwalter, WE 2008, 148; *Skrobek* Die Kostenentscheidung in wohnungseigentumsrechtlichen Verfahren nach der WEG-Reform (§§ 91ff ZPO; §§ 49, 50 WEG nF), ZMR 2008, 173.

I. Überblick

1 **1. Gesetzesmaterialien.** Begründung Regierungsentwurf: BT-Drucks 16/ 887 S 40 f.

2 **2. Regelungsinhalt des § 49.** Schon vor der Neuregelung des Verfahrensrechts durch die WEG-Novelle 2007 wurden die §§ 91 ff ZPO über die Kostenverteilung im Zivilprozess in der Regel für die Entscheidung über die Gerichtskosten in Wohnungseigentumssachen entsprechend angewandt, weil die Verteilung der Gerichtskosten nach diesen Vorschriften grundsätzlich der Billigkeit entspricht. Jetzt gelten die §§ 91 ff ZPO für die Kostenentscheidung unmittelbar, und zwar sowohl für die Gerichtskosten

als auch für die außergerichtlichen Kosten. § 49 regelt zwei Ausnahmen von der Kostenentscheidung nach den Vorschriften der §§ 91 ff ZPO.

3. Die Kostenentscheidung nach den §§ 91 ff ZPO. – a) Grundsatz. Nach dem Grundsatz des **§ 91 Abs 1 S 1 ZPO hat die unterliegende Partei die Kosten des Rechtsstreits zu tragen.** Obsiegt der Kläger, so sind die Prozesskosten dem Beklagten aufzuerlegen und umgekehrt. § 91 ZPO enthält außerdem Regelungen zur Kostenerstattung und bestimmt insbesondere, dass die unterliegende Partei dem Gegner die entstandenen Kosten zu erstatten hat, soweit sie zur zweckentsprechenden Rechtsverfolgung oder Rechtsverteidigung erforderlich sind. Zur Erstattungsfähigkeit von Rechtsanwaltskosten enthält das WEG in § 50 eine Sonderregelung. Zur Erstattungsfähigkeit von Kopiekosten bei einer großen Wohnungseigentümergemeinschaft s *OLG Koblenz* 14 W 661/05, NZM 2006, 25.

b) Teilunterliegen. Obsiegt jede Partei nur teilweise, dann sind nach **§ 92 Abs 1 ZPO** die Kosten in dem Verhältnis zu teilen, in dem die Parteien unterlegen sind. Da die aus einem Gesamtstreitwert berechneten Gebühren wegen der Degression der Gebühren geringer sind als die Summe der Gebühren aus Teilwerten, darf die Kostenverteilung nicht nach Teilstreitwerten, sondern nur nach einem Bruchteil der Gesamtkosten bemessen werden. Das Gericht kann aber einer Partei die gesamten Gerichtskosten auferlegen, wenn die Zuvielforderung der anderen Partei verhältnismäßig geringfügig war und keine oder nur geringfügig höhere Kosten veranlasst hat (§ 92 Abs 2 Nr 1 ZPO).

c) Sofortiges Anerkenntnis. Nach **§ 93 ZPO** hat der Kläger die Prozesskosten zu tragen, wenn ein Beklagter, der keine Veranlassung zur Erhebung der Klage gegeben hatte, den Anspruch **sofort anerkennt.** Veranlassung zur Klage hat ein Beklagter dann gegeben, wenn er sich vor Prozessbeginn ohne Rücksicht auf Verschulden oder materielle Rechtslage gegenüber dem Kläger so verhalten hat, dass dieser annehmen musste, er werde ohne Klage nicht zu seinem Recht kommen (*Zöller/Herget* § 93 ZPO Rn 3). Behauptet der Erwerber einer Eigentumswohnung bereits eine Einzugsermächtigung erteilt zu haben und bestreitet er unwiderlegt den Zugang von Mahnungen oder Anfragen nach dem Verbleib der Einzugsermächtigung, hat er den Anspruch sofort anerkannt und keine Veranlassung zur Klage gegeben, wenn er kurz nach Rechtshängigkeit der Zahlungsklage (erneut) eine Einzugsermächtigung erteilt und sodann die Beträge eingezogen werden (*AG Bonn* 27 C 81/07, ZMR 2008, 740). Ist die Hauptsache durch eine auf Grund eines Anerkenntnisses ausgesprochene Verurteilung erledigt, so findet gegen die Kostenentscheidung die sofortige Beschwerde statt (§ 99 Abs 2 S 1 ZPO), es sei denn der Streitwert der Hauptsache übersteigt 600 € nicht (§ 99 Abs 2 S 2 ZPO). Vor der Entscheidung über die Beschwerde ist der Gegner zu hören (§ 99 Abs 2 S 3 ZPO).

d) Schuldhaft verursachte Kosten. Nach **§ 95 ZPO** hat die Partei, die einen Termin oder eine Frist versäumt oder die Verlegung eines Termins, die Vertagung einer Verhandlung, die Anberaumung eines Termins zur Fortsetzung der Verhandlung oder die Verlängerung einer Frist durch ihr Verschulden veranlasst, die dadurch verursachten Kosten zu tragen.

e) Erfolglose Angriffs- oder Verteidigungsmittel. Nach **§ 96 ZPO** können die Kosten eines ohne Erfolg gebliebenen Angriffs- oder Verteidigungsmittels der Partei auferlegt werden, die es geltend gemacht hat, auch wenn sie in der Hauptsache obsiegt.

Niedenführ

II WEG § 49 Kostenentscheidung

8 **f) Erfolglose Rechtsmittel.** Die Kosten eines erfolglosen Rechtsmittels hat die Partei zu tragen, die es eingelegt hat (§ 97 Abs 1 ZPO). Einer obsiegenden Partei sind die Kosten des Rechtsmittelverfahrens dann aufzuerlegen, wenn sie aufgrund eines neuen Vorbringens obsiegt, das sie bereits in einer früheren Instanz hätte geltend machen können (§ 97 Abs 2 ZPO).

9 **g) Vergleich.** Die Kosten eines abgeschlossenen **Vergleichs** sind gemäß § 98 ZPO als gegeneinander aufgehoben anzusehen, es sei denn, die Parteien haben etwas anderes vereinbart. Das Gleiche gilt von den Kosten des durch den Vergleich erledigten Rechtsstreits, soweit über sie nicht bereits rechtskräftig erkannt ist.

10 **h) Streitgenossen.** Besteht der unterliegende Teil aus mehreren Personen (Streitgenossen), so bestimmt **§ 100 Abs 1 ZPO**, dass sie für die Kostenerstattung nach Kopfteilen haften. Bei einer erheblichen Verschiedenheit der Beteiligung am Rechtsstreit kann nach dem Ermessen des Gerichts die Beteiligung zum Maßstab genommen werden (§ 100 Abs 2 ZPO). Hat ein Streitgenosse ein besonderes Angriffs- oder Verteidigungsmittel geltend gemacht, so haften die übrigen Streitgenossen nicht für die dadurch veranlassten Kosten (§ 100 Abs 3 ZPO). Werden mehrere Beklagte als Gesamtschuldner verurteilt, so haften sie auch für die Kostenerstattung als Gesamtschuldner (§ 100 Abs 4 ZPO).

11 **i) Nebenintervention.** Gemäß **§ 101 ZPO** sind die durch eine Nebenintervention verursachten Kosten dem Gegner der Hauptpartei aufzuerlegen, wenn er nach den §§ 91–98, 269 Abs 3 ZPO die Kosten des Rechtsstreits zu tragen hat. Ist dies nicht der Fall, sind diese Kosten dem Nebenintervenienten aufzuerlegen. Die Vorschrift betrifft allein das Verhältnis von Streithelfer und Gegner der unterstützten Partei. Nur diesen können Interventionskosten auferlegt werden, niemals der unterstützten Partei, es sei denn, die Parteien vereinbaren das in einem Prozessvergleich. Zwischen Nebenintervenient und unterstützter Hauptpartei gibt es keinen prozessualen Kostenerstattungsanspruch, weil zwischen ihnen kein Rechtsstreit besteht. Dies gilt auch für die streitgenössische Nebenintervention und auch dann, wenn die Hauptpartei die Klage zurücknimmt (vgl *OLG Köln* 2 W 15/94, NJW-RR 1995, 1251 für die aktienrechtliche Anfechtungsklage). Gilt der Nebenintervenient als Streitgenosse der Hauptpartei (§ 69 ZPO – streitgenössische Nebenintervention), dann kommt allein § 100 ZPO zur Anwendung (§ 101 Abs 2 ZPO). Unterliegt die unterstützte Partei, haftet dieser Streithelfer gemäß § 100 Abs 1 ZPO nach Kopfteilen. So weit dem Gegner Kosten des Rechtsstreits auferlegt werden, erfasst dies auch die Kosten des nach § 69 ZPO als Streitgenossen anzusehenden Streithelfers.

12 **j) Erledigung der Hauptsache.** Haben die Parteien in der mündlichen Verhandlung oder durch Einreichung eines Schriftsatzes oder zu Protokoll der Geschäftsstelle den Rechtsstreit in der Hauptsache für erledigt erklärt, so entscheidet das Gericht über die Kosten unter Berücksichtigung des bisherigen Sach- und Streitstandes nach billigem Ermessen durch Beschluss (§ 91a Abs 1 S 1 ZPO). Dasselbe gilt, wenn der Beklagte der Erledigungserklärung des Klägers nicht innerhalb einer Notfrist von zwei Wochen seit der Zustellung des Schriftsatzes widerspricht, wenn der Beklagte zuvor auf diese Folge hingewiesen worden ist (§ 91a Abs 1 S 2 ZPO). Gegen die Kostenentscheidung findet die sofortige Beschwerde statt (§ 91a Abs 2 S 1 ZPO), es sei denn der Streitwert der Hauptsache übersteigt 600 € nicht (§ 91a Abs 2 S 2 ZPO). Vor der Entscheidung über die Beschwerde ist der Gegner zu hören (§ 91a Abs 2 S 3 ZPO).

Widerspricht der Beklagte der **einseitigen Erledigungserklärung des Klägers**, hat das 13
Gericht durch Urteil festzustellen, ob die Hauptsache erledigt ist. Es liegt eine
Antragsänderung in einen Feststellungsantrag vor. Diese Feststellungsklage ist abzuweisen, wenn der ursprüngliche Leistungsantrag von Anfang an unbegründet oder
unzulässig war. Hat sich dagegen nach Rechtshängigkeit der zulässige und begründete
Antrag erledigt, so stellt das Gericht dies durch Urteil fest.

Eine **teilweise Erledigungserklärung des Klägers** liegt regelmäßig dann vor, wenn der 14
Antrag nach einer Teilzahlung geändert wird in: „... abzüglich am ... gezahlter x €".
Ohne einen ausdrücklichen Widerspruch des Beklagten ist in diesem Fall von einer
übereinstimmenden Teilerledigungserklärung auszugehen, auch wenn der Beklagte
die Zurückweisung des Antrags beantragt.

k) Klagerücknahme. Wird die Klage zurückgenommen, so ist der Rechtsstreit als 15
nicht anhängig geworden anzusehen; ein bereits ergangenes, noch nicht rechtskräftiges
Urteil wird wirkungslos, ohne dass es seiner ausdrücklichen Aufhebung bedarf (§ 269
Abs 3 S 1 ZPO). Der Kläger ist verpflichtet, die Kosten des Rechtsstreits zu tragen,
soweit nicht bereits rechtskräftig über sie erkannt ist oder sie dem Beklagten aus
einem anderen Grund aufzuerlegen sind (§ 269 Abs 3 S 2 ZPO). Ist der Anlass zur
Einreichung der Klage vor Rechtshängigkeit weggefallen und wird die Klage daraufhin zurückgenommen, so bestimmt sich die Kostentragungspflicht unter Berücksichtigung des bisherigen Sach- und Streitstandes nach billigem Ermessen; dies gilt auch,
wenn die Klage nicht zugestellt wurde (§ 269 Abs 3 S 3 ZPO). Das Gericht entscheidet
gemäß § 269 Abs 4 ZPO auf Antrag über die nach § 269 Abs 3 ZPO eintretenden Wirkungen durch Beschluss. Gegen diesen Beschluss findet die sofortige Beschwerde
statt, es sei denn der Streitwert der Hauptsache übersteigt 600 € nicht (§ 269 Abs 5
S 1 ZPO).

II. Billigkeitsentscheidung in Fällen des § 21 Abs 8 (§ 49 Abs 1)

Entscheidet das Gericht in der Hauptsache gemäß § 21 Abs 8 nach billigem Ermessen, 16
so eröffnet § 49 Abs 1 denselben Maßstab für die Kostenentscheidung. Denn in solchen Fällen lässt sich kaum genau feststellen, welche Partei in welchem Verhältnis
obsiegt hat bzw. unterlegen ist (vgl BT-Drucks 16/887 S 41). Da eine Entscheidung
des Gerichts gemäß § 21 Abs 8 nach billigem Ermessen die Fälle betrifft, in denen die
Wohnungseigentümer eine nach dem Gesetz erforderliche Maßnahme nicht selbst
getroffen haben, kann es billigem Ermessen entsprechen, der Wohnungseigentümergemeinschaft die Prozesskosten aufzuerlegen.

III. Kostentragung des Verwalters (§ 49 Abs 2)

§ 49 Abs 2 ermöglicht es, dem Verwalter auch dann Prozesskosten aufzuerlegen, wenn 17
die §§ 91 ff ZPO hierfür keine Handhabe bieten. Dies ist insbesondere dann der Fall,
wenn er an dem Rechtsstreit nicht als Partei oder nur als (einfacher) Nebenintervenient beteiligt ist. Vor dem Inkrafttreten der WEG-Novelle am 1.7.2007 entschieden die
Gerichte gemäß § 47 WEG aF nach billigem Ermessen über die Verfahrenskosten. Sie
bürdeten einem am Verfahren beteiligten Verwalter Kosten auf, soweit er deren Entstehung wegen Verletzung seiner Vertragspflichten zu vertreten hatte (vgl etwa *BGH*
V ZB 2/97, ZMR 1997, 531, 533; *BGH* V ZB 3/97, NJW 1998, 755, 766 – gerichtliche
und außergerichtliche Kosten). Der Gesetzgeber wollte diese Möglichkeit aus Grün-

den der Prozessökonomie beibehalten (vgl BT-Drucks 16/887 S 41). Nach neuem Recht ist der Verwalter indes regelmäßig nicht Partei einer Anfechtungsklage nach § 46. Diesem Umstand trägt § 49 Abs 2 Rechnung. Dem Verwalter können Kosten **auch** dann auferlegt werden, wenn er nicht Partei des Rechtsstreits ist. Die Anwendung der Vorschrift wird nicht dadurch ausgeschlossen, dass der Verwalter Partei des Rechtsstreits ist (**aA** *Drasdo* in FS Bub (2007), 59, 65) Ohne die Regelung in § 49 Abs 2 müssten die Wohnungseigentümer einen materiell-rechtlichen Schadensersatzanspruch auf Erstattung von Prozesskosten stets in einem gesonderten Rechtsstreit gegen den Verwalter durchsetzen (vgl BT-Drucks 16/887 S 41).

18 § 49 Abs 2 gilt nur für die Binnenstreitigkeiten nach § 43 Nr 1 bis 4, nicht für Klagen Dritter gemäß § 43 Nr 5 und für Zwangsvollstreckungsverfahren. Diese Verfahren waren schon vor der WEG-Novelle den Kostenregeln des Zivilprozesses unterworfen. Der Gesetzgeber wollte aber nur für die frühere FGG-Verfahren die Möglichkeit aufrechterhalten, Verfahrenskosten dem Verwalter aufzubürden. Klagt daher ein Dritter erfolgreich gegen die Gemeinschaft der Wohnungseigentümer oder gegen einzelne Wohnungseigentümer, ist einem Schadensersatzanspruch der Wohnungseigentümer gegen den Verwalter nicht über § 49 Abs 2 Rechnung zu tragen (**aA** *Suilmann* in Jennißen, § 49 Rn 16).

19 § 49 Abs. 2 gilt auch für den ausgeschiedenen **Verwalter** (*LG Hamburg* 318 S 99/08, ZMR 2009, 477, 478; *Abramenko* in Riecke/Schmid, § 49 Rn 5) und für den faktischen Verwalter (*Wenzel* in Bärmann, § 49 Rn 18). Führen jedoch Fehler eines Versammlungsleiters, der nicht einmal faktischer Verwalter ist, zur Anfechtung eines Beschlusses, kommt § 49 Abs 2 nicht zur Anwendung (*Drasdo* in FS Bub (2007), S 59, 63). Gleiches gilt, wenn der Verwalter Pflichten verletzt, die er als Verwalter von Sondereigentum oder als Rechtsanwalt übernommen hat (*Suilmann* in Jennißen, § 49 Rn 17).

20 Die **Beweislast** für die Voraussetzungen des § 49 Abs 2 trägt die Prozesspartei, die sich auf die Anwendung der Vorschrift beruft.

21 § 49 Abs 2 kann auch noch in der **Rechtsmittelinstanz** angewendet werden (*Wenzel* in Bärmann, § 49 Rn 28).

22 **1. Ermessensentscheidung des Gerichts.** Wegen des Wortlauts der Norm (können) und mit Blick auf die Ausführungen in den Gesetzesmaterialien (vgl BT-Drucks 16/887 S 41) besteht Einigkeit darüber, dass das Gericht von der Regelung in § 49 Abs 2 WEG keinen Gebrauch machen muss (Vgl etwa *Abramenko* in Riecke/Schmid, § 49 Rn 3; *Hügel/Elzer* § 13 Rn 245). Nach neuem Recht entscheidet das Gericht nach pflichtgemäßem Ermessen, ob es diese Kostenregelung anwendet (vgl etwa *Wenzel* in Bärmann, § 49 Rn 19). Dies wird immer dann der Fall sein, wenn ohne besondere Schwierigkeiten, insbesondere ohne Beweisaufnahme, eine Pflichtverletzung des Verwalters und sein grobes Verschulden festgestellt werden können. Haben jedoch die Parteien den für die Beurteilung einer Kostentragungspflicht des Verwalters maßgeblichen Sachverhalt nicht oder nur unzureichend vorgetragen oder würde sich die Entscheidung verzögern, weil dem Verwalter noch Gelegenheit zur Stellungnahme zu geben ist oder ist der entscheidungserhebliche Sachverhalt streitig und bedürfte einer Beweisaufnahme, dann wird es – auch wegen der im Zivilprozess geltenden Beschleunigungsmaxime – nicht ermessensfehlerhaft sein, wenn das Gericht § 49 Abs 2 nicht anwendet (vgl *Suilmann* in Jennißen, § 49 Rn 28). Hat sich das Gericht allerdings entschlossen, eine Kostenregelung nach § 49 Abs 2 zu treffen, entscheidet es dann nicht

mehr nach billigem Ermessen. Es hat dem Verwalter die Prozesskosten aufzuerlegen, soweit er sie durch grobes Verschulden veranlasst hat (vgl aber *AG Konstanz* 12 C 16/ 08, ZWE 2008, 353, 354: nur die außergerichtlichen Kosten).

Eines Kostenantrags bedarf es nicht, da das Gericht über die Verpflichtung, die Prozesskosten zu tragen, auch ohne Antrag zu erkennen hat (§ 308 Abs 2 ZPO). Gleichwohl erscheint es sinnvoll, einen entsprechenden Antrag zu stellen, wenn die Voraussetzungen für eine Entscheidung nach § 49 Abs 2 vorliegen. 23

2. Folgen für materiell-rechtliche Schadensersatzansprüche. Die Durchsetzung eines 24 materiell-rechtlichen Kostenerstattungsanspruchs bleibt jedenfalls immer dann möglich, wenn das Gericht ausdrücklich klarstellt, dass es etwaige Schadensersatzansprüche gegen den Verwalter nicht geprüft und deshalb § 49 Abs 2 nicht angewendet hat, oder wenn das Gericht erkennbar die Vorschrift nicht anwendet, ohne Gründe dafür darzulegen (*Niedenführ* ZWE 2009, 69, 70 mwN Fn 9, 10). Ein materiell-rechtlicher Kostenerstattungsanspruch gegen den Verwalter ist dagegen ausgeschlossen, wenn das Gericht diesen Anspruch geprüft und ausdrücklich verneint hat (*Wenzel* in Bärmann, § 49 Rn 22). Der gleiche Sachverhalt, der zu einer abschließenden prozessualen Kostenentscheidung geführt hat, kann nicht erneut unter denselben Haftungsgesichtspunkten zur Nachprüfung gestellt und in seinen kostenrechtlichen Auswirkungen materiell-rechtlich entgegengesetzt beurteilt werden (*BGH* VII ZR 405/00, NJW 2002, 680). Hat das Gericht jedoch ein grobes Verschulden des Verwalters verneint und deswegen § 49 Abs 2 nicht angewendet, kann später noch ein materiell-rechtlicher Erstattungsanspruch wegen leichten Verschuldens geltend gemacht werden, denn § 49 Abs 2 ist keine materiell-rechtliche Haftungsmilderung im Sinne von § 276 Abs 1 S 1 BGB (*Greiner* Rn 1423; *Niedenführ* ZWE 2009, 69, 70; *Wenzel* in Bärmann, § 49 Rn 22; *Zöller/Herget* § 91 ZPO Rn 13 Stichwort Wohnungseigentümer; **aA** *LG Berlin* 55 T 34/08, ZMR 2009, 393, 395; *Suilmann* in Jennißen, § 49 Rn 30 f; *Drasdo* in FS Bub (2007), S 59, 67 und NZM 2009, 257, 260).

3. Folgen für andere prozessuale Kostenerstattungsansprüche. Die Kostenentscheidung nach § 49 Abs 2 verdrängt den prozessualen Kostenerstattungsanspruch gegen die unterlegene Prozesspartei. Das Risiko einer Insolvenz des Verwalters rechtfertigt es nicht, auch die unterlegene Partei gesamtschuldnerisch an den Prozesskosten zu beteiligen. Das Gesetz enthält hierfür keinen Anhaltspunkt und nach dem Veranlasserprinzip soll gerade nicht die Partei, sondern der Veranlasser die Kosten tragen (wie hier *Wenzel* in Bärmann, § 49 Rn 19; *Drasdo* NZM 2009, 257, 260/261; **aA** *Suilmann* in Jennißen, § 49 Rn 29; *Riecke* WE 2008, 148, 149). 25

4. Parteistellung des Verwalters. Soweit der Verwalter als Partei unterliegt, findet 26 § 49 Abs 2 keine Anwendung zu seinen Gunsten. Der Verwalter hat dann, ohne dass es auf sein Verschulden ankommt, nach den §§ 91 ff ZPO die Prozesskosten zu tragen (vgl etwa *Abramenko* in Riecke/Schmid, § 49 Rn 3). Ihm können aber gemäß § 49 Abs 2 zusätzlich auch solche Prozesskosten auferlegt werden, die er nach den §§ 91 ff ZPO nicht zu tragen hätte (*LG Berlin* 55 T 34/08, ZMR 2009, 393; **aA** *Drasdo* NZM 2009, 257, 259). Dies kommt etwa in Betracht, wenn der Verwalter als Streitgenosse unterliegt und deshalb nach § 100 ZPO eigentlich nur anteilig Kosten zu tragen hätte. Ist der Verwalter einfacher Nebenintervenient (Streithelfer), hat er gemäß § 101 ZPO in jedem Fall verschuldensunabhängig seine eigenen außergerichtlichen Kosten selbst zu tragen, wenn die von ihm unterstützte Partei unterliegt. Nach § 49 Abs 2 können ihm darüber hinaus Prozesskosten auferlegt werden, wenn er sie durch grobes Verschulden veranlasst hat.

27 Aber auch soweit der Verwalter als Partei obsiegt, kann § 49 Abs 2 anzuwenden sein, zB wenn er als Wohnungseigentümer erfolgreich einen Beschluss anficht, den er selbst grob pflichtwidrig zu Unrecht festgestellt hatte (vgl *AG Tempelhof-Kreuzberg* 72 C 141/07 WEG, ZMR 2008, 997; aA *Drasdo* NZM 2009, 257, 259).

28 **5. Pflichtwidriges Verhalten des Verwalters.** Der Verwalter muss eine Leistungs- oder Verhaltenspflicht verletzt haben, die er gegenüber den Wohnungseigentümern aufgrund des Verwaltervertrages – jedenfalls nach den Grundsätzen des Vertrages zugunsten Dritter – im Rahmen der Verwaltung des gemeinschaftlichen Eigentums schuldet. In Betracht kommen typischerweise Fehler bei der Einberufung, Durchführung und Abwicklung einer Eigentümerversammlung, aber auch Fehler als Prozessvertreter wie zB die Versäumung eines Verhandlungstermins, die Klage auf nicht fällige Beitragsrückstände oder eine Klage ohne erforderliche Ermächtigung nach § 27 Abs 3 S 1 Nr 7 (vgl *OLG Düsseldorf* 3 Wx 265/05, NZM 2007, 46 – zu weiteren Haftungsfällen s § 27 Rn 117).

29 **6. Kausalität der Pflichtwidrigkeit.** Veranlassung im Sinne von § 49 Abs 2 meint die Ursächlichkeit der Pflichtverletzung des Verwalters für die Entstehung von Prozesskosten, denn der innere Grund für diese prozessuale Kostenregelung sind materiellrechtliche Kostenerstattungsansprüche (str, wie hier *Drasdo* in FS Bub (2007) S 58, 64 sowie NZM 2009, 257, 258; *Suilmann* in Jenißen, § 49 Rn 21; *Zöller/Herget* § 91 ZPO Rn 13 Stichwort Wohnungseigentümer; aA *AG Straußberg* 27 C 12/08, ZWE 2009, 183, 186/187; *Wenzel* in Bärmann, § 49 Rn 23 [wie in § 93 ZPO sei der Begriff subjektiv zu verstehen]; wohl auch *Hügel/Elzer* § 13 Rn 237 und *Skrobek* ZMR 2008, 173, 175). Das pflichtwidrige Verhalten des Verwalters, ist typischerweise dann für die Entstehung von Prozesskosten ursächlich, wenn Fehler des Verwalters zur Anfechtung von Beschlüssen führen. Es genügt aber, dass eine Pflichtwidrigkeit bestimmte Kosten in einem laufenden Prozess auslöst, zB die durch Versäumnisurteil, entstehende Mehrkosten (§ 344 ZPO).

30 Ficht ein Wohnungseigentümer vorsorglich sämtliche Beschlüsse einer Eigentümerversammlung an, weil ihm trotz schriftlicher Anforderung das Protokoll nicht rechtzeitig vor Ablauf der Anfechtungsfrist vorgelegt worden sei, hat der Verwalter die Anfechtungsklage nicht veranlasst, wenn sich der Kläger durch Einsichtnahme in die Beschlusssammlung innerhalb der Anfechtungsfrist in zumutbarer Weise Kenntnis von den Beschlüssen verschaffen konnte (vgl *LG München I* 1 T 22613/07, NJW 2008, 1823). Sind Mehrkosten entstanden, weil der Kläger zunächst ein unzuständiges Gericht angerufen hat, so hat diese Mehrkosten nicht der Verwalter zu tragen. Wird eine vom Verwalter durch grobes Verschulden veranlasste Anfechtungsklage fehlerhaft auch gegen ihn als Verwalter erhoben, können ihm zwar, obwohl er obsiegt, weil die Anfechtungsklage gegen ihn als Verwalter mangels Passivlegitimation abzuweisen ist, Prozesskosten auferlegt werden. Seine außergerichtlichen Kosten und die durch seine Inanspruchnahme verursachten Mehrkosten haben allerdings in diesem Fall die Kläger zu tragen, weil der Verwalter zwar möglicherweise die Anfechtungsklage als solche, nicht aber seine eigene Inanspruchnahme, veranlasst hat. Gleiches gilt für die Kosten eines erfolglosen Rechtsmittels, denn diese Kosten sind nicht durch das Verschulden der Verwaltung verursacht, sondern durch die Entscheidung der Rechtsmittelführer, eine sachlich richtige Entscheidung nicht zu akzeptieren (*OLG München* 34 Wx 49/06, NZM 2006, 934, 935; **aA** *Drasdo* in FS Bub (2007) S 58, 68; *Skrobek* ZMR 2008, 173, 175).

7. Grobes Verschulden. – a) Grundsätze. Die Kostenentscheidung zum Nachteil des **31** Verwalters erfordert grobes Verschulden, also Vorsatz oder mindestens grobe Fahrlässigkeit (*Palandt/Bassenge* § 49 WEG Rn 4). Fahrlässig handelt, wer die im Verkehr erforderliche Sorgfalt außer Acht lässt (§ 276 Abs 2 BGB). Grob fahrlässig handelt, wer die erforderliche Sorgfalt nach den gesamten Umständen in ungewöhnlich grobem Maße verletzt und dasjenige nicht beachtet, was jedem hätte einleuchten müssen, wobei auch subjektive, in der Person des Handelnden begründete Umstände zu berücksichtigen sind (*BGH* II ZR 17/03 NJW 2005, 981, 982 mwN). Ein objektiv grober Pflichtenverstoß rechtfertigt für sich allein also noch nicht den Schluss auf ein entsprechend gesteigertes personales Verschulden, es muss eine auch subjektiv schlechthin unentschuldbare Pflichtverletzung vorliegen (*BGH* VI ZR 49/00, NJW 2001, 2092, 2093 mwN). Ob ein grobes Verschulden vorliegt, hängt deshalb auch davon ab, um welchen Verwaltertypus es sich handelt. Die Anforderungen an einen erfahrenen Berufsverwalter sind naturgemäß höher als diejenigen, die an einen unentgeltlich tätigen Amateurverwalter aus den Reihen der Wohnungseigentümer zu stellen sind (ebenso *LG Berlin* 55 T 34/08, ZMR 2009, 393, 395; *Drasdo* in FS Bub (2007) 59, 64; *Wenzel* in Bärmann, § 49 Rn 19; *Gottschalg* Rn 73). Ein gewerblicher Verwalter schuldet aufgrund des Geschäftsbesorgungsvertrages mit den Eigentümern eine Leistung, die den kaufmännischen, rechtlich-organisatorischen und technischen Aufgabenbereich der Verwaltung umfassend abdeckt (*BGH* V ZB 4/94, NJW 1996, 1216, 1218). Er muss seine Kenntnisse durch Fortbildung aktualisieren (*Gottschalg* Rn 73). Von ihm kann verlangt werden, dass er die in der Teilungserklärung getroffenen Vereinbarungen kennt und anwendet (*BGH* V ZB 3/97, NJW 1998, 755, 756). Der Verwalter haftet auch für das Verschulden seiner Erfüllungsgehilfen (§ 278 BGB).

b) Einzelfälle. Als grob fahrlässig ist einzustufen, wenn der Verwalter einen **32** **Beschluss feststellt**, obwohl ein nach der Teilungserklärung erforderliches Quorum nicht erreicht ist (*AG Tempelhof-Kreuzberg* 72 C 141/07 WEG, GE 2008, 343). Stimmt ein Verwalter mit sämtlichen ihm zur Verfügung stehenden Vollmachtsstimmen für die eigene **Entlastung** und beachtet zudem die **Vorgaben** der Teilungserklärung **zur Stimmenzählung** nicht, dann missachtet er Grundsätze der Versammlungsleitung und Beschlussfassung, die von einem geschäftsmäßigen Verwalter in jedem Fall zu beachten sind (*AG Neuss* 101 C 442/07, WuM 2008, 242). Ein grobes Verschulden des Verwalters liegt auch dann vor, wenn er in der **Jahresabrechnung Prozesskosten** auf die im Vorprozess obsiegende Partei verteilt und damit diese zur Anfechtung des Beschlusses über die Genehmigung der Jahresabrechnung veranlasst (*AG Königstein* 26 C 859/08, ZMR 2009, 236). Grobe Fahrlässigkeit wird auch vorliegen, wenn der Berufsverwalter **ohne die erforderliche Ermächtigung klagt** (*LG Hamburg* 318 S 99/ 08, ZMR 2009, 477, 478 [ausgeschiedener Verwalter]) oder nicht darauf achtet, ob die mit der Klage geltend gemachten **Beiträge** überhaupt **fällig** sind. Ebenso kann es gerechtfertigt sein, dem Verwalter die Kosten der Anfechtungsklage aufzuerlegen, wenn ein Mehrheitsbeschluss wegen unpräziser Ankündigung der Finanzierung einer größeren **Baumaßnahme** und fehlenden Vergleichsangeboten für ungültig erklärt wird (*AG Velbert* 18a C 88/08, ZMR 2009, 565). Erstellt der Verwalter durch Nichtbeachtung der Gemeinschaftsordnung rechtswidrige **Wirtschaftspläne**, die dem Grundsatz der ordnungsgemäßen Verwaltung eklatant widersprechen, handelt er grob schuldhaft (*AG Strausberg* 27 C 12/08, ZWE 2009, 183, 187). Grobes Verschulden kommt im Einzelfall auch in Betracht, wenn der Verwalter Abstimmungen, die – objektiv für alle Beteiligten erkennbar – zu einem **nichtigen Beschluss** führen, nicht verhindert (*Deckert* NZM 2009, 272).

33 **8. Rechtliches Gehör (Art 103 Abs 1 GG).** Vor einer Kostengrundentscheidung nach § 49 Abs 2 ist dem Verwalter rechtliches Gehör zu gewähren (*LG Frankfurt* 2/13 T 33/08, NZM 2009, 166; *LG Lüneburg* 9 T 2/09, NZM 2009, 285). Hierfür genügt die bloße Beiladung (§ 48 Abs 1 S 2) regelmäßig nicht. Das Gericht muss grundsätzlich durch Zustellung eines Hinweises sicherstellen, dass der Verwalter von der beabsichtigten Anwendung des § 49 Abs 2 Kenntnis erlangt (*Abramenko* in Riecke/Schmid, § 49 Rn 5; *Wenzel* in Bärmann, § 49 Rn 27). Ein solcher Hinweis wird selbst dann geboten sein, wenn der Verwalter als Wohnungseigentümer Partei des Rechtsstreits ist und das Gericht § 49 Abs 2 ohne entsprechenden Kostenantrag von Amts wegen anwenden will. Sofern der Verwalter die von den Parteien zur Akte gereichten Schriftsätze nicht bereits aufgrund seiner Stellung als Partei, Streithelfer, Prozessbevollmächtigter oder Zustellungsvertreter kennt, muss sie ihm das Gericht übermitteln, soweit sie Vortrag zu den Voraussetzungen des Kostenerstattungsanspruchs enthalten. Eine Verletzung rechtlichen Gehörs verhilft einem **Rechtsmittel** des Verwalters nur dann zum Erfolg, wenn die Kostenentscheidung zu seinen Lasten darauf beruht. Hierfür genügt, dass eine andere Kostenentscheidung im Falle der Gewährung rechtlichen Gehörs nicht ausgeschlossen werden kann. Ist auch nach dem Vortrag im Rahmen der sofortigen Beschwerde eine andere Kostenentscheidung ausgeschlossen, bleibt das Rechtsmittel ohne Erfolg (vgl *LG Lüneburg* 9 T 2/09, NZM 2009, 285). Ist die Beschwerde nicht statthaft, weil der Wert des Beschwerdegegenstandes 200 € nicht übersteigt, dann kann die Verletzung rechtlichen Gehörs gemäß § 321a ZPO gerügt werden. Das Verfahren ist in erster Instanz fortzuführen, wenn das Gericht den Anspruch des Verwalters auf rechtliches Gehör in entscheidungserheblicher Weise verletzt hat und der Verwalter eine den Anforderungen des § 321a ZPO genügende Rüge erhoben hat.

IV. Anfechtung der Kostenentscheidung

34 Die Anfechtung der Kostenentscheidung ist grundsätzlich unzulässig, wenn nicht gegen die Entscheidung in der Hauptsache ein Rechtsmittel eingelegt wird (§ 99 Abs 1 ZPO). Von diesem Grundsatz gelten Ausnahmen für die Fälle der isolierten Kostenentscheidung bei übereinstimmenden Erledigungserklärungen (s Rn 12) und Klagerücknahme (s Rn 15) und für die Kostenentscheidung im Anerkenntnisurteil (s Rn 5).

35 Werden dem **Verwalter**, der nicht Prozesspartei ist, gemäß § 49 Abs 2 Kosten auferlegt, kann er die Kostenentscheidung – sofern die weiteren Voraussetzungen der §§ 567 ff ZPO vorliegen – durch sofortige Beschwerde anfechten (*LG Frankfurt* 2/13 T 33/08, NZM 2009, 166). § 99 Abs 1 ZPO, wonach die Anfechtung der Kostenentscheidung unzulässig ist, wenn nicht gegen die Entscheidung in der Hauptsache ein Rechtsmittel eingelegt wird, findet bei einer Kostenentscheidung gegenüber einem Dritten, der nicht Prozesspartei ist, keine (entsprechende) Anwendung (*BGH* IVb ZR 5/86, NJW 1988, 49). Die Beschwerde ist nur zulässig, wenn der Wert des Beschwerdegegenstandes 200 € übersteigt (§ 567 Abs 2 ZPO). Keine Anwendung findet § 99 Abs 2 S 2 ZPO, wonach die sofortige Beschwerde ausgeschlossen ist, wenn der Streitwert

der Hauptsache die Berufungssumme von 600 € nicht übersteigt, da der Verwalter am Streit über die Hauptsache gerade nicht beteiligt ist (ebenso *Elzer* Info-M 2008, 345; a*A Lehmann-Richter* ZWE 2009, 74, 75). Ist der Verwalter zugleich als Wohnungseigentümer Prozesspartei, dürfte trotz der Möglichkeit Berufung einzulegen, eine sofortige Beschwerde gegen die Kostenentscheidung insoweit statthaft sein, als ihm gemäß § 49 Abs 2 zusätzlich auch solche Prozesskosten auferlegt werden, die er als Partei nach den §§ 91 ff ZPO nicht zu tragen hätte (*LG Berlin* 55 T 34/08, ZMR 2009, 393; offen gelassen *LG Frankfurt* 2/13 T 33/08, NZM 2009, 166). Die zweiwöchige Beschwerdefrist des § 569 ZPO beginnt in einem solchen Fall mit der Zustellung an Prozessbevollmächtigten der Wohnungseigentümer, wenn dieser sich zugleich für den beizuladenden Verwalter gemeldet hatte (vgl *LG Frankfurt* 2/13 T 33/08, NZM 2009, 166). Das Rechtsmittelgericht darf ohne ein Rechtsmittel des nicht als Partei am Prozess beteiligten Verwalters die Kostenentscheidung nach § 49 Abs 2 nicht zu Gunsten des Verwalters abändern (*Drasdo* NZM 2009, 257, 260). Erhebt der Verwalter gegen die Kostenentscheidung nach § 49 Abs 2 sofortige Beschwerde und legen auch die in der Hauptsache unterlegenen Wohnungseigentümer Berufung ein, dann entscheidet das Berufungsgericht im Berufungsurteil einheitlich über die Prozesskosten, da bei einem Erfolg der Beschwerde des Verwalters sich die Kostenverteilung zwischen den Parteien nach dem Ergebnis des Berufungsverfahrens richten muss (a*A Lehmann-Richter* ZWE 2009, 74, 75: Vorabentscheidung über die Beschwerde).

Sieht das Gericht von einer Kostenentscheidung nach § 49 Abs 2 ab, weil es den Sachverhalt für nicht hinreichend aufgeklärt erachtet oder weil die weitere Aufklärung die Erledigung des Rechtsstreits ungebührlich verzögern würde, steht den Parteien hiergegen ein isoliertes Rechtsmittel nicht zu (*Suilmann* in Jennißen, § 49 Rn 38). Wendet das Gericht § 49 Abs 2 jedoch deswegen nicht an, weil es eine materiell-rechtliche Kostenstattungspflicht des Verwalters verneint, muss hiergegen für nachteilig betroffene Wohnungseigentümer die sofortige Beschwerde möglich sein, soweit dadurch ein materiell-rechtlicher Kostenerstattungsanspruch rechtskräftig aberkannt wird (*Wenzel* in Bärmann, § 49 Rn 29). 36

V. Überblick über die Rechtsanwaltsgebühren

Die Vergütung der Rechtsanwälte regelt das **RVG**. 37

Die Höhe der Vergütung bestimmt sich gemäß § 2 Abs 2 RVG nach dem **Vergütungsverzeichnis** (VV) der Anlage 1 zum RVG. Eine nähere Darstellung der Einzelheiten muss hier unterbleiben. Grundsätzlich gilt Folgendes: 38

Es entstehen im Prozess regelmäßig **2 Gebühren**; die **Verfahrensgebühr** (Nr 3100 VV) mit einem Gebührensatz von **1,3** und die **Terminsgebühr** (Nr 3104 VV) mit einem Gebührensatz von **1,2**. 39

Die **Verfahrensgebühr** entsteht gemäß der amtlichen **Vorbemerkung 3 II** für das Betreiben des Geschäfts einschließlich der Information. 40

Ist wegen desselben Gegenstands eine **Geschäftsgebühr** (Nrn 2300 bis 2303 VV) für die außergerichtliche Vertretung des Mandanten entstanden, **wird** gemäß der amtlichen **Vorbemerkung 3 IV** diese Gebühr **zur Hälfte**, jedoch höchstens mit einem Gebührensatz von 0,75, auf die Verfahrensgebühr des gerichtlichen Verfahrens **angerechnet**. Nach der Rechtsprechung des *BGH* (vgl etwa *BGH* VIII ZB 57/07, NJW 41

2008, 1323) ist die Anrechnung der Geschäftsgebühr auf die Verfahrensgebühr im Kostenfestsetzungsverfahren nach §§ 103 ff ZPO zu berücksichtigen, so dass die Verfahrensgebühr (Nrn 3100, 3101 VV) stets nur in dem durch die Anrechnung verringerten Umfang festgesetzt werden kann. Mit einem neuen **§ 15a RVG** (siehe den Gesetzentwurf BT-Drucks 16/11385 und BT-Drucks 16/12717) will der Gesetzgeber die Probleme beseitigen, die in der Praxis aufgrund von Entscheidungen des BGH zur Anrechnung der anwaltlichen Geschäftsgebühr auf die Verfahrensgebühr aufgetreten sind. Durch neue Vorschrift soll die Wirkung der Anrechnung sowohl im Innenverhältnis zwischen Anwalt und Mandant als auch gegenüber Dritten, also insbesondere im gerichtlichen Kostenfestsetzungsverfahren, nunmehr ausdrücklich geregelt werden. Insbesondere wird klargestellt, dass sich die Anrechnung im Verhältnis zu Dritten grundsätzlich nicht auswirkt. In der Kostenfestsetzung muss also eine Verfahrensgebühr auch dann in voller Höhe festgesetzt werden, wenn eine Geschäftsgebühr entstanden ist, die auf sie angerechnet wird. Sichergestellt wird jedoch, dass ein Dritter nicht über den Betrag hinaus auf Ersatz oder Erstattung in Anspruch genommen werden kann, den der Rechtsanwalt von seinem Mandanten verlangen kann.

42 Die Anrechnung erfolgt nach dem Wert des Gegenstands, der in das gerichtliche Verfahren übergegangen ist. Die Geschäftsgebühr, die nicht angerechnet wird, kann als Verzugsschaden geltend gemacht werden, wobei es sich um eine Nebenforderung handelt.

43 Die **Terminsgebühr** entsteht gemäß der amtlichen **Vorbemerkung 3 III** für die Vertretung in einem Verhandlungs-, Erörterungs- oder Beweisaufnahmetermin oder die Wahrnehmung eines von einem gerichtlich bestellten Sachverständigen anberaumten Termins oder die Mitwirkung an auf die Vermeidung oder Erledigung des Verfahrens gerichteten Besprechungen ohne Beteiligung des Gerichts; dies gilt nicht für Besprechungen mit dem Auftraggeber.

44 Anspruch auf die Terminsgebühr hat der Rechtsanwalt gemäß Nr 3104 Abs 1 Nr 1 VV auch dann, wenn in einem Verfahren, für das mündliche Verhandlung vorgeschrieben ist, im Einverständnis mit den Parteien oder gemäß § 307 oder § 495a ZPO ohne mündliche Verhandlung entschieden oder in einem solchen Verfahren ein schriftlicher Vergleich geschlossen wird. Wird nur ein Termin wahrgenommen, in dem eine Partei nicht erschienen oder nicht ordnungsgemäß vertreten ist und lediglich ein Antrag auf Versäumnisurteil oder zur Prozess- oder Sachleitung gestellt wird, beträgt gemäß Nr 3105 VV der Gebührensatz der Terminsgebühr nur 0,5.

45 Darüber hinaus hat der Rechtsanwalt Anspruch auf eine **Einigungsgebühr** (Nr 1000, 1003 VV), wenn es zu einer Einigung kommt.

46 Das Verfahren in der Hauptsache und das Verfahren über einen **Antrag auf Erlass einer einstweiligen Verfügung** sind gemäß § 17 Nr a) RVG verschiedene Angelegenheiten in den jeweils gesonderte Gebühren entstehen.

47 Zudem hat der Rechtsanwalt noch Anspruch auf Erstattung von **Auslagen** gemäß Nr 7000 – 7007 VV und von **Umsatzsteuer** gemäß Nr 7008 VV.

48 Für den **Antrag auf Erlass eines Mahnbescheids** erhält der Rechtsanwalt eine volle Gebühr (Nr 3305 VV). Diese wird auf die Verfahrensgebühr eines nachfolgenden Rechtsstreits angerechnet.

In der **Berufungsinstanz** entsteht die **Verfahrensgebühr** (Nr 3200 VV) mit einem Gebührensatz von **1,6** und die **Terminsgebühr** (Nr. 3202 VV) mit einem Gebührensatz von **1,2**.	49
Der Rechtsanwalt, der für eine Mehrheit von Wohnungseigentümern tätig wird, hat Anspruch auf die **Erhöhung der Verfahrensgebühr** nach Nr 1008 VV (*BGH* III ZR 109/82, MDR 1984, 561 [zu § 6 Abs 1 S 2 BRAGO]). Die Verfahrensgebühr erhöht sich für jeden weiteren Auftraggeber um 0,3. Mehrere Erhöhungen dürfen jedoch 2,0 nicht übersteigen, so dass der Rechtsanwalt maximal eine Verfahrensgebühr in Höhe von 3,3 beanspruchen kann. Dies gilt auch, wenn die Wohnungseigentümer durch einen Verwalter vertreten werden (hM [zu § 6 Abs 1 S 2 BRAGO]: *BGH* III ZR 255/ 85, NJW 1987, 2240, mwN; **aA**: *OLG Köln* 17 W 139/84, JurBüro 1985, 66; *OLG Koblenz* 14 W 92/85, Rpfl 1985, 416).	50
Vertritt der Rechtsanwalt die **Wohnungseigentümergemeinschaft** als teilrechtsfähigen Verband, entsteht die Erhöhungsgebühr nicht (vgl *Zöller/Herget* § 91 ZPO Rn 13 Stichwort Wohnungseigentümer mwN auch zu Übergangsfällen). Dies gilt insbesondere für die Klagen auf Zahlung von Wohngeld.	51
Die Gebühren werden gemäß § 2 Abs 1 RVG nach dem Wert berechnet, den der Gegenstand der anwaltlichen Tätigkeit hat (Gegenstandswert). Der **Gegenstandswert** wird in der Regel durch den vom Gericht festgesetzten Streitwert bestimmt (§§ 23, 32 RVG). Deshalb kann der Rechtsanwalt aus eigenem Recht Rechtsmittel gegen die Festsetzung des Streitwerts einlegen (§ 32 Abs 2 RVG). Eine gesonderte Festsetzung des Streitwerts nur für die Anwaltsgebühren erfolgt nach § 33 RVG, wenn sich die gerichtliche Tätigkeit, für die Gebühren festgesetzt worden sind, in Bezug auf den Streitgegenstand nicht mit der anwaltlichen Tätigkeit deckt. Verteidigt ein einzelner Wohnungseigentümer eigenständig die Gültigkeit eines Beschlusses mit anwaltlicher Hilfe, ist der Eigentümerbeschluss insgesamt Streitgegenstand und dessen Gesamtwert auch Grundlage für die anwaltlichen Gebühren. Eine Aufspaltung des Streitwerts auf die einzelnen Beteiligten nach § 33 RVG scheidet hier aus (*KG* WuM 1997, 523 [zu § 10 BRAGO]).	52
Die Höhe einer vollen Gebühr bestimmt § 13 RVG. Die **Gebührentabelle** ist abgedruckt im Anhang zu § 50. Sofern sich der Streitwert im Verlauf eines Verfahrens ändert, sind unter Umständen auch im Hinblick auf die Rechtsanwaltsgebühren Stufenwerte festzusetzen.	53

§ 50 Kostenerstattung

Den Wohnungseigentümern sind als zur zweckentsprechenden Rechtsverfolgung oder Rechtsverteidigung notwendige Kosten nur die Kosten eines bevollmächtigten Rechtsanwalts zu erstatten, wenn nicht aus Gründen, die mit dem Gegenstand des Rechtsstreits zusammenhängen, eine Vertretung durch mehrere bevollmächtigte Rechtsanwälte geboten war.

Übersicht

	Rn		Rn
I. Gesetzesmaterialien	1	1. Verfahren	5
II. Regelungsinhalt des § 50	2	2. Erstattungsfähigkeit	9
III. Kostenfestsetzung	5	IV. Kostenansatz	11

Literatur: *Drasdo* Die Kostenerstattungsbegrenzung gemäß § 50 WEG, ZMR 2008, 266.

I. Gesetzesmaterialien

1 Beschlussempfehlung Rechtsausschuss (BT- Drucks 16/3843 S 58).

II. Regelungsinhalt des § 50

2 § 50 wurde auf Empfehlung des Rechtsausschusses in das WEG aufgenommen, um das Kostenrisiko für den anfechtenden Wohnungseigentümer zu begrenzen. Nach den bisherigen praktischen Erfahrungen wäre zwar auch ohne die Regelung des § 50 nicht zu erwarten gewesen, dass ein einzelner Wohnungseigentümer häufig einer Vielzahl von Wohnungseigentümern gegenüberstehen wird, die sich jeweils durch einen eigenen Anwalt vertreten lassen. Schon zur Begrenzung ihres eigenen Kostenrisikos wird sich die Gruppe der verklagten Wohnungseigentümer wie bisher durch einen gemeinsamen Rechtsanwalt vertreten lassen. Die Vorschrift, die insoweit vorsorglich berechtigten Interessen der Anfechtungskläger Rechnung trägt, hat Bedeutung für alle Rechtsstreitigkeiten, in denen die Wohnungseigentümer als Streitgenossen auftreten. In Streitigkeiten, an denen die Gemeinschaft der Wohnungseigentümer als teilrechtsfähiger Verband beteiligt ist, wird sie nicht praktisch.

3 Insbesondere in einem Beschlussanfechtungsverfahren, in dem die beklagten Wohnungseigentümer obsiegen, wird der Anspruch auf Kostenerstattung im Regelfall nur die Kosten eines gemeinsam bevollmächtigten Rechtsanwalts umfassen. Ein einzelner Wohnungseigentümer, der ohne einen triftigen Grund zusätzlich zu dem vom Verwalter bestellten Rechtsanwalt, für die eigene Interessenvertretung beauftragt, wird dessen Kosten nicht erstattet bekommen. Die beklagten Wohnungseigentümer verfolgen in der Sache dasselbe Ziel, nämlich die Abwehr der von der Klägerseite erhobenen Einwendungen gegen die Wirksamkeit eines von ihnen gefassten Beschlusses, weshalb die Beauftragung eines gemeinsamen Rechtsanwalts grundsätzlich ausreichend ist (*BGH* V ZB 11/09, NJW 2009, 3168 Tz 8). § 50 enthält keine Regelung, welche Rechtsanwaltskosten zu erstatten sind, wenn sich die Wohnungseigentümer durch mehrere Rechtsanwälte haben vertreten lassen, ohne dass dies geboten war. Eine vorrangige Kostenerstattung ist gerechtfertigt, wenn der Verwalter im Auftrag der Wohnungseigentümer einen Rechtsanwalt mandatiert hat. Dies trägt der gesetzlichen Befugnis des Verwalters gemäß § 27 Abs 2 Nr 2 Rechnung, das Beschlussanfechtungsverfahren im Namen aller Wohnungseigentümer mit Wirkung für und gegen sie zu führen (*BGH* V ZB 11/09, NJW 2009, 3168 Tz 16; *Suilmann* in Jennißen, § 50 Rn 16; *Wenzel* in Bärmann, § 50 Rn 11 aE; *Spielbauer/Then*, § 50 Rn 5; AnwK-BGB/*Schultzky*, § 50 WEG Rn 5; Abramenko/*Frohne* Handbuch WEG, § 8 Rn 203; *Drasdo* ZMR 2008, 266, 268; aA *Hügel/Elzer* § 13 Rn 252).

4 Mehrere Anfechtungskläger, die gesondert Klagen einreichen, werden dagegen im Regelfall ihre Kosten voll erstattet erhalten, wenn der Beschluss für ungültig erklärt wird. Dies gilt in jedem Fall dann, wenn ihre Angriffe gegen die Gültigkeit des Beschlusses zumindest teilweise gegensätzlich sind (*LG Berlin* 82 T 447/08, Info-M 2009, 141).

III. Kostenfestsetzung

5 1. Verfahren. Die Kostenfestsetzung erfolgt gemäß §§ 103–107 ZPO. Die Kostenfestsetzung ist erst zulässig, wenn eine rechtskräftige Kostenentscheidung vorliegt. Zuständig ist der Rechtspfleger (§ 21 Nr 1 RpflG).

Kostenerstattung § 50 WEG II

Das dritte Gesetz zur Änderung des Rechtspflegergesetzes und anderer Gesetze vom 6.8.1998 (BGBl I S 2030) hat die Durchgriffserinnerung ersetzt durch das Rechtsmittel, das nach den allgemeinen verfahrensrechtlichen Vorschriften zulässig ist (§ 11 Abs 1 RpflG). Gegen die Entscheidung des Rechtspflegers über den Kostenfestsetzungsantrag ist danach grundsätzlich die **sofortige Beschwerde** zulässig (§ 104 Abs 3 ZPO). Der Rechtspfleger kann der sofortigen Beschwerde abhelfen (§ 572 ZPO). Er legt sie nicht dem Instanzrichter, sondern unmittelbar dem Beschwerdegericht vor, das über das Rechtsmittel gegen den Kostenfestsetzungsbeschluss entscheidet. Gemäß § 568 Abs 1 ZPO entscheidet grundsätzlich der Einzelrichter. Gegen die Beschwerdeentscheidung des Landgerichts ist die weitere sofortige Beschwerde nicht zulässig (§ 568 Abs 3 ZPO). 6

Die sofortige Beschwerde ist aber nur statthaft, wenn der Wert des Beschwerdegegenstandes 200 € übersteigt (§ 567 Abs 2 ZPO). **Wird der Beschwerdewert von 200 Euro nicht erreicht**, findet gemäß § 11 Abs 2 S 1 RpflG gegen den Kostenfestsetzungsbeschluss die **befristete Erinnerung** statt. Der Rechtspfleger kann der befristeten Erinnerung abhelfen (§ 11 Abs 2 S 2 RpflG). Der durch die Abhilfeentscheidung beschwerte Beteiligte kann gegen sie befristete Erinnerung einlegen (§ 11 Abs 2 S 1 RpflG). Hilft der Rechtspfleger einer befristeten Erinnerung nicht ab (§ 11 Abs 2 S 1 RpflG), so legt er sie dem Instanzrichter vor (§ 11 Abs 2 S 3 RpflG), der endgültig entscheidet. Auf die befristete Erinnerung finden die Vorschriften über die Beschwerde sinngemäß Anwendung (§ 11 Abs 2 S 4 RpflG). Das Erinnerungsverfahren ist gerichtsgebührenfrei (§ 11 Abs 4 RpflG). 7

Einwendungen gegen die Vollstreckbarkeit eines Kostenfestsetzungsbeschlusses muss der Schuldner im Wege der Vollstreckungsabwehrklage nach § 767 ZPO iVm §§ 794 Abs 1 Nr 2, 795 ZPO erheben. Für die Berufung gegen das in dem Vollstreckungsabwehrverfahren ergangene erstinstanzliche Urteil gilt die besondere Zuständigkeitsregelung § 72 Abs 2 S 1 GVG (*BGH* V ZB 188/08, NZM 2009, 322). 8

2. Erstattungsfähigkeit. Über die Erstattungsfähigkeit wird im Kostenfestsetzungsverfahren entschieden, soweit nicht die Kostenentscheidung die Erstattung oder Nichterstattung bestimmter Einzelposten ausdrücklich anordnet. Erstattungsfähig sind grundsätzlich nur solche Kosten, die zur zweckentsprechenden Erledigung der Angelegenheit notwendig waren. Von der Sonderregelung des § 50 abgesehen gelten die zu § 91 Abs 1 ZPO entwickelten Grundsätze, deren Darstellung hier zu weit führen würde. 9

Zur Klagepauschale des Verwalters siehe § 28 Rn 189. 10

IV. Kostenansatz

Von der Kostenfestsetzung zu unterscheiden ist der Kostenansatz, dh die Aufstellung der Kostenrechnung zugunsten der Staatskasse (vgl § 4 Abs 1 KostVerf). Gemäß § 19 Abs 1 S 1 Nr 1 GKG werden die Kosten bei dem Gericht angesetzt, bei dem die Angelegenheit anhängig ist oder zuletzt anhängig war. Die Kosten für ein Rechtsmittelverfahren sind bei dem Rechtsmittelgericht anzusetzen (§ 19 Abs 1 S 1 Nr 1 GKG). Der Kostenansatz kann im Verwaltungsweg berichtigt werden, solange nicht eine gerichtliche Entscheidung getroffen ist (§ 19 Abs 5 S 1 GKG). Ergeht nach der gerichtlichen Entscheidung über den Kostenansatz eine Entscheidung, durch die der Streitwert anders festgesetzt wird, kann der Kostenansatz ebenfalls berichtigt werden (§ 19 Abs 5 S 2 GKG). 11

Niedenführ

II WEG § 50   Kostenerstattung

12 Das Gericht, bei dem die Kosten angesetzt sind, ist auch zuständig für die Entscheidung über eine **Erinnerung** des Kostenschuldners oder der Staatskasse **gegen den Kostenansatz** (§ 66 Abs 1 S 1 GKG). Die Erinnerung ist bei dem Gericht einzulegen, das für die Entscheidung über die Erinnerung zuständig ist (§ 66 Abs 5 S 2 GKG). Das Gericht entscheidet über die Erinnerung durch eines seiner Mitglieder als **Einzelrichter** (§ 66 Abs 6 S 1 GKG). Der Einzelrichter überträgt das Verfahren der Kammer oder dem Senat, wenn die Sache besondere Schwierigkeiten tatsächlicher oder rechtlicher Art aufweist oder die Rechtssache grundsätzliche Bedeutung hat (§ 66 Abs 6 S 2 GKG) Auf eine erfolgte oder unterlassene Übertragung kann ein Rechtsmittel nicht gestützt werden (§ 66 Abs 6 S 4 GKG).

13 Gegen die Entscheidung über die Erinnerung findet die **Beschwerde** statt, wenn der Wert des Beschwerdegegenstandes 200 € übersteigt (§ 66 Abs 2 S 1 GKG) oder sie wegen der grundsätzlichen Bedeutung zugelassen worden ist (§ 66 Abs 2 S 2 GKG). Soweit das Gericht die Beschwerde für zulässig und begründet hält, hat es ihr abzuhelfen; im Übrigen ist die Beschwerde unverzüglich dem Beschwerdegericht vorzulegen (§ 66 Abs 3 S 1 GKG).

14 **Beschwerdegericht** ist das nächsthöhere Gericht (§ 66 Abs 3 S 2 GKG). Eine Beschwerde an einen obersten Gerichtshof des Bundes findet nicht statt (§ 66 Abs 3 S 3 GKG). Das Beschwerdegericht ist an die Zulassung der Beschwerde gebunden; die Nichtzulassung ist unanfechtbar (§ 66 Abs 3 S 4 GKG). Die Beschwerde ist bei dem Gericht einzulegen, dessen Entscheidung angefochten wird (§ 66 Abs 5 S 4 GKG). Das Gericht entscheidet über die Beschwerde durch eines seiner Mitglieder als Einzelrichter, wenn die angefochtene Entscheidung von einem Einzelrichter erlassen wurde (§ 66 Abs 6 S 1 GKG). Der Einzelrichter überträgt das Verfahren der Kammer, wenn die Sache besondere Schwierigkeiten tatsächlicher oder rechtlicher Art aufweist oder die Rechtssache grundsätzliche Bedeutung hat (§ 66 Abs 6 S 2 GKG) Auf eine erfolgte oder unterlassene Übertragung kann ein Rechtsmittel nicht gestützt werden (§ 66 Abs 6 S 4 GKG).

15 **Anträge und Erklärungen** können zu Protokoll der Geschäftsstelle abgegeben oder schriftlich eingereicht werden; § 129a der Zivilprozessordnung gilt entsprechend (§ 66 Abs 5 S 1 GKG).

16 Erinnerung und Beschwerde haben **keine aufschiebende Wirkung** (§ 66 Abs 7 S 1 GKG). Das Gericht oder das Beschwerdegericht kann auf Antrag oder von Amts wegen die aufschiebende Wirkung ganz oder teilweise anordnen (§ 66 Abs 7 S 2 GKG).

17 Die **weitere Beschwerde** ist nur statthaft, wenn sie das Landgericht als Beschwerdegericht wegen der grundsätzlichen Bedeutung der zur Entscheidung stehenden Frage zulässt und sie darauf gestützt wird, dass die Entscheidung auf einer Verletzung des Rechts (§§ 546, 547 ZPO) beruht (§ 66 Abs 4 GKG).

18 Die Verfahren über die Erinnerung und die Beschwerde sind **gebührenfrei**; **Kosten werden nicht erstattet** (§ 66 Abs 8 GKG).

Anhang zu § 50
§ 49a GKG

§ 49a Wohnungseigentumssachen

(1) ¹Der Streitwert ist auf 50 Prozent des Interesses der Parteien und aller Beigeladenen an der Entscheidung festzusetzen. ²Er darf das Interesse des Klägers und der auf seiner Seite Beigetretenen an der Entscheidung nicht unterschreiten und das Fünffache des Wertes ihres Interesses nicht überschreiten. ³Der Wert darf in keinem Fall den Verkehrswert des Wohnungseigentums des Klägers und der auf seiner Seite Beigetretenen übersteigen.

(2) ¹Richtet sich eine Klage gegen einzelne Wohnungseigentümer, darf der Streitwert das Fünffache des Wertes ihres Interesses sowie des Interesses der auf ihrer Seite Beigetretenen nicht übersteigen. ²Absatz 1 Satz 3 gilt entsprechend.

Übersicht

	Rn		Rn
I. Gesetzesmaterialien	1	2. Obergrenze	7
II. Regelungszweck	2	3. Beispiel:	8
III. Halbes Gesamtinteresse		4. Verkehrswertgrenze	
(§ 49a Abs 1 S 1)	4	(§ 49a Abs 1 S 3)	9
IV. Aktivprozesse einzelner		V. Prozesse gegen einzelne	
Wohnungseigentümer	5	Wohnungseigentümer	10
1. Höheres Einzelinteresse des		VI. Einzelfälle	11
Klägers	6	VII. Streitwertbeschwerde	52

Literatur: *Einsiedler* Der Gebührenstreitwert in Wohnungseigentumssachen, ZMR 2008, 765; *Heinemann* Der Streitwert der Entziehungsklage nach der WEG-Reform, MietRB 2008, 90.

I. Gesetzesmaterialien

Gegenäußerung der Bundesregierung BT-Drucks 16/887 S 76. **1**

II. Regelungszweck

Die von der WEG-Novelle 2007 vorgenommene Erstreckung der ZPO-Regelungen **2** auf Verfahren in Wohnungseigentumssachen bewirkt, dass die Gerichtskosten nach den Regelungen des Gerichtskostengesetzes (§ 1 Nr 1a GKG) zu erheben sind. Die Gebühren nach dem GKG sind bei demselben Wert um etwa das Vierfache höher als die Gebühren nach der KostO. Die **Gebührentabelle** ist abgedruckt am Ende des Anhangs zu § 50. Außerdem hat eine unterlegene Partei gemäß § 91 Abs 1 S 1 ZPO in der Regel die notwendigen außergerichtlichen Kosten der Gegenseite zu erstatten (vgl § 49 Rn 3).

Weil es mit der aus dem Rechtsstaatsprinzip folgenden Justizgewährungspflicht nicht **3** vereinbar ist, den Rechtsuchenden durch Vorschriften über die Gerichts- und Rechtsanwaltsgebühren oder deren Handhabung mit einem Kostenrisiko zu belasten, das außer Verhältnis zu seinem Interesse an dem Verfahren steht und die Anrufung des Gerichts bei vernünftiger Abwägung als wirtschaftlich nicht mehr sinnvoll erscheinen

II WEG Anhang zu § 50 Streitwert in Wohnungseigentumssachen

lässt, begrenzt § 49a GKG das Kostenrisiko (vgl BT-Drucks 16/887 S 76). Nach den Regeln dieser Vorschrift wurde teilweise bereits vor dem 1.7.2007 praktiziert (vgl *OLG Köln* 16 Wx 256/06, NZM 2007, 216). § 49a GKG gilt nach Sinn und Zweck nicht für Klagen Dritter nach § **43 Nr 5** (ebenso *Wenzel* in Bärmann, § 49 Rn 116; vgl auch *Briesemeister* NZM 2007, 345, 346).

III. Halbes Gesamtinteresse (§ 49a Abs 1 S 1)

4   Ausgangspunkt für die Streitwertbemessung ist das gesamte Interesse aller an dem Verfahren Beteiligten, weil die Rechtskraft des Urteils sich nicht allein auf die Parteien, sondern auf alle beigeladenen Wohnungseigentümer, sowie in den Fällen des § 43 Nr 2 und 3 auch auf den Verwalter erstreckt. Im Hinblick auf das mit den höheren Gerichtskosten verbundene erhöhte Kostenrisiko wird der Streitwert jedoch auf 50% des Gesamtinteresses begrenzt (§ 49a Abs 1 S 1 GKG).

IV. Aktivprozesse einzelner Wohnungseigentümer

5   Für Aktivprozesse einzelner Wohnungseigentümer gilt: 50% des Gesamtinteresses, mindestens das Interesse des Klägers, maximal das fünffache Interesse des Klägers (vgl dazu etwa *LG Nürnberg-Fürth* 14 T 2925/08, ZMR 2008, 737; *LG Hamburg* 318 T 79/08, ZMR 2009, 71).

6   **1. Höheres Einzelinteresse des Klägers.** Ist das Interesse auf der Seite des Klägers, einschließlich der ihm Beigetretenen, an der Entscheidung höher, so ist der Wert dieses Interesses maßgebend (§ 49a Abs 1 S 2 GKG), denn sonst wären die auf der Seite des Klägers Beteiligten in WEG-Verfahren ohne einen sachlichen Grund gegenüber anderen ZPO-Verfahren besser gestellt (vgl BT-Drucks 16/887 S 41).

7   **2. Obergrenze.** Der Streitwert darf das Fünffache des Werts des Interesses des Klägers und der auf seiner Seite Beigetretenen an der Entscheidung nicht überschreiten.

8   **3. Beispiel.** Anfechtungsklage gegen den Beschluss über die Sanierung der Fassade, die 100 000 € kosten soll. Der Kläger hat Miteigentumsanteile von 100/10 000 und müsste sich daher an den Kosten der Sanierung mit 1 000 € beteiligen. 50% des Gesamtinteresses wären 50 000 €. Das Interesse des Klägers beläuft sich auf 1 000 €. Das fünffache Interesse des Klägers und damit der Streitwert beträgt 5000 €.

2,5 Anwaltsgebühren aus 5000 € betragen 752,50 € für den eigenen Anwalt.

2,5 Anwaltsgebühren aus 5000 € betragen 752,50 € für den Anwalt der Beklagten.

3 Gerichtsgebühren betragen 363 €.

Das Kostenrisiko des Klägers für eine Instanz beträgt danach (auf Grundlage der Nettogebühren) rund 1870 € und übersteigt damit deutlich sein Eigeninteresse.

9   **4. Verkehrswertgrenze (§ 49a Abs 1 S 3).** Die weitere Begrenzung des Streitwerts auf den Verkehrswert des Wohneigentums dient der Justizgewährungspflicht für solche Ausnahmefälle, in denen das Fünffache des Eigeninteresses der klagenden Partei zwar geringer ist als 50% des Interesses aller an dem Rechtsstreit Beteiligten, gleichwohl der Streitwert nach dem Fünffachen des Eigeninteresses so hoch ausfiele, dass ein zu dem wirtschaftlichen Interesse an dem Verfahren unverhältnismäßig hohes Kostenrisiko entstünde (vgl BT-Drucks 16/887 S 54).

V. Prozesse gegen einzelne Wohnungseigentümer

Für Passivprozesse, zu denen Zahlungsklagen gegen einzelne Wohnungseigentümer 10
zählen, gilt: 50% des Gesamtinteresses, mindestens das Interesse des Klägers, maximal
das fünffache Interesse des Beklagten. Auch hier gilt die Verkehrwertgrenze des § 49a
Abs 1 S 3 GKG.

VI. Einzelfälle

Die Rechtsprechung zu § 48 WEG aF gibt Anhaltspunkte auch für die Bemessung 11
des Streitwerts nach der jetzt geltenden Rechtslage, weil der Ausgangspunkt – nämlich das Interesse aller Beteiligten – gleich geblieben ist (*LG Nürnberg-Fürth* 14 T 2925/08, ZMR 2008, 737; *LG Hamburg* 318 T 79/08, ZMR 2009, 71). Die nachstehenden Hinweise auf die Rechtssprechung bieten jedoch lediglich Orientierungen, die an den neuen Eckpunkten „halbes Gesamtinteresse – mindestens Individualinteresse – höchstens fünffaches Individualinteresse" zu messen sind. Soweit in Entscheidungen der Streitwert noch in DM festgesetzt worden ist, wurden die DM-Beträge halbiert.

Abänderung des Verteilungsschlüssels: Der Streitwert für den Antrag auf Abänderung des 12
Verteilungsschlüssels kann zwar nicht exakt nach der vom Antragsteller behaupteten
Benachteiligung berechnet werden, diese gibt jedoch einen tatsächlichen Anhaltspunkt für
das Interesse der Beteiligten (*BayObLG* WuM 1998, 750).

Bauliche Veränderung: Ist Verfahrensgegenstand die Beseitigung einer baulichen Veränderung, so sind in erster Linie die konkreten Einbau- und Beseitigungskosten maßgebend 13
(*BayObLG* WuM 1998, 688, 689).

Beschlussanfechtung/Abberufung des Verwalters: Der Streitwert für die Anfechtung eines 14
Beschlusses über die Abberufung des Verwalters aus wichtigem Grund ist auf den Betrag
des Honorars festzusetzen, das dem Verwalter noch zustünde, wenn der Vertrag für die vorgesehene Laufzeit Bestand hätte (*OLG Köln* NJW 1973, 765).

Beschlussanfechtung/Beauftragung eines Rechtsanwalts: Der Streitwert für die Anfech- 15
tung eines Beschlusses über die Beauftragung eines Rechtsanwalts ist nach den voraussichtlich anfallenden Rechtsanwaltskosten zu bestimmen (*BayObLG* WuM 1990, 95 = WE 1990, 61; *BayObLG* NZM 1999, 321).

Beschlussanfechtung/Bestellung eines Verwaltungsbeirats: Den Streitwert für die Anfech- 16
tung eines Beschlusses über die Bestellung eines Verwaltungsbeirats hat das *OLG Köln*
(Rpfl 1972, 261) auf 1000 € festgesetzt.

Beschlussanfechtung/Einzelabrechnung: Richtet sich die Anfechtung nur gegen die Einzel- 17
abrechnung, kann deren Volumen den Streitwert nach oben begrenzen (vgl *OLG Düsseldorf* WuM 1995, 731, 732). Dies kommt aber nur in Betracht, wenn die Aufhebung der Einzelabrechnung keine Auswirkungen auf die übrigen Einzelabrechnungen hat.

Beschlussanfechtung/Entlastung: Der Streitwert für die Anfechtung von Beschlüssen über 18
die Entlastung des Verwalters oder des Verwaltungsbeirats richtet sich danach, ob und in
welchem Umfang Schadensersatzansprüche in Betracht kommen (*OLG Köln* NZM 2003,
125 = ZMR 2003, 959). Fehlen konkrete Anhaltspunkte, ist hilfsweise ein Wert von maximal
von 10% des Jahresumsatzes der Gemeinschaft anzusetzen (*OLG Köln* NZM 2003, 125 =
ZMR 2003, 959; ähnlich *AG Hildesheim* ZMR 1986, 23, 24: 10% des Jahresumsatzes, mindestens jedoch 2500 €; aA *BayObLG* WuM 1999, 185: 500 € für die Entlastung des Verwalters und 250,00 € für die Entlastung des Verwaltungsbeirats; *LG Nürnberg-Fürth* 14 T 2103/

II WEG Anhang zu § 50   Streitwert in Wohnungseigentumssachen

09, ZMR 2009, 555; *LG Dessau-Roßlau* 6 S 101/08, ZMR 2009, 794: 500 € pro Beschluss über die Entlastung des Verwalters; *AG Regensburg* 8 C 2322/08, ZMR 2009, 647: 200 € für die Entlastung des Verwaltungsbeirats).

19 **Beschlussanfechtung/Entziehungsverfahrens:** Der Streitwert für die Anfechtung eines Beschlusses über die Einleitung des Entziehungsverfahrens gemäß § 18 Abs 3 ist nicht dem Verkehrswert der Eigentumswohnung gleichzusetzen. Zu berücksichtigen ist vielmehr einerseits das Interesse des Betroffenen, sein Wohnungseigentum zu behalten und andererseits das Interesse der übrigen Miteigentümer, eine Verbindung zu lösen, deren Fortsetzung unzumutbar erscheint. Maßgebend sind bei dem betroffenen Wohnungseigentümer das Risiko des Wertverlustes bei erzwungener Veräußerung und die Aufwendungen für die Beschaffung eines Ersatzobjekts. Bei den übrigen Wohnungseigentümern bemisst sich das Interesse am Ausscheiden des Betroffenen nach dem Gewicht der ihm vorgeworfenen Pflichtverletzungen (vgl *BayObLG* WuM 1990, 95; *BayObLG* WuM 1995, 500, 502).

20 **Beschlussanfechtung/Jahresabrechnung:** Wird ein Beschluss über die Jahresabrechnung oder den Wirtschaftsplan angefochten, so entspricht auch dann, wenn die Gültigkeit des Beschlusses insgesamt in Frage gestellt wird, das Gesamtinteresse an der Entscheidung in der Regel nicht dem Gesamtvolumen von Jahresabrechnung oder Wirtschaftsplan. Es wird nämlich regelmäßig ein erheblicher Teil der Positionen bestehen bleiben, auch wenn durchgreifende Bedenken gegen die Abrechnung oder den Wirtschaftsplan vorgetragen werden. Dies gilt insbesondere dann, wenn nicht die Kosten als solche angegriffen werden, sondern die Anfechtung aus formalen Gründen erfolgt (*BayObLG* WuM 1997, 400). Die Rechtsprechung hatte bisher ein dem jeweiligen Einzelfall angemessenen Bruchteil (20-25%) des Gesamtvolumens der Jahresabrechnung oder des Wirtschaftsplans als Streitwert festgesetzt, um dem Justizgewährungsanspruch Rechnung zu tragen (vgl etwa *BayObLG* MDR 1988, 210: 20% bis 25%; *BayObLG* NZM 2001, 713, 714; *OLG Hamburg* MDR 1988, 55, 56; *BayObLG* WE 1990, 62, 63: Summe der Einzelbeanstandungen zuzüglich 25% des Gesamtvolumens). Nachdem es gemäß § 49a Abs 1 S 1 GKG auf **50% des Gesamtinteresses** aller Parteien ankommt, werden diese 50% für Anfechtungen von Jahresabrechnungen mit **10% des Nennbetrages** aller in der Jahresabrechnung ausgewiesenen Kosten veranschlagt (*LG Nürnberg-Fürth* 14 T 2925/08, ZMR 2008, 737; *LG Nürnberg-Fürth* 14 T 2103/09, ZMR 2009, 555). Macht der Anfechtungskläger nur formale Mängel geltend, werden die 50% für Anfechtungen von Jahresabrechnungen mit nur **5% des Nennbetrages** aller in der Jahresabrechnung ausgewiesenen Kosten veranschlagt (*LG Dessau-Roßlau* 6 S 101/08, ZMR 2009, 794). Nach der sog **Hamburger Formel** berechnet sich das im Ausgangspunkt maßgebliche Gesamtinteresse der Parteien bei einer Gesamtanfechtung der Jahresabrechnung aus dem Einzelinteresse des Klägers zuzüglich 25 % des um das Einzelinteresse verminderten Gesamtvolumens (*LG Hamburg* 318 T 79/08, ZMR 2009, 71). Wird die Anfechtung des Eigentümerbeschlusses über die Jahresabrechnung auf einen einzelnen selbstständigen Rechnungsposten – zB die Heizkosten – beschränkt, ist das Einzelinteresse des Klägers diese Position betreffend zuzüglich 25 % des um das Einzelinteresse verminderten Gesamtvolumens dieser Position maßgebend (*LG Hamburg* 318 T 79/08, ZMR 2009, 71). Die Hälfte des so berechneten Gesamtinteresses ist nach § 49a Abs 1 S 1 GKG der Streitwert, soweit der Betrag das Einzelinteresse nicht unterschreitet und das 5-fache Einzelinteresse nicht übersteigt. Bei größeren Volumina wird **in der Regel das fünffache Eigeninteresse des Anfechtungsklägers** maßgebend sein (vgl etwa *LG Saarbrücken* 5 T 40/09, NZM 2009, 323 [Anfechtung der Jahresabrechnung hinsichtlich der Abrechnungsposition „Heizung/Wasser/Abwasser"]; *LG Nürnberg-Fürth* 14 T 2103/09, ZMR 2009, 555 [Einzelinteresse = 20 % des Wertes der Einzelabrechnung]).

21 **Beschlussanfechtung/Lastschriftverfahren:** Der Streitwert für die Anfechtung eines Beschlusses, der die Wohnungseigentümer zur Teilnahme am Lastschriftverfahren verpflich-

Streitwert in Wohnungseigentumssachen Anhang zu § 50 WEG II

tet, richtet sich nach dem Interesse der Gesamtheit der Wohnungseigentümer am rechtzeitigen Eingang und der vereinfachten Überwachung der Wohngeldzahlungen (*BayObLG* WuM 1997, 459).

Beschlussanfechtung/Nichtiger Beschluss: Der Streitwert für ein Verfahren, das einen nichtigen Beschluss zum Gegenstand hat, kann niedriger anzusetzen sein als bei einem bloß anfechtbaren Beschluss, da der nichtige Beschluss von Anfang an keine Bindungswirkung entfaltete (*BayObLG* WuM 1992, 715). 22

Beschlussanfechtung/Sanierung: Wird ein Eigentümerbeschluss über eine konkrete Maßnahme (zB Dachsanierung) angefochten, so ist der Kostenaufwand für diese Maßnahme als Streitwert festzusetzen (*BayObLG* NJW-RR 1989, 79, 80; *BayObLG* WuM 1993, 211). Wird eine beschlossene Maßnahme deshalb angegriffen, weil nicht die kostengünstigste Variante durchgeführt wird, so bestimmt sich der Streitwert für die Beschlussanfechtung nach der Kostendifferenz zwischen den in Betracht kommenden Maßnahmen (*BayObLG* NJW-RR 1989, 79, 80 mwN; *BayObLG* WuM 1998, 313). Wird ein Beschluss angefochten, der bereits durchgeführt worden ist, so ist der Streitwert in derselben Höhe festzusetzen, wie ohne die Durchführung (*BayObLG* WuM 1993, 211). 23

Beschlussanfechtung/Sondervergütung: Für die Anfechtung eines Beschlusses über die Gewährung einer Pauschalvergütung an den Verwalter für die gerichtliche Geltendmachung von Wohngeldbeträgen kann der dreifache Pauschalbetrag als Streitwert festgesetzt werden (*AG Hildesheim* ZMR 1986, 23, 24). 24

Beschlussanfechtung/Verwalterbestellung: wird der Beschluss über die Bestellung oder die Abberufung eines Verwalters angefochten, bestimmt sich das Interesse der Verfahrensbeteiligten an der gerichtlichen Entscheidung nach der Höhe der für die Restlaufzeit des Vertrags ausstehenden Vergütung (*LG Köln* 29 T 181/08, NZM 2009, 364). Es sind nicht 50% des ermittelten Gesamtinteresses gemäß § 49a Abs 1 S 1 GKG in Ansatz zu bringen, da dieser Wert das Interesse des Klägers und der auf seiner Seite Beigetretenen nicht unterschreiten darf. Das Einzelinteresse des Klägers ist auch dann Grundlage der Wertfestsetzung, wenn es den in § 49a Abs 1 S 1 GKG genannten Wert übersteigt (*LG Köln* 29 T 181/08, NZM 2009, 364). Maßgebend ist nicht der Gewinn, sondern die Verwaltervergütung insgesamt (*OLG Schleswig* NJW-RR 1990, 1045). 25

Eigentümerliste: Der Streitwert des Antrags gegen den Verwalter auf Bekanntgabe der vollständigen Eigentümerliste ist mit maximal 25% des Streitwerts des Verfahrens zu bemessen, für dessen Durchführung die Eigentümerliste benötigt wird (*BayObLG* NZM 2000, 519). 26

Einstweilige Verfügung: Für die Festsetzung des Streitwerts ist ein Bruchteil des Werts der Hauptsache maßgebend. 27

Einsicht in die Protokolle: Für den Antrag eines Wohnungseigentümers, dem Verwalter aufzugeben, ihm für bestimmte Jahrgänge Einsicht in die Protokoller der Eigentümerversammlungen zu gewähren, hat das *OLG Karlsruhe* (Die Justiz 1970, 301, 304) einen Streitwert von 150 € pro Jahrgang als angemessen erachtet. 28

Entfernung einer Parabolantenne: Der Streitwert des Antrags auf Entfernung einer Parabolantenne zur Durchsetzung eines bestandskräftigen Wohnungseigentümerbeschlusses, der die ästhetische Beeinträchtigung der Fassade beendet wissen will, kann auf 2 500 € festgesetzt werden (*LG Bremen* WuM 1997, 70). 29

Durchführung der Hausordnung: Der gegen den Verwalter gerichtete Antrag, für die Durchführung der Hausordnung mit der Maßgabe zu sorgen, dass Fenster und Türen im Kellergeschoss, abgesehen von kurzfristigen Lüftungsvorgängen, grundsätzlich geschlossen bleiben, kann mit 200 € bewertet werden (*OLG Karlsruhe* Die Justiz 1970, 301, 304). 30

Niedenführ

II WEG Anhang zu § 50 Streitwert in Wohnungseigentumssachen

31 Entziehungsklage: Der Streitwert einer Eigentumsentziehungsklage bemisst sich nach dem Verkehrswert des zu veräußernden Wohnungs- und Teileigentums (*BGH* V ZR 28/06, NZM 2006, 873).

32 Feststellung/Kostenverteilung: Der Streitwert für einen Antrag auf Feststellung, dass in Zukunft eine andere Abrechnung der Betriebskosten durchzuführen ist, kann in Anlehnung an § 24 Abs 1b KostO auf den 12-fachen Jahresbetrag der Kosten festgesetzt werden, um die durch die geänderte Abrechnung ein Teil der Wohnungseigentümer entlastet und der andere Teil belastet wird (*BayObLG* JurBüro 1987, 579/580).

33 Feststellung/Teilnahme eines Bevollmächtigten: Der Antrag auf Feststellung, dass ein Wohnungseigentümer berechtigt ist, sich in der Eigentümerversammlung durch einen Bevollmächtigten, insbesondere einen Rechtsanwalt, vertreten zu lassen, stellt eine nicht vermögensrechtliche Angelegenheit dar. Der Streitwert kann daher in Anlehnung an § 30 Abs 3 iVm Abs 2 KostO auf den Regelwert von 3 000 € (§ 30 Abs 2 S 1 KostO) oder je nach Lage des Einzelfalles niedriger oder höher, jedoch nicht über 500 000 € festgesetzt werden (vgl *OLG Karlsruhe* Die Justiz 1976 301, 303).

34 Feststellung/Unwirksamkeit einer Eventualeinberufung: Das Interesse an der Feststellung der Unwirksamkeit einer sog Eventualeinberufung kann mit 1500 € bewertet werden (*BayObLG* WuM 1997, 400).

35 Feststellung/Verwalterbestellung: Der Streitwert eines Antrags auf Feststellung, jemand sei für eine bestimmte Zeit zum Verwalter bestellt worden, bemisst sich in der Regel nach der Vergütung für diese Zeit (*BayObLG* WuM 1997, 245 = WE 1997, 279). Die Verwaltervergütung ist auch maßgebend, für den Antrag auf Feststellung der TOP Abberufung/Neuwahl des Verwalters sei zu Unrecht nicht in die Tagesordnung aufgenommen worden (*BayObLG* WuM 1997, 400). Maßgebend ist nicht der Gewinn, sondern die Verwaltervergütung insgesamt (*OLG Schleswig* NJW-RR 1990, 1045).

36 Der Streitwert für die Anfechtung wegen einer überhöhten Verwaltervergütung ist auf die Differenz zwischen den in Betracht kommenden Vergütungen festzusetzen (*BayObLG* WE 1989, 181).

37 Herausgabe/Verwaltungsunterlagen: Der Streitwert für den Antrag auf Herausgabe der Verwaltungsunterlagen kann auf 3 000 € festgesetzt werden.

38 Jahresabrechnung/Erstellung der Jahresabrechnung: Für den Antrag auf Erstellung einer Jahresabrechnung erscheinen 3 000 € angemessen.

39 Nutzungsentgelt: Wird um die Erhöhung des Nutzungsentgelts für die Gebrauchsüberlassung gemeinschaftlichen Eigentums an einen Wohnungseigentümer gestritten, so kann das Interesse der Beteiligten nach Maßgabe des einjährigen Erhöhungsbetrages geschätzt werden (*BayObLG* Rpfl 1979, 265 = ZMR 1979, 214, 216). Der Streitwert eines Antrags, die Benutzung eines vermieteten Kfz-Stellplatzes zu unterlassen kann in Höhe des 1-jährigen Mietwerts festgesetzt werden (*BayObLG* WuM 1993, 494).

40 Nutzung von Gemeinschaftseigentum: Bei einem Streit um die Nutzung von Gemeinschaftseigentum ist der Streitwert an einem fiktiven jährlichen Nutzungswert oder am Grundstückswert zu orientieren (anders *OLG Schleswig* WuM 1996, 305).

41 Protokollberichtigung: Der Streitwert eines Verfahrens über die Berichtigung des Protokolls einer Wohnungseigentümerversammlung bemisst sich nach dem Interesse der Beteiligten an der Berichtigung, nicht nach den bloßen Berichtigungskosten (*BayObLG* WuM 1996, 726 = WE 1997, 116).

42 Rechnungslegung: Für den Antrag auf Rechnungslegung durch den Verwalter erscheinen 1000 € angemessen.

Selbstständiges Beweisverfahren: Da es sich um einen vorgezogenen Hauptsachebeweis handelt, ist der Wert der Hauptsache maßgebend (vgl *Zöller/Herget* § 3 ZPO Rn 16 mwN). 43

Unterlassung: Auch bei Unterlassungsansprüchen ist für den Streitwert nicht nur das Interesse der Antragstellerseite an der Beseitigung des beanstandeten Verhaltens, sondern gemäß § 48 Abs 2 S 1 auch das Interesse der Antragsgegnerseite an der Abweisung der Unterlassungsanträge (Abwehrinteresse) zu berücksichtigen (*BayObLG* WuM 1994, 157, 160; *OLG Karlsruhe* NZM 2000, 194 = NJW-RR 2000, 89; aA *KG* ZMR 1993, 346). 44

Unterlassung/Kellernutzung: Der Streitwert eines Verfahrens, mit dem der Anspruch auf Unterlassung der Nutzung eines Kellers als Wohnung durchgesetzt werden soll, richtet sich nicht nach den Vorteilen des Antragsgegners bei Verkauf der Wohnung, sondern nach den Vorteilen der Nutzung als Wohnung (*BayObLG* WuM 1992, 704; *BayObLG* NZM 2001, 150). 45

Unterlassung/Prostitution: Für den Antrag auf Unterlassung der Prostitutionsausübung in einer Eigentumswohnung, die sich in einer Anlage mit 152 Eigentumswohnungen befindet, hält das *OLG Frankfurt* (WuM 1990, 452, 453) einen Streitwert von 15 000 € für angemessen. Das *OLG Karlsruhe* (NZM 2000, 194 = NJW-RR 2000, 89) bewertet bei einer Anlage mit 42 Wohnungen die Beeinträchtigung pro Wohnung mit 250 €. 46

Verwalterabberufung/Verwalterbestellung: Der Streitwert für die Bestellung eines Verwalters bestimmt sich unabhängig von der Dauer der Verwaltung nach dem für 1 Jahr geschuldeten Verwalterhonorar (*OLG Stuttgart* ZMR 2003, 782, 783; *AG Landsberg am Lech* 1 C 2225/08, ZMR 2009, 486, 487). Der Streitwert für die Abberufung eines Verwalters liegt im Regelfall bei 50 % des Honorars für die Restlaufzeit des Verwaltervertrags (*LG München I* 1 T 499/09, ZWE 2009, 315 mwN und Anm *Sommer* S 317). 47

Zahlungsanträge: Bei Zahlungsanträgen wirft die Festsetzung des Streitwerts regelmäßig keine Probleme auf. Streitwert ist der geltend gemachte Betrag, bei mehreren Einzelforderungen der Gesamtbetrag und bei echter Verfahrensverbindung der Gesamtbetrag aus allen Verfahren. 48

Zahlungsanträge/Nebenforderungen: Nach §§ 4 Abs 1 2.Hs ZPO, 43 Abs 1 GKG erhöhen Zinsen und Kosten (zB vorgerichtliche Mahnkosten) den Wert nicht, wenn sie als Nebenforderung geltend gemacht werden. 49

Zahlungsanträge/Aufrechnung: Ist die Aufrechnung unzulässig, so ist der Wert der zur Aufrechnung gestellten Forderung gemäß § 45 Abs 3 GKG bei der Festsetzung des Streitwerts nicht zu berücksichtigen (*BayObLG* WE 1991, 26). 50

Zustimmung gemäß § 12: Wird der Verwalter gemäß § 43 Nr 3 auf Erteilung der Zustimmung gemäß § 12 in Anspruch genommen, so ist der Streitwert in der Regel in Höhe von 10–20% des Verkaufspreises festzusetzen, soweit nicht besondere Umstände einen höheren oder niedrigeren Streitwert ergeben, denn die Verweigerung der Zustimmung stellt kein absolutes Veräußerungshindernis dar, weil eine Veräußerung an einen anderen Erwerber in Betracht kommt (*KG* 11 W 15/06 NZM 2008, 47 mwN). 51

VII. Streitwertbeschwerde

Gegen den Beschluss, durch den der Wert für die Gerichtsgebühren festgesetzt worden ist (§ 63 Abs 2), findet die Beschwerde statt, wenn der Wert des Beschwerdegegenstands 200,00 € übersteigt (§ 68 Abs 1 S 1 GKG). Die Beschwerde findet auch statt, wenn sie das Gericht, das die angefochtene Entscheidung erlassen hat, wegen der grundsätzlichen Bedeutung der zur Entscheidung stehenden Frage in dem Beschluss zulässt (§ 68 Abs 1 S 2 GKG). Die Beschwerde ist nur zulässig, wenn sie innerhalb von 6 Monaten nach Rechtskraft der Entscheidung in der Hauptsache oder der anderwei- 52 tigen Erledigung des Verfahrens eingelegt wird (§ 68 Abs 1 S 3, § 63 Abs 3 S 2 GKG). Ist der Streitwert später als einen Monat vor Ablauf dieser Frist festgesetzt worden, kann sie noch innerhalb eines Monats nach Zustellung oder formloser Mitteilung des Festsetzungsbeschlusses eingelegt werden (§ 68 Abs 1 S 3 GKG). Im Fall der formlosen Mitteilung gilt der Beschluss mit dem dritten Tage nach Aufgabe zur Post als bekannt gemacht (§ 68 Abs 1 S 4 GKG).

53 Soweit das Gericht die Beschwerde für zulässig und begründet hält, hat es ihr abzuhelfen; im Übrigen ist die Beschwerde unverzüglich dem Beschwerdegericht vorzulegen (§§ 68 Abs 1 S 5, 66 Abs 3 S 1 GKG). **Beschwerdegericht** ist das nächsthöhere Gericht (§§ 68 Abs 1 S 5, 66 Abs 3 S 2 GKG). Richtet sich eine Beschwerde gegen die Streitwertbemessung des Landgerichts für das Berufungsverfahren, entscheidet das zuständige Oberlandesgericht(*OLG Koblenz* 5 W 220/09, NJW 2009, 1978; *OLG Koblenz* 5 W 70/08, MDR 2008, 405 mwN). Eine Beschwerde an einen obersten Gerichtshof des Bundes findet nicht statt (§§ 68 Abs 1 S 5, 66 Abs 3 S 3 GKG). Das Beschwerdegericht ist an die Zulassung der Beschwerde gebunden; die Nichtzulassung ist unanfechtbar (§§ 68 Abs 1 S 5, 66 Abs 3 S 4 GKG). Die Beschwerde ist bei dem Gericht einzulegen, dessen Entscheidung angefochten wird (§§ 68 Abs 1 S 5, 66 Abs 5 S 4 GKG). Das Gericht entscheidet über die Beschwerde durch eines seiner Mitglieder als Einzelrichter, wenn die angefochtene Entscheidung von einem Einzelrichter erlassen wurde (§§ 68 Abs 1 S 5, 66 Abs 6 S 1 GKG). Der Einzelrichter überträgt das Verfahren der Kammer, wenn die Sache besondere Schwierigkeiten tatsächlicher oder rechtlicher Art aufweist oder die Rechtssache grundsätzliche Bedeutung hat (§§ 68 Abs 1 S 5, 66 Abs 6 S 2 GKG) Auf eine erfolgte oder unterlassene Übertragung kann ein Rechtsmittel nicht gestützt werden (§§ 68 Abs 1 S 5, 66 Abs 6 S 4 GKG).

54 Die **weitere Beschwerde** ist nur statthaft, wenn sie das Landgericht als Beschwerdegericht wegen der grundsätzlichen Bedeutung der zur Entscheidung stehenden Frage zulässt und sie darauf gestützt wird, dass die Entscheidung auf einer Verletzung des Rechts (§§ 546, 547 ZPO) beruht (§§ 68 Abs 1 S 5, 66 Abs 4 GKG). Anträge und Erklärungen können zu Protokoll der Geschäftsstelle abgegeben oder schriftlich eingereicht werden; § 129a der Zivilprozessordnung gilt entsprechend (§§ 68 Abs 1 S 5, 66 Abs 5 S 1 GKG). Die weitere Beschwerde ist innerhalb eines Monats nach Zustellung der Entscheidung des Beschwerdegerichts einzulegen (§ 68 Abs 1 S 6 GKG). War der Beschwerdeführer ohne sein Verschulden verhindert, die Frist einzuhalten, ist ihm auf Antrag von dem Gericht, das über die Beschwerde zu entscheiden hat, Wiedereinsetzung in den vorigen Stand zu gewähren, wenn er die Beschwerde binnen zwei Wochen nach der Beseitigung des Hindernisses einlegt und die Tatsachen, welche die Wiedereinsetzung begründen, glaubhaft macht (§ 68 Abs 2 S 1 GKG). Nach Ablauf eines Jahres, von dem Ende der versäumten Frist an gerechnet, kann die Wiedereinsetzung nicht mehr beantragt werden (§ 68 Abs 2 S GKG). Gegen die Ablehnung der Wiedereinsetzung findet die Beschwerde statt (§ 68 Abs 2 S 3 GKG). Sie ist nur zulässig, wenn sie innerhalb von zwei Wochen eingelegt wird (§ 68 Abs 2 S 4 GKG). Die Frist beginnt mit der Zustellung der Entscheidung (§ 68 Abs 2 S 5 GKG). § 66 Abs 3 S 1 bis 3, Abs 5 S 1 und 4 und Abs 6 GKG ist entsprechend anzuwenden (§ 68 Abs 2 S 6 GKG).

55 Die Verfahren sind gebührenfrei; Kosten werden nicht erstattet (§ 68 Abs 3 GKG).

§§ 51 bis 58

(weggefallen)

IV. Teil
Ergänzende Bestimmungen

§§ 59, 60

(weggefallen)

§ 61 [Heilung des Eigentumerwerbs]

¹Fehlt eine nach § 12 erforderliche Zustimmung, so sind die Veräußerung und das zugrunde liegende Verpflichtungsgeschäft unbeschadet der sonstigen Voraussetzungen wirksam, wenn die Eintragung der Veräußerung oder einer Auflassungsvormerkung in das Grundbuch vor dem 15. Januar 1994 erfolgt ist und es sich um die erstmalige Veräußerung dieses Wohnungseigentums nach seiner Begründung handelt, es sei denn, dass eine rechtskräftige gerichtliche Entscheidung entgegensteht. ²Das Fehlen der Zustimmung steht in diesen Fällen dem Eintritt der Rechtsfolgen des § 878 des Bürgerlichen Gesetzbuchs nicht entgegen. ³Die Sätze 1 und 2 gelten entsprechend in den Fällen der §§ 30 und 35 des Wohnungseigentumsgesetzes.

Literatur: *Pause* Das Gesetz zur Heilung des Erwerbs von Wohnungseigentum, NJW 1994, 501.

Mit dieser Regelung, eingefügt aufgrund des Gesetzes vom 15.1.1994 (BGBl I 66), wurden die Rechtsfolgen der *BGH*-Entscheidung vom 21.2.1991, V ZB 13/90 (NJW 1991, 1613) geheilt. Der *BGH* hat mit seiner Entscheidung eine bis dahin von der überwiegenden Meinung in Rechtsprechung und Literatur (vgl zB *BayObLG* BReg 2 Z 99/87, Rpfleger 1988, 95; *OLG Frankfurt* 20 W 402/88, Rpfleger 1989, 59) vertretene Rechtsauffassung als unzulässig verworfen, wonach trotz **vereinbarter Veräußerungszustimmung gemäß § 12** die Erstveräußerung eines Wohnungseigentums durch den nach § 8 teilenden Eigentümer als zustimmungsfrei angesehen wurde. Da die Grundbuchämter in Vollzug dieser Rechtsauffassung Eigentumsumschreibungen auf die Ersterwerber ohne Zustimmungsnachweis vorgenommen hatten, waren unter Zugrundelegung der neuen BGH-Rechtsprechung die schuldrechtlichen und dinglichen Verträge in diesen Fällen schwebend unwirksam und die Erwerber hatten noch kein Wohnungseigentum erworben. 1

Mit § 61 (Überschrift ist nicht amtlich) wurde dieser schwebende Rechtszustand beendet. Trotz seines scheinbar weitergehenden, alle Fälle einer Erstveräußerung – und so auch die nach § 3 – umfassenden Wortlauts bezieht sich die Vorschrift nur auf die **erstmalige Veräußerung** des Wohnungseigentums nach seiner Begründung im Wege der Vorratsteilung **gemäß § 8 WEG** (*KG* 1 W 6026/93, WuM 1994, 499; aA *Pause* NJW 1994, 501). 2

Gemäß S 1 gilt dies nur für **vor dem 15.1.1994 erfolgte** Eigentumsumschreibungen oder eingetragene Auflassungsvormerkungen. Schuldrechtliche und dingliche Verträge sind dann so zu behandeln, als habe die Zustimmung vorgelegen. Eigentum und Auflassungsvormerkung sind – bei Vorliegen der sonstigen Voraussetzungen und nicht entgegenstehenden gerichtlichen Entscheidungen (*Palandt/Bassenge* § 61 Rn 2) – mit Eintragung im Grundbuch rückwirkend wirksam erworben. 3

Vandenhouten

4 Nach allgemeinen Grundsätzen würde das Fehlen der Zustimmung wegen der an sich entgegenstehenden schwebenden Unwirksamkeit den Eintritt der Rechtsfolgen des § 878 BGB ausschließen (*Palandt/Bassenge* § 878 Rn 15). Dies wird durch S 2 verhindert.

5 Nach S 3 gelten die S 1 und 2 entsprechend, wenn vor dem 15.1.1994 ein **Wohnungserbbaurecht** (§ 30 Abs 3 S 2 iVm § 12) oder ein **Dauerwohnrecht** (§ 35; auch iVm § 42) veräußert wurde.

§ 62 Übergangsvorschrift

(1) Für die am 1. Juli 2007 bei Gericht anhängigen Verfahren in Wohnungseigentums- oder in Zwangsversteigerungssachen oder für die bei einem Notar beantragten freiwilligen Versteigerungen sind die durch die Artikel 1 und 2 des Gesetzes vom 26. März 2007 (BGBl. I S. 370) geänderten Vorschriften des III. Teils dieses Gesetzes sowie die des Gesetzes über die Zwangsversteigerung und die Zwangsverwaltung in ihrer bis dahin geltenden Fassung weiter anzuwenden.

(2) In Wohnungseigentumssachen nach § 43 Nr. 1 bis 4 finden die Bestimmungen über die Nichtzulassungsbeschwerde (§ 543 Abs. 1 Nr. 2, § 544 der Zivilprozessordnung) keine Anwendung, soweit die anzufechtende Entscheidung vor dem 1. Juli 2012 verkündet worden ist.

Literatur: *Bergerhoff* Übergangsrechtliche Problem in wohnungseigentumsrechtlichen „Altverfahren", NZM 2007, 553; *Briesemeister* Auswahl der anwendbaren Prozessordnung bei Klageerweiterungen?, GE 2009, 97; *Niedenführ* Erste Erfahrungen mit dem neuen WEG-Verfahrensrecht, NJW 2008, 1768; *Schmid* WEG-Reform- Wann gilt altes – wann gilt neues Recht?, ZMR 2008, 181.

1 Die Vorschrift ist aufgrund Art 1 Nr 21 **WEG-ÄnderungsG** eingefügt worden. Sie enthält eine Übergangsregelung, damit die verfahrensrechtlichen Änderungen (Erstreckung der ZPO-Regelungen auf Verfahren in WEG-Sachen, Aufhebung des freiwilligen Versteigerungsverfahrens sowie Einführung eines begrenzten Vorrangs für Hausgeldforderungen) die bereits anhängigen Verfahren nicht berühren.

2 Nach Abs 1 sind danach für alle im **Zeitpunkt des Inkrafttretens** des WEG-ÄnderungsG – dies ist gemäß Art 4 WEG-ÄnderungG der **1. Juli 2007** –bei Gericht anhängigen Verfahren in Wohnungseigentums-und Zwangsversteigerungssachen oder für die bei einem Notar beantragten freiwilligen Versteigerungen die Vorschriften des III. Teils des WEG – nämlich die Verfahrensvorschriften der §§ 43 ff – sowie die Vorschriften des ZVG in ihrer vor Inkrafttreten des WEG-ÄnderungsG geltenden Fassung weiter anzuwenden.

3 Der Zeitpunkt der **Anhängigkeit** ist für die Frage entscheidend, welche Rechtsvorschriften Anwendung finden. Es ist also der **Eingang beim Gericht**, nicht die Rechtshängigkeit entscheidend. Ein bloßer PKH-Antrag mit Klageentwurf genügt daher nicht (*Palandt/Bassenge* § 62 Rn 1). Bei Mahnverfahren ist der Eingang der Akten beim Streitgericht maßgebend, nicht der Antrag auf Erlass des Mahnbescheides. Die Rückwirkungsfiktion gemäß § 696 Abs1 S 4 ZPO bzw. § 700 Abs 2 S 2 ZPO findet insoweit keine Anwendung (*Schmid* ZMR 2008, 181; *Niedenführ* NJW 2008, 1768; **aA**

Übergangsvorschrift § 62 WEG II

Merle in Bärmann, § 62 Rn 1). **Zwangsvollstreckungsverfahren**, wie die Vollstreckungsgegenklage gemäß § 767 ZPO (vgl *BGH* V ZB 188/08, WuM 2009, 259) und Anträge nach 887 ff ZPO (vgl *OLG Oldenburg* 5 AR 41/08, NZM 2009, 259) sind eigenständige Verfahren, so dass auf ihren Eingang bei Gericht abzustellen ist. Für Verfahren in **Zwangsversteigerungssachen** (aber auch für Zwangsverwaltungsverfahren vgl *BGH* V ZB 81/08, NJW 2009, 598) ist maßgeblicher Stichtag der Erlass des Anordnungsbeschlusses gemäß § 20 Abs 1 ZVG, nicht der Zeitpunkt späterer Verfahrensbeitritte (*BGH* V ZB 123/07, ZMR 2008, 385; *Schneider* ZMR 2009, 295). Soweit dieser vor dem 1.7.2007 erlassen wurde, findet eine bevorrechtigte Zwangsvollstreckung aus der Rangklasse des § 10 Abs 1 Nr 2 ZVG nicht statt (*BGH* V ZB 123/07, ZMR 2008, 385) und bei der Zwangsverwaltung gelten laufende Wohngelder als Ausgaben der Verwaltung gemäß § 155 Abs 1 ZVG, die unabhängig von der Erzielung von Einkünften zu bezahlen sind (zum Streitstand nach dem Inkrafttreten des WEG-ReformG vgl Teil III ZVG Rn 83 und *BGH* V ZB 81/08, NJW 2009, 598).

Die **Wohnungseigentumssachen** umfassen das Erkenntnisverfahren nach § 43 nF. Auch die **Rechtsmittelkonzentration gemäß § 72 II GVG** erfasst nur diese Streitigkeiten und nicht diejenigen nach § 43 Abs 1 WEG aF (*OLG München* 32 AR 1/08, NZM 2008, 168; *OLG Frankfurt* 20 W 325/07, NZM 2008, 168; *OLG Dresden* ZMR 2009, 301; *Schmid* ZMR 2008, 181). Wegen des engen Zusammenhangs mit dem Erkenntnisverfahren erfasst § 72 II GVG darüber hinaus aber auch Vollstreckungsverfahren, sofern zuständiges Vollstreckungsorgan das für die Entscheidung von Wohnungseigentumssachen nach § 43 nF berufene Amtsgericht als Prozessgericht des ersten Rechtszugs zuständig ist (*OLG Karlsruhe* 15 AR 23/08, NZM 2009, 246; vgl auch *BGH* V ZB 188/08, WuM 2009, 259 für § 767 ZPO und *OLG Oldenburg* 5 AR 41/08, NZM 2009, 259 für Antrag nach § 887 ZPO; **aA** *Briesemeister* ZMR 2009, 91). Sie gilt hingegen mangels typischer Sachnähe nicht für Zwangsvollstreckungsverfahren, bei denen das Vollstreckungsgericht zuständiges Vollstreckungsorgan ist (*OLG Karlsruhe* 15 AR 23/08, NZM 2009, 246).

4

Aus dem **Bereich der Zwangsvollstreckung** werden nur die Zwangsversteigerungsverfahren (einschließlich der Zwangsverwaltungsverfahren [vgl *BGH* V ZB 81/08, NJW 2009, 598) und die bei einem Notar beantragten freiwilligen Versteigerungen erfasst. Auf das sonstige Vollstreckungsverfahren findet § 62 keine Anwendung. Die Vollstreckung in Wohnungseigentumssachen erfolgt wie bisher (vgl § 45 Abs 3 aF) nach den Vorschriften der ZPO, insbes nach dem 8. Buch der ZPO.

5

Auf die bis zum 30.6.2007 eingegangenen Verfahren ist das FGG-Verfahren – auch in der nachfolgenden Rechtsmittelinstanz – weiter anzuwenden und auf Verfahren, die ab dem 1.7.2007 – also auch am 1.7.2007 – bei Gericht eingegangen sind, sind die **ZPO-Verfahrensvorschriften** anzuwenden (*LG Dortmund* 11 T 66/07, NZM 2007, 692; **aA** *Bergerhoff* NZM 2007, 553; *Merle* in Bärmann, § 62 Rn 1). Dies gilt auch für seit dem 1. Juli 2007 erfolgte Antragsänderungen iSv § 263 ZPO, über § 264 Nr 2 ZPO hinausgehende Antragserweiterungen (zB weitere Beschlussanfechtungen, Hilfsanträge) und eingereichte Gegenanträge. In diesen Fällen ist eine **Prozesstrennung** nach § 145 Abs 1 bzw 2 ZPO anzuordnen und die Sache als ZPO-Verfahren zu behandeln. Ist die Abtrennung unterblieben, so richten sich Verfahren und Rechtsmittelzuständigkeit allein nach altem Recht (*OLG München* 32 Wx 156/08, NZM 2009, 246; *LG Nürnberg-Fürth* 14 T 8682/08, ZMR 2009, 77). Auf die sofortige Beschwerde hin ist

6

der die Klageerweiterung betreffende Verfahrensteil des AG-Beschlusses mit seiner gesamten Kostenentscheidung aufzuheben und zur erforderlichen Abtrennung zwecks gesonderter Verhandlung und Entscheidung nach der ZPO zurückzuverweisen (*Briesemeister* GE 2009,97). Eine Antragsänderung wird bei fehlender Einwilligung des Antragsgegners ohnehin an der Sachdienlichkeit scheitern.

7 Die durch das WEG-ÄnderungsG geänderten **materiell-rechtlichen Vorschriften** des I. und II. Teils des WEG finden hingegen sofort mit ihrem Inkrafttreten Anwendung (aA *Elzer* in Hügel/Elzer, § 18 Rn 4). Zu beachten ist jedoch, dass auch in diesen Teilen Vorschriften – wie zB § 18 Abs 1 S 2 WEG (vgl dazu *OLG München* 34 Wx 077/07, ZMR 2008, 412) – enthalten sein können, die – weil es sich der Sache nach um eine Verfahrensvorschrift handelt – erst auf seit dem 1.7.2007 anhängige Verfahren Anwendung finden.

8 Die neu geschaffene begrenzte **Außenhaftung des § 10 Abs 8 S 1** ist nicht auf vor dem 1.7.2008 begründete Verbindlichkeiten anzuwenden (*OLG Karlsruhe* 9 U 5/08, NZM 2009, 247; vgl auch *OLG München* 32 Wx 129/07, NZM 2008, 215; *Briesemeister* NZM 2008, 230; *Schach* Juris PR-MietR 9/2008 Anm 6; vgl auch *Bergerhoff* NZM 2007, 553; aA *KG* 27 U 36/07, ZMR 2008, 557 und *Wenzel* in Bärmann, § 10 Rn 304, die von einer Anwendbarkeit auf sämtliche vor dem 1.7.2007 begründete Verbindlichkeiten ausgehen; *Schmid* ZMR 2008, 181, der einschränkend von einer Anwendbarkeit auf sämtliche vor dem 1.7.2007 begründete Verbindlichkeiten ausgeht, sofern sie nach dem 1.7. fällig geworden sind). Für Altverbindlichkeiten bleibt es beim Haftungskonzept des BGH vom 2.6.2005 (Rechtsgedanke aus Art 170 EGBGB).

9 Für gerichtliche „**Altverfahren**" ist indes zu differenzieren. Bei Verpflichtungs- oder Unterlassungsanträgen ist auf der Grundlage der neuen materiell-rechtlichen Vorschriften zu entscheiden, da bei ihnen erst durch die gerichtliche Entscheidung ein Recht zu- oder abgesprochen wird (*OLG München* 32 Wx 165/07, NJW 2008, 1824; *OLG Düsseldorf* 3 Wx 54/07, NZM 2007, 930; vgl auch *OLG Hamm* 15 W 358/06, ZMR 2008, 156). In Beschlussanfechtungs-Altverfahren ist hingegen die Rechtmäßigkeit eines Beschlusses, der vor Inkrafttreten der WEG-Novelle gefasst worden ist, nach denjenigen materiell-rechtlichen Vorschriften zu überprüfen, die zum Zeitpunkt der Beschlussfassung galten (*OLG Köln* 16 Wx 289/07, ZMR 2008, 815). Damit sind nur diejenigen Beschlüsse anhand der neuen materiell-rechtlichen Vorschriften zu überprüfen, die ab diesem Zeitpunkt gefasst werden.

10 Regelungsgegenstand des Absatzes 2 ist die **Nichtzulassungsbeschwerde an den Bundesgerichtshof** gemäß § 544 ZPO. Diese ist danach für Binnenstreitigkeiten gemäß § 43 Nr 1 bis Nr 4 für 5 Jahre nach Inkrafttreten des WEG-ÄnderungsG ausgeschlossen. In den Fällen des § 43 Nr 5 ist sie hingegen gemäß § 26 Nr 8 EGZPO (Übergangsregelung zur ZPO-Reform) bis zum 31.12.2011 nur bei einer Beschwer von mehr als 20 000 € zulässig. Die Revision gegen Entscheidungen des Berufungsgerichts findet anderenfalls nur statt, wenn es diese in seinem Urteil zugelassen hat. Auf diese Weise soll einer Überlastung des Bundesgerichtshofs vorgebeugt werden.

§ 63 Überleitung bestehender Rechtsverhältnisse

(1) Werden Rechtsverhältnisse, mit denen ein Rechtserfolg bezweckt wird, der den durch dieses Gesetz geschaffenen Rechtsformen entspricht, in solche Rechtsformen umgewandelt, so ist als Geschäftswert für die Berechnung der hierdurch veranlassten Gebühren der Gerichte und Notare im Falle des Wohnungseigentums ein Fünfundzwanzigstel des Einheitswerts des Grundstücks, im Falle des Dauerwohnrechts ein Fünfundzwanzigstel des Wertes des Rechts anzunehmen.

(2) ¹Erfolgt die Umwandlung gemäß Absatz 1 binnen zweier Jahre seit dem Inkrafttreten dieses Gesetzes, so ermäßigen sich die Gebühren auf die Hälfte. ²Die Frist gilt als gewahrt, wenn der Antrag auf Eintragung in das Grundbuch rechtzeitig gestellt ist.

(3) Durch Landesgesetz können Vorschriften zur Überleitung bestehender, auf Landesrecht beruhender Rechtsverhältnisse in die durch dieses Gesetz geschaffenen Rechtsformen getroffen werden.

Die Vorschrift vermeidet einen Eingriff in bestehende Rechtsverhältnisse, schafft aber durch gebührenrechtliche Begünstigungen einen **Anreiz zur Überleitung** bestehender – dinglicher oder schuldrechtlicher – Rechtsverhältnisse in die durch das Wohnungseigentumsgesetz geschaffenen neuen Rechtsformen. Erfasst wird zB die Umwandlung von echtem Stockwerkseigentum in Wohnungseigentum, die Umwandlung eines dingliches Wohnungsrechts oder eines Mietvertrages in ein Dauerwohnrecht. Nicht hierher gehört die Überleitung einer Miteigentümergemeinschaft nach Bruchteilen in eine Wohnungseigentümergemeinschaft (*BayObLG* BReg 2 Z 15/57, Z 57, 168). 1

Wegen der durch Abs 3 erteilten Ermächtigung wird auf das Hessische Landesgesetz zur Überleitung des Stockwerkeigentums vom 6.1.1962 (GVBl S 17) und das Baden-Württembergische Ausführungsgesetz zum BGB vom 26.11.1974 (GesBl S 498) verwiesen. Von diesen Ausnahmen abgesehen fehlt eine gesetzliche Überleitung der alten vor 1900 begründeten und nach Art 182 EGBGB in Kraft gebliebenen Stockwerkseigentumsrechte. 2

§ 64 Inkrafttreten

Dieses Gesetz tritt am Tage nach seiner Verkündung in Kraft.

Das Gesetz über das Wohnungseigentum und das Dauerwohnrecht (WEG) ist am 19.3.1951 im Bundesgesetzblatt I S 175 verkündet worden und daher am 20.3.1951 in Kraft getreten. Mit Wirksamwerden des Beitritts am 3.10.1990 ist das WEG in den neuen Bundesländern in Kraft getreten (Art 8 des EinigungsV v 31.8.1990 iVm EinigungsvertragsG v 18.9.1990, BGBl II S. 885). Das WEG-ÄnderungsG ist am 1.7.2007 in Kraft getreten. 1

Kapitel III
Verordnung über Heizkostenabrechnung mit Anmerkungen

Verordnung über die verbrauchsabhängige Abrechnung der Heiz- und Warmwasserkosten (Verordnung über Heizkostenabrechnung – HeizkostenV)

i.d.F. der Bek. vom 5.10.2009 (BGBl. I S. 3250)

§ 1 Anwendungsbereich

(1) Diese Verordnung gilt für die Verteilung der Kosten

1. des Betriebs zentraler Heizungsanlagen und zentraler Warmwasserversorgungsanlagen,
2. der eigenständig gewerblichen Lieferung von Wärme und Warmwasser, auch aus Anlagen nach Nummer 1 (Wärmelieferung, Warmwasserlieferung)

durch den Gebäudeeigentümer auf die Nutzer der mit Wärme oder Warmwasser versorgten Räume.

(2) Dem Gebäudeeigentümer stehen gleich

1. der zur Nutzungsüberlassung in eigenem Namen und für eigene Rechnung Berechtigte,
2. derjenige, dem der Betrieb von Anlagen im Sinne des § 1 Absatz 1 Nummer 1 in der Weise übertragen worden ist, dass er dafür ein Entgelt vom Nutzer zu fordern berechtigt ist,
3. beim Wohnungseigentum die Gemeinschaft der Wohnungseigentümer im Verhältnis zum Wohnungseigentümer, bei Vermietung einer oder mehrerer Eigentumswohnungen der Wohnungseigentümer im Verhältnis zum Mieter.

(3) Diese Verordnung gilt auch für die Verteilung der Kosten der Wärmelieferung und Warmwasserlieferung auf die Nutzer der mit Wärme oder Warmwasser versorgten Räume, soweit der Lieferer unmittelbar mit den Nutzern abrechnet und dabei nicht den für den einzelnen Nutzer gemessenen Verbrauch, sondern die Anteile der Nutzer am Gesamtverbrauch zugrunde legt; in diesen Fällen gelten die Rechte und Pflichten des Gebäudeeigentümers aus dieser Verordnung für den Lieferer.

(4) Diese Verordnung gilt auch für Mietverhältnisse über preisgebundenen Wohnraum, soweit für diesen nichts anderes bestimmt ist.

§ 2 Vorrang vor rechtsgeschäftlichen Bestimmungen

Außer bei Gebäuden mit nicht mehr als zwei Wohnungen, von denen eine der Vermieter selbst bewohnt, gehen die Vorschriften dieser Verordnung rechtsgeschäftlichen Bestimmungen vor.

§ 3 Anwendung auf das Wohnungseigentum

¹Die Vorschriften dieser Verordnung sind auf Wohnungseigentum anzuwenden unabhängig davon, ob durch Vereinbarung oder Beschluss der Wohnungseigentümer abweichende Bestimmungen über die Verteilung der Kosten der Versorgung mit Wärme und Warmwasser getroffen worden sind. ²Auf die Anbringung und Auswahl der Ausstattung nach den §§ 4 und 5 sowie auf die Verteilung der Kosten und die sonstigen Entscheidungen des Gebäudeeigentümers nach den §§ 6 bis 9b und 11 sind die Regelungen entsprechend anzuwenden, die für die Verwaltung des gemeinschaftlichen Eigentums im Wohnungseigentumsgesetz enthalten oder durch Vereinbarung der Wohnungseigentümer getroffen worden sind. ³Die Kosten für die Anbringung der Ausstattung sind entsprechend den dort vorgesehenen Regelungen über die Tragung der Verwaltungskosten zu verteilen.

§ 4 Pflicht zur Verbrauchserfassung

(1) Der Gebäudeeigentümer hat den anteiligen Verbrauch der Nutzer an Wärme und Warmwasser zu erfassen.

(2) ¹Er hat dazu die Räume mit Ausstattungen zur Verbrauchserfassung zu versehen; die Nutzer haben dies zu dulden. ²Will der Gebäudeeigentümer die Ausstattung zur Verbrauchserfassung mieten oder durch eine andere Art der Gebrauchsüberlassung beschaffen, so hat er dies den Nutzern vorher unter Angabe der dadurch entstehenden Kosten mitzuteilen; die Maßnahme ist unzulässig, wenn die Mehrheit der Nutzer innerhalb eines Monats nach Zugang der Mitteilung widerspricht. ³Die Wahl der Ausstattung bleibt im Rahmen des § 5 dem Gebäudeeigentümer überlassen.

(3) ¹Gemeinschaftlich genutzte Räume sind von der Pflicht zur Verbrauchserfassung ausgenommen. ²Dies gilt nicht für Gemeinschaftsräume mit nutzungsbedingt hohem Wärme- oder Warmwasserverbrauch, wie Schwimmbäder oder Saunen.

(4) Der Nutzer ist berechtigt, vom Gebäudeeigentümer die Erfüllung dieser Verpflichtungen zu verlangen.

§ 5 Ausstattung zur Verbrauchserfassung

(1) ¹Zur Erfassung des anteiligen Wärmeverbrauchs sind Wärmezähler oder Heizkostenverteiler, zur Erfassung des anteiligen Warmwasserverbrauchs Warmwasserzähler oder andere geeignete Ausstattungen zu verwenden. ²Soweit nicht eichrechtliche Bestimmungen zur Anwendung kommen, dürfen nur solche Ausstattungen zur Verbrauchserfassung verwendet werden, hinsichtlich derer sachverständige Stellen bestätigt haben, dass sie den anerkannten Regeln der Technik entsprechen oder dass ihre Eignung auf andere Weise nachgewiesen wurde. ³Als sachverständige Stellen gelten nur solche Stellen, deren Eignung die nach Landesrecht zuständige Behörde im Benehmen mit der Physikalisch-Technischen Bundesanstalt bestätigt hat. ⁴Die Ausstattungen müssen für das jeweilige Heizsystem geeignet sein und so angebracht werden, dass ihre technisch einwandfreie Funktion gewährleistet ist.

(2) ¹Wird der Verbrauch der von einer Anlage im Sinne des § 1 Absatz 1 versorgten Nutzer nicht mit gleichen Ausstattungen erfasst, so sind zunächst durch Vorerfassung

vom Gesamtverbrauch die Anteile der Gruppen von Nutzern zu erfassen, deren Verbrauch mit gleichen Ausstattungen erfasst wird. ²Der Gebäudeeigentümer kann auch bei unterschiedlichen Nutzungs- oder Gebäudearten oder aus anderen sachgerechten Gründen eine Vorerfassung nach Nutzergruppen durchführen.

§ 6 Pflicht zur verbrauchsabhängigen Kostenverteilung

(1) ¹Der Gebäudeeigentümer hat die Kosten der Versorgung mit Wärme und Warmwasser auf der Grundlage der Verbrauchserfassung nach Maßgabe der §§ 7 bis 9 auf die einzelnen Nutzer zu verteilen. ²Das Ergebnis der Ablesung soll dem Nutzer in der Regel innerhalb eines Monats mitgeteilt werden. ³Eine gesonderte Mitteilung ist nicht erforderlich, wenn das Ableseergebnis über einen längeren Zeitraum in den Räumen des Nutzers gespeichert ist und von diesem selbst abgerufen werden kann. ⁴Einer gesonderten Mitteilung des Warmwasserverbrauchs bedarf es auch dann nicht, wenn in der Nutzeinheit ein Warmwasserzähler eingebaut ist.

(2) ¹In den Fällen des § 5 Absatz 2 sind die Kosten zunächst mindestens zu 50 vom Hundert nach dem Verhältnis der erfassten Anteile am Gesamtverbrauch auf die Nutzergruppen aufzuteilen. ²Werden die Kosten nicht vollständig nach dem Verhältnis der erfassten Anteile am Gesamtverbrauch aufgeteilt, sind
1. die übrigen Kosten der Versorgung mit Wärme nach der Wohn- oder Nutzfläche oder nach dem umbauten Raum auf die einzelnen Nutzergruppen zu verteilen; es kann auch die Wohn- oder Nutzfläche oder der umbaute Raum der beheizten Räume zugrunde gelegt werden,
2. die übrigen Kosten der Versorgung mit Warmwasser nach der Wohn- oder Nutzfläche auf die einzelnen Nutzergruppen zu verteilen.

³Die Kostenanteile der Nutzergruppen sind dann nach Absatz 1 auf die einzelnen Nutzer zu verteilen.

(3) ¹In den Fällen des § 4 Absatz 3 Satz 2 sind die Kosten nach dem Verhältnis der erfassten Anteile am Gesamtverbrauch auf die Gemeinschaftsräume und die übrigen Räume aufzuteilen. ²Die Verteilung der auf die Gemeinschaftsräume entfallenden anteiligen Kosten richtet sich nach rechtsgeschäftlichen Bestimmungen.

(4) ¹Die Wahl der Abrechnungsmaßstäbe nach Absatz 2 sowie nach § 7 Absatz 1 Satz 1, §§ 8 und 9 bleibt dem Gebäudeeigentümer überlassen. ²Er kann diese für künftige Abrechnungszeiträume durch Erklärung gegenüber den Nutzern ändern
1. bei der Einführung einer Vorerfassung nach Nutzergruppen,
2. nach Durchführung von baulichen Maßnahmen, die nachhaltig Einsparungen von Heizenergie bewirken oder
3. aus anderen sachgerechten Gründen nach deren erstmaliger Bestimmung.

³Die Festlegung und die Änderung der Abrechnungsmaßstäbe sind nur mit Wirkung zum Beginn eines Abrechnungszeitraumes zulässig.

§ 7 Verteilung der Kosten der Versorgung mit Wärme

(1) ¹Von den Kosten des Betriebs der zentralen Heizungsanlage sind mindestens 50 vom Hundert, höchstens 70 vom Hundert nach dem erfassten Wärmeverbrauch der Nutzer zu verteilen. ²In Gebäuden, die das Anforderungsniveau der Wärmeschutzverordnung vom 16. August 1994 (BGBl. I S. 2121) nicht erfüllen, die mit einer Öl- oder

III HeizkostenV § 8

Gasheizung versorgt werden und in denen die freiliegenden Leitungen der Wärmeverteilung überwiegend gedämmt sind, sind von den Kosten des Betriebs der zentralen Heizungsanlage 70 vom Hundert nach dem erfassten Wärmeverbrauch der Nutzer zu verteilen. ³In Gebäuden, in denen die freiliegenden Leitungen der Wärmeverteilung überwiegend ungedämmt sind und deswegen ein wesentlicher Anteil des Wärmeverbrauchs nicht erfasst wird, kann der Wärmeverbrauch der Nutzer nach anerkannten Regeln der Technik bestimmt werden. ⁴Der so bestimmte Verbrauch der einzelnen Nutzer wird als erfasster Wärmeverbrauch nach Satz 1 berücksichtigt. ⁵Die übrigen Kosten sind nach der Wohn- oder Nutzfläche oder nach dem umbauten Raum zu verteilen; es kann auch die Wohn- oder Nutzfläche oder der umbaute Raum der beheizten Räume zugrunde gelegt werden.

(2) ¹Zu den Kosten des Betriebs der zentralen Heizungsanlage einschließlich der Abgasanlage gehören die Kosten der verbrauchten Brennstoffe und ihrer Lieferung, die Kosten des Betriebsstromes, die Kosten der Bedienung, Überwachung und Pflege der Anlage, der regelmäßigen Prüfung ihrer Betriebsbereitschaft und Betriebssicherheit einschließlich der Einstellung durch eine Fachkraft, der Reinigung der Anlage und des Betriebsraumes, die Kosten der Messungen nach dem Bundes-Immissionsschutzgesetz, die Kosten der Anmietung oder anderer Arten der Gebrauchsüberlassung einer Ausstattung zur Verbrauchserfassung sowie die Kosten der Verwendung einer Ausstattung zur Verbrauchserfassung einschließlich der Kosten der Eichung sowie der Kosten der Berechnung, Aufteilung und Verbrauchsanalyse. ²Die Verbrauchsanalyse sollte insbesondere die Entwicklung der Kosten für die Heizwärme- und Warmwasserversorgung der vergangenen drei Jahre wiedergeben.

(3) Für die Verteilung der Kosten der Wärmelieferung gilt Absatz 1 entsprechend.

(4) Zu den Kosten der Wärmelieferung gehören das Entgelt für die Wärmelieferung und die Kosten des Betriebs der zugehörigen Hausanlagen entsprechend Absatz 2.

§ 8 Verteilung der Kosten der Versorgung mit Warmwasser

(1) Von den Kosten des Betriebs der zentralen Warmwasserversorgungsanlage sind mindestens 50 vom Hundert, höchstens 70 vom Hundert nach dem erfassten Warmwasserverbrauch, die übrigen Kosten nach der Wohn- oder Nutzfläche zu verteilen.

(2) ¹Zu den Kosten des Betriebs der zentralen Warmwasserversorgungsanlage gehören die Kosten der Wasserversorgung, soweit sie nicht gesondert abgerechnet werden, und die Kosten der Wassererwärmung entsprechend § 7 Absatz 2. ²Zu den Kosten der Wasserversorgung gehören die Kosten des Wasserverbrauchs, die Grundgebühren und die Zählermiete, die Kosten der Verwendung von Zwischenzählern, die Kosten des Betriebs einer hauseigenen Wasserversorgungsanlage und einer Wasseraufbereitungsanlage einschließlich der Aufbereitungsstoffe.

(3) Für die Verteilung der Kosten der Warmwasserlieferung gilt Absatz 1 entsprechend.

(4) Zu den Kosten der Warmwasserlieferung gehören das Entgelt für die Lieferung des Warmwassers und die Kosten des Betriebs der zugehörigen Hausanlagen entsprechend § 7 Absatz 2.

§ 9 Verteilung der Kosten der Versorgung mit Wärme und Warmwasser bei verbundenen Anlagen

(1) ¹Ist die zentrale Anlage zur Versorgung mit Wärme mit der zentralen Warmwasserversorgungsanlage verbunden, so sind die einheitlich entstandenen Kosten des Betriebs aufzuteilen. ²Die Anteile an den einheitlich entstandenen Kosten sind bei Anlagen mit Heizkesseln nach den Anteilen am Brennstoffverbrauch oder am Energieverbrauch, bei eigenständiger gewerblicher Wärmelieferung nach den Anteilen am Wärmeverbrauch zu bestimmen. ³Kosten, die nicht einheitlich entstanden sind, sind dem Anteil an den einheitlich entstandenen Kosten hinzuzurechnen. ⁴Der Anteil der zentralen Anlage zur Versorgung mit Wärme ergibt sich aus dem gesamten Verbrauch nach Abzug des Verbrauchs der zentralen Warmwasserversorgungsanlage. ⁵Bei Anlagen, die weder durch Heizkessel noch durch eigenständige gewerbliche Wärmelieferung mit Wärme versorgt werden, können anerkannte Regeln der Technik zur Aufteilung der Kosten verwendet werden. ⁶Der Anteil der zentralen Warmwasserversorgungsanlage am Wärmeverbrauch ist nach Absatz 2, der Anteil am Brennstoffverbrauch nach Absatz 3 zu ermitteln.

(2) ¹Die auf die zentrale Warmwasserversorgungsanlage entfallende Wärmemenge (Q) ist ab dem 31. Dezember 2013 mit einem Wärmezähler zu messen. ²Kann die Wärmemenge nur mit einem unzumutbar hohen Aufwand gemessen werden, kann sie nach der Gleichung

$$Q = 2{,}5 \cdot \frac{\text{kWh}}{\text{m}^3 \cdot \text{K}} \cdot V \cdot (t_w - 10\ °C)$$

bestimmt werden. ³Dabei sind zugrunde zu legen
1. das gemessene Volumen des verbrauchten Warmwassers (V) in Kubikmetern (m³);
2. die gemessene oder geschätzte mittlere Temperatur des Warmwassers (t_w) in Grad Celsius (°C).

⁴Wenn in Ausnahmefällen weder die Wärmemenge noch das Volumen des verbrauchten Warmwassers gemessen werden können, kann die auf die zentrale Wamwasserversorgungsanlage entfallende Wärmemenge nach folgender Gleichung bestimmt werden:

$$Q = 32 \cdot \frac{\text{kWh}}{\text{m}^3\, A_{\text{Wohn}}} \cdot A_{\text{Wohn}}$$

⁵Dabei ist die durch die zentrale Anlage mit Warmwasser versorgte Wohn- oder Nutzfläche (A_{Wohn}) zugrunde zu legen. ⁶Die nach den Gleichungen in Satz 2 oder 4 bestimmte Wärmemenge (Q) ist
1. bei brennwertbezogener Abrechnung von Erdgas mit 1,11 zu multiplizieren und
2. bei eigenständiger gewerblicher Wärmelieferung durch 1,15 zu dividieren.

(3) ¹Bei Anlagen mit Heizkesseln ist der Brennstoffverbrauch der zentralen Warmwasserversorgungsanlage (B) in Litern, Kubikmetern, Kilogramm oder Schüttraummetern nach der Gleichung

$$B = \frac{Q}{H_i}$$

zu bestimmen. ²Dabei sind zugrunde zu legen
1. die auf die zentrale Warmwasserversorgungsanlage entfallende Wärmemenge (Q) nach Absatz 2 in kWh;

III HeizkostenV §§ 9a, 9b

2. der Heizwert des verbrauchten Brennstoffes (H_i) in Kilowattstunden (kWh) je Liter (l), Kubikmeter (m³), Kilogramm (kg) oder Schüttraummeter (SRm). ²Als H_i-Werte können verwendet werden für

Leichtes Heizöl EL	10	kWh/l
Schweres Heizöl	10,9	kWh/l
Erdgas H	10	kWh/m³
Erdgas L	9	kWh/m³
Flüssiggas	13	kWh/kg
Koks	8	kWh/kg
Braunkohle	5,5	kWh/kg
Steinkohle	8	kWh/kg
Holz (lufttrocken)	4,1	kWh/kg
Holzpellets	5	kWh/kg
Holzhackschnitzel	650	kWh/SRm.

³Enthalten die Abrechnungsunterlagen des Energieversorgungsunternehmens oder Brennstofflieferanten H_i-Werte, so sind diese zu verwenden. ⁴Soweit die Abrechnung über kWh-Werte erfolgt, ist eine Umrechnung in Brennstoffverbrauch nicht erforderlich.

(4) Der Anteil an den Kosten der Versorgung mit Wärme ist nach § 7 Absatz 1, der Anteil an den Kosten der Versorgung mit Warmwasser nach § 8 Absatz 1 zu verteilen, soweit diese Verordnung nichts anderes bestimmt oder zulässt.

§ 9a Kostenverteilung in Sonderfällen

(1) ¹Kann der anteilige Wärme- oder Warmwasserverbrauch von Nutzern für einen Abrechnungszeitraum wegen Geräteausfalls oder aus anderen zwingenden Gründen nicht ordnungsgemäß erfasst werde, ist er vom Gebäudeeigentümer auf der Grundlage des Verbrauchs der betroffenen Räume in vergleichbaren Zeiträumen oder des Verbrauchs vergleichbarer anderer Räume im jeweiligen Abrechnungszeitraum oder des Durchschnittsverbrauchs des Gebäudes oder der Nutzergruppe zu ermitteln. ²Der so ermittelte anteilige Verbrauch ist bei der Kostenverteilung anstelle des erfassten Verbrauchs zugrunde zu legen.

(2) Überschreitet die von der Verbrauchsermittlung nach Absatz 1 betroffene Wohn- oder Nutzfläche oder der umbaute Raum 25 vom Hundert der für die Kostenverteilung maßgeblichen gesamten Wohn- oder Nutzfläche oder des maßgeblichen gesamten umbauten Raumes, sind die Kosten ausschließlich nach den nach § 7 Absatz 1 Satz 5 und § 8 Absatz 1 für die Verteilung der übrigen Kosten zugrunde zu legenden Maßstäben zu verteilen.

§ 9b Kostenaufteilung bei Nutzerwechsel

(1) Bei Nutzerwechsel innerhalb eines Abrechnungszeitraumes hat der Gebäudeeigentümer eine Ablesung der Ausstattung zur Verbrauchserfassung der vom Wechsel betroffenen Räume (Zwischenablesung) vorzunehmen.

(2) Die nach dem erfassten Verbrauch zu verteilenden Kosten sind auf der Grundlage der Zwischenablesung, die übrigen Kosten des Wärmeverbrauchs auf der Grund-

lage der sich aus anerkannten Regeln der Technik ergebenden Gradtagszahlen oder zeitanteilig und die übrigen Kosten des Warmwasserverbrauchs zeitanteilig auf Vor- und Nachnutzer aufzuteilen.

(3) Ist eine Zwischenablesung nicht möglich oder lässt sie wegen des Zeitpunktes des Nutzerwechsels aus technischen Gründen keine hinreichend genaue Ermittlung der Verbrauchsanteile zu, sind die gesamten Kosten nach den nach Absatz 2 für die übrigen Kosten geltenden Maßstäben aufzuteilen.

(4) Von den Absätzen 1 bis 3 abweichende rechtsgeschäftliche Bestimmungen bleiben unberührt.

§ 10 Überschreitung der Höchstsätze

Rechtsgeschäftliche Bestimmungen, die höhere als die in § 7 Absatz 1 und § 8 Absatz 1 genannten Höchstsätze von 70 vom Hundert vorsehen, bleiben unberührt.

§ 11 Ausnahmen

(1) Soweit sich die §§ 3 bis 7 auf die Versorgung mit Wärme beziehen, sind sie nicht anzuwenden
1. auf Räume,
   a) in Gebäuden, die einen Heizwärmebedarf von weniger als 15 kWh/(m² · a) aufweisen,
   b) bei denen das Anbringen der Ausstattung zur Verbrauchserfassung, die Erfassung des Wärmeverbrauchs oder die Verteilung der Kosten des Wärmeverbrauchs nicht oder nur mit unverhältnismäßig hohen Kosten möglich ist; unverhältnismäßig hohe Kosten liegen vor, wenn diese nicht durch die Einsparungen, die in der Regel innerhalb von zehn Jahren erzielt werden können, erwirtschaft werden können; oder
   c) die vor dem 1. Juli 1981 bezugsfertig geworden sind und in denen der Nutzer den Wärmeverbrauch nicht beeinflussen kann;
2. a) auf Alters- und Pflegeheime, Studenten- und Lehrlingsheime,
   b) auf vergleichbare Gebäude oder Gebäudeteile, deren Nutzung Personengruppen vorbehalten ist, mit denen wegen ihrer besonderen persönlichen Verhältnisse regelmäßig keine üblichen Mietverträge abgeschlossen werden;
3. auf Räume in Gebäuden, die überwiegend versorgt werden
   a) mit Wärme aus Anlagen zur Rückgewinnung von Wärme oder aus Wärmepumpen- oder Solaranlagen oder
   b) mit Wärme aus Anlagen der Kraft-Wärme-Kopplung oder aus Anlagen zur Verwertung von Abwärme, sofern der Wärmeverbrauch des Gebäudes nicht erfasst wird;
4. auf die Kosten des Betriebs der zugehörigen Hausanlagen, soweit diese Kosten in den Fällen des § 1 Absatz 3 nicht in den Kosten der Wärmelieferung enthalten sind, sondern vom Gebäudeeigentümer gesondert abgerechnet werden;
5. in sonstigen Einzelfällen, in denen die nach Landesrecht zuständige Stelle wegen besonderer Umstände von den Anforderungen dieser Verordnung befreit hat, um einen unangemessenen Aufwand oder sonstige unbillige Härten zu vermeiden.

(2) Soweit sich die §§ 3 bis 6 und § 8 auf die Versorgung mit Warmwasser beziehen, gilt Absatz 1 entsprechend.

III HeizkostenV

§ 12 Kürzungsrecht, Übergangsregelungen

(1) ¹Soweit die Kosten der Versorgung mit Wärme oder Warmwasser entgegen den Vorschriften dieser Verordnung nicht verbrauchsabhängig abgerechnet werden, hat der Nutzer das Recht, bei der nicht verbrauchsabhängigen Abrechnung der Kosten den auf ihn entfallenden Anteil um 15 vom Hundert zu kürzen. ²Dies gilt nicht beim Wohnungseigentum im Verhältnis des einzelnen Wohnungseigentümers zur Gemeinschaft der Wohnungseigentümer; insoweit verbleibt es bei den allgemeinen Vorschriften.

(2) Die Anforderungen des § 5 Absatz 1 Satz 2 gelten bis zum 31. Dezember 2013 als erfüllt

1. für die am 1. Januar 1987 für die Erfassung des anteiligen Warmwasserverbrauchs vorhandenen Warmwasserkostenverteiler und
2. für die am 1. Juli 1981 bereits vorhandenen sonstigen Ausstattungen zur Verbrauchserfassung.

(3) Bei preisgebundenen Wohnungen im Sinne der Neubaumietenverordnung 1970 gilt Absatz 2 mit der Maßgabe, dass an die Stelle des Datums „1. Juli 1981" das Datum „1. August 1984" tritt.

(4) § 1 Absatz 3, § 4 Absatz 3 Satz 2 und § 6 Absatz 3 gelten für Abrechnungszeiträume, die nach dem 30. September 1989 beginnen; rechtsgeschäftliche Bestimmungen über eine frühere Anwendung dieser Vorschriften bleiben unberührt.

(5) Wird in den Fällen des § 1 Absatz 3 der Wärmeverbrauch der einzelnen Nutzer am 30. September 1989 mit Einrichtungen zur Messung der Wassermenge ermittelt, gilt die Anforderung des § 5 Absatz 1 Satz 1 als erfüllt.

(6) Auf Abrechnungszeiträume, die vor dem 1. Januar 2009 begonnen haben, ist diese Verordnung in der bis zum 31. Dezember 2008 geltenden Fassung weiter anzuwenden.

§ 13

(Berlin-Klausel)

§ 14

(Inkrafttreten)

Übersicht

	Rn		Rn
I. Zweck und Anwendungsbereich	1	3. Änderung des Verteilungsschlüssels	31
II. Ausstattung zur Verbrauchserfassung	5	V. Kostenverteilung in Sonderfällen	35
III. Ausnahmen von der Ausstattungspflicht	13	VI. Nutzerwechsel	36
IV. Verteilungsschlüssel	19	VII. Kürzungsrecht des Nutzers	37
1. Vorgaben der HeizkostenV	19	VIII. Sonderregelungen im Einigungsvertrag	38
2. Festlegung des Verteilungsschlüssels	24	IX. Übergangsregelungen	42

Literatur: *Abramenko* Heizkostenverteilung und Beschlusskompetenz nach bisherigem und künftigen Recht, ZWE 2007, 61; *Gruber* Heizkostenabrechnung und Nichterfassung des Verbrauchs, NZM 2000, 842; *Schmid* Novellierung der Heizkostenverordnung zum 1.1.2009, ZMR 2009, 172; *ders* Novellierung der HeizkostenVO – Darstellung des neuen Rechts und kritische Analyse NZM 2009, 105; *ders* Probleme der Anwendung der HeizkostenVO in Wohnungseigentümergemeinschaften, DWE 2008, 38.

I. Zweck und Anwendungsbereich

Die auf der Grundlage des Energieeinsparungsgesetzes erlassene Verordnung über die verbrauchsabhängige Abrechnung der Heiz- und Warmwasserkosten findet auch auf das Wohnungseigentum Anwendung. **1**

Die HeizkostenV will eine Verminderung des Energieverbrauchs im Bereich der Gebäudeheizung erreichen. Dieses Ziel soll dadurch verwirklicht werden, dass bei gemeinschaftlichen Heiz- und Warmwasseranlagen die entstehenden Kosten unter Berücksichtigung des tatsächlichen Verbrauchs des einzelnen Nutzers abgerechnet werden. Der Verordnungsgeber geht davon aus, dass der Einzelne eher zur Einsparung von Energie bereit sein wird, wenn ein verminderter Verbrauch sich unmittelbar Kosten senkend für ihn auswirkt. **2**

Die Verordnung verpflichtet deshalb den Gebäudeeigentümer, die Kosten des Betriebs zentraler Heizungs- und Warmwasserversorgungsanlagen bzw. der Lieferung von Wärme und Warmwasser zu mindestens 50%, höchstens 70% entsprechend dem individuellen Verbrauch zu verteilen (§§ 7, 8 HeizkostenV). **§ 1 Abs 2 Nr 3 HeizkostenV** stellt beim Wohnungseigentum die Gemeinschaft der Wohnungseigentümer bzw den einzelnen Wohnungseigentümer im Verhältnis zu seinem Mieter dem Gebäudeeigentümer gleich. **§ 2 HeizkostenV**, wonach bei Gebäuden mit nicht mehr als zwei Wohnungen, von denen eine der Vermieter selbst bewohnt, die HeizkostenV keine Anwendung findet, gilt nicht, wenn bei einer Anlage mit zwei Wohnungen eine von dem einen Wohnungseigentümer vermietet ist und eine von dem anderen Wohnungseigentümer selbst bewohnt wird (*OLG Düsseldorf* 3 Wx 225/03, NZM 2004, 554, 555; *OLG München* 32 Wx 118/07, ZMR 2007, 1001). Anders verhält es sich, wenn beide Wohnungen durch die Eigentümer selbst genutzt werden (*AG Hamburg-Blankenese* 506 II 23/03, ZMR 2004, 544). **3**

§ 3 S 1 HeizkostenV stellt klar, dass die Verordnung auf Wohnungseigentum anzuwenden ist unabhängig davon, ob durch Vereinbarung oder Beschluss der Wohnungseigentümer abweichende Bestimmungen über die Verteilung der Kosten der Versorgung mit Wärme und Warmwasser getroffen worden sind. **4**

II. Ausstattung zur Verbrauchserfassung

Um eine verbrauchsabhängige Verteilung zu ermöglichen, sind die Räume mit Ausstattungen zur Verbrauchserfassung zu versehen (§§ 4, 5 HeizkostenV). Solange Messgeräte noch nicht vorhanden sind, ist eine verbrauchsabhängige Abrechnung zwangsläufig nicht möglich. Es gilt dann der gesetzliche Verteilungsschlüssel des § 16 Abs 2 WEG. Es muss zunächst der Anspruch auf Anbringung der Messeinrichtungen durchgesetzt werden (*BayObLG* 2Z BR 36/00, NZM 2001, 296, 297). Die Eigentümergemeinschaft ist grundsätzlich verpflichtet, Geräte zur Verbrauchserfassung einzubauen. Jeder Wohnungseigentümer kann gemäß § 4 Abs 4 HeizkostenV bzw gemäß §§ 21 **5**

III HeizkostenV

Abs 4, 43 Nr 1 WEG den Einbau verlangen (*AG Berlin-Charlottenburg* 70 II 21/83, DWE 1983, 125), sofern nicht im Einzelfall das Anbringen von Verbrauchszählern und die Wärmeerfassung mit unverhältnismäßig hohen Kosten verbunden ist.

6   Haben die Wohnungseigentümer beschlossen, Verbrauchszähler anzubringen, so ist jeder von ihnen gemäß § 14 Nr 3 WEG verpflichtet, den Einbau zu dulden. Gemäß **§ 4 Abs 2 S 3 HeizkostenV** bleibt den Eigentümern die Wahl der Ausstattung im Rahmen des § 5 HeizkostenV überlassen.

7   Gemäß **§ 5 Abs 1 S 4 HeizkostenV** muss die Ausstattung zur Verbrauchserfassung für das jeweilige Heizsystem geeignet sein. Der Einbau von Heizkostenverteilern, die nach dem **Verdunstungsprinzip** arbeiten, ist zulässig, obwohl es genauere Messmethoden gibt, denn diese sind auch kostenaufwändiger (*BGH* VIII ZR 133/85, DWW 1986, 147, 149). An den Heizkörpern angebrachte Heizkostenverteiler nach dem Verdunstungsprinzip sind gemäß § 5 Abs 1 S 1 HeizkostenV grundsätzlich zur Erfassung des anteiligen Wärmeverbrauchs geeignet. Nach DIN 4713 Teil 2 Nr 1 sind sie auch für Einrohrleitungen geeignet, wenn diese nicht über den Bereich einer Nutzungseinheit hinaus verwendet werden. Die Eignung im Sinne der HeizkostenV ist auch dann gegeben, wenn bei der Heizung ein großer Teil der verbrauchten Wärme nicht über die Heizkörper, sondern über die im Fußboden verlegte Ringleitung abgegeben wird. Dies gilt auch, wenn aufgrund der baulichen Gegebenheiten in einer Wohnung über die Ringleitung wesentlich weniger Wärme abgegeben wird als in anderen Wohnungen. Eine solche besondere Fußbodenkonstruktion geht ebenso wie ein höherer Wärmeverbrauch aufgrund der Lage zu Lasten des einzelnen Wohnungseigentümers. Die Einsatzgrenzen von Heizkostenverteilern sind in der DIN EN 834 „Heizkostenverteiler für die Verbrauchserfassung von Raumheizflächen – Geräte mit elektrischer Energieversorgung", Ausgabe November 1994, und DIN EN 835 „Heizkostenverteiler für die Verbrauchserfassung von Raumheizflächen – Geräte ohne elektrische Energieversorgung nach dem Verdunstungsprinzip", Ausgabe April 1995, angegeben, insbesondere in der Tabelle A.1 der DIN EN 834.

8   **Wärmemengenzähler** sind Geräte, die in den Vor- bzw Rücklauf eines Heizkörpers, eines Zimmers, einer Wohnung oder eines Hauses eingebaut werden und die die verbrauchte Wärmemenge bestimmen. Wärmezähler sind im Gegensatz zu Heizkostenverteilern Messgeräte, das heißt, dass sie nicht nur den relativen Anteil an den Heizkosten festhalten, sondern den tatsächlichen, absoluten Energieverbrauch.

9   Die **Kosten für den Einbau** der Geräte sind gemäß § 3 S 3 HeizkostenV entsprechend den Regelungen über die Tragung der Verwaltungskosten zu verteilen, wie sie sich aus § 16 Abs 2 WEG oder den bestehenden Vereinbarungen, insbesondere aus der Gemeinschaftsordnung ergeben. Ein besonderer Beschluss oder eine besondere Vereinbarung sind hinsichtlich der Kostenverteilung nicht erforderlich. Sieht die Gemeinschaftsordnung die Möglichkeit vor, den Verteilungsschlüssel durch Eigentümerbeschluss zu ändern, so können die Einbaukosten durch Mehrheitsbeschluss verteilt werden (*BayObLG* BReg 2 Z 109/83, ZMR 1985, 104).

10   Eine neue Sonderregelung für die Verbrauchserfassung enthält **§ 7 Abs 1 S 3 und 4 HeizkostenV**. In Gebäuden, in denen die freiliegenden Leitungen der Wärmeversorgung überwiegend ungedämmt sind und deswegen ein wesentlicher Anteil des Wärmeverbrauchs nicht erfasst wird, kann der Wärmeverbrauch der Nutzer nach anerkannten Regeln der Technik bestimmt werden, wozu auf die auf das Beiblatt zur Richtlinie VDI 2077 zurückgegriffen werden kann (vgl BR-DrucksS 570/08).

Gemäß § 4 Abs 3 HeizkostenV sind **gemeinschaftlich genutzte Räume** (zB Treppen- **11** häuser, Trockenräume etc) von der Pflicht zur Verbrauchserfassung ausgenommen, soweit es sich nicht um Gemeinschaftsräume mit nutzungsbedingtem hohem Wärme- oder Warmwasserverbrauch, wie Schwimmbäder oder Saunen handelt. Bei diesen sind spätestens seit dem 30.9.1989 (§ 12 Abs 4 HeizkostenV) die Kosten gemäß § 6 Abs 3 HeizkostenV nach dem Verhältnis der erfassten Anteile am Gesamtverbrauch auf die Gemeinschaftsräume und die übrigen Räume aufzuteilen. Die Verteilung der auf die Gemeinschaftsräume entfallenden anteiligen Kosten richtet sich nach Rechtsbestimmungen (§ 6 Abs 3 S 2 HeizkostenV). Maßgebend sind demnach beim Wohnungseigentum die Bestimmungen in der Gemeinschaftsordnung oder sonstige Vereinbarungen über die Lasten und Kostenverteilung und falls solche fehlen die gesetzliche Regelung des § 16 Abs 2 WEG.

Die **Messgeräte** finden Verwendung im geschäftlichen Verkehr, denn die mit ihnen **12** erzielten Messergebnisse sind Grundlage für die verbrauchsabhängige Kostenverteilung. Sie **müssen** deshalb gemäß § 2 Abs 1 des Eichgesetzes in der Neufassung vom 23.3.1992 (BGBl I S 711) zugelassen und **geeicht sein**. Die Gültigkeitsdauer der Eichung für Warmwasser- und Wärmemessgeräte beträgt 5 Jahre. Verantwortlich für die Durchführung der Nacheichung ist der Verwalter. Er hat die Nacheichung auch ohne einen Beschluss der Wohnungseigentümer zu veranlassen. Ein Mehrheitsbeschluss der Wohnungseigentümer, eine erforderliche Eichung vornehmen zu lassen, entspricht stets ordnungsgemäßer Verwaltung (*BayObLG* WE 1991, 261, 263). Messergebnisse von Geräten, die nicht rechtzeitig nachgeeicht wurden, machen die Abrechnung anfechtbar. Soweit die Messgeräte zur gemeinschaftlichen Abrechnung verwendet werden, sind sie Einrichtungen, die dem gemeinschaftlichen Gebrauch aller Wohnungseigentümer dienen, und gehören deshalb zum gemeinschaftlichen Eigentum (*KG* WE 1994, 51, 53).

III. Ausnahmen von der Ausstattungspflicht

In bestimmten abschließend aufgezählten Fällen besteht gemäß § 11 HeizkostenV **13** keine Pflicht zur Verbrauchserfassung. **§ 11 Abs 1 Nr 1a HeizkostenV**, der mit Wirkung ab 1.1.2009 eingefügt worden ist, nimmt Räume in Gebäuden, die einen Heizwärmebedarf von weniger als 15 kWh/m² pro Jahr aufweisen, von der Anwendung der HeizkostenVO aus. Diese Regelung enthält für Gebäude, die den sog Passivhausstandard einhalten, eine Ausnahme von der Anwendung der Heizkostenverordnung, um damit einen Anreiz zur Erreichung dieses Standards beim Bau bzw bei der Sanierung von Mehrfamilienhäusern zu schaffen (vgl BR-Drucks 570/08 S 17/18).

Die Ausnahme des § 11 Abs 1 Nr 1a HeizkostenV in der bis 31.12.2008 geltenden Fas- **14** sung regelt jetzt **§ 11 Abs 1 Nr 1b HeizkostenV**. Danach gilt eine Ausnahme für den Fall, dass das Anbringen der Ausstattung zur Verbrauchserfassung, die Erfassung des Wärmeverbrauchs oder die Verteilung der Kosten des Wärmeverbrauchs nicht oder nur mit unverhältnismäßig hohen Kosten möglich ist. Neu ist die Präzisierung, wonach unverhältnismäßig hohe Kosten vorliegen, wenn diese nicht durch die **Einsparungen**, die in der Regel **innerhalb von zehn Jahren** erzielt werden können, erwirtschaftet werden können. Dies entspricht der schon bisher hM (vgl etwa *KG* 24 W 3802/92, WuM 1993, 300; *BayObLG* 2Z BR 118/04, NZM 2005, 106 mwN; *OLG Köln* 16 Wx 154/06, ZMR 2007, 389).

Niedenführ

III   Heizkosten V

15 Für die Frage, ob Kosten für von der HeizkostenV geforderte Einrichtungen unverhältnismäßig hoch sind, ist der Vergleich der Installationskosten nebst Mess- und Abrechnungsaufwand zur möglichen Energieeinsparung maßgebend (*BGH* VIII ZR 361/89, NJW-RR 1991, 647; *BayObLG* 2Z BR 118/04, NZM 2005, 106 mwN).

16 Die in § 12 Abs 1 HeizkostenV zugrunde gelegte **Einsparungsquote von 15%** ist auch im Rahmen des § 11 Abs 1 Nr 1b HeizkostenV maßgebend. Die Energieeinsparung von 15% ist nach den Kosten zu berechnen, die in dem Abrechnungszeitraum entstanden sind, der dem Vergleichszeitpunkt vorangegangen ist.

17 Danach ergibt sich für die Installation von Warmwasserzählern zB folgende Vergleichsrechnung: Betragen die gemäß § 9 Abs 2 HeizkostenV ermittelten Warmwasserkosten 2880 € jährlich, dann ergeben sich bei einer Einsparungsquote von 15% jährliche Einsparungen von 432 €. Die Energieeinsparung für Warmwasser im Zehnjahreszeitraum würde danach 10 × 432 € also 4320 € betragen. Beträgt der Aufwand für die Installation von Erfassungsgeräten 8 500 €, so ist dieser unverhältnismäßig hoch im Sinne von § 11 Abs 1 Nr 1b HeizkostenV.

18 Ob auf die Einführung der verbrauchsabhängigen Heizkostenabrechnung gemäß § 11 Abs 1 Nr 1a HeizkostenV verzichtet werden soll, ist durch **Mehrheitsbeschluss** zu entscheiden. Ein solcher Beschluss ist auch dann nur anfechtbar und nicht nichtig, wenn er im Ergebnis zu Unrecht die Anwendung der HeizkostenV ablehnt (*AG Duisburg* DWE 1989, 35). Nichtig ist aber ein Beschluss, der einen früheren Beschluss über die Installation von Wärmemengenerfassungsgeräten und die Einführung einer verbrauchsabhängigen Heizkostenabrechnung aus Gründen aufhebt, die außerhalb der Regelungsgegenstände des § 3 S 2 HeizkostenV liegen (zB wegen der Kosten anderer Sanierungsmaßnahmen; *OLG Hamm* 15 W 327/94, NJW RR 1995, 465).

IV.   Verteilungsschlüssel

19 **1. Vorgaben der HeizkostenV.** Der Gebäudeeigentümer hat gemäß **§ 6 Abs 1 S 1 HeizkostenV** die Kosten der Versorgung mit Wärme und Warmwasser auf der Grundlage der Verbrauchserfassung nach Maßgabe der §§ 7 bis 9 auf die einzelnen Nutzer zu verteilen. Das Ergebnis der Ablesung soll dem Nutzer nach § 6 Abs 1 S 2, 3 HeizkostenV innerhalb eines Monats mitgeteilt werden (kritisch zu dieser neu in das Gesetz aufgenommenen Mitteilungspflicht *Schmid* NZM 2009, 104, 105).

20 Gemäß **§ 7 Abs 1 S 1 HeizkostenV** sind von den Kosten des Betriebs der zentralen Heizungsanlage mindestens 50% und höchstens 70% nach dem erfassten Wärmeverbrauch der Nutzer und gemäß **§ 7 Abs 1 S 5 HeizkostenV** der restliche Teil der Kosten entweder nach der Wohn- oder Nutzfläche (dem umbauten Raum) insgesamt oder nach der Wohn- oder Nutzfläche (dem umbauten Raum) der beheizten Räume umzulegen. Die **Wohnfläche** kann gemäß § 42 der II. Berechnungsverordnung weiter nach den §§ 42–44 der II. Berechnungsverordnung bzw. nach der Wohnflächenverordnung (vgl *Schmid* in Riecke/Schmid, § 7 HeizkostenV Rn 9) und der **umbaute Raum** nach der Anlage 2 zur II. Berechnungsverordnung ermittelt werden (vgl *Schmid* in Riecke/ Schmid, § 7 HeizkostenV Rn 13).

21 Gemäß **§ 7 Abs 1 S 2 HeizkostenV** sind in Gebäuden, die nicht die Anforderungen der Wärmeschutzverordnung erfüllen, die mit einer Öl- oder Gasheizung versorgt werden und in denen die freiliegenden Strangleitungen der Wärmeverteilung überwiegend

HeizkostenV III

gedämmt sind, **zwingend 70%** der Kosten des Betriebs der zentralen Heizungsanlage nach dem erfassten Wärmeverbrauch der Nutzer zu verteilen. Unberührt bleibt die Möglichkeit, einen höheren verbrauchsabhängigen Anteil zu vereinbaren (§ 10 HeizkostenV), entsprechende Vereinbarungen bleiben wirksam und können auch neu getroffen werden (*Schmid* NZM 2009, 106).

Gemäß **§ 8 Abs 1 HeizkostenV** sind von den Kosten des Betriebs der zentralen Warmwasserversorgungsanlage mindestens 50% und höchstens 70% nach dem erfassten Warmwasserverbrauch und die übrigen Kosten nach der Wohn- oder Nutzfläche zu verteilen. **22**

§ 9 HeizkostenV legt fest, wie die **Kosten bei verbundenen Anlagen**, die gleichzeitig der Versorgung mit Wärme und Warmwasser dienen, aufzuteilen sind. Nach der HeizkostenV in der bis zum 31.12.2008 geltenden Fassung konnten sowohl der Wärmeverbrauch als auch der Brennstoffverbrauch einer zentralen Warmwasserversorgungsanlage mit 18 % des Gesamtverbrauchs abgeschätzt werden, wenn eine anderweitige Ermittlung nicht möglich war. Dies ist nach der Neuregelung nicht mehr möglich, womit dem Umstand Rechnung getragen wird, dass sich der Energieverbrauch für die Warmwasserbereitung am Gesamtenergieverbrauch erhöht hat (BR-DrucksS 570/08 S 16). **22a**

Die **§§ 7 Abs 2, § 8 Abs 2 HeizkostenV** regeln im Einzelnen, was zu den Kosten des Betriebs der zentralen Heizungsanlage bzw Warmwasserversorgungsanlage zählt. Dazu gehören jetzt auch die Kosten einer Verbrauchsanalyse. Können die Kosten des Betriebsstromes der zentralen Heizungsanlage und die Kosten des Wasserverbrauchs der zentralen Warmwasserversorgungsanlage wegen fehlender Messgeräte nicht in die verbrauchsabhängige Abrechnung einbezogen werden, so widerspricht es nicht ordnungsgemäßer Verwaltung, diese Kosten nach Wohnfläche umzulegen (*BayObLG* 2Z BR 236/03, ZMR 2004, 359). Zu den Betriebskosten einer zentralen Heizungsanlage gehören nicht die Kosten einer Reparatur der Anlage und die Kosten einer Tankhaftpflichtversicherung (*BayObLG* 2Z BR 35/96, NJW-RR 1997, 715). **23**

2. Festlegung des Verteilungsschlüssels. Gemäß **§ 6 Abs 4 S 1 HeizkostenV** kann der Gebäudeeigentümer innerhalb des durch die HeizkostenV vorgegebenen Rahmens den Verteilungsschlüssel frei wählen. Bei Wohnungseigentumsanlagen, deren Einheiten unterschiedlich große Freiflächen haben, wird es ordnungsgemäßer Verwaltung entsprechen, die Kosten, die nicht nach Verbrauch umgelegt werden, nach beheizter Wohnfläche (beheiztem umbauten Raum) umzulegen. Warmwasser- und Wärmekosten können nicht allein auf Grund von Messvorrichtungen einwandfrei ermittelt werden, denn es entsteht ein nicht zu unterschätzender Anteil der Kosten unabhängig vom jeweiligen Verbrauch; zu den nicht durch den einzelnen Verbraucher beeinflussbaren Betriebskosten gehören zB die Verluste der Wärmeerzeugungsanlage sowie die Leitungsverluste (vgl *OLG Hamm* 15 W 24/03, NZM 2004, 657 mwN). Dies spricht gegen die Einführung einer Verteilung der Kosten zu 100% nach Verbrauch, die mit dem Inkrafttreten der WEG-Novelle 2007 am 1.7.2007 gemäß § 16 Abs 3 WEG und (davor aufgrund einer vereinbarten Öffnungsklausel) beschlossen werden könnte (vgl *Abramenko* ZWE 2007, 61, 66). Die Verteilung der Kosten ausschließlich nach Verbrauch widerspricht auch deswegen ordnungsgemäßer Verwaltung, weil sie individuelle Unterschiede in der Lage der Wohnungen nicht berücksichtigt (*OLG Hamm* 15 W 375/04, ZMR 2006, 630 m Anm *Becker* ZWE 2006, 226). **24**

Niedenführ

III   HeizkostenV

25 Die Festlegung eines Verteilungsschlüssels gleichzeitig mit der Begründung von Wohnungseigentum wirft regelmäßig keine Probleme auf. Die Aufnahme eines vom Rahmen der HeizkostenV abweichenden Verteilungsschlüssels in die Gemeinschaftsordnung sollte unterbleiben.

26 Besteht die Gemeinschaft bereits, so finden die Regelungen des WEG über die Verwaltung des gemeinschaftlichen Eigentums oder die bestehenden Vereinbarungen Anwendung (§ 3 S 2 HeizkostenV). Die Einführung einer verbrauchsabhängigen Kostenverteilung, die den Vorgaben der HeizkostenV entspricht, ist danach eine Maßnahme der ordnungsgemäßen Verwaltung gemäß § 21 Abs 3 WEG für die Beschlusskompetenz besteht (vgl *OLG Hamm* 15 W 24/03, NZM 2004, 657 mwN). Jeder Wohnungseigentümer kann gemäß § 21 Abs 4 WEG einen solchen Beschluss verlangen und seinen Anspruch gemäß den §§ 43 ff WEG durchsetzen. Seit dem Inkrafttreten der WEG-Novelle 2007 besteht eine Beschlusskompetenz insoweit auch gemäß § 16 Abs 3 WEG. Eine Vereinbarung (§ 10 Abs 2 WEG), wonach die Verwaltung des gemeinschaftlichen Eigentums durch qualifizierte Mehrheit erfolgt, hindert gemäß § 16 Abs 5 WEG einen Beschluss mit einfacher Mehrheit nicht.

27 Bereits bestehende Regelungen haben Bestand, wenn sie **mindestens zu 50%** eine verbrauchsabhängige Abrechnung vorsehen. Sieht die bestehende Regelung vor, dass mehr als 70% der Kosten verbrauchsabhängig verteilt werden, so ist dies gemäß § 10 HeizkostenV unschädlich.

28 Unzulässig ist die Anwendung unterschiedlicher Abrechnungsmaßstäbe innerhalb einer Gemeinschaft (zB 100% verbrauchsabhängige Abrechnung für eine bestimmte Wohnung, während für die übrigen zu 50% verbrauchsabhängig abgerechnet wird), denn eine solche Handhabung wäre mit dem Prinzip der einheitlichen Kostenabrechnung nicht vereinbar (*KG* BIGBW 1985, 141).

29 Selbst wenn ein Wohnungseigentümer nachweisbar die in seiner Wohnung befindlichen **Heizkörper ständig abgesperrt** hält, kann er nicht verlangen, völlig von den verbrauchsabhängigen Kosten des Heizungsbetriebs freigestellt zu werden. Er ist vielmehr gemäß den bei ihm abgelesenen Verdunstungswerten zu beteiligen und kann allenfalls gemäß § 242 BGB verlangen, so gestellt zu werden, wie derjenige Eigentümer einer Wohnung gleicher Größe, bei dem die nieDrucksigsten Verbrauchswerte abgelesen wurden (*BayObLG* WE 1989, 54; **aA** *Abramenko* ZWE 2007, 61, 68). Dies ist deshalb gerechtfertigt, weil ansonsten der Eigentümer einer günstig gelegenen Wohnung, die durch die umliegenden Wohnungen „mitgeheizt" wird, einen ungerechtfertigten Vorteil auf Kosten der übrigen Wohnungseigentümer hätte.

30 Der Verwalter kann nicht unmittelbar darauf in Anspruch genommen werden, Wirtschaftsplan und Abrechnungen nach der HeizkostenV zu erstellen. Sofern keine wirksame, mit der HeizkostenV in Einklang stehende Regelung über den Verteilungsschlüssel vorhanden ist, muss eine solche Regelung erst durch die Wohnungseigentümer geschaffen werden, damit auf ihrer Grundlage die Heizkostenverteilung vorgenommen werden kann (*OLG München* 34 Wx 46/07, ZMR 2009, 64, 65 mwN; *OLG Köln* 16 Wx 73/02, NZM 2002, 665, 666). Eine Abrechnung des Verwalters, die gegen die HeizkostenV verstößt, ist nicht nichtig, sondern nur anfechtbar (*BayObLG* ZMR 1985, 208/209; *BayObLG* WE 1989, 62).

3. Änderung des Verteilungsschlüssels. Die beschlossene Verteilung der Kosten kann **31** geändert werden. Die frühere Einschränkung, nur einmalig für künftige Abrechnungszeiträume bis zum Ablauf von drei Abrechnungszeiträumen nach deren erstmaliger Bestimmung eine Änderung vorzunehmen, ist entfallen. Gemäß **§ 6 Abs 4 Nr 3 HeizkostenV** ist Voraussetzung für eine Änderung nur noch das Vorliegen sachgerechter Gründe.

Enthält die Gemeinschaftsordnung einen Verteilungsschlüssel, der sich innerhalb der **32** Grenzen von 50–70% hält, so ist gemäß § 16 Abs 3 WEG eine Änderung durch Mehrheitsbeschluss möglich, die in diesem Rahmen verbleibt (zB von 70% auf 60%) und ordnungsgemäßer Verwaltung entspricht.

Ein **Anspruch auf Änderung des Verteilungsmaßstabs** besteht, wenn die Voraussetzungen **33** des § 10 Abs 2 S 3 WEG vorliegen (*Schmid* NZM 2009, 104, 106). Eine Änderung durch Mehrheitsbeschluss ist gemäß § 16 Abs 3 WEG möglich, muss sich aber im Rahmen der Vorgaben durch die HeizkostenV halten, die weiter Vorrang hat (vgl *Abramenko* ZWE 2007, 61, 66). Die Bestimmung einer Teilungserklärung, wonach laufende Kosten für jede Einheit, die durch Messvorrichtungen oder in anderer Weise **einwandfrei** festgestellt werden können, jeder Eigentümer für sein Sondereigentum allein trägt, steht einem Mehrheitsbeschluss nicht entgegen, wonach die Heiz- und Warmwasserkosten zu 30% nach QuaDrucksatmetern Wohnfläche und zu 70% nach festgestelltem Verbrauch abzurechnen sind, weil die im Sondereigentum verursachten Kosten für Wärmeversorgung und Warmwasseraufbereitung nicht einwandfrei ermittelt werden können (vgl *OLG Hamm* 15 W 24/03, NZM 2004, 657). Führt die Abrechnung nach der HeizkostenV wegen der besonderen Umstände des Einzelfalles zu einer Mehrbelastung, die nach Treu und Glauben nicht zumutbar ist, so besteht ein Anspruch auf Änderung nach den gleichen Grundsätzen unter denen ein Anspruch auf Änderung des in der Teilungserklärung festgelegten Verteilungsschlüssels besteht (vgl *BayObLG* 2Z BR 125/92, WuM 1993, 298, 299).

Das Rechtsschutzbedürfnis für einen Antrag gegen die übrigen Wohnungseigentümer **34** auf Änderung des Verteilungsschlüssels ist grundsätzlich nur zu bejahen, wenn zuvor vergeblich versucht wurde, einen Eigentümerbeschluss herbeizuführen. Weigert sich der Verwalter, den Beschlussantrag auf die Tagesordnung zu setzen, so kann er im Verfahren nach § 43 Nr 3 WEG darauf in Anspruch genommen werden, dass er mit einem solchen Tagesordnungspunkt zu einer Eigentümerversammlung einberuft (vgl § 24 Rn 24).

V. Kostenverteilung in Sonderfällen

§ 9a HeizkostenV regelt die Kostenverteilung für die Fälle, in denen der anteilige **35** Wärme- oder Warmwasserverbrauch von Nutzern wegen Geräteausfalls oder aus anderen zwingenden Gründen, zB wegen eines unterbliebenen Austauschs der Messampullen (*OLG Hamburg* 2 Wx 103/96, ZMR 2004, 769, 770), nicht ordnungsgemäß erfasst werden kann. In diesen Fällen ist der Verbrauch entweder auf der Grundlage des Verbrauchs der betroffenen Räume in vergleichbaren Zeiträumen (also nicht mehr nur früheren Abrechnungszeiträumen) oder auf der Grundlage des Verbrauchs vergleichbarer anderer Räume im jeweiligen Abrechnungszeitraum oder jetzt auch des Durchschnittsverbrauchs des Gebäudes oder der Nutzergruppe zu ermitteln. Die

III   HeizkostenV

Auswahl zwischen diesen ausschließlich zulässigen Ersatzverfahren ist eine gerichtlich überprüfbare Ermessensentscheidung (*OLG Hamburg* wie vor).

35a Ein Ersatzverfahren ist aber gemäß § **9a Abs 2 HeizkostenV** nur möglich, wenn nicht mehr als 25% der Wohn- oder Nutzfläche bzw. des umbauten Raumes von dem Geräteausfall betroffen wurden (krit zu diesem Grenzwert: *Ropertz/Wüstefeld* NJW 1989, 2365, 2368 f). Ist die verbrauchsabhängige Abrechnung objektiv unmöglich, weil der Verbrauch nicht abgelesen wurde, kann ausnahmsweise auch die Abrechnung nach Miteigentumsanteilen beschlossen werden (*KG* 24 W 1145/93, WuM 1994, 400, 402; **aA** *Gruber* NZM 2000, 842, 843 u. 848: Abrechnung nach Wohnfläche). Ist die Messung des Brennstoffendbestandes zum Jahresende versehentlich unterblieben, kann es ordnungsgemäßer Verwaltung entsprechen, den durchschnittlichen Brennstoffendbestand der vorangegangen Abrechnungsperioden der Jahresabrechnung zugrunde zu legen (*BayObLG* 2Z BR 101/00, NZM 2001, 754, 755). Kann wegen einer ungleichmäßigen Durchströmung der Heizkörper für sämtliche beheizte Flächen einer Wohnungseigentumsanlage der Wärmeverbrauch nicht ordnungsgemäß erfasst werden, darf dieser Mangel bei der Beurteilung des Vorliegens einer ordnungsgemäßen Verbrauchserfassung nicht deshalb vernachlässigt werden, weil er „im Prinzip bei allen Heizkörpern des Hauses" auftritt (*OLG Düsseldorf* 3 Wx 194/06, NZM 2007, 525). Sind die Heizkosten nach § 9a Abs 2 HeizkostenV zu verteilen, so kann ein einzelner Wohnungseigentümer nicht verlangen, dass die Wohnfläche als Verteilungsmaßstab zugrunde gelegt wird, sondern nur, dass eine ordnungsgemäßer Verwaltung entsprechende erneute Willensbildung der Gemeinschaft unter Beachtung der Vorgaben der HeizkostenV erfolgt (*OLG Düsseldorf* wie vor).

VI. Nutzerwechsel

36 § 9b HeizkostenV sieht für den Fall des Nutzerwechsels eine **Zwischenablesung** der Erfassungsgeräte der vom Wechsel betroffenen Räume vor. Die nach Verbrauch abzurechnenden Kosten sind auf der Grundlage dieser Zwischenablesung zu verteilen. Die übrigen Kosten sind nach Gradtagzahlen oder zeitanteilig zu verteilen, wobei beim Warmwasserverbrauch nur die zeitanteilige Verteilung zulässig ist. Die Abrechnung nach Gradtagzahlen erfolgt nach einer Tabelle (VDI 2067, Bl 1, Tabelle 22, Ausgabe Dezember 1983), in der langjährige Erfahrungswerte für den Verbrauch in den einzelnen Monaten im Verhältnis zum Jahresgesamtverbrauch in Promillewerten festgelegt sind. Die Kosten für eine Zwischenablesung sind, sofern es keine abweichende Vereinbarung gibt, nach dem allgemeinen Verteilungsschlüssel der HeizkostenV auf alle Wohnungseigentümer zu verteilen (*KG* 24 W 309/01, NZM 2002, 702). Das KG hat offen gelassen, ob nach dem Verursacherprinzip auch die ausschließliche Belastung der Wohnungseigentümer zulässig wäre, in deren Wohnungen ein Nutzerwechsel stattfand.

VII. Kürzungsrecht des Nutzers

37 Ist die Eigentumswohnung vermietet, so hat der Mieter gemäß § 12 Abs 1 S 1 HeizkostenV das Recht, die auf ihn entfallenden Kosten um 15% zu kürzen, sofern die Abrechnung nicht verbrauchsabhängig erfolgt. Der einzelne Wohnungseigentümer im Verhältnis zur Gemeinschaft hat dieses Recht nicht (§ 12 Abs 1 S 2 HeizkostenV).

VIII. Sonderregelungen im Einigungsvertrag

Die Verordnung gilt im Beitrittsgebiet aufgrund Anlage I Kap V Sachgebiet D Abschnitt III Nr 10 des Einigungsvertrags vom 31. August 1990 (BGBl II S 1007) mit besonderen Maßgaben. Sie ist dort zum 1.1.1991 in Kraft getreten. **38**

Räume, die vor dem 1.1.1991 bezugsfertig geworden sind und in denen die nach der Verordnung erforderliche Ausstattung zur Verbrauchserfassung noch nicht vorhanden ist, sind bis spätestens zum 31.12.1995 auszustatten. Der Gebäudeeigentümer ist berechtigt, die Ausstattung bereits vor dem 31.12.1995 anzubringen. **39**

Soweit und solange die nach Landesrecht zuständigen Behörden des in Artikel 3 des Vertrages genannten Gebietes noch nicht die Eignung sachverständiger Stellen gemäß § 5 Abs 1 S 2 und 3 der Verordnung bestätigt haben, können Ausstattungen zur Verbrauchserfassung verwendet werden für die eine sachverständige Stelle aus dem Gebiet, in dem die Verordnung schon vor dem Beitritt gegolten hat, die Bestätigung iSv § 5 Abs 1 S 2 erteilt hat. **40**

Die Vorschriften dieser Verordnung über die Kostenverteilung gelten erstmalig für den Abrechnungszeitraum, der nach dem Anbringen der Ausstattung beginnt. **41**

IX. Übergangsregelungen

§ 12 Abs 2 HeizkostenV begrenzt den Bestandsschutz für alte Messeinrichtungen auf den 31.12.2013. Die Verpflichtung zur Verwendung von Wärmezählern bei der Verteilung der Kosten bei verbundenen Anlagen besteht erst ab dem 1.1.2014 (§ 9 Abs 2 HeizkostenV). **42**

Gemäß § 12 Abs 6 HeizkostenVO ist auf Abrechnungszeiträume, die vor dem 1.1.2009 begonnen haben, ist die Verordnung in der bis zum 31.12.2008 geltenden Fassung weiter anzuwenden. Zu dieser Fassung siehe die Vorauflage. **43**

Kapitel IV
Weitere Rechtsvorschriften

Kapitel IV
Weitere Rechtsvorschriften

EnEV IV

1. Verordnung über energiesparenden Wärmeschutz und energiesparende Anlagentechnik bei Gebäuden (Energieeinsparverordnung – EnEV)

vom 24.7.2007 (BGBl. I S. 1519),
geändert durch V vom 29.4.2009 (BGBl. I S. 954)

Auf Grund des § 1 Abs. 2, des § 2 Abs. 2 und 3, des § 3 Abs. 2, des § 4, jeweils in Verbindung mit § 5, sowie des § 5a Satz 1 und 2 des Energieeinsparungsgesetzes in der Fassung der Bekanntmachung vom 1. September 2005 (BGBl. I S. 2684) verordnet die Bundesregierung:

Inhaltsübersicht

ABSCHNITT 1
Allgemeine Vorschriften

§ 1 Anwendungsbereich
§ 2 Begriffsbestimmungen

ABSCHNITT 2
Zu errichtende Gebäude

§ 3 Anforderungen an Wohngebäude
§ 4 Anforderungen an Nichtwohngebäude
§ 5 Anrechnung von Strom aus erneuerbaren Energien
§ 6 Dichtheit, Mindestluftwechsel
§ 7 Mindestwärmeschutz, Wärmebrücken
§ 8 Anforderungen an kleine Gebäude und Gebäude aus Raumzellen

ABSCHNITT 3
Bestehende Gebäude und Anlagen

§ 9 Änderung, Erweiterung und Ausbau von Gebäuden
§ 10 Nachrüstung bei Anlagen und Gebäuden
§ 10a Außerbetriebnahme von elektrischen Speicherheizsystemen
§ 11 Aufrechterhaltung der energetischen Qualität

§ 12 Energetische Inspektion von Klimaanlagen

ABSCHNITT 4
Anlagen der Heizungs-, Kühl- und Raumlufttechnik sowie der Warmwasserversorgung

§ 13 Inbetriebnahme von Heizkesseln und sonstigen Wärmeerzeugersystemen
§ 14 Verteilungseinrichtungen und Warmwasseranlagen
§ 15 Klimaanlagen und sonstige Anlagen der Raumlufttechnik

ABSCHNITT 5
Energieausweise und Empfehlungen für die Verbesserung der Energieeffizienz

§ 16 Ausstellung und Verwendung von Energieausweisen
§ 17 Grundsätze des Energieausweises
§ 18 Ausstellung auf der Grundlage des Energiebedarfs
§ 19 Ausstellung auf der Grundlage des Energieverbrauchs
§ 20 Empfehlungen für die Verbesserung der Energieeffizienz
§ 21 Ausstellungsberechtigung für bestehende Gebäude

ABSCHNITT 6
Gemeinsame Vorschriften, Ordnungswidrigkeiten

§ 22 Gemischt genutzte Gebäude
§ 23 Regeln der Technik
§ 24 Ausnahmen
§ 25 Befreiungen
§ 26 Verantwortliche
§ 26a Private Nachweise
§ 26b Aufgaben des Bezirksschornsteinfegermeisters
§ 27 Ordnungswidrigkeiten

ABSCHNITT 7
Schlussvorschriften

§ 28 Allgemeine Übergangsvorschriften
§ 29 Übergangsvorschriften für Energieausweise und Aussteller
§ 30 *(aufgehoben)*
§ 31 Inkrafttreten, Außerkrafttreten

Anlage 1 Anforderungen an Wohngebäude
Anlage 2 Anforderungen an Nichtwohngebäude
Anlage 3 Anforderungen bei Änderung von Außenbauteilen und bei Errichtung kleiner Gebäude; Randbedingungen und Maßgaben für die Bewertung bestehender Wohngebäude
Anlage 4 Anforderungen an die Dichtheit und den Mindestluftwechsel
Anlage 4a Anforderungen an die Inbetriebnahme von Heizkesseln und sonstigen Wärmeerzeugersystemen
Anlage 5 Anforderungen an die Wärmedämmung von Rohrleitungen und Armaturen
Anlage 6 Muster Energieausweis Wohngebäude
Anlage 7 Muster Energieausweis Nichtwohngebäude
Anlage 8 Muster Aushang Energieausweis auf der Grundlage des Energiebedarfs
Anlage 9 Muster Aushang Energieausweis auf der Grundlage des Energieverbrauchs
Anlage 10 Muster Modernisierungsempfehlungen
Anlage 11 Anforderungen an die Inhalte der Fortbildung

Abschnitt 1
Allgemeine Vorschriften

§ 1 Anwendungsbereich

(1) ¹Diese Verordnung gilt
1. für Gebäude, soweit sie unter Einsatz von Energie beheizt oder gekühlt werden, und
2. für Anlagen und Einrichtungen der Heizungs-, Kühl-, Raumluft- und Beleuchtungstechnik sowie der Warmwasserversorgung von Gebäuden nach Nummer 1.

²Der Energieeinsatz für Produktionsprozesse in Gebäuden ist nicht Gegenstand dieser Verordnung.

(2) ¹Mit Ausnahme der §§ 12 und 13 gilt diese Verordnung nicht für
1. Betriebsgebäude, die überwiegend zur Aufzucht oder zur Haltung von Tieren genutzt werden,

2. Betriebsgebäude, soweit sie nach ihrem Verwendungszweck großflächig und lang anhaltend offen gehalten werden müssen,
3. unterirdische Bauten,
4. Unterglasanlagen und Kulturräume für Aufzucht, Vermehrung und Verkauf von Pflanzen,
5. Traglufthallen und Zelte,
6. Gebäude, die dazu bestimmt sind, wiederholt aufgestellt und zerlegt zu werden, und provisorische Gebäude mit einer geplanten Nutzungsdauer von bis zu zwei Jahren,
7. Gebäude, die dem Gottesdienst oder anderen religiösen Zwecken gewidmet sind,
8. Wohngebäude, die für eine Nutzungsdauer von weniger als vier Monaten jährlich bestimmt sind, und
9. sonstige handwerkliche, landwirtschaftliche, gewerbliche und industrielle Betriebsgebäude, die nach ihrer Zweckbestimmung auf eine Innentemperatur von weniger als 12 Grad Celsius oder jährlich weniger als vier Monate beheizt sowie jährlich weniger als zwei Monate gekühlt werden.

[2]Auf Bestandteile von Anlagensystemen, die sich nicht im räumlichen Zusammenhang mit Gebäuden nach Absatz 1 Satz 1 Nr. 1 befinden, ist nur § 13 anzuwenden.

§ 2 Begriffsbestimmungen

Im Sinne dieser Verordnung

1. sind Wohngebäude Gebäude, die nach ihrer Zweckbestimmung überwiegend dem Wohnen dienen, einschließlich Wohn-, Alten- und Pflegeheimen sowie ähnlichen Einrichtungen,
2. sind Nichtwohngebäude Gebäude, die nicht unter Nummer 1 fallen,
3. sind kleine Gebäude Gebäude mit nicht mehr als 50 Quadratmetern Nutzfläche,
3a. sind Baudenkmäler nach Landesrecht geschützte Gebäude oder Gebäudemehrheiten,
4. sind beheizte Räume solche Räume, die auf Grund bestimmungsgemäßer Nutzung direkt oder durch Raumverbund beheizt werden,
5. sind gekühlte Räume solche Räume, die auf Grund bestimmungsgemäßer Nutzung direkt oder durch Raumverbund gekühlt werden,
6. sind erneuerbare Energien solare Strahlungsenergie, Umweltwärme, Geothermie, Wasserkraft, Windenergie und Energie aus Biomasse,
7. ist ein Heizkessel der aus Kessel und Brenner bestehende Wärmeerzeuger, der zur Übertragung der durch die Verbrennung freigesetzten Wärme an den Wärmeträger Wasser dient,
8. sind Geräte der mit einem Brenner auszurüstende Kessel und der zur Ausrüstung eines Kessels bestimmte Brenner,
9. ist die Nennleistung die vom Hersteller festgelegte und im Dauerbetrieb unter Beachtung des vom Hersteller angegebenen Wirkungsgrades als einhaltbar garantierte größte Wärme- oder Kälteleistung in Kilowatt,
10. ist ein Niedertemperatur-Heizkessel ein Heizkessel, der kontinuierlich mit einer Eintrittstemperatur von 35 bis 40 Grad Celsius betrieben werden kann und in dem es unter bestimmten Umständen zur Kondensation des in den Abgasen enthaltenen Wasserdampfes kommen kann,

11. ist ein Brennwertkessel ein Heizkessel, der für die Kondensation eines Großteils des in den Abgasen enthaltenen Wasserdampfes konstruiert ist,
11a. sind elektrische Speicherheizsysteme Heizsysteme mit vom Energielieferanten unterbrechbarem Strombezug, die nur in den Zeiten außerhalb des unterbrochenen Betriebes durch eine Widerstandsheizung Wärme in einem geeigneten Speichermedium speichern,
12. ist die Wohnfläche die nach der Wohnflächenverordnung oder auf der Grundlage anderer Rechtsvorschriften oder anerkannter Regeln der Technik zur Berechnung von Wohnflächen ermittelte Fläche,
13. ist die Nutzfläche die Nutzfläche nach anerkannten Regeln der Technik, die beheizt oder gekühlt wird,
14. ist die Gebäudenutzfläche die nach Anlage 1 Nummer 1.3.3 berechnete Fläche,
15. ist die Nettogrundfläche die Nettogrundfläche nach anerkannten Regeln der Technik, die beheizt oder gekühlt wird.

Abschnitt 2
Zu errichtende Gebäude

§ 3 Anforderungen an Wohngebäude

(1) Zu errichtende Wohngebäude sind so auszuführen, dass der Jahres-Primärenergiebedarf für Heizung, Warmwasserbereitung, Lüftung und Kühlung den Wert des Jahres-Primärenergiebedarfs eines Referenzgebäudes gleicher Geometrie, Gebäudenutzfläche und Ausrichtung mit der in Anlage 1 Tabelle 1 angegebenen technischen Referenzausführung nicht überschreitet.

(2) Zu errichtende Wohngebäude sind so auszuführen, dass die Höchstwerte des spezifischen, auf die wärmeübertragende Umfassungsfläche bezogenen Transmissionswärmeverlusts nach Anlage 1 Tabelle 2 nicht überschritten werden.

(3) ^{1}Für das zu errichtende Wohngebäude und das Referenzgebäude ist der Jahres-Primärenergiebedarf nach einem der in Anlage 1 Nummer 2 genannten Verfahren zu berechnen. ^{2}Das zu errichtende Wohngebäude und das Referenzgebäude sind mit demselben Verfahren zu berechnen.

(4) Zu errichtende Wohngebäude sind so auszuführen, dass die Anforderungen an den sommerlichen Wärmeschutz nach Anlage 1 Nummer 3 eingehalten werden.

§ 4 Anforderungen an Nichtwohngebäude

(1) Zu errichtende Nichtwohngebäude sind so auszuführen, dass der Jahres-Primärenergiebedarf für Heizung, Warmwasserbereitung, Lüftung, Kühlung und eingebaute Beleuchtung den Wert des Jahres-Primärenergiebedarfs eines Referenzgebäudes gleicher Geometrie, Nettogrundfläche, Ausrichtung und Nutzung einschließlich der Anordnung der Nutzungseinheiten mit der in Anlage 2 Tabelle 1 angegebenen technischen Referenzausführung nicht überschreitet.

(2) Zu errichtende Nichtwohngebäude sind so auszuführen, dass die Höchstwerte der mittleren Wärmedurchgangskoeffizienten der wärmeübertragenden Umfassungsfläche nach Anlage 2 Tabelle 2 nicht überschritten werden.

(3) ¹Für das zu errichtende Nichtwohngebäude und das Referenzgebäude ist der Jahres-Primärenergiebedarf nach einem der in Anlage 2 Nummer 2 oder 3 genannten Verfahren zu berechnen. ²Das zu errichtende Nichtwohngebäude und das Referenzgebäude sind mit demselben Verfahren zu berechnen.

(4) Zu errichtende Nichtwohngebäude sind so auszuführen, dass die Anforderungen an den sommerlichen Wärmeschutz nach Anlage 2 Nummer 4 eingehalten werden.

§ 5 Anrechnung von Strom aus erneuerbaren Energien

¹Wird in zu errichtenden Gebäuden Strom aus erneuerbaren Energien eingesetzt, darf der Strom in den Berechnungen nach § 3 Absatz 3 und § 4 Absatz 3 von dem Endenergiebedarf abgezogen werden, wenn er
1. im unmittelbaren räumlichen Zusammenhang zu dem Gebäude erzeugt und
2. vorrangig in dem Gebäude selbst genutzt und nur die überschüssige Energiemenge in ein öffentliches Netz eingespeist

wird. ²Es darf höchstens die Strommenge nach Satz 1 angerechnet werden, die dem berechneten Strombedarf der jeweiligen Nutzung entspricht.

§ 6 Dichtheit, Mindestluftwechsel

(1) ¹Zu errichtende Gebäude sind so auszuführen, dass die wärmeübertragende Umfassungsfläche einschließlich der Fugen dauerhaft luftundurchlässig entsprechend den anerkannten Regeln der Technik abgedichtet ist. ²Die Fugendurchlässigkeit außen liegender Fenster, Fenstertüren und Dachflächenfenster muss den Anforderungen nach Anlage 4 Nr. 1 genügen. ³Wird die Dichtheit nach den Sätzen 1 und 2 überprüft, kann der Nachweis der Luftdichtheit bei der nach § 3 Absatz 3 und § 4 Absatz 3 erforderlichen Berechnung berücksichtigt werden, wenn die Anforderungen nach Anlage 4 Nummer 2 eingehalten sind.

(2) Zu errichtende Gebäude sind so auszuführen, dass der zum Zwecke der Gesundheit und Beheizung erforderliche Mindestluftwechsel sichergestellt ist.

§ 7 Mindestwärmeschutz, Wärmebrücken

(1) ¹Bei zu errichtenden Gebäuden sind Bauteile, die gegen die Außenluft, das Erdreich oder Gebäudeteile mit wesentlich niedrigeren Innentemperaturen abgrenzen, so auszuführen, dass die Anforderungen des Mindestwärmeschutzes nach den anerkannten Regeln der Technik eingehalten werden. ²Ist bei zu errichtenden Gebäuden die Nachbarbebauung bei aneinandergereihter Bebauung nicht gesichert, müssen die Gebäudetrennwände den Mindestwärmeschutz nach Satz 1 einhalten.

(2) Zu errichtende Gebäude sind so auszuführen, dass der Einfluss konstruktiver Wärmebrücken auf den Jahres-Heizwärmebedarf nach den anerkannten Regeln der Technik und den im jeweiligen Einzelfall wirtschaftlich vertretbaren Maßnahmen so gering wie möglich gehalten wird.

(3) ¹Der verbleibende Einfluss der Wärmebrücken bei der Ermittlung des Jahres-Primärenergiebedarfs ist nach Maßgabe des jeweils angewendeten Berechnungsver-

fahrens zu berücksichtigen. ²Soweit dabei Gleichwertigkeitsnachweise zu führen wären, ist dies für solche Wärmebrücken nicht erforderlich, bei denen die angrenzenden Bauteile kleinere Wärmedurchgangskoeffizienten aufweisen, als in den Musterlösungen der DIN 4108 Beiblatt 2:2006-03 zugrunde gelegt sind.

§ 8 Anforderungen an kleine Gebäude und Gebäude aus Raumzellen

¹Werden bei zu errichtenden kleinen Gebäuden die in Anlage 3 genannten Werte der Wärmedurchgangskoeffizienten der Außenbauteile eingehalten, gelten die übrigen Anforderungen dieses Abschnitts als erfüllt. ²Satz 1 ist auf Gebäude entsprechend anzuwenden, die für eine Nutzungsdauer von höchstens fünf Jahren bestimmt und aus Raumzellen von jeweils bis zu 50 Quadratmetern Nutzfläche zusammengesetzt sind.

Abschnitt 3
Bestehende Gebäude und Anlagen

§ 9 Änderung, Erweiterung und Ausbau von Gebäuden

(1) ¹Änderungen im Sinne der Anlage 3 Nummer 1 bis 6 bei beheizten oder gekühlten Räumen von Gebäuden sind so auszuführen, dass die in Anlage 3 festgelegten Wärmedurchgangskoeffizienten der betroffenen Außenbauteile nicht überschritten werden. ²Die Anforderungen des Satzes 1 gelten als erfüllt, wenn
1. geänderte Wohngebäude insgesamt den Jahres-Primärenergiebedarf des Referenzgebäudes nach § 3 Absatz 1 und den Höchstwert des spezifischen, auf die wärmeübertragende Umfassungsfläche bezogenen Transmissionswärmeverlusts nach Anlage 1 Tabelle 2,
2. geänderte Nichtwohngebäude insgesamt den Jahres-Primärenergiebedarf des Referenzgebäudes nach § 4 Absatz 1 und die Höchstwerte der mittleren Wärmedurchgangskoeffizienten der wärmeübertragenden Umfassungsfläche nach Anlage 2 Tabelle 2

um nicht mehr als 40 vom Hundert überschreiten.

(2) ¹In Fällen des Absatzes 1 Satz 2 sind die in § 3 Absatz 3 sowie in § 4 Absatz 3 angegebenen Berechnungsverfahren nach Maßgabe der Sätze 2 und 3 und des § 5 entsprechend anzuwenden. ²Soweit
1. Angaben zu geometrischen Abmessungen von Gebäuden fehlen, können diese durch vereinfachtes Aufmaß ermittelt werden;
2. energetische Kennwerte für bestehende Bauteile und Anlagenkomponenten nicht vorliegen, können gesicherte Erfahrungswerte für Bauteile und Anlagenkomponenten vergleichbarer Altersklassen verwendet werden;

hierbei können anerkannte Regeln der Technik verwendet werden; die Einhaltung solcher Regeln wird vermutet, soweit Vereinfachungen für die Datenaufnahme und die Ermittlung der energetischen Eigenschaften sowie gesicherte Erfahrungswerte verwendet werden, die vom Bundesministerium für Verkehr, Bau und Stadtentwicklung im Einvernehmen mit dem Bundesministerium für Wirtschaft und Technologie im Bundesanzeiger bekannt gemacht worden sind. ³Bei Anwendung der Verfahren nach § 3 Absatz 3 sind die Randbedingungen und Maßgaben nach Anlage 3 Nr. 8 zu beachten.

(3) Absatz 1 ist nicht anzuwenden auf Änderungen von Außenbauteilen, wenn die Fläche der geänderten Bauteile nicht mehr als 10 vom Hundert der gesamten jeweiligen Bauteilfläche des Gebäudes betrifft.

(4) Bei der Erweiterung und dem Ausbau eines Gebäudes um beheizte oder gekühlte Räume mit zusammenhängend mindestens 15 und höchstens 50 Quadratmetern Nutzfläche sind die betroffenen Außenbauteile so auszuführen, dass die in Anlage 3 festgelegten Wärmedurchgangskoeffizienten nicht überschritten werden.

(5) Ist in Fällen des Absatzes 4 die hinzukommende zusammenhängende Nutzfläche größer als 50 Quadratmeter, sind die betroffenen Außenbauteile so auszuführen, dass der neue Gebäudeteil die Vorschriften für zu errichtende Gebäude nach § 3 oder § 4 einhält.

§ 10 Nachrüstung bei Anlagen und Gebäuden

(1) [1]Eigentümer von Gebäuden dürfen Heizkessel, die mit flüssigen oder gasförmigen Brennstoffen beschickt werden und vor dem 1. Oktober 1978 eingebaut oder aufgestellt worden sind, nicht mehr betreiben. [2]Satz 1 ist nicht anzuwenden, wenn die vorhandenen Heizkessel Niedertemperatur-Heizkessel oder Brennwertkessel sind, sowie auf heizungstechnische Anlagen, deren Nennleistung weniger als vier Kilowatt oder mehr als 400 Kilowatt beträgt, und auf Heizkessel nach § 13 Absatz 3 Nummer 2 bis 4.

(2) Eigentümer von Gebäuden müssen dafür sorgen, dass bei heizungstechnischen Anlagen bisher ungedämmte, zugängliche Wärmeverteilungs- und Warmwasserleitungen sowie Armaturen, die sich nicht in beheizten Räumen befinden, nach Anlage 5 zur Begrenzung der Wärmeabgabe gedämmt sind.

(3) [1]Eigentümer von Wohngebäuden sowie von Nichtwohngebäuden, die nach ihrer Zweckbestimmung jährlich mindestens vier Monate und auf Innentemperaturen von mindestens 19 Grad Celsius beheizt werden, müssen dafür sorgen, dass bisher ungedämmte, nicht begehbare, aber zugängliche oberste Geschossdecken beheizter Räume so gedämmt sind, dass der Wärmedurchgangskoeffizient der Geschossdecke 0,24 Watt/(m^2·K) nicht überschreitet. [2]Die Pflicht nach Satz 1 gilt als erfüllt, wenn anstelle der Geschossdecke das darüber liegende, bisher ungedämmte Dach entsprechend gedämmt ist.

(4) Auf begehbare, bisher ungedämmte oberste Geschossdecken beheizter Räume ist Absatz 3 nach dem 31. Dezember 2011 entsprechend anzuwenden.

(5) [1]Bei Wohngebäuden mit nicht mehr als zwei Wohnungen, von denen der Eigentümer eine Wohnung am 1. Februar 2002 selbst bewohnt hat, sind die Pflichten nach den Absätzen 1 bis 4 erst im Falle eines Eigentümerwechsels nach dem 1. Februar 2002 von dem neuen Eigentümer zu erfüllen. [2]Die Frist zur Pflichterfüllung beträgt zwei Jahre ab dem ersten Eigentumsübergang. [3]Sind im Falle eines Eigentümerwechsels vor dem 1. Januar 2010 noch keine zwei Jahre verstrichen, genügt es, die obersten Geschossdecken beheizter Räume so zu dämmen, dass der Wärmedurchgangskoeffizient der Geschossdecke 0,30 Watt/(m^2·K) nicht überschreitet.

(6) Die Absätze 2 bis 5 sind nicht anzuwenden, soweit die für die Nachrüstung erforderlichen Aufwendungen durch die eintretenden Einsparungen nicht innerhalb angemessener Frist erwirtschaftet werden können.

§ 10a Außerbetriebnahme von elektrischen Speicherheizsystemen

(1) ¹In Wohngebäuden mit mehr als fünf Wohneinheiten dürfen Eigentümer elektrische Speicherheizsysteme nach Maßgabe des Absatzes 2 nicht mehr betreiben, wenn die Raumwärme in den Gebäuden ausschließlich durch elektrische Speicherheizsysteme erzeugt wird. ²Auf Nichtwohngebäude, die nach ihrer Zweckbestimmung jährlich mindestens vier Monate und auf Innentemperaturen von mindestens 19 Grad Celsius beheizt werden, ist Satz 1 entsprechend anzuwenden, wenn mehr als 500 Quadratmeter Nutzfläche mit elektrischen Speicherheizsystemen beheizt werden. ³Auf elektrische Speicherheizsysteme mit nicht mehr als 20 Watt Heizleistung pro Quadratmeter Nutzfläche einer Wohnungs-, Betriebs- oder sonstigen Nutzungseinheit sind die Sätze 1 und 2 nicht anzuwenden.

(2) ¹Vor dem 1. Januar 1990 eingebaute oder aufgestellte elektrische Speicherheizsysteme dürfen nach dem 31. Dezember 2019 nicht mehr betrieben werden. ²Nach dem 31. Dezember 1989 eingebaute oder aufgestellte elektrische Speicherheizsysteme dürfen nach Ablauf von 30 Jahren nach dem Einbau oder der Aufstellung nicht mehr betrieben werden. ³Wurden die elektrischen Speicherheizsysteme nach dem 31. Dezember 1989 in wesentlichen Bauteilen erneuert, dürfen sie nach Ablauf von 30 Jahren nach der Erneuerung nicht mehr betrieben werden. ⁴Werden mehrere Heizaggregate in einem Gebäude betrieben, ist bei Anwendung der Sätze 1, 2 oder 3 insgesamt auf das zweitälteste Heizaggregat abzustellen.

(3) ¹Absatz 1 ist nicht anzuwenden, wenn
1. andere öffentlich-rechtliche Pflichten entgegenstehen,
2. die erforderlichen Aufwendungen für die Außerbetriebnahme und den Einbau einer neuen Heizung auch bei Inanspruchnahme möglicher Fördermittel nicht innerhalb angemessener Frist durch die eintretenden Einsparungen erwirtschaftet werden können oder
3. wenn
   a) für das Gebäude der Bauantrag nach dem 31. Dezember 1994 gestellt worden ist,
   b) das Gebäude schon bei der Baufertigstellung das Anforderungsniveau der Wärmeschutzverordnung vom 16. August 1994 (BGBl. I S. 2121) eingehalten hat oder
   c) das Gebäude durch spätere Änderungen mindestens auf das in Buchstabe b bezeichnete Anforderungsniveau gebracht worden ist.

²Bei der Ermittlung der energetischen Eigenschaften des Gebäudes nach Satz 1 Nummer 3 Buchstabe b und c können die Bestimmungen über die vereinfachte Datenerhebung nach § 9 Absatz 2 Satz 2 und die Datenbereitstellung durch den Eigentümer nach § 17 Absatz 5 entsprechend angewendet werden. ³§ 25 Absatz 1 und 2 bleibt unberührt.

§ 11 Aufrechterhaltung der energetischen Qualität

(1) ¹Außenbauteile dürfen nicht in einer Weise verändert werden, dass die energetische Qualität des Gebäudes verschlechtert wird. ²Das Gleiche gilt für Anlagen und Einrichtungen nach dem Abschnitt 4, soweit sie zum Nachweis der Anforderungen energieeinsparrechtlicher Vorschriften des Bundes zu berücksichtigen waren.

§ 12 EnEV IV

(2) ¹Energiebedarfssenkende Einrichtungen in Anlagen nach Absatz 1 sind vom Betreiber betriebsbereit zu erhalten und bestimmungsgemäß zu nutzen. ²Eine Nutzung und Erhaltung im Sinne des Satzes 1 gilt als gegeben, soweit der Einfluss einer energiebedarfssenkenden Einrichtung auf den Jahres-Primärenergiebedarf durch andere anlagentechnische oder bauliche Maßnahmen ausgeglichen wird.

(3) ¹Anlagen und Einrichtungen der Heizungs-, Kühl- und Raumlufttechnik sowie der Warmwasserversorgung sind vom Betreiber sachgerecht zu bedienen. Komponenten mit wesentlichem Einfluss auf den Wirkungsgrad solcher Anlagen sind vom Betreiber regelmäßig zu warten und instand zu halten. ²Für die Wartung und Instandhaltung ist Fachkunde erforderlich. Fachkundig ist, wer die zur Wartung und Instandhaltung notwendigen Fachkenntnisse und Fertigkeiten besitzt.

§ 12 Energetische Inspektion von Klimaanlagen

(1) Betreiber von in Gebäude eingebauten Klimaanlagen mit einer Nennleistung für den Kältebedarf von mehr als zwölf Kilowatt haben innerhalb der in den Absätzen 3 und 4 genannten Zeiträume energetische Inspektionen dieser Anlagen durch berechtigte Personen im Sinne des Absatzes 5 durchführen zu lassen.

(2) ¹Die Inspektion umfasst Maßnahmen zur Prüfung der Komponenten, die den Wirkungsgrad der Anlage beeinflussen, und der Anlagendimensionierung im Verhältnis zum Kühlbedarf des Gebäudes. ²Sie bezieht sich insbesondere auf
1. die Überprüfung und Bewertung der Einflüsse, die für die Auslegung der Anlage verantwortlich sind, insbesondere Veränderungen der Raumnutzung und -belegung, der Nutzungszeiten, der inneren Wärmequellen sowie der relevanten bauphysikalischen Eigenschaften des Gebäudes und der vom Betreiber geforderten Sollwerte hinsichtlich Luftmengen, Temperatur, Feuchte, Betriebszeit sowie Toleranzen, und
2. die Feststellung der Effizienz der wesentlichen Komponenten.
³Dem Betreiber sind Ratschläge in Form von kurz gefassten fachlichen Hinweisen für Maßnahmen zur kostengünstigen Verbesserung der energetischen Eigenschaften der Anlage, für deren Austausch oder für Alternativlösungen zu geben. ⁴Die inspizierende Person hat dem Betreiber die Ergebnisse der Inspektion unter Angabe ihres Namens sowie ihrer Anschrift und Berufsbezeichnung zu bescheinigen.

(3) ¹Die Inspektion ist erstmals im zehnten Jahr nach der Inbetriebnahme oder der Erneuerung wesentlicher Bauteile wie Wärmeübertrager, Ventilator oder Kältemaschine durchzuführen. ²Abweichend von Satz 1 sind die am 1. Oktober 2007 mehr als vier und bis zu zwölf Jahre alten Anlagen innerhalb von sechs Jahren, die über zwölf Jahre alten Anlagen innerhalb von vier Jahren und die über 20 Jahre alten Anlagen innerhalb von zwei Jahren nach dem 1. Oktober 2007 erstmals einer Inspektion zu unterziehen.

(4) Nach der erstmaligen Inspektion ist die Anlage wiederkehrend mindestens alle zehn Jahre einer Inspektion zu unterziehen.

(5) ¹Inspektionen dürfen nur von fachkundigen Personen durchgeführt werden. ²Fachkundig sind insbesondere

IV EnEV § 13

1. Personen mit berufsqualifizierendem Hochschulabschluss in den Fachrichtungen Versorgungstechnik oder Technische Gebäudeausrüstung mit mindestens einem Jahr Berufserfahrung in Planung, Bau, Betrieb oder Prüfung raumlufttechnischer Anlagen,
2. Personen mit berufsqualifizierendem Hochschulabschluss in
   a) den Fachrichtungen Maschinenbau, Elektrotechnik, Verfahrenstechnik, Bauingenieurwesen oder
   b) einer anderen technischen Fachrichtung mit einem Ausbildungsschwerpunkt bei der Versorgungstechnik oder der Technischen Gebäudeausrüstung
   mit mindestens drei Jahren Berufserfahrung in Planung, Bau, Betrieb oder Prüfung raumlufttechnischer Anlagen.

[3]Gleichwertige Ausbildungen, die in einem anderen Mitgliedstaat der Europäischen Union, einem anderen Vertragsstaat des Abkommens über den Europäischen Wirtschaftsraum oder der Schweiz erworben worden sind und durch einen Ausbildungsnachweis belegt werden können, sind den in Satz 2 genannten Ausbildungen gleichgestellt.

(6) Der Betreiber hat die Bescheinigung über die Durchführung der Inspektion der nach Landesrecht zuständigen Behörde auf Verlangen vorzulegen.

Abschnitt 4
Anlagen der Heizungs-, Kühl- und Raumlufttechnik sowie der Warmwasserversorgung

§ 13 Inbetriebnahme von Heizkesseln und sonstigen Wärmeerzeugersystemen

(1) [1]Heizkessel, die mit flüssigen oder gasförmigen Brennstoffen beschickt werden und deren Nennleistung mindestens vier Kilowatt und höchstens 400 Kilowatt beträgt, dürfen zum Zwecke der Inbetriebnahme in Gebäuden nur eingebaut oder aufgestellt werden, wenn sie mit der CE-Kennzeichnung nach § 5 Abs. 1 und 2 der Verordnung über das Inverkehrbringen von Heizkesseln und Geräten nach dem Bauproduktengesetz vom 28. April 1998 (BGBl. I S. 796) oder nach Artikel 7 Abs. 1 Satz 2 der Richtlinie 92/42/EWG des Rates vom 21. Mai 1992 über die Wirkungsgrade von mit flüssigen oder gasförmigen Brennstoffen beschickten neuen Warmwasserheizkesseln (ABl. EG Nr. L 167 S. 17, L 195 S. 32), die zuletzt durch die Richtlinie 2005/32/EG des Europäischen Parlaments und des Rates vom 6. Juli 2005 (ABl. EU Nr. L 191 S. 29) geändert worden ist, versehen sind. [2]Satz 1 gilt auch für Heizkessel, die aus Geräten zusammengefügt werden, soweit dabei die Parameter beachtet werden, die sich aus der den Geräten beiliegenden EG-Konformitätserklärung ergeben.

(2) [1]Heizkessel dürfen in Gebäuden nur dann zum Zwecke der Inbetriebnahme eingebaut oder aufgestellt werden, wenn die Anforderungen nach Anlage 4a eingehalten werden. [2]In Fällen der Pflicht zur Außerbetriebnahme elektrischer Speicherheizsysteme nach § 10a sind die Anforderungen nach Anlage 4a auch auf sonstige Wärmeerzeugersysteme anzuwenden, deren Heizleistung größer als 20 Watt pro Quadratmeter Nutzfläche ist. [3]Ausgenommen sind bestehende Gebäude, wenn deren Jahres-Primärenergiebedarf den Wert des Jahres-Primärenergiebedarfs des Referenzgebäudes um nicht mehr als 40 vom Hundert überschreitet.

§ 14 EnEV   IV

(3) Absatz 1 ist nicht anzuwenden auf
1. einzeln produzierte Heizkessel,
2. Heizkessel, die für den Betrieb mit Brennstoffen ausgelegt sind, deren Eigenschaften von den marktüblichen flüssigen und gasförmigen Brennstoffen erheblich abweichen,
3. Anlagen zur ausschließlichen Warmwasserbereitung,
4. Küchenherde und Geräte, die hauptsächlich zur Beheizung des Raumes, in dem sie eingebaut oder aufgestellt sind, ausgelegt sind, daneben aber auch Warmwasser für die Zentralheizung und für sonstige Gebrauchszwecke liefern,
5. Geräte mit einer Nennleistung von weniger als sechs Kilowatt zur Versorgung eines Warmwasserspeichersystems mit Schwerkraftumlauf.

(4) Heizkessel, deren Nennleistung kleiner als vier Kilowatt oder größer als 400 Kilowatt ist, und Heizkessel nach Absatz 3 dürfen nur dann zum Zwecke der Inbetriebnahme in Gebäuden eingebaut oder aufgestellt werden, wenn sie nach anerkannten Regeln der Technik gegen Wärmeverluste gedämmt sind.

§ 14   Verteilungseinrichtungen und Warmwasseranlagen

(1) [1]Zentralheizungen müssen beim Einbau in Gebäude mit zentralen selbsttätig wirkenden Einrichtungen zur Verringerung und Abschaltung der Wärmezufuhr sowie zur Ein- und Ausschaltung elektrischer Antriebe in Abhängigkeit von
1. der Außentemperatur oder einer anderen geeigneten Führungsgröße und
2. der Zeit
ausgestattet werden. [2]Soweit die in Satz 1 geforderten Ausstattungen bei bestehenden Gebäuden nicht vorhanden sind, muss der Eigentümer sie nachrüsten. [3]Bei Wasserheizungen, die ohne Wärmeübertrager an eine Nah- oder Fernwärmeversorgung angeschlossen sind, gilt Satz 1 hinsichtlich der Verringerung und Abschaltung der Wärmezufuhr auch ohne entsprechende Einrichtungen in den Haus- und Kundenanlagen als eingehalten, wenn die Vorlauftemperatur des Nah- oder Fernwärmenetzes in Abhängigkeit von der Außentemperatur und der Zeit durch entsprechende Einrichtungen in der zentralen Erzeugungsanlage geregelt wird.

(2) [1]Heizungstechnische Anlagen mit Wasser als Wärmeträger müssen beim Einbau in Gebäude mit selbsttätig wirkenden Einrichtungen zur raumweisen Regelung der Raumtemperatur ausgestattet werden. [2]Satz 1 gilt nicht für Einzelheizgeräte, die zum Betrieb mit festen oder flüssigen Brennstoffen eingerichtet sind. [3]Mit Ausnahme von Wohngebäuden ist für Gruppen von Räumen gleicher Art und Nutzung eine Gruppenregelung zulässig. Fußbodenheizungen in Gebäuden, die vor dem 1. Februar 2002 errichtet worden sind, dürfen abweichend von Satz 1 mit Einrichtungen zur raumweisen Anpassung der Wärmeleistung an die Heizlast ausgestattet werden. [4]Soweit die in Satz 1 bis 3 geforderten Ausstattungen bei bestehenden Gebäuden nicht vorhanden sind, muss der Eigentümer sie nachrüsten.

(3) In Zentralheizungen mit mehr als 25 Kilowatt Nennleistung sind die Umwälzpumpen der Heizkreise beim erstmaligen Einbau und bei der Ersetzung so auszustatten, dass die elektrische Leistungsaufnahme dem betriebsbedingten Förderbedarf selbsttätig in mindestens drei Stufen angepasst wird, soweit sicherheitstechnische Belange des Heizkessels dem nicht entgegenstehen.

IV EnEV § 15

(4) Zirkulationspumpen müssen beim Einbau in Warmwasseranlagen mit selbsttätig wirkenden Einrichtungen zur Ein- und Ausschaltung ausgestattet werden.

(5) Beim erstmaligen Einbau und bei der Ersetzung von Wärmeverteilungs- und Warmwasserleitungen sowie von Armaturen in Gebäuden ist deren Wärmeabgabe nach Anlage 5 zu begrenzen.

(6) Beim erstmaligen Einbau von Einrichtungen, in denen Heiz- oder Warmwasser gespeichert wird, in Gebäude und bei deren Ersetzung ist deren Wärmeabgabe nach anerkannten Regeln der Technik zu begrenzen.

§ 15 Klimaanlagen und sonstige Anlagen der Raumlufttechnik

(1) [1]Beim Einbau von Klimaanlagen mit einer Nennleistung für den Kältebedarf von mehr als zwölf Kilowatt und raumlufttechnischen Anlagen, die für einen Volumenstrom der Zuluft von wenigstens 4 000 Kubikmeter je Stunde ausgelegt sind, in Gebäude sowie bei der Erneuerung von Zentralgeräten oder Luftkanalsystemen solcher Anlagen müssen diese Anlagen so ausgeführt werden, dass

1. die auf das Fördervolumen bezogene elektrische Leistung der Einzelventilatoren oder
2. der gewichtete Mittelwert der auf das jeweilige Fördervolumen bezogenen elektrischen Leistungen aller Zu- und Abluftventilatoren

bei Auslegungsvolumenstrom den Grenzwert der Kategorie SFP 4 nach DIN EN 13779:2007-09 nicht überschreitet. [2]Der Grenzwert für die Klasse SFP 4 kann um Zuschläge nach DIN EN 13779:200709 Abschnitt 6.5.2 für Gas- und HEPA-Filter sowie Wärmerückführungsbauteile der Klassen H2 oder H1 nach DIN EN 13053 erweitert werden.

(2) [1]Beim Einbau von Anlagen nach Absatz 1 Satz 1 in Gebäude und bei der Erneuerung von Zentralgeräten solcher Anlagen müssen, soweit diese Anlagen dazu bestimmt sind, die Feuchte der Raumluft unmittelbar zu verändern, diese Anlagen mit selbsttätig wirkenden Regelungseinrichtungen ausgestattet werden, bei denen getrennte Sollwerte für die Be- und die Entfeuchtung eingestellt werden können und als Führungsgröße mindestens die direkt gemessene Zu- oder Abluftfeuchte dient. [2]Sind solche Einrichtungen in bestehenden Anlagen nach Absatz 1 Satz 1 nicht vorhanden, muss der Betreiber sie bei Klimaanlagen innerhalb von sechs Monaten nach Ablauf der jeweiligen Frist des § 12 Absatz 3, bei sonstigen raumlufttechnischen Anlagen in entsprechender Anwendung der jeweiligen Fristen des § 12 Absatz 3, nachrüsten.

(3) [1]Beim Einbau von Anlagen nach Absatz 1 Satz 1 in Gebäude und bei der Erneuerung von Zentralgeräten oder Luftkanalsystemen solcher Anlagen müssen diese Anlagen mit Einrichtungen zur selbsttätigen Regelung der Volumenströme in Abhängigkeit von den thermischen und stofflichen Lasten oder zur Einstellung der Volumenströme in Abhängigkeit von der Zeit ausgestattet werden, wenn der Zuluftvolumenstrom dieser Anlagen je Quadratmeter versorgter Nettogrundfläche, bei Wohngebäuden je Quadratmeter versorgter Gebäudenutzfläche neun Kubikmeter pro Stunde überschreitet. [2]Satz 1 gilt nicht, soweit in den versorgten Räumen auf Grund des Arbeits- oder Gesundheitsschutzes erhöhte Zuluftvolumenströme erforderlich sind oder Laständerungen weder messtechnisch noch hinsichtlich des zeitlichen Verlaufes erfassbar sind.

§ 16 EnEV IV

(4) Werden Kälteverteilungs- und Kaltwasserleitungen und Armaturen, die zu Anlagen im Sinne des Absatzes 1 Satz 1 gehören, erstmalig in Gebäude eingebaut oder ersetzt, ist deren Wärmeaufnahme nach Anlage 5 zu begrenzen.

(5) ¹Werden Anlagen nach Absatz 1 Satz 1 in Gebäude eingebaut oder Zentralgeräte solcher Anlagen erneuert, müssen diese mit einer Einrichtung zur Wärmerückgewinnung ausgestattet sein, die mindestens der Klassifizierung H3 nach DIN EN 13053:2007-09 entspricht. ²Für die Betriebsstundenzahl sind die Nutzungsrandbedingungen nach DIN V 18599-10:2007-02 und für den Luftvolumenstrom der Außenluftvolumenstrom maßgebend.

Abschnitt 5
Energieausweise und Empfehlungen für die Verbesserung der Energieeffizienz

§ 16 Ausstellung und Verwendung von Energieausweisen

(1) ¹Wird ein Gebäude errichtet, hat der Bauherr sicherzustellen, dass ihm, wenn er zugleich Eigentümer des Gebäudes ist, oder dem Eigentümer des Gebäudes ein Energieausweis nach dem Muster der Anlage 6 oder 7 unter Zugrundelegung der energetischen Eigenschaften des fertig gestellten Gebäudes ausgestellt wird. ²Satz 1 ist entsprechend anzuwenden, wenn
1. an einem Gebäude Änderungen im Sinne der Anlage 3 Nr. 1 bis 6 vorgenommen oder
2. die Nutzfläche der beheizten oder gekühlten Räume eines Gebäudes um mehr als die Hälfte erweitert wird

und dabei unter Anwendung des § 9 Absatz 1 Satz 2 für das gesamte Gebäude Berechnungen nach § 9 Abs. 2 durchgeführt werden. ³Der Eigentümer hat den Energieausweis der nach Landesrecht zuständigen Behörde auf Verlangen vorzulegen.

(2) ¹Soll ein mit einem Gebäude bebautes Grundstück, ein grundstücksgleiches Recht an einem bebauten Grundstück oder Wohnungs- oder Teileigentum verkauft werden, hat der Verkäufer dem potenziellen Käufer einen Energieausweis mit dem Inhalt nach dem Muster der Anlage 6 oder 7 zugänglich zu machen, spätestens unverzüglich, nachdem der potenzielle Käufer dies verlangt hat. ²Satz 1 gilt entsprechend für den Eigentümer, Vermieter, Verpächter und Leasinggeber bei der Vermietung, der Verpachtung oder beim Leasing eines Gebäudes, einer Wohnung oder einer sonstigen selbstständigen Nutzungseinheit.

(3) ¹Für Gebäude mit mehr als 1 000 Quadratmetern Nutzfläche, in denen Behörden und sonstige Einrichtungen für eine große Anzahl von Menschen öffentliche Dienstleistungen erbringen und die deshalb von diesen Menschen häufig aufgesucht werden, sind Energieausweise nach dem Muster der Anlage 7 auszustellen. ²Der Eigentümer hat den Energieausweis an einer für die Öffentlichkeit gut sichtbaren Stelle auszuhängen; der Aushang kann auch nach dem Muster der Anlage 8 oder 9 vorgenommen werden.

(4) ¹Auf kleine Gebäude sind die Vorschriften dieses Abschnitts nicht anzuwenden. ²Auf Baudenkmäler sind die Absätze 2 und 3 nicht anzuwenden.

§ 17 Grundsätze des Energieausweises

(1) ¹Der Aussteller hat Energieausweise nach § 16 auf der Grundlage des berechneten Energiebedarfs oder des erfassten Energieverbrauchs nach Maßgabe der Absätze 2 bis 6 sowie der §§ 18 und 19 auszustellen. ²Es ist zulässig, sowohl den Energiebedarf als auch den Energieverbrauch anzugeben.

(2) ¹Energieausweise dürfen in den Fällen des § 16 Abs. 1 nur auf der Grundlage des Energiebedarfs ausgestellt werden. ²In den Fällen des § 16 Abs. 2 sind ab dem 1. Oktober 2008 Energieausweise für Wohngebäude, die weniger als fünf Wohnungen haben und für die der Bauantrag vor dem 1. November 1977 gestellt worden ist, auf der Grundlage des Energiebedarfs auszustellen. ³Satz 2 gilt nicht, wenn das Wohngebäude
1. schon bei der Baufertigstellung das Anforderungsniveau der Wärmeschutzverordnung vom 11. August 1977 (BGBl. I S. 1554) eingehalten hat oder
2. durch spätere Änderungen mindestens auf das in Nummer 1 bezeichnete Anforderungsniveau gebracht worden ist.

⁴Bei der Ermittlung der energetischen Eigenschaften des Wohngebäudes nach Satz 3 können die Bestimmungen über die vereinfachte Datenerhebung nach § 9 Abs. 2 Satz 2 und die Datenbereitstellung durch den Eigentümer nach Absatz 5 angewendet werden.

(3) Energieausweise werden für Gebäude ausgestellt. Sie sind für Teile von Gebäuden auszustellen, wenn die Gebäudeteile nach § 22 getrennt zu behandeln sind.

(4) ¹Energieausweise müssen nach Inhalt und Aufbau den Mustern in den Anlagen 6 bis 9 entsprechen und mindestens die dort für die jeweilige Ausweisart geforderten, nicht als freiwillig gekennzeichneten Angaben enthalten; sie sind vom Aussteller unter Angabe von Name, Anschrift und Berufsbezeichnung eigenhändig oder durch Nachbildung der Unterschrift zu unterschreiben. ²Zusätzliche Angaben können beigefügt werden.

(5) ¹Der Eigentümer kann die zur Ausstellung des Energieausweises nach § 18 Absatz 1 Satz 1 oder Absatz 2 Satz 1 in Verbindung mit den Anlagen 1, 2 und 3 Nummer 8 oder nach § 19 Absatz 1 Satz 1 und 3, Absatz 2 Satz 1 oder 3 und Absatz 3 Satz 1 erforderlichen Daten bereitstellen. ²Der Eigentümer muss dafür Sorge tragen, dass die von ihm nach Satz 1 bereitgestellten Daten richtig sind. ³Der Aussteller darf die vom Eigentümer bereitgestellten Daten seinen Berechnungen nicht zugrunde legen, soweit begründeter Anlass zu Zweifeln an deren Richtigkeit besteht. ⁴Soweit der Aussteller des Energieausweises die Daten selbst ermittelt hat, ist Satz 2 entsprechend anzuwenden.

(6) ¹Energieausweise sind für eine Gültigkeitsdauer von zehn Jahren auszustellen. ²Unabhängig davon verlieren Energieausweise ihre Gültigkeit, wenn nach § 16 Absatz 1 ein neuer Energieausweis erforderlich wird.

§ 18 Ausstellung auf der Grundlage des Energiebedarfs

(1) ¹Werden Energieausweise für zu errichtende Gebäude auf der Grundlage des berechneten Energiebedarfs ausgestellt, sind die Ergebnisse der nach den §§ 3 bis 5 erforderlichen Berechnungen zugrunde zu legen. ²Die Ergebnisse sind in den Energieausweisen anzugeben, soweit ihre Angabe für Energiebedarfswerte in den Mustern der Anlagen 6 bis 8 vorgesehen ist.

(2) ¹Werden Energieausweise für bestehende Gebäude auf der Grundlage des berechneten Energiebedarfs ausgestellt, ist auf die erforderlichen Berechnungen § 9 Abs. 2 entsprechend anzuwenden. ²Die Ergebnisse sind in den Energieausweisen anzugeben, soweit ihre Angabe für Energiebedarfswerte in den Mustern der Anlagen 6 bis 8 vorgesehen ist.

§ 19 Ausstellung auf der Grundlage des Energieverbrauchs

(1) ¹Werden Energieausweise für bestehende Gebäude auf der Grundlage des erfassten Energieverbrauchs ausgestellt, ist der witterungsbereinigte Energieverbrauch (Energieverbrauchskennwert) nach Maßgabe der Absätze 2 und 3 zu berechnen. ²Die Ergebnisse sind in den Energieausweisen anzugeben, soweit ihre Angabe für Energieverbrauchskennwerte in den Mustern der Anlagen 6, 7 und 9 vorgesehen ist. ³Die Bestimmungen des § 9 Abs. 2 Satz 2 über die vereinfachte Datenerhebung sind entsprechend anzuwenden.

(2) ¹Bei Wohngebäuden ist der Energieverbrauch für Heizung und zentrale Warmwasserbereitung zu ermitteln und in Kilowattstunden pro Jahr und Quadratmeter Gebäudenutzfläche anzugeben. ²Die Gebäudenutzfläche kann bei Wohngebäuden mit bis zu zwei Wohneinheiten mit beheiztem Keller pauschal mit dem 1,35-fachen Wert der Wohnfläche, bei sonstigen Wohngebäuden mit dem 1,2-fachen Wert der Wohnfläche angesetzt werden. ³Bei Nichtwohngebäuden ist der Energieverbrauch für Heizung, Warmwasserbereitung, Kühlung, Lüftung und eingebaute Beleuchtung zu ermitteln und in Kilowattstunden pro Jahr und Quadratmeter Nettogrundfläche anzugeben. ⁴Der Energieverbrauch für Heizung ist einer Witterungsbereinigung zu unterziehen.

(3) ¹Zur Ermittlung des Energieverbrauchs sind
1. Verbrauchsdaten aus Abrechnungen von Heizkosten nach der Heizkostenverordnung für das gesamte Gebäude,
2. andere geeignete Verbrauchsdaten, insbesondere Abrechnungen von Energielieferanten oder sachgerecht durchgeführte Verbrauchsmessungen, oder
3. eine Kombination von Verbrauchsdaten nach den Nummern 1 und 2

zu verwenden; dabei sind mindestens die Abrechnungen aus einem zusammenhängenden Zeitraum von 36 Monaten zugrunde zu legen, der die jüngste vorliegende Abrechnungsperiode einschließt. ²Bei der Ermittlung nach Satz 1 sind längere Leerstände rechnerisch angemessen zu berücksichtigen. ³Der maßgebliche Energieverbrauch ist der durchschnittliche Verbrauch in dem zugrunde gelegten Zeitraum. ⁴Für die Witterungsbereinigung des Energieverbrauchs ist ein den anerkannten Regeln der Technik entsprechendes Verfahren anzuwenden. ⁵Die Einhaltung der anerkannten Regeln der Technik wird vermutet, soweit bei der Ermittlung von Energieverbrauchskennwerten Vereinfachungen verwendet werden, die vom Bundesministerium für Verkehr, Bau und Stadtentwicklung im Einvernehmen mit dem Bundesministerium für Wirtschaft und Technologie im Bundesanzeiger bekannt gemacht worden sind.

(4) Als Vergleichswerte für Energieverbrauchskennwerte eines Nichtwohngebäudes sind in den Energieausweis die Werte einzutragen, die jeweils vom Bundesministerium für Verkehr, Bau und Stadtentwicklung im Einvernehmen mit dem Bundesministerium für Wirtschaft und Technologie im Bundesanzeiger bekannt gemacht worden sind.

§ 20 Empfehlungen für die Verbesserung der Energieeffizienz

(1) ¹Sind Maßnahmen für kostengünstige Verbesserungen der energetischen Eigenschaften des Gebäudes (Energieeffizienz) möglich, hat der Aussteller des Energieausweises dem Eigentümer anlässlich der Ausstellung eines Energieausweises entsprechende, begleitende Empfehlungen in Form von kurz gefassten fachlichen Hinweisen auszustellen (Modernisierungsempfehlungen). ²Dabei kann ergänzend auf weiterführende Hinweise in Veröffentlichungen des Bundesministeriums für Verkehr, Bau und Stadtentwicklung im Einvernehmen mit dem Bundesministerium für Wirtschaft und Technologie oder von ihnen beauftragter Dritter Bezug genommen werden. ³Die Bestimmungen des § 9 Abs. 2 Satz 2 über die vereinfachte Datenerhebung sind entsprechend anzuwenden. ⁴Sind Modernisierungsempfehlungen nicht möglich, hat der Aussteller dies dem Eigentümer anlässlich der Ausstellung des Energieausweises mitzuteilen.

(2) ¹Die Darstellung von Modernisierungsempfehlungen und die Erklärung nach Absatz 1 Satz 4 müssen nach Inhalt und Aufbau dem Muster in Anlage 10 entsprechen. ²§ 17 Abs. 4 und 5 ist entsprechend anzuwenden.

(3) Modernisierungsempfehlungen sind dem Energieausweis mit dem Inhalt nach den Mustern der Anlagen 6 und 7 beizufügen.

§ 21 Ausstellungsberechtigung für bestehende Gebäude

(1) ¹Zur Ausstellung von Energieausweisen für bestehende Gebäude nach § 16 Abs. 2 und 3 und von Modernisierungsempfehlungen nach § 20 sind nur berechtigt
1. Personen mit berufsqualifizierendem Hochschulabschluss in
   a) den Fachrichtungen Architektur, Hochbau, Bauingenieurwesen, Technische Gebäudeausrüstung, Physik, Bauphysik, Maschinenbau oder Elektrotechnik oder
   b) einer anderen technischen oder naturwissenschaftlichen Fachrichtung mit einem Ausbildungsschwerpunkt auf einem unter Buchstabe a genannten Gebiet,
2. Personen im Sinne der Nummer 1 Buchstabe a im Bereich Architektur der Fachrichtung Innenarchitektur,
3. Personen, die für ein zulassungspflichtiges Bau-, Ausbau- oder anlagentechnisches Gewerbe oder für das Schornsteinfegerwesen die Voraussetzungen zur Eintragung in die Handwerksrolle erfüllen, sowie Handwerksmeister der zulassungsfreien Handwerke dieser Bereiche und Personen, die auf Grund ihrer Ausbildung berechtigt sind, eine solches Handwerk ohne Meistertitel selbstständig auszuüben,
4. staatlich anerkannte oder geprüfte Techniker, deren Ausbildungsschwerpunkt auch die Beurteilung der Gebäudehülle, die Beurteilung von Heizungs- und Warmwasserbereitungsanlagen oder die Beurteilung von Lüftungs- und Klimaanlagen umfasst,
5. Personen, die nach bauordnungsrechtlichen Vorschriften der Länder zur Unterzeichnung von bautechnischen Nachweisen des Wärmeschutzes oder der Energieeinsparung bei der Errichtung von Gebäuden berechtigt sind, im Rahmen der jeweiligen Nachweisberechtigung,

wenn sie mit Ausnahme der in Nummer 5 genannten Personen mindestens eine der in Absatz 2 genannten Voraussetzungen erfüllen. ²Die Ausstellungsberechtigung nach

Satz 1 Nr. 2 bis 4 in Verbindung mit Absatz 2 bezieht sich nur auf Energieausweise für bestehende Wohngebäude einschließlich Modernisierungsempfehlungen im Sinne des § 20. ³Satz 2 gilt entsprechend für in Satz 1 Nummer 1 genannte Personen, die die Voraussetzungen des Absatzes 2 Nummer 1 oder 3 nicht erfüllen, deren Fortbildung jedoch den Anforderungen des Absatzes 2 Nummer 2 Buchstabe b genügt.

(2) Voraussetzung für die Ausstellungsberechtigung nach Absatz 1 Satz 1 Nummer 1 bis 4 ist

1. während des Studiums ein Ausbildungsschwerpunkt im Bereich des energiesparenden Bauens oder nach einem Studium ohne einen solchen Schwerpunkt eine mindestens zweijährige Berufserfahrung in wesentlichen bau- oder anlagentechnischen Tätigkeitsbereichen des Hochbaus,
2. eine erfolgreiche Fortbildung im Bereich des energiesparenden Bauens, die
   a) in Fällen des Absatzes 1 Satz 1 Nr. 1 den wesentlichen Inhalten der Anlage 11,
   b) in Fällen des Absatzes 1 Satz 1 Nr. 2 bis 4 den wesentlichen Inhalten der Anlage 11 Nr. 1 und 2
   entspricht, oder
3. eine öffentliche Bestellung als vereidigter Sachverständiger für ein Sachgebiet im Bereich des energiesparenden Bauens oder in wesentlichen bau- oder anlagentechnischen Tätigkeitsbereichen des Hochbaus.

(2a) *(aufgehoben)*

(3) § 12 Abs. 5 Satz 3 ist auf Ausbildungen im Sinne des Absatzes 1 entsprechend anzuwenden.

Abschnitt 6
Gemeinsame Vorschriften, Ordnungswidrigkeiten

§ 22   Gemischt genutzte Gebäude

(1) Teile eines Wohngebäudes, die sich hinsichtlich der Art ihrer Nutzung und der gebäudetechnischen Ausstattung wesentlich von der Wohnnutzung unterscheiden und die einen nicht unerheblichen Teil der Gebäudenutzfläche umfassen, sind getrennt als Nichtwohngebäude zu behandeln.

(2) Teile eines Nichtwohngebäudes, die dem Wohnen dienen und einen nicht unerheblichen Teil der Nettogrundfläche umfassen, sind getrennt als Wohngebäude zu behandeln.

(3) Für die Berechnung von Trennwänden und Trenndecken zwischen Gebäudeteilen gilt in Fällen der Absätze 1 und 2 Anlage 1 Nr. 2.6 Satz 1 entsprechend.

§ 23   Regeln der Technik

(1) Das Bundesministerium für Verkehr, Bau und Stadtentwicklung kann im Einvernehmen mit dem Bundesministerium für Wirtschaft und Technologie durch Bekanntmachung im Bundesanzeiger auf Veröffentlichungen sachverständiger Stellen über anerkannte Regeln der Technik hinweisen, soweit in dieser Verordnung auf solche Regeln Bezug genommen wird.

(2) Zu den anerkannten Regeln der Technik gehören auch Normen, technische Vorschriften oder sonstige Bestimmungen anderer Mitgliedstaaten der Europäischen Union und anderer Vertragsstaaten des Abkommens über den Europäischen Wirtschaftsraum sowie der Türkei, wenn ihre Einhaltung das geforderte Schutzniveau in Bezug auf Energieeinsparung und Wärmeschutz dauerhaft gewährleistet.

(3) [1]Soweit eine Bewertung von Baustoffen, Bauteilen und Anlagen im Hinblick auf die Anforderungen dieser Verordnung auf Grund anerkannter Regeln der Technik nicht möglich ist, weil solche Regeln nicht vorliegen oder wesentlich von ihnen abgewichen wird, sind der nach Landesrecht zuständigen Behörde die erforderlichen Nachweise für eine anderweitige Bewertung vorzulegen. [2]Satz 1 gilt nicht für Baustoffe, Bauteile und Anlagen,

1. die nach dem Bauproduktengesetz oder anderen Rechtsvorschriften zur Umsetzung des europäischen Gemeinschaftsrechts, deren Regelungen auch Anforderungen zur Energieeinsparung umfassen, mit der CE-Kennzeichnung versehen sind und nach diesen Vorschriften zulässige und von den Ländern bestimmte Klassen und Leistungsstufen aufweisen, oder
2. bei denen nach bauordnungsrechtlichen Vorschriften über die Verwendung von Bauprodukten auch die Einhaltung dieser Verordnung sichergestellt wird.

(4) Das Bundesministerium für Verkehr, Bau und Stadtentwicklung und das Bundesministerium für Wirtschaft und Technologie oder in deren Auftrag Dritte können Bekanntmachungen nach dieser Verordnung neben der Bekanntmachung im Bundesanzeiger auch kostenfrei in das Internet einstellen.

(5) Verweisen die nach dieser Verordnung anzuwendenden datierten technischen Regeln auf undatierte technische Regeln, sind diese in der Fassung anzuwenden, die dem Stand zum Zeitpunkt der Herausgabe der datierten technischen Regel entspricht.

§ 24 Ausnahmen

(1) Soweit bei Baudenkmälern oder sonstiger besonders erhaltenswerter Bausubstanz die Erfüllung der Anforderungen dieser Verordnung die Substanz oder das Erscheinungsbild beeinträchtigen oder andere Maßnahmen zu einem unverhältnismäßig hohen Aufwand führen, kann von den Anforderungen dieser Verordnung abgewichen werden.

(2) Soweit die Ziele dieser Verordnung durch andere als in dieser Verordnung vorgesehene Maßnahmen im gleichen Umfang erreicht werden, lassen die nach Landesrecht zuständigen Behörden auf Antrag Ausnahmen zu.

§ 25 Befreiungen

(1) [1]Die nach Landesrecht zuständigen Behörden haben auf Antrag von den Anforderungen dieser Verordnung zu befreien, soweit die Anforderungen im Einzelfall wegen besonderer Umstände durch einen unangemessenen Aufwand oder in sonstiger Weise zu einer unbilligen Härte führen. [2]Eine unbillige Härte liegt insbesondere vor, wenn die erforderlichen Aufwendungen innerhalb der üblichen Nutzungsdauer, bei Anforderungen an bestehende Gebäude innerhalb angemessener Frist durch die eintretenden Einsparungen nicht erwirtschaftet werden können.

§§ 26-26b **EnEV** **IV**

(2) Eine unbillige Härte im Sinne des Absatzes 1 kann sich auch daraus ergeben, dass ein Eigentümer zum gleichen Zeitpunkt oder in nahem zeitlichen Zusammenhang mehrere Pflichten nach dieser Verordnung oder zusätzlich nach anderen öffentlich-rechtlichen Vorschriften aus Gründen der Energieeinsparung zu erfüllen hat und ihm dies nicht zuzumuten ist.

(3) Absatz 1 ist auf die Vorschriften des Abschnitts 5 nicht anzuwenden.

§ 26 Verantwortliche

(1) Für die Einhaltung der Vorschriften dieser Verordnung ist der Bauherr verantwortlich, soweit in dieser Verordnung nicht ausdrücklich ein anderer Verantwortlicher bezeichnet ist.

(2) Für die Einhaltung der Vorschriften dieser Verordnung sind im Rahmen ihres jeweiligen Wirkungskreises auch die Personen verantwortlich, die im Auftrag des Bauherrn bei der Errichtung oder Änderung von Gebäuden oder der Anlagentechnik in Gebäuden tätig werden.

§ 26a Private Nachweise

(1) Wer geschäftsmäßig an oder in bestehenden Gebäuden Arbeiten
1. zur Änderung von Außenbauteilen im Sinne des § 9 Absatz 1 Satz 1,
2. zur Dämmung oberster Geschossdecken im Sinne von § 10 Absatz 3 und 4, auch in Verbindung mit Absatz 5, oder
3. zum erstmaligen Einbau oder zur Ersetzung von Heizkesseln und sonstigen Wärmeerzeugersystemen nach § 13, Verteilungseinrichtungen oder Warmwasseranlagen nach § 14 oder Klimaanlagen oder sonstigen Anlagen der Raumlufttechnik nach § 15

durchführt, hat dem Eigentümer unverzüglich nach Abschluss der Arbeiten schriftlich zu bestätigen, dass die von ihm geänderten oder eingebauten Bau- oder Anlagenteile den Anforderungen dieser Verordnung entsprechen (Unternehmererklärung).

(2) ¹Mit der Unternehmererklärung wird die Erfüllung der Pflichten aus den in Absatz 1 genannten Vorschriften nachgewiesen. ²Die Unternehmererklärung ist von dem Eigentümer mindestens fünf Jahre aufzubewahren. ³Der Eigentümer hat die Unternehmererklärungen der nach Landesrecht zuständigen Behörde auf Verlangen vorzulegen.

§ 26b Aufgaben des Bezirksschornsteinfegermeisters

(1) Bei heizungstechnischen Anlagen prüft der Bezirksschornsteinfegermeister als Beliehener im Rahmen der Feuerstättenschau, ob
1. Heizkessel, die nach § 10 Absatz 1, auch in Verbindung mit Absatz 5, außer Betrieb genommen werden mussten, weiterhin betrieben werden und
2. Wärmeverteilungs- und Warmwasserleitungen sowie Armaturen, die nach § 10 Absatz 2, auch in Verbindung mit Absatz 5, gedämmt werden mussten, weiterhin ungedämmt sind.

IV EnEV § 27

(2) Bei heizungstechnischen Anlagen, die in bestehende Gebäude eingebaut werden, prüft der Bezirksschornsteinfegermeister als Beliehener im Rahmen der ersten Feuerstättenschau nach dem Einbau außerdem, ob

1. Zentralheizungen mit einer zentralen selbsttätig wirkenden Einrichtung zur Verringerung und Abschaltung der Wärmezufuhr sowie zur Ein- und Ausschaltung elektrischer Antriebe nach § 14 Absatz 1 ausgestattet sind,
2. Umwälzpumpen in Zentralheizungen mit Vorrichtungen zur selbsttätigen Anpassung der elektrischen Leistungsaufnahme nach § 14 Absatz 3 ausgestattet sind,
3. bei Wärmeverteilungs- und Warmwasserleitungen sowie Armaturen die Wärmeabgabe nach § 14 Absatz 5 begrenzt ist.

(3) ¹Der Bezirksschornsteinfegermeister weist den Eigentümer bei Nichterfüllung der Pflichten aus den in den Absätzen 1 und 2 genannten Vorschriften schriftlich auf diese Pflichten hin und setzt eine angemessene Frist zu deren Nacherfüllung. ²Werden die Pflichten nicht innerhalb der festgesetzten Frist erfüllt, unterrichtet der Bezirksschornsteinfegermeister unverzüglich die nach Landesrecht zuständige Behörde.

(4) ¹Die Erfüllung der Pflichten aus den in den Absätzen 1 und 2 genannten Vorschriften kann durch Vorlage der Unternehmererklärungen gegenüber dem Bezirksschornsteinfegermeister nachgewiesen werden. ²Es bedarf dann keiner weiteren Prüfung durch den Bezirksschornsteinfegermeister.

(5) Eine Prüfung nach Absatz 1 findet nicht statt, soweit eine vergleichbare Prüfung durch den Bezirksschornsteinfegermeister bereits auf der Grundlage von Landesrecht für die jeweilige heizungstechnische Anlage vor dem 1. Oktober 2009 erfolgt ist.

§ 27 Ordnungswidrigkeiten

(1) Ordnungswidrig im Sinne des § 8 Abs. 1 Nr. 1 des Energieeinsparungsgesetzes handelt, wer vorsätzlich oder leichtfertig

1. entgegen § 3 Absatz 1 ein Wohngebäude nicht richtig errichtet,
2. entgegen § 4 Absatz 1 ein Nichtwohngebäude nicht richtig errichtet,
3. entgegen § 9 Absatz 1 Satz 1 Änderungen ausführt,
4. entgegen § 12 Abs. 1 eine Inspektion nicht oder nicht rechtzeitig durchführen lässt,
5. entgegen § 12 Abs. 5 Satz 1 eine Inspektion durchführt,
6. entgegen § 13 Abs. 1 Satz 1, auch in Verbindung mit Satz 2, einen Heizkessel einbaut oder aufstellt,
7. entgegen § 14 Abs. 1 Satz 1, Abs. 2 Satz 1 oder Abs. 3 eine Zentralheizung, eine heizungstechnische Anlage oder eine Umwälzpumpe nicht oder nicht rechtzeitig ausstattet oder
8. entgegen § 14 Abs. 5 die Wärmeabgabe von Wärmeverteilungs- oder Warmwasserleitungen oder Armaturen nicht oder nicht rechtzeitig begrenzt.

(2) Ordnungswidrig im Sinne des § 8 Abs. 1 Nr. 2 des Energieeinsparungsgesetzes handelt, wer vorsätzlich oder leichtfertig

1. entgegen § 16 Abs. 2 Satz 1, auch in Verbindung mit Satz 2, einen Energieausweis nicht, nicht vollständig oder nicht rechtzeitig zugänglich macht,
2. entgegen § 17 Absatz 5 Satz 2, auch in Verbindung mit Satz 4, nicht dafür Sorge trägt, dass die bereitgestellten Daten richtig sind,

3. entgegen § 17 Absatz 5 Satz 3 bereitgestellte Daten seinen Berechnungen zugrunde legt oder
4. entgegen § 21 Abs. 1 Satz 1 einen Energieausweis oder Modernisierungsempfehlungen ausstellt.

(3) Ordnungswidrig im Sinne des § 8 Absatz 1 Nummer 3 des Energieeinsparungsgesetzes handelt, wer vorsätzlich oder leichtfertig entgegen § 26a Absatz 1 eine Bestätigung nicht, nicht richtig oder nicht rechtzeitig vornimmt.

Abschnitt 7
Schlussvorschriften

§ 28 Allgemeine Übergangsvorschriften

(1) Auf Vorhaben, welche die Errichtung, die Änderung, die Erweiterung oder den Ausbau von Gebäuden zum Gegenstand haben, ist diese Verordnung in der zum Zeitpunkt der Bauantragstellung oder der Bauanzeige geltenden Fassung anzuwenden.

(2) Auf nicht genehmigungsbedürftige Vorhaben, die nach Maßgabe des Bauordnungsrechts der Gemeinde zur Kenntnis zu geben sind, ist diese Verordnung in der zum Zeitpunkt der Kenntnisgabe gegenüber der zuständigen Behörde geltenden Fassung anzuwenden.

(3) Auf sonstige nicht genehmigungsbedürftige, insbesondere genehmigungs-, anzeige- und verfahrensfreie Vorhaben ist diese Verordnung in der zum Zeitpunkt des Beginns der Bauausführung geltenden Fassung anzuwenden.

(4) Auf Verlangen des Bauherrn ist abweichend von Absatz 1 das neue Recht anzuwenden, wenn über den Bauantrag oder nach einer Bauanzeige noch nicht bestandskräftig entschieden worden ist.

§ 29 Übergangsvorschriften für Energieausweise und Aussteller

(1) [1]Energieausweise für Wohngebäude der Baufertigstellungsjahre bis 1965 müssen in Fällen des § 16 Abs. 2 erst ab dem 1. Juli 2008, für später errichtete Wohngebäude erst ab dem 1. Januar 2009 zugänglich gemacht werden. [2]Satz 1 ist nicht auf Energiebedarfsausweise anzuwenden, die für Wohngebäude nach § 13 Abs. 1 oder 2 der Energieeinsparverordnung in einer vor dem 1. Oktober 2007 geltenden Fassung ausgestellt worden sind.

(2) [1]Energieausweise für Nichtwohngebäude müssen erst ab dem 1. Juli 2009
1. in Fällen des § 16 Abs. 2 zugänglich gemacht und
2. in Fällen des § 16 Abs. 3 ausgestellt und ausgehängt werden.
[2]Satz 1 Nr. 1 ist nicht auf Energie- und Wärmebedarfsausweise anzuwenden, die für Nichtwohngebäude nach § 13 Abs. 1, 2 oder 3 der Energieeinsparverordnung in einer vor dem 1. Oktober 2007 geltenden Fassung ausgestellt worden sind.

(3) [1]Energie- und Wärmebedarfsausweise nach vor dem 1. Oktober 2007 geltenden Fassungen der Energieeinsparverordnung sowie Wärmebedarfsausweise nach § 12 der Wärmeschutzverordnung vom 16. August 1994 (BGBl. I S. 2121) gelten als Energieausweise im Sinne des § 16 Abs. 1 Satz 3, Abs. 2 und 3; die Gültigkeitsdauer dieser Aus-

weise beträgt zehn Jahre ab dem Tag der Ausstellung. ²Das Gleiche gilt für Energieausweise, die vor dem 1. Oktober 2007
1. von Gebietskörperschaften oder auf deren Veranlassung von Dritten nach einheitlichen Regeln oder
2. in Anwendung der in dem von der Bundesregierung am 25. April 2007 beschlossenen Entwurf dieser Verordnung (Bundesrats-Drucksache 282/07) enthaltenen Bestimmungen

ausgestellt worden sind.

(4) Zur Ausstellung von Energieausweisen für bestehende Wohngebäude nach § 16 Abs. 2 und von Modernisierungsempfehlungen nach § 20 sind ergänzend zu § 21 auch Personen berechtigt, die vor dem 25. April 2007 nach Maßgabe der Richtlinie des Bundesministeriums für Wirtschaft und Technologie über die Förderung der Beratung zur sparsamen und rationellen Energieverwendung in Wohngebäuden vor Ort vom 7. September 2006 (BAnz. S. 6379) als Antragsberechtigte beim Bundesamt für Wirtschaft und Ausfuhrkontrolle registriert worden sind.

(5) ¹Zur Ausstellung von Energieausweisen für bestehende Wohngebäude nach § 16 Abs. 2 und von Modernisierungsempfehlungen nach § 20 sind ergänzend zu § 21 auch Personen berechtigt, die am 25. April 2007 über eine abgeschlossene Berufsausbildung im Baustoff-Fachhandel oder in der Baustoffindustrie und eine erfolgreich abgeschlossene Weiterbildung zum Energiefachberater im Baustoff-Fachhandel oder in der Baustoffindustrie verfügt haben. ²Satz 1 gilt entsprechend für Personen, die eine solche Weiterbildung vor dem 25. April 2007 begonnen haben, nach erfolgreichem Abschluss der Weiterbildung.

(6) ¹Zur Ausstellung von Energieausweisen für bestehende Wohngebäude nach § 16 Abs. 2 und von Modernisierungsempfehlungen nach § 20 sind ergänzend zu § 21 auch Personen berechtigt, die am 25. April 2007 über eine abgeschlossene Weiterbildung zum Energieberater des Handwerks verfügt haben. ²Satz 1 gilt entsprechend für Personen, die eine solche Weiterbildung vor dem 25. April 2007 begonnen haben, nach erfolgreichem Abschluss der Weiterbildung.

§ 30

(aufgehoben)

§ 31 Inkrafttreten, Außerkrafttreten

¹Diese Verordnung tritt am 1. Oktober 2007 in Kraft. ²Gleichzeitig tritt die Energieeinsparverordnung in der Fassung der Bekanntmachung vom 2. Dezember 2004 (BGBl. I S. 3146) außer Kraft.

Anlage 1 EnEV **IV**

Anlage 1
(zu den §§ 3 und 9)

Anforderungen an Wohngebäude

1 Höchstwerte des Jahres-Primärenergiebedarfs und des spezifischen Transmissionswärmeverlusts für zu errichtende Wohngebäude (zu § 3 Absatz 1 und 2)

1.1 Höchstwerte des Jahres-Primärenergiebedarfs

Der Höchstwert des Jahres-Primärenergiebedarfs eines zu errichtenden Wohngebäudes ist der auf die Gebäudenutzfläche bezogene, nach einem der in Nr. 2.1 angegebenen Verfahren berechnete Jahres-Primärenergiebedarf eines Referenzgebäudes gleicher Geometrie, Gebäudenutzfläche und Ausrichtung wie das zu errichtende Wohngebäude, das hinsichtlich seiner Ausführung den Vorgaben der Tabelle 1 entspricht.

Soweit in dem zu errichtenden Wohngebäude eine elektrische Warmwasserbereitung ausgeführt wird, darf diese anstelle von Tabelle 1 Zeile 6 als wohnungszentrale Anlage ohne Speicher gemäß den in Tabelle 5.1-3 der DIN V 4701-10 : 2003-08, geändert durch A1 : 2006-12, gegebenen Randbedingungen berücksichtigt werden. Der sich daraus ergebende Höchstwert des Jahres-Primärenergiebedarfs ist in Fällen des Satzes 2 um 10,9 kWh/(m^2·a) zu verringern; dies gilt nicht bei Durchführung von Maßnahmen zur Einsparung von Energie nach § 7 Nummer 2 in Verbindung mit Nummer VI.1 der Anlage des Erneuerbare-Energien-Wärmegesetzes.

Tabelle 1 Ausführung des Referenzgebäudes

Zeile	Bauteil/System	Referenzausführung/Wert (Maßeinheit)	
		Eigenschaft (zu Zeilen 1.1 bis 3)	
1.1	Außenwand, Geschossdecke gegen Außenluft	Wärmedurchgangskoeffizient	$U = 0{,}28$ W/(m^2·K)
1.2	Außenwand gegen Erdreich, Bodenplatte, Wände und Decken zu unbeheizten Räumen (außer solche nach Zeile 1.1)	Wärmedurchgangskoeffizient	$U = 0{,}35$ W/(m^2·K)
1.3	Dach, oberste Geschossdecke, Wände zu Abseiten	Wärmedurchgangskoeffizient	$U = 0{,}20$ W/(m^2·K)
1.4	Fenster, Fenstertüren	Wärmedurchgangskoeffizient	$U_w = 1{,}30$ W/(m^2·K)
		Gesamtenergiedurchlassgrad der Verglasung	$g_\perp = 0{,}60$
1.5	Dachflächenfenster	Wärmedurchgangskoeffizient	$U_w = 1{,}40$ W/(m^2·K)
		Gesamtenergiedurchlassgrad der Verglasung	$g_\perp = 0{,}60$
1.6	Lichtkuppeln	Wärmedurchgangskoeffizient	$U_w = 2{,}70$ W/(m^2·K)
		Gesamtenergiedurchlassgrad der Verglasung	$g_\perp = 0{,}64$

IV EnEV Anlage 1

Zeile	Bauteil/System	Referenzausführung/Wert (Maßeinheit)	
		Eigenschaft (zu Zeilen 1.1 bis 3)	
1.7	Außentüren	Wärmedurchgangskoeffizient	$U = 1{,}80$ W/(m²·K)
2	Bauteile nach den Zeilen 1.1 bis 1.7	Wärmebrückenzuschlag	$\Delta U_{WB} = 0{,}05$ W/(m²·K)
3	Luftdichtheit der Gebäudehülle	Bemessungswert n_{50}	Bei Berechnung nach • DIN V 4108-6:2003-06: mit Dichtheitsprüfung • DIN V 18599-2:2007-02: nach Kategorie I
4	Sonnenschutzvorrichtung	keine Sonnenschutzvorrichtung	
5	Heizungsanlage	• Wärmeerzeugung durch Brennwertkessel (verbessert), Heizöl EL, Aufstellung: – für Gebäude bis zu 2 Wohneinheiten innerhalb der thermischen Hülle – für Gebäude mit mehr als 2 Wohneinheiten außerhalb der thermischen Hülle • Auslegungstemperatur 55/45 °C, zentrales Verteilsystem innerhalb der wärmeübertragenden Umfassungsfläche, innen liegende Stränge und Anbindeleitungen, Pumpe auf Bedarf ausgelegt (geregelt, Δp konstant), Rohrnetz hydraulisch abgeglichen, Wärmedämmung der Rohrleitungen nach Anlage 5 • Wärmeübergabe mit freien statischen Heizflächen, Anordnung an normaler Außenwand, Thermostatventile mit Proportionalbereich 1 K	
6	Anlage zur Warmwasserbereitung	• zentrale Warmwasserbereitung • gemeinsame Wärmebereitung mit Heizungsanlage nach Zeile 5 • Solaranlage (Kombisystem mit Flachkollektor) entsprechend den Vorgaben nach DIN V 4701-10:2003-08 oder DIN V 18599-5:2007-02 • Speicher, indirekt beheizt (stehend), gleiche Aufstellung wie Wärmeerzeuger, Auslegung nach DIN V 4701-10:2003-08 oder DIN V 18599-5:2007-02 als – kleine Solaranlage bei $A_N < 500$ m² (bivalenter Solarspeicher) – große Solaranlage bei $A_N \geq 500$ m² • Verteilsystem innerhalb der wärmeübertragenden Umfassungsfläche, innen liegende Stränge, gemeinsame Installationswand, Wärmedämmung der Rohrleitungen nach Anlage 5, mit Zirkulation, Pumpe auf Bedarf ausgelegt (geregelt, Δp konstant)	
7	Kühlung	keine Kühlung	
8	Lüftung	zentrale Abluftanlage, bedarfsgeführt mit geregeltem DC-Ventilator	

Anlage 1 **EnEV** **IV**

1.2 Höchstwerte des spezifischen, auf die wärmeübertragende Umfassungsfläche bezogenen Transmissionswärmeverlusts

Der spezifische, auf die wärmeübertragende Umfassungsfläche bezogene Transmissionswärmeverlust eines zu errichtenden Wohngebäudes darf die in Tabelle 2 angegebenen Höchstwerte nicht überschreiten.

Tabelle 2 Höchstwerte des spezifischen, auf die wärmeübertragende Umfassungsfläche bezogenen Transmissionswärmeverlusts

Zeile	Gebäudetyp		Höchstwert des spezifischen Transmissionswärmeverlusts
1	Freistehendes Wohngebäude	mit $A_N \leq 350$ m²	$H'_T = 0{,}40$ W/(m²·K)
		mit $A_N > 350$ m²	$H'_T = 0{,}50$ W/(m²·K)
2	Einseitig angebautes Wohngebäude		$H'_T = 0{,}45$ W/(m²·K)
3	Alle anderen Wohngebäude		$H'_T = 0{,}65$ W/(m²·K)
4	Erweiterungen und Ausbauten von Wohngebäuden gemäß § 9 Absatz 5		$H'_T = 0{,}65$ W/(m²·K)

1.3 Definition der Bezugsgrößen

1.3.1 Die wärmeübertragende Umfassungsfläche A eines Wohngebäudes in m² ist nach Anhang B der DIN EN ISO 13789:1999-10, Fall „Außenabmessung", zu ermitteln. Die zu berücksichtigenden Flächen sind die äußere Begrenzung einer abgeschlossenen beheizten Zone. Außerdem ist die wärmeübertragende Umfassungsfläche A so festzulegen, dass ein in DIN V 18599-1 : 2007-02 oder in DIN EN 832 : 2003-06 beschriebenes Ein-Zonen-Modell entsteht, das mindestens die beheizten Räume einschließt.

1.3.2 Das beheizte Gebäudevolumen V_e in m³ ist das Volumen, das von der nach Nr. 1.3.1 ermittelten wärmeübertragenden Umfassungsfläche A umschlossen wird.

1.3.3 Die Gebäudenutzfläche A_N in m² wird bei Wohngebäuden wie folgt ermittelt:

$A_N = 0{,}32 \text{ m}^{-1} \cdot V_e$

mit A_N Gebäudenutzfläche in m²

V_e beheiztes Gebäudevolumen in m³.

Beträgt die durchschnittliche Geschosshöhe hG eines Wohngebäudes, gemessen von der Oberfläche des Fußbodens zur Oberfläche des Fußbodens des darüber liegenden Geschosses, mehr als 3 m oder weniger als 2,5 m, so ist die Gebäudenutzfläche A_N abweichend von Satz 1 wie folgt zu ermitteln:

$A_N = (\dfrac{1}{h_G} - 0{,}04 \text{ m}^{-1}) \cdot V_e$

mit A_N Gebäudenutzfläche in m²

h_G Geschossdeckenhöhe in m

V_e beheiztes Gebäudevolumen in m³.

IV   EnEV Anlage 1

2   Berechnungsverfahren für Wohngebäude (zu § 3 Absatz 3, § 9 Absatz 2 und 5)

2.1 Berechnung des Jahres-Primärenergiebedarfs

2.1.1 Der Jahres-Primärenergiebedarf Q_p ist nach DIN V 18599:2007-02 für Wohngebäude zu ermitteln. Als Primärenergiefaktoren sind die Werte für den nicht erneuerbaren Anteil nach DIN V 18599-1:2007-02 zu verwenden. Dabei sind für flüssige Biomasse der Wert für den nicht erneuerbaren Anteil „Heizöl EL" und für gasförmige Biomasse der Wert für den nicht erneuerbaren Anteil „Erdgas H" zu verwenden. Für flüssige oder gasförmige Biomasse im Sinne des § 2 Absatz 1 Nummer 4 des Erneuerbare-Energien-Wärmegesetzes kann für den nicht erneuerbaren Anteil der Wert 0,5 verwendet werden, wenn die flüssige oder gasförmige Biomasse im unmittelbaren räumlichen Zusammenhang mit dem Gebäude erzeugt wird. Satz 4 ist entsprechend auf Gebäude anzuwenden, die im räumlichen Zusammenhang zueinander stehen und unmittelbar gemeinsam mit flüssiger oder gasförmiger Biomasse im Sinne des § 2 Absatz 1 Nummer 4 des Erneuerbare-Energien-Wärmegesetzes versorgt werden. Für elektrischen Strom ist abweichend von Satz 2 als Primärenergiefaktor für den nicht erneuerbaren Anteil der Wert 2,6 zu verwenden. Bei der Berechnung des Jahres-Primärenergiebedarfs des Referenzwohngebäudes und des Wohngebäudes sind die in Tabelle 3 genannten Randbedingungen zu verwenden.

Tabelle 3 Randbedingungen für die Berechnung des Jahres-Primärenergiebedarfs

Zeile	Kenngröße	Randbedingungen
1	Verschattungsfaktor F_S	$F_S = 0,9$ soweit die baulichen Bedingungen nicht detailliert berücksichtigt werden.
2	Solare Wärmegewinne über opake Bauteile	– Emissionsgrad der Außenfläche für Wärmestrahlung: $\varepsilon = 0,8$ – Strahlungsabsorptionsgrad an opaken Oberflächen: $\alpha = 0,5$ für dunkle Dächer kann abweichend angenommen werden. $\alpha = 0,8$

2.1.2 Alternativ zu Nr. 2.1.1 kann der Jahres-Primärenergiebedarf Q_p für Wohngebäude nach DIN EN 832:2003-06 in Verbindung mit DIN V 4108-6:2003-06[1] und DIN V 4701-10:2003-08, geändert durch A1:2006-12, ermittelt werden; § 23 Absatz 3 bleibt unberührt. Als Primärenergiefaktoren sind die Werte für den nicht erneuerbaren Anteil nach DIN V 4701-10:2003-08, geändert durch A1:2006-12, zu verwenden. Nummer 2.1.1 Satz 3 bis 6 ist entsprechend anzuwenden. Der in diesem Rechengang zu bestimmende Jahres-Heizwärmebedarf Q_h ist nach dem Monatsbilanzverfahren nach DIN EN 832:2003-06 mit den in DIN V 4108-6:2003-06[1] Anhang D.3 genannten Randbedingungen zu ermitteln. In DIN V 4108-6:2003-06[1] angegebene Vereinfachungen für den Berechnungsgang nach DIN EN 832:2003-06 dürfen angewendet werden. Zur Berücksichtigung von Lüftungsanlagen mit Wärmerückgewinnung sind die methodischen Hinweise unter Nr. 4.1 der DIN V 4701-10:2003-08, geändert durch A1:2006-12, zu beachten.

---

1   Geändert durch DIN V 4108-6 Berichtigung 1 2004-03.

2.1.3 Werden in Wohngebäude bauliche oder anlagentechnische Komponenten eingesetzt, für deren energetische Bewertung keine anerkannten Regeln der Technik oder gemäß § 9 Absatz 2 Satz 2 Halbsatz 3 bekannt gemachte gesicherte Erfahrungswerte vorliegen, so sind hierfür Komponenten anzusetzen, die ähnliche energetische Eigenschaften aufweisen.

2.2 Berücksichtigung der Warmwasserbereitung

Bei Wohngebäuden ist der Energiebedarf für Warmwasser in der Berechnung des Jahres-Primärenergiebedarfs wie folgt zu berücksichtigen:
a) Bei der Berechnung gemäß Nr. 2.1.1 ist der Nutzenergiebedarf für Warmwasser nach Tabelle 3 der DIN V 18599-10:2007-02 anzusetzen.
b) Bei der Berechnung gemäß Nr. 2.1.2 ist der Nutzwärmebedarf für die Warmwasserbereitung Q_W im Sinne von DIN V 4701-10:2003-08, geändert durch A1:2006-12, mit 12,5 kWh/(m²·a) anzusetzen.

2.3 Berechnung des spezifischen Transmissionswärmeverlusts

Der spezifische, auf die wärmeübertragende Umfassungsfläche bezogene Transmissionswärmeverlust H'_T in W/(m²·K) ist wie folgt zu ermitteln:

$$H'_T = \frac{H_T}{A} \text{ in W/(m}^2\cdot\text{K)}$$

mit

H_T nach DIN EN 832 : 2003-06 mit den in DIN V 4108-6:2003-06[2] Anhang D genannten Randbedingungen berechneter Transmissionswärmeverlust in W/K. In DIN V 4108-6:2003-06[2] angegebene Vereinfachungen für den Berechnungsgang nach DIN EN 832:2003-06 dürfen angewendet werden;

A wärmeübertragende Umfassungsfläche nach Nr. 1.3.1 in m².

2.4 Beheiztes Luftvolumen

Bei der Berechnung des Jahres-Primärenergiebedarfs nach Nr. 2.1.1 ist das beheizte Luftvolumen V in m³ gemäß DIN V 18599-1 : 2007-02, bei der Berechnung nach Nr. 2.1.2 gemäß DIN EN 832 : 2003-06 zu ermitteln. Vereinfacht darf es wie folgt berechnet werden:
– $V = 0{,}76 \cdot V_e$ in m³ bei Wohngebäuden bis zu drei Vollgeschossen
– $V = 0{,}80 \cdot V_e$ in m³ in den übrigen Fällen

mit V_e beheiztes Gebäudevolumen nach Nr. 1.3.2 in m³.

2.5 Ermittlung der solaren Wärmegewinne bei Fertighäusern und vergleichbaren Gebäuden

Werden Gebäude nach Plänen errichtet, die für mehrere Gebäude an verschiedenen Standorten erstellt worden sind, dürfen bei der Berechnung die solaren Gewinne so ermittelt werden, als wären alle Fenster dieser Gebäude nach Osten oder Westen orientiert.

---

[2] Geändert durch DIN V 4108-6 Berichtigung 1 2004-03.

2.6 Aneinandergereihte Bebauung

Bei der Berechnung von aneinandergereihten Gebäuden werden Gebäudetrennwände

a) zwischen Gebäuden, die nach ihrem Verwendungszweck auf Innentemperaturen von mindestens 19 Grad Celsius beheizt werden, als nicht wärmedurchlässig angenommen und bei der Ermittlung der wärmeübertragenden Umfassungsfläche A nicht berücksichtigt,

b) zwischen Wohngebäuden und Gebäuden, die nach ihrem Verwendungszweck auf Innentemperaturen von mindestens 12 Grad Celsius und weniger als 19 Grad Celsius beheizt werden, bei der Berechnung des Wärmedurchgangskoeffizienten mit einem Temperatur-Korrekturfaktor F_{nb} nach DIN V 18599-2:2007-02 oder nach DIN V 4108-6:2003-06[3] gewichtet und

c) zwischen Wohngebäuden und Gebäuden mit wesentlich niedrigeren Innentemperaturen im Sinne von DIN 4108-2:2003-07 bei der Berechnung des Wärmedurchgangskoeffizienten mit einem Temperatur-Korrekturfaktor $F_u = 0{,}5$ gewichtet.

Werden beheizte Teile eines Gebäudes getrennt berechnet, gilt Satz 1 Buchstabe a sinngemäß für die Trennflächen zwischen den Gebäudeteilen. Werden aneinandergereihte Wohngebäude gleichzeitig erstellt, dürfen sie hinsichtlich der Anforderungen des § 3 wie ein Gebäude behandelt werden. Die Vorschriften des Abschnitts 5 bleiben unberührt.

2.7 Anrechnung mechanisch betriebener Lüftungsanlagen

Im Rahmen der Berechnung nach Nr. 2 ist bei mechanischen Lüftungsanlagen die Anrechnung der Wärmerückgewinnung oder einer regelungstechnisch verminderten Luftwechselrate nur zulässig, wenn

a) die Dichtheit des Gebäudes nach Anlage 4 Nr. 2 nachgewiesen wird und

b) der mit Hilfe der Anlage erreichte Luftwechsel § 6 Absatz 2 genügt.

Die bei der Anrechnung der Wärmerückgewinnung anzusetzenden Kennwerte der Lüftungsanlagen sind nach anerkannten Regeln der Technik zu bestimmen oder den allgemeinen bauaufsichtlichen Zulassungen der verwendeten Produkte zu entnehmen. Lüftungsanlagen müssen mit Einrichtungen ausgestattet sein, die eine Beeinflussung der Luftvolumenströme jeder Nutzeinheit durch den Nutzer erlauben. Es muss sichergestellt sein, dass die aus der Abluft gewonnene Wärme vorrangig vor der vom Heizsystem bereitgestellten Wärme genutzt wird.

2.8 Energiebedarf der Kühlung

Wird die Raumluft gekühlt, sind der nach DIN; V 18599-1:2007-02 oder der nach DIN V 4701-10:2003-08, geändert durch A1:2006-12, berechnete Jahres-Primärenergiebedarf und die Angabe für den Endenergiebedarf (elektrische Energie) im Energieausweis nach § 18 nach Maßgabe der zur Kühlung eingesetzten Technik je m² gekühlter Gebäudenutzfläche wie folgt zu erhöhen:

a) bei Einsatz von fest installierten Raumklimageräten (Split-, Multisplit- oder Kompaktgeräte) der Energieeffizienzklassen A, B oder C nach der Richtlinie 2002/31/EG der Kommission zur Durchführung der Richtlinie 92/75/EWG des Rates betref-

---

3 Geändert durch DIN V 4108-6 Berichtigung 1 2004-03.

Anlage 2 **EnEV IV**

fend die Energieetikettierung für Raumklimageräte vom 22. März 2002 (ABl. L 86 vom 3.4.2002, S. 26) sowie bei Kühlung mittels Wohnungslüftungsanlagen mit reversibler Wärmepumpe
der Jahres-Primärenergiebedarf um 16,2 kWh/(m²·a) und der Endenergiebedarf um 6 kWh/(m²·a),
b) bei Einsatz von Kühlflächen im Raum in Verbindung mit Kaltwasserkreisen und elektrischer Kälteerzeugung, z. B. über reversible Wärmepumpe,
der Jahres-Primärenergiebedarf um 10,8 kWh/(m²·a) und der Endenergiebedarf um 4 kWh/(m²·a),
c) bei Deckung des Energiebedarfs für Kühlung aus erneuerbaren Wärmesenken (wie Erdsonden, Erdkollektoren, Zisternen)
der Jahres-Primärenergiebedarf um 2,7 Wh/(m²·a) und der Endenergiebedarf um 1 kWh/(m²·a),
d) bei Einsatz von Geräten, die nicht unter den Buchstaben a bis c aufgeführt sind, der Jahres-Primärenergiebedarf um 18,9 kWh/(m²·a) und der Endenergiebedarf um 7 kWh/(m²·a).

3 Sommerlicher Wärmeschutz (zu § 3 Absatz 4)

3.1 Als höchstzulässige Sonneneintragskennwerte nach § 3 Absatz 4 sind die in DIN 4108-2 : 2003-07 Abschnitt 8 festgelegten Werte einzuhalten.

3.2 Der Sonneneintragskennwert ist nach dem in DIN 4108-2 : 2003-07 Abschnitt 8 genannten Verfahren zu bestimmen. Wird zur Berechnung nach Satz 1 ein ingenieurmäßiges Verfahren (Simulationsrechnung) angewendet, so sind abweichend von DIN 4108-2 : 2003-07 Randbedingungen zu beachten, die die aktuellen klimatischen Verhältnisse am Standort des Gebäudes hinreichend gut wiedergeben.

Anlage 2
(zu den §§ 4 und 9)

Anforderungen an Nichtwohngebäude

1 Höchstwerte des Jahres-Primärenergiebedarfs und der Wärmedurchgangskoeffizienten für zu errichtende Nichtwohngebäude (zu § 4 Absatz 1 und 2)

1.1 Höchstwerte des Jahres-Primärenergiebedarfs

1.1.1 Der Höchstwert des Jahres-Primärenergiebedarfs eines zu errichtenden Nichtwohngebäudes ist der auf die Nettogrundfläche bezogene, nach dem in Nr. 2 oder 3 angegebenen Verfahren berechnete Jahres-Primärenergiebedarf eines Referenzgebäudes gleicher Geometrie, Nettogrundfläche, Ausrichtung und Nutzung wie das zu errichtende Nichtwohngebäude, das hinsichtlich seiner Ausführung den Vorgaben der Tabelle 1 entspricht. Die Unterteilung hinsichtlich der Nutzung sowie der verwendeten Berechnungsverfahren und Randbedingungen muss beim Referenzgebäude mit der des zu errichtenden Gebäudes übereinstimmen; bei der Unterteilung hinsichtlich der anlagentechnischen Ausstattung und der Tageslichtversorgung sind Unterschiede zulässig, die durch die technische Ausführung des zu errichtenden Gebäudes bedingt sind.

IV EnEV Anlage 2

1.1.2 Die Ausführungen zu den Zeilen Nr. 1.13 bis 7 der Tabelle 1 sind beim Referenzgebäude nur insoweit und in der Art zu berücksichtigen, wie beim Gebäude ausgeführt. Die dezentrale Ausführung des Warmwassersystems (Zeile 4.2 der Tabelle 1) darf darüber hinaus nur für solche Gebäudezonen berücksichtigt werden, die einen Warmwasserbedarf von höchstens 200 Wh/(m²·d) aufweisen.

Tabelle 1 Ausführung des Referenzgebäudes

Zeile	Bauteil/System	Eigenschaft (zu Zeilen 1.1 bis 1.13)	Referenzausführung/Wert (Maßeinheit)	
			Raum-Solltemperaturen im Heizfall $\geq 19\,°C$	Raum-Solltemperaturen im Heizfall von 12 bis $< 19\,°C$
1.1	Außenwand, Geschossdecke gegen Außenluft	Wärmedurchgangskoeffizient	$U = 0{,}28$ W/(m²·K)	$U = 0{,}35$ W/(m²·K)
1.2	Vorhangfassade (siehe auch Zeile 1.14)	Wärmedurchgangskoeffizient	$U = 1{,}40$ W/(m²·K)	$U = 1{,}90$ W/(m²·K)
		Gesamtenergiedurchlassgrad der Verglasung	$g_\perp = 0{,}48\,g$	$g_\perp = 0{,}60$
		Lichttransmissionsgrad der Verglasung	$\tau_{D65} = 0{,}72$	$\tau_{D65} = 0{,}78$
1.3	Wand gegen Erdreich, Bodenplatte, Wände und Decken zu unbeheizten Räumen (außer Bauteile nach Zeile 1.4)	Wärmedurchgangskoeffizient	$U = 0{,}35$ W/(m²·K)	$U = 0{,}35$ W/(m²·K)
1.4	Dach (soweit nicht unter Zeile 1.5), oberste Geschossdecke, Wände zu Abseiten	Wärmedurchgangskoeffizient	$U = 0{,}20$ W/(m²·K)	$U = 0{,}35$ W/(m²·K)
1.5	Glasdächer	Wärmedurchgangskoeffizient	$U_W = 2{,}70$ W/(m²·K)	$U_W = 2{,}70$ W/(m²·K)
		Gesamtenergiedurchlassgrad der Verglasung	$g_\perp = 0{,}63\,g$	$g_\perp = 0{,}63$
		Lichttransmissionsgrad der Verglasung	$\tau_{D65} = 0{,}76$	$\tau_{D65} = 0{,}76$
1.6	Lichtbänder	Wärmedurchgangskoeffizient	$U_W = 2{,}4$ W/(m²·K)	$U_W = 2{,}4$ W/(m²·K)
		Gesamtenergiedurchlassgrad der Verglasung	$g_\perp = 0{,}55\,g$	$g_\perp = 0{,}55$
		Lichttransmissionsgrad der Verglasung	$\tau_{D65} = 0{,}48$	$\tau_{D65} = 0{,}48$

Anlage 2 **EnEV** **IV**

Zeile	Bauteil/System	Eigenschaft (zu Zeilen 1.1 bis 1.13)	Referenzausführung/Wert (Maßeinheit)	
			Raum-Solltemperaturen im Heizfall $\geq 19\ °C$	Raum-Solltemperaturen im Heizfall von 12 bis $< 19\ °C$
1.7	Lichtkuppeln	Wärmedurchgangskoeffizient	$U_W = 2{,}70\ W/(m^2 \cdot K)$	$U_W = 2{,}70\ W/(m^2 \cdot K)$
		Gesamtenergiedurchlassgrad der Verglasung	$g_\perp = 0{,}64\ g$	$g_\perp = 0{,}64$
		Lichttransmissionsgrad der Verglasung	$\tau_{D65} = 0{,}59$	$\tau_{D65} = 0{,}59$
1.8	Fenster, Fenstertüren (siehe auch Zeile 1.14)	Wärmedurchgangskoeffizient	$U_W = 1{,}30\ W/(m^2 \cdot K)$	$U_W = 1{,}90\ W/(m^2 \cdot K)$
		Gesamtenergiedurchlassgrad der Verglasung	$g_\perp = 0{,}60\ g$	$g_\perp = 0{,}60$
		Lichttransmissionsgrad der Verglasung	$\tau_{D65} = 0{,}78$	$\tau_{D65} = 0{,}78$
1.9	Dachflächenfenster (siehe auch Zeile 1.14)	Wärmedurchgangskoeffizient	$U_W = 1{,}40\ W/(m^2 \cdot K)$	$U_W = 1{,}90\ W/(m^2 \cdot K)$
		Gesamtenergiedurchlassgrad der Verglasung	$g_\perp = 0{,}60\ g$	$g_\perp = 0{,}60$
		Lichttransmissionsgrad der Verglasung	$\tau_{D65} = 0{,}78$	$\tau_{D65} = 0{,}78$
1.10	Außentüren	Wärmedurchgangskoeffizient	$U = 1{,}80\ W/(m^2 \cdot K)$	$U = 2{,}90\ W/(m^2 \cdot K)$
1.11	Bauteile in Zeilen 1.1 und 1.3 bis 1.10	Wärmebrückenzuschlag	$\Delta U_{WB} = 0{,}05\ W/(m^2 \cdot K)$	$\Delta U_{WB} = 0{,}1\ W/(m^2 \cdot K)$
1.12	Gebäudedichtheit	Bemessungswert n_{50}	Kategorie I (nach Tabelle 4 der DIN V 18599-2:2007-02)	Kategorie I (nach Tabelle 4 der DIN V 18599-2:2007-02)
1.13	Tageslichtversorgung bei Sonnen- und/oder Blendschutz	Tageslichtversorgungsfaktor $C_{TL,Vers,SA}$ nach DIN V 18599-4:2007-02	• kein Sonnen- oder Blendschutz vorhanden: 0,70 • Blendschutz vorhanden: 0,15	
1.14	Sonnenschutzvorrichtung	Für das Referenzgebäude ist die tatsächliche Sonnenschutzvorrichtung des zu errichtenden Gebäudes anzunehmen; sie ergibt sich ggf. aus den Anforderungen zum sommerlichen Wärmeschutz nach Nr. 4. Soweit hierfür Sonnenschutzverglasung zum Einsatz kommt, sind für diese Verglasung folgende Kennwerte anzusetzen:		

IV EnEV Anlage 2

Zeile	Bauteil/System	Eigenschaft (zu Zeilen 1.1 bis 1.13)	Referenzausführung/Wert (Maßeinheit)	
			Raum-Solltemperaturen im Heizfall $\geq 19\ °C$	Raum-Solltemperaturen im Heizfall von 12 bis < 19 °C

		• anstelle der Werte der Zeile 1.2
		  – Gesamtenergiedurchlassgrad der Verglasung $g_\perp$
		  – Lichttransmissionsgrad der Verglasung τ_{D65}
		• anstelle der Werte der Zeilen 1.8 und 1.9:
		  – Gesamtenergiedurchlassgrad der Verglasung $g_\perp$
		  – Lichttransmissionsgrad der Verglasung τ_{D65}
			$g_\perp = 0{,}35$
			
			$\tau_{D65} = 0{,}58$
			
			$g_\perp = 0{,}35$
			
			$\tau_{D65} = 0{,}62$	

2.1	Beleuchtungsart	– in Zonen der Nutzungen 6 und 7*): wie beim ausgeführten Gebäude – ansonsten: direkt/indirekt jeweils mit elektronischem Vorschaltgerät und stabförmiger Leuchtstofflampe		
2.2	Regelung der Beleuchtung	Präsenzkontrolle: – in Zonen der Nutzungen 4, 15 bis 19, 21 und 31*) – ansonsten tageslichtabhängige Kontrolle: Konstantlichtregelung (siehe Tabelle 3 Zeile 6) – in Zonen der Nutzungen 1 bis 3, 8 bis 10, 28, 29 und 31*): – ansonsten	mit Präsenzmelder manuell manuell vorhanden keine	
3.1	Heizung (Raumhöhen ≤ 4 m) – Wärmeerzeuger	Brennwertkessel „verbessert" nach DIN V 18599-5:2007-02, Gebläsebrenner, Heizöl EL, Aufstellung außerhalb der thermischen Hülle, Wasserinhalt > 0,15 l/kW		
3.2	Heizung (Raumhöhen ≤ 4 m) – Wärmeverteilung	– bei statischer Heizung und Umluftheizung (dezentrale Nachheizung in RLT-Anlage): Zweirohrnetz, außen liegende Verteilleitungen im unbeheizten Bereich, innen liegende Steigstränge, innen liegende Anbindeleitungen, Systemtemperatur 55/45 °C, hydraulisch abgeglichen, Δp konstant, Pumpe auf Bedarf ausgelegt, Pumpe mit intermittierendem Betrieb, keine Überströmventile, für den Referenzfall sind die Rohrleitungslänge mit 70 vom Hundert der Standardwerte und die Umgebungstemperaturen gemäß den Standardwerten nach DIN V 18599-5:2007-02 zu ermitteln. – bei zentralem RLT-Gerät: Zweirohrnetz, Systemtemperatur 70/55 °C, hydraulisch abgeglichen, Δp konstant, Pumpe auf Bedarf ausgelegt, für den Referenzfall sind die Rohrleitungslänge und die Lage der Rohrleitungen wie beim zu errichtenden Gebäude anzunehmen.		

Anlage 2 EnEV IV

Zeile	Bauteil/System	Eigenschaft (zu Zeilen 1.1 bis 1.13)	Referenzausführung/Wert (Maßeinheit)	
			Raum-Solltemperaturen im Heizfall ≥ 19 °C	Raum-Solltemperaturen im Heizfall von 12 bis < 19 °C
3.3	Heizung (Raumhöhen ≤ 4 m) – Wärmeübergabe	– bei statischer Heizung: freie Heizflächen an der Außenwand mit Glasfläche mit Strahlungsschutz, P-Regler (1K), keine Hilfsenergie – bei Umluftheizung (dezentrale Nachheizung in RLT-Anlage): Regelgröße Raumtemperatur, hohe Regelgüte.		
3.4	Heizung (Raumhöhen > 4 m)	Heizsystem: Warmluftheizung mit normalem Induktionsverhältnis, Luftauslass seitlich, P-Regler (1K) (nach DIN V 18599-5:2007-02)		
4.1	Warmwasser – zentrales System	Wärmeerzeuger: Solaranlage nach DIN V 18599-8:2007-02 Nr. 6.4.1, mit – Flachkollektor: $A_c = 0{,}09 \cdot (1{,}5 \cdot A_{NGF})^{0{,}8}$ – Volumen des (untenliegenden) Solarteils des Speichers: – $V_{s,sol} = 2 \cdot (1{,}5 \cdot A_{NGF})^{0{,}9}$ – bei $A_{NGF} > 500$ m² „große Solaranlage" (A_{NGF}: Nettogrundfläche der mit zentralem System versorgten Zonen) Restbedarf über den Wärmeerzeuger der Heizung Wärmespeicherung: indirekt beheizter Speicher (stehend), Aufstellung außerhalb der thermischen Hülle Wärmeverteilung: mit Zirkulation, Δp konstant, Pumpe auf Bedarf ausgelegt, für den Referenzfall sind die Rohrleitungslänge und die Lage der Rohrleitungen wie beim zu errichtenden Gebäude anzunehmen.		
4.2	Warmwasser – dezentrales System	elektrischer Durchlauferhitzer, eine Zapfstelle und 6 m Leitungslänge pro Gerät		
5.1	Raumlufttechnik – Abluftanlage	spezifische Leistungsaufnahme Ventilator	$P_{SFP} = 1{,}0$ kW/(m³/s)	

5.2	Raumlufttechnik
	– Zu- und Abluftanlage ohne Nachheiz- und Kühlfunktion
		spezifische Leistungsaufnahme
		– Zuluftventilator
		
		– Abluftventilator
		
		Zuschläge nach DIN EN 13779:2007-04 Abschnitt 6.5.2 können nur für den Fall von HEPA-Filtern, Gasfiltern oder Wärmerückführungsklassen H2 oder H1 angerechnet werden.
		– Wärmerückgewinnung über Plattenwärmeübertrager (Kreuzgegenstrom)
		    Rückwärmzahl
		    Druckverhältniszahl
		Luftkanalführung: innerhalb des Gebäudes
			$P_{SFP} = 1{,}5$ kW/(m³/s)
			$P_{SFP} = 1{,}0$ kW/(m³/s)
			
			$\eta_t = 0{,}8$
			$f_\varrho = 0{,}4$	

IV EnEV Anlage 2

Zeile	Bauteil/System	Eigenschaft (zu Zeilen 1.1 bis 1.13)	Referenzausführung/Wert (Maßeinheit)	
			Raum-Solltemperaturen im Heizfall $\geq 19\,°C$	Raum-Solltemperaturen im Heizfall von 12 bis < 19 °C
5.3	Raumlufttechnik – Zu- und Abluftanlage mit geregelter Luftkonditionierung	spezifische Leistungsaufnahme		
		– Zuluftventilator	$P_{SFP} = 1{,}5$ kW/(m³/s)	
		– Abluftventilator	$P_{SFP} = 1{,}0$ kW/(m³/s)	
		Zuschläge nach DIN EN 13779:2007-04 Abschnitt 6.5.2 können nur für den Fall von HEPA-Filtern, Gasfiltern oder Wärmerückführungsklassen H2 oder H1 angerechnet werden		
		– Wärmerückgewinnung über Plattenwärmeübertrager (Kreuzgegenstrom)		
		Rückwärmzahl	$\eta_t = 0{,}6$	
		Zulufttemperatur	18 °C	
		Druckverhältniszahl	$f_e = 0{,}4$	
		Luftkanalführung: innerhalb des Gebäudes		
5.4	Raumlufttechnik – Luftbefeuchtung	für den Referenzfall ist die Einrichtung zur Luftbefeuchtung wie beim zu errichtenden Gebäude anzunehmen		
5.5	Raumlufttechnik – Nur-Luft-Klimaanlagen	als Variabel-Volumenstrom-System ausgeführt:		
		Druckverhältniszahl	$f_e = 0{,}4$	
		Luftkanalführung: innerhalb des Gebäudes		
6	Raumkühlung	– Kältesystem: Kaltwasser Fan-Coil, Brüstungsgerät		
		Kaltwassertemperatur	14/18 °C	
		– Kaltwasserkreis Raumkühlung:		
		Überströmung	10 %	
		spezifische elektrische Leistung der Verteilung hydraulisch abgeglichen, geregelte Pumpe, Pumpe hydraulisch entkoppelt, saisonale sowie Nacht- und Wochenendabschaltung	$P_{d,spez} = 30$ $W_{el}/kW_{Kälte}$	
7	Kälteerzeugung	Erzeuger: Kolben/Scrollverdichter mehrstufig schaltbar, R134a, luftgekühlt		
		Kaltwassertemperatur		
		– bei mehr als 5000 m² mittels Raumkühlung konditionierter Nettogrundfläche, für diesen Konditionierungsanteil	14/18 °C	
		– ansonsten	6/12 °C	

Anlage 2 EnEV IV

Zeile	Bauteil/System	Eigenschaft (zu Zeilen 1.1 bis 1.13)	Referenzausführung/Wert (Maßeinheit)	
			Raum-Solltemperaturen im Heizfall $\geq 19\ °C$	Raum-Solltemperaturen im Heizfall von 12 bis $< 19\ °C$
		Kaltwasserkreis Erzeuger inklusive RLT-Kühlung:		
		Überströmung	30 %	
		spezifische elektrische Leistung der Verteilung hydraulisch abgeglichen, ungeregelte Pumpe, Pumpe hydraulisch entkoppelt, saisonale sowie Nacht- und Wochenendabschaltung, Verteilung außerhalb der konditionierten Zone.	$P_{d,spez} = 20\ W_{el}/kW_{Kälte}$	
		Der Primärenergiebedarf für das Kühlsystem und die Kühlfunktion der raumlufttechnischen Anlage darf für Zonen der Nutzungen 1 bis 3, 8, 10, 16 bis 20 und 31*) nur zu 50 % angerechnet werden.		

*) Nutzungen nach Tabelle 4 der DIN V 18599-10:2007-02

1.2 Flächenangaben

Bezugsfläche der energiebezogenen Angaben ist die Nettogrundfläche gemäß § 2 Nummer 15.

1.3 Höchstwerte der Wärmedurchgangskoeffizienten

Die Wärmedurchgangskoeffizienten der wärmeübertragenden Umfassungsfläche eines zu errichtenden Nichtwohngebäudes dürfen die in Tabelle 2 angegebenen Werte nicht überschreiten. Satz 1 ist auf Außentüren nicht anzuwenden.

Tabelle 2 Höchstwerte der Wärmedurchgangskoeffizienten der wärmeübertragenden Umfassungsfläche von Nichtwohngebäuden

Zeile	Bauteil	Höchstwerte der Wärmedurchgangskoeffizienten, bezogen auf den Mittelwert der jeweiligen Bauteile	
		Zonen mit Raum-Solltemperaturen im Heizfall $\geq 19\ °C$	Zonen mit Raum-Solltemperaturen im Heizfall von 12 bis $< 19\ °C$
1	Opake Außenbauteile, soweit nicht in Bauteilen der Zeilen 3 und 4 enthalten	$\bar{U} = 0{,}35\ W/(m^2 \cdot K)$	$\bar{U} = 0{,}50\ W/(m^2 \cdot K)$
2	Transparente Außenbauteile, soweit nicht in Bauteilen der Zeilen 3 und 4 enthalten	$\bar{U} = 1{,}90\ W/(m^2 \cdot K)$	$\bar{U} = 2{,}80\ W/(m^2 \cdot K)$
3	Vorhangfassade	$\bar{U} = 1{,}90\ W/(m^2 \cdot K)$	$\bar{U} = 3{,}00\ W/(m^2 \cdot K)$
4	Glasdächer, Lichtbänder, Lichtkuppeln	$\bar{U} = 3{,}10\ W/(m^2 \cdot K)$	$\bar{U} = 3{,}10\ W/(m^2 \cdot K)$

IV EnEV Anlage 2

2 Berechnungsverfahren für Nichtwohngebäude (zu § 4 Absatz 3 und § 9 Absatz 2 und 5)

2.1 Berechnung des Jahres-Primärenergiebedarfs

2.1.1 Der Jahres-Primärenergiebedarf Q_p für Nichtwohngebäude ist nach DIN V 18599-1:2007-02 zu ermitteln. Als Primärenergiefaktoren sind die Werte für den nicht erneuerbaren Anteil nach DIN V 18599-1:2007-02 anzusetzen. Anlage 1 Nr. 2.1.1 Satz 3 bis 6 ist entsprechend anzuwenden.

2.1.2 Als Randbedingungen zur Berechnung des Jahres-Primärenergiebedarfs sind die in den Tabellen 4 bis 8 der DIN V 18599-10:2007-02 aufgeführten Nutzungsrandbedingungen und Klimadaten zu verwenden. Die Nutzungen 1 und 2 nach Tabelle 4 der DIN V 18599-10:2007-02 dürfen zur Nutzung 1 zusammengefasst werden. Darüber hinaus brauchen Energiebedarfsanteile nur unter folgenden Voraussetzungen in die Ermittlung des Jahres-Primärenergiebedarfs einer Zone einbezogen zu werden:

a) Der Primärenergiebedarf für das Heizungssystem und die Heizfunktion der raumlufttechnischen Anlage ist zu bilanzieren, wenn die Raum-Solltemperatur des Gebäudes oder einer Gebäudezone für den Heizfall mindestens 12 Grad Celsius beträgt und eine durchschnittliche Nutzungsdauer für die Gebäudebeheizung auf Raum-Solltemperatur von mindestens vier Monaten pro Jahr vorgesehen ist.

b) Der Primärenergiebedarf für das Kühlsystem und die Kühlfunktion der raumlufttechnischen Anlage ist zu bilanzieren, wenn für das Gebäude oder eine Gebäudezone für den Kühlfall der Einsatz von Kühltechnik und eine durchschnittliche Nutzungsdauer für Gebäudekühlung auf Raum-Solltemperatur von mehr als zwei Monaten pro Jahr und mehr als zwei Stunden pro Tag vorgesehen sind.

c) Der Primärenergiebedarf für die Dampfversorgung ist zu bilanzieren, wenn für das Gebäude oder eine Gebäudezone eine solche Versorgung wegen des Einsatzes einer raumlufttechnischen Anlage nach Buchstabe b für durchschnittlich mehr als zwei Monate pro Jahr und mehr als zwei Stunden pro Tag vorgesehen ist.

d) Der Primärenergiebedarf für Warmwasser ist zu bilanzieren, wenn ein Nutzenergiebedarf für Warmwasser in Ansatz zu bringen ist und der durchschnittliche tägliche Nutzenergiebedarf für Warmwasser wenigstens 0,2 kWh pro Person und Tag oder 0,2 kWh pro Beschäftigtem und Tag beträgt.

e) Der Primärenergiebedarf für Beleuchtung ist zu bilanzieren, wenn in einem Gebäude oder einer Gebäudezone eine Beleuchtungsstärke von mindestens 75 lx erforderlich ist und eine durchschnittliche Nutzungsdauer von mehr als zwei Monaten pro Jahr und mehr als zwei Stunden pro Tag vorgesehen ist.

f) Der Primärenergiebedarf für Hilfsenergien ist zu bilanzieren, wenn er beim Heizungssystem und der Heizfunktion der raumlufttechnischen Anlage, beim Kühlsystem und der Kühlfunktion der raumlufttechnischen Anlage, bei der Dampfversorgung, bei der Warmwasseranlage und der Beleuchtung auftritt. Der Anteil des Primärenergiebedarfs für Hilfsenergien für Lüftung ist zu bilanzieren, wenn eine durchschnittliche Nutzungsdauer der Lüftungsanlage von mehr als zwei Monaten pro Jahr und mehr als zwei Stunden pro Tag vorgesehen ist.

2.1.3 Abweichend von DIN V 18599-10:2007-02 Tabelle 4 darf bei Zonen der Nutzungen 6 und 7 die tatsächlich auszuführende Beleuchtungsstärke angesetzt werden, jedoch für die Nutzung 6 mit nicht mehr als 1500 lx und für die Nutzung 7 mit nicht mehr als 1000 lx. Beim Referenzgebäude ist der Primärenergiebedarf für Beleuchtung mit dem Tabellenverfahren nach DIN V 18599-4:2007-02 zu berechnen.

Anlage 2 EnEV IV

2.1.4 Abweichend von DIN V 18599-2:2007-02 darf für opake Bauteile, die an Außenluft grenzen, ein flächengewichteter Wärmedurchgangskoeffizient für das ganze Gebäude gebildet und bei der zonenweisen Berechnung nach DIN V 18599-02:2007-02 verwendet werden.

2.1.5 Werden in Nichtwohngebäude bauliche oder anlagentechnische Komponenten eingesetzt, für deren energetische Bewertung keine anerkannten Regeln der Technik oder gemäß § 9 Absatz 2 Satz 2 Halbsatz 3 bekannt gemachte gesicherte Erfahrungswerte vorliegen, so sind hierfür Komponenten anzusetzen, die ähnliche energetische Eigenschaften aufweisen.

2.1.6 Bei der Berechnung des Jahres-Primärenergiebedarfs des Referenzgebäudes und des Nichtwohngebäudes sind ferner die in Tabelle 3 genannten Randbedingungen zu verwenden.

Tabelle 3 Randbedingungen für die Berechnung des Jahres-Primärenergiebedarfs

Zeile	Kenngröße	Randbedingungen
1	Verschattungsfaktor F_S	$F_S = 0{,}9$ soweit die baulichen Bedingungen nicht detailliert berücksichtigt werden.
2	Verbauungsindex I_V	$I_V = 0{,}9$ Eine genaue Ermittlung nach DIN V 18599-4:2007-02 ist zulässig.
3	Heizunterbrechung	– Heizsysteme in Raumhöhen $\leq 4\,m$: Absenkbetrieb mit Dauer gemäß den Nutzungsrandbedingungen in Tabelle 4 der DIN V 18599-10:2007-02 – Heizsysteme in Raumhöhen $> 4\,m$: Abschaltbetrieb mit Dauer gemäß den Nutzungsrandbedingungen in Tabelle 4 der DIN V 18599-10:2007-02
4	Solare Wärmegewinne über opake Bauteile	– Emissionsgrad der Außenfläche für Wärmestrahlung: $\varepsilon = 0{,}8$ – Strahlungsabsorptionsgrad an opaken Oberflächen: $\alpha = 0{,}5$ für dunkle Dächer kann abweichend angenommen werden. $\alpha = 0{,}8$
5	Wartungsfaktor der Beleuchtung	Der Wartungsfaktor WF ist wie folgt anzusetzen: – in Zonen der Nutzungen 14, 15 und 22*) mit 0,6 – ansonsten mit 0,8 Dementsprechend ist der Energiebedarf für einen Berechnungsbereich im Tabellenverfahren nach DIN V 18599-4:2007-02 Nr. 5.4.1 Gleichung (10) mit dem folgenden Faktor zu multiplizieren: – für die Nutzungen 14, 15 und 22*) mit 1,12 – ansonsten mit 0,84.
6	Berücksichtigung von Konstantlichtregelung	Bei Einsatz einer Konstantlichtregelung ist der Energiebedarf für einen Berechnungsbereich nach DIN V 18599-4:2007-02 Nr. 5.1 Gleichung (2) mit dem folgenden Faktor zu multiplizieren: – für die Nutzungen 14,15 und 22*) mit 0,8 – ansonsten mit 0,9.

*) Nutzungen nach Tabelle 4 der DIN V 18599-10:2007-02

2.2 Zonierung

2.2.1 Soweit sich bei einem Gebäude Flächen hinsichtlich ihrer Nutzung, ihrer technischen Ausstattung, ihrer inneren Lasten oder ihrer Versorgung mit Tageslicht wesentlich unterscheiden, ist das Gebäude nach Maßgabe der DIN V 18599-1:2007-02 in Verbindung mit DIN V 18599-10:2007-02 und den Vorgaben in Nr. 1 dieser Anlage in Zonen zu unterteilen. Die Nutzungen 1 und 2 nach Tabelle 4 der DIN V 18599-10:2007-02 dürfen zur Nutzung 1 zusammengefasst werden.

2.2.2 Für Nutzungen, die nicht in DIN V 18599-10:2007-02 aufgeführt sind, kann
a) die Nutzung 17 der Tabelle 4 in DIN V 18599-10:2007-02 verwendet werden oder
b) eine Nutzung auf der Grundlage der DIN V 18599-10:2007-02 unter Anwendung gesicherten allgemeinen Wissensstandes individuell bestimmt und verwendet werden.

In Fällen des Buchstabens b sind die gewählten Angaben zu begründen und dem Nachweis beizufügen.

2.3 Berechnung des Mittelwerts des Wärmedurchgangskoeffizienten

Bei der Berechnung des Mittelwerts des jeweiligen Bauteils sind die Bauteile nach Maßgabe ihres Flächenanteils zu berücksichtigen. Die Wärmedurchgangskoeffizienten von Bauteilen gegen unbeheizte Räume oder Erdreich sind zusätzlich mit dem Faktor 0,5 zu gewichten. Bei der Berechnung des Mittelwerts der an das Erdreich angrenzenden Bodenplatten dürfen die Flächen unberücksichtigt bleiben, die mehr als 5 m vom äußeren Rand des Gebäudes entfernt sind. Die Berechnung ist für Zonen mit unterschiedlichen Raum-Solltemperaturen im Heizfall getrennt durchzuführen. Für die Bestimmung der Wärmedurchgangskoeffizienten der verwendeten Bauausführungen gelten die Fußnoten zu Anlage 3 Tabelle 1 entsprechend.

3 Vereinfachtes Berechnungsverfahren für Nichtwohngebäude (zu § 4 Absatz 3 und § 9 Absatz 2 und 5)

3.1 Zweck und Anwendungsvoraussetzungen

3.1.1 Im vereinfachten Verfahren sind die Bestimmungen der Nr. 2 nur insoweit anzuwenden, als Nr. 3 keine abweichenden Bestimmungen trifft.

3.1.2 Im vereinfachten Verfahren darf der Jahres-Primärenergiebedarf des Nichtwohngebäudes abweichend von Nr. 2.2 unter Verwendung eines Ein-Zonen-Modells ermittelt werden.

3.1.3 Das vereinfachte Verfahren gilt für
a) Bürogebäude, ggf. mit Verkaufseinrichtung, Gewerbebetrieb oder Gaststätte,
b) Gebäude des Groß- und Einzelhandels mit höchstens 1000 m² Nettogrundfläche, wenn neben der Hauptnutzung nur Büro-, Lager-, Sanitär- oder Verkehrsflächen vorhanden sind,
c) Gewerbebetriebe mit höchstens 1000 m² Nettogrundfläche, wenn neben der Hauptnutzung nur Büro-, Lager-, Sanitär- oder Verkehrsflächen vorhanden sind,
d) Schulen, Turnhallen, Kindergärten und -tagesstätten und ähnliche Einrichtungen,
e) Beherbergungsstätten ohne Schwimmhalle, Sauna oder Wellnessbereich und
f) Bibliotheken.

Anlage 2 EnEV **IV**

In Fällen des Satzes 1 kann das vereinfachte Verfahren angewendet werden, wenn
a) die Summe der Nettogrundflächen aus der Hauptnutzung gemäß Tabelle 4 Spalte 3 und den Verkehrsflächen des Gebäudes mehr als zwei Drittel der gesamten Nettogrundfläche des Gebäudes beträgt,
b) in dem Gebäude die Beheizung und die Warmwasserbereitung für alle Räume auf dieselbe Art erfolgen,
c) das Gebäude nicht gekühlt wird,
d) höchstens 10 vom Hundert der Nettogrundfläche des Gebäudes durch Glühlampen, Halogenlampen oder durch die Beleuchtungsart „indirekt" nach DIN V 18599-4:2007-02 beleuchtet werden und
e) außerhalb der Hauptnutzung keine raumlufttechnische Anlage eingesetzt wird, deren Werte für die spezifische Leistungsaufnahme der Ventilatoren die entsprechenden Werte in Tabelle 1 Zeilen 5.1 und 5.2 überschreiten.

Abweichend von Satz 2 Buchstabe c kann das vereinfachte Verfahren auch angewendet werden, wenn
a) nur ein Serverraum gekühlt wird und die Nennleistung des Gerätes für den Kältebedarf 12 kW nicht übersteigt oder
b) in einem Bürogebäude eine Verkaufseinrichtung, ein Gewerbebetrieb oder eine Gaststätte gekühlt wird und die Nettogrundfläche der gekühlten Räume jeweils 450 m² nicht übersteigt.

3.2 Besondere Randbedingungen und Maßgaben

3.2.1 Abweichend von Nr. 2.2.1 ist bei der Berechnung des Jahres-Primärenergiebedarfs die entsprechende Nutzung nach Tabelle 4 Spalte 4 zu verwenden. Der Nutzenergiebedarf für Warmwasser ist mit dem Wert aus Spalte 5 in Ansatz zu bringen.

Tabelle 4 Randbedingungen für das vereinfachte Verfahren für die Berechnungen des Jahres-Primärenergiebedarfs

Zeile	Gebäudetyp	Hauptnutzung	Nutzung (Nr. gemäß DIN V 18599-10:2007-02 Tabelle 4)	Nutzenergiebedarf Warmwasser*)
1	2	3	4	5
1	Bürogebäude	Einzelbüro (Nr. 1) Gruppenbüro (Nr. 2) Großraumbüro (Nr. 3) Besprechung, Sitzung, Seminar (Nr. 4)	Einzelbüro (Nr. 1)	0
1.1	Bürogebäude mit Verkaufseinrichtung oder Gewerbebetrieb	wie Zeile 1	Einzelbüro (Nr. 1)	0
1.2	Bürogebäude mit Gaststätte	wie Zeile 1	Einzelbüro (Nr. 1)	1,5 kWh je Sitzplatz in der Gaststätte und Tag

IV EnEV Anlage 2

Zeile	Gebäudetyp	Hauptnutzung	Nutzung (Nr. gemäß DIN V 18599-10:2007-02 Tabelle 4)	Nutzenergiebedarf Warmwasser*)
1	2	3	4	5
2	Gebäude des Groß- und Einzelhandels bis 1000 m² NGF	Groß-, Einzelhandel/ Kaufhaus	Einzelhandel/ Kaufhaus (Nr. 6)	0
3	Gewerbebetriebe bis 1000 m² NGF	Gewerbe	Werkstatt, Montage, Fertigung (Nr. 22)	1,5 kWh je Beschäftigten und Tag
4	Schule, Kindergarten und -tagesstätte, ähnliche Einrichtungen	Klassenzimmer, Aufenthaltsraum	Klassenzimmer/ Gruppenraum (Nr. 8)	ohne Duschen: 85 Wh/(m²·d) mit Duschen: 250 Wh/(m²·d)
5	Turnhalle	Turnhalle	Turnhalle (Nr. 31)	1,5 kWh je Person und Tag
6	Beherbergungsstätte ohne Schwimmhalle, Sauna oder Wellnessbereich	Hotelzimmer	Hotelzimmer (Nr. 11)	250 Wh/(m²·d)
7	Bibliothek	Lesesaal, Freihandbereich	Bibliothek, Lesesaal (Nr. 28)	30 Wh/(m²·d)

*) Die flächenbezogenen Werte beziehen sich auf die gesamte Nettogrundfläche des Gebäudes.

3.2.2 Bei Anwendung der Nr. 3.1.3 sind der Höchstwert und der Referenzwert des Jahres-Primärenergiebedarfs wie folgt zu erhöhen:
a) in Fällen der Nr. 3.1.3 Satz 3 Buchstabe a pauschal um 650 kWh/(m²·a) je m² gekühlte Nettogrundfläche des Serverraums,
b) in Fällen der Nr. 3.1.3 Satz 3 Buchstabe b pauschal um 50 kWh/(m²·a) je m² gekühlte Nettogrundfläche der Verkaufseinrichtung, des Gewerbebetriebes oder der Gaststätte.

3.2.3 Der Jahres-Primärenergiebedarf für Beleuchtung darf vereinfacht für den Bereich der Hauptnutzung berechnet werden, der die geringste Tageslichtversorgung aufweist.

3.2.4 Der ermittelte Jahres-Primärenergiebedarf ist sowohl für den Höchstwert des Referenzgebäudes nach Nr. 1.1 als auch für den Höchstwert des Gebäudes um 10 vom Hundert zu erhöhen.

4 Sommerlicher Wärmeschutz (zu § 4 Absatz 4)

4.1 Als höchstzulässige Sonneneintragskennwerte nach § 4 Absatz 4 sind die in DIN 4108-2:2003-07 Abschnitt 8 festgelegten Werte einzuhalten.

Anlage 3 EnEV **IV**

4.2 e Der Sonneneintragskennwert des zu errichtenden Nichtwohngebäudes ist für jede Gebäudezone nach dem dort genannten Verfahren zu bestimmen. Wird zur Berechnung nach Satz 1 ein ingenieurmäßiges Verfahren (Simulationsrechnung) angewendet, so sind abweichend von DIN 4108-2:2003-07 Randbedingungen anzuwenden, die die aktuellen klimatischen Verhältnisse am Standort des Gebäudes hinreichend gut wiedergeben.

Anlage 3
(zu den §§ 8 und 9)
Anforderungen bei Änderung von Außenbauteilen und bei Errichtung kleiner Gebäude; Randbedingungen und Maßgaben für die Bewertung bestehender Wohngebäude

1 Außenwände

Soweit bei beheizten oder gekühlten Räumen Außenwände

a) ersetzt, erstmalig eingebaut

oder in der Weise erneuert werden, dass

b) Bekleidungen in Form von Platten oder plattenartigen Bauteilen oder Verschalungen sowie Mauerwerks-Vorsatzschalen angebracht werden,
c) Dämmschichten eingebaut werden oder
d) bei einer bestehenden Wand mit einem Wärmedurchgangskoeffizienten größer 0,9 W/(m² · K) der Außenputz erneuert wird,

sind die jeweiligen Höchstwerte der Wärmedurchgangskoeffizienten nach Tabelle 1 Zeile 1 einzuhalten. Bei einer Kerndämmung von mehrschaligem Mauerwerk gemäß Buchstabe c gilt die Anforderung als erfüllt, wenn der bestehende Hohlraum zwischen den Schalen vollständig mit Dämmstoff ausgefüllt wird. Beim Einbau von innenraumseitigen Dämmschichten gemäß Buchstabe c gelten die Anforderungen des Satzes 1 als erfüllt, wenn der Wärmedurchgangskoeffizient des entstehenden Wandaufbaus 0,35 W/(m²·K) nicht überschreitet. Werden bei Außenwänden in Sichtfachwerkbauweise, die der Schlagregenbeanspruchungsgruppe I nach DIN 4108-3:2001-06 zuzuordnen sind und in besonders geschützten Lagen liegen, Maßnahmen gemäß Buchstabe a, c oder d durchgeführt, gelten die Anforderungen gemäß Satz 1 als erfüllt, wenn der Wärmedurchgangskoeffizient des entstehenden Wandaufbaus 0,84W/(m²·K) nicht überschreitet; im Übrigen gelten bei Wänden in Sichtfachwerkbauweise die Anforderungen nach Satz 1 nur in Fällen von Maßnahmen nach Buchstabe b. Werden Maßnahmen nach Satz 1 ausgeführt und ist die Dämmschichtdicke im Rahmen dieser Maßnahmen aus technischen Gründen begrenzt, so gelten die Anforderungen als erfüllt, wenn die nach anerkannten Regeln der Technik höchstmögliche Dämmschichtdicke (bei einem Bemessungswert der Wärmeleitfähigkeit λ = 0,040 W/(m·K)) eingebaut wird.

2 Fenster, Fenstertüren, Dachflächenfenster und Glasdächer

Soweit bei beheizten oder gekühlten Räumen außen liegende Fenster, Fenstertüren, Dachflächenfenster und Glasdächer in der Weise erneuert werden, dass

a) das gesamte Bauteil ersetzt oder erstmalig eingebaut wird,
b) zusätzliche Vor- oder Innenfenster eingebaut werden oder
c) die Verglasung ersetzt wird,

IV EnEV Anlage 3

sind die Anforderungen nach Tabelle 1 Zeile 2 einzuhalten. Satz 1 gilt nicht für Schaufenster und Türanlagen aus Glas. Bei Maßnahmen gemäß Buchstabe c gilt Satz 1 nicht, wenn der vorhandene Rahmen zur Aufnahme der vorgeschriebenen Verglasung ungeeignet ist. Werden Maßnahmen nach Buchstabe c ausgeführt und ist die Glasdicke im Rahmen dieser Maßnahmen aus technischen Gründen begrenzt, so gelten die Anforderungen als erfüllt, wenn eine Verglasung mit einem Wärmedurchgangskoeffizienten von höchstens 1,30 W/(m²·K) eingebaut wird. Werden Maßnahmen nach Buchstabe c an Kasten- oder Verbundfenstern durchgeführt, so gelten die Anforderungen als erfüllt, wenn eine Glastafel mit einer infrarotreflektierenden Beschichtung mit einer Emissivität $\varepsilon_n \leq 0{,}2$ eingebaut wird. Werden bei Maßnahmen nach Satz 1

1. Schallschutzverglasungen mit einem bewerteten Schalldämmmaß der Verglasung von $R_{w,R} \geq 40$ dB nach DIN EN ISO 717-1 : 1997-01 oder einer vergleichbaren Anforderung oder
2. Isolierglas-Sonderaufbauten zur Durchschusshemmung, Durchbruchhemmung oder Sprengwirkungshemmung nach anerkannten Regeln der Technik oder
3. Isolierglas-Sonderaufbauten als Brandschutzglas mit einer Einzelelementdicke von mindestens 18 mm nach DIN 4102-13 : 1990-05 oder einer vergleichbaren Anforderung

verwendet, sind abweichend von Satz 1 die Anforderungen nach Tabelle 1 Zeile 3 einzuhalten.

3 Außentüren

Bei der Erneuerung von Außentüren dürfen nur Außentüren eingebaut werden, deren Türfläche einen Wärmedurchgangskoeffizienten von 2,9 W/(m² · K) nicht überschreitet. Nr. 2 Satz 2 bleibt unberührt.

4 Decken, Dächer und Dachschrägen

4.1 Steildächer

Soweit bei Steildächern Decken unter nicht ausgebauten Dachräumen sowie Decken und Wände (einschließlich Dachschrägen), die beheizte oder gekühlte Räume nach oben gegen die Außenluft abgrenzen,

a) ersetzt, erstmalig eingebaut

oder in der Weise erneuert werden, dass

b) die Dachhaut bzw. außenseitige Bekleidungen oder Verschalungen ersetzt oder neu aufgebaut werden,
c) innenseitige Bekleidungen oder Verschalungen aufgebracht oder erneuert werden,
d) Dämmschichten eingebaut werden,
e) zusätzliche Bekleidungen oder Dämmschichten an Wänden zum unbeheizten Dachraum eingebaut werden,

sind für die betroffenen Bauteile die Anforderungen nach Tabelle 1 Zeile 4a einzuhalten. Wird bei Maßnahmen nach Buchstabe b oder d der Wärmeschutz als Zwischensparrendämmung ausgeführt und ist die Dämmschichtdicke wegen einer innenseitigen Bekleidung oder der Sparrenhöhe begrenzt, so gilt die Anforderung als erfüllt, wenn die nach anerkannten Regeln der Technik höchstmögliche Dämmschichtdicke eingebaut wird. Die Sätze 1 und 2 gelten nur für opake Bauteile.

Anlage 3 EnEV **IV**

4.2 Flachdächer

Soweit bei beheizten oder gekühlten Räumen Flachdächer
a) ersetzt, erstmalig eingebaut
oder in der Weise erneuert werden, dass
b) die Dachhaut bzw. außenseitige Bekleidungen oder Verschalungen ersetzt oder neu aufgebaut werden,
c) innenseitige Bekleidungen oder Verschalungen aufgebracht oder erneuert werden,
d) Dämmschichten eingebaut werden,

sind die Anforderungen nach Tabelle 1 Zeile 4b einzuhalten. Werden bei der Flachdacherneuerung Gefälledächer durch die keilförmige Anordnung einer Dämmschicht aufgebaut, so ist der Wärmedurchgangskoeffizient nach DIN EN ISO 6946 : 1996-11 Anhang C zu ermitteln. Der Bemessungswert des Wärmedurchgangswiderstandes am tiefsten Punkt der neuen Dämmschicht muss den Mindestwärmeschutz nach § 7 Abs. 1 gewährleisten. Werden Maßnahmen nach Satz 1 ausgeführt und ist die Dämmschichtdicke im Rahmen dieser Maßnahmen aus technischen Gründen begrenzt, so gelten die Anforderungen als erfüllt, wenn die nach anerkannten Regeln der Technik höchstmögliche Dämmschichtdicke (bei einem Bemessungswert der Wärmeleitfähigkeit λ = 0,040 W/(m·K)) eingebaut wird. Die Sätze 1 bis 4 gelten nur für opake Bauteile.

5 Wände und Decken gegen unbeheizte Räume, Erdreich und nach unten an Außenluft

Soweit bei beheizten Räumen Decken oder Wände, die an unbeheizte Räume, an Erdreich oder nach unten an Außenluft grenzen,

a) ersetzt, erstmalig eingebaut

oder in der Weise erneuert werden, dass

b) außenseitige Bekleidungen oder Verschalungen, Feuchtigkeitssperren oder Drainagen angebracht oder erneuert,
c) Fußbodenaufbauten auf der beheizten Seite aufgebaut oder erneuert,
d) Deckenbekleidungen auf der Kaltseite angebracht oder
e) Dämmschichten eingebaut werden,

sind die Anforderungen nach Tabelle 1 Zeile 5 einzuhalten, wenn die Änderung nicht von Nr. 4.1 erfasst wird. Werden Maßnahmen nach Satz 1 ausgeführt und ist die Dämmschichtdicke im Rahmen dieser Maßnahmen aus technischen Gründen begrenzt, so gelten die Anforderungen als erfüllt, wenn die nach anerkannten Regeln der Technik höchstmögliche Dämmschichtdicke (bei einem Bemessungswert der Wärmeleitfähigkeit λ = 0,040 W/(m·K)) eingebaut wird.

6 Vorhangfassaden

Soweit bei beheizten oder gekühlten Räumen Vorhangfassaden in der Weise erneuert werden, dass das gesamte Bauteil ersetzt oder erstmalig eingebaut wird, sind die Anforderungen nach Tabelle 1 Zeile 2d einzuhalten. Werden bei Maßnahmen nach Satz 1 Sonderverglasungen entsprechend Nr. 2 Satz 2 verwendet, sind abweichend von Satz 1 die Anforderungen nach Tabelle 1 Zeile 3c einzuhalten.

IV EnEV Anlage 3

7 Anforderungen

Tabelle 1 Höchstwerte der Wärmedurchgangskoeffizienten bei erstmaligem Einbau, Ersatz und Erneuerung von Bauteilen

Zeile	Bauteil	Maßnahme nach	Wohngebäude und Zonen von Nichtwohngebäuden mit Innentemperaturen $\geq 19\,°C$	Zonen von Nichtwohngebäuden mit Innentemperaturen von 12 bis < 19 °C
			Höchstwerte der Wärmedurchgangskoeffizienten $U_{max}{}^{1)}$	
	1	2	3	4
1	Außenwände	Nr. 1a bis d	0,24 W/(m²·K)	0,35 W/(m²·K)
2a	Außen liegende Fenster, Fenstertüren	Nr. 2a und b	1,30 W/(m²·K)²⁾	1,90 W/(m²·K)²⁾
2b	Dachflächenfenster	Nr. 2a und b	1,40 W/(m²·K)²⁾	1,90 W/(m²·K)²⁾
2c	Verglasungen	Nr. 2c	1,10 W/(m²·K)³⁾	keine Anforderung
2d	Vorhangfassaden	Nr. 6 Satz 1	1,50 W/(m²·K)⁴⁾	1,90 W/(m²·K)⁴⁾
2e	Glasdächer	Nr. 2a und c	2,00 W/(m²·K)³⁾	2,70 W/(m²·K)³⁾
3a	Außen liegende Fenster, Fenstertüren, Dachflächenfenster mit Sonderverglasungen	Nr. 2a und b	2,00 W/(m²·K)²⁾	2,80 W/(m²·K)²⁾
3b	Sonderverglasungen	Nr. 2c	1,60 W/(m²·K)³⁾	keine Anforderung
3c	Vorhangfassaden mit Sonderverglasungen	Nr. 6 Satz 2	2,30 W/(m²·K)⁴⁾	3,00 W/(m²·K)⁴⁾
4a	Decken, Dächer und Dachschrägen	Nr. 4.1	0,24 W/(m²·K)	0,35 W/(m²·K)
4b	Flachdächer	Nr. 4.2	0,20 W/(m²·K)	0,35 W/(m²·K)
5a	Decken und Wände gegen unbeheizte Räume oder Erdreich	Nr. 5a, b, d und e	0,30 W/(m²·K)	keine Anforderung
5b	Fußbodenaufbauten	Nr. 5c	0,50 W/(m²·K)	keine Anforderung
5c	Decken nach unten an Außenluft	Nr. 5a bis e	0,24 W/(m²·K)	0,35 W/(m²·K)

1) Wärmedurchgangskoeffizient des Bauteils unter Berücksichtigung der neuen und der vorhandenen Bauteilschichten; für die Berechnung opaker Bauteile ist DIN EN ISO 6946:1996-11 zu verwenden.

2) Bemessungswert des Wärmedurchgangskoeffizienten des Fensters; der Bemessungswert des Wärmedurchgangskoeffizienten des Fensters ist technischen Produkt-Spezifikationen zu entnehmen oder gemäß den nach den Landesbauordnungen bekannt gemachten energetischen Kennwerten für Bauprodukte zu bestimmen. Hierunter fallen insbesondere energetische Kennwerte aus europäischen technischen Zulassungen sowie energetische Kennwerte der Regelungen nach der Bauregelliste A Teil 1 und auf Grund von Festlegungen in allgemeinen bauaufsichtlichen Zulassungen.

3) Bemessungswert des Wärmedurchgangskoeffizienten der Verglasung; der Bemessungswert des Wärmedurchgangskoeffizienten der Verglasung ist technischen Produkt-Spezifikationen zu entnehmen oder gemäß den nach den Landesbauordnungen bekannt gemachten energetischen Kennwerten für Bauprodukte zu bestimmen. Hierunter fallen insbesondere energetische Kennwerte aus europäischen technischen Zulassungen sowie energetische Kennwerte der Regelungen nach der Bauregelliste A Teil 1 und auf Grund von Festlegungen in allgemeinen bauaufsichtlichen Zulassungen.

4) Wärmedurchgangskoeffizient der Vorhangfassade; er ist nach anerkannten Regeln der Technik zu ermitteln.

Anlage 4 EnEV **IV**

8 Randbedingungen und Maßgaben für die Bewertung bestehender Wohngebäude (zu § 9 Absatz 2)

Die Berechnungsverfahren nach Anlage 1 Nr. 2 sind bei bestehenden Wohngebäuden mit folgenden Maßgaben anzuwenden:

8.1 Wärmebrücken sind in dem Falle, dass mehr als 50 vom Hundert der Außenwand mit einer innen liegenden Dämmschicht und einbindender Massivdecke versehen sind, durch Erhöhung der Wärmedurchgangskoeffizienten um $\Delta U_{WB} = 0{,}15$ W/(m²·K) für die gesamte wärmeübertragende Umfassungsfläche zu berücksichtigen.

8.2 Die Luftwechselrate ist bei der Berechnung abweichend von DIN V 4108-6:2003-06[4] Tabelle D.3 Zeile 8 bei offensichtlichen Undichtheiten, wie bei Fenstern ohne funktionstüchtige Lippendichtung oder bei beheizten Dachgeschossen mit Dachflächen ohne luftdichte Ebene, mit 1,0 h^{-1} anzusetzen.

8.3 Bei der Ermittlung der solaren Gewinne nach DIN V 18599:2007-02 oder DIN V 4108-6:200306[4] Abschnitt 6.4.3 ist der Minderungsfaktor für den Rahmenanteil von Fenstern mit $F_F = 0{,}6$ anzusetzen.

9 *(gestrichen)*

Anlage 4
(zu § 6)

Anforderungen an die Dichtheit und den Mindestluftwechsel

1 Anforderungen an außen liegende Fenster, Fenstertüren und Dachflächenfenster

Außen liegende Fenster, Fenstertüren und Dachflächenfenster müssen den Klassen nach Tabelle 1 entsprechen.

Tabelle 1 Klassen der Fugendurchlässigkeit von außen liegenden Fenstern, Fenstertüren und Dachflächenfenstern

Zeile	Anzahl der Vollgeschosse des Gebäudes	Klasse der Fugendurchlässigkeit nach DIN EN 12 207-1 : 2000-06
1	bis zu 2	2
2	mehr als 2	3

2 Nachweis der Dichtheit des gesamten Gebäudes

Wird bei Anwendung des § 6 Absatz 1 Satz 3 eine Überprüfung der Anforderungen nach § 6 Abs. 1 durchgeführt, darf der nach DIN EN 13 829 : 2001-02 bei einer Druckdifferenz zwischen innen und außen von 50 Pa gemessene Volumenstrom – bezogen auf das beheizte oder gekühlte Luftvolumen – bei Gebäuden
– ohne raumlufttechnische Anlagen   3,0 h^{-1} und
– mit raumlufttechnischen Anlagen   1,5 h^{-1}
nicht überschreiten.

---

4 Geändert durch DIN V 4108-6 Berichtigung 1 2004-03.

Anlage 4a
(zu § 13 Absatz 2)
Anforderungen an die Inbetriebnahme von Heizkesseln und sonstigen Wärmeerzeugersystemen

In Fällen des § 13 Absatz 2 sind der Einbau und die Aufstellung zum Zwecke der Inbetriebnahme nur zulässig, wenn das Produkt aus Erzeugeraufwandszahl e_g und Primärenergiefaktor f_p nicht größer als 1,30 ist. Die Erzeugeraufwandszahl e_g ist nach DIN V 4701-10:2003-08 Tabellen C.3-4b bis C.3-4f zu bestimmen. Soweit Primärenergiefaktoren nicht unmittelbar in dieser Verordnung festgelegt sind, ist der Primärenergiefaktor f_p für den nicht erneuerbaren Anteil nach DIN V 4701-10:2003-08, geändert durch A1:2006-12, zu bestimmen. Werden Niedertemperatur-Heizkessel oder Brennwertkessel als Wärmeerzeuger in Systemen der Nahwärmeversorgung eingesetzt, gilt die Anforderung des Satzes 1 als erfüllt.

Anlage 5
(zu § 10 Absatz 2, § 14 Absatz 5 und § 15 Absatz 4)
Anforderungen an die Wärmedämmung von Rohrleitungen und Armaturen

1 In Fällen des § 10 Absatz 2 und des § 14 Absatz 5 sind die Anforderungen der Zeilen 1 bis 7 und in Fällen des § 15 Absatz 4 der Zeile 8 der Tabelle 1 einzuhalten, soweit sich nicht aus anderen Bestimmungen dieser Anlage etwas anderes ergibt.

Tabelle 1 Wärmedämmung von Wärmeverteilungs- und Warmwasserleitungen, Kälteverteilungs- und Kaltwasserleitungen sowie Armaturen

Zeile	Art der Leitungen/Armaturen	Mindestdicke der Dämmschicht, bezogen auf eine Wärmeleitfähigkeit von 0,035 W/(m·K)
1	Innendurchmesser bis 22 mm	20 mm
2	Innendurchmesser über 22 mm bis 35 mm	30 mm
3	Innendurchmesser über 35 mm bis 100 mm	gleich Innendurchmesser
4	Innendurchmesser über 100 mm	100 mm
5	Leitungen und Armaturen nach den Zeilen 1 bis 4 in Wand- und Deckendurchbrüchen, im Kreuzungsbereich von Leitungen, an Leitungsverbindungsstellen, bei zentralen Leitungsnetzverteilern	½ der Anforderungen der Zeilen 1 bis 4
6	Leitungen von Zentralheizungen nach den Zeilen 1 bis 4, die nach dem 31. Januar 2002 in Bauteilen zwischen beheizten Räumen verschiedener Nutzer verlegt werden	½ der Anforderungen der Zeilen 1 bis 4
7	Leitungen nach Zeile 6 im Fußbodenaufbau	6 mm
8	Kälteverteilungs- und Kaltwasserleitungen sowie Armaturen von Raumlufttechnik- und Klimakältesystemen	6 mm

Anlage 5 EnEV IV

Soweit in Fällen des § 14 Absatz 5 Wärmeverteilungs- und Warmwasserleitungen an Außenluft grenzen, sind diese mit dem Zweifachen der Mindestdicke nach Tabelle 1 Zeile 1 bis 4 zu dämmen.

2 In Fällen des § 14 Absatz 5 ist Tabelle 1 nicht anzuwenden, soweit sich Leitungen von Zentralheizungen nach den Zeilen 1 bis 4 in beheizten Räumen oder in Bauteilen zwischen beheizten Räumen eines Nutzers befinden und ihre Wärmeabgabe durch frei liegende Absperreinrichtungen beeinflusst werden kann. In Fällen des § 10 Absatz 2 und des § 14 Absatz 5 ist Tabelle 1 nicht anzuwenden auf Warmwasserleitungen bis zu einer Länge von 4 m, die weder in den Zirkulationskreislauf einbezogen noch mit elektrischer Begleitheizung ausgestattet sind (Stichleitungen).

3 Bei Materialien mit anderen Wärmeleitfähigkeiten als 0,035 W/(m·K) sind die Mindestdicken der Dämmschichten entsprechend umzurechnen. Für die Umrechnung und die Wärmeleitfähigkeit des Dämmmaterials sind die in anerkannten Regeln der Technik enthaltenen Berechnungsverfahren und Rechenwerte zu verwenden.

4 Bei Wärmeverteilungs- und Warmwasserleitungen sowie Kälteverteilungs- und Kaltwasserleitungen dürfen die Mindestdicken der Dämmschichten nach Tabelle 1 insoweit vermindert werden, als eine gleichwertige Begrenzung der Wärmeabgabe oder der Wärmeaufnahme auch bei anderen Rohrdämmstoffanordnungen und unter Berücksichtigung der Dämmwirkung der Leitungswände sichergestellt ist.

IV EnEV Anlage 6

Anlage 6
(zu § 16)

Muster Energieausweis Wohngebäude

ENERGIEAUSWEIS für Wohngebäude
gemäß den §§ 16 ff. Energieeinsparverordnung (EnEV)

Gültig bis: 1

Gebäude

Gebäudetyp	
Adresse	
Gebäudeteil	
Baujahr Gebäude	
Baujahr Anlagentechnik[1]	
Anzahl Wohnungen	
Gebäudenutzfläche (A_N)	
Erneuerbare Energien	
Lüftung	

Gebäudefoto (freiwillig)

Anlass der Ausstellung des Energieausweises	☐ Neubau ☐ Vermietung / Verkauf	☐ Modernisierung (Änderung / Erweiterung)	☐ Sonstiges (freiwillig)

Hinweise zu den Angaben über die energetische Qualität des Gebäudes

Die energetische Qualität eines Gebäudes kann durch die Berechnung des **Energiebedarfs** unter standardisierten Randbedingungen oder durch die Auswertung des **Energieverbrauchs** ermittelt werden. Als Bezugsfläche dient die energetische Gebäudenutzfläche nach der EnEV, die sich in der Regel von den allgemeinen Wohnflächenangaben unterscheidet. Die angegebenen Vergleichswerte sollen überschlägige Vergleiche ermöglichen (**Erläuterungen – siehe Seite 4**).

☐ Der Energieausweis wurde auf der Grundlage von Berechnungen des **Energiebedarfs** erstellt. Die Ergebnisse sind auf **Seite 2** dargestellt. Zusätzliche Informationen zum Verbrauch sind freiwillig.

☐ Der Energieausweis wurde auf der Grundlage von Auswertungen des **Energieverbrauchs** erstellt. Die Ergebnisse sind auf **Seite 3** dargestellt.

Datenerhebung Bedarf/Verbrauch durch   ☐ Eigentümer   ☐ Aussteller

☐ Dem Energieausweis sind zusätzliche Informationen zur energetischen Qualität beigefügt (freiwillige Angabe).

Hinweise zur Verwendung des Energieausweises

Der Energieausweis dient lediglich der Information. Die Angaben im Energieausweis beziehen sich auf das gesamte Wohngebäude oder den oben bezeichneten Gebäudeteil. Der Energieausweis ist lediglich dafür gedacht, einen überschlägigen Vergleich von Gebäuden zu ermöglichen.

Aussteller

                     Datum   Unterschrift des Ausstellers

[1] Mehrfachangaben möglich

Anlage 6 EnEV **IV**

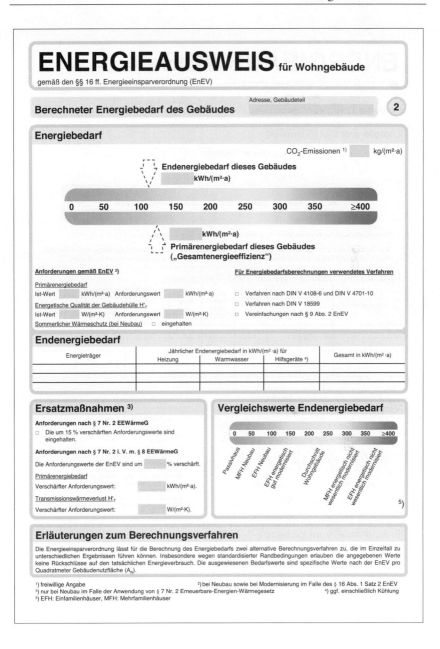

IV EnEV Anlage 6

ENERGIEAUSWEIS für Wohngebäude
gemäß den §§ 16 ff. Energieeinsparverordnung (EnEV)

Erfasster Energieverbrauch des Gebäudes Adresse, Gebäudeteil 3

Energieverbrauchskennwert

Dieses Gebäude:
kWh/(m²·a)

0   50   100   150   200   250   300   350   ≥400

Energieverbrauch für Warmwasser: ☐ enthalten   ☐ nicht enthalten

☐ Das Gebäude wird auch gekühlt; der typische Energieverbrauch für Kühlung beträgt bei zeitgemäßen Geräten etwa 6 kWh je m² Gebäudenutzfläche und Jahr und ist im Energieverbrauchskennwert nicht enthalten.

Verbrauchserfassung – Heizung und Warmwasser

Energieträger	Zeitraum von	Zeitraum bis	Energieverbrauch [kWh]	Anteil Warmwasser [kWh]	Klimafaktor	Energieverbrauchskennwert in kWh/(m²·a) (zeitlich bereinigt, klimabereinigt) Heizung	Warmwasser	Kennwert
								Durchschnitt

Vergleichswerte Endenergiebedarf

0   50   100   150   200   250   300   350   ≥400

Passivhaus / MFH Neubau / EFH Neubau / EFH energetisch gut modernisiert / Durchschnitt Wohngebäude / MFH energetisch nicht wesentlich modernisiert / EFH energetisch nicht wesentlich modernisiert ¹⁾

Die modellhaft ermittelten Vergleichswerte beziehen sich auf Gebäude, in denen die Wärme für Heizung und Warmwasser durch Heizkessel im Gebäude bereitgestellt wird.
Soll ein Energieverbrauchskennwert verglichen werden, der keinen Warmwasseranteil enthält, ist zu beachten, dass auf die Warmwasserbereitung je nach Gebäudegröße 20 – 40 kWh/(m²·a) entfallen können.
Soll ein Energieverbrauchskennwert eines mit Fern- oder Nahwärme beheizten Gebäudes verglichen werden, ist zu beachten, dass hier normalerweise um 15 – 30 % geringerer Energieverbrauch als bei vergleichbaren Gebäuden mit Kesselheizung zu erwarten ist.

Erläuterungen zum Verfahren

Das Verfahren zur Ermittlung von Energieverbrauchskennwerten ist durch die Energieeinsparverordnung vorgegeben. Die Werte sind spezifische Werte pro Quadratmeter Gebäudenutzfläche (A_N) nach der Energieeinsparverordnung. Der tatsächliche Verbrauch einer Wohnung oder eines Gebäudes weicht insbesondere wegen des Witterungseinflusses und sich ändernden Nutzerverhaltens vom angegebenen Energieverbrauchskennwert ab.

¹⁾ EFH: Einfamilienhäuser, MFH: Mehrfamilienhäuser

Anlage 6 EnEV **IV**

ENERGIEAUSWEIS für Wohngebäude
gemäß den §§ 16 ff. Energieeinsparverordnung (EnEV)

Erläuterungen

Energiebedarf – Seite 2
Der Energiebedarf wird in diesem Energieausweis durch den Jahres-Primärenergiebedarf und den Endenergiebedarf dargestellt. Diese Angaben werden rechnerisch ermittelt. Die angegebenen Werte werden auf der Grundlage der Bauunterlagen bzw. gebäudebezogener Daten und unter Annahme von standardisierten Randbedingungen (z. B. standardisierte Klimadaten, definiertes Nutzerverhalten, standardisierte Innentemperatur und innere Wärmegewinne usw.) berechnet. So lässt sich die energetische Qualität des Gebäudes unabhängig vom Nutzerverhalten und der Wetterlage beurteilen. Insbesondere wegen standardisierter Randbedingungen erlauben die angegebenen Werte keine Rückschlüsse auf den tatsächlichen Energieverbrauch.

Primärenergiebedarf – Seite 2
Der Primärenergiebedarf bildet die Gesamtenergieeffizienz eines Gebäudes ab. Er berücksichtigt neben der Endenergie auch die so genannte „Vorkette" (Erkundung, Gewinnung, Verteilung, Umwandlung) der jeweils eingesetzten Energieträger (z. B. Heizöl, Gas, Strom, erneuerbare Energien etc.). Kleine Werte signalisieren einen geringen Bedarf und damit eine hohe Energieeffizienz und eine die Ressourcen und die Umwelt schonende Energienutzung. Zusätzlich können die mit dem Energiebedarf verbundenen CO_2-Emissionen des Gebäudes freiwillig angegeben werden.

Energetische Qualität der Gebäudehülle – Seite 2
Angegeben ist der spezifische, auf die wärmeübertragende Umfassungsfläche bezogene Transmissionswärmeverlust (Formelzeichen in der EnEV H'$_T$). Er ist ein Maß für die durchschnittliche energetische Qualität aller wärmeübertragenden Umfassungsflächen (Außenwände, Decken, Fenster etc.) eines Gebäudes. Kleine Werte signalisieren einen guten baulichen Wärmeschutz. Außerdem stellt die EnEV Anforderungen an den sommerlichen Wärmeschutz (Schutz vor Überhitzung) eines Gebäudes.

Endenergiebedarf – Seite 2
Der Endenergiebedarf gibt die nach technischen Regeln berechnete, jährlich benötigte Energiemenge für Heizung, Lüftung und Warmwasserbereitung an. Er wird unter Standardklima- und Standardnutzungsbedingungen errechnet und ist ein Maß für die Energieeffizienz eines Gebäudes und seiner Anlagentechnik. Der Endenergiebedarf ist die Energiemenge, die dem Gebäude bei standardisierten Bedingungen unter Berücksichtigung der Energieverluste zugeführt werden muss, damit die standardisierte Innentemperatur, der Warmwasserbedarf und die notwendige Lüftung sichergestellt werden können. Kleine Werte signalisieren einen geringen Bedarf und damit eine hohe Energieeffizienz.
Die Vergleichswerte für den Energiebedarf sind modellhaft ermittelte Werte und sollen Anhaltspunkte für grobe Vergleiche der Werte dieses Gebäudes mit den Vergleichswerten ermöglichen. Es sind ungefähre Bereiche angegeben, in denen die Werte für die einzelnen Vergleichskategorien liegen. Im Einzelfall können diese Werte auch außerhalb der angegebenen Bereiche liegen.

Energieverbrauchskennwert – Seite 3
Der ausgewiesene Energieverbrauchskennwert wird für das Gebäude auf der Basis der Abrechnung von Heiz- und ggf. Warmwasserkosten nach der Heizkostenverordnung und/oder auf Grund anderer geeigneter Verbrauchsdaten ermittelt. Dabei werden die Energieverbrauchsdaten des gesamten Gebäudes und nicht der einzelnen Wohn- oder Nutzeinheiten zugrunde gelegt. Über Klimafaktoren wird der erfasste Energieverbrauch für die Heizung hinsichtlich der konkreten örtlichen Wetterdaten auf einen deutschlandweiten Mittelwert umgerechnet. So führen beispielsweise hohe Verbräuche in einem einzelnen harten Winter nicht zu einer schlechteren Beurteilung des Gebäudes. Der Energieverbrauchskennwert gibt Hinweise auf die energetische Qualität des Gebäudes und seiner Heizungsanlage. Kleine Werte signalisieren einen geringen Verbrauch. Ein Rückschluss auf künftig zu erwartenden Verbrauch ist jedoch nicht möglich; insbesondere können die Verbrauchsdaten einzelner Wohneinheiten stark differieren, weil sie von dem Lage im Gebäude, von der jeweiligen Nutzung und vom individuellen Verhalten abhängen.

Gemischt genutzte Gebäude
Für Energieausweise bei gemischt genutzten Gebäuden enthält die Energieeinsparverordnung besondere Vorgaben. Danach sind - je nach Fallgestaltung - entweder ein gemeinsamer Energieausweis für alle Nutzungen oder zwei getrennte Energieausweise für Wohnungen und die übrigen Nutzungen auszustellen; dies ist auf Seite 1 der Ausweise erkennbar (ggf. Angabe „Gebäudeteil").

IV EnEV Anlage 7

Muster Energieausweis Nichtwohngebäude

Anlage 7
(zu § 16)

ENERGIEAUSWEIS für Nichtwohngebäude
gemäß den §§ 16 ff. Energieeinsparverordnung (EnEV)

Gültig bis:

1

Gebäude

Hauptnutzung / Gebäudekategorie	
Adresse	
Gebäudeteil	
Baujahr Gebäude	
Baujahr Wärmeerzeuger [1])	
Baujahr Klimaanlage [1])	
Nettogrundfläche [2])	
Erneuerbare Energien	
Lüftung	

Gebäudefoto (freiwillig)

Anlass der Ausstellung des Energieausweises	☐ Neubau ☐ Vermietung / Verkauf	☐ Modernisierung (Änderung / Erweiterung)	☐ Aushang b. öff. Gebäuden ☐ Sonstiges (freiwillig)

Hinweise zu den Angaben über die energetische Qualität des Gebäudes

Die energetische Qualität eines Gebäudes kann durch die Berechnung des **Energiebedarfs** unter standardisierten Randbedingungen oder durch die Auswertung des **Energieverbrauchs** ermittelt werden. Als Bezugsfläche dient die **Nettogrundfläche**.

☐ Der Energieausweis wurde auf der Grundlage von Berechnungen des **Energiebedarfs** erstellt. Die Ergebnisse sind auf **Seite 2** dargestellt. Zusätzliche Informationen zum Verbrauch sind freiwillig. Diese Art der Ausstellung ist Pflicht bei Neubauten und bestimmten Modernisierungen. Die angegebenen Vergleichswerte sind die Anforderungen der EnEV zum Zeitpunkt der Erstellung des Energieausweises (**Erläuterungen – siehe Seite 4**).

☐ Der Energieausweis wurde auf der Grundlage von Auswertungen des **Energieverbrauchs** erstellt. Die Ergebnisse sind auf **Seite 3** dargestellt. Die Vergleichswerte beruhen auf statistischen Auswertungen.

Datenerhebung Bedarf/Verbrauch durch ☐ Eigentümer ☐ Aussteller

☐ Dem Energieausweis sind zusätzliche Informationen zur energetischen Qualität beigefügt (freiwillige Angabe).

Hinweise zur Verwendung des Energieausweises

Der Energieausweis dient lediglich der Information. Die Angaben im Energieausweis beziehen sich auf das gesamte Gebäude oder den oben bezeichneten Gebäudeteil. Der Energieausweis ist lediglich dafür gedacht, einen überschlägigen Vergleich von Gebäuden zu ermöglichen.

Aussteller

....
Datum   Unterschrift des Ausstellers

[1]) Mehrfachangaben möglich   [2]) Nettogrundfläche ist im Sinne der EnEV ausschließlich der beheizte / gekühlte Teil der Nettogrundfläche

Anlage 7 **EnEV** **IV**

ENERGIEAUSWEIS für Nichtwohngebäude
gemäß den §§ 16 ff. Energieeinsparverordnung (EnEV)

Adresse, Gebäudeteil

Berechneter Energiebedarf des Gebäudes 2

Primärenergiebedarf „Gesamtenergieeffizienz"

CO_2-Emissionen [1]   kg/(m²·a)

Dieses Gebäude: kWh/(m²·a)

0 100 200 300 400 500 600 700 800 900 ≥1000

EnEV-Anforderungswert Neubau (Vergleichswert)

EnEV-Anforderungswert modernisierter Altbau (Vergleichswert)

Anforderungen gemäß EnEV [2]

Primärenergiebedarf
Ist-Wert   kWh/(m²·a)   Anforderungswert   kWh/(m²·a)
Mittlere Wärmedurchgangskoeffizienten   ☐ eingehalten
Sommerlicher Wärmeschutz (bei Neubau)   ☐ eingehalten

Für Energiebedarfsberechnungen verwendetes Verfahren
☐ Verfahren nach Anlage 2 Nr. 2 EnEV
☐ Verfahren nach Anlage 2 Nr. 3 EnEV („Ein-Zonen-Modell")
☐ Vereinfachungen nach § 9 Abs. 2 EnEV

Endenergiebedarf

Energieträger	Heizung	Warmwasser	Jährlicher Endenergiebedarf in kWh/(m²·a) für			Gebäude insgesamt
			Eingebaute Beleuchtung	Lüftung [4]	Kühlung einschl. Befeuchtung	

Aufteilung Energiebedarf

[kWh/(m²·a)]	Heizung	Warmwasser	Eingebaute Beleuchtung	Lüftung [4]	Kühlung einschl. Befeuchtung	Gebäude insgesamt
Nutzenergie						
Endenergie						
Primärenergie						

Ersatzmaßnahmen [3]

Anforderungen nach § 7 Nr. 2 EEWärmeG
☐ Die um 15 % verschärften Anforderungswerte sind eingehalten.

Anforderungen nach § 7 Nr. 2 i. V. m. § 8 EEWärmeG
Die Anforderungswerte der EnEV sind um   % verschärft.

Primärenergiebedarf
Verschärfter Anforderungswert   kWh/(m²·a).

Wärmeschutzanforderungen
☐ Die verschärften Anforderungswerte sind eingehalten.

Gebäudezonen

Nr.	Zone	Fläche [m²]	Anteil [%]
1			
2			
3			
4			
5			
6			
☐	weitere Zonen in Anlage		

Erläuterungen zum Berechnungsverfahren

Die Energieeinsparverordnung lässt für die Berechnung des Energiebedarfs in vielen Fällen neben dem Berechnungsverfahren alternative Vereinfachungen zu, die im Einzelfall zu unterschiedlichen Ergebnissen führen können. Insbesondere wegen standardisierter Randbedingungen erlauben die angegebenen Werte keine Rückschlüsse auf den tatsächlichen Energieverbrauch. Die ausgewiesenen Bedarfswerte sind spezifische Werte nach der EnEV pro Quadratmeter beheizte / gekühlte Nettogrundfläche.

[1] freiwillige Angabe   [2] bei Neubau sowie bei Modernisierung im Falle des § 16 Abs. 1 Satz 2 EnEV
[3] nur bei Neubau im Falle der Anwendung von § 7 Nr. 2 Erneuerbare-Energien-Wärmegesetz   [4] nur Hilfsenergiebedarf

IV EnEV Anlage 7

ENERGIEAUSWEIS für Nichtwohngebäude
gemäß den §§ 16 ff. Energieeinsparverordnung (EnEV)

Erfasster Energieverbrauch des Gebäudes
Adresse, Gebäudeteil

3

Heizenergieverbrauchskennwert (einschließlich Warmwasser)

Dieses Gebäude: kWh/(m²·a)

0 100 200 300 400 500 600 700 800 900 ≥1000

↑ Vergleichswert dieser Gebäudekategorie für Heizung und Warmwasser 1)

Stromverbrauchskennwert

Dieses Gebäude: kWh/(m²·a)

0 100 200 300 400 500 600 700 800 900 ≥1000

↑ Vergleichswert dieser Gebäudekategorie für Strom 1)

Der Wert enthält den Stromverbrauch für

☐ Zusatzheizung ☐ Warmwasser ☐ Lüftung ☐ eingebaute Beleuchtung ☐ Kühlung ☐ Sonstiges:

Verbrauchserfassung – Heizung und Warmwasser

Energieträger	Zeitraum von	Zeitraum bis	Energieverbrauch [kWh]	Anteil Warmwasser [kWh]	Klimafaktor	Energieverbrauchskennwert in kWh/(m²·a) (zeitlich bereinigt, klimabereinigt)		
						Heizung	Warmwasser	Kennwert
							Durchschnitt	

Verbrauchserfassung – Strom

Zeitraum von	bis	Ablesewert [kWh]	Kennwert [kWh/(m²·a)]

Gebäudenutzung

Gebäudekategorie oder Nutzung, ggf. mit Prozentanteil		%
		%
		%
Sonderzonen		

Erläuterungen zum Verfahren
Das Verfahren zur Ermittlung von Energieverbrauchskennwerten ist durch die Energieeinsparverordnung vorgegeben. Die Werte sind spezifische Werte pro Quadratmeter beheizte / gekühlte Nettogrundfläche. Der tatsächliche Verbrauch eines Gebäudes weicht insbesondere wegen des Witterungseinflusses und sich ändernden Nutzerverhaltens von den angegebenen Kennwerten ab.

1) veröffentlicht im Bundesanzeiger / Internet durch das Bundesministerium für Verkehr, Bau und Stadtentwicklung und das Bundesministerium für Wirtschaft und Technologie

Anlage 7 **EnEV** **IV**

ENERGIEAUSWEIS für Nichtwohngebäude
gemäß den §§ 16 ff. Energieeinsparverordnung (EnEV)

Erläuterungen 4

Energiebedarf – Seite 2
Der Energiebedarf wird in diesem Energieausweis durch den Jahres-Primärenergiebedarf und den Endenergiebedarf für die Anteile Heizung, Warmwasser, eingebaute Beleuchtung, Lüftung und Kühlung dargestellt. Diese Angaben werden rechnerisch ermittelt. Die angegebenen Werte werden auf der Grundlage der Bauunterlagen bzw. gebäudebezogener Daten und unter Annahme von standardisierten Randbedingungen (z. B. standardisierte Klimadaten, definiertes Nutzerverhalten, standardisierte Innentemperatur und innere Wärmegewinne usw.) berechnet. So lässt sich die energetische Qualität des Gebäudes unabhängig vom Nutzerverhalten und der Wetterlage beurteilen. Insbesondere wegen standardisierter Randbedingungen erlauben die angegebenen Werte keine Rückschlüsse auf den tatsächlichen Energieverbrauch.

Primärenergiebedarf – Seite 2
Der Primärenergiebedarf bildet die Gesamtenergieeffizienz eines Gebäudes ab. Er berücksichtigt neben der Endenergie auch die so genannte „Vorkette" (Erkundung, Gewinnung, Verteilung, Umwandlung) der jeweils eingesetzten Energieträger (z. B. Heizöl, Gas, Strom, erneuerbare Energien etc.). Kleine Werte signalisieren einen geringen Bedarf und damit eine hohe Energieeffizienz und eine die Ressourcen und die Umwelt schonende Energienutzung. Die angegebenen Vergleichswerte geben für das Gebäude die Anforderungen der Energieeinsparverordnung an, die zum Zeitpunkt der Erstellung des Energieausweises galt. Sie sind im Falle eines Neubaus oder der Modernisierung des Gebäudes nach § 9 Abs. 1 Satz 2 EnEV einzuhalten. Bei Bestandsgebäuden dienen sie der Orientierung hinsichtlich der energetischen Qualität des Gebäudes. Zusätzlich können die mit dem Energiebedarf verbundenen CO_2-Emissionen des Gebäudes freiwillig angegeben werden.
Der Skalenendwert des Bandtachometers beträgt, auf die Zehnerstelle gerundet, das Dreifache des Vergleichswerts „EnEV Anforderungswert modernisierter Altbau" (140 % des „EnEV Anforderungswerts Neubau").

Wärmeschutz – Seite 2
Die Energieeinsparverordnung stellt bei Neubauten und bestimmten baulichen Änderungen auch Anforderungen an die energetische Qualität aller wärmeübertragenden Umfassungsflächen (Außenwände, Decken, Fenster etc.) sowie bei Neubauten an den sommerlichen Wärmeschutz (Schutz vor Überhitzung) eines Gebäudes.

Endenergiebedarf – Seite 2
Der Endenergiebedarf gibt die nach technischen Regeln berechnete, jährlich benötigte Energiemenge für Heizung, Warmwasser, eingebaute Beleuchtung, Lüftung und Kühlung an. Er wird unter Standardklima und Standardnutzungsbedingungen errechnet und ist ein Maß für die Energieeffizienz eines Gebäudes und seiner Anlagentechnik. Der Endenergiebedarf ist die Energiemenge, die dem Gebäude bei standardisierten Bedingungen unter Berücksichtigung der Energieverluste zugeführt werden muss, damit die standardisierte Innentemperatur, der Warmwasserbedarf, die notwendige Lüftung und eingebaute Beleuchtung sichergestellt werden können. Kleine Werte signalisieren einen geringen Bedarf und damit eine hohe Energieeffizienz.

Heizenergie- und Stromverbrauchskennwert (Energieverbrauchskennwerte) – Seite 3
Der Heizenergieverbrauchskennwert (einschließlich Warmwasser) wird für das Gebäude auf der Basis der Erfassung des Verbrauchs ermittelt. Das Verfahren zur Ermittlung von Energieverbrauchskennwerten ist durch die Energieeinsparverordnung vorgegeben. Die Werte sind spezifische Werte pro Quadratmeter Nettogrundfläche nach der Energieeinsparverordnung. Über Klimafaktoren wird der erfasste Energieverbrauch hinsichtlich der örtlichen Wetterdaten auf ein standardisiertes Klima für Deutschland umgerechnet. Der ausgewiesene Stromverbrauchskennwert wird für das Gebäude auf der Basis der Erfassung des Verbrauchs oder der entsprechenden Abrechnung ermittelt. Die Energieverbrauchskennwerte geben Hinweise auf die energetische Qualität des Gebäudes. Kleine Werte signalisieren einen geringen Verbrauch. Ein Rückschluss auf den künftig zu erwartenden Verbrauch ist jedoch nicht möglich. Der tatsächliche Verbrauch einer Nutzungseinheit oder eines Gebäudes weicht insbesondere wegen des Witterungseinflusses und sich ändernden Nutzerverhaltens oder sich ändernder Nutzungen vom angegebenen Energieverbrauchskennwert ab.
Die Vergleichswerte ergeben sich durch die Beurteilung gleichartiger Gebäude. Kleinere Verbrauchswerte als der Vergleichswert signalisieren eine gute energetische Qualität im Vergleich zum Gebäudebestand dieses Gebäudetyps. Die Vergleichswerte werden durch das Bundesministerium für Verkehr, Bau und Stadtentwicklung im Einvernehmen mit dem Bundesministerium für Wirtschaft und Technologie bekannt gegeben.
Die Skalenendwerte der Bandtachometer betragen, auf die Zehnerstelle gerundet, das Doppelte des jeweiligen Vergleichswerts.

IV EnEV Anlage 8

Anlage 8
(zu § 16)
Muster Aushang Energieausweis auf der Grundlage des Energiebedarfs

ENERGIEAUSWEIS für Nichtwohngebäude
gemäß den §§ 16 ff. Energieeinsparverordnung

Gültig bis:

Aushang

Gebäude

Hauptnutzung / Gebäudekategorie	
Sonderzone(n)	
Adresse	
Gebäudeteil	
Baujahr Gebäude	
Baujahr Wärmeerzeuger	
Baujahr Klimaanlage	
Nettogrundfläche	

Gebäudefoto (freiwillig)

Primärenergiebedarf „Gesamtenergieeffizienz"

Dieses Gebäude: ____ kWh/(m²·a)

0   100   200   300   400   500   600   700   800   900   ≥1000

EnEV-Anforderungswert Neubau (Vergleichswert)
EnEV-Anforderungswert modernisierter Altbau (Vergleichswert)

Aufteilung Energiebedarf

Nutzenergie — Endenergie — Primärenergie „Gesamtenergieeffizienz"

- Kühlung einschl. Befeuchtung
- Lüftung
- Eingebaute Beleuchtung
- Warmwasser
- Heizung

Aussteller

Datum   Unterschrift des Ausstellers

Anlage 9 EnEV IV

Anlage 9
(zu § 16)
Muster Aushang Energieausweis auf der Grundlage des Energieverbrauchs

ENERGIEAUSWEIS für Nichtwohngebäude
gemäß den §§ 16 ff. Energieeinsparverordnung

Gültig bis:

Aushang

Gebäude

Hauptnutzung / Gebäudekategorie	
Sonderzone(n)	
Adresse	
Gebäudeteil	
Baujahr Gebäude	
Baujahr Wärmeerzeuger	
Baujahr Klimaanlage	
Nettogrundfläche	

Gebäudefoto
(freiwillig)

Heizenergieverbrauchskennwert

Dieses Gebäude:
kWh/(m²·a)

0   100   200   300   400   500   600   700   800   900   ≥1000

↑ Vergleichswert dieser Gebäudekategorie
für Heizung und Warmwasser

☐ Warmwasser enthalten

Stromverbrauchskennwert

Dieses Gebäude:
kWh/(m²·a)

0   100   200   300   400   500   600   700   800   900   ≥1000

↑ Vergleichswert dieser Gebäudekategorie
für Strom

Der Wert enthält den Stromverbrauch für
☐ Zusatzheizung ☐ Warmwasser ☐ Lüftung ☐ Eingebaute Beleuchtung ☐ Kühlung ☐ Sonstiges:

Aussteller

Datum   Unterschrift des Ausstellers

797

IV EnEV Anlage 10

Anlage 10
(zu § 20)

Muster Modernisierungsempfehlungen

Modernisierungsempfehlungen zum Energieausweis
gemäß § 20 Energieeinsparverordnung

Gebäude

Adresse		Hauptnutzung / Gebäudekategorie	

Empfehlungen zur kostengünstigen Modernisierung

Maßnahmen zur kostengünstigen Verbesserung der Energieeffizienz sind ☐ möglich ☐ nicht möglich

Empfohlene Modernisierungsmaßnahmen

Nr.	Bau- oder Anlagenteile	Maßnahmenbeschreibung

☐ weitere Empfehlungen auf gesondertem Blatt

Hinweis: Modernisierungsempfehlungen für das Gebäude dienen lediglich der Information. Sie sind nur kurz gefasste Hinweise und kein Ersatz für eine Energieberatung.

Beispielhafter Variantenvergleich (Angaben freiwillig)

	Ist-Zustand	Modernisierungsvariante 1	Modernisierungsvariante 2
Modernisierung gemäß Nummern:			
Primärenergiebedarf [kWh/(m²·a)]			
Einsparung gegenüber Ist-Zustand [%]			
Endenergiebedarf [kWh/(m²·a)]			
Einsparung gegenüber Ist-Zustand [%]			
CO_2-Emissionen [kg/(m²·a)]			
Einsparung gegenüber Ist-Zustand [%]			

Aussteller

Datum   Unterschrift des Ausstellers

Anlage 11
(zu § 21 Abs. 2 Nr. 2)
Anforderungen an die Inhalte der Fortbildung

1 Zweck der Fortbildung

Die nach § 21 Abs. 2 Nr. 2 verlangte Fortbildung soll die Aussteller von Energieausweisen für bestehende Gebäude nach § 16 Abs. 2 und 3 und von Modernisierungsempfehlungen nach § 20 in die Lage versetzen, bei der Ausstellung solcher Energieausweise und Modernisierungsempfehlungen die Vorschriften dieser Verordnung einschließlich des technischen Regelwerks zum energiesparenden Bauen sachgemäß anzuwenden. Die Fortbildung soll praktische Übungen einschließen und insbesondere die im Folgenden genannten Fachkenntnisse vermitteln.

2 Inhaltliche Schwerpunkte der Fortbildung zu bestehenden Wohngebäuden

2.1 Bestandsaufnahme und Dokumentation des Gebäudes, der Baukonstruktion und der technischen Anlagen

Ermittlung, Bewertung und Dokumentation des Einflusses der geometrischen und energetischen Kennwerte der Gebäudehülle einschließlich aller Einbauteile und Wärmebrücken, der Luftdichtheit und Erkennen von Leckagen, der bauphysikalischen Eigenschaften von Baustoffen und Bauprodukten einschließlich der damit verbundenen konstruktiv-statischen Aspekte, der energetischen Kennwerte von anlagentechnischen Komponenten einschließlich deren Betriebseinstellung und Wartung, der Auswirkungen des Nutzerverhaltens und von Leerstand und von Klimarandbedingungen und Witterungseinflüssen auf den Energieverbrauch.

2.2 Beurteilung der Gebäudehülle

Ermittlung von Eingangs- und Berechnungsgrößen für die energetische Berechnung, wie z. B. Wärmeleitfähigkeit, Wärmedurchlasswiderstand, Wärmedurchgangskoeffizient, Transmissionswärmeverlust, Lüftungswärmebedarf und nutzbare interne und solare Wärmegewinne. Durchführung der erforderlichen Berechnungen nach DIN V 18599 oder DIN V 4108-6 sowie Anwendung vereinfachter Annahmen und Berechnungs- und Beurteilungsmethoden. Berücksichtigung von Maßnahmen des sommerlichen Wärmeschutzes und Berechnung nach DIN 4108-2, Kenntnisse über Luftdichtheitsmessungen und die Ermittlung der Luftdichtheitsrate.

2.3 Beurteilung von Heizungs- und Warmwasserbereitungsanlagen

Detaillierte Beurteilung von Komponenten einer Heizungsanlage zur Wärmeerzeugung, Wärmespeicherung, Wärmeverteilung und Wärmeabgabe. Kenntnisse über die Interaktion von Gebäudehülle und Anlagentechnik, Durchführung der Berechnungen nach DIN V 18599 oder DIN V 4701-10, Beurteilung von Systemen der alternativen und erneuerbaren Energie- und Wärmeerzeugung.

2.4 Beurteilung von Lüftungs- und Klimaanlagen

Bewertung unterschiedlicher Arten von Lüftungsanlagen und deren Konstruktionsmerkmalen, Berücksichtigung der Brand- und Schallschutzanforderungen für lüftungstechnische Anlagen, Durchführung der Berechnungen nach DIN V 18599 oder DIN V 4701-10, Grundkenntnisse über Klimaanlagen.

IV EnEV Anlage 11

2.5 Erbringung der Nachweise

Kenntnisse über energetische Anforderungen an Wohngebäude und das Bauordnungsrecht (insbesondere Mindestwärmeschutz), Durchführung der Nachweise und Berechnungen des Jahres-Primärenergiebedarfs, Ermittlung des Energieverbrauchs und seine rechnerische Bewertung einschließlich der Witterungsbereinigung, Ausstellung eines Energieausweises.

2.6 Grundlagen der Beurteilung von Modernisierungsempfehlungen einschließlich ihrer technischen Machbarkeit und Wirtschaftlichkeit

Kenntnisse und Erfahrungswerte über Amortisations- und Wirtschaftlichkeitsberechnungen für einzelne Bauteile und Anlagen einschließlich Investitionskosten und Kosteneinsparungen, über erfahrungsgemäß wirtschaftliche (rentable), im Allgemeinen verwirklichungsfähige Modernisierungsempfehlungen für kostengünstige Verbesserungen der energetischen Eigenschaften des Wohngebäudes, über Vor- und Nachteile bestimmter Verbesserungsvorschläge unter Berücksichtigung bautechnischer und rechtlicher Rahmenbedingungen (z. B. bei Wechsel des Heizenergieträgers, Grenzbebauung, Grenzabstände), über aktuelle Förderprogramme, über tangierte bauphysikalische und statisch-konstruktive Einflüsse, wie z. B. Wärmebrücken, Tauwasseranfall (Kondensation), Wasserdampftransport, Schimmelpilzbefall, Bauteilanschlüsse und Vorschläge für weitere Abdichtungsmaßnahmen, über die Auswahl von Materialien zur Herstellung der Luftdichtheit (Verträglichkeit, Wirksamkeit, Dauerhaftigkeit) und über Auswirkungen von wärmeschutztechnischen Maßnahmen auf den Schall- und Brandschutz. Erstellung erfahrungsgemäß wirtschaftlicher (rentabler), im Allgemeinen verwirklichungsfähiger Modernisierungsempfehlungen für kostengünstige Verbesserungen der energetischen Eigenschaften.

3 Inhaltliche Schwerpunkte der Fortbildung zu bestehenden Nichtwohngebäuden

Zusätzlich zu den unter Nr. 2 aufgeführten Schwerpunkten soll die Fortbildung insbesondere die nachfolgenden Fachkenntnisse zu Nichtwohngebäuden vermitteln.

3.1 Bestandsaufnahme und Dokumentation des Gebäudes, der Baukonstruktion und der technischen Anlagen

Energetische Modellierung eines Gebäudes (beheiztes/gekühltes Volumen, konditionierte/nicht konditionierte Räume, Versorgungsbereich der Anlagentechnik), Ermittlung der Systemgrenze und Einteilung des Gebäudes in Zonen nach entsprechenden Nutzungsrandbedingungen, Zuordnung von geometrischen und energetischen Kenngrößen zu den Zonen und Versorgungsbereichen, Zusammenwirken von Gebäude und Anlagentechnik (Verrechnung von Bilanzanteilen), Anwendung vereinfachter Verfahren (z. B. Ein-Zonen-Modell), Bestimmung von Wärmequellen und -senken und des Nutzenergiebedarfs von Zonen, Ermittlung, Bewertung und Dokumentation der energetischen Kennwerte von raumlufttechnischen Anlagen, insbesondere von Klimaanlagen, und Beleuchtungssystemen.

3.2 Beurteilung der Gebäudehülle

Ermittlung von Eingangs- und Berechnungsgrößen und energetische Bewertung von Fassadensystemen, insbesondere von Vorhang- und Glasfassaden, Bewertung von Systemen für den sommerlichen Wärmeschutz und von Verbauungs- und Verschattungssituationen.

Anlage 11 **EnEV** **IV**

3.3 Beurteilung von Heizungs- und Warmwasserbereitungsanlagen

Berechnung des Endenergiebedarfs für Heizungs- und Warmwasserbereitung einschließlich der Verluste in den technischen Prozessschritten nach DIN V 18599-5 und DIN V 18599-8, Beurteilung von KraftWärme-Kopplungsanlagen nach DIN V 18599-9, Bilanzierung von Nah- und Fernwärmesystemen und der Nutzung erneuerbarer Energien.

3.4 Beurteilung von raumlufttechnischen Anlagen und sonstigen Anlagen zur Kühlung

Berechnung des Kühlbedarfs von Gebäuden (Nutzkälte) und der Nutzenergie für die Luftaufbereitung, Bewertung unterschiedlicher Arten von raumlufttechnischen Anlagen und deren Konstruktionsmerkmalen, Berücksichtigung der Brand- und Schallschutzanforderungen für diese Anlagen, Berechnung des Energiebedarfs für die Befeuchtung mit einem Dampferzeuger, Ermittlung von Übergabe- und Verteilverlusten, Bewertung von Bauteiltemperierungen, Durchführung der Berechnungen nach DIN V 185992, DIN V 18599-3 und DIN V 18599-7 und der Nutzung erneuerbarer Energien.

3.5 Beurteilung von Beleuchtungs- und Belichtungssystemen

Berechnung des Endenergiebedarfs für die Beleuchtung nach DIN V 18599-4, Bewertung der Tageslichtnutzung (Fenster, Tageslichtsysteme, Beleuchtungsniveau, Wartungswert der Beleuchtungsstärke etc.), der tageslichtabhängigen Kunstlichtregelung (Art, Kontrollstrategie, Funktionsumfang, Schaltsystem etc.) und der Kunstlichtbeleuchtung (Lichtquelle, Vorschaltgeräte, Leuchten etc.).

3.6 Erbringung der Nachweise

Kenntnisse über energetische Anforderungen an Nichtwohngebäude und das Bauordnungsrecht (insbesondere Mindestwärmeschutz), Durchführung der Nachweise und Berechnungen des Jahres-Primärenergiebedarfs, Ermittlung des Energieverbrauchs und seine rechnerische Bewertung einschließlich der Witterungsbereinigung, Ausstellung eines Energieausweises.

3.7 Grundlagen der Beurteilung von Modernisierungsempfehlungen einschließlich ihrer technischen Machbarkeit und Wirtschaftlichkeit

Erstellung von erfahrungsgemäß wirtschaftlichen (rentablen), im Allgemeinen verwirklichungsfähigen Modernisierungsempfehlungen für kostengünstige Verbesserungen der energetischen Eigenschaften für Nichtwohngebäude.

4 Umfang der Fortbildung

Der Umfang der Fortbildung insgesamt sowie der einzelnen Schwerpunkte soll dem Zweck und den Anforderungen dieser Anlage sowie der Vorbildung der jeweiligen Teilnehmer Rechnung tragen.

2. Grundbuchordnung

i.d.F. der Bek. vom 26.5.1994 (BGBl. I S. 1114),
zuletzt geändert durch Art. 1 G vom 11.8.2009 (BGBl. I S. 1798)

– *Auszug* –

Erster Abschnitt
Allgemeine Vorschriften

§ 1 [Zuständigkeit]

(1) [1]Die Grundbücher, die auch als Loseblattgrundbuch geführt werden können, werden von den Amtsgerichten geführt (Grundbuchämter). [2]Diese sind für die in ihrem Bezirk liegenden Grundstücke zuständig. [3]Die abweichenden Vorschriften der §§ 149 und 150 für Baden-Württemberg und das in Artikel 3 des Einigungsvertrages genannte Gebiet bleiben unberührt.

(2) Liegt ein Grundstück in dem Bezirk mehrerer Grundbuchämter, so ist das zuständige Grundbuchamt nach § 5 des Gesetzes über das Verfahren in Familiensachen und in den Angelegenheiten der freiwilligen Gerichtsbarkeit zu bestimmen.

(3) [1]Die Landesregierungen werden ermächtigt, durch Rechtsverordnung die Führung des Grundbuchs einem Amtsgericht für die Bezirke mehrerer Amtsgerichte zuzuweisen, wenn dies einer schnelleren und rationelleren Grundbuchführung dient. [2]Sie können die Ermächtigung durch Rechtsverordnung auf die Landesjustizverwaltungen übertragen.

(4) [1]Das Bundesministerium der Justiz wird ermächtigt, durch Rechtsverordnung, die der Zustimmung des Bundesrates bedarf, die näheren Vorschriften über die Einrichtung und die Führung der Grundbücher, die Hypotheken-, Grundschuld- und Rentenschuldbriefe und die Abschriften aus dem Grundbuch und den Grundakten sowie die Einsicht hierin zu erlassen sowie das Verfahren zur Beseitigung einer Doppelbuchung zu bestimmen. [2]Es kann hierbei auch regeln, inwieweit Änderungen bei einem Grundbuch, die sich aufgrund von Vorschriften der Rechtsverordnung ergeben, den Beteiligten und der Behörde, die das in § 2 Abs. 2 bezeichnete amtliche Verzeichnis führt, bekannt zu geben sind.

§ 2 [Grundbuchbezirke]

(1) Die Grundbücher sind für Bezirke einzurichten.

(2) Die Grundstücke werden im Grundbuch nach den in den Ländern eingerichteten amtlichen Verzeichnissen benannt (Liegenschaftskataster).

(3) [1]Ein Teil eines Grundstücks soll von diesem nur abgeschrieben werden, wenn ein von der zuständigen Behörde erteilter beglaubigter Auszug aus dem beschreibenden Teil des amtlichen Verzeichnisses vorgelegt wird, aus dem sich die Bezeichnung des Teils und die sonstigen aus dem amtlichen Verzeichnis in das Grundbuch zu übernehmenden Angaben sowie die Änderungen ergeben, die insoweit bei dem Rest des

Grundstücks eintreten. ²Der Teil muss im amtlichen Verzeichnis unter einer besonderen Nummer verzeichnet sein, es sei denn, dass die zur Führung des amtlichen Verzeichnisses zuständige Behörde hiervon absieht, weil er mit einem benachbarten Grundstück oder einem Teil davon zusammengefasst wird, und dies dem Grundbuchamt bescheinigt. ³Durch Rechtsverordnung der Landesregierungen, die zu deren Erlass auch die Landesjustizverwaltungen ermächtigen können, kann neben dem Auszug aus dem beschreibenden Teil auch die Vorlage eines Auszugs aus der amtlichen Karte vorgeschrieben werden, aus dem sich die Größe und Lage des Grundstücks ergeben, es sei denn, dass der Grundstücksteil bisher im Liegenschaftskataster unter einer besonderen Nummer geführt wird.

(4) Ein Auszug aus dem amtlichen Verzeichnis braucht nicht vorgelegt zu werden, wenn der abzuschreibende Grundstücksteil bereits nach dem amtlichen Verzeichnis im Grundbuch benannt ist oder war.

(5) ¹Die Landesregierungen werden ermächtigt, durch Rechtsverordnung zu bestimmen, dass der nach den vorstehenden Absätzen vorzulegende Auszug aus dem amtlichen Verzeichnis der Beglaubigung nicht bedarf, wenn der Auszug maschinell hergestellt wird und ein ausreichender Schutz gegen die Vorlage von nicht von der zuständigen Behörde hergestellten oder von verfälschten Auszügen besteht. ²Satz 1 gilt entsprechend für andere Fälle, in denen dem Grundbuchamt Angaben aus dem amtlichen Verzeichnis zu übermitteln sind. ³Die Landesregierungen können die Ermächtigung durch Rechtsverordnung auf die Landesjustizverwaltungen übertragen.

§ 3 [Grundbuchblatt]

(1) ¹Jedes Grundstück erhält im Grundbuch eine besondere Stelle (Grundbuchblatt). ²Das Grundbuchblatt ist für das Grundstück als das Grundbuch im Sinne des Bürgerlichen Gesetzbuchs anzusehen.

(2) Die Grundstücke des Bundes, der Länder, der Gemeinden und anderer Kommunalverbände, der Kirchen, Klöster und Schulen, die Wasserläufe, die öffentlichen Wege, sowie die Grundstücke, welche einem dem öffentlichen Verkehr dienenden Bahnunternehmen gewidmet sind, erhalten ein Grundbuchblatt nur auf Antrag des Eigentümers oder eines Berechtigten.

(3) Ein Grundstück ist auf Antrag des Eigentümers aus dem Grundbuch auszuscheiden, wenn der Eigentümer nach Absatz 2 von der Verpflichtung zur Eintragung befreit und eine Eintragung, von der das Recht des Eigentümers betroffen wird, nicht vorhanden ist.

(4) Das Grundbuchamt kann, sofern hiervon nicht Verwirrung oder eine wesentliche Erschwerung des Rechtsverkehrs oder der Grundbuchführung zu besorgen ist, von der Führung eines Grundbuchblatts für ein Grundstück absehen, wenn das Grundstück den wirtschaftlichen Zwecken mehrerer anderer Grundstücke zu dienen bestimmt ist, zu diesen in einem dieser Bestimmung entsprechenden räumlichen Verhältnis und im Miteigentum der Eigentümer dieser Grundstücke steht (dienendes Grundstück).

(5) ¹In diesem Fall müssen anstelle des ganzen Grundstücks die den Eigentümern zustehenden einzelnen Miteigentumsanteile an dem dienenden Grundstück auf dem

Grundbuchblatt des dem einzelnen Eigentümer gehörenden Grundstücks eingetragen werden. ²Diese Eintragung gilt als Grundbuch für den einzelnen Miteigentumsanteil.

(6) Die Buchung nach den Absätzen 4 und 5 ist auch dann zulässig, wenn die beteiligten Grundstücke noch einem Eigentümer gehören, dieser aber die Teilung des Eigentums am dienenden Grundstück in Miteigentumsanteile und deren Zuordnung zu den herrschenden Grundstücken gegenüber dem Grundbuchamt erklärt hat; die Teilung wird mit der Buchung nach Absatz 5 wirksam.

(7) Werden die Miteigentumsanteile an dem dienenden Grundstück neu gebildet, so soll, wenn die Voraussetzungen des Absatzes 4 vorliegen, das Grundbuchamt in der Regel nach den vorstehenden Vorschriften verfahren.

(8) Stehen die Anteile an dem dienenden Grundstück nicht mehr den Eigentümern der herrschenden Grundstücke zu, so ist ein Grundbuchblatt anzulegen.

(9) Wird das dienende Grundstück als Ganzes belastet, so ist, sofern nicht ein besonderes Grundbuchblatt angelegt wird oder § 48 anwendbar ist, in allen beteiligten Grundbuchblättern kenntlich zu machen, dass das dienende Grundstück als Ganzes belastet ist; hierbei ist jeweils auf die übrigen Eintragungen zu verweisen.

§§ 4–12

(nicht abgedruckt)

Zweiter Abschnitt
Eintragungen in das Grundbuch

§ 13 [Antrag]

(1) ¹Eine Eintragung soll, soweit nicht das Gesetz etwas anderes vorschreibt, nur auf Antrag erfolgen. ²Antragsberechtigt ist jeder, dessen Recht von der Eintragung betroffen wird oder zu dessen Gunsten die Eintragung erfolgen soll.

(2) ¹Der genaue Zeitpunkt, in dem ein Antrag beim Grundbuchamt eingeht, soll auf dem Antrag vermerkt werden. ²Der Antrag ist beim Grundbuchamt eingegangen, wenn er einer zur Entgegennahme zuständigen Person vorgelegt ist. ³Wird er zur Niederschrift einer solchen Person gestellt, so ist er mit Abschluss der Niederschrift eingegangen.

(3) ¹Für die Entgegennahme eines auf eine Eintragung gerichteten Antrags oder Ersuchens und die Beurkundung des Zeitpunkts, in welchem der Antrag oder das Ersuchen beim Grundbuchamt eingeht, sind nur die für die Führung des Grundbuchs über das betroffene Grundstück zuständige Person und der von der Leitung des Amtsgerichts für das ganze Grundbuchamt oder einzelne Abteilungen hierzu bestellte Beamte (Angestellte) der Geschäftsstelle zuständig. ²Bezieht sich der Antrag oder das Ersuchen auf mehrere Grundstücke in verschiedenen Geschäftsbereichen desselben Grundbuchamts, so ist jeder zuständig, der nach Satz 1 in Betracht kommt.

§ 14 [Antragsrecht]

Die Berichtigung des Grundbuchs durch Eintragung eines Berechtigten darf auch von demjenigen beantragt werden, welcher aufgrund eines gegen den Berechtigten vollstreckbaren Titels eine Eintragung in das Grundbuch verlangen kann, sofern die Zulässigkeit dieser Eintragung von der vorgängigen Berichtigung des Grundbuchs abhängt.

§ 15 [Antragsrecht des Notars]

(1) ¹Für die Eintragungsbewilligung und die sonstigen Erklärungen, die zu der Eintragung erforderlich sind und in öffentlicher oder öffentlich beglaubigter Form abgegeben werden, können sich die Beteiligten auch durch Personen vertreten lassen, die nicht nach § 10 Abs. 2 des Gesetzes über das Verfahren in Familiensachen und in den Angelegenheiten der freiwilligen Gerichtsbarkeit vertretungsbefugt sind. ²Dies gilt auch für die Entgegennahme von Eintragungsmitteilungen und Verfügungen des Grundbuchamtes nach § 18.

(2) Ist die zu einer Eintragung erforderliche Erklärung von einem Notar beurkundet oder beglaubigt, so gilt dieser als ermächtigt, im Namen eines Antragsberechtigten die Eintragung zu beantragen.

§ 16 [Antrag unter Vorbehalt]

(1) Einem Eintragungsantrag, dessen Erledigung an einen Vorbehalt geknüpft wird, soll nicht stattgegeben werden.

(2) Werden mehrere Eintragungen beantragt, so kann von dem Antragsteller bestimmt werden, dass die eine Eintragung nicht ohne die andere erfolgen soll.

§ 17 [Mehrere Anträge]

Werden mehrere Eintragungen beantragt, durch die dasselbe Recht betroffen wird, so darf die später beantragte Eintragung nicht vor der Erledigung des früher gestellten Antrags erfolgen.

§ 18 [Eintragungshindernis]

(1) ¹Steht einer beantragten Eintragung ein Hindernis entgegen, so hat das Grundbuchamt entweder den Antrag unter Angabe der Gründe zurückzuweisen oder dem Antragsteller eine angemessene Frist zur Hebung des Hindernisses zu bestimmen. ²Im letzteren Fall ist der Antrag nach dem Ablauf der Frist zurückzuweisen, wenn nicht inzwischen die Hebung des Hindernisses nachgewiesen ist.

(2) ¹Wird vor der Erledigung des Antrags eine andere Eintragung beantragt, durch die dasselbe Recht betroffen wird, so ist zugunsten des früher gestellten Antrags von Amts wegen eine Vormerkung oder ein Widerspruch einzutragen; die Eintragung gilt im Sinne des § 17 als Erledigung dieses Antrags. ²Die Vormerkung oder der Widerspruch wird von Amts wegen gelöscht, wenn der früher gestellte Antrag zurückgewiesen wird.

§ 19 [Bewilligung]

Eine Eintragung erfolgt, wenn derjenige sie bewilligt, dessen Recht von ihr betroffen wird.

§ 20 [Einigung]

Im Falle der Auflassung eines Grundstücks sowie im Falle der Bestellung, Änderung des Inhalts oder Übertragung eines Erbbaurechts darf die Eintragung nur erfolgen, wenn die erforderliche Einigung des Berechtigten und des anderen Teils erklärt ist.

§ 21 [Bewilligung bei belasteten Rechten]

Steht ein Recht, das durch die Eintragung betroffen wird, dem jeweiligen Eigentümer eines Grundstücks zu, so bedarf es der Bewilligung der Personen, deren Zustimmung nach § 876 Satz 2 des Bürgerlichen Gesetzbuchs zur Aufhebung des Rechtes erforderlich ist, nur dann, wenn das Recht auf dem Blatt des Grundstücks vermerkt ist.

§ 22 [Berichtigung des Grundbuchs]

(1) [1]Zur Berichtigung des Grundbuchs bedarf es der Bewilligung nach § 19 nicht, wenn die Unrichtigkeit nachgewiesen wird. [2]Dies gilt insbesondere für die Eintragung oder Löschung einer Verfügungsbeschränkung.

(2) Die Berichtigung des Grundbuchs durch Eintragung eines Eigentümers oder eines Erbbauberechtigten darf, sofern nicht der Fall des § 14 vorliegt oder die Unrichtigkeit nachgewiesen wird, nur mit Zustimmung des Eigentümers oder des Erbbauberechtigten erfolgen.

§ 23 [Löschung von Rechten auf Lebenszeit nach dem Tode des Berechtigten]

(1) [1]Ein Recht, das auf die Lebenszeit des Berechtigten beschränkt ist, darf nach dessen Tod, falls Rückstände von Leistungen nicht ausgeschlossen sind, nur mit Bewilligung des Rechtsnachfolgers gelöscht werden, wenn die Löschung vor dem Ablauf eines Jahres nach dem Tod des Berechtigten erfolgen soll oder wenn der Rechtsnachfolger der Löschung bei dem Grundbuchamt widersprochen hat; der Widerspruch ist von Amts wegen in das Grundbuch einzutragen. [2]Ist der Berechtigte für tot erklärt, so beginnt die einjährige Frist mit dem Erlass des die Todeserklärung aussprechenden Urteils.

(2) Der im Absatz 1 vorgesehenen Bewilligung des Rechtsnachfolgers bedarf es nicht, wenn im Grundbuch eingetragen ist, dass zur Löschung des Rechtes der Nachweis des Todes des Berechtigten genügen soll.

§ 24 [Zeitlich beschränkte Rechte]

Die Vorschriften des § 23 sind entsprechend anzuwenden, wenn das Recht mit der Erreichung eines bestimmten Lebensalters des Berechtigten oder mit dem Eintritt eines sonstigen bestimmten Zeitpunkts oder Ereignisses erlischt.

§ 25 [Löschung von Vormerkungen und Widersprüchen]

¹Ist eine Vormerkung oder ein Widerspruch aufgrund einer einstweiligen Verfügung eingetragen, so bedarf es zur Löschung nicht der Bewilligung des Berechtigten, wenn die einstweilige Verfügung durch eine vollstreckbare Entscheidung aufgehoben ist. ²Diese Vorschrift ist entsprechend anzuwenden, wenn aufgrund eines vorläufig vollstreckbaren Urteils nach den Vorschriften der Zivilprozessordnung oder aufgrund eines Bescheides nach dem Vermögensgesetz eine Vormerkung oder ein Widerspruch eingetragen ist.

§ 26 [Eintragung einer Übertragung oder einer Belastung von Briefrechten]

(1) Soll die Übertragung einer Hypothek, Grundschuld oder Rentenschuld, über die ein Brief erteilt ist, eingetragen werden, so genügt es, wenn anstelle der Eintragungsbewilligung die Abtretungserklärung des bisherigen Gläubigers vorgelegt wird.

(2) Diese Vorschrift ist entsprechend anzuwenden, wenn eine Belastung der Hypothek, Grundschuld oder Rentenschuld oder die Übertragung oder Belastung einer Forderung, für die ein eingetragenes Recht als Pfand haftet, eingetragen werden soll.

§ 27 [Löschung von Grundpfandrechten]

¹Eine Hypothek, eine Grundschuld oder eine Rentenschuld darf nur mit Zustimmung des Eigentümers des Grundstücks gelöscht werden. ²Für eine Löschung zur Berichtigung des Grundbuchs ist die Zustimmung nicht erforderlich, wenn die Unrichtigkeit nachgewiesen wird.

§ 28 [Bezeichnung des Grundstücks und der einzutragenden Geldbeträge]

¹In der Eintragungsbewilligung oder, wenn eine solche nicht erforderlich ist, in dem Eintragungsantrag ist das Grundstück übereinstimmend mit dem Grundbuch oder durch Hinweis auf das Grundbuchblatt zu bezeichnen. ²Einzutragende Geldbeträge sind in inländischer Währung anzugeben; durch Rechtsverordnung des Bundesministeriums der Justiz im Einvernehmen mit dem Bundesministerium der Finanzen kann die Angabe in einer einheitlichen europäischen Währung, in der Währung eines Mitgliedstaats der Europäischen Union oder des Europäischen Wirtschaftsraums oder einer anderen Währung, gegen die währungspolitische Bedenken nicht zu erheben sind, zugelassen und, wenn gegen die Fortdauer dieser Zulassung währungspolitische Bedenken bestehen, wieder eingeschränkt werden.

§ 29 [Nachweis der zur Eintragung erforderlichen Erklärungen]

(1) [1]Eine Eintragung soll nur vorgenommen werden, wenn die Eintragungsbewilligung oder die sonstigen zu der Eintragung erforderlichen Erklärungen durch öffentliche oder öffentlich beglaubigte Urkunden nachgewiesen werden. [2]Andere Voraussetzungen der Eintragung bedürfen, soweit sie nicht bei dem Grundbuchamt offenkundig sind, des Nachweises durch öffentliche Urkunden.

(2) *(weggefallen)*

(3) Erklärungen oder Ersuchen einer Behörde, aufgrund deren eine Eintragung vorgenommen werden soll, sind zu unterschreiben und mit Siegel oder Stempel zu versehen.

§ 29a [Glaubhaftmachung]

Die Voraussetzungen des § 1179 Nr. 2 des Bürgerlichen Gesetzbuchs sind glaubhaft zu machen; § 29 gilt hierfür nicht.

§ 30 [Form für den Eintragungsantrag und die Vollmacht]

Für den Eintragungsantrag sowie für die Vollmacht zur Stellung eines solchen gelten die Vorschriften des § 29 nur, wenn durch den Antrag zugleich eine zu der Eintragung erforderliche Erklärung ersetzt werden soll.

§ 31 [Antragrücknahme und Widerruf der Vollmacht]

[1]Eine Erklärung, durch die ein Eintragungsantrag zurückgenommen wird, bedarf der in § 29 Abs. 1 Satz 1 und Abs. 3 vorgeschriebenen Form. [2]Dies gilt nicht, sofern der Antrag auf eine Berichtigung des Grundbuchs gerichtet ist. [3]Satz 1 gilt für eine Erklärung, durch die eine zur Stellung des Eintragungsantrags erteilte Vollmacht widerrufen wird, entsprechend.

§ 32 [Zeugnis über die Vertretungsberechtigung bei Handelsgesellschaften]

(1) [1]Die im Handels-, Genossenschafts-, Partnerschafts- oder Vereinsregister eingetragenen Vertretungsberechtigungen, Sitzverlegungen, Firmen- oder Namensänderungen sowie das Bestehen juristischer Personen und Gesellschaften können durch eine Bescheinigung nach § 21 Absatz 1 der Bundesnotarordnung nachgewiesen werden. [2]Dasselbe gilt für sonstige rechtserhebliche Umstände, die sich aus Eintragungen im Register ergeben, insbesondere für Umwandlungen. [3]Der Nachweis kann auch durch einen amtlichen Registerausdruck oder eine beglaubigte Registerabschrift geführt werden.

(2) [1]Wird das Register elektronisch geführt, kann in den Fällen des Absatzes 1 Satz 1 der Nachweis auch durch die Bezugnahme auf das Register geführt werden. [2]Dabei sind das Registergericht und das Registerblatt anzugeben.

§ 33 [Zeugnis über den Güterstand]

(1) Der Nachweis, dass zwischen Ehegatten Gütertrennung oder ein vertragsmäßiges Güterrecht besteht oder dass ein Gegenstand zum Vorbehaltsgut eines Ehegatten gehört, wird durch ein Zeugnis des Gerichts über die Eintragung des güterrechtlichen Verhältnisses im Güterrechtsregister geführt.

(2) Ist das Grundbuchamt zugleich das Registergericht, so genügt statt des Zeugnisses nach Absatz 1 die Bezugnahme auf das Register.

§ 34 [Bezugnahme auf Register]

(aufgehoben)

§ 35 [Nachweis der Erbfolge, Testamentsvollsreckung u.a.]

(1) [1]Der Nachweis der Erbfolge kann nur durch einen Erbschein geführt werden. [2]Beruht jedoch die Erbfolge auf einer Verfügung von Todes wegen, die in einer öffentlichen Urkunde enthalten ist, so genügt es, wenn anstelle des Erbscheins die Verfügung und die Niederschrift über die Eröffnung der Verfügung vorgelegt werden; erachtet das Grundbuchamt die Erbfolge durch diese Urkunden nicht für nachgewiesen, so kann es die Vorlegung eines Erbscheins verlangen.

(2) Das Bestehen der fortgesetzten Gütergemeinschaft sowie die Befugnis eines Testamentsvollstreckers zur Verfügung über einen Nachlassgegenstand ist nur aufgrund der in den §§ 1507, 2368 des Bürgerlichen Gesetzbuchs vorgesehenen Zeugnisse als nachgewiesen anzunehmen; auf den Nachweis der Befugnis des Testamentsvollstreckers sind jedoch die Vorschriften des Absatzes 1 Satz 2 entsprechend anzuwenden.

(3) [1]Zur Eintragung des Eigentümers oder Miteigentümers eines Grundstücks kann das Grundbuchamt von den in den Absätzen 1 und 2 genannten Beweismitteln absehen und sich mit anderen Beweismitteln, für welche die Form des § 29 nicht erforderlich ist, begnügen, wenn das Grundstück oder der Anteil am Grundstück weniger als 3 000 Euro wert ist und die Beschaffung des Erbscheins oder des Zeugnisses nach § 1507 des Bürgerlichen Gesetzbuchs nur mit unverhältnismäßigem Aufwand an Kosten oder Mühe möglich ist. [2]Der Antragsteller kann auch zur Versicherung an Eides statt zugelassen werden.

§ 36 [Eintragung eines Nachlass- oder Gesamtgutgrundstücks]

(1) Soll bei einem zum Nachlass oder zu dem Gesamtgut einer ehelichen oder fortgesetzten Gütergemeinschaft gehörenden Grundstück oder Erbbaurecht einer der Beteiligten als Eigentümer oder Erbbauberechtigter eingetragen werden, so genügt zum Nachweis der Rechtsnachfolge und der zur Eintragung des Eigentumsübergangs erforderlichen Erklärungen der Beteiligten ein Zeugnis des Nachlassgerichts oder des nach § 344 Abs. 5 des Gesetzes über das Verfahren in Familiensachen und in den Angelegenheiten der freiwilligen Gerichtsbarkeit zuständigen Amtsgerichts.

(2) Das Zeugnis darf nur ausgestellt werden, wenn:
a) die Voraussetzungen für die Erteilung eines Erbscheins vorliegen oder der Nachweis der ehelichen Gütergemeinschaft durch öffentliche Urkunden erbracht ist und
b) die Abgabe der Erklärungen der Beteiligten in einer den Vorschriften der Grundbuchordnung entsprechenden Weise dem Nachlassgericht oder dem nach § 344 Abs. 5 des Gesetzes über das Verfahren in Familiensachen und in den Angelegenheiten der freiwilligen Gerichtsbarkeit zuständigen Amtsgericht nachgewiesen ist.

(3) Die Vorschriften über die Zuständigkeit zur Entgegennahme der Auflassung bleiben unberührt.

§ 37 [Eintragung bei Grundpfandrechten aus Nachlass und Gesamtgut]

Die Vorschriften des § 36 sind entsprechend anzuwenden, wenn bei einer Hypothek, Grundschuld oder Rentenschuld, die zu einem Nachlass oder zu dem Gesamtgut einer ehelichen oder fortgesetzten Gütergemeinschaft gehört, einer der Beteiligten als neuer Gläubiger eingetragen werden soll.

§ 38 [Eintragung auf Grund des Ersuchens einer Behörde]

In den Fällen, in denen nach gesetzlicher Vorschrift eine Behörde befugt ist, das Grundbuchamt um eine Eintragung zu ersuchen, erfolgt die Eintragung aufgrund des Ersuchens der Behörde.

§ 39 [Voreintragung des Betroffenen]

(1) Eine Eintragung soll nur erfolgen, wenn die Person, deren Recht durch sie betroffen wird, als der Berechtigte eingetragen ist.

(2) Bei einer Hypothek, Grundschuld oder Rentenschuld, über die ein Brief erteilt ist, steht es der Eintragung des Gläubigers gleich, wenn dieser sich im Besitz des Briefes befindet und sein Gläubigerrecht nach § 1155 des Bürgerlichen Gesetzbuchs nachweist.

§ 40 [Ausnahmen von der Voreintragung]

(1) Ist die Person, deren Recht durch eine Eintragung betroffen wird, Erbe des eingetragenen Berechtigten, so ist die Vorschrift des § 39 Abs. 1 nicht anzuwenden, wenn die Übertragung oder die Aufhebung des Rechts eingetragen werden soll oder wenn der Eintragungsantrag durch die Bewilligung des Erblassers oder eines Nachlasspflegers oder durch einen gegen den Erblasser oder den Nachlasspfleger vollstreckbaren Titel begründet wird.

(2) Das Gleiche gilt für eine Eintragung aufgrund der Bewilligung eines Testamentsvollstreckers oder aufgrund eines gegen diesen vollstreckbaren Titels, sofern die Bewilligung oder der Titel gegen den Erben wirksam ist.

§ 41 [Hypothekenbrief]

(1) ¹Bei einer Hypothek, über die ein Brief erteilt ist, soll eine Eintragung nur erfolgen, wenn der Brief vorgelegt wird. ²Für die Eintragung eines Widerspruchs bedarf es der Vorlegung nicht, wenn die Eintragung durch eine einstweilige Verfügung angeordnet ist und der Widerspruch sich darauf gründet, dass die Hypothek oder die Forderung, für welche sie bestellt ist, nicht bestehe oder einer Einrede unterliege oder dass die Hypothek unrichtig eingetragen sei. ³Der Vorlegung des Briefes bedarf es nicht für die Eintragung einer Löschungsvormerkung nach § 1179 des Bürgerlichen Gesetzbuchs.

(2) ¹Der Vorlegung des Hypothekenbriefs steht es gleich, wenn in den Fällen der §§ 1162, 1170, 1171 des Bürgerlichen Gesetzbuchs aufgrund des Ausschließungsbeschlusses die Erteilung eines neuen Briefes beantragt wird. ²Soll die Erteilung des Briefes nachträglich ausgeschlossen oder die Hypothek gelöscht werden, so genügt die Vorlegung des Ausschlussurteils.

§ 42 [Grundschuld- oder Rentenschuldbrief]

¹Die Vorschriften des § 41 sind auf die Grundschuld und die Rentenschuld entsprechend anzuwenden. ²Ist jedoch das Recht für den Inhaber des Briefes eingetragen, so bedarf es der Vorlegung des Briefes nur dann nicht, wenn der Eintragungsantrag durch die Bewilligung eines nach § 1189 des Bürgerlichen Gesetzbuchs bestellten Vertreters oder durch eine gegen ihn erlassene gerichtliche Entscheidung begründet wird.

§ 43 [Inhaber- oder Orderpapiere]

(1) Bei einer Hypothek für die Forderung aus einer Schuldverschreibung auf den Inhaber, aus einem Wechsel oder einem anderen Papier, das durch Indossament übertragen werden kann, soll eine Eintragung nur erfolgen, wenn die Urkunde vorgelegt wird; die Eintragung ist auf der Urkunde zu vermerken.

(2) Diese Vorschrift ist nicht anzuwenden, wenn eine Eintragung aufgrund der Bewilligung eines nach § 1189 des Bürgerlichen Gesetzbuchs bestellten Vertreters oder aufgrund einer gegen diesen erlassenen gerichtlichen Entscheidung bewirkt werden soll.

§ 44 [Datum und Unterzeichnung der Eintragung]

(1) ¹Jede Eintragung soll den Tag, an welchem sie erfolgt ist, angeben. ²Die Eintragung soll, sofern nicht nach § 12c Abs. 2 Nr. 2 bis 4 der Urkundsbeamte der Geschäftsstelle zuständig ist, die für die Führung des Grundbuchs zuständige Person, regelmäßig unter Angabe des Wortlauts, verfügen und der Urkundsbeamte der Geschäftsstelle veranlassen; sie ist von beiden zu unterschreiben, jedoch kann statt des Urkundsbeamten ein von der Leitung des Amtsgerichts ermächtigter Justizangestellter unterschreiben. ³In den Fällen des § 12c Abs. 2 Nr. 2 bis 4 haben der Urkundsbeamte der Geschäftsstelle und zusätzlich entweder ein zweiter Beamter der Geschäftsstelle oder ein von der Leitung des Amtsgerichts ermächtigter Justizangestellter die Eintragung zu unterschreiben.

(2) ¹Soweit nicht gesetzlich etwas anderes bestimmt ist und der Umfang der Belastung aus dem Grundbuch erkennbar bleibt, soll bei der Eintragung eines Rechts, mit dem ein Grundstück belastet wird, auf die Eintragungsbewilligung Bezug genommen werden. ²Hierbei sollen in der Bezugnahme der Name des Notars, der Notarin oder die Bezeichnung des Notariats und jeweils die Nummer der Urkundenrolle, bei Eintragungen aufgrund eines Ersuchens (§ 38) die Bezeichnung der ersuchenden Stelle und deren Aktenzeichen angegeben werden.

(3) ¹Bei der Umschreibung eines Grundbuchblatts, der Neufassung eines Teils eines Grundbuchblatts und in sonstigen Fällen der Übernahme von Eintragungen auf ein anderes, bereits angelegtes oder neu anzulegendes Grundbuchblatt soll, sofern hierdurch der Inhalt der Eintragung nicht verändert wird, die Bezugnahme auf die Eintragungsbewilligung oder andere Unterlagen bis zu dem Umfange nachgeholt oder erweitert werden, wie sie nach Absatz 2 zulässig wäre. ²Sofern hierdurch der Inhalt der Eintragung nicht verändert wird, kann auch von dem ursprünglichen Text der Eintragung abgewichen werden.

§ 45 [Reihenfolge der Eintragungen]

(1) Sind in einer Abteilung des Grundbuchs mehrere Eintragungen zu bewirken, so erhalten sie die Reihenfolge, welche der Zeitfolge der Anträge entspricht; sind die Anträge gleichzeitig gestellt, so ist im Grundbuch zu vermerken, dass die Eintragungen gleichen Rang haben.

(2) Werden mehrere Eintragungen, die nicht gleichzeitig beantragt sind, in verschiedenen Abteilungen unter Angabe desselben Tages bewirkt, so ist im Grundbuch zu vermerken, dass die später beantragte Eintragung der früher beantragten im Rang nachsteht.

(3) Diese Vorschriften sind insoweit nicht anzuwenden, als ein Rangverhältnis nicht besteht oder das Rangverhältnis von den Antragstellern abweichend bestimmt ist.

§ 46 [Löschung eines Rechtes oder einer Verfügungsbeschränkung]

(1) Die Löschung eines Rechtes oder einer Verfügungsbeschränkung erfolgt durch Eintragung eines Löschungsvermerks.

(2) Wird bei der Übertragung eines Grundstücks oder eines Grundstücksteils auf ein anderes Blatt ein eingetragenes Recht nicht mitübertragen, so gilt es in Ansehung des Grundstücks oder des Teils als gelöscht.

§ 47 [Eintragung eines Rechtes für mehrere]

(1) Soll ein Recht für mehrere gemeinschaftlich eingetragen werden, so soll die Eintragung in der Weise erfolgen, dass entweder die Anteile der Berechtigten in Bruchteilen angegeben werden oder das für die Gemeinschaft maßgebende Rechtsverhältnis bezeichnet wird.

(2) ¹Soll ein Recht für eine Gesellschaft bürgerlichen Rechts eingetragen werden, so sind auch deren Gesellschafter im Grundbuch einzutragen. ²Die für den Berechtigten geltenden Vorschriften gelten entsprechend für die Gesellschafter.

§ 48 [Mitbelastung]

(1) ¹Werden mehrere Grundstücke mit einem Recht belastet, so ist auf dem Blatt jedes Grundstücks die Mitbelastung der übrigen von Amts wegen erkennbar zu machen. ²Das Gleiche gilt, wenn mit einem an einem Grundstück bestehenden Recht nachträglich noch ein anderes Grundstück belastet oder wenn im Falle der Übertragung eines Grundstücksteils auf ein anderes Grundbuchblatt ein eingetragenes Recht mitübertragen wird.

(2) Soweit eine Mitbelastung erlischt, ist dies von Amts wegen zu vermerken.

§ 49 [Altenteil]

Werden Dienstbarkeiten und Reallasten als Leibgedinge, Leibzucht, Altenteil oder Auszug eingetragen, so bedarf es nicht der Bezeichnung der einzelnen Rechte, wenn auf die Eintragungsbewilligung Bezug genommen wird.

§ 50 [Eintragung eines Briefrechtes als Teilschuldverschreibungen auf den Inhaber]

(1) Bei der Eintragung einer Hypothek für Teilschuldverschreibungen auf den Inhaber genügt es, wenn der Gesamtbetrag der Hypothek unter Angabe der Anzahl, des Betrags und der Bezeichnung der Teile eingetragen wird.

(2) Diese Vorschrift ist entsprechend anzuwenden, wenn eine Grundschuld oder eine Rentenschuld für den Inhaber des Briefes eingetragen und das Recht in Teile zerlegt werden soll.

§ 51 [Eintragung eines Vorerben]

Bei der Eintragung eines Vorerben ist zugleich das Recht des Nacherben und, soweit der Vorerbe von den Beschränkungen seines Verfügungsrechts befreit ist, auch die Befreiung von Amts wegen einzutragen.

§ 52 [Testamentsvollstreckervermerk]

Ist ein Testamentsvollstrecker ernannt, so ist dies bei der Eintragung des Erben von Amts wegen miteinzutragen, es sei denn, dass der Nachlassgegenstand der Verwaltung des Testamentsvollstreckers nicht unterliegt.

§ 53 [Widerspruch und Löschung von Amts wegen]

(1) ¹Ergibt sich, dass das Grundbuchamt unter Verletzung gesetzlicher Vorschriften eine Eintragung vorgenommen hat, durch die das Grundbuch unrichtig geworden ist, so ist von Amts wegen ein Widerspruch einzutragen. ²Erweist sich eine Eintragung nach ihrem Inhalt als unzulässig, so ist sie von Amts wegen zu löschen.

(2) ¹Bei einer Hypothek, einer Grundschuld oder einer Rentenschuld bedarf es zur Eintragung eines Widerspruchs der Vorlegung des Briefes nicht, wenn der Widerspruch den im § 41 Abs. 1 Satz 2 bezeichneten Inhalt hat. ²Diese Vorschrift ist nicht anzuwenden, wenn der Grundschuld- oder Rentenschuldbrief auf den Inhaber ausgestellt ist.

§§ 54–70

(nicht abgedruckt)

Vierter Abschnitt
Beschwerde

§ 71 [Zulässigkeit]

(1) Gegen die Entscheidungen des Grundbuchamts findet das Rechtsmittel der Beschwerde statt.

(2) ¹Die Beschwerde gegen eine Eintragung ist unzulässig. ²Im Wege der Beschwerde kann jedoch verlangt werden, dass das Grundbuchamt angewiesen wird, nach § 53 einen Widerspruch einzutragen oder eine Löschung vorzunehmen.

§ 72 [Beschwerdegericht]

Über die Beschwerde entscheidet das Oberlandesgericht, in dessen Bezirk das Grundbuchamt seinen Sitz hat.

§ 73 [Einlegung der Beschwerde]

(1) Die Beschwerde kann bei dem Grundbuchamt oder bei dem Beschwerdegericht eingelegt werden.

(2) ¹Die Beschwerde ist durch Einreichung einer Beschwerdeschrift oder durch Erklärung zur Niederschrift des Grundbuchamts oder der Geschäftsstelle des Beschwerdegerichts einzulegen. ²Für die Einlegung der Beschwerde durch die Übermittlung eines elektronischen Dokuments, die elektronische Gerichtsakte sowie das gerichtliche elektronische Dokument gilt § 14 Absatz 1 bis 3 und 5 des Gesetzes über das Verfahren in Familiensachen und in den Angelegenheiten der freiwilligen Gerichtsbarkeit.

§ 74 [Neue Tatsachen]

Die Beschwerde kann auf neue Tatsachen und Beweise gestützt werden.

§ 75 [Abhilfe durch das Grundbuchamt]

Erachtet das Grundbuchamt die Beschwerde für begründet, so hat es ihr abzuhelfen.

§ 76 [Einstweilige Anordnung durch das Beschwerdegericht]

(1) Das Beschwerdegericht kann vor der Entscheidung eine einstweilige Anordnung erlassen, insbesondere dem Grundbuchamt aufgeben, eine Vormerkung oder einen Widerspruch einzutragen, oder anordnen, dass die Vollziehung der angefochtenen Entscheidung auszusetzen ist.

(2) Die Vormerkung oder der Widerspruch (Absatz 1) wird von Amts wegen gelöscht, wenn die Beschwerde zurückgenommen oder zurückgewiesen ist.

(3) Die Beschwerde hat nur dann aufschiebende Wirkung, wenn sie gegen eine Verfügung gerichtet ist, durch die ein Zwangsgeld festgesetzt wird.

§ 77 [Beschwerdeentscheidung]

Die Entscheidung des Beschwerdegerichts ist mit Gründen zu versehen und dem Beschwerdeführer mitzuteilen.

§ 78 [Weitere Beschwerde]

(1) Gegen einen Beschluss des Beschwerdegerichts ist die Rechtsbeschwerde statthaft, wenn sie das Beschwerdegericht in dem Beschluss zugelassen hat.

(2) ¹Die Rechtsbeschwerde ist zuzulassen, wenn
1. die Rechtssache grundsätzliche Bedeutung hat oder
2. die Fortbildung des Rechts oder die Sicherung einer einheitlichen Rechtsprechung eine Entscheidung des Rechtsbeschwerdegerichts erfordert.

²Das Rechtsbeschwerdegericht ist an die Zulassung gebunden.

(3) Auf das weitere Verfahren finden § 73 Absatz 2 Satz 2 dieses Gesetzes sowie die §§ 71 bis 74a des Gesetzes über das Verfahren in Familiensachen und in den Angelegenheiten der freiwilligen Gerichtsbarkeit entsprechende Anwendung.

§§ 79–80

(aufgehoben)

§ 81 [Verweisung auf GVG und ZPO]

(1) Über Beschwerden entscheidet bei den Oberlandesgerichten und dem Bundesgerichtshof ein Zivilsenat.

(2) Die Vorschriften der Zivilprozessordnung über die Ausschließung und Ablehnung der Gerichtspersonen sind entsprechend anzuwenden.

(3) Die Vorschrift des § 44 des Gesetzes über das Verfahren in Familiensachen und in den Angelegenheiten der freiwilligen Gerichtsbarkeit über die Fortführung des Verfahrens bei Verletzung des Anspruchs auf rechtliches Gehör ist entsprechend anzuwenden.

(4) ¹Die Bundesregierung und die Landesregierungen bestimmen für ihren Bereich durch Rechtsverordnung den Zeitpunkt, von dem an elektronische Akten geführt und elektronische Dokumente bei Gericht eingereicht werden können. ²Die Bundesregierung und die Landesregierungen bestimmen für ihren Bereich durch Rechtsverordnung die organisatorisch-technischen Rahmenbedingungen für die Bildung, Führung und Aufbewahrung der elektronischen Akten und die für die Bearbeitung der Dokumente geeignete Form. ³Die Rechtsverordnungen der Bundesregierung bedürfen nicht der Zustimmung des Bundesrates. ⁴Die Landesregierungen können die Ermächtigungen durch Rechtsverordnung auf die Landesjustizverwaltungen übertragen. ⁵Die Zulassung der elektronischen Akte und der elektronischen Form kann auf einzelne Gerichte oder Verfahren beschränkt werden.

§§ 82–144

(nicht abgedruckt)

3. Verordnung über die Anlegung und Führung der Wohnungs- und Teileigentumsgrundbücher (Wohnungsgrundbuchverfügung – WGV)

i.d.F. der Bek. vom 24.1.1995 (BGBl. I S. 134)

§ 1

Für die gemäß § 7 Abs. 1, § 8 Abs. 2 des Wohnungseigentumsgesetzes vom 15. März 1951 (Bundesgesetzbl. I S. 175) für jeden Miteigentumsanteil anzulegenden besonderen Grundbuchblätter (Wohnungs- und Teileigentumsgrundbücher) sowie für die gemäß § 30 Abs. 3 des Wohnungseigentumsgesetzes anzulegenden Wohnungs- und Teilerbbaugrundbücher gelten die Vorschriften der Grundbuchverfügung entsprechend, soweit sich nicht aus den §§ 2 bis 5, 8 und 9 etwas anderes ergibt.

§ 2

¹In der Aufschrift ist unter die Blattnummer in Klammern das Wort „Wohnungsgrundbuch" oder „Teileigentumsgrundbuch" zu setzen, je nachdem, ob sich das Sondereigentum auf eine Wohnung oder auf nicht zu Wohnzwecken dienende Räume bezieht. ²Ist mit dem Miteigentumsanteil Sondereigentum sowohl an einer Wohnung als auch an nicht zu Wohnzwecken dienenden Räumen verbunden und überwiegt nicht einer dieser Zwecke offensichtlich, so ist das Grundbuchblatt als „Wohnungs- und Teileigentumsgrundbuch" zu bezeichnen.

§ 3

(1) Im Bestandsverzeichnis sind in dem durch die Spalte 3 gebildeten Raum einzutragen:

a) der in einem zahlenmäßigen Bruchteil ausgedrückte Miteigentumsanteil an dem Grundstück;
b) die Bezeichnung des Grundstücks nach den allgemeinen Vorschriften; besteht das Grundstück aus mehreren Teilen, die in dem maßgebenden amtlichen Verzeichnis (§ 2 Abs. 2 der Grundbuchordnung) als selbstständige Teile eingetragen sind, so ist bei der Bezeichnung des Grundstücks in geeigneter Weise zum Ausdruck zu bringen, dass die Teile ein Grundstück bilden;
c) das mit dem Miteigentumsanteil verbundene Sondereigentum an bestimmten Räumen und die Beschränkung des Miteigentums durch die Einräumung der zu den anderen Miteigentumsanteilen gehörenden Sondereigentumsrechte; dabei sind die Grundbuchblätter der übrigen Miteigentumsanteile anzugeben.

(2) Wegen des Gegenstandes und des Inhalts des Sondereigentums kann auf die Eintragungsbewilligung Bezug genommen werden (§ 7 Abs. 3 des Wohnungseigentumsgesetzes); vereinbarte Veräußerungsbeschränkungen (§ 12 des Wohnungseigentumsgesetzes) sind jedoch ausdrücklich einzutragen.

(3) ¹In Spalte 1 ist die laufende Nummer der Eintragung einzutragen. ²In Spalte 2 ist die bisherige laufende Nummer des Miteigentumsanteils anzugeben, aus dem der Miteigentumsanteil durch Vereinigung oder Teilung entstanden ist.

(4) In Spalte 4 ist die Größe des im Miteigentum stehenden Grundstücks nach den allgemeinen Vorschriften einzutragen.

(5) ¹In den Spalten 6 und 8 sind die Übertragung des Miteigentumsanteils auf das Blatt sowie die Veränderungen, die sich auf den Bestand des Grundstücks, die Größe des Miteigentumsanteils oder den Gegenstand oder den Inhalt des Sondereigentums beziehen, einzutragen. ²Der Vermerk über die Übertragung des Miteigentumsanteils auf das Blatt kann jedoch statt in Spalte 6 auch in die Eintragung in Spalte 3 aufgenommen werden.

(6) Verliert durch die Eintragung einer Veränderung nach ihrem aus dem Grundbuch ersichtlichen Inhalt eine frühere Eintragung ganz oder teilweise ihre Bedeutung, so ist sie insoweit rot zu unterstreichen.

(7) ¹Vermerke über Rechte, die dem jeweiligen Eigentümer des Grundstücks zustehen, sind in den Spalten 1, 3 und 4 des Bestandsverzeichnisses sämtlicher für Miteigentumsanteile an dem herrschenden Grundstück angelegten Wohnungs- und Teileigentumsgrundbücher einzutragen. ²Hierauf ist in dem in Spalte 6 einzutragenden Vermerk hinzuweisen.

§ 4

(1) ¹Rechte, die ihrer Natur nach nicht an dem Wohnungseigentum als solchem bestehen können (wie z. B. Wegerechte), sind in Spalte 3 der zweiten Abteilung in der Weise einzutragen, dass die Belastung des ganzen Grundstücks erkennbar ist. ²Die Belastung ist in sämtlichen für Miteigentumsanteile an dem belasteten Grundstück angelegten Wohnungs- und Teileigentumsgrundbüchern einzutragen, wobei jeweils auf die übrigen Eintragungen zu verweisen ist.

(2) Absatz 1 gilt entsprechend für Verfügungsbeschränkungen, die sich auf das Grundstück als Ganzes beziehen.

§ 5

Bei der Bildung von Hypotheken-, Grundschuld- und Rentenschuldbriefen ist kenntlich zu machen, dass der belastete Gegenstand ein Wohnungseigentum (Teileigentum) ist.

§ 6

¹Sind gemäß § 7 Abs. 1 oder § 8 Abs. 2 des Wohnungseigentumsgesetzes für die Miteigentumsanteile besondere Grundbuchblätter anzulegen, so werden die Miteigentumsanteile in den Spalten 7 und 8 des Bestandsverzeichnisses des Grundbuchblattes des Grundstücks abgeschrieben. ²Die Schließung des Grundbuchblatts gemäß § 7 Abs. 1 Satz 3 des Wohnungseigentumsgesetzes unterbleibt, wenn auf dem Grundbuchblatt von der Abschreibung nicht betroffene Grundstücke eingetragen sind.

§ 7

Wird von der Anlegung besonderer Grundbuchblätter gemäß § 7 Abs. 2 des Wohnungseigentumsgesetzes abgesehen, so sind in der Aufschrift unter die Blattnummer in Klammern die Worte „Gemeinschaftliches Wohnungsgrundbuch" oder „Gemeinschaftliches Teileigentumsgrundbuch" (im Falle des § 2 Satz 2 dieser Verfügung „Gemeinschaftliches Wohnungs- und Teileigentumsgrundbuch") zu setzen; die Angaben über die Einräumung von Sondereigentum sowie über den Gegenstand und Inhalt des Sondereigentums sind als Bezeichnung des Gemeinschaftsverhältnisses im Sinne des § 47 der Grundbuchordnung gemäß § 9 Buchstabe b der Grundbuchverfügung in den Spalten 2 und 4 der ersten Abteilung einzutragen.

§ 8

Die Vorschriften der §§ 2 bis 7 gelten für Wohnungs- und Teilerbbaugrundbücher entsprechend.

§ 9

[1]Die nähere Einrichtung der Wohnungs- und Teileigentumsgrundbücher sowie der Wohnungs- und Teilerbbaugrundbücher ergibt sich aus den als Anlagen 1 bis 3[1] beigefügten Mustern. [2]Für den Inhalt eines Hypothekenbriefs bei der Aufteilung des Eigentums am belasteten Grundstück in Wohnungseigentumsrechte nach § 8 des Wohnungseigentumsgesetzes dient die Anlage 4[1] als Muster. [3]Die in den Anlagen befindlichen Probeeintragungen sind als Beispiele nicht Teil dieser Verfügung.

§ 10

(1) Die Befugnis der zuständigen Landesbehörden, zur Anpassung an landesrechtliche Besonderheiten ergänzende Vorschriften zu treffen, wird durch diese Verfügung nicht berührt.

(2) [1]Soweit auf die Vorschriften der Grundbuchverfügung verwiesen wird und deren Bestimmungen nach den für die Überleitung der Grundbuchverfügung bestimmten Maßgaben nicht anzuwenden sind, treten an die Stelle der in Bezug genommenen Vorschriften der Grundbuchverfügung die entsprechenden anzuwendenden Regelungen über die Einrichtung und Führung der Grundbücher. [2]Die in § 3 vorgesehenen Angaben sind in diesem Falle in die entsprechenden Spalten für den Bestand einzutragen.

(3) Ist eine Aufschrift mit Blattnummer nicht vorhanden, ist die in § 2 erwähnte Bezeichnung an vergleichbarer Stelle im Kopf der ersten Seite des Grundbuchblatts anzubringen.

§ 11

(Inkrafttreten)

---

1 **Anm. d. Verlages:**
Die Anlagen 1 bis 4 sind im Anlageband zu dieser Ausgabe des Bundesgesetzblatts (BGBl. I Nr. 6 vom 10.2.1995) abgedruckt.

4. Allgemeine Verwaltungsvorschrift für die Ausstellung von Bescheinigungen gemäß § 7 Abs. 4 Nr. 2 und § 32 Abs. 2 Nr. 2 des Wohnungseigentumsgesetzes (Abgeschlossenheitsbescheinigung)

vom 19. März 1974 (BAnz. Nr. 58v. 23. März 1974)

Aufgrund des Artikels 84 Abs. 2 des Grundgesetzes werden mit Zustimmung des Bundesrates folgende Richtlinien für die Baubehörden über die Bescheinigung gemäß § 7 Abs. 4 Nr. 2 bzw. § 32 Abs. 2 Nr. 2 des Wohnungseigentumsgesetzes vom 15. März 1951 (Bundesgesetzbl. I S. 175, 209), zuletzt geändert durch das Gesetz zur Änderung des Wohnungseigentumsgesetzes und der Verordnung über das Erbbaurecht vom 30. Juli 1973 (Bundesgesetzbl. I S. 910), erlassen:

1. Die Bescheinigung darüber, dass eine Wohnung oder nicht zu Wohnzwecken dienende Räume in sich abgeschlossen im Sinne des § 3 Abs. 2 bzw. des § 32 Abs. 1 des Wohnungseigentumsgesetzes sind, wird auf Antrag des Grundstückseigentümers oder Erbbauberechtigten durch die Bauaufsichtsbehörde erteilt, die für die bauaufsichtliche Erlaubnis (Baugenehmigung) und die bauaufsichtlichen Abnahmen zuständig ist, soweit die zuständige oberste Landesbehörde nicht etwas anderes bestimmt.
2. Dem Antrag ist eine Bauzeichnung in zweifacher Ausfertigung im Maßstabe mindestens 1 : 100 beizufügen; sie muss bei bestehenden Gebäuden eine Baubestandszeichnung sein und bei zu errichtenden Gebäuden den bauaufsichtlichen (baupolizeilichen) Vorschriften entsprechen.
3. Aus der Bauzeichnung müssen die Wohnungen, auf die sich das Wohnungseigentum, Wohnungserbbaurecht oder Dauerwohnrecht beziehen soll, oder die nicht zu Wohnzwecken dienenden Räume, auf die sich das Teileigentum, Teilerbbaurecht oder Dauernutzungsrecht beziehen soll, ersichtlich sein. Dabei sind alle zu demselben Wohnungseigentum, Teileigentum, Wohnungserbbaurecht, Teilerbbaurecht, Dauerwohnrecht oder Dauernutzungsrecht gehörenden Einzelräume in der Bauzeichnung mit der jeweils gleichen Nummer zu kennzeichnen.
4. Eine Wohnung ist die Summe der Räume, welche die Führung eines Haushaltes ermöglichen; dazu gehören stets eine Küche oder ein Raum mit Kochgelegenheit sowie Wasserversorgung, Ausguss und WC. Die Eigenschaft als Wohnung geht nicht dadurch verloren, dass einzelne Räume vorübergehend oder dauernd zu beruflichen oder gewerblichen Zwecken benutzt werden.
Räume, die zwar zu Wohnzwecken bestimmt sind, aber die genannten Voraussetzungen nicht erfüllen, können nicht als Wohnung im Sinne der oben angeführten Vorschriften angesehen werden.
Der Unterschied zwischen „Wohnungen" und „nicht zu Wohnzwecken dienenden Räumen" ergibt sich aus der Zweckbestimmung der Räume. Nicht zu Wohnzwecken dienende Räume sind z. B. Läden, Werkstatträume, sonstige gewerbliche Räume, Praxisräume, Garagen u. dgl.

IV Abgeschlossenheitsbescheinigung

5. Aus der Bauzeichnung muss weiter ersichtlich sein, dass die „Wohnungen" oder „die nicht zu Wohnzwecken dienenden Räume" in sich abgeschlossen sind.
   a) Abgeschlossene Wohnungen sind solche Wohnungen, die baulich vollkommen von fremden Wohnungen und Räumen abgeschlossen sind, z. B. durch Wände und Decken, die den Anforderungen der Bauaufsichtsbehörden (Baupolizei) an Wohnungstrennwände und Wohnungstrenndecken entsprechen und einen eigenen abschließbaren Zugang unmittelbar vom Freien, von einem Treppenhaus oder einem Vorraum haben. Zu abgeschlossenen Wohnungen können zusätzliche Räume außerhalb des Wohnungsabschlusses gehören. Wasserversorgung, Ausguss und WC müssen innerhalb der Wohnung liegen.
   Zusätzliche Räume, die außerhalb des Wohnungsabschlusses liegen, müssen verschließbar sein.
   b) Bei „nicht zu Wohnzwecken dienenden Räumen" gelten diese Erfordernisse sinngemäß.
6. Bei Garagenstellplätzen muss sich im Falle des § 3 Abs. 2 Satz 2 des Wohnungseigentumsgesetzes aus der Bauzeichnung, gegebenenfalls durch zusätzliche Beschriftung ergänzt, ergeben, wie die Flächen der Garagenstellplätze durch dauerhafte Markierungen ersichtlich sind. Als dauerhafte Markierungen kommen in Betracht
   a) Wände aus Stein oder Metall,
   b) festverankerte Geländer oder Begrenzungseinrichtungen aus Stein oder Metall,
   c) festverankerte Begrenzungsschwellen aus Stein oder Metall,
   d) in den Fußboden eingelassene Markierungssteine,
   e) andere Maßnahmen, die den Maßnahmen nach den Buchstaben a bis d zumindest gleichzusetzen sind.
7. Bei Vorliegen der Voraussetzungen der Nummern 1 bis 6 ist die Bescheinigung nach dem Muster der Anlage zu erteilen. Die Bescheinigung ist mit Unterschrift sowie Siegel oder Stempel zu versehen. Mit der Bescheinigung ist eine als Aufteilungsplan bezeichnete und mit Unterschrift sowie mit Siegel oder Stempel versehene Ausfertigung der Bauzeichnung zu erteilen. Die Zusammengehörigkeit von Bescheinigung und Aufteilungsplan ist durch Verbindung beider mittels Schnur und Siegel oder durch übereinstimmende Aktenbezeichnung ersichtlich zu machen.
8. Die Bescheinigung gemäß Nummer 7 ist bei zu errichtenden Gebäuden nicht zu erteilen, wenn die Voraussetzungen für eine bauaufsichtliche Genehmigung des Bauvorhabens nach Maßgabe der eingereichten Bauzeichnungen nicht gegeben sind.

Die Richtlinien treten am 1. Tag des auf die Veröffentlichung folgenden Monats in Kraft. Die Richtlinien des Bundesministers für Wohnungsbau vom 3. August 1951 für die Ausstellung von Bescheinigungen gemäß § 7 Abs. 4 Nr. 2 und § 32 Abs. 2 Nr. 2 des Wohnungseigentumsgesetzes (Bundesanzeiger Nr. 152 vom 9. August 1951) treten gleichzeitig außer Kraft.

Abgeschlossenheitsbescheinigung IV

Anlage

Bescheinigung aufgrund des § 7 Abs. 4 Nr. 2/§ 32 Abs. 2 Nr. 2 des WEG vom 15. März 1951

Die in dem beiliegenden Aufteilungsplan
mit Nummer .... bis .... bezeichneten Wohnungen,*fu#* mit Nummer .... bis .... bezeichneten nicht zu Wohnzwecken dienenden Räume* in dem bestehenden/zu entrichtenden* Gebäude auf dem Grundstück in
....
....
Ort (Straße, Nr.)

(Katastermäßige Bezeichnung) ....
Grundbuch von ....
Band .... Blatt ....
sind/gelten als* in sich abgeschlossen.
Sie entsprechen daher dem Erfordernis des § 3 Abs. 2/§ 32 Abs. 1* des WEGs.

........................., den ....
(Ort)

....
(Siegel oder Stempel) (Unterschrift der Behörde)

* Nichtzutreffendes streichen.

5. Gesetz zur Änderung des Wohnungseigentumsgesetzes und anderer Gesetze

vom 26.3.2007 (BGBl. I S. 370)
– Auszug –

...

Artikel 2
Änderung des Gesetzes über die Zwangsversteigerung und die Zwangsverwaltung

...

1. § 10 wird wie folgt geändert:
   a) Absatz 1 Nr. 2 wird wie folgt gefasst:
   „2. bei Vollstreckung in ein Wohnungseigentum die daraus fälligen Ansprüche auf Zahlung der Beiträge zu den Lasten und Kosten des gemeinschaftlichen Eigentums oder des Sondereigentums, die nach § 16 Abs. 2, § 28 Abs. 2 und 5 des Wohnungseigentumsgesetzes geschuldet werden, einschließlich der Vorschüsse und Rückstellungen sowie der Rückgriffsansprüche einzelner Wohnungseigentümer. Das Vorrecht erfasst die laufenden und die rückständigen Beträge aus dem Jahr der Beschlagnahme und den letzten zwei Jahren. Das Vorrecht einschließlich aller Nebenleistungen ist begrenzt auf Beträge in Höhe von nicht mehr als 5 vom Hundert des § 74a Abs. 5 festgesetzten Wertes. Die Anmeldung erfolgt durch die Gemeinschaft der Wohnungseigentümer. Rückgriffsansprüche einzelner Wohnungseigentümer werden von diesen angemeldet;".

...

Übersicht

	Rn		Rn
I. Vorbemerkung zur Rechtslage vor der Novellierung	1	3. Mindestanspruchshöhe	18
II. Abgrenzung Altverfahren/Neuverfahren	3	4. Ablösung der Forderung durch Schuldner	22
III. Bevorrechtigte Ansprüche in Rangklasse 2	5	5. Ablösung der Forderung durch Grundbuchgläubiger	24
1. Objektbezogene Wohngeldansprüche und Nebenleistungen	5	V. Anmeldung von Ansprüchen bei Versteigerung durch Dritte	27
2. Rückgriffsansprüche	7	VI. Berücksichtigung des Vorrechts in der Zwangsverwaltung	34
3. Zeitliche Begrenzung der bevorrechtigten Ansprüche	8	1. Betreiben der Zwangsverwaltung durch Dritte	34
4. Höchstbetrag des Vorrechts	13	2. Betreiben der Zwangsverwaltung durch Eigentümergemeinschaft	39
IV. Betreiben der Versteigerung aus Rangklasse 2 durch Eigentümergemeinschaft	15	VII. Haftung des Insolvenzverwalters und des Sonderrechtsnachfolgers für bevorrechtigte Wohngeldansprüche	40
1. Gläubiger	15		
2. Titel, Glaubhaftmachung der Bevorrechtigung	16		

Gesetz zur Änderung des Wohnungseigentumsgesetzes IV

		Rn			Rn
1.	Dingliche Rechtsnatur der bevorrechtigten Wohngeldansprüche	40	4.	Versteigerung nach Freigabe aus Insolvenzmasse	46
2.	Versteigerung wegen Insolvenzforderungen	43	5.	Versteigerung bei Eigentümerwechsel	47
3.	Versteigerung bei Masseunzulänglichkeit	44	VIII.	Verhältnis von bevorrechtigten Wohngeldansprüchen und Vormerkungen Dritter	49

I. Vorbemerkung zur Rechtslage vor der Novellierung

In Zwangsversteigerungsverfahren nach der bis zum 30.6.2007 geltenden Fassung des ZVG blieb die Immobiliarvollstreckung gegen zahlungsunfähige Wohnungseigentümer wegen rückständiger Wohngeldbeiträge häufig erfolglos, wenn das Wohnungseigentum des Schuldners bis zur Höhe des Verkehrswertes mit Grundpfandrechten belastet war. Da eine Zwangsversteigerung wegen Wohngeldansprüchen bestenfalls aus den Rangklassen 4 und 5 (§ 10 Abs 1 ZVG) betrieben werden konnte, fielen vorrangige Grundpfandrechte (insbesondere die der finanzierenden Banken) in das **geringste Gebot** (§ 44 ZVG) mit der Folge, dass etwaige Erwerbsinteressenten mindestens ein Gebot abgeben mussten, das die Verfahrenskosten und den Nominalwert der vorrangigen (bestehen bleibenden) Grundpfandrechte abdeckte. Dazu waren potentielle Ersteher nur selten bereit, wenn die vorrangigen Grundpfandrechte dem **Verkehrswert** des Wohnungseigentums nahe kamen oder diesen sogar **überstiegen**. Betrieb ein vorrangiger Gläubiger (zB die finanzierende Bank als Inhaberin der erstrangigen Grundschuld) die Zwangsversteigerung, wurden Wohngeldansprüche der Eigentümergemeinschaft nur berücksichtigt, wenn die Gemeinschaft dem Zwangsversteigerungsverfahren beigetreten oder zugunsten der Gemeinschaft eine Zwangshypothek im Grundbuch eingetragen war. Das Betreiben der Zwangsversteigerung durch einen vorrangigen Grundbuchgläubiger hatte dann lediglich den positiven Effekt, dass der zahlungsunfähige Wohngeldschuldner aus der Gemeinschaft herausgedrängt wurde. Waren die vorrangigen Grundpfandgläubiger – wie so häufig – zur Einleitung des Zwangsversteigerungsverfahrens nicht bereit, blieb der Eigentümergemeinschaften nur die Einrichtung einer Versorgungssperre, um die Verursachung weiterer Kosten durch den Schuldner zu verhindern (siehe § 28 Rn 196). 1

Mit dem Gesetz zur Änderung des Wohnungseigentumsgesetzes und anderer Gesetze vom 26.3.2007 erhielten die Wohngeldansprüche der Eigentümergemeinschaft ein begrenztes Vorrecht. Dies wurde durch eine **Änderung der Rangklasse 2** des § 10 Abs 1 ZVG erreicht. Diese Rangklasse bevorrechtigte bislang die sog Litlöhne bei land- und forstwirtschaftlich genutzten Grundstücken; sie umfasst nunmehr Wohngeldansprüche. Da Ansprüche aus den im Grundbuch eingetragenen Grundpfandrechten erst in Rangklasse 4 berücksichtigt werden, fallen bei einer Versteigerung aus Rangklasse 2 nur noch die Kosten des Versteigerungsverfahrens und der Anspruch eines die Zwangsverwaltung betreibenden Gläubigers auf Ersatz seiner Ausgaben zur Erhaltung und Verbesserung des Wohnungseigentums (§ 10 Abs 1 Nr 1 ZVG) in das geringste Gebot. Bei der Verteilung des Versteigerungserlöses werden auch nur diese Kosten vor den in § 10 Abs 1 Nr 2 ZVG nF genannten Wohngeldforderungen berücksichtigt. 2

Kümmel

IV Gesetz zur Änderung des Wohnungseigentumsgesetzes

II. Abgrenzung Altverfahren/Neuverfahren

3 Für die am 1.7.2007 anhängigen Zwangsversteigerungs- und Zwangsverwaltungsverfahren gilt die alte Fassung des ZVG (§ 62 WEG; zu Zwangsverwaltungsverfahren ausführlich *Wedekind* ZfIR 2007, 704, 707). Anhängig wird ein Zwangsversteigerungs- oder Zwangsverwaltungsverfahren mit dem Eingang des Antrags bei Gericht (*BGH* V ZB 123/07, NJW 2008, 1383). Daraus folgt, dass die Wohngeldforderungen der Eigentümergemeinschaft nur in Zwangsversteigerungsverfahren bevorrechtigt sind, die nach dem 1.7.2007 anhängig wurden.

4 Betreibt bereits ein anderer Gläubiger die Zwangsversteigerung nach altem Recht und beantragt die Wohnungseigentümergemeinschaft nach dem 1.7.2007 den Beitritt zum Verfahren (§ 27 ZVG), richtet sich das gesamte Verfahren nach der alten Fassung des ZVG (*BGH* V ZB 123/07, NJW 2008, 1383). Es gibt nur ein einziges einheitliches Zwangsversteigerungsverfahren, welches anhängig ist. In diesem einheitlichen Versteigerungsverfahren laufen die Verfahren der einzelnen betreibenden Gläubiger getrennt nebeneinander her. Dieses ist in der Übergangsvorschrift des § 62 Abs 1 WEG gemeint (*Böhringer/Hintzen* Rpfleger 2007, 353, 360).

III. Bevorrechtigte Ansprüche in Rangklasse 2

5 **1. Objektbezogene Wohngeldansprüche und Nebenleistungen.** Gemäß § 10 Abs 1 Nr 2 ZVG bevorrechtigt sind Beiträge zu den Lasten und Kosten des Gemeinschaftseigentums und des Sondereigentums, soweit diese auf einem wirksamen Beschluss der Wohnungseigentümergemeinschaft über einen **Wirtschaftsplan**, eine **Sonderumlage** oder eine **Jahresabrechnung** beruhen. Die Beiträge müssen **fällig** sein und die zu versteigernde Wohnungseigentumseinheit betreffen (**Objektbezug**). Ohne Bedeutung ist, wofür die Beiträge erhoben werden, ob zur laufenden Bewirtschaftung der Wohnanlage, zur Instandhaltung und Instandsetzung, zur Ansammlung einer Instandhaltungsrücklage, zur Finanzierung eines Gerichtsprozesses oder zur Finanzierung einer Modernisierungsmaßnahme oder baulichen Veränderung im Sinne des § 22 Abs 1 und 2, § 16 Abs 4 WEG. Das Vollstreckungsgericht hat die Zweckbestimmung der Beitragsforderungen nicht zu prüfen.

6 Die Höchstgrenze gilt für die Hauptforderung und **Zinsen** sowie für die Nebenrechte nach § 10 Abs 2 ZVG, wie etwa die im Vollstreckungsverfahren anfallenden **Anwaltskosten**. In das Vorrecht und unter die 5-Prozent-Grenze fallen auch die **Prozesskosten des Wohngeldverfahrens** (*Alff/Hintzen* Rpfleger 2008, 165, 166; *Stöber* § 10 ZVG, Rn 4.4). Wurden in dem Wohngeldverfahren sowohl bevorrechtigte als auch nicht bevorrechtigte Forderungen tituliert, fallen die Prozesskosten quotal entsprechend dem Verhältnis der bevorrechtigten und der nicht bevorrechtigten Ansprüche in den Vorrang (*Alff/Hintzen* Rpfleger 2008, 165, 169).

7 **2. Rückgriffsansprüche.** Bevorrechtigt sind ferner „Rückgriffsansprüche einzelner Wohnungseigentümer" gegen den Vollstreckungsschuldner. Solche Ansprüche bestehen, wenn ein Wohnungseigentümer eine **Verbindlichkeit der Gemeinschaft** gegenüber Dritten – im Wege der Notgeschäftsführung – über seinen Haftungsanteil nach § 10 Abs 8 WEG hinaus **tilgt**, etwa um eine Versorgungssperre des Wasser- oder Gaslieferanten abzuwenden. Soweit der Eigentümer in diesem Fall über seine gesetzliche, quotale Verpflichtung hinaus Zahlung an den Dritten geleistet hat, steht ihm ein Aufwendungsersatzanspruch aus Notgeschäftsführung nach § 21 Abs 2 WEG gegen die

Eigentümergemeinschaft zu (siehe dazu § 21 Rn 20). Für diesen Anspruch haften die übrigen Eigentümer gemäß § 10 Abs 8 WEG quotal in Höhe ihres Miteigentumsanteils. Wegen dieses Anspruchs ist der Wohnungseigentümer bei der Immobiliarvollstreckung in das Wohnungseigentum des Schuldners bevorrechtigt.

3. Zeitliche Begrenzung der bevorrechtigten Ansprüche. Das Vorrecht nach § 10 Abs 1 Nr 2 ZVG erfasst zunächst die zwischen Beschlagnahme und Zuschlag fällig werdenden Beträge. Darüber hinaus sind bevorrechtigt „die rückständigen Beträge aus dem Jahr der Beschlagnahme und den letzten zwei Jahren". Dieser Formulierung ist nicht eindeutig zu entnehmen, welcher Zeitpunkt für die Bestimmung der 2-Jahres-Frist maßgeblich ist. In Rangklasse 3 wird bei einmaligen Leistungen vom Zeitpunkt des Zuschlags (*Stöber* § 10 ZVG, Rn 6.17; **aA** *Hock/Mayer/Hilbert/Deimann* Rn 318) an zurückgerechnet. Nach der Begründung der Bundesregierung zu § 10 Abs 1 Nr 2 ZVG nF sollen mit der Formulierung „den letzten zwei Jahren" hingegen die letzten zwei **Kalenderjahre** vor dem Jahr der Beschlagnahme gemeint sein (BT-Drucks 16/887 S 44 ff). Bevorrechtigt sind damit die im Kalenderjahr der Beschlagnahme, in den zwei Kalenderjahren zuvor und die nach Beschlagnahme **fällig gewordenen** Wohngeldforderungen. In einem nach dem 1.7.2007 anhängig gewordenen Verfahren, bei dem die Beschlagnahme noch im Jahr 2007 erfolgt ist, sind die Wohngeldforderungen der Kalenderjahre 2007, 2006 und 2005 bevorrechtigt, auch wenn im Zeitpunkt der Fälligkeit der Forderungen noch die alte Fassung des ZVG galt (*Schneider* ZfIR 2008, 161).

8

Ohne Bedeutung ist nach dem Wortlaut des § 10 Abs 1 Nr 2 ZVG, auf welchen Zeitraum sich der Finanzierungsbeschluss bzw die Beitragsforderung wirtschaftlich beziehen muss, um vom Vorrecht der Rangklasse 2 erfasst zu sein. Nach der Begründung der Bundesregierung zu § 10 Abs 1 Nr 2 ZVG nF sollen Forderungen aus Beschlüssen, die sich **wirtschaftlich** auf einen früheren als den in § 10 Abs 1 Nr 2 ZVG genannten Zeitraum beziehen, nicht bevorrechtigt sein. Eine Wohnungseigentümergemeinschaft beschließt beispielsweise im zweiten Jahr vor der Beschlagnahme die Jahresabrechnung für das dritte Kalenderjahr vor der Beschlagnahme. Da die sog Abrechnungsspitze (vgl § 28 Rn 153) frühestens mit der Beschlussfassung fällig und damit rückständig wird, fällt die durch die Jahresabrechnung neu begründete Forderung in der Frist des § 10 Abs 1 Nr 2 ZVG. In der Gesetzesbegründung (BT-Drucks 16/887 S 45) heißt es dazu jedoch: *„Im Vorrang berücksichtigt werden neben den laufenden nur die aus dem Jahr der Beschlagnahme und den letzten zwei Kalenderjahren rückständigen Beträge. Ansprüche aus einer Jahresabrechnung, die zwar innerhalb dieses Zeitraums aufgrund eines entsprechenden Beschlusses begründet werden, sich aber auf einen davor liegenden Zeitraum beziehen, erhalten nicht den Vorrang der Rangklasse 2."* Das Schrifttum hat sich dem bislang überwiegend angeschlossen (*Alff/Hintzen* Rpfleger 2008, 165, 166; *Stöber* § 10 ZVG, Rn 4.5). Der Wortlaut des § 10 Abs 1 Nr 2 ZVG gibt für diese Sichtweise allerdings nichts her. Ein Vergleich mit einmaligen öffentlichen Lasten der Rangklasse 3 zeigt, dass es dort nur auf den Zeitpunkt der Rückständigkeit des Betrages, nicht aber auf den Bezugszeitraum der Last ankommt (*Stöber* § 10 ZVG Rn 7.17). Nicht nachvollziehbar ist daher, warum es trotz identischer Formulierung im Gesetzestext für die Bevorrechtigung in der Rangklasse 2 nicht allein darauf ankommen soll, wann die Wohngeldforderung rückständig, dh fällig geworden ist. Sowohl in Rangklasse 3 als auch in Rangklasse 2 stellt der Gesetzestext ausschließlich auf die Rückständigkeit der Forderung ab. In § 10 Abs 3 S 2 ZVG heißt es zwar, dass der Titel, aus dem die bevorrechtigte Vollstreckung betrieben wird, den „Bezugszeitraum

9

IV Gesetz zur Änderung des Wohnungseigentumsgesetzes

des Anspruchs" erkennen lassen soll. Bei dieser Bestimmung handelt es sich aber lediglich um eine Verfahrensvorschrift, die nicht die materiellen Grenzen der Bevorrechtigung regelt. Abgesehen davon ist unklar, wie der in § 10 Abs 3 S 2 und 3 ZVG verwendete Begriff „Bezugszeitraum" zu verstehen ist. Es sind Sonderumlagen denkbar, denen kein Bezugszeitraum zugrunde liegt.

10 Wird eine Zwangsversteigerung am Ende eines Kalenderjahres beantragt, kann der genaue **Zeitpunkt der Beschlagnahme** erhebliche Bedeutung erlangen. Zugunsten des Gläubigers erfolgt die Beschlagnahme (§ 22 Abs 1 ZVG) entweder

- durch Eingang des Ersuchens auf Eintragung des Zwangsversteigerungsvermerks beim Grundbuchamt (vorausgesetzt die Eintragung erfolgt demnächst) oder
- durch Zustellung des Anordnungsbeschlusses an den Schuldner (bei mehreren Schuldnern, die in Gesamthandgemeinschaft eingetragen sind, an den letzten von ihnen).

Entscheidend ist der frühere der beiden vorgenannten Zeitpunkte.

11 Liegen **mehrere Beschlagnahmen** vor, etwa weil mehrere Gläubiger die Zwangsversteigerung betreiben, so ist die erste Beschlagnahme maßgebend (§ 13 Abs 4 S 1). Steht die Wohnungseigentumseinheit bereits unter **Zwangsverwaltung** und dauert die Zwangsverwaltung bis zur Zwangsversteigerungsbeschlagnahme fort, gilt der Beschlagnahmezeitpunkt der Zwangsverwaltung (§ 13 Abs 4 S 2) und zwar auch dann, wenn die Zwangsverwaltung vor dem Zuschlag aufgehoben wird.

12 **Alte Rückstände**, die nicht mehr in den Zeitrahmen des § 10 Abs 1 Nr 2 ZVG fallen, bleiben bei der Verteilung des Versteigerungserlöses in Rangklasse 2 unberücksichtigt. Eine dem § 10 Abs 1 Nr 7 und 8 ZVG entsprechende Regelung für alte Rückstände sieht das ZVG nicht vor. Die Wohnungseigentümergemeinschaft hat es allerdings in der Hand, auch diese Rückstände titulieren zu lassen und auch aus diesen die Zwangsversteigerung zu betreiben oder dem Verfahren eines anderen Gläubigers beizutreten. Die Rückstände werden dann in Rangklasse 5 berücksichtigt. Weiterhin hat die Gemeinschaft die Möglichkeit, wegen dieser Ansprüche etwaige Rückgewährsansprüche aus vorrangigen Grundpfandrechten oder einen etwaigen Erlösüberschuss aus der Zwangsversteigerung zu pfänden.

13 **4. Höchstbetrag des Vorrechts.** Das Vorrecht ist begrenzt auf **5 Prozent des Verkehrswerts** der Wohnungseigentumseinheit, ohne dass es auf die Höhe des erzielten Versteigerungserlöses ankommt. Der Verkehrswert wird gemäß § 74a Abs 5 S 1 ZVG vom Vollstreckungsgericht, nötigenfalls nach Anhörung eines Sachverständigen, festgesetzt. Die Gemeinschaft kann den Gerichtsbeschluss über die Festsetzung des Geschäftswert mit der sofortigen Beschwerde anfechten, wenn der Verkehrswert zu niedrig festgesetzt ist (§ 74a Abs 5 S 1 ZVG).

14 Die **Verfahrenskosten** des Versteigerungsverfahrens (insbesondere die Gerichtskosten, die **Sachverständigenentschädigung** und die Bekanntmachungskosten) fallen in Rangklasse „0" und werden vorweg vollständig aus dem Versteigerungserlös entnommen (§ 109 ZVG). Da die Verfahrenskosten in das geringste Gebot fallen, werden sie vom Versteigerungserlös in jedem Fall abgedeckt.

Gesetz zur Änderung des Wohnungseigentumsgesetzes IV

IV. Betreiben der Versteigerung aus Rangklasse 2 durch Eigentümergemeinschaft

1. Gläubiger. In Rangklasse 2 betreibende Gläubigerin ist grundsätzlich die **Woh-** 15
nungseigentümergemeinschaft als rechtfähiger Verband, denn diese ist Inhaberin der
Wohngeldforderungen (§ 10 Abs 7 WEG). Hat der **Verwalter** die Wohngeldforderungen der Gemeinschaft als Verfahrensstandschafter titulieren lassen, kann auch der
Verwalter die Zwangsversteigerung in Rangklasse 2 betreiben (vgl *BGH* V ZB 15/01,
NJW 2001, 3627).

2. Titel, Glaubhaftmachung der Bevorrechtigung. Will die Wohnungseigentümerge- 16
meinschaft die Zwangsvollstreckung aus Rangklasse 2 heraus betreiben, bedarf es
eines **vollstreckbaren Titels** über die bevorrechtigten Ansprüche. Aus dem Titel sollte
hervorgehen, dass es sich um bevorrechtigte Forderungen iSd Rangklasse 2 handelt.
Der Titel sollte also gemäß § 10 Abs 3 S 2 ZVG die Art (Wohngeldanspruch nach § 16
Abs 2 WEG) und den Bezugszeitraum des Anspruchs sowie seine Fälligkeit erkennen
lassen. Soweit die Art und der Bezugszeitraum des Anspruchs sowie seine Fälligkeit
aus dem Titel nicht zu erkennen sind (zB bei Versäumnisurteilen oder bei der Vollstreckung aus einer notariellen Vollstreckungsunterwerfungserklärung im Kaufvertrag), sind diese Umstände in sonstiger Weise glaubhaft zu machen (§ 10 Abs 3 S 3
ZVG). Dies kann etwa in der Weise erfolgen, dass eine Abschrift der Klageschrift
oder eine Ausfertigung des Wirtschaftsplanes (bzw der Jahresabrechnung) und des
zugehörigen Versammlungsprotokolls vorgelegt werden. Ein Duldungstitel ist zum
Betreiben der Zwangsversteigerung nicht erforderlich.

Wohngeldansprüche, die zwar in die Rangklasse 2 fallen, aber erst nach der Beschlag- 17
nahme fällig geworden sind, können bis zum Beginn des Versteigerungstermins angemeldet werden, ohne dass es dafür eines Titels bedarf (§ 45 Abs 3 ZVG).

3. Mindestanspruchshöhe. Voraussetzung für ein Betreiben der Zwangsversteigerung 18
in Rangklasse 2 ist, dass die titulierte Wohngeldforderung (ohne Nebenleistungen;
siehe *Stöber* § 10 ZVG, Rn 16.3) **3 Prozent des Einheitswertes** der Wohnungseigentumseinheit übersteigt (§ 10 Abs 3 S 1 ZVG). Dieser Umstand ist von der Antragstellerin glaubhaft zu machen, in der Regel durch Vorlage des **Einheitswertbescheides** des
Finanzamtes (*BGH* V ZB 13/08, NJW 2008, 1956). Die Wohnungseigentümergemeinschaft kann den Einheitswert beim Finanzamt unter Vorlage eines bevorrechtigten
Titels erfragen. § 30 AO steht dem nicht entgegen (§ 10 Abs 3 S 1 2. Hs)

Ist der Wohnungseigentümergemeinschaft der Einheitswert nicht bekannt, kann die 19
Gemeinschaft zunächst die Zwangsversteigerung in Rangklasse 5 beantragen und
nach Eintritt der Beschlagnahme ihrem eigenen Verfahren in Rangklasse 2 beitreten.
Entsprechendes gilt für einen Beitritt zu dem Versteigerungsverfahren eines anderen
Gläubigers. Der Antrag der Gemeinschaft auf Beitritt darf vom Vollstreckungsgericht
nicht sogleich mangels Nachweises des Einheitswertes zurückgewiesen werden, denn
bei ordnungsgemäßer Behandlung des Verfahrens durch das Vollstreckungsgericht
wird dieses das Finanzamt gemäß § 54 Abs 1 S 4 GKG um Mitteilung des Einheitswertes zu ersuchen oder gemäß § 74a Abs 5 S 1 ZVG den Verkehrswert festzusetzen
haben, sodass die Ermittlung des Einheitswertes absehbar ist. Bis dahin muss das
Gericht die **Entscheidung über den Beitrittsantrag** zurückstellen (*BGH* V ZB 142/08,
ZMR 2009, 775). Liegt die dem Beitritt zugrunde liegende Forderung über 3 Prozent
des **Verkehrswertes**, bedarf es der Ermittlung des Einheitswertes nicht mehr, weil der
Verkehrswert regelmäßig höher ist als der Einheitswert (*BGH* V ZB 157/08). Gegen

IV Gesetz zur Änderung des Wohnungseigentumsgesetzes

die unberechtigte Zurückweisung des Beitrittsantrages durch das Vollstreckungsgericht steht der Gemeinschaft das Rechtsmittel der sofortigen Beschwerde zu.

20 Wird die **Mindestforderungshöhe** von 3 Prozent des Einheitswertes **nicht erreicht**, bleibt der Gemeinschaft die Möglichkeit, die Versteigerung in Rangklasse 5 zu betreiben und/oder die Wohngeldforderung nach § 45 Abs 3 in Rangklasse 2 anzumelden. In beiden Fällen gibt es keinen Mindestforderungsbetrag.

21 Zahlt der Schuldner nach Beschlagnahme und **unterschreitet** die titulierte, bevorrechtigte Forderung dadurch die **Mindestgrenze** des § 10 Abs 3 S 1 ZVG, soll dies nach hM die Bevorrechtigung nicht entfallen lassen (*Schneider* ZfIR 2008, 161; *Derleder* ZWE 2008, 13; *Köhler/Bassenge/Klose* Teil 16 Rn 537 ff; *Bräuer/Oppitz* ZWE 2007, 326). Mit der Regelung der Mindestgrenze hat der Gesetzgeber nur einen Gleichlauf von Entziehungsverfahren nach § 18 Abs 2 Nr 2 WEG und Zwangsversteigerung wegen Wohngeldrückständen erreichen wollen. Bei einer Entziehung des Wohnungseigentums wegen Wohngeldrückständen soll der Schuldner die Wirkungen des Entziehungsurteils nach § 19 Abs 1 WEG nur dadurch abwenden können, dass er die Verpflichtung, wegen deren Nichterfüllung er zur Veräußerung verurteilt worden ist, vollständig bis zum Versteigerungstermin erfüllt. Nach Sinn und Zweck des § 10 Abs 3 S 1 ZVG muss gleiches im Zwangsversteigerungsverfahren gelten.

22 **4. Ablösung der Forderung durch Schuldner.** Verfügt die Wohnungseigentümergemeinschaft über – dem Grunde nach – bevorrechtigte Forderungen in Höhe von mehr als 5 Prozent des Verkehrswertes und löst der Schuldner vor dem Zuschlag die bevorrechtigte Forderung in Höhe von 5 Prozent des Verkehrswertes ab, muss die Gemeinschaft den Versteigerungsantrag insoweit zurücknehmen, wie das Verfahren bislang in Rangklasse 2 betrieben wurde. Zugleich kann die Gemeinschaft wegen einer dem Grunde nach unter § 10 Abs 1 Nr 2 ZVG fallenden, aber bislang die 5-Prozent-Grenze übersteigenden Forderung in Rangklasse 2 beitreten (*Alff/Hintzen* Rpfleger 2008, 165, 169). Gegen eine **Rangverschiebung** einer Wohngeldforderung von Rangklasse 5 in Rangklasse 2 bestehen keine Bedenken, weil die 5-Prozent-Grenze ausschließlich dem Schutz nachrangiger Grundbuchgläubiger dient. Diese Gläubiger erleiden durch die Rangverschiebung keinen Nachteil. Denn das geringste Gebot und die Versteigerungsbedingungen ändern sich durch die Rangverschiebung nicht.

23 Die Wohnungseigentümergemeinschaft kann die Rücknahme des Versteigerungsantrages davon abhängig machen, dass der Schuldner auch die **aufgelaufenen Verfahrenskosten** erstattet. Nimmt die Wohnungseigentümergemeinschaft den Versteigerungsantrag ohne Ausgleich der Kosten zurück, kann sie die Verfahrenskosten (insbesondere die Gutachterkosten) gemäß § 788 Abs 2 ZPO festsetzen lassen und diesen Betrag als „Kosten der dinglichen Rechtsverfolgung" des Vorverfahrens im Sinne von § 10 Abs 2 ZVG mit dem Range des ursprünglichen Hauptsacheanspruchs durch erneute Zwangsversteigerung beitreiben. Die Verfahrenskosten fallen nicht unter die 5-Prozent-Grenze, weil im Vorverfahren die Verfahrenskosten gemäß § 109 ZVG dem Erlös vorweg entnommen und in der Rangklasse „0" befriedigt worden wären, ohne in die 5-Prozent-Grenze der Rangklasse 2 eingerechnet zu werden (*Alff/Hintzen* Rpfleger 2008, 165, 170).

24 **5. Ablösung der Forderung durch Grundbuchgläubiger.** Ein der Gemeinschaft nachrangiger Grundbuchgläubiger kann den Verlust seines Rechtes durch Zuschlag (siehe § 52 Abs 1 ZVG) dadurch verhindern, dass er die bevorrechtigte Forderung der Woh-

nungseigentümergemeinschaft gemäß § 268 BGB durch Zahlung an die Gemeinschaft ablöst. Durch die Zahlung geht die Forderung einschließlich des Vorrechts auf den Ablösenden über (§ 268 Abs 3 S 1 BGB, §§ 401, 412 BGB).

Hat der Grundbuchgläubiger einen Betrag in Höhe von 5 Prozent des Verkehrswertes abgelöst und stehen der Wohnungseigentümergemeinschaft **weitere** – dem Grunde nach – **bevorrechtigte Wohngeldforderungen** zu, bleibt die Rangklasse 2 durch die auf den Grundbuchgläubiger übergegangene Forderung besetzt. Die Bestimmung des § 268 Abs 3 S 2 BGB führt nicht dazu, dass die Wohngeldforderungen der Gemeinschaft stets das auf den ablösenden Grundbuchgläubiger übergegangene Vorrecht verdrängen oder die bevorrechtigten Forderungen der Gemeinschaft und die auf den Grundbuchgläubiger übergegangenen Forderungen innerhalb der 5-Prozent-Grenze zu quoteln sind. Die Deckelung des Vorrangs auf 5 Prozent des Verkehrswertes dient ausdrücklich dem Schutze des nachrangigen Grundbuchgläubigers vor einer Aushöhlung seines dinglichen Rechts. Er soll innerhalb eines bevorrechtigten Zeitraumes von bis zu 3 Jahren maximal einen Ablösebetrag in Höhe von 5 Prozent des Verkehrswertes aufwenden müssen, um den Verlust seiner dinglichen Rechtsposition durch Zuschlag zu verhindern (BT-Drucks 16/887 S 45). Nimmt der ablösende Grundbuchgläubiger allerdings nach Übergang des Vorrechts den Versteigerungsantrag zurück, so entfällt auch die Beschlagnahme mit der Folge, dass die abgelöste Forderung in zeitlicher Hinsicht – also wegen des Bezugszeitraumes – aus dem Vorrang des § 10 Abs 1 Nr 2 ZVG fallen kann und noch nicht abgelöste Forderungen der Gemeinschaft in den Vorrang aufrücken. 25

Löst der Grundbuchgläubiger die bevorrechtigte Forderung der Wohnungseigentümergemeinschaft vollständig ab, muss die Gemeinschaft ihren Versteigerungsantrag in Rangklasse 2 zurücknehmen. Dies gilt auch dann, wenn der Grundbuchgläubiger die von der Gemeinschaft eingezahlten Verfahrenskosten im Sinne von § 109 ZVG nicht ausgleicht. Die Gemeinschaft erhält die **eingezahlten Verfahrenskosten** (insbesondere die Gutachterkosten) vorab aus dem Versteigerungserlös zurück, wenn das Versteigerungsverfahren – gegebenenfalls von einem anderen Gläubiger – bis zum Zuschlag fortgeführt wird. Wird das Versteigerungsverfahren aufgehoben, ohne dass es zum Zuschlag kommt, kann die Gemeinschaft die Verfahrenskosten nach § 788 Abs 2 ZPO festsetzen lassen und diesen Betrag als „Kosten der dinglichen Rechtsverfolgung" des Vorverfahrens im Sinne von § 10 Abs 2 ZVG mit dem Range des ursprünglichen Hauptsacheanspruchs durch erneute Zwangsversteigerung beitreiben (siehe Rn 23). 26

V. Anmeldung von Ansprüchen bei Versteigerung durch Dritte

Betreibt ein Dritter das Zwangsversteigerungsverfahren, muss die Wohnungseigentümergemeinschaft ihre gemäß § 10 Abs 1 Nr 2 ZVG bevorrechtigten **Forderungen** beim Vollstreckungsgericht **anmelden**, wenn diese bei der Verteilung des Versteigerungserlöses berücksichtigt werden sollen. Die Gemeinschaft wird dabei gemäß § 27 Abs 3 Nr 2 WEG durch den Verwalter vertreten. Der **Verwalter** ist zur Durchführung der Anmeldung verpflichtet, wenn er von einem Versteigerungsverfahren Kenntnis erlangt. 27

Die Anmeldung erfolgt durch schriftsätzliche **Mitteilung** an das Vollstreckungsgericht oder durch Erklärung zu Protokoll der Geschäftsstelle. Die Ansprüche sind durch einen entsprechenden Titel oder in sonst geeigneter Weise glaubhaft zu machen (§ 45 Abs 3 ZVG). Die **Glaubhaftmachung** erfolgt am besten durch die Vorlage des Einzelwirtschaftsplanes bzw der Einzeljahresabrechnung und der Niederschrift jener Eigen- 28

IV Gesetz zur Änderung des Wohnungseigentumsgesetzes

tümerversammlung, in der das Rechenwerk beschlossen wurde. Die Unterschriften auf der Versammlungsniederschrift müssen nicht beglaubigt sein (BT-Drucks 16/887 S 46). Ergibt sich die Fälligkeit der Beiträge aus der Gemeinschaftsordnung oder aus früheren Beschlüssen, sind auch diese einzureichen. Der Rechtspfleger beim Vollstreckungsgericht prüft, ob die geltend gemachten Beträge der Rangklasse 2 zuzuordnen sind. Die eingereichten Unterlagen sollten daher eindeutig sein. Zweifel in der Aussagekraft der Unterlagen gehen zulasten der Wohnungseigentümergemeinschaft.

29 Der Rechtspfleger kann die Wohnungseigentümergemeinschaft von Amts wegen zur Nachbesserung oder Glaubhaftmachung auffordern. Bleibt der Anspruch weiterhin **nicht hinreichend glaubhaft**, wird er vom Vollstreckungsgericht weder in das geringste Gebot noch in den Teilungsplan aufgenommen. Weist der Rechtspfleger die Anmeldung der Forderung zu Unrecht zurück und führt die fehlende Aufnahme in das geringste Gebot dazu, dass die Forderung der Gemeinschaft vom Versteigerungserlös nicht abgedeckt wird, kann die Gemeinschaft den Zuschlag innerhalb der Notfrist von zwei Wochen mit der sofortigen **Beschwerde** anfechten (§§ 95, 100, 83 Nr 1 ZVG). Gegen die Nichtaufnahme der angemeldeten Forderungen in den Teilungsplan kann die Wohnungseigentümergemeinschaft **Widerspruch** einlegen (§ 115 ZVG). Dies muss spätestens im Verteilungstermin erfolgen. Der Widerspruch hat zur Folge, dass der streitige Betrag zunächst hinterlegt wird. Wegen des weiteren Procederes nach Widerspruch darf hier auf das weiterführende Schrifttum zu § 115 ZVG verwiesen werden.

30 Sollte eine angemeldete Forderung der Wohnungseigentümergemeinschaft zu Unrecht in Rangklasse 2 berücksichtigt worden sein, steht dem benachteiligten Gläubiger ein Anspruch aus **ungerechtfertigter Bereicherung** gegen die Eigentümergemeinschaft zu.

31 Die **Anmeldung** hat **spätestens im Versteigerungstermin** zu erfolgen, bis das Gericht zur Abgabe von Geboten auffordert. Ansprüche, die erst danach angemeldet werden, **verlieren** ihren **Rang** und werden bei der Verteilung des Versteigerungserlöses dem Anspruch des betreibenden Gläubigers und den übrigen Rechten nachgesetzt (vgl § 37 Nr 4 ZVG). Die Eigentümergemeinschaft wird dann in der Regel mit ihren Forderungen ausfallen. Ansprüche, die bis zum Verteilungstermin nicht angemeldet sind, bleiben bei der Erlösverteilung unberücksichtigt.

32 Unterlässt der **Verwalter** fahrlässig eine Anmeldung der bevorrechtigten Ansprüche der Gemeinschaft, macht er sich gemäß § 280 BGB **schadensersatzpflichtig**. Die Schadenshöhe richtet sich nach dem Betrag, den die Gemeinschaft bei ordnungsgemäßer Anmeldung aus dem Versteigerungserlös erhalten hätte.

33 Die Anmeldung der bevorrechtigten Wohngeldforderungen zur Rangklasse 2 ist **gerichtskostenfrei**. Ein für die Wohnungseigentümergemeinschaft tätiger **Rechtsanwalt** erhält für die Anmeldung eine 0,4 Verfahrensgebühr (Nr 3311 Ziff 1 VVRVG) zuzüglich Auslagen und Mehrwertsteuer. Gegenstandswert ist die anzumeldende Forderung einschließlich Nebenforderungen (§ 26 S 1 RVG).

VI. Berücksichtigung des Vorrechts in der Zwangsverwaltung

34 **1. Betreiben der Zwangsverwaltung durch Dritte.** Betreibt ein Dritter die Zwangsverwaltung, hat der Zwangsverwalter die **seit Beschlagnahme fällig** gewordenen, laufenden Wohngeldbeiträge **sowie den letzten vor der Beschlagnahme** fällig gewordenen

Gesetz zur Änderung des Wohnungseigentumsgesetzes IV

Beitrag (siehe § 13 Abs 1 S 1 ZVG) unabhängig vom Teilungsplan zu begleichen (§ 156 Abs 1 S 2 ZVG). Gleiches gilt für Rückgriffsansprüche einzelner Wohnungseigentümer gegen den Vollstreckungsschuldner. Der WEG- **Verwalter** ist verpflichtet, den Zwangsverwalter über die Höhe der zu erbringenden Wohngeldbeiträge zu informieren. Auf Verlangen sind dem Zwangsverwalter die Unterlagen, aus denen sich der Anspruch ergibt, vorzulegen. Unterlässt der WEG-Verwalter dies, macht er sich gegenüber der Wohnungseigentümergemeinschaft schadensersatzpflichtig.

Nach der bis zum 30.6.2007 geltenden Fassung des ZVG gehörten die nach Beschlagnahme fällig gewordenen Wohngeldbeiträge zu den Ausgaben der Verwaltung iSd § 155 Abs 1 ZVG. Sie waren vom Zwangsverwalter vorweg aus der Zwangsverwaltungsmasse zu bestreiten. Da die laufenden Wohngeldbeiträge nunmehr der Rangklasse 2 zugeordnet sind, hielt es der Gesetzgeber für erforderlich, die **sofortige Begleichung** der laufenden Wohngeldbeiträge durch den Zwangsverwalter – ebenso wie bei öffentlichen Lasten – ausdrücklich anzuordnen (§ 156 Abs 1 S 2 ZVG). Dem liegt offenbar die Vorstellung des Gesetzgebers zugrunde, mit der Aufnahme der laufenden Wohngeldbeiträge in die Rangklasse 2 verlören diese ihre Eigenschaft als Ausgaben der Verwaltung im Sinne des § 155 Abs 1 ZVG mit der Folge, dass diese ohne ausdrückliche gesetzliche Anordnung nicht vorab aus der Zwangsverwaltungsmasse beglichen werden dürften. Ob dieses Verständnis zutreffend ist, darf bezweifelt werden. Das ZVG unterscheidet zwischen Masseverbindlichkeiten iSd §§ 152, 155 Abs 1 ZVG und Rechten iSd § 10 Abs 1 ZVG. Die Masseverbindlichkeiten gehören zu den Ausgaben der Verwaltung. Für sie haftet der Zwangsverwalter persönlich mit der Zwangsverwaltungsmasse. Sie beruhen auf einem Rechtsgeschäft des Zwangsverwalters mit einem Dritten. Bei Rechten iSd § 10 ZVG handelt es sich dagegen um Ansprüche gegen den Vollstreckungsschuldner, für die die Möglichkeit der bevorrechtigten Befriedigung aus dem Grundstück besteht. Eine Forderung, die aufgrund ihres Entstehungsgrundes Masseforderung ist, kann nicht zugleich auch eine bevorrechtigte Forderung iSd § 10 Abs 1 ZVG sein. Einen Systembruch stellt es daher dar, wenn der Gesetzgeber Wohngeldbeiträgen, für die der Zwangsverwalter aufgrund eines Eigentümerbeschlusses (an dem er mitgewirkt hat) persönlich mit der Zwangsverwaltungsmasse haftet, ein Vorrecht nach § 10 Abs 1 einräumt.

35

Bedeutung hat die systematische Einordnung der Wohngeldbeiträge etwa für die Frage, ob die laufenden Wohngeldbeiträge nur aus den Nutzungen des Wohnungseigentums oder auch aus einem Gläubigervorschuss iSd § 161 Abs 3 ZVG berichtigt werden dürften. Die Ausgaben der Verwaltung dürfen aus einem Gläubigervorschuss berichtigt werden, nicht aber bevorrechtigte Ansprüche nach § 10 Abs 1 ZVG. Für die öffentlichen Lasten (§§ 10 Abs 1 Nr 3, 156 Abs 1 S 1 ZVG) wird im Schrifttum ganz überwiegend die Auffassung vertreten, dass diese nicht aus einem **Gläubigervorschuss** beglichen werden dürfen, da dies zu einer unzulässigen vorrangigen Befriedigung durch einen nachrangigen Gläubiger führen würde, was systemwidrig sei (*Hock/Mayer/Hilbert/Deimann* Rn 1762). Sofern man die laufenden Wohngeldbeiträge iSd § 156 Abs 1 S 2 ZVG nicht (mehr) als Ausgaben der Verwaltung ansieht, dürften diese nicht aus dem Gläubigervorschuss getilgt werden (so *Wedekind* ZfIR 2007, 704; *Schneider* ZfIR 2008, 161, 169; *Böhringer/Hintzen* Rpfleger 2007, 353, 360; *AG Duisburg* 76a C 24/08, NZM 2008, 937). In der Begründung der Bundesregierung zu § 156 Abs 1 S 2 ZVG (BT-Drucks 16/887 S 47 f) heißt es, dass die laufenden Wohngeldbeiträge den öffentlichen Lasten gleich gestellt werden sollten. Dies würde die Rechts-

36

Kümmel 831

IV   Gesetz zur Änderung des Wohnungseigentumsgesetzes

stellung der Wohnungseigentümergemeinschaft im Zwangsverwaltungsverfahren erheblich verschlechtern (*Hock/Mayer/Hilbert/Deimann* Rn 1762). Vorzugswürdig ist daher die Auffassung, dass die laufenden Wohngeldbeiträge trotz ihrer (zweifelhaften) Bevorrechtigung in Rangklasse 2 bei Zwangsverwaltungsverfahren auch künftig Ausgaben der Verwaltung iSd § 155 Abs 1 ZVG darstellen (so im Ergebnis auch *Alff/Hintzen* Rpfleger 2008, 165, 174; *LG Köln* 6 T 437/08, NZM 2008, 936; *AG Leipzig* 470 L 147/08, NZM 2008, 937; *LG Frankenthal* Rpfleger 2008, 519) und aus einem Gläubigervorschuss getilgt werden dürfen (*LG Düsseldorf* 16 S 54/08, ZMR 2009, 71).

37   Darüber hinaus stellt sich die Frage, welche Wohngeldforderungen im Detail im Zwangsverwaltungsverfahren vom Vorrecht der Rangklasse 2 umfasst sind. Gemäß § 155 Abs 2 S 2 ZVG fallen im Zwangsverwaltungsverfahren in die Rangklasse 2 nur Ansprüche auf „laufende wiederkehrende Leistungen". Rückständige Wohngeldforderungen sind im Zwangsverwaltungsverfahren nicht bevorrechtigt. Diese können lediglich in der Rangklasse 5 berücksichtigt werden, wenn die Wohnungseigentümergemeinschaft wegen dieser Forderungen die Zwangsverwaltung betreibt. Höchst fraglich ist, ob es sich bei Ansprüchen aus Beschlüssen über Wirtschaftspläne, Sonderumlagen und Jahresabrechnungen um Ansprüche auf **wiederkehrende Leistungen** handelt (bejahend *Alff/Hintzen* Rpfleger 2008, 165, 172 f). Der *BGH* (V ZR 250/03, NJW 2005, 3146) entschied zu § 197 BGB aF, dass Vorschusszahlungen aufgrund eines Wirtschaftsplans wiederkehrende Leistungen im Sinne von § 197 BGB aF darstellen. Ob dies auch für Forderungen der Gemeinschaft aus einem Abrechnungsbeschluss gilt, ließ das Gericht ausdrücklich offen (verneinend *BayObLG* 2Z BR 115/04, ZMR 1995, 130). Teilweise wird argumentiert, Beschlüsse über Jahresabrechnungen würden jedes Jahr gefasst, sodass auch Nachzahlungsbeträge aus Jahresabrechnungen wiederkehrender Natur seien (*Alff/Hintzen* Rpfleger 2008, 165, 172 f; **aA** *Wedekind* ZfIR 2007, 704, 706; *Schneider* ZfIR 2008, 161, 169) Beiträge aufgrund von Sonderumlagebeschlüssen sind zweifelsfrei nicht wiederkehrender Natur (*Wedekind* ZfIR 2007, 704, 705). Sie fallen daher nicht unter § 10 Abs 1 Nr 2, § 156 Abs 1 S 2 ZVG. Sie sind aber gleichwohl vom Zwangsverwalter aus der Zwangsverwaltungsmasse vorweg zu begleichen, sofern man sie zu den Ausgaben der Verwaltung iSd § 155 Abs 1 ZVG zählt. Damit wäre zumindest erreicht, dass die Wohnungseigentümergemeinschaft in dieser Hinsicht nicht schlechter steht als nach alter Gesetzeslage.

38   Die Bestimmung des § 10 Abs 1 Nr 2 S 3 ZVG, wonach das Vorrecht der Rangklasse 2 auf maximal **5 Prozent des Verkehrswertes** des beschlagnahmten Wohnungseigentums begrenzt ist, gilt im Zwangsverwaltungsverfahren nicht (§ 156 Abs 1 S 3 ZVG).

39   **2. Betreiben der Zwangsverwaltung durch Eigentümergemeinschaft.** Betreibt die Wohnungseigentümergemeinschaft selbst die Zwangsverwaltung wegen rückständiger Wohngeldbeiträge, gelten die vorstehenden Ausführungen entsprechen. Die **laufenden Wohngeldbeiträge** sind gemäß § 156 Abs 1 S 2 ZVG (bzw § 155 Abs 1 ZVG) **vorweg zu befriedigen** (siehe oben Rn 35 ff). Die Forderung, wegen der die Wohnungseigentümergemeinschaft das Zwangsverwaltungsverfahren betreibt, fällt dagegen in Rangklasse 5, was bedeutet, dass diese Forderung auch künftig aus dem Zwangsverwaltungserlös nicht getilgt wird, wenn die beschlagnahmte Wohnungseigentumseinheit mit Grundpfandrechten hoch belastet ist.

VII. Haftung des Insolvenzverwalters und des Sonderrechtsnachfolgers für bevorrechtigte Wohngeldansprüche

1. Dingliche Rechtsnatur der bevorrechtigten Wohngeldansprüche. Die Aufnahme der 40 Wohngeldansprüche in die Rangklasse 2 des § 10 Abs 1 ZVG führt zu der Folgefrage, welchen Status die Wohngeldansprüche in der Insolvenz des Wohnungseigentümers genießen. Nach der bis zum 30.6.2007 geltenden Rechtslage waren Wohngeldansprüche, die vor Eröffnung des Insolvenzverfahrens fällig geworden ist, einfache Insolvenzforderungen, die nur zur Insolvenztabelle angemeldet werden konnten (*BGH* IX ZR 98/93, NJW 1994, 1866). Die mit der Änderung des ZVG erfolgte Einordnung der Wohngeldansprüche in Rangklasse 2 des § 10 Abs 1 ZVG könnte zur Folge haben, dass die vor Insolvenzeröffnung fällig gewordenen Wohngeldforderungen nunmehr (auch) als **absonderungsberechtigte Ansprüche** im Sinne des § 49 InsO einzustufen sind (so *Hintzen/Alff* ZInsO 2008, 480; *Schneider* ZMR 2009, 165). Gegen diese Einordnung spricht, dass § 10 Abs 1 ZVG nur eine verfahrensrechtliche Verteilungsvorschrift darstellt und kein materielles Absonderungsrecht im Sinne des § 49 InsO schafft. Der Gesetzgeber hat mit der Änderung der Rangklassen lediglich erreichen wollen, dass im Falle des Betreibens des Versteigerungsverfahrens durch die Wohnungseigentümergemeinschaft etwaige Grundpfandrechte nicht in das geringste Gebot fallen und die Wohngeldforderungen vor den übrigen Grundbuchgläubigern befriedigt werden. Der Gesetzgeber wollte ersichtlich nichts an dem bisherigen Charakter der Wohngeldansprüche als schlichte persönliche Zahlungsansprüche ändern.

Andererseits korrespondiert § 10 Abs 1 ZVG seit jeher mit § 49 InsO. Nach dieser 41 Bestimmung ist zur abgesonderten Befriedigung nach dem ZVG berechtigt, wem *„ein Recht auf Befriedigung"* aus unbeweglichen Gegenständen zusteht. § 10 Abs 1 ZVG beginnt mit den Worten: *„Ein Recht auf Befriedigung aus dem Grundstück gewähren nach folgender Rangordnung ..."* Wer ein **Recht auf Befriedigung** hat, bestimmt sich nach §§ 10 bis 14 ZVG. Unter dem Begriff „Recht" sind alle Ansprüche zu verstehen, die in § 10 ZVG aufgeführt sind. Auch ein persönlicher Gläubiger hat ein Recht auf Befriedigung am Grundstück, wobei dieses Recht aber nur insolvenzfest ist, wenn der Gläubiger die Beschlagnahme vor Insolvenzeröffnung und vor der Frist der Rückschlagsperre erlangt hat; nach § 80 Abs 2 S 2 InsO bleiben in diesem Fall die Wirkungen der Beschlagnahme vom Insolvenzverfahren unberührt.

Gleichwohl gibt es einen wesentlichen **Unterschied zwischen** den persönlichen Ansprüche 42 der **Rangklasse 5** und den Ansprüchen nach **Rangklasse 2**. Letztere können – im Unterschied zu ersteren – vom Gläubiger auch ohne einen Titel im Versteigerungsverfahren nach § 10 Abs 1 Nr 2 S 4 in Verbindung mit § 45 Abs 3 ZVG angemeldet werden. Eine solche **Anmeldung** ist nach der Systematik des ZVG nur **dinglich gesicherten Berechtigten** möglich, weil nur ihnen – nicht aber einem gewöhnlichen persönlichen Gläubiger – ein Recht auf Befriedigung am Grundstück zusteht (so *Schneider* ZMR 2009, 165; im Ergebnis ebenso *Derleder* ZWE 2008, 13). Persönliche Gläubiger erlangen erst ein Recht auf Befriedigung am Grundstück, wenn sie zu ihren Gunsten die Beschlagnahme erwirkt haben. Bereits für die vormals in der Rangklasse 2 angesiedelten Litlohnansprüche war allgemein anerkannt, dass diese an der Immobilie hafteten und unabhängig von der Person des Eigentümers im Versteigerungsverfahren geltend gemacht werden konnten (vgl *Stöber* 18. Aufl, § 15 Rn 23.4).

IV   Gesetz zur Änderung des Wohnungseigentumsgesetzes

43   **2. Versteigerung wegen Insolvenzforderungen.** Geht man von einer „dinglichen Rechtsnatur" der Wohngeldansprüche im Sinne des § 10 Abs 1 Nr. 2 WEG aus, steht der Wohnungseigentümergemeinschaft wegen dieser Ansprüche ein Absonderungsrecht nach § 49 InsO zu. Die Zwangsversteigerung kann nach Eröffnung des Insolvenzverfahrens begonnen bzw fortgesetzt werden, wofür es eines **Duldungstitels** gegen den Insolvenzverwalter bedarf. Ein bereits vorliegender **Zahlungstitel** gegen den insolventen Wohnungseigentümer kann analog § 727 ZPO gegen den Insolvenzverwalter umgeschrieben werden mit der Maßgabe, dass der Insolvenzverwalter die Zwangsversteigerung der Wohnungseigentumseinheit aus Rangklasse 2 des § 10 Abs 1 ZVG in Höhe des bevorrechtigten titulierten Betrages, maximal jedoch wegen eines Betrages in Höhe von 5 Prozent des Verkehrswertes der Wohnung zu dulden habe. Will der Insolvenzverwalter die Zwangsversteigerung verhindern, muss er die bevorrechtigten Wohngeldforderungen der Gemeinschaft ablösen.

44   **3. Versteigerung bei Masseunzulänglichkeit.** Ähnlich ist die Rechtslage bei Wohngeldansprüchen, die nach Eröffnung des Insolvenzverfahrens fällig geworden sind. Bei diesen Ansprüchen handelt es sich um **Masseforderungen** nach § 53 InsO, für die die Insolvenzmasse haftet (*BayObLG* 2Z BR 92/98, ZMR 1999, 119). Kommt der Insolvenzverwalter seiner Zahlungspflicht nicht nach, kann die Eigentümergemeinschaft ihren Zahlungsanspruch gegen den Insolvenzverwalter titulieren lassen und die Zwangsvollstreckung in die gesamte Insolvenzmasse betreiben, also auch die Zwangsversteigerung aus den Rangklassen 2 und 5 beantragen. Zu einem Zahlungstitel gegen den Insolvenzverwalter wird es allerdings in der Regel nur dann kommen, wenn die Insolvenzmasse illiquide ist. In diesem Fall wird der Insolvenzverwalter sich der Zahlungspflicht regelmäßig durch die Anzeige der Masseunzulänglichkeit nach § 208 InsO zu entziehen versuchen. Die Anzeige der Masseunzulänglichkeit führt bei einfachen persönlichen Forderungen dazu, dass für eine **Leistungsklage** gegen den Insolvenzverwalter das **Rechtsschutzbedürfnis** entfällt (*OLG Düsseldorf* I-3 Wx 299/05, NZM 2007, 47). Der Altmassegläubiger kann nur noch die **gerichtliche Feststellung** verlangen, dass der Insolvenzverwalter zur Zahlung aus der Insolvenzmasse verpflichtet ist. Eine Zwangsvollstreckung in die Insolvenzmasse wegen der Altmasseverbindlichkeit ist gemäß § 210 InsO unzulässig.

45   Stellen Wohngeldforderungen im Sinne des § 10 Abs 1 Nr 2 WEG eine dingliche Last des Wohnungseigentums dar, kann die Wohnungseigentümergemeinschaft wegen der Zahlungsrückstände, die dem Grunde nach eine **Altmasseverbindlichkeit** darstellen, trotz § 210 InsO die bevorrechtigte Zwangsversteigerung betreiben. Denn wenn der Insolvenzverwalter sogar die Zwangsversteigerung der Wohnungseigentumseinheit wegen einer vor Eröffnung des Insolvenzverfahrens fällig gewordenen Insolvenzforderung dulden muss, dann erst recht wegen einer nach Eröffnung des Insolvenzverfahrens fällig gewordenen Altmasseforderung. Für eine Klage gegen den Insolvenzverwalter auf **Duldung der Zwangsversteigerung** wegen der Altmasseverbindlichkeit ist das erforderliche Rechtsschutzbedürfnis gegeben, nicht jedoch für eine Zahlungsklage.

46   **4. Versteigerung nach Freigabe aus Insolvenzmasse.** Gibt der Insolvenzverwalter die Wohnungseigentumseinheit aus der Insolvenzmasse frei, kann die Wohnungseigentümergemeinschaft aus einem Zahlungstitel, den sie vor Eröffnung des Insolvenzverfahrens gegen den Insolvenzschuldner erstritten hat, die bevorrechtigte Zwangsversteige-

Gesetz zur Änderung des Wohnungseigentumsgesetzes IV

rung betreiben (*Schneider* ZMR 2009, 165, 172; *Hintzen/Alff* ZInsO 2008, 480, 485). Liegt noch kein Zahlungstitel gegen den Insolvenzschuldner wegen einer vor Eröffnung des Insolvenzverfahrens fällig gewordenen Wohngeldforderung (**Insolvenzforderung**) vor, kann die Wohnungseigentümergemeinschaft nach Freigabe der Wohnung Klage gegen den Insolvenzschuldner auf Duldung der Zwangsversteigerung aus Rangklasse 2 erheben und aus dem Urteil vollstrecken. Möglich ist nach Freigabe auch die Versteigerung der Wohnungseigentumseinheit wegen einer **Masseforderung**, für die zugleich die Insolvenzmasse haftet. Ein gegen den Insolvenzverwalter erstrittener Zahlungstitel wegen einer Masseforderung kann nach Freigabe gegen den insolventen Wohnungseigentümer umgeschrieben werden mit der Maßgabe, dass der Wohnungseigentümer die Zwangsversteigerung in Rangklasse 2 zu dulden hat.

5. Versteigerung bei Eigentümerwechsel. Kommt Wohngeldansprüchen im Rahmen des § 10 Abs 1 Nr 2 ZVG eine „dingliche Natur" zu, haftet das Wohnungseigentum im Falle eines Eigentümerwechsels weiterhin für die Wohngeldrückstände des Veräußerers. Die Wohnungseigentümergemeinschaft kann einen gegen den Veräußerer erstrittenen **Zahlungstitel** gegen den Sondernachfolger **umschreiben** lassen mit der Maßgabe, dass dieser die Zwangsversteigerung in Rangklasse 2 in Höhe des titulierten Betrages, maximal jedoch in Höhe von 5 Prozent des Verkehrswertes der Wohnungseigentumseinheit zu dulden habe (*Schneider* ZMR 2009, 165, 168; *Hintzen/Alff* ZInsO 2008, 480, 486; *Stöber* § 10 ZVG, Rn 4.7). Eine Versteigerung in **Rangklasse 5** muss der Erwerber nicht dulden (*Hintzen/Alff* ZInsO 2008, 480, 486). Ebenso wenig haftet der **Erwerber** für die Rückstände des Veräußerers **persönlich**. 47

Den **Ersteher in der Zwangsversteigerung** trifft die dingliche Haftung nicht, weil er gemäß § 56 Satz 2 ZVG die Lasten der Wohnungseigentumseinheit erst ab dem Zuschlag zu tragen hat (*Hintzen/Alff* ZInsO 2008, 480, 486). 48

VIII. Verhältnis von bevorrechtigten Wohngeldansprüchen und Vormerkungen Dritter

Die Wohnungseigentümergemeinschaft kann die bevorrechtigte Zwangsversteigerung aus Rangklasse 2 auch dann betreiben, wenn bereits eine **Auflassungsvormerkung** für einen Dritten im Grundbuch eingetragen ist. Die Vormerkung ist kein die Zwangsversteigerung hinderndes Recht. Die Auflassungsvormerkung fällt in **Rangklasse 4** (vgl § 48 ZVG). Sie ist damit nachrangig gegenüber einem Versteigerungsvermerk aufgrund eines Versteigerungsantrages der Wohnungseigentümergemeinschaft aus Rangklasse 2 und zwar unabhängig von der **Reihenfolge der Grundbucheintragungen**. Die Reihenfolge der Grundbucheintragungen ist nur für konkurrierende Rechte der gleichen Rangklasse maßgeblich. Rechte der Rangklasse 2 gehen solchen der Rangklasse 4 stets vor. 49

Im Fall der Versteigerung aus Rangklasse 2 fällt die Vormerkung nicht in das geringste Gebot (§ 44 Abs 1 ZVG). Kommt es zu einem **Zuschlag** im Versteigerungsverfahren, **bevor die Eigentumsumschreibung** auf den Vormerkungsberechtigten vollzogen werden konnte, erlischt die Vormerkung (§ 52 Abs 1 ZVG). Der Ersteher erwirbt lastenfrei. Der ehemalige Vormerkungsberechtigte hat keinerlei Rechte an dem Wohnungseigentum und keine Rechte gegen den Ersteher. 50

Wird die **Eigentumsumschreibung** auf den Vormerkungsberechtigten **vor dem Versteigerungstermin** vollzogen, stellt das Amtsgericht das Versteigerungsverfahren einstwei- 51

Kümmel

len ein. Der Versteigerungsvermerk bleibt im Grundbuch eingetragen. Der neue Eigentümer (Vormerkungsberechtigte) hat keinen Anspruch gegen den Vollstreckungsgläubiger nach § 888 BGB auf Löschung des Versteigerungsvermerks (*Stöber* § 10 ZVG, Rn 4.7). Denn die Vormerkung geht dem Versteigerungsvermerk nach. Gemäß § 883 Abs 3 BGB bestimmt sich der Rang des erworbenen Eigentums nach dem Rang der eingetragenen Vormerkung. Die Vormerkung fällt in Rangklasse 4 und ist damit nachrangig gegenüber dem Versteigerungsvermerk (*Schneider* ZMR 2009, 165, 169; aA *Kesseler* NJW 2009, 121). Die Wohnungseigentümergemeinschaft kann nach erfolgter Eigentumsumschreibung die Umschreibung des Titel auf den neuen Eigentümer vornehmen lassen und sodann mit der Zwangsversteigerung fortfahren (*Stöber* § 10 ZVG, Rn 4.7). Will der neue Eigentümer die Versteigerung verhindern, muss er die in Rangklasse 2 fallenden Wohngeldansprüche der Eigentümergemeinschaft ablösen.

Kapitel V
Muster

Übersicht

A.
Mustertexte zur Begründung von Wohnungseigentum, Wohnungserbbaurecht und Dauerwohnrecht sowie zur Änderung von Gegenstand und Inhalt

1. Begründung des Wohnungseigentums
   a) Begründung durch vertragliche Teilungserklärung (§ 3 WEG)
   b) Begründung durch einseitige Teilungserklärung (§ 8 WEG)
2. Begründung eines Wohnungserbbaurechts
   a) Begründung durch vertragliche Teilungserklärung (§ 30 Abs 1 WEG)
   b) Begründung durch einseitige Teilungserklärung (§ 30 Abs 2 WEG)
3. Änderung von Gegenstand und Inhalt
   a) Nachträgliche Änderung der Miteigentumsanteile
   b) Nachträgliche Umwandlung von Sondereigentum in gemeinschaftliches Eigentum
   c) Änderung einer Vereinbarung bezüglich des Stimmrechts
   d) Übertragung eines Sondernutzungsrechts
   e) Unterteilung von Wohnungseigentum ohne Veräußerung
4. Aufhebung des Wohnungseigentums
5. Bestellung eines Dauerwohnrechts

B.
Mustertexte zum Verfahren in Wohnungseigentumssachen

1. Klagemuster (Wohngeldforderung)
2. Klagemuster (Beschlussanfechtung)
3. Klagemuster (Herausgabe von Verwaltungsunterlagen)
4. Klagemuster (Verwalterbestellung)
5. Klagemuster (Einsichtnahme Beschluss-Sammlung)
6. Klagemuster (Unterlassungsklage)
7. Klagemuster (Entziehungsklage)
8. Klagemuster (Vollstreckungsgegenklage)
9. Einstweilige Verfügung (Unterlassung einer baulichen Veränderung)
10. Vollstreckungsantrag
11. Verbindung – Abtrennung
12. Beschlussformular – Einstweilige Verfügung
13. Vollstreckung gem § 877 ZPO

14. Vollstreckung gem § 890 ZPO Abs. 1
15. Vollstreckung gem § 888 ZPO
16. Vollstreckung gem § 888 ZPO (Ersatzzwanghaft)

C.
Mustertexte zur Verwaltung des gemeinschaftlichen Eigentums

1. Verwaltervertrag
2. Verwaltervollmacht
3. Beispiel einer Hausordnung
4. Einladung zu einer Eigentümerversammlung
5. Vollmacht zur Vertretung in einer Eigentümerversammlung
6. Beispiel einer Versammlungsniederschrift
7. Beispiel einer Beschluss-Sammlung

Begründung durch vertragliche Teilungserklärung **Muster V**

A. Mustertexte zur Begründung von Wohnungseigentum, Wohnungserbbaurecht und Dauerwohnrecht sowie zur Änderung von Gegenstand und Inhalt

1. Begründung des Wohnungseigentums

a) Begründung durch vertragliche Teilungserklärung (§ 3 WEG)

Verhandelt zu Frankfurt am Main, am 1. August 2007

Vor mir, dem unterzeichneten Notar Franz Maier
im Bezirk des Oberlandesgerichts Frankfurt mit dem Amtssitz in Frankfurt am Main, erschienen heute:
1. der Kaufmann Otto Schenk, geb. 1.3.1958, Frankfurt am Main, Hauptstr. 1
2. der Malermeister Karl Huber, geb. 12.7.1956, Frankfurt am Main, Stadtweg 35
3. der Student Georg Huber, geb. 28.3.1980, Frankfurt am Main, Stadtweg 35
Die Erschienenen sind dem Notar persönlich bekannt/haben sich jeweils ausgewiesen durch ...

Die Erschienenen erklärten:

I. Teilungserklärung

Wir sind Eigentümer des Grundstücks Gemarkung Frankfurt am Main, Flur 1, Flurstück 10, eingetragen im Grundbuch von Frankfurt am Main, Bezirk Griesheim, Band 1, Blatt 3 zu je einem ideellen Drittel. Das auf dem Grundstück noch zu errichtende Wohnhaus besteht aus je einer Wohnung im Parterre sowie im ersten und im zweiten Stockwerk.

Wir schließen folgenden Vertrag:

Die uns zustehenden Miteigentumsanteile zu je einem ideellen Drittel werden in der Weise beschränkt, dass
a) dem Erschienenen zu 1) das Sondereigentum an der im Parterre gelegenen Wohnung nebst den im Aufteilungsplan unter I bezeichneten Keller- und Speicherräumen eingeräumt wird;
b) dem Erschienenen zu 2) das Sondereigentum an der im ersten Stockwerk gelegenen Wohnung nebst den im Aufteilungsplan unter II bezeichneten Keller- und Speicherräume eingeräumt wird;
c) dem Erschienenen zu 3) das Sondereigentum an der im zweiten Stockwerk gelegenen Wohnung nebst den im Aufteilungsplan unter III bezeichneten Keller- und Speicherräumen eingeräumt wird.
Dem Erscheinen zu 1) wird außerdem das Sondernutzungsrecht an dem PKW-Abstellplatz Nr. 1 eingeräumt.

Vandenhouten

II. Gemeinschaftsordnung

Hinsichtlich der Ordnung der Gemeinschaft der Wohnungseigentümer gelten grundsätzlich die gesetzlichen Bestimmungen, nämlich die §§ 10–29 des Wohnungseigentumsgesetzes sowie die Vorschriften des Bürgerlichen Gesetzbuches über die Gemeinschaft in ihrer jeweils geltenden Fassung.

In Ergänzung dazu wird vereinbart, dass ein Wohnungseigentümer zur Veräußerung seines Wohnungseigentums der Zustimmung der anderen Wohnungseigentümer gemäß § 12 WEG bedarf.

Zusätzlich vereinbaren wir als Inhalt des Sondereigentums, dass ein Wohnungseigentümer zur Veräußerung seines Wohnungseigentums der Zustimmung der anderen Wohnungseigentümer bedarf.

III. Eintragungsbewilligung und -antrag

Wir bewilligen und beantragen,

a) die Einräumung des Sondereigentums,
b) die vorstehenden Bestimmungen zu II. des Vertrages als Inhalt des Sondereigentums im Grundbuch einzutragen.

Es soll für jedes Wohnungseigentumsrecht ein besonderes Grundbuchblatt angelegt werden. Das alte Grundbuchblatt soll geschlossen werden. Die Kosten dieses Vertrages und seiner Durchführung tragen die Erschienenen zu je einem Drittel.

Vorgelesen, genehmigt und eigenhändig unterschrieben

Otto Schenk
Karl Huber
Georg Huber,
Franz Maier, Notar
(L. S.)

b) Begründung durch einseitige Teilungserklärung (§ 8 WEG)

Verhandelt zu Frankfurt am Main am 1. August 2007

Vor mir, dem unterzeichneten Notar Franz Meier im Bezirk des Oberlandesgerichts Frankfurt am Main mit dem Amtssitz in Frankfurt am Main,

erschien heute:

der Geschäftsführer Herbert Huber, geb. 23.10.1962
Frankfurt am Main, Stadtweg 35.

Der Erschienene ist dem Notar von Person bekannt/hat sich ausgewiesen durch ... .

Der Erschienene erklärt, dass er im Nachfolgenden seine Erklärung für die ABC Wohnungsbaugesellschaft mit beschränkter Haftung in Hanau, die im Handelsregister beim Amtsgericht in Hanau unter HRB 1234 eingetragen ist, abgibt, als deren alleinvertretungsberechtigter Geschäftsführer.

Der Erschienene erklärt, mit dem Antrag auf Beurkundung, folgende

Erklärung zur Begründung von Wohnungseigentum durch Teilung gemäß § 8 des Wohnungseigentumsgesetzes

I. Teilungserklärung

§ 1
Grundstück

Die ABC Wohnungsbaugesellschaft mit beschränkter Haftung in Hanau
– nachstehend als „Wohnungsunternehmen" bezeichnet –
ist Eigentümerin des Grundstücks in Frankfurt am Main,

Flur 4 Nr. 282/6, Bauplatz, Friedhofstraße, und
Flur 4 Nr. 282/15, Bauplatz, Friedhofstraße, mit 1492 qm,

eingetragen im Grundbuch von Frankfurt am Main, Band 164, Blatt 6217, lfd. Nr. 1 des Bestandsverzeichnisses.

Auf diesem Grundstück errichtet das Wohnungsunternehmen zwei Gebäude mit zusammen 12 Wohnungen und 12 Kfz-Abstellplätze im Freigelände.

V Muster Begründung durch einseitige Teilungserklärung

**§ 2
Teilung**

Das Wohnungsunternehmen teilt das Eigentum an dem vorbezeichneten Grundstück gemäß § 8 WEG in Miteigentumsanteile in der Weise, dass mit jedem Miteigentumsanteil das Sondereigentum an einer in sich abgeschlossenen Wohnung zuzüglich Nebenräumen (Keller) zu Wohnungseigentum verbunden ist, wie folgt:

1. in einen Miteigentumsanteil von verbunden mit dem Sondereigentum an der Wohnung Nr. 1 im Haus 1 im Erdgeschoss links, mit einer Wohnfläche von 62,89 qm, bestehend aus: 2 Zimmern, Küche, Bad mit WC, Flur, Terrasse und Keller Nr. 1,   83/1000
2. in einen Miteigentumsanteil von verbunden mit dem Sondereigentum an der Wohnung Nr. 2 im Haus 1 im Erdgeschoss rechts, mit einer Wohnfläche von 61,16 qm, bestehend aus: 2 Zimmern, Küche, Bad mit WC, Flur, Terrasse und Keller Nr. 2,   80/1000
3. in einen Miteigentumsanteil von verbunden mit dem Sondereigentum an der Wohnung Nr. 3 im Haus 1 im I. Stock links, mit einer Wohnfläche von 62,89 qm, bestehend aus: 2 Zimmern, Küche, Bad mit WC, Flur, Loggia und Keller Nr. 3, 83/1000
4. in einen Miteigentumsanteil von verbunden mit dem Sondereigentum an der Wohnung Nr. 4 im Haus 1 im I. Stock rechts, mit einer Wohnfläche von 61,16 qm, bestehend aus: 2 Zimmern, Küche, Bad mit WC, Flur, Loggia und Keller Nr. 4, 80/1000
5. in einen Miteigentumsanteil von verbunden mit dem Sondereigentum an der Wohnung Nr. 5 im Haus 1 im II. Stock links, mit einer Wohnfläche von 62,89 qm, bestehend aus: 2 Zimmern, Küche, Bad mit WC, Flur, Loggia, und Keller Nr. 5, 83/1000
6. in einen Miteigentumsanteil von verbunden mit dem Sondereigentum an der Wohnung Nr. 6 im Haus 1 im II. Stock rechts, mit einer Wohnfläche von 61,16 qm, bestehend aus: 2 Zimmern, Küche, Bad mit WC, Flur, Loggia, und Keller Nr. 6, 81/1000
7. in einen Miteigentumsanteil von verbunden mit dem Sondereigentum an der Wohnung Nr. 7 im Haus 2 im Erdgeschoss links, mit einer Wohnfläche von 60,85 qm, bestehend aus: 2 Zimmern, Küche, Bad mit WC, Flur, Terrasse und Keller Nr. 7,   80/1000
8. in einen Miteigentumsanteil von verbunden mit dem Sondereigentum an der Wohnung Nr. 8 im Haus 2 im Erdgeschoss rechts, mit einer Wohnfläche von 68,68 qm, bestehend aus: 21/2 Zimmern, Küche, Bad, WC, Flur, Terrasse und Keller Nr. 8,   90/1000
9. in einen Miteigentumsanteil von verbunden mit dem Sondereigentum an der Wohnung Nr. 9 im Haus 2 im I. Stock links, mit einer Wohnfläche von 60,85 qm, bestehend aus: 2 Zimmern, Küche, Bad mit WC, Flur, Loggia und Keller Nr. 9, 80/1000
10. in einen Miteigentumsanteil von verbunden mit dem Sondereigentum an der Wohnung Nr. 10 im Haus 2 im I. Stock rechts, mit einer Wohnfläche von 68,68 qm, bestehend aus: 21/2 Zimmern, Küche, Bad, WC, Flur, Loggia und Keller Nr. 10, 90/1000

Begründung durch einseitige Teilungserklärung **Muster V**

11. in einen Miteigentumsanteil von verbunden mit dem Sondereigentum an der Wohnung Nr. 11 im Haus 2 im II. Stock links, mit einer Wohnfläche von 60,85 qm, bestehend aus: 2 Zimmern, Küche, Bad mit WC, Flur, Loggia und Keller Nr. 11, 80/1000
12. in einen Miteigentumsanteil von verbunden mit dem Sondereigentum an der Wohnung Nr. 12 im Haus 2 im II. Stock rechts, mit einer Wohnfläche von 68,68 qm, bestehend aus: 21/2 Zimmern, Küche, Bad, WC, Flur, Loggia und Keller Nr. 12   90/1000

Gesamtsumme: 1000/1000

Die Wohnungen und die Nebenräume sind im Aufteilungsplan mit den entsprechenden Nummern bezeichnet.

Aufteilungsplan und Bescheinigung der Baubehörde gemäß § 7 Abs. 4 WEG liegen vor.

§ 3
Gegenstand der Sondernutzungsrechte

Es werden folgende Sondernutzungsrechte gebildet: Dem jeweiligen Eigentümer der nachfolgend bezeichneten Wohnungen steht das ausschließliche Nutzungsrecht an nachfolgend bezeichneten Kfz-Abstellplätzen im Freigelände zu:

Wohnung Nr. 1 – Kfz-Abstellplatz Nr. 1,
Wohnung Nr. 2 – Kfz-Abstellplatz Nr. 2,
Wohnung Nr. 3 – Kfz-Abstellplatz Nr. 3,
Wohnung Nr. 4 – Kfz-Abstellplatz Nr. 4,
Wohnung Nr. 5 – Kfz-Abstellplatz Nr. 5,
Wohnung Nr. 6 – Kfz-Abstellplatz Nr. 6,
Wohnung Nr. 7 – Kfz-Abstellplatz Nr. 7,
Wohnung Nr. 8 – Kfz-Abstellplatz Nr. 8,
Wohnung Nr. 9 – Kfz-Abstellplatz Nr. 9,
Wohnung Nr. 10 – Kfz-Abstellplatz Nr. 10,
Wohnung Nr. 11 – Kfz-Abstellplatz Nr. 11 und
Wohnung Nr. 12 – Kfz-Abstellplatz Nr. 12.

Die Sondernutzungsrechte sind im Aufteilungsplan mit den entsprechenden Nummern bezeichnet.

II. Bestimmungen über das Verhältnis der Wohnungseigentümer untereinander und über die Verwaltung (Gemeinschaftsordnung)

§ 4
Grundsatz

Das Verhältnis der Wohnungseigentümer untereinander bestimmt sich nach den Vorschriften der §§ 10 bis 29 des WEG, soweit im Folgenden nicht etwas anderes geregelt ist.

§ 5
Sondernutzungsrechte

Die jeweiligen Eigentümer sind zur Instandhaltung, Instandsetzung und Verkehrssicherung des ihnen jeweils zugeordneten Sondernutzungsbereichs auf eigene Kosten verpflichtet.

§ 6
Gebrauch des Wohnungseigentums

(1) Jeder Wohnungseigentümer ist berechtigt, die in seinem Sondereigentum stehenden Räume und neben den übrigen Miteigentümern auch das gemeinschaftliche Eigentum in einer Weise zu nutzen, die nicht die Rechte der übrigen Wohnungseigentümer über das bei einem geordneten Zusammenleben unvermeidliche Maß hinaus beeinträchtigt oder den Bestimmungen dieser Gemeinschaftsordnung widerspricht. Der Umfang ergibt sich ferner aus der Hausordnung.

(2) Zur Ausübung eines Gewerbes oder Berufes in der Eigentumswohnung bedarf der Wohnungseigentümer der schriftlichen Einwilligung des Verwalters; diese kann unter Auflagen erteilt werden. Der Verwalter kann die Einwilligung nur aus einem wichtigen Grund verweigern. Als wichtiger Grund ist insbesondere anzusehen, wenn die Ausübung des Gewerbes oder Berufes eine unzumutbare Beeinträchtigung anderer Wohnungseigentümer oder eine übermäßige Abnutzung des gemeinschaftlichen Eigentums mit sich bringt. Die Zustimmung kann widerrufen werden, wenn nachträglich eine unzumutbare Beeinträchtigung anderer Wohnungseigentümer oder eine übermäßige Abnutzung des gemeinschaftlichen Eigentums eintritt oder Auflagen nicht beachtet werden. Verweigert der Verwalter die Einwilligung, erteilt er sie unter Auflagen oder widerruft er sie, so kann seine Entscheidung durch Mehrheitsbeschluss der Eigentümerversammlung korrigiert werden.

(3) Die Gebrauchsüberlassung an Dritte ist nur zulässig, soweit sich die Nutzung im Rahmen dieser Gemeinschaftsordnung hält. Die Gebrauchsüberlassung an Dritte ist dem Verwalter unverzüglich schriftlich mitzuteilen.

(4) Art und Weise der Ausübung der dem Wohnungseigentümer zustehenden Rechte zur Nutzung des Sondereigentums und zur Mitbenutzung des gemeinschaftlichen Eigentums werden durch die vom Verwalter aufgestellte und von der Eigentümerversammlung mit Mehrheit beschlossene Hausordnung geregelt, soweit nach dem Gegenstand der Regelung nicht eine Vereinbarung aller Wohnungseigentümer erforderlich ist. Die Bestimmungen dieser Hausordnung können durch Mehrheitsbeschluss der Eigentümerversammlung geändert werden.

§ 7
Übertragung des Wohnungseigentums

(1) Die Veräußerung des Wohnungseigentums bedarf der Zustimmung des Verwalters. Dies gilt nicht für die Veräußerung:

a) beim Erstverkauf durch das Wohnungsunternehmen,
b) im Wege der Zwangsvollstreckung,
c) durch Insolvenzverwalter,

d) durch Gläubiger dinglich gesicherter Darlehen, wenn sie ein von ihnen erworbenes Wohnungseigentum weiter veräußern.

(2) Der Verwalter darf die Zustimmung nur aus einem wichtigen Grund versagen. Als wichtiger Grund gilt insbesondere, wenn durch Tatsachen begründete Zweifel daran bestehen, dass

a) der Erwerber die ihm gegenüber der Gemeinschaft der Wohnungseigentümer obliegenden finanziellen Verpflichtungen erfüllen wird, oder

b) der Erwerber oder eine zu seinem Hausstand gehörende Person sich in die Hausgemeinschaft einfügen wird.

(3) Erteilt der Verwalter die Zustimmung nicht, so kann diese durch Mehrheitsbeschluss der Eigentümerversammlung ersetzt werden.

(4) Der jeweilige rechtsgeschäftliche Erwerber haftet für Hausgeldrückstände (Abrechnungsfehlbeträge, Wohngeld und Sonderumlagen) des Veräußerers.

§ 8
Versorgungs- und Entsorgungsleitungen

Alle Ver- und Entsorgungsleitungen der Gewerke Heizung und Wasser sind auch insoweit Gemeinschaftseigentum, als sie im räumlichen Bereich von Sondereigentum verlegt sind. Gleiches gilt für Heizkörper, Thermostatventile und sonstige Regelungsteile sowie Verbrauchserfassungsgeräte.

§ 9
Instandhaltung/Bauliche Änderung

(1) Die Instandhaltung der zum gemeinschaftlichen Eigentum gehörenden Teile des Gebäudes und des Grundstücks obliegt der Gemeinschaft der Wohnungseigentümer; sie ist vom Verwalter durchzusetzen.

(2) Die Wohnungseigentümer sind zur Ansammlung einer Instandhaltungsrückstellung für das gemeinschaftliche Eigentum verpflichtet. Zu diesem Zweck ist jährlich ein angemessener Betrag zu entrichten. Aus dieser Rückstellung werden die Kosten für die Instandhaltung und Instandsetzung des gemeinschaftlichen Eigentums bestritten. Falls die vorhandene Rückstellung nicht ausreicht, die Kosten für beschlossene oder dringend notwendige Arbeiten zu decken, sind die Wohnungseigentümer verpflichtet, Nachzahlung zu leisten. Entnahmen aus der Instandhaltungsrückstellung zu anderen Zwecken als für die Instandhaltung oder Instandsetzung des gemeinschaftlichen Eigentums bedürfen der Zustimmung aller Wohnungseigentümer.

(3) Der Wohnungseigentümer ist verpflichtet, die dem Sondereigentum unterliegenden Teile des Gebäudes so instandzuhalten, dass dadurch keinem der anderen Wohnungseigentümer über das bei einem geordneten Zusammenleben unvermeidliche Maß hinaus ein Nachteil erwächst.

(4) Die Behebung von Glasschäden an im gemeinschaftlichen Eigentum stehenden Fenstern und Türen im räumlichen Bereich des Sondereigentums obliegt ohne Rücksicht auf die Ursache des Schadens dem Wohnungseigentümer auf seine Kosten.

(5) Im Übrigen gilt § 22 Wohnungseigentumsgesetz.

§ 10
Anzeigepflicht des Wohnungseigentümers, Besichtigungsrecht des Verwalters

(1) Der Wohnungseigentümer ist verpflichtet, von ihm bemerkte Mängel und Schäden am Grundstück oder Gebäude, deren Beseitigung den Wohnungseigentümern gemeinschaftlich obliegt, dem Verwalter unverzüglich anzuzeigen.

(2) Der Verwalter ist berechtigt, in angemessenen zeitlichen Abständen von mindestens zwei Jahren nach vorheriger Anmeldung den Zustand der Wohnung auf Instandhaltungsarbeiten im Sinne von § 9 Abs. 3 und den Zustand der sich im Bereich des Sondereigentums befindlichen Teile des gemeinschaftlichen Eigentums überprüfen zu lassen. Aus wichtigem Grund ist die Überprüfung auch sonst zulässig.

§ 11
Mehrheit von Berechtigten an einem Wohnungseigentum

Steht das Wohnungseigentum mehreren Personen zu, so haben diese dem Verwalter schriftlich einen Bevollmächtigten zur Entgegennahme und Abgabe von Willenserklärungen und Zustellungen, die im Zusammenhang mit dem Wohnungseigentum stehen, zu benennen. Bei unterbliebener Benennung genügt die Entgegennahme und Abgabe gegenüber einem Mitberechtigten.

§ 12
Wohngeld, Lasten und Kosten

(1) Die Vorauszahlungen auf die laufenden Kosten und Lasten werden aufgrund eines jährlich aufzustellenden Wirtschaftsplanes ermittelt. Der auf den einzelnen Wohnungseigentümer entfallende Anteil (Wohngeld) ist in monatlichen Raten bis zum 3. Werktag eines jeden Monats in der durch Mehrheitsbeschluss der Eigentümerversammlung festzulegenden Form zu zahlen. Gerät ein Wohnungseigentümer hinsichtlich des Wohngeldes für eine bestimmte Wohnung mit einem Betrag in Rückstand, der in Summe zwei Monatsraten übersteigt, kann der Verwalter den nach beschlossenem Wirtschaftsplan für diese Wohnung geschuldeten Jahresbetrag vorzeitig fällig stellen. Im Zeitpunkt der Vorfälligkeit bestimmt der Verwalter.

(2) Für die Ermittlung des Wohngeldes gelten derzeit folgende Verteilungsschlüssel:
a) Die Kosten für die zentrale Heizungs- und Warmwasserversorgung des Sondereigentums werden nach der Heizkostenverordnung in der jeweils gültigen Fassung mit 70% nach Verbrauch, mit 30% nach dem Verhältnis der Wohnfläche umgelegt
b) Im Übrigen werden die Betriebskosten wie folgt umgelegt: nach Miteigentumsanteilen. Dies gilt nicht für Kosten der Müllabfuhr, die von dem Entsorgungsunternehmen den Wohnungseigentümern unmittelbar und einzeln als Kosten des Sondereigentums in Rechnung gestellt werden.
c) Die Verwaltungskosten und die Kosten der Nutzung einer gemeinschaftlichen Rundfunk- und Fernsehempfangsanlage sind für jedes Wohnungseigentum gleich zu bemessen.
d) Der Betrag für Instandhaltung einschließlich Instandhaltungsrückstellung errechnet sich wie folgt: 4,00 EUR pro Quadratmeter Wohnfläche jährlich.

§ 13
Wirtschaftsplan und Abrechnung

(1) Der Verwalter hat jeweils für ein Wirtschaftsjahr einen Wirtschaftsplan und eine Abrechnung zu erstellen. Das Wirtschaftsjahr ist das Kalenderjahr. Entsteht eine Wohnungseigentümergemeinschaft erst nach Beginn eines Kalenderjahres, so gilt Satz 1 für das Rumpfabrechnungsjahr; entsteht sie erst in den letzten 6 Monaten, so erfolgt die Erstabrechnung nach Ablauf des folgenden Wirtschaftsjahres.

(2) Fehlbeträge des Wohngeldes aus der Abrechnung sind vom Wohnungseigentümer spätestens einen Monat nach der Beschlussfassung über die Abrechnung nachzuleisten. In der Abrechnung ausgewiesene Überzahlungen können mit den laufenden Wohngeldzahlungen verrechnet werden.

(3) Eine Aufrechnung durch die Wohnungseigentümer ist ausgeschlossen, soweit nicht unbestrittene oder rechtskräftig festgestellte Forderungen geltend gemacht werden; Abs. 2 S. 2 bleibt unberührt.

(4) Mit der Einladung zur Eigentümerversammlung, in der über den Wirtschaftsplan oder die Abrechnung beschlossen werden soll, ist jedem Wohnungseigentümer der Gesamtwirtschaftsplan bzw. die Gesamtabrechnung und der sein Wohnungseigentum betreffende Einzelwirtschaftsplan bzw. die dieses betreffende Einzelabrechnung zu übersenden. In die Abrechnungsunterlagen sowie die Einzelpläne bzw. –Abrechnungen für die anderen Wohnungseigentumsrechte ist ihm auf sein Verlangen rechtzeitig vor der Beschlussfassung Einsicht zu gewähren.

§ 14
Versicherungen

(1) Für das Sondereigentum und das gemeinschaftliche Eigentum als Ganzes werden folgende Versicherungen abgeschlossen:
a) Eine Versicherung gegen Inanspruchnahme aus der gesetzlichen Haftpflicht der Gemeinschaft der Wohnungseigentümer, aus dem gemeinschaftlichen Eigentum am Grundstück,
b) eine Gebäudefeuerversicherung,
c) eine Versicherung gegen die Haftpflicht bei Gewässerschäden, sofern Öltanks zum Gemeinschaftseigentum gehören,
d) eine Leitungswasser-, Sturm- und Hagelschadenversicherung.

(2) Die Sachversicherungen sind zum gleitenden Neuwert, die Haftpflichtversicherung in angemessener Höhe abzuschließen.

§ 15
Eigentümerversammlung

(1) Außer in den Fällen des § 24 Abs. 1 und 2 WEG beruft der Verwalter eine Wohnungseigentümerversammlung ein, wenn in den Fällen des § 6 Abs. 2 und 3, § 7 Abs. 3 der betroffene Wohnungseigentümer es verlangt. Bei der Einladung ist die Tagesordnung mitzuteilen.

(2) Für die Ordnungsmäßigkeit der Einberufung genügt die Absendung an die Anschrift, die dem Verwalter von dem Wohnungseigentümer zuletzt mitgeteilt worden ist.

(3) Die Wohnungseigentümerversammlung ist beschlussfähig, wenn mehr als die Hälfte der Stimmrechte anwesend oder vertreten sind. Die Einberufung zu der in § 25 Abs. 4 vorgesehenen Wiederholungsversammlung kann schon zusammen mit der Einberufung einer Wohnungseigentümerversammlung für den Fall ihrer Beschlussunfähigkeit erfolgen.

Das Stimmrecht bestimmt sich nach Wohnungen; pro Wohnung eine Stimme.

(4) Beschlüsse über Maßnahmen, die nur eines der beiden Gebäude betreffen, können diejenigen Wohnungseigentümer, deren Sondereigentum in dem betreffenden Gebäude gelegen ist, allein fassen, wenn dies nicht den Interessen der gesamten Wohnungseigentümergemeinschaft widerspricht.

(5) Bei der Feststellung der Stimmenmehrheit wird von der Zahl der abgegebenen Stimmen ausgegangen, Stimmenthaltungen gelten als nicht abgegebene Stimmen.

§ 16
Verwalter

(1) Als erster Verwalter ist
Betriebswirt Gustav Hoch,
Stadtweg 35,
Frankfurt am Main
bestellt. Die Bestellung endet mit Ablauf von drei Jahren nach der Begründung von Wohnungseigentum.

(2) Die vorzeitige Abberufung eines Verwalters setzt einen wichtigen Grund voraus.

(3) Die Rechte und Pflichten des Verwalters ergeben sich aus dem sowie aus den Bestimmungen dieser Gemeinschaftsordnung und des abzuschließenden Verwaltervertrages.

(4) Der Verwalter ist von den Bestimmungen des § 181 BGB – soweit gesetzlich zulässig – befreit.

§ 17
Verwaltungsbeirat

Die Wohnungseigentümer wählen mit Stimmenmehrheit einen Verwaltungsbeirat, dessen Aufgaben sich aus § 29 WEG ergeben. Die Anzahl der Mitglieder des Verwaltungsbeirates werden durch die Wohnungseigentümerversammlung bestimmt. Der Verwaltungsbeirat bestimmt aus seiner Mitte den Vorsitzenden. Die Wahl von Ersatzmitgliedern ist zulässig. Der Verwaltungsbeirat ist zur Einsichtnahme in alle Bücher und Schriften des Verwalters berechtigt. Seine Mitglieder haben keinen Anspruch auf Entschädigung und Aufwendungsersatz.

III. Eintragungsbewilligung und -antrag

Die ABC Wohnungsbaugesellschaft mit beschränkter Haftung in Hanau bewilligt und beantragt,

im Grundbuch von Frankfurt am Main
Flur 4 Nr. 282/6, Bauplatz, Friedhofstraße und
Flur 4 Nr. 282/15, Bauplatz, Friedhofstraße mit 1492 qm, einzutragen:

Begründung durch einseitige Teilungserklärung **Muster V**

a) die Teilung des Grundstücks in 12 Wohnungseigentumsrechte gemäß § 2 der Teilungserklärung,
b) die Bestimmungen gemäß §§ 3 bis 16 der Teilungserklärung als Inhalt des Sondereigentums. Der Eigentümer beantragt weiter, die zu erteilenden Eintragungsnachrichten an den amtierenden Notar u. an ihn zu senden.

Das Protokoll wurde dem Erschienenen vorgelesen, von ihm genehmigt und, wie folgt, eigenhändig unterschrieben:

gez. *Herbert Huber*
gez. *Franz Meier*, Notar

V Muster Begründung durch vertragliche Teilungserklärung

2. Begründung des Wohnungserbbaurechts

a) Begründung durch vertragliche Teilungserklärung (§ 30 Abs 1 WEG)

Verhandelt zu Frankfurt am Main, am 1. August 2007

Vor mir, dem unterzeichneten Notar Franz Maier
im Bezirk des Oberlandesgerichts Frankfurt mit dem Amtssitz in Frankfurt am Main, erschienen heute:
1. der Kaufmann Otto Schenk, geb. 1.3.1958, Frankfurt am Main, Hauptstr. 1
2. der Malermeister Karl Huber, geb. 12.7.1956, Frankfurt am Main, Stadtweg 35
3. der Student Georg Huber, geb. 28.3.1980, Frankfurt am Main, Stadtweg 35

Die Erschienenen sind dem Notar persönlich bekannt/haben sich jeweils ausgewiesen durch ...

Die Erschienenen erklärten:

I. Teilungserklärung

Wir sind die Mitberechtigten zu je einem ideellen Drittel des im Erbbaugrundbuch von Frankfurt am Main, Bezirk Griesheim, Band 1, Blatt 3 unter Nr. 1 des Bestandsverzeichnisses eingetragenen Erbbaurechts. Das auf dem mit dem Erbbaurecht belasteten Grundstück in Ausübung des Erbbaurechts noch zu errichtende Wohnhaus besteht aus je einer Wohnung im Parterre sowie im ersten und im zweiten Stockwerk.

Wir schließen folgenden Vertrag:

Die uns zustehenden Erbbaurechtsanteile zu je einem ideellen Drittel werden in der Weise beschränkt, dass

a) dem Erschienenen zu 1) das Sondereigentum an der im Parterre gelegenen Wohnung nebst den im Aufteilungsplan unter I bezeichneten Keller- und Speicherräumen eingeräumt wird;

b) dem Erschienenen zu 2) das Sondereigentum an der im ersten Stockwerk gelegenen Wohnung nebst den im Aufteilungsplan unter II bezeichneten Keller- und Speicherräume eingeräumt wird;

c) dem Erschienenen zu 3) das Sondereigentum an der im zweiten Stockwerk gelegenen Wohnung nebst den im Aufteilungsplan unter III bezeichneten Keller- und Speicherräumen eingeräumt wird.

Dem Erscheinen zu 1) wird außerdem das Sondernutzungsrecht an dem PKW-Abstellplatz Nr. 1 eingeräumt.

Begründung durch vertragliche Teilungserklärung **Muster V**

II. Gemeinschaftsordnung

Hinsichtlich der Ordnung der Gemeinschaft der Wohnungserbbauberechtigten gelten grundsätzlich die gesetzlichen Bestimmungen, nämlich § 30 in Verbindung mit §§ 10–29 des Wohnungseigentumsgesetzes sowie die Vorschriften des Bürgerlichen Gesetzbuches über die Gemeinschaft in ihrer jeweils geltenden Fassung.

In Ergänzung dazu wird vereinbart, dass ein Wohnungserbbauberechtigter zur Veräußerung seines Wohnungseigentums der Zustimmung der anderen Wohnungseigentümer gemäß § 12 WEG bedarf.

Zusätzlich vereinbaren wir als Inhalt des Sondereigentums, dass ein Wohnungserbbauberechtigter zur Veräußerung seines Wohnungseigentums der Zustimmung der anderen Wohnungserbbauberechtigten bedarf.

III. Eintragungsbewilligung und -antrag

Wir bewilligen und beantragen,
a) die Einräumung des Sondereigentums,
b) die vorstehenden Bestimmungen zu II. des Vertrages als Inhalt des Sondereigentums im Grundbuch einzutragen.

Es soll für jedes Wohnungserbbaurecht ein besonderes Grundbuchblatt angelegt werden. Das alte Grundbuchblatt soll geschlossen werden. Die Kosten dieses Vertrages und seiner Durchführung tragen die Erschienenen zu je einem Drittel.

Vorgelesen, genehmigt und eigenhändig unterschrieben

Otto Schenk
Karl Huber
Georg Huber,
Franz Maier, Notar
(L. S.)

b) Begründung durch einseitige Teilungserklärung (§ 30 Abs 2 WEG)

Verhandelt zu Frankfurt am Main am 1. August 2007

Vor mir, dem unterzeichneten Notar Franz Meier im Bezirk des Oberlandesgerichts Frankfurt am Main mit dem Amtssitz in Frankfurt am Main,

erschien heute:

der Geschäftsführer Herbert Huber, geb. 23.10.1962
Frankfurt am Main, Stadtweg 35.

Der Erschienene ist dem Notar von Person bekannt/hat sich ausgewiesen durch ... .

Der Erschienene erklärt, dass er im Nachfolgenden seine Erklärung für die ABC Wohnungsbaugesellschaft mit beschränkter Haftung in Hanau, die im Handelsregister beim Amtsgericht in Hanau unter HRB 1234 eingetragen ist, abgibt, als deren alleinvertretungsberechtigter Geschäftsführer.

Der Erschienene erklärt, mit dem Antrag auf Beurkundung, folgende

Erklärung zur Begründung von Wohnungseigentum durch Teilung
gemäß §§ 30 Abs. 2, 8 des Wohnungseigentumsgesetzes

I. Teilungserklärung

§ 1
Erbbaurecht

Die ABC Wohnungsbaugesellschaft mit beschränkter Haftung in Hanau
– nachstehend als „Wohnungsunternehmen" bezeichnet –
ist Berechtigte des im Erbbaugrundbuch von Frankfurt am Main, Band 164, Blatt 6217, lfd. Nr. 1 des Bestandsverzeichnisses eingetragenen Erbbaurechts.
Auf dem mit dem Erbbaurecht belasteten Grundstück ist in Ausübung des Erbbaurechts ein Gebäude mit 4 Wohnungen und 4 Kfz-Abstellplätzen im Freigelände errichtet.

§ 2
Teilung

Das Wohnungsunternehmen teilt das Erbbaurecht gemäß §§ 30, 8 WEG in Miterbbaurechtsanteile in der Weise, dass mit jedem Anteil das Sondereigentum an einer in sich abgeschlossenen Wohnung zuzüglich Nebenräumen (Keller) zu Wohnungserbbaurecht verbunden ist, wie folgt:
1. in einen Miterbbaurechtsanteil von 30/100stel verbunden mit dem Sondereigentum an der Wohnung Nr. 1 im Erdgeschoss links mit einer Wohnfläche von 150 qm, und dem Keller Nr. 1 (Nr. 1 des Aufteilungsplans)

2. in einen Miterbbaurechtsanteil von 15/100stel verbunden mit dem Sondereigentum an der Wohnung Nr. 2 im Erdgeschoss rechts mit einer Wohnfläche von 75 qm, und dem Keller Nr. 2 (Nr. 2 des Aufteilungsplans)
3. in einen Miterbbaurechtsanteil von 40/100stel verbunden mit dem Sondereigentum an der Wohnung Nr. 3 im 1.Obergeschoss links mit einer Wohnfläche von 200 qm, und dem Keller Nr. 3 (Nr. 3 des Aufteilungsplans)
4. in einen Miterbbaurechtsanteil von 15/100stel verbunden mit dem Sondereigentum an der Wohnung Nr. 4 im 1. Obergeschoss rechts mit einer Wohnfläche von 75 qm, und dem Keller Nr. 4 (Nr. 4 des Aufteilungsplans)

Aufteilungsplan und Bescheinigung der Baubehörde gemäß § 7 Abs. 4 WEG liegen vor.

§ 3
Gegenstand der Sondernutzungsrechte

Es werden folgende Sondernutzungsrechte gebildet: Dem jeweiligen Eigentümer der nachfolgend bezeichneten Wohnungen steht das ausschließliche Nutzungsrecht an nachfolgend bezeichneten
Kfz-Abstellplätzen im Freigelände zu:
Wohnung Nr. 1 – Kfz-Abstellplatz Nr. 1,
Wohnung Nr. 2 – Kfz-Abstellplatz Nr. 2,
Wohnung Nr. 3 – Kfz-Abstellplatz Nr. 3,
Wohnung Nr. 4 – Kfz-Abstellplatz Nr. 4,
Die Sondernutzungsrechte sind im Aufteilungsplan mit den entsprechenden Nummern bezeichnet.

II. Bestimmungen über das Verhältnis der Wohnungseigentümer untereinander und über die Verwaltung (Gemeinschaftsordnung)

§ 4
Grundsatz

Das Verhältnis der Wohnungseigentümer untereinander bestimmt sich nach den Vorschriften der §§ 10 bis 29 des WEG, soweit im Folgenden nicht etwas anderes geregelt ist.

§ 5
Ausübung eines Gewerbes oder Berufes

Zur Ausübung eines Gewerbes oder Berufes im Sondereigentum bedarf der Wohnungserbbauberechtigte der schriftlichen Einwilligung des Verwalters; diese kann unter Auflagen erteilt werden. Der Verwalter kann die Einwilligung nur aus einem wichtigen Grund verweigern. Als wichtiger Grund ist insbesondere anzusehen, wenn die Ausübung des Gewerbes oder Berufes eine unzumutbare Beeinträchtigung anderer Wohnungserbbauberechtigter oder eine übermäßige Abnutzung des gemeinschaftlichen Eigentums mit sich bringt. Die Zustimmung kann widerrufen werden, wenn nachträglich eine unzumutbare Beeinträchtigung anderer Wohnungserbbauberechtigter oder eine übermäßige Abnutzung des gemeinschaftlichen Eigentums eintritt oder Auflagen nicht beachtet werden. Verweigert der Verwalter die Einwilligung, erteilt er sie unter Auflagen oder widerruft er sie, so kann seine Entscheidung durch Mehrheitsbeschluss der Versammlung der Wohnungserbbauberechtigten korrigiert werden.

§ 6
Übertragung des Wohnungserbbaurechts

(1) Die Veräußerung des Wohnungserbbaurechts bedarf der Zustimmung des Verwalters. Dies gilt nicht für die Veräußerung:
a) beim Erstverkauf durch das Wohnungsunternehmen,
b) im Wege der Zwangsvollstreckung,
c) durch Insolvenzverwalter,
d) durch Gläubiger dinglich gesicherter Darlehen, wenn sie ein von ihnen erworbenes Wohnungserbaurecht weiter veräußern.

(2) Erteilt der Verwalter die Zustimmung nicht, so kann diese durch Mehrheitsbeschluss der Versammlung der Wohnungserbbauberechtigten ersetzt werden.

§ 7
Mehrheit von Berechtigten an einem Wohnungserbbaurecht

Steht das Wohnungserbbaurecht mehreren Personen zu, so haben diese dem Verwalter schriftlich einen Bevollmächtigten zur Entgegennahme und Abgabe von Willenserklärungen und Zustellungen, die im Zusammenhang mit dem Wohnungserbbaurecht stehen, zu benennen. Bei unterbliebener Benennung genügt die Entgegennahme und Abgabe gegenüber einem Mitberechtigten.

§ 8
Versammlung der Wohnungserbbauberechtigten

(1) Die Versammlung der Wohnungserbbauberechtigten ist beschlussfähig, wenn mehr als die Hälfte der Stimmrechte anwesend oder vertreten sind. Die Einberufung zu der in § 25 Abs. 4 vorgesehenen Wiederholungsversammlung kann schon zusammen mit der Einberufung einer Versammlung der Wohnungserbbauberechtigten für den Fall ihrer Beschlussunfähigkeit erfolgen.

(2) Das Stimmrecht bestimmt sich nach Wohnungserbbaurechten; pro Wohnungserbbaurecht eine Stimme.

III. Eintragungsbewilligung und -antrag

Die ABC Wohnungsbaugesellschaft mit beschränkter Haftung in Hanau bewilligt und beantragt,
a) die Einräumung des Sondereigentums,
b) die vorstehenden Bestimmungen zu II. Vertrages als Inhalt des Sondereigentums im Grundbuch einzutragen.

Es soll für jedes Wohnungserbbaurecht ein besonderes Grundbuchblatt angelegt werden. Das alte Grundbuchblatt soll geschlossen werden.

Das Protokoll wurde dem Erschienenen vorgelesen, von ihm genehmigt und, wie folgt, eigenhändig unterschrieben:

gez. *Herbert Huber*
gez. *Franz Meier*, Notar

Nachträgliche Änderung der Miteigentumsanteile **Muster V**

3. Änderung von Gegenstand und Inhalt

a) Nachträgliche Änderung der Miteigentumsanteile

Verhandelt zu Frankfurt am Main am 1. August 2007

Vor mir, dem unterzeichneten Notar Franz Maier
im Bezirk des Oberlandesgerichts Frankfurt am Main mit dem Amtssitz in Frankfurt am Main, erschienen heute:
1. der Kaufmann Otto Schenk, geb. 1.3.1958, Frankfurt am Main, Hauptstr. 1
2. der Malermeister Karl Huber, geb. 12.7.1956, Frankfurt am Main, Stadtweg 35
3. der Student Georg Huber, geb. 28.3.1980, Frankfurt am Main, Stadtweg 35

Die Erschienenen sind dem Notar persönlich bekannt/haben sich jeweils ausgewiesen durch Vorlage eines amtlichen, mit Lichtbild versehenen Ausweises, z. B. Reisepass, Personalausweis, Führerschein, Dienstausweis.

Die Erschienenen erklärten:

Wir sind Eigentümer der in dem Grundbuch von Frankfurt am Main, Bezirk Griesheim Rödelheim, Band 1, Blatt 3 eingetragenen Wohnungseigentumsrechte. Jedem von uns steht ein Miteigentumsanteil von einem Drittel an dem Grundstück, verbunden mit dem Sondereigentum an der Wohnung im Parterre bzw. im ersten Stockwerk bzw. im zweiten Stockwerk zu.

Wir wollen die uns zustehenden ideellen Anteile von je einem Drittel am Eigentum des Grundstücks den tatsächlichen Beteiligungsverhältnissen an dem Grundstück anpassen. Aus diesem Grunde vereinbaren wir:

a) Der Erschienene zu 1) soll einen ideellen Anteil von 3/10 an dem Eigentum des Grundstücks, verbunden mit dem Sondereigentum an der Wohnung im Parterre, haben.
b) Der Erschienene zu 2) soll einen ideellen Anteil von 4/10 an dem Eigentum des Grundstücks, verbunden mit dem Sondereigentum an der Wohnung im ersten Stockwerk, haben.
c) Der Erschienene zu 3) soll einen ideellen Anteil von 3/10 an dem Eigentum des Grundstücks, verbunden mit dem Sondereigentum an der Wohnung im zweiten Stockwerk, haben.

Sodann erklärten die Erschienenen die Auflassung wie folgt:

Wir sind uns darüber einig, dass die ideellen Anteile am Eigentum des Grundstücks, verbunden mit dem Sondereigentum der jeweiligen Wohnung wie vorstehend aufgeführt, auf die Erschienenen übergehen sollen. Wir bewilligen und beantragen die Eintragung dieser Veränderung im Bestandsverzeichnis und in Abteilung I der Wohnungsgrundbücher.

V Muster   Nachträgliche Änderung der Miteigentumsanteile

Die Kosten dieses Vertrages und seiner Durchführung trägt der Erschienene zu 1) zu Größe seines neuen Miteigentumsbruchteils, der Erschienene zu 2) zu ... ,

der Erschienene zu 3) zu ... ,

Der Notar wies die Erschienenen darauf hin, dass die Änderung der Miteigentumsanteile von den Personen, denen ein Grundpfandrecht an den Wohnungseigentumsrechten zusteht, genehmigt werden muss. Die Erschienenen beauftragen den Notar, diese Genehmigungen einzuholen und sie dem Grundbuchamt in öffentlich beglaubigter Form einzureichen.

Der Notar wies die Erschienenen weiter darauf hin, dass die Eintragung der Eigentumsänderung durch das Grundbuchamt von der Vorlage einer Unbedenklichkeitsbescheinigung des Finanzamtes abhängig ist.

Vorgelesen, genehmigt und eigenhändig unterschrieben:

Otto Schenk
Karl Huber
Georg Huber
Franz Meier, Notar
(L. S.)

b) Nachträgliche Umwandlung von Sondereigentum in gemeinschaftliches Eigentum

Verhandelt zu Frankfurt am Main am 1. August 2007
Vor mir, dem unterzeichneten Notar Franz Maier
im Bezirk des Oberlandesgerichts Frankfurt am Main mit dem Amtssitz in Frankfurt am Main, erschienen heute:
1. der Kaufmann Otto Schenk, geb. 1.3.1958, Frankfurt am Main, Hauptstr. 1
2. der Malermeister Karl Huber, geb. 12.7.1956, Frankfurt am Main, Stadtweg 35
3. der Student Georg Huber, geb. 28.3.1980, Frankfurt am Main, Stadtweg 35
Die Erschienenen sind dem Notar persönlich bekannt/ausgewiesen durch ...

Die Erschienenen erklärten:
Wir sind Eigentümer der in dem Grundbuch von Frankfurt am Main, Bezirk Griesheim Rödelheim, Band 1, Blatt 3 eingetragenen Wohnungseigentumsrechte. Jedem von uns steht ein Miteigentumsanteil von einem Drittel an dem Grundstück, verbunden mit dem Sondereigentum an der Wohnung im Parterre bzw. im ersten Stockwerk bzw. im zweiten Stockwerk zu.
Zu dem Sondereigentum gehören die im Aufteilungsplan mit Nr. 1 bis 3 bezeichneten Garagen in einer Garagenzeile.
Wir wollen die im Sondereigentum des Erschienen zu 1) stehende Garage Nr. 1 in gemeinschaftliches Eigentum überführen, um sie zu Zwecken der Gemeinschaft (z. B. Geräteraum) zu nutzen. Aus diesem Grunde erklären wir die Auflassung wie folgt:
Wir sind uns darüber einig, dass das Sondereigentum an der im Aufteilungsplan mit Nr. 1 bezeichneten Garage aufgehoben wird und diese Garage zum Gegenstand des gemeinschaftlichen Eigentums wird.
Wir bewilligen und beantragen die Eintragung dieser Eigentumsänderung in den Wohnungsgrundbüchern.
Die Kosten dieses Vertrages und seiner Durchführung tragen die Erschienenen zu 2) und 3).

Der Notar wies die Erschienenen darauf hin, dass die Eigentumsänderung von den Grundpfandgläubigern am Wohnungseigentum des Erschienenen zu 1) genehmigt werden muss. Die Erschienenen beauftragen den Notar, diese Genehmigungen einzuholen und sie dem Grundbuchamt in öffentlich beglaubigter Form einzureichen.
Der Notar wies die Erschienenen weiter darauf hin, dass die Eintragung der Eigentumsänderung durch das Grundbuchamt von der Vorlage einer Unbedenklichkeitsbescheinigung des Finanzamtes abhängig ist.

Vorgelesen, genehmigt und eigenhändig unterschrieben:

Otto Schenk
Karl Huber
Georg Huber
Franz Meier, Notar
(L. S.)

c) Änderung einer Vereinbarung bezüglich des Stimmrechts

Vereinbarung
1. des Kaufmanns Otto Schenk, geb. 1.3.1958, Frankfurt am Main, Hauptstr. 1
2. des Malermeisters Karl Huber, geb. 12.7.1956, Frankfurt am Main, Stadtweg 35
3. des Studenten Georg Huber, geb. 28.3.1980, Frankfurt am Main, Stadtweg 35
4. der Hausfrau Helga Schulze, geb. 9.2.1974, Frankfurt am Main, Stadtweg 35

Wir sind Eigentümer der in dem Grundbuch von Frankfurt am Main, Bezirk Griesheim Rödelheim, Band 1, Blatt 3 bis 6 jeweils unter lfd. Nr. 1 der Bestandsverzeichnisse eingetragenen Wohnungseigentumsrechte. Die Wohnungseigentumsrechte haben unterschiedliche Miteigentumsanteile. In der zum Inhalt des Sondereigentums gemachten Gemeinschaftsordnung ist das Stimmrecht in der Weise geregelt, dass jedes Wohnungseigentumsrecht eine Stimme hat. Im Hinblick auf die erheblichen Unterschiede in der Größe der Wohnflächen, die sich in der Größe der Miteigentumsanteile niederschlagen, vereinbaren wir, dass sich das Stimmrecht in Zukunft nach der Größe der Miteigentumsanteile richtet und je 1/100 Miteigentumsanteil eine Stimme hat.

Wir bewilligen und beantragen diese Änderung der Gemeinschaftsordnung als Inhalt des Sondereigentums in den Wohnungsgrundbüchern einzutragen.

Otto Schenk
Karl Huber
Georg Huber
Helga Schulze

(Notarieller Beglaubigungsvermerk)

d) Übertragung eines Sondernutzungsrechts

Verhandelt zu Frankfurt am Main am 1. August 2007

Vor mir, dem unterzeichneten Notar Franz Meier
im Bezirk des Oberlandesgerichts Frankfurt am Main mit dem Amtssitz in Frankfurt am Main, erschienen heute:
1. der Kaufmann Otto Schenk, geb. 1.3.1958, Frankfurt am Main, Hauptstr. 1
2. der Maler Hans Huber, geb. 11.12.1944, Darmstadt, Stadtweg 2.

Die Erschienenen sind dem Notar persönlich bekannt/haben sich jeweils ausgewiesen durch ....

Die Erschienenen erklärten:

Der Erschienene zu 1. ist Eigentümer des im Wohnungsgrundbuch von Frankfurt am Main Bezirk 1, Band 12, Blatt 320, lfd. Nr. 1 des Bestandsverzeichnisses eingetragenen Wohnungseigentums. Zum eingetragenen Inhalt des Sondereigentums gehört das Sondernutzungsrecht an dem im Aufteilungsplan eingezeichneten PKW-Abstellplatz Nr. 1.

Der Erschienene zu 2. ist Eigentümer des im Wohnungsgrundbuch von Frankfurt am Main Bezirk 1, Band 12, Blatt 321, lfd. Nr. 1 des Bestandsverzeichnisses eingetragenen Wohnungseigentums.
Beide Wohnungseigentumsrechte sind in Abteilung II und III des Wohnungsgrundbuchs unbelastet.

Wir sind übereingekommen, dass dieses Sondernutzungsrecht ab dem 1. August 2007 zum Inhalt des Sondereigentums des auf Blatt 321 eingetragenen Wohnungseigentums gehören soll.

Wir bewilligen und beantragen die Übertragung des Sondernutzungsrechts von Blatt 320 auf das Blatt 321.

Hierauf wurde das Protokoll den Erschienenen von dem Notar vorgelesen und von ihnen genehmigt und sodann wie folgt eigenhändig unterschrieben:

Otto Schenk
Hans Huber
Franz Meier, Notar
(L. S.)

e) Unterteilung von Wohnungseigentum ohne Veräußerung

Erklärung:

Ich bin Eigentümer des im Grundbuch von Frankfurt am Main, Bezirk Griesheim Rödelheim. Band 1, Blatt 3 unter lfd. Nr. 1 des Bestandsverzeichnisses eingetragenen Wohnungseigentumsrechts. Es besteht aus einem Miteigentumsanteil von 4/10tel an dem Eigentum des in Wohnungseigentum aufgeteilten Grundstücks und dem Sondereigentum an der im bei Anlegung der Wohnungsgrundbücher maßgebenden Aufteilungsplan mit Nr. 3 bezeichneten Wohnung im Dachgeschoss. Dieses Wohnungseigentumsrecht wird in zwei Wohnungseigentumsrechte aufgeteilt. Ein Wohnungseigentumsrecht erhält einen Miteigentumsanteil von 1/10 und das andere Wohnungseigentumsrecht einen Miteigentumsanteil von 3/10. Das Sondereigentum an den in dem neuen Aufteilungsplan weiterhin mit Nr. 3 bezeichneten Räumen wird mit dem Miteigentumsanteil von 3/10 und das Sondereigentum an den in dem neuen Aufteilungsplan weiterhin mit Nr. 8 bezeichneten Räume wird mit dem Miteigentumsanteil von 1/10 verbunden. Das abgespaltene neugebildete Sondereigentum Nr. 8 erhält den gleichen Inhalt wie das bisherige Sondereigentum Nr. 3.

Ich bewillige und beantrage

im Bestandsverzeichnis des im Grundbuch von Frankfurt am Main, Bezirk Griesheim Rödelheim. Band 1, Blatt 3 eingetragenen Wohnungseigentumsrechts das neu gebildete Wohnungseigentum abzuschreiben und für das neugebildete Wohnungseigentum ein Grundbuchblatt anzulegen sowie in den Grundbüchern von Frankfurt am Main, Bezirk Griesheim Rödelheim. Band 1 Blatt 1,2,4 bis 7 einzutragen, dass die Miteigentumsanteile jetzt auch durch das Sondereigentums an der Wohnung Nr. 8 beschränkt sind. Ein neuer Aufteilungsplan mit Abgeschlossenheitsbescheinigung ist beigefügt.

Otto Schenk

(notarieller Beglaubigungsvermerk)

4. Aufhebung des Wohnungseigentums

Verhandelt zu Frankfurt am Main am 1. August 2007
Vor mir, dem unterzeichneten Notar Franz Meier
im Bezirk des Oberlandesgerichts Frankfurt am Main mit dem Amtssitz in Frankfurt am Main, erschienen heute:
1. der Kaufmann Otto Schenk, geb. 1.3.1958, Frankfurt am Main, Hauptstr. 1
2. der Malermeister Karl Huber, geb. 12.7.1956, Frankfurt am Main, Stadtweg 35,
3. der Student Georg Huber, geb. 28.3.1980, wohnhaft ebenda.
Die Erschienenen sind dem Notar persönlich bekannt/haben sich jeweils ausgewiesen durch ....

Die Erschienenen erklärten:
Wir sind Eigentümer der in dem Grundbuch von Frankfurt am Main, Bezirk Griesheim, Band 1, Blatt 3 eingetragenen Wohnungseigentumsrechte. Dem Erschienenen zu 1) steht ein Miteigentumsanteil von 3/7 an dem Grundstück, verbunden mit dem Sondereigentum an der Wohnung im Parterre, und den Erschienenen zu 2) und 3) ein Miteigentumsanteil von je 2/7, verbunden mit dem Sondereigentum an der Wohnung im ersten Stockwerk bzw. im zweiten Stockwerk, zu.
Wir wollen das Sondereigentum an den Wohnungen aufheben.

Die Erschienenen erklärten sodann:
Wir sind uns darüber einig, dass unser Sondereigentum an den Wohnungen im Hause Stadtweg 35 in Frankfurt am Main aufgehoben wird. Das gesamte Grundstück gehört somit dem Erschienenen zu 1) zu 3/7 ideellen Anteilen und den Erschienenen zu 2) und 3) zu je 2/7 ideellen Anteilen.

Wir bewilligen und beantragen:
a) die Eintragung der Aufhebung des Sondereigentums im Bestandsverzeichnis der Wohnungsgrundbücher,
b) die Schließung der Wohnungsgrundbücher, die Anlegung eines neuen Grundbuchblattes für das oben bezeichnete Grundstück, Frankfurt am Main, Stadtweg 35.
Der Notar wies die Erschienenen darauf hin, dass die Aufhebung des Sondereigentums von den Personen, denen ein das Wohnungseigentum belastendes Recht zusteht, genehmigt werden muss.

Die Kosten dieses Vertrages und seiner Durchführung tragen der Erschienene zu 1) zu 3/7 und die Erschienenen zu 2) und 3) zu je 2/7.

Vorgelesen, genehmigt und eigenhändig unterschrieben:
Otto Schenk,
Karl Huber,
Georg Huber,
Franz Meier, Notar
(L. S.)

5. Bestellung eines Dauerwohnrechts

Frankfurt am Main, den 1. August 2007

An das
Amtsgericht
– Grundbuchamt –
in 60001 Frankfurt am Main

Ich bin Eigentümer des Hausgrundstücks Frankfurt am Main, Stadtweg 35, Gemarkung Frankfurt am Main, Flur 1, Flurstück 10, eingetragen im Grundbuch von Frankfurt am Main, Bezirk 1, Band 1, Blatt 3, lfd. Nr. 1 des Bestandsverzeichnisses.

Ich bewillige und beantrage die Eintragung eines Dauerwohnrechts (§ 31 Abs. 1 WEG) zugunsten des Lehrers i.R. Karl Otto geb. 7.1.1953, wohnhaft in Frankfurt am Main, Zeile 1, für die im ersten Stock gelegene Wohnung, bestehend aus drei Zimmern, Küche, Bad, Toilette sowie den zu der Wohnung gehörigen, im Aufteilungsplan mit Nr. 1.1 bezeichneten Keller- und Nr. 1.2 bezeichneten Dachbodenräume.

Zwischen mir (im Folgenden Eigentümer) und Herrn Otto (im Folgenden Wohnberechtigter) ist bezüglich des einzutragenden Inhalts des Dauerwohnrechts folgende Vereinbarung getroffen worden: z. B.:

1. Der Wohnberechtigte ist berechtigt, die oben genannte Wohnung unter Ausschluss des Eigentümers zu bewohnen. Zur Ausübung eines Gewerbes oder Berufes in der Wohnung ist die schriftliche Einwilligung des Eigentümers erforderlich.
2. Der Wohnberechtigte hat die Kosten für alle Schönheitsreparaturen in der genannten Wohnung zu tragen. Alle anderen Kosten der Instandsetzung und Instandhaltung hat der Eigentümer zu tragen.
3. Zur Tragung öffentlicher und privater Lasten des Grundstücks ist der Wohnberechtigte nicht verpflichtet, es sei denn, die Umlegung der Lasten auf die Mieter ist gesetzlich vorgesehen.
4. Der Eigentümer hat das Gebäude gegen Brand zu versichern. Im Falle der Zerstörung hat er es wiederaufzubauen.
5. Der Eigentümer kann vom Wohnberechtigten Sicherheitsleistung nur verlangen, wenn durch eine zweckwidrige Benutzung der Räume durch den Wohnberechtigten der Bestand des Gebäudes unmittelbar gefährdet wird.
6. Ein Heimfallanspruch besteht nicht.
7. Der Wohnberechtigte bedarf zur Veräußerung des Dauerwohnrechts der Zustimmung des Eigentümers.

Als Anlage füge ich bei:

a) Eine von der Baubehörde mit Unterschrift und Stempel versehene Bauzeichnung, aus der die Aufteilung des Gebäudes sowie die Lage und Größe der dem Dauerwohnrecht unterliegenden Gebäude- und Grundstücksteile ersichtlich ist (Aufteilungsplan),
b) eine Bescheinigung der Baubehörde, dass die oben genannte Wohnung in sich abgeschlossen ist.

(Unterschrift mit Beglaubigungsvermerk)

B. Mustertexte zum Verfahren in Wohnungseigentumssachen

1. Klagemuster (Wohngeldforderung)

Amtsgericht Frankfurt am Main
Postfach 10 01 01
60001 Frankfurt am Main

Klage in der Wohnungseigentumssache[1]
Wohnungseigentümergemeinschaft Goetheallee 10–12, 60300 Frankfurt am Main, vertreten[2] durch die Verwalterin, die Walter GmbH, diese vertreten durch ihren Geschäftsführer V. Walter, Nußallee 25, 60300 Frankfurt am Main,

Klägerin[3],
– **Prozessbevollmächtigte**[4]: Rechtsanwälte Meier und Müller, Frankfurt am Main, Gerichtsfach 2001 –,

g e g e n

den (ehemaligen[5]) Wohnungseigentümer Hans Becker, Hohlweg 1, 80400 München,
Beklagter
wegen Wohngeldforderungen.
Streitwert: 2755,57 €

Unter Einzahlung eines Kostenvorschusses von 267,00 €[6] kündigen wir im Namen und mit Vollmacht der Verwalterin, diese mit Vollmacht handelnd für die Klägerin, folgende Anträge an:
1. Der Beklagte wird verurteilt, an die Klägerin zu Händen der Verwalterin 2755,57 € nebst Zinsen in Höhe von 5 Prozentpunkten über dem Basiszinssatz[7] aus 655,57 € seit Zustellung der Klageschrift und aus jeweils 300,00 € seit 6.1.2005, 6.2.2005, 6.3.2005, 6.4.2005, 6.5.2005, 6.6.2005 und 6.7.2005 zu zahlen.
2. Dem Beklagten werden die Kosten des Rechtsstreits auferlegt.

Begründung:
Die Vertreterin der Klägerin ist die Verwalterin der Eigentumswohnanlage Goetheallee 10–12, 60300 Frankfurt am Main. Gemäß § 15 Nr 7 der Gemeinschaftsordnung ist sie berechtigt, rückständiges Wohngeld im Namen der Wohnungseigentümergemeinschaft gerichtlich geltend zu machen.

---

1 § 43 Nr 2 WEG.
2 Siehe § 27 Rn 84.
3 Siehe § 28 Rn 180.
4 Siehe § 27 Rn 86.
5 Siehe § 43 Rn 52.
6 Zur Gebührentabelle siehe Anh § 50 a.E.
7 Siehe § 28 Rn 159 ff.

Beweis: Protokoll der Eigentümerversammlung vom 25.4.2003
(Anlage K 1)
Teilungserklärung mit Gemeinschaftsordnung (Anlage K 2)
Der Beklagte ist im Wohnungsgrundbuch von Frankfurt am Main als Eigentümer der Wohnung Nr 69 der genannten Liegenschaft eingetragen.

Beweis: Grundakten für Frankfurt am Main, Bezirk 10, Band 22, Blatt 7599
Der Beklagte wird als eingetragener Wohnungseigentümer zur Tragung der Kosten und Lasten des gemeinschaftlichen Eigentums herangezogen.

Die Wohngeldabrechnung für das Wirtschaftsjahr 2004, die durch die Eigentümerversammlung vom 27.4.2005 zu TOP 2 genehmigt wurde[8], ergibt für den Beklagten einen Fehlbetrag (Abrechnungsspitze[9]) in Höhe von 655,57 €. Mit Schreiben der Verwalterin vom 1.5.2005 wurde dem Beklagten die Höhe des Fehlbetrages mitgeteilt und Frist zur Zahlung bis spätestens 20.5.2005 gesetzt.

Beweis: Jahresgesamt- und Einzelabrechnung 2004 (Anlage K 3)
Protokoll der Eigentümerversammlung vom 27.4.2005
(Anlage K 4)
Schreiben der Verwalterin vom 1.5.2005 (Anlage K 5)
Der Beklagte ist ferner mit der Zahlung der monatlichen Wohngeldvorschüsse seit Januar 2005 in Rückstand. Der Wirtschaftsplan für das Jahr 2005, der in der Eigentümerversammlung vom 27.4.2005 zu TOP 3 genehmigt wurde, weist für den Antragsgegner eine monatliche Zahlungspflicht in Höhe von 300,00 € aus[10]. Für die Monate Januar bis Juli 2005 sind folglich 2100,00 € offen.

Beweis: Protokoll der Eigentümerversammlung vom 27.4.2005
(Anlage K 4)
Einzelwirtschaftsplan 2005 (Anlage K 6)
Gemäß § 10 Nr 5 der Gemeinschaftsordnung sind die Wohngeldvorschüsse monatlich im Voraus bis spätestens zum 5. eines jeden Monats zu zahlen[11].

Beweis: Teilungserklärung mit Gemeinschaftsordnung (Anlage K 2)
Die Höhe des Zinssatzes ergibt sich aus § 288 Abs 1 Satz 1 BGB[12].

Obermüller

Rechtsanwalt

---

8 Siehe § 28 Rn 151.
9 Siehe § 28 Rn 153.
10 Siehe § 28 Rn 147.
11 Siehe zur Fälligkeitsregelungen per Mehrheitsbeschluss § 28 Rn 148 ff.
12 Siehe zur Bestimmung des Verzugszinses per Mehrheitsbeschluss § 28 Rn 161.

2. Klagemuster (Beschlussanfechtung)

Amtsgericht Frankfurt am Main
Postfach 10 01 01
60001 Frankfurt am Main

Klage
in der Wohnungseigentumssache[1]
des Wohnungseigentümer Hans Becker, Hohlweg 1, 84000 München,

Kläger[2],
– **Prozessbevollmächtigter:** RA Obermüller, Frankfurt am Main, Gerichtsfach 2002 –
gegen
alle im Zeitpunkt der Rechtshängigkeit[3] im Grundbuch eingetragenen Wohnungs- und Teileigentümer der Liegenschaft Goetheallee 10–12, 60300 Frankfurt am Main bzw deren Rechtsnachfolger im Wege der Zwangsversteigerung oder im Wege der Gesamtsrechtsnachfolge mit Ausnahme des Klägers[4], namentlich aufgeführt in der anliegenden Eigentümerliste[5] (Anlage K 1),
Beklagte,
Beteiligte:
die Verwalterin Walter GmbH, diese vertreten durch ihren Geschäftsführer V. Walter, Nußallee 25, 60300 Frankfurt am Main,
Zustellungsvertreterin[6] **und Beizuladende**[7],
Ersatzzustellungsvertreter[8]: Carl Zurstelle, Goetheallee 10, 60300 Frankfurt am Main
wegen Ungültigerklärung eines Beschlusses.
Streitwert:[9] 5000,00 €

Im Namen und mit Vollmacht des Klägers kündigen wir folgende Anträge an:
1. Der Beschluss der Eigentümerversammlung 27.4.2001 zu TOP 8 wird für ungültig erklärt.
2. Den Beklagten wird aufgegeben, der Renovierung der Fassade der Liegenschaft durch die Firma Frontneu zuzustimmen.
3. Den Beklagten werden die Kosten des Rechtsstreits auferlegt.

---

1 § 43 Nr 4.
2 Zur Klagebefugnis siehe § 46 Rn 2 ff.
3 Siehe dazu § 44 Rn 10.
4 § 44 Abs 1 S 1 1 Alt.
5 Siehe dazu § 44 Rn 8.
6 Siehe dazu § 45 Rn 2 ff, § 44 Rn 6.
7 Siehe dazu § 48 Rn 9.
8 Siehe dazu § 44 Rn 6.
9 Zum Streitwert siehe Anh § 50.

Begründung:

Die Parteien sind die Wohnungseigentümer der Liegenschaft Goetheallee 10–12 in Frankfurt am Main, deren Verwalterin gemäß § 48 Abs 1 S 2 WEG beizuladen ist.

Der Kläger ist im Wohnungsgrundbuch von Frankfurt am Main mit einem Miteigentumsanteil von 100/10000 am gemeinschaftlichen Eigentum als Eigentümer der Wohnung Nr 96 der genannten Liegenschaft eingetragen.

Beweis: Grundakten für Frankfurt am Main, Bezirk 10, Band 22, Blatt 7599

Die Eigentümerversammlung 27.4.2001 lehnte zu TOP 8 mehrheitlich den Antrag ab, die Instandsetzung der Fassade des Hauses zu beschließen.

Beweis: Protokoll der Eigentümerversammlung vom 27.4.2001
(Anlage K 2)

Die Anfechtung des Beschlusses ist zulässig. Negativbeschlüsse, die einen Antrag ablehnen, weil die erforderliche Mehrheit fehlt, sind ebenfalls Ausdruck der Willensbildung der Wohnungseigentümer in dem dafür vorgesehenen Verfahren. Auch Negativbeschlüsse sind Beschlüsse (*BGH* NZM 2001, 961, 963), die grundsätzlich anfechtbar sind.

Der Kläger hat schon deshalb ein Rechtsschutzbedürfnis für die Anfechtung des Negativbeschlusses, weil er gleichzeitig einen konkreten Antrag auf Zustimmung zur Durchführung der abgelehnten Maßnahme stellt[10].

Der Antrag auf Zustimmung zur Renovierung der Fassade ist begründet. Die Fassade ist dringend renovierungsbedürftig. Es bröckelt bereits an vielen Stellen der Putz ab.

Beweis: Anliegende Lichtbilder (Anlage K 3)
Augenschein
Sachverständigengutachten

Eine Beschlussfassung über die Renovierung der Fassade hätte daher ordnungsgemäßer Verwaltung entsprochen.

Der Verwalter hatte bereits Kostenvoranschläge für die Renovierungsarbeiten eingeholt. Das Angebot der Firma Frontneu war mit 100 000,00 € am günstigsten. Dieser ist daher der Auftrag zu erteilen.

Die Kosten der Maßnahme sind durch die Instandhaltungsrücklage gedeckt.

Obermüller
Rechtsanwalt

---

[10] Siehe dazu § 43 Rn 75 ff.

3. Klagemuster (Herausgabe von Verwaltungsunterlagen)

Amtsgericht Frankfurt am Main
Postfach 10 01 01
60001 Frankfurt am Main

Klage

in der Wohnungseigentumssache[1]
Wohnungseigentümergemeinschaft Goetheallee 10–12, 60300 Frankfurt am Main, vertreten[2] durch die Verwalterin, die Walter GmbH, diese vertreten durch ihren Geschäftsführer V. Walter, Nußallee 25, 60300 Frankfurt am Main,

Klägerin,
– **Prozessbevollmächtigte**[3]**:** Rechtsanwälte Meier und Müller,
Frankfurt am Main, Gerichtsfach 2001 –,
gegen
den ehemaligen[4] Verwalter Hans Nixnutz, Hauptstr. 3, 60500 Kleinklekkersdorf,
Beklagter
Streitwert:[5] 8000,00 €

Unter Einzahlung eines Kostenvorschusses von 498,00 €[6] kündigen wir im Namen und mit Vollmacht der Verwalterin, diese mit Vollmacht handelnd für die Klägerin, folgende Anträge an:
1. **Der Beklagte wird verurteilt, an die Klägerin zu Händen der Verwalterin sämtliche Verwaltungsunterlagen**[7] **der Eigentumswohnanlage Goetheallee 10–12 in Frankfurt am Main herauszugeben, insbesondere:**
    a) die Verwaltervollmacht vom 11.1.2005 im Original;
    b) die Originalbankauszüge der Konten der Eigentümergemeinschaft bei der X-Bank (Konto-Nummern 12 34 56 und 78 90 12) nebst Belegen, Originalrechnungen, Überweisungsträgern und Buchführungsunterlagen;
    c) die Jahresabrechnungen mit Einzelabrechnungen, die Wirtschaftspläne und die Unterlagen für die Heizkostenabrechnungen;
    d) sämtlichen Schriftverkehr betreffend die Wohnungseigentümergemeinschaft;
    e) alle Versammlungsprotokolle und das Beschlussbuch;
    f) die Gerichtsentscheidungen und die Unterlagen anhängiger Verfahren;
    g) die Teilungserklärung mit Gemeinschaftsordnung und Aufteilungsplan;
    h) die Eigentümerliste;
    i) die Versicherungsscheine und -verträge;

---
1 § 43 Nr 3.
2 Siehe § 27 Rn 84.
3 Siehe § 27 Rn 86.
4 Siehe § 43 Rn 55.
5 Zum Streitwert siehe Anh. § 50.
6 Zur Gebührentabelle siehe Anh § 50 aE.
7 Siehe dazu § 26 Rn 124.

V Muster Klagemuster (Herausgabe von Verwaltungsunterlagen)

j) die Wartungsverträge und Betriebsanleitungen;
k) die Unterlagen, die den Hausmeister betreffen;
l) die Baupläne und die Abnahmeprotokolle;
m) den Generalschlüssel Nr 123 456;
2. **Der Beklagte wird verurteilt, Rechnung zu legen für die Zeit vom 1.1.2006 bis 31.12.2006 und die Abrechnung für die Zeit vom 1.1.2005 bis 31.12.2005 (Jahresabrechnung 2005) zu erstellen und vorzulegen.**
3. **Dem Beklagten werden die Kosten des Rechtsstreits auferlegt.**

Begründung:
Der Beklagte war vom 1.1.2005 bis 31.12.2006 Verwalter der im Rubrum genannten Liegenschaft. Der Verwaltervertrag und die Verwalterbestellung endeten durch Zeitablauf.

Zur neuen Verwalterin ist die Walter GmbH bestellt worden. Diese ist durch Beschluss der Eigentümerversammlung vom 13.4.2007 bevollmächtigt worden, die Ansprüche namens Klägerin gerichtlich geltend zu machen.

Beweis: Protokoll der Eigentümerversammlung vom 13.4.2007
(Anlage K1)

Der Beklagte wurde mit Schreiben vom 15.4.2007 aufgefordert, die Verwaltungsunterlagen bis zum 10.5.2007 herauszugeben, für die Zeit vom 1.1.2006 bis 31.12.2006 Rechnung zu legen und die Jahresabrechnung 2005 zu erstellen[8] und vorzulegen.

Beweis: Schreiben vom 15.4.2007 (Anlage K1)

Er hat auf dieses Schreiben nicht reagiert, so dass der Anspruch gerichtlich geltend gemacht werden muss.

Holzhammer
Rechtsanwalt

---

8 Siehe dazu § 28 Rn 126.

4. Klagemuster (Verwalterbestellung)

Amtsgericht Frankfurt am Main
Postfach 10 01 01
60001 Frankfurt am Main

Klage
in der Wohnungseigentumssache[1]
des Wohnungseigentümers Hans Becker, Hohlweg 1, 84000 München,
Kläger,
– **Prozessbevollmächtigter**: RA Obermüller, Frankfurt am Main,
Gerichtsfach 2002 – gegen
alle im Zeitpunkt der Rechtshängigkeit[2] im Grundbuch eingetragenen Wohnungs- und Teileigentümer der Liegenschaft Goetheallee 10–12, 60300 Frankfurt am Main bzw deren Rechtsnachfolger im Wege der Zwangsversteigerung oder im Wege der Gesamtsrechtsnachfolge mit Ausnahme des Klägers, namentlich aufgeführt in der anliegenden Eigentümerliste[3] (Anlage K 1),
Beklagte,
wegen Bestellung eines Verwalters[4].
Streitwert[5]: 4800,00 €

Unter Einzahlung eines Kostenvorschusses von 363,00 €[6] stellen wir namens des Klägers folgende Anträge:
1. Die Walter GmbH, diese vertreten durch ihren Geschäftsführer V. Walter, Nußallee 25, 60300 Frankfurt am Main wird für die Dauer von zwei Jahren zur Verwalterin der Eigentümergemeinschaft Goetheallee 10–12 in Frankfurt am Main für eine monatliche Verwaltervergütung von 25,00 € zuzüglich 19% MWSt je Wohnungseinheit bestellt.
2. Die Kosten des Rechtsstreits werden der Eigentümergemeinschaft auferlegt.

Wir regen an:
Herrn Carl Zurstelle, Goetheallee 10, 60300 Frankfurt am Main zum Ersatzzustellungsvertreter gemäß § 45 Abs 3 WEG zu bestellen.

Begründung:
Die Parteien sind die Wohnungseigentümer der Liegenschaft Goetheallee 10–12 in Frankfurt am Main.
Ein Verwalter ist bisher nicht bestellt worden[7].

---

1 § 43 Nr 1.
2 Siehe dazu § 44 Rn 10.
3 Siehe dazu § 44 Rn 8.
4 Siehe dazu § 26 Rn 16.
5 Zum Streitwert siehe Anh § 50 Rn 46.
6 Zur Gebührentabelle siehe Anh § 50 aE.
7 Siehe zur maximalen Dauer der Bestellung des ersten Verwalters § 26 Rn 25.

Niedenführ

V Muster — Klagemuster (Verwalterbestellung)

Die Kläger haben in der Eigentümerversammlung vom 7.6.2007, an der alle Wohnungseigentümer teilgenommen haben, das Angebot der Walter GmbH vorgestellt und vorgeschlagen, diese Firma ab sofort zur Verwalterin der Eigentümergemeinschaft zu bestellen. Gegen das Vertragsangebot wurden Einwände nicht erhoben. Die anderen Wohnungseigentümer weigerten sich aber einen Beschluss zu fassen. Sie haben die Ansicht vertreten, die Kosten für einen Verwalter könnten eingespart werden.

Die Kostenentscheidung ist gemäß §§ 49 Abs 1, 21 Abs 8 WEG geboten[8].

Obermüller
Rechtsanwalt

---

8 Siehe § 26 Rn 138.

5. Klagemuster (Einsichtnahme Beschluss-Sammlung)

Amtsgericht Frankfurt am Main
Postfach 10 01 01
60001 Frankfurt am Main

Klage
in der Wohnungseigentumssache[1]
des Wohnungseigentümers Hans Becker, Hohlweg 1, 84000 München,
Kläger,
– **Prozessbevollmächtigter**: RA Obermüller, Frankfurt am Main,
Gerichtsfach 2002 – gegen
den Verwalter Hans Nixnutz, Hauptstr. 3, 60500 Kleinklekkersdorf,
Beklagter
Beizuladende[2]: Alle im Zeitpunkt der Rechtshängigkeit[3] im Grundbuch eingetragenen Wohnungs- und Teileigentümer der Liegenschaft Goetheallee 10–12, 60300 Frankfurt am Main bzw deren Rechtsnachfolger im Wege der Zwangsversteigerung oder im Wege der Gesamtsrechtsnachfolge mit Ausnahme des Klägers, namentlich aufgeführt in der anliegenden Eigentümerliste[4] (Anlage K 1).
Ersatzzustellungsvertreterin für die Beizuladenden[5]: Frau Carla Klar, Sonnenstraße 20, 60316 Frankfurt am Main.
wegen Einsichtnahme in die Beschluss-Sammlung.
Streitwert: 1000,00 €

Unter Einzahlung eines Kostenvorschusses von 165,00 € stellen wir namens des Klägers folgende Anträge:
1. Der Beklagte wird verurteilt, dem vom Kläger beauftragen Rechtsanwalt Obermüller zu den üblichen Bürozeiten der Beklagten in den Räumen der Beklagten die Einsicht in die für die Wohnungseigentümergemeinschaft Goetheallee 10–12 in Frankfurt am Main geführte Beschluss-Sammlung zu gewähren.
2. Die Kosten des Rechtsstreits werden dem Beklagten auferlegt.

Begründung:
Der Kläger ist im Wohnungsgrundbuch von Frankfurt am Main mit einem Miteigentumsanteil von 100/10000 am gemeinschaftlichen Eigentum als Eigentümer der Wohnung Nr 96 der genannten Liegenschaft eingetragen.

---

1 § 43 Nr 3.
2 Siehe dazu § 44 Rn 11.
3 Siehe dazu § 44 Rn 10.
4 Siehe dazu § 44 Rn 8.
5 Siehe dazu § 44 Rn 6.

V Muster   Klagemuster (Einsichtnahme Beschluss-Sammlung)

Beweis: Grundakten für Frankfurt am Main, Bezirk 10, Band 22,
Blatt 7599

Der Beklagte ist der gemäß § 26 Abs 1 WEG bestellte Verwalter.

Die übrigen Wohnungseigentümer der Liegenschaft Goetheallee 10–12 in Frankfurt am Main sind gemäß § 48 Abs 1 S 1 WEG über die Ersatzzustellungsvertreterin beizuladen.

Der Kläger hat den Beklagten mit Schreiben vom 29.8.2007 gebeten, ihm Einsicht in die Beschluss-Sammlung zu gewähren.

Beweis: Schreiben vom 29.8.2007 (Anlage K1)

Der Beklagte hat auf dieses Schreiben nicht reagiert.

Am 30.9.2007 hat der Kläger zusammen mit seinem Onkel Hubert Hut den Beklagten in der Liegenschaft zufällig angetroffen. Er bat ihn, ihm Einsicht in die Beschluss-Sammlung zu gewähren und hierfür einen Termin zu nennen. Der Beklagte reagierte unwirsch und äußerte, er habe Wichtigeres zu tun.

Beweis: Zeugnis des Hubert Hut, Goetheallee 33,
60300 Frankfurt am Main

Daraufhin wurde Unterzeichner beauftragt, die Einsicht in die Beschluss- Sammlung vorzunehmen.

Der Beklagte wurde mit Anwaltsschreiben vom 5.10.2007 unter Vorlage einer Originalvollmacht aufgefordert, bis zum 25.10.2007 einen Termin für die Einsichtnahme vorzuschlagen.

Beweis: Schreiben vom 5.10.2007 (Anlage K2)

Der Beklagte hat auch auf dieses Schreiben nicht reagiert.

Der Kläger hat gemäß § 24 Abs 7 S 8 WEG Anspruch darauf, dass ihm oder einer von ihm beauftragten Person Einblick in die von der Verwalterin zu führende Beschluss-Sammlung gewährt wird. Es haben nach dem 1.7.2007 bereits zwei außerordentliche Eigentümerversammlungen stattgefunden, so dass die Beschluss-Sammlung bereits angelegt worden sein muss.

Obermüller
Rechtsanwalt

6. Klagemuster (Unterlassungsklage)

Amtsgericht Frankfurt am Main
Postfach 10 01 01
60001 Frankfurt am Main

Klage
in der Wohnungseigentumssache[1]
Wohnungseigentümergemeinschaft Goetheallee 10–12, 60300 Frankfurt am Main, vertreten[2] durch die Verwalterin, die Walter GmbH, diese vertreten durch ihren Geschäftsführer V. Walter, Nußallee 25, 60300 Frankfurt am Main,
Klägerin[3],
– **Prozessbevollmächtigte**[4]: Rechtsanwälte Meier und Müller, Frankfurt am Main, Gerichtsfach 2001 –,
gegen
den Wohnungseigentümer Hans Becker, Hohlweg 1, 84000 München,
Beklagter
wegen Unterlassung.
Streitwert: 5000,00 €

Unter Einzahlung eines Kostenvorschusses von 363,00 €[5] kündigen wir im Namen und mit Vollmacht der Verwalterin, diese mit Vollmacht handelnd für die Klägerin, folgende Anträge an:
1. Dem Beklagten wird aufgegeben, dafür zu sorgen, dass die Mieter der Wohnung Nr 47 in der im Rubrum genannten Liegenschaft die Hausordnung beachten, insbesondere ruhestörenden Lärm und Belästigungen von Bewohnern der Liegenschaft unterlassen.
2. Die Kosten des Rechtsstreits werden dem Beklagten auferlegt.

Begründung:
Die Verwalterin der Eigentumswohnanlage Goetheallee 10–12, 60300 Frankfurt am Main, ist durch Beschluss der Eigentümerversammlung vom 25.4.2004 TOP 2 bestellt worden.

Beweis: Protokoll der Eigentümerversammlung vom 25.4.2004
(Anlage K2)
Die Verwalterin ist durch Beschluss der Eigentümerversammlung vom 25.4.2005 TOP 3 beauftragt worden, den Anspruch im Namen der Wohnungseigentümergemeinschaft gerichtlich geltend zu machen.

---

1 § 43 Nr 2.
2 Siehe § 27 Rn 84.
3 Siehe dazu § 21 Rn 16.
4 Siehe § 27 Rn 86.
5 Zur Gebührentabelle siehe Anh § 50 aE.

Niedenführ

V Muster Klagemuster (Unterlassungsklage)

Beweis: Protokoll der Eigentümerversammlung vom 25.4.2005
(Anlage K3)
Die Wohnungseigentümergemeinschaft hat damit die Verfolgung des Unterlassungsanspruchs durch Mehrheitsbeschluss gemäß § 10 Abs 6 S 3 WEG an sich gezogen und zu einer gemeinschaftlichen Angelegenheit gemacht.
Der Beklagte ist im Wohnungsgrundbuch von Frankfurt am Main als Eigentümer der Wohnung Nr 47 der obengenannten Liegenschaft eingetragen.

Beweis: Grundakten für Frankfurt am Main, Bezirk 10, Band 22,
Blatt 7599
Der Beklagte hat seine Wohnung vermietet. Die Mieter werfen Müll vom Balkon und halten die Ruhezeiten der Hausordnung nicht ein. Herr Müller, der Mieter des Eigentümers Fritz, hat die Verstöße gegen die Hausordnung notiert. Die Leseabschrift der Aufzeichnungen des Mieters Müller (Anlage K4) wird zum Gegenstand des Vortrags gemacht. Die Mieter des Antragsgegners verstoßen danach fortlaufend gegen die Hausordnung.

Beweis: Zeugnis des Herrn Müller, Goetheallee 10–12,
63000 Frankfurt am Main
Zeugnis des Herrn Max, Goetheallee 10–12,
63000 Frankfurt am Main
Zeugnis der Frau Klar, Goetheallee 10–12,
63000 Frankfurt am Main

Sämtliche Zeugen sind Mieter in der Liegenschaft. Es können gegebenenfalls weitere Zeugen benannt werden. Bereits die Vernehmung der benannten Zeugen wird aber zur Überzeugungsbildung ausreichen.
Der Beklagte hat gemäß §§ 15 Abs 3, 14 Nr 2 und Nr 1 WEG dafür zu sorgen, dass die Bewohner seiner Wohnung ruhestörenden Lärm unterlassen.
Dem Beklagten ist danach aufzugeben, dafür zu sorgen, die Lärmbelästigungen abzustellen. Wie er diesen Erfolg erreicht, kann dem Beklagten überlassen werden (*BGH* NJW-RR 1988, 208, 210; *BGH* NJW 1995, 2036). Falls andere Maßnahmen nicht zum Erfolg führen, wird der Beklagte die Räumung der Wohnung betreiben müssen. Kündigung und Räumungsklage sind allerdings nicht die einzigen Mittel, die den gewünschten Erfolg erzielen können. In Betracht kommt zum Beispiel auch das Angebot einer Geldleistung für den Fall des freiwilligen Auszugs.

Holzhammer
Rechtsanwalt

7. Klagemuster (Entziehungsklage)

Amtsgericht Frankfurt am Main
Postfach 10 01 01
60001 Frankfurt am Main

Klage
in der Wohnungseigentumssache[1]
Wohnungseigentümergemeinschaft Goetheallee 10–12, 60300 Frankfurt am Main, vertreten[2] durch die Verwalterin, die Walter GmbH, diese vertreten durch ihren Geschäftsführer V. Walter, Nußallee 25, 60300 Frankfurt am Main,
Klägerin[3],
– **Prozessbevollmächtigte[4]:** Rechtsanwälte Meier und Müller, Frankfurt am Main, Gerichtsfach 2001 –,
gegen
den Wohnungseigentümer Hans Becker, Hohlweg 1, 80400 München,
Beklagter
wegen Entziehung des Wohnungseigentums.
Streitwert[5]: 80 000,00 €[6]

Unter Einzahlung eines Kostenvorschusses von 1 968,00 €[7] kündigen wir im Namen und mit Vollmacht der Verwalterin, diese mit Vollmacht handelnd für die Klägerin, folgende Anträge an:
1. Der Beklagte wird verurteilt, sein Wohnungseigentum gelegen in der Goetheallee 10, 60300 Frankfurt am Main, 100/10 000 Miteigentumsanteil verbunden mit dem Sondereigentum an der Wohnung Nr 69, eingetragen im Grundbuch von Frankfurt am Main, Bezirk 10, Band 22, Blatt 7599, zu veräußern.
2. Dem Beklagten werden die Kosten des Rechtsstreits auferlegt.

Begründung:
Der Beklagte ist im Wohnungsgrundbuch von Frankfurt am Main als Eigentümer der Wohnung Nr 69 der genannten Liegenschaft eingetragen.

Beweis: Grundakten für Frankfurt am Main, Bezirk 10, Band 22, Blatt 7599
Die Vertreterin der Klägerin ist die Verwalterin der Eigentumswohnanlage Goetheallee 10–12, 60300 Frankfurt am Main.

---

1 § 43 Nr 2 WEG.
2 Siehe § 27 Rn 84.
3 Siehe § 18 Abs 1 S 2.
4 Siehe § 27 Rn 86.
5 Siehe zu § 49a Abs 2 GKG Anh zu § 50.
6 Vgl *BGH* V ZR 28/06, NZM 2006, 873.
7 Zur Gebührentabelle siehe Anh § 50 aE.

Beweis: Protokoll der Eigentümerversammlung vom 25.4.2003
(Anlage K 1)
Der Beklagte, der seine Wohnung vermietet hat, zahlt das von ihm geschuldete Wohngeld seit 1999 regelmäßig erst nach gerichtlicher Geltendmachung. Seine Rückstände beliefen sich zum Beispiel im Wirtschaftsjahr 2003 auf 4000,00 €. Zur Abwendung der Vollstreckung zahlte er im März 2005 einen Betrag von 2500,00 €.
Die Eigentümerversammlung vom 27.4.2005 fasste zu TOP 7 den Beschluss, dem Beklagten die Entziehung seines Wohnungseigentums für den Fall anzudrohen, dass erneut Wohngeld gegen ihn wegen Zahlungsverzugs gerichtlich geltend gemacht werden muss. Die Verwalterin wurde beauftragt, den Beklagten durch einen Einschreiben mit Rückschein entsprechend abzumahnen[8].

Beweis: Protokoll der Eigentümerversammlung vom 27.4.2005
(Anlage K 2)
Die Wohngeldabrechnung für das Wirtschaftsjahr 2004, die durch die Eigentümerversammlung vom 27.4.2005 zu TOP 2 genehmigt wurde[9], ergibt für den Beklagten einen Fehlbetrag (offene Wohngeldvorschüsse und Abrechnungsspitze[10]) in Höhe von 4500,00 €.

Beweis: Jahresgesamt- und Einzelabrechnung 2004 (Anlage K 3)
Einzelwirtschaftsplan 2004 (Anlage K 4)
Protokoll der Eigentümerversammlung vom 27.4.2005
(Anlage K 2)
Mit Schreiben der Verwalterin vom 1.5.2005 wurde dem Beklagten die Höhe des Fehlbetrages mitgeteilt und Frist zur Zahlung bis spätestens 20.5.2005 gesetzt. Gleichzeitig wurde ihm mitgeteilt, dass die Wohnungseigentümer beabsichtigen Entziehung seines Wohnungseigentums zu beschließen, falls er erneut gerichtlich auf Zahlung des Wohngelds in Anspruch genommen werden muss.

Beweis: Schreiben der Verwalterin vom 1.5.2005 (Anlage K 5)
Rückschein (Anlage K 6)
Der Beklagte ist ferner mit der Zahlung der monatlichen Wohngeldvorschüsse seit Januar 2005 in Rückstand. Der Wirtschaftsplan für das Jahr 2005, der in der Eigentümerversammlung vom 27.4.2005 zu TOP 3 genehmigt wurde, weist für den Antragsgegner eine monatliche Zahlungspflicht in Höhe von 300,00 € aus[11]. Für die Monate Januar bis Juli 2005 sind folglich 2100,00 € offen.

Beweis: Protokoll der Eigentümerversammlung vom 27.4.2005
(Anlage K 2)
Einzelwirtschaftsplan 2005 (Anlage K 7)
Gemäß § 10 Nr 5 der Gemeinschaftsordnung sind die Wohngeldvorschüsse monatlich im Voraus bis spätestens zum 5. eines jeden Monats zu zahlen[12].

---

8 Zum Erfordernis der Abmahnung siehe *BGH* V ZR 26/06, NZM 2007, 290.
9 Siehe § 28 Rn 151.
10 Siehe § 28 Rn 153.
11 Siehe § 28 Rn 147.
12 Siehe zur Fälligkeitsregelungen per Mehrheitsbeschluss § 28 Rn 148 ff.

Beweis: Teilungserklärung mit Gemeinschaftsordnung (Anlage K 3)

Das vom Beklagten geschuldete, noch nicht titulierte Wohngeld, musste mit Klage vom 3.8.2005 gerichtlich geltend gemacht werden.

Beweis: Beiziehung der Akte AG Frankfurt am Main, Az 65 C 856/05

Die Eigentümerversammlung vom 27.10.2005 fasste zu TOP 3 mit einer Mehrheit von mehr als der Hälfte der stimmberechtigten Wohnungseigentümer[13] den Beschluss, von dem Beklagten die Veräußerung seines Wohnungseigentums zu verlangen. Die Verwalterin wurde beauftragt, den Beschluss gerichtlich durchzusetzen.

Beweis: Protokoll der Eigentümerversammlung vom 27.10.2005 (Anlage K 8)

Dieser Beschluss wurde nicht angefochten.

Der Aufforderung des Unterzeichners vom 16.11.2005, der Klägerin freiwillig seine Wohnung zu verkaufen, kam der Beklagte nicht nach. Das Entziehungsverlangen ist daher gerichtlich durchzusetzen.

Die fortlaufend unpünktliche Erfüllung der Wohngeldansprüche der Wohnungseigentümergemeinschaft beeinträchtigt die ordnungsgemäße Verwaltung nachhaltig und macht den anderen Wohnungseigentümern die Fortsetzung der Gemeinschaft mit dem säumigen Wohnungseigentümer unzumutbar, weshalb die Entziehung des Wohnungseigentums nach § 18 Abs 1 WEG gerechtfertigt ist (vgl *BGH* Urteil vom 19.1.2007 – V ZR 26/06, NZM 2007, 290).

Obermüller
Rechtsanwalt

---

13 Siehe § 18 Abs 3.

8. Klagemuster (Vollstreckungsgegenklage)

Amtsgericht Frankfurt am Main
Postfach 10 01 01
60001 Frankfurt am Main

Klage
in der Wohnungseigentumssache[1]
des Wohnungseigentümer Hans Becker, Hohlweg 1, 84000 München,
Kläger,
– **Prozessbevollmächtigter**: RA Obermüller, Frankfurt am Main, Gerichtsfach 2002 –
gegen
die Wohnungseigentümergemeinschaft Goetheallee 10–12, 60300 Frankfurt am Main, vertreten[2] durch die Verwalterin, die Walter GmbH, diese vertreten durch ihren Geschäftsführer V. Walter, Nußallee 25, 60300 Frankfurt am Main,
Beklagte,
– **Prozessbevollmächtigter**: RA Untermaier, Frankfurt am Main, Gerichtsfach 2007 –
wegen Unzulässigkeit der Zwangsvollstreckung.
Streitwert[3]: 900,00 €

Unter Einzahlung eines Kostenvorschusses von 135,00 €[4] kündigen wir im Namen und mit Vollmacht des Klägers folgende Anträge an:
1. Die Zwangsvollstreckung aus dem Urteil des Amtsgerichts Frankfurt am Main vom 13.7.2007 – Az: 65 C 700/07 – wird für unzulässig erklärt, soweit sie den Betrag von 2544,00 € nebst 4% Zinsen seit 13..6.2007 übersteigt.
2. Der Beklagten werden die Kosten des Rechtsstreits auferlegt.

Begründung:
Durch Urteil des Amtsgerichts Frankfurt am Main vom 13.7.2007 wurde der Kläger verurteilt, an die Beklagte Wohngeldvorschüsse für die Zeit von Juni 2006 bis Mai 2007 in Höhe von 3 444,00 € nebst 4% Zinsen seit 13.6.2007 zu zahlen.

Beweis: Beiziehung der Akte AG Frankfurt am Main – 65 C 700/07
Nach der Jahresabrechnung 2006/2007 hat der Kläger für diesen Zeitraum nur 2 544,00 € zu zahlen

Beweis: Jahresgesamt- und Einzelabrechnung 2006/2007 (Anlage K 1)
Protokoll der Eigentümerversammlung vom 27.8.2007
(Anlage K 2)

---

1 § 43 Nr 2.
2 Siehe § 27 Rn 84.
3 Zum Streitwert siehe Anh § 50.
4 Zur Gebührentabelle siehe § 50 Anh 2.

Der Anspruch aus dem Wirtschaftsplan auf Zahlung von Vorschüssen entfällt zwar nicht mit dem Beschluss der Wohnungseigentümer über die Jahresabrechnung. Die Zahlungspflicht aus dem beschlossenen Wirtschaftsplan wird aber durch das Ergebnis der Jahresabrechnung begrenzt, wenn die Jahresabrechnung einen geringeren Schuldsaldo ausweist (*BayObLG* NZM 2000, 299 mwN; *BayObLG* NZM 2001, 141, 142).

Die Beklagte vertritt die Ansicht, ein in der Jahresabrechnung als Nachforderung bezeichneter Betrag sei über die titulierten Wohngeldvorschüsse hinaus zu erbringen. Dies ist nicht nachvollziehbar. Es handelt sich möglicherweise um einen Schuldsaldo aus einer früheren Abrechnung, der mit dem Beschluss über die Abrechnung 2006/2007 nicht erneut beschlossen wurde und deshalb nichts mit der Zahlungspflicht aus dem Beschluss vom 13.7.2007 zu tun hat.

Die Zwangsvollstreckung aus dem Beschluss vom 13.7.2007 ist daher insoweit für unzulässig zu erklären, als die titulierten Wohngeldvorschüsse den nach der Jahresabrechnung tatsächlich zu zahlenden Betrag übersteigen.

Obermüller
Rechtsanwalt

9. Einstweilige Verfügung
(Unterlassung einer baulichen Veränderung)

Amtsgericht Frankfurt am Main
Postfach 10 01 01
60001 Frankfurt am Main

Antrag
in der Wohnungseigentumssache[1]
des Wohnungseigentümers Hans Becker, Nußallee 25, 60300 Frankfurt am Main,
Antragsteller,
– **Prozessbevollmächtigte:** Rechtsanwälte Meier und Müller, Frankfurt am Main, Gerichtsfach 2001 –,
gegen
den Wohnungseigentümer Hans Becker, Nußallee 25, 60300 Frankfurt am Main,
Antragsgegner,
im Namen und mit Vollmacht des Antragstellers
wird beantragt,

folgende **einstweilige Verfügung** wegen **Dringlichkeit ohne mündliche Verhandlung** zu erlassen:
1. Dem Antragsgegner wird bei Meidung eines Ordnungsgeldes bis zu 250 000,– €, ersatzweise Ordnungshaft, oder Ordnungshaft bis zu sechs Monaten für jeden einzelnen Fall der Zuwiderhandlung (§ 890 ZPO) verboten, ohne eine Zustimmung der übrigen Wohnungseigentümer bauliche Maßnahmen zur Errichtung eines Wintergartens im Bereich des Balkons seiner Eigentumswohnung Nr 8 im ersten Obergeschoss der Liegenschaft Nußallee 25, 60300 Frankfurt am Main vorzunehmen.
2. Dem Antragsgegner werden die Kosten des einstweiligen Verfügungsverfahrens auferlegt.

Begründung:
Der Antragsgegner ist im Wohnungsgrundbuch von Frankfurt am Main als Eigentümer der Wohnung Nr 2 der Liegenschaft Nußallee 25 eingetragen.

Glaubhaftmachung: Grundakten für Frankfurt am Main, Bezirk 10, Band 22, Blatt 7599
Der Antragsteller hat den Antragsgegner am vergangenen Montag im Baumarkt getroffen. Dort kaufte der Antragsgegner in größeren Umfang Baumaterial, unter anderem Spiegelglas. Auf die Frage des Antragstellers, was der Antragsgegner denn vorhabe, antwortete der Antragsgegner, er wolle seinen Balkon mit Glas verkleiden und so einen Wintergarten herstellen.

---
1 § 43 Nr 1.

Einstweilige Verfügung **Muster V**

Glaubhaftmachung: Eidesstattliche Versicherung des Sohnes des Antragstellers (Anlage A1)

Der Antragsteller äußerte daraufhin Bedenken, ob der Antragsgegner dies eigenmächtig ohne die Zustimmung der anderen Wohnungseigentümer tun dürfe.

Der Antragsgegner sagte darauf wörtlich. „Ach was. Des stört doch eh keinen. Wenn mer die Sach net in die Hand nimmt, wird des eh nix. Die annern labern dann nur ewig rum und es passiert nix."

Glaubhaftmachung: Eidesstattliche Versicherung des Sohnes des Antragstellers (Anlage A1)

Der Antragsteller erklärte dem Antragsgegner, dass er mit dessen Baumaßnahme nicht einverstanden sei, weil die Fassade danach katastrophal aussehe.

Der Antragsgegner antwortete, er wolle trotzdem Übermorgen am Freitag anfangen, dann sei er bis Sonntag fertig.

Glaubhaftmachung: Eidesstattliche Versicherung des Sohnes des Antragstellers (Anlage A1)

Bei der von dem Antragsgegner geplanten Baumaßnahme handelt es sich um eine bauliche Veränderung im Sinne von § 22 Abs 1 WEG, die der Antragsteller nicht ohne Zustimmung aller übrigen Wohnungseigentümer vornehmen darf, weil diese durch die nachteilige Veränderung des optischen Gesamteindrucks der Fassade erheblich beeinträchtigt werden. Es besteht daher gemäß § 1004 Abs 1 S 2 BGB i.V.m. §§ 15 Abs 3, 14 Nr 1 WEG ein Verfügungsanspruch auf Unterlassung. Diesen vorbeugenden Anspruch kann ebenso wie den Beseitigungsanspruch jeder einzelne Wohnungseigentümer allein ohne Ermächtigung durch die übrigen Wohnungseigentümer gerichtlich durchsetzen.

Der Verfügungsgrund ergibt sich daraus, dass der Beginn der Baumaßnahmen unmittelbar bevorsteht und der Antragsgegner offenbar vollendete Tatsachen schaffen will.

Einer Beteiligung der übrigen Wohnungseigentümer im einstweiligen Verfügungsverfahren bedarf es nicht, weil über den Unterlassungsanspruch nicht abschließend entschieden wird. Höchst vorsorglich wird die Verwalterin der Liegenschaft wie folgt benannt: Walter GmbH, vertreten den Geschäftsführer V. Walter, Sonnenstraße 25, 60300 Frankfurt am Main

Holzhammer
Rechtsanwalt

10. Vollstreckungsantrag

Amtsgericht Frankfurt am Main
Postfach 10 01 01
60001 Frankfurt am Main

Antrag

In der Zwangsvollstreckungssache
Wohnungseigentümergemeinschaft Goetheallee 10–12, 60300 Frankfurt am Main, vertreten[1] durch den Verwalterin, die Walter GmbH, diese vertreten durch ihren Geschäftsführer V. Walter, Nußallee 25, 60300 Frankfurt am Main,
Gläubigerin/Antragstellerin,
– **Prozessbevollmächtigte**[2]: Rechtsanwälte Meier und Müller,
Frankfurt am Main, Gerichtsfach 2001 –,
gegen
den ehemaligen Verwalter Hans Nixnutz, Hauptstr. 3, 60500 Kleinklekkersdorf,
Schuldner/Antragsgegner,

wird beantragt,

gegen den Schuldner/Antragsgegner zur Erzwingung der ihm im vollstreckbaren Urteil des Amtsgerichts Frankfurt am Main vom 15.11.2007 auferlegten Handlungen, nämlich für das Wirtschaftsjahr 2006 Rechnung zu legen, ein Zwangsgeld von 2000,00 € ersatzweise für den Fall, dass dieses nicht beigetrieben werden kann, für je 500,00 € ein Tag Zwangshaft festzusetzen
und dem Schuldner die Verfahrenskosten aufzuerlegen.

Begründung:

Als Anlage überreiche ich das Urteil des Amtsgerichts Frankfurt am Main vom 15.11.200 mit Vollstreckungsklausel und Zustellungsnachweis (Anlage A 1). Durch dieses Urteil wurde dem Schuldner aufgegeben, die Jahresabrechnung 2006 zu erstellen.

Der Schuldner hat diese Verpflichtung trotz nochmaliger Aufforderung mit Schreiben vom 20.12.2007 nicht erfüllt. Er hat gar nichts getan.

Die Vollstreckung dieser Verpflichtung erfolgt zwar grundsätzlich nach § 887 ZPO, denn die Erstellung der Jahresabrechnung ist jedem möglich, der über die nötigen Kenntnisse, die Gemeinschaftsordnung und die Zahlungsbelege verfügt.

Die Vollstreckung des Titels auf Erstellung der Jahresabrechnung durch Ersatzvornahme nach § 887 ZPO ist aber erst dann möglich, wenn bereits die Zahlungsbelege herausgegeben sind und Rechnungslegung erfolgt ist. Der Titel, wonach der Verwalter eine ordnungsgemäße Jahresabrechnung zu erstellen hat, umfasst als Minus die Verpflichtung zur Rechnungslegung. Ist die Rechnungslegung, wie hier, noch nicht

---

1 Siehe § 27 Rn 84.
2 Siehe § 27 Rn 86.

erfolgt, ist der Titel, der den Verwalter verpflichtet, eine ordnungsgemäße Jahresabrechnung zu erstellen, zunächst nach § 888 ZPO zu vollstrecken (vgl *OLG Köln* WuM 1998, 375, 377).

Obermüller
Rechtsanwalt

11. Verbindung – Abtrennung

65 C 700/07

Beschluss
in der Wohnungseigentumssache
1. Oskar Müller, Kläger zu 1) (RA Dur)
2. Johann Mayer, Kläger zu 2) (RA Moll, GF 4000)
gegen
WEG Goethestr. 377, Frankfurt am Main (RA Terz, GF 4001).

Das Verfahren 65 C 700/07 (Kläger Johann Mayer) wird gemäß § 47 WEG zu dem Verfahren 65 C 689/07 (Kläger Oskar Müller) zur gemeinsamen Verhandlung und Entscheidung verbunden, da beide Anfechtungsklagen darauf gerichtet sind, die Beschlüsse der Eigentümerversammlung vom 14.10.2007 zu TOP 3.4 und TOP 4.1 für ungültig zu erklären. Das Verfahren 65 C 689/07 führt.

Der Antrag des Klägers Oskar Müller, den Beschluss der Eigentümerversammlung vom 14.10.2007 zu TOP 8 für ungültig zu erklären wird zur Förderung der Übersichtlichkeit gemäß § 145 Abs 1 ZPO abgetrennt

Termin zur mündlichen Verhandlung wird bestimmt auf
Freitag, den 10.04.2002, 10.00 Uhr, Raum 1 Gebäude F.
Frankfurt am Main, 28.12.2007
Amtsgericht Abteilung 65
Adam
Richter am Amtsgericht
65 UR II / WEG

Vfg.

1. Beschlussausfertigung an
   a) Antragsteller-Vertreter (EB)
   b) Verwalterin (ZU) mit Doppel der Antragsschrift vom 17.10.2007
   (Verfahren 65 UR II 403/02 WEG)
2. Akten heften und foliieren
3. Verbindung im Register vermerken; Statistik
4. Mit Kopien von Bl. 1–10 d.A. 65 C 700/07 und Beschlussabschrift neue Akte anlegen.
5. Zum Termin

Frankfurt am Main, 28.12.2007

Amtsgericht Abteilung 65
Adam
Richter am Amtsgericht

Beschlussformular – Einstweilige Verfügung **Muster V**

12. Beschlussformular – Einstweilige Verfügung

Amtsgericht Frankfurt am Main
Az.: ....
Beschluss
In dem einstweiligen Verfügungsverfahren (volles Rubrum)
D .... **Antragsgegner** .... **wird – wegen Dringlichkeit ohne mündliche Verhandlung – gemäß §§ 921, 935, 938, 940 ZPO** ....
- ☐ bei Meidung eines Ordnungsgeldes bis zu 250 000,– €, ersatzweise Ordnungshaft, oder Ordnungshaft bis zu sechs Monaten für jeden einzelnen Fall der Zuwiderhandlung (§ 890 ZPO) verboten,
- ☐ bei Meidung eines Zwangsgeldes bis zu 25 000,– €, ersatzweise Zwangshaft, oder Zwangshaft bis zu sechs Monaten (§ 888 ZPO) geboten,
- ☐ bei Meidung der Ersatzvornahme auf Kosten d .... Antragsgegner .... (§ 887 ZPO) geboten,
    - ☐ – wie Anlage –
- ☐ geboten, ☐ einrücken wie Bl. .... d.A. – wie Anlage –
    - ☐ an d .... Antragsteller .... herauszugeben (§ 883 ZPO).
an den zuständigen Gerichtsvollzieher herauszugeben
(§ 883 ZPO).
- ☐ Kommt der/die Antragsgegner/in dem Gebot nicht unverzüglich – binnen einer Frist von .... seit Zustellung – nach, so ist der/die Antragsteller/in zur Ersatzvornahme – durch beauftragte Handwerker unter Aufsicht des Gerichtsvollziehers – auf Kosten des/der Antragsgegner/in berechtigt.
- ☐ Die Anordnung ist befristet bis einschließlich ....

D .... Antragsgegner .... hat die Kosten des Verfahrens zu tragen.
Der Streitwert wird auf .... € festgesetzt.
☐ G r ü n d e
Durch eidesstattliche Versicherung des/der ....
vom .... ☐ sowie folgende Urkunden:
ist glaubhaft gemacht, dass ☐ einrücken wie Bl.......... d.A.
  ☐ – weiter wie Anlage –
Die Kostenentscheidung folgt aus § 91 ZPO.
Die Streitwertfestsetzung beruht auf §§ 12 Abs 2, 20 Abs1 GKG, 3 ZPO.
Vfg.
1) Beschlussausfertigung mit Antragsschrift verbinden und an
  ☐ Antragsteller/in mit ZU Antragstellervertreter/in mit EB ☐ unter Verzicht auf förmliche Zustellung aushändigen
2) Leseabschrift zu den Akten
3) Herrn/Frau Kostenbeamt/en/in
Frankfurt am Main, den ....
....

Richter/in

Niedenführ

13. Vollstreckung gem § 877 ZPO

65 C 700/07

Beschluss

In der Zwangsvollstreckungssache
Wohnungseigentümergemeinschaft Goetheallee 10–12, 60300 Frankfurt am Main, vertreten durch die Verwalterin, die Walter GmbH, diese vertreten durch ihren Geschäftsführer V. Walter, Nußallee 25, 60300 Frankfurt am Main,
Gläubigerin/Antragsteller,
– **Prozessbevollmächtigte:** Rechtsanwälte Meier und Müller, Frankfurt am Main, Gerichtsfach 2001 –,
gegen
den Wohnungseigentümer Hans Becker, Hohlweg 1, 84000 München,
Schuldner/Antragsgegner,
hat das Amtsgericht Frankfurt am Main – Abteilung 65 – durch Richter am Amtsgericht Adam nach Anhörung des Schuldners im schriftlichen Verfahren am 24.2.2008 beschlossen:

Die Gläubiger werden gemäß § 887 Abs 1 ZPO ermächtigt, die dem Schuldner in dem vollstreckbaren Urteil des Amtsgerichts Frankfurt am Main vom 13.10.2007 auferlegten Handlungen, nämlich die Treppe aus der Wohnung Nr 1 im Erdgeschoss in den Hof des Anwesens Adickesstr. 51 in Frankfurt am Main zu beseitigen und die Treppenhaustür der Wohnung Nr 1 in diesem Anwesen in den ursprünglichen Zustand bestehend aus Holz zurückzuversetzen, auf Kosten des Schuldners vornehmen zu lassen.

Der Schuldner hat die Vornahme der Handlungen zu dulden.

Zugleich wird dem Schuldner gemäß § 887 Abs 2 ZPO aufgegeben, auf die durch die Vornahme der Handlungen durch die Gläubiger entstehenden Kosten einen Vorschuss von 4000,00 € zu zahlen.

Die Kosten des Verfahrens hat der Schuldner zu tragen.

Der Streitwert wird auf 4000,00 € festgesetzt.

Gründe

Da der Schuldner die ihm durch Urteil des erkennenden Gerichts auferlegte Verpflichtung zur Vornahme der im Beschluss bezeichneten vertretbaren Handlungen nicht erfüllt hat, war gemäß § 887 Abs 1 ZPO die Gläubigerin auf deren Antrag zu ermächtigen, die Handlungen auf Kosten des Schuldners vornehmen zu lassen.

Gleichzeitig war auf entsprechenden Antrag der Gläubigerin gemäß § 887 Abs 2 ZPO dem Schuldner aufzugeben, an die Gläubiger einen Vorschuss in Höhe der für die Ausführung der Arbeiten voraussichtlich entstehenden Kosten zu zahlen.

Die Kostenentscheidung folgt aus §§ 891 S 3, 91 ZPO.

Adam

14. Vollstreckung gem § 890 ZPO Abs 1
65 C 700/07

Beschluss
In der Zwangsvollstreckungssache
Wohnungseigentümergemeinschaft Goetheallee 10–12, 60300 Frankfurt am Main, vertreten[1] durch die Verwalterin, die Walter GmbH, diese vertreten durch ihren Geschäftsführer V. Walter, Nußallee 25, 60300 Frankfurt am Main,
Gläubigerin/Antragsteller,
– **Prozessbevollmächtigte:** Rechtsanwälte Meier und Müller, Frankfurt am Main, Gerichtsfach 2001 –,
g e g e n
die Wohnungseigentümerin Elvira Becker, Hohlweg 1, 84000 München,
Schuldnerin/Antragsgegnerin,
hat das Amtsgericht Frankfurt am Main – Abteilung 65 – durch Richter am Amtsgericht Adam nach Anhörung der Schuldnerin im schriftlichen Verfahren am 24.2.2008 beschlossen:
Gegen die Schuldnerin/Antragsgegnerin wird wegen mehrfacher Zuwiderhandlung gegen die im Urteil des Amtsgerichts Frankfurt am Main vom 18.7.2007 enthaltene Unterlassungsverpflichtung, nämlich das Füttern von Tauben vom und auf dem Grundstück Goetheallee 10–12, 60003 Frankfurt am Main zu unterlassen, gemäß § 890 Abs 1 ZPO ein Ordnungsgeld von 1800,00 € ersatzweise für den Fall, dass dieses nicht beigetrieben werden kann, für je 100,00 € ein Tag Ordnungshaft verhängt.
Die Kosten des Verfahrens hat die Schuldnerin zu tragen.
Der Streitwert wird auf 2500,00 € festgesetzt.

Gründe
Das verhängte Ordnungsmittel ist nach § 890 Abs 1 ZPO gerechtfertigt. Die Schuldnerin hat mehrfach der im Titel auferlegten Unterlassungsverpflichtung zuwidergehandelt.
Trotz Androhung eines Ordnungsgeldes von 100,00 € für jeden Fall der Zuwiderhandlung und Festsetzung von 800,00 € Ordnungsgeld durch Beschluss vom 26.8.2000 hat die Schuldnerin wieder allein in der Zeit vom 25.10.2007–8.11.2007 insgesamt achtzehnmal die Tauben auf dem Grundstück gefüttert.
Dieses steht fest aufgrund des Vortrags der Gläubigerin, dem die die Schuldnerin nicht widersprochen hat.
Bei der Höhe des verhängten Ordnungsgeldes hat das Gericht sowohl die Schwere der wiederholten Zuwiderhandlung berücksichtigt als auch dem Umstand Rechnung getragen, dass die Schuldnerin durch ein empfindliches Übel zur künftigen Einhaltung des gerichtlichen Verbots angehalten wird.
Die Kostenentscheidung folgt aus §§ 891 S 3, 91 ZPO.

Adam
65 C 700/07

---

1 Siehe § 27 Rn 84.

V Muster Vollstreckung gem. § 890 ZPO Abs 1

Vfg.
1. Vollstreckbare Ausfertigung des Beschlusses an Gläubiger-Vertreter (EB); mit Zusatz: Es wird darauf hingewiesen, dass die Vollstreckung des Ordnungsmittels von Amts wegen erfolgt.
2. Ausfertigung des Beschlusses an Antragsgegnerin (ZU)
3. Herrn/Frau Rechtspfleger zur Durchführung der Vollstreckung (§ 31 Abs 3 RpflG)

Frankfurt am Main, 24.2.2002
Amtsgericht Abteilung 65

Adam
Richter am Amtsgericht

15. Vollstreckung gem § 888 ZPO

65 C 700/07

Beschluss

In der Zwangsvollstreckungssache
Wohnungseigentümergemeinschaft Goetheallee 10–12, 60300 Frankfurt am Main, vertreten durch die Verwalterin, die Walter GmbH, diese vertreten durch ihren Geschäftsführer V. Walter, Nußallee 25, 60300 Frankfurt am Main,
Gläubigerin/Antragsteller,

– **Prozessbevollmächtigte:** Rechtsanwälte Meier und Müller, Frankfurt am Main, Gerichtsfach 2001 –,

gegen

den Wohnungseigentümer Hans Becker, Hohlweg 1, 84000 München,
Schuldner/Antragsgegner,

hat das Amtsgericht Frankfurt am Main – Abteilung 65 – durch Richter am Amtsgericht Adam nach Anhörung des Schuldners im schriftlichen Verfahren am 24.2.2008 beschlossen:

Gegen den Schuldner/Antragsgegner wird zur Erzwingung der ihm im vollstreckbaren Urteil des Amtsgerichts Frankfurt am Main vom 15.11.2007 auferlegten Handlungen, nämlich dafür zu sorgen, dass die Mieter der Wohnung Nr 47 in der im Rubrum genannten Liegenschaft die Hausordnung beachten, insbesondere ruhestörenden Lärm und Belästigungen von Bewohnern der Liegenschaft unterlassen, ein Zwangsgeld von 2000,00 € ersatzweise für den Fall, dass dieses nicht beigetrieben werden kann, für je 500,00 € ein Tag Zwangshaft festgesetzt.

Die Vollstreckung des Zwangsmittels entfällt, sobald der Schuldner der obigen Verpflichtung nachkommt.

Die Kosten des Verfahrens hat der Schuldner zu tragen.

Der Geschäftswert wird auf 2500,00 € festgesetzt.

Gründe

Der Antrag auf Verhängung des Zwangsmittels ist nach § 888 ZPO gerechtfertigt, da der Schuldner die ihm durch Gerichtsbeschluss auferlegte unvertretbare Handlung nicht erfüllt hat. Dies ergibt sich aus dem unwidersprochenen Vortrag der Gläubiger.

Die Kostenentscheidung folgt aus §§ 891 S 3, 91 ZPO.

Der festgesetzte Geschäftswert entspricht dem Interesse der Gläubiger an der Vornahme der Handlungen.

Adam
65 C 700/07

V Muster Vollstreckung gem § 888 ZPO

Vfg.
1. Vollstreckbare Ausfertigung des Beschlusses an Gläubiger-Vertreter (EB); mit Zusatz: Es wird darauf hingewiesen, dass das Zwangsgeld auf Antrag des Gläubigers durch den Gerichtsvollzieher zu vollstrecken ist, und zwar mit der Maßgabe, dass der Erlös an die Staatskasse abgeführt wird.
2. Ausfertigung des Beschlusses an Antragsgegner (ZU)
3. Herrn/Frau Kostenbeamten
4. Weglegen

Frankfurt am Main, 24.2.2008
Amtsgericht Abteilung 65

Adam
Richter am Amtsgericht

16. Vollstreckung gem § 888 ZPO (Ersatzzwangshaft)

65 C 700/07

Haftanordnung und Haftbefehl
In der Zwangsvollstreckungssache
Wohnungseigentümergemeinschaft Goetheallee 10–12, 60300 Frankfurt am Main, vertreten durch die Verwalterin, die Walter GmbH, diese vertreten durch ihren Geschäftsführer V. Walter, Nußallee 25, 60300 Frankfurt am Main,
Gläubigerin/Antragsteller,
– **Prozessbevollmächtigte:** Rechtsanwälte Meier und Müller, Frankfurt am Main, Gerichtsfach 2001 –,
den Wohnungseigentümer Hans Becker, Hohlweg 1, 84000 München,
Schuldner/Antragsgegner,
hat das Amtsgericht Frankfurt am Main – Abteilung 65 – durch Richter am Amtsgericht Adam nach Anhörung des Schuldners im schriftlichen Verfahren am 24.2.2008 beschlossen:

> Der Schuldner ist verpflichtet, aufgrund des vollstreckbaren Urteils des Amtsgerichts Frankfurt am Main vom 18.11.2006 über seine Verwaltertätigkeit für die im Rubrum genannte Liegenschaft für die Jahre 2003 und 2004 und für die Zeit vom 1.1.2005 bis 10.8.2005 Rechnung zu legen.
>
> Zur Erzwingung dieser Handlung wird auf Antrag der Gläubiger gegen den Schuldner Ersatzzwangshaft von 5 Tagen angeordnet.
>
> Aufgrund dieses Haftbefehls und eines Antrags der Gläubigerin ist der Schuldner durch den Gerichtsvollzieher zu verhaften.
>
> Der Schuldner kann die Vollziehung dieses Haftbefehls dadurch abwenden, dass er den vorgenannten Verpflichtungen nachkommt.

Gründe
Der Schuldner ist der Verpflichtung, über seine Verwaltertätigkeit für die im Rubrum genannte Liegenschaft für die Jahre 2003 und 2004 und für die Zeit vom 1.1.2005 bis 10.8.2005 Rechnung zu legen, nicht nachgekommen. Durch Beschluss des Amtsgerichts Frankfurt am Main vom 3.4.2007, der dem Schuldner am 9.4.2007 zugestellt wurde, wurde zur Erzwingung der vorgenannten Handlungen gemäß § 888 ZPO gegen ihn ein Zwangsgeld von 5000,00 €, ersatzweise, für den Fall, dass dieses nicht beigetrieben werden kann, für je 1000,00 € ein Tag Zwangshaft festgesetzt.
Laut Mitteilung des Gerichtsvollziehers vom 1.9.2000 ist der Schuldner gemäß § 63 GVGA amtsbekannt pfandlos. Das Zwangsgeld kann danach nicht beigetrieben werden. Die Voraussetzungen für die Anordnung von Ersatzzwangshaft liegen daher vor.

Adam

C. Mustertexte zur Verwaltung des gemeinschaftlichen Eigentums

1. **Verwaltervertrag**

zwischen der Wohnungseigentümergemeinschaft
Goetheallee 10–12, 60300 Frankfurt am Main
– im folgenden „Gemeinschaft" genannt –
vertreten durch den Vorsitzenden und die Mitglieder des Verwaltungsbeirates
und der
Walter GmbH, diese vertreten durch ihren Geschäftsführer V. Walter,
Nußallee 25, 60300 Frankfurt am Main,
– im folgenden „Verwalter" genannt –
wird vorbehaltlich der Genehmigung durch Beschluss der Eigentümerversammlung für die Verwaltung des gemeinschaftlichen Eigentums folgendes vereinbart:

§ 1
Bestellung und Abberufung des Verwalters

Durch Beschluss der Gemeinschaft vom 31.11.2006 ist der Verwalter für die Zeit vom 1.1.2007 bis zum 31.12.2009 bestellt worden.

Eine vorzeitige Abberufung ist nur aus wichtigem Grund möglich.

Der Verwalter darf sein Amt nur aus wichtigem Grund niederlegen.

§ 2
Laufzeit des Verwaltervertrages

Der Verwaltervertrag gilt für die Dauer der Bestellung des Verwalters. Er endet mit Ablauf der Bestellungszeit, mit der vorzeitigen Abberufung oder mit der Amtsniederlegung.

§ 3
Aufgaben und Befugnisse des Verwalters

Die Aufgaben und Befugnisse des Verwalters ergeben sich aus
a) diesem Vertrag
b) der Teilungserklärung/Gemeinschaftsordnung;
c) den wirksamen Beschlüssen der Wohnungseigentümer;
d) dem Wohnungseigentumsgesetz;
e) den gesetzlichen Vorschriften über die entgeltliche Geschäftsbesorgung (§ 675 BGB).

Der Verwalter hat im Rahmen pflichtgemäßen Ermessens alles zu tun, was zu einer ordnungsgemäßen Verwaltung des Gemeinschaftseigentums und Verwaltungsvermögens notwendig ist. Er ist verpflichtet, das Gemeinschaftseigentum und das Verwaltungsvermögen mit der Sorgfalt eines ordentlichen und fachkundigen Kaufmanns zu betreuen. Er hat dafür zu sorgen, dass er oder ein Bevollmächtigter außerhalb der Bürozeit jederzeit in dringenden Fällen telefonisch zu erreichen ist.

Der Verwalter hat eine angemessene Vermögensschadenhaftpflichtversicherung abzuschließen und zu unterhalten.

§ 4
Besondere Aufgaben des Verwalters

Der Verwalter hat die Maßnahmen zu treffen, die für die ordnungsgemäße laufende Instandhaltung und Instandsetzung des Gemeinschaftseigentums erforderlich sind.

Für die Durchführung von Instandhaltungs- und Instandsetzungsmaßnahmen am Gemeinschaftseigentum, deren Kosten den Betrag von 3000,00 € nicht überschreiten, und für unaufschiebbare Notreparaturen benötigt der Verwalter keinen vorherigen Beschluss der Wohnungseigentümer.

Vor der Auftragsvergabe ist bei Beträgen über 3000,00 € – auch bei Gefahr im Verzug – die Zustimmung des Verwaltungsbeirates einzuholen. Bei Instandhaltungs- und Instandsetzungsmaßnahmen am Gemeinschaftseigentum, die mehr als 6000,00 € kosten werden, ist zusätzlich ein vorheriger Beschluss der Wohnungseigentümer notwendig. Der Verwalter hat insoweit, für eine inhaltliche eindeutige Beschlussvorlage Sorge zu tragen.

Der Verwalter hat bei einem Auftrag von voraussichtlich über 3000,00 € mehrere Kostenvoranschläge einzuholen.

Der Verwalter hat die rechnerische und sachliche Prüfung aller Rechnungen vorzunehmen.

Der Verwalter hat die Prüfung und Wartung von Mess- und Sicherheitseinrichtungen zu veranlassen.

Der Verwalter hat die Einhaltung der Hausordnung zu überwachen.

Der Verwalter hat die Wohnungseigentümerversammlung zu einem zumutbaren Zeitpunkt am Ort der Anlage einzuberufen und darin den Vorsitz zu übernehmen, sofern die Gemeinschaft nichts anderes beschließt.

Er hat über die Beschlüsse der Gemeinschaft unverzüglich ordnungsgemäße Niederschriften zu fertigen und jedem Eigentümer innerhalb von 2 Wochen zuzusenden.

Er hat Versammlungsprotokolle, gerichtliche Entscheidungen und alle anderen im Eigentum der Gemeinschaft stehenden Verwaltungsunterlagen geordnet aufzubewahren

Der Verwalter hat die Beschlüsse der Gemeinschaft durchzuführen.

§ 5
Verwaltung der eingenommenen Gelder

Der Verwalter hat jeweils bis spätestens zum 31. März eines Jahres den Wirtschaftsplan mit der Verteilung der Kosten und Einnahmen in Form von Gesamt- und Einzelwirtschaftsplänen für die nächste Rechnungsperiode aufzustellen.

Der Verwalter hat nach Ablauf des Wirtschaftsjahres bis zum 31. März des Folgejahres die Jahresabrechnung über die tatsächlichen Einnahmen und Ausgaben des Vorjahres als Gesamt- und Einzelabrechnung zu fertigen und diese nach Abstimmung mit dem Verwaltungsbeirat den Eigentümern mindestens 2 Wochen vor der Eigentümerversammlung, in der die Jahresabrechnung beschlossen werden soll, zuzusenden.

Der Verwalter hat die jährliche Ablesung des Wasser- und Wärmeverbrauchs sowie deren Abrechnung zu veranlassen, die Gesamtheizkosten an das von der Gemeinschaft beauftragte Service-Unternehmen zu melden und die von diesem Unternehmen errechneten Einzelkosten in die Einzelabrechnungen zu übernehmen.

Der Verwalter hat mit der Jahresabrechnung einen Status zu erstellen, der Angaben über Forderungen und Verbindlichkeiten der Gemeinschaft sowie die Entwicklung der Kontenstände enthält.

Der Verwalter hat eine Inventarliste der beweglichen Wirtschaftsgüter mit deren Wertveränderung während des Wirtschaftsjahres zu führen.

Der Verwalter hat sämtliche Unterlagen allen interessierten Miteigentümern zur Einsichtnahme während der Bürozeiten nach vorheriger Terminvereinbarung in der Eigentumsanlage zur Verfügung zu stellen.

Der Verwalter hat dem Verwaltungsbeirat jederzeit Auskunft in allen Gemeinschaftsangelegenheiten zu geben.

Der Verwalter hat die eingenommenen Gelder von seinem Vermögen und dem Vermögen Dritter, insbesondere anderer von ihm verwalteter Gemeinschaften, getrennt (pfand- und insolvenzsicher) zu halten.

Das Kreditinstitut, bei dem die gemeinschaftlichen Konten als offene Fremdkonten geführt werden, bestimmt der Verwalter im Einvernehmen mit dem Verwaltungsbeirat.

Die Kontobezeichnung lautet jeweils: Konto (Bank, Bankleitzahl, Konto- Nr) der Wohnungseigentümergemeinschaft Goetheallee 10–12, 60300 Frankfurt am Main, vertreten durch den Verwalter Walter GmbH.

Der Verwalter hat die pünktlichen Hausgeldzahlungen zu überwachen.

Der Verwalter hat die Instandhaltungsrücklage auf Konten eines inländischen Kreditinstituts, über die er nur gemeinschaftlich mit dem Vorsitzenden des Verwaltungsbeirats oder dessen Stellvertreter verfügen kann, mit Zustimmung des Verwaltungsbeirates zinsgünstig aber mündelsicher auf den Namen der Gemeinschaft anzulegen.

§ 6
Beendigung der Verwaltertätigkeit

Der Verwalter hat bei Beendigung der Verwaltertätigkeit die Jahresabrechnung ordnungsgemäß zu erstellen. Fällt das Ende der Tätigkeit nicht mit dem Schluss des Wirtschaftsjahres zusammen, genügt eine Gesamtabrechnung, die so beschaffen sein muss, dass dem neuen Verwalter die spätere Erstellung von Einzelabrechnungen ohne Schwierigkeit möglich ist. Darüber hinaus ist der Verwalter verpflichtet, die Bestellungsurkunde und alle Vollmachten sowie alle in seinem Besitz befindlichen Unterlagen, die zu einer ordnungsgemäßen Fortführung der Verwaltung notwendig sind, unverzüglich in geschäftsmäßig geordneter Form herauszugeben. Ein Zurückbehaltungsrecht steht ihm an diesen Unterlagen nicht zu.

§ 7
Vertretungsbefugnisse des Verwalters

Der Verwalter ist berechtigt und verpflichtet, die Gemeinschaft auf der Aktiv- und der Passivseite gerichtlich und außergerichtlich zu vertreten. Er bedarf zur Einleitung gerichtlicher Verfahren der Zustimmung des Verwaltungsbeirats. Von der Zustimmungspflicht ausgenommen sind Verfahren zur Beitreibung rückständiger Beiträge und Eilfälle. In Verfahren einzelner Wohnungseigentümer gegen die übrigen Wohnungseigentümer und umgekehrt vertritt der Verwalter die Mehrheit der Wohnungseigentümer.

Der Verwalter ist berechtigt einen Rechtsanwalt für die von ihm vertretenen Wohnungseigentümer zu beauftragen. Er bedarf hierfür der Zustimmung des Verwaltungsbeirats. Von der Zustimmungspflicht ausgenommen sind Verfahren zur Beitreibung rückständiger Beiträge und Eilfälle.

Zur Beitreibung rückständiger Beiträge zugunsten der Gemeinschaft darf der Verwalter mit Wirkung für und gegen die Wohnungseigentümer außergerichtlich und auch gerichtlich tätig werden. In Fällen gerichtlicher Beitreibung ist der Verwalter ermächtigt, einen fachkundigen Rechtsanwalt einzuschalten.

Der Verwalter ist berechtigt, im Namen aller Wohnungseigentümer und im Namen der Gemeinschaft und mit Wirkung für und gegen sie Willenserklärungen und Zustellungen entgegenzunehmen, soweit sie an die Gemeinschaft, alle Wohnungseigentümer oder an einzelne Miteigentümer in dieser Eigenschaft gerichtet sind.

Ist der Verwalter Verfahrensgegner der Gemeinschaft oder der Mehrheit der Wohnungseigentümer ist er als Vertreter und Zustellungsvertreter ausgeschlossen. Ist Verwalter zwar nicht Verfahrensgegner, aber in einem sonstigen möglichen Interessenkonflikt, hat er nach Zustellung der Antragsschrift im Einvernehmen mit dem Verwaltungsbeirat einen Rechtsanwalt zu beauftragen, der ausschließlich die Interessen der Wohnungseigentümer wahrnimmt.

§ 8
Regelungen über die Beitragsleistungen der Wohnungseigentümer

1. Das Hausgeld ist der anteilige Beitrag der Wohnungseigentümer zu den Kosten und Lasten des gemeinschaftlichen Eigentums, zu den Instandhaltungs- und Instandsetzungsmaßnahmen, zu den Verwaltungsleistungen, zum gemeinschaftlichen Gebrauch des gemeinschaftlichen Eigentums sowie zur vorgesehenen Instandhaltungsrücklage.
2. Die Kostenumlage erfolgt nach dem in der Gemeinschaftsordnung (Teilungserklärung) oder dem von den Wohnungseigentümer im Rahmen ihrer Beschlusskompetenz festgelegten Verteilungsschlüssel, erforderlichenfalls gemäß § 16 Abs 2 WEG nach Miteigentumsanteilen.
3. Die laufenden Hausgeldvorschüsse sind an den Verwalter oder an eine von ihm zu bestimmende Stelle monatlich im Voraus, spätestens am 3. eines jeden Monats kostenfrei zu zahlen.

V Muster — Verwaltervertrag

§ 9
Vergütung des Verwalters

Die Verwaltervergütung, einschließlich aller Nebenkosten, beträgt monatlich
a) je Wohnungseigentum (ohne Garage oder Stellplatz) 15,00 €
b) je Teileigentum Gewerbe (ohne Garage oder Stellplatz) 20,00 €
c) je Teileigentum Garage 2,50 €
d) je Stellplatz 2,50 €
Der Verwaltervergütung ist die jeweils gültige Umsatzsteuer hinzuzurechnen.

Entgelte für besondere Leistungen, zB technische und rechtliche Gutachten sowie Maßnahmen der Rechtsverfolgung sind in der Vergütung nicht enthalten. Derartige Leistungen sind besonders zu vergüten, sofern sie nicht mit eigenem Personal des Verwalters ausgeführt werden. Vor Erbringen besonderer Leistungen hat der Verwalter die Zustimmung des Verwaltungsbeirates einzuholen.

In der Verwaltervergütung sind die Aufwendungen für die Durchführung von zwei jährlichen Eigentümerversammlungen enthalten. Miet- und Raumkosten für die Versammlung werden von der Gemeinschaft getragen. Für jede weitere vom Verwalter nicht zu vertretende Versammlung kann der Verwalter bis zu 500,00 € in Rechnung stellen. Miet- und Raumkosten werden auch insoweit von der Gemeinschaft getragen.

Zusätzlich zu der Pauschalvergütung nach Ziffer 1 erhält der Verwalter folgende Sonderhonorare jeweils zuzüglich Umsatzsteuer:
a) für Mahnungen an säumige Eigentümer je Mahnung 10,00 €;
b) für erwünschte Kopien aus Verwaltungsunterlagen pro Seite 0,50 €;
c) für Sonderleistungen gegenüber einzelnen Eigentümern, nach vorheriger Absprache des etwaigen Zeitaufwandes 75,00 € pro Stunde;
d) für jede zu einer Sondereigentumsübertragung zu erteilende Verwalterzustimmung 150,00 €;
e) für die gerichtliche Betreibung von Hausgeld pauschal 150,00 €;
f) für größere, technisch schwierige und aufwendige Sanierungs- und Baubetreuungsmaßnahmen ab einem Auftragsvolumen von 20 000,00 €. pauschal 10% der Auftragssumme;

§ 10
Eigentümerwechsel

1. Bei einem Eigentümerwechsel tritt der Erwerber in den Verwaltervertrag ein (§ 10 Abs 4 WEG).
2. Der Verwalter ist nicht verpflichtet, bei einem Eigentümerwechsel eine Teil- oder Zwischenabrechnung zu erstellen.

§ 11
Teilweise Unwirksamkeit des Vertrages

Wird ein Teil des Vertrages unwirksam, so bleibt der übrige Vertragsteil voll wirksam.

Datum: Datum:
Der Verwalter: Für die Eigentümergemeinschaft:

....
....

2. Verwaltervollmacht

Die Verwalterin der Wohnungseigentümergemeinschaft Goetheallee 10–12, 60300 Frankfurt am Main, die
Walter GmbH, vertreten durch ihren Geschäftsführer V. Walter, Nußallee 25, 60300 Frankfurt am Main ist bevollmächtigt:

1. a) im Namen aller Wohnungseigentümer und mit Wirkung für und gegen sie Willenserklärungen und Zustellungen entgegenzunehmen, soweit sie an alle Wohnungseigentümer oder an einzelne Miteigentümer in dieser Eigenschaft gerichtet sind;
   b) im Namen der Wohnungseigentümergemeinschaft Willenserklärungen und Zustellungen entgegenzunehmen.
2. a) die Wohnungseigentümer in Verfahren gemäß § 43 Nr 1, Nr 4 und 5 WEG auf der Passivseite gerichtlich zu vertreten;
   b) die Wohnungseigentümergemeinschaft auf der Passivseite in Verfahren gemäß § 43 Nr 2 und 5 WEG gerichtlich zu vertreten;
   c) die Wohnungseigentümergemeinschaft und die Wohnungseigentümer auf der Aktivseite gerichtlich und außergerichtlich zu vertreten.

Der Verwalter bedarf zur Einleitung gerichtlicher Verfahren der Zustimmung des Verwaltungsbeirats. Von der Zustimmungspflicht ausgenommen sind Verfahren zur Beitreibung rückständiger Beiträge und Eilfälle.

Der Verwalter ist berechtigt einen Rechtsanwalt für die von ihm vertretenen Wohnungseigentümer zu beauftragen. Er bedarf hierfür der Zustimmung des Verwaltungsbeirats. Von der Zustimmungspflicht ausgenommen sind Verfahren zur Beitreibung rückständiger Beiträge und Eilfälle.

Zur Beitreibung rückständiger Beiträge zugunsten der Gemeinschaft darf der Verwalter im Namen und mit Wirkung für und gegen die Wohnungseigentümergemeinschaft außergerichtlich und auch gerichtlich tätig werden. In Fällen gerichtlicher Beitreibung ist der Verwalter ermächtigt, einen fachkundigen Rechtsanwalt einzuschalten.

Rechte der Wohnungseigentümer und der Wohnungseigentümergemeinschaft gegenüber Dritten wahrzunehmen oder Ansprüche Dritter gegen die Wohnungseigentümer und die Gemeinschaft abzuwehren.

die Wohnungseigentümer als Berechtigte von Dienstbarkeiten gerichtlich oder außergerichtlich vertreten.

Dienst-, Werk-, Versicherungs-, Wartungs- und Lieferungsverträge abzuschließen und auflösen, die zur Erfüllung von Vereinbarungen, Beschlüssen der Wohnungseigentümergemeinschaft oder einer ordnungsgemäßen und sachgerechten Verwaltung erforderlich sind.

Im Namen der Wohnungseigentümergemeinschaft und mit Wirkung für und gegen sie alle Leistungen und Zahlungen zu bewirken und entgegen zu nehmen, die mit der laufenden Verwaltung zusammenhängen.

Maßnahmen zu treffen, die zur Wahrung einer Frist oder zur Abwendung eines der Gemeinschaft oder den Wohnungseigentümern drohenden Rechtsnachteils erforderlich sind.

Untervollmachten für einzelne Verwaltungsangelegenheiten zu erteilen.

V Muster   Verwaltervollmacht

Erlischt die Vertretungsmacht der Verwalterin, so ist die Vollmacht unverzüglich zurückzugeben. Ein Zurückbehaltungsrecht an der Urkunde steht der Verwalterin nicht zu.

Frankfurt am Main, den 12.9.2007
Franz Meier, Gisela Schulze, Anita Weiss
(Verwaltungsbeirat im Auftrag der Wohnungseigentümer)

3. Beispiel einer Hausordnung

der Wohnungseigentümergemeinschaft Goetheallee 10–12, 60300 Frankfurt am Main

I. Ruhezeiten
1. Allgemeine Ruhezeiten sind täglich die Zeiten von 22.00 bis 6.00 Uhr und 13.00 bis 15.00 Uhr. An Sonn- und Feiertagen wird diese Ruhezeit erweitert auf 18.00 bis 8.00 Uhr und 12.00 bis 15.00 Uhr.
2. Während der Ruhezeiten dürfen keine ruhestörenden Tätigkeiten vorgenommen werden.
3. Tonträger dürfen auch außerhalb der Ruhezeiten nicht über Zimmerlautstärke betrieben werden. Zimmerlautstärke ist überschritten, wenn der Betrieb des Tonträgers in anderen Sondereigentumseinheiten oder in Räumen des Gemeinschaftseigentums vernehmbar ist.
4. Eltern und Erziehungsberechtigte haben dafür zu sorgen, dass unübliche Ruhestörungen durch Kinder vermieden werden. Das Spielen ist nur auf den hierfür vorgesehenen Spielflächen zulässig.

II. Sauberkeit
1. Teppiche, Kleidungsstücke etc. dürfen nur auf hierfür vorgesehenen gemeinschaftlichen Plätzen oder innerhalb der Wohnung unter Beachtung der Ruhezeiten gereinigt werden. Eine Reinigung auf Terrassen und Balkonen oder aus offenen Fenstern ist nicht gestattet.
2. Abfälle sind in die hierfür bestimmten Abfallbehälter/Mülltonnen zu entsorgen. Sperrige Gegenstände (Schachteln, Verpackungsmaterial, Holz und dgl.) sind vor Einlagerung in die Mülltonnen zu zerkleinern. Sperrmüll ist gesondert zu entsorgen.
3. In Ausgussbecken, Bade- sowie Duschwannen und Toiletten dürfen keine Abfälle und schädliche Flüssigkeiten gegeben werden.
4. Verunreinigungen gemeinschaftlicher Räume, Flächen und Einrichtungen sowie fremden Sondereigentums hat der Verursacher unverzüglich zu beseitigen und einen etwa entstandenen Schaden zu ersetzen.
5. Das Auftreten von Ungeziefer in Wohnungen ist dem Verwalter unverzüglich mitzuteilen. Kammerjägern darf der Zutritt in die Wohnungen nach Ankündigung nicht verwehrt werden.
6. Zu Kontrollzwecken ist dem Verwalter nach Terminvereinbarung das Betreten des Sondereigentums zu gestatten.

III. Tierhaltung
1. Das Halten von Hunden, Katzen und sonstigen Haustieren bedarf der vorherigen schriftlichen Erlaubnis des Verwalters. Die Erlaubnis ist zu erteilen, wenn keine Beeinträchtigen für die anderen Wohnungseigentümer und Bewohner des Hauses aufgrund konkreter Anhaltspunkte zu befürchten sind.
2. Gefährliche Hunde, insbesondere Kampfhunde, sowie Reptilien und Exoten, Ratten, Marder und ähnliche Tiere dürfen nicht gehalten werden.
3. Der Tierhalter hat dafür zu sorgen, dass die Tiere weder Schmutz noch andere Belästigungen verursachen. Verunreinigungen sind sofort vom Tierhalter zu beseitigen.

4. Hunde sind innerhalb des Hauses und der Außenanlage stets an kurzer Leine zu führen.
5. Bei Nichtbeachtung dieser Verhaltensregelungen kann die Eigentümergemeinschaft durch Mehrheitsbeschluss eine bereits erteilte Erlaubnis nach einmaliger, erfolgloser Abmahnung widerrufen.

IV. Gemeinschaftsflächen

1. In Treppenhäusern, Kellergängen, Fluren und auf gemeinschaftlichen Loggien dürfen keine Gegenstände abgestellt werden. Fahrräder und Schlitten sind im eigenen Keller zu deponieren.
2. Fahrzeuge mit Motoren dürfen nicht in Kellern abgestellt werden.
3. Kinderwagen dürfen im Erdgeschoss abgestellt werden, sofern sie den freien Durchgang nicht behindern.

V. Balkone und Terrassen

1. Balkone und Terrassen dürfen mit Ausnahme üblicher Tische, Stühle, Liegen, Sonnenschirme und Pflanzen, nicht als Abstell- oder Lagerflächen benutzt werden.
2. Das Grillen über offener Flamme ist auf Balkonen und Terrassen nicht gestattet.
3. Blumenkästen sind an der Balkoninnenseite anzubringen.
4. Pflanztröge auf Dachterrassen dürfen nur so aufgestellt werden, dass sie die Statik nicht gefährden und kein Risiko für die Unterbodenkonstruktion darstellen.
5. Kletterpflanzen an Außenwänden sind nicht gestattet.
6. Beim Blumengießen darf Gießwasser nicht auf darunter liegende Flächen oder Gebäudeteile laufen. Gleiches gilt für Wischwasser auf Balkonen oder Terrassen.

VI. Sicherungs- und Sorgfaltspflichten

1. Haustüren sind ab 20.00 Uhr abzuschließen. Tagsüber ist darauf zu achten, dass die Haustüren nach der Benutzung wieder in das Schloss einrasten. Fremden Personen darf nicht ohne Überprüfung eines berechtigten Anliegens Zutritt zum Haus gestattet werden.
2. Im Keller sind die Fenstergitter grundsätzlich geschlossen zu halten. Bei Regen, Sturm, Schnee und Frost sind die Fenster in den Kellern zu schließen. Entsteht durch die Nichtbefolgung dieser Anordnung Schaden an fremdem Eigentum, so haftet der betreffende Eigentümer.
3. Treppenhausfenster dürfen zum Lüften maximal 30 Minuten geöffnet werden.
4. Im Winter ist dafür zu sorgen, dass alle wasserführenden Leitungen vor Frost geschützt werden.
5. Unter Druck stehende Wasseranschlüsse, insbesondere von Geschirrspül- und Waschmaschinen, sind bei mehr als eintägiger Abwesenheit zu sichern oder abzudrehen. Gleiches gilt für etwaige Gashähne.
6. Verluste von Schlüsseln zur zentralen Schließanlage sind unverzüglich dem Verwalter zu melden. Ersatzbestellungen erfolgen über den Verwalter. Die Kosten für Ersatzschlüssel oder neue Schlösser hat der betreffende Eigentümer zu tragen, wenn er den Verlust zu vertreten hat.
7. Keller- und Speicherräume dürfen nicht mit offenem Licht betreten werden.
8. Das Einstellen und Lagern von leicht brennbaren Gegenständen in Wohnungen, Keller- und Speicherräumen ist verboten.

VII. Waschen

1. Das Waschen innerhalb der Wohnung ist nur für Kleinwäsche gestattet, sofern Wohnungen nicht mit modernen Haushaltswaschmaschinen ausgestattet sind.
2. Die gemeinschaftlichen Wasch- und Trockenräume können nach dem beschlossenen Benutzungsplan genutzt werden. Das Wäschetrocknen auf Terrassen und gemeinschaftlichen Gartenflächen hat zu unterbleiben. Auf Balkonen und Loggien ist das Trocknen nur gestattet, wenn Trockenständer nicht von außen sichtbar sind.
3. Die Waschküche und der Trockenraum und deren Einrichtungen sind nach Benutzung in sauberem Zustand zu hinterlassen. Nach Beendigung des Waschvorgangs ist der Wasserhahn abzudrehen und der Trommelverschluss geöffnet zu lassen.
4. Die Benutzer haften für vorsätzliche oder fahrlässige Beschädigung der Einrichtungen. Auftretende Störungen sind dem Verwalter unverzüglich zu melden.

4. Einladung zu einer Eigentümerversammlung

Karl Otto
Hausverwaltungen
Stadtweg 35
60009 Franfurt am Main

3.4.2006

An alle Wohnungseigentümer
der Wohnanlage Hauptstr. 107
60006 Frankfurt am Main

Sehr geehrter Eigentümer,

hiermit lade ich Sie zur 8. ordentlichen Wohnungseigentümerversammlung der Wohnanlage Hauptstr. 107, 60006 Frankfurt am Main auf Mittwoch, den 19.4.2006, 20.00 Uhr in das Bürgerhaus Gallus, Frankenallee 12, 60020 Frankfurt am Main ein.

Nach Begrüßung und Feststellung der Beschlussfähigkeit werden folgende Tagesordnungspunkte behandelt:

TOP 1: Genehmigung der Jahresabrechnung 2005 und des Wirtschaftsplanes 2007
(beide Entwürfe liegen dieser Einladung bei)

TOP 2: Entlastung des Verwalters und des Verwaltungsbeirats für das Wirtschaftsjahr 2005

TOP 3: Neuwahl des Verwaltungsbeirats, der aus drei Mitgliedern besteht

TOP 4: Notwendige Reparaturarbeiten:
    a) Neuanstrich sämtlicher Fenster
    b) Austausch der defekten Zirkulationspumpe in der Heizungsanlage (die bereits eingeholten Kostenvoranschläge für diese Maßnahmen liegen dieser Einladung bei).

Mit freundlichen Grüßen

Karl Otto
(Verwalter)

5. Vollmacht zur Vertretung in einer Eigentümerversammlung

für die Eigentümerversammlung der Anlage .... am ....

Ich, ...,
(Vor- und Zuname)

Straße und Haus-Nr. (Postleitzahl und Ort)
bin Eigentümer
☐ der Wohnung Nr.
☐ der Garage Nr.
☐ des Teileigentums
☐ des Hobbyraums Nr.
☐ und **bevollmächtige hiermit**

☐ Herrn/Frau .... (meinen Ehepartner)
☐ Herrn/Frau .... (Wohnungseigentümer)
☐ Herrn/Frau .... (Dritten)
☐ Herrn/Frau .... (Verwalter)
☐ Herrn/Frau .... (Verwaltungsbeiratsmitglied)

mich in der Eigentümerversammlung am .... zu vertreten.

☐ Ich stelle sämtliche Abstimmungen und Entscheidungen vorbehaltlos in das Ermessen meines Vertreters

☐ Ich bitte meinen Vertreter wie folgt abzustimmen (interne Weisung):
  a) zu TOP 1: ☐ ja ☐ nein ☐ Enthaltung
  b) zu TOP 2: ☐ ja ☐ nein ☐ Enthaltung
  c) zu TOP 3: ☐ ja ☐ nein ☐ Enthaltung
  d) zu TOP 4: ☐ ja ☐ nein ☐ Enthaltung
  e) zu TOP 5: ☐ ja ☐ nein ☐ Enthaltung
  f) zu TOP 6: ☐ ja ☐ nein ☐ Enthaltung
  g) zu TOP 7: ☐ ja ☐ nein ☐ Enthaltung
  h) zu TOP 8: ☐ ja ☐ nein ☐ Enthaltung
  i) zu TOP 9: ☐ ja ☐ nein ☐ Enthaltung

Die Vollmacht ist übertragbar, eine Unterbevollmächtigung daher zulässig. Der Bevollmächtigte bzw. Unterbevollmächtigte ist von der Beschränkung des § 181 BGB befreit.

(Unterschrift)

6. Beispiel einer Versammlungsniederschrift

Protokoll der Wohnungseigentümerversammlung der Wohnanlage Hauptstr. 107, 60006 Frankfurt am Main am Mittwoch, dem 19.4.2006 im Bürgerhaus Gallus, in Frankfurt am Main.

Beschlussfähigkeit:

Von insgesamt 18 Wohnungseigentümern sind zu dieser Versammlung 14 Wohnungseigentümer erschienen oder vertreten (Anlage: Teilnehmerliste). Die Versammlung ist damit beschlussfähig.

Die Tagesordnung wurde wie folgt behandelt:

TOP 1: Jahresabrechung 2005

Der Verwalter erläuterte den Eigentümern die vorliegende Jahresabrechnung 2005.

Nach kurzer Aussprache fassten die Anwesenden folgenden Beschluss:

„Die Gesamt- und Einzeljahresabrechnungen 2005 werden genehmigt."

Ja-Stimmen: 13 Nein-Stimmen: 1 Enthaltungen: 1

Beschlussantrag angenommen (**x**) Beschlussantrag abgelehnt ( )

TOP 2: Wirtschaftsplan 2007

Der Verwalter erläuterte den vorliegenden Wirtschaftsplan 2007. Ohne Aussprache fassten die Anwesenden folgenden Beschluss:

„Die Geamt- und Einzelwirtschaftspläne 2007 werden genehmigt."

Ja-Stimmen: 14 Nein-Stimmen: 1 Enthaltungen: 0

Beschlussantrag angenommen (**x**) Beschlussantrag abgelehnt ( )

TOP 3: Entlastung des Verwalters

Die Anwesenden berieten über die Entlastung des Verwalters für das Wirtschaftsjahr 2005. Nach kurzer Aussprache fassten die Anwesenden folgenden Beschluss:

„Dem Verwalter wird für das Wirtschaftsjahr 2005 Entlastung erteilt."

Ja-Stimmen: 13 Nein-Stimmen: 1 Enthaltungen: 1

Beschlussantrag angenommen (**x**) Beschlussantrag abgelehnt ( )

TOP 4: Wahl des Verwaltungsbeirats

Die Amtszeit des bisherigen Verwaltungsbeirats wird zum 30.4.2006 enden. Die Neuwahl dieses Gremiums ist erforderlich, wobei nach § 5 der Teilungserklärung drei Mitglieder zu wählen sind.

Aus der Mitte der Versammlung wurden als Mitglieder des Verwaltungsbeirates die Wohnungseigentümer Herr Hans Meier, Frau Ruth Schulze und Frau Helga Weiss vorgeschlagen. Diese erklärten für den Fall ihrer Wahl die Annahme des Amtes.

Nach kurzer Diskussion wurde folgender Beschluss gefasst:

„Wohnungseigentümer Herr Hans Meier, Frau Ruth Schulze und Frau Helga Weiss werden mit Wirkung ab 1.5.2006 zum Verwaltungsbeirat bestellt. Vorsitzender des Verwaltungsbeirats ist Frau Helga Weiss."

Beispiel einer Versammlungsniederschrift **Muster V**

Ja-Stimmen: 11 Nein-Stimmen: 0 Enthaltungen: 3
Beschlussantrag angenommen (**x**) Beschlussantrag abgelehnt ( )
Die Gewählten bedankten sich für das in sie gesetzte Vertrauen.

TOP 5: Reparaturarbeiten
a) Der Verwalter erläuterte die Notwendigkeit der Erneuerung des Farbanstrichs aller Fenster der Liegenschaft. Er stellte fest, dass bei fast allen Fenstern der alte Farbanstrich weitgehend abgeblättert ist, sodass die Holzrahmen nicht mehr vor Witterungseinflüssen geschützt sind. Er erläuterte den Kostenvoranschlag der Firma Schnell & Schön GmbH, der inklusive Gerüsterstellung ein Gesamtvolumen von 18.000,00 EUR umfasst. Der Wohnungseigentümer Meier schlug vor, den Neuanstrich der Fenster grundsätzlich zu beschließen, die Vergabe der Arbeiten aber von zwei weiteren Kostenvoranschlägen abhängig zu machen. Die Auswahl der zu beauftragenden Firma solle sodann dem Verwaltungsbeirat übertragen werden. Nach längerer Diskussion beschloss die Versammlung:
„Sämtliche Fenster der Liegenschaft sollen einen neuen Farbanstrich erhalten. Der Verwalter wird beauftragt, zwei weitere Kostenvoranschläge einzuholen. Der Verwaltungsbeirat wird beauftragt, nach seinem Ermessen einen der Anbieter auszuwählen. Die Maßnahme darf den Kostenrahmen von 18 000,00 € nicht überschreiten. Der Verwalter wird beauftragt, unverzüglich nach Entscheidung des Verwaltungsbeirats die ausgewählte Firma mit dem Neuanstrich zu beauftragen. Die Finanzierung der Instandhaltungsmaßnahme erfolgt aus der Instandhaltungsrücklage."

Ja-Stimmen: 13 Nein-Stimmen: 1 Enthaltungen: 1
Beschlussantrag angenommen (**x**) Beschlussantrag abgelehnt ( )
b) Der Verwalter berichtete, dass die Zirkulationspumpe der Heizungsanlage nicht mehr funktioniere. Die mit einer Notreparatur beauftragte Firma Heiß & Kalt OHG habe festgestellt, dass die Pumpe nicht mehr zu reparieren sei, sie müsse durch eine neue Pumpe ersetzt werden. Die Kosten werden sich auf ca. 650,00 € belaufen. Die Versammlung beschloss:
„Die Firma Heiß & Kalt OHG soll die defekte Zirkulationspumpe gegen eine neue austauschen. Der Verwalter wird beauftragt, unverzüglich die Arbeiten zu vergeben. Die Finanzierung erfolgt aus der Instandhaltungsrücklage."

Ja-Stimmen: 14 Nein-Stimmen: 0 Enthaltungen: 0
Beschlussantrag angenommen (**x**) Beschlussantrag abgelehnt ( )
Nachdem keine weiteren Wortmeldungen mehr vorlagen, schloss der Versammlungsleiter um 21.00 Uhr die Versammlung.

Frankfurt am Main, den 19.4.2006

Karl Otto, Verwalter
Helga Weiss, Verwaltungsbeirat
Xaver Scholz, Wohnungseigentümer

7. Beispiel einer Beschluss-Sammlung

Beschluss-Sammlung der WEG Sonnenallee 92 in Berlin-Neukölln

Lfd. Nummer der Eintragung	Versammlung Datum/Ort/ TOP	Beschlüsse/ Beschlussergebnis Datum der Eintragung	Gerichtsentscheidungen Datum der Eintragung	Vermerke Datum der Eintragung
1	2.1.2008, Berlin, TOP 2	„Zum Verwalter wird für die Dauer von 2 Jahres die A-GmbH bestellt." Antrag angenommen, 3. 1. 2008		angefochten, AG Neukölln 3 C 56/08 12.2.2008 Beschluss für ungültig erklärt (s. lfd. Nrn. 3, 5) 25.11.2008
2	2.1.2008, Berlin, TOP 3	„Die vorliegenden Gesamt- und Einzelwirtschaftspläne 2008 werden beschlossen." Antrag angenommen, 3.1.2008		
3			Der Beschluss der Eigentümerversammlung vom 2.1.2008 zu TOP 2 wird für ungültig erklärt. AG Neukölln, Urt. v. 8.4.2008, 3 C 56/08 20.4.2008	Berufung eingelegt, LG Berlin 55 S 72/08 21.5.2008 Berufung zurückgewiesen (s. lfd. Nr. 5) 25.11.2008
4	Schriftliches Umlaufverfahren, verkündet in Berlin am 2.5.2008	„Dem Eigentümer Hans Wolf wird die Anbringung einer blauen, ausrollbaren Markise oberhalb seines Balkonfensters gestattet." Antrag angenommen, 3.5.2008		
5			Die Berufung der Beklagten gegen das Urteil des Amtsgerichts Neukölln vom 8.4.2008 wird zurückgewiesen. LG Berlin, Urt. v. 10. 11. 2008 55 S 72/08 25.11.2008	Rechtskräftig 30.12.2008

Stichwortverzeichnis

Die **fetten römischen Ziffern** verweisen auf das jeweilige **Kapitel** des Kommentars; **fette arabische Ziffern** benennen den **Paragraphen** bzw den **Artikel**; die mageren Ziffern beziehen sich auf die Randnummern; **Einl** = Einleitung.

Abberufung des Verwalters II 26 85
- aus wichtigem Grund II 26 96

Abdingbare Vorschriften II 21 124
Abdingbarkeit von Vorschriften II 16 2, 7; 21 2, 48a; 22 10, 146, 174; 28 6; *sa Unabdingbarkeit*
Abfall II 14 23
Abfindung II 14 31
Abgeschlossenheit II 3 18; 7 38; 8 13
- bauliche Ausstattung II 3 25
- Bauordnungsrecht II 3 22
- Bedeutung II 3 18
- Dauerwohnrecht II 32 3
- eindeutige Abgrenzung II 3 21
- freier und abschließbarer Zugang II 3 20
- Garagenstellplatz II 3 28
- Gebrauchsregelung II 3 24
- innerhalb der Wohnanlage II 3 23
- Prüfungspflicht des Grundbuchamtes II 7 42
- Sollvorschrift II 3 18
- sonstige Räume II 3 19
- Vereinigung II 8 37
- Voraussetzung II 3 19
- Wohnung II 3 19

Abgeschlossenheitsbescheinigung II 1 15, 22; 3 27; 8 16, 36; IV Nr 4
- Allgemeine Verwaltungsvorschrift für die Ausstellung von Bescheinigungen (AVA) II 7 19, 38; 32 7
- Erteilung durch Baubehörde II 7 16
- Erteilung durch Sachverständigen II 7 17
- Fehlen der II 7 39
- Muster IV Nr 4
- unrichtige II 7 39

Abgesondertes Mitsondereigentum II 5 45
Abmahnung II 14 30
- Entziehung des Wohnungseigentums II 18 12

Abmeierungsklage II 18 22
Abnahme II 21 Anh 67
Abrechnungsspitze II 16 131; 28 26, 54, 82, 85, 89, 91, 158
Abschlagzahlung *s Wohngeld*
Abstellraum II 3 6; 5 11; 15 7

Abstimmungsverfahren II 23 39, 46
Abtretung von Ansprüchen an Dritte II 43 43
Abwehranspruch II 15 25
- gegen den Nutzer II 14 35
- gegen den Wohnungseigentümer II 14 30

Abzug „Alt für Neu" II 14 52
Akzessorische Haftung
- zeitliche Begrenzung II 10 102

Allgemeine Verwaltungsvorschrift für die Ausstellung von Bescheinigungen II 7 19; IV Nr 4
Allgemeinstrom II 16 62
Altschulden II 16 126
Anbau II 5 10
Änderung
- Größe der Miteigentumsanteile II 4 17
- Inhalt des Sondereigentums II 5 49
- Miteigentumsanteil II 6 9

Änderung der einseitigen Teilungserklärung II 8 22
- Abveräußerung der ersten Wohnung II 8 23
- Anlegung der Wohnungsgrundbücher II 8 22
- Auflassungsvormerkung II 8 24
- Entstehung der Wohnungseigentümergemeinschaft II 8 24
- Gegenstand des Sondereigentums II 8 25
- Inhaltsänderungen
- Sondernutzungsrecht II 8 25
- Zustimmung der dinglich Berechtigten II 8 26

Änderungsanspruch
- Rechtsfolgen II 10 46
- Rechtsschutzbedürfnis II 10 47
- Tatbestandsvoraussetzung II 10 40

Anfechtungsklage
- Anfechtungsfrist II 46 39
- Begründungsfrist II 46 56
- Beiladung des Verwalters II 48 9
- Beschwer II 43 27
- Eigentümerliste II 44 7
- Erledigung II 46 89
- Jahresabrechnung II 28 86

- Klagebefugnis **II 46** 3
- Klageschrift **II 44** 4
- Negativbeschluss **II 43** 83
- Nichtigkeitsgründe **II 46** 74
- Rechtskraft **II 48** 15
- Rechtsschutzinteresse **II 46** 16
- Streitgegenstand **II 46** 74
- Streitwert **II 50 Anh 49a** 14
- Teilungswirksamkeit **II 46** 78
- Unterbrechung **II 46** 82
- Verbindung **II 47** 2
- Verwalterbestellung **II 26** 16
- Wiedereinsetzung **II 46** 61
- Wirkung **II 46** 79
- Zustellung **II 45** 6

**Anlagen des gemeinschaftlichen Gebrauchs
II 5** 32

Anspruch auf ordnungsmäßige Verwaltung
- Verjährung **II 21** 95

Ansprüche aus Erwerbsverträgen II 10 75

Anteil
- Kosten **II 16** 3
- Nutzungen **II 16** 32

Anteilsbemessung
- Schätzung **II 17** 7
- Verwaltungsvermögen **II 17** 11
- Wert des Wohnungseigentumsrechts **II 17** 5
- Wertermittlung des gemeinschaftlichen Eigentums **II 17** 10
- Wertermittlung des Sondereigentums **II 17** 9
- Zeitpunkt **II 17** 8

Antenne II 21 85; **22** 22, 59
Antennenanlage II 5 37, 42
Anwalt II 24 48
Anwaltsbüro II 14 19
Anwartschaft II 9 3
Anwartschaftsrecht
- auf Sondereigentum **II 3** 12
- Recht auf Herstellung **II 3** 12

Apotheke II 15 7
Appartement II 1 12
Architekturbüro II 14 19; **15** 7
Arrest II 43 119
Arztpraxis II 14 19; **15** 7
Atelier II 15 7
Aufbewahrung
- von Unterlagen **II 28** 137

Aufgabe des Dauerwohnrechts II 31 23; **37** 3
Aufheben der Gemeinschaft
- Vollziehung **II 11** 10

Aufhebung
- des Sondereigentums **II 4** 11; **9** 2; **17** 12
- Verzicht auf Wohnungseigentum **II 4** 12

Aufhebung der Gemeinschaft II 11 1

- Anspruch auf Aufhebung **II 17** 3, 13
- Anspruch aus der Aufhebung **II 17** 13
- Anteilsbemessung **II 17** 5
- Durchführung **II 17** 4
- Höhe des Auseinandersetzungsguthabens **II 17** 2
- Schätzung **II 17** 7
- Verwaltungsvermögen **II 17** 11
- Voraussetzungen **II 17** 3
- Wertberechnung **II 17** 7
- Werterhöhung **II 17** 10
- Wertermittlung des gemeinschaftlichen Eigentums **II 17** 10
- Wertermittlung des Sondereigentums **II 17** 9
- Zeitpunkt der Wertermittlung **II 17** 8
- Zerstörung des Gebäudes **II 17** 8

Aufhebung der Sondereigentumsrechte
- Zustimmung dinglich Berechtigter **II 9** 11 f

Aufhebungsvertrag II 11 9
Auflassung II 4 4; **6** 4
Auflassungsvormerkung II 24 46
Aufopferungsschaden II 14 53
Aufrechnung
- Anwendungsersatzanspruch **II 21** 21
- gegenüber Wohngeldforderungen **II 28** 181

Aufstockung II 22 23
Aufteilungsplan II 1 22; **7** 20; **8** 16, 36; **32** 6
- Abweichen von der Teilungserklärung **II 7** 27
- abweichende Bauausführung **II 7** 32; **9** 5
- Bestimmtheitsgrundsatz **II 7** 21
- Einzelausgestaltung **II 7** 22
- farbliche Umrandung **II 7** 23
- gleiche Nummer **II 7** 23
- Grundriss **II 7** 24
- Inhalt des Wohnungs- bzw Teileigentumsgrundbuchs **II 7** 26
- Lageplan **II 7** 25
- Schnitte und Ansichten **II 7** 24
- Umwandlung von Wohn- in Teileigentum und umgekehrt **II 7** 22
- Unklarheiten **II 7** 29
- unvollständig **II 7** 28
- Vereinigung **II 8** 37
- widersprechender Erklärungsinhalt **II 7** 27

Aufwendung
- besondere **II 22** 13

Aufwendungsersatz II 21 21, 79
Aufwendungsersatzanspruch II 10 109; **21** 79
Aufzug II 16 9, 57
Ausgleichsanspruch II 16 159; **21** 21
- nachbarrechtliche **II 14** 51

Auskunftspflichten des Verwalters II 28 126

Auslegung
– bauliche Veränderung **II 22** 149
Ausschluss
– Stimmrecht **II 19** 3
Ausschlussfrist II 46 40
Außenbereich II 21 85
Außenjalousie II 5 28
Äußere Gestaltung des Gebäudes II 5 21, 27
Äußere Gestaltung des Hauses II 22 20
Außergerichtliche Kosten II 49 2; 50
Aussiedlerheim II 14 19
Ausübungsbefugnis der Gemeinschaft II 10 67
Auszählung II 23 47
AVA II 3 19; **7** 19; **IV Nr 4**

Balkon II 5 10, 13, 26, 28; **13** 14; **16** 4, 11, 21, 85, 90; **21** 85; **22** 26, 161
– Bodenbelag **II 23** 34
– Trennwand **II 22** 26
Ballettstudio II 15 7
Ballspiel II 15 15
Bargeld II 10 82
Barrierefreier Zugang II 22 103
Bauausführung
– Abweichung **II 7** 35
– Abweichung vom Aufteilungsplan **II 7** 32
– Ansprüche bei abweichender **II 7** 34
– fehlende Bestimmbarkeit des Sondereigentums **II 7** 36
– gutgläubiger Erwerb **II 7** 33
– unwesentliche Abweichung **II 7** 35
Baubehörde II 7 16, 19
Bauhandwerkersicherungshypothek II 10 99
Bauherrenmodell II 2 6
Bauliche Veränderung II 5 10, 29
– Änderungsverbot **II 22** 148
– Anspruch auf Beschluss **II 22** 117
– Anspruch auf Beschlussfassung **II 22** 7
– Aufzug **II 22** 21
– Auslegung unklarer Klauseln **II 22** 149
– Beeinträchtigung **II 22** 87
– Begriff **II 22** 11
– behördliche Genehmigung **II 22** 131
– Beschlusskompetenz **II 22** 5
– Beseitigung **II 22** 132
– Beseitigungsanspruch **II 22** 176
– dauerhafte Umgestaltung **II 22** 11, 20
– Deckendurchbruch **II 22** 100
– Duldungsanspruch **II 22** 144
– eigenständige Anspruchsgrundlage **II 22** 179
– Einbruchsgefahr **II 22** 145
– Einstimmigkeitsprinzip **II 22** 148

– Einzelfälle **II 22** 21
– Gestaltung konkreter Veränderungen **II 22** 158
– Gestaltungsanspruch **II 22** 7, 117, 139
– Gesundheit **II 22** 99
– Handlungsstörer **II 22** 191
– intensive Nutzung **II 22** 99, 102
– Klagebefugnis **II 22** 194
– Kosten **II 16** 80, 86, 96; **22** 8, 88, 128, 153
– Lärm- und Geruchsimmissionen **II 22** 99
– Legitimation durch Beschluss **II 22** 6
– Mehrheitsbeschluss **II 22** 116 f.
– Mehrheitsprinzip **II 22** 149
– Mitgebrauch **II 22** 99
– Nachahmung **II 22** 98
– Nachbargrundstück **II 22** 9
– öffentlich-rechtliche Vorschriften **II 22** 99
– optisch nachteilige **II 22** 93
– ordnungsgemäße Erstherstellung **II 7** 34
– planwidrige Errichtung **II 22** 17
– Rechtsfolgen **II 22** 127
– Rechtsmissbrauch **II 22** 182
– Rechtsnachfolger **II 22** 137, 143, 189, 192
– Reparaturanfälligkeit **II 22** 99
– Sicherheit **II 22** 99
– Sondereigentum **II 22** 12, 121
– Sondernutzungsrecht **II 22** 141
– Stabilität **II 22** 99
– Substanzeingriff **II 22** 11, 26
– Treu und Glauben **II 22** 144
– unzulässige Nutzung **II 22** 97
– Vereinbarungen **II 22** 141
– Vereinigung **II 8** 38
– Verfahrensfragen **II 22** 193
– Vergleichszustand **II 22** 11
– Verjährung **II 22** 190
– Versammlungsleiter **II 22** 120
– Verwirkung **II 22** 188
– Vollstreckung **II 22** 195
– Wanddurchbruch **II 22** 100
– Widerruf der Zustimmung **II 22** 134
– Zustandsstörer **II 22** 191
– Zustimmung **II 22** 6, 138
– Zustimmung des Verwalters **II 22** 151, 154
– Zustimmung durch Beschluss **II 22** 116
– Zustimmungsfreiheit **II 22** 147
– Zweitbeschluss **II 22** 134
Baum II 22 28
Baumängel
– Ansprüche **II 21 Anh** 1
Bauträger II 21 Anh 1; **22** 12, 17
Bauzeichnung II 7 20
Beeinträchtigung anderer Wohnungseigentümer
– Folgen **II 18** 8

Begriffsbestimmung
- gemeinschaftliches Eigentum II 1 29
- Raum II 3 17; 5 11
- Sondereigentum II 1 8
- Teileigentum II 1 16
- Wohnung II 3 17
- Wohnungseigentum II 1 9

Begründung der Wohneigentumsanlage
 II 10 19

Begründung von Anspruchsgrundlagen
 II 21 5

Begründung von Wohnungseigentum
- einseitige Teilungserklärung II 2 7; 8 1
- Erbengemeinschaft II 2 3
- Genehmigung II 2 9; 8 16
- Kombination der Begründungsformen II 2 8
- mehrere Gebäude II 3 14
- schuldrechtlicher Vertrag II 4 8
- tatsächliche Bauausführung II 7 37
- Timesharing II 4 6
- Umwandlung in Bruchteilseigentum II 3 5
- unauflösliche Verbindung II 1 2 f.; 6 1
- Verfügung von Todes wegen II 2 4
- vertragliche Teilungserklärung II 3 2, 35
- Vormerkung II 4 10

Begründung von Wohnungserbbaurechten
 II 30 10
- dingliche Rechte am Erbbaurecht II 30 16
- Veräußerungsbeschränkung II 30 15

Behinderte II 22 103
Beiladung II 44 12; 48 2
Belastung II 4 3
- des Erbbaurechts II 30 31; 31 14; 42 1
- des Wohnungseigentumsrechts II 31 14
- des Wohnungserbbaurechts II 30 31; 31 14
- einzelne Wohnungseigentumsrechte II 9 12, 17
- Gesamtgrundstück II 9 11, 17

Belege und Unterlagen der Verwaltung
- Aufbewahrung II 28 112
- Einsicht II 28 121
- Herausgabe II 26 108

Beleuchtung II 22 24
Bepflanzung II 22 29
Berater II 24 48
Berufung II 43 24
Berufungsgericht II 43 35
Beschlagnahme IV Nr 5 12
Beschluss
- Änderung II 23 60
- Aufhebung II 23 60
- Auslegung II 23 59
- einstimmiger II 21 7, 33
- gesetzes- oder vereinbarungswidriger II 23 28
- gesetzes- und vereinbarungsändernder II 23 15
- inhaltliche Unbestimmtheit II 23 76
- negativer II 23 49
- Nichtigkeitsgründe II 23 72
- positiver II 23 49
- Sondernachfolger II 10 55
- Zustandekommen II 23 39

Beschluss-Sammlung
- Einsicht II 24 95
- Erscheinungsbild II 24 77
- Form II 24 77
- gerichtlicher Vergleich II 24 86
- Geschäftsordnungsbeschluss II 24 81
- Korrektur II 24 90, 93
- Löschungen II 24 88
- Nummerierung II 24 79
- Urteile II 24 82
- Verantwortlicher II 24 90
- Vermerke II 24 87
- Verwalterwechsel II 24 90

Beschlussanfechtungsverfahren
- Darlegungslast II 23 65

Beschlussantrag II 23 39
- Ablehnung II 23 58

Beschlüsse der Wohnungseigentümerversammlung
- Anfechtungsfrist II 46 39
- Negativbeschluss II 43 83

Beschlussergebnis II 23 39
- Bekanntgabe II 23 49
- Verkündung II 23 55

Beschlussfähigkeit II 25 15
Beschlussfassung II 23 2
- schriftliches Verfahren II 23 66

Beschlussfeststellungsklage II 43 77
Beschlusskompetenz II 10 31; 13 33; 23 5
- Anspruchsvernichtung II 23 33
- bauliche Veränderung II 22 4; 23 29
- Betriebskosten II 16 40
- Eingriff in das Sondereigentum II 23 34
- Fälligkeit II 28 153
- Geldangelegenheiten II 21 124
- Instandhaltungskosten II 16 80
- Kernbereich II 23 35
- Klagepauschale II 28 188
- Kosten baulicher Veränderung II 16 87
- Lastschriftverfahren II 28 147
- Leistungspflichten II 16 165
- Modernisierungen II 22 159
- Modernisierungskosten II 16 80
- Verwaltungskosten II 16 67
- Verzugsfolgen II 21 128
- Verzugszins II 28 153

912

Beschwerde
- sofortige **II 43** 32, 117

Besitzschutz II 13 18
Besondere Nutzung des gemeinschaftlichen Eigentums II 21 129
Besonderer Verwaltungsaufwand II 21 130
Bestandskraft II 23 5
Bestandteile II 5 16
- äußere Gestaltung des Gebäudes **II 5** 21
- konstruktive Teile **II 5** 25
- räumliche Verbindung **II 3** 20
- zur Herstellung eingefügt **II 5** 19

Betrachtungsweise, typisierende II 14 16
Betreuungsrecht II 14 45
Betriebskosten II 16 12
Bevollmächtigung II 24 42
- des Erwerbers **II 24** 46

Beweislast II 24 28, 35
Biertisch II 22 20
Bistro II 15 7
Blockheizkraftwerke II 22 163
Blumenkasten II 14 21
Boarding-Haus II 14 21; **23** 27
Bodenbelag II 5 23; **14** 13, **22** 30, 47
Boiler II 21 85
Bordell II 14 21; **15** 7
Brandgefahr II 14 22
Breitbandkabel II 21 85
Briefkasten II 5 37
Bruchteilsgemeinschaft II 3 5; **9** 2; **10** 6; **15** 1; **24** 32, 42; **25** 30; **30** 12
Buchführung II 28 132
Büro II 15 7
Büroräume II 15 7

Café II 15 7
Carport II 22 31
Chemische Reinigung II 15 7

Dach II 5 26; **21** 85; **22** 32
Dachausbau II 22 32
Dachboden II 5 36
Dachgeschossausbau II 22 158
Dachspeicher II 5 13
Dachterrasse II 5 13, 26, 28
Darlegungs- und Beweislast II 24 21, 30, 52
Darlehen II 21 77; **27** 44
Dauerauftrag II 21 126
Dauernutzungsrecht II 31 10
Dauerschuldverhätlnis II 10 102
Dauerwohnrecht
- Abgeschlossenheit **II 32** 3
- Abgeschlossenheitsbescheinigung **II 32** 6

- an einem unterirdischen Bauwerk **II 31** 16
- Ansprüche des Eigentümers **II 34** 4
- Art der Nutzung **II 33** 25
- Aufgabe **II 31** 23; **37** 3, 5
- Aufteilungsplan **II 32** 6
- Bedingung **II 33** 7
- Beendigung durch Fristablauf **II 31** 23
- Befristung **II 32** 12; **33** 9
- Begriff **II 31** 9
- Begründung **II 31** 21
- Belastung **II 31** 21
- Belastung eines Erbbaurechts **II 42** 1
- Belastung mehrerer Grundstücke **II 31** 15
- Berechtigter **II 31** 20
- Bezugnahme auf die Eintragungsbewilligung **II 32** 11
- Dauernutzungsrecht **II 31** 10
- Duldungspflicht **II 33** 16
- eigentumsähnliches **II 31** 8; **41** 2
- Eintragung **II 31** 21
- Eintragungsbewilligung **II 32** 5
- Eintritt in das Rechtsverhältnis **II 38** 1
- Einzelrechtsnachfolge **II 38** 1
- Entgelt **II 31** 24; **40** 1
- Entschädigung **II 41** 16
- Erlöschen **II 31** 23; **39** 1; **42** 7
- Erlöschen des Mietverhältnisses **II 37** 3
- Ersatzanspruch **II 34** 2
- Erstreckung auf Grundstück **II 31** 9
- Erstreckung auf Grundstückszubehör **II 31** 19
- Gebäude **II 31** 9, 16
- Gebrauch **II 33** 14, 27
- Gegenstand der Bestellung **II 31** 14
- Gesamtbelastung **II 31** 15
- Gestattungspflicht **II 33** 17
- Grundpfandrechte **II 40** 4
- Haftung des Dauerwohnberechtigten **II 37** 5
- Heimfall **II 32** 9; **36** 1; **37** 6
- Inhalt **II 32** 8; **33** 1, 21
- Instandhaltung **II 33** 12, 26
- Instandsetzung s *Instandhaltung*
- langfristiges **II 41** 1
- Lasten des Grundstücks **II 33** 28
- Löschungsanspruch des Dauerwohnberechtigten **II 41** 5
- mietähnliches **II 31** 7
- Mieterschutz **II 36** 14
- Mitgebrauch **II 33** 18
- mögliche Vereinbarungen **II 33** 31
- nachträgliche Vereinbarungsänderung **II 33** 33
- noch nicht errichtetes Gebäude **II 31** 18
- Nutzungsrecht **II 31** 13

913

- öffentliche Lasten **II 40** 4
- Pflichten des Dauerwohnberechtigten **II 33** 11
- Prüfungspflicht des Grundbuchamtes **II 32** 9
- Rechtsstreitigkeiten **II 31** 4
- Schadensersatz **II 34** 4
- schuldrechtliche Vereinbarungen **II 33** 32
- Timesharing **II 31** 17
- Umfang **II 33** 25
- Umfang der Bestellung **II 31** 16
- Veräußerung **II 33** 3; **37** 9; **38** 9
- Veräußerungsbeschränkung **II 32** 13; **33** 3; **35** 1
- Vererblichkeit **II 33** 5
- Verjährung **II 34** 6
- Vermietung **II 37** 1
- Verpachtung *s Vermietung*
- Verpflichtungsgeschäft **II 31** 22
- Versicherung des Gebäudes **II 33** 29
- vorgeschriebene Vereinbarungen **II 32** 8; **33** 24
- Wiederaufbau **II 33** 29
- wirtschaftliche Bedeutung **II 31** 5
- Wohnung **II 31** 9
- Zwangsversteigerung **II 37** 11; **39** 1
- Zwangsvollstreckung **II 33** 4

Deckendurchbruch II 22 33, 100
Devastationsansprüche II 6 15
Dienstleistungen
- persönliche **II 16** 108

DIN 4109 II 21 96
DIN-Vorschriften II 14 3
Doppelfenster II 5 23
Doppelstockgarage II 3 34; **5** 13
Drogenberatungsstelle II 15 7
Duldungspflicht II 21 121
- des Dauerwohnberechtigten **II 33** 16

Duplexstellplatz II 3 34; **5** 13, 31

Ehegatten II 25 30
Eheliche Gütergemeinschaft II 24 32
Ehrverletzungen II 43 66
Eigenanteil II 14 66
Eigengebrauch, fehlender II 14 58
Eigentümer, werdender II 25 6
Eigentümerliste II 44 7
Eigentümerwechsel
- verfahrensrechtliche Folgen **II 43** 110
- Wohngeldzahlungen **II 16** 115; **28** 83

Eigentümerwohnrecht II 36 12
Eigentumsschutz II 13 18
Ein-Eigentümer-Gemeinschaft II 10 15

Einbauküche II 5 19
Einbauschrank II 5 23
Einberufung der Eigentümerversammlung
- Beschlussgegenstand **II 23** 63
- Zugang **II 24** 35

Einberufungsfrist II 24 18
Einberufungsmangel
- Ursächlichkeit **II 24** 6

Einberufungsverlangen II 24 8
- Gründe **II 24** 12
- schriftlich **II 24** 11
- Terminsvorgabe **II 24** 13
- Vertreter **II 24** 11
- Zweck **II 24** 12

Einpersonen-Gemeinschaft II 8 18
Einrede II 10 109
Einrede der Anfectbarkeit II 10 112
Einrichtung des gemeinschaftlichen Gebrauchs II 5 32
Einseitige Teilungserklärung
- Abgeschlossenheit **II 8** 13
- Änderung **II 8** 22
- Aufhebung **II 8** 27
- Auslegung **II 8** 8
- Bedingung **II 8** 8
- Berechtigter **II 8** 10
- dingliches Verfügungsgeschäft **II 8** 6
- Eintragung im Grundbuch **II 8** 16
- Erklärungsinhalt **II 8** 13
- Form **II 8** 8
- Gemeinschaftsordnung **II 8** 14
- Gründungsmangel **II 8** 12
- Inhaltskontrolle **II 8** 14
- öffentlich beglaubigte Urkunde **II 8** 9
- Zeitbestimmung **II 8** 8
- Zustimmung dinglich Berechtigter **II 8** 7

Einsichtnahme
- Verwaltungsunterlagen **II 28** 121

Einstimmiger Beschluss II 21 7, 33
Einstweilige Verfügung II 43 110
Eintragungsantrag
- Zurückweisung **II 7** 43

Eintragungsbewilligung II 7 41
- Anlagen **II 7** 16; **8** 7
- Inhalt **II 7** 15

Einwendung II 10 109
Einzelabrechnung II 28 65
Einzelwirtschaftsplan II 28 27, 152
Einziehungs-, Einzugsermächtigung *s Lastschriftverfahren*
Einzugsermächtigung II 21 126
Eisdiele II 15 7
Energieanschluss II 21 121; *sa Versorgungsleitungen*

Entgelt für Dauerwohnrecht II 40 3
Entlastung II 25 24
– des Verwalters II 26 90; 27 66; 28 163
– des Verwaltungsbeirats II 29 19
Entlüftung II 22 34
Entschädigung
– beim Heimfall des Dauerwohnrechts II 36 21
Entstehung der Wohnungseigentümergemeinschaft II 8 24
Entziehung des Wohnungseigentums II 18 1
– Abmahnung II 18 12, 16
– Abwendungsbefugnis II 19 13
– Anfechtbarkeit der Abmahnung II 18 12
– Anfechtungsklage II 18 21
– Durchsetzung des Entziehungsanspruchs II 18 19
– Eingriff in Art 14 Abs 1 GG II 18 3
– einmalige Verletzung II 18 13
– Entziehungsklage II 18 22
– Ersteigerung durch Gemeinschaft der Wohnungseigentümer II 19 10
– Generalklausel II 18 8
– Inhalt der Abmahnung II 18 12
– mehrere Personen II 18 6
– mehrere Wohnungseigentumsrechte II 18 6
– Mehrheitsbeschluss II 18 20
– Räumung und Herausgabe II 19 11
– Regelbeispiele II 18 16
– Rücktritt vom Kaufvertrag II 18 5
– schuldig machen II 18 14
– schwere Pflichtverletzung II 18 8
– Sinn und Zweck II 18 2
– Streitwert der Anfechtungsklage II 18 21
– Übergangsrecht II 19 16
– ultima ratio II 18 3
– Umdeutung eines Entziehungsbeschlusses II 18 12
– Umgehung II 18 4; 19 6
– Unabdingbarkeit II 18 29; 19 15
– unverschuldete Störung II 18 14
– Unzumutbarkeit II 18 11
– Veräußerungsbeschränkung II 19 9
– Vereitelung II 18 4; 19 6
– Vergleich II 19 14
– Verstoß gegen Pflicht gemäß § 14 II 18 4
– Vollstreckungsgegenklage II 19 13
– Vollstreckungsklausel II 19 4
– Voraussetzungen II 18 7
– Voraussetzungen der Zwangsvollstreckung II 19 4
– werdende Wohnungseigentümergemeinschaft II 18 5
– Widerklage auf Entziehung II 18 21
– Wiederholungsgefahr II 18 13

– Wirkung des Urteils II 19 2
– Zahlungsverzug II 18 17
– Zurückbehaltungsrecht II 18 18
– Zwangsversteigerung II 19 2
– Zwangsversteigerungsverfahren II 19 5
Entziehungsklage
– Klageantrag II 18 25
– Klagebefugnis II 18 24
– Klagerücknahme II 18 26
– Kosten II 16 78
– Kostenverteilung II 18 27
– Streitwert II 18 25
– Tenor II 18 25
Entziehungsurteil
– Stimmrechtsausschluss II 19 3
– Vollstreckungsgläubiger II 19 4
Erbbaurecht
– Bedingung II 30 7
– Befristung II 30 7
– Begriff II 30 6
– Belastung mit Dauerwohnrecht II 42 1
– Erlöschen II 30 45; 42 7
– Erstreckung auf Grundstücksteil II 30 6
– Gebäude II 30 8
– Gesamterbbaurecht II 30 9
– Grundstück II 30 8
– grundstücksgleiches Recht II 30 7
– Heimfall II 42 4
– Umwandlung in Bruchteilserbbaurecht II 30 12
– Veräußerungsbeschränkung II 30 12
Erbengemeinschaft II 24 32, 42; 25 30
– Umwandlung in Wohnungseigentümergemeinschaft II 2 3
Erbenhaftung II 16 132
Erledigung der Hauptsache II 46 89; 49 12
Erlöschen
– des Dauerwohnrechts II 37 3; 42 7
– Erbbaurecht II 30 45
Ermessen
– Kostenentscheidung II 49 16
– ordnungsmäßige Verwaltung II 21 28
Ermessensentscheidungen des Gerichts II 21 133
– Gestaltungsurteil II 21 138
– Zweitbeschluss II 21 139
Erotik-Fachgeschäft II 14 23
Ersatzwohnraum II 14 57
Ersatzwohnung II 14 64
Ersatzzustellungsvertreter II 45 15
Erstmalige Herstellung eines ordnungsgemäßen Zustands II 21 92; 22 16
Erstversammlung II 25 15

Erwerberhaftung II 16 115
Erwerbsvertrag II 23 38
Eventualeinberufung II 25 18

Fahrradständer II 22 35, 160
Fahrstuhl II 5 35, 44; 21 85; 22 160, 162; *sa Aufzug*
Faktische Eigentümergemeinschaft II 3 36, 38
– Nichtberechtigter **II 3** 40
Faktischer Verwalter II 24 6
Fälligkeitsregelung II 23 19
Fassade II 21 85; 22 36
Fenster II 5 19, 23, 26; 21 85; 22 32, 37, 161
– Holz~ **II 22** 37, 161
– Kunststoff~ **II 22** 37, 161
Fensterbank II 5 28
Fenstergitter II 22 145
Feriengäste II 14 21
Fernheizung II 5 39
Fernsprechanschluss II 21 121
Feuerversicherung II 21 109
Flachdach II 5 10
Fliesen II 14 13
Fluchtweg II 5 17
Flur II 5 35 f; 15 7; 21 37
Folgenbeseitigungsanspruch II 23 80
Form
– Aufhebung von Sondereigentum **II 4** 11
– Begründung des Dauerwohnrechts **II 32** 5
– Begründung von Wohnungseigentum **II 8** 8
– formelles Konsenzprinzip **II 4** 5
– schuldrechtlicher Vertrag **II 4** 8
Formfehler
– heilen **II 23** 62
Fremdkonto II 27 47
Friesenwall II 22 86
Früchte II 13 17
Fußbodenbelag II 5 23
Fußbodenheizung II 5 38

Garage II 1 17; 3 6; 15 7; 22 38
– dauerhafte Markierungen **II 3** 29
– Doppelstock~ **II 3** 34; 5 13
– Duplexstellplatz **II 3** 34; 5 13, 31
– Fertig- **II 5** 13
– Sondereigentum **II 3** 30
– Stellplatz **II 3** 28
– Tiefgarage **II 5** 30
Garten II 21 92; 22 39, 45
Gartenordnung II 21 61
Gartenpflege II 16 61

Gasleitung II 22 41
Gäste II 14 30
Gaststätte II 15 7
Gauben II 22 32
Gebäude
– auf einem Grundstück **II 1** 26
– auf mehreren Grundstücken **II 1** 23
– Begriff **II 3** 11; **31** 9
– Bestandteile, wesentliche **II 5** 16
– Fertigstellung **II 3** 12
– Herstellung **II 3** 12
– isolierter Miteigentumsanteil **II 3** 12
– nie errichtetes **II 9** 4
– noch zu errichtende **II 3** 12
– Scheinbestandteile **II 5** 17
– Überbau **II 1** 27
– wesentlicher Bestandteil **II 1** 28
– wesentlicher Bestandteil des Grundstücks **II 3** 11
– Zerstörung **II 9** 3
Gebäudeeigentum II 2 10
Gebäudereinigung II 16 60
Gebäudeschadenhaftpflichtversicherung II 21 114
Gebrauch II 15 1
– beim Dauerwohnrecht **II 33** 14, 26
– ordnungsmäßiger **II 15** 8
Gebrauchsregelung
– Übertragung auf Dritten **II 6** 6
Gebrauchsvorteil II 13 17
Gebühren
– Gerichtsgebühren **II 50 Anh 49a** 1
– Rechtsanwaltsgebühren **II 49** 37
Gegensprechanlage II 22 42, 160
Gegenstand des Sondereigentums II 5 8
– Änderungen **II 5** 46
Geldangelegenheiten II 21 124
Gelder, eingenommene
– Verwaltung der **II 27** 39
Gemeinschaft II 10 6
– als Schuldverhältnis **II 10** 6
– Bezeichnung **II 10** 65
– Entstehung **II 10** 7, 14, 16
– erbfähig **II 10** 63
– grundbuchfähig **II 10** 63, 83
– insolvenzfähig **II 10** 63
– prozess- und parteifähig **II 10** 64
– prozesskostenfähig **II 10** 63
– scheck- und wechselfähig **II 10** 61
Gemeinschaft der Wohnungseigentümer
– Ansprüche **II 21** 19
– Einpersonen-Gemeinschaft **II 8** 18
– Entstehung **II 7** 4; **8** 28
– Erwerb eines Wohnungseigentums **II 19** 10

Gemeinschaftliches Eigentum *sa Gemeinschaftseigentum*
- Abgrenzung **II 5** 2
- Anlagen und Einrichtungen **II 5** 32
- äußere Gestaltung **II 5** 27
- Gebäudebestandteile **II 1** 31
- Grundstück **II 1** 29
- konstruktive Teile **II 5** 25
- Streitigkeiten **II 5** 7
- Umwandlung in Sondereigentum **II 4** 16; **6** 11
- Vermutung **II 1** 31

Gemeinschaftsantenne *s Kabelanschluss*
Gemeinschaftsbezogene Ansprüche **II 21** 17
- Ermächtigung einzelner Wohnungseigentümer **II 21** 18

Gemeinschaftsbezogene Pflichten **II 10** 67, 71
Gemeinschaftsbezogene Rechte **II 10** 67, 70
Gemeinschaftseigentum **II 10** 3
- Inhaber **II 10** 3

Gemeinschaftsgrundverhältnis **II 23** 8, 15
Gemeinschaftsordnung **II 3** 44; **5** 50; **8** 14; **10** 17
- Abweichen von der Teilungserklärung **II 7** 31
- typische Inhalte **II 5** 51

Genehmigungsbeschluss **II 22** 117
Genehmigungsfiktion
- Jahresabrechnung **II 28** 116

Gerichtskosten **II 49** 3; **50** Anh 49a
Geringstes Gebot **IV Nr 5** 1
Geruchsimmission **II 14** 22
Gesamthandsgemeinschaft **II 8** 11
Gesamtschuldnerhaft **II 10** 96
Geschäftsführung
- durch Verwalter **II 27** 5

Geschäftsführung ohne Auftrag **II 21** 23, 79
Geschäftsordnung **II 24** 58
- Anfechten von Beschlüssen zur ~ **II 43** 57

Geschäftsraum **II 15** 7
Geschossdecke **II 5** 26
Gesetzestext
- Grundbuchordnung **IV Nr 2**

Gestaltung, äußere
- des Gebäudes **II 22** 20

Gestaltungsanspruch **II 22** 7, 139
Gewährleistung **II 21** Anh 1
Gewinn, entgangener **II 14** 55
Giebeldach **II 5** 10
Glasbruchversicherung **II 21** 114
Glaubhaftmachung **II 43** 113
Gläubigervorschuss **IV Nr 5** 36
Grenzanlagen **II 1** 33; **3** 7

Grillen **II 14** 22
Grund, wichtiger
- für Abberufung des Verwalters **II 26** 98

Grundbuch
- Bezeichnung **II 7** 5
- Dauerwohnrecht **II 32** 5
- Eintragungsantrag **II 7** 13; **8** 15
- Eintragungsbewilligung **II 7** 14; **8** 15
- Eintragungsvoraussetzung **II 7** 13
- Grundstücksbelastungen **II 7** 8
- Schließung **II 7** 7; **8** 19
- Vormerkung **II 8** 20

Grundbuchakte **II 7** 3
Grundbuchamt
- Prüfungspflicht **II 7** 40

Grundbuchberichtigungsanspruch **II 12** 64
Grundbuchordnung **IV Nr 2**
Grundpfandgläubiger
- Stimmrecht **II 25** 5

Grundstück **II 5** 24
- Belastung mit Dauerwohnrecht **II 31** 14
- Sondernutzungsrecht **II 1** 30
- Vereinigung **II 1** 25
- Zuschreibung **II 1** 6, 25

Grünfläche **II 15** 15
Gute Sitten **II 23** 75
Gutgläubiger Erwerb **II 7** 33
Guthaben **II 16** 132

Haftpflichtfall **II 14** 64
Haftpflichtversicherung **II 14** 64
Haftung
- des Erwerbers **II 16** 115
- des Verwalters **II 27** 101
- des Verwaltungsbeirats **II 29** 27

Haftungsquote **II 10** 105
Hagel-, Sturm- und Leitungswasserschadenversicherung **II 21** 111
Hausflur **II 21** 61
Hausmeister **II 16** 10, 64, 68; **27** 7, 76
Hausordnung **II 15** 22, 24
- Aufstellung **II 21** 53
- Aufstellung durch das Gericht **II 21** 54
- Bestimmtheitsgebot **II 21** 57
- Einhaltung **II 27** 12
- Ermächtigung des Verwalters **II 21** 54
- Gemeinschaftsordnung **II 21** 53
- Mehrheitsbeschluss **II 21** 53
- ordnungsmäßige Verwaltung **II 21** 56, 60
- ordnungsmäßiger Gebrauch **II 21** 56, 60
- tätige Mithilfe **II 21** 59
- Wirkung gegenüber Dritten **II 21** 55

Hausratsverordnung **II 2** 6

Hausrecht
– Ordnungsmaßnahmen **II 24** 58
– Redezeit **II 24** 58
Haustierhaltung II 14 22; **15** 16
Haustür II 22 85, 161
Hebeanlage II 5 20, 37, 41
Hebebühne II 5 31
Heilung des Eigentumerwerbs II 61 1
Heimfall
– beim Dauerwohnrecht **II 32** 9; **36** 1; **37** 6
– beim Erbbaurecht **II 30** 47; **42** 4
– Entschädigung **II 36** 21
– Mieterschutz **II 36** 14
– Rechtsstreitigkeiten **II 36** 13
– Verjährung **II 36** 19
Heizkörper II 5 38
Heizkostenverordnung III
Heizöl II 10 82
Heizung II 21 85
Heizungs- und Wasserkosten
II 16 54; *sa Heizkostenverordnung*
Heizungsanlage II 5 19, 38; **21** 37; **22** 46
– Beschlusskompetenz **II 5** 38
– Einheitlichkeit des Heizungssystems
II 5 38
– Heizkostenverteiler **II 5** 38
– Thermostatventile **II 5** 38
– Verbrauchserfassungsgeräte **II 5** 38
– Versorgung einzelner Wohnung **II 5** 41
Heizungsraum
– Zählraum **II 15** 12
Herausgabe
– Gemeinschaftseigentum **II 13** 18
– von Unterlagen **II 26** 108
Hobbyraum II 15 7

Immobiliarvollstreckung IV Nr 5 1
Individualansprüche II 10 74; **21** 8, 16
– An-sich-Ziehen von **II 23** 36
Individualrecht II 15 30
Inhalt des Sondereigentums II 5 49
– Änderung **II 1** 20; **5** 49
– Vereinbarungen der Wohnungseigentümer
II 5 49
– Zustimmung dinglich Berechtigter **II 5** 55
Inkrafttreten des WEG II 64 1
Innenfenster II 5 23
Innentür II 5 23
Innenwand II 5 23
Insolvenz
– Unterbrechung **II 46** 82
– Verwalter **II 27** 48
– Wohnungseigentümer **II 16** 152
Insolvenzverwalter II 25 3

Instandhaltung
– Begriff **II 21** 63
– beim Dauerwohnrecht **II 33** 12, 26
– des gemeinschaftlichen Eigentums **II 21** 62;
27 14
– des Sondereigentums **II 14** 8; **21** 62
– Kosten **II 16** 16, 80, 82
– modernisierende **II 21** 84; **22** 14
Instandhaltungspflicht
– Sondereigentum **II 14** 10
Instandhaltungsrücklage II 21 115; **22** 129;
27 28; **28** 54
– Höhe der Rücklage **II 21** 117
– Kleinreparaturen **II 21** 119
– Zweckbestimmung **II 21** 118
Instandsetzung II 21 91; *sa Instandhaltung*
– Anspruch auf **II 21** 89
– Arbeitskreis **II 21** 66
– Begriff **II 21** 64
– Bestandsaufnahme **II 21** 67
– Darlehensaufnahme **II 21** 77
– Entscheidung über „Ob" und „Wie"
II 21 66
– Ermessensspielraum **II 21** 65
– Ersatzvornahme **II 21** 91
– erstmalige Herstellung eines ordnungsmäßigen/planmäßigen Zustands **II 21** 92
– Geschäftsführung ohne Auftrag **II 21** 79
– Kosten **II 16** 82
– modernisierende **II 22** 159
– öffentlich-rechtliche Vorschriften **II 21** 86
– ordnungsmäßige Verwaltung **II 21** 65
– Sachverständigengutachten **II 21** 67
– Schadensersatz **II 21** 70
– Übertragung auf einzelne Wohnungseigentümer **II 21** 78
– Übertragung der Entscheidungskompetenz
II 21 66
– Vergleichsangebote **II 21** 69
– zweistufiges Vorgehen **II 21** 68
Interessenkollision II 45 11
Isolierte Kostenentscheidung II 49 5, 12, 15,
34
Isolierter Miteigentumsanteil II 1 28; **5** 5; **6** 4;
7 30, 37
– Anspruch auf Änderung des Gründungsaktes **II 3** 38
– Anspruch aus Treu und Glauben **II 3** 38
– faktische Eigentümergemeinschaft **II 3** 38
– gutgläubiger Erwerb **II 6** 5
– Nichtbestimmbarkeit **II 6** 5
– noch zu errichtendes Gebäude **II 3** 12
– Widerspruch zwischen Teilungserklärung
und Aufteilungsplan **II 3** 9
Isolierung II 5 23, 26

Stichwortverzeichnis **Medienversorgung**

Jahresabrechnung
- Antrag auf Zustimmung **II 28**
- Beschluss **II 28** 94
- Einzelabrechnung **II 28** 65
- Fälligkeit **II 28** 128
- Funktion **II 28** 42
- Genehmigungsfiktion **II 28** 116
- Inhalt **II 28** 45
- keine Bilanz **II 28** 48
- Verwalterwechsel **II 28** 131
Jalousien II 22 58
Juristische Person II 24 32, 42

Kabelanschluss II 21 85; **22** 49, 164
Kaltwasseruhren II 16 53
Kaltwasserzähler II 22 50
Kamin II 22 25, 51
Kammer II 15 7
Kampfhund II 14 22
Keller II 5 11; **22** 53
- Zuweisung **II 15** 13
Kellerraum II 5 35; **15** 7
Kfz-Abstellplatz II 15 14; **21** 41
Kinderarztpraxis II 15 7
Kinderspielplatz II 15 15
Kindertagesstätte II 15 7
Kinderwagen II 15 17; **21** 61
Klagebefugnis
- ausgeschiedener Wohnungseigentümer **II 46** 6
- bei Entziehung **II 18** 24
- BGB-Gesellschaft **II 46** 7
- Erwerber **II 46** 5
- Insolvenzverwalter **II 46** 12
- Miterbe **II 46** 9
- Nießbraucher **II 46** 14
- Streitigkeiten nach § 43 Nr 1 **II 43** 55
- Streitigkeiten nach § 43 Nr 3 **II 43** 67
- Verwalter **II 46** 13
- Zwangsverwalter **II 46** 11
Klagepauschale II 28 154
Klagerücknahme
- Kostenentscheidung **II 49** 15
Kleinfeuerungsanlagen II 21 87
Kleinreparaturen II 21 119
Klimaanlage II 22 55
Konkurrenz der Anspruchsverfolgung II 21 16
Konkurs *s Insolvenz*
Kopfstimmrecht II 25 2
Kosten
- außergerichtliche **II 49** 2; **50**
- der Instandhaltung **II 16** 16, 80
- der Verwaltung **II 16** 67; **18** 27

- des gemeinschaftlichen Gebrauchs **II 16** 71
- eines Rechtsstreits **II 16** 74
- Gerichtskosten **II 49** 3
- Heizungs- und Wasserkosten **II 16** 54
Kosten-Nutzen-Vergleich II 21 84
Kostenansatz II 50 12
Kostenentscheidung II 49 1
- isolierte **II 49** 5, 12, 15, 34
Kostenfestsetzung II 50 6
Kredit *s Darlehen*
Kündigung II 14 30
- des Mietverhältnisses **II 14** 32
- des Verwaltervertrages **II 26** 103

Laden, Ladenräume II 15 7
Ladenlokal II 15 7
Ladungsmangel
- Kausalität **II 24** 21
Ladungspflicht II 24 2
Ladungsrecht II 24 3
Lageplan II 7 25
Lagerkosten II 14 56
Lagern von Gegenständen II 21 61
Lagerraum II 15 7
Lärmbelästigung II 13 18
Lasten
- des gemeinschaftlichen Eigentums **II 16** 37
Lastschriftverfahren II 21 126; **28** 147
Lautsprecheranlage II 24 27
Lautstärke II 23 76
Legitimation des Verwalters II 26 129; **27** 100
Leine II 14 22
Leitungen für allgemeine Versorgung II 21 121
Liegewiese II 15 15
Loggia II 5 13, 26, 28 f; **22** 57
Löschungsanspruch des Dauerwohnberechtigten II 41 5
- Vormerkung **II 41** 12
Losverfahren II 15 14
Luxusaufwendungen II 22 13

Mahngebühr II 28 169
Mahnverfahren II 43 98
Majorisierung II 25 39
Mängelrechte II 23 38
Markierungen II 3 29
Markise II 22 26, 58
Massagesalon II 15 7
Maulkorb II 14 22
Medienversorgung II 16 65

919

Mehrhausanlage II 5 44; 16 10, 57, 90; 21 83, Anh 54; 22 198; 28 28, 47
– bauliche Veränderung II 22 87
– Instandhaltungsrücklage II 21 116
Mehrhauswohnanlagen
– Stimmrecht II 25 21
Mehrheitskompetenz II 23 5
Methadon-Abgabestelle II 15 7
Mietausfall II 14 55, 64
Mieteinnahme II 13 40
Mieter II 13 40; 14 30
– Stimmrecht II 25 5
Mieterschutz II 36 14
Mietvertrag II 14 30, 35; 23 34
Minderheitenquorum II 24 9
Minderung II 21 Anh 18
Missbrauch
– der Stimmenmehrheit II 26 19
Miteigentum
– an mehreren Grundstücken II 1 23
– Beschränkung II 3 3
– Grundstück II 1 29; 3 4
– nach Bruchteilen II 3 5
– Objekt der Verfügung II 6 12
Miteigentumsanteil
– Änderung II 6 9
– Belastung II 6 10, 13
– Größe II 3 41
– isolierter II 3 9
– Verbindung mit mehreren Raumeinheiten II 3 8
– Verfügung II 6 14
Mitgebrauch II 33 18
– Umfang zum II 13 13
Mitsondereigentum II 3 7; 5 45
Möbeltransportkosten II 14 64
Modernisierende Instandhaltung II 22 14
Modernisierende Instandsetzung II 21 84; 22 159
Modernisierungsmaßnahme II 22 159
– Anspruch auf Modernisierung II 22 173
– Aufhebung eines Modernisierungsbeschlusses II 22 172
– Eigenart der Wohnanlage II 22 166
– Energieeinsparung II 22 163
– Gebrauchswerterhöhung II 22 161
– Kosten II 22 169
– nachteiliger optischer Gesamteindruck II 22 166
– qualifizierter Mehrheitsbeschluss II 22 171
– Stand der Technik II 22 164

– Stimmrecht II 22 171
– Symmetrie II 22 166
– unbillige Beeinträchtigung II 22 167
– Wohnwerterhöhung II 22 162
Müllbeseitigung II 16 59
Mülltonne II 22 60
Mülltüte II 14 23
Musizieren II 14 23; 15 19; 23 75
Musizierverbot II 23 75
Musizierzimmer II 15 7

Nachbareigentum II 3 7
Nachbarrechtlicher Vergleichsanspruch II 14 11
Nachbarrechtsgesetz II 14 3
Nachbarschutz II 13 18
Nachlassverwalter II 25 3
Nachteil II 14 2, 15
Nachteilige Veränderung des optischen Gesamteindrucks II 22 93
Nachtlokal II 15 7
Nebenintervention II 47 14
Nebenräume II 1 13, 17; 5 11
Negativbeschluss II 43 83
– Bindungswirkung II 23 58
Nichtbeschluss II 23 2; 24 5, 59
Nichtige Beschlüsse II 23 72
Nichtigkeitsgründe II 23 72
Nichtladung II 24 35
Nichtversammlung II 23 2
Nießbraucher II 46 14
– Stimmrecht II 25 5
Notgeschäftsführung II 10 109
Notmaßnahmen
– Anspruch aus Geschäftsführung ohne Auftrag II 21 23
– Anwendungsersatzanspruch II 21 21
– Aufrechnung II 21 21
– Behebung baulicher Schäden II 21 25
– Bereicherungsanspruch II 21 24
– des Verwalters II 27 32, 64
– eines Wohnungseigentümers II 21 20
– erstattungsfähige Aufwendungen II 21 22
– Gefahrenbeseitigung II 21 20
– Gefahrensituation II 21 20
– rechtliche Nachteile II 21 26
Nutzung
– des Dauerwohnrechts II 33 25
– des gemeinschaftlichen Eigentums II 13 17; 16 32
– gewerbliche II 15 7

Objektstimmrecht II 25 2
Öffentlich-rechtliche Verbindlichkeiten
  II 10 101
Öffentliche Lasten II 16 48
Öffnungsklausel II 10 30, 33; 16 22; 23 12
– Grundbuch II 10 55
– Grundbucheintragung II 10 34
– Grundbuchgläubiger II 10 34
– Zustimmung dinglich Berechtigter II 5 61
Ordnungsgemäße Ersterstellung II 7 34
Ordnungsmäßige Verwaltung
– Anspruchsgegner II 21 42
– Begriff II 21 28
– Beschluss über abweichende Verwaltungsmaßnahme II 21 47
– Ermessen II 21 28, 42
– gerichtliche Durchsetzung II 21 46
– gerichtliche Geltendmachung von Ansprüchen II 21 38
– Grenze II 21 32
– Instandsetzung II 21 65
– Kreditaufnahme II 21 36
– öffentlich-rechtliche Verpflichtungen
  II 21 36
– Pflichtverletzung II 21 51
– Rechtsberatung II 21 40
– Rechtsstreitigkeiten II 21 35
– Vertragsabschlüsse II 21 36
Ordnungsmäßigkeit der Verwaltung II 21 42

Pächter II 14 30
Parabolantenne II 22 104
Party-Raum II 15 7
Penthouse II 5 13
Pergola II 5 29; 22 61
Personalgesellschaft II 24 32, 42
Pflanztrog II 22 62
Photovoltaikanlage II 22 69
Pizza-Lieferservice II 15 7
Probeabstimmung II 22 119
Prostitution II 14 21
Prozesskostenhilfe
– Anfechtungsklage II 46 55
Prozessstandschaft II 27 91
Prozessvollmacht
– des Verwalters II 27 84
Prüfungspflicht des Grundbuchamtes II 7 40, 43; 32 9
Publikumsverkehr II 14 19

Quotale Haftung II 10 95

Rangverhältnis
– Sondereigentum und dingliche Belastungen
  II 3 3
Rauchen II 14 23
Rauchmelder II 5 26; 22 161
Raum II 3 17; 5 9, 11, 38, 48
– Garage II 3 31
Räumungsprozess II 14 30
Rechnungslegung – durch Verwalter
  II 26 121; 28 201
Rechtsanwalt
– Gebühren II 49 37
Rechtsfähigkeit der Gemeinschaft
  II 10 61
Rechtshängigkeit II 46 39, 47
– Anfechtungsklage II 46 39, 47
– Eigentümerwechsel II 43 110
Rechtsmittel II 43 24
– gegen Kostenentscheidung II 49 34
Rechtsschutzbedürfnis (= Rechtsschutzinteresse) II 21 46
– Anfechtung von Negativbeschlüssen
  II 43 86
– Anfechtungsklage II 46 16
– Streitigkeiten nach § 43 Nr. 3 II 43 70
Rechtsstreit
– Kostenverteilung II 16 74
Reklame II 22 64
Revision II 43 40
Rohrleitung II 5 38, 41
Rolladen II 5 28; 22 58, 66
Rollstuhl II 22 67, 103
Rückgriff II 10 106
– Aufrechnung II 10 107
– bei den übrigen Wohnungseigentümern
  II 10 108
– Haftungsanteil II 10 107
Rückgriffsanspruch IV Nr 5 8
Rücklage *s Instandhaltungsrücklage*
Rücksichtnahmepflicht II 21 112
Rückständiges Wohngeld II 18 17
Ruhezeiten II 15 19

Sachverständigengutachten II 21 67
Sachverständiger II 7 17, 19
– anerkannter II 7 18
– öffentlich bestellter II 7 18
– Verordnungsermächtigung II 7 17
Sanitärgegenstand II 5 23
Satellitenanlage II 21 39, 85; 22 104, 164
Säuberung II 14 60
Sauna II 5 13, 43; 15 7

921

Schadensersatz II 15 35
Schadensersatzansprüche
- gegen Dauerwohnberechtigten **II 34** 4
- gegen den Verwalter **II 27** 101
- gegen den Verwaltungsbeirat **II 29** 27

Schallschutz II 14 13
Schiedsgerichtsvereinbarung II 43 14
Schiedsgutachten II 43 15
Schießanlage II 21 37
Schlichtungsverfahren II 43 17
Schließung
- des Wohnungsgrundbuches **II 9** 1
- Durchführung **II 9** 13
- Erbbaugrundbuch **II 30** 25
- Grundbuch **II 7** 7; **8** 19
- Grundstück **II 7** 9
- neues Grundbuchblatt **II 9** 15
- Schließungsvermerk **II 7** 7; **9** 15
- Verfahren **II 9** 13
- Wohnungserbbaugrundbuch **II 30** 48

Schneeräumen II 16 106; **27** 114
Schornstein II 5 26
Schornsteinreinigung II 16 63
Schriftliches Verfahren II 23 66
Schrottimmobilien II 11 7
Schuldbeitritt II 16 123
Schuldübernahme II 16 124
Schutz- und Treuepflichten II 14 1
Schwarzarbeit II 23 74
Schwebend unwirksamer Beschluss II 22 115
Schwimmbad II 5 13, 43; **16** 35, 49, 68
Selbstbehalt II 21 113
Selbstkontrahieren des Verwalters II 27 36
Sexshop II 14 23; **15** 7
Sicherheitsleistung II 14 47; **33** 31
Solaranlage II 22 69, 163
Sondereigentum II 1 8; **10** 3
- Abgrenzung **II 5** 2
- Abstellraum **II 3** 6
- abweichende Bauausführung **II 7** 32
- Anwartschaft **II 9** 3f.
- Anwartschaftsrecht **II 3** 12
- Aufhebung **II 4** 11; **9** 2, 11
- Begründung von **II 2** 1; **3** 6; **4** 2
- Belastung **II 6** 3
- Benutzen **II 14** 52
- Bestandteile, wesentliche **II 5** 16
- Bestimmung **II 5** 10
- Betreten **II 14** 41, 52
- Eingriff **II 14** 46
- Eingriffe in die Substanz **II 14** 42
- Erlöschen **II 9** 2, 9, 18
- für jeden Miteigentümer **II 3** 6
- Garage **II 3** 6, 30
- Gebäude **II 3** 11
- Gebäudebestandteile **II 5** 15
- Gegenstand **II 5** 8; **7** 46
- gemischtes Wohn- und Teileigentum **II 3** 16
- gutgläubiger Erwerb **II 6** 5
- Inhaber **II 10** 3
- Inhalt **II 7** 47
- isoliertes **II 3** 10; **6** 4; **8** 33
- mehrere Gebäude **II 3** 14
- Mitsondereigentum **II 3** 7
- Nichtbestimmbarkeit **II 3** 9
- noch zu errichtende Gebäude **II 3** 12
- Raum **II 5** 9
- Schranken des Eigentums **II 13** 4
- Streitigkeiten **II 5** 7
- Tausch **II 6** 10
- Umdeutung in Sondernutzungsrecht **II 4** 7; **5** 6
- Umwandlung in gemeinschaftliches Eigentum **II 4** 16; **6** 11
- Veräußerung **II 6** 3
- Verfügung von Todes wegen **II 2** 4
- Vermieten **II 14** 49
- Verstoß gegen zwingende Vorschriften **II 3** 9
- Widerspruch zwischen Teilungserklärung und Aufteilungsplan **II 3** 9
- Wiederherstellung **II 14** 54
- Zerstörung **II 9** 3; **14** 52

Sondernachfolger II 10 18
Sondernutzungsfläche
- Ansprüche bei Störungen **II 13** 52

Sondernutzungsrecht II 16 14
- Abgrenzung **II 13** 55
- Aufhebung **II 5** 58; **13** 36
- Auslegung **II 13** 32
- bauliche Veränderung **II 22** 141
- Begriff **II 13** 24
- Begründung **II 13** 30
- Belastung **II 13** 37
- Bepflanzung **II 13** 42
- Berechtigter **II 13** 26
- Bestimmtheit **II 13** 32
- Bestimmtheitsgrundsatz **II 7** 50
- Betriebskosten **II 13** 49
- dingliches **II 13** 27
- Eintragung im Grundbuch **II 7** 49
- Gartenfläche **II 13** 42
- gemeinsames **II 13** 29
- Inhaber **II 13** 26
- Instandhaltung **II 13** 44
- Instandsetzung **II 13** 44
- Kellerraum **II 13** 43
- Kosten **II 13** 48
- Lasten **II 13** 48

- Löschung **II 13** 36
- nachträgliche Zuweisung **II 8** 25
- persönliches **II 13** 28
- Pkw-Stellplatz **II 13** 43
- Rechtsinhalt **II 13** 38
- Spitzboden **II 13** 43
- Tausch **II 5** 58
- Übertragung **II 13** 34
- Übertragung auf Dritten **II 6** 6
- Vermietung **II 13** 40
- Verzicht **II 13** 36
- Zustimmung dinglich Berechtigter **II 5** 57
- Zuweisung **II 13** 31

Sonderumlage **II 16** 128; 28 31
Sonnenkollektor **II 22** 69
Sonnenstudio **II 15** 7
Speicher **II 15** 7; 22 70
Spielplatz **II 21** 94; 22 54, 162
Spielsalon **II 15** 7
Spitzboden **II 5** 10; 13 14; 15 7
Sprechanlage **II 5** 23, 37
Spruchbänder **II 14** 23
Steckengebliebener Bau **II 22** 206
Stellplatz **II 21** 39, 41, 94; 22 71
- auf dem nicht überdachten Oberdeck eines Parkhauses **II 3** 32; 5 14
- außerhalb eines Gebäudes **II 3** 32; 5 14
- Sondernutzungsrecht **II 3** 33

Steuerberaterpraxis **II 15** 7
Stimmabgabe
- Vertretung **II 25** 27

Stimmenmehrung **II 25** 12
Stimmenthaltung **II 23** 43, 47
Stimmkraft **II 25** 2
Stimmrecht
- Ausschluss **II 18** 20
- Bruchteilsgemeinschaft **II 25** 9
- Erbengemeinschaft **II 25** 9
- Erwerber **II 25** 6
- gegenständlich beschränktes **II 25** 21
- Mehrhausanlage **II 25** 22
- Missbrauch **II 25** 38
- Modernisierungsmaßnahme **II 22** 171
- ruhendes **II 25** 36
- Untergemeinschaft **II 25** 22
- Unterteilung **II 8** 31
- Vereinigung **II 8** 39

Stimmrechtsträger **II 25** 3
Stimmverbot **II 25** 23
- Rechtsfolgen **II 25** 34

Stockwerkseigentum **II 63** 1
Störung **II 14** 5
Streitgegenstand
- Anfechtungsklage **II 46** 74

Streitgenossen **II 47** 7; 49 10

Streitwert **II 50 Anh 49a**
Streitwertbeschwerde **II 50 Anh 49a** 52
Streupflicht **II 16** 106; 27 114
Stromversorgung **II 22** 72
Subtraktionsverfahren **II 23** 48

Tagesordnung **II 24** 22
- Ergänzung **II 24** 23

Tagesordnungspunkt
- nachgeschobener **II 24** 20
- Verschiedenes **II 23** 64

Tankstelle **II 5** 14
Tanzcafé **II 15** 7
Tätige Mithilfe **II 21** 59
Tätigkeit, gewerbliche **II 15** 7
Tausch
- von Sondereigentum **II 6** 10
- von Sondernutzungsrechten **II 5** 58

Technische Unterlagen **II 10** 82
Teileigentum
- bauliche Ausstattung **II 3** 26
- beliebige sonstige Zwecke **II 1** 17
- Garage **II 1** 17
- gemischtes Wohnungs- und Teileigentum **II 1** 19
- Rechtliche Behandlung **II 1** 7
- subjektive Nutzungsabsicht **II 1** 18
- Umwandlung **II 4** 18
- Umwandlung in Wohnungseigentum **II 1** 20
- Wohnnebenräume **II 1** 17
- Zweckbestimmung **II 1** 20

Teileigentumsgrundbuch **II 7** 5
- gemeinschaftliches **II 7** 11
- Vorschriften **II 7** 2

Teilender Eigentümer
- Bruchteilsgemeinschaft **II 8** 11
- Gesamthandsgemeinschaft **II 8** 11
- Veräußerungszustimmung **II 8** 21

Teilerbbaurecht **II 30** 1
Teilungserklärung *sa einseitige ~; vertragliche ~*
- Abweichen von der Gemeinschaftsordnung **II 7** 31
- Abweichung vom Aufteilungsplan **II 7** 27
- unvollständig **II 7** 28

Teilversammlung **II 23** 3
Telefonanschluss **II 21** 121
Teppich **II 14** 13
Terrasse **II 5** 14
Terrassen **II 22** 73
Testamentsvollstrecker **II 25** 3
Textform **II 24** 16
- Verstoß **II 24** 17

Tiefgarage **II 5** 30

923

Tierarztpraxis **II 14** 26
Time-sharing **II 4** 6; **31** 17
Trampeln **II 14** 26
Transportkosten **II 14** 56
Trennwand **II 5** 23
Treppe **II 5** 23, 28, 35; **21** 92
Treppenhaus **II 5** 35 f., 44; **15** 17; **21** 61, 85; **22** 74; **23** 75
– Rollstuhl **II 23** 75
Treppenlift **II 22** 75, 103
Treuhandkonto **II 27** 48
Trittschall **II 14** 13
Trittschallschutz **II 14** 13; **21** 96
Türen **II 5** 19, 28, 37; **22** 85
Türschließanlage **II 5** 37

Überbau **II 13** 18
– wesentlicher Bestandteil **II 1** 28
Übergangsvorschrift
– Altverfahren **II 62** 9
– Antragsänderung **II 62** 6
– Antragserweiterung **II 62** 6
– Außenhaftung **II 62** 8
– Mahnverfahren **II 62** 2, 5
– materiell-rechtliche Vorschriften **II 62** 7
– Nichtzulassungsbeschwerde **II 62** 10
– PKH-Antrag **II 62** 2
– Rechtsmittelkonzentration **II 62** 4
– Verfahrensvorschriften der §§ 43 ff aF **II 62** 2
– Widerklagen **II 62** 6
– Zwangsversteigerungsverfahren **II 62** 2
– Zwangsvollstreckung **II 62** 5
– Zwangsvollstreckungsverfahren **II 62** 2
Überleitungsvorschrift **II 63** 1
Übermaßfrüchte **II 13** 40
Übermaßgebrauch **II 13** 15
Umsatzsteuer **II 28** 59
Umwandlung von gemeinschaftlichem Eigentum in Sondereigentum und umgekehrt
– Anspruch auf Umwandlung **II 4** 16
Umwandlung von Stockwerkseigentum **II 63** 1
Umwandlung von Wohn- in Teileigentum und umgekehrt **II 4** 18
– Zustimmung dinglich Berechtigter **II 1** 20
Umzugskosten **II 14** 56
Unabdingbarkeit
– Abgrenzung **II 5** 2
– eines Verwalters **II 20** 6
– von Vorschriften **II 18** 29; **19** 15; **20** 6
Unauflöslichkeit der Gemeinschaft **II 11** 2
Unbestimmter Klageantrag **II 21** 137
Unschädlichkeitszeugnis **II 5** 60
Untergemeinschaft

– keine Rechtssubjekte **II 10** 66
Unterlassungsanspruch **II 15** 23, 25
Unterrichtsraum **II 15** 7
Unterteilung **II 4** 19
– Abgeschlossenheitsbescheinigung **II 8** 36
– Aufteilungsplan **II 8** 36
– Einigung aller Wohnungseigentümer **II 8** 34
– einseitige Erklärung des Eigentümers **II 8** 30
– Stimmrecht **II 8** 31
– Überführung von Sondereigentum in gemeinschaftliches Eigentum **II 8** 34
– Veräußerungsbeschränkung **II 8** 34
– Veräußerungszustimmung **II 8** 32
– Zustimmung Dritter **II 8** 30, 34
Unterteilung von Wohnungseigentum **II 7** 27
Unterwerfung unter die Zwangsvollstreckung **II 28** 193
Untrennbarkeit von Miteigentumsanteil und Sondereigentum **II 6** 1
Urlaub **II 14** 48

Veranda **II 5** 13, 28
Veräußerung **II 12** 6
Veräußerung des Dauerwohnrechts **II 38** 9
– im Wege der Zwangsversteigerung **II 37** 11
– rechtsgeschäftliche Veräußerung **II 37** 9
Veräußerungsbeschränkung **II 12** 3; **19** 9; **61** 1
– Änderung **II 12** 31
– Aufhebungsbeschluss **II 12** 31
– beim Dauerwohnrecht **II 32** 13; **35** 1
– Löschung **II 12** 31
Veräußerungsverbot **II 12** 1
Veräußerungszustimmung
– Anspruch auf **II 12** 62
– Darlegungs- und Beweislast **II 12** 59
– erforderliche **II 12** 6
– fehlende **II 12** 64
– Form **II 12** 42
– Frist der Erteilung **II 12** 46
– Gestaltungsspielraum **II 12** 4
– Kosten **II 12** 47
– Mitwirkungspflicht des Veräußerers **II 12** 59
– nicht erforderliche **II 12** 20
– Prüfpflicht des Zustimmungsberechtigten **II 12** 59
– Regelung durch Vereinbarung **II 12** 58
– Schadensersatzanspruch **II 12** 66
– Selbstauskunft **II 12** 60
– Unterteilung **II 8** 32
– Vorlage des Erwerbsvertrages **II 12** 61
– wichtiger Grund **II 12** 48

- Widerruf **II 12** 42
- Zugang **II 12** 42
- Zwangsversteigerung **II 12** 4
Verbindung
- Anfechtungsklagen **II 47** 2
Verbot
- gesetzliches **II 23** 74
Verbraucher II 10 64
Verbrauchsmessgeräte II 16 53
Verdienstausfall II 14 48, 61
Vereinbarung II 10 17, 20
- AGB **II 10** 26
- Änderung **II 10** 29
- Änderungsvorbehalte **II 10** 21
- Anspruch auf Änderung **II 10** 36
- Auslegung **II 10** 27
- Bedeutungswandel **II 10** 28
- Eintragung im Grundbuch **II 10** 21
- Form **II 10** 17
- Gesamtrechtsnachfolger **II 10** 50
- Grundbuch **II 10** 50
- Grundrechte **II 10** 25
- Inhalt **II 10** 20
- Inhaltskontrolle **II 10** 24
- konkludentes Handeln **II 10** 18
- mit Beschlussinhalt **II 10** 22
- Nichtigkeit **II 10** 25
- ohne Grundbucheintragung **II 10** 53
- rechtsgeschäftlicher Eintritt **II 10** 54
- sachenrechtliche Zuordnung **II 10** 21
- schuldrechtliche **II 10** 53
- Schutz des guten Glaubens **II 10** 52
- Sondernachfolger **II 10** 50
- ständige Übung **II 10** 18
- stillschweigende **II 10** 18
- Treu und Glauben **II 10** 25
- Zustandekommen **II 10** 17
Vereinbarungen der Wohnungseigentümer
- gemeinschaftliches Eigentum **II 5** 47
- Sondereigentum **II 5** 47
Vereinigung II 4 19; **8** 37
- bauliche Veränderung **II 8** 38
- Grundstück **II 1** 25
- in einer Person **II 9** 7 f
- mehrere Wohnungseigentumsrechte **II 9** 10
- Miteigentumsanteile **II 3** 7
- Mitwirkung Dritter **II 8** 38
- sämtlicher Wohnungseigentumsrechte in einer Person **II 9** 6
- Stimmrecht **II 8** 39
Vereinigung von Wohnungseigentum II 25 12
Verfügungen
- über Miteigentumsanteil **II 6** 9, 12
- über Sondereigentum **II 6** 3, 10

- zwischen Wohnungseigentümer und Dritten **II 6** 7
- zwischen Wohnungseigentümern **II 6** 8
Vergleich, gerichtlicher II 24 80
Vergleichsangebote II 21 69
Vergnügungsbetrieb II 15 7
Verjährung II 15 33; **21** 95
Verjährung von Ansprüchen
- Gewährleistungsansprüche **II 21 Anh** 59
- Verwaltervergütung **II 26** 79
- Wohngeldansprüche **II 28** 172
Verkehrssicherungspflicht II 10 92; **27** 114
- Sondernutzungsfläche **II 13** 51
Verkehrswert IV Nr 5 13
Vermietung II 13 15; **30** 42; **37** 1
Vermietung des Gemeinschaftseigentums
II 10 70, 89
Verpachtung s Vermietung
Versammlung II 23 2
- Ausschluss **II 24** 55
- Beendigung **II 24** 30, 59
- Betreuer **II 24** 31
- Einberufung **II 24** 5
- einberufungsberechtigte Personen
II 24 2
- Einberufungsmangel **II 24** 6
- einzuladende Personen **II 24** 31
- Form der Einberufung **II 24** 16
- Frist zur Einberufung **II 24** 18
- Gäste **II 24** 51
- Geschäftsordnungsbeschluss **II 24** 58
- Insolvenzverwalter **II 24** 31
- Nachlassverwalter **II 24** 31
- Nichtladung **II 24** 5
- Nichtöffentlichkeit **II 24** 27, 38, 42
- Ort **II 24** 25
- Schulferien **II 24** 29
- Sitzgelegenheit **II 24** 27
- Testamentsvollstrecker **II 24** 31
- Vertreter **II 24** 42
- Vorerbschaft **II 24** 31
- Vorsitz **II 24** 56
- Zeitpunkt **II 24** 29
- Zwangsverwalter **II 24** 31
Versammlungsleiter II 22 120
Versammlungsleitung II 24 56
Versammlungsniederschrift
- Berichtigung **II 24** 70
- Erstellung **II 24** 67
- Frist zur Erstellung **II 24** 67
- Inhalt **II 24** 61
- Protokollersteller **II 24** 63
- Unterzeichner **II 24** 63
- Versendung **II 24** 67

Versammlungsraum **II 24** 25
Versäumnisurteil **II 43** 3
Versicherung gegen Haus- und Grundbesitzerhaftpflicht **II 21** 110
Versicherungen **II 21** 108
– Rücksichtnahmepflicht **II 21** 112
– Schadensbeseitigung am Sondereigentum **II 21** 111
– Selbstbehalt **II 21** 113
Versorgungsleitung **II 5** 23, 37; **21** 121
– Führung durch fremdes Sondereigentum **II 21** 121
Versorgungssperre **II 14** 44; **18** 18
Verteilungsschlüssel **II 16** 3
– Anspruch auf Änderung **II 16** 99
Vertikal geteiltes Eigentum **II 1** 33
Vertragliche Teilungserklärung **II 3** 2
– Abschlussmängel **II 3** 36
– Bedingung oder Befristung **II 4** 6
– dingliches Verfügungsgeschäft **II 3** 35
– Einigung und Eintragung **II 4** 2
– Form **II 4** 1, 4
– Gemeinschaftsordnung **II 3** 44
– Gründungsmängel **II 3** 36
– gutgläubiger Erwerb **II 3** 36, 39
– Inhaltsänderung **II 3** 35; **4** 2
– Inhaltskontrolle **II 7** 43
– isolierter Miteigentumsanteil **II 3** 38
– Nichtberechtigter **II 3** 40
– Vertragsinhalt **II 3** 41
– Verwaltungsfragen **II 3** 45
– Zustimmung dinglich Berechtigter **II 4** 3
Vertreterklausel **II 24** 43
Vertretungsbeschränkung **II 24** 43
– Berater **II 24** 48
– Rechtsanwalt **II 24** 48
– Treu und Glauben **II 24** 47
Vertretungsmacht des Verwalters **II 27** 59, 74
Verwalter
– Abberufung **II 26** 85
– Abwehranspruch **II 15** 30
– Anfechtung der Abberufung **II 26** 92
– Aufgaben und Befugnisse **II 27** 5
– Bestellung durch das Gericht **II 26** 134
– Bestellung durch Eigentümer **II 26** 5
– Bestellung in der Teilungserklärung **II 26** 26
– BGB-Gesellschaft **II 26** 9
– Dauer des Vertrages **II 26** 82
– Dienstvertrag **II 26** 50
– Durchführung von Beschlüssen **II 27** 11
– Eignung **II 26** 7
– Entlastung **II 28** 205
– Gelderverwaltung **II 27** 39

– Geltendmachen von Ansprüchen **II 27** 66, 83
– grundbuchmäßiger Nachweis des ~ **II 26** 129
– Haftung der Gemeinschaft für ~ **II 27** 120
– Haftung des **II 27** 101
– Höchstdauer der Bestellung **II 26** 27
– Jahresabrechnung **II 28** 118
– Klagebefugnis **II 46** 13
– Kontrollpflicht **II 27** 22
– Kündigung **II 26** 103
– Legitimation des ~ **II 26** 129; **27** 100
– Notwendigkeit der Bestellung **II 20** 7; **26** 3
– Rechnungslegung **II 28** 201
– Rechte und Pflichten **II 27** 5
– Sondervergütung **II 26** 44, 69; **28** 189
– Stellung des ~ **II 27** 2
– Stimmrecht des ~ **II 26** 14, 87; **28** 24, 97, 220
– Verbände **II 26** 4
– Verfahren bei Streitigkeiten mit dem **II 43** 60
– Vergütung **II 26** 63
– Vertrag **II 26** 31
– Vertretungsmacht **II 27** 59, 74
– Verwaltervertrag **II 26** 31
– Vollmachtsurkunden **II 27** 100
– Wahl **II 26** 5
– wichtiger Grund zur Abberufung **II 26** 96
– Wiederwahl **II 26** 29
– Wirtschaftsplan **II 28** 7
– Zustellungen an ~ **II 27** 62, 75; **45** 2
– Zustimmung **II 15** 23
Verwalterbestellung
– keine Verpflichtung **II 20** 8
Verwaltervergütung **II 16** 68
Verwaltervertrag **II 26** 31
Verwalterwechsel **II 27** 93
Verwaltung
– Abgrenzung **II 21** 5
– alle Miteigentümer gemeinsam **II 20** 9
– Anspruch auf ordnungsmäßige Verwaltung **II 21** 42
– Begriff der **II 21** 3
– Begründung von Anspruchsgrundlagen **II 21** 5
– Beseitigungsanspruch **II 21** 14
– des gemeinschaftlichen Eigentums **II 20** 1
– des Sondereigentums **II 20** 2
– durch die Gemeinschaft **II 21** 7
– durch einen Wohnungseigentümer **II 21** 8
– durch Mehrheitsbeschluss **II 21** 27
– gemeinschaftsbezogene Ansprüche **II 21** 17
– gerichtliche Geltendmachung von Ansprüchen **II 21** 8

Stichwortverzeichnis **Wohnmobil**

- Gliederung der **II 20** 3
- Individualanspruch **II 21** 8, 16
- ordnungsmäßige **II 21** 28, 42, 52
- Schadensersatzanspruch **II 21** 13
- Unterlassungsanspruch **II 21** 15
- Vereinbarungsvorbehalt **II 21** 27
- Verpflichtung zur Mitwirkung **II 20** 5
- Verwaltungsorgane **II 20** 3
Verwaltungsbeirat
- Aufgaben **II 29** 15
- Beiratssitzungen **II 29** 34
- Bestellung **II 29** 2
- Einberufung der Versammlung durch **II 29** 18
- Entlastung **II 29** 28
- Haftung **II 29** 27
- Streitigkeiten mit **II 29** 35
- Vergütung **II 29** 26
- Zusammensetzung **II 29** 10
Verwaltungskosten II 16 67
Verwaltungsorgane II 20 3
- Kompetenzverlagerung **II 20** 4
Verwaltungsunterlagen II 10 82
Verwaltungsvermögen II 1 34; **21** 6
- Auflösung der Gemeinschaft **II 10** 93
- bewegliche Sachen **II 10** 82
- Dienstbarkeiten **II 10** 83
- Grundschulden **II 10** 83
- Hypotheken **II 10** 83
- keine Bestandteile des **II 10** 91
- schuldrechtliche Ansprüche **II 10** 86
- Träger **II 10** 80
- Verbindlichkeiten **II 10** 86
- Vollstreckung **II 10** 98
- wiedergeborene Gemeinschaft **II 10** 94
- Wohnungseigentum **II 10** 83
- Zubehör **II 10** 82
- Zwangsvollstreckung **II 10** 80
Verweisung
- wegen örtlicher Unzuständigkeit **II 43** 8
Verwirkung II 15 33
Verzicht auf Wohnungseigentum II 4 12
Verzug des Wohnungseigentümers II 28 160
Verzugsfolgen II 21 128
Verzugszins II 10 31; **23** 20
Videothek II 14 23; **15** 7
Videoüberwachung II 22 76
Vollmachtsurkunde II 24 42
Vollversammlung II 23 2, 65; **24** 4
(Voraus)Verfügung
- Entgelt für das Dauerwohnrecht **II 40** 3
Vorbereitungsmaßnahmen II 14 48

Vorflur II 5 35
Vorratsteilung II 8 2
Vorsorgemaßnahmen II 14 59

Wanddurchbruch II 22 77, 100
Wärme-Contracting II 5 40
Wärmedämmung II 22 163
Warmwasserkosten II 16 54
Wäschespinne II 22 20, 79
Waschküche, -maschine II 15 21; **16** 66; **21** 41
Waschmaschinenkonto II 28 62
Waschsalon II 15 7
Wasserentkalkungsanlage II 22 80
Wasserschaden II 14 10
Wasseruhren *s Kaltwasseruhren*
Wasserzähler II 22 163
WEG-Änderungsgesetz II 3 1; **5** 1; **7** 1; **17** 1; **18** 1; **19** 1; **21** 1; **22** 1; **32** 1; **62** 1
Werbeschild II 14 19, 26
Werbung II 22 64
Werdende Wohnungseigentümergemeinschaft II 8 28
- bauliche Veränderung **II 22** 19
Wertprinzip II 25 2
Wiederaufbau II 11 5 f
Wiederaufbau bei Zerstörung II 22 196; **33** 29
- Vereinbarung **II 22** 202
- Versicherung **II 22** 201
Wiedereinsetzung in den vorigen Stand II 46 61
Wiederholungsgefahr II 15 25
Wiederholungsversammlung II 25 17
Willensbildungsorgan II 23 1
Wintergarten II 5 10; **22** 26
Wirtschaftsplan
- Aufstellung durch das Gericht **II 28** 9
- Beschluss über **II 28** 24
- Einzelwirtschaftsplan **II 28** 18
- Ermessensspielraum **II 28** 21
- Fortgeltung **II 23** 18
- Inhalt **II 28** 15
Wohnfläche II 16 11
Wohngeld
- Aufrechnung **II 28** 181
- Geltendmachung **II 28** 185
- Verwaltung **II 27** 39
- Verzug **II 28** 159
- Vorschüsse **II 28** 179
- Zurückbehaltungsrecht **II 28** 184
Wohngeldvorschüsse II 16 127
Wohnmobil II 14 26; **15** 14

Wohnung **II 1** 10; **3** 17
- Appartement **II 1** 12
- bauliche Ausstattung **II 1** 12; **3** 25
- Besichtigung **II 14** 12
- Nebenräume **II 1** 13
Wohnungsberechtigter
- Stimmrecht **II 25** 5
Wohnungseigentum **II 1** 10
- Begründung durch Vertrag **II 3** 35
- Begründung von ~ **II 2** 1
- Belastung mit Dauerwohnrecht **II 31** 14
- besondere Rechtsform **II 1** 1
- besonders ausgestaltetes Bruchteilseigentum **II 1** 5
- besonders ausgestaltetes Bruchteilsrecht **II 1** 8
- echtes Eigentum **II 1** 4
- Entstehung **II 7** 4; **8** 17
- gemischtes Wohnungs- und Teileigentum **II 1** 19
- Hofgrundstück **II 1** 14
- kein grundstücksgleiches Recht **II 1** 6
- Kernbereich des **II 23** 35; **24** 1
- Nebenräume **II 1** 13
- Realteilung **II 4** 6
- Umwandlung **II 4** 18
- Umwandlung in Teileigentum **II 1** 20
- Unterteilung **II 8** 30
- Vereinigung **II 9** 6, 10
- Wohnung **II 1** 10
- Zweckbestimmung **II 1** 20
Wohnungseigentümer
- beschränkt geschäftsfähiger **II 24** 31
- geschäftsunfähiger **II 24** 31
Wohnungseigentümergemeinschaft, werdende II 10 8
- Auflassungsvormerkung **II 10** 9
- Besitz **II 10** 10
- Ende **II 10** 12
- Erwerbsvertrag **II 10** 9
- Lasten- und Nutzenwechsel **II 10** 10
- Rechtssubjekt **II 10** 14
- vor Entstehung **II 10** 15
- Wohnungsgrundbücher **II 10** 8
Wohnungseigentümerversammlung **II 23** 1
Wohnungserbbaugrundbuch **II 30** 16 f, 22, 24
- Bestandsverzeichnis **II 30** 28
- Eintragung **II 30** 27
- gemeinschaftliches **II 30** 26
- Veräußerungsbeschränkung **II 30** 29
Wohnungserbbaurecht
- Bedeutung **II 30** 4
- Begründung **II 30** 10
- Belastung **II 30** 40
- Belastung mir Dauerwohnrecht **II 31** 14

- Bruchteilsgemeinschaft **II 30** 12
- Eigentümererbbaurecht **II 30** 21
- einseitige Teilungserklärung **II 30** 19
- Erbbaurecht **II 30** 5
- Erbbauzinsreallast **II 30** 41
- Erlöschen des **II 30** 45
- Form der Begründung **II 30** 14, 20
- Gebäude **II 30** 1
- Gebrauchsregelung für Grundstücksflächen **II 30** 44
- grundbuchmäßige Behandlung **II 30** 24
- Grundstückseigentümer **II 30** 3
- Gründstücksfläche **II 30** 44
- Rechtsstreitigkeiten **II 30** 43
- Rechtsverhältnis der Wohnungserbbauberechtigten untereinander **II 30** 33
- Rechtsverhältnis zwischen Grundstückseigentümer und Erbbauberechtigten **II 30** 34
- Schließung der Wohnungserbbau-Grundbücher **II 30** 48
- Teilerbbaurecht **II 30** 1
- Veräußerungsbeschränkung **II 30** 15, 36
- Vereinigung aller -e **II 30** 48
- Vermietung **II 30** 42
- vertragliche Teilungserklärung **II 30** 11
- Wohnungserbbaugrundbuch **II 30** 24
Wohnungsgrundbuch **II 7** 5
- Bestandsverzeichnis **II 7** 44
- Bezugnahme auf die Eintragungsbewilligung **II 7** 45
- Eintragungen **II 7** 44
- für jeden Miteigentumsanteil **II 7** 3; **8** 19
- Gegenstand des gemeinschaftlichen Eigentums **II 7** 52
- Gegenstand des Sondereigentums **II 7** 46
- gemeinschaftliches **II 7** 10 f.; **9** 19
- Grundbuchakte **II 7** 3
- Grundstücksbelastungen **II 7** 8
- Mehrheitsbeschlüsse **II 7** 51
- Sondernutzungsrechte **II 7** 49
- übrige Grundbuchabteilungen **II 7** 53
- Veräußerungsbeschränkung **II 7** 48
- Vorschriften **II 7** 2

Zahlungsverzug **II 28** 159
Zaun **II 21** 92; **22** 86
Zerstörung des Gebäudes **II 9** 3; **22** 196
Zimmerlautstärke **II 15** 19
Zinsabschlagsteuer **II 28** 60
Zurückbehaltungsrecht
- erhebliche Wohngeldrückstände **II 18** 18
- gegen Wohngeldforderung **II 28** 184
Zusammenfallen aller Wohnungseigentumsrechte **II 9** 6

Zusammenkunft
- spontane **II 23** 2

Zusammenlegung mehrerer Wohnungseigentumsrechte II 9 10

Zuschlag II 16 118

Zuschreibung II 1 6, 25; **8** 37; **9** 10

Zuständigkeit
- internationale **II 43** 5
- örtliche **II 43** 7
- sachliche **II 43** 11

Zustellungen
- an Verwalter **II 27** 62, 75; **45** 2

Zustimmung
- bei baulicher Veränderung **II 22** 116

Zustimmung dinglich Berechtigter II 1 20; **3** 35; **4** 3, 16; **8** 7, 26; **9** 11
- andere dinglich Berechtigte **II 5** 59
- Änderung des Inhalts des Sondereigentums **II 5** 55
- Änderung des Miteigentumsanteils **II 6** 9
- Grundpfandrechtsgläubiger **II 5** 57
- Öffnungsklausel **II 5** 61
- Reallastgläubiger **II 5** 57
- rechtliche Beeinträchtigung **II 5** 55
- Sondernutzungsrecht **II 5** 57
- Verfügung über Sondereigentum **II 6** 10
- Wegfall des Zustimmungserfordernisses **II 5** 56

Zustimmungsberechtigte
- Fehlen des **II 12** 41
- Verwalter **II 12** 37
- Wohnungseigentümer **II 12** 37

Zwangshypothek II 28 195

Zwangsversteigerung II 19 2; **37** 11; **IV Nr 5** 1
- Altverfahren **IV Nr 5** 3
- Anmeldung **IV Nr 5** 27
- Beschlagnahme **IV Nr 5** 10
- Dauerwohnrecht **II 39** 1

- Einheitswert **IV Nr 5** 16, 18
- Herausgabe **II 19** 11
- Neuverfahren **IV Nr 5** 3
- Prozesskosten **IV Nr 5** 6
- Rangklasse **II 19** 7
- Räumung **II 19** 11
- Rückgewährsanspruch **IV Nr 5** 12
- Rückgriffsanspruch **IV Nr 5** 7
- Sachverständigenentschädigung **IV Nr 5** 14
- Veräußerungsverbot **II 19** 6
- Veräußerungszustimmung **II 12** 65
- Verfahrenskosten **IV Nr 5** 14
- Verhältnis des Erstehers zu den Mietern **II 19** 12
- Versteigerungserlös **IV Nr 5** 12
- Zuschlag **II 19** 10

Zwangsversteigerungsvermerk IV Nr 5 10

Zwangsverwalter II 25 29

Zwangsverwaltung II 16 146; **25** 4; **28** 37
- Wohngeld **IV Nr 5** 34

Zwangsvollstreckung
- Wohngeldansprüche **II 28** 191

Zweckbestimmung II 13 5; **14** 15, 35; **15** 3
- der Instandhaltungsrücklage **II 21** 118
- der Räume **II 1** 7
- Unterlassungsanspruch **II 1** 7

Zweiergemeinschaft II 16 109

Zweitbeschluss II 21 30, 139; **23** 60; **28** 116; **46** 22
- Anspruch auf ~ **II 21** 31
- bauliche Veränderung **II 22** 135
- sachlicher Grund **II 21** 30
- schutzwürdige Bestandsinteressen **II 21** 30

Zweiterwerber II 10 12

Zweitversammlung II 25 18

Zwischenvermietung II 16 113